제3판

심리학개론

제3판

심리학개론

Daniel L. Schacter, Daniel T. Gilbert, Daniel M. Wegner, Matthew K. Nock 지음
민경환, 김명선, 김영진, 남기덕, 박창호, 이옥경, 이주일, 이창환, 정경미 옮김

∑ 시그마프레스

심리학개론, 제3판

발행일 | 2016년 3월 3일 1쇄 발행
        2018년 2월 20일 2쇄 발행

지은이 | Daniel L. Schacter, Daniel T. Gilbert, Daniel M. Wegner, Matthew K. Nock
옮긴이 | 민경환, 김명선, 김영진, 남기덕, 박창호, 이옥경, 이주일, 이창환, 정경미
발행인 | 강학경
발행처 | (주)시그마프레스
디자인 | 이상화
편집 | 이호선

등록번호 | 제10-2642호
주소 | 서울시 영등포구 양평로 22길 21 선유도코오롱디지털타워 A401~403호
전자우편 | sigma@spress.co.kr
홈페이지 | http://www.sigmapress.co.kr
전화 | (02)323-4845, (02)2062-5184~8
팩스 | (02)323-4197

ISBN | 978-89-6866-696-4

Psychology, Third Edition

First published in the United States by Worth Publishers, New York

Copyright © 2014 by Worth Publishers

All rights reserved.

KOREAN language edition © 2016 by Sigma Press, Inc. published by arrangement with Worth Publishers

＊ 책값은 책 뒤표지에 있습니다.

이 도서의 국립중앙도서관 출판예정도서목록(CIP)은 서지정보유통지원시스템 홈페이지(http://seoji.nl.go.kr)와 국가자료공동목록시스템(http://www.nl.go.kr/kolisnet)에서 이용하실 수 있습니다.(CIP제어번호: CIP2016005444)

역자 서문

심리학개론은 심리학을 처음 접하는 학생들에게 심리학을 소개하는 중요한 임무를 맡고 있다. 학생들은 심리학개론을 통해서 심리학의 고유한 관점과 방법론을 이해하고, 심리학 지식을 습득하고, 심리학에 대한 흥미를 기르게 된다.

그러므로 좋은 심리학개론서를 만나는 것은 가르치는 선생이나 배우는 학생 모두에게 절실한 소망이다. 다행히 몇 년 전 (주)시그마프레스의 강학경 사장의 소개로 미국에서 출판된 좋은 심리학개론서를 접하게 되었다. 심리학개론과 심리학 입문(제2판)은 하버드대학교 심리학과 교수 세 분의 공저인데, 공저자인 Schacter 교수, Gilbert 교수, Wegner 교수는 모두 연구와 교육 경력이 뛰어난 50대 학자들이다. 그러한 저자들의 연륜과 팀워크가 개론서 전체에서 묻어 나와 어떤 심리학개론서보다 심리학의 깊이와 생명력을 느낄 수 있었다. 필자 자신이 심리학 교수임에도 불구하고 신선한 감동을 느끼면서 심리학에 대한 이해를 새롭게 한 책이다.

초판인 심리학개론은 출간되자마자 내용의 충실함과 구성의 참신함 때문에 역자의 기대대로 강의자와 학생들 사이에서 호평을 받았다. 이러한 호평 속에서 저자들은 2011년에 제2판과 2014년에 제3판을 내놓았다. 이 책은 제3판을 번역한 것이다. 제3판이 초판과 달라진 것 중 특히 주목할 점은 초판의 저자 세 분에 추가하여 하버드대학교 동료인 Nock 교수가 공저자로 참여했다는 점, 그리고 최근에 각종 정신장애를 분류하고 진단하는 국제적 기준인 정신장애의 진단 및 통계편람, 제5판(DSM-5)이 출간됨에 따라 개정된 내용이 반영되었다는 점 등이다. 그러나 이러한 표면적인 변화 외에도 저자들은 심리학의 최근 연구 성과를 반영하여 새로운 내용을 추가하고, 구성과 서술을 개선하여 초판보다 훨씬 발전되고 완성된 모습의 심리학개론을 내놓았다. 이번에도 심리학개론과 심리학 입문(제2판)의 번역을 담당했던 역자들이 해당 부분을 다시 맡아서 수고를 했다.

각 역자들이 담당한 부분은 다음과 같다.

1장은 민경환 교수, 2장은 이주일 교수, 3, 5, 14장은 김명선 교수, 4, 7, 8장은 박창호 교수, 6, 9장은 김영진 교수, 10장은 이창환 교수, 11장은 이옥경 교수, 12, 13장은 남기덕 교수, 15, 16장은 정경미 교수가 맡았다.

좋은 책을 추천하여 번역을 맡겨 주신 (주)시그마프레스 강학경 사장과 편집부 여러분에게 심심한 사의를 표한다. 아무쪼록 이 개론서가 심리학에 대한 관심과 이해를 높이는 데 큰 기여를 하기 바란다.

2016년 2월
역자 대표 민경환

저자 소개

COURTESY OF DANIEL SCHACTER

Daniel L. Schacter는 하버드대학교 심리학과 William R. Kenan, Jr 교수이다. 채플 힐에 위치한 노스캐롤라이나대학교에서 학사학위를 받았다. 그때부터 여러 종류의 뇌 손상과 연계된 실어증상에 깊은 관심을 갖게 되었다. 그 후 토론토대학교에서 연구와 교육을 계속하여, 그곳에서 1981년에 박사학위를 받았다. 그후 1987년 애리조나대학교 심리학과에 합류할 때까지, 6년 동안 토론토대학교에서 교수로 복무하였다. 1991년에 하버드대학교 교수로 이동하였다. 그는 의식과 무의식적인 기억형태 간의 관계, 기억의 왜곡과 오류의 본질, 기억을 활용한 미래사건 심상화 등을 탐구하는 연구를 수행하였다. 그의 많은 연구들은 1996년에 발간된 기억을 찾아서 : 두뇌, 마음 및 과거(*Searching for Memory: The Brain, the Mind, and the Past*), 2001년에 발간된 기억의 일곱 가지 죄악 : 마음의 망각과 기억(*The Seven Sins of Memory: How the Mind Forgets and Remembers*)으로 출간되었으며, 두 책 모두 미국심리학회에서 수여하는 윌리엄 제임스 기념상을 받았다. Schacter는 다수의 우수 교수상과 연구상을 수상하였는데, 미국실험심리학회에서 수여하는 하버드 레드클리프 파이베타카파 교수상과 워렌 메달을 수상하였고, 미국심리학회가 수여하는 우수 과학공로상을 수상하였다. 2013년에는 국립 과학아카데미 회원으로 선출되었다.

THE FAMILY OF DANIEL WEGNER

Daniel M. Wegner는 하버드대학교에 있는 윌리엄 제임스 기념, John Lindsley 심리학 교수이다. 미시간 주립대학교에서 1970년에 학사학위와 1974년에 박사학위를 받았다. 그는 텍사스 샌안토니오에 있는 트리니티대학교에서 교수 경력을 시작하였는데, 1990년에 버지니아대학교에 임용되었고, 그 후 2000년에 하버드대학교에 임용되었다. 미국 예술 및 과학 아카데미 선임연구원을 역임했고, 미국심리과학협회로부터 윌리엄 제임스 기념상을 수상하였으며, 미국심리학회로부터 우수 과학공로상과 실험사회심리학회로부터 우수 과학자상을 수상하였다. 사고억압과 정신적 통제, 집단과 관계에서의 교류기억, 의식적 의지의 경험이 핵심적인 연구 관심사이다. 사고억압과 의식에 관한 그의 연구는 대중적 저서인 흰곰과 원하지 않는 사고(*White Bears and Other Unwanted Thoughts*)와 의식적 의지의 착각(*Illusion of Conscious Will*)의 기초가 되었으며, 이 둘 모두 우수 학술도서로 채택되었다. 2013년에 사망하였다.

COURTESY OF DANIEL GILBERT

Daniel T. Gilbert는 하버드대학교 심리학과의 Edgar Pierce 교수이다. 덴버 소재 콜로라도대학교에서 학사학위를 취득한 이후, 프린스턴대학교에서 박사학위를 취득하였다. 1985년에서 1996년까지 오스틴 소재 텍사스대학교에서 강의를 하다가, 1996년에 하버드대학교 교수로 합류하였다. 소장학자로서 심리학 발전에 기여한 공로를 인정받아 미국심리학회 우수 과학자상을 수상하였고, 사회심리학에 대한 탁월한 공로로 디너상을 수상하였으며, 파이베타카파 우수 교수상과 하버드대학교 교수상을 비롯한 다수의 교육상을 수상하였다. 그의 연구 관심사는 미래사건에 대해 정서적으로 반응할 때, 인간이 어떻게 그리고 얼마나 현명하게 생각하는지에 대한 것이다. 그는 국제적으로 베스트셀러가 된 행복에 걸려 비틀거리다(*Stumbling on Happiness*)의 저자이며, 이 책은 그해 발간된 가장 대중적인 과학 도서에 수여되는 영국 왕립학회 일반부문 도서상을 수상하였다. 그는 PBS에서 방영되는 TV 시리즈물인 "이것이 정서적인 삶이다(This is Emotional Life)"의 진행자이며 공동 저자이기도 하다.

NICOLAS GUEVARA

Matthew K. Nock은 하버드대학교 심리학교수이다. 보스턴대학에서 학사학위(1995), 예일대학에서 박사학위를 받았다(2003). 그리고 Bellevue 병원과 뉴욕대학교 아동연구 센터에서 임상 인턴(2003)을 하였다. 2003년에 하버드대학교에 합류하여 계속 재직 중에 있다. 학부 시절, 사람들은 왜 의도적으로 자신을 해치려고 하는 일들을 하는지에 대해 의문을 갖게 되었고, 그 이후부터 이 질문에 답하려는 연구를 계속해 오고 있다. 그의 연구는 본질상 다학제적으로 이루어지며 다양한 방법론적 접근법(예 : 인식론적 조사, 실험실 기반 실험 및 임상 기반 연구 등)을 활용한다. 이를 통해 해당 행동들이 어떻게 발전하고, 어떻게 예측될 수 있으며, 발생을 막으려면 어떻게 해야 하는지를 좀 더 잘 이해할 수 있기 때문이다. 하버드대학교에서 다수의 교수상을 수상하였고, 연구성과를 인정받아 4개의 소장학자상을 수상하기도 했는데, 2011년에 MacArthur 선임연구원으로 지명되었다.

저자 서문

당신은 왜 이 서문을 읽고 있는가? 이 책의 본문으로 들어가려면 아직도 10쪽 가량이 나 뒤로 더 가야 하는데, 왜 본문으로 바로 가지 않고 이 부분을 읽고 있는가? 당신은 무엇이든 하나라도 빼먹으면 안 된다고 생각하는 그런 유형의 사람인가? 이 책을 사는 데 쓴 돈의 본전을 뽑으려면 글자를 하나도 남김 없이 다 읽어야 한다고 생각하기 때문인가? 아니면 습관적으로 첫 페이지를 여는 사람인가? 뭔가 큰 실수를 했다는 생각이 들기 시작하는가?

기억하건대, 우리 저자들은 우리들 자신에 대해서, 친구들에 대해서, 그리고 스쳐 지나가는 사람들에 대해서 이와 같은 질문들을 해 왔다. 우리는 그 사람들이 왜 그런 식으로 생각하고, 느끼고, 행동하는가에 대한 호기심 때문에 심리학 과목을 수강하게 되었고, 그 심리학 강의들에 푹 빠져들었던 기억은 나지만, 그때 교과서로 사용되었던 책은 아무것도 기억나지 않는다. 그 이유는 아마도 그 교과서들이 수많은 사실과 이름과 날짜들로 가득 찬 백과사전처럼 보이는 책이었기 때문이었던 것 같다. 그래서 우리는 기말 시험이 끝나는 날 그 교과서들을 샀던 서점으로 가서 주저 없이 되팔아 버렸다.

우리들은 심리학 교수가 되었고, 모든 심리학 교수들이 하는 것과 똑같은 일을 했다. 강의를 하고, 연구를 하고, 사람을 교수처럼 보이게 만드는 유행이 훨씬 지난 조끼를 입었다. 우리는 또 사람들이 정말로 읽고 싶어 하는 대중서적도 썼는데, 이런 책을 쓰면서 비로소 우리는 왜 학생들이 정말로 읽고 싶어 하는 심리학개론 교과서를 쓴 사람이 여태껏 아무도 없었을까 하는 생각을 하게 되었다. 뭐니 뭐니 해도 심리학은 이 세상에서 가장 흥미로운 주제를 다루는 학문인데, 심리학 교과서가 학생들의 책가방 속에 있는 책 중에서 가장 재미있는 책이 되지 않을 이유가 무엇이 있겠는가? 우리는 그런 이유를 찾을 수 없었기 때문에 함께 모여 앉아서 우리가 학생일 때 가졌었더라면 좋았을 그런 책을 썼다. 이 책의 초판은 2008년에 발간되었는데, 그 반응은 어마어마했다. 우리는 이전에 교과서를 써 본 적이 없었기 때문에 어떤 결과가 나올지를 전혀 예상하지 못했지만, 그렇다고 퓰리처상을 받을 꿈을 꾸어 볼 생각은 절대 하지 않았다.

퓰리처상은 꿈도 꾸지 않았기 때문에 그 상을 받지 못한 것은 전혀 아쉬워할 일이 아니다. 그러나 우리에게는 퓰리처상을 받는 것보다 더 좋은 일이 벌어졌다. 우리가 쓴 그 책이 너무나 좋았다는 편지와 이메일을 전국 각지의 학생들로부터 받기 시작했던 것이다. 그 학생들은, 우리가 이미 앞서 말했듯이, 심리학이 이 세상에서 가장 흥미로운 주제를 다루는 학문이기 때문에 그 책의 내용이 좋았다고 했다. 그러나 그들은 또한 우리가 쓴 교과서가 교과서 같아 보이지 않는다는 점이 좋았다고 했다. 그 책은 중학교 1학년 생물학 시간에 학생들이 보는 '동물의 세계' 영화에 나오는 아나운서의 판에 박힌 목소리와 같은 어조("저 바다 수달을 보세요. 작은 털북숭이의 자연 청소부입니다.")로 쓰이지 않았다. 그 책은 우리가 학생들에게, 아내에게, 자녀들에게, 그리고 심지어는 애완동물에게 말할 때와 똑같은 우리 자신의 목소리로 썼다. 우리는 내용을 단순히 열거하기보다는 통합했고, 내용을 단순히 서술하기보다는 아이디어를 보여 주는 식으로 심리학의 이야기를 하려고 의식적으로 노

력했다. 우리는 과학이란 것이 복잡하고 어려운 문제이기 때문에 어떤 선생님들은 과학 교과서도 마찬가지로 복잡하고 어려운 것이어야 한다는 생각을 갖고 있다는 사실을 알고 있었다. 그러나 우리는 그 문제를 그렇게 보지 않았다. 교과서를 쓰는 것은 복잡한 것을 단순하게 보이게 만들고, 어려운 것을 재미있게 만드는 예술 작업이라고 생각한다. 우리에게 편지를 보낸 학생들은 우리의 이런 생각에 동의하는 것 같다(그런데 퓰리처상 심사위원들은 그렇게 생각하지 않았던 모양이다).

우리 책의 제2판은 대히트였다. 그런데 왜 또 개정을 했는가? 그 이유는 두 가지이다. 첫째는 책 표지에 바둑판 무늬의 타이즈를 입고 구르고 있는 두 사람의 의미가 무엇인가를 묻는 질문을 받는 데 지쳤기 때문이다. 그 사람들은 이제 책 표지에서 사라졌는데, 우리는 이 말을 한 번만 더 하고자 한다. 그 사람들은 우리들 중 그 어느 누구도 아니며, 그리고 아마도 그 사람들은 초강력 접착제를 사용한 것 같다는 것 말이다. 개정판을 내놓는 두 번째, 보다 더 중요한 이유는 모든 것은 바뀐다는 것이다. 과학도 바뀌고(심리학자들은 불과 수년 전에는 몰랐던 마음과 뇌에 관한 수많은 것들을 알게 된다), 세상도 바뀌며(우리가 초판을 쓸 때 그 어느 누구도 아이팟이나 버락 오바마에 대해 들어 본 사람이 없었다), 그리고 우리들도 바뀐다(우리의 연구와 저술은 심리학적 연구 문제들에 대한 새로운 시각을 제공해 주며, 우리의 저술과 강의는 학생들의 학습을 돕는 새로운 방법을 보여 준다). 우리의 주변과 우리들 자신에게 일어나고 있는 이러한 변화들을 보면서 우리는 우리의 책도 마찬가지로 변해야 한다고 생각했다.

제3판의 새로운 점

비판적 사고에 대한 강조

과학이 새로운 증거들을 찾아내고 새로운 이론들을 발전시킴에 따라 과학자들의 생각도 바뀐다. 과학 과목에서 학생들이 배우는 사실 중 어떤 것들은 수십 년이 지나도 여전히 변함없이 사실로 남아 있겠지만, 또 어떤 것들은 더 검증을 해 보아야 하거나 확실하게 틀린 것으로 판명되는 것들이 있다. 이것이 바로 학생들이 사실을 단순하게 배우기만 할 것이 아니라 그 사실들에 대해 어떻게 생각해 보아야 하는가, 즉 과학자들이 발굴해 내는 증거들에 대해 검토해 보고, 문제를 제기해 보고, 따져 보는 것을 배워야 할 필요가 있는 이유이다. 우리는 이 책 전체에 걸쳐서 이러한 비판적 사고를 강조하고 있지만, 이 제3판에서는 사람들이 어떤 증거에 대해 이를 검토할 때 범하는 실수들에 관해 학생들이 생각해 보는 것을 도와주기 위해 이 문제 자체를 전적으로 다룬 내용을 추가하였다(2장의 70쪽, '증거에 관한 비판적 사고' 절을 보라). 우리는 이 내용이 학생들로 하여금 심리학적 지식뿐만 아니라 일상생활의 여러 가지 일들에 대해서도 올바른 기반을 갖춘 신념을 발전시키는 데 있어서 경험적 증거를 어떻게 사용하는지를 배우는 데 도움이 되기를 바란다.

'교실에서의 학습' 절 신설

다른 심리학 교과서들과 마찬가지로, 우리가 쓴 교과서의 첫 두 판은 고전적 조건형성에서부터 관찰 학습에 이르기까지 여러 가지 많은 유형의 학습에 관한 주제를 심도 있게 다루었다. 이번 판 역시 그러하다. 그러나 정말 이상한 것은 이 책의 이전 두 판을 포함하여 대부분의 심리학 교과서가 '학습' 장에서 학생들에게는 정말 가장 밀접한 관련성을 갖는 '교실에서의 학습'이라는 주제를 거의 다루지 않아 왔다는 것이다. 우리는 바로 지금이 이 당혹스러운 사태를 변화시켜야 할 때라고 생각하고, 그래서 그 변화를 도모했다. 7장에 '교실에서의 학습' 절을 신설

하여 이 주제에 관하여 최근에 연구된 흥미로운 내용들을 요약해 놓았는데, 그 내용은 가장 효과적이라고 하는 학습 방법들에 대한 평가, 학습을 비효과적이게 만들 수 있는 인지적 착각에 관한 통찰력 있는 내용, 강의에 대한 주의집중과 내용 습득을 증진시키는 방법에 관한 연구, 온라인 학습에 대한 전망에 관한 논의 내용 등이다. 이 '학습' 장은 학생들의 생활과 밀접하게 관련을 갖는 것이 되어야 하는데, 우리는 그것을 그렇게 만들어 보려고 최선을 다했다.

최신의 연구 소개

교과서란 당연히 학생들에게 고전적인 연구 결과들을 모두 섭렵할 수 있게 해 주어야 하겠지만, 또한 이와 더불어 학생들로 하여금 최신의 연구 결과들도 충분히 접할 수 있게 해 주어야 한다. 우리는 학생들에게 심리학 교과서가 박물관에나 들어 있음 직할 그런 내용들만 담고 있는 것이 아니라는 것, 즉 과거의 연구 내용들만의 모음이 아니라 또한 바로 현재의 연구 내용들도 함께 포함하고 있는 것이라는 점을 깨닫게 하고, 또 점점 계속 발견되고 있는 이 과학이 학생들로 하여금 만약 그들이 원한다면 그 역할을 할 수 있는 곳이라는 점을 깨닫게 만들기를 원한다. 그래서 우리는 이 제3판을 현재 이 분야에서 진행되고 있는 연구들에 관한 정보들로 꾸몄다. 400개 이상의 인용구를 새롭게 추가했을 뿐만 아니라, 모든 장에 들어 있는 '최신 과학' 글상자는 이슈가 될 만한 최신의 연구 내용들로 꾸몄다.

장 번호	최신 과학
1	허브 사이언스로서의 심리학 (p. 36)
2	폭력적인 영화가 평화로운 거리를 만드는가? (p. 68)
3	후생유전학과 초기 경험의 지속적 효과 (p. 118)
4	위로부터의 맛 (p. 177)
5	마음의 방황 (p. 193)
6	자면서 기억하기 (p. 245)
7	파킨슨병에서 도파민과 보상학습 (p. 305)
8	증거를 보이는 몸 (p. 339)
9	갑작스러운 통찰과 대뇌 (p. 404)
10	바보 논쟁? (p. 430)
11	요람 속의 통계학자 (p. 451)
11	역사의 끝이라는 착각 (p. 478)
12	표면적으로 보이는 성격 (p. 498)
13	실험실 쥐의 운명 (p. 539)
13	결혼식 설계자 (p. 565)
14	인종 차별이 스트레스와 질병을 초래하는가? (p. 580)
15	자폐증의 바람직한 결과 (p. 644)
16	심리치료의 '재부팅' (p. 669)

*DSM-5*로 관련 내용 최신화

새로운 연구가 엄청나게 많이 이루어지고 따라서 연구 내용에서 아주 큰 변화가 일어난 분야가 바로 정신장애 분야이다. 여러분이 이제 곧 알게 되겠지만, 심리학자들은 어떤 행동을 공식적으로 '장애'로 보는가를 결정하기 위하여 '정신장애의 진단 및 통계 설명서(*DSM*)'라고 불리는 설명서를 사용한다. 예를 들면, 우리 모두는 가끔씩 슬픔에 빠지는데, 어느 정도의 슬픔에 빠져야 치료를 받아야 할 정신장애로 진단이 내려지는가? *DSM*은 이러한 질문들에 대해 답을 준다. 심리학계에서는 *DSM*의 4판(*DSM-IV*)을 20년 가까이 사용해 오다가, 이제 최신의 5판(*DSM-5*)을 갖게 되었는데, 이것은 2013년에 발간되었다. 심리학자들은 지난 20여 년간 정신장애에 관해 많은 것을 밝혀내었는데, 우리의 이 **심리학개론**(제3판)은 심리학자들이 정신장애에 대해 어떻게 생각하고, 정의하고, 분류하는지에 대한 최신의 정보를 담고 있다.

목차의 재편

우리는 또한 심리학을 가장 잘 가르치는 방법이 무엇일까에 관한 우리의 생각의 변화에 맞추어 이 책의 목차를 재편하였다. 구체적으로 본다면, '스트레스와 건강' 장을 '정신장애와 치료' 장보다 앞에 나오도록 배열하였다. 우리는 이렇게 하는 것이 여러 면에서 이 책의 흐름을 더 좋게 만들 것이라고 본다. 먼저, 여러분이 곧 알게 되겠지만, 스트레스 경험이란 여러분이 '성격' 장과 '사회심리학' 장에서 배우게 될 내용인 대인 관계적 사건과 그 사건들에 대한 반응 방식과 밀접하게 관련이 있다. 둘째, 정신장애에 관한 현행 모델들은 정신장애가 성향적 요인(예컨대 유전적 요인 또는 여타의 요인)과 스트레스를 유발하게 만드는 생활상의 사건 간 상호작용의 결과로 나온다고 보고 있다. 이러한 모델들의 내용은 여러분이 신체의 스트레스 반응에 대해 먼저 배우고 나면 훨씬 더 감을 잡기가 쉬울 것이다. 셋째, 이 장은 여러분이 시험 기간에 유용하게 활용할 수 있는 건강 증진 행동에 관한 정보를 담고 있는데, 이러한 정보는 그 소개를 학기말 가까이까지 미룰 것 없이 여러분에게 좀 더 빨리 알게 해 주는 것이 더 나을 것이다.

'다른 생각' 특집 신설

이 지구상에 심리학자들이 나타나기 아주 오래전에 이미 시인(poets), 극작가(playwrights), 현자(pundits), 철학자(philosophers), 그리고 영문자 P로 시작되는 수많은 다른 여러 부류의 사람들이 인간의 본질에 관한 문제를 다루었다. 이 사람들은 오늘날에도 여전히 사람들이 어떻게, 그리고 왜 어떤 행동을 하는지의 문제를 다루고 있으며, 앞으로도 이 문제에 대하여 심오하고도 창의적인 통찰력을 보여 줄 것이다. 이번 제3판에서 우리는 '다른 생각'이라고 이름 지은 새로운 특집을 통하여 이 사람들의 생각을 여러분과 공유하고자 한다. 모든 장에서 여러분은 다음의 세 가지 자질을 갖춘 인사들, 즉 (1) 생각이 깊고, (2) 글을 잘 쓰며, (3) 우리가 모르는 것을 알고 있는 인사들의 글을 만나게 될 것이다. 예를 들면 데이비드 브룩스, 테드 거프, 티나 로젠버그, 그리고 데이비드 유잉 던컨과 같은 유명 언론인들, 앨리스 랜들과 같은 베스트 셀러 작가, 린다 무어나 로버트 H. 프랭크와 같은 수상 경력이 화려한 교육자들, 구스틴 라히바흐, 엘린 삭스와 같은 유명한 법률학자들, 생물학자인 그레그 햄피키언, 컴퓨터 학자인 대프니 콜러와 같은 저명한 학자들이 쓴 글을 보게 될 것이다. 그리고 우리들만이 여러분에게 심리학자의 목소리를 들려줄 수 있는 유일한 심리학자가 아니라는 것을 확실하게 보여 주기 위하여 팀 윌슨, 크리스 채브리스, 대니얼 시몬스, 그리고 찰스 페르니요의 글도 실었다. 이 저명 인사들 한 분 한 분이 모두 인간의 본질에 관하여 매우 중요한 내용들을 말하고 있으며, 우리는 그들이 이 책에 자신의 글을 올리는 것에 동의해 준 것에 대해 너무나 기쁘게 생각한다. 이 글들은 학생들로 하여금 다양한 심리학적 문제들에 대하여 비판적으로 생각하는 것을 도와줄 뿐만 아니라, 심리학이 일상생활과 밀접한 관련성을 갖고 있으며, 또한 심리학이 대중의 토론 무대에서 큰 비중을 차지하고 있다는 것을 보여 준다.

'생각 바꾸기' 직무의 최신화

심리학개론을 가르치는 784명의 심리학 교수들이 모두 동의하는 게 무엇일까? 이들이 모두 동의하는 것은 학생들이 심리학개론의 첫 시간에 심리학적 문제들에 관해 갖고 들어오는 생각들 대부분이 틀린 것들이라는 것이다. 워스 출판사에서 일하는 훌륭한(이 출판사에서 우리더러 이렇게 말해 달라고 했음) 분들의 도움으로 우리는 이 784명의 교수들을 대상으로 조사를 하였는데, 학생들이 심리

> **생각 바꾸기**
>
> **1.** 여러분의 학급 친구 중 하나가 교육학 전공을 위한 필수 과목이기 때문에 이 수업을 수강한다고 말한다. "심리학은 정신 질환과 치료를 이해하는 것이 전부다. 나는 심리학자가 아니라 교사가 되려고 하는데 왜 이 내용들을 공부해야 하는지 알 수가 없다." 왜 그 친구는 자신의 의견을 재고해야 할까? 심리학의 어떤 하위 분야가 교사에게 특히 중요한가?

학에 대해 가장 많이 갖고 있는 공통적인 오해가 어떤 것들인지를 물어보았다. 우리는 이 조사를 바탕으로 '생각 바꾸기' 질문들을 만들어서 이를 각 장의 마지막 부분에 넣었다. 이 질문들은 여러분으로 하여금 사람들이 흔히 오해를 갖게 될 수 있는 일상생활에서의 상황들에 대해 생각해 보게 만들고, 여러분이 배운 과학적 지식을 사용해 이를 어떻게 교정할 수 있을 것인지를 생각해 보게 하는 질문이다. 우리는 여러분이 이 연습을 통해 여러분이 배운 지식을 적용하는 역량을 갖추게 되고, 심리학에 관한 생각도 바꿀 수 있게 되기를 바란다(그래서 우리가 '생각 바꾸기'라는 진부한 제목을 붙인 것이 그나마 효과가 있기를 바란다).

> 사람들이 때로는 자기도 모르게 고정
>
> **?** 비율 계획은 당신이 돈을 계속 쓰도록 어떻게 작동하는가?
>
> 종종
> 과급
> 으며,
> 에게
>
> 강화물이 정확하게 언제 올 것인지를 이

학습 보조를 위한 요약 및 질문

연습

탐구 자극 질문은 비판적 사고를 기르고 교과서의 각 절에서 가장 중요한 개념이 무엇인가를 찾아내는 데 도움을 준다.

- 방점 요약은 주요 개념들을 강조하고 문제 풀이에 대한 공부를 도와주기 위하여 각 절마다 말미에 만들어 놓았다.
- 각 장의 맨 끝에 있는 **주요 개념 퀴즈**는 학생들이 자신이 학습한 내용을 점검해 볼 수 있도록 하는 기회를 제공해 준다.
- 비판적 사고 질문은 이 책에 수록된 사진들 중 일부에서 그 사진에 대한 설명 내용의 말미에 제시되어 있어서 여러 가지 개념을 적용해 보는 기회를 가질 수 있게 해 준다.

CLÉMENT PHILIPPE/ARTERRA PICTURE LIBRARY/ALAMY

자연선택론에 따르면, 생존의 이득을 주는 물려받은 특성들은 세대를 걸쳐서 집단 전체로 확산하는 경향이 있다. 감각 순응은 왜 진화했을까? 포식자를 피하려 할 때 감각 순응은 작은 동물에게 어떤 생존상의 이점들을 줄까?

실세계에의 적용

심리학에서 발견된 사실과 개념들이 실제 세상에는 적용되지 않는 것들이라면 그것들이 갖는 의미가 무엇일까? 이번 제3판에서는 이 책에 나온 내용들이 현실세계에서 여러분이 경험하는 것들에 어떻게 적용될 수 있는지를 보여 주는 많은 예들을 제공하고 있다. 예를 들면, 각 장에는 책 안에 있는 개념들이 책 밖의 실생활에 적용되는 것을 보여 주는 **현실세계**라는 글상자가 있다. (우리는 우리의 이 생각을 너무나 좋아한 나머지 이 서문에서조차도 그 글상자를 하나 넣고 있다. 그 글상자를 보려면 오른쪽을 보라.) 나아가 문화는, 우리가 줄 서기를 어떻게 인식하고 있는가에서부터 그 줄에 서서 얼마나 오래까지 기다리는가에 이르기까지, 우리가 하는 모든 행동에 영향을 미치기 때문에, 이 제3판에서도 문화와 사회 글상자는 물론 이 책의 전반을 통해서 인간의 문화적 다양성을 보여 주는 내용들을 다음에 나와 있는 바와 같이 계속 싣기로 하였다.

장 번호	현실세계
1	미룸 행동의 위험 (p. 4)
1	공부 기술을 향상시키기 (p. 10)
2	묘하게도 (p. 65)
3	뇌 가소성과 환상지의 감각 (p. 110)
3	뇌사와 식물상태 (p. 129)
4	다중 작업 (p. 141)
4	음악 훈련 : 시간을 들일 만하다 (p. 170)
5	약물과 의식의 규제 (p. 224)
6	구글이 우리 기억을 방해할까? (p. 259)
7	약물 과용의 이해 (p. 282)
8	밥 먹었니? (p. 353)
9	지퍼에서 정치적 극단주의까지 : 이해하고 있다는 착각 (p. 406)
10	똑똑해 보이는 법 (p. 416)
11	이리 걸어와 (p. 458)
12	'남성적' 성격과 '여성적' 성격이 따로 있는가? (p. 500)
13	데이트 신청하기 (p. 543)
14	위약 조건에서의 뇌 (p. 601)
15	정신장애는 어떻게 정의되고 진단되는가? (p. 621)
16	심리치료의 유형 (p. 658)
16	심각한 정신장애 치료하기 (p. 674)

장 번호	문화와 사회
1	서구문화와 동양문화의 분석적 스타일과 종합적 스타일 (p. 31)
2	넘어지기에 가장 좋은 장소 (p. 48)
4	문화가 변화맹에 영향을 미치는가? (p. 163)
5	각 문화에서 꿈은 무엇을 의미하는가? (p. 211)
6	문화가 아동기 기억 상실증에 영향을 끼칠까? (p. 252)
7	강화물에 문화적 차이가 있는가? (p. 293)
8	중요한 것은 당신이 말하는 내용인가 아니면 말하는 방식인가? (p. 343)
9	문화가 낙관성 편향에 영향을 끼칠까? (p. 394)
12	당신의 성격은 당신이 무슨 언어를 사용하는가에 따라 달라지는가? (p. 512)
13	무료 주차 (p. 553)
14	자유로운 세상 … 스트레스로 가득 찬 세상? (p. 595)
15	서로 다른 지역에서 정신장애는 어떻게 나타나는가? (p. 619)
16	지구 곳곳에서의 정신장애의 치료 (p. 660)

이 클럽에 가입하세요

과학은 오래전에 한 때는 서구에서 부유한 유럽 남자들의 취미이었다. 다행스럽게도, 이 분야의 모습은 그런 초기 시대와는 달리 많이 변했고, 지금은 더 많이 바뀌어 가고 있다.

사실상 사회적 변화는 다른 어떤 학문 분야에서보다 심리학 분야에서 개방성과 다양성이 더 빨리 그리고 더 많이 이루어지게 만들었다. 예를 들어 2006년을 보면 공학과 자연과학 분야를 공부하는 여성의 수는 매우 적지만, 심리학 분야에서는 박사 학위자의 71% 이상이 여성이다(Burrelli, 2008). 다음에 나와 있는 그림을 보면 알 수 있겠지만, 모든 분야에서 여성의 박사학위 취득 비율이 증가하고 있기는 하지만, 심리학 분야에서는 그 비율이 엄청나게 높다. 그리고 남미계, 아프리카계 및 원주민계 미국인 학생의 박사학위 취득 비율은 1985년에서 2005년 사이에 두 배로 뛰었고, 이 기간에 아시아계와 태평양계 미국인 학생의 박사학위 취득 비율을 세 배로 증가하였다(National Sceince Board, 2008). 이것이 이제는 미래의 모습이고, 그 미래에서는 심리학이 모든 사람이 하는 과학이 된다. 심리학의 개방적 성격의 징후는 도처에서 볼 수 있다. 대학교 학부의 심리학 전공 학생의 클럽들이

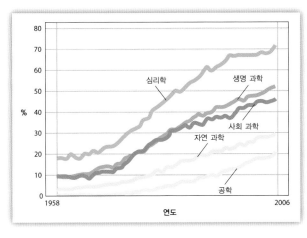

◀ 학생의 박사학위 취득 비율은 다른 어떤 학문 분야에서보다 심리학 분야에서 가장 빠르게 성장하고 있다 (Burrelli, 2008).

나 사이 카이(Psi Chi, 대학교 학부 및 대학원의 심리학 전공자의 우등생 클럽) 또는 사이 베타(Psi Beta, 전문대학교 심리학 전공자의 우등생 클럽)와 같은 클럽에 가입해 있는 학생들을 한번 둘러 보라. 심리학 전공자는 지금 남학생보다 여학생이 그 수가 훨씬 더 많고 (77%, Plant et al., 2008), 곳곳에서 보면 소수 집단 출신의 심리학 전공 학생의 수가 굉장히 많다. 심리학 전공 학생 클럽이나 우등생 클럽에서와 같이, 심리학 연구는 모든 연령, 성별, 성적 취향, 인종, 능력, 종교, 국적, 또는 민족에 관계없이 누구에게나 열려 있고, 또 어느 누구에게 대해서도 대환영이다. 심리학 연구에 동참하라.

학습 성과 향상을 위한 도구 마련

미국심리학회가 설정한 교육 목표와 학습 성과 기준에 입각한 강의

대학교 학부 심리학 교육에서의 교육 목표와 학습 성과가 무엇이 되어야 하는가에 대한 합의점을 도출하기 위한 노력의 일환으로 미국심리학회(American Psychology Association, APA)는 심리학을 가르치는 교수들을 위한 지침을 마련하기 위하여 '대학교 학부 심리학 전공자의 역량' 기준을 설정하기 위한 특별위원회를 구성하였다. 이 위원회에서는 대학교 학부 심리학 교육에 대한 미국심리학회의 지침이라는 종합 지침서를 발간하였고, 2013년 5월에 개정판인 2판이 발간되어 나왔다. 이 개정된 지침서는 심리학 전공 학생들이 심리학 전공과목들로부터, 그리고 전체적으로 심리학 전공으로부터 무엇을 배우게 되는가에 관한 엄격한 기준을 제시하고 있다. 이 기준에는 아래와 같은 다섯 가지 목표가 들어 있다.

목표 1. 심리학에 관한 기초 지식
목표 2. 과학적 탐구 능력과 비판적 사고 능력
목표 3. 현세계의 문화적 다양성을 고려한 윤리적 및 사회적 책임감
목표 4. 의사소통 능력
목표 5. 심리학을 바탕으로 한 직업적 역량

요약 차례

차례

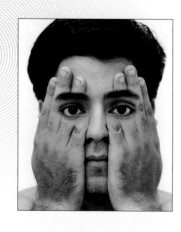

제6장   기억 ·· 233

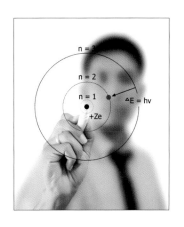

제16장　정신장애의 치료 655

심리학 : 과학의 진화

1860년에는 많은 일이 일어나고 있었다. 에이브러햄 링컨이 이제 막 대통령으로 선출되었고, 포니 익스프레스(Pony Express, 조랑말 속달우편)가 미주리와 캘리포니아 간 우편물을 배달하기 시작했고, 앤 켈로그라는 여성이 마침 출산을 하였는데, 이 아이가 자라 나중에 콘플레이크를 개발하였다. 하지만 자신의 인생을 어떻게 살아야 할지 잘 모르는, 영리하고 말이 없는 18세 소년인 윌리엄 제임스(William James, 1842~1910)에게는 이 모든 것이 중요하지 않았다. 제임스는 그림 그리는 것을 무척 좋아했지만, 훌륭한 예술가가 될 만큼 자신의 재능이 뛰어나지 않다고 고민하고 있었다. 학교에서는 생물 공부를 좋아했지만 자연과학자의 수입으로 결혼을 하고 자신의 가정을 꾸리기는 힘들 것이라고 생각했다. 또한 자신의 미래에 대해 어려운 결정을 내려야 하는 그 또래의 많은 젊은이들처럼, 윌리엄은 자신의 꿈을 버리고 비록 흥미는 적지만 가족들이 진심으로 원하는 다른 진로를 선택했다. 안타깝게도 하버드 의대에 도착한 지 몇 달 지나지 않아, 의학에 대한 그의 초기 무관심은 걱정스러울 정도의 열정 부족으로 이어졌고, 교수의 한 마디 격려에 힘입어 아마존 생물 탐험에 합류하기 위해 의학 공부를 잠시 중단했다. 비록 거머리에 대해서는 많은 것을 배웠지만, 그 모험은 방황하는 마음을 안정시키는 데는 실패했다. 의대로 돌아왔을 때, 그의 신체적 건강과 정신적 건강 모두 나빠지기 시작했다. 윌리엄 제임스가 외과용 메스와 약 봉투를 책임질 유형의 사람이 아니라는 것은 이제 모두에게 분명해졌다.

윌리엄이 예술가, 생물학자 혹은 의사가 되었다면, 아마 우리는 오늘날 그에 대해 기억할 것이 아무것도 없을 것이다. 우리에게는 다행스럽게도, 그는 5개 국어를 구사할 수 있는 매우 혼란에 빠진 젊은이였고, 우울증에 빠져 다시 한 번 의대를 떠나야만 했을 때 그는 적어도 언어가 통하는 유럽을 여행하기로 결정했다. 그리고 그곳에서 사람들과 대화를 하면서, 그는 **심리학**(psychology는 그리스 어로 '영혼'을 뜻하는 psyche와 '공부하다'를 의미하는 logos의 합성어다)이라 불리는 새로운 과학에 대해 알게 되었다. 윌리엄은 이 발전하고 있는 분야가 인간 본성에 대한 오래된 질문들 — 윌리엄이 개인적으로 의미를 찾아 헤매는 동안 고통스러울 정도로 친숙하게 된 질문들이지만, 그 이전에는 오직 시인들과 철학자들만이 답을 해 왔던 질문들 — 에 대한 현대적이고, 과학적인 접근을 취하고 있음을 깨닫게 되었다(Bjork, 1983; Simon, 1998). 새로운 학문 분야에 들뜬 윌리엄은 미국으로 돌아와 의대 학위를 빨리 마쳤다. 하지만 그는 한 번도 의사

윌리엄 제임스는 젊은 시절 내내 심각한 혼란에 빠졌다. 그는 대학에서 처음에 화학을 전공했으나, 해부학으로 바꿨고, 생물학 탐사를 위해 아마존에 가는 배를 탔으며, 그다음에 유럽으로 여행을 했는데 그곳에서 새로운 심리과학에 관심을 갖게 되었다. 우리에게는 다행스럽게도 그는 심리학에 한동안 머물렀다.

심리학
마음과 행동의 과학적 연구

마음
지각, 사고, 기억, 감정에 대한 사적인 내적 경험

행동
인간과 동물의 관찰할 수 있는 행위

를 직업으로 삼은 적이 없었고, 그럴 생각도 없었다. 대신 하버드대학의 교수가 되었고 그의 나머지 인생을 심리학에 바쳤다. 그의 기념비적인 저서 — **심리학의 원리**(The Principles of Psychology) — 는 아직도 널리 읽히고 있으며 심리학 분야에서 가장 영향력 있는 책 중의 하나로 남아 있다(James, 1890).

그 이후로 많은 일들이 일어났다. 에이브러햄 링컨은 1페니 동전의 앞면을 장식하였고, 포니 익스프레스는 이메일과 트위터로 대체되었으며, 켈로그 회사는 매년 약 90억 달러어치의 콘플레이크를 팔았다. 만약 윌리엄 제임스(1842~1910)가 오늘날에도 여전히 살아 있다면 이 모든 것들에 놀랄 것이다. 하지만 아마도 그는 자신이 탄생에 도움을 주었던 과학에서 일어난 지적인 진보에 더욱 많이 놀랄 것이다.

심리학(psychology)은 마음과 행동의 과학적 연구이다. **마음**(mind)이란 우리의 사적인 내적 경험으로, 지각, 사고, 기억, 감정으로 구성되어 있는 끊임없이 일어나는 의식의 흐름을 의미한다. **행동**(behavior)은 인간과 동물의 관찰할 수 있는 행위, 세상에서 우리가 하는 것 — 혼자든 다른 사람들과 함께든 — 을 의미한다. 앞으로 보게 되겠지만, 심리학은 수천 년 동안 인간을 혼란스럽게 한 마음과 행동에 대한 기본적인 질문들을 다루기 위해 과학적 방법을 사용하려는 시도이다. 이러한 질문들에 대한 답은 윌리엄 제임스를 놀라게 했을 것이다. 핵심적인 세 가지 예를 살펴보자.

1. 지각, 사고, 기억, 감정, 그리고 주관적 '자기(self)' 감각의 기반은 무엇인가?

수천 년 동안, 철학자들은 신체의 객관적이고 물리적인 세계가 마음의 주관적이고 심리적인 세계와 어떻게 관련되는지를 이해하려고 했다. 오늘날의 심리학자들은 모든 주관적 경험은 뇌의 전기적 활동과 화학적 활동으로부터 발생한다는 것을 알고 있다. 여러분이 이 책을 읽어나가면서 알게 되겠지만, 심리학 연구에서 가장 흥미로운 몇 가지 발전은 우리의 지각, 사고, 기억, 감정이 뇌의 활동과 어떻게 관련되는가에 초점을 두고 있다. 심리학자들과 신경과학자들은 이 관계를 조사하기 위해 새로운 기법들을 사용하고 있는데, 이 방법들은 20년 전만 하더라도 공상 과학 소설처럼 보였던 것들이다.

예를 들면, 기능적 자기 공명 장치 혹은 fMRI라고 불리는 기술은 과학자들이 뇌를 '스캔'함으로써 사람이 글자를 읽거나, 얼굴을 바라보거나, 새로운 기술을 배우거나, 개인적 경험을 기억할 때 뇌의 어떤 부분들이 활동하는지 알 수 있도록 해 주었다. 한 최근 연구에서 전문 피아니스트와 초보 피아니스트를 대상으로 피아노 연주와 같은 복잡한 손가락 동작을 할 때의 뇌를 스캔하였다. 결과는 이와 같은 손가락 동작에 관여하는 뇌 부위의 경우 전문 피아니스트의 뇌가 초보 피아니스트의 뇌보다 덜 활동적임을 보여 주었다(Krings et al., 2000). 이 결과는 광범위한 피아노 연습이 전문 피아니스트의 뇌를 변화시키고 손가락 동작을 통제하는 부분들이 초보자들보다 더 효과적으로 작동하게 되었음을 보여 준다. 여러분은 기억과 학습을 다루는 장들에서 이것에 대해 더 자세하게 배울 것이고, 다음에 나오는 장들에서 fMRI 및 관련 기법들을 사용하는 연구들이 어떻게 다양한 심리학 분야들을 변화시키기 시작했는지 보게 될 것이다.

키스 재럿은 60년 이상 피아노를 연주해 온 거장이다. 연주할 때 재럿의 손가락을 조종하는 뇌의 부위는 초보자와 비교할 때 상대적으로 덜 활동적이다.

2. 도대체 마음은 어떻게 대부분의 경우에 우리가 효과적으로 기능하도록 해 주는가?

때때로 과학자들은 형태는 기능을 따른다고 말한다. 즉, 만약 우리가 무엇인가가 어떻게 작동하는지 이해하고 싶다면(예를 들어, 엔진이나 온도계), 우리는 그것이 무엇을 위해서 작동하는지(예를 들어, 차에 동력을 가하기 위해서, 혹은 온도를 측정하기 위해서) 알 필요가 있다. 윌리엄 제임스가 종종 언급했듯이, "생각하는 것은 행동하기 위해서이다." 그러므로 마음의 기능은 먹이, 지낼 곳, 짝을 얻는 것과 같이 고도로 발달된 동물들이 번영하기 위해서 해야만 하는 것들을 하도록 우리를 돕는 것이다. 심리적 과정들은 적응적이라고 말하는데, 이것은 심리적 과정들이 그것에 관여하는 유기체의 행복과 재생산을 촉진시킨다는 것을 의미한다. 지각은 자신의 가족을 알아보게 하고, 맹수가 우리를 발견하기 전에 우리가 먼저 보게 하고, 다가오는 통행인과 부딪히지 않도록 해 준다. 언어는 우리의 사고를 조직화하고 그것을 다른 사람에게 전달하도록 해 줌으로써 사회적 집단을 형성하고 협동하도록 만들어 준다. 기억은 우리가 어떤 문제에 부딪칠 때마다 매번 반복해서 그 문제를 풀지 않도록 해 주고, 우리가 무슨 행동을 왜 하고 있는지를 명심하도록 해 준다. 정서는 '삶 혹은 죽음'의 중요성을 가진 사건에 대해 재빨리 반응하도록 해 주고, 강력한 사회적 유대를 형성할 수 있게 해 준다. 이러한 목록은 끝이 없다.

정서는 적응적이다. 예를 들어, 공포는 많은 동물들로 하여금 얼어붙게 만들어서 적이 볼 수 없도록 한다. 마치 이 사진의 젊은 여인들이 나이아가라 폭포의 "저주받은 집"을 둘러볼 때와 같다.

심리적 과정의 적응성을 가정한다면, 이러한 과정에 결함이 있는 사람들이 상당한 어려움을 겪는다는 것은 놀랍지 않다. 신경학자인 안토니오 다마지오(Antonio Damasio)는 엘리엇의 사례를 기술하였는데, 좋은 직업을 가진 중년의 남편이자 아버지인 엘리엇의 삶은 외과의사가 그의 뇌 중앙부에 있는 종양을 발견했을 때 영원히 바뀌었다(Damasio, 1994). 외과의사는 종양을 제거하여 그의 생명을 구했고, 한동안 엘리엇은 괜찮아 보였다. 그러나 그 후 이상한 일들이 일어나기 시작했다. 처음에 엘리엇은 평소보다 나쁜 결정을 더 많이 내리는 것 같았고(그나마 그가 결정을 내릴 수 있을 때), 시간이 지나면서 그의 나쁜 결정은 정말로 끔찍한 것이 되었다. 직장에서는 무엇을 먼저 해야 할지를 결정할 수 없었으므로 일의 우선순위를 정하지 못했고, 일을 할 때도 제대로 해내지 못했다. 마침내 그는 해고되었고, 그 후 연속적으로 위험한 사업적 모험을 함으로써 — 그 모든 것이 실패로 끝났다 — 평생 저축한 것을 모두 잃었다. 아내에게 이혼을 당했고, 재혼을 했으나 두 번째 부인에게도 이혼을 당했다.

무엇이 엘리엇의 삶을 망쳤는가? 엘리엇을 검사한 신경학자들은 그의 인지 기능에서 어떠한 감퇴도 발견할 수 없었다. 그의 지능은 온전했고, 말하고 생각하고 논리적 문제를 푸는 능력은 전과 전혀 다름없이 예리했다. 그러나 좀 더 조사를 했을 때 놀라운 사실이 발견되었다. 엘리엇은 더 이상 정서를 경험할 수 없었던 것이다. 예를 들어, 엘리엇은 상사가 해고 통지서를 주면서 그를 쫓아냈을 때도 후회나 분노를 느끼지 않았고, 자신의 은행 예금 전부를 어리석은 사업에 쏟아 넣을 때도 불안을 느끼지 않았으며, 아내가 짐을 싸서 그를 떠났을 때도 슬픔을 느끼지 않았다. 때때로 우리 대부분은 그와 같이 냉정하고 쉽사리 동요되지 않았으면 하고 바란다. 도대체 누가 불안과 슬픔과 후회와 분노를 필요로 하겠는가? 답은 우리 모두가 필요로 한다는 것이다.

3. 도대체 마음은 왜 때때로 그렇게 비효과적으로 기능하는가?

마음은 아주 많은 것들을 재빨리 처리할 수 있는 놀라운 기계다. 우리는 운전을 하면서도 동시에 지나가는 행인에게 말을 걸고, 거리 주소를 알아보고, 라디오에서 막 나오고 있는 노래의 제목을 기억할 수 있다. 하지만 다른 모든 기계들처럼, 마음은 종종 정확성을 속도 및 다용성과 맞바꾼다. 이것이 시스템에 '버그(bug)'를 초래할 수 있으며 그 결과, 그렇지 않으면 효과적일 정신 과정에 가끔 오기능(malfunction)이 발생한다. 심리의 가장 매혹적인 면 중 하나는 우리 모두가 다양한 실수와 착각을 하는 경향이 있다는 것이다. 실로, 만약 사고, 감정, 행위에 실수가 전혀 없다면 인간의 행동은 질서 정연하고, 예측 가능하고, 지루할 것이다. 그러나 인간 행동이 그렇지 않다는 것은 명백하다. 오히려 인간 행동은 놀라움의 연속인데, 그 놀라움은 종종 정확하게 옳지 않은 때에 옳지 않은 짓을 하는 우리의 능력에서 나오는 것이다.

일상생활의 정신적 실수에 관한 연구에 참여한 사람들의 일기에서 얻은 몇 가지 예를 살펴보자(Reason & Mycielska, 1982, p. 70–73).

- 나는 차를 타고 외출하려 했다. 그러나 차고로 가는 도중 뒤쪽 현관을 지날 때 마치 뜰에서 일을 하려는 양 멈추어서 장화와 정원 일을 할 때 입는 재킷을 입었다.
- 나는 우표를 사기 위해 기계에 돈을 넣었다. 우표가 나왔을 때, 그것을 집어들고 "고맙습니다"라고 말했다.
- 주방으로 가려고 방을 나가면서, 사람들이 방 안에 남아 있었음에도 불구하고 나는 전등을 꺼 버렸다.

만약 이러한 실수가 재밌게 보인다면, 그것이 실제로 재미있기 때문이다. 하지만 그것은 인간 본성에 대한 잠재적으로 중요한 단서이기도 하다. 예를 들어, 우표를 산 사람이 기계에게

현실세계

미룸 행동의 위험

위리엄 제임스는 인간의 마음과 행동이 실수로부터 자유롭지 못하기 때문에 매혹적이라는 것을 알았다. 마음의 실수는 첫째, 정신 활동과 행동을 더 잘 이해하기 위한 방법으로 우리의 관심을 끌지만, 그것은 또한 실제적인 결과를 가져온다. 여러분 자신의 삶에서 중요한 결과를 가져올 수 있는 오기능인 미룸 행동을 생각해 보자.

때때로 우리 대부분은 과제 수행을 피하거나 나중으로 미룬다. 그 과제가 불쾌하거나 어려운 것일 수도 있고 혹은 단지 그 순간에 당신이 할 수 있는 다른 것보다 덜 재미있을 수도 있다. 대학생들에게 미룸 행동은 기말 보고서를 쓰거나 시험 준비를 하는 것과 같은 학업 활동에 영향을 줄 수 있다. 학업에서 미룸 행동은 보기 드문 것이 아니다. 70% 이상의 대학생들이 특정 형태의 미루는 버릇을 가지고 있다고 보고한다(Schouwenburg, 1995). 오늘 밤 친구들과 나가서 노는 것은 재미있지만 곧 있을 역사 시험에 대해서 사흘 동안 걱정하거나 시험 날 새벽 4시에 공부하려고 애쓰는 것은 크게 재미있는 일은 아니다. 지금 공부하거나 적어도 매일 조금씩 공부하는 것이 미룸 행동이 여러분을 지배하는 것을 방지한다.

미루는 사람(미루미)들은 자신은 압박감을 느낄 때 일을 가장 잘하는 경향이 있다고 주장하거나, 과제를 끝내기만 한다면 마감 직전에 끝내더라도 전혀 문제가 되지 않는다고 이야기함으로써 그 버릇을 옹호하기도 한다. 그러한 주장은 가치가 있는가? 아니면 그들은 비생산적인 행동에 대해 단지 시시한 변명을 하는 것인가?

60명의 심리학과 학부생들을 대상으로 한 연구는 흥미로운 답을 내놓았다(Tice & Baumeister, 1997). 학기 시작 전, 강사는 기말 보고서 마감일을 공지하고 만약 그 날짜를 지키지 못하더라도 기한 연장을 받을 수 있다고 학생들에게 말했다. 약 한 달 후, 학생들은 미룸 성향을 측정하는 척도에 답하였다. 그와 동시에, 그리고 수업 마지막 주에 한 번 더, 학생들은 지난주 동안 경험한 건강 증상과 스트레스의 정도, 지난 한 달 동안 건강센터를 찾은 횟수를 보고하였다.

미룸 행동 척도에서 높은 점수를 받은 학생들은 기말 보고서를 늦게 제출하는 경향이 있었다. 학기의 한 달이 지났을 때, 미루미들은 비미루미들보다 더 적은 스트레스와 더 적은 신체적 질병 증상을 보고하였다. 하지만 학기의 마지막에, 미루미들은 비미루미들보다 더 많은 스트레스와 더 많은 건강 관련 증상을 보고하였고, 또한 건강센터를 더 자주 방문했다고 보고하였다. 또한 미루미들은 기말 보고서와 시험에서 더 낮은 점수를 받았다. 최근의 연구들도 보다 높은 수준의 미룸 행동이 보다 낮은 학업 성적과 연관되고(Moon & Illingworth, 2005), 보다 높은 수준의 심리적 고통과도 연관된다(Rice, Richardson, & Clark, 2012)는 것을 발견했다. 그러므로 '공부 기술을 향상시키기'(pp. 10–11)에 관한 '현실세계' 글상자에 제시된 조언을 활용하는 것에 덧붙여서 이 과목과 다른 과목들에서 미룸 행동을 피하는 것이 현명해 보인다.

"지하철역은 어디로 가야 하나요?"가 아닌 "고맙습니다"라고 말한 것에 주목하자. 달리 말하면, 그 사람은 잘못된 행동을 한 것은 아니다. 오히려 실제 사회적 상호작용에서 완벽하게 옳았다고 볼 수 있는 행동을 한 것이다. 이러한 예들은 사람들이 종종 '자동 조종 장치'를 따라서 행동하거나, 혹은 실제로 생각을 하지 않고 수행하는 잘 학습된 습관에 기초해서 자동적으로 행동하는 것을 보여 준다. 우리가 말하거나 행동하는 것에 적극적으로 초점을 맞추고 있지 않을 때, 이러한 습관이 부적절하게 촉발되는 것이다. 윌리엄 제임스(1890)는 습관의 영향이 '정신없는' 사람들이 보이는 기괴한 행동의 설명을 도울 수 있다고 생각했다. 그가 심리학의 원리에서 언급한 '매우 정신없는 사람들'은 저녁식사에 가기 위해 옷을 갈아입으러 침실로 가서는 옷을 하나하나 벗고 마침내 침대로 들어가 버렸다(p. 115).

실수는 이 그림의 사례와 같이 우리에게 사람들이 어떻게 생각하는지… 혹은 생각하지 못하는지에 관해 많은 것을 알려줄 수 있다.

제임스는 마음의 실수는 흥미를 끄는 것이면서 동시에 교훈을 주는 것이라고 생각했다. 그리고 현대 심리학은 마음의 실수를 연구하는 것이 꽤 유용하다는 것을 발견했다. 온전하고 부서지지 않은 물건들은 매끄럽게 작동하며, 어떻게 하고 있는지에 대한 단서를 남기지 않으면서 일을 한다. 고속도로를 미끄러지듯이 달리는 차들은 정확하게 작동하는 한 마치 요술 양탄자 같은데, 어떤 종류의 요술이 그것을 움직이게 하는지를 우리가 모르기 때문이다. 자동차가 고장이 났을 때에만 우리는 엔진, 용수펌프, 그리고 다른 세밀한 부품들에 대해서, 그리고 그것들이 함께 정상적으로 작동하여 주행을 이끌어 내는 과정에 대해서 알 수 있다. 고장이나 오류는 단순히 파괴나 실패가 아니다. 그것은 지식에 이르는 경로이다. (우리 모두에게 보편적인 현상인 미룸 행동을 다룬 '현실세계' 참조). 마찬가지로 착오, 오류, 실수, 그리고 때때로 발견되는 수수께끼 같은 인간 행동의 속성을 이해하는 것은 정상적인 정신적 삶과 행동을 이해하기 위한 관점을 제공해 준다. 뇌 수술 후 행동이 와해된 엘리엇의 이야기는 정상적인 판단과 행동을 인도하는 데 있어서 정서가 하는 역할을 강조해 주는 예이다.

심리학은 인간 경험과 행동에 대한 기본적인 질문을 묻기 때문에 매우 흥미로운데, 우리가 방금 숙고해 본 세 가지 질문은 단지 빙산의 일각에 지나지 않는다. 이 교재를 빙산의 나머지 부분을 탐색하기 위한 안내서로 생각하라. 하지만 파카를 입고 곡괭이를 집어 들기 전에, 우리는 우선 빙산이 여기에 어떻게 도달했는지 이해할 필요가 있다. 21세기 심리학을 이해하기 위해서 우리는 과거의 심리학과 친숙해져야 한다.

어린 아동은 세계에 관해서 어떻게 배우는가? 플라톤은 어떤 종류의 지식은 생득적이라고 믿었다. 반대로 아리스토텔레스는 마음이란 빈 석판으로서 그 위에 경험이 쓰인다고 믿었다.

심리학의 뿌리 : 마음의 과학으로 가는 길

젊은 윌리엄 제임스가 1860년대 후반에 유럽을 여행하기 위해 의학 공부를 중단했을 때 그는 인간 본성에 대해 배우고 싶었다. 하지만 비슷하게 호기심 많은 학생이 오늘날 직면하는 것보다 더 어려운 상황에 직면했는데, 그 주된 이유는 심리학이 아직 독립된 학문 영역으로 존재하고 있지 않았기 때문이었다. 제임스가 신랄하게 썼듯이, "내가 지금까지 들었던 심리학의 첫 강의는 내가 한 첫 강의이다"(Perry, 1996, p. 228에서 인용). 물론 그 이전에 아무도 인간 본성에 대해 생각해 보지 않았다는 의미는 아니다. 2천 년 동안, 터부룩한 수염과 나쁜 치아 위생을 가진 사상가들은 그런 질문에 대해 숙고해 왔고 실제로 현대 심리학은 그 깊은 뿌리를 철학에 두고 있음을 인정한다. 우리는 그 뿌리들을 살펴보는 것으로 시작한 뒤 마음을

생득설
어떤 종류의 지식은 선천적이거나 타고났다고
주장하는 철학적 견해

철학적 경험론
모든 지식은 경험을 통해 획득된다는 견해

뇌와 연결시킴으로써 심리학에 대한 과학적 접근을 발달시키려 했던 몇 가지 초기 시도에 대해 이야기할 것이다. 그다음은 어떻게 해서 심리학자들이 **구성주의자(structuralists)**와 **기능주의자(functionalists)**의 서로 다른 진영 혹은 '학파'로 나뉘었는지를 볼 것이다. 구성주의 학파는 마음을 분해하여 기본적 구성 요소로 분석하고자 했던 학파이고, 기능주의 학파는 정신적 능력이 어떻게 사람들로 하여금 그들의 환경에 적응하도록 하는지에 초점을 두었다.

심리학의 선조 : 위대한 철학자들

우리 자신을 이해하고자 하는 열망은 새로운 것이 아니다. 플라톤(BC 428~BC 347)과 아리스토텔레스(BC 384~BC 322)와 같은 그리스 사상가들은 마음이 어떻게 작동하는지에 대한 근본적인 질문과 씨름했던 첫 번째 사람들에 속한다(Robinson, 1995). 그리스 철학자들은 오늘날 심리학자들이 계속해서 논쟁을 벌이는 많은 질문들에 관해 논쟁을 했다. 예를 들어, 인지적 능력과 지식은 선천적인 것인가 아니면 오직 경험을 통해 획득되는가? 플라톤은 어떤 종류의 지식은 선천적이거나 타고났다고 주장하는 철학적 견해인 **생득설**(nativism)을 옹호한다. 모든 문화권의 아동들이 소리가 의미를 가질 수 있고, 다시 단어로 배열될 수 있고, 그리고 다시 문장으로 배열될 수 있음을 어린 시절부터 파악한다. 아이는 적절한 장소에서 배변할 만큼 나이가 들기 전에도 어떤 공식적인 가르침 없이 언어의 기초를 숙달한다. 언어를 배우는 성향은 '하드웨어에 내장된 것'인가―즉, 아이들이 가지고 태어난 그 어떤 것인가? 그렇지 않다면 언어를 배우는 능력이 아이의 경험에 달려 있는가? 아리스토텔레스는 아이의 마음은 '*tabula rasa*(백지 상태)'로서 그 위에 경험이 덧씌워진다고 믿었으며, 모든 지식은 경험을 통해 획득된다는 견해인 **철학적 경험론**(philosophical empiricism)을 주장했다.

비록 생득설 또는 경험론이 전적으로 옳다고 생각하는 현대 심리학자는 거의 없지만, '천성'과 '양육'이 주어진 행동을 얼마만큼 설명하느냐의 주제는 여전히 논쟁의 대상이다. 여러 가지 점에서 고대 철학자들이 심리학에서 중요한 아주 많은 질문들을 분명하게 표현하고, 과학적 증거 없이도 답변 속에 많은 뛰어난 통찰을 제공했다는 것은 매우 놀라운 일이다. 그들의 아이디어는 개인적인 관찰, 직관, 사색으로부터 온 것이다. 비

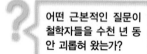

어떤 근본적인 질문이 철학자들을 수천 년 동안 괴롭혀 왔는가?

록 그들은 서로 논쟁을 벌이는 데는 아주 훌륭했지만 접근 방식이 자신들의 이론을 검증할 수단을 제공하지 못하기 때문에 대부분의 경우 논쟁을 해결하는 것이 불가능하다는 것을 발견했다. 2장에서 보겠지만, 이론을 검증하는 능력은 과학적 접근의 초석이며 현대 심리학에서 결론에 도달하기 위한 기반이다.

뇌에서 마음까지 : 프렌치 커넥션

뇌와 신체는 볼 수 있고 만질 수 있는 물리적 대상이고, 마음의 주관적 내용물―지각, 사고, 감정―은 그렇지 않다는 것을 우리 모두 알고 있다. 내적 경험은 완벽하게 사실이지만, 그것은 도대체 어디에 존재하는가? 프랑스의 철학자인 르네 데카르트(René Descartes, 1596~1650)는 신체와 마음은 근본적으로 다른 것이라고 주장했다. 즉, 신체는 물질적 재료로 만들어진 반면, 마음(혹은 영혼)은 비물질적 혹은 영적 재료로 만들어져 있다. 하지만 만약 마음과 신체가 다른 재료로 만들어진 다른 것이라면, 그들은 어떻게 상호작용하는 것인가? 어떻게 마음은 신체에게 발을 앞으로 내딛게 하고, 신체가 녹슨 못을 밟았을 때 왜 마음은 "아야" 하고 말하는가? 이것은 이원론의 문제, 혹은 정신 활동이 신체 행동과 어떻게 조정되고 통합될 수 있는가이다.

데카르트는 마음이 뇌의 아래 부분의 송과선(pineal gland)이라 불리는 아주 작은 구조를

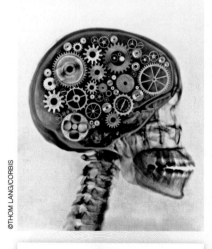

©THOM LANG/CORBIS

르네 데카르트는 물질적 신체는 마음이라 불리는 비물질적인 존재를 담고 있는 그릇이라고 믿었다. 수백 년 후에 철학자 길버트 라일(Gilbert Ryle, 1949)은 데카르트가 틀렸고, '기계 속의 유령'은 존재하지 않으며, 모든 정신 활동은 뇌의 물리적 활동의 결과일 뿐이라고 주장했다. 대부분의 현대 과학자들은 데카르트의 '이원론'을 부정하고 라일의 '과학적 유물론'을 포용한다.

통해 신체에 영향을 미친다고 주장했다. 그는 대체로 혼자서 이 견해를 주장했고 당대의 다른 철학자들은 그의 설명에 반대하거나 다른 아이디어를 제시했다. 예를 들면, 영국의 철학자 토마스 홉스(Thomas Hobbes, 1588~1679)는 마음과 신체는 별개의 것이 아니며, 마음은 뇌가 행하는 바로 그것이라고 주장했다. 홉스의 관점에서 보면, 뇌에서 마음이 신체와 만나는 지점을 찾는 것은 TV에서 영상이 평면 패널 디스플레이와 만나는 지점을 찾는 것과 마찬가지다.

? 이원론에 대한 초기의 설명은 무엇이었는가?

프랑스 의사인 프란츠 조셉 갈(Fravz Joseph Gall, 1758~1828)도 뇌와 마음이 연결되어 있지만 선(gland)이 아니라 크기에 의해서 연결되어 있다고 생각했다. 그는 동물, 질병으로 죽었거나 혹은 건강한 상태로 죽은 성인, 어린아이 때 죽은 사람의 뇌 등을 조사하면서, 정신 능력은 뇌의 크기가 커지면 증가하고 뇌에 손상이 생기면 감소한다는 것을 관찰하였다. 갈의 이러한 연구 결과는 보편적으로 받아들여졌다(그리고 뇌 손상에 대한 부분은 오늘날에도 여전히 받아들여진다). 하지만 갈은 그가 확보한 증거를 훨씬 넘어서 **골상학**(phrenology)으로 알려진 심리학 이론을 발전시켰는데, 지금은 사라진 이론인 골상학은 기억에서 행복 역량에 이르기까지 특정 정신 능력이나 특징들이 뇌의 특정 부분에 위치하고 있다고 생각한다(그림 1.1 참조). 뇌의 여러 부분이 특정 심리적 기능에 특화되어 있다는 생각은 옳은 것으로 드러났는데, 이 책의 뒷부분에서 보듯이 편도체로 불리는 구조는 공포에 밀접하게 관여되어 있고, 해마라고 불리는 뇌 부분은 기억에 밀접하게 관여되어 있다. 하지만 골상학은 터무니없이 극단적으로 이러한 관점을 취한다. 갈은 두개골의 융기나 톱니 모양의 크기가 그 아래의 뇌 영역의 크기를 반영하며, 그러한 융기를 만져봄으로써 어떤 사람이 우호적인지, 신중한지, 자기 주장이 강한지, 이상주의적인지 등을 알 수 있다고 주장했다. 갈이 깨닫지 못했던 것은, 두개골의 융기가 필연적으로 그 아래의 뇌의 형태를 반영하고 있지는 않다는 것이었다.

골상학은 거실에서 즐길 오락거리를 제공했고, 젊은 사람들이 서로 신체 접촉을 시도할 좋은 구실을 제공해 주었지만, 결국 빈약한 증거를 토대로 일련의 강한 주장을 내놓은 것이 되었다. 당연히 그의 비판자들은 분개했고 그의 많은 제안을 조롱했다. 초기에는 많은 지지자들이 있었음에도 불구하고 골상학은 빠르게 신뢰를 잃어 갔다(Fancher, 1979).

갈이 융기론을 펼치느라 바빴던 시기에, 다른 프랑스 과학자들은 뇌와 마음을 보다 설득력 있는 방식으로 연결 짓기 시작했다. 생물학자인 피에르 플루랭스(Pierre Flourens, 1794~1867)는 갈의 과장된 주장과 조잡한 방법론에 경악해서 개, 새, 그리고 다른 동물들 뇌의 특정 부위를 외과적으로 제거하는 실험을 수행하고 그 동물들의 행동이나 움직임이 (놀랍지도 않게!) 손상되지 않은 뇌를 가진 동물들과 다르다는 것을 발견하였다.

프랑스 외과의사인 폴 브로카(Paul Broca, 1824~1880)는 뇌의 왼쪽에 있는 작은 부분(지금은 브로카 영역으로 알려진)에 손상을 입은 환자를 연구하였다. 르보르뉴라는 환자는 사실상 말을 할 수 없었고 'tan'이라는 단 한 음절만을 발음할 수 있을 뿐이었다. 하지만 그 환자는 듣는 것은 모두 이해했고 제스처를 사용해서 의사소통도 할 수 있었다. 브로카는 뇌의 특정 부분의 손상이 특정 정신 기능을 손상시킨다는 결정적 통찰을 얻었고 뇌와 마음이 밀접하게 연결되어 있음을 명확히 제시하였다.

? 뇌 손상 환자들을 대상으로 한 연구가 어떻게 뇌-마음 연결성을 보여 주는 것을 도왔는가?

골상학
기억에서부터 행복 능력에 이르기까지 특정 정신 능력과 특징들이 뇌의 특정 지역에 자리 잡고 있다는 것으로, 현재는 효력을 잃은 이론

◀ 그림 1.1 **골상학** 프란츠 조셉 갈은 골상학이라는 이론을 발전시켰는데, 친교 능력과 같은 심리적 역량과 신중함이나 명랑함 같은 특징이 뇌의 특정 부분에 자리 잡고 있다고 주장한다. 이러한 역량과 특질을 많이 가진 사람일수록 두개골에서 그에 대응되는 곳이 더 크게 융기되어 있다.

MARY EVANS PICTURE LIBRARY / THE IMAGE WORKS

APIC/GETTY IMAGES

르보르뉴 씨는 'Tan'이라는 별명으로 불렸는데 그 이유는 tan이 그가 말할 수 있는 유일한 단어였기 때문이었다. 그가 1861년에 죽었을 때 폴 브로카는 그의 뇌를 절개해서 뇌의 좌반구에 있는 손상을 발견하였는데 브로카는 그것이 르보르뉴의 언어 상실의 원인이라고 결론을 내렸다. 오늘날 르보르뉴의 뇌는 프랑스 파리의 뒤피드랑 박물관의 항아리 속에서 살고 있다. 그리고 오늘날까지 그의 이름은 아는 사람이 없다.

생리학
생물학적 과정, 특히 인간 신체의 생물학적 과정을 연구하는 것

자극
환경으로부터의 감각적 입력

반응 시간
특정 자극에 반응하기 위해 필요한 시간의 양

19세기에 이것은 매우 중요했는데, 왜냐하면 그 시대의 많은 사람들은 마음은 뇌나 신체와 분리된 것이지만 서로 상호작용한다는 데카르트의 생각을 받아들이고 있었기 때문이다. 그러므로 브로카와 플루랭스는 마음이 물질적 재료, 즉 뇌에 바탕을 두고 있다는 것을 보여 준 첫 번째 사람들이었다. 그들의 연구는 정신과정의 과학적 연구에 시동을 걸었다.

구성주의 : 생리학의 방법론을 심리학에 적용하기

19세기 중반에 심리학자들은 생리학 분야에서 훈련받은 독일 과학자들의 연구로부터 많은 도움을 받았다. **생리학**(physiology)이란 생물학적 과정, 특히 인간의 신체를 연구하는 학문이다. 생리학자들은 신경 충동의 속도와 같은 것들을 측정할 수 있는 방법을 개발했고, 그들 중 몇몇은 이 방법을 정신 능력을 측정하는 데 사용하기 시작했다. 윌리엄 제임스는 두 생리학자의 연구에 끌렸다. 헤르만 폰 헬름홀츠(Hermann von Helmholtz, 1821~1894)와 빌헬름 분트(Wilhelm Wundt, 1832~1920)가 바로 그들이었다. "나에게는 마치 심리학이 과학이 되기 시작하는 때가 온 것처럼 보였다." 제임스는 1867년 베를린 방문 중 편지에 썼다. "헬름홀츠와 하이델베르크에 있는 분트라고 불리는 사람이 그 일을 하고 있었다." 무엇이 제임스로 하여금 이 두 과학자의 작업에 끌리도록 만들었는가?

헬름홀츠가 반응 속도를 측정하다

생리학과 물리학에 모두 배경을 가진 탁월한 실험자인 헬름홀츠는 개구리 다리의 신경 충동 속도를 측정하는 방법을 개발하고, 후에 그것을 인간 연구에 적용하였다. 헬름홀츠는 참가자들 다리의 상이한 부분에 **자극**(stimulus) — 환경으로부터의 감각 입력 — 을 주었을 때 반응하도록 참가자들을 훈련시켰고, 참가자들의 **반응 시간**(reaction time), 즉 특정 자극에 반응하기 위해 필요한 시간의 양을 기록하였다. 헬름홀츠는 허벅지를 자극했을 때보다 발가락을 자극했을 때 참가자들의 반응이 더 오래 걸린다는 것을 발견하였고, 이 두 반응 시간 간

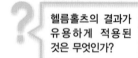

헬름홀츠의 결과가 유용하게 적용된 것은 무엇인가?

차이로 신경충동이 뇌까지 도달하기 위해 얼마나 걸리는지를 추정할 수 있었다. 이러한 결과는 19세기 과학자들에게는 경이로운 것이었는데, 왜냐하면 그 시절의 거의 모든 사람들은 정신 과정은 즉각적으로 일어난다고 생각하고 있었기 때문이다. 당신의 눈앞에서 당신이 손을 움직일 때, 당신은 손이 움직이는 것을 보기 몇 분의 일 초 전에 손이 움직였다고 느끼지 않는다. 현실 세계는 비디오와 오디오가 몇 분의 일 초 정도씩 서로 어긋나 있는 심야 영화와는 같아 보이지 않는다. 과학자들은 정신 현상의 기저에 놓여 있는 신경 과정은 모든 것이 아주 정확하게 동시적으로 진행되기 위해서 즉각적이어야만 한다고 가정했지만, 헬름홀츠는 이것이 진실이 아님을 보여 주었다. 그렇게 함으로써 그는 또한 반응 시간이 마음과 뇌를 연구하기 위한 유용한 방법이 될 수 있음을 보여 주었다.

분트와 구성주의의 발달

비록 헬름홀츠의 공헌이 중요하지만, 역사가들은 대체로 심리학의 공식적 출현을 그의 연구 조교인 빌헬름 분트의 공으로 돌린다(Rieber, 1980). 1867년 분트는 아마도 생리 심리학의 첫 번째가 될 강의를 하이델베르크대학에서 가르쳤으며, 그 강의는 1874년 생리 심리학의 원리(*Principles of Physiological Psychology*)라는 책으로 출판되었다. 분트는 그 책을 "새로운 과학 영역으로서 심리학을 제안하는 시도"라고 불렀다(Fancher, 1979, p. 126). 1879년 라이프치히대학에서

상이한 자극에 대한 개인의 반응 시간을 측정함으로써 헤르만 폰 헬름홀츠는 신경충동이 뇌에 도달하는 데 소요되는 시간의 길이를 추정했다.

분트는 전적으로 심리학 연구에만 바쳐지는 최초의 실험실을 열었고, 이 사건은 독립적 학문 분야로서 심리학의 공식적 탄생으로 기록된다. 새 실험실은 분트가 할당한 주제들에 대한 연구를 수행하는 대학원생들로 가득 찼고, 곧 분트가 개척한 새로운 과학을 배우려는 열망에 가득 찬 전 세계 젊은 학자들을 끌어들였다.

분트는 과학적 심리학은 **의식**(consciousness), 즉 세계와 마음에 대한 사람들의 주관적 경험을 분석하는 데 초점을 두어야 한다고 믿었다. 의식은 광범위한 주관적 경험들을 포함한다. 우리는 아마도 보이는 것, 소리, 맛, 냄새, 신체 감각, 생각, 혹은 느낌 등을 의식할 것이다. 분트가 의식을 과학적으로 연구하기 위한 방법을 알아내려고 노력할

> **?** 화학자들의 연구가 초기 심리학에 어떤 영향을 주었는가?

때, 그는 화학자들이 자연의 물질을 기본 요소로 분해함으로써 물질의 구조를 이해하려고 한다는 것을 주목했다. 그래서 그와 그의 학생들은 **구성주의**(structuralism)라고 불리는, 즉 마음을 구성하는 기본 요소들을 분석하는 접근방법을 채택했다. 이 접근은 의식을 감각 및 느낌 요소들로 분해하는 것을 의미하는 것으로, 여러분은 바로 지금 자리를 뜨지 않고도 조금이나마 구성주의를 실행해 볼 수 있을 것이다.

여러분 자신의 의식의 내용을 생각해 보자. 바로 이 순간 여러분은 이 단어들의 의미, 이 페이지에 있는 글자의 시각적 모양, 허벅지를 불편하게 누르고 있는 열쇠고리, 흥분되거나 혹은 지루한 느낌(아마도 흥분), 카레 치킨 샐러드의 냄새, 정말로 1812년 전쟁이 자신의 서곡을 가질 자격이 있는가라는 골치 아픈 질문 등을 의식하고 있을지 모른다. 어떤 특정 순간에 온갖 종류의 것들이 의식의 흐름 속에서 헤엄치고 있으며, 분트는 내성법이라는 방법을 사용하여 체계적인 방식으로 그것을 분석하려고 노력하였다. **내성법**(introspection)이란 자기 자신의 경험을 주관적으로 관찰하는 것을 의미한다. 전형적인 실험에서, 관찰자들(대개 학생들)에게 자극(보통 색 혹은 소리)이 제시된 다음, 그들의 내성—아마도 색의 밝기나 소리의 강도를 기술하는 것—을 보고하도록 요구된다. 관찰자들은 경험에 대한 자신의 해석이 아닌 '가공되지 않은' 감각 경험을 보고하도록 요구된다. 예를 들어, 이 페이지를 제시받은 관찰자는 여기에 쓰여 있는 단어들에 관해 보고하는(이것은 경험의 해석으로 간주된다) 대신에 밝은 흰색 바탕에 직선과 곡선들로 그려진 일련의 검정색 기호들에 관해 기술할 것이다. 또한 분트는 기초적 지각과 연합된 느낌을 세심하게 기술하려는 시도도 하였다. 예를 들어, 메트로놈이 딸깍이는 소리를 들을 때, 어떤 유형의 소리는 다른 것보다 더 유쾌할 수 있다. 분트와 그의 학생들은 느낌과 지각적 감각 간의 관계를 분석함으로써 의식적 경험의 기초 구조를 밝혀내기를 희망했다.

분트는 헬름홀츠가 처음 개발한 것과 유사한 반응 시간 기법을 사용함으로써 의식 과정의 객관적 측정치를 제공하려고 시도했다. 분트는 자극의 지각과 해석 간의 차이를 조사하기 위해 반응 시간을 사용하였다. 그의 연구 참가자들은 소리가 들리자마자 버튼을 누르도록 지시받았다. 일부 참가자들에게는 버튼을 누르기 전에 소리를 지각하는 것에 집중하라고 지시했고, 다른 참가자들에게는 오직 버튼을 누르는 것에만 집중하라고 지시했다. 소리에 집중하라는 지시를 받은 참가자들은 오직 버튼을 누르는 것에만 집중하라는 지시를 받은 사람들보다 약 10분의 1초 정도 느리게 반응하였다. 분트는 빠른 참가자들과 느린 참가자들 모두 의식 속에 소리를

의식
세상과 마음에 대한 개인의 주관적 경험

구성주의
마음을 구성하는 기본 요소들의 분석

내성법
자기 자신의 경험에 대한 주관적 관찰

사진에서 가장 오른쪽에 있는 빌헬름 분트는 독일 라이프치히대학에 전적으로 심리학에 전념하는 첫 번째 실험실을 만들었다. 그는 의식을 개별 감각과 감정을 포함하는 기본 요소들로 분해함으로써 이해하려고 시도했다.

티치너가 의식적 경험의 요소들을 찾아내려고 시도한 첫 번째 인물은 아니었다. 이 그림이 보여 주듯이 17세기의 의사이자 예술가인 로버트 플러드(Robert Fludd)는 똑같은 시도를 했고 거의 동일한 정도로 성공했다.

HULTON ARCHIVE/GETTY IMAGES

등록(지각)해야 했지만, 느린 참가자들만은 또한 소리의 의미를 해석하고 버튼을 눌러야 했다고 설명했다. 자신이 해야 하는 반응에만 초점을 맞춘 빠른 연구 참가자들은 추가적인 해석 단계를 거칠 필요가 없기 때문에 자동적으로 소리에 반응할 수 있었다(Fancher, 1979). 이런 유형의 실험은 심리학자들이 미묘한 의식 과정조차 분석하기 위해 과학 기법을 사용할 수 있다는 것을 보여 줌으로써 새로운 경지를 개척하였다. 실제로 이 장의 뒷부분에서 보겠지만, 반응 시간 절차는 현대의 연구에서도 매우 유용한 것으로 증명되었다.

티치너가 구성주의를 미국으로 가져오다

분트 실험실의 선구적인 노력은 심리학을 독립적인 과학으로 출범시켰고 남은 19세기 동안 그 분야에 깊은 영향을 미쳤다. 유럽과 미국의 많은 심리학자들이 분트와 함께 연구하기 위해서 라이프치히로 여행을 떠났다. 그들 중 가장 유명한 사람은 영국에서 태어난 에드워드 티치너(Edward Titchener, 1867~1927)로, 1890년대 초반 2년 동안 분트와 함께 연구를 했다. 그 후

공부 기술을 향상시키기

이 과목의 수강에서 최대한 많은 것을 얻기 위해서 여러분은 다소 생소해 보이는 무언가를, 즉 자신을 고생시키는 무언가를 시작해야 한다. 그러나 옳은 방식으로 자신을 고생시킴으로써 여러분은 이 과목을 보다 용이하게 마칠 것이고, 그렇게 하지 않은 것보다 더 많은 짐을 덜 것이다. 자신을 고생시킨다는 것은 무엇을 의미하는가? 마음은 우리 주변에서 일어나는 모든 것을 수동적으로 기록하고 충실하게 정보를 저장하는 비디오카메라처럼 작동하지 않는다. 새로운 정보를 유지하기 위해서 여러분은 복습, 해석, 그리고 스스로 테스트하는 것과 같은 일을 함으로써 학습에 적극적인 역할을 할 필요가 있다. 이 활동들이 처음에는 어려워 보일지 모른다. 하지만 이것은 실제로 심리학자들이 '바람직한 어려움'(Bjork & Bjork, 2011)이라고 부르는 것이다. 학습의 결정적 단계에서 적극적으로 관여함으로써 보다 일을 어렵게 만드는 것은 여러분의 기억 유지를 증가시키고 궁극적으로는 향상된 수행을 가져올 것이다. 여기 몇 가지 구체적인 제안을 보자.

● **복습하라** 적극적 조작의 한 유용한 유형은 복습으로서, 학습해야 할 정보를 자신에게 반복해서 들려주는 것이다. 심리학자들은 점차적으로 간격을 늘려 가면서 정보를 자신에게 반복 암송하는 간격 복습(spaced rehearsal)이 특히 효과적인 방략임을 발견했다. 예를 들어, 여러분이 방금 만난 에릭이라는 사람의 이름을 기억하려 한다고 가정해 보자. 만난 후 즉시 그 이름을 반복하고, 몇 초를 기다린 다음 그것을 다시 생각하고, 좀 더 오래 기다렸다가(아마도 30초쯤) 한 번 더 그 이름을 떠올리고, 그런 다음 1분 후에 그 이름을 다시 복습하고 그다음은 2분이나 3분 후에 또 한 번 더 복습하는 것이다. 복습을 점차적으로 더 어렵게 만드는 것은 지속적인 기억을 향상시킬 것이다. 연구들은 이러한 형태의 복습이 간격을 띄지 않고 이름을 복습하는 것보다 장기 기억을 더 향상시킨다는 것을 보여 준다(Landauer & Bjork, 1978). 여러분은 이 기법을 이름, 날짜, 정의, 그리고 이 교재에 제시된 개념들을 포함하여 다른 많은 종류의 정보에 적용할 수 있다.

● **해석하라** 단순 복습도 도움이 될 수 있지만, 심리학 연구로부터 나온 가장 중요한 교훈 중 하나는 우리가 정보의 의미에 대해 생

SUPERSTUDIO/GETTY IMAGES

▲ 다가오는 시험에 대한 불안감은 불쾌할지 모르지만 당신 자신이 아마도 경험했듯이 꼭 필요한 공부를 하도록 동기화시킬 수 있다.

각하고 그 중요성에 관해 숙고할 때 가장 효과적으로 정보를 습득할 수 있다는 것이다. 실제로 우리가 기억하려고 하는 것에 대해서 충분히 깊게 생각한다면 기억을 위한 노력이 필요가 없으며 숙고 행동 자체가 훌륭한 기억을 보장할 것이다. 예를 들어, 여러분이 스키너의 행동주의 접근의 배후에 있는 기본 개념을 학습하고자 한다고 가정해 보자. 스스로에게 다음과 같은 종류의 질문들을 해 보라. 행동주의는 심리학의 이전 접근들과 어떻

티치너는 미국으로 와서 코넬대학교(여러분이 보기를 원한다면, 그의 뇌가 아직도 심리학과에 전시되어 있다)에 심리학 실험실을 만들었다. 티치너는 분트의 접근 중 여러 부분을 미국으로 가져왔지만, 또한 어떤 것은 변화시켰다(Brock, 1993; Rieber, 1980). 예를 들어, 분트는 의식 요소들 간의 관계를 강조한 반면에, 티치너는 기본 요소 그 자체를 찾아내는데 초점을 두었다. 그가 쓴 교재인 심리학의 개요(*An Outline of Psychology*)(1896)에서 티치너는 의식 경험을 구성하는 44,000개 이상의 요소 특성의 목록을 제시하였는데, 그것들의 대부분은 시각적(32,820)이거나 청각적(11,600)이다(Schultz & Schultz, 1987).

구성주의 접근의 영향은 점차로 쇠퇴했는데, 이는 주로 내성적 방법 때문이다. 과학은 반복 관찰을 요구한다. 만약 집먼지 진드기를 현미경으로 들여다본 여러 과학자들이 서로 다른 것을 본다면 집먼지 진드기의 DNA 구조나 생애에 대해 판단할 수 없을 것이다. 슬프게도 훈련받은 관찰자도 자신의 의식 경험에 대해 상충되는 내성을 보고함으로써("나는 오리처럼 생긴 구름이 보이는데요." "아니에요, 난 구름이 말처럼 생긴 것 같아요.") 심리학자들이 의식 경험의 기본 요소에 합의하는 것을 어렵게 만든다. 실로 심리학자들 중에는 내성법 하나만으로 그런 요소들을 탐지하는 것이 가능한지에 대해 의문을 가진 사람들이 있었다. 가장 유명한 회의론자 중 한 명은 여러분이 이미 만났던, 반항적 태도와 쓸모없는 의학 학위를 가진 젊은이인 윌리엄 제임스다.

내성법의 문제는 무엇인가?

게 다른가? 정신장애를 가진 사람은 자신이 저지른 범죄에 대해 책임을 져야 하는가, 또는 전공과목 선택이나 직업 진로 선택에 영향을 미치는 요인들은 어떤 것인가 등과 같이 여러분이 관심을 갖는 심리학적 이슈들에 대해 스키너와 같은 행동주의자는 어떻게 생각할 것인가? 그런 질문에 답하기 위해서 여러분은 행동주의에 관해서 배운 것을 되돌아보고, 그것을 이미 알고 있는 다른 것과 연관시킬 필요가 있을 것이다. 이것이 노력을 요구하는 힘든 활동처럼 보일 수도 있다. 하지만 새 정보를 이미 알고 있는 것과 연관시킬 수 있을 때 기억하기가 훨씬 더 쉽다. 교재 전반에 걸쳐서 산재하는 '비판적 사고' 질문은 여러분이 내용에 관해 숙고하고 해석하도록 도울 것이고, 그 활동의 행복한 결과로 여러분은 (질문을 통해 생각이 유도된) 해당 정보를 보다 많이 기억하게 될 것이다.

● **쌓아 올려라** 교실에서 획득한 정보를 정기적으로 생각하고 복습하라. 수업이 끝나고 바로 시작하라. 그리고 정기적으로 '촉진' 회기를 갖도록 노력하라. 복습을 한 번에 몰아서 하려고 마지막 순간까지 기다리지 말라. 앞의 '복습' 부분에서 논의했듯이 간격을 띄우며 복습과 반복을 하는 것이 더 지속적인 기억을 가져온다는 사실을 보여 준다.

● **테스트하라** 강의 노트나 교재를 그냥 읽기만 하지 말라. 가능한 한 자주 내용을 스스로 테스트하라. 여러분이 6, 7장에서 배우게 되겠지만, 연구에 따르면 획득한 정보를 적극적으로 테스트하는 것이 단지 한 번 더 읽는 것보다 후에 정보를 더 많이 기억하도록 돕는다. 스스로 테스트하는 것은 또한 흔한 함정에 빠지는 것을 막아 준다. 수업 자료를 여러 번 복습한 후 친숙해졌기 때문에 학습이 이루어졌다고 생각할지 모르지만, 자료가 친숙하다고 해서 반드시 테스트 질문에 충분히 답을 잘할 만큼 학습했다는 것을 의미하지는 않는다. 스스로 테스트하는 것은 심지어 정보가 친숙할 때조차 공부를 더할 필요가 있음을 경고해 줄 것이다. 교재 전반에서 만나게 될 단서 질문들(이 글상자 바로 위에서 보이는 초록색 물음표로 부각시킨)은 스스로 테스트함으로써 학습과 기억을 높이기 위해서 설계되었다. 그것들을 확실히 활용하도록 하라. '학습 곡선' 공부 도우미 또한 테스트와 학습을 도울 것이다(학습 곡선에 대한 추가적인 논의를 위해서는 서론을 참조하라).

● **요점을 짚어라** 효과적인 노트 필기와 요약 기술을 발달시켜서 기억의 짐을 덜도록 하라. 학생들은 흔히 강의 중에 모호하고 단편적으로 휘갈겨 적으면서 나중에 그 필기가 기억을 되살리

는 데 충분할 것이라고 생각한다. 그러나 정작 공부해야 할 시간이 닥쳤을 때는 너무 많이 잊어버려서 노트는 더 이상 분명하지 않다. 강의자가 말하는 모든 것을 받아 적을 수는 없다는 것을 인식하고, 수업에서 언급되었던 주요 개념, 사실, 인물들에 관하여 상세한 노트를 만드는 데 초점을 두도록 노력하라.

● **조직하라** 주요 개념들을 분명하게 부각시키도록 요약본을 조직하는 행위는 정보에 관해 숙고하도록 함으로써 기억을 촉진시키고, 또한 자가 테스트와 복습을 촉진시키는 데 도움이 되는 학습 안내서를 제공할 것이다. 또한 이 활동은 처음에는 어렵거나 힘들 것이지만 기억을 향상시키는 결과를 낳고 궁극적으로는 학습을 보다 용이하게 만들 것이다.

● **잠을 자라** 지금까지 여러분을 고생하게 만드는 것의 중요성을 강조했다. 그러나 이 마지막 조항은 쉬운 것이다. 잠을 좀 자라. 6장의 '최신 과학'에서 배우셨지만 '수면에 빠진 수면'은 지속적인 기억을 형성하도록 돕는다고 한다. 실제로 연구들은 수면이 중요하고 의미 있는 자료의 기억을 증대시키는 데 특히 훌륭한 역할을 한다는 것을 보여 준다. 그러므로 수면을 공부와 테스트 준비에서 동맹자로 삼아 도움을 얻도록 하라.

기능주의
사람들이 자신의 환경에 적응하게 해 주는 정신 과정의 목적에 대한 연구

자연 선택
종이 생존하고 번식하는 것을 돕는 유기체의 특징들이 그렇지 않은 것보다 후세대에 전달되기 더 쉽다는 찰스 다윈의 이론

제임스와 기능적 접근

제임스는 과학적 관점에서 심리학적 이슈에 접근하려는 아이디어에 매료되어 유럽 여행에서 돌아왔다. 그는 하버드에서 강사로 채용되었고(무엇보다도 그 대학의 총장이 이웃이면서 가족의 친구였기 때문이었다), 그 직책 덕분에 교실에서 실험하기 위한 실험 장비를 구입할 수 있었다. 그 결과 제임스는 분트와 독일인 추종자들에 의해 시작된 새로운 실험 심리학에 기반을 둔 미국 대학 최초의 강좌를 가르쳤다(Schultz & Schultz, 1987).

제임스는 즉각적인 경험에 초점을 맞추는 중요성과 기법으로서의 내성법의 유용성을 포함해서 몇 가지 점에서 분트와 의견을 같이했지만(Bjork, 1983), 의식이 개별적 요소로 쪼개질 수 있다는 분트의 주장에는 동의하지 않았다. 제임스는 구성주의자들이 하는 것처럼, 의식의 특정 순간을 분리하고 분석하기 위해 노력하는 것은 의식의 본질적인 속성을 왜곡한다고 생각했다. 그는 의식은 개별적 요소들의 묶음이라기보다는 지나가는 흐름과 같다고 주장했다. 그래서 제임스는 전적으로 다른 관점으로 심리학에 접근하고자 결심했고, **기능주의**(functionalism)라 불리는 접근법을 발전시켰다. 이 새로운 접근법에서는 사람들이 자신의 환경에 적응할 수 있도록 정신 과정이 봉사하는 목적을 연구하였다. 정신 과정의 구조를 탐색하는 구성주의와는 대조적으로, 기능주의는 정신 과정이 봉사하는 기능을 이해하기 위해 시작되었다(그와 같은 기능의 한 가지인 학습을 향상시키기 위한 방략들은 '현실세계'를 참조).

기능주의는 다원의 자연선택 이론과 어떻게 관련되는가?

제임스의 생각은 그 즈음에 출판된 생물학적 진화에 대한 찰스 다윈(Charles Darwin, 1809~1882)의 저서, 자연 선택의 방법에 의한 종의 기원에 관하여(*On the Origin of Species by Means of Natural Selection*)(1859)에 제시된 아이디어에서 영감을 얻었다. 다윈은 **자연 선택**(natural selection)의 원리를 제안했는데, 그것은 종의 생존과 번식을 돕는 특징들이 그렇지 않은 특징들보다 후세대로 전달될 가능성이 더 높다는 것을 의미한다. 이 관점에서 제임스는 정신 능력은 그것이 적응적이기 때문에, 즉 그것이 사람들로 하여금 문제를 해결하고 생존 확률을 증가시키기 때문에 진화되었음에 틀림없다고 설명하였다. 다른 동물들과 마찬가지로 사람들은 항상 맹수를 피해야 하고, 먹을 것을 찾아야 하고, 은신처를 만들어야 하고, 이성의 마음을 끌어야만 한다. 다윈의 자연 선택 원칙을 적용하여 제임스(1890)는 의식은 중요한 생물학적 기능을 해야만 하고, 심리학자들의 과제는 그러한 기능이 무엇인지를 이해하는 것이라고 판단했다. 분트와 다른 구성주의자들은 실험실에서 연구를 했으나, 제임스는 그러한 작업은 의식이 자연 환경에서 어떻게 기능하는지를 말해 주는 데 한계가 있다고 느꼈다. 반대로, 분트는 제임스가 분트 자신과 다른 구성주의자들이 실험실로부터 내놓기 시작한 새로운 결과에 충분히 관심을 두지 않는다고 생각했다. 분트는 심리학의 원리를 평하면서, 제임스는 최고의 작가이지만 그의 접근방법에 반대한다고 공언했다. "그것은 문학이고, 아름답지만, 심리학은 아니다"(Bjork, 1983, p. 12에서 인용).

나머지 세계는 분트의 의견에 동의하지 않았고, 제임스의 기능주의 심리학 추종자들은 빠른 속도로 늘어났는데, 다윈의 아이디어가 많은 사상가들에게 영향을 미치고 있었던 북미에서 특히 그랬다. 분트와 제임스 두 사람 모두와 연구를 했던 스탠리 홀(Stanley Hall, 1844~1924)은 1881년 존스홉킨스대학에 북미 최초의 심리학 연구 실험실을 개설하였다. 홀의 연구는 발달과 교육에 초점을 두었고 진화론적 사고의 영향을 크게 받았다(Schultz & Schultz, 1987).

홀은 아동이 발달하면서 단계를 거치는데, 이것은 인류의 진화 역사를 반복하는 것이라고 생각했다. 따라서 어린 아동의 정신 역량은 우리의 고대 조상과 닮았고, 인류가 광대한 세월을 통해 진화해 온 것과 같은 방식으로 아동은 전 생애를 걸쳐 성장한다. 홀은 1887년에 *American*

YURI KADOBNOV/AFP/GETTY IMAGES

당신은 러시아 대통령인 블라디미르 푸틴이 별로 행복하게 느끼지 않고 있다는 것을 알기 위해서 이 사진을 1/2초 이상 바라 볼 필요가 없다. 윌리엄 제임스는 순식간에 정서 표현을 읽는 능력이 당신의 생존과 안녕을 증진시키는 중요한 기능에 봉사한다고 시사했다.

Journal of Psychology(미국 최초의 심리학 잡지)를 창간했고, 미국심리학회(American Psychological Association, APA : 미국 심리학자들의 최초의 전국적 조직)를 창립하는 데 핵심적 역할을 했으며 초대회장을 역임했다.

제임스와 홀의 노력은 북미에서 기능주의가 심리학 사상의 주 학파로 발전할 수 있는 무대를 마련했다. 기능주의적 접근을 채택하는 심리학과가 많은 주요 미국 대학에서 생겨나기 시작했고, 생존을 위한 투쟁에서(이것은 아마 다윈을 뿌듯하게 할 것이다) 기능주의는 이전의 구성주의보다 더 영향력 있는 학파가 되었다. 1920년대에 이르면서 기능주의는 북미 심리학의 지배적 접근법이 되었다.

스탠리 홀은 아동이 발달함에 따라 우리 종의 진화적 역사를 되밟는다고 믿었다. '동굴 인간의 지적 수준'에서 시작해서 … 현재의 우리에 이르기까지.

요약

▶ 철학자들은 수천 년 동안 인간 본성에 관해서 사색하고 논쟁을 해 왔지만, 그들 접근의 특성상 자신들의 주장을 지지할 경험적 증거를 제공할 수 없었다.

▶ 마음과 행동을 연결시키는 과학을 발전시키려는 초기의 성공적인 노력에는 프랑스 과학자인 피에르 플루랭스와 폴 브로카가 포함되는데, 이들은 뇌 손상이 행동과 정신 기능의 손상을 가져올 수 있음을 보여 주었다.

▶ 헤르만 폰 헬름홀츠는 반응 시간을 측정하는 방법을 개발함으로써 마음의 과학을 진전시켰다.

▶ 빌헬름 분트는 과학적 학문 영역으로서 심리학을 창립한 공로자이다. 그의 구성주의적 접근은 의식의 기본 요소를 분석하는 데 초점을 두었다. 분트의 제자인 에드워드 티치너는 구성주의를 미국에 도입했다.

▶ 윌리엄 제임스는 다윈의 자연 선택 이론을 마음의 연구에 적용하였다. 그의 기능주의적 접근에서는 어떻게 정신 과정이 사람들이 환경에 적응할 수 있도록 봉사하는지에 초점을 두었다.

▶ 스탠리 홀은 미국 최초의 심리학 전용 연구 실험실, 학술 잡지, 전문 조직을 만들었다.

임상심리학의 발전

심리학자들이 실험실에서 구성주의와 기능주의를 발전시키고 있던 무렵에 클리닉에서 일하는 다른 심리학자들은 심리적 장애를 가진 환자들을 연구하기 시작하고 있었다. 그들은 어떻게 잘못되는가를 조사함으로써 어떻게 작용하는가를 이해할 수 있음을 깨닫기 시작했고, 그들의 정신장애의 관찰은 심리학의 발전에 영향을 미쳤다.

프로이트와 정신분석 이론에 이르는 경로

프랑스 의사인 장 마르탱 샤르코(Jean-Martin Charcot, 1825~1893)와 피에르 자네(Pierre Janet, 1859~1947)는 **히스테리**(hysteria)라고 불리는, 보통 정서적으로 혼란스러운 경험의 결과로 인지 혹은 운동 기능의 일시적 상실 증상을 보이는 환자들을 면담하고 놀라운 관찰 결과를 보고했다. 히스테리 환자들은 신체적 원인이 전혀 없음에도 불구하고 보지 못하거나 마비되거나 기억을 잃어버렸다. 하지만 그 환자들이 최면될 동에서 무의식성 상태에 들어갔을 때 그들의 증상은 사라졌다. 보지 못하던 환자가 볼 수 있었고, 마비되었던 환자가 걸을 수 있었으며, 기억을 잃어버린 환자는 기억할 수 있었다. 그러나 그들은 최면 상태로부터 빠져나온 후에 다시 증상을 보였다. 환자들은 깨어 있는 상태와 최면 상태에서 두 명의 다른 사람처럼 행동했다.

분트와 티치너 그리고 다른 실험 과학자들은 그러한 특이한 장애가 과학적 심리학의 적절한 주제라고 생각하지 않고 무시하였다(Bjork, 1983). 하지만 윌리엄 제임스는 이것이 마음의 속성을 이해하는 데 중요한 함의를 갖고 있다고 믿었다(Taylor, 2001). 그는 그러한 정신적 혼란들

히스테리
보통 정서적으로 혼란스러운 경험의 결과로 나타나는 인지 혹은 운동 기능의 일시적 상실

이 사진에서 지그문트 프로이트는 그의 정신분석 환자들을 위한 장의자 옆에 앉아 있다. 이 의자 위에서 환자들은 과거 경험을 회상하고 무의식적 사고를 의식으로 가져오도록 격려되곤 하였다.

을 활용하는 것이 마음의 정상적인 작용을 이해하는 길로 중요하다고 생각했다. 보통의 의식적 경험 동안 우리는 단지 하나의 '나' 혹은 '자기'를 자각하고 있다. 하지만 샤르코와 자네 및 다른 사람들이 묘사한 장애는, 뇌가 서로의 존재를 알지 못하는 많은 의식적 자기를 만들어 낼 수 있음을 시사했다(James, 1890, p. 400). 이런 놀라운 관찰들은 1885년에 파리에서 샤르코와 함께 연구한 오스트리아 비엔나에서 온 젊은 의사의 상상력에 불을 지폈다. 그의 이름은 지그문트 프로이트(Sigmund Freud, 1856~1939)였다.

파리에 있는 샤르코의 클리닉을 방문한 다음, 프로이트는 비엔나로 돌아와서 히스테리 환자들을 대상으로 연구를 계속했다(부언하자면, *hysteria*라는 단어는 '자궁'을 의미하는 라틴어 *hyster*로부터 유래한 것이다. 한때는 '방황하는 자궁'에 의해 유발되는 것으로 오직 여성들만이 히스테리를 앓는다고 생각되었다). 의사인 요셉 브로이어(Joseph Breuer, 1842~1925)와 함께 일하면서 프로이트는 히스테리 환자들을 관찰하고 환자들의 이상한 행동과 증상들을 설명하기 위한 이론을 발전시키기 시작했다. 프로이트는 많은 환자들의 문제가 자신들이 기억할 수 없는 고통스러운 아동기 경험의 결과로 추적될 수 있다는 이론을 만들었고, 겉보기에 상실된

히스테리 환자들을 진료한 경험이 프로이트에게 어떤 영향을 주었는가?

것으로 보이는 이들 기억의 강력한 영향이 무의식적 마음의 존재를 드러낸다고 주장했다. 프로이트에 따르면, **무의식**(unconscious)은 의식적 자각 밖에서 작동하지만 의식적 사고, 감정, 행동에 영향을 주는 마음의 부분이다. 이러한 생각이 프로이트로 하여금 감정, 사고, 행동을 형성하는 데 있어서 무의식적 정신 과정의 중요성을 강조하는 접근인 **정신분석 이론**(psychoanalytic theory)을 발전시키도록 이끌었다. 정신분석 관점에서 보면, 개인의 초기 경험을 밝히고 무의식적 불안, 갈등, 욕망을 조명하는 것이 중요하다. 정신분석 이론은 프로이트가 정신분석이라고 부른 치료법의 기초를 형성하였는데, **정신분석**(psychoanalysis)은 정신장애를 더 잘 이해하기 위해서 무의식적 재료를 의식적 자각으로 불러오는 데 초점을 두는 것이다. 정신분석을 하는 동안, 환자들은 과거 경험("내가 유아였을 때, 검은색 말을 타고 복면을 한 남자 때문에 깜짝 놀랐다.")을 회상하였고 자신의 꿈과 환상("나는 이따금씩 눈을 감고 이 치료회기의 비용을 지불할 필요가 없는 것을 상상한다.")을 연결시켰다. 정신분석가들은 환자가 말한 것을 해석하기 위해 프로이트의 이론적 접근을 사용했다.

1900년대 초, 프로이트와 점점 많아진 그의 추종자들은 정신분석 운동을 일으켰다. 칼 구스타프 융(Carl Gustav Jung, 1875~1961)과 알프레드 아들러(Alfred Adler, 1870~1937)가 이 운동에서 유명한 사람이지만, 두 사람은 모두 독립적인 사상가였고, 프로이트는 명백히 자신의 생각에 도전하는 사람들을 참을 수 없었다. 얼마 지나지 않아 프로이트는 두 사람 모두와 관계를 끊고 자신만의 정신분석 운동을 형성했다(Sulloway, 1992). 정신분석 이론은 사람들의 사고, 감정, 행동을 이해하기 위해서는 개인의 초기 성적 경험과 무의식적 성적 욕망의 탐색이 필요하다고 주장하였기 때문에 (특히 미국에서) 매우 큰 논쟁을 불러일으켰다. 그 당시 이러한 주제들은 과학적 토론을 하기에는 너무 외설적인 것으로 여겨졌다.

프로이트와 마찬가지로 그의 추종자들 대부분은 의사로서 훈련을 받았고 (비록 프로이트는 초기에 뱀장어의 성적 기관에 대한 몇 가지 훌륭한 실험 연구를 하기는 했지만) 실험실에서 심리학 실험을 수행하지는 않았다. 대체로 정신분석가들은 대학에 자리를 잡지 못했고, 분트, 티치너, 제임스, 홀 및 다른 학자들의 연구에 기반을 둔 접근들과는 고립되어 자신들의 개념을

무의식
의식적 자각의 밖에서 작동하지만 의식적 사고, 감정, 행동에 영향을 미치는 마음의 부분

정신분석 이론
인간 행동을 이해하는 지그문트 프로이트의 접근으로, 감정, 사고, 행동을 조성하는 무의식적 정신 과정의 중요성을 강조한다.

정신분석
정신장애를 더 잘 이해하기 위해 무의식적 재료를 의식적 자각으로 가지고 오는 것에 초점을 두는 치료적 접근

1909년 클라크 대학에서 열린 이 유명한 학회는 윌리엄 제임스, 지그문트 프로이트와 같은 많은 저명한 인사들을 불러 모았다. 두 사람은 동그라미로 표시하였는데 왼쪽이 제임스이다.

발전시켰다. 프로이트가 대학의 지도적인 심리학자들과 만났던 얼마 안 되는 모임 중 한 번은 1909년 스탠리 홀이 클라크대학에서 개최한 학회였다. 그곳에서 윌리엄 제임스와 지그문트 프로이트는 처음으로 만났다. 비록 제임스는 대학에서 연구를 하고 있었고 프로이트는 임상 환자들을 대상으로 연구를 하고 있었지만, 두 사람 모두 정신적 장애가 마음의 속성에 대한 중요한 단서를 제공한다고 생각했다.

정신분석의 영향과 인본주의적 반응

대부분의 역사가들은 프로이트가 20세기의 가장 영향력이 큰 사상가 2~3인 중 한 명이고, 정신분석 운동은 문학에서부터 역사, 정치, 예술에 이르기까지 광범위한 분야에 영향을 주었다고 생각한다. 심리학 내에서 정신분석은 임상 영역에 가장 큰 영향을 미쳤지만, 그 영향은 과거 40년에 걸쳐 상당히 감소해 왔다.

이것은 부분적으로는 인간 본성에 대한 프로이트의 관점이 가능성과 잠재력보다는 한계와 문제를 강조하는, 부정적인 것이기 때문이다. 그는 사람들을

©UNITED ARCHIVES GMBH/ALAMY

> **?** 왜 프로이트의 아이디어는 오늘날 영향력이 감소했는가?

망각된 아동기 기억과 원시적 성적 충동의 볼모로 보았고, 그의 이론 속에 내재된 비관적 관점은 보다 낙관적인 인간관을 가진 심리학자들을 좌절시켰다. 제2차 세계대전 후 수년 동안 미국은 긍정적이고, 고무적이고, 낙관적이었다. 가난과 질병은 기술에 의해 정복되고 있었고, 일반 미국인의 생활 수준은 가파르게 향상되고 있었으며, 인간은 달에 착륙하였다. 시대는 인간 정신의 약점이 아니라 성취로 특징지어졌고, 프로이트의 관점은 시대정신에 어긋나 있었다.

인본주의 심리학은 1960년대의 시대정신에 부합하는 인간 본성에 대한 긍정적 견해를 제공했다.

또한 프로이트의 아이디어는 검증되기가 어려웠는데, 검증될 수 없는 이론은 심리학이나 다른 과학에서 별 소용이 없었다. 비록 무의식적 과정에 대한 프로이트의 강조는 심리학에 지속적인 영향을 주었지만 심리학자들은 프로이트 이론의 여러 면에 대해 심각한 불만을 갖기 시작했다.

이즈음에 에이브러햄 매슬로우(Abraham Maslow, 1908~1970)와 칼 로저스(Carl Rogers, 1902~1987)와 같은 심리학자들이 **인본주의 심리학**(humanistic psychology)이라고 불리는 새로운 운동을 일으켰다. 인본주의 심리학은 인간의 긍정적 잠재력을 강조하는 인간 본성을 이해하려는

인본주의 심리학
인간의 긍정적 잠재력을 강조하는 인간 본성을 이해하기 위한 접근

접근이다. 인본주의 심리학자들은 사람들이 자신에 대해 갖고 있는 최상의 열망에 초점을 둔다. 인본주의 심리학자들은 인간을 먼 과거의 사건에 갇혀 있는 것으로 바라보는 대신, 발달하고, 성장하고, 최고의 잠재력에 도달하려는 타고난 욕구를 가진 자유로운 행위자로 바라보았다. 이 운동은 '히피 젊은이' 세대가 심리적 삶을 일종의 영혼의 개화로 인식하곤 했던 1960년대에 절정에 이르렀다. 인본주의 심리치료자들은 사람들이 자신의 최고의 잠재력을 깨닫도록 돕기 위해 노력했다. 실제로 그들은 **환자** 대신 내담자라는 용어를 사용했다. (정신분석가와 환자의 관계와 달리) 인본주의 치료에서 치료자와 내담자는 대등한 위치에 있다. 실제로 프로이트 관점의 영향력이 감소한 또 하나의 원인이 바로 인본주의 관점의 발달이다.

요약

▶ 심리학자들은 종종 인간 행동을 이해하기 위한 방법으로 심리적 장애를 가진 환자들에 초점을 맞추었다. 장 마르탱 샤르코와 피에르 자네와 같은 임상의학자들은 환자들이 최면 상태에서 마치 다른 사람처럼 행동하는 비정상적인 사례들을 연구하여 우리 각자가 하나 이상의 자기를 가질 가능성이 있음을 제기하였다.

▶ 히스테리 환자들을 대상으로 한 연구를 통해 지그문트 프로이트는 정신분석을 발전시켰는데, 정신분석은 사고, 감정, 행동을 형성하는 데 있어서 무의식의 영향과 아동기 경험의 중요성을 강조하였다.

▶ 행복하게도 인본주의 심리학자들은 사람들이 선천적으로 성장 경향성을 가지고 있고 친구들이 조금만 도와준다면 통상 자신의 최고 잠재력에 도달할 수 있다는 것을 주장함으로써, 인간 조건의 보다 낙관적인 관점을 제공하였다.

객관적 측정의 추구 : 행동주의가 무대의 중심에 서다

1960년대에 이르기까지의 임상심리학의 발전에 관한 논의는 앞으로 조금 더 나갔기 때문에 우리는 다른 중요한 발전들을 이해하기 위해서 몇 십 년 뒤로 돌아갈 필요가 있다.

20세기 초반까지 발달한 심리학적 사상의 학파들인 구성주의, 기능주의, 정신분석학, 형태심리학, 인본주의는 상당한 정도로 서로 달랐다. 하지만 그 관점들은 중요한 유사점을 공유하고 있었다. 각각의 접근법은 모두 의식적 지각, 사고, 기억, 감정을 탐구하거나 혹은 과거의 무의식적 재료를 유발시키려고 노력함으로써 마음의 내적 작동을 이해하고자 했는데, 모든 접근법에서 실험의 참가자나 임상장면의 환자가 보고한 것에 의존했다. 이들 모두 방법론의 비신뢰성 때문에 사람들의 마음속에서 정말 무슨 일이 일어나고 있는지 확실하게 입증하기는 어려운 것으로 판명되었다. 20세기가 전개되어 심리학이 정신생활에 초점을 맞추어야만 한다는 생각에 심리학자들이 이의를 제기하면서 새로운 접근법이 발전했다. 이 새로운 접근법은 **행동주의**(behaviorism)로 불렸는데, 행동주의 심리학자들은 심리학의 연구영역을 객관적으로 관찰할 수 있는 행동의 과학적 연구로 제한해야 한다고 주장했다. (심리과학에 대한 현대의 논쟁을 다룬 '다른 생각 : 심리학은 과학인가?'를 참조) 행동주의는 이전 관점들로부터의 극적인 이탈을 의미했다.

왓슨과 행동주의의 출현

존 브로더스 왓슨(John Broadus Watson, 1878~1958)은 사적 경험은 과학적 질문의 대상이 되기에는 너무 특이하고 모호하다고 생각했다. 과학은 모든 관찰자들에게 접근 가능한 현상의 반복 가능하고 객관적인 측정을 요구했고, 구성주의자들과 기능주의자들이 사용한 내성적 방법은 그렇게 되기에는 너무 주관적이었다. 그래서 왓슨은 심리학자들이 의식적 경험을 기술하는 대신에 전적으로 행동의 연구―무엇을 경험하는지가 아니라 무엇을 **하는지**―에 초점을 맞추어

행동주의
심리학자들의 연구를 객관적으로 관찰 가능한 행동의 과학적 연구로 제한해야 한다고 주장하는 접근

야 한다고 제안했는데, 왜냐하면 행동은 누구나 관찰할 수 있고 객관적으로 측정될 수 있기 때문이다. 왓슨은 행동에 초점을 맞추는 것이 심리학자들이 빠져 있는 끝없는 철학적 논쟁을 중지시키고, 경영, 의학, 법, 교육과 같은 영역에서 실제적인 적용을 발전시키도록 심리학자들을 고무시킬 수 있을 것이라고 생각했다. 왓슨에 따르면, 과학적 심리학의 목표는 사회를 이롭게 만드는 방식으로 행동을 예측하고 통제하는 것이어야 한다.

왜 마음을 심리학 밖으로 내던져 버리려 하는가? 왓슨이 쥐와 새 같은 동물의 행동을 연구했다는 것에 주목하기 전까지는 그의 주장이 지나친 것처럼 보일 것이다. 그런 연구에서 마음을 추정하는 것은 논쟁의 대상이다. 개는 마음을 갖고 있지만 비둘기는 아니라고 말할 것인가? 만약 비둘기를 포함시킨다면, 벌레는? 동물 행동 전문가들은 자신들이 이 영역의 전문가라고 자부한다. 1908년, 마가렛 플로이 워시번(Margaret Floy Washburn, 1871~1939)은 동물의 마음(*The Animal Mind*)을 출판하였는데, 이 책에서 그녀는 다양한 동물들의 지각, 학습, 기억에 대

ARCHIVES OF THE HISTORY OF AMERICAN PSYCHOLOGY

코넬대학에서 에드워드 티치너의 학생이었던 마가렛 플로이 워시번은 1894년 심리학박사 학위를 받은 첫 번째 여성이 되었다. 워시번은 주로 뉴욕의 포킵시에 있는 바서대학에서 학생을 가르치고 연구하면서 매우 탁월한 경력을 가졌다. 워시번은 동물의 마음이라는 영향력 있는 책을 저술하였고, 의식에 대한 이론을 발전시켰으며, 전문 분야로서 심리학의 발전에 공헌하였다.

? 행동주의는 어떻게 심리학이 과학으로 발전하는 데 기여했는가?

해 그때까지 알려진 것들을 개관하였다. 그녀는 인간이 아닌 동물도 인간처럼 의식적인 정신적 경험을 가진다고 주장했다(Scarborough & Furumoto, 1987). 왓슨은 이 주장에 대해 통렬하게 반박했다. 우리가 비둘기에게 그들의 사적, 내적 경험을 물어볼 수 없기 때문에(물론 물어볼 수는 있지만, 그들은 절대로 우리에게 말해 주지 않는다), 왓슨은 동물들이 어떻게 학습하고 적응하는지를 이해하기 위한 유일한 방법은 오직 그들의 행동에 초점을 맞추는 것이라고 결론을 내리고, 인간을 연구하는 것도 같은 기반에서 진행해야 한다고 주장했다.

왓슨은 소화 생리학에서 선구적인 연구를 진행한 러시아 생리학자인 이반 파블로프(Ivan Pavlov, 1849~1936)의 연구에 의해 영향을 받았다. 연구 수행 과정에서 파블로프는 자신이 연구하고 있던 개들에 대해 흥미로운 점을 발견하였다(Fancher, 1979). 개들은 음식을 보고 침을 흘릴 뿐만 아니라 자신들에게 먹이를 주는 사람을 보고도 침을 흘렸다. 먹이를 주는 사람들이 알포(개 사료 브랜드 – 역자 주) 옷을 입고 있지도 않았는데, 왜 단지 그들을 보는 것만으로 개의 기본적인 소화 반응이 유발되는가? 이 질문에 답하기 위해 파블로프는 개에게 먹이를 줄 때마다 매번 어떤 음을 들려주고, 후에 개가 그 음만을 듣고도 침을 흘리는지 관찰하는 절차를 개발하였다. 파블로프의 실험에서 음의 소리가 자극(stimulus, 환경으로부터의 감각 입력)이 되어 개의 **반응**(response, 자극에 의해 유발된 행동 혹은 생리적 변화)인 침 분비에 영향을 미쳤다. 왓슨과 다른 행동주의자들은 이 두 개념을 그들 이론의 기본 구조로 삼았는데, 이 때문에 행동주의는 때로는 '자극-반응(S-R)' 심리학이라고도 불린다.

왓슨은 파블로프의 기법을 인간 영아에게 적용하였다. 논쟁이 된 유명한 한 연구에서, 왓슨과 그의 학생인 로살리에 레이너(Rosalie Rayner)는 '어린 앨버트'로 알려진 영아가 이전에는 공포를 느끼지 않았던 무해한 흰 쥐(그리고 다른 희고 털이 있는 동물들과 장난감들)에 대해 강한 공포를 느끼도록 가르쳤다. 왜 그들은 그런 실험을 했는가? 학습을 다룬 장에서 이 연구에 대해 자세히 배우게 되겠지만, 간단히 답하자면 이렇다. 왓슨은 인간 행동이 환경에 의해 강력하게 영향을 받는다고 믿었고, 어린 앨버트 실험은 인생의 아주 초기에서 그러한 영향을 보여주는 기회를 제공하였다. 왓슨이나 그 후의 어느 행동주의자도 오로지 환경만이 행동에 영향을 준다고 믿지는 않았지만(Todd & Morris, 1992), 환경이 가장 중요하다고는 생각했다. 그 관점과 일관되게, 왓슨은 자신의 환경에서 두드러진 존재였던 로살리에 레이너와 낭만적인 관계를 맺게 되었다. 그는 연애 관계를 끝내라는 동료들의 요구를 거절했고, 그 스캔들로 인해 존스홉킨스대학의 교수직에서 물러나게 되었다. 그는 뉴욕의 광고 대행사에 취직했고, 그곳에서

반응
자극에 의해 유발되는 행위나 생리적 변화

다른 생각

심리학은 과학인가?

티모시 윌슨은 버지니아대학 심리학 교수이자 방향의 수정 : 심리 변화의 놀랍고 새로운 과학을 비롯한 여러 인기 있는 저서의 저자이다.

PHOTO BY JEN FARIELLO, COURTESY TIMOTHY D. WILSON

어느 누구도 여러분이 심리학 과목을 수강하고 있다는 것을 반박할 수 없다. 하지만 여러분은 과학 과목을 수강하고 있는 것일까? 어떤 비판자들은 심리학이 과학을 구성하는 용인된 기준들을 충족하지 못한다고 주장한다. 버지니아대학교의 심리학 교수인 티모시 윌슨(Timothy Wilson)은 적절한 출처(과학 문헌)를 인용함으로써 비판자들을 상대했다(Wilson, 2012).

한때 우리 대학의 모임에서 한 생물학자가 자기가 과학 학과에서 온 유일한 교수 참석자라고 말했다. 내가 심리학과에서 왔음을 지적하면서 그 말을 정정했을 때 그는 마치 내가 뉴욕 양키스 팀의 멤버에게 나도 역시 야구를 한다고 말하는 리틀 리그 선수인 듯이 경멸적으로 손을 내저었다.

과학계에는 '소프트' 사이언스(심리학, 사회학)보다 자신들의 '하드' 사이언스(물리학, 화학, 생물학)가 보다 적법한 과학이라고 생각하는 속물근성이 오랫동안 존재해 왔다. 그러므로 많은 일반 대중이 똑같이 생각하는 것은 놀라운 일이 아니다. 그러나 최근에 사회과학의 엄밀성에 대한 회의가 터무니없는 정도에까지 도달했다. 미국 하원은 최근에 국립과학재단(NSF)을 통한 정치학 연구 지원을 폐지하도록 결정했다. 그 결정을 지지하면서 **워싱턴 포스트** 신문의 한 기자는 하원의 결정이 충분하지 않다고 주장했다. 찰스 레인은 "하드 사이언스에서와 달리 사회에 관한 가설은 보통 실험에 의해서 맞고 틀림이 증명될 수 없기 때문에" NSF는 어떤 사회과학 연구도 지원해서는 안 된다고 썼다.

레인의 논평은 **뉴욕타임스** 여론 블로그에 올린 게리 거팅의 글에서도 반복된다. "자연과학은 많은 상세하고 정밀한 예언을 내놓는 데 반해 사회과학은 그렇지 못하다. 그 이유는 그런 예언은 거의 항상 무작위적으로 통제된 실험을 요구하는데, 사람을 대상으로는 거의 가능하지가 않기 때문이다"라고 거팅은 썼다.

이것은 실험실 안과 밖에서 인간 행동에 관한 신중하게 통제된 실험을 수행하는 데 자신의 경력을 바쳐 온 나와 다른 사회과학자들에게 뉴스이다. 그 비판이 그토록 화나게 하는 것은 그런 주장을 하는 사람들이나 그들의 가족들이 의심할 바 없이 그들이 편한 분야의 연구로부터 혜택을 받아왔기 때문이다.

우리들 대부분은 우울증을 앓고 심리치료를 받은 사람들을 알고 있다. 그 사람들은 아마도 무작위적인 임상 시행에서 효과가 있음을 보여 준 인지행동 치료와 같은 치료법의 혜택을 받았을 것이다.

아동 학대와 10대의 임신과 같은 문제들은 사회에 커다란 대가를 치르게 한다. 심리학 연구자들이 개발하고 실험 방법을 통해서 검증된 개입은 아동 학대의 빈도를 낮추고 10대 임신의 비율을 감소시킨다는 것이 발견되었다.

고정관념 위협에 대해서 들어 본 일이 있는가? 이것은 자신이 속한 집단에 대한 부정적인 고정관념을 확인시킬 위험에 처했을 때 사람들이 직면하는 이중의 위험을 가리킨다. 예를 들어 아프리카계 미국 학생들이 어려운 시험을 치를 때 그들은 자신이 얼마나 잘 할지만을 걱정하는 것이 아니라 자신의 나쁜 수행이 전체 집단에 부정적으로 초래할 가능성에 관해서도 걱정을 한다. 이 추가적인 걱정이 학교에서의 수행을 낮춘다는 것이 신중하게 통제된 여러 실험에서 반복되어 제시되었다. 그러나

행동주의 원리를 마케팅과 광고(당연히 행동에 영향을 주기 위해 환경을 조작하는 것을 포함하는)에 적용했다. 왓슨은 또한 대중적인 책을 출판했는데, 그 책으로 인해 광범위한 일반 독자들이 행동주의 관점을 접하게 되었다(Watson, 1924, 1928). 이러한 모든 발전—파블로프의 실험 연구, 왓슨과 레이너의 인간에 대한 적용, 왓슨의 일상 생활에서의 실용적 응용—의 결과로 1920년대에 이르러 행동주의는 과학적 심리학에서 지배적인 세력이 되었다.

스키너와 행동주의의 발전

1926년, 벌허스 프레더릭 스키너(Burhus Frederick Skinner, 1904~1990)는 해밀턴대학을 졸업했다. 윌리엄 제임스와 같이 스키너도 인생을 어떻게 살아야 할지 결정할 수 없었던 젊은이였다. 그는 작가가 되기를 갈망했고, 문학에 대한 관심으로 인해 간접적으로 심리학에 끌렸다. 스키너는 등장 인물들이 왜 그렇게 행동하는지에 대한 이해 없이 소설가들이 어떻게 등장 인물을 그릴 수 있는지 의문을 품었다. 왓슨의 책을 우연히 접하게 되었을 때 그는 답을 가졌음을 알았다. 그는 하버드에서 심리학으로 박사 학위를 받았고(Wiener, 1996), 새로운 종류의 행동주의를 발전시키기 시작했다. 파블로프의 실험에서 개들은 아무 일도 않고 우두커니 서 있고, 소

다행스럽게도 실험은 또한 이 위협을 감소시킬 가능성 있는 방법도 제시해 주었다. 예컨대 중학교에서 시행된 한 개입은 성취 격차를 40%까지 감소시켰다.

만약 여러분이 자신이 저지르지도 않은 범죄 때문에 체포될 만큼 불운한 사람을 알고 있다면 그 사람은 보다 공정한 용의자 정렬과 심문을 가져오고 그 결과 결백한 사람이 기소될 확률을 낮추도록 만든 사회심리학 실험의 혜택을 받았을 수도 있다.

자주 간과되는 실험법의 이점은 무엇이 작동하지 않는지 보여 줄 수 있다는 것이다. 심리학 연구자들이 그 실체를 폭로한 세 가지 대중적인 프로그램인 (1) 끔찍한 사건을 목격한 첫 번째 반응자 및 다른 사람들에게서 외상 후 스트레스 장애를 방지하기 위해서 사용된 위기 사건 스트레스 디브리핑(Critical Incident Stress Debriefing), (2) 미국 전역의 많은 학교에서 사용되고 있는 D.A.R.E. 약물 반대 프로그램, (3) 위험군에 속하는 10대가 범죄 행위에 휘말리는 것을 방지하도록 설계된 Scared Straight 프로그램을 고려해 보자.

이 세 가지 프로그램 모두 잘 설계된 실험 연구들을 통해서 효과가 없거나 문제를 보다 악화시키는 것으로 밝혀졌다. 그 결과 이 프로그램들은 인기가 떨어지거나 방법을 바꾸게 되었다. 무엇이 작동하지 않는지를 발견함으로써 사회과학자들은 수십 억 달러의 공금을 절약했다.

비판자들에게 공평하게 말하자면, 사회과학자들이 실험법의 이점을 향상할 수 있는 한 많이 이용해 왔던 것은 아니다. 예컨대 교육 프로그램은 너무도 자주 적절하게 검증되지 않은 채로 시행되었다. 그러나 점점 더 교육 연구자들은 더 나은 방법론을 채용하고 있다. 예를 들면, 최근 연구에서 연구자들은 교사들을 교육 기술을 증진시키기 위해 설계된 '나의 교육 파트너'라 불리는 프로그램 혹은 통제 집단에 무작위적으로 할당했다. 프로그램에 참여한 교사들이 가르친 학생들은 통제 집단에 속한 교사들이 가르친 학생들보다 성취 검사에서 통계적으로 의미 있는

정도로 더 잘 했다.

사회과학은 완벽한가? 물론 아니다. 인간 행동은 복잡하고, 사람들이 무엇을 혹은 왜 하는지의 모든 측면을 검증하는 실험을 수행하는 것은 가능하지 않다. 그러나 엄밀하게 통제되고, 윤리적으로 용인될 수 있는 방식으로 수행되는 인간행동의 실험 연구에 전적으로 헌신하는 분야들이 존재한다. 많은 사람들이 그 결과로부터 혜택을 받는데 그들 중에는 무지한 탓에 과학이 분자의 연구에 국한된다고 믿는 사람들도 포함된다.

윌슨이 제시한 사회에 이로운 영향을 가져오는 심리학 연구의 예들은 훌륭하다. 그러나 아마도 보다 중요한 것은 많은 심리학 연구가 비판자들이 인간 행동의 연구에 적용할 수 없다고 명백히 — 잘못 — 믿고 있는 무작위 절차를 사용하는 신중하게 통제된 실험에 근거하고 있다는 그의 주장이다. 이 교재의 다음 장은 심리학자들이 어떻게 과학적 방법을 마음과 행동의 연구에 적용하는지를 설명하는 데 바치고 있다. 여러분의 교재의 저자들이 심리학이 실로 과학이라고 믿는다는 것을 아는 것은 놀랍게 다가오지 않을 것이다. 그러나 심리학은 어떤 종류의 과학인가? [이 질문에 대한 하나의 접근으로 '허브 사이언스로서의 심리학'이란 제목의 '최신 과학'을 참조할 것]. 심리학은 물리학에서와 같이 보편적 법칙을 찾아내기 위해 노력해야 할 것인가? 혹은 이른바 자연과학에서 만들어지는 것과 같은 정밀한 예언을 하기 위해 노력해야 할 것인가? 심리학자들은 실험실 실험에 초점을 맞추어야 하는가? 혹은 일상생활의 행동을 연구하는 시도에 보다 더 많은 노력을 해야 하는가? 어떤 방법이 심리학 연구를 위한 도구로 여러분에게 가장 유망해 보이는가? 심리학이 어떤 종류의 과학이며 어떤 종류의 과학이 되어야 하는지에 관해서는 논쟁의 여지가 있다. 우리는 여러분이 이 책을 읽어 나가면서 이 질문들에 관해서 생각하기 바란다.

리를 듣고, 침을 흘리는 수동적인 참가자였다. 스키너는 일상에서 동물들은 단순히 그곳에 서 있지 않고 무엇인가를 한다는 것을 깨달았다! 동물들은 잘 곳, 음식, 짝을 찾기 위해 자신들의 환경에 대해 행동한다. 스키너는 동물들이 그러한 상황에서 행동하는 것을 어떻게 학습하는지를 설명하는 행동주의 원리를 발전시킬 수 있을 것이라고 생각했다.

스키너는 자신은 조건형성실(conditioning chamber)이라고 부르지만 세상의 나머지 사람들은 영구히 스키너 상자라고 부르는 상자를 만들었다. 그 상자 안에는 레버와 먹이통이 있었고, 배고픈 쥐는 레버를 누름으로써 먹이통으로 배달되는 음식을 얻을 수 있었다. 스키너는 쥐를 상자 안에 넣고 관찰했는데, 쥐는 냄새를 맡고 탐색을 하면서 주변을 돌아다니다가 대개 우연히 레버를 눌렀고 바로 그때 먹이가 먹이통으로 떨어졌다. 그런 일이 일어난 다음, 레버를 누르는 비율은 극적으로 증가하였고 쥐가 더 이상 배가 고프지 않을 때까지 높은 비율은 계속 유지되었다. 여기서 스키너는 그가 강화 원리라고 부른 것의

왓슨의 행동주의로부터 영감을 받아 스키너는 동물이 자신의 환경과 상호작용함으로써 학습하는 방법을 연구하였다. 사진에서 스키너는 '스키너 상자'를 설명하고 있는데, 그 안에서 쥐는 먹이를 얻기 위해 레버를 누르는 것을 학습한다. 레버를 누르는 것은 학습된 행동이고, 먹이는 미래의 레버 누름의 빈도를 증가시키는 강화이다.

NINA LEEN/TIME LIFE PICTURES/GETTY IMAGES

강화
그 행동이 다시 일어날 확률을 결정하는 행동의 결과

증거를 보았다. **강화**(reinforcement) 원리는 행동의 결과가 다시 그 행동이 더 많이 혹은 더 적게 일어날 것인지를 결정한다고 말한다. 강화 개념은 스키너의 새로운 행동주의 접근법의 토대가 되었고(7장 참조), 그는 이것을 그의 기념비적 저서 유기체의 행동(*The Behavior of Organisms*)(Skinner, 1938)에서 체계적으로 정리하였다.

스키너는 일상생활의 삶의 질 향상을 돕기 위해 강화에 대한 그의 개념을 사용하기 시작하였다. 딸아이의 4학년 교실을 방문했을 때 그는 복잡한 과제를 작은 부분들로 나누고, 강화 원리를 사용하여 아동들에게 각 부분들을 가르침으로써 교육 효과를 향상시킬 수 있다는 것을 깨달았다(Bjork, 1993). 그는 정확히 그런 작업을 수행하는 티칭 머신(teaching machines)으로 알려진 자동 장치를 개발했다(Skinner, 1958). 티칭 머신은 점차 어려워지는 일련의 문제를 주는데, 상위 질문은 하위 질문에 대한 학생들의 답을 토대로 한 것이었다. 예를 들어, 복잡한 수학 문제를 푸는 것을 배우기 위해 학생들은 먼저 가장 단순한 문제 영역에 대한 쉬운 질문을 받는다. 그런 다음 답이 맞는지 틀린지를 말해 주고, 만약 정답이라면 기계는 보다 어려운 문제로 옮겨 간다. 스키너는 자신이 맞추었다는 것을 아는 만족감이 강화가 되어 학생들이 학습하도록 돕는다고 생각했다.

만약 4학년생과 쥐가 성공적으로 훈련될 수 있다면, 왜 거기서 그치겠는가? 자유와 존엄을 넘어서(*Beyond Freedom and Dignity*)(1971)와 월든 투(*Walden II*)(1948/1986)라는 논쟁을 일으킨 두 책에서, 스키너는 행동이 강화 원리의 현명한 적용에 의해서 통제되는 유토피아 사회에 대한 비전을 내놓았다(Skinner, 1971). 그 책들에서 스키너는 자유의지의 주관적 감각은 착각이며, 우리가 자유의지를 행사하고 있을 때 우리는 현재와 과거의 강화 패턴에 반응하고 있을 뿐이라는 단순하지만 경악할 만한 주장을 내놓았다. 현재 우리는 과거에 보상을 받아 왔던 어떤 행동을 하는데, 그때 그 행동을 '선택한다'는 우리의 감각은 착각에 지나지 않는다는 것이다. 여기서 스키너는 철학자 베네딕트 스피노자(Benedict Spinoza, 1632~1677)의 주장에 동조하고 있다. 수 세기 전에 스피노자는 "인간은 자신이 자유롭다"는 생각에 속고 있으며, 이러한 믿음은 자신의 행위는 의식하지만 행위를 결정하는 원인에 대해서는 무지하기 때문이라고 지적했다. 인간의 행동이 의지를 따른다는 말은 그것을 설명하는 아이디어 없이 단지 단어의 나열에 불과할 따름이라는 것이다(1677/1982, p. 86).

스키너는 그의 통찰이 인류의 안녕을 향상시키고 사회적 문제를 해결하기 위해 사용될 수 있다고 주장하였다. 그러한 주장은, 놀랍지 않게도 스키너가 인간의 가장 소중한 속성의 하나인 자유의지를 던져 버리고, 자신의 목적을 위해 사람들을 조종하는 억압 사회를 부르고 있다고 믿는 비판자들의 강력한 항의의 도화선이 되었다. 비판은 심지어 TV 가이드에까지 확산되었다. TV 가이드는 스키너와의 인터뷰를 싣고 그의 아이디어를 "개 훈련 학교의 시스템을 통해 인간을 영원히 길들이는 것"이라고 불렀다(Bjork, 1993, p. 201). 스키너가 주장했던 아이디어의 속성을 생각할 때 비판자들의 공격을 이해할 수는 있지만—그는 사람들이 얼마나 자유의지라는 개념을 소중히 간직해 왔는지를 대단히 과소평가했다—냉정한 관점에서 돌아보면 정도가 지나친 것은 분명하다. 스키너는 사회를 '개 훈련 학교'로 만들거나 사람들에게서 개인적 자유를 뺏으려고 한 것은 아니었다. 그보다 스키너는 행동이 만들어지는 원칙에 대한 이해가 사회 복지를 향

> **?** 스키너는 굶주린 쥐의 행동을 관찰함으로써 무엇을 알아냈는가?

> **?** 스키너의 어떤 주장이 강력한 항의를 불러왔는가?

스키너가 자유의지와 같은 소중하게 간주되는 개념에 대해 의문을 갖고 있다는 것이 잘 알려져 있기 때문에 그가 자신의 딸을 스키너 상자 안에서 키운다는 소문이 돌았다. 이 도시 전설은 사실이 아니었으며 아마도 차가운 미네소타의 겨울로부터 자신의 딸을 보호하기 위해서 온도를 조절한, 유리로 둘러싸인 유아용 침대 때문에 생겨난 것이었다. 스키너는 그 유아용 침대를 '에어 크립(Air-crib)' 혹은 '에어 컨디셔너(Heir-Conditioner)' 등과 같은 다양한 이름으로 부르며 광고했지만 부모들의 마음을 사로잡는 데는 실패했다.

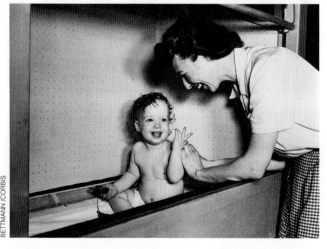

BETTMANN /CORBIS

상시키는 데 사용될 수 있다고 주장한 것이었다. 정부가 시민들에게 우유를 마시게 하거나 금연을 촉구하는 광고를 할 때 사용되는 것이 바로 그것이다. 하지만 이 같은 논쟁의 결과로 스키너의 명성은 이전에 심리학자들이 얻지 못한 수준에 도달했다. 이 세상에서 살았던 사람들 중 가장 중요한 100명을 선정한 어느 대중잡지에서 스키너는 예수보다 불과 39등 낮은 순위에 이름을 올렸다(Herrnstein, 1977).

착각
주관적 경험이 객관적 현실과 차이를 보이는 지각, 기억 혹은 판단의 오류

요약

▶ 행동주의는 관찰 가능한 행동과 반응의 연구를 옹호하고, 내적 정신 과정은 과학적으로 연구될 수 없는 사적 사건이라고 주장했다. 이반 파블로프와 존 왓슨은 자극과 반응 간의 연합을 연구하고, 행동의 조성에서 환경의 중요성을 강조했다.

▶ 왓슨의 행동주의에 의해 영향을 받은 스키너는 '스키너 상자'를 사용해서 강화 개념을 발전시켰다. 그는 동물과 인간이 즐거운 결과를 산출하는 행동을 반복하고 불쾌한 결과를 산출하는 행동의 수행을 회피한다는 것을 보여 주었다. 스키너는 자유의지는 착각이며, 사회를 이롭게 하기 위해 강화가 사용될 수 있다고 제안함으로써, 행동을 조성하는 데 있어서 환경이 중요하다는 왓슨의 주장을 확장시켰다.

마음의 복귀 : 심리학이 확장되다

왓슨, 스키너 및 행동주의자들은 1930~1950년대까지 심리학을 지배했다. 심리학자 울릭 나이서(Ulric Neisser)는 스와스모어대학의 학생이었던 1950년대 초의 분위기를 회상했다.

> 행동주의는 그 시기 거의 모든 심리학의 기본 틀이었다. 그것이 우리가 배워야만 했던 것이었다. 어떤 심리적 현상도 쥐에게서 보여 줄 수 없다면 사실이 아니라고 생각되던 시대였다(Baars, 1986, p. 275에서 인용).

하지만 행동주의는 그 분야를 아주 오랫동안 지배하지 못했고, 나이서 자신이 대안적 관점을 발전시키는 데 중요한 역할을 했다. 왜 행동주의는 대체되었는가? 비록 행동주의는 심리학자들로 하여금 행동을 측정하고 예측하고 통제하는 것을 가능하게 했지만, 그것은 중요한 몇 가지를 무시하고 이룩한 것이었다. 첫째, 분트와 제임스 등의 심리학자들을 매혹시켰던 정신 과정을 무시했고, 그렇게 함으로써 행동주의 자체로는 아동이 어떻게 언어를 학습하는지와 같은 매우 중요한 현상들을 설명할 수 없었다. 둘째, 유기체의 진화 역사를 무시하였고 그 결과, 예를 들어 쥐가 메스꺼움과 불빛 혹은 소리의 연합을 학습하는 것보다 메스꺼움과 먹이의 연합을 더 빨리 학습하는 이유를 설명할 수 없었다. 앞으로 보겠지만, 궁극적으로 행동주의를 대체한 접근법은 이러한 종류의 문제들에 성년으로 대처하였다.

인지 심리학의 선구자들

행동주의의 지배가 한창일 때조차 정신 과정의 연구와 저술에 초점을 두었던 소수의 혁명가들이 있었다. 독일의 심리학자인 막스 베르트하이머(Max Wertheimer, 1880~1943)는 **착각**(illusion) 즉, 객관적 현실과 다르게 주관적 경험을 하게 되는 지각, 기억, 또는 판단의 오류의 연구에 초점을 맞췄다. 베르트하이머의 실험에서 참가자는 스크린에 잠깐씩 교대로 번쩍이며 나타나는 2개의 불빛을 보게 된다. 하나의 불빛은 수직 틈을 통해 번쩍이고, 다른 하나는 대각선 틈을 통해 번쩍인다. 두 불빛 사이의 시간 간격이 비교적 길면(5분의 1초 혹은 그 이상), 관찰자는 단지 교대로 번쩍이는 2개의 불빛으로 본다. 하지만 베르트하이머가 두 불빛의 번쩍거림 사이

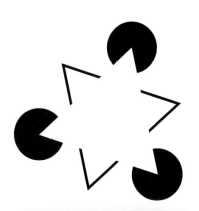

이 이미지를 볼 때 당신은 무엇을 보는가? 당신은 왜 단지 무작위적인 표시 이상을 보게 되는가?

형태주의 심리학
우리가 종종 부분의 합보다는 전체로서 지각한다는 것을 강조하는 심리학적 접근

인지 심리학
지각, 사고, 기억, 추론을 포함하는 정신 과정의 과학적 연구

의 시간 간격을 20분의 1초 정도로 줄였을 때, 관찰자들은 하나의 불빛이 앞뒤로 움직이는 것을 보았다(Fancher, 1979; Sarris, 1989). 베르트하이머는 지각된 운동은 착시를 일으키는 별개의 요소들(2개의 번쩍이는 불빛)로 설명될 수 없고, 대신 번쩍이는 불빛의 움직임은 두 부분의 합이 아닌 **전체로서** 지각된다고 설명했다. 독일어로는 *Gestalt*(형태)라고 불리는 통합된 전체가 지각적 경험을 만들어 낸다. 착시에 대한 베르트하이머의 해석은, 우리가 종종 부분의 합이 아닌 전체를 지각한다는 것을 강조하는 심리학적 접근인 **형태주의 심리학**(Gestalt psychology)의 발전을 가져왔다. 달리 말하면, 마음은 지각하는 것에 조직을 부여한다. 따라서 사람들은 실험자가 실제로 보여 주는 것(2개의 분리된 불빛)을 보는 것이 아니다. 대신에 사람들은 그 요소들을 하나의 통합된 전체(움직이는 하나의 불빛)로 본다.

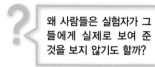

왜 사람들은 실험자가 그들에게 실제로 보여 준 것을 보지 않기도 할까?

마음에 초점을 맞춘 또 다른 선구자는 기억에 흥미를 가진 영국의 심리학자 프레더릭 바틀릿 경(Frederic Bartlett, 1886~1969)이었다. 그는 당시의 연구, 특히 독일 심리학자인 헤르만 에빙하우스(Hermann Ebbinghaus, 1850~1909)의 연구에 불만을 가졌다. 에빙하우스는 1885년에 기억에 관한 획기적인 실험(6장 참조)을 수행하였다. 그는 스스로가 자기 연구의 피험자가 되어, 자신이 세 글자로 된 무의미 철자인 *dap*, *kir*, *sul* 같은 의미 없는 정보를 얼마나 빨리, 그리고 얼마나 잘 기억하고 회상하는지 확인하려고 노력했다. 바틀릿은 일상에서 사람들이 실제로 부딪히는 종류의 정보에 대한 기억을 탐구하는 것이 더 중요하다고 믿었고, 그래서 그는 사람들에게 기억해야 할 이야기를 주고 시간이 지난 후 그것을 회상하려고 노력할 때 사람들이 저지르는 실수를 면밀하게 관찰했다(Bartlett, 1932). 바틀릿은 에빙하우스가 무의미한 철자를 가지고는 절대로 알 수 없었던 많은 흥미로운 사실을 발견했다. 예를 들어, 그는 연구 참가자들이 종종 실제로 일어난 것보다는 일어났어야 하는 것이나 일어날 것으로 기대했던 것을 기억한다는 것을 발견했다. 이와 같은 혹은 다른 오류들은 바틀릿으로 하여금 기억이 과거 경험의 사진과 같은 재생이 아니며, 과거를 회상하려는 우리의 시도는 우리의 지식, 신념, 희망, 열망, 욕구에 의해 강하게 영향을 받는다는 주장을 하도록 이끌었다.

장 피아제(Jean Piaget, 1896~1980)는 사람의 마음의 속성과 발달에 대한 통찰을 얻기 위해 아동의 지각적, 인지적 오류를 연구한 스위스 심리학자였다. 예를 들어, 그의 한 연구에서, 피아제는 3세 아동에게 큰 찰흙 더미와 작은 찰흙 더미를 주고 두 더미를 똑같이 만들어 보라고 지시했다. 그런 다음 그는 그중 한 찰흙 더미를 여러 개의 작은 조각으로 나누고 아동에게 어느 더미의 찰흙이 더 많은지 물었다. 물론 찰흙의 양은 그대로이지만, 3세 아동은 보통 작게 쪼개진 더미가 더 많다고 말하는 반면, 6세나 7세가 되면 더 이상 이런 실수를 하지 않는다. 11장에서 보겠지만, 피아제는 어떤 물질을 나누더라도 물질의 양은 일정하게 남아 있다는 사실을 인식할 수 있게 해 주는 특정 인지 능력을 나이 든 아동은 갖고 있지만 어린 아동은 아직 갖고 있지 않다는 이론을 제안했다. 이와 같은 오류는 피아제에게 아동의 정신세계에 대한 핵심적인 통찰을 제공했다(Piaget & Inhelder, 1969).

장 피아제는 아동의 지적 삶의 발달에 관해 연구하고 이론을 만들었다. 그의 방법은 어떻게 행동주의자들의 방법으로부터 크게 이탈된 것일까?

독일 심리학자인 쿠르트 레빈(Kurt Lewin, 1890~1947)도 사고가 심리학에서 추방되었던 시기에 사고 연구의 선구자였다. 레빈(1936)은 세계에 대한 개인의 주관적 경험을 이해함으로써 그 세계에서 행해지는 그 사람의 행동을 가장 잘 예측할 수 있다고 주장했다. TV 드라마는 등장 인물의 경험에 대해 생각하기 전까지는 — 카렌이 브루스에 대해 어떻게 생각하는지, 벤은 에밀리에 대해 캐시에게 무엇을 말하려고 하는지, 린다의 여동생인 낸시는 결혼에 간섭했다는 이유로 엄마를 언제까지 미워할 것인지 — 관련 없는 물리적 움직임의 의미 없는 연속이다. 레빈은 개인의 후속 행동을 결정하는 것은 자극이 아니라 자극에 대한 개인의 해석(construal)이라는 것을 인식했다. 뺨을 꼬집히는 것이 기분 좋은가 아니면 불쾌한가는 누가 그랬는가, 어떤 상황인가, 어느 쪽 뺨인가에 달려 있다. 레빈은 개인의 주관적 경험의 모형을 만들기 위해 위상수학(topology)이라는 특별한 종류의 수학을 사용하였는데, 비록 그의 위상수학 이론이 특별히 영향력이 있지는 않았지만, 정신적 삶의 모형을 그리려는 그의 시도와 심리학자는 사람들이 자신의 세계를 어떻게 해석하는지를 연구해야 한다는 그의 주장은 심리학에 지속적인 영향을 주었다.

그러나 이들과 같은 소수의 선구자들을 제외하고 대부분의 심리학자들은 1950년대에 중요한 사건(컴퓨터의 출현!)이 일어나기 전까지는 정신 과정을 마음 편하게 무시하고 있었다. 컴

컴퓨터의 출현은 심리학을 어떻게 변화시켰는가?

퓨터의 등장은 물론 실용적으로도 대단히 큰 영향을 주었지만 심리학에도 심대한 개념적 충격을 가져왔다. 사람과 컴퓨터는 여러 중요한 면에서 다르지만, 둘 다 정보를 기록하고, 저장하고, 인출하는 것으로 보이는데, 이로 인해 심리학자들은 컴퓨터가 인간의 마음을 위한 모델로 사용될 수 있지 않을까 생각하게 되었다. 컴퓨터는 정보처리 시스템으로서 회로를 따라 정보가 흐르는 것은 분명히 동화 속 이야기가 아니다. 만약 심리학자들이 기억, 주의, 사고, 신념, 평가, 감정, 측정 등과 같은 정신 사건들을 마음을 따라 정보가 흐르는 것으로 생각할 수 있다면 결국 마음을 과학적으로 연구할 수 있을 것이다. 컴퓨터의 출현은 심리학의 모든 분야에 걸쳐 정신 과정에 대한 관심을 다시 불러왔고, 지각, 사고, 기억, 추론을 포함하는 정신 과정의 과학적 연구인 **인지 심리학**(cognitive psychology)이라 불리는 새로운 접근법을 탄생시켰다.

테크놀로지와 인지 심리학의 발전

베르트하이머, 바틀릿, 피아제, 레빈과 같은 심리학자들이 행동주의에 대한 조기의 대안적 관점을 제공하는 데 공헌했지만, 그들이 행동주의를 무너뜨리지는 못했다. 그 일은 군대를 필요로 했다. 제2차 세계대전 중에 군대는 심리학자들에게 군인들이 어떻게 레이더와 같은 새로운 테크놀로지를 가장 잘 배울 수 있을지 알려 주도록 도움을 요청했다. 레이더 기사는 스크린에 나타나는 영상이 아군 비행기인지, 적군 비행기인지 혹은 서로 잘 쫓아갈 필요가 있는 기러기 떼인지를 결정하기 위해서 오랜 시간 열심히 스크린에 주의를 기울여야 했다(Aschcraft, 1998; Lachman, Lachman, & Butterfield, 1979). 어떻게 레이더 기사가 보다 빠르고 정확한 결정을 할 수 있도록 훈련될 수 있을까? 이 질문에 대한 답은 레이더 기사의 식판에 음식 알갱이를 신속하게 배달하는 것 이상을 요구했

이 1950년대 컴퓨터는 디지털 컴퓨터의 첫 번째 세대에 속한다. 컴퓨터 유추법은 어떻게 인지심리학의 초창기에 도움이 되었는가?

쿠르트 레빈은 사람들이 있는 그대로의 세계가 아니라 그들이 보는 대로의 세계에 반응한다고 주장했다.

다. 이 질문에 답하기 위해서는 장비를 설계한 사람들이 지각, 주의, 인식, 기억, 의사결정과 같은 인지 과정에 관해 생각하고 발언하는 것을 필요로 했다. 행동주의는 그것을 부정하는 방식으로 문제를 풀었다. 따라서 몇몇 심리학자들은 행동주의를 거부하고 새로운 접근법을 밀고 나가기로 결정했다.

영국 심리학자 도널드 브로드벤트(Donald Broadbent, 1926~1993)는 사람들이 여러 가지 대상에 동시에 주의를 기울이려고 할 때 무엇이 일어나는지를 연구한 최초의 사람들 중 한 명이다. 예를 들어, 브로드벤트는 조종사가 동시에 많은 상이한 계기에 주의를 기울일 수 없고, 주의의 초점을 하나에서 다른 것으로 활발하게 이동시켜야 한다는 것을 관찰했다(Best, 1992). 브로드벤트(1958)는 유입되는 정보를 처리하는 제한된 역량이 인간 인지의 기본적인 특징으로 이 한계가 조종사들(그리고 다른 사람들)이 저지르는 많은 실수를 설명해 줄 수 있다고 설명했다. 거의 같은 시기에 미국 심리학자 조지

? **제2차 세계대전 중 심리학자들은 비행기 조종사들로부터 무엇을 알아냈는가?**

밀러(George Miller, 1956)는 다양한 상황에 걸쳐서 우리의 역량 한계가 놀랄 만한 일관성을 보인다고 지적했다. 우리는 대략 7(2를 더하거나 뺄 것)조각의 정보에 주의를 기울이거나 기억에 잠시 보존할 수 있다. 인지 심리학자들은 행동주의자들이 무시했던 문제들 중 하나인 마음의 제한된 역량을 보다 잘 이해하기 위해서 실험을 수행하고 이론을 만들어 내기 시작했다.

여러분이 이미 읽었듯이, 1950년대 컴퓨터의 발명은 심리학자들의 사고에 대단히 큰 영향을 미쳤다. 컴퓨터는 하드웨어(예 : 오늘날은 칩과 디스크 드라이브, 반세기 전에는 마그네틱 테이프와 진공관)와 소프트웨어(오늘날은 광학 디스크, 반세기 전에는 펀치 카드에 저장되었음)로 이루어져 있다. 만약 뇌가 컴퓨터의 하드웨어와 대략 유사하다면 마음은 아마도 소프트웨어 프로그램과 대략 유사할 것이다. 이런 식의 사고를 따라서 인지 심리학자들은 인간의 언어와 행동을 모방하기 위해 어떤 종류의 소프트웨어가 만들어질 수 있을지 알기 위한 컴퓨터 프로그램을 고안하기 시작했다(Newell, Shaw, & Simon, 1958).

아이러니하게도 인지 심리학의 출현은 언어의 행동주의적 분석을 제공한 스키너의 저서 언어 행동(*Verbal Behavior*)(Skinner, 1957)에 의해서도 촉진되었다. MIT의 언어학자 노암 촘스키(Noam Chomsky, 1928년 출생)는 이 책을 통렬하게 비판하는 글을 발표하면서 관찰 가능한 행동에 대한 스키너의 고집이 언어의 가장 중요한 특징들을 놓치게 만들었다고 주장했다. 촘스키에 따르면, 언어는 사람들이 새로운 단어와 문장을 이해하고 산출하는 것을 가능하게 하는 정신 규칙에 의존한다. 심지어 아주 어린 아이가 전에 한 번도 들어 본 적이 없는 새로운 문장

노암 촘스키는 아주 어린 아동조차 전에 들어본 적이 없는 문장을 만들며, 따라서 강화에 의해서 언어를 학습한 것일 수가 없음을 지적했다. 스키너의 이론에 대한 그의 비판은 심리학에서 행동주의의 독주를 종식시키는 신호였으며, 인지 심리학 발달을 촉발시키는 것을 도왔다.

을 만드는 능력은 어린아이가 강화에 의해 언어 사용을 학습한다는 행동주의자들의 주장에 정면으로 배치되는 것이다. 촘스키는 언어에 대해 명석하고 자세하고 철저하게 인지적인 설명을 제공함으로써 행동주의가 밝힐 수 없었던 많은 현상들을 설명할 수 있었다(Chomsky, 1959).

1950년대에 일어난 이와 같은 발전은 1960년대의 인지 연구의 폭발을 위한 무대를 제공했다. 인지 심리학자들은 19세기에 사용했던 낡은 내성적 절차로 되돌아가는 대신에 인지 과정의 연구를 가능케 하는 새롭고 정교한 방법을 개발했다. 새로운 접근법에 대한 흥분은 이 장의 앞부분에서 소개했던 인물 중 하나인 울

릭 나이서(1967)가 저술한 인지 심리학(*Cognitive Psychology*)이라는 기념비적 저서에 요약되어 있다. 그의 책은 그 후의 세월에 걸쳐 성장하고 번창한 인지 심리학의 발전을 위한 토대를 제공했다.

행동 신경과학
심리적 과정을 신경계나 다른 신체 과정 활동과 연결시키는 심리학 접근방법

뇌와 마음이 만나다 : 인지 신경과학의 부상

인지 심리학자들은 마음의 소프트웨어를 연구했지만 뇌의 하드웨어에 대해서는 할 말이 거의 없었다. 그러나 컴퓨터 과학자라면 누구나 알고 있는 것처럼, 소프트웨어와 하드웨어의 관계는 중요하다. 즉, 각 요소는 일을 완성하기 위해 다른 요소를 필요로 한다. 우리의 정신 활동(예 : 사물의 형태를 인지하는 것, 말을 하거나 글을 쓸 때 단어를 사용하는 것, 얼굴을 보고 친숙하다고 인식하는 것 등)은 종종 너무도 자연스럽고 노력을 요구하지 않기 때문에 우리는 그것들이 뇌에 의해서 수행되는 복잡한 작동에 의존한다는 사실을 인식하지 못한다. 이러한 의존 관계는 뇌의 특정 부위에 손상을 입은 사람이 특정 인지 능력을 잃어버린 극적인 사례들에 의해 드러났다. 19세기에 프랑스 의사 폴 브로카가 묘사했던, 뇌 왼쪽의 한정된 영역에 손상을 입은 후에 비록 단어를 완벽하게 이해할 수는 있었지만 단어를 산출하지는 못했던 환자를 상기하라. 이 교재의 뒷부분에서 보겠지만, 뇌의 다른 영역의 손상 역시 특정 정신 능력의 상실(예 : 사람의 얼굴을 인식하지 못하는 얼굴 인식 불능증)이나 기괴한 행동이나 신념의 출현(예 : 가까운 가족이 사기꾼으로 뒤바뀌었다고 믿는 카프그라스 증후군)을 특징으로 하는 증후군을 가져온다. 이와 같은 인상적인, 때로는 놀랄 만한 사례들은 가장 간단한 인지 과정조차도 뇌에 의존한다는 것을 상기시킨다.

왓슨과 함께 연구했던 심리학자인 칼 래슐리(Karl Lashley, 1890~1958)는 일련의 유명한 연구들에서 쥐가 미로를 달리도록 훈련시키고 나서 뇌의 한 부분을 외과적으로 제거한 다음, 다시 쥐가 미로를 얼마나 잘 달리는지를 측정했다. 래슐리는 학습이 일어나는 뇌의 정확한 부분을 찾기를 원했다. 안타깝게도 어떤 단일 부위도 고유하게, 그리고 신뢰롭게 학습을 제거하지는 않는 것으로 보였다(Lashley, 1960). 대신 래슐리는 단순히 쥐의 뇌가 많이 손상될수록 미로를 잘 달리지 못한다는 것을 발견했다. 래슐리는 학습의 특정 영역을 알아낼 수 없다는 것에 좌절했지만, 그의 노력은 다른 과학자들로 하여금 도전을 시작하도록 고무하였다. 그들은 **생리 심리학**이라는 연구 분야를 발전시켰다. 오늘날 이 영역은 **행동 신경과학**(behavioral neuroscience)으로 성장하였는데, 이것은 심리적 과정을 신경계 및 다른 신체 과정과 연결시키는 심리학 접근법이다. 뇌와 행동의 관계에 대해 알기 위해서 행동 신경과학은 동물들이 음식을 얻기 위해서 미로를 달리는 것과 같은 특별하게 구성된 과제를 수행할 때의 반응을 관찰한다. 신경과학자들은 과제를 수행할 때 뇌의 전기 혹은 화학 반응을 기록할 수도 있고 혹은 뇌의 특정 부분을 제거한 후에 수행이 어떻게 영향을 받는지를 볼 수도 있다.

물론 실험적 뇌수술은 윤리적 이유 때문에 인간에게는 행할 수 없으므로 인간의 뇌를 연구하고 싶은 심리학자들은 종종 자연적으로 발생하는 잔인하지만 엄밀하지 못한 실험에 의존해야만 했다. 선천서 장애, 사고, 질병은 종종 특정 뇌 영역에 손상을 일으키고, 만약 이런 손상이 특정 능력을 와해시킨다면, 심리학자들은 그 부분이 그 능력의 산출과 관련되어 있다고 유추한다. 예를 들면, 6장에서 여러분은 뇌의 특정 부분의 손상에 의해서 기억을 거의 완전히 상실한 환자에 관해서 배울 것이고, 이 비극이 어떻게 기억이 저장되는지에 관해 괄목할 만한 단서를 과학자들에게 제공했는지를 볼 것이다(Scoville & Milner, 1957). 하지만 1980년대 후반, 과학기술의 큰 발전으로 기기를 체내에 삽입하지 않는 '뇌 영상' 기술이 개발되었고, 이것은 심리학자들로 하여금 사람들이 읽기, 상상하기, 듣기, 기억과 같은 과제를 수행할 때 뇌의 내부

▶ **그림 1.2 건강한 뇌와 알츠하이머 뇌의 PET 스캔** PET 스캔은 살아 있는 뇌를 관찰하기 위해 심리학자들이 사용하는 다양한 뇌 영상 기법 중 하나이다. 위쪽에 있는 네 가지의 뇌 영상들은 알츠하이머를 앓고 있는 사람의 것이고, 아래쪽에 있는 네 가지는 비슷한 연령의 건강한 사람의 것이다. 붉은색 영역과 초록색 영역은 파란색 영역보다 활동 수준이 높다는 것을 의미한다. 각 영상에서 뇌의 앞부분은 위쪽이고, 뇌의 뒷부분은 아래쪽이다. 알츠하이머 환자들이 건강한 사람들에 비해 뇌의 앞 부분에 활동성이 낮은 영역이 더 광범위하다는 것을 보여 준다.

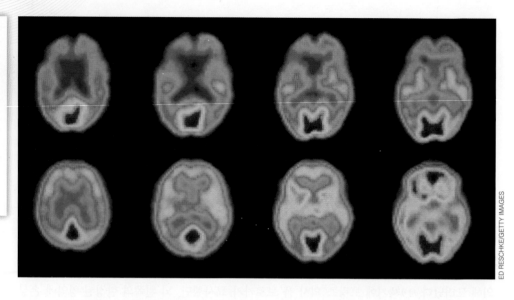

에서 무엇이 일어나는지 볼 수 있도록 해 주었다. 뇌 영상은 활동하고 있는 뇌를 관찰하고 어떤 부분이 어떤 작동과 관련되는지를 보도록 해 주기 때문에 귀중한 도구이다(3장 참조).

예를 들어, 과학자들은 단어의 이해나 산출과 같은 언어의 특정 측면과 관련된 좌반구의 뇌 영역을 확인하기 위해 뇌 영상 기법을 사용하였다(Peterson et al., 1989). 후에 뇌 영상 연구들은 선천적으로 듣지 못했지만 수화(ASL)를 사용해서 의사소통하는 법을 배운 사람들이 ASL을 사용할 때 우반구(또한 좌반구)에 있는 영역에 의존한다는 것을 보여 주었다. 반대로, 사춘기 이후에 수화를 배운 정상 청력을 가진 사람들은 수화를 할 때 좌반구에만 의존하는 것으로 나타났다(Newman et al., 2002). 이러한 결과는 비록 음성 언어

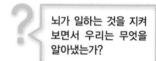

뇌가 일하는 것을 지켜 보면서 우리는 무엇을 알아냈는가?

와 기호 언어가 보통 좌반구에 의존하지만, 우반구도 단지 제한된 기간(아마도 사춘기까지)이긴 하지만 관여할 수 있다는 것을 시사한다. 이 결과는 또한 심리학자들이 다양한 종류의 인지적 역량을 가진 사람들을 어떻게 관찰하고 마음과 뇌의 신비를 풀기 위해 자신들의 관찰 결과를 어떻게 사용할 수 있는지에 대한 좋은 예를 제공한다(그림 1.2 참조). 사실상 이 연구 영역에 대한 호칭이 있다. **인지 신경과학**(cognitive neuroscience)은 인지 과정과 뇌 활동 간의 연결을 이해하려고 시도하는 연구 분야이다(Gazzaniga, 2000).

적응적 마음 : 진화 심리학의 출현

심리학에서 정신 과정에 대한 관심의 부활과 뇌에 대한 관심의 증가는 심리학자들이 행동주의에서 벗어날 수 있게 해 준 두 가지 발전이었다. 세 번째 발전 또한 다른 방향으로 그들을 유도했다. 행동주의의 주요 주장 중 하나가 유기체는 아무것도 쓰여 있지 않은 석판으로서 그 위에 경험이 학습 내용을 쓰고, 따라서 어떤 학습 내용도 같은 정도로 쉽게 써진다는 것임을 기억하라. 하지만 1960년대와 1970년대에 수행된 실험들에서 심리학자인 존 가르시아(John Garcia, 와 그의 동료들은 쥐가 메스꺼움과 음식 냄새를 연합시키는 것을 메스꺼움과 번쩍이는 불빛을 연합시키는 것보다 훨씬 빨리 배울 수 있다는 것을 보여 주었다(Garcia, 1981). 이것은 왜 그럴까? 현실세계의 숲, 하수구, 쓰레기통에서 메스꺼움은 보통 상한 음식에 의해 일어나지 번개에 의해 생기지는 않고, 또 이 특별한 쥐들은 비록 실험실에서 태어나서 상자를 한 번도 떠난 적이 없다고 하더라도 수백만 년의 진화가 인위적인 것보다는 자연적인 연합을 더 빨리 배우도록 그들의 뇌를 '준비시킨' 것이다. 달리 말하면, 쥐의 학습 능력을 결정한 것은 단순히 그 쥐의

인지 신경과학
인지적 과정과 뇌 활동 간의 연결을 이해하려고 시도하는 분야

학습 역사가 아니라 쥐의 선조들의 학습 역사인 것이다. 비록 그 사실은 행동주의 원칙과는 마찰을 빚지만, 그것은 새로운 종류의 심리학이 가진 믿음이었다.

진화 심리학(evolutionary psychology)은 자연 선택에 의해 오랜 시간에 걸쳐 보존되어 온 능력의 적응적 가치의 관점에서 마음과 행동을 설명한다. 진화 심리학은 찰스 다윈(1809~1882)의 자연 선택 이론에 뿌리를 두고 있다. 앞에서 보았듯이 자연 선택 이론은 생존과 재생산을 돕는 유기체의 특징들이 다른 특징들보다 뒷 세대로 전승될 가능성이 더 높다고 주장한다.

이 이론은 어떻게 정신 능력이 문제 해결을 돕고 따라서 생존의 기회를 증가시키는지에 초점을 맞추도록 윌리엄 제임스와 스탠리 홀에 영향을 줌으로써 기능주의 접근을 고취시켰다. 하지만 진화론적 사고가 심리학에서 개별 존재감을 가지게 된 것은 1975년, 생물학자인 에드워드 오스본 윌슨(E. O. Wilson, 이 *사회생물학*(*Sociobiology*)을 출간한 이후부터이다. 진화론적 사고의 존재감은 꾸준히 커지고 있다(Buss, 1999; Pinker, 1997a, 1997b; Tooby & Cosmides, 2000). 진화 심리학자들은 마음을 특화된 '모듈'의 집합으로 생각하는데, 이것은 우리의 선조들이 수백만 년에 걸쳐 먹거나, 짝짓거나, 번식을 하려고 할 때 직면

했던 문제들을 해결하기 위해 고안된 것이다. 진화 심리학에 따르면, 뇌는 한 가지를 다른 것만큼 똑같이 쉽게 하거나 학습할 수 있는 만능 컴퓨터가 아니라, 그보다는 몇 가지는 잘하고 나머지는 조금도 하지 못하도록 설계된 것이다. 그것은 이전 버전의 컴퓨터가 해야 할 필요가 있었던 것들을 하도록 설계된 작은 내장용 소프트웨어를 가진 컴퓨터이다.

1925년에 학교 교사인 존 스콥스는 다윈의 진화론을 학생들에게 가르쳤다는 이유로 체포되었다. 오늘날 그 이론은 현대 생물학 및 진화 심리학의 중심부이다.

예를 들어, 진화 심리학이 질투라는 정서를 어떻게 다루는지를 생각해 보자. 낭만적 관계를 가진 사람들은 단지 파트너가 다른 누군가를 주목하고 있다는 것을 알아차리기만 해도 질투를 경험했다. 질투는 강력하고 압도적인 정서일 수 있으므로 아마도 피하고 싶을지 모른다. 하지만 진화 심리학에 따르면, 질투는 한때 적응적 기능을 가졌기 때문에 존재한다. 만약 어떤 원시 인류 조상은 질투를 경험했고, 다른 조상은 그렇지 않았다면, 질투를 경험했던 조상들이 자신들의 짝을 지키고 라이벌을 공격하는 경향을 더 보였을 것이고 따라서 그들의 '질투 유전자'를 재생산해 낼 가능성이 더 컸을 것이다(Buss, 2000, 2007; Buss & Haselton, 2005).

진화적 접근에 대한 비판자들은 사람과 다른 동물들의 현재의 많은 특질들은 아마도 현재 충족시키는 기능과는 다른 기능들을 충족시키기 위해 전개되어 온 것이라고 지적한다. 예를 들어, 생물학자들은 처음에는 아마도 체온을 조절하거나 먹이를 삽는 것과 같은 기능을 수행하기 위해 진화한 새의 깃털이 나중에는 오로지

> ❓ 어떤 특질들은 유전될 수 있다는 것을 시사하는 증거는 무엇인가?

비행이라는 전적으로 다른 기능을 수행하게 되었다고 믿는다. 마찬가지로 사람들은 자동차를 운전하는 것을 배우는데 꽤 능숙하지만, 그러한 능력이 자연 선택의 결과라고 주장하는 사람은 아무도 없을 것이다. 우리가 능숙한 자동차 운전자가 되도록 해 주는 학습 능력은 차를 운전하는 것이 아닌 다른 목적 때문에 진화되어 왔을 것이다.

이와 같은 난점들이 비판자들로 하여금 진화적 가설이 어떻게 검증될 수 있을까 의심하도록 만들었다(Coyne, 2000; Sterelny & Griffiths, 1999). 선조의 생각, 감정, 행동에 대한 기록이 없고, 화석은 마음과 행동의 진화에 관해 많은 정보를 주지 않는다. 심리 현상의 진화적 기원에 대한 아이디어들을 검증하는 것은 정말로 도전적인 과제이지만, 불가능한 것은 아니다(Buss, et al.,

진화 심리학
마음과 행동을 자연 선택에 의해 오랜 시간 보존되어 온 능력의 적응적 가치라는 관점에서 설명하려는 심리학적 접근

행동주의자들은 행동을, 유기체가 강화와 짝 지어진 특정 반응의 산출(그리고 처벌과 짝 지어진 반응의 회피)을 학습하는 것으로 설명한다. 진화 심리학은 어떤 능력들이 생존하고 재생산하는 유기체의 능력에 기여한다면 그것들이 어떻게 오랜 세월에 걸쳐 보존되어 왔는지에 초점을 맞춘다. 각 접근의 옹호자는 낯선 환경에 놓인 쥐가 어두운 구석에 머무르고 불이 환하게 켜진 열린 공간을 회피하는 경향을 보이는 사실을 어떻게 설명할 것인가?

1998; Pinker, 1997a, 1997b).

진화적 적응이 또한 재생산의 성공을 증가시킬 것이라는 가정으로부터 출발해 보라. 따라서 만약 특정 특질이나 속성이 자연 선택의 총애를 받아 왔다면, 그 속성의 운반자에 의해 열매를 맺은 많은 자손들 내에서 이것의 증거를 발견하는 것이 가능할 것이다. 예를 들어, 여성이 소프라노보다는 바리톤과의 결혼을 선호했기 때문에 남성들은 목소리가 깊은 경향이 있다는 가설을 생각해 보자. 이 가설을 검증하기 위해 연구자들은 현대의 수렵-채집 집단인 탄자니아의 하드짜 부족을 연구했다. 진화적 가설과 일관되게, 남성의 목소리 높이는 실제로 그가 얼마나 많은 자녀를 갖는지를 예측했고, 여성의 목소리 높이는 그렇지 못했다(Apicella, Feinberg, & Marlowe, 2007). 이러한 종류의 연구는 진화 심리학자들이 자신의 아이디어를 검증해 볼 수 있는 증거를 제공한다. 물론 모든 진화 가설이 검증될 수 있는 것은 아니지만 진화 심리학자들은 점점 독창적인 시도를 하고 있다.

> 요약

> ▶ 막스 베르트하이머, 프레더릭 바틀릿, 장 피아제, 그리고 쿠르트 레빈과 같은 심리학자들은 행동주의 학설에 도전하고 마음의 내적 작용을 연구하였다. 그들의 노력과 도널드 브로드벤트와 같이 후에 나타난 개척자들의 노력은 지각, 주의, 기억, 추론과 같은 내적 정신 과정에 초점을 맞추도록 인지 심리학을 위한 길을 닦았다.

> ▶ 인지 심리학은 컴퓨터의 발명, 군인의 수행을 향상시키려는 심리학자들의 노력, 노암 촘스키의 언어에 관한 이론 등에 힘입어 하나의 분야로 발전하였다.

> ▶ 인지 신경과학은 뇌 영상 기법을 사용해서 뇌 손상(손상된 영역을 특정 능력의 상실과 연결시킴)을 입은 사람과 뇌 손상을 입지 않은 사람을 연구함으로써 뇌와 마음을 연결시키려는 시도를 하였다.

> ▶ 진화 심리학은 마음과 뇌의 적응적 기능에 초점을 맞추고, 자연 선택의 관점에서 심리적 과정들의 속성과 기원을 이해하고자 한다.

개인을 넘어서 : 사회적 · 문화적 관점

지금까지 서술한 전체적인 상황은 1950년대 공상 과학 영화의 한 장면을 어렴풋이 생각나게 할 것이다. 그 영화의 주인공은 생각하고, 느끼고, 소망하고, 걱정하는 살아 있는 뇌이지만 지하 실험실의 분홍색 젤리 통에 담겨 있다. 비록 심리학자들은 개인의 뇌와 마음에 초점을 두지만, 인간이 근본적으로 사회적 동물로서 가족, 친구, 선생님, 동료들의 거대한 네트워크의 한 부분이라는 사실을 놓치지 않았다. 그 사실 없이 인간을 이해하려고 노력하는 것은 개미 집단과 벌 집단의 기능이나 영향을 고려하지 않은 채 개미나 벌을 이해하려고 하는 것과 다소 비슷하다. 사람은 우리가 지금까지 만난 가장 중요하고 가장 복잡한 대상이고, 따라서 우리의 행동이 사람들의 존재—혹은 부재—에 의해서 강하게 영향을 받는 것은 놀라운 일이 아니다. 이 사실을 가장 강력하게 강조한 심리학의 두 영역은 사회 심리학과 문화 심리학이다.

사회 심리학의 발전

사회 심리학(social psychology)은 사회성(sociality)의 원인과 결과에 대한 연구이다. 이 정의가 시사하듯이 사회 심리학자들은 놀랄 만큼 다양한 주제들을 다룬다. 역사가들은 사회 심리학의 탄생을 심리학자이자 자전거 광이었던 노만 트리플릿(Norman Triplett)이 1895년에 수행한 실험으로 거슬러 올라간다. 트리플릿은 사이클 선수들이 다른 사람과 함께 사이클을 탈 때 더 빨리

사회 심리학
사회성의 원인과 결과를 연구하는 심리학의 하위 분야

달린다는 것에 주목했다. 이 관찰 결과에 흥미를 느껴서, 그는 아이들이 혼자 있을 때보다 다른 아이들과 함께 있는 상황에서 테스트를 받으면 낚싯줄을 더 빨리 감는다는 것을 보여 주는 실험을 수행했다. 트리플릿이 미국 어린이들의 낚시 능력을 향상시키고자 시도한 것은 물론 아니다. 그는 심지어 가장 평범한 종류의 과제에서조차 단지 다른 사람과 함께 있는 것이 수행에 영향을 미칠 수 있다는 것을 보여 주려고 하였다.

사회 심리학의 발달은 1930년대에 본격적으로 시작되었고, 여러 가지 역사적 사건들로부터 추진력을 얻었다. 나치즘의 부상은 독일의 많은 재능 있는 과학자들로 하여금 미국으로 이주하게 만들었고, 그들 중에는 솔로몬 애쉬(Solomon Asch, 1907~1996)와 쿠르트 레빈과 같은 심리학자들도 있었다. 이 심리학자들은 형태주의 심리학으로부터 강한 영향을 받았다. 여러분은 형태주의 심리학자들이 "전체는 부분의 합 이상이다"라고 주장한 것을 기억할 것이다. 비록 형태주의 심리학자들은 대상의 시 지각에 관해 이야기한 것이었지만, 이들은 그 표현이 또한 사회 집단과 그 집단을 구성하는 개인 간의 관계에 대한 기본 진실을 포착하고 있다고 생각했다. 철학자들은 수천 년 동안 사회성의 속성에 대해 깊이 숙고하였고, 정치학자, 경제학자, 인류학자, 사회학자들도 상당 기간 사회적 삶을 과학적으로 연구해 왔다. 그러나 이 독일 망명자들은 자연 과학자가 산출하는 이론을 닮은 사회적 행동 이론을 산출해 낸 첫 번째 사람들이었고, 보다 중요한 사실은, 그들이 자신들의 사회 이론을 검증하기 위해 실험을 수행한 첫 번째 사람들이라는 것이었다. 예를 들어, 레빈(1936)은 사회적 행동을 '내적인 힘'(성격, 목표, 신념 등)과 '외적인 힘'(사회적 압력, 문화 등)의 산물로 보는 '장 이론'을 발달시키기 위해 20세기 중반의 물리학 용어를 사용했고, 애쉬(1946)는 사람들이 다른 사람에 대한 작은 정보 조각들을 결합하여 그 사람의 성격에 대한 전체 인상을 형성할 수 있도록 해 주는 '정신 화학(mental chemistry)'을 탐구하기 위해 실험실에서 실험을 수행했다.

 역사적 사건들이 사회 심리학의 발전에 어떻게 영향을 주었는가?

다른 역사적 사건들도 초기 사회 심리학 형성에 영향을 미쳤다. 예컨대 홀로코스트는 동조와 복종 현상에 대해 날카로운 관심을 불러 일으켰고, 애쉬(1956)를 포함한 심리학자들로 하여금 사람들이 비인간적이거나 비합리적인 방식으로 생각하고 행동하도록 서로 영향을 줄 수 있는 상황을 연구하도록 만들었다. 미국에서의 민권 운동과 흑인과 백인 간의 긴장 고조는 고든 알포트(Gordon Alport, 1897~1967)와 같은 심리학자들로 하여금 고정관념, 편견, 인종주의에 대해 연구하도록 했고, 편견이 시각 착시와 똑같이 자연스럽고 피할 수 없는 지각 오류의 결과라고 주장함으로써 심리학계에 충격을 주었다(Allport, 1954). 알포트는 사회적 세계와 물리적 세계의 요소들을 효과적으로 범주화할 수 있게 해 주는 바로 그 지각 과정이 전체 사람 집단을 잘못 범주화하도록 만든다고 주장했다. 오늘날의 사회 심리학자들은 선배들보다 더 광범위하고 다양한 주제(사회적 기억에서 사회적 관계까지)를 연구하고 더 광범위하고 다양한 기법(여론조사에서 뇌 영상까지)을 사용하지만, 이 심리학 영역은 여전히 뇌를 사회적 기관으로, 마음을 사회적 적응으로, 개인을 사회적 창조물로 이해하려는 정신을 고수하고 있다.

사회 심리학자들은 개인의 사고, 감정, 행동이 어떻게 다른 사람들의 존재에 의해 영향을 받는지를 연구한다. 문선명 목사의 통일교 신자들은 종종 1만 명 혹은 그 이상의 사람들이 모여 합동 결혼식을 치른다. 어떤 경우에 커플들은 심지어 결혼식이 시작되기 전까지 서로 모르는 사람들이다. 이와 같은 사회적 운동이 개인들을 움직이는 힘을 갖는다.

문화 심리학의 출현

북미인들과 서유럽인들은 가끔 이 행성에 있는 대부분의 사람들이 두 문화 어디에도 속하지 않는다는 것을 깨닫고 놀란다. 비록 우리 모두는 다르기보다는 더 많이 닮았지만, 그럼에도 불

문화 심리학
어떻게 문화가 구성원의 심리 과정을 반영하고 형성하는지 연구하는 것

구하고 인간 종 내에서 사회적 관습, 풍습, 삶의 방식은 상당히 다양하다. 문화란 특정 인간 집단이 공유하는 가치, 전통, 신념을 의미한다. 비록 우리는 보통 문화를 국적이나 인종 집단으로 생각하지만, 또한 문화는 연령(젊은이 문화), 성적 지향(게이 문화), 종교(유대교 문화), 직업(학교 문화)에 의해 정의될 수도 있다. **문화 심리학**(cultural psychology)은 문화가 어떻게 문화 구성원들의 심리 과정을 반영하고 형성할 수 있는가에 대한 연구이다(Shweder & Sullivan, 1993). 문화 심리학자들은 시 지각부터 사회적 상호작용에 이르기까지 광범위한 현상을 연구하고, 이 현상들 중 어떤 것이 보편적이고 어떤 것이 지역에 따라 그리고 시대에 따라 변하는지를 이해하려고 한다.

놀랍게도, 문화의 영향에 주목한 첫 번째 심리학자 중 한 명은 오늘날 실험 심리학 발전의 선구자로 여겨지는 사람인 빌헬름 분트이다. 그는 완전한 심리학은 실험실 접근과 보다 광범위한 문화적 관점을 결합해야만 한다고 믿었다(Wundt, 1900~1920). 하지만 분트의 생각은 실험실 실험에서 나온 결과들을 이해하려고 노력하고 인간 행동의 일반적인 법칙을 공식화하느라 분주했던 다른 심리학자들의 큰 관심을 불러일으키는 데는 실패했다. 심리학 밖에서, 마가렛 미드(Margaret Mead, 1901~1978)와 그레고리 베이트슨(Gregory Bateson, 1904~1980)과 같은 인류학자들은 멀리 떨어진 세계 각지를 여행하면서 아동 양육 형태, 의례, 종교 의식 등을 관찰함으로써 문화의 작용을 이해하려고 시도하였다. 그러한 연구들은 북미인의 관점에서 보면 다소 기괴한 관습들이 어떤 문화에서는 중요한 기능을 하는 습관들임을 보여 주었는데, 예를 들어 뉴기니아 산악의 원주민 문화에서는 폭력적인 신체 손상과 유혈의 고통스러운 의식은 어린 소년을 전사로 만들기 위한 훈련의 입문 과정인 것이다(Mead, 1935/1968; Read, 1965).

그러나 당시 대부분의 인류학자들은 심리학자들이 인류학에 대해 그랬던 것처럼 심리학에 거의 주목하지 않았다. 문화 심리학은 심리학자들과 인류학자들이 자신들의 개념과 방법론에 대해 서로 의사소통을 하기 시작했던 1980년대와 1990년대에 이르러서야 심리학 내에서 세력을 얻기 시작했다(Stigler, Shweder, & Herdt, 1990). 그때

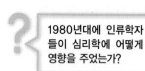

1980년대에 인류학자들이 심리학에 어떻게 영향을 주었는가?

비로소 심리학자들은 분트를 이 영역의 지적인 선조로 재발견하게 되었다(Jahoda, 1993).

물리학자들은 m이 클리블랜드에 있든지 모스코바에 있든지 오리온 성운에 있든지 $E=mc^2$이라고 생각한다. 화학자들은 물이 수소와 산소로 이루어져 있고, 1609년에도 역시 물은 수소와 산소로 이루어졌다고 생각한다. 물리학 법칙과 화학 법칙은 보편적이라고 가정되며, 심리학 역사의 대부분에서도 인간 행동을 지배하는 원칙들에 대해 동일한 가정이 존재해 왔다(Shweder, 1991). **절대론**(absolutism)은 대부분의 심리 현상에서 문화에 따른 차이가 거의 없다고 주장한다. "어느 곳에서 관찰하는지에 관계없이 정직은 정직이고 우울은 우울이다"(Segall, Lonner, & Berry, 1998, p. 1103). 그럼에도 여느 세계 여행자들도 알고 있는 것처럼, 문화에 따라 신명나는 것, 맛있는 것, 무서운 것이 다르고, 한 문화의 사람들에게 진실인 것이 다른 문화의 사람들에게도 꼭 진실은 아니다. **상대론**(relativism)은 심리 현상이 문화에 따라 크게 변하는 경향이 있으므로 오직 특정 문화의 맥락 속에서만 바라보아야 한다고 주장한다(Berry, et al., 1992). 비록 우울은 거의 모든 문화에서 관찰되지만, 우울과 관련된 증상은 지역에 따라 극적으로 변한다. 예를 들어, 서구 문화에서는 무가치감과 같은 인지적

어떤 정신장애의 증상은 상이한 문화에 따라 다르게 보고될 수 있다. 문화 심리학은 상이한 문화에서 살고 있는 사람들 사이에 일어나는 심리적 과정에서의 유사성과 차이를 연구한다.

증상을 강조하고, 동양 문화에서는 피로나 두통과 같은 신체적 증상에 더 크게 초점을 맞춘다(Draguns & Tanaka-Matsumi, 2003).

오늘날 대부분의 문화 심리학자들은 이 두 극단 사이 어딘가에 속한다. 대부분의 심리 현상들은 문화에 의해 영향을 받을 수 있는데, 어떤 현상은 전적으로 문화의 영향을 받고 어떤 것은 전혀 영향을 받지 않는 것처럼 보인다. 예를 들어, 개인의 최초 기억 연령은 문화에 따라 크게 다른 반면(MacDonald, Uesiliana, & Hayne, 2000), 얼굴 매력도의 판단은 그렇지 않다(Cunningham et al., 1995). 진화 심리학을 이야기할 때 언급했듯이, 가장 보편적인 현상은 모든 인류가 공유하는 기본적인 생물 현상과 밀접하게 관련된 것들이다. 역으로, 가장 덜 보편적인 현상은 각기 다른 문화에서 전개되는 다양한 사회화 관습에 뿌리를 둔 것들이다. 물론 어떤 현상이 문화에 따라 다른지 혹은 일관

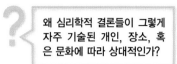

왜 심리학적 결론들이 그렇게 자주 기술된 개인, 장소, 혹은 문화에 따라 상대적인가?

적인지를 결정하는 유일한 방법은 그 가능성을 조사하는 연구를 설계하는 것이고, 문화 심리학자들은 바로 그것을 한다(Cole, 1996; Segall et al., 1998). 우리는 이 교재의 다양한 지점에서 '문화와 사회'를 통해 문화 심리학자들의 작업을 부각시킬 것이다. 여러분은 바로 앞의 '문화와 사회'에서 분석적인 정보 처리 양식과 종합적인 정보 처리 양식의 문화 차이에 관해서 읽었다.

문화와 사회

서구문화와 동양문화의 분석적 스타일과 종합적 스타일

마음과 행동에 대한 문화의 영향에 관한 연구는 과거 10년간 극적으로 증가했다. 특별히 흥미로운 연구 계통은 북미와 유럽과 같은 서구 문화권 사람들과 중국, 일본, 한국 및 기타 아시아 국가들과 같은 동양 문화권 사람들이 어떻게 세계를 다르게 바라보는지를 보여 주고 있다. 가장 일관성 있게 관찰되는 차이 중 하나는, 서구 문화 출신의 사람들이 주위 맥락에 별고 주목하지 않고 대상 혹은 사람에 초점을 맞추면서 정보를 **분석적**(analytic) 스타일로 처리하는 데 반해 동양 문화 출신의 사람들은 대상 혹은 사람들과 주위 맥락 간의 관계를 강조하는 **종합적**(holistic) 스타일을 채택하는 경향이 있다는 것이다(Nisbett & Miyamoto, 2005).

이 차이는 단순한 선 자극에 관한 판단을 할 때 개인이 얼마나 잘 맥락 정보를 통합하는지 혹은 무시하는지를 평가하는 **틀 안의 선분 검사**(framed-line test)라 불리는 참신한 과제를 미국인과 일본인 참가자가 수행하는 연구에 의해서 잘 보여 준다(Kitayama et al., 2003). 동반된 그림에서 보듯이 참가자들은 사각형 속의 선분을 보았다. 그리고 그들은 새로운 사각형 속에 선분을 다시 그려 넣도록 요구받았는데, 원래의 자극과 정확히 똑같은 길이로 그리거나(절대 과제), 혹은 새 사각형의 높이와 새 선부의 길이의 비가 원 사각형의 높이와 원 선분의 길이의 비와 동일하게 그리도록 하였다(상대 과제). 절대 과제가 분석적 처리를 하는 것인 데 반해 상대 과제는 종합적 처리에 의존한다. 연구자들은 미국에 거주하는 미국인들은 상대 과제보다 절대 과제에서 더 정확했고, 일본에 거주하는 일본인들은 절대 과제보다 상대 과제에서 더 정확했음을 발견했다. 흥미롭게도 일본에 거주하는 미국인들은 일본인 참가자들과 더 유사했고, 미국에 거주하는 일본인들은 미국 참가자들과 더 유사한 수행을 보였다. 우리는 하나의 문화가 분석적 스타일에서 종

합적 스타일로 바뀌거나, 혹은 역 방향으로 바뀌는 데 얼마나 긴 세월이 소요되는지 아직 알고 있지는 못하지만 문화의 영향에 대한 연구는 계속해서 급속하게 발달하고 있고, 심지어 동양과 서구 문화 출신의 개인들 간의 차이가 어떻게 뇌에서 구현되는가에 관한 실마리를 얻기 시작하고 있다(Kitayama & Uskul, 2011).

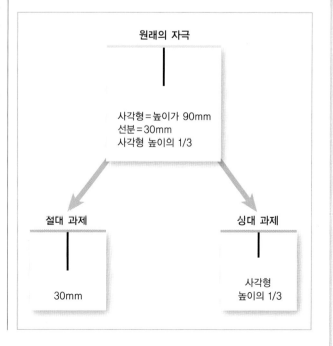

원래의 자극

사각형 = 높이가 90mm
선분 = 30mm
사각형 높이의 1/3

절대 과제

30mm

싱대 과제

사각형
높이의 1/3

요약

▶ 사회 심리학은 사람들이 다른 사람들과의 네트워크의 한 부분으로 존재한다고 인정하고 개인들이 어떻게 서로에게 영향을 주고 상호작용하는지를 조사한다. 사회 심리학은 사회적 이슈와 문제들을 다루려는 욕구와 동기를 가졌던 쿠르트 레빈과 같은 독일인 망명자들에 의해 개척되었다.

▶ 문화 심리학은 개인에 대한 광범위한 문화의 영향에 관심을 갖고, 다른 문화에 속한 사람들 사이의 유사점과 차이점에 관심을 가진다. 이 관점 내에서, 절대론자들은 문화가 대부분의 심리 현상에 거의 영향을 미치지 않는다고 주장하는 반면, 상대론자들은 문화가 강력한 영향력을 갖는다고 믿는다.

▶ 더불어 사회 심리학과 문화 심리학은 단순히 개인을 탐구하는 것을 넘어서도록 심리학의 지평을 확장하는 데 도움을 준다. 심리학의 이 영역들은 사람들 간 상호작용의 보다 넓은 맥락 속에서 행동을 연구한다.

직업으로서의 심리학 : 과거와 현재

만약 비행기에서 당신이 잡지를 읽지 못하도록 옆 사람이 성가시게 한다면, 당신이 할 수 있는 것은 두 가지이다. 첫째, 그 사람 쪽으로 몸을 돌려 조용하고 우호적인 목소리로 말할 수 있다, "성난 신종 박테리아가 내 몸을 뒤덮고 있다는 것을 아십니까?" 만약 그것이 좀 지나친 것처럼 보인다면, 대신에 "나는 심리학자인데, 당신이 말할 때 당신을 평가하고 있다는 것을 아십니까?"라고 말할 수 있고, 대체로 이렇게 한다면 당신은 체포되는 일 없이 상대방을 조용하게 만들 수 있을 것이다. 여기서 진실은 대부분의 사람들은 심리학이 무엇이고 심리학자들이 무엇을 하는지 잘 알지 못하지만 그 사람에게 말을 거는 것은 현명하지 못하다는 것을 어렴풋이 느낀다는 것이다. 지금까지 여러분은 심리학의 과거를 만났고, 이제 직업으로서의 심리학을 살펴봄으로써 심리학의 현재를 생각해 보자. 먼저 심리학 전문 기관의 발생을 보고, 그다음으로 심리학자들이 일하는 분야, 그리고 마지막으로 심리학자가 되기 위해 필요한 훈련의 종류를 살펴볼 것이다.

심리학자들이 조직을 만들다 : 미국심리학회

우리가 윌리엄 제임스를 마지막으로 보았을 때, 그가 심리학이라는 새로운 과학의 가치를 설명하면서 보스턴 지역을 돌아다니고 있었다는 것을 회상할 것이다. 1892년 7월, 제임스와 5명의 다른 심리학자들은 스탠리 홀이 개최한 모임에 참석하기 위해 클라크대학을 방문하였다. 이들은 각자 큰 대학에 근무하면서 심리학 과목을 가르치고 실험을 수행하고 교재를 집필했다. 비록 배심원단이나 심지어 하키팀을 구성하기에도 너무 소수였지만, 이들 7명은 지금이 바로 전문직으로서 심리학을 대표하는 기관을 만들 때라는 결정을 내렸고, 그날 미국심리학회 (American Psychological Association, APA)가 탄생했다. 7명의 심리학자들은 그들의 작은 모임이 오늘날 15만 명—대략 미국의 상당한 규모의 도시 인구와 맞먹는 수—이상의 회원을 가질 것이라고는 상상하지 못했을 것이다. 비록 창립 회원들은 모두 대학 교수였지만, 오늘날 회원의 단지 20%만 대학에서 일하는 심리학자인 반면, 거의 70%의 회원들이 임상이나 건강 관련 장면에서 일한다. 한때는 그랬지만 더 이상 APA는 학문으로서의 심리학에 초점을 두지 않았기 때문에, 과학적 연구를 수행하는 심리학자들의 요구에 특별히 부합하는 조직을 원했던 450명의 학문 지향적인 심리학자들에 의해 1988년에 미국심리학협회(American Psychological Society, APS)가 만들어졌다. APS는 2006년에 심리과학학회(Association for Psychological Science)로 이름을 바꾸었고 빠르게 성장하여 6개월 이내에 회원이 5,000명으로 늘었으며, 오늘날은 거의 1만

2,000명의 심리학자들이 회원이 되었다.

여성과 소수자의 역할 증대

1892년, APA는 31명의 회원이 있었고, 그들 모두는 백인 남자였다. 오늘날 APA 회원의 약 절반이 여성이고, 백인이 아닌 구성원의 비율도 계속해서 증가하고 있다. 최근 박사 학위를 취득한 사람들의 조사 결과는 다양성의 증가를 보여 주었다. 심리학으로 박사 학위를 받은 여성의 비율은 1950년의 불과 15%에서 2010년에는 70%로 증가했고, 심리학으로 박사 학위를 받은 소수자의 비율은 같은 기간 아주 적은 수에서 24%로 증가했다. 분명히 심리학은 미국 사회의 다양성을 점점 더 잘 반영해 가고 있다.

현재 APA에서 그리고 전체 심리학 내에서 여성과 소수자의 관여는 뒷사람들을 위해 길을 닦은 초기 개척자들로 거슬러 올라갈 수 있다. 1905년에 메리 칼킨스(Mary Calkins, 1863~1930)는 APA 회장을 역임한 첫 번째 여성이 되었다. 칼킨스는 하버드에서 윌리엄 제임스와 함께 공부했고, 후에 웰즐리대학의 심리학 교수가 되어 1929년에 은퇴할 때까지 근무했다. APA 회장 취임 연설에서 칼킨스는 심리적 기능에서 '자기(self)'의 역할에 대한 그녀의 이론을 설명하였다. 마음을 구성 요소로 해부할 수 있다는 분트와 티치너의 구성주의 개념을 반박하면서 그녀는 '자기'는 개별적 부분들로 쪼개질 수 없는 단일 단위라고 주장했다. 칼킨스는 그녀의 빛나는 경력 동안 네 권의 책을 썼고 100편이 넘는 논문을 발표했다(Calkins, 1930; Scarborough & Furumoto, 1987; Stevens & Gardner, 1982). 오늘날 여성은 모든 심리학 분야에서 지도적 역할을 한다. APA를 만들었던 몇 명의 남성들은 오늘날 이 분야에서 여성들의 탁월함에 놀랐을지도 모를 일이지만, 메리 칼킨스의 강력한 지지자였던 윌리엄 제임스는 그들 중 하나가 아닐 것이라고 짐작한다.

? 심리학 분야가 발전하면서 심리학의 얼굴은 어떻게 변화해 왔는가?

APA의 첫 번째 모임에 여성이 한 명도 없었던 것과 마찬가지로, 백인이 아닌 사람도 한 명도 없었다. APA 회장이 된 첫 번째 소수집단 회원은 케네스 클락(Kenneth B. Clark, 1914~2005)으로, 1970년에 회장으로 선출되었다. 클락은 아프리카계 미국 아동들의 자기 이미지에 대해 광범위한 연구를 하였고 인종 간 격리가 심리적으로 크게 해로운 결과를 야기한다고 주장했다. 클락의 결론은 공공정책에 큰 영향을 주었고, 그의 연구는 1954년, 연방 대법원이 공립학교에서 인종 간 격리를 금지하는 판결(브라운 대 교육위원회)을 내리는 데 기여하였다(Guthrie, 2000). 심리학에 대한 클락의 관심은 하워드대학에서 학부생으로 프란시스 세실 섬너(Francis Cecil Sumner, 1895~1954)의 수업을 들었을 때 촉발되었는데, 섬너는 심리학으로 박사 학위(1920년에 클라크대학)를 받은 첫 번째 아프리카계 미국인이었다. 섬너의 주된 관심은 아프리카계 미국 청소년의 교육에 초점을 두었다(Sawyer, 2000).

심리학자들이 하는 일 : 연구 경력

심리학자들이 무엇을 하는가를 이야기하기 전에 심리학을 전공하는 대부분의 사람들이 심리학자가 되지는 않는다는 것을 주목해

미국심리학회(APA) 회장으로 선출된 첫 번째 여성인 메리 화이턴 칼킨스는 그녀의 생애 동안 일반적이었던 성차별 때문에 고통을 겪었다. 대학에서의 좌절(하버드대학에서 여성에게 공식적인 박사 학위 수여를 거부)에도 불구하고 칼킨스는 웰즐리대학에서 연구와 교육에서 뛰어난 경력을 쌓았다.

케네스 클락은 편견, 차별, 격리가 아동의 발달에 미치는 영향을 연구했다. 1950년대의 한 고전적 연구에서 그는 아프리카계 미국인에 속하는 취학 전 아동들이 검은색 인형보다 흰색 인형을 더 선호한다는 것을 발견했다. 미국 최고법원은 학교에서의 분리 교육을 금지하는 역사적인 브라운 대 교육위원회 사례의 판결에서 클락의 연구를 인용하였다.

ED RESCHKE/GETTY IMAGES

야 할 것이다. 심리학은 다른 많은 분야 및 경력 경로와 연결을 맺고 있는 주요한 학문적, 과학적, 직업적 분야의 하나가 되었다('최신 과학' 참조). 그 점을 언급하고 나서, 그러면 여러분이 심리학자가 되기를 원한다면 무엇을 해야 하는가? 그리고 만약 여러분이 이 직업 경력을 피하기를 절실하게 원한다면 무엇을 하지 말아야 하는가? 여러분은 여러 가지 경로로 '심리학자'가 될 수 있으며 자신을 심리학자라고 부르는 사람들은 다양한 학위를 가지고 있다. 학생들은 전형적으로 대학을 마치고 특정 심리학 영역(예 : 사회, 인지, 발달 등)의 박사 학위를 받기 위해 대학원에 진학한다. 대학원 기간 동안, 일반적으로 학생들은 수업을 들음으로써 그 분야를 경험하게 되고 교수들과 함께 협동하여 연구를 수행하는 것을 배운다. 윌리엄 제임스가 살던 시대에는 심리학의 분야가 많지 않았기 때문에 모든 심리학 분야에 통달하는 것이 가능했지만, 오늘날 학생들은 단지 한 분야를 숙달하는 데 보통 5년 이상의 세월을 보낸다.

박사 학위를 받은 후, 학생들은 박사 후 과정 연구 장학금을 받아 자신의 분야에서 기초가 확립된 연구자의 지도 아래 보다 전문화된 연구 훈련을 받으러 가거나 대학의 교수직이나 정부나 산업체의 연구직에 지원할 수 있다. 학교의 교수직은 대개 가르치는 것과 연구를 포함하는 반면, 정부나 산업체에서는 전형적으로 연구에만 전념한다.

경력 경로의 다양성

여러분이 앞에서 본 것처럼, 연구가 심리학자들이 선택하는 유일한 경력은 아니다. 자신을 심리학자로 부르는 대부분의 사람들은 가르치거나 연구를 하는 대신 심리적 문제를 가지고 있는 사람들을 평가하거나 치료한다. 대부분의 이들 **임상 심리학자**들은 종종 다른 심리학자들이나 정신과 의사들(의학박사 학위나 의사 자격증을 갖고 있으며 약 처방이 인가됨)과 파트너 관계를 맺으면서 개인적으로 개업해서 일을 한다. 또 다른 임상 심리학자들은 병원이나 의대에서 일하기도 하고, 대학 교수직을 갖고 있는 사람들도 있으며, 개업과 교수 활동을 겸업하는 사람들도 있다. 많은 임상 심리학자들은 우울이나 불안과 같이 특정 문제 혹은 장애에 초점을 두는 반면, 다른 사람들은 아동, 소수 인종 집단, 혹은 노인 등의 특정 집단에 집중한다(그림 1.3 참조). **상담 심리학자**들의 수는 APA 회원의 10%를 살짝 넘는데, 이들은 직장 혹은 경력 문제에 대처하는 사람들에게 도움을 주고, 이혼, 실업 혹은 사랑하는 사람의 죽음 등 통상적인 위기에 처한 사람들을 변화시키거나 돕는다. 상담 심리학자들은 대체로 상담 심리 혹은 사회복지 분야에서 박사 학위나 석사 학위를 갖고 있다.

심리학자들은 또한 교육장면에서 상당히 적극적이다. APA 회원의 약 5%가 학교 심리학자들로, 학생, 부모, 교사들에게 도움을 준다. 산업/조직 심리학자로 알려진 비슷한 수의 회원들은 직장 내 문제에 초점을 둔다. 이 심리학자들은 전형적으로 기업과 산업체에서 일하는데, 잠재적 피고용자들을 평가하고, 생산성을 향상시키는 방법을 찾고, 간부와 경영진을 도와 변화 혹은 예기되는 미래 발전을 다루기 위해 효과적인 기획 전략을 세우는 데 관여하곤 한다.

물론 이 간략한 리스트가 심리학 훈련을 받은 사람들이 택할 수 있는 다양한 경력 경로들을 모두 포괄하지는 못한다. 예를 들어, 스포츠 심리학자들은 운동선수들의 수행 향상을 돕고, 법 심리학자들은 변호인과 법관들에게 도움을 제공하고, 소비 심리학자들은 회사의 발전과 새로운 상품의 광고를 돕는다. 실로 우리는 심리학자를 채용하지 않는 어떤

> **? 심리학은 어떤 방식으로 사회에 공헌하는가?**

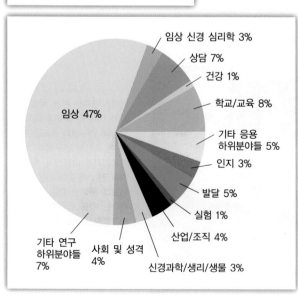

▼ 그림 1.3 **심리학의 주요 하위 영역** 심리학자들은 심리학의 많은 하위 분야에 끌린다. 이 그림은 다양한 하위 영역에서 박사 학위를 받은 사람들의 비율을 보여 준다. 임상 심리학자들이 심리학 박사의 거의 절반을 차지한다.
출처 : 2004 Graduate Study in Psychology Complied by APA Research Office.

임상 신경 심리학 3%
상담 7%
건강 1%
학교/교육 8%
기타 응용 하위분야들 5%
인지 3%
발달 5%
실험 1%
산업/조직 4%
신경과학/생리/생물 3%
사회 및 성격 4%
기타 연구 하위분야들 7%
임상 47%

마이클 프리드먼

셜리 왕

베치 스티븐슨

심리학 박사 학위를 받은 사람은 이 세 사람과 같이 광범위한 분야로 진출할 수 있다. 이들은 각기 뉴욕 시에서 개업한 임상 심리학자, 과학자이자 주요 뉴스 방송국의 건강 저널리스트, 그리고 국제 문제 자문회사의 행동과학자이다.

주요한 기업이나 사업체도 생각할 수가 없다.

비록 간단하고 불완전하지만 이와 같은 APA 회원 조사는 심리학자들이 일하는 광범위하고 다양한 맥락에 대한 이해를 제공한다. 당신은 심리학을 과학적 지식을 진보시키고, 심리적 문제와 장애를 가지고 있는 사람들을 돕고, 직장, 학교, 그리고 다른 일상장면에서 삶의 질을 향상시키기 위해서 노력하는 데 헌신적인 전문인들의 국제적 공동체로 생각할 수 있다.

요약

▶ 미국심리학회(APA)는 1892년에 창립된 이래로 극적으로 성장하였으며, 현재 임상, 학술 및 응용 장면에서 일하는 15만 명 이상의 회원을 보유하고 있다. 심리학자들은 또한 과학적 심리학에 초점을 맞추는 심리과학학회(APS)와 같은 전문 조직에 의해서도 대표된다.

▶ 칼킨스 같은 선구자들의 노력으로 여성은 심리학 분야에서 점점 더 중요한 역할을 해 왔고 현재 이 분야에서 남자들과 대등하게 반영되고 있다. 소수집단의 참여는 더 오랜 시간이 걸렸지만, 섬너, 클락 등의 선구적 노력의 결과로 꾸준히 증대되어 왔다.

▶ 심리학자들은 대학원과 박사 후 과정 훈련을 통해 연구 경력을 준비하고 학교, 클리닉, 산업체를 포함한 다양한 응용 장면에서 일한다.

허브 사이언스로서의 심리학

이 장은 어떻게 심리학이 하나의 연구 분야로 등장했는지를 기술하고, 18쪽의 '다른 생각'은 심리학이 어떤 면에서 실로 *과학적인* 연구 분야인지를 예시한다. 그러나 심리학은 다른 과학 영역과의 관계에서 어느 곳에 위치하고 있는가? 즉, 얼마나 큰 분야인가? 다른 과학 분야와 어떤 연결 고리를 갖고 있는가? 어떤 분야가 (만약 그런 분야가 있다면) 심리 과학의 영향을 받고 있는가? 최근의 계산 및 전자 기록 보존에서의 발전의 결과로 연구자들은 이제 문자 그대로 과학의 지도를 만듦으로써 이 질문들에 답할 수 있게 되었다. 과학 논문과 이들이 출판된 잡지, 그리고 한 분야의 논문이 다른 분야의 논문들에 의해서 인용되는 빈도와 패턴이 전자화되어 온라인(Science Citation과 Social Science Citation indexes)상에서 찾아볼 수 있다. 연구자들은 상이한 과학 분야들 간의 상호 연결성에 관해 알기 위해서 이 정보를 사용할 수 있다.

한 예로서 "Mapping the Backbone of Science"라는 제목의 논문에서 케빈 보약과 동료들(Kevin Boyack et al., 2005)은 7천이 넘는 학술지에 출판된 100만이 넘는 논문과 2천 3백만이 넘는 참고문헌으로부터 나온 자료를 사용해서 상이한 분야의 논문들이 얼마나 자주 서로 인용하고 있는지에 근거해서 상이한 과학 영역 간의 유사성과 상호 연결성을 보여 주는 지도를 만들었다. 그 결과는 매혹이다. 그림에서 보여 주듯이 작은 하위 분야들과 연결을 맺고 영향을 주는 7개의 주요 분야 혹은 '허브 사이언스'가 드러났다. 이들은 수학, 물리학, 화학, 지구과학, 의학, *심리학*, 그리고 사회과학이다. 허브들의 조직을 살펴보면 흥미롭다. 그림에서 볼 수 있듯이 심리학은 의학과 사회과학들 사이에 위치하고, 물리학은 수학과 화학

사이에 위치한다. 하위 분야들의 위치 또한 여러분의 예상과 일치한다. 공중 보건과 신경학은 심리학과 의학 사이, 통계학은 심리학과 수학 사이, 그리고 경제학은 사회과학과 수학 사이에 위치한다.

이와 같은 연구는 상이한 과학 영역들이 어떻게 역사적으로 서로 관련을 맺고 있는가(즉, 연구에서 사용한 인용은 여러 해를 거슬러 올라간 것임)를 알려 주는 그림을 제공한다. 그러나 과학은 역동적이고 끊임없이 변화하기 때문에 중요한 질문은 지금 현재 (여러분이 학교를

다니고 있으며, 어떤 강의를 듣고 어떤 경력 진로를 따를 것인가를 결정하는 시점에서) 그 과학이 어떤 모습인가 이다. 6천이 넘는 학술지에서 발견된 6백 만이 넘는 논문들로부터 얻은 자료를 사용한 다른 연구에서는 최근 5년간(이 경우에 2000~2004; Rosvall & Bergstrom, 2008) 출판된 논문들에 대한 인용에만 초점을 맞춰서 인용 지도를 만들었다. 그 분석에서도 심리학은 주요 과학 허브로 나타났다(오른쪽 그림 참조). 가장 큰 과학 분야를 순서대로 열거하면, 분자 및 세포 생물학, 의학, 물리학, 신

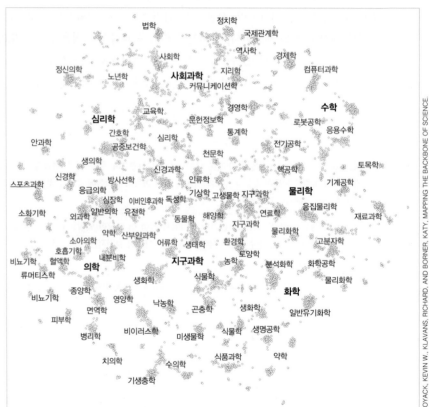

BOYACK, KEVIN W., KLAVANS, RICHARD, AND BORNER, KATY, MAPPING THE BACKBONE OF SCIENCE. SCIENTOMETRICS, VOL.64, NO.3 (2005) 351-374. ©2005, SPRINGER-VERLAG/AKADEMIAI DIADO

경과학, 생태학 및 진화론, 경제학, 지구과학, 심리학, 화학이다. 심리학 연구는 (각 분야의 학술지에서 발견된 인용 빈도에 근거할 때) 신경과학, 정신의학, 교육학, 사회학, 경영학, 의학, 생태학 및 진화론과 강한 연결을 맺고 있었다. 보다 최근의 보다 대규모의 연구들도 이 과학 지도의 전반적 구조를 계속해서 지지하고 있다(Börner et al., 2012).

이와 같은 연구들은 대학 운영자들, 연구 지원 단체들, 그리고 또한 학생들이 상이한 학과들 간의 관계를 이해하고, 한 분야의 과학적 작업이 보다 전반적으로 과학계에 어떻게 관련되는지를 이해하는 것을 돕기 때문에 유용하다. 이런 연구들은 또한 다른 분야에 미치는 심리학의 영향의 범위를 보여 주고, 심리학에 관한 지식이 많은 관련된 분야들과 경력 진로에 적합성을 갖는다는 생각을 지지해 준다. 여러분이 이 과목을 택한 것은 좋은 일이다!

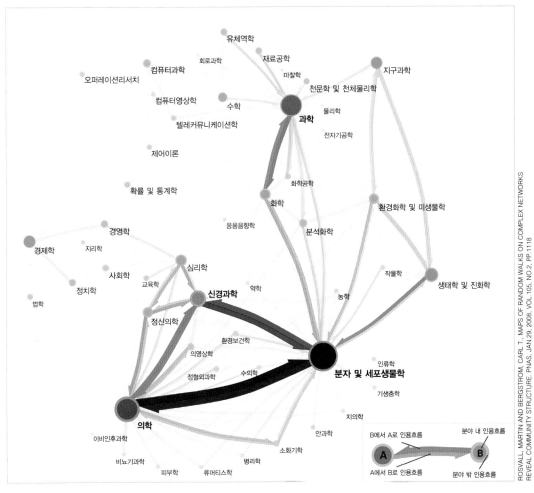

ROSVALL, MARTIN AND BERGSTROM, CARL T., MAPS OF RANDOM WALKS ON COMPLEX NETWORKS REVEAL COMMUNITY STRUCTURE. PNAS, JAN 29, 2008, VOL 105, NO 2, PP 1118

제1장 복습

주요 개념 퀴즈

1. 1800년대에 프랑스의 생물학자 피에르 플루렝스와 외과의사 폴 브로카는 ( ) 간의 연결을 제시한 연구를 수행했다.
   a. 동물과 인간
   b. 마음과 뇌
   c. 뇌 크기와 정신 능력
   d. 두개골의 융기된 부분과 심리적 특성

2. 헤르만 폰 헬름홀츠에 의해서 수행된 유명한 실험의 주제는 무엇인가?
   a. 반응 시간
   b. 아동기 학습
   c. 골상학
   d. 특정 뇌 영역의 기능

3. 빌헬름 분트의 공헌은 ( )이다.
   a. '철학적 경험론'이라는 표현을 만들어 낸 것
   b. 천성-양육 논쟁을 위한 조건을 설정한 것
   c. 심리학을 과학적 학문으로 정립한 것
   d. 첫 번째 심리학 실험을 수행한 것

4. 분트와 그의 학생들은 마음을 구성하는 기본 요소들의 분석을 추구했다. 이 접근법은 ( )(이)라 불린다.
   a. 의식
   b. 내성법
   c. 구성주의
   d. 객관성

5. 윌리엄 제임스와 ( )은(는) 북미에서 기능주의가 심리학적 사고의 중심 학파로 설 수 있도록 도왔다.
   a. 스탠리 홀
   b. 르네 데카르트
   c. 프란츠 조셉 갈
   d. 에드워드 티치너

6. 심리학에 대한 기능주의적 접근은 ( )에 영향을 받아서 생겨났다.
   a. 다윈의 '자연 선택의 방법에 의한 종의 기원에 관하여'
   b. 제임스의 '심리학 원리'
   c. 분트의 '생리 심리학 원리'
   d. 티치너의 '심리학 개관'

7. 인간 행동을 이해하기 위해서 프랑스 의사인 장 마르탱 샤르코와 피에르 자네는 ( ) 사람들을 연구했다.
   a. 완전하게 건강한 것처럼 보이는
   b. 심리적 장애를 가진
   c. 뇌의 특정 영역이 손상된
   d. 인지와 운동 기능의 영구적 상실을 앓고 있는

8. 샤르코의 작업에 기초를 두고 지그문트 프로이트는 ( )을(를) 발전시켰다.
   a. 정신분석 이론
   b. 히스테리 이론
   c. 인본주의 심리학
   d. 생리 심리학

9. 인간의 긍정적인 잠재력을 강조하는 심리학 이론은 ( )(으)로 알려져 있다.
   a. 구성주의
   b. 정신분석 이론
   c. 인본주의 심리학
   d. 기능주의

10. 행동주의는 ( )의 연구를 수반한다.
   a. 관찰될 수 있는 행동과 반응
   b. 인간 성장을 위한 잠재력
   c. 무의식적 영향과 아동기 경험
   d. 인간 행동과 기억

11. 이반 파블로프와 존 왓슨의 실험은 ( )에 집중되어 있다.
   a. 지각과 행동
   b. 자극과 반응
   c. 보상과 처벌
   d. 의식적 행동과 무의식적 행동

12. 누가 강화의 개념을 발전시켰는가?
   a. B. F. 스키너
   b. 이반 파블로프
   c. 존 왓슨
   d. 마가렛 플로이 워시본

13. 지각과 기억과 같은 정신 과정의 연구는 ( )(이)라고 불린다.
   a. 행동 결정론
   b. 형태 심리학
   c. 사회 심리학
   d. 인지 심리학

14. 제2차 세계대전 중, 인지 심리학자들은 비행기 조종사들이 범하는 많은 실수가 ( )의 결과임을 발견했다.
   a. 상세한 정보를 처리할 때 발생하는 컴퓨터 오류
   b. 유입되는 정보를 다루는 인간 인지 역량의 한계
   c. 유입되는 정보에 대한 조종사의 부주의
   d. 행동 훈련의 결여

15. 뇌의 어떤 부분이 어떤 작동에 관여하는가를 알기 위해서 활동 중인 뇌를 관찰하는 스캐닝 기법의 사용은 ( )의 발전을 도왔다.
   a. 진화 심리학
   b. 인지 신경과학
   c. 문화 심리학
   d. 언어 형성의 인지적 설명

16. 진화 심리학의 핵심은 마음과 뇌가 ( ) 기능에 봉사한다는 것이다.
   a. 정서적
   b. 적응적
   c. 문화적
   d. 생리적

17. 사회 심리학은 다른 심리학 접근들과 ( )에 대한 강조라는 점에서 가장 다르다.
   a. 인간 상호작용
   b. 행동 과정
   c. 개인
   d. 실험실 실험

18. 다음 중 문화 심리학이 강조하는 것은?
   a. 모든 심리적 과정은 어느 정도는 문화에 의해서 영향을 받는다.
   b. 심리적 과정은 문화에 상관없이 모든 인간에 걸쳐서 동일하다.
   c. 문화는 전부는 아니지만 부분적으로 심리적 현상을 조성한다.
   d. 한 문화권 출신의 개인으로부터 얻은 통찰은 다른 사회적 정체성과 의식을 가진 다른 문화권 출신의 개인으로 일반화시키기 어렵다.

19. 메리 칼킨스는 …
   a. 분트와 함께 첫 번째 심리학 실험실에서 연구를 했다.
   b. 아프리카계 미국 아동들의 자기 이미지에 관한 연구를 했다.
   c. APA의 첫 모임에 참석했다.
   d. APA의 첫 여성 회장이 되었다.

20. 케네스 클락은 …

a. 공립학교에서의 인종 간 격리를 금지하는 대법원 판결에 영향을 준 연구를 했다.

b. APA의 창립자 중 한 사람이었다.

c. 윌리엄 제임스의 학생이었다.

d. 아프리카계 미국 젊은이들의 교육에 초점을 맞춘 연구를 했다.

주요 용어

강화	반응	인지 신경과학	철학적 경험론
골상학	반응 시간	인지 심리학	행동
구성주의	사회 심리학	자극	행동 신경과학
기능주의	생득설	자연 선택	행동주의
내성법	생리학	정신분석	형태주의 심리학
마음	심리학	정신분석 이론	히스테리
무의식	의식	진화 심리학	
문화 심리학	인본주의 심리학	착각	

생각 바꾸기

1. 여러분의 학급 친구 중 하나가 교육학 전공을 위한 필수 과목이기 때문에 이 수업을 수강한다고 말한다. "심리학은 정신 질환과 치료를 이해하는 것이 전부다. 나는 심리학자가 아니라 교사가 되려고 하는데 왜 이 내용들을 공부해야 하는지 알 수가 없다." 왜 그 친구는 자신의 의견을 재고해야 할까? 심리학의 어떤 하위 분야가 교사에게 특히 중요한가?

2. 여러분 친구 중 하나가 심리학 수업을 정말 좋아하는데 심리학을 전공하지는 않겠다고 결정했다. "심리학 전공과 관련된 일을 하기 위해서는 대학원 학위를 취득해야 한다. 그런데 나는 나머지 생애 동안 학교에 머물고 싶지 않다. 나는 밖에 나가서 진짜 세상에서 일을 하고 싶다." 심리학의 경력에 관해 이 장에서 읽은 것에 기초해서 여러분은 친구에게 무슨 말을 해 줄 수 있을까?

3. 5월 6일 자 뉴스에서 오늘이 '심리학의 아버지' 지그문트 프로이트의 탄생일이라는 보도를 들었다. 프로이트를 '심리학의 아버지'라고 부르는 것은 얼마나 정확한 것일까? 심리학의 하위 분야에 관해 읽은 후 여러분은

프로이트만큼 혹은 그보다 더 중요한 다른 사람이 있다고 생각하는가?

4. 여러분의 학급 친구 한 명이 교재를 훌훌 넘기다가 뇌에 관해서 많은 분량 — 한 장 전부를 포함해서 — 이 할애된 것을 발견했다. "나는 왜 우리가 생물학을 그렇게 많이 배워야 하는지 모르겠다."고 그는 말한다. "나는 뇌 외과의사가 되려는 것이 아니라 학교 상담사가 되려고 하니까 사람들을 돕는 데 뇌의 부분이나 화학 반응을 이해할 필요는 없다고 생각해." 뇌와 마음은 어떻게 연결되어 있는가? 뇌에 관해서 아는 것이 어떤 구체적인 방식으로 마음을 이해하는데 도움을 줄 수 있을까?

5. 또 다른 학급 친구는 자유의지가 착각이라는 스키너의 주장을 읽고 매우 혼란스러워했다. "심리학은 항상 인간을 행동을 조종할 수 있는 쥐와 같이 취급하려고 해. 나는 자유의지를 갖고 있고 다음에 무엇을 할지는 내가 결정해." 여러분은 친구에게 무어라고 말할 것인가? 심리학의 기본 원리들을 이해하는 것이 개별 인간이 무엇을 할지 세부적인 것까지 예측하도록 해 줄 것인가?

주요 개념 퀴즈 정답

1. b, 2. a, 3. c, 4. c, 5. a, 6. a, 7. b, 8. a, 9. c, 10. a, 11. b, 12. a, 13. d, 14. b, 15. b, 16. b, 17. a, 18. c, 19. d, 20. a

Need more help? Additional resources are located in LaunchPad at:

http://www.worthpublishers.com/launchpad/ schacter3e

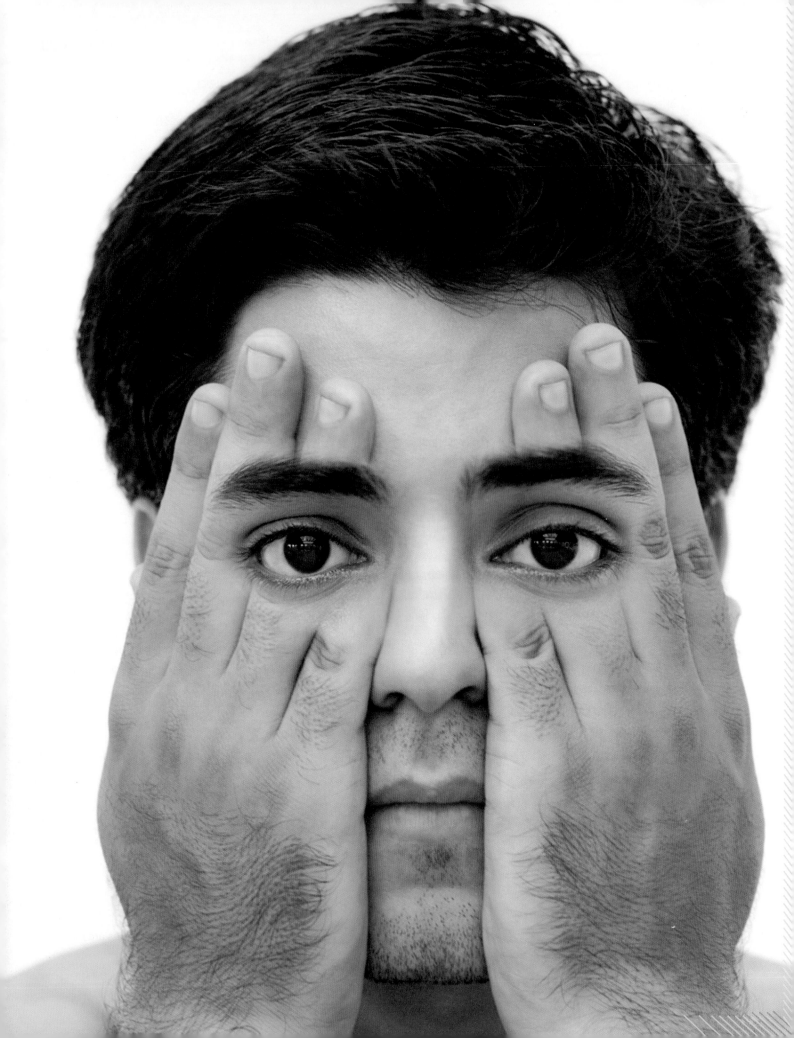

심리학 연구방법

당　신만이 당신의 인생을 치유할 수 있다(*You can heal your life*)는 3천 5백만 부가 팔렸다. 이 책의 저자, 루이스 헤이(Louise Hay)는 우리에게 일어난 모든 일은 우리가 생각하려고 선택한 사색의 결과라고 이야기한다. 그녀는 단지 생각을 고침으로써 스스로 암을 치유할 수 있다고 주장하고, 자신이 저술한 책, CD, DVD를 사서 읽거나 세미나에 참가하면 이 기술을 배울 수 있다고 말한다. 최근 텔레비전 인터뷰에 나와서 헤이는 자신의 기법이 유용하다는 것을 확신하는 이유를 설명하였다.

인터뷰어 : 당신이 말하는 것이 옳다는 것을 어떻게 아시나요?

헤이 : 내 마음속의 종소리로요.

인터뷰어 : 종소리라구요?

헤이 : 내 마음속의 종소리. 그것이 내게 말합니다. 무엇이 옳은 것이고 옳지 않은 것인지가 느껴지지요. 행복이란 여러분에게 좋은 기분을 느끼도록 만드는 사고과정을 선택하는 것이지요. 아주 간단해요.

인터뷰어 : 그런데 제게는 당신이 하는 말은, 당신이 믿는 것에 대해 증명할 수 없거나 반대되는 과학적 증거가 있더라도 바꿀 수 없다고 말하는 것처럼 들리는데요.

헤이 : 음, 난 과학적 증거를 믿지 않아요. 난 진짜 그래요. 과학은 아주 새로운 거지요. 오랫동안 존재하지도 않았던 거잖아요. 내 생각에 그건 일종의 커다란 거래 같은 거예요. 당신도 알다시피 삶을 바라보는 방식일 뿐이지요.

루이스 헤이는 과학적 증거를 '믿지' 않는다고 말을 한다. 그런데 이것이 의미하는 바가 무엇인가? 그렇다 해도 헤이의 기법이 진짜 암을 치료할 수 있다면, 그녀가 제시한 암 치료 기법을 실천한 암환자는 실천하지 않은 암환자보다 회복율이 더 높아야 한다. 이는 "삶을 바라보는 방식"을 말하는 것은 아니다. 이는 평범하면서도 오랜 전통을 가진 상식일 뿐이다. 즉, 과학의 심장 한가운데 놓여 있는 일종의 상식이다.

어떤 주장이 사실인지 아닌지를 확실하게 아는 유일한 방법은 나가서 찾아보는 것이라고 과학은 말한다. 좀 더 쉽게 이야기해 보자. 예를 들어 여러분은 루이스 헤이의 주장이 사실인지 아닌지를 어떻게 결정할 것인가? 그녀가 개최하는 세미나 중의 하나에 참여해서 청중에게 그들이 치료되었는지 아닌지를 질문해 볼까? 책을 구입한 사람과 구입하지 않은 사람의 의료기록을 조사해 볼까? 그녀가 제안한 기법을 가르치는 교실에 참여하겠다고 신청한 사람을 찾아가

루이스 헤이는 과학적 증거를 믿지 않고, 그녀 '내면에 울리는 종소리'를 신뢰하였나.

서 이들이 암에서 얼마나 많이 회복되는지를 기다려 볼까? 이 검사방법들 모두 그럴듯해 보인다. 그러나 사실 이 방법들 중 어느 것도 특별히 더 많은 정보를 주는 것은 아니다. 루이스 헤이의 주장을 검증하는 좋은 방법들이 몇 가지 있는데, 대체로 좋지 않은 방법들이 더 많이 있다. 이 장에서 여러분은 좋은 방법이 무엇인지를 살펴볼 것이다. 과학자들은 내면의 종소리가 언제 옳은 방법이고 언제 나쁜 방법인지를 결정하는 데 필요한 강력한 도구를 개발하였다. 철학자 버트런드 러셀(Bertrand Russell)은 기술하였다(1945, p. 527). "과학을 하는 남성들을 특출나게 만드는 것은 그들이 무엇을 믿고 있는가가 아니라, 그들이 *어떻게* 그리고 *왜* 그것을 믿는가 하는 것이다." 이는 과학을 하는 여성들에게도 역시 해당된다.

우리는 과학적 연구를 안내하는 일반적 원칙을 검토하는 것부터 시작해서, 과학적 연구가 지식을 찾아내는 여타 모든 방식들과 어떻게 구별되는지를 살펴볼 것이다. 그런 다음 심리학 방법론이 다음 두 가지 기본적인 질문에 답하도록 구성되어 있음을 살펴볼 것이다. 사람들은 *무엇을* 하는가? 그리고 *왜* 그들은 그렇게 하는가? 심리학자들은 관찰과 측정을 통해 첫 번째 질문에 대답을 한다. 그리고 그들이 측정한 사물들 간의 관계를 살펴봄으로써 두 번째 질문에 대답을 한다. 그다음 과학적 연구는 우리로 하여금 특정 결론을 내릴 수 있게 하지만, 그렇지 않은 연구는 그럴 수 없다는 것을 살펴볼 것이다. 마지막으로 우리는 인간이나 다른 동물들을 연구하는 과학자들이 직면하게 되는 독특한 윤리적 문제에 대해 살펴볼 것이다.

경험주의 : 사물 인식 방법

고대 그리스인들은 다리를 삐었을 때, 감기에 걸렸을 때, 또는 예복에 우연히 불이 붙거나 하면 다음 두 종류의 박사들 중 하나를 찾아야 했다. 교조주의자(dogmatists, '믿음'을 상징하는 *dogmatikos*에서 유래함)와 경험주의자(empiricists, '경험'을 의미하는 *empeirikos*에서 유래함). 교

조주의자는 질병을 이해하는 최고의 방법은 신체 기능에 관한 이론을 개발하는 것이라고 생각하는 사람들인 반면에, 경험주의자는 질병을 이해하는 최선의 방법은 아픈 환자를 관찰하는 것이라고 생각했다. 그러나 이 두 의학 학파 간의 경합은 오래 지속되지 않았다. 왜냐하면 교조주의자를 찾아가기로 결정한 사람은 사망에 이르는 경우가 많았기에 이 방식을 반복하는 것은 올바른 선택이 아니었기 때문이다. 오늘날 우리는 자신이 가지고 있는 전제사항에 집착하는 경향을 지칭하는데 교조주의(dogmatism)란 단어를 사용하고, 세상에 관한 정확한 지식은 관찰이 필수적이라는 믿음을 지칭하는데 경험주의(empiricism)란 단어를 사용한다. 관찰을 해야 자연 세상에 관한 질문에 답을 할 수 있다는 사실이 자명한 것이기는 하지만, 이런 분명한 사실도 실제로는 최근에 들어서야 널리

수용되게 된 것이다. 인류 대부분의 역사를 되돌아볼 때, 인간은 중요한 문제에 대답하는 데 있어 권위자를 신뢰하였다. 인간이 선지자가 아니라 자신의 눈과 귀를 신뢰하게 된 것은 최근 1,000년(특히 지난 3세기간)에 국한될 뿐이다.

17세기 천문학자인 갈릴레오 갈릴레이(Galileo Galilei, 1564~1642)는 교회의 계시를 수용하는 대신 자신이 관찰한 결과를 주장하다가 파문당하고 감옥에 수감되었다. 1597년에 그는 친구이자 동료 천문학자인 요하네스 케플러(Johannes Kepler, 1571~1630)에게 다음과 같은 편지를 썼다. "그토록 집요하게 망원경을 통해 관찰한 것을 철저히 거부한다면, 당신은 여기서 배운 것은 어떻게 이야기하실지요? 우리는 이것으로 무엇을 해야 하지요? 웃어야 합니까? 울어야 합니까?" 나중에 알려진 대로 정확한 대답은 울음이었다.

과학적 연구방법

경험주의는 과학적 연구방법(scientific method)의 필수요소인데, 과학적 연구방법이란 경험적 증거를 사용하여 진실을 찾아내는 절차를 의미한다. 본질적으로, 과학적 연구방법은 우리가 세상에 관해 어떤 생각을 가지게 될 때, 즉 박쥐들은 어떻게 목적지를 찾아가고, 달은 어디에서 생성되었으며, 왜 사람들은 트라우마를 겪은 사건들을 잊지 못하는지 등에 대해 어떤 아이디어를 가지게 될 때, 이런 아이디어에 적합한 경험적인 증거를 얻어내고 그 증거에 맞추어 원래의 아

이디어를 수정한다는 것을 의미한다. 과학자들은 이런 유형의 아이디어를 **이론**(theory)이라고 지칭하는데, 이는 자연 현상에 대한 가설적인 설명을 말한다. 우리는 박쥐들은 소리를 내서 그 메아리가 돌아오는 것을 들으면서 방향을 잡아가고, 달은 소행성이 지구와 충돌했을 때 생성되었으며, 두뇌가 트라우마를 일으키는 사건에 반응해서 기억을 촉진시키는 화학물질을 만들어 낸다고 이론을 만들 수 있을 것이다. 이런 이론들 각각은 자연 세계에서 어떤 것이 어떻게 작동하는지를 설명해 준다.

과학자가 이론을 개발하고자 할 때, 그들은 간명성의 규칙(the rule of parsimony)을 따르고자 하는데, 이는 모든 증거를 설명할 수 있는 가장 단순한 이론이 가장 좋은 이론이라는 것이다. 간명성을 의미하는 *parsimony*란 말은 *parcere*란 라틴어에서 유래하였는데, '여분으로 남겨 놓는 것, 절약하는 것(to spare)'을 의미한다. 이 규칙은 14세기 논리학자 윌리엄 오컴(William Ockham)의 규칙에 근거하는 것인데, 그는 "다원성은 필요불가결한 경우가 아니라면 제안되어서는 안 된다"고 서술하였다. 오컴이 자연은 단순하다든가 복잡한 이론은 잘못되었다고 한 것은 아니다. 그는 단지 가장 단순한 이론을 가지고 **출발하되** 필요하다고 인식될 때만 이론을 보다 복잡하게 만들어야 한다고 제안하는 것이다. $E = mc^2$을 구성하는 부분들이 이와 같이 사랑스러운 이론이라고 할 수 있는데, 여기에는 문자 3개와 숫자 1개가 있을 뿐이다.

> **과학적 방법이란 무엇인가?**

우리는 이론이 가능하면 단순하기를 원한다. 그러나 또한 정확하기를 원한다. 어떤 특정 이론이 정확한지 아닌지는 어떻게 결정할 수 있는가? 이론은 이 세상에서 관찰할 수 있어야 하는 것이 무엇인지에 대해 구체적인 예언을 만들어낸다. 예를 들어, 박쥐들이 소리를 내서 그 메아리가 돌아오는 것을 들으면서 방향을 잡아가는 것이 사실이라면, 청각장애 박쥐들은 목적지를 찾아갈 수 없어야 한다. 이러한 '당위진술문'을 **가설**(hypothesis)이라고 하는데, 이는 이론에 따라 만들어진 반증 가능한 예언을 말한다. 반증 가능한(falsifiable)이라는 말이 이 정의에서 중요한 부분이다. 어떤 이론들 예컨대 신이 우주를 창조하였다와 같은 이론은 그 말이 사실이라면 관찰할 수 있는 것이 무엇인지를 구체화 할 수 없으며, 어떤 관찰을 통해서도 오류를 반증할 수가 없다. 그런 이론들은 가설을 만들어 낼 수가 없기 때문에 과학적 연구의 대상이 될 수 없다. 이 말이 그런 이론들은 틀렸다고 하는 것은 아니다. 단지 과학적 연구방법을 통해서는 그런 판단을 할 수 없다는 것을 의미한다.

그러면 가설검증을 할 때는 어떤 일이 발생하는가? 과학적 연구방법을 사용해서 무엇을 찾아낼 수 있는가? 알베르트 아인슈타인은 "아무리 많은 실험을 해도 내가 올바르다는 것을 증명할 수 없지만, 단 한 번의 실험만으로도 내가 틀렸다는 것을 증명할 수 있다"는 말로 유명해졌다. 왜 그럴 수밖에 없는가? 여러분이 단지 박쥐 몇 마리

> **왜 이론은 잘못되었지만 옳지 않은 것으로 증명될 수 있는가?**

만 관찰하여도 소리항해 이론(navigation-by-sound theory)에 대해 알 수 있는 것이 무엇인지 상상해 보자. 만일 여러분이 귀머거리 박쥐가 잘 들을 수 있는 박쥐 못지않게 목적지를 잘 찾아간다는 것을 발견하였다면, 소리항해 가설이 틀렸다는 것이 즉시 증명될 것이다. 그러나 귀머거리 박쥐는 잘 들을 수 있는 박쥐보다 목적지를 찾아가는 데 서툴다는 것을 발견했다면, 여러분이 관찰한 것은 소리항해 가설과 일관되기는 하지만 그 가설을 증명하지는 못할 것이다. 비록 오늘은 귀머거리 박쥐가 완벽하게 목적지를 찾아가는 것을 볼 수 없었지만, 여러분이나 다

SCIENCE SOURCE/COLORIZATION BY: MARY MARTIN

이론
자연 현상에 대한 가설적 설명

가설
이론에 의해 설정된 반증 가능한 예언

유클리드(Euclid)와 톨레미(Ptolemy)와 같은 고전적 사상가들은 우리 눈은 우리가 보게 되는 목표물에 따라 움직이는 광선을 방출하면서 작동하는 것으로 믿었다. 이것이 사실이라면, 우리가 눈을 떴을 때, 가까이 있는 대상을 볼 때보다 멀리 있는 대상을 바라볼 때 우리의 눈이 더 커져야 한다고 이븐 알 하이삼(Ibn al-Haytham, 965~1039)은 추론하였다. 자, 어떻게 되었는지 추측해 보자! 실제로 그렇지는 않았다. 그리고 단 한 번의 관찰 결과로, 수세기 동안 이어져 오던 이 이론은 소멸되었다. 실로 눈 깜짝할 사이에 말이다.

과학자들은 한때 모든 가연성 물질은 불타는 동안에 방출되는 플로지스톤이라 불리는 요소를 갖고 있다고 믿었다. 그러나 1979년에 화학자 앙투앙 라부아지에(Antoine Lavoisier, 1734~1794)는 수은같은 금속이 탈 때는 플로지스톤 이론이 이야기하는 것처럼 그들이 더 가벼워지지 않는다는 것을 보여 주었다. 라부아지에(왼쪽)와 이론을 검증하는 장치(오른쪽).

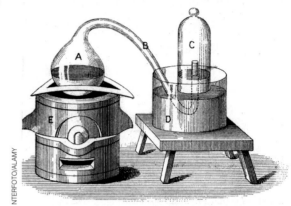

른 누군가가 내일 그런 일이 생기는 것을 볼 가능성이 있다. 증거가 이론과 일관적일 때 우리 확신은 커지겠지만, 이것이 우리에게 완전한 확신을 갖게 하는 것은 아니다. 앞으로 여러분이 "과학자가 X 이론이 정확하다는 것을 증명했다"는 신문기사를 보게 된다면, 이제 이를 검증해 보아야 한다.

세상에 관한 진실이 무엇인지를 학습하는 최선의 방법은 이론을 개발해서, 이들로부터 가설을 추출해 내고, 증거를 수집하여 이 가설들을 검증하고, 그런 다음 이 증거들을 사용해서 이론을 수정하는 것임을 과학적 연구방법은 시사하고 있다. 그러면 증거를 수집하는 것은 정확히 어떻게 하는 것인가?

관찰의 기술

수세기 동안 사람들은 말을 탔다. 그리고 수세기 동안 사람들은 둘러앉아서 말의 네발이 동시에 지상에서 떨어졌는지에 대해 논쟁하였다. 어떤 이는 그렇다고 하고 어떤 이는 아니라고 말하기도 하였으며, 어떤 이는 변화를 위해 뭔가를 해야 하는 것이 아니냐는 발언을 했다. 1877년에 에드워드 무이브리지(Eadweard Muybridge)는 고속 연사방식의 촬영법을 고안하였고, 말이 달릴 때 네발 모두 지상에서 떨어진다는 것을 그가 찍은 사진은 보여 주었다. 그 후 두 번 다시 어떤 경주자도 날아가는 말에 관한 논쟁을 하지 않았다. 왜냐하면 무이브리지는 단 한 번으

에드워드 무이브리지(1830~1904)가 촬영한 역사적 그림의 2, 3 프레임은 말이 아주 잠깐 동안이지만 네발로 날 수 있음을 보여 준다.

로, 그리고 영원히 논쟁을 종식시켰기 때문이다.

그런데 도대체 이 논쟁이 왜 이리 오래 지속되었는가? 사람들은 아주 여러 해 동안 말이 달리는 것을 보았는데도 불구하고, 왜 어떤 사람들은 말이 공중에 떠 있는 것을 보았다고 말하고, 어떤 사람들은 최소한 한 발은 땅 위에 있는 것을 분명히 보았다고 말하는 것인가? 놀랍게도 우리의 눈은 많은 것을 볼 수 없고, 또한 많은 것을 부정확하게 보기 때문이다. 우리는 진실을 보지 못했지만 이들이 사실이기 때문이다. 지구는 완전히 편평해 보이지만 완전하지 않게 둥글기도 하다. 무이브리지가 알려준 것처럼, 만일 우리가 세상에 대한 진실을 알고자 한다면, 우리는 단순히 눈에 보이는 것보다 더 많은 것을 해야 한다. 경험주의는 올바른 접근방법이다. 그러나 정확하게 이를 실현하려면, 관찰에 필요한 규칙과 기법의 집합을 말하는 **경험적 연구방**

법(empirical method)이 요구된다.

많은 과학에서, 방법이란 말은 주로 감각의 힘을 향상시켜 주는 기법을 말한다. 생물학자들은 현미경을 사용하고 천문학자들은 망원경을 사용한다. 왜냐하면 그들이 관찰하고 싶은 사물은 맨눈으로는 볼 수 없기 때문이다. 한편, 인간의 행동은 상대적으로 관찰하기가 쉽다. 그래서 여러분은 심리학 연구방법이 상대적으로 단순한 것이라고 기대할 것이다. 그런데 실상 심리학자들이 직면하고 경험하는 도전은 모든 현대 과학 중에서 가장 두려운 것 중의 하나이다. 그래서 심리학의 연구방법은 모든 현대과학 중에서 가장 복잡한 것 중의 하나이다. 이와 같은 경험적 도전은 인간이 연구하기 어려운 세 가지 특성을 가지기 때문에 생겨난다.

인간을 연구하기 어렵게 만드는 것은 무엇인가?

- 복잡성(complexity) : 은하계, 소립자, 분자 또는 어떤 기계도 인간의 두뇌만큼 복잡하지는 않다. 과학자들은 별의 탄생과 세포의 소멸을 아주 정밀하게 기술할 수 있다. 그러나 뇌를 구성하고 있는 5억 개의 상호 연결된 뉴런들이 심리학자들이 관심을 갖고 있는 사고, 감정 및 행동을 어떻게 일으키는지는 거의 설명하지 못한다.

- 변산성(variability) : 어떤 경우에도, 특정 E. coli 박테리아는 다른 E. coli 박테리아와 거의 똑같다. 그러나 사람은 그들이 갖고 있는 손가락 지문들처럼 서로 똑같지는 않다. 아무리 똑같은 상황에 처하더라도 어떤 두 사람이 똑같은 방식으로 행동하고 말하고 생각하거나 느끼지는 않는다. 이는 우리가 어느 한 순간 어떤 한 사람을 본 것이 그 사람의 모든 것을 보여 주는 것이 아니라는 것을 의미한다.

- 반응성(reactivity) : 동위원소 세슘-133 원자는 누가 관찰하더라도 초당 9,192,631,770번 진동한다. 그러나 사람은 자신이 관찰될 때 생각하고 느끼고 행동하는 방식과 관찰되지 않을 때 모습이 다르다. 사람은 자신이 연구되고 있다는 것을 알고 있을 때는 그렇지 않을 때와 다르게 행동한다.

인간이 복잡하고, 끝없이 변화하며, 각기 다르게 반응한다는 사실은 그들의 행동을 과학적으로 연구하는 데 커다란 도전이 된다. 앞으로 보게 되겠지만, 심리학자들은 이런 도전을 정면으로 해결하려고 두 종류의 연구방법을 개발하였다. 하나는 관찰(observation)방법이고 또 다른 하나는 설명(explanation)방법이다. 전자는 사람들이 무엇을 하고 있는지를 결정할 수 있도록 해 주고, 후자는 사람들이 그것을 왜 하는지 결정할 수 있게 해 준다. 다음 절에서는 이 두 방법들을 검토해 보겠다.

경험적 연구방법
관찰에 관한 규칙과 기법들의 집합

MAURIZIO BAMBATTI /EPA/CORBIS

인간은 관찰될 때와 관찰되지 않을 때 다르게 행동한다. 예를 들어, 오바마 대통령은 사진새(또한 약간 익살스런 표정의 프랑스 대통령 사르코지)가 자신을 주시하고 있다는 것을 알아챘다면 목을 돌려 쳐다보는 것을 참았을 것이다.

유약

▶ 경험주의는 세상을 이해하는 최선의 방법은 우선 그것을 관찰하는 것이라는 신념이다. 최근 몇 세기에 들어와서야 경험주의는 우세한 역할을 하게 되었다.

▶ 경험주의는 과학적 연구방법이 실질이라 할 수 있다. 이는 세상에 관한 이론은 검증 가능한 가설을 생성해내고, 그런 다음 우리는 그런 가설을 검증하는 관찰을 할 수 있다는 것을 시사한다. 이 검증의 결과는 우리의 이론을 반증할 수는 있지만 입증할 수는 없다.

▶ 관찰은 단순히 '지켜본다' 는 것을 의미하지는 않는다. 여기에는 방법이 필요하다. 심리학 연구방법은 특수한데, 다른 자연현상과 달리 인간은 복잡하고, 변화무쌍하며, 반응적이기 때문이다.

조작적 정의
구체적이고 측정 가능한 용어로 속성을 기술한 것

측정도구
조작적 정의가 말하고 있는 조건을 탐지하는 장치

관찰 : 사람들이 하는 것이 무엇인지 발견하기

관찰한다는 것은 어떤 사건(예 : 폭풍 발생이나 퍼레이드)이나 대상(예 : 사과나 사람)의 속성에 관해 학습하기 위해 감각을 활용한다는 것을 의미한다. 예를 들어, 여러분이 둥글고 빨간 사과를 관찰할 때, 여러분의 뇌는 사과의 정체, 형태 및 색깔에 관해 추론하기 위해 망막에 떨어지는 빛의 형태를 활용하게 된다. 사과를 사려고 할 때는 이런 종류의 관찰이 아무 문제가 없지만 과학에서는 부적합하다. 왜? 우선 우연한 관찰은 아주 불안정한 것이다. 똑같은 사과라도 낮에는 빨갛게 보이지만 밤에는 진홍빛으로 보이게 된다. 또는 어떤 사람에게는 둥그렇게 보이지만 다른 사람에게는 반원형으로 보인다. 둘째, 우연적인 관찰은 우리가 관심을 가지고 있는 많은 속성에 대해 많은 것을 이야기해 줄 수가 없다. 여러분이 아무리 오랫동안 바라보고 아무리 힘들게 바라보더라도, 단순히 바라보는 것만으로는 사과의 풍미나 맛의 내용을 구별하지 못할 것이다.

다행히도 과학자들은 이런 문제를 극복할 수 있는 기법들을 고안하였다. 첫 번째 절(측정)에서 우리는 심리학자들이 어떻게 지시문을 설계하고, 이들을 측정에 활용하는지를 살펴볼 것이다. 두 번째 절(기술)에서 우리는 심리학자들이 자신이 만든 측정결과들을 갖고 무엇을 하는지를 살펴볼 것이다.

측정

인류 역사의 대부분 동안 사람들은 자신의 나이가 얼마나 되는지를 알지 못했다. 왜냐하면 오랫동안 인간은 시간 기록을 추적하는 간단한 방법이 없었기 때문이다. 무게, 부피, 밀도, 기온 등 물질에 대한 다른 것들도 마찬가지다. 오늘날 우리는 자, 시계, 달력, 주행기록기, 온도계, 질량분석계를 가진 세상에 살고 있다. 측정(measurement)은 과학의 기본적인 부분일 뿐만 아니라 현대생활의 기본적인 부분이기도 하다. 그런데 측정은 정확히 무엇을 필요로 하는가? 지진의 강도, 분자 사이의 거리, 또는 등록된 투표자의 태도 중 무엇을 측정하고자 하든, 우리는 먼저 두 가지를 하여야 한다. 즉, 측정하길 원하는 속성을 정의하는 것(to define)과 그런 다음 그것을 탐지하는(to detect) 방법을 찾아내는 것이다.

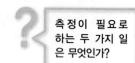
측정이 필요로 하는 두 가지 일은 무엇인가?

정의하기와 탐지하기

지난번에 "내게 일초만 시간을 내주세요"라고 여러분이 이야기를 했을 때, 여러분은 자신이 원자의 소멸 시간에 대해 말하고 있다는 것을 알지 못했을 것이다. 시간의 모든 단위는 **조작적 정의**(operational definition)를 갖고 있는데, 구체적이고 측정할 수 있는 조건으로 어떤 속성을 기술하는 것을 말한다. 예를 들어 1초에 대한 조작적 정의는 외부장에 의해 방해받지 않는 기저상태에서 세슘 133 원자의 미세한 이동으로 흡수되거나 방출된 극초단파 빛의 9,192,631,770 사이클 기간(방해받을 때는 대략 6초가 걸린다고 추산됨)이다. 세슘 133원자가 소멸될 때 방출되는 파장의 사이클을 실제로 계산하기 위해서는 **측정도구**(instrument)를 사용해야 한다. 여기서 측정도구란 조작적 정의가 지칭하는 사건을 파악할 수 있게 해 주는 장치를 말한다. '세슘 시계'라고 알려진 장치는 9,192,631,770회전이 이루어지면 1초가 경과하였다고 하는 것이다.

우리가 물리적 속성을 측정할 때 취하는 단계는 심리적 속성을 측정할 때 취하는 단계와 똑같다. 예를 들어 우리가 개인의 지능, 수치심, 또는 행복을 측정하고자 한다면, 우리는 해당 속성에 대한 조작적 정의를 만드는 것부터 시작해야 한다. 즉, 해당 속성을 대변할 수 있도록 구체적이고 측정 가능하게 사건을 구체화하는 것부터 시작해야 한다. 예를 들어 어떤 사람이 웃는 빈도로 행복을 정의할 수 있다. 일단 정의가 이루어지면 다음에는 미소 탐지 도구가 필요해지는데, 컴퓨터 보조 카메라나 사람의 눈 같은 것이 될 수 있다. 측정할 수 있는 사건을 구체화시킨 조작적 정의와 해당 사건을 측정하는 도구를 갖는 것이 과학적 측정을 하는 열쇠가 된다.

타당도, 신뢰도, 검증력

행복과 같은 속성을 정의하고 탐지하는 많은 방법이 있는데, 어떤 방법이 최선인가? 조작적 정의의 가장 중요한 특징은 **타당도**(validity)인데, 특정 **구체적인 사건**이 속성을 정의하는 데 적합한 정도를 말한다. 예를 들어, 미소의 빈도와 같은 구체적 사건은 행복과 같은 속성을 정의하는 타당한 방법이라 할 수 있는데, 우리 모두 알다시피 사람들은 행복하다고 느낄 때면 더 자주 미소를 짓는 경향이 있기 때문이다. 행복한 사람은 더 많이

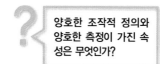

양호한 조작적 정의와 양호한 측정이 가진 속성은 무엇인가?

먹고, 더 많이 수다 떨고, 더 돈을 많이 쓸까? 아마도 그럴 수 있을 것이다. 그러나 그렇지 않을 수도 있다. 이런 이유로 음식 소비 또는 언어적 수다, 또는 재정 지출을 대부분의 사람들은 행복에 대한 타당한 측정치로 여기지 않는다. 그러나 이들은 다른 것에 대해서는 완벽한 측정치일 수도 있다. 타당도는 어느 정도는 보는 사람의 눈에 달린 것이지만, 대부분의 사람들은 미소의 빈도가 먹고, 소비하고, 수다 떠는 빈도보다 행복을 조작적으로 정의하는, 더 좋은 방법이라는 데 동의할 것이다.

그러면 측정도구가 가져야 하는 가장 중요한 특징은 무엇인가? 실제는 두 가지가 있다. 첫째, 좋은 측정치는 **신뢰도**(reliability)를 가지는데, 동일한 측정도구가 동일한 대상을 측정할 때는 동일한 측정치를 산출 해내는 경향을 말한다. 예를 들어, 어떤 사람이 화요일에 수요일만큼 미소를 짓는다면, 이때 미소 탐지 도구는 양일에 동일한 결과를 산출해 내야 한다. 만약 다른 결과를 나타낸다면(즉, 도구가 실제로 존재하지도 않는 차이를 탐지해 낸다면), 이는 신뢰롭지 않은 측정치가 되는 것이다. 둘째, 좋은 도구는 **검증력**(power)을 가지는데, 이는 속성의 작은 강도 차이를 탐지해 내는 능력을 말한다. 만일 어떤 사람이 화요일에 수요일보다 약간 더 자주 미소 짓는다면, 양호한 미소 탐지기라면 이 양일간에 다른 결과를 만들어야 한다. 만일 동일한 결과를 산출한다면, 즉, 실제로 존재하는 차이를 탐지해 내는데 실패한다면 그 도구는 검증력을 갖지 못한 것이다(그림 2.1 참조).

요구특성

일단 우리가 타당한 개념 정의, 신뢰로우며 검증력 있는 측정도구를 갖게 된다면, 우리는 드디어 행동을 측정할 준비가 다 된 것인가? 그렇다. 우리가 아메바의 행동을 측정하고자 한다거나, 빗방울 또는 그 위의 어떤 것을 측정하고자 한다면 우리는 걱정할 필요 없이 비디오기만 하면 된다. 그러나 사람의 행동을 측정하고자 한다면, 아직 조심해야 할 일이 남아있다. 왜냐하면, 사람들이 보통 상황에서 어떻게 행동하는지를 측정하려고 할 때, 사람들은 종종 자신들이 어떻게 행동할 것이라고 다른 사람들이 그들에게 기대하거나 원한다고 생각하는 방식대로 행동하려고 하기 때문이다. **요구특성**(demand characteristics)이란 사람들로 하여금 다른 사람들이 원하거나 기대한다고 생각하는 대로 행동하게 만드는 관찰적 상황의 특성을 말한다. 만약에 여러분이 애인에게 "이 청바지를 입으니까 뚱뚱해 보이지?"라는 질문을 받았다면, 올바른 대답은 언

타당도
구체적인 사건(측정치)이 속성을 정의하는 양호성

신뢰도
측정도구가 동일한 대상을 측정할 때는 언제나 동일한 측정치를 산출해 내는 경향

검증력
측정치가 속성의 작은 강도를 파악해 내는 능력

요구특성
누군가가 원하거나 기대한다고 생각한 대로 사람들이 행동하게 만드는 관찰 상황의 측면

속성 정의	속성 탐지
타당도가 있는 조작적 정의를 생성한다.	신뢰도와 검증력을 갖춘 측정도구를 설계한다.

▲ 그림 2.1 **측정** 속성을 측정하는 데는 두 가지 단계가 있다.

REX FEATURES VIA AP PHOTO

대부분의 사람들은 장애를 가진 사람에게 편견을 갖고 있는가? 질문을 하면 사람들은 편견을 가지고 있다는 것을 수용하지 않으며 누군가가 주시하고 있을 때는 편견을 가진 방식으로 행동하지 않는다. 그러면 요구특성을 최소화하면서 편견을 측정하려면 어떻게 해야 하는가?

자연관찰
자연적인 환경에서 아무런 방해 없이 사람을 관찰함으로써 과학적인 정보를 얻어내는 방법

제나 "아니야"라고 답하는 것일 것이다. 여러분이 이런 질문을 받았다면, 여러분은 요구를 받고있는 것이다. 요구특성은 어떤 행동을 자연스럽게 발생하는 대로 측정하기 어렵게 만든다.

심리학자들이 이런 요구특성의 문제를 피하는 한 가지 방법은 사람들이 알지 못하게 하고 관찰하는 것이다. **자연관찰**(naturalistic observation)이란 자연스러운 상황에서 아무런 방해 없이 사람들을 관찰함으로써 과학적인 정보를 얻어 내는 기법이다. 예를 들어 자연적인 관찰을 통해 다음과 같은 사실들이 드러났다. 식사할 때 집단이 클수록 팁을 적게 준다

자신이 관찰되고 있음을 알 때 사람들은 어떻게 반응하는가?

(Freeman et al., 1975), 식료품점에서 배가 고픈 쇼핑객은 더 충동적인 구매를 한다(Gilbert, Gill, & Wilson, 2002), 독신자 바에서 대개 남성들은 가장 아름다운 여성에게는 접근하지 않는다(Glenwick, Jason, & Elman, 1978). 이 모든 결론은 자신이 관찰되고 있다는 것을 모르는 사람들을 심리학자들이 관찰하여 만든 측정의 결과이다. 만약 식사 자리, 쇼핑 장소, 독신자 바에서 자신이 세밀하게 관찰되고 있다는 것을 알고 있는 상황이었다면, 동일한 관찰 결과가 만들어졌을 것 같지는 않다.

불행하게도, 자연적 관찰이 언제나 요구특성 문제에 대해 분명한 해결책을 주는 것은 아니다. 첫째, 심리학자가 관찰하기를 바라는 일들 중 몇몇은 자연스럽게 발생하지 않는다. 예를 들어, 감각 박탈을 경험한 사람의 운동과제 수행이 떨어지는지를 알고자 하는 경우를 생각해 보자. 이를 알아보려면 귀마개와 눈가리개를 한 수십 명의 사람들이 쇼핑몰을 돌아다니는 것을 관찰하면서 아주 오랜 시간 쇼핑몰을 돌아다녀야 할 수도 있다. 둘째, 심리학자들이 관찰하고자 하는 일들 중 어떤 것은 사람들과 직접적으로 상호작용을 해야만 정보를 얻을 수 있다. 예를 들어, 조사를 하고, 검사를 하고, 인터뷰를 하거나 기계로 어떤 사람을 살펴봄으로써 정보를 얻을 수 있다. 만약에 어떤 사람이 죽음에 대해 얼마나 걱정하는지, 자신의 고등학교 시절을 어떻게 기억하고 있는지, 수수께끼 논리를 얼마나 빨리 풀 수 있는지를 알고자 한다면, 단순히 관찰하는 것만으로는 이를 알 수 없다.

다행히 요구특성을 피하는 또 다른 방법들이 있다. 예를 들어, 사람들은 자신이 특정 행동의 유발자로 인식되지 않으면 요구특성의 영향을 덜 받게 된다. 따라서 심리학자들은 종종 사람들로 하여금 사적으로 반응하도록 허용해 주거나(예 : 혼자 있을 때 설문지를 작성하게 함), 익명으로 반응하도록 함으로써(예 : 이름과 주소 같은 개인적인 정보를 기록하지 않게 함) 이런 이점을 활용하게 된다. 심리학자들이 요구특성을 피하기 위해 사용할 수 있는 또 다른 기법으로는 이런 요구에 영향받을 가능성이 적은 행동들을 측정하는 것이다. 예를 들어, 자율적인 통제하에 있지 않은 행동들은 요구특성의 영향을 덜 받게 된다. 구독 여부에 대한 질문으로 유명인들의 소문을 전하는 잡지에 대한 여러

문화와 사회

넘어지기에 가장 좋은 장소

프레스노 소재 캘리포니아주립대학의 로버트 레빈(Robert Levine)은 현장 관찰연구를 시행하기 위해 23개국의 국제적 대도시에 학생들을 파견하였다. 그들의 과제는 자연적 상황에서 도움행동을 관찰하는 것이었다. 두 유형의 실험에서, 학생들은 도로를 건너는 장인이나 장애인 행세를 하였다. 누군가가 도움을 주러 다가오는지를 확인하기 위해 다른 학생이 옆에 서 있었다. 세 번째 버전은 학생이 펜을 떨어뜨리고 누군가 그것을 줍는지를 보는 것이었다.

결과는 세 사건들에서 사람들은 특정 도시 내에서는 꽤 균일하게 나타났지만, 도시들 간에는 반응 차이가 상당히 넓은 범위로 나타났음을 보여 주었다. 브라질의 리오데자네이루는 도움을 가장 많이 보여 주는 도시로 나타났는데, 93%의 도움점수를 보여 주었다. 말레이시아의 쿠알라룸푸르는 40%라는 가장 낮은 점수를 보여 주었고, 뉴욕은 45%로 끝에서 두 번째였다. 평균적으로 라틴아메리카 도시들이 도움을 가장 많이 주는 것으로 나타났다(Levine, Norenzayan, & Philbrick, 2001).

분의 관심 정도를 알고자 하는 심리학자들에게 그 사실을 알려
주고 싶지 않을 수 있다. 그러나 각성될 때 동공이 확장되는 것
을 막을 수는 없다. 요구사항과 행동이 관련되어 있다는 것을
사람들이 알지 못할 때는 행동이 요구사항에 의해 영향받지 않
을 것이다. 예를 들어 심리학자들이 읽으라고 나누어 준 월스
트리트 저널에 여러분들이 고도로 집중하고 있는지 여부를 알
고 싶을 수 있다. 여러분은 집중하고 있을 때 눈 깜박임이 느려
진다는 것을 깨닫지 못했을 것이고, 따라서 일부러 눈 깜박임
을 느리게 속이지 못했을 것이다.

요구특성을 피하는 최선의 방법 중 하나는 관찰되고 있는 사람이 관찰의 진짜 목적을 알 수

> **피험자들이 실험의 목적을 '알지 못하는 것'이 왜 중요한가?**

없게 하는 것이다. 사람들이 관찰의 진짜 목적에 '눈먼' 상태가
되면, 그들은 자신이 행동해야 한다고 생각하는 방식대로 행동
하지 못하게 된다. 왜냐하면 자신들이 어떻게 행동해야 되는지
를 모르기 때문이다. 예를 들어, 음악이 기분에 미치는 효과를

요구특성을 피하는 한 가지 방법은 사람들이 통제할 수 없거나 통제하려고 하지 않는 행동을 측정하는 것이다. 예를 들어, 지루하면 우리의 눈동자는 수축하고(왼쪽), 흥미를 느낄 때는 확장된다(오른쪽). 동공 확장 정도는 개인의 과제 몰입 정도에 관한 유용한 측정 도구가 된다.

연구하고 있다는 것을 알지 못하면, 음악이 연주될 때 미소를 지어야 한다고 느낄 필요는 없을 것이다. 연구가 끝날 때까지 심리학자들이 연구의 진정한 목적을 알려 주지 않는 이유는 바로
이 때문이다.

물론, 사람들은 영리하고 호기심이 많으며, 심리학자들이 관찰의 목적을 알려 주지 않더라
도 스스로 그 이유를 찾아내려고 한다. 그래서 심리학자들은 종종 위장 설명문(cover story) 또
는 사람들로 하여금 관찰의 진짜 목적을 알아채지 못하도록 만드는 가짜 설명문을 사용한다.
예를 들어 음악이 기분에 미치는 효과를 알고자 할 때, 음악이 배경으로 연주될 때 사람들이
얼마나 빨리 논리 수수께끼를 풀 수 있는지를 결정하는 것이 연구의 목적이라고 거짓으로 이
야기할 수 있다(우리는 이 장 뒷부분에서 사람들을 속이는 것의 윤리적인 의미를 다루게 될 것
이다). 그 외에도 심리학자들은 **허위질문 문항**(filler item) 또는 관찰의 진짜 목적을 잘못 알도록
하는 무의미 측정치를 사용할 수도 있다. 예를 들어 심리학자들은 진짜 관심 있는 문항들(예 :
여러분은 지금 얼마나 행복합니까?)과 관심 없는 문항들(예 : 강아지보다 고양이를 더 좋아합
니까?)을 함께 질문할 수 있다. 이는 여러분에게 요청된 질문을 보고 통해 관찰의 진짜 목적이
무엇인지 추측하지 못하게 만들어 준다.

관찰자 편파

관찰되는 사람만이 측정을 혼돈스럽게 만드는 유일한 존재는 아니다. 한 연구에서 한 집단의
심리학도들에게 쥐가 미로를 달리는 동안에 학습하는 속도를 측정하도록 요청하였다(Rosenthal
& Fode, 1963). 한 집단의 학생들은 자신들의 쥐가 '미로찾기에 둔한 쥐'(즉, 미로 학습이 늦
은 쥐)가 되도록 길러졌다는 이야기를 들었고, 다른 집단은 자신들의 쥐가 '미로찾기에 똑똑한
쥐'(즉, 미로 학습에 빠른 쥐)가 되도록 양육되었다고 들었다. 실제로는 모든 집단이 똑같은 조
건에서 양육되었지만, 자신들이 둔한 쥐의 속도를 측정하고 있다고 생각한 학생들은 똑똑한
쥐의 속도를 측정하고 있다고 생각한 학생들보다 쥐가 미로를 학습하는 데 더 오랜 시간이 걸
린다고 보고하였다. 다른 말로 하면, 측정치들은 학생들이 그들에게 나타날 것으로 기대한 것
을 정확히 재현한 것이다.

왜 이런 일이 발생한 것인가? 첫째는 기대가 관찰치에 영향을 미칠 수 있다. 쥐의 속도를 측정
할 때 오류를 범하기는 쉬운 일이고, 우리의 기대가 종종 우리가 범하는 오류의 종류를 결정하

사람들이 가진 기대가 그들이 기대하는 현상의 원인이 되기도 한다. 1929년에, 주식시장이 붕괴될 것이라고 기대한 투자자들은 자신들의 주식을 팔아치웠고, 이것이 바로 그들이 두려워하고 있던 위기의 원인이 되었다. 이 사진에서, 붕괴가 일어난 바로 그날 사람들이 미국 뉴욕증권거래소 밖에 공포에 차서 있는데, 뉴욕타임스는 이를 군중심리 탓으로 돌렸다.

이중맹목 관찰
관찰자와 관찰되고 있는 사람 모두에게 진짜 목적이 숨겨진 관찰법

기도 한다. 만일 한 발만이 결승선에 닿았다면 '미로를 학습한 것'으로 계산해야 하는가? 만일 쥐가 미로를 18.5초에 통과하였다면, 이 기록을 정리하기 전에 반올림해야 하는가 아니면 반내림해야 하는가? 이런 질문에 대한 답은 사람들이 쥐가 똑똑하다고 생각하는지 둔하다고 생각하는지에 따라 달라질 것

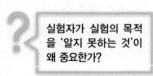

실험자가 실험의 목적을 '알지 못하는 것'이 왜 중요한가?

이다. 쥐의 학습시간을 측정한 학생들은 아마 정직하였고, 주의를 집중하였고, 공정하고 객관적이려고 노력했을 것이다. 그러나 그들이 가지고 있는 기대가 자신들도 알지 못하거나 통제할 수 없는 미묘한 방식으로 자신들의 관찰에 영향을 미쳤을 수도 있을 것이다. 둘째, 기대가 현실에 영향을 미칠 수 있다. 자신들의 쥐가 빨리 학습할 것으로 기대한 학생들은 부지불식간에 학습에 도움이 되는 행동을 하였을 수도 있다. 예를 들어 똑똑한 쥐가 미로에서 잘못된 길로 접어들었을 경우에 "아, 안 돼!!"라고 중얼거리거나, 둔한 쥐보다 똑똑한 쥐를 심정적으로 더 귀여워하거나 하는 형태를 들 수 있다(이런 현상은 13장에서 보다 심층적으로 다루게 될 것이다).

관찰자의 기대는 관찰치와 관찰하는 사람의 행동 모두에 강력한 영향을 끼칠 수 있다. 심리학자들은 이런 영향에서 벗어나게 해 주는 많은 기법들을 사용한다. 이런 기법 중 가장 일반적인 것 중의 하나가 **이중맹목 관찰**(double-blind observation)이다. 이런 관찰은 관찰자와 참여자 모두에게 실험의 진짜 목적을 숨기는 관찰을 말한다. 예를 들어, 만일 학생들이 어떤 쥐가 똑똑하고 어떤 쥐가 둔한지에 대해 듣지 못했다면, 그들은 자신들의 쥐에 대해 아무런 기대도 갖지 못할 것이고, 따라서 그들이 가진 기대가 측정치에 어떤 영향도 끼치지 못하게 될 것이다. 이것이 심리학 실험에서 참여자뿐만 아니라 관찰자도 실험상황을 모르게 하는 것이 일반적인 관행으로 여겨지는 이유이다. 예를 들어, 무엇이 연구되고 왜 연구되는지 모르는 연구보조자에 의해 측정이 이루어지는데, 그래야 관찰되고 있는 사람이 무엇을 하거나 해야 하는지에 대해 어떤 기대도 가지지 않게 된다. 실제로, 요즘 이루어지는 연구는 종종 세상에서 가장 맹목적인 실험자라 할 수 있는 컴퓨터로 이루어진다. 컴퓨터는 전혀 어떤 기대도 갖지 않은 상태에서 사람들에게 어떤 정보를 제공한 후 반응을 측정할 수 있다.

기술

여러분은 이제 타당한 조작적 정의와 신뢰로우면서 검증력 있는 측정도구를 만드는 방법, 요구특성과 관찰자 편파를 피하면서 해당도구를 사용하는 방법을 알고 있다. 그러면 이제 어디로 가야 하나? 숫자로 가득한 큰 화면을 보게 된다면, 그리고 여러분이 대부분의 다른 사람들과 비슷하다면, 숫자로 가득한 큰 화면은 그다지 정보적이지 않을 것 같다. 대부분의 심리학자들도 동일하게 느낄테니, 걱정하지 말기 바란다. 그리고 이것이 숫자로 가득한 큰 화면에 의미를 부여하는 두 가지 기법을 만들어낸 이유이다. 이 두 방법이란 그래프 표현과 기술통계치이다.

그래프 표현

그림은 천 마디 말보다 가치 있을 수 있다. 더 나아가 100만 개 숫자만큼 가치 있을 수 있다. 4장에서 배우게 되겠지만, 시각은 가장 복잡한 감각기관이며, 인간은 기본적으로 숫자나 언어로 제시될 때보다 시각적으로 제시될 때 사물에 대한 이해가 빠르다. 심리학자들도 인간이고, 따라서 그들도 종종 자신이 수집한 측정치들에 대해 그래프 표현을 하게 된다. 가장 일반적인 유형이 **빈도분포**(frequency distributions)인데, 각 측정치당 관찰된 횟수로 배열된 측정치의 그래프

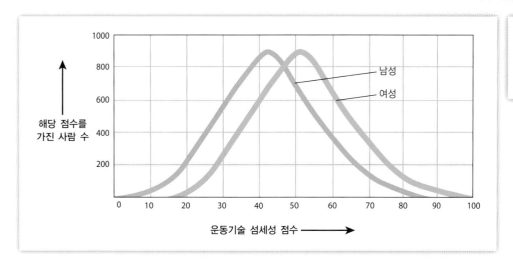

◀ 그림 2.2 **빈도분포** 이 그래프는 가설적인 남성과 여성 집단이 운동기술 검사에서 어떻게 점수화되는지를 보여 준다. 검사 점수는 수평축을 따라 제시되고 있으며, 각 점수가 얻어진 빈도는 수직축을 따라 제시되고 있다.

표현이다. 그림 2.2는 운동기술 섬세성(예 : 자신의 손으로 사물을 조작하는 능력) 검사를 수행한 남성과 여성 집단의 가설적인 수행을 표현하는 빈도분포 쌍을 보여 준다. 가능한 모든 검사 점수가 수평축에 나타난다. 각 점수가 관찰된 횟수(또는 빈도)는 수직축에 보인다. 빈도 분포

? 빈도분포는 무엇인가?

는 일정한 형태를 취할 수 있는데, 보통 가우시안 분포 또는 **정상분포**(normal distribution)라고 알려진 종모양의 곡선형태를 취한다. 정상분포란 측정치의 빈도가 중앙에서 가장 높고 양끝으로 가면서 점차 체계적으로 줄어드는, 수학적으로 정의된 빈도분포이다. 정상분포의 수학적 정의는 중요하지 않다(하긴 통계학자들에게는 숨 쉬는 것보다 약간 더 중요한 것이긴 하다). 여러분에게 중요한 것은 그림을 보면 알 수 있는 다음의 내용이다. 정상분포는 대칭이며(즉, 왼쪽의 반은 오른쪽 반과 똑같은 모양을 가진다), 중앙에 최고점을 갖고 있으며, 양 끝으로 갈수록 차츰 작아진다.

그림 2.2는 한 화면 가득 들어찬 숫자로는 보여 줄 수 없는 큰 시각적 줄기를 제공해 준다. 예를 들어 이 분포 형태는 대부분의 사람들은 중간 정도의 운동기술을 가지고 있으며, 단지 몇 사람만이 예외적으로 좋거나 나쁜 운동기술을 갖고 있다는 것을 즉시 여러분에게 알려 준다. 여러분은 또한 남자들 점수의 분포가 여자들 점수 분포보다 약간 왼쪽에 있음을 보여 준다. 이는 여성들이 남성들보다 약간 더 나은 운동기술을 가지는 경향이 있다는 것을 알려 준다. 또한 마지막으로 두 분포가 어느 정도 중복되는 부분이 있다는 것을 보여 준다. 이는 여성들이 남성들보다 운동기술이 약간 더 좋다고 하더라도, 많은 여성들보다 더 좋은 운동기술을 가진 남성들이 여전히 아주 많다는 것을 말해 준다.

기술통계치

빈도분포는 모든 측정치를 그림으로 나타내게 되므로 측정치 전체에 대한 개괄적 그림을 보여 주게 된다. 그러나 종종 꽉 찬 완전한 그림은 정보를 너무 많이 가질 수 있다. 친구에게 "어떻게 시냈어?"라고 물을 때, 이진 6개월 동인 매일매일의 행복도를 나타내 주는 안전한 그래프를

? 중요한 기술통계치 유형 두 가지는 무엇인가?

보고 싶어하는 것은 아니다. 오히려 우리는 그런 그래프가 보여 주는 핵심적인 정보를 담고 있는 간략한 요약진술을 듣고 싶어 하는 것이다. 예를 들어 "나는 아주 잘 지내", 또는 "뭐 조금 굴곡이 있지 뭐" 같은 거 말이다. 심리학에서는 이와 같이 빈도분포에서 얻을 수 있는 핵심정보를 담고 있는 간략한 요약진술문을 **기술통계치**(descriptive statistics)라고 부른다. 두 가지 중요한 기술통계치가 있다. 즉, 빈도분포의 **중심경향성**(central tendency)을

평균적으로 남성은 여성보다 키가 크다. 그러나 남성들(예 : 클레어의 남편)보다 키가 큰 여성(예 : 클레어 그랜트)들도 많이 있다.

빈도분포
각 측정치가 관찰된 횟수로 배열된 측정치들의 그래프상 표현

정상분포
대부분의 측정치들이 중앙부 주변으로 집중되는 수학적으로 정의된 빈도분포

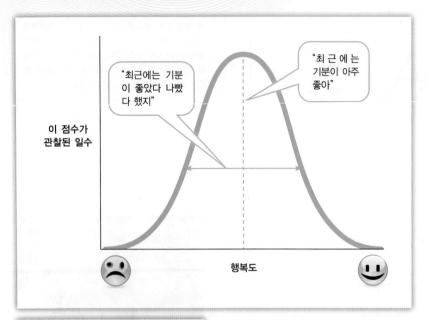

"최근에는 기분이 좋았다 나빴다 했지"

"최근에는 기분이 아주 좋아"

이 점수가
관찰된 일수

행복도

▲ 그림 2.3 **두 가지 기술통계치 유형** 기술통계치는 빈도분포의 두 가지 중요한 특성을 기술하기 위해 사용된다. 중심경향성(점수들 대부분이 어디에 놓여 있는가?)과 변산성(점수들이 서로 얼마나 다른가?)

최빈치
빈도분포상에서 '가장 빈번하게 나타나는' 측정치

평균
빈도분포상의 측정치들의 평균값

중앙값
빈도분포상의 '정중앙' 측정치

범위
빈도분포에서 가장 큰 측정치와 가장 작은 측정치 간의 차이

표준편차
빈도분포에서 측정치들 간의 평균적인 차이와 분포의 평균을 기술해 주는 통계치

기술해 주는 것과 빈도분포에서의 **변산성**(variability)을 기술해 주는 것이다.

중심경향성(central tendency) 기술은 빈도분포의 중심 또는 중간점에 해당하는 측정치에 대한 진술문이다. 만일 한 친구가 "잘 지내고 있어"라고 진술한다면, 자신이 느끼고 있는 행복 지수의 빈도 분포에 대한 중심경향성(또는 중앙점 부근)을 기술하고 있는 것이다(그림 2.3 참조). 중심경향치를 나타내는 세 가지 일반적인 기술치가 있다. **최빈치**(mode), **평균**(mean), **중앙값**(median)이다. 최빈치는 가장 빈번히 관찰되는 측정치를 말하고, 평균은 모든 측정치의 산술평균이 되는 값을 말하며, 중앙값이란 중앙에 있는 값, 즉 측정치 정중간의 값보다 크거나 같은 값 또는 작거나 같은 값을 말한다. 그림 2.4는 이런 기술통계치들이 각기 어떻게 계산되는지를 보여 준다. "평균적인 미국 대학생은 하루 8.3시간 수면을 취한다"는 기술통계치를 들었다면, 여러분은 중심경향성에 관한 이야기를 듣고 있는 것이다(이 경우에는 평균이다).

정상분포에서는 평균, 중앙치, 최빈치가 모두 같은 값이다. 그러나 분포가 정상성(normality)을 벗어나게 되면 이 세 기술치는 서로 다를 수 있다. 예를 들어 여러분이 40명의 대학교수들과 마크 주커버그의 순자산을 측정하였다고 생각해 보자. 여러분 측정치의 빈도분포는 정상적이지 않고 정적으로 편포되어(positively skewed) 나타날 것이다. 그림 2.5에서 보다시피, 정적으로 편포된 분포의 최빈치와 중앙치는 평균보다 더 낮은 값을 보이는데, 평균치는 극단적인 값의 영향을 더 많이 받기 때문이다(이 경우 이 값은 마크 주커버그의 자산이 될 것이다). 분포가 편포되면 평균값은 꼬리 쪽으로 치우쳐질 것이고, 최빈치는 튀어 오른 혹의 중심에 있고, 중앙치는 두 값의 가운데에 있게 될 것이다. 분포가 편포된 경우라면, 단일한 중앙경향 측정치는 측

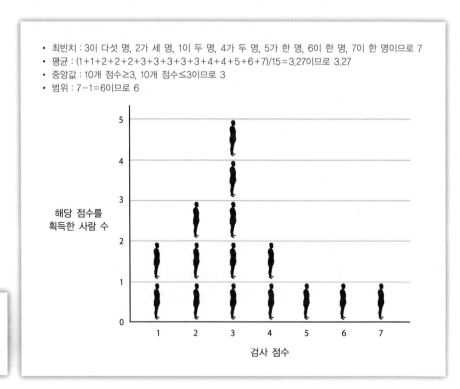

- 최빈치 : 3이 다섯 명, 2가 세 명, 1이 두 명, 4가 두 명, 5가 한 명, 6이 한 명, 7이 한 명이므로 7
- 평균 : (1+1+2+2+2+3+3+3+3+3+4+4+5+6+7)/15=3.27이므로 3.27
- 중앙값 : 10개 점수≥3, 10개 점수≤3이므로 3
- 범위 : 7-1=6이므로 6

해당 점수를
획득한 사람 수

검사 점수

▶ 그림 2.4 **몇 가지 기술통계치** 이 빈도분포표는 7점 검사를 받은 15명의 점수를 보여 준다. 기술통계치에는 중심경향성(평균, 중앙값, 최빈치 등)과 변산성 측정치(범위 등)가 포함된다.

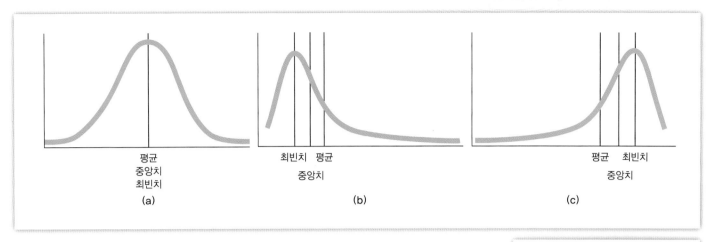

　　　　　　　　　　　　　　　　　　　　　　평균　　　　　　　　최빈치 평균　　　　　　　　　　　　　　　　평균 최빈치
　　　　　　　　　　　　　　　　　　　　중앙치　　　　　　　　　　　　중앙치　　　　　　　　　　　　　　　　　중앙치
　　　　　　　　　　　　　　　　　　　　최빈치
　　　　　　　　　　　　　　　　　　　　(a)　　　　　　　　　　　　(b)　　　　　　　　　　　　　　　　　　(c)

▲ 그림 2.5 **편포된 분포** 빈도분포가 정상 적일 때(a)는 평균, 중앙값, 최빈치가 모두 같은 값이다. 그러나 정적인 편포를 보일 때(b) 와 부적인 편포를 보일 때(c)는 중심 경향성을 나타내는 이 세 측정치가 아주 다르다.

정에 대해 잘못된 그림을 보여 줄 수 있다. 예를 들어 여러분이 측정한 사람들의 평균 순자산이 10억 달러가 될 텐데, 이런 진술문은 대학교수들이 그들의 현재 모습보다 전체적으로 더 부자인 것처럼 보이게 할 것이다. 중앙치로 나타난 순자산이 300,000달러, 최빈치는 288,000달러라고 진술한다면, 여러분이 측정한 사람들의 순자산에 대한 더 양호한 기술치가 될 수 있을 것이다. 실제로 여러분이 '평균적인 사람'에 관한 어떤 새로운 사실을 들었지만, 빈도분포의 형태에 대해서는 어떤 것도 듣지 못했을 경우엔 항상 의심해 보아야 한다.

　중심경향성의 기술이 빈도분포에서 측정치의 위치에 관한 진술이라면, 변산성 기술치(descriptions of variability)는 측정치들이 서로 다른 정도에 관한 진술문이다. 만일 한 친구가 최근 "기분이 좋았다 나빴다 하지 뭐"라고 말한다면, 이는 각기 다른 시점에 얻은 행복도 측정이 서로 얼마나 다른지를 나타내는 간단한 요약 진술문을 제공하고 있는 것이다. 가장 간단한 변산성 기술치는 **범위**(range)이다. 이것은 빈도분포상 가장 큰 기술치에서 가장 작은 기술치를 뺀 값이다. 범위가 작으면 범위가 클 때보다 측정치는 많이 변동하지 않는다. 범위는 계산하기 쉽

마크 주커버그가 포함됨으로써 집단에 속한 사람들의 평균 수입은 극적으로 증가하였다. 그러나 중앙값이나 최빈치에는 거의 어떤 변화도 주지 않았다. 페이스북이 이를 교정하려고 노력하고 있다.

다. 그러나 평균처럼, 이 값도 단일 측정치에 의해 극적으로 영향을 받을 수 있다. 만일 여러분이 측정한 사람들의 순자산이 40,000달러에서 140억 달러 범위에 있다고 측정되었다고 말한다면, 청취자들은 이 사람들이 서로 현저하게 다르다는 인상을 가질 것이다. 사실 이들은 캘리포니아에 사는 한 부자를 제외하고는 서로 상당히 유사한데도 말이다.

　변산성의 다른 측정치는 이런 문제에 덜 영향을 받는다. 예를 들어 **표준편차**(standard deviation)는 빈도분포에서 측정치들 간의 평균적인 차이와 해당 분포의 평균을 기술해 주는 통계치이다. 다른 말로 하면, 평균적으로, 해당 측정치는 분포의 중심으로부터 얼마나 떨어져 있는가? 그림 2.6에서 보듯이, 두 가지의 빈도분포

▼ 그림 2.6 **남성과 여성의 IQ** 남성과 여성이 평균 IQ는 동일한 것으로 나타났지만, 남성들이 여성보다 변산성이 큰 것으로 나타났다.

?
변산성 측정치 두 가지는 무엇인가?

는 동일한 평균을 갖고 있지만 범위와 표준편차는 매우 다르다. 예를 들어 남성과 여성은 동일한 IQ 평균을 갖지만, 남성은 범위와 표준편차에서 더 클 수 있다. 이는 남성이 여성들보다 동성의 보통 사람들에 비해 더 지적으로 보

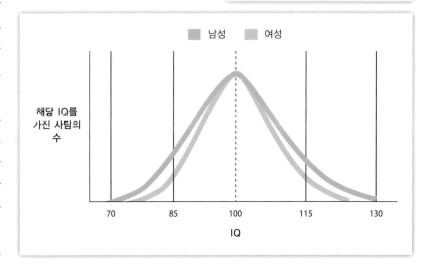

■ 남성　■ 여성

해당 IQ를 가진 사람의 수

70　　85　　100　　115　　130

IQ

이거나 덜 지적으로 보인다는 것을 말해 주는 것이다.

요약

▶ 측정이란 구체적인 조건으로 속성을 정의하고, 해당 조건을 탐지할 수 있는 측정도구를 구성하는 것과 관련된다. 좋은 측정도구란 타당하고(측정하는 구체적 조건들이 관심 있는 속성과 개념적으로 관련되어 있음), 신뢰로우며(동일한 대상을 측정할 때는 언제나 동일한 측정결과를 산출해 내는 것), 검증력이 있다(실제로 존재하는 구체적인 조건들을 탐지해내는 것).

▶ 사람들은 자신이 관찰되고 있다는 것을 알 때에는, 자신들이 어떻게 해야 한다고 생각하는 대로 행동할 수도 있다. 요구특성이란 특정한 방식으로 행동해야 한다고 사람들에게 암시를 주는 상황적인 특성을 말한다. 자연적인 습성 하에서 참여자를 관찰하거나 참여자가 갖는 기대를 숨김으로써 심리학자들은 요구특성을 없애려고 한다. 관찰자 편파는 관찰자들이 자신이 보려고 기대하는 것을 보거나 또는 행동할 것으로 기대하는 대로 다른 사람이 행동하도록 하는 관찰자 경향성이다. 심리학자들은 이중맹목 관찰을 통해 관찰자 편파를 줄이려고 한다.

▶ 심리학자들은 종종 빈도분포라고 불리는 그래픽 표현법으로 측정결과를 기술해 준다. 이때 빈도분포는 정상분포라고 알려진 특정 모양을 가진다. 심리학자들은 또한 기술통계치로 측정결과를 기술해 준다. 가장 일반적인 것은 중앙 경향성 기술(평균, 중앙치, 최빈치 등)과 변산성 기술(범위와 표준편차 등)이다.

설명 : 사람들이 자신이 하는 일을 왜 하게 되는지 발견하기

행복한 사람이 행복하지 않은 사람들보다 더 건강한지 아닌지를 아는 것도 흥미로운 일이지만, 그 이유를 아는 것은 더 흥미로울 수 있다. 행복은 사람들을 더 건강하게 만들어 주는가? 부자가 되는 것은 사람들을 행복하고 건강하게 만들어 주는가? 이것들은 과학자들이 종종 답하고 싶어 하는 질문들이다. 과학자들은 이를 검증하기 위해 자기 측정도구를 활용하는 지혜로운 방법들을 고안하였다. 첫 번째 절(상관관계)에서 우리는 두 사건들이 서로 관련되어 있는지를 알려 주는 기법을 검토하게 될 것이다. 두 번째 절(인과관계)에서는 두 사건들 간의 관계가 원인과 효과 중의 어느 것인지를 검토하는 기법을 살펴볼 것이다. 세 번째 절(결론 도출하기)에서는 이런 기법을 통해 어떤 종류의 결론을 내릴 수 있는지를 살펴볼 것이다. 마지막으로 네 번째 절에서는 이 과학적 증거를 비판적으로 사고하는 것의 어려움을 논의하고자 한다.

상관관계

어제 저녁에 여러분은 얼마나 많은 잠을 잤는가? 여러분은 역대 대통령의 이름을 얼마나 많이 알고 있는가? 만일 여러분이 두 가지 질문을 대학생들에게 했다면, 여러분은 잠을 잘 잔 학생이 밤을 꼬박 새운 학생들보다 대통령의 이름을 더 잘 기억한다는 발견할 수 있을 것이다. 이와 같은 반응 패턴이 표 2.1에 나타나는데, 이 표는 수면 박탈은 기억력에 문제를 야기할 수 있다는 결론을 내리게 할 수 있을 것이다. 그러나 여러분은 도대체 어떤 근거로 그 같은 결론을 내릴 수 있는가? 측정된 학생들의 경우 어느 정도의 수면이 기억에 영향을 끼쳤는지에 대해서뿐만 아니라 수면과 기억 간의 관계에 대해 어떠한 결론을 내릴 수 있게 여러분은 측정 과정을 어떻게 관리하였는가?

변산 패턴

측정은 우리에게 대상 및 사건의 속성에 관해서 이야기해 준다. 우리는 **연속 측정**에서 나타나는 **변산 패턴**을 비교함으로써 대상과 사건 간의 관계에 관해 알 수 있다. 대학생들에게 수면과 대

표 2.1

수면과 기억 간 관계에 관한 가상 데이터

참여자	수면 시간	학생
A	0	11
B	0	17
C	2.7	16
D	3.1	21
E	4.4	17
F	5.5	16
G	7.6	31
H	7.9	41
I	8	40
J	8.1	35
K	8.6	38
L	9	43

통령에 관해 질문을 할 때 여러분은 다음 세 가지를 시행한 것이다.

변인
개인 간 또는 시간에 따라 그 값이 변하는 어떤 속성

상관
한 변인의 값에서의 변동이 다른 변인의 값에서의 변동과 동시에 발생하게 될 때 두 변인들이 '상관되었다'고 말할 수 있다.

- 첫째, 여러분은 쌍으로 이루어진 **변인**(variables)들을 측정하였다. 변인은 개인들 간 또는 시간 경과에 따라 값이 변화될 수 있는 속성을 말한다(여러분이 처음 수학 과목을 들었을 때, 문자와 숫자 간 차이에 대해 초등학교에서 배운 모든 것이 새롭게 설명되고, 수학공식에는 7, 4와 같은 숫자와 X, Y 같은 문자가 포함되어 있다는 것을 배우면서 혼란스러웠을 것이다. 이때 문자는 변인이라고 불리는데, 이들은 상황에 따라 값이 달라지기 때문이다. 똑같은 아이디어가 적용된다). 여러분은 값이 0과 24 사이에서 변하는 한 변인(수면 시간)과 값이 0~44까지 변하는 또 다른 변인(이름을 기억해 낸 역대 미국 대통령의 수)을 측정하였다.

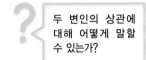

두 변인의 상관에 대해 어떻게 말할 수 있는가?

- 두 번째, 여러분은 이 절차를 계속해서 시행하였다. 즉, 여러분은 단지 한 번에 그친 것이 아니라 연속 측정을 시행하였다.

- 세 번째이자 마지막으로, 여러분은 여러분이 시행한 연속 측정에서 패턴을 찾아 내려고 하였다. 표 2.1을 보면, 열을 내려감에 따라 값이 달라지는 것을 볼 수 있을 것이다. 각 열은 특별한 변산 패턴을 보여 준다. 두 번째 열과 세 번째 열을 비교하면 두 열의 변산 패턴이 동시적이라는 것을 알 수 있을 것이다. 즉, 이 사례에서는 위에서 아래로 갈수록 두 열 모두 숫자가 증가한다. 이런 동시성을 **공변량 패턴**(pattern of covariance) 또는 **상관**(correlation)[즉, '공동 관계(co-relation)']이라고 한다. 두 변인은 '공변한다(covary)' 또는 '상관되었다(be correlated)'라고 말할 수 있는데, 한 변인값에서의 변산과 다른 변인값의 변산이 동시에 발생한다는 것을 의미한다. 두 번째 열의 값이 작은 것에서 큰 것으로 바뀔수록 세 번째 열에서의 값도 작은 것에서 큰 것으로 바뀐다.

동시에 발생하는 변산 패턴을 살펴봄으로써, 변인들 간의 관계를 찾아내기 위해 우리는 측정을 사용한다. 실로, 이것이 변인들 간의 관계를 찾아내는 유일한 방법인데, 이 같은 이유로 세상에 관해 우리가 알고 있는 사실의 대부분이 상관관계로 생각되는 것이다. 예를 들어 담배를 피는 사람은 대개 피지 않는 사람보다 더 젊어서 사망한다. 이것은 담배 소비 값이 증가함에 따라 수명 값이 감소한다는 것을 간단히 말한 것이다. 상관은 세상이 어떠하다는 것을 기술하는 것 뿐만 아니라, 세상이 어떻게 될 것인지에 대해 예측할 수 있게 해 준다. 예를 들어 흡연과 수명 간의 상관관계를 알게 되면, 지금 담배를 피우는 청년은 담배를 피우지 않는 청년보다 수명이 길지 않을 것이라고 예측할 수 있을 것이다. 간단히 말해 두 변인이 상관이 있으면, 한 변인의 값을 알면 다른 변인 값을 예측할 수 있게 된다.

상관의 방향 및 강도 측정하기

만일 여러분이 잠을 박탈당한 사람이 충분히 휴식을 취한 사람보다 기억력이 더 좋을 것이라고 예측한다면, 이는 틀리는 경우보다는 옳을 경우가 더 많을 것이다. 그러나 모든 경우에 올바르지는 않을 것이다. 통계학자들은 이러한 예언에 근거한 상관의 **방향**과 강도를 측정함으로써 특정 예언이 얼마나 정확할 것인지를 추정하는 방법을 개발하였다.

상관의 방향은 정적이거나 부적이거나 둘 중 하나이기 때문에 방향성은 측정하기 쉽다. 정적인 상관은 두 변인들 간의 관계가 '더 많아지면-더 많아진다' 관계이거나 '더 적어지면-더 적어진다' 관계일 때 존재한다. 예를 들어, 더 많이 자면 더 기억이 좋아진다거나 더 적게 자면 기억이 더 떨어진다의 관계를 이야기할 때 정적인 상관이 있다고 이야기하는 것이다. 역으로 부적

THINKSTOCK

연구자들은 정신질환과 흡연 간 정적인 상관관계를 발견하였다. 이런 상관이 나올 수 있는 이유를 세 가지 생각해 보아라.

상관계수
상관의 방향과 강도에 관한 수학적 측정치로 문자 *r*로 표기된다.

인 상관은 두 변인 간의 관계가 '더 많아지면-더 적어진다' 관계이거나 '더 적어지면-더 많아진다' 관계일 때 존재한다. 담배를 더 많이 피우면 수명이 더 짧아진다거나 담배를 덜 피우면 수명이 더 길어진다고 이야기할 때, 우리는 부적 상관을 기술하고 있는 것이다.

상관의 방향은 측정하기 쉽지만, 강도의 측정은 좀 복잡하다. **상관계수**(correlation coefficient)는 상관의 강도와 방향 모두의 수학적 측정치이고 이것은 문자 *r*(relationship을 의미)로 표현된다. 대부분의 측정치와 같이, 상관계수도 범위가 제한되어 있다. 범위가 의미하는 것이 무엇인가? 만일 여러분이 하루에 집에 햇볕이 들어오는 시간을 측정한다면, 그 측정치는 0~24까지의 범위

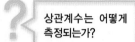
상관계수는 어떻게 측정되는가?

를 가지게 된다. −7이나 36.8 같은 수치는 무의미해진다. 이와 유사하게 상관계수는 −1~1 사이의 범위를 가지게 되며, 이 범위를 벗어난 수치는 무의미해진다. 그러면 이 범위 내의 숫자들은 무엇을 의미하는가?

- 만약에 한 가지 변인의 값이 증가하는 모든 경우에 두 번째 변인 역시 일정량 만큼 증가한다면, 그때 변인들 간의 관계는 완벽한 정적인 상관을 보인다고 말하고 *r*=1이 된다(그림 2.7a 참조). 만약에 수면을 30분씩 늘릴 때마다 대통령 이름에 대한 기억이 2명씩 증가한다면, 그때 수면과 기억력은 완벽하게 정적으로 상관될 것이다.

- 만일 한 변인의 값이 일정량 증가할 때마다 매번 두 번째 변인값이 일정량 감소하게 된다면 그때 변인들 간의 관계는 완벽한 부적 상관을 보인다고 말하고 *r*= −1이 된다(그림 2.7b 참조). 예를 들어 만약에 30분씩 수면을 늘릴 때마다 대통령 이름에 대한 기억이 2명씩 감소한다면, 그때 수면과 기억력은 완벽하게 부적으로 상관된다.

- 만일 한 변인의 값이 일정량 증가하는 어떤 경우에도 두 번째 변인의 값이 체계적으로 증가하거나 감소하지 않는다면 두 변인들은 상관되지 않는다고 말하고, *r*=0이 된다(그림 2.7c 참조). 예를 들어 만약에 수면을 30분 늘리는 것이 어떤 때는 기억력 감소와 연결되고, 어떤 때는 기억력 변화와 전혀 관련이 없다면, 이때 수면과 기억력은 아무런 관련이 없을 것이다.

완벽한 상관이란 극히 드문 일이다. 5장에서 공부하겠지만, 수면은 기억력 수행을 향상시켜 준다. 그러나 그 관계는 완벽하지 않다. 수면 18분 증가가 대통령 이름 중 1/3을 기억하는 것과 정확히 연결되지는 않지 않겠는가! 수면과 기억은 정적인 상관관계가 있다(즉, 하나가 증가할 때 다른 하나도 증가한다). 그러나 그들 간의 상관관계가 완벽하지는 않다. 따라서 *r*은 0과 1 사이 어딘가에 있게 될 것이다. 그럼 어디에 있는가? 이는 "더 많은 수면 시간 X=더 많이 기억된 대통령 수 Y"라는 규칙에 얼마나 많은 예외가 존재하는가에 달려 있다. 거의 예외가 존재하

▼ 그림 2.7 **세 종류의 상관** 그림은 완벽한 정적 상관(a), 완벽한 부적 상관(b), 무상관(c)을 가지는 변인쌍들을 묘사해 보여 준다.

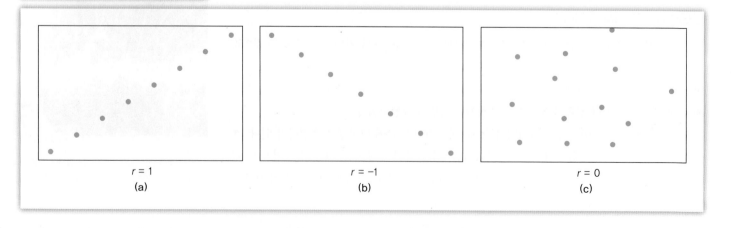

r = 1
(a)

r = −1
(b)

r = 0
(c)

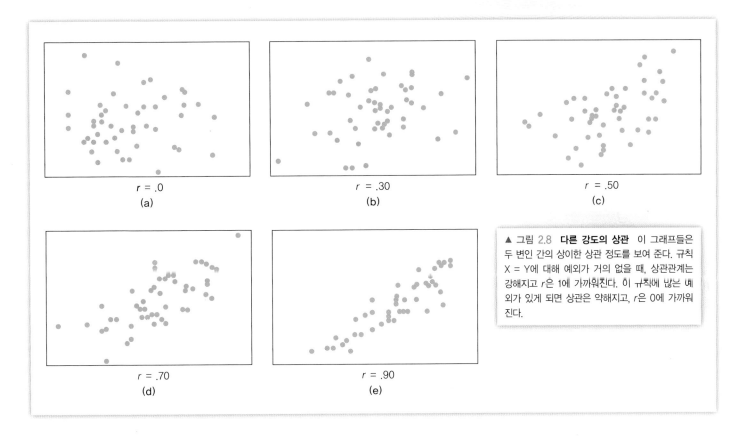

$r = .0$
(a)

$r = .30$
(b)

$r = .50$
(c)

$r = .70$
(d)

$r = .90$
(e)

▲ 그림 2.8　**다른 강도의 상관**　이 그래프들은 두 변인 간의 상이한 상관 정도를 보여 준다. 규칙 X = Y에 대해 예외가 거의 없을 때, 상관관계는 강해지고 r은 1에 가까워진다. 이 규칙에 넣는 예외가 있게 되면 상관은 약해지고, r은 0에 가까워진다.

지 않는다면 r은 0보다는 1에 더 가까울 것이다. 그러나 예외의 수가 증가하게 될수록 r은 0에 가까워질 것이다. 그림 2.8은 두 변인이 정적으로 상관되어 있지만 예외의 수가 다른 네 가지 사례를 보여 주고 있다. 그리고 여러분이 보다시피 예외의 수는 r의 값을 급격하게 변화시켜 준다.

상관이 강하다는 것은 무슨 의미인가?

두 변인들은 완벽한 상관(예 : $r=1$), 강한 상관(예 : $r=.90$), 중간 상관(예 : $r=.70$) 또는 약한 상관(예 : $r=.30$)을 가질 수 있다. 따라서 상관계수는 두 변인 간 관계의 방향과 강도 둘 다의 측정치이다. r의 기호($-$, $+$)는 관계의 방향을 말해 주고, r의 절대값(0과 1 사이)은 예외의 수를 말해 주는 것으로, 상관을 사용하여 얼마나 자신있게 예언을 할 수 있는지를 말해 준다.

인과관계

우리는 매번 상관관계를 관찰하고 있다. 자동차와 오염, 베이컨과 심장발작, 섹스와 임신 간의 관계 등등. 이런 **자연상관**(natural correlations)은 우리 주변 세상에서 우리가 관찰하는 상관관계를 말한다.

이런 관찰은 두 변인들이 서로 관계가 있는지 아닌지에 대해 이야기할 수는 있지만, 이들이 어떤 종류의 관계를 가지는지에 대해서는 이야기해 주지 못한다. 예를 들어, 많은 연구들에서 아동들이 TV, 영화, 비디오 게임과 같은 매체를 통해 노출되는 폭력의 양(변인 X)과 아동의 공격적인 행동 성향(변인 Y) 간에 정적인 상관관계가 있다는 것이 발견되었다(Anderson & Bushman, 2001; Anderson et al., 2003; Huesman et al.,

자연상관
우리 주변의 세상에서 관찰되는 상관

인과관계를 정확히 탐지하는 것이 언제나 쉬운 일은 아니다. 수세기 동안, 사람들은 적을 신에게 제물로 바치는 것이 비를 내리게 하지는 않는다는 것을 깨닫지 못한 채 적을 희생물로 제공하였으며, 담배를 피우는 것이 질병의 원인이 된다는 것을 깨닫지 못한 채 담배를 피웠다.

제3변인 상관
각 변인이 제3변인과 관련되어 있기 때문에 두 변인이 상관이 발생한다는 사실

일치시킨 표본 기법
두 집단의 참가자들이 제3변인 차원에서 동일하게 만들어 주는 기법

2003). 아동이 미디어 폭력에 노출되는 양이 많을수록, 아동은 더 공격적이 되는 경향이 나타났다. 이 변인들은 분명히 관계를 가지고 있었다. 즉, 완벽하진 않지만 정적으로 상관되어 있다. 그런데 왜 그런가?

제3변인 문제

한 가지 가능성은 미디어 폭력에 노출되는 것(X)이 공격 성향(Y)의 원인이 되는 것이다. 예를 들어, 미디어 폭력 장면을 보게 된 아동은 공격 행동이 분노를 발산하고 문제를 해결하는 합리적인 방법이라는 것을 배울 수 있다. 두 번째 가능성은 공격 성향(Y)이 아동들이 미디어 폭력(X)에 노출되도록 하는 원인이 될 수도 있다. 예를 들어, 천성적으로 공격적인 아동들은 그렇지 않은 아동들보다 폭력적인 비디오 게임을 더 즐기거나 폭력적인 영화를 볼 기회를 더 찾으려고 할 수 있다. 세 번째 가능성은 제3의 변인(Z)이 아동들이 폭력적이 되는 것(Y)과 텔레비전에 나오는 폭력을 시청하는 것(X)의 원인이 되는 경우가 있으며, 나머지 두 변인 간에는 인과적인 관계가 없을 수 있다는 것이다. 예를 들어 성인 감독의 부재(Z)가 아동들에게 다른 아동들을 왕따시키는 행동을 하게 할 수도 있고, 대개 허용되지 않는 텔레비전 프로그램을 시청하게 할 수 있다. 다른 말로 하면, 공격성과 텔레비전에 나오는 폭력을 시청하는 것 사이의 관계는 **제3변인 상관**(third-variable correlation)의 영향 탓인 경우가 있을 수 있는 것이다. 이런 상관은 두 변인이 제3의 변인과 인과적으로 연계되어 있기 때문에 서로 상관이 있다는 것을 의미한다. 그림 2.9는 상관관계에서 나타날 수 있는 세 가지 원인관계를 보여 준다.

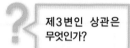

? 제3변인 상관은 무엇인가?

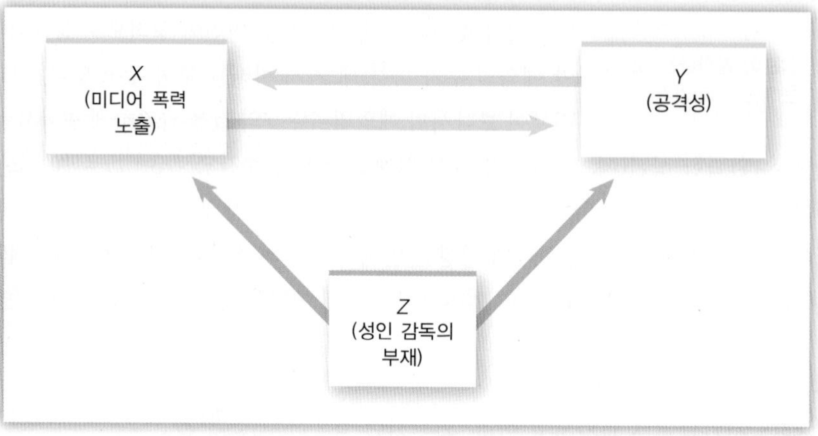

▶ **그림 2.9 상관의 원인** X(미디어 폭력 노출)가 Y(공격성)와 상관된다면 세 가지 설명이 가능하게 된다. 즉, X가 Y의 원인이 된다, Y가 X의 원인이 된다, 또는 Z(성인 감독의 부재와 같은 다른 요인)가 X와 Y 두 변인 모두의 원인이 되고 이 두 변인 간에 인과관계는 없다.

X
(미디어 폭력 노출)

Y
(공격성)

Z
(성인 감독의 부재)

간단한 관찰만으로 이 세 가지 가능성 중의 어떤 것이 미디어 폭력 노출과 공격 행동 성향 간의 관계를 가장 잘 기술하는지를 어떻게 결정할 수 있을까? 깊이 숨을 들이미시고 생각해 보자. 대답은 '우리는 할 수 없다.'는 것이다. 자연상관을 관찰할 때, 제3변인 상관의 가능성을 절대 묵과할 수 없다. 아무리 제3변인 상관의 가능성을 떨쳐버리려고 노력하더라도 그런 노력이 왜 실패할 수밖에 없는지 그 이유를 알게 될 것이다.

성인 감독의 부재(Z)와 같은 제3변인이 미디어 폭력 노출(X)과 공격적 행동(Y)의 원인이 되는지 여부를 결정하는 가장 직접적인 방법은 아동 집단들 간 성인 감독의 차이(Z)를 제거하고 난 후에 노출(X)과 공격성(Y) 간 상관이 제거되는지를 보는 것이다. 예를 들어, **일치시킨 표본 기법**(matched sample)을 활용하여, 아동들을 관찰할 수 있다. 이것은 두 표본에 있는 참여자들에게 제3변인의 속성을 동일하게 하는 기법이다(그림 2.10 참조). 실례로, 우리는 정확히 특정 시간 중 Q%를 어른에 의해 감독을 받고 있는 아동만을 관찰할 수 있다. 이를 통해 미디어 폭력에 노

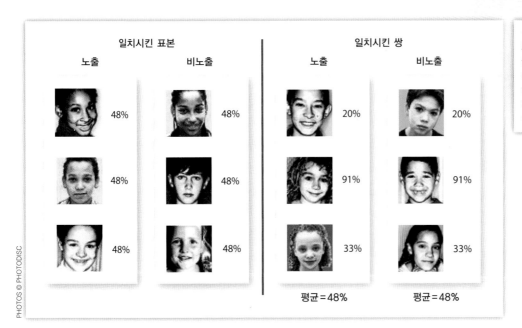

일치시킨 표본		일치시킨 쌍	
노출	비노출	노출	비노출
48%	48%	20%	20%
48%	48%	91%	91%
48%	48%	33%	33%
		평균 = 48%	평균 = 48%

◀ 그림 2.10 **일치시킨 표본과 쌍** 일치시킨 표본 기법(왼쪽)과 일치시킨 쌍 기법(오른쪽)은 둘 다 폭력 노출과 비노출 집단에 있는 아동들이 평균적으로 동일한 양의 성인 감독을 받도록 하는 것이다. 이렇게 함으로써 두 집단 간에 발견되는 차이는 성인 감독에서의 차이로 인해 생긴 것으로 여길 수 없게 된다.

출되는 모든 아동들과 미디어 폭력에 노출되지 않는 아동들 간에 성인 감독의 정도를 정확히 동일하게 하는 것이다. 대안으로 우리는 **일치시킨 쌍 기법**(matched pairs technique)을 활용하여

일치시킨 쌍 기법
제3변인 측면에서 각 참가자를 다른 참가자와 동일하게 만들어 주는 기법

? **일치시킨 표본과 일치시킨 쌍 간의 차이는 무엇인가?**

아동들과 관찰할 수 있다. 이것은 한 표본에 있는 피험자를 각기 다른 표본에 있는 피험자와 제3변인 측면에서 동일하게 하는 기법이다. 예를 들어, 성인 감독의 정도를 각기 다르게 체험한 아동들을 관찰할 수 있다. 즉, 미디어 폭력에 많이 노출되었고 시간 중 Q%를 감독받은 모든 아동들에 대응하여, 미디어 폭력에 많이 노출되지 않았고 그들 시간의 Q%를 감독받는 아동들도 관찰하였다. 그렇게 하여 텔레비전 폭력을 많이 시청한 아동들과 많이 시청하지 않은 아동들이 평균적으로 같은 정도의 성인 감독을 받도록 보증하는 것이다. 어떤 기법이 사용되든지 간에, 미디어 폭력에 노출된 아동들과 노출되지 않은 아동들이 평균적으로 같은 정도로 성인에게 감독을 받았다는 것을 알 것이다. 따라서 이를 통해 미디어 폭력에 노출된 아동들이 노출되지 않은 아동들보다 평균적으로 더 공격적이라 할지라도, 성인 감독의 부재가 이 차이에 대한 원인은 아니라고 확신할 수 있게 된다.

그러면 이제 우리는 문제를 해결한 것이다. 맞는 것으로 보는가? 대강, 그러나 정확한 것은 아니다. 일치시킨 표본이나 일치시킨 쌍 기법들 모두 유용하지만 이들 중 어느 것도 제3변인 상관의 가능성을 완전히 배제시키지는 못한다. 왜? 우리가 일치시킨 표본이나 일치시킨 쌍을 사용하여 **특정한** 제3변인(성인 감독의 부재와 같은)의 효과를 제거하려고 해도 모든 제3변인을 제거할 수는 없다. 예를 들어, 이런 관찰들을 마치자마자 정서적으로 불안정한 아동이 폭력적인 텔레비전 프로그램에 더 잘 끌릴 수 있고 공격적으로 행동할 수 있다는 생각이 갑자기 떠오를 수 있다. 다른 말로 해서, '정서적 불안정성'이 관찰에서 배제해야 되는 새로운 제3변인이

1949년에 의사 벤자민 샌들러는 소아마비 발병과 아이스크림 소비 간에 상관관계가 있다는 것에 주목했다. 그는 설탕이 아동들로 하여금 이 질병에 취약하도록 만들었다고 결론을 내렸다. 공중건강 담당 공무원은 경고문을 발표하였다. 그렇지만 제3변인, 즉 따뜻한 기온이 이 질병의 증가(즉, 바이러스는 여름에 더 활성화됨)와 아이스크림 소비 증가의 원인이 된다는 것이 드러났다.

(a)   (b)

웹페이지에서 어디에 사인을 해야 하는가? 개발자들은 종종 두 가지 버전의 웹페이지를 개발하는데, 어떤 방문자들은 전자를 보게 되고 어떤 방문자들은 후자를 보게 된다. 그 후 개발자는 각 버전에 클릭하는 숫자를 계산한다. 개발자들은 이를 'A/B검사'라고 부르지만 과학자들은 실험이라고 부른다.

될 수 있다. '정서적 불안정성'이 새로운 제3변인(Z)이 될 수 있으며, 따라서 이 변인이 폭력 노출(X)과 공격 행동(Y) 간의 상관관계를 설명해 줄 수 있는지 여부를 살펴볼 새로운 검증법을 설계해야 한다. 불행하게도 힘들여 노력하지 않더라도 또 다른 제3변인들을 생각해 낼 수 있는데, 이 제3변인이 생각날 때마다 달려들어서 이 제3변인이 폭력 노출과 공격적 행동 간 상관관계의 원인이 되는지를 결정해 주는 새로운 검증을 시도해야 한다.

뭔가 문제가 있다는 것을 알 수 있는가? 제3변인의 수가 무한정이기 때문에, X와 Y 간에 왜 상관이 나타나는지에 대한 이유의 수도 무한정이다. 가능한 모든 제3변인 Z를 배제하기 위해 무한히 많은 연구를 수행할 시간을 갖고 있지 않기 때문에, 우리는 X변인과 Y변인 간의 상관이 그들 간의 인과적인 관계의 증거가 된다는 것을 확신할 수 없다. **제3변인 문제**(third-variable problem)란 제3변인 상관이 발생될 가능성이 언제나 있기 때문에 두 변인 간의 자연적인 상관으로 그들 간의 인과관계가 추론될 수 없다는 사실을 말한다. 다른 말로 하면, 우리가 인과성에 관심을 가진다면, 자연적인 상관만으로는 실제로 우리가 알고자 하는 것을 알 수 없다는 것이다. 다행히 또 다른 기법이 있다.

실험

일치시킨 쌍과 일치시킨 표본 기법은 두 집단 간의 단순 차이, 즉 미디어 폭력에 노출된 아동과 노출되지 않은 아동 집단 간에 성인 감독을 받는 차이를 제거하였다. 문제는 그들은 단지 1개의 차이만 제거했을 뿐이지, 수많은 다른 차이들은 제거하지 못했다는 것이다. 만일 이 수많은 차이들 모두를 제거하는 기법을 찾아낼 수 있다면, 그때서야 우리는 폭력과 공격 행동이 인과적인 관련을 가진다고 결론 내릴 수 있을 것이다. 폭력에 노출된 아이들이 노출되지 않은 아이들보다 더 공격적이라면, 그리고 두 집단이 폭력 노출 정도를 제외하고는 모든 면에서 다르지 않다면, 그때서야 우리는 폭력 노출 수준이 공격 행동 수준의 원인이 되었다고 확신할 수 있게 된다.

? 실험이 가진 두 가지 주요 특징은 무엇인가?

사실 과학자들은 정확히 이 일을 수행하는 기법을 가지고 있다. 이 기법이 **실험**(experiment)인데, 이는 변인들 간의 인과적 관계를 확립하기 위한 기법이다. 실험이 어떻게 집단들 간의 모든 차이를 제거해 주는지를 이해하는 가장 좋은 방법은 두 가지 핵심특성 즉 **조작**(manipulation)과 **무선할당**(random assignment)을 이해하는 것이다.

조작

여러분은 이미 일상적인 삶에서 실험을 하고 있기 때문에 실험에서 중요한 것이 무엇인지를 알고 있다. 여러분이 어느 날 노트북 컴퓨터를 이용하여 웹 검색을 하고 있는데 갑자기 모든 무선 연결망이 멈추어 버렸다고 상상해 보자. 우선 여러분은 다른 연결 장치, 즉 친구가 새로 설치한 무선 전화기가 인터넷 접속을 방해하고 있다고 의심할 수 있다. 이런 의심을 검증하기 위해 여러분은 무엇을 할 것인가? 자연적 상관을 관찰하는 것은 많은 도움이 되지 않을 것이다. 우선 여러분이 접속할 때와 아닐 때 그리고 친구가 핸드폰을 사용할 때와 사용하지 않을 때를 주의 깊게 지켜볼 수 있을 것이다. 그러나 이 두 변인 간의 상관관계를 관찰했다 하더라

제3변인 문제
제3변인 상관이 발생할 가능성이 언제나 있기 때문에 두 변인 간의 자연스런 상관만으로는 그들 간의 인과관계가 추론될 수 없다는 사실

실험
변인들 간의 인과관계를 확립하는 기법

도, 아직 핸드폰 사용이 접속 실패의 원인이라고 결론내릴 수는 없다. 알고 보니 친구는 시끄러운 소음을 두려워해서 심한 뇌우가 칠 때마다 전화기로 달려가서 위안을 받기 위해 엄마에게 전화를 할 수도 있다. 그리고 아마도 이때 천둥이 무선전화 연결을 다소 방해했을 수도 있다. 다른 말로 하면, 결국 천둥(Z)이 전화 사용(X)과 컴퓨터의 인터넷 접속 실패(Y) 둘 다의 원인일 가능성이 있는 것이다.

그러면 어떻게 여러분이 가진 의문을 해결할 수 있는가? 핸드폰 사용과 인터넷 연결 실패 간의 관계를 관찰하는 대신에, 의도적으로 친구의 전화기를 몇 분간 껐다 켜 보면서 여러분 컴퓨터의 인터넷 연결 상태를 관찰함으로써 상관관계를 만들어 낼 수도 있다. '인터넷 연결 실패'가 '핸드폰 사용 중'과 겹쳐질 때만 발생한다는 것이 발견되면, 여러분은 친구의 핸드폰이 인터넷 연결 실패의 원인이었다고 결론 내릴 수 있을 것이다. 이 경우 제3변인 문제를 해결하기 위해 여러분이 사용한 기법이 실험이고, 여기에서 실험이 가지는 주요 특징의 하나인 **조작**(manipulation)이 요구되는데. 그것이란 변인들 간의 인과적인 검증력을 결정하기 위해 특정 변이을 변화시키는 것이다. 축하! 여러분은 이제 공식적인 조작행위자가 된 것이다.

조작이란 실험에서 핵심이 되는 요소이다. 지금까지 우리는 저녁 식사에 초대된 예의바른 손님처럼 과학에 접근하였는데, 제공된 것을 얌전히 먹고 여기서 최상의 것을 찾고자 하는 식이었다. 자연적인 상황에서 폭력에 노출되는 정도와 공격적으로 행동하는 정도에서 차이가 있는 아동들이 주어졌고, 우리는 이 두 변인에서 나타나는 자연적인 변산 패턴을 신중하게 측정해서 그들 간의 상관을 계산했다. 이런 접근이 가지는 문제점은 모든 것이 이루어지고 난 후에도 우리가 실제로 알고자 하는 것, 즉 이 변인들이 인과적 관계를 가지고 있는지 아닌지를 알 수 없다는 것이다. 아무리 많은 일치시킨 표본, 일치시킨 쌍을 사용한다고 하더라도, 우리가 제거하지 못한 제3변인이 여전히 존재하는 것이다. 실험은 이런 문제를 해결해 준다. 폭력 노출을 **측정**하고, 아동의 공격성을 **측정**하고, 그런 다음 자연적으로 제시된 이 두 변인 간의 상관을 계산하기보다, 실험은 여러분이 친구의 핸드폰 사용을 **조작**한 것과 똑같은 방식으로 미디어 폭력을 조작할 것을 요구한다. 핵심은 한 집단의 아동들에게 체계적으로 폭력 장면에 노출되게 하거나 노출되지 않게 하고 그다음으로 공격 행동이 지속되는지 아닌지를 살펴보는 것이다.

이를 시행하는 방법은 많이 있다. 예를 들어 몇몇 아동들에게 실험에 참여하도록 요청한 다음, 그들 중 반에게는 한 시간 동안 폭력적인 비디오 게임을 하도록 하고, 나머지 반에게는 하지 않도록 하였다. 그런 다음, 연구 마지막에 아동들이 보인 공격 행동을 측정해서 두 집단에서 나온 측정치를 비교할 수 있다. 이 측정치를 비교할 때, 우리는 우리가 조작한 변인(폭력 노출)과 우리가 측정한 변인(공격 행동) 간의 상관을 계산하는 것이다. 우리가 폭력 노출을 **측정**한 것이 아니라 조작한 것이기 때문에, 제3변인(성인의 감독 부재와 같은)이 폭력에 다르게 노출되도록 하였는지를 아동들에게 질문할 필요가 없다. 결국 우리는 어떤 일이 발생하게 된 원인이 무엇인지를 이미 **알고** 있는 것이다. 우리는 해냈다!!

실험을 한다는 것은 세 가지 중요한 단계들(그리고 여러 가지 혼란스러운 용어들)이 포함된다.

- 첫째, 우리는 조작을 한다. 우리는 조작되는 변인을 **독립변인**(independent variable)이라고 부른다. 왜냐하면 이 변인은 우리가 통제할 수 있기 때문에 참여자가 말하거나 행동하는 것과 '독립적(independent)'이기 때문이다. 독립변인을 조작할 때(예 : 미디어 폭력 노

조작
인과적인 검증력을 결정하기 위해 특정 변인에 대해 모종의 인위적인 변산 패턴을 만들어 내는 것

독립변인
실험에서 조작이 행해지는 변인

핫도그 60개를 먹은 것이 질병의 원인이 되는지 아닌지를 어떻게 결정할 수 있는가? 하루는 핫도그를 먹고. 다음날은 먹지 않은 다음, 언제 여러분이 토하는지 볼 수 있다. 이런 것이 조작이다! 2012년 BTW 세계 챔피언인 조이 체스트넛은 십분 만에 핫도그 68개를 먹고 배를 움켜쥐게 되었다. 이것도 역시 조작이다!

실험집단
실험에서 특정 방식으로 처치가 주어지는 사람들의 집단. 통제집단과 비교됨

통제집단
실험에서 실험집단에게 처치가 주어지는 특정 방식과 같은 방식의 처치가 행해지지 않는 사람들의 집단

종속변인
연구에서 측정되는 변인

자기선택
실험집단에 포함될지 또는 통제집단에 포함될지를 스스로 결정하고자 할 때 발생하는 문제

무선할당
무선적인 사건을 활용하여 개인을 실험집단 혹은 통제집단에 할당하는 기법

출), 우리는 참여자들을 최소 두 집단으로 나누게 된다. **실험집단**(experimental group)은 한 달 동안 매일 미디어 폭력에 노출되는 것과 같이 특정 방식으로 처치를 받게 되는 사람들 집단을 지칭하고, **통제집단**(control group)은 이런 특정 방식으로 처치되지 않는 사람들 집단을 지칭한다.

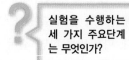

실험을 수행하는 세 가지 주요단계는 무엇인가?

- 둘째, 한 변인(폭력 노출)을 조작하게 되면, 다음으로 우리는 또 다른 변인(공격 행동)을 측정하게 된다. 우리는 이렇게 측정되는 변인을 **종속변인**(dependent variable)이라고 지칭하는데 이 변인의 값은 참여자가 말하거나 행동하는 것에 '종속되기(dependent)' 때문이다.
- 마지막이자 셋째, 우리는 독립변인에 대한 우리의 조작이 종속변인에 변화를 만들어 냈는지를 알아본다. 그림 2.11은 조작이 어떻게 일어나는지를 보여 준다.

무선할당

일단 우리가 독립변인을 조작하고 종속변인을 측정하였다면, 우리는 실험이 요구하는 두 가지 일 중의 하나를 수행한 것이다. 두 번째로 해야 할 일이 약간 덜 직관적으로 보이기는 하나 똑같이 중요한 것이다. 폭력 노출과 공격 행동 실험을 시작하면서, 우리는 특정 집단의 아동들을 찾아서 각 아동들에게 실험집단에 있기를 원하는지, 통제집단에 있기를 원하는지를 질문하면서 실험을 하였다는 것을 생각해 보자. 아동들 중 절반 정도는 폭력비디오 게임을 하고 싶어하였고, 나머지 절반 정도는 그렇지 않았다고 상상해 보자. 아동들에게 자신이 하고 싶은 것을 하도록 하였고, 어느 정도 시간이 경과한 후에 공격 행동을 측정하였다. 그 후 폭력적인 비디오 게임을 한 아동들은 그렇지 않은 아동들보다 더 공격적이라는 것을 발견하였다. 이 실험은 우리에게 폭력적인 비디오 게임을 하는 것이 공격성의 원인이 되었다고 결론 내릴 수 있게 해 주는가? 절대로 아니다. 왜 아닌가? 핸드폰 실험처럼 폭력 시청의 유무를 측정하였고 공격 행동이 발생하는지 안 하는지를 측정하였다. 그러면 어디가 잘못된 것인가?

폭력적인 비디오 게임을 할지 말지를 아동들 스스로 결정하게 했을 때 잘못이 있다. 그런 게

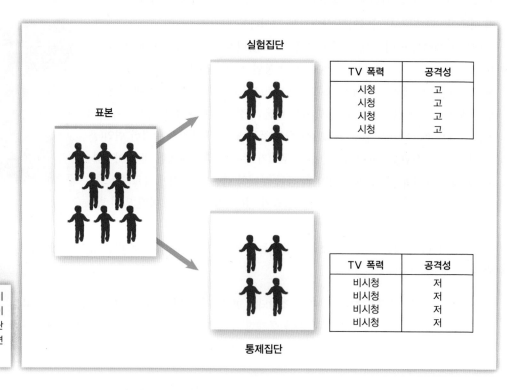

▶ 그림 2.11 **조작화** 독립변인은 TV 폭력이고 종속변인은 공격성이다. 독립변인의 조작이 실험집단과 통제집단을 만들어 낸다. 이 두 집단 참가자들의 행동을 비교하여 독립변인과 종속변인 간의 상관을 계산하게 된다.

임을 하겠다고 요청한 아동들은 요청하지 않은 아동들과 여러 측면에서
다를 것이다. 그들이 좀 더 나이가 많거
나 힘이 세거나 더 똑똑한 아동들일 수
있다. 아니면 더 어리거나, 힘이 약하거
나, 좀 둔한 아동들일 수도 있다. 또는

INGRAM PUBLISHING/GETTY IMAGES

감독을 더 많이 받았거나 적게 받았을 수도 있다. 있을 법한 차이의 목록
은 끝도 없을 것이다. 실험을 수행하는 핵심 포인트는 오로지 한 측면에서
만, 즉 미디어 폭력에서만 차이가 나는 두 집단으로 아동들을 구분하는 것이
다. 우리가 아동들에게 자기가 속할 집단을 선택하게 하는 순간, 두 집
단은 수많은 면에서 서로 다르고, 그 수많은 차이들 중 어느 것이라도 제3
변인으로 작용해서 우리가 관찰하고 측정한 공격 행동에서의 차이를 가져
올 수 있는 것이다. **자기선택**(self selection)이란 특정 개인적 특성이 그 사람

? **왜 자신이 참여하게 될
실험 조건을 스스로 선택
하게 하면 안되는가?**

이 실험집단에 속할지, 통제집단에 속할지를 결정할 때 일어나는 문제이다. 우리 연구에 참여한 아
동들 중 어떤 아동이 미디어 폭력에 노출될지를 우리가 결정할 수 없듯이, 아동들 또한 양자
중에 하나를 결정하도록 할 수 없다. 그러면 누가 결정해야 하는가?

이 질문에 대답하는 것은 약간 예측을 벗어난다. 아무도 결정하지 않는다. 만일 우리 연구에
서 미디어 폭력에 노출된 아동과 노출되지 않은 아동 간에 한 가지, 단지 한 가지 차이만 있다
는 것을 확신하고자 한다면, 아동들을 집단에 포함시키는 것이 무선적으로 **결정되어야**(randomly
determined) 한다. 동전을 던졌을 때, 앞면이 나오게 한 원인이 무어냐고 친구가 여러분에게 묻
는다면 여러분은 원인은 아무것도 없다고 응답할 것이다. 이 말은 바로 동전 던지기의 결과가

무선적이라는 것을 의미하는 것이다. 동전 던지기의 결과가 무선적
이기 때문에 자기선택으로 인해 초래되는 문제를 해결하는 데 동전
던지기를 사용할 수 있다. 아동이 실험집단에 포함될 것인지 통제
집단에 포함될 것인지가 천성에 의한 것이 아니고, 아동에 의해 이

? **왜 무선할당은
그렇게 유용하고
중요한가?**

루이스 헤이가 제시한 치료기법이 암을 치료
할 수 있다는 증거는 존재하지 않는다. 그녀
가 쓴 책을 산 암 환자가 책을 사지 않은 암
환자보다 더 높은 회복률을 보여 주고 있다
하더라도, 도서 구매자는 자기선택자들이고,
이들은 비구매자와는 수많은 면에서 다를 수
있기 때문에 아직은 어떤 증거도 될 수 없는
것이다.

루어진 것도 아니고, 시간만 있으면 확인할 수 있는 불특정의 제3변인 중 어느 것에 의한 것도
아니라는 것을 확신하기 원한다면, 우리가 해야 할 모든 것은 동전 던지기 결과에 맡기는 것이
다. 즉, 그 자체로는 아무 이유도 생기지 않게 하는 것이다. 예를 들어, 우리 실험에 참가하러
온 각 아동들에게 동전을 던지게 한 다음, 동전 앞면이 나오면 해당 아동들을 폭력적인 비디오
게임을 하게하는 집단에 배정할 수 있다. 만약 동전의 뒷면이 나오면, 그때는 해당 아동을 폭
력적이지 않은 비디오 게임을 하는 집단에 배정한다. **무선할당**(random assignment)은 사람들을
실험집단 또는 통제집단에 할당하는 것을 운에 맡기는 절차이다.

동전 던지기를 활용하여 아동을 집단에 할당하게 되면, 어떤 일이 발생하는가? 그림 2.12에
서 보게 되는 것처럼, 우리가 기대하게 되는 일은 첫째, 아동의 약 절반은 폭력적인 비디오 게
임을 하는 집단에, 나머지 약 절반은 그렇지 않은 집단에 배당되는 것이다. 둘째, 훨씬 더 중요
한 것으로, 실험집단과 통제집단은 대략 동일한 수의 감독을 받은 아동과 감독을 받지 않은 아
동, 대략 동일한 수의 정서적으로 안정된 아동과 불안정한 아동, 대략 동일한 수의 덩치가 큰
아이와 작은 아이를 가지게 된다. 활동성, 키, 유머, 머리카락색 등에서도 마찬가지다. 이름 붙
일 수 있는 것이든 이름 붙일 수 없는 것이든 모든 것에 대해 대략 동일한 수의 두 집단을 가지
게 되는 것이다. 두 집단에 있는 아동들은 키, 몸무게, 정서적 안정성, 성인 감독 등에서 평균
적으로 동일할 것이다. 간단히 말해 우리가 조작할 수 있는 변인을 제외하고 우리가 알고 있는
모든 면에서 평균적으로 동일한 두 집단을 기대하게 될 것이고, 우리는 우리가 조작한 변인(폭

ROBERT DALY/GETTY IMAGES

딸기를 초콜릿에 남그면 맛이 너 좋아시는
가? 만일 여러분이 즙이 나는 큰 딸기는 초
콜릿에 담그고, 건조한 작은 딸기는 담그지
않았다면, 초콜릿이 차이를 만든 것인지 아
닌지를 알 수가 없다. 그러나 여러분이 어떤
것을 초콜릿에 담그고 어떤 것을 담그지 않
을지를 무선적으로 할당해서 담근 것이 평균
적으로 맛이 더 좋다면, 6살 된 아이들도 모
두 아는 것을 과학적으로 검증하는 것이다.

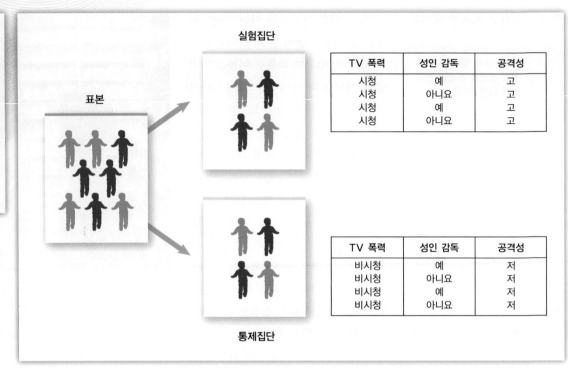

▶ 그림 2.12 **무선할당** 성인 감독을 받은 아이는 오렌지색, 받지 않은 아이는 파란색으로 표시하였다. 독립변인은 TV 폭력이고, 종속변인은 공격성이다. 무선할당은 모든 가능한 제3변인 차원에서 실험집단과 통제집단의 참가자들이 평균적으로 동일하다는 것을 보장해 준다. 본질적으로, 제3변인과 종속변인 간에 아무런 상관이 없다는 것을 보장해 준다.

실험집단

TV 폭력	성인 감독	공격성
시청	예	고
시청	아니요	고
시청	예	고
시청	아니요	고

표본

TV 폭력	성인 감독	공격성
비시청	예	저
비시청	아니요	저
비시청	예	저
비시청	아니요	저

통제집단

력노출)이 우리가 측정한 변인(공격 행동)에서 나타나는 변화의 원인이 되었다고 확신할 수 있게 된다. 비디오 폭력에 대한 노출이 우리가 실험을 하였을 때 두 집단의 아동들 간에 나타나는 유일한 차이였기 때문에, 그것이 실험 말미에 우리가 관찰한 공격 행동에서의 차이의 원인이 되어야 한다.

유의미성

무선할당은 강력한 도구이지만, 많은 다른 도구들과 마찬가지로 언제나 잘 작동되는 것은 아니다. TV 폭력을 시청하는 집단과 시청하지 않는 집단에 아동을 무선할당하게 되면, 대략 같은 수의 감독받는 아동과 감독받지 않는 아동, 정서적으로 안정적인 아동과 안정적이지 않은 아동으로 이루어진 두 집단을 갖게 될 것이라고 기대하게 된다. 여기서 핵심 단어는 대략이라는 단어다. 만일 여러분이 동전을 100번 던진다면, 윗면이 나오는 횟수가 대략 50번이 될 것이라고 기대할 수 있다. 그러나 100번을 던질 경우 앞면이 80번 나올 수도 있으며, 90번 심지어는 100번 나올 수도 있다. 아주 우연히 말이다. 물론 이런 일이 자주 발생하지는 않는다. 그러나 우연히 그런 일이 발생할 수는 있다. 무선할당은 동전 던지기 같은 무선화 장치에 의해 이루어지는 것이기 때문에, 감독받지 않으며 정서적으로 불안정한 아동들 모두에게 TV 폭력을 시청하는 것이 배당될 수도 있으며, 감독받으며 정서적으로 안정적인 아동에게는 TV 폭력이 전혀 배당되지 않을 수도 있다. 이런 일이 발생하게 되면 우리는 무선할당이 실패하였다고 말하게 된다. 그리고 무선할당이 실패하게 되면 제3변인 문제가 무덤에서 다시 살아나 되돌아와서 우리를 괴롭히게 된다. 무선할당이 실패하게 되면 독립변인과 종속변인 사이에 인과관계가 있다고 결론 내릴 수 없게 된다.

무선할당이 실패하면 어떻게 결론 내릴 수 있나? 불행하게도, 우리는 확실한 결론을 내릴 수 없다. 그러나 우리는 무선할당이 실패하게 될 확률을 계산할 수 있다. 이런 계산을 수행하는 방법을 알 필요는 없으나, 심리학자들이 이런 결과를 어떻게 이해하는지를 이해하는 것은 중요하다. 심리학자들은 실험을 할 때마다 통계적 계산을 한다. 계산 결과 무선할당이 실패할 확률이 5%보다 낮다는 것을 보여 줄 수 없으면, 그 실험의 결과를 받아들이지 않는다.

무선할당이 실패하면 어떤 결과가 일어날 할 확률이 5%보다 낮았을 때, 실험 결과는 **통계적으로 유의하다**(statistically significant)고 받아들여진다. 여러분은 이미 평균, 중앙치, 표준편차와 같은 몇 가지 기술통계치에 대해 학습한 바 있다. 또 다른 유형의 통계치—**추론 통계치**(inferential statistics)라 불림—가 있는데, 이는 실험집단과 통제집단 간 관찰된 차이로부터 여러분이 도출할 수 있는 결론 또는 추론이 무엇인지를 과학자들에게 이야기해 준다. 심리학자가 $p < .05$라고 말할 때, 그들은 자신들이 계산한 추론 통계치에 따라 이야기를 하고 있는 것이다. 즉, 무선할당이 실패할 경우 그들의 결과가 발생할 확률이 5%보다 적다고 말하는 것이며, 그러한 결과가 일어났는데 무선할당이 실패하는 일은 거의 일어나지 않을 것이라고 말하는 것이다. 따라서 실험집단과 통제집단 간 차이가 제3변인에 의해 유발된 것 같지는 않다고 말하는

묘하게도

현실세계

최근 갤럽 조사는 미국 대학생의 53%가 초감각지각(extrasensory perception, ESP)을 믿는다는 것을 발견하였다. 그런데 심리학자들 중 이런 믿음을 가지고 있는 사람들은 거의 없다. 심리학자들이 그렇게 회의적인 시각을 갖게 한 것은 확률 법칙을 그들이 알고 있기 때문이다.

"세상에 이럴 수가"에 나오는 사례를 살펴보자. 어느 날 밤 여러분이 판다곰 한 마리가 비행기를 조종해서 인도양 위를 날아가는 꿈을 꾸었다. 그런데 다음 날 여러분이 친구에게 그 이야기를 하자, 친구가 "와우! 나도 지난주에 그와 똑같은 꿈을 꾸었는데"라고 말을 하는 것이다. 어느 날 아침 일어나서 라디오를 트니 옛날에 즐겨 부르던 음악이 흘러나왔다. 한 시간 정도 후에 어느 대형 몰 앞을 지나는데 바로 그 음악이 흘러나오고 있었다. 또 룸메이트와 둘이 앉아서 텔레비전을 보면서 대화를 하다가 서로 똑같이 "피자 한 판?"이라고 똑같이 외친 경우가 있을 것이다. 이 같은 우연은 사람들에게 초자연적인 정신현상을 믿게 만든다.

노벨 물리학상 수상자인 루이스 알베레즈(Luis Alvarez)는 어느 날 신문을 읽고 있었는데, 신문에 난 한 특별 기사가 그가 오랫동안 보지 못하고 있던 오래된 대학 친구가 생각나도록 만들었다. 몇 분 후, 그는 신문을 넘겨 가다가 바로 그 친구의 부고를 접하게 되고 충격을 받고 말았다. 그는 자신이 ESP의 잘 발달된 사례를 접한 것이라고 결론 내리기 전에, 이런 놀라운 우연 사례가 실제로 존재하는지를 설명하기 위해 확률이론을 사용해 보기로 하였다.

우선 그는 보통 사람들이 가지고 있는 친구의 수를 추정해 보았고, 그런 다음 보통 사람들이 그런 친구들 각각에 대해 얼마나 자주 생각하게 되는지를 추정해 보았다. 이런 추정치를 얻게 되자 알베레즈는 간단한 계산을 해 보고, 친구의 사망 소식을 알기 5분 전에 친구를 생각할 확률을 계산할 수 있었다. 놀랍게도 확률이 꽤 높은 것으로 나타났다. 예를 들어 미국 정도 크기의 나라라면, 이런 놀라운 우연 사례가 매일 열 명의 사람들에게 일어나야 하는 것이다(Alvarez, 1965). 또 다른 노벨상 수상자는 이에 동의하지 않았다. 그가 계산한 숫자는 하루에 80명 정도가 이에 해당한다는 것이었다(Chark & Broch, 2004).

"10년은 약 500만 분에 해당된다"고 통계학과 교수 어빙 잭(Irving Jack)은 말한다 "이 말은 모든 사람이 자신의 일생 중에 굉장한 우연을 만날 기회가 무수히 많다는 걸 의미한다"(Neimark, 2004 재인용). 예를 들어 2억 5천만의 미국인이 매일 약 두 시간 정도 꿈을 꾸는데(약 5억 시간의 꿈들!!), 누군가 우연히 같은 꿈을 꾸는 것은 놀랄 일도 아니고, 실제로 다음날 일어날 일을 미리 꿈꾸는 것이 놀랄 일도 아니다. 수학과 교수 존 알렌 파울루스(John Allen Paulos)(Neimark, 2004 재인용)는 말한다. "현실에서 가장 놀라우며 믿을 수 없는 우연 발생이란 모든 우연

"아이다호!, 이런 우연이 있을 수 있나. 나도 아이다호 출신이잖아."

MICHAEL MASLIN ©THE NEW YORKER COLLECTION/WWW.CARTOONBAN K.COM

발생이 완전히 부재하는 상황이다."

만일 이런 일이 여러분에게 일어난다 하더라도, 여러분만 그런 경험을 한 것은 아니다. 사람들은 대개 우연히 두 사건이 동시에 일어날 가능성을 과소 추정하는 것으로 보인다고 연구 결과들은 보여 준다(Diaconis & Mosteller, 1989; Falk & McGregor, 1983; Hinzman, Asher, & Stern, 1978). 만일 여러분이 이런 사실을 활용해서 이득을 얻고자 한나면, 24명 징도의 사람들이 모인 집단이리면 그들 중 최소한 두 명 정도는 생일이 동일할 것이라는 것에 대해 내기를 해 보기 바란다. 확률은 여러분의 편이 될 것이다. 집단이 커질수록 그 확률은 더 커진다. 사실 35명이 모여 있는 집단이라면 그 확률은 85%가 된다. 행운을 잡아 보길!!

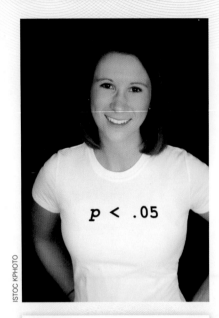

과학자들은 언제나 옷 속에 이런 티셔츠를 입고 공식선서를 하는 것 같다.

것이다.

결론 도출하기

지금까지 논의한 모든 기법을 적용할 수 있게 되면, 우리는 두 변인 간의 인과관계를 설정하기에 아주 양호한 기회를 갖는 실험을 설계할 수 있게 된다. 이런 실험은 **내적 타당도**(internal validity), 즉 독립변인과 종속변인 간의 인과관계에 관한 정확한 추론을 할 수 있게 해 주는 실험 특성을 갖추게 된다. 실험이 내적으로 타당하다는 것은 인과관계에 관한 결론을 내리기 위해 갖추어야 할 실험 내면의 모든 것이 정확히 작동하고 있다고 말하는 것이다. 그러면 그런 결론이 정확히 무엇을 말하는가? 우리의 가상실험이 폭력 노출 집단과 비노출 집단 아동들 간 공격성의 차이를 나타냈다면, 그때 우리는 연구된 사람들의 경우에 한해 우리가 정의한 미디어 폭력이 우리가 정의한 공격 행동을 일으키는 원인이 되었다고 결론 내릴 수 있게 된다. 고딕체로 된 부분에 주목하기 바란다. 이들 각각은 우리가 실험으로부터 어떤 유형의 결론을 내릴 수 있는지에 대해 중요한 제한을 하는 것인데, 이제 이들 각각을 살펴보도록 하자.

변인의 대표성

어떤 실험의 결과는 부분적으로 독립변인과 종속변인이 어떻게 정의되었는지에 달려 있다. 예를 들어 '10분간 미식축구를 시청하는 것'보다는 '연쇄 도끼 살인범 관련 영화를 2시간 시청하는 것'으로 미디어 폭력 노출을 정의할 때, 또는 '자로 누군가를 살짝 건드리는 것'보다 '다른 사람을 방해하는 것'으로 공격성을 정의할 때, 폭력 노출이 공격 행동의 원인이 된다는 사실을 발견하게 될 가능성이 더 커질 것이다. 우리가 변인을 정의하는 방식이 우리가 무엇을 발견할 수 있을지에 대해 커다란 영향을 미치게 되는데, 그러면 변인들을 올바르게 정의하는 방법은 무엇인가?

한 가지 대답은 실험에서도 실제 세상에서 정의되는 방식과 똑같은 방식으로 변인들을 정의해 주어야 한다는 것이다. **외적 타당도**(external validity)는 변인이 정상적이며, 전형적이고, 현실을 반영하는 방식으로 정의되어야 한다는 실험의 속성을 말한다. 선생님이나 부모님들이 일반적으로 관심을 가지는 폭력 행동은 단순히 대화를 중단시키거나 남을 심하게 가격

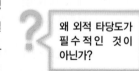

왜 외적 타당도가 필수적인 것이 아닌가?

하는 행동 사이 어디에 있을 것이고, 아동들이 전형적으로 노출되는 미디어 폭력은 단순한 운동 경기와 고문 행위 사이 어딘가에 있을 것이다. 실험의 목적이 아동들이 가장 대표적으로 노출되는 미디어 폭력 장면들이 전형적으로 사회가 관심 가지는 공격 행동의 원인이 되는 것인지를 아는 것이라면, 외적 타당도는 아주 중요해진다. 변인들이 실제 세상에서 전형적으로 보이는 것처럼 실험에서도 정의될 때, 우리는 이런 변인들이 실제 세상을 대표하는 것이라고 이야기한다.

외적 타당도가 너무나 좋은 아이디어인 것처럼 들리기 때문에, 대부분의 심리학 실험이 외적인 타당도를 갖추지 못했다는 것을 알고는 놀랄 것이다 — 대부분의 심리학자들은 이를 마음에 두지도 않는다. 이유는 심리학자들이 자신의 실험실에 세상에 대한 작은 축소판을 만들어 놓고, 이를 통해 실제 세상에 관해 알려고 하는 경우는 드물기 때문이다. 오히려 심리학자들은 이론에서 도출된 가설을 검증하는 실험을 사용하여 세상에 대해 알려고 하는데, 외적인 타당성을 갖추지 못한 실험들이라도 종종 아주 근사하게 이런 일을 해낼 수 있다(Mook, 1983).

어떻게 가능한지를 알아보기 위해 물리학의 예를 들어, 물리학자가 열은 빠른 분자운동의 결과로 발생한다고 설명하는 이론을 가지고 있다고 해 보자. 이 이론은 물질을 구성하는 분자

내적 타당도
변인들 간의 인과관계를 설정해 주는 실험 특성

외적 타당도
변인들이 정상적이고, 전형적이고, 현실을 반영하는 방식으로 조작적 정의가 이루어져야 한다는 실험 속성

피어싱이 사람을 더 매력적으로 보이게 하는가? 덜 매력적으로 보이게 하는가? 대답은 물론 여러분이 피어싱을 어떻게 조작적으로 정의하는가에 달려 있다.

가 느리게 이동하면, 물질은 차가워진다는 가설을 만들어낸다. 이제 물리학자가 레이저를 이용하여 가죽으로 된 공의 운동을 느리게 만든 다음 온도가 측정되는 실험을 수행하여 이 가설을 검증한다고 상상해 보자. 이 실험에 대해 "유감이지만 당신이 한 실험은 실제 세상에 대해서는 아무것도 알려 주지 못한다. 왜냐하면 실제 세상에서는 아무도 가죽공의 분자 운동을 느리게 하려고 레이저를 사용하지 않기 때문이다"라고 비판할 수 있는가? 아무도 그러지 않을 것이다. 물리학자의 이론(분자운동이 열을 발생시킨다)은 실험실에서 일어날 수 있는 가설(가죽공의 분자운동을 느리게 하는 것은 온도를 낮추게 된다)을 도출해 냈고, 물리학자가 실험실에서 조작한 다음 측정한 사건들은 이론을 검증할 수 있도록 해 주었다. 유사하게 미디어 폭력과 공격성 간의 인과관계에 관해 확립된 좋은 이론은 실험실에서 아동들이 폭력적인 영화를 본 후에 어떻게 행동할지에 관한 가설을 이끌어 내게 되고, 영화를 본 아동들의 반응은 이론을 검증하는데 활용된다. 예를 들어 "아이언맨 3"를 본 아동이 실험실에서 나와 돌아가는 중에 서로를 밀고 밀치는 행동을 더 많이 할 수 있다. 그러면 미디어 폭력은 공격성에 영향을 줄 수 없다고 하는 이론은 잘못된 것으로 입증이 될 것이다.

간단히 말해, 이론은 무슨 일이 발생할 수 있는지 또는 발생해야 하는지 또는 특정 상황에서는 무슨 일이 일어날지에 대한 가설을 만들게 해 준다. 실험은 전형적으로 이런 상황을 만들어 내고, 가설을 검증하고, 가설을 만들어 낸 이론에 대한 찬성 또는 반대의 증거를 제시해 주는 것이다. 실험은 단지 일상생활의 축소판인 것만은 아니다. 따라서 외적 타당도가 필연적으로 문제가 되는 것은 아니다('최신 과학 : 폭력적인 영화가 평화로운 거리를 만드는가?' 참조)

사람의 대표성

미디어 노출과 공격 행동 간의 관계에 대한 가상실험은 우리가 **연구한** 사람들의 경우(우리가 정의한) 폭력 노출이 (우리가 정의한) 공격 행동의 원인이 되었다고 결론 내릴 수 있게 해 준다. 고딕체로 된 구절은 우리가 실험에서 어떤 종류의 결론을 내릴 수 있는지에 대해 또 다른 중요한 제한을 한다.

심리학자들이 연구하는 사람은 누구인가? 심리학자들이 전체 **모집단**(population)을 관찰하는 것은 아주 드문 일이다. 모집단이란 **사람들 전체 집단**을 말하는 것으로, 인간 모집단(약 70억), 캘리포니아인 모집단(약 3,700만), 또는 다운 증후군을 가진 사람들 모집단(약 100만)을 들 수 있다. 오히려 심리학자들은 **표본**(sample)을 관찰하는데, 표본이란 모집단에서 **추출된 일부 집**

모집단
측정이 가능할 수 있는 전체 참가자 집합

표본
모집단에서 추출된 부분적인 사람들 집합

폭력적인 영화가 평화로운 거리를 만드는가?

2000년, 미의학회와 5개 공익 건강 협회는 미디어 폭력 노출이 주는 위험을 경고하는 연합 성명서를 발표하였다. 그들은 폭력 장면이 나오는 영화에 노출된 아동과 청소년은 비디오 시청 후 바로 측정된 공격 행동을 분명히 더 많이 하였다는 심리학 실험 결과를 증거로 인용하였다. 그들은 "1,000개 이상의 연구에서, 미디어 폭력과 공격 행동 간에 인과적 관련성이 있음이 분명하다"고 결론내렸다.

이런 실험실 연구 결과를 보고, 우리는 극장에서 폭력 영화를 본 사람들의 수와 폭력 범죄 건수 간에 실제 세상에서도 상관이 있을 것이라고 기대할 것이다. 경제학자 고든 달과 스테파노 델라 비냐(Gordon Dahl & Stefano Della Vigna, 2009)는 범죄 통계와 영화 흥행 통계 간의 상관을 분석하였는데, 이들 간에 상관관계가 있음이 발견되었다. 그런데, 상관관계는 부적인 관계가 나타났다!! 다른 말로 하면, 더 많은 사람이 폭력 영화를 보러 극장에 간 저녁에는 폭력 범죄가 더 적어졌다는 것이

KILL BILL VOLUME 2

THE NEW FILM BY QUENTIN TARANTINO

WRITTEN AND DIRECTED BY QUENTIN TARANTINO

MIRAMA X/PHOTOFEST.

◀ 영화 "킬 빌 2"를 보러 가는 사람들에 대해 우리가 아는 한 가지는 수 시간 동안 그들은 누구에게도 총을 쏘지 않았다는 것이다.

다. 왜? 폭력 영화는 폭력 범죄를 저지를 가능성이 가장 많은 사람들에게 특히 매력적일 것

이라고 연구자들은 생각하였다. 그런 사람들은 몇 시간 동안 영화를 보느라 바쁠 것이고, 폭력 범죄는 줄어들 것이다. 다른 말로 하면, 피와 총알이 난무하는 영화는 범죄자들을 거리에서 극장으로 끌어들일 것이다!!

실험실 실험 결과는 분명히 미디어 폭력이 공격 행동의 원인이 될 수 있다는 것을 보여준다. 그러나 극장 데이터가 상기시켜 주는 것처럼, 실험은 변인들 사이의 인과관계를 설정하는 도구가 될 수 있지만, 이 결과가 실제 세상에 대한 축소판 역할을 한다는 것을 의미하는 것은 아니다. 왜냐하면 세상에서 벌어지는 일은 훨씬 더 복잡하기 때문이다.

AP PHOTO/SONY, BILL PHELPS

제이 그린버그는 전형적인 14세 소년은 아니다. 뉴욕타임스에 따르면, 런던 심포니 오케스트라와 협연한 그린버그의 교향곡 5번에 대한 최신 음반은 '오묘한 음색과 조화로 표현되어, 극적 요소와 서정성으로 가득 찬 천부적 재능'을 드러내고 있다.

단 사람들을 말한다. 표본은 얼마나 클 수 있는가? 모집단 크기는 대문자 N으로 표시되고, 표본 크기는 소문자 n으로 표기되는데, 그때 $0 < n < N$ 이다. 이모티콘으로 이를 읽는다면, '그래요, 크게 신경 쓰지 않아도 되겠군!' 정도의 의미가 될 것이다.

대부분의 경우 n은 N보다는 0에 가까울 것이고, 어떤 경우, $n = 1$이 된다. 예를 들어, 때로 한 사람의 개인이 너무 현저하여 밀착 연구를 할 만한 가치를 가질 수 있다. 심리학자들이 이런 사람을 연구할 때, 그들은 **사례연구법**(case method)을 사용하는 것인데, 이는 개인 한 명을 연구함으로써 과학적 지식을 얻는 방법이다. 원주율 10만 자릿수를 암송할 수 있는 아키라 하라구치 같은 특

정인을 연구함으로써 기억에 관해 많은 것을 배울 수 있으며, 두뇌 손상으로 시간 앞뒤를 보는 능력이 파괴된 헨리 몰레이슨 같은 사람을 연구하여 의식에 관한 것을 알 수 있고, 줄리아드 현악 사중주와 런던 심포니 오케스트라에 음반 작곡 내용이 기록된 제이 그린버그라는 14세 소년을 연구함으로써 지능과 창의성에 대해 많은 것을 배울 수 있다. 이런 사례들은 그 자체로 흥미있지만, 우리 같은 다른 일반 사람들이 어떻게 기능할 것인지에 대한 중요한 통찰력을 제공해 주기도 한다.

물론 이 책의 다른 장들에서 여러분이 읽게 될 많은 심리학적 연구들은 10명, 100명, 1000명 또는 수천 명의 표본들이 연구되었다. 그러면 어떤 사람들을 자신의 표본 속에 포함시켜야 할지 말지를 심리학자들은 어떻게 결정하는가? 모집단으로부터 표본을 선정하는 한 가지 방법은 **무선 표집**(random sampling)을 사용하는 것인데, 이는 모집단에 속한 모든 사람들이 표본에 포함될 가능성이 동일하도록 참여자를 선정하는 기법이다. 참여자를 모집단에서 무선적으로 표집하

? 모집단과 표본의 차이는 무엇인가?

비무선 표집은 오류를 유도할 수 있다. 1948년 대통령 선거에서 **시카고트리뷴지**는 토머스 듀이가 해리 트루먼에 승리할 것이라고 잘못된 예측을 하였다. 여론조사는 전화로 이루어졌는데, 듀이의 공화당원이 트루먼의 민주당원들보다 전화기를 가지고 있을 가능성이 더 많았기 때문이었다. 2004년 대통령 선거에서도, 존 케리가 조지 부시를 이길 것이란 잘못된 예측을 하였다. 왜? 여론조사는 일정 수의 투표자들이 여론조사에 포함될 때까지 투표자를 선정하는 방식으로 이루어졌는데, 케리의 지지자들은 더 많이 멈추어서 의견을 이야기하려고 하였기 때문이다.

게 되면, 표본은 모집단의 대표가 된다고 이야기할 수 있다. 이런 절차는 결과를 표본에서 모집단으로 일반화할 수 있게 해주는데, 다시 말해 우리가 실험에서 관찰한 것이 전체 모집단을 대상으로 측정할 경우에도 관찰될 것이라고 결론 내릴 수 있게 해 준다. 여러분은 이미 무선표집이 중요하다는 것을 잘 알고 있을 것이다. 예를 들어, 여러분이 체리를 사려고 어느 농장에 들렀는데 농부가 가방 속에서 특별히 눈에 띄는 몇 개를 집어 맛보도록 하였다고 가정해 보자. 이럴 경우 가방 속에 있는 체리 전체에 대해 무선적이지 않은 표집이라고 생각되어, 선택된 체리가 전체 체리를 대변한다고 일반화시키고 싶지 않을 것이다. 그러나 농부가 가방 속을 들여다보지 않고 손을 넣어 가방 속에서 체리 몇 개를 꺼내 여러분에게 맛보도록 한다면, 여러분은 선택된 체리가 가방 속에 있는 전체 체리를 대표하는 거라고 생각할 것이다.

무선 표집도 아주 훌륭한 아이디어인 것으로 보이는데, 대부분의 심리학자들이 무선적이지 않은 표본을 활용한다는 것을 알면 여러분은 놀랄 것이다. 사실 대부분의 심리학자들은 이를 신경쓰지도 않는다. 실제로 여러분이 살펴보게 될 심리학 실험에 참여하는 대부분의 참여자는 자원자이며 대부분 대학생으로, 이들은 지구상의 다른

? 무선 표집이 좋은 것이라면, 왜 필수적으로 사용되진 않는가?

사람들과 비교해 볼 때 유의미하게 더 젊고, 더 똑똑하며, 더 건강하고, 더 부유하며, 얼굴색이 더 하얀 사람들이다. 심리학자들이 연구하는 사람들의 약 96%는 세계 인구의 단지 12%를 차지하는 나라들로부터 오며, 그중 70%는 미국 한 나라로부터 온다(Henrich, Heine, & Norenzayan, 2010).

그러면 심리학자들은 왜 비무선적으로 표본을 수집하는가? 그들은 다른 선택지를 갖고 있지 않기 때문이다. 설사 우리가 이 세상에 있는 모든 인류에 대한 리스트를 가지고 있어서 이들로부터 연구 참여자를 무선적으로 선택할 수 있을지라도, 어떻게 만화를 보고 있는 동안 뇌에서 일어나는 전기활동을 측정하기 위해 사막에 살고 있는 72세 베드윈 족 노파를 찾아낼 수 있는가? 정치적 신념을 측정하는 긴 설문을 받기 위해 뉴델리에 살고 있는 생후 3주짜리 유아를 어떻게 데려올 것인가? 대부분의 심리학 실험들은 서반구에 위치한 대학의 교수와 대학원

? 왜 무선적 표집을 못하는 것이 항상 문제가 되는 것은 아닌가?

생들에 의해 시행된 것이며, 마치 지구상에 있는 모집단에 대해서 무선적으로 표본을 추출한 것처럼 보이지만, 실상은 그들의 연구에 자원한 사람들만을 연구한 것이다.

그러면 도대체 심리학 실험으로부터 우리는 어떤 것을 배울 수 있는가? 무선 표집을 할 수 없다는 것은 치명적인 결점이 되는 것은 아닌가? 아니다. 그

사례연구법
한 명의 개인을 연구하여 과학적 지식을 얻어 내는 방법

무선 표집
모든 모집단 구성원이 표본에 포함될 기회가 동일하게 참가자를 선발하는 기법

이 생쥐는 녹색 물질을 마시고 죽었다. 생쥐가 녹색 물질을 마시기를 원하였는가? 왜 아닌가? 여러분은 생쥐가 아니지 않은가?

런 것은 아니다. 이에는 세 가지 이유가 있다. 첫째, 어떤 경우에는 표본과 모집단 간의 유사성이 그리 문제가 되지 않는다. 돼지 한 마리가 한 번 자유의 여신상 위를 날아갔다면, 이는 돼지의 이동 방법에 대한 전통적인 이론을 부정하는 사례가 될 수 있을 것이다. 모든 돼지가 날아가거나 또 다른 돼지가 날아갔는지 여부는 중요하지 않다. 한 번 어떤 일이 일어났다면, 그걸로 충분하다. 해당 표본이 모집단의 전형이 아닌 경우에도 이 실험 결과는 조명을 받을 수 있는 것이다.

두 번째, 실험 결과를 일반화할 수 있는가가 중요할 때, 심리학자들은 종종 같은 절차를 활용하여 다른 표본들에게 새 실험을 시행한다. 예를 들어, 비무선적으로 선정된 몇몇 미국 아동들이 폭력적인 비디오 게임을 한 후 어떻게 행동하는지를 측정하였다면, 우리는 일본 아동들에게 이 실험을 반복할 수 있고, 10대나 청각장애 성인들을 대상으로 동일한 실험을 반복할 수도 있다. 본질적으로 우리는 문화나 연령 및 능력과 같은 속성을 독립변인으로 취급해서, 이런 변인들이 우리 종속변인에 영향을 주는지를 결정하기 위해 실험을 할 수 있다. 이러한 다른 표본들에서 우리 연구 결과가 반복 관찰된다면, 이 결과들이 기본적인 인간 성향을 기술하는 것이라는 걸 좀 더 확신하게 된다(완전히 확신을 하는 것은 아니지만 말이다). 결과가 반복적으로 검증되지 않더라도, 문화, 연령 및 능력이 공격성에 미치는 영향에 대해 어떤 것인가를 알게 될 것이다. 다른 모집단으로부터 추출된 새로운 표본으로 연구를 반복하는 것은 승승전략이 되는 것이다. 무슨 일이 일어나더라도 흥미로운 어떤 것을 배우게 되는 것이다.

세 번째, 때때로 표본과 모집단 간의 유사성은 합리적인 기초적 전제 사항이 된다. "표본이 모집단의 대표라고 믿을 수밖에 없는 필연적인 이유가 있는가?"라고 말하지 말고, 쉽게 "그렇지 않다고 믿어야 하는 필연적인 이유가 있는가?"라고 질문할 수 있다. 예를 들어, 비무선 표집으로 선정된 7명의 참여자가 특정 시약을 먹고 죽었다면, 우리 중 누구라도 이 특정 시약을 먹으려고 하지 않을 것이다. 이렇게 비무선적으로 표집된 참여자들이 많은 측면에서 우리와 다르더라도(예 : 꼬리나 수염 등), 우리는 그들이 체험한 결과를 우리한테 일반화시키려고 한다. 왜냐하면 생쥐라 하더라도 기본적인 생물학적 차원에서 우리와 공유되는 측면이 많이 있기 때문에, 생쥐한테 해로운 것이 우리한테도 해로울 가능성이 충분히 있기 때문이다. 같은 추론에 따라 몇몇 미국 아동들이 폭력적인 비디오 게임을 한 후에 폭력적으로 행동한다는 것이 밝혀졌다면, 에콰도르 대학생이나 중년의 호주인이 다르게 행동할 특별한 이유가 있을지에 대해 의문을 가질 수 있을 것이다. 만일 그럴 만한 특별한 이유가 있다면, 실험적 방법을 통해 그 가능성을 검증할 수 있을 것이다.

증거에 관한 비판적 사고

프랜시스 베이컨은 과학적 방법을 창안한 것으로 인정을 받고 있다. 그는 폐렴으로 사망할 때까지 이 방법을 사용했는데, 음식물을 보존하는데 낮은 온도가 미치는 효과가 무엇인지를 연구하면서 이 방법을 찾아냈다.

1620년, 프랜시스 베이컨(Francis Bacon, 1561~1626)경은 자연계에 관한 진실을 발견하는 새로운 방법을 기술한 *Novum Organum*이라는 저서를 출간하였다. 이 책에서 그가 제안한 소위 베이컨식 방법은 오늘날 간단히 과학적 방법이라고 불리는데, 이 방법을 통해 인간은 지난 4세기 동안 이전 세기를 모두 합한 것보다 더 많은 것을 알 수 있게 되었다.

이 장에서 본 것처럼, 과학적 방법은 우리로 하여금 과학적 증거를 생성해 내도록 한다. 그러나 경험적 증거는 우리가 그것에 대해 생각하는 방법을 알고 있을 때만 유용한 것인데, 사실 우리 대부분은 이를 알지 못한다. 증거를 활용한다는 것은 비판적 사고를 필요로 하는데, 이는 우리가 증거를 편향되지 않는 방식으로 해석하였는지, 증거가 정확한 사실은 아니나 대체로 사실인 것을 말하는 것은 아닌지 등에 대해 스스로 엄격하게 질문해 본다는 것을 말한다. 대부분의 사람들은 이 두 가지를 실천하지 못하며, 비판적 사고를 가르치거나 향상시키려고 하는 교육 프로그램은 그다지 효과적이지 않았다(Willingham, 2007). 왜 사람들은 비판적으로 생각하는 것을 그리 어려워하는가?

갑각 포유동물인 아르마딜로를 생각해 보자. 어떤 동물은 위협을 받으면 얼어버리는데, 다른 동물은 몸을 수그리고 도망가거나 달리거나 크르릉대거나 한다. 아르마딜로는 껑충 뛰어오른다. 이런 자연적인 성향은 수천 년 동안 아르마딜로에게 잘 들어맞았는데, 수천 년 동안 아르마딜로의 안녕을 해치는 가장 흔한 위협은 방울뱀이었기 때문이다. 아! 그런데 이런 자연적 성향이 요즘에는 아르마딜로의 생명을 위협하는데, 그들이 텍사스 고속도로 주위를 배회하다 빠른 속도로 달리는 차에 위협받게 되면, 껑충 뛰어서 범퍼에 부딪히곤 하기 때문이다. 이는 어떤 아르마딜로도 두 번 다시 만들고 싶지 않은 실수이다.

인간도 역시 예전에는 잘 작동했지만, 이제 더 이상 작동하지 않는 자연적 성향을 갖고 있다. 예를 들어 우리가 가지고 있던 자연적이며 직관적인 증거추구 사고방식은 인간이 아프리카 소원지내에 소집민으로 모여서 일된 사냥꾼이던 시길에는 길 믹동히었다. 그렇지만 이제 우리 대부분은 대규모로 복잡한 세상에 살고 있고, 이런 자연스런 증거추구 사고방식은 현대 세상에서 합리적으로 살아가는 능력을 방해하게 되었다. 프란시스 베이컨 경은 이를 아주 잘 이해하였다. 그가 과학적 방법을 개발한 동일한 책에서, 그는 두 가지 원시적이며 모든 인간이 가지고 있는 성향이 비판적 사고의 적이라고 주장한다. 이는 인간은 기대하거나 보고 싶은 것만 본다는 것과 볼 수 없는 것은 무시한다는 것이다.

우리는 우리가 기대하고 원하는 것만 본다

두 사람에게 동일한 증거물이 제시되었을 때, 이 둘은 종종 상이한 결론을 내린다. 프란시스 베이컨 경은 그 이유를 알고 있었다. "일단 한 가지 견해를 채택하게 되면, 인간의 이해력은 이를 지지하고 이와 일치하는 모든 것을 찾게 된다." 그래서 "우리가 가진 첫 번째 결론은 뒤에 오는 모든 것을 이에 맞게 채색하고 그에 동조하게 만든다." 다른 말로 하면, 우리가 가진 신념이 새로운 증거에 대한 우리의 관점에 색을 입히고, 이것이 우리로 하여금 우리가 보리라고 기대한 것을 보도록 하는 것이다. 그로 인해, 증거는 종종 우리가 믿고 있는 것과 일치하는 것처럼 보이게 된다.

이런 경향은 심리과학에서는 널리 입증되었다. 예를 들어 한 연구(Darley & Gross, 1983)에서, 참가자들에게 한나라는 작은 소녀에 대한 이름을 들려주었다. 한 집단의 참가자들은 한나가 부유한 가정 출신이라는 이야기를 들었고, 다른 집단 참가자들은 빈곤한 가정 출신이라는 말을 들었다. 모든 참가자들에게 그 후 한나의 학업 능력에 관한 몇 가지 증거물을 보여 주었다. 구체적으로 한나가 독서 능력 시험을 보는 비디오를 보여 주었다. 그런 다음 한나의 능력을 평가하도록 하였다. 모든 참가자들에게 보여 준 비디오는 정확하게 똑같은 것이었는데도 불구하고, 한나를 부유한 집안 출신이라고 믿은 참가자들이 한나가 빈곤한 가정 출신이라고 믿은 참가자들보다 한나의 수행 성과를 더 긍정적으로 평가하였다. 게다가 더 의미 있는 사실은 두 집단의 침가자들은 모두 비디오에서 나온 증거를 이용해서 자신들이 내린 결론을 옹호하였다는 것이다. 이 같은 실험은 우리가 증거를 고려할 때, 우리가 보는 것은 우리가 보려고 기대한 것에 의존한다는 것을 시사한다.

우리 신념이 증거에 관한 우리 관점을 채색시키는 유일한 것은 아니다. 그런 관점은 우리가 가진 선호도와 편견, 우리의 야망과 혐오, 우리의 희망과 욕구와 소원과 꿈에 의해서도 채색된다. 베이컨이 지적한 것처럼, "인간의 이해는 편견 없는 견해가 아니라, 희구하는 과학을 만들어내려는 욕망과 감정으로 융합된 것이다. 인간은 진실이었으면 하는 것을 믿고 싶어한다."

베이컨이 옳았다는 것도 연구는 보여 준다. 예를 들어 한 연구(Lord, Ross, & Lepper, 1979)에서, 참가자들에게 사형제도의 효과성을 보여 주는 증거들이 제시되었다. 증거의 일부는 사형제도가 범죄를 줄인다는 것이었고, 일부는 그렇지 않다는 것이었다. 참가자들은 이 혼재된 증거물을 가지고 무엇을 하였을까? 원래부터 사형제도를 지지하였던 참가자들은 훨씬 더 지지적이 되었고, 사형제도를 반대하였던 참가자들은 훨씬 더 반대 입장을 표명하였다. 다른 말로 하면, 정확히 똑같은 증거가 제시되었는데도, 참가자들은 자신들이 보고 싶어 했던 것만 보았고, 자신들이 가졌던 초기 견해를 더 지지하는 감정을 갖게 된 것이다. 후속 연구에서도 전문적인 과학자들에게 그들이 믿고 싶어 하는 것을 확증하거나 확증하지 못하는 과학적 연구의 질을 평가하게 하였더니 동일한 패턴이 일어나는 것을 보여 주었다(Koehler, 1993).

정확하게 증거에 관한 관점을 형성하는 데 신념과 욕망은 어떻게 영향을 주는가? 사람들은 각기 다른 기준으로 증거를 달리 본다. 증거가 우리가 믿는 것 또는 믿고자 원하는 것을 확증해 줄 때, 우리는 자신에게 질문하게 된다. "내가 그것을 믿을 수 있을까?" 그리고 이에 대한 우리의 대답은 대개 "그렇다"가 된다. 그러나 증거가 우리가 믿는 것 또는 믿고 싶은 것을 확증해 주지 못할 때, 우리는 또 자신에게 질문하게 된다. "내가 그것을 믿어야 하나?" 그리고 그에 대한 우리의 대답은 종종 "아니요"가 된

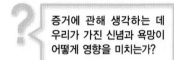

증거에 관해 생각하는 데 우리가 가진 신념과 욕망이 어떻게 영향을 미치는가?

다(Gilovich, 1991). 대학졸업 학위를 가진 사람은 그렇지 않은 사람보다 더 행복하다고 믿을 수 있는가? 그렇다. 바로 그러한 관계를 보여 주는 수많은 연구들이 있으며 이런 증거들을 연구한 합리적인 사람은 쉽사리 이런 결론을 옹호할 수 있다. 이제 여러분은 그것을 믿어야 하는가? 글쎄, 그렇지는 않다. 어느 경우라도, 그런 연구들이 지구상에 사는 모든 사람들을 하나하나 측정한 것은 아니지 않는가? 그리고 다르게 연구 질문을 하였다면, 그들은 다른 대답을 만들어내지 않았겠는가? 이성적으로 그런 증거를 연구한 사람이라면 교육과 행복 간의 관계가 아직은 분명하지 않다고 결론 내릴 수 있을 것이다.

우리가 가진 신념과 욕망도 우리가 처음에 어떤 증거를 고려할지에 대해 영향을 준다. 대부분의 사람들은 그들이 믿는 것을 믿고, 그들이 원하는 것을 원하는 사람들에 둘러싸여 있게 된다. 이는 우리 친구나 가족은 우리가 가진 신념이나 욕망에 도전적이기보다 이를 타당화시켜 줄 가능성이 더 많다는 것을 의미한다. 증거를 탐색할 기회가 주어질 때, 사람들은 자신의 신념을 확증시켜 주는 증거와 욕망을 충족시켜 주는 증거를 찾는 것을 더 선호한다는 것을 연구는 보여 준다(Hart et al., 2009). 더욱이 사람들은 자신의 신념을 확증시켜 주고 욕망을 충족시켜 주는 증거를 찾을 때는 대개 어느 정도가 되면 더 이상 찾는 것을 중단하지만, 반대가 되는 증거를 찾을 때는 더 많은 증거를 찾을 때까지 탐색을 계속하였다(Kunda, 1990)

이런 연구들은 모두 증거라는 것은 해석하기 나름이며, 여기에 우리가 가진 신념과 욕망이 작용한다는 것을 시사한다. 우리가 보기를 기대한 것을 보거나 보기를 원하는 것을 보는 것은 너무 쉽게 일어나는 현상이므로, 비판적 사고에서 해야 할 첫 번째 단계는 간단히 여러분 자신이 내린 결론을 의심해 보는 것이다. 자신의 확신을 줄여 주는 최선의 방법 중 하나는 여러분을 의심하는 사람을 찾아서 그들이 말하는 것에 신중히 귀기울이는 것이다. 과학자들은 자신들에게 가장 동의하지 않을 것 같은 동료에게 자신의 논문을 보내거나 비평가로 가득한 청중들에게 자신이 발견한 것을 발표함으로써 그들의 비판에 자신을 노출시키는 방법을 찾는다. 이런 과정을 통해 그들은 자신이 내린 결론에 대해 보다 균형잡힌 관점에 이르게 된다. 여러분이 행복해지고 싶으면 친구와 점심을 먹어라. 그러나 여러분이 올바르고 싶다면 여러분의 적과 점심을 먹기 바란다.

우리는 우리가 본 것만을 고려하고 보지 않은 것은 무시한다

프란시스 베이컨은 자신의 그 유명한 저서의 또 다른 부분에서, 로마사원을 방문한 어떤 사람에 관한 오래된 이야기를 다시 언급하였다. 성직자는 그 사람에게 종교적 맹세를 한 후, 배의 조난에도 불구하고 살아남은 선원들 중 여럿의 초상화를 보여 주고, 이는 분명 신의 권능에 대한 명백한 증거임을 시사한다고 말하였다. 그러자 이 방문객은 잠시 멈추어 서서 생각하더니 아주 올바른 질문을 하였다. "그런데 맹세를 하고 난 후에도 죽은 사람들의 사진은 어디에 있습니까?" 베이컨에 따르면, 우리 대부분은 이런 종류의 질문은 생각지도 않는다. 우리는 우리가 볼 수 있는 증거만 고려하고, 우리가 볼 수 없는 증거는 잊어버린다. 베이컨은 "볼 수 없는 것에는 거의 또는 전혀 주의를 기울이지 않는다"고 하면서 이런 자연적인 경향이 "인간이 가진 이해력의 가장 큰 장애이며 일탈"이라고 주장하였다.

사람은 자신이 볼 수 없는 것은 거의 고려하려고도 하지 않는다는 베이컨의 주장은 옳았다. 예를 들어, 한 연구(Newman, Wolff, & Hearst, 1980)에서 참가자들은 세 가지 문자가 한 세트로 주어지는 게임을 하도록 하였는데, 문자들의 조합은 SXY, GTR, BCG, EVX 등이었다. 각 시행에서 실험자는 이 세 문자 중의 한 세트를 제시해 주고 이 문자 세트는 특별한 것이라고 말해 주었다. 참가자가 할 일은 그 특별한 문자 세트를 특별하게 해주는 것이 무엇인지를 찾아내는 것이었다. 자신에게 특별한 문자 세트를 찾아내려면 몇 번의 시행을 하여야만 할까? 이는 세 문자가 가진 특별한 속성이 무엇인지에 달려 있다. 참가자의 반에게, 특별한 세 문자 세트는 언제나 문자 T가 포함된 문자 세트였는데, 이 조건의 참가자들이 세 문자를 특별하게 만든 것이 T가 있느냐 아니냐에 달려 있다는 것을 알아내는 데는 34세트의 시행이 필요하였다. 나머지 반의 참가자들에게, 특별한 세 문자 조합은 T가 없는 것이었다. 참가자들이 이를 알아내는 데는 얼마의 시행이 필요하였을까? 피험자들은 전혀 이를 찾아내지 못하였다. 한 명도 말이다. 이 연구가 보여 주는 것은 우리는 우리가 볼 수 있는 증거를 고려하지 우리가 볼 수 없는 증거는 거의 고려하지 않는다는 것이다.

놓쳐 버린 증거를 무시하는 경향은 여러 가지 잘못된 결론을 내리게 하는 원인이 될 수 있다. 게임에서 두 가지 역할 중 하나에 참가자들을 무선할당한 연구(Ross, Amabile, & Steinmetz, 1977)를 살펴보겠다. '퀴즈달인' 역에게는 다양한 질문을 만들도록 하였고, '경합자' 역에게는 질문에 응답하도록 하였다. 여러분들에게 이 일이 주어진다면, 여러분은 답하기 쉽지만 다른 사람은 답하기 어려운 질문을 만들어내기가 얼마나 쉬운지를 알 수 있을 것이다. 예를 들어 여러분이 최근에 방문한 도시를 생각해 보아라. 그런 다음 여러분이 숙박한 호텔의 이름을 다른 사람에게 주고, 호텔이 무슨 거리에 있는지 질문해 보기 바란다. 거의 대부분이 모를 것이다.

? 왜 보이지 않는 증거를 고려하는 것이 중요가?

그러자 퀴즈달인 역을 맡은 참가자들은 현명해 보이는 질문을 많이 하였고, 경합자 역을 맡은 참가자들은 틀린 답을 많이 하였다. 이제 흥미로운 지점에 왔다. 퀴즈달인과 경합자는 이 게임을 다른 사람—관찰자—이 지켜보는 가운데 시행한 것이다. 게임이 끝난 후, 관찰자에게 이 게임에 참여한 사람들이 일상생활에서 어떨 것 같은지에 대해 추측해 보라고 하였다. 결과는 자명하였다. 관찰자들은 퀴즈달인이 날카로운 질문을 하는 것을 보았고, 경합자들이 "음, 에, 잘 모르겠습니다"라고 답하는 것을 보았고 관찰자들은 이 증거를 고려하였다. 그들이 고

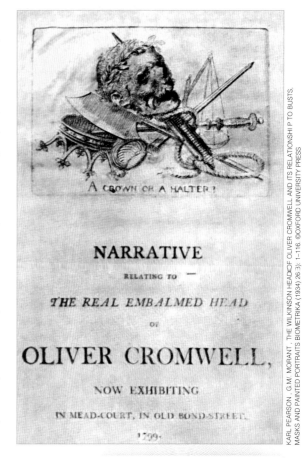

NARRATIVE

RELATING TO —

THE REAL EMBALMED HEAD

OF

OLIVER CROMWELL,

NOW EXHIBITING

IN MEAD-COURT, IN OLD BOND-STREET.

1799.

KARL PEARSON, G. M. MORANT, THE WILKINSON HEAD OF OLIVER CROMWELL AND ITS RELATIONSHI P TO BUSTS, MASKS AND PAINTED PORTRAITS BIOMETRIKA (1934) 26 3): 1-116. ©OXFORD UNIVERSITY PRESS

1650년에 영국의 성주인 올리버 크롬웰은 스코틀랜드 교회에 관한 글을 쓰고 다음과 같이 말하였다. "나는 여러분에게 그리스도의 그릇으로 간청합니다. 여러분이 잘못될 수도 있다는 생각을 하기 바랍니다." 그의 이 화려한 간청은 오늘날 크롬웰의 법칙으로 알려져 있는데, 우리가 누구인지에 대해 얼마나 확신하든지 간에 우리가 누구인지에 대해 지나친 확신을 가지지 말라고 충고한다. 크롬웰 사후, 방부 처리된 그의 머리(사진 참조)는 200년 동안 여러 사람의 손을 거치다가 1960년에 시드니 서섹스대학에 기증되었다.

경쟁자가 우리 수행성과가 좋아도, 법정 주인공인 알렉스 트레벡은 무대에서 항상 가장 우수한 사람처럼 보인다. 그렇지만 경쟁자에게 몇 가지 질문을 하도록 허락한 후에도 똑같은 인상을 유지할 수 있을까?

려하지 않은 것은 그들이 보지 못한 증거였다. 특히 그들은 퀴즈달인 역을 맡은 사람이 경합자 역을 맡도록 할당되었거나 그 반대가 되었을 경우 무슨 일이 일어날지를 고려하지 못하였다. 그렇게 하였더라면, 경합자들은 현명한 질문을 하고, 퀴즈달인은 이에 대답하느라 쩔쩔맸을 것이다. 요점은 무엇인가? 비판적 사고의 첫 번째 단계는 여러분이 본 것을 의심해 보는 것이고, 두 번째 단계는 보지 못한 것을 의심해 보는 것이다.

회의적 입장

윈스턴 처칠은 한때 민주주의란 다른 어느 것보다도 최악의 정부 형태란 말을 하였다. 똑같은 이치로 과학이 세상에 관한 학습을 하는 데 있어서 무오류의 방법은 아니다. 단지 대체로 다른 어느 것보다 오류를 저지를 가능성이 적을 뿐이다. 과학은 인간이 만드는 것이고, 인간은 실수를 한다. 인간은 자신이 기대한 것을 보고, 보고 싶어 하는 것을 보며, 볼 수 없는 것은 고려하려고 하지 않는다. 과학이 인간이 만든 다른 것들과 다른 것은 과학은 자신의 편파와 오류를 적극적으로 찾아내서 수정하려고 한다는 것이다. 과학자들은 부단히 자신의 관찰을 보다 정확하게 만들고 자신의 추론과정을 더 엄정하게 하려고 분투하며, 누구라도 다시 말해 모든 사람이 자신이 내놓은 증거를 검토하고 결론에 도전하도록 한다. 그럼으로써, 과학은 궁극의 민주주의이다. 즉, 가장 낮은 곳에 있는 그 누구라도 가장 고귀한 누군가에게 승리할 수 있는 세상에 유일한 기관이다. 이름도 알려지지 않은 스위스 은행의 회계원이었던 알베르토 아인슈타인은 당대 가장 위대한 물리학자에 도전하였다. 당시 그는 유명하지도 않았고, 매력적인 학위를 가진 것도 아니었으며, 권위 있는 친구나 두툼한 지갑을 가진 것도 아니었다. 단지 증거를 갖고 있을 뿐이었다. 그리고 그는 그의 증거가 옳다는 한 가지 이유로 우위를 차지하게 되었다.

이 장의 뒤에서는 현장의 기록, 즉 심리 과학자들이 지식과 씨름하면서 수행하는 작업 기록을 검토하고자 한다. 이 장은 프란시스 베이컨의 과학적 방법을 충실히 따르고, 이를 활용해서 진실의 일부분을 찾고자 하는 사람들에 관한 이야기, 즉 우리가 누구이며, 우리가 어떻게 작업하고, 함께 모여서 우리가 하는 것이 무엇인지에 대한 이야기를 들려 준다. 흥미를 갖고 읽어나가되, 의심의 눈초리를 거두지 말기 바란다. 우리가 여러분에게 이야기한 것들 중 어떤 것은 사실이 아닐 수 있다. 단지 우리는 그것이 무엇인지 아직 모를 뿐이다. 우리는 여러분이 이 책에서 읽은 것 또는 그 밖의 모든 것에 대해 비판적으로 생각하기를 권한다. 자 이제 의심의 눈초리로 돌아보기 시작하자.

요약

▶ 두 변인이 인과관계를 가지는지를 결정하려면, 우선 우리는 두 변인이 서로 관련되어 있는지 유무를 결정해야 한다. 이는 각 변인을 여러 번 측정한 다음, 연속되는 측정치 내에서 변산이 일어나는 패턴을 비교함으로써 알 수 있다. 만일 이런 패턴이 공변하면서 일어난다면, 두 변인은 상관되는 것이다. 상관관계는 어느 한 변인값에 대한 지식을 통해 다른 변인값을 예측할 수 있게 한다. 상관관계의 방향과 강도는 상관계수(r)로 측정된다.

▶ 두 변인 간의 상관관계를 관찰하였다 할지라도, 그들이 서로 인과관계를 가진다고 결론 내릴 수는 없다. 왜냐하면 두 변인 간 관계의 원인이 될 수 있는 제3변인이 수없이 있을 수 있기 때문이다. 독립변인을 조작하고, 이런 조작이 적용되는 실험집단과 통제집단에 참가자들을 무선할당하고, 그런 다음 독립변인을 측정함으로써 실험은 제3변인 문제를 해결한다. 그다음 이 측정치들을 집단 간에 비교하게 된다. 무선할당이 이루어지지 않았더라도 그 결과가 5%보다 적은 경우로 발생하였다면, 집단 간에 발생한 측정치 차이는 이런 조작의 결과로 발생하였다고 간주된다.

▶ 내적 타당성을 갖춘 실험은 연구된 참가자들에 한하여 조작적으로 정의된 변인들 간 인과관계를 확립해 준다. 실험이 현실세계를 잘 모사해 낼 수 있을 때, 외적 타당성을 갖추게 된다. 그러나 대부분의 심리학 실험은 현실세계를 모사하려고 하기보다는 이론에서 파생된 가설을 검증하고자 한다.

▶ 증거를 비판적으로 생각하기는 어려운 일인데, 사람들은 자신이 보기를 기대하는 것을 보고, 보기 원하는 것을 보며, 자신이 본 것만 고려하지 보지 못한 것은 고려하지 않는 경향이 있기 때문이다.

과학의 윤리 : 무엇보다, 해를 끼치지 말 것

어떤 경우라도, 사람을 물건처럼 취급하는 것은 좋지 않다는 말을 들었을 것이다. 그러나 사람들을 두렵거나 슬프게 만들고, 당황하거나 비도덕적인 일을 하도록 만들고, 또는 자신이나 다른 사람에 대해 실제로 알고 싶지 않은 모습을 알게 되는 상황을 만들어 냄으로써 심리학자들은 그런 일을 하게 될 수 있다. 허나 이런 겉모습만 보고 당혹해하지는 말아라. 사실 심리학자들은 연구 참여자의 안녕을 지키기 위해 오랫동안 노력해 왔으며, 연구를 할 때는 윤리강령을 지키도록 요구받고 있다. 이 윤리강령들은 물리학자, 변호사, 회계사 등이 지켜야 하는 직업윤리와 같이 구체적이면서도 다양한 사항들을 요구하는 내용들로 이루어져 있다. 윤리강령은 심리학자들이 인간, 동물, 및 진실에 대해 존중할 것을 요구하고 있다. 이 의무사항들 각각을 차례로 살펴보도록 하자.

인간 존중

제2차 세계대전 기간 동안, 나치 의사들은 인간 피험자를 대상으로 진실로 잔인무도한 실험을 수행하였다. 사망에 이르기까지 얼마나 오랜 기간을 버티는지를 알아보기 위해 신체기관을 제거하거나 얼음물 속에 들어가게 하는 것과 같은 실험을 하였다. 종전 후, 국제 사회는 1947년 뉘른베르크 헌장을 만들었고, 1964년엔 헬싱키 선언을 만들었다. 여기에서 인간 피험자에 대한 윤리적 대우에 관한 규칙을 제정하였다. 불행하게도 모든 사람이 이를 따르지는 않았다. 예를 들어 1932~1972년 사이, 미국 공공 건강 서비스는 악명 높은 터스키기 실험을 수행하였는데, 이 실험에서는 연구자들이 질병의 진행 정도를 관찰할 수 있도록, 매독에 걸린 399명의 아프리카계 미국인 남성에 대한 치료가 거부되었다. 한 언론인이 기술한 바에 따르면, 정부는 "매독균이 사람을 죽이는 데 얼마나 오랜 시간이 걸리는지를 알아보기 위해, 인간을 실험실 동물처럼 활용하여 오랫동안 비효율적인 연구를 수행하였다" (Coontz, 2008).

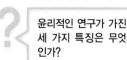

윤리적인 연구가 가진 세 가지 특징은 무엇인가?

© AMERICAN BROADCASTING COMPANIES, INC.

바에 있는 남성은 화가 나 있다. 그는 방금 어떤 여성의 음료수에 약물을 떨어뜨리는 다른 남자를 보고는 바텐더에게 알려 주고 있다. 이 남자는 바에 있는 모든 사람들이 배우이고, 자신이 지금 "What would you do" 란 TV쇼에 녹화되고 있다는 것을 모르고 있다. ABC방송국이 남성의 동의 없이 이 남성에게 이런 스트레스 상황에 처하게 하는 것이 윤리적인가? 한 달 후 TV를 틀었을 때 바텐더에게 경고를 하지 않은 사람들은 어떤 기분이 들었을까 그리고 자신의 수치스런 행동을 보고 무슨 생각을 하였을까?

1974년, 미국 건강·교육 복지부는 벨몬트 보고서를 발표하였는데, 여기에는 인간 피험자와 관련된 모든 연구에서 준수해야 할 세 가지 기본원칙을 기술하고 있다. 첫째, 연구는 인간에 대한 존중(respect for persons)을 준수하여야 하며, 연구 참여자가 부당한 영향력이나 강압 없이 스스로 자신에 관한 결정을 내릴 권리를 보장해 주어야 한다. 둘째, 연구는 이익이 되어야 한다(beneficient). 즉, 참여자에 대해 이익은 극대화하고, 위험은 줄어들 수 있도록 노력해야 한다. 셋째, 연구는 공정해야 한다(just). 즉, 특정 개인이나 집단에 대한 편견 없이 참여자들에게 동등한 권리와 위험이 주어져야 한다.

심리학자들이 준수해야 하는 구체적인 윤리강령은 이런 기본원리를 바탕으로 하여 이들을 확장시킨 것이다. 여러분은 미국심리학회 홈페이지(http://www.apa.org/ethics/code/index.aspx)에서 심리학자의 윤리강령과 행동강령을 확인할 수 있을 것이다. 여기 심리학 연구 수행 시 준수해야 할 중요한 규칙 몇 가지를 제시한다.

- 동의 표시(informed consent) : 연구 참여자들은 동의 표시를 하지 않는 한 연구에 참여할 수 없다. **동의 표시란** 연구 참여로 인해 발생할 수 있는 모든 위험 요소에 대해 고지받았다는 것을 나타내 주는, 성인에 의해 작성된, 연구 참여에 관해 문서로 작성된 합의서를 말한다. 이 합의가 연구에 참여하는 사람이 연구에 대해 모든 것(예 : 가설)을 알아야 한다는 것을 의미하는 것은 아니지만, 연구에 참여하는 개인은 잠재적으로 유해하거나 고통스러울 수 있는 모든 상황을 알아야 한다는 것을 의미한다. 만일 연구 참여자가 동의 표시를 할 수 없는 경우라면(예 : 연구 참여 대상이 미성년자이거나 심신 무능력자이기 때문에), 동의 표시는 법정 후견인으로부터 받아야 한다.

- 강요 배제(freedom from coercion) : 심리학자들은 연구 참여를 강압해서는 안 된다. 강압이란 물리적이며 심리적인 강압뿐만 아니라 금전적 강압도 포함된다. 어떤 일을 하도록 설득하기 위해 많은 돈을 주고, 그렇지 않으면 참여하지 않을 어떤 일을 하게 만드는 것은 비윤리적인 일이다.

- 유해상황 금지(protection from harm) : 심리학자들은 물리적 또는 심리적 위해로부터 연구 참여자들을 보호할 수 있도록 모든 가능한 사전 조치를 취해야 한다. 어떤 것을 연구하는데 동일한 효과가 있는 두 가지 방법이 존재한다면, 심리학자들은 보다 안전한 방법을 선택해야 한다.

- 위험-수익분석(risk-benefit analysis) : 참여자들이 가벼운 쇼크나 당혹감 같이 작은 위험을 수용하도록 요청받을 수 있는데, 심리학자들은 이 위험이 연구에서 얻는 새로운 지식이라는 사회적 이득보다 크지 않다는 것을 보여 주어야 한다.

- 속임(deception) : 연구가 가진 과학적, 교육적 또는 용용적 가치가 정당화 될 때, 그리고 대안적인 절차를 사용할 수 없을 때에 한 해 심리학자는 속임수를 활용할 수 있다.

- 사후설명(debriefing) : 어떤 식으로든, 연구 전이나 후에 연구 참여자가 속임을 당하였다면, 심리학자는 사후설명을 해야 한다. **사후설명이란** 연구의 본질이나 진짜 목적을 언어적으로 **설명해 주는 것이다.**

- 비밀 보장(confidentiality) : 심리학자들은 연구 기간 중에 얻은 사적이며 개인적인 정보를 비밀로 유지해야 한다.

이런 규정들은 심리학자들이 준수해야 하는 규칙들 중 몇 가지이다. 그러나 어떻게 이런 규

동의 표시
연구 참여로 인해 발생할 수 있는 모든 위험요소에 대해 고지받았다는 것을 나타내 주는, 성인에 의해 작성된, 연구 참여에 관해 문서로 작성된 합의서

사후설명
연구의 본질이나 진짜 목적을 언어적으로 설명해 주는 것

칙들이 실행되도록 할 것인가? 거의 모든 심리학 연구들은 기관심사위원회(Institutional Review Board, IRB)가 구성되어 있는 대학에 근무하는 심리학자들에 의해 실시된다. 이 위원회는 교수 연구자, 대학 행정직원, 지역사회 민간인(예 : 기업 임원이나 성직자 등)으로 구성된다. 심리학자들은 IRB 심사를 신청해서 승인을 얻은 이후에만 연구를 수행할 수 있다.

　여러분도 상상할 수 있겠지만, 윤리강령과 승인절차는 매우 까다롭기 때문에 많은 연구들이 아무 장소에서, 아무 때고, 아무 사람에 의해 이루어질 수는 없다. 예를 들어, 심리학자들은 언어 노출 없이 양육되는 것이 말하는 능력과 생각하는 능력에 미치는 효과에 대해 오랫동안 궁금하였으나 윤리적으로 실험을 통해 이런 변인을 조작할 수는 없었다. 결국 언어 노출과 말하는 능력 같은 변인들 간의 자연 상관을 연구하는 데 만족해야 했고, 변인들 간의 인과관계를 견고하게 확정하는 것은 보류할 수밖에 없었다. 의문을 해소하려면 비윤리적인 실험을 해야 하기 때문에, 심리학자들이 결정적인 해답을 내놓을 수 없는 많은 의문들이 존재한다.

동물 존중

물론 연구 참여자는 모두 인간적인 권리를 가지는 것은 아니다. 왜냐하면 연구 참여자가 모두 인간은 아니기 때문이다. 어떤 참여자는 침팬지, 쥐, 비둘기, 또는 그 밖의 인간 외 동물들이다. 심리학회의 윤리강령은 이와 같은 인간 이외 참여자들에게 해당되는 구체적인 권리를 상세하게 기술하고 있다. 이 중 중요한 것 몇 가지는 다음과 같은 것들이다.

- 동물과 관련된 모든 절차는 연구방법 훈련을 받았고, 실험실 동물을 보살펴 본 경험이 있으며, 동물들의 안락, 건강 및 인간적 대우를 적절히 고려하는 데 책임 있는 심리학자에 의해 감독되어야 한다.
- 심리학자들은 동물들이 받는 불편함, 전염, 질병 및 고통이 최소화되도록 합리적인 노력을 기울여야 한다.
- 대안적인 절차를 활용할 수 없으며, 해당 연구 절차가 과학적이고 교육적이거나 응용적 가치가 충분히 정당할 때에만, 심리학자들은 동물들에게 고통을 주고, 스트레스를 주거나 특정 감각을 박탈하는 절차를 활용할 수 있다.
- 심리학자들은 적절한 마취 조치를 취하고 난 후에 모든 외과적 시술을 시행해야 하고, 수술중 및 후에는 동물의 고통을 최소화시켜야 한다.

> **?** 비인간 피험자를 보호하려면 심리학자는 어떤 단계를 취해야 하는가?

어떤 사람들은 연구를 하거나 의복을 만들기 위해 동물을 사용하는 것이 비윤리적이라고 비판한다. 그러나 다른 사람들은 이 두 가지 목적 간에 차이를 두고 보기도 한다.

이렇게 하면 모든 조치가 양호해 보인다. 그러나 충분히 양호하다고 할 수 있는가? 몇몇 사람들은 그렇게 생각하지 않는다. 예를 들어, 철학자 피터 싱어(Peter Singer, 1975)는 고통을 느낄 수 있는 모든 피조물은 동일한 기본권을 가지며, 인간 외 동물을 인간과 다르게 대우하는 것은 일종의 인종주의라 할 수 있는 것으로, 인종차별주의나 성차별주의와 마찬가지로 혐오스런 것이라고 주장하였다. 싱어의 철학은 '동물에 대한 인간적 대우를 추구하는 사람들' 같은 집단에 영향을 주어, 인간 외 동물을 사용하는 모든 연구를 종식시키라는 요구를 하게 만들었다. 불행하게도, 이는 또 합법적으로 그러한 연구를 수행하고 있는 심리학자들을 공격하는 집단들에 영향을 주기도 하였다. 두 연구자(Ringach & Jentsch, 2009, p.11417)가 최근에 보고한 내용을 살펴보자.

우리 차량과 집에 소이탄이 던져지고 물이 끼얹겨 지는 것을 목격했고, 독이 묻혀진 면도칼이 동봉된 편지를 받았고, 이메일과 음성메일로 된 살해위협을 받았다. 우리 가족과 친지들은 마스크를 한 시위자들로 이루어진 성난 폭도들에 의해 위협받았는데 그들은 돌을 던지고, 창문을 부수었으며, "당신이 중단할래? 아니면 중단 당할래?", "당신이 어디에서 잠을 자고 있는지 알고 있다" 등의 구호를 외쳤다. 살인미수로 분류되는 공격을 받기도 하였다. 설상가상으로, 동물권익 지지자들이 다른 사람을 인터넷상에서 공개적으로 공격하도록 호도하기도 하였고, 범죄행위

다른 생각

우리는 과학을 할 여유가 있을까?

데이비드 브룩스는 뉴욕타임스 컬럼리스트이자 CNN의 해설가이며 행동과학과 관련된 여러 가지 대중도서 저자이다.

PHOTO : ⓒJOSH HANER/ COURTESY OF THE NEW YORK TIMES

책과 같은 교재들에 기술되는 연구들은 누가 지원을 해주는가? 대답은 여러분 자신이다. 대체로, 과학적 연구들은 국립연구재단 같은 정부기관에서 비용 지원을 받는다. 이런 기관은 과학자들이 제안하는 특정 연구 프로젝트를 수행하는 데 필요한 연구비를 과학자들에게 제공한다. 물론 이 돈은 다른 곳에 지출될 수도 있다 예를 들면 빈민구휼, 무주택자용 주거제공, 환자 및 노인 구호 등등에 말이다. 우리 주위의 시민이 춥고 배고픈데 이러한 심리과학에 세금을 지출하는 것이 의미 있는 일인가?

언론인이자 저자인 데이비드 브룩스(David Brooks, 2011)는 행동과학에 대한 연구는 소비지출이 아니라고 주장한다. 즉, 그 자체로 의미 있는 투자라고 말한다. 다음은 그가 말하고자 한 요지다.

지난 50년간, 우리는 많은 거창한 정책들이 실망스런 결과를 내놓는 것을 보았다. 이런 예로 빈곤퇴치정책, 무주택자 축소 정책, 학업 중도포기자 축소정책, 외부모 및 마약퇴치 정책 등을 들 수 있을 것이다. 많은 이런 정책들이 실패하였는데, 그 이유는 이들이 지나치게 단순한 인간관을 갖고 시작하였기 때문이다. 이 정책들은 인간은 인센티브에 직설적으로 반응한다고 가정하였다. 또한 돈이 많은 행동문제를 치유할 수 있다고 가정하였다.

다행히도, 오늘날 우리는 행동연구 황금시대의 한가운데를 지나고 있다. 수천 연구자들이 추정된 인간행동 방식과 실제로 일어나는 행동이 어떻게 다른지를 연구하고 있다. 이들은 더 정확한 이론과 이를 실세계에 적용해 보면서 우리가 누구인지에 관해 새로운 설명을 하려고 한다. 한 가지 간단한 예를 들어보겠다.

여러분이 운전면허를 갱신하게 될 때, 기관기부 프로그램에 참여할 기회를 갖게 된다. 독일이나 미국과 같은 나라에서는 이에 참여하고 싶으면 네모 칸에 체크하도록 하였다. 대략 14% 정도의 사람들이 동의하였다. 그런데 행동과학자들은 사람들이 기본 설정을 어떻게 하느냐가 행동 결정에 중요하다는 것을 발견하였다. 그래서 폴란드나 프랑스 같은 다른 나라에서는 참여하고 싶지 않으면 네모 칸에 체크하도록 하였다. 이들 국가에서는 90% 이상의 사람들이 참여하였다.

이런 커다란 행동 변화는 사소하면서 비용도 들지 않는 한 가지 절차 변화에 의한 것이다. 그런데 행동연구 황금시대의 한가운데에서, 사회, 행동 및 경제과학을 위한 연구재단 이사회를 없애고자 국회에 제출된 법안이 있다. 이것이 바로 예산은 반드시 균형 편성되어야 할 필요는 없다는 것을 말해 주는 것이다. 미래 엄청난 이익을 가져다 줄 수도 있는 사소한 일에 대한 비용을 삭감함으로써 말이다.

가난을 없애고 싶다고 해 보자. 우리는 가난에 관해 두 가지 전통적인 생각을 갖고 있다. 첫째는 인간은 합리적이다는 가정을 한다. 여기서 사람들은 효과적으로 자신의 목표를 달성하고자 하며 자신의 행동을 변화시키는 데 많은 도움을 필요로 하지 않는다. 둘째는 가난한 사람들은 문화적이거나 심리적인 기능장애에 영향을 받게되어 종종 근시안적으로 행동하게 된다고 가정한다. 이 이론들 중 어느 것도 효과적인 정책의 형

를 자랑하게 만들었고, 더 나아가 우리를 살해하려고 한 시도에 대해 '도덕적으로 정당한 것으로' 주장하게 만들었다.

대부분의 사람들은 이 주제에 대해 어떤 생각을 가지고 있는가? 미국인들 중 대다수는 연구에서 인간 이외 동물을 활용하는 것이 도덕적으로 수용할 수 있는 일이며 그런 연구에 대한 정부의 금지지침을 거부하겠다고 응답하였다(Kiefer, 2004; Moore, 2003). 실제로 대부분의 미국인들은 동물의 권리와 인간의 권리를 명확히 구분하여 보고 있다. 과학은 도덕적 논쟁을 해결해 주는 사업은 아니다. 따라서 모든 사람들은 이 이슈에 대해 자기 나름의 결론을 내려야 한다. 그러나 심리학 연구들 중 적은 비율에서만 동물을 갖고 연구 수행이 되며, 그런 연구들 중에서도 아주 적은 비율에서만 동물들을 고통스럽게 하거나 해롭게 한다는 것을 알아둘 필요가 있다. 심리학자들은 주로 사람을 연구하며 동물을 연구할 때에도 주로 그들이 보이는 행동을 연구한다.

우리한테 음식을 주고 있는, 흰색 코트를 입고 있는 이 녀석이 우리를 연구하고 있는 거이고, 우리가 특별히 고안된 큰 실험의 한 부분인 상황이라면 어떻게 해야 하나?

태로 많은 것을 산출해내지 못하였다.

프린스턴대학의 에드거 샤피르(Edgar Shafir)와 하버드대학의 센딜 멀레이너선(Sendhil Mullainathan)은 최근에 제3의 이론을 탐색하고 있다. 이는 궁핍은 자체적인 인지적 특성을 만들어 낸다는 것이다.

간단한 질문 : 여러분이 사는 도시의 기본 택시요금이 얼마인가? 만일 여러분이 최고 중산층에 속하는 사람이라면 얼마인지 모를 것이다. 만일 여러분이 대다수 힘겹게 사는 보통 사람이라면, 얼마인지 알 것이다. 사람들은 가난하게 살수록 부유한 사람들이 생각할 필요가 없는 수백만 가지 일들에 대해 더 많이 생각해야 한다. 우유 한 통을 사야 할 때 훨씬 복잡한 셈법을 따져야 한다. 우유를 사면 오렌지 주스를 살 여유가 없을 텐데 하면서!! 그들은 어떤 유용성에 지불할 가치가 없는지를 결정해야 한다. 이런 질문들은 엄청난 인지적 요구가 된다. 우리 뇌의 용량은 제한되어 있다. 어느 한 종류 질문에 대한 요구가 커지면, 다른 질문에 따른 수행을 잘하지 못한다.

샤피르와 멀레이너선은 인디언 설탕 농부들에게 검사 배터리를 시행하였다. 자신들의 수확물을 팔고 난 후엔, 이 농부들은 상대적으로 풍족한 생활을 누렸다. 이 기간 동안에 농부들은 IQ검사나 다른 검사에서 상대적으로 수행이 좋았다. 그러나 수확하기 전에는, 이들은 궁핍함 속에서 생활해야 했고 매일매일 수천 가지 결정할 것들 속에서 살았다. 이런 시기 동안에는, 동일한 농부들이 같은 검사에 대해 훨씬 점수가 떨어졌다. 그들은 훨씬 낮은 IQ를 가진 것처럼 보였다. 그들은 자신들의 주의를 통제하는 데 훨씬 어려움을 겪었다. 그들은 훨씬 근시안적이 되었다. 궁핍은 자체 심리를 만들어 내는 것이다.

프린스턴 학생들이 극단적인 재정적 궁핍을 경험하는 일은 대개 없을 것이지만, 그들은 시간 궁핍을 경험할 것이다. 한 게임에서, 그들에게 연속적으로 진행되나 시간이 정해진 라운드에서 질문에 답하도록 하였다.

다만 그들은 다음 라운드에서 사용할 시간을 미리 빌릴 수 있었다. 시간 궁핍 중에 허둥지둥하고 있는 동안, 그들은 신속하게 시간을 빌려왔는데, 그들은 누구도 게임 조작자가 부과하고 있는 고율의 이자율을 인식하지 못하였다. 이 영리한 프린스턴 아이들이 장기적인 손해에도 불구하고 단기대부업자에 달려들고 있었다.

샤피르와 멀레이너선은 시간, 돈 또는 다이어트 중의 칼로리든 궁핍함이 심리에 미치는 영향을 다루는 도서를 출간하려고 한다. 그들은 또한 가난한 사람들의 자기 지각이 어떻게 행동 형성에 영향을 주는지를 연구하고 있다. 많은 사람이 형식에 겁을 먹은 나머지 복지혜택 받기를 꺼린다. 샤피르와 멀레이너선은 트렌톤 무료급식소를 찾은 몇몇 사람들에게 자신이 유능했다고 느꼈던 순간을 되새겨 보도록 하였고, 나머지 몇몇 사람들에게는 중립적인 경험을 떠올려 보도록 하였다. 자기 주장적이도록 한 집단에서는 거의 반 정도가 유용한 복지 제도를 선택하였다. 중립적인 경험을 떠올린 잡단에서는 단지 16%만이 그렇게 했다.

인간은 복합적이다. 우리는 다중 자아를 갖고 있는데, 그중 어떤 것이 떠오를지는 상황에 따라 다르다. 우리가 어떤 문제와 씨름하고 있을 때는 해당 맥락을 이해해야 하며, 이런 경향 즉 특정 자아가 어떻게 부상하거나 부상하지 않을지를 이해해야 한다. 우리는 지식을 기반으로 정책을 설계해야 한다. 따라서 이런 식으로 연구비를 축소하는 것은 크리스토퍼 콜럼버스가 신세계 해안선을 찾으러 항해하려는 비용을 깎자고 하는 것과 같은 것이다.

여러분 생각은 어떤가? 브룩스의 생각이 옳은가? 심리과학에 공적 자금을 사용하는 것이 현명한 일인가 아니면 그러기에는 아직 쓸데없는 사치인가?

진실 존중

IRB는 데이터가 윤리적으로 수집되었음을 보증해 준다. 그러나 데이터가 일단 수집되게 되면, 이들이 윤리적으로 분석되고 보고되었음을 누가 보증할 것인가? 모든 과학에서 하는 것처럼, 심리학은 자율 시스템을 운영한다. 어떤 권위자도 심리학자들이 자신이 수집한 자료를 갖고 무엇을 하는지 모니터하지 않으며, 어떤 권위자도 그들이 만든 주장이 진실인지를 알아보기 위해 체크하는 책임을 갖고 있지 않다. 조금 이상해 보일 수도 있을 것이다. 어떤 경우에도, 상점("이 텔레비전 세트를 집으로 가져가시고, 다음에 이 근처에 오게 되면 돈을 지불해 주세요."), 은행("저희가 고객님의 계좌를 살펴볼 필요는 없습니다. 고객님이 돈을 얼마나 인출하려고 하는지 말씀해 주기만 하면 됩니다."), 법정("당신이 무죄라고 말한다면, 그것으로 충분하네요.")에서 자율시스템을 활용하지는 않는다. 그러면 왜 유독 과학에서는 이것이 작동하기를 기대하는가? 과학자가 다른 모든 사람들보다는 더 정직하기 때문인가?

절대로 그렇지는 않다. 계속해 보자. 과학자들이 특별히 정직하기 때문이 아니라 과학은 공동체 사업이기 때문에 자율시스템이 작동하는 것이다. 과학자가 어떤 중요한 것을 발견했다고 주장할 때, 다른 과학자는 단순히 손뼉 치며 수긍하기만 하는 것은 아니다. 즉, 그들도 이 사항을 연구하기 시작한다. 물리학자 장 헨드리크 숀(Jan Hendrick Schön)이 2001년에 분자 수준의 트랜지스터를 생산해 냈다고 공표하자, 다른 물리학자들은 이 사실에 깊은 감명을 받았다. 그러나 숀의 연구를 재현해 보고, 숀이 자신의 데이터를 왜곡하였다는 사실을 발견하였을 때까지(Agin, 2007)만 그랬다. 숀은 직업을 잃게 되었고, 박사학위는 반납되었다. 그러나 중요한 사실은 그러한 사기가 오래 지속되지 않았다는 것이다. 왜냐하면 한 과학자가 내린 결론은 다른 과학자의 다음 번 연구 질문이 되기 때문이다. 모든 사기행위가 언제나 발각된다는 것을 의미하는 것은 아니다. 심리학자 디데릭 스타펠(Diederick Stapel)은 조사위원회가 꾸려질 만큼 충분히 의심을 살 때까지 수십 년 동안 사람들을 속이고, 기만하고 데이터를 변조하였다(Levelt Committee, Noort Committee, Drench Committee, 2012). 그러나 이 사례는 **중대한 사기는 궁극적으로 드러나게 되어 있다**는 것을 말해 준다. 침팬지가 금붕어보다 똑똑하다는 것을 보여 주었다고 사기를 친 심리학자는 아무도 이 자명해 보이는 사실을 검증하려 하지 않는 바람에 절대로 들통 나지 않을 뻔하였다. 그러나 그 반대를 보여 주었다고 사기를 친 심리학자는 많은 것을 설명해야만 하였다.

2012년, 심리학자 디데릭 스타펠이 수년에 걸쳐 엄청난 사기를 친 것이 들통났다. 그는 교수 직위에서 해임되었고, 그간 발표되었던 논문 수십 편은 철회되었다.

ERIK VAN DER BURGT /VERBEELD/REDUX

심리학자들은 자율적으로 무엇을 해야 하는가? 최소한 세 가지이다. 첫째, 자신의 연구에 대해 보고하고 과학 저널에 이를 공표할 때, 심리학자들은 자신이 시행한 것과 발견한 것을 진실하게 보고해야 한다. 결과를 날조해서는 안 되고(예 : 자신이 수행하지 않은 연구를 수행했다고 주장하는 것), 조작하지 말아야 하고(예 : 실제로 수집한 데이터의 기록을 변조하는 것), 일부를 생략해서 오도하지 말아야 한다(예 : 자신의 가설을 확증하는 결과만을 보고하거나 가설을 확증하지 않는 결과에 대해서는 아무것도 말하지 않

는 것). 둘째, 연구에 공헌한 다른 연구자를 자신들의 보고에
대한 공동연구자로 포함시키거나 연구에 관련된 다른 과학자
들을 자신의 연구보고에서 언급함으로써 심리학자들은 신뢰
를 공유해야 한다. 그리고 셋째로, 심리학자들은 자신의 데이

연구 결과를 보고할 때
심리학자들에게 무엇을
기대하는가?

터를 공유해야 한다. 누구라도 다른 사람의 연구에 대해 검토할 수 있다는 사실이 자율시스템
이 존재하며 작동하는 이유의 한 부분인 것이다.

요약

▶ IRB는 과학적 연구에 참여하는 인간권리가 인간 존중, 유익성, 공평성 원칙에 기반하고 있음을 보증한다.

▶ 심리학자는 참여자 동의 확보, 강제참여 배제, 유해상황 금지, 위험 대비 이익, 기만 방지, 사적 비밀 유지 원칙을
  지켜야 한다.

▶ 심리학자는 동물권리를 존중해야 하며 동물을 인간과 동등하게 대우해야 한다. 대부분의 사람들은 과학적 연구에
  동물을 활용하는 것을 찬성한다.

▶ 심리학자는 자신의 연구에서 진실을 말해야 하며, 결과를 적절히 공유해야 하며, 다른 사람이 자신의 데이터에 접
  근할 수 있게 해야 한다.

제2장 복습

주요 개념 퀴즈

1. 정확한 지식은 관찰을 통하여 얻어질 수 있다는 신념은?
   a. 간명성
   b. 교조주의
   c. 경험주의
   d. 과학적 연구

2. 가설에 대한 정의를 나타내는 것은 무엇인가?
   a. 경험적 증거
   b. 반증 가능한 예언
   c. 과학적 연구
   d. 이론적 아이디어

3. 심리학 연구방법이 고려해야 하는 것으로 사람들이 자신이 연구되고 있다는 것을 알게 될 때 그들이 원래 행동하던 것과는 다른 방식으로 행동하는 것을 무엇이라 하나?
   a. 반응성
   b. 복잡성
   c. 변산성
   d. 현학성

4. 동일한 대상을 측정할 때는 언제나 한 측정자가 동일한 측정 결과를 산출해낼 때 우리는 무엇을 갖추었다고 하는가?
   a. 타당도
   b. 신뢰도
   c. 검증력
   d. 구체성

5. 사람들에게 자신들이 해야 한다고 생각하는 대로 행동하게 하는 관찰 상황의 모습을 무엇이라 하는가?
   a. 관찰자 편파
   b. 자연적 습관
   c. 반응적 조건
   d. 요구특성

6. 이중맹목 관찰은?
   a. 참여자들은 무엇이 측정되고 있는지를 알고 있다.
   b. 사람들은 자연적인 환경에서 측정된다.
   c. 목적이 관찰자와 관찰되는 사람에게 숨겨져 있다.
   d. 객관적이고 통계적인 관찰치만 기록된다.

7. 특정 분포에 있는 모든 측정치들의 보통값을 기술하는 것은 무엇인가?
   a. 평균
   b. 중앙치
   c. 최빈치
   d. 범위

8. 다음 중 상관계수가 보여 주는 것은 무엇인가?
   a. 한 측정 변인의 값
   b. 상관의 방향과 강도
   c. 관련 연구방법의 효율성
   d. 자연상관의 정도

9. 두 변인들이 상관되어 있을 때, 한 변인은 원인이고 다른 변인은 결과가 된다고 결론짓지 못하게 하는 것은 무엇 때문인가?
   a. 제3변인 상관의 가능성
   b. 통제변인의 무선할당
   c. 잘못된 정적인 상관의 존재
   d. 정확히 상관강도를 측정하는 것의 불가능

10. 한 연구자가 해당 국가에 거주하는 모든 연령대와 남성과 여성 모두에게 지구 온난화에 관한 설문조사를 실시하였다. 이 연구에서 종속변인은 무엇인가?
   a. 연령
   b. 성별
   c. 지구온난화에 대한 태도
   d. 지정학적 위치

11. 인과관계에 관한 결론을 내리도록 해 주는 실험의 특징을 무엇이라 부르는가?
   a. 외적 타당도
   b. 내적 타당도
   c. 무선할당
   d. 자기선택

12. 현실적인 방식에 따라 변인을 조작적으로 정의해 준 실험은 무엇을 갖추었다고 하는가?
   a. 외적 타당성
   b. 통제성
   c. 조작적 정의
   d. 통계적 유의미성

13. 연구에 의하면 사람들은 대개…
   a. 해당 이슈의 양면을 보는 데 개방적이다.
   b. 감정을 배제하고 이성적인 추론을 할 수 있다.
   c. 순전히 사실에 근거해서 결론에 도달할 수 있다.
   d. 위 모두 아님

14. 사람들이 자신의 신념을 확인시켜 주는 증거를 찾을 때 사람들은 종종
   a. 추가적인 탐색을 멈추는 경향이 있다.
   b. 자신의 결론을 반증해 주는 증거를 찾는다.
   c. 추가연구에 유용한 데이터를 만든다.
   d. 동료들에게 이야기한다.

15. 연구 결과를 보고할 때 심리학자들에게 윤리적으로 요구되는 것은 무엇인가?
   a. 발견 사항을 진실되게 보고하는 것
   b. 연구에 대한 신뢰를 공유하는 것
   c. 후속연구를 위해 데이터를 활용할 수 있게 하는 것
   d. a, b, c 모두

주요 용어

가설	범위	요구특성	조작
검증력	변인	이론	조작적 정의
경험적 연구방법	빈도분포	이중맹목 관찰	종속변인
경험주의	사례연구법	일치시킨 쌍 기법	중앙값
과학적 연구방법	사후설명	일치시킨 표본 기법	최빈치
내적 타당도	상관	자기선택	측정도구
독립변인	상관계수	자연관찰	타당도
동의 표시	신뢰도	자연상관	통제집단
모집단	실험	정상분포	평균
무선 표집	실험집단	제3변인 문제	표본
무선할당	외적 타당도	제3변인 상관	표준편차

생각 바꾸기

1. 1장으로 돌아가, 강화의 원칙을 연구한 B. F. 스키너를 읽어 보자. 거기에서는 행동의 결과가 해당 행동이 미래에 더 발생할지 덜 발생할지를 결정한다고 진술되어 있다. 예를 들어, 레버를 누를 때마다 음식 강화물이 주어지게 되면 쥐가 지렛대를 누르는 행동의 비율은 증가할 것이다. 여러분이 이런 원리를 학교 친구에게 이야기하면, 그 친구는 단지 어깨를 으쓱하며 다음과 같이 말할 것이다. "그건 분명하지. 개를 키워 본 사람은 누구나 개 훈련시키는 법을 알지. 네가 나한테 물어본다면, 심리학이란 상식일 뿐이야. 모든 사람이 이미 사실로 알고 있는 것을 검증하기 위해 과학적 실험을 할 필요는 없어." 여러분이라면 '상식'처럼 보이는 어떤 것을 연구하는 것의 가치가 무엇인지를 어떻게 설명할 것인가?

2. 여러분이 친구와 함께 TV를 보고 있는데, 더 오랜 시간 일하는 유럽인이 더 적은 시간 일하는 사람들보다 덜 행복하다는 내용이 뉴스 프로그램에 보도되고 있다. 그런데 미국에서는 이 양상이 다르게 나타나고 있다는 보도가 뒤따르고 있다. 즉, 더 오랜 시간 일하는 미국인이 더 행복하다(Okulicz-Kozaryn, 2011)는 것이다. "이 사실은 아주 흥미로운 실험이네요"라고 뉴스는 말하고 있다. 여러분은 이를 보고, 뉴스는 단지 연구 결과일 뿐이지 실험 결과는 아니라고 지적한다. 실험으로 받아들여지려면 무엇이 있어야 하는가? 왜 모든 연구를 실험이라고 할 수 없는가?

3. 수업에서 첫 번째 시험을 본 후, 교수는 학생들의 자리 배치와 시험성적 간에 아주 긍정적인 상관관계가 나타났다는 사실에 주목하였다. "세일

좋은 성적을 받은 학생은 모든 수업에서 네 번째 열의 맨 앞에 앉은 학생이었다"고 교수는 이야기한다. 수업이 끝난 후 친구는 성적을 올리기 위해 둘이 함께 앞좌석으로 옮기자는 제안을 하였다. 상관과 인과관계에 대해 읽은 것을 상기해 볼 때, 무엇을 의심해야 하는가? 앞자리에 앉는 것과 좋은 성적을 얻는 것 간의 상관이 나타날 만한 이유가 있는가? 앞자리에 앉는 것이 좋은 성적을 받는 것의 원인이 된다는 것을 검증할 수 있는 실험을 설계할 수 있는가?

4. 범죄 정의를 수강하는 동료가 정신질환이 미국에서의 많은 폭력범죄의 원인이 된다는 제안을 하였다. 증거로 유죄판결을 받은 혐의자가 정신분열증자로 진단받았다는, 고도로 공론화된 살인사건을 언급하였다. 자신의 주장을 뒷받침하려면 친구는 어떤 증거가 필요한가?

5. 여러분이 친구에게 귀하와 같이 체육관에 가겠냐고 물었다. "싫어. 나는 절대 운동 안 해!" 라고 친구가 이야기하였다. 여러분은 친구에게 정규적인 운동이 모든 종류의 건강에 이득이 된다고 말하였다. 특히 심장질환의 위험을 크게 감소시킨다고 말하면서. 그러자 친구는 응답한다. "말도 안 돼. 매일 아침 여섯 시에 일어나서 평생 조깅을 하던 아저씨가 한분 계셔. 그런데 그 아저씨가 53세에 심장발작으로 돌아가셨거든!!" 여러분이라면 친구에게 뭐라고 이야기할 것인가? 아저씨의 사례는 운동이 심장병을 보호해 주지 못한다는 것을 증명해 주는가?

주요 개념 퀴즈 정답

1. c, 2. c, 3. a, 4. b, 5. d, 6. c, 7. a, 8. b, 9. a, 10. c, 11. b, 12. a, 13. d, 14. a, 15. d.

Need more help? Additional resources are located in LaunchPad at:
http://www.worthpublishers.com/launchpad/schacter3e

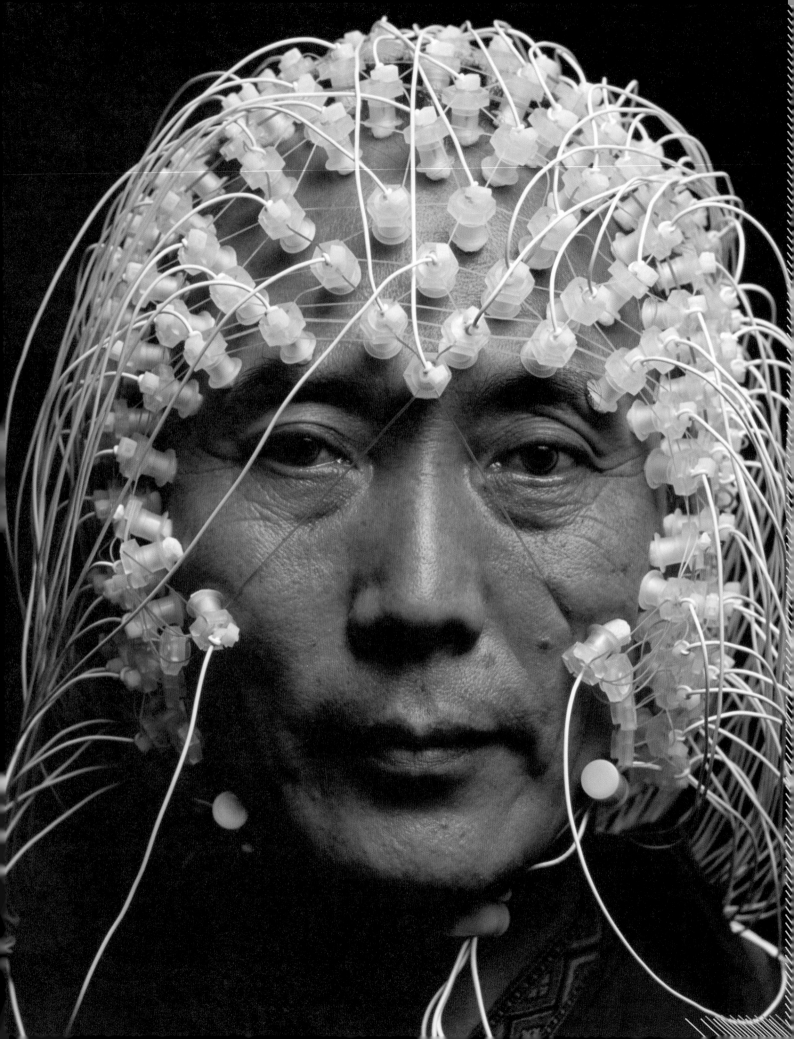

신경과학과 행동

레이 이스터링과 데이브 더슨은 서로 다른 시대와 장소에서 살았다. 이스터링은 1949년에 출생하여 버지니아 주의 리치몬드에서 자랐고 더슨은 1960년도에 출생하여 인디애나 주의 먼시에서 자랐다. 그러나 젊었을 때의 두 사람의 생은 매우 유사하였다. 두 사람 모두 미식축구를 좋아하였고 수비를 맡았으며 대학 미식축구 팀에서 인기가 매우 높아 전국 미식축구 리그(National Football League, NFL)에서 활약하였다. 이스터링은 1970년대 애틀랜타 팔콘 팀에서 활약하였고 1977년 시즌에서 최저 점수를 허용하는 기록을 세웠다. 더슨은 1980년대 시카고 베어스 팀에서 선수로 활약하였고 그는 가장 강한 수비 선수 중 한 명이었으며 1000년 시카고 베어스가 슈퍼볼을 차지하는 데 큰 공헌을 하였다. 불행하게도 이스터링과 더슨의 생은 은퇴 후에도 매우 유사하였다. 두 사람 모두 심각한 인지 결함과 우울증을 경험하였고 두 사람 모두, 즉 더슨은 2011년에, 이스터링은 2012년에 자살로 생을 마감하였다. 그들의 뇌를 부검한 결과 그들의 뇌에서 *만성 외상성 뇌장애*(chronic traumatic encephalopathy, CTE)가 발견되었는데, CTE는 반복적인 뇌진탕과 관련되어 초래되는 진행성 뇌 손상이다(McKee et al., 2012). 더슨과 이스터링은 CTE로 진단받은 20명 이상의 전직 NFL 선수들 중 2명에 불과하고, 복싱, 레슬링, 하키와 럭비 시합 중에 반복적으로 뇌 손상을 입을 경우에도 CTE가 초래되는 것으로 알려져 있다(Costanza et al., 2011; Daneshvar et al., 2011; Lahkan & Kirchgessner, 2012; McKee et al., 2012).

CTE가 이스터링 혹은 더슨을 사망에 이르게 하였는지에 관해서는 잘 알려져 있지 않지만 CTE가 인지 결함과 정서 결함, 예를 들어 주의집중의 어려움, 기억 상실, 안절부절못함과 우울증과 관련되어 있는 것으로 이해되고 있으며, 이러한 결함이 반복적인 뇌진탕을 입은 지 10년 이내에 시작되고 시간이 지남에 따라 점점 심각해진다(McKee et al., 2009). CTE는 나이 들거나 은퇴한 운동선수에만 국한되어 나타나지 않는다. 최근 연구는 다양한 두부 손상의 결과로 말미암아 사망한 17세 축구 선수에서도 CTE가 관찰됨을 보고하였다(McKee et al., 2012). 다행히도 CTE와 CTE의 예후에 대한 인식이 증가하고 있고 이로 말미암아 대학, 중고등학교 및 다른 청소년 스포츠 단체뿐만 아니라 전문 스포츠 단체에서도 이 문제에 대처할 준비를 하고 있다.

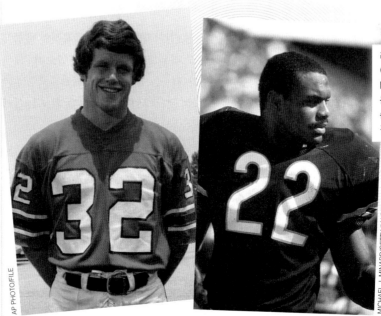

레이 이스터링(왼쪽)과 데이브 더슨(오른쪽) 모두 NFL의 뛰어난 선수였고, 은퇴 후 두 사람 모두 뇌 손상으로 말미암아 불행을 경험하였다.

AP PHOTO/FILE

MICHAEL J. MINARD/GETTY IMAGES

뉴런
정보처리 과제를 수행하기 위해 신경계 내의 다른 세포와 의사소통하는 세포

세포체(소마)
정보처리 과제를 통합하고 세포의 생존을 유지하게 하는 뉴런의 구성 요소

수상돌기
다른 뉴런으로부터 정보를 수용하여 이를 세포체로 전달하는 뉴런의 구성 요소

축색
정보를 다른 뉴런, 근육 혹은 내분비선으로 전달하는 뉴런의 구성 요소

수초
지방 물질의 절연 층

교세포
신경계에 위치하는 지지 세포

이 장에서는 뇌가 어떻게 작용하는지, 뇌가 작용하지 않을 경우 어떤 일이 발생하는지 혹은 앞의 두 경우가 어떻게 행동에 영향을 미치는지에 관해 살펴본다. 먼저 뇌의 정보 처리에 관여하는 가장 기본적인 단위인 뉴런, 혹은 신경원에 관해 살펴본다. 뉴런의 전기적 및 화학적 활동이 모든 행동, 사고와 정서의 출발점이다. 그런 다음 중추신경계, 특히 뇌의 해부학, 즉 뇌의 전반적인 조직, 서로 다른 기능들을 행하는 주요 뇌 구조들과 뇌의 진화적 발달에 관해 살펴보기로 하자. 마지막으로 뇌를 연구하고 또 어떻게 뇌가 작용하는가를 이해하는 것을 가능하게 하는 연구 방법들에 관해 살펴본다. 여기에는 손상된 뇌를 검사하는 방법과 살아 있는 건강한 뇌를 스캔하는 방법들이 포함된다.

뉴런 : 행동의 기원

대략 10억 정도의 사람들이 4년마다 열리는 월드컵 최종 게임을 시청한다. 이는 상당히 많은 숫자이지만 지구상에 살고 있는 약 70억 인구의 14%보다 약간 많은 숫자에 불과하다. 이보다 더 인상적인 숫자는 월드컵 토너먼트 중 어느 게임이든 간에 한 게임을 본 사람의 숫자인데, 300억 정도로 추정된다. 그러나 실제로 엄청난 수는 여러분의 두개골 안에 위치하여 지금 여러분이 읽고 있는 큰 숫자들을 이해하도록 도와주고 있다. 여러분의 뇌에는 대략 1,000억 개 정도의 신경 세포들이 다양한 과제들을 수행하여 여러분으로 하여금 인간으로 기능할 수 있게 한다.

인간은 사고를 하거나 감정을 느끼거나 행동을 할 때 자주 눈에 띄는 신호에 의존한다. 친구를 만나러 가는 동안 여러분이 어떻게 느낄 것인가를 예로 들어 보자. 여러분을 지켜보는 사람이 여러분의 얼굴에 나타나는 미소를 보거나 여러분이 빨리 걷는 것을 관찰할 것이다. 여러분은 친구를 만나면 무슨 말을 할 것인지를 마음속으로 리허설하고 친구에게 가까이 갈수록 행복감을 느낄 것이다. 이 모든 눈에 띄고 경험적인 신호들은 여러분의 뇌세포들의 활동으로 일어난다. 여러분이 가지고 있는 기대감, 느끼는 행복감, 걷는 속도 등은 뇌에서 일어난 정보 처리의 결과이다. 여러분의 생각, 감정과 행동 모두가 하루에 수조 번이나 정보를 받아들이고 행동을 생산해 내는 뇌세포들로부터 초래된다. 이 세포들이 **뉴런**(neuron), 즉 신경계에 위치하여 정보 처리 과제를 수행하기 위해 서로 의사소통하는 세포들이다.

뉴런의 구성 요소

1800년대 과학자들은 자신들의 관심을 사지, 폐와 간 기능의 연구에서 관찰하기 어려운 뇌 작용의 연구로 돌렸다. 철학자들은 뇌를 '매혹적인 베틀'로 묘사하였는데, 즉 행동이라는 태피스트리를 짜는 신비스러운 기관으로 묘사하였으며, 뇌에 관한 철학자들의 이러한 은유를 많은 과학자들이 증명하였다(Corsi, 1991). 과학자들은 뇌를 정교한 실로 끊임없이 연결된 격자로 보았으며 뇌를 잘 짜여진 하나의 큰 망이라고 결론 내렸다. 그러나 1880년대 스페인의 의사인 산티아고 라몬 카할(Santiago Ramón y Cajal, 1852~1934)이 뇌에 있는 뉴런들을 염색하는 새로운 기법을 적용하였다(DeFelipe & Jones, 1988). 이 염색법은 세포 전체의 모양을 드러나게 하였으며, 이에 따라 뉴런들이 서로 다른 형태와 크기를 가진다는 것이 밝혀졌다(그림 3.1 참조).

카할은 뉴런들이 세 가지 기본 요소, 즉 세포체, 수상돌기와 축색으로 구성된 복잡한 구조를 가지고 있다는 것을 발견하였다(그림 3.2 참조). 신체 기관의 세포들처럼 뉴런들은 **세포체**[cell body, 소마(soma)라고도 부른다]를 가지고 있으며, 세포체는 뉴런의 가장 큰 요소로서 정보 처리 과제를 조정하고 세포가 살아 있게 하는 기능을 가지고 있다. 이곳에서 단백질 합성, 에너지 생산과 신진대사가 일어난다. 세포체는 핵(nucleus)을 가지고 있는데, 여기에는 DNA, 혹은 여러분이 누구인가에 관한 유전 청사진을 함유하는 염색체가 위치한다. 세포체는 분자들을 세포 안

▲ 그림 3.1 골지 염색법을 사용하여 관찰된 뉴런 산티아고 라몬 카할은 골지(golgi) 염색법을 사용하여 뉴런의 모습을 발견하였다. 그는 각 뉴런의 세포체가 다른 뉴런들로 향하는 많은 가는 줄들로 구성되어 있다는 것을 최초로 발견하였다. 그는 놀랍게도 각 뉴런의 가는 줄들이 다른 뉴런과 실제로 붙어 있지 않은 것도 관찰하였다.

과 밖으로 이동하게 하는 투과성의 세포막으로 둘러싸여 있다.

다른 체세포들과 달리 뉴런은 세포체로부터 확장된 두 유형의 요소를 가지고 있다. 즉, 수상돌기와 축색을 가지고 있으며 이들을 통하여 뉴런들이 서로 의사소통한다. **수상돌기**(dendrites)는 다른 뉴런으로부터 정보를 수용하여 이를 세포체에 전달한다. 수상돌기라는 용어는 나무를 뜻하는 그리스어의 *dendrite*로부터 유래되었는데, 실제 대부분의 뉴런들은 마치 나뭇가지처럼 보이는 수많은 수상돌기들을 가지고 있다. **축색**(axon)은 정보를 다른 뉴런, 근육 혹은 내분비선으로 전달한다. 척수의 기저 부위에서 발가락에 이르는 축색을 길게 잡아당기면 그 길이가 무려 1미터나 될 정도로 매우 긴 축색도 있다.

많은 뉴런들에서 축색은 **수초**(myelin sheath)로 덮여 있는데, 수초는 지방성 물질의 절연 층이다. 수초는 신경계에서 관찰되는 지지 세포인 **교세포**(glial cell, '풀'을 의미하는 그리스어 단어로부터 유래되었다)로 만들어진다. 비록 여러분의 뇌에는 1,000억 개의 뉴런들이 바쁘게 정보를 처리하지만 뉴런보다 10~50배 정도 더 많은 교세포들도 다양한 기능을 수행한다. 일부 교세

▼ 그림 3.2 **뉴런의 구성 요소** 뉴런은 세 가지 부분으로 구성되어 있다. 세포체는 유기체의 DNA를 포함하는 염색체를 가지고 있으며 뉴런의 건강을 유지하게 한다. 수상돌기는 다른 뉴런으로부터 정보를 받아들이고, 축색은 정보를 다른 뉴런, 근육과 내분비선으로 전달한다.

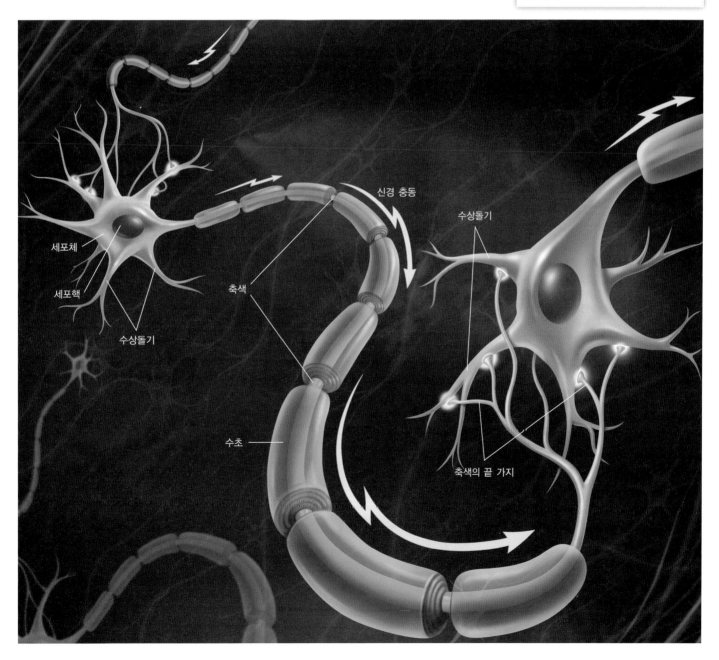

세포체

세포핵

수상돌기

축색

신경 충동

수상돌기

수초

축색의 끝 가지

시냅스
한 뉴런의 축색과 다른 뉴런의 수상돌기 혹은 세포체 사이의 접합 부위

감각 뉴런
외부 세계로부터 정보를 받아 이 정보를 척수를 통해 뇌로 전달하는 뉴런

운동 뉴런
정보를 척수로부터 근육으로 전달하여 움직임이 일어나게 하는 뉴런

개재 뉴런
감각 뉴런, 운동 뉴런 혹은 다른 개재 뉴런들을 서로 연결하는 뉴런

포들은 죽은 뉴런의 일부를 소화하고 일부 교세포들은 뉴런에게 물리적 지지와 영양을 공급하며, 또 다른 교세포들은 수초를 형성하여 축색으로 하여금 더 효율적으로 정보를 전달하도록 돕는다. 축색이 절연 물질인 수초로 둘러싸여 있으면 다른 뉴런, 기관 혹은 근육으로 더 효율적으로 신호를 전달하게 된다. 실제 다발성 경화증(multiple sclerosis)과 같은 탈수초화 질환에서는 수초가 상실되며 이로 인하여 한 뉴런에서 다른 뉴런으로의 정보 전달이 느려진다(Schwartz & Westbrook, 2000). 이 결과 다양한 문제들, 즉 사지의 감각 상실, 부분적 시력 상실, 협응 운동과 인지 기능의 어려움 등이 초래된다(Butler, Corboy, & Filley, 2009).

> **뉴런의 어느 요소가 의사소통을 가능하게 하는가?**

카할은 뉴런의 수상돌기와 축색들이 서로 붙어 있지 않는 것도 관찰하였다. 한 뉴런의 축색과 다른 뉴런의 수상돌기 혹은 세포체 사이에 작은 틈이 존재한다. 이 틈이 **시냅스**(synapse), 즉 한 뉴런의 축색과 다른 뉴런의 수상돌기 혹은 세포체 사이의 접합 부위의 일부이다(그림 3.3 참조). 여러분의 뇌에 있는 1,000억 개의 뉴런들 중 많은 뉴런들이 수천 개의 시냅스 접합을 가지고 있기 때문에 대부분의 성인 뇌에 100~500조의 시냅스가 존재한다는 것은 전혀 놀랄 일이 아닐 것이다. 곧 살펴보겠지만 시냅스를 통한 정보 전달이 뉴런들 사이의 기본적인 의사소통 수단이며 이로 말미암아 우리가 생각하고 느끼고 행동하게 된다.

뉴런의 주요 유형

세 가지 주요 뉴런 유형, 즉 감각 뉴런, 운동 뉴런, 개재 뉴런들이 있으며 각 유형의 뉴런은 독특한 기능을 행한다. **감각 뉴런**(sensory neurons)은 외부 세계로부터 정보를 수용하고 이 정보를 척수를 통하여 뇌로 전달한다. 감각 뉴런들은 자신들의 수상돌기 끝에 특별한 구조를 가지고 있으며 이를 통하여 빛, 소리, 접촉, 맛과 냄새에 관한 신호를 수용한다. 예를 들어 우리 눈에 위치하는 감각 뉴런의 끝부분은 빛에 민감하다. **운동 뉴런**(motor neurons)은 신호를 척수로부터 근육으로 전달하여 운동이 일어나게 한다. 이 뉴런들은 종종 긴 축색을 가지고 있어 신체 말단의 근육까지 연결된다. 그러나 신경계의 대부분은 세 번째 유형의 뉴런, 즉 **개재 뉴런**(interneurons)으로 구성되어 있는데, 개재 뉴런은 감각 뉴런, 운동 뉴

> **세 유형의 뉴런들이 어떻게 상호작용하여 정보를 전달하는가?**

▼ **그림 3.3 시냅스** 시냅스는 한 뉴런의 축색과 다른 뉴런의 수상돌기 혹은 세포체 사이의 접합을 의미한다. 뉴런들이 서로 붙어 있지 않는 것에 주목하라. 뉴런들 사이에 작은 시냅스 공간이 존재하며 이곳을 통해 정보가 전달된다.

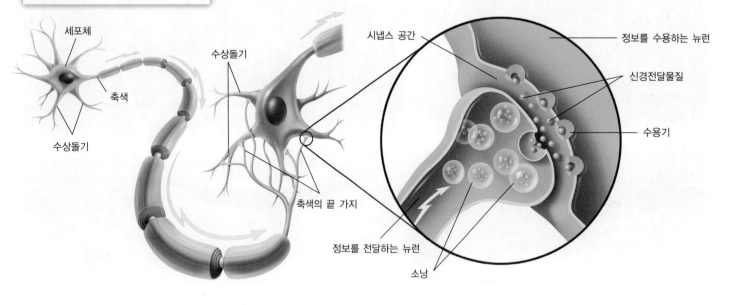

세포체 · 수상돌기 · 축색 · 수상돌기 · 축색의 끝 가지 · 시냅스 공간 · 정보를 수용하는 뉴런 · 신경전달물질 · 수용기 · 정보를 전달하는 뉴런 · 소낭

런 혹은 다른 개재 뉴런들을 서로 연결하는 기능을 한다. 일부 개재 뉴런들은 감각 뉴런으로부터 정보를 받아 신경계로 전달하는 한편 일부 개재 뉴런들은 신경계로부터 운동 뉴런으로 정보를 전달한다. 또 다른 개재 뉴런들은 신경계 내에서 다양한 정보 처리 기능을 행한다. 개재 뉴런들은 작은 회로를 통하여 단순한 과제, 예를 들어 감각 신호의 위치 탐지 등을 행하거나 친숙한 사람의 얼굴 인식 등과 같은 훨씬 더 복잡한 과제를 수행하기도 한다.

위치에 근거하는 뉴런 유형

뉴런들이 감각, 운동 혹은 연결 기능으로 전문화되어 있는 것 이외에도 뉴런들은 위치에 따라 다소 전문화된 기능을 가진다(그림 3.4 참조). 예를 들어 **푸르키니에 세포**(Purkinje cell)는 정보를 소뇌로부터 뇌의 나머지 영역과 척수로 전달하는 개재 뉴런이다. 이 뉴런들은 덤불처럼 매우 밀도가 높고 정교한 수상돌기를 가지고 있다. **추체 세포**(pyramidal cell)는 삼각형 모양의 세포체와 많은 작은 가지를 가지는 하나의 긴 수상돌기를 가지고 있다. **양극 세포**(bipolar cell)는 눈의 망막에 위치하며 하나의 축색과 하나의 수상돌기를 가지고 있다. 뇌는 다양한 유형의 정보를 처리하며 이러한 과제를 수행하기 위해 세포 수준에서부터 상당한 정도의 전문화가 이루어져 있다.

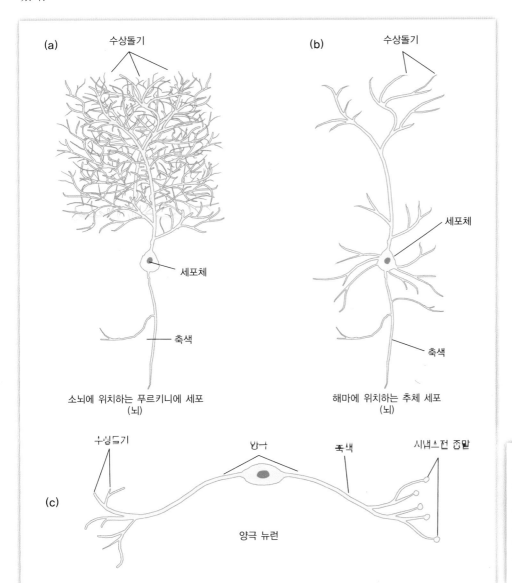

(a) 수상돌기

세포체

축색

소뇌에 위치하는 푸르키니에 세포
(뇌)

(b) 수상돌기

세포체

축색

해마에 위치하는 추체 세포
(뇌)

(c) 수상돌기   방구   축색   시냅스전 종말

양극 뉴런

◀ 그림 3.4 **뉴런의 유형** 뉴런은 세포체, 축색과 적어도 하나의 수상돌기를 가지고 있다. 그러나 뉴런들은 모양과 크기에서 상당히 다르다. (a) 푸르키니에 세포는 풍성한 나뭇가지 모양의 수상돌기를 가지고 있다 (b) 추체 세포는 삼각형 모양의 세포체와 많은 작은 가지를 가지는 하나의 긴 수상돌기를 가지고 있다 (c) 양극 세포는 단지 하나의 수상돌기와 하나의 축색을 가지고 있다.

요약

▶ 뉴런은 신경계를 구성하는 기본 단위이다. 뉴런은 외부 세계로부터 수용한 정보를 처리하고 다른 뉴런과 의사소통하며 신체의 근육과 기관으로 메시지를 전달한다.

▶ 뉴런은 세 가지 주요 부위, 즉 세포체, 수상돌기와 축색으로 구성되어 있다.
  ▶ 세포체에는 유기체의 유전 정보를 담고 있는 핵이 위치한다.
  ▶ 수상돌기는 다른 뉴런으로부터 감각 정보를 수용하여 이를 세포체로 전달한다.
  ▶ 각 축색은 세포체로부터 다른 뉴런 혹은 근육이나 신체 기관으로 정보를 전달한다.

▶ 뉴런들은 서로 붙어 있지 않다. 뉴런들은 작은 틈을 사이에 두고 분리되어 있으며 이 틈은 한 뉴런에서 다른 뉴런으로 정보가 전달되는 시냅스의 일부이다.

▶ 교세포는 주로 수초 형성을 통하여 뉴런을 지지하는 역할을 한다. 수초는 축색을 둘러싸고 있으며 정보 전달을 용이하게 한다. 탈수초화 질환의 경우 수초가 상실된다.

▶ 뉴런들은 행하는 기능에 따라 구분된다. 뉴런의 세 가지 주요 유형에는 감각 뉴런(예 : 양극 뉴런), 운동 뉴런과 개재 뉴런(예 : 푸르키니에 세포)이 포함된다.

뉴런의 전기화학적 활동 : 정보 처리

우리의 생각, 느낌과 행동은 뉴런들 사이의 의사소통에 달려 있는데, 어떻게 의사소통이 일어나는가? 뉴런 내 혹은 뉴런 간의 정보 소통은 두 단계, 즉 전도와 전달로 진행된다.

● 전도(conduction)는 뉴런 내부에서 전기적 신호가 전달되는 것, 즉 수상돌기에서 세포체, 나아가서는 축색으로 이동하는 것을 의미한다.
● 전달(transmission)은 시냅스를 건너 뉴런들 사이에 전기적 신호가 전달되는 것이다.

이 두 단계 모두를 합하여 과학자들은 뉴런의 전기화학적 활동(electrochemical action)이라고 부른다.

전기적 신호 : 뉴런 내에서의 정보 전달

뉴런의 세포막은 채널로 작용하는 작은 구멍들을 가지고 있으며, 전하를 띠는 작은 분자인 이온들이 이 구멍들을 통해 세포 안과 밖을 통과한다. 뉴런의 세포막을 건너 일어나는 이온의 흐름이 뉴런 내에서 전기적 신호의 전도를 일어나게 한다. 전기적 신호의 전도가 어떻게 일어나게 되는가?

안정 전위 : 뉴런의 전기적 속성의 근원

뉴런은 자연적으로 전하를 띠는데, 이를 **안정 전위**(resting potential)라고 부른다. 안정 전위는 뉴런의 세포막 안과 밖 사이의 전하 차이를 의미한다(Kandel, 2000). 1930년대 안정 전위가 생물학자들에 의해 처음 발견된 당시 안정 전위는 대략 −70밀리볼트로 측정되었다. 이는 전형적인 배터리 전하보다 훨씬 적은 것인데, 예를 들어 9 볼트 배터리는 9,000밀리볼트이다(Klein & Thorne, 2007).

안정 전위는 뉴런의 세포막 안과 밖의 이온 농도의 차이로 인하여 초래된다(그림 3.5a 참조). 이온은 양전하(+charge) 혹은 음전하(−charge)를 띤다. 안정 상태에서는 양전하를 띠는 이온인 칼륨 이온(potassium ion, K^+)과 음전하를

1939년 여름 생물학자인 앨런 호지킨(Alan Hodgkin)과 앤드류 헉슬리(Andrew Huxley)는 대합조개, 오징어와 가재 등과 같은 해양 무척추 동물을 연구하는 동안 안정 전위를 발견하였다(Stevens, 1971). 호지킨과 헉슬리는 거대한 오징어 축색을 연구하였는데, 이는 오징어 축색이 인간의 가장 큰 축색보다 100배나 더 컸기 때문이다. 그들은 미세한 전선을 오징어의 축색 안으로 삽입하여 전선이 축색 안에 있는 젤리 같은 액체에 닿게 한 후 다른 전선을 축색을 둘러싸고 있는 축색 바깥의 액체에 놓았다. 그들은 축색 안과 바깥 사이에 전위 차이가 있음을 발견하였고 이 차이를 안정 전위라고 불렀다.

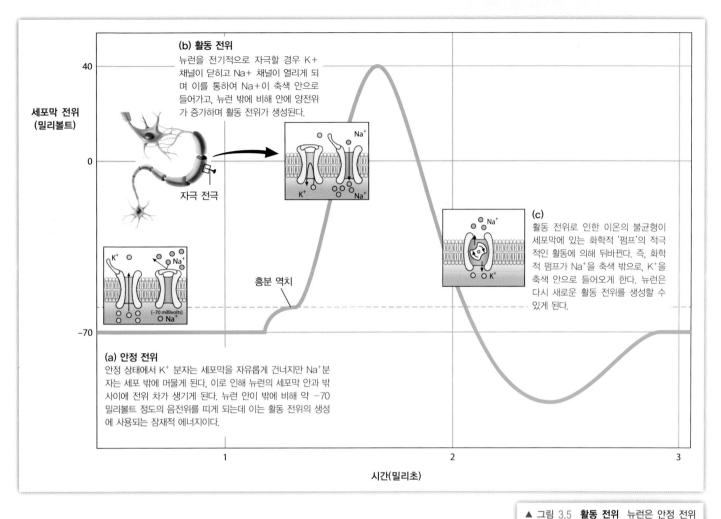

(b) 활동 전위
뉴런을 전기적으로 자극할 경우 K+ 채널이 닫히고 Na+ 채널이 열리게 되며 이를 통하여 Na+이 축색 안으로 들어가고, 뉴런 밖에 비해 안에 양전위가 증가하며 활동 전위가 생성된다.

(c)
활동 전위로 인한 이온의 불균형이 세포막에 있는 화학적 '펌프'의 적극적인 활동에 의해 뒤바뀐다. 즉, 화학적 펌프가 Na+을 축색 밖으로, K+을 축색 안으로 들어오게 한다. 뉴런은 다시 새로운 활동 전위를 생성할 수 있게 된다.

흥분 역치

자극 전극

세포막 전위 (밀리볼트)

(a) 안정 전위
안정 상태에서 K+ 분자는 세포막을 자유롭게 건너지만 Na+분자는 세포 밖에 머물게 된다. 이로 인해 뉴런의 세포막 안과 밖 사이에 전위 차가 생기게 된다. 뉴런 안이 밖에 비해 약 −70 밀리볼트 정도의 음전위를 띠게 되는데 이는 활동 전위의 생성에 사용되는 잠재적 에너지이다.

시간(밀리초)

▲ 그림 3.5 **활동 전위** 뉴런은 안정 전위라고 불리는 자연적으로 발생하는 전위를 가진다. 뉴런을 전기적으로 자극하면 활동 전위가 일어난다.

띠는 단백질 이온(protein ion, A^-)이 뉴런 밖에 비하여 뉴런 안에 더 많은 농도로 위치한다. 이와 상반되게 양이온인 나트륨 이온(sodium ion, Na^+)과 음이온인 염소 이온(chloride ion, Cl^-)은 세포막 밖에 더 많은 농도로 위치한다.

축색 안과 밖의 K^+ 농도는 축색 세포막에 위치하는 채널들에 의해 통제되는데, 이 채널들은 분자가 뉴런의 안과 밖으로 이동하는 것을 허용한다. 안정 상태 동안에는 K^+ 분자가 세포막을 자유롭게 이동하는 것을 허용하는 채널이 개방되는 반면 Na^+ 이온과 다른 이온의 이동을 허용하는 채널들은 대개 닫혀 있다. 뉴런 안에 K^+ 분자가 자연적으로 더 많은 농도로 있기 때문에 일부 K^+ 분자는 열려 있는 채널을 통하여 뉴런 밖으로 이동하며 이에 따라 뉴런 내부가 외부에 비하여 대략 −70밀리볼트 정도의 전위를 띠게 된다. 후버댐이 수문이 열릴 때까지 콜로라도 강물을 막아 두듯이 안정 전위는 잠재적인 에너지인데, 이는 안정 전위가 전기 충동이 일어날 수 있는 여건을 만들기 때문이다.

뉴런의 세포막 안과 밖의 어떤 차이가 안정 전위를 생성하는가?

활동 전위 : 뉴런을 가로질러 신호 보내기

대부분의 시간 동안 뉴런들은 안정 전위를 유지한다. 그러나 오징어의 거대한 축색을 가지고 연구했던 생물학자(90쪽의 사진 참조)들은 짧은 시간 동안 축색에 전기 쇼크를 가함으로써 신호를 만들어 낼 수 있었고 그 결과 전기 충동(electric impulse)이 축색을 따라 전도되는 것을 관찰하였다(Hausser, 2000; Hodgkin & Huxley, 1939). 이 전기 충동을 **활동 전위**(action potential)

활동 전위
뉴런의 축색을 따라 시냅스에 전달되는 전기적 신호

라고 부르는데, 이는 뉴런의 축색을 따라 시냅스로 전도되는 전기적 신호를 의미한다.

활동 전위는 전기 쇼크가 일정 수준, 즉 역치(threshold)에 도달할 때에만 발생한다. 쇼크가 역치 이하일 경우 재빨리 소멸되는 작은 신호들만이 기록되었다. 쇼크가 역치에 도달하면 훨씬 더 큰 신호인 활동 전위가 관찰되었다. 흥미롭게도 전기 쇼크의 강도를 역치보다 더 높이더라도 활동 전위의 강도가 증가되지 않았다. 활동 전위는 실무율(all or none)을 따른다는 것이다. 역치 이하의 전기 자극은 활동 전위를 생산하지 못하는 반면, 역치 혹은 그 이상의 전기 자극은 항상 활동 전위를 생산한다. 자극이 역치 혹은 역치 이상인가와는 무관하게 활동 전위는 항상 동일한 속성과 동일한 강도로 생산된다.

여러분이 전등 스위치를 킬 때 일어나는 전류의 흐름처럼 활동 전위는 실무율을 따른다. 즉, 전등 스위치를 키면 방이 밝아지고 키지 않으면 방은 어두운 상태로 남는다. 이와 유사하게 뉴런의 전기적 자극이 역치를 넘으면 활동 전위가 생성되지만 역치를 넘지 못하면 안정 전위 상태로 남는다.

거대한 오징어 축색을 연구하는 생물학자들은 활동 전위의 또 다른 놀라운 속성을 관찰하였다. 즉, 그들은 활동 전위가 0보다 훨씬 큰 +40밀리볼트라는 것을 발견하였다. 이는 활동 전위의 생성 기제가 단순히 안정 전위인 −70밀리볼트를 상실하는

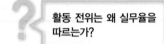

활동 전위는 왜 실무율을 따르는가?

것이 아니라는 것을 시사하는데, 왜냐하면 이 경우 활동 전위가 0이 되어야 하기 때문이다. 그렇다면 왜 활동 전위는 0 이상의 전위를 가지는가?

활동 전위는 축색의 세포막 채널에 변화가 있을 경우 발생한다. 안정 상태에서는 K^+ 채널만이 열려 있다는 사실을 여러분은 기억하고 있을 것이다. 그러나 전위가 역치값으로 상승할 경우 K^+ 채널이 짧은 시간 동안 닫히게 되고 대신 다른 양이온인 나트륨 이온(Na^+)의 흐름을 허용하는 채널이 열리게 된다(그림 3.5b 참조). 전형적으로 Na^+은 축색 안보다 밖에 더 많이 위치한다. Na^+ 채널이 열리면 이 양이온이 세포 안으로 들어가게 되어 축색 밖에 비하여 안이 더 양전위를 띠게 된다. Na^+이 축색 안으로 이동함으로써 활동 전위가 최대값인 +40밀리볼트를 띠게 된다.

활동 전위가 최댓값을 가진 후 세포막 채널은 원래 상태로 돌아가게 되며 축색이 안정 전위에 도달할 때까지 K^+이 세포 밖으로 이동한다. 이 과정 동안 많은 여분의 Na^+이 축색 안에 머물게 되고 많은 여분의 K^+이 축색 밖에 있게 된다. 이온이 불균형 상태로 있는 이 시기 동안 뉴런은 또 다른 활동 전위를 생산할 수 없으며, 이 시기를 **불응기**(refractory period)라고 부르는데, 즉 활동 전위가 생성된 후 다른 새로운 활동 전위가 생성되지 못하는 시기이다. 이온 농도의 불균형은 세포막에 위치하는 능동적인 화학 '펌프'에 의해 전환되는데, 즉 Na^+이 축색 밖으로 이동하고 K^+이 축색 안으로 이동하게 된다(펌프는 활동 전위 동안에는 작용하지 않는다. 그림 3.5c 참조).

앞서 어떻게 활동 전위가 뉴런의 한 지점에서 생성되는가를 살펴보았다. 그러면 어떻게 이 전위가 축색을 따라 이동하는가? 이동은 도미노 효과에 의해 일어난다. 축색이 시작되는 지점에서 활동 전위가 생성되면 활동 전위는 짧은 거리만 이동하고 그 지점에서 활동 전위가 다시 생성된다. 이 활동 전위 역시 짧은 거리를 이동하여 그 지점에서 다른 활동 전위를 생성하게 하며 이 과정을 통하여 활동 전위가 축색의 길이를 따라 전달된다. 이 단순한 기제로 말미암아 활동 전위가 축색의 전체 길이를 이동하게 되고 또 얼마나 긴 축색을 이동하는가와는 무관하게 활동 전위의 강도가 유지된다.

수초가 활동 전위의 전달을 용이하게 한다. 수초는 축색 전체를 감싸고 있지 않고 대신 마치 소시지의 한 토막처럼 축색 군데군데에 수초가 없는 부분이 있다. 수초가 없는 축색 부위를 발견한 프랑스 병리학자인 루이스 안토니 랑비에(Louis Antonine Ranvier)의 이름을 붙여 랑비에 결절(nodes of Ranvier)이라고 부른다(그림 3.6 참조). 수초화된 축색을 따라 전류가 전달될 때

불응기
활동 전위가 생성된 후 나타나는 것으로 이 시기 동안에는 새로운 활동 전위가 생성되지 못한다.

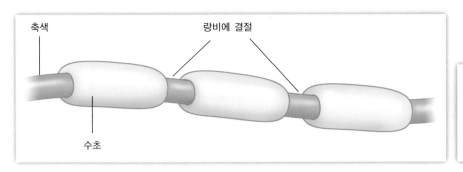

축색

랑비에 결절

수초

◀ 그림 3.6 **수초와 랑비에 결절** 교세포에 의해 형성되는 수초는 뉴런의 축색을 감싸며, 이로 인하여 활동 전위가 축색을 따라 전달될 때 더 빨리 전달된다. 수초 사이사이에 수초가 없는 부분이 있는데, 이를 랑비에 결절이라고 부른다. 전기 충동이 한 결절에서 다음 결절로 점프하기 때문에 축색을 따라 정보 전달이 빠르게 일어난다.

전류는 전체 축색을 따라 전달되는 것이 아니라 한 랑비에 결절에서 다른 결절로 점프를 한다(Poliak & Peles, 2003). 이러한 점프를 도약 전도(saltatory conduction)라고 하며, 이는 축색을 따라 정보가 전도되는 것을 돕는다.

화학적 신호 : 뉴런들 사이의 시냅스 전달

아마 여러분은 활동 전위가 축색의 끝에 도달하면 그곳에서 멈출 것이라고 여길 것이다. 어쨌든 뉴런들 사이의 시냅스 공간은 한 뉴런의 축색과 인접해 있는 다른 뉴런의 수상돌기가 실제로 서로 접하지 않는다는 것을 의미한다. 그러나 활동 전위는 화학적 작용에 의존하여 작은 시냅스 공간을 건너게 된다.

? 뉴런은 어떻게 다른 뉴런과 의사소통하는가?

축색은 대개 **종말 단추**(terminal button)에서 끝나는데, 종말 단추는 축색으로부터 확장되어 나온 혹처럼 생긴 구조이다. 종말 단추는 **신경전달물질**(neurotransmitter)을 담고 있는 작은 소낭 혹은 백으로 채워져 있다. 신경전달물질은 시냅스를 건너 정보를 수용하는 뉴런의 수상돌기로 정보를 전달하는 화학물질이다. 정보를 수용하는 뉴런의 수상돌기는 세포막의 일부인 **수용기**(receptor)를 가지고 있는데, 수용기는 신경전달물질을 수용하고 새로운 전기적 신호의 생성을 시작하게 하거나 막는 역할을 한다.

K⁺과 Na⁺이 세포막을 건너면 정보를 보내는 뉴런, 즉 **시냅스전 뉴런**(presynaptic neuron)은 안정 전위에서 활동 전위로 바뀌게 된다. 활동 전위는 축색을 따라 전달되어 종말 단추에 도달하게 되며 그곳에서 소낭 속에 있는 신경전달물질이 시냅스에 분비되도록 자극한다. 이 신경전달물질들은 시냅스에 떠다니며 인근에 있는 정보를 수용하는 뉴런, 즉 **시냅스후 뉴런**(postsynaptic neuron)의 수상돌기에 있는 수용기와 접촉하게 된다. 이후 시냅스후 뉴런에 새로운 활동 전위가 생성되고 활동 전위가 축색을 따라 다음 시냅스와 다른 뉴런에 전달되는 과정이 지속된다. 이 전기화학적 작용을 **시냅스 선날**(synaptic transmission)이라고 부르며(그림 3.7 참조), 이 작용은 뉴런들이 서로 소통하는 것을 가능하게 하고, 나아가서는 여러분의 생각, 정서와 행동의 근거가 된다.

여러분이 한 뉴런에서 다른 뉴런으로 정보가 어떻게 전달되는가를 이해했을 것으로 여겨지지만 이 과정을 좀 더 상세하게 살펴보기로 하자. 한 뉴런이

종말 단추
축색으로부터 확장되어 나온 혹처럼 생긴 구조

신경전달물질
시냅스를 건너 정보를 수용 뉴런의 수상돌기로 전달하는 화학물질

수용기
신경전달물질을 수용하고 새로운 전기적 신호를 생성하게 하거나 생성하지 못하게 하는 세포막의 일부분

▼ 그림 3.7 **시냅스 전달** (1) 활동 전위가 축색을 따라 이동하여 (2) 소낭에서 신경전달물질이 분비되도록 자극한다. (3) 신경전달물질이 시냅스에 분비되며, 시냅스를 건너 시냅스후 뉴런의 수상돌기에 있는 수용 부위와 결합하면 새로운 활동 전위가 생성하게 된다. 신경전달물질은 (4) 시냅스전 뉴런으로 재흡수되거나 (5) 시냅스에서 효소에 의해 분해되거나 (6) 시냅스전 뉴런의 자가수용기와 결합함으로써 시냅스에서 제거된다.

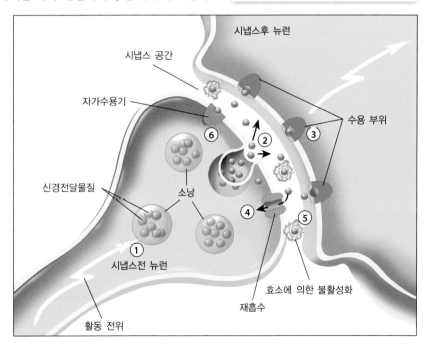

시냅스후 뉴런

시냅스 공간

자가수용기

수용 부위

신경전달물질

소낭

시냅스전 뉴런

효소에 의한 불활성화

재흡수

활동 전위

아세틸콜린
수의적 운동의 통제를 포함한 다양한 기능에 관여하는 신경전달물질

도파민
운동, 동기, 즐거움과 정서적 각성을 통제하는 신경전달물질

글루타메이트
뇌의 주요 흥분성 신경전달물질

GABA(감마-아미노뷰티릭산)
뇌의 주요 억제성 신경전달물질

노르에피네프린
특히 경계 상태와 환경 내에 있는 위험의 인식에 관여하는 신경전달물질

세로토닌
수면과 깸, 섭식과 공격적 행동의 통제에 관여하는 신경전달물질

엔도르핀
뇌의 통증 경로와 정서 센터에 영향을 미치는 화학물질

효능제
신경전달물질의 효능을 증가시키는 약물

길항제
신경전달물질의 기능을 봉쇄하는 약물

다른 뉴런과 수천 개의 시냅스 연결을 한다는 것을 기억할 것이다. 그러면 한 뉴런의 수상돌기는 시냅스에 분비되는 여러 신경전달물질들 중 어느 것을 수용하고 어느 것을 수용하지 않아야 되는가를 어떻게 알 수 있는가? 이에 대한 한 가지 답은 뉴런들이 특정 유형의 신경전달물질을 사용하는 경로를 뇌에 형성하는 경향을 가지고 있다는 것이다. 즉, 한 신경전달물질은 뇌의 한 영역에 많이 존재하는 반면 다른 신경전달물질은 뇌의 다른 영역에 많이 존재한다는 것이다.

두 번째 답은 신경전달물질과 수용기가 열쇠와 자물쇠처럼 작용한다는 것이다. 특정 열쇠가 단지 특정 자물쇠에만 맞듯이 일부 신경전달물질이 수상돌기의 특정 수용기하고만 결합한다. 신경전달물질의 분자 구조가 수용기의 분자 구조와 '꼭 맞아야'만 한다.

두 번째 가능한 질문은 화학적 메시지가 시냅스후 뉴런에 전달된 후 시냅스에 남아 있는 신경전달물질에 어떤 일이 일어나는가이다. 신경전달물질이 뉴런에 영향을 미치는 것을 막는 기제가 있어야만 하며, 만약 그렇지 못할 경우 신경전달물질은 끊임없이 신호를 보내게 된다. 신경전달물질은 세 가지 과정을 통하여 시냅스를 떠나게 된다(그림 3.7 참조). 첫째, **재흡수**(reuptake)를 통하여 신경전달물질이 시냅스전 뉴런의 축색에 있는 종말 단추로 재흡수된다. 둘째, 신경전달물질이 **효소 불활성화**(enzyme deactivation)라고 불리는 과정을 통하여 시냅스에 있는 효소에 의해 파괴될 수 있다. 특정 효소는 특정 신경전달물질을 분해한다. 마지막으로 신경전달물질이 시냅스전 뉴런의 **자가수용기**(autoreceptors)라고 불리는 수용기와 결합할 수 있다. 자가수용기는 얼마나 많은 양의 신경전달물질이 시냅스에 분비되었는가를 탐지하여 만약 지나치게 많은 양이 분비될 경우 신경전달물질의 분비를 멈추는 신호를 뉴런에게 보낸다.

신경전달물질의 유형과 기능

서로 다른 신경전달물질이 열쇠와 자물쇠처럼 서로 다른 유형의 수용기들을 활성화한다면 여러분은 얼마나 많은 유형의 신경전달물질이 뇌에 존재하는가에 관해 궁금할 것이다. 오늘날 우리는 60여 종의 화학물질들이 뇌와 신체에서 정보 전달의 역할을 한다는 것과 이 화학물질들이 생각, 감정과 행동에 서로 다른 영향을 미치는 것으로 알고 있다. 여기서 신경전달물질들을 살펴보지만 이 중 일부 신경전달물질에 관해서는 뒷장에서 다시 살펴보게 될 것이다.

- **아세틸콜린**(acetylcholine, Ach)은 수의적 운동 통제를 포함하는 다양한 기능에 관여하는 신경전달물질이다. 아세틸콜린은 뇌의 뉴런들과 축색이 근육 혹은 심장과 같은 신체 기관과 연결되는 시냅스에서 발견된다. 아세틸콜린은 근육을 활성화시켜 운동이 일어나게 할 뿐만 아니라 주의, 학습, 수면, 꿈과 기억 등을 통제하는 데에도 관여한다(Gais & Born, 2004; Hasselmo, 2006; Wrenn et al., 2006; Wrenn et al., 2006). 심각한 기억 장애를 동반하는 알츠하이머 병(Salmon & Bondi, 2009)은 아세틸콜린을 생산하는 신경원의 상실과 관련되어 있다.

- **도파민**(dopamine)은 움직임, 동기, 쾌락과 정서적 각성에 관여하는 신경전달물질이다. 도파민이 쾌락 추구 혹은 보상과 관련된 행동 등과 같은 기본적인 동기 행동에 중요한 역할을 하기 때문에 도파민은 약물 중독에 중요한 역할을 한다(Baler & Volkow, 2006). 높은 도파민 수준은 조현병과 관련되어 있고(Winterer & Weinberger, 2004), 낮은 수준은 파킨슨병과 관련되어 있다.

- **글루타메이트**(glutamate)는 뇌의 주요 흥분성 신경전달물질인데, 이는 글루타메이트가 뉴런들 사이의 정보 전달을 증대시킨다는 것을 의미한다. 이와 상반되게 **GABA**(gamma-aminobutyric acid)는 뇌의 대표적인 억제성 신경전달물질로서 뉴런의 발화를 멈추게 하는 경

향을 가지고 있다. 너무 많은 글루타메이드 혹은 지나치게 적은 GABA는 뉴런을 지나치게 활성화시켜 발작을 초래할 수 있다.

● 두 가지 서로 관련되는 신경전달물질, 즉 **노르에피네프린**(norepinephrine) 과 **세로토닌**(serotonin)은 기분과 각성에 영향을 미친다. 노르에피네프 린은 특히 경계 상태 혹은 환경 내 위험에 대한 인식을 높이는 데에 관여한다 (Ressler & Nemeroff, 1999). 세로토닌은 수면과 각성, 섭식 행동과 공격 행동 에 관여한다(Dayan & Huys, 2009; Kroeze & Roth, 1998). 두 신경전달물질 모두 기분과 각성에 영향을 미치기 때문에 각 신경전달물질의 수준이 낮 으면 기분 장애가 발병된다(Tamminga et al., 2002).

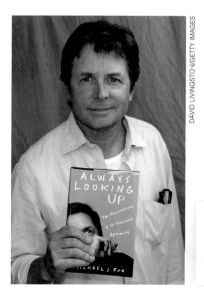

● **엔도르핀**(endorphins)은 뇌의 통증 경로와 정서 센터에 작용하는 화학 물질이다(Keefe et al., 2001). '엔도르핀'이라는 용어는 내인성 모르핀 (*endogenous morphine*)의 약어이며 이 약

? 어떻게 신경전달물질이 러너스 하이 느낌을 생산 하는가?

어는 매우 적절한 묘사이다. 모르핀은 진정과 쾌락 효과를 가지는 합성약물 이고 엔도르핀은 이와 유사한 속성, 즉 통증을 완화시키

고 기분을 돋우는 효과를 가지는 뇌에서 생성되는 물질이다. 많은 운동선수들이 신체의 극한 상황에서 경험하는 '황홀감 혹은 러너스 하이(runner's high)'는 뇌에서 분비되는 엔도 르핀의 분비와 관련되어 있다(Boecker et al., 2008).

신경전달물질들 각각은 서로 다른 방식으로 사고, 감정과 행동에 영향을 미치므로 정상적 인 기능은 각 신경전달물질의 정교한 균형을 필요로 한다. 경미한 불균형, 즉 한 신경전달물 질이 너무 많거나 혹은 충분하지 않은 것조차 행동에 막대한 영향을 미칠 수 있다. 이러한 불 균형이 때로는 자연적으로 발생한다. 예를 들어 뇌가 충분한 세로토닌을 생산하지 않으면 우 울하거나 불안을 경험하게 된다. 또 다른 경우에는 개인이 적극적으로 신경전달물질의 불균 형을 추구한다. 흡연, 음주, 합법적 혹은 불법 약물 복용 등이 뇌의 신경전달물질의 균형을 깰 수 있다. 예를 들어 LSD 약물은 구조적으로 세로토닌과 유사하기 때문에 LSD는 뇌에서 세로 토닌 수용기와 매우 쉽게 결합하여 세로토닌이 사고, 감정과 행동에 미치는 효과와 유사한 효 과를 낸다. 다음 절에서 우리는 어떻게 일부 약물들이 이러한 방식으로 수용기를 속이는지를 살펴볼 것이다.

독일의 산드라 월랜호스트는 2009년 하와 이에서 개최된 세계 철인 대회의 한 부분인 112마일 자전거 경주를 시작하였다. 월랜호 스트와 같은 운동가들이 극심한 스포츠를 할 때 주관적인 황홀함을 경험하는데, 이는 뇌 의 정서 및 통증 센터에 작용하여 기분을 상 승시키고 통증을 완화시키는 화학적 메신저 인 엔도르핀의 분비 때문이다.

어떻게 약물이 신경전달물질을 모방하는가

신경계에 영향을 미치는 많은 약물들은 신경전달물질의 합 성 혹은 기능을 증진시키거나, 방해하거나 혹은 모방함을 통 하여 작용한다(Cooper, Bloom, & Roth, 2003; Sarter, 2006). **효능제**(agonists)는 신경전달물질의 작용을 증진시키는 약물이 다. 반면 **길항제**(antagonists)는 신경전달물질의 기능을 봉쇄하 는 약물이다. 일부 약물은 신경전달물질의 합성 혹은 분비 단계를 변화시키는 한편, 일부 약물들은 신경전달물질과 유 사한 화학 구조를 가지고 있어 약물이 뉴런의 수용기와 결합 할 수 있다. 만약 약물이 수용기와 결합하여 신경전달물질을 활성화시키면 그 약물은 효능제인 반면 만약 신경전달물질 의 작용을 봉쇄하면 그 약물은 길항제이다(그림 3.8 참조).

마이클 제이 폭스는 그의 자서전에서 파 킨슨병과 싸우는 과정을 기술하였다. 폭스 의 모습은 이 질환에 대한 대중적 인식을 증가시키고 치료법을 찾고자 하는 노력을 고무시켰다.

예를 들어 L-도파(L-dopa)는 도파민을 신경전달물질로 사용하는 뉴런들의 상실로 말미암아 발병되고 진전과 운동 개시의 어려움으로 특징되는 운동 장애인 파킨슨병을 치료하기 위해 개발되었다. 뉴런에서 도파민은 L-도파라고 불리는 분자의 변형에 의해 생성된다. L-도파를 섭취하면 뇌의 L-도파의 양이 증가하게 되고 살아 있는 뉴런들이 더 많은 도파민을 생산하도록 자극한다. 다시 말하면 L-도파가 도파민의 효능제로 작용한다는 것

어떻게 L-도파는 파킨슨병 증상을 완화시키는가?

이다. L-도파의 사용으로 인하여 파킨슨병의 증상들이 성공적으로 완화된다(Muenter & Tyce, 1971; Schapira et al., 2009). 그러나 L-도파를 장기간 사용하면 약물의 효과가 감소하게 되고 따라서 장기간 복용한 사람들에서 파킨슨병의 일부 증상들이 재발한다. 배우인 마이클 제이 폭스는 1991년에 파킨슨병 진단을 받은 후 L-도파를 복용하였다. 그는 다음과 같이 양치질과 같은 단순한 행동을 수행하는 것의 어려움을 기술하였다.

두 손으로 칫솔을 잡고 칫솔에 치약을 짜려고 하는 노력에 비하면 치약을 잡는 것은 아무 것도 아니다. 내가 치약을 칫솔에 짜려고 하면 오른손목이 원을 그리며 움직이기 시작한다. 나의 왼손이 오른손을 입까지 올라가도록 가이드하고 오랄-비 칫솔의 뒷면이 나의 윗입술 안에 닿도록 나는 내버려 둔다. 이는 마치 팽팽한 고무줄 새총을 쏘는 것과 같고 마켓에서 파는 가장 강력한 전동칫솔과 비교될 수 있다. 이 움직임을 멈추기 위해서는 왼손으로 오른손목을 잡아 세면대까지 강제로 잡아 내리고 마치 칼을 휘두르는 공격자의 칼을 빼앗듯이 칫솔을 떼어내야 한다(Fox, 2009, pp. 2-3).

거리에서 파는 약물을 포함한 다른 많은 약물들도 신경전달물질의 작용을 변화시킨다. 다른 예들을 좀 더 살펴보자.

▼ 그림 3.8 **효능제와 길항제의 작용** 효능제와 길항제는 시냅스 전달의 모든 단계, 즉 신경전달물질의 생산, 신경전달물질의 분비, 자가수용기, 재흡수, 시냅스후 수용기와 시냅스 그 자체에 작용하여 시냅스 전달을 증진시키거나 방해한다.

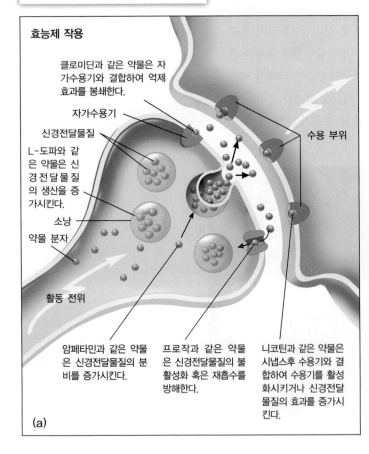

(a)

효능제 작용

클로미딘과 같은 약물은 자가수용기와 결합하여 억제효과를 봉쇄한다.

자가수용기

신경전달물질

L-도파와 같은 약물은 신경전달물질의 생산을 증가시킨다.

소낭

약물 분자

수용 부위

활동 전위

암페타민과 같은 약물은 신경전달물질의 분비를 증가시킨다.

프로작과 같은 약물은 신경전달물질의 불활성화 혹은 재흡수를 방해한다.

니코틴과 같은 약물은 시냅스후 수용기와 결합하여 수용기를 활성화시키거나 신경전달물질의 효과를 증가시킨다.

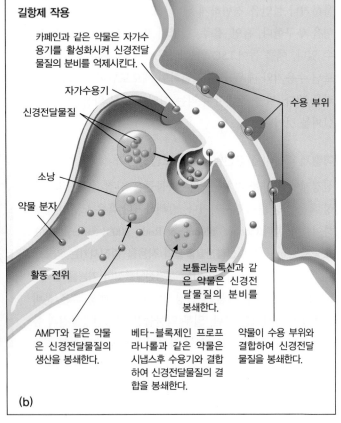

(b)

길항제 작용

카페인과 같은 약물은 자가수용기를 활성화시켜 신경전달물질의 분비를 억제시킨다.

자가수용기

신경전달물질

소낭

약물 분자

수용 부위

활동 전위

AMPT와 같은 약물은 신경전달물질의 생산을 봉쇄한다.

베타-블록제인 프로프라나롤과 같은 약물은 시냅스후 수용기와 결합하여 신경전달물질의 결합을 봉쇄한다.

약물이 수용 부위와 결합하여 신경전달물질을 봉쇄한다.

보툴리눔톡신과 같은 약물은 신경전달물질의 분비를 봉쇄한다.

암페타민(amphetamine)은 노르에피네프린과 도파민의 분비를 자극하는 인기 많은 약물이다. 이에 덧붙여서 암페타민과 코카인은 노르에피네프린과 도파민의 재흡수를 막는다. 노르에피네프린과 도파민의 분비가 증가하고 이와 동시에 이 신경전달물질들의 재흡수가 방해되면 이 신경전달물질들이 시냅스에 지나치게 많이 존재하게 되고 이로 인하여 이 신경전달물질들과 결합하는 수용기의 활성화가 증가하게 된다. 따라서 두 약물은 매우 강력한 효능제이다. 그러나 이 두 약물의 심리적 효과는 다소 다른데, 이는 이 약물들이 뇌의 어느 부위에서 어떻게 작용하는가가 다소 다르기 때문이다. 노르에피네프린과 도파민은 기분 통제에 매우 중요한 역할을 하기 때문에 두 신경전달물질 중 하나가 증가하면 행복감, 각성, 에너지의 증가가 초래된다. 그러나 노르에피네프린은 심장박동률도 증가시킨다. 암페타민 혹은 코카인을 지나치게 많이 복용하면 심장 수축이 지나치게 빨리 일어나서 박동이 혈액을 효과적으로 펌프하기에 충분히 길지 못하게 되고 이로 말미암아 실신과 때로는 사망에 이르게 된다.

암페타민의 변형물인 메타암페타민(methamphetamine)은 뉴런의 시냅스에서 도파민, 세로토닌과 노르에피네프린 경로에 영향을 미치기 때문에 이 약물이 어떻게 작용하는가를 정확하게 해석하는 것이 어렵다. 그러나 이 약물의 효능 및 길항 효과 모두 시각적 이미지를 지각하고 해석하는 데 도움이 되는 신경전달물질의 기능을 변화시키기 때문에 때로는 이상한 환각이 초래된다.

프로작(prozac)은 우울증 치료에 널리 사용되는 약물이며 신경전달물질의 효능제에 관한 또 다른 예가 된다. 프로작은 신경전달물질 세로토닌의 재흡수를 봉쇄하는 효능을 가지므로 **선택적 세로토닌 재흡수 억제제**(selective serotonin reuptake inhibitors, SSRIs)의 일부이다(Wong, Bymaster, & Engelman, 1995). 우울증을 앓는 환자들에서 전형적으로 뇌의 세로토닌 수준이 감소되어 있다. 재흡수를 봉쇄함으로써 좀 더 많은 신경전달물질이 시냅스에 더 오래 머물게 하고 세로토닌 수용기의 활성화를 증가시킨다. 세로토닌은 기분을 돋우어 우울 증상을 완화하는 데 도움이 될 수 있다(Mann, 2005).

의학적으로 중요한 길항제가 프로프라나롤(propranalol)이라고 불리는 약물인데, 이는 심장에서 노르에피네프린의 수용기를 차단하는 **베타-블록제**(beta-blockers)라는 약물로 분류된다. 노르에피네프린이 이 수용기들과 결합하지 못하기 때문에 심장박동률이 느려지게 되며 이는 심장박동이 너무 빠르거나 불규칙한 질환의 치료에 도움이 된다. 또한 베타-블록제는 공포 경험과 관련되어 나타나는 불안, 심장박동률의 증가와 신경과민을 완화시키기 위해 처방된다(Mills & Dimsdale, 1991; 항불안제와 항우울제에 관한 추가적인 정보는 16장 참조).

요약

▶ 뉴런 내부의 전기적 신호 전도는 안정 전위가 활동 전위라고 불리는 전기 충동에 의해 역전될 때 일어난다.

▶ 뉴런의 안정 전위는 세포막 밖과 안의 칼륨 이온의 농도 차이 때문에 일어난다. 즉, 칼륨 이온의 채널이 열려 세포 안에 있는 칼륨 이온이 세포 밖으로 나가고 나트륨 이온과 다른 이온의 채널은 닫혀 세포 안으로 들어오지 못하기 때문이다.

▶ 만약 전기적 신호가 역치에 도달하면 활동 전위가 일어나고 이 실무율을 따르는 활동 전위가 축색을 따라 이동하게 된다. 활동 전위는 축색의 세포막에 있는 칼륨 이온의 채널이 닫히고 나트륨 이온의 채널이 열려 나트륨 이온이 축색 안으로 들어옴으로써 생기게 된다. 활동 전위가 최댓값에 도달한 후 화학적 펌프가 이온의 불균형을 역전시켜 안정 전위로 되돌아가게 된다. 짧은 불응기 동안에는 활동 전위가 다시 생성되지 못한다. 활동 전위가 생성되면 활동 전위는 축색에 있는 랑비에 결절을 뛰어 넘어 축색을 따라 이동하여 시냅스에 도달하게 된다.

(계속)

▶ 뉴런들 사이의 소통은 시냅스 전달을 통해 일어나는데, 즉 활동 전위가 정보를 보내는 뉴런의 축색에 있는 종말
단추에서 신경전달물질을 분비하게 하고 분비된 신경전달물질이 시냅스를 건너 정보를 수용하는 뉴런의 수상돌기
에 있는 수용기와 결합한다.

▶ 신경전달물질은 특정 수용기와 결합한다. 결합 후 신경전달물질은 재흡수, 효소 불활성화 혹은 자가수용기와의 결
합을 통해 시냅스를 떠난다.

▶ 주요 신경전달물질에는 아세틸콜린, 도파민, 글루타메이드, GABA, 노르에피네프린, 세로토닌과 엔도르핀이 포
함된다.

▶ 약물은 신경전달물질의 작용을 용이하게 하거나 증가시키는 효능제로 작용하거나 신경전달물질의 작용을 봉쇄하는
길항제로 작용함으로써 행동에 영향을 미칠 수 있다. 향락적 약물은 뇌 기능에 영향을 미칠 수 있다.

신경계의 조직

개개의 뉴런들이 어떻게 서로 소통하는가를 살펴보았다. 이제 범위를 더 넓혀 뉴런들이 어떻
게 신경계를 형성하는가를 살펴보자. 뉴런들은 뇌에서 회로와 경로를 형성하여 작용하며, 나
아가서 이는 신체의 다른 영역의 회로와 경로에 영향을 미친다. 이러한 유형의 조직화와 대표
적인 집단이 없으면 뉴런들은 목적 없이 동요하게 될 것이다. 뉴런들은 신경 혹은 축색 다발과
뉴런들을 지지하는 교세포를 형성하는 구성 블록이다. **신경계**(nervous system)는 신체에 전기화
학적 정보를 전달하는 서로 상호작용하는 뉴런 네트워크이다. 이 절에서 우리는 신경계의 주요 부
위들과 구성 요소들을 살펴본다.

신경계의 구분

신경계는 크게 두 가지, 즉 중추신경계와 말초신경계로 구분된다(그림 3.9 참조). **중추신경계**

▼ 그림 3.9 **인간의 신경계** 신경계는 말초
신경계와 중추신경계로 구성된다. 말초신경
계는 또다시 자율신경계와 체성신경계로 구
분된다.

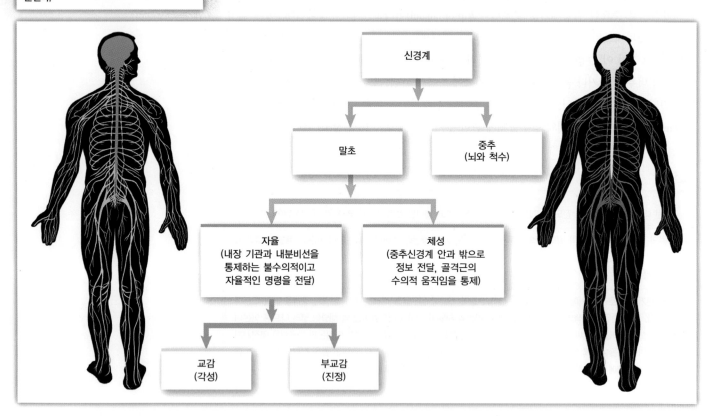

Korea

(central nervous system, CNS)는 뇌와 척수로 구성되어 있다. 중추신경계는 외부 세계로부터 감각 정보를 수용하고 처리하며 통합하고 골격과 근육에 명령을 보내어 행동이 일어나게 한다. CNS의 가장 위에 뇌가 위치하는데, 뇌에는 가장 복잡한 지각, 운동, 정서와 인지 기능을 지지하는 신경계의 구조들이 포함되어 있다. 뇌에서부터 가지를 내린 부위가 척수이다. 감각 정보를 처리하는 신경과 신체 부위로 명령을 전달하는 신경이 척수와 연결되어 있다.

말초신경계(peripheral nervous system, PNS)는 중추신경계와 신체 기관 및 근육을 연결한다. 말초신경계는 다시 두 가지 주요 부위, 즉 체성신경계와 자율신경계로 구분된다. **체성신경계**(somatic nervous system)는 수의적 근육과 중추신경계 사이에 정보를 전달하는 일련의 신경들이다. 인간은 이 신경계를 의식적으로 통제하며, 이를 지각, 사고와 협응 행동에 사용한다. 예를 들어 여러분이 손을 뻗어 커피잔을 집을 경우 체성신경계의 조화된 활동이 요구된다. 즉, 여러분의 눈에 있는 수용기가 수용한 정보가 뇌에까지 전달되어야만 테이블 위에 컵이 놓여 있다는 것을 부호화할 수 있다. 또한 정보가 뇌에서부터 팔과 손의 근육까지 전달되어야 하고 이 근육으로부터의 피드백은 컵을 방금 집었다라는 정보를 뇌에 알려 준다.

이와 상반되게 **자율신경계**(autonomic nervous system, ANS)는 혈관, 신체 기관과 내분비선을 통제하는 불수의적이고 자동적인 명령을 전달하는 일련의 신경이다. 이름에서 추측할 수 있듯이 이 체계는 주로 의식적 통제 없이 스스로 작용하여 신체 체계를 통제한다. ANS는 두 가지 하위 체계, 즉 교감신경계와 부교감신경계로 구분되며, 이들 각각은 서로 다른 유형의 신체 통제에 관여한다. **교감신경계**(sympathetic nervous system)는 도전적이거나 위협적인 상황에 대항하기 위해 신체를 준비시키는 일련의 신경들로 구성된다 (그림 3.10 참조). 예를 들어, 어두운 복도를 걸어가는 동안 여러분의 등 뒤에서 발자국 소리가

> **?** 여러분이 위협을 느낄 때 무엇이 여러분의 심박률을 높이는가?

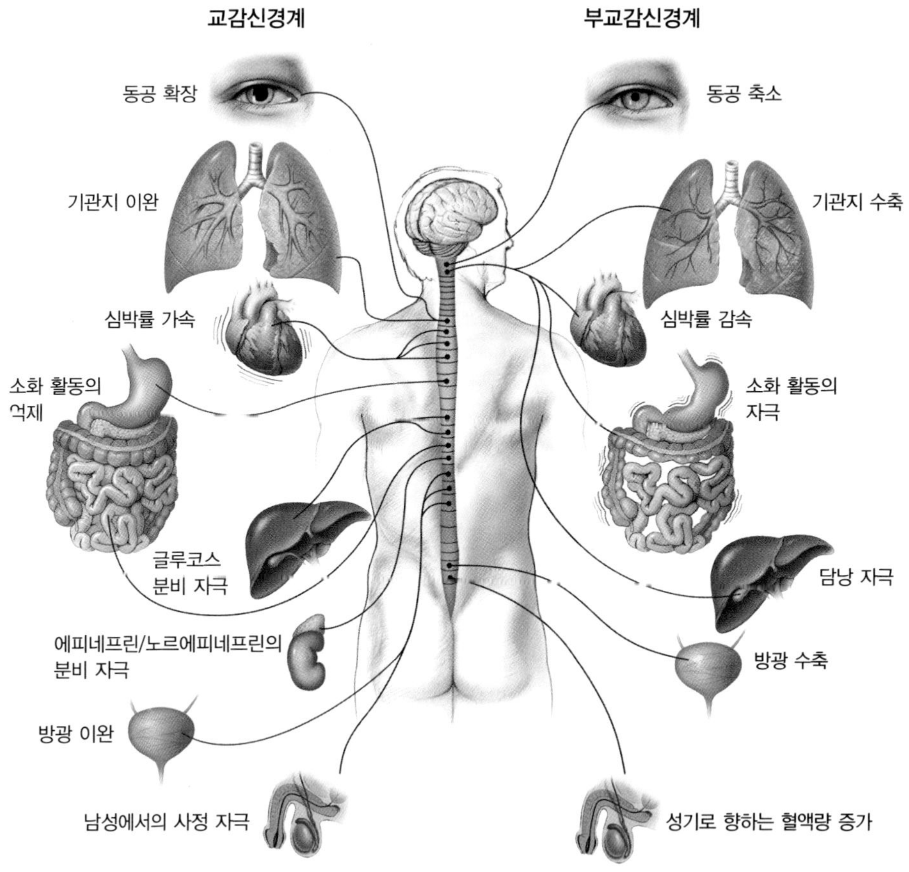

신경계
전기화학적 정보를 전 신체에 전달하는 뉴런들의 네트워크

중추신경
뇌와 척수로 구성된 신경계의 일부

말초신경
중추신경계와 신체의 기관 및 근육을 연결하는 신경계의 일부

체성신경계
수의근과 중추신경 사이로 정보를 전달하는 일련의 신경들

자율신경계
혈관, 신체 기관과 내분비선을 통제하는 불수의적이고 자동적인 명령을 전달하는 일련의 신경들

교감신경계
도전적이거나 위협적인 상황에서 신체를 준비시키는 일련의 신경들

교감신경계 / 부교감신경계

동공 확장 — 동공 축소
기관지 이완 — 기관지 수축
심박률 가속 — 심박률 감속
소화 활동의 억제 — 소화 활동의 자극
글루코스 분비 자극 — 담낭 자극
에피네프린/노르에피네프린의 분비 자극 — 방광 수축
방광 이완
남성에서의 사정 자극 — 성기로 향하는 혈액량 증가

◀ **그림 3.10 교감신경계와 부교감신경계** 자율신경계는 서로 상호보완적인 기능을 가지는 두 가지의 하위 체계로 구성된다. 교감신경계의 활성화는 각성을 초래하는 반면 부교감신경계는 신체가 정상적인 안정 상태로 되돌아오도록 한다.

부교감신경계
신체가 평상시의 상태로 되돌아오는 것을 도와주는 일련의 신경들

척수 반사
재빠른 근육 수축이 일어나게 하는 신경계의 단순한 경로

들린다고 가정해 보자. 이 상황에서 여러분의 교감신경계가 활성화되기 시작한다. 즉, 교감신경계는 여러분의 동공을 확대시켜 더 잘 볼 수 있게 하고 근육으로 더 많은 산소를 보내기 위해 심장박동률과 호흡률을 증가시키며 뇌와 근육으로 혈류를 보내고 신체를 차게 하기 위해 땀샘을 활성화시킨다. 에너지를 보존하기 위해 교감신경계는 침과 장 운동, 면역 반응과 통증 및 상처에 대한 반응을 억제시킨다. 이와 같은 신속하고 자동적인 반응들을 통하여 신체가 위협적인 상황으로부터 달아날 수 있는 가능성을 높인다.

부교감신경계(parasympathetic nervous system)는 신체가 평상시의 안정 상태로 되돌아오는 것을 돕는다. 만약 여러분이 여러분을 공격하고자 하는 사람과 멀리 떨어져 있다는 것을 알게 된다면 여러분의 신체는 매우 각성된 상태에 놓일 필요가 없다. 이 경우 부교감신경계가 교감신경계의 효과를 전환시켜 여러분의 신체를 정상 상태로 되돌린다. 부교감신경계는 일반적으로 교감신경계의 연결을 반영한다. 예를 들어 부교감신경계는 동공을 수축하고, 심장박동률과 호흡률을 느리게 하고 혈류를 소화기관으로 보내고 땀샘의 활성화를 감소시킨다.

추측할 수 있듯이 교감신경계와 부교감신경계는 많은 신체 기능을 통제하기 위해 서로 상호작용한다. 한 예가 성행동이다. 남성의 경우 부교감신경계는 발기를 위해 페니스의 혈류를 충혈시키지만 사정은 교감신경계에 의해 일어난다. 여성의 경우 부교감신경계는 질 윤활이 일어나게 하지만 오르가슴은 교감신경계에 의해 일어난다. 남성과 여성 모두에서 성공적인 성 경험은 두 신경계의 정교한 균형에 달려 있다. 실제 성행위에 대한 불안이 이 균형을 깰 수 있다. 예를 들어 불안으로 초래된 교감신경계의 활성화는 남성에서는 사정이 너무 빨리 일어나게 하고 여성에서는 윤활이 부족하게 한다.

중추신경계의 구성 요소

말초신경계를 구성하는 많은 요소들에 비하여 중추신경계의 구성 요소는 간단해 보인다. 중추신경계는 뇌와 척수의 두 가지 요소로 구성되어 있다. 그러나 이 두 요소들은 우리가 인간으로서 행하는 대부분의 것들에 막중한 책임을 가지고 있다.

척수는 뇌의 가난한 친척처럼 여겨질 수 있다. 뇌가 모든 영광을 차지하고 척수는 단순한 과제만을 수행하면서 단지 뇌에 붙어 있는 것처럼 여겨진다. 그러나 척수가 행하는 기능들은 매우 중요하다. 즉, 여러분의 호흡, 통증에 대한 반응, 근육의 움직임과 걷는 것을 가능하게 한다. 더 중요한 점은 척수가 없으면 뇌가 행하는 상위의 정보처리 과정이 일어나지 못하게 된다는 것이다.

척수 스스로 행하는 중요한 기능은 무엇인가?

뜨거운 스토브로부터 손을 떼는 데 뇌가 필요할까? 이와 같은 매우 기본적인 일부 행동들의 경우 척수는 이에 관한 정보를 뇌에 보낼 필요가 전혀 없다. 감각 입력과 척수의 운동 뉴런들 사이의 연결이 **척수 반사**(spinal reflexes)를 매개하는데, 즉 신속한 근육 수축이 일어나게 하는 신경계의 단순한 경로를 통하여 척수 반사가 일어난다. 만약 여러분이 뜨거운 스토브를 만질 경우 통증을 수용한 감각 뉴런이 이 정보를 직접 척수로 보낸다(그림 3.11 참조). 개재 뉴런은 척수 내의 단지 소수의 시냅스 연결만을 통하여 이 감각 정보를 팔 근육과 연결되어 있는 운동 뉴런으로 보내어 손을 재빨리 스토브에서 떼게 한다.

▼ 그림 3.11 **통증 철수 반사** 신경계의 많은 활동들은 뇌의 입력을 요구하지 않는다. 예를 들어 통증 자극으로부터의 철수는 척수에 의해 통제되는 반사 행동이다. 통증(예 : 불의 뜨거움)은 감각 뉴런을 통하여 직접 척수로 전달되며 척수는 통증 자극으로부터 손을 철수하라는 명령을 운동 뉴런에게 즉각적으로 내린다.

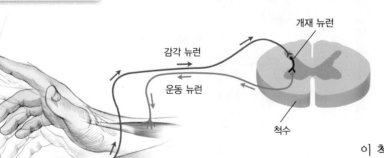

개재 뉴런

감각 뉴런

운동 뉴런

척수

감각 수용기

더 정교한 과제들은 척수와 뇌의 상호작용을 필요로 한다. 말초신경계가 감각 뉴런으로부터 전달되는 메시지를 척수를 통해 뇌로 전달한다. 뇌는 수의적 운동에 관한 명령을 척수를 통하여 운동 뉴런으로 보내는데, 운동 뉴런의 축색은 골격근과 연결되어 있다. 척수의 손상은 뇌와 감각 뉴런 및 운동 뉴런 사이의 연결을 단절시키는데, 이 연결은 감각 지각과 움직임에 필수적이다. 척수의 어느 부위에 손상을 입었는가가 상실되는 능력의 정도를 결정한다. 그림 3.12에서 볼 수 있듯이 척수의 서로 다른 영역들은 신체의 서로 다른 부위를 통제한다. 척수의 특정 부위에 손상을 입은 환자들은 손상된 부위 아래 신체의 촉각 및 통증과 동일한 신체 부위의 근육의 운동 통제를 상실한다. 손상 위치가 척수의 상위 부위일수록 사지마비(모든 사지의 감각과 운동 통제의 상실), 인공호흡기를 통한 호흡과 일생 동안 움직이지 못하는 것과 같은 훨씬 나쁜 예후가 초래된다.

네 편의 슈퍼맨 영화에서 슈퍼맨으로 등장했던 배우 크리스토퍼 리브는 1995년 낙마 사고로 척수를 다쳤으며 이로 인해 목 아래 신체 모든 부위의 감각과 운동 통제를 상실하였다. 수년간에 걸친 재활 치료에도 불구하고 리브는 단지 약간의 운동 통제와 감각만을 되찾았는데, 이는 뇌와 신체 사이의 소통이 척수를 통하여 이루어진다는 것과 이 연결들이 상실될 경우 이를 보상하는 것이 얼마나 어려운가를 우리에게 보여 준다(Edgerton et al., 2004). 불행하게도 크리스토퍼 리브는 마비로 인한 합병증으로 2004년 52세의 나이로 사망하였다. 다행인 점은 척수 손상의 본질에 관한 이해와 척수 손상에 대해 뇌가 어떻게 변화되는가에 초점을 둔 치료에 상당한 진전이 있다는 것인데(Blesch & Tuszynski, 2009; Dunlop, 2008), 이는 이 장의 뒷부분에서 살펴볼 뇌 가소성의 개념과 매우 밀접하게 관련되어 있다.

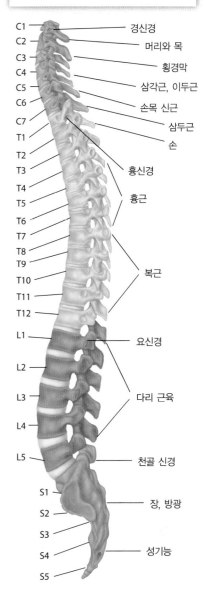

▼ 그림 3.12 **척수 영역** 척수는 네 가지의 주요 영역으로 구분되며 각 영역은 신체의 서로 다른 부위를 통제한다. 손상이 척수의 윗부분으로 향할수록 더 많은 신체 부위가 영향을 받는다.

C1 — 경신경
C2 — 머리와 목
C3 — 횡경막
C4 — 삼각근, 이두근
C5
C6 — 손목 신근
C7 — 삼두근
T1 — 손
T2
T3 — 흉신경
T4
T5 — 흉근
T6
T7
T8
T9 — 복근
T10
T11
T12
L1 — 요신경
L2
L3 — 다리 근육
L4
L5 — 천골 신경
S1
S2 — 장, 방광
S3
S4 — 성기능
S5

요약

▶ 뉴런은 신경을 구성하고 나아가 인간의 신경계를 형성한다.

▶ 신경계는 말초신경계와 중추신경계로 구분된다. 중추신경계와 신체의 나머지 부분을 연결하는 말초신경계는 체성신경계와 자율신경계로 구분된다.

▶ 체성신경계는 중추신경계의 안과 밖으로 정보를 전달하는 한편 자율신경계는 자율적으로 신체 기관들을 통제한다.

▶ 자율신경계는 다시 교감신경계와 부교감신경계로 구분되며 이 두 신경계는 신체에 상호보완적인 영향을 미친다. 교감신경계는 위협적인 상황에서 신체를 준비시키고 부교감신경계는 정상적인 신체 상태로 돌아오게 한다.

▶ 중추신경계는 척수와 뇌로 구성된다. 척수는 척수 반사와 같은 일부 기본적인 행동을 통제하는데, 이 경우 뇌로 정보를 전달하지 않는다.

뇌의 구조

대략 3파운드 정도의 무게를 가지는 인간의 뇌는 실제로 볼 것이 많지 않다. 앞서 살펴본 바와 같이 뇌를 구성하는 뉴런과 교세포는 바쁘게 움직여서 여러분의 창의적인 생각, 의식과 감정을 가능하게 한다. 그러나 뇌의 어느 영역에 위치하는 뉴런들이 어떤 기능들을 통제하는가? 이 질문에 답하기 위해 신경과학자들은 뇌를 기술하는 방법을 찾아야 하였고, 이는 뇌 연구자들이 서로 의사소통하는 것을 가능하게 하였다. 뇌 영역들을 '밑바닥에서 꼭대기' 방향으로 구분하는 것

OMIKRON/SCIENCE SOURCE

인간의 뇌 무게는 3파운드에 불과하지만 뇌가 하는 기능은 깜짝 놀랄만하다.

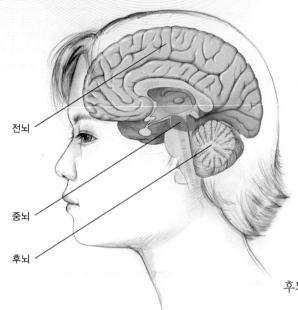

전뇌

중뇌

후뇌

이 뇌의 서로 다른 영역들이 서로 다른 과제들에 전문화되어 있는 것을 이해하는 데 도움이 될 수 있다. 일반적으로 단순한 기능일수록 뇌의 하위 수준들에 의해 행해지는 반면 더 복잡한 기능들은 위계적으로 더 상위인 수준들에 의해 이루어진다(그림 3.13 참조). 곧 살펴보겠지만 뇌는 '측면 대 측면'의 방향으로도 구분될 수 있다. 비록 뇌의 각 측면들이 대략 비슷하지만 뇌의 한 반구는 다른 반구에 비해 특정 과제에 전문화되어 있다. 비록 이 모든 뇌 구분 방법들이 뇌 영역과 그것이 행하는 기능들을 이해하기 쉽게 하지만 뇌 구조 혹은 영역이 홀로 작용하지 않는다는 것을 명심하는 것이 바람직하다. 이들은 서로 상호작용하고 의존하는 하나의 큰 전체의 일부들이다.

뇌의 바닥에서 꼭대기 방향으로 위치하는 뇌 주요 부위들과 각 부위들이 행하는 기능들을 먼저 살펴보기로 하자. 이 방법은 뇌를 세 부위, 즉 후뇌, 중뇌, 전뇌로 구분한다(그림 3.13 참조).

▲ 그림 3.13 **뇌의 주요 부위** 뇌는 바닥에서 정점 방향을 따라 점차 복잡한 기능을 하는 세 부위, 즉 후뇌, 중뇌와 전뇌로 구분된다.

후뇌

만약 여러분이 미저골(꼬리뼈)에서 두개골의 입구까지 손가락을 대고 따라가 보면 척수가 어느 지점에서 끝나고 뇌가 어디에서 시작되는가를 결정하는 것이 어렵다는 것을 알 수 있을 것이다. 이는 척수가 후뇌와 연결되어 있기 때문인데, **후뇌**(hindbrain)는 척수로 들어가는 정보와 척수를 빠져나오는 정보를 통합하는 뇌의 한 영역이다. 후뇌는 뇌의 나머지 영역들이 자리 잡고 있는 줄기처럼 보이고, 가장 기본적인 기능, 예를 들어 호흡, 각성과 운동 기술 등을 통제한다. 후뇌에는 세 가지 구조, 즉 연수, 소뇌와 교가 위치한다(그림 3.14 참조).

연수(medulla)는 척수가 두개골 안으로 연장된 것으로 심장박동, 순환과 호흡을 조율한다. 연수의 내부에서 시작하여 윗부분에 이르기까지 **망상계**(reticular formation)라고 불리는 일련의 뉴런들이 모여 있는 부위가 있는데, 이 부위는 수면, 깸과 각성 수준을 통제한다. 초기에 행해진 한 실험에서 연구자들은 잠을 자고 있는 고양이의 망상체를 자극하였다. 그 결과 고양이는 거의 즉시 잠에서 깨어났고 계속 각성되어 있었다. 이와 반대로 망상체와 뇌의 나머지 부위들 사이의 연결을 절단하면 동물은 회복되지 않는 혼수 상태로 빠져들어 갔다(Moruzzi & Magoun, 1949). 망상체는 인간에서도 각성과 무의식 사이의 정교한 균형을 유지하게 한다. 실제 많은 일반 마취제들은 망상체의 활성화를 감소시킴으로써 환자로 하여금 무의식 속으로 빠지게 한다.

연수 후측에 **소뇌**(cerebellum)가 위치하는데, 이는 정교한 운동 기술을 통제하는 후뇌의 한 큰 구조이다. *cerebellum*은 라틴어로 '작은 뇌'라는 의미를 가지며 소뇌 구조들은 뇌의 작은 축소판처럼 보인다. 소뇌는 자전거를 타거나 피아노를 연주할 때 움직임이 적절한 순서로 일어나게 조율하거나 걷거나 뛸 때 균형을 유지하게 한다. 소뇌는 행동의 '미세한 조율'에 관여하고 행동의 개시보다는 행동이 유연하게 일어나게 하는 기능을 가진다(Smetacek, 2002). 행동의 개시에는 뇌의 다른 영역이 관여한다. 이는 앞서 언급한 바와 같이 서로 다른 뇌 체계들이 상호작용하고 서로 의존하는 것을 시사한다.

후뇌에 포함되는 마지막 주요 부위가 **교**(pons)인데, 교는 정보를 소뇌로부터 뇌의 나머지 영역으로 전달하는 구조이다. *pons*는 라틴어로 '다리'를 의미한다. 비록 교가 행하는 상세한 기능은 아직 잘 이해되지 못하고 있지만 근본적으로 교는 소뇌와 다른 뇌 구조들 사이를 연결하는 다리 역할을 한다.

? 안정되게 자전거를 타는 데 필요한 협응 운동은 뇌의 어느 부위가 관여하는가?

AP PHOTO/KEYSTONE, ARNO BALZARINI

2011년 1월 29일 줄타기 곡예사인 프레디 녹은 스위스의 실파플라나에서 해저 10,000 피트 이상의 코르바츠 케이블카 줄을 따라 기지역으로 내려오는 동안 줄 위에서 균형 있게 걷기 위해 자신의 소뇌에 의존하였다. 그는 그날에 새로운 기네스 기록을 세웠다.

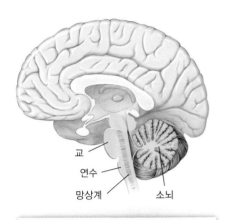

▲ 그림 3.14 **후뇌** 후뇌는 척수로 들어오거나 척수 밖으로 나가는 정보를 조율하는 구조로서 생명 유지에 필요한 기본 기능을 통제한다. 후뇌에는 연수, 망상계, 소뇌와 교가 포함된다.

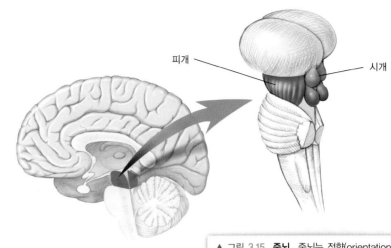

▲ 그림 3.15 **중뇌** 중뇌는 정향(orientation) 반응과 움직임에 중요한 역할을 한다. 중뇌에는 시개와 피개와 같은 뇌 구조들이 포함된다.

중뇌

중뇌는 후뇌의 상측에 위치하며 인간에서는 비교적 작다. 그림 3.15에서 볼 수 있듯이 중뇌에는 두 가지 주요 구조, 즉 시개와 피개가 위치한다. **시개**(tectum)는 유기체로 하여금 환경 내에서 정향 반응을 가능하게 한다. 시개는 눈, 귀와 피부로부터 자극 정보를 받으며 유기체로 하여금 그 자극으로 향하게 한다. 예를 들어 여러분이 조용한 방에서 공부를 하고 있는데 여러분의 오른쪽 뒤에서 째깍하는 소리를 듣는다면 여러분은 몸을 돌려 소리 나는 방향으로 주의를 줄 것이다. 이는 여러분의 시개가 활성화되기 때문이다.

　피개(tegmentum)는 운동과 각성에 관여한다. 또한 피개는 유기체로 하여금 감각 자극으로 향하게 도와준다. 중뇌는 비교적 작지만 각성, 기분과 동기에 관여하는 신경전달물질이 집중적으로 위치해 있어 이 신경전달물질들에 의존하는 뇌 구조들이 위치한다(White, 1996). 만약 여러분이 단지 후뇌와 중뇌만을 가지고 있다고 해도 생존할 수 있다. 후뇌의 구조들은 생명을 유지하는 데 필요한 신체 기능들을 통제하고 중뇌의 구조들은 환경 내의 즐거운 자극으로 향하게 하거나 위협적인 자극으로부터 벗어나게 도와준다. 그러나 이것만으로는 삶이 충분할 수 없다. 우리를 충분히 인간답게 하는 능력이 어디에서 오는지를 이해하기 위해서는 뇌의 마지막 부위들을 살펴볼 필요가 있다.

전뇌

여러분이 시를 읽으면서 아름다움을 느끼거나 친구의 말에서 빈정거림을 탐지하거나 다음 서울에 스키를 타러 가는 것을 계획하거나 혹은 사랑하는 사람의 얼굴에서 살짝 우울함이 비치는 것을 인식하는 것 등은 전뇌의 도움을 받고 있는 것이다. 전뇌는 뇌의 가장 상위 수준이며 복잡한 인지, 성서, 심기 및 운동 기능을 통제한다. 전뇌는 다시 2개의 주요 부위로 구분되는데, 즉 대뇌피질과 피질하 구조들로 구분된다.

　대뇌피질(cerebral cortex)은 육안으로도 볼 수 있는 뇌의 가장 바깥에 위치하는 층으로 2개의 대뇌반구로 나뉘어진다. **피질하 구조**(subcortical structures)는 대뇌피질 아래, 뇌의 가장 센터에 위치하는 전뇌 구조들이다(그림 3.16 참조). 뇌의 가장 상위 수준인 대뇌피질의 두 대뇌반구와 기능에 관해서는 다음 절에서 살펴보고 먼저 피질하 구조들을 살펴보자.

후뇌
척수의 안으로 들어오거나 바깥으로 나가는 정보를 조율하는 뇌 영역

연수
척수가 두개골 내로 연장된 것으로 심장박동률, 혈액 순환과 호흡을 통제한다.

망상계
수면, 깸과 각성 수준을 통제하는 뇌 구조

소뇌
정교한 운동 기술을 통제하는 후뇌 구조

교
소뇌로부터 오는 정보를 뇌의 나머시 엉억으로 전달하는 뇌 구조

시개
유기체로 하여금 환경 내에서 정향반응을 하게 하는 중뇌 영역

피개
운동과 각성에 관여하는 중뇌 영역

대뇌피질
뇌의 가장 바깥층으로 육안으로도 볼 수 있으며 2개의 대뇌반구로 구분된다.

피질하 구조
대뇌피질의 아래에 위치하는 전뇌 구조들로서 뇌의 정중선에 위치한다.

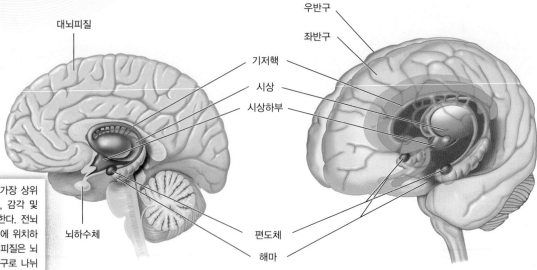

대뇌피질

우반구

좌반구

기저핵

시상

시상하부

뇌하수체

편도체

해마

피질하 구조

피질하(대뇌피질 아래) 구조들은 뇌 깊숙이 위치하며 이 구조들은 이곳에서 굉장히 보호를 잘 받고 있다. 만약 여러분이 두 귀에 집게손가락을 넣어 서로 닿을 때까지 안쪽으로 민다고 상상할 때 두 집게손가락이 만나는 지점이 시상, 시상하부, 뇌하수체, 변연계와 기저핵이 위치하는 부위이다(그림 3.16 참조). 이 피질하 구조들 각각은 우리가 인간으로서 경험하는 사고, 감정과 행동을 가능하게 하는 특정 기능을 가지고 있을 뿐만 아니라 뇌 전체를 통하여 정보를 연결하는 중요한 역할을 한다. 여기서는 각 피질하 구조들을 간략하게 살펴보겠지만 뒷장들에서 이 구조들에 관한 더 자세한 기술이 있을 것이다.

시상, 시상하부와 뇌하수체 시상, 시상하부와 뇌하수체는 뇌의 가장 중앙에 위치하고 다른 뇌 구조들과 매우 밀접하게 상호작용한다. 이 피질하 구조들은 다른 뇌 구조들로부터 신호를 받거나 신호를 보내고 다른 뇌 구조들을 조율한다.

시상(thalamus)은 감각 기관으로부터 전달되는 정보를 중계하고 여과하여 이 정보를 대뇌피질로 전달하는 역할을 한다. 시상은 후각을 제외한 모든 주요 감각 기관으로부터 정보를 받는데, 후각은 시상을 거치지 않고 직접 대뇌피질과 연결된다. 시상은 네트워크 시스템에서 컴퓨터 서브와 같은 역할을 하는데, 즉 다양한 정보를 받아들이고 이 정보를 다양한 위치로 중계한다(Guillery & Sherman, 2002). 그러나 컴퓨터가 행하는 기계적인 작용과는 달리("입력 A를 B 위치로") 시상은 능동적으로 감각 정보를 여과하여 일부 정보를 더 중요하게 여기거나 일부 정보를 덜 중요하게 여길 수 있다. 또한 시상은 수면 동안 입력 정보를 차단하여 뇌의 나머지 영역에 정보가 전달되지 않도록 하는 기능도 가지고 있다.

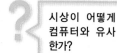

시상이 어떻게 컴퓨터와 유사한가?

시상하부(hypothalamus)는 시상의 아래쪽에 위치하며[hypo는 그리스어로 '아래(under)'라는 의미임] 체온, 배고픔, 갈증과 성행동을 조절한다. 비록 시상하부가 뇌의 매우 작은 영역이지만 시상하부 내의 뉴런 집단들은 다양한 기본 행동을 감독한다. 즉 시상하부는 체온, 혈당 수준과 신진대사가 정상 범위 내에 유지되는가를 확인한다. 시상하부의 일부 영역에 손상을 입으면 동물에서 과식 행동이 초래되는 반면 시상하부의 다른 영역에 손상을 입으면 음식에 대한 욕망이 사라지는데, 이는 시상하부가 섭식 행동의 통제에 매우 중요한 역할을 한다는 것을 시

시상은 후각을 제외한 주요 감각 정보를 받는다. 여러분이 빨간 사과를 보거나 사과의 부드러움을 손으로 느끼거나 사과를 먹을 때 나는 소리를 듣거나 사과의 달콤함을 맛볼 때 여러분의 시상에 감사해야 한다.

ISTOCKPHOTO/THINKSTOCK

시상
피질하 구조로서 감각 기관으로부터 전달되는 정보를 여과하여 대뇌피질에 전달한다.

시상하부
피질하 구조로서 체온, 배고픔, 갈증과 성행동을 통제한다.

사한다(Berthoud & Morrison, 2008). 또한 여러분이 섹스에 관해 생각하면 대뇌피질에서 시상하부로 메시지가 전달되어 호르몬이 분비되기 시작한다. 마지막으로 고양이의 일부 시상하부를 전기적으로 자극하면 쉿하는 소리와 물어뜯는 행동이 초래되는 반면 시상하부의 다른 영역을 자극하면 동물이 매우 강력한 쾌락을 느끼는 것처럼 보인다(Siegel et al., 1999). 제임스 올즈(James Olds)와 피터 밀너(Peter Milner)와 같은 연구자들은 쥐의 시상하부 특정 영역에 약한 전류가 흐르게 하면 쥐가 상당한 정도로 보상을 받는다는 것을 관찰하였다(Olds & Milner, 1954). 실제 쥐가 스스로 자극을 받도록 전극에 부착된 지렛대를 누르게 하면 쥐는 한 시간에 수천 번이나 지렛대를 눌러 결국 탈진하였다!

시상하부 아래에 위치하는 **뇌하수체**(pituitary gland)는 신체의 호르몬 생산 체계인 주분비선으로 신체의 다른 내분비선의 기능을 관리하는 호르몬을 분비한다. 시상하부가 뇌하수체로 호르몬 신호를 보내면 이에 따라 뇌하수체가 다른 내분비선으로 호르몬 신호를 보내어 스트레스, 소화 활동과 생식 활동을 통제하게 한다. 예를 들어 유아가 어머니의 젖을 먹으면 유방의 감각 뉴런이 시상하부로 신호를 보내고 이에 따라 뇌하수체가 옥시토신(oxytocin)이라고 불리는 호르몬을 혈류로 분비한다(McNeilly et al., 1983). 차례로 옥시토신은 유방에서 모유가 분비되도록 자극한다. 뇌하수체는 스트레스에 대한 반응에도 관여한다. 우리가 위협을 지각하면 감각 뉴런이 이에 대한 신호를 시상하부로 보내며, 시상하부는 뇌하수체에서 부신피질자극호르몬(adrenocorticotropic hormone, ACTH)이 분비되도록 자극한다. ACTH는 차례로 부신(신장 위에 위치함)을 자극하여 교감신경계를 활성화시키는 호르몬을 분비하게 한다(Selye & Fortier, 1950). 앞서 살펴본 바와 같이 교감신경계는 위협에 당면하거나 그 상황에서 벗어나도록 신체를 준비시킨다.

변연계　시상하부는 **변연계**(limbic system)의 일부이기도 한데, 변연계는 시상하부, 해마와 편도체를 포함하는 전뇌 구조로서 동기, 정서, 학습과 기억에 관여한다(Maclean, 1970; Papez, 1937). 변연계는 피질하 구조들이 대뇌피질과 만나는 곳이다.

해마(hippocampus)(모양 때문에 라틴어로 '해마'라는 의미를 가짐)는 새로운 기억을 형성하고 이 새로운 기억을 지식 네트워크와 통합시켜 대뇌피질의 다른 영역에 영구적으로 저장하는 데 매우 중요한 역할을 한다. 해마에 손상을 입은 환자들은 새로운 정보를 획득하여 이 정보를 몇 초 동안 파지할 수 있으나 간섭 자극을 받으면 곧 그 정보와 그 정보에 대한 경험을 망각한다(Scoville & Milner, 1957; Squire, 2009). 이러한 장애는 우리가 의식할 수 있는 사실과 사건에 관한 매일매일의 기억에 한정되어 나타나고 학습된 습관 혹은 정서적 반응에는 나타나지 않는다(Squire, Knowlton, & Musen, 1993). 한 예로, 해마에 손상을 입은 사람은 어떻게 운전을 하고 말을 하는지를 기억힐 수 있지만 최근에 어디를 운전해서 다녀왔는지, 방금 자신이 무엇에 관해 대화를 하였는지는 회상하지 못한다. 해마와 기억 형성, 저장과 결합에 있어서의 해마 역할에 관해서는 기억을 다루는 장에서 자세하게 살펴보게 될 것이다.

편도체(amygdala)(모양 때문에 라틴어로 '아몬드'라는 의미를 가짐)는 해마의 각 뿔 끝에 위치하며 많은 정서 과정, 특히 정서 기억의 형성에 중요한 역할을 한다(Aggleton, 1992). 편도체는 원래 중립적인 사건들에 두려움, 처벌 혹은 보상 등과 같은 중요성을 부여한다(LeDoux, 1992). 한 예로, 여러분에게 마지막으로 일어났던 두렵거나 불쾌한 사건을 생각해 보자. 여러분이 횡단보도를 막 건너려고 하는데 자동차가 여러분을 향하여 질주해 왔다든지 여러분이 골목을 지나는데 매우 사나운 개가 골목으로 뛰어나왔다든

? 여러분은 왜 외상 사건의 세세한 부분까지 기억하는가?

뇌하수체
신체의 호르몬 생산 체계의 '주분비선'으로 많은 신체 기관들의 기능에 영향을 미치는 호르몬을 분비한다.

변연계
시상하부, 해마와 편도체를 포함하는 전뇌 구조들로 동기, 정서, 학습과 기억에 관여한다.

해마
새로운 기억을 형성하고 이 기억들이 지식 네트워크와 통합되어 대뇌피질의 다른 부위들에 무한정으로 저장되는 데 중요한 역할을 하는 구조

편도체
많은 정서 과정, 특히 정서 기억의 형성에 중요한 역할을 하는 변연계의 한 부분

유령의 집은 여러분의 편도체를 아주 조금 자극하기 위해 고안되었다.

기저핵
의도적 행동에 관여하는 피질하 구조

뇌량
뇌의 좌 · 우면에 위치하는 많은 영역들을 연결하는 두꺼운 신경섬유 밴드로서, 두 대뇌반구들이 서로 정보를 교환하게 한다.

후두엽
시각 정보를 처리하는 대뇌피질 영역

두정엽
체감각에 관한 정보를 처리하는 기능을 가지는 대뇌피질 영역

지 등의 사건을 상상해 보자. 이러한 자극들, 즉 자동차와 개는 매우 중립적인 것이다. 다시 말하면 여러분이 자동차 옆을 지나칠 때마다 공황발작을 하지는 않는다. 이러한 자극들에 정서적 중요성을 부여하는 것이 편도체의 기능이다(McGaugh, 2006). 여러분이 정서적으로 각성되는 상황에 있게 되면 편도체가 해마를 자극하여 그 상황을 둘러싸고 있는 많은 세부 사항들을 기억하게 한다(Kensinger & Schacter, 2005). 예를 들어 2001년 9월 11일 테러에서 살아남은 사람들은 몇 년이 지난 다음에도 그 당시 자신들이 어디에 있었는지 무엇을 하고 있었는지와 그 뉴스를 들었을 때 어떻게 느꼈는지를 아주 세밀한 부분까지 생생하게 기억한다(Hirst et al., 2009). 편도체는 특히 두려운 사건들을 부호화하는 데 관여하는 것으로 보인다(Adolphs et al., 1995; Sigurdsson et al., 2007). 정서와 동기 행동을 다루는 장에서 편도체의 역할에 관해 자세하게 살펴볼 것이다. 현재로는 여러분의 뇌 깊숙이 위치하는 리마콩 크기만 한 한 무리의 뉴런들이 상황에 따라 여러분을 웃거나 울게 하고 겁에 질리게 한다는 것을 기억하는 것으로 충분하다.

기저핵   피질하 영역에는 또 다른 여러 구조들이 위치하지만 단지 한 구조만을 더 살펴보도록 하겠다. **기저핵**(basal ganglia)은 의도적 행동을 통제하는 피질하 구조이다. 기저핵은 시상과 시상하부 가까이에 위치하며 대뇌피질로부터 정보를 받고 뇌의 운동 센터로 정보를 보낸다. 기저핵의 한 부분인 선조체(striatum)는 자세와 움직임의 통제에 관여한다. 마이클 제이 폭스의 저서에서 보았듯이 파킨슨병을 앓는 환자들은 전형적으로 통제할 수 없는 진전(떨림)과 갑작스러운 사지 경련을 보이며 특정 목표를 위한 일련의 행동을 시작하지 못한다. 이는 흑질(중뇌의 피개 부위)에 위치하는 도파민을 생산하는 뉴런들이 손상되기 때문에 초래된다(Dauer & Przedborski, 2003). 도파민이 과소 공급되면 기저핵의 선조체가 영향을 받게 되고 나아가서 파킨슨병의 눈에 띄는 행동 증상들을 야기한다.

그러면 파킨슨병의 문제는 무엇인가? 즉, 경련성 움직임, 선조체의 비효율적인 행동 관리, 흑질과 선조체의 엉성한 상호작용 혹은 뉴런 수준의 도파민 과소 생산인가? 대답은 "이 모두가 다 문제이다"이다. 이 불행한 질환은 뇌와 행동에 관한 두 가지 주제를 잘 설명해 준다. 첫째, 눈에 보이지 않는 뉴런 수준의 작용이 행동에 상당한 영향을 미친다. 둘째, 후뇌, 중뇌와 전뇌 구조들의 상호작용은 어떻게 다양한 뇌 영역들이 서로 의존하는가를 보여 준다.

대뇌피질

뇌에 관한 우리의 여행은 아주 작은 것(뉴런)에서부터 다소 큰 것(뇌의 주요 부위들)에서 마침내 아주 큰 것, 즉 대뇌피질에 이르렀다. 피질은 뇌의 가장 상위 수준의 구조이며 가장 복잡한 지각, 정서, 운동과 사고에 관여한다(Fuster, 2003). 마치 버섯의 갓이 아래쪽 면(underside)과 줄기를 보호하듯이 피질은 뇌의 다른 부위들 위에 위치하며 육안으로 뇌를 보면 표면이 주름 잡혀 있는 것을 볼 수 있다.

피질의 평탄한 표면, 즉 도드라진 부분을 회(gyri, 단수는 gyrus)라고 부르며, 움푹 들어간 부위 혹은 균열 부분을 구(sulci, 단수는 sulcus)라고 부른다. 구와 회는 진화의 승리를 의미한다. 대뇌피질의 부피는 대략 신문 한 페이지 정도의 영역이다. 이러한 부피를 가지는 피질을 인간의 두개골 내에 넣는 것은 어려운 작업이다. 그러나 만약 여러분이 신문지 한 장을 구기면 동일한 면적을 훨씬 더 작은 공간 안에 넣을 수 있다. 피질이 주름 잡혀 있기 때문에 비교적 작게 꾸릴 수 있으며 인간의 두개골 내에 안전하게 위치할 수 있다(그림 3.17 참조). 대뇌피질의 기능은 세 가지 수준에서 이해될 수 있다. 즉 피질을 2개의 대뇌반구로 분리함으로써, 각 대뇌반구의 기능을 통하여 그리고 특정 피질 영역의 역할을 통하여 대뇌피질의 기능을 이해하게 된다.

신문지를 구기면 동일한 면적이 더 작은 공간에 들어가듯이 피질의 주름도 뇌의 많은 부위들이 인간 두개골 안에 들어가게 한다.

대뇌반구 간 조직화 첫 번째 조직화 수준은 피질을 좌반구와 우반구로 구분하는 것이다. 두 대뇌반구는 외양상으로 다소 대칭적이고 기능에 있어서도 어느 정도는 그러하다. 그러나 각 대뇌반구는 반대편 신체의 기능들을 통제한다. 이를 대측 통제(contralateral control)라고 하는데, 즉 여러분의 우측 대뇌반구가 여러분의 신체 좌측면으로부터 전달되는 자극을 지각하고 신체 좌측면의 운동을 통제하는 반면, 좌측 대뇌반구는 신체 우측면에서 전달되는 자극을 지각하고 우측면의 운동을 통제하는 것을 의미한다.

　대뇌반구는 교련(commissures)에 의해 서로 연결되어 있는데, 교련은 각 반구의 서로 대응하는 영역들 간의 소통을 가능하게 하는 축색 다발이다. 가장 큰 교련이 **뇌량**(corpus callosum)인데, 이는 두 대뇌반구들의 넓은 영역들을 서로 연결하고 두 대뇌반구들 사이의 정보 교환을 지지한다(그림 3.18 참조). 이는 우반구에서 받아들인 정보가 뇌량을 건너 거의 즉각적으로 좌반구에 전달될 수 있음을 시사한다.

대뇌피질 내의 조직화 대뇌피질 조직화의 두 번째 수준은 각 대뇌반구의 서로 다른 영역들의 기능을 구분하는 것이다. 대뇌피질의 각 반구는 네 영역 혹은 엽(lobes)으로 구분된다. 그림 3.17에서 볼 수 있듯이 후측에서 전측의 방향으로 후두엽, 두정엽, 측두엽과 전두엽이 위치한다. 뒷장들에서 이 엽들의 기능에 관해 살펴볼 것이며 이를 통하여 과학자들이 뇌의 작용을 이해하기 위해 얼마나 다양한 기법들을 사용해 왔는가를 알게 될 것이다. 여기서는 각 엽이 가지는 주요 기능들에 관해 간략하게 살펴보기로 하자.

　후두엽(occipital lobe)은 대뇌피질의 후측에 위치하며, 시각 정보를 처리한다. 눈에 있는 감각 수용기들은 시상으로 정보를 보내고, 시상은 후두엽의 일차 영역으로 정보를 보내는데, 이곳에서 자극의 단순한 특징들, 즉 물체의 위치와 가장자리의 방향 등이 처리된다(4장 참조). 그런 후 후두엽에서 이 특징들은 자극의 좀 더 복잡한 '지도'로 처리되어 방금 본 것이 무엇인지를 이해하게 된다. 여러분이 상상하듯이 후두엽의 일차 시각 영역에 손상을 입으면 부분적으로 혹은 완전히 보지 못하게 된다. 정보는 여전히 눈으로 들어가서 그곳에서 처리된다. 그러나 이 정보가 대뇌피질의 수준에서 처리되고 해석되지 못하면 정보가 상실된 것과 똑같이 된다(Zeki, 2001).

　두정엽(parietal lobe)은 후두엽의 전측에 위치하며 체감각에 관한 정보를 처리하는 기능을 가지고 있다. 두정엽은 체감각 피질, 즉 뇌의 맨 위에서 아래쪽으로 내려오는 뇌 조직 띠를 포함하고 있다(그림 3.19 참조). 각 대뇌반구 내의 체감각 피질은 반대편 신체의 피부 영역을 표상한다. 체감각 피질의 각 부위는 신체의 특정 부위를 표상한다. 만약 신체 영역이 민감하고 정교한 체감각에 관여하면 이 신체 부위가 체감각 피질에서 차지하는 영

? 입술의 감각을 담당하는 체감각 피질 부위가 발의 감각을 담당하는 부위보다 왜 더 큰가?

전두엽　두정엽

후두엽

측두엽　회　구

◀ 그림 3.17 **대뇌피질과 엽** 대뇌피질의 네 가지 주요 엽들은 후두엽, 두정엽, 측두엽과 전두엽이다. 피질의 평탄한 표면은 회라고 불리고 움푹 들어간 부분은 구라고 불린다.

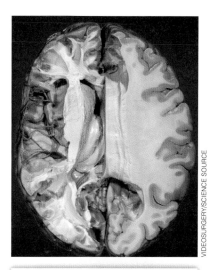

▲ 그림 3.18 **대뇌반구** 뇌량이 두 대뇌반구를 연결하고 두 대뇌반구의 의사소통을 가능하게 한다.

체감각 소인은 각 신체의 체감각 정보를 처리하는 체감각 피질의 크기에 따라 작성된다.

측두엽
청각과 언어에 관여하는 대뇌피질 영역

전두엽
운동, 추상적 사고, 계획, 기억과 판단 등에 관여하는 대뇌피질 영역

역이 넓다. 예를 들어 입술과 혀의 체감각을 처리하는 체감각 피질 부위는 발의 체감각을 담당하는 체감각 피질 부위보다 더 크다. 체감각 피질은 소인(homunculus, 'little man')이라고 불리는 왜곡된 모습으로 설명되는데, 이 소인은 얼마만 한 체감각 피질이 각 신체 부위를 담당하는가를 나타내고 있다(Penfield & Rasmussen, 1950). 체감각 피질 바로 앞인 전두엽에는 체감각 피질과 유사한 뇌 조직 띠가 있는데, 이를 운동 피질(motor cortex)이라고 부른다. 체감각 피질과 마찬가지로 운동 피질의 각 부위는 서로 다른 신체 부위의 운동을 담당한다. 운동 피질은 수의적 운동을 개시하고 기저핵, 소뇌와 척수로 이에 관한 정보를 보낸다. 따라서 운동 피질과 체감각 피질은 대뇌피질에서 정보를 보내는 영역과 받는 영역을 대표한다.

측두엽(temporal lobe)은 각 대뇌반구의 하측에 위치하며 **청각과 언어에 관여**한다. 측두엽에 위치하는 일차 청각피질은 두정엽의 체감각 피질과 후두엽의 일차 시각 영역과 유사하다. 일차 청각피질은 소리의 주파수에 근거하여 각 귀로부터 감각 정보를 받아들인다(Recanzone & Sutter, 2008). 측두엽의 이차 영역들은 이 정보를 의미 있는 단위, 즉 말소리와 단어로 처리한다. 측두엽에는 시각 연합 영역도 위치하는데, 이곳은 시각 자극의 의미를 해석하고 환경 내의 일상적 물체들을 인식하게 한다(Martin, 2007).

전두엽(frontal lobe)은 이마 뒤에 위치하며 **운동, 추상적 사고, 계획, 기억과 판단 등에 관여**하는 전문화된 영역들을 가지고 있다. 앞서 살펴본 바와 같이 운동 피질도 전두엽에 위치하는데, 운동 피질은 신체에 널리 분포되어 있는 근육 집단의 운동을 조율한다. 전두엽 내의 다른 영역들은 사고 과정에 관여하여 우리로 하여금 정보를 조작하고 기억을 인출하게 하며 우리는 이를 활용하여 행동을 계획하고 다른 사람들과 사회적 작용을 할 수 있게 된다. 요약하면 전두엽은 우리로 하여금 사고, 상상, 계획과 예상을 하게 하여 우리 인간을 다른 종들과 구분되게 한다(Schoenemann, Sheenan, & Glotzer, 2005; Stuss & Benson, 1986; Suddendorf & Corballis, 2007).

전두엽에는 어떤 유형의 사고가 일어나는가?

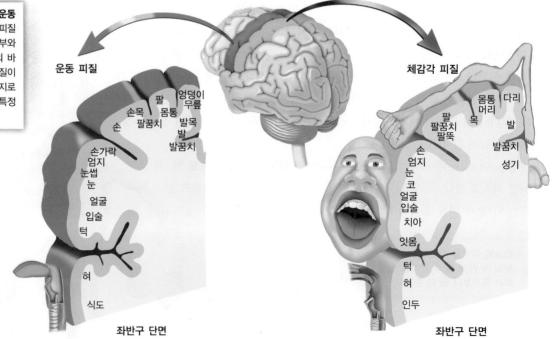

▶ 그림 3.19 **체감각 피질과 운동 피질** 전두엽에 위치하는 운동 피질은 반대편 신체의 서로 다른 피부와 부위들을 통제한다. 운동 피질의 바로 후측인 두정엽에 체감각 피질이 위치한다. 운동 피질과 마찬가지로 체감각 피질은 반대편 신체의 특정 부위를 통제한다.

특정 엽 내의 조직화 대뇌피질 조직화의 세 번째 수준은 피질의 특정 엽 내의 정보 처리 과정에 관한 것이다. 정보 처리는 위계적으로 일어나는데, 즉 정보의 매우 세부적인 것을 처리하는 일차 영역에서부터 정보에 의미를 부여하는 **연합 영역**(association areas)의 수준으로 정보가 처리된다. 예를 들어 일차 시각피질의 뉴런들은 매우 전문화되어 있는데, 즉 일부 뉴런들은 수평 방향의 특징을 탐지하고 다른 뉴런들은 움직임을 탐지하고 또 다른 뉴런들은 인간 대 동물 형태에 관한 정보를 처리한다. 후두엽의 이차 영역은 이러한 일차 영역들이 추출한 정보, 즉 형태, 움직임 등을 해석하여 방금 무엇을 보았는가를, 예를 들어 큰 고양이가 여러분의 얼굴을 향하여 깡충 뛰었다는 것을 알게 한다. 이와 유사하게 일차 청각 영역의 뉴런들은 소리의 주파수를 처리하지만 측두엽의 연합 영역들은 이러한 소리들을 여러분의 친구가 "고양이 조심해!"라고 외치는 말로 들리게 한다. 따라서 연합 영역은 피질의 여러 영역에서 오는 정보들을 통합하며 뇌에 도달한 정보를 의미 있는 것으로 이해하게 한다.

연합 영역들이 가지는 이러한 속성을 설명하는 예가 거울 뉴런 체계의 발견으로부터 제공된다. **거울 뉴런**(mirror neurons)은 동물이 물체를 잡으려고 하거나 조작하는 등과 같은 행동을 할 때 활성화되고 다른 동물이 동일한 행동을 수행하는 것을 관찰할 때에도 활성화된다. 거울 뉴런은 전두엽(운동 피질 가까이)과 두정엽에서 발견된다(Rizzolatti & Craighero, 2004; Rizzolatti & Sinigaglia, 2010). 거울 뉴런들은 새, 원숭이와 인간에서 관찰되며 거울 뉴런이라는 이름은 이 뉴런들이 행하는 기능을 반영한다. 인간을 대상으로 한 신경영상 연구들은 사람들이 다른 사람이 무엇을 집는 등의 행동을 하는 것을 관찰할 때 활성화된다. 그러나 이러한 행동이 특정 목적을 가지거나 혹은 어떤 맥락 속에서 일어날 때, 예를 들어 물을 마시기 위해 컵을 집는 등의 행동을 할 때 거울 뉴런들이 더 많이 활성화된다(Iacoboni et al., 2005), 즉 거울 뉴런의 활성화는 어떤 사람이 행동을 할 때 일어나는 특정 움직임보다는 그 사람이 하는 행동의 목적과 그 행동의 결과를 인식하는 것과 관련되어 있는 것으로 보인다(Hamilton & Grafton, 2006, 2008; Iacoboni, 2009; Rizzolatti & Sinigaglia, 2010). 거울 뉴런이 학습에 어떤 역할을 하는가에 관해서는 7장에서 더 자세하게 살펴보기로 하자.

마지막으로 연합 영역의 뉴런들은 일차 영역의 뉴런들에 비해 덜 전문화되어 있고 더 유연하다. 따라서 이 뉴런들은 더 효율적으로 자신들의 일을 하도록 학습과 경험에 의해 변화될 수 있다. 환경적 힘에 의한 뉴런의 이러한 변화가 다음에 살펴볼 뇌 유연성 혹은 '가소성'을 가능하게 한다.

뇌 가소성

피질이 외부 세계의 인식을 도와주는 뉴런들이 하나의 큰 집단으로 구성되어 있는 고정된 구조로 여겨질 것이다. 그러나 놀랍게도 감각 피질들은 고정되어 있지 않다. 이들은 감각 정보의 변화에 적응할 수 있으며 이러한 현상을 수정될 수 있는 능력, 즉 가소성(plasticity)이라고 부른다. 이에 대한 예로 만약 불의의 사고로 왼손의 가운뎃손가락을 상실하였다고 가정하자. 이 손가락의 신호를 담당하는 체감각 피질 부위는 처음에는 반응을 하지 않는다(Kaas, 1991), 이는

> **?** 뇌가 가소성을 가진다는 것은 무엇을 의미하는가?

가운뎃손가락으로부터 체감각 피질의 이 부위에 전달되는 정보가 더 이상 없기 때문이다. 여러분은 체감각 피질의 '왼손 가운뎃손가락' 담당 부위가 쇠퇴하게 될 것이라고 추측할 것이다. 그러나 시간이 지나면 그 부위는 상실된 손가락 옆에 있는 손가락으로부터 전달되는 정보에 반응하게 된다. 뇌는 가소성을 가지고 있다. 즉, 환경으로부터 전달되는 정보의 변화에 적응하기 위해 뇌의 특정 영역에 부여된 기능들이 뇌의 다른 영역으로 할당

연합 영역
피질에 등록된 정보에 감각과 의미를 부여하는 데 관여하는 뉴런들로 구성된 피질 영역

거울 뉴런
동물이 어떤 행동, 예를 들어 팔을 뻗어 물건을 집거나 물건을 조작하는 등의 행동을 수행할 때 활성화되고 동일한 행동을 다른 동물이 수행하는 것을 관찰하는 동안에도 활성화된다.

AP PHOTO/DAVID LONGSTREATH

한 동물이 다른 동물이 특정 행동을 하는 것을 관찰할 때, 특정 행동을 하는 동물뿐만 아니라 관찰하는 동물에서도 동일한 뉴런이 활성화한다. 이 거울 뉴런들은 사회적 행동에 중요한 역할을 하는 것으로 여겨진다.

현실세계

뇌 가소성과 환상지의 감각

많은 환자들이 사지를 절단한 후 오랫동안 절단된 사지에서 지속적으로 감각을 경험하는데, 이 현상을 *환상지 증후군*(phantom limb syndrome)이라고 한다. 환자들은 절단된 사지가 움직이는 것, 심지어는 악수와 같은 협응 제스처를 행하는 것을 느낄 수 있다. 일부 환자들은 환상지에 통증을 경험하기도 한다. 왜 이런 현상이 일어나는 것일까? 환상지 증후군이 뇌 가소성 때문에 초래된다는 것을 지지하는 일부 증거가 있다.

연구자들은 절단 수술을 받은 사람들과 그렇지 않은 사람들의 얼굴, 몸통과 팔 주위의 신체 표면을 자극하는 동안 이들의 뇌 활성화를 관찰하였다(Ramachandran & Blakeslee, 1998; Ramachandran, Brang, & McGeoch, 2010; Ramachandran, Rodgers-Ramachandran, & Stewart, 1992). 뇌 영상 기법은 피부가 자극을 받을 때 체감각 피질 영역이 활성화되는 것을 보여 주었다. 이 결과에 근거하여 연구자들은 서로 다른 부위에 가해진 촉각이 어떻게 체감각 피질에 표상되는가를 보여 주는 지도를 만들었다. 예를 들어 얼굴에 촉각이 가해지면 체감각 피질의 어느 부위가 가장 활성화되는가를 확인할 수 있었고, 몸통에 촉각이 가해지면 체감각 피질의 어느 부위가 이에 대해 반응하는가 등을 확인할 수 있었다.

절단 수술을 받은 사람들의 뇌 스캔은 얼굴과 팔 윗부분을 자극할 경우 수술 전 손(이제는 절단되고 없는)의 촉각에 의해 활성화되던 체감각 피질 부위가 활성화되는 것을 보여 주었다. 얼굴과 팔의 촉각을 표상하는 체감각 영역이 손(지금은 절단되고 없는)의 촉각을 표상하는 부위와 인접해 있다. 얼굴 혹은 팔을 자극할 경우 절단 수술을 받은 환자의 환상지에 감각이 초래된다. 그들은 상실되고 없는 사지에 감각을 "느낀다"고 보고하였다.

뇌 가소성이 이러한 결과를 설명할 수 있다(Pascual-Leone et al., 2005). 정상적으로 얼굴과 팔 윗부분을 표상하는 피질 영역들이 손을 표상하는 부위의 좌·우측에 위치한다. 절단 수술을 받은 사람의 얼굴과 팔 윗부분에 관여하는 체감각 영역이 확장되었고, 정상적으로는 손을 표상하는 피질 영역의 일부를 포함하였다. 실제 얼굴과 팔의 감각을 새로이 표상하는 부위들이 서로 인접하게 되었고 손의

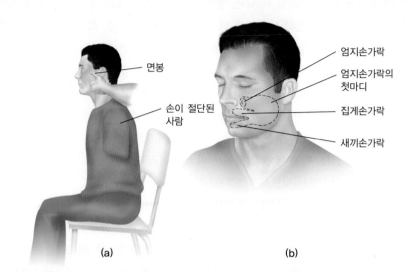

▲ **환상지의 감각 지도화** (a) 손이 절단된 사람의 얼굴을 면봉으로 가볍게 만지면 '상실된' 손에서 감각이 발생한다. (b) 뺨의 다른 부위들을 만지면 상실된 손의 특정 손가락 혹은 엄지손가락에 감각이 발생하기도 한다.

면봉

손이 절단된 사람

엄지손가락

엄지손가락의 첫마디

집게손가락

새끼손가락

(a)   (b)

감각을 표상하던 부위가 차지하던 공간을 메우게 되었다. 이러한 새로운 지도화 중 일부는 매우 명료하다. 예를 들어 절단 수술을 받은 환자들 중 일부는 얼굴 피부의 특정 영역이 활성화되면 절단되고 없는 손 중 한 손가락에만 감각을 느낀다고 보고한다.

이러한 연구들은 이전에는 잘 이해되지 못했던 현상에 관한 설명을 제공한다. 어떻게 개인이 존재하지 않는 곳에서 무엇인가를 '느낄' 수 있는가? 뇌 가소성, 즉 뇌가 스스로 재조직화되는 적응 과정이 이에 대한 답을 제공한다(Flor, Nikolajsen, & Jensen, 2006). 뇌는 새로운 감각을 초래하는 새로운 지도를 만드는 것이다.

이러한 발견은 환상지로부터 초래되는 통증을 치료하는 데 실제적 도움을 제공한다(Ramachandran & Altschuler, 2009). 연구자들은 '거울 박스'를 사용하여 환자로 하여금 자신의 환상지를 수의적으로 통제할 수 있게 한다. 예를 들어 환자로 하여금 자신의 손상되지 않은 오른손과 상실된 왼손을 거울 박스 안에 놓게 한 후 거울을 보게 하면 환자는 왼쪽(자신의 환상지를 놓았던 곳)에 비친 오른손을 보게 되고 자신의 상실된 손이 복원된 착각을 하게 된다. 따

라서 상실된 손이 환자의 운동 명령에 반응하는 것처럼 여겨지게 되고 훈련을 거듭하면 환자는 수의적 명령에 따라 상실된 손을 더 잘 '움직이게' 된다. 그 결과 상실된 손에서 통증을 경험하면 환자는 수의적으로 손을 펴고 통증을 완화할 수 있게 된다. 뇌 가소성에 근거한 이러한 치료적 접근이 다양한 환자군에 성공적으로 적용되고 있다(Ramachandran & Altschuler, 2009). 이 접근을 사용한 가장 인상적인 예는 2010년 아이티에서 일어난 지진 생존자들에게 거울 박스를 사용한 것인데, 생존자들은 하지 절단 후 심각한 환상지통을 경험하였다(Miller, Seckel, & Ramachandran, 2012). 18명의 환자들 중 17명이 거울박스 치료 후 통증 완화를 보고하였다.

▲ 거울 상자는 환상지가 복원된 것 같은 착각을 일으키게 한다.

될 수 있다(Feldman, 2009). 이는 각 피질 영역에 표상되기 위해 감각 입력들이 서로 '경쟁'한 다는 것을 시사한다(이에 관한 설명은 '현실세계'에 기술되어 있는 '환상지' 참조).

그러나 가소성은 손가락 혹은 사지의 상실에 대한 보상으로만 일어나지 않는다. 한 손 가락에 엄청난 정도의 자극을 가하면 이 손가락에 인접해 있는 다른 손가락들에 주로 반 응하던 피질 영역이 이 손가락에도 반응할 수 있다(Merzenich et al., 1990). 예를 들어 피 아니스트들은 손가락 통제에 관여하는 피질 영역들이 매우 잘 발달되어 있다. 손가락으 로부터 지속적으로 정보가 유입되면 뇌의 체감각 피질에서 손가락을 담당하는 부위가 더 커진다. 최근 연구들은 비음악가에 비해 전문 음악가들의 운동 피질이 더 많은 가소 성을 가지는 것을 보고하는데, 이는 많은 연습으로 말미암아 운동 시냅스의 수가 증가하였 음 반영한다(Rosenkranz, Williams, & Rothwell, 2007). 이와 유사한 것이 바느질 전문가들(이들 은 엄지손가락과 집게손가락의 영역들이 매우 잘 발달되어 있다)과 택시 기사들(공간 이동 동 안 활성화되는 해마가 잘 발달되어 있다)(Maguire, Woollett, & Spiers, 2006)에서도 관찰된다.

가소성은 심리학 교재에서 답하기 어려운 질문과도 관련되어 있다. 여러분은 최근 얼마 나 운동을 하였는가? 저자인 우리들은 여러분이 많은 시간을 들여 이 책을 읽기를 바라 는 만큼 여러분이 운동에 많은 시간을 들이는 것을 바란다. 쥐와 다른 비인간 동물을 대 상으로 한 연구들은 신체 운동이 시냅스의 수를 증가시키고 해마에 새로운 뉴런이 생 성되도록 한다는 것을 보여 주고 있다(Hillman, Erickson, & Kramer, 2008; van Praag, 2009). 최근들어 인간을 대상으로 한 연구들은 심혈관 운동이 뇌 기능과 인지 기능에 매우 유익하다는 것을 보고하기 시작하였다(Colcombe et al., 2004, 2006). 비록 이러 한 효과가 나이 든 성인들에서 가장 두드러지게 관찰되지만(그렇다. 저자인 우리들 도 운동을 시작할 시기를 맞았다), 운동 효과는 전 생애 동안 일어나기도 한다(Hertig & Nagel, 2012; Hillman et al., 2008, Roig et al., 2012). 실제로 일부 연구자들은 신체적 활동에 의해 일어나는 뇌 가소성이 척수 손상의 치료에 적용될 수 있 다고 믿는데(앞서 살펴본 바와 같이 척수 손상은 개인의 일상생활에 큰 영향 을 미친다), 이는 운동과 훈련을 통해 뇌 가소성을 얼마나 극대화할 수 있는가를 이해하는 것 이 재활에 매우 유용하게 사용될 수 있기 때문이다(Dunlop, 2008). 뇌 가소성이 흥미로운 이론 적 주제일뿐만 아니라 일상생활에 매우 중요하게 적용될 수 있다는 것이 명백하게 밝혀지고 있다(Bryck & Fisher, 2012)

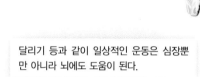

달리기 등과 같이 일상적인 운동은 심장뿐 만 아니라 뇌에도 도움이 된다.

MARK ANDERSEN/ GETTY IMAGES

요약

▶ 뇌는 후뇌, 중뇌와 진뇌로 구분된다.

▶ 후뇌는 주로 척수로부터 정보 혹은 척수로 가는 정보를 조율하며 연수, 망상계, 소뇌와 교가 포함된다. 이 구조들 은 각각 호흡률과 심박률, 수면과 각성 수준, 정교한 운동 기술과 이러한 정보를 피질과 소통하는 데 관여한다.

▶ 중뇌에는 시개와 피개가 포함되며, 하결으로의 정향반응, 감각 자극으로의 움직임과 각성 등과 같은 기능들을 주 로 통제한다.

▶ 전뇌는 주로 지각, 감정과 사고와 같은 상위 수준의 기능들에 관여한다. 전뇌에는 시상, 시상하부, 변연계(해마와 편 도체를 포함하는)와 기저핵 등과 같은 피질하 구조들이 위치한다. 이 피질하 구조들은 동기, 정서와 관련된 다양한 기능들을 수행한다. 또한 전뇌에 위치하는 대뇌피질은 두 대뇌반구로 구성되며 각 대뇌반구에는 네 가지의 엽(후두 엽, 두정엽, 측두엽, 전두엽)이 있다. 대뇌피질은 우리를 충분히 인간답게 하는 기능들, 즉 사고, 계획, 판단, 지각, 목 적 지향적이며 수의적 행동 등을 수행한다.

▶ 뇌의 뉴런들은 경험과 환경에 의해 변화될 수 있으며 이는 인간 뇌가 놀랄 만큼 가소성을 띠게 한다.

신경계의 발달과 진화

인간 뇌는 놀라울 만큼 완전하지 못하다. 왜 그럴까? 인간 뇌는 하나의 정교한 기계—철학자들이 시적으로 뇌를 '매혹적인 베틀'이라고 묘사했다—가 아니라 진화 과정 동안 서로 다른 시기에 첨부된 많은 별개의 요소들로 구성되어 있는 한 체계이다. 인간 뇌는 이전 진화 단계의 뇌에서 가장 잘 작용하던 요소들을 계속 유지하는 동시에 진화 과정 동안 다른 요소들을 첨부하면서 현재에 이르렀다.

중추신경계의 발달을 두 가지 측면에서 살펴보는 것이 중추신경계의 이해에 도움이 된다. 출생 전 발달(임신에서부터 출생까지의 성장)은 한 종에서 신경계가 어떻게 발달하고 변화하는지를 밝혀 준다. 진화적 발달은 인간 신경계가 다른 종으로부터 어떻게 진화되고 적응하여 왔는지를 밝혀준다.

중추신경계의 출생 전 발달

배아에서 가장 먼저 형태를 취하는 신체 체계가 신경계이다(Moore, 1977). 신경계는 수정 후 3주 이내에 발달하기 시작하며, 이때 배아는 여전히 구(sphere) 모양을 가진다. 처음에는 구의 한 측면에 이랑이 생기며 이후 이랑의 가장자리가 깊은 홈이 된다. 이랑이 서로 접혀지고 융합되어 홈을 둘러싸게 되면서 신경관(neural tube)이라고 부르는 구조가 형성된다. 신경관의 한 끝은 관으로 남아 있게 되고 배아가 자라면서 이 부위는 척수가 된다. 신경관의 반대편 끝

> **?** 배아 뇌의 발달 단계는 무엇인가?

이 확장되며 수정 후 4주 정도가 되면 뇌의 세 가지 기본 수준이 눈에 띈다. 5주째 동안 전뇌와 후뇌가 여러 하위 구조들로 구분된다. 7주 이후부터 전뇌가 상당한 정도로 확장되어 대뇌피질을 형성한다.

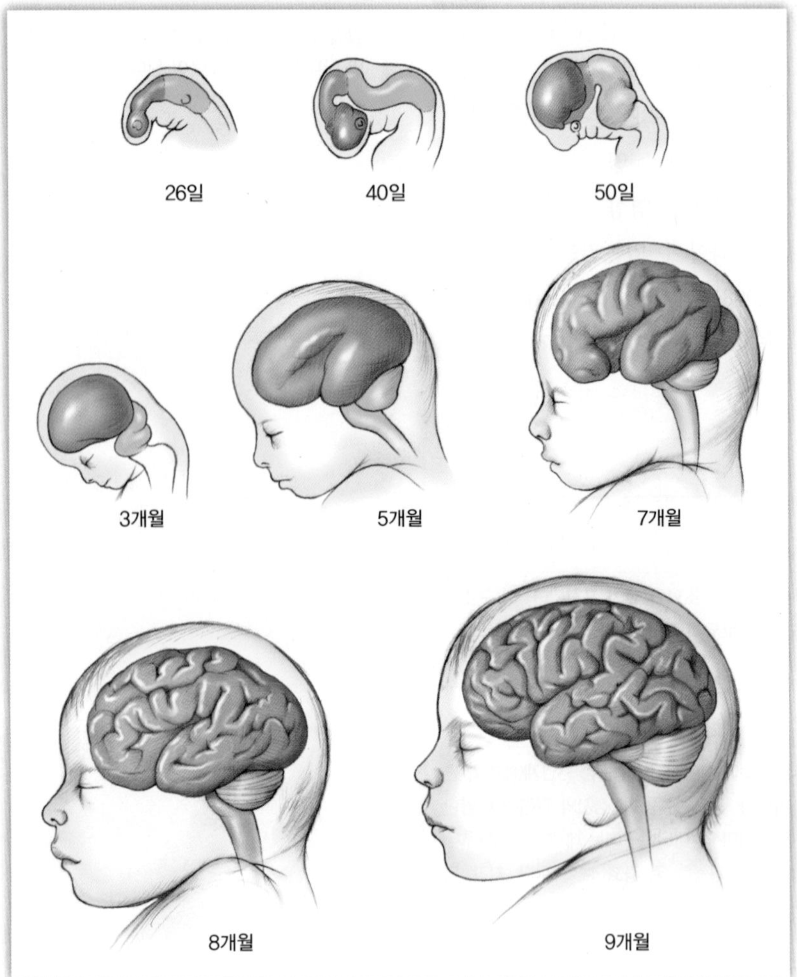

태아의 뇌가 계속 성장하면서 뇌의 하위 구조들이 다음 구조들에 싸여지고 성인 뇌에서 눈에 띄는 구조들이 형성되기 시작한다(그림 3.20 참조). 즉, 후뇌는 소뇌와 연수를, 중뇌는 시개와 피개를 형성하고, 전뇌는 하위 구조로 더 세분화되면서 시상과 시상하부가 대뇌반구와 분리된다. 시간이 지남에 따라 대뇌반구들이 상당히 발달하게 되고 결국에는 뇌의 다른 하위 구조들을 모두 덮어 버리게 된다.

뇌의 개체발생(한 개인에서 뇌가 어떻게 발달하는가)은 매우 놀랍다. 여러분이 15주로 구성된 한 학기를 절반 정도 마칠 동안 뇌의 기본적인 구조들이 자리 잡고 급속하게 성장하여 출생 시에는 매우 발달된 기능을 가지게 된다. 이와 비교하여 뇌의 계통발생(특정 종 내에서 뇌가 어떻게 발달하는가)은 훨씬 더 천천히 진행된다. 그러나 계통발생 과정 역시 인간으로 하여금 가능한 대부분의 뇌 구조를 가지게 하였으며 이로 인하여 믿기 어려울 만큼 다양한 과제들을 수행하는 것을 가능하게 하였다.

▼ 그림 3.20 **출생 전 뇌의 발달** 뇌의 원시적 부위, 즉 후뇌와 중뇌가 먼저 발달한 후 점차 상위 수준의 뇌가 발달한다. 대뇌피질의 열은 임신 중반기에 접어들 때까지 발달하지 않는다. 대뇌반구는 임신 마지막 세 달 동안에 발달한다.

26일   40일   50일

3개월   5개월   7개월

8개월   9개월

중추신경계의 진화적 발달

중추신경계는 단순한 동물에서 발견되는 매우 단순한 신경계에서부터 오늘날 인간에서 관찰되는 정교한 신경계로 진화되어 왔다. 가장 단순한 동물조차 환경에 반응하는 감각 뉴런과 운동 뉴런을 가지고 있다(Shepherd, 1988). 예를 들어 단세포 생물인 원생동물은 물속에 있는 먹이에 민감하게 반응하는 분자를 세포막에 가지고 있다. 이 분자들은 섬모(cilia)라고 불리는 매우 작은 실의 움직임을 자극하여 원생동물로 하여금 먹이처로 향하게 한다. 해파리와 같은 매우 단순한 무척추동물에서 뉴런이 처음으로 나타났다. 해파리의 촉수에 있는 감각 뉴런은 위험한 약탈자와 접촉하는 것을 느낄 수 있으며, 이는 해파리로 하여금 안전한 곳으로 헤엄쳐 가게 한다. 만약 여러분이 해파리라면 이 가장 단순한 신경계만으로도 충분히 생존할 수 있다. 그러나 중추신경계라고 불릴 만한 신경계는 편형동물(flatworms)에서 처음으로 관찰되었다. 편형동물은 단순한 형태의 뇌에 뉴런 군집을 가지고 있는데, 여기에는 시각과 미각에 관여하는 감각 뉴런과 섭식 행동을 통제하는 운동 뉴런이 포함된다. 뇌로부터 한 쌍의 관(tract)이 생겨나서 척수를 형성한다.

진화 과정 동안 무척추동물(척추를 가지고 있지 않은 동물)과 척추동물(척추를 가지고 있는 동물)의 신경계 구조에 주요 차이가 발생하였다. 모든 척추동물의 중추신경계는 위계적으로 구성되어 있다. 즉, 뇌의 하위 수준과 척수는 단순한 기능들을 수행하는 반면 신경계의 상위 수준들은 더 복잡한 기능들을 수행한다. 앞서 살펴본 바와 같이 인간의 반사행동은 척수에서 일어난다. 다음 수준인 중뇌는 환경 내의 중요한 자극으로 향하게 하는 등의 더 복잡한 과제를 수행한다. 마지막으로 더 복잡한 과제, 예를 들어 지금부터 20년 후 여러분의 생이 어떠할까를 상상하는 등의 과제는 전뇌에 의해 이루어진다(Addis, Wong, & Schacter, 2007; Schacter, Addis, et al., 2012; Szpunar, Watson, & McDermott, 2007).

전뇌는 척추동물에서 더 진화되었다. 양서류(개구리와 도롱뇽)와 같은 하위 수준의 척추동물의 전뇌는 신경관의 끝부분에 작은 뉴런 군집만을 가지고 있다. 상위 수준의 척추동물, 예를 들어 파충류, 조류와 포유동물의 전뇌는 훨씬 더 크고 2개의 서로 다른 부분으로 진화되어 왔다. 파충류와 조류는 대뇌피질을 거의 가지고 있지 않다. 이와 상반되게 포유류는 매우 발달된 대뇌피질을 가지고 있는데, 즉 다양한 상위 정신 기능을 수행하는 다양한 영역들로 구성된 대뇌피질을 가지고 있다. 이 전뇌의 발달은 아직까지는 인간에서 절정에 달하고 있다(그림 3.21 참조).

따라서 인간의 뇌는 놀랄만한 것이라기보다는 매우 실용적인 근거로부터 계승되고 확장되어 왔다고 볼 수 있다. 다른 종처럼 인간은 후뇌를 가지고 있으며 다른 종에서처럼 후뇌는 우리의 생존에 중요한 기능을 한다. 일부 종에게는 이것만으로도 충분하다. 즉, 모든 편형동물은 먹고, 생식하고, 일정 기간 생존하는 것만이 필요하다. 그러나 인간의 뇌가 진화하는 동안 환경으로부터 오는 복잡한 요구들이 증가하였고 이를 다루기 위해 중뇌와 전뇌의 구조들이 발달되었다. 황소개구리의 전뇌는 개구리의 세계에서 생존하는 데 필요한 만큼만 분화되었다. 그러나 인간의 전뇌는 상당한 정도로 분화되어 인간 특유의 능력, 즉 자의식, 세련된 언어 구사, 사회적

편형동물에는 뇌가 잘 발달되지 않지만 편형동물은 많은 뇌 부위를 필요로 하지 않는다. 단순한 무척추동물에서 관찰되는 매우 기초적인 뇌 영역들이 인간에서 관찰되는 복잡한 뇌 구조들로 결국 진화되었다.

▼ 그림 3.21 **전뇌의 발달** 파충류와 조류는 대뇌피질을 거의 가지고 있지 않는 반면 쥐와 고양이와 같은 포유동물은 대뇌피질을 가지고 있다. 그러나 이들의 전두엽은 인간이나 다른 영장류에 비해 훨씬 작다. 이러한 사실이 인간만이 복잡한 언어, 컴퓨터 기술과 계산 능력을 가지고 있는 것을 설명할 수 있는가?

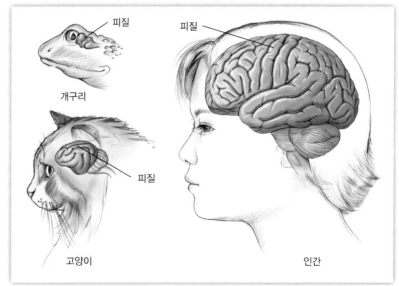

상호작용, 추상적 추론, 상상, 공감 등과 같은 능력을 가능하게 하였다.

인간의 뇌가 다른 종들의 뇌보다 더 빨리 진화되었다는 증거가 있다(Dorus et al., 2004). 연구자들은 생쥐, 쥐, 원숭이와 인간의 200개 뇌 관련 유전자 배열을 비교한 결과, 일군의 유전자가 영장류에서 더 빨리 진화하였음을 발견하였다. 더욱이 그들은 영장류의 뇌가 다른 종들에 비하여 더 빨리 진화하였을 뿐만 아니라 영장류 중 인간의 뇌가 더 빨리 진화하였다는 것을 발견하였다. 이러한 결과는 진화 과정 동안 일어나는 정상적인 적응에 덧붙여서 인간 뇌의 유전자가 다양한 돌연변이(유전자 DNA의 변화) 혜택을 특히 받았다는 것을 시사한다(Vallender, Mekel-Bobrov, & Lahn, 2008). 이러한 결과는 인간 뇌가 아직도 진화하는 과정 중에 있으며 더 커지고 있고 환경의 요구에 더 적응 중에 있다는 것도 시사한다(Evans et al., 2005; Mekel-Bobrov et al., 2005).

> **?** 우리의 뇌는 아직도 진화하고 있는가?

유전자는 큰 진화 척도에 따라 뇌 발달을 진행시키는 동시에 한 개인의 발달과 일반적으로는 한 종의 발달을 안내하기도 한다. 유전자와 환경이 어떻게 행동의 생물학적 근거에 공헌하는가를 간략하게 살펴보기로 하자.

유전자, 후생유전학과 환경

개인의 행동을 결정하는 데 유전(본성) 혹은 환경(양육) 중 어느 것이 더 영향을 미치는가? 오늘날의 연구 결과는 본성과 양육 모두 행동을 결정하는 데 중요하다는 것을 보여 주고 있으며, 오늘날의 연구 초점은 둘 중 하나가 행동에 미치는 절대적 영향에서 둘의 상대적 영향을 조사하는 것으로 바뀌고 있다(Gottesman & Hanson, 2005; Rutter & Silberg, 2002; Zhang & Meaney, 2010).

유전자는 무엇인가?

유전자(gene)는 유전 전달의 단위이다. 역사적으로 유전자는 2개의 서로 분리되는, 동시에 관련되는 개념을 언급하기 위해 사용되어 왔다. 처음에는 유전자가 비교적 추상적 개념으로 사용되었는데, 즉 눈의 색 등과 같은 특정 특성을 결정하는 유전 단위를 언급하기 위해 사용되었다. 더 최근에 와서는 유전자가 특성에 영향을 미치는 단백질 분자를 부호화하는 DNA(deoxyribonucleic acid) 줄의 일부로 정의되고 있다. 유전자는 **염색체**(chromosomes)라고 불리는 더 큰 실 안에 구성되어 있으며, 염색체는 DNA를 이중나선형으로 감싸고 있는 DNA 가닥이다(그림 3.22 참조). 염색체 안에 있는 DNA는 메신저 RNA(ribonucleic acid, mRNA)라고 알려져 있는 분자의 작용을 통해 단백질 분자를 생산한다. mRNA는 DNA 부호화 복사를 세포에 전달하여 단백질을 생산하게 한다. 염색체는 쌍을 이루고 있으며 인간은 23쌍의 염색체를 가지고 있다. 염색체의 각 쌍들은 서로 유사하지만 동일하지는 않다. 여러분은 각 쌍 중 하나는 아버지로부터 하나는 어머니로부터 물려받았다. 그러나 예기치 못한 상황이 있는데, 즉 염색체 쌍 중 어느 것이 선택되어 여러분에게 주어지는가는 무작위로 일어난다.

아마도 이 무작위적 분배의 가장 두드러진 예가 성의 결정이다. 포유류에서 성을 결정하는 염색체는 X와 Y 염색체이다. 여성은 2개의 X 염색체를 가지는 반면 남성은 하나의 X와 하나의 Y 염색체를 가진다. 여러분은 어머니로부터 하나의 X 염색체를 물려받는데, 이는 어머니는 단지 X 염색체만을 가지고 있기 때문이다. 따라서 여러분의 생물학적 성은 아버지로부터 또 하나의 X 염색체를 받는가 아니면 Y 염색체를 받는가에 따라 결정되었다.

한 종으로서 우리 인간은 동일한 DNA를 99% 정도 공유하지만(그리고 다른 유인원과도 거

유전자
유전적 전달을 가능하게 하는 주요 단위

염색체
DNA를 이중나선형으로 감싸고 있는 DNA 가닥

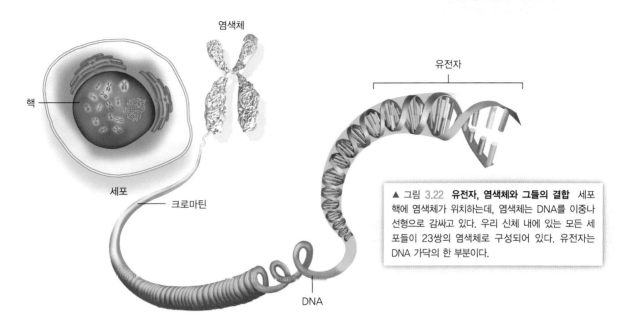

염색체

핵

세포

크로마틴

DNA

유전자

▲ 그림 3.22 **유전자, 염색체와 그들의 결합** 세포 핵에 염색체가 위치하는데, 염색체는 DNA를 이중나선형으로 감싸고 있다. 우리 신체 내에 있는 모든 세포들이 23쌍의 염색체로 구성되어 있다. 유전자는 DNA 가닥의 한 부분이다.

의 많은 부분을 공유) 일부 DNA에는 개인차가 있다. 그럼에도 자녀들은 먼 친척이나 혈연적으로 관계가 없는 사람들보다 자신들의 부모와 상당한 정도의 유전자를 공유한다. 자녀들은 자신들의 유전자 중 반을 각 부모와 공유하고 조부모와는 1/4을 공유하고 사촌과는 1/8을 공유한다. 유전자를 공유할 확률을 근친도(degree of relatedness)라고 한다. 가장 유전적으로 가까운 사람이 일란성 쌍생아(monozygotic twins)인데, 일란성 쌍생아는 하나의 수정란에서 분리되기 때문에 유전자를 100% 서로 공유한다. 이란성 쌍생아(dizygotic twins)는 2개의 분리된 수정란에서 발달하기 때문에 서로 다른 시기에 태어난 두 형제의 경우처럼 유전자를 50%만 공유한다.

많은 연구자들이 유전이 행동에 미치는 상대적 효과를 연구하였다. 이를 조사하는 한 방법이 일란성 쌍생아와 이란성 쌍생아를 대상으로 한 특성을 비교하는 것이다. 이러한 유형의 연구들은 동일한 가족에서 양육된 쌍생아를 대상으로 하는데, 이는 환경(사회경제적 지위, 교육을 받을 기회, 부모의 자녀 양육법, 환경 내의 스트레스)을 비교적 일정하게 하기 위해서이다. 연구 결과는 일란성 쌍생아가 특정 특성을 더 많이 공유하는 것을 보여 주는데, 이는 유전 영향을 시사한다(Boomsma, Busjahn, & Peltonen, 2002).

? 왜 이란성 쌍생아는 서로 다른 시기에 태어난 형제자매처럼 유전자의 50%만 공유하는가?

한 예로, 이란성 쌍생아의 경우 두 사람 모두에게 조현병(이 정신장애에 관해서는 15장에서

일란성 쌍생아(왼쪽)는 유전자를 100% 공유하지만 이란성 쌍생아(오른쪽)는 다른 형제자매들처럼 50%만 공유한다. 일란성 쌍생아와 이란성 쌍생아의 연구는 우리의 행동에 유전과 환경이 어느 정도 영향을 미치는가를 이해하는 데 도움이 된다.

자세하게 논할 것임)이 발병할 가능성은 27%이다. 그러나 일란성 쌍생아의 경우 이 가능성이 50%까지 상승한다. 이러한 관찰은 조현병의 발병에 상당한 정도의 유전적 영향이 있다는 것을 시사한다. 일란성 쌍생아는 유전자를 100% 공유하며 만약 두 사람에게 환경적 영향을 비교적 일정하게 유지할 경우 50%의 조현병 발병 가능성은 유전적 요인 때문이라고 가정할 수 있다. 나머지 50%의 가능성이 환경적 영향 때문이라는 것이 인식되기 전까지 이 발병률은 겁이 날 정도로 높다. 요약하면 유전은 다양한 특성의 발달, 가능성 혹은 발병에 영향을 미친다. 그러나 행동에 미치는 유전적 영향을 더 잘 이해하기 위해서는 환경 맥락을 항상 고려해야만 한다. 유전자는 독립적으로 표현되는 것이 아니라 환경 내에서 표현되기 때문이다.

후생유전학의 역할

유전자가 환경 내에서 발현된다는 생각이 **후생유전학**(Epigenetics)이라고 알려져 있는 연구 영역을 급성장하게 하였다. 후생유전학은 환경이 유전자가 발현되는지 혹은 발현되지 않는지를 혹은 발현된다면 어느 정도 발현되는지에 영향을 미치는데, 이러한 영향이 유전자 그 자체를 구성하는 기본적인 DNA 배열을 변화시키지 않고 일어난다고 여긴다. 어떻게 후생유전적 영향이 작용하는가를 이해하기 위해서는 DNA를 연극 혹은 영화 대본으로 비유할 수 있다. 생물학자인 네사 캐리(Nessa Carey, 2012)는 셰익스피어의 로미오와 줄리엣을 예로 들었는데, 이 시나리오는 1936년 레슬리 하워드와 노마 시어러가 주연한 영화로 만들어졌고 1996년에도 레오나르도 디카프리오와 클레어 데인즈가 주연한 영화로 발표되었다. 셰익스피어의 희곡이 두 영화의 기본이었지만 두 영화의 감독들은 이 희곡을 서로 다른 방법으로 사용하였고 두 영화에 출연한 배우들도 서로 다른 연기를 하였다. 따라서 셰익스피어의 희곡에서 출발한 두 영화는 서로 다르지만 셰익스피어의 희곡은 여전히 존재한다. 이와 유사한 현상이 후생유전학에서도 일어난다. 기본적인 DNA 부호를 변화시키지 않고서도 환경에 따라 한 유전자가 발현될 수도 발현되지 않을 수도 있다.

환경은 **후생유전적 지표**(epigenetic marks), 즉 유전자를 발현 혹은 발현되지 않게 하는 DNA의 화학적 수정을 통해 유전자 발현에 영향을 미칠 수 있다. 후생유전적 지표를 영화 감독이 셰익스피어의 희곡을 어떻게 영화로 만들 수 있는가를 결정하기 위해 원고에 적어 놓은 메모로 비유할 수 있다. 다음의 두 가지가 후생유전적 지표로 널리 사용된다.

- **DNA 메틸화**(DNA methylation)는 DNA에 메틸군을 첨가하는 것을 의미한다. 후생유전적 라이터(epigenetic writer)라고 불리는 특별한 효소가 있는데, 이 효소의 역할이 DNA에 메틸군을 첨가하는 것이다. 메틸군을 첨가하는 것이 기본적인 DAN 배열을 변화시키지는 않지만 메틸화된 유전자가 작동하지 못하게 한다(그림 3.23 참조). 이 과정은 영화 감독이 클레어 데인즈에게 셰익스피어의 희곡 중 일부를 무시하게 하는 것과 비유된다. 작동하지 않지만 유전자가 존재하는 것처럼 희곡의 일부도 비록 표현되지는 못하지만 여전히 존재한다.
- **히스톤 수정**(histone modification)은 히스톤이라고 불리는 단백질에 화학적 수정이 첨부되는 것을 의미하는데, 히스톤은 DNA 포장에 관여한다. 그림 3.22에서처럼 DNA는 자유롭게 떠다니는 이중 나선형으로 표현되지만 실제로는 그림 3.23에 제시되어 있는 것처럼 일군의 히스톤 단백질을 단단하게 감싸고 있다. 그러나 DNA 메틸화는 유전자가 작동하지 못하게 하지만 히스톤 수정은 유전자를 작동하지 못하게 하거나 혹은 작동하게 한다. DNA 메틸화처럼 히스톤 수정 역시 기본적인 DNA 배열의 변화 없이 유전자 발현에 영향을 미친다(Carey, 2012).

후생유전학
유전자를 구성하는 DNA의 기본 배열을 변화시키지 않으면서 유전자의 발현 여부 혹은 발현의 정도를 결정하는 환경적 영향

후생유전적 지표
유전자를 발현 혹은 발현되지 않게 하는 DNA의 화학적 수정

DNA 메틸화
DNA에 메틸군을 첨가하는 것

히스톤 수정
히스톤이라고 불리는 단백질에 화학적 수정이 첨부되는 것을 의미하는데, 히스톤은 DNA 포장에 관여한다.

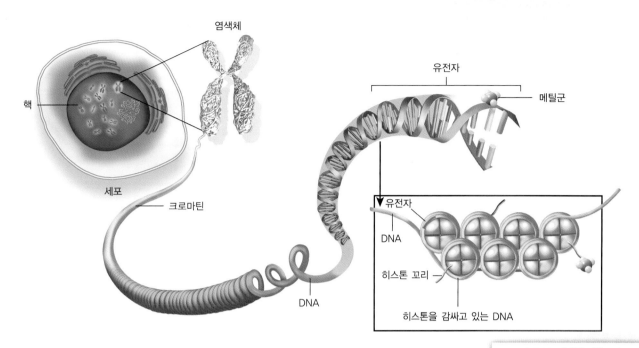

이제까지 다수의 익숙치 않은 용어들을 알게된 여러분은 로미오와 줄리엣에서의 클레어 데인즈의 연기가 "고향"이라는 영화에서의 캐리 역할을 충분히 할 수 있도록 한 것일까라는 궁금증을 가질 수 있다(캐리와 브로디와의 관계는 세익스피어의 불행한 연인들과 닮았다는 생각이 든다). 그러나 후생유전학이 뇌 혹은 심리학과 어떤 관련성이 있는가? 매우 관련성이 있는 것으로 알려지고 있다. 쥐를 대상으로 한 실험들은 DNA 메틸화와 히스톤 수정과 같은 후생유전적 지표가 학습과 기억에 중요한 역할을 한다는 것을 보여 주고 있다(Bredy et al., 2007; Day & Sweatt, 2001; Levenson & Sweatt, 2005). 최근의 인간 대상 연구를 포함한 여러 연구들은 후생유전적 변화와 스트레스에 대한 반응 사이의 관련성을 연구하였다(Zhang & Meaney, 2010). 예를 들어 스트레스 수준이 높은 환경과 낮은 환경에서 일하는 간호사들을 대상으로 한 연구들은 이 두 집단이 DNA 메틸화에서 차이를 보임을 보고하였다(Alasaari et al., 2012). 92명의 캐나다 성인을 대상으로 한 연구는 스트레스에 대한 생리적 신호와 주관적 스트레스 수준이 DNA 메틸화 수준과 상관이 있음을 보고하였다(Lam et al., 2012). 또 다른 연구는 DAN 메틸화와 생의 초기 경험이 서로 관련되어 있음을 관찰하였는데, 즉 비교적 부유한 가정에서 성장한 개인과 가난한 가정에서 자란 개인이 비록 현재의 사회경제적 수준 등을 통제하여도 DNA 메틸화에서 차이를 보였다(Lam et al., 2012). 이와 유사한 결과가 40명의 영국 성인을 대상으로 한 연구에서도 보고되었다(Borghol et al., 2012). 이러한 결과는 '최신 과학'에서 소개하는 일련의 연구들, 즉 생의 초기 경험이 쥐와 인간 모두에게 장기적 영향을 미치는 데에 DNA 메틸화와 히스톤 수정이 중요한 역할을 한다는 것을 보고한 연구들의 결과와 매우 일치한다.

환경 요인의 역할

유전자는 전체 인구에서 관찰할 수 있는 가능성의 범위를 제시하지만 그 범위 내에서의 한 개인의 특성은 환경적 요인들과 경험에 의해 결정된다. 다른 종들이 물 밑에서 숨 쉬는 것과 같은 유전적 능력을 즐기는 것을 여러분들이 아무리 열망해도 여러분들에게는 이것이 가능하지 않다.

이러한 변수들을 염두에 두고 행동 유전학자들은 행동의 유전가능성을 계산하기 위해 근친

후생유전학과 초기 경험의 지속적 효과

일련의 흥미로운 연구들은 후생유전학적 과정이 초기 경험의 장기간 효과에 중요한 역할을 한다는 것을 보고하고 있다. 대부분의 연구들이 맥길대학의 마이클 미니(Michael Meaney)와 동료들에 의해 이루어졌는데, 쥐의 모성 행동에 관한 연구에서 시작하여 최근에는 아동기 학대의 지속적인 효과를 연구하고 있다.

먼저 배경에 관한 중요한 정보를 제공하는 미니 연구실의 초기 연구부터 살펴보자(Francis et al., 1999; Liu et al., 1997). 이 연구는 쥐의 양육 유형에 상당한 차이가 있는 것을 발견한 것에 근거하고 있다. 즉, 일부 쥐는 자신의 새끼를 핥고 돌보는 데 많은 시간을 소요하고 새끼들도 이를 즐기는 반면(높은 LG 어미) 일부 쥐는 이러한 것에 거의 시간을 보내지 않는다(낮은 LG 어미). 연구자들은 낮은 LG 어미의 새끼에 비해 높은 LG 어미의 새끼들이 자라서 스트레스 상황에 놓였을 때 훨씬 덜 두려워하는 것을 발견하였다. 이 결과가 어미와 새끼가 공유하는 유전적 프로파일의 효과를 반영하는가? 그렇지 않다. 미니와 동료들은 높은 LG 어미의 새끼를 낮은 LG 어미 쥐가 기르는 경우 혹은 그 반대의 경우에도 동일한 효과를 관찰하였다. 이러한 효과는 생리적 변화와 더불어 일어났다. 두려움을 야기하는 상황에 놓였을 때 높은 LG 어미에 의해 양육된 쥐는 낮은 LG 어미에 의해 양육된 쥐보다 스트레스-관련 호르몬의 수준이 더 낮았다. 또한 높은 LG 어미의 새끼들이 더 높은 해마 세로토닌 수준을 보였다. 이 장에서 살펴보았듯이 높은 세로토닌 수준은 기분 상승과 관련되어 있다. 다시 말하면 높은 LG 어미의 새끼들이 성장하면서 '침착'해 진다, 그러나 이러한 효과가 어떻게 어릴 때부터 성숙될 때까지 지속되는가? 후생유전학이 이 현상을 설명할 수 있을 것이다. 높은 LG 어미로 말미암아 상승된 세로토닌 반응은 글루코코르티코이드 수용기 유전자(글루코코르티코이드와 스트레스에 관해서는 14장 참조)의 DNA 메틸화를 감소시키며, 이는 나아가 유전자의 발현을 높이고 스트레스에 대해 더 침착하게 반응하게 한다(Weaver et al., 2004). 낮은 LG 어미에 의해 양

육된 쥐에서는 글루코코르티코이드 수용기 유전자의 DNA 메틸화가 증가하고, 이는 유전자의 발현을 낮추고 스트레스에 침착하게 대응하지 못하게 한다. DNA 메틸화가 오랜 시간 동안 굉장히 안정되게 일어나기 때문에 쥐를 대상으로 한 이러한 연구들의 결과는 인간을 대상으로 한 최근 연구들에 대한 토대가 되었는데, 인간 대상 연구들은 아동 학대와 같은 고통스러운 경험의 지속적인 효과에 후생유전학이 중요한 역할을 한다는 것을 보여 주고 있다.

미니 연구진은 35세경에 자살을 한 24명의 남성들의 해마를 조사하였다(McGowan et al., 2009)[해마는 스트레스 반응에 중요한 역할을 하고 뇌 전체에서 가장 높은 글루코코르티코이드 수용기 밀도를 가지고 있다]. 이 남성들 중 12명이 아동 학대의 경험을 가지고 있고 나머지 12명은 그러한 경험을 가지고 있지 않았다. 이 남성들의 해마를 비슷한 연령에 갑작스럽게 사망하였지만 아동 학대의 경험을 가지고 있지 않고 또 자살을 하지 않은 12명의 통제 집단의 해마와 비교하였다. 놀랍게도 통제군의 12명 남성들에 비해 아동 학대를 경험하고 자살한 12명 남성들의 해마에 있는 글루코코르티코이드 수용기 유전자의 메틸화가 증가되어 있었다. 그러나 아동학대를 경험하지 않은 12명의 자살 남성들과 통제군의 12명 남성들 사이에는 이러한 차이가 관찰되지 않았다. 낮은 LG 어미의 새끼들에서처럼 아동 학대를 경험한 12명의 남성들에서는 증가된 DNA 메틸화가 글루코코르티코이드 수용기 유전자의 발현을 감소시켰다. 비록 이 연구 결

과가 DNA 메틸화의 차이가 학대를 경험하거나 경험하지 않은 남성들이 생존해 있었을 때의 행동과 관련이 있는지에 관한 정보를 제공하지 않지만 쥐와 인간에서 불행한 초기 경험의 후생유전학적 효과가 유사하다는 것을 보여 준다.

연구들은 초기 경험의 효과가 단일 유전자에 국한되지 않고 더 광범위하게 일어난다고 보고하고 있다. 쥐를 대상으로 한 미니 연구실의 최근 연구는 높은 LG와 낮은 LG 어미의 새끼들의 해마에서 수백 개의 DNA 메틸화 차이를 발견하였다(McGowan et al., 2011). 학대 경험을 가진 자살자들과 학대 경험이 없는 통제군의 해마를 다시 분석한 결과 두 집단이 광범위한 DNA 메틸화 차이를 가지고 있음이 관찰되었다(Suderman et al., 2012). 비록 쥐와 인간이 유전 및 생물학적 차이로 말미암아 메틸화의 차이를 보이지만(Suderman et al., 2012), 연구 결과는 초기 경험이 추후 발달과 행동에 미치는 효과를 이해하는데 후생유전학이 중요한 역할을 하는 것을 보여 준다(Meaney & Ferguson-Smith, 2010).

▲ 새끼들을 핥고 돌보는 데 많은 시간을 보내는 어미에 의해 양육된 어린 쥐는 자라서 스트레스 상황에 놓였을 때 덜 두려워한다.

높은 LG 어미	낮은 LG 어미
해마의 증가된 세로토닌 수준 글루코코르티코이드 수용기 유전자의 DNA 메틸화 감소(스트레스와 관련) 유전자의 발현 증가	해마의 감소된 세로토닌 수준 글루코코르티코이드 수용기 유전자의 DNA 메틸화 증가(스트레스와 관련) 유전자의 발현 감소
새끼는 자라서 '침착하게' 스트레스에 더 잘 반응한다.	새끼는 자라서 스트레스에 침착하게 반응하지 못한다.

(relatedness)에 근거한 계산법을 사용한다(Plomin, DeFries, et al., 2001). **유전가능성**(heritability)은 유전적 요인들로 설명될 수 있는 개인들 사이의 행동 특징의 변이성을 측정하는 것을 의미한다. 유전가능성은 비율로 계산되며 숫자(지표) 범위는 0~1.00까지이다. 유전가능성 0은 유전자가 행동 특성의 개인차에 영향을 미치지 않는다는 것을 의미하고 유전가능성 1.00은 유전자가 개인차의 유일한 원인이라는 것을 의미한다. 추측할 수 있듯이 0~1.00의 점수는 거의 일어나지 않으므로 이 수치들은 현실적 가치보다는 이론적 제한 범위로 더 자주 사용된다. 거의 어떤 인간 행동도 오직 환경적 요인 혹은 유전적 요인에 의해서만 일어나지 않는다. 따라서 0~1.00 범위 내의 숫자는 개인차가 유전과 환경 요인의 상대적 영향을 받는 것을 의미한다. 즉, 어떤 경우는 유전적 요인의 영향이 더 크고 어떤 경우는 환경적 요인의 영향이

나의 과학 과제의 제목은 '나의 남동생 : 유전 혹은 양육'입니다.

더 크지만 항상 두 요인의 상호작용의 영향을 받는다는 것을 의미한다(Moffitt, 2005; Zhang & Meaney, 2010).

거의 모든 인간 행동은 중간 범위, 즉 .30~60 사이의 유전가능성을 가진다. 예를 들어 지능에 대한 유전가능성 .50은 지능검사 점수의 변이성 중 절반은 유전적 영향 때문이고 나머지 절반은 환경적 영향 때문이라는 것을 시사한다. 영리한 부모들이 영리한 자녀들을 낳는 것으로 미루어(항상 그런 것은 아니지만) 유전적 요인이 확실히 작용하는 것으로 보인다. 그러나 영리하거나 그다지 영리하지 못한 아동들이 좋은 혹은 그다지 좋지 않은 학교를 다니거나, 피아노 레슨을 더 혹은 덜 규칙적으로 받거나, 열심히 공부하거나 혹은 그다지 열심히 공부하지 않거나, 좋은 혹은 그다지 좋지 않은 교사와 역할 모델을 가질 수 있다. 유전은 단지 지능의 50%만을 설명한다. 지능을 예견하는 데 환경적 영향 역시 중요한 역할을 한다(10장 참조).

유전가능성은 과학자들로 하여금 행동에 미치는 유전적 영향과 환경적 영향의 상대적 공헌을 이해하는 데 이론적으로 유용하고 통계적으로 견실한 것으로 입증되었다. 그러나 유전가능성에 관한 중요한 다음 네 가지 사실을 염두에 두어야 한다. 첫째, 유전가능성은 추상적 개념이다. 유전가능성은 한 특성에 관여하는 특정 유전자에 관해 아무것도 말해 주지 않는다. 둘째, 유전가능성은 전집(전체 인구) 개념이다. 즉 유전가능성은 한 개인에 관해서는 아무것도 설명해 주지 않는다. 유전가능성은 한 개인이 가지는 능력보다는 전체 인구 구성원에서 관찰되는 차이를 이해하는 데 도움을 준다. 셋째, 유전가능성은 환경에 의존한다. 행동이 특정 맥락에서 일어나듯이 유전적 영향도 그러하다. 예를 들어 지능이 변하지 않는 것이 아니다. 특정 학습 맥락, 사회적 장면, 가족 환경, 혹은 사회경제적 집단 안에서 사람들은 지적이다. 따라서 유전가능성은 그것이 계산되는 환경 조건에서만 의미를 가지며, 다른 환경 조건에서는 추정된 유전가능성이 매우 달라질 수 있다. 마지막으로 유전가능성은 운명이 아니다. 유전가능성은 개입(혹은 치료)이 한 행동 특성을 변화시킬 수 있는 정도에 관해 아무런 설명을 제공하지 않는다. 유전가능성은 유전인자의 영향을 받는 행동을 확인하는 데는 유용하지만 개인들이 얼마나 특정 환경 조건 혹은 치료에 반응하는가를 결정하는 데는 도움이 되지 않는다.

? 지능, 기억과 같은 능력은 유전자를 통해 유전되는가?

유전가능성
유전적 요인들로 설명할 수 있는 개인들 사이의 행동 특징의 변이성을 측정

요약

▶ 한 개인의 일생 동안에 걸친 신경계의 발달, 즉 개체발생 과정을 조사하는 것과 한 종이 진화하는 시간, 즉 계통발생 과정을 조사하는 것이 인간 뇌를 이해하는 좋은 기회이다.

▶ 신경계는 배아에서 형성되는 최초의 체계이며 척수의 근거가 되는 신경관으로부터 시작된다. 신경관의 한쪽 끝이 확장되어 후뇌, 중뇌와 전뇌를 형성하게 되며 이들은 다음에 발달하는 구조들 위에 접혀진다.

▶ 이 각 영역들 내에서 특정 뇌 구조들이 분화되기 시작한다. 전뇌가 가장 많이 분화되며, 특히 인간에서 대뇌피질이 가장 발달한다.

▶ 신경계는 편형동물처럼 단순한 동물들의 감각 뉴런과 운동 뉴런으로부터 포유동물에서 관찰되는 정교한 중추신경계로 진화되었다.
  ▶ 인간 신경계의 진화는 다른 종들에서 발견되는 구조들이 더 정교하고 상세하며 확장되는 과정으로 여길 수 있다.
  ▶ 파충류와 조류는 대뇌피질을 거의 가지고 있지 않다. 반면 포유동물은 매우 발달된 대뇌피질을 가지고 있다.
  ▶ 인간 뇌는 복잡한 환경에 적응하기 위해 다른 종들에 비해 더 빨리 진화되어 왔다.

▶ 유전 전달의 단위인 유전자는 염색체가 이중나선형으로 감싸고 있는 DNA 가닥으로부터 형성된다.

▶ 인간은 23쌍의 염색체를 가지고 있으며 이 중의 반은 부모 중 한 사람으로부터 받는다.
  ▶ 아동은 부모 각각과 50%의 유전자를 공유한다.
  ▶ 일란성 쌍생아는 유전자를 100% 공유하는 한편 이란성 쌍생아는 다른 시기에 태어난 형제의 경우처럼 50%를 공유한다. 유전적 밀접성으로 인하여 쌍생아들은 자주 유전 연구의 연구 대상이 된다.

▶ 유전학 연구는 유전과 환경이 서로 상호작용하여 행동에 영향을 미치는 것을 보고하고 있다. 유전자가 주어진 환경 내에서 전체 인구의 변이성 범위를 설정하지만 개인 특성을 예견하지는 않는다. 즉, 경험과 다른 환경적 요인들 역시 행동에 중요한 역할을 한다는 것이다.

▶ 후생유전학은 유전자를 구성하는 기본 DNA 배열을 변화시키지 않으면서 유전자의 발현 여부를 결정하는 데 환경이 영향을 미치는 것을 의미한다. DNA 메틸화와 히스톤 수정과 같은 후생유전적 지표는 특정 유전자가 작동하는가 혹은 작동하지 않는가에 영향을 미친다. 후생유전적 영향은 쥐와 인간에서 생의 초기 경험이 지속적으로 영향을 미치는 데에 결정적 역할을 한다.

뇌의 연구방법

이제까지 여러분은 신경계에 관한 많은 것을 살펴보았다. 즉, 신경계가 어떻게 조직되어 있고 어떻게 작용하며 또 구성 요소는 무엇이며 각 구성 요소가 하는 일이 무엇인지에 관해 살펴보았다. 그러나 하나의 큰 의문이 남아 있다. 즉, 우리가 살펴본 이 모든 것을 어떻게 알 수 있는가

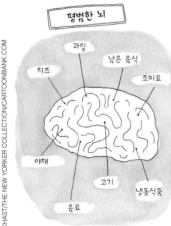
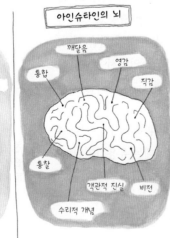

이다. 해부학자들은 인간 뇌를 해부하여 각 구조들을 확인하지만 그들이 살아 있지 않은 뇌를 해부하기 때문에 어떤 구조가 어떤 행동을 산출하는 데 중요한 역할을 하는가를 결정할 수 없다.

어떻게 뇌가 행동에 영향을 미치는가를 이해하기 위해 과학자들은 다양한 방법들을 사용한다. 그중에 중요한 세 가지 방법, 즉 뇌에 손상을 입은 환자를 연구하는 방법, 뇌의 전기적 활동을 연구하는 방법, 뇌 구조를 연구하고 뇌 활성화를 관찰하기 위해 사용되는 뇌 영상 기법을 살펴보기로 하자.

뇌 손상 환자의 연구

한 과정의 정상적인 작용을 더 잘 이해하기 위해서는 이 과정이 실패할 경우 어떤 일이 일어나는가를 이해하는 것이 필요하다. 신경

과학에서 이루어지는 많은 연구들은 특정 지각, 운동, 정서 혹은 인지적 기능의 상실과 특정 뇌 영역의 손상을 서로 관련짓는다(Andrews, 2001; Kolb & Whishaw, 2003). 이러한 연구들을 통하여 신경과학자들은 이 뇌 영역들이 정상적으로 행하는 기능들에 관한 이론을 세운다. 신경과학의 현대 역사는 폴 브로카의 업적으로 거슬러 올라간다(1장 참조). 1861년 브로카는 좌반구 전두엽의 제한된 영역에 입은 손상으로 말미암아 말을 하지 못하는(그러나 말을 이해하는 능력은 유지하는) 한 환자를 소개하였다. 1874년에는 카를 베르니케(Carl Wernicke, 1848~1905)가 좌반구 측두엽 상측 부위의 손상과 관련되어 언어 이해의 장애를 보이는(그러나 언어 산출은 유지하는) 한 환자를 소개하였다. 이 영역들이 각각 브로카 영역과 베르니케 영역인데(9장에 제시되어 있는 그림 9.3 참조), 이는 언어 산출과 언어 이해에 관여하는 뇌 영역들이 서로 분리되어 있고 대부분의 사람들에서 좌반구가 언어 산출과 언어 이해에 중요한 역할을 한다는 것을 보여 준 초기 증거이다(Young, 1990).

어떻게 뇌 질환이 뇌의 특정 영역을 연구하는 데 중심적인 역할을 하게 되었는가?

전두엽의 정서 기능

앞서 살펴본 바와 같이 인간의 전두엽은 상당한 정도로 진화되었다. 그러나 심리학 분야에서 전두엽의 일부 기능에 관한 최초의 힌트는 다소 평범한 사람으로부터 제공되었다. 실제로 그는 매우 평범한 사람이었으나 그의 일생 중 단지 한 번 일어난 사건으로 심리학사의 연대기에 그의 이름이 올려지게 되었다(Macmillan, 2000). 피니어스 게이지는 25세의 근육질 남성으로 철도 인부이었다. 1848년 9월 13일 버몬트 주의 캐번디시에서 그가 바위틈에 폭발물을 채워 넣고 있는 도중 사고가 일어났고 길이가 3피트이고 무게가 13파운드인 철근이 피니어스 게이지의 머리를 빠른 속도로 관통하였다(Harlow, 1848). 그림 3.24에서 볼 수 있듯이 철근은 그의 왼쪽 아래턱 부분으로 들어가서 머리의 위 중앙 부위를 통과하여 빠져나갔다. 놀랍게도 그는 생존하였지만 이 사고로 말미암아 그의 성격이 상당한 정도로 변하였다.

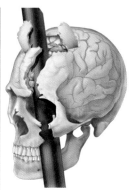

COLLECTION OF JACK AND BEVERLY WILGUS

▲ 그림 3.24 **피니어스 게이지** 피니어스 게이지가 입은 불행한 사건은 전두엽 기능과 전두엽이 피질하 구조들에 위치하는 정서 센터와 어떻게 연결되어 있는가를 이해하게 하였다. 철근이 게이지의 두개골을 통과하였을 것으로 여겨지는 경로를 재구성한 그림이다.

사고를 당하기 전 게이지는 유순하고 매너가 좋았으며 조용하고 양심적이었으며 매우 열심히 일하였다. 그러나 사고 후 그는 안절부절못하고 무책임하며 쉽게 결정을 내리지 못하고 불경스러운 언행을 하였다. 게이지의 성격과 정서적 생활의 변화는 물론 매우 슬픈 일이지만 뜻밖의 정보들 심리학 분야에 제공하였다. 그의 사례는 연구자들로 하여금 전두엽이 정서 통제, 계획과 의사 결정에 관여할 것이라는 가설을 세우게 하고 이를 연구하게 하는 계기가 되었다. 더욱이 전두엽과 피질하 영역인 변연계 사이의 연결이 손상되었기 때문에 과학자들은 어떻게 편도체, 해마와 관련 뇌 구조들이 대뇌피질과 상호작용하는가를 더 잘 이해하게 되었다(Damasio, 2005).

좌반구와 우반구의 분리된 역할

여러분은 대뇌피질이 2개의 대뇌반구로 분리되고 두 대뇌반구들이 하나의 통합된 단위로 작용한다는 것을 기억할 것이다. 그러나 때로는 질환이 뇌가 기능하는 능력을 위협하고, 이를 막을 수 있는 유일한 방법이 과격할 수 있다. 이러한 경우는 주로 심각한 난치성 뇌전증을 앓는 환

로저 스페리는 좌·우 대뇌반구가 가지는 독립적인 기능에 관한 선구적인 연구로 말미암아 1981년 생리학 분야에서 노벨상을 수상하였다.

▼ 그림 3.25 **분리뇌 실험** 스크린의 오른쪽에서 반지를, 왼쪽에서 열쇠를 본 분리뇌 여성이 자신이 본 것들 중 반지는 '반지'라고 말로 반응할 수 있지만 열쇠는 말로 반응하지 못하는데 이는 좌반구가 반지를 보았고 언어가 주로 좌반구에 위치하기 때문이다. 이 환자는 스크린 뒤에 놓여 있는 여러 물체들 중에서 자신의 왼손으로 열쇠를 선택할 수 있다. 그러나 왼손으로 반지를 선택하지 못하는데, 이는 반지를 '본' 좌반구가 신체의 왼쪽 면과 의사소통을 하지 못하기 때문이다.

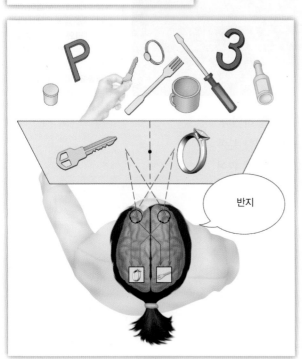

자들에서 일어난다. 한 대뇌반구에서 시작한 발작이 뇌량(두 대뇌반구가 소통하도록 도와주는 신경섬유 다발)을 건너 다른 반구로 전달되어 피드백 고리를 시작하게 하여 마치 뇌에 대폭발이 일어나는 결과를 초래한다.

발작이 지나치게 심할 경우 이를 치료하기 위해 외과의사들은 **분리뇌 절차**(split-brain procedure)를 통하여 뇌량을 절단할 수 있다. 이 경우 한 대뇌반구에서 시작한 발작이 그 대뇌반구에 고립되게 하는데, 이는 다른 반구와의 연결이 더 이상 존재하지 않기 때문이다. 이 절차는 뇌전증 환자들에게 도움이 되지만 예상 가능한 기이한 행동들을 초래한다.

노벨상 수상자인 로저 스페리(Roger Sperry, 1913~1994)는 뇌량 절제술을 받은 환자들의 일상적인 행동이 수술의 영향을 받지 않은 것처럼 보이는 것을 관찰하였다. 이 사실은 뇌량이 행동에 전혀 영향을 미치지 않는 것을 의미하는가? 스페리는 이 결론이 잘못된 것이라고 여겼으며 절제술의 효과를 일상적인 행동이 아니라 민감한 검사를 통해 탐지할 수 있을 것이라고 추측하였다. 자신의 생각을 검증하기 위한 실험에서 스페리와 그의 동료들은 고양이의 뇌량을 절제할 경우 한 대뇌반구가 학습한 것이 다른 대뇌반구로 전달되지 않는다는 것을 관찰하였다(Sperry, 1964). 추후 스페리는 분리뇌 환자의 행동을 조사하기 위해 여러 실험을 하였고 그 과정 동안 좌반구와 우반구의 독립적인 기능들에 관한 많은 정보가 밝혀졌다(Sperry, 1964). 정상적

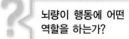 **뇌량이 행동에 어떤 역할을 하는가?**

으로 좌반구로 들어간 어떤 정보도 우반구에 전달되고 우반구에 들어간 어떤 정보도 좌반구에 전달된다. 즉, 정보가 한 대뇌반구에 들어가면 이후 뇌량을 건너 다른 반구로 전달되기 때문에 양반구는 무엇이 일어나는가에 관해 이해하게 된다(그림 3.25 참조). 그러나 분리뇌 환자의 경우 한 대뇌반구에 들어간 정보가 그곳에만 머문다. 정상적으로 기능하는 뇌량이 없으면 한 대뇌반구의 정보가 다른 대뇌반구로 전달될 길이 없다. 스페리와 동료들은 이러한 편재화된 지각에 관한 이해를 일련의 실험에 사용하였다. 예를 들어 그들은 분리뇌 환자로 하여금 스크린의 중앙에 있는 점을 바라보게 한 후 스크린의 좌측(좌시야) 혹은 우측(우시야)에 자극을 제시하여 한 자극이 단지 하나의 대뇌반구로만 전달되게 하였다(4장에 제시되어 있는 그림 4.10 참조. 한 시야에서의 정보가 대측 대뇌반구에 어떻게 전달되는가에 관해 설명되어 있다).

대뇌반구들은 서로 다른 기능들에 전문화되어 있다. 방금 살펴본 브로카 영역과 베르니케 영역은 언어 과정이 주로 좌반구의 활동이라는 것을 밝혀준다. 따라서 어떤 정보가 분리뇌 환자의 좌반구에 들어가고 환자에게 제시된 것이 무엇인지 말로 설명하게 할 경우 환자는 아무런 문제없이 이를 설명할 수 있다. 좌반구가 정보를 가지고 있고 이와 동시에 언어를 담당하는 반구이기 때문에 환자는 방금 자신이 본 것을 말로 설명하는 데 아무런 어려움을 가지지 않는다. 그러나 환자에게 스크린 뒤로 왼손을 뻗어 방금 자신이 본 것을 집어 보라고 지시한다고 가정해 보자. 대뇌반구는 반대편 신체를 통제, 즉 왼손은 우반구에 의해 통제된다. 그러나 이 환자의 우반구는 그 물체가 무엇인가에 관한 단서를 가지고 있지 않은데, 이는 좌반구가 정보를 받았고 이 정보가 우반구로 전달되지 못하였기 때문이다. 따라서 분리뇌 환자는 물체를 보고 말로 설명할 수 있음에도 불구하고 그 물체에 관한 다른 과제, 예를 들어 왼손으로 일련의 물체들 중에서 방금 본 물체를 정확하게 선택하는 과제를 수행하기 위해 우반구를 사용할 수 없다(그림 3.25 참조).

물론 우반구에 전달된 정보도 이와 상호 보충되는 결함을 초래할 것이다.

이 경우 환자의 왼손에 친숙한 물체(예를 들어 열쇠)를 제시하면 환자는 그것이 무엇인지 알고 있다는 것을 보여 줄 수 있지만(즉, 열쇠를 비틀어 돌리는 시늉), 자신이 쥐고 있는 것이 무엇인지에 관해 말로 설명하지 못한다. 이 경우 우반구의 정보가 언어 산출을 통제하는 좌반구로 전달되지 못하기 때문이다.

더욱이 분리뇌 환자에게 그림 3.26에서처럼 생소한 얼굴을 제시한다고 가정하자. 이 얼굴을 합성 얼굴(chimeric face)이라고 부르며 얼굴의 왼쪽과 오른쪽이 서로 다른 사람의 얼굴로 합성되어 있다. 어느 얼굴이 제시되었는가를 지적하게 할 경우 분리뇌 환자는 자신이 두 얼굴 모두를 보았다고 답하는데, 이는 좌측의 얼굴에 관한 정보는 우반구로 전달되고, 우측의 얼굴에 관한 정보가 좌반구에 전달되기 때문이다(Levy, Trevarthen, & Sperry, 1972).

이러한 분리뇌 연구들은 두 대뇌반구들이 서로 다른 기능들을 가지고 있으며 뇌량이 정상적으로 기능하는 한 서로 상호작용한다는 것을 밝혀 준다. 정보가 한 대뇌반구에서 다른 대뇌반구로 전달되는 방법이 없으면 정보는 한 대뇌반구에 갇히게 되며 이를 통하여 우리는 각 대뇌반구가 서로 다른 기능을 가지고 있다는 것을 알게 된다. 물론 분리뇌 환자는 자신의 눈을

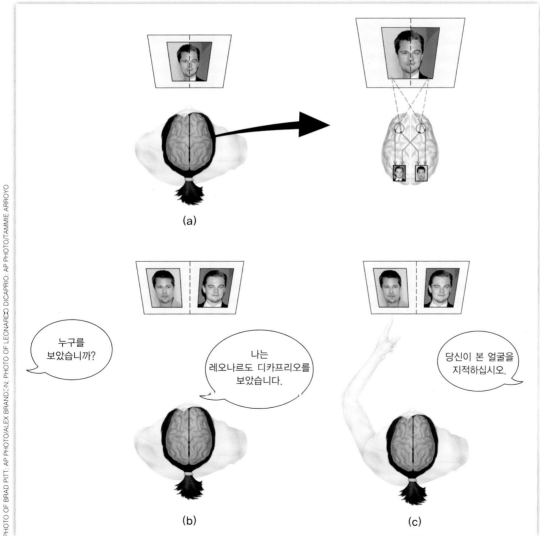

◀ 그림 3.26 **합성 얼굴과 분리뇌** (a) 분리뇌 환자가 브래드 피트와 레오나르도 디카프리오의 합성 사진을 볼 경우 그녀의 좌반구는 단지 레오나르도 디카프리오만을 인식하고 우반구는 브래드 피트만을 볼 수 있다. (b) 그녀에게 누구를 보았는가를 물으면 그녀는 '레오나르도 디카프리오'라고 답하는데, 이는 언어가 좌반구에 의해 통제되기 때문이다. (c) 왼손으로 자신이 본 얼굴을 지적하게 할 경우 그녀는 브래드 피트를 지적하는데 이는 우반구가 단지 사진의 왼쪽 반만을 인식하기 때문이다.

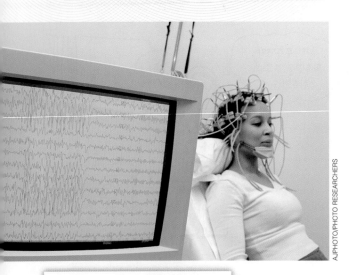

약간 돌려 정보가 양반구에 자유롭게 들어가게 함으로써 이 결함에 적응할 수 있다. 분리뇌 연구는 지난 수십 년 동안 지속되어 왔고 앞으로도 어떻게 뇌가 작용하는가에 관한 우리의 이해를 높이는 데 공헌할 것이다 (Gazzaniga, 2006).

뇌의 전기적 활동에 관한 연구

뇌 구조들과 행동 사이의 관련성을 연구하는 두 번째 방법은 뉴런들의 전기적 활동 양상을 기록하는 것이다. **뇌전도**(electroencephalograph, EEG)는 뇌의 전기적 활동을 기록하는 도구이다. 전형적으로 전극을 두피에 부착하며, 비록 시냅스에서의 전기적 활동 및 활동 전위의 근원은 두피로부터 멀리 떨어져 있지만 두피에서 측정한 전기적 신호를 EEG를 통해 몇천배나 증폭할 수 있다. 이는 그림 3.27에 제시

▲ 그림 3.27 **뇌전도 혹은 뇌파(EEG)** 뇌전도(EEG)는 뇌에서 일어나는 전기적 활동을 기록한다. 의식의 다양한 상태, 즉 깨어 있는 상태와 수면 상태 등은 뇌파의 특정 유형으로 특징된다.

뇌전도(EEG)
뇌에서 일어나는 전기적 활동을 기록하는 기계

되어 있는 것처럼 뇌의 전기적 활동을 시각적으로 기록한 것을 제공한다. 이 기법을 사용하여 연구자들은 서로 다른 의식 수준에서의 뇌 활성화 정도를 알 수 있다. 예를 들어 의식에 관한 장에서 살펴보겠지만 뇌는 깨어 있을 때와 수면 상태에서 독특한 전기적 활동 양상을 보인다. 실제 수면의 여러 단계들과 관련되어 있는 서로 다른 뇌파 양상들도 존재한다. EEG 기록은 연구자들로 하여금 수면과 깨어 있음의 특성들에 관한 이러한 기본적인 발견을 가능하게 한다(Dement, 1978). EEG는 개인이 다양한 심리적 기능, 예를 들어 지각, 학습 및 기억 등의 기능을 수행하는 동안 일어나는 뇌의 전기적 활동을 조사하는 데에도 사용된다.

뇌전도는 어떻게 뇌의 활동을 기록하는가?

전기적 활동을 측정하는 또 다른 방법이 뇌의 서로 다른 영역들의 기능, 심지어 세포 수준의 기능을 이해하는 데 공헌하였다. 노벨 수상자인 데이비드 허블(David Hubel)과 토르스텐 비셀(Torsten Wiesel)은 마취된 고양이의 후두엽에 전극을 삽입하는 방법을 통하여 단일 뉴런의 활동 전위 양상을 관찰하였다(Hubel, 1988). 허블과 비셀은 활동 전위의 신호를 스피커를 통하여 증폭시켰으며 따라서 신호를 오실로스코프에서 볼 수 있었을 뿐만 아니라 짹깍하는 소리로도 들을 수 있었다. 동물의 눈 앞에 빛을 비추는 동안 허블과 비셀은 빛에 반응하는 후두엽 뉴런들의 활성화를 기록하였다. 그들은 많은 것을 발견하지 못하였는데, 이는 대부분의 뉴런들이 이러한 일반적인 자극 유형에 반응하지 않았기 때문이다. 이 연구 결과는 그들에게 큰 실망을 안겨 주었다. 몇 년 후 허블(1988, p. 69)은 "우리는 뉴런들을 발화시키기 위해 모든 시도를 하였다"라고 회상하였는데, 곧 그들은 흥미로운 사실을 발견하기 시작하였다.

거의 실패한 실험처럼 여기고 있는 도중, 그들은 고양이의 눈 앞에 검은 점이 있는 유리 슬라이드를 제시하였으며 그들은 고양이의 후두엽에 위치하는 뉴런들이 발화하면서 내는 활기찬 짹깍 소리를 들었다! 신중하게 관찰한 결과 뉴런의 발화가 슬라이드에 있는 검은 점과는 무관하고 대신 슬라이드의 가장자리가 만들어 낸 그림자가 뉴런들을 발화시킨 것을 알게 되었다. 일차 시각피질의 뉴런들이 시야에 밝고 어두움의 대비가 일어날 때, 특히 시각 자극이 어두운 배경에 밝고 두꺼운 빛 막대일 경우, 활성화한다는 것을 발견하였다. 이 경우 슬라이드의 가장자리에 의해 만들어진 그림자가 특정 뉴런들을 활성화할 수 있는 일종의 대비를 제공하였다. 추후 그들은 대비되는 가장자리가 특정 방향을 향하도록 제시될 때 각 뉴런이 활발하게 반응하는 것을 관찰하였다. 그 후 많은 연구들이 일차 시각피질의 뉴런들이 시각 자극의 특정 양상, 예를 들어 대비, 형태와 색채를 표상한다는 것을 보여 주었다(Zeki, 1993).

시각피질의 뉴런들은 특징 탐지기(feature detectors)라고 알려져 있는데, 이는 이들이 시각 이

데이비드 허블(왼쪽, 1926년 생)과 토르스텐 비셀(오른쪽, 1924년 생)은 시각 피질의 지도화에 관한 업적으로 1981년 생리학 분야에서 노벨상을 수상하였다.

미지의 특정 측면에만 선택적으로 반응하기 때문이다. 예를 들어 일부 뉴런들은 시야 중앙에 수직선이 있을 경우에만 발화하고 다른 뉴런들은 45도 각도로 기울어져 있는 선이 지각되면 발화하고 또 다른 뉴런들은 넓은 폭의 선, 수평선 혹은 시야 가장자리에 있는 선에 대해 선택적으로 발화한다(Livingstone & Hubel, 1988). 뉴런들이 특유의 기능을 가지고 있다는 발견은 시각피질이 어떻게 작용하는가에 관한 이해를 높이는 데 큰 공헌을 하였다. 특징 탐지기들은 자극의 기본적 차원들('사선… 또 다른 사선… 수평선')을 확인하고, 이러한 차원들이 시각 처리 과정의 후반 단계 동안 통합되어 하나의 자극으로 인식되고 지각된다("네, 철자 A입니다").

다른 연구들은 다양한 특징들이 감각 뉴런들에 의해 탐지되는 것을 보고하였다. 예를 들어 측두엽에 위치하는 일부 시각 처리 뉴런들은 얼굴을 탐지할 때에만 활성화된다(Kanwisher, 2000; Perrett, Rolls, & Caan, 1982). 이 영역에 위치하는 뉴런들은 얼굴을 처리하는 데 전문화되어 있다. 따라서 이 영역에 손상을 입으면 얼굴을 지각하는 능력을 상실하게 된다. 이러한 보완적인 관찰(뇌가 손상을 입을 경우 상실되거나 변화되는 기능 유형이 손상된 그 깨진 영역에 존재하는 뉴런들에 의해 처리되는 정보 유형과 일치한다는 것을 보여 주는)이 뇌와 행동 사이의 관련성에 관한 가장 강력한 증거를 제공한다.

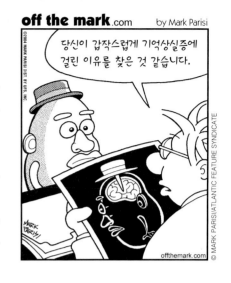

뇌 구조와 뇌 활성화의 연구에 사용되는 뇌 영상

신경과학자들이 인간 뇌의 활성화를 들여다볼 수 있는 세 번째 주요 방법이 지난 수십 년 내에 가능해졌다. EEG 기록은 한 개인의 의식 수준에 관한 전반적인 그림을 제공하고 단일세포기록은 특정 뉴런 집합들의 활성화를 밝혀 준다. 그러나 신경과학의 이상은 행동이 일어나고 있는 동안 뇌가 어떻게 작용하는가를 보는 것이었다. 이 목표는 다양한 신경영상 기법(neuroimaging technique)의 발달에 힘입어 꾸준히 달성되고 있는데, 신경영상 기법은 생존하는 건강한 뇌의 영상을 만들어 내는 진보된 기술을 사용한다(Posner & Raichle, 1994; Raichle & Mintun, 2006).

구조 뇌 영상(structural brain imaging)은 뇌의 기본 구조들에 관한 정보를 제공하고 임상가 혹은 연구자들로 하여금 뇌 구조의 이상을 발견하게 한다. 이와 상반되게 기능 뇌 영상(functional-brain-imaging)은 개인이 다양한 인지 과제 혹은 운동 과제를 수행하는 동안 뇌 활성화에 관한 정보를 제공한다.

구조 뇌 영상

최초로 개발된 신경영상 기법 중의 하나가 컴퓨터 단층촬영법(computerized axial tomography scan, CT)이다. CT 스캔의 경우 스캐너가 개인의 머리 위를 회전하여 서로 다른 각도에서 일련의 X-레이 사진을 촬영한다. 그런 다음 컴퓨터가 이 영상들을 통합하여 어느 각도에서라도 뇌를 볼 수 있는 사진을 만들어 낸다. CT 스캔은 서로 다른 밀도를 가지는 뇌 조직들을 보여 준다. 예를 들어 고밀도인 두개골은 CT 스캔에서 하얗게 보이고 피질은 회색으로 보이며 가장 밀도가 낮은 열 (fissures)과 뇌실은 어둡게 보인다(그림 3.28 참조). CT 스캔은 병변 혹은 종양의 위치를 찾는 데 사용되며, 병변이나 종양이 피질보다 밀도가 낮기 때문에 주로 더 어둡게 보인다.

자기공명영상법(magnetic resonance imaging, MRI)은 뇌 조직에 있는 특정 분자들의 핵이 정렬되도록 강한 자기장을 사용한다. 짧지만 강력한 라디오파의 펄스는 정렬한 핵들을 요동하게 한다. 펄스가 끝나

▼ 그림 3.28 **뇌 구조 영상화 기술(CT와 MRI)** CT(왼쪽)과 MRI(오른쪽) 스캔은 뇌 구조에 관한 정보를 얻기 위해서 사용되며 종양이나 다른 유형의 뇌 손상을 발견하는 데 도움이 된다. 여기에 제시된 각 스캔은 뇌의 한 단면에 관한 스냅이다. MRI 스캔이 CT보다 더 명확하고 해상도가 높은 영상을 제공한다(이러한 이미지들이 어떻게 구성되고 무엇을 묘사하는기에 관한 논의는 교재 참조)

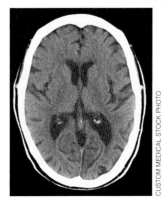

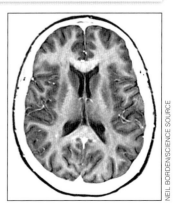

면 핵들은 자기장에서 일렬로 스냅백하고 이 과정 동안 적은 양의 에너지가 발생하게 된다. 서로 다른 분자들이 자기장에서 일렬로 스냅백할 때 특유의 에너지 신호를 내는데, 이 신호들이 서로 다른 분자들로 구성되어 있는 뇌 구조들을 밝히는 데 사용된다. 그림 3.28에서 볼 수 있듯이 MRI는 CT 스캔보다 연 조직(soft tissues)이 더 잘 나타나게 한다. 이러한 기법들은 심리학자들에게 뇌 구조에 관한 명확한 사진을 제공하며 뇌 손상(뇌졸중의 경우처럼)의 위치를 더 잘 국소화할 수 있게 하지만 뇌 기능에 관한 정보는 전혀 제공하지 않는다.

확산텐서영상(diffusion tensor imaging, DTI)은 비교적 최근에 개발된 MRI 유형으로 백질 경로를 시각화하는데 사용되는데, 백질 경로는 인접해 있거나 멀리 떨어진 뇌 영역들을 서로 연결해 주는 섬유다발을 의미한다. DTI는 백질 경로를 따라 일어나는 물 분자의 확산 혹은 이동률과 방향을 측정한다. 물 분자의 확산이 경로의 방향을 따라 일어나기 때문에 물 분자의 확산 방향에 관한 정보는 백질 경로가 어디로 가는가를 결정하는 데 사용될 수 있다. 과학자들은 확산율과 방향에 관한 측정에 근거하여 백질 경로의 통합 정도를 평가할 수 있는데, 이는 신경 질환과 정신장애에 매우 유용하게 사용된다(Thomason & Thompson, 2011).

DTI가 뇌 영역들을 서로 연결하는 경로에 관한 정보를 제공하기 때문에 DTI는 인간 뇌의 연결성에 관한 지도를 작성하는 데 매우 유용하고 인간 커넥텀 프로젝트(Human Connectome Project)를 시작하는 데 매우 중요한 역할을 하였다. 국립 건강연구소의 지원을 받아 2009년에 시작된 이 프로젝트에는 메사추세츠와 UCLA대학 병원, 워싱턴대학과 미네소타 대학에 근무하는 연구자들이 참여하고 있다. 이 프로젝트의 주 목적은 뇌 신경 경로의 연결성에 관한 완벽한 지도, 즉 인간 커넥텀을 개발하는 것이다(Toga et al., 2012). 인간 커넥텀 프로젝트가 가지는 특이하고 신나는 특징은 연구자들이 자신들의 연구 결과를 웹사이트(www.humanconnectomeproject.org)에 공개하는 것인데, 여기에는 자신들이 발견한 연결 경로 일부의 환상적인 컬러 영상이 포함되어 있다.

DTI는 뇌의 백질 경로, 즉 뇌 영역들을 서로 연결하는 데 중요한 역할을 하는 신경섬유 다발을 시각화한다.

기능 뇌 영상

기능 뇌 영상 기법은 활동 중인 뇌를 관찰하는 것을 통하여 뇌 구조에 관한 정보 이상의 정보를 제공한다. 이러한 기법들은 활성화되는 뇌 영역들에 있는 뉴런들이 활동하기 위해 더 많은 에너지를 요구한다는 사실에 근거한다. 혈류량의 증가를 통하여 이 에너지가 활성화된 영역으로 공급된다. 양전자방출단층촬영법(positron emission tomography, PET)의 경우 해가 없는 방사성 물질을 개인의 혈관에 주사한다. 그런 후 개인이 읽기, 말하기 등과 같은 지각 과제 혹은 인지 과제를 수행하는 동안 방사선 탐지기가 개인의 뇌를 스캔한다. 과제를 수행하는 동안 활성화된 뇌 영역들이 더 많은 에너지와 더 많은 혈류를 필요로 하며 그 결과 그 영역들에서 더 많은 양의 방사능이 있게 된다. 방사선 탐지기는 각 뇌 영역의 방사능 수준을 기록하여 활성화 영역들에 관한 영상을 제공한다(그림 3.29 참조). PET 스캔은 개인이 특정 과제를 수행하는 동안 일어나는 뇌 활성화에 관한 영상을 제공한다는 점에서 CT 스캔과 MRI 스캔과 다르다. 따라서 한 예로 개인이 말을 하는 동안 촬영한 PET 스캔은 좌반구 전두엽에 위치하는 브로카 영역의 활성화를 보여 준다.

오늘날 심리학자들이 가장 널리 사용하는 기능 뇌 영상 기법이 기능자기공명영상법(functional magnetic resonance imaging, fMRI)인데, 이는 자기 펄스에 노출될 경우, 산화 헤모글로빈과 탈산

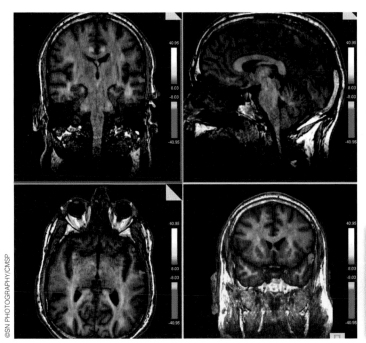

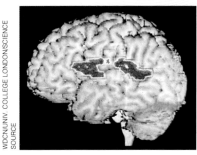

PET 스캔

◀ 그림 3.29 **기능 영상 기술(PET, fMRI)** PET와 fMRI 스캔은 뇌 기능에 관한 정보를 제공하는데, 즉 서로 다른 조건들에서 뇌 영역들이 얼마나 더 혹은 덜 활성화되는가를 밝혀 준다. PET 스캔(바로 위 그림)은 사람들이 몇 초 동안 철자 열을 마음속에 상기하는 동안 활성화되는 좌반구 영역들(브로카 영역은 왼쪽, 두정엽 하측과 측두엽 상측은 오른쪽)을 보여 준다. fMRI 스캔(왼쪽 그림들)의 빨간색 부위는 개인이 음악을 듣고 있는 동안 청각 피질이 활성화되는 것을 보여 준다.

화 헤모글로빈의 차이를 탐지한다. 헤모글로빈은 혈액 내의 분자로서 뇌를 포함한 신체 조직에 산소를 운반한다. 활성화된 뉴런들이 더 많은 에너지와 혈액을 요구하면 산화 헤모글로빈이 활성화 영역에 집중하게 된다. fMRI는 산화 헤모글로빈을 탐지하여 각 뇌 영역의 활성화 수준에 관한 영상을 제공한다(그림 3.29 참조). MRI가 CT보다 더 진보된 것처럼 fMRI도 행동이 일어나는 동안의 뇌 활성화를 기록할 수 있다는 점에서 진보된 결과물이다. fMRI와 PET 모두 뇌의 변화를 정확하게 국소화하는 데 사용된다. 그러나 fMRI는 PET보다 두 가지 점에서 더 우수하다. 첫째, fMRI는 방사성 물질에의 노출을 필요로 하지 않는다. 둘째, fMRI는 PET보다 더 짧은 기간의 뇌 활성화 변화를 국소화할 수 있다. 이는 매우

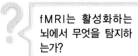

fMRI는 활성화하는 뇌에서 무엇을 탐지하는가?

빨리 일어나는 심리적 과정, 예를 들어 한 단어를 읽거나 얼굴을 인식하는 등의 과정을 분석하는 데 더 유용하다. PET을 사용할 경우 연구자들은 심리학 실험실에서 사용하고 있는 것과 다른 실험 방안을 사용해야만 하는데, 이는 PET 기법이 가지고 있는 제한점을 극복하기 위해서이다. fMRI의 경우 연구자들은 심리학 실험실에서 수행하는 실험과 유사한 실험을 디자인할 수 있다.

fMRI는 휴지기 기능연결성이라고 불리는 최근에 개발된 기법을 사용하여 뇌 영역들 사이의 관련성을 조사하는 데에도 사용된다. 이름에서 알 수 있듯이 이 기법은 개인이 과제를 수행할 필요가 없고 대신 fMRI 측정이 진행되는 동안 단지 조용히 휴식을 취하면 된다. 기능연결성은 서로 다른 뇌 영역들에서 일어나는 자발적인 활성화가 시간이 지남에 따라 서로 관련되는 정도를 측정한다. 활성화가 서로 반변되는 뇌 영역들은 서로 기능적으로 관련되어 있다고 여긴다(Lee, Smyser, & Shimony, 2012). 최근 들어 기능연결성은 뇌의 네트워크, 즉 서로 밀접하게 연결되어 있는 뇌 영역 세트를 확인하는 데 널리 사용되고 있다(Yeo et al., 2011). 예를 들어, 기능연결성은 **기본상태 네트워크**(default network)를 확인하는데 유용한데(Gusnard & Raichle, 2001), 기본상태 네트워크는 과거 사건을 기억하거나 미래에 일어날 사건을 상상하거나 백일몽 혹은 상상하는 것 등과 같은 내적 인지 활동에 관여하는 전두엽, 측두엽과 두정엽 영역들이 서로 상호연결된 것을 의미한다(Andrews-Hanna, 2012; Buckner, Andrews-Hanna, & Schacter, 2008; 5,

6장 참조). DTI(구조적 연결성을 측정하는)와 더불어 기능연결성은 인간 커넥텀 프로젝트에서 사용되고 있으며 인간 커넥텀 지도의 개발에 유용한 정보를 제공할 것이다.

기능 영상법이 제공하는 통찰

PET과 fMRI는 뇌의 특정 영역들에서 일어나는 정보 처리의 유형에 관해 놀랄 만한 정보를 제공한다. 예를 들어 개인이 간단한 지각 과제, 즉 회전하는 체크보드를 바라보는 등의 과제를 수행하면 일차 시각피질이 활성화된다. 앞서 살펴본 바와 같이 체크보드가 좌시야에 제시되면 우반구 시각피질이 활성화되고 체크보드가 우시야에 제시되면 좌반구 시각피질이 활성화된다(Fox et al., 1986). 이와 유사하게 사람들이 얼굴을 바라보면 방추회(fusiform gyrus)라고 불리는 측두엽과 후두엽 경계 가까이에 위치하는 영역이 매우 강하게 활성화되는 것이 fMRI에서 관찰된다(Kanwisher, McDermott, & Chun, 1997). 이 구조가 손상되면, 얼굴 인식, 심지어는 오랫동안 알아온 친구와 가족의 얼굴을 인식하는 데에 어려움을 경험한다. 그러나 눈 움직임이나 얼굴 이외의 다른 대상을 시각적으로 인식하는 데는 어려움을 보이지 않는다(Mastry et al., 2012). 마지막으로 사람들이 정서적 처리가 요구되는 과제, 예를 들어 슬픈 내용의 그림을 바라보는 등의 과제를 수행할 경우 정서적 각성과 관련되어 있는 편도체에서 상당한 정도의 활성화가 관찰된다(Phelps, 2006). 정서 통제에 관여하는 전두엽의 일부에서도 활성화가 증가되는 것이 관찰되는데, 실제 이 영역은 피니어스 게이지가 손상을 입었던 부위로 추측된다(Wang et al., 2005).

2장에서 과학적 방법의 가장 중요한 역할이 아이디어와 사실 사이의 관련성을 규명하는 것이라는 것을 살펴보았다. 과학적 방법에는 제한이 없다. 즉, 100여 년 전에 뇌 손상 환자들을 대상으로 한 연구들에서 추론된 이론들을 현대의 뇌 영상 기법들이 검증한다. 브로카와 베르니케가 언어 산출과 언어 이해에 관한 자신들의 의견을 주장할 당시에는 일부 사례와 추측 외에는 더 이상 사용할 수 있는 기법들이 없었다. 그러나 추후에 개발된 PET 스캔은 개인이 말을 듣거나, 스크린에 제시되는 단어를 읽거나 단어들을 큰 소리로 말하거나 관련 단어들을 생각할 때 뇌의 서로 다른 부위들이 활성화된다는 것을 확증하였다. 이는 서로 관련되는 동시에 독립적인 기능들이 뇌의 서로 다른 부위들에 의해 통제된다는 것을 시사한다. 이와 유사하게 피니어스 게이지를 진단한 의사는 게이지가 손상을 입은 부위가 그의 성격과 정서에 극적인 변화를 초래하는 데 중요한 역할을 한다는 것을 확신하였다. 추후 fMRI 스캔은 전두엽이 정서의 통제에 매우 중요한 역할을 한다는 것을 확증하였다. 서로 다른 기법들—이 경우는 오래전부터 사용되어 온 사례 연구와 매우 최근의 기법—이 동일한 결론에 도달하는 것은 항상 기쁜 일이다. 이 책의 여러 부분에서 살펴보겠지만 fMRI와 같은 뇌 영상 기법들은 '현실세계 : 뇌사와 식물상태'에 제시되어 있는 것과 같은 새롭고 놀랄 만한 결과도 밝혀 준다.

fMRI로부터 얻는 통찰이 매우 흥미롭지만 fMRI 결과에 관한 미디어의 해석처럼 fMRI 결과를 지나치게 믿지 않는 것이 중요하다(Marcus, 2012). 기억 정확성과 왜곡을 예로 들어보자. 6장에 기술되어 있는 실험 방안을 사용한 fMRI 연구들은 정확하지 않은 기억보다 정확한 기억을 인출할 때 뇌의 특정 영역의 활성화가 증가한다는 것을 보고하고 있다(Schacter & Loftus, 2013). 이 결과는 재판에서 증인이 정확한 혹은 정확하지 않은 기억에 근거하는지를 결정하기 위해 fMRI를 사용해야 한다는 것을 의미하는가? 색터(Schacter)와 로프터스(Loftus)는 이 질문에 대해 "아니요"라고 답하였다. 예를 들어 단어나 그림 들과 같은 단순한 자료를 사용하여 실험실에서 이루어진 기억에 관한 fMRI 연구 결과를 재

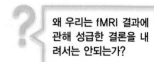

왜 우리는 fMRI 결과에 관해 성급한 결론을 내려서는 안되는가?

뇌사와 식물상태

1981년 의학, 생의학과 행동 연구에서의 윤리적 문제를 다루는 대통령 직속 위원회는 뇌사를 *뇌의 모든 기능이 회복될 수 없을 만큼 상실*된 것으로 정의하였다. 우리가 생각하는 것과 달리 뇌사는 혼수 혹은 자극에 반응하지 못하는 것과 동일하지 않다. 실제 뇌전도에서 아무런 반응이 없다는 것(평행선이 표시되는 것)이 모든 뇌 기능이 중단된 것을 시사하지 않는다. 이 경우에도 자발적 호흡과 심장박동을 생산하는 후뇌의 망상계가 여전히 활동한다.

뇌사는 테리 스키아보 사례 때문에 전국적인 관심을 받았는데, 그녀는 플로리다의 한 요양원에서 15년 동안 호흡기에 의존하여 생존해 왔다. 2005년 3월 31일 그녀의 생명을 유지해 오던 영양관(급식관)을 제거하자 그녀는 사망하였다. 스키아보와 같은 사람을 흔히 뇌사자로 부르지만 이와 같은 사람은 지속적인 식물 상태에 있다고 기술하는 것이 더 정확하다. 지속적인 식물 상태로 생존하는 것을 '생'이라고 말할 수 있는가? 다음의 것을 고려해 보자. 신경영상 연구들은 식물 상태로 진단된 사람들이 의식적인 정신 활동의 신호를 보임

을 관찰하였다(Monti, 2002). 한 연구에서 연구자들은 교통사고로 인하여 심각한 뇌 손상을 입은 25세 여성의 뇌 활성화 양상을 fMRI로 관찰하였다. 연구자들이 애매모호한 문장(예 : 삐꺽거리는 소리가 천장의 들보에서 들렸다)과 명확한 문장(그의 커피에 우유와 설탕이 들어갔다)을 말할 경우 그 여성의 뇌에서 활성화를 보인 영역들이 정상인의 뇌에서 활성화를 보인 영역들과 매우 유사하다는 것이 fMRI에서 관찰되었다(Owen et al., 2006). 더우이 여성에게 테니스 게임을 하는 것을 상상한 후 자신의 집 안을 걷는 것을 상상하게 한 결과 그녀의 뇌에서 활성화하는 영역들과 정상적인 건강한 사람들에서 활성화하는 영역들이 동일하였다.

연구자들은 이러한 결과가 적어도 말로 주어진 지시를 의식적으로 이해하는 것을 시사하거나 식물 상태에 있는 사람들이 가지는 의도성(intentionality)의 정도에 관한 증거라고 제안하였다. '테니스를 치는' 그리고 '집 안을 걸어다니는' 상상을 하는 동안 관찰된 환자의 뇌 활성화는 그녀가 연구자의 지시를 이해하고 그 지시를 따르고자 하는 의도를 나

타낸다. 더 최근에 보고된 fMRI 연구는 앞에 기술한 연구에서 사용한 것과 유사한 정신적 상상 과제를 사용한 결과 의식 장애를 가지는 54명의 환자들 중 5명에서 의도적인 뇌 활성화 조율을 관찰하였다(Monti, 2010). 또 다른 최근 연구들은 식물 상태에 있는 3명의 환자들 중 2명이 언어와 복잡한 소리에 대해 정상적인 대뇌 반응을 보임을 보고하거나(Fernandez-Espejo et al., 2008), 한 환자가 친숙하지 않은 목소리보다 친숙한 목소리에 더 강한 정서적 반응을 보임을 보고하였으며(Eickhoff et al., 2008), 또 다른 환자는 지시를 수행하기 위해 특정 손을 움직이는 것이 관찰되었다(Cruse et al., 2012). 비록 이러한 연구 결과가 뇌 혹은 환자의 생을 끝내게 하는 결정에 어떻게 영향을 미치는가를 말하는 것이 성급하지만(Laureys et al., 2006), 과학자들과 임상가들은 이 연구 결과의 윤리적 및 임상적 시사에 관한 논의를 활발하게 하고 있다(Bernat, 2009; Monti, 2012; Monti, Coleman, & Owen, 2009).

판에서 다루어지는 복잡한 일상생활 사건에까지 일반화할 수 있는지는 아직 모른다. 더욱이 fMRI가 부정확한 기억과 정확한 기억을 구분할 수 있다는 증거는 일련의 참여자들의 뇌 활성화를 평균한 연구 결과이다. 그러나 재판에서는 한 개인이 정확하게 혹은 정확하지 않게 기억하는가를 결정해야 하는데, 이 결정을 fMRI 결과로 할 수 있다는 증거는 거의 없다. 일반적으로 fMRI 결과를 일상생활에 어떻게 적용하는가에 관한 결론에 도달하기 전에 fMRI 결과가 어떻게 얻어졌는가를 신중하게 고려해야 하는 것이 중요하다.

경두개 자기자극

과학자들이 뇌 손상을 입은 환자들의 행동을 연구함으로써 뇌에 관한 많은 정보를 얻을 수 있다. 그러나 뇌 손상이 특정 행동 패턴과 관련되어 있지만 이 관련성은 인과관계에 관한 정보를 제공하지 않는다. 실험이 변인들 사이의 인과관계를 밝히는 주된 방법이지만 과학자들은 윤리적 문제로 말미암아 인간에게 뇌 손상을 입힐 수 없으며 이로 말미암아 특정 유형의 뇌 손상과 특정 행동 패턴 사이의 인과관계를 밝힐 수 없다. fMRI와 같은 기능 뇌 영상 기법은 특정 뇌 활성화 패턴이 언제 특정 행동을 초래하는가에 관한 정보를 제공하지 않는다.

다행히도 과학자들은 뇌 손상을 모방하게 하는 경두개 자기자극(transcranial magnetic stimulation, TMS; Barker, Jalinous, & Freeston,

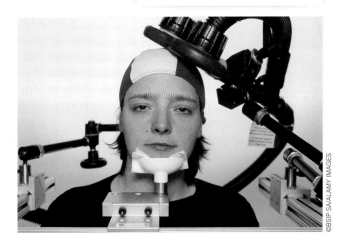

경두개 자기자극은 자기 펄스로 뇌 영역을 활성화 혹은 비활성화시키는데, 이는 일시적으로 뇌 손상을 일으키는 것과 유사하다.

다른 생각

뇌의 신화

크리스토퍼 차브리스는 유니온대학의 심리학과 부교수이고 다니엘 시몬스는 일리노이대학 심리학과 교수이다. 차브리스와 시몬스는 *The invisible Gorilla: And Other Ways our Intuitions Deceive Us*(2010)의 공저자이다.

여러분은 "우리는 뇌의 단지 10%만을 사용한다"라는 말을 포함하여 뇌에 관한 여러 신화들을 들었을 것이다. 차브리스와 시몬d(Chabis & Simon, 2012)은 데커와 동료들(Dekker et al., 2012)의 최근 연구 결과에 근거하여 뇌에 관한 신화들이 단지 꾸며낸 이야기에 불과하다고 여겼다.

퀴즈 : 다음 중 옳지 않은 것은?
1. 우리는 뇌의 단지 10%만을 사용한다.
2. 자극이 풍부한 환경이 학령 전 아동의 뇌 발달을 향상시킨다.
3. 개인이 선호하는 학습 유형, 즉 청각, 시각 혹은 운동 감각 유형으로 정보를 얻을 때 학습이 더 잘 된다.

만약 여러분이 1번을 선택하였다면 축하한다. 우리가 뇌의 단지 10%만을 사용한다는 생각은 명백히 잘못된 것이다. 심리학자와 신경과학자들이 성급하게 믿었던 것이 '10%의 신화'이다. 이와 상반되게 뇌 전체가 사용되고 사용되지 않는 뉴런들은 죽고 사용되지 않는 회로는 위축된다. 신경영상 연구들이 소수의 영역들만이 '활성화'된다는 스캔을 제공함으로써 '10% 신화'를 부추겼지만 스캔에 나타나는 이 영역들은 기저 활성화 수준보다 더 많이 활성화되는 것을 의미하고 스캔에서 활성화되지 않은 영역들이 잠을 자고 있거나 사용되지 않는다는 것을 의미하지 않는다.

여러분은 다른 두 말에 동의하는가? 만약 동의한다면 여러분은 우리의 덫에 걸린 것이다. 위에 제시된 세 가지 진술 모두 잘못된 것이거나 혹은 아직까지 과학적으로 입증되지 않은 것들이다.

암스테르담대학과 브리스톨대학의 산느 데커(Sanne Dekker)와 동료들이 수행한 연구의 일부로 이러한 '뇌의 신화'를 242명의 네델란드와 영국의 초등학교와 중등학교 교사들에게 제시하였는데, 이에 대한 결과가 최근 *Frontiers in Psychology*에 발표되었다. 교사들의 약 47%가 10% 신화를 믿고 이보다 더 많은 76%가 아동의 환경이 풍부해지면 뇌가 더 성장한다고 믿는다는 것이 관찰되었다.

이러한 믿음은 운동용 수레, 터널 등과 같은 설비가 갖추어진 우리에서 양육된 쥐들이 아무런 설비가 없는 고립된 우리에서 자란 쥐들에 비해 더 나은 인지 능력과 향상된 뇌 구조를 보인다는 연구 결과로부터 비롯되었다. 그러나 이러한 실험들은 함께 놀거나 상호작용을 할 기회가 제공되는 자연적인 환경보다 더 빈곤하고 자연스럽지 못한 환경이 발달에 부정적인 영향을 미친다는 것만을 보여 준다. 옷장에 갇혀 성장하거나 혹은 사람과의 접촉이 단절된 채 성장하는 것이 아동의 뇌 발달에 영향을 미친다. 전형적인 환경(예를 들어 '베이비 아인슈타인'과 같은 비디오를 보는 것) 이상으로 풍부한 환경이 아동의 인지적 발달을 향상시키지 않는다.

학습 유형에 관한 신화를 가장 많이 믿었다. 즉, 교사들의 94%가 학습이 학생들이 선호하는 학습 유형으로 제공될 때 학생들의 수행이 더 나아진다고 믿었다. 실제로 학생들은 자신들이 어떤 방식으로 학습하는가에 관한 선호를 가지고 있지만 문제는 이러한 선호가 어떻게 효과적으로 학습하는가와는 아무런 관련이 없다는 것이다.

미국인을 대상으로 한 연구들은 미국인들이 더 광범위하게 뇌에 관한 신화를 믿는다는 것을 관찰하였다. 연구대상자들의 약 2/3가 10% 신화에 동의하였다. 또 많은 사람들이 기억이 비디오 녹화와 같이 작용한다고 믿거나 어떤 사람이 자신의 등 뒤에서 노려보는 것을 알 수 있다고 믿었다.

역설적으로 데커 연구팀의 연구에서 신경과학에 관해 가장 잘 아는 교사들도 대부분의 신화를 믿었다. 명백하게 정신과 뇌에 관한 지식을 넓히는 데 열광하는 교사들이 자신들이 배운 것과 가공의 이야기를 구분하는 데 어려움을 가지고 있다. 뇌에 관한 신화는 직관적인 호소력을 가지고 있기 때문에 비즈니스와 자기조력 등과 같은 분야에 급속하게 전파되고 대중의 의식에서 이러한 신화를 근절하는 것이 헛수고일 수 있다. 그러나 강의실에서 이 신화의 영향력을 감소하는 것이 신화를 근절하는 첫걸음일 수 있다.

만약 여러분이 심술궂은 이유로 심리학 강의의 교수를 괴롭히기를 원한다면 "우리는 우리 뇌의 단지 10%만을 사용한다"라고 주장하는 것보다 더 좋은 방법은 없을 것이다. 차브리스와 시몬(2012)이 지적하였듯이 비록 네덜란드와 영국의 초등학교 및 중등학교 교사들 중 상당수가 이 신화를 믿지만 심리학 강의를 하는 심리학자들 중 이 신화를 인정하는 이가 없기를 바란다. 이러한 신화가 어디서 비롯되었는가? 아무도 모른다. 일부는 이 신화가 위대한 심리학자인 윌리엄 제임스가 기술한 것(우리는 우리가 가지는 정신 및 신체적 자원의 단지 일부만을 사용한다)에서부터 비롯되었거나 알버트 아인슈타인이 자신의 놀랄만한 지능을 이해하고자 한 시도로부터 비롯되었다고 여긴다(Boyd, 2008).

우리가 뇌에 관한 신화를 논하는 주요 목적은 여러분의 친구가 이러한 신화를 다른 사람들로부터 듣고 여러분에게 전할 때 이 교재에서 초점을 두고 있는 비판적인 사고 기술을 여러분이 사용하여 다음의 질문을 하길 원하기 때문이다. 이 주장에 대한 근거는 무엇인가? 여러분의 친구가 이 주장을 지지할만한 증거를 제공하는 특정 연구 혹은 연구들이 있는가? 이러한 연구들이 과학적 저널에 발표되었는가? 이 연구에서 사용된 대상군은 무엇인가? 결론을 지지할 만한 충분한 수의 연구 대상이 연구에 참여하였는가? 연구 결과가 재현되었는가? 이러한 비판적 사고로 10% 신화에 맞서면 오래되지 않아 이 신화는 사라질 것이다.

1985; Hallett, 2000)이라는 기법을 개발하였다. 만약 종이 아래에 마그넷을 놓고 마그넷을 사용하여 핀을 종이 표면으로 끌어 올릴 경우 자기장이 절연 물질을 통과할 수 있는 것을 알 수 있다. 인간의 두개골도 예외가 아니다. TMS는 두개골을 통과하는 자기 펄스를 제공하고 짧은 시간 동안 대뇌피질의 뉴런들이 활성화하지 않게 한다. 연구자들은 TMS 펄스를 특정 뇌 영역으로 향하게 한 후(근본적으로 뇌 영역들이 활성화하지 못하게 됨) 개인의 움직임, 지각, 사고, 기억, 발화 혹은 감정의 일시적 변화를 측정한다. 뇌 상태를 조작함으로써 과학자들은 인과관계를 밝힐 수 있는 실험을 수행할 수 있다.

예를 들어 TMS를 사용한 초기 연구에서 과학자들은 시각 피질의 자기자극이 대상을 인식하는 능력을 손상시키지 않으면서도 대상의 움직임을 탐지하는 능력을 일시적으로 손상시킨다는 것을 발견하였다(Beckers & Zeki, 1995). 이 흥미로운 발견은 움직임의 지각과 대상 인식이 뇌의 서로 다른 부위들에 의해 일어난다는 것과 나아가 시각 피질의 활성화가 움직임의 탐지를 일으킨다는 것을 시사한다. 좀 더 최근의 연구는 움직임 지각에 관여하는 시각 피질의 특정 부위에 TMS를 적용하면 개인이 움직이는 대상을 집거나(Schenk et al., 2005) 배경이 되는 시각 장면이 움직일 때 정지되어 있는 대상을 집는(Whitney et al., 2007) 정확률이 낮아지는 것을 보고하였다. 이러한 결과는 움직임에 관여하는 시각 영역이 시각적 환경 내에서 움직임의 반응을 가이드하는 데 중요한 역할을 한다는 것을 시사한다.

뇌에 손상을 입은 환자의 행동을 관찰하거나 fMRI, PET 스캔이 제공하는 스냅샷에만 의존하기보다 연구자들은 뇌 활성화를 조작하고 그 조작의 효과를 측정할 수 있게 되었다. 과학자들은 TMS와 fMRI를 결합하여 사용하기 시작하였는데, 이 방법은 TMS가 뇌의 어느 부위에 영향을 미치는가를 정확하게 측정하는 것을 가능하게 한다(Caparelli, 2007). TMS의 부작용은 없는 것으로 알려져 있으며(Anand & Hotson, 2002; Psacual-Leone et al., 1993), 이 새로운 기법은 뇌가 어떻게 사고, 감정과 행동을 산출하는가에 관한 연구를 변화시키고 있다.

2장에서 여러분은 상관과 인과관계의 차이를 살펴보았다. 만약 두 사건이 서로 상관이 있다고 하여도 한 사건이 다른 사건의 원인이 된다는 것을 의미하지 않는다. 한 연구에서 참여자로 하여금 스크린에 제시되는 단어들을 보고 각 단어를 큰 소리로 읽게 하는 동안 뇌 활성화를 측정하기 위해 fMRI가 사용되었다. 첫째, 여러분은 참여자가 과제를 하는 동안 뇌의 어느 영역들이 활성화를 보일 것이라고 기대하는가? 둘째 활성화를 보이는 영역들이 단어를 말하는 데 필요한 영역들이라고 확실하게 결론내릴 수 있는가?

요약

▶ 뇌와 행동 사이의 관련성을 연구하는 데 세 가지 방법이 주로 사용된다.
  ▶ 뇌에 손상을 입은 후 어떻게 지각, 지적 능력 및 정서 능력이 영향을 받는가를 관찰하는 방법이다. 뇌의 특정 영역에 입은 손상과 특정 심리 장애와 행동 장애를 신중하게 관련지음으로써 연구자들은 정상적으로 기능하는 뇌 영역이 어떻게 이러한 행동의 생산에 작용하는가를 더 잘 이해할 수 있다.
  ▶ 뇌의 전반적인 전기적 활동과 단일 뉴런의 활성화 양상을 관찰하는 것이다. 넓은 뇌 영역에서 일어나는 전기적 활동 양상은 뇌전도(EEG)를 사용하여 두개골의 바깥(두피)에서 측정된다. 특정 뉴런의 단일세포 기록은 특정 지각 및 행동 사건과 연관될 수 있는데, 이는 이러한 뉴런들이 특정 자극 유형을 표상하거나 행농의 특성 측면을 통제하는 것을 시사한다.
  ▶ 뇌 영상 기법은 개인들이 다양한 지각 과제 혹은 지적 과제를 수행하는 동안 뇌를 스캔한다. 특정 뇌 영역의 에너지 소모량과 특정 인지 및 행동 사건을 관련짓는데, 이는 이 뇌 영역들이 특정 유형의 지각, 운동, 인지 혹은 정서 과정에 관여한다는 것을 시사한다.

제3장 복습

주요 개념 퀴즈

1. 다음 중 뉴런의 기능이 아닌 것은?

a. 정보 처리

b. 다른 뉴런들과 소통

c. 영양소 공급

d. 신체 기관과 근육으로 메시지 전달

2. 다른 뉴런들로부터 전달되는 신호를 수용하여 세포체에 전달하는 것은?

a. 세포핵

b. 수상돌기

c. 축색

d. 내분비선

3. 다음 중 한 뉴런에서 다른 뉴런으로 신호가 전달되는 방법은?

a. 시냅스를 건너

b. 교세포를 통해

c. 수초에 의해

d. 세포체 내에서

4. 외부 세계로부터 정보를 받아 척수를 통해 이 정보를 뇌로 전달하는 뉴런은?

a. 감각 뉴런

b. 운동 뉴런

c. 개재 뉴런

d. 축색

5. 뉴런의 축색을 따라 시냅스까지 전달되는 전기적 신호는?

a. 안정 전위

b. 활동 전위

c. 랑비에 결절

d. 이온

6. 시냅스를 건너 정보를 수용하는 뉴런의 수상돌기에 정보를 전달하는 화학물질은?

a. 소낭

b. 종말 단추

c. 시냅스후 뉴런

d. 신경전달물질

7. 신체 기관을 자율적으로 통제하는 체계는?

a. 자율신경계

b. 부교감신경계

c. 교감신경계

d. 체성신경계

8. 미세한 운동 기술을 조율하는 후뇌 구조는?

a. 연수

b. 소뇌

c. 교

d. 피개

9. 운동과 각성에 관여하는 뇌 부위는?

a. 후뇌

b. 중뇌

c. 전뇌

d. 망상체계

10. 체온, 기아, 갈증과 성행동을 통제하는 뇌 부위는?

a. 대뇌피질

b. 뇌하수체

c. 시상하부

d. 해마

11. 심혈관 운동이 뇌 기능과 인지 수행에 도움이 된다는 사실은 다음의 어느 것을 설명하는가?

a. 체감각 피질의 서로 다른 크기

b. 대뇌피질의 위치

c. 연합영역의 전문화

d. 뉴런 가소성

12. 태아의 뇌 성장 과정 동안 가장 많이 발달하는 부위는?

a. 대뇌피질

b. 소뇌

c. 시개

d. 시상

13. 진정한 중추신경계가 가장 먼저 발달되는 것은?

a. 편형동물

b. 해파리

c. 원생동물

d. 초기 영장류

14. 유전자는 주어진 환경 내에서 전집의 어떤 것을 설명하는가?

a. 개인 특성

b. 변이의 범위

c. 환경 가능성

d. 행동 기준

15. 특정 유형의 운동, 인지 혹은 정서 과정에 관여하는 뇌 영역의 확인에 어느 방법이 가장 좋은가?

a. 전기적 활동 패턴의 기록

b. 심리 장애의 관찰

c. 정신 수술

d. 뇌 영상

주요 용어

감각 뉴런	노르에피네프린	망상계	수초
개재 뉴런	뇌량	변연계	시개
거울 뉴런	뇌전도(EEG)	부교감신경계	시냅스
교	뇌하수체	불응기	시상
교감신경계	뉴런	세로토닌	시상하부
교세포	대뇌피질	세포체(소마)	신경계
글루타메이트	도파민	소뇌	신경전달물질
기저핵	두정엽	수상돌기	아세틸콜린
길항제	말초신경계	수용기	안정 전위

엔도르핀	자율신경계	측두엽	후뇌
연수	전두엽	편도체	후두엽
연합 영역	종말 단추	피개	후생유전적 지표
염색체	중추신경계	피질하 구조	후생유전학
운동 뉴런	척수 반사	해마	히스톤 수정
유전가능성	체성신경계	활동 전위	DNA 메틸화
유전자	축색	효능제	GABA(감마-아미노뷰티릭산)

생각 바꾸기

1. 늦은 밤 TV 시청을 하는 동안 BrainGro에 관한 광고를 보았다. "대부분의 사람들이 자신들의 뇌의 단지 10%만을 사용한다는 것을 잘 알려진 사실이다. 그러나 BrainGro를 사용하면 여러분은 뇌의 99%까지 사용할 수 있다." 우리가 뇌의 10%만을 사용한다는 주장에 대해 왜 회의적이어야 하는가? 만약 특정 약물이 뉴런의 활성화를 10배 정도 증가시킨다면 어떤 일이 일어날 것인가?

2. 여러분의 친구가 우울증 때문에 정신과 전문의를 방문하였다. "의사가 뇌의 세로토닌 분비를 증가시키는 약물을 처방하였다. 그러나 내 기분은 나한테 달려 있지 내 머리 속에 있는 일군의 화학 물질에 달려 있는 것 같지 않다"라고 그녀는 말하였다. 여러분은 그녀에게 호르몬과 신경전달물질이 실제로 우리의 인지, 기분과 행동에 영향을 미친다는 것을 어떤 예를 들어 확신시킬 수 있는가?

3. 여러분의 학과 친구가 이 장에 기술되어 있는 신경계의 진화에 관한 부분을 읽은 후 다음과 같이 말하였다. "진화는 단지 이론에 불과해. 모든 사람이 진화를 믿지는 않아. 그리고 만약 우리 모두가 원숭이로부터 진

화된 것이 사실이라고 해도 이는 오늘날의 인간 심리학과는 아무런 관련이 없어" 여러분의 친구가 진화에 대해 잘못 이해하고 있는 것은 무엇인가? 여러분은 진화가 현대 심리학과 관련되어 있다는 것을 어떻게 설명하겠는가?

4. 하루에 30분씩 8주 동안 명상을 한 사람들의 뇌가 변화, 즉 해마와 편도체의 크기가 증가한 것을 보여 주는 연구 결과가 보고되었다(Holzel et al., 2011). 여러분이 친구에게 이 연구 결과를 말해 주었지만 친구는 회의적이었고 다음과 같이 말하였다. "뇌는 이처럼 변하지 않아. 출생할 때의 뇌는 일생 동안 변하지 않아." 왜 친구의 말이 잘못된 것인가? 어떤 방법들을 통해 뇌가 시간이 지남에 따라 변하는가?

5. 여러분의 친구가 자신이 왜 수학을 못하는가를 알아차렸다고 말하였다. "좌반구가 우세한 사람들은 분석적이고 논리적인 반면 우반구가 우세한 사람들은 창조적이고 예술적이라고 책에서 읽었어. 나는 예술을 전공하고 따라서 우반구가 좌반구보다 더 우세하기 때문에 수학을 못하는 것 같애." 왜 친구의 견해가 지나치게 단순한 것일까?

주요 개념 퀴즈 정답

1. c, 2. b, 3. a, 4. a, 5. b, 6. d, 7. a, 8. b, 9. b, 10. c, 11. d, 12. a, 13. a, 14. b, 15. d

Need more help? Additional resources are located in LaunchPad at:
http://www.worthpublishers.com/launchpad/ schacter3e

감각과 지각

1930년대에 도널드 데스키라는 젊은 건축가이자 디자이너는 뉴욕 시의 라디오시티 뮤직 홀(Radio City Music Hall)의 인테리어를 디자인하는 경연대회에서 우승을 했다. 그의 디자인은 즉각 호평을 받았고 데스키로 하여금 자신의 그래픽 디자인 회사를 차릴 수 있게 했다. 그는 1946년, 전과 같이 평범한 비누가 아니라 최초로 인조 합성성분을 사용한, 프록터 앤드 갬블 사의 혁신적인 새 세제인 '타이드(Tide)'에 쓰일 상자 디자인을 만드는 데 도움을 주었다(Hine, 1995). 비록 오늘날에는 우리에게 매우 친숙하지만, 1946년에 노랑과 오렌지색의 황소 눈 모양의 고리 위에 새겨진 파란색의 굵은 글자인 'Tide'는 눈길을 끄는 데이글로(Day-Glo) 컬러를 상품에 최초로 사용한 것으로 기록되었으며, 이런 글자꼴과 그래픽의 조합은 그 이전에 보았던 어떤 제품 디자인과도 비슷하지 않았다. 이 제품은 가게 선반에서 그냥 지나치기가 불가능하였으며, 이 디자인의 예찬자들이 주장했듯이, "신제품의 광장한 힘을 가장 극적으로 진달한 것은 상자 그 자체였다"(Dyer, Dalzell, & Olegario, 2004). 타이드는 1949년 시장에 나왔으며, 그 이후 프록터 앤드 갬블은 계속 성공가도를 달려 왔다.

요즘 제품을 팔기 위해, 흥분을 자아내고, 도발적이며, 또는 성적이기조차 한 이미지를 사용하는 광고를 보는 데에 우리는 익숙해져 있다. 텔레비전 광고에서 이런 이미지들은, 광고주들이 제품에 대해 전반적으로 우호적인 분위기를 자아낼 것으로 바라는 대중음악과 더불어 제시된다. 요점은 흥분시키는 것들을 보고 듣는 것은, 그렇지 않더라면 단조로운 제품이기 쉬운 것과 연합될 것이라는 것이다. 이런 형태의 광고는 감각 브랜드화(sensory branding)라고 한다(Lindstrom, 2005). 이 생각은 제품 혹은 브랜드를 홍보하기 위해 모든 감각을 활용하는 것이다. 감각 브랜드화는 보기와 듣기를 넘어서서, 시각과 청각뿐 아니라 후각, 미각, 및 촉각을 동원한다. 시험 운전을 하는 동안 당신은 새 차 냄새가 나기를 기대하는가? 그것은 새 차에 뿌려진 인공 향인데, 잠재적 구매자들에게 긍정적 느낌을 일으키도록 신중하게 시험된 것이다. 뱅 앤 올룹슨(Bang and Olufsen)은 덴마크의 고급 스테레오 제조사인데, 회사의 리모콘 장치가 사용자의 손에 어떤 독특한 '느낌'을 주도록 신중하게 디자인했다. '세계 최고의 항공사'로 계속 자리매김해 온, 싱가포르 항공사(Singapore Airlines)는 자신의 비행기 실내의 냄새를 특허냈다(그것은 스테판 플로리디안 워터즈라고 불린다).

이런 회사들은, 1946년의 프록터 앤드 갬블 사와 마찬가지로, 인간 경험과 행동을 형성하는 데에서 감각과 지각의 힘을 인정하고 있다.

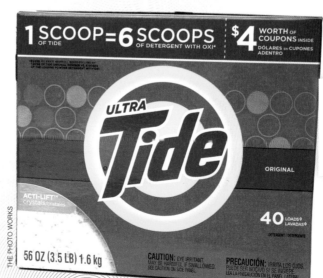

이미 1946년에, 도널드 데스키가 타이드의 첫 번째 포장 상자에 눈길을 끄는 색깔들과 놀라운 디자인을 써서 소비자들의 주의를 붙잡았을 때, 시각의 힘을 알아차렸다.

감각
감각 기관에 대한 단순한 자극하기

지각
정신 표상을 형성하기 위한 감각의 조직화, 식별 및 해석

변환
신체의 여러 감지기들이 환경의 물리 신호를 중추신경계로 보내는 부호화된 신경 신호로 바꿀 때 일어나는 일

이 장에서 우리는 감각과 지각의 본질에 관한 핵심적 통찰을 탐구할 것이다. 이 경험들은 생존과 재생산에 필수적인 것이다. 우리 주변의 세상을 정확하게 감지하는 능력이 없다면 우리는 오랫동안 생명을 유지할 수 없을 것이다. 사실상 감각과 지각에 대한 연구는 여러 심리학의 기초이며, 기억, 정서, 동기, 혹은 의사결정과 같은 더 복합적인 인지와 행동을 이해하기 위한 길이다. 그러나 감각과 지각은 때때로, 과학 박람회나 신기한 물건 가게에서 볼 수 있을 법한 여러 종류의 지각적 착각들도 드러내 보인다. 이것들은 세계를 지각하는 일은 보이는 것처럼 단순하거나 단도직입적이지 않다는 것을 일깨운다.

우리는 세상에 있는 물리적 에너지가 우리 감각기관에 의해 어떻게 부호화되고 뇌로 보내져서 의식적으로 자각되는지를 볼 것이다. 시각은 감각 가운데서도 지배적인 것이므로, 이에 걸맞게 시각 시스템이 어떻게 작동하는지를 이해하는 데에 상당한 비중을 둘 것이다. 그다음 우리는 어떻게 음파를 단어나 음악 혹은 소음으로 지각하는지를 논의하고, 잇따라 신체 감각을 논하면서 촉각, 통증 및 균형을 강조할 것이다. 냄새와 맛이라는 화학적 감각들로 이 장을 마칠 것인데, 이것들은 함께 당신으로 하여금 당신이 먹는 음식을 음미할 수 있게 해 준다. 그러나 그 전에 우리는 모든 감각 시스템을 조사하는 일의 기초를 제시할 것인데, 우선 심리학자들이 감각과 지각을 측정하는 방법을 개관하고자 한다.

감각과 지각은 별개의 활동이다

감각과 지각은 하나의 매끄러운 사건으로 보인다. 그러나 이들은 두 가지의 구분되는 활동이다.

- **감각**(sensation)은 감각 기관을 단순히 자극하는 것이다. 그것은 당신의 신체 부위가 물리 세상과 상호작용하면서 빛, 소리, 압력, 냄새, 혹은 맛을 기초적으로 등록한 것이다.
- 감각이 당신의 중추신경계에 등록된 이후에, **지각**(perception)은 당신의 뇌 수준에서 일어난다. 그것은 정신 표상을 형성하기 위해 감각을 조직화하고, 식별하고, 그리고 해석한 것이다.

예컨대, 당신의 눈은 바로 지금 이 문장을 가로질러 나아가고 있다. 당신 안구에 있는 감각 수용기들은 지면에서 반사되는 여러 패턴의 빛을 등록하고 있다. 그러나 당신의 뇌는 그 빛 정보를 통합하고 처리하여, 예컨대 의미 있는, 지각, 그리고 단어와 같은 단어들을 의미 있는 지각으로 만든다. 당신의 눈—감각 기관—은 실제로 단어를 보지 않는다. 그것들은 단순히 지면에 있는 잉크의 여러 가지 모양이나 패턴을 부호화하는 것이다. 당신의 뇌—지각 기관—는 그 모양들을 단어와 개념이라는 응집성 있는 정신 표상으로 변형시키고 있다.

만일 이 모든 말이 다소 이상하게 들린다면 그것은, 당신의 의식 경험이라는 관점에서 보면 당신은 단어를 직접 읽는 것처럼 보이기 때문이다. 만일 당신이 3장에서 언급한 뇌 손상에 관한 논의를 생각해 보면, 때때로 환자의 눈은 매우 정교하게 작동할 수 있지만, 그 사람은 자신이 몇 년 동안 보아 온 얼굴들에 대해 여전히 '맹인'이라는 것(p. 128)이 기억날 것이다. 뇌에 있는 시각 처리 중추의 손상은 눈으로부터 오는 정보의 해석을 방해할 수 있다. 감각은 문제가 없으나 지각 능력은 위태로워진다. 감각과 지각은 관련되어 있으나, 별개의 사건들이다.

감각 수용기들은 뇌와 어떻게 의사소통을 할까? 그것은 모두 **변환**(transduction) 과정에 달려 있는데, 이것은 신체의 여러 감지기들이 환경으로부터의 물리 신호를 중추신경계로 보내는 신경 신호로 바꿀 때 일어나는 일이다. 시각에서, 표면에서 반사된 빛은 그 모양, 색, 그리고 물체의 위치에 대한 정보를 눈에 제공한다. 청각에서, (성대에서 혹은 기타줄에서 나오는) 진동은 공간을 가로질러 청자의 귀에 들어가는 공기 압력에서 변화를 일으킨다.

맛있는 아이스크림 선디를 즐기는 데 선디의 달콤한 맛이 복잡한 변환 과정에 달려 있다는 것을 알 필요는 없다. 이 과정에서 침에 녹은 분자들은 뇌에 의해 처리되는 신경 신호들로 변환된다.

> **?** 우리가 보고 듣는 데 뇌는 무슨 역할을 하는가?

ED RESCHKE/GETTY IMAGES

촉각에서, 피부에 대한 표면의 압력은 그 모양, 질감 및 온도를 신호한다. 미각과 후각에서 공기 중에 퍼지거나 침 속에 용해되는 분자들은 우리가 먹어도 좋거나 먹어서는 안 되는 물질의 정체를 드러낸다. 이 각각의 경우에 세계로부터의 물리 에너지는 중추 신경계 내부의 신경 에너지로 전환된다(표 4.1 참조). 다섯 가지 일차 감각, 즉 시각, 청각, 촉각, 미각 및 후각의 각각에 대해 변환이 어떻게 일어나는지를 이 장의 후반에 별개의 절로 더 상세하게 논의할 것이다.

정신물리학

지각이 뇌에서 일어난다는 것을 알고서, 당신은 두 사람이 저녁 하늘을 바라볼 때 석양의 색깔들을 똑같이 보는지에 대해 궁금해 할 것이다. 광경이나 소리에 대한 우리의 기본적 지각이 다른 사람들과 근본적으로 다를 수 있다는 가능성을 고려하는 것은 매우 흥미롭다. 그런 것을 객관적으로 어떻게 측정할 수 있을까? 빛의 파장과 같이, 자극의 물리적 에너지를 측정하는 것은 매우 쉽다. 스스로 해 보려면 필요한 측정기구들을 온라인으로 구입할 수 있을 것이다. 그러나 빛에 대한, 한 사람의 사적이고 주관적인 지각을 어떻게 양으로 표시할 것인가?

▶ 표 4.1

변환

다섯 감각은 세상에서 오는 물리적 에너지를 신경 에너지로 바꾸고, 이것은 뇌로 보내진다.

감각	감각 입력	신경 에너지로의 변환
시각	표면(예컨대 잎)에서 반사된 빛은 물체의 모양, 색 및 위치에 관한 정보를 눈에 제공한다.	(더 자세한 보기는 그림 4.3 참조)
청각	(기타 줄의) 진동은 공기 압력의 변화를 일으키고, 이것이 공간을 가로질러 청자의 귀로 간다.	(더 자세한 보기는 그림 4.23 참조)
촉각	피부에 대한 어떤 표면의 압력은 그 모양, 결, 및 온도를 신호한다.	(더 자세한 보기는 그림 4.26 참조)
미각과 후각	공기 중 퍼져 있거나 침에 녹은 분자든을 우리가 먹고 싶어 하거나 아닐 수도 있는, 물질의 성제들 느러낸다.	(더 자세한 보기는 그림 4.27과 4.29 참조)

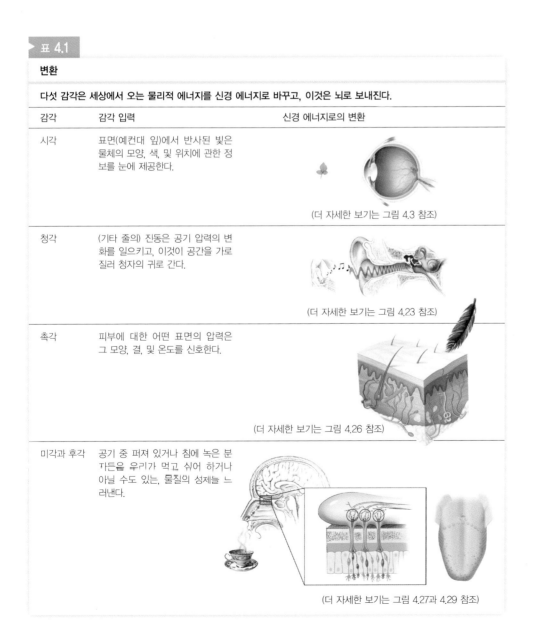

정신물리학
자극 강도와 그 자극에 대한 관찰자의 민감도를 측정하는 방법

절대역
시행 중 50%에서 어떤 자극을 겨우 탐지하는 데에 필요한 최소한의 자극 강도

최소가지차이(JND)
겨우 탐지될 수 있는 최소한의 자극 변화

빌헬름 분트(Willhelm Wundt)와 에드워드 티치너(Edward Titchener)가 이끈 구조주의자들은 내성을 사용하여 지각 경험을 측정하고자 했다(1장 참조). 그들은 이 과제에서 비참하리만큼 패배했다. 결국 두 사람 모두가 같은 말로('오렌지'이고 '아름답다') 일몰의 경험을 묘사하더라도 그 누구도 같은 사건에 대한 다른 사람의 경험을 직접 지각할 수 없다. 1800년대 중반 독일 과학자이자 철학자인 구스타프 페히너(Gustav Fechner, 1801~1887)는 **정신물리학**(psychophysics)이라 불리는 감각과 지각을 측정하는 수단

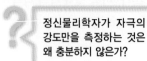

정신물리학자가 자극의 강도만을 측정하는 것은 왜 충분하지 않은가?

을 개발하게 되었는데, 이것은 자극 강도와 그 자극에 대한 관찰자의 민감도를 측정하는 방법이다(Fechner, 1860/1966). 한 전형적인 정신물리학 실험에서 연구자는 사람들에게 간단한 판단을 하라고 요구한다. 예를 들면, 그들이 섬광을 보았는지, 아닌지이다. 그다음 정신물리학자는 섬광의 밝기와 같은 측정된 자극을 각 관찰자의 예-아니요 반응과 연관짓는다.

역 측정

정신물리학자들은 단일한 감각 신호를 가지고 관찰자가 감각을 자각하기 위해 얼마나 많은 물리 에너지가 필요한가를 판단하기 위한 측정 과정을 시작한다. 정신물리학에서 가장 단순한 양적 측정치는 **절대역**(absolute threshold), 즉 시행 중 50%에서 어떤 자극(의 존재)을 겨우 탐지하는 데에 필요한 최소한의 자극 강도이다. 역은 경계선이다. 내부를 집 외부와 구별 짓는 문간, 즉 두 가지 심리 상태(예를 들면, '자각'과 '비자각') 간의 경계가 역이다. 감각의 절대역을 찾는 데에서 문제의 두 상태는 어떤 자극을 감지하는 것과 감지하지 못하는 것이다. 표 4.2는 다섯 가지 감각들 각각에 대한 대략적인 감각역을 보여 준다.

예를 들면, 소리를 탐지하는 데에 절대역을 측정하기 위해 관찰자는 컴퓨터에 연결된 헤드폰을 끼고 방음실에 앉아 있다. 실험자는 컴퓨터를 써서 순수음(소리굽쇠를 때릴 때 만들어지는 소리 종류)을 제시하고 음량이나 각 음이 지속하는 시간의 길이를 바꾸면서, 관찰자가 각 조건에서 그 소리를 듣는다고 얼마나 자주 보고하는지를 기록한다. 그런 실험의 결과가 그림 4.1에 그래프로 나와 있다. 커브의 모양으로부터 듣지 못함에서 들음으로의 전환은 돌발적이기보다는 점진적이라는 것을 유의하라.

만일 여러 다른 음들에 대해 이런 실험을 되풀이한다면, 우리는 매우 낮은 음에서 매우 높은 음에 걸쳐 있는 음에 대한 역을 관찰하고 기록할 수 있다. 사람들은 인간의 대화에 상응하는 범위의 소리에 가장 민감한 경향이 있다는 것이 드러났다. 이 소리가 충분히 낮으면, 예컨대 파이프오르간에서 가장 낮은 음과 같다면 대부분의 인간은 그것을 들을 수 없을 것이다. 우리는 다만 느낄 수 있을 뿐이다. 만일 소리가 충분히 높다면, 마찬가지로 우리는 들을 수 없으나 개나 다른 동물들은 들을 수 있다.

절대역은 우리가 약한 자극에 얼마나 예민한가를 측정하는 데에 유용하지만, 인간 지각 시스템은 자극의 단순한 출현이나 제거보다 자극에서의 **변화**를 탐지하는 데더 뛰어나다. 부모가 아기의 울음소리를 들을 때, '나는 불편해' 울음소리나 '뭔가가 내 발가락을 물어뜯고 있어' 울음소리로부터 '나는 배고파' 울음소리를 구별할 수 있다면 더 유용할 것이다. 이런 경우 알아차릴 수 있는 차이, 즉 **최소가지차이**(just noticeable difference, JND)는 자극에서 겨우 탐지될 수 있는 최소한의 변화이다.

JND는 고정된 양이 아니다. 그것은 측정되는 자극들이 얼마나 강하며, 측정되는 특정한 감

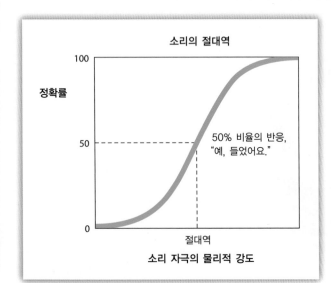

소리의 절대역

정확률

100

50

0

절대역

소리 자극의 물리적 강도

50% 비율의 반응, "예, 들었어요."

▲ 그림 4.1 **절대역** 어떤 사람은 다른 사람들보다 더 민감하고, 우리는 우리 자신의 절대역 아래의 감각 자극을 탐지할 수도 있다. 절대역이 여기에서 점으로 표시되어 있는데, 자극물의 강도가 증가할 때 관찰자가 시행들 중 50%로 탐지하게 하는 지점이다. 강도가 점진적으로 증가하면서, 자극을 더 자주 탐지하게 된다.

각이 무엇인가에 달려 있다. 밝은 빛에 대한 JND를 측정하는 것을 생각해 보자. 어두운 방에 있는 관찰자는 표준자극(S)이라 불리는 고정된 밝기의 빛을 본 다음, 그 표준자극보다 약간 더 밝거나 더 어두운 비교 빛 자극을 본다. S가 매우 어두울 때, 관찰자는 두 빛 사이의 아주 작은 밝기 차이도 볼 수 있다. JND는 작다. 그러나 S가 밝을 때, 빛이 훨씬 더 많이 증가해야 그 차이를 탐지할 수 있다. JND가 더 큰 것이다.

차이역을 계산할 때 자극들 간 비율이 중요하다. 이 관계성은 에른스트 베버(Ernst Weber)라는 독일 생리학자에 의해 1834년에 처음 주목되었다(Watson, 1978). 페히너는 베버의 통찰을 정신물리학에 바로 적용한 결과, 소위 **베버의 법칙**(Weber's law)이라는 공식을 얻었는데, 이 공식은 한 자극의 최소가지차이는 그 강도의 변화에도 불구하고 일정한 비율이라는 것이다. 예를 들면, 당신이 50g의 봉투를 집어든 다음 100g의 봉투를 집어 든다면, 아마 둘 간의 차이를 알아차릴 것이다. 그러나 당신이 10kg의 꾸러미를 집어든 다음 10kg과 50g(즉, 1,050g)의 꾸러미를 집어 든다면, 아마도 둘 간의 차이를 전혀 탐지하지 못할 것이다.

? 최소 가지차이의 측정에서 비율이 왜 중요한가?

신호 탐지

절대역과 차이역을 측정하는 데에는 핵심적인 가정이 요구된다. 그것은 역이 존재한다는 것이다! 그러나 과학자들이 생물학에 대해 알고 있는 것의 대부분은 뇌에서 그런 분절적이고, 전부 아니면 전무(all-or-none) 식의 변화는 그럴싸하지 않다는 것이다. 인간은 지각과 비지각 사이를 갑자기 그리고 신속하게 전환하지 않는다. 사실 감지하지 못함에서 감지함으로의 전환이 점진적이라는 것을 생각해 보라(그림 4.1 참조). 흐린 빛 혹은 조용한 음과 같은 동일한 물리 자극이 다른 여러 상황에서 제시되면, 같은 사람에 의해 어떤 경우에는 지각될 수도 있고 다른 경우에는 지각되지 않을 수도 있다. 절대역은 시행들 중 50% 정도로 자극을 지각하는 것으로 조작적

? 세상에 대한 우리의 지각은 얼마나 정확하고 완벽한가?

으로 개념화되었음을 명심하라. 그것이 의미하는 바는 그 중 다른 50%는 그 자극이 탐지되지 않은 채로 지나쳤을 것이라는 것이다.

감각자극에 대한 정확한 지각이란 다소 우연한 것일 수 있다. 정신물리학 실험실에서든 바깥 세상에서든 감각 신호들은 수많은 경쟁, 즉 소음(noise)에 직면하는데, 소음은 내부 그리고 외부 환경에서 오는 모든 다른 자극들을 일컫는다. 기억, 분위기 및 동기는 당신이 어떤 순간에 보는 것, 듣는 것, 냄새 맡은 것과 얽혀 있다. 이 내적 '소음'은 완벽하게 집중적으로 주의하여 자극을 탐지하는 당신의 능력과 경쟁한다. 세상에 있는 다른 장면, 소리 및 냄새들도 주의

표 4.2

대략적인 감각역

감각	절대역	
시각	맑고 어두운 밤에 약 48킬로미터(30마일) 떨어진 곳에 있는 촛불	JANOS MISETA FEATUREPICS
청각	아주 조용할 때 6미터(20피트) 떨어진 곳에서 나는 시계 소리	RAINFORESTAUSTRALIA ISTOCKPHOTO
촉각	1센티미터 떨어진 곳에서 뺨에 떨어지는 파리의 날개	TYLER OLSON FEATUREPICS
후각	6개의 방의 부피에 해당하는 공간에 퍼져 있는 향수 한 방울	MARCO ANDRAS EST AGEFOTOSTOCK
미각	약 7.6리터(2갤런)의 물에 녹아 있는 설탕 한 숟가락	FOODFOLIO ALAMY

출처 : Adapted from Galanter (1962).

베버의 법칙
한 자극의 최소가지차이는 그 강도의 변화에도 불구하고 일정한 비율이다.

뉴욕 시의 추수감사절 퍼레이드에 모인 사람들과 같은 군중은 우리 시각 시스템에 신호탐지라는 도전적인 과제를 준다.

를 받기 위해 경쟁한다. 다른 모든 것과 떨어져 있는 단지 하나의 자극에만 주의를 주는 사치를 부리는 일은 거의 없다. 소음의 결과로, 당신은 당신이 감지하는 모든 것을 지각하지 못하기도 하며, 당신이 감지하지 못한 것을 지각하는 수조차 있다. 가장 최근에 받은 청력검사를 생각해 보라. 의심할 나위 없이 당신은 제시된 조용한 음들 중 일부를 놓쳤을 것이지만, 또한 아마도 실제로 제시되지 않았던 소리를 들었다고 말했을 것이다.

신호탐지이론(signal detection theory)이라고 하는 정신물리학적 접근은 자극에 대한 반응은 소음이 있는 가운데 그 자극에 대한 한 사람의 민감도 및 그 사람의 반응 기준 모두에 달려 있다고 주장한다. 즉, 관찰자는 자극에 의해 유발된 감각적 증거들을 고려하고 그것을 내부의 결정 기준과 비교한다 (Green & Swets, 1966; Macmillan & Creelman, 2005). 만일 감각적 증거가 기준을 초과하면, 관찰자는 "예, 자극을 탐지했어요"라고 말하고, 증거가 기준에 못 미치면 관찰자는 "아니요, 자극을 탐지하지 못했어요"라고 말하는 식으로 반응한다.

신호탐지이론은 연구자로 하여금 소음이 있는 가운데에 관찰자의 반응을 계량화할 수 있도록 해 준다. 신호탐지 실험에서 약한 빛과 같은 자극은 무선적으로, 제시되거나 제시되지 않는다. 당신이 말초 시력을 점검하는 눈 검사를 받은 적이 있다면, 이런 종류의 실험 설정이 어떤 것인지를 알 수 있을 것이다. 여러 강도의 빛이 시야의 여러 장소에서 비춰지고, 당신이 할 일은 그 빛을 볼 때마다 반응하는 것이다. 신호탐지 실험에서 관찰자는 자신이 빛을 보았는지 아닌지를 결정해야 한다. 만일 빛이 제시되고 관찰자가 올바르게 "예"라고 반응한다면, 그 결과는 **적중**(hit)이다. 만일 빛이 제시되었으나 관찰자가 "아니요"라고 말한다면, 그 결과는 **누락**(miss)이다. 그러나 빛이 제시되지 않았는데도 관찰자가 제시되었다고 말한다면, **오경보** (false alarm)가 발생한 것이다. 끝으로, 빛이 제시되지 않았고 관찰자가 "아니요"라고 반응한다면, **정확 기각**(correct rejection)이 발생한 것이다. 즉, 관찰자는 자극의 부재를 정확하게 탐지한 것이다.

신호탐지이론은 **지각적 민감성**(지각 시스템이 감각 사건들을 얼마나 효과적으로 표상하는가)을 관찰자의 의사결정 전략과 분리하여 측정하는 방법을 제안한다. 이 이론은 관찰자의 반응 경향성들을, 즉 자극의 기미가 조금이라도 있으면 관대하게 "예"라고 하거나 자극임이 분명할 때까지 식별을 보수적으로 유보하는 경향성들을 명시적으로 고려한다. 한 사람이 "예"라는 반응을 다른 사람보다 훨씬 더 자주 말한다 할지라도, 둘은 자극의 출현과 부재를 구별하는 데에 똑같은 정도로 정확할 수 있다.

신호탐지이론은 집에서, 학교에서, 일터에서, 그리고 운전 중에도 실제적인 응용 가치를 가지고 있다. 예를 들면, 방사선과 의사는 유방 X선 사진을 보고 환자가 유방암을 가지고 있는지 아닌지를 결정해야 하는 경우가 있다. 방사선과 의사는 어떤 특징들, 예컨대 특정 크기와 모양의 덩어리는 암의 존재와 연관되어 있다는 것을 안다. 그러나 암과 무관한 특징들도 암의 특징들과 매우 비슷한 외양을 가질 수 있다. 방사선과 의사는 매우 관대한 기준을 갖고 결정할 것이며 조직 검사를 통해 모든 가능한 경우의 암을 점검할 것이다. 이런 결정 전략은 진성 암을 누락시킬 확률을 최소화하지만 많은 불필요한 조직검사를 하게 만든다. 매우 보수적인 기준은 불필요한 조직검사를 줄일 것이지만 몇 개의 치료 가능한 암을 놓칠 것이다.

신호탐지이론
자극에 대한 반응은 소음이 있는 가운데 그 자극에 대한 한 사람의 민감도 및 그 사람의 반응 기준 모두에 달려 있다는 의견

다중 작업

추정에 따르면, 운전 중 휴대폰을 사용하는 것은 사고를 일으킬 가능성을 네 배나 높인다(McEvoy et al., 2005). 고속도로 안전 전문가의 의견과 위와 같은 통계치에 대한 반응으로, 입법가들은 운전 중 휴대폰 사용을 제한하거나 때로는 금지하는 법률을 통과시키고 있다. '이건 좋은 생각이야, 왜냐하면 모든 사람은 도로에 있을 것이기 때문이지…'라고 당신은 생각할지 모른다. 그러나 분명히 *당신*은 안전하고 예의바름을 밥상으로 우선하는 동시에 여러 통의 통화를 시도하고, 대화하고, 혹은 문자 메시지를 보낼 수 있다. 그렇지 않은가? 한 마디로 *틀렸다.*

여기에서 논점은 *선택주의*, 즉 현재 당신에게 관련 깊은 것만을 지각하는 것이다. 지각은 관련 있거나 흥미로운 정보에 대한 능동적이고 순간순간의 탐색이지, 뭐든 일어나고 있는 일에 대한 수동적인 저장소가 아니다. 운전 중 휴대폰으로 말하기 위해서는 2개의 독립적인 감각 입력, 즉 시각과 청각의 출처를 동시에 교묘하게 다루어야 한다. 이것이 문제가 되는 이유는 주의가 청각으로 향해 있을 때 시각 영역의 활동이 감소한다(Shomstein & Yantis, 2004)는 것이 연구에서 밝혀졌기 때문이다.

이런 종류의 *다중 작업*(multitasking)은 운전 중에 갑자기 반응해야 할 때 문제를 일으킨다. 연구자들은 매우 실제적인 운전 시뮬레이터에서 숙련된 운전자들을 시험하면서, 그들이 여러 과제들 중에서 라디오를 듣거나 정치적 문제에 관한 전화 통화를 하는 동안 브레이크 등과 멈춤 표지에 대한 반응 시간을 측정하였다(Strayer, Drews, & Johnston,

2003). 이 숙련된 운전자들은 다른 일을 하는 것보다 전화 통화를 하는 동안 유의하게 더 늦게 반응하였다. 이것은 전화 통화가 기억 인출, 숙고 및 무엇을 말할지 계획하기를 필요로 하고, 종종 대화 주제에 대한 정서적인 개입을 일으키기 때문이다. 라디오를 듣는 것과 같은 일은 주의가 훨씬 적게 필요하다.

시험 중인 운전자들은 그들의 대화에 매우 몰입하게 되어서 그들의 마음은 더 이상 차 안에 있는 것처럼 보이지 않았다. 그들의 느린 브레이크 반응은 제동 거리의 증가로 나타났는데, 운전 속도에 따라 후방 추돌을 일으켰을 만한 것이었다. 손에 전화를 들었는지 혹은 핸즈프리인지는 거의 차이가 없었으며, 실제 운전을 도입한 현장 연구들에서도 비슷한 결과들이 얻어졌다(Horrey & Wickens, 2006). 이것은 운전자가 핸즈프리 전화기를 쓰도록 하는 법이 사고를 줄이는 데에 거의 효과가 없으리라는 것을 뜻한다. 시뮬레이터 안에서 핸즈프리 휴대폰을 사용하면서 운전하는 것을 광범위하게 연습한 후에도, 휴대폰의 파괴적 효과는 여전히 관찰되었다(Cooper & Strayer, 2008). 이 상황은 문자 메시지가 관련될 때 한층 더 나빠졌다. 문자 메시지를 사용하지 않는 통제 조건과 비교할 때, 시뮬레이터에서 문자 메시지를 보내거나 아니면 받을 때 운전자들은 도로를 보는 데에 훨씬 더 적은 시간을 썼으며, 차로를 지키는 것이 훨씬 더 힘들었으며, 여러 번의 차로 변경을 놓쳤으며, 앞 차와의 적정 거

리를 지키는 것이 훨씬 더 어려웠다(Hosking, Young, & Regan, 2009). 최근 개관은 운전 중의 문자하기가 미치는 손상 효과는 음주 효과에 비견할 만하며 마리화나를 피우는 효과보다 더 크다고 결론지었다(Pascual-Perrá, Liu, & Beatty, 2012).

흥미롭게도 일상생활에서 다중 작업을 자주 한다고 보고하는 사람들은, 일상생활에서 다중 과제를 자주 하지 않는 사람들과 비교해서, 방해자극이 있을 때 초점 주의를 요구하는 실험실 과제에서 어려움을 겪었다(Ophir, Nass, & Wagner, 2000). 그렇다면 고속도로를 질주하는 수천 파운드의 금속 덩어리 안에서 우리는 어떻게 다중 작업을 잘하는가? 당신이 각자 한 뇌 안에 하나는 말하고 다른 하나는 운전에 집중하는 것과 같은 2개의 머리를 가지고 있지 않은 한, 당신은 전화가 아니라 도로에 시선을 잘 유지해야 할 것이다.

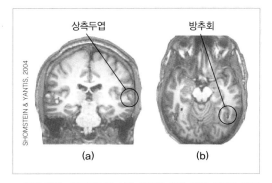

▲ **주의 전환** 참가자들은 시각 정보와 청각 정보 사이에 주의 전환을 요구하는 과제를 수행하는 동안 fMRI 스캔을 받았다. (a) 청각 정보에 초점을 둘 때, 청각 처리에 관여하는 상측두엽의 영역(노랑/오렌지)이 활동의 증가를 보였다. (b) 이와 극명하게 대조되는 것으로서, 참가자들이 청각 정보에 초점을 둘 때 방추회(fusiform gyrus)라는 시각 영역(파랑)은 활동의 감소를 보였다.

또 다른 예로, 경찰이 범죄용의자를 찾고 있는데 그가 혼잡한 축구 경기장에 있을 것이라고 믿을 만한 이유가 있는 경우를 상상해 보자. 비록 사법당국은 용의자에 대한 제법 쓸모 있는 묘사를 제공해 주었지만(173cm, 밝은 갈색 머리, 수염, 안경 착용) 여전히 훑어봐야 할 사람은 수천 명이나 된다. 키가 158~188cm 사이인 모든 남자를 검거하면 아마 적중할 것이다(즉, 범죄자가 체포된다). 그러나 엄청나게 많은 수의 오경보(수많은 선량한 시민이 구류되고 심문받게 된다)를 대가로 치러야 한다.

결정 기준을 설정하는 데에 이런 여러 유형의 오류들의 비중이 상대적으로 고려되어야 한다. 신호탐지이론은 여러 기준들 중 하나를 선택하는 실제적 방법을 제공함으로써 결정자로 하여금 적중, 누락, 오경보 및 정확 기각의 결과를 고려할 수 있게 한다(McFall & Treat, 1999;

자연선택론에 따르면, 생존의 이득을 주는 물려받은 특성들은 세대를 걸쳐서 집단 전체로 확산하는 경향이 있다. 감각 순응은 왜 진화했을까? 포식자를 피하려 할 때 감각 순응은 작은 동물에게 어떤 생존상의 이점들을 줄까? 그리고 먹잇 감을 잡으려는 포식자에게는?

Swets, Dawes, & Monahan, 2000). 신호탐지를 방해할 수 있는 흔한 일상 과제의 예를 보려면 '현실세계'를 참조하라.

감각 순응

빵집에 들어가면, 방금 구운 빵 냄새가 당신을 압도하지만, 몇 분 지나면 그 냄새는 약해진다. 찬물로 뛰어들면, 그 온도는 처음에는 충격적이지만, 몇 분 후 당신은 그것에 익숙해진다. 물을 마시기 위해 한밤중에 깨면 침실 등에 눈을 뜰 수 없지만, 몇 분 후에는 더 이상 눈을 가늘게 뜨지 않는다. 이것들은 모두 **감각 순응**(sensory adaptation)의

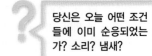
당신은 오늘 어떤 조건들에 이미 순응되었는가? 소리? 냄새?

예인데, 즉 지속되는 자극에 대한 민감성은 유기체가 현재의 조건에 순응하면서 시간에 걸쳐 쇠퇴하는 경향이 있다는 것이다.

감각 순응은 대부분의 유기체에게 유용한 과정이다. 감각 순응이 없다면 당신의 감각 및 지각 세계가 어떤 모습이 되는지를 상상해 보라. 아침에 청바지를 입을 때, 당신의 맨 살갗에 스치는 거친 옷감의 느낌은 수 시간이 지나도 처음 몇 분 동안 그랬던 것처럼 두드러질 것이다. 아파트에 처음 들어갔을 때 맡은 쓰레기 악취는 결코 사라지지 않을 것이다. 당신의 혀가 입안에 쉬고 있을 때 느끼는 것을 당신이 계속 자각해야 한다면, 당신은 매우 산만해질 것이다. 우리 지각 시스템은 일정한 자극보다 자극의 변화에 더 강하게 반응한다. 변화하지 않는 자극은 보통 어떤 행동을 필요로 하지 않는다. 당신의 차는 늘 어떤 윙윙거리는 소리를 내는데 당신은 그것에 익숙해졌다. 그러나 자극에서의 어떤 변화는 종종 행동의 필요를 신호한다. 당신 차가 다른 종류의 소음을 내기 시작한다면, 당신은 그것을 더 잘 알아차릴 뿐만 아니라 그것에 대해 무엇인가를 할 가능성이 더 높다.

요약

▶ 감각과 지각은 생존에 결정적이다. 감각은 감각기관에 대한 단순한 자극(하기)인 반면, 지각은 뇌 수준에서 감각을 조직하고, 식별하고, 해석한다.

▶ 우리의 모든 감각은 변환 과정에 달려 있는데, 이 과정은 환경으로부터 오는 물리적 신호들을 신경 신호로 바꾸는데, 이것은 다시 감각 신경원에 의해 중추신경계로 전달된다.

▶ 19세기에 연구자들은 정신물리학을 발전시켰는데, 이것은 자극의 강도와 그 자극에 대한 관찰자의 민감도를 측정하는, 지각 연구 접근이다. 정신물리학 연구자들은 자극을 겨우 탐지하는 데 필요한 최소한의 강도인 관찰자의 절대역과, 겨우 탐지될 수 있는 자극에서의 가장 작은 변화인, 최소가지차이(JND)를 측정하는 절차들을 발전시켰다.

▶ 신호탐지이론은 연구자가 자극에 대한 관찰자의 지각적 민감도와 자극에 대한 결정을 내리는 기준을 구별할 수 있게 해 준다.

▶ 감각 순응은 오래된 자극에 대한 민감도가 시간에 걸쳐 쇠퇴하는 경향이 있기 때문에 생긴다.

시각 1 : 눈과 뇌는 어떻게 광파를 신경 신호로 바꾸는가

감각 순응
지속되는 자극에 대한 민감성은 유기체가 현재의 조건에 순응하면서 시간에 걸쳐 쇠퇴하는 경향이 있다.

시력
정밀한 세부를 보는 능력

비록 시력을 안경이나 콘택트렌즈로 교정을 했을지라도, 당신은 아마도 자신의 20/20 시력이 자랑스러울 것이다. 20/20은 스넬런 차트로 측정한 것인데, 헤르만 스넬런(Hermann Snellen, 1834~1908)은 네덜란드 안과학자로서 **시력**(visual acuity), 즉 정밀한 세부를 보는 능력을 측정할 목적으로 이것을 개발하였다. 이것은 20피트(약 6m)의 거리에서 전형적인 사람이 읽을 수 있

는 문자들 중 가장 작은 선이다. 그러나 당신이 프레이 안과학 사무실의 새들(Birds of Prey Ophthalmologic Office)을 살펴본다면, 당신의 시력에 대한 자부심은 사라질 것이다. 매, 독수리, 올빼미 및 다른 맹금류들은 인간보다 훨씬 더 좋은 시력을 가지고 있다. 많은 경우에 여덟 배 정도 더 좋으며, 약 20/2 시력에 해당한다[이것은 보통 사람이 2피트(약 60cm) 떨어진 곳에서 겨우 볼 수 있는 것을 이 새들은 20피트 떨어진 거리에서 볼 수 있다는 뜻이다]. 당신의 숙련된 시각 시스템은 세상에 있는 시각 에너지를 뇌에 있는 신경 신호로 변환하도록 진화해 왔다. 인간은 눈에 감각 수용기가 있어서 이것이 빛 에너지의 파장에 반응한다. 사람, 장소

및 사물들을 본 때, 빛과 색의 패턴은 한 표면이 어디에서 끝나고 다른 것이 어디에서 시작하는가에 대한 정보를 준다. 그 표면들에서 반사된 빛의 배열은 그 모양을 유지하고, 우리로 하여금 장면에 대한 정신 표상을 형성할 수 있게 한다(Rodieck, 1998). 그러므로 시각의 이해는 빛의 이해와 더불어 시작된다.

다른 이유로 논쟁거리가 되긴 하지만, 액션 비디오(총쏘기) 게임은 주의 그리고 기초적 시력조차 향상시킨다는 것을 연구가 보여 주었다(Green & Bavelier, 2007; Li et al., 2009).

빛의 감지

가시광선은 전자기 스펙트럼 중 단지 우리가 볼 수 있는 부분이며, 극히 작은 일부분이다(그림 4.2 참조). 빛을 에너지의 파들로 생각할 수 있다. 대양의 파도처럼 빛의 파(광파)는 높이가 서로 다르고, 봉우리 간의 간격, 즉 **파장**(wavelength)도 서로 다르다. 광파의 세 가지 속성이 있는데, 그 각각의 물리적 차원은 그것에 상응하는 심리적 차원을 낳는다(표 4.3 참조). 다른 말로 하면, 빛은 그것이 가지고 있는 속성을 가지기 위해 인간을 필요로 하지 않는다. 파장, 진폭 및 순도는 광파 그 자체의 속성들이다. 인간이 그 속성들로부터 지각하는 것은 색, 명도 및 채도이다.

- 광파의 길이(파장)가 빛의 색상(hue), 즉 인간이 색으로 지각하는 것을 결정한다.
- 광파의 강도 혹은 **진폭**(amplitude)은 봉우리가 얼마나 높은가인데, 우리가 빛의 밝기(명도)로 지각하는 것을 결정한다.
- **순도**(purity)는 빛을 구성하는 독특한 파장들의 수이다. 순도는 인간이 채도, 즉 색의 풍부함으로 지각하는 것에 상응한다.

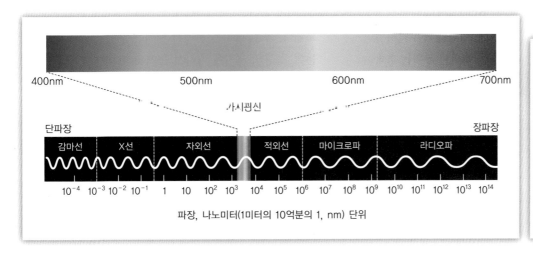

◀ 그림 4.2 **전자기 스펙트럼** 보라-파랑에서 빨강까지의 무지개 색으로 인간에게 보이는 은빛의 광파는 짧은 쪽으로는 꿀벌이 볼 수 있는 자외선에 의해 경계가 지어지며, 긴 쪽으로는 야시경 장비로 볼 수 있는 적외선에 의해 경계가 지어진다. 이에 대해서는 예를 들면, 야시경을 쓰는 사람은 완전한 어둠 속에서 다른 사람의 체열을 탐지할 수 있다. 광파는 극미하지만, 이 차트의 아래쪽에 있는, 나노미터 단위로 측정된 척도는 그 다양한 길이에 대해 어렴풋이 알 수 있게 해 준다(nm, 1nm=1미터의 10억분의 1).

망막
안구 뒤에 받쳐져 있는 빛에 민감한 조직

조절
눈이 망막 위에 선명한 상을 유지하게 하는 과정

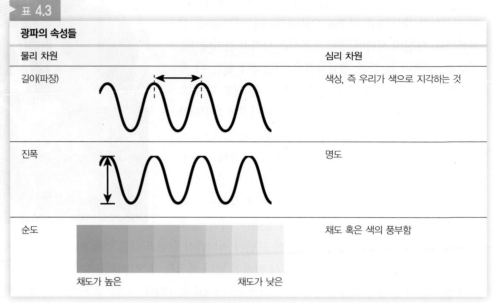

표 4.3

광파의 속성들	
물리 차원	심리 차원
길이(파장)	색상, 즉 우리가 색으로 지각하는 것
진폭	명도
순도	채도 혹은 색의 풍부함

채도가 높은　　　　　　　채도가 낮은

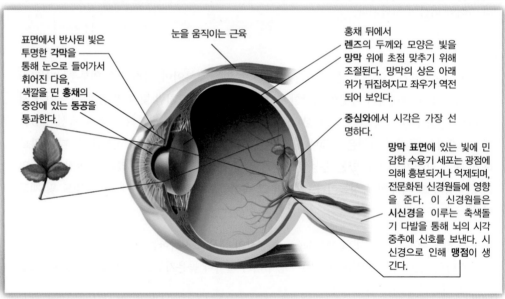

▶ 그림 4.3 **인간 눈의 해부 구조** 눈이라는 전문화된 기관은 빛을 탐지하기 위해 진화했다.

표면에서 반사된 빛은 투명한 **각막**을 통해 눈으로 들어가서 휘어진 다음, 색깔을 띤 **홍채**의 중앙에 있는 **동공**을 통과한다.

눈을 움직이는 근육

홍채 뒤에서 **렌즈**의 두께와 모양은 빛을 **망막** 위에 초점 맞추기 위해 조절된다. 망막의 상은 아래 위가 뒤집혀지고 좌우가 역전되어 보인다.

중심와에서 시각은 가장 선명하다.

망막 표면에 있는 빛에 민감한 수용기 세포는 광점에 의해 흥분되거나 억제되며, 전문화된 신경원들에 영향을 준다. 이 신경원들은 **시신경**을 이루는 축색돌기 다발을 통해 뇌의 시각 중추에 신호를 보낸다. 시신경으로 인해 **맹점**이 생긴다.

인간의 눈

눈은 빛을 탐지하기 위한 전문화된 기관으로 진화했다. 그림 4.3은 인간의 눈의 단면을 보여 준다. 눈에 도달하는 빛은 각막(cornea)이라 불리는, 맑고 부드러운 외부 조직을 먼저 통과하는데, 광파를 구부려서 동공을 통해 보낸다. 동공(pupil)은 눈에서 채색된 부위에 있는 구멍이다. 이 채색된 부위는 **홍채**(iris)라고 하는데, 동공의 크기에 따라서 눈에 들어가는 빛의 양을 조절하는 도넛 모양의 반투명 근육이다.

홍채 바로 뒤에, 눈 안에 있는 근육이 렌즈의 모양을 조절하여 다시 빛을 휘어서 빛이 **망막**(retina), 즉 안구 뒤에 받쳐져 있는 빛에 민감한 조직 위에 초점을 맞추도록 한다. 그 근육은 렌즈의 모양을 바꾸어 여러 거리에 있는 물체들에 초점을 맞추도록 하는데, 멀리 있는 물체에는 렌즈가 편평하게 하고 가까이 있는 물체에는 렌즈가 더 둥글게 한다. 이것이 소위 **조절**(accommodation), 즉 눈이 망막 위에 선명한 상을 유지하는 과정이다. 그림 4.4a는 조절이 어떻게 작동하는가를 보여 준다.

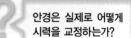

안경은 실제로 어떻게 시력을 교정하는가?

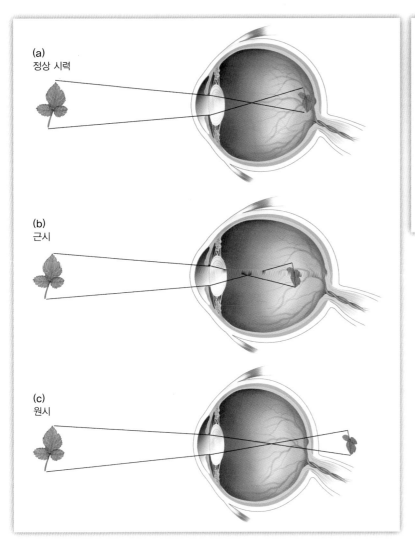

(a)
정상 시력

(b)
근시

(c)
원시

◀ 그림 4.4 **조절** 눈 안에서 렌즈는 모양을 바꾸어 가까이 혹은 멀리 있는 물체를 망막에 초점을 맞춘다. (a) 정상 시력을 가진 사람들은 가까이 있는 물체 및 멀리 있는 물체 모두에 대해, 눈의 뒤쪽에 있는 망막 위에 이미지를 초점 맞춘다. (b) 근시인 사람은 가까이 있는 것을 선명하게 보지만, 멀리 있는 물체는 흐려지는데 거기에서 오는 빛이 망막의 앞에서 초점이 맞추어지기 때문이다. 이를 근시라고 한다. (c) 원시인 사람에게는 문제가 그 반대이다. 멀리 있는 물체들은 선명하지만, 가까이 있는 것들은 흐린데 그 초점들이 망막의 표면 뒤에 떨어지기 때문이다. 이를 원시라고 한다.

당신의 안구가 조금 많이 길거나 조금 짧으면, 렌즈는 망막 위에 상을 제대로 맞추지 못한다. 안구가 너무 길면 이미지는 망막의 앞에 초점이 맞춰지는데, 이는 근시(myopia)를 낳으며 그림 4.4b에 제시되어 있다. 만일 안구가 너무 짧으면 이미지는 망막 뒤에 초점이 맞춰지는데, 그 결과 원시(hyperopia)가 생기며, 그림 4.4c에 제시되어 있다. 안경, 콘택트렌즈 및 외과수술은 이러한 상태를 교정할 수 있다. 예를 들면, 안경과 콘택트렌즈는 여분의 렌즈를 제공하여 빛이 더 적절하게 초점을 맞출 수 있도록 도와주며, 라식(LASIK)과 같은 수술법은 눈에 있는 기존 렌즈의 모양을 외과적으로 교정한다.

눈에서 뇌로

빛의 파장은 어떻게 의미 있는 이미지가 되는가? 망막은 몸 바깥에 있는 빛의 세계와 중추신경계 내부에 있는 시각의 세계 사이에 있는 인터페이스이다. 망막에 있는 두 가지의 광수용기 세포(photoreceptor cell)는 빛을 신경 흥분으로 바꾸는 빛에 예민한 색소를 가지고 있다. **추상체**(cone)는 색을 탐지하고, 정상적인 주간 조건에서 작동하며, 정밀한 세부에 초점을 맞출 수 있도록 한다. **간상체**(rod)는 낮은 빛 조건에서 야간시를 위해 작동한다(그림 4.5 참조).

간상체는 추상체보다 훨씬 더 민감한 광수용기인데, 이 민감성은 대가를 치르고 얻어지는 것이다. 모든 간상체는 같은 광색소를 가지고 있기 때문에, 그것들은 색에 관한 정보를 제공하지 못하며 단지 회색 명암만을 감지한다. 한밤중에 일어나 물 한 잔을 먹기 위해 주방을 찾아

추상체
색을 탐지하고, 정상적인 주간 조건에서 작동하며, 정밀한 세부에 초점을 맞추게 하는 광수용기

간상체
낮은 빛 조건에서 야간시를 위해 작동하는 광수용기

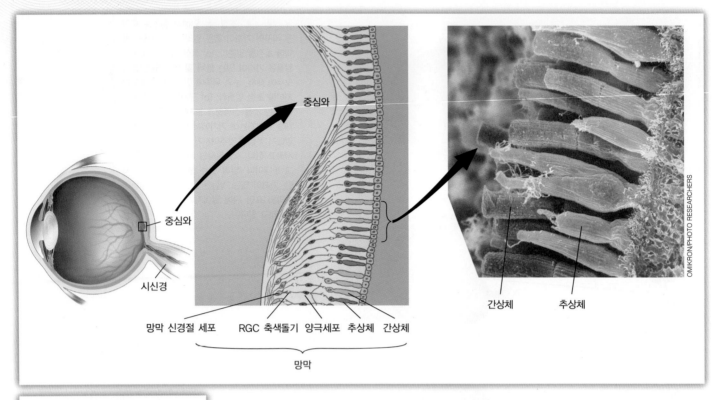

중심와

중심와

시신경

망막 신경절 세포   RGC 축색돌기   양극세포   추상체   간상체

망막

간상체   추상체

OMIKRON/PHOTO RESEARCHERS

▲ 그림 4.5 **망막의 확대도** 망막의 표면은 간상체와 추상체라는 광수용기 세포들, 그리고 투명한 신경원 층 아래에 있는 양극 및 망막 신경절 세포들로 구성되어 있는데, 차례대로 연결되어 있다. 망막 신경절 세포(RGC)의 축색돌기는 모든 다른 RGC 축색돌기와 만나서 시신경을 이룬다. 이 단면도에서 확대되어 보이는 것은 시각적 예민도가 가장 높은 영역인 중심와이다. 여기에서 색에 민감한 대부분의 추상체들이 집중되어 있어서, 색은 물론 정밀한 세부를 볼 수 있게 해 준다. 간상체는 낮은 조명 상태에서 지배적으로 활동하는 광수용기들인데 망막 위의 그 밖의 다른 모든 곳에 분포되어 있다.

MIKE SONNENBERG/ ISTOCKPHOTO

왼쪽에 있는 원색 이미지는 당신의 간상체와 추상체가 충분히 작동할 때 보는 것이다. 오른쪽의 흑백색 이미지는 간상체만이 작동 중일 때 보는 것이다.

갈 때 이 점을 생각해 보라. 창에 비친 달빛만 가지고 갈 길을 찾아가면서 당신은 방을 채색된 것으로 보는가 아니면 회색 명암들로 보는가? 간상체와 추상체는 또한 여러 점에서 다른데, 가장 두드러진 것은 그 수이다. 약 1억 2,000만 개의 간상체들이 각 눈의 망막에 대체로 고르게 분포되어 있는데, 망막의 중심인 **중심와**(fovea)만이 예외이다. 중심와는 시력이 가장 좋은 망막의 영역인데, 거기에는 간상체가 전혀 없다. 중심와에 간상체가 없다는 것

간상체와 추상체 간의 주요한 차이는 무엇인가?

은 조명이 낮은 조건에서 시력의 예민성을 떨어뜨리지만, 그 점은 극복될 수 있다. 예를 들면, 아마추어 천문가는 밤에 망원경으로 희미한 별을 볼 때 표적의 측면으로 약간 비껴 볼 줄을 아는데, 그러면 이미지가 간상체가 없는 중심와에 떨어지는 것이 아니라 아주 민감한 간상체가 많이 있는 망막의 다른 부분에 떨어질 것이기 때문이다.

간상체와 비교해서 각 망막은 단지 600만 개의 추상체를 가지고 있는데, 그림 4.5에서 보듯이 이들은 중심와에 밀집해 있으며 망막의 나머지에서는 훨씬 성기게 분포되어 있다. 중심와에 추상체가 고도로 집중된 것은 시력에 직접적으로 영향을 주며 왜 옆으로 비껴난, 즉 당신의 **주변시**(peripheral vision)에 있는 물체들이 그렇게 선명하지 않은지를 설명해 준다. 그처럼 주변부에 있는 물체들에서 반사되는 빛은 중심와에 떨어지기가 어렵고, 그 결과 이미지는 덜 선명하게 된다. 시각 시스템에서 정밀한 세부가 더 많이 부호화되고 표상될수록 지각된 이미지는 더 선명해진다. 이 과정은 600만 화소의 디지털 카메라 대 200만 화소 카메라로 찍은 사진의 질과 유사한 관계이다.

망막은 세포들로 인해 두껍다. 그림 4.5에서 보이듯이, 광수용기 세포(간상체와 추상체)는 가장 안쪽의 층을 이룬다. 그것들은 투명한 신경원의 층, 즉 양극세포와 망막 신경절세포 아래에 있다. **양극세포**(bipolar cell)는 간상체와 추상체로부

왼쪽의 이미지는 오른쪽 이미지보다 더 높은 해상도로 찍은 것이다. 질적 차이는 망막에서 중심와에 빛이 떨어지는 것 대 주변부에 빛이 떨어지는 것과 유사하다.

터 신경 신호를 모아서 그것들을 망막의 가장 바깥 층으로 전달하는데, 여기에서는 **망막 신경절 세포**(retinal ganglion cell, RGC)라고 하는 신경원들이 그 신호들을 조직한 다음 뇌로 보낸다.

각 눈별로 약 150만 개의 묶음으로 된 RGC 축색돌기들은 **시신경**(optic nerve)을 이루는데, 이것들은 망막에 있는 작은 구멍을 통해 눈을 빠져나간다. 이 구멍은 간상체도 추상체도 포함하지 않으며 따라서 빛을 감지할 수 있는 기제가 없기 때문에, 망막에 있는 이 구멍은 **맹점**(blind spot), 즉 망막에 아무 감각도 낳지 않는 시야의 한 장소를 낳는다. 당신의 눈 각각에서 맹점을 찾고 싶다면 그림 4.6에 있는 시범을 해 보라.

중심와
시력이 가장 좋은 망막의 영역인데, 거기에는 간상체가 전혀 없다.

맹점
망막에서 아무 감각도 낳지 않는 시야에서의 위치

색채 지각

아이작 뉴턴 경은 1670년경에 색은 빛 '안에' 있는 무엇이 아님을 지적했다. 사실 색은 우리가 가시광신의 스펙트럼으로부터 파장을 지각한 것에 불과하다(그림 4.2 참조). 우리는 가장 짧은 가시 파장을 진한 보라로 지각한다. 파장이 증가하면서 지각된 색은 점차적으로 그리고 연속적으로 변하여 파랑으로, 그다음 초록, 노랑, 주황, 그리고 가장 긴 가시 파장인 빨강이 된다. 색상 및 이와 관련된 파장들의 무지개는 **가시 스펙트럼**(visible spectrum)이라 하는데, 그림 4.7에 예시되어 있다.

모든 간상체가 낮은 조명의 시각에 이상적이지만 색을 잘 구별하지는 못한다는 것을 기억할 것이다. 이와 달리, 추상체는 세 유형이 있으며, 각 유형은 빨강(장파장), 초록(중파장), 그리고 파랑(단파장) 빛에 특히 예민하다. 빨강, 초록 및 파랑은 일차 색이며, 색 지각은 빛의 세 일차색에 상응하는 빛의 파장에 대해 반응하는, 망막의 세 기본 요소의 서로 다른 조합에서 비롯된다. 예를 들어, 조명 디자이너는 빛의 일차색들을 함께 섞어서, 예컨대 빨강과 초록 광점들을 표면에 비추어 그림 4.8에 보는 것과 같이 노랑 빛을 만들어 낸다. 그림의 가운데에서, 즉 빨강,

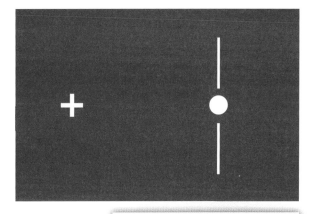

▲ 그림 4.6 **맹점 시범** 당신의 맹점을 찾으려면 왼쪽 눈을 감고 오른쪽 눈으로 십자가를 응시하라. 책을 당신 눈으로부터 15~30센티미터 떨어져 잡고 그것을 당신에게로 가까이 혹은 멀리 천천히 움직여서 점이 사라지게 하라. 이 점이 당신의 맹점에 놓이면 보이지 않게 된다. 이 지점에서 수직선들은 하나의 연속선으로 보이게 될 것인데, 시각 시스템이 사라진 점이 차지한 영역을 채우기 때문이다. 당신의 왼쪽 눈의 맹점을 검사하려면, 책을 위아래로 뒤집은 다음 오른쪽 눈을 감고 위 과정을 되풀이하라.

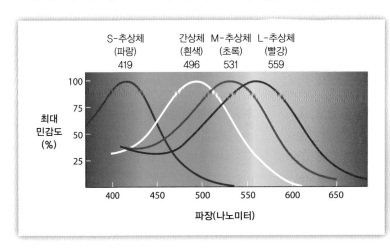

◀ 그림 4.7 **색을 보기** 우리가 색 스펙트럼을 지각하는 것은 물체들이 선택적으로 어떤 파장의 빛을 흡수하고 다른 것들을 반사하기 때문이다. 색 지각은 세 가지 종류의 추상체들의 활동의 합산에 대응한다. 각 눈은 가시 스펙트럼에서 좁은 영역의 파장, 즉 단파장(푸른 빛), 중파장(초록 빛), 또는 장파장(붉은 빛)에 가장 민감하다. 간상체는, 백색 곡선으로 표시되어 있는데, 가시광선의 중 파장들에 가장 민감하지만, 색 지각에 기여하지는 않는다.

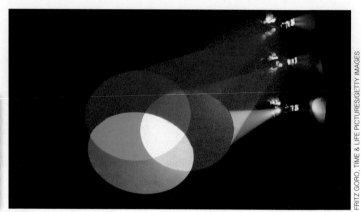

▶ 그림 4.8 **색혼합** 인간이 지각할 수 있는 수백만 가지의 색조들은 빛의 파장의 산물일 뿐만 아니라 또한 자극이 흡수하거나 반사하는 파장들의 혼합물의 산물이다. 유색 광점들은 표면이 특정한 파장의 빛을 반사하도록 함으로써 작동하는데, 이 파장이 추상체에 있는 빨강, 파랑, 또는 초록 광색소를 자극한다. 모든 가시 파장들이 있을 때, 우리는 흰색을 본다.

(모든 남성의 약 5%를 포함해서) 많은 사람들은 '빨강' 혹은 '초록' 광수용기가 빛을 적절하게 변환하지 못하는 상태를 물려받는다. 그런 사람은 보통 사람에게 빨강 혹은 초록으로 보이는 색상을 구별하는 데 어려움이 있다. 불행히도 미국에서 교통 신호등은 빨강과 초록 불빛을 써서 교차로에서 차가 멈춰야 할지 통과해야 할지를 나타낸다. 왜 적록 색맹을 가진 운전자들은 교차로에 접근할 때마다 자동차 사고의 위험을 무릅쓰는 것은 아닌가?

초록 및 파랑이 겹치는 곳에서 표면이 하얗게 보인다는 것을 주목하라. 이것은 하얀 표면은 실제로는 빛의 모든 가시 파장을 반사하고 있다는 것을 보여 준다.

망막에 있는 세 가지의 추상체들이 (파랑, 초록, 및 빨강 빛에 상응하는) 서로 다른 파장에 우선적으로 반응한다는 사실은 세 유형의 추상체들에 걸친 반응 패턴이 각 색에 대한 고유한 부호를 제공한다는 것을 가리킨다. 사실 연구자들은 세 가지의 추상체의 상대적 발화 비율로부터 역산하여 눈에 들어오는 빛의 파장을 '읽어 낼' 수 있다(Gegenfurtner & Kiper, 2003). 추상체들 중 하나가 부족한—그리고 매우 희귀한 경우지만, 둘이나 셋 모두가 부족한—유전적 장애는 색 결함(color deficiency)을 일으킨다. 이런 특성은 성별과도 관련되는데 여성보다 남성에게 더 자주 발생한다.

색 결함은 종종 색맹(color blindness)으로 언급된다. 그러나 사실상 단지 한 종류의 추상체가 부족한 사람은 그럼에도 여러 색들을 구별할 수 있는데, 세 종류의 추상체를 모두 구비하고 있는 사람만큼 많은 색을 보지는 못한다. 감각 순응 개념을 활용하면 일종의 일시적 색 결함을 만들어낼 수 있다. 신체의 다른 부분과 마찬가지로, 추상체도 역시 가끔씩 휴식이 필요하다. 한 색을 너무 오랫동안 쳐다보는 것은 그 색에 반응하는 추상체를 피로하게 해서, 색 잔상(color afterimage)이라고 하는 일종의 감각 순응을 낳는다. 이 효과를 직접 시범하고 싶으면, 그림 4.9에 대해 다음 지시를 따라서 해 보라.

- 두 가지의 색 조각 사이에 있는 작은 십자가를 약 1분 동안 쳐다보라. 눈을 가능한 한 움직이지 않도록 하라.
- 1분 후, 아래쪽의 십자가를 보라. 1분이나 그 이상 지속되는 생생한 색 잔상 효과를 볼 것이다. 잔상에서 색에 특별한 주의를 기울여라.

빨간색 조각이 초록색 잔상을 낳고, 초록색 조각이 빨간색 잔상을 낳는다는 것에 놀랐는가? 이 결과는 색 지각에 대해 중요한 점을 보여 준다. 이 설명은 색 대립 시스템(color-opponent system)에 기인하는데, 즉 시각 신경원들의 쌍은 대립적으로 작용한다는 것이다. 빨강에 예민한 세포는 초록에 예민한 것에 대립하고(그림 4.9에서처럼), 파랑에 예민한 세포는 노랑에 예민한 것에 대립한다(Hurvich & Jameson, 1957). 색 대립 시스템은 색 잔

당신 눈의 추상체가 피로해지면 어떤 일이 일어나는가?

▲ 그림 4.9 **색 잔상 시범** 본문에 나와 있는 지시를 따르라. 그러면 감각 순응이 그 나머지 일을 할 것이다. 잔상이 약해질 때, 당신은 본문으로 되돌아가라.

상 효과를 설명해 준다. 어떤 색, 예컨대 초록을 볼 때, 초록에 가장 강하게 반응하는 추상체는 시간에 걸쳐서 피로하게 된다. 이제 모든 색들을 똑같이 반사하는, 희거나 회색 조각을 쳐다볼 때 초록에 예민한 추상체는 여전히 생생하고 강하게 흥분하는 빨강에 예민한 추상체와 비교해서 약하게만 반응한다. 그 결과는? 당신은 그 조각을 붉은 색조로 지각한다.

색 대립 시스템
대립적으로 작용하는 시각 신경원들의 쌍

V1 영역
일차 시각 피질을 포함하는 시엽의 한 부분

시각적 뇌

망막에 의해 부호화된 정보를 포함하는 활동 전위들의 흐름(신경 흥분)은 시신경을 따라 뇌로 여행한다. 각 눈에서 출발하는 시신경에서 축색돌기들의 절반은 오른쪽 시야에 있는 정보를 부호화하는 망막 신경절세포(RGC)들로부터 오며, 다른 절반은 왼쪽 시야에 있는 정보를 부호화한다. 이 두 신경 다발은 각각 뇌의 왼쪽 및 오른쪽 반구에 연결된다(그림 4.10 참조). 시신경은 각 눈에서부터 시상에 있는 외측 슬상핵(lateral geniculate nucleus, LGN)으로 간다. 3장에서 보았듯이, 시상은 냄새를 제외한 모든 감각들로부터 입력을 받는다. 거기에서 시각 신호는 뇌의 뒤쪽으로 여행하는데, **V1 영역**(area V1), 즉 일차 시각 피질을 포함하는 시엽의 한 부위로 간다. 여기에서 정보는 시각적 장면의 표상에 체계적으로 대응된다.

> ? 오른쪽 눈과 왼쪽 눈, 그리고 오른쪽 시야와 왼쪽 시야의 관계는 무엇인가?

모양 지각의 신경 시스템

시각의 가장 중요한 기능 중 하나는 물체의 모양을 지각하는 것이다. 우리가 개개의 모양들을 서로 구별할 수 없다면 우리의 일상적 생활은 난장판이 될 것이다. 따뜻한 도넛과 번들거리는 설탕 발림, 그리고 곧은 셀러리 줄기를 제대로 구별할 수 없는 경우를 상상해 보면, 그 뜻을 알

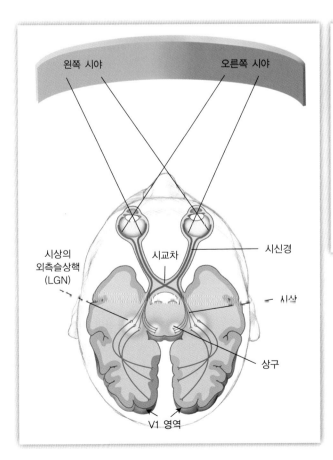

◀ 그림 4.10 눈에서 뇌로 가는 시각 경로 오른쪽 시야에 있는 물체들은 각 망막의 왼쪽 절반을 자극하며, 왼쪽 시야에 있는 물체들은 각 망막의 오른쪽 절반을 자극한다. 각 눈을 빠져나가는 시신경들은 망막에서 나오는 망막신경절 세포의 축색돌기들에 의해 형성된다. 그것들은 시교차에서 뇌로 들어가기 직전에, 각 눈에서 나오는 시신경들의 절반 가량은 교차한다. 각 시신경의 왼쪽 절반(오른쪽 시야를 표상)은 시상을 경유해서 뇌의 좌반구를 통과해 가고, 오른쪽 절반(왼쪽 시야를 표상)들은 우반구를 관통하여 이 경로를 따라간다. 그래서 오른쪽 시야들에서 오는 정부는 좌반구에서 끝나고, 왼쪽 시야에서 오는 정보는 우반구에서 끝난다.

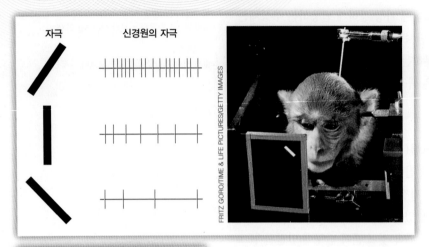

자극　　　　신경원의 자극

FRITZ GORO/TIME & LIFE PICTURES/GETTY IMAGES

▲ 그림 4.11 **단일 신경원 특징 탐지기** V1 영역에는 특정한 방향의 모서리들에 반응하는 신경원들이 있다. 여기에서 원숭이가 여러 방향의 막대를 볼 때(오른쪽) 단일 신경원의 반응들이 기록된다(왼쪽). 이 신경원은 막대가 45도로 오른쪽을 가리킬 때 계속 발화하며, 막대가 수직일 때에는 덜 자주 발화하며, 막대가 45도로 왼쪽을 가리킬 때에는 전혀 발화하지 않는다.

것이다. 만일 모양들을 구별할 수 없다면 아침 식사는 악몽 같은 경험이 될 것이다. 모양 지각은 물체 모서리의 위치와 방향에 달려 있다. 그럴진대 V1 영역이 모서리 방향을 부호화하는 데에 전문화되어 있다는 것은 놀라운 일이 아니다. 3장에서 또한 읽었듯이, 시각 피질의 신경원들은 공간에 있는 특정 방향의 막대 및 모서리에 선택적으로 반응한다(Hubel & Weisel, 1962, 1998). 사실 V1 영역은 수많은 신경원 집단을 가지고 있어서 각각은 시야의 각 지점에서 방향을 가진 모서리에 반응하도록 '조율되어'있다. 이것이 의미하는 바는 수직 방향의 물체가 지각될 때 어떤 신경원이 발화하고, 수평 방향의 물체가 지각될 때 다른 신경원이 발화하고, 45도의 대각선 방향의 물체가 지각될 때 또 다른 신경원이 발화하는 식이라는 것이다(그림 4.11 참조). 이런 특징 탐지기들 모두가 협력한 반응의 결과가 숙련된 시각 시스템에 기여하여, 도넛이 어디에서 끝나고 셀러리가 어디에서 시작되는지를 탐지할 수 있게 한다.

무엇, 어디, 그리고 어떻게 경로

두 가지의 기능적으로 구별되는 경로, 즉 **시각 흐름**(visual stream)이 시각 피질에서 뇌의 다른 부위에 있는 시각 영역으로 투사된다(그림 4.12 참조).

- 복측('아래') 흐름은 시엽을 가로질러 측두엽의 아래쪽으로 이동하는데, 여기에는 물체의 모양과 정체, 다른 말로 하면 그것이 무엇인지를 표상하는 뇌의 영역이 포함된다. 이것은 본질적으로 '무엇' 경로(what pathway)이다(Kravtiz et al., 2013; Ungerleider & Mishkin, 1982).

복측 및 배측 흐름의 주요한 일은 무엇인가?

- 배측('위') 흐름은 시엽에서 위로 가서 (측두엽의 중간 및 상부 수준의 일부를 포함하는) 두정엽으로 이동하는데, 물체의 위치와 운동을, 다른 말로 하면 그것이 어디에 있는지를 식별하는 뇌 영역에 연결된다(Kravtiz et al., 2011). 배측 흐름은 우리로 하여금 공간적 관계를 지각할 수 있게 하므로 연구자들은 처음에 그것을 '어디' 경로(where pathway)라고 이름 붙였다(Ungerleider & Mishkin, 1982). 나중에 신경과학자들은, 배측 흐름이 조준하고 손을 뻗고, 또는 눈으로 추적하는 것과 같이 움직임을 유도하는 데에 결정적이기 때문에 '어디' 경로는 '어떻게' 경로(how pathway)라고 부르는 것이 더 적절하다고 주장했다(Milner & Goodale, 1995).

▶ 그림 4.12 **시각 흐름** 상호연결된 하나의 시각 시스템이 한 경로를 이루는데, 시엽의 시각 영역에서부터 하측두엽으로 나아간다. 이 복측 경로는 우리로 하여금 우리가 보는 것을 식별할 수 있게 한다. 다른 상호연결된 경로는 시엽에서 측두엽의 상부 영역들을 통과해서 두정엽으로 간다. 이 배측 경로는 우리로 하여금 물체의 위치를 찾고, 그 움직임을 추적하고, 그것들과의 관계에서 (우리가) 움직일 수 있게 해 준다.

두 가지의 경로가 있다는 것을 어떻게 아는가? 가장 극적인 증거는 영역들 각각에서 발생한 뇌 손상의 결과로 생기는 손상을 연구해서 나온다.

예를 들어 D.F.라고 알려진 여성은 복측 흐름의 한 영역인 외측 시각 피질의 상당 영역에서 영구적인 손상을 입었다

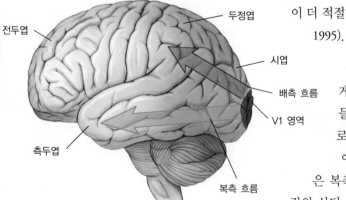

전두엽 / 두정엽 / 시엽 / 배측 흐름 / V1 영역 / 측두엽 / 복측 흐름

(Goodale et al., 1991). 시력을 써서 물체를 재인하는 그녀의 능력은 크게 손상되었는데, 촉각을 통해 물체를 재인하는 능력은 정상이었다. 이것이 의미하는 바는 물체에 대한 그녀의 기억이 아니라, 물체에 대한 그녀의 시각 표상이 손상되었다는 것이다. D.F.의 뇌 손상은 시력으로 물체를 재인할 수 없음을 뜻하는 **시각형태 실인증**(visual form agnosia)이라고 하는 범주에 속한다(Goodale & Milner, 1992, 2004). 이상하게도 D.F.는 물체를 시각적으로 재인할 수 없었지만, 시각을 통해 자신의 행동을 정확하게 안내할 수 있었는데, 그 시범이 그림 4.13에 나와 있다. D.F.가 fMRI 스캔을 받았을 때, 연구자들은 안내된 움직임을 하는 동안 배측 흐름 내에 있는 영역들이 정상적으로 활성화함을 발견하였다(James et al., 2003).

시각형태 실인증
시각으로 물체를 재인하지 못하는 상태

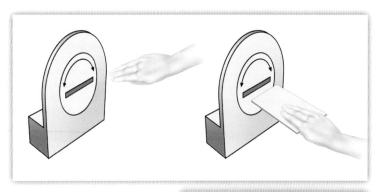

▲ 그림 4.13 **시각 형태 실인증의 검사** (왼쪽) 연구자들이 환자 D.F.에게 검사 기구에 있는 홈의 각도에 그녀의 손의 방향을 맞추라고 요구했을 때, 그녀는 그렇게 할 수 없었다. (오른쪽) 그러나 카드를 여러 각도의 홈에 넣도록 요구했을 때, D.F.는 그 과제를 사실상 완벽하게 수행했다.

반대로, 배측 흐름의 한 부분인, 두정엽에서 뇌 손상을 입은 다른 환자들은 시각을 사용하여 뻗는 동작이나 붙잡는 동작을 안내하는 데에 어려움을 겪었다(Perenin & Vighetto, 1988). 그러나 이들의 복측 흐름은 온전한데, 이는 그들이 물체의 정체를 재인할 수 있음을 뜻한다.

이런 두 가지 유형의 손상으로부터 복측 및 배측 시각 흐름은 기능적으로 구별되며, 다른 부분을 놔둔 채로 한 부분에 손상을 입히는 것이 가능하다고 결론을 내릴 수 있다. 게다가 그 두 흐름은 '무엇'과 '어디'를 통합하기 위해 시각 지각 과정에서 함께 작업하는 것이 틀림없으며, 연구자들은 그것들이 어떻게 상호작용하는지를 조사하기 시작하고 있다. 하나의 흥미로운 가능성이 최근의 fMRI 연구에서 제안되었는데, 배측 흐름 안의 어떤 영역들이 물체의 정체에 대한 속성들에 예민하고, 예를 들어 같은 물체라 하더라도 크기가 다르거나 다른 시점에서 보이는 선 그림들에 대해 다르게 반응한다는 것이다(Konen & Kastner, 2008; Sakuraba et al., 2012). 이것이 배측 및 복측 흐름이 정보를 교환하고 '무엇'과 '어디'를 통합하도록 해 주는 것일 것이다(Farivar, 2009; Konen & Kastner, 2008).

요약

▶ 빛은 눈에 있는 여러 층을 통과하여 망막에 도달한다. 망막에 있는 두 종류의 광수용기 세포들이 빛을 신경 흥분으로 변화시킨다. 추상체는 정상적인 주간 조건에서 작동하는데 색을 감지하며, 간상체는 야간 시각(night vision)의 경우처럼 낮은 빛 조건에서 작동한다. 신경 흥분들은 시신경을 따라 뇌로 보내진다.

▶ 망막은 여러 층을 가지고 있으며, 가장 바깥 층은 망막 신경절세포(RGC)로 구성되는데, 이것은 신호를 모아서 뇌로 보낸다. RGC의 다발이 시신경이다.

▶ 망막에 부딪히는 빛은 세 가지 추상체 각각에 특정한 패턴이 반응을 일으키는데, 이것은 색 지각에 결정적으로 중요하다. 그 추상체들은 (푸르스름한) 단파장 빛, (초록 기운의) 중파장 빛, 그리고 (붉그스름한) 장파장 빛을 감지한다. 세 종류의 추상체들에 걸쳐서 보이는 전반적인 반응 패턴은 각 색에 대한 독특한 부호를 낳는다.

▶ 망막에 의해 부호화된 정보는 시 신경을 따라 뇌로 간다. 즉, 먼저 시상의 외측슬상핵으로, 다음으로 시엽에 있는 일차 시각 피질, 즉 V1 영역으로 연결된다.

▶ 기능적으로 구별되는 두 가지의 경로가 시엽에서 뇌의 다른 부위에 있는 시각 영역으로 나아간다. 복측 흐름은 측두엽의 아래쪽으로 이어지며, 여기에 물체의 모양과 정체를 나타내는 뇌 영역들이 포함된다. 배측 흐름은 시엽에서 두정엽으로 가는데, 물체의 위치와 운동을 식별하는 뇌 영역들로 연결된다.

우리는 특징들을 통합된 물체로 제대로 결합한다. 그래서 예컨대 젊은 남자는 빨간 셔츠를 입고 있고 젊은 여자는 노란 셔츠를 입고 있다고 본다.

시각 2 : 지각하는 것을 재인하기

시각 시스템으로의 여행은 그것이 꽤 놀라운 업적을 어떻게 달성하는지를 이미 보여 주었다. 그러나 이 시스템은 우리가 시각 세상과 효과적으로 상호작용할 수 있도록 하기 위해서는 훨씬 더 많은 것을 해야 한다. 이제 이 시스템이 개별적인 시각 특징들을 전체 대상으로 어떻게 함께 결합하여, 우리로 하여금 그 대상들이 무엇인지를 알아보게 하고, 물체들을 시각 장면으로 조직하고, 그런 장면들에서 운동과 변화를 탐지하게 하는지를 살펴보자. 이 과정에서 우리는 시각 오류 및 착시들의 연구가 이런 과정들이 작동하는 방식에 대해 핵심적 통찰을 제공한다는 것을 보게 될 것이다.

주의 : 개별 특징들을 하나의 전체로 결합하는 '풀'

시각 시스템의 여러 부위에서 전문화된 특징 탐지기들이 가시적인 대상의 여러 특징들, 즉 방향, 색, 크기, 모양 등의 각각을 분석한다. 그러나 이런 여러 특징들이 어떻게 결합하여 단일한, 통일된 대상을 이루는 것일까? 무엇이 우리로 하여금 사진 속의 젊은 남자가 붉은 셔츠를 입고 있고 젊은 여자는 노란 셔츠를 입고 있다는 것을 그렇게 쉽고 정확하게 지각할 수 있게 하는가? 왜 우리는 이리저리 떠다니는 빨강과 노랑 조각들, 혹은 노란 셔츠를 입고 있는 젊은 남자와 빨간 셔츠를 입고 있는 젊은 여자와 같이 부정확한 결합조차 보지 않는가? 이 질문들은 연구자들이 지각에서 **결합 문제**(binding problem)라고 부르는 것인데, 이것은 어떻게 특징들이 함께 연결되어 우리의 시각 세계에서 이리저리 떠다니거나 잘못 결합된 특징들 대신에 단일한 대상을 보게 되는가의 문제이다(Treisman, 1998, 2006).

착각적 접합 : 지각적 착오

일상생활에서, 우리는 단일한 대상이 되도록 특징들을 결합하는 것이 자동적이며 노력이 들지 않으므로 결합이 도대체 문제가 된다는 것을 인정하는 것이 어려울 정도이다. 그러나 연구자들은 그 과정이 어떻게 작동하는지에 관한 중요한 단서들을 드러내는, 결합의 오류를 발견했다. 그러한 오류 중 하나는 **착각적 접합**(illusory conjunction)이라고 알려졌는데, 이것은 여러 대상들의 특징들이 잘못 결합되는 지각적 착오를 가리킨다. 착각적 접합에 관한 선구적인 연구에서, 앤 트리즈먼과 힐러리 슈미트(Anne Treisman & Hilary Schmidt, 1982)는 검정 숫자들이 유채색 문자들의 측면에서 둘러싸고 있는 시각적 자극판을 실험참가자들에게 매우 짧은 순간 보여 준 다음, 그들에게 검정 숫자들을 먼저 보고하고, 유채색 문자들

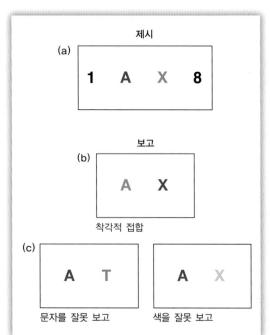

▲ 그림 4.14 **착각적 접합** 착각 접합은 색깔과 모양과 같은 특징들이 잘못 결합될 때 일어난다. 예를 들어 빨간 A와 파란 X를 제시 받을 때, 그들은 가끔 파란 A와 빨간 X를 보았다고 보고한다. 다른 종류의 오류, 예컨대 잘못 보고된 문자(예 : T가 전혀 제시되지 않았는데, T를 보고하는 것) 혹은 잘못 보고된 색깔(초록이 전혀 없었는데 초록을 보고하는 것)은 드물게 일어났는데, 이는 착각적 접합이 추측의 결과가 아니라는 것을 시사한다(Robertson, 2003에 기초함).

착각적 접합의 연구는 특징 결합에서 주의의 역할을 이해하는 데에 어떻게 도움을 주는가?

을 그다음에 보고하라고 지시했다. 참가자들은 자주 착각적 접합을 보고했는데, 이를테면 빨강 A와 파랑 X 대신에 파랑 A와 빨강 X를 봤다고 주장했다(그림 4.14a와 b 참조). 이런 착각적 접합들은 단지 추측의 결과는 아니었다. 착각적 접합은 자극판에 제시되지 않은 문자 혹은 색깔을 보고하는, 다른 종류의 오류들보다 더 자주 발생했다(그림 4.14c 참조). 착각적 접합은 실험 참가자들에게 실제처럼 보이는데, 그들은 자신들이 정확하게 지각한 실제의 유채색 문자를 본 것처럼 착각적 접합을 봤다고 마찬가지로 확신하였다.

왜 착각적 접합이 일어나는가? 앤 트리즈먼과 동료들은 **특징통합 이론**(feature integration theory)을 제안했는데(Treisman, 1998, 2006; Treisman & Gelade, 1980; Treisman & Schmidt, 1982), 이것은 문자들의 색, 모양, 크기, 위치와 같이 한 자극을 구성하는 개별 특징들을 탐지하는 데

에는 초점 주의(focused attention)가 요구되지 않으나, 그런 개별 특징들을 함께 결합하는 데에는 초점 주의가 요구된다는 주장이다. 이런 관점에서 보면, 주의는 특징들을 함께 결합하는 데에 필요한 '풀'을 제공하며, 함께 달라붙어야 할 특징들에 참가자들이 충분한 주의를 주기가 어려울 때 착각적 접합이 발생한다. 예를 들어, 방금 살펴봤던 실험들에서, 참가자들은 유채색 문자들의 측면에 있는 숫자들을 처리하도록 요구받았기 때문에 문자들에 대한 주의를 줄이게 되었고 그래서 착각적 접합이 일어날 수 있었다. 실험 조건들이 바뀌어서 참가자들이 유채색 문자들에 충분한 주의를 줄 수 있을 때, 즉 그들이 그 특징들을 바르게 함께 결합할 수 있을 때, 착각적 접합은 사라진다(Treisman, 1998; Treisman & Schmidt, 1982).

두정엽의 역할

결합 과정은 복측 시각 흐름, 즉 '무엇 경로' 안에 있는 구조들에 의해 처리되는 특징 정보를 이용한다(Seymour et al., 2010, 그림 4.12 참고). 그러나 결합은 특정한 공간적 위치에 나타나는 특징들을 함께 연결 짓는 일을 필요로 하므로, 또한 배측 흐름, 즉 '어디 경로'에 있는 두정엽에도 결정적으로 의존한다(Robertson, 1999). 예를 들어, 트리즈먼과 다른 연구자들은 R.M.이라는 환자를 연구했는데, 이 사람은 왼쪽 및 오른쪽 두정엽을 파괴한 뇌졸중으로 고통받고 있었다. 그의 시각 기능의 여러 측면들은 손상이 없었음에도 불구하고, 그는 공간적으로 구별되는 물체들에 주의하는 데에 심각한 문제를 겪었다. 그림 4.14와 같은 자극물들을 제시 받았을 때, R.M.은 비정상적으로 많은 착각적 접합들을 지각했는데, 자극판을 살펴보는 데에 10초나 되는 오랜 시간을 주었을 때에도 그랬다(Friedman-Hill, Robertson, & Treisman, 1995; Robertson, 2003). 비슷한 뇌 손상을 가진 사람들을 대상으로 한 더 최근의 연구들은 두정엽의 상부 및 후 부위의 손상이 비슷한 문제를 일으키는 경향이 있다는 것을 시사한다(Braet & Humphreys, 2009; McCrea, Buxbaum, & Coslett, 2006). 건강한 사람들이 접합 특징들을 탐색할 때(Corbetta et al., 1995; Donner et al., 2002)와 마찬가지로, 두정엽 손상 환자들이 수행할 수 없었던 종류의 시각 특징 결합하기를 수행할 때(Shafritz, Gore, & Marois, 2002) 이들 동일한 두정 영역들이 활성화되었다.

시각에 의한 물체 재인

옆의 시범에 있는 문자들을 잠깐 보자. 그것들은 매우 서로 다르게 생겼지만, 모두가 문자 G의 예들이라는 것을 대체로 힘들지 않게 알아차릴 수 있다. 이제 당신의 가장 친한 친구의 얼굴을 사용하여 같은 종류의 시범을 한다고 생각해 보자. 당신의 친구는 긴 머리를 가지고 있을지도 모르는데, 어느 날 그녀는 머리를 매우 짧게 자르기로 결심을 한다. 어느날 당신의 친구가 아주 새로운 머리 모양을 했거나 안경을 썼다고 가정해 보자. 당신의 친구는 이제 놀라우 리만치 다르게 보이지만, 당신은 여전히 그 사람을 쉽게 알아볼 수 있다. 여러 가지로 다른 G의 경우처럼 당신은 어떻게든 그 얼굴에 기저하는 특징들을 뽑아내어 당신의 친구를 정확하게 식별할 수 있을 것이다.

　이런 사고 연습은 사소해 보일지 모르나, 지각적 업적으로 보면 결코 사소하지 않다. 만일 지각되고 있는 물체에서 사소한 변동이 일어날 때마다 시각 시스템이 다소간 곤경에 빠지게 된다면, 그 비효율성은 매우 압도적인 것이 될 것이다. 어떤 G가 실제로 G라는 것을 아는 과정에서 매우 힘들어 해야 한다는 것은 말할 나위도 없이, 우리 친구가 이런저런 모임에서 만났던 바로 그 사람이라고 지각하기 위해서 우리는 정보를 힘들여 처리해야 한다. 하지만 일반적으로, 물체 재인은 우리가 앞에서 논의했던 특징 탐지기의 작동에 주로 기초해서 매우 부드럽게

결합 문제
특징들이 어떻게 서로 결합되어 우리가 시각적 세상에서 마구 떠다니는 혹은 잘못 결합된 특징들 대신에 통합된 물체를 보는지의 문제

착각적 접합
여러 물체들에서 나온 특징들이 틀리게 결합될 때의 지각적 착오

특징통합 이론
초점 주의는 한 자극물을 구성하는 개별 특징들을 탐지하는 데에는 필요하지 않지만 그 개별 특징들을 함께 결합하는 데에는 필요하다는 생각

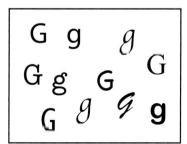

잠깐 살펴보면 이 문자들 전부가 G라는 것을 알아차릴 것이지만, 그것들의 다양한 크기, 모양, 모서리, 및 방향들로 인해 이 재인 과제는 어려워야 한다. 물체 재인 과정과 관련해서 우리가 이 과제를 손쉽게 수행할 수 있도록 하는 것은 무엇인가?

지각 항상성
감각 신호의 여러 측면들이 바뀔지라도, 지각은 일정하게 유지된다는 원리

전개된다.

특징 탐지기는 어떻게 시각 시스템을 도와서 당신의 눈에 부딪히는 빛의 공간배열로부터 당신 친구의 얼굴과 같이 정확한 물체 지각에 이를 수 있는가? 어떤 연구자들은 단원적 견해(modular view)를 옹호한다. 즉 전문화된 뇌 영역 즉 단원(modules)이 얼굴이나 집 혹은 신체 부위까지도 탐지하고 표상한다. fMRI를 이용해서 건강한 젊은 성인들의 시각 처리를 조사해 보았을 때, 측두엽의 한 하위 영역이 어떤 다른 범주의 사물들보다 얼굴에만 가장 강하게 반응하며, 반면에 인접 영역은 빌딩과 풍경에 가장 강하게 반응하는 것을 연구자들은 발견하였다 (Kanwisher, McDermott, & Chun, 1997). 이런 관점은 우리가 시각 지각을 도와주는 특징 탐지기를 가지고 있을 뿐만 아니라, '얼굴 탐지기', '빌딩 탐지기' 및 특정 유형의 물체 지각에 전문화된 다른 유형의 신경원을 가지고 있음을 시사한다(Downing et al., 2006; Kanwisher & Yovel, 2006). 다른 연구자들은 물체 범주들에 대한 더 분산적인 표상(distributed representation)을 옹호한다. 이런 견해로 보면, 얼굴을 포함하여 시야에 들어온 어떤 물체를 식별하게 하는 것은 여러 뇌 영역들에 걸쳐서 벌어지는 활동 패턴이다(Haxby et al., 2001). 이런 견해들 각각이 다른 것보다 더 잘 설명해 주는 어떤 자료들이 있기 때문에, 연구자들은 끊임없이 각 이론의 상대적인 장점들을 계속 논의하고 있다.

이런 주제에 대한 다른 조망은 어디에서 발작이 발생하는지를 정확하게 측정하려고 고안된 실험들에 의해 제공되었다. 이 실험들은 인간 뇌의 단일 신경원들이 물체와 얼굴에 어떻게 반응하는지에 관한 통찰을 준다(Suthana & Fried, 2012). 예를 들어, 퀴로가 등(Quiroga et al., 2005)의 연구에서 간질을 겪는 사람의 측두엽에 전극들이 설치되었다. 그다음 참가자들에게 얼굴과 사물들의 사진을 보여 주는 동안 연구자는 그들의 신경 반응들을 기록하였다. 연구자들이 발견한 것은 측두엽의 신경원들이 여러 각도에서 본 특정한 사물들 및 여러 가지 옷차림과 표정으로 여러 각도에서 찍은 사람들에 반응한다는 것이었다. 어떤 경우에 신경원들은 같은 물체들을 가리키는 단어들에도 반응한다. 예를 들면, 시드니의 오페라 하우스의 사진에 반응했던 신경원은 시드니 오페라라는 단어가 제시되었을 때는 반응했으나 에펠탑이란 단어가 제시되었을 때에는 반응하지 않았다.

함께 생각해 보면, 이 실험들은 **지각 항상성**(perceptual constancy), 즉 감각 신호의 여러 측면들이 바뀔지라도 지각은 일정하게 유지된다는 원리를 보여 준다. 이 장의 초반에서 다룬 차이역에 관한 논의를 다시 생각해 보라. 우리 지각 시스템은 변화하는 자극 상황에서 상대적인 차이들에 예민하고 또한 변화하는 감각 입력을 고려한다. 이런 일반적 원칙은 친구가 머리 색깔이나 스타일을 바꾸거나 얼굴에 장신구를 달았음에도 불구하고 왜 당신이 친구를 계속 알아볼 수 있는가를 설명해 준다. 당신의 시각

우리는 어떻게 친구들이 선글라스로 가리고 있을 때조차도 그들을 알아보는가?

우리 시각 시스템은 사람들이 헤어스타일, 피부 색깔과 같은 특징들을 바꾸어도 같은 사람으로 식별할 수 있도록 해 준다. 이 두 사진에서 극단적인 변화에도 불구하고, 당신은 이 두 사람이 모두 조니 뎁이라는 것을 아마 알아차릴 것이다.

WIREIMAGE/GETTY IMAGES

WARNER BROS./THE KOBAL COLLECTION/ART RESOURCE

시스템은 어떤 변화에 대해, '여기 새롭고 낯선 얼굴이 지각되네'라고 반응하는 것이 아니다. 오히려 그것은 '흥미롭군, 여기에 이 얼굴이 흔히 보이던 방식에서 벗어난 것이 있네'라는 식으로 반응한다. 지각은 자극들에서의 변화에 예민하며, 지각적 항상성은 우리가 처음부터 그 차이들을 알아차리게 한다.

지각조직화의 원리

물체 재인이 시작되기도 전에, 시각 시스템은 또 다른 중요한 일을 수행해야 한다. 그것은 함께 속하는 이미지 영역들을 물체에 대한 어떤 표상으로 집단화하는 것이다. 떨어진 부분들의 모음보다는 하나의 통합된, 전체 물체를 지각하는 경향이 있다는 생각은 게슈탈트 심리학(Gestalt psychology)의 기초인데, 이에 관해서는 1장에서 보았다. 게슈탈트 원리들은 인간 지각의 여러 측면들을 특성적으로 서술한다. 가장 주목할 만한 것들로서 **게슈탈트 지각적 집단화 규칙**(perceptual grouping rules)이 있는데, 이는 사문의 특징들과 영역이 어떻게 함께 어울리게 되는가를 관장한다(Koffka, 1935). 여기에 몇 가지 예가 있다.

- **단순성** : 과학에서 기본적 규칙은 가장 단순한 설명이 보통 가장 좋은 설명이라는 것이다. 그래서 물체의 모양에 대해 둘 혹은 그 이상으로 해석이 가능할 때, 시각 시스템은 가장 단순한 것 혹은 가장 그럴싸한 해석을 선택하는 경향이 있다. 그림 4.15a에서 우리는 화살표를 본다.
- **폐쇄성** : 우리는 시각적 장면에서 빠져 있는 요소들을 채워 넣는 경향이 있어서 틈으로 분리된 모서리들을 같은 완전한 물체에 속하는 것으로 지각하게 된다. 그림 4.15b에서 우리는 틈에도 불구하고 화살표를 본다.
- **연속성** : 같은 방향을 가진 모서리나 윤곽들은 게슈탈트 주의자들이 **좋은 연속성**이라고 부르는 것을 가지는데, 우리는 이들을 지각적으로 함께 묶는 경향이 있다. 그림 4.15c에서 우리는 2개의 V 모양 대신에 2개의 교차하는 선분들을 지각한다.
- **유사성** : 색, 밝기, 모양, 혹은 결이 비슷한 영역들은 같은 물체에 속하는 것으로 지각된다. 그림 4.15d에서 우리는 3개의 줄을 지각하는데, 2개의 삼각형 줄을 옆에 둔 원들의 줄이 그렇다.
- **근접성** : 가까이 함께 있는 물체들은 함께 집단화되는 경향이 있다. 그림 4.15e에서 우리는

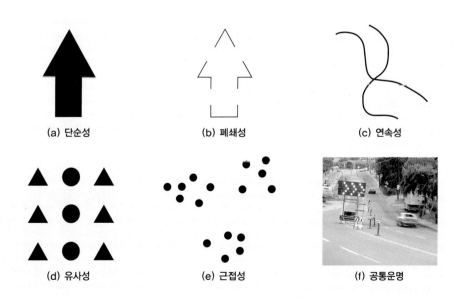

(a) 단순성 (b) 폐쇄성 (c) 연속성

(d) 유사성 (e) 근접성 (f) 공통운명

◀ 그림 4.15 **지각 집단화 규칙들** 게슈탈트 심리학자들에 의해 처음 확인되었으며 이제 실험 증거에 의해 지지받는 원리들로서 뇌가 입력 감각들에 질서를 부여하는 성향을 가지고 있다는 것을 보여 준다. 지각의 한 신경적 전략은 여러 자극들 사이에 드러나는 패턴에 반응하는 것 및 비슷한 패턴들을 함께 집단화하는 것을 포함한다.

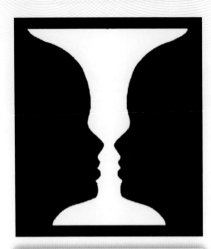

▲ 그림 4.16 **애매한 모서리** 여기에서 루빈의 고전적인 가역적 형–바탕 착시가 작동하는 것을 볼 수 있다. 눈을 이미지의 중앙에 고정하라. 그러면 비록 감각 자극은 일정하게 유지되어도 당신의 지각은 꽃병과 마주보는 실루엣 사이를 왔다 갔다 할 것이다.

16개의 점들이 아니라, 각각 5개 혹은 6개의 점들로 된 세 집합 혹은 '덩어리'를 지각한다.

- **공통운명** : 함께 움직이는 시각 이미지의 요소들은 단일한 이동 물체의 부분들로 지각된다. 그림 4.15f에서 도로 표지에서 일련의 반짝이는 불빛들은 움직이는 화살표로 지각된다.

형을 바탕으로부터 분리하기

지각 집단화는 시각으로 물체를 재인하는 인간 능력에 강력한 도움을 준다. 집단화는 배경으로부터 한 물체를 시각적으로 분리하는 것을 필요로 한다. 게슈탈트 용어로 말하면, 이것은 형이 있는 배경(background) 혹은 바탕(ground)으로부터 형(figure)을 식별하는 것을 뜻한다. 예를 들면, 이 면에 있는 단어들은 형으로 지각된다. 그것들은 인쇄되어 있는 종이의 바탕으로부터 두드러진다. 마찬가지로 강사는 교실의 다른 모든 요소들의 배경을 등지고 있는 형으로 지각된다. 당신은 물론 이런 요소들을 다르게 지각할 수 있다는 것도 확실하다. 단어 및 종이는 모두 면이라고 부르는 것의 부분이고, 강사 및 교실은 모두 당신의 학습 환경으로 지각될 수 있다. 그렇지만 보통 우리 지각 시스템은 환경으로부터 두드러지는 어떤 물체들에 주의의 초점을 맞춘다.

크기는 무엇이 형이고 무엇이 바탕인가에 대한 한 가지 단서를 준다. 큰 종이에 있는 작은 문자들과 같이 더 작은 영역은 형이 되기 쉽다. 움직임도 도움을 준다. 당신의 강사는 (바라건대) 동적인 강사여서, 정지된 환경에서 이리저리 움직인다. 물체 재인으로 가는 다른 결정적인 단계는 **모서리 할당**(edge assignment)이다. 형과 바탕 사이에 모서리 혹은 경계가 주어지면, 이 모서리는 어떤 영역에 속하게 되는가? 만일 모서리가 형에 속하면, 그것은 물체의 모양을 결정하는 데에 도움이 되며, 바탕은 모서리 뒤에 연속하는 것이 된다. 그렇지만 때때로, 어느 것이 어느 것인지를 구분하는 것은 쉽지 않다.

에드거 루빈(Edgar Rubin, 1886~1951)은 덴마크 심리학자인데, 이런 애매성을 이용하여 **루빈의 꽃병** 혹은 더 일반적인 말로 **가역적 형–바탕 관계**(reversible figure-ground relationship)라는 유명한 착각을 개발하였다. 당신은 이 '얼굴–꽃병' 착시를 그림 4.16에서 두 가지로 볼 수 있는데, 검정 바탕에 있는 꽃병으로 혹은 서로 마주보는 한 쌍의 실루엣으로 볼 수 있다. 당신의 시각 시스템은 이런저런 해석에 도달하고서는 몇 초마다 두 가지 해석 사이를 왔다 갔다 한다. 이런 일이 벌어지는 것은 보통은 바탕으로부터 형을 분리하는 모서리가 실제로 어느 쪽의 부분도 아니기 때문이다. 그것은 얼굴의 윤곽을 이루는 것과 마찬가지로 꽃병의 윤곽을 이룬다. fMRI에서 나온 증거들은 사람들이 루빈의 이미지를 꽃병으로 볼 때보다 얼굴로 볼 때, 앞서 논의했던 측두엽의 얼굴–선택적인 영역에서 큰 활동이 있음을 아주 잘 보여 준다(Hasson et al., 2001).

물체 재인의 이론

연구자들은 물체 재인에 관한 두 가지의 광범한 설명을 제안하였는데, 첫째는 물체를 하나의 전체로서 보는 것이며, 둘째는 물체의 부분들에 기초한 것이다.

- **이미지 기반 물체 재인**(image-based object recognition) 이론에 따르면, 당신이 이전에 본 물체는 **형판**(template)으로 기억에 저장되어 있는데, 형판은 망막 이미지로 비춰진 모양에 직접 비교될 수 있는 정신적 표상이다(Tarr & Vuong, 2002). 당신의 기억은 그 형판들을 현재의 망막 이미지와 비교하여 현재의 이미지에 가장 가깝게 대응하는 형판을 선택한다. 이미지 기반 이론들은 널리 수용되었으나, 그것들이 물체 재인에 관한 모든 것을 설명해 주지는 않는다. 한 가지로, 이미지를 형판에 정확하게 대응시키는 일이 시사하는 것은, 당

형판
망막 이미지로 비춰진 모양에 직접 비교될 수 있는 정신적 표상

신이 정상적인 방향에 있는 컵에 대한 형판을 가져야 하며, 옆으로 누운 컵을 위해서는 또 다른 형판이, 뒤집어진 것을 위해서는 또 다른 것 등등이 계속 필요하다는 것이다. 이것은 거추장스럽고 비효율적인 시스템, 결과적으로 효과적이기 어려운 것이 되게 하는데, 그러나 누워 있는 컵을 보는 것이 오랫동안 누구를 당황하게 한 적은 없다.

? 물체 재인에 대한 형판 기반 이론과 부분 기반 이론 간의 중요한 차이는 무엇인가?

- 부분 기반 물체 재인(parts-based object recognition) 이론들은 대신에 뇌가 눈에 비친 물체들을 부분들의 모음으로 해체한다고 주장한다(Marr & Nishihara, 1978). 한 가지 중요한 부분 기반 이론은 물체들이 구조적 묘사들로 기억에 저장되어 있다고 주장한다. 이것은 부분들 간의 공간적 관계와 너불어 눈세 부분들에 내린 깅신긱 일깁표이다(Biederman, 1987). 이 부분 일람표는 지온(geon)이라 불리는 기하적 요소들에 대한 일종의 '자모(alphabet)'의 역할을 한다. 지온은 결합되어 물체를 이루는데, 마치 문자들이 결합하여 단어를 이루는 것과 같다(그림 4.17 참조). 부분 기반 물체 재인은 모든 물체의 모든 시점에 대한 형판을 필요로 하지 않으며, 그래서 이미지 기반 이론들의 함정들 중 일부를 피해 간다. 그러나 부분 기반 물체 재인은 중요한 한계가 있다. 가장 중요한 점은, 그것이 범주 수준에서만 물체 재인을 허용할 뿐 개별 물체 수준에서는 허용하지 않는다는 것이다. 부분 기반 이론들은, 예를 들면 얼굴과 같은 물체의 재인에 대한 설명을 제시하지만, 당신이 어떻게 당신의 가장 친한 친구의 얼굴과 낯선 사람의 얼굴을 구별하는지를 설명하는 데에는 그다지 효과적이지 않다.

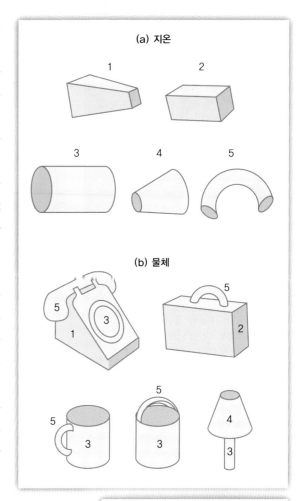

▲ 그림 4.17 **기하 요소들의 자모** 부분 기반 이론은, 문자들이 결합되어 여러 단어를 이루는 것과 마찬가지로, (b)에 보이는 것과 같은 물체들이 (a)에 보이는 지온이라 불리는 더 단순한 삼차원적 성분들로 구성되어 있다고 주장한다.

이 이론들 각각은 강점과 약점이 있으며 물체 재인을 심리학에서 활발한 연구 영역이 되게 하였다. 연구자들은 각 접근의 강점들을 뽑아내려 하는 혼성 이론들을 개발하고 있다(Peissig & Tarr, 2007).

깊이와 크기의 지각

세상에 있는 물체들은 삼차원, 길이, 폭 및 깊이 차원에서 배치되지만, 망막 이미지는 단지 두 차원, 즉 길이와 폭만을 포함한다. 뇌는 평평한 2차원적인 망막 이미지를 어떻게 처리하여, 우리가 물체의 깊이를 지각하고 그것이 얼마나 멀리 있는지를 지각하게 하는 것일까? 그 답은 깊이 단서(depth cue)들의 모음에 있는데, 이는 당신이 공간 속에서 움직일 때 변화하는 것이다. 단안, 양안 및 운동 기반 깊이 단서들 모두가 시각 지각을 돕는다(Howard, 2002).

단안 깊이 단서

단안 깊이 단서(monocular depth cue)들은 한 눈으로 보았을 때 깊이에 관한 정보를 낳는 장면의 여러 측면들을 말한다. 이 단서들은 거리와 크기 간의 관계에 기초한다. 한 눈을 감은 채로 있어도, 당신이 초점을 맞추고 있는 물체의 망막 이미지는 그 물체가 멀어짐에 따라 점점 더 작아지고, 그것이 가까이 오면 더 커진다. 우리 뇌는 통상 망막 이미지 크기에서의 이런 차이 혹은 상대 크기를 사용하여 거리를 지각한다.

이것은 친숙한 크기라고 하는 단안 깊이 단서에서 특히 잘 작동한다. 예를 들면, 대부분의 성인은 친숙한 범위의 키(아마 1.5~2미터 높이) 안에 들어가므로, 망막 이미지는 단독으로 그들

단안 깊이 단서
한 눈으로 보았을 때 깊이에 관한 정보를 낳는 장면의 여러 측면

THE PHOTO WORKS

▲ **그림 4.18 친숙한 크기와 상대적 크기** 당신이 왼쪽 사진의 남자와 같은 사람들, 혹은 당신이 잘 아는 사물들의 이미지를 볼 때, 당신이 더 작게 지각하는 물체는 더 멀리 떨어져 있는 것처럼 보인다. 이미지를 조금 조작함으로써, 오른쪽 사진에서 당신은 망막에 투사된 상대적 크기 차이가 당신이 지각하는 것보다 훨씬 더 크다는 것을 알 수 있다. 파란 조끼를 입은 사람의 이미지는 두 사진에서 똑같은 크기이다.

이 얼마나 멀리 있는지를 판단하는 데에 보통 믿을 만한 단서가 된다. 우리 시각 시스템은 크기 차이를 자동적으로 보정하고 그 차이들을 거리의 차이들로 돌린다. 그림 4.18은 친숙한 크기에 대한 이런 정신적 보정이 얼마나 강력한지를 보여 준다.

상대 크기와 친숙한 크기 외에도 몇 개의 단안 깊이 단서들이 더 있는데, 예를 들면 다음과 같다.

- **선형 조망**(linear perspective)은 평행하는 선들은 먼 쪽으로 후퇴할 때 수렴하는 것처럼 보이는 현상을 말한다(그림 4.19a 참조).
- **결 기울기**(texture gradient)는 다소간 균일한 패턴이 있는 표면을 볼 때 일어나는데, 표면이 관찰자로부터 멀어짐에 따라 패턴 요소들 간의 거리뿐만 아니라 요소들의 크기가 점점 더 작아진다(그림 4.19b 참조).
- **중첩**(interposition)은 한 물체가 다른 물체를 부분적으로 가릴 때 일어난다(그림 4.19c 참조). 가리는 물체가 가려지는 물체보다 더 가까이 있다고 추측할 수 있다. 그러나 중첩 그 자체는 두 물체가 얼마나 멀리 떨어져 있는가에 대한 정보를 주지 못한다.
- 이미지에서 **상대적 높이**(relative height in the image)는 당신의 시야에 달려 있다(그림 4.19d 참조). 당신에게 가까이 있는 물체들은 당신의 시야에 더 낮게 있고, 반면에 멀리 떨어진 물체는 더 높게 있다.

▶ **그림 4.19 회화적 깊이 단서** 시각 예술가들은 자신의 작품이 실감나도록 다양한 단안 단서들을 이용한다. 당신이 비록 한 눈에 안대를 착용하고 있을지라도, 한 이미지에 있는 (a) 선형 조망, (b) 결 기울기, (c) 중첩, 및 (d) 상대적 높이를 이용하여 거리, 깊이, 및 위치를 추측할 수 있다.

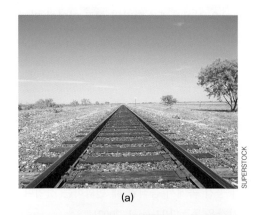

(a)

SUPERSTOCK

(b)

AGE FOTOSTOCK/SUPERSTOCK

(d)

ROB BLAKERS/GETTY IMAGES

ALTRENDO/GETTY IMAGES

(c)

양안 깊이 단서

우리가 깊이 정보를 얻을 수 있는 다른 창구는 **양안 부등**(binocular disparity)인데, 이것은 **깊이 정보를 주는 두 눈 간 망막 이미지의 차이**이다. 두 눈은 약간 떨어져 있기 때문에, 각 눈은 세상에 대해 약간 다른 조망을 받아들인다. 뇌는 두 망막 이미지 간의 부등성을 계산하여 그림 4.20에서 보듯이 물체가 얼마나 멀리 있는가를 지각한다. 그림은 위에서 본 모습인데, 더 멀리 있는 정사각형과 더 가까이 있는 원의 이미지들 각각은 각 망막에서 서로 다른 지점에 떨어진다.

깊이 지각의 단서로서 양안 부등은 찰스 휘트스톤(Charles Wheatstone) 경에 의해 1838년에 처음 논의되었다. 휘트스톤은 나아가 입체경을 발명했는데, 이것은 기본적으로 수평으로 떨어진 두 위치에서 찍거나 그린 한 쌍의 사진이나 그림을 끼워 두는 것이었다(휘트스톤은 창의적 아이디어가 풍부한 사람이었는데, 그는 아코디언, 그리고 초기 전신기도 발명했고 마이크로폰이란 말도 만들었다). 한 눈에 하나씩 보면, 이미지 쌍들은 생생한 깊이 감각을 불러일으킨다. 뷰 마스터(view-master) 장난감은 휘트스톤의 발명품을 현대식으로 만든 것이며, 3-D(입체) 영화도 이와 같은 아이디어에 기반을 두고 있다.

양안 부등
두 눈 간의 망막 이미지의 차이로서 깊이에 관한 정보를 준다.

◀ 그림 4.20　**양안 부등**　우리는 세상을 삼차원적으로 보는데, 우리 눈들이 약간 떨어져 있으며 물체의 이미지는 각 눈의 망막에서 약간 다른 위치에 떨어지기 때문이다. 이 두 물체가 있는 장면에서 사각형과 원의 이미지들은 각 눈에서 망막의 다른 지점에 떨어진다. 원의 망막상들에서 위치들의 부등은 강력한 깊이 단서를 제공한다.

뷰마스터는 수세기 동안 인기 있는 장난감이었다. 이것은 양안 부등의 원리에 기초한 것이다. 약간 다른 각도에서 찍은 두 이미지는 입체적인 효과를 낳는다.

깊이와 크기의 착각

우리는 모두 착각을 경험하기 쉬운데, 1장에서 보았듯이 이것은 지각, 기억 혹은 판단의 오류이며, 여기에서 주관적 경험은 객관적 실재와 다르다(Wade, 2005). 크기와 거리의 관계는 정교한 착시를 만들어 내는 데 사용되어 왔는데, 이것은 물체들이 얼마나 멀리 있는가와 관련해서 시각 시스템을 희롱하는 것이다. 이 모든 착시들은 같은 원리를 따른다. 같은 크기의 망막 이미지를 투사하는 두 물체를 볼 때, 당신이 더 멀리 있다고 지각하는 물체는 더 크게 지각될 것이라는 것이다. 가장 유명한 착시들 중의 하나는 에임스 방(Ames room)인데, 미국의 안과학자인 애들버트 에임스(Adelbert Ames)에 의해 1946년에 만들어졌다. 이 방은 사각형이라기보다는 사다리꼴이다. 단지 두 벽만이 평행이다(그림 4.21a 참조). 에임스 방의 한구석에 서 있는 사람은 다른 구석에 서 있는 사람보다 관찰자로부터 물리적으로 두 배나 더 멀리 떨어져 있다. 그

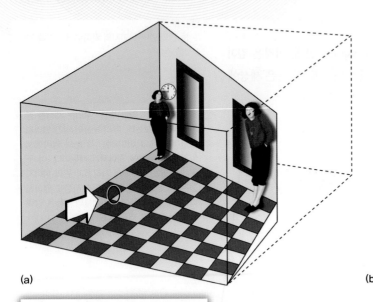

(a)

(b)

(B) PHIL SCHERMEISTER/CORBIS

▲ 그림 4.21 **놀라운 에임스 방** (a) 에임스 방의 실제 비례를 보여 주는 도식은 그 비밀을 드러내 준다. 방의 벽들은 두 측면은 평행하지만 뒤쪽 면은 정사각형에서 벗어난 사다리꼴이다. 편평하지 않은 바닥은 뒤쪽에 멀리 있는 구석에서 방의 높이가 다른 것보다 더 짧게 보이도록 한다. 특별하게 설계된 창문과 마루와 같은 속임수 단서들을 추가하고 먼 쪽의 각 모서리에 사람들을 세우면, 순진한 관찰자를 꾀어낼 준비가 끝난다. (b) 한 눈만으로 관찰 구멍을 통해 에임스 방을 들여다보면, 관찰자는 정상적인 크기-거리 관계를, 즉 두 사람이 같은 거리만큼 떨어져 있다고 추측한다. 그러나 두 사람이 망막에 투영하는 서로 다른 이미지 크기들은 관찰자로 하여금, 친숙한 크기의 단안 단서에 기초해서, 한 사람은 매우 작고 다른 사람은 매우 크다고 결론짓게 이끈다.

러나 한쪽 벽에 있는 작은 구멍을 통해 한 눈으로 보면 에임스 방은 사각형으로 보이는데, 이것은 창문들과 바닥에 딸린 타일들의 모양이 관찰 구멍으로 보면 사각형으로 보이도록 교묘하게 손질되었기 때문이다(Ittelson, 1952).

시각 시스템은 멀리 있는 벽이 시선에 대해 직각으로 있다고 지각하므로, 그 벽을 따라 다른 지점에 서 있는 사람들은 같은 거리에 있는 것처럼 보인다. 그 크기에 대한 관찰자의 판단은 망막 이미지의 크기에 직접적으로 의거하고 있다. 그 결과, 오른쪽 구석에 서 있는 사람은 왼쪽 구석에 서 있는 사람보다 훨씬 더 크게 보인다(그림 4.21b).

운동과 변화의 지각

이제 당신은 물체가 무엇이며, 어디에 있는지를 우리가 어떻게 보는지에 관해 잘 이해할 것인데, 이것은 물체가 한곳에 정지해 있을 때에 본질적으로 더 쉬운 과정이다. 그러나 물론 실제 생활은 움직이는 표적들로 가득하다. 물체들은 시간이 지나면서 위치를 바꾼다. 새는 날고 말은 달리며, 비와 눈은 떨어지며, 나무는 바람에 휘어진다. 우리가 어떻게 운동을 지각하며 왜 때때로 변화를 지각하지 못하는지를 이해하면, 시각 지각이 일상생활에서 어떻게 움직이는지를 더 잘 알아줄 수 있을 것이다.

운동 지각

운동을 감지하기 위해, 시각 시스템은 공간과 시간 모두에 관한 정보를 부호화해야 한다. 여기에 고려할 만한 가장 간단한 경우는 움직이는 물체를 지각하려고 하는, 움직이지 않는 관찰자이다.

한 물체가 관찰자의 정지된 시야를 가로질러 움직이면 그것은 먼저 망막상의 한 지점을 자극하고, 그다음 조금 뒤에 망막상의 다른 지점을 자극한다. 뇌에 있는 신경회로들은 시간에 걸쳐 이러한 위치 변화를 탐지할 수 있고 특정한 속도와 방향의 운동에 반응한다(Emerson, Bergen, & Adelson, 1992). MT로 지칭되는 측두엽의 중간에 있는 한 영역(앞에서 논의한 배측 흐름의 한 부분)은 운동 시지각에 전문화되어 있으며(Born & Bradley, 2005; Newsome & Parré, 1988), 이 영역에서의 뇌 손상은 정상적 운동 지각의 결손을 일으킨다(Zihl, von Cramon, & Mai, 1983).

물론 실세계에서 당신이 정지된 관찰자인 경우는 매우 드물다. 주변을 움직임에 따라 당신의 머리와 눈은 항상 움직이며, 그래서 운동 지각은 그렇게 단순하지 않다. 운동 지각 시스템은 눈의 위치와 운동, 궁극적으로는 머리와 몸의 운동을 고려함으로써 물체의 운동을 정확하게 지각하고 당신으로 하여금 그것에 접근하거나 회피하게 할 수 있다. 뇌는 당신의 눈과 머리의 운동을 주시함으로써 그리고 망막 이미지에서의 운동에 그것들을 '제거'함으로써 이런 일을 해낸다.

색 지각과 마찬가지로 운동 지각은 부분적으로 대립 과정상에서 작동하며 감각 순응이 일어날 수 있다. **폭포 착시**(waterfall illusion)라고 부르는 운동 잔효(aftereffect)는 색채 잔효와 유사한 것이다. 당신이 폭포수가 떨어지는 것을 몇 초 동안 응시하고 나면, 폭포 근처의 정지된 물체들, 예컨대 나무나

YURIY BRYKAYLO/ALAMY

바위를 볼 때 올라가는 운동 잔효를 경험할 것이다. 여기에 무슨 일이 벌어지는 것일까?

이 과정은 빨간색 조각을 응시한 다음 초록을 보는 것과 유사하다. 운동에 민감한 신경원들은 반대 방향의 운동을 부호화하는 뇌의 운동 탐지기 세포들과 연결되어 있다. 운동 감각은 이런 두 대립적인 감지기들의 강도 차이로부터 나온다. 만일 한 집단의 운동 탐지기 세포들이 한 방향의 운동 순응을 통해 피로해져 있다면, 그것과 반대되는 감지기들이 주도권을 가로챌 것이다. 그 최종 결과는 운동이 반대 방향으로 지각되는 것이다. fMRI의 증거가 보여 주는 것은 사람들이 정지된 자극을 보는 동안 폭포 착시를 경험할 때 MT 영역의 활동이 증가한다는 것인데, MT는 운동 지각에 핵심적 역할을 한다(Tootell et al., 1995).

> **?** 카지노 간판의 번쩍거리는 불빛은 어떻게 운동감을 주는가?

세상에서 물체의 움직임은 운동 지각을 일으키는 유일한 사건은 아니다. 라스베이거스 카지노의 네온사인판에서 연속적으로 깜박거리는 불빛들은 강한 운동감을 불러일으킬 수 있는데, 사람들은 일련의 깜박이는 불빛을 하나의 전체로 움직이는 물체(그림 4.15f 참조)로 지각하기 때문이다. 이와 같이 여러 위치에서 매우 빠르게 연속하여 나타나는, 교대하는 신호들의 결과로 경험하는 운동 지각을 **가현 운동**(apparent motion)이라고 부른다.

비디오 기술과 애니메이션은 가현 운동에 근거한 것이다. 영화는 1초에 24 정지 프레임(fps)을 비춰 준다. 더 느린 속도는 더 끊기는 듯한 운동감을 줄 것이다. 더 빠른 속도는 자원의 낭비가 될 것인데 우리는 24fps에서 보이는 것보다 운동을 더 부드럽게 지각하지 않을 것이기 때문이다.

변화맹과 무주의맹

운동은 시간에 걸쳐서 물체 위치의 변화를 수반하지만, 시각 환경에 있는 물체들은 운동을 동반하지 않는 방식으로 변할 수 있다(Rensink, 2002). 당신은 매일 똑같은 옷가게 윈도우를 지나가면서 새 옷이 전시되어 있는 것을 알아차리거나 친구의 새 머리모양을 보고 놀라움을 나타낼지도 모른다. 직관적으로 볼 때, 우리는 시각 환경에서의 변화를 쉽게 탐지할 수 있다고 느낀다. 그러나 우리의 편안한 직관은 **변화맹**(change blindness)에 대한 실험적 시범으로 도전받았는데, 이것은 사람들이 장면의 시각적 세부에서의 변화를 탐지하지 못하는 것을 말한다(Rensink,

가현 운동
다른 위치에서 매우 빠르게 연속하여 나타나는 교대되는 신호들의 결과로 경험되는 운동 지각

변화맹
사람들이 한 장면의 시각적 세부에서의 변화를 탐지하지 못할 때 일어나는 현상

(a)　　　　　　　　　　(b)　　　　　　　　　　(c)

▲ 그림 4.22 **변화맹** 흰 머리의 남자가 한 실험자에게 길을 가르쳐 주고 있다가(a), 그 실험자는 움직이는 문 뒤에 사라지고(b), 다른 실험자로 대체된다(c). 다른 많은 사람들처럼 이 남자는 명백해 보이는 변화를 탐지하지 못한다.
SIMONS, D. J., & LEVIN, D. T. (1998). FAILURE TO DETECT CHANGES TO PEOPLE DURING A REAL-WORLD INTERACTION. *PSYCHONOMIC BULLETIN & REVIEW*, 5(4), 644–649.

2002; Simons & Rensink, 2005). 놀랍게도 변화맹은 한 장면의 주요한 세부가 변화되었을 때도, 즉 우리가 놓칠 리 없다고 잘못 믿는 변화들에 대해서도 일어난다(Beek, Levin, & Angelone, 2007). 예를 들면, 한 연구에서 참가자들은 젊은 노랑머리의 남자가 책상에 앉았다가, 일어나서 책상으로부터 떠나, 출구로 방을 나가는 영화를 보았다(Simons & Levin, 1997). 그다음 장면은 바뀌어서 젊은 남자는 전화를 했다. 이 모든 것은 단도직입적인 것으로 보이지만, 참가자 모르게, 책상에 앉아 있던 남자는 전화를 했던 남자와 같은 사람이 아니었다. 비록 둘 다 젊고, 노랑머리이고, 안경을 쓰고 있지만, 그들은 분명히 다른 사람이었다. 그런데 참가자들의 2/3는 이 변화를 알아차리지 못하였다.

필름을 이어 붙여서 변화맹을 만들어내는 일은 그렇다손 치더라도, 변화맹이 실제의 상호작용에서도 일어나는가? 또 다른 연구는 이 아이디어를 검증하기 위해, 실험자는 대학 캠퍼스에 있는 사람에게 길을 물었다(Simons & Levin, 1998). 그들이 말하는 동안, 두 사람이 두 번째 실험자를 가리는 문을 들고, 그들 사이를 지나갔다(그림 4.22 참조). 문 뒤에서, 그 두 실험자들은 서로 자리를 바꾸었으며, 그래서 문을 들고 가는 남자들이 이동했을 때, 바로 조금 전에 있었던 사람과는 다른 사람이 길을 묻고 있었다. 놀랍게도, 15명의 참가자들 중 단지 7명만이 이런 변화를 알아차렸다고 보고했다.

사람들이 그런 극적인 변화를 알아차리지 못할 수 있다는 것이 놀랍긴 하지만, 이런 발견들은 다시 한번 시각 지각에서 초점 주의의 중요성을 예시한다(153쪽의 특징통합 이론에 관한 논의 참조). 물체들의 특징들을 결합하는 데에 초점 주의가 핵심적이듯이, 물체와 장면의 변화를 탐지하는 데에도 초점 주의가 필요하다(Rensink, 2002; Simons & Rensink, 2005). 변화맹은 사람들이 변화된 물체에 주의를 집중하지 못할 때(비록 물체가

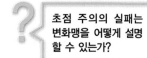

초점 주의의 실패는 변화맹을 어떻게 설명할 수 있는가?

시각 시스템에 의해 등록되어 있어도) 일어나기 쉬우며 스스로 주의를 끄는 항목들에 대해서는 일어나기가 매우 어렵다(Rensink, O'Regan, & Clark, 1997).

의식적 시각 경험에서 초점 주의의 역할은 변화맹과 밀접하게 관련된 현상인 **무주의맹**(inattention blindness)에 의해서도 예시되는데, 이것은 주의 초점에 있지 않은 물체들을 지각하지 못하는 것을 말한다. 다음 시나리오를 상상해 보라. 당신은 농구공을 주고 받는 일단의 사람들을 구경하고 있는데, 고릴라 의상을 차려 입은 어떤 사람이 그 사람들을 통과해서 지나가며, 잠깐 서서 자신의 가슴을 손으로 친 다음 계속 이동한다. 그 고릴라를 알아차리지 못하는 일은 생각할 수도 없어 보인다. 그렇지 않은가? 다시 생각해 보라. 사이먼즈와 채브리스(Simons & Chabris, 1999)는 세 명의 선수들로 된 2개의 팀을 써서 그런 장면을 필름으로 찍었는데, 이들

무주의맹
주의의 초점에 있지 않았던 물체를 지각하지 못하는 것

은 의상을 입은 고릴라가 그들 사이로 들어와서 나갈 때 서로에게 공을 패스했다. 참가자들은 필름을 보았고 팀 구성원이 공을 패스한 회수를 세면서 공의 움직임을 추적하도록 요구 받았다. 주의가 움직이는 공에 집중되어 있을 때, 참가자들의 약 절반은 가슴을 치는 고릴라를 알아차리지 못하였다.

이것은 우리들 다수가 여러 가지의 일상적인 일들을 하는 동안에 휴대폰으로 문자를 하거나 전화하느라고 바쁜, 요즘 세상에 대해 흥미로운 점을 함축한다. 우리는 이미 휴대폰을 사용하는 것이 운전에 대해 부정적 효과를 낳는다는 것을 보았다('현실세계 : 다중작업' 참조). 아이러 하이맨과 동료들(Ira Hyman et al., 2010)은 휴대폰 사용이 일상 생활에서 무주의맹의 원인이 되는지에 대해 질문했다. 그들은 광대를 불러서 웨스턴워싱턴대학의 캠퍼스 가운데에 있

캠퍼스를 걸으면서 휴대폰을 사용하고 있었던 대학생들은 휴대폰을 쓰지 않고 있었던 학생들보다, 외발자전거를 타는 어릿광대를 더 자주 알아차리지 못하였다.

는 큰 광장의 가운데에서 외발자전거를 타도록 했다. 어느 즐거운 오후, 연구자들은 그 광장을 막 통과해 걸어갔던 151명의 학생들에게 그들이 그 광대를 보았는지를 물었다. 휴대폰을 사용하고 있었던 학생들의 75%는 광대를 알아차리지 못했는데, 이와 비교해서 휴대폰을 쓰지 않고 있었던 학생들은 50% 미만이 알아차리지 못하였다. 휴대폰을 쓰는 것은 초점 주의를 끌어가며, 무주의맹의 증가를 낳는다. 이것은 다시 시각 환경에 대한 우리의 의식 경험은 초점 주의에 의해 선택된 특징들 혹은 물체들에게로 제한된다는 것을 부각시켜 준다.

문화와 사회

문화가 변화맹에 영향을 미치는가?

이 장의 이 절에서 논의된 실험들은 변화맹이 극적이며 다양한 상황에 걸쳐서 일어난다는 것을 보여 준다. 그러나 우리가 고찰한 변화맹의 증거는 서양 문화의 참가자들, 주로 미국인들을 쓴 연구들에서 나왔다. 변화맹이 다른 문화의 사람들에서도 일어날 것인가? 그렇다면 그것이 문화에 따라 다르게 작동할 것이라고 의심할 만한 어떤 이유가 있는가? 1장의 문화와 사회 상자로 돌아가 생각해 보라. 거기에서 우리는 서양 문화의 사람들은 분석적 양식의 정보 처리에 의존하지만(즉, 그들은 주변의 맥락에 많은 주의를 주지 않고 대상에 초점을 두는 경향이 있다), 동양 문화의 사람들은 전체적인 양식을 채택하는 경향이 있다(즉, 그들은 대상과 주변의 맥락 간의 관계성에 초점을 두는 경향이 있다)는 것을 보이는 증거를 논의했다(Kitayama et al., 2003; Nisbett & Miyamoto, 2005).

이런 구별을 염두에 두고, 마스다와 니스벳(Masuda & Nisbett, 2006)은 변화맹에 관한 이전 연구들이 주로 미국인 참가지들을 써서, 참가자들이 장면 속이 주요 혹은 초점 대상에서 변화를 더 탐지하기 쉬웠으며, 주변의 맥락에서 변화를 탐지하기가 덜 쉬웠다는 것을 보여 주었다고 지적했다. 그들은 동양 문화의 사람들은 서양 문화의 사람들보다 주변 맥락의 변화들에 더 초점을 두고, 그래서 더 잘 탐지할 것이라고 가설을 세웠다. 자신들의 예측을 검증하기 위해, 그들은 미국인(미시간대학교)과 일본인(교토대학교) 대학생들에게서 정물 사진과 짧은 동영상 소품에서 변화 탐지를 조사하는 3개의 실험을 수행했다(Masuda & Nisbett, 2006). 각 실험에서 그들은 장면 속의 주요 혹은 초점 대상 아니면 주변 맥락(예 : 장면 배경 안의 대상들)에 변화를 만들었다.

이 실험들의 결과는 예측들과 일관적이었다. 일본인 학생들은 미국인 학생들보다 맥락 정보에서 더 많은 변화를 탐지한 반면, 미국인 학생들은 일본인 학생보다 초점 대상들에서 더 많은 변화를 탐지했다. 이 발견들은 동양 및 서양 문화의 사람들이 세계를 다르게 보며, 동양인들은 대상이 나타나는 맥락에 더 많이 초점을 두며 서양인들은 대상 그 자체에 더 많이 초점을 둔다는 이전의 보고를 넓혀 준다.

▶ 착각 접합은 별개의 물체들의 특징들이 잘못 조합될 때 생긴다. 특징통합 이론에 따르면, 주의는 특징들을 함께 결합하는 데 필요한 풀(접착제)을 제공한다. 두정엽은 주의에 중요하며 특징 결합에 기여한다.

▶ 시엽과 측두엽의 어떤 영역들은 특정한 물체 범주들에 선택적으로 반응하는데, 이는 전문화된 뇌 영역들이 얼굴이나 집이나 신체 부위와 같은 특정한 부류의 물체들을 나타낸다는 단원적 견해를 지지한다.

▶ 지각 항상성의 원리는 감각 신호들이 변화해도 지각 경험은 변함이 없다는 주장이다. 단순성, 폐쇄, 및 연속성과 같은 지각 집단화에 대한 게슈탈트 원칙들은 어떻게 사물들의 특징들과 영역들이 서로 들어맞게 되는가를 지배한다.

▶ 이미지 기반 및 부분 기반 설명들 각각은 물체 재인의 일부 특징들을 설명하지만 전부를 설명하지는 못한다.

▶ 깊이 지각은 친숙한 크기 및 직선 조망과 같은 단안 단서들과, 망막 부등성과 같은 양안 단서들, 그리고 시간에 걸친 머리의 움직임에 기반을 둔 운동 기반 단서들에 의존한다.

▶ 우리는 운동-감지 신경원들의 출력 강도의 차이들을 통해 운동감을 경험한다. 이 과정들은 가현 운동과 같은 착각을 일으킬 수 있다.

▶ 변화맹과 무주의맹은 우리가 환경에서 가시적일 뿐 아니라 현저하기도 한 특징들을 알아차리지 못할 때 일어나는데, 우리의 의식적 시각 경험은 초점 주의에 달려 있다는 것을 강조한다.

청각 : 귀에 들어오는 그 이상의 것

시각은 망막에 들어오는 광파의 공간적 패턴에 기초하고 있다. 대조적으로 청 감각은 음파, 즉 시간에 걸쳐서 펼쳐지는 공기 압력의 변화에 전적으로 관련된 것이다. 숲의 바닥에 부딪히는 나무의 충돌, 박수 치는 두 손의 충격, 감동적인 연설을 하는 동안 성대의 진동, 스래시 메탈 콘서트 중 베이스 기타 줄의 공명 등 많은 것들이 음파를 낳는다. 청각 경험을 이해하기 위해서는 우리가 공기 압력의 변화를 지각된 소리로 어떻게 변환시키는가에 대한 이해가 필요하다.

소리의 감지

기타 줄을 튕기거나 소리굽쇠를 치는 것은 순수음을 만들어 내는데, 이것은 먼저 공기 압력을 증가시켰다가 그다음 상대적인 진공을 낳는 단순한 음파를 가리킨다. 이 주기는 음파가 음원에서 모든 방향에서 바깥으로 전파되는 동안 1초에 수백 번 혹은 수천 번 반복된다. 시지각의 세 차원들에 상응하는 광파의 세 차원들이 있듯이, 음파의 세 물리적 차원들이 있다. 주파수, 진폭 및 복합성이 우리가 음고, 음량 및 음질로 듣는 것을 결정한다(표 4.4 참조).

- 음파의 **주파수**(frequency), 혹은 그 파장은 공기 압력의 봉우리가 얼마나 자주 귀나 마이크를 통과하는가에 달려 있는데, 초당 주기의 수 혹은 헤르츠(Hz로 표시)로 측정된다. 음파의 물리적 주파수의 변화는 인간에게 **음고**(pitch), 즉 소리가 얼마나 높은지 혹은 낮은지의 변화로 지각된다.

- 음파의 **진폭**(amplitude)은, 인간 청력의 역(0데시벨, 혹은 0dB로 설정됨)과 비교할 때의 음파의 높이를 가리킨다. 진폭은 **음량**(loudness), 즉 음의 강도에 상응한다. 진폭과 강도의 개

히어더월드 파운데이션이 전 세계적으로 6억 3천만 명 이상이 되는, 청력 손실을 입은 사람들을 옹호한다. 청력 손실은 일상 생활에 심각한 영향을 주며, 청력이 우리의 일상 활동에 얼마나 중요한지를 우리에게 일깨워 준다.

음고
소리가 얼마나 높은지 혹은 낮은지의 정도

음량
소리의 강도

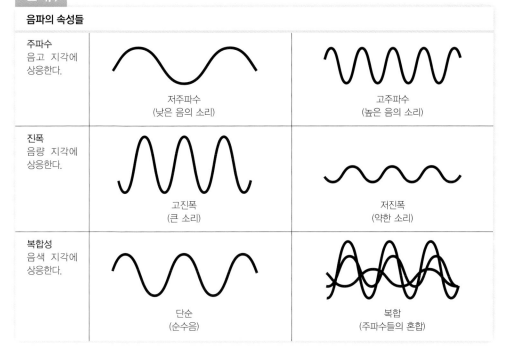

표 4.4

음파의 속성들

주파수 음고 지각에 상응한다.	저주파수 (낮은 음의 소리)	고주파수 (높은 음의 소리)
진폭 음량 지각에 상응한다.	고진폭 (큰 소리)	저진폭 (약한 소리)
복합성 음색 지각에 상응한다.	단순 (순수음)	복합 (주파수들의 혼합)

념을 설명해 보면, 부드러운 바람에 바스락거리는 잎은 약 20dB이며, 정상적인 대화는 약 40dB로 측정되며, 고함은 70dB를 낳고, 그룹 슬레이어의 콘서트는 약 130dB이며, 1마일 떨어져서 이륙하는 우주왕복선의 소리는 약 160dB 혹은 그 이상으로 측정된다. 그것은 청각 시스템에 영구적인 손상을 충분히 입힐 정도로 크며, 통증 역보다 월등히 높다. 사실 85dB 이상의 어떤 소리도 노출되는 시간과 유형에 따라 청력 손상을 일으키기에 충분하다.

- 음파의 복합성, 즉 주파수의 혼합에서의 차이는 **음색**(timbre)에 상응하는데, 이것은 소리의 질 혹은 공명에 대한 청자의 경험을 가리킨다. 음색은 소리의 본질에 관한 정보를 준다. 같은 음량으로 연주된 같은 음표도 그것이 플루트로 연주되었는지 혹은 트럼펫으로 연주되었는지에 따라 지각적으로 다른 경험을 낳는데, 이는 전적으로 음색에 기인하는 현상이다. 많은 '자연적인' 소리들도 역시 파장의 복합성을 보여 주는데, 예를 들면 윙윙거리는 벌떼 소리, 말의 음조, 혹은 개울 물이 졸졸 흐르는 소리 등이 그렇다. 소리굽쇠의 윙윙거리는 소리의 순도와 달리 매미가 윙윙거리는 소리는 여러 다른 소리 주파수들이 내는 함성이다.

음색
소리의 질 혹은 공명에 대한 청자의 경험

한 음표의 소리는 플루트와 트럼펫에서 왜 그렇게 다르게 들리는가?

대부분의 소리는, 예컨대 말소리, 음악소리, 나무에서 나는 바람 소리, 브레이크의 끽하는 소리, 고양이의 가르랑거리는 소리 등은 하나가 아니라 여러 다른 주파수 성분들로 구성되어 있다. 비록 당신은 그 혼합체를 지각하지만(예컨대, 가르랑거림에서 206Hz 성분이 아니라), 귀가 소리에 대해 하는 최초의 일은 그것을 별개의 성분 주파수들로 쪼개는, 즉 분석하는 것이다. 그다음 음고, 음량, 및 음질이라는 심리학적 속성들은 내이에 의해 표상되는 개별적인 주파수 성분들로부터 뇌에 의해 '건축'되는데, 마치 시각 지각이 망막상의 활동에 대한 공간 패턴

"귀에 이명이 있다고요. 내가 도와줄 수 있겠군요."

달팽이관
액체가 채워진 관으로서 청각 변환의 기관

기저막
내이에 있는 한 구조물로 이소골에서 온 진동이 달팽이관 액에 닿을 때 출렁거린다.

융모세포
기저막에 들어가 있는 전문화된 청각 수용기 세포들

으로부터 '건축'되는 것과 비슷하다. 다음에서 청각에 대한 논의의 초점은 청각 시스템이 소리 주파수를 어떻게 부호화하고 표상하는가이다(Kubovy, 1981).

인간의 귀

청각 시스템은 음파를 신경 신호로 어떻게 전환시키는가? 그 과정은 시각 시스템과 매우 다른데, 빛이 일종의 전자기적 방사인 반면에 소리는 시간에 걸친 공기 압력의 물리적 변화라는 점을 고려할 때 이것은 그다지 놀라운 일이 아니다. 여러 형식의 에너지는 여러 가지 변환 과정이 있음을 시사한다. 인간의 귀는 독특한 세 부분들로 나뉘는데, 그림 4.23에 나와 있다. 외이는 음파를 모아 중이로 집중시키고, 중이는 소리 진동을 내이로 전달한다. 내이는 두개골 안에 들어가 있는데, 소리 진동들이 신경 흥분으로 변환되는 곳이다.

외이는 머리 바깥에서 볼 수 있는 부분(귓바퀴라 불림), 귓구멍, 귀청(고막)으로 구성되는데, 귀청은 공기가 통하지 않는 피부 판막으로서 귓바퀴가 모아서 귓구멍으로 보낸 음파들에 반응하여 진동한다. 중이는 귀청 뒤에 공기가 채워진 작은 방인데, 이소골이라 불리는 몸에서 가장 작은 3개의 뼈를 포함한다. 그 모양에 따라 추골(망치), 침골(모루), 등골(등자형)이라 불리는 이소골은 서로 지렛대 모양으로 잘 끼워 맞춰져 있어서 귀청에서 내이로 진동을 기계적으로 전달하고 강화시킨다.

내이는 나선 모양의 **달팽이관**(cochlea)을 포함하는데, 이는 액체가 채워진 관으로서 청각 변환의 기관이다. 달팽이관은 **기저막**(basilar membrane)에 의해 길이 방향으로 나누어진다. 기저막은 내이에 있는 한 구조물로 이소골에서 온 진동이 달팽이관 액에 닿을 때 출렁거린다(그림 4.24 참조). 그것의 파도 같은 운동은 수천 개의 작은 **융모세포**(hair cells), 즉 기저막에 들어가 있는 전문화된 청각 수용기 세포들을 자극한다. 그다음 융모세포들은 신경전달 분자들을 방출하여 청신경에서 신경 신호를 유발시키고 이것은 뇌로 전달된다. 당신을 뼛속까지 떨리게 만드는 "사랑해"라는 속삭임이 주변에서 꼬리를 흔들고 있는 여러 개의 작은 융모세포들로부터 첫 출발을 한다고 당신은 생각하고 싶지 않을 것이다. 그러나 청각의 기제는 바로 그러한 것이다.

> 귀에 있는 융모세포는 우리가 어떻게 들을 수 있게 하는가?

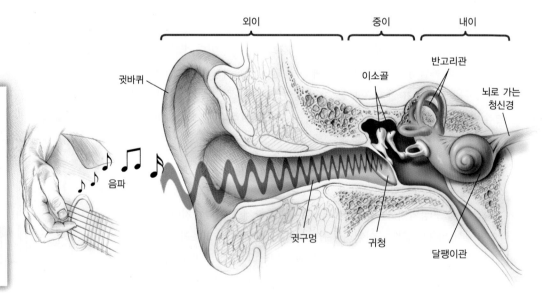

▶ 그림 4.23 **인간 귀의 해부 구조** 귓바퀴는 음파들이 귓구멍으로 집중시켜 귀청이 소리의 주파수에 상응하는 비율로 진동하게 한다. 중이에서 이소골들은 귀청의 진동을 포착해, 그것들을 증폭시키고, 내이에 있는 액체로 채워진 달팽이관의 표면에 있는 막을 진동시킴으로써 진동을 전달한다. 여기에서 액체는 음파의 에너지를 청각수용기로 나르고, 청각수용기는 그 에너지를 전기화학적 활동으로 변환시키며 뇌로 가는 청신경을 이루는 신경원들을 흥분시킨다.

외이   중이   내이

귓바퀴

반고리관

이소골

뇌로 가는 청신경

음파

귓구멍   귀청   달팽이관

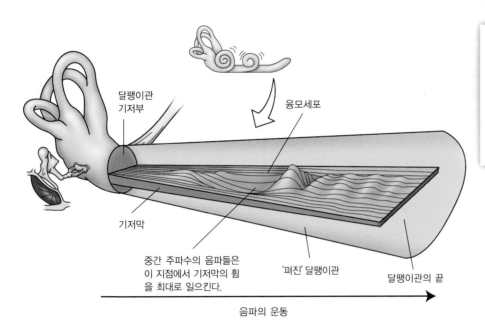

◀ 그림 4.24 **청각 변환** 달팽이관 안에서 (여기에서는 풀린 것처럼 보이는) 기저막은 달팽이관 액의 파 에너지에 반응하여 출렁거린다. 여러 주파수를 가진 파들은 막의 여러 위치에서, 막의 끝에서는 저주파수에 대해, 기저부에서는 고주파수에 대해, 물결을 일으키며, 파는 그 위치에 붙어 있는 융모세포 수용기들이 구부러지게 한다. 융모세포의 운동은 청각 신경원에서 신경 흥분을 일으키는데, 그것의 축색돌기는 달팽이관에서 나오는 청신경을 이룬다.

달팽이관
기저부

융모세포

기저막

중간 주파수의 음파들은
이 지점에서 기저막의 휨
을 최대로 일으킨다.

'펴진' 달팽이관

달팽이관의 끝

음파의 운동

음고 지각

내이에서, 청신경의 활동 전위는 시상으로 이동하고 마침내 **A1 영역**(area A1)이라고 하는 대뇌 피질의 한 영역으로 간다. A1 영역은 **일차 청각 피질**을 포함하는 측두엽의 한 부분이다(그림 4.25 참조). 대부분의 사람들의 경우, 왼쪽 반구에 있는 청각 영역들은 언어와 관련된 소리를 분석하고, 오른쪽 반구에 있는 영역들은 리듬 있는 소리나 음악에 전문화되어 있다. 청각 피질이, 대체로 시각 시스템의 배측 및 복측 흐름과 유사하게, 2개의 구별되는 흐름으로 구성되어 있다는 증거가 또한 있다. 공간적('어디') 청각 특징들은 공간에서 소리 출처의 위치를 찾을 수 있게 하는데, 청각 피질의 등쪽(꼬리쪽)을 향하는 영역들에 의해 처리되는 반면, 비공간적인('무엇') 특징들은 소리를 식별할 수 있게 하는데, 청각 피질의 하부(복측) 부위에 있는 영역들에 의해 처리된다(Recanzone & Sutter, 2008).

A1 영역에 있는 신경원들은 단순한 음에 잘 반응하고, 뇌에서 이어지는 청각 영역들은 점점 더 복잡한 소리를 처리한다(그림 4.25와 작은 확대그림 참조; Rauschecker & Scott, 2009; Schreiner, Read, & Sutter, 2000; Schreiner & Winer, 2007). 인간의 귀는 약 1,000~3,500Hz 주변의 주파수에 가장 민감하다. 그런데 음파의 주파수는 신경 신호로 어떻게 부호화되는가? 귀는 음파의 주파수를 약호화하기 위해 2개의 기제를 진화시켜 왔는데, 하나는 고주파수를 위한 것이고 다른 하나는 저주파수를 위한 것이다.

● **장소 부호**(place code)는 주로 고주파수를 위해 쓰이는데, 여러 주파수들이 기저막을 따라 놓인 특정 위치들에서 신경 신호를 자극할 때의 과정을 가리킨다. 1930년대부터 1950년대에 이르기까지 수행된 일련의 실험에서, 노벨 수상자인 게오르그 폰 베케시(Georg von Békésy, 1899~1972)는 현미경을 써서 의학 연구용으로 기증된 시체의 내이에 있는 기저막을 관찰하였다(Békésy, 1960). 베케시는 기저막의 운동이 이동 중인 파와 비슷하다는 것을 발견하였다(그림 4.24 참조). 자극하는 소리의 주파수가

A1 영역
일차 청각피질을 포함하는 측두엽의 한 부분

장소 부호
서로 다른 주파수들이 기저막을 따라 특정 위치에서 신경 신호를 자극하는 과정이며, 이로부터 뇌는 음고를 판정한다.

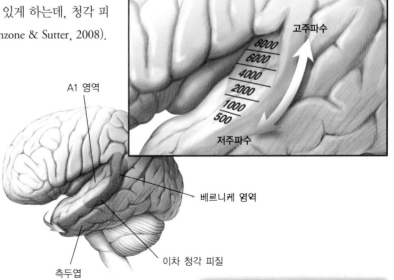

고주파수

8000
6000
4000
2000
1000
500

A1 영역

저주파수

베르니케 영역

이차 청각 피질

측두엽

▲ 그림 4.25 **일차 청각 피질** A1 영역은 각 반구의 측면 열구 아래에서 측두엽 안으로 접혀 있다. 좌반구의 청각 영역은 대부분의 사람들에서 말을 지배한다. A1 피질은 위상적 조직화(삽입 그림)를 가지고 있는데, 저주파수는 뇌의 앞쪽으로 고주파수는 뒤쪽으로 대응이 되며, 달팽이관을 따라 된 기저막의 조직화를 반영한다(그림 4.24 참조).

시간 부호
달팽이관이 청신경에 들어가는 활동 전위들의
발화율을 통해 저주파수들을 기록한다.

파의 모양을 결정한다. 주파수가 낮을 때 기저막에서 넓고 유연한 끝자락(정점)이 가장 잘 움직이며, 주파수가 높을 때 기저막의 좁고 뻣뻣한 끝(기저)이 가장 잘 움직인다. 기저막의 운동은 융모세포를 휘게 하고, 이것은 청신경에서 신경 신호가 시작되도록 한다. 축색돌기는 가장 잘 움직이는 기저막 영역 근처에 있는 융모세포들에서 가장 강하게 발화한다. 그리고 뇌는 어느 축색돌기가 가장 활동적인가에 관한 정보를 써서 당신이 '듣는' 음고를 결정한다.

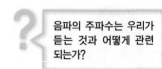
음파의 주파수는 우리가 듣는 것과 어떻게 관련되는가?

- 보완적인 과정이 저주파수를 처리한다. **시간 부호**(temporal code)는 청신경에 들어가는 활동 전위들의 발화율을 통해 비교적 저주파수들을(약 5,000Hz에 이르기까지) 기록한다. 융모세포로부터 온 활동 전위들은 입력되는 음파들의 봉우리들과 시간상으로 동기화된다(Johnson, 1980). 베이스 드럼이 내는 리듬감 있는 붐-붐-붐 소리를 상상할 수 있다면, 당신은 아마도 이 비트에 상응하는 활동 전위들의 발화-발화-발화를 상상할 수 있을 것이다. 이 과정은 장소 부호가 제공하는 정보를 대신하여, 음고에 관해 매우 정확한 정보를 뇌에 제공한다.

음원의 위치 찾기

두 눈의 차이 나는 위치들이 입체시를 주듯이, 머리의 반대 측면에 있는 귀들의 배치는 입체음향적인 청력을 준다. 음원에 더 가까이 있는 귀에 도달하는 소리는, 주로 청자의 머리가 소리 에너지를 부분적으로 가리기 때문에, 더 먼 귀에 도달하는 소리보다 더 크다. 이런 음량의 차이는 음원이 정확하게 측면을 향한 위치에서부터(최대 차이) 정확하게 전방으로(차이 없음) 이동함에 따라 점차 감소한다.

소리 위치에 대한 또 다른 단서는 때맞춤(timing)이다. 음파는 멀리 있는 귀보다 가까이 있는 귀에 약간 더 빨리 도착한다. 이 때맞춤 차이는 백만분의 몇 초만큼이나 짧기도 한데, 그러나 강도 차이와 결합되면 그것으로 소리의 위치를 지각하게 하는 데에 충분하다. 음원이 애매할 때 당신은 자신이 머리를 좌우로 돌려서 소리의 위치를 찾는다는 것을 발견할 수 있다. 이렇게 함으로써 당신은 귀에 들어오는 음파의 상대 강도와 때맞춤을 변화시키며, 가능한 음원에 관한 더 좋은 정보를 수집한다. 머리를 돌리는 것은 또한 눈을 써서 음원의 위치를 찾도록 하는데, 당신의 시각 시스템은 당신의 청각시스템보다 음원의 위치를 꼭 집어내는 데에 더 능숙하다.

달팽이관 이식장치는 마이크가 소리를 포착해 사용자의 허리띠나 귀 뒤에 착용한 작은 언어처리 컴퓨터로 보내서 작동한다. 언어처리기로부터 나오는 전기신호들은 이식된 수신기로 보내지며, 이것은 다시 신호들을 전극을 통해 달팽이관으로 보내며, 여기에서 신호들은 직접 청신경을 자극한다.

청력 손실

대충 말하자면, 청력 손실에는 두 가지 주요한 원인이 있다. 전도성(conductive) 청력 손실은 귀청이나 이소골이 음파를 달팽이관으로 효과적으로 전도할 수 없을 정도로 손상되었을 때 일어난다. 그러나 달팽이관 그 자체는 정상적이어서 이 청력 손실은 추골, 침골, 등골, 혹은 귀청과 같이 귀에서 움직이는 부분에서 생기는 일종의 '기계적인 문제'가 된다. 많은 경우, 약물치료나 수술로 이런 문제를 고칠 수 있다. 보청기로 하는 소리 증폭도 달팽이관에 바로 인접한 귀 주변의 뼈를 통한 전도를 이용해 청력을 높일 수 있다.

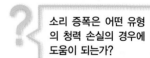
소리 증폭은 어떤 유형의 청력 손실의 경우에 도움이 되는가?

감각신경성(sensorineural) 청력 손실은 달팽이관, 융모세포, 혹은 청신경의 손상으로 일어난다. 이것이 나이가 들면서 거의 모든 사람들에게 발생한다. 감각신경성 청력 손실은 (록 음악가나 제트엔진 기술자처럼) 높은 소음 수준에 정기적으로 노출되는 사람에게서 두드러진다. 소리를 단순히 증폭시키는 것은 도움이 되지 않는데, 융모세포가 음파를 더 이상 전도할 수 없기 때문이다. 이런 경우, 달팽이관 이식(cochlear implant)이 하나의 구원이 될 수 있다.

달팽이관 이식기구는 융모세포의 기능을 대체하는 전자 장치이다(Waltzman, 2006). 그 장치의 외부 부품들에는 마이크로폰과 USB 키 크기의 언어처리기가 있는데, 귀 뒤에 착용되고, 그리고 귀 뒤의 두피에 놓이는 외부 송신기가 있다. 이식되는 부품들에는 두개골 바로 안에 있는 수신기와 청신경을 자극하기 위해 달팽이관 안에 삽입되는 전극을 포함한 가는 전선이 있다. 마이크에 의해 포착된 소리는, 사실상 소형 컴퓨터에 해당하는 언어처리기에 의해 전기신호로 변환된다. 신호는 이식된 수신기로 전달되고, 이것은 달팽이관에 있는 전극을 작동시킨다. 달팽이관 이식은 이제 통상적으로 사용되고 있으며, 말을 이해할 수 있을 정도로 청력을 향상시킬 수 있다.

두드러진 청력 손실은 고령화됨에 따라 사람들이 경험하고 있지만, 유아에게는 드물다. 그러나 아직 말하기를 배우지 않은 유아들은 특히 취약한 상태에 있는데, 그 이유는 아기들이 언어 학습의 결정적 시기를 놓칠 수 있기 때문이다(7장 참조). 이 시기 동안 청각적 되먹임(feedback)이 없다면, 정상적인 말은 획득하기가 거의 불가능하다. 달팽이관 이식기구의 이른 사용은 귀먹은 아이들의 말하기 및 언어 기술의 향상과도 연관되어 왔다(Hay-McCutcheon et al., 2008). 정상적인 언어 발달의 기회를 최대로 하기 위해 12개월 혹은 더 어린 아이들에게도 달팽이관 이식을 할 수 있게 만들려고 노력 중이다(DesJardin, Eisenberg, & Hodapp, 2006; Holman et al., 2013). (음악의 중요성과 뇌 발달에 대해서는 '현실세계' 참조).

요약

▶ 소리의 지각은 세 가지 물리적 차원에 달려 있다. 음파의 주파수는 음고를 결정하고, 진폭은 음량을 결정하고, 주파수 복합성의 차이 혹은 혼합된 패턴은 음질을 결정한다.

▶ 청각적 음고 지각은 귀에서 시작한다. 귀의 외이는 음파를 중이로 보내며, 중이는 그 진동을 다시 달팽이관이 있는 내이로 보낸다. 내이에서 발생하는 활동 전위들은 시상을 경유해서 측두엽에 있는 일차 청각 영역(A1 영역)으로 가는 청각 흐름을 따라 이동한다.

▶ 청지각은 장소 부호와 시간 부호 모두에 의존하는데, 음원의 위치를 파악하는 능력은 머리의 양쪽에 있는 귀의 배치에 의해 중요하게 결정된다.

▶ 어떤 청력 손실은 소리를 증폭시키는 보청기를 통해 극복될 수 있다. 융모세포가 손상되었을 때, 달팽이관 이식이 가능한 해결책이다.

다소 볼품없어 보이는 지오데식 돔은 샌프란시스코에 있는 세계적인 과학 박물관인, 익스플로레토리엄의 바닥에 있다. 촉각 돔이라 불리는데, 이것은 1971년 오그스트 코폴라(프랜시스 포드 코폴라 감독의 형제이며 영화배우 니콜라스 케이지의 아버지)와 촉지각으로만 사용될 수 있는 환경을 만들고자 했던 칼 데이(Carl Day)에 의해 만들어졌다. 돔 안은 완전히 검다. 방문자들은 기어가고, 꼼지락거리고, 미끄러지고, 그렇지 않으면 단지 촉각만을 써서 친숙하지 않은 지면을 이동해야 한다. 한 시간이나 그 이상 그런 환경에 있다면 어떤 느낌이 들까?

신체 감각 : 피부 깊이 그 이상의 것

시각과 청각은 멀리 있는 세상에 관한 정보를 제공한다. 환경에 있는 빛과 소리 에너지에 반응함으로써 이 '원격' 감각들은 우리가 주변의 물체와 사람을 식별하고 위치를 파악할 수 있도록 한다. 이와 비교해서 **체감각**(somatosenses)이라고도 불리는 신체 감각들은 아주 가까이 있고 개인적인 것이다. **촉지각**(haptic perception)은 손으로 물체를 접촉하거나 붙잡음으로써 환경을 적극적으로 탐색하는 것이다. 우리는 피부에 있는 다양한 수용기들뿐만 아니라 근육, 건, 그리고 관절에 있는 감각 수용기들을 사용하여 주변 세상에 대한 느낌을 얻는다(그림 4.26 참조).

© EXPLORATORIUM

음악 훈련 : 시간을 들일 만하다

당신이 더 어렸을 때 악기를 연주하는 것을 배웠는가? 아마 당신에게 음악은 그 자체로 보상이었을 것이다 (혹은 그렇지 않았을 것이다). 주로 엄마와 아빠를 기쁘게 해 주기 위해 연습을 한 사람이라면 누구에게나 좋은 소식이 있다. 음악 훈련은 다양한 이득이 있다. 뇌로부터 시작해 보자. 음악가들은 비음악가와 비교해서 운동 피질에 더 큰 가소성(plasticity)이 있다(Rosenkranz et al., 2007). 그들은 운동 및 청각 뇌 영역에서 비음악가와 비교해서 회질(grey matter)이 더 커졌다(Gaser & Schlaug, 2003; Hannon & Trainor, 2007). 그리고 그들은 비음악가와 비교해서 음악적 자극에 대한 뇌 반응에서 차이를 보인다(Pantev et al., 1998). 그러나 음악 훈련은 또한 비음악적인 영역에서 청각 처리에까지 확장된다(Kraus & Chandrasekaran, 2010). 예를 들어, 음악가들은 비음악가와 비교해서 말소리를 들을 때 향상된 뇌 반응을 보인다(Parbery-Clark et al., 2012). 음악가들은 또한 말소리가 소음이 있는 배경에서 제시될 때 그것을 탐지하는 데에 향상된 능력을 보인다(Parbery-Clark, Skoe, & Kraus, 2009). 이 효과는 아이들, 젊은 성인, 및 노인에게서도 입증되었는데, 노인들은 보통 소음이 있는 환경에서 말소리를 지각하는 데에 심각한 문제가 있다(Parbery-Clark et al., 2011).

상관관계를 인과관계와 혼동하지 않도록 조심하라는 것을 기억한다면, 당신은 아마 다음과 같이 질문할 것이다. 음악가들과 비음악가들의 차이들이 음악 훈련의 효과를 반영하는가, 아니면 그것들이 어떤 사람이 처음에 음악가가 되도록 이끈, 아마도 유전적인 차이들과 같은, 개인차를 반영하는가? 아마 음악적 혹은 다른 청각적 자극들에 대한 향상된 뇌 반응들로 축복을 받은 사람들은 그들의 천부적 능력들 때문에 음악가가 되기로 결정할 것이다. 최근의 실험들은 음악적 훈련의 인과적

THINKSTOCK

역할을 지지한다. 한 연구는 음악 훈련을 받지 않은 아이들과 비교해서, 15개월의 음악 훈련(피아노 연주를 배우기)을 받은 후에 초등학교 학생의 청각 및 운동 영역에서 구조적인 뇌 차이들을 보여 주었다(Hyde et al., 2009). 게다가 훈련 받은 집단의 뇌 변화들은 운동 및 청각 기술에서의 향상과 연관되어 있었다. 다른 연구는 두 집단의 8세 아이들을 비교했는데, 한 집단은 음악 훈련을 6개월 받았으며 다른 집단은 그림 훈련을 6개월 받았다. 음악 훈련은 음악적 및 말소리 자극에 대한 뇌의 전기적 반응에 변화를 낳았으며, 그런 변화들은 음악 및 말소리 지각 과제 모두에서 향상된 수행과 상관이 있었다(Moreno et al., 2009). 더 최근의 음악 훈련 연구들은 또한 말소리 지각에서의 이득을 보고했으며(Francois et al., 2013), 어린 시절에 음악 훈련에 의해 생성된 신경적 변화들이 성인기까지 지속한다는 것을 가리킨다(Skoe & Kraus, 2012).

우리는 아직 왜 음악 훈련이 청각 처리에 그런 광범한 효과를 갖는지를 모르지만, 하나의 그럴 듯한 원인 제공자는 악기 연주를 배우는 것은 소리의 자세한 세부 사항에 주의를 요구한다는 것이다(Kraus & Chandrasekaran, 2010). 추가 연구들은 의심할 나위 없이 추가 요인들을 집어낼 것이지만, 지금까지의 연구는 당신의 연습 시간들이 정말로 그 시간의 가치가 있었다는 것을 의심할 여지를 거의 남기지 않는다.

촉각

촉각은 피부 감각을 신경 신호들로 변환함으로써 시작한다. 피부 표면 아래에 있는 네 가지의 수용기 덕분에 우리는 피부에 가해지는 압력, 결, 또는 진동을 감지할 수 있다(그림 4.26 참조). 이렇게 전문화된 세포들의 수용장들은 함께 작동하여 당신이 물체를 느끼거나 붙잡으려고 하면서 물체를 탐색할 때 풍부한 촉감 경험을 제공한다. 게다가 열수용기(thermoreceptor), 즉 온냉을 감지하는 신경섬유들은 피부 온도가 변할 때 반응한다. 이 모든 감각들은 지각 과정에서 당연히 끊김 없이 함께 섞여 있지만, 세밀한 생리학적 연구를 통해 촉각 시스템의 부분들을 성공적으로 분리해 낼 수 있었다(Hollins, 2010; Johnson, 2002).

신체 표면에 대한 신경적 표상과 관련된 세 가지 중요한 원리들이 있다. 첫째로 신체의 왼쪽 반은 뇌의 오른쪽 반에서 표상되며, 그 반대도 마찬가지라는 점이다. 둘째로, 시각 두뇌의 상당 부분이 정밀도가 가장 좋은 중심와 시각을 담당하듯이, 촉각 두뇌의 상당 부분은 더 좋은

? 공간적인 세부를 변별하는 것은 왜 손끝과 입술에 중요할까?

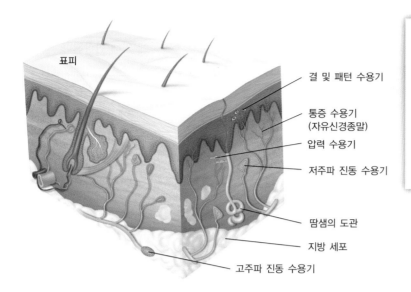

표피

결 및 패턴 수용기

통증 수용기
(자유신경종말)

압력 수용기

저주파 진동 수용기

땀샘의 도관

지방 세포

고주파 진동 수용기

◀ 그림 4.26　**촉각 수용기**　전문화된 감각 신경원들이 압력, 온도, 및 피부에 대한 진동을 탐지하는, 별개의 촉각 수용기 집단을 이룬다. 촉각 수용기들은 자신의 수용장 안에 주어지는 자극에 반응하며, 그것의 긴 축색돌기들은 척수 혹은 뇌신경을 경유해 뇌로 들어간다. 통증 수용기들은 통증을 느끼는 모든 신체 조직에 분포한다. 그것들은 표피 아래뿐만 아니라 뼈 주위, 근육 안, 및 내장기관에도 분포되어 있다. 통증 수용기의 두 종류(즉각적이고 날카로운 통증 감각을 빨리 전달하는 신경섬유 및 느리고, 둔한 통증을 신호하고 오래 지속하는 신경섬유)는 모두 자유신경종말들이다.

공간 해상도를 갖는 피부 표면 부위들을 담당한다. 손끝이나 입술과 같은 영역들은 섬세한 공간적 세부를 잘 변별하는 반면, 허리와 같은 영역들은 그런 일에 아주 서투르다. 3장에서 읽은 체감각 소인(homunculus)으로 다시 돌아가 생각해 보라. 당신은 신체의 여러 위치들이 두정엽에 있는 체감각 피질의 여러 위치에 감각 신호들을 투사한다는 것을 기억할 것이다. 셋째로 우리가 시각과 청각에 대해 이미 살펴본 구분들과 유사하게 촉각에서도 '무엇' 및 '어디' 경로들 간의 구별이 있다는 증거들이 쌓이고 있다. 촉각에서 '무엇' 시스템은 표면과 물체의 속성들에 관한 정보를 제공한다. '어디' 시스템은 접촉되고 있는 외부 공간의 한 장소 혹은 자극되고 있는 신체상의 한 장소에 관한 정보를 제공한다(Lederman & Klatzky, 2009). fMRI 증거는 '무엇' 및 '어디' 촉각 경로가, 각각 두정엽의 하부 및 상부 부위에 있는 영역들과 관련된다는 것을 시사한다(Reed, Klatzky, & Halgren, 2005).

　촉각 정보는 의사결정과 판단에도 막강한 효과를 가질 수 있다. 예를 들면, 최근 연구는 우리가 가지고 있지 않은 물체를 단지 접촉하는 것만으로도 소유의 느낌이 증가하고, 우리가 그것을 쳐다보지만 접촉하지 않을 때보다 그 물체에 훨씬 더 높은 가치를 두게 한다는 것을 시사한다(Peck & Shu, 2009). 그것을 더 오래 접촉할수록, 그것을 더 크게 가치 있게 생각한다(Wolf, Arkes, & Muhanna, 2008). 당신은 다음 번 가게에서 비싼 물건을 사려고 생각할 때 '단순 접촉'효과(mere touch effect)를 명심해야 할 것이다. 소매상들은 이 효과를 아마 의식하고 있을 것이다. 2003년 연휴 쇼핑 시즌 동안, 일리노이 주의 검찰총장은 물품을 만져 보도록 권하는 가게들에 대해 조심하도록 쇼핑객들에게 경고했다(Peck & Shu, 2009).

다음 쇼핑 여행을 주의하라. 상품에 손대는 것은 그냥 쳐다보는 것보다 당신으로 하여금 그것이 더 가치 있다고 평가하도록 이끌 수 있다.

통증

통증으로부터 면제된 삶이라는 가능성은 매력적인 것처럼 보이는가? 통증은 아마 가장 즐겁지 않은 감각이겠지만, 촉각의 이런 측면은 생존에서 가장 중요한 측면에 속한다. 통증은 신체의 손상 혹은 잠재적인 손상을 가리킨다. 통증이 없는 삶의 가능성은 매력적으로 보일 수 있으나, 통증을 느낄 능력이 없다면 우리는 감염, 골절, 혹은 심각한 화상 등을 간과할지 모른다. 통증에 대한 선천적인 둔감성은 특히 통증 지각을 손상시키는 희귀한 유전적 장애인데, 축복이라기보다는 저주에 가깝다. 이 장애를 겪는 아이들은 종종 자신을 불구로 만들며(예를 들면, 혀를 깨물거나, 긁어서 피부를 후벼판다) 아동기에 죽을 위험이 더 높다(Nagasako, Oaklander,

연관통
내부 및 외부 영역에서 오는 감각 정보가 척수에 있는 동일한 신경 세포로 수렴할 때 발생하는 통증의 느낌

출입문 제어 이론
몸에 있는 통증 수용기로부터 오는 신호들은 두 방향에서 오는 되먹임 신호를 통해 척수에 있는 중간신경원에 의해 중지될, 즉 차단될 수 있다는 생각에 기초한 통증 지각의 이론

& Dworkin, 2003).

조직 손상은 통증 수용기들인, 그림 4.26에 있는 자유신경 종말들에 의해 변환된다. 연구자들은 빨리 작동하는 A-델타 섬유들과 더 느린 C 섬유들을 구별했는데, 전자는 갑작스러운 상처로부터 즉각 느낄 수 있는 초기의 날카로운 통증을 전달하고, 후자는 첫 손상 이후에 이어지는 더 오랫동안 지속하고 더 둔한 느낌의 통증을 전달한다. 당신이 바깥에서 맨발로 달리다가 바위에 발가락을 부딪혔다면, 당신은 처음에 A-델타 섬유들에 의해 전달되는 급격하고 찌르는 듯한 통증을 느낄 것인데, 이것은 빨리 약해진 다음 C 섬유에 의해 전달되는 욱신거리면서 더 오래 지속되는 통증에 의해 대체될 것이다. A-델타 및 C 섬유는 모두 선천적 통증 둔감증의 경우에 손상되어 있으며, 이것이 이 장애가 생명에 위협적일 수 있는 한 이유이다.

3장에서 보았듯이, 통증 철수 반사는 척수에 의해 조정된다. 뜨거운 난로에 손을 댈 때 어떤 두뇌의 힘도 필요하지 않다. 당신은 자신의 손을 거의 즉각적으로 움츠린다. 그러나 예컨대 넘어질 때 몸을 버티려다가 팔꿈치를 삐는 경우에 통증의 신경 신호들은 뇌에 있는 2개의 다른 영역으로 전달되며 2개의 독특한 심리적 경험을 일으킨다(Treede et al., 1999). 한 통증 경로는 신호를 체감각 피질로 보내어 통증이 어디에서 일어나는지 어떤 종류의 통증인지(날카로운지, 타는 듯한지, 둔한 것인지)를 식별한다. 두 번째 통증 경로는 신호를 뇌의 동기 및 정서 중추, 예를 들면 시상하부와 편도체 그리고 전두엽으로 보낸다. 이것이 통증이 불쾌하고 우리가 통증을 피하거나 벗어나려고 하게 만드는 측면이다.

통증은 전형적으로 통증을 일으키는 조직 손상의 지점으로부터 생겨나는 것처럼 느껴진다. 손가락을 데었다면 당신은 통증이 거기에서 발생하는 것으로 지각할 것이다. 그러나 우리는 피부 외에도 여러 영역에 통증 수용기들을 가지고 있는데, 뼈 주위, 근육 내부 및 내부 장기에도 있다. 통증이 내부에서, 이를테면 신체 장기에서 발생할 때 실제로 우리는 신체 표면에서 그것을 느낀다. 이런 종류의 **연관통**(referred pain)은 내부 및 외부 영역에서 오는 감각 정보가 척수에 있는 동일한 신경 세포로 수렴할 때 발생한다. 하나의 흔한 예는 심장 발작이다. 피해자들은 종종 통증이 가슴 내부보다는 왼팔에서 퍼져 나오는 것으로 느낀다.

통증의 강도가 항상 통증을 일으키는 상처의 정도로만 예측될 수 있는 것은 아니다(Keefe, Abernathy, & Campbell, 2005). 예를 들면, **종자골염**(turf toe)은 가장 약한 질병처럼 보인다. 이것은 엄지발가락의 기저부에서 생기는 통증인데, 달리기 선수나 축구 선수들이 운동하는 동안 하기 쉬운, 반복적으로 구부리거나 미는 동작의 결과로 생긴다. 신체의 작은 영역에서 발생하는 사소해 보이는 손상이 그럼에도 불구하고 심각한 통증 때문에 한 달 동안이나 선수로 뛰지 못하게 할 수 있다. 반면에 뼛속까지 얼릴 듯한 물속을 수 시간 동안 계속 걸었다거나, 혹은 트랙터 사고 후에 도와줄 사람을 찾기 위해 부러진 다리를 시골길을 따라 1마일(약 1.6km)이나 끌고 갔다거나, 혹은 타는 듯한 통증과 광범위한 조직 손상에도 불구하고 믿을 수 없는 일을 해낸 것에 대한 이야기들을 당신도 한두 가지 들었을 것이다. 통증 유형과 통증 강도의 상관은 높지만 완벽하지는 않는데, 이는 연구자들을 궁금하게 만든 사실이다.

최근 어떤 증거에 따르면 주관적인 통증 강도는 민족 집단에 따라 다를 수 있다(Campbell & Edward, 2012). 예를 들어, 열 통증이나 냉 통증을 포함하여 다양한 종류의 실험적으로 유발된 통증에 대한 반응을 조사한 연구에서 젊은 백인 성인과 비교해서 젊은 흑인 성인은 몇 가지 종류의 통증에 대한 참을성이 더 낮았으며, 같은 통증 자극을 더 강하고 불쾌한 것으로 평가했다(Campbell, Edward, & Fillingim, 2005).

통증 지각에 대한 영향력 있는 한 가지 설명은 **출입문 제어 이론**(gate-control theory of pain)인데, 이 이론은 몸에 있는 통증 수용기로부터 오는 신호들은 두 방향에서 오는 되먹임 신호

(feedback)를 통해 척수에 있는 중간신경원에 의해 중지될 수도, 혹은 차단될 수도 있다고 주장한다(Melzack & Wall, 1965). 통증은 예를 들면 상처 입은 영역을 문지름으로써 피부 수용기에 의해 차단될 수 있다. 부딪힌 당신의 발가락을 문지르는 것은 '그 출입문을 닫는' 신경원을 활동시켜서 통증 신호가 뇌로 가는 것을 막는다. 통증은 또한 통증 전달 신경원의 활동을 조절함으로써 뇌로부터 차단될 수 있다. 이 신경적 되먹임은 통증 그 자체에 의해서가 아니라 시상 내부 깊은 곳에서 일어나는 활동에 의해서 유발된다.

> **?** 상처 입은 곳을 문지르는 것은 왜 때때로 통증을 줄이는 데에 도움이 될까?

이 신경적 되먹임은 PAG(periaqueductal gray)라 불리는 중뇌의 한 영역으로부터 나온다. 높은 스트레스와 같은 극단적 상황에서 자연적으로 분비되는 엔돌핀은 PAG가 척수의 신경원들에 억제 신호들을 보내도록 자극하고, 이것은 통증 신호가 뇌로 가는 것을 억제하고, 그래서 통증의 경험을 조절할 수 있다. PAG는 또한 모르핀과 같은 아편 물질의 작용에 의해 활성화될 수 있다.

다른 종류의 되먹임 신호가 통증 감각을 증가시킬 수 있다. 이 시스템은 감염이나 학습된 위험 신호들과 같은 사건들에 의해 작동된다. 우리가 매우 아플 때, 다른 경우라면 약한 불편으로 경험될 만한 것이 꽤 고통스러운 것으로 느껴질 수 있다. 이런 통증 촉진 신호는 아마도 아픈 사람으로 하여금 쉬게 하고 힘든 활동을 피하도록 해서 그들의 에너지가 치료에 쓰이도록 진화하였을 것이다.

통증에 대한 출입문 제어 이론의 어떤 세부사항은 도전을 받아왔지만, 그 이론 배후의 핵심 개념, 즉 지각이 양방향이라는 것은 광범위한 함축점들을 가지고 있다. 감각 기관들은 통증 감각과 같은 정보를 뇌로 보내는데, 이는 지각 심리학자들이 **상향 제어**(bottom-up control)라고 이름 붙인 패턴이다. 뇌는 이 감각 자료를 여러 연속적 수준들 상에 걸쳐 지각 정보로 처리하여 운동, 물체 재인 및 궁극적으로 기억과 계획하기와 같은 더 복합적인 인지 과제들을 지원한다. 그러나 뇌는 우리가 감각하는 것에 대해서도 많은 제어를 행사한다는 풍부한 증거가 있다. 착시 및 실제로 없는 것을 채워 넣기, 명확하게 하기, 완성하기 등에 관한 게슈탈트 원리들이 몇 가지 예이다. 이런 종류의 **하향 제어**(top-down control)는 또한 뇌가 접촉 및 통증의 경험에 어떻게 영향을 주는지를 설명해 준다.

신체 위치, 운동 및 균형

이상하게 들릴 수도 있겠지만, 감각과 지각의 한 측면은 당신 몸의 부분들이 어떤 순간에 어디에 있는지를 아는 것이다. 당신의 몸은 사지의 위치를 끊임없이 시각적으로 확인하기 위해 눈을 움직이는 대신, 물리적 공간에서 그 위치를 감지하기 위한 어떤 방법을 필요로 한다. 위치, 운동 및 균형과 관련된 감각들은 신체 내부에서 생성되는 자극에 기초한다. 근육, 건 및 관절에 있는 수용기들은 공간에서 신체의 위치를 신호하는 반면, 균형과 머리 위치에 관한 정보는 내이에서 생겨난다.

감각 수용기들은 사지, 머리 및 몸의 위치와 운동을 지각하는 데에 필요한 정보를 준다. 이 수용기들은 또한 우리가 원하는 운동을 정확하게 수행하는지, 그리고 붙잡은 물체의 저항이 그 운동에 어떻게 영향을 줄 수 있는지에 관한 되먹임 정보를 준다. 예를 들면, 야구 방망이를 휘두를 때 방망이의 무게는 방망이가 공을 맞힐 때의 감각에서의 변화뿐만 아니라, 당신의 근

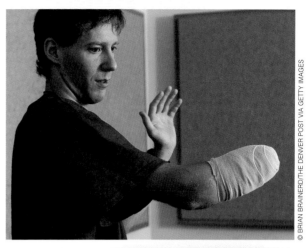

아론 랠스톤은 비극이 닥쳤을 때 유타 주의 외진 계곡에서 하이킹을 하고 있었다. 450킬로그램이 넘는 큰 돌이 5일 동안 그를 1미터가 안 되는 너비의 공간에 꼼짝 못하게 고정시켰는데, 마침내 그는 자신의 팔을 주머니 칼로 잘라내는 수밖에 다른 도리가 없게 되었다. 그다음 그는 지혈용 압박대를 대고, 줄을 타고 계곡을 내려온 다음 안전한 곳으로 빠져나왔다. 이 이야기 및 유사한 것들은 부상의 정도는 경험되는 통증의 정도와 완전하게 상관되지는 않는다는 것을 보여 준다. 자기-절단은 의심할 나위 없이 몹시 괴롭지만, 이 경우에는 다행히도 그를 약하게 만들지는 않았다.

육이 팔을 어떻게 움직일지에 영향을 준다. 당신의 팔이 실제로 움직이는 방식에 대한 근육, 관절 및 건의 되먹임은 학습을 통해 수행을 향상시키는 데에 사용될 수 있다.

균형을 유지하는 것은 **전정 시스템**(vestibular system), 즉 각 내이의 달팽이관 옆에 위치한, 액체로 채워진 3개의 반고리관과 인접 기관들에 일차적으로 달려 있다(그림 4.23 참조). 이 세 반고리관들은 직각을 이루는 세 방향으로 배치되어 있고, 그 안에는 융모세포가 있어서 머리가 움직이거나 가속할 때 액체의 운동을 탐지한다. 융모세포의 휘어짐은 전정 신경에서 활동을 생성하고, 그다음 이것은 뇌로 전달된다. 이렇게 탐지된 운동은 우리의 균형, 즉 중력 방향에 대한 우리 몸의 위치를 유지할 수 있게 한다(Lackner & DiZio, 2005).

시각도 균형을 유지하는 데 도움을 준다. 만일 방의 모서리들과 같은 수직 방향과 비교해서 당신이 흔들리고 있다는 것을 본다면, 당신은 팔다리를 움직여 넘어지지 않도록 할 것이다. 심리학자들은 사람을 앞뒤로 기울어질 수 있는 방에 놓아두고서 균형에 대한 이런 시각적 효과에 대해 실험을 했다(Bertenthal, Rose, & Bai, 1997; Lee & Aronson, 1974). 방이 충분히 기울어지면, 특히 어린아이들이 시험 중일 때, 사람들은 자신의 시각 시스템이 말하고 있는 것을 보상하려는 듯이 몸을 휘청거리곤 한다. 시각 단서가 제공하는 정보와 전정 기관 되먹임 사이의 불일치가 생길 때 멀미가 생길 수 있다. 다음에 당신이 움직이는 차의 뒷좌석에서 글을 읽고자 한다면 이런 불일치를 기억하라!

> **?** 눈을 감고 한 발로 서는 것은 왜 그렇게 힘든가?

사진 설명: 방망이나 라켓으로 공을 치는 것은 이 물체들의 저항이 당신의 운동과 균형에 어떻게 영향을 주는지 외에도 당신의 팔과 몸이 공간의 어디에 있는지에 관한 되먹임을 제공한다. 세레나 윌리엄스와 같이 성공적인 운동선수들은 특히 잘 발달된 신체 감각들을 가지고 있다.

AP PHOTO/RICK RYCROFT

요약

▶ 몸에 있는 감각 수용기들이 두정엽의 한 부위인 체감각 피질의 여러 위치로 신경 신호들을 보낸다. 뇌는 이 신호들을 촉각으로 해석한다.

▶ 통증 경험은 두 가지의 별개의 경로로 이동하는 신호들에 달려 있다. 하나는 신호들을 체감각피질로 보내어 통증의 위치와 종류를 나타내고, 다른 것은 신호들을 뇌의 정서 센터로 보내는데, 이것이 우리가 피하고자 하는 불쾌한 느낌을 낳는다. 통증 경험은 개인마다 차이가 큰데, 이것은 통증의 출입문 제어 이론에서 말하는 통증의 상향 측면 하향 측면에 의해 설명된다.

▶ 균형과 가속(의 느낌)은 일차적으로 전정기관에 의존하지만 또한 시각에 의해서도 영향을 받는다.

화학 감각 : 풍미를 더하기

체감각은 신체 내부 혹은 표면에서의 물리적 변화와 관련된 것이다. 시각과 청각은 세상의 에너지 상태, 광파와 음파를 감지하고, 촉각은 신체 표면 내부 혹은 그 위에서의 물리적 변화에 의해 작동된다. 우리가 살펴볼 감각들 중 맨 마지막 것들은 화학적 기초를 공유하는 것으로서 원격 및 근접 측면을 결합하는 것이다. 후각(냄새)과 미각(맛)이라는 화학적 감각은 당신이 공기를 들이마실 때 비강 안으로 들어와 떠돌거나, 침에서 녹는 물질들의 분자 구조에 반응한다. 냄새와 맛은 결합되어 우리가 **풍미**(flavor)라고 부르는 지각 경험을 낳는다.

전정 시스템
각 내이의 달팽이관 옆에 위치한, 액체로 채워진 3개의 반고리관과 인접 기관들

후각 수용기 신경원(ORN)
냄새 감각을 일으키는 수용기 세포들

후각구
전두엽 아래 비강 위에 위치한 뇌 구조

냄새

후각은 이해된 바가 가장 적은 감각이며 전뇌로 직접 연결되어 있는 유일한 감각인데, 여기에서 전두엽, 편도체 및 다른 전뇌 구조들로 가는 경로가 있다(3장에서 보았듯이 다른 감각들은 먼저 시상으로 연결된다). 이런 대응은 냄새가 정서적 및 사회적 행동과 관련되는 영역들과 밀접한 관계를 가지고 있음을 가리킨다. 냄새는 동물에게서 친숙한 것, 즉 친한 생물, 먹을 수 있는 음식, 혹은 성적으로 수용적인 짝을 신호하는 감각으로 진화해 온 것처럼 보인다.

수많은 물질들이 공기 중에 향(odor)을 방출하며, 그 **방향성 분자**들 중 일부는 우리가 숨 쉬는 공기 중에 떠다니다가 우리 코로 들어온다. 그림 4.27에서 보듯이 비강의 윗부분을 따라 있는 것이 후각상피라고 하는 점막인데, 여기에는 약 천만 개의 **후각 수용기 신경원**(olfactory receptor neurons, ORNs), 즉 냄새 감각을 일으키는 수용기 세포들이 있다. 방향성 분자들은 이 특수한 수용기들이 있는 자리에 결합되는데, 만일 충분한 결합이 일어나면 ORN은 후각 신경으로 활동 전위를 보낸다(Dalton, 2003).

각 후각 신경원은 어떤 방향물질과는 결합하지만 다른 것과는 결합하지 않는 수용기들을 가지고 있는데, 마치 수용기들이 자물쇠이고 방향물질은 열쇠인 듯하다(그림 4.27 참조). ORN 집단들은 후각상피로부터, 전두엽 아래 비강 위에 위치한 뇌 구조인 **후각구**(olfactory bulb)로 그 축색돌기를 뻗고 있다. 인간은 약 350개의 서로 다른 ORN 유형들을 가지고 있으며, 이들은 우리가 대략 10,000개의 서로 다른 방향물질을, 각 방향물질이 일으키는 신경 활동의 독특한 패턴을 통하여 서로 구별할 수 있게끔 한다. 이런 설정은 망막 수용기 세포들에서 적은 수의 유형들만 가지고 광범한 색들을 볼 수 있는 능력이나, 촉각 수용기

? 인간은 얼마나 많은 향기들을 맡을 수 있는가?

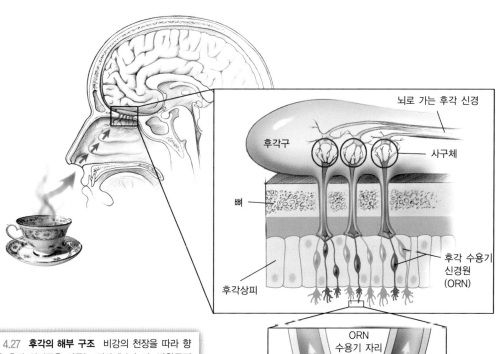

▶ 그림 4.27 **후각의 해부 구조** 비강의 천장을 따라 향 분자들은 후각 상피들을 이루는 점막에 녹는다. 방향물질들은 그다음 상피에 붙어 있는 후각 수용기 신경원(ORN) 들에 결합한다. ORN들은 여러 냄새에 반응하며, 한번 활성화되면, 후각구에서 그것들과 연합된 사구체들로 활동 전위들을 중계하는데, 이들은 전두엽 바로 아래에 위치한다. 사구체는 신경원들과 연접하는데 그 축색돌기들이 후각 신경을 이루며, 이것은 전뇌로 바로 투사된다.

뇌로 가는 후각 신경

후각구

사구체

뼈

후각 수용기
신경원
(ORN)

후각상피

ORN
수용기 자리

향 분자가 있는 공기

페로몬
자기 종족의 다른 성원들에 의해 방출되는 생화학적 방향물질로서 동물의 행동이나 생리작용에 영향을 미칠 수 있다.

세포들에서 단지 한줌밖에 안 되는 유형들에 기초해서 다양한 피부 감각을 느낄 수 있는 능력과 유사하다.

어떤 개는 인간보다 100배나 더 많은 ORN들을 가지고 있어서 이에 걸맞게 수백만 개의 냄새들을 탐지하거나 서로 구별하는 예민한 능력을 발휘한다. 그럼에도 인간은 매우 낮은 농도에서도 어떤 물질의 냄새에 대해서는 민감하다. 예를 들면, 가스 누출을 탐지하는 데 도움이 되도록 천연 가스에 첨가된 화학복합물은 백만 개당 0.0003개 비율의 농도에서 감지될 수 있다. 이와 대조적으로 아세톤(손발톱 광택제 제거제)은 대부분의 사람들이 자극성이 강하다고 생각하는 것인데, 그 농도가 백만 개당 15개 비율 혹은 그 이상일 때에만 탐지될 수 있다.

후각구는 출력을 뇌의 여러 중추로 보내는데, 여기에는 기본 충동, 정서 및 기억의 제어를 담당하는 부분들도 포함된다. 냄새 지각은 그것이 즐거운지 불쾌한지에 대한 우리의 정서적 반응(Khan et al., 2007)뿐만 아니라, 기억에 저장된 정보에 후각 입력을 관련짓는(Stevenson & Boakes, 2003) 것이 필요한, 냄새의 정체에 관한 정보도 포함한다. 이 과정들 중 어느 것이 먼저 일어나는가? 당신이 집안으로 들어가 갓 구운 초콜릿 칩 쿠키의 놀라운 냄새를 맡을 때, 당신의 긍정적인 정서 반응은 당신이 그 냄새를 식별하기 전에 생기는가 아니면 그 반대인가? 대상 중심 접근(object-centered approach)에 따르면, '냄새 대상'의 정체에 관한 정보는 기억으로부터 재빨리 접근되고 그다음 정서 반응을 유발한다(Stevenson & Wilson, 2007). 유인가 중심 접근(valence-centered approach)에 따르면, 정서 반응이 먼저 나와서 냄새의 정체를 판정하는 기초를 제공한다(Yeshrun & Sobel, 2010). 이 두 견해들을 구별하려는 최근의 시도들은 냄새 지각이 우선 기억에 의해, 그다음 정서에 의해 유도된다는 생각을 지지한다(Olofsson et al., 2012).

냄새와 정서 간의 관계는 왜 냄새가 즉각적이고 강력하게, 긍정적 혹은 부정적인 효과를 우리에게 미칠 수 있는지를 설명해 준다. 사과파이를 굽는 냄새를 조금 맡기라도 하면 어릴 때의 즐거웠던 기억이 되살아나고, 구토물 냄새를 잘못 맡기라도 하면 언젠가 참석했던 특히 안 좋았던 파티의 기억을 떠올리게 된다면, 이 말이 무슨 뜻인지를 알고 있으리라. 감사하게도 다른 감각의 경우와 마찬가지로 냄새의 경우에도 감각 순응이 작용한다. 연합된 것이 좋든 나쁘든, 몇 분 후에는 냄새가 희미해진다. 냄새 순응에는 일리가 있다. 그것은 우리가 대응해야 할 필요가 있는 새 냄새를 탐지하게 하지만, 초기 평가를 내린 이후에는 우리의 민감도를 낮추어 다른 냄새를 탐지할 수 있도록 하는 것이 최선일 수 있다.

맛과 냄새는 함께 우리가 풍미라고 지각하는 것을 낳는다. 이것이 포도주의 '향기'를 맡는 것이 포도주 맛을 보는 의식의 필수적 부분이 되는 이유이다. 포도주 시음의 경험은 또한 포도주 가격을 아는 것과 같은 인지 요인들에 의해서도 영향을 받는다.

냄새에 대한 우리 경험은 ORN의 부위에 결합하는 방향 분자들과 같은 상향 영향들에 의해서뿐만 아니라, 냄새에 대한 이전 경험들과 같은 하향 영향들에 의해서도 결정된다(Gottfried, 2008). 이런 아이디어와 일치하는 것으로서, 사람들은 동일한 냄새가 '몸 냄새'와 같은 호소력이 없는 것보다는 '체다 치즈'와 같은 호소력이 있는 이름표와 짝지어질 때, 그것을 더 즐겁게 평정했다(de Araujo et al., 2005; Herz & von Clef, 2001). fMRI 연구의 증거는 안와전두(orbiotofrontal) 피질과 같은, 경험의 즐거움을 부호화하는 데 관여하는 뇌 영역들이, 그것이 몸 냄새라고 생각할 때보다 체다 치즈라고 사람들이 생각할 때 같은 냄새임에도 더 강하게 반응한다는 것을 보여 준다(de Araujo et al., 2005; 맛 지각과 관련해서 연관된 발견을 보려면 '최신 과학 : 위로부터의 맛' 참조).

냄새는 사회 행동에도 일정한 역할을 할 수 있다. 인간과 다른 동물들은 **페로몬**(pheromone)에서 나온 냄새를 탐지할 수 있는데, 이것은 같은 종족의 다른 성원들에 의해 방출되는 생화학적 방향물질로서 동물의 행동이나 생리작용에 영향을 미칠 수 있는 것이다. 부모는 자기 자식들의 냄새를 다른 사람의 아이들로부터 구별할 수 있다.

위로부터의 맛

2008년, 포도주 *시음*(Goldstein & Herschkowitsch, 2008)이란 제목의 책의 출간은 몇몇 이상의 포도주 감정가들을 불편하게 만들었다. 이 책은 저자와 동료들이 17개의 맹목적(blind) 포도주 시음에서 수집한 6,175개의 관찰 결과를 분석한 글에 기반을 두었다. 시음회들은 다양한 가격의 포도주들을 사용했으며, 주 저자이며 음식비평가인 로빈 골드슈타인(Robin Goldstein)에 의해 조직되었다(Goldstein, Almenberg, Dreber, Emerson, Herschkowitsch, & Katz, 2008). 이 결과들은 어느 편인가 하면, 시음가들은 더 비싼 포도수들을 더 싼 포도주들보다 약간 덜 좋아했다는 것을 시사했다.

비록 이 발견들은 보통의 포도주 애호가들이 많은 돈을 다음번 포도주 구입에 쓰는 것을 좌절시키지는 않겠지만, 포도주의 가격을 아는 것이 포도주를 즐기는 데 영향을 미치는지에 대한 질문을 열어 놓는다. 후각과 비슷하게, 맛에 대한 우리의 경험은 음식 분자들에 의해 유발되는 다섯 가지 맛 수용기의 활동 패턴과 같은 상향적 영향에 의해 부분적으로 결정되지만, 또한 우리가 어떤 브랜드를 먹고 있는지 혹은 마시고 있는지를 아는 것과 같은, 하향적 요인들에 의해서도 결정된다.

포도주를 즐기는 것과 이와 연관된 뇌 활동에 대한 하향적 영향(가격 지식)의 효과를 조사하기 위해, 연구자들은 20명의 참가자들이 여러 포도주들 혹은 통제 용액을 마시는 동안 그들을 fMRI 스캔을 했다(Plassman et al., 2008). 참가자들은 다섯 가지의 다른 카베네 쇼비뇽(포도주 품종)을 맛볼 것이며, 여러 포도주는 그 가격에 의해 식별될 것이며, 그들은 각 포도주가 얼마나 좋았는지를 평정해야 한다는 말을 들었다. 그러나 참가자들은 단지 세 가지 다른 포도주들이 실제로 제시되었으며, 2개의 결정적 포도주들은 두 번 제시되었다는 것을 몰랐다. 하나의 결정적 포도주는 한 번은 실제 가격(5달러)으로, 한 번은 높게 표시된 가격(45달러)으로 표시되어, 제시되었다. 다른 결정적 포도주도 역시 한 번은 실제 가격(90달러)으로, 그리고 한 번은 낮게 표시된 가격(10달러)으로 제시되었다. 이 설계 덕분에 연구자들은, 참가자들이 동일한 포도주가 비싸거나 싸다고 생각했을 때 그 포도주에 대한 평정과 뇌 활동을 비교할 수 있었다.

스캔하는 동안, 참가자들은 낮은 가격보다 높은 가격으로 대접 받았을 때 두 가지 포도주를 더 좋아한다고 보고했다는 것을 결과는 보여 주었다. fMRI 분석에서 연구자들은 내측 안와전두 피질(medial orbitofrontal cortex: mOFC), 즉 경험의 즐거움을 부호화하는 데 관여하는 것으로 알려진 전두엽 깊숙이 위치한 뇌의 한 부위에 초점을 맞추었다(Kuhn & Gallinat, 2012). mOFC 활동의 수준은 이전 fMRI 연구에서 맛 즐거움에 대한 주관적 평가와 밀접하게 상관이 있었다(Kringelbach et al., 2003). 옆에 있는 그림에서 보이듯이, 낮은 가격 조건보다 높은 가격 조건에서 두 포도주 모두에 대해 더 큰 mOFC 활동이 있었다.

이 결과들은 맛 경험과 이와 연관된 신경 활동은 가격 지식과 같은 하향 영향에 의해 영향받을 수 있다는 것을 분명히 보여 준다. 관련된 연구는 기대와 같은 다른 하향 영향도 맛 경험과 뇌 반응 모두에 영향을 미칠 수 있다는 것을 보여 주었다(Nitschke et al., 2006). 참가자들이 그들이 맛볼 액체가 달다고 예상하거나 아니면 무미하다고 예상하도록 연구자들이 조작한 최근의 fMRI 연구를 보자(Veldhuizen et al., 2011). 대부분의 시행들에서 참가자들의 기대는 들어맞았다. 그들은 단맛의 혹은 무미한 액체를 기대하도록 단서가 주어졌으며 그다음 단서가 가리키는 종류의 액체를 받았다. 그러나 몇 시행에서 그들의 기대는 위배되었다. 그들은 단맛 혹은 무미한 액체를 기대하도록 단서를 받은 뒤 그 반대의 액체를 받았다. 단맛 자극을 받든 무미한 자극을 받든 기대가 위배되었을 때, 여러 뇌 영역에서 활동이 증가했는데, 이는 부분적으로 일반적 '놀람' 반응을 반영하는 것이다. 그러나 전 뇌섬(anterior insula)라고 알려진 뇌의 맛 시스템의 한 부위는 예기치 않은 자극물이 단맛을 함유할 때 가장 많은 활동을 보였는데, 이것은 하향 영향이 맛 경험에 관여하는 것으로 알려진 뇌의 한 부위에 영향을 미칠 수 있다는 것을 가리킨다.

이 연구들의 결과들은 비싼 브랜드에 기꺼이 돈을 지불하려는 포도주 애호가들에게 다소 위안을 줄 것이다. 그들은 맹목적 시음 조건에서 더 싼 브랜드와의 차이를 구별할 수 없음에도, 그들이 비싼 포도주를 마시고 있다는 것을 아는 것만으로도 즐거운 경험을 가질 수 있다.

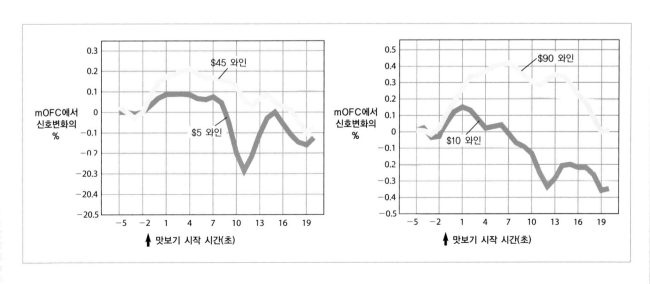

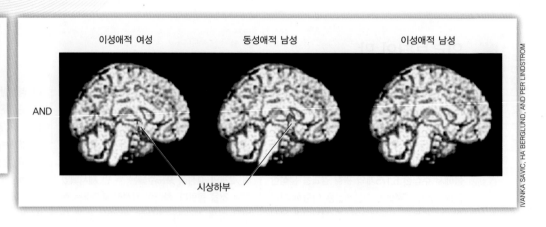

▶ 그림 4.28 **냄새와 사회행동** PET 연구에서 이성애적 여성, 동성애적 남성, 및 이성애적 남성들이 몇 개의 향들 중 각각에 노출될 때 뇌 스캔을 받았다. (그림에서 AND로 지칭된) 테스토스테론 기반의 향이 제시되는 동안, 이성애적 여성(왼쪽) 및 동성애적 남성(가운데)에게서 시상하부에서 유의미한 활동이 있었으나, 이성애적 남성(오른쪽)에서는 그렇지 않았다(Savic et al., 2005).

이성애적 여성 　　　　동성애적 남성　　　　　이성애적 남성

AND

시상하부

맛봉오리
맛 변환 기관

유아는 엄마 가슴의 냄새를 다른 엄마의 냄새로부터 구별할 수 있을 것이다. 페로몬은 곤충과 쥐, 개 및 영장류를 포함한, 몇몇 포유류 종의 생식 행동에도 일정한 역할을 한다(Brennan & Zufall, 2006). 같은 말을 인간의 생식 행동에 대해서도 할 수 있을까?

성이 다른 사람들의 냄새에 대한 사람들의 선호에 관한 연구는 엇갈린 결과를 내었는데, 사람들이 다른 즐거운 냄새들보다 그 냄새를 선호하는지에 대해 일정한 경향성이 드러나지 않았다. 그러나 최근 연구는 성적 지향과 인간 페로몬을 구성하는 냄새에 대한 반응 사이에 연결고리를 제공해 준다. 연구자들은 양전자 방출 단층촬영술(PET) 스캔을 써서 두 냄새에 대한 뇌의 반응을 연구하였는데, 하나는 남성의 땀에서 생산된 테스토스테론과 관련된 것이고, 다른 것은 여성의 오줌에서 발견되는 에스트로겐과 관련된 것이었다. 테스토스테론 기반의 냄새는 이성애적 여성에게서 시상하부(성 행동을 제어하는 뇌 부위, 3장 참조)를 활성화시키지만 이성애적 남성에게는 해당하지 않는다. 반면에 에스트로겐 기반의 냄새는 이성애적 남성의 시상하부를 활성화시키지만 여성은 아니다. 놀랍게도, 동성애적 남성은 이 두 화학물질에 대해 여성들과 같은 방식으로 반응했다. 즉, 시상하부는 테스토스테론 기반 냄새에 의해 활성화되었으나 에스트로겐 기반 냄새에 의해서는 활성화되지 않았다(Savic, Berglund, & Lindstrom, 2005; 그림 4.28 참조). 성적 각성과 관련되지 않는 다른 흔한 냄새는 모든 세 집단들에 의해 유사하게 처리되었다. 동성애적 여성에 대한 추후 연구는 테스토스테론 및 에스트로겐 기반의 냄새들에 대한 여성들의 반응들이 이성애적 남성들의 반응들과 대체로 비슷하였다는 것을 보여 주었다(Berglund, Lindstrom, & Savic, 2006). 종합하면, 이 두 연구들은 어떤 인간적 페로몬은 성적 지향과 관련이 있다는 것을 시사한다.

맛

맛이라는 화학 감각의 일차적 책임들 중 하나는 당신에게 안 좋은, 즉 '유독하고 치명적인' 것들을 식별하는 것이다. 많은 독들이 쓴맛이 나기 때문에 우리가 구역질나는 것을 먹기를 피하는 것은 당연한데, 그래서 맛 혐오는 명백한 적응적 중요성을 가지고 있다. 맛 지각의 어떤 측면들은 유전적인데 극단적 쓴맛에 대한 혐오가 그렇고, 어떤 측면들은 학습된 것인데 한때 욕지기를 일으킨 특정 음식에 대한 혐오가 그런 경우이다. 어떤 경우든 혀와 음식물 사이의 직접 접촉은 무엇인가가 해로울지 혹은 맛있을지를 예상할 수 있게 한다.

미각은 왜 진화론적으로 이로운가?

혀는 유두라고 부르는 수천 개의 작은 돌기로 덮여 있는데, 맨눈으로도 쉽게 볼 수 있다. 각 유두 안에는 **맛봉오리**(taste bud)라는 맛 변환 기관이 수백 개 있다(그림 4.29 참조). 입은 혀, 입천장 및 인후 상부에 꽤 고르게 분포되어 있는 5,000~10,000개의 맛봉오리를 가지고 있다

식성이 까다로운가 아니면 단지 맛봉오리가 너무 많은가? 우리의 맛 지각은 나이와 더불어 쇠퇴한다. 우리는 우리가 20세가 될 때 맛 수용기들의 약 절반을 잃는다. 즉, 아동기는 맛의 환희의 시기 아니면 맛 감각의 과부하 시기일 수 있다는 말이다.

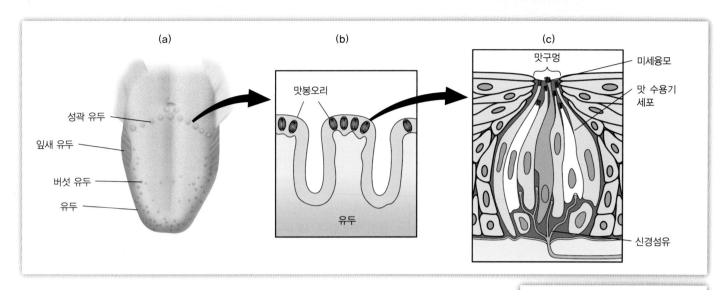

(a)

성곽 유두
잎새 유두
버섯 유두
유두

(b)

맛봉오리
유두

(c)

맛구멍
미세융모
맛 수용기 세포
신경섬유

▲ 그림 4.29 **맛봉오리** (a) 맛봉오리들이 입의 뒤, 측면, 및 천장뿐만 아니라, 여기에 보이는 당신 혀의 돌기들(유두)에 박혀 있다. (b) 각 맛봉오리는 맛 물질이라 불리는 음식의 다양한 화학 성분들에 반응하는 여러 수용기 세포들을 가지고 있다. 맛 물질들은 침에서 녹으며 맛 수용기 세포들의 끝을 이루는 미세융모를 자극한다. (c) 각 맛봉오리는 기저부에서 뇌신경의 가지들과 접촉한다.

(Bartoshuk & Beauchamp, 1994; Halpern, 2002). 각 맛봉오리는 50~100개의 맛 수용기 세포들을 가지고 있다. 맛 지각은 나이와 더불어 약해진다(Methven et al., 2012). 평균적으로 사람들은 스무살이 될 때까지 자신의 맛 수용기들 중 절반을 잃는다. 이것은 왜 어린아이들이 '식성이 까다롭게' 보이는지를 설명하는 데 도움을 주는데, 그들이 갖고 있는 굉장히 많은 수의 맛봉오리는 더 큰 범위의 맛 감각을 가져다 주기 때문이다.

인간의 눈은 수백만 개의 간상체와 추상체를 가지고 있으며 인간의 코는 약 350가지 다른 종류의 후각 수용기들을 가지고 있는데, 맛 시스템은 단지 다섯 가지의 주요한 맛 수용기를 가지고 있으며, 이것들은 다섯 가지의 일차적인 맛 감각들, 즉 짠맛, 신맛, 쓴맛, 단맛 및 감칠맛(umami)에 상응한다. 처음 네 가지는 매우 친숙하지만, 감칠맛은 그렇지 않다. 사실 지각 연구자들은 그것의 존재에 대해 여전히 논쟁 중이다. 감칠맛 수용기는 일본 과학자들에 의해 발견되었는데, 그들은 그것을 고농도의 단백질을 함유하는 음식, 예컨대 고기와 치즈에 의해 유발되는 맛 때문이라고 귀인했다(Yamaguchi, 1998). 만일 당신이 고기를 먹는 사람이고 버터가 뿌려진 스테이크나 당신 입안에 있는 치즈버거의 느낌을 음미한다면, 당신은 감칠맛 감각이 무엇인지를 알고 있는 것이다.

각 맛봉오리는 몇 가지 종류의 맛 수용기 세포들을 가지고 있는데, 그 끝은 미세융모(microvilli)라고 하며, 음식에 있는 맛을 내는 분자들에 반응한다. 짠맛 수용기들은 식용 소금인 염화나트륨에 의해 가장 강하게 활성화된다. 신맛 수용기 세포들은 식초나 라임 주스와 같은 산에 반응한다. 쓴맛이나 단맛 수용기들은 더 복합적이다. 쓴맛 수용기들에서 약 50~80개의 독특한 결합 부위들은 같은 수의 여러 쓴맛 화학물질들에 의해 활성화된다. 단맛 수용기 세포들도 마찬가지로 설탕 외에 광범한 물질들에 의해 활성화될 수 있다.

감칠맛 수용기 세포들에 대한 이해가 가장 부족하지만, 연구자들은 그것의 핵심 특징들을 연구하기 위해 애를 쓰고 있다(Chandrashekar et al., 2006). 그것들은 글루타민에 가장 강하게 반응하는데, 이것은 단백질을 포함하는 음식물에 있는 아미노산이다. 3장에서 글루타민은 신경전달물질로 작용한다는 것을 기억하라. 사실 그것은 주요한 흥분성 신경전달물질이다. 식품 첨가제인 MSG(monosodium glutamine, 합성조미료)는 종종 아시아 음식들의 풍미를 돋우기 위해 쓰이는데, 특히 감칠맛 수용기들을 활성화시킨다. 어떤 사람은 MSG를 먹은 후 두통이나 알레르기 반응이 생기기도 한다.

물론 맛 경험의 다양성은 여기에서 논의한 다섯 가지의 기본적인 수용기들을 훨씬 초과한

"우리는 싹눈 양배추처럼 맛이 나기 위해 유전적으로 수정되고 싶어요."

다. 침에 녹은 어떤 음식 분자들은 다섯 가지의 맛 수용기 유형들에서 특정하게 조합된 활동 패턴을 불러일으킨다. 비록 우리는 맛이 풍미의 일차적 출처라고 종종 생각하지만, 사실 맛과 냄새는 협동하여 이런 복합적인 지각을 낳는다. 어떤 포도주 감별사가 증언하듯이, 포도주의 풍미에 대한 충분한 경험은 섬세하게 훈련된 냄새 감각 없이는 평정될 수 없다. 입 바깥의 물질로부터 오는 방향 물질은 콧구멍을 통해 비강으로 들어가고, 입에 있는 방향 물질은 인후의 뒤를 통해 들어간다. 이것이 포도주 마니아들이 입 안에 머금은 포도주 위에서 공기를 흡입하도록 훈련받는 이유이다. 이것은 포도주의 방향 분자들이 이 '뒷문'을 통해 비강으로 들어가게 한다. (포두주의 맛은 또한 인지 요인들에 의해 영향받을 수 있는데, '최신 과학' 글상자가 보여 준다.)

풍미에 대한 냄새의 기여를 쉽게 시범할 수 있는 방법은 코를 붙잡고서 후각 시스템이 냄새를 맡지 못하도록 하면서 몇 개의 음식들을 맛보는 것이다. 당신이 감기에 걸렸다면 당신은 아마도 그 결과가 어떨지에 대해 알고 있을 것이다. 당신이 가장 좋아하는 매콤한 브리또나 산뜻한 파스타는 아마 가장 무미한 맛으로 드러날 것이다.

맛 경험은 또한 개인 간에도 크게 다르다. 약 50%의 사람이 카페인, 사카린, 어떤 녹색 채소, 및 다른 물질들에서 약간 쓴맛을 보고하는 반면, 약 25%는 어떤 쓴맛도 보고하지 않는다. 첫째 집단의 사람들은 맛 **감식가**(taster)라고 불리고, 둘째 집단의 사람들은 비감식가로 불린다. 남은 25%의 사람들은 **초감식가**(supertaster)로서, 그런 물질들, 특히 진한 녹색의 채소들이 매우 써서, 먹지 못할 정도라고 보고한다(Bartoshuk. 2000). 아이들은 감식가 혹은 초감식가로 출발하는데, 이것은 어릴 때 음식 선호가 까다로운 경향성을 설명하는 데에 도움이 된다. 그러나 어떤 아이들은 크면서 비감식가가 된다. 초감식가들은 그들이 매우 쓰게 경험하는 맛을 가진 과일과 채소를 피하려 하기 때문에, 그들은 대장암과 같은 질병의 위험이 더 클 수도 있다. 반면에, 그들은 기름지거나, 크림이 든 음식들도 피하려 하기 때문에, 더 날씬한 경향성이 있으며 심혈관 관련 질병의 위험이 더 낮을 수 있다(Bartoshuk. 2000). 유전적 요인이 맛 지각에서 개인차들의 원인이라는 증거가 있지만(Kim et al., 2003), 이와 관련된 특정 유전자들에 관해서 탐구해야 할 많은 것들이 있다(Hayes et al., 2008; Reed, 2008).

요약

▶ 냄새의 경험, 즉 후각은 특정한 후각 수용기들의 부위에 결합하는 방향 분자들과 연관된다. 후각 수용기들은 후각구 내의 사구체에 수렴한다. 후각구는 다시 신호들을 추동, 정서 및 기억을 제어하는 뇌 부위로 보내는데, 이것은 왜 냄새가 우리에게 즉각적이고 강력한 효과를 미칠 수 있는지를 설명하는 데에 도움이 된다.

▶ 냄새는 또한 사회적 행동과도 관련되는데, 이는 여러 종에서 재생산 행동과 성적 반응과 관련되는 페르몬에 의해 예시된다.

▶ 맛 감각은 맛봉오리와 맛 수용기에 달려 있다. 맛봉오리는 혀, 입천장 및 인후의 상부에 분포되어 있으며, 맛 수용기는 짠맛, 신맛, 쓴맛, 단맛, 및 감칠맛이라는 다섯 가지의 일차 맛 감각들에 상응하는 것이 있다.

▶ 맛 경험은 개인에 따라 크게 다르며, 냄새 경험과 마찬가지로 인지적 영향에 부분적으로 달려 있다.

다른 생각

환각과 시각시스템

우리는 주변의 세상에 관한 신뢰할 만한 정보를 제공하기 위해 우리 지각 시스템에 의존한다. 그러나 우리는 이미 지각은 여러 종류의 착각을 범할 수 있다는 것을 보았다. 더 놀랍게도 우리 지각 시스템은 환각(hallucination)을 만들어낼 수 있다. 우리 외부 세상에 존재하지 않는 광경, 소리 혹은 다른 감각 경험들의 지각이 그렇다. 수전 크루글린스키(Susan Kruglinski)가 쓴 기사에 보고된, 뉴욕타임스와의 인터뷰에서 지각 심리학자, 라마찬드란(V. S. Ramachandran)이 논의했듯이, 생생한 시각적 환각이 저시력의 사람에게 혹은 망막에 심각한 손상이 있는 맹인에게조차 일어날 수 있다.

몇 년 전 어느 날, 도리스 스토운즈는 모리스 센닥(Maurice Sendak)의 괴물들이 사는 나라에서 나온 괴물들이 그녀의 침실로 쿵쾅거리며 들어오는 것을 보았다. 그다음 그 괴물들은 긴 청동 손톱을 가진 전통적인 태국 무용수들로 변했는데, 그들은 격렬하게 춤추면서 바닥에서 벽으로 그리고 천장으로 옮겨 다녔다.

그런 광경을 목도하고 충격을 받았지만, 85세의 여성인 스토운즈는 그녀가 환각을 경험하고 있다는 것을 자각하고 있었으며 그 환각이 그녀가 황반 변성이라는 눈병을 앓는 사실과 어떤 관계가 있다고 확신했다.

"나는 나의 뇌와 내 눈 사이에 어떤 일이 진행되고 있다는 것을 즉각 알았다"고 그녀는 말했다.

스토운즈 씨는 그녀가 부분적인 시력 손상이 생긴 이후로 매주 몇 번씩 분홍색 벽과 초기의 미국 퀼트가 그녀 눈의 사각지대(blind spot)를 이리저리 떠다니는 것을 보아 왔다.

사실 스토운즈 씨의 환각은 샤를 본네(Charles Bonnet) 증후군의 결과인데, 이는 시력 문제가 있는 사람들에게서 발견되는 이상하지만 비교적 흔한 장애이다. 시력 문제를 가진 사람들의 압도적인 다수는 70세 이상이기 때문에, 18세기의 스위스 발견자의 이름을 딴 이 증후군은 노인들 가운데 주로 발견된다. 그리고 노인들은 환각이나 망상을 포함할 수 있는 인지적 쇠퇴에 더 취약하기 때문에, 샤를 본네(증후군)는 정신병으로 쉽게 오진된다.

그것을 가지고 있는 많은 환자들이 정신병을 앓고 있다는 꼬리표가 붙을까 봐 두려워서, 결코 의사의 진찰을 받지 않는다.

"그것은 희귀한 장애가 아니다"라고 캘리포니아대학교 센디에이고 분교의 신경학자이며, 그 증후군에 대해 글을 썼던 라마찬드란 박사는 말한다. "꽤 흔한데, 사람들이 그 병을 가지고 있을 때 그것에 대해 말하고 싶어 하지 않을 뿐이다."

연구자들은 시력이 20/60보다 더 나쁜 사람들의 10 내지 15퍼센트에게서 이 장애가 발병한다고 추산한다. 사각 지대 혹은 저시력을 낳는 어떤 눈병이 출처가 될 수 있는데, 여기에는 백내장, 녹내장, 당뇨성 망막증, 그리고 더 흔하게는 황반 변성이 포함된다. 환각들은 단순한 색 조각들이나 패턴들에서 사람들이나 풍경의 실물 같은 이미지들로, 그리고 꿈에서 바로 튀어나온 환영들에 이르기까지 다양하다. 그 환각들은 보통 짧고 위협적이지 않으며, 그 증후군을 갖는 사람들은 보통 그들이 보고 있는 것이 실재가 아니라는 것을 이해한다.

연구자들은 말하기를, 어떤 면에서 그 증후군을 정의하는 환각들은 환상지 현상과 비슷한데, 여기에서 환자들은 절단된 팔다리를 여전히 생생하게 느끼며, 혹은 환청과 비슷한데, 여기에서 귀가 먹었는데 음악이나 다른 소리를 듣는다. 세 가지 사례 모두에서, 지각은 정상적으로는 뇌로 끊임없이 흘러가는 감각 정보의 상실에 의해 유발된다.

시각의 경우에 일차 시각 피질은 정보를 입수하는 것을 담당하지만 또한 기억된 혹은 상상된 이미지들을 형성하는 일도 담당한다. 라마찬드란 박사와 다른 전문가가 말하기를, 이 이중 기능은 정상 시각은 사실 입력되는 감각 정보와 내적으로 생성된 감각 입력의 융합이며 뇌는 그것이 보아 왔거나 볼 것이라고 기대하는 것으로 시야를 채운다는 것을 시사한다. 예컨대 당신이 당신 옆에 앉아 있는 사람이 푸른 셔츠를 입고 있을 것이라고 기대한다면, 재빠른 곁눈질로 볼 때 붉은 셔츠를 푸른색으로 잘못 지각할지 모른다. 더 직접적인 응시를 통해 더 많이 들어온 외적인 정보가 그 오지각을 고칠 수 있도록 한다.

"어떤 의미에서 우리는 모두 항상 환각을 느끼고 있다"고 라마찬드란 박사는 말했다. "우리가 정상 시각이라고 부르는 것은 현실에 가장 잘 들어맞는 환각을 우리가 고른 것이다."

광범한 시력 손상이 있으면, 감각적 갭(간극)을 채우려는 뇌의 경향성을 조정하고 안내하는 데에 쓸 수 있는 외적인 정보가 더 적다. 그 결과는 아이들의 책에서 나온 태국 무용수들 혹은 괴물들이 될 것이다….

샤를 본네 증후군은 250년 이상이나 전에 스위스 과학자인 본네에 의해 처음 묘사되었는데, 눈먼 그 자신의 할아버지는 스토운즈 씨가 보고 한 것과 비슷한 환각을 경험했다. 그러나 신경학자들과 다른 사람들은 최근에야 그 증후군을 연구하기 시작했다. 시각 시스템에 관해 당신이 배운 것에 근거해서 이 증후군을 어느 정도 이해할 수 있는가? 잘 보지 못하거나 전혀 볼 수 없는 사람이 어떻게 강한 시각 경험을 할 수 있는가? 이런 종류의 시각적 환각에 어떤 뇌 과정들이 책임이 있을 것인가? 어떤 단서들이 시각적 환각을 경험하는 사람들에 대한 신경영상화 연구들로부터 나오는데, 그것은 특정한 유형의 환각들이 환각의 특정한 내용을 맡고 있는 뇌 부위들의 활동에 의해 수반된다는 것을 보여 주었다(Allen, Larøi, McGuire, & Aleman, 2008). 예를 들어, 얼굴 환각은 얼굴 처리에 관여하는 것으로 알려진 측두엽의 한 부위에서의 활동에 의해 수반된다. 망막 너머의 시각 시스템에 대한 우리의 이해는 눈먼 사람이 시각 환각을 어떻게 그리고 왜 경험하는지에 대한 얼마간의 통찰을 줄 수 있을 것이다.

제4장 복습

주요 개념 퀴즈

1. 감각은 (　　　)와(과) 관련되는 반면 지각은 (　　　)와(과) 관련된다.
  a. 조직화, 조정
  b. 자극(주기), 해석
  c. 식별, 번역
  d. 이해, 정보

2. 환경의 물리적 신호들을 신경 신호로 바꾸고, 이것을 감각 신경원들이 중추신경계로 전달하는 과정을 무엇이라 하는가?
  a. 표상
  b. 식별
  c. 전파
  d. 변환

3. 자극을 겨우 탐지하는 데 필요한 최소한의 강도를 무엇이라 하는가?
  a. 비례적 크기
  b. 절대역
  c. 최소가지차이
  d. 베버의 법칙

4. 신체 바깥에 있는 빛의 세계는 중추신경계 안의 시각 세계와 무엇에 의해 연결되어 있는가?
  a. 각막
  b. 렌즈
  c. 망막
  d. 시신경

5. 망막을 두드리는 빛은, 세 종류의 추상체에 특정한 패턴의 반응을 일으킴으로써, 다음 중 어느 것을 보는 능력을 가능하게 하는가?
  a. 운동
  b. 색채
  c. 깊이
  d. 그림자

6. 뇌의 어떤 부분이, 부호화된 정보가 시각장면의 표상으로 체계적으로 대응되는, 일차시각피질인가?
  a. 시상
  b. 외측슬상핵
  c. 중심와
  d. V1 영역

7. 우리가 통합된 물체를 지각하도록 세부 사항들을 시각적으로 결합하는 능력은 다음 중 무엇으로 설명되는가?
  a. 특징통합 이론
  b. 착각적 접합
  c. 공감각
  d. 복측 및 배측 흐름

8. 전문화된 뇌 영역들이 특정한 부류의 물체들을 나타낸다는 아이디어는 무엇인가?
  a. 단원적 견해
  b. 주의 처리
  c. 분산 표상
  d. 신경 반응

9. (　　　)의 원리는 감각 신호들이 변할 때조차도 지각은 일관적으로 유지된다는 주장이다.
  a. 가현 운동
  b. 신호 탐지
  c. 지각 항상성
  d. 폐쇄

10. 이미지 기반 및 부분 기반 이론은 모두 다음 문제와 관련된다.
  a. 운동 탐지
  b. 대상 식별
  c. 바탕으로부터 형을 분리하기
  d. 근접성을 판단하기

11. 상대 크기와 선형 조망은 어떤 종류의 단서들인가?
  a. 운동-기반
  b. 양안
  c. 단안
  d. 형판

12. 음파의 주파수는 무엇을 결정하는가?
  a. 음고
  b. 음량
  c. 음질
  d. 음색

13. 머리의 반대편에 두 귀가 배치된 것은 다음 어떤 능력에 결정적인가?
  a. 음원 위치 파악하기
  b. 음고 판정하기
  c. 강도 판단하기
  d. 복잡성을 재인하기

14. 우리가 경험하는 통증의 위치와 유형은 다음 어디로 보내진 신호들에 의해 표시되는가?
  a. 편도체
  b. 척수
  c. 통증 수용기
  d. 체감각 피질

15. 냄새가 즉각적이고 강력한 효과를 가지는 이유를 가장 잘 설명하는 것은?
  a. 감정과 기억의 뇌 중추들이 냄새에 관여하는 것
  b. 우리가 가지고 있는, 매우 많은 수의 후각 수용기 신경원
  c. 페르몬으로부터 냄새를 탐지하는 능력
  d. 여러 방향 분자들이 다양한 패턴의 활동을 낳는다는 사실

주요 용어

가현 운동	달팽이관	변환	연관통
간상체	맛봉오리	색 대립 시스템	융모세포
감각	망막	시각형태 실인증	음고
감각 순응	맹점	시간 부호	음량
결합 문제	무주의맹	시력	음색
기저막	베버의 법칙	신호탐지이론	장소 부호
단안 깊이 단서	변화맹	양안 부등	전정 시스템

절대역	지각 항상성	출입문 제어 이론	후각 수용기 신경원(ORN)
정신물리학	착각적 접합	특징통합 이론	A1 영역
조절	촉지각	페로몬	V1 영역
중심와	최소가지차이(JND)	형판	
지각	추상체	후각구	

생각 바꾸기

1. 당신 친구 중 한 사람이 의료 윤리 수업을 듣고 있다. "오늘 어려운 사례에 대해 논의했어"라고 말한다. "몇 년 동안 식물인간 상태로 있었던 환자에 관한 것이야. 가족은 생명 유지 장치를 뗄 것인가를 결정해야 해. 의사 말에 따르면 그는 자신이나 환경에 대한 의식이 없고 그는 결코 회복될 가망이 없어. 그러나 빛이 눈에 비춰지면, 동공이 수축해, 이것은 그가 빛을 감지할 수 있고, 그래서 그는 자신의 환경을 지각할 수 있는 어떤 능력을 가지고 있음에 틀림없다는 것을 보여줘. 그렇지 않아?" 이 특정한 사례의 다른 세부 사항들에 관해서는 모른 채, 당신은 친구에서 환자가 빛을 감지할 수는 있지만 지각할 수는 없을지 모른다고 어떻게 설명할 것인가? 이 장의 어떤 다른 예들을 써서 감각과 지각의 차이를 설명해 줄 수 있는가?

2. 당신이 듣는 철학 수업에서, 교수는 "지각은 실재이다"라는 명제에 대해 토론한다. 철학의 관점에서 보면, 실재는 실제로 존재하는 사물의 상태인 반면, 지각은 그것들이 관찰자에게 어떻게 나타나 보이는가이다. 정신물리학은 이 논제에 대해 무슨 말을 해야 할 것인가? 감각 변환이 지각을 바꾸고, 절대적인 실재와 차이가 날 수 있는 지각을 낳을 수 있는, 세 가지 방식은 무엇인가?

3. 한 친구가 부하들 중 두 명의 목숨을 구해서 명예 훈장을 받은, 미국 병사 르로이 페트리에 관한 이야기를 들었다. 아프가니스탄에서 총격전 중에 수류탄이 그들의 발치에 떨어졌다. 페트리는 수류탄을 집어 다른 사람들로부터 멀리 던지려고 했으나, 그것이 폭발하여 그의 오른손을 파괴했다. 뉴스에 따르면, 페트리는 처음에 어떤 통증도 느끼지 못했다. 대신 그는 자신의 팔에 지혈대를 대면서 총격전이 진행되는 동안 부하들에게 소리쳐 명령을 내렸다. "그것은 정말로 영웅적이야." 당신 친구가 말한다. "그러나 통증을 느끼지 않는다니 정말 말도 안 돼. 그는 정말로 강인해서 통증에도 불구하고 계속 갔음에 틀림없어." 당신은 친구에서 무슨 말을 할 것인가? 통증 지각은 어떻게 바뀔 수 있는가?

주요 개념 퀴즈 정답

1. b, 2. d, 3. b, 4. c, 5. b, 6. d, 7. a, 8. a, 9. c, 10. b, 11. c, 12. a, 13. a, 14. d, 15. a

Need more help? Additional resources are located in LaunchPad at:
http://www.worthpublishers.com/launchpad/schacter3e

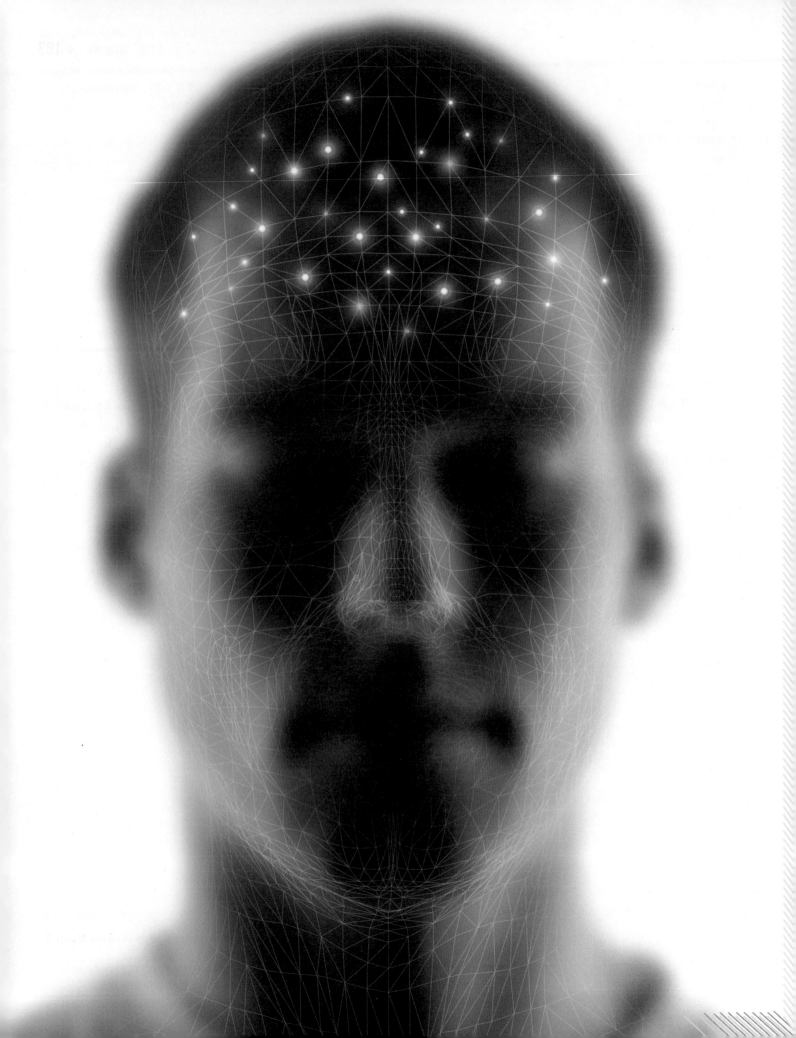

의식

무　의식이란 우리가 필요로 할 때까지 우리가 알지 못하는 그 어떤 것을 의미한다. 어느 날 벨리스킨은 의사가 자신의 목구멍 속으로 호흡관을 밀어 넣고 있는 동안 마취에서 깨어났고, 수술대 위에서 그녀는 자신이 이를 의식하지 못하기를 간절히 원했다. 그녀는 숨이 막히는 것을 느꼈지만 볼 수도, 숨을 쉴 수도, 고함을 칠 수도, 움직일 수도 없었다. 눈을 깜빡거리는 것조차 할 수 없었기 때문에 그녀는 수술을 집도하는 의사에게 자신이 깨어났다는 신호를 보낼 수 없었다. 이후 그녀는 그 당시의 상황을 다음과 같이 설명하였다. "너무 끔찍했어요. 왜 이런 일이 나한테 일어난 거지요? 왜 나는 팔의 감각조차 느낄 수 없었을까요? 마치 내 심장이 머리에서 두근거리는 것 같이 느껴졌어요. 마치 내가 생매장을 당하는 것 같았고 누군가가 내 목구멍으로 무엇인가를 밀어 넣는 것 같았어요. 나는 수술이 진행되고 있다는 것을 내가 의식하고 있다는 걸 알고 있었어요. 나는 관이 내 몸속으로 삽입되고 있다는 것을 충분히 알고 있었어요"(Groves, 2004).

어떻게 이런 일이 일어날 수 있는가? 수술을 위한 마취는 환자를 무의식에 빠지게 하여 '아무런 통증을 느끼지 않게' 하지만 이 경우는 —1000~2000번의 수술 사례 가운데 대략 한 사례(Sandin et al., 2000) —환자가 수술 도중 어느 순간에 의식을 되찾고 심지어 그 경험을 기억한다는 것이다. 일부 환자들은 통증을 기억하고 일부 환자들은 수술 도구들이 수술판에서 쨍 하고 부딪히는 소리나 의사와 간호사들이 서로 대화하는 것을 기억한다. 수술 도중 이러한 일들이 일어나서는 안 되지만 그럼에도 이러한 문제들이 일어나는 것은, 환자가 불수의적으로 움직이거나 수술을 방해하는 것을 막기 위해 근육 이완 약물을 사용하기 때문이다. 근육이 매우 이완되어 있기 때문에 무의식을 유도하기 위해 투입된 마취제가 제대로 작용하지 못할 경우 환자는 자신에게 문제가 발생했다는 것을 의사에게 신호하거나 말하지 못하게 된다.

수술 도중에 깨어나는 것은 그 자체로도 매우 심각한 일이지만 이는 또 다른 문제를 초래할 수 있다. 의식이 있는 환자는 수술 도중 지나치게 각성되고 감정적이 되며, 그 결과 혈압과 심장박동률이 위험 수준까지 상승할 수 있다. 또한 수술 도중에 깨어나는 것, 즉 의식을 찾는 것은 추후 정서적 문제를 초래할 수도 있다. 다행히 뇌의 전기적 활동의 측정을 통하여 환자가 깨어나는 것을 관찰할 수 있는 새로운 방법들이 개발되고 있다. 한 방법은 환자의 머리에 센서를 부착하여 이 센서를 통하여 0(*의식을 시사하는 뇌의 전기적 활동이 전혀 없음*)~100(*완전히 각성되어 있음*)까지 척도 중 어느 숫자를 나타내게 한다. 즉, 일종의 '의식 미터

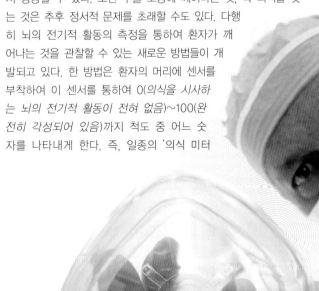

MASTERFILE

수술하는 동안에는 무의식 상태에 있는 것이 좋다

의식
세상과 마음에 관한 개인의 주관적 경험

현상학
의식적인 사람에게 사물이 어떻게 보이는가에
관한 것

(consciousness meter)'를 제공한다. 마취과 의사들은 이 척도의 점수가 대개 40~60 사이가 될 때까지 환자에게 마취제를 투여한다. 이 방법을 사용한 결과, 수술 도중 깨어나는 빈도와 수술 경험에 관한 기억을 수술 후에 보고하는 빈도가 감소하였다(Myles et al., 2004). 또한 이 척도의 점수가 오랫동안 45 이하에 있게 되면 수술 후 사망을 포함한 부정적인 결과가 초래될 위험이 증가하게 된다(Kertai et al., 2010). 수술실 내부에 구비되어 있는 이러한 도구들 중 하나로 말미암아 벨 리스킨은 다시 무의식 속으로 들어가게 되었다.

물론 대부분의 경우 우리는 의식을 소중하게 여긴다. 만약 의식이 없다면 우리가 어떻게 예술 작품과 잘 아는 노래의 가사를 감상할 수 있고, 달콤하고 과즙이 풍부한 복숭아를 맛보거나, 사랑하는 사람의 손을 잡을 때의 감촉을 느낄 수 있겠는가? **의식**(consciousness)은 *세상과 정신에 관해 개인이 가지는 주관적 경험*을 의미한다. 비록 여러분이 의식을 단순히 '깨어 있는 것'으로 여길 수 있으나 의식의 정의에는 경험이 포함된다. 즉, 여러분이 깨어 있을 때의 경험이나 생생한 꿈과 같은 경험이 의식에 포함된다. 의식적 경험은 인간 다움에 대한 필수적 요소이다. 마취과 의사가 벨 리스킨의 의식을 관찰하는 동안 가진 딜레마는 한 개인이 다른 사람의 의식을 경험하는 것이 불가능하다는 사실을 강하게 상기시켜 준다. 여러분의 의식은 매우 개인적인 것이며, 여러분만이 아는 사적인 경험이다.

어떻게 이 개인적인 세계를 연구할 수 있는가? 우리는 의식을 직접적으로 연구하는 방법부터 살펴보면서 의식이 무엇인지, 어떻게 의식이 무의식적 과정과 다른지를 알아보고자 한다. 그다음에는 변화된 의식 상태, 즉 수면과 꿈, 알코올 혹은 약물 중독, 최면과 명상을 살펴볼 것이다. 집에서 멀리 떨어져 있는 곳을 여행하는 도중에 가정의 의미를 깨닫게 되는 것처럼 변화된 의식을 통하여 의식의 의미에 관해 배울 수 있을 것으로 여겨진다.

의식과 무의식 : 마음의 눈을 열고 닫기

지금 이 순간 여러분은 자신이 무엇과 같다고 느끼는가? 아마 여러분은 여러분의 머릿속 어디에 있는 것처럼 혹은 여러분의 눈을 통해서 세상을 바라보고 있다고 여길 것이다. 이 책 위에 놓여 있는 손을 느낄 수 있을 것이며 여러분의 신체 위치 혹은 방에서 들리는 소리로 주의를 돌리는 것을 인식할 수 있을 것이다. 만약 여러분이 눈을 감고 여러분의 마음속에 있는 것들을 상상한다고 하면 상상 속에서도 많은 생각과 감정들이 오고가는 것을 인식할 것이다. 그러나 실제로 '여러분'은 어디에 있는가? 그리고 어떻게 이 의식의 극장이 여러분에게 다른 사람이 아닌 여러분 자신의 세상과 마음에 있는 것들을 보게 할 수 있는가? 여러분의 마음속에 있는 극장은 여러분 외 다른 사람을 위한 좌석을 가지고 있지 않기 때문에 여러분의 정신적 화면에 있는 것을 친구 혹은 연구자와 공유하는 것이 어렵고, 심지어 조금 전에 여러분 자신이 본 것과 정확하게 같은 방식으로 보는 것조차 어렵다. 의식을 직접적으로 연구하는 것이 어렵다는 사실과 더불어 의식의 본질(정신 극장에서 볼 수 있는 것)과 무의식적 마음(마음의 눈으로 보이지 않는 것)에 관해 살펴보기로 하자.

의식의 신비

다른 과학, 예를 들어 물리학, 화학, 생물학은 우리가 볼 수 있는 다양한 물체를 연구한다. 심리학 역시 물체를 연구한다. 즉, 사람과 그들의 뇌와 행동을 연구한다. 그러나 심리학은 주체감(sense of subjects)을 이해하고자 하는 독특한 도전을 가지고 있다. 물리학자들은 중성자처럼 되는 것이 어떠한가에 대해 관심이 없지만 심리학자들은 인간처럼 되는 것이 어떠한가를 이해하고자 한다. 다시 말하면 자신들이 연구하는 사람의 주관적 입장을 이해하고자 한다. 심리학자들은 마음과 행동의 이해에 **현상학**(phenomenology), 즉 의식을 가지고 있는 사람이 어떻게 느끼는가에 관한 이해를 포함하고자 한다. 결국 의식은 인간적인 속성이다. 그러나 심리학에 현상학을 포함시킴으로써 인류 역사의 초기부터 위대한 사상가들이 심사숙고했던 미스터리를 다루게

의식의 가장 큰 미스터리는 무엇인가?

되었다. 의식의 미스터리 중 많은 논란이 되어 왔던 것 두 가지, 즉 다른 사람의 마음의 문제와 마음/신체 문제를 살펴보기로 하자.

타인의 마음 문제
우리가 다른 사람의 의식을 지각할 때 가지는 근본적인 어려움

타인의 마음 문제

중대한 미스터리 중 하나를 **타인의 마음 문제**(problem of other minds), 즉 타인의 의식을 지각하는 것의 어려움이라고 부른다. 다른 사람이 의식이 있다는 것을 어떻게 알 수 있는가? 물론 다른 사람들이 여러분에게 자신들이 의식이 있다고 말해 주거나 자신들이 얼마나 깊이 느끼는가, 어떻게 생각하는가, 자신들이 무엇을 경험하는가와 얼마나 좋고 나쁜가를 기꺼이 말해 줄 수 있다. 그러나 아마도 다른 사람들은 이러한 것들을 그냥 말하는 것일 뿐이다. 실제로 의식적인 사람과 의식적이지 않지만 자신이 의식적이라고 말하는 사람을 명확하게 구분할 수 있는 방법은 없다. 철학자들은 이 가상적인 비의식적인 사람을 공포 영화에 등장하는, 살아 있지만 죽은 사람에 견주어 좀비라고 불렀다(Chalmers, 1996). 철학자들의 좀비는 경험("빛이 너무 밝아요!")에 관해 말하거나 경험에 대해 반응도 할 수 있는 것으로 여겨지지만(눈을 깜빡거리거나 빛을 피함) 내적 경험은 전혀 가지고 있지 않다. 어느 누구도 좀비가 존재하는가에 관해서는 알지 못하지만 다른 사람이 좀비가 아니라는 것을 우리 중 누구도 확신할 수 없는데, 이는 타인의 마음 문제 때문이다.

마취과 의사들이 사용하는 '의식 미터'조차도 충분하지 않다. 의식 미터는 마취과 의사들에게 수술대에 누워 있는 환자가 어떠할까에 관해서는 아무런 통찰을 제공하지 않고 단지 환자가 자신이 의식이 있다는 것을 말할 것이라는 것만 예견한다. 우리는 다른 사람의 의식을 직접적으로 지각할 수 있는 능력이 부족하다. 요약하면 여러분은 여러분 자신이 어떠하다는 것을 진정으로 아는 유일한 우주 속 인간이다.

타인의 마음 문제는 다른 사람이 여러분이 경험하고 있는 것과 똑같이 경험한다는 것을 알 수 있는 방법이 없다는 것도 시사한다. 예를 들어 비록 여러분은 빨강이 여러분 자신에게는 빨강으로 보이는 것을 알지만 다른 사람들도 여러분이 지각하는 것과 똑같은 색으로 보는지에 관해서는 알 수 없다. 아마 다른 사람들은 여러분이 빨강으로 보는 것을 파랑으로 보지만 그것을 빨강이라고 말할 수 있다. 만약 그들의 내적 경험이 파랑으로 '보지만' 그들은 이 색을 강렬하고 토마토 색깔처럼 보인다고 말할 수 있다. 여러분은 다른 사람들이 여러분과 다르게 경험하는 것을 결코 구분하지 못한다. 물론 대부분의 사람들은 자신들의 내적 경험을 기술하는 것을 서로 신뢰하기 때문에 다른 사람들의 마음이 자신들의 마음과 많이 같다고 일반적으로 가정한다. 그러나 우리들은 이 가정이 맞는지를 직접적으로 알 수 없다.

어떻게 사람들은 다른 사람의 마음을 지각하는가? 대규모 온라인 조사를 통하여 13개의 서로 다른 목표물, 예를 들어 아기, 침팬지, 로봇, 남자와 여자의 마음을 18개의 서로 다른 정신 능력, 즉 통증, 즐거움, 배고픔 및 의식에서 서로 비교하게 하였다(그림 5.1 참조; Gray, Gray, & Wegner, 2007). 예를 들어 응답자들은 목표물 쌍을 서로 비교하면서 통증을 느낄 수 있는 정신 능력을 판단하였다. 즉, 개구리와 개 중 어느 것이 통증을 더 잘 느낄 수 있는가? 아기와 로봇 중 누가 더 잘 통증을 느낄 수 있는가? 연구자들이 다양한 정신 능력에 대한 비교들을 요인 분석(10장 참조)을 통해 분석한 결과, 마음 지각에 두 가지 차원이 있음을 발견하였다. 즉, 사람들이 마음을 **경험** 능력(예를 들어 통증, 즐거움, 배고픔,

? 사람들은 다른 사람의 마음을 어떻게 지각하는가?

AMC-TV/THE KOBAL COLLECTION/ART RESOURCE

다행히도 이 좀비들은 전형적인 좀비 모습을 하고 있다. 그러나 여러분은 여러분과 동일하게 의식을 가지고 있는 좀비들을 어떻게 알 수 있는가?

▶ 그림 5.1 **정신 지각의 차원** 참여자가 13개 목표물의 정신 능력을 판단한 결과 정신 지각의 두 가지 차원이 발견되었다(Gray et al., 2007). 참여자들은 정신이 경험 능력(예를 들어 고통 혹은 즐거움을 느낄 수 있는 능력)과 기능 능력(예를 들어 계획 혹은 자기통제)에 따라 변한다고 지각하였다. 그들은 정상적인 성인(남성, 여성 혹은 반응자)들이 두 차원 모두를 가지고 있는 반면 다른 목표물들은 경험 혹은 기능이 감소되어 있다고 지각하였다. 예를 들어 만성 식물 상태에 있는 남성('PVS' 남성)은 단지 어느 정도의 경험을 가지고 있으나 기능은 거의 하지 못하는 것으로 판단되었다.

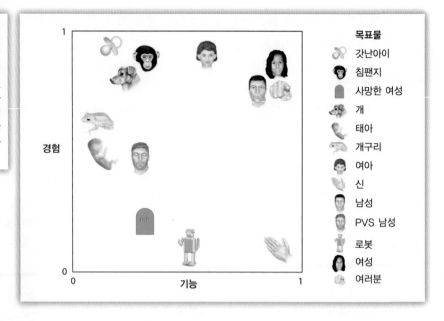

목표물
- 갓난아이
- 침팬지
- 사망한 여성
- 개
- 태아
- 개구리
- 여아
- 신
- 남성
- PVS 남성
- 로봇
- 여성
- 여러분

마음/신체 문제

어떻게 마음이 뇌 혹은 신체와 관련되는가에 관한 이슈

의식, 분노 혹은 두려움을 느낄 수 있는 능력)과 기능 능력(예를 들어 자기 통제, 계획, 기억 혹은 사고 능력)에 따라 판단한다는 것을 발견하였다. 그림 5.1에 제시되어 있듯이 응답자들은 일부 목표물을 경험이나 기능이 거의 없다고 평정하였고(사망한 여성), 일부 목표물을 경험은 가지고 있지만 거의 기능 하지 못하는 것으로 평정하였으며(아기), 또 다른 목표물을 경험과 기능 모두를 가지고 있는 것으로 평정하였다(성인). 또한 일부 목표물을 경험 없이 기능만을 가지고 있는 것으로 지각하였다(로봇과 신). 그렇다면 마음의 지각은 단순히 어떤 것이 마음을 가지고 있다는 것 이상을 포함한다. 사람들은 마음이 경험을 가지고 있는 동시에 행동을 수행할 수 있는 기능도 가지고 있는 것으로 인식한다.

경험 능력과 기능 능력은 어떻게 다른가?

　궁극적으로 타인의 마음 문제는 심리과학의 문제이다. 2장에서 살펴본 바와 같이 과학적 방법은 한 과학자에 의해 관찰된 것이 다른 과학자에 의해서도 관찰될 수 있어야 한다. 그러나 만약 다른 사람들의 마음을 관찰할 수 없다면 어떻게 의식이 과학적 연구의 주제가 될 수 있는가? 이에 대한 한 극단적인 해결책은 의식이나 정신적인 어떤 것에 관한 연구를 심리학에서 배제하고 다른 과학처럼 완전히 물질적인 것만을 연구하는 것이다. 이는 행동주의가 주장한 해결책이지만 1장에서 살펴본 바와 같이 행동주의도 단점을 가지고 있는 것으로 밝혀졌다. 타인의 마음 문제에도 불구하고 현대 심리학은 의식의 연구를 포용하고 있다. 심리학은 놀라울 만큼 풍부한 정신 생활을 무시하지 못한다.

마음/신체 문제

의식의 또 다른 미스터리는 **마음/신체 문제**(mind/body problem)인데, 이는 마음이 어떻게 뇌 혹은 신체와 관련되는가에 관한 이슈이다. 프랑스의 철학자이자 수학자인 르네 데카르트(Rene Descartes, 1596~1650)는 다른 무엇보다도 인간의 신체는 물질로 만들어진 기계와 같지만 인간의 마음 혹은 영혼은 '사고하는 물질'로 만들어진 별개의 것이라고 제안한 것으로 유명하다. 그는 뇌의 중앙 가까이에 위치한 작은 구조인 송과선을 통하여 마음이 뇌와 신체에 영향을 미친다고 제안하였다(그림 5.2 참조). 실제로는 송과선이 신경 구조가 아닌 내분비선에 불과하기 때문에 인간 의식 센터의 역할을 하기에 불충분하다. 오늘날에는 데카르트의 주장처럼 송과선 내에서 마음과 뇌가 서로

▼ 그림 5.2 **영혼이 위치하는 장소** 데카르트는 영혼, 혹은 의식이 뇌실에 있는 송과선에 위치한다고 생각하였다. 데카르트(1662)가 직접 그린 이 그림은 영혼이 위치하는 송과선(H)이 뇌의 중앙에 위치하는 것을 보여준다.

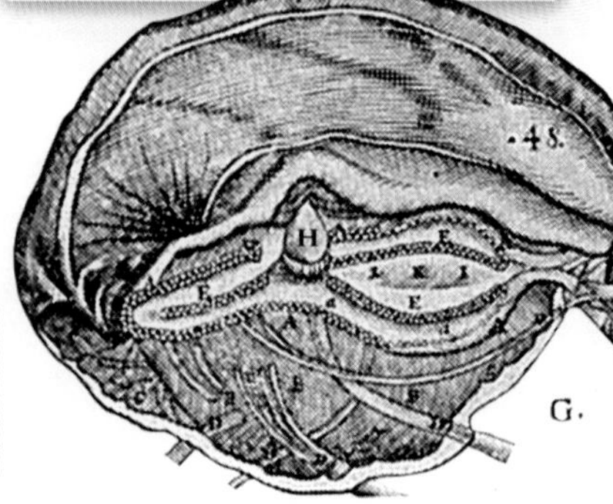

연결되는 것과는 달리 마음과 뇌는 어느 곳에서나 서로 연결되어 있다고 알려져 있다. 다시 말하면 "마음은 뇌가 행하는 것이다"(Minsky, 1986, p. 287).

그러나 데카르트는 물질적인 신체가 정신과 조화되기 어렵다고 지적한 점에서는 정확했다. 대부분의 심리학자들은 정신적 사건들이 뇌에서 일어나는 사건들과 밀접하게 관련되어 있다고 여긴다. 즉, 모든 사고, 지각과 감정은 뇌에 위치하는 뉴런들의 특정 활성화 양상과 관련되어 있다고 여긴다(3장 참조). 예를 들어 특정 사람에 관한 생각을 할 경우 일련의 특정 신경 회로가 활성화된다. 만약 뉴런들이 이러한 양상으로 반복해서 활성화되면 여러분은 동일한 사람을 생각하고 있어야만 하고, 이와 반대로 여러분이 사람을 생각하면 뇌 활성화가 그러한 양상으로 일어나게 된다.

그러나 한 일련의 연구들은 뇌 활성화가 의식적 마음보다 앞서 일어난다고 제안한다. 연구 참가자들이 언제 손을 움직여야 되는가를 반복적으로 결정하는 동안 그들 뇌의 전기적 활동을 두피에 부착한 센서를 사용하여 측정하였다(Libet, 1985). 연구 참가자들에게 언제 손을 움직이는가를 의식적으로 선택했는가를 정확하게 반응하도록 지시하였는데, 즉 선택을 하는 순간 시계판을 따라 재빨리 움직이는 한 점의 위치를 보고하도록 하였다(그림 5.3a). 대체로 뇌는 수의적 행동이 일어나기 0.5초 전(정확하게 535밀리초)에 전기적 활성화를 보였다. 이 결과는 한 행동이 시작되기 위해서는 뇌 활성화가 필요하다는 것을 확실하게 보여 준다.

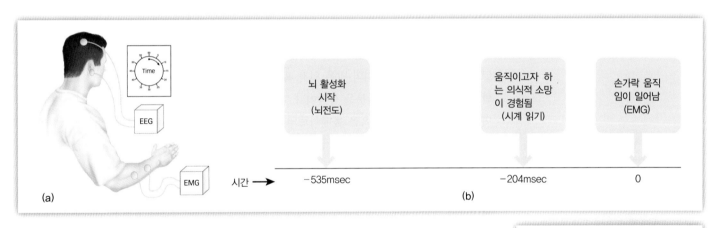

그러나 이 실험이 보여 주는 것은 개인이 언제 움직여야 되는가를 의식적으로 결정하기 전에 뇌가 전기적 활동을 보인다는 것이다. 그림 5.3b에 제시되어 있듯이 이러한 연구들은 피검자들이 자신들이 의식적으로 움직인다는 것을 보고하기 300밀리초 이전에 뇌가 활성화되기 시작하는 것을 관찰하였다. 따라서 여러분이 의식적으로 무엇인가를 하려고 하는 것이 뇌 활성화의 원인보다는 결과로 여겨진다. 비록 여러분은 특정 행동을 생각한 후 그것을 행하는 것으로 여기겠지만 이 실험 결과는 여러분이 생각하거나 행동하기 이전에 여러분의 뇌가 이미 활성화하기 시작하여 여러분으로 하여금 사고와 행동을 준비하게 한다는 것을 보여 준다. 우리는 우리의 마음이 우리의 뇌와 신체를 이끈다고 여기지만 실제 순서가 뒤바뀌어 일어나는 것으로 여겨진다(Haggard & Tsakiris, 2009; Wegner, 2002).

? 무엇이 먼저 일어나는가? 뇌 활성화 혹은 생각?

의식은 아직 신비에 싸여 있지만 심리학자들은 도전을 좋아한다. 비록 연구자들이 다른 사람의 의식을 볼 수 없고 어떻게 의식이 뇌로부터 생성되는가를 정확하게 알지 못하지만 이러한 것들이 사람들이 의식적 경험을 보고하는 것과 이러한 보고가 의식의 본질을 밝히는가를 연구하는 것을 막지 못한다.

▲ 그림 5.3 **의식적 의지의 타이밍** (a) 벤자민 리벳(Benjamin Libet)의 실험에서 참여자는 손가락을 의도적으로 움직이는 동시에 시계판을 따라 움직이는 점을 주시하는 것을 요구받았는데, 이는 행동이 의도적으로 시도된 순간을 표시하기 위해서였다. 그동안 EEG 센서가 뇌 활성화의 시작을 측정하고 FMG 센서는 근육의 움직임을 측정하였다. (b) 실험 결과는 뇌 활성화(EEG)가 손가락의 움직임(EMG)보다 더 빨리 시작되었음을 보여 주지만 손가락을 움직이고자 하는 의식적 의도는 뇌 활성화 뒤에 나타났다.

이중청취법
헤드폰을 쓰고 있는 사람들이 두 귀에 제시된 서로 다른 메시지를 청취하는 과제

의식의 본질

여러분은 자신의 의식을 어떻게 기술할 수 있는가? 사람들이 자신들의 의식을 기술하는 것을 조사하는 연구자들은 의식이 네 가지 기본 속성(의도, 단일화, 선택, 유동성)을 가지고 있고, 의식이 서로 다른 수준에서 일어나며 서로 다른 내용을 포함하고 있다고 제안한다. 이 의식의 본질을 하나씩 살펴보기로 하자.

네 가지 기본 속성

의식의 첫 번째 속성은 의도(intentionality), 즉 한 대상으로 향하는 속성이다. 의식은 항상 무엇에 관한 것이다. 심리학자들은 의식과 의식의 대상 사이의 관련성, 즉 관련성의 크기와 지속 정도를 측정하고자 노력하였다. 의식이 얼마 동안 한 대상으로 향하는가? 혹은 한 번에 얼마나 많은 대상으로 향할 수 있는가? 연구자들은 의식적 주의가 제한되어 있는 것을 발견하였다. 여러분이 자신의 마음의 눈으로 많은 것을 볼 수 있음에도 불구하고 혹은 보고 듣고 느끼는 것의 변화무쌍함에도 불구하고 한순간에 여러분 의식의 대상이 되는 것은 이 모든 것들의 단지 한 작은 일부에 불과하다(그림 5.4 참조). 어떻게 이러한 제한이 일어나는가를 설명하기 위해 심리학자들은 의식의 다른 세 속성들, 즉 단일화, 선택, 유동성을 언급한다.

의식의 두 번째 속성인 통합(unity)은 분리에 대한 저항 혹은 모든 신체 감각기관으로부터 오는 정보를 하나의 일관된 전체로 통합하는 능력을 의미한다. 이 책을 읽는 동안 여러분의 오감은 많은 정보를 수용한다. 즉, 여러분의 눈은 책의 각 페이지에 있는 많은 글씨를 스캔하고 제시되어 있는 그림, 색채, 깊이 및 재질을 느낀다. 여러분의 손은 두꺼운 책(혹은 컴퓨터)을 쥐고 있다. 여러분의 엉덩이와 발은 의자 혹은 바닥으로 여러분을 밀어당기는 중력으로 인한 압박감을 느끼고 또한 여러분은 음악이나 다른 방에서 들리는 이야기 소리를 듣는다. 이에 덧붙여 방금 만든 팝콘 냄새(혹은 룸메이트의 더러운 옷 냄새)를 맡는다. 비록 여러분의 신체는 끊임없이 엄청난 양의 정보를 받아들이지만 놀랍게도 여러분의 뇌는 이 모든 정보를 하나의 통합된 의식(혹은 3장에서 살펴본 분리뇌 환자들의 경우 2개의)으로 통합한다.

의식의 세 번째 속성인 선택(selectivity)은 일부 대상은 의식 속에 포함시키고 일부 대상은 포함시키지 않는 능력을 의미한다. 환경으로부터 오는 많은 감각들을 하나의 일관된 전체로 통합하지만 여러분의 마음은 어떤 정보를 받아들이는 동시에 어떤 정보를 무시해야 하는가를 결정해야만 한다. 이 속성은 **이중청취법**(dichotic listening)을 통하여 연구되는데, 이 경우 헤드폰을 쓰고 있는 사람의 두 귀에 각각 다른 메시지를 전달한다. 연구 참가자들에게 한 귀에 메시지가 제시되는 동안 다른 귀에 제시되는 단어를 크게 복창하게 한다(Cherry, 1953). 복창해야 할 단어

▼ **그림 5.4 벨로토의 드레스덴과 이를 확대한 그림** 왼쪽의 그림은 베르나르도 벨로토(1720~1780)가 그린 "왼쪽에 프라우메키르헤가 있는 드레스덴 전경"인데 멀리 보이는 다리 위에 서 있는 사람들이 매우 자세하게 묘사된 것으로 보인다. 그러나 이 그림을 가까이 관찰하면 (오른쪽) 단지 붓으로 사람들의 형상을 그려놓은 것을 알 수 있다. 즉, 팔과 몸통을 여기저기에 그려놓은 것을 볼 수 있다. 이와 유사하게 의식은 '채움(filling in)'의 현상을 만들어내는데, 이는 주변 영역조차도 매우 상세하게 채워져 있는 것처럼 여기게 하는 현상이다(Dennett, 1991).

에 초점을 맞춘 결과 연구 참가자들은 다른 귀에 제시된 메시지를 거의 인식하지 못하였고 때로는 제시된 메시지가 도중에 영어에서 독일어로 바뀐 것조차 인식하지 못하였다! 이는 의식이 일부 정보를 여과한다는 것을 시사한다. 그러나 이와 동시에 연구 참가자들은 주의를 주지 않은 귀에 제시된 메시지가 남성에서 여성 목소리로 바뀌어 제시되었다는 것을 알아차렸는데, 이는 의식의 선택이 다른 정보도 받아들일 수 있다는 것을 시사한다.

의식은 무엇을 여과하여 받아들이고 무엇을 무시할 것인가를 어떻게 결정하는가? 의식 체계는 개인이 특별히 관심을 가지는 정보를 선택하는 경향이 있다. 예를 들어 **칵테일파티 현상**(cocktail party phenomenon)이라고 알려져 있는 현상은 사람들이 다른 메시지를 여과하여 받아들이지 않는 동안 한 메시지를 받아들이는 것을 의미한다. 예를 들어 이중청취법 상황에서 연구 참가자들은 주의를 주지 않은 귀에서 자신의 이름이 들릴 경우 특히 이에 주목하는 경향이 있다(Moray, 1959). 여러분도 파티에서 다른 대화에 참여하는 동안 가까이에서 여러분의 이름이 들릴 경우 주의가 그곳으로 향하는 경험을 하였을 것이다. 선택은 단지 깨어 있는 의식의 속성만은 아니다. 즉, 깨어 있지 않은 상태에서도 마음은 이와 같이 작용한다. 예를 들어 사람들은 잠을 자는 동안에도 다른 사람의 이름보다는 자신의 이름에 더 민감하게 반응한다(Oswald, Taylor, & Triesman, 1960). 이는 여러분이 다른 사람을 깨우려고 할 경우 왜 그 사람의 이름을 부르는 것이 가장 좋은가를 설명한다.

> **?** 여러분의 마음이 어떤 정보는 의식 속으로 들어오게 하고 어떤 정보는 여과시키는지를 어떻게 아는가?

의식의 네 번째, 그리고 마지막 기본 속성은 유동성(transience) 혹은 변하는 속성이다. 의식은 비행기에서 여러분 뒷좌석에 앉은 유아처럼 뒤흔들고 안달한다. 마음은 간혹이 아니라 항상 '지금 현재'에서 다음의 '지금 현재'로 또 그다음으로 움직인다(Wegner, 1997). 여러분이 1장에서 만나 보았던 윌리엄 제임스는 의식을 하나의 흐름으로 기술하였다. "의식은 … 작은 조각으로 썰 수 있는 것으로 여겨지지 않는다. '연쇄' 혹은 '행렬' 등과 같은 단어로는 의식을 기술하지 못한다. 의식은 이어 맞춘 것이 아니라 흐르는 것이다. '강' 혹은 '흐름'이 의식을 가장 자연스럽게 기술하는 은유이다"(James, 1890, Vol. 1, p. 239). 제임스 조이스의 책 율리시스처럼 '의식의 흐름' 스타일로 쓰인 책들은 의식의 소용돌이, 혼돈과 끊임없이 변화하는 흐름을 설명한다. 여기에 일부 발췌한 것을 제시한다.

이중청취법 실험에 참여하는 사람들은 왼쪽과 오른쪽 귀에 서로 다른 메시지를 들으며, 한 메시지를 큰 소리로 따라함으로써 그 메시지에 주의를 준다.

I wished I could have picked every morsel of that chicken out of my fingers it was so tasty and browned and as tender as anything only for I didn't want to eat everything on my plate those forks and fishslicers were hallmarked silver too I wish I had some I could easily have slipped a couple into my muff when I was playing with them then always hanging out of them for money in a restaurant for the bit you put down your throat we have to be thankful for our mangy cup of tea itself as a great compliment to be noticed the way the world is divided in any case if its going to go on I want at least two other good chemises for one thing and but I dont know what kind of drawers he likes none at all I think didn't he say yes and half the girls in Gibraltar never wore them either naked as God made them that Andalusian singing her Manola she didn't make much secret of what she hadnt yes and the second pair of silkette stockings is laddered after one days wear I could have brought them back to Lewers this morning and kicked up a row and made that one change them only not to upset myself and run the risk of walking into him and ruining the whole thing and one of those kidfitting corsets Id want advertised cheap in the Gentlewoman with elastic gores on

칵테일파티 현상
사람들이 가까이에서 들리는 소리를 여과하면서 한 메시지에 주의를 주는 현상

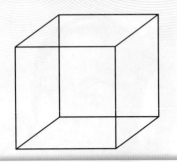

the hips he saved the one I have but thats no good what did they say they give a delightful figure line 11/6 obviating that unsightly broad appearance across the lower back to reduce flesh my belly is a bit too big Ill have to knock off the stout at dinner or am I getting too fond of it(1922/1994, p. 741).

의식의 흐름 중 일부는 이러한 방식으로 흐르는데, 이는 의식적 마음의 제한된 능력 때문이다. 우리 인간은 단지 일정량의 정보만을 마음에 저장할 수 있기 때문에 만약 이보다 더 많은 정보가 선택되면 현재 우리의 마음속에 있는 일부 정보는 사라지게 된다. 그 결과 우리의 주의 초점은 항상 변한다. 의식은 항상 흐르기 때문에 네커 큐브(그림 5.5 참조)와 같이 고정된 물체를 보는 우리의 입장까지도 변하게 된다.

▲ 그림 5.5 **네커 큐브** 이 큐브는 뒤집을 수 있는 조망을 가지고 있는데, 즉 큐브의 두 정사각형 중 하나가 여러분의 마음의 눈 정면에 오도록 할 수 있다. 비록 처음에는 도형을 뒤집는 것이 쉽지 않지만 일단 이를 학습한 후에는 매 3초마다 한 번씩 규칙적으로 뒤집을 수 있다(Gomez et al., 1995). 목표물이 고정적 사물일 때조차 의식은 흐른다.

의식 수준

의식은 수준, 즉 최소한의 의식부터 충만한 의식과 자의식에 이르는 수준의 관점에서도 이해될 수 있다. 이 의식 수준들 모두가 이 장의 서두에서 언급한 의식 미터상에서 '의식적'으로 인식된다. 심리학자들이 구분하는 의식 수준들은 전반적인 뇌 활성화의 정도가 아니라 질적으로 서로 다른 세상과 자신에 관한 인식을 의미한다.

최소한의 의식 수준의 경우 의식은 단지 개인과 세상을 연결할 뿐이다. 예를 들어 여러분이 창문을 통하여 햇빛이 비치는 것을 느끼면 빛의 방향으로 몸을 돌릴 것이다. 이와 같은 **최소한의 의식**(minimal consciousness) 수준은 마음이 감각을 받아들이고 이 감각에 대해 반응하는 경우 일어나는 의식이다(Armstrong, 1980). 이 의식 수준은 일종의 감각 인식과 이에 대한 반응으로서 이러한 수준의 의식은 여러분이 잠을 자는 동안 어떤 사람이 여러분을 찌르면 이에 대해 여러분이 몸을 다른 쪽으로 돌리는 경우에도 일어난다. 여러분의 마음에 무엇인가가 등록되고, 적어도 여러분이 그것을 경험한다는 느낌은 있지만 그런 경험을 하였다는 것에 관한 생각을 전혀 하지 않을 수 있다. 동물, 심지어 식물조차도 최소한의 의식을 가지고 있을 수 있다. 그러나 타인의 마음 문제와 동물과 식물이 우리에게 의식 상태에 관해 전혀 이야기하지 않기 때문에 우리는 동물과 식물이 무엇을 경험하고 이에 대해 어떻게 반응하는가를 확실히 알지 못한다. 적어도 인간의 경우 무엇인가를 '느끼고' 깨어 있을 경우 그들이 적어도 최소한의 의식을 가지고 있다고 가정할 수 있다.

최소한의 의식
마음이 감각을 받아들이고 이 감각에 대해 반응할 경우 일어나는 낮은 수준의 감각 인식과 반응

충만한 의식
개인이 자신의 정신 상태를 인식하여 이를 보고할 수 있는 상태

자의식
개인의 주의가 자신에게 향해 있을 경우에 일어나는 의식 수준

물론 인간의 의식은 이보다 더 높은 수준을 가지지만 최소한의 의식 수준에서 정확하게 어떤 것이 더 보태어지는가? 어느 봄날 아침에 잠에서 깨어 일어났을 때 햇빛이 베개에 비치는 황홀한 느낌을 예로 들어 보자. 충만한 의식이란 여러분이 단지 이러한 경험을 하고 있는 것을 의미하는 것이 아니다. **충만한 의식**(full consciousness)에 포함되는 중요한 요소는 여러분이 여러분의 정신 상태를 알고 있고 이를 보고할 수 있다는 것이다. 이는 다소 미묘한 구분이다. 충분히 의식적이라는 것은 여러분이 정신 상태 그 자체를 경험하는 동안 그러한 정신 상태를 가지고 있다는 것을 여러분이 인식하는 것을 의미한다. 예를 들어 여러분이 다리를 다쳐 아무 생각 없이 다리의 상처를 문지르면 통증이 최소한으로 의식될 것이다. 결국 여러분이 다리를 문지르기 때문에 통증을 경험하는 것처럼 여길 수 있다. 그러나 여러분이 다쳤다는 것을 알아차릴 경우에만 통증이 충분하게 의식될 것이다. 여러분은 운전 도중 갑자기 지난 15분 동안에 일어난 일을 기억하지 못한다는 것을 깨달은 적이 있는가? 이 경우 여러분이 무의식적 상태에 있은 것이 아니라 최소한의 의식 수준에 있었을 가능성이 높다. 여러분이 운전을 하고 있다는 것을 완벽하게 인식하고 생각한다면 여러분은 충만한 의식 수준으로

? **충만한 의식의 어떤 요인들이 최소한의 의식과 구분되는가?**

충만한 의식은 자신에 관한 의식, 즉 운전하는 동안 운전에 관한 생각을 하는 등이 포함된다. 이것이 자의식과 어떻게 다른가?

들어가는 것이다. 충만한 의식은 어떤 것에 대해 생각하는 것뿐만 아니라 그것에 대해 여러분이 생각하고 있다는 사실을 생각하는 것도 포함된다(Jaynes, 1976; '최신 과학' 참조).

충만한 의식은 자신에 관한 어떤 의식을 포함한다. 즉, 개인이 자신이 특정 정신 상태에 있다는 것을 깨닫는다("현재 나는 이 문장을 읽고 있다"). 그러나 이것은 자의식과 동일하지 않다. 때로 의식이 자신에게만 전적으로 향할 수 있다("내가 이 문장을 읽고 있을 뿐만 아니라 내 코 끝에 뾰루지가 있어 마치 썰매를 끌고 있는 느낌이 든다!"). 자의식은 다른 것을 철저히 배제하고 오직 자신에게만 초점을 맞춘다. 윌리엄 제임스(William James, 1890)를 비롯한 일부 학자들은 **자의식**(self-consciousness)이 개인의 주의가 자신에게 향하고 있는 하나의 의식 수준으로 구분될 수 있다고 제안하였다(Morin, 2006). 대부분의 사람들은 자신들이 당혹감을 경험할 때 이러한 자의식을 경험한다고 보고한다. 즉, 한 집단에서 자신이 관심의 초점이 될 때나 다른 사람이 자신에게 카메라를 들이댈 때 혹은 자신의 생각, 감정, 자질에 관해 깊이 생각할 때 이러한 자의식을 경험한다.

? 언제 사람들은 거울을 안 보려고 노력하는가?

자의식은 개인을 평가하게 하고 개인의 단점을 인식하게 하는 경향이 있다. 예를 들어 사람들은 거울을 들여다보면서 자신들을 평가하는데, 즉 자신들의 모습에 대해서만 생각하는 것이 아니라 자신이 좋은지 나쁜지에 관해 생각한다. 사람들은 수치스러운 일을 행하였을 경우 거울 보는 것을 회피한다고 한다(Duval & Wicklund, 1972). 자

자의식은 저주인 동시에 축복이다. 사람들이 거울을 바라보면서 자신의 외모와 같은 피상적인 속성뿐만 아니라 정직 등과 같은 내면의 속성까지 평가한다.

CULTURA CREATIVE/ALAMY

마음의 방황

최신 과학

그렇다. 마음이 방황할 때가 있다. 이상적으로는 이 문장을 끝낼 수 없을 정도로 마음이 방황하지 않으면 한다. 그러나 마음은 시간에 따라 변하는데, 즉 주제만 변할뿐 아니라 때로는 단순히 '멍한' 상태가 되기도 한다. 여러분은 무엇을 읽고 있다가 갑자기 무엇을 읽었는지 인식하지 못하는 경험을 하였을 것이다. 여러분의 눈이 책의 한 줄 한 줄 따라 가고 있지만 어느 순간에 여러분은 다른 생각을 하기 시작하고 나중에야 자신이 방황하고 있는 것을 인식하거나 혹은 "내가 지금 어디에 있지" 혹은 "왜 내가 이 방에 들어 왔을까" 하고 생각할 수도 있다.

마음의 방황 혹은 '자극과 무관한 생각'은 우리가 중요하지 않은 과제를 반복해서 할 때 가장 자주 일어난다(Buckner, Andrews-Hanna, & Schacter, 2008). 마음의 방황은 자주 일어난다. 한 최근 연구는 우리가 무엇을 하는가와 상관없이 우리의 일상 중 거의 반(46.9%)을 마음의 방황으로 보낸다고 한다(Killingsworth & Gilbert, 2010). 실제 마음의 방황은 매 활동의 기록 시간 중 적어도 30%에서 일어난다(한 예외가 성교를 할 때인데 이 동안 자극-무관한 생각은 거의 일어나지 않는다). 비록 마음이 자주 방황하지만 이 연구는 사람들이 자신들이 현재 하고 있는 것

COURTESY OF THE LEO BAECK INSTITUTE, NEW YORK

에 관해 생각할 때보다 마음이 방황할 때 훨씬 덜 행복감을 느끼는 것을 관찰하였다.

마음의 방황과 불행감 사이의 관련성을 알게 되면 여러분은 불행하다고 느낄 것이다. 그러나 이 글상자를 끝까지 읽기 전에 빈둥빈둥 끝내지 말기를 바란다. 마음의 방황은 장점도 가지고 있는 것으로 드러났다. 수천년 동안 세계의 위대한 사상가들 중 일부는 그들의 가장 중요한 전환점이 백일몽이나 마음의 방황을 경험하는 동안 일어났다는 것을 인식하였다. 예를 들어 아인슈타인은 산책을 하는 동

◀ 최근 연구는 마음의 방황이 창의적인 문제해결력을 향상시킨다고 보고하였다. 한 예로 아인슈타인은 책상에 앉아 있을 때보다 산책하는 동안 뛰어난 생각을 할 수 있었다고 하였다. 그림에서 그는 지금 열심히 연구하고 있다.

안(책상에 앉아 있는 동안보다) 상대성 이론의 대부분을 완성하였다고 말하였다. 연구는 마음의 방황이 실제로 창의적인 문제 해결력을 향상시키는 데 도움이 된다고 제안한다. 한 최근 연구에서 이를 검증하기 위해 참여자들에게 창의적인 문제해결 과제를 수행하게 하였는데, 즉 요구가 많은 과제 혹은 요구가 덜한 과제의 전과 후에 일상에서 볼 수 있는 물건(예 : 벽돌, 깃널)들의 용도를 가능한 한 많이 반응하게 하였다(Baird et al., 2012). 연구자들은 요구가 덜한 과제의 수행 동안 마음의 방황이 더 높은 수준으로 일어나고 이에 따라 이전에 수행한 과제를 다시 수행할 경우 수행 수준이 향상되지만 새로운 과제 수행은 영향을 받지 않을 것이라고 가정하였고 연구 결과는 이를 지지하였다. 연구 결과는 우리의 마음이 방황하는 것을 허락하면 창의적으로 사고하는 능력과 어려운 문제를 해결하는 능력이 향상될 수 있다는 것을 시사한다.

의식은 좋은 기분을 망치게 할 수 있는데, 실제로 지나치게 오랫동안 자의식을 경험하면 우울증이 발병하는 경향이 있다(Pyszczynski, Holt, & Greenberg, 1987). 그러나 자의식이 사람들로 하여금 자기 비판적이 되게 하기 때문에 사람들이 거울을 통하여 자신의 모습을 보면서 가지게 되는 자의식은 도움이 된다. 즉, 사람들로 하여금 더 협조적이 되게 하거나 덜 공격적이 되게 한다(Gibbons, 1990). 만약 사람들이 거울을 걸어 놓고 거울에 비친 자신의 모습을 자세하게 관찰한다면 모든 사람들이 교화될 수 있을 것이다.

대부분의 동물들은 거울을 통한 교화를 할 수 없다. 전형적으로 개, 고양이 혹은 새들은 거울에 비친 자신의 모습을 무시하거나 거울에 비친 것이 자신이 아니라 다른 동물이라고 여기는 것처럼 행동한다. 그러나 침팬지에게 거울에 비친 자신의 모습을 여러 번 보여 주면 거울

갤럽 실험에서 침팬지는 자신의 눈썹 위에 그려져 있는 붉은색의 자국을 지우려고 노력하였다. 이 예는 일부 동물들이 거울 속의 자신들을 인식한다는 것을 시사한다.

DR. DANIEL POVINELLI/MONKEY IMAGES

속에 자신이 있는 것을 인식하는 것처럼 행동한다. 이를 조사하기 위해 연구자들은 마치 상태에 있는 침팬지의 눈썹 위에 냄새가 나지 않는 붉은색 물감을 칠한 후 마취에서 깨어난 침팬지에게 거울을 보여 주면서 침팬지의 행동을 관찰하였다(Gallup, 1977). 만약 침팬지가 거울 속에 비치는 것을 이상하게 화장을 한 다른 침팬지로 여기면 단지 거울을 쳐다보거나 거울에 비치는 것에 손을 뻗어 잡으려고 할 것이라고 기대하였다. 그러나 침팬지는 거울을 보면서 자신의 눈을 만졌으며 거울 속에 비치는 것을 잡으려고 하지 않았다. 이는 침팬지가 거울에 비치는 것이 자신이라는 것을 인식하였다는 것을 시사한다.

이와 유사한 실험들이 다른 많은 동물들을 대상으로 하여 반복 실시된 결과 인간의 경우처럼 동물들, 즉 침팬지와 오랑우탄(Gallup, 1997), 돌고래(Reiss & Marino, 2001), 코끼리(Plotnik, de Waal, & Reiss, 2006)와 까치(Prior, Schwartz, & Güntürkün, 2008)조차 거울에 비친 자신들의 모습을 인식할 수 있는 것으로 밝혀졌다. 개, 고양이, 새, 원숭이와 고릴라 등을 대상으로 한 실험들도 실시되었으나 이 동물들은 거울을 통해 자신들을 바라보고 있는 것을 알지 못하는 것으로 보인다. 인간조차도 태어나자마자 자신을 인식하지 못한다. 유아들은 생후 18개월 이전에는 거울에 비친 자신들을 인식하지 못한다(Lewis & Brooks-Gunn, 1979). 거울 속의 자신을 인식하는 것을 통하여 측정한 자의식의 경험은 소수의 동물과 특정 발달 단계를 거친 인간에게 제한되어 있다.

딜버트

©SCOTT ADAMS/UNITED FEATURES SYNDICATE

의식 내용

지금 여러분의 마음속에는 무엇이 들어 있는가? 모든 사람의 마음속에는 무엇이 있는가? 사람들의 마음속에 무엇이 있는가를 알 수 있는 한 가지 방법이 사람들에게 그에 관한 질문을 하는 것이며, 많은 연구들은 사람들에게 단순히 마음속에 있는 것을 생각하게 하는 방법을 사용하였다. 이보다 더 체계적인 방법이 **경험 표본 기법**(experience sampling technique)인데, 이 기법은 사람들에게 자신들의 의식적 경험을 특정 시간에 보고하게 하는 것이다. 예를 들어 전자무선 호출기 혹은 핸드폰을 통해 무작위로 연락하는 그 순간에 연구 참여자들이 하고 있던 생각들을 보고하게 하였다(Bolger, Davis, & Rafaeli, 2003).

경험 표본 기법을 사용한 연구들은 의식이 즉각적인 환경, 즉 보고 느끼고 듣고 맛보고 혹은 맡은 냄새 등에 의해 지배된다는 것과 이 모든 것들이 마음의 중심이 되는 것을 보여 준다. 이처럼 환경으로 향하는 것 외의 의식 대부분은 개인이 가지고 있는 현재 관심사 혹은 개인이 반복적으로 생각하고 있는 것으로 채워진다(Klinger, 1975). 표 5.1은 175명의 대학생들을 대상으로 그들의 현재 관심이 무엇인지를 보고하게 한 미네소타 연구의 결과를 제시하고 있다(Goetzman, Hughes, & Klinger, 1994). 연구자들은 응답자들이 보고한 관심들을 표에서처럼 분류하였다. 이러한 관심들이 대학생들이 주저함 없이 심리학자들에게 보고한 것들이라는 점을 유의하라. 즉, 그들의 사적인 선입견은 보고한 내용과 다를 수 있고 아마 더 흥미로울 수 있을 것이다.

여러분이 현재 가지고 있는 관심이 무엇인지 한번 생각해 보라. 지난 며칠 동안 여러분의 마음속에 있었던 대부분의 주제는 무엇이었나? 여러분의 '해야 할' 목록에는 여러분이 가지고 싶고 간직하고 싶고 피하고 싶고 하고 싶고 혹은 기억하고 싶은 것 등이 포함될 것이다(Little,

> 표 5.1

여러분의 마음속에는 어떤 것이 있나요? 대학생들의 현재 관심사

현재의 관심 범주	예	관심을 언급한 대학생 수
가족	직계 가족과 더 좋은 관계 맺기	40%
룸메이트	룸메이트의 태도 혹은 행동 바꾸기	29%
가사	방 치우기	52%
친구	새로운 친구 만들기	42%
데이트	특정 사람과 데이트하기	24%
성적 친밀감	금욕 생활	16%
건강	다이어트와 운동	85%
취업	여름방학 동안 아르바이트하기	33%
교육	대학원 진학	43%
사교 활동	대학 동아리 가입	34%
종교	더 자주 예배 참석하기	51%
재정	집세와 공과금 납부하기	8%
정부	정부 정책 바꾸기	14%

출처 : From Goetzman, E. S., Hughes, T., & Klinger, E. (1994). *Current concerns of college students in a midwestern sample.* University of Minnesota, Morris.

많은 학생들의 마음속에 있는 관심사는 체형을 유지하기 위해 다이어트와 운동을 하는 것이다.

1993). 목록에 있는 항목들은 자주 마음속에 떠오르고 때로는 정서적 펀치처럼 떠오른다("이 과목의 시험이 내일이잖아!"). 한 연구에서 사람들의 정서적 반응을 평가하기 위해 피부전도 수준(skin conductance level, SCL)을 측정하였다(Nikula, Klinger, & Larson-Gutman, 1993). 연구 참가자들의 손가락에 SCL 센서를 부착하여 언제 피부가 촉촉해지는가를—사람들이 고통스러운 무엇인가를 생각하고 있는 것을 보여주는 좋은 지표—측정하였다. SCL이 한 번씩 자발적으로 상승하였는데, 이때 연구자들은 참가자들의 의식적 생각에 관해 질문하였다. SCL이 정상 범위에 있을

? 연구자들은 어떻게 주관적 경험을 연구하는가?

때에 비해 SCL이 상승하는 정서적 순간들은 참가자들이 가지고 있는 현재 관심사들이 마음속에 떠오를 때였다. 그 자체로는 정서적이지 않은 생각이라도 만약 그 생각이 현재 우리의 관심사가 되는 주제들이면 정서적 충격을 가지고 마음속에 떠오르게 된다.

우리는 현재 우리가 가지는 관심사에 관해 살펴보았지만 일상생활에서 일어나는 사건들을 실제 수행할 때 우리는 어떤 주관적인 경험을 하는가? 물론 우리는 일상생활을 하지만 순간순간의 경험을 조사하거나 여러 경험들을 서로 비교하지는 않는다. 경험 표본 방법을 사용하여 일상활동 동안 사람들이 경험하는 정서를 조사한 연구들은 흥미로운 결과를 보고하였다. 한 최근 연구는 900명 이상의 직장 여성들에게 어제 경험한 사건들을 회상하고 이 사건들에 대해 어떻게 느꼈는지를 기록하게 하였다(Kahneman et al., 2004). 연구 결과 중 일부는 예상한 대로였다. 예를 들어 표 5.2에 제시되어 있듯이 사람들은 출퇴근할 때, 직장에서 일을 할 때, 집안일을 할 때 가장 적은 긍정적 정서 점수를 주었는데, 불행하게도 우리는 이러한 일들에 매일 많은 시간을 소요한다. 이 연구에 참여한 여성들은 다른 사람과 친분을 나눌 때 가장 큰 즐거움을 경험한다고 보고하였지만 친분을 나누는 시간은 하루 중 12분에 불과하였다. 일부 연구 결과는 모호하였는데, 즉 부모들은 자신들의 자녀와 시간을 보낼 때 가장 행복하다고 보고하지만 어제 일어난 실제 사건들에 관한 정서를 평정하게 할 경우 자녀들과 시간을 보낼 때 긍정적 정서를 경험하는 순위가 집안일을 하는 것보다 단지 2단계 더 높았고 쇼핑, TV 시청 혹은 임신보다 순위가 낮았다.

백일몽 뚜렷한 목적 없는 생각들이 마음속에 계속해서 떠오르는 상태, 즉 백일몽(daydreaming)에서는 현재 관심이 의식을 채우지 않는 것으로 여겨진다. 이러한 상태에서는 생각들이 표류하게 되고 여러분은 시간을 낭비하고 있는 것처럼 보인다. 그러나 뇌는 당장 수행하는 특정 과제가 없을 경우에도 활동을 한다. 한 연구에서 백일몽 동안 일어나는 이 정신적 활동을 fMRI로 측정하였다(Mason et al., 2007). 대부분의 fMRI 연구에서는 참여자가 백일몽을 꿀 시간적 여유가 없는데, 왜냐하면 참여자들이 정신적 과제를 수행하

표 5.2

여러분의 하루는 어떠하였나요? 긍정적 감정 수준과 일상적 활동에 소요한 시간에 대한 여성의 평정

활동	평균 감정 평정	
	긍정적 감정	평균 시간/하루
친교	5.1	0.2
사교	4.59	2.3
휴식	4.42	2.2
기도/예배/명상	4.35	0.4
먹기	4.34	2.2
운동	4.31	0.2
TV 시청	4.19	2.2
쇼핑	3.95	0.4
식사 준비	3.93	1.1
전화통화	3.92	2.5
낮잠	3.87	0.9
자녀 돌봄	3.86	1.1
컴퓨터/이메일/인터넷	3.81	1.9
집안일	3.73	1.1
직장일	3.62	6.9
출퇴근	3.45	1.6

출처 : From Kahneman, D., Krueger, A. B., Schkade, D. A., Schwartz, N., & Stone, A. A. (2004). A survey method for characterizing daily life experience: The day reconstruction method (Table 1). *Science, 306,* 1776–1780.

기 때문이다. fMRI 연구는 비용이 많이 들기 때문에 연구자들은 가능한 한 많은 데이터를 얻고
자 한다. 그러나 참여자들이 과제를 수행하지 않을 때에도 뇌

백일몽 동안 뇌의 어느 부위가 활성화를 보이는가?

의 많은 영역들에서 활성화가 관찰되는데, 이를 기본상태 네트
워크라고 한다(Gusnard & Raichle, 2001). 메이슨(Mason)과 동
료들의 연구는 개인이 자신이 잘 아는 과제를 수행할 때, 즉
과제를 수행하는 동시에 백일몽을 꿀 수 있을 때 기본상태 네트워크가 활성화되는 것을 보고
하였다(그림 5.6 참조). 기본상태 네트워크의 영역들은 사회생활, 자신, 과거와 미래에 관한 생
각, 즉 백일몽에서 주로 일어나는 생각에 관여하는 것으로 알려져 있다(Mitchell, 2006).

사고 억제 의식을 차지하고 있는 현재의 관심이 때로는 우세해질 수 있는데, 즉 백일몽 혹은
매일매일의 생각이 반추와 걱정거리로 전환될 수 있다. 반복적으로 일어나는 생각 혹은 결코
성공되지 못할 것으로 여겨지는 문제의 해결 시도 등이 의식을 지배할 수 있다. 이러한 상황이
일어나면 사람들은 **정신 통제**(mental control), 즉 마음의 의식적 상태를 바꾸고자 시도할 수 있다.
예를 들어 어떤 사람이 미래에 대한 걱정으로 고통을 받는다면("만약 졸업 후에 괜찮은 직업을
가지지 못하면 어떡하나?"), 너무 불안하고 불확실하여 이에 관해 생각하지 않기로 마음먹을
수 있다. 미래에 관한 걱정이 일어날 때마다 이 사람은 **사고 억제**(thought suppression), 즉 생각
하는 것을 의도적으로 피하는 것을 행하게 된다. 이는 완벽하게 좋은 전략처럼 보이는데, 왜냐하
면 걱정을 없애 주고 그 사람으로 하여금 다른 것에 관해 생각할 수 있게 하기 때문이다.

　정말 사고 억제가 그러할까? 러시아의 유명한 소설가인 표도르 도스토옙스키(Fyodor
Dostoevsky, 1863/1988, p. 49)가 사고 억제의 어려움에 관해 언급한 적이 있다. "이 과제를 한
번 시도해 보라. 북극곰에 관해 생각하지 않도록 노력하면 매 순간마다 악담이 마음속에 떠오
르는 것을 알게 될 것이다." 이 말에 힌트를 얻어 대니얼 웨그너와 동료(Daniel Wegner et al.,
1987)들은 이와 동일한 과제를 실험실에서 실시하였다. 연구 참가자들에게 5분 동안 흰곰에
대해 생각하지 않도록 노력하는 동안 마음속에 떠오르는 모든 생각들을 테이프 레코드에 녹
음하도록 하였다. 이에 덧붙여서 흰곰에 관한 생각이 떠오를 때마다 벨을 누르게 하였다. 그들

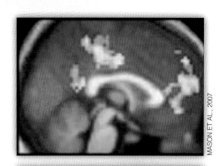

MASON ET AL., 2007

▲ 그림 5.6 **백일몽 동안 활성화하는 기본
상태 네트워크** fMRI 스캔 동안 개인이 특정
정신 과제를 수행하지 않아도 기본상태 네트
워크라고 알려진 많은 뇌 영역들이 활성화하
는 것을 보여 준다(Mason et al., 2007).

은 흰곰에 관한 생각 혹은 이를 시
사하는 벨 울림을 평균적으로 1분
에 한 번 이상 하였다. 사고 억제
는 단순하게 작용하는 것이 아니
라 원하지 않는 생각들을 많이 일
어나게 하였다. 더욱이 추후 일부
연구 참가자들에게 과제를 바꾸어
이번에는 흰곰에 대해 곰곰이 생
각하게 한 결과 그들은 지나치게

LARRY WILLIAMS/CORBIS

잠시 동안 책에서 눈을 떼고 흰곰에 대해 생각
하지 않으려고 노력해 보라.

흰곰 생각에 빠져 들었다. 그림 5.7에 제시되어 있는 벨 울림의 결과를 보여 주는 그래프는 실
험의 시작부터 사고 억제 없이 흰곰에 관해 생각하도록 지시를 받은 연구 참가자들에 비해 흰
곰에 관한 사고 억제를 지시받은 참가자들이 더 자주 흰곰에 관해 생각했다는 것을 보여 준다.
사고 억제의 반동 효과(rebound effect of thought suppression), 즉 억제 후 더 자주 사고가 의식으로
되돌아오는 경향은 정신 통제가 실제로 어렵다는 것을 시사한다. 생각을 억제하려고 노력하는
시도 그 자체가 그 사고를 더 강력하게 의식으로 되돌아오게 한다.

모순된 모니터 사고 억제와 더불어 일부 사람들은 의식을 다른 방향으로 돌리려고 노력하는

정신 통제
마음의 의식적 상태를 바꾸고자 시도하는 것

사고 억제
의도적으로 생각하는 것을 회피하는 것

사고 억제의 반동 효과
사고 억제 후 더 자주 사고가 의식으로 돌아오는
경향

▶ 그림 5.7 **반동 효과** 참여자들에게 먼저 흰곰에 대해 생각하지 않도록 노력할 것을 요구한 후 흰곰에 대해 생각하도록 하였으며 흰곰이 마음 속에 떠오를 때마다 벨을 누르게 하였다. 흰곰을 생각하지 않도록 요구받은 적이 없는 참여자들에 비하여 요구를 받은 참여자들이 훨씬 더 흰곰에 대한 생각을 많이 하였다(Wegner et al., 1987).

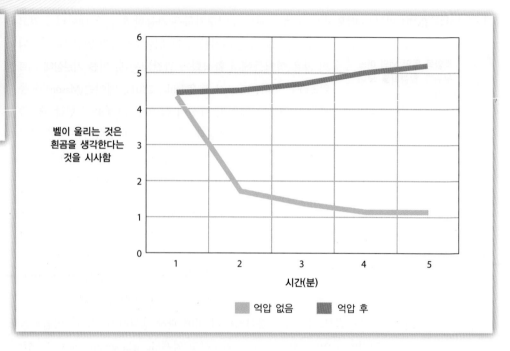

데, 그 결과 정신 상태가 원하는 것과 정반대의 것이 될 수 있다. 의식적으로 한 과제를 성취하려고 노력하는 것이 정반대의 결과를 초래할 수 있다! 이는 얼마나 모순되는가? 사람들이 혼란되거나 스트레스를 받을 경우 이러한 모순 효과가 가장 잘 나타나는 것으로 여겨진다. 예를 들어 기분이 좋아지려고 노력하는 동안 혼란스러워하면 우울해지는 경향이 있고(Wegner, Erber, & Zanakos, 1993), 이완하려고 노력하는 동안 혼란을 경험하는 사람이 이완하려고 노력하지 않는 사람에 비하여 실제로 더 불안해한다(Wegner, Broome, & Blumberg, 1997). 또한 혼란스러워하는 동안 골프 퍼트를 더 멀리 날리겠다고 노력하지 않는 경우 원하지 않게 공을 멀리 날릴 수 있다(Wegner, Ansfield, & Piloff, 1998). **정신 통제의 모순 과정**(ironic processes of mental control) 이론은 모순되는 오류가 일어나는 것은 오류를 모니터링하는 정신 과정 자체가 오류를 초래하기 때문이라고 제안한다(Wegner, 1994a, 2009). 예를 들어 흰곰을 생각하지 않으려는 시도를 하는 동안 이와 모순되게 마음의 다른 부분에서는 흰곰을 찾고 있다.

이러한 모순되는 모니터링 과정은 의식에 존재하지 않는다. 만약 억제 과정의 모니터링이 목표물을 의식 속에 두는 것을 요구한다면 목표물을 생각하지 않으려고 노력하는 것이 소용이 없다. 예를 들어 만약 흰곰을 생각하지 않으려고 노력하는 것이 여러분으로 하여금 "흰곰을 생각하면 안 돼! 흰곰을 생각하면 안 돼!"라고 의식적으로 반복하게 하는 것을 의미한다면 여러분은 시도하기 전에 이미 실패한 것이다. 여러분이 그 생각을 없애려고 노력하지만 그 생각은 여러분의 의식 속에 존재하기 때문이다. 대신 이 모순된 모니터는 의식 밖에서 작용하는 마음의 과정이며 우리로 하여금 우리가 생각하거나 느끼거나 행하지 않기를 원하는 모든 것에 민감하게 하며 이러한 것들이 우리 마음속에 다시 떠오르면 그것들을 인식하게 하고 의식적으로 통제하도록 한다. 이 무의식적 모니터가 배경에서 소용돌이치기 때문에 불행하게도 원하지 않는 생각에 대한 개인의 민감성이 증가하게 된다. 모순된 과정은 효과적인 정신 통제를 위해서는 필요한 정신 기능이지만—생각을 의식으로부터 버리게 하는 것을 도와준다—극복하는 것을 실패하게도 할 수 있다. 모순된 과정이 의식 밖에서 일어나기 때문에 우리 마음의 기제 중 많은 것을 우리가 알 수 없다는 것, 즉 우리의 경험

정신 통제의 모순 과정
정신 과정은 모순된 오류를 낳는데, 이는 오류를 모니터링하는 것 자체가 오류를 낳게 할 수 있기 때문이다.

? 귀찮은 생각을 의식적으로 회피하는 것이 현명한 전략일까?

밖에 존재한다는 것을 우리에게 상기시켜 준다.

무의식적 마음

많은 정신 과정이 무의식적으로 일어난다. 즉, 우리가 그것을 경험했다는 것을 알지 못하는 가운데 일어난다. 예를 들어 우리가 무슨 말을 하고자 할 때 "우리는 어떤 단어를 사용할 것인지 혹은 단어들을 묶어 구를 구성할 것인지 혹은 구들을 묶어 문장을 만들 것인지 등의 과정을 실제 의식하지 않는다…. 사고의 실제 과정은 전혀 의식적이지 않다…. 단지 말을 준비하는 것, 말의 내용과 한 말의 결과만을 의식적으로 지각한다"(Jaynes, 1976, p. 41). 의식의 역할을 다음의 예, 즉 단순한 덧셈에 포함되어 있는 정신 과정을 예로 들어 살펴보자. 덧셈 질문("4+5는 무엇입니까?")과 이에 대한 답("9")을 생각하는 사이에 어떤 일이 의식 속에 일어나는가? 아마

도 아무것도 일어나지 않은 채 답이 마음속에 그냥 떠오를 것이다. 그러나 이 계산에는 적어도 어느 정도의 사고가 반드시 필요하다. 여러분이 아주 어렸을 때에는 손가락을 세면서 이 덧셈 문제를 풀었을 것이다. 이제는 더 이상 손가락을 사용할 필요가 없고(그런가?), 대신 여러분의 머릿속에서 답이 자동적으로 튀어 나오는 것으로 여길 것인데, 이는 여러분이 계산에 필요한 여러 단계들을 인식하는 것을 필요로 하지

않고 여러분이 인식하는 것을 허용조차 하지 않는 과정 때문이다. 단지 답이 갑자기 나타난다.

20세기 초 빌헬름 분트(Wilhelm Wundt)와 같은 구조 심리학자들은 내성(introspection)이 가장 좋은 연구 방법이라고 믿었고(1장 참조), 자신들의 생각을 기술하는 것을 훈련받은 연구 참가자들로 하여금 간단한 질문에 대한 답이 단순히 마음 속에 떠오르는 것과 같은 경우 자신들의 마음속에 무엇이 일어나는가를 식별하게 하였다(예 : Watt, 1905). 그들은 아무것도 생각해 내지 못하였다. 질문과 답 사이에 어떤 의식적인 것도 일어나지 않는 것처럼 여겨지지만 어디에선가, 즉 무의식적 마음에서 답이 온다. 이러한 숨겨져 있는 무의식적 마음을 살펴보기 전에 지그문트 프로이트에 의해 소개된 무의식에 관한 고전적 이론을 먼저 살펴본 후 현대 인지 심리학에서 설명하는 무의식적 정신 과정에 관해 살펴보기로 하자.

프로이트의 무의식

무의식적 마음에 관한 진정한 승리자는 지그문트 프로이트(Sigmund Freud)이다. 1장에서 살펴본 바와 같이 프로이트의 정신분석 이론은 의식적 사고를 무의식적 과정으로 구성되어 있으면서 깊숙이 손재하는 마음의 표면으로 여겼다. 프로이트는 **역동적 무의식**(dynamic unconscious)을 개인이 일생 동안 경험한 기억이 숨겨진 것, 개인의 마음 속 깊이 존재하는 본능과 열망, 이를 통제하려는 개인의 내적 투쟁 등을 포함하는 **역동적 체계**로 기술하였다. 예를 들어 역동적 무의식에는 개인이 자신의 부모에 대해 가지는 숨겨진 성적인 생각 혹은 힘이 없는 유아를 목표로 하는 파괴적인 도발—이러한 생각들은 개인이 다른 사람에게 들키지 않으려 하고 또 개인 자신도 인식하지 못하는 생각들이다—이 포함된다. 프로이트의 이론에 의하면 무의식은 용납되지 않는 사고와 기억들을 의식에서 배제하여 무의식 속에 남겨두려는 정신 과정, 즉 **억압**(repression)되어 있

역동적 무의식
일생 동안 숨겨온 기억, 깊숙이 존재하는 본능과 욕망, 또 이러한 것들을 통제하려는 내적 노력 등을 포함하는 능동적 체계

여러분이 손가락을 사용하여 셈을 하지 않는 한 쉬운 문제(4+5는?)를 듣고 답을 생각하는 것 사이에 의식적 단계가 없다.

억압
용납되지 않는 사고와 기억을 의식에서 배제하여 무의식 속에 남겨두려는 정신 과정

인지적 무의식
개인이 경험하지 않음에도 불구하고 개인의 사고, 선택, 정서와 행동에 영향을 미치는 정신 과정

식역하 지각
개인이 의식적으로 지각한다고 보고하지 못하는 자극에 의해 영향을 받는 사고 혹은 행동

는 힘이라고 한다. 억압이 없으면 개인이 얼마나 이기적이거나 비도덕적인가와는 상관없이 모든 무의식적 충동 혹은 동물적 도발을 생각하거나 행하거나 혹은 말할 것이다. 억압이 있을 경우 이러한 열망들은 역동적 무의식 속에 남아 있게 된다.

프로이트는 말의 오류, 의식의 실책 혹은 흔히 **프로이트의 과실**이라고 불리는 현상을 통하여 무의식적 마음에 관한 증거를 찾으려고 하였다. 예를 들어 여러분이 싫어하는 사람의 이름을 잊어버리는 것은 특별한 의미를 가진다. 프로이트는 오류가 무작위로 일어나지 않고 대신 비록 개인이 의식적으로는 부인하지만 지적인 무의식적 마음에 의해 생성된 다른 의미를 가진다고 믿었다. 예를 들어 미국 군사요원이 오사마 빈 라덴을 사살하였다는 뉴스를 전달할 때 보수적 뉴스 매체인 폭스 뉴스의 몇몇 기자와 평론가

프로이트의 과실은 무의식적 마음에 관해 무엇을 말하는가?

들이 오바마 빈 라덴이 사망하였다고 보고하였다. 이 실수는 뉴스 쇼에 자막으로 보고되기조차 하였다.

폭스 뉴스의 실수가 무엇을 의미하였는가? 한 실험에서 말의 실수가 그 개인을 억누르고 있는 관심에 의해 일어날 수 있다는 것이 밝혀졌다(Motley & Baars, 1979). 한 집단의 연구 참가자들에게 자신들이 경미한 전기 쇼크를 받을 것이라고 말해 준 반면 다른 집단의 참가자들에게는 이러한 사실을 말해 주지 않았다. 그런 후 각 참가자들에게 일련의 단어 쌍, 예를 들어 *shad bock*과 같은 단어 쌍을 재빨리 읽게 하였다. 쇼크에 관한 경고를 받은 집단의 참가자들은 다른 집단의 참가자들보다 이 단어 쌍을 *bad shock*으로 더 자주 잘못 읽었다.

오사마 빈 라덴의 사망 이후 보수적 성향의 매체인 폭스 뉴스 채널의 몇 스태프들은 실수로 오바마 빈 라덴이 사망하였다고 보도하였다.

이처럼 실험에서 생성되는 오류와는 달리 프로이트가 역동적 무의식으로 말미암아 초래된다고 주장한 많은 오류(의미를 가지는)들이 미리 예견된 것이 아니기 때문에 오류가 일어난 후에야 그 의미를 해석하게 된다. 이 경우 잘못된 해석을 할 수 있다. 일련의 무작위적 사건에 의미를 부여하는 것은 한 사건이 언제 그리고 왜 일어나는가를 과학적으로 예견하고 설명하는 것과 같지 않다. 한 사건이 이미 일어나고 난 후 그 사건에 관해 합리적이고 그럴듯한 설명을 할 수 있지만 진정한 과학은 신뢰로운 증거에 근거하여 검증할 수 있는 가설을 제공하는 것이다. 프로이트는 자신의 저서인 *The Psychopathology of Everyday Life*(1901/1938)에서 역동적 무의식이 오류를 만드는 것에 관해 많이 언급하고 있지 않지만 프로이트 그 자신은 무작위로 일어난 오류에서 의미를 찾는 것의 전문가였다.

인지적 무의식에 관한 현대적 관점

현대 심리학자들은 무의식적 정신 과정이 의식과 행동에 영향을 미친다는 프로이트의 견해에 동의한다. 그러나 오늘날의 무의식적 마음의 연구는 프로이트가 주장한 것처럼 무의식이 동물적인 충동과 억압된 사고로 채워져 있다고 여기기보다는 무의식이 의식적 사고와 행동을 생산하는 공장의 역할을 하는 것으로 여긴다(Kihlstrom, 1987; Wilson, 2002). **인지적 무의식**(cognitive unconscious)은 개인이 경험하지는 않지만 개인의 사고, 선택, 정서와 행동에 영향을 미치는 모든 정신 과정을 포함한다.

인지적 무의식의 작용을 시사하는 한 예는 개인의 사고 혹은 행동이 의식 밖의 정보에 노출될 때 변화되는 경우이다. 이는 **식역하 지각**(subliminal perception)의 영향, 즉 개인이 의식적으로 지각하였다고 보고하지 못하는 자극의 영향으로 사고 혹은 행동이 영향을 받을 경우 일어난다. 식역하 영향에 관한 관심은 1957년에 처음으로 나타났는데, 즉 제임스 비카리(James Vicary)라는 마

케팅 담당자가 뉴저지에서 영화 상영 도중 스크린에 'Eat Popcorn'과 'Drink Coke' 문구를 아주 짧은 시간 동안 보여 준 결과 영화관 매점의 매상이 올랐다고 주장하면서부터이다. 그의 주장이 거짓으로 드러났으며 이와 유사한 방법으로 매상을 올리려던 시도가 실패로 끝났다. 그러나 의식하지 못하는 것이 행동에 영향을 미칠 수 있다는 바로 그 생각은 '식역

극장에 있던 사람들로 하여금 팝콘을 먹게 하기 위해 식역하 메시지가 필요한가? 아마도 필요하지 않을 것이다. 식역하 메시지는 그들로 하여금 팝콘을 더 먹게 할까? 아마도 그렇지 않을 것이다.

하 설득'의 가능성에 관한 메시지를 주었으며 아직까지 많은 이들이 식역하 설득에 관심을 가지고 있다(Epley, Savitsky, & Kachelski, 1999; Pratkanis, 1992).

비록 앞서 기술한 스토리는 거짓으로 드러났지만 의식적으로 인식하지 못하는 요인들이 실제로 행동에 영향을 미친다. 예를 들어 한 고전적 연구는 노화에 관한 정보를 제공하면 개인으로 하여금 천천히 걷게 할 수 있다고 보고하였다. 존 바그(John Bargh)와 그의 동료들이 대학생들에게 다양한 단어들로 문장을 만들게 하는 연구를 통하여 이 현상을 발견하였다(1996). 대학생들에게 대부분의 단어들이 노화와 관련되어 있는 것을 미리 말하지 않았고(Florida, gray, wrinkled), 실험이 끝난 후에도 학생들은 자신들이 이 사실을 알고 있다는 것을 보고하지 않았다. 이 경우 '노화'라는 아이디어가 식역하 수준으로 제시된 것이 아니라 눈에 띄지 않게 제시되었다. 실험을 마친 후 연구 참가자들이 실험실이 있는 건물의 통로를 걸어가는 데 걸린 시간을 측정하였다. 노화와 관련된 단어에 노출되지 않았던 학생들에 비하여 이 학생들이 더 천천히 걸었다! 식역하 지각과 마찬가지로 아이디어에 수동적으로 노출되는 것도 의식적 앎 없이 행동에 영향을 미칠 수 있다.

무의식적 마음은 의식이 다루기에는 너무 지루하거나 미묘하거나 혹은 성가신 배경 과제들을 저장하는 일종의 '정신 저장소'로 여길 수 있다(Bargh & Chartrand, 1999; Bargh & Morsella, 2008; Bower, 1999). 이 정신 저장소가 얼마나 현명한가는 오래전부터 심리학자들 사이에 논란이 되어 왔다. 프로이트는 무의식이 매우 지적이라고 여겼는데, 즉 무의식이 복잡한 동기와 내적 갈등을 숨겨 놓고 있고 동기와 내적 갈등을 놀랄만한 생각과 정서 혹은 심리 장애로 표현한다고 주장하였다(15장 참조). 그러나 오늘날의 인지 심리학자들은 무의식이 현명하지 않고 일부 무의식적 과정은 매우 '바보'스럽다고 제안한다(Loftus & Klinger, 1992). 예를 들어 식역하 시자극의 지각에 관련된 무의식적 과정이 단일 단어의 의미는 이해하지만 단어 쌍의 결합된 의미를 이해하지 못하는 것으로 여겨진다. 예를 들어 *enemy loses*와 같은 단어 쌍이 의식적으로는 다소 긍정적으로 여겨지는데, 왜냐하면 적이 패배하는 것은 좋은 일이기 때문이다. 그러나 이 단어 쌍을 식역하로 제시하면 사람들은 이를 부정적으로 여기는데, 이는 무의식적으로 부정적 의미를 가지는 *enemy*와 *loses*를 단순히 서로 합하기 때문이다(Greenwald, 1992). 아마도 정신 보관소는 그다지 현명하지 못한 것 같다.

그러나 어떤 경우에는 의식적 결정보다 무의식적 결정이 더 낫다. 한 실험에서 연구 참가자들에게 서로 다른 성품을 가진 3명의 가상적 인물을 제시한 후 그 중 한 사람을 룸메이트로 선택하게 하였다(Dijksterhuis, 2004). 3명의 인물 중 한 사람이 객관적으로 더 나았고 더 긍정적인 성품을 가지고 있었고, 참가자들에게 그 인물을 의식적으로 결정하는 데 4분이 주어졌다. 두 번째 집단에게는 3명의 인물에 대한 정보가 주어진 즉시 결정을 하게 하였고 세 번째 집단에게는 무의식적 결정을 하도록 격려하였는데, 이 집단에게는 의식적 결정을 하게 한 첫 번째 집단

룸메이트를 선택하는 것은 복권을 사는 것과 같을 수 있는데, 즉 어떤 때는 당첨되어 돈을 얻지만 어떤 때는 돈을 잃고, 또 다시 잃을 수 있다.

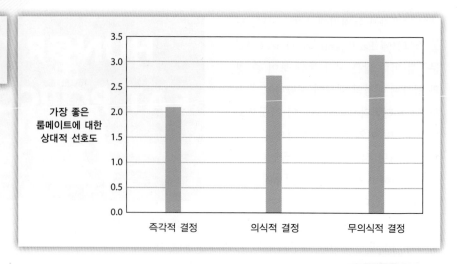

▶ 그림 5.8 **결정** 룸메이트를 결정할 경우 무의식적으로 결정한 사람이 의식적으로 결정하거나 즉석에서 결정한 사람에 비하여 더 좋은 결정을 한다(Dijksterhuis, 2004).

처럼 인물들에 대한 정보 제시가 끝난 후 결정하는 데 4분이 주어졌지만 이 기간 동안 일련의 수수께끼를 풀게 하였다. 그림 5.8에 제시되어 있듯이 무의식적 결정을 한 집단이 즉각적으로 결정한 집단 혹은 의식적 결정을 한 집단보다 좋은 인품을 가진 사람을 룸메이트로 더 선호하였다. 의식적인 것보다 무의식이 복잡한 정보를 구분하여 최상의 결정에 이르게 하는 것으로 여겨진다. 심각하게 생각하여 결정하는 것보다 배짱으로 결정한 것이 더 만족스러웠던 경험을 여러분은 가지고 있을 것이다.

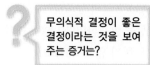
무의식적 결정이 좋은 결정이라는 것을 보여주는 증거는?

요약

▶ 의식은 심리학의 미스터리인데, 이는 다른 사람의 마음을 직접적으로 지각할 수 없고 마음과 신체의 관계가 아직 잘 이해되지 못하고 있기 때문이다.

▶ 의식은 네 가지 기본 속성, 즉 의도, 통합, 선택, 유동성을 가지고 있다. 의식은 수준, 즉 최소한의 의식, 충만한 의식과 자의식의 수준에서도 이해될 수 있다.

▶ 의식의 내용에는 현재의 관심, 백일몽과 원하지 않는 생각들이 포함된다.

▶ 무의식적 과정은 때로는 프로이트의 역동적 무의식으로 이해되지만 더 흔하게는 우리의 의식적 사고와 행동을 생산하고 사고와 행동에 영향을 미치는 인지적 무의식 과정으로 여겨진다.

▶ 개인이 인식하지 못하는 가운데 식역하 지각 혹은 무의식적 결정 과정이 그 개인의 사고 혹은 행동에 영향을 줄 때 인지적 무의식이 작용한다.

수면과 꿈 : 숙면, 마음

잠을 잔다는 것은 어떠한 것인가? 때로는 아무것도 아닌 것처럼 보인다. 수면은 마음과 뇌가 경험을 생산하는 기능을 중단하는 일종의 무의식적 상태를 만들어 낼 수 있다. 즉, 여러분의 마음에 있는 극장이 문을 닫는다. 그러나 이는 지나치게 단순한 표현일 수도 있는데 왜냐하면 실제로 극장이 이상한 특별 쇼, 즉 꿈을 위해 밤에 다시 여는 것처럼 보이기 때문이다. 꿈에는 우리가 경험한 것들이 상당히 변형되어 나타나기 때문에 흔히 꿈을 **의식의 변형된 상태**(altered state of consciousness), 즉 세상과 마음에 관한 정상적인 주관적 경험으로부터

왜 꿈은 변형된 의식 상태로 여겨지는가?

상당한 정도로 이탈된 경험 유형이라고 여긴다. 이러한 변형된 의식 상태에는 사고의 변화, 시간 감각의 장애, 통제 상실감, 정서 표현의 변화, 신체상과 자아감의 변화, 지각 왜곡과 의미 혹은 중요감의 변화 등이 동반되어 나타난다(Ludwig, 1966). 따라서 수면과 꿈의 세계는 의식에 대한 두 가지 독특한 관점을 제공하는데, 즉 의식 없는 마음에 관한 것과 의식의 변형된 상태에 관한 것이다.

꿈꾸는 사람들 알버트 조셉 무어(1879/1882) 비록 그들의 몸은 같은 방에 있지만 마음은 서로 멀리 떨어져 있다.

수면

평상시의 밤을 생각해 보자. 여러분이 잠이 들기 시작하자마자 바쁘게 돌아가고 일 중심으로 일어나는 생각들이 산만하고 이상한 생각이나 이미지들로 대체되면서 거의 꿈을 꾸는 상태처럼 여기게 된다. 이러한 수면전 의식(presleep consciousness)을 **입면 상태**(hypnagogic state)라고 부른다. 매우 드물게 수면 놀람(hypnic jerk)을 경험할 수 있는데, 이는 갑작스러운 떨림 혹은 마치 계단에서 발을 헛디딜 경우처럼 떨어지는 느낌을 의미한다. 이 현상이 왜 일어나는가에 대해서는 아직 이해가 되지 않고 있다. 마침내 잠이 깊게 들면 여러분의 마음은 전적으로 사라지게 된다. 시간과 경험이 멈추어 버리게 되고 여러분은 무의식에 빠지게 되며 실제로 경험을 하는 '여러분'은 존재하지 않는 것처럼 보인다. 그러나 이때 꿈이 나타나기 시작하는데, 즉 여러분이 낮 동안에는 경험하지 못하는 생생하고 초현실적인 의식이 나타난다. 더 많은 무의식적 현상과 더 많은 꿈이 나타날 수 있다. 그리고 마침내 여러분이 수면 후 의식 상태[출면기(hypnopompic state)]에 들어가면서 어렴풋하게, 즉 몽롱하고 정확하지 않은 형태로 의식이 돌아오는 것을 경험하게 된 후 잠에서 깨어난다(간혹 헝클어진 머리카락과 더불어).

수면 주기

밤에 수면을 취하고 있는 동안 일어나는 일련의 사건들은 인간 생활의 주요한 리듬 중 한 부분인 수면과 깸의 주기이다. 이 **일주율**(circadian rhythm)은 자연적으로 일어나는 24시간 주기이며, 라틴어인 *circa*는 '대략'을 의미하고 *dies*는 '하루'를 의미한다. 사람을 시계가 없는 지하에 격리하여(즉, 시간으로부터 벗어난 환경) 자신이 잠자고 싶을 때에 잠을 자는 것을 허용하더라도 대략 25.1시간의 휴식-활동 주기를 보인다(Aschoff, 1965). 이처럼 24시간에서 약간 벗어난 주기는 쉽게 설명되지 않지만(Lavie, 2001), 이는 많은 사람들이 매일 밤 조금 늦게까지 깨어 있고 매일 아침 조금 늦게 일어나는 것을 원하는 경향을 설명할 수 있는 것으로 여겨지고 있다. 우리는 24시간에 맞추어진 세계 속에 살고 있는 25.1시간 주기를 가지는 사람들이다.

그러나 수면 주기는 단순한 작동/꺼짐 이상인데, 이는 많은 신체적 혹은 심리적 과정들이 이 리듬에 따라 밀려왔다가 밀려가기 때문이다. 1929년 최초로 인간 뇌의 뇌전도(electroencephalograph, EEG) 기록이 가능해졌다(Berger, 1929, 3장 참조). 뇌전도가 개발되기 이전에는 많은 사람들이 자신들의 밤 동안의 경험을 보고한 것에 근거하여 연구자들이 꿈이 나타나는 시기뿐만 아니라 수면 단계에도 얕은 단계와 깊은 단계가 있는 것을 알게 되었다. 그러나 어느 누구도 잠을 자고 있는 사람을 깨우지 않거나 수면을 방해하지 않으면서 수면을 측정할 수 없었다. 뇌전도 기록은 뇌의 전기적 활동의 규칙적인 변화 양상이 24시간의 주기 리듬에 동반되어 나타나는 것을 밝혔다. 깨어 있는 동안에는 각성 동안에 관찰되는 고주파 활성화(베타파라고 불림)와 휴식 동안에 관찰되는 저주파 활성화(알파파라고 불림)가 교대로 일어나는 것

의식의 변형된 상태
세상과 마음에 대한 정상적인 주관적 경험으로부터 이탈된 경험 유형

일주율
자연적으로 일어나는 24시간 주기

REM 수면
급속 안구 운동과 높은 수준의 뇌 활성화가 특징인 수면 단계

눈전위도 검사(EOG)
안구 운동을 측정하는 도구

이 이러한 변화에 포함된다.

뇌파의 큰 변화는 수면 동안에 일어난다. 밤 동안 이 변화가 규칙적인 양상을 보이며 이로 인해 수면 연구자들은 수면에 5단계가 있음을 밝히게 되었다(그림 5.9 참조). 수면의 첫 번째 단계 동안에 관찰되는 뇌파는 알파파보다 더 낮은 주파수 형태로 변한다(세타파). 수면의 두 번째 단계에서는 이러한 뇌파 양상이 수면 방추(sleep spindles)와 K 복합체(K complexes)라고 불리는 짧은 활성화 격발에 의해 방해를 받으며 수면을 취하고 있는 사람으로 하여금 깨어나는 것을 더 어렵게 만든다. 깊은 수면 단계인 3단계와 4단계는 서파 수면 단계로 알려져 있는데, 이 때 뇌파 양상은 델타파라고 불리는 활성화를 보인다.

수면의 5번째 단계, 즉 **REM 수면**(REM sleep)은 급속 안구 운동(rapid eye movements)과 높은 수준의 뇌 활성화로 특징지어지는데, 이 단계 동안의 뇌파 양상은 베타파와 유사한 고주파의 톱니모양의 파형을 보이며 이는 이 단계 동안 뇌가 깨어 있는 것처럼 활동한다는 것을 시사한다(그림 5.9 참조). 수면 동안 **눈전위도 검사**(electrooculograph, EOG), 즉 눈 운동을 측정하는 검사를 사용하여 연구자들은 REM 단계에 잠을 깬 사람들이 비-REM 단계 동안 잠을 깬 사람에 비해 훨씬 더 자주 꿈을 보고하는 것을 발견하였다(Aserinsky & Kleitman, 1953). REM 수면 동안 맥박이 빨라지고 혈압이 상승하며 성적 각성을 한다는 명백한 징후가 보인다. 이와 동시에 근육의 움직임에 관한 측정은 수면을 취하는

> **?** EEG 기록은 수면에 관해 어떤 것을 말해주는가?

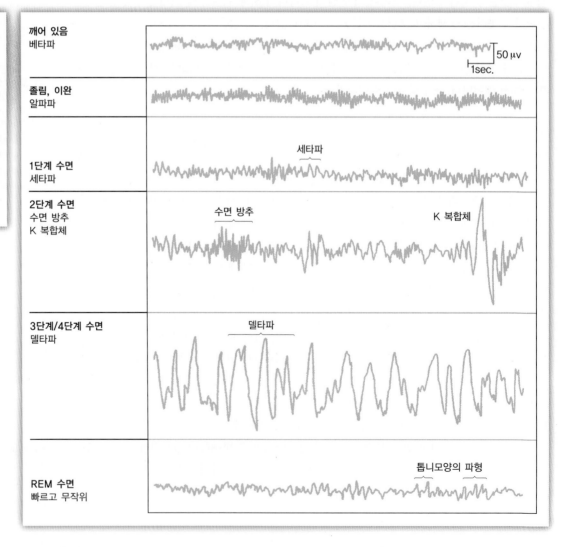

▶ 그림 5.9 **수면 단계 동안의 뇌파 패턴** 깨어 있는 동안에 관찰되는 고주파의 베타파가 졸린 상태와 이완 상태에서는 저주파의 알파파로 바뀐다. 1단계 수면에서는 저주파의 세타파가 관찰되고 2단계에서는 수면 방추와 K 복합체라고 불리는 불규칙적인 패턴이 나타난다. 3단계와 4단계는 가장 주파수가 낮은 델타파가 나타난다. REM 수면 동안의 뇌파 패턴은 깨어 있는 동안에 관찰되는 베타파와 유사한 고주파의 톱니모양 파형으로 특징된다.

깨어 있음
베타파

졸림, 이완
알파파

1단계 수면
세타파

2단계 수면
수면 방추
K 복합체

3단계/4단계 수면
델타파

REM 수면
빠르고 무작위

사람이 눈을 한쪽에서 다른 쪽으로 빨리 움직이는 것을 제외하고는 움직이지 않는다는 것을 보여 준다. (수면을 취하고 있는 사람을 관찰하면 닫힌 눈꺼풀을 통하여 REM 수면을 관찰할 수 있다. 그러나 버스 정류장에 누워 있는 낯선 사람을 관찰할 때에는 주의하라.)

비록 많은 사람들이 자신들은 꿈을 많이 꾸지 않는다고(혹은 전혀 꾸지 않는다고) 믿지만 REM 수면 단계 동안 잠에서 깨어난 사람들 중 80%는 꿈을 보고한다. 만약 여러분이 순간적으로 꿈이 일어나는지 혹은 장시간에 걸쳐 일어나는지가 궁금하다면 REM 수면의 분석을 통하여 이 궁금증을 풀 수 있다. 수면 연구자인 윌리엄 디멘트와 너대니얼 클라이트먼(William Dement & Nathaniel Kleitman, 1957)은 REM 수면이 시작되고 5분 혹은 15분 후에 연구 참가자들을 깨워 그들이 꿈에서 일어난 사건들을 기억하는 것에 근거하여 얼마나 오랫동안 꿈을 꾸었는가를 판단하게 하였다. 111명 중 92명이 정확하게 답하였는데, 이는 꿈이 '실제 시간(real time)' 동안 일어나는 것을 시사한다. REM 수면의 발견은 꿈에 관한 이해를 높였지만 모든 꿈이 REM 단계 동안 일어나지 않는다. 일부 꿈은 다른 수면 단계 동안 보고되기도 하지만 REM 단계만큼 빈번하지 않고 REM 동안의 꿈보다 덜 엉뚱하고 훨씬 더 정상적인 생각처럼 여겨진다.

뇌파와 REM 자료를 종합하면 밤 동안 취하는 전형적인 수면이 수면 단계의 주기를 통하여 어떻게 진행되는가를 이해할 수 있다(그림 5.10 참조). 수면의 첫 1시간 동안 깨어 있는 것에서부터 가장 깊은 수면 단계인 4단계, 즉 델타파가 나타나는 단계까지 진행된다. 이 서파는 신경발화(neural firing)의 전반적 동기화(general synchronization)를 시사하는데, 즉 뇌가 여러 가지 일을 하기보다는 한 가지 일을 하는 것을 시사한다. 예를 들면 스타디움에서 군중들이 움직일 때 많은 사람들이 동시에 움직이는 것처럼 뇌가 활동한다는 것이다. 그 후 더 얕은 수면 단계를 거쳐 결국에는 REM 단계에 이르고 꿈을 꾸게 된다. 비록 REM 수면이 다른 얕은 수면 단계보다 더 얕지만 수면을 취하는 사람을 깨우는 것이 어려울 만큼 이 단계 동안 깊은 수면이 일어난다. 그런 다음 90분마다 혹은 밤 전체 동안 REM과 서파 수면 단계의 주기가 계속된다. 밤이 깊어 갈수록 REM 단계는 더 길어지고 REM과 REM 단계 사이에는 얕은 수면 단계가 자주 일어나고 깊은 수면 단계인 3, 4단계는 밤이 깊어 갈수록 절반으로 감소하게 된다. 비록 수면을 취하는 동안 여러분은 무의식 혹은 꿈-의식 상태에 있지만

? 전형적인 밤 수면은 어떤 단계들로 이루어지는가?

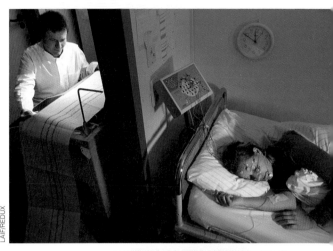

심리학자는 연구 참여자들이 수면 연구실에서 잠을 자는 동안 EOG, EEG 및 다른 도구로 측정한 자료를 수집하여 수면 동안 무엇이 일어나는가를 연구한다.

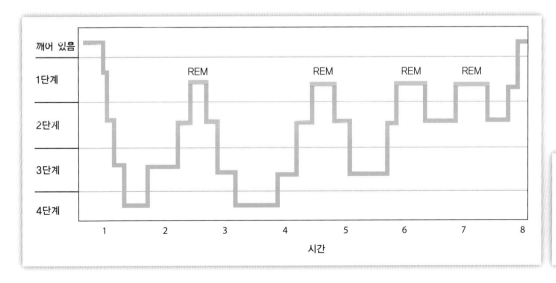

◀ 그림 5.10 **밤 동안의 수면 단계** 밤 수면의 초기 동안에는 깊은 단계가 일어나고 후반부에는 얕은 단계가 나타난다. 주기의 후반부로 갈수록 REM 기간이 더 길어지고 서파가 나타나는 3단계와 4단계의 길이는 밤 동안 반으로 감소한다.

학습 후의 수면은 기억 응고에 필수적이다. 그러나 수업 중에 잠드는 경우는 그렇지 않다.

여러분의 뇌와 마음은 상당히 서로 다른 상태들을 순환한다.

수면 욕구와 박탈

사람들은 얼마나 잠을 자는가? 이에 대한 답은 잠자는 사람의 연령에 달려 있다(Dement, 1999). 신생아들은 24시간 동안 6~8번 잠을 자며 전체 수면 시간이 16시간 이상이다. 그들의 수면 주기는 대략 생후 9~18개월이 되면 '밤 동안의 잠'으로 굳어지지만 때로는 이보다 나중에 굳어지기도 한다. 전형적으로 6세 아동은 하루에 11시간 혹은 12시간의 수면이 필요하며 성인에 이를 때까지 점차 수면 시간이 감소하여 성인은 하루에 대략 7~7.5시간의 수면을 취한다. 노화가 진행되면 이보다 적은 시간의 수면을 취한다. 일생 동안 우리는 깨어 있는 매 2시간마다 대략 1시간의 수면을 취하게 된다.

이는 일생 동안 많은 시간 잠을 자는 것을 의미하는데, 만약 이보다 수면을 덜 취하는 것이 건강에 지장을 주지 않을까 궁금할 것이다. 잠을 자지 않고 깨어 있는 시간에 관한 세계 기록을 랜디 가드너(Randy Gardner)가 세웠는데, 그는 1965년 264시간 12분 동안 연구 프로젝트 때문에 깨어 있었다. 마침내 17세의 랜디가 수면을 취하였을 때 그는 단지 14시간 40분 동안만 잠을 잤으며 깨어났을 때는 완전히 회복된 상태였다(Dement, 1978).

이와 같은 사례에 근거하여 일부 사람들은 수면이 소모품이라고 제안하였다. 이것은 '밤을 꼬빡 새우는 사람(all nighter)'들의 생각인데, 아마 여러분도 어려운 시험을 앞두고 이런 경험을 하였을 것이다. 그러나 수면이 소모품이라는 생각은 틀린 것으로 드러났다. 로버트 스틱골드(Robert Stickgold)와 동료들(2000)은 어려운 지각 과제를 학습하는 사람이 그 과제를 학습한 후 밤을 새울 경우 학습한 것이 모두 사라지는 것을 관찰하였다. 하룻밤을 새운 다음 이틀밤 동안 수면을 취한다고 해도 그 과제에 대한 훈련 효과가 거의 나타나지 않았다. 학습 후의 수면은 기억 응고에 필수적인 것으로 보인다(6장 참조). 기억이 자리 잡을 수 있도록 수면을 취하지 않으면 기억이 쇠퇴하는 것으로 여겨진다. 수면을 취하지 않고 밤을 새우는 것이 여러분으로 하여금 시험에 대비한 공부를 하도록 하지만, 학습한 것을 기억하도록 도와주지는 않고 오히려 학습한 것을 많이 잊어버리게 할 수 있다.

? 수면과 학습은 어떤 관련성이 있는가?

수면은 사치보다는 필수적인 것으로 드러났다. 극한의 경우 수면 상실이 치명적일 수 있다. 쥐들로 하여금 랜디 가드너의 세계 신기록을 깨게 하기 위해 그보다 더 오랫동안 깨어 있게 한 결과 체온 조절의 통제에 어려움을 보이고 평상시보다 훨씬 더 많이 먹이를 섭취하였음에도 불구하고 체중이 감소되었다. 쥐의 신체 체계가 붕괴되었고 평균 21일 만에 죽었다(Rechsthaffen et al., 1983). 셰익스피어는 수면을 '자연의 폭신한 보호'라고 불렀으며 매일 밤 몇 시간의 수면 박탈이 있을 경우 건강한 젊은이들조차 누적된 유해 효과, 즉 정신적 예민함의 감소, 안절부절 못함과 우울감의 증가와 사고 및 부상의 위험이 증가됨을 보인다(Coren, 1997).

일부 연구들은 서로 다른 수면 단계들을 선택적으로 박탈하였는데, 이는 특정 단계가 탐지될 때마다 사람들을 잠에서 깨우는 것을 통하여 이루어졌다. REM 수면 박탈에 관한 연구들은 이 수면 단계가 심리적인 측면에서 매우 중요하다는 것을 발견하였는데, 즉 REM 활성화가 시작될 때마다 잠을 깨우는 것을 단지 며칠 동안만 지속하여도 기억 장애와 과도한 공격적 행동이 사람과 쥐 모두에서 관찰되었다(Ellman et al., 1991). 뇌는 REM 수면 중 일부를 매우 귀중하게 여기는 것이 틀림없는데 왜냐하면 REM 수면의 박탈이 그다음 날 밤에 더 많은 REM 수면이 일어나게 하기 때문이다(Brunner et al., 1990). 서파 수면(3, 4단계)의 박탈은 신체적 효과를 더 가지는 것으로 여겨지는데, 이는 단지 며칠 밤만 수면을 박탈하여도 사람들은 지치고 피곤

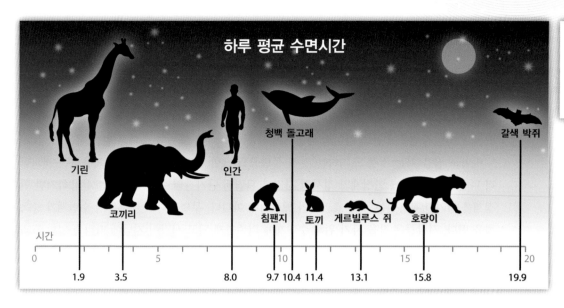

하루 평균 수면시간

기린	코끼리	인간	침팬지	토끼	게르빌루스 쥐	호랑이	청백 돌고래	갈색 박쥐
1.9	3.5	8.0	9.7	11.4	13.1	15.8	10.4	19.9

시간 0 ··· 5 ··· 10 ··· 15 ··· 20

◀ 그림 5.11 모든 동물과 곤충들은 수면을 취하지만 수면량은 서로 다르다. 여러분이 늦잠을 자고 "어린애처럼 잠을 잔다"는 비난을 받는다면 "나는 호랑이나 갈색 박쥐처럼 잤다"라고 말해 보라.

함을 느끼며 근육 및 골절 부상에 매우 민감하게 반응하기 때문이다(Lentz et al., 1999).

수면 욕구를 무시하는 것은 명백하게 위험한 것이다. 그러나 우리는 왜 수면 욕구를 가지는가? 모든 동물들이 잠을 자는 것처럼 여겨지는데, 필요한 수면량은 동물에 따라 다르다(그림 5.11 참조). 기린은 하루에 2시간 미만 동안 잠을 자는 반면 갈색 박쥐는 거의 20시간 동안 잠을 잔다. 이러한 수면 욕구에 대한 차이와 수면 욕구가 왜 존재하는가를 설명하기는 어렵다. 수면의 무의식 상태 동안 일어나는 회복이 의식이 있는 동안에는 일어나지 못하는 것인가? 결국 수면은 진화 과정 동안 잠재적으로 희생을 치렀을 것이다. 잠을 자는 동물은 희생되기 쉽기 때문에 수면이 상당한 정도의 이익을 주지 않는 한 수면 습관은 종 전체에 널리 발달되지 않은 것으로 보인다. 수면 이론들은 왜 뇌와 신체가 이러한 무의식적 에피소드(수면)가 되풀이되어 일어나는 것이 필요하도록 진화되었는가를 설명하지 못하고 있다.

수면 장애

"숙면을 취하였나요?"라는 질문에 코미디언인 스티븐 라이트는 "아니요, 나는 몇 가지 실수를 하였습니다"라고 답하였다. 모든 사람들이 숙면을 취하는 것을 좋아하지만 많은 사람들이 수면 장애를 경험한다. 가장 흔한 수면 장애가 불면증, 수면 무호흡증과 몽유병이다.

잠을 들기 어렵거나 잠을 자지 못하고 깨어 있는 **불면증**(insomnia)이 아마도 가장 흔한 수면 장애일 것이다. 대략 30~48%의 사람들이 불면 증상을 보고하고 9~15% 정도는 낮 동안의 활동에 지장을 받을 성노로 심각한 불면증을 보고하고 6% 정도는 불면증 진단에 부합하는 불면증, 즉 지속적이고 손상된 수면을 경험한다(Bootzin & Epstein, 2011; Ohayon, 2002). 불행하게도 불면증은 지속석이 나 내부분의 사람들은 불면증을 적어도 1년 동안 경험한다(Morin et al., 2009).

불면증은 다양한 원인에 의해 발병한다. 어떤 경우는 야간 근무와 같은 라이프스타일의 선택 때문에 초래되는(자기 유도적 불면증) 한편 어떤 경우에는 우울, 불안 및 다른 조건에 대한 반응으로 일어난다(이차적 불면증). 또한 불면증이 뚜렷한 원인없이 초래되기도 한다(일차적 불면증). 어떤 원인에 의해 불면증이 초래되는가와는 상관없이 불면증은 불면에 대한 걱정으로 인해 악화될 수 있다(Borkevec, 1982). 여러분은 잠을

불면증 위험

사람들이 나를 오해 하는 것	이상한 소음	내가 가지고 있는 질병	재정적 어려움	나는 왜 그렇게 말하거나 행하였을까?	시나리오에 대한 아이디어
$10	$10	$10	$10	$10	$10
$20	$20	$20	$20	$20	$20
$30	$30	$30	$30	$30	$30
$40	$40	$40	$40	$40	$40
$50	$50	$50	$50	$50	$50

R. Chast

불면증
잠이 들기 어렵거나 잠을 지속적으로 자는 것이 어려운 경우

수면 무호흡증
잠을 자는 동안 짧은 시간 호흡이 멈추어지는 장애

몽유병
잠을 자는 동안 일어나서 걸어 다니는 경우

기면증
깨어 활동하는 동안 갑작스럽게 수면 발작이 일어나는 장애

꼭 자야 하는 경우, 예를 들어 다음 날 수업 시간에 발표를 하거나 중요한 인터뷰가 있을 경우, 잠을 쉽게 들 수 없는 것을 경험하였을 것이다. 잠을 원하는 것이 이와 모순되는 정신 통제 과정, 즉 잠이 오지 않는 것에 대해 민감하게 반응하게 하고 이 민감성이 잠이 드는 것을 방해한다. 실제 한 실험에서 참가자들 중 빨리 잠을 자도록 지시받은 이들이 그러한 지시를 받지 않은 사람들에 비하여 잠을 드는 것에 더 어려움을 보였다(Ansfield, Wegner, & Bowser, 1996). 어떤 경우에는 불면증에 관한 역설적 해결책이 잠을 자는 것을 포기하고 다른 일을 하는 것이다.

아마도 잠을 자는 것을 포기하는 것이 불면증의 흔한 치료법인 수면제를 복용하는 것보다 더 나을 것이다. 비록 안정제가 정서적 사건과 관련된 단기간의 수면 장애에는 유용하지만 안정제를 장기간 복용하는 것은 효과적인 해결책이 아니다. 무엇보다도 대부분의 수면제가 중독성을 띤다. 사람들은 잠을 자기 위해 수면제에 의존하게 되고 시간이 지남에 따라 동일한 효과를 얻기 위해 복용량을 늘리게 된다. 수면제를 단기간 사용하는 것조차 정상적인 수면 주기를

? **수면제가 야기하는 문제는 무엇인가?**

방해할 수 있다. 비록 수면제가 수면을 취하게 하지만 REM과 서파 수면 단계의 시간 비율을 감소시켜(Qureshi & Lee-Chiong, 2004), 꿈과 깊은 수면 단계를 박탈한다. 그 결과 수면의 질이 낮아지게 되고 낮 동안 불안정하고 안절부절못하게 되는 부작용을 경험하게 된다. 마지막으로 수면제 복용을 갑자기 중단할 경우 이전보다 더 심각한 불면증을 경험할 수 있다.

수면 무호흡증(sleep apnea)은 잠을 자는 동안 짧은 시간 호흡을 중단하는 장애이다. 무호흡증을 가지는 사람들은 대부분 코를 고는데, 왜냐하면 무호흡증에는 기도가 불수의적으로 막히는 것이 포함되기 때문이다. 만약 무호흡증이 한 번에 10초 이상 일어나거나 밤 동안 여러 번 일어날 경우 자주 깨게 되어 잠을 자지 못하게 되거나 불면증을 경험하게 된다. 무호흡증은 중년의 과체중 남성들에서 가장 흔하게 일어나며(Punjabi, 2008), 잠을 자는 동안 이를 인식하지 못하기 때문에 무호흡증 진단이 간과되기 쉽다. 옆에서 같이 자는 사람이 무호흡증을 앓는 사람의 코 고는 소리 혹은 호흡을 다시 시작할 때 나는 소음 등으로 인하여 지치거나 무호흡증을 앓는 사람이 낮 동안 지나치게 졸리움을 느끼게 되면 비로소 치료를 찾게 된다. 치료에는 체중 감소, 약물 처방, 코로 공기를 불어넣는 수면 마스크 혹은 수술 등이 포함된다.

만화 속의 몽유병자는 자신의 팔을 축 늘어뜨리고 눈은 감고 있지만 이는 사실이 아니다. 실제로 몽유병자는 눈을 뜨고, 때로는 무표정한 시선을 한 채 정상적으로 걷는다.

몽유병(somnambulism 또는 sleepwalking)은 개인이 잠을 자는 동안 일어나서 걸어다니는 경우이다. 몽유병은 아동들에서 더 자주 관찰되는데, 4~8세 동안에 발병률이 가장 높고 15~40%의 아동들이 적어도 한 번씩 경험한다(Bhargava, 2011). 몽유병은 이른 밤, 대개 서파 수면 단계 동안 일어나며 환자는 걸어다니는 동안 깨어나거나 깨어나지 않고 다시 잠이 들기도 하는데, 이 경우 그들은 아침에 이 사실을 기억하지 못한다. 몽유병 환자의 눈은 대개 초점이 흐리고 만화에

? **몽유병자를 깨우는 것이 안전한가?**

서처럼 이들이 걸어다니는 동안 손을 뻗는 경우는 거의 없다. 몽유병의 유일한 문제는 환자들이 화장실 외의 다른 장소에서 소변을 보거나 잠이 든 상태로 집 밖으로 나가는 것과 같은 이상하고 현명하지 못한 행동을 한다는 것이다. 잠을 자는 동안 걸어다니는 사람들은 협응 운동을 잘하지 못하고 가구에 부딪히거나 계단에서 넘어질 수 있다. 어찌되었건 이들은 잠을 자고 있다. 일반적인 견해와는 달리 몽유병 환자들을 깨우거나 다시 침대로 데려가는 것이 안전하다.

다소 흔하지 않게 일어나는 수면 장애들이 있다. **기면증**(narcolepsy)은 깨어서 활동하는 시기 동안 갑자기 수면 발작이 일어나는 경우이다. 기면증은 깨어 있는 동안 수면의 꿈 상태(REM 수면과 같이)가 일어나고 30초에서 30분 동안 지속되는 참을 수 없는 졸음과 통제할 수 없는 수면 발작이 자주 동반된다. 이 장애는 유전적 근거를 가지고 있는 것으로 보이는데, 즉 가족력이 있으며 약물로 치료가 가능하다. **수면 마비**(sleep paralysis)는 움직일 수 없는 상태에서 깨어나는

경우이며 종종 기면증과 관련되어 있다. 이 기분 나쁜 경험은 대개 REM 수면에서 깨어나지만 운동 통제를 미처 하지 못할 때 일어난다. 이 기간은 단지 몇 분 동안만 지속되고 출면 시(깨어날 때) 혹은 입면 시(잠이 들 때) 환각, 즉 잠에서 깬 후 꿈의 내용이 현실에서 일어나는 것처럼 여겨지는 현상이 동반될 수 있다. 최근 일련의 연구들이 출면 시 환각을 동반하는 수면 마비가 외계인 납치 혹은 성적 학대에 관한 기억(치료자들이 최면을 사용하여 수면자를 도움, McNally & Clancy, 2005) 등과 같은 예들을 설명할 수 있다고 제안한다. **야경증**(night terrors 또는 sleep terrors)은 공황 발작과 강렬한 정서적 각성과 더불어 갑작스럽게 잠을 깨는 경우이다. 야경증은 주로 아동들에서 발병하고, 성인의 2%만이 야경증을 경험하며(Ohayon, Guilleminault, & Priest, 1999, 수면 주기의 초기 비-REM 수면 동안 가장 흔하게 일어나고 환자들은 대개 꿈을 보고하지 않는다.

요약하면 우리가 잠을 자기 위해 밤에 눈을 감으면 많은 일들이 일어난다. 인간은 매우 규칙적인 수면 주기를 따르는데, 즉 밤 동안 수면의 5단계를 거치게 된다. 수면 박탈이나 수면 장애로 인하여 이 주기가 방해를 받게 되면 잠에서 깨어나 의식을 찾게 되는 결과가 초래된다. 그러나 밤 수면 동안 무엇인가가 일어나면 잠을 자는 동안이나 깨어 있는 동안 우리의 의식이 영향을 받게 된다.

꿈

선두적인 수면 연구자인 윌리엄 C. 디멘트(William C. Dement, 1959)는 다음과 같이 언급하였다. "꿈은 우리 각사를 그리고 우리 모두를 매일 밤 조용하고 안전하게 미치게 한다." 실제로 꿈은 비정상적인 것 같다. 우리는 꿈에서 이상한 것들을 경험하지만 더 기이한 것은 우리가 경험하는 비정상적인 것들을 우리 스스로 쓰고 제작하고 감독한다는 것이다. 이러한 경험들이 무엇이고 우리는 이 경험들을 어떻게 설명할 수 있는가?

꿈 의식

꿈은 현실로부터 매우 동떨어져 있다. 여러분은 아마 대중들 앞에서 옷을 벗은 채 서 있거나, 매우 높은 곳에서 떨어지거나, 중요한 약속을 망각하거나, 치아가 흔들려 빠지거나, 다른 사람에게 쫓기는 꿈을 꾼 적이 있을 것이다(Holloway, 2001). 이러한 것들은 여러분이 매우 운이 나쁜 생을 가지고 있지 않는 한 현실에서 흔하게 일어나지 않는다. 꿈에서의 의식의 질은 깨어 있을 때의 의식의 질과 매우 다르기도 하다. 꿈 의식이 깨어 있는 상태와 구분되는 다섯 가지 주요 특징이 있다(Hobson, 1988).

? 꿈속의 의식과 깨어 있는 상태는 어떻게 구분되는가?

- 기쁨, 공포, 사랑 혹은 경외이든지 간에 매우 강렬한 감정을 느낀다는 것이나.
- 꿈에서 경험하는 사고가 비논리적이라는 것이다. 시간, 장소와 사람의 연속성이 적용되지 않는다. 예를 들어 꿈에서 여러분이 한 장소에서 다른 장소로 이동하지 않았음에도 불구하고 한 번은 이 장소에 있다가 곧 다른 장소에 있는 것을 경험하거나 한 개인이 꿈 장면마다 다른 사람으로 나타나는 것을 경험할 수 있다.
- 감각이 완전히 형성되고 의미를 가진다. 꿈에서 시각이 우세하지만 청

수면 마비
잠에서 깨어났지만 움직이지 못하는 경우

야경증
공황 발작과 강렬한 정서적 각성과 더불어 갑작스럽게 잠에서 깨는 경우

자주 꿈이 강렬하고 생생하며 비논리적이다. 꿈은 영화 "인셉션"의 한 장면처럼 매우 멋진 경험을 하게 한다.

WARNER BROS/THE KOBAL COLLECTION/ART RESOURCE

각, 촉각과 움직임도 경험한다(비록 통각은 매우 드물게 경험되지만).

- 꿈이 무비판적으로 수용된다는 것인데, 예를 들면 꿈에서 경험하는 이미지나 사건들이 이상하게 여겨지기보다는 정상적인 것으로 받아들여진다.
- 꿈을 꾸고 난 후에 그 꿈을 기억하는 것이 어렵다는 것이다. 사람들은 꿈을 꾸고 있는 도중에 깨어날 경우에만 꿈을 기억하고 깨어난 지 몇 분 후에는 꿈을 회상하지 못할 수 있다. 만약 깨어 있는 동안의 기억이 이 정도로 나쁘다면 여러분은 대부분의 시간을 거리에서 거의 옷을 벗은 채 서 있거나 여러분이 가야 할 곳이나 옷과 점심 값을 잊어버리게 될 것이다.

그러나 우리가 꾸는 모든 꿈들이 멋지거나 초현실적인 것은 아니다. 프로이트가 주장한 것처럼 꿈에서 모험을 즐기는 것이 아니라 자주 일상적인 것을 경험한다(Domhoff, 2007). 우리가 깨어 있을 때 경험한 세속적인 주제들 혹은 '낮 동안의 잔류물(day residue)'에 관한 꿈을 꾸기도 한다. 현재 의식 속에 남아 있는 관심(Nikles et al., 1998) 혹은 최근에 경험한 이미지들이 꿈에 나타나기도 한다. 꿈은 잠을 자는 동안에 경험한 감각들을 통합하기도 하는데 이에 대한 예로 한 연구에서 참가자들이 REM 수면을 취하는 동안 그들의 얼굴에 물을 뿌린 결과 참가자들이 물에 관한 꿈을 꾸게 되었다(Dement & Wolpert, 1958). 낮 동안의 잔류물들에는 일화적 기억이 포함되지 않는데, 다시 말하면 낮 동안 경험한 사건들이 완벽하게 꿈에 재현되지 않는다는 것이다. 대신 낮 동안의 감각 경험이나 대상들이 꿈에 나타난다. 경험한 사건들이 단순하게 재현되기 보다는 서로 다른 시기와 장소에서 경험한 '단편적인 것'들을 하나의 스토리로 만들어져 꿈에 나타난다(Wamsley & Stickgold, 2011). 예를 들어 여러분이 룸메이트와 해변에서 즐거운 시간을 보낸 날 밤에 비치볼이 튀거나 갈매기들에 관한 꿈을 꿀 수 있다. 한 연구에서 참가자들에게 테트리스라는 컴퓨터 게임을 하게 하였는데, 그 후 참가자들은 테트리스 도형들이 떨어지는 꿈을 보고하지만 자신들이 실험에 참여하거나 게임을 하는 꿈은 보고하지 않았다(Stickgold et al., 2001).

헨리 푸젤리(1790)의 작품인 **악몽**. 푸젤리는 이 그림에서 암말뿐만 아니라 꿈꾸는 사람의 가슴에 앉아 있는 몽마도 그렸는데, 이는 특히 매우 무서운 악몽과 관련되어 있다.

게임을 하였다는 사실을 전혀 기억하지 못하는 매우 심각한 기억 상실증을 앓는 환자들조차 자신들의 꿈에 테트리스 비슷한 이미지들이 나타나는 것을 보고하였다(Stickgold et al., 2000). 꿈의 내용은 여러분이 낮 동안 행하였거나 본 것에 관한 이야기가 아니라 스냅 사진의 유형을 취한다. 이는 꿈이 명확한 구성 혹은 대본 없이 나타나기 때문에 상식적으로 이해되기 어렵다는 것을 의미한다.

가장 잘 기억되는 꿈 중의 일부가 악몽이고, 이 무서운 꿈이 꿈을 꾸는 사람을 자주 깨운다(Levin & Nielsen, 2009). 대학생을 대상으로 한 연구에 의하면 대학생이 1년에 평균 24번의 악몽을 꾼다고 하지만(Wood & Bootzin, 1990), 일부 사람들은 매일 밤 악몽을 꾸기도 한다. 성인보다 아동이 악몽을 더 자주 경험하고 외상을 경험한 사람들이 이 사건들을 상기시키는 악몽을 꾸는 경향이 있다. 예를 들어 1989년 샌프란시스코 만 지역에서 발생한 지진을 경험한 대학생들이 지진을 경험하지 않은 대학생들보다 더 자주 악몽을 경험하고 꿈의 내용이 지진과 관련된 것이라고 보고되었다(Wood et al., 1992). 외상의 이러한 효과는 외상 사건에 관한 꿈만을 초래하지 않는다. 경찰관이 갈등이나 위험과 관련된 작은 사건들을 경험할 경우 일반적으로 더 많은 악몽을 꾸는 경향이 있다고 한다(Neylan et al., 2002).

꿈에 관한 이론

꿈은 풀고 싶어 안달하는 퍼즐이다. 꿈이 무엇을 의미하는가를 알고 싶지 않겠는가? 비록 꿈이 환상적이고 혼란스럽지만 굉장히 정서적이고 여러분의 생에서 경험한 생생한 이미지로 가득 차 있으며 굉장히 실제적인 것으로 여겨진다. 꿈의 의미를 찾고자 하는 시도는 성경에 나오는 인물들에 의해서도 이루어졌는데, 그들은 꿈을 해석하고 꿈에서 예언을 찾고자 하였다. 구약에 등장하는 예언자 다니엘(이 책의 세 저자들이 매우 좋아하는)은 바벨론 왕이었던 네브카드네자르의 꿈을 해석해 줌으로써 왕의 신뢰를 얻게 되었다. 꿈이 무엇을 의미하는가에 관한 관심은 고대 때부터 있어 왔는데, 이는 꿈의 의미가 대개 명확하지 않기 때문이다.

　꿈에 관한 첫 번째 심리학적 이론을 제안한 프로이트(1900/1965)는 꿈이 혼란스럽고 불명확한 이유는 역동적 무의식이 꿈을 생산할 때 혼란스럽고 불명확하게 만들기 때문이라고 제안하였다. 프로이트의 이론에 의하면 꿈은 욕망을 표상하는 것이며, 욕망 중 일부는 상당히 받아들이기 어렵거나 금기시되는 것이거나 불안을 야기하는 것이기 때문에 욕망이 가장된 형태로만 꿈에 표현된다고 한다. 프로이트는 받아들이기 어려운 대부분의 욕망들이 성적인 것과 관련되어 있다고 믿었다. 예를 들어 기차가 터널로 들어가는 꿈은 성적 행위의 상징이라고 해석하였다. 프로이트에 의하면 꿈의 **명백한 내용**(manifest content), 즉 꿈의 명확한 주제 혹은 피상적 의미는 **잠재적 내용**(latent content), 즉 꿈의 숨겨진 진정한 의미를 가린다고 한다. 예를 들어 한때 친구가 살았던 집 근처 공원에 있는 나무가 불에 타는 것에 관한 꿈(명백한 내용)은 그 친구가 죽

명백한 내용
꿈의 분명한 주제 혹은 피상적 의미

잠재적 내용
꿈의 숨겨진 진정한 의미

문화와 사회

각 문화에서 꿈은 무엇을 의미하는가?

최근의 한 연구(Morewedge & Norton, 2009)는 서로 다른 세 문화권 출신의 사람들이 꿈을 어떻게 평가하는가를 조사하였다. 참여자들에게 서로 다른 꿈 이론을 1점(전혀 동의하지 않음)~7점(완전히 동의함) 척도로 평정하게 하였다. 미국, 한국과 인도 출신 대학생들 중 상당수가 꿈이 의미를 가진다는 프로이트의 이론에 동의하였다. 단지 소수의 대학생들만이 다른 이론, 즉 꿈이 문제를 해결하는 수단을 제공하거나 무관한 뇌 활성화의 부산물이라는 이론을 믿었다. 다음의 그림은 세 문화권 집단에서 얻은 결과를 보여 준다. 서로 다른 문화권에 있더라도 많은 사람들이 꿈이 깊고 타당한 내용을 담고 있다고 여긴다.

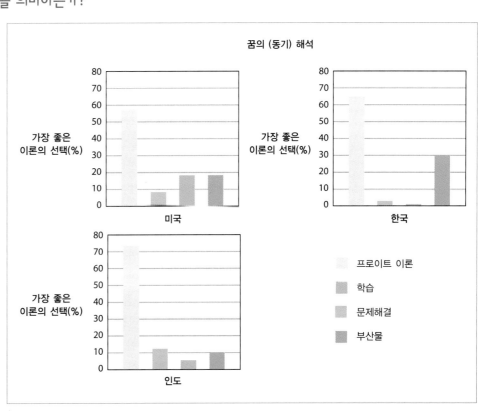

BARBARA L. SALISBURY/THE WASHINGTON TIMES/LANDOV

프로이트는 꿈이 허용되지 않은 욕망을 나타내고, 이 욕망은 가장된 형태로만 표현된다고 주장하였다. 활성화-통합 모델은 마음이 수면 동안 일어나는 무작위적인 뇌 활성화에 어떤 의미를 부여하고자 할 때 일어난다고 제안한다. 장모가 자신의 집을 곧 방문할 남성을 예로 들어보자. 장모의 방문 전날 그는 버스가 자신의 집 거실 창문을 통해 들어오는 꿈을 꾸었다. 프로이트는 이 꿈을 어떻게 해석하겠는가? 활성화-통합 모델은 이 꿈을 어떻게 해석하는가?

었으면 하는 소망(잠재적 내용)을 위장하는 것이다. 이 경우 친구가 죽었으면 하는 소망이 받아들여지기 어려운 것이기 때문에 그 소망이 불에 타는 나무로 위장되어 표현된다. 프로이트의 꿈 해석 방식이 가지는 문제는 어떤 꿈이라도 수많은 방법으로 해석될 수 있고 그 꿈에 관한 정확한 해석이 단지 추측에 근거할 뿐이며, 꿈을 꾼 사람에게 다른 해석보다 특정 해석이 더 옳다는 것을 다양한 방법을 통해 확신시킨다는 것이다.

비록 꿈이 숨겨진 욕망을 교묘하게 나타내지 않을 수도 있지만 억제된 사고가 꿈에 나타난다는 것을 보여 주는 증거가 있다. 한 연구에서 연구 참가자들에게 자신들이 잘 아는 한 사람을 생각하게 한 후 잠이 들기 5분 전에 자신들의 마음에 떠오르는 것들을 기록하게 하였다 (Wegner, Wenzlaff, & Kozak, 2004). 일부 참가자들에게는 기록을 할 때 자신들이 생각한 사람에 관한 생각을 억제하도록 지시하고 일부 참가자들에게는 그 사람에 관한 생각에 초점을 맞추도록 지시한 한편, 또 다른 참가자들에게는 마음에 떠오르는 어떤 것이라도 자유롭게 기록하도록 지시하였다. 다음 날 아침 참가자들에게 꿈에 관해 기술하게 하였다. 전반적으로 모든 참가자들은 다른 사람들보다 자신들이 잘 안다고 이름을 말한 사람에 관한 꿈을 꾸었다고 언급하였다. 그러나 전날 밤 자신들이 잘 안다고 한 사람에 관한 생각을 억제하도록 지시를 받은 집단에 속한 참가자들이 다른 집단에 속한 참가자들보다 자신들이 잘 아는 사람에 관한 꿈을 꾸었다고 가장 많이 보고하였다. 이 결과는 꿈이 원하지 않는 것을 숨긴다고 여겼던 프로이트가 옳았다는 것을 시사한다. 아마도 이런 이유 때문에 배우들은 대사를 잊어버리는 꿈을 꾸고 여행자들은 길을 잃는 꿈을 꾸고 축구선수들은 공을 헛잡는 꿈을 꾸는 것일 것이다.

억제된 생각에 관한 꿈을 꾼다는 것을 지지하는 증거는 무엇인가?

또 다른 중요한 꿈 이론이 **활성화-통합 모델**(activation-synthesis model)(Hobson & McCarley, 1977)이다. 이 이론은 수면을 취하는 동안 무작위로 일어난 신경 활동의 의미를 뇌가 찾을 때 꿈이 생산된다고 제안한다. 깨어 의식이 있는 동안 마음은 감각을 통하여 도달된 많은 정보를 해석한다. 예를 들어 수업 시간에 들은 이상한 소리가 여러분의 핸드폰 진동 소리라는 것을 알아차리거나 방 바깥 복도에서 나는 이상한 냄새가 팝콘이 타는 냄새라는 것을 알아차린다. 꿈을 꾸는 상태에서는 마음이 외부에서 들어오는 감각 정보에 접근하지 않지만 그럼에도 각성 상태에서처럼 감각 정보의 해석에 관여한다. 꿈의 상태에서는 현실 지각에 의해 제공되는 연속성 없이 일어나는 신경 활성화로부터 감각 정보가 오기 때문에 뇌의 해석 기제가 자유로워진다. 이러한 이유 때문에 꿈에서는 한 사람이 다른 사람으로 바뀌기도 한다. 개인이 지각하는 실제 정보가 없기 때문에 마음이 안정된 견해를 유지하지 못하게 된다. 마음이 뇌 활성화를 지각하고 이에 대한 의미를 부여하기 위한 노력으로 말미암아 식료품점에 관한 꿈에서는 상점 주인이었던 사람이 꿈 장면이 학교로 바뀌면 여러분이 가장 좋아하는 선생님으로 바뀌게 된다. 꿈을 꾼 다음 날 아침 사람들이 자신들의 꿈 해석에 많은 관심을 가지는 것은 지난 밤 잠을 자는 동안 자신들이 행하였던 해석 활동의 연장일 수 있다.

프로이트 이론과 활성화-통합 이론은 꿈의 의미를 어디에 두는가에 있어 매우 다르다. 프로이트 이론에서는 꿈이 의미와 함께 시작된다고 주장하는 반면, 활성화-통합 이론에서는 꿈이 의미 없이 시작될 수 있으며 꿈을 꾸는 동안 마음이 꿈을 해석함을 통하여 의미가 부여될 수 있다고 주장한다. 꿈 연구는 두 이론 중 어느 이론이 혹은 두 이론 이외의 다른 이론이 꿈의 의미

활성화-통합 모델
뇌가 수면 동안 무작위로 일어나는 활성화에 대한 의미를 찾을 때 꿈이 생산된다고 주장하는 이론

를 가장 잘 설명하는가에 관한 명확한 결론을 제공하지 않고 있다.

꿈을 꾸는 뇌

우리가 꿈을 꿀 때 뇌에서 어떤 일이 일어나는가? fMRI 연구들은 수면을 취하고 있는 사람의 뇌를 스캔하여 REM 단계 동안 활성화의 변화를 보이는 뇌 영역을 찾고자 하였다. 그 결과 REM 수면 동안 일어나는 뇌 변화는 꿈을 꾸는 동안 일어나는 의식의 변화와 명확하게 일치하는 것을 관찰하였다. 그림 5.12는 꿈을 꾸는 뇌에서 관찰되는 활성화 혹은 비활성화 패턴 중 일부를 보여 준다(Nir & Tononi, 2010; Schwartz & Maquet, 2002).

높은 곳에서 아래를 내려 보거나, 위험한 사람이 유혹하거나 괴물이 나타나거나 사소한 걱정을 하거나 주요한 시험이 있는 것을 잊은 채 강의실로 들어서는 꿈을 꾼다. 이러한 꿈의 주제들은 두려움 혹은 정서와 관련된 뇌 영역들이 꿈을 꾸는 동안 활성화될 것이라는 것을 시사하는데, 실제로 fMRI 스캔에서 이 영역들이 활성화되는 것을 명확하게 볼 수 있다. 편도체는 위협적이거나 긴장을 주는 사건에 대한 반응에 관여하고 REM 수면 동안 편도체가 상당히 활성화된다.

전형적으로 꿈에는 기이한 세상이 시각적으로 펼쳐지며 시각적 사건은 거의 모든 꿈에 나타난다. 그러나 꿈에서 시각보다 청각이 훨씬 덜 나타나고 촉각은 청각보다 덜 나타나고 후각과 미각은 거의 나타나지 않는다. 물론 꿈에서의 '그림 쇼'에 실제 지각이 관여하지 않고 시각적 사건의 상상만이 관여한다. 시지각에 관여하는 뇌 영역들이 꿈을 꾸는 동안 활성화되지 않는 반면, 시각적 상상에 관여하는 후두엽의 시각 연합 영역들이 활성화된다는 것이 밝혀졌다(Braun et al., 1998). 여러분의 뇌는 기이한 장면들을 실제로 보지 않고 상상한다는 것을 인식할 만큼 영리하다.

깨어 있을 때보다 REM 수면 동안 전전두 피질이 비교적 덜 활성화된다. 이 사실이 의미하는 것은 무엇인가? 일반적으로 전전두 영역은 행동의 계획과 집행에 관여하고 꿈은 무계획적인 것으로 보인다. 꿈을 꾸는 동안 전전두 피질이 활성화되지 않는 사실은 왜 꿈이 의미 있는 이야기 구성을 가지지 못하는지, 즉 이야기를 꾸밀 능력이 없는 작가에 의해 쓰여진 이야기 같은지를 설명한다.

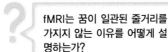

fMRI는 꿈이 일관된 줄거리를 가지지 않는 이유를 어떻게 설명하는가?

꿈에 관한 또 다른 이상한 사실은 꿈을 꾸는 동안 눈은 매우 빨리 움직이지만 몸이 거의 움직이지 않는 것이다. REM 수면 동안 운동 피질이 활성화되지만 뇌간을 통해 연결되는 척수 뉴

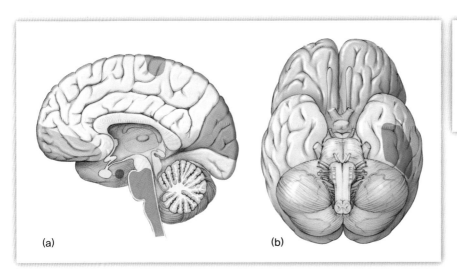

(a)   (b)

◀ 그림 5.12 **REM 수면 동안의 뇌 활성화와 비활성화** 붉은색으로 칠해져 있는 뇌 영역들은 REM 수면 동안 활성화되고 파랑색으로 칠해져 있는 영역들은 비활성화된다. (a) 내측면은 편도체, 시각 연합영역, 운동 피질과 뇌간의 활성화와 전전두피질의 비활성화를 보여 준다. (b) 복측면은 다른 시각 연합 영역들의 활성화와 전전두피질의 비활성화를 보여 준다(Schwartz & Maquet, 2002).

런들이 운동 피질의 활성화를 억제한다(Lai & Siegal, 1999). 이는 꿈과 관련된 뇌 활성화의 유용한 속성으로 밝혀졌는데, 만약 이러한 속성이 없으면 여러분은 꿈을 꿀 때마다 일어나서 움직여야 하기 때문이다! 희귀한 한 수면 장애는 REM 수면 동안 근육 억제가 일어나지 못하게 하여 이 수면 장애를 앓는 사람들은 꿈을 꾸는 동안 침대에서 팔다리를 휘젓거나 침실을 돌아다닌다(Mahowald & Schenck, 2000). 그러나 잠을 자는 동안 움직이는 대부분의 사람들은 꿈을 꾸고 있지 않다. 뇌는 꿈을 꾸는 동안 움직이는 것을 억제시켜 우리가 다른 사람을 해치는 것을 막아준다.

요약

▶ 수면과 꿈은 의식의 변형된 상태이다.

▶ 밤에 잠을 자는 동안 뇌가 5단계의 주기를 거친다. 대부분의 꿈은 REM 수면 단계에 일어난다.

▶ 수면 욕구는 성장함에 따라 감소하지만 수면과 꿈의 박탈에는 심리적, 신체적 희생이 따른다.

▶ 수면은 불면증, 수면 무호흡증, 몽유병, 기면증, 수면 마비와 야경증 등의 장애로 인하여 방해를 받는다.

▶ 꿈을 꾸는 사람은 정서, 사고와 감각의 변화를 무조건 받아들이지만 깨어나면 꿈을 잘 기억하지 못한다.

▶ 꿈 이론에는 프로이트의 정신분석 이론과 활성화-통합 모델과 같은 이론들이 포함된다.

▶ fMRI 연구들은 꿈을 꾸는 동안 시각적 상상과 관련된 영역의 활성화가 증가하고 다른 감각들은 감소되고 두려움과 같은 정서에 대한 민감성이 증가되고 계획 능력이 감소되며 움직이는 것이 방해를 받는다는 것을 밝히고 있다.

약물과 의식 : 인위적 영감

유토피아에 반대하는 소설인 멋진 신세계(*Brave New World*)의 저자인 올더스 헉슬리(Aldous Huxley)는 자신의 메스칼린 약물 경험에 관해 기술하였다. 그의 수필집인 *The Doors of Perception*에서 정상적 의식 상태에서 이탈된 강렬한 경험에 관해 기술하였다. 그는 "세상의 모든 것이 빛으로 반짝거리고 무한정으로 중요하게 느껴졌다. 예를 들어 의자 다리가 불가사의하게 보였고 초현실적으로 윤이 나게 매끈하였다. 나는 몇 분 동안―혹은 수세기 동안?―단지 이 대나무 의자 다리를 응시한 것만이 아니라 실제로 나 자신이 그 의자 다리가 되었다"(Huxley, 1954, p. 22).

여러분 자신이 의자 다리가 되는 경험? 의자 다리가 되는 것이 의자 방석이 되는 것보다 낫겠지만 이는 매우 기이한 경험을 한 것처럼 들린다. 여전히 많은 사람들이 이러한 경험을 하기를 원하며 자주 약물을 통하여 이러한 경험을 추구한다. **향정신성 약물**(psychoactive drugs)은 뇌의 화학적 메시지 체계를 변화시킴으로써 의식 혹은 행동에 영향을 미치는 화학물질이다. 뇌의 신경전달물질 체계를 기술하고 있는 3장에서 이러한 약물들에 대해 살펴보았다. 앞으로 치료에 관한 장에서 이 약물들이 어떻게 심리장애를 치료하는 데 사용되는가를 살펴볼 것이다. 이 약물들이 향락, 치료 혹은 또 다른 목적으로 사용되는가와 상관없이 이 약물들의 효과는 신경전달물질의 활성화를 증가(효능제) 혹은 감소(길항제)시킴으로써 일어난다.

가장 흔한 신경전달물질이 세로토닌, 도파민, GABA와 아세틸콜린이다. 약물은 신경전달물질이 시냅스후 뉴런의 접합 지점과 결합되는 것을 방해하거나 시냅스전 뉴런으로의 재흡수를 억제하거나 신경전달물질의 결합과 전달을 증가시킴으로써 신경전달물질 체계의 기능을 변화시킨다. 서로 다른 약물들은 전달 양상을 증가하거나 억제시킴으로써 뇌에서 자연적으로 일어

향정신성 약물
뇌의 화학적 메시지 체계를 변화시킴으로써 의식 혹은 행동에 영향을 미치는 화학물질

나는 것과 유사하게 뇌의 전기적 활성화의 변화가 일어나게 한다. 예를 들어 발륨(벤조디아제핀)과 같은 약물은 수면은 유도하지만 꿈을 꾸는 것을 방해하며 이 결과 매일 밤 뇌에서 자연적으로 여러 번 일어나는 서파 수면과 유사한 상태가 일어나게 한다. 반면 다른 약물은 자연적으로 일어나지 않는 뇌 활성화 양상을 초래하며 이 결과 의식에 상당한 정도로 영향을 미친다. 헉슬리 그 자신이 의자 다리가 되는 것을 경험한 것처럼 약물을 복용한 사람들은 정상적인 의식 상태 혹은 꿈에서 경험하는 것과도 아주 다른 것을 경험할 수 있다. 이러한 변화된 상태를 이해하기 위해 사람들이 어떻게 약물을 사용하고 남용하는지와 향정신성 약물의 주요 유형들에 관해 살펴보기로 하자.

약물 복용과 남용

왜 아동들은 어지러워 땅에 쓰러질 때까지 뱅뱅 도는 행동을 간혹 하는가? 정상적인 의식 상태에서 이탈된 상태에 관한 호기심이 있어 왔고 역사를 통해 사람들은 춤, 단식(fasting), 노래, 명상과 자신들을 취하게 할 정도의 이상한 화학물질의 섭취를 통하여 변형된 의식 상태를 경험하고자 하였다(Tart,

> **?** 변형된 의식의 매력은 무엇인가?

1969). 사람들은 어떤 희생을 치르더라도, 즉 현기증을 동반한 메스꺼움부터 중독 약물에 대한 집착에 이르기까지의 희생을 감수하더라도 변형된 의식 상태를 추구한다. 이러한 관점에서 보면 변형된 의식의 추구는 치명적으로 매력적이다.

약물에 의해 초래된 의식 변화는 자주 유쾌하고 매력적인 것으로부터 시작된다. 연구자들은 향정신성 약물이 얼마나 매력적인가를, 실험실 동물들이 이를 얻기 위해 얼마나 열심히 과제를 수행하는가를 측정함으로써 연구한다. 한 연구에서 연구자들은 쥐들이 레버를 누르면 스스로 코카인을 정맥으로 주사할 수 있도록 고안하였다(Bozarth & Wise, 1985). 코카인에 자유롭게 접근할 수 있었던 쥐들은 30일의 연구 기간 동안 점차 코카인 사용을 증가시켰다. 쥐들은 높은 비율로 자신들에게 코카인을 주사하는 것을 계속할 뿐만 아니라 자주 경련을 일으킬 만큼 높은 양을 주사하였다. 쥐들은 자신들을 돌보는(grooming) 것과 먹이를 먹는 것을 중단하였고 그 결과 원래 체중의 1/3이 감소하였다. 대략 90%의 쥐들이 연구가 끝날 무렵 죽었다. 쥐들은 코카인보다 설탕이나 사카린과 같은 달콤한 물질을 더 선호하지만(Lenoir et al., 2007), 코카인에 관한 관심은 치명적일만큼 심각하다.

물론 쥐가 작고 연약한 인간이 아니기 때문에 쥐를 대상으로 한 연구 결과가 코카인에 대한 인간의 반응을 이해하는 데 확고한 근거를 제공하지 않는다. 그러나 이러한 결과는 코카인이 중독성을 띠고 중독의 결과가 비참할 수 있다는 것을 명백하게 보여 준다. 실험실 동물들로 하여금 스스로 약물을 복용하게 하는 연구들은 동물들이 코카인뿐만 아니라 알코올, 암페타민, 바르비투르, 카페인, 아편(모르핀과 헤로인), 니코틴, 페닐사이클라이딘(phenicyclidine, PCP), MDMA(엑스터시)와 THC(tetrahydrocannabinol, 마리화나의 주성분) 등을 얻기 위해서도 열심히 과제를 수행한다는 것을 보여 준다. 그러나 일부 약물의 경우 동물들이 이 약물을 얻기 위해 과제를 수행하지 않는데(메스칼린이나 항정신병 약물인 페노티아진), 이는 이 약물들의 중독성이 약하다는 것을 시사한다(Bozarth, 1987).

사람들이 향정신성 약물을 처음 사용하자마자 중독되지는 않는다. 약물을 여러 번 실험적으로 사용한 후 다시 사용하고 마침내 여러 요인들, 예를 들어 약물 내성, 신체적 의존과 심리

왜 아동들은 현기증을 느껴 바닥에 쓰러질 때까지 빙빙 도는 것은 즐기는가? 아주 어릴 때부터 의식 상태를 변화시키는 것을 즐기는 것처럼 보인다.

약물 내성
시간이 지남에 따라 동일한 약물 효과를 얻기 위해 약물의 양이 증가되는 경향

적 의존 등의 요인들로 인하여 시간이 지남에 따라 약물 사용이 증가하게 된다. **약물 내성**(drug tolerance)은 시간이 지남에 따라 동일한 효과를 얻기 위해 약의 용량이 증가되는 경향을 의미한다. 환자들의 통증을 통제하기 위해 모르핀을 처방하는 의사들은 내성 문제에 당면하게 되는데, 이는 동일한 정도의 통증을 완화하기 위해 더 많은 용량의 모르핀이 요구되기 때문이다. 내성이 증가하면 약물의 과잉 투여라는 위험이 초래된다. 즉, 향락을 위해 약물을 복용하는 사람들은 동일한 정도의 즐거움을 경험하기 위해 더 많은 약물이 요구된다는 것을 알게 된다. 그러나 만약 헤로인 혹은 코카인을 평소보다 더 많이 복용할 경우 치명적인 결과가 초래될 수 있다.

중독성 약물을 갑자기 중단할 경우 금단 증상이 나타날 수 있다. 금단 증상들 중 일부는 신체적 의존(physical dependence)을 경고하며 통증, 경련, 환각 혹은 다른 불쾌한 증상들이 금단 증상에 포함된다. 약물에 대해 신체적으로 의존된 사람들은 신체적 아픔을 피하기 위해 계속적으로 약물을 사용한다. 일부 사람들이 커피를 마시지 않을 경우 호소하는 '카페인 두통'이 가장 흔한 예 중의 하나이다. 다른 금단 증상들은 심리적 의존(psychological dependence)에 의해 초래되는데, 심리적 의존이란 신체적 금단 증상들이 사라진 후에도 약물에 대한 강한 욕구를 가지는 경우를 의미한다. 약물은 시간이 지날수록 정서적 욕구가 생기게 하는데, 특히 약물을 상기시키는 환경에 처할 경우 더욱 그러하다. 예를 들어 일부 금연가들은 몇 년 동안 금연에 성공한 후에도 식사 후 흡연 욕구가 일어나는 것을 보고한다.

약물 중독은 인간의 약점, 즉 행동의 즉각적 결과를 되돌아보지 못하고 행동의 장기적 결과를 생각하지 못하는 것을 보여 준다. 비록 우리는 우리의 행동에 의해 일어날 수 있는 추후 결과를 합리적으로 분석한 후 행동한다고 생각할 수 있지만 대부분의 경우 "먼저 즐기고 나중에 대가를 지불하자" 혹은 "지금 당장 많이 즐기자"라고 생각한다. 당장의 즐거움에는 강하게 끌리지만 행동 때문에 장차 치러야 할 대가에 대해서는 거리를 두는 경향이 있다. 예를 들어 오늘 1달러를 받을 것인지 일주일 후에 2달러를 받을 것인지를 선택하게 할 경우 대부분의 사람들은 오늘 1달러를 받는 것을 선택한다. 그러나 만약 앞으로 1년 중 어느 날에 이와 동일한 선택을 하게 한다면(오늘의 횡재에 대한 즉각적 만족이 강하지 않다) 대부분의 사람들은 1주일을 기다렸다가 2달러를 받는 것을 선택한다(Ainslie, 2001). 대부분의 약물 복용과 관련되어 있는 즉각적 만족은 약물을 복용하였을 경우 초래되는 추후의 결과, 즉 약물 중독이라는 결과에 관한 합리적 분석을 어렵게 한다.

중독으로 야기되는 심리적, 사회적 문제는 매우 크다. 대부분의 사람들에게 약물 중독이 삶의 한 방편이 되고 일부 사람들에서는 사망의 원인이 된다. 앞서 언급한 코카인에 중독된 쥐(Bozarth & Wise, 1985)처럼 일부 사람들은 자신들의 삶이 약물에 의해 지배를 받을 정도로 약물에 중독된다. 그러나 이것이 전부가 아니다. 중독자가 반복적으로 범죄를 저지르고 교도소와 치료 프로그램에 나타나는 것으

베트남전에 참여한 많은 군인들이 전쟁 동안 헤로인에 중독되었다. 로빈스와 동료들(Robins et al., 1980)은 미국으로 돌아온 후 대부분의 군인들이 더 이상 약물을 복용하지 않았고 중독에서 벗어난 것을 발견하였다.

로 미루어 중독은 재발되고 명백한 사회적 문제를 일으키는 것으로 잘 알려

? 약물 복용을 중단할 경우 어떤 문제가 야기되는가?

져 있다. 그러나 중독이 약물 사용자들의 유일한 종말은 아니다. 스탠리 샤흐터(Stanley Schachter, 1982)는 실제로 많은 사람들이 중독을 극복할 수 있다고 제안하였다. 그는 흡

연 경험이 있는 사람들 중 64%가 비록 여러 번의 시도를 통해서지만 금연에 성공할 수 있다는 것을 관찰하였다. 실제로 1980년대, 1990년대와 2000년대에 실시된 대규모 연구들은 물질사용 장애자들 중 약 75% 정도가 중독을 극복하고 특히 20~30대에서 가장 많이 물질 사용이 감소된다고 보고하였다(Heyman, 2009). 베트남에서 헤로인에 중독되었던 군인들을 대상으로 한 연구는 이들이 본국으로 돌아온 몇년 후 단지 12%만이 중독 상태를 유지하고 있는 것을 보고하였다(Robins et al., 1980). 군인들이 일상생활의 즐거움과 의무로 돌아온 것과 오래된 약물 습관과 관련되어 있던 친숙한 장소와 사람들의 부재 등이 그들로 하여금 성공적으로 헤로인을 끊을 수 있게 하였다. 비록 중독이 위험하지만 치료가 불가능한 것은 아니다.

헤이, 내 이름은 배리야, 나는 하루에 200~300번 정도 이메일을 체크해

모든 향락적 약물 사용을 '중독'이라는 관점에서 보는 것은 정확하지 않을 수 있다. 예를 들어 현재 카페인, 알코올, 담배 혹은 마리화나를 반복적으로 복용하는 것을 중독이라고 부르지 않는다. 그러나 과거 혹은 다른 장소에서는 이러한 것들을 끔찍한 중독으로 여겨 금지하거나 검열하였다. 예를 들어 17세기 초에는 흡연을 독일에서는 사형으로, 러시아에서는 거세로, 중국에서는 참수로 엄하게 금지하였다(Corti, 1931). 흡연가들에게는 좋은 시절이 아니었다. 이와 상반되게 코카인, 헤로인, 마리화나와 암페타민 등은 매우 인기가 있었고 의사들이 이 약물들의 사용을 권유하기도 하였으며 물론 이 약물들의 사용에 중독이라는 오명을 씌우지도 않았다(Inciardi, 2001).

'중독'이 우리 대부분에게 매우 친숙한 개념이지만 실제로 중독에 관한 임상적 정의 준거가 없다. 실제 중독 개념은 '성 중독', '게임 중독', '일 중독', '초콜릿 중독' 등과 같이 인간이 추구하는 다양한 행동에 확대되어 사용되고 있다. 사회는 중독에 대해 서로 다른 시기에 서로 다르게 반응하는데, 즉 일부 사회는 약물 사용을 무시하고 일부에서는 격려하며 일부에서는 단순히 세금을 물리고 또 다른 일부 사회는 강력하게 금지하고 있다('현실세계 : 약물과 의식의 규제' 참조). 모든 약물 사용을 문젯거리로 여기기보다는 약물 사용의 장단점을 고려하여 사람들로 하여금 자신들의 약물 사용을 선택하는 것을 도와줄 수 있는 방법을 마련하는 것이 중요하다(Parrott et al., 2005).

향정신성 약물의 유형

북미 사람들 5명 중 4명은 매일 카페인을 섭취하지만 모든 향정신성 약물이 이처럼 널리 사용되지는 않는다. 잘 일러진 약물과 덜 알려진 약물 모두가 어떻게 우리의 정신에 영향을 미치는가를 이해하기 위해 약물을 몇 개의 범주, 즉 진정제, 흥분제, 아편제, 환각제와 마리화나로 구분하여 살펴보기로 하자. 표 5.3은 서로 다른 유형의 약물들이 가지고 있는 잠재적 위험에 관해 알려진 사실들을 요약하고 있다.

표 5.3

약물 위험

약물	위험		
	과량 (지나치게 많은 양을 취할 경우 사망 혹은 해가 되는가?)	신체적 의존 (약물 사용을 중단할 경우 신체적 고통이 있 는가?)	심리적 의존 (약물 사용을 중단할 경우 약물에 대한 갈망 이 있는가?)
진정제 　알코올 　바르비투르산염/벤조디아제핀 　독성 흡입제	× × ×	× × ×	× × ×
흥분제 　암페타민 　MDMA(엑스터시) 　코카인	× × × ×	× × ×	× ? × ×
아편제(아편, 헤로인, 모르핀, 메타 돈, 코데인)	×	×	×
환각제(LSD, 메스칼린, 실로시빈, PCP, 케타민)	×		?
마리화나		?	?

진정제

진정제(depressants)는 중추신경계의 활성화를 감소시키는 약물이다. 가장 흔하게 사용되는 진정제가 알코올이며 또 다른 진정제로는 바르비투르산염, 벤조디아제핀과 독성 흡입제(아교 혹은 가솔린) 등이 있다. 진정제는 진정 혹은 안정 효과를 가지고 있고 많은 용량은 수면을 일으키는 경향이 있으며 매우 많은 양의 진정제는 호흡 정지를 일으킬 수 있다. 진정제는 신체적 의존과 심리적 의존 모두를 야기할 수 있다.

알코올　알코올은 선사시대부터 널리 사용되기 시작하였으며 대부분의 문화권에서 손쉽게 구할 수 있고 사회적으로 용납되는 물질로 받아들여지는 '진정제의 왕'이다. 12세 이상의 미국인들 중 52%가 지난 달에 음주한 경험이 있다고 보고하고 있으며 24%는 폭음, 즉 연속해서 5번 이상 음주를 하였다고 보고하고 있다. 젊은 성인(18~25세)은 이보다 더 높은 음주율을 보고하는데, 즉 이 연령층의 62%가 지난달에 음주를 한 경험이 있으며 42%가 폭음을 하였다고 보고하고 있다(National Center for Health Statistics, 2012).

　알코올의 초기 효과, 즉 행복감과 불안 감소는 매우 긍정적으로 느껴진다. 많은 양의 알코올을 섭취할 경우 술 취함이 초래되고 이에 따라 반응이 느려지고 발음이 분명하지 않게 되며 판단력이 낮아지고 사고와 행동의 효율성이 감소하게 된다. 알코올이 어떻게 신경계에 영향을 미치는가에 관해서는 아직 정확하게 이해되지 못하고 있으나 다른 진정제와 마찬가지로 알코올은 GABA 신경전달물질의 활성화를 증가시킨다(De Witte, 1996). 3장에서 살펴본 바와 같이 GABA는 신경 충동의 전달을 억제하는 기능을 가지고 있기 때문에 알코올은 뉴런의 발화를 중지시키는 화학물질인 억제제의 역할을 한다. 그러나 이에 대한 논란도 많다. 알코올을 섭취하면 일부 사람들은 시끄럽고 공격적이 되고 일부는 감정적이 되어 눈물을 흘리며 일부는 침울해지고 또 일부 사람들은 경솔한 행동을 하기도 한다. 또한 동일한 사람도 서로 다

왜 사람들마다 취하는 정도가 다른가?

른 상황에서 이 모든 것들을 경험하기도 한다. 어떻게 한 약물이 이러한 효과를 가질 수 있는가? 이를 설명하기 위해 두 이론, 즉 기대 이론과 알코올 근시(alcohol myopia)가 제안되었다.

기대 이론(expectancy theory)은 사람들이 특정 상황에서 알코올이 자신들에게 어떤 영향을 미칠 것이라고 기대하는 것에 의해 알코올 효과가 일어난다고 제안한다(Marlatt & Rohsenow, 1980). 예를 들어 만약 여러분이 친구 혹은 가족이 결혼식장에서 술을 마시면서 유쾌하게 서로 만남을 즐기는 것을 목격한다면 이와 유사한 상황에서 여러분이 음주를 하면 이와 같은 효과를 경험하게 될 것이다. 그러나 만약 사람들이 술집에서 술을 마시면서 싸움을 하는 것을 목격하면 여러분도 술을 마신 후 공격적이 될 것이다.

연구들은 알코올 섭취를 지각하는 것과 무관하게 실제 알코올을 섭취할 경우 어떤 효과가 나타나는가를 조사함으로써 기대 이론을 검증하였다. **균형 잡힌 위약 방안**(balanced placebo design)을 사용한 실험은 실제 자극의 존재 혹은 부재 후에 나타나는 행동과 위약 자극의 존재 혹은 부재 후에 나타나는 행동을 관찰한다. 이러한 연구에서 연구 참가자들은 알코올 혹은 대체 액체를 마시며 각 집단에 속한 일부 참가자들은 자신들이 알코올을 마셨거나 마시지 않았다고 믿게 된다. 예를 들어 실제 알코올을 마시지 않았지만 알코올을 마셨다고 믿게 되는 사람들은 실제로는 단순히 물이지만 보드카 향이 나는 것을 마신다. 이러한 실험들은 알코올을 마셨다고 믿는 것이 실제로 알코올을 마셨을 때처럼 행동에 영향을 미친다는 것을 자주 보고한다(Goldman, Brown, & Christiansen, 1987). 여러분은 파티에서 단지 맥주 한 잔을 마신 후 매우 떠들썩하게 되는 사람들을 볼 수 있는데, 이는 맥주 한 잔이 이러한 행동을 초래하기보다는 사람들이 이러한 효과를 기대하기 때문에 일어나는 것으로 여겨진다.

알코올이 가지는 다양한 효과를 설명하기 위해 제안된 또 다른 이론이 **알코올 근시**(alcohol myopia)인데, 이 이론은 알코올이 주의를 방해하여 사람들로 하여금 복잡한 상황을 단순한 방법으로 반응하게 한다고 주장한다(Steele & Josephs, 1990). 이 이론은 생이 복잡한 상황으로 채워져 있으며 우리는 때로 균형 있게 행동한다고 인정한다. 여러분이 여러분의 친구와 데이트를 하고 있는 사람에게 끌린다고 상상해 보라. 여러분은 여러분이 느끼는 감정에 충실할 것인가 혹은 친구와의 우정을 더 중요하게 생각할 것인가? 근시 이론은 알코올을 섭취하면 판단력이 방해를 받게 된다고 주장한다. 서로 다른 선택의 미묘함을 평가하기 어렵게 되어 부적절하게 반응하게 된다고 주장한다. 따라서 여러분이 근시 상황(myopic state)에서 어떤 판단을 하는가에 따라 알코올은 여러분으로 하여금 친구의 데이트를 방해하게 하거나 혹은 여러분이 기지고 있는 소심함 때문에 울게 할 수도 있다.

알코올 근시 이론에 관한 한 연구에서 남성 참가자(참가자의 절반은 음주를 하고 있었음)에게 비호감인 한 여성을 보여 주는 비디오를 시청하게 한 후, 만약 한 남성이 이 여성에게 성적 공격성을 보인다면 이를 얼마나 받아들일 수 있는가를 물었다(Johnson, Noel, & Sutter-Hernandez, 2000). 술을 마신 사람들이 마시지 않은 사람들에 비하여 비호감 여성에게 성적 호감을 더 많이 가지지 않았다. 그러나 비디오에서 매력적인 여성을 보게 한 후 동일한 질문을 하였을 때 술을 마신 사람들은 술을 마시지 않은 사람들에 비하여 더 많은 성적 호기심을 보였으며 심지어 여성이 원하지 않을 경우에도 성적 행동을 보이는 것을 더 허용하였다. 이 결과는 알코올이 복잡한 대인관계를 단순하게 여기도록 하여("와, 저 여성이 매우 매력적이네") 매우

알코올이 관찰학습과 유사한 과정을 거쳐 학습된다고(적어도 부분적으로) 여기는 이론이 기대 이론인가 알코올 근시 이론인가?

기대 이론
사람들이 특정 상황에서 알코올이 자신들에게 어떤 영향을 미칠 것이라고 기대하는 것에 따라 알코올의 효과가 나타난다고 주장하는 이론

균형 잡힌 위약 방안
실제 자극의 존재 혹은 부재 후에 나타나는 행동과 위약 자극의 존재 혹은 부재 후에 나타나는 행동을 관찰하는 방안

알코올 근시
알코올이 주의를 방해하며 이로 말미암아 복잡한 상황을 매우 단순하게 반응하게 된다

JEFF GREENBERG/THE IMAGE WORKS

사람들은 중독 상태를 유지하기 위해 상당한 정도의 불편도 감소한다.

잘못된 판단을 하게 할 가능성이 있음을 보여 준다.

기대 이론과 근시 이론 모두 음주가 사람으로 하여금 극단적인 행동을 하게 할 수 있다는 것을 주장한다(Cooper, 2006). 실제 음주로 인한 극단적 행동이 사회 문제의 주된 원인이다. 예를 들어 음주 운전이 교통사고의 주된 원인이다. 2009년에 발생한 치명적인 자동차 충돌 사고를 일으킨 운전자들 중 22%에서 혈중 알코올 수준이 0.08% 이상이었다(U.S. Census Bureau, 2012). 여자 대학생을 대상으로 한 조사에 의하면 무기력하게 강간을 당한 경우(희생자가 스스로 음주한 후 강간에 무기력하게 대응함)의 76%, 그리고 약물 혹은 알코올로 인한 강간(강간 전 가해자가 교묘하게 취하게 함)의 72%가 음주와 관련되어 있다고 한다(McCauley et al., 2009).

바르비투르산염, 벤조디아제핀과 독성 흡입제 알코올에 비해 다른 진정제는 인기가 덜하지만 그럼에도 여전히 널리 사용되거나 남용되고 있다. 세코날이나 넴뷰탈 등과 같은 바르비투르산염은 수면제로 처방되거나 수술 전 마취제로 사용된다. 발륨과 자낙스 등과 같은 벤조디아제핀 역시 안정제로 불리며 항불안제로 처방된다. 이 약물들은 불안과 수면 장애의 치료를 위해 처방되지만 이 약물들을 알코올과 같이 복용할 경우 매우 위험한데, 이는 이 약물들 모두 호흡을 억제시킬 수 있기 때문이다. 만약 장기간 이 약물들을 사용한 후 약물 복용을 중단하면 매우 심각한 금단 증상(경련을 포함하여)이 일어날 수 있기 때문에 신체적 의존이 초래될 가능성이 있고 심리적 의존 역시 자주 발생한다. 마지막으로 독성 흡입제는 진정제 중 가장 조심해야 할 약물로 여겨지고 있다(Ridenour & Howard, 2012). 이 약물들은 풀, 헤어 스프레이, 메니큐어 리무버 혹은 가솔린 등을 통하여 아동들에게조차 쉽게 노출된다. 이러한 제품 등에서 나오는 증기를 코로 들어마실 경우 술 취함과 유사한 효과가 일시적으로 나타나지만, 지나치게 많이 흡입하면 때로 치명적이고 지속적으로 흡입할 경우 영구적인 뇌 손상이 초래될 가능성이 있다(Howard et al., 2011).

흥분제

흥분제(stimulants)는 중추신경계를 흥분시켜 각성과 활성화 수준을 증가시키는 물질이다. 흥분제에는 카페인, 암페타민, 니코틴, 코카인, 모다피닐과 엑스터시가 포함되며 때로는 합법적인 치료 목적으로 사용된다. 예를 들어 암페타민(때로는 *speed*로 불린다)은 원래 의학적인 목적과 다이어트 약물로 개발되었다. 그러나 메테드린과 덱세드린과 같은 암페타민계 약물들이 널리 남용되고 있고 장기간 사용할 경우에는 불면증, 공격성 및 편집증상이 초래된다. 흥분제는 뇌의 도

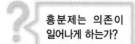

흥분제는 의존이 일어나게 하는가?

파민과 노르에피네프린 수준을 증가시키며, 따라서 이 신경전달물질들에 의존하는 뇌 회로의 활성화 수준을 상승시킨다. 그 결과 각성과 에너지가 증가하게 되고 간혹 성취할 수 있다는 자신감과 동기를 가지게 된다. 모든 흥분제는 신체 및 심리적 의존을 야기하고 금단 증상에는 피로와 부정적 정서가 포함된다.

엑스터시(MDMA, 'X', 혹은 'E'로도 알려져 있다)는 암페타민 파생물로서 흥분제이지만 환각제와 같은 부가적 효과도 가지고 있다(환각제는 뒤에서 언급된다). 엑스터시는 이를 사용하는 사람으로 하여금 주위에 있는 다른 사람들과 공감 혹은 친밀한 느낌을 들게 하는 것으로 알려져 있다. 따라서 엑스터시는 집단감을 상승시키는 파티 약물로 사용되지만 틱을 악물게 하거나 체온 통제를 방해하는 등의 불쾌한 부작용을 가지고 있다. 이러한 문제들을 해결하기 위

흥분제
중추신경계를 흥분시켜 각성과 활성화 수준을 증가시키는 약물

해 진정제와 쥬스를 사용하기도 하지만 엑스터시를 남용할 경우 심장발작과 극도의 피로감을 경험할 가능성이 높다. 비록 엑스터시가 다른 약물에 비해 신체 및 심리적 의존을 덜 야기하는 것으로 알려져 있지만 이 약물 역시 어느 정도의 의존을 야기한다. 더욱이 간혹 길거리에서 판매되는 불법 약물도 위험하다(Parrott, 2001). 엑스터시가 인간 뇌의 세로토닌 뉴런에 미치는 독성 효과는 아직 완전히 이해되지 못하고 있지만 동물과 인간을 대상으로 한 연구들은 엑스터시를 지속적으로 사용한 경우 세로토닌 뉴런들의 손상을 야기하고 기분, 주의, 기억과 충동 통제 등의 장애를 야기할 가능성이 있음을 보여 준다(Kish et al., 2010; Urban et al., 2012).

코카인은 코카나무의 잎으로 만들어지는데, 이 나무는 천 년 동안 안데스 원주민에 의해 재배되어 왔고 의료적 목적으로 사용되어 왔다. 1903년까지 코카콜라에 코카인이 함유되어 있었고 아직까지 코카콜라의 향을 내기 위해 코카인을 제거한 코카잎이 사용된다는 이야기는 비록 코카콜라 회사가 밝히지 않고 있지만 사실이다(펩시콜라는 코카인을 함유하지 않으며 대신 갈색 빛을 내는 재료를 사용한다). 지그문트 프로이트는 코카인 사용을 시도하였으며 이에 대해 자세하게 기술하였다. 흡입 혹은

IMAGEBROKER.NET/SUPERSTOCK

금연은 상당히 어렵다. NPR은 최근 일본에서 시도된 흥미로운 전략을 보고하였다. 즉, 재떨이를 비누로 채운 후 사람들로 하여금 흡연보다는 비누방울을 불게 하였다.

? 코카인 복용 시 일어나는 위험한 부작용은 무엇인가?

흡연하는 코카인 모두 인간과 쥐 모두에게 들뜬 기분과 유쾌함을 일으키며 매우 중독성을 띤다. 복용을 중단할 경우 불쾌한 금단 증상이 초래되며, 코카인 사용의 위험한 부작용에는 심장발작으로 인한 사망 혹은 저체온증과 같은 신체적 문제뿐만

아니라 불면증, 우울, 공격성, 편집증과 같은 심리적 문제도 포함된다(Marzuk et al., 1998). 비록 코카인이 '파티 약물'로 널리 사용되지만 코카인이 상당한 정도의 의존을 야기할 수 있고 치명적인 부작용을 가지고 있다는 사실을 심각하게 여겨야만 한다.

니코틴은 수수께끼 같은 약물이다. 이 약물은 흡연을 처음 시도하는 사람들에게 거의 아무것도 제공하지 않는다. 적어도 처음에는 흡연이 좋은 냄새를 제공하지 않고 기분을 좋게 하지 않으며 기껏해야 현기증 혹은 메쓰거움만을 제공한다. 그럼에도 사람들은 왜 흡연을 하는가? 흡연 행동은 흡연의 즐거움보다 금연 시 야기되는 불쾌감 때문에 지속된다. 예를 들어 흡연가들이 말하는 흡연의 긍정적 효과, 즉 이완과 주의집중력의 상승은 주로 금단 증상으로부터 해방되었다는 느낌으로 온다(Baker, Brandon, & Chassin, 2004). 니코틴에 대한 가장 좋은 태도는 흡연을 아예 시도하지 않는 것이다.

아편제

아편은 양귀비 씨로부터 만들어지며 파생물인 헤로인, 모르핀, 메타돈과 코데인(데메롤과 옥시콘틴과 같은 처방약도 포함됨) 등은 통증을 완화하는 아편 파생물인 **아편제**(narcotics or opiates)로 알려져 있다. 아편제는 안녕감과 이완감을 느끼게 하지만 혼수상태와 무기력감을 야기하기도 한다. 아편제는 매우 중독성이 강하며 장기간 사용할 경우 내성과 의존을 가지게 된다. 이 약물

? 왜 아편제가 특히 유혹적인가?

들의 사용에 자주 피하주사기가 사용되기 때문에 약물 사용자들이 주사기를 함께 사용할 경우 HIV 등과 같은 질병의 위험도 가지게 된다. 불행히도 이 약물들은 매우 유혹적인데, 이는 이 약물들의 효과가 이완감과 안녕감을 생산하는 뇌 체계와 매우 비슷하기 때문이다.

뇌는 내인성 아편제(endogenous opiates) 혹은 엔도르핀(endorphins)을 생산하는데, 이것은 아

아편제
통증을 완화시키는 약물로 아편으로부터 추출되고 중독성이 매우 강함

편제와 매우 밀접한 신경전달물질이다. 3장에서 살펴본 바와 같이 엔도르핀은 뇌가 통증과 스트레스에 대처하는 데 매우 중요한 역할을 한다. 이 물질들은 자연적으로 통증을 완화시킨다. 예를 들어 운동을 어느 정도 하면 근육이 아프다는 것을 느끼게 되지만 그 후로는 심지어 운동을 하고 있는 동안에도 통증이 완화되는 것을 느낄 수 있다. 손상 혹은 힘든 일에 대한 반응으로 생산되는 엔도르핀은 뇌하수체와 다른 뇌 부위들에서 분비되는데, 일종의 자연 치유제 역할을 하여 통증을 완화시키고 안녕감을 증가시킨다. 그러나 사람들이 아편제를 사용하면 뇌의 엔도르핀 수용기가 인위적으로 활성화되고, 이에 따라 수용기의 효율성이 낮아지게 되어 엔도르핀의 생산이 억제될 수 있다. 아편제의 사용을 중단할 경우 금단 증상이 나타날 가능성이 높다.

환각제

의식의 가장 큰 변화를 초래하는 약물이 **환각제**(hallucinogens)인데, 환각제는 감각과 지각을 변화시키고 자주 환시와 환청이 일어나게 한다. 환각제에는 LSD(lysergic acid diethylamide or acid), 메스칼린, 실로시빈, PCP(phencycline)와 케타민(동물 마취제) 등이 포함된다. 이 약물들 중 일부는 식물(메스칼린은 선인장으로부터, 실로시빈은 버섯으로부터)로부터 추출되며 고대 시대 때부터 사용되어 왔다. 예를 들어 선인장을 섭취하는 것이 북미 일부 지역의 종교 의식에서 중요한 역할을 한다. 다른 환각제들은 주로 합성물이다. LSD는 화학자인 앨버트 호프먼(Albert Hofman)에 의해 1938년 처음으로 제조되었는데, 1960년대 대중문화에 상당한 영향을 주었다. 그 당시 하버드대학의 심리학 교수였던 티모시 리어리(Timothy Leary)는 LSD의 사용을 옹호하였고, 비틀즈는 "Lucy in the sky with diamond"를 노래하면서 LSD를 언급하였으며(물론 비틀즈는 이를 부인하였지만), 이러한 환각제에 관한 대중적 관심이 많은 사람들로 하여금 환각제를 시도하게 하였다.

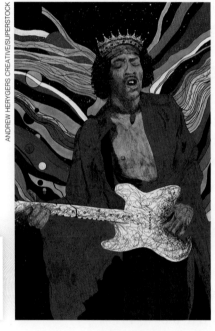

1960년대의 환각적 예술과 음악은 LSD와 같은 약물이 제공하는 시각 및 청각 효과에 의해 영감을 받았다.

환각제 시도는 크게 성공적이지 못하였다. 이 약물들은 상당한 정도의 지각 변화를 일으킨다. 감각이 지나치게 강렬해지고 정지된 사물들이 움직이거나 변화되는 것으로 보이며 실제로 존재하지 않는 무늬나 색채가 지각되는데, 이러한 지각 변화는 행복한 초월감부터 비참한 공포에 이르기까지의 과장된 정서와 동반되어 나타난다. 이 약물들이 '나는 책상 다리가 되었다!'라고 느끼게 하는 약물들이다. 그러나 환각제의 효과가 극적이고 예상하기 어려우며 심리적 롤러코스터를 야기하여 일

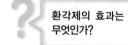
환각제의 효과는 무엇인가?

부 사람들에게는 흥미를 자아내게 하지만 일부 사람들에게는 매우 큰 고통을 경험하게 한다. 동물들이 스스로 취하지(self-administer) 않는 대표적인 약물이 환각제라는 점을 고려하면 환각제가 인간에게 중독성을 야기하지 않는다는 것은 놀라운 일이 아니다. 환각제는 내성 혹은 의존을 야기하지 않으며 과잉 투여로 인한 사망도 흔하게 일어나지 않는다. 비록 자신들의 지각 변화에 흥미를 가지는 사람들이 지금도 환각제를 즐겨 사용하지만 환각제의 사용은 위험한 중독보다는 문화적 트렌드에 의해 일어나는 것으로 여겨진다.

환각제
감각과 지각을 변화시키는 약물로서 자주 환시와 환청을 초래하게 한다.

마리화나
테트라히드로칸나비놀(THC)이라고 불리는 향정신성 약물을 포함하고 있는 삼나무의 잎과 싹

마리화나

마리화나(혹은 카나비스)는 잎과 싹에 테트라히드로칸나비놀(tetrahydrocamnabinol, THC)이

라고 불리는 향정신성 약물을 함유하는 식물이다. 마리화나 그 자체 혹은 농축된 형태를 피우거나 먹을 경우 경미한 환각 효과가 있는 흥분 상태를 유발한다. 마리화나 사용자들은 이 경험을 유쾌하다고 기술하는데, 즉 시력과 청력이 좋아지고 많은 아이디어가 생각나는 듯한 느낌을 가진다고 기술한다. 마리화나는 판단력과 단기 기억에 영향을 미치고 운동 기술과 협응 능력을 손상시키며 이에 따라 운전 혹은 중장비를 다룰 때 잘못된 선택을 하게 한다("내가 어디에 불도저를 놓아두었지?"). THC에 반응하는 수용기가 뇌에서 발견되었는데(Stephens, 1999), 이 수용기는 뇌에서 생산되는 아난다마이드라고 불리는 신경전달물질에 의해 활성화된다(Wiley, 1999). 아난다마이드는 기분, 기억, 식욕과 통증 지각의 통제에 관여하며 마치 마리화나가 인간에게 야기하듯이 실험실 동물들로 하여금 일시적으로 과식하도록 자극하는 것으로 알려져 있다(Williams & Kirkham, 1999). 다크 초콜릿에서 발견되는 일부 화학물질이 비록 경미하지만 아난다마이드와 유사한 효과를 가지는 것으로 알려져 있는데, 이는 일부 사람들이 초콜릿을 먹은 다음 안녕감을 느낀다고 보고하는 것을 설명하는 것으로 여겨진다.

마리화나는 중독의 위험이 비교적 강하지 않고 의존도 발생하지 않는 것으로 보이며 신체적 금단 증상도 매우 경미하다. 그러나 심리적 의존의 가능성이 있으며 이로 인하여 일부 사람들은 만성적으로 마리화나를 사용한다. 역사 기록을 보면 마리화나는 통증/메스꺼움의 완화를 위한 의약품 혹은 향락을 위해 전 세계적으로 널리 사용되어 왔으나 마리화나의 사용은 논란이 되고 있다. 마리화나 남용과 의존은 우울, 불안 혹은 다른 정신병리를 초래할 가능성을 높인다. 많은 사람들은 마리화나(알코올과 궐련과 더불어)를 **게이트웨이 약물**(gateway drug)으로 여기는데, 즉 중독성이 강하고 더 해로운 약물 복용으로 이어질 가능성을 높이는 약물로 여긴다. 게이트웨이

> **마리화나 복용에는 어떤 위험이 있는가?**

이론은 다소 엇갈리는 지지를 받고 있는데, 즉 이 이론을 비판하는 최근 연구들은 약물의 유형과는 상관없이 어떤 약물이라도 생의 이른 시기에 사용하기 시작하면 추후 약물 중독의 위험이 높아진다고 주장한다(Degenhardt et al., 2010). 마리화나 사용이 해를 초래한다는 점 때문에 미국 연방정부는 마리화나를 '스케줄 1 통제 물질'로 분류하여 의료적 목적으로도 사용하지 못하게 하고 마리화나를 헤로인만큼 남용 가능성이 높은 것으로 간주하고 있다. 마리화나 사용을 금하는 연방법에도 불구하고 미국 성인들 중 약 42%가 일생 중 한 번은 마리화나를 사용하였다고 보고하는데, 이 비율은 다른 나라들보다 매우 높은 것이다(Degenhardt et al., 2008). 일반 대중이 마리화나를 허용하는 것처럼 여겨지기 때문에 미국 내 여러 주들이 최근 의료적 목적으로 마리화나를 판매하는 것을 허용하고 마리화나 소지를 합법화(방문객들의 경우 체포되는 것 대신 벌금을 묾)하려고 하거나 합법화하였다. 마리화나 사용의 합법화에 관한 논란이 해결되기 위해서는 앞으로 몇 년이 더 걸릴 것이다. 그동안 여러분이 어느 주에 사는가에 따라 마리화나의 사용의 가장 큰 위험이 구속되는 것이다('현실세계 : 약물과 의식의 규제' 참조).

게이트웨이 약물
복용 시 더 해로운 약물 복용으로 이어질 가능성을 높이는 약물

요약

▶ 향정신성 약물은 뇌의 화학적 메신저 체계의 변화와 신경전달물질의 효과 증가 혹은 감소를 통하여 의식에 영향을 미친다.

▶ 약물 내성은 과잉 투여를 초래하고 신체 및 심리적 의존은 중독을 초래한다.

▶ 향정신성 약물의 주요 유형에는 진정제, 흥분제, 아편제, 환각제와 마리화나가 포함된다.

▶ 진정제인 알코올이 가지는 다양한 효과를 설명하기 위해 알코올 기대 이론과 알코올 근시 이론이 제안되었다.

약물과 의식의 규제

모든 사람들이 약물 사용에 대한 견해를 가진다. 다른 사람의 마음에서 일어나는 것을 지각하는 것이 가능하지 않다고 가정하면 다른 사람들이 자신들의 의식에 대해 무엇인가를 하는 것이 왜 우리에게 큰 관심거리가 되는가? 정부가 의식을 법으로 다스려야 하는가 혹은 사람들로 하여금 자신들의 의식 상태를 선택하는 자유를 주어야 하는가(McWilliams, 1993)? 결국 '자유가 보장되는 사회'가 사람들이 자신들에게 하는 행위를 규제하는 것이 정당한 것인가?

개인과 정부 모두 약물 중독으로 인한 대가를 들어 이 질문에 답하고자 한다. 즉, 개인과 정부는 약물 중독으로 인해 비생산적이 된 사람들과 더불어 살아야 하고, 그들의 복지를 위한 비용을 지불해야 하고, 심지어 그들의 자녀들을 돌보아야 한다. 약물 사용자들은 우리가 매일매일 뉴스에서 보는 '마약 관련' 총기 사고, 폭행치사, 강도와 도둑 등의 배후에 있는 말썽꾸러기와 범죄자로 여겨진다. 약물 문제에 관한 분노는 닉슨 대통령 시절에 처음 시작된 연방정부의 프로그램인 '약물과의 전쟁'이라는 형태로 표면화되어 약물 사용을 범죄 행위로 간주하고 약물 사용자들을 구속함으로써 약

물 사용을 중단하게 하고 있다. 1990~2007년 사이 주 교도소와 연방 교도소에 수감된 약물 사용자들의 수가 179,070명에서 348,736명, 즉 94% 증가하였는데(Bureau of Justice Statistics, 2008), 이는 약물 사용이 눈에 띌 만큼 증가하였다기보다는 약물 사용자들을 구

속하는 사례가 증가하였기 때문이다. 많은 사람들이 약물 때문에 생이 파괴되는 것을 피하게 된 대신 교도소에 수감됨으로써 자신들의 생을 파괴시키고 있다. 1920~1933년 사이에 시행된 실패한 연방정부의 알코올 금지 정책처럼(Trebach & Zeese, 1992), 약물 전쟁 정책은

AP PHOTO/CALIFORNIA DEPARTMENT OF CORRECTIONS

▲ 미국 교도소들이 만원인 데는 많은 이유가 있다. 미국은 세계에서 구속률이 가장 높다. 약물 사용을 구속할 만한 위법 행위로 여기는 것이 이 이유 중 하나이다.

최면 : 암시에의 개방

아마 여러분이 최면에 걸린 경험이 없더라도 최면에 대해 듣거나 읽은 적은 있을 것이다. 최면의 신비로움은 놀라움을 자아내며 무대 위에 시연되는 최면 장면은 매우 강력하고 신비스러운 것처럼 보인다. 아마 여러분이 최면을 생각하면 다음과 같은 장면, 즉 사람들이 동물처럼 네발로 기어다니거나 어린 시절로 퇴행하여 어린아이와 같은 목소리로 말하는 것을 상상할 것이다. 일반인들이 최면에 대해 가지고 있는 생각들 중 많은 것은 잘못된 것이다. **최면**(hypnosis)은 최면가가 다른 사람(최면 대상자)의 세상에 관한 주관적 경험이 변하도록 하는 사회적 상호작용을 의미한다(Kirsch et al., 2011). 최면의 핵심은 사람으로 하여금 자신의 의식적 의지 밖의 특정한 일이 자신에게 일어날 것이라고 기대하게 한다는 것이다(Wegner, 2002).

유도와 민감성

최면을 유도하기 위해 최면가는 최면에 걸릴 사람으로 하여금 조용히 앉아 벽에 있는 하나의 점(혹은 흔들거리는 포켓 시계)과 같은 특정 항목에 초점을 맞추게 한 다음 최면이 어떤 효과를 가져다줄 것인가를 암시한다(예를 들어 "당신의 눈꺼풀이 천천히 닫힐 것이다" 혹은 "당신 팔이 점점 무겁게 느껴질 것이다"). 일부 사람들은 최면에 걸리지 않아도 사람이 무엇인가에 집중을 하면, 예를 들어 눈꺼풀이 천천히 닫힐 것이라고 생각만 해도 눈이 감기거나 깜빡거리

최면
한 사람(최면가)이 암시를 하면 다른 사람(피험자)의 세상에 관한 주관적 경험의 변화가 초래되는 사회적 상호작용

해 감소 접근
고위험의 행동이 개인의 생활에 미치는 해를 감소하는 데 초점을 두는 접근

예방보다는 오히려 해를 더 초래하는 것으로 여겨진다.

그러면 무엇을 해야만 하는가? 오바마 행정부의 정책은 약물 전쟁보다는 약물이 초래하는 해를 감소하는 것에 더 초점을 둔다(Fields, 2009). 이 **해 감소 접근**(harm reduction approach), 즉 **고위험의 행동이 개인의 생활에 미치는 해를 감소하는 데 초점을 두는 접근이다**(Marlatt & Witkiewitz, 2010). 이 접근은 네덜란드와 영국에서 처음 시작되었는데, 다음의 전략들, 즉 일부 약물 사용에 대해서는 법적 처벌을 하지 않거나 정맥주사를 사용하여 약물을 취하는 사람들에게 무균 주사기를 제공하여 HIV 감염과 다른 감염을 막는 것 등이 포함된다(Des Jarlais et al., 2009). 해 감소에는 약물 중독자들이 범죄 공급책으로부터 용량을 알 수 없는 약물을 공급받을 경우 초래될 수 있는 독살과 약물 과다의 위험을 감소시키기 위해 이들에게 약물을 제공하는 것도 포함된다. 알코올 중독자들을 위한 해 감소 전략은 그들의 현재 음주 수준을 이해하고 음주 행동을 비난하지 않으며 폭음의 해를 최소화하면서 어느 정도의 음주를 허용하는 것이다(Marlatt & Witkiewitz, 2010). 해 감소 전략이 항상 대중의 지지를 받지는 않는데, 이는 대중들이 약물과 알

◀ 네덜란드에서는 마리화나가 불법이 아니고 18세 이상인 사람은 커피숍에서 마리화나를 구매할 수 있다.

IAN CUMMING/AXIOM/AURORA PHOTOS

코올 중독의 해결책이 금지, 즉 전적으로 사용을 중단하는 것이라고 믿기 때문이다.

사람들이 자신들의 의식을 변화시키기 위해 약물을 사용하기 원하면, 특히 약물 사용이 구토, 불면증을 감소시키고 식욕을 증가시키는 등의 이점을 가질 때에는 자유롭게 약물을 사용할 수 있어야 된다는 생각에 많은 사람들이 점차 지지를 보내고 있다. 1996년 이후 18개의 주와 컬럼비아 특별구는 의료적 목적으로 마리화나를 사용하는 것을 허용하는 법안을 입법화하였다. 2012년 11월 6일 콜로라도 주와 워싱턴 주가 처음으로 향락적 목적으로 마리화나를 사용하는 것을 합법화하였다. 마리화나가 여전히 연방법에서는 스케줄 1 통제 물질인 것이 문제를 복잡하게 하고 법적인 이슈가 완전히 해결될 때까지는 앞으로 몇 년이 더 걸릴 것이다. 실제 합법화를 추진하는 과정에서 콜로라도 주지사인 존 히켄루퍼는 콜로라도 주민들에게 경고하였다. "연방법은 여전히 마리화나를 불법 약물로 간주하기 때문에 기뻐하기에는 아직 이르다."

는 일들이 자주 일어난다고 주장한다. 그러나 최면에서는 암시가 주어지고 암시에 민감한 사람들은 팔을 퍼덕거리거나 요란하게 닭울음 소리를 내는 등의 기이한 행동을 한다.

모든 사람들이 동등하게 최면에 걸리지 않는다. 민감성의 정도는 매우 다르며 일부 사람들은 매우 쉽게 최면에 걸리지만 대부분의 사람들은 단지 어느 정도만 최면 암시의 영향을 받고 일부 사람들은 전혀 영향을 받지 않는다. 민감성은 개인의 성격 특성으로 쉽게 예상되지 않기 때문에 최면 민감성 검사는 사람들이 쉽게 영향을 받도록 고안된 일련의 암시에 의해 이루어진다. 민감성을 예상할 수 있는 가장 좋은 지표들 중 하나가 개인 자신의 판단이다. 따라서 여러분이 자신이 쉽게 최면에 걸린다고 생각하면 실제 최면에 잘 걸릴 것이다(Hilgard, 1965). 적극적으로 또 생생하게 상상을 잘하는 사람들 혹은 영화감상 등과 같은 활동에 쉽게 몰입하는 사람들이 아마도 최면의 좋은 후보자일 것이나(Sheehan, 1979; Tellegen & Atkinson, 1974).

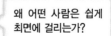 **왜 어떤 사람은 쉽게 최면에 걸리는가?**

최면 효과

여러분이 무대에서 시연되는 최면 장면을 관찰하면 최면의 주요 효과가 사람들로 하여금 독특한 행동을 하게 하는 것이라고 생각할 수 있다. 우리는 최면의 진실에 관해 무엇을 알고 있을까? 최면에서 일어나는 진정한 변화를 보여 주는 인상 깊은 예가 있다. 즉, 1849년 영국 알버트 왕자의 생일 축제에서 최면에 걸린 한 손님에게 시끄러운 소음을 무시하도록 한 결과 피스톨

최면 후 기억 상실증
망각하라는 최면 암시 후 기억을 인출하지 못함

최면 무통
최면에 민감함 사람들에게서 관찰되는 최면을 통한 통증 감소

이 자신의 얼굴 가까이에서 발사되어도 꿈쩍하지 않았다. 오늘날 최면가들이 무대 쇼에서 소형 화기(firearm)를 쓰는 것으로 말미암아 최면에 대해 다소 실망하지만 간혹 자원자들을 무대로 불러 놀랄만한 일을 하게 하기도 한다. 예를 들어 최면에 걸린 사람들이 놀라울 만한 힘을 보인다고 주장하는데, 즉 최면에 걸린 사람이 '나무판처럼 뻣뻣하게' 될 수 있다거나 최면가가 최면에 걸린 사람의 몸 위에 서 있는 동안 그 사람이 한 의자에 어깨를 대고 다른 의자에 발을 놓은 채 누워 있을 수 있다는 등의 주장을 한다.

연구들은 최면이 기억을 손상시킬 수 있다는 것을 보여 주는데, 이 연구 결과에는 중요한 제한점이 있다. 최면에 민감한 사람들은 **최면 후 기억 상실증**(posthypnotic amnesia), 즉 망각하라는 최면 암시를 받은 후 기억 인출에 실패하는 경우를 경험할 수 있다. 예를 들어 어니스트 힐가드(Ernest Hilgard, 1986)는 최면에 걸린 사람에게 멀리 떨어져 있는 몇몇 도시의 인구수를 가르친 후 그가 이 학습 회기를 망각한다는 암시를 주었다. 학습 회기 후 최면에 걸린 사람은 자신이 인구수를 정확하게 말할 수 있다는 사실에 매우 놀랐다. 그에게 어떻게 인구수를 아느냐고 물었을 때 그는 TV 프로그램에서 배웠다고 답하였다. 이와 같은 기억 상실증은 뒤이어 주어지는 최면에서 전환될 수 있다.

중요한 점은 최면하에서 상실된 기억은 최면을 통해서만 인출될 수 있다는 것이 연구들을 통해 밝혀졌다는 것이다. 최면이 사람들로 하여금 정상적인 의식 상태에서는 상기해 내지 못하는 묻힌 기억들을 상기하도록 도와준다는 잘못된 주장은 최면에 걸린 사람들이 자주 최면가의 암시에 만족할 만한 기억을 하기 때문에 일어났다. 예를 들어 1980년대 딸을 성폭행한 혐의로 고소된 보안관 폴 잉그램에게 휴식을 취하는 것과 범죄를 저지르는 것을 반복적으로 상상하도록 조사관이 지시하였다. 이러한 과정을 통하여 그는 무시무시한 '악마 같은 행동'을 수차례 한 것을 자백하였다. 그러나 다른 조사관인 리처드 오셰가 잉그램을 심문하게 되었는데, 이때 오셰는 잉그램이 고소를 당한 적이 없는 다른 범죄를 거짓으로 조작하여 이전과 동일한 기법으로 그를 조사하였다. 잉그램은 세 페이지의 자필자술서를 제출하였다(Ofshe, 1992). 이 사건을 담당한 검사들은 여전히 잉그램의 자백을 인정하였으며 그는 대중의 호소와 자신의 무죄를 입증하기 위한 수년간의 노력 끝에 2003년에서야 풀려나게 되었다. 일단 한 개인이 최면에 걸려 있더라도 자신이 무엇인가를 기억한다고 주장하면 다른 사람들에게 그 기억이 거짓이라는 것을 확신시키는 것이 어렵다(Loftus & Ketchum, 1994).

무대 위에 선 최면가는 전체 청중에게 최면을 유도한 후 최면에 민감한 몇 사람을 무대 위로 불러들여 더 최면을 유도한다.

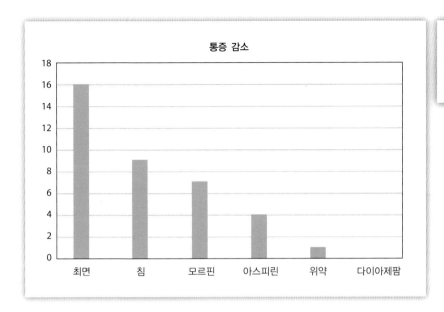

◀ 그림 5.13 **최면 무통** 실험실에서 유도한 통증을 감소시키기 위해 다양한 치료 기법을 적용한 후 관찰된 통증 감소의 정도. 최면이 통증 감소에 가장 효과적이었다(Stern et al., 1977).

최면은 신체적 혹은 행동적 변화를 야기한다. 잘 알려져 있는 최면 효과가 **최면 무통**(hypnotic analgesia), 즉 최면에 민감한 사람들에서 관찰되는 최면을 통한 통증 감소이다. 예를 들어 한 연구(그림 5.13 참조)에서 참가자들에게 실험을 통한 통증을 유발하였는데 최면이 모르핀, 다이아제팜(발륨), 아스피린, 침 혹은 위약보다 통증 감소에 더 효과적이었다(Stern et al., 1977). 최면에 민감한 사람들

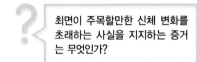

최면이 주목할만한 신체 변화를 초래하는 사실을 지지하는 증거는 무엇인가?

에게는 최면이 수술과 치과 치료에서 경험하는 통증을 통제하는 데 사용될 수 있으며 어떤 경우에는 최면이 어떤 유형의 마취제보다 더 효과적이다(Druckman & Bjork, 1994; Kihlstrom, 1985).

최면은 의식적 통제 밖이라고 믿었던 정신 과정을 통제하게 하기도 한다. 예를 들어 스트룹 검사(Stroop task, Stroop, 1935)는 종이에 적혀 있는 단어의 잉크색(빨강, 파랑, 초록색 등으로 인쇄되어)을 말하는 것이 요구되는 심리검사이다. 그러나 때로는 색채를 의미하는 단어가 그 단어가 의미하는 색채와 다른 잉크색으로 제시된다. 단어가 색채를 의미하지 않거나 단어가 의미하는 색채와 단어의 잉크색이 일치하는 경우보다(예 : '책상' 혹은 '빨강'이라는 단어가 빨강색으로 인쇄) 단어의 잉크색이 그 단어가 의미하는 색채와 일치하지 않을 경우(예 : '초록'이라는 단어가 빨강색으로 인쇄) 사람들이 더 느리게 반응하고 더 많은 오류를 보인다. 이 효과는 우리가 아무리 열심히 노력해도 나타난다. 놀랍게도 최면에 매우 민감한 사람을 최면에 들게 한 후 스트룹 과제를 실시하면 이 효과가 사라진다(Raz et al., 2002). 중요한 깃은 추후 연구들이 최면 유도가 스트룹 효과를 없애는 데 필요하지 않다는 것을 밝힌 것이다. 최면에 매우 민감한 사람들에게 모든 단어들에 반응하라고 단순히 말하는 것이 최면과 동일한 효과를 가진다고 밝혀졌다(Lifshitz et al., 2013). 이는 최면 효과기 최면에 매우 민감한 사람들이 다른 사람의 제안에 순응한 결과라는 것을 시사한다.

그럼에도 최면 암시를 받은 사람들이 최면가가 듣기 원하는 것만을 말하지 않는다. 대신 경험하기를 요구받은 것을 경험하고 있는 것처럼 보인다. 예를 들어 최면 암시 동안 최면에 매우 민감한 사람들이 회색빛의 자극을 실제로 보고 있을 때에도 색채 지각에 관여하는 뇌 영역들이 활성화된다(Kosslyn et al., 2000). 스트룹 과제를 수행하는 동안 최면 암시에 의해 스트룹 효과를 제거할 수 있는 사람들에서 전대상피질(anterior cingulate cortex, ACC), 즉 갈등 모니터링

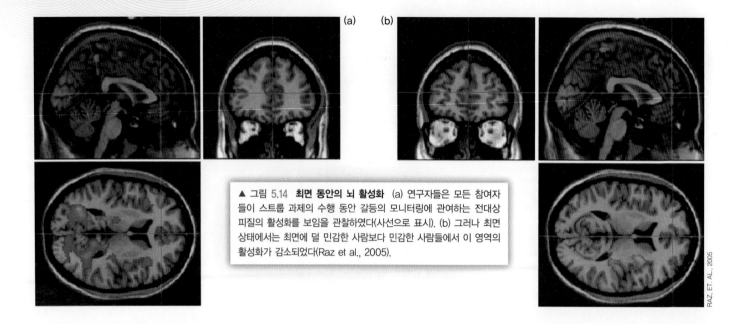

▲ 그림 5.14 **최면 동안의 뇌 활성화** (a) 연구자들은 모든 참여자들이 스트룹 과제의 수행 동안 갈등의 모니터링에 관여하는 전대상 피질의 활성화를 보임을 관찰하였다(사선으로 표시). (b) 그러나 최면 상태에서는 최면에 덜 민감한 사람보다 민감한 사람들에서 이 영역의 활성화가 감소되었다(Raz et al., 2005).

RAZ, ET. AL., 2005

에 관여하는 뇌 영역의 활성화가 감소되는데(그림 5.14; Raz, Fan, & Posner, 2005), 이는 색채를 의미하는 단어와 잉크색 사이의 갈등이 적다는 것을 시사한다. 일반적으로 최면 암시는 주관적 지각을 변화시키는 것으로 여겨지는데, 이는 최면에 걸린 사람들의 자기 보고, 행동과 뇌 활성화의 변화를 통해 알 수 있다.

요약

▶ 최면은 암시에 의해 특징되는 의식의 변형된 상태이다.

▶ 비록 많은 이들이 최면 효과가 과장되어 있다고 주장하지만 최면은 개인의 행동을 불수의적으로 일어나게 하고 무통을 제공하며 뇌 활성화를 변화시키기까지 한다. 이는 최면 경험이 상상 이상이라는 것을 시사한다.

다른 생각

어느 판사의 마리화나 간청

구스틴 L. 라히바흐는 1999~2012년까지 뉴욕 주의 대법원 판사로 재직하였다. 그는 2012년 7월 췌장암으로 사망하였다.

PHOTO: © RICK KOPSTEIN

모든 약물이 불법이어야만 하는가? 개인의 의식을 변화시키는 약물 사용에서 허용되는 것과 범죄 혹은 병리적인 것의 구분은 무엇인가? 한 특별한 예, 즉 마리화나의 합법화에 대해 여러분은 어떤 입장을 취하는가? 뉴욕 주의 대법원 판사인 구스틴 L. 라히바흐(Gustin L. Reichbach, 2012, A27)는 최근에 이 이슈에 관한 매우 강력한 글을 남겼는데(여기서는 요약한 것을 소개한다) 그의 입장은 많은 사람들을 놀라게 하였다.

3년 6개월 전, 나의 62번째 생일날 나의 췌장에서 종양이 발견되었다. 췌장암 3기로 진단되었다. 의사는 나에게 앞으로 4~5개월 정도 더 살 수 있다고 말하였다. 오늘 나는 이 암으로 이만큼 오래 생존한 소수의 사람들 중 한 명이다. 그러나 40년 동안 법률가, 특히 20년 이상 동안 뉴욕 주의 판사로 재직한 후 내가 치료를 위해 마리화나를 요청하게 될 줄은 예견하지 못하였다.

나는 생존을 위해 엄청난 댓가를 치루고 있는데, 즉 몇 개월 동안의 항암치료, 방사선 치료와 혹독한 수술을 하였다. 한 일 년 동안 암이 사라졌다가 다시 돌아왔다. 약 한 달 전에 나는 새롭고 이전보다 더 지치게 하는 치료 과정을 시작하였다. 매 2주마다 3시간이나 소요되는 항암치료를 받고 있으며 48시간에 걸쳐 약물을 천천히 주사하는 펌프를 차고 있다.

구토와 통증은 끊임없이 나를 괴롭히고 있다. 이 질환의 한 부분인 엄청난 체중 감소를 피하기 위해 충분한 음식을 섭취하려고 하고 있다. 인생의 큰 즐거움의 하나인 먹기가 이제는 매일의 전쟁이 되었고 나는 아주 소량만 먹을 수 있다. 한 문제를 해결하기 위해 처방된 약물은 그 약물의 부작용을 없애기 위한 또 다른 하나 혹은 둘 이상의 약물을 처방하게 한다. 진통제는 식욕을 없애고 변비를 유발한다. 구토를 막는 약물은 당 수준을 올리며 췌장이 손상된 나에게 또 다른 심각한 문제를 일으킨다. 고단한 하루 뒤에 오는 휴식낸 잠을 거의 자지 못한다.

마리화나를 흡입하는 것만이 구토를 감소시키고, 식욕을 올려 주며 쉽게 잠들게 한다. 나의 주치의가 처방한 마리놀(marinol)은 소용이 없었다. 나의 친구들은 나의 고통을 쳐다보는 것 대신 개인적인 위험을 무릅쓰고 나에게 마리화나를 제공하였다. 저녁 식사 전에 마리화나를 몇 모금 빨아들이는 것이 먹기와의 전쟁에서 이기는 무기가 된다. 또 잠들기 전 몇 모금 흡입하는 것이 간절히 요구된다.

이것은 법과 질서의 문제가 아니라 의료 및 인간 권리에 관한 문제이다. Memorial Sloan Kettering Cancer Center에서 치료를 받는 동안 나는 더할 나위 없는 의료적 보살핌을 받았다. 그러나 의사는 자신의 환자에게 최선이라는 것을 알고 있음에도 불구하고 법이 금지하는 것을 할 수 없다. 완화 치료가 근본적인 인간 및 의료 권리라고 이해한다면 의료적 목적으로 마리화나를 사용하는 것은 논쟁의 여지가 없다.

암은 초당적 질병이고 만연하기 때문에 입법가들이 자신들의 가족이 이러한 불행을 경험하지 않을 것이라고 상상하는 것은 불가능하다. 내가 지금 말하는 것은 암으로 고통받는 사람들과 앞으로 암을 경험할 사람 모두를 돕기 위해서이다. 나의 위치, 즉 조용히 앉아 사례들을 듣는 판사의 위치를 고려하면 악의없는 친구들은 이 이슈에 관한 나의 지혜에 의문을 품을 수 있다. 그러나 암 환자들은 여러 이유로 인하여 자신들의 고통에 관한 목소리를 낼 수 없다. 유독한 부작용이 없이 고통을 경감해 주는 약물이 아무런 의료적 판단 없이 환각제로 분류되는 것은 암 환자들에게 또 다른 어려움을 준다.

효과적인 의료적 기법을 법률로 금하는 것이 공평하게 정의를 실현하는 것에 영향을 미치기 때문에 나는 판사와 치명적인 질병을 앓고 있는 암 환자로서 이런 발언을 할 의무를 느낀다…. 의학은 아직 치료법을 발견하지 못하지만 고통을 경감시켜 주는 것으로 입증된 한 약물에 대한 접근을 금하는 것은 잔인하다.

의식을 변화시키는 약물 중 어느 것은 우리 사회의 구성원이 사용하는 것을 허용하고 어느 것은 불법으로 해야만 하는 것을 어떻게 결정할 수 있는가? 여러분은 어떤 준거를 제안할 수 있는가? 이 결정이 약물 사용의 부정적인 결과에 근거하여 내려져야 하는가? 라히바흐 판사에 의해 기술된 긍정적 결과에는 어떤 무게를 두어야 하는가? 이 장에 기술된 연구들은 약물 사용에 관한 게이트웨이 이론을 검증하였고 이를 지지하지 못하였다. 만약 이 영역에 관한 주요 현안에 대한 답을 제공하기 위해 연구를 고안하고 수행할 기회를 가진다면 무엇을 하겠는가?

제5장 복습

주요 개념 퀴즈

1. 다음 중 의식의 기본 속성이 아닌 것은?

  a. 의도

  b. 분리

  c. 선택

  d. 초월

2. 현재, 무의식적 과정은 어떻게 이해되고 있는가?

  a. 사고 억제의 농축된 형태

  b. 기억, 본능과 욕망의 숨겨진 체계

  c. 백지 상태

  d. 사고와 행동을 초래하는 의식하지 못하는 정신 과정

3. (   ) 무의식은 식역하와 무의식적 과정이 사고와 행동에 영향을 미칠 때 작용한다.

  a. MINIMAL

  b. 억압적

  c. 역동적

  d. 인지적

4. 수면과 깸의 주기는 인간 생활의 주요 패턴 중 하나인데 이를 무엇이라고 부르는가?

  a. 일주율

  b. 수면단계

  c. 변형된 의식상태

  d. 식역하 지각

5. 생의 주기 동안 수면량은?

  a. 감소한다.

  b. 증가한다.

  c. 변한다.

  d. 동일하다.

6. 꿈을 꾸는 동안 꿈꾸는 사람은 정서, 생각, 감각의 변화에 대해 어떠한가?

  a. 회의적이다.

  b. 완전히 의식하지 못한다.

  c. 무비판적으로 받아들인다.

  d. 객관적으로 바라본다.

7. 수면 동안 일어나는 뇌의 무작위적 활성화를 의미있게 만들기 위해 꿈이 생산된다고 주장한 이론은?

  a. 프로이트의 정신분석 이론

  b. 활성화-통합 모델

  c. 인지적 무의식 모델

  d. 명백한 내용 구성

8. 꿈을 꾸고 있는 뇌에 관한 fMRI 연구들의 결과가 아닌 것은?

  a. 정서에 대한 민감성 증가

  b. 시각에 관련된 활성화

  c. 계획 능력의 증가

  d. 움직임의 억제

9. 향정신성 약물은 무엇의 효과를 변화시킴으로써 의식에 영향을 미치는가?

  a. 효능제

  b. 신경전달물질

  c. 암페타민

  d. 척수 뉴런

10. 약물에 대한 내성에 포함되는 것은?

  a. 시간이 지남에 따라 동일한 효과를 얻기 위해 더 많은 양이 요구되는 것

  b. 새로운 경험에 대한 개방

  c. 약물 사용에 대한 초기 끌림

  d. 금단에 동반되어 나타나는 고통스러운 증상의 약화

11. 중추신경계에 영향을 미침으로써 각성과 활성화를 증가시키는 약물은?

  a. 진정제

  b. 흥분제

  c. 아편제

  d. 환각제

12. 알코올 기대란?

  a. 즐거움과 불안 감소와 같은 알코올이 제공하는 초기 효과

  b. 알코올을 사회에서 용납되는 물질로 받아들이는 것

  c. 알코올이 사람들로 하여금 복잡한 상황을 단순한 방법으로 대응하게 하는 것

  d. 특정 상황에서 알코올이 미치는 영향에 대한 사람들의 믿음

13. 최면이 가지고 있는 것은?

  a. 신체 강건함에 대한 효과

  b. 기억 인출에 대한 긍정적 효과

  c. 무통 효과

  d. 나이에 따라 퇴행하는 효과

14. 다음의 4명 중 최면에 가장 잘 걸리지 않는 사람은?

  a. 영화 감상에 많은 시간을 보내는 제이크

  b. 자신이 쉽게 최면에 걸린다고 확신하는 아바

  c. 적극적이고 생생한 상상력을 가진 에반

  d. 스포츠를 즐기는 이사벨

주요 용어

게이트웨이 약물	수면 마비	인지적 무의식	칵테일파티 현상
균형 잡힌 위약 방안	수면 무호흡증	일주율	타인의 마음 문제
기대 이론	식역하 지각	자의식	해 감소 접근
기면증	아편제	잠재적 내용	향정신성 약물
눈전위도 검사(EOG)	알코올 근시	정신 통제	현상학
마리화나	야경증	정신 통제의 모순 과정	환각제
마음/신체 문제	약물 내성	진정제	활성화–통합 모델
명백한 내용	억압	최면	흥분제
몽유병	역동적 무의식	최면 무통	REM 수면
불면증	의식	최면 후 기억 상실증	
사고 억제	의식의 변형된 상태	최소한의 의식	
사고 억제의 반동 효과	이중청취법	충만한 의식	

생각 바꾸기

1. 여러분의 친구가 다음과 같이 말하였다 "어제 밤에 정말 이상한 꿈을 꾸었어. 내가 마치 새처럼 날으려고 애를 썼지만 자꾸 빨랫줄 안으로 날고 있었어. 꿈 해석을 찾아 보니 날으려고 애를 쓰는 것은 나를 방해하는 사람이 있고 그 사람이 내가 발전하는 것을 막는다는 것을 의미한대. 니는 그 사람이 내 남자친구인 것 같애. 그 친구와 헤어지는 것이 더 나을 것 같애." 이 장에서 읽은 것에 근거하여 여러분은 이 꿈 해석이 신뢰롭다고 친구에서 말해 줄 수 있는가?

2. 아침 수업에서 여러분은 친구가 하품하는 것을 보고 전날 밤에 잘 잤는가를 물었다. "주중에는 종일 수업을 듣고 밤에는 일을 해. 주중에는 잠을 많이 잘 수 없어. 그러나 토요일 아침에 늦게까지 잠을 자고 나면 괜찮아"라고 친구가 말하였다. 주중에 수면을 충분히 취하지 못한 것을 주말에 많이 자는 것으로 균형 잡힌 수면이 가능한가?

3. 여러분과 친구가 레오나르도 디카프리오가 스파이로 나오는 2010년도 영화 "인셉션"을 시청하고 있었다. 디카프리오가 맡은 배역은 사이토라는 이름을 가진 사업가였는데, 그는 자신의 경쟁자가 잠을 자고 있는 동안 그의 무의식적 마음에 아이디어를 심으려고 하였다. 계획에 의하면 경쟁자가 잠에서 깨어나면 심어놓은 아이디어에 따라 행동하여 사이토의 회사에 큰 이익을 주는 것이었다. 여러분의 친구가 다음과 같이 말하였다. "괜찮은 아이디어이지만 공상과학에 불과해. 무의식적 마음과 같은 것은 존재하지 않고 무의식적 아이디어가 의식적 행동에 영향을 미치지는 못해." 여러분은 친구에게 어떤 말을 할 수 있는가? 무의식적 마음이 존재하고 무의식적 마음이 의식적 행동에 영향을 미친다는 것을 뒷받침하는 증거는 무엇인가?

주요 개념 퀴즈 정답

1. b, 2. d, 3. d, 4. a, 5. a, 6. c, 7. b, 8. c, 9. b, 10. a, 11. b, 12. d, 13. c, 14. d

Need more help? Additional resources are located in LaunchPad at:
http://www.worthpublishers.com/launchpad/ schacter3e

기억

질 프리이스는 12살이 되었을 때 자신이 아주 특별히 좋은 기억력을 갖고 있다는 것을 깨달았다고 한다. 5월 30일 7학년 과학 기말 시험을 공부하다가, 자신이 작년 5월 30일에 했던 일들이 떠올랐고, 그날 했던 모든 것을 생생하게 기억해 낼 수 있다는 것을 알게 되었다고 한다. 한 달 후 비슷한 일이 벌어졌다. 친구인 케시와 엘에이의 파라다이스 코브에서 바닐라 커스타드 과자를 먹다가, 일년 전 같은 일을 했던 것 기억해 내고, 케시도 기억해 내길 바랐지만 그녀의 대답은 단순히 "우리가 그랬어"라고 대답하는 것을 듣고 놀랐다고 한다.

일 년 전 있었던 사건의 세세한 내용을 기억해 내는 것이 아주 예외적인 것이 아닐 것이다. 아마 여러분도 작년 생일 파티에서 했던 것이나 추수감사절을 지냈던 장소를 기억할 수 있을 것이다. 하지만 일 년 전 일의 세세한 사항을 오늘 정확히 기억할 수 있을까? 아마 못 할 텐데 질은 할 수 있었다고 한다.

그녀가 나이를 먹으며 이런 생생한 기억을 더 자주 경험할 수 있었으며, 40대 중반인 현재 질은 *1980년대 초 이후 매일매일* 일어났던 것들을 아주 명확하고 상세히 기억할 수 있었다(Price & Davis, 2008). 이는 단지 질의 주관적인 느낌이 아니었다. 어반인에 있는 캘리포니아대학의 유명한 기억 연구가인 제임스 맥고흐(James McGaugh)와 동료들은 수년간에 걸쳐 질의 기억을 검사했으며 충격적인 결과를 얻었다고 한다(Parker, Cahill, & McGaugh, 2006). 예를 들어 연구자들은 질에게 1980년부터 2003년 사이의 부활절을 기억해 내보라고 했는데, 이는 부활절이 3월 22일에서 4월 15일 사이이기에 아주 힘든 과제라고 할 수 있나. 이런 질문을 받으리라 생각도 못했을 것인데도, 질은 정확하고 신속히 요일을 기억해 냈으며, 다른 사람들 어느 누구도 할 수 없었다고 한다. 질에게 몇 년 전에 일어난 사건의 날짜를(로드니 킹 구타사건? 오제이 심슨 판결? 애트란타 올림픽 폭발사건?) 물어 보았을 때도 망설임 없이 술술 맞는 답을(1991년 3월 3일, 1995년 10월 3일, 1996년 7월 26일) 했다고 한다. 연구자들은 또한 무선적으로 선택된 날짜에 했던 세세한 것을 묻고 그녀의 개인 일기와 비교해 보았다고 한다. 그랬더니 역시 신속하고 정확하게 대답했다고 한다. 1986년 7월 1일? "화요일이었는데, 친구와 (어떤) 식당에 갔었다."
1987년 10월 3일은? "토요일이었는데, 주말 내내 아파트에서 있었고, 멜빵 옷을 입다 팔꿈치를 다쳤다." 1994년 4월 27일? "그날은 수요일이었는데 내가 어디 있었는지 알기 때문에 쉽게 기억할 수 있지. 할머니가 돌아가실 줄 알고 작별 인사하러 플로리다에 갔었는데 오히려 생명을 되찾으셨었지."(Parker et al., 2006, p. 39-40)

이런 질의 기억력이 우리가 모두 부러워하는 재능일 수 있을까? 아마도 아닐 수가 있는데 그녀 자신은 "다른 사람들은 이런 능력이 재능이라고 여기는데 내겐 부담이 된다.

질 프라이스는 과거 30년간 일어났던 모든 것을 정확히 기억할 수 있었는데 이는 그녀의 일기로 확인되었다. 하지만 이러한 뛰어난 기억이 은총이라기보다는 저주였다고 한다.

기억
오랜 시간에 걸쳐 정보를 저장하고 인출해 내는 능력

부호화
우리가 지각하고, 생각하고, 느끼는 것을 지속적인 기억으로 변환하는 과정

저장
시간이 지나도 기억에서 정보를 유지하는 처리 과정

인출
이전에 부호화되고 저장되었던 마음속에 있는 정보를 끄집어내는 과정

난 매일 내 머리 속에 나의 모든 생애가 떠오르는 게 오히려 이게 날 미치게 만든다!!!"(Parker et al., 2006, p. 35).

연구자들은 질 프라이스가, 우리들과는 달리 어떻게 과거를 그렇게 잘 기억해 내는지 그 이유를 이해하지 못하고 있다. 그런데 이는 질뿐만이 아니었다. 질과 맥고흐 박사의 이야기가 "식스티 미니츠"에 방영되어 널리 알려진 후, 전 세계에서 자신들도 질과 같은 뛰어난 기억 능력을 갖고 있다고 생각하는 사람들로부터 맥고흐 박사에게 연락이 왔다고 한다. 비록 대부분의 사람들은 그렇지 않았지만, 맥고흐 박사와 동료들은 "질과 같이 아주 뛰어난 자서전적 기억"을 갖고 있는 11명을 찾아낼 수 있었다고 한다(LePort et al., 2012). 연구자들은 이러한 뛰어난 자서전적 기억을 갖고 있는 사람들의 대뇌 영역 구조를 일반인 집단과 비교하는 앞으로의 연구를 통해 기억의 특성을 더 잘 이해하게 될 것이라고 기대하고 있다.

기억(memory)이란 시간에 걸쳐 정보를 저장하고 인출하는 능력을 말한다. 우리 각자는 생각하고, 느끼고, 했고, 경험했던 것들이 복잡하게 묶여 독특한 각자의 정체성을 이룬다. 기억이란 그러한 사건들의 흔적이며, 경험이 우리의 뇌에 만들어 놓은 지속되는 변화로 시간이 지난 후에도 남게 되는 것이다. 만약 경험이 흔적을 남기지 않았다면, 그것은 일어나지 않은 것과 같은 셈이다. 그러나 질의 이야기가 알려주듯이 일어났던 모든 것을 기억하는 것이 좋은 것만은 아니며, 이 장 후반에서 충분히 살펴보겠다.

질처럼 과거를 쉽게 기억할 수 있다는 것이, 기억한다는 것이 실제로는 아주 복잡하다는 점을 잊게 해서는 안 된다. 왜냐하면 기억이란 놀라울 정도로 복잡하기 때문이며, 또한 놀라울 정도로 부서지기 쉽기 때문이다(Schacter, 1996). 우리 모두는 그렇게 기억하길 원했던 어떤 것을 망각했던 경험이 있으며, 혹은 전혀 일어나지 않았던 어떤 것을 기억하는 경우도 있다. 도대체 왜 어떤 상황에서는 그렇게 잘 기능하는 기억이 다른 경우에는 잔인한 요술을 부리는 것일까? 언제 기억을 믿어야 하고, 언제 의심해야 할까? 기억이란 한 종류일까 여러 가지일까? 이것들이 심리학자들이 제기하고 답하고자 하는 의문이다.

다른 장에서도 본 것처럼, 마음의 실수가 바로 마음의 근본적인 작용 기제에 관한 핵심적인 통찰을 제공하는 것이며, 기억 분야에서도 가장 잘 나타난다. 이 장에서 우리는 기억의 세 가지 기본적인 작용을 고려할 것이다. 즉, 우리가 지각하고 생각하고 느끼는 것을 지속하는 기억으로 변환하는 과정인 **부호화**(encoding), 시간에 걸쳐 기억에 정보를 유지하는 과정인 **저장**(storage), 부호화하고 저장했던 정보를 마음에 다시 불러오는 과정인 **인출**(retrieval)이다. 그리고 여러 다른 종류의 기억을 검토할 것이며, 특히 기억 자체의 특성을 드러낼 수 있는 오류, 왜곡, 불완전성이 작용하는 방식에 초점을 두겠다.

부호화 : 지각을 기억으로 변환하기

지역 도박장에서 포커와 주사위 노름이 하는 일의 대부분이고 별로 공식적인 교육도 받지 못한 버블 P.라는 사람은 한 번 보고 나서 20개 숫자를 순서대로 혹은 거꾸로 되뇌는 것을 전혀 어려워하지 않았다(Ceci, DeSimone, & Johnson, 1992). 대부분의 사람들은 숫자들을 한 번 보고 회상해 내라고 하면, 아마도 7개 남짓을 할 수 있을 것이다(그림 6.1에 있는 숫자로 여러분도 해 보자).

버블은 어떻게 이런 놀라운 기억을 수행할 수 있었을까? 거의 2,000년 동안이나, 사람들은 기억을 비디오카메라 같은 기록 장치로 생각해 왔다. 우리의 감각기관으로 들어온 정보의 똑같은 복사본을 만들어 나중에 사용할 수 있도록 저장해 놓는 것처럼 말이다. 이 생각은 단순하고도 직관적이다. 실제로 이 생각은 전적으로 잘못된 것이다. 기억은 우리가 대뇌에 이미 갖고 있는 정보와 감각을 통해 들어온 새로운 정보를 결합하면서 이루어진다. 이런 의미에서 기억은 요리하기와 비슷하다. 조리법에서 시작해서 여러 변화를 줄 수 있듯이, 예전 정보에 새로운 정보를 섞고, 흔들고, 구워 하나의 기억을 만들어 낸다. 기억은 기록되는 것이 아니라 구성되는 것이며, 부호화는 우리가 지각하고, 생각하고, 느끼는 것을 지속적인 기억으로 변환하는 과정이다. 세 가지 유형의 부호화 과정, 즉 의미 부호화, 시각적 심상 부호화, 조직 부호화를 살펴보고, 우리 조상들에게 이런 부호화가 어떤 가능한 생존의 가치를

어떤 의미에서 기억하는 것이 요리하기와 같을까?

28
691
0473
87454
902481
5742296
64719304
356718485
1028834729
47208274264
731093435138

▲ 그림 6.1 **숫자 기억 검사** 여러분은 얼마나 많은 숫자를 기억할 수 있는가? 첫 번째 줄에서 시작해서, 종이 한 장을 가지고 그 줄에 있는 숫자를 가려 보라. 1초 동안 그 줄에 있는 숫자를 암기하고, 그 줄을 다시 종이로 가려 보라. 몇 초 후에 그 숫자들을 다시 말해 보라. 여러분이 맞는지를 확인하려면 종이를 치우고 숫자를 확인하라. 맞았다면, 그 줄에 있는 모든 숫자를 기억해 내지 못할 때까지, 계속해서 같은 방법을 사용하여 다음 줄의 숫자들을 외워 나가라. 여러분이 마지막으로 올바르게 기억할 수 있었던 숫자의 수가 여러분의 숫자 폭(digit span)이다. 버블 P.는 임의의 숫자 20개 혹은 5줄까지의 모든 숫자를 기억할 수 있었다. 여러분은 어떠했는가?

지녔겠는가를 생각해 보자.

의미 부호화

기억은 옛 정보와 새 정보의 결합이기에 어떤 특정한 기억의 성격은 감각을 통해 들어온 새 정보뿐만 아니라 이미 우리 기억에 있던 옛 정보에 의존한다. 다시 말하면, 우리가 어떤 것을 어떻게 기억하느냐는 그때 우리가 그것에 대해 어떻게 생각했느냐에 의존한다. 예를 들어 버블과 같은 전문 도박꾼에게는 숫자란 게 아주 중요한 것이기에 일련의 숫자들을 의미있게 생각해 낼 수 있다. 밤늦게까지 포커판에서 이겼던 것이나 경마에 했던 내기와 관련시킬 수 있을 것이다. 22061823이란 숫자들을 3번 경주

여러분은 20개의 경험들(캠핑 여행 갔던 것, 16번째 생일 파티, 대학에 간 첫날 등)을 쉽게 기억해 낼 수 있지만, 20개의 숫자는 왜 기억하기 어려운지 궁금했을 것이다. 우리는 경험한 것의 의미를 생각하는 것이기에, 노력하지 않아도 의미적으로 부호화한 것이 되기 때문이다.

에서 2등말로 8번을 6대1의 가능성으로 220달러를 한 것으로 생각할 수 있다. 실제로 버블을 숫자가 아닌 단어, 얼굴, 사물, 장소 등으로 검사해 보니 기억 수행이 평균을 넘지 못했다.

한 연구에서, 연구자들은 참여자들에게 일련의 단어를 보여 주며, 다음과 같은 세 가지 유형의 판단 중 하나를 하도록 하였다(Craik & Tulving, 1975). 의미 판단에서는 사람들에게 단어의 뜻을 생각하도록 하고("*hat*은 의류인가요?"), 운율 판단에서는 단어의 음을 생각하도록 하였고("*hat*과 *cat*은 같은 발음인가요?"), 시각 판단에서는 단어 모양을 생각하도록 하였다("*HAT*은 대문자인가요, 소문자인가요?"). 이런 유형의 판

? 의미, 운율 혹은 시각적 판단 중 가장 효율적인 것은? 그 이유는?

단은, 참여자들이 각 단어를 어떻게 생각할 것인가에 영향을 미쳤으며―어떤 구 정보가 새 정보와 결합하느냐―그들의 기억에 강력한 영향을 미치게 되었다. 의미 판단을 하도록 한, 즉 단어의 의미를 생각하게 한 참여자들이, 단어가 생긴 모양이나 발음을 생각했던 참여자들보다 훨씬 좋은 단어 기억을 보였다. 이런 유형의 여러 연구 결과들은 장기 유지가 **의미 부호화**(semantic encoding), 즉 새로운 정보를 이미 기억에 있는 지식과 의미에 충만하게 연결하는 과정에 의해 상당히 증가될 수 있음을 보여 왔다(Brown & Craik, 2000).

그렇다면 이러한 의미 부호화가 일어날 때 뇌에서는 무슨 일이 벌어지는가? 연구들은 정교한 부호화는 독특하게 전두엽의 하측 부분과 좌측 측두엽 내부의 증가된 활성화와 관련되어 있다고 말한다(그림 6.2a; Demb et al., 1995; Kapur et al., 1994; Wagner et al., 1998). 사실 부호화 동안 각각의 두 영역에서 나타나는 활성화의 양은 사람들이 나중에 그 항목을 기억하는지와 직접적으로 관련이 있다. 이 영역들에서의 활성화가 많을수록 정보를 더 많이 기억할 것이다.

시각적 심상 부호화

기원전 477년 아테네의 한 연회에서 그리스 시인 시모니데스가 막 연회장을 떠났고 천장이 무너지고, 그 안의 모든 사람들이 죽었다. 시모니데스는 단순히 연회 테이블 주변에 각각의 의자를 보고 거기에 앉아 있던 사람들을 회상함으로써 모든 사람의 이름을 기억해 낼 수 있었다. 시모니데스가 최초는 아니지만, 새로운 정보를 정신적 그림(mental pictures)으로 바꾸어 저장하는 것을 뜻하는 **시각적 심상 부호화**(visual imagery encoding)를 가장 유창하게 하는 사람 중의 하나였다.

만약 여러분이 부호화 기억을 만들기 위해서 시모니데스의 방법을 사용하고 싶다면, 단순하게 기억하고 싶은 정보를 시각적 이미지로 바꾸고, 그다음 그것을 친숙한 장소에 '저장'시키

의미 부호화
새로운 정보를 이미 기억에 있는 지식과 의미에 충만하게 연결하는 과정

시각적 심상 부호화
새로운 정보를 심성 그림으로 바꾸어 저장하는 것

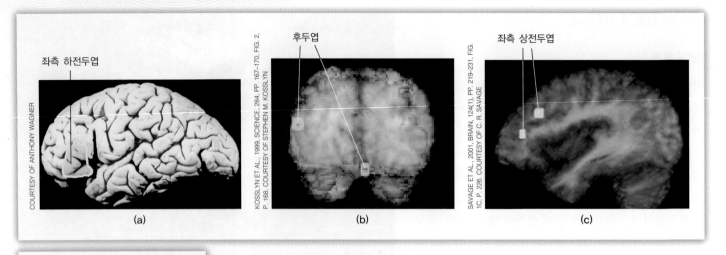

좌측 하전두엽

후두엽

좌측 상전두엽

(a)

(b)

(c)

COURTESY OF ANTHONY WAGNER

KOSSLYN ET AL., 1999, SCIENCE, 284, PP. 167-170, FIG. 2, P. 168. COURTESY OF STEPHEN M. KOSSLYN

SAVAGE ET AL., 2001, BRAIN, 124(1), PP. 219-231, FIG. 1C, P. 226. COURTESY OF C. R. SAVAGE

▲ **그림 6.2 다른 방식의 판단 동안 뇌의 활성화** fMRI 연구들은 다른 방식의 판단을 하는 동안 뇌의 다른 영역이 활성화된다는 것을 보여 준다. (a) 의미 판단 동안 왼쪽 하전두엽이 활성화된다. (b) 시각 판단 동안 후두엽이 활성화된다. (c) 조직적인 판단 동안 왼쪽 상전두엽이 활성화된다.

라. 예를 들어, 만약에 식품점에 가서 콜라와 팝콘 그리고 치즈 소스 사는 것을 기억하고 싶다면, 장소를 여러분의 집에 있는 방들로 정해서 콜라로 잠겨 있는 거실, 속이 팝콘으로 채워져 있는 베개, 기름진 치즈 소스 연못 같은 목욕통을 상상해 보라. 상점에 도착했을 때 여러분은 집 주변으로 '머릿속에서 걸어다니는 정신적 보행(mental walk)'을 할 수 있을 것이고, 구매하고 싶은 물건들을 기억하기 위해서 각 방을 살펴볼 수 있을 것이다. 상점에 있는 동안 여러분은 더러운 것을 치우기 위해 자루걸레를 사고 싶어 할지도 모른다.

수많은 실험들은 시각적 심상 부호화가 기억을 상당히 향상시킬 수 있다는 것을 보여 준다. 한 실험에서, 단어 목록들을 시각적 심상 부호화를 사용해서 암기했던 참여자들이 후에 단순히 마음속으로 단어를 반복했던 참여자들에 비해 두 배 정도 많은 단어들을 기억했다(Schnorr & Atkinson, 1969). 왜 그렇게 시각적 심상 부호화가 잘 작동하는 것일까? 첫째, 시각적 심상 부호화는 정교하게 부호화하는 것과 상당히 같은 것이다. 시각적 이미지를 만들어 낼 때 여러분은 새로운 정보를 이미 기억에 있는 지식과 연관시킬 것이다. 예를 들어, 주차된 차의 시각적 이미지는 첫키스의 기억에 대한 연결을 만드는 것을 도와줄 것이다.

시각 부호화가 기억에 어떻게 영향을 끼치는가?

둘째, 우리가 시각적 이미지를 단어나 다른 언어적 정보를 부호화하는 데 사용할 때, 우리는 어떤 항목에 대한 두 가지 다른 정신적 공간보유기(placeholders)를 가지게 된다. 하나는 시각적인 것이고 다른 하나는 언어적인 것으로 이는 단지 언어적 공간보유기만 있는 것보다 기억하는 방법을 더 많이 제공한다(Paivio, 1971, 1986). 시각적 심상 부호화가 후두엽의 시각처리 영역을 활성화시키며(그림 6.2b 참조) 이는 사람들이 정신적 이미지에 기초해서 기억을 형성할 때 실제로 시각 시스템의 도움을 받는다는 것을 시사한다(Kosslyn et al., 1993).

조직적 부호화

여러분은 친구들과 저녁을 주문할 때, 종업원이 아무것도 쓰지 않고 주문을 받는 놀라운 광경을 구경한 적이 있는가? 어떻게 이것이 가능한지 알아내기 위해서 한 연구자는 한 레스토랑에서 3개월이나 일하는 데 시간을 보냈다. 이 레스토랑의 종업원들은 정기적으로 주문을 기록하지만 주방으로 가서 무엇을 만들어야 할지 말하기 전에 고객 테이블에 가서 점검을 했다(Stevens, 1988). 연구자는 각 종업원들에게 마이크를 장착하고 '생각을 말로 표현하기(think aloud)', 즉 일하는 하루 동안 걸어다니면서 생각나는 것을 말로 하도록 요청했다. 연구자는 종업원이 고객의 테이블을 떠나자마자 즉시 주문 목록을 뜨거운 음료, 차가운 음료, 뜨거운 음식

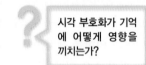

RADIUS IMAGES/ALAMY

의미 부호화는 새 정보를 이미 알고 있는 사실에 의미 충만하게 연결시키는 것이며, 시각 심상 부호화는 새 정보를 정신적인 그림으로 바꾸어 기억하는 과정이다. 그렇다면 두 종류의 부호화를 모두 사용하여, 예를 들어 새로운 사실, 즉 11월 24일과 같은 친구의 생일을 어떻게 기억할 수 있겠는가?

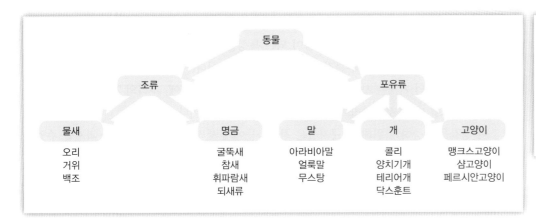

과 차가운 음식들로 분류하거나 범주화하는 것을 발견했다. 종업원들은 음식들을 주방의 배치와 매치시켜 처음에는 음료, 다음으로 뜨거운 음식, 마지막으로 차가운 음식 순서로 음식들을 분류했다. 종업원들은 주문받은 것을 **조직적 부호화**(organizational encoding)에 의존해서 기억하였고, 그것은 일련의 항목들 사이의 관계를 인지하는 것과 관련된 범주화의 한 형태이다.

예를 들어, 여러분은 얼마나 쉽게 복숭아, 소, 의자, 사과, 테이블, 체리, 사자, 카우치, 말, 책상이라는 단어를 기억할 수 있다고 생각하는가? 만약에 여러분이 대부분의 사람들과 비슷하다면, 특별히 기억하기 쉬운 목록은 아닐 것이다. 그러나 이 단어들을 세 범주, 즉 복숭아, 사과, 체리 그리고 소, 사자, 말 그리고 의자, 안락의자, 책상으로 조직화한다면 문제없이 기억할 수 있을 것이다. 연구들은 사람들에게 이와 같이 범주화하도록 지시하는 것이 항목들의 연속적인 회상을 강화시키는 데 효과적인 방법이라는 것을 보여 주었다(Mandler, 1967). 그림 6.3에 있는 것처럼 보다 복잡한 조직화 틀을 사용할 수도 있다(Bower et al., 1969). 사람들은 다양한 수준의 범주들로 조직화해서 개개의 항목들에 대한 회상을 향상시킨다. 이러한 범주들은 굴뚝새와 참새처럼 구체적인 예에서 조류, 명금과 같이 중간 범주, 동물과 같은 일반적인 범주까지 넓은 범위에 걸쳐 있다.

정교한 시각적인 심상 부호화처럼 조직적인 부호화 또한 뇌의 특정한 영역을 활성화시킨다. 그림 6.2c에서 볼 수 있듯이, 조직적인 부호화는 좌측 전두엽의 위쪽 표면을 활성화시킨다(Fletcher, Shallice, & Dolan, 1998; Savage et al., 2001). 다른 종류의 부호화 전략들이 뇌의 다른 영역을 활성화시킨다는 것을 보여 준다.

시험 볼 내용을 정신적으로 조직화하는 것이 그 내용들의 인출을 어떻게 증진시킬까?

조직적 부호화
일련의 항목들 간의 관계를 인식하여 정보를 범주화하는 행동

종업원들이 누가 피자를 시켰고, 프렌치 프라이를 시켰는지 적지도 않고 기억하는 것이 신기하지 않은가? 그들은 조직적 부호화를 사용하여 이를 해결한다고 한다.

생존-관련 정보의 부호화

새로운 정보를 부호화하는 것은 우리의 일상생활에서 아주 결정적이다. 여러분이 이런 능력이 없다면 아마 학위를 받을 가능성도 적다고 할 수 있다. 우리 조상들의 생존 역시 어디에 음식이나 물이 있으며 어디서 맹수가 나타나는지를 부호화하였다가 나중에 기억해 내는 것에 의존했을 것이다(Nairne & Pandeirada, 2008; Sherry & Schacter, 1987).

최근의 실험들은 생존-관련 부호화를 살펴보면서 이런 주제를 다루고 있다. 이 실험들은 다윈의 자연선택, 즉 생존과 번식에 도움이 되는 특성들은 다른 것들보다 더 잘 다음 세대에 물려주게 될 것이라는 진화론적 관점에 의해 동기화된 것이다(1장 참조). 그래서 생존과 번식에 도움을 주는 기억 기제는 자연선택에 의해 더 잘 유지될 것이기에, 우리의 기억 체계도 생존에 적절한 정보를 더 잘 부호화하여 기억하도록 만들어졌을 것이다.

이 생각을 검증하기 위해, 연구자들은 참여자들에게 세 가지의 다른 부호화 과제를 주었다 (Nairne, Thompson, & Pandeirada, 2007). 생존 부호화 조건에서는 참여자들에게, 자신들이 외국에 있는 초원에 어떤 생존에 필요한 물건이 없이 갇혀 있을 것이며, 몇 개월에 걸쳐 음식과 물을 구해야 하고 맹수를 피해야 할 것이라고 말했다. 그리고 무선적으로 선택한 단어를 보여주며(예 : 돌, 초원, 의자), 이 항목들이 제시한 가상적인 상황에서 생존에 얼마나 적절한지를 1~5 척도에서 평정하도록 하였다. 이사 부호화 조건에서는 두 번째 집단의 피험자들에게 자신들이 외국에 있는 새로운 집으로 이사 갈 계획이며, 각 항목들이 새로운 살 집을 만드는 데 얼마나 유용할지를 1~5 척도에서 평정하도록 하였다. 마지막으로 세 번째 집단인 유쾌함 조건에서는 같은 단어들을 1~5 척도에서 유쾌하게 느껴지는 정도를 평정하도록 하였다.

결과는 그림 6.4에 나와 있는 것처럼, 생존 조건이 다른 두 조건인 이사, 유쾌함보다 더 많은 단어들을 기억해 냈다. 추후 연구에서 연구자들은 생존 부호화가 다른 비 생존 부호화, 즉 의미 부호화, 심상 부호화, 조직화 부호화보다 높은 회상 수준을 보인다는 결과를 얻었다(Nairne, Pandeirada, & Thompson, 2008). 그렇다면 생존 부호화가 왜 더 높은 수준의 기억을 만들어 냈을까? 생존 부호화가, 의미, 심상, 조직화 부호화의 요소들을 모두 동원한 것이 되기에, 이 세 가지의 하나보다는 장점을 갖고 있다(Burns, Hwang, & Burns, 2011). 또한 생존 부호화는 참여자들에게 아주 철저한 계획을 짜도록 하고, 그러기에 기억에 도움을 주며 바로 이것이 생존 부호화의 이득을 설명해 준다고 설명할 수 있다. 예를 들어 참여자들이 음식 없이 사막에 갇히게 되었다는 시나리오를 상상하며, 어떻게 할지 계획을 포함하는 시나리오를 갖고 생존에 필요한 단어들을 부호화한 경우와 이런 계획을 포함하지 않는 생존 시나리오로 부호화 한 경우를 비교해 보았다. 중요한 점은 생존 자체가 아니라 계획을 포함하는 시나리오(예를 들어 저녁 파티를

▶ 그림 6.4 **생존 부호화가 나중 회상을 증진한다** 우리의 생존을 위협하는 표범의 공격이 회상과 무슨 관련이 있겠는가? 사람들은 생존 부호화 후에 더 많은 단어를 기억해 낸다 (Nairne et al., 2007).

DON JOHNSTON/ALL CANADA PHOTOS/GETTY IMAGES

자유회상

정답률

감각 기억
감각 정보가 몇 초 동안만 유지되는 장소

계획하는)일 때 훨씬 좋은 회상을 관찰할 수 있었다(Klein, Robertson, & Delton, 2011). 물론 미래에 대한 계획 자체가 우리의 장기적인 생존에 중요하기에, 우리의 생존 가능성을 증가시키는 계획이나, 미래에 대한 관련 사고가 기억을 증가시킨다는 진화론적 관점과 전반적으로 일치한다고 할 수 있다(Klein et al., 2011; Schacter, 2012; Suddendorf & Corballis, 2007).

> **요약**
>
> ▶ 부호화는 우리의 감각이 받아들인 정보를 지속되는 기억으로 변환하는 과정이다. 아주 뛰어난 기억 수행의 대부분은 사진적 기억이라기보다는 기술적인 부호화 전략의 사용을 보여 주는 것이다. 우리가 사건이나 사실을 의도적으로 기억하려고 하는 것보다는 부호화의 방식에 의해 기억이 영향을 받는다.
>
> ▶ 의미 부호화, 시각적 심상 부호화, 조직적 부호화 모두 기억을 증가시키며, 이들은 대뇌의 서로 다른 부분에서 이루어진다.
>
> ▶ 생존 값어치에 관련하여 정보를 부호화하는 것은 나중 회상을 돕는 효율적인 방법이 되는데, 이는 우리의 기억 체계가 생존에 적절한 정보를 특히 잘 기억하도록 진화했기 때문일 것이다.

저장 : 시간이 지나도 기억을 유지하기

부호화는 기억에서 지각을 바꾸는 처리과정이다. 그러나 기억의 특징 중 하나는 여러분이 수요일이 아니라 화요일에 그것을 기억해 낼 수 있는지, 그리고 목요일에 다시 기억해 낼 수 있는지이다. 그렇다면 우리가 기억을 사용하지 않을 때 기억은 어디에 있는가? 분명히, 기억들은 우리 뇌의 어딘가에 저장되어 있다. 앞서 지적했듯이 저장(storage)은 시간이 지나도 기억에서 정보를 유지하는 처리과정이다. 기억 저장은 세 가지로 구분되는데, 이는 감각, 단기, 장기 기억이다. 이런 이름들이 암시하는 것처럼, 세 가지 구분들은 주로 기억이 유지될 수 있는 시간의 길이에 따라 구별된다.

감각 기억

감각 기억(sensory memory)은 감각 정보를 몇 초 동안 혹은 이하로 유지하여 저장하는 유형의 기억이다. 일련의 고전적 실험에서, 참여자들에게 몇 줄의 글자를 기억하도록 하였다(Sperling, 1960). 한 방식의 절차에서, 그림 6.5에 제시된 것처럼 참여자들은 3개의 열에 제시되는 각각의 4개 문자들을 보도록 지시받았다. 연구자는 문자들을 1/20초 정도로 화면에 잠깐 제시하였다. 방금 보았던 12개의 문자들을 기억해 보라고 했을 때, 참가자들은 절반보다 더 적게 기억하였다. 여기에는 두 가지 가능한 설명이 있다. 사람들이 단순히 짧은 시간 동안 문자를 모두 부호화할 수 없었거나 혹은 그들이 문자들을 부호화했지만 봤던 것을 모두 기억하려고 애쓰는 동안 잊어버렸을 수도 있다.

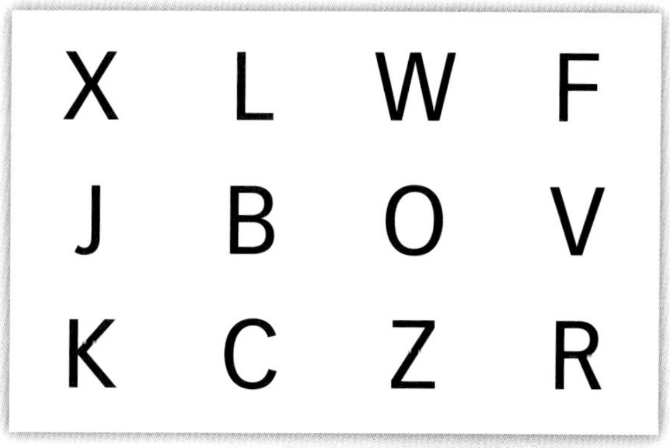

이 두 아이디어를 검증해 보기 위해 연구자들은 교묘한 방법을 사용했다. 스크린에 제시된 문자들이 사라진 직후 피험자들이 특정한 열의 문자들을 보고하도록 단서를 주는 음조를 들려주었다. 고음은 첫 번째 열의 문자들을 보고하는 단서가 되었고, 중간음은 가운데 열, 저음은 마지막 열의 문자들을 보고하는 단서가 되었다. 하나의 열을 보고하라는 지시를 받았을 때, 사람들은 그 열에 있는 단어를 거의 모두 회상했다! 그 음조가 문자들이 스크린에서 사라진 후에 들렸기 때문에, 연구자들은 사람들이 지시를 받으면 어떤 열로부터라도 같은 수의 문자들을

▲ 그림 6.5 **영상 기억 검사** 문자들의 격자가 1/20초 동안 비칠 때 각각의 문자를 기억하는 것은 어렵다. 그러나 격자가 제시된 후에 특정 줄을 기억하도록 유도하면 참가자들은 높은 정답률로 그것을 기억해 낸다. 스펄링은 비록 영상 기억은 전체 격자를 저장하지만 정보가 너무 빨리 사라져 버려서 모든 것을 기억하기 어렵다는 것을 증명하기 위해 이러한 절차를 사용했다(Sperling, 1960).

영상 기억
빠르게 쇠퇴하는 시각 정보의 저장소

음향 기억
빠르게 쇠퇴하는 청각 정보의 저장소

단기 기억
비감각적 정보를 1분까지는 아니지만 몇 초 이상 지속시켜 주는 장소

시연
마음속으로 반복함으로써 단기 기억에 정보를 유지하는 처리과정

회상할 수 있을 것이라고 생각했다. 참가자들은 세 열 중 어떤 것이 단서가 될지 알 방법이 없었고, 그래서 연구자들은 모든 숫자들이 부호화된다고 추론했다. 사실 음조가 상당히 지연되었을 때 참가자들은 과제를 수행할 수 없었다. 이것은 정보가 감각 기억으로부터 빠져나갔음을 의미한다. 플래시의 잔상처럼 스크린에 순식간에 제시된 12개의 문자들은 시각적인 영상들이었고, 남아 있는 흔적은 매우 짧은 기간 기억에 저장되었다.

우리는 하나 이상의 감각을 가지고 있기 때문에 한 종류 이상의 감각 기억을 가지고 있다. **영상 기억**(iconic memory)은 빠르게 쇠퇴하는 시각 정보의 저장소이다. 유사한 저장 영역은 소리의 일시적 저장소의 역할을 한다. **음향 기억**(echoic memory)은 빠르게 쇠퇴하는 청각 정보의 저장소이다. 여러분은 누군가가 말했던 것을 이해하기 어려울 때, 대개 자신이 마지막 몇 단어를 반복해서 말하고 있는 것을 발견한

> **영상, 음향 기억은 사라지기 전 얼마나 오래 유지할 수 있는가?**

다. 말하자면, 이것은 마음의 귀에서 그 말들을 듣고 있는 것이다. 그것을 할 때 여러분은 음향 기억 저장소에 들어 있는 정보에 접근하고 있는 것이다. 영상 기억과 음향 기억 저장소의 특징은 둘 다 정보를 매우 짧은 시간 동안 유지하고 있다는 것이다. 영상 기억은 일반적으로 1초 혹은 그 전에 사라지고, 음향 기억은 약 5초 안에 사라진다(Darwin, Turvey, & Crowder, 1972). 이러한 두 감각 기억 저장소들은 도넛 가게와 비슷하다. 도넛이 들어오면 선반에 빠르게 진열되고 금세 소비된다. 여러분이 도넛 1개를 사고 싶다면 빨리 잡아야 한다.

단기 저장소와 작업 기억

두 번째 저장소는 **단기 기억**(short-term memory)으로 비감각적 정보를 1분까지는 아니지만 몇 초 이상은 지속시켜 주는 장소이다. 예를 들어, 누군가가 여러분에게 전화번호를 말한다면, 여러분은 몇 초 있다가 쉽게 반복해서 말할 수 있다. 그러나 너무 오래 기다리면 그렇게 하지 못할 것이다. 너무 오래라는 것은 얼마나 오래를 말하는 것인가? 사람들이 단기 기억에 정보를 얼마나 오랫동안 유지하고 있는가를 조사했던 한 연구에서 참여자들은 DBX, HLM과 같은 자음 문자열들을 기억하라는 지시를 받았다. 각 문자열을 본 후 참여자들은 다양한 시간에 걸쳐서 100부터 3씩 빼 가면서 숫자를 세라는 지시를 받았고, 그다음 문자열을 회상하게 하였다(Peterson & Peterson, 1959). 그림 6.6에 제시된 것처럼, 자음 문자열들에 대한 기억은 3초 지연 후에 약 80%에서, 20초 지연 후에는 20%까지 급속하게 감소하였다. 이 결과들은 정보가 단기 기억 저장고에 대략 15~20초 동안 유지될 수 있음을 시사한다.

그런데 15~20초가 충분하지 못하다면 어떻게 될까? 정보를 더 오래 유지할 필요가 있으면 어떻게 할까? 우리는 단기 기억의 자연적 한계를 극복하는 마술을 사용할 수 있다. **시연**(rehearsal)은 마음속으로 반복함으로써 단기 기억에 정보를 유지하는 처리과정이다. 누군가가 우리에게 전화번호를 줄 때 연필을 가지고 있지 않다면 우리는 성공할 때까지 계속해서 반복한다. 숫자를 반복하는 매 시간에 여러분은 정보가 사라지지 않도록 지연시키거나 단기 기억으로 다시 입력하는 작업을 해서 15~20초의 시간을 연장해 주는 것이다.

단기 기억은 원래 얼마나 오래 정보를 유지할 수 있는지에 대해서뿐만 아니라 얼마나 많

정확하게
회상한
낱자열의 수

시간(초)

▲ 그림 6.6 **단기 기억의 쇠퇴** 3개의 문자열을 기억하는 검사에서 참여자들은 각 열을 제시받은 몇 초 안에 검사를 받았을 때 높은 정답률을 보였다. 그러나 15초 동안 지연되면 그들은 모든 문자열을 거의 기억하지 못했다(Peterson & Peterson, 1959).

> **전화번호를 외우려 할 때 왜 반복해 암송하는 것이 도움이 될까?**

은 정보를 유지할 수 있는지에 대해서도 제한되어 있다. 대부분의 사람들은 약 7개의 숫자들을 단기 기억 안에 유지시킬 수 있으며, 새로운 숫자들이 단기 기억 안에 들어오면 가지고 있던 숫자들은 빠져나가기 시작한다(Miller, 1956). 단기 기억의 제한은 물론 숫자에만 한정되지 않는다. 7개나 혹은 7개가 넘는 문자들을 포함한 7개의 단어에도 적용된다. 사실 단기 기억은 한 번에 7개의 의미 있는 항목을 유지할 수 있다(Miller, 1956). 그래서 자연적인 한계를 피할 수 있는 한 방법은 여러 문자들을 하나의 의미 있는 항목으로 만드는 것이다. **군집화**(덩이, chunking)는 작은 조각의 정보들을 더 큰 집단 혹은 덩어리로 결합시키는 것을 포함한다. 고객의 주문을 덩어리들로 조직화했던 종업원들은 본질적으로 정보를 군집화해서 기억할 양을 더 적게 만든 것이다.

단기 기억은 본래 제한된 시간 동안 정보가 유지될 수 있는 '장소'의 한 종류로 생각되었다. 제한 용량 기억 체계에 대한 보다 역동적인 모델이 지난 수십 년에 걸쳐 발전되고 수정되어 왔다. **작업 기억**(working memory)은 단기 저장소에서 정보가 능동적으로 유지되는 것을 말한다(Baddeley & Hitch, 1974). 작업 기억은 시각적 이미지와 언어적 정보를 저장하고 조작하는 하위 체계들을 포함하고 있다(Baddeley, 2001). 만약에 여러분이 체스 판에서 말을 이동하려고 심사숙고할 때 말들의 배열을 기억하고 싶다면 작업 기억에 의존하는 것이 좋을 것이다. 작업 기억은 말들의 위치에 대한 시각적 표상과 가능한 움직임들에 대한 심성 조작, 기억 안팎의 정보 흐름에 대한 인식 등을 포함한다. 말하자면, 작업 기억 모델은 제한된 기억 저장의 특성과 이와 연관된 활동들이 있음을 둘 다 인정한다.

작업 기억이 우리의 인지적 생활의 여러 측면에 중요한 역할을 한다는 것은 가르쳐 준 모형에 기초하여 여러 연구가 진행되었다. 예를 들어 작업 기억의 언어 하위 체계에 신경학적 손상을 입은 개인들은 일련의 숫자나 낱자를 몇 초 동안 유지하는 데 문제가 발생할 뿐만 아니라, 새로운 단어를 학습하는 데도 어려움을 보였다. 이는 작업 기억의 한 부분과 언어를 학습하는 능력 사이에 연결이 있음을 시사한다(Baddeley, 2001 ; Gathercole, 2008).

뇌 영상 연구들은 작업 기억의 중앙 집행 성분이 여러 인지 과제 수행에서 정보를 조작하고 통제하는 데 중요한 역할을 하는 전두엽 영역들에 의존한다는 것을 지적한다(Baddeley, 2001). 작업 기억 과제에서 낮은 점수를 보인 아이들은 새로운 정보를 학습하는 데 어려움이 있었으며 학교 수업도 잘 하지 못했다(Alloway et al., 2009). 그러면 작업 기억 기술은 훈련이 될 수 있으며, 훈련을 통해 인지 기능을 증진시킬 수 있을까? 이 의문이 지난 몇 년에 걸쳐 뜨거운 연구 주제가 되고 있다(Klingberg, 2010 ; Shipstead, Redick, & Engle, 2012).

전형적인 연구에서, 참여자들은 우선 시각 혹은 언어 정보를 유지하고 조작해야 하는 작업 기억 과제들을 집중적으로 훈련한다. 그리고 앞서 훈련받지 않았던, 추리, 언어 이해, 지속적인 주의와 같은 능력을 요구하는 새로운 인지 과제들을 가지고 검사했다. 몇몇 긍정적인 결과들이 보고되었다. 예를 들어 초등학생들에게 여러 작업 기억 과제들을 훈련시켰더니(5~7주에 걸쳐 최소 20일 동안 하루에 30분씩), 훈련받지 않았던 아이들에 비해 다른 작업 기억 과제에서 증진을 보였다. 그리고 이러한 이득은 훈련 후 6개월 후에 검사해 보아도 나타났다고 한다(Holmes, Gathercole, & Dunning, 2009). 또한 수학 과제에서도 나아졌다는 증거도 있다. 하지만 이러한 연구들은 작업 기억 훈련 집단과, 훈련을 전혀 받지 않거나 훈련 집단에 비해 덜 어려운 훈련을 받은 통제 집단과의 비교에서 나온 것이기에, 작업 기억 훈련 자체가 관찰된 효과를 일으킨 것인지는 명확하지 않다(Slagter, 2012). 실제로 능동적인 처리를 포함하는(시각 탐색 과제) 통제 조건을 사용한 최근의 연구는 작업 기억 훈련이 훈련받은 작업 기억 과제에서는 증가된 수행을 보였지만 다른 과제에서는 증가를 보이지 않았다고 한다(Redick et al., 2013). 작업

군집화
작은 조각들의 정보를 더 큰 집단 혹은 덩어리로 결합시키는 것

작업 기억
단기 저장소에서 정보가 능동적으로 유지되는 것

장기 기억
몇 시간, 며칠, 몇 주 또는 몇 년 동안 정보가 유지되는 장소

기억 훈련이 일반적인 인지 기능 수행에서 증가를 보일 것인지를 결정하기 위해서는 추가 연구가 필요할 것이다(Shipstead et al., 2012).

장기 저장소

예술가 프랑코 마냐니는 이탈리아 폰티토에서 1934년에 태어났다. 1958년에 그는 세상을 구경하기 위해 살던 마을을 떠났고, 1960년대에 샌프란시스코에 정착했다. 마냐니는 도착한 후 바로 이상한 병에 시달렸다. 매일 밤 그는 폰티토에 대한 생생한 꿈을 꾸었고, 꿈에서 그 마을에 대한 생생한 세부 사항들을 기억해 냈다. 그 꿈은 곧 압도적인 회상의 형태로 깨어 있는 일상의 삶에 영향을 끼쳤고, 마냐니는 이런 이미지들에서 벗어나는 유일한 방법으로 기억들을 유화로 남기기로 결정했다. 20년 동안, 그는 자신이 사랑했던 마을에 대한 기억의 정교한 세부 사항을 그리는 데 많은 시간을 몰두했다. 몇 년이 지난 후에, 사진작가 수잔 스쿠와트젠버그는 마그나니의 화보를 가지고 폰티토로 갔고 그림의 풍경에 있는 장면들을 각각 사진으로 찍었다. 옆의 그림에서 볼 수 있듯이 그림과 사진 간의 일치는 놀라웠다(Sacks, 1995; Schacter, 1996).

이탈리아 폰티토에 있는 집을 떠난 지 몇 년 후에 화가 프랑코 마냐니는 그가 폰티토에서 봤던 것을 거의 완벽하게 복제할 수 있었다. 몇 년 동안 보지 못했던 장소에 대한 기억에 기초에서 그려진 마냐니의 그림(왼쪽)은 수잔 스쿠와트젠버그가 실제 장면(오른쪽)을 찍은 사진과 놀라울 정도로 흡사했다.

많은 세월은 마냐니의 시각적 지각과 마을의 예술적 재구성 사이를 간섭했고, 이는 매우 세부적인 기억에 아주 오랜 시간 동안 저장될 수 있다는 것을 암시하는 것이다. **장기 기억**(long-term memory)은 몇 시간, 며칠, 몇 주 또는 몇 년 동안 정보가 유지되는 장소이다. 감각 기억이나 단기 기억과는 대조적으로 장기 기억은 용량의 제한이 없는 것으로 알려져 있다(그림 6.7 참조). 예를 들어, 대부분의 사람들은 10,000~15,000개의 모국어, 수천 개의 사실들("프랑스의 수도는 파리다"와 "3×3＝9"), 헤아릴 수 없을 만큼 많은 개인 경험들을 기억할 수 있다. 여러분이 마음속으로 외우고 있는 노래 가사를 생각해 보라. 그러면 여러분은 장기 기억에 집어 넣어 둔 많은 정보들을 얻을 수 있을 것이다!

놀랍게도, 사람들은 몇 년 동안 기억할 수 없었던 것조차도 장기 기억에서 기억해 낸다. 예를 들어, 연구자들은 심지어 졸업한 지 50년이 지난 사람들도 고등학교 졸업 앨범 사진에서 반친구들의 90% 정도를 정확히 기억해 낼 수 있다는 것을 발견했다(Bahrick, 2000). 실험 전에는 몇 년 동안 이런 정보에 접근도 하지 않았으리라는 점에서 놀라운 능력이라고 할 수 있다.

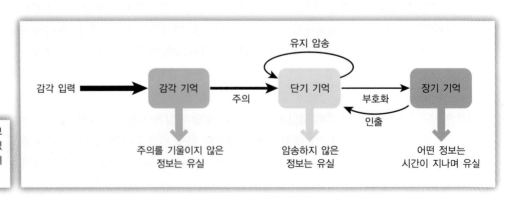

▶ 그림 6.7 **기억 체계에서 정보의 흐름** 정보는 부호화되고, 저장되고, 나중에 인출할 수 있도록 만들어짐으로써 기억의 여러 단계들로 이동한다.

순행성 기억 상실증
단기 기억 저장소에서 장기 기억 저장소로 새로운 정보를 이동시킬 수 없는 것

역행성 기억 상실증
사고나 수술을 받은 날 이전의 기억들을 잃어버리는 것

색인으로서의 해마의 역할

장기 기억은 대뇌의 어디에 자리잡고 있을까? 이 질문에 해답을 줄 수 있는 단서는 장기 기억을 저장할 수 없었던 개인에게서 나온다. 모든 사람이 장기 기억에 정보를 부호화하는 능력이 같은 것은 아니다. 1953년에 HM이라고 하는 27세의 남자가 치료할 수 없는 간질 발작으로 고통받고 있었다(Scoville & Milner, 1957). 간질 발작이 더 멀리 퍼져나가는 것을 막기 위해서 HM은 해마와 그 주변 영역들을 포함한 측두엽의 일부를 제거했다(그림 6.8 참조). 수술 후, HM은 쉽게 대화를 나누고, 언어를 사용하거나 이해할 수 있었고, 지능검사를 잘 수행할 수 있었다. 실제로 HM이 할 수 없었던 유일한 것은 수술 후에 일어난 일들을 기억하는 것이었다. HM은 어려움 없이 전화번호를 반복해서 말할 수 있었는데, 이것은 그의 단기 기억 저장소에는 문제가 없었음을 암시한다(Corkin, 2002, 2013; Hilts, 1995; Squire, 2009). 그러나 정보가 단기 저장소를 떠난 후에는 영원히 사라져 버렸다. 예를 들어, 그는 방금 음식을 먹었던 것을 잊어버리거나 매일 그를 도와주는 병원 직원들을 알아보지 못했다. 그는 자신이 만들어 낸 새로운 기억을 유지하는 능력을 상실한 것이다. HM과 다른 환자들의 연구들은 뇌의 해마 영역이 새로운 정보를 장기 기억 저장소에 넣는 데 중요한 역할을 한다는 것을 보여 주었다. 이 영역이 손상되면, 환자들은 단기 기억 저장소에서 장기 기억 저장소로 새로운 정보를 이동시킬 수 없는 **순행성 기억 상실증**(anterograde amnesia)에 걸렸다.

어떤 기억 상실증 환자는 사고나 수술을 받은 날 이전의 기억을 잃어버리는 **역행성 기억 상실증**(retrograde amnesia)으로 고통을 받는다. HM이 역행성보다 순행성 기억 상실 증상이 더 심했다는 사실은 해마 영역이 장기 기억의 장소는 아니라는 것을 암시한다. 실제로 연구들은 한 기억의 서로 다른 측면들, 즉 본 것, 소리, 냄새, 정서적 내용 등이 피질의 다른 장소에 저장된다는 것을 보여 주었다(Damasio, 1989; Schacter, 1996; Squire & Kandel, 1999). 심리학자들은 현재 해마 영역이, 이렇게 서로 분리되어 있는 기억의 조각들을 연결시켜서 하나로 기억할 수 있게 해 주는 일종의 색인과 같은 역할을 한다고 생각한다(Schacter, 1996; Squire, 1992; Teyler & DiScenna, 1986). 시간에 걸쳐 이 색인이 덜 필요해질 것이다.

요리 비유로 돌아가, 해마 영역 색인을 적어 놓은 요리법처럼 생각하면 될 것이다. 처음 파이를 만든다면, 모든 재료들을 꺼내 적절한 양만큼 섞기 위해 요리법이 필요하다. 하지만 여러

?
해마 영역이 요리법 배우기에서 어떻게 색인처럼 사용되는가?

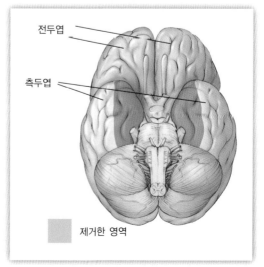

제거한 영역

전두엽

측두엽

◀ 그림 6.8 **해마 환자** HM은 간질 발작을 멈추기 위해 해마와 주변 중앙 측두엽(그림의 회색 부분) 구조를 외과적으로 제거하는 수술을 받았다(왼쪽). 그 결과 그는 수술 후 일어난 일을 기억할 수 없었다. HM으로 세상에 알려진 헨리 모라슨(오른쪽)은 2000년 12월 2일 82세로 코네티컷 하트포드 주변에 있는 요양원에 사망하였다. 헨리는 1953년 기억 상실증에 걸린 이후 수많은 기억 실험에 참여하였으며 이를 통해 기억과 대뇌에 관한 이해에 상당한 기여를 하였다.

고정
대뇌에서 기억이 안정화되는 과정

재고정
회상된 기억도 붕괴에 취약할 수 있어서 다시 고정되는 과정

번 구우면 더 이상 적어 놓은 요리법이 필요 없게 된다. 마찬가지로 해마 영역의 색인은 새로운 기억이 만들어질 때는 필수적이지만 기억이 오래되면 덜 중요해진다. 다른 가능성은 해마의 색인이 남아 어떤 기억에 대해서는 오랜 기간 동안 관여하지만(아주 자세한 사적 경험의 집합으로, 과거 경험을 거의 재생하는 것과 같은 기분을 줄 정도의 기억으로), 덜 자세하고 일반적인 기억에는 지속되지 않을 수 있다(Harand et al., 2012; Winocur, Moscovitch, & Bontempi, 2010). 요리 비유로 설명하자면, 아주 복잡하고 세세한 정보가 필요한 요리를 할 때는 요리법에 의존할 필요가 있지만, 덜 복잡한 간단한 요리를 할 때는 필요가 없는 것처럼 말이다. 과학자들은 우리의 오래된 기억의 세부 사항을 기억하게 만든 데 있어 해마 영역이 관여하는 정도에 대해 아직도 논쟁 중이지만(Bayley, Gold, et al., 2005; Kirwan et al., 2008; Moscovitch et al., 2006; Squire & Wixted, 2011; Winocur et al., 2010), 색인으로서의 해마의 개념은 왜 HM과 같은 사람들이 새로운 기억을 만들 수 없고 오래전의 것들은 기억할 수 있는지를 설명해 준다.

기억 고정

기억을 시간에 걸쳐 유지하는 데 해마가 덜 중요하다는 생각은, 대뇌에서 기억이 안정화되는 과정, 즉 **고정**(consolidation)이라는 개념과 관련된다. 부호화 직후 기억은 깨지기 쉬운 상태로 존재하기에 쉽게 방해받을 수 있으나, 일단 고정이 되면 방해를 이겨낼 수 있다. 한 유형의 고정은 몇 초나 몇 분에 작용한다. 예를 들어, 교통사고 후 머리 부상을 경험한 사람은, 사고 직전 몇 초나 몇 분에 일어난 일을 기억하지 못한다. 물론 다른 사건은 정상적으로 기억할 수 있다. 머리 부상이 단기 기억이 장기 기억으로 고정되지 못하게 했기 때문일 것이다. 다른 유형의 고정은 더 긴 기간(며칠이나 몇 주, 혹은 몇 개월이나 몇 년)에 걸쳐 일어나며, 아마도 해마에서 정보가 피질의 더 지속적인 저장으로 넘겨지는 과정일 것이다. 이러한 장기 기억 고정 과정은 역행성 기억 상실증 환자에게서 볼 수 있는데, 어렸을 적 기억은 정상적으로 회상해 낼 수 있는 데 반해, 기억 상실증이 시작되기 몇 년 전에 있었던 경험은 손상을 보인다(Kirwan et al., 2008; Squire & Wixted, 2011).

그렇다면 어떻게 기억이 고정되는 것일까? 기억을 회상하고, 그것에 대해 생각하고, 다른 사람과 그것에 대해 이야기하는 행위들이 기억 고정에 기여할 것이다(Moscovitch et al., 2006). 앞에 있는 '최신 과학'에 설명되어 있는 것처럼, 많은 증거들이 수면 또한 기억 고정에 중요한 역할을 한다는 것을 보여 준다.

많은 연구자들은 오래전부터 충분히 고정된 기억은 기억에 영구적으로 고착되기에 컴퓨터 바이러스보다도 없애기 어렵다고 믿어 왔다. 그러나 최근에 개발된 다른 계열의 연구들은 사태가 그렇게 단순하지 않음을 제안하고 있다. 실험들은 고정된 것 같은 기억도 일단 회상되고 나면 다시 고정되어야 하므로 붕괴에 취약할 수 있다는 것을 보여 준다. 이 과정을 **재고정**(reconsolidation)이라고 부른다(Dudai, 2012; Nader & Hardt, 2009). 이 증거는 주로 쥐 실험에서 나오는데, 동물에게 하루 전에 획득했던 새로운 기억을 인출하도록 단서를 제시하고, 초기 고정을 못하게 만

PM. IMAGES/PHOTODISC/GETTY IMAGES

상어에 관한 많은 영화가 바다에서 수영하기를 두려워하게 만들까? 사람의 고통스런 기억을 지우게 할 수 있는 어떤 증거가 있는가?

자면서 기억하기

다음 날 중요한 시험이 있어 꼬박 밤 새우려고 한다면, 다시 생각해 볼 필요가 있다. 우리는 생의 거의 삼 분의 일을 자는 데 쓰며, 자면서 우리의 마음 을 완전히 닫아 버리는 것은 아니다. 오히려 잠은 깨어났을 때의 기억에 중요한 역할을 할 수 있다.

거의 백 년 전, 젠킨스와 달렌바흐(Jenkins & Dallenbach, 1924)는 최근 학습한 정보의 회상이 잠을 자고 났을 때가 같은 시간 깨어 있을 때보다 좋다는 보고를 하였다. 그러나 이 들은 수면이 기억을 강하게 하거나 고정하는 데 능동적인 역할을 한다고는 생각하지 않았 다. 그들은 우리의 수면이, 나중을 기억할 수 있는 능력을 간섭하는 정보를 맞닥트리지 않 도록 수동적인 보호를 하는 것이라고 주장하 였다. 역행 간섭에서 설명하는 것처럼(262쪽) 이것은 타당한 주장이다. 그러나 과거 몇 년 동안의 연구 증거는 잠이 깨어 있을 때의 간섭을 단순히 보호할 뿐만 아 니라 기억 고정에도 능동적인 역할을 한다는 것이 밝혀졌다(Diekelman & Born, 2010; Ellenbogen, Payne, & Stickgold, 2006). 수면이 어떤 경험의 요약이나 의미를 나타내는 기 억뿐만 아니라(Payne et al., 2009) 정서적으로 중요한 기억을 선택적으 로 증진시키며(Payne et al., 2008), 이는 사소한 것은 폐기하고 중요한 정보를 기억하도록 도와주는 것이라 는 점을 시사하는 것이다.

이러한 생각은 수면이 추후 기억 에 도움을 주는 효과가 단지 사람들

이 나중에 기억 검사를 받을 것이라고 기대할 경우에만 나타난다는 최근 연구에 의해 지지 된다. 한 연구에서 빌헬름 등(Wilhelm et al., 2011)은 단어 목록을 학습한 후에 참여자들이 기억 검사를 받을 것이라는 통보를 받았을 때, 깨어 있는 경우보다 같은 시간 동안 수면을 취 한 경우에 회상이 증가되었다. 하지만 기억 검 사를 통보받지 않은(그리고 그렇게 생각하지 도 못한) 다른 집단에서는 깨어 있을 때보다 수면을 취한 집단에서 회상의 증가를 보이지 않았다.

추가적인 연구에서(van Dongen et al., 2012), 참여자들은 특정한 위치와 연합될 수 있는 건물이나 가구 그림을 슬라이드 화면에 서 학습하였다(하단 참조). 그 직후 참여자들 은 특정한 그림이 어느 위치와 연합되었는지 를 알아보는 기억 검사를 받았다. 그리고 그들 은 14시간 후 건물 그림이나 가구 그림을 다

시 검사받을 것이며(적절한 범주), 다른 그림 들은(관련 없는 비적절 범주) 다시 검사받지 않을 것이라는 지시를 받았다. 참여자들은 반 은 수면 후 검사를 받았고(이 개인들의 경우 첫 학습은 오후에), 다른 반은 깨어 있는 상태 로(이 개인들의 첫 학습은 오전에 실시) 검사 를 받았다. 재검사에서 수면 집단은 비적절 범 주보다 적절한 범주에서 망각이 덜 일어났으 나, 깨어 있었던 집단에서는 차이가 없었다. 더구나 수면 집단 참여자에서는 수면 시간이 적절한 정보를 유지하는 정도와 상관이 있었 으나 비적절 정보와는 관련이 없었다. 즉, 수 면을 오래 취한 참여자들이 적절한 정보를 더 많이 유지한 것이다.

그래서 여러분이 시험을 위한 몇 시간의 학 습 후 잠이 쏟아진다면 잠을 잘 자는 게 더 낫 다는 것이 과학의 발견이다.

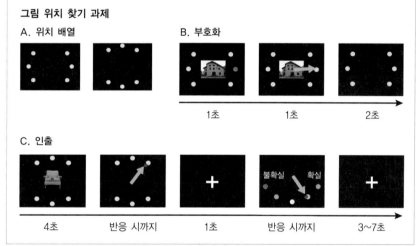

그림 위치 찾기 과제

A. 위치 배열

B. 부호화

1초   1초   2초

C. 인출

4초   반응 시까지   1초   반응 시까지   3~7초

불확실   확실

VAN DONGEN EV, THIELEN J-W, TAKASHIMA A, BARTH M, FERNÁNDEZ G (2012) SLEEP SUPPORTS SELECTIVE RETENTION OF ASSOCIATIVE MEMORIES BASED ON RELEVANCE FOR FUTURE UTILIZATION. PLOS ONE 7(8)-E43426. DOI:10.1371/ JOURNAL.PONE.0043426. © VAN DONGEN ET AL.

들어 망각을 일으킬 수 있는 약물(혹은 전기충격)을 주는 실험이다(Nader, Shafe, & LeDoux, 2000; Sara, 2000). 중요한 것은 만약 그 동물이 능동적으로 기억 을 인출하지 못하면, 첫 부호화 다음날 준 약물(전기 충격)이 효 과가 없다는 사실이다. 이 발견은 놀랄 만한데, 일단 기억이 고 정되면, 초기 고정을 방해하는 약물이나 충격은 더 이상 효과가 없을 것이라고 생각해 왔기 때 문이다. 오히려 반대로 기억을 다시 끄집어내면, 방해를 받을 수 있고 다시 고정되어야 한다는 것을 의미한다.

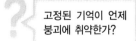

고정된 기억이 언제 붕괴에 취약한가?

재고정을 방해하여 고통스런 기억을 제거하는 것이 언젠가는 가능할까? 외상 경험이 있는 환자를 대상으로 한 연구는 그럴 수 있다고 제안한다. 불안을 줄이는 약물 투여 후 외상적인 경험을 다시 떠올리면 외상적 증상을 줄일 수 있었다고 한다(Brunet et al., 2008, 2011). 약물을

사용하지 않고, 비 외상적인 개인을 대상으로 한 연구에서도 이 같은 현상이 나타났는데, 기억이 획득 된 다음날 공포 기억(특정한 대상이 있을 때 전기 충격을 받은)을 다시 떠올린 후, 몇 분 후(즉, 기억이 재 고정에 취약한 시기) 이 기억에 공포가 없는 정보를 추가하면(즉, 동일한 대상에 전기 충격을 주지 않는) 그 대상에 대한 지속적인 공포 반응 감소가 일어났다고 한다. 반면 다시 떠올린 후 6시간 후(즉, 재고정에 취약하지 않은 시간)에 제시한 비공포 정보는 효과가 없었다고 한다(Schiller et al., 2010). 관련된 연구들은 재고정 방해가 대뇌 부위의 편도체에서 공포 반응 조건 형성을 제거하는 것이라고 추측하고 있다(Agren et al., 2012). 이 장의 다음에 나올 정서 기억에서 **편도체**는 중요한 역할을 한다. 이처럼 중요한 기억 과정인 재고정은 여러 시사점을 포함하고 있다.

기억, 뉴런 및 시냅스

우리는 뇌의 여러 부위가 기억 저장과 관련된다고 논의했었지만, 뇌의 어떤 부위에 어떻게 기억이 저장되는지에 관해서는 언급하지 않았다. 여러 연구는 기억 저장이 뉴런들 간의 공간에 의존한다고 제안한다. 여러분은 3장에서 **시냅스**가 한 뉴런의 축색과 다른 뉴런의 수상돌기 사이의 작은 공간이라는 것, 그리고 이런 시냅스들을 통해 신경전달물질을 보냄으로써 뉴런들끼리 의사소통할 수 있다는 것을 기억할 것이다. 알다시피, 시냅스를 통해서 신경전달물질을 보내는 것은 장난감 배가 연못을 가로지르게 만드는 것과는 다른데, 이 보내는 행위가 실제로 시냅스를 **변화시키기** 때문이다. 구체적으로, 그것은 두 뉴런 사이의 연결을 강화시켜서 다음에 뉴런 간의 전달을 쉽게 만든다. 이것이 연구자들이 종종 "함께 활성화되는 세포는 서로 연결되어 있다"라고 말하는 이유이다(Hebb, 1949).

뉴런들 사이의 연결은 그들 간의 소통, 즉 전달에 의해 강해지며 그래서 다음번에 더 쉽게 소통하도록 만든다는 생각은 장기 기억에 대한 신경학적인 기초가 되었다. 그리고 우리가 알고 있는 많은 지식은 **아플라시아**라는 작은 바다달팽이의 연구로부터 비롯되었다. 이 아플라시아와 기억에 관한 이야기는 이 생명체를 가지고 연구해 2000년도 노벨상을 받은 신경과학자인 에릭 켄들(Eric Kandel)과 연결되어 있다. 1950년대 후반 켄들이 이 아플라시아에 흥미를 갖고 있을 때, 단지 두 연구자만이 이 달팽이를 연구하고 있었다고 한다. 그런데 이 아플라시아가 켄들에게는 매력적이었는데, 왜냐하면 아플라시아는 겨우 2만 개의 뉴런으로 구성되어 있는 단순한(약 1,000억 개의 뉴런을 가진 인간과 비교해서) 신경 체계를 가지고 있어 상대적으로 복잡하지 않기 때문에 자신의 직관을 믿고 연구를 했다고 한다(Kandel, 2006).

실험자가 아플라시아의 꼬리를 미세한 전기 충격으로 자극하면, 그 달팽이는 즉시 입을 움츠린다. 그리고 실험자가 잠시 후에 다시 충격을 주면, 아플라시아는 더 빨리 목을 움츠린다. 만약 실험자가 한 시간이 지난 후에 돌아와서 아플라시아에게 전기 충격을 주면, 처음 실험했을 때와 마찬가지로 목 움츠리기 행동이 매우 천천히 일어난다. 마치 이전에 무슨 일이 있었는지 기억하지 못하는 것처럼 말이다(Abel et al., 1995). 그러나 만약 실험자가 아플라시아에게 계속해서 전기 충격을 준다면, 며칠 혹은 몇 주 동안이나 지속될 수 있는 지속적인 기억으로 발전한다. 그리고 이 연구는 장기 기억 저장이 뉴런들 사이에 새로운 시냅스의 연결이 발달하는 것과 관련이 있다는 것을 보여 준다(Abel et al., 1995; Squire & Kandel, 1999). 말하자면, 아플라시아의 학습은, 단기 기억 저장(증가된 신경전달물질의 방출)과 장기 기억 저장(새로운 시냅스의 성장) 둘 다 모두 시냅스에서의 변화에 기초하는 것이다. 기억되는 모든 경

노벨 생리학상 수상자인 신경과학자 에릭 켄들은 모험을 감수하고 바다달팽이를 연구하기로 하였는데, 이는 자신의 직관을 신뢰하라고 격려한 부인에게서 배운 교훈에 의존했다고 한다. "데니즈는 우리의 결혼 생활이 잘 이루어질 것이라고 믿고 있었기에 이 신념을 바탕으로 앞으로 나아갔다. 세상에는 사실들만으로는 불충분하며, 냉철한 사실에만 의존해서는 결정할 수 없는 많은 상황이 있다는 것을 경험을 통해 배웠다. 사람들은 궁극적으로 자신의 무의식, 본능, 창조적인 욕구를 신뢰해야 한다. 나는 바다달팽이를 선택하면서 이를 실천했다"(Kandel, 2006, p. 149).

험이(달팽이에서조차) 신경계의 물리적 변화를 만들어 내는 것이다.

만약 달팽이보다 더 복잡한 침팬지건 여러분의 친구건 유사한 시냅스 강화 과

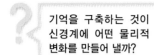

기억을 구축하는 것이 신경계에 어떤 물리적 변화를 만들어 낼까?

정이 새로운 정보의 저장에 필수적인 해마에서 일어난다. 1970년대 초에 연구자들은 쥐의 해마에서 신경학적 경로에 빠른 전기적 자극을 가했다(Bliss & Lømo, 1973). 그들은 전기적 흐름이 경로를 따라 놓여 있는 시냅스들 사이에 연결을 더 강하게 만들고 몇 시간 혹은 몇 주까지도 그 강화가 지속되는 것을 발견했다. 그들은 이것을 일반적으로 **LTP**로 더 잘 알려진, **장기 시냅스 강화**(long-term potentiation)라고 불렀는데, 이는 뉴런 간의 시냅스 전달이 잘되는, 즉 연결이 강해져 추후 전달이 쉬워지는 과정을 말한다. 장기 시냅스 강화는 그것이 장기 기억 저장에 중요한 역할을 한다는 것을 말해 주는 수많은 특성을 가지고 있다. 그것은 해마 안의 여러 경로에서 발생하고, 급속하게 일어날 수 있으며 오랜 시간 동안 지속될 수 있다. 사실 LTP를 막는 약들은 쥐를 설치류 버전의 HM 환자로 만들 수 있다고 한다. 이런 쥐들은 그들이 최근에 어디에 있었는지 기억하는 데 매우 큰 어려움을 겪으며, 미로에서도 쉽게 길을 잃는다(Bliss, 1999; Morris et al., 1986).

바다달팽이 아플라시아 칼리포니카는 단기, 장기 기억의 기제를 연구하는 데 사용될 수 있는 매우 단순한 신경 체계를 가지고 있기 때문에 연구자들에게 매우 유용하다.

요약

▶ 여러 유형의 기억 저장이 있으며, 감각 기억은 정보를 1, 2초간 유지하고, 단기 혹은 작업 기억은 정보를 15~20초간 유지한다. 장기 기억은 정보를 몇 분에서 몇 년 혹은 십여 년까지 저장한다.

▶ HM과 같은 환자에서 알 수 있듯이 해마와 주변 구조가 장기 기억 저장에 중요한 역할을 한다. 해마는 또한 기억이 시간에 따른 붕괴에 저항하도록 만드는 기억 고정에도 중요하다. 수면이 기억 고정에 중요하게 기여한다.

▶ 기억 저장은 시냅스에서의 변화에 의존하며, 장기 시냅스 강화(LTP)가 시냅스 간의 연결을 강화한다.

인출 : 기억을 마음으로 가져오기

돼지 저금통은 좌절감을 준다. 여러분은 돈을 그 안에 넣고 들어 있는 돈을 확인하기 위해서 흔들 수 있다. 그러나 여러분은 쉽게 돈을 꺼내지 못한다. 만약에 기억이 돼지 저금통과 유사하다면, 들어 있지만 꺼낼 수 없다면 애초에 기억에 저장하는 것이 무슨 의미가 있겠는가? 인출은 이전에 부호화되고 저장되었던 마음속에 있던 정보를 끄집어내는 과정이며, 이것은 모든 기억 처리과정에서 가장 중요한 것이다(Roediger, 2000; Schacter, 2001a).

인출 단서 : 과거를 다시 불러오기

머릿속에 있는 정보를 인출하는 가장 좋은 방법은, 어떻게 해서든지 연결되어 있는 머리 밖에 있는 정보를 만나는 것이다. 머리 밖에 있는 정보들은 **인출 단서**(retrieval cue), 즉 저장된 정보를 연합하고, 마음속에 있는 정보를 가져오도록 도와주는 외적 정보이다. 인출 단서들은 믿을 수 없을 정도로 효과적이다. "'내 인생의 마지막 변화구'에 나왔던 배우를 아는데, 그녀 이름이 생각나지 않네"라는 식으로 말했던 적이 많이 있을 것이다. 그러다가 친구가 단서를 주면("그녀가 '줄리 & 줄리아'에 나오지 않았나?") 답이(에이미 아담스) 마음속에 떠오른 경우가 있을 것이다.

한 실험에서 대학생들은 테이블, 복숭아, 침대, 사과, 의자, 포도, 책상과 같은 단어들의 목

장기 시냅스 강화(LTP)
시냅스 연결들의 강화로 발생한 향상된 신경 처리과정

인출 단서
저장된 정보를 연합하고, 마음속에 있는 정보를 가져오도록 도와주는 외적 정보

인출 단서는 저장된 정보를 마음속으로 가져오는 힌트라고 할 수 있다. 대부분의 학생들이 공란 채우기보다는 선다형 시험을 더 좋아한다는 사실을 이 점을 가지고 어떻게 설명할 수 있겠는가?

록을 공부했다(Tulving & Pearlstone, 1966). 나중에, 학생들에게 기억할 수 있는 모든 단어들을 적도록 했다. 그들은 기억한 것을 적거나 조금 더 기억해 냈다. 그리고 그들이 더 이상 기억나는 단어가 없다고 확신했을 때, 이번에는 실험자가 목록에 있는 단어를 기억하라고 지시하면서 '가구'나 '과일' 같은 인출 단서를 제시하였다. 기억할 수 있는 것은 모두 기억해 냈다고 확신하던 학생들은 갑자기 더 많은 단어를 기억할 수 있었다. 이 결과는 기억 속에서 순간적으로 정보에 접근할 수 없을 때조차도 종종 그 정보를 이용할 수 있으며, 재인 단서들이 마음속에 있는 접근 불가능한 정보를 불러오는 것을 돕는다는 것을 암시한다.

비록 힌트는 인출 단서의 한 형태이지만 모든 인출 단서들이 이러한 형태는 아니다. **부호화 특수성 원리**(encoding specificity principle)는 정보가 초기에 부호화되었던 구체적인 방식을 다시 만들어 내도록 도와주면 이러한 것이 효율적인 기억 단서가 될 수 있다는 원리이다(Tulving & Thomson, 1973). 외부 맥락은 강력한 인출 단서가 된다(Hockley, 2008). 예를 들어 한 연구에서 일부 잠수부들은 단어를 땅에서 학습했고, 일부는 물속에서 학습했다.

여러분이 사용하는 인출 단서의 예는 무엇인가?

그들이 학습했을 때와 같은 건조한(육지) 혹은 젖은 환경(물속)에서 시험을 보았을 때 단어를 가장 잘 회상할 수 있었는데, 학습한 환경 자체가 인출 단서의 역할을 했기 때문이다(Godden & Baddely, 1975). 회복 중에 있는 알코올 중독자들은 종종 술을 마시던 장소를 방문했을 때 술을 다시 마시고 싶다는 욕구를 경험하는데, 이 또한 그 장소가 인출 단서가 되기 때문이다. 교실에서 한 의자를 정해서 매일 그 의자에 앉고 시험 볼 때도 그 의자에서 시험을 치르는 것은 현명한 방법이다. 그 의자의 느낌과 여러분이 봤던 주변 환경이 거기 앉아 있는 동안 학습했던 정보를 기억할 수 있게 도와줄 것이기 때문이다.

인출 단서가 외부 맥락일 필요는 없으며 내적인 상태도 될 수 있다. **상태 의존 인출**(state-dependent retrieval)은, 부호화하고 인출하는 동안 같은 마음 상태에 있을 때 정보를 더 잘 회상할 수 있는 경향을 말한다. 예를 들어, 우리가 슬프거나 행복한 기분에 있을 때 정보를 인출하는 것은 우리가 슬프거나 행복한 일화를 인출할 가능성을 증가시킨다(Eich, 1995). 우리가 우울할 때 '밝은 면을 보기' 어려운 것이 이러한 이유이다. 비슷하게 여러분이 술 취한 상태에서 공부한 친구가 형편없이 시험을 보았을 것이라고 예측한다면, 여러분이 옳다. 그러나 그것은 오직 그 친구가 술 취하지 않은 상태로 시험을 치는 실수를 저질렀을 때만이다! 상태 의존 인출 연구들은 술 취한 동안 공부를 했다면, 아마도 다음날 형편없이 시험을 보았겠지만, 만약 아침 식사용 시리얼 대신 맥주를 마셨다면 수행이 더 좋았을 것이라고 제안한다(Eich, 1980; Weissenborn, 2000). 왜 그럴까? 그 당시의 생리적 혹은 심리적 상태가 부호화된 정보와 연합되어 있기 때문이다. 예를 들어, 기분 좋은 상태가 의미 처리에 관여하는 뇌 부위에서 전기적 활동 패턴에 영향을 끼치며, 이는 기분이 의미 부호화에 직접적으로 영향을 끼친다는 것을 시사한다(Kiefer et al., 2007). 인출 시의 기분 상태가 부호화 시의 기분과 일치하며, 그 기분 자체가 인출 단서로 작용하는 것으로, 말하자면 우리가 어떤 것을 경험하는 순간과 기억하려는 순간을 연결하는 다리가 되는 것이다. 하나의 생각이 관련된 다른 생각을 불러올 때처럼 생각 그 자체도 인출 단서가 될 수 있다(Anderson et al., 1976).

부호화 특수성 원리는 아주 통상적이지 않은 예측도 한다. 예를 들어 여러분은 앞에서 단어의 의미적인 판단을 만드는 것("*brain*의 의미는?")이 운(rhyme)을 판단하는 것("*brain*과 운이 맞는 단어는?")보다 더 지속적인 기억을 만들어 낸다는 것을 배웠다. 그래서 만약 여러분이 *brain*이라는 단어와 운이 맞는 단어를 생각하라고 지시받고, 여러분의 친구는 *brain*의 의미를 생각하라는 지시를 받는다면, 아마 다음날 "어제 봤던 단어가 무엇이었습니까?"라는 단순한 질문

부호화 특수성 원리
정보가 초기에 부호화되었던 구체적인 방법을 회복시킬 때, 재인 단서가 효과적인 단서로서 역할을 한다는 것

상태 의존 인출
부호화하고 인출하는 동안 같은 상태에 있을 때 정보를 더 잘 기억할 수 있는 경향

에 여러분의 친구가 훨씬 더 그 단어를 잘 기억할 것을 예상할 수 있을 것이다. 그러나 만약 그러한 질문 대신에, "*train*과 운이 같은 단어는 무엇입니까?"라고 질문 받는다면, 우리는 여러분이 친구보다 더 잘 기억할 것이라고 기대할 것이다(Fisher & Craik, 1977). 이것은 상당히 놀라운 발견이다. **전이 적절성 처리**(transfer-appropriate processing) 원리는, 한 상황에 대한 부호화와 인출 맥락이 적절하게 맞아 떨어질 때, 기억이 한 상황에서 다른 상황으로 더 잘 전이될 것이라는 생각이다(Morris, Bransford, & Franks, 1977 ; Roediger, Weldon, & Challis, 1989).

인출이 만들어 내는 결과들

인간의 기억은 컴퓨터의 기억과 근본적으로 다르다. 컴퓨터에서는 파일을 인출하는 것이 나중다시 그 파일을 열 가능성에 어떠한 영향도 끼치지 않는다. 인간의 기억은 그렇지 않다. 인출은 기억에 저장되어 있는 것을 단지 읽어 오는 것이 아니며, 아주 중요한 방식으로 기억 체계의 상태를 변화시킬 수 있다.

인출이 나중 기억을 증가시킬 수 있다

심리학자들은 인출이라는 단순한 행위가 인출된 기억을 강화시킬 수 있으며, 나중에 그 정보를 기억해 내기 쉽게 만든다(Bjork, 1975)는 것을 알고 있었다. 여러분은 이 발견이 놀랄만하다고 여기지 않을 것이다. 보통 어떤 항목을 반복하면 기억이 좋아지기에, 인출하는 행위가 단순히 반복하는 것이기에, 내용

? 학생들이 스스로 시험을 쳐 보는 것(인출)에 더 시간을 써야 할까? 아니면 반복해서 공부해야 할까?

을 한번 공부하는 것보다 두 번 하는 게 이득이 되는 것과 같은 효과가 인출에서도 나타난다고 생각 할 수 있다. 이 말이 그럴듯해 보일 것이다. 하지만 틀렸다. 정보를 기억에서 인출하는 것이 다시 한 번 더 공부하는 것과는 다른 결과를 일으킨다. 이 점을 극적으로 보여 주는 한 실험에서, 참여자들은 짧은 이야기를 학습하고, 그 이야기를 다시 학습하거나, 그 이야기를 인출해야 하는 시험을 보았다(Roediger & Karpicke, 2006). 참여자들에게 5분, 이틀, 일주일 후 다시 그 이야기에 대한 회상 검사를 해 보았다. 그림 6.9에 나타나 있는 것처럼, 5분 후에는 이야기를 두 번 공부한 것이 공부하고 시험을 본 경우보다 약간 높은 회상을 보였다. 하지만 중요한 것은, 이틀과 일주일 후에는 반대로 나왔다는 것이다. 인출이 여러분의 공부를 하는 것보다 회상의 수준이 훨씬 높았다. 외국어 어휘를 사용한 실험에서도 어휘를 인출해 보는 것이 단순히 더 학습하는 것보다 지연된 어휘 검사에서 훨씬 큰 이득을 보이는 것으로 나왔다(Karpicke & Roediger, 2008). 이 발견은 교육 장면에서의 학습에 아주 중요한 시사점을 주는 것이며, 7장에서 더 자세히 살펴보겠다(Karpicke, 2012).

인출이 나중 기억을 해칠 수 있다

인출이 기억을 도와 줄 수 있지만 늘 그런 것은 아니다. **인출-유발 망각**(retrieval-induced forgetting)은 장기 기억에서 한 항목을 인출한 것이 나중에 관련된 항목의 회상을 해칠 수 있는 과정을 말한다(Anderson, 2003 ; Anderson, Bjork, & Bjork, 1994).

인출이 유인하는 망각을 보여 주는 전형적인 실험을 살펴보자(Anderson et al., 1994). 참여자들은 한 범주 이름과 그 범주의 예를 나타내는 단어들의 쌍을 학습하게 된다(예 : fruit-orange(과일-오렌지), fruit-apple(과일-사과), tree-elm(나무-느릅나무), tree-birch(나무-자작나

전이 적절성 처리
우리가 나중에 이용할 수 있는 인출 단서들에 적절한 방식으로 정보를 처리했을 때 기억이 한 상황에서 다른 상황으로 더 잘 전이된다는 것

인출-유발 망각
장기 기억에서 한 항목을 인출한 것이 나중에 관련된 항목의 회상을 해칠 수 있는 과정

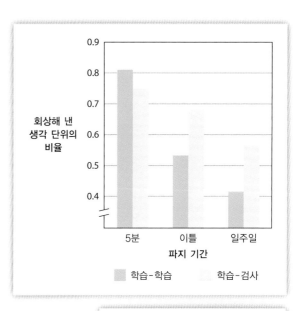

▲ **그림 6.9 기억 검사가 장기적인 기억에 도움이 된다** 5분 파지 기간에는 학습-학습 조건이 다소 높은 회상을 보였다. 하지만 이틀과 일주일 유지 간격에서 전혀 다른 결과로 변한다. 긴 파지 기간에서는 학습-검사 조건이 학습-학습 조건보다 훨씬 높은 수준이 회상을 나타낸다(Roediger & Karpicke, 2006).

무). 그리고 학습한 쌍의 단어들 중 몇 개는 범주 이름과 첫 낱자 몇 개를 단서로 제시하고 학습했던 단어를 기억해 내는 연습을 하였고 ["fruit-or(과일-또는)_____?"] 같은 범주의 다른 단어인 'apple(사과)'은 연습을 하지 않았다. 기본적인 생각은 'orange(오렌지)'라는 단어를 회상하는 연습을 하며 경쟁자라고 할 수 있는 단어인 'apple(사과)'을 기억하는 것을 억눌러야 한다는 것이다. 반면 나무 범주에 대해서는 어떤 단어 쌍에 대해서도 인출하는 연습을 하지 않았다. 나중에 참여자들은 마지막 검사로 학습했던 모든 단어들을 기억하도록 하였다. 놀랍지 않게, 이 검사에서 연습을 했던 단어 'orange(오렌지)'를, 범주를 주고 연습하지 않았던 단어[예 : 'elm(느릅나무)']들보다 훨씬 기억을 잘해냈다. 그러면 연습하지 않았으며 아마도 관련된 다른 단어를 연습하는 동안 기억해 내는 것을 억눌렀을 'apple(사과)'에서는 어떤 일이 벌어졌을까? 실제 이 단어들을 가장 잘 기억해 내지 못했으며, 이는 유사한 단어를 [orange(오렌지)] 인출한 것이, 관련되어 있지만 억압했던 단어[apple(사과)]의 망각을 만들어 냈다는 것을 보여 주는 것이다. 실제로, 목표가 되는 단어를 성공적으로 기억해 내지 못한 경우에도, 이를 인출하려고 시도하며 경쟁이 되는 단어를 억압했던 행위 자체가 나중에 그 단어를 인출하는 능력을 저하시켰다고 한다(Storm et al., 2006).

인출-유발 망각이 일상생활 속에서의 기억에서 나타나는 예를 생각해 볼 수 있을까? 두 가지가 있다. 첫째로, 인출-유발 망각이 대화에서 일어날 수 있다. 화자가 청자와 같이 공유하고 기억 내용을 이야기하며, 연관된 다른 정보를 언급하지 않는 경우 청자는 이 빠뜨렸던 사건을 기억하는 데 어려움이 있으며 화자도 마찬가지라고 한다(Cuc,

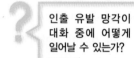

인출 유발 망각이 대화 중에 어떻게 일어날 수 있는가?

Koppel, & Hirst, 2007; Hirst & Echterhoff, 2012). 이 효과는 2001년 9월 11일 사건 같은 중요한 기억에서도 나타났다고 한다(Coman, Manier, & Hirst, 2009). 둘째로, 인출-유발 망각이 목격자 증언에 영향을 끼칠 수 있다고 한다. 연출된 범죄에 대해 증언을 할 때 범죄 장면에 관한 세부 사항에 대한 질문을 받으면, 처음에 질문을 받지 않은 증언자에 비해 질문을 받지 않았던 관련된 세부 사항을 회상하는 능력이 손상을 입는다고 한다(MacLeod, 2002; Shaw, Bjork, & Handal, 1995). 이 발견은 처음 목격자와 면담을 할 때, 질문받지 않은 세부 사항에 대한 인출-유발 망각을 피하기 위해 가능한 완전하게 자세히 수행되어야 한다는 것을 시사한다(MacLeod & Saunders, 2008).

인출이 나중의 기억을 바꿀 수 있다

최근 실험의 한 부분으로 참여자들은 박물관을 관람하며 매 15초마다 그들이 보고 있는 것을 카메라로 찍었다.

나중 기억을 증진하거나 손상시키는 것뿐만 아니라 인출 행위가 경험에서 기억하는 것을 변화시킬 수도 있다. 참여자들이 박물관을 관람하며 여러 전시물을 몇 번 씩 멈추어서 구경하도록 한 최근의 실험을 살펴보자(St. Jacques & Schacter, 출판 중). 참여자들은 사진기를 부착한 채로 전시물을 관람하였으며, 매 15초마다 자신들이 보고 있는 것이 자동적으로 사진을 찍히게 하였다. 이틀 후 참여자들은 다른 건물에 있는 기억 실험실에 방문해 '재활성화 세션(reactivation session)'을 가졌다. 그리고 멈추어서 관람했던 사진을 다시 보게 해 기억을 재활성화시킨 후, 그때 봤던 것들이 얼마나 생생하게 다시 경험되는지를 1~5점 척도상에서 평정하게 하였다. 그다음에 전시물 중 참여자들이 멈춰서 보지 않았던 새로운 사진을 보여 주며 이 사진들이 전시물 중 실제 관람했던 전시물과 얼마나 관련되어 있는지를 판단하게 하였다. 그리고 재활성화 세션 이틀 후 기억 검사를 실시하였다.

참여자들은 때로 새로운 사진이 자신들이 원래 관람했던 것이라고 잘못 기억하였다. 가장 중요하게, 이런 실수가 재활성화 세션 중 더 생생하게 기억한다는 참여자들에게서 나타나는 경향이 있었다. 말하자면, 참여자들이 박물관 관람에서 실제 보았던 것을 생생하게 다시 경험하고 인출했던 것이 원래 경험하지 않았던 정보를 기억에 포함시키게 만든 것이다. 이 발견은 앞서 언급한 재고정 현상과 관련이 있으며, 일시적으로 재활성화된 기억이 방해와 변경에 취약하다는 것으로 보여 준다. 최소한 이 발견은 기억 인출이 단순한 기억 읽기를 넘어선다는 생각을 강화하는 것이다.

인출의 구성 요소들을 분리하기

인출 문제를 떠나기 전에 실제 이 과정이 어떻게 일어나는지를 살펴보자. 어떤 사건을 회상하려고 노력하는 것과 정말로 하나의 사건을 회상하는 것은 뇌의 다른 부분에서 발생한 근본적으로 다른 처리과정이라고 믿을 수 있는 근거가 있다

? 회상하려고 노력할 때와 성공적으로 회상했을 때 어떻게 대뇌 활동이 다른가?

(Moscovitch, 1994; Schacter, 1996). 예를 들어, 왼쪽 전두엽 안의 영역은 사람들이 전에 제시받았던 정보를 인출하려고 노력할 때 증가된 활동을 보인다(Oztekin, Curtis, & McElree, 2009; Tulving et al., 1994). 심리학자들은 이러한 활동이 과거 사건을 꺼내려고 노력할 때 사람들이 가하는 정신적인 노력을 반영하는 것이라고 믿는다(Lepage et al., 2000). 그러나 과거의 경험을 성공적으로 기억해 내는 것은 해마 영역과 경험에 대한 지각적 특징들을 처리하는 역할을 담당하는 뇌 영역(그림 6.10 참조)들에서의 활성화가 동반되는 경향이 있다(Eldridge et al., 2000; Giovanello, Schnyer, & Verfaellie, 2004; Schacter, Alpert, et al., 1996). 더구나 성공적인 회상은 또한 경험의 감각 특징을 처리하는 역할을 하는 대뇌 부위를 활성화시켰다. 예를 들어, 전에 들었던 소리에 대한 회상은 청각 피질(측두엽의 윗부분)의 활성화가 동반된다. 반면, 전에 보았던 그림에 대한 회상은 시각 피질(후두엽 안쪽)의 활성화를 동반한다(Wheeler, Petersen, & Buckner, 2000). 인출은 단일 처리인 것 같지만, 뇌 연구들은 개별적으로 확인할 수 있는 처리 과정들을 연구하고 있다고 제안한다.

이는 앞서 논의했던 인출-유발 망각 현상을 새롭게 이해하게 한다. 왜 뇌에서 그런 일이 벌어질까? 최근 fMRI 증거는 기억 인출 시, 인출 노력에 관여하는 전두엽 안에 있는 부위가 기억하지 말아야 하는 경쟁자들을 억압하는데 역할을 하다는 것을 보여 준다(Benoit & Anderson, 2012; Kuhl et al., 2007; Wimber et al., 2009). 일단 경쟁자들이 억압되면, 전두엽은 더 이상 인

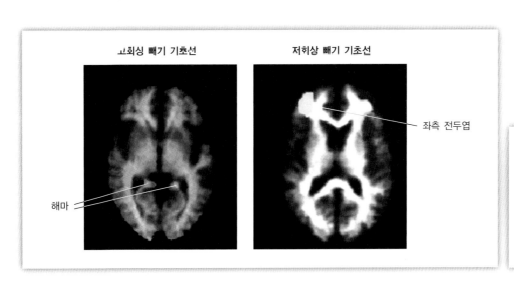

교회상 빼기 기초선   저히상 빼기 기초선

좌측 전두엽

해마

◀ 그림 6.10 **성공한 혹은 석공하지 못한 기억에 대한 PET 영상** 한 실험에서 사람들이 높은 기억률을 보이며 이전에 봤던 단어들을 성공적으로 기억했을 때(검사에서 높은 수준의 회상을 달성했을 때) 해마의 활성화가 증가되었다. 사람들이 노력했지만 결국 이전에 본 것들을 기억하는 데 실패했을 때(검사에서 낮은 수준의 회상을 달성했을 때) 왼쪽 측두엽의 증가된 활성화가 나타났다(Schacter et al., 1996).

문화와 사회

문화가 아동기 기억 상실증에 영향을 끼칠까?

여러분은 자신의 삶의 여러 시점에서 일어난 경험을 쉽게 회상할 수 있다. 하지만 자신의 첫 몇 년에 있었던 것은 거의 기억하지 못할 것인데, 이를 *아동기 혹은 유아기 기억 상실증*이라고 부른다. 평균적으로 개인들의 첫 기억은 3살에서 3살 반 시기라고 하고(Dudycha & Dudycha, 1933; Waldfogel, 1948) 여자들이 남자보다 조금 앞선다고 한다(여자는 3.07세, 남자는 3.4세)(Howes, Siegel, & Brown, 1993). 그런데 이 추정치는 과거에 관해서 이야기하기를 강조하는 서구(즉, 북미와 유럽)의 개인들에게서 얻어진 것이다. 첫 기억이 과거에 관해서 이야기하기를 강조하지 않는 한국이나 중국에서는 더 늦다고 한다(MacDonald, Uesiliana, & Hayne, 2000; Mullen, 1994; Peterson, Wang, & Hou, 2009). 캐나다와 중국의 아이들을 비교한 연구에서 보면 두 집단 모두 8살짜리의 첫 기억이 14짜리의 첫 기억보다 더 어린 시절을 기억했다고 하는데, 이는 초기 기억이 아이들이 나이를 먹으며 흐려지는 것이라는 것을 시사한다(Peterson et al., 2009). 그런데 중국 14살짜리의 첫 기억이 14살짜리 캐나다 아이들의 첫 기억보다 늦었다. 사실 14살짜리 중국 아이들에서 보이는 아동기 기억 상실증의 시작 시기는 북미 성인에게서 보이는 시기와 동일했다. 문화가 우리의 초기 기억에조차 상당한 영향을 끼친다는 것을 알 수 있다.

▲ 과거에 대해 이야기하기를 덜 강조하는 문화에서는 첫 기억은 늦어진다.

출하려는 노력을 기울일 필요가 없게 되고, 결과적으로 목표한 항목이 쉽게 인출할 수 있다(Kuhl et al., 2007). 더구나 원하지 않는 기억에 대한 성공적인 억압은 해마에서의 활동을 저하시켰다(Anderson et al., 2004). 인출 과정에 관여하는 특정 대뇌 부위의 역할을 이해함으로써 인출-유발 망각이라는 특이한 현상을 이해할 수 있다.

요약

▶ 우리가 과거 경험을 기억해 내는 것은 회상을 촉진하는 인출 단서들이 사용 가능하냐에 의존한다. 인출 단서는 우리가 경험을 부호화할 때와 같은 맥락에서 주어질 때 효율적이다. 기분과 내적 상태가 인출 단서로 기여할 수 있다.

▶ 기억에서 정보를 인출하는 것이 나중 기억에 중요하다. 인출이 인출된 정보의 계속적인 기억을 증진시킬 수 있는데, 이는 시험이 나중 회상에 도움이 되는 예에서 알 수 있다. 하지만 인출이 인출하지 않았던 관련 정보의 나중 기억을 해칠 수도 있다. 또한 새로운 정보가 생성한 재구성과 관련될 때 인출이 나중 기억을 변화시킬 수도 있다.

▶ 인출은 과거에 일어난 것을 기억해 내려고 노력하는 과정과 성공적으로 저장된 정보를 회복한 과정으로 구분될 할 수 있다. 대뇌 영상 연구는 전자는 좌전두엽을 활성화시키고, 후자는 해마와 경험의 감각 특성과 관련된 대뇌 부위를 활성화시킨다.

기억의 다양한 형태 : 과거가 어떻게 되돌아오는가

1977년 신경학자인 올리버 색스(Oliver Sacks)는, 대뇌 종양으로 매일 매일의 사건을 기억하는 능력을 상실한 그레그라는 젊은이를 면담했다. 그레그가 기억하는 한 가지는 1960년대 그레이트풀 데드라는 그가 좋아하는 밴드의 락콘서트에 갔었던 것이었다. 그가 장기 요양 병원에서 살 때도 그의 기억은 그 후 몇 년간 있었던 콘서트에 한정되어 있었다. 1991년 색스 박사가 그레그를 뉴욕 메디슨 스퀘어 가든에서 있었던 데드 콘서트에 데려갔고, 혹 기억이 다시 번쩍 들지 않을까 궁금해 했다. 그레그는 콘서트를 떠나며 "굉장했어요.", "내 생애의 최고의 시간이었어요. 언제나 기억할 거예요"라고 말했다. 다음날 색스 박사는 그레그에게 지난 밤의 콘서트를 기억하는지 물었다. "아뇨, 전 가든에 간 적이 없는데요"라며 아무 반응도 보이지 않았다 (Sacks, 1995, pp. 76 – 77).

비록 그레그는 새로운 기억을 만들지 못하게 되었지만, 일부 새로운 사건들은 그 흔적이 남아 있는 것처럼 보였다. 예를 들어, 그레그는 그의 아버지가 돌아가셨다는 사실을 회상할 수 없었지만 그는 슬퍼하는 것처럼 보였고, 그 소식을 들은 후 몇 년 동안은 집 안에서 나오지 않았다. 유사하게, HM은 외과 수술 후 새로운 기억을 만들 수 없었지만, 움직이는 목표를 따라가야 하는 게임을 하면 회가 거듭될수록 수행 능력이 점차 향상되었다(Milner, 1962). 그레그는 의식적으로 아버지의 죽음에 관한 이야기를 기억할 수 없었고, HM은 의식적으로는 추적 게임을 했던 것을 기억할 수 없었지만, 둘 다 그렇게 신속하게 잊혀졌던 경험에 의해 뭔가 영구적인 변화가 일어났다는 명확한 신호를 보여 주었다. 말하자면, 이 환자들은 전혀 기억을 할 수 없었음에도 불구하고, 마치 기억하는 것처럼 행동한 것이다. 이는 기억에는 여러 종류가 있으며 의식적인 회상이 되는 기억과 그렇지 않은 기억이 있음을 시사하는 것이다(Eichenbaum & Cohen, 2001; Schacter & Tulving, 1994; Schacter, Wagner, & Buckner, 2000; Squire & Kandel, 1999).

암묵 기억과 외현 기억

과거에 경험을 했다는 것에 대해 인식하지 못하는 사람들이 변할 수 있다는 사실은 최소한 두 가지 다른 종류의 기억이 존재해야 한다는 것을 암시한다(그림 6.11 참조). **외현 기억**(explicit memory)은 사람들이 의식적으로 혹은 의도적으로 과거의 경험을 인출할 때 발생한다. 지난 여름방학에 읽었던 소설의 삽화 혹은 시험을 위해서 공부했던 모든 지식들을 회상하는 것은 외현 기억에 포함된다. 실제로 "내가 기억하는 것은…"이라고 문장을 시작하는 순간 여러분은 외현 기억에 대해서 말하는 중인 것이다. **암묵 기억**(implicit memory)은 기억하려고 애쓰지 않고 기억하고 있다는 것을 알지도 못하지만, 과거의 경험들이 후에 행동이나 수행에 영향을 줄 때 발생한다(Graf & Schacter, 1985; Schacter, 1987). 암묵 기억은 의식적으로 회상하지 않지만 우리의 행동에 은연중에 나타난다. 그레그가 그의 아버지가 돌아가셨다는 사실을 회상할 수 없었지만 지속적으로 슬퍼한 것이 암묵 기억의 예이다. 유사하게, HM은 했다는 사실을 기억하지 못하면서도, 움직이는 목표를 따라가야 하는 게임을 하면 회기 지날수록 수행 능력이 점차 향상되었다. 그리고 그는 자전거를 타거나 신발 끈을 묶거나 기타를 연주할 수도 있었는데, 여러분도 이것들을 할 수 있지만 어떻게 하는지를 기술할 수는 없을 것이다. 이러한 지식은 암묵 기억이 특별한 종류인 **절차 기억**(procedural memory)이라고 불리며, 이는 연습의 결과로서 점진적으로 습득하는 기술 또는 행하는 방법을 아는 것을 말한다.

절차 기억의 전형적인 특징은 바로 여러분이 기억하고 있는 것이 자동적으로 행위로 바뀐다는 점이다. 어떤 때는 어떻게 그것이 행해지는지 설명할 수 있을 것이고("E줄의 세 번째 프렛에 한 손가락을 놓고, 한 손가락은…") 어떤 때는 그렇지 못할 것이다("자전거 위에 타서… 자, 어… 그냥 균형을 맞춰…"). 기억 상실증에 걸린 사람들이 새로운 절차 기억을

어떤 것을 '어떻게 하는지' 아는 것은 어떤 유형의 기억인가?

외현 기억
사람들이 의식적으로 혹은 의도적으로 과거의 경험을 인출하려는 행동

암묵 기억
기억하려고 애쓰지 않고 기억하고 있다는 것을 알지도 못하지만, 과거의 경험들이 후에 행동이나 수행에 영향을 주는 것

절차 기억
연습의 결과로서 점진적으로 습득하는 기술 또는 행하는 방법을 아는 것

잭 화이트 같은 기타리스트는 최고 수준의 음악 연주에 필요한 기술을 획득하고 사용하기 위해 주로 절차 기억에 의존한다.

DAVID WOLFF PATRICK/WIREIMAGE/GETTY IMAGES

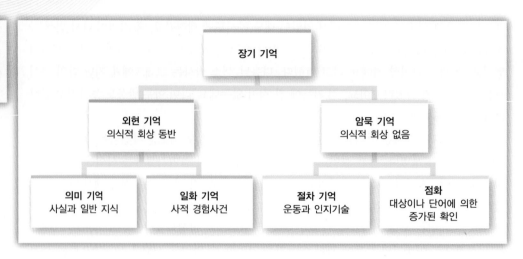

점화
최근에 어떤 자극에 노출된 결과로 어떤 단어나 대상 등의 자극이 더 잘 생각나게 만드는 능력

습득할 수 있다는 사실은 일반적으로 이 환자들에게 손상되어 있는 해마 구조들이 외현 기억에는 필수적인 것이지만 암묵적인 절차 기억에는 필요하지 않다는 것을 암시한다. 사실 해마 영역 바깥에 있는 뇌 영역들(운동 피질을 포함해서)은 절차 기억과 관련이 있다는 것을 보여 준다. 7장에서 증거들을 더 많이 논의하였고, 절차 기억이 다양한 종류의 운동, 지각, 그리고 인지적 기술을 학습하는 데 중요하다는 것을 볼 수 있을 것이다.

모든 암묵 기억이 '어떻게 하는(how to)' 절차 기억은 아니다. 한 실험에서 대학생들은 *avocado*, *mystery*, *climate*, *octopus*, *assassin* 등이 포함된 긴 단어 목록을 공부하라는 지시를 받았다(Tulving, Schacter, & Stark, 1982). 나중에 그들에게 목록에 없던 단어들과 이 단어들을 함께 보여 주었고, 어떤 단어들이 목록에 있었는지 물어보면서 외현 기억을 평가하였다. 암묵 기억을 검사하기 위해 참가자들에게 단어의 일부분을 보여 주면서 나머지 부분을 채워서 만들 수 있는 단어들을 생각해 보라고 하였다. 여러분도 한번 해 보라.

$$ch----nk \qquad o-t-p-- \qquad -og-y--- \qquad -l-m-te$$

여러분은 아마 첫 번째와 세 번째 단어 조각들은 답을 생각해 내기 어려웠을 것이다(*chipmunk*, *bogeyman*). 그러나 두 번째와 네 번째 조각들은 문제없이 생각해 냈을 것이다(*octopus*, *climate*). 처음 단어 목록에서 *octopus*와 *climate*를 본 것은 여러분이 단어완성 검사에서 그 단어들을 떠올릴 수 있도록 한 것이다. 이것이 **점화**(priming)의 예이며, 최근에 어떤 자극에 노출된 결과로 어떤 단어나 대상 등의 자극이 더 잘 생각나게 만드는 능력을 말한다(Tulving & Schacter, 1990). 펌프에 마중물을 붓는 것이 물을 더 쉽게 흐르도록 하는 것처럼, 기억 시스템을 점화시키는 것은 어떤 정보에 더 잘 접근할 수 있도록 해 준다. 이 실험에서, 참여자들은 심지어 전에 봤던 단어라고 의식적으로 기억하지 못했던 단어들에서조차 점화 효과를 나타냈다. 이는 점화가 외현 기억이 아닌 암묵 기억의 예라는 것을 시사하는 것이다.

이 점을 잘 보여 주는 놀랄만한 예가 미첼(Mitchell, 2006)의 연구로부터 나오는데, 이 실험에서는 참여자들에게 일상 용품을 검은 선으로 그린 그림들을 우선 보여 주고, 나중에 그림의 부분만 그려진 알아보기 힘든 그림들을 제시하고 무슨 물건인지를 알아맞히도록 하였다. 이 그림 중의 일부는 앞

점화가 어떻게 기억을 더 효율적으로 만드는가?

▶ 그림 6.12 **시각 대상에 관한 장기적인 점화** 참여자들은 일상의 물건들에 관한 그림을 보았고, 17년이 지난 후 부분적으로만 그려진 물건 그림으로 그 물건을 맞히도록 하였는데(종단집단) 아주 강한 점화 효과를 보였다. 반면 17년 전에 그림을 보지 않았던 참여자들(통제집단)은 어떤 의미 있는 점화 효과도 보이지 않았다(Mitchell, 2006).

점화
비율

15
10
5
0

종단집단   통제집단

선 실험에서 보았던 것이고 본 적이 없는 새 그림도 있었다. 미첼이 발견한 것은 참여자들이 새 그림보다는 보았던 부분 그림들을 더 잘 맞추었으며, 어느 그림도 본 적이 없었던 통제 집단에 비해 더 잘하는, 즉 명확한 점화 효과를 보여 준 것이다(그림 6.12 참조). 그런데 놀랄만한 것은, 그림을 본 지 17년이 지나 다시 부분 그림으로 검사했더니, 참여자들이 그림을 보았다는 외현 기억은 전혀 없었다. 36살의 한 남자는 "죄송합니다. 실험에 대해 전혀 기억이 나지 않는데요."라고 대답하면서도 강한 점화 효과를 보였다고 한다. 36살 여자도 아주 강한 점화를 보였으면서도 "전혀 기억 못하겠는데요."라고 말했다(Mitchell, 2006, p. 929). 이러한 관찰이 점화가 암묵 기억의 한 예라는 것을 확인시켜 주며, 또한 점화가 아주 긴 시간 동안 지속될 수 있음도 보여 준다.

그렇다면, HM과 그레그 같은 환자도 점화 효과를 보일 것이라고 기대할 수 있다. 사실 많은 연구들이 내현 기억은 없음에도 불구하고 기억 상실증 환자도 상당한 점화 효과를 건강한 사람 못지않게 보인다는 결과를 보여 주었다. 이 실험과 유사한 다른 연구 결과들은 절차 기억과 마찬가지로 점화에도 기억 상실증 환자들에게 손상되어 있는 해마 구조가 필요하지 않다고 제안한다(Schacter & Curran, 2000).

만약 해마 영역이 절차 기억과 점화에 필요하지 않다면 뇌의 어떤 부분에 영향을 미치는가? 실험들은 점화가 사람들이 점화되지 않은 과제를 수행할 때 활성화되는 다양한 피질 영역들의 활성화를 감소시킨다는 것을 밝혀냈다. 예를 들어, 참여자들에게 어근인 *mot_____* 혹은 *tab_____*을 보여 주고 마음속에 처음으로 떠오르는 단어를 말하라고 했을 때, 시각 처리와 관련된 후두엽의 일부와 단어 인출과 관련된 전두엽의 일부가 활성화되었다. 그러나 만약 사람들이 *motel*이나 *table*이라는 단어를 보고 점화된 후에 같은 과제를 수행하면 이러한 영역들의 활성화는 줄어들었다(Buckner et al., 1995; Schott et al., 2005). 이와 유사한 결과는 사람들이 매일 보던 대상의 사진을 두 가지 다른 상황에서 볼 때 발생한다. 한 그림에 두 번째 노출되면, 그 그림을 처음 보았을 때 활성화되었던 시각 피질 영역에서 활성화가 감소된다. 점화는 단어 혹은 대상의 지각과 관련된 피질 영역들이 전에 노출된 단어나 대상을 알아보는 것을 쉽게 해 준다(Schacter, Dobbins, & Schnyer, 2004; Wiggs & Martin, 1998). 이는 뇌가 점화로 처리 시간을 약간 절약한다는 것을 보여 준다(그림 6.13 참조).

뇌 영상 연구는 두 가지 다른 형태의 점화에 서로 다른 뇌 부위가 관여한다고 지적한다. 한 항목의 감각 특징에 관한 암묵 기억을 반영하는 지각적 점화(perceptual priming)(예 : 한 단어나

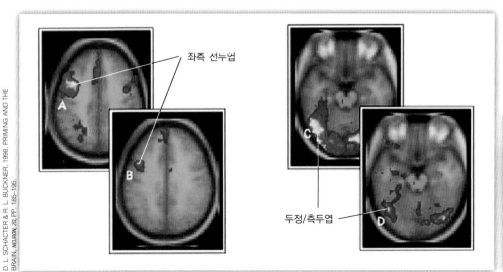

좌측 선누엽

두정/측두엽

◀ 그림 6.13 **자극의 점화 효과와 비점화 효과** 점화는 수많은 과제에서 피질이 감소된 활성화 수준과 관련이 있다. 각각의 fMRI 영상들에서, 왼쪽 상단에 있는 영상들(A, C)은 비점화 과제 동안 활성화된 뇌의 전두엽(A)과 후/측두엽(C) 영역들을 보여 준다(이 과제에서 단어들은 시각 단어 단서로 제시된다). 오른쪽 하단의 이미지들(B, D)은 동일한 형태의 점화된 형태의 과제 동안 같은 영역들의 감소된 활성화를 보여 준다.

의미 기억
세상에 대한 일반적인 지식을 구성하는 개념과
사실이 연합되어 있는 네트워크

일화 기억
특정한 시간과 장소에서 발생했던 개인의 과거
경험들의 집합

그림의 시각 특성 같은)와 단어의 의미나 어떤 물건을 어떻게 사용하는지에 관한 암묵 기억을 나타내는 개념적 점화(conceptual priming)와 다르다는 것이다. fMRI 연구들은 전자는 대뇌의 뒷부분, 즉 시각 영역 쪽에 의존하고 후자는 전두엽 같은 앞쪽 영역에 더 의존한다고 한다(Wig, Buckner, & Schacter, 2009). 또한 지각적 점화는 우반구에 주로 관련되어 있으며, 개념적 점화는 주로 좌반구에 의존한다는 증거도 있다(Schacter, Wig, & Stevens, 2007).

의미 기억과 일화 기억

다음의 두 가지 질문을 생각해 보라. (1) 왜 우리는 7월 4일을 기념하는가? 그리고 (2) 여러분이 봤던 가장 호화스러운 축하연은 무엇이었는가? 모든 미국인들은 첫 번째 질문의 대답을 알고 있지만(우리는 1776년 7월 4일에 독립을 선언한 것을 기념한다), 그러나 두 번째 질문에 대해서는 우리 각자의 대답을 가지고 있다. 이 두 가지 질문이 여러분에게 장기 기억을 검색하게 만들었고 거기에 저장되어 있는 정보가 외현적으로 인출되었지만, 하나는 개인의 과거로부터 특정 시간과 장소 또는 일화에 재방문하는 것이 필요하고 하나는 개인의 자서전의 일부가 아닌, 모든 사람이 알고 있는 사실을 찾아야 한다. 이러한 기억들을 각각 일화 기억과 의미 기억이라고 부른다(Tulving, 1972, 1983, 1998). **의미 기억**(semantic memory)은 세상에 대한 일반적인 지식을 구성하는 개념과 사실들이 연합되어 있는 네트워크이다. 반면, **일화 기억**(episodic memory)은 특정한 시간과 장소에서 발생했던 개인의 과거 경험들의 집합이다.

일화 기억은 특별하다. 그 이유는 우리 스스로를 과거로 보내고 우리에게 일어났던 사건들을 재방문하게 하면서 '마음의 시간 여행'을 할 수 있게 해 주는 유일한 형태의 기억이기 때문이다. 이 능력은 우리의 과거와 현재를 연결시켜 주며, 우리의 삶을 일관성 있는 이야기로 구성해 준다. 기억 상실증 환자들은 시간을 거꾸로 여행하고 기억 상실이 일어나기 전에 발생했던 일화들을 재방문한다. 그러나 그들은 그 후에 일화들을 재방문할 수 없다. 예를 들어, 그레그는 1969년에 새로운 일화 기억을 만드는 능력이 멈추었기 때문에 그 이후 어떤 시간으로도 되돌아갈 수 없었다. 그러나 기억 상실증을 가진 사람들이 새로운 의미적 기억을 만들 수는 있는가?

? 어떤 기억 형태가 정신적인 시간 여행에 사용되는가?

연구자들은 뇌에 산소 공급이 차단되어 출산 중에 해마에 손상을 입은 세 명의 젊은 성인을 대상으로 연구를 했다(해마는 특히 산소 부족에 민감하다)(Brandt et al., 2009; Vargha-Khadem et al., 1997). 그들의 부모는 자녀가 하루 동안 무엇이 일어났는지 회상할 수 없고, 다른 사람들이 항상 그들에게 약속을 상기시켜 주었고, 종종 길을 잃거나 방향감각에 혼란을 일으켰다. 그들의 해마가 손상되었다는 점에서, 여러분은 세 명이 각각 학교에서 형편없이 수행을 할 것이고, 심지어 학습 장애를 가진 것으로도 분류되었을 것이라고 예상할 수 있을 것이다. 그러나 놀랍게도, 세 명 모두 읽고, 쓰고, 말하는 것을 학습했다. 즉, 일반적인 어휘 능력을 발전시켰고, 그들이 학교에서 잘 수행할 수 있도록 해 주는 여러 종류의 의미적 기억들을 습득했다. 이러한 증거에 기초해서 연구자들은 해마가 새로운 의미 기억을 습득하는 데 필수적인 영역은 아니라고 결

의미 기억을 사용해야 하는 시민권 테스트를 통과하여 새 미국인이 된 사람들이 국기에 대한 맹세를 하고 있다.

EPA/JIM LO SCALZO/NEWSCOM

론지었다.

일화 기억과 미래를 상상하기

우리 일화 기억이 시간을 거슬러 여행할 수 있게 한다고 말한 바 있는데, 시간을 앞당겨 여행하는 데도 역할을 한다고 밝혀졌다. K. C.라는 약자로 알려진 기억 상실증 환자가 단서를 제공한다. 이 환자는 과거의 구체적인 일화를 재생해 낼 수 없을 뿐만 아니라, 내일 해야 되는 것과 같은 미래의 일화를 상상해 보도록 하면 거의 완전한 '백지(blank)'와 같은 상태를 보고한다고 한다(Tulving, 1985). 이러한 관찰과 일치하게, 대부분의 기억 상실증 환자는, 해변 모래밭에서 일광욕하는 것 같은 새로운 경험을 상상하는 데 어려움이 있다고 하며(Hassabis et al., 2007), 혹은 일상생활에서 일어날 수 있는 사건에서도 나타난다(Race, Keane, & Verfaellie, 2011). 비슷한 것이 노화에서도 일어난다. 노인들에게 과거에 실제 일어났던 일화나 앞으로 일어날 새로운 일화에 대해 회상하게 하면, 대학생들에 비해 훨씬 세부 사항을 말하지 못한다고 한다(Addis, Wong, & Schacter, 2008; Schacter, Gaesser, & Addis, 2012). 이러한 발견과 일치하게, 신경 이메징 연구를 보면 해마를 포함하여 일화 기억에 관여하는 뇌 영역망에서 과거를 기억할 때와 미래를 상상할 때 모두 비슷하게 활동이 증가한다(Addis, Wong, & Schacter, 2007; Okuda et al., 2003; Schacter, Addis, et al., 2012; Szpunar, Watson, & McDermott, 2007; 그림 6.14 참조).

이러한 관찰들을 종합해 보면, 우리가 미래를 그릴 때 일화 기억에 많이 의존한다는 것을 알 수 있다(Schacter, Addis, & Buckner, 2008; Szpunar, 2010). 일화 기억이 이 과제에도 아주 적합하다고 할 수 있는데, 왜냐하면 이를 통해 과거 경험의 요소들을 새로운 방식으로 재조합하여 앞으로 일어날 새로운 사건을 정신적으로 '시도(try out)' 할 수 있기 때문이다(Schacter, 2012; Schacter & Addis, 2007; Suddendorf & Corballis, 2007). 예를 들어 친구와 며칠 전에 있었던 힘든 대화를 생각해 볼 때, 과거 경험에 의존해 상

> **일화 기억이 어떻게 우리의 미래를 상상하는 데 도움을 주는가?**

황을 악화시킬 수 있는 말을 피했다면 대화가 다르게 진행되었을 것이라고 그려 볼 수 있을 것이다. 하지만 나중에 언급할 것처럼, 바로 이런 일화 기억의 융통성이 기억 오류의 한 종류에 책임이 있다.

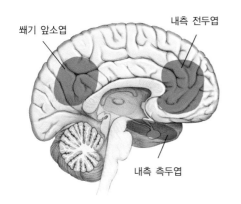
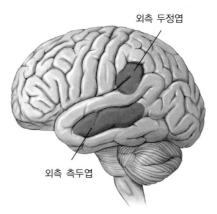

쐐기 앞소엽　내측 전두엽　외측 두정엽

내측 측두엽　외측 측두엽

◀ 그림 6.14 **과거를 기억하기와 미래를 상상하기가 공통적인 뇌 영역에 의존한다** 사람들이 자신에게서 실제 과거에 일어났던 일화를 기억할 때와 앞으로 일어날 일화를 상상할 때 같은 대뇌 회로를 활성화시킨다. 이 회로는 해마와 일화 기억에 중요한 역할을 한다고 오래전부터 알려진 내측 측두엽의 부분을 포함한다(Schacter, Addis, & Buckner, 2007).

기억하기의 사회적 영향 : 협력 기억

우리는 지금까지 개인 자신의 기억 기능에 주로 초점을 두었다. 하지만 이는 완전한 그림이 아니며 더 중요한 뭔가, 즉 다른 사람이 빠져 있다고 할 수 있다. 기억은 중요한 사회적 기능에 기여한다. 가족이나 친구들과 공유하고 있는 경험에 관한 기억을 서로 이야기하는 것은 아주 흔

한 일이며 또한 우리 모두가 즐기는 것이기도 하다. 우리가 파티나 휴가 사진을 페이스북에 올리며 친구들과 아주 효율적으로 기억을 공유하는 것이다. 그리고 우리는 우리의 기억을 다른 사람과 기꺼이 소통한다. 일주일 동안 일어난 일을 매일 기록하게 한 일기를 통한 연구에서 보면, 대학생들은 어떤 사건이 일어난 그날이 끝나기도 전에 이러한 사건의 62%가 공개한다고 한다(Pasupathi, McLean, & Weeks, 2009). 다른 사람과 기억을 공유하면 그 기억을 강하게 만들 수 있다(Hirst & Echterhoff, 2012). 하지만 우리가 이미 살펴본 것처럼, 기억의 한 측면을 이야기 하고 다른 관련 정보를 생략한다면, 인출-유발 망각을 일으킬 수 있다는 것을 알고 있다(Coman et al., 2009; Cue et al., 2007). 심리학자들은 사람들이 집단으로 어떻게 기억하는지에 더 관심을 두게 되었으며 이를 **협력 기억**(collaborative memory)이라 부른다(Rajaram, 2011).

전형적인 협력 기억 실험에서 우선 참여자들은 일련의 단어들과 같은 자료를 각자가 부호화한다(우리가 살펴본 전형적인 기억 실험에서처럼). 그리고 인출하려고 할 때, 참여자들을 소집단(보통 2~3명으로)으로 만들어 함께 목표가 되는 단어들을 기억해 내도록 한다. 개인들이 다른 사람의 도움 없이 혼자 회상하는 항목의 수와 이 집단이 회상하는 수를 비교해 볼 수 있다. 전형적으로 집단이 개인보다 더 많은 항목을 기억해 내는데(Hirst & Echterhoff, 2012; Weldon, 2001), 이는 협력이 기억에 도움이 된다는 것을 시사한다. 이는 그럴듯하기도 하고 실제 이런 상황에 관한 우리의 직관과도 맞아 떨어진다(Rajaram, 2011). 예를 들어 팀은 에밀리가 회상 못한 항목을 기억할 수도 있으며, 이 둘이 못한 것을 에릭이 회상해 낼 수 있기에 집단의 기억 합이 어느 한 개인의 회상을 능가할 수 있다.

그런데 우리가 협력 집단을 수행을, 각 개인의 기억 수행을 단순히 합친 **명목상의 집단**(nominal group)의 수행과 비교해 보면 진짜 흥미로운 것을 얻을 수 있다. 세 명의 명목 집단과 세 명의 협력 집단을 비교한다고 가정해 보자. 명목 집단으로 생각해, 8개의 단어를 학습한 팀이, 1, 2, 8번을 회상해 내고, 에밀리가 1, 4, 7, 에릭은 1, 5, 6을 기억해 냈다고 하자. 각자 혼자 회상해서, 이 세 사람은 모두 8개 중 7개를 기억해 낸 것이다(어느 누구도 3은 회상하지 못했다). 여러 연구에서 보고된 놀라운 결과는 협력 집단이 회상한 수가 명목 집단보다 못하다는 것이다. 즉, 팀, 에밀리, 에릭이 함께 회상하는 경우가 각자가 기억해 낸 것의 합보다 적은 수를 회상했다는 것이다(Basden et al., 1997; Hirst & Echterhoff, 2012; Rajaram, 2011; Rajaram & Pereira-Pasarin, 2010; Weldon, 2001). 이러한 동일한 수의 개인이 함께 협력하여 각자가 할 수 있는 것의 합보다 적은 회상을 보이는 부정적인 집단의 회상 효과를 **협력 억제**(collaborative inhibition)라고 부른다.

어떻게 된 일일까? 대부분의 사람들은 직관에 의존해 함께 일하는 것이 감소가 아니라 증가를 만들어 낼 것이라고 믿는다(Rajaram, 2011). 왜 이러한 결과가 나왔을까? 한 가능성은 집단에서 개인이 자신이 할 일을 하지 않고 다른 사람에게 일을 넘기는 '사회적 태만(social loafing)'이다. 이러한 사회적 태만은 집단에서 일어나는 것으로 잘 알려져 있지만(Karau & Williams, 1993), 기억 연구자들은 협력 억제에 대한 설명으로 이 가능성을 검증하여 기각하였다(Barber, Rajaram, & Fox, 2012). 보다 가능한 설명은 집단으로 함께 회상하는 경우 개인의 인출 전략이 다른 사람에 의해 사용되는 것에 의해 방해를 받는다는 것이다(Basden et al., 1997; Hirst & Echterhoff,

협력 집단으로 기억하는 것이 집단의 한 사람이 기억할 수 있는 양보다는 크지만, 개인들이 혼자서 기억해 내는 명목 집단이 기억해 내는 양보다는 적다.

2012; Rajaram, 2011). 예를 들어, 팀이 처음 제시받았던 순서대로 회상하려고 한다면, 이 전략은 마지막 단어를 먼저 기억하고 거꾸로 회상하는 방식을 더 좋아하는 에밀리의 전략을 방해할 수 있다.

왜 전형적으로 협력 집단이 명목 집단보다 더 적은 수의 항목을 회상할까?

하지만 협력 회상은 다른 이점을 가지고 있다. 개인들이 집단으로 회상하는 경우, 그들 자신이 회상해 내지 못했지만 다른 사람이 회상한 항목에 접하게 되고, 나중에 다시 검사했을 때 기억을 증가시킬 수 있다(Blumen & Rajaram, 2008). 그리고 집단이 회상한 항목을 토론하면 나중 기억 오류를 줄이고 교정할 있다(Ross, Blatz, & Schryer, 2008). 이러한 관찰은 아주 친밀한 커플이 종종 협력하며 기억해 낸다는 초기 연구[커플이 공유하는 어떤 정보를 서로 기억해 내는 교류 기억(transactive memory, Wegner, Erber, & Raymond, 1991)이라 부르는 것]와 잘 맞아 떨어진다(여러분이 협력 기억으로 컴퓨터에 의존할까? '현실세계 : 구글이 우리의 기억을 방해할까?' 참조). 그래서 여러분이 다음에 과거 활동을 친구들과 공유한다면, 여러분의 기억이 더 좋게도 나쁘게도 만들 수 있을 것이다.

현실세계

구글이 우리 기억을 방해할까?

글상자에 있는 글을 읽기 전에 다음의 단순한 질문에 대답을 해 보자. 어느 나라 국기가 사각형이 아닐까? 자, 이제 여러분이 답을 찾아가며 마음속에서 일어난 과정을 생각해 보자(정답은 네팔). 여러분은 여러 나라의 국기 모양을 생각하면서 시작했는가? 세계 지도를 머릿속에 그리며 각 나라의 국기를 하나씩 그려 보았는가? 혹은 대신에 컴퓨터를 생각하는, 즉 구글에 단지 질문을 타이핑하는 생각을 하였는가? 아마도 머지않아 대부분의 사람들은 머릿속으로 세계 각국을 여행하며 국기를 그려 보는 대신에, 이 책의 저자들의 중의 한 사람이 실험실에서 살펴 본 것처럼, 이런 종류의 질문을 받고 컴퓨터와 구글 탐색을 생각할 것이다(Sparrow, Liu, & Wegner, 2011).

스패로우(Sparrow)와 동료들은 사람들에게 대답하기 힘든 일반 상식 문제(즉, 국기가 사각형이 아닌 나라)를 준 후, 컴퓨터와 관련된 단어(즉, 구글, 인터넷, 야후)와 컴퓨터와 관련되지 않은 단어(즉, 나이키, 책상, 요플레)를 제시하고 이 단어들이 쓰여진 색깔을 말하도록 하였더니, 전자 즉 컴퓨터 단어에서 더 느린 반응이 나왔다고 한다. 이는 어려운 질문이 주어졌기에 컴퓨터와 관련된 생각을 하고 이것이 단어의 색깔을 말하는 능력을 방해했

을 것이라는 것을 시사하는 것이다. 연구자들은 우리가 즉각적으로 답을 할 수 없는 경우 우리의 기억을 탐색하기보다는 구글에서 정보를 찾는 것이 너무 친숙하고 자연스러운 것이라고 결론 내리고 있다. 어려운 질문에 직면해 컴퓨터에 의존하는 것은 나름 의미가 있다. 여러 나라 국기들을 생각하기보다는 구글 탐색이 더 신속하게 답을 얻게 한다. 그런데 이 결과는 또한 골치 아픈 의문을 야기한다. 컴퓨터와 인터넷에 대한 의존이 인간 기억에 부정적인 영향을 끼치는 것일까? 구글에서 답을 찾는 게 우리도 모르게 우리의 기억을 더 이

HA PHOTOS/ALAMY

▲ 여러분의 컴퓨터가 여러분을 위해 기억해 주는 것은 무엇일까?

상 쓸모없게 만드는 것이 아닐까?

이 의문에 답을 하기 위해 스패로우와 동료들은 추가적인 실험을 하였다. 이 중 한 연구에서 참여자들은, 그들이 컴퓨터에 타이핑한 사소한 정보(예를 들어 "타조는 눈이 뇌보다 크다")들이 컴퓨터에 삭제될 것이라고 한 경우와 비교해 저장될 것이라고 말한 경우 그 정보들을 기억해 내는 데 어려움을 경험했다고 한다. 추후 실험에서 정보가 여러 폴더의 하나에 저장될 것이라고 말한 경우 정보 자체는 기억해 내지 못하면서도 그 정보가 어디에 저장되어 있는지는 기억해 낼 수 있었다고 한다. 사람들은 컴퓨터를 사실을 효율적으로 기억하는 데 도움을 주는 방식으로 사용하는 것이며, 이 정보가 어디에 있는가는 자신의 기억에 의존하는 것이라고 할 수 있다. 스패로우와 동료들은 사람들이 새로운 기술의 요구에 적응 한 것이며, 우리들이 기억 못 하는 것을 기억하기 위해 다른 사람들(친구, 가족, 동료)에게 의존하는 것과 같은 방식으로 컴퓨터에 의존하는 것이라고 제안하고 있다. 이것은 우리가 논의한 협력 기억과 비슷한 것이며, 다른 사람과 함께 협력해서 기억하는 것이 도움이 되거나 해가 되는 것과 같이 컴퓨터와 함께 기억하는 것도 마찬가지이다.

일시성
과거의 시간에 무슨 일이 일어났는지 잊어버리는 것

요약

▶ 장기 기억은 여러 다른 형태로 이루어진다. 외현 기억은 의식적 혹은 의도적으로 과거 경험을 인출하는 과정이고, 암묵 기억은 과거 경험이 나중 행동이나 수행에 무의식적으로 영향을 끼치는 과정을 말하며, 절차 기억과 점화가 예이다. 절차 기억은 연습의 결과로 획득한 기술을 포함하며, 점화는 과거 노출의 결과로 단어나 사물을 알아채거나 구별해 내는 능력이 변화하는 것을 말한다.

▶ 기억 상실증을 갖고 있는 사람들도 점화, 절차 기억 같은 암묵 기억은 갖고 있으나 외현 기억은 결핍된다.

▶ 일화 기억은 특정한 시간과 장소에서의 사적 경험의 집합이며, 과거를 재구성하고 미래를 상상할 수 있게 한다. 의미 기억은 일반적이며 사적이지 않은 사실, 연상, 개념들의 네트워크라고 할 수 있다.

▶ 협력 기억은 집단적인 기억을 말한다. 협력 기억은 기억을 저해할 수도 있고(협력 억제), 새로운 정보에 노출되고 오류를 고치는 것을 도와주어 기억을 잘하게 할 수도 있다.

기억 실패 : 기억의 7대 죄악

여러분은 아마 숨 쉬는 것에 대해 많은 생각을 하지는 않았을 것이다. 그 이유는 여러분이 일어났을 때부터 숨 쉬는 것을 노력 없이 잘하고 있기 때문이다. 그러나 숨 쉬는 것에 실패하는 순간, 우리는 그것이 얼마나 중요한지를 생각하게 된다. 기억도 마찬가지이다. 우리가 보고, 생각하고, 주목하고, 상상하고, 궁금해 하는 매 순간, 우리의 뇌에 저장되어 있는 정보들을 사용하는 능력을 끌어내고 있는 것이다. 그러나 그런 능력이 실패하고 나서야 비로소 우리가 그것에 얼마나 많은 가치를 부여해야 하는가를 뼈저리게 느끼게 된다. 인간의 많은 행동들처럼 언제 기억이 오작동하는지를 연구함으로써 어떻게 처리가 올바르게 작동하는지를 더 잘 이해할 수 있다. 우리는 여러 다른 맥락에서 인간 사고와 행위에 있어서의 약점과 오류에 대한 이해가 다양한 행동들의 정상적인 작동을 밝혀 준다는 것을 살펴보았다. 이런 기억의 오류, 즉 기억의 '7대 죄악'도 어떻게 기억이 정상적으로 잘 작용하는지를 밝혀 줄 것이다(Schacter, 1999, 2001b). 7개의 죄악 각각을 자세히 살펴보자.

1. 일시성

2007년 3월 6일, 부통령 딕 체이니의 전 비서실장이었던 루이스 스쿠터 리비는, 부쉬 행정부에서 불법적으로 CIA 요원의 신분을 언론에 노출시켰는지를 FBI가 조사하는 과정에서 위증죄로 유죄선고를 받았다. 리비의 변론 팀에 따르면, FBI 질문에 응답하는 과정에서 한 잘못된 발언은 속이려는 의도가 아니라 잘못된 기억 때문이라는 것이다. 이 사례는 리비가 잊었다고 주장하는 것처럼 중요한 사건에 대한 망각이 얼마나 또 어느 정도로 일어날 수 있는 것인가에 관해서 나라 전체에서 논쟁이 이루어졌다. 실제로 모의실험 사례 연구를 보면, 사람들은 중요한 사건의 망각에 어떠한 요인이 영향을 끼치는지에 관해 잘못된 직관을 가지고 있다는 것을 보여 준다(Kassam et al., 2009). 리비의 사례에서의 망각에 관해 논쟁에도 불구하고 한 가지는 확실하다. 기억은 시간이 지나면 소멸되고, 될 수 있다는 것이다. 여기서 범인은 시간의 경과에 따라 망각이 일어난다는 **일시성**(transience)이다.

일시성은 경험이 부호화된 후, 그리고 인출되기 전 단계인 저장 단계 동안에 일어난다. 여러분은 이미 감각 기억 저장소와 단기 기억 저장소에서 급속하게 잊어버리는 일시성의 작용을 보았다. 일시성은 장기 기억 저장소에

루이스 스쿠터 리비는 위증과 법 집행 방해로 기소되었는데, 그는 자신이 잘못 진술한 것은 망각과 관련된 기억 문제 때문이라고 주장했다.

ALEX WONG/GETTY IMAGES

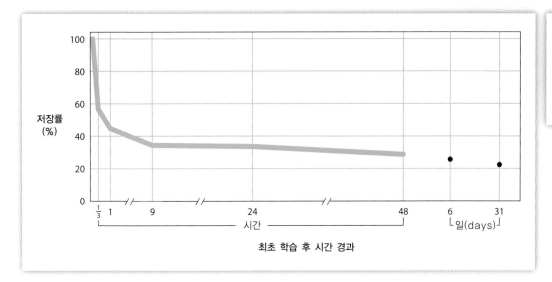

◀ 그림 6.15 **망각 곡선** 헤르만 에빙하우스는 의미 없는 음절들의 단어 목록을 공부한 후에 다양한 시간 간격을 둔 후 보유량을 측정했다. 보유량은 처음에 학습할 때 필요했던 시간과 비교해 그 리스트를 재학습할 때 필요한 시간의 백분율로 측정되었다.

서도 발생하며, 독일 철학자 헤르만 에빙하우스(Herman Ebbinghaus)가 의미 없는 음절들이 적혀 있는 목록을 공부하고 지연 시간을 다르게 해서 자신의 기억을 측정했던 1870년대 후반에 이미 밝혀졌다(Ebbinghaus, 1885/1964). 에빙하우스는 지연 시간에 따라 자신이 의미 없는 음절들을 회상한 정도를 기록해서 그림 6.15에 제시된 망각 곡선을 만들었다. 에빙하우스는 처음 몇 번의 실험 동안에 기억량이 급속히 떨어지고, 뒤의 실험들에서는 망각의 비율이 서서히 감소하는 것에 주목했다. 이 일반적인 패턴은 많은 추후 기억 연구에서 확인되었다(Wixted & Ebbesen, 1991). 그러기에 예를 들면, 영어 사용자들이 고등학교나 대학 수업에서 습득했던 스페인어 어휘에 대한 기억을 다양한 시간이 지난 후에(1~50년까지의 범위) 살펴보면, 수업을 마친 후 처음 3년 안에 스페인어 어휘에 대한 기억이 급격히 감소했고, 그 후에는 약간의 감소가 나타났다(Bahrick, 1984, 2000). 이 모든 연구들은 기억이 시간의 경과에 따라 일정 속도로 사라지는 것이 아니며 처음에 가장 많이 망각이 일어나고 시간이 지나며 점점 덜 망각이 일어난다는 것을 보여 준다.

시간의 경과에 따라 기억을 망각할 뿐만 아니라, 기억의 질 또한 바뀐다. 망각 곡선의 초기 시점에서 기억은 상대적으로 상세한 기록을 보존한다. 그러나 시간이 지남에 따라 우리는 점점 보통 무슨 일이 일어나는지에 대한 일반적인 기억에 의존하고, 추론과 심지어는 완전히 추측만으로 기억을 재구성한다. 일시성은 구체적인 것들이 더 일반적인 기억으로 점진적으로 변하는 것을 포함한다(Brewer, 1996; Eldridge, Barnard, & Dekerian, 1994; Thompson et al., 1996). 한 초기 연구에서, 영국 실험 참여자들이 짧은 미국 인디언의 신화 이야기를 읽었는데, 이 안에는 이상한 심상과 친숙하지 않은 구성을 포함하고 있었나(Bartlett, 1932). 그리고 지연이 있은 후 가능한 자세히 기억하도록 하였다. 참여자들은 흥미롭지만 이해하기 어려운 실수를 범했는데, 종종 그들에게 의미 없는 세부 사항들을 지워 버리거나 혹은 이야기를 더 일관성 있게 만드는 요소들을 추가하였다. 이야기의 구체적인 내용들이 빠져나감에 따라서 사건의 일반적인 의미는 기억 속에 저장되었지만, 글을 읽는 사람의 세계관과 일치하도록 꾸며지고 정교화되었다. 이야기가 참여자들에게 친숙하지 않았기 때문에 일반적인 정보가 이야기에 침투되었고, 일어날 것 같은 그럴듯한 재조합으로 덧붙였던 것이다.

? 일반적인 기억이 어떻게 구체적인 기억들을 왜곡시키는가?

일시성의 예로, 이야기를 듣고 다시 이야기하기까지 지연이 있으면, 미국 인디언 신화에 친숙하지 않은 사람들은 구체적인 세부 사항보다는 일반적인 요지로 이야기하는 경향이 있다. 이 그림은 찰스 리빙스턴 불이 "매가 부싯돌들을 함께 쳐 만든 불꽃으로 공에 불을 놓다"라고 이름 붙였다.

역행 간섭
나중에 학습한 것들이 이전에 습득했던 정보에 대한 기억을 손상시키는 상황

순행 간섭
초기에 학습했던 것들이 나중에 습득된 정보들에 대한 기억을 손상시키는 상황

방심
주의의 감소로 인해 기억을 실패하게 하는 것

기억이 왜곡되는 또 다른 방식은 다른 기억으로부터의 간섭이다. 예를 들어, 만약 여러분이 같은 활동을 매일 한다면, 여러분은 월요일 날 무엇을 했는지 기억하기 어려울 것이고, 이는 나중에 했던 활동들이 이전의 것들과 섞였기 때문이다. 이는 **역행 간섭**(retroactive interference)의 예이며, 이는 나중에 학습한 것들이 이전에 습득했던 정보에 대한 기억을 손상시킬 때 발생한다 (Postman & Underwood, 1973). 반대로 **순행 간섭**(proactive interference)은 초기에 학습했던 것들이 나중에 습득된 정보들에 대한 기억을 손상시키는 상황을 말한다. 만약 여러분이 직장에서나 학교에서 매일 같은 주차장을 사용한다면 아마 전날 주차했었던 기억 때문에 혼란스러워져서 차를 찾으러 돌아다닐 것이다.

2. 방심

위대한 첼로 연주가 요요 마는 맨해튼에서 25억 원에 달하는 고가의 악기를 택시 트렁크에 싣고 목적지로 향했다. 10분 후, 그는 운전사에게 돈을 지불하고 첼로는 잊어버린 채 택시에서 내렸다. 몇 분 후, 요요 마는 그 사실을 깨닫고 경찰에 전화를 걸었다. 다행히도, 그는 택시를 추적할 수 있었고 몇 시간 안에 악기를 찾았다(Finkelstein, 1999). 그러나 어떻게 유명한 첼로 연주가가 10분 동안 그렇게 중요한 것을 잊을 수 있단 말인가? 일시성은 범인이 아니다. 만약 누군가가 악기에 대해 요요 마 씨에게 상기시켜 주었다면, 그는 확실히 그것을 어디다 두었는지 기억할 수 있었을 것이다. 이 정보는 그의 기억 속에서 사라진 것이 아니다(이것이 그가 경찰에게 첼로가 어디 있는지 말할 수 있었던 이유이다). 그 대신 요요 마는 주의의 감소로 인해 기억을 실패하게 하는 **방심**(absentmindedness)의 피해자였다.

무엇이 사람을 방심하게 만드는가? 공통된 원인 하나는 주의의 결핍이다. 주의는 장기 기억으로 정보를 부호화하는 데 필수적인 역할을 한다. 적절한 주의 없이는 자료들이 적절히 저장되지도 않고 나중에 회상되지도 않는다. '분리된 주의' 연구에서 참여자들에게 단어 목록이나 이야기, 혹은 일련의 사진들과 같은 자료를 기억하도록 지시하였다. 동시에, 그들은 그런 자료들로부터 주의를 기울이지 못하도록 만드는 부가적인 과제를 수행하였다. 예를 들어, 한 연구에서 참가자들은 나중에 기억해야 할 15개의 단어 목록을 들었다(Craik et al., 1996). 목록의 일부에서는 충분히 주의를 기울일 수 있었으나, 다른 목록을 듣는 동안에는 동시에 4개의 박스가 제시된 화면을 보고, 별표가 어디에 나타나고 사라지는지를 나타내는 키를 눌러야 했다. 나중 기억 검사에서 참여자들은 주의를 분산시키는 동안 들었던 목록에 있는 단어들을 훨씬 더 기억하지 못하였다.

주의가 분산될 때 뇌에서 어떤 일이 벌어질까? 한 연구에서 참여자들은 연구자가 양전자 방사 단층 촬영법(PET)으로 그들의 뇌를 스캔하는 동안 단어 쌍들의 목록을 학습했다(Shallice et al., 1994). 한 집단의 사람들은 동시에 주의를 거의 기울이지 않아도 되는 과제를 수행했고(그들은 같은 방식으로 막대를 계속해서 이동시켰다), 다른 집단의 사람들은 많은 주의를 기울여야 하는 과제를 수행했다(그들은 선분을 계속해서 이동시켰지만 매번 새롭고 예측할 수 없는 방식이었다). 연구자들은 주의가 분산될 때 참여자들의 좌측 하전두엽 영역에서 활성화가 덜 일어나는 것을 관찰했다. 여러분이 전에 봤듯이, 부호화

? 주의가 분산된 사람들에게 기억은 어떻게 영향을 끼치는가?

그의 25억 원짜리 첼로와 함께 있는 요요마. 이 유명한 첼리스트는 그가 택시 트렁크에 악기를 두었다는 앞서 몇 분간의 사실을 방심하고 잊는 바람에 그것을 분실했었다.

동안 좌측 하전두엽 영역에서 더 큰 활성화가 나타나는 것은 더 잘 기억하는 것과 관련이 있다. 주의를 분산시키는 것은 좌측 하전두엽 영역이 정교한 부호화를 하는 일반적인 역할을 못하게 하는 것이고, 그 결과 방심으로 인한 망각이 발생한다. fMRI를 사용한 최근 연구도, 분

산된 주의가 부호화 시 해마의 관여가 덜 일어나도록 한다는 것을 보여 준다(Kensinger, Clarke, & Corkin, 2003; Uncapher & Rugg, 2008). 일화 기억에서의 해마의 중요성을 고려한다면, 이러한 발견은 잠시 전에 놓았던 열쇠나 안경을 잊게 되는 것처럼 방심에 의한 망각이 왜 극적인지 설명할 수 있다.

운전하며 휴대폰 통화를 하는 것이 일상생활에서 일어나는 분할주의의 가장 흔한 예이다. 이는 위험할 수 있기에 여러 주에서 금지하고 있다.

방심의 또 다른 일상적인 원인은 우리가 하려고 계획했던 행동들을 수행하는 것을 망각하는 것이다. 어느 날이건 여러분은 같은 반 친구들과 만나기 위한 시간과 장소, 저녁 식사를 위해 어떤 식재료를 골라야 하는지, 잠들었을 때 이 책의 몇 페이지를 보고 있었는지를 기억할 필요가 있다. 다른 말로, 여러분은 기억해야 할 것을 기억해야 하고, 이것을 **미래 기억**(prospective memory) 혹은 미래에 해야 할 것을 기억하는 것이라고 부른다(Einstein & McDaniel, 1990, 2005).

미래 기억의 실패는 방심이 주요인이다. 이러한 문제를 피하기 위해서는 어떤 행동을 수행할 것을 기억할 필요가 있는 그 순간에, 이용 가능한 단서를 가질 필요가 있다. 예를 들어, 항공 교통 관제관들은 고도를 바꾸려는 조종사들의 요청에 즉시 답해 줄 수 없을 때와 같이 종종 행동을 연기해야 하지만, 나중에 그것을 실행해야 한다는 것을 기억해야만 한다. 가상 항공 통제 실험에서, 연구자들은 관제관들에게 지연된 요청을 1분 후에 실행해야 한다는 것을 상기시키는 전기 신호를 보냈다. 이 상기시키는 신호는 1분을 기다리는 시간 동안 지속되거나 혹은 관제사가 지연된 요청을 수행해야 할 바로 그 시간에 제시되었다. 지연된 행동에 대한 관제사의 기억은 상기시키는 신호가 인출이 필요한 시기에 제시되었을 때 증가했으며, 기다리는 동안 지속적으로 제시한 것은 효과가 없었다(Vortac, Edwards, & Manning, 1995). 이른 신호는 신호로 전혀 작용할 수 없었다.

3. 차단

여러분은 유명한 영화 배우나 읽었던 책 이름을 기억해 내려는데, 이름이 '혀끝에 걸려 있는 것(tip-of-the-tongue)' 같은 느낌이고, 머릿속 어딘가에 있는데 도달하지 못했던 경험이 있는가? 이런 설단 경험이 **차단**(blocking)의 고전적인 예이다. 이것은 산출해 내려고 노력하지만 기억에 있는 정보를 인출하는 데 실패하는 것이다. 원하는 정보는 부호화되고 저장된다. 그리고 어떤 단서가 대개 그 정보의 회상을 유발한다. 정보는 기억에서 사라지지 않고, 여러분은 그것을 인출한다는 것을 잊어버리지도 않았다. 오히려 여러분은 완전한 인출 실패를 경험하는 것이며 이 기억 마인드버그는 특히 좌절이 된다. 여러분이 찾는 정보를 분명 산출할 수 있지만, 실제 그렇게 할 수 없다. 연구자들은 이 설단 상태를 재채기가 나올 듯 말 듯한 것과 같은 가벼운 고통으로 묘사했다(Brown & McNeil, 1966, p. 326).

사람들이 설단 상태에 있을 때, 회상할 수 없는 항목의 어떤 것들, 예를 들면 단어 뜻과 같은 것은 알고 있다는 것을 연구들은 발견했다. 실험자들이 참가자들에게 1950년대와 1969년대의 TV 주제가를 보여 주고 그 쇼의 제목을 물으면서 설단 상태를 유도할 때, "몬스터즈"를 차단했던 사람들은 종종 유사한 주제였던 "아담스 패밀리"를 떠올렸다. 유사하게, "비버는 해결사"를 차단했던 사람들은 "개구쟁이 데니스"를 생각해 냈다고 한다(Riefer, Kevari, & Kramer, 1995).

미래 기억
미래에 해야 할 것을 기억하는 것

차단
산출해 내려고 노력하지만 기억에 있는 정보를 인출하는 데 실패하는 것

STILLFX/AGEFOTOSTOCK

다음날 있을 심리학 시험 준비를 한다고 생각하고, 여러분이 열쇠를 흔치 않은 장소에 놔두고 나중에 어디다 두었는지 잊었다고 하자. 이는 기억의 잘못인 일시성, 방심, 차단 중 어느 것에 해당될까?

차단은 특히 사람이나 장소의 이름에서 종종 일어난다(Cohen, 1990; Semenza, 2009; Valentine, Brennen, & Brédart, 1996). 왜 그럴까? 이러한 것들의 개념과 지식에 관련된 연결고리들이 일반적인 이름에 대한 것보다 더 약하기 때문이다. 누군가의 성이 베이커(Baker)라는 것이 그 사람에 관해 많은 것을 알려 주지 않지만, 그가 빵 굽는 사람(baker)이라는 것은 그럴 수 있다. 이러한 관점을 설명하기 위해서 연구자들은 사람들에게 만화와 연재만화 등장인물의 사진을 보여 주고, 일부 참여자들에게는 그 인물의 핵심 특징을 강조할 수 있는 묘사적인 이름을 주었고[그럼피(심술궂은), 백설공주(하얀), 스크루지(인색한) 등], 다른 참여자들에게는 관련 없는 임의적인 이름(알라딘, 메리 포핀스, 피노키오)을 주었다(Brédart & Valentine, 1998). 두 가지 다른 종류의 이름들은 참여자들에게 똑같이 친근한 이름이었지만, 그들은 묘사적인 이름을 임의적인 이름보다 훨씬 덜 차단시켰다.

> 왜 스노우 화이트가 메리 포핀스보다 이름을 기억하기가 쉬울까?

차단이 발생하면 좌절하겠지만, 그것은 우리에게 상대적으로 드물게 일어나는 사건이다. 그러나 나이가 들수록 더 빈번하게 발생하고, 60대와 70대의 사람들에게는 일반적인 불만이다(Burke et al., 1991; Schwartz, 2002). 더 놀라운 것은, 일부 뇌 손상 환자들이 거의 끊임없는 설단 상태로 살고 있다는 것이다(Semenza, 2009). 한 환자는 40명의 유명인의 사진을 보았을 때 그들 중 단지 2명의 이름을 회상할 수 있었는데, 이는 통제 집단의 정상인들이 40명 중 평균 25명 정도를 알아본 것과 비교된다(Semenza & Zettin, 1989). 그러나 그녀는 정상인들과 마찬가지로 유명인 32명의 직업을 여전히 정확하게 회상할 수 있었다. 이 경우와 비슷한 여러 경우들은 뇌의 어떤 부분이 적절한 이름을 인출하는 것과 관련이 있는지에 관한 중요한 단서를 주었다. 이름 차단은 보통 좌측 측두엽 피질 표면 영역들의 손상으로부터 발생하며 대부분 발작의 결과로 발생한다. 사실 사람들이 적절한 이름을 회상할 때 측두엽 안에 영역들의 강한 활성화가 나타난다는 연구들은 이 견해를 지지해 준다(Damasio et al., 1996; Gorno-Tempini et al., 1998).

4. 기억 오귀인

충격적인 1995년 오클라호마 시 연방 정부의 건물 폭파 사건 후 곧 경찰들은 용의자 2명을 찾았고, 그들을 존 도 I과 존 도 II라고 불렀다. 존 도 I은 티모시 맥베이로 밝혀졌는데, 그는 빨리 체포되어 유죄로 확정되어 사형을 선고받았다. FBI는 존 도 II가 폭파 이틀 전, 맥베이와의 합류 지점 도시인 캔자스에 있는 엘리엇의 차체 제조 공장에서 밴을 빌렸다고 생각했다. 그러나 FBI는 존 도 II를 결국 찾지 못했다. 그들은 후에 존 도 II가 밴을 빌렸을 때 차체 제조 공장에 있었던 기계공인 탐 케싱어에 의해 만들어진 인물이라는 것을 알아냈다. 그는 그날 남자 2명을 보았다고 기억했고, 그들을 꽤 상세하게 묘사했다. 그러나 케싱어가 묘사했던 존 도 II는 어느 날 공장을 찾아왔던 한 남자의 인상착의와 일치했다. 육군 하사관 마이클 허티크와 그의 친구인 이등병 토드 번팅 또한 케싱어가 보는 앞에서 밴을 빌려 갔다. 맥베이처럼 허티그 또한 키가 크고 금발이었다. 번팅은 더 작고 짙은 머리색에 파란색과 흰색이 조화된 모자를 쓰고 있었고, 왼쪽 소매 아래에는 문신이 새겨져 있었는데, 이는 존 도 II에 대한 묘사와 일치하는 것이었다. 탐 케싱어는 같은 장소에서 다른 날 봤던 남자들의 회상을 혼동했다. 그는 **잘못된 출처에 생각이나 회상을 할당하는 기억 오귀인**(memory misattribution)의 피해자였다(그림 6.16 참조).

기억 오귀인 오류는 목격자 오인의 주요한 원인 중 일부이다. 기억 연구자 도날드 톰슨(Donald Thompson)은 피해자가 그의 얼굴을 상세하게 회상함으로써 강간범으로 기소되었다. 그러나 그는 완벽한 알리바이를 가지고 있었기 때문에 무죄로 판명되었다. 성폭행 당시에 톰슨은 왜곡된 기억을 주제로 TV생방송에서 인터뷰를 하고 있었다! 피해자는 성폭행을 당하기

기억 오귀인
잘못된 출처에 생각이나 기억을 할당하는 것

직전에 그 방송을 보고 있었고, 기억에서 톰슨의 얼굴을 강간범으로 오귀인한 것이다(Schacter, 1996; Thomson, 1998). 톰슨과 같은 사례는 아주 극적이지만 한 번만 일어난 게 아니다. 250개 사례 중 75% 이상이 잘못된 목격자 증언으로 범하지도 않은 범죄로 첫 유죄를 선고받았다가 나중 DNA 검사로 무죄로 판명되었다고 한다(Garrett, 2011).

기억의 일부는 우리의 기억이 어디서 왔는지를 아는 것이다. 이 것은 언제, 어디서 그리고 어떻게 정보가 습득되었는지에 대한 회상인 **출처 기억**(source memory)으로 알려져 있다(Johnson, Hashtroudi, & Lindsay, 1993; Mitchell & Johnson, 2009; Schacter, Harbluk, & McLachlan, 1984). 사람들은 때때로 그들이 전에 학습했던 사실을 올바르게 회상하고 그들이 전에 보았던 사람이나 사물을 정확하게 재인하지만 그것들의 출처를 오귀인하는데, 탐 케싱어에게 일어난 것이 바로 그 예이다(Davies, 1988). 그러한 오귀인은 비록 세부 사항들은 잘 기억할 수 없지만, 갑자기 전에 그 상황에 있었던 것 같은 느낌을 갖게 되는 데자뷔 현상의 원인이 될 수 있다. 과거의 경험과 유사한 현재 상황은 이전에 아주 똑같은 상황에 있었던 것으로 잘못 귀인하게 하는 일반적인 친숙한 감각을 야기할 수 있다(Brown, 2004; Reed, 1988).

전두엽에 손상을 입은 환자들은 특히 기억 오귀인 오류를 범하는 경향이 있다(Schacter et al., 1984; Shimamura & Squire, 1987). 이것은 아마 전두엽이 노력이 필요한 인출 과정에 중요한 역할을 하고, 기억의 정확한 출처를 찾아야 하기 때문일 것이다. 이러한 환자들은 때때로 기이한 오귀인을 만들어 낸다. 1991년에, MR이라는 40대 중반의 영국 사진작가는 알지 못하는 사람들에 대해서 친숙한 느낌을 갖는 장애를 겪고 있었다. 그는 계속 지나가는 새로운 사람들을 볼 때마다 '어떤 사람(예를 들어, 영화배우, 앵커나 지역의 유명인사 등)'이 아니냐고 아내에게 물었다. 이러한 MR의 느낌은 너무 강해서 낯선 사람이 다가오면 실제 유명인인지를 묻지 않을 수 없다고 한다. MR에게 정식 검사를 했을 때, 그는 실제 유명인들을 건강한 참여자들과 마찬가지로 정확하게 인식했다. 그러나 MR이 친숙하지 않은 얼굴들에 대해서도 75% 이상 아는 얼굴이라고 대답한 반면, 건강한 참여자들은 거의 정확하게 그들이 낯선 얼굴이라고 대답하였다. 신경학적인 실험들은 MR이 전두엽에 손상을 일으키는 다발성 경화증을 앓고 있다는 것을 발견했다(Ward et al., 1999). 심리학자들은 이러 유형의 기억 오귀인을, 전에 만나지 않았던 것이 친숙하게 느껴진다는 의미에서 **오재인**(false recognition)이라고 부른다.

일상생활의 데자뷔 경험과 같은 MR의 주관적인 경험은 관련된 세부 사항을 회상하지 못하면서도 강한 친숙성으로 특징지어진다. 다른 신경학적 손상을 가진 개인은 데자 비크(déjà vécu)라고 부르는, 다른 유형의 기억 오귀인을 보이는 것으로 최근 발견되었다. 이들은 일어났다고 여기는 것의 세부 사항을 기억하고 경험하기에 이미 살았다는, 잘못이지만 강한 느낌을 가진다고 한다(Moulin et al., 2005). 예를 들어, 텔레비전을 볼 때, 한 환자는 전혀 새로운 내용인데도 불구하고, 전에 보았던 장면이라고 회상하며 확신했다고 한다. 이 환자가 장을 볼 때도, 필요한 물건을 이미 산 것으로 기억해 살 필요가 없다고 늘 생각했다고 한다. 이러한 이상

DAVID GLASS/AP PHOTO

FBI/THE OKLAHOMAN/AP PHOTO

▲ 그림 6.16 **기억 오귀인** 1995년에 오클라호마시티의 무라 정부 건물이 테러로 폭파되었다. 경찰은 티모시 맥베이의 폭파 공범 피의자라고 생각한 '존도 II'의 몽타주를 공개하였다. 그것은 나중에 목격자가 다른 날 만났던 다른 사람에 대한 기억과 혼동했던 것으로 판명되었다.

?

데자뷔 경험은 무엇으로 설명할 수 있을까?

출처 기억
언제, 어디서 그리고 어떻게 정보가 습득되었는지에 대한 기억

오재인
전에 경험한 적이 없는 것에 대하여 친숙함을 느끼는 것

▶ 표 6.1

오재인	
시큰한	실
사탕	핀
설탕	눈
쓴	바느질
좋은	날카로운
맛	요점
이빨	찌르기
멋진	골무
꿀	건초더미
소다	고통
초콜릿	상처
심장	주입
케이크	주사기
타르트	옷
파이	뜨개질

한 질환의 바탕이 무엇인지는 아직 잘 이해하지 못하고 있지만, 보통 기억해 낸다는 주관적 느낌을 만들어 내는 측두엽 부분에 장애를 포함할 가능성이 있다(Moulin et al., 2005).

하지만 우리 모두 역시 기억 오귀인에 취약하다. 다음의 검사는 여러분이 오재인을 경험할 좋은 기회가 될 것이다. 먼저 표 6.1에 있는 두 목록에 있는 단어들을 1초에 한 단어씩 읽으면서 학습하고, 그다음 여러분이 이 책에서 더 읽고 싶은 내용이 있는 곳을 펴서 보라. 그러나 이 표를 봐서는 안 된다! 이제 여러분이 공부한 목록에 있었던 단어들(맛, 빵, 바늘, 왕, 달콤한, 실 등)을 간단히 말하면서 재인해 보라. 여러분이 '맛'과 '실'이 목록에 있다고 생각한다면 그것은 옳은 대답이다. 그러나 여러분이 '바늘'이나 '달콤한'이라는 단어가 목록에 있다고 생각했다면 그것은 완전히 잘못한 것이다.

대부분의 사람들이 정확하게 같은 실수를 저지른다. 그리고 그들은 '바늘'이나 '달콤한'이라는 단어가 목록에 있었다고 확신한다. 이러한 유형의 오재인은 목록에 있는 모든 단어들이 '바늘' 혹은 '달콤한'과 관련되어 있기 때문에 나타난 것이다. 단어 목록에서 각각의 단어를 보는 것은 관련된 단어를 활성화시킨다. '바늘'과 '달콤한'이 연상되는 모든 것들과 관련되어 있기 때문에 그 단어들은 다른 단어들보다 더 활성화된다. 그리고 너무 활성화된 나머지 단지 몇 분 후에 사람들은 그들이 정말로 그 단어를 공부했다고 주장한다(Deese, 1959; Gallo, 2006; Roediger & McDermott, 1995, 2000). 사실 PET나 fMRI 같은 대뇌 연상 연구는 해마를 포함한 뇌의 많은 동일한 영역이 오재인과 사실 재인 동안 활성화된다(Cabeza et al., 2001; Schacter, Reiman, et al., 1996; 그림 6.17 참조). 사람들이 일련의 일상 용품(예 : 차, 우산)을 보고 나중에 앞서 보았던 것과 비슷하게 보이는 새로운 대상에 대해서도 유사한 결과가 나온다. 종종 유사한 새로운 항목을 잘못 재인하고 이 잘못된 재인 시에도 정확한 재인 시와 같은 대뇌 부위가 활성화된다고 한다(Gutchess & Schacter, 2012; Slotnick & Schacter, 2004).

하지만 잘못된 재인을 감소시킬 수 있다(Schacter, Israel, & Racine, 1999). 예를 들어, 최근 연구는 참여자들에게 실제 보았던 대상(예 : 차)과 시각적으로 유사한 새로운 대상(예 : 보았던 차와 유사하지만 다른 차) 간에 선택을 하게 하는 경우, 거의 모든 경우에서 보았던 차를 선택하여 잘못된 재인 오류를 피할 수 있었다고 한다(Guerin et al., 2012a, 2012b). 이 발견은 잘못된 재인이 부분적으로는 유사한 새로운 대상만 제시되고, 참여자들이 새로운 대상이라는 것을 알려 줄 수 있는 구체적 세부 사항을 끄집어 내지 못하

▼ 그림 6.17 **정재인과 오재인 동안 해마의 활성화** 해마를 포함한 많은 뇌 영역이 정재인과 오재인 동안 비슷한 활성화를 보인다. 그림은 시각적 형상들의 정재인과 오재인에 대한 fMRI 연구 결과를 보여 준다(Slotnick & Schacter, 2004). (a) 그래프는 시간의 흐름에 따라 fMRI 신호 강도에서 해마 영역이 활성화되는 수준을 보여 준다. 몇 초 후 이전에 학습했던 형상들의 정재인(빨강선)과 이전에 제시되지 않았던 유사한 형상들에 대한 오재인(노랑선)에 대한 비교할 만한 활성화가 나타났다. 정재인과 오재인 모두 관련없는 새로운 형상(보라선)을 올바르게 분석할 때와 비교해서 증가된 해마의 활성화를 보여 준다. (b) 왼쪽 해마 영역은 정재인과 오재인에 대한 비슷한 활성화를 보여 준다.

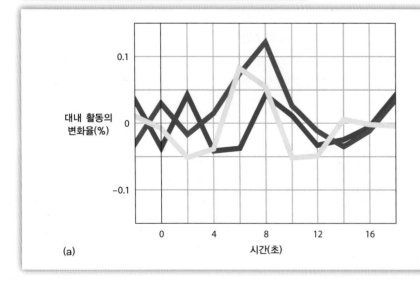

대뇌 활동의 변화율(%)

(a) 시간(초)

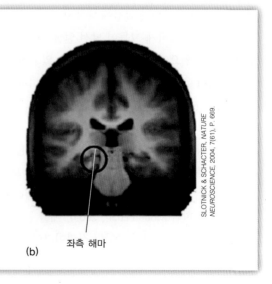

좌측 해마

SLOTNICK & SCHACTER, NATURE NEUROSCIENCE, 2004, 7(61), P. 669.

(b)

는 데서 생긴다는 것을 시사한다. 그러나 참여자들이 시각적으로 유사한 새로운 대상을 올바르게 구별해 내는 것을 보면 이 세부 사항이 기억에 들어 있는 것이라고 할 수 있다. 사람들이 한 사람이나 대상, 사건에 관해 강한 친숙성을 느낄 때, 실험실에서건 목격자 증언과 같은 실제 세상에서건 잠재적으로 위험한 기억 오귀인의 상이 차려진 것이라고 할 수 있다. 이 점을 이해하는 것이 목격자 증언에서 보일 수 있는 오귀인의 위험한 결과를 줄이는 데 핵심이 된다.

5. 암시성

1992년 10월 4일 엘 알(이스라엘 항공사) 화물 비행기가 암스테르담의 남쪽 교외의 한 아파트로 추락했고, 거주자 39명과 비행기에 타고 있던 4명의 승무원 전원이 사망했다. 그 재앙은 사람들이 충돌 장면을 보고 대참사의 기사를 읽으면서 며칠 동안 네덜란드 뉴스를 잠식했다. 10개월 후에, 네덜

> **어떻게 목격자 증언이 왜곡될 수 있을까?**

란드 심리학자들은 대학생들에게 "비행기가 아파트에 추락했던 순간에 텔레비전을 보았나?"라는 단순한 질문을 하였다. 55%의 학생들이 "예"라고 대답했다. 후속 연구에서는 66%가 그렇다고 반응하였다(Crombag, Wagenaar, & Van Koppen., 1996). 또한 그 학생들은 건물에 충돌할 때 비행기의 각도와 속도 그리고 충돌 후 비행기의 오른쪽 몸체가 어떻게 됐는지에 관한 세부 사항들을 설명하기도 했다. 이 모든 것들은 하나의 핵심적인 사실만 제외했다면 모두 정상이었을 것이다. 비행기가 충돌할 당시에는 텔레비전이 그 장면을 찍고 있지 않았다. 연구자들이 텔레비전이 충돌 장면을 보여 주었다는 것을 함축하는 암시적인 질문을 했던 것이다. 반응자들은 충돌 후 장면을 텔레비전에서 보았고, 읽었던 것을 상상하고, 비행기가 충돌했을 때 무슨 일이 일어났는지에 관해 이야기했을 것이다. 그러나 그들은 정확히 그 순간을 보지는 못했다. 암시적인 질문은 참여자들이 존재하지 않는 영상에 대한 이런저런 출처들로부터 정보를 오귀인하게 만들었다. **암시성**(suggestibility)이란 개인의 기억에 외부 출처에서 온 잘못된 정보들을 통합하는 경향성을 말한다.

만약 잘못을 유발하는 세부 정보가 사람들의 기억에 심어질 수 있다면, 전혀 일어나지 않았던 전체 사건을 암시하는 것도 가능할까? 답은 "그렇다"이다(Loftus, 1993, 2003). 한 연구에서 십대의 동생인 크리스에

1992년, 엘 일 화물 비행기가 암스테르담 교외의 한 아파트 건물로 추락했다. 네덜란드 심리학자들이 비행기 추락 영상을 TV에서 본 적이 있는지 물었을 때 대부분은 그렇다고 답했다. 사실 그런 장면은 존재하지 않았다(Crombag et al., 1996).

가 자기 형인 짐을 다섯 살 때 쇼핑몰에서 잃어버렸던 일을 기억을 해 보라고 요청을 했다. 처음에는 아무 것도 기억해 내지 못했지만, 며칠 후에는 그 사건에 관한 자세한 기억을 만들어 냈다. 그는 기억하길, "가족을 다시 못 볼 것 같아 무서웠으며" 면 셔츠를 입은 친절한 노인이 울고 있는 자기를 발견했다고 기억해 냈다(Loftus, 1993, p. 532). 그런데 짐이나 다른 가족들은 크리스를 몰에서 잃어버린 적이 없었다고 한다. 심어 주는 기억에 관한 24명의 피험자를 사용한 보다 대규모 연구에서는 대략 25% 정도가 쇼핑몰이나 다른 장소에서 아이를 잃어버린 적인 있다고 잘못 기억해 냈다고 한다(Loftus & Pickrell, 1995).

사람들은 기억 오귀인이 발생하는 것과 같은 몇몇 이유들로 암시성에 대한 반응에서 거짓 기억을 만들었다. 우리는 기억에 우리가 경험하는 모든 세부 사항들을 저장하지 않기에, 우리에게 무엇이 일어났는지 혹은 일어나야만 했는지에 대해 암시성을 받아들이기 쉽게 만든다.

암시성
개인의 기억에 외부 출처로부터 온 잘못된 정보들을 통합하는 경향

편향
이전 경험의 기억에 대한 현재의 지식과 신념, 감정 등의 왜곡된 영향

게다가 시각적 이미지는 거짓 기억을 구성하는 데 중요한 역할을 한다(Goff & Roediger, 1998). 사람들에게 결혼식에서 신부 부모의 옷에 음료수를 엎지른 것과 같은 사건을 상상하도록 하는 것도 잘못된 기억을 만드는 것이다(Hyman & Pentland, 1996).

> **왜 아동기 기억이 암시에 의해 영향을 받는가?**

암시성의 문제는 1980년대와 1990년대에 제기된, 심리치료 동안 사람들이 회상하는 유년기 기억들의 정확성에 대한 논쟁의 중심에 있다. 대중에게 많이 알려진 예는, 다이애나 할브룩스이다(Schacter, 1996). 심리치료를 받은 몇 달 후에, 그녀는 그녀의 어린 시절에 대한 혼란스러운 사건들을 회상하기 시작했다. 예를 들어, 그녀의 어머니는 그녀를 죽이려고 했고, 아버지는 그녀를 성적으로 학대하였다는 것이다. 비록 그녀의 부모들은 이러한 사건이 일어났다는 것을 부인했지만, 그녀의 심리치료사는 그녀가 그 기억들의 실재성을 믿도록 고무했다. 결국에는 할브룩스는 치료를 중단하고 자신이 회복해 낸 그 '기억들'이 정확한 것이 아니라는 것을 깨달았다고 한다.

어떻게 이런 일이 일어났을까? 심리치료사들이 잊힌 어린 시절의 기억들을 꺼내 오기 위해서 시도했던 수많은 기법은 명확히 암시적인 것들이었다(Poole et al., 1995). 구체적으로 연구들은 과거 사건을 상상해 보거나 최면이 잘못된 기억을 만드는 데 도움이 된다는 것을 보여 준다(Garry et al., 1996; Hyman & Pentland, 1996; McConkey, Barnier, & Sheehan, 1998). 보다 최근 연구는, 사람들 자신이 자발적으로 기억해 낸 것이, 실제 학대 경험을 잊지 않고 있는 사람들의 기억과 같은 정도로 다른 사람들에 의해 입증될 수 있는 반면, 암시적인 치료 기법에 의해 회복된 기억은 전혀 다른 사람에 의해 입증되지 않는다는 것을 보여 준다(McNally & Geraerts, 2009).

6. 편향

2000년, 접전이었던 조지 부시와 앨 고어의 대통령 선거 결과는 선거 5주 후 대법원에 의해 결정되었다. 선거 다음 날(결과가 여전히 불확실할 때), 부시와 고어의 지지자들은 선거 결과가 결정되면 그들이 얼마나 행복할지 예측해 달라는 질문을 받았다(Wilson, Meyers, & Gilbert, 2003). 이 질문에 응답한 사람들은 앨 고어가 패배를 인정한 다음 날, 그들이 얼마나 행복함을 느끼는지에 대해서도 보고하였다. 그리고 4개월 후 참여자들은 선거 직후 그들이 얼마나 행복하다고 결정했었는지 회상했다.

결과적으로 긍정적인 결과를 누렸던 부시의 지지자들(그들의 후보자가 취임했다)은 대법원의 결정 후 당연히 행복했다. 그러나 그들의 회고적인 설명들은 그 당시 그들이 얼마나 행복했었는지를 과대평가하였다. 대조적으로, 고어의 지지자들은 그 결과를 원하지 않았다. 그러나 당선이 결정된 후 여론 조사를 했을 때, 고어의 지지자들은 그들이 결정 당시 얼마나 행복했었는지를 과소평가했다. 두 그룹에서, 행복에 대한 회상은 그들이 그 당시 실제 보고했던 결과와 부조화를 일으켰다(Wilson et al., 2003).

이러한 결과는 **편향**(bias), 즉 이전 경험의 회상에서 현재의 지식과 신념, 감정 등의 왜곡된 영향의 문제를 예증해 준다. 연구자들은 또한 우리의 현재 기분이 우리의 과거 경험 회상에 영향을 끼친다는 것을 발견했다(Bower, 1981; Buchanan, 2007; Eich, 1995). 그러기에 실제 슬픈 기억을 기억해 내도록 도와줄 뿐만 아니라(이 장의 앞에서 읽은 것처럼), 슬픈 정서는 그렇게 슬프지 않았던 기억에 대한 회상

여러분이 지지했던 출마자가 선거에서 승리했다면 얼마나 행복할 것이라고 생각하는가? 그 사건을 몇 달 후에 기억했을 때 행복 수준을 정확하게 기억할 수 있다고 생각하는가? 기억 처리에서 편향이 이전의 행복함에 대한 기억을 바꿀 가능성은 충분하다. 게다가 2000년 대통령 선거 결과를 들은 부시 지지자들은 4개월 후 그들이 얼마나 행복했었는가에 대해 과대평가했고, 반면 고어 지지자들은 과소평가했다.

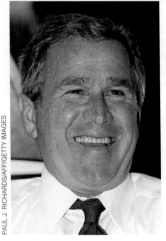

을 편향되게 할 수도 있다. 일관성 편향(consistency bias)은 사람들이 현재 알고 있거나 믿고 있

여러분의 현재 관점이 과거 사건에 대한 기억을 물들일 수 있겠는가?

는 것과 일치시키려고 과거를 재구성하는 편향이다. 1973년, 한 연구자는 사람들에게 마리화나의 합법화, 여성의 권리, 소수민족에 대한 원조 등을 포함한 다양한 쟁점이 되는 사회적 이슈들에 대한 그들의 의견을 평가해 달라고 요청했다 (Marcus, 1986). 그들은 1982년에 같은 평가를 다시 해 달라는 요청을 받았고, 1973년에 그들의 어떤 의견을 냈었는지도 제시하라고 하였다. 연구자들은 참여자들이 1982년에 했던 1973년의 의견에 대한 회상이 그들이 1973년에 실제로 무엇이라고 답했는가보다 그들이 1982년에 생각했던 것과 더 일치한다는 것을 발견했다.

일관성 편향은 과거와 현재의 유사성을 과장하지만 전환 편향(change bias)은 우리가 현재 느끼고 믿는 것과 과거에 느꼈고 믿었던 것과의 차이를 과장하는 경향성이다. 말하자면, 전환 편향 또한 발생한다. 예를 들어, 대부분 우리는 낭만적인 애정이 시간이 갈수록 더 강해질 것이라고 믿는다. 한 연구에서, 데이트 중인 연인들에게 4년 동안 1년에 한 번씩 그들의 관계에 대한 현재 좋고 나쁨을 평가해 보고, 과거에 그들이 어떻게 느꼈었는지를 회상해 보라고 지시하였다(Sprecher, 1999). 4년 동안 관계를 유지했던 연인들은 사랑의 강도가 그들이 전에 보고했을 때보다 더 증가했다고 회상했다. 그러나 그 당시 그들의 실제 평가는 사랑과 애정에 대한 어떠한 증가도 나타내지 않았다. 명백히 그들은 서로 예전보다 현재에 더 많이 사랑하는 것은 아니었다. 그러나 그들은 기억에 대한 주관적인 견해로부터 그렇게 느끼고 있었다.

전환 편향의 특별한 경우는 자기중심적 편향(egocentric bias)인데, 이는 과거와 현재의 변화를 과장해 자신을 좋게 돌이켜 보는 경향성이다. 예를 들어, 학생들은 실제로 시험 당시에 보고하는 것보다 시험 전에 더 많이 불안해하는 것을 기억한다(Keuler & Safer, 1998). 그리고 혈액 기증자는 때때로 그들이 실제로 헌혈을 했을 때보다 헌혈하는 것에 대해 더 불안하게 느끼는 것을 회상한다(Breckler, 1994). 두 경우에서 전환 편향은 기억에 영향을 미치고, 사람들을 그들이 실제로 했던 것보다 더 용감하고 담력 있게 행동했다고 믿게 만든다. 학교에서 받았던 우리의 성적에 대한 기억들 또한 자기중심적 편향을 반영한다. 비슷하게 대학생들에게 고등학교 성적을 기억해 보라고 하고, 실제 성적표와 대조하여 확인해 보니, A학점에 대해서 매우 정확하게 기억하였고(89%가 정확했다), D학점에 대해서는 극단적으로 부정확하였다(29%만이 정확했다)(Bahrick, Hall, & Berger, 1996). 같은 종류의 자기중심적 편향이 대학 성적에서도 나타난다. 81%의 오류가 성적을 과장하는 것이었으며 심지어는 졸업 직후에 성적을 물어 보았을 때도 나타났다고 한다(Bahrick, Hall, & DaCosta, 2008). 사람들은 과거를 있는 그대로가 아니라 원하던 것으로 기억하고 있었다.

7. 집착

예술가 멜린다 스티크니-깁슨은 그녀의 시카고 아파트에서 연기 냄새 때문에 잠에서 깼다. 그녀는 침대에서 뛰어내려 와 마루의 갈라진 틈에서 검은 연기가 올라오는 것을 보았다. 타오르는 불꽃은 건물 전체를 휩쓸어 버렸고, 그녀의 3층 방에 있는 창문으로 뛰어내리는 것 외에 다른 방법이 없었다. 그녀가 땅으로 뛰어내리고 잠시 후, 건물은 번쩍이는 불덩이로 뒤덮였다. 자신의 생명은 구할 수 있었지만, 멜린다는 화재에 대한 기억에 휩싸였다. 멜린다가 새 그림을 그리기 위해 캔버스 앞에 앉았을 때, 그 끔찍한 밤의 기억이 밀려 들어왔다. 예전에는 밝고 생생한 추상화였던 그녀의 그림들은 오직 검정, 주황, 황토색 등

이 행복한 연인들이 각각 상대방을 향한 연애 초기의 느낌을 기억하는 방법은 그들의 관계가 현재 어떻게 보이는지에 달려 있다.

ANDERSEN ROSS/PHOTOLIBRARY

집착
우리가 잊고 싶어 하는 사건에 대한 침투적인 기억

섬광 기억
우리가 놀라운 사건에 대해 들었을 때 언제, 어디에 있었는가에 대한 상세한 기억

의 불의 색깔들로 구성된 어두운 명상록이 되었다(Schacter, 1996).

멜린다 스티크니-깁슨의 경험은 기억의 7대 죄악과 그중에서 가장 치명적인 죄인 **집착**(persistence), 즉 우리가 잊고 싶어 하는 사건에 대한 **침투적 회상**을 설명해 준다. 멜린다의 경험은 독특한 것이 아니다. 집착은 그녀의 집이 무너져 버린 화재와 같이 외상적 사건 후 빈번하게 발생한다. 빨리 기억해 내는 것이 일반적으로 좋은 것이지만, 집착의 경우에는 그 능력이 원하지 않는 부담으로 돌연변이 한 것이다.

통제된 실험실 연구들은 정서적인 경험이 비정서적인 것보다 더 잘 기억해 낸다는 것을 보여 준다. 예를 들어 절단된 사지와 같은 기분 좋지 않은 그림이나, 매력적인 남녀 사진들에 대한 기억이 정서적으로 중성적인 가정용품보다 정확하다(Ochsner, 2000). 정서적인 각성이 한 사건의 중심 특징에 더 주의를 기울이게 한다. 한 실험에서, 피 흘리는 차 사고 장면을 포함하는 영상에서, 정서적으로 각성이 없는 영상을 보았을 때보다, 더 중심적인 내용은 잘 기억해 냈고, 주변적인 세부 사항은 덜 기억해 냈다(Christianson & Loftus, 1987).

침투적 기억들은 정서적 경험들이 비정서적인 경험에서보다 더 생생하고 지속적인 회상을 초래한다는 사실의 바람직하지 않은 결과이다. 일선의 증거는 우리가 놀라운 사건에 대해 들었을 때 언제, 어디에 있었는가에 대한 상세한 기억인 **섬광 기억**(flashbulb memories)에 관한 연구들에서 나타난다(Brown & Kulick, 1977). 예를 들어, 대부분의 미국 사람들은 2001년 9월 11일 테러리스트들이 세계무역센터와 국방부를 공격했을 때 어디서, 어떻게 그 소식을 들었는지 마치 마음속 섬광 전구가 번쩍 발하여 그 사건을 기록했던 것 같이 기억한다(Kvavilashvili et al., 2009). 여러 연구들이 섬광 기억이 늘 정확한 것은 아니라는 것을 보여 준다. 그러나 보통 같은 시간에 있었던 일상적인 뉴스보다는 더 잘 기억한다(Larsen, 1992; Neisser & Harsch, 1992). 섬광 기억의 향상된 유지 기능은 부분적으로 9월 11일 테러리스트의 공격과 같은 사건들에서 유도된 정서적 각성이 원인이 되기도 하고, 우리들이 그 경험에 대해 이야기도 많이 하고 생각도 많이 한다는 사실에도 기인한다. 정교화 부호화가 기억을 증진한다는 것을 기억하면 될 것이다. 우리가 섬광 같은 경험에 대해 이야기를 할 때 우리는 그것들을 정교화하는 것이며, 이야기 한 경험의 측면들의 기억 가능성을 증가하는 게 된다(Hirst et al., 2009).

? 어떻게 정서적인 외상이 기억에 영향을 끼치는가?

케네디 암살이나 무역센터 공격 같은 어떤 사건들은 정서적으로 관여가 되어 있어, 언제 어디서 접하게 되었는지를 상세하게 기억한다. 이러한 섬광 기억은 일반 사건들보다 더 오래 지속된다.

BETTMANN/CORBIS

KATHY WILLENS/AP PHOTO

왜 우리는 집착에 빠지고 말까? 우리 뇌에서 정서적 사건에 대해 반응하는 핵심 작동장치는 그림 6.18에 제시된 **편도체**라고 불리는 작은 아몬드 모양의 구조물이다. 편도체는 우리가 각성시키는 사건을 경험할 때, 아드레날린이나 코르티솔 같은 호르몬 체계에 영향을 끼치는데, 위협에 직면해 신체를 움직이게 하고 경험에 대한 기억도 증가시킨다. 이러한 편도체의 활성화가 정서적 사건에 대한 기억이 일상적인 사건에 대한 기억보다 좋은 한 이유가 된다. 편도체 손상 환자들은 비정서적 사건들보다도 정서적 사건들을 더 잘 기억하지 못한다. 아마도 부호화 시 정서적인 정보가 여분의 촉진을 받지 못하기 때문일 것이다(Cahill & McGaugh, 1998).

예를 들어, 사람들이 자녀를 학교에 데리고 가는 어머니가 나오는 장면으로 시작되는 일련의 사진 장면들을 본 후, 뒤에 아이가 차에 치이는 것과 같은 정서적으로 자극적인 사건들이 포함된 사진을 보았을 때 무슨 일이 일어났을지 생각해 보라. 검사가 끝났을 때, 참여자들은 일상적인 사건들보다 자극적인 사건을 더 잘 기억하였다. 그러나 편도체가 손상된 환자들은 일반적인 사건과 정서적으로 자극적인 사건을 동일하게 잘 기억하였다(Cahill & McGaugh, 1998). PET와 fMRI 영상들은 건강한 사람들이 정서적으로 자극적인 사건을 포함한 장면을 봤을 때, 그 장면을 본 당시에 편도체의 활성화 정도가 그 장면에 대한 기억의 좋은 지표가 된다는 것을 보여 준다. 사람들이 정서적 사건을 보고 편도체의 활성화가 강화되었을 때, 후의 검사에서 이 사건들을 회상할 수 있는 더 좋은 기회가 되는 것이다(Cahill et al., 1996; Kensinger & Schacter, 2005, 2006). 그리고 사람들에게 편도체의 스트레스 호르몬 방출의 매개를 방해하는 약물을 투여했을 때, 정서적인 장면에 대한 기억이 다른 일상적인 장면에 대한 기억보다 더 좋지 않았다.

많은 경우에서, 생존에 위협이 되는 아주 정서적인 사건에 대해 강한 기억을 형성하는 것은 명확한 이득이 있다. 하지만 집착의 경우 그 기억이 너무 강해 우리의 일상생활을 방해할 지경이 된 것이다.

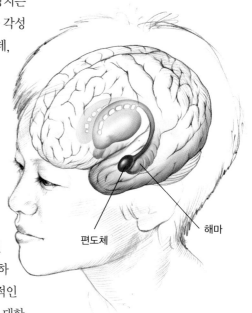

▲ 그림 6.18 **기억에서 편도체의 영향** 해마 옆에 위치한 편도체는 정서 사건에 강하게 반응한다. 편도체에 손상을 입은 환자는 비정서적 사건보다 정서적 사건을 더 잘 기억하지 못한다(Cahill & McGaugh, 1998).

해마

편도체

7대 죄악은 악인가 선인가

여러분은 진화가 종종 우리의 삶을 위태롭게 할 수 있는 오류에 취약한, 극단적으로 비효율적인 기억 체계를 만들어 냈다고 결론지을지 모르겠다. 하지만 그렇지 않다. 7대 죄악은 기억이 제공하는 많은 이점에 대해 우리가 지불하는 대가이며, 정상적으로 그리고 아주 효율적으로 작용하는 인간의 기억 체계의 부차적인 결과라고 할 수 있다(Schacter, 2001b).

예를 들어, 일시성을 생각해 보자. 여러분의 삶에서 모든 사건의 세부 사항을 시간이 얼마 지나든지 간에 모두 기억하는 것이 좋겠는가? 이 장의 시작에서 보았던 질 프라이스의 말, 즉 자신의 예외적인 기억 능력이 미칠 지경이라고 한 말을 기억하는지 모르겠다.

때로는 오래된 전화번호처럼 사용하지 않는 정보를 잊는 것은 중요하고 유용한 것이다. 만약 우리가 시간이 지남에 따라 점점 정보를 잊어버리지 않는다면, 우리의 머릿속은 더 이상 필요하지 않은 정보들 때문에 혼란스러울 것이다(Bjork, 2011; Bjork & Bjork, 1988). 잘 사용되지 않는 정보는 같은 시기에 빈번하게 사용되었던 정보들보다 앞으로도 덜 필요하게 될 것이다(Anderson & Schooler, 1991, 2000). 본질적으로 기억은 우리가 최근에 그 정보를 사용하지 않을 때 앞으로도 필요하지 않을 것이라는 내기를 건다. 우리는 이 내기에서 지기보다는 더 자주 이기면서, 일시성을 기억의 적응적인 속성으로 만든다. 그러나 우리는 잃은 것을 망각에 대한 좌절로 정확하게 인식하고, 이긴 것은 절대 알지 못

? **완전하지 못한 기억들이 어떻게 더 좋을 수 있겠는가?**

한다. 이것이 왜 그렇게 사람들이 기억에 대해 쉽게 불만을 갖는가의 이유이다. 기억의 결점은 고통스러운 증거이지만 망각의 이점은 숨겨져 있다.

마찬가지로 방심과 차단은 좌절을 주지만, 이는 주의를 기울여 회상할 가치가 있으면 유지하고, 그렇지 않으면 폐기하는 입력 정보의 구분 시도(대개 성공적인)를 하는 우리 기억 체계의 부수 효과인 것이다.

기억 오귀인과 암시성은 모두 우리가 언제 그리고 어디서 그 사람의 얼굴을 보았는지 혹은 그 사실을 학습했는지에 대한 정확한 세부 사항들을 회상하는 데 실패하기 때문에 일어난다. 우리의 기억은 우리가 그것이 나중에 필요하고, 대부분 그렇게 하는 것이 더 낫다고 생각할 때 그 사건을 주의 깊게 기록한다. 더구나 우리는 기억을 앞으로의 가능한 사건을 예측하기 위해 사용한다. 앞에서 논의했던 것처럼, 기억은 매우 융통성 있으며 이것이 기억의 강점인데, 때로는 과거 경험의 요소들이 잘못 조합되며 오귀인이라는 오류를 만들어 낸다(Schacter & Addis, 2007; Schacter, Guerin, & St. Jacques, 2011). 편향은 우리의 기억을 왜곡해서 우리 자신을 지나치게 호의적으로 보이게 만들지만, 전체적 만족감에 도움을 주는 이점을 갖고 있다. 스스로에 대한 긍정적인 착각을 가지고 있는 것은 더 큰 심리적 안녕감을 이끌어 낼 수 있다(Taylor, 1989). 비록 집착은 오히려 잊는 게 나은 외상 경험에 빠지게 만들지만, 생존에 위협이 되는 위협적이고 외상적인 사건을 기억해 적응하게 하는 것이다.

비록 7대 기억 죄악 각각이 우리 생활을 괴롭히지만, 적응적인 측면도 있다. 여러분은 7대 죄악을, 기억이 대부분의 경우 잘 작용하기에 치르는 대가라고 생각해야 할 것이다.

요약

▶ 기억의 실수는 일곱 가지 죄악으로 분류된다.

▶ 일시성은 기억의 급격한 감소와 연이은 점진적 망각을 말한다. 시간 경과에 따라 기억은 세부적인 것에서 일반적으로 것으로 변한다. 쇠잔과 간섭이 일시성을 일으킨다. 방심은 주의 실수, 얕은 부호화, 자동적 행동의 영향에서 기인하며, 앞으로 할 일에 대한 망각과 종종 연관된다. 차단은 저장된 정보가 일시적으로 접근할 수 없을 때 일어나며 설단 현상이 예이다.

▶ 기억 오귀인은 친숙하게 느끼지만 언제 어디서 경험했는지 구체적으로 회상할 수 없거나 잘못 회상할 때 일어난다. 오귀인은 잘못된 목격자 확인이나 틀린 재인을 일으킬 수 있다. 전두엽 손상을 입은 사람은 특히 틀린 재인에 취약하다. 암시성은 사건의 세부 사항, 혹은 전체가 이식된 것 같은 기억을 만든다. 최면이나 시각화 같은 암시 기법이 암시한 사건의 생생한 회상을 촉진할 수 있는데, 이러한 기법의 치료적 사용이 아동기 외상 경험에 관한 개인의 잘못된 기억을 만드는 데 일조할 수 있다. 편향은 현재의 지식, 신념, 느낌이 기억이나 과거 경험에 영향을 주는 것이다. 편향이 과거를 현재와 일치하게 만들거나 과거와 현재의 변화를 과장하거나, 우리 자신을 좋게 보이도록 과거를 기억하게 만든다.

▶ 집착은 정서적인 각성이 경험을 기억하길 원하건 원하지 않건 기억을 증진하게 만드는 것을 말한다. 집착은 편도에 영향을 받는 호르몬 체계의 작동에 기인한다. 바로 이 7대 죄악이 우리의 삶에 문제가 될 수 있지만 동시에 적응적인 측면도 있다.

▶ 여러분은 이 7대 죄악을, 대부분의 경우에 잘 작동하도록 만들어진 기억 체계의 이득이 치르는 대가라고 생각하면 될 것이다.

다른 생각

초기 기억

찰스 페르니요는 영국에 있는 더럼대학의 심리학자로, 거울 속에 있는 아기 : 태어나서 세 살까지의 아이들의 세계 (2008)를 포함한 여러 책의 저자이다.

PHOTO : LANN

초근 **빛의 조각**이란 기억에 관한 책을 집필한 심리학자 찰스 페르니요(Charles Fernyhough)의 수려한 문단에서, 그는 그가 처음 잡았던 물고기를 기억해내는 과정을 기술하고 있다. 그는 답을 찾았다고 생각하고 있는데, 어떻게 이를 알게 되었을까?

"기억할 수 있어요?"

내 7살짜리 아들의 질문에서 시작되었다. 우리는 바시아 아렌테호의 빌린 오두막 마당에서 알그라브 해변으로 보트 여행을 가기 전 시간을 보내고 있었다. 아이삭은 휴가철에 받은 돈으로 가지고 다닐 수 있으며 상당한 거리를 날아갈 수 있는 모형 로켓을 샀었는데, 수영장 뒤 자갈밭에서 하나를 잃어버렸다. 우리가 찾고 있을 때 아이가 내가 포르투칼에서 집으로 돌아왔을 때 나와 함께 낚시를 함께 가고 싶었다고 재잘거리고 있었고, 나도 그 나이 때 아이들과 마찬가지로, 에섹스에 있는 할아버지 집에 있던 연못에서 삼촌과 낚시를 자주 했다고 말하였다. 그때 뜬금없이 아들이 물었다.

"잡았던 첫 물고기를 기억할 수 있어요?"

나는 똑바로 서서 언덕 아래로 경사가 저 있는 농장을 내려다보았다. 나는 35년 동안 낚시를 하지 않았지만 때론 삼촌과 야외에 갔던 기억이 떠올랐다. 그리고 그럴 때면 과거의 여러 심상들이 생각났다. 나는 가운데 작은 섬이 있던 푸른 호수를 그릴 수 있으며, 내 작은 심상으로 신비하고 손이 닿지 않았던 버드나무 가지의 튀어 나온 부분을 그릴 수 있다. 나는 내 옆에 있던 젊은 삼촌이 조용히 있다가 장난치는 것을 느낄 수 있다. 나는 미끼로 쓰기 위해 하얀 빵 가루를 연못물에 담가 뭉쳐 손끝으로 낚시 바늘에 입히던 느낌을 기억할 수 있고, 어린 아마추어 자연 탐험가의 흥분을 기억할 수 있다. 잉어의 입에서 바늘을 빼는 기묘하고 무섭기까지 했던 기억과 물고기를 다시 호수로 돌려보냈던 것을 기억한다. 하지만 낚싯줄이 당겨지는 느낌이나 물고기가 올라오는 순간의 전율에 대해서는 생각해 본 적이 없다. 나의 기억을 아주 한정해 처음으로 일어났던 그 순간을 기억하는 식으로 질문을 받아 본 적이 없다.

"모르겠는데" 나는 대답했다. "그런 것 같아"

내 불확실함을 어떻게 설명해야 할까?

여러분의 삶에서 아주 구체적인 사건에 관한 초기 기억을 회상해 보자. 여러분이 기억해 낸 것이 언제 일어났는지를 어떻게 알 수 있을까? 여러분이 기억해 낸 것이 실제 사건이라는 것을 어떻게 알 수 있을까? 여러분의 기억이 타당하다는 확신을 위해 어떤 증거가 있어야 할까? 이러한 증거를 제공할 수 있는 실험을 생각해 볼 수 있는가?

이러한 문제를 해결하는 한 방법은 동생의 출생이나, 사랑하는 사람이 죽은 날, 가족이 이사 간 날과 같이 명확하게 날짜를 정할 수 있는 사건에 관한 기억을 하도록 하는 것이다. 예를 들어 한 연구는 사람들이 그들이 2.4세 때 일어난 동생의 탄생과 관련한 사건을 기억할 수 있다는 것을 발견했다(Eacott & Crawley, 1998).

여러분은 이런 종류의 연구들에서 확실한 결론을 내릴 수 있다고 생각하는가? 이런 초기 사건에 대한 기억이 실제로는 나중에 가족들 간의 대화에 기초해서 만들어진 기억일 수 있지 않겠는가? 여동생이 태어난 3세 때 병원에서 아이스크림을 먹었다는 아이나 어른의 기억이, 사실은 그의 부모가 나중에 이야기해 준 것을 회상한 것일 수도 있다('문화와 사회' 참조). 잘 설계된 연구만이 찰스 페르니요가 아들의 순진한 질문에 답한 문제를 해결할 수 있을 것이며, 초기 기억의 신비에 확실한 답을 얻기 위해서는 가야 할 길이 멀다고 할 수 있다.

출처 : Charles Fernyhough, *Pieces of Light: How the New Science of Memory Illuminates the Stories We Tell About Our Pasts*, London: Profile Books Ltd., 2012 / New York: Harper, 2013. Copyright © Charles Fernyhough, 2012. Reprinted by permission of the author, Profile Books Ltd., and HarperCollins Publishers, I

제6장 복습

주요 개념 퀴즈

1. 부호화 과정이란?
a. 우리가 지각, 생각, 느끼는 것을 지속적인 기억으로 변환하는 것
b. 기억에 있는 정보를 시간에 걸쳐 유지하는 것
c. 앞서 저장한 정보를 마음으로 가져오는 것
d. 전에 학습했지만 망각했던 정보를 회상해 내는 것

2. 새 정보를 이미 기억에 있는 지식과 능동적으로 연결시키는 과정을 무엇이라 부르는가?
a. 자발적 부호화
b. 조직적 부호화
c. 정교 부호화
d. 시각적 심상 부호화

3. 우리 인간 조상들은 어떤 부호화에 의존했는가?
a. 정보 조직화
b. 재생산 기제
c. 생존 관련 정보
d. 유쾌한 조건

4. 1~2초 동안 정보를 저장하는 기억은?
a. 역행 기억
b. 작업 기억
c. 단기 기억
d. 감각 기억

5. 기억이 뇌에서 안정화되는 과정을 무엇이라 부르는가?
a. 고정
b. 장기 기억
c. 영상 기억
d. 해마 색인

6. 장기 시냅스 강화는 어떤 과정을 통해 일어나는가?
a. 뉴런 간의 소통이 방해받으며
b. 시냅스 연결이 강화되며
c. 방해받은 기억이 재고정되며
d. 수면

7. 여러분이 슬픈 기분 상태에서 슬픈 사건을 더 자주 기억해 내는 것은 어떤 예인가?
a. 부호화 특수성 원리
b. 상태 의존 인출
c. 전이 적절성 처리
d. 기억 접근성

8. 기억 인출의 결과에 관한 다음 진술 중 틀린 것은?
a. 인출 유발 망각이 목격자 기억에 영향을 줄 수 있다.
b. 인출 행위 자체가 인출된 기억을 강화한다.
c. 인출이 나중의 기억을 해친다.
d. 인출은 정보의 반복을 통해 나중 기억을 촉진한다.

9. 뇌 영상 연구에 다르면 기억해 내려는 노력이 어느 영역을 활성화시키는가?
a. 좌측 전두엽
b. 해마 영역
c. 두정엽
d. 위쪽 측두엽

10. 의식적 혹은 의도적인 과거 경험의 인출 행위는?
a. 점화
b. 절차 기억
c. 내현 기억
d. 외현 기억

11. 기억 상실증인 사람은 다음 어느 것을 제외하고 기억할 수 있는가?
a. 외현 기억
b. 내현 기억
c. 절차 기억
d. 점화

12. 아이일 때 가족을 다시 만난 것을 기억하는 것은 어떤 예인가?
a. 의미 기억
b. 절차 기억
c. 일화 기억
d. 지각 점화

13. 기억에서 처음에는 신속하게 감소하다가 나중에는 천천히 일어나는 망각은 무엇에 해당하는가?
a. 군집화
b. 차단
c. 방심
d. 일시성

14. 목격자 증언 실수 혹은 오재인은 무엇의 결과인가?
a. 기억 오귀인
b. 암시
c. 편향
d. 역행 간섭

15. 정서적 각성이 일반적으로 기억을 증진한다는 것을 지지하는 것은?
a. 자기중심적 편향
b. 집착
c. 순행 간섭
d. 출처 기억

주요 용어

감각 기억	섬광 기억	외현 기억	장기 시냅스 강화(LTP)
고정	순행 간섭	음향 기억	재고정
군집화	순행성 기억 상실증	의미 기억	저장
기억	시각적 심상 부호화	의미 부호화	전이 적절성 처리
기억 오귀인	시연	인출	절차 기억
단기 기억	암묵 기억	인출 단서	점화
미래 기억	암시성	인출-유발 망각	조직적 부호화
방심	역행 간섭	일시성	집착
부호화	역행성 기억 상실증	일화 기억	차단
부호화 특수성 원리	영상 기억	작업 기억	출처 기억
상태 의존 인출	오재인	장기 기억	편향

생각 바꾸기

1. 여러분의 친구가 아주 어렸을 때 아버지가 암으로 돌아가셨다고 하자. "아버지에 대해 잘 기억할 수 있었으면 좋을 텐데. 분명히 머릿속에 그 기억들이 잠겨 있다는 것을 알아. 최면술을 통해 그 기억의 얼마만이라도 열어 보려고 해." 여러분이, 우리의 기억은 우리에게 있었던 모든 것을 머릿속에 집어넣는 것이 아니라고 설명한다고 하자. 기억이 시간에 걸쳐 없어지는 방식을 설명하기 위해 어떤 예를 들면 좋겠는가?

2. 여러분의 다른 친구가 2001년 9월 11일 거실에서 테러리스트의 공격으로 무역센터가 붕괴되는 것을 TV로 부모님들과 보았다는 생생한 기억을 갖고 있고, "엄마가 울고 있었고, TV 화면보다 그게 더 무서웠어"라고 말했다고 하자. 그런데 나중에 집에 가 엄마와 그 사건에 대해 이야기하다가 자신은 그때 학교에 있었고, 두 건물이 무너지고 난 후인 오후 점심시간에야 집으로 돌아왔다는 것을 엄마에게 듣고 충격을 받았다고 하자. "이해할 수가 없어. 아마 엄마가 혼동하는 것일 거야. 왜냐하면 그날 아침에 관한 생생한 기억을 갖고 있거든." 여러분 친구의 엄마가 정확하게 회상했다고 가정하고, 여러분은 이 친구의 스냅숏 같은 기억이 잘못이라는 것을 어떻게 설명하겠는가? 기억의 어떤 죄악에 해당할까?

3. 여러분이 심리학 수업을 같이 듣는 한 수강생에게 시험을 위해 스터디 그룹을 같이 하자고 제안했다고 하자. 그녀가 "기분 나빠 하지 마. 난 스터디 그룹을 하지 않아도 책을 8~9번 읽으며 공부하는 게 최선이라고 생각해"라고 말했다고 하자. 이 수강생의 계획에서 잘못된 점은 무엇이겠는가? 스터디 그룹을 만들면 서로 어떤 점에서 효율적으로 도와줄 수 있겠는가?

4. 여러분이 학교 파티에서 여러 새로운 친구들을 만났다고 하자. 한 친구가 "나는 사람 만나는 게 좋아. 그런데 이름을 기억할 수가 없네. 기억력이 좋은 사람도 있고 그렇지 못한 사람도 있지. 나로서는 할 수 있는 게 없지"라고 말했다고 하자. 여러분이 이 친구에게 사람들의 이름을 잘 기억할 수 있는 방법에 관해 알려 준다고 하면 어떤 조언을 주겠는가?

5. 여러분의 친구가 범죄학 강의를 수강하며 살인 피의자가 나중에 증거로 번복이 되었다는 것을 읽었다고 하자. "참 어이없는 사법□ 목격자가 한 줄로 선 용의자들 가운데 명확히 그 범죄자를 찾□ 정에서도 증언했는데도 말이야. 목격자 증언보다 화학 실험실□ 의존하면 안 되지"라고 말했다고 하자. 여러분의 친구는 □ 어떤 측면을 이해하지 못하고 있는가? 잘못된 확인이□ 범죄자를 찾아낸 것이라고 진정 믿는 것은 기억의 어떤□

주요 개념 퀴즈 정답

1. a, 2. c, 3. c, 4. d, 5. a, 6. b, 7. b, 8. d, 9. a, 10. d, 11. a, 12. c, 13. d, 14. a, 15. b

Need more
in Launch
http://w
schacter3e

다른 생각

초기 기억

찰스 페르니요는 영국에 있는 더럼대학의 심리학자로, 거울 속에 있는 아기 ; 태어나서 세 살까지의 아이들의 세계(2008)를 포함한 여러 책의 저자이다.

PHOTO : LANN

최근 **빛의 조각**이란 기억에 관한 책을 집필한 심리학자 찰스 페르니요(Charles Fernyhough)의 수려한 문단에서, 그는 그가 처음 잡았던 물고기를 기억해 내는 과정을 기술하고 있다. 그는 답을 찾았다고 생각하고 있는데, 어떻게 이를 알게 되었을까?

"기억할 수 있어요?"

내 7살짜리 아들의 질문에서 시작되었다. 우리는 바시아 아렌테호의 빌린 오두막 마당에서 알그라브 해변으로 보트 여행을 가기 전 시간을 보내고 있었다. 아이삭은 휴가철에 받은 돈으로 가지고 다닐 수 있으며 상당한 거리를 날아갈 수 있는 모형 로켓을 샀는데, 수영장 뒤 자갈밭에서 하나를 잃어버렸다. 우리가 찾고 있을 때 아이가 내가 포르투칼에서 집으로 돌아왔을 때 나와 함께 낚시를 함께 가고 싶었다고 재잘거리고 있었고, 나도 그 나이 때 아이들과 마찬가지로, 에섹스에 있는 할아버지 집에 있던 연못으로 삼촌과 낚시를 자주 했다고 말하였다. 그때 뜬금없이 아들이 물었다.

"잡았던 첫 물고기를 기억할 수 있어요?"

나는 똑바로 서서 언덕 아래로 경사가 져 있는 농장을 내려다보았다. 나는 35년 동안 낚시를 하지 않았지만 때론 삼촌과 야외에 갔던 기억이 떠올랐다. 그리고 그럴 때면 과거의 여러 심상들이 생각났다. 나는 가운데 작은 섬이 있던 푸른 호수를 그릴 수 있으며, 내 작은 심상으로 신비하고 손이 닿지 않았던 버드나무 가지의 튀어 나온 부분을 그릴 수 있다. 나는 내 옆에 있던 젊은 삼촌이 조용히 있다가 장난치는 것을 느낄 수 있다. 나는 미끼로 쓰기 위해 하얀 빵 가루를 연못물에 담가 뭉쳐 손끝으로 낚시 바늘에 입히던 느낌을 기억할 수 있고, 어린 아마추어 자연 탐험가의 흥분을 기억할 수 있다. 잉어의 입에서 바늘을 빼는 기묘하고 무섭기까지 했던 기억과 물고기를 다

시 호수로 돌려보냈던 것을 기억한다. 하지만 낚싯줄이 당겨지는 느낌이나 물고기가 올라오는 순간의 전율에 대해서는 생각해 본 적이 없다. 나의 기억을 아주 한정해 처음으로 일어났던 그 순간을 기억하는 식으로 질문을 받아 본 적이 없다.

"모르겠는데" 나는 대답했다. "그런 것 같아"

내 불확실함을 어떻게 설명해야 할까?

여러분의 삶에서 아주 구체적인 사건에 관한 초기 기억을 회상해 보자. 여러분이 기억에 낸 것이 언제 일어났는지를 어떻게 알 수 있을까? 여러분이 기억해 낸 것이 실제 사건이라는 것을 어떻게 알 수 있을까? 여러분의 기억이 타당하다는 확신을 위해 어떤 증거가 있어야 할까? 이러한 증거를 제공할 수 있는 실험을 생각해 볼 수 있는가?

이러한 문제를 해결하는 한 방법은 동생의 출생이나, 사랑하는 사람이 죽은 날, 가족이 이사 간 날과 같이 명확하게 날짜를 정할 수 있는 사건에 관한 기억을 하도록 하는 것이다. 예를 들어 한 연구는 사람들이 그들이 2.4세 때 일어난 동생의 탄생과 관련한 사건을 기억할 수 있다는 것을 발견했다(Eacott & Crawley, 1998).

여러분은 이런 종류의 연구들에서 확실한 결론을 내릴 수 있다고 생각하는가? 이런 초기 사건에 대한 기억이 실제로는 나중에 가족들 간의 대화에 기초해서 만들어진 기억일 수 있지 않겠는가? 여동생이 태어난 3세 때 병원에서 아이스크림을 먹었다는 아이나 어른의 기억이, 사실은 그의 부모가 나중에 이야기해 준 것을 회상한 것일 수도 있다('문화와 사회' 참조). 잘 설계된 연구만이 찰스 페르니요가 아들의 순진한 질문에 답한 문제를 해결할 수 있을 것이며, 초기 기억의 신비에 확실한 답을 얻기 위해서는 가야 할 길이 멀다고 할 수 있다.

제6장 복습

주요 개념 퀴즈

1. 부호화 과정이란?
a. 우리가 지각, 생각, 느끼는 것을 지속적인 기억으로 변환하는 것
b. 기억에 있는 정보를 시간에 걸쳐 유지하는 것
c. 앞서 저장한 정보를 마음으로 가져오는 것
d. 전에 학습했지만 망각했던 정보를 회상해 내는 것

2. 새 정보를 이미 기억에 있는 지식과 능동적으로 연결시키는 과정을 무엇이라 부르는가?
a. 자발적 부호화
b. 조직적 부호화
c. 정교 부호화
d. 시각적 심상 부호화

3. 우리 인간 조상들은 어떤 부호화에 의존했는가?
a. 정보 조직화
b. 재생산 기제
c. 생존 관련 정보
d. 유쾌한 조건

4. 1~2초 동안 정보를 저장하는 기억은?
a. 역행 기억
b. 작업 기억
c. 단기 기억
d. 감각 기억

5. 기억이 뇌에서 안정화되는 과정을 무엇이라 부르는가?
a. 고정
b. 장기 기억
c. 영상 기억
d. 해마 색인

6. 장기 시냅스 강화는 어떤 과정을 통해 일어나는가?
a. 뉴런 간의 소통이 방해받으며
b. 시냅스 연결이 강화되며
c. 방해받은 기억이 재고정되며
d. 수면

7. 여러분이 슬픈 기분 상태에서 슬픈 사건을 더 자주 기억해 내는 것은 어떤 예인가?
a. 부호화 특수성 원리
b. 상태 의존 인출
c. 전이 적절성 처리
d. 기억 접근성

8. 기억 인출의 결과에 관한 다음 진술 중 틀린 것은?
a. 인출 유발 망각이 목격자 기억에 영향을 줄 수 있다.
b. 인출 행위 자체가 인출된 기억을 강화한다.
c. 인출이 나중의 기억을 해친다.
d. 인출은 정보의 반복을 통해 나중 기억을 촉진한다.

9. 뇌 영상 연구에 다르면 기억해 내려는 노력이 어느 영역을 활성화시키는가?
a. 좌측 전두엽
b. 해마 영역
c. 두정엽
d. 위쪽 측두엽

10. 의식적 혹은 의도적인 과거 경험의 인출 행위는?
a. 점화
b. 절차 기억
c. 내현 기억
d. 외현 기억

11. 기억 상실증인 사람은 다음 어느 것을 제외하고 기억할 수 있는가?
a. 외현 기억
b. 내현 기억
c. 절차 기억
d. 점화

12. 아이일 때 가족을 다시 만난 것을 기억하는 것은 어떤 예인가?
a. 의미 기억
b. 절차 기억
c. 일화 기억
d. 지각 점화

13. 기억에서 처음에는 신속하게 감소하다가 나중에는 천천히 일어나는 망각은 무엇에 해당하는가?
a. 군집화
b. 차단
c. 방심
d. 일시성

14. 목격자 증언 실수 혹은 오재인은 무엇의 결과인가?
a. 기억 오귀인
b. 암시
c. 편향
d. 역행 간섭

15. 정서적 각성이 일반적으로 기억을 증진한다는 것을 지지하는 것은?
a. 자기중심적 편향
b. 집착
c. 순행 간섭
d. 출처 기억

주요 용어

감각 기억	섬광 기억	외현 기억	장기 시냅스 강화(LTP)
고정	순행 간섭	음향 기억	재고정
군집화	순행성 기억 상실증	의미 기억	저장
기억	시각적 심상 부호화	의미 부호화	전이 적절성 처리
기억 오귀인	시연	인출	절차 기억
단기 기억	암묵 기억	인출 단서	점화
미래 기억	암시성	인출–유발 망각	조직적 부호화
방심	역행 간섭	일시성	집착
부호화	역행성 기억 상실증	일화 기억	차단
부호화 특수성 원리	영상 기억	작업 기억	출처 기억
상태 의존 인출	오재인	장기 기억	편향

생각 바꾸기

1. 여러분의 친구가 아주 어렸을 때 아버지가 암으로 돌아가셨다고 하자. "아버지에 대해 잘 기억할 수 있었으면 좋을 텐데. 분명히 머릿속에 그 기억들이 잠겨 있다는 것을 알아. 최면술을 통해 그 기억의 얼마만이라도 열어 보려고 해." 여러분이, 우리의 기억은 우리에게 있었던 모든 것을 머릿속에 집어넣는 것이 아니라고 설명한다고 하자. 기억이 시간에 걸쳐 없어지는 방식을 설명하기 위해 어떤 예를 들면 좋겠는가?

2. 여러분의 다른 친구가 2001년 9월 11일 거실에서 테러리스트의 공격으로 무역센터가 붕괴되는 것을 TV로 부모님들과 보았다는 생생한 기억을 갖고 있고, "엄마가 울고 있었고, TV 화면보다 그게 더 무서웠어"라고 말했다고 하자. 그런데 나중에 집에 가 엄마와 그 사건에 대해 이야기하다가 자신은 그때 학교에 있었고, 두 건물이 무너지고 난 후인 오후 점심시간에야 집으로 돌아왔다는 것을 엄마에게 듣고 충격을 받았다고 하자. "이해할 수가 없어. 아마 엄마가 혼동하는 것일 거야. 왜냐하면 그날 아침에 관한 생생한 기억을 갖고 있거든." 여러분 친구의 엄마가 정확하게 회상했다고 가정하고, 여러분은 이 친구의 스냅숏 같은 기억이 잘못이라는 것을 어떻게 설명하겠는가? 기억의 어떤 죄악에 해당될까?

3. 여러분이 심리학 수업을 같이 듣는 한 수강생에게 시험을 위해 스터디 그룹을 같이 하자고 제안했다고 하자. 그녀가 "기분 나빠 하지 마. 난 스

터디 그룹을 하지 않아도 책을 8~9번 읽으며 공부하는 게 최선이라고 생각해"라고 말했다고 하자. 이 수강생의 계획에서 잘못된 점은 무엇이겠는가? 스터디 그룹을 만들면 서로 어떤 점에서 효율적으로 도와줄 수 있겠는가?

4. 여러분이 학교 파티에서 여러 새로운 친구들을 만났다고 하자. 한 친구가 "나는 사람 만나는 게 좋아. 그런데 이름을 기억할 수가 없네. 기억력이 좋은 사람도 있고 그렇지 못한 사람도 있지. 나로서는 할 수 있는 게 없지"라고 말했다고 하자. 여러분이 이 친구에게 사람들의 이름을 잘 기억할 수 있는 방법에 관해 알려 준다고 하면 어떤 조언을 주겠는가?

5. 여러분의 친구가 범죄학 강의를 수강하며 살인 피의자가 나중에 DNA 증거로 번복이 되었다는 것을 읽었다고 하자. "참 어이없는 사법제도네. 목격자가 한 줄로 선 용의자들 가운데 명확히 그 범죄자를 찾아냈고, 법정에서도 증언했는데도 말이야. 목격자 증언보다 화학 실험실 결과에 더 의존하면 안 되지"라고 말했다고 하자. 여러분의 친구는 목격자 증언의 어떤 측면을 이해하지 못하고 있는가? 잘못된 확인이면서도 올바르게 범죄자를 찾아낸 것이라고 진정 믿는 것은 기억의 어떤 죄악인가?

주요 개념 퀴즈 정답

1. a, 2. c, 3. c, 4. d, 5. a, 6. b, 7. b, 8. d, 9. a, 10. d, 11. a, 12. a, 13. d, 14. a, 15. b

Need more help? Additional resources are located in LaunchPad at:
http://www.worthpublishers.com/launchpad/schacter3e

학습

노련한 군 간호사인 45세 제니퍼는 미국의 시골 지역에서 남편과 두 아이들과 함께 21년 동안 함께 조용히 살다가, 이라크 전쟁에 19개월 간 복무하게 되었다. 이라크에서 그녀는 이라크 시민, 죄수, 및 전투적인 극단주의자들에게는 물론 미군 및 다국적군 군인들에게도 보살핌을 주었다.

제니퍼는 바그다드 근처의 병원에서 그녀의 임무를 4개월 수행하였는데, 그곳에서 그녀는 많은 끔직스러운 사건들을 목격했다. 그 감옥은 무자비한 박격포 포격의 표적이었으며, 수많은 사망자 및 피투성이 부상과 사지 절단을 포함한 심각한 피해자들이 생겼다. 제니퍼는 12시간 내지 14시간 교대제 근무를 하였는데, 폭격을 피하면서 가장 끔찍하게 부상당한 몇몇 환자들을 돌보았다. 그녀는 지주 삶이 디니 냄새와 '심히게 훼손된 젊은 사람들의 몸뚱이'들을 그녀의 일상 임무의 하나로 접했다(Feczer & Bjorklund, 2009, p. 285).

이런 반복되는 외상(trauma)은 제니퍼에게 댓가를 치르게 했는데, 집으로 돌아왔을 때 그녀는 그녀의 전쟁 경험을 뒤에 두고 오지 않았다는 것이 분명해졌다. 제니퍼는 그 일에 대해 되풀이하여 생각했으며, 그 일들은 일상생활의 많은 측면들에 대한 그녀의 반응에 심각한 영향을 미쳤다. 피를 보거나 고기를 굽는 냄새를 맡으면 그녀는 구역질이 나서 속이 뒤집어졌다. 이라크에서 헬리콥터가 다가오는 소리는 새로운 부상자들이 곧 도착할 것이라는 것을 신호하는 것이었는데, 이전에 무해했던 그 소리가 이제 공포와 불안이 고조된 느낌을 불러일으켰다. 그녀는 이라크 경험의 가장 괴로웠던 측면들, 예컨대 여러 곳이 절단된 군인들을 돌보는 것과 관련된 악몽 때문에 자주 잠이 깼다. 그녀의 사례를 묘사한 작가들의 말로 하면, 제니퍼는 자신의 전쟁 경험으로 인해 "영원히 바뀌었다"(Feczer & Bjorklund, 2009). 그리고 이것이 제니퍼의 이야기가 학습에 대해 불편하지만, 강렬한 소개가 되는 이유이다.

제니퍼가 집에 돌아온 이후 그녀에게 일어난 일들의 상당 부분은 연합에 바탕을 둔 일종의 학습 조작을 반영한다. 이라크에서 보고, 듣고, 냄새 맡은 것이 부정적인 감정들과 연합되고 지속적인 결합을 만들었기 때문에, 집에서 비슷한 광경, 소리, 및 냄새를 맞닥뜨리는 것은 비슷하게 강렬한 부정적 감정들을 유발시켰다.

이라크 전쟁 동안 바그다드 근처의 감옥 병원에서 근무했던 4개월 동안, 제니퍼는 헬리콥터가 도착하는 소리를 부상당한 신체와 연합하는 것을 배웠다. 그렇게 학습된 연합은 그녀에게 장기적인 영향을 미쳤다.

AP PHOTO/JOHN MOORE

학습
학습자의 상태에 비교적 영속적인 변화를 낳는 어떤 경험으로부터 새 지식, 기술, 또는 반응을 획득하는 것

습관화
자극에 대한 반복된 혹은 지속된 노출이 반응의 점차적인 감소를 낳는 일반적 과정

민감화
자극의 제시가 그 이후의 자극에 대해 반응의 증가를 낳을 때 발생하는 단순한 형태의 학습

학습은 유기체의 행동에 변화를 낳는 여러 기법, 절차 및 결과들의 묶음을 나타내는 줄임말이다. 학습 심리학자들은 40가지나 되는 학습을 확인해 왔고 연구해 왔다. 그러나 이 모든 것의 핵심에는 하나의 기본 원리가 있다. **학습**(learning)은 *학습자의 상태에 비교적 영속적인 변화를 낳는, 새 지식, 기술, 또는 경험에서의 반응을 획득하는 것*을 말한다. 이 정의는 아래와 같은 핵심 아이디어를 강조한다.

- 학습은 경험에 기초한다.
- 학습은 유기체의 변화를 낳는다.
- 이 변화들은 비교적 영속적이다.

이라크에서 제니퍼의 시간을 생각해 보면, 당신은 이 모든 요소들을 이해할 수 있을 것이다. 다가오는 헬리콥터의 소리와 부상자의 도착 사이의 연합과 같은 경험은 제니퍼가 어떤 상황에 반응하는 방식을 수년 동안 지속되도록 바꾸었다.

학습은 훨씬 더 간단한, 비연합적인 형태로 일어날 수도 있다. 당신은 아마 **습관화**(habituation) 현상에 친숙할 것인데, 이것은 *자극에 대한 반복된 혹은 지속된 노출이 반응의 점차적인 감소를 낳는 일반적 과정*이다. 당신이 비행장의 항공로 아래나, 철로 근처나, 혹은 혼잡한 고속도로 옆에 산 적이 있다면, 처음 이사 갔을 때 보잉 737이 활주로를 달릴 때 내는 귀청을 찢는 굉음, 철로를 달리는 기차의 덜컥거리는 소리, 혹은 교통 소음을 알아차렸을 것이다. 얼마 후 그 굉음은 더 이상 그렇게 귀청을 찢는 정도가 아니고 나중에는 당신 주변의 비행기, 기차 혹은 자동차의 소리를 무시한다는 것을 또한 알아차리게 되었을 것이다. 반응하는 데에서 이와 같은 반가운 감소가 습관화 조작을 반영한다.

습관화는 가장 단순한 유기체에서도 일어난다. 예컨대, 6장에서 당신은 노벨상 수상자인 에릭 캔들(Eric Kandel, 2006)이 자세히 연구한, 작은 바다달팽이인 아플라시아(aplysia, 군소)에 대해 배웠다. 캔들과 동료들은 아플라시아가 습관화를 보인다는 것을 분명히 보여 주었다. 가볍게 접촉될 때, 이 바다달팽이는 처음에 아가미를 움츠리지만, 이 반응은 반복되는 가벼운 접촉 후에는 점차 약해진다. 게다가 아플라시아는 또한 **민감화**(sensitization)라고 하는, 다른 간단한 형태의 학습도 보여 주는데, 이것은 *어떤 자극의 제시가 나중에 제시되는 자극에 대해 증가된 반응을 낳는 것*을 말한다. 예를 들어, 캔들은 강한 충격을 받은 후, 아플라시아가 가벼운 접촉에 대해 아가미 움추림의 증가를 보인다는 것을 보여 주었다. 비슷한 방식으로, 자신의 집이 부서진 적이 있는 사람들은, 이전에 성가시지 않았던 늦은 밤의 소리들에 대해 나중에는 과민하게 될 수도 있다.

오늘날의 액션 영화들이 1980년대의 영화들보다 훨씬 더 많은 시각적 폭력을 보이는 경향이 있고, 이것은 다시 1950년대의 영화보다 더 많은 시각적 폭력을 보이는 경향이 있다는 사실을 설명하는 데 심리학자들은 습관화 개념을 어떻게 사용할까?

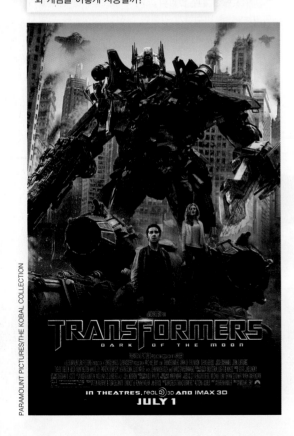

이런 간단한 형태의 학습은 중요하지만, 이 장에서 우리는 심리학자들이 집중적으로 연구해 왔던 더 복잡한 종류의 학습에 대해 초점을 맞출 것이다. 1장에서 보았듯이, 심리학 역사의 상당히 큰 덩어리는 행동주의에 헌신되었는데, 이 주의는 관찰 가능하고, 양적으로 표시할 수 있는 행동만을 측정할 것을 주장하고, 정신 활동을 무관하고 알 수 없는 것으로 물리쳤다. 행동주의는 1930~1950년대까지 활동했던 대부분의 심리학자들이 취한 주요한 조망이었으며, 그 기간 동안 학습에 관한 대부분의 기초적인 연구가 진행되었다.

행동주의와 학습 이론의 교차점은 다소 놀라운 것으로 볼 수 있다. 어쨌든 어떤 수준에서 학습은 추상적인 것으로 보인다. 무언가 붙잡을 수 없는 것이 당신에게 일어나고, 당신은 그다음부터 다르게 생각하거나 다르게 행동한다. 그런 변형을 정신적 조망의 변화라는 관점에서 설명할 필요가 있다는 것이 논리적인 것처럼 보인다. 그러나 대부분의 행동주의자들은 학습의 결과로 생기는 '경험의 영속적 변화'는 거의 모든 유기체, 쥐, 개, 비둘기, 생쥐, 돼지 혹은 인간에게서 똑같이 잘 시범될 수 있다고 주장했다. 이러한 전망에서 행동주의자들은 학습을, 어떤 정신 활동을 필요로 하지 않는, 순수하게 행동적이고 두드러지게 관찰 가능한 활동으로 보았다.

여러 측면에서 행동주의자들은 옳았다. 유기체가 어떻게 배우는가에 대해 우리가 아는 것의 많은 부분은 행동에 대한 행동주의자들의 관찰에서 직접 나온 것이다. 그러나 행동주의자들 역시 자신들의 주장을 과장하였다. 학습 과정을 이해하기 위해 언급되어야 하는 몇 가지 중요한 인지적 고찰들(즉, 정신 활동 요소들)이 있다. 이 장의 첫 두 절에서 우리는 학습에 대한 두 가지 주요 접근, 즉 고전적 조건형성과 조작적 조건형성(이론)의 발달과 기본적 원리들을 논의할 것이다. 그다음 자리를 옮겨 어떤 중요한 종류의 학습은 다른 사람들을 관찰하기만 함으로써 일어나며, 그런 관찰학습은 행동의 문화적 전달에 중요한 역할을 한다는 것을 보게 될 것이다. 그다음, 우리는 어떤 종류의 학습은 전적으로 자각의 밖에서(자각되지 않고) 일어날 수 있다는 것을 발견하게 될 것이다. 마지막으로 우리는 당신에게 매우 중요할 법한 맥락, 즉 교실에서의 학습을 논의할 것이다.

고전적 조건형성 : 한 가지 일이 다른 일로 이어진다

미국 심리학자인 존 B. 왓슨(John B. Watson)이 행동주의자 운동을 시작했는데, 심리학자들은 "의식, 정신상태, 마음, 내용, 내성적으로 검증 가능한, 심상 같은 용어들 및 그 비슷한 것을 사용해서는 안 된다"고 주장했다(Watson, 1913, p. 166). 왓슨의 선동적인 태세는 러시아 생리학자인 이반 파블로프(Ivan Pavlov, 1849~1936)의 업적에 의해 상당 부분 힘을 받았다.

파블로프는 개의 침 분비에 대한 연구로 1904년 노벨 생리의학상을 받았다. 파블로프는 실험실 동물의 소화 과정을 연구하면서 개의 뺨을 수술하고 시험관을 삽입하여 여러 종류의 음식에 대한 개의 침 분비 반응을 측정하였다. 우연히도 침에 대한 그의 탐구는 한 종류의 학습 기제를 드러내게 되었는데, 그것은 고전적 조건형성으로 불리게 되었다. **고전적 조건형성**(classical conditioning)은 중성적인 자극이 어떤 반응을 자연히 일으키는 자극과 짝지어진 이후에 어떤 반응을 일으킬 때를 말한다. 그의 고전적 실험에서 파블로프는 종소리 혹은 소리와 같은 중성자극이 자연적으로 침 분비를 일으키는 음식과 같은 다른 자극과 연합된 이후에, 개는 중성자극에 침을 분비하는 것을 학습한다는 것을 보였다.

고전적 조건형성의 발달 : 파블로프의 실험

파블로프의 기본적 실험 장치는 그림 7.1에 보이는 바와 같이, 음식을 주고 침 반응을 측정하기 위해 개를 틀 안에 묶어 두는 것이다. 그는 이전에 실험에 참여했던 개들이 어떤 음식도 제공되기 전인데도 그 틀에 놓이자마자 일종의 '예비적' 침 반응을 보이기 시작한다는 것을 알아차렸다. 파블로프와 동료들은 처음에는 이 반응들을 귀찮게 생각했는데, 그것들이 자연스럽게 일어나는 침 분비액을 모으는 데 방해가 되었기 때문이었다. 실제로 개는 고전적 조건형성의 네 가지 기본 요소들에 맞게 행동하고 있었다.

- 개가 처음에 음식이 든 그릇을 받았을 때 침을 흘리기 시작했다. 여기에는 놀라운 점이 없다. 대부분의 동물 앞에 음식을 두는 것은 침 분비 과정을 개시하게 할 것이다. 파블로프는 음식의 제공을 **무조건자극**(unconditioned stimulus, US)이라고 불렀는데, 즉 유기체에게 **자연스럽게** 일어나는 반응을 신뢰할 만하게 생성하는 무엇이다.
- 개의 침 분비는 **무조건반응**(unconditioned response, UR)이라고 불렸는데, 즉 무조건 자극에 의해 신뢰할 만하게 유발되는 반사적인 반응이다.
- 파블로프는 곧 중립적인 자극, 즉 벨 소리와 같이 보통 동물로 하여금 침을 흘리게 하지 않는 것들에 대해서도 개가 침을 흘리도록 만들 수 있다는 것을 발견했다. 여러 실험에서 파블로프는 음식의 제공을 벨 소리, 메트로놈의 똑딱 소리, 소리굽쇠의 윙윙거림이나 번쩍거리는 빛과 짝지었다(Pavlov, 1927). 아나나 나글쎄, 그는 개가 벨 소리, 메트로놈의 똑딱 소리, 소리굽쇠의 윙윙거림이나 번쩍거리는 빛에 침을 흘리는 것을 발견했는데, 그 각각이 **조건자극**(conditioned stimulus, CS), 즉 처음에는 중성적이고 유기체에 어떤 신뢰할 만한 반응을 내지 못하는 자극이 된다.
- 개가 야생에서 부저 소리를 들을 때 침을 흘린다고 알려진 바는 없다. 그러나 CS(벨 소리)가 US(음식)와 여러 차례 짝지어질 때, 그 동물은 음식을 소리와 연합시킬 수 있게 되고, 결과적으로 CS는 충분히 어떤 반응, 즉

고전적 조건형성
중성적인 자극이 어떤 반응을 자연히 일으키는 자극과 짝지어진 이후에 어떤 반응을 낳을 때 일어나는 현상

무조건자극(US)
유기체에게 자연스럽게 일어나는 반응을 확실하게 생성하는 무엇

무조건반응(UR)
무조건 자극에 의해 확실하게 유발되는 반사적인 반응

조건자극(CS)
이전에는 중성적이었으나 US와 짝지어진 후에 유기체에 어떤 신뢰할 만한 반응을 내는 자극

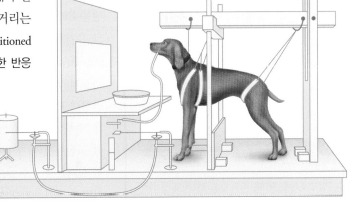

▼ 그림 7.1 **고전적 조건형성 연구를 위한 파블로프의 기구** 파블로프는 종이나 소리굽쇠를 이용해서 동물에게 청각 자극을 제시하였다. 시각 자극들은 스크린에 제시될 수 있을 것이다.

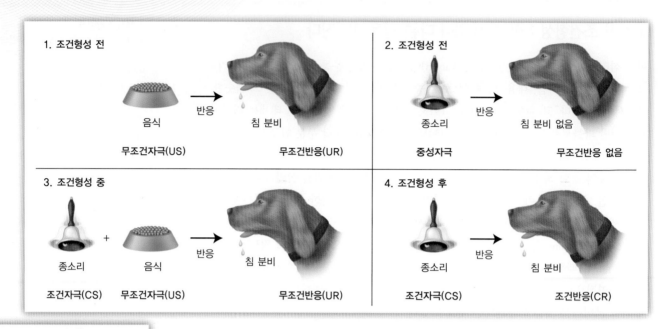

1. 조건형성 전

음식 → 반응 → 침 분비

무조건자극(US)　　　　무조건반응(UR)

2. 조건형성 전

종소리 → 반응 → 침 분비 없음

중성자극　　　　무조건반응 없음

3. 조건형성 중

종소리 + 음식 → 반응 → 침 분비

조건자극(CS) 무조건자극(US)　　　　무조건반응(UR)

4. 조건형성 후

종소리 → 반응 → 침 분비

조건자극(CS)　　　　조건반응(CR)

▲ 그림 7.2 **고전적 조건형성의 요소들** 고전적 조건형성에서 (종소리 소리와 같이) 전에는 중성적인 자극이 (음식 제공과 같은) 무조건적인 자극과 짝지어진다. 이 둘을 연합시키는 시행이 몇 번 있는 후에, 조건자극(소리)만으로도 조건반응이 생성될 수 있다.

조건반응(CR)
무조건반응과 유사하나 조건자극에 의해 생성되는 반응

침 분비를 낳게 된다. 이 반응은 UR을 닮았으나, 파블로프는 그것을 **조건반응**(conditioned response, CR), 즉 무조건반응과 유사하나 조건자극에 의해 생성되는 반응이라고 불렀다. 이 예에서 개의 침 분비(CR)는 마침내 벨 소리(CS)만으로도 촉구되는데, 벨 소리와 음식(US)이 과거에 종종 연합되었기 때문이다.

당신이 기르는 개(나 고양이)를 보라. 당신의 개는 항상 언제 저녁을 주는지를 알고, 의자를 당겨서 앉고 옷깃에 냅킨을 두르지는 않을지라도, 먹을 준비가 되어 있는가? 당신의 개는 매일 시계를 쳐다보며 저녁 시간을 기다리는 것처럼 보인다. 아, 그러나 당신 개는 시계를 볼 줄 아는 신기한 개가 아니다. 대신에 음식 제공(US)은 복

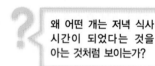

왜 어떤 개는 저녁 식사 시간이 되었다는 것을 아는 것처럼 보이는가?

합적인 CS, 즉 당신의 일어남, 부엌으로의 이동, 찬장 열기, 캔 오프너를 다루기 등과 연합되었으며, 그러한 CS는 단독으로 당신 개에게 음식이 준비되고 있다는 신호를 주고 그다음으로 개가 먹을 준비를 하는 CR이 시작되게 한다.

고전적 조건형성의 기본 원리

파블로프의 발견이 과학과 대중 영역에 처음 알려졌을 때(Pavlov, 1923a, b) 흥분의 도가니였는데, 심리학자들이 이제 조건형성이 학습된 행동을 어떻게 낳는지에 대해 시범할 수 있는 증거들을 가지게 되었기 때문이다. 이것은 바로 존 B. 왓슨이 주장하고 있었던 행동주의 심리학이었다. 즉, 유기체는 관찰 가능하고 측정 가능한 사건들을 경험하며, 그 유기체에서의 변화는 직접 관찰되고 측정된다. 개는 벨 소리에 침을 흘리는 것을 배웠으며, 왜 그 일이 일어났는지, 개가 무엇을 원했는지, 혹은 그 동물이 그 상황에 대해 어떻게 생각하는지에 관해서는 설명을 찾을 필요가 없었다. 다른 말로 하면, 고전적 조건형성 패러다임에서는 마음을 고려할 필요가 없었는데, 이것이 왓슨과 행동주의자에게 매력적이었다. 파블로프는 또한 그의 발견의 중요성을 충분히 알고 있었으며, 고전적 조건형성의 기제에 대한 체계적인 탐구에 착수했다. 이 원리들의 몇 가지를 더 자세히 살펴보자. ('현실세계 : 약물 과용의 이해'에서 보여 주듯이 이 원리들은 약물 과용이 어떻게 생기는지를 설명해 준다.)

"엄마가 깡통 따개를 쓰고 있을 것이라고 생각해."

획득

처음으로 자신의 개를 갖게 된 때를 기억하는가? 아마도 그 개는 똑똑해 보이지도 않았고, 특히 당신이 부엌으로 들어갔을 때 음식을 줄 것이라는 것을 예상하지 못하고 당신을 멍하니 쳐다보았을 것이다. 그것은 고전적 조건형성을 통한 학습이 CS와 US 간의 연합을 위해 일정한 기간을 필요로 하기 때문이다. 그 기간은 **획득**(acquisition)이라 불리는데, CS와 US가 함께 제시되는 고전적 조건형성 기간이다. 고전적 조건형성의 초기 동안 전형적으로 학습의 점진적 증가가 있다. 그림 7.3의 왼쪽에서 보이듯이, 학습은 낮은 상태에서 시작해서 급격히 올라가고, 그다음 천천히 줄어든다. 파블로프의 개는 소리를 음식 제공과 몇 차례 짝짓는 과정에서 침 분비량이 점차 증가하였으며, 마찬가지로 당신의 개도 마침내 당신이 부엌에서 준비하는 것을 그다음에 올 음식의 출현과 연합시키게 되었을 것이다. 학습이 확립된 후에는 CS 그 자체만으로도 CR을 믿을 만하게 일으킬 것이다.

이차 조건형성

조건형성이 확립된 후에, **이차 조건형성**(second-order conditioning)이란 현상을 보여 줄 수 있다. 이 조건형성에서 한 CS는 이전 (조건형성) 절차에서 US와 연합되었던 자극과 짝지어진다. 예를 들면, 초기 연구에서 파블로프는 새 CS인 검정 사각형을 (이전 조건형성에 의해) 이제는 신뢰할 만한 소리와 반복적으로 짝을 지었다. 여러 번의 훈련 시행들 후에, 사각형 그 자체는 음식과 직접 연합된 적이 결코 없었지만 개는 검정 사각형에 대해 침 흘리는 반응을 생성했다. 이차 조건형성은 왜 어떤 사람은 돈을 모아두고, 그 돈으로 사고자 하는 물건보다도 돈을 더 가치 있게 생각할 정도로 돈을 원하는지를 설명하는 데에 도움이 될 수 있다. 돈은 처음에 값비싼 차나 대형 텔레비전과 같이 보상이 되는 결과를 주는 물건들을 사는 데에 사용된다. 비록 돈은 새 스포츠카의 고속 운전에서 오는 흥분이나 고화질 TV의 놀라운 선명도와 직접 연합되지 않지만, 이차 조건형성을 통해서 돈이 이들 바람직한 성질과 연결될 수 있다.

소거와 자발적 회복

파블로프와 동료들이 획득 과정을 광범위하게 연구한 후, 그들은 그다음의 논리적 문제로 관심을 돌렸다. CS(소리)를 계속 제시하지만 US(음식)를 제공하는 것을 멈춘다면 어떻게 될까? US 없이 CS를 반복해서 제시하는 것은 당신이 상상할 법한 그 결과를 정확하게 낳는다. 그림 7.3

획득
CS와 US가 함께 제시될 때의 고전적 조건형성의 단계

이차 조건형성
CS가 이전 절차에서 무조건자극과 연합된 자극과 짝지어지는 조건형성

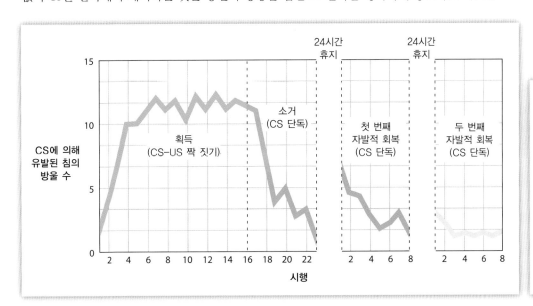

◀ 그림 7.3 **획득, 소거, 및 자발적 회복** 고전적 조건형성에서 CS는 원래 중성적이며 어떤 특정한 반응을 생성하지 않는다. CS를 US와 짝짓는 몇 번의 시행 후에, CS가 단독으로 침 분비 반응(CR)을 일으킬 수 있다. 학습은 꽤 빨리 일어나는 경향이 있으며, 그다음 안정적인 반응이 발달함에 따라 안정적으로 된다. 소거에서 CR은 빨리 감소해서 더 이상 발생하지 않게 된다. 그러나 휴지 기간 후에 보통 CR의 자발적 회복이 잇따른다. 사실, 한 번 이상의 휴지 기간 이후 추가적인 학습 시행이 없어도, 잘 학습된 CR이 자발적 회복을 보일 수 있다.

소거
US 없이 CS가 반복 제시될 때 일어나는, 학습된 반응의 점진적인 제거

의 첫 패널의 오른편에서 보듯이 행동은 갑자기 줄어들어 마침내 개가 소리에 침 흘리는 것을 멈출 때까지 계속 떨어진다. 이 과정은 **소거**(extinction)라고 불리는데, US가 더 이상 제시되지 않을 때 일어나는 학습된 반응의 점진적인 제거이다. 이 말이 도입된 것은 조건형성된 반응이 '소거되어' 더 이상 관찰되지 않기 때문이다.

조건형성을 통해 학습을 낳고 그다음 그것을 소거시킬 수 있다는 것을 분명히 한 다음, 파블로프는 조건형성된 행동의 제거가 영구적인지 아닌지를 궁금하게 생각했다. 단일 회기의 소거가 CR을 완전하게 때려잡을 정도로 충분한가? 혹은 개의 행동에서 CR이 다시 나올 수도 있는 남겨진 어떤 변화가 있는가? 이 질문을 탐구하기 위해 파블로프는 고전적으로 조건형성된 침

> **?** 무조건 자극이 제거될 때, 조건형성된 행동은 어떻게 변하는가?

약물 과용의 이해

경찰은 너무 자주 황당한 문제에 부딪힌다. 중독자가 약물 과용으로 갑자기 죽는다. 이런 죽음은 적어도 세 가지 이유에서 어리둥절하다. 희생자들은 종종 숙련된 약물 사용자들이며, 복용한 용량은 보통 그들이 흔히 취하던 양보다 더 많지 않으며, 그 죽음은 색다른 장면에서 발생하는 경향이 있다. 숙련된 약물 사용자들이란 바로 말 그대로 '익숙하다'는 말이다. 당신은 과용할 가능성은 보통보다 더 낮을 것이라고 생각할 것이다.

고전적 조건형성은 이런 죽음이 어떻게 일어나는가에 대해 어느 정도 통찰을 준다. 첫째, 고전적 조건형성이 일어날 때 CS는 간단한 종소리 이상의 것이다. 그것은 또한 조건형성이 일어나는 전반적인 맥락도 포함한다. 사실상 파블로프의 개는 종종 실험실 장치에 접근할 때에도 침을 흘리기 시작하곤 하였다. 둘째로, 많은 CR들은 US에 대해 보상적인 반응들이다. 예를 들어, 헤로인은 호흡률을 낮추므로 균형 상태 혹은 항상 상태를 유지하기 위해 신체는 호흡을 빨리 하는 보상적인 반응으로 반응하는데, 이것은 매우 중요한 CR이다.

고전적 조건형성에 관한 이와 같은 두 가지 세밀한 요점이 숙련된 약물 사용자들에서 치명적인 헤로인 과용이라는 역설적으로 보이는 현상을 설명하는 데 도움이 된다(Siegel, 1984, 2005). 약이 주사되면 전체 장면(약 준비용품, 방, 조명, 중독자의 평상시 동료들)이 CS로 기능하며, 중독자의 뇌는 그 효과에 대응하는 신경전달물질을 분비함으로써 헤로인에 반응한다. 시간이 지나면서 이런 보호적인 생리 반응은 CR의 부분이 되며, 모든 CR들처럼 그것은 CS가 제시되지만 실제로 약을 투

여하기 전에 일어난다. 이런 보상적인 생리적 반응은 또한 같은 효과를 얻기 위해 약물 남용자들이 약을 점점 더 많이 먹도록 하는 것이다. 마침내 이런 반응들은 *약물 내성*(drug tolerance)을 낳는데, 5장에서 논의한다.

이런 고전적 조건형성의 원리에 기초해서 보면, 새로운 환경에서 약을 먹는 것은 장기적 약물 사용자에게도 치명적일 수 있다. 만일 중독자가 아주 새로운, 즉 이전에 결코 헤로인을 먹지 않았던 상황에서, 통상적 양을 주입한다면 CS는 이제 달라지므로, 보통 보호적인 기능을 하는 생리적으로 보상적인 CR은 발생하지 않거나, 실질적으로 감소한다(Siegel et al., 2000). 그 결과 중독자의 통상적 복용량은 과용이 되며, 종종 사망에 이른다. 직관적으로 보면, 중독자는 바로 이러한 이유로 그들이 친숙한 마약 밀매소, 아편 저장소, 또는 '마약 주사장'을 고집할 것이다. 이 효과는 또한 실험적으로도 밝혀졌다. 한 장면에서 과도한 양의 모르핀을 경험했던 쥐는 새로운 장면보다 같은 장면에서 복용량 증가에도 더 잘 살

아남는 경향이 있었다(Siegel, 1976; Siegel et al., 2000). 이 같은 기본 효과는 다양한 약물에도 발생한다. 예를 들어, 대학생들은 친숙한 단서(맥주 향의 음료)보다 새로운 단서(페퍼민트 향의 음료)가 있는 상황에서 술을 마실 때 술의 숙취 효과를 잘 참아내지 못하는 것으로 드러났다(Siegel, 2005).

이런 원리들의 이해는 약물 중독자를 위한 치료로 연결되었다. 예를 들어, 약물에 대한 뇌의 보상 반응은, CS를 구성하는 약 먹기와 보통 연합되는 친숙한 맥락 단서들에 의해 유발될 때, 중독자에 의해서 금단 증상으로 경험될 수 있다. *단서 노출 치료*에서, 중독자는 약 그 자체를 받지 않으면서 약물과 관련된 단서에 노출되는데, 결과적으로 맥락 단서들과 약효 간의 연합의 소거를 낳는다. 그런 치료 후에 약물과 관련된 친숙한 단서들을 만나는 것은 더 이상 금단 증상과 연결된 보상적 반응을 낳지 않으며, 그 결과 회복 중인 중독자가 약물 중지를 유지하는 것이 더 쉽게 된다(Siegel, 2005).

◀ 아편 저장소와 마약 밀매소는 황폐한 곳으로 간주될지 모르지만, 중독자들은 거기에서 약을 쓰는 것이 종종 더 안전하다. 환경은 중독자의 CS의 부분이 되며, 역설적으로 마약 밀매소를 망가뜨려서 중독자들이 새로운 상황에서 약물을 사용하도록 강요될 때 그것은 약물 과용으로 인한 것보다 더 많은 사망의 원인이 될 수 있다.

AP PHOTO/CHRIS GARDNER

분비 반응을 소거시킨 다음 개가 잠시 쉬는 기간을 갖도록 했다. 개가 실험실로 다시 불러들여지고 CS를 다시 제시받았을 때, 개들은 **자발적 회복**(spontaneous recovery), 즉 학습된 행동이 휴지 기간 후에 소거로부터 회복되는 경향을 보였다. 이 현상은 그림 7.3의 가운데 패널에서 보인다. 이 회복은 CS와 US 간에 추가적인 연합이 전혀 없었음에도 발생했음을 주목하라. 조건형성된 반응에 대한 어떤 자발적 회복은 두 번째 휴지 기간 후 실질적으로 두 번째 소거 회기에서도 발생한다(그림 7.3의 오른쪽 패널을 보라). 분명하게도 소거는 획득된 학습을 완벽하게 지워 버리지 않았다. CS가 CR을 일으킬 수 있는 능력은 약화되었으나 제거되지는 않았다.

일반화와 변별

만알 당신이 깡통따개를 새로 산다면, 당신의 개가 궁지에 빠져서 음식 제공을 예상할 수 없을 것이라 생각하는가? 이렇게 수정된 CS와 관련하여 완전히 새로운 회기의 조건형성이 수립될 필요가 있을 것인가?

아마 그렇지 않을 것이다. CS-US 짝짓기에서 작은 변화가 매번 광범한 양의 새 학습을 필요로 한다면 그것은 유기체에게 매우 적응적이지 않을 것이다. 그보다 **일반화**(generalization)라는 현상이 일어나는 경향이 있다. 즉, CS가 획득 시기 동안 사용된 것과 약간 달라도 CR이 관찰된다. 이것이 의미하는 바는 조건형성이 원래의 훈련에서 사용된 CS와 유사한 자극들에게로 '일반화한다'는 것이다. 예상하듯이, 새 자극이 더 많이 변할수록 조건형성된 반응은 더 적게 관찰된다. 만일 당신이 깡통따개를 전기 깡통따개로 바꾼다면, 개는 아마 훨씬 더 약화된 조건형성 반응을 보일 것이다(Pearce, 1987 ; Rescorla, 2006).

유기체가 새 자극에 일반화할 때 두 가지 일이 일어난다. 첫째, 일반화 검사 동안 사용된 새 자극에 반응함으로써 유기체는 그것이 원래의 CS와 새 자극 간의 유사성을 알아본다는 것을 보여 준다. 둘째로, 새 자극에 대해 반응의 감소를 보임으로써 그것은 또한 두 자극들 간의 차이를 알아차리고 있음을 우리에게 말해 준다. 두 번째 경우에 유기체는 **변별**(discrimination), 즉 유사하지만 별개인 자극들을 구별할 수 있는 능력을 보여 준다. 일반화와 변별은 동전의 양면이다. 유기체가 한 가지를 더 많이 보이면 다른 것을 더 적게 보이며, 훈련을 통해 둘 사이의 균형이 조정될 수 있다.

조건형성된 정서 반응 : 어린 앨버트의 사례

고전적 조건형성이 개를 훈련시키는 닳아 빠진 방법에 불과하다고 생각하기 전에, 파블로프의 업적의 더 큰 원리들을 다시 살펴보자. 고전적 조건형성은 지속적이고 실제적인 행동 변화가 저절한 조건들을 설정하는 것만으로도 달성될 수 있다는 것을 시범적으로 보여 준다. 행동주의자들에게 매력적이었던 것은 바로 이런 단순함이었다. 사실 왓슨과 그의 추종자들은 고전적 조건형성의 원리에 근거해서 어떤 유기체의 어떤 행동에 대해서도 일반적인 설명을 발전시킬 수 있다고 생각했다. 그 방향의 한 단계로서 왓슨은 그의 연구 조수인 로잘리 레이너(Rosalie Rayner)와 논쟁의 여지가 있는 연구에 착수했다(Watson & Rayner, 1920). 복잡한 행동조차도 조건형성의 결과라는 그의 주장을 뒷받침하기 위해 왓슨은 9개월 된 '어린 앨버트'의 협조를 요청했다. 앨버트는 건강하고 잘 성장한 아이였는데, 왓슨의 평가에 따르면 "둔감하고 감정의 변

깡통따개를 바꾸는 것은 조건형성된 개의 반응에 어떻게 영향을 미치는가?

자발적 회복
학습된 행동이 휴지 기간 후에 소거로부터 회복되는 경향

일반화
CS가 획득 시기 동안 사용된 CS와 약간 달라도 CR이 관찰되는 현상

변별
유사하지만 별개인 자극들을 구별할 수 있는 능력

당신이 처 번째 전기 깡통따개는 당신의 개로 하여금 얼마간의 혼란을 일으킬 수 있으나, 단지 잠시 동안일 것이다.

GVICTORIA/SHUTTERSTOCK

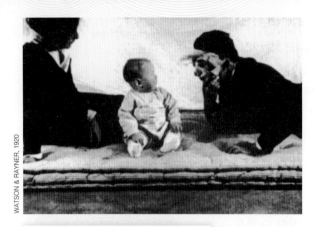

존 왓슨과 로잘리 레이너는 어린 앨버트에게 이상한 토끼 가면을 보여 준다. 왜 이 실험자들의 단순한 출현은 조건자극 그 자체로 이용될 수 없는가?

화가 없었다"(Watson & Rayner, 1920, p. 1). 왓슨은 그런 아이가 강한 감정적 반응, 즉 공포를 경험할 수 있도록 고전적으로 조건형성될 수 있는지를 알고자 했다.

왓슨은 어린 앨버트에게 다양한 자극을 주었는데, 흰 쥐, 개, 토끼, 여러 가지 가면, 불타는 신문지 등이었다. 대부분의 경우 앨버트의 반응은 호기심 혹은 무관심이었으며, 그는 이것들 중 어느 것에도 공포를 보이지 않았다. 왓슨은 또한 무엇인가가 그를 두려워하게 만들 수 있다는 것을 분명히 했다. 앨버트가 레이너를 보는 동안 왓슨은 갑자기 큰 금속막대를 망치로 쳐서 큰 소음을 만들었다. 예상대로, 이것은 앨버트를 울리고, 떨게 하고, 대체로 불쾌하게 만들었다.

왓슨과 레이너는 그다음 어린 앨버트를 고전적 조건형성의 획득 시기를 거치게 했다. 앨버트에게 흰 쥐가 제공되었다. 그가 그것을 만지려 손을 뻗자마자, 그 금속막대가 두드려졌다. 이런 짝짓기는 여러 시행에 걸쳐 계속 반복되었다. 마침내 쥐만 봐도 앨버트는 공포에 싸여 움찔거리고, 울며 벗어나려고 아우성치게 되었다. 이런 상황에서 US(큰 소리)는 CS(쥐의 출현)와 짝지어졌으며, CS는 그 자체만으로도 CR(공포 반응)을 만들어 내기에 충분했다. 어

왜 앨버트는 쥐를 두려워했는가?

린 앨버트 또한 자극 일반화를 보였다. 흰 토끼, 바다표범 털 코트 및 산타클로스 가면 등을 보는 것도 그 아기에게 같은 종류의 공포 반응을 일으켰다.

이 모든 일에서 왓슨의 목적은 무엇이었는가? 첫째, 그는 비교적 복합적인 반응이 파블로프의 기법을 써서 조건형성될 수 있다는 것을 보여 주고자 했다. 둘째로, 그는 공포와 불안과 같은 정서 반응들이 고전적 조건형성으로 만들어질 수 있으며, 그러므로 프로이트와 그 추종자들이 주장했던 (1장 참조) 심층적 무의식 과정 혹은 인생 초기 경험의 산물이 아닐 수 있다는 것을 보이고자 하였다. 그 대신 왓슨은 공포는 다른 행동과 마찬가지로 학습될 수 있다고 주장하였다. 셋째로 왓슨은 조건형성이 다른 동물뿐 아니라 인간에게도 적용될 수 있다는 것을 입증하고자 하였다. 이 연구는 어린아이를 거칠게 다룬 이유로, 특히 왓슨과 레이너는 연구 이후 수년 동안 앨버트와 그 엄마에 대한 추적 조사를 하지 않았으므로 논쟁이 되었다(Harris, 1979). 연구 참가자들의 처치를 다루는 현대의 윤리 지침에 따르면 이런 종류의 연구는 오늘날 수행될 수 없음이 분명하다. 그러나 당시 그것은 심리학에 대한 행동주의적 견해와 일치하였다.

버드와이저의 광고주들이 광고에서 매력적인 말을 등장시킬 때 그들은 어떤 반응을 기대하고 있다고 당신은 생각하는가?

어린 앨버트 사례에서 작용했던 조건화된 공포 반응 종류는 이 장을 여는 사례인, 전에는 아무 관계가 없는 소리였으나 이라크에서의 경험의 결과로 접근하는 헬리콥터의 소리를 들을 때 공포와 불안을 경험한 제니퍼의 사례에도 중요하였다. 정말로 그런 외상이 유발한 공포를 다루는 데에 효과적인 것으로 밝혀진 치료는 고전적 조건형성의 원리에 직접적으로 기반을 두고 있다. 조건화된 공포 반응을 소거시키려는 시도로 안전한 장면에서 자신의 외상과 연합된 조건형성된 자극들에 사람들은 개인별로 반복 노출된다(Bouton, 1988; Rothbaum & Schwartz, 2002). 그러나 조건화된 정서 반응은 단지 공포 및 불안 반응보다 훨씬 더 많은 것을 포함한다. 예를 들어, 광고업자들은 조건화된 정서 반응이, 잠재적인 고객들이 자신의 제품들과 연합시키기를 바라는 여러 종류의 긍정적 정서를 포함할 수 있다는 것을 알고 있다. 이것은 왜 매력적인 여성이, 맥주나 스포츠카와 같이 젊은 남성을 대상으로 한 제품들의 광고에 흔히 관련되는지를 설명해 준

다. 당신의 전 남자친구나 여자친구와 듣곤 하던 라디오 방송의 노래를 들을 때 당신을 감싸는 따뜻하면서 어렴풋한 느낌도 일종의 조건화된 정서 반응에 해당한다.

고전적 조건형성에 대한 더 깊은 이해

일종의 학습으로서 고전적 조건형성은 확실하게 생성될 수 있으며, 간단한 원리들을 가지고 있으며, 실제 생활 장면에 대한 응용성을 가지고 있다. 간단히 말해, 고전적 조건형성은 학습 배후의 기제를 이해하고자 하는 심리학자들에게 상당히 효용적인 가치를 주었으며, 오늘날에 도 여전히 그렇다.

그러나 많은 강력한 선발주자들처럼, 고전적 조건형성은 정확히 어떻게, 언제, 그리고 왜 작용하는가를 이해하고자 하는 심도 깊은 조사를 받아 왔다. 고전적 조건형성의 기제를 더 긴밀하게 조사하고자 하는 세 영역, 즉 인지적, 신경적, 및 진화적 요소들을 살펴보자.

고전적 조건형성에서 인지적 요소

파블로프의 업적은 행동주의자의 꿈이 실현된 것이었다. 이런 관점에서 보면, 조건형성은 유기체가 조건형성 상황에 대해 무엇을 생각하건 간에 개, 쥐 또는 사람에게 일어나는 어떤 것이다. 그러나 개가 먹이 주는 사람이 다가올 때 침을 흘렸음에도 불구하고(1장 참조), 개들은 파블로프가 다가왔을 때 침을 흘리지 않았다. 결과적으로 누군가 중요한 질문을 하게 되어 있었다. 즉, 왜 (침을 흘리지) 않는가? 결국 파블로프도 역시 개에게 먹이를 주었는데, 왜 그는 CS가 되지 않았는가? 정말로, 왓슨이 불쾌한 US가 울릴 때마다 그 자리에 있었다면, 왜 어린 앨버트는 그를 두려워하게 되지 않았는가?

어쨌든 파블로프의 개는 파블로프가 음식물 도착에 대한 믿을 만한 표시기는 아니었다는 사실에 예민하였다. 파블로프는 음식물의 도착과 연결되어 있었으나, 그는 또한 음식과 관계없는 다른 활동들과도 연결되어 있었다. 예컨대 기계장치의 점검, 사육장에서 실험실로 개를 데려오기, 주변에 서서 조수들과 이야기하기 등이다.

로버트 레스콜라와 앨런 와그너(Robert Rescorla & Allan Wagner, 1972)는 동물이 한 가지 기대를 설정하는 것을 배울 때에만 고전적 조건형성이 일어난다는 것을 처음으로 이론화하였다. 벨 소리는, 그것이 음식과 체계적으로 짝지어지기 때문에 실험실 개에게 이런 인지적 상태를 설정하는 데 쓰일 수 있었다. 파블로프는 음식과의 믿을 만한 연결이 없기 때문에 그렇게 쓰이지 못했다. 사실 이와 같은 상황에서 많은 반응들이 실제로 조건형성되고 있다. 벨이 울릴 때 개 또한 꼬리를 흔들며, 구걸하는 소리를 내며, 음식이 오는 곳을 바라본다(Jenkins et al., 1978). 간단히 말해, 실제로 일어나고 있는 것은 그림 7.4에서 보이는 상황과 같은 무엇이다.

▼ 그림 7.4 **고전적 조건형성에서 기대** 고전적 조건형성에 대한 레스콜라-와그너 모형에서 CS는 기대를 설정하는 일을 한다. 기대는 그다음에 CS의 출현과 연합되는 일단의 행동들로 이어진다.

레스콜라-와그너 모형은 간단한 행동주의적 관점에서 이해하기 어려웠던 여러 고전적 조건형성 현상들을 설명하는 데에 인지적 요소를 도입하였다. 예를 들면, 그 모형은 CS가 친숙할 때에 비해 친숙하지 않은 사건일 때 조건형성이 더 쉽게 일어날 것이라고 예측하였다. 친숙한 사건들은 친숙하

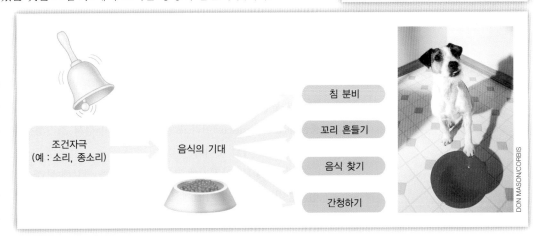

조건자극
(예 : 소리, 종소리)

음식의 기대

침 분비

꼬리 흔들기

음식 찾기

간청하기

DON MASON/CORBIS

기 때문에 그것과 연합된 기대들을 이미 가지고 있어서 새 조건형성을 어렵게 하기 때문이다.

?
조건형성에서 기대의 역할은
행동주의자들의 생각에 어떻게
이의를 제기하는가?

간단히 말해, 고전적 조건형성은 원시적이고 지각이 없는 과정인 것처럼 보일지 몰라도, 그것은 실제로 꽤 복잡하며 상당히 인지적인 요소를 통합하고 있는 것이다.

고전적 조건형성에 대한 인지적 견해로부터 생기는 한 가지 논점은 의식의 역할에 관한 것이다. 레스콜라-와그너 모형에서, 인지적 요소들은 반드시 의식적이지는 않다. 오히려, 그것들은 사건들의 동시 발생을 단순히 기록하는 것 이상의 일을 하는 비의식적 연합적 기제의 작동을 반영한다는 것이 그럴싸하다. 인지적 요소들은 그런 동시 발생을 이전 경험들과 연결짓고, 하나의 기대를 생성한다. 인간에서 고전적 조건형성에 대한 연구는 CS와 US 간의 관계에 대한 의식적 자각 없이도 일어날 수 있는데, 특정한 조건형성 절차가 사용되어서 짧은 시간 간격이 CS와 US 사이에 끼어들 때에는 예외라는 것을 보여 준다. 이런 조건에서 CS와 US 간의 관계에 대한 의식은 조건형성이 일어나는 데 필수적인 것처럼 보인다(Clark, Manns, & Squire, 2002; Clark & Squire, 1998). 그러나 작은 바다달팽이인 아플라시아조차도 이런 종류의 조건형성에 대한 얼마간의 증거를 보여 주는데, 과학자들은 아플라시아가 의식의 능력이 있다고 믿지 않는다. 결국, 아플라시아에서의 조건형성은 단지 몇 개의 신경원들만 필요로 하는데, 이는 인간의 수백만 개의 신경원과 복잡한 뇌 구조와 반대된다(Bekinschtein et al., 2011). 이런 관찰은 고전적 조건형성에서 많은 종-간 유사점들이 있음에도 또한 차이점들이 있다는 것을 일깨워 준다.

고전적 조건형성에서 신경적 요소

파블로프는 자신의 연구가 뇌가 어떻게 작용하는가에 대한 통찰을 제공하는 것으로 보았다. 결국 그는 심리학이 아니라 의학 훈련을 받았으며, 심리학자들이 자신의 발견에 흥분하였을 때 다소 놀랐다. 최근의 연구는 파블로프가 조건형성과 뇌에 관해 이해하고자 희망했던 것의 일부를 좀 더 명확히 해 주었다.

리처드 톰슨(Richard Thompson)과 동료들에 의해 수십 년에 걸쳐 수행된 선구적인 일련의 실험들은 토끼에서 눈 깜박임 반응의 고전적 조건형성에 집중하였다. 가장 기본적인 유형의 눈 깜박임 조건형성에서, CS(소리) 다음에 US(공기 뿜기)가 즉각 잇따르는데, 이것은 반사적인 눈 깜박임 반응을 일으킨다. 여러 번의 CS-US 짝짓기 후에, 눈 깜박임 반응은 CS 단독에 대한 반응으로 일어난다. 톰슨과 동료들은 소뇌가 눈 깜박임 조건형성의 발생에 결정적이라는 것을 믿음직스럽게 보여 주었다(Thompson, 2005). 소뇌의 손상이 있는 사람들에 대한 연구는 눈 깜박임 조건형성의 손실을 보여 줌으로써 이런 발견을 지지해 주었다(Daum et al., 1993). 이에 들어맞게, 젊고 건강한 성인들에 대한 더 최근의 신경영상기법 연구의 발견들은 눈 깜박임 조건형성 동안 소뇌에서의 활성화를 보여 준다(Cheng et al., 2008). 3장에서 배웠듯이, 소뇌는 후뇌의 한 부위이며 운동 기술과 학습에 중요한 역할을 한다.

눈 깜박임 조건형성 외에 공포 조건형성도 광범하게 연구되어 왔다. 역시 3장에서 편도체가 공포와 불안을 포함한 정서의 경험에 중요한 역할을 한다는 것을 보았다. 그래서 편도체, 특히 중심핵(central nucleus)이라고 알려진 영역이 정서 조건형성에도 결정적이라는 것은 그렇게 놀랄 만한 일이 아닐 것이다.

일련의 CS-US 짝짓기에 조건형성된 쥐를 생각해 보라. 여기에서 CS는 소리이고 US는 약한 전기충격이다. 쥐가 자연에서 갑작스런 통증 자극을 경험할 때 쥐들은 얼어붙기(freezing)라고 알려진 방어 반응을 보이는데, 그 반응은 웅크리고 움직임 없이 앉아 있는 것이다. 게다가 쥐들의 자율신경계가 작용하기 시작한다. 심장박동수와 혈압은 증가하고, 스트레스와 연관된 여러 호르몬들이 방출된다. 공포 조건형성이 일어나면 이 두 성분들, 행동적인 것과 생리적인 것이 일어나는데, 이제 그것들은 CS에 의해 유발된다는 점만 다르다.

편도체의 중심핵은 뇌의 다른 부분들로 연결되는 2개의 서로 다른 연결을 통해 이런 두 결과를 생성하는 데에 한 역할을 한다. 편도체를 중뇌의 특정 부위와 잇는 연결이 붕괴되면 쥐는 행동적인 얼어붙기 반응을 보이지 않는다. 만일 편도체와 시상하부의 외측 부위 간의 연결이 절단되면, 공포와 연합된 자율 반응은 중지된다(LeDoux et al., 1988). 그래서 편도체의 작용이 공포 조건형성에서 핵심적인 요소이며, 그것과 뇌의 다른 영역과의 연결이 조건형성의 특정한 특징들을 생성하는 원인이다. 편도체는 쥐나 다른 동물뿐만 아니라 사람의 공포 조건형성에도 관여한다(Olsson & Phelps, 2007; Phelps & LeDoux, 2005).

> **?** 공포 조건형성에서 편도체의 역할은 무엇인가?

고전적 조건형성에서 진화적 요소

이런 인지적 요소 외에 진화적 기제도 고전적 조건형성에 중요한 역할을 한다. 3장에서 배웠듯이, 진화와 자연 선택은 적응성과 나란히 간다. 적응적인 행동들은 유기체가 환경에서 생존하고 번영할 수 있게 해 준다. 고전적 조건형성의 경우에 심리학자들은 이런 종류의 학습이 적응 가치를 가지는 방식을 인정하기 시작하였다. 이 적응성을 탐구하는 많은 연구는 조건형성된 음식 혐오에 초점을 맞추었다.

이 예를 생각해 보라. 한 심리학 교수는 한때 남캘리포니아대에서 취직 면접을 봤는데 그의 초청자는 그를 중동식 음식점에 데려갔다. 형편 없는 훔무스(hummus) 요리로 고생을 해서 그는 밤새 불편하였고, 훔무스에 대한 혐오를 평생 동안 가졌다.

액면적으로 볼 때, 이것은 일종의 고전적 조건형성인 것처럼 보이지만, 이 경우 몇 가지 이상한 측면이 있다. 훔무스는 CS였고, 박테리아 혹은 어떤 다른 독성 원은 US였으며, 그 결과로 나타난 위장의 불편은 UR이었다. UR(욕지기)은 한때는 중성적이었던 CS(훔무스)와 연결되면서, CR(훔무스에 대한 혐오)이 되었다. 그러나, 그 심리학자의 초청자들도 모두 그 훔무스를 먹었으나, 그들 중 누구도 아프다고 하지 않았다. 그러면 US가 무엇이었는지가 분명하지 않다. 그것은 실제로 음식에 있었던 어떤 것일 수는 없었으리라. 게다가 훔무스와 고통 간의 시간 간격이 수시간이었다. 보통 반응은 자극이 주어진 다음 상당히 빨리 뒤따른다. 더 당황스러운 것은, 이 혐오는 단일 획득 시행으로 견고하게 결합되었다. 학습이 확립되려면 보통 CS와 US가 여러 번 짝지어져야 한다.

이러한 특이점들은 진화적 관점에서 보면 그렇게 특이하지 않다. 다양한 음식을 찾거나 먹는 어떤 종은 한때 자신을 아프게 만들었던 어떤 음식이든 피하는 것을 배울 수 있는 기제를 발달시킬 필요가 있다. 적응 가치를 가지기 위해 이 기제는 몇 가지 속성을 가져야 한다.

- 아마 한두 번 시행으로 일어날 수 있는 신속한 학습이 있어야 한다. 만일 학습이 이보다 더 많은 시행을 필요로 한다면, 그 동물은 독성 물질을 먹어서 죽을 수도 있을 것이다.
- 조건형성은 아마 수시간에 이르기까지 매우 긴 기간이 지나도 발생할 수 있어야 한다. 독성 물질은 종종 즉각 질병을 일으키지 않으므로, 더 오랜 기간이 지나도 유기체는 음식과 질병 간의 연합을 형성할 필요가 있을 것이다.
- 유기체는 음식의 소화가 아니라 음식의 냄새나 맛에 대한 혐오를 발달시켜야 한다. 음식

어떤 조건에서 사람들은 음식 혐오를 발달시킬 수 있다. 훔무스의 제공은 매력적으로 보이고 아마도 맛있을 것이지만, 적어도 한 사람의 심리학자는 이것을 전염병만큼이나 회피한다.

생물적 준비성
다른 것보다 특정한 종류의 연합을 학습하는 경향성

을 소화시켜야 하는 것보다 냄새에만 기초해서 잠재적으로 유독한 물질을 거부하는 것이 더 적응적이다.

● 학습된 혐오는 친숙한 것보다 새로운 음식과 더불어 더 자주 발생해야 한다. 동물이 앓은 특정한 날에 먹었던 모든 것에 대해 동물이 혐오를 발달시키는 것은 적응적이지 않다. 우리의 심리학자 친구는 그날 점심에 마신 콜라나 아침에 먹은 계란 스크램블에 대한 혐오는 발달시키지 않았다. 그러나 홈무스를 보거나 냄새 맡는 것은 그를 불편하게 만든다.

존 가르시아(Jone Garcia)와 동료들은 쥐를 가지고 한 일련의 연구에서 고전적 조건형성의 적응성을 시범 보였다(Garcia & Koelling, 1966). 그들은 (시각적, 청각적, 촉각적, 맛, 그리고 냄새 등) 여러 가지의 CS들과 수시간 후에 욕지기와 구토를 일으키는 (독성 물질의 주사, 방사선 조사 등) 여러 개의 다른 US들을 사용하였다. 연구자들은 CS가 시각적, 청각적, 혹은 촉각적 자극일 때에는 약한 조건형성을 약하게 일으키거나 전혀 일으키지 않는 것을 발견하였으나, 독특한 맛과 냄새를 가진 자극들에 대해서는 강한 음식 혐오가 발달한 것을 발견하였다.

이 연구는 흥미롭게 적용될 수 있다. 이로부터 방사능 조사 및 화학요법의 예기치 않은 부작용을 다루는 기법을 발전시킬 수 있었다. 치료로 인한 욕지기를 경험하는 암 환자들은 그들이 치료 전에 먹었던 음식들에 대한 혐오를 종종 발달시킨다. 브로버그와 베른슈타인(Broberg & Bernstein, 1987)은 만일 쥐에서 발견한 것이 인간에게 일반화된다면 간단한 기법이 이 효과의 부적 결과를 최소화할 것이라고 추측했다. 그들은 치료를 받기 전 마지막 식사 끝 무렵에 환자들에게 이상한 음식(코코넛 또는 루트비어 맛의 사탕)을 주었다. 아니나 다를까, 환자가 발달시킨 조건형성된 음식 혐오는 이상한 향들 중 하나에 대

쥐는 학습된 맛 혐오 때문에 중독시키는 것이 어려운데, 맛 혐오는 고전적 조건형성의 진화적인 적응 요소이다. 그림에서 한 노동자가 프랑스의 하수구에서 열심히 일하고 있다.

? 암 환자의 불편은 음식 혐오를 이해함으로써 어떻게 경감되었는가?

해서는 압도적이었지만 식사로 제공된 다른 음식들 중 어느 것에 대해서도 생기지 않았다. 표본(환자)들 중 루트비어나 코코넛 마니아 외의 환자들은 그들이 먹을 일이 더 많은 더 흔한 음식들에 대해서는 혐오를 발달시키는 것을 면하게 되었다.

이와 같은 연구들은 진화가 각 종에게 일종의 **생물적 준비성**(biological preparedness), 즉 다른 것보다 특정한 종류의 연합을 학습하는 경향성을 주었음을 시사한다. 그래서 어떤 행동은 어떤 종에서는 쉽게 조건형성되나 다른 종에서는 그렇지 않다. 예를 들면, 쥐에게 음식 혐오를 낳는 맛과 냄새 자극은 대부분의 새 종류에게는 작용하지 않는다. 새는 음식을 찾는 데에 시각 단서에 일차적으로 의존하며 맛과 냄새에는 비교적 둔감하다. 당신이 추측하듯이, 새에게는 밝은 색깔의 음식과 같이 친숙하지 않은 시각 자극을 CS로 사용함으로써 음식 혐오를 생성시키는 것이 비교적 쉽다(Wilcoxon, Dragoin, & Kral, 1971). 정말로 대부분의 연구자들은 조건형성이 유기체에게 생물적으로 관련이 있는 자극들에 대해 가장 잘 작동한다는 것에 동의한다(Domjan, 2005).

요약

▶ 고전적 조건형성은 중성적인 자극을 의미 있는 사건 혹은 자극물과 짝 짓는 연습으로 생각될 수 있다. 이반 파블로프의 최초 작업은 중성적인 소리(조건자극, CS)를 의미 있는 행위, 즉 배고픈 동물에게 음식의 제공(무조건자극, US)과 짝지었다. 그와 다른 연구자들이 보여 주었듯이, 고전적 조건형성의 획득기 동안 CS와 US의 짝짓기는 마침내 CS가 오로지 그 자체로 조건반응(CR)을 일으키게 한다.

▶ 고전적 조건형성은 존 B. 왓슨과 같은 행동주의자들에 의해 받아들여졌는데, 그는 고전적 조건형성이 인간 행동 모형의 기초를 준다고 보았다. 행동주의자로서 왓슨은, 생각이나 자각과 같은 어떤 고등 수준의 기능도 행동을 이

조작적 조건형성
유기체의 행동의 결과가 미래에 그것이 되풀이될지를 결정하는 학습 유형

해하는 데 들먹일 필요가 없다고 믿었다.

▶ 그러나 이후의 연구자들은 고전적 조건형성의 배후 기제가 CS와 US 간의 단순한 연합 이상으로 더 복잡한 (그리고 더 흥미로운) 것으로 밝혀진다는 것을 보여 주었다. 고전적 조건형성은 기대를 설정하는 것을 필요로 하고, CS가 US에 대한 진정한 예언자로 기능하는 정도에 예민한데, 이는 고전적 조건형성에 어느 정도의 인지가 개입한다는 것을 가리킨다.

▶ 소뇌는 눈 깜박임 조건형성에 중요한 역할을 하는 반면, 편도체는 공포 조건형성에 중요하다.

▶ 고전적 조건형성의 진화적 측면은 각 종은 자신의 진화 내력에 기초하여 특정한 CS-US 연합을 획득하도록 생물학적인 성향을 가지고 있다는 것을 보여 준다. 간단히 말해, 고전적 조건형성은 단지 연합을 형성하는 임의적 기제가 아니다. 오히려 그것은 적응 가치가 있기 때문에 진화한 세련된 기제이다.

조작적 조건형성 : 환경으로부터의 강화

고전적 조건형성의 연구는 반응적인 행동에 대한 연구이다. 대부분의 동물들은 자발적으로 침을 흘리거나 불안의 발작을 느끼지 않는다. 오히려 이런 동물들은 조건형성 과정 동안 이런 반응들을 비자발적으로 내보인다. 비자발적인 행동들은 우리의 행동 종목들 중 작은 부분만을 이룰 뿐이다. 그 나머지는 우리가 자발적으로 수행할 수 있는 행동들이다. 우리는 보상을 얻거나 처벌을 피하기 위해 이런 자발적인 행동들에 참여한다. 그것들을 이해하는 것은 학습의 완벽한 그림을 그리는 데에 필수적이다. 고전적 조건형성의 연구는 이런 자발적인 행동들에 대해 말할 것이 거의 없기 때문에, 우리는 다른 형태의 학습에 관심을 돌릴 것이다. **조작적 조건형성**(operant conditioning)은 유기체 행동의 결과가 미래에 그 행동이 되풀이될지를 결정하게 되는 학습 유형이다. 조작적 조건형성의 연구는 능동적인 행동들에 대한 탐구이다.

조작적 조건형성의 발달 : 효과의 법칙

능동적 행동이 환경에 어떻게 영향을 미치는가에 대한 연구는 고전적 조건형성과 거의 같은 시기에 시작되었다. 사실 에드워드 L. 손다이크(Edward L. Thorndike, 1874~1949)는 파블로프가 그의 발견을 출판하기 전인 1890년대에 이미 능동적 행동들을 처음으로 조사하였다. 손다이크의 연구는 도구적 행동들, 즉 유기체가 무엇을 하도록, 다시 말해 문제를 풀거나 아니면 그 환경의 요소들을 조작하도록 요구하는 행동에 초점을 맞추었다(Thorndike, 1898). 예를 들면, 손다이크는 문제 상자를 써서 몇 개의 실험을 완수했는데, 이 나무상자는 숨겨진 지렛대가 올바른 방향으로 움직일 때 문이 열렸다(그림 7.5 참조). 문제 상자에 놓인 배고픈 고양이는 빠져나가려고 문을 긁거나, 시끄럽게 울거나, 상자 안쪽을 쿵쿵거리거나, 구멍 속으로 앞발을 넣거나 하는 여러 가지 행동들을 시도할 것이지만, 단지 한 가지 행동이 그 문을 열게 하고 음식을 얻게 하였다. 그 행동은 지렛대를 바른 방향으로 움직이는 것이다. 이런 일이 일어난 후 손다이크는 고양이를 또다시 상자 안에 넣었다. 이상한 생각은 하지 말라. 손다이크는 아마 고양이를 실제로 좋아했을 것이다. 고양이를 괴롭히기는커녕, 그는 중요한 행동 원리를 찾고 있었다.

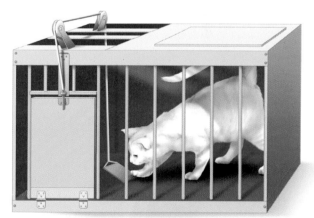

▲ 그림 7.5 **손다이크의 문제 상자** 손다이크의 원래 실험에서 음식은 문제 상자의 문 바로 바깥에 고양이가 볼 수 있는 곳에 놓여 있었다. 만일 고양이가 적절한 지렛대를 건드린다면, 문이 열리고 고양이는 나올 수 있을 것이다.

꽤 빨리, 고양이는 탈출하기 위해 그 지렛대를 건드리는 데에 아주 숙련되게 되었다. 무슨 일이 일어나고 있는지 주목하라. 처음에 고양이는 여러 개의 그럴싸한 (그러나 궁극적으로는

▶ 그림 7.6 **효과의 법칙** 손다이크의 고양이는 문제 상자로부터 탈출하려고 할 때 시행착오 행동을 보였다. 고양이는 많은 무관한 움직임들과 행동을 한 다음에야, 시간이 지난 후 해결책을 발견했다. 어떤 행동이 빗장을 여는데에 도구적이었는가를 알아낸 다음에는 고양이들은 다른 비효과적인 행동들을 모두 중지하고 상자를 점점 더 빠르게 탈출했다.

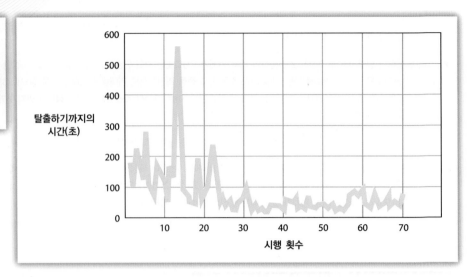

효과의 법칙
'만족스러운 사태'가 뒤따르는 행동들은 반복되는 경향이 있으며 '불쾌한 사태'를 낳는 것들은 되풀이될 가능성이 더 적다는 원리

조작행동
환경에 어떤 영향을 주는 유기체가 생성하는 행동

그의 여러 연구 참가자들 중 하나와 함께 있는 B. F. 스키너

? 행동과 보상의 관계성은 무엇인가?

비효과적인) 행동들을 했지만, 단지 한 행동만이 자유와 음식을 얻게 했다. 시간이 지나면서 효과적이지 않은 행동들은 점점 덜 자주 일어나고 하나의 도구적인 행동(걸쇠 쪽으로 바로 가는 것)이 점점 더 빈번하게 되었다(그림 7.6 참조). 이런 관찰로부터 손다이크는 **효과의 법칙**(law of effect)을 발전시켰는데, 이것은 '만족스러운 사태'가 뒤따르는 행동들은 반복되는 경향이 있으며 '불쾌한 사태'를 낳는 것들은 되풀이될 가능성이 더 적다는 주장이다.

손다이크가 학습을 연구하기 위해 사용한 조건들은 고전적 조건형성의 연구에서 쓰인 것들과 매우 달랐다. 고전적 조건형성 실험들에서 US는 매 훈련 시행마다 동물이 무엇을 하든 간에 발생했음을 명심하라. 파블로프는 개가 침을 흘리든 그렇지 않은 간에 개에게 음식을 주었다. 그러나 손다이크의 연구에서는 동물의 행동이 그다음에 일어날 것을 결정했다. 그 행동이 '맞으면'(즉 빗장이 건드려지면), 동물은 음식으로 보상되었다. 맞지 않는 행동들은 아무 결과도 내지 않았으며 동물은 맞는 행동을 수행할 때까지 상자 안에 갇혀 있었다. 고전적 조건형성과 다르긴 하지만, 손다이크의 연구는 당시 대부분의 행동주의자들에게 반향을 불러일으켰다. 그것은 여전히 관찰 가능하고, 계량 가능하고, 그리고 마음을 필요로 하는 설명이 없는 것이었다(Galef, 1998).

B. F. 스키너 : 강화와 처벌의 역할

손다이크의 연구 이후 몇십 년 뒤 스키너(B. F. Skinner, 1904~1990)는 **조작행동**(operant behavior)이라는 용어를 만들었는데, 이것은 **환경에 어떤 영향을 주는, 유기체가 생성하는 행동**을 가리킨다. 스키너의 시스템에서 이렇게 방출된 모든 행동들은 어떤 방식으로 환경에 '작동했으며', 그 환경은 그 행동들을 강하게 하거나(즉, 행동을 강화한다), 혹은 그것들이 덜 자주 일어나게 하는(즉, 행동을 처벌한다) 사건들을 제공함으로써 반응했다. 스키너의 우아하고 단순한 관찰은, 대부분의 유기체들은 상황이 어떠하든 음식을 받기만을 수동적으로 기다리고 있는 마구에 묶인 개처럼 행동하지 않는다는 것이었다. 오히려 대부분의 유기체들은, 보상을 거두기 위해 환경 속에 능동적으로 개입하는 상자 안의 고양이와 비슷하다(Skinner, 1938, 1953).

조작행동을 과학적으로 연구하기 위해 스키너는 손다이크의 문제 상자에 변화를 주었다. 조작적 조건형성 방, 혹은 흔히 불리는 스키너 상자(그림 7.7 참조)는 연구자로 하여금 제어된 환경 안에서 작은 유기체들의 행동을 연구할 수 있게 해 준다.

학습 연구에서 스키너의 접근은 **강화**(reinforcement)와 **처벌**(punishment)에 초점을 두었다. 이 용어들은 상식적인 의미를 가지고 있지만, 정의하기가 다소 어려운 것으로 드러났다. 예를 들어, 어떤 사람이 롤러코스터를 좋아하는데, 다른 사람은 그것을 무서워한다. 그것을 타는 기회는 한 집단에게는 강화가 될 것이지만 다른 집단에게는 처벌이 될 것이다. 개는 칭찬과 배를 잘 쓰다듬어 주기로 훈련될 수 있지만, 이 절차는 대부분의 고양이에게는 거의 소용이 없다. 스키너는 각 용어를 그것이 행동에 미치는 효과로 특징짓고자 '중립적인' 정의를 내렸다. 그러므로 **강화물**(reinforcer)은 그 자극으로 이어지는 행동의 확률을 증가시키는 역할을 하는 어떤 자극이나 사건이며, **처벌물**(punisher)은 그 자극으로 이어지는 행동의 확률을 감소시키는 역할을 하는 어떤 자극이나 사건이다.

특정한 자극이 강화물로 혹은 처벌물로 작용하는지는 그것이 한 행동의 확률을 높이는지 낮추는지에 부분적으로 달려 있다. 음식 제공은 보통 강화적이며 그것으로 이끄는 행동의 증가를 낳는다. 음식 제거는 종종 처벌적이며 행동의 감소로 이어진다. 전기 충격을 주는 것은 전형적으로 처벌적이며(그것을 이끄는 행동이 줄어든다), 전기충격을 끄는 것은 보상적이다(그것을 이끄는 행동이 증가한다).

이런 가능성들을 구별하기 위해 스키너는 한 자극이 제시되는 상황을 위해서는 **정적**(positive)이란 용어를 쓰고, 그것이 제거되는 상황에서는 **부적**(negative)이란 용어를 썼다. 결과적으로, (원하는 무엇인가가 제공되는) **정적 강화**와 (원하지 않는 무엇인가가 제거되는) **부적 강화**, 그리고 (불쾌한 무엇인가가 처치되는) **정적 처벌**과 (원하는 무엇인가가 제거되는) **부적 처벌**이 있다. 여기에서 정적 및 부적이란 단어가 의미하는 것은 각각 더해지는 무엇 혹은 제거되는 무엇이며, 일상 언어에서 그러는 것처럼 '좋음' 혹은 '나쁨'을 뜻하지 않는다. 표 7.1에서 보듯이, 정적 및 부적 강화는 행동의 발생 확률을 높이고, 정적 및 부적 처벌은 행동의 발생 확률을 떨어뜨린다.

▲ 그림 7.7 **스키너 상자** 전형적인 스키너 상자 혹은 조작적 조건형성 방에서, 쥐, 비둘기 혹은 다른 적절한 크기의 동물이 이 환경 안에 놓이고 조작적 조건형성 원리를 사용하는 학습 시행 동안 관찰된다.

> 표 7.1

강화와 처벌

	행동의 발생 확률 증가	행동의 발생 확률 감소
자극물의 제시	정적 강화	정적 처벌
자극물의 제거	부적 강화	부적 처벌

이 구별이 처음에는 혼란스러울 수 있다. 결국 '부적 강화'와 '처벌'은 모두 그것들이 '나쁜' 것처럼 들리고, 같은 종류의 행동을 낳는다. 그러나 예를 들어 부적 강화는 유쾌한 무엇인가를 포함한다. 그것은 충격과 같은 불쾌한 것의 제거이며 충격의 부재는 정말 유쾌한 것이다.

강화는 학습을 촉진하는 데에 처벌보다 일반적으로 더 효과적이다. 여러 이유가 있으나(Gershoff, 2002), 한 가지는 이렇다. 처벌은 용납할 수 없는 행동이 일어났다는 것을 신호하지만, 그 대신 무엇을 해야 하는지를 구체적으로 밝히지 않는다. 혼잡한 거리로 뛰어들려는 어린아이를 찰싹 때리는 것은 분명히 그 행동을 멈추게 하지만, 이것은 **바람직한** 행동에 관해 어떤 종류의 학습도 촉진하지 않는다.

? 왜 바람직한 행동의 학습에서 강화는 처벌보다 더 건설적인가?

강화물
그 자극으로 이어지는 행동의 확률을 증가시키는 역할을 하는 어떤 자극이나 사건

처벌물
그 자극으로 이어지는 행동의 확률을 감소시키는 역할을 하는 어떤 자극이나 사건

일차 및 이차 강화와 처벌

강화물과 처벌물은 종종 기본적인 생물적 기제로부터 그 기능을 얻는다. 스키너 상자에서 표적을 쪼는 비둘기는 보통 음식 알갱이로 강화되는데, 약한 전기 충격으로부터 탈출하는 것을

부적 강화는 바람직하지 않은 어떤 것을 환경에서 제거하는 것과 관련된다. 아빠가 차를 멈출 때, 그는 보상을 받는다. 그의 작은 괴물(아이)은 소리치는 것을 멈춘다. 그러나 아이의 관점에서 보면, 이것은 정적 강화이다. 아이의 짜증은 정적인 어떤 것이 환경에 더해지는, 즉 스낵을 먹기 위해 멈추는 결과를 낳는다.

배우는 동물이 따끔거리는 발의 처벌을 회피하는 것과 같다. 음식, 안락, 거처, 혹은 따뜻함은 일차 강화물의 예들인데, 그것들은 생물적 필요를 충족하는 데에 도움이 되기 때문이다. 그러나 우리 일상생활에서 광범한 대다수의 강화물 혹은 처벌물은 생물학과 거의 관계가 없다. 언어적 승인, 청동 트로피, 혹은 돈은 모두 강력한 강화 기능을 수행하지만, 이들 중 어느 것도 아주 좋은 맛이 나지도 않고 밤에 당신을 따뜻하게 하는 데 도움이 되지도 않는다. 요점은, 우리는 생물적 만족과 거의 혹은 전혀 관계가 없는 강화에 기초해서 많은 행동을 수행하는 것을 배운다는 것이다.

이들 이차 강화물은 고전적 조건형성을 통해서 일차 강화물과의 연합으로부터 그 효과성을 끌어낸다. 예를 들어, 돈은 중성적 CS로 시작하지만, 음식이나 거처를 획득하는 것과 같은 일차적 US와의 연합을 통해 조건형성된 정서적 요소를 가진다. 빛을 번쩍이는 것은 처음에 중성적 CS이지만 과속 고지서와 벌금과의 연합을 통해 강력한 부정적 요소를 획득한다.

즉각 대 지연 강화와 처벌

강화물의 효과성에 대한 핵심 결정인자는 행동과 강화물의 발생 간의 시간 간격이다. 그 간격이 길어질수록 강화물은 덜 효과적이게 된다(Lattal, 2010; Renner, 1964). 배고픈 쥐에게서 음식 강화물이 쥐가 레버를 누른 후 다양한 시점에 주어진 실험에서 이 점이 매우 잘 드러난다(Dickinson, Watt, & Griffiths, 1992). 몇 초만이라도 강화를 지연시키는 것은 그 뒤에 쥐가 레버를 누르는 회수를 감소시키며, 지연을 일 분까지 늘리면 음식 강화물은 전혀 효과적이지 않게 된다(그림 7.8 참조). 이 효과에 대한 가장 그럴싸한 설명은 강화물의 지연으로 인해 쥐가 강화물을 얻기 위해 어떤 행동을 수행할 필요가 있는지를 정확하게 알아내기 어렵게 되었다는 것

▼ 그림 7.8 **강화의 지연** 쥐는 음식 보상을 얻기 위해 지렛대를 눌렀다. 연구자들은 지렛대 누르기와 음식 강화의 제공 간의 시간 간격을 변화시켰다. 지렛대 누르기의 수는 지연이 길어질수록 실질적으로 감소했다.

이다. 같은 식으로 말하면, 몇 개의 캔디를 가지고 아이들이 조용하게 노는 것을 강화시키고자 하는 부모는 아이가 계속 조용히 놀고 있는 동안에 캔디를 제공해야 한다. 아이가 다른 행동에, 아마 냄비나 팬으로 시끄러운 소리를 만드는 일에 몰두할 수도 있을, 나중까지 기다리면, 아이들은 강화물과 조용하게 노는 행동을 연결시키기가 더 어려울 것이다(Powell et al., 2009).

지연된 강화물과 비교해서 즉각적 강화물의 뛰어난 효능은 왜 장기적인 이득을 주는 행동에 관여하기가 힘든지를 우리로 하여금 인정하도록 도와준다. 금연을 필사적으로 원하는 애연가는 불을 붙이는 것에서 생기는 휴식의 느낌에 의해 즉시 강화될 것이지만, 금연으로 생기는 더 좋은 건강으로 강

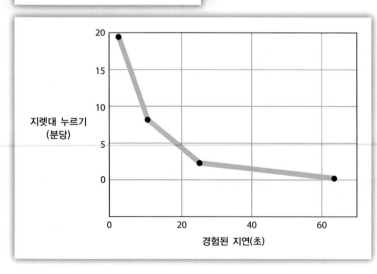

문화와 사회

강화물에 문화적 차이가 있는가?

강화물은 조작적 조건형성에서 핵심 역할을 하는데, 정적 강화를 사용하는 조작적 접근들은 행동 치료와 같은 일상적 장면에서 광범하게 적용되어 왔다(16장 참조). 어떤 종류의 강화물이 사람들에게 보상적인가를 평가하기 위해 설계된 조사는 여러 집단들 간 광범한 차이가 있을 수 있다는 것을 드러내 주었다(Dewhurst, & Cautela, 1980; Houlihan et al., 1991).

최근에 미국, 호주, 탄자니아, 덴마크, 온두라스, 한국, 및 스페인의 750명의 고등학교 학생들이 강화물 간에서 있을 수 있는 문화 간 차이를 평가하기 위해 조사되었다(Homan et al., 2012). 조사는 학생들에게 여러 활동들이 얼마나 보상적인지를 5점 척도에서 평가하도록 요청했는데, 그 활동들에는 음악 듣기, 음악 연주하기, 여러 종류의 스포츠, 쇼핑, 독서, 친구와 시간 보내기 등이 있었다. 연구자들은 미국의 고등학교 학생들이 탄자니아와 온두라스와 같은 제3세계 나라의 고등학교 학생들과 가장 크게 다를 것으로 기대를 세웠는데, 이것이 바로 그들이 발견한 것이었다. 미국과 한국 학생들 간의 차이는 그렇게 크지는 않으나 다소 의외였는데, 미국과 스페인 학생들 간의 차이도 마찬가지였다. 미국과 호주 혹은 덴마크 학생들 간의 차이는 훨씬 더 적었다.

이 결과들은 에누리해서 들어야 하는데 연구자들은 경제 수준과 같이 그 결과들에 영향을 줄 수 있는, 문화 외의 다른 변인들을 통제하지 않았기 때문이다. 그럼에도 이 결과들은 여러 문화에서 온 사람들의 행동에 영향을 미치기 위해 강화물을 쓰는 프로그램이나 (처치)개입을 설계할 때 문화적 차이가 고려되어야 한다는 것을 시사한다.

화되기 위해서는 몇 년을 기다려야 할 것이다. 체중을 줄이려고 진심으로 원하는 식이조절 하는 사람은, 체중 감소와 연합될지 모를 (더 좋게 보이고 느끼는) 강화를 위해 여러 주 혹은 여러 달을 기다리기보다, 지금 강화를 주는 초콜릿 선디의 유혹에 쉽게 굴복할 수 있다.

지연된 강화 개념은 금연의 어려움과 어떻게 관련되는가?

비슷한 고찰이 처벌에도 적용된다. 일반적으로 행동과 처벌의 시행 간의 지연이 길수록, 처벌은 목표로 하는 행동을 억제하는 데에 덜 효과적이게 될 것이다(Kamin, 1959; Lerman & Vorndran, 2002). 지연된 처벌의 효과 감소는 비 실험적인 상황에서 심각한 문제일 것인데, 일상 생활에서 문제 행동이 발생한 후 즉각 혹은 빠른 시간 내에라도 처벌을 실시하는 것은 종종 힘들기 때문이다(Meindl & Casey, 2012). 예를 들면, 가게에서 비행을 저지른 아이를 가진 부모는 타임아웃(time-out)을 갖고 즉각 아이를 처벌할 수 없을 것인데, 이것은 가게 장면에서 비실제적이기 때문이다. 훔치는 것과 같은 어떤 문제 행동들은 즉각 탐지하기가 힘들 수 있으며, 그러므로 처벌은 불가피하게 지연된다. 실험실 및 일상생활 장면에서의 연구는 지연된 처벌의 효과성을 높이기 위한 몇 가지 전략을 제시하는데, 여기에는 처벌의 엄격함을 증가시키거나 언어 지시를 써서 행동과 처벌 간의 간격을 줄이는 시도가 포함된다(Meindl & Casey, 2012). 예를 들어, 쇼핑몰에서 부모는 잘못을 저

당신이 교외 도시의 시장이고 거주 구역에서 속도를 높이는 운전자들의 수를 줄이는 새로운 정책을 도입하려 한다고 가정하자. 당신이 싫어하는 행동(과속)을 줄이기 위해 어떻게 처벌을 쓸 것인가? 당신이 바라는 행동(안전 운전을 늘리기 위해 어떻게 강화를 쓸 것인가? 당신이 이 절에서 읽은 조작적 조건형성의 원리에 근거해서, 어떤 접근이 가장 유익할 것으로 생각하는가?

©EDEN BREITZ/ALAMY

지르는 아이에게 나중의 타임아웃이 언제 어디에서 있을 것인지를 말할 수 있을 것이다.

조작적 조건형성의 기본 원리

강화와 처벌이 학습된 행동을 어떻게 생성하는가를 입증한 다음, 스키너와 다른 연구자들은 조작적 조건형성의 변수들을 확대하기 시작했다. 이것은 강화를 주는 가장 좋은 방법 혹은 유기체에서 복합적인 학습된 행동을 생성시키는 방법과 같이 어떤 실제적인 응용 방안들뿐만 아니라, 고전적 조건형성에서 잘 알려진 (변별, 일반화 및 소거 같은) 현상들을 조사하는 형태로 이루어졌다. 조작적 조건형성에서 이런 기본 원리들 중 몇 가지를 살펴보자.

변별, 일반화 및 맥락의 중요성

우리는 모두 하루에 적어도 한 번 옷을 벗지만, 보통 대중 앞에서는 아니다. 우리는 록 콘서트에서 고함을 치지만 도서관에서는 그러지 않는다. 우리는 저녁 식탁에서 "국 주세요"라고 말하지만, 교실에서는 그러지 않는다. 이런 관찰들은 상식 이상의 것이 아닌 것처럼 보이지만, 손다이크는 처음으로 이것의 기저에 있는 메시지를 알아차렸다. 학습은 맥락 속에서 일어나며, 어떤 가능한 상황의 제한 없이 일어나지 않는다. 스키너가 그것을 나중에 바꾸어 말한 것처럼, 모든 행동은 자극 제어(stimulus control) 아래 있는데, 이것은 적절한 변별 자극 (discriminative stimulus), 즉 어떤 반응이 강화될 것임을 가리키는 자극이 있을 때에만 특정 반응이 일어날 때 발달하는 것이다. 스키너(1972)는 '3개 항의 유관성'(three-term contingency)으로 이 과정에 대해 논의했다. 즉, 변별 자극(동급생들이 스타벅스에서 함께 커피를 마시는 것)의 출현에서, 한 반응(심리학 교수의 증가하는 허리둘레와 점점 넓어지는 이마에 대한 농담)이 강화물(동급생들의 웃음)을 낳는다. 다른 맥락, 예컨대 교수의 연구실에서는 아주 다른 결과를 낳기 쉬울 것이다.

> **?** 학습이 맥락 속에서 일어난다고 말하는 것이 무슨 의미인가?

자극 제어는 아마 놀랍지는 않겠지만, 고전적 조건형성에서 보았던 것들과 비슷한 변별과 일반화 모두를 보여 준다. 이것을 시범하기 위해, 연구자들은 프랑스 인상파 화가인 클로드 모네의 그림과 파블로 피카소가 입체파 시기에 그린 그림을 변별 자극으로 사용하였다 (Watanabe, Sakamoto, & Wakita, 1995). 이 실험의 참가자들은 적절한 그림이 제시될 때 반응하

자극 제어에 관한 연구에서, 왼쪽에 있는 것과 같은 피카소의 그림들로 훈련을 받은 참가자들은 피카소의 다른 그림들 혹은 다른 입체파의 그림들에 대해 반응하였다. 오른쪽에 있는 것과 같은 모네의 그림들로 훈련을 받은 참가자들은 모네 혹은 다른 프랑스 인상파의 그림들에 반응하였다. 흥미롭게도, 이 연구의 참가자들은 비둘기였다.

TATE GALLERY, LONDON/ART RESOURCE, NY

TATE GALLERY, LONDON/ART RESOURCE, NY

는 경우에만 강화받았다. 훈련 후에 참가자들은 제대로 변별하였다. 모네 그림으로 훈련받은 참가자들은 모네의 다른 그림들이 제시되었을 때 반응했으며, 피카소 그림으로 훈련받은 참가자들은 피카소의 다른 입체파 그림이 보일 때 반응하였다. 기대한 바대로, 모네 훈련 참가자들은 피카소에 반응하지 않았으며 피카소 훈련 참가자들은 모네에 반응하지 않았다. 게다가 연구 참가자들은 화가들이 같은 예술적 전통에 속하는 한에는 화가들 간에 일반화할 수 있다는 것을 보였다. 이전에 그 그림들을 결코 본 적이 없음에도 불구하고, 모네로 훈련받은 참가자들은 오귀스트 르누아르(다른 프랑스 인상파 화가)의 그림이 보일 때에도 적절하게 반응했으며, 피카소 훈련 참가자들은 입체파 화가인 앙리 마티스의 그림에 반응하였다. 이런 결과들이 당신에게 그다지 놀라운 것으로 보이지 않는다면, 연구 참가자들이 이런 다양한 예술 작품들에 대해 건반 쪼기를 훈련받은 비둘기였다는 것을 안다면 도움이 될 것이다. 자극 제어와 그것이 자극 변별과 자극 일반화를 조장할 수 있는 능력은 자극이 반응자에게 아무 의미가 없을 때에도 효과적이다.

소거

고전적 조건형성에서처럼 조작행동은 강화가 멈출 때 소거를 겪는다. 비둘기는 행동에 잇달아 음식이 더 이상 제공되지 않는다면 키 쪼기를 중지한다. 당신은 자동판매기가 약속된 사탕이나 음료수를 내놓지 않는다면 그것에 더 많은 돈을 넣지 않을 것이다. 찡그리거나 찌푸린 얼굴로 응대를 받은 따뜻한 미소는 곧 사라질 것이다. 표면적으로 조작행동의 소거는 고전적 조건형성의 소거와 비슷하게 보인다. 반응 비율은 상당히 빨리 떨어지며, 휴지 기간이 주어지면 자발적 회복이 전형적으로 나타난다.

그러나 중요한 차이가 있다. 고전적 조건형성에서 US는 유기체가 무엇을 하든 모든 시행에서 발생한다. 조작적 조건형성에서 강화는 적절한 반응이 수행될 때에만 나타나며, 그때에도 항상 나타나는 것은 아니다. 숲으로 가는 모든 여행이 다람쥐에게 나무 열매를 주지 않으며, 자동차 판매원은 시운전을 하는 모든 사람에게 차를 팔 수 없으며, 연구자는 해결되지 않고 결코 출판되지 않는 많은 실험들을 수행한다. 그러나 이런 행동들은 약해지고 점차로 소거되지는 않는다. 사실 그것들은 보통 더 강해지고 더 잘 회복된다. 그리고 흥미롭게도 소거는 고전적 조건형성보다 조작적 조건형성에서 약간 더 복잡한데 소거가 강화를 얼마나 자주 받았는가에 부분적으로 달려 있기 때문이다. 사실 이 원리는 우리가 다음에 살펴볼 조작적 조건형성의 중요한 기초이다.

강화 계획

스키너는 소서를 둘러싼 외헌직인 역설에 흥미를 느꼈는데, 자시전에서 그는 이렇게 그것을 연구하기 시작했는지를 서술했다(Skinner, 1979). 그는 초기 실험들에서 쥐를 강화시키는 데에 사용할 음식 알갱이를 만들기 위해 땅쥐 사료와 물을 힘들여 굴리고 있었다. 막대를 누를 때마다 쥐에게 알갱이를 주지 않고 그 대신 간헐적인 일정에 따라 음식을 주면 아마 시간과 노력을 절약할 수 있으리라는 생각이 갑자기 떠올랐다. 이런 직감의 결과는 극적이었다. 그 쥐들은 막대를 계속 눌렀을 뿐만 아니라 강화물 제공의

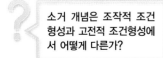

소거 개념은 조작적 조건형성과 고전적 조건형성에서 어떻게 다른가?

때맞춤(timing)과 빈도에 따라 막대 누르기의 속도와 패턴도 변경하였다. 학습 시행의 수만이 중요했던 고전적 조건형성과 달리, 조작적 조건형성에서는 강화가 나타나는 패턴이 결정적이었다.

벼락치기 시험 공부하는 학생들은 종종 고정간격 계획 조건에서 강화받고 있는 비둘기와 같은 종류의 행동을 보인다.

스키너는 강화 계획이라 알려진 것을 수십 가지 탐구했다(Ferster & Skinner, 1957; 그림 7.9 참조). 가장 중요한 두 가지는, 강화 간 시간 간격에 기초를 둔 간격 계획과, 강화에 대한 반응 비율에 기초를 둔 비율 계획이다.

간격 계획 **고정간격 계획**(fixed interval schedule, FI)에서는 강화는 적절한 반응이 만들어진다면 고정된 시간 간격으로 제공된다. 예를 들면, 2분 고정간격 계획에서 그 직전의 강화 이후 2분이 지난 후에만 반응이 강화될 것이다. 스키너 상자 안의 쥐와 비둘기들은 이 계획 아래 예측할 만한 행동 패턴을 보여 주었다. 그들은 강화 제공 직후에는 거의 반응하지 않았으나, 그다음 간격이 끝날 무렵 폭발적인 반응을 보였다. 많은 학부생들이 이와 똑같이 행동한다. 그들은 다가오는 시험 바로 직전까지는 비교적 거의 공부를 하지 않다가, 그다음 맹렬하게 읽고 공부에 몰두한다.

? 라디오 방송국은 사람들이 계속 듣게 하기 위해 강화 계획을 어떻게 사용하는가?

변동간격 계획(variable interval schedule, VI)에서는 행동은 그 직전의 강화 이후 경과한 평균 시간에 기초해서 강화된다. 예를 들면, 2분 변동간격 계획에서 반응은 평균적으로 2분마다 강화될 것이지만 2분 후에 매번 강화되지는 않는다. 변동간격 계획은 전형적으로 꾸준하고 일관성 있는 반응을 보이는데, 그다음 강화까지의 시간이 덜 예측적이기 때문이다. 변동간격 계획들은 실제 생활에서 그렇게 자주 부딪히지 않지만, 한 가지 예는 록 콘서트 표와 같은, 라디오 방송국의 선전용 경품일 것이다. 강화, 즉 표를 얻는 것은 방송일의 그 기간을 통틀어서 한 시간에 한 번인 것으로 평균적으로 드러날 것이지만, 강화의 제공은 변동적이다. 경품은 이른 10시에 나올 수도 있고, 늦은 11시에, 또는 12시가 되는 즉시 나올 수도 있다. 그 밖에 여러 경우가 가능하다.

라디오 방송국의 판촉 및 경품 행사는 종종 변동간격 계획을 따른다.

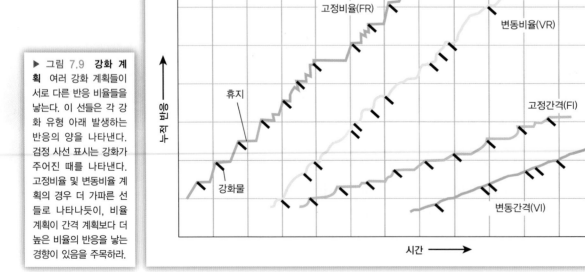

▶ 그림 7.9 **강화 계획** 여러 강화 계획들이 서로 다른 반응 비율들을 낳는다. 이 선들은 각 강화 유형 아래 발생하는 반응의 양을 나타낸다. 검정 사선 표시는 강화가 주어진 때를 나타낸다. 고정비율 및 변동비율 계획의 경우 더 가파른 선들로 나타나듯이, 비율 계획이 간격 계획보다 더 높은 비율의 반응을 낳는 경향이 있음을 주목하라.

고정간격 계획과 변동간격 계획은 느리고 질서정연한 반응을 생성하는 경향이 있는데, 강화는 얼마나 많은 반응이 일어나는가와 독립적인 시간 척도를 따르기 때문이다. 고정간격 계획에 있는 쥐가 2분 동안 1회 혹은 100회 막대를 누르는지는 중요하지 않다. 강화적인 음식 알갱이는 반응 수와 무관하게, 2분이 지나가기 전에는 배출기로부터 떨어지지 않을 것이다.

비율 계획 **고정비율 계획**(fixed ratio schedule, FR)에서 강화는 특정한 수의 반응이 만들어진 다음에 제공된다. 한 계획은 매 네 번째 반응 후에 강화를 주는 것일 수 있고, 다른 계획은 매 20회 반응 이후에 강화를 주는 것일 수 있다. 각 반응 후에 강화를 제공하는 특수한 경우는 연속 강화(continuous reinforcement)라고 불리며, 이것이 스키너로 하여금 이 계획을 우선 탐구하게 만든 것이다. 각 예에서 반응에 대한 강화 비율은 한 번 설정되면 고정된 채로 남아 있다는 것을 주목하라.

사람들이 때로는 자기도 모르게 고정비율 계획으로 강화받는 상황이 많이 있다. 북클럽은 종종 당신에게 몇 번의 정기적 구입 후에 우대권을 주며, 성과급 노동자는 일정한 수의 제품을 만든 다음 임금을 지불받으며, 어떤 신용카드 회사는 청구 금액의 일정 비율을 고객에게 되돌려준다. 고정비율 계획이 작동하고 있을 때 그다음 강화물이 정확하게 언제 올 것인지를 아는 것은 원칙적으로는 가능하다. 10회 반응의 고정비율 계획에 있고, 방금 아홉 번째의 셔츠를 빨고 다림질한 세탁소 노동자는 그다음 셔츠가 처리된 다음 임금 지불이 올 것이란 것을 안다.

섬유 공장에서 일하는 이 성과급 노동자들은 고정비율 계획에 따라 임금을 지급받는다. 그들은 일정량의 셔츠를 재봉한 다음에야 급료를 받는다.

비율 계획은 당신이 돈을 계속 쓰도록 어떻게 작동하는가?

변동비율 계획(variable ratio schedule, VR)에서 강화의 제공은 반응들의 특정한 평균 수에 근거를 둔다. 예를 들면, 세탁소 노동자가 고정비율 계획 대신에 10회 반응 변동비율 계획을 따르고 있다면, 그 사람은 평균적으로 세탁하고 다림질한 열 장의 셔츠에 대해 임금 지불을 받을 것이지만, 매 열 번째 셔츠에 대해서는 아니다. 현대 카지노의 슬롯머신은 변동비율 계획에 따라 지불하는데, 그 계획은 기계의 작동을 제어하는 난수 발생기에 의해 결정된다. 카지노는 '평균 매 100번 당길 때'마다 당첨된다고 광고할 수 있을 것이며, 이는 사실일 수 있다. 그러나 오락을 하는 어떤 사람이 슬롯머신에서 3회 당긴 후 잭팟을 맞힐 수 있는 반면, 다른 사람은 80회 당긴 후에도 맞히지 못할 수 있다. 강화에 대한 반응의 비율은 변동적이라는 것이, 아마도 카지노가 여전히 사업을 하는 데에 도움을 준다.

변동비율 계획은 고정비율 계획보다 약간 더 높은 반응 비율을 보이는 것은 놀라운 일이 아닌데, 이것은 주로 유기체가 그다음 번 강화가 언제 나타날 것인지를 결코 모르기 때문이다. 게다가 비율이 더 높을수록 반응률도 더 높아지는 경향이 있다. 20회 반응 변동비율 계획은 2회 반응 변동비율 계획보다 상당히 더 많은 반응을 낳을 것이다. 강화 계획들이 **간헐적 강화**(intermittent reinforcement), 즉 반응들 중 일부에 대해서만 강화가 주어질 때, 그것은 연속 강화 계획보다 소거에 훨씬 더 저항적인 행동을 낳는다. 이 효과에 대해 생각하는 한 가지 방법은 (강화) 계획이 더 불규칙적이고 더 간헐적일수록 유기체가 실제로는 소거 상황에 놓여 있는지를 탐지하기가 더 어려워진다는 것을 깨닫는 것이다.

카지노의 슬롯머신은 변동비율 계획을 따라 지불한다. 이것은 왜 어떤 노름꾼은 믿을 수 없으리만치 운이 좋다고 느끼는 반면, (이 친구처럼) 다른 사람들은 한 번도 돈을 따지 못하고도 믿을 수 없으리만치 오랫동안 게임을 하는지를 설명하는 데에 도움이 된다.

고정간격 계획(FI)
적절한 반응이 만들어진다면 강화물이 고정된 시간 간격으로 제공되는 조작적 조건형성 원리

변동간격 계획(VI)
행동이 그 직전의 강화 이후 경과한 평균 시간에 기초해서 강화된다는 조작적 조건형성 원리

고정비율 계획(FR)
강화가 특정한 수의 반응이 만들어진 다음에 제공되는 조작적 조건형성 원리

변동비율 계획(VR)
강화의 제공이 반응들의 특정한 평균 수에 근거하는 조작적 조건형성 원리

간헐적 강화
수행한 반응들 중 일부에 대해서만 강화가 주어지는 조작적 조건형성 원리

당신이 보험회사를 소유하고 있고 당신의 판매원들이 가능한 한 많은 보험을 판매하기를 원한다고 상상해 보라. 당신은 그들에게 판매한 보험의 수에 근거해서 보너스를 주려고 결정한다. 당신은 FR 계획을 쓰는 보너스 시스템을 어떻게 설정할 것인가? VR 계획을 쓴다면? 어떤 시스템이 당신의 판매원들로 하여금, 더 많은 판매를 한다는 의미에서, 더 열심히 일하도록 격려할 것으로 생각하는가?

간헐적 강화 효과
간헐적 강화 계획에서 유지된 조작행동들은 연속 강화 아래 유지되던 행동보다 소거에 대해 더 잘 저항한다는 사실

조성
희망하는 최종 행동으로 가는 연속적인 단계들을 강화함으로써 생기는 학습

아그네스라는 이름의 개를 조성하는 B. F. 스키너. 20분의 기간이 지나자, 스키너는 계기적 근사법이라는 강화를 써서 아그네스의 행동을 조성시킬 수 있었다. 그 결과는 이리저리 움직이기, 뒷발로 서기, 및 점프하기 등의 깜찍하고 훌륭한 묘기였다.

예를 들면 당신이 부서진 줄 모르고 음료수 판매기에 방금 1달러를 넣었는데 아무것도 나오지 않는다고 하자. 당신은 연속 강화 계획에서—1달러에 음료수 하나씩—음료수를 받는 것에 익숙해져 있기 때문에 환경에서 이런 갑작스런 변화는 쉽게 눈에 띄고, 당신은 기계에 더 이상 돈을 넣지 않을 것이다. 즉, 당신은 곧장 소거를 보인다. 그러나 당신이 모르고, 부서진 슬롯머신에 1달러를 넣었다면, 한두 번 놀이를 한 뒤 당신은 그만두는가? 거의 확실하게 그렇지 않을 것이다. 당신이 습관적인 슬롯 놀이꾼이라면 아무것도 따지 못하고 연속해서 몇 번이나 허탕을 치는 데에 익숙해졌을 것이고, 그래서 무언가 보통과는 다르다는 것을 알아차리기가 힘들다. 간헐적 강화 조건에서 모든 유기체는 소거에 대한 강한 저항을 보이고 반응을 멈추기까지 여러 번의 시행들을 계속한다. 이 효과는 유아들에게도 관찰되었다(Weir et al., 2005).

간헐적 강화 계획과 그로 인한 행동의 완성성 간의 관계는 **간헐적 강화 효과**(intermi-ttent reinforcement effect)라고 하는데, 이것은 간헐적 강화 계획에서 유지되는 조작행동들은 연속 강화 아래 유지되던 행동보다 소거에 대해 더 잘 저항한다는 사실을 가리킨다. 한 극단적인 경우에, 스키너는 변동비율 계획을 점차 확장해서 비둘기가 한 개의 음식 강화물을 얻기까지 반짝이는 건반을 10,000번이나 쪼아야만 하도록 했다. 이와 같은 계획 아래 유지된 행동은 소거에 대해 사실상 면역을 가지고 있는 것이다.

계기적 근사법을 통한 조성

아쿠아랜드에 가서 돌고래가 한 번 부드러운 동작으로 공중에 점프해서 몸을 비틀어서 물을 튀며 다시 입수해서, 재주넘기를 하고, 그다음 후프 속으로 점프하는 것을 어떻게 배우는지에 대해 궁금증을 가진 적이 있는가? 글쎄, 돌고래들은 그렇게 못해. 아니 잠깐, 당연히 돌고래들은 한다. 당신은 그런 돌고래들을 보았다. 단지 돌고래들은 하나의 부드러운 동작으로 이 모든 복합적인 곡예를 하는 것을 배우지 않는다는 것이다. 오히려 그들 행동의 요소들은 최종적 산물이 하나의 부드러운 동작처럼 보일 때까지 계속 조성되어 왔다.

스키너는 파블로프와 손다이크의 시행별 실험은 다소 인위적이라는 것을 주목했다. 행동은 자극이 제시되고 그다음 유기체가 어떤 혹은 다른 활동에 참여해야 하는 식의 고정된 틀로는 거의 일어나지 않는다. 우리는 연속적으로 활동하고 행동하고 있으며, 우리 주변의 세계는 우리 행동에 반응해서 다시 반응한다. 우리 행동들의 대부분은 **조성**(shaping), 즉 최종 희망하는 행동으로 계기적 근사법을 통한 강화의 결과로 생기는 학습의 결과들이다. 한 세트의 행동들의 결과가 다음 세트의 행동들을 조성하고, 그 결과는 그다음 세트의

? 조작적 조건형성은 어떻게 복잡한 행동을 낳을 수 있는가?

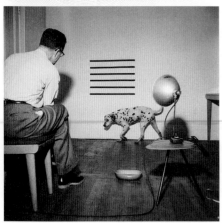

1분

4분

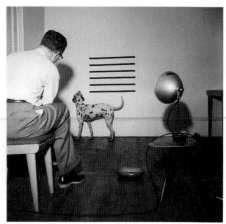

8분

행동을 조성하는 식으로 이어진다.

스키너는 비둘기가 자주 드나들었던 제분소 옥상에 있는 실험실에서 제너럴 밀즈(General Mills)가 후원하는 전시 프로젝트에 관해 일하고 있었을 때인 1943년 어느 날 조성의 잠재적 힘을 깨달았다(Peterson, 2004). 가벼운 마음으로, 스키너와 동료들은 비둘기가 몇 개의 핀과 함께 상자 안에 놓아둔 공을 부리로 쳐서 '굴리도록' 가르칠 수 있는지를 알아보자고 결정했다. 공을 단지 쳐다보는 것과 같이, 후려치기와 멀리 관련되어 있기라도 한 어떤 반응을 강화하고자 스키너가 결정할 때까지는 어떤 것도 효과가 없었다. "그 결과는 우리를 놀라게 했다. 마치 비둘기가 스쿼시 챔피언 선수였던 것처럼 몇 분 내에 공은 상자의 벽을 맞고 튕겨 나오고 있었다"라고 스키너는 회상했다(Skinner, 1958, p. 974). 스키너는 이 통찰을 자신이 후속 실험실 연구에 적용했다. 예를 들어, 당신이 스키너 상자에 쥐를 한 마리 넣고 그것이 막대를 누르기를 기다린다면 매우 오랫동안 기다리는 것으로 시간을 다 보낼 것이라고 그는 지적했다. 막대 누르기는 쥐의 자연적인 반응 위계에서 그리 높지 않다. 그러나 막대 누르기를 '조성'하기는 비교적 쉽다. 쥐를 가까이 지켜보라. 만일 쥐가 막대 방향으로 몸을 돌린다면 음식 보상을 줘라. 이것은 막대 쪽으로 몸 돌리기를 강화하고, 그런 움직임이 더 잘 일어나게 할 것이다. 그다음 음식을 주기 전에 쥐가 막대 쪽으로 한 걸음 떼기까지 기다려라. 이것은 막대를 향한 움직임을 강화할 것이다. 쥐가 막대로 더 가까이 걸어간 다음에는 쥐가 막대를 건드린 다음 음식을 줘라. 이 행동들 중 어떤 것도 최종적으로 희망하는 행동(확실하게 막대를 누르는 것)은 아니라는 점을 유의하라. 오히려 각 행동은 최종 산물에 대한 계기적 근사(successive approximation), 즉 전반적으로 희망하는 행동에 점점 더 가까이 가는 행동이다. 돌고래의 예에서, 그리고 정말로, 비교적 단순한 동물들이 놀라우리만치 복잡한 행동을 수행하는 것처럼 보이는 여러 경우의 동물 훈련에서, 전반적인 행동 순서가 믿을 만하게 수행되기까지 각각의 더 작은 행동들이 어떻게 강화될 것인지를 생각해 낼 수 있을 것이다.

미신행동

지금까지 논의한 모든 것이 믿음직한 조작행동을 확립하는 비결들 중 하나는 유기체의 반응과 강화 발생 간 상관이라는 것을 시사한다. 모든 반응 다음에 강화물의 제공이 뒤따르는 연속 강화의 경우에는 일대일 혹은 완벽한 상관이 있다. 간헐적 강화의 경우에 그 상관은 더 약하지만(즉, 모든 반응이 강화를 제공받지 못한다), 그러나 상관이 영인 것은 아니다. 그러나 2장에서 읽었듯이, 두 가지 일이 상관되어 있다는(즉, 그것들이 시공간에서 함께 발생하는 경향이 있다) 것이 그것들 간에 인과성이 있다(즉, 하나의 출현이 다른 것이 신뢰할 만하게 일어나도록

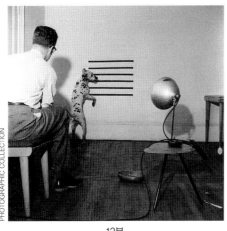

12분

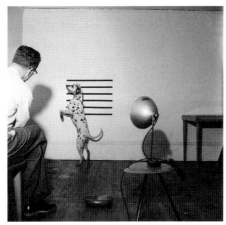

16분

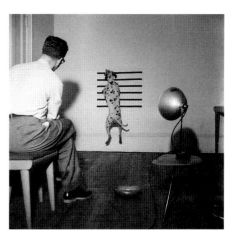

20분

잠재학습
어떤 것이 학습되었으나 미래의 어느 시점까지 행동적 변화로 표출되지 않는 것

인지도
환경의 물리적 특징들에 대한 정신적 표상

한다)는 것을 함축하지는 않는다.

스키너(1948)는 이런 구별을 보여 주는 실험을 설계했다. 그는 스키너 상자 안에 몇 마리의 비둘기를 넣고, 음식 배급기가 매 15초마다 음식을 공급하도록 설정한 다음 비둘기가 제멋대로 하게 내버려 두었다. 나중에 돌아와서 비둘기가, 예컨대 이렇다 할 표적 없이 구석을 쪼거나 빙빙 도는 것과 같이, 이상하고 특이한 행동들을 열심히 하고 있는

 행동주의자는 미신을 어떻게 설명하겠는가?

것을 발견하였다. 그는 이런 행동들을 '미신적'이라고 하고 이런 행동의 발생에 관한 행동주의적 분석을 제시했다. 그의 주장에 따르면, 비둘기는 우연히 강화 받았던 행동들을 단순히 되풀이하고

있었다. 음식이 나타났을 때 마침 구석을 아무렇게나 쪼던 비둘기는 음식의 제공을 그 행동과 연관 짓는다. 이런 쪼기 행동은 음식 제공으로 '강화받기' 때문에 비둘기는 그것을 되풀이하기 쉽다. 이제 구석을 쪼기는 더 자주 일어날 것이고, 15초 후 음식이 다시 나타날 때 더 강화받기 쉽다. 각 비둘기마다 강화받은 행동은, 그것이 무엇이든 음식이 처음 제공될 때 비둘기가 우연히 하고 있었던 행동일 가능성이 매우 높을 것이다. 스키너의 비둘기는 단지 우연적인 상관관계였음에도 자신의 행동들과 음식의 출현 간에 인과관계가 있었던 것처럼 행동했다.

어떤 연구자들은 이런 행동들을 '미신적'이라고 스키너가 특성화한 것에 대해 의문을 제기했지만(Staddon & Simmelhag, 1971), 후속 연구들은 사람도, 강화가 반응에 대해 유관하지 않은 계획을 써서 어른이나 아이를 강화시키면 그들도 미신행동으로 보이는 것을 낳을 수 있다는 것을 보여 주었다. 사실상 그 관계가 단지 우연적인데도, 사람들은 비둘기처럼 자신의 반응과 보상 간에 상관이 있는 것처럼 행동하는 것으로 보인다(Bloom et al., 2007; Mellon, 2009; Ono, 1987; Wagner & Morris, 1987). 그런 발견들은 스포츠팬들에게 놀랍지 않을 것이다. 우연히 샤워를 하지 않은 날에 몇 번의 홈런을 친 야구선수들은, 개인적인 위생 불량과 타율이 좋은 날 간에 우연적인 상관관계가 어쨌거나 인과적이라고 애써 믿고서는, 그런 관습을 계속 유지할 것이다. 이 '악취가 홈런을 낳는다'는 가설은 인간의 미신에 관한 많은 예들 중 하나일 뿐이다(Gilbert et al., 2000; Radford & Radford, 1949).

조작적 조건형성에 대한 더 깊은 이해

고전적 조건형성과 마찬가지로 조작적 조건형성도 학습에 대한 강력한 접근인 것으로 곧 드러났다. 그러나 스키너는 그 전의 왓슨처럼, 유기체가 학습된 행동을 수행하는 것을 관찰하는 것에 만족하였고, 그는 정신 과정들에 대한 깊이 있는 설명을 추구하지 않았다(Skinner, 1950). 이런 관점에서 보면, 유기체는 환경 속의 자극들에 대한 반응으로 어떤 방식으로 행동한 것이지 문제의 동물에 의한 어떤 갈망, 소망, 혹은 의지가 있기 때문이 아니었다. 그러나 조작적 조건형성에 관한 어떤 연구는 강화의 친숙한 결과들을 낳는 배후의 기제를 찾아 심층적으로 파고들었다. 이 장의 앞에서 고전적 조건형성과 관련해서 했던 것처럼, 조작적 조건형성에 대한 우리 견해를 확장시키는 세 가지 요소들, 즉 조작적 조건형성의 인지적, 신경적, 및 진화적 요소들을 살펴보자.

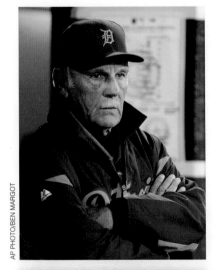

AP PHOTO/BEN MARGOT

사람은 여러 가지 미신을 믿고 모든 종류의 미신 행동에 몰두한다. 야구 선수들과 코치들은 악명 높도록 미신적이다. 디트로이트 타이거즈 팀이 2011년 여름 연승을 하고 있었을 때, 타이거즈의 매니저인 짐 레이랜드는 자신의 속옷을 갈아입기를 거부하였고, 연승이 끝날 때까지 매일 그것을 입고 구장으로 갔다. 스키너는 미신은 하찮은 행동에 대한 의도되지 않은 강화로부터 생긴다고 생각했다.

조작적 조건형성의 인지적 요소

에드워드 체이스 톨먼(Edward Chace Tolman, 1886~1959)은 학습에 대한 스키너의 엄격한 행동주의적 해석에 의문을 제기한 최초의 연구자들 중 한 사람이었으며, 조작적 학습에 대한 인지적 접근에 관한 초기의 가장 강력한 옹호자였다. 톨먼은 단지 환경에서의 조건들(자극 속성들)을 아는 것과 특정 결과(강화된 반응)를 관찰할 수 있는 것 이상의 것이 학습에 있다고 주장

했다. 그 대신 톨먼은 동물이 수단-목적 관계성을 수립한다고 제안했다. 즉, 조건형성 경험은 이런 특정 상황에서 특정 반응(목적에 이르는 수단)이 수행되면 특정 보상(목적 상태)이 나올 것이라는 앎 혹은 믿음을 낳는다는 것이다.

톨먼의 수단-목적 관계성은 고전적 조건형성에 관한 레스콜라-와그너 모형을 생각나게 할 것이다. 레스콜라는 CS는 US의 도착에 관한 기대를 설정함으로써 기능한다고 주장했는데, '기대'는 명백히 인지 과정을 필요로 한다. 레스콜라와 톨먼의 이론 모두에서, 자극은 직접적으로 반응을 유발하지 않는다. 오히려 그것은 내적 인지 상태를 수립하고, 이것이 그다음에 행동을 낳는다. 학습에 관한 이런 인지 이론들은 자극-반응(S-R) 연결에 초점을 적게 두고 자극에 직면했을 때 유기체의 마음에 일어나는 일에 초점을 더 많이 둔다. 1930년대와 1940년대 동안, 톨만과 그의 제자들은 잠재학습과 인지도에 초점을 맞춘 연구들을 수행하였는데, 이 둘은 조작적 학습에 대한 간단한 자극-반응 식의 해석은 부적합하다는 것을 강력하게 시사하는 현상들이었다.

잠재학습과 인지도　잠재학습(latent learning)에서는, 무엇인가가 학습되었으나 미래의 어느 시점까지 행동적 변화로 표출되지 않는다. 잠재학습은 쥐에게서 쉽게 입증될 수 있으며, 어떤 명백한 강화 없이도 발생하는데, 이는 모든 학습은 어떤 형태의 강화가 필요하다는 당시에 지배적인 행동주의적 입장에 직접적으로 도전을 하는 발견이었다(Tolman & Honzik, 1930a).

톨먼은 세 집단의 쥐들을 2주에 걸쳐 매일 복잡한 미로에 투입하였다. 통제집단은 미로를 탐색하는 것에 대해 어떤 강화도 받지 않았다. 그 쥐들은 미로의 끝에 있는 목표 상자에 도달할 때까지 돌아다니는 것을 허락받았을 뿐이었다. 그림 7.10에서 연구 중인 2주 후에 통제집단(초록색)은 미로를 통과하는 길을 찾는 데에 약간 더 나았을 뿐이지만 그것도 많이 나아진 것은 아니었음을 볼 수 있다. 둘째 집단의 쥐는 정기적인 강화를 받았다. 쥐들이 목표 상자에 도달했을 때, 작은 음식 보상이 거기에 있었다. 놀라운 일은 아니지만 이 쥐들은 분명한 학습을 보였는데, 그림 7.10에서 파란색으로 나타나 있다. 셋째 집단은 첫 10일 동안 통제집단과 똑같이 취급되었으나 그다음 마지막 7일 동안 보상을 받았다. 이 집단의 행동(오렌지색)은 꽤 놀랍다. 첫 10일 동안 이 쥐들은 통제 집단의 쥐들처럼 행동했다. 그러나 마지막 7일 동안 쥐들은 매일 강화 받아 온 둘째 집단의 쥐들과 매우 비슷하게 행동했다. 분명히 이 셋째 집단의 쥐들은 비록 자신의 행동에 대해 어떤 강화도 받지 않았지만, 처음 10일 동안 미로와 목표 상자의 위치에 대해 많은 것을 학습했다. 다른 말로 하면, 그들은 잠재학습의 증거를 보여 주었다.

이 결과들이 톨먼에게 시사한 것은, '여기에서 출발, 여기에서 종료'를 배우는 것 이상으로 쥐들이 미로에 대한 세련된 정신적 그림을 발달시켰다는 것이었다. 톨먼은 이것을 **인지도**(cognitive map), 즉 환경의 물리적 특징들에 대한 정신적 표상이라고 불렀다. 쥐들이 '왼쪽으로 두 번, 그다음 오른쪽, 그다음 구석에서 빨리 왼쪽으로'라는 방식으로 미로에 대한 정신적 그림을 발달시켰다고 톨먼은 생각했다. 그는 이런 생각을 검증하기 위해 몇 개의 실험들을 고안했다(Tolman & Honzik, 1930b; Tolman, Ritchie, & Kalish, 1946).

? 인지도란 무엇이며, 왜 그것들은 행동주의에 대한 도전이 되는가?

인지적 설명에 대한 추가적 지지　간단한 실험 하나가 톨먼의

에드워드 체이스 톨먼은 조작적 학습에 대한 인지적 접근을 옹호했으며 미로학습 실험에서 자신이 인지도라고 부른, 미로에 대한 정신적 그림을 쥐가 발달시킨다는 증거를 제시했다.

▼ 그림 7.10　**잠재학습**　어떤 강화도 받았던 적이 없었던 통제 집단의 쥐들(초록)은 17일에 걸쳐 미로를 통과하는 길을 찾는 데에 향상을 보였으나 대단하지는 않았다. 정기적으로 강화를 받은 쥐들(파랑)은 꽤 분명한 학습을 보였다. 그들의 오류율은 시간이 지나면서 꾸준히 감소하였다. 잠재학습 집단의 쥐들(오렌지)은 첫 10일 동안은 통제집단 쥐들과 정확하게 똑같이 취급되었으며, 그다음 마지막 7일 동안은 정기적으로 보상을 받은 집단처럼 취급받았다. 12일째 날에 그들이 보인 극적 향상은 이 쥐들이 강화를 받은 적이 없음에도 불구하고 그 미로와 목표 상자의 위치에 대해 상당히 학습하였음을 보여 준다. 마지막 7일 동안 이 잠재학습자들은 정기적으로 보상을 받은 상대편보다 *더* 적은 오류를 범한 것처럼 실제로 보인다는 것을 유의하라.

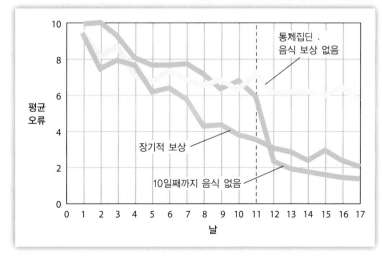

통제집단 :
음식 보상 없음

장기적 보상

10일째까지 음식 없음

평균
오류

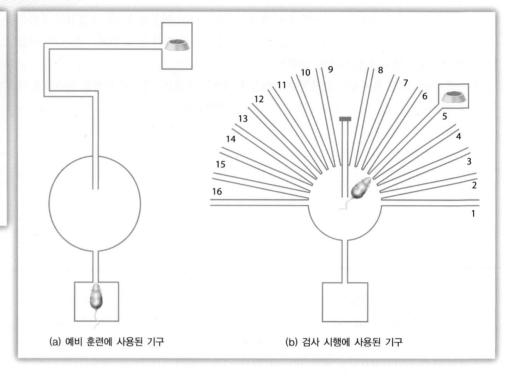

▶ 그림 7.11 **인지도** (a) 왼쪽의 미로에서 출발 상자에서 목표 상자로 달리도록 훈련받은 쥐들은 이 과제를 꽤 즉각적으로 숙달했다. 이 쥐들이 그다음에 오른쪽 (b)에 있는 미로에 놓였는데, 여기에서 주 직선주로는 차단되었으며, 쥐들은 흔치 않은 일을 했다. 자극 일반화로 예측되듯이, 간단히 되돌아와서 다음으로 가장 가까운 주로(즉, 그림에서 8번 혹은 9번이라고 표가 붙은 것들)를 시도하는 대신에, 쥐들은 보통 5번 주로를 택했는데, 이것은 훈련 중 목표 상자가 있었던 곳으로 가장 바로 이끌어 주는 곳이었다. 쥐들은 자신의 환경에 대한 인지도를 형성하였으며 그들이 시작한 곳과 비교해서 공간적으로 끝까지 가게 될 곳을 알았다.

(a) 예비 훈련에 사용된 기구　　　(b) 검사 시행에 사용된 기구

이론에 대한 지지를 제공해 주었으며, 확고한 행동주의자들이 제시한 비인지적 설명들에 큰 혼란을 야기했다. 톨먼은 그림 7.11a에서 보이는 미로에서 일단의 쥐를 훈련시켰다. 그림에서 보듯이 쥐들은 직선 주로를 달리고, 그다음 왼쪽, 오른쪽, 오른쪽 길을 한동안, 그다음으로 미로의 끝에 있는 목표 상자에 이른다. 우리는 그 미로를 위에서 보고 있기 때문에, 미로의 끝에서 쥐의 위치가 출발점과 비교해서 '위 오른쪽으로 대각선 방향'에 있다는 것을 볼 수 있다. 물론 미로에 있는 쥐들이 보는 것이라곤 마지막으로 목표 상자에 도달할 때까지 그다음 단계의 벽과 모퉁이들뿐이다. 그럼에도 쥐들은 약 나흘 후에는 오류나 주저함 없이 미로를 다니는 것을 배웠다. 똑똑한 쥐들이었다. 그러나 그 쥐들은 당신이 생각하는 것보다 더 똑똑했다.

쥐들이 미로를 완전히 배운 후, 톨먼은 몇 가지 물건의 위치를 약간 바꾼 다음 쥐들을 그림 7.11b에서 보이는 미로에 넣었다. 목표 상자는 출발 상자와 비교할 때 여전히 같은 장소에 있었다. 그러나 많은 수의 다른 경로들이 주 출발대에서 뻗어 나왔으며, 쥐들이 사용하는 것을 배웠던 그 주요 직선 주로는 차단되었다. 대부분의 행동주의자들은 이런 상황에서 쥐들은—친숙한 경로를 달려가다가 그것이 차단된 것을 발견할 것인데—자극일반화를 보여서 그다음으로 가장 가까운 경로, 예컨대 직선 주로에 바로 인접한 것을 고를 것이라고 예측할 것이다. 톨먼이 관찰한 것은 달랐다. 차단된 경로에 부딪혔을 때, 쥐들은 그 대신 목표 상자로 바로 이어지는 경로를 내내 달려갔다. 쥐들은 자신의 환경에 관한 세련된 인지도를 형성했으며, 상황이 바뀐 후 그 지도를 성공적으로 따라가고 있는 것처럼 보이는 방식으로 행동했다. 잠재학습과 인지도는 조작적 조건형성이 자극에 반응하는 동물 그 이상을 필요로 한다는 것을 시사한다. 톨먼의 실험은 조작적 학습에 인지적 요소가, 심지어 쥐의 경우에도 있음을 강력하게 시사한다.

신뢰의 학습 : 더 좋거나 더 나쁘거나　인지요인들은 또한 가상적 파트너와 '신뢰' 게임을 하는 사람들에게 학습과 뇌 활동을 (fMRI를 써서) 조사하는 실험에서 핵심 역할을 한다(Delgado, Frank, & Phelps, 2005). 매 시행, 참가자들은 1달러의 보상을 간직하거나 그 보상을, 파트너에게 전달할 수 있는데, 그러면 그 파트너는 3달러를 받게 될 것이다. 그다음 그 파트너는 3달러를 간직하거나 아니면 그 절반을 파트너와 공유할 수 있다. 그래서 보상을 공유할 의사가 있

는 파트너와 게임을 할 때, 참가자는 돈을 전달하는 것이 더 좋을 것이지만, 공유하지 않는 파트너와 게임할 때에는 참가자는 처음부터 보상을 간직하는 것이 더 좋을 것이다. 그런 실험들에서 참가자들은 보통 시행착오를 근거로 누가 믿을 만한지를 배우고, 공유함으로써 자신들을 강화해 주는 파트너에게 더 많은 돈을 준다.

델가도(Delgado) 등의 실험에서, 참가자들은 파트너에 대한 자세한 묘사를 받았는데, 그것은 파트너들을 신뢰할 만한, 중립적인, 혹은 의심스러운 등으로 묘사한 것이었다. 게임 그 자체 동안에는 세 유형의 파트너들의 공유 행동이 다르지 않았음에도 불구하고 — 그들 각각은 동일한 정도로 공유를 통해 파트너들을 강화했다 — 자신들의 파트너들에 대한 참가자들의 인지는 강력한 효과를 낳았다. 참가자들은 다른 사람들보다 신뢰할 만한 파트너들에게 더 많은 돈을 전달했는데, 보통 같으면 자신들의 게임 행동을 조성할 만한 시행별 피드백을 본질적으로 무시함으로써 자신들이 받는 보상의 양을 감소시켰다. 인지 효과의 힘을 부각시켜 주는 것으로서, 보통 정적 및 부적 피드백을 구별하는 뇌의 한 영역에서 보이는 신호들은, 참가자들이 중립적 파트너와 게임할 때에만 명백하였다. 이 피드백 신호들은, 참가자들이 신뢰할 만한 파트너와 게임할 때에는 없었으며, 참가자가 의심스러운 파트너와 게임할 때에는 감소되었다.

이런 종류의 효과들은 그렇지 않았다면 당황스러웠을 실생활의 사례들을 이해하는 데에 도움을 준다. 그것은 사기꾼 버나드 마도프의 사례인데, 그는 세계적인 관심을 받은 널리 알려진 사건에서 투자가들로부터 수십억 달러의 돈을 사취한 것에 대해 2009년 3월 유죄를 인정했다. 마도프는 NASDAQ 주식 거래소

> **버나드 마도프에 대한 사람들의 신뢰에 왜 인지 요인들이 한 요인이 되었을까?**

의 사장이었으며 그의 투자가들에게 그와 함께라면 안전하게 돈을 투자할 수 있는 매우 신뢰할 만한 인물로 보였다. 그런 강력한 인지는 투자가로 하여금, 그렇지 않았더라면 마도프의 작전의 진정한 본질을 깨닫게 했을 법한 위험 신호들을 놓치게 했을 것이다. 그렇다면 그 결과는 현대사에게 가장 비싼 학습 실패들 중 하나였다.

버나드 마도프는, 사진에서 2009년 3월 법원심리장을 떠나는 장면이 보이는데, 그를 믿었던 투자가로부터 수십억 달러를 횡령한 혐의에 대해 유죄를 인정하였다.

조작적 조건형성의 신경적 요소

심리학자들이 강화물로 기능할 수 있는 것들의 범위와 다양성을 가능하게 된 이후 곧 그들은 이런 효과를 설명할 수 있는 배후의 두뇌 기제를 찾기 시작했다. 특정한 뇌 구조가 어떻게 강화 과정에 기여하는지에 대한 첫 번째 힌트는 쾌락 중추(pleasure center)라고 불리게 된 부위의 발견에서 나왔다. 제임스 올즈(James Olds)와 그의 동료들은 쥐의 뇌의 여러 부위에 작은 전극을 삽입하고서 쥐가 막대를 눌러서 자기 자신의 뇌에 대한 전기적 자극을 제어할 수 있게 했다. 그들이 발견한 것은, 어떤 뇌 영역은 특히 변연계의 부위늘(그림 참조)은 극도로 쾌락적인 경험으로 보이는 것을 낳는다는 것이었다. 쥐들은 반복적으로 막대를 눌러 이 구조들을 자극하려고 했다. 연구자들은 이 쥐들이 단지 뇌에 직접적으로 자극받기 위해 음식, 물, 그리고 다른 생명 유지에 필수적인 것들을 수시간 동안 계속해서 무시하려고 하는 것을 발견했다. 그 뒤 그들은 뇌의 이 부위들을 쾌락 중추라고 불렀다(Olds, 1956; 그림 7.12 참조).

이런 초기 연구가 있은 몇 년 뒤에 연구자들은 뇌에서 자극을 통해 보상을 주는 몇 개의 구조와 경로를 확인했다(Wise, 1989, 2005). 내측 전뇌속(medial forebrain bundle)은 중뇌에서 시상하부(hypothalamus)를 통해 측핵(nucleus accumbens)으로 이어지는 경로인데, 여기에 있는 신경원들은 쾌락을 낳는 자극에 가장 예민하였다. 이것은 놀라운 일이 아니었는데, 심리학자들은

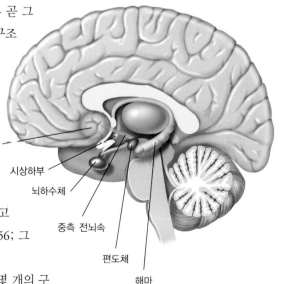

측핵
시상하부
뇌하수체
중측 전뇌속
편도체
해마

▲ 그림 7.12 **뇌의 쾌락 중추들** 측핵, 내측 전뇌속, 및 시상하부는 모두 뇌에서 중요한 쾌락 중추들이다.

이 세포 속(bundle)이 먹기, 마시기 및 성 행동에 돌입하기와 같은 쾌락을 분명히 포함하는 행동들에 결정적이라는 것을 확인해 왔기 때문이다. 둘째로, 이 경로를 따라 있는 신경원들은 그리고 특히 바로 측핵에 있는 신경원들은 모두 **도파민성이다**(즉, 그 신경원들은 신경전달물질인 도파민을 분비한다). 뇌에 있는 도파민의 높은 수준은 보통 정적 정서와 연관되어 있다는 3장의 내용이 기억나는가. 최근 수 년 동안, 도파민의 정확한 역할에 대한 몇 가지 경쟁 가설들이 나타났는데, 여기에는 도파민이 보상 그 자체보다 보상의 기대와 더 밀접하게 연결되어 있다는 아이디어(Fiorillo, Newsome, & Schultz, 2008; Schultz, 2006, 2007), 그리고 도파민이 단순히 좋아하는 것보다 어떤 것에 대한 요구(wanting) 또는 갈망과 더 밀접하게 연관된다는 이론(Berridge, 2007)도 포함된다.

어떤 견해가 옳은 것으로 드러나든지 간에, 연구자들은 도파민이 핵심 역할을 하는 보상 센터에 대한 좋은 지지 증거들을 발견해 왔다. 첫째, 방금 보았듯이 쥐는 다른 기본적 요구를 희생하고서라도 이 경로를 자극하려고 할 것이다(Olds & Fobes, 1981). 그러나 도파민의 활동을 차단하는 약이 쥐에게 투여된다면, 쥐들은 쾌락 중추를 자극하는 것을 멈춘다(Stellar, Kelley, & Corbett, 1983). 둘째, 코카인, 암페타민 및 아편과 같은 약물은 이 경로와 중추들을 활성화시키지만(Moghaddam & Bunney, 1989), 도파민 차단 약물은 그것들의 강화 효과를 극적으로 감소시킨다(White & Milner, 1992). 셋째, fMRI 연구들(3장 참조)은 매력적인 여성의 사진을 보는 이성애적 남성에서(Aharon et al., 2001) 그리고 돈을 받을 예정이라고 믿는 사람들에게서(Cooper, et al., 2009; Knutson, et al., 2001) 측핵에서의 활동 증가를 보여 주었다. 마지막으로, 음식이나 물과 같이 일차 강화물을 받거나 성 활동에 들어가도록 허용된 쥐들은 측핵에서 도파민 분비의 증가를 보이나, 그 쥐들이 배고프고, 목마르거나 또는 성적으로 각성되었을 때만 그렇다(Damsma, et al., 1992). 이 마지막 발견은 강화의 복합성에 대한 이전 논의를 기초로 우리가 예상할 수 있는 것과 정확히 같다. 결국 음식은 우리가 배고플 때 한층 더 맛있고, 성적 활동은 우리가 각성되어 있을 때 더 쾌락적이다. 보상과 강화 배후에 있는 이런 생물학적 구조들은 아마 생물종들이 생존과 재생산에 도움이 되는 활동들에 확실히 몰입하게끔 진화했을 것이다. (도파민과 파킨슨병 간의 관계에 대서 더 알려면, '최신과학 : 파킨슨병에서 도파민과 보상 학습' 참조)

> ? **특정한 뇌 구조가 강화 과정에 어떻게 기여하는가?**

조작적 조건형성의 진화적 요소

여러분이 기억하고 있듯이, 고전적 조건형성은 진화에 의해 정교하게 조절되어 온 적응 가치를 가지고 있다. 조작적 조건형성도 진화적 관점에서 볼 수 있다는 것은 놀라운 일이 아니다. 이 관점은 조건형성 실험의 초창기에 얻은 일단의 흥미로운 관찰들에서 비롯되었다. 쥐의 학습을 연구하기 위해 그림 7.13에서 보이는 것과 비슷한 간단한 T 미로를 사용하고 있던 몇 행동주의자들은, 만일 쥐가 그날의 첫 번째 시도에서 미로의 오른쪽 팔에서 음식을 발견했다면 그 쥐는 그다음 시행에서는 전형적으로 미로의 다른 팔로 달리는 것을 발견했다. 확고한 행동주의자들은 쥐가 이렇게 행동하는 것을 기대하지 않을 것이다. 어쨌든 이 실험의 모든 쥐들은 굶주렸고 그들은 특정 방향으로 도는 것에 대해 막 강화받았기 때문이다. 조작적 조건형성에 따르면, 이것은 같은 방향으로 도는 확률을 감소시키는 것이 아니라 증가시켜야 한다. 추가적인 시행이 주어지면, 마침내 쥐들은 음식이 있는 통로 쪽으로 가는 것을 배우지만, 쥐들은 틀린 길로 가는 초기 경향성을 극복하는 것을 배워야만 한다. 이것을 어떻게 설명할 수 있을까?

행동주의자 관점에서 어리둥절한 것이 진화론적 관점에서 보면 이해가 된다. 쥐는 식량을

파킨슨병에서 도파민과 보상학습

우리들 중 많은 사람에게 파킨슨병(Parkinson's disease)이 걸린 친척이나 친구가 있는데, 이 병에는 운동 장애와 도파민을 쓰는 신경원들의 손상이 관련되어 있다. 3장에서 배웠듯이, 엘도파(L-dopa)라는 약이 파킨슨병을 치료하기 위해 종종 사용되는데 그것이 살아 있는 신경원들로 하여금 더 많은 도파민을 생성하도록 박차를 가하기 때문이다. 도파민은 또한 보상과 관련된 학습에도 핵심 역할을 한다.

연구자들은 보상 기반 학습, 특히 보상의 *기대*에서 도파민의 역할에 초점을 맞추어 왔다. 핵심 아이디어는 도파민이 *보상 예측 오류*(reward prediction error), 즉 실제로 받은 보상 대 예측된 혹은 기대된 보상의 양 간의 차이에 중요한 역할을 한다는 것이다. 예를 들어, 동물이 레버를 눌러서 기대하지 않은 음식 보상을 받을 때, *정적 예측 오류*(기대보다 더 좋은 결과)가 생기며 그 동물은 레버를 다시 누르는 것을 배운다. 대조적으로 동물이 레버를 눌러서 보상을 받기를 기대했으나 받지 않을 때, *부적 예측 오류*(기대보다 더 나쁜 결과)가 생기며 동물은 다음에 그 레버를 다시 누르지 않으려 할 것이다. 보상 예측 오류는 그래서 일종의 '가르침 신호'로 작용해서 동물이 보상을 최대화하는 방식으로 행동하는 것을 학습하도록 도와준다.

보상 예측 오류를 도파민과 연결 짓는 선구적인 연구에서, 볼프람 슐츠(Wolfram Schultz)와 동료들은 원숭이의 뇌의 보상 중추에 위치한 도파민 신경원들의 활동을 기록했다. 그들은 그 신경원들이 원숭이가 기대하지 않은 주스 보상을 받았을 때 증가된 활동을 보였으며, 원숭이가 기대된 주스 보상을 받지 못했을 때 감소된 활동을 보였다는 것을 발견했다. 이것은 도파민 신경원들이 보상 예측 오류를 생성하는 데에 중요한 역할을 한다는 것을 시사한다(Schultz, 2006, 2007;

THINKSTOCK

Schultz, Dayan, & Montague, 1997). 슐츠의 관찰들은 보상 관련 학습에 관여하는 인간 뇌 영역들도 보상 예측 오류 신호를 생성하며 도파민이 그 신호들을 생성하는 데에 관여한다는 것을 보이는 신경영상화 기법을 사용한 연구들에 의해 뒷받침되어 왔다(O'Doherty et al., 2003; Pessiglione et al., 2006).

그렇다면, 이런 발견들은 파킨슨병에 걸린 사람과 어떻게 관련되는가? 몇 연구들은 보상 관련 학습이 파킨슨병 환자에서 손상될 수 있다고 보고한다(Dahger & Robbins, 2009). 다른 연구들은 파킨슨병 환자들이 보상 관련 학습 과제를 수행할 때 보상 예측 오류 신호가 방해받는다는 증거를 제시한다(Schonberg et al., 2010). 최근 연구는 보상 관련 학습과 보상 예측 오류 신호에 대한 파킨슨병 치료약의 영향을 조사하였다. 한 연구에서 엘도파로 치료 (일부 환자들에서는 도파민 수용체를 자극하는 약물과 함께 사용됨) 받았거나 그렇지 않은 파킨슨병 참가자들이 보상 관련 과제를 받았다. 여기에서 참가자는 컴퓨터 애니메이션으로 만든 두 가지 게잡이 그물통 중 하나를 선택해야 했다. 하나는 다른 것보다 보상(즉, 게)을 얻기가 더 쉬워 보였다(Rutledge et al., 2009). 각 시행 후, 참가자들은 그들의 선택에 대한 피드백을 받았다. 도파민성의 약을 받은 참가자들은 그런 종류의

약을 받지 않은 참가자들보다 더 높은 학습률을 보였다. 그러나 부적 보상 예측 오류(부적 결과에 기반한 학습)보다 정적 보상 예측 오류에 대해서(정적 결과에 기반한 학습) 더 큰 학습이 있었다.

이 결과들은 파킨슨병의 또 다른 흥미로운 특징과 관련될 수 있다. 어떤 환자들은 강박적 도박, 쇼핑, 및 관련된 충동적 행동을 보이는 심각한 문제를 발달시킨다. 그런 문제들은 대체로 도파민 수용체를 자극하는 파킨슨병의 결과로 보인다(Ahlskog, 2011; Weintraub, Papay, & Siderowf, 2013). 분과 동료들(Voon et al., 2011)은 파킨슨병에 걸리고 도파민 수용체를 자극하는 약물로 치료받은 후에 도박과 쇼핑 문제를 발달시킨 환자들을 연구했다. 그 사람들은 보상 학습 과제를 수행하는 동안 fMRI로 스캔을 받았는데, 그 과제에서 그들은 금전적 이득 혹은 손실을 내는 확률이 더 큰 혹은 더 적은 자극들 중에서 선택했다. 그들의 수행은 도박 및 쇼핑 문제가 없는, 치료 중인 혹은 치료가 끝난, 파킨슨병 환자들의 수행과 비교되었다. 이 두 집단 모두와 비교해서, 강박적 도박 및 쇼핑 문제를 가진 환자들은 이득으로부터 학습하는 비율에서 증가를 보였다. 중요하게도 그들은 또한 선조체에서 정적 보상 예측 오류 신호의 증가를 보였는데, 선조체는 기저신경절의 피질하 영역(그림 3.16 참조)으로서 도파민 수용체가 풍부하고 보상 예측 오류와 연관되어 왔다. 연구자들은 이 결과들은 강박적 행동을 보이기 쉬운 환자들에 대한 약물 치료의 효과를 반영할 가능성이 있다고 주장하였다.

도파민, 보상 예측 오류, 학습, 및 파킨슨병 간의 복잡한 관계를 밝히기 위해서는 더 많은 연구들이 필요할 것이지만, 지금까지의 연구들은 그런 연구가 과학적 함축은 물론 중요한 실제적 함축을 가지고 있음을 시사한다.

구하는 동물이며, 먹이를 찾는 모든 종들처럼 쥐는 생존을 위해 매우 적응적인 전략을 발달시켜 왔다. 쥐는 음식을 찾아 환경에서 여기저기 움직인다. 어딘가에서 음식을 찾으면, 그것을 먹고(혹은 저장하고) 그다음 더 많은 것을 찾기 위해 그 밖의 다른 곳을 찾는다. 만일 음식을 찾지 못하면, 쥐는 환경 속의 다른 곳에서 먹이를 찾는다. 그래서 쥐가 T 미로의 오른쪽 팔에서 방금 음식을 발견했다면, 그다음 찾을 곳은 명백하게 왼쪽 팔이다. 쥐는 거기에서 발견한 음식을 방금 먹었기 때문에 오른쪽 팔에는 더 이상 음식이 없다는 것을 안다. 정말 쥐처럼 먹이를 찾

▲ 그림 7.13 **간단한 T형 미로** 쥐들이 전형적인 T형 미로의 오른쪽 팔에서 음식을 발견할 때, 그 쥐들은 다음 시행에서 미로의 왼쪽 팔로 종종 달려갈 것이다. 이것은 조작적 조건형성의 기본 원리와 모순된다. 만일 오른쪽 팔로 달리는 행위가 강화된다면, 그 행동은 미래에 다시 일어날 가능성은 더 높아야 하지 않겠는가. 그러나 이 행동은 쥐의 진화적 준비성과 완벽하게 일관적이다. 대부분의 채집 동물들과 같이, 쥐는 음식을 찾아서 환경을 탐색하고, 음식이 이미 발견된 곳으로 거의 되돌아가지 않는다. 제법 눈에 띄게, 음식이 T형 미로의 오른쪽 팔에서 이미 발견되었다면, 그 쥐는 왼쪽 팔을 탐색하여 더 많은 음식이 거기 있는지를 확인할 것이다.

는 동물들은 잘 발달된 공간적 표상들을 가지고 있어서 그들이 환경을 효율적으로 탐색할 수 있게 한다. 그림 7.14에 있는 다중통로 미로와 같이 복잡한 환경을 탐색할 기회가 주어지면, 쥐는 이미 방문했던 팔로는 거의 되돌아가지 않으면서 이 팔에서 저 팔로 체계적으로 음식을 찾아 갈 것이다(Olton & Samuelson, 1976).

> T형 미로에서 쥐의 행동을 설명하는 것은 무엇인가?

스키너의 제자들 중 두 사람인 켈러 브릴랜드(Keller Breland)와 마리안 브릴랜드(Marian Breland)는 행동주의자에게 문제를 제기한 것은 쥐뿐만이 아니라는 것을 발견한 최초 연구자들에 속했다(Breland & Breland, 1961). 브릴랜드 부부는 심리학자들과 그들이 연구하는 유기체가, 종종 그들이 무엇을 해야 하는가에 대해 '동의하지 않는' 것처럼 보인다고 지적하였다. 그들의 주장은 단순하였다. 이런 종류의 논쟁이 계속될 때 동물들이 항상 옳았으며, 심리학자들은 자신의 이론들을 재고하는 것이 좋다.

브릴랜드 부부는 광고와 영화에 쓰일 동물들을 훈련시키는 일을 하였는데, 종종 돼지를 사용하였다. 그 이유는 돼지들은 모든 종류의 재주를 배우는 데 놀라우리만치 훌륭하기 때문이었다. 그러나 그들은 돼지에게 상자 안으로 동전을 떨어뜨리는 것과 같이 단순한 일을 가르치는 것은 극도로 어렵다는 것을 발견하였다. 동전을 집어넣는 대신, 돼지들은 흙에서 그것들을 파헤치는 듯이 그것들을 주둥이로 헤집거나, 그것들을 코로 공중으로 튕기며 이리저리 밀쳐내곤 하였다. 브릴랜드 부부는 같은 과제에서 너구리를 훈련시키려고 하였고 다르긴 하였으나 똑같이 비참한 결과를 얻었다. 너구리들은 동전들을 상자 안에 떨어뜨리는 대신 발로 동전들을 비비는 데 시간을 보냈다.

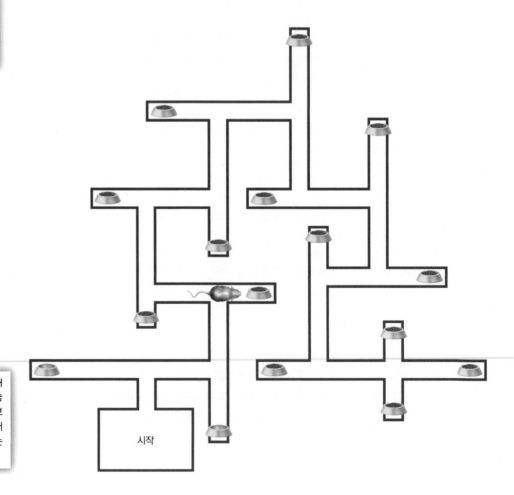

▶ 그림 7.14 **복잡한 T형 미로** 다른 많은 채집 종처럼, 그림과 같은 복잡한 T형 미로에 놓인 쥐들은 그들의 진화론적 준비성의 증거를 보여 준다. 이 쥐들은 음식을 찾아서 이 팔에서 저 팔로 체계적으로 이동하며, 이미 들렀던 팔로는 다시 돌아오지 않을 것이다.

시작

유기체의 비행 : 돼지는 음식을 땅에서 파내도록 생물적인 경향성을 가지고 있는 것처럼, 너구리는 자신의 음식을 씻는 경향성을 가지고 있다. 이 종들을 다르게 행동하도록 훈련시키는 것은 소용없는 연습인 것으로 입증될 수 있다.

동전과 음식 간의 연합을 배운 뒤 동물들은 동전을 음식의 대역으로 다루기 시작하였다. 돼지는 땅을 파헤쳐 음식을 찾는 쪽으로 생물적으로 타고났으며, 너구리는 발로 음식을 비벼서 음식을 깨끗하게 하는 방향으로 진화해 왔다. 그것이 정확하게 각 동물 종이 동전으로 한 것이었다.

브릴랜드 부부의 작업은 사람을 포함해서 각 종은 다른 것보다 어떤 것을 더 쉽게 배우고, 그 종의 진화 내력과 일치하는 방식으로 자극에 반응하도록 생물적으로 타고났다는 것을 보여 준다(Gallistel, 2000). 그러나 그런 적응행동들은 엄청나게 오랜 기간을 거쳐서 그리고 특정한 환경적 맥락 속에서 진화해 왔다. 만일 그런 상황들이 변한다면, 학습을 지원하는 행동 기제들 중 일부는 유기체를 혼란에 빠뜨릴 수 있다. 동전을 음식과 연합시킨 너구리들은 동전을 상자 속에 떨어뜨림으로써 음식을 얻는 간단한 경로를 따라가지 못하였다. '자연'이 주도권을 잡았으며 동물들은 동전을 함께 비빈다고 시간을 허비했다. 요점은 비록 모든 유기체의 행동 중 많은 것이 진화적 기제에 의해 조형된 성향들에서 비롯될지라도, 이 기제들은 때때로 역설적인 결과를 낳을 수도 있다는 것이다.

요약

▶ 조작적 조건형성은 B. F. 스키너에 의해 개발되었으며, 행동이 강화받고 그러므로 더 일어나기 쉽게 되는 과정이다. 여기에서 복잡한 행동들은 강화를 통해 조성되고, 행위와 결과 간의 유관성들이 유기체의 행동이 어떻게 표출될 것인가를 결정하는 데에 핵심적이다.

▶ 왓슨과 마찬가지로, 스키너는 인지적, 신경적, 혹은 진화적 기제를 고려하지 않고 행동을 설명하고자 했다. 그러나 고전적 조건형성의 경우처럼, 이 접근은 불완전한 것으로 드러났다.

▶ 조작적 조건형성은 명백히 인지적 성분들을 가지고 있다. 유기체는 자신의 행동의 결과들에 대한 기대를 가지고 있고 그에 따라 그 행동들을 조정하는 것처럼 행동한다. 인지적 영향들은 흔히 학습에 영향을 주는 시행별 피드백을 가끔 압도할 수 있다.

▶ 동물과 인간에 대한 연구는 학습에 영향을 주는 신경적 보상 중추의 작동을 강조한다.

▶ 조작적 조건형성에 기저하는 연합기제는 진화론적 생물학에 그 뿌리가 있다. 어떤 일들은 비교적 쉽게 학습되며 다른 것들은 어렵다. 종의 내력은 흔히 어떤 것이 쉬울지 어려울지에 대한 가장 좋은 단서이다.

관찰학습
학습이 다른 사람의 행동을 관찰함으로써 발생하는 상황

관찰학습 : 나를 봐

네 살배기 로드니와 그의 두 살배기 여동생인 마지에 관한 이야기를 생각해 보자. 그들의 부모는 항상 그들에게 레인지에 가까이 가지 말라고 말했으며, 그것은 어떤 아이에게나 그리고 많은 어른에게 좋은 충고였다. 그러나 장난꾸러기 악동이었던 로드니는 어느 날 버너를 피우기로 결심하고, 손을 그 위에 올린 다음 천천히 아래로 내렸다…. 살이 그을려져 고통으로 비명을 지르며 뒤로 움츠릴 때까지. 로드니는 실제로는 다쳤다기보다 더 놀랐다. 그리고 이 이야기를 듣는 사람은 누구라도 그가 그날 중요한 것을 배웠으리라는 것을 의심하지 않을 것이다. 게다가 이 사건들의 하나하나가 전개되는 것을 옆에 서서 지켜본 어린 마지도 역시 같은 교훈을 배웠다. 로드니의 이야기는 행동주의자의 교과서적 예이다. 처벌의 처치는 그의 행동에 학습된 변화를 일으킨다. 그러나 마지의 학습은 어떻게 설명할 수 있을까? 그녀는 어떤 처벌도 어떤 강화도 받지 않았다. 사실상 그녀는 그 나쁜 장치와의 직접 경험도 하지 않았다. 그러나 그녀는 미래에 로드니만큼이나 레인지로부터 손을 멀리할 것이라고 주장할 수 있다.

마지의 경우는 **관찰학습**(observational learning)의 경우인데, 여기에서 학습은 다른 사람의 행동을 관찰함으로써 발생한다. 관찰학습은 고전적 및 조작적 조건형성에 대한 행동주의의 강화-기반 설명에 도전을 제기한다. 그러나 이런 유형의 학습이 행동에 변화를 일으킨다는 것은 의심의 여지가 없다. 모든 사회에서 적절한 사회적 행동은 세대를 거쳐 주로 관찰을 통해 전수된다(Bandura, 1965). 우리 문화의 일부분인 의식과 행동들은 각 새로운 세대에 의해 획득되는데, 젊은이에 대한 신중한 훈련을 통해서뿐만 아니라 젊은이가 연장자의 행동 패턴을 관찰하는 것을 통해서이다(Flynn & Whiten, 2008). 젓가락을 쓰거나 TV 리모콘을 조작하기를 배우는 것과 같은 과제는 우리가 시도하기 전에 우리가 이런 활동들이 수행되는 것을 관찰한다면 더 쉽게 획득된다. 수술을 집도하는 것과 같이 한층 복잡한 운동 과제들도 부분적으로는 광범한 관찰과 모델에 대한 모방을 통해 학습된다. 그리고 수술을 받으려고 하는 사람은 누구라도 관찰학습에 대해 감사할 것이다. 외과의사들이 손다이크에 의해 연구된 시행착오 기법이나 스키너를 사로잡은 계기적 근사법의 조성을 써서 외과수술 기법을 획득한다고 생각만 해도 우리들은 누구든지 매우 조마조마하게 될 것이다.

> ? **왜 더 어린 형제는 첫째보다 더 빨리 배우는 것처럼 보이는가?**

인간의 관찰학습

심리학에서 이정표가 된 일련의 연구에서 앨버트 반두라(Albert Bandura)와 그의 동료들은 관찰학습의 변수들을 탐구했다(Bandura, Ross, & Ross, 1961)(반두라의 업적에 대한 추가적인 논의를 보려면, 13장 참조). 연구자들은 몇몇 취학 전 아이들을 놀이 공간으로 데려왔는데, 그곳에는 아이들이 놀기 좋아할 만한 여러 개의 장난감들, 스티커, 잉크 스탬프, 크레용 등 네 살배기 아이들이 보통 좋아하는 모든 것이 있었다. 그다음 다른 사람들에게 안내자로서 행동하는 사람인 어른 모델이 방 안으로 인도되어 반대편 구석에 앉았는데, 여기에는 몇 개의 다른 장난감이 있었다. 거기에는 보보 인형이 있었는데, 이것은 크게 팽

> ? **보보 인형 실험이 아이와 공격 행동에 대해 무엇을 보여 주었는가?**

창될 수 있는 플라스틱 장난감으로, 넘어뜨려져도 다시 바로 설 수 있도록 무거운 받침대가 있는 것이었다. 어른은 잠시 동안 조용히 놀다가 그다음 보보 인형에 대해 공격을 하기 시작했는데, 그것을 넘어뜨리고, 그 위에서 구르고, 나무망치로 그것을 치고, 방 이리저리로 그것을 치며, "펑!", "차 버려!" 하고 외쳤다. 이런 행동들을 관찰한 아이들은 나중에 여러

유명한 독일 외과의사인 (수염이 있는 흰 가운을 입은) 빈센쯔 체르니가 1901년 샌프란시스코 병원에서 위 수술을 수행하는 것을 관찰하는 의과대학생이 보여 주듯이, 관찰학습은 외과 훈련에서 중요한 역할을 한다.

STANLEY B. BURNS, MD & THE BURNS ARCHIVE N.Y./SCIENCE SOURCE

© ALBERT BANDURA, DEPT. OF PSYCHOLOGY · STANFORD UNIVERSITY

▲ 그림 7.15 **보보를 때려눕히기** 보보 인형에 대해 공격적으로 행동한 어른 모형에 노출된 아이들은 스스로 공격적으로 행동하기 쉬웠다. 이 행동은 어떤 직접 강화가 없이도 일어났다. 관찰학습이 아이의 행동을 초래하는 원인이 되었다.

장난감들과 놀게 되었는데, 여기에는 아이 크기의 보보 인형도 포함되어 있었다. 그때 아이들은 공격적 모델을 관찰하지 않았던 아이들 집단에 비해 두 배 이상이나 더 공격적인 방식으로 그 인형과 상호작용하는 경향이 있었다.

　그래서 어쨌다고? 아이들은 물건들을 깨는 것을 좋아하고, 결국 보보 인형들도 얻어맞도록 만들어졌다. 이것은 사실이지만, 그림 7.15가 보여 주듯이 아이들이 보여 준 모방의 정도는 놀라웠다. 사실 어른 모델은 인형을 나무망치로 치거나 그것을 공중으로 던지는 것과 같은 새로운 행동을 의도적으로 했는데, 연구자들이 분명히 관찰학습의 결과였던 공격 행동을 구별할 수 있도록 하기 위해서였다. 이 연구들에서 아이들은 또한 자기가 관찰한 행동들의 결과에 예민하다는 것을 또한 보여 주었다. 어른 모델들이 공격적으로 행동한 데에 대해 벌 받는 것을 아이들이 보았을 때 아이들은 공격성을 상당히 적게 보여 주었다. 모델이 공격 행동에 대해 보상받고 칭찬받는 것을 아이들이 관찰하였을 때 그들은 공격성의 증가를 드러냈다(Bandura, Ross, & Ross, 1963). 빈두리의 연구에서 보인 관찰학습은 행동, **규범**, 가치의 사회적 학습 및 문화적 전이에 대해 함축하는 바가 많다(Bandura, 1977, 1994).

　아이들을 데리고 한 최근 연구는 관찰학습이 **확산 사슬**(diffusion chain)이라고 불리는 과정을 통해 한 문화 전반으로 널리 확산될 수 있는 행동의 씨를 뿌리는 데 적합하다는 것을 보여 준다. 확산 사슬은 개인들이 처음 다른 개인이 어떤 행동을 수행하는 것을 관찰함으로써 그 행동을 배우고, 그 행동은 다음에 또 다른 개인들이 그 행동을 배우는 모델로 사용되는 것을 말한다(Flynn, 2008; Flynn & Whiten, 2008). 미취학 연령의 아이들에게서 확산 사슬의 작동을 조사한 실험들은, 한 아이(B)가 성인 모델(A)이 보상을 얻기 위해 새 도구를 쓰는 것과 같은 표적 행동을 수행하는 것을 관찰하는 절차를 사용했다. 그다음, 아이 B는 B가 표적 행동을 수행하는 것을 관찰한 다른 아이 C의 모델이 되고, 그다음 C가 표적 행동을 수행하는 것을 관찰하는 아이 D가 뒤

확산 사슬
개인들이 다른 사람이 그 행동을 하는 것을 관찰함으로써 처음으로 한 행동을 배우고, 그다음 다른 개인들이 그 행동을 배우는 모델이 되는 과정

코치들이 운동선수들에게 기법을 시범해 줄 때 관찰학습에 의존한다.

를 잇는 식으로 계속된다. 현재까지의 증거는 아이들은 어른 모델이 그 도구를 사용하는 것을 관찰함으로써 새 도구를 어떻게 쓰는지를 배울 수 있으며, 그다음 더 중요하게도 다른 아이들이 그 도구를 어떻게 쓰는지를 배우는 데에 대한 효과적인 모델이 될 수 있다는 것을 가리킨다.

확산 사슬에 대한 초기 연구들은, 새 도구 사용과 같은 행동들은 10명의 아이들에 걸쳐서 정확하게 확산될 수 있었으며(Flynn & Whiten, 2008; Horner et al., 2006), 더 최근의 연구는 20명으로 구성된 확산 사슬에 걸쳐서도 도구 사용의 믿음직스러운 전달이 가능함을 보여 준다. 여러 '문화적 세대' 간의 전달에 관한 이런 발견들은 관찰학습이 확산 사슬을 통한 전달에 아주 적합하며, 우리 문화에 영향을 미치는 잠재적으로 강력한 수단이라는 것을 강조한다.

관찰학습은 일상생활의 여러 영역에서 중요하다. 스포츠는 좋은 예가 된다. 실질적으로 거의 모든 스포츠에서 코치들은 선수들에게 결정적 테크닉과 기술을 시범해 줄 때 관찰학습에 의존하며, 운동선수들 또한 다른 운동선수들이 수행하는 것을 관찰하는 수많은 기회를 갖는다. 팀 스포츠든 개인 스포츠든 대학 및 레저 수준의 운동선수들에 대한 연구가 보여 주는 것은, 그들은 모두 그들 각각의 종목에서 핵심 기술들의 수행을 향상시키기 위해 관찰학습에 크게 의존했음을 보고하며, 그리고 대학 선수들은 레저 선수들보다 관찰학습에 한층 더 크게 의존했다고 보고했다는 것이다(Wesch, Law, & Hall, 2007). 그러나 어떤 기술을 단지 관찰하는 것만으로, 실제로 그것을 연습하지 않고도, 그 기술을 수행하는 데에 향상이 있을까? 많은 연구들이 다른 누군가가, 표적에 도달하는 것에서 일련의 키를 누르는 것까지, 운동 과제를 수행하는 것을 관찰하는 것은 관찰자에게 분명한 학습을 낳을 수 있다는 것을 보였다. 사실, 때때로 관찰학습은 그 과제 자체를 연습하는 것만큼이나 많은 학습을 낳기도 하였다(Heyes & Foster, 2002; Mattar & Gribble, 2005; Vinter & Perruchet, 2002).

동물의 관찰학습

인간이 관찰을 통해 학습할 수 있는 유일한 동물은 아니다. 광범하게 다양한 종들이 관찰을 통해 학습한다. 예를 들면, 한 연구에서 비둘기는 다른 비둘기가 먹이공급기를 쪼거나 막대를 밟는 것에 대해 강화받는 것을 관찰하였다. 나중에 그 상자에 놓였을 때, 그 비둘기는 다른 비둘기가 이전에 사용하는 것을 관찰한 기법은 무엇이든 사용하려는 경향을 보였다(Zentall, Sutton, & Sherburne, 1996).

원숭이는 다른 원숭이가 뱀을 보고 공포로 반응하는 것을 본다면 관찰학습을 통해 뱀을 두려워하는 것을 배울 수 있다. 그러나 원숭이는 관찰학습을 통해, 아무리 여러 번 동일한 꽃을 두려워하도록 조건형성된 다른 원숭이를 관찰하더라도, 꽃을 두려워하도록 훈련될 수는 없다. 생물학적 준비성의 원칙은 이런 발견을 어떻게 설명하는가?

일련의 흥미로운 연구들에서 연구자들은 실험실에서 기른, 뱀을 본 적이 없는 붉은털원숭이들이 단지 다른 원숭이들의 공포 반응을 관찰하는 것만으로도 뱀에 대한 공포를 발달시키는 것을 보여 주었다(Cook & Mineka, 1990; Mineka & Cook, 1988). 사실 이런 실험실 양육 원숭이들의 공포 반응들은 매우 사실적이고 현저하기 때문에 그것들은 또 다른 실험실 양육 원숭이들에 대한 모델로 기능해서 일종의 관찰학습 '연쇄'를 만들어 낼 수 있었다. 이런 결과들 또한 각 종이 특정한 행동들에 대한 특이한 생물적 성향을 어떻게 진화시켜 왔는가에 대한 이전의 논의를 지지한다. 실제적으로 야생에서 길러진 모든 붉은털원숭이는 뱀에 대한 공포를 가지고 있는데, 이는 그런 공포가 이 종의 성향들 중의 하나임을 강력하게 지지한다. 이 연구는 또한 왜 사람들이 겪는 어떤 공포증들, 예컨대 고소공포증(acrophobia) 혹은 폐쇄공포증(claustrophobia)이 이런 맥락에서 불쾌한 경험을 결코 겪지 않은 사람들에게조차 그렇게 흔한지를 설명하는 데에도 도움을 준다(Mineka & Ohman, 2002). 이 공포들은 특정 조건형성 경험에서가 아니라 다른 사람들의 반응들을 관찰하고 그로부터 학습하는 것에서 출현할 수 있다.

동물에게서 관찰학습에 관한 가장 중요한 질문들 중 하나는 원숭이와 침팬지가, 다른 개체들에게서 도구 사용을 관찰함으로써, 도구를 사용하는 것을 배울 수 있는가와 관련된다. 이것은 어린 아이들에 의해 성취될 수 있다는 것을 이미 보았다. 이 논제를 조사하기 위한 최초의 통제실험 연구들 중 하나에서, 침팬지는 모델(실험자)이 음식물들을 자신에게 당기기 위해 T자 모양의 금속막대를 사용하는 것을 관찰하였다(Tomasello et al., 1987). 도구 사용을 조금도 관찰하지 않은 집단과 비교해서, 이 침팬지들은 나중에 그 과제를 스스로 수행할 때 더 많은 학습을 보였다. 그러나 침팬지들이 모델이 했던 것과 정확하게 같은 방식으로 도구를 거의 사용하지 않았다는 것을 연구자들은 주목했다. 그래서 나중 실험에서 그들은 새로운 변화를 도입했다(Nagell, Olguin, & Tomasello, 1993). 한 조건에서, 모델은 음식 보상을 차지하기 위해 정상 자세로 (끝이 땅을 향하게 하여) 갈퀴를 사용했다. 이것은 다소 비효율적이었는데 왜냐하면 갈퀴 끝은 간격이 떨어져 있어서 음식이 때때로 그 사이로 미끄러졌기 때문이었다. 두 번째 조건에서, 모델은 갈퀴를 뒤집어 끝이 위로 향하도록 하였고, 갈퀴의 편평한 모서리가 땅에 닿았는데, 이것은 음식을 붙잡는 데에 더 효과적인 방법이었다. 도구 사용을 관찰한 두 집단들은, 모델이 도구를 사용하는 것을 관찰하지 않은 통제 집단보다, 음식을 스스로 획득하려고 하였을 때 더 잘 수행했다. 그러나 더 효율적인 절차를 관찰한 침팬지들은 덜 효율적인 절차를 관찰한 집단이 한 것보다 더 자주 그것을 쓰지 않았다. 두 집단의 수행은 똑같았다. 이와 달리, 같은 조건들에 노출된 두 살배기 아이들은 각 모델이 2개의 관찰학습 조건들에서 했던 것과 정확하게 같은 방식으로 갈퀴를 사용했다. 침팬지들은, 그 도구가 음식을 획득하는 데에 사용될 수 있다는 것만을 배운 것처럼 보인 반면, 아이들은 그 도구를 쓰는 방법에 관해 특정한 무엇을 배웠다.

이 연구들에서 침팬지들은 야생에서 어미들에 의해 길러졌다. 관련 연구에서, 연구자들은 인간과의 접촉이 있었던 환경에서 길러진 침팬지들이 모델에 의해 수행된 정확한 행동들을 흉내내는 것을 학습할 수 있는지를 질문했다(Tomasello, Savage-Rombaugh, & Kruger, 1993). 그 답은 분명한 "예"였다. 더 인간 같은 환경에서 자란 침팬지들은 어미에 의해 길러진 침팬지들보다

인간들 가운데에서 자란 침팬지들과 야생에서 자란 침팬지들 간의 인지적 차이는 무엇인가?

더 구체적인 관찰학습을 보였으며, 그 수행은 인간 아이들과 비슷하였다. 이 발견은 토마셀로와 동료(Tomasello et al., 1993)로 하여금 그들이 문화화 가설(enculturation hypothesis)이라고 명명한 것을 주장하도록 했다. 인간 문화에서 양육되는 것은 침팬지의 인지 능력에 중대한 영향을 미치는데, 특히 도구를 사용하는 것과 같은 과제를 수행할 때 다른 개체의 의도를 이해하는 능력이 그러하며, 이것은 다음 차례로 관찰학습 능력을 증가시킨다. 다른 연구자들은 이 가설을 비판했는데(Bering, 2004), 토마셀로 등(1993)의 연구 결과 이외에 이 가설을 지지하는 증거가 비교적 거의 없다는 점을 지적했다.

그러나 더 최근의 연구는 흰목꼬리감기원숭이에게서 비슷한 것을 발견했는데, 이 원숭이들은 야생에서, 벌어진 견과류를 깨기 위해 나뭇가지나 돌 망치를 사용하거나(Boinski, Quartrone, & Swartz, 2000; Fragaszy et al., 2004) 묻힌 뿌리를 파기 위해 돌을 사용하는(Moura & Lee, 2004) 것과 같이 도구 사용을 하는 것으

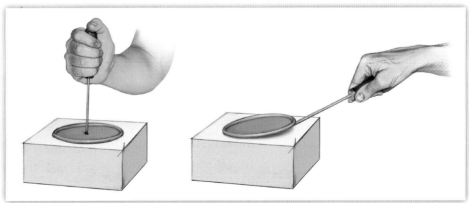

▼ 그림 7.16 **관찰학습** 야생에서 어미에 의해 길러졌거나 아니면 인간 가족에 의해 길러진 원숭이들은 한 모델이 음식 보상을 얻기 위해 박스의 가운데에 있는 구멍을 드라이버로 찌르거나(왼쪽) 뚜껑을 비틀어 여는(오른쪽) 것을 관찰하였다. 두 집단은 모두 관찰학습의 증거를 얼마간 보였으나, 인간이 기른 원숭이들이 자기들이 관찰한 정확한 행동을 더 잘 수행하는 경향이 있었다.

로 유명하다. 프레드만과 화이튼(Fredman & Whiten, 2008)은 야생에서 어미에 의해 길러졌거나, 이스라엘에서 사지마비 환자들을 돕도록 원숭이를 훈련시키는 프로젝트의 일환으로 인간 가정에 의해 길러진 원숭이들을 연구했다. 한 모델이 상자 안에 숨겨져 있는 음식 보상에 접근하기 위해 드라이버를 쓰는 두 가지 방법들을 시범해 주었다. 어떤 원숭이들은 모델이 상자 가운데 있는 구멍을 통해 찌르는 것을 관찰한 반면, 다른 원숭이들은 모델이 상자 가장자리에 있는 뚜껑을 비틀어 여는 것을 관찰했다(그림 7.16 참조). 통제집단은 도구 사용을 조금도 관찰하지 않았다. 어미가 기른 원숭이들과 인간이 기른 원숭이들 모두 통제집단과 비교해서 관찰학습의 증거를 보였으나, 인간이 기른 원숭이들이 어미가 기른 원숭이들보다 더 자주 자기들이 관찰했던 행동을 정확히 수행했다.

이 증거가 관찰학습을 지원하는 인지 과정들에 어떤 문화적 영향이 있다는 것을 함축하지만, 연구자들은 관찰학습에 대한 효과는 인간이 기른 원숭이들에 대한 여러 가지의 영향들로 귀인될 수 있음을 지적했다. 여기에는 도구와의 더 많은 경험, 모델의 행동에 대한 더 많은 주의 또는 토마셀로와 동료들(1993)이 처음 주장했듯이, 다른 개체의 의도에 대해 증가된 민감성 등이 포함된다. 그래서 그 과정의 정확한 본질을 이해하기 위해서는 더 많은 연구들이 필요하다(Bering, 2004; Tomasello & Call, 2004).

관찰학습에서 신경적 요소

관찰학습에는 또한 신경적 요소도 있을 수 있다. 3장에서 읽었듯이 거울신경원(mirror neuron)들은 (인간을 포함한) 영장류의 두뇌에서 발견되는 세포의 일종이다. 거울신경원은 원숭이가 음식물에 닿을 때처럼 동물이 한 행동을 수행할 때 흥분한다. 그러나 더 중요한 것은 거울신경원들은 또한 다른 누군가가 동일한 특정 과제를 수행하는 것을 그 동물이 관찰할 때에도 흥분한다(Rizzolatti & Craighero, 2004). 비록 이 '다른 누군가'는 보통 같은 종의 동료이지만, 몇몇 연구는 원숭이가 인간이 어떤 행동을 수행하는 것을 관찰할 때에도 원숭이의 거울신경원이 흥분한다는 것을 시사한다(Fogassi et al., 2005). 예를 들면, 인간이 먹기 위해서나 보관함에 넣기 위해서 음식물 조각을 집는 것을 원숭이가 관찰했을 때 원숭이의 거울신경원이 흥분하였다.

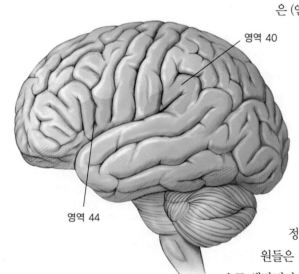

영역 40

영역 44

▲ 그림 7.17 **거울신경원 시스템** 전두엽(영역 44)과 두정엽(영역 40)의 영역들은 인간에게서 거울신경원 시스템의 부분일 것으로 생각된다.

그다음 거울신경원들은 미래 행동의 예측뿐만 아니라 행동의 모방에도 결정적 역할을 할 수 있다(Rizzolatti, 2004). 거울신경원들은 전두엽 및 두정엽의 특정한 하위영역에 있는 것으로 생각되며, 개별 하위영역들은 어떤 종류의 행위를 관찰할 때 아주 강하게 반응한다는 증거가 있다(그림 7.17 참조). 만일 다른 유기체가 한 행동을 수행하는 것이 보일 때 해당 신경원들이 흥분한다면 그것은 지향성의 자각을, 즉 그 동물이 그럴싸한 미래 행동의 경과를 예상하고 있다는 것을 가리킬 수 있다. 거울신경원의 정확한 기능은 계속 논의되어야 하지만(Hickok, 2009), 이런 요소들, 즉 잘 이해된 행동의 판에 박힌 모방 및 행동이 어떻게 전개될 것인가에 대한 자각 모두가 관찰학습에 기여한다.

? 거울신경원들은 무슨 일을 하는가?

건강한 성인에게서 관찰학습의 연구들은 다른 누군가가 과제를 수행하는 것을 관찰하면 스스로 그 과제를 실제로 수행할 때 활성화되는 동일한 뇌 영역의 일부가 개입하게 된다는 것을 보여 주었다. 당신은 자신이 춤을 잘 춘다고 보는가? 자신의 춤 동작을 향상시키려는 희망에서, 춤을 잘 추는 어떤 사람, 친구나 "댄싱 위드 더 스타" 같은 프로그램에서 아마도 연예인을 지켜본 적이 있는가? 최근의 fMRI 연구에서, 참가자들은 뇌 스캔을 하기 전 며칠 동안 두 과제를 수행했다. 하나는 낯선 테크노댄스 노래에 따라 춤 동작 순서를 연습하는 것이었고, 다른 것은 낯선 테크노댄스 노래가 함께 나온 다른 댄스 동작들이 들어 있는 음악 비디오를 보는 것이었다(Cross et al., 2009). 그들은 그다음, 그들은 훈련하지 않은 동작들이 있는 비디오뿐만 아니라, 이전에 춤췄던 혹은 이전에 보았던 동작들의 비디오를 보는 동안 뇌를 스캔 받았다.

fMRI 자료의 분석 결과, 이전에 경험한 적이 없는 동작들과 비교해서, 이전에 춤췄거나 관찰했던 동작들을 보는 것은, (이전에 본 비디오보다 춤 췄던 비디오에 대해 더 많은 활동을 보였던 몇 개의 뇌 영역들은 물론) 거울신경원 시스템 부분이라 생각되는 영역들을 포함해서, 대체로 유사한 뇌 네트워크를 동원하게 했다. 뇌 스캔이 끝난 뒤 참가자들에게 주어진 깜작 댄스 시험의 결과들은, 훈련받지 않은 동작들보다 이전에 관찰했던 동작들에서 수행이 더 좋았는데, 이는 유의한 관찰학습이 있었음을 입증하지만, 이전에 춤췄던 동작들에서 가장 좋았다(Cross et al., 2009). 그래서 "댄싱 위드 더 스타"를 관찰하는 것은 정말로 당신의 춤 실력을 향상시킨 것이며, 무도장에서 연습하는 것은 훨씬 더 도움이 될 것이다

어떤 운동 기술들에 대한 관찰학습은, 운동 학습에 핵심적인 것으로 알려져 있는, 운동 피질에 의존한다는 것을 관련 증거들이 보여 준다. 예를 들어, 참가자들이 다른 사람이 복잡한 뻗치기(reaching) 운동을 하는 것이 포함된 과제에 열중하는 것을 관찰할 때, 상당한 관찰학습이 일어난다(Mattar & Gribble, 2005). 관찰학습이 운동피질에 달려 있는지를 조사하기 위해, 연구자들은 참가자들이 뻗치기 운동의 수행을 관찰한 직후 경두개 자기 자극법(transcranial magnetic stimulation), 즉 TMS를 운동피질에 적용했다. (3장에서 배웠듯이, TMS는 그것이 적용된 뇌 영역의 기능에 일시적 붕괴를 일으킨다.) 놀랍게도, 운동피질에 TMS를 적용하니까 관찰학습의 양이 크게 감소한 반면, 운동피질 바깥의 통제 영역에 TMS를 적용하면 관찰학습에 아무 효과가 없었다(Brown, Wilson, & Gribble, 2009).

이 발견들은 어떤 종류의 관찰학습은 행위에 필수적인 뇌 영역들에 기반을 두고 있다는 것을 시사한다. 한 유기체가 다른 유기체의 행동을 바탕으로 자신의 행동들을 패턴화할 때, 학습은 가속되고, 잠재적으로 위험한 오류들은 방지된다(레인지에 손을 데지 않은 마지를 생각하라).

"댄싱 위드 더 스타"에 등장하는 슈거 레이 레오나르드와 해나 트리번샤야와 같이, 숙련된 춤꾼을 관찰하는 것은 실제 춤 연습을 할 때처럼 동일한 뇌 영역들의 많은 부분을 개입시키고, 상당한 학습을 낳을 수 있다.

요약

▶ 관찰학습은 주의, 지각, 기억 또는 추리와 같은 인지 기제들에 근거하고 있다. 그러나 관찰학습은 또한 진화론적 생물학에 뿌리를 두고 있는데, 가장 근본적인 이유가 있다. 즉, 그것은 생존 가치를 가지고 있다. 관찰학습은 종이 자기 주변 세계에 관한 정보를 수집하는 중요한 과정이다.

▶ 관찰학습은 중요한 사회적, 문화적 결과를 낳는데, 그것은 개체들 간 새로운 행동을 전달하는 데 적합한 것으로 보인다. 침팬지와 원숭이는 관찰학습으로부터 이득을 얻을 수 있는데, 특히 그것들이 인간을 포함하는 환경에서 길러졌을 때 그렇다.

▶ 거울신경원 시스템은 관찰학습 동안에 활성화될 수 있으며, 같은 뇌 영역의 많은 신경원들이 어떤 기술을 관찰하고 수행하는 동안에 활성화된다. 관찰학습은 행위에 관여하는 뇌 부위들과 밀접하게 연결되어 있다.

암묵학습 : 철조망 아래에서

사람은 보통 그들 주변의 세계에서 벌어지는 사건들의 패턴에 민감하다고 가정하는 것이 안전하다. 대부분의 사람들은 무슨 일이 벌어지는지를 전혀 자각하지 못한 채로 인생을 더듬거리며 살지는 않는다. 좋다. 당신 방 친구는 그렇다(고 치자). 사람들은 보통 그들 주변의 세상

십 년 전, 아무도 엄지손가락을 써서 어떻게 타자할지를 몰랐다. 이제 거의 모든 십대가 자동적으로 그렇게 한다.

에서 언어적, 사회적, 정서적 혹은 감각운동적 사건들에 매우 익숙해져 있어서 그들은 외현적 자각 없이 획득된 그러한 패턴들에 대해 내적 표상들을 점차로 형성한다. 이 과정은 종종 **암묵학습**(implicit learning)이라 불리는데, 즉 정보 획득의 과정 및 그 산물 모두에 대한 자각과는 대체로 무관하게 발생하는 학습이다. 자각이 없이 일어나기 때문에, 암묵학습은 '철조망 아래로' 몰래 잠입하는 지식이다.

이 장을 시작하면서 논의했던 습관화는, 자극에 대한 반복적 노출이 감소된 반응을 낳는 암묵학습의 아주 간단한 형태이다. 습관화는 해마와 같이 외현학습에 필요한 뇌 구조를 가지지 않은, 아플라시아처럼 단순한 유기체에도 일어난다(Eichenbaum, 2008; Squire & Kandel, 1999). 대조적으로, 어떤 형태의 학습은 외현적으로 시작하지만 시간이 지나면서 점점 더 암묵적으로 된다. 예를 들어 처음 차 운전을 배웠을 때, 아마 당신은 동시에 수행되어야 하는 많은 동작들과 순서에 상당한 주의를 주었을 것이다("방향 지시등을 누르는 동안 가속페달을 가볍게 밟고, 핸들을 돌리는 동안 후사경을 들여다보라"). 그런 복잡한 동작들의 상호작용은 이제 당신에게 아마도 꽤 애쓸 필요가 없고 자동적인 것이 되었다. 외현학습이 시간에 걸쳐서 암묵적으로 되었다. 학습에서 이런 구별은 기억에서 유사한 구별을 생각나

학습과 기억은 어떻게 연결되어 있는가?

게 할 것인데, 그럴 만한 이유가 있다. 6장에서 당신은 암묵적 및 외현적 기억들 간의 차이에 대해 읽었으리라. 암묵적 및 외현적 학습이 암묵적 및 외현적 기억을 반영하는가? 그렇게 간단하지는 않으나, 학습과 기억이 불가분하게 연결되어 있다는 것은 진실이다. 학습은 기억을 낳고, 역으로 기억의 존재는 지식이 획득되었으며, 경험이 뇌에 등록되고 기록되어 있다는 것을, 즉 학습이 일어났다는 것을 함축한다.

암묵학습에 대한 인지적 접근

아이들이 언어와 사회적 행위와 같이 복잡한 행동을 어떻게 배우는지를 탐구하기 시작했을 때, 심리학자들 사이에 암묵학습에 대한 관심이 촉발되었다(Reber, 1967). 아이들은, 6, 7세일 때, 언어적으로 사회적으로 꽤 능숙하다. 그러나 대부분의 아이들은 그들이 실제로 학습한 것에 대한 외현적 자각을 거의 가지고 있지 않다. 예를 들어, 아이들은 종종 사회적 행위에 대한 명백한 규칙들을 받지만("입을 벌린 채로 껌을 씹지 마라"), 그들은 경험을 통해 문명화된 방식으로 행동하는 방법을 배운다. 그들은 특정 행동 방침을 언제 혹은 어떻게 배웠는지를 아마 자각하지 못할 것이고 그들 행동 배후의 일반 원칙을 말로 할 수조차 없을 것이다. 그러나 대부분의 아이들은 발로 먹지 않고, 남이 말할 때 듣고, 개를 차지 않는 것을 배웠다.

실험실에서 암묵학습을 조사하기 위해, 초기 연구들은 연구 참가자들에게 15~20개의 문자열들을 보여 주고는 그것들을 외우라고 요구했다. 처음 봐서는 무의미 음절처럼 보이는 그 문자열들은 실제로는 인공문법(그림 7.18 참조)이라 불리는 복잡한 규칙 집합을 써서 만들어진 것이었다. 참가자들은 그 규칙들에 관해서는 아무것도 듣지 않았지만, 경험을 통해서 그들은 특정 문자 집합들의 '맞음'에 관해 모호하고 직관적인 감각을 점차 발달시켰다. 이 문자 집합들은 참가자들에게 친숙해졌으며, 그들은 이 문자 집합들을 '맞지 않은' 문자 집합들보다 더 빨리 그리고 더 효율적으로 처리했다(Reber, 1967, 1996).

암묵학습
정보 획득의 과정과 산물에 대한 자각과 대체로 무관하게 일어나는 학습

그림 7.18에 있는 문자열들을 보라. 왼쪽에 있는 것들은 '맞는' 것이며 인공문법의 규칙들을 따른다. 오른쪽에 있는 것들은 모두 그 규칙들을 위반하였다. 그 차이점들은 꽤 미묘하며, 당신이 이 실험의 학습 단계를 거치지 않았다면 두 문자 집합은 꽤 비슷하게 보일 것이다. 사실 각 비문법적인 문자열은 단 1개 문자의 위반을 했을 뿐이다. 연구 참가자들은 새 문자열들이 문법 규칙을 따르는지 아닌지를 기초로 새 문자열들을 분류하도록 요청받았다. 사람들은 이 과제를 꽤 잘하는 것으로 드러났지만(보통 그들은 60% 내지 70% 맞혔다), 그들은 자신들이 사용하는 규칙들을 명백히 의식한다고 할 만한 것을 많이 제공하지 못했다. 그 경험은 당신이 문법적 오류가 있는 문장을 우연히 만났을 때와 같다. 당신은 무언가가 잘못되었음을 즉각 알아차리고 확실히 그 문장을 문법적으로 만들 수 있을 것이다. 그러나 당신이 훈련된 언어학자가 아니라면 당신은 아마 영문법의 어떤 규칙들이 위배되었는지 혹은 당신이 그 문장을 고치는 데에 어떤 규칙들을 썼는지를 명료하게 말하는 것은 어려울 것이다.

암묵학습에 관한 다른 연구들은 계열 반응시간 과제를 사용했다(Nissen & Bullemer, 1987). 여기에서 연구 참가자들은 컴퓨터 화면에서 5개의 작은 상자를 제시받는다. 각 상자는 잠시 밝아지고, 그럴 때 참가자는 그 상자 바로 밑에 있는 단추를 가능한 한 빨리 누르도록 요청받는다. 단추가 눌러진 후 즉각 다른 상자가 밝아지고, 그 참가자는 그에 상응하는 단추를 가능한 한 빨리 눌러야 한다. 인공문법 과제와 마찬가지로, 빛의 순서는 마구잡이인 듯이 보이지만, 사실 그것은 어떤 패턴을 따른다. 연구 참가자들은 연습과 더불어 다음에는 어떤 상자가 밝아질 가능성이 가장 높은지를 예상하는 것을 배우면서 결국 더 빨라진다. 그러나 질문을 받는다면, 그들은 불빛에 패턴이 있다는 것을 대개 의식하지 못한다.

왜 암묵적으로 학습된 과제는 다른 사람들에게 설명하기가 어려운가?

암묵학습은 외현학습과 구별되는 어떤 특징들을 가지고 있다. 예를 들면, 암묵 과제들을 수행하도록 요구받을 때, 사람들은 비교적 거의 서로 다르지 않지만, (의식적 문제 풀이와 같은) 외현 과제들에서는 사람들은 큰 개인 간 차이들을 보인다(Reber, Walkenfeld, & Hernstadt, 1991). 암묵학습은 또한 IQ와 무관한 것으로 보인다. 표준적 지능검사에서 높은 점수를 받은 사람들이 그 점수가 더 보통인 사람들보다 암묵학습 과제에서 평균적으로 더 낮지 않다(Reber & Allen, 2000). 암묵학습은 일생 동안 거의 변하지 않는다. 연구자들은 8개월 유아에서 복잡하고, 규칙을 따른 청각 패턴들에 대해 잘 발달된 암묵학습이 있음을 발견했다(Saffran, Aslin, & Newport, 1996). 유아들은 실험자가 정의한 무의미 단어들을 포함한 말소리의 흐름을 들었다. 예를 들어 유아들이 *bida*라는 무의미 단어를 포함하고 있는, "bidakupadotigolabubidaku"와 같은 순서를 듣는다고 하자. 어떤 소리가 '단어'였는지 어떤 것이 아니었는지에 관한 어떤 외현적 단서들도 받지 않았으나, 몇 번의 반복 후에 유아들은 새로운 단어를 배웠다는 신호를 보여 주었다. 유아들은 새 정보를 선호하는 경향이 있으며, 이전에 제시되었던 *bida*와 같은 무의미 단어들보다 이전에 제시되지 않았던 새로운 무의미 단어들을 듣는 데에 더 많은 시간을 보낸다. 놀랍게도, 이 연구의 유아들은 대학생만큼이나 이 순서들을 잘 학습하였다. 일생의 다른 쪽 끝에서, 암묵학습 능력은 노년기까지 잘 확장되며 그 능력은 외현학습 능력보다 더 천천히 쇠퇴한다는 것을 연구자들은 발견하였다(Howard & Howard, 1997).

암묵학습은 놀랍게도 외현학습에 영향을 준다고 알려진 다양한 장애들에도 저항적이다. 여

문법적 문자열	비문법적 문자열
VXJJ	VXTJJ
XXVT	XVTVVJ
VJTVXJ	VJTTVTV
VJTVTV	VJTXXVJ
XXXXVX	XXXVTJJ

▲ 그림 7.18 **인공문법 및 암묵학습** 이것들은 인공문법에 의해 형성된 문자열들의 예이다. 연구의 참가자들은 이 문법의 규칙들에 노출된 다음, 나중에 새 문자열로 검사받았다. 참가자들은, 비록 그들이 자신이 그런 판단을 내릴 때 자신이 따르고 있는 규칙을 명백하게 진술할 수는 없지만, 타당하고, 문법적인 문자열들을 타당하지 않고, 비문법적인 문자열들로부터 구별하는 데에 믿을 만한 정확도를 보여 준다(Reber, 1996).

암묵학습은 자전거를 타는 데 필요한 기술들을 획득하고 유지하는 데 개입되는데, 외현학습보다 나이의 영향을 덜 받는 경향이 있다.

러 정신병을 앓는 일단의 환자들은 매우 심각하게 손상되어서 대학생들이 거의 어려움 없이 푸는 간단한 문제도 풀 수 없었다. 그러나 이 환자들은 인공문법 학습과제를 대학생들만큼이나 잘 학습할 수 있었다(Abrams & Reber, 1988). 다른 연구들은 심각한 기억상실 환자들이 정상적인 암묵기억을 보일 뿐만 아니라 인공문법에 대해 실제적으로 정상적인 암묵학습을 보이는 것을 발견하였다(Knowlton, Ramus, & Squire, 1992). 사실 이 환자들은 비록 이 실험의 학습 단계를 거쳤다는 것에 대한 외현기억을 사실상 조금도 가지고 있지 않음에도 불구하고 새 문자열에 대해 정확한 판단을 하였다! 대조적으로 몇 연구들은 실어증 아이들이, 그들은 정상적 지능과 좋은 교육 기회가 있음에도 불구하고 읽기 기술을 획득하지 못하였는데, 인공문법(Pavlidou, Williams, & Kelly, 2009), 계열 반응시간 과제에서 운동 및 공간 순서(Bennett et al., 2008; Orban, Lungu, & Doyon, 2008; Stoodley et al., 2008)의 암묵학습에 결함이 있다는 것을 보여 주었다. 이 발견들은 암묵학습과 관련된 문제들이 실어증의 발달에 중요한 역할을 하며 치료 프로그램을 개발할 때 고려할 필요가 있다는 것을 시사한다(Stoodley et al., 2008).

암묵 및 외현 학습은 별개의 신경 경로를 사용한다

기억 상실증을 겪는 환자들이 암묵학습을 보인다는 사실은 암묵학습 배후에 있는 두뇌 구조가 외현학습 배후에 있는 것들과 구별된다는 것을 시사한다. 6장에서 배웠듯이, 기억 상실증 환자들은 해마와 내측두엽에 있는 인접 구조들의 손상이라는 특징을 가지고 있다. 마찬가지로 이 영역들은 암묵학습에 필수적이지 않다(Bayley, Frascino, & Squire, 2005). 더군다나, 사람들이 한 과제에 접근하는 방식에 따라 뇌에서 서로 다른 영역들이 활성화될 수 있는 것처럼 보인다.

예를 들어, 한 연구에서 참가자들은 일련의 점 패턴들을 보았는데, 그 각각은 밤하늘에 별들이 널려 있는 것처럼 보였다(Reber et al., 2003). 실제로 모든 자극들은 배후에 있는 원형적인(prototypical) 점 패턴에 맞도록 구성되어 있었다. 그러나 이 점들은 제법 변화되어 있어서 점 패턴들이 모두 공통된 구조를 가지고 있다는 것을 관찰자가 추측하는 것이 실제로 불가능하였다. 실험이 시작되기 전에 참가자들의 절반은 원형의 존재에 대해 들었다. 다른 말로 하면 그들은 외현 처리를 조장한 지시를 받았다. 다른 사람들은 표준적인 암묵학습 지시를 받았다. 즉, 그들은 점 패턴에 주목하라는 것 외에 아무것도 듣지 않았다.

참가자들이 새 점 패턴들을 원형에 들어맞는 것과 들어맞지 않는 것으로 분류하는 의사결정을 하는 동안 참가자들의 뇌가 스캔되었다. 흥미롭게도, 두 집단은 이 과제에서 똑같이 잘했는데, 새 점 패턴들을 약 65% 정확하게 분류하였다.

 암묵 및 외현 학습이 뇌에서 별개의 구조와 관련되어 있다는 것을 보여 주는 기술은 무엇인가?

그러나 뇌 스캔은 이 두 집단들이 매우 다른 뇌 부위를 써서 이런 결정들을 하고 있었음을 드러내었다(그림 7.19 참조). 외현적 지시를 받은 참가자들은 전전두 피질, 두정 피질, 해마 및 외현기억의 처리와 연합되어 있다고 알려진 여러 다른 영역들에서 뇌 활동의 증가를 보여 주었다. 암묵 지시를 받은 사람들은 시각 처리가 관련되는 시엽에서 일차적으로 뇌 활동의 감소를 보여 주었다. 이 발견은 참가자들이, 그들이 그 과제를 외현 혹은 암묵학습을 써서 접근하느냐에 따라 별개의 뇌 구조들을 서로 다른 방식으로 동원했다는 것을 시사한다.

다른 연구들은 가장 흔히 쓰이는 암묵학습 과제들 중 두 가지인, 인공문법 학습과 계열 반응시간 과제에서 순서 학습에 관여하는 뇌 영역들을 꼭 짚어내기 시작했다. 몇 개의 fMRI 연구들은, 3장에서 배웠듯이 언어 생성에 핵심 역할을 하는, 브로카 영역이 인공문법 학습 동안 켜진다는 것을 보여 주었다(Forkstam et al., 2006; Petersson, Forkstam, & Ingvar, 2004). 게다가 인

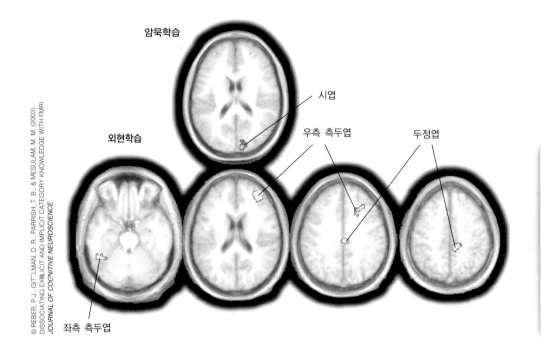

암묵학습

외현학습

시엽

우측 측두엽

두정엽

좌측 측두엽

◀ 그림 7.19 **암묵 및 외현 학습은 다른 뇌 영역을 활성화시킨다** 연구의 참가자들은 점 패턴의 범주화에 관한 암묵적 아니면 외현적 학습에 몰두하는 동안 fMRI 스캔을 받았다. (파랑으로) 드러난 시엽은 암묵학습 후에 감소된 뇌 활동을 보여 주었다. 노랑, 오렌지, 및 빨강의 영역들은 외현학습 동안 뇌 활동의 증가를 보여 주었는데, 여기에는 좌측 측두엽(가장 인쪽), 우측 접두엽(왼쪽에서 두 번째 및 오른쪽에서 두 번째), 및 두정엽(오른쪽에서 두 번째 및 가장 오른쪽)이 포함된다 (Reber, et al., 2003).

접 두피에 전기 자극을 줘서 브로카 영역을 활성화시키면 인공문법의 암묵학습이 향상되는데, 가장 그럴싸한 이유는 문법 규칙들의 획득이 촉진된다는 것이다(De Vries et al., 2010). 대조적으로, 운동 피질은 계열 반응시간 과제에서 순서 학습에 핵심적인 것으로 보인다. (참가자들이 과제를 하는 동안 TMS를 계속 적용하지 않고도 과제를 수행할 수 있도록) 최근에 개발된 장기 지속형의 TMS를 적용해서, 참가자의 운동 피질이 일시적으로 무능하게 되었을 때, 순서 학습은 완전히 없어졌다(Wilkinson et al., 2010).

요약

▶ 암묵학습은 학습자 측에서 외현적 자각의 개입이 없이 패턴을 탐지하고, 학습하고, 저장하는 과정이다.

▶ 습관화와 같은 단순 행동은 암묵학습을 반영할 수 있지만, 언어 사용 또는 사회화와 같은 복잡한 행동도 암묵 과정을 통해 학습될 수 있다.

▶ 암묵학습을 연구하기 위해 사용되어 온 과제들에는 인공문법 및 계열 반응시간 과제들이 있다.

▶ 암묵학습과 외현학습은 여러 가지로 서로 다르다. 외현학습보다 암묵학습에서는 개인차가 훨씬 더 작다. 외현적인 학습 문제를 가진 정신병 환자와 기억 상실증 환자들도 온전한 암묵학습을 보일 수 있으며, 신경영상화 연구들은 암묵학습과 외현학습이 각각 독특한 뇌 구조들을, 때로는 서로 다른 방식으로 동원한다는 것을 보여 준다.

교실에서의 학습

이 장에서 우리는 행동적, 인지적, 진화적, 및 신경적 관점에서 여러 다른 종류의 학습을 고찰해 왔다. 그러나 당신이 현재 삶의 많은 부분을 쏟고 있는 그런 종류의 학습을 아직 다루지 않은 것이 당신에게 이상하게 보일 수도 있다. 즉, 교실과 같은 교육 장면에서의 학습 문제이다. 오래 전 이 책의 1장에서 우리는 이 과목과 다른 과목의 재료들을 공부하는 데에 유용하다고 생각하는 몇 가지 기법들을 살펴보았다(10~11쪽의 '현실세계 : 공부 기술을 향상시키기' 참조). 그러나 우리는 이런 제안들을 지지하는 실제 연구에 관해 많은 언급을 하지 않았다. 지난 수년 동안 심리학자들은 교육 장면에서 학습을 향상시키는 데 특히 초점을 맞춘 많은 연구를 발표해 왔다. 이런 연구들 몇몇이 학습 기법에 관해 무엇을 말하는지를 살펴보고, 그다음 이와 똑같이 중요한 주제인 학습 과정에 통제를 행사하는 문제를 다루어 보자.

학습 기법

학생들은 학습을 향상시키기 위해 아주 다양한 공부 기법들을 사용한다. 아마 당신도 스스로 쓰고 있을지 모를, 흔한 기법들에는 다음과 같은 것이 있다. 즉, 강조하기와 밑줄 긋기, 다시 읽기, 요약하기, 및 시각심상 기억술(Annis & Annis, 1982; Wade, Trathen, & Schraw, 1990) 등이다. 이런저런 기법들은 얼마나 효과적인가? 학습을 전공하는 일단의 심리학자들이 학생들이 쓰는 10개의 학습 기법들과 관련하여 포괄적인 분석을 한 연구를 발표하였다(Dunlosky et al., 2013). 그들은 주요한 네 가지 변인들에 걸쳐서 각 기법의 유용성을 고찰하였다. 그 변인들은 학습 조건(예 : 그 기법이 얼마나 자주 그리고 어떤 맥락에서 쓰이는가), 학습될 재료(예 : 글, 수학 문제, 개념), 학생의 특성(예 : 나이 및 능력 수준), 및 결과 측정치(예 : 기계적 파지, 이해, 문제해결)들이었다. 이 네 변인들에 걸쳐서 떠오른 그림들에 근거해서, 던로스키 등은 각 기법의 전반적 유용성을 평가하였고 그것을 높은, 보통, 그리고 낮은 유용성으로 분류하였다. 표 7.2는 10개 기법들 각각에 대한 간단한 묘사와 각각에 대한 전반적인 유용성 평가를 보여 준다.

널리 쓰임에도 불구하고, 부각시키기, 다시 읽기, 요약하기, 및 시각심상 기억술 모두는 낮은 유용성 평가를 받았다. 그것은 이 기법들이 학습을 향상시키는 데 조금도 가치가 없다는 뜻이 아니라, 각각이 중요한 제한점이 있으며 다른 접근들을 사용했다면 시간이 더 잘 활용될 수 있었다는 것을 가리킨다. 이것이 이들 기법들 중 어느 것도 '공부 기술을 향상시키기' 글상자에 나오지 않은 이유이다. '공부 기술을 향상시키기' 글상자는 표 7.2에서 보통 수준의 유용성 평가를 받은 기법들 중 두 가지에 대략 상응하는 전략들을 개관하였는데, 그것은 정교화 질문하기와 자기-설명이며, 우리는 또한 6장에서 이 기법들과 관련된 일부 재료를 논의하였다. 게다

표 7.2

공부 기법들의 효과성 평정

기법	묘사	효용성
정교화 심문	명시적으로 진술된 사실이나 개념이 왜 참인지에 대한 설명을 생성하기	중간
자기-설명	새 정보가 아는 정보와 어떻게 관련되는지를 설명하기, 혹은 문제해결 동안 택한 단계들을 설명하기	중간
요약하기	학습할 내용에 대해 (다양한 길이의) 요약을 쓰기	낮음
강조하기/밑줄 치기	읽는 동안 학습할 재료에서 잠재적으로 중요한 부분에 표시하기	낮음
핵심어 암기	읽거나 듣는 동안 본문 내용의 핵심어와 심상을 사용하기	낮음
본문에 대한 심상	읽거나 듣는 동안 본문 내용에 대한 심상을 형성하기	낮음
다시 읽기	최초의 읽기 이후 한 번 더 본문 내용을 다시 공부하기	낮음
연습시험 보기	학습할 재료에 대해 스스로 시험보기 혹은 연습시험 보기	높음
분산 연습	공부 활동을 여러 시간에 걸쳐 펼쳐 놓은 연습 일정을 적용하기	높음
혼합 연습	단일 공부 회기 내에 여러 종류의 문제들을 섞는 연습 일정, 또는 여러 종류의 내용을 섞는 공부 일정을 적용하기	중간

가, '공부 기술을 향상시키기' 글상자는 높은 유용성 평가를 받은 두 기법 모두를 강조하였는데, 그것은 분산 연습과 연습 시험보기이다. 이 두 효과적 기법들은 지난 몇 년간 집중적으로 조사되었는데, 이들의 이로운 효과들을 지지하는 연구들 중 일부를 더 깊이 살펴보자.

분산 연습

벼락치기 시험공부(오랜 기간 동안 공부하기를 게을리하다가 시험 바로 전에 집중적으로 공부하는 것; Vacha & McBride, 1993)는 교육적인 삶에서 흔히 일어나는 일이다. 여러 대학에 걸쳐 학부생들에 대한 조사는 어디에서든 약 25~50%에 이르는 학생들이 벼락치기에 의존한다고 보고한다는 것을 보여 준다(McIntyre & Munson, 2008). 벼락치기는 전혀 공부하지 않는 것보다 낫지만, 학생들이 시험을 위해 벼락치기할 때, 그들은 학습해야 할 정보를 되풀이해서 공부하는 동안, 반복하는 사이에 시간 간격이 거의 혹은 전혀 없는데, 이는 **집중 연습**(massed practice)이라 알려진 방법이다. 그런 학생들은 그래서 분산 연습의 이득을 스스로 부정하는데, 이 방법은 공부 활동을 넓게 펼쳐서 학습할 정보의 반복들 간에 더 많은 시간이 끼어들게 하는 것을 필요로 한다(그리고 벼락치기에 의존하는 학생들은 또한 4쪽의 현실세계 글상자에서 대략 설명한 지연(미루기)과 관련된 일부 건강 및 수행 문제들을 초래하고 있다).

집중 연습과 비교해서 분산 연습의 이득은 오랫동안 알려져 왔는데, 사실 그것은 무의미 철자(6장 참조)의 반복과 관련하여 에빙하우스(Ebbinghaus, 1885/1964)의 고전적 연구에서 처음 보고되었다. 가장 인상적인 것은 바로 분산 연습의 이득들이 얼마나 광범위한가이다. 그 이득들은 외국어 어휘, 개념 정의, 및 얼굴-이름 쌍을 포함해서, 수많은 여러 종류의 재료들에서 관찰되어 왔는데, 학부생뿐만 아니라 아이들, 노인, 뇌 손상으로 기억 문제를 겪는 사람들에게도 입증되어 왔다(Dunlosky et al., 2013). 14,000명 이상의 참가자들이 관련되어 있는 254개의 개별 연구들에 대한 개관은 참가자들은 평균적으로 집중 연습 후에 공부한 정보의 37%를 파지한 것과 비교해서 분산 연습 후에 47%를 파지했다고 결론을 내렸다(Cepeda et al., 2006).

분산 연습이 효과적인 학습 전략이라는 것을 가리키는 이 모든 증거에도 불구하고, 우리는 여전히 왜 그러한지를 충분히 이해하지 못하고 있다. 한 가지 그럴싸한 아이디어는 집중 연습을 할 때, 최근에 공부한 정보를 인출하는 것은 비교적 쉬운 반면, 분산 연습 동안, 덜 최근에 공부한 정보를 인출하는 것은 더 어렵다는 것이다. 더 어려운 인출이 쉬운 인출보다 후속 학습에 득이 되는데, 이는 '공부 기술을 향상시키기' 글상자에서 소개된 '바람직한 어려움'(desirable difficulties)이란 생각과 일치한다(Bjork & Bjork, 2011). 분산 연습의 효과에 대한 설명이 어떠하든, 학생들에게 그것의 이득을 부정할 수는 없다.

연습시험 보기

연습시험 보기(practice testing)는 분산 연습처럼, 이야기, 사실, 어휘, 및 강의의 학습을 포함하는 광범위한 재료에 걸쳐서 유용하다고 밝혀져 왔다(Dunlosky et al., 2013; Karpicke, 2012; 또한 이 부분과 관련하여, 연습 시험보기를 사용하는 LearningCurve 시스템을 보라). 6장에서 배웠듯이, 연습시험 보기는 효과적인데, 부분적으로 시험을 보면서 기억에서 한 항목을 적극적으로 인출하는 것이 단순히 그것을 다시 공부하는 것보다 그 항목의 후속 파지를 향상시키기 때문이다(Roediger & Karpicke, 2006). 그러나 학생들이 더 좋아하는 공부 전략에 대해 질문 받았을 때, 그들은 스스로 시험보기보다 다시 읽기를 더 좋아한다는

 어려운 연습시험 보기는 왜 가장 큰 이득을 주는가?

것을 큰 차이로 보여 주었다(Karpicke, 2012). 시험 보기의 이득은 시험이 어렵고 상당한 인출

시험에 충분히 앞서 공부하는 것은, 즉 당신이 중간에 쉬고 공부 시간을 분산시킬 수 있는 것은, 마지막 순간에 벼락치기 공부를 하는 것보다 일반적으로 더 좋은 결과를 낳을 것이다.

노력을 요구할 때 가장 큰 경향이 있는데(Pyc & Rawson, 2009), 이 역시 바람직한 어려움 가설과 일관적이다(Bjork & Bjork, 2011). 시험 보기는 시험되고 있는 바로 그 재료에 대한 글자 그대로(verbatim)의 학습을 증가시킬 뿐 아니라, 한 상황에서 다른 상황으로의 학습 전이(transfer)도 향상시킨다(Carpenter, 2012). 예를 들면, 짧은 답을 요구하는 질문들로 연습 시험을 받으면, 그런 시험은 다시 공부하기보다 짧은 답과 다중선택형 질문 모두에 대한 후속 수행을 향상시킨다(Kang, McDermott, & Roediger, 2007). 시험 보기는 또한 공부한 재료로부터 결론을 끌어내는 능력을 향상시키는데, 이것은 학습의 중요한 부분이여 종종 교실에서 좋은 수행을 보이는 데에도 결정적이다(Karpicke & Blunt, 2011).

시험은 주의에 도움이 된다

이 책의 저자들 중 한 사람의 실험실에서 수행된 최근 연구는 시험 보기의 또 다른 이득을 부각시켜 주는데, 강의 중 짧은 시험을 포함시키는 것이 마음이 떠도는 경향을 줄임으로써 학습을 향상시킬 수 있다는 것이다(Szpunar, Khan, & Schacter, 2013). 당신이 조심스럽게 주의 집중해야 한다고 알고 있는 강의 중에, 얼마나 자주 당신은 딴 생각 하는 것을, 즉 저녁에 할 계획에 대해 생각하기, 영화의 한 장면을 생각하기, 혹은 친구에서 문자 보내기 등을 발견했는가? 아마 한 번 이상은 일어날 것이다. 학생들은 강의실 수업 중 자주 딴 생각을 한다는 것을 연구는 보여 준다(Bunce, Flens, & Neiles, 2011; Lindquist & McLean, 2011; Wilson & Korn, 2007). 비판적으로 보면, 그런 딴 생각은 수업 재료의 학습에 손상을 일으킨다(Risko et al., 2012). 쯔푸나와 동료들(Szpunar et al., 2013)의 연구에서 참가자들은 네 가지 부분으로 나누어진, 비디오로 녹화된 통계학 강의를 보았다. 참가자들 모두는 각 부분이 끝난 뒤 시험을 보거나 보지 않을 것이라고 들었으며, 또한 강의 중 노트를 하라는 격려를 받았다.

- 시험 본 집단의 참가자들은 각 부분에 대한 간단한 시험을 받았다.
- 시험 보지 않은 집단의 참가자들은 최종 부분이 끝날 때까지 시험을 받지 않았다(그들은 그 이전의 각 부분이 끝난 후 산수 문제를 공부했다.)
- 다시-공부하기 집단의 참가자들은 각 부분이 끝난 뒤 시험 본 집단이 본 것과 같은 재료를 보았지만 시험 보지는 않았다.

강의 중 무작위적인 시점에서, 모든 집단의 참가자들은 그들이 강의에 주의를 주고 있었는지, 다른 주제로 딴 생각을 했는지에 관해 탐사 질문을 받았다. 비시험 및 다시-공부하기 집단의 참가자들은 탐사 질문의 약 40%에 대해 그들이 딴 생각을 하고 있었다는 것을 보여 주었으나, 시험 본 집단에서는 딴 생각하기가 약 20%로 절반으로 줄어들었다. 시험 본 집단의 참가자들은 강의 중 유의미하게 많은 노트를 했으며, 서로 비슷하게 수행한 다른 두 집단의 참가자들보다 최종 시험에서 강의의 정보를 유의하게 더 많이 파지했다. 또한 시험 본 집단의 참가자들은 다른 집단들의 참가자들보다 최종 시험에 대해 덜 염려했다. 이 결과들은 시험 보기의 가치 중 일부는, 딴 생각하기와 같은 과제와 무관한 활동들을 좌절시키고 노트하기와 같이 과제와 유관한 활동들을 격려하는 식으로 강의에 주의를 유지하게 하도록 사람들을 격려하는 데에 있다는 것을 가리킨다. 시험 보기의 이런 이득은 비디오 녹화 강의에 대한 반응에서 관찰되었기 때문에, 이 이점들은 녹화된 강의가 표준인 온라인 학습에 가장 직접적으로 적용되지만('다른 생각 : 온라인 학습' 참조), 그 결과들이 실제의 교실 장면에서도 마찬가지로 적용되리라고 믿을 이유가 충분하다.

? 연습시험 보기는 딴 생각을 집중시키는 데에 어떻게 도움을 주는가?

학습의 통제

심리학 개론 강좌의 기말 시험 전날이다. 당신 수업의 노트와 교재의 재료를 복습하는 데 많은 시간을 들였고, 그것 대부분을 꽤 잘 학습했다고 느낀다. 시간이 거의 남지 않은 채로 종반에 접어들고 있어서, 당신은 남은 귀중한 시간을 심리 장애 아니면 사회 심리학을 공부하는 데에 바쳐야 할지를 결정해야 한다. 어떻게 선택하겠는가? 그 결정의 잠재적 결과는 무엇인가? 학습의 중요한 부분은 우리가 무엇인가를 얼마나 잘 아는지 그리고 그것을 공부하는 데에 얼마나 더 많은 시간을 쏟아부어야 하는지를 평가하는 것이다.

최근 연구는 사람들이 배운 것에 대한 판단이 이후의 공부와 학습을 안내하는 데에 결정적 역할을 한다는 것을 보여 주었다(Dunlosky & Thiede, 2013; Metcalfe, 2009). 실험적 증거는 이런 주관적인 평가, 즉 심리학자들이 학습에 대한 판단(JOL)이라고 부르는 것이 학습에 인과적 영향을 미친다는 것을 드러낸다. 사람들은 보통 자신들이 잘 학습하지 않았다고 판단하는 항목들을 공부하는 데 더 많은 시간을 들인다(Metcalfe & Finn, 2008; Son & Metcalfe, 2000).

JOL이 특정한 항목을 얼마나 많이 공부할 것인가에 관한 결정과 인과적으로 관련된다는 발견은 JOL이 때때로 부정확하기 때문에 중요하다(Castel, McCabe, & Roediger, 2007). 예를 들면, 시험을 준비하면서 한 장(챕터) 또는 항목을 읽고 다시 읽은 후에, 그 재료는 꽤 친숙하게 느껴지기 쉬울 것이며, 그런 느낌은 당신으로 하여금 그 재료를 충분히 잘 학습했으므로 그것을 더 이상 공부할 필요가 없다고 확신하게 만들 수 있다. 그러나 친숙한 느낌은 오판을 불러일으킬 수 있다. 그것은 지각 점화(6장 참조)와 같은 낮은 수준 과정의 결과이지 시험에서 잘 수행하는 데 요구될 그런 종류의 학습이 아닐 수 있다(Bjork & Bjork, 2011). 마찬가지로 최근 연구는 학생들은 그들이 새 용어들의 정의를 얼마나 잘 학습했는가를 판단하는 데 때때로 과신하며, 그래서 그 용어들을 효과적으로 공부하지 못한다는 것을 보여 주어 왔다(Dunlosky & Rawson, 2012). 그런 착오적인 주관적 인상에 의해 속는 것을 피하는 방법은 시험 준비로 공부할 때 수시로 시험-비슷한 조건에서 자신을 시험해 보는 것이며, 정의들을 학습하는 경우에, 자신의 답을 실제 정의와 조심스럽게 비교하는 것이다.

그래서 만일 당신이 이 강좌의 최종 시험을 준비하고 있고, 심리 장애 아니면 사회 심리학을 공부하는 데에 바쳐야 할지를 결정해야 한다면, 그 두 장들의 재료에 대해 스스로를 시험해 봄으로써 학습에 대한 통제를 행사하려고 해 보라. 이 시험들의 결과를 써서 어떤 장이 추가적인 노력을 필요로 하는지를 결정하는 데 도움을 받을 수 있다. 다음과 같은 연구자들의 결론에 주목하라(Bjork, Dunlosky, and Kornell, 2013). 더 세련되고 효과적인 학습자가 되기 위해서는 (1) 학습과 기억의 핵심 특징들, (2) 효과적인 학습 기법들, (3) 자신의 학습을 어떻게 주시하고 통제할 것인가, 그리고 (4) 학습 판단을 그르칠 수 있는 편중들에 대한 이해가 필요하다.

요약

▶ 학습 기법에 대한 연구는 강조하기, 밑줄 치기, 및 다시 읽기와 같은 몇 가지 인기 있는 학습법들은 유용성이 낮은 반면, 연습시험 보기와 분산 연습과 같은 다른 기법들은 유용성이 높다는 것을 보여 준다.

▶ 연습시험 보기는 학습의 파지와 전이를 향상시키며 또한 학습을 향상시키고 수업 중 딴 생각하기를 줄여 줄 수 있다.

▶ 학습 판단은 어떤 재료를 공부할 것인지를 결정하는 데에 원인 역할을 하지만, 잘못된 인도를 할 수 있다.

다른 생각

온라인 학습

대프니 콜러는 스탠퍼드대학교 컴퓨터과학 교수이다.

PHOTO BY HECTOR
GARCIA-MOLINA

온라인 학습은 여러 주도적인 재래식 대학 및 종합대학의 새로운 온라인 시책들의 결과로 최근에 뜨거운 주제가 되어 왔다. 스탠포드대학교의 컴퓨터과학 교수인 대프니 콜러(Daphne Koller)는 인기 있는 온라인 학습 플랫폼인 코세라(Coursera)의 창립자들 중 한 사람이다. 그녀는 2012년 4월 코세라의 출범 몇 달 전에 다음 글을 썼다.

우리 교육 시스템은 위기 상태에 있다. 선진국들 중, 미국은 초등 수학 및 과학 교육의 질에서 55등이며, 고등학교 수료율에서 20등 그리고 과학 혹은 공학에서 학부 학위를 받는 대학생의 비율에서 27등이다.

한 사회로서 우리는 교육에 더 많은 돈을 투자할 수 있고 투자해야 한다. 그러나 그것은 해결책의 한 부분일 뿐이다. 높은 수준의 교육은 이에 드는 고비용 때문에 미국뿐 아니라 해외에서 대부분의 인구가 접근하기 힘들며 사회 전체에서 학교의 위치를 위협한다. 우리는 교육 수준을 높이는 동시에 그 비용을 크게 줄일 필요가 있다.

만일 이런 목표들이 모순적으로 보인다면, 역사로부터 사례를 고찰해 보자. 19세기에 미국 노동력의 60%가 농업에 종사했으며 자주 식량 부족에 시달렸다. 오늘날 농업은 노동력의 2% 미만을 차지하지만, 식량이 남아돈다.

이런 전환의 핵심은 기술의 사용이었는데, 순환 재배 전략에서 GPS 유도 농장 기계에 이르기까지, 이 기술은 생산성을 크게 증가시켰다. 대조적으로 교육에 대한 우리의 접근은 르네상스 이래로 대체로 변하지 않았다. 중학교에서 대학교에 이르기까지 대부분의 가르침은 학생들로 가득 찬 방에 강의하는 강사에 의해 이뤄지는데, 단지 그들 중 일부만이 주의를 준다.

우리는 비용을 깎는 동시에 교육에서 수행을 어떻게 향상시킬 수 있을까? 1984년 벤자민 블룸(Benjamin Bloom)은 개별 지도(individual tutoring)가 표준적인 강의 환경보다 아주 큰 이점이 있다는 것을 보였는데, 즉 개별 지도를 받은 평균적인 학생이 표준적

교실에서 수업한 학생들의 98%보다 더 좋은 수행을 보였다.

지금까지 개별화된 교육을 제공할 만한 것으로 만들기 위해 어떻게 해야 할지를 파악하는 것은 어려웠다. 그러나 나는 기술이 이 목표로 가는 길을 제공할 수 있다고 주장한다.

칸 아카데미의 성공을 생각해 보라. 이것은 살만 칸(Salman Khan)이 그의 어린 사촌들에게 원격으로 수학을 가르치려고 했을 때 시작되었다. 그는 설명을 붙인 간단한 비디오들을 녹화해서 웹에 올렸으며, 자동적으로 채점되는 연습문제들을 추가해 나갔다. 이렇게 간단한 접근은 매우 강력해서 지금까지 수백만의 시청자들에 의해 7억 회 이상 비디오가 시청되었다.

스탠퍼드대학에서 우리는 최근에 비슷한 포맷을 써서 3개의 컴퓨터과학 강좌를 온라인에 올렸다. 놀랍게도 첫 네 주 안에 30만 명의 학생들이 이 강좌에 등록했으며, 수백 만 번의 비디오 시청과 수십만 개의 과제 제출이 있었다.

이런 성공으로부터 우리는 무엇을 배울 수 있을까? 첫째, 우리는 비디오 내용이 ― 그들 다수가 유튜브를 보고 자란 ― 학생들에게 매력적이며, 강사들이 만들기 쉽다는 것이다.

둘째, 한 덩어리로 된 한 시간 강의보다 짧은 한 입 크기의 덩어리로 내용을 제시하는 것이 학생들의 주의 폭에 더 적합하며, 교습을 개별 학생들에게 맞출 수 있는 융통성을 준다는 것이다. 덜 준비된 학생들은 배경 자료를 더 오랫동안 볼 수 있는데 그들이 동급생이나 강사에 의해 어떻게 보일지에 대해 불편을 느끼지 않아도 된다.

거꾸로 말해, 그 주제에 관한 적성을 가지고 있는 학생들은, 지루함이나 이탈을 피하면서 신속하게 앞으로 나아갈 수 있다. 간단히 말해, 누구든지 개별 지도를 흉내 내는 개인화된 경험에 접근한다.

수동적으로 시청하는 것으로는 충분하지 않다. 연습문제와 평가를 통한 몰입이 학습의 핵심 성분이다. 이런 연습들은 학생들의 학습을 평가하기 위해서만이 아니라, 또한 더 중요한 것으로 회상을 촉진시키고 아이디어를 맥락 속에 둠으로써 이해를 향상시키기 위해 디자인된다.

더욱이 학생들이 명시된 시간 양만큼 어떤 개념을 설명하는 교사를 쳐다보는 데에 썼을 때가 아니라, 그 개념을 숙달했을 때, 그들은

시험을 봐서 앞으로 나아갈 수 있다.

많은 유형의 질문들의 경우, 이제 우리는 학생들의 작업을 자동적으로 평가하는 방법들을 가지고 있어서, 그들이 연습하는 동안 자신들의 수행에 관한 즉각적 피드백을 받도록 해 준다. 기술 개발에 얼마간의 노력을 더한다면, 많은 유형의 질문에 대한 답을 점검하는 능력은 점점 더 인간 채점자의 능력에 가까워질 것이다.

물론, 이런 학생-컴퓨터 상호작용은 많은 격차를 남겨 놓을 수 있다. 학생들은 그 재료를 질문하고 토론할 수 있어야 할 것이다. 인간 상호작용을 어떻게 수만 명의 학생들에게 맞추는가?

우리의 스탠퍼드 강좌들은 포럼을 제공하는데, 여기에서 학생들은 질문과 답변에 대해 투표를 할 수 있으며, 가장 중요한 질문들이 ― 종종 다른 학생에 의해 ― 빨리 답변되도록 해 준다. 미래에 우리는 실시간 집단 토론과 같이 한층 더 상호작용적인 방식(틀)이 적당한 가격에 내규모노 시원뇌노톡 웹 기술을 응흉일 수 있을 싯이나.

더 넓게 말해, 온라인 포맷은 무엇이 효과적인지를 알아볼 수 있는 능력을 우리에게 준다. 지금까지 많은 교육 연구들은 몇십 명의 학생들의 모집단을 바탕으로 수행되어 왔다. 온라인 기술은 모든 클릭을 포착할 수 있다. 학생들이 한 번 이상 본 것은 무엇인지, 어디에서 그들은 멈추었는지, 어떤 착오들을 저질렀는지 등. 이런 대량의 자료는 학습 과정을 이해하고 어떤 전략들이 실제로 학생들에게 가장 큰 도움이 되는지를 알아내는 데에 아주 귀중한 자원이다.

어떤 사람은 온라인 교육이 창의적 문제해결과 비판적 사고 기술을 가르칠 수 없다고 주장한다. 그러나 문제해결을 연습하기 위해 학생은 먼저 어떤 개념들을 숙달해야 한다. 이것의 첫 번째 단계로 비용 대비 효과적인 해결책을 제공함으로써, 우리는 귀중한 강의실 시간을 더 상호작용적인 문제해결 활동에 초점을 맞출 수 있고 더 깊은 이해에 도달하고 창의성을 배양할 수 있다.

이런 형식을 우리는 거꾸로 교실(flipped classroom)이라 부르는데, 여기에서 교사들은 학생들과 상호작용하고, 그들에게 동기를 부여하고, 그들에게 도전을 거는 시간을 가진다. 나의 스탠퍼드 교실에의 출석은 임의적이지만, 출석률은 스탠퍼드의 많은 강의 기반의 교실에서보다 상당히 더 높다. 그리고 노스캘리포니아의 로스 알토스 교육구가 칸 아카데미를 써서 이 혼합 접근을 채택한 후로, 수학 보충반의 7학년 학생들은 수행이 급격히 향상되었는데, 고급 혹은 숙달 수준에 도달하는 비율이 23%에서 41%가 되었다.

45개 연구들에 기반을 둔, 교육부의 2010년 분석은 온라인 학습이 대면(face-to-face) 학습만큼이나 효과적이며, 그 혼합 학습은 이들 중 어느 것보다도 상당히 더 효과적이라는 것을 보여 주었다.

온라인 교육은 두 가지 목표에 기여할 수 있다. 훌륭한 교사들에 접근할 수 있는 행운이 좋은 학생들에게는, 혼합 학습은 똑같은 또는 더 낮은 비용으로 한층 더 좋은 결과를 낼 수 있다. 그리고 좋은, 대인 교육에의 접근을 못하는, 여기의 그리고 해외의 수백만 명에게는 온라인 학습은 그렇지 않았더라면 닫혀 있었을 문을 열어 줄 수 있다.

넬슨 만델라는 "교육은 세상을 바꾸기 위해 당신이 쓸 수 있는 가장 강력한 무기다"라고 말했다. 교육에 봉사하기 위해서 기술을 사용함으로써, 우리는 우리 당대에 세상을 바꿀 수 있다.

콜러는 온라인 학습에 대해 매우 긍정적인 사례를 제시하는데, 이 글의 출간 이후로 온라인 강좌들의 신속한 확산은 다른 사람들도 그녀와 의견이 일시한나는 갓을 가리긴나. 너욱이 '한 입 크기의 낭어리'로 성모 선달 및 시험하기의 사용에 관한 콜러의 언급은 최근 발견들과 일반적으로 일치한다. 즉, 본문에서 논의되었듯이, 쯔푸너와 동료들(Szpunar et al., 2013)은 간헐적 시험이 온라인 강의 중 딴 생각하기를 줄일 수 있다는 것을 보여 주었다. 그러나 온라인 학습이 비판을 받지 않는 것은 아니다. 예를 들어 콜러의 칼럼이 발표된 약 6개월 이후, 하버드와 MIT가 자신들의 온라인 계획들을 발표했을 때 쓰인 **뉴욕타임스**의 기명(op-ed) 기사에서 데이비드 브룩스(David Brooks, 2012a)는 몇 가지 중요한 질문들을 제기했다. "만일 소수의 스타 교수들이 수백만 명에게 강의를 할 수 있다면, 교수진의 나머지에게는 무슨 일이 일어날까? 학문적 표준들이 마찬가지로 엄격할 것인가? 자신의 컴퓨터에 수 시간 동안 들러 붙어 있을 내재적 동기가 충분하지 않은 학생들에게 무슨 일이 일어날까? 당신이 열정적인 교사와 학생들이 있는 방에 실제로 있는 것이 아닐 때, 제스처, 분위기, 시선 마주치기 등, 얼마나 많은 의사소통이 사라지는가?"

당신은 무엇이 온라인 교육에 대한 주요한 도전이라고 보는가? 당신 자신의 교육 경험에서 대면 상호작용은 얼마나 중요한가? 온라인 교육을 더 진전시키기 위해 당신은 어떤 종류의 연구가 수행되어야 한다고 보는가?

제7장 복습

주요 개념 퀴즈

1. 고전적 조건형성에서, 조건 자극은 무조건 자극과 짝지어져서 무엇을 낳는가?
  a. 중성 자극   c. 무조건 반응
  b. 조건 반응   d. 다른 조건 자극

2. 조건 자극이 무조건 자극과 더 이상 짝지어지지 않을 때 무슨 일이 일어나는가?
  a. 일반화   c. 소거
  b. 자발적 회복   d. 획득

3. 왓슨과 레이너는 어린 앨버트 실험을 통해 행동주의에 관한 무엇을 시범하려 하였는가?
  a. 조건형성이 어느 정도의 인지를 필요로 한다.
  b. 고전적 조건형성은 진화적 성분을 가지고 있다.
  c. 행동주의만으로는 인간 행동을 설명할 수 없다.
  d. 정서 반응과 같은 세련된 행동들조차도 고전적 조건형성의 대상이 된다.

4. 뇌의 어떤 부분이 공포에 대한 고전적 조건형성에 관여하는가?
  a. 편도체   c. 해마
  b. 소뇌   d. 시상하부

5. 특정한 종류의 음식에 대해 나쁜 경험을 한 뒤, 사람들은 그 음식에 대한 혐오를 평생 동안 발달시킬 수 있다. 이것은 조건형성이 다음 어떤 측면을 가지고 있다는 것을 시사하는가?
  a. 인지적   c. 신경적
  b. 진화적   d. 행동적

6. 다음 중 어느 것이 조작적 조건형성에 대한 정확한 진술이 아닌가?
  a. 행동과 결과는 조작적 조건형성에 핵심적이다.
  b. 조작적 조건형성은 행동의 강화를 필요로 한다.
  c. 복잡한 행동은 조작적 조건형성에 의해 설명될 수 없다.
  d. 조작적 조건형성은 진화적 행동에 뿌리가 있는 연합 기제를 가지고 있다.

7. 다음 기제들 중 어느 것이 행동에 대한 스키너의 접근에 아무 역할도 하지 못하는가?
  a. 인지적   c. 진화적
  b. 신경적   d. a, b, c 모두

8. 잠재학습은 조작적 조건형성에서 인지적 요소에 대한 증거를 제공하는데, 그 이유는?
  a. 어떤 명백한 강화 없이도 일어나기 때문이다.
  b. 정적 및 부적 강화를 필요로 하기 때문이다.
  c. 신경적 보상 센터의 작동을 가리키기 때문이다.
  d. 자극-반응 관계성에 달려 있기 때문이다.

9. 다음 어디에 있는 신경원들의 활동이 강화 과정에 기여하는가?
  a. 해마   c. 내측 전뇌속
  b. 뇌하수체   d. 두정엽

10. 다음 기제들 중 어느 것이 관찰학습의 기초를 이루는 데에 도움이 되지 않는가?
  a. 주의   c. 처벌
  b. 지각   d. 기억

11. 신경 연구는 관찰학습이 다음 어디에 관여하는 뇌 영역들과 밀접하게 연결되어 있다는 것을 시사하는가?
  a. 기억   c. 행위
  b. 시각   d. 정서

12. 어떤 종류의 학습이 정보 획득의 과정과 산물 모두에 대한 자각과 대체로 독립적으로 일어나는가?
  a. 잠재학습   c. 관찰학습
  b. 암묵학습   d. 의식학습

13. 자극물에 대한 반복된 혹은 지속된 노출이 점진적인 반응 감소를 낳는 과정은 무엇인가?
  a. 습관화   c. 계열 반응시간
  b. 외현학습   d. 지연 조건형성

14. 암묵학습에 관한 다음 진술 중 어느 것이 부정확한가?
  a. 어떤 종류의 학습이 외현적으로 시작하지만 시간이 지나면 더 암묵적이게 된다.
  b. 암묵학습은 가장 단순한 유기체들에서도 일어난다.
  c. 지능검사에서 높은 점수를 받는 사람은 암묵학습 과제들에 더 능숙하다.
  d. 아이들은 대체로 암묵학습을 통해 언어와 사회 행동을 배운다.

15. 암묵적 지시에 대한 반응은 뇌의 어느 부위에서 뇌 활성화의 감소를 보이는가?
  a. 해마   c. 전전두 피질
  b. 두정 피질   d. 시엽

16. 어떤 공부 전략이 가장 효과적인 것으로 보이는가?
  a. 텍스트 부각시키기   c. 요약하기
  b. 다시 읽기   d. 연습시험 보기

주요 용어

간헐적 강화
간헐적 강화 효과
강화물
고전적 조건형성
고정간격 계획(FI)
고정비율 계획(FR)
관찰학습
무조건반응(UR)

무조건자극(US)
민감화
변동간격 계획(VI)
변동비율 계획(VR)
변별
생물적 준비성
소거
습관화

암묵학습
이차 조건형성
인지도
일반화
자발적 회복
잠재학습
조건반응(CR)
조건자극(CS)

조성
조작적 조건형성
조작행동
처벌물
학습
확산 사슬
획득
효과의 법칙

생각 바꾸기

1. 한 친구가 아동기 교육에 관한 수업을 받고 있다. "이전 시대로 돌아가면, 교사들은 체벌을 썼지만, 당연히 그것들은 더 이상 허용되지 않아. 이제 좋은 교사는 단지 강화만 사용해야 해. 아이들이 잘 행동할 때, 교사는 칭찬과 같은 정적인 강화를 줘야 해. 아이들이 비행을 저지를 때, 교사는 꾸짖거나 특권을 철회하는, 부적 강화를 써야 해"라고 말한다. 강화에 대해 당신 친구가 오해하는 것은 무엇인가? 부적 강화가 초등학교 교실에서 생산적으로 적용될 수 있는 방법에 대해 더 좋은 예를 제시할 수 있는가?

2. 당신 가족의 한 친구가 매일 아침 침대를 정리하도록 자기 딸을 훈련시키려 하고 있다. 당신은 그녀에게 정적 강화를 시도하라고 제안한다. 한 달 뒤, 그 여인은 당신에게 말해 준다. "그것은 도움이 되지 않아요"라고 한다. "아이가 침대를 정리할 때마다, 달력에 황금 별을 표시하고, 주말에 7개의 별이 있으면, 나는 비키에게 감초사탕 한 조각을 보상으로 주지요. 그러나 지금까지 그녀는 감초사탕을 두 번 얻었을 뿐이에요." 왜 희망하는 행동, 즉 침대 정리가 강화 절차의 결과로 증가하지 않을 것인지를 당신은 어떻게 설명할 수 있는가?

3. 시험공부를 하는 동안, 당신은 같이 공부하는 친구에게 고전적 조건형성의 정의를 제시하라고 요구한다. 그녀는 "고전적 조건형성에서, 자극, 즉 CS가 있고, 이것은 다가오는 사건, 즉 US를 예측해. 보통, 그것은 나쁜 건데, 전기 충격, 욕지기, 또는 무서운 큰 소리 같은 거야. 학습자는 반응, 즉, CR을 해서 US를 막아. 때때로 US는 좋은 건데, 파블로프의 개의 경우 음식 같은 거야. 그리고 학습자는 US를 얻기 위해 반응을 해." 이런 정의에 틀린 것은 무엇인가?

4. 당신의 급우 중 한 사람이 자신은 최근 장인 6장을 7장보다 더 좋아했다고 공표한다. "나는 심리치료사가 되고 싶어. 그래서 나는 주로 인간 학습에 관해 관심을 갖고 있어. 조건형성은 동물들이 레버를 밀거나 교묘한 행동을 수행하도록 훈련시키는 데에 정말로 강력한 방법일지 몰라. 그러나 그것은 인간이 배우는 방법과는 실제로 큰 관련성이 없어"라고 말한다. 인간과 다른 동물들에게서 학습은 얼마나 비슷한가? 조건형성이 인간에게 일어난다는 것을 보여 주기 위해 당신은 어떤 실례들을 들 수 있는가?

주요 개념 퀴즈 정답

1. b, 2. c, 3. d, 4. a, 5. b, 6. c, 7. d, 8. a, 9. c, 10. c, 11. c, 12. b, 13. a, 14. c, 15. d, 16. d

Need more help? Additional resources are located in LaunchPad at:

http://www.worthpublishers.com/launchpad/schacter3e

정서와 동기

레오나르도는 다섯 살이며 단추처럼 깜찍하게 생겼다. 그는 다른 다섯 살배기가 할 수 있는 많은 일들을 할 수 있는데, 퍼즐을 풀고, 블록 탑을 만들고, 큰 아이들과 추측하는 게임을 할 수 있다. 그러나 다른 다섯 살배기와 달리, 레오나르도는 자신의 능력을 자랑스러워하거나, 엄마에게 화를 내거나 자신의 학습에 지루해한 적이 없다. 그는 결코 웃거나 울어 본 적이 없다. 그것은 레오나르도가 어떤 종류의 정서도 경험할 수 없게 하는 조건을 가지고 있기 때문이다. 그는 결코 기쁨이나 슬픔을, 환희나 절망, 수치심, 시기심, 화, 흥분, 감사, 또는 후회를 느낀 적이 없다. 그는 결코 웃지도 울지도 않았다.

레오나르도의 조건은 그의 인생에 신각한 영향을 미쳤다. 예를 들어, 그는 정서를 경험하지 않았기 때문에, 그는 쿠키를 먹거나 숨바꼭질하거나 토요일 아침의 만화영화를 보는 것과 같은 대부분의 아이들에게 즐거움을 주는 일들을 하려는 의욕이 없다. 그리고 그는 느끼지 못하기 때문에, 그는 다른 사람들이 무엇을 느끼는지, 무엇이 사회적 상호작용을 어렵게 만드는지에 대한 아무 직관도 없다. 그의 엄마는 놀람이나 슬픔과 같은 정서들을 나타내는 표정을 어떻게 짓는지를, 그리고 다른 사람에서 그런 표정들을 어떻게 탐지할지를 그에게 가르치느라고 수년을 보내어 왔다. 레오나르도는 이제 누군가가 그에게 멋진 말을 하면 그는 웃어야 하고, 사람들이 말하는 것에 흥미를 보이기 위해서는 눈썹을 한 번씩 잠시 올려야 한다는 것을 알고 있다. 레오나르도는 재빠른 학습자이며, 이 일에도 매우 능숙해졌기 때문에, 낯선 사람이 그와 상호작용할 때 그들은 레오나르도가 내부 깊은 곳에서 아무 것도 느끼지 못한다는 것을 믿기가 매우 어렵다.

그래서 레오나르도의 엄마가 그에게 미소 지으면, 그는 항상 미소를 돌려준다. 그러나 그녀는 레오나르도가 그렇게 배웠기 때문에 단지 표정을 짓는 것이며 그가 실제로는 그녀를 사랑하지 않는다는 것을 매우 잘 알고 있다.

전형적인 5세 아이는 자긍심, 화, 그리고 지루함과 같은 정서를 경험할 수 있다.

ALEX CAO/JUPITEF IMAGES

레오나르도와 그의 '맘'인 MIT 교수 신시아 브리질.

SAM OGDEN/SCIENCE SOURCE

SAM OGDEN/SCIENCE SOURCE

그러나 그것은 괜찮다. 비록 레오나르도는 그녀의 애정을 돌려줄 수 없지만, 그럼에도 신시아 브리질(Cynthia Breazeal) 박사는 그녀가 지금까지 고안한 로봇 중 가장 대단한 것이라고 보고 있다(Breazeal, 2009).

그렇다, 레오나르도는 기계이다. 그는 보고 들을 수 있다. 그는 기억하고 추리할 수 있다. 그러나 그의 사랑스러운 미소와 다 안다는 윙크에도 불구하고, 그는 어떤 것을 느낄 수 없는데, 그것은 그를 우리들과 무한히 다르게 만든다. 사랑하고 미워하는, 즐거워하고 짜증내는, 신나하고 참담하게 느끼는, 우리 능력은 우리 인간성의 본질적 요소이며, 이런 것들을 느낄 수 없는 사람은 나머지 사람들에게 상당히 로봇처럼 보일 것이다. 그러나 우리가 정서라고 부르는 이런 것들이 정확히 무엇이며 왜 그것들은 그렇게 본질적인가? 이 장에서 우리는 이 질문들을 탐구할 것이다. 정서의 본질을 논의하면서 그리고 그것들이 우리 몸과 뇌의 상태들과 어떻게 관련되는가를 살펴보면서 이 장을 시작할 것이다. 그다음 우리는 사람들이 자신의 정서를 어떻게 표현하는가를, 그들이 다른 사람과 의사소통하기 위해 자신의 정서를 어떻게 사용하는가를 살펴볼 것이다. 마지막으로, 우리는 그 정서들이 동기에서 하는 본질적 역할, 즉 그것들이 어떻게 우리에게 정보를 주는지, 그것들이 전쟁을 하는 것에서 사랑하는 것에 이르기까지 모든 것을 우리로 하여금 어떻게 하게 만드는지를 살펴볼 것이다.

© THE NEW YORKER COLLECTION 1989 WARREN MILLER FROM CARTOONBANK.COM

THE SALMON

"그들이 감정을 가지고 있으리라곤 깨닫지 못했어."

정서 경험 : 느끼는 기계

레오나르도는 사랑이 어떤 느낌인지를 모르며, 그에게 그것을 가르칠 방법도 없는데, 왜냐하면 사람의 감정을, 그것을 결코 경험하지 못한 누군가에게 묘사하려 하는 것은 타고난 장님에게 초록색을 묘사하려는 것과 다소 비슷하기 때문이다. 우리는 레오나르도에게 무엇이 그 감정을 일으키는지("내가 매릴린을 볼 때마다 생겨")를 말할 수 있고 그것의 결과("나는 숨을 잘 쉴 수 없고 얼빠진 말을 해")에 대해 말해 줄 수 있지만, 어쨌든 이런 묘사들은 요점을 놓치는 것인데 사랑의 본질적 특징은 모든 감정의 본질적 특징처럼, 바로 그 경험이기 때문이다. 그것은 사랑하는 무엇처럼 느끼는 것인데, 그것이 무엇처럼 느끼는 것이 바로 사랑을 정의하는 속성이다(Heavey, Hurlburt, & Lefforge, 2012).

이 사진을 볼 때 무엇인가를 느끼지 않는다는 것은 거의 불가능하다. 그리고 당신이 느끼는 것을 정확하게 말하는 것은 거의 불가능하다.

AP PHOTO/STEPHEN MORTON

정서란 무엇인가

그 정의적 속성이 묘사되기 힘든 것을 우리는 어떻게 연구할 수 있을까? 사람들은 정서적 경험이 어떤 것인지를 항상 말할 수는 없지만("사랑은 … 음 … 어…") 그들은 한 경험이 다른 경험과 얼마나 비슷한지를 보통은 말할 수 있다("사랑은 분노보다는 행복과 더 비슷하다")

는 사실을 이용하는 영리한 기법을 심리학자들은 개발하였다. 사람들에게 수십 개의 정서 경험들의 유사성을 평정하게 함으로써, 심리학자들은 다차원 척도법(multidimensional scaling)이라고 하는 기법을 사용하여 그런 경험들의 지도를 그릴 수 있었다. 이 기법의 배후에 있는 수학은 복잡하지만, 그 논리는 단순하다. 만일 당신이 십수 개의 미국 도시들 간 거리를 목록으로 만든 다음 그 목록을 친구한테 주고, 그 거리들을 지도로 바꾸어 보라고 그에게 요구한다면, 당신의 친구는 미국의 지도를 그려야만 할 것이다(그림 8.1 참조). 왜? 모든 도시가 모든 다른 도시로부터 정확하게 맞는 거리에 있도록 하는 다른 지도는 없기 때문이다

같은 기법이 정서적 지형의 지도를 만드는 데 사용될 수 있다. 만일 당신이 십수 개의 정서 경험들의 유사

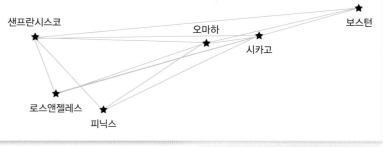

	시카고	로스앤젤레스	샌프란시스코	오마하	피닉스	보스턴
시카고	0	1749	1863	433	1447	856
로스앤젤레스	1749	0	344	1318	367	2605
샌프란시스코	1863	344	0	1432	658	2708
오마하	433	1318	1432	0	1029	1288
피닉스	1447	367	658	1029	0	2290
보스턴	856	2605	2708	1288	2299	0

▲ 그림 8.1 **거리에서 지도로** 사물들, 예컨대 도시들, 간의 거리를 아는 것은 우리로 하여금 그것들이 변화하는 차원을 드러내는 지도를 그릴 수 있게 해 준다.

? 왜 심리학자들은 다차원 척도법을 쓰는가?

성을 (비슷하게 느껴지는 것들에게 더 짧은 '거리'를, 비슷하지 않게 느끼는 것에 더 먼 '거리'를 부여해서) 목록으로 만들고, 그 다음 친구에게 그것들을 하나의 지도로 통합하라고 요구한다면, 당신 친구는 그림 8.2에 보이는 것과 비슷한 지도를 그려야만 할

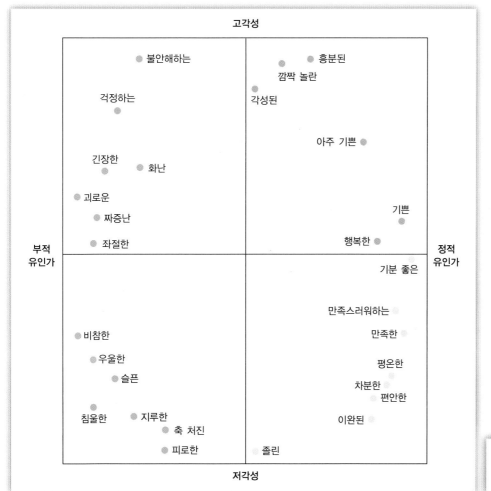

◀ 그림 8.2 **정서의 두 차원** 도시들이 위도와 경도에 의해 지도에 표시되듯이, 정서는 그것의 각성 및 유인가에 의해 표시될 수 있다.

정서
특정 패턴의 생리적 활동과 연합되어 있는, 긍정적 혹은 부정적 경험

제임스-랑게 설
자극이 신체에서 활동을 일으키고, 이것은 다시 뇌에서 정서 경험을 일으킨다고 주장하는 이론

캐논-바드 설
자극이 신체의 활동과 뇌의 정서 경험을 동시에 일으킨다고 주장하는 이론

것이다. 이것은 모든 정서 경험이 다른 모든 것으로부터 맞는 '거리'로 떨어져 있게 하는 독특한 지도이다. 이 지도는 무엇이 좋은가? 곧 드러나겠지만 지도는 단지 사물들이 얼마나 서로 가까이 있는지를 보여 주는 것만은 아니다. 그것들은 또한 그 사물들이 변화하는 **차원**들도 드러낸다. 예를 들어 그림 8.2의 지도는 정서적 경험들은 유인가(valence, 그 경험이 얼마나 정적인지 부적인지)와 각성(arousal, 그 경험이 얼마나 능동적인지 수동적인지)의 두 차원에서 다르다는 것을 드러낸다. 연구들은 모든 정서 경험은 이 두 차원의 지도에서 독특한 좌표에 의해 묘사될 수 있다는 것을 보여 준다(Russell, 1980; Watson & Tellegen, 1985; Yik, Russell, & Steiger, 2011).

이 정서 경험의 지도는 정서에 관한 어떤 정의도 두 가지를 포함해야 함을 시사한다. 첫째, 정서 경험은 좋거나 나쁘다는 사실, 그리고 둘째, 이 경험들은 특징적인 수준의 신체 각성을 가지고 있다는 사실이다. 이 두 가지 사실을 염두에 두고, 우리는 **정서**(emotion)는 특정한 생리적 활동 패턴과 연합되어 있는, 긍정적 혹은 부정적 경험으로 정의할 수 있다. 곧 보겠지만, 정서를 이해하는 첫 단계는 이 정의의 경험 측면과 생리적 활동 측면이 어떻게 관련되어 있는지를 이해하는 것이다.

정서적인 몸

부엌으로 곧장 들어가다가 곰이 찬장을 향해 코를 쿵쿵거리고 있는 것을 본다면, 당신은 공포를 느끼고, 심장은 쿵쿵거리기 시작하고, 다리 근육은 달아날 준비를 할 것이라고 생각할 것이다. 그러나 19세기 후반에 윌리엄 제임스(William James)는 정서를 일으키는 사건들은 실제로는 정반대의 순서로 일어날 것이라고 주장하였다. 먼저 당신은 곰을 본다. 그다음 당신의 심장은 뛰기 시작하고 다리 근육은 긴장한다. 그다음 당신은 공포를 경험하는데, 이것은 당신 신체 반응에 대한 경험에 불과하다. 제임스(1884, pp. 189-190)는 다음과 같이 썼다. "신체의 변화들이 흥분적인 사실의 지각에 곧이어 일어난다. … 그리고 신체 변화와 같은 변화에 대한 느낌이 바로 정서이다." 제임스에게 각각의 독특한 정서 경험은 생리적 반응의 독특한 패턴의 결과였으며, 그래서 그는 심장의 두근거림과 근육의 긴장 없이는 정서 경험이 절대 있을 수 없을 것이라고 주장하였다. 심리학자인 칼 랑게(Carl Lange)는 거의 같은 시기에 비슷한 주장을 하였다. 그래서 이 생각은 이제 정서의 **제임스-랑게 설**(James-Lange theory)로 알려져 있는데, 자극은 **자율신경계에 활동을 일으키고, 이것은 다시 뇌에서 정서 경험을 일으킨다**고 주장한다. 이 이론에 따르면, 정서 경험은 세상 속의 사물이나 사건에 대한 우리의 생리적 반응의 — 원인이 아니라 — 결과이다.

제임스의 제자였던 월터 캐논(Walter Cannon)은 이 생각을 별로 좋아하지 않았으며, 자신의 제자인 필립 바드(Philip Bard)와 함께 대안 이론을 내놓았다. 정서의 **캐논-바드 설**(Cannon-Bard theory)은 자극물이 자율신경계의 활동과 뇌의 정서 경험을 동시에 일으킨다고 주장했다(Bard, 1934; Cannon, 1927). 캐논은 몇 가지 이유에서 제임스-랑게 설보다 자신의 이론이 더 낫다고 주장하였다. 첫째, 몸은 종종 천천히 반응함에도 정서는 빨리 생긴다고 지적했다. 예를 들면, 얼굴 붉힘(홍조)은 당황스러움에 대한 신체 반응인데 15초 내지 30초 걸려서 일어나는데, 그런데 이를테면 바지가 남들 앞에서 벗겨졌다는 것을 알아차린지 수초 내에 당황한 느낌을 갖는다. 그러면 얼굴 붉힘이 어떻게 그 감정의 원인이 될 수 있을 것인가? 둘째, 사람들은 종종 심장박동률과 같이 신체 반응을 정확하게 탐지하는 데에 어려움을 겪는다. 만일 자신의 심장박동률의 증가를 탐지할 수 없다면, 사람은 그러한 증가들을 어떻게 정서로 경

케이트 공주는 윌리엄 왕자를 당황하게 해서 그가 얼굴을 붉혔는가, 아니면 그가 얼굴을 붉히게 함으로써 그를 당황하게 했는가? 당황함의 경험은 얼굴 붉힘보다 30초나 먼저 일어나기 때문에, 얼굴 붉힘이 이 정서 경험의 원인일 가능성은 낮다.

ANDREW MILLIGAN-WPA POOL/GETTY IMAGES

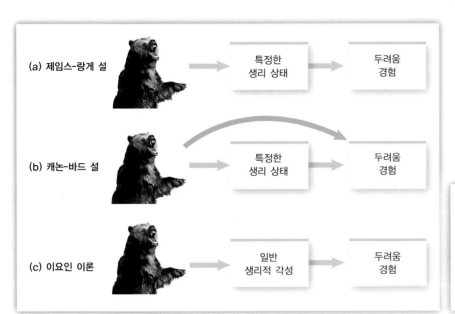

이요인 이론
정서는 생리적 각성의 원인들에 관한 추측에 근거한다고 주장하는 이론

▲ **그림 8.3 정서의 고전적 이론들** 고전적 이론들은 정서의 기원에 대해 다른 주장들을 한다. (a) 제임스-랑게 설은 자극들이 특정한 생리 상태를 유발시키고, 이것이 그다음 정서로 경험된다고 주장한다. (b) 캐논-바드 설은 자극들이 특정 생리 상태와 정서 경험들 모두를 각각 별개로 유발시킨다고 주장한다. (c) 이요인 이론은 자극들이 일반적 생리적 각성을 유발시키고, 뇌는 그 원인을 해석하고, 이 해석은 정서 경험으로 이어진다고 주장한다.

험할 수 있을 것인가? 셋째, 만일 방 온도와 같이 비정서적인 자극들이 정서 자극이 그러는 것과 같은 패턴을 일으킬 수 있다면, 그러면 왜 사람은 열이 날 때 두려움을 느끼지 않는가? 마지막으로, 캐논은 사람들이 갖는 모든 독특한 정서 경험들을 설명할 수 있을 만큼 충분히 독특한 패턴의 자율신경 활동들은 없다고 주장하였다. 만일 많은 수의 서로 다른 정서 경험들이 같은 패턴의 신체 활동들과 연관된다면, 그런 활동 패턴이 어떻게 그 정서 경험의 유일한 결정인자라고 할 수 있을 것인가?

이것들은 모두 좋은 질문이며, 캐논이 이 질문을 한 지 약 30년이 지나서 심리학자인 스탠리 샤흐터(Stanley Schachter)와 제롬 싱어(Jerome Singer)는 몇 가지 답을 제시하였다(Schachter & Singer, 1962). 제임스와 랑게는 정서를 신체적 반응들의 지각과 동등하게 취급한 점에서 옳았지만, 캐논과 바드도 인간이 경험할 수 있는 광범한 수의 정서들을 설명하는 데에 충분히 구별되는 신체적 변화가 거의 없다는 점을 주목한 점에서 옳았다고 그들은 주장하였다. 제임스와 랑게가 서로 다른 정서들은 **서로 다른 패턴의 신체 활동들에 대한 서로 다른 경험들**이라는 점을 주장한 반면, 샤흐터와 싱어는 서로 다른 정서들이, 그들이 '미분화된 생리적 각성'이라고 부른 단일 패턴의 신체 활동에 대한 **서로 다른 해석**일 뿐이라고 주장하였다(그림 8.3 참조).

샤흐터와 싱어의 **이요인 이론**(two-factor theory)은 정서들이 생리적인 각성의 원인들에 관한 추측들에 근거한다는 이론이다. 부엌에서 곰을 보면, 당신의 심장이 고동치기 시작한다. 당신의 뇌는 재빨리 환경을 훑어보고 그 고동에 합당한 설명을 찾

사람들이 신체적 각성을 낭만적인 매력으로 오판할 수 있다는 사실은 왜 그렇게 많은 첫 데이트에 롤러코스터가 들어가는지를 설명하는 데에 도움이 될 것이다. 이 커플은 현장체험 텔레비전 쇼의 스타인 스펜서 프랫과 하이디 몬태그인데, 이 사진이 찍힌 몇 년 이후 결국 결혼을 했다. 그 이후 그들 관계는 얼마간의 기복을 보였다.

는데, 마침내 다른 것들보다 곰을 발견한다. 곰과 두근거리는 심장을 모두 알아챈 다음, 당신의 뇌는 뇌가 잘하는 것을 한다. 즉, 이것저것을 종합하여 논리적 추리를 해서 당신의 각성을 공포로 해석한다. 다른 말로 하면, 사람들이 그들이 두려워하리라고 생각하는 무엇인가가 나타났을 때 생리적으로 각성된다면, 그들은 그런 각성을 **공포**라고 이름 붙인다. 그러나 그들이 자신을 기쁘게 하리라고 생각하는 무엇인가가 나타났을 때 정확히 똑같은 신체적 반응을 경험한다면, 그들은 그 각성을 **흥분**이라고 이름 붙인다. 샤흐터와 싱어에 따르면, 사람은 모든 정서적 자극물에 대해 동일한 생리적

? **정서의 이요인 이론은 초기 이론들을 어떻게 확장했는가?**

ANDREW SHAWAF/PACIFICCOASTNEWS/NEWSCOM

반응을 가지고 있으나, 그들은 서로 다른 경우에 따라 그 반응을 다르게 해석한다.

이요인 모형은 지난 반세기 동안 어떻게 대접받았는가? 그 모형의 주장들 중 하나는 꽤 잘 대접받았다. 예컨대 한 연구(Schachter & Singer, 1962)에서 참가자들은 생리적 각성을 일으키는 에피네프린을 주사받은 다음, 얼빠진 공모자 혹은 끔찍한 공모자에게 노출되었다. 이요인 이론이 예측하듯이, 공모자가 얼빠진 듯이 행동했을 때, 참가자들은 자신들이 행복했다고 결론을 내렸으나, 공모자들이 끔찍하게 행동했을 때, 참가자들은 자신들이 화가 났다고 결론을 내렸다. 후속 연구들은 사람들이 다른 식으로, 예컨대 실험실에서 자전거 운동기구를 타서 각성되었을 때, 마치 그들은 자신의 운동 유발 각성을 매력, 짜증, 혹은 재미로 해석하는 것처럼 그들은 곧이어 매력적인 사람을 더 매력적으로, 짜증나는 사람은 더 짜증나는 것으로, 재미나는 만화는 더 재미나는 것으로 경험했다(Byrne et al., 1975; Dutton & Aron, 1974; Zillmann, Katcher, & Milavsky, 1972). 정말로 이런 효과들은 사람들이 그들이 각성되었다고 단지 생각할 뿐인 경우에도 일어난다. 예를 들어, 그들이 빠르게 고동치는 심장의 오디오 테이프를 듣고 자신이 듣고 있는 그 심장박동 소리가 자신의 것이라고 믿도록 유도되었을 때이다(Valins, 1966). 사람들이 자신의 각성의 원인에 대해 추측을 하고, 이 추측들이 그들의 정서 경험에 영향을 미친다고 주장할 때 이요인 모형은 옳은 것처럼 보인다(Lindquist & Barrett, 2008).

그러나 모든 정서 경험들이 동일한 신체 상태에 대한 서로 다른 해석일 뿐이라는 이 모형의 주장에 대해서는 그동안의 연구는 그렇게 관대하지 않았다. 예를 들어, 연구자들은 여섯 가지 서로 다른 정서들을 경험할 때 참가자들의 생리적 반응을 측정했는데, 분노, 공포 및 슬픔은 각각 혐오보다 더 높은 심장박동률을 내었으며, 공포와 혐오감은 슬픔 혹은 분노보다 더 높은 피부전기반응(땀)을 내었으며, 분노는 공포보다 손가락 온도를 더 크게 증가시켰다는 것을 발견했다(Ekman, Levenson, & Friesen, 1983; 그림 8.4 참조). 이런 일반적 패턴은 여러 연령 집단, 직업, 성별 및 문화에 걸쳐서 반복 확인되었다(Levenson, Ekman, & Friesen, 1990; Levenson et al., 1991, 1992). 사실 어떤 생리적 반응들은 단일한 정서들에 대해 독특한 것처럼 보인다. 예를 들면, 홍조는 얼굴, 목 및 가슴의 피하 모세혈관에서 혈액량이 증가한 결과인데, 연구를 보면 사람들은 그들이 어떤 다른 정서를 느낄 때가 아니라 당황함을 느낄 때 얼굴을 붉힌다(Leary et al., 1992). 마찬가지로, 자율신경계의 부교감계(이것은 속도 내기와 흥분하기보다 속도 늦

▼ 그림 8.4 **정서의 생리학** 이요인 이론의 주장과는 달리, 여러 정서들은 생리적 각성의 기저 패턴이 다른 것처럼 보인다. (a) 분노, 공포, 및 슬픔은 모두 행복, 놀람, 및 혐오와 비교해서 더 높은 심장박동수를 낳는다. (b) 분노는 다른 모든 정서들보다 손가락 온도에서 훨씬 더 큰 증가를 낳는다.

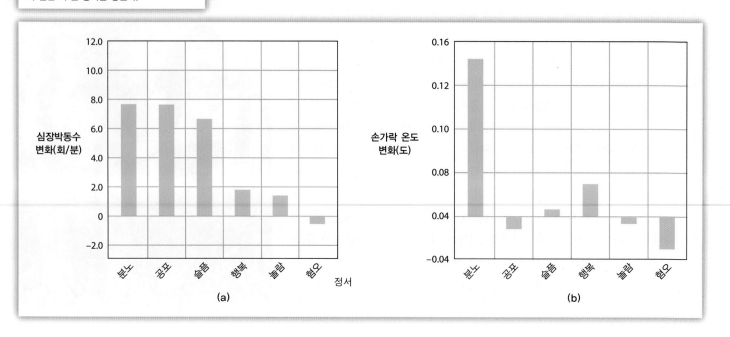

추기와 진정하기를 담당한다)에서 어떤 활동 패턴은 동정심과 같은 친사회적 정서와 독특하게 연관된 것으로 보인다(Oately, Keltner, & Jenkins, 2006).

그래서 이 둘 중 어느 것이 옳았는가? 제임스와 랑게가 생리적 반응의 패턴들이 모든 정서에서 동일하지 않다고 주장한 것은 옳았다. 그러나 캐논과 바드 또한 사람들이 이러한 반응 패턴에 완벽하게 예민하지 않으며, 이것이 사람들이 자신이 느끼는 것에 관하여 추측을 해야 하는 이유라고 주장한 것도 옳아 보인다. 우리의 신체 활동과 정신 활동은 우리의 정서 경험의 원인이자 결과이다. 그 상호작용의 정확한 본질은 아직까지 충분히 이해되지 않지만, 당신이 곧 보게 되듯이 지난 몇십 년 동안 고동치는 심장에서 살아 있는 뇌로 이어지는 정서의 자취를 뒤따라감으로써 많은 진보가 이루어졌다.

정서적인 뇌

1930년대 후반에 심리학자인 하인리히 클뤼버(Heinrich Klüver)와 의사인 폴 부시(Paul Bucy)는 우연한 발견을 하였다. 오로라라는 이름의 원숭이에 대해 어떤 뇌 수술을 한 며칠 뒤, 그들은 그 원숭이가 이상하게 행동한다는 것을 알아차렸다. 첫째로 오로라는 무엇이든 먹으려 하고 무엇과도 성교를 하려 했는데, 마치 그 원숭이는 더 이상 좋은 음식과 나쁜 음식 혹은 좋은 짝과 나쁜 짝을 구별할 수 없는 것처럼 보였다. 둘째로 오로라는 전혀 무서워하지 않고 동요가 없는 것처럼 보였고, 실험자가 다룰 때, 그리고 뱀과 마주칠 때조차 조용했다(Klüver & Bucy, 1937, 1939). 원숭이에게 무슨 일이 일어났는가? 곧 밝혀졌지만, 클뤼버와 부시의 수술은 **편도체**라 불리는 뇌 구조를 우연히 손상시켰다. 후속 연구들은 편도체가 공포와 같은 정서를 생성하는 데에 중요한 역할을 한다는 것을 입증했다. 예를 들어, 한 연구에서 연구자들은 원숭이에게 수술을 하여, 원숭이의 왼쪽 눈에 들어오는 정보는 편도체로 전달될 수 있으나 원숭이의 오른쪽 눈에 들어오는 정보는 전달될 수 없게 했다(Downer, 1961). 이 원숭이들이 왼쪽 눈만으로 위협적인 자극물을 보도록 하였을 때, 원숭이들은 공포와 놀람으로 반응하였으나, 위협적인 자극물을 오른쪽 눈만으로 보게 하였을 때 원숭이들은 조용히 하고 진정되었다. 인간을 대상으로 한 연구도 거의 같은 결과를 보인다. 예를 들어, 정상적인 사람은 **죽음**이나 **구토** 같은 정서 유발적인 단어들에 대해 뛰어난 기억을 가지고 있으나, 편도체가 손상되었거나(LaBar & Phelps, 1998), 편도체에서 신경 전달을 일시적으로 손상시키는 약을 먹은(van Stegeren et al., 1998) 사람들은 그렇지 않다(그림 8.5 참조). 흥미롭게도 편도체 손상이 있는 사람들은 종종 위협을 볼 때 공포를 느끼지 않지만, 예컨대 갑자기 자신들이 숨을

여행객과 호랑이는 어떤 공통점이 있다. 각자는 상대편이 위협인지 아닌지를 결정하는 데 광속으로 작동하는 편도체를 가지고 있다. 자연은 왜 뇌가 이런 특정한 결정을 그렇게 빨리 하도록 설계했을까?

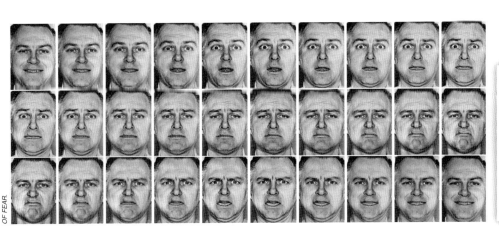

◀ 그림 8.5 **정서 재인과 편도체** 정서와 관련된 표정들이 행복에서 놀람, 공포, 슬픔, 혐오, 분노, 그리고 다시 행복으로 바뀌는 연속체로 이미지 변환이 되었다. 이 순서는 양측 편도체 손상을 가진 1명의 환자와 뇌 손상이 없는 10명의 사람에게 제시되었다. 비록 환자의 행복, 슬픔, 및 놀람의 재인은 손상이 없는 집단의 재인과 대체로 비슷하였지만, 분노, 혐오, 및 공포에 대한 환자의 재인은 손상되었다(Calder et al., 1996).

자극   공포의 경험

▲ 그림 8.6 **공포의 빠른 그리고 느린 경로** 조세프 르두(2000)에 따르면, 자극에 관한 정보는 동시에 두 경로를 택한다. '빠른 경로'(분홍)는 시상에서 바로 편도체로 가며, '느린 경로'(초록)는 시상에서 피질로 가고 그 다음 편도체로 간다. 편도체는 피질로부터 정보를 받기 전에 시상으로부터 정보를 받기 때문에, 사람들은 그 정체를 알기 전에 어떤 것을 두려워하게 될 수 있다.

쉴 수 없다는 것을 알 때처럼 위협을 경험할 때 공포를 느낀다(Feinstein et al., 2013).

편도체는 정확하게 무엇을 하는가? 편도체는 일종의 '공포 센터'인가? 정확히 그렇지는 않다(Cunningham & Brosch, 2012). 동물이 공포를 느끼기 전에, 그 동물의 뇌가 두려워할 만한 무엇인가가 있다고 먼저 결정을 내려야 한다. 이 결정은 **평정**(appraisal)이라고 하는데, 자극물에서 정서와 연관된 측면을 평가하는 것이다(Arnold, 1960; Ellsworth & Scherer, 2003; Lazarus, 1984; Roseman, 1984; Roseman & Smith, 2001; Scherer, 1999, 2001). 편도체는 이런 평정을 하는 데에 결정적이다. 본질적으로 편도체는 매우 빠르고 예민한 위협 탐지기이다(Whalen et al., 1998). 심리학자인 조세프 르두(Joseph LeDoux, 2000)는 자극물에 관한 정보가 뇌를 통과해 가는 경로를 지도화했는데, 그 정보가 두 가지의 서로 다른 경로를 따라 동시에 전달된다는 것을 발견했다. '빠른 경로'는 시상에서 편도체로 바로 가며, '느린 경로'는 시상에서 피질로 가고 그다음 편도체로 간다(그림 8.6 참조). 이것이 의미하는 바는, 피질은 그 정보를 천천히 사용하여 자극의 정체와 중요성에 대해 충분히 조사하는 동안("이것은 동물처럼 보여… 아마 포유류이고… 아마 곰 종류 중 하나 같아…"), 편도체는 이미 시상으로부터 직접 그 정보를 받아서 매우 빠르고 매우 간단한 결정을 내리고 있다는 것이다. "이것이 위협인가?" 만일 이 질문에 대한 편도체의 대답이 "예"라면, 그것은 신체 반응과 우리가 공포라고 부르는 의식 경험을 최종적으로 낳는 신경 과정이 시작되게 한다.

피질이 이 정보를 처리하는 데에는 훨씬 더 오래 걸리지만, 마침내 그 일을 끝낼 때, 그것은 편도체에게 신호를 보낸다. 그 신호는 편도체에 공포 상태를 유지하라고 하거나("드디어 모든 데이터를 분석했어. 확신하건대 그것은 곰이야, 곰은 물어!") 혹은 그것을 줄이라고 한다("안심해, 그것은 곰 복장을 한 어떤 사람일 뿐이야"). 실험에 참여한 피험자들에게 행복, 슬픔, 공포 및 분노와 같은 정서들을 경험하라고 요구하면, 사람들은 변연계에서 활동의 증가와 피질에서 활동의 감소를 보여 준다(Damasio et al., 2000). 그러나 이 정서들을 억제하라고 요구하면, 사람들은 피질 활동의 증가와 변연계 활동의 감소를 보여 준다(Ochsner et al., 2002). 어떤 의미에서 편도체는 정서적인 가속페달을 누르며, 그다음 피질은 브레이크를 밟는다. 이것이 바로 피질 손상이 있는 어른이나 (피질이 충분히 발달하지 않은) 아이들이 자신의 정서를 억제하는 데 어려움을 갖는 이유이다(Stuss & Benson, 1986).

뇌 연구들은, 정서는 아주 적은 정보를 바탕으로 우리의 생존과 복지와 관련이 있는 일들에 대해 우리가 신속하게 반응할 수 있도록 우리를 준비시키는 원시적인 시스템이라는 것을 시사한다. 우리의 신(new) 피질은 자극을 식별하고, 그것에 관해 알고 있는 것을 고려하며, 조심스럽게 반응을 계획하는 동안, 우리의 고대의 변연계는 피질이 진화하기 전 수천 년 동안 그렇게 잘해 왔던 것을 한다. 그것은 환경 속에 있는 사물과 사건의 중요성에 관해 순식간에 결정을 내리고, 필요하다면 우리 심장과 다리가 숲으로부터 몸을 뺄 준비를 하게 한다.

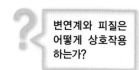

변연계와 피질은 어떻게 상호작용하는가?

정서 조절

우리는 고슴도치, 귀지, 혹은 1812년 전쟁에 관해 마음을 쓰거나 그렇지 않을 수도 있다. 그러나 당신이 인간이라면, 당신은 당신이 느끼는 것에 마음을 쓴다는 것이 거의 확실하다. 우리는

평정
자극에서 정서와 연관된 측면에 대한 평가

항상 우리가 행복한지 혹은 두려워하는지, 화가 나는지 혹은 평안한지, 즐거워하는지 혹은 혐오를 느끼는지에 관해 주의한다. 우리는 우리의 정서 경험에 관해 매우 유의하기 때문에, 우리는 어떤 정서를 가지고 다른 것을 피하려고 애를 쓴다. **정서 조절**(emotion regulation)은 자기 자신의 정서 경험에 영향을 주기 위해 사람들이 쓰는 전략들을 일컫는다. 비록 사람들은 가끔 긍정적 정서보다 부정적 정서를 경험하고자 하지만(Erber, Wegner, & Therriault, 1996; Michaela et al., 2009; Parrott, 1993; Tamir & Ford, 2012), 대부분의 경우 사람들은 기분이 나쁘기보다 기분이 좋게 느끼고자 할 것이다.

10명 중 9명은 적어도 하루에 한 번 자신의 정서 경험을 조절하려 한다고 보고하며(Gross, 1998), 그렇게 하기 위해 천 가지 이상의 다른 전략들을 묘사한다(Parkinson & Totterdell, 1999). 이들 중 몇 가지는 행동적 전략이며(예 : 원치 않는 정서를 일으키는 상황을 피하기), 몇 가지는 인지적 전략이다(원하는 정서를 일으키는 기억을 불러일으키기; Webb, Miles, & Sheeran, 2012). 연구들은 어떤 전략이 가장 효과적일지를 사람들이 항상 아는 것은 아니라는 것을 보여 준다. 예를 들면, 사람들은 정서의 외적 징후들을 억제하는 것을 가리키는 억압이 효과적인 전략이라고 생각하는 경향이 있다. 그러나 대체로 그렇지 않다(Gross, 2002). 그 반대로, 사람들은 한 가지 느낌을 말로 표현하는 것을 포함하여, **정서 명명하기**(affect labeling)가 자신의 정서에 거의 영향이 없을 것으로 생각하는 경향이 있는데, 사실 이것은 정서 상태의 강도를 줄이는 데에 대체로 효과적이다(Lieberman et al., 2011).

정서 조절에서 가장 효과적인 전략들 중 하나는 **재평정**(reappraisal)인데, 이것은 정서를 유발하는 자극에 대해 생각하는 방식을 바꿈으로써 자신의 정서 경험을 바꾸는 것을 말한다(Ochsner st al., 2009). 예를 들어, 즐거운 종교 의식이라고 묘사된 할례에 관한 비디오를 본 참가자들은, 같은 비디오를 보지만 같은 묘사를 듣지 않은 참가자들보다 더 느린 심장박동수와 더 적은 스트레스를 보였다(Lazarus & Alfert, 1964). 다른 연구에서 참가자들이 장례식 중 울고 있는 여인의 사진과 같이 부정적 정서를 일으키는 사진을 볼 때 그들의 두뇌가 스캔되었다. 그다음 어떤 참가자들은 예컨대 사진 속의 여인이 장례식이 아니라 결혼식에 있었다고 상상하면서 그 사진을 재평정해 보라고 요구받았다. 참가자들이 그 사진을 처음 보았을 때, 그들의 편도체가 활동적으로 되었다는 것을 연구결과들이 보여 주었다. 그러나 그들이 그 사진을 재평정하면서, 피질의 몇 개의 핵심적 영역들이 활동적으로 되었고, 잠시 후에 그들의 편도체는 비활동적으로 되었다(Ochsner et al., 2002). 다른 말로 하면, 참가자들은 단지 그 사진을 다른 식으로 생각함으로써 자신의 편도체의 활동을 의식적으로 그리고 의지적으로 낮추었다.

? 재평정은 어떻게, 그리고 얼마나 잘 작용하는가?

재평정은 중요한 기술이다. 어떤 사람은 다른 사람들보다 이 일을 더 잘하며(Malooly, Genet, & Siemer, 2013), 재평정하는 능력은 정신적 및 신체적 건강 모두와 관련된다(Davidson, Putnam, & Larson, 2000; Gross & Munoz, 1995). 정말로 14장에서 배울 것이지만, 심리치료자들은 종종 우울과 괴로움을 완화시키기 위해 사람들이 자신의 삶에서 일어나는 중요 사건들을 어떻게 재평정할지를 가르친다. 다른 한편으로 이런 능력은 고통을 겪고 있는 사람들에 대해 우리가 덜 동정적이게 만들 수 있다(Cameron & Payne, 2011). 약 이천년 전에 로마 황제 마르쿠스 아우렐리우스는 다음과 같이 썼다. "만일 당신이 어떤 외적인 일로 괴로워한다면, 그 고통

정서 조절
자기 자신의 정서 경험에 영향을 주기 위해 사람들이 쓰는 전략들

재평정
정서를 유발하는 자극에 대해 생각하는 방식을 바꿈으로써 자신의 정서 경험을 바꾸는 것

정서 조절은 어려울 수 있다. 2011년에 오리건 수 보늘랜느 시는 800만 셀닌의 식수를 내버렸는데, 단지 한 남자가 이 저수지에 오줌을 누는 것이 발견되었기 때문이었다. 이 극미량의 오줌은 아무 건강상의 위협이 되지 않았지만, 사람들로 하여금 역겨움을 느끼게 하였으며, 그 정서를 조절할 수 없는 탓에 포틀랜드 시민들은 거의 3만 달러의 대가를 치렀다.

정서 표현
정서 상태에 관한 관찰 가능한 신호

은 그 일 그 자체에서 기인하는 것이 아니라 그것에 대한 당신의 추측에 기인한다. 그리고 이 것은 당신이 어느 순간에라도 철회할 수 있는 것이다." 현대 과학은 황제가 뭔가를 알고 있었 다는 것을 시사한다.

요약

▶ 정서 경험은 묘사하기 어려우나 심리학자들은 그 배후에 있는 두 가지 차원을 확인해 왔는데, 그것은 각성과 유 인가이다.

▶ 심리학자들은 정서 경험과 생리적 활동이 어떻게 관련되어 있는지를 이해하기 위해 한 세기 이상 노력해 왔다. 제 임스-랑게 설은 자극이 생리적 반응을 일으키고, 이것이 정서 경험으로 이어진다는 것을 주장한다. 캐논-바드 설 은 자극이 정서 경험 및 생리적 반응 모두를 동시에 일으킨다고 주장한다. 그리고 샤흐터와 싱어의 이요인 이론은 자극이 미분화된 생리적 각성을 일으키고 이에 관해 사람들이 추측을 한다고 주장한다. 이들 이론들 중 어느 것도 완전히 옳지는 않지만, 각각은 연구들로부터 지지받는 요소들을 가지고 있다.

▶ 정서는 변연계와 피질 구조의 복잡한 상호작용에 의해 생긴다(그림 3.16 참조). 한 자극에 대한 정보는 (자극의 좋 고 나쁨에 관한 즉각적 평정을 하는) 편도체와 (자극에 대해 더 느리고 더 종합적인 분석을 하는) 피질에 동시에 전 달된다. 어떤 경우에 편도체는 정서 경험을 일으키고 피질은 나중에 그것을 억제할 것이다.

▶ 사람들은 정서 경험에 관심을 갖고 그것을 조절하는 여러 전략들을 사용한다. 재평정은 사물이나 사건에 대해 생각 하는 방식을 바꾸는 것을 필요로 하며, 이것은 정서 조절에서 가장 효과적인 전략들 중 하나이다.

정서적 의사소통 : 단어가 없는 메시지

로봇인 레오나르도는 느낄 수는 없을지라도, 분명히 웃을 수 있다. 그리고 윙크도 한다. 그리고 고개를 끄덕인다. 정말로, 그와 상호작용하는 사람들이 그가 기계라고 생각하기가 매우 어려운 이유들 중 하나는 레오나르도가 자신이 실제로는 가지고 있지 않은 정서들을 표현한다는 것이 다. **정서 표현**(emotional expression)은 정서 상태에 관한 관찰 가능한 신호이며, 로봇이 그것을 드러 낼 수 있도록 배워야 하는 반면에 인간은 그것을 꽤 자연스럽게 할 수 있는 것처럼 보인다.

정서 상태는 아주 다양한 방식으로 자신을 표현한다. 예를 들면 정서상태는 말에서 억양, 소

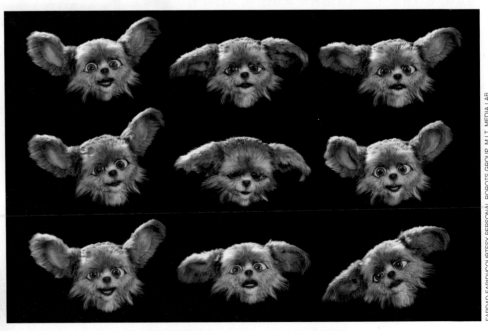

레오나르도의 얼굴은 넓은 범위의 정서들을 표현할 수 있다(Breazeal, 2003).

리 굴리기에서 성량과 지속 시간까지 말하는 방식을 바꾸는데, 청자들은 목소리 단서만으로 우연 수준 이상으로 정확하게 정서 상태를 추측할 수 있다는 것을 연구들이 보여 준다(Banse & Scherer, 1996; Frick, 1985). 관찰자들은 종종 한 사람의 응시 방향, 걸음걸이 및 팔에 잠깐 접촉하는 것

왜 우리는 자신의 내적 상태에 대한 '걸어 다니며 말하는 광고'인가?

만으로도 그 사람의 정서 상태를 추정할 수 있다(Dael, Mortillaro, & Scherer, 2012; Dittrich et al., 1996; Hertenstein et al., 2009; Keltner & Shiota, 2003; Wallbott, 1998). 어떤 의미에서 우리는 내부에서 일어나고 있는 것에 대한, '걸어다니며 말하는 광고'인 것이다.

1982년 9월 19일 스콧 팔먼은 인터넷 사용자 집단에 다음과 같은 메시지를 올렸다. "다음 기호들을 조크 표시로 사용할 것을 제안한다. :-) 이것을 옆으로 읽어보라." 이렇게 이모티콘이 탄생했다. 팔먼의 웃음(위 오른쪽)은 행복의 신호인 반면, 그의 이모티콘은 하나의 상징이다.

물론 신체의 어떤 부분도 정서를 소통하는 데에서 얼굴보다 더 정교하게 설계되어 있지 않다. 모든 얼굴 밑에는 43개의 근육들이 있어서 10,000개 이상의 독특한 형상을 만들어 낼 수 있다. 이것은 얼굴로 하여금 놀라울 정도로 미묘하고 구체적으로 그 주인의 정서 상태에 관한 정보를 전달할 수 있게 해 준다(Ekman, 1965). 심리학자인 폴 에크만과 월리스 프리젠(Paul Ekman & Wallace Friesen, 1971)은 인간 얼굴이 보여 줄 수 있는 근육 운동을 목록화하는 데에 수년을 보냈다. 그들은 46개의 독특한 운동들을 구별했고, 이것들을 **활동단위** (action units)라고 불렀다. 각각에 대해 숫자와 이름을 붙였는데, 예컨대 '뺨 복어(cheek puffer)', '보조개' 및 '깊은 인중' 등이다(이 모든 것은 꽤 이상하지만, 헤비메탈 밴드의 이름들이기도 하다). 이런 활동단위들의 조합이 특정한 정서 상태와 믿을 만하게 관련되어 있다는 것을 연구들은 보여줘 왔다(Davidson et al., 1990). 예를 들어, 어떤 사람이 행복을 느낄 때 큰광대근(입술 끝을 위로 당기는 근육)과 안륜근(눈의 바깥 가장자리를 주름지게 하는 근육)의 운동은 독특한 표정을 만들어 내는데, 심리학자들은 이것을 '활동단위 6과 12'라고 묘사하고 다른 사람들은 간단히 '미소'라고 부른다(Ekman & Friesen, 1982; Frank, Ekman, & Friesen, 1993; Steiner, 1986).

의사소통적인 표현

우리의 정서는 왜 얼굴 위에 모두 쓰여 있는가? 1872년 찰스 다윈은 인간과 동물의 정서 표현(*The Expression of the Emotions in Man and Animals*)이라는 책을 출판했는데, 여기에서 그는 정서 표현의 진화론적 중요성에 대해 숙고했다. 그는 사람과 동물이 어떤 얼굴 및 자세의 표현들을 공유하는 것처럼 보인다는 것에 주목하고 이런 표현들은 내적 상태에 대한 정보를 서로 의사소통하기 위한 것이라고 주장하였다. 그런 의사소통이 어떻게 유용할 것인지를 이해하는 것은 어렵지 않다(Shariff & Tracey, 2011). 예를 들어, 만일 지배적인 동물이 이를 드러내고 "나는 너에게 화나 있어"라는 메시지를 전달하면, 그리고 복종적인 동물이 그 머리를 낮추고 "나는 너를 두려워하고 있어"라는 메시지를 전달할 수 있다면, 그 둘은 실제로 피를 흘리는 일 없이 서열을 확립할 수 있을 것이다. 다윈은 정서 표현은 한 동물이 다른 동물에게 자기가 무엇을 느끼고 그래서 어떻게 행동할지가 준비되었음을 알려 주는 편리한 방법이라고 주장했다. 이런 의미에서 정서 표현은 비음성적인 언어의 단어나 구절과 다소 비슷하다.

찰스 다윈에 따르면, 인간과 동물 모두 표정을 써서 자신의 내적 상태에 관한 정보를 전달한다.

표현의 보편성

물론 언어는 모든 사람이 같은 것을 말할 때에만 유효하며, 이것이 다윈이 **보편성 가설**

보편성 가설
정서 표현은 모든 사람에게 같은 의미를 가지고 있다.

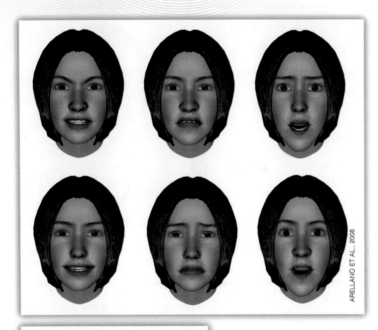

ARELLANO ET AL., 2008

▲ 그림 8.7 **여섯 가지의 기본 정서** 지구 전역에 사는 사람들은 일반적으로 이 여섯 가지의 얼굴들이 분노, 혐오, 공포, 행복, 슬픔, 및 놀람을 드러내고 있다고 동의한다. 무엇으로 이런 광범한 일치를 설명할 수 있을까? (Arellano, Varona, & Perales, 2008에서 발췌)

VICTOR TREVINO

2013년, 노부유키 쓰지이는 권위 있는 밴클리번 국제 피아노 대회에서 우승을 했다. 그는 선천적 맹인이었으며 결코 표정을 본 적이 없지만, 백만 달러의 상을 받자마자 바로 백만 달러의 미소를 지었다.

(universality hypothesis)을 개발한 이유인데, 이 가설은 정서 표현은 모든 사람에게 같은 의미를 가지고 있다고 주장한다. 다른 말로 하면 모든 사람은 미소로 행복을 표현하고 모든 사람은 미소가 행복을 뜻한다는 것을 이해한다.

다윈의 가설을 지지하는 몇 가지 증거가 있다. 예를 들어, 인간 얼굴을 본 적이 없는 사람들도 인간 얼굴을 본 적이 있는 사람들과 같은 표정을 짓는다는 것이다. 예를 들어, 선천적인 맹인도 행복할 때 미소를 지으며(Galati, Scherer, & Ricci-Bitt, 1997; Matsumoto & Willingham, 2009), 생후 이틀 된 아기도 쓴맛 나는 것이 입에 들어오면 혐오의 표정을 짓는다(Steiner, 1973, 1979). 게다가 사람들은 다른 문화권 사람들의 정서 표현을 판단하는 데에 꽤 정확하다(Ekman & Friesen, 1971; Elfenbein &

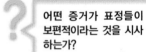 **어떤 증거가 표정들이 보편적이라는 것을 시사하는가?**

Ambady, 2002; Frank & Stennet, 2001; Haidt & Keltner, 1999). 칠레인, 미국인, 및 일본인 모두가 미소를 행복의 신호로 찡그림을 슬픔의 신호로 알아볼 뿐 아니라, 문자가 없는 문화의 사람도 그렇다. 1950년대에 연구자들은 분노, 혐오, 공포, 행복, 슬픔 및 놀람(그림 8.7 참조)을 표현하는 사람들의 사진을 사우스포르(South Fore) 지역의 사람들에게 보여 주었다. 이 사람들은 파푸아뉴기니의 고지대에서 석기 시대의 삶을 살고 있었으며 외부 세계와의 접촉이 거의 없었다. 연구자들은 이 참가자들에게 각 사진을 ('행복' 또는 '염려'와 같은) 단어에 짝짓도록 요청했는데, 사우스포르인들이 미국인들이 한 것과 본질적으로 동일하게 짝 짓기를 했다는 것을 발견했다. (이 규칙에서 놀라운 한 예외는 포르인은 놀람 표현과 공포 표현을 구별하는 데에 어려움이 있었다는 것인데, 아마 야생에서 사는 사람들에게 놀람은 즐거운 일이 거의 아니기 때문일 것이다.) 이런 종류의 증거는 적어도 여섯 가지 정서인 분노, 혐오, 공포, 행복, 슬픔 및 놀람의 표정은 보편적이라고 많은 심리학자들을 확신시켰다. 그리고 몇 가지 다른 정서들, 당황, 흥겨움, 죄책감, 수치심, 및 자부심도 마찬가지로 보편적인 패턴의 표정을 가지고 있을 수 있다(Keltner, 1995; Keltner & Buswell, 1996; Keltner & Haidt, 1999; Keltner & Harker, 1998; Tracey et al., 2013).

그러나 모든 심리학자들이 이를 확신하지는 않는다. 예를 들어, 최근 연구(Gendron et al., 출간중)는 사우스포르인과 마찬가지로, 격리된 부족인 힘바(Himba)의 성원들은 미국인들이 하듯이 얼굴(표정)을 정서 단어들에 짝지을 수 있다는 것을 보여 준다. 그러나 그대신 힘바인들이 서로 '같은 식으로 느끼고' 있는 얼굴들을 짝짓도록 요구했을 때, 그들은 미국인 참가자들이 만든 것들과 아주 다른 짝짓기를 만들어낸다. 이와 같은 연구들은 보편성 가설이 너무 강하게 진술되었을지도 모른다는 것을 시사한다. 현재로는, 우리는 많은 표정들의 정서적 의미에 관해 모든 인간들 사이에 상당한 일치가 있다고 자신을 갖고 말할 수 있지만 이 일치는 완벽하지 않다.

표현의 원인과 결과

다른 문화에 속하는 사람들도 많은 정서를 같은 방식으로 표현하는데, 왜 그런가? 어쨌든 그들은 같은 말을 하지는 않는데, 왜 그들은 같은 미소를 지으며 같은 식으로 얼굴을 찌푸리는가? 그 답은, 단어는 상징이며 표정은 신호라는 것이다. 상징은 그것이 상징하는 사물들과 아무런 인과관계를 가지고 있지 않은 임의적 지칭이다. 영어를 쓰는 사람은 특정 동물을 가리키기 위해 '고양이'라는 단어를 쓰지만, 우리 입에서 이런 특정한 소리가 실제로 튀어나오게 하는 '고양이 특성'과는 아무 관계가 없으며, 다른 사람들이 같은 것을 가리키기 위해 다른 소리들, 예컨대 '포포키' 혹은 '개토'를 낸다고 해서 우리는 놀라지 않는다. 반면에 표정들은 정서의 임의적인 상징이 아니다. 그것은 정서의 신호이며, 신호는 그것이 나타내는 사물에 기인한다. 행복의 느낌은 큰광대근의 수축을 일으키고, 눈에 있는 발자국이 누군가가 거기에 걸어갔다는 신호인 것과 같은 방식으로, 그 수축은 그 감정의 신호이다.

물론, 한 단어(*bat*)는 한 가지 이상의 ('나무 몽둥이', 혹은 '나는 포유류') 의미를 가질 수 있듯이, 신호도 그럴 수 있다. 다음 페이지 왼쪽 상단 사진 속의 남자는 기쁨을 느끼고 있는가 아

증거를 보이는 몸

당신은 얼굴에서 무엇을 알아낼 수 있는가? 당신이 깨닫는 것보다 훨씬 적다. 애비에저, 트로우프, 및 토도로프(Aviezer, Trope, and Todorov, 2012)는 참가자들에게 방금 한 점을 이긴(여기 보이는 그림에서 얼굴 2, 3, 및 5번), 혹은 잃은(얼굴 2, 4, 및 6번) 테니스 선수들의 사진들로부터 발췌한 얼굴들을 보여 주고, 그들에게 그 선수가 긍정적 혹은 부정적 정서를 경험하고 있는지를 추측하도록 요구했다. 그래프의 가장 왼쪽 막대가 보이듯이, 참가자들은 구별할 수 없었다. 그들은 '승리한 얼굴들'과 '패배한 얼굴들'이 다소 부정적인 정서를 똑 같은 양으로 경험하고 있었다고 추측했다.

그다음 연구자들은 새로운 참가자 집단에게 방금 한 점을 이겼거나(그림에서 몸 1번) 한 점을 잃은(그림에서 몸 2번) 테니스 선수들의 사진에서 발췌한 (얼굴은 없는) 몸들을 보여 주고, 그들에게 같은 판단을 하도록 요구했다. 중간 막대가 보여 주듯이, 참가자들은 이 일에 수행이 꽤 좋았다. 참가자들은 '이기는 몸'이 긍정적 정서들을 경험하고 있었으며 '잃은 몸'은 부정적 정서들을 경험하고 있었다고 추측했다.

최종적으로 연구자들은 새 참가자 집단에게 운동선수들의 몸과 얼굴을 함께 보여 주었다. 가장 오른쪽 막대가 보여 주듯이, 몸-얼굴 조합에 대한 참가자들의 평정은 몸 단독에 대한 평정과 동일하였는데, 이것은 참가자들이 추측을 할 때 전적으로 운동선수들의 몸에 의존했으며 그들의 얼굴에 의존하지 않았다는 것을 시사한다. 그리고 또 나중에 그들이 어느 정보에 가장 의존했는지를 질문을 받았을 때 참가자들의 절반 이상이 자신들이 얼굴에 의존했다고 말했다!

정서의 표정은 우리 대부분이 깨닫는 것보다 더 애매한 것처럼 보인다. 우리가 사람들이 분노, 공포, 혹은 기쁨을 표현하는 것을 볼 때, 우리는 그들의 몸, 목소리, 그리고 그들의 물리적 및 사회적 맥락을 써서 그들이 무엇을 느끼는가를 알아낸다. 그러나 우리는 우리가 정보의 대부분을 그들의 표정으로부터 얻고 있다고 잘못 믿는다.

이 이야기의 교훈은? 다음번 당신이 경기에서 지고 있는 선수가 어떻게 느끼는지를 알고 싶다면, 찡그린 얼굴(deface)보다 성공을 이루지 못함(defeat)에 더 많이 집중하라(미안!).

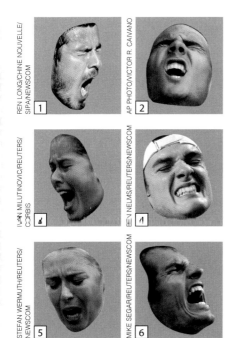

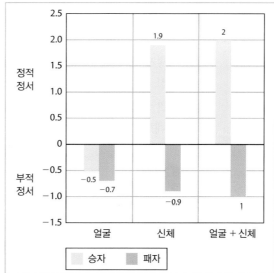

Hillel Aviezer, Yaacov Trope, and Alexander Todorov. Body Cues, Not Facial Expressions, Discriminate Between Intense Positive and Negative Emotions. *Science*, 30, November 2012 : Vol. 338, no. 6111, pp. 1225–1229. DOI : 10.1126/science.1224313

남자는 행복한가, 슬픈가? 344쪽을 보라.

안면되먹임 가설
정서 표현이 그것이 나타내는 정서 경험을 유발할 수 있다는 가설

니면 슬픔을 느끼는가? 사실, 이 두 정서는 종종 다소 비슷한 표정을 낳는데, 그렇다면 어떻게 서로를 구별하는가? 그 답은 맥락이라는 것을 연구는 보여 준다. 누군가가 "중견수가 배트로 공을 쳤다"라고 말할 때, 그 문장은 배트가 '포유류'가 아니라 '몽둥이'를 의미한다고 우리에게 말하는 맥락을 제공한다. 마찬가지로, 표정이 일어나는 맥락이 종종 우리에게 그 표정이 무엇을 의미하는지를 말한다(Aviezer et al., 2008; Meeren, van Heijnsbergen, & de Gelder, 2005). 왼쪽 사진 속의 남자가 느끼는 것을 맞히기는 어렵다. 그러나 344쪽을 펴고, 맥락 속에서 그 사진을 보면, 당신은 아무 어려움 없이 할 수 있다. 사실, 이제 당신이 이 페이지로 되돌아온다면, 어떻게 조금이라도 어려울 수 있었을까 하고 놀라게 될 것이다.

정서 경험이 정서 표현을 일으키지만, 반대 방향으로 작동하기도 한다. **안면되먹임 가설**(facial feedback hypothesis)(Adelmann & Zajonc, 1989; Izard, 1971; Tomkins, 1981)은 정서 표현이 그것이 나타내는 정서 경험을 유발할 수 있다고 주장한다. 예를 들어, 사람은 긴 'u'음을 내거나 연필을 입술에 물고 있도록 요구받을 때에 비해 긴 'e'음을 내거나 연필을 이로 물고 있도록 요구받을 때(이 둘은 큰광대근의 수축을 일으킨다) 더 행복하다고 느낀다(Strack, Martin, & Stepper, 1988; Zajonc, 1989)(그림 8.8 참조). 이와 비슷하게 이마가 (위로 움직여) 아치형을 만들도록 지시받을 때 사람들은 사실들이 더 놀랍다고 생각하며, 코를 찡그리도록 지시받을 때, 냄새가 덜 즐겁다고 느낀다(Lewis, 2012). 이런 일들은 표정과 정서 상태는 오랜

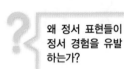
왜 정서 표현들이 정서 경험을 유발하는가?

시간 동안 강력하게 연합되어 있기 때문에(파블로프가 생각나는가?) 결국 그중 하나는 다른 것을 항상 불러일으키기 때문에 생긴다. 이런 효과는 얼굴에 국한되지 않는다. 예를 들어, 주먹을 쥐도록 요구받을 때 사람들은 더 주장적이라고 느끼며(Schubert & Koole, 2009), 중지를 뻗도록 요구받을 때 다른 사람들을 더 적대적이라고 평정한다(Chandler & Schwarz, 2009).

정서 표현이 그것이 나타내는 정서 경험을 일으킬 수 있다는 사실은 왜 사람들이 다른 사람들의 정서 표현을 알아보는 데에 일반적으로 매우 능숙한지를 설명하는 데에 도움이 된다. 많은 연구들이 사람들이 다른 사람들의 신체 자세와 표정을 무의식적으로 흉내 낸다는 것을 보여 준다(Chartrand & Bargh, 1999; Dimberg, 1982). 우리가 어떤 사람이 미소 짓는 것을 볼 때(혹은 미소 짓는 누군가에 대해 읽을 때조차도), 우리의 큰광대근은 아주 조금 수축하는데, 당신의 것도 바로 지금 그렇다는 것이 거의 확실하다(Foroni & Semin, 2009). [그런데 우리의 상호작용 파트너의 표정을 '흉내 내는(ape)' 경향성은 아주 자연스러운데, 정말로 원숭이(ape)조차도 그렇게 한다(Davila Ross, Menzler, & Zimmermann, 2008)]. 표정은 그것이 나타내는 정서를 유발할 수 있기 때문에, 다른 사람의 표정을 흉내내는 것은 우리로 하여금 그들이 느끼는 것을 느낄 수 있고 그래서 그들의 정서를 알아볼 수 있게 한다.

이에 대한 증거는 무엇인가? 첫째, 사람들이 자신의 표정을 지을 수 없을 때, 예컨대 얼굴 근육이 보톡스로 마비된다면, 다른 사람의 정서를 알아보는 것이 어렵다(Niedenthal et al., 2005). 자기 자신의 정서를 경험할 수 없을 때 또한 사람들은 다른 사람의 정서를 식별하는 것이 어렵다(Hussey & Safford, 2009; Pitcher et al., 2008). 예를 들면 편도체가 손상된 사람들은 보통 공포와 분노를 느끼지 않는데, 다른 사람에게서 그런 정서 표현들 알아보는 데에 보통 서투르다(Adolphs, Russell, & Tranel, 1999), 만일 그들의 뇌 손상이 생애 초기에 일어났다면 이 점은 특히 사실이다(Adolphs, Cahill, Schol, & Babinsky, 1997). 다른 면으로 볼 때, 다른 사람들이 무엇을 느끼는지를 알

▼ 그림 8.8 **안면되먹임 가설** 이로 연필을 물고 있는 사람은 입술로 연필을 물고 있는 사람들보다 더 행복하다고 느낀다는 연구가 있다. 이 두 자세는 각각 미소 짓기와 찌푸리기와 연관된 근육의 수축을 일으킨다.

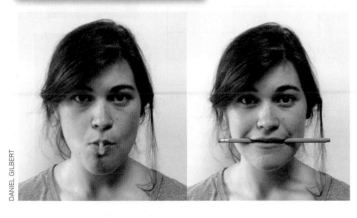

아차리는 데에 천부적으로 꽤 능숙한 사람들은 천부적인 흉내쟁이이며(Sonnby-Borgstrom, Jonsson, & Svensson, 2003), 그들의 흉내는 보상을 받는 것으로 보인다. 상대방의 표정을 흉내내는 협상가들은 그렇지 않은 사람들보다 더 많은 돈을 번다(Maddux, Mullen, & Galinsky, 2008).

가식적인 표현

우리의 정서 표현이 우리 느낌들을 진실하게 혹은 그렇지 않게 전달할 수 있다. 친구가 우리의 머리 모양에 대해 비아냥거리는 언급을 할 때, 당신은 이마를 찡그리고 이를 강조하는 손짓과 함께 경멸을 드러낼 수 있으나, 상사가 같은 말을 한다면 우리는 이를 억누르며 언짢은 미소를 지을 것이다. 동료에게 경멸을 드러내는 것은 허용되나 상사에게는 아니라는 지식이 **드러내기 규칙**(display rules), 즉 정서의 적절한 표현을 위한 규범이다(Ekman, 1972; Ekman & Friesen, 1968). 드러내기 규칙을 따르는 것은 몇 개의 기법을 필요로 한다.

- **강렬화**(intensification)는 어떤 사람이 선물을 받고 실제보다 더 놀란 것처럼 가장할 때처럼 자신의 정서 표현을 과장하는 것이다.
- **약화**(deintensification)는 경연대회의 패배자가 실제보다 덜 고통스러운 것처럼 보이려고 할 때처럼 자신의 정서 표현을 약하게 하는 것이다.
- **차폐**(masking)는 포커하는 사람이 손에 쥔 네 장의 에이스 패를 살펴보면서 기쁘기보다는 다소 고민하고 있는 듯이 보이려고 할 때처럼, 자신이 느끼는 정서와 다른 정서를 표현하는 것이다.
- **중성화**(neutralizing)는 법률가들이 논증을 하는 동안 재판관들이 자신의 성향을 드러내지 않으려고 할 때처럼, 아무 표현도 드러내지 않으면서 어떤 정서를 느끼는 것이다(그림 8.9 참조).

비록 다른 문화의 사람들도 모두 같은 기법들을 쓰지만, 그들은 다른 드러내기 규칙을 사용해서 그 기법들을 쓴다. 예를 들면, 한 연구에서 일본인 및 미국인 대학생들은 자동차 사고와 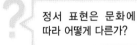 절단 수술에 관한 불쾌한 영화를 봤다(Ekman, 1972; Friesen, 1972). 학생들은 실험자들이 자신들을 관찰하고 있다는 것을 몰랐을 때 일본인 및 미국인 학생들은 비슷한 혐오 표현을 했

정서 표현은 문화에 따라 어떻게 다른가?

으나, 자신들이 관찰되고 있다는 것을 깨달았을 때 (미국인 학생들은 아니지만) 일본인 학생들은 즐거운 표현으로 자신의 혐오를 차폐했다. 많은 아시아 나라들에서 존중하는 사람의 면전에서 부정적인 정서를 드러내는 것은 무례하다고 간주되며, 이들 나라의 사람들은 자신의 표현을 차폐하거나 중성화하는 경향이 있다. 다른 문화들이 다른 드러내기 규칙을 가지고 있다는 사실은 사람들이 자기 문화 출신 사람들의 표정을 더 잘 알아본다는 사실을 설명하는 데에도 도움이 될 것이다(Elfenbein & Ambady, 2002).

물론 우리 문화의 드러내기 규칙들을 지키고자 하는 우리의 시도는 항상 그렇게 잘 작동하지는 않는다. 다윈(1899/2007)은 "의지에 가장 덜 복종적인 얼굴 근육들은 때때로 단독으로 약간 약하게 그리고 일시적으로 정서를 드러낼 것이다"(p. 64)라고 지

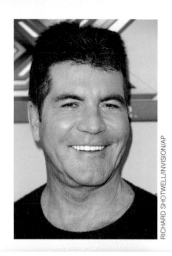

흔한 형태의 성형술은 보톡스 주사인데, 이것은 어떤 얼굴 근육들을 마비시킨다. 어메리칸 아이돌의 전 심판인 사이먼 코우월(Simon Cowell, Davis, 2008에서 인용)은 주기적으로 보톡스를 맞는데, "보톡스는 치약보다 더 이상한 것이 아니다. 그것은 효과가 있고 일 년에 한 번씩 한다. 누가 신경 쓰는가?" 글쎄 그는 그래야 할지 모른다. 어떤 증거는 보톡스 주사는 정서 경험(Davis et al., 2010)과 정서 정보를 처리하는 능력(Havas et al., 2010) 모두를 손상시킬 수 있다는 것을 시사한다. 이런 일이 일어날 수 있는 과정을 설명할 수 있는 어떤 현상에 대해 지금까지 배웠는가?

드러내기 규칙
정서의 적절한 표현을 위한 규범

◀ 그림 8.9　**중성화**　이 남자가 무엇을 느끼는지 알아 맞출 수 있는가? 틀림없이 그는 그것을 바라지 않는다. 도일 브런슨은 '포커 페이스'를 어떻게 유지할지를 아는 포커 게임 챔피언이다. 포커 페이스는 그의 심리 상태에 대해 정보를 주지 않는 중성적인 표정이다.

AP PHOTO/RAUL DEMOLINA

▲ 그림 8.10 **눈을 찡그리기** 1986년 미스 아메리카 미인대회에서 두 명의 최종선발 중 누가 상을 탔는지를 맞힐 수 있는가? 그들의 눈을 점검해 보라. 한 명의 여성만이 진정한 행복을 나타내는 숨김없는 '눈가의 주름'을 보이고 있다. 승자는 오른쪽이지만, 왼쪽의 패자에 대해 너무 안됐다고 느끼지 마라. 그녀의 이름은 할리 베리이며 그녀는 꽤 좋은 배우 경력을 가지기 시작했다.

적했다. 미인 대회의 패자가 우승자를 축하하는 것을 지켜본 적이 있다면 누구라도 목소리, 몸, 그리고 얼굴은 한 사람의 정서 상태를 종종 드러내는 '빈틈이 많은' 도구들이라는 것을 안다. 예를 들어, 사람들이 자신의 실망을 가리기 위해 씩씩하게 미소 지을 때조차도, 그들의 얼굴은 단지 1/5에서 1/25초 지속하는 작은 실망의 솟구침을 표현하는 경향이 있다(Porter & ten Brinke, 2008). 이 미세-표정(micro-expression)은 매우 빨리 일어나기 때문에 맨 눈으로 탐지하기가 거의 불가능하다. 좀더 쉽게 관찰될 수 있는 네 가지 다른 종류의 특징들이 진실한 그리고 진실하지 않은 정서 표현들 간을 구별하는 것처럼 보인다(Ekman, 2003).

- **형태론(morphology)** : 어떤 얼굴 근육들은 의식적 제어에 저항하는 경향이 있으며, 훈련된 관찰자들에게 이런 소위 믿을 만한 근육들은 꽤 의미가 있다. 예를 들어, 큰광대근은 입 끝을 올리는데 이것은 사람들이 자발적으로 미소를 짓거나 그들이 억지로 미소를 지으려 할 때 일어난다. 그러나 단지 진정한 자발적인 미소만이 눈 끝을 주름지게 하는 안륜근을 움직이게 한다(그림 8.10 참조).
- **대칭(symmetry)** : 진실한 표현들은 진실하지 않은 표현들보다 약간 더 대칭적이다. 한쪽으로 약간 치우친 미소는 완벽하게 고른 미소보다 진정할 가능성이 더 낮다.
- **지속 시간(duration)** : 진실한 표현은 0.5~5초 사이에 지속하는 경향이 있는데, 더 짧게 혹은 더 길게 지속하는 표현들은 진실하지 않을 가능성이 더 높다.
- **시간적 패턴화(temporal patterning)** : 진실한 표현들은 몇 초에 걸쳐 부드럽게 나타났다가 사라지는 반면, 진실하지 않은 표현들은 더 급작스러운 출현과 소멸을 보이는 경향이 있다.

정서들은 얼굴에서만 새는 것이 아니다. 그것들은 모든 곳에서 샌다. 연구들은 우리가 거짓말을 할 때 우리의 언어 및 비언어적 행동의 많은 측면들이 달라진다는 것을 보여 주었다(DePaulo et al., 2003). 예를 들어, 거짓말쟁이는 더 천천히 말하고, 질문에 답하는 데 더 오래 걸리고, 진실을 말하는 사람들보다 덜 자세하게 말한다. 거짓말쟁이는 또한 진실을 말하는 사람들보다 덜 유창하며, 덜 열중하고, 더 불확실하고, 더 긴장하고, 덜 즐거워한다. 이상할 만한 것은, 거짓말쟁이의 숨길 수 없는 사인들 중 하나는 그 사람의 수행이 다소 너무 좋은 경향이 있다는 것이다. 거짓말쟁이의 말은 진실한 말에서 대개 있기 마련인 작은 결함들이 없다. 그 결함들은 예컨대 장황한 세부묘사("나는 강도가 내가 지난주 블루밍데일즈 백화점에서 본 것과 같은 신을 신고 있는 것을 발견했고, 나는 그가 무엇을 지불했는가를 걱정하고 있었다"), 자발적 정정("그는 키가 6피트였는데, 아니 실제로 6피트 2인치에 더 가까운 것 같았다"), 그리고 자기의심의 표현("나는 그가 파란 눈이라고 생각하지만, 정말로 확신하지는 않아") 등이다.

백악관 대변인 존 베이너는 의회 명예훈장 수여식에서 쏟은 눈물을 훔치고 있다. 울기는 통제하기가 매우 어려우며 그래서 어떤 사람의 정서 강도에 관한 믿을 만한 정보를 제공한다.

ALEX WONG/GETTY IMAGES

진실한 그리고 진실하지 못한 표현들 간의 믿을 만한 차이점이 있다면, 당신은 사람들이 서로를 매우 잘 구별할 것이라고 생각할 것이다. 사실 사람들은 이 일에 형편 없으며, 많은 조건들에서 우연보다 겨우 조금 더 잘할 뿐이라는 것을 연구들은 보여 준다(DePaulo, Stone, & Lassiter, 1985; Ekman, 1992; Zuckerman, DePaulo, & Rosenthal, 1981; Zuckerman & Driver, 1985). 이에 대한 한 이유는 사람들은 다른 사람들이 진실하다고 믿는 쪽으로 강하게 편중되어 있다는 것이다. 이것은 왜 사람들이 참말 하는 사람을 거짓말쟁이로 오인하는 것보다 더 자주 거짓말쟁이를 참말 하는 사람으로 오인하는 경향이 있는지를 설명해 준다(Gilbert, 1991). 둘째 이유는 사람들은 어떤 것에 주의를 주고 어떤 것을 무시해야 하는지를 아는 것처럼 보이지 않는다는 것이다(Vrij et al., 2011). 예컨대 사람들은 빨리 말하기가 실제로 그렇지 않은 경우에도 거짓말의 신호이

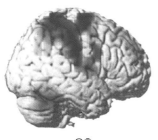 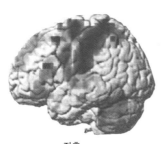 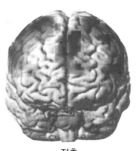

우측　　　　　좌측　　　　　전측

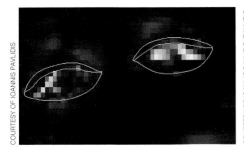 

◀ 그림 8.11 **거짓말 탐지기** 어떤 연구자들은 폴리그래프를, 뇌와 얼굴의 혈류를 재는 정확한 기계들로 대체하고자 한다. 이 그림이 보여 주듯이, 뇌의 어떤 영역들은 사람들이 진실을 말할 때보다 거짓말을 할 때 더 활동적이며(빨강), 다른 영역은 거짓말을 할 때보다 진실을 말할 때 더 활동적이다(파랑)(Langleben et al., 2005). 아래 그림은 얼굴의 여러 부위로의 혈류에 의해 유발되는 열을 탐지하는 열감지 카메라로 찍은 이미지를 보여 준다. 이 이미지들은 거짓말을 하기 전(왼쪽)과 후(오른쪽)에 사람의 얼굴을 보여 준다(Pavlidus, Eberhardt, & Levine, 2002). 이 새로운 기법들 중 어느 것도 아주 정확하지는 않지만, 이 점은 곧 달라질 것이다.

며, 천천히 말하기는 실제로 그런 데도 거짓말하기의 신호가 아니라고 생각한다. 사람들은 그들이 얼마나 못하는지조차 모르는 서투른 거짓말 탐지기들이다. 한 사람의 거짓말 탐지 능력과 그 능력에 대한 그 사람의 확신 간의 상관은 실제적으로 영('0')이다(DePaulo et al., 1997).

어떤 일을 잘할 수 없을 때(예 : 덧셈이나 10톤의 바위를 들기), 그들은 보통 그 일을 기계에게 넘긴다(그림 8.11 참조). 기계가 우리보다 거짓말을 더 잘 탐지할 수 있을까? 그 대답은 "예"이지만, 그것은 대단한 것이 아니다. 가장 널리 사용되는 거짓말 탐지기는 폴리그래프(polygraph)인데, 사람들은 거짓말이 탄로 나는 것을 두려워할 때 종종 느끼는, 스트레스와 관련된 다양한 생

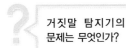

거짓말 탐지기의 문제는 무엇인가?

리적 반응들을 잰다. 폴리그래프는 우연 수준보다 유의미하게 좋은 비율로 거짓말을 탐지하지만, 그 오류율은 너무 높아 신뢰할 만한 거짓말 탐지기가 될 수 없다. 예를 들어, 특정한 공항으

문화와 사회

중요한 것은 당신이 말하는 내용인가 아니면 말하는 방식인가?

우리는 사람들이 말하는 내용과 그들이 말하는 방식 모두에 주목함으로써 사람에 관해 많은 것을 배울 수 있다. 그러나 최근 증거(Ishii, Reyes, & Kitayama, 2003)는 어떤 문화는 이들 중 하나를 다른 것보다 더 많이 강조한다고 주장한다.

참가자들은 어떤 목소리가 유쾌하거나 불쾌한 단어들(예컨대 '예쁜' 또는 '불평')을, 유쾌한 또는 불쾌한 목소리 톤으로 발음하는 것을 들었다. 어떤 시행들에서 참가자들은 단어를 무시하고 그 목소리의 즐거움을 분류하도록 지시받았다. 다른 시행들에서 참가자들은 목소리를 무시하고 단어의 즐거움을 분류하도록 지시받았다.

이런 종류의 정보들 중 어느 것이 무시하기가 더 힘든가? 그것은 참가자의 국적에 달려 있다. 미국인 참가자들은 화자의 목소리 톤을 무시하는 것이 비교적 쉬웠지만 말해지는 단어의 즐거움을 무시하는 것은 비교적 어려웠다. 반면에 일본인 참가자들은 단어의 즐거움을 무시하는 것은 비교적 쉬웠지만, 화자의 목소리 톤을 무시하는 것은 비교적 어려웠다. 미국에서는 당신이 말하는 것이 그것을 어떻게 말하는가보다 더 중요하지만, 일본에서는 그 반대가 사실인 것처럼 보인다.

REUTERS/FAYAZ AZIZ

이 파키스탄 남자는 자신의 아버지를 죽인 자살 폭발의 현장에서 나가고 있다.

로 들어오는 1,000명의 사람들 중 10명이 테러범들이며, 폴리그래프 검사에 걸렸을 때, 그들 모두가 무죄를 주장하는 경우를 상상해 보라. 최대 민감도로 설정된 폴리그래프는 거짓말 하는 10명의 테러범들 중 8명을 붙잡을 것이지만, 그것은 또한 1,598명의 무고한 사람들을 잘못 붙잡을 것이다. 최소 민감도로 설정된 폴리그래프는 무고한 사람들을 39명만 잘못 붙잡을 것이지만, 10명의 실제 테러범들 중 2명만 붙잡을 것이다. 게다가 이 수치들은 테러범들이 폴리그래프를 어떻게 속이는지를 모른다고 가정하는 것인데, 사람들은 폴리그래프를 속이도록 훈련받을 수 있다. 국립연구위원회(National Research Council)가 다음과 같이 경고한 것은 놀라운 일이 아니다. "정확도 수준을 고려할 때, 주요한 보안상의 위험인물의 수가 매우 낮은 비율을 차지하는 인구 집단에서 그런 사람을 높은 확률로 식별하기 위해서는 그 검사를 매우 예민하게 설정할 필요가 있고, 그럴 경우 정확하게 식별된 주요 보안 위반자 각각에 대해 수백 혹은 수천 명의 무고한 사람들이 함께 연루될 것이다"(p. 6). 간단히 말해, 사람도 기계도 거짓말 탐지에 특별히 능숙하지 않으며, 이것은 왜 거짓 말하기가 계속 인간의 사회적 교류의 필수품이 되는지를 설명해 준다.

> ## 요약
>
> ▶ 목소리, 몸, 그리고 얼굴은 모두 한 사람의 정서 상태에 관한 정보를 전달한다.
>
> ▶ 다윈은 이런 정서 표현들이 모든 사람에게 동일하며, 보편적으로 이해된다는 주장을 했으며, 연구들은 이것이 대체로 사실이라는 것을 시사한다.
>
> ▶ 정서는 표현을 낳지만, 표현도 정서를 낳을 수 있다.
>
> ▶ 정서적 흉내내기는 사람들로 하여금 다른 사람의 정서들을 경험하고 그리고 알아챌 수 있도록 해 준다.
>
> ▶ 모든 정서 표현이 진실하지는 않은데, 사람들은 어떤 정서를 표현해야 할지를 결정하는 데에 도움을 주는 드러내기 규칙을 쓰기 때문이다.
>
> ▶ 여러 문화들은 서로 다른 드러내기 규칙들을 가지고 있지만, 사람들은 같은 기법을 써서 그런 규칙들을 실행한다.
>
> ▶ 성실한 그리고 성실하지 못한 정서 표현들 간에, 그리고 진실한 그리고 진실하지 못한 발언들 간에 믿을 만한 차이점들이 있지만, 사람들은 한 표현이 성실한지 혹은 한 발언이 진실한지를 일반적으로 잘 판단하지 못한다. 거짓말 탐지기는 진실한 발언과 거짓 발언을 우연 수준의 정확도보다 더 잘 구별할 수 있으나, 그것의 오류율이 곤란할 정도로 높다.

동기 : 움직이기

레오나르도는 로봇이고, 프로그램된 것을 하며, 그 이상은 하지 않는다. 그는 요구나 충동을 가지고 있지 않고, 즉 우정이나 초콜릿을 갈망하지 않고 숙제를 미워하지 않기 때문에, 그는 자기 자신의 행동을 개시하지 않는다. 그는 배울 수 있으나 열망할 수는 없으며, 그래서 우리와 같은 방식으로 동기화되지 않는다. **동기**(motivation)는 한 행동의 목적이나 심리학적 원인을 일컫는데, 정서(emotion)와 동기라는 단어가 '움직이기(to move)'를 의미하는 공통의 언어적 뿌리를 공유한다는 것은 우연이 아니다. 로봇과 달리 인간은, 자신의 정서가 그들을 움직이기 때문에 행동하며, 정서는 이 일을 두 가지 다른 방식으로 한다. 첫째, 정서는 우리에게 세상에 관한 **정보**를 제공하며, 둘째, 정서는 우리가 추구하는 **목표**들이다. 차례대로 이들을 각각 살펴보자.

동기
한 행동의 목적이나 심리적인 원인

정서의 기능

"신체 강탈자의 침입"이라는 오랜된 SF 영화에서 젊은 부부는 자신들이 아는 대부분의 사람들이 외계인들에 의해 납치되어 복제물로 대체된 것은 아닌지를 의심한다. 이런 기괴한 믿음은 저급 영화들의 전유물이지만, 또한 캡그래스 증후군(Capgras syndrome)의 일차 증상이기도 하다(그림 8.12 참조). 이런 증후군을 앓는 사람들은 전형적으로 자기 가족들 중 한 명 혹은 그 이상이 가짜라고 믿는다. 캡그래스 환자가 그녀의 의사에게 말했듯이, "그는 정확하게 내 아버지와 같아 보이지만, 사실은 그렇지 않아요. 그는 좋은 사람이지만, 그는 나의 아버지가 아닙니다 … 아마 나의 아버지는 나를 돌보라고 그를 고용하고, 내 청구서에 지불할 수 있도록 그에게 돈을 주었을 것입니다"(Hirstein & Ramachandran, 1997, p. 438).

물론 이 여자의 아버지는 신체를 강탈당하지도, 자신의 대리인을 고용하지도 않았다. 그보다 그 여자는 (사람들의 얼굴이 식별되는) 측두엽과 (정서가 생성되는) 변연계 간의 신경적 연결에 손상을 입었다. 그 결과, 그녀는 자기 아버지의 얼굴을 볼 때 쉽게 알아볼 수 있었으나, 이런 정보가 그녀의 변연계로 전달되지 않았기 때문에 그녀는 자기 아버지의 얼굴이 한때 불러일으켰던 따뜻한 정서를 느낄 수 없었다. 그녀의 아버지는 '그렇게 보였지만' '그렇게 느껴지지' 않았으며, 그래서 그녀는 자기 앞의 그 남자가 가짜라고 결론을 내렸다(그림 8.12 참조).

캡그래스 증후군을 가진 사람은 자신의 정서 경험을 세상에 관한 정보로 사용하며, 곧 밝혀지겠지만 나머지 우리들도 그렇게 한다. 예를 들어, 사람들은 비 오는 날보다 맑은 날에 질문을 받을 때 대체로 자신의 삶에 더 만족하고 있다고 보고한다. 왜? 사람들은 맑은 날에 더 행복하게 느끼고, 그들은 자신의 행복을 자신의 삶의 질에 관한 정보로 삼기 때문이다(Schwarz & Clore, 1983). 기분이 좋은 사람은 기분이 나쁜 사람보다 자신이 복권에 당첨될 확률이 더 높다고 믿는다. 왜? 사람들은 자신의 기분을 어떤 과제를 성공할 가능성에 대한 정보로 삼기 때문이다(Isen & Patrick, 1983). 우리는 모두 만족하는 삶과 밝은 미래가 우리를 기분 좋게 한다는 것을 알고 있으며, 그래서 우리가 기분 좋을 때 우리는 자연스럽게 우리의 삶이 만족스러움에 틀림없고 우리 미래는 밝음에 틀림없다고 결론 내린다. 세상은 우리의 정서에 영향을 미치기 때문에 우리 정서는 세상에 관한 정보를 제공할 수 있다(Schwarz, Mannheim, & Clore, 1988). 정말로, 최근 연구는 자신의 느낌이 이런 종류의 정보를 제공한다고 신뢰하는 사람은 그렇지 않은 사람보다 더 정확한 예측과 더 좋은 결정을 하는 경향이 있다(Mikels, Maglio, Reed, & Kaplowitz, 2011; Pham, Lee, & stephen, 2012)는 것을 시사한다.

우리 정서로부터 얻는 이런 정보는 매우 유용해서, 이런 정보가 없다면 우리는 그다음에 무엇을 해야 할지를 알 수 없을 것이다. 신경학자인 안토니오 다마지오(Antonio Damasio)가 이상한 형태의 뇌 손상을 입은 환자를 살펴봐 달라는 요구를 받았을 때, 그는 예약을

1956년 "신체강탈자의 침입"이라는 영화에서, 어린 지미 그리말디는 간호사와 의사에게 그의 엄마는 복제물로 대체되었다고 말한다. 그들의 반응은? 그에게 이완하는 약을 주고, 외계인에게 잡아먹히도록 집으로 보낸다.

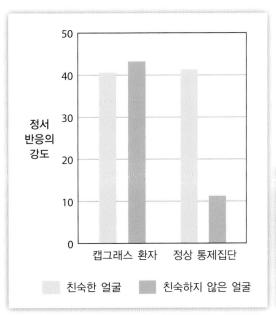

◀ 그림 8.12 **캡그래스 증후군** 이 그래프는 캡그래스 증후군을 가진 한 환자와 일단의 통제 참가자들이 친숙한 그리고 친숙하지 않은 일단의 얼굴들에 대해 보인 정서적인 반응(피부 전도로 측정)을 보여 준다. 통제집단은 친숙하지 않은 얼굴보다 친숙한 얼굴에 더 강한 정서적 반응을 보이지만, 캡그래스 환자는 둘에 대해 유사한 정서 반응을 보인다(Hirstein & Ramachandran, 1997).

결정을 내리려 할 때, 우리는 종종 우리가 그것에 대해 어떻게 '느끼는지'를 묻는다. 만일 우리가 느낄 수 없다면, 우리는 어떤 것을 선택할지를 모를 것이다. 정서가 없다면, 리한나는 누군가가 그녀에서 베스트 핫 핑크 스틸레토(뾰족구두)를 위한 그래미상을 줄 때까지 그냥 거기에 서 있을 것이다.

위해 그 환자에게 두 날짜 중에서 고르라고 요구했다. 그것은 간단한 결정인 것처럼 보이지만, 이후 30분 동안 그 환자는 2개의 가능한 약속 중 각각에 대한 좋은 이유와 나쁜 이유를 열거하였으며, 어느 하나 혹은 다른 선택지를 선호하는 결정을 전혀 내릴 수 없었다(Damasio, 1994). 문제는 환자의 생각하거나 추리하는 능력의 결함이 아니었다. 반대로 그는 모

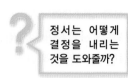

든 것을 너무 잘 생각하고 추리할 수 있었다. 그가 할 수 없었던 것은 느끼는 것이었다. 환자의 손상은 그로 하여금 정서를 체험할 수 없게 만들었으며, 그래서 그가 한 선택지를 마음속에 품을 때("내가 다음 화요일에 온다면 나는 프레드와의 점심 약속을 취소해야 할 거야"), 그는 다른 선택지를 마음속에 품을 때("내가 다음 수요일에 온다면 나는 버스를 잡기 위해 일찍 일어나야 해")보다 조금도 더 좋거나 더 나쁘게 느끼지 못하였다. 그는 어떤 선택지에 대해 생각할 때 아무것도 느끼지 못하였기 때문에 그는 어느 것이 더 좋은지를 결정할 수 없었다. 이런 특정한 종류의 뇌 손상 환자들은 도박을 할 기회가 주어질 때 매우 무모하게 돈을 거는데, 그 이유는 우리가 멍청한 짓을 하려고 한다고 우리들 대부분에게 알려 주는 불안감을 그들은 느끼지 않기 때문이라는 것을 연구들은 보여 준다. 반면에 어떤 조건에서는 이 환자들은 뛰어난 투자가가 되는데, 그들은 다른 사람들이 피하려는 위험을 기꺼이 택하는 바로 그 이유 때문이다 (Shiv et al., 2005).

정서의 첫째 기능이 세상에 대한 정보를 제공하는 것이라면, 그것의 둘째 기능은 우리에게 그 정보를 가지고 해야 할 무엇인가를 준다는 것이다. **쾌락주의 원리**(hedonic principle)는 모든 사람이 쾌락을 체험하고 고통을 피하는 쪽으로 동기화되어 있다는 주장인데, 이 주장은 긴 역사를 가지고 있다. 고대 그리스 철학자인 아리스토텔레스(Aristotle, 350 BCE/1998)는 쾌락주의 원리가 인간 동기에 관해 알아야 할 모든 것을 설명한다고 주장했다. "우리 모두가 우리가 하는 모든 것을 하는 것은 이 때문이다." 우리는 평화와 번영에서 건강과 안전까지, 많은 것을 원하지만, 단 한 가지 이유로 그것들을 원하며, 그 이유는 그것들이 우리가 좋음을 느끼게 만든다는 것이다. "이런 것들은, 그것이 결국 쾌락을 낳고 고통을 제거하고 피하는 것 이외의 어떤 다른 이유 때문에 좋은가? 당신은 그것들이 좋다고 부를 때 쾌락과 고통 이외의 어떤 다른 기준을 생각하고 있는가?"라고 플라톤(380 BCE/1956)은 물었다. 플라톤과 아리스토텔레스는 쾌락이 그냥 좋은(good) 것은 아니라고 주장하고 있었다. 그것이 좋음이 의미하는 것이다.

쾌락주의 원리에 따르면, 우리의 정서 경험은 나쁨에서 좋음의 범위를 갖는 계측기로 생각될 수 있으며, 우리의 일차적 동기는—아마 우리의 유일한 동기라고 해도—계측기의 바늘을 가능한 한 **좋음**(good)에 가깝게 유지하는 것이다. 치과의사가 드릴로 이를 치료하게 하거나 혹은 지겨운 수업을 위해 일찍 일어나는 것처럼 그 바늘을 반대 방향으로 기울게 하는 일을 우리가 자발적으로 할 때조차도, 우리는 그 일들이 미래에는 바늘을 좋음 쪽으로 밀고 거기에 더 오랫동안 머물게 할 것이라고 믿기 때문에 이런 일을 한다.

본능과 추동

만일 우리의 일차 동기가 말하자면 바늘을 **좋음**(good)에 두는 것이라면, 그다음 어떤 일들이 그 바늘을 그 쪽으로 밀 것이며 어떤 일들이 그것을 그로부터 밀어낼 것인가? 그리고 어디에서 이런 일들이 우리 바늘을 움직일 힘을 얻으며, 그것들은 그 밀기를 어떻게 하는가? 그런 질문들에 대한 답변은 심리학사에서 예외적으로 중요한 역할을 해 온 두 가지의 개념, 즉 본능과 **추동**에 있다.

쾌락주의 원리
사람은 즐거움을 체험하고 고통을 피하는 쪽으로 동기화된다는 주장

본능

갓난아기에게 설탕물 한 방울이 주어질 때 아기는 미소를 짓지만, 10,000달러 수표가 주어질 때 아기는 별 관심이 없는 듯이 행동한다. 그 아기가 대학교에 들어갈 때, 이런 반응들은 거의 완전히 뒤바뀐다. 자연은 우리에게 어떤 동기를 주었으며 경험은 우리에게 다른 동기를 준 것이 분명해 보인다. 윌리엄 제임스(1890)는 특정 목적을 찾으려는 자연적인 경향성을 본능(instinct)이라고 불렀는데, 그는 이것을 "그 목적에 대한 예견 없이, 그리고 그 수행에서의 사전 교육 없이 어떤 목적을 낳는 방식으로 행동하는 능력"(p. 383)이라고 정의했다. 제임스에 따르면, 자연은 펭귄, 앵무새, 강아지 및 사람이 훈련 없이도 어떤 것을 원하고, 생각하지 않고도 이런 일들을 낳는 행동을 수행하도록 회로를 만들어 놓았다. 당시의 그들과 다른 심리학자들은 그런 일들이 무엇인가에 대한 목록을 만들려고 했다.

불행하게도 그들은 꽤 성공적이었으며, 몇십 년 후에 그들이 만들어 낸 본능들의 목록은 터무니없이 길어져서, '숨기고자 하는 본능'과 '이를 가는 본능'과 같이 다소

> **?** 본능은 행동을 설명하는가? 아니면 단지 그것에 이름을 붙이는 것인가?

색다른 항목들을 포함하기도 했다. 1924년 사회학자인 루서 버나드(Luther Bernard)는 5,759개의 본능을 열거했으며, 목록 만들기를 30여 년 한 뒤에 이 용어는 '엄청나게 다양한 용법과 결정

적 기준들의 거의 보편적인 결핍'으로 어려움을 겪는 것처럼 보인다고 결론을 내렸다(Bernard, 1924, p. 21). 게다가 사람들이 '소속 본능'을 가지고 있다고 주장함으로써 사람들이 서로에게 친구가 된다는 사실을 설명하는 것은 설명이라기보다 하나의 묘사에 더 가깝다는 점을 걱정하기 시작했다(Ayres, 1921; Dunlap, 1919; Field, 1921).

1930년에 본능 개념은 유행에서 뒤처졌다. 그 개념은 어떤 것도 설명하지 못했을 뿐 아니라, 미국 심리학의 인기 높은 새 경향인 '행동주의'에 직면해 사라졌다. 행동주의자들은 본능 개념을 두 가지 이유로 거부했다. 첫째, 그들은 행동은 그것을 일으키는 외적 자극물에 의해 설명돼야 하고 그 행동이 의존하는 가설적 내적 상태를 참조해서 설명되어서는 안 된다고 믿었다. 존 왓슨(John Watson, 1913)은 "심리학이 의식에 대한 모든 참조를 버려야 할 때가 온 것처럼 보인다"(p. 163)고 썼으며, 행동주의자들은 본능을 왓슨이 금지했던 불필요한 '내적 이야기' 종류로 보았다. 둘째, 행동주의자들은 물려받은 행동이란 개념과 아무 관계도 없길 원했는데, 그들은 모든 복잡한 행동은 학습되었다고 믿었기 때문이다. 본능은 유기체 내부에 거주하는 물려받은 경향성이기 때문에 행동주의자들은 그것을 이중으로 혐오스러운 것으로 간주하였다.

추동

그러나 몇십 년이 지나지 않아, 왓슨의 젊은 추종자들 중 일부는 내적 상태의 언급에 대한 엄격한 금지는 어떤 현상들을 설명하기 어렵게 만든다는 것을 깨닫기 시작했다. 예를 들어, 모든 행동이 외적 자극물에 대한 반응이라면, 왜 오전 9시에 울 속에 가만히 앉아 있던 쥐가 정오가 되면 이리저리 돌아다니면서 음식을 찾기 시작하는가? 울 속의 어느 것도 변하지 않았는데 왜 쥐의 행동은 변하였는가? 돌아다니는 쥐는 어떤 가시적이고 측정 가능한 외적 자극에 반응하고 있는 것인가? 명백한 답은 쥐가 자기 내부의 어떤 것에 반응하고 있다는 것이며, 이것은 왓슨의 젊은 추종자들(자신들이 스스로 부르기를 '신행동주의자들')은 쥐의 돌아다니기를 설명하기 위해 쥐 내부를 봐야 한다는 것을 뜻한다. 왓슨이 행동주의자들이 언급하기를 금했던 '생각'과 '느낌'에 대해 말하지 않고, 그들은 그것을 어떻게 (언급)할 수 있었던가?

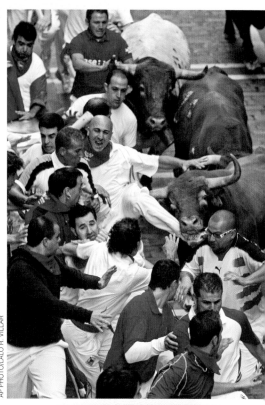

AP PHOTO/LALO R. VILLAR

모든 동물은 본능을 갖고 태어난다. 스페인의 팜플로나의 연례행사인 '황소 달리기'에서 누구도 황소에게 달리는 사람을 쫓으라고 가르칠 필요가 없으며, 누구도 그들에게 도망치라고 가르칠 필요가 없다.

아리스토텔레스는 물은 '무거움'을 가지고 있고, 불은 '가벼움'을 가지고 있으며, 이들 속성들이 그것들이 아래로 그리고 위로 움직이게 한다고 주장했다. 아리스토텔레스는 이 요소들의 운동을 단지 묘사하고 있었을 뿐이지 실제로 설명하지는 않았다는 것이 이제는 명백하다. 이는 윌리엄 제임스가 행동을 본능 탓으로 돌렸을 때 했던 것과 마찬가지이다. 그런데 이 그림은 플라톤과 아리스토텔레스가 라파엘의 1509년 걸작인 "아테네 학당"에서 아치 밑에 함께 서 있는 모습이다.

VISIONS OF AMERICA, LLC/ALAMY

그들은 몸이 온도조절기와 비슷하다는 것을 주목하는 것에서 시작했다. 온도조절기가 방이 너무 춥다는 것을 탐지하면, 난로를 켜는 것과 같이 교정 행동들을 시발시키는 신호들을 보낸다. 비슷하게, 몸이 음식을 제대로 먹지 못한 것을 탐지할 때, 그것은 먹기와 같이 교정 행동을 시발시키는 신호를 보낸다. **항상상태**(homeostasis)는 한 시스템이 그 자체를 특정 상태로 유지하는 행동을 취하는 경향이며, 신행동주의자들 중 두 사람인 클라크 헐(Clark Hull)과 케네스 스펜스(Kenneth Spence)는 쥐, 사람 및 온도조절기는 모두 항상상태적 기제라고 주장하였다. 생존하기 위해 유기체는 정확한 수준의 영양, 온기 등등을 유지할 필요가 있으며, 이런 수준들이 최적점으로부터 벗어날 때 유기체는 교정 행동을 취하도록 하는 신호를 받는다. 이 신호는 **추동**(drive)

? 어떤 식으로 신체는 온도계와 비슷한가?

이라고 불리는데, 생리적 요구에 의해 유발되는 내적 상태이다. 헐과 스펜스에 따르면, 유기체가 보상적이라고 알게 되는 것은 음식 그 자체가 아니다. 그것은 음식을 향한 추동의 감소이다. 굶주림은 추동이며, 추동은 내적 상태이며, 그리고 유기체가 먹을 때 그들은 자신의 내적 상태를 바꾸려고 시도한다.

본능과 추동이란 말은 심리학에서 더 이상 널리 사용되지 않지만, 그 개념들은 우리들에게 가르쳐 주는 바가 있다. 본능 개념은 자연이 유기체에게 어떤 것을 찾는 경향성을 주었다는 것을 생각하게 하며, 추동 개념은 이런 탐색이 내적 상태에 의해 시발된다는 것을 생각하게 한다. 심리학자인 윌리엄 맥도걸(William McDougall, 1930)은 동기의 연구를 **충동**(hormic) 심리학이라고 불렀는데, 이것은 '충동(urge)'을 나타내는 그리스 단어로부터 유래된 용어이다. 사람들은 분명히 그들로 하여금 행동을 취하게 동기화하는 충동을 가지고 있는데, 그중 일부는 경험을 통해 획득되고 일부는 그렇지 않다. 우리는 어떤 종류의 충동을 가지고 있으며, 그것을 만족시키기 위해 우리는 어떤 종류의 행동을 취하는가?

몸이 원하는 것

에이브러햄 매슬로우(Abraham Maslow, 1954)는 인간 충동들(혹은 그가 부른 대로 말하면, 요구들)의 목록을 의미 있는 방식으로 조직화하고자 하였다(그림 8.13 참조). 그는 어떤 요구들(예 : 먹고자 하는 요구)은 다른 것들(예 : 친구를 사귀고자 하는 요구)보다 먼저 충족되어야 함을 주목하였고, 가장 즉각적인 요구를 바닥에 두고 가장 미루기 쉬운 요구를 꼭대기에 두

? 왜 어떤 동기는 다른 것들보다 우선하는가?

항상상태
한 시스템이 그 자체를 특정 상태로 유지하기 위해 행동을 취하는 경향

추동
생리적 요구에 의해 생성되는 내적 상태

는 요구의 위계를 만들었다. 매슬로우는, 사람들은 그 아래의 모든 요구들이 충족될 때 (그 위의) 어떤 요구를 더 경험하기 쉬울 것이라고 하나의 규칙으로서 주장하였다. 그래서 사람들이 굶주리거나 목마르거나 기진맥진할 때 사람들은 지적 성취나 도덕적 투명성을 찾지 않을 것이다(그림 8.14 참조). 매슬로우에 따르면, 우선성을 갖는 요구들은 보통 다른 동물들과 공유하는 것들이다. 예를 들면, 모든 동물들은 생존하고 재생산해야 하기 때문에, 모든 동물들은 먹고 짝짓기할 필요가 있다. 인간도 마찬가지로 이런 요구를 가지고 있지만, 당신이 곧 알게 되듯이, 이들 요구들은 우리들 대부분이 상상하는 것보다 더 강력하며 더 복잡하다(Kendrick et al., 2010).

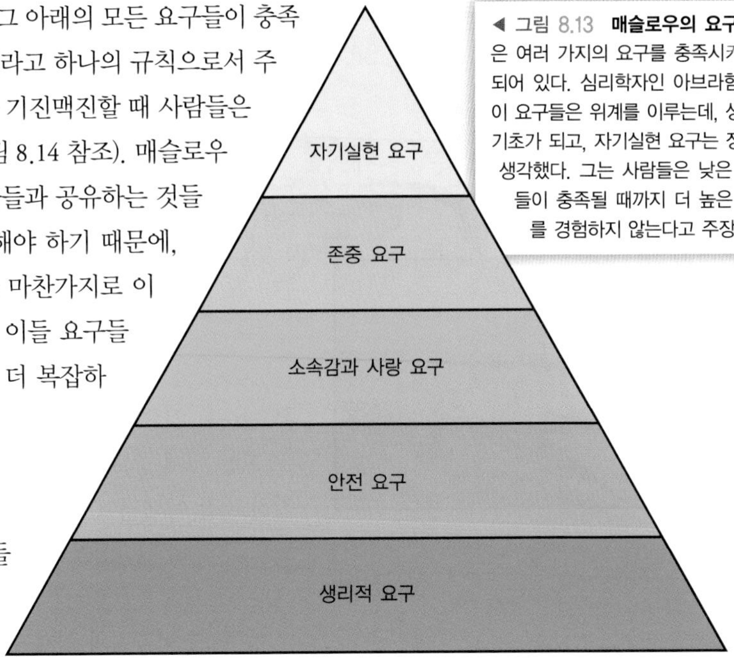

생존 : 음식을 향한 동기

동물은 먹음으로써 물질을 에너지로 바꾸며, 동물들은 굶주림이라는 내적 상태에 의해 이 일을 하도록 내몰린다. 그러나 굶주림이 무엇이며 굶주림은 어디에서 오는가? 매순간 당신의 몸은 현재 에너지 상태에 관한 신호를 당신의 뇌로 보내고 있다. 당신의 몸이 에너지가 필요하다면 그것은 식욕 유발 신호를 보내어 당신의 뇌가 굶주림 스위치를 켜도록 시키고, 만일 당신의 몸에 에너지가 충분하다면 그것은 식욕 제거 신호를 보내어 당신의 뇌가 굶주림 스위치를 끄도록 시킨다(Gropp et al., 2005). 아무도 이 신호들이 무엇인지 혹은 그것들이 어떻게 전달되고 수신되는지를 정확하게 모르지만, 연구를 통해 다양한 후보들이 확인되었다.

예를 들면, 그렐린(ghrelin)은 위장에서 만들어지는 화학물질인데, 뇌로 하여금 굶주림 스위치를 켜게 하는 신호인 것처럼 보인다(Inui, 2001; Nakazato et al., 2001). 사람들이 그렐린을 주사받으면, 그들은 몹시 배고파하게 되고 보통보다 약 30% 이상 더 먹는다(Wren et al., 2001). 흥미롭게도 그렐린은 해마에 있는 뉴런들에도 결합하여 일시적으로 학습과 기억을 향상시켜서(Diano et al., 2006) 우리 몸이 그것을 가장 필요로 할 때 우리는 음식의 위치를 찾는 일을 조금 더 잘하게 된다. 렙틴(leptin)은 지방 세포에 의해 분비되는 화학물질인데, 뇌로 하여금 굶주림 스위치를 끄게 하는 신호인 것처럼 보인다. 그것은 음식을 덜 보상적인 것으로 만듦으로써 이런 일을 하는 것처럼 보인다(Farooqi et al., 2007). 렙틴 결핍을 갖고 태어난 사람들은 자신들의 식욕을 조절하는 데에 곤란을 겪는다(Montague et al., 1997). 예를 들어, 2002년 의학 연구자들은 몸무게가 91kg이 나간 9세 소녀의 사례에 대해 보고했는데, 단지 몇 번의 렙틴 주사 후에 그 소녀는 음식 먹기를 84% 나 줄였으며 정상 체중에 도달했다(Farooqi et al., 2002). 어떤 연구자들은 화학물질들이 굶주림을 켜고 끈다는 생각은 너무 단순하다고 생각한다. 그들은 굶주림이라 불리는 일반적 상태는 없으며 그보다 많은 여러 종류의 굶주림이 있으며, 그 각각은 독특한 영양적 결핍에 대한 반응이며 그 각각은 독특한 화학적 전달자에 의해 켜진다고 믿는다(Rozin & Kalat, 1971). 예를 들어, 단백질을 박탈당한 쥐는 지방과 탄수화물을 줄이는 반면 단백질을 추구할 것인데 이는 그 쥐가 일반적인 굶주림이 아니라 특정한 '단백질 굶주림'을 경험하고 있다는 것을 시사한다(Rozin, 1968).

? 굶주림은 어떤 목적을 위한 것인가?

▲ 그림 8.13 **매슬로우의 요구 위계** 인간은 여러 가지의 요구를 충족시키도록 동기화되어 있다. 심리학인 아브라함 매슬로우는 이 요구들은 위계를 이루는데, 생리적 요구는 기초가 되고, 자기실현 요구는 정점이 된다고 생각했다. 그는 사람들은 낮은 수준의 요구들이 충족될 때까지 더 높은 수준의 요구를 경험하지 않는다고 주장했다.

자기실현 요구

존중 요구

소속감과 사랑 요구

안전 요구

생리적 요구

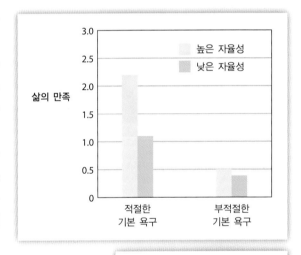

▲ 그림 8.14 **더 높은 요구가 중요할 때** 매슬로우가 옳았다. 세계의 51개 가장 가난한 나라의 77,000명에 대한 최근 조사(Martin & Hill, 2012)가 보여 주었듯이, 사람의 기본 요구가 충족되면 그다음 자율성(즉, 자기 자신의 결정을 내리는 자유)이 그들의 삶에 대한 만족을 증가시킨다. 그러나 사람의 기본 요구가 충족되지 않을 때 자율성은 차이를 거의 일으키지 않는다.

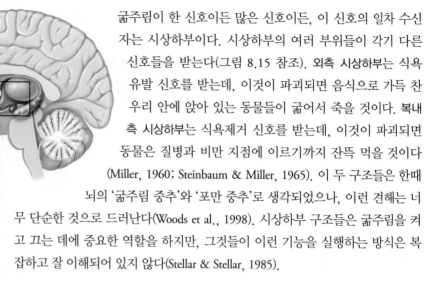

▼ 그림 8.15 **굶주림, 포만, 및 시상하부** 시상하부는 여러 부위들로 이루어져 있다. 보통 외측 시상하부는 굶주림을 켜는 신호를 받으며, 복내측 시상하부는 굶주림을 끄는 신호를 받는다.

외측 시상하부

북내측 시상하부

굶주림이 한 신호이든 많은 신호이든, 이 신호의 일차 수신자는 시상하부이다. 시상하부의 여러 부위들이 각기 다른 신호들을 받는다(그림 8.15 참조). 외측 시상하부는 식욕 유발 신호를 받는데, 이것이 파괴되면 음식으로 가득 찬 우리 안에 앉아 있는 동물들이 굶어서 죽을 것이다. 복내측 시상하부는 식욕제거 신호를 받는데, 이것이 파괴되면 동물은 질병과 비만 지점에 이르기까지 잔뜩 먹을 것이다(Miller, 1960; Steinbaum & Miller, 1965). 이 두 구조들은 한때 뇌의 '굶주림 중추'와 '포만 중추'로 생각되었으나, 이런 견해는 너무 단순한 것으로 드러난다(Woods et al., 1998). 시상하부 구조들은 굶주림을 켜고 끄는 데에 중요한 역할을 하지만, 그것들이 이런 기능을 실행하는 방식은 복잡하고 잘 이해되어 있지 않다(Stellar & Stellar, 1985).

섭식장애

굶주림의 느낌들은 언제 먹을지와 언제 멈출지를 우리에게 말한다. 그러나 대략 천만 명 내지 3천만 명의 미국인들은 섭식장애를 가지고 있는데, 먹기는 훨씬 더 복잡한 일이다(Hoek & van Hoeken, 2003). 예를 들어, **신경성 폭식증**(bulimia nervosa)은 폭식과 그 뒤의 배출로 특징지어지는 장애이다. 폭식증을 가진 사람은 전형적으로 많은 양의 음식을 비교적 짧은 기간 내에 먹으며, 그다음 몸에서 음식을 배출하기 위해 완하제를 먹거나 구토를 유도한다. 이런 사람들은 어떤 주기에 빠져 있다. 그들은 슬픔과 불안과 같은 부정적 정서들을 개선시키기 위해 먹지만, 그다음 몸무게 증가에 대한 관심은 그들로 하여금 죄책감이나 자기혐오 같은 부정적 정서를 경험하게 하도록 이끌며, 그다음 이런 정서들은 그들로 하여금 (먹은 것을) 배출하도록 만든다(Sherry & Hall, 2009; cf. Haedt-Matt & Keel, 2011).

바 리패일리는 이스라엘에서 가장 유명한 슈퍼모델이다. 2012년 이스라엘은 체질량 지수가 18.5 미만인 모델이 광고에 출연하는 것을 금지하는 법을 제정했다. 그래서 173cm의 모델은 적어도 54kg이 나가야만 한다.

신경성 거식증(anorexia nervosa)은 뚱뚱해지는 것에 대한 강력한 공포와 음식 섭취를 심하게 제한하는 특징이 있는 장애이다. 거식증을 가진 사람은 왜곡된 신체상을 가지고 있는 경향이 있으며, 이것은 그들로 하여금 실제로는 수척해져 있음에도 자신들이 살쪘다고 믿게 한다. 그리고 그들은 먹기에 대한 심각한 통제를 충동에 대한 의지의 승리로 보는, 높은 수준의 완벽주의자인 경향이 있다. 당신이 기대하는 것과 달리, 거식증을 가진 사람은 핏속에 극도로 높은 수준의 그렐린을 가지고 있는데, 이것은 그들의 몸이 필사적으로 굶주림 스위치를 켜려고 하지만, 굶주림의 요청은 억제되고, 무시되고, 또는 기각되고 있다는 것을 시사한다(Ariyasu et al., 2001). 대부분의 섭식장애들처럼 거식증은 남자보다 여자에게 더 많이 일어나며, 새로 확인된 거식증 사례들의 40%는 15~19세까지의 여성들이다.

거식증에는 문화적 및 생물학적 원인들이 있을 것이다(Klump & Culbert, 2007). 예를 들어 거식증을 가진 여성들은 보통 마른 것이 곧 아름다움이라 믿는데, 왜 그런지를 이해하는 것은 어렵지 않다. 미국 여성의 평균은 키가 162.6cm(5피트 4인치)이고, 몸무게는 63.5kg(140파운드)이지만, 미국 패션 모델의 평균은 키가 180.3cm(5피트 11인치)이며, 몸무게가 53.1kg(117파운드)이다. 사실상 대부분의 대학생 나이의 여성들은 현재보다 더 야위기를 원하며(Rozin, Trachtenberg, & Cohen, 2001), 그리고 5명 중에 거의 1명은 초콜릿 바를 사는 것을 쑥스러워 한다고 보고한다(Rozin, Bauer, & Catanese, 2003). 그러나 거식증은 단지 '착란에 빠진 허영'인 것만은 아니다(Striegel-Moore & Bulik, 2007). 많은 연구자들은 그 병에 대해 아직 발견되지 않은

? 무엇이 거식증을 일으키는가?

신경성 폭식증
폭식하고 뒤이어 제거하는 것으로 특징지어지는 섭식 장애

신경성 거식증
뚱뚱해지는 것에 대한 강력한 공포와 음식 섭취를 심하게 제한하는 특징이 있는 섭식장애

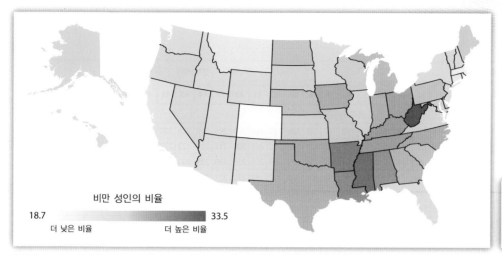

◀ 그림 8.16 **비만의 지리학** 2013년 미국 비만 평가에 관한 이 지도는 비만은 모든 곳에서 문제이지만 특히 동남부에서 그렇다는 것을 보여 준다.

생물학적 그리고/혹은 유전적 성분들도 또한 있다고 믿는다. 예를 들어, 거식증은 일차적으로 여성들에게 영향을 미치지만, 만일 그 장애를 가진 여성 쌍둥이가 있다면 남성들도 거식증적이 될 수 있는 위험이 급격히 증가하는데(Procopio & Marriott, 2007), 이는 거식증이 태내에서 여성 호르몬에 대한 노출과 관련이 있을 수 있음을 시사한다.

폭식증과 거식증은 많은 사람들에게 문제이다. 그러나 미국의 가장 치명적이고 광범한 먹기 관련 문제는 비만인데, 1999년 이후 미국인들은 합쳐서 약 4억 5369만kg(10억 파운드) 이상 살이 쪘다(Kolbert, 2009). 1970년대였을 때보다 이제 평균적인 미국 남성은 7.71kg(17파운드) 더 무거우며 평균적인 미국 여성은 8.62kg(19파운드) 더 무겁다. 과체중 아이들의 비율은 두 배가 되었고, 과체중 10대의 비율은 세 배가 되었으며, 미국 여성들의 총 40%는 이제 너무 무거워서 군대에 갈 수 없다. 1991년에는 미국의 어떤 주도 비만율이 20%보다 더 높지 않았다. 2012년에는 단지 한 주(콜로라도)만이 비만율이 20 %보다 낮았다(그림 8.16 참조).

비만은 체질량 지수(body mass index, BMI)가 30 혹은 그 이상인 것으로 정의된다. 표 8.1을 가지고 당신은 당신의 체질량 지수를 계산할 수 있는데, 당신이 알게 된 지수를 좋아하지 않을 가능성이 많다. BMI가 다른 사람들이 아닌 어떤 사람들에게는 사망의 더 좋은 예측인자이지만(Romero-Corral et al., 2006; van Dis et al., 2009), 대부분의 연구자들은 극단적으로 높은 BMI는 건강하지 못하다는 데에 동의한다. 매년 비만-관련 질병은 미국에 약 1470억 달러의 비용을 치르게 하며(Finkelstein et al., 2009), 약 300만 명의 사람들이 죽는다(Allison et al., 1999). 이런 신체적 위험에 더해서, 비만한 사람들은 다른 사람들에 의해 부정적으로 비춰지고, 자존심이 더 낮고, 그리고 삶의 질도 더 낮다(Hebl & Heatherton, 1997; Kolotkin, Meter, & Williams, 2001). 비만한 여성은 그렇지 않은 비슷한 조건의 사람들보다 약 7% 더 적게 돈을 벌며(Lempert, 2007), 비만이란 낙인은 매우 강력해서 평균 체중의 사람들도 그들이 비만인 사람과 어떤 관계가 있기라도 한다면 부정적으로 비치게 된다(Hebl & Mannix, 2003). 물론 이 모든 것은 끔찍하게도 불공평하다, 한 과학자가 지적했듯이, 우리는 "비만한 사람에 대해서라 아니라, 비만에 대한 전쟁"을 선포할 필요가 있다(Friedman, 2003).

비만에는 여러 원인이 있다. 예를 들어, 비만은 매우 물려받기 쉬우며(Allison et al., 1996), 유전적 성분이 있을 것인데, 이것은 왜 과거 몇십 년 간 미국인들에게서 이미 가장 무거운 사람들에 의해 비례적이지 않은 체중 증가가 생겼는지를 설명해 줄 것이다(Flegal & Troiano, 2000). 일부 연구들은 환경의 '비만발생적' 독소가 내분비 시스템의 기능을 방해하고 사람들로 하여

시대는 변한다. 오늘날 사람들은, 한때 젊은 여성이 인기를 얻기 위해 체중을 늘리는 것을 도와준다고 하는 광고를 보고 종종 놀란다.

표 8.1

체질량지수 표

BMI	정상						과체중					비만									고도비만															
---	19	20	21	22	23	24	25	26	27	28	29	30	31	32	33	34	35	36	37	38	39	40	41	42	43	44	45	46	47	48	49	50	51	52	53	54
키(인치)	몸무게(파운드)																																			
58	91	96	100	105	110	115	119	124	129	134	138	143	148	153	158	162	167	172	177	181	186	191	196	201	205	210	215	220	224	229	234	239	244	248	253	258
59	94	99	104	109	114	119	124	128	133	138	143	148	153	158	163	169	173	178	183	188	193	198	203	308	212	217	222	227	232	237	242	247	252	257	262	267
60	97	102	107	112	116	123	128	133	138	143	148	153	156	163	168	174	179	184	189	194	199	204	209	215	220	225	230	235	240	245	250	256	261	266	271	278
61	100	108	111	116	122	127	132	137	143	148	153	156	164	169	174	180	186	190	195	201	206	211	217	222	227	232	238	243	248	254	259	264	269	275	280	285
62	104	109	115	120	126	131	138	142	147	153	158	164	169	175	180	186	191	196	202	207	213	218	224	229	235	240	248	251	258	262	267	273	278	264	289	295
63	107	113	118	124	130	135	141	148	152	158	163	169	175	180	188	191	197	203	208	214	220	225	231	237	242	248	254	260	265	270	278	282	287	293	299	304
64	110	118	122	128	134	140	145	151	157	163	169	174	180	188	192	197	204	209	215	221	227	232	238	244	250	258	262	267	273	279	285	291	298	302	308	314
65	114	120	128	132	138	144	150	156	162	168	174	180	186	192	193	204	210	218	222	228	234	240	246	252	258	264	270	278	282	288	294	300	308	312	318	324
66	118	124	130	138	142	148	155	161	167	173	179	186	192	198	204	210	216	223	229	236	241	247	253	260	266	272	278	284	291	297	303	309	315	322	328	334
67	121	127	134	140	146	153	159	166	172	178	185	191	198	204	211	217	223	230	238	242	249	256	261	268	274	280	287	293	299	308	312	319	325	331	338	344
68	125	131	138	144	151	158	164	171	177	184	190	197	203	210	216	223	230	236	243	249	256	262	269	278	282	289	295	302	303	315	322	328	335	341	348	354
69	128	135	142	149	155	162	169	178	182	189	195	203	209	218	223	230	236	243	250	257	263	270	277	284	291	297	304	311	318	324	331	338	345	351	358	365
70	132	139	146	153	160	167	174	181	188	195	202	209	216	222	229	236	243	250	257	264	271	278	285	292	299	308	313	320	327	334	341	348	355	362	369	378
71	138	143	150	157	166	172	179	186	193	200	208	215	222	229	235	243	250	257	265	272	279	288	293	301	308	315	322	329	338	343	351	358	365	372	379	388
72	140	147	154	162	169	177	184	191	199	208	213	221	228	235	242	250	258	265	272	279	287	294	302	309	316	324	331	338	346	353	361	368	375	383	390	397
73	144	151	159	166	174	182	189	197	204	212	219	227	236	242	250	257	266	272	280	288	295	302	310	318	326	333	340	348	355	363	371	378	388	393	401	408
74	148	155	163	171	179	188	194	202	210	218	225	233	241	249	258	264	272	280	287	295	303	311	319	328	334	342	350	358	365	373	381	389	398	404	412	420
75	152	160	166	178	184	192	200	208	216	224	232	240	248	256	264	272	279	287	295	303	311	319	327	335	343	351	359	367	375	383	391	399	407	415	423	431
76	158	164	172	180	189	197	205	213	221	230	238	246	254	263	271	279	287	295	304	312	320	328	338	344	353	361	369	377	385	394	402	410	418	428	436	443

출처 : Adapted from National Institutes of Health, 1998, Clinical Guidelines on the Identification, Evaluation, and Treatment of Overweight and Obesity in Adults : The Evidence Report. This and other information about overweight and obesity can be found at www.nhlbi.nih.gov/guidelines/obesity/ob_home.htm.

금 비만이 되게 하는 성향을 갖게 한다고 주장하는 반면에(Grün & Blumbert, 2006; Newbold et al., 2005), 다른 연구들은 비만은 장에서 '좋은 박테리아'의 부족으로 유발된다고 주장한다(Liou et al., 2013). 원인이 무엇이든, 비만한 사람들은 종종 렙틴-저항적이며(즉, 그들의 뇌는 굶주림을 끄는 화학 메시지에 반응하지 않는다), 렙틴 주사조차 도움이 되는 것처럼 보이지 않는다(Friedman & Halaas, 1998; Heymsfield et al., 1999).

유전자, 공해 물질, 및 박테리아는 모두 비만으로의 경향에 관련되어 왔다. 그러나 대부분의 경우에 비만의 원인은 그런 미스테리가 아니다. 우리는 단지 너무 많이 먹는다. 물론 우리는 배고플 때 먹지만, 우리는 또한 슬프거나 불안할 때 혹은 다른 사람이 먹을 때 먹는다(Herman, Roth, & Polivy, 2003). 때때로 우리는 시계가 알려 주기 때문에 먹는데, 이것이 왜 기억 상실증 환자가 기억나지 않는 첫 번째 점심을 끝낸 직후에 두 번째 점심을 행복하게 먹는 이유이다(Rozin et al., 1998). 왜 이런 일이 일어나는가? 결국 우리 대부분은 숨을 쉬어서 아프거나 잠을 자서 아프거나 하지 않는데, 왜 먹어서 아픈 것인가?

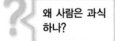
왜 사람은 과식하나?

디자인을 탓하라. 수만년 전, 조상들이 직면한 주요 음식 관련 문제는 기아(굶주림)였으며, 인간은 그것을 피하기 위해 두 가지 전략을 진화시켰다. 첫째, 우리는 한 입당 많은 양의 에너지를 제공하는 (다른 말로 하면 칼로리가 풍부한) 음식들에 대한 강한 매력을 발달시켰다. 이것이 왜 우리들 대부분이 셀러리와 물보다 햄버거와 우유를 더 좋아하는지에 대한 이유이다. 둘째 우리는 남는 음식 에너지를 지방 형태로 저장할 수 있는 능력을 발달시켰는데, 이것은 우리로 하여금 음식이 충분할 때 필요로 하는 것보다 더 많이 먹을 수 있도록 했으며 음식이 부족할 때에는 비축물에 의지해서 살도록 하였다. 우리는 고칼로리 음식이 드문 세상을 위해 아

밥 먹었니?

1923년 **뉴욕타임스**의 기자는 영국 등 반가인 죠지 레이 맬로리에게 왜 에베레스트 산을 오르려 했는지를 물었다. 맬로리는 "거기 그것이 있기 때문"이라고 응답했다.

명백하게도 우리가 왜 먹는지에 대한 이유도 있다. 브라이언 원싱크(Brian Wansink)와 동료들(2005)은 사람들이 먹는 음식의 양이 그들이 눈앞에서 보는 음식의 양에 의해 영향을 받는지를 궁금해 했다. 그래서 그들은 연구 참여자들을 실험실로 초대해서 큰 토마토 수프 그릇 앞에 앉게 한 다음 원하는 대로 많이 먹어라고 말했다. 연구의 한 조건에서 참가자의 그릇이 약 4분의 1 정도만 채워졌을 때는 언제나 서비스하는 사람이 테이블로 와서 다시 채워 주었다. 다른 조건에서는 그릇은 서비스하는 사람에 의해 채워지지 않았다. 그 대신 참가자들이 모르게, 그릇의 바닥은 커다란 수프 통과 긴 튜브로 연결되어 있어서, 참가자가 그릇에서 먹을 때는 언제나, 천천히 그리고 거의 알아차릴 수 없게끔 저절로 다시 채워졌다.

▲ 연구자 브라이언 원싱크와 그의 밑 빠진 수프 그릇

연구자들이 발견한 것은 정신이 깨는 것이었다. 자기도 모르게 '밑 빠진 그릇'에서 먹었던 참가자들은 보통 그릇에서 먹었던 사람들보다 엄청 많은 73%나 더 많이 먹었는데, 그럼에도 그들은 자신들이 더 많이 먹었다고 생각하지 않았으며, 더 많이 배부르다고 보고하지 않았다.

우리가 무엇을 먹고 있는지를 파악하는 것은, 얼마나 많이 먹는지를 파악하는 것보다 더 쉽고, 이것은 우리가 과식하지 않으려고 최선을 다하려 하는 그때에도 우리로 하여금 과식하게 만드는 것처럼 보인다. 예를 들어, 한 연구는 이탈리아식 음식점에서 식사하는 사람들은 종종 빵을 올리브 오일에 찍어 먹는 것보다 버터를 발라 먹는 것을 선호하는데, 그들은 그렇게 하는 것이 한 조각당 칼로리 양을 줄일 것이라고 생각하기 때문이라는 것을 보여 주었다. 그리고 그들은 옳았다. 그러나 그들이 깨닫지 못했던 것은, 그들은 식사 중에 빵을 23% 더 많이 먹음으로써 이런 칼로리 절감을 무의식적으로 보충하리라는 것이다(Wansink & Linder, 2003).

이런 저런 연구들이 시사하는 것은 허리를 줄이는 가장 좋은 방법들 중 하나는 그냥 몇 입 먹는지를 세는 것이라는 것이다.

름답게 공학적으로 만들어졌다. 문제는 우리가 더 이상 그런 세상에 사는 것이 아니라는 것이다. 대신에 우리는 초콜릿 컵케이크부터 소시지 피자까지, 현대 기술이 만든 기적 같은 지방질 많은 음식이 비싸지도 않고 쉽게 얻을 수 있는 세상에 살고 있다. 두 명의 연구자들이 최근에 썼듯이, "우리는 아프리카 사바나에서 진화했는데, 이제 우리는 캔디랜드에서 살고 있다"(Power & Schulkin, 2009). 문제를 악화시키는 것은, 많은 캔디랜드 음식들이 포화 지방이 많은 경향이 있는데, 이것은 먹기를 멈추라고 우리에게 알려 주는 화학 전달자들의 일부에 뇌가 덜 민감하게 만드는 역설적인 효과를 가지고 있다(Benoit et al., 2009).

과식하고 과체중 혹은 비만이 되는 것은 너무 쉬우나 그 결과를 역전시키는 것은 너무 어렵다. 인간의 몸은 체중 감소에 두 가지 방식으로 저항한다. 첫째, 체중이 늘어나면, (보통 남자라면 배에서, 여자라면 넓적다리와 궁둥이에서) 우리 몸의 지방 세포의 크기와 수 모두 증가한다. 그러나 우리가 체중을 잃을 때, 지방 세포의 크기는 감소하지만 그 수는 감소하지 않는다. 한번 우리 몸이 지방 세포를 더하게 되면, 그 세포는 거의 계속 거기에 머물러 있다. 우리가 식이조절(diet)을 하면 그것은 더 가늘어질 수 있지만, 사라지지는 않을 것이다.

둘째, 우리 몸은 우리의 **신진대사**(metabolism)를 줄임으로써 식이조절에 반응

신진대사
에너지가 신체에 의해 사용되는 속도

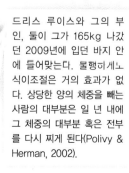

왜 다이어트하기는 그렇게 어렵고 효과기 없는가?

드리스 루이스와 그의 부인, 둘이 그가 165kg 나갔던 2009년에 입던 바지 안에 들어맞는다. 불행히에노 식이조절은 거의 효과가 없다. 상당한 양의 체중을 빼는 사람의 대부분은 일 년 내에 그 체중의 대부분 혹은 전부를 다시 찌게 된다(Polivy & Herman, 2002).

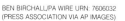

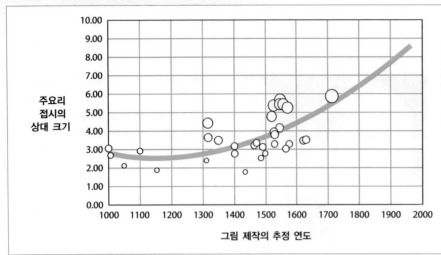

주요리
접시의
상대 크기

그림 제작의 추정 연도

SCALA/ART RESOURCE, NY

비만 비율이 증가하는 한 가지 이유는 '정상 식사량'이 점점 더 늘어나고 있다는 것이다. 연구자들이 1000년부터 1800년 사이에 그려진 52개의 "최후의 만찬" 그림을 분석했을 때, 접시의 평균 크기가 66%나 증가했다는 것을 발견했다(Wansink & Wansink, 2010).

하는데, 신진대사는 에너지가 사용되는 비율이다. 우리 몸이 우리가 굶주림 속에서 살고 있다는 것을 감지할 때(이것이 우리가 몸에 먹이기를 거부할 때 몸이 내리는 결론이다), 몸은 음식을 지방으로 전환시키는 더 효율적인 방법을 발견한다. 즉, 우리 조상들의 놀라운 속임수이지만 우리에게는 정말로 귀찮은 것이다. 정말로 쥐가 과식하게 한 다음 식이조절하게 하고, 그다음 다시 과식하게 한 다음 식이조절하게 하면, 쥐들은 두 번째 회기에서는 더 빨리 체중을 얻지만 더 천천히 체중을 잃는데, 이것은 식이조절의 매 회기와 더불어 몸은 음식을 지방으로 전환시키는 데에 점점 더 효율적이 된다는 것을 시사한다(Brownell et al., 1986). 요점은 비만을 피하는 것이 그것을 극복하는 것보다 훨씬 더 쉽다는 것이다(Casazza et al., 2013).

그리고 비만을 피하기는 당신이 생각하는 만큼 어렵지 않다. 예를 들어, 샐러드 바에서 완숙된 달걀을 더 건강한 영양소들보다 10인치 더 멀리 놓아두는 것만으로도, 연구자들은 소비자들이 먹는 달걀의 수를 약 10% 줄일 수 있었다(Rozin et al., 2011). 더는 스푼을 집게로 바꾸었을 때 그 양은 약 16% 감소하였다. 한 연구에서 스낵을 먹는 학생들은, 일곱 번째 칩마다 색깔을 빨갛게 했을 때 프링글스를 더 적게 먹었는데, 추측컨대 그 색깔 부호가 그들에게 자신들이 얼마나 많이 먹고 있는지를 추적할 수 있게 했기 때문일 것이다(Geier, Wansink, & Rozin, 2012). 다른 연구에서 빨간색 접시 대신에 하얀색 접시를 썼을 때 사람들은 토마트 소스를 곁들인 파스타를 22% 더 적게 먹었는데, 추측컨대 하얀색 접시는 그들이 먹고 있는 것을 볼 수 있게 하는 분명한 대조를 일으켰기 때문일 것이다(van Ittersum & Wansink, 2012). 이런 연구들 및 수십 개의 다른 연구들은 환경에서의 작은 변화가 우리의 허리둘레에서 큰 변화를 막을 수 있다는 것을 보여 준다.

재생산 : 성 동기

음식은 우리를 동기화시키는데 그것이 우리의 생존에 필수적이기 때문이다. 그러나 성도 또한 우리 생존에 (적어도 우리 DNA의 생존에는) 필수적이며, 이것이 진화가 성에 대한 욕망이 거의 모든 사람의 두뇌 속에 깊이 내장되어 있도록 한 이유이다. 어떤 면에서 회로도는 단순하다. 선(glands)은 호르몬을 분비하며, 이것은 혈관을 통해 이동하다가 뇌에 도달하고 성적 욕망을 자극한다. 그러나 어떤 호르몬이, 뇌의 어떤 부위가, 그리고 무엇이 첫 번째로 그 출발을 촉발시키는가?

DHEA(dihydroepiandosterone)라는 호르몬은 성적 욕망의 초기 출현에

"이봐, 돌아와. 그는 촉진제 주사가 필요해."

BERNARD SCHOENBAUM/THE NEW YORKER COLLECTION/CARTOONBANK.COM

다른 생각

뚱뚱한 것과 행복

앨리스 랜들은 소설가이며, *The Wind Done Gone*, *Pushkin and the Queen of Spades*, *Rebel Yell*, and *Ada's Rules* 등의 소설이 있다.

PHOTO: ©SARA KRULWICH/THE NEW YORK TIMES/REDUX PICTURES

아무도 뚱뚱하기를 원치 않는다. 적어도 이것이 당신이 생각할 법한 것이다. 그러나 소설가 앨리스 랜들(Alice Randall)이 지적했듯이, 어떤 문화에서는 뚱뚱한 것이 단지 수용할 만한 것이 아니라, 바람직한 것이다.

흑인 여성 다섯 중 네 명은 심각하게 과체중이다. 네 명의 중년 흑인 여성들 중 한 명은 당뇨병을 가지고 있다. 미국에서 일 년에 1740억 달러가 당뇨 관련 질병에 쓰이며 비만은 암 사망의 원인으로서 흡연을 재빨리 앞지른 상황에서, 무엇인가 새로운 것을 시도하는 것은 늦었다.

우리가 필요한 것은 미국 흑인에게서 몸-문화의 혁명이다. 왜? 비만의 논의에 관여하는 너무 많은 전문가들이 흑인 여성과 뚱뚱함에 관해 결정적인 무엇을 이해하지 못하고 있기 때문이다. 많은 흑인 여성들은 우리가 그렇기를 원하기 때문에 뚱뚱하다.

흑인 시인 루시엘 클립톤의 1987년의 시 "나의 엉덩이에의 경의"는 '이 엉덩이들은 커다란 배'라는 장담으로 시작한다. 그녀는 큰 검은 엉덩이가 여성이 가지고 싶어 할 법한 그리고 남성이 욕망할 법한 무엇으로 설정한다. 그녀는 이런 공동체 지식을 반영하는 첫 번째 사람도 유일한 사람도 아니었다. 그보다 20년 전, 1967년에 텍사스 주민인 흑인 조 텍스는 자신이 쓰고 녹음한 "게다가 깡마른 다리"라는 노래로 미국 흑인들 사이의 라디오 방송을 석권했다. 그의 가사들 중 하나는 오늘날까지 나에게 문득 떠오른다. "게다가 깡마른 다리, 자기를 데려갈, 어디에선가 있을 어떤 남자". 나에게 그것은 여전히 거의 불가능한 일처럼 보인다.

화학적으로 말해, 질병을 촉진하는 능력에서 검은 지방은 흰 지방과 똑같을 것이다. 문화적으로는 그렇지 않다.

1960년대 많은 백인 소녀들이 뚱뚱한 종아리를 기도하면서 자랐는가? 나는 내가 그랬다는 것을 안다. 나는 신에게 나의 댄싱 교사, 다이안처럼 커다란 종아리를 달라고 요청했다. 내가 백인 모델인 트위기처럼 보이고 싶어 했다는 것은 말도 되지 않았는데, 그녀의 소년 같은 체구는 백인 소녀들의 꿈이었다. 조 텍스의 가사가 내 귀에 울리는 한 그렇지 않다.

많은 중년 백인 여성들이 자신의 체중이 약 91kg(200파운드) 이하로 떨어진다면 그녀의 남편들이 자신을 덜 매력적으로 볼까 봐 두려워하는가? 아직까지 한 사람만 만났을 뿐이다.

그러나 제정신이고 잘생겼고, 자신의 부인이 체중을 잃기 시작하는 것을 걱정하는 성공한 남편을 가진 많은 흑인 여성을 나는 알고 있다. 나의 변호사의 남편도 그 중 하나이다.

종신 교수인 유색인 여성인 또 다른 친구는 그녀의 남편 또한 종신 교수이며 유색인인데 그녀가 체중 감소 프로그램에 돌입했을 때 '그 설탕(*여기서는 지방을 말함)을 그 아래로' 줄이지 않도록 그녀에서 애걸했다고 나에게 말했다.

나는 내시빌에 산다. 내시빌과 멤피스 간에는 경쟁이 진행 중이다. 내시빌 흑인에게, 우리는 우리 자신을 우리 대학들과 교회들로 가장 잘 알려진 말끔한 갈색 마을로 생각하고 싶어한다. 대조적으로 멤피스 흑인은 그 음악과 술집 그리고 교회들로 잘 알려져 있다. 우리는 종종, 내시빌에서 우리는 매 길모퉁이마다 교회가 있지만 멤피스에서 그들은 길모퉁이마다 교회와 주류 가게가 있다고 말하면서 길 저편의 시민을 놀린다. 이제 그 말은 다음과 같다 멤피스 흑인 지역의 모퉁이마다 교회, 주류 가게, 그리고 투석(dialysis) 센터가 있다.

우리가 당뇨병을 치료하기 위해 쓰는 수십억 달러는 우리가 교육 개혁이나 은퇴 연금을 위해 가지지 못하게 되는 돈이며, 더 나쁜 것은 미국의 비만 유행병의 총 비용은, 우리가 해 왔던 것을 계속 한다면 2030년에 거의 1조 달러에 달할 것으로 추산된다는 것이다.

우리는 바꾸어야 한다….

랜들은 우리가 정말로 비만 문제를 해결하기를 원한다면 우리는 먼저 왜 어떤 사람이 그것을 전혀 문제로 보지 않는지를 이해해야 한다고 주장한다. 당신은 동의하는가?

관련된 것으로 보인다. 남성과 여성은 모두 약 6세에 이 호르몬을 생성하기 시작하는데, 소녀들이 소년들보다 훨씬 더 늦게 사춘기에 도달한다는 사실에도 불구하고, 이것은 왜 소년과 소녀들이 모두 약 10세에 그들 최초의 성적 관심을 경험하는지를 설명해 준다. 두 가지의 다른 호르몬은 더 성-특정적인 효과를 가진다. 남성과 여성 모두 테스토스테론과 에스트로겐을 생산하는데, 남성들은 전자를 더 많이 생산하고, 여성들은 후자를 더 많이 생산한다. 11장에서 배울 것이지만, 이 두 호르몬은 사춘기를 특징짓는 신체적 및 심리적 변화의 주요 원인이 된다. 그러나 그것들은 또한 성숙한 개체에게서 성적 욕망의 증가와 감소의 원인도 되는가?

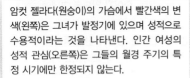

암컷 젤라다(원숭이)의 가슴에서 빨간색의 변색(왼쪽)은 그녀가 발정기에 있으며 성적으로 수용적이라는 것을 나타낸다. 인간 여성의 성적 관심(오른쪽)은 그들의 월경 주기의 특정 시기에만 한정되지 않는다.

그 대답은 그 성체가 쥐인 한, "예"인 것으로 보인다. 테스토스테론은 시상하부의 특정 영역에 작용함으로써 수컷 쥐의 성적 욕구를 증가시키며, 에스트로겐은 시상하부의 다른 영역에 작용함으로써 암컷 쥐의 성적 욕구를 증가시킨다. 이 영역들에의 손상은 해당하는 성에서 성적 동기를 감소시키며, 테스토스테론 혹은 에스트로겐이 이 영역들에 처치되면 성적 동기가 증가한다. 간단히 말해, 테스토스테론은 수컷 쥐에서 성적 욕망을 조절하며 에스트로겐은 암컷 쥐에서 성적 욕망과 생식력을 조절한다.

인간의 이야기는 훨씬 더 흥미롭다. 대부분의 포유류(예컨대 개, 고양이, 및 쥐)의 암컷들은 배란 중일 때(즉, 그들이 '발정기' 혹은 '교미기'에 있을 때) 일어나는 것처럼 에스트로겐 수준이 높을 때를 제외하면 성에 대해 거의 혹은 전혀 관심이 없다. 다른 말로 하면, 에스트로겐은 이들 포유류에서 배란과 성적 흥미를 모두 조절한다. 그러나 여성 인간은 자신의 월경 주기의 어느 시점에서나 성에 대해 흥미를 가질 수 있다. 비록 여성의 몸에서 에스트로겐 수준은 그녀의 월경 주기 경과에 걸쳐서 극적으로 변화하지만, 성적 욕망은 변화가 있다 해도 거의 없다는 것을 연구들은 시사한다. 우리의 진화 경로의 어디에선가 여성의 성적 흥미는 자신의 배란과 독립적이게 된 것처럼 보인다.

어떤 이론가들은 이런 독립성의 이득은 암컷이 월경 주기에서 가임기에 있는지를 수컷이 알기 어렵게 하는 것이었다고 추측하였다. 수컷 포유류는 종종 자신의 짝이 배란 중일 때 자신의 짝을 조심스럽게 지키는데, 자신의 짝이 배란 중이지 않

인간 여성은 왜 명백한 배란의 징후들을 보이지 않는가?

을 때는 다른 암컷을 찾아가 버린다. 만일 수컷이 자기 짝이 배란 중인지를 구별하기 위해 짝의 성적 수용성을 사용할 수 없다면, 그는 항상 그녀 주변에 머물며 그녀를 보호하는 것 외에 어찌할 도리가 없다. 자식의 양육에 기여할 수 있도록 자신의 짝을 집안에 붙어 있게 하려는 암컷의 경우에, 지속적이며 생식력과 독립적인 성적 흥미는 탁월한 전략일 것이다.

에스트로겐이 여성의 성적 추동의 호르몬적 기초가 아니라면 무엇이 그러한가? 두 가지 증거는 그 답은 테스토스테론, 즉 남성의 성성(sexuality)을 움직이는 바로 그 호르몬임을 시사한다. 첫째, 여성에게 테스토스테론이 주어지면, 그녀들의 성 추동이 증가한다. 둘째, 남성은 자연적으로 여성보다 더 많은 테스토스테론을 가지고 있으며, 남성들은 명백히 더 강한 성 추동을 가지고 있다. 남성들은 여성보다 성에 대해 더 생각하고, 성적 환상을 가지고, 성행위를 추구하고 (자세나 상대방에 대해서든) 성적 다양성을 추구하며, 자위하고, 교제의 초기 시점에 성을 원하며, 성을 위해 다른 것을 희생하며, 성에 대해 허용적인 태도를 가지며, 상대방의 낮은 성 추동에 대해 불평을 하는 경향이 있다(Baumeister, Cantanese, & Vohs, 2001). 이 모든 것은 테스토스테론이 남성과 여성 모두에서 성 추동의 호르몬적 기초일 수 있음을 시사한다.

성적 활동

남성과 여성은 다른 수준의 성 추동을 가지고 있을 수 있으나, 성행위 동안 그들의 생리적 반응은 꽤 비슷하다. 1960년대 이전에, 인간의 성 행동에 관한 자료는 자신들의 성 생활에 관한 질문들에 대한 사람들의 응답으로 주로 구성되었다(그리고 이 주제는 사람들이 항상 진실을 말하지는 않는 주제라는 것을 당신은 알고 있을 것이다). 윌리엄 마스터스(William Masters)와

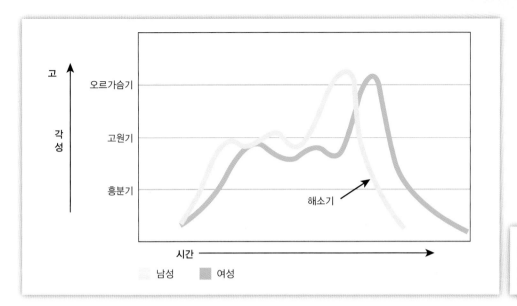

버지니아 존슨(Virginia Johnson)은 획기적인 연구들을 수행함으로써 이 모든 것을 바꾸었는데, 그들은 수백 명의 자원자들이 자위하거나 실험실에서 성행위를 할 때의 신체적 반응을 실제로 측정하였다(Masters & Johnson, 1966). 그들의 작업은, 성적 활동 동안 생리적 각성의 단계들을 일컫는 **인간 성반응 주기**(human sexual response cycle)에 대한 더 깊은 이해를 이끌었다(그림 8.17 참조). 인간의 성 반응은 네 가지 단계가 있다.

- 흥분기 동안, 성 기관 내부와 주변에 근육 긴장과 혈류가 증가하고 심장과 호흡수 및 혈압이 증가한다. 남성과 여성은 모두 젖꼭지의 돌출과 상체와 얼굴 피부에서 '성적 홍조'를 경험한다. 남성의 음경은 보통 발기하거나 부분적으로 발기하게 되며, 고환은 위쪽으로 당겨지며, 반면 여성의 질은 윤활액으로 덮이게 되고, 음핵은 부풀게 된다.

- 고원기 동안, 심장 박동과 근육 긴장은 더 증가한다. 남성의 방광은 닫혀서 오줌이 정액과 섞이는 것을 방지하며, 음경 기저에 있는 근육은 지속적인 율동적 수축을 시작한다. 남자의 카우퍼(Cowper) 선은 적은 양의 윤활액을 분비할 수도 있다(이것은 종종 임신시키기에 충분한 정액을 포함한다). 여성의 음핵은 약간 후퇴할 수도 있으며, 질은 윤활액으로 더 많이 덮이게 될 수 있다. 여성의 외음부는 부풀 수도 있고, 근육은 단단해져서 질 입구의 직경을 줄이기도 한다.

- 오르가슴기 동안, 호흡은 매우 빨라지고 골반 근육은 일련의 율동적인 수축을 시작한다. 남성과 여성 모두 항문과 아래 골반 근육에서 빠른 주기의 근육 수축을 경험하며, 여성은 종종 자궁과 질의 수축노 함께 경험한다. 이 기간, 남성은 (최근의 오르가슴 이후에 얼마나 오랫동안 시간이 지났는지 그리고 사정 이전에 얼마나 오래 자극되었는지에 따라) 약 2~5밀리리터의 정액을 사정한다. 이성애적 남성의 95%와 이성애적 여성의 69%는 자신이 최근 성적 접촉에서 오르가슴을 가졌다고 보고했다(Richters et al., 2006). 대체로 15%의 여성은 결코 오르가슴을 경험한 적이 없으며, 절반 이하는 성교로만 오르가슴을 경험하며, 대체로 절반은 적어도 한 번 오르가슴을 '꾸민' 적이 있었음을 보고했다(Wiederman, 1997). 여성이 오르가슴을 느끼는 빈도는 비교적 큰 유전적 요소가 있는 것으로 보인다(Dawood et al., 2005). 남성과 여성이 오르가슴을 느낄 때 그들은 보통 그것을 강렬한 쾌감으로 경험한다는 것은 말할 필요가 없다.

- 해소기 동안, 근육은 이완하고, 혈압은 떨어지고, 몸은 휴지 상태로 되돌아간다. 대부분의

인간 성반응 주기
성적 활동 동안 생리적 각성의 단계들

표 8.2

성행위의 이유

남성과 여성이 보고한 성 관계를 가진 이유 중 상위 열 가지

	여성	남성
1	나는 그 사람에게 끌렸다.	나는 그 사람에게 끌렸다.
2	나는 신체적 쾌락을 경험하고 싶었다.	그것은 기분이 좋다.
3	그것은 기분이 좋다.	나는 신체적 쾌락을 경험하고 싶었다.
4	나는 그 사람에 대한 나의 애정을 보이고 싶었다.	그것은 재미있다.
5	나는 그 사람에 대한 나의 사랑을 표현하고 싶었다.	나는 그 사람에 대한 나의 애정을 보이고 싶었다.
6	나는 성적으로 각성되었고, 해소를 원했다.	나는 성적으로 각성되었고, 해소를 원했다.
7	나는 (성적으로) 흥분되었다.	나는 (성적으로) 흥분되었다.
8	그것은 재미있다.	나는 그 사람에 대한 나의 사랑을 표현하고 싶었다.
9	나는 내가 사랑하고 있다는 것을 깨달았다.	나는 오르가슴에 도달하고 싶었다.
10	나는 '가장 중요한 순간'에 있었다.	나는 파트너를 기쁘게 해 주고 싶었다.

출처 : Meston & Buss, 2007

남성과 여성은 **불응기**를 경험하는데, 이 기간에는 추가적인 자극도 흥분을 일으키지 않는다. 이 기간은 몇 분에서 며칠까지 지속될 수 있는데, 전형적으로 여성보다 남성에게서 더 길다.

비록 성은 재생산에 필수적이지만, 성 행위의 거의 대부분은 아이를 낳으려는 것이 아니다. 예를 들어, 대학생들은 거의 임신하는 것을 목적으로 하지 않으며 성행위를 하는 다음 이유들을 든다. 즉, 물리적 매력("그 사람의 눈이 아름답다"), 목적을 위한 수단("나는 인기를 얻고 싶었다"), 정서적 연결의 증가("나는 더 깊은 수준에서 의사소통하고 싶었다"), 그리고 불안감의 완화("이것이 내 파트너가 나와 시간을 보내는 유일한 방법이었다"이다(Meston & Buss, 2007). 비록 남자들이 여자보다 순수하게 신체적 이유들로 성 관계를 갖는다고 보고하는 경향이 있지만, 표 8.2는 남자들과 여자들이 자신들의 가장 흔한 반응들에서 극적으로 다르지 않다는 것을 보여 준다. 모든 성행위가 이런 이유들에 의해 동기화되지 않는다는 것을 유의할 만하다. 대학생 나이의 여성들 중 약 절반이 그리고 대학생 나이의 남성들 중 약 4분의 1이 데이트 관계에서 원치 않은 성적 활동을 했다고 보고한다(O'Sullivan & Allegeier, 1998). 우리는 13장에서 성적 매력과 관계성에 대해 훨씬 더 많은 이야기를 할 것이다.

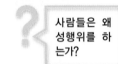

사람들은 왜 성행위를 하는가?

마음이 원하는 것

생존과 재생산은 모든 동물의 제일 순위의 일이므로, 우리가 음식과 성에 의해 강하게 동기화되어 있다는 것은 놀랍지 않다. 그러나 우리는 다른 일에 의해서도 역시 동기화된다. 우리는 초콜릿과의 키스 그리고 낭만적인 성격의 키스를 갈망하지만, 또한 우리는 우정과 존경, 안전과 확실성, 지혜와 의미, 그리고 훨씬 더 많은 것을 갈망한다. 우리의 심리학적 동기들은 모든 면에서 우리의 생물학적 동기만큼이나 강력할 것이지만, 두 가지 방식으로 차이가 난다.

첫째로 우리는 대부분의 다른 동물들과 생물학적 동기들을 공유하지만, 우리의 심리학적 동기들은 비교적 독특하다. 침팬지와 토끼 그리고 개똥지빠귀와 거북이는 모두 성행위를 하도록 동기화되어 있지만, 단지 인간만이 행위를 의미로 채우도록 동기화된 것처럼 보인다. 우리의 생물학적 동기들은, 음식, 성, 산소, 잠, 및 몇 개의 다른 것들로 얼마 되지 않지만, 우리의 심리학적 동기들은 실제로 한계가 없다. 느낌과 생각, 앎과 믿음, 소유와 존재에 대해 우리가 마음을 쓰는 것들은 매우 많고 다양하기 때문에 어떤 심리학자도 완벽한 목록을 만들 수 있었던 적이 없었다(Hofmann, Vohs, & Baumeister, 2012). 게다가 당신이 불완전한 목록을 살펴보기만 한다면, 심리학적 동기들은 세 가지 핵심 차원상에서 달라진다는 것을 재빨리 알아차릴 것이다. 그것은 외재적 대 내재적, 의식적 대 무의식적, 그리고 접근 대 회피 차원이다. 이들 각각을 살펴보자.

내재적 대 외재적

심리학 시험을 보는 것과 감자튀김을 먹는 것은 여러 가지로 다르다. 하나는 당신으로 하여금 지치게 하고 다른 것은 당신을 살찌게 하며, 하나는 당신이 당신의 입술을 움직이는 것을 요구하며 하나는 당신이 그렇게 하지 않는 것을 요구하며, 기타 등등이다. 그러나 이런 활동들 간의 핵심적 차이는, 하나는 어떤 목적에 이르는 수단이며, 하나는 목적 그 자체라는 것이다. **내재적 동기**(intrinsic motivation)는 그 자체로 보상적인 행동을 취하고자 하는 동기이다. 맛있기 때문에 감자튀김을 먹을 때, 기분이 좋기 때문에 운동하거나, 혹은 듣기 좋기 때문에 음악을 들을 때, 우리는 내재적으로 동기화되어 있다. 이런 활동들은 보수가 없는데 그것들이 보수이기 때문이다. 역으로 **외재적 동기**(extrinsic motivation)는 보상으로 이어지는 행동을 취하고자 하는 동기이다. 우리가 잇몸의 질병을 피하기 위해 (그리고 데이트를 하기 위해) 이를 치실로 다룰 때, 그리고 대학 학위를 받기 위해 시험을 칠 때 (그리고 테이블의 돈을 빌기 위해), 우리는 외재적으로 동기화되어 있다. 이런 것들 중 어느 것도 직접 즐거움을 가져오지 않으나, 결국에는 모두 즐거움으로 이어질 수 있다.

외재적 동기는 부당한 비난을 받는다. 미국인들은 사람들이 "자신의 가슴을 따라야 한다" 그리고 "자신이 사랑하는 것을 하라"고 믿는 경향이 있고, 단지 자신들의 부모를 기쁘게 하기 위해 어떤 과정을 선택하는 학생들을, 그리고 단지 많은 돈을 벌기 위해 직업을 택하는 부모들을 안쓰럽게 느끼는 경향이 있다. 그러나 사실은 미래에 더 큰 보상을 줄 것이라고 믿기 때문에 현재에 보상적이지 않은 행동에 몰두하는 우리의 능력은 우리 종의 가장 중요한 재능들 중의 하나이며, 어떤 다른 종도 우리만큼 잘할 수 없다(Gilbert, 2006). 보상을 지연시키는 능력에

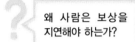

왜 사람은 보상을 지연해야 하는가?

관한 연구에서(Ayduk et al., 2007; Mischel et al., 2004), 사람들은 보통 자기가 당장 원하는 무엇(예 : 아이스크림 한 큰 술)을 지금 얻는 것과 기다려서 원하는 것을 나중에 더 많이(예 : 아이스크림 두 큰 술) 얻는 것 간의 선택에 직면한다. 아이스크림을 기다리는 것은 시험을 치는 것 혹은 치실을 다루는 것과 상당히 비슷하다. 그것은 아주 즐겁지 않으나, 결국에는 더 큰 보상을 거둘 것이라는 것을 알기 때문에 당신은 그 일을 한다. 연구들은 보상을 지연시킬 수 있는 네 살배기 아이들이 10년 후에 지능이 더 높고 사회적으로 더 유능하며, 대학에 들어갈 때 더 높은 SAT 점수를 얻는다는 것을 보여 준다(Mischel, Shoda, & Rodriguez, 1989). 사실 보상을 지연시키는 능력은 아이들의 IQ보다도 학교에서 아이들의 성적에 대한 더 좋은 예측 변인이다(Duckworth & Seligman, 2005). 명백하게 외재적 동기를 위해 언급되어야 할 것이 있는 것이다.

내재적 동기를 위해서도 언급할 것이 많이 있다(Patall, Cooper, & Robinson, 2008). 사람들은 내재적으로 동기화될 때 더 열심히 일하며, 그들은 자신이 하는 일을 더 즐기며, 그리고 그것을 더 창의적으로 한다. 두 종류의 동기에는 모두 이점들이 있는데, 이것은 우리 중 많은 사람들이 똑같은 활동들에 의해 내재적으로 그리고 외재적으로 동기화되는 삶, 이를테면 우리가

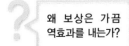

왜 보상은 가끔 역효과를 내는가?

상상 좋아하는 비보 그것을 하요로써 큰돈을 버는 그런 삶을 설계하려고 하는 이유이다. 누구든 예술가, 운동선수, 혹은 가수 카니예의 개인 파티 플래너가 되는 것을 꿈꾸지 않았겠는가? 아쉽게도, 당신이 사랑하는 것을 하면서 돈을 벌면서 또한 당신이 하는 일을 계속 사랑하기는 어렵다는 것을 연구들이 보여 주는데, 외재적 보상은 내재적 보상을 약화시키기 때문이다(Deci, Koestner, & Ryan, 1999; Henderlong & Lepper, 2002). 예를 들면, 한 연구에서 퍼즐에 내재적으로 흥미를 가진 대학생들은 퍼즐을 완성하는 데 보수를 받거나 대가 없이 그것을 완성하였

모하메드 부아지지는 과일 상인이었다. 2010년 그는 튀니지 정부의 처우에 항의하기 위해 분신을 했으며, 그의 극적인 자살은 '아랍의 봄'이기 알려지게 될 혁명에 불을 불였다. 명백하게도, 정의의 요구와 같은 심리적인 요구는 생물학적 요구보다 한층 더 강력할 수 있다.

대부분의 선거에서, 애리조나의 적격 유권자의 약 1/3만이 투표하는 수고를 한다. 이것이 마크 오스터로(위)로 하여금 애리조나 투표자 보상법을 제안하도록 한 이유인데, 이 법은 매 선거마다 무작위로 뽑힌 투표자에게 백만 달러를 주자는 것이었다. 내재적 및 외재적 동기에 대해 당신이 아는 것을 놓고 볼 때, 그런 법은 어떤 결과를 낳을 것인가?

내재적 동기
그 자체로 보상적인 행동을 취하고자 하는 동기

외재적 동기
보상으로 이어지는 행동을 취하고자 하는 동기

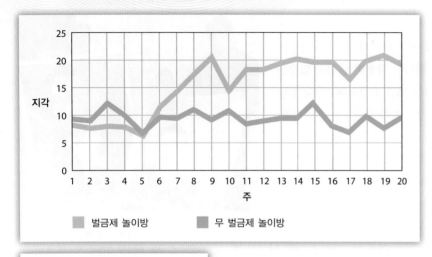

▲ 그림 8.18 **위협이 역효과를 낼 때** 위협은 한때는 내재적으로 동기화되었던 행동들이 외재적으로 동기화되게 할 수 있다. 늦게 아이를 데려가는 부모들에게 벌금제도를 도입했던 놀이방 센터들은 늦게 오는 부모들의 수가 증가하는 것을 경험했다.

(범례) 벌금제 놀이방 / 무 벌금제 놀이방

는데, 보수를 받은 학생들은 나중에 그 퍼즐을 가지고 놀 가능성이 낮아지는 경향이 있었다(Deci, 1971). 비슷한 연구에서 매직마커로 그림 그리기를 즐기는 아이들이 그것을 사용하는 데에 대한 상을 약속받거나 약속받지 않았는데, 상을 약속받은 아이들은 나중에 그 마커를 덜 사용하는 경향이 있었다(Lepper, Greene, & Nisbett, 1973). 어떤 조건들에서, 사람들은 한 활동이 내재적으로 즐겁지 않다는 것을 나타내기 위해 보상을 택하는 것처럼 보이므로("그들이 나에게 돈을 줘서 그 퍼즐을 하도록 한다면, 그것이 매우 재미있는 것은 아닐 거야") 보상은 사람들로 하여금 내재적 동기를 잃어버리게 할 수 있다.

보상이 내재적 동기를 약화시킬 수 있듯이, 처벌은 그것을 만들어낼 수 있다. 한 연구에서 장난감과 노는 데에 아무 내재적 흥미가 없었던 아이들이 실험자가 그들이 장난감에 손대면 처벌할 것이라고 위협했을 때 갑자기 흥미가 생겼다(Aronson, 1963). 시험에서 부정행위에 아무 내재적 동기가 없었던 대학생들이 만일 실험자가 그것에 대해 명백하게 경고를 한다면 더 그렇게 하고 싶어 하였다(Wilson & Lassiter, 1982). 위협은 금지된 활동이 바람직하다는 것을 시사하며, 위협은 또한 그것들이 단념시키고자 하는 바로 그 행동을 촉진시키는 역설적인 결과를 갖는다. 예를 들어, 일단의 보육원들이 아이들을 데리러 오는 데 지각하는 부모들에게 질리게 되어서, 그들 중 일부는 지각에 대한 벌금을 규정으로 만들었다. 그림 8.18이 보여 주듯이, 벌금은 지각자의 증가를 초래했다(Gneezy & Rustichini, 2000). 왜? 부모들은 아이들을 데려오는 데에 내재적으로 동기화되어 있고 시간을 지키기 위해 보통 최선을 다하기 때문이다. 그러나 보육원이 지각에 대해 벌금을 부과할 때, 부모들은 아이들을 데려 오는 데에 외재적으로 동기화되게 되고, 그 벌금은 특별히 크지 않았기 때문에, 그들은 여분의 시간 동안 아이들을 보육원에 맡겨 두기 위해 작은 벌금을 지불하기로 결정한 것이다. 위협과 보상이 내재적 동기를 외재적 동기로 바꿀 때, 의외의 결과들이 뒤따를 수 있다.

의식적 대 무의식적

상을 받은 예술가들이나 과학자들이 자신들의 성취에 대해 설명해 달라는 질문을 받으면, 그들은 보통 "나는 형태로부터 색을 해방시키고 싶었다" 혹은 "나는 당뇨병을 치료하고자 했다"와 같은 말을 한다. 그들은 "나는 나의 아버지의 성취를 뛰어넘어서 어머니에게 내가 그녀의 사랑을 받을 가치가 있다는 것을 증명하고 싶었다"는 말은 결코 하지 않는다. 사람들은 명백히 **의식적 동기**(conscious motivation)를 가지고 있는데, 이것은 한 사람이 자각하고 있는 동기이다. 그러나 그들은 또한 **무의식적 동기**(unconscious motivation)를 가지고 있는데, 이것은 사람들이 자각하지 못하는 동기이다(Aarts, Custers, & Marien, 2008; Bargh et al., 2001; Hassin, Bargh, & Zimmerman, 2009).

예를 들어, 심리학자인 데이비드 맥클레랜드(David McClelland)와 존 앳킨슨(John Atkinson)은 사람들이 성취 요구에서 서로 다르다고 주장했는데, **성취 요구**(need for achievement)는 가치 있는 문제들을 풀고자 하는 동기이다(McClelland et al., 1953). 그들은 이 기본적 동기는 무의식적이며 주제통각검사(Thematic Apperception Test)와 같은 특수한 기법으로 측정되어야 한다고 주장했다. 이 기법은 사람들에게 일련의 그림들을 제시하고 그림에 관한 이야기를 말하도록 요

의식적 동기
사람이 자각하고 있는 동기

무의식적 동기
사람이 자각하지 못하는 동기

성취 요구
가치 있는 문제를 해결하고자 하는 동기

구하는 것이다. 그 사람의 이야기에서 '성취 관련 심상'의 양이 그 사람의 무의식적 성취 요구를 명백하게 드러낸다(12장에서 이런 종류의 검사들에 대해 더 많이 배울 것이다). 이와 같은 측정치들의 타당성과 신뢰성에 대해 많은 논쟁이 있어 왔지만(Lilienfeld, Wood, & Garb, 2000; Tuerlinckx, De Boeck, & Lens, 2002), 이 검사에 대한 어떤 사람의 반응들이 어떤 상황에서는 그 사람의 행동을 신뢰할 만하게 예측한다는 것을 연구들은 보여 준다. 예를 들어, 그 반응들은 학교에서 아동의 성적을 예측할 수 있다(Khalid, 1991). 연구들은 또한 이 동기가 생각과 느낌이 점화되는 것과 똑같은 방식으로 '점화'될 수 있다고 주장한다. 예를 들어, '성취'와 같은 단어들이 컴퓨터 화면에 의식적으로 알아볼 수 없을 정도로 매우 빨리 제시될 때, 사람들은 특히 열심히 퍼즐을 풀 것이며(Bargh et al., 2001), 만일 실패한다면 특히 기분이 안 좋게 느낄 것이다(Chartrand & Kay, 2006).

마이클 펠프스는 성취 요구가 매우 높은데, 이것은 그가 역대 가장 많은 상을 받은 올림픽 선수가 되게 한 이유들 중 하나이다.

무엇이 우리 동기들을 우리가 의식할지를 결정하는가? 대부분의 행위들은 한 가지 이상의 동기를 가지고 있으며, 로빈 밸라처와 다니엘 웨그너(Robin Vallacher & Daniel Wegner, 1985, 1987)는 행위 실행의 난이도가 이 동기들 중 어느 것을 의식하게 될지를 결정한다고 주장했다.

> **무엇이 사람들로 하여금 자신의 동기를 의식하게 하는가?**

행위가 쉬우면(예 : 전구를 끼우기), 우리는 우리의 가장 일반적 동기(예 : 도와주기 위해)를 의식지만, 행위가 어려우면(소켓에 꽉 낀 전구와 씨름하기) 우리는 더 구체적인 동기(예 : 소켓의 나사선에 바르게 놓기)를 의식한다. 밸라처와 웨그너는 우리는 보통 자신의 행동에서 일반적 동기를 의식하지만, 문제에 부딪힐 때 더 구체적인 동기를 의식할 뿐이라고 주장하였다. 예를 들면, 한 실험의 참가자들은 정상적 머그잔으로 커피를 마시거나, 아니면 머그를 다루기 어렵도록 바닥에 무거운 추가 달린 머그잔으로 커피를 마셨다. 무엇을 하고 있느냐고 질문받았을 때, 정상적 머그잔으로 마시고 있었던 이들은 자신들이 "요구를 충족시키고" 있었다고 설명한 반면에, 추가 달린 머그잔으로 마시고 있었던 사람들은 자신들이 "삼키고" 있다고 설명했다(Wegner et al., 1984). 우리가 한 행위를 실행하기 쉬움은 우리가 우리 동기를 의식하거나 않거나를 결정하는 많은 요인들 중 하나이다.

접근 대 회피

시인 제임스 서버(James Thurber, 1956)는 "모든 사람은 죽기 전에 배우려고 해야 한다 / 그들이 어디로부터, 어디로, 왜 달리는가를"이라고 썼다. 쾌락주의 원리는 개념적으로 구별되는 두 가지의 동기, 즉 쾌락으로 '달려가는' 동기와 고통으로부터 '도망치는' 동기를 묘사한다. 이 동기들은 심리학자들이 **접근 동기**(approach motivation), 즉 긍정적 결과를 경험하고자 하는 동기와, **회피 동기**(avoidance motivation), 즉 부정적인 결과를 경험하지 않고자 하는 동기이다. 쾌락은 단지 고통의 결핍이 아니며, 고통은 단지 쾌락의 결핍이 아니다. 그것들은 뇌의 다른 부위에서 일어나는 독립적인 경험들이다(Davidson et al., 1990; Gray, 1990).

모든 다른 것이 똑같다면, 회피 동기는 접근 동기보다 더 강력한 경향이 있다는 것을 연구들은 보여 준다. 대부분의 사람들은 앞면이 나오면 그들에게 10달러를 지불하지만 뒷면이 나오면 8달러를 요구하는 동전 던지기에 돈 걸기를 거절할 것인데, 왜냐하면 그들은 8달러를 잃는 고통이 10달러를 따는 즐거움보다 더 강력할 것이라고 믿기 때문이다(Kahneman & Tversky, 1979). 사람들은 동일한 크기의 이익보다 손실이 더 강력한 정서적 결과를 낳는다고 예상하기 때문에, 그들은 이익을 획득하기보다 손실을 피하는 것에 더 많은 위험을 감수할 것이다. 질병

접근 동기
긍정적 결과를 경험하고자 하는 동기

회피 동기
부정적 결과를 경험하지 않고자 하는 동기

이 600명의 사람을 죽일 것으로 예상되며, 200명의 사람을 확실하게 구하는 백신 A를 처치하는 것과, 모든 사람을 구할 확률이 3분의 1이지만 아무도 구하지 못할 확률이 3분의 2인 백신 B 중에서 선택하도록 참가자들이 요구받을 때 그들 중 약 4분의 3은 안전하게 해서 백신 A를 선택하는 결정을 내렸다. 그러나, 정확하게 400명의 사람을 죽게 할 백신 C와 아무도 죽지 않게 할 확률이 3분의 1이고 모두 죽게 할 확률이 3분의 2인 백신 C 중에서 선택이 주어졌을 때, 약 4분의 3의 사람들이 도박을 하기로 결정하고 백신 D를 선택했다(Tversky & Kahneman, 1981). 자, 당신이 셈을 한다면, 백신 A와 백신 C는 똑같으며, 백신 B와 백신 D도 똑같다는 것을 금방 알 것이다. 같은 백신들에 대한 묘사들은 같은 것을 말하는 두 가지 방식일 뿐이다. 그러나 (백신 A와 B처럼) 백신이 구하게 되는 사람의 수 대신에 (백신 C와 D처럼) 잃게 되는 사람의 수로 묘사될 때, 대부분의 사람들은 큰 위험을 감수하려고 했다. 원숭이들도 같은 경향성을 보인다는 것은 흥미롭다(Lakshminarayanan, Chen, & Santos, 2011).

평균적으로 회피 동기는 전반적으로 접근 동기보다 더 강하지만, 이 두 경향성들의 상대적 강도는 사람들마다 다소 다르다. 표 8.3은 한 사람의 접근 및 회피 경향성의 상대적 강도를 측정하기 위해 사용된 일련의 질문을 보여 준다(Carver & White, 1994). 고-접근 문항들에 의해 묘사되는 사람들은 그렇지 않은 사람들보다 보상받을 때 더 행복해지고, 고-회피 문항으로 묘사되는 사람들은 그렇지 않은 사람

> 피하기 위해 동기화되는 것과 접근하기 위해 동기화되는 것 간의 차이는 무엇인가?

들보다 위협받을 때 더 걱정한다는 것을 연구가 보여 준다(Carver, 2006). 어떤 사람은 처벌보다 보상에 더 반응적이듯이 (그리고 그 반대도 있다), 어떤 사람은 자신의 행동을 처벌을 피하기 위한 것보다 보상을 얻기 위한 시도로 생각하는 경향이 있다 (그리고 그 반대도 있다). 촉진 초점을 가진 사람들은 이익의 획득이란 면에서 생각하는 경향이 있는 반면, 예방 초점을 가진 사람들은 손실의 회피란 면에서 생각하는 경향이 있다(Higgins et al., 1997). 한 연구에서 참가자들은 애너그램(낱자순서 바르게 하기) 과제를 받았다. 일부는 실험에서 4달러를 받을 것이며, 가능한 모든 단어들 중에 90% 혹은 그 이상을 찾으면 추가로 돈을 벌 수 있다고 들었다. 다른 참가자들은 실험에서 5달러를 받을 것이지만 가능한 단어들 중 10%나 그 이상을 놓치지 않으면 1달러를 잃지 않을 것이라고 들었다. 촉진 초점을 가진 사람들은 둘째 조건보다 첫째 조건에서 더 잘 했지만, 예방 초점을 가진 사람들은 첫째 조건보다 둘째 조건에서 더 잘했다(Shah, Higgins, & Friedman, 1998). 유사하게 성취 요구가 높은 사람은 성공 희망에 의해 다소 더 많이 동기화되는 경향이 있는 반면, 성취 요구가 낮은 사람들은 실패의 두려움에 의해 다소 더 많이 동기화되는 경향이 있다.

사람들이 피하고자 하는 가장 큰 것은 아마 무엇일까? 모든 동물들은 살아 있기 위해 애를 쓰지만, 인간만이 이런 노력이 궁극적으로 헛수고이며 죽음은 삶의 불가피한 종말이라는 것을 깨닫고 있다. 어떤 심리학자들은 죽음과 연관되는 불안을 피하고자 하는 동기가 어떤 의미의 '존재적 공포심'을 만들어내며, 우리 행동의 상당 부분은 그것을 다루기 위한 시도에 불과하다고 주장해 왔다. **공포심 관**

표 8.3

행동 억제 시스템 및 행동 활성화 시스템을 측정하는 척도

이 문항들 각각이 어느 정도로 여러분을 묘사해 주는가? 빨간색 문항은 여러분의 회피 경향성의 강도를 재고, 초록색 문항은 여러분의 접근 경향성의 강도를 잰다.

- 나쁜 일이 나에게 일어나려 해도, 나는 공포나 신경과민을 드물게 경험한다. [저회피]
- 나는 애써 내가 원하는 일들을 얻으려고 한다. [고접근]
- 내가 무엇인가를 잘하고 있을 때, 나는 그 일을 계속 하고 싶어 한다. [고접근]
- 재미있을 것이라는 생각이 들면, 나는 항상 기꺼이 새로운 것을 시도한다. [고접근]
- 내가 원하는 것을 얻을 때, 나는 흥분되고 열정이 넘친다. [고접근]
- 비판이나 꾸짖음은 나를 꽤 상심하게 한다. [고회피]
- 내가 무엇인가를 원할 때, 나는 보통 그것을 얻기 위해 전력을 다한다. [고접근]
- 나는 종종 단지 어떤 일이 재미있을지 모른다는 이유만으로 그 일을 할 것이다. [고접근]
- 내가 원하는 것을 얻을 기회를 본다면, 나는 곧바로 그쪽으로 움직인다. [고접근]
- 누군가가 나에게 화나 있다고 생각하거나 알 때 나는 꽤 걱정하거나 속상하다. [고회피]
- 내가 좋아하는 어떤 것을 취할 기회가 있을 때, 나는 금방 흥분된다. [고접근]
- 나는 종종 충동적으로 행동한다. [고접근]
- 불쾌한 어떤 일이 일어나리라고 생각할 때, 나는 보통 꽤 조심하게 된다. [고회피]
- 좋은 일이 나에게 일어날 때, 그것은 나에게 몹시 큰 영향을 미친다. [고접근]
- 중요한 일을 형편없이 했다고 생각할 때 나는 걱정한다. [고회피]
- 나는 흥분과 새로운 감각을 열망한다. [고접근]
- 무언가를 추구할 때 나는 '어떤 제약도 두지 않는' 접근을 사용한다. [고접근]
- 나는 내 친구들과 비교해서 두려움이 매우 적다. [저회피]
- 경연대회에서 우승한다면 매우 흥분될 것이다. [고접근]
- 잘못을 저지르는 것에 대해 걱정한다. [고회피]

리론(terror management theory)은 자신의 필멸성에 대한 앎에 사람들이 어떻게 반응하는가에 대한 이론인데, 이에 따르면 사람들이 자신들의 존재적 공포를 극복하는 방법들 중 하나는 '문화적 세계관', 즉 무엇이 좋고 옳고 참인지에 관한 일단의 공유된 믿음들을 발달시키는 것이다(Greenberg, Solomon, & Arndt, 2008; Solomon et al., 2004). 이런 믿음들은 사람들이 자신들을 필멸의 동물들 이상으로 보게 하는데, 왜냐하면 그들은 의미의 세계 안에 살고, 그 안에서 그들이 상징적 불멸성(예 : 대단한 유산을 남겨 놓거나 자식들을 가짐으로써)을 그리고 아마도 글자 그대로의 불멸성(예 : 경건해지고 내세의 한 자리를 얻음으로써)을 이룰 수 있기 때문이다. 이 이론에 따르면, 우리의 문화적 세계관은 우리 자신의 필멸성에 대한 앎이 만들어내는 불안에 대항해서 우리를 충격으로부터 보호해 주는 방패이다.

'신용카드 추가요금'과 '현금 할인'은 정확하게 똑같은 것이다. 그러나 사람들은 확실히 그렇게 느끼지 않는다! 라이너에어 손님들은 2012년 항공사가 신용카드로 결제한 고객들에게 2% 추가요금을 부과했을 때 분개했다. 항공사가 자신들의 표 값을 2% 올리고 그다음 현금으로 결제한 고객들에게 2% 할인을 제안하는 것이 더 현명한 일이었을까?

공포심 관리론은 **필멸성-현저성 가설**(mortality salience hypothesis)을 낳는데, 이 가설은 자기 자신의 필멸성을 상기하는 사람들이 자신의 문화적 세계관을 강화시키는 일을 할 것이라는 예측이다. 지난 20년 동안, 이 가설은 거의 400개의 연구들에 의해 지지받아 왔다. 그 결과는 사람들이 죽음을 상기할 때(종종 매우 미묘한 방식으로, 실험실에서 약 1000분의 몇 초 동안 죽음이란 단어를 비추어주거나, 우연히 묘지 근처에 있는 길모퉁이에서

? 사람들은 죽음에 관한 지식을 어떻게 다루는가?

멈추어 서게 함으로써), 그들은 자신들의 문화적 세계관을 공유하는 사람들을 더 잘 칭찬하거나 보상을 주고 그렇지 않은 사람들을 깎아내리거나 처벌하고, 배우자를 가치 있게 여기고 자신의 나라를 옹호하며, 젖 물리기(수유)와 같은 '동물적인' 행동에 대해 혐오를 느끼는 등등의 경향이 있다는 것을 보여 준다. 짐작건대 이런 반응들 모두는 그 사람의 문화적 세계관을 떠받치고 그럼으로써 자기 자신의 필멸성의 상기가 자연스럽게 유발하는 불안에 대해 저항하는 방식들이다.

공포심 관리론
사람들은 '문화적 세계관'을 발달시킴으로써 자신의 실존적인 공포를 극복한다는 이론

요약

▶ 정서는 세상에 대한 정보를 제공함으로써 간접적으로 우리를 동기화시키지만, 또한 직접적으로 우리를 동기화시킨다.

▶ 쾌락주의 원리는 유기체가 쾌락에 접근하고 고통을 피하며 이런 기본 동기가 모든 다른 동기들의 기초를 이룬다고 주장한다. 모든 유기체는 어떤 동기들을 가지고 태어나며 경험을 통해 다른 동기들을 획득한다.

▶ 몸이 결핍을 경험할 때, 우리는 그것을 고치려는 추동을 경험한다. 생물적 동기들은 일반적으로 심리학적 동기보다 우선한다. 생물학적 동기이 한 예는 굶주림인데, 이것은 생리적 과정들의 복잡한 시스템의 결과이며, 이 시스템과 관련된 문제들은 먹기 장애들과 비만으로 이어질 수 있는데, 이 둘은 모두 극복하기가 매우 어렵다. 생물학적 동기의 다른 예는 성적 관심이다. 남성과 여성은 모두 성행위 동안 거의 같은 순서의 생리적 사건들을 경험하며, 거의 같은 이유로 성행위에 개입하며, 둘 다 테스토스테론에 의해 조절되는 성 추동을 가지고 있다.

▶ 사람들은 세 가지 핵심 차원상에서 달라지는 많은 심리적 동기들을 가지고 있다. 내재적 동기는 외재적 보상이나 처벌에 의해 약화될 수 있다. 사람들은 행위 생성에의 어려움이 그들로 하여금, 보통은 무의식적인 더 구체적인 동기를 의식하게 만들지 않는 한, 더 일반적인 동기를 의식하는 경향이 있다. 회피 동기는 일반적으로 접근 동기보다 더 강력한데, 이것은 다른 사람들보다 어떤 사람에게 더 잘 해당한다.

제8장 복습

주요 개념 퀴즈

1. 정서들은 다음 어떤 두 차원상에서의 위치에 의해 묘사될 수 있는가?

a. 동기와 척도

b. 각성과 유인가

c. 자극물과 반응

d. 고통과 즐거움

2. 어떤 이론가들이 한 자극물이 동시에 정서적 경험과 생리적 반응을 모두 일으킬 수 있다고 주장했는가?

a. 캐논과 바드

b. 제임스와 랑게

c. 샤흐터와 싱어

d. 클뤼버와 부시

3. 어떤 뇌 구조가 한 자극물이 좋은지 나쁜지에 대한 신속한 평정에 가장 직접적으로 관여하고 있는가?

a. 피질

b. 해마

c. 편도체

d. 시상

4. 무엇을 통해, 정서 유발 자극물의 의미를 바꿈으로써 정서 경험을 바꾸는가?

a. 비활성화

b. 평정

c. 유인가

d. 재평정

5. 다음 중 어느 것이 보편성 가설을 조금도 지지하지 않는가?

a. 선천적인 맹인은 기본 정서와 연관된 표정을 짓는다.

b. 생후 며칠밖에 되지 않은 아기들이 쓴맛에는 혐오 표정으로 반응한다.

c. 로봇은 정서 표현을 드러낼 수 있도록 만들어져 왔다.

d. 연구자들은 외부 세계와의 접촉이 거의 없이 석기시대 사람처럼 사는 격리된 사람들이 서양인들의 정서 표현을 알아본다는 것을 발견했다.

6. 다음 중 정서 표현들이 정서 경험을 유발할 수 있다는 생각은?

a. 드러내기 규칙

b. 정서적 속임수

c. 보편성 가설

d. 안면되먹임 가설

7. 두 친구가 당신에게 의견 불일치를 해결하도록 도와달라고 요청했다. 당신은 각자가 주장하는 이야기를 듣고 한 관점에 대해 정서적 반응이 있지만, 그것을 표현하지 않는다. 이것은 어떤 드러내기 규칙의 예인가?

a. 약화

b. 차폐

c. 중성화

d. 강렬화

8. 다음 중 어느 것이 진실한 표현과 진실하지 않은 표현을 구별하지 않는가?

a. 시간적 패턴화

b. 지속시간

c. 대칭

d. 경솔함

9. 다음 진술 중 어느 것이 정확하지 않은가?

a. 어떤 얼굴 근육은 진실한 표정에 의해 믿을 만하게 관여한다.

b. 사람들이 실망을 감추기 위해 씩씩하게 미소 지을 때조차도, 그들의 얼굴은 작은 실망의 솟구침을 표현하는 경향이 있다.

c. 연구들은 인간의 거짓말 탐지 능력은 매우 좋다는 것을 보여 준다.

d. 거짓탐지기는 우연보다 더 좋은 비율로 거짓말을 탐지하지만, 그 오류율은 여전히 꽤 높다.

10. 쾌락주의 원리가 주장하는 것은?

a. 정서는 사람에게 정보를 준다.

b. 사람들은 쾌락을 경험하고 고통을 피하도록 동기화되어 있다.

c. 사람들은 자신의 기분을 과제를 성공할 가능성에 대한 정보로 사용한다.

d. 동기는 경험을 통해서만 획득된다.

11. 초기 심리학자들에 따르면, 특정한 목표를 추구하기 위한 학습되지 않는 경향성을 무엇이라 부르는가?

a. 본능

b. 추동

c. 동기

d. 교정 행동

12. 매슬로우에 따르면, 가장 기본적인 요구는 어떠한가?

a. 자기 실현과 자기 존중

b. 생물학적

c. 다른 요구들이 충족될 때까지 중요하지 않다.

d. 소속성과 사랑

13. 다음 중 어느 것이 심리학적 동기가 변동하는 차원이 아닌가?

a. 내재적-외재적

b. 의식적-무의식적

c. 회피-접근

d. 평정-재평정

14. 다음 진술들 중 어느 것이 참인가?

a. 남성과 여성은 많은 같은 이유로 성활동에 몰두한다.

b. 소년들과 소녀들은 서로 다른 나이에 성적 관심을 보이기 시작한다.

c. 생리적인 각성의 순서는 남성과 여성에게서 크게 다르다.

d. 인간 남성의 성 추동은 테스토스테론에 의해 조절되는 반면 인간 여성의 성 추동은 에스트로겐에 의해 조절된다.

15. 다음 활동 중 어느 것이 외재적 동기의 결과와 가장 비슷한가?

a. 십자말풀이를 완성하기

b. 음악가로서의 경력을 추구하기

c. 디저트로 아이스크림을 먹기

d. 이를 치실로 관리하기

주요 용어

공포심 관리론	신경성 거식증	인간 성반응 주기	추동
내재적 동기	신경성 폭식증	재평정	캐논-바드 설
동기	신진대사	접근 동기	쾌락주의 원리
드러내기 규칙	안면되먹임 가설	정서	평정
무의식적 동기	외재적 동기	정서 조절	항상상태
보편성 가설	의식적 동기	정서 표현	회피 동기
성취 요구	이요인 이론	제임스-랑게 설	

생각 바꾸기

1. 한 친구가 졸업을 앞두고 있는데 몇 개의 직장 제안을 받았다. "나는 첫 번째 인터뷰한 데로 갈 거야. 그리고 정말로 그 회사를 좋아해. 그렇지만 어려운 결정을 할 때 첫인상에 따라서는 안 된다는 것도 알아. 철저하게 이성적이어야 하고 감정이 방해하지 않도록 해야 해"라고 말한다. 정서(감정)는 이성적인 의사결정에 항상 방해가 되는가? 어떤 방식으로 정서는 우리가 결정을 내리도록 도와줄 수 있는가?

2. TV를 보는 동안, 당신과 친구는 음식점에서 팬을 때린 연예인에 관한 이야기를 듣는다. 연예인은 "그냥 참지를 못했어요. 내가 하던 짓을 봤지만, 그냥 자신을 통제할 수 없었어요"라고 말했다. TV 기자에 따르면, 그 연예인은 분노 조절 반을 수강하도록 판결받았다. 당신 친구는 "나는 폭력을 변명하는 것이 아니지만, 나는 분노 조절반이 조금이라도 도움이 될지를 확신하지 못하겠어. 너는 너의 감정을 통제할 수 없어. 너는 그것들을 그냥 느낄 뿐이야"라고 말한다. 당신은 우리가 정서를 조절하려고 시도할 수 있는 방법들 중에서 어떤 예를 친구에게 제시할 수 있는가?

3. 당신 친구들 중 한 사람이 막 남자친구에 의해 버림받았고 그녀는 엄청난 충격을 받았다. 그녀는 자신의 방에서 울면서 나가기를 거부하면서 며칠을 보냈다. 당신과 당신의 룸메이트는 이 어려운 시기 동안 그녀를 예의주시하기로 결정한다. 당신 친구는 말하기를, "부정적 감정은 매우 파괴적이야. 우리는 모두 그것 없이 지내는 것이 더 좋을 것이야." 당신은 룸메이트에게 무슨 말을 할 것인가? 우리의 생존과 성공에 부정적인 정서들은 어떤 방식으로 결정적인가?

4. 한 친구가 교육학을 전공하고 있다. "우리는 오늘, 과정을 통과했거나 성취 시험에서 잘한 학생들에게 현금 보상을 주는 방법을 시도한, 뉴욕과 시카고를 포함해서, 몇 개의 도시에 관해 배웠어. 그것은 아이들이 좋은 학점을 받도록 뇌물을 주는 것이고, 당신이 아이들에게 돈 주는 것을 멈추자마자, 그들은 공부하는 것을 멈출 거야." 당신 친구는 외재적 동기가 내재적 동기를 약화시킨다고 가정하고 있다. 이 그림은 어떤 식으로 더 복잡해지는가?

5. 당신 친구들 중 하나는 자유 시간의 전부를 야외 활동하는 데 쓰고, 자신의 세밀하게 다듬어진 몸에 대해 큰 자부심을 갖고 있는, 운동광이다. 그런데 그의 방친구는 매우 체중이 과다하다. 당신 친구는 말한다. "나는 계속 그에게 식이조절 하고 운동하라고 말하고 있지만, 그는 결코 체중을 줄이지 않아. 만일 그가 조금만 더 큰 의지력이 있다면, 그는 성공할 텐데." 당신은 친구에게 무슨 말을 할 것인가? 한 개인이 체중을 줄이는 데 어려움이 있을 때, 이 어려움의 원인으로 어떤 요인들이 있는가?

주요 개념 퀴즈 정답

1. b, 2. a, 3. c, 4. d, 5. c, 6 d, 7. c, 8. a, 9. c, 10. b, 11. a, 12. b, 13. d, 14. a, 15. d

Need more help? Additional resources are located in LaunchPad at:
http://www.worthpublishers.com/launchpad/schacter3e

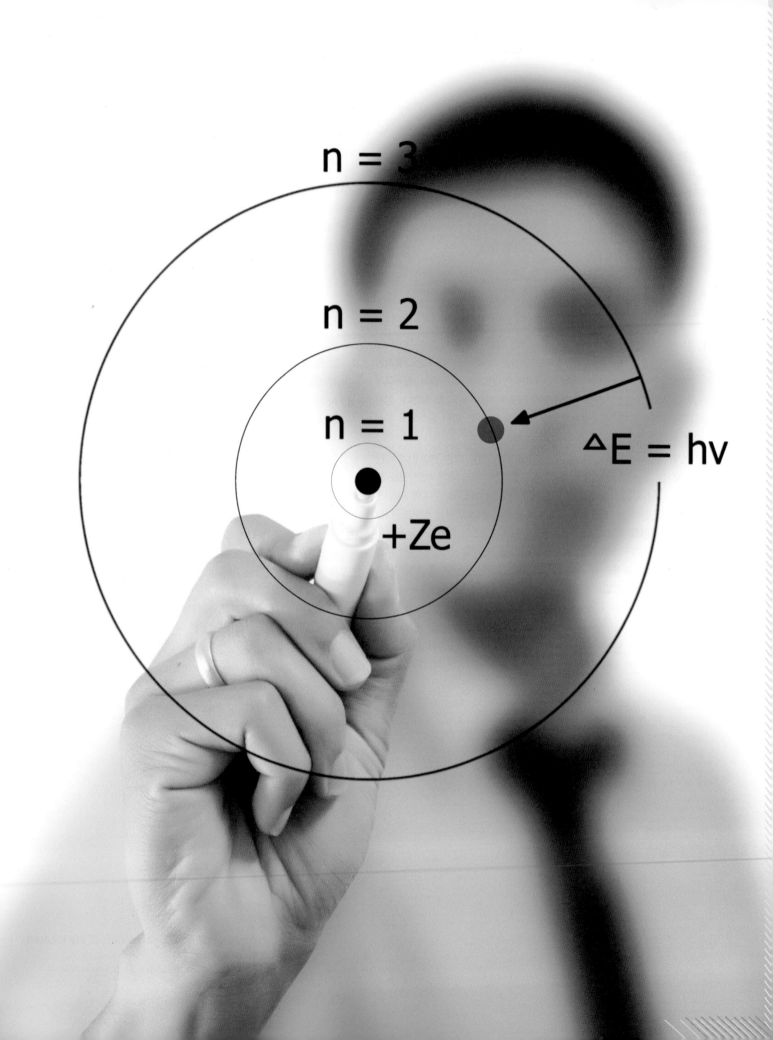

언어와 사고

리스토퍼라는 영국 소년은 언어에 대해 놀라운 재능을 보였다. 여섯 살 때, 누나의 학교 교과서로 불어를 혼자 배웠고, 책을 보면서 3개월 만에 그리스 어도 습득했다. 그의 재능이 워낙 비범해, 성인이 된 크리스토퍼는 16개국 언어로 유창하게 대화할 수 있었다. 영어를 불어로 번역하는 시험에서는 불어를 모국어로 쓰는 사람 수준의 점수를 받았다. 인위적으로 만든 인공언어를 제시받았을 때도, 언어를 공부하는 고학년 학생들조차 해독이 거의 불가능하다고 여기는 복잡한 규칙들을 쉽게 이해할 수 있었다(Smith & Tsimpli, 1995).

크리스토퍼가 아주 똑똑하고 아마도 천재일 것이라고 여러분이 결론 내렸다면 틀렸다. 오히려 그는 아주 제한적인 인지 능력을 가진 석학인 셈이다. 그는 표준적인 지능검사에서 정상에 훨씬 못 미쳤고, 네 살짜리도 쉽게 푸는 인지 과제를 풀지 못했다. 심지어 그는 오목과 같은 쉬운 게임 규칙도 배울 수가 없었다. 그의 놀라운 재능에도 불구하고 그는 보호 시설에서 살 수밖에 없었는데, 독립적으로 생활해 나가는 데 필요한 여러 의사결정, 추리, 문제해결과 같은 인지 능력을 갖고 있지 않았기 때문이다.

크리스토퍼는 교과서에 있는 외국어를 습득하는 데 탁월하다. 하지만 간단한 다른 인지 능력 검사들은 풀지 못했다.

크리스토퍼가 보인 강점과 약점이 바로 인지가 서로 다른 능력으로 이루어졌다는 강력한 증거를 제공하는 것이다. 언어를 신속하게 습득할 수 있는 사람이라고 해도 의사결정이나 문제해결의 천재는 아닐 수 있다. 추리에 뛰어난 사람이 언어 숙달에 특별한 능력을 보이지 않을 수도 있다. 이 장에서 여러분은 인간을 특징 짓는 여러 고등 인지 기능에 관해서 배울 텐데, 언어 습득과 사용, 개념과 범주의 형성, 의사결정, 문제해결, 추리가 그 예이다. 우리 인간이 이 기술들에 있어 다른 어떤 동물들도 능가할 수 있기에, 인간이라는 종을 규정하는 데 도움을 줄 수 있다. 우리는 이 다섯 능력을 독특한 심리적 특성을 보여 주는 증거를 검토하며 배울 것이고, 또한 대뇌를 절제한 사람과 대뇌 영상 연구를 검토하며 서로 다른 신경학적 토대에 관해서 배울 것이다. 이들 다섯 능력은 비록 명확한 차이가 있지만 중요한 어떤 것은 공통적으로 가지고 있다. 이것들은 모두 직장에서건, 학교에서건 인간관계이건 우리 존재의 모든 측면에서 중요한 기능을 한다. 그리고 크리스토퍼 사례에서 본 것처럼 이러한 인지적 능력의 장애는 우리의 삶에서 중요하고 지속적인 손상을 초래할 것이다.

언어와 의사소통 : 규칙에서 의미까지

대부분의 사회적 종들은 서로 메시지를 전달할 수 있는 소통체계를 가지고 있다. 꿀벌은 먹이가 있는 장소를 벌집에서의 방향과 거리를 나타내는 '팔자 춤'으로 소통한다(Kirchner & Towne, 1994; Von Frisch, 1974). 벨벳원숭이는 주된 천적인 표범, 독수리, 뱀의 출현을 다르게 나타내는 경고 소리를 갖고 있다(Cheney & Seyfarth, 1990). 표범 경고는 나무 위로 높이 올라가게 하고, 독수리 경고는 하늘을 쳐다보게 한다. 각기 다른 경고 소리가 단순한 언어에서의 단어와 같은 기능과 의미를 전달하는 것이다.

언어(language)란 의미를 담고 있으며 문법의 규칙에 따라 결합될 수 있는 신호들을 사용하여 타인과 소통하는 체계이다. **문법**(grammar)이란 의미 있는 내용을 만들기 위해 언어의 단위들이 어떻게 결합되어야 하는지를 구체화하는 규칙의 집합이다. 개인들은 언어로 세상에 관한 정보를 교환하고, 집단의 행위를 조정하고 사회적 결속을 형성할 수 있다.

인간 언어도 다른 동물들이 사용하는 신호 체계로부터 진화했을 것이다. 하지만 인간 언어와 예를 들어 벨벳원숭이의 짖는 소리는 세 가지 커다란 차이가 있다. 첫째로 인간 언어의 복합 구조는 다른 단순 신호 체계와는 구별된다. 대부분의 인간은 다른 동물의 소통보다는 훨씬 다양한 범위의 생각이나 개념을 표현할 수 있다. 둘째로, 인간은 만질 수 없는 대상인 '유니콘'이나 '민주주의' 같은 것을 지칭하는 단어를 사용할 수 있다. 이러한 단어는 단순한 경고 소리에서는 나올 수 없는 것이다. 셋째로 우리는 사고할 때 사물에 이름을 붙이고 분류하고 기술할 때 우리 자신에게 언어를 사용하며, 이러한 사용을 통해 지식이 뇌에 조직화되는 데 영향을 미치는 것이다. 꿀벌이 '오늘은 북쪽으로 더 날아가 꿀을 많이 발견해 여왕을 기쁘게 해야지'라고 의식적인 사고를 한다고는 믿을 수 없는 것이다.

이 절에서는, 복잡한 구조 형성에 기여하는 인간 언어의 요소들을 검토하고, 이러한 복잡성에도 불구하고 우리가 쉽게 언어를 습득하게 되는 과정과 생물학적·환경적 영향이 어떻게 우리의 언어 습득과 사용에 영향을 끼치는가를 살펴볼 것이다. 또한 언어가 우리의 대뇌에 어떻게 조직화되어 있는가를 보여 주는 신기한 언어 장애와, 영장류에게 언어를 가르치려 한 연구자들의 시도도 살펴볼 것이다. 마지막으로 언어와 사고가 어떻게 관련되는가에 관한 오래된

꿀벌들은 벌집에서 먹이가 있는 거리와 방향을 나타내는 팔자 춤으로 먹이가 있는 장소에 관해 서로 소통한다.

MEDIA BAKERY

DON FARRALL/GETTY IMAGES

? 인간 언어와 동물 간의 소통에 어떤 차이들이 있는가?

언어
의미를 담고 있으며 문법의 규칙에 따라 결합될 수 있는 신호들을 사용하여 타인과 소통하는 체계

문법
의미 있는 내용이 되기 위해 언어의 단위들이 어떻게 결합되어야 하는가를 규정하는 규칙의 집합

수수께끼도 다룰 것이다.

인간 언어의 복잡한 구조

다른 형태의 소통 방법과 비교해 보면, 인간 언어는 상대적으로 최근에 일어난 진화적인 현상

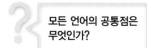

이며, 입말 체계는 기껏해야 100만~300만 년 전에 나타났고, 글말 체계는 겨우 6,000년 전에 생긴 것이다. 대략 4,000개 정도의 인간 언어가 있고 언어학자는 이를 50개 정도의 계보로 묶는다(Nadasdy, 1995). 이들 간의 차이에도 불구하고 모든 언어들은 소리의 집합과 이들을 결합하여 의미를 만들어 내는 기본 구조를 모두 공유하고 있다.

기본 특징

무선적 잡음이 아닌 말로 알아챌 수 있는 소리의 가장 작은 단위를 **음소**(phoneme)라고 한다. 이러한 소리 언어의 기본 구성요소는 어떻게 산출되느냐에 따라 다르다. 예를 들어 *ba*를 말하면, 소리가 나자마자 성대 목청이 진동하지만, *pa*를 말할 때는 *p* 소리가 시작되고 성대가 진동하는 사이에 60ms의 지연이 있다. *B*와 *p*는 영어에서는 개별적인 음소로 분류되는데, 이는 사람들이 서로 다른 방식으로 말하기 때문이다.

모든 언어는 어떻게 음소가 결합되어 말을 산출하는지를 나타내는 **음성 규칙**(phonological rules)이 있다 예를 들어 첫 *ts* 음은 독일어에서는 허용되지만 영어에서 아니다. 보통 사람들은 교육을 받지 않아도 음성 규칙을 배운다. 그리고 규칙이 위반되면 그 소리가 아주 이상하기에 액센트가 있는 말로 기술한다.

음소는 합쳐져 **형태소**(morphemes)가 되며, 이는 의미를 갖는 언어의 가장 작은 단위가 된다 (그림 9.1 참조). 예를 들어 여러분의 뇌는 말소리 *pat*의 시작에 *pe* 음을 알아채지만, 이는 특별한 의미는 갖지 않는다. 반면에 형태소 *pat*은 뜻을 갖는 말의 요소로 파악한다. **형태 규칙** (morphological rules)은 어떻게 형태소가 결합되어 단어를 구성하는지를 나타낸다. 어떤 형태소는 내용 형태소로 사물이나 사건을 지칭한다(예 : cat, dog, take). 다른 종류는 기능 형태소로 접속, 관사, 전치사가 같은 문법적인 기능을 한다(예 : and, the, into). 인간 언어의 대략 반 정도는 기능 형태소로, 이것들로 인해 바로 추상적인 생각을 표현하도록 허용하는 복잡한 인간 언어가 가능하다.

음소
무선적인 잡음이 아닌 말소리로 재인할 수 있는 소리의 가장 작은 단위

음성 규칙
어떻게 음소들이 말소리로 결합될 수 있는가를 나타내는 규칙의 집합

형태소
언어의 가장 작은 의미 단위

형태 규칙
어떻게 형태소들이 결합되어 단어를 이루는가에 관한 규칙의 집합

▼ 그림 9.1 **언어의 단위** 가장 큰 언어 단위인 문장은 더 작은 단위인 구, 형태소, 음소로 계속 쪼개질 수 있다. 모든 언어는 음소와 형태소가 단어를 이루고, 이것들이 구로 결합되어 최종 문장이 된다.

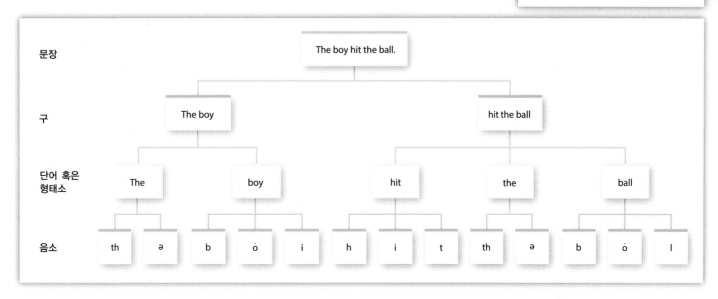

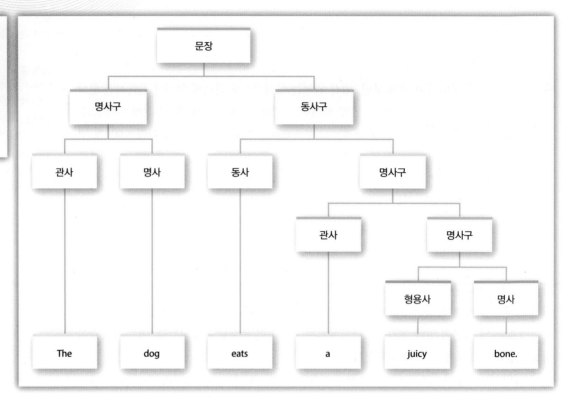

▶ 그림 9.2 **통사 규칙** 통사 규칙은 어떻게 단어들이 결합되어 문장을 이루는가를 나타낸다. 모든 문장은 하나 이상의 명사를 포함하며, 이는 형용사, 관사와 명사구를 이룬다. 또한 문장은 하나 이상의 동사를 포함하는데 이는 명사구, 부사, 혹은 관사와 함께 동사구를 이룬다.

통사 규칙
어떻게 단어들이 결합되어 구나 문장을 이루는가에 관한 규칙의 집합

심층구조
문장의 의미

표면구조
문장이 어떤 단어들로 표현되는가

단어들은 결합되고 재결합되며 무한한 새로운 문장을 만들어 낼 수 있는데, 이는 단어들이 **결합되어 구나 절을 형성하는 규칙** 즉 **통사 규칙**(syntactical rules)의 지배를 받는다. 가장 단순한 영어 통사 규칙은 모든 문장은 하나 이상의 명사와 동사를 포함해야 한다는 것이다(그림 9.2 참조) 그래서 "dogs bark"는 완전한 문장이지만, "the big gray dog over by the building"은 문장이 아니다.

의미 : 심층구조 대 표면구조

소리와 규칙이 인간 언어의 결정적인 요소이며, 이를 통해 의미를 전달한다. 통사 규칙과 다른 규칙에 맞는 방식으로 하나의 문장을 만들 수 있지만, 언어학자 노암 촘스키(Noam Chomsky, 1957, p. 15)의 유명한 "Colors green ideas sleep furiously." 예에서처럼 의미 혹은 의미론(semantics)이 전혀 포함되어 있지 않다. 비록 우리가 이런 말을 하며 문법적인 규칙을 어기지는 않겠지만, 주변에 있는 사람이 들었다면 고개를 갸우뚱하며 이상하게 쳐다보기는 할 것이다. 언어는 보통 의미를 아주 잘 전달하지만 일상 경험으로 보면 오해가 일어날 수 있다. 이러한 오류는 문장의 심층구조와 표면구조의 차이에서 기인한다(Chomsky, 1975). **심층구조**(deep structure)란 문장의 의미를 지칭하고, **표면구조**(surface structure)는 어떤 단어들로 문장이 표현되는가를 말한다. "The dog chased the cat" 문장과 "The cat was chased by the dog"는 같은 의미, 즉 같은 심층구조를 갖고 있으나 표면구조는 다르다.

한 문장을 생성할 때, 우리는 심층구조(의미)로 시작해, 그 의미를 전달하는 특정한 단어들로 표면구조를 만든다. 우리가 문장을 이해할 때는 거꾸로 심층구조를 뽑아내기 위해 표면구조를 처리한다. 심층구조가 뽑아내지면 표면구조는 보통 망각된다(Jarvella, 1970, 1971). 한 연구에서, 연구자들은 지원자들에게 녹음된 이야기를 들려주고 그들이 들었던 문장을 선택하도록 하였다(Sachs, 1967). 참가자들은 종종 같은 심층구조이지만 다

문장의 표면 구조를 곧 잊어버리는데도 효율적인 소통이 가능한 이유는? 이것이 어떤 진화론적인 이득이 있을까?

? 문장의 의미와 단어 배열 중 어느 것이 기억이 잘 될까?

른 표면구조를 갖는 문장들을 혼동하였다. 예를 들어 "He struck John on the shoulder"라는 문장을 듣고 "John was struck on the shoulder by him"을 들었다고 잘못 주장하곤 했다. 하지만 "John struck him on the shoulder"와 같은 문장은 원래 문장과 다른 심층구조를 갖기에 거의 혼동하지 않았다.

언어 발달

언어는 복잡한 인지적 기술이지만, 우리는 별다른 노력 없이 말하고 이해하는 것을 배운다. 우리는 학교 가기 전부터 친구나 가족과 복잡한 대화를 할 수 있다. 언어 발달의 다음과 같은 세 가지 특성을 염두에 둘 필요가 있다. 첫째로, 아이들은 언어를 놀랄 만한 속도로 배운다. 평균적인 한 살짜리는 10개 정도의 어휘를 갖는데, 네 살이 되면 10,000개까지 늘어나며, 이는 아이들이 평균적으로 매일 6~7개의 새로운 단어를 배워야만 하는 것이다. 둘째로, 아이들이 말하기를 배울 때 거의 잘못을 저지르지 않으며, 잘못도 보통 문법적인 규칙에 따른다. 이는 엄청난 재주라고 할 수밖에 없다. 10개 단어 문장에서 단어들을 재배치하는 방법은 300만이 넘을 수 있는데, 이들 중 단지 몇 개의 배열만이 문법적이고 의미가 있다(Bickerton, 1990). 셋째로, 아이들의 언어 발달에서 능동적인 숙달보다는 수동적 숙달이 더 빠르다. 즉, 모든 언어 발달 단계에서 아이들은 그들이 말할 수 있는 것보다 듣는 말에 대한 이해를 더 잘한다.

말소리 구별

태어났을 때, 영아들은 인간 언어에서 나타나는 모든 대비되는 소리들을 구별할 수 있다. 첫 6개월 내에 이러한 능력을 잃어버리고, 부모와 마찬가지로 그들 주변에서 말해지는 언어에 포함되어 있는 대비 소리들만을 구별할 수 있다. 예를 들어 영어에서는 *l*과 *r*이 *lead*, *read*에서처럼 구별된다. 하지만 이 소리는 일본어에서는 구별되지 않으며 하나의 음소에 속한다. 일본 성인들은 이 음소의 차이를 들을 수 없으나 미국 성인은 구별할 수 있으며, 일본 영아들도 구별할 수 있다.

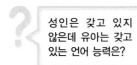
성인은 갖고 있지 않은데 유아는 갖고 있는 언어 능력은?

한 연구에서 연구자들은 "la-la-la" 또는 "ra-ra-ra"를 말하는 목소리를 녹음하였다(Eimas et al., 1971). 영아에게 젖꼭지를 물리고 빨 때마다 녹음한 "la-la-la" 소리를 들려주었다. 빨 때마다 소리가 들리면 아이들은 즐거워하며 그 소리를 듣기 위해 빨기를 계속한다. 얼마 후에는 흥미를 잃고 빠는 빈도가 처음에 비해 절반 수준으로 떨어진다. 이 시점에서 실험자는 소리를 "ra-ra-ra"로 바꾸어 들려주었고, 일본 영아들은 열심히 다시 빨기 시작했으며, 이는 그들이 지겨운 *la* 소리와 새롭고 흥미로운 *ra* 소리의 차이를 들을 수 있다는 것을 나타낸다.

이 비디오 검사에서 영아는 단일 말소리가 반복되는 동안에 장난감 동물의 움직임 장면을 보고 있다. 몇 번의 반복 후 소리가 바뀌고 장면이 바뀌고 이어 둘 다 다시 바뀐다. 만약 영아가 소리가 바뀔 때 주의를 돌린다면 새로운 장면을 기대하는 것이고, 이는 두 말소리를 구별해 낼 수 있다는 것을 보여 주는 것이다.

영아들이 옹알이를 하는 거의 같은 시기에 청각장애 아기들은 손으로 옹알이하는 것을 부모로부터 배운다.

비록 영아는 말소리를 구별할 수는 있지만 발음할 수 없으며, 쿠쿠 소리, 울음, 웃음 등과 같은 소리에 의존하여 소통한다. 4~6개월 사이에 말소리를 옹알거리기 시작한다. 듣게 되는 말소리 언어와는 관계없이 모든 영아들은 동일한 옹알이 순서를 거친다. 예를 들어 *d*나 *t* 소리가 *m*이나 *n*보다 우선한다. 심지어 청각장애 영아들도 전혀 듣지 못한 옹알이 소리를 내고 정상 영아와 같은 단계를 거친다(Ollers & Eilers, 1988). 이런 점이 바로 옹알이가 듣는 소리를 단순히 모방하는 것이 아니며, 자연적인 언어 발달의 한 부분이라는 증거가 된다. 최근 연구는 옹알이가, 영아들이 초점 주의 상태이며 학습할 준비가 되어 있다는 신호로 작용한다는 것을 보여주었다(Goldstein et al., 2010). 하지만 청각장애 영아는 옹알이를 많이 하지도 않으며 정상적으로 들을 수 있는 영아에 비해 지연된다고 한다(6개월이 아닌 11개월).

그러나 옹알이가 계속되기 위해서는 스스로 그 소리를 들을 수 있어야 한다. 사실 옹알이가 늦게 나타나거나 멈추면, 청각에 문제가 있을 가능성을 검사해야 한다. 옹알이에서의 문제가 입말 장애를 일으킬 수 있지만 언어 획득을 필연적으로 방해하는 것은 아니다. 미국식 수화(ASL)로 소통하는 부모를 둔 청각장애 영아들도, 정상아들이 옹알이 소리를 시작하는 4~6개월 시기에 동일하게 손으로 옹알이를 시작한다(Petitto & Marentette, 1991). 이들의 옹알이는 ASL의 기본 구성 요소인 수화 음절로 구성된다.

언어 이정표

10~12개월 사이에 첫 단어를 말한다. 18개월이 되면 50개 정도의 단어를 말할 수 있고, 그 몇 배를 이해할 수 있게 된다. 아장아장 걷는 유아들은 보통 동사 전에 명사를 배우며, 일상생활의 구체적 대상의 이름을 우선 배운다(예 : 의자, 탁자, 우유)(표 9.1 참조). 이때쯤 어휘가 폭발적으로 증가한다. 평균적인 아이들이 학교에 갈 때쯤 1만 개 정도의 어휘 수를 보이는 것이 이상한 게 아니다. 5학년이 되면 평균적인 아이들은 4만 단어의 뜻을 알고, 대학교에 갈 때면 20만 개 정도의 어휘를 보인다. 아이들이 단 한 번의 노출만으로 한 단어를 밑바탕이 되는 개념에 대응시키는 **신속한 대응**(fast mapping)이 바로 이렇게 빠른 속도로 학습이 일어나게 하는 것이다(Kan & Kohnert, 2008; Mervis & Bertrand, 1994). 이렇게 놀랄 정도로 쉬운 어휘 학습 과정은, 나중에 아주 노력을 들여 배워야 하는 수학이나 쓰기 같은 개념이나 기술과 아주 극적인 대비가

신속한 대응
아이들이 한 번의 노출만으로도 단어를 밑바탕이 되는 개념에 대응시킬 수 있다는 사실

표 9.1	
언어 이정표	
평균 연령	**언어 이정표**
0~4개월	말소리(음소) 간의 차이를 알고 있음. 쿠쿠 소리, 특히 말소리에 대한 반응
4~6개월	자음 옹알이
6~10개월	몇몇 단어와 단순한 요청 이해
10~12개월	단일 단어 사용 시작
12~18개월	30~50개 정도의 어휘(단순명사, 형용사, 행위동사)
18~24개월	통사 규칙에 따른 두 단어 구조 배열. 50~200개 단어의 어휘. 규칙 이해
24~36개월	1,000개가량의 어휘. 구와 불완전 문장 산출
36~60개월	1만 단어 이상의 어휘 증가. 완전 문장 산출. 문법적 형태소(과거형에 대한 −*ed*)와 기능어(*the*, *and*, *but* 같은) 숙달. 질문, 부정 사용 가능

된다.

24개월경에는 아이들이 "more milk" 또는 "throw ball"과 같은 두 단어 문장을 만들기 시작한다. 이런 문장을 **전보식 말**(telegraphic speech)이라고 하는데, 기능 형태소는 빠져 있고 대부분 내용어들만으로 이루어지기 때문이다. 비록 전치사, 관사와 같은 기능어는 생략되어 있지만 이 두 단어 문장은 문법적이라고 할 수 있는데, 아이들이 배워야 하는 언어의 통사 규칙과 일치하는 방식으로 단어들의 순서, 즉 어순을 이루기 때문이다. 예를 들면 공을 던져 달라고 할 때, "ball throw"가 아니라 "throw ball"이라고 표현하며, 우유를 더 달라고 할 때, "milk more"가 아니라 "more milk"라고 표현한다. 이런 원시적으로 보이는 표현 속에, 자기가 배우고 있는 언어의 통사 규칙을 이미 파악하고 있으며 이를 지키고 있다는 것을, 이 두 살짜리가 보여 주고 있는 것이다.

> 두 살짜리가 언어 규칙을 기본적으로 이해하고 있다는 것을 어떻게 알 수 있는가?

문법 규칙의 출현

아이들이 문법 규칙을 쉽게 획득한다는 증거는 아이들이 문장을 만들 때 하는 흥미로운 오류에서 나온다. 여러분이 두세 살짜리들이 말하는 것을 듣는다면, "I ran", "You ate"에서처럼 자주 사용되는 동사의 올바른 과거형을 사용한다는 것을 알아챌 수 있다. 하지만 같은 아이들이 4~5세에는 동사의 틀린 형태, 즉 "I runned", "You eated"처럼 전혀 들어 보지 않았을 표현을 사용한다(Prasada & Pinker, 1993). 이유는 어린아이들은 자신이 소통하려는 것을 나타내기 위해 특정한 소리(즉, 단어)를 외워 사용하기 때문이다. 하지만 아이들이 그 언어의 문법적인 규칙을 획득하면서는 과잉일반화하는 경

> 아이들의 언어 습득이 모방을 사용해 이루어지는 것이 아닐 수 있는 이유는?

향이 있다. 예를 들어 아이가 과거형으로 −ed를 사용한다는 것을 과잉일반화하여, run 대신에 runed를, 심지어는 ran 대신에 ranned를 사용한다.

이러한 오류는 언어 획득이 단순히 성인 말을 모방하는 것이 아니며, 대신에 자신의 주변에서 듣는 말에서 문법적인 규칙을 획득하고 이 규칙을 사용하여 전혀 들어 보지 못했던 동사의 형태를 사용한다는 것을 의미한다. 아이들은 자신이 문법적인 규칙을 배운다는 명시적인 자각도 없이 이런 식으로 처리하는 것이다. 사실 아이나 성인도 자신의 모국어에 대한 문법 규칙을 말로 정확히 표현하지 못하며, 단지 이 규칙을 따라 말을 할 뿐이다.

세 살 정도 되었을 때, 아이들은 기능어를 포함하는 완전한 문장을 산출한다(예 : "Give me the ball" "That belongs to me"). 다음 2년 동안 문장은 더욱 복잡해지며, 4~5세가 되었을 때 여러 언어 획득 과정이 완료된다. 그리고 아이들이 성숙하며, 언어 기술이 더 세련되어지고, 유머, 풍자, 역설과 같은 미묘한 소통의 측면이 추가된다.

언어 발달과 인지 발달

언어 발달은 전형적으로 일련의 단계를 걸쳐 전개되며, 한 이정표가 다음 단계로 넘어가기 전에 달성된다. 거의 모든 유아들이 한 단어 발화에서 시작하여 전보식 말로 변하고 기능 형태소를 포함하는 단순 문장을 만든다. 어떤 부모들이 주장하듯이 갑자기 말에서 문장을 쓰기 시작한다는 증거는 찾기 어렵다. 이러한 질서 정연한 진전은 특정한 언어에 대한 경험과는 관계없는 일반적인 인지 발달에서 기인한 것일 수 있다(Shore, 1986 ; Wexler, 1999). 예를 들어, 아마도 유아는 초기 단기 기억의 한계로 한 단어 혹은 두 단어 발화부터 시작할 것이다. 그리고 여분의 인지적 발달이 이루어져야만 단순 문장을 구성해 낼 용량이 갖게 될 것이다. 반면, 이러한

전보식 말
기능 형태소 없이 내용어들만으로 이루어진 말

영어권 부모에게 입양된 중국 학령 전 아이들은 영어 사용 가정에서 태어난 유아와 거의 같은 언어 이정표를 거치며 발달하는데, 이는 일반적 인지 발달보다는 영어 경험을 반영한다는 것을 시사한다.

진전은 특정 언어에 대한 경험에 의존할 수도 있으며, 그 언어에 대한 아이의 지식을 반영하는 것일 수도 있다(Bates & Goodman, 1997; Gillette et al., 1999).

이러한 두 가능성은 분리해 내기 쉽지 않은데, 최근 연구들은 새로운 전략을 써 이 문제를 다루고 있다. 즉, 입양 전에는 영어를 전혀 모르던 학령 전 외국 입양아의 영어 습득을 검토하는 것이다(Snedeker, Geren, & Shafto, 2007, 2012). 정부 통계에 의하면, 2012년 미국으로 8,600 명 이상이 외국에서 입양되었다고 한다(U.S. Department of State, 2013). 비록 대부분의 입양아들이 영아나 걸음마를 배우기 시작한 아이들이지만, 학령 전 아이들도 상당한 비율을 차지한다. 이 나이 먹은 아이들의 영어 습득은 인지 발달과 언어 발달 간의 관련성을 탐구할 수 있는 귀한 기회를 제공한다. 만약 영아들이 보이는 영어 습득의 특징에 맞는 이정표

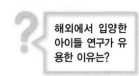

해외에서 입양한 아이들 연구가 유용한 이유는?

의 순서가 일반적인 인지 발달의 부산물이라면, 이 영아보다 인지적으로 더 진전되어 있는 외국에서 입양된 아이들은 다른 습득의 패턴을 보여야 한다. 하지만 이 언어 발달의 이정표가 어떤 특정 언어(영어)에 대한 경험에 결정적으로 의존하는 것이라면 이 나이 든 아이들의 언어 학습은 영아들과 같은 순서의 진전을 보여야 한다.

연구자들은 2세 반에서 5세 반까지의 학령 전 아이들을 중국에서 입양한 후 3~18개월 동안 조사하였다(Snedeker, Geren, & Shafto, 2007). 그들은 부모들에게 자료를 보내, 가정에서 아이들이 사용하는 언어 표집을 정기적으로 기록하게 하였으며, 아이들에게서 관찰되는 특정 언어 특성에 관한 질문지도 응답하도록 하였다. 이 자료들을 단일 언어 사용 유아에게서 비슷한 방식으로 얻은 자료와 비교하였다. 주된 결과는 명확했다. 즉, 외국에서 입양된 아이들의 언어 습득도, 아이들의 질서 정연한 언어 발달 이정표와 같았다. 이 아이들도 한 단어 발화에서 시작해 단순한 단어 조합으로 변했다고 한다. 더구나 어휘에서도 보통 아이들과 같이 처음에는 명사가 주로 많이 사용되었으며, 기능 형태소는 거의 사용되지 않았다고 한다.

이 결과들은 언어 발달의 핵심적인 이정표가 영어와의 경험에서 의존한다는 것을 나타내는 것이다. 그러나 외국에서 입양된 아이들이 유아들보다 더 빠르게 새로운 어휘를 추가해 갔는데, 이는 아마 일반적인 인지 발달의 영향을 반영하는 것이라고 볼 수 있다. 이 연구가 주는 결론은, 언어 발달의 이정표는 일반적인 인지 발달의 제한이라기보다는 언어 학습의 특성에 의존한다는 것이다. 후속 연구(Snedeker et al., 2012)는 이러한 일반적인 결론에 추가적인 증거를 제공하며, 아울러 언어의 특정한 측면에서는 인지 발달이 한 역할을 한다는 새로운 증거도 제시한다. 예를 들어, 입양된 학령 전 아이들이 *tomorrow*, *yesterday*, *before*, *after* 같은 과거나 미래를 나타내는 단어를 영아들보다 더 신속하게 습득하는데, 이는 영아들이 이러한 추상적 개념을 표상하는 데 어려움이 있기에 인지적으로 더 발달된 학령 전 아이들보다 이러한 단어를 배우는 데 시간이 더 오래 걸렸다는 것을 보여 준다.

언어 발달 이론들

우리는 어떻게 언어가 발달하는지에 관해 상당히 많이 알고 있는데, 그러면 이 과정의 밑바탕은 무엇일까? 언어 습득 과정은 행동주의자, 생득론자, 상호작용론자들 같은, 세 가지 서로 다른 접근을 하는 이론가들 사이에 상당한 논쟁 그리고 (때로는) 성난 싸움의 주제였다.

행동주의자들의 설명

스키너 같은 행동주의자들의 언어 학습에 관한 설명에 따르면, 다른 기술 학습과 마찬가지로 말하기를 배운다. 즉, 7장에서 배운 것처럼 강화, 조성, 소거 등의 조작적 조건 형성의 기본 원

리를 따른다는 것이다(Skinner, 1957). 영아들이 성장하며 말소리를 내기 시작한다. 강화되지 않는 소리는 점진적으로 소멸할 것이고, 강화를 받은 것은 발달하는 아이들의 레퍼토리에 남게 된다. 그래서 예를 들면, 영아들이 "prah"라고 소리를 낼 때는 무관심하다가, "da-da"라는 소리와 조금이라도 닮은 소리를 내면, 미소를 짓거나, 놀라거나, "아유 아빠라고 하네!" 하는 식으로 좋아하며 부모는 강화를 할 것이다. 또한 아이들은 성장하며 듣는 말소리를 모방한다. 그러면 부모나 어른들은 문법적인 것은 강화하고 비문법적인 것은 무시하거나 처벌하며 그 소리를 조성할 것이다. "I no want milk"라는 표현은 부모들이 비웃으며 없애 버릴 것이고 "no milk for me, thanks"라는 표현은 아마도 강화할 것이다.

유아들이 "다-다"라는 소리는 내지만 "프라"라는 소리를 반복하지 않는 이유를 어떻게 설명하는가?

이러한 행동적 설명은 언어 발달에 관한 단순한 설명이라는 점에서 매력적이지만, 언어 발달이 여러 기본적인 특성을 설명하지 못한다(Chomsky, 1986; Pinker, 1994; Pinker & Bloom, 1990).

- 첫째, 부모들은 아이들이 문법적으로 말하도록 가르치는 데 많은 시간을 쓰지 않는다. 잘 정립된 연구에 따르면, 부모들은 보통 아이들 말의 문법보다는 그 내용의 사실 여부에 반응한다는 것을 연구자들은 발견했다(Brown & Hanlon, 1970). 예를 들면, "Nobody like me"라고 아이들이 표현하면, "자, 잘 듣고 'Nobody likes me'라고 따라 해 봐"라고 반응하기보다는 "왜 그렇게 생각하지?" 혹은 "나는 네가 좋아!"라고 반응한다.
- 둘째, 아이들은 그들이 듣는 것보다 더 많은 문법적인 문장을 만들어 낸다. 이는 아이들이 단순히 모방하는 것이 아니라, 문장 생성의 규칙을 학습했다는 것을 보여 주는 것이다. 여러분은 같은 심층구조가 여러 개의 표면구조로 생성된다는 것을 기억할 것이다. 그러기에 이 각각의 표면구조들을, 자라는 아이들이 듣고, 강화받고, 학습한 것이라고 생각하기는 힘들고, 문법적인 문장을 생성하는 능력을 단순히 획득한 것이라고 생각해야 할 것이다.
- 셋째, 이 장 앞에서 보았듯이 아이들이 언어를 배우며 범하는 실수는 문법적인 규칙을 과잉일반화하면서 생기는 것이다. 단순히 들은 것을 시행착오적으로 혹은 모방으로 배우는 것이라는 행동주의자의 설명은 이를 예측할 수 없다. 즉, 언어 발달이 개별 문장이나 절을 강화하는 것으로만 이루어진다면 과잉일반화는 일어나기 힘들다.

생득론자들의 설명

행동주의 접근에 신랄하게 응수한 언어학자 촘스키(1957, 1959)의 논문이 발표된 1950년대 이후로 언어와 인지에 관한 연구는 상당한 변화가 이루어졌다. 촘스키에 따르면, 언어 학습 능력은 대뇌에 내장되어 있으며, 언어 습득에 전문화되어 있어 말에 단순히 노출되는 것으로도 신속히 습득된다고 주장한다. 촘스키를 비롯한 다른 연구자들의 견해는 일반적 지능과 구별되는 언어를 습득할 수 있는 특별한 능력을 인간이 가지고 태어난다고 보았다. 이러한 **생득론적 이론**(nativist theory)은 언어 발달을 선천적이고, 생물학적 능력으로 가장 잘 설명할 수 있다고 주장한다. 촘스키에 따르면, 사람의 뇌에는 선천적으로 언어 학습을 촉진시키는 **언어 습득 장치**(Language Acquisition Device, LAD)가 있다는 것이다. 언어 습득을 유지할 수 있을 정도로 적절한 입력을 유아들이 받아들이기만 한다면, 언어 처리는 유아가 성숙함에 따라 자연적으로 나타난다.

크리스토퍼의 이야기는 언어 발달의 생득론적 관점과 일치한다. 그는 일반적 지능이 낮음에

생득론적 이론
언어 발달은 타고난 생물학적 능력에 의해 가장 잘 설명될 수 있다는 견해

언어 습득 장치(LAD)
언어 학습을 촉진하는 과정들의 집합

"생각을 가져라. 말을 잘해라. 단어들을 조합해라. 문장을 만들어라."

부전실어증
다른 지능은 정상이지만, 언어의 문법적 능력에 결함이 있는 상태

도 불구하고 언어 습득에서는 천재적 재능을 보였다. 이를 통해, 언어 능력은 다른 정신적 능력과 다르다는 것을 알 수 있다. 다른 사람들은 정반대의 모습을 보이기도 한다. 이들은 정상 혹은 정상에 가까운 지능이지만 언어를 배우는 것이 어렵거나 불가능한 것으로 보인다. **부전실어증**(genetic dysphasia)으로 알려져 있는 이 장애는 다른 지능은 정상이지만, 언어의 문법적 능력에 결함이 있는 상태를 말한다. 부전실어증은 가족력을 보이는 경우가 많으며, 단일 우성 유전자가 관여한다. 이 장애를 가진 아이가 말하는 문장을 살펴보자.

She remembered when she hurts herself the other day.
Carol is cry in the church.

위의 문장을 보면 아이가 전달하려는 생각은 맞는 것처럼 보인다. 하지만 특별한 훈련을 받아도 문법 규칙에서의 문제가 지속된다. 예를 들어 이 질환을 가진 한 아이는 지난 주말에 무엇을 했는지 써 보라고 했더니 한 여자 아이가 "On Saturday I watch TV"라고 적었다. 이 아이가 전하려는 이야기는 맞으며 단지 문법이 틀렸다는 것을 알아야 한다. 그녀의 선생님은 과거에 있었던 일에는 −ed를 붙이는 규칙을 설명하면서, "On Saturday, I watched TV" 문장으로 수정해 주었다. 일주일 뒤에도 마찬가지로 그 여자 아이에게 지난주에 무엇을 했는지 종이에 적어 보게 하였다. 그녀는 "On Saturday I wash myself and I watched TV and I went to bed"라고 적었다. 그녀는 과거시제 형태가 *watched*와 *went*라는 것은 기억하였지만, 그 규칙을 *washed*와 같은 다른 단어의 과거시제 형태에는 일반화시키지 못했다.

생득론적 관점에서 예측하듯이, 부전실어증을 갖고 있는 사람들에 대한 연구는 정상 아동들이 언어의 문법 규칙을 쉽게 배우는데, 이는 이미 그렇게 '선이 깔려 있기' 때문이라는 것을 시사한다. 이처럼 언어 습득의 생물학적 소질은 영아들이 모든 언어의 음소 구별이 가능한 이유를 설명해 준다. 심지어 한 번도 들어 보지 못한 음소도 영아들은 구별해 낼 수 있다. 만약 행동주의자들의 설명처럼 우리가 단순히 모방을 통해 언어를 습득한다면, 영아들은 실제로 들은 음소만 구별할 수 있을 것이다. 또한 생득론적 이론에서는 청각장애 영아가 들어 본 적 없는 옹알이 소리를 낼 수 있고, 유아의 언어 발달 양상이 전 세계적으로 공통된 현상을 보이는지 설명해 줄 수 있다. 생물학적인 유전이 인간 언어의 전반적인 기계적 구조를 제공하는 것이라면, 이러한 언어 발달의 특징은 충분히 기대할 수 있는 것이 된다.

? 청각장애 유아도 옹알이 한다는 것을 생득론자들은 어떻게 설명하는가?

언어를 습득하는 과정에서 결정적 시기가 있다는 것을 보여 주는 증거도 생득론적 관점과 일치하는데, 이는 명금(songbirds)의 경우에서 관찰할 수 있다. 만약 새끼 명금이 태어나서부터 어미의 소리를 듣지 못하면, 새끼 명금들은 소리를 낼 수 없다. 이와 유사한 기제가 인간의 언어 습득에도 영향을 미치고 있다는 것을 지니라는 여자 아이의 불행한 사례를 통해 확인할 수 있다(Curtiss, 1977). 지니는 생후 20개월부터 부모에 의해서 독방에 갇혀 지냈다. 그녀의 아버지는 가족들에게 그녀와 이야기하는 것을 허락하지 않았고, 그녀에게 늑대처럼 으르렁거리거나 짖게만 했다. 이런 끔찍한 생활은 지니가 열세 살까지 지속되었다. 이후 지니의 생활은 점차적으로 향상되었고, 몇

영어가 두 번째 언어로 사용되는 이민자들은 사춘기 전에 영어를 배우게 되면 그 후에 배우는 경우보다 더 유창하게 된다고 한다.

년 동안 언어 교육을 받았지만 언어의 습득 시기를 놓쳤다. 그녀의 언어 능력은 어린아이 수준에 머물러 있었다. 지니는 단어를 말하거나 자신의 생각을 전달할 수는 있었지만 문법 규칙을 습득하는 것은 불가능했다.

이와 관련한 유사 사례가 보고되었으며, 같은 결론, 즉 일단 사춘기에 도달하면 언어를 습득하는 것이 아주 힘들다는 것을 보여 준다(Brown, 1958). 이민자를 대상으로 한 언어 습득 연구 자료도 이 결론을 지지한다. 한 연구에서, 연구자는 이민자들의 영어 습득에서 중요한 요인은 그들이 미국에 머문 기간보다 오히려 이민 간 시기에 달려 있다는 것을 확인했다(Johnson & Newport, 1989). 일찍 이민을 간 아이들은 외국어를 쉽게 배울 수 있는 최적의 시기인 반면, 사춘기 시기 이후에 이민 간 사람은 그 나라에서 지낸 시간에 관계없이 연령이 늦으면 늦을수록 영어를 능숙하게 사용하는 것이 더 어려웠다. 최근의 fMRI 연구는 아동기 초기(1~5세 사이)에 외국어를 습득하는 것이 나중에 습득(9세 이후)하는 것과 대뇌에서 아주 다른 표상을 형성하게 한다고 한다(Bloch et al., 2009).

상호작용적 관점

생득론적 이론은 언어 능력이 '어떻게' 발달하는지를 제대로 설명하지 못한다는 점에서 종종 비판을 받았다. 생득론자들은 단지 '왜'만을 설명하는 것이다. 언어 습득에 대해 보다 완전한 한 이론은, 언어 발달에서 선천적이고 생물학적인 지식이 환경적 경험과 결합하는 과정에 관한 설명이 있어야 한다. 상호주의자들의 접근은 영아들이 언어를 습득할 수 있는 생득적인 능력을 갖고 태어나지만, 사회적 상호작용이 결정적 역할을 한다고 주장한다. 상호작용주의자들은 부

> **언어 습득에 관한 상호작용론자들은 행동주의와 생득론적 이론가들과 어떤 차이가 있는가?**

모가 언어 습득 과정을 단순화하는 방식으로 자녀들의 수준에 맞춰서 언어적 상호작용을 한다는 것을 확인했다. 부모들은 아이들에게 단어를 천천히, 또박또박 말하며 평상시 그들이 말하는 것보다 단순한 문장을 사용했다(Bruner, 1983; Farrar, 1990).

생물학적 요인과 경험의 상호작용을 보여 주는 또 다른 연구로는 청각장애 아동들이 새로운 언어를 만들어 사용한 흥미로운 예가 있다(Senghas, Kita, & Ozyurek, 2004). 1980년경 전에는 니카라과에서 청각장애 아동들은 대개 집에만 있거나 다른 청각장애 아이들과 접촉 없이 지냈다. 1981년, 몇 명의 청각장애 아이들이 새로 설립된 직업훈련학교에 입학했다. 처음에 학교에서는 공식적인 수화를 가르쳐 주지 않았고, 집에서 수화를 배운 경험이 있는 아이들이 아무도 없었지만 아이들은 차츰 자신들이 만들어 낸 손동작을 사용하여 의사소통을 하였다.

그리고 지난 30여 년에 걸쳐, 이들의 수화는 상당히 발달하였고(Pyers et al., 2010), 연구자들은, 오랜 기간에 걸쳐 발달하게 되는 언어가 드러내는 특징을 가지고 이 새로운 언어를 연구하였다. 예를 들어, 성숙한 언어(mature language)에서는 보통 경험을 분리된 성분들로 나눈다. 우리가 언덕 아래로 돌을 굴리는 것과 같은 어떤 동작을 묘사하고자 할 때, 돌을 '굴리는' 동작의 유형과 '아래쪽'이라는 동작의 방향성을 구분한다. 만약 우리가 단순히 몸짓을 한다면, 이러한 움직임을 나타내기 위해 하나의 연속적인 하향 동작만 사용할 것이다. 청각장애 아이들이 처음 니카라과 수화를 만들 때는 이런 방식으로 시작했다. 그러나 이후, 더 어린 아이들은 동작의 방향과 유형을 따로 표현하는 수화로 발달시켰으며, 이는 성숙한 언어의 특징이라고 할 수 있다. 이 어린아이들이 더 많은 아이들이 만든 기존의 수화를

니카라과 청각장애 아이들이 공식적인 교육을 받지 않았는데도 문법적인 규칙이 완전한 자신들의 수화를 만들었다. 이 언어는 과거 25년에 걸쳐 진화하고 발전되었다.

SUSAN MEISELAS/MAGNUM

단순히 모방하지 않았다는 것은, 경험을 구분하기 위해 언어를 사용하는 사전 경향성이 존재한다는 것을 시사한다. 따라서 복잡한 구조의 수화를 발달시킨 이들의 행동은 생득적 특성(언어를 사용하려는 사전 경향성)과 경험(격리된 청각장애인 집단 속에서 성장) 간의 상호작용을 잘 보여 준다.

언어 발달과 대뇌

뇌가 성숙하면서 특정한 신경학적 구조의 전문화가 나타나고 언어 발달이 이루어진다(Kuhl, 2010; Kuhl & Rivera-Gaxiola, 2008). 그러면 대뇌의 언어 중추는 어디일까?

대뇌의 브로카와 베르니케 영역

초기 영아기에는 언어 처리과정이 뇌의 여러 영역에 걸쳐 광범위하게 분포되어 있다. 하지만 언어 처리과정은 뇌의 언어 중추라고 할 수 있는 두 영역, 브로카 영역(Broca's area)과 베르니케 영역(Wernicke's area)에 점차 집중된다. 뇌가 점점 성숙하면서 두 영역은 언어에서 더욱 전문화되고, 이러한 영역이 손상된 사람은 언어를 이해하거나 산출하는 데 어려움을 겪는 **실어증**(aphasia)이라는 증상을 겪게 된다.

아이들이 성장함에 따라 언어 처리가 대뇌에서 어떻게 변하는가?

    좌반구의 전두엽에 위치한 **브로카 영역**은 구어나 수화 언어의 산출과 관련된다(그림 9.3 참조). 1장에서 이미 보았듯이 브로카 영역은 좌반구 전두엽의 특정 영역이 손상되면 말을 하는 데 어려움을 겪는다는 것을 처음 발견한 프랑스의 외과의사 폴 브로카(Paul Broca)의 이름을 붙인 것이다(Broca, 1861, 1863). 브로카 영역이 손상된 환자는 문법 구조가 복잡해지면 이해하는 데 어려움을 보이긴 하지만 언어를 이해하는 능력은 비교적 양호한 편이다. 하지만 그들의 심각한 증상은 언어 산출에 있다. 전형적으로 브로카 실어증 환자들은 몇 개의 내용어(예 : 고양이나 개)로 구성된 단어를 더듬거리며 힘들게 말한다. 또한 이들의 말은 대부분 기능어(예 : 그리고, 하지만)를 생략하고, 문법적으로 정확한 문장을 산출하는 능력이 상실된 증상을 보인다. 다음은 브로카 실어증 환자가 이야기한 내용이다. "어… 월요일, 어… 공원. 두 명, 어… 친구, 그리고, 어… 30분."

    베르니케 영역은 좌측 측두엽에 위치해 있으며 언어를 이해하고 해석(구어건 수화건)하는 데 관여한다. 독일 신경학자 카를 베르니케(Carl Wernicke)는 좌반구의 측두엽 부위가 손상된 자신의 환자를 통해 이 부위를 처음 보고하였다(Wernicke, 1874). 베르니케 실어증 환자들은 브로카 실어증과 두 가지 면에서 상반된다. 이들은 문법적 오류 없이 말을 유창하게 하지만, 의미 없는 말을 하거나 말을 이해하는 데 심각한 손상을 보인다. 다음의 예는 베르니케 실어증 환자가 말한 것이다. "나는 기분이 매우 좋아요. 바꿔 말하면, 나는 담배를 피우곤 했어요. 나는 잘 몰라요. 전혀 들어 본 적이 없네요."

    정상적인 언어 처리과정에서 베르니케 영역은 우리가 단어의 의미를 판단할 때 매우 활성화된다. 그러나 이 영역에 손상을 입게 되면 비언어적인 소리를 확인하는 능력은 손상되지 않지만 음성 언어와 수화 동작을 이해하는 데 어려움을 보이게 된다. 예를 들어, 일본인은 영어 알파벳과 같은 철자를 사용하여 글을 쓸 수 있고, 중국 한자와 같은 상형문자를 사용하여 음성 언어를 산출하고, 자신의 의사를 표현할 수 있다. 베르니케 실어증이 있는 일본인 환자는 말소리를 나타내는 철자를 쓰거나 이해하는 데 어려움을 보이지만 상형문자에서는 어려움을 보이지 않는다(Sasanuma, 1975).

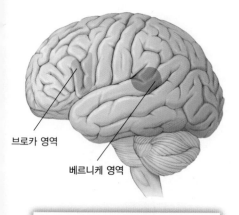

브로카 영역

베르니케 영역

▲ 그림 9.3 **브로카와 베르니케 영역** 신경과학자들은 어떻게 뇌가 작용하는가를 이해하기 위해 대뇌 손상 환자를 연구한다. 브로카 영역이 손상된 사람은 문장을 산출하는 데 어려움이 있다. 베르니케 영역이 손상된 환자는 문장을 만들어 내기는 하지만 의미가 없다.

실어증
언어를 이해하거나 산출하는 데 어려움을 겪는 증상

우반구의 관여

브로카와 베르니케 영역이 언어에 중요하지만 그것만이 전부는 아니다. 네 종류의 증거가 우반구가 언어 처리 특히 언어 이해에 기여한다는 있다(Jung-Beeman, 2005). 첫째로, 건강한 참여자들에게 분할된 시각장 기법(3장 참조)을 통해 우반구에 단어를 제시하면, 이 우반구가 의미를 처리할 수 있다는 것을 보여 준다. 둘째로, 우반구가 손상된 환자는 언어 이해에 미묘한 문제를 보인다. 셋째로, 뇌 영상 연구는 언어 과제 수행 시 우반구가 활성화된다는 것을 보여 준다. 넷째로, 언어 발달과 직접 관련이 있는 것으로, 간질 치료를 위해 청소년기에 좌반구를 전체 제거한 아이들도 상당한 언어 능력을 회복한다고 한다.

이중 언어자와 대뇌

이중 언어 아동에 관한 초기 연구는 이중 언어가 정상적인 인지 발달을 늦추거나 방해한다고 제안하는 것이 있며. 단일 언어 아동과 비교에 이중 언어 아동이 언어 처리에서 더 못고, IQ 검수도 낮았다. 하지만 이 결과를 재검토해 보니 심각한 결함을 발견했다. 첫째로, 검사가 아이들의 주된 언어가 아닌 영어로 실시되었다. 둘째로, 이중 언어 참여자들은 대부분 부모들이 영어에 능숙하지 않은 1세대와 2세대 이민자들이었다. 마지막으로 이중 언어 아이들이 단일 언어 아이에 비해 낮은 사회경제적 배경을 갖고 있었다는 것이다(Andrews, 1982).

이들 요인을 통제한 추후 연구는 이중 언어 아이들의 인지 기술에 관한 전혀 다른 그림을 보여 준다. 언어 습득에 관해 주어진 증거는 이중 언어 아이와 단일 언어 아이들이 언어 발달의 속도나 과정에서 유의한 차이가 없다는 것이다(Nicoladis & Genesee, 1997). 사실 두 언어를 사용하는 중산층의 아이들이 단일 언어 아이들에 비해 인지 기능의 여러 측정치에서 더 높은 점수를 보인다는 것을 발견할 수 있었으며, 여기에는 처리해야 할 정보의 우선순위를 정하는 것과 융통성 있게 주의를 집중하는 것 같은 집행 통제 기능이 포함되었다(Bialystok, 1999, 2009; Bialystok, Craik, & Luk, 2012). 이중 언어 아이들이 일상생활에서 사용하길 원하지 않는 언어를 억제하려고 시도한 덕에 집행 통제 기능에 이득을 얻었을 것이라고 생각할 수 있다. 최근 증거는 이중 언어가 생의 후반에서도 이득이 된다고 한다. 이중 언어자는 단일 언어자에 비해 알츠하이머 질환의 시작이 더 늦다고 하며, 아마도 이는 이중 언어자들이 사는 동안 상당한 인지적인 백업 능력 혹은 '인지적 비축(cognitive reserve)'을 구축한 것으로 볼 수 있다(이 발견과 다른 이득에 관해서는 '다른 생각 : 미국의 미래는 이중 언어에 있다' 참조). 이 발견들은 제2언어를 배우는 것이 대뇌에 지속적인 변화를 초래한다는 연구와도 일치한다(Mechelli et al., 2004; Stein et al., 2009). 예를 들어, 이중 언어자는 단일 언어자에 비해 언어에 관여하는 좌반구의 회백질의 밀도가 더 높다고 한다. 그리고 이 증가된 밀도는 제2언어가 유창한 개인에게서 더 현저하다고 한다(Mechelli et al., 2004; 그림 9.4 참조).

하지만 어떤 연구는 이중 언어의 단점을 보여 수는데, 이중 언어 아이들은 단일 언어 아이들에 비해 각 언어의 어휘가 더 적은 경향이 있으며(Portocarrero, Burright, & Donovick, 2007), 또한 언어 처리가 느리고 문장을 형성하는 데도 시간이 오래 걸린다고 한다(Bialystok, 2009; Taylor & Lambert, 1990). 제2언어를 배우

베르니케 실어증을 갖고 있는 일본어 사용자들은 한자는 이해하지만 말소리를 이해하는 데 어려움이 있다고 한다.

▼ 그림 9.4 **이중 언어가 대뇌 구조를 변화시킨다** 초기에 제2언어를 배우면 왼쪽 두정엽 하단의 회백질의 농축이 증가한다. 단일 언어 사용자에 비해 회백질이 더 촘촘한 이중 언어 사용자의 하좌두정엽 모습(a). 제2언어 유창성이 증가하며 이 영역의 회백질이 더 농축된다(b). 제2언어를 생애 초기에 습득한 사람들도 이 영역에서 회백질의 농축이 높다는 것을 발견했다. 흥미롭게도 이 영역이 언어 유창성 과제를 수행할 때 활성화되는 영역과 같다(Mechelli et al., 2004).

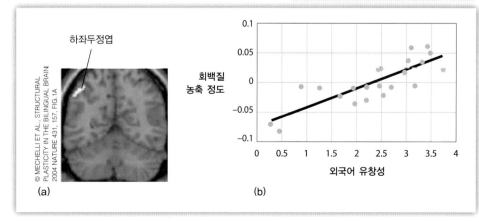

(a) 하좌두정엽

(b) 회백질 농축 정도 / 외국어 유창성

다른 생각

미국의 미래는 이중 언어에 있다

워싱턴 D.C.에 있는 엘시 위트로 스톡스 커뮤니티 프리덤 공립 차터학교의 창립자이며 교장인 린다 무어.

© SATSUN PHOTOGRAPHY/
BEVERLIE LORD

우리는 본문에서 이중 언어의 장점이 최근에 밝혀지고 있다고 논의했다. 린다 무어(Linda Moore)는 **워싱턴 디플로맷**에 기고한 다음 기사에서 여러 장점을 언급하고 있으며, 미국 교육 시스템에서 외국어 교육을 통상적인 것보다 일찍 교육시켜야 한다고 주장한다.

우리 미국인들은 글로벌 경제에 직면해 아주 심각한 약점에 노출되어 있다. 10명의 미국인 중 8명은 단지 영어만을 말할 수 있고, 외국 관련 협의회의 새로운 연구에 따르면 외국어를 가르치는 학교 수는 감소하고 있다고 한다. 하지만 경제적 경쟁국에서는 반대가 사실이다.

2억 명의 중국 학생들이 영어를 배우고 있는 반면, 미국 교육부의 통계에 따르면 2만 4,000명의 미국인이 중국어를 공부하고 있다. 외국어 학위는 모든 미국 학부 학위의 1%에 지나지 않는다. 교육부에 따르면 미국 학생의 2%만이 그해에 외국에서 공부한다고 한다.

미국은 대부분이 단일 언어인데 점점 더 다중 언어 세계에 진입하고 있다. 유럽 연합 시민의 반 이상은 모국어 이외에 한 가지 언어를 구사할 수 있으며, 4분의 1 이상이 최소한 세 가지 언어를 말할 수 있다. 이는 유럽에서는 추가적인 언어를 초등, 중등에서 공부하며 유럽 대학생의 수가 미국보다 많기 때문이다. 전 뉴욕 시 교육감인 조엘 클라인과 전 국무부 장관이었던 콘돌리자 라이스가 주도하는 외국 관련 협의회 지원 태스크 포스는, "교육 실패가 미국의 향후 경제적 번영, 국제적인 위상, 및 물질적인 안전을 위협하고 있다"고 결론 내리고 있다. 그리고 "너무 오랫동안 곪아 터진 문제를 고치지 않는 한 국제적으로 선도는커녕 따라 잡지도 못할 것"이라고 경고하고 있다.

수십 년 동안 아이들이 다른 과목 공부할 시간을 빼앗아 학업 성취를 방해할 것이라는 잘못된 신념으로 이중 언어와 복수 언어 교육을 시키지 않았다. 하지만 최근 연구는 다른 언어를 배우는 것이 낭비가 아니라 현명한 투자라는 사실을 보여 주고 있다. 조지아대학의 연구는 이중 언어 아이들이 단일 언어 동년배에 비해 SAT 같은 표준화 검사에서 더 나은 수행을 보인다는 것을 발견했다. 조지메이슨대학 연구는 제2외국어 몰입 프로그램을 수강하는 어린 아이들이 그런 과정을 받지 않는 학생을 능가했으며, 전 학업 과정에 걸쳐 표준화된 시험에서도 좋았다고 한다.

교육자들은 여분의 언어를 배우는 것이 문제에 집중하고 계획을 세우며 푸는 능력을 증가시킨다고 결론 내리고 있다. 다른 이득 중에서 이것은 학생들이 한 과목에서 다른 과목으로 효율적으로 이동할 수 있게 만든다는 것을 의미한다. DC에 있는 응용 언어학 센터는 우리가 외국어를 일찍 배우면 배울수록 이득이 더 크다고 주장한다. 더구나 이 이득은 전 생애에 걸쳐 지속된다고 한다. 캘리포니아대학 신

경과학자들의 연구에 따르면 다른 언어를 학습하는 것이 노화를 피해가게 하고, 치매나 알츠하이머 같은 노화 관련 질환의 개시를 막을 수도 있다고 한다.

나는 유치원 전부터 6학년까지 외국어를 학생들에게 가르치는 것이 가치 있는 투자라고 믿는다. 북동 워싱턴 D.C.에 있는 우리 학교는 350명 학생들에게 영어나 불어 혹은 영어나 스페인어 같은 두 언어로 사고하고 말하고 읽고 쓰게 하면서 배우게 하고 있다.

새로운 언어에 노출되고, 그럼으로 인해 발달하게 되는 기술이 바로, 80%의 학생이 저소득 가정인 우리 학교가 이번 12월 D.C. 공립학교 위원회가 실시한 평가에서 최고의 순위를 차지하게 한 핵심 이유이다. 이 순위 평가에는 시험 점수, 출석률, 재입학률 같은 여러 요인에 의해 기초하였다.

새로운 언어를 배우는 이득은 학교를 넘어선다. 학생들이 졸업하면 제2언어에 능통하다는 것이 직업의 전망을 밝게 한다. 노동부 통계는 많은 새로운 직업이 한 가지 언어 이상을 읽고 쓸 수 있는 인력을 요구한다고 보고한다. 플로리다대학 연구는 마이애미나 샌안토니오 같은 크고 언어적 다양성을 갖고 있는 도시에서는 제2언어를 구사할 수 있는 능력이 7,000불 이상의 연 소득으로 바뀐다고 보고하고 있다. 우리는 우리 학생들이 이러한 기회에 더 접속할 수 있기를 원한다.

국제적인 경영자 구인 회사인 콘/페리 회사에 따르면, 31%의 경영자들이 최소 2개 이상의 언어를 구사할 수 있다는 사실에서 이중 언어의 이득은 확실해진다.

학교의 효용성을 수학과 읽기에만 한정하는 공공 정책은 다중언어주의를 사용해 학생들의 학업 범위를 확장해야 한다. 정책 결정자들은 아이들이 국제적인 기술을 가지도록 해야 한다고 하면서 실제로 공립학교에서는 이를 장려하지 않고 있다.

다른 나라에서는 이러한 교훈을 배워 학생들에게 여분의 언어를 가르치려는 필요한 조치를 하고 있다. 이들 학생들은 여분의 언어에 노출되며 배당금을 타고 있는 것이다. 나는 미국 교육부가 지역 교육 관계자로 하여금 이중 언어와 다중언어주의에 투자하도록 권장하는 것을 보고 싶다. 좋은 일에 대한 국제적인 경쟁을 해야 하는 상황에서 이는 사치가 아니라 필수이다. 이것이 우리 아이들과 국가를 도울 것이고 미래 경제에서 성공하게 만들 것이다.

무어의 주장에 설득되었는지 모르겠다. 아니라면 왜인가? 그리고 그렇다면 교육 시스템이 얼마나 다중언어주의를 권장해야 할까? 저학년부터 언어를 가르치는 데 쓰는 시간이 다른 과목에는 어떤 영향을 끼칠까? 조기 외국어 교육의 효과를 평가하기 위해서는 어떤 방식의 연구가 필요하다고 여러분은 생각하는가?

는 것은 이득과 함께 대가도 치르는 것이다.

다른 동물이 인간 언어를 배울 수 있을까

인간의 발성 통로와 매우 민첩한 손동작은 다른 종들의 목구멍과 앞발에 비해 언어 습득에 더 유리하다. 그럼에도 동물, 특히 유인원에게 인간의 언어를 가르치려는 시도들이 있었다.

유인원에게 음성 언어를 가르치려는 초기 시도들은 실패로 끝났다. 이러한 실패는 유인원은 인간의 음성 언어를 습득하기에 적합한 발성 기관을 가지고 있지 않았기 때문이다(Hayes & Hayes, 1951). 이후 유인원을 대상으로 미국 수화를 가르치고 단어를 나타내는 그림 기호를 표시한 컴퓨터로 모니터되는 키보드를 통해 인간 언어를 가르치려는 시도는 거의 성공에 가까웠다. 알렌(Allen)과 베아트릭스 가드너(Beatrix Gardner)는 유인원에게 미국 수화를 처음으로 가르치기 시작했다(Gardner & Gardner, 1969). 가드너 부부는 어린 암컷 침팬지인 워슈를 청각장애 아이라고 가정하고 그에게 수화만 사용했다. 그리고 워슈에게 손으로 적절한 모양을 만드는 농작을 연습시키고, 정확하게 사용하라고 노력하면 보상을 주니다. 4년 후에 워슈는 거의 160단어를 배웠고 "과일 더 줘(More fruit)"와 같은 간단한 문장을 구성할 수 있었다. 또한 워슈는 오리(duck)x를 보고 "물새(water bird)"라고 새로운 단어를 만들어 표현했다. 레소스 원숭이와 싸운 후에, "더러운 원숭이(Dirty monkey)!"라는 표현을 만들었다. 이는 단어의 창의적인 표현을 만들 수 있는 것으로 여겨지는데, 왜냐하면 워슈는 더러운 물건을 지칭할 때 *dirty* 의 사용을 배운 적이 있기 때문이다.

다른 침팬지들은 유사한 방식으로 미국 수화(ASL)를 배웠고, 곧 워슈와 다른 침팬지들은 서로 수화를 사용하며, 언어 습득을 유지하는 학습 환경을 조성하였다. 워슈의 친구 중 루시라는 침팬지는 수박을 보고 "마시는 과일(drink fruit)"이라고 표현했다. 워슈의 두 번째 새끼가 죽었을 때, 워슈의 관리인은 루리스라고 이름 붙인 새끼 침팬지를 양자로 보냈다.

몇 달 뒤, 인간 언어를 배운 적 없는 어린 루리스는 워슈와 다른 침팬지들이 서로 의사소통하는 것을 지켜보면서 간단한 68가지 표현을 배웠다. 이러한 상호작용과 미국 수화를 유창하게 사용하는 것을 관찰한 연구자들은 침팬지들이 대화에서 어려움을 거의 보이지 않는다고 보고하였다(Fouts & Bodamer, 1987). 워슈를 지켜본 관찰자 중 한 명이었던 뉴욕타임스 기자는 다음과 같이 표현하였다. "나는 갑자기 모국어로 다른 종의 구성원과 대화를 하고 있다는 것을 깨달았다."

다른 연구자들은 수많은 상징적 그림이 새겨진 버튼을 이용해 보노보침팬지들에게 의사소통하도록 가르쳤다(Savage-Rumbaugh, Shanker, & Taylor, 1998). 그중 영특한 침팬지 칸지는 연구자들이 그의 엄마에게 가르치는 것을 관찰함으로써 버튼의 기호들을 습득하였다. 루리스처럼 어린 칸지는 그의 엄마가 배우지 못한 기호도 알 정도로 비교적 쉽게 언어를 습득하였다. 이러한 사실은 인간이나 새, 그 밖의 다른 종들처럼 유인원도 의사소통 체계를 습득하는 데 결정적 시기가 있음을 시사한다.

칸지는 100여 개의 단어를 배웠고, 단어들을 조합하여 사용하는 능력을 보였다. 또한 일반 아동들처럼 칸지의 수동적, 즉 이해하는 언어 능력은 언어 산출 능력을 능가하는 것으로 보였다. 한 연구에서, 연구자들은 아홉 살 칸지를 660개의 음성 언어 이해로 검사하였다. 문법적으로 복잡한 문장을 사용하여 "전자레인지에 있는 풍선을 가져다 줘"와 "콜라 속에 탄산수를 부어라"와 같은 간단한 동작을 칸지가 수행하도록 하였다. 또한 어떤 문장들은 솔잎이 바닥에 확실히 볼 수 있는 위치에 놓여 있는 상황에서, "냉장고에 가서 솔잎을 가져와라"와 같은 혼동시키는 문장도 있었다. 놀랍게도, 칸지는 660개의 질문에 72% 정확하게 수행하였다(Savage-

알렌과 베아트릭스 가드너는 암컷 침팬지 워슈에게 수화로 160개의 단어를 가르쳤다. 워슈는 문장을 구성할 수 있었고, 새로운 방식으로 단어를 조합할 수도 있었다.

연구자들이 키보드 방식으로 어미를 가르치는 것을 구경하면서, 젊은 수컷 침팬지 칸지는 100여 개의 단어와 그 조합을 배웠다.

Rumbaugh & Lewin, 1996).

이러한 결과는 유인원이 상당한 양의 어휘를 습득하고, 단어를 조합하여 짧은 문장을 만들고, 문법적으로 복잡한 문장을 이해하는 능력을 보여 준다. 그

유인원 연구가 인간과 언어에 대해 어떤 것을 가르쳐 주는가?

들에게 인간 언어는 일반적인 의사소통의 수단이 아니라는 점을 고려해 볼 때, 이들의 능력은 특히 인상적이라고 할 수 있다. 또한 유인원을 대상으로 한 연구는, 우리로 하여금 언어를 배울 수 있도록 하는 신경학적 '연결'을 어느 정도 유인원(혹은 다른 종)과 공유하고 있다는 것을 시사한다.

유인원이 인간 언어를 학습하고, 이해하고, 사용에서 보이는 제한된 능력을 통해서도 많은 시사점을 제공해 준다. 첫 번째, 그들이 사용하는 어휘의 수는 극히 제한되어 있었다. 앞서 언급한 것처럼 워슈와 칸지가 산출하는 단어 수는 100여 개이지만, 대개 네 살 아동은 약 1만 개의 단어를 습득한다. 두 번째 한계점으로는 침팬지가 습득할 수 있는 단어의 유형이다. 이들이 산출하는 단어는 주로 구체적인 사물이나 단순한 동작의 명칭에 관한 것이었다. 다른 종들처럼 유인원은 자의적인 소리나 기호를 물체 또는 행위와 대응하는 능력은 있지만, 워슈와 칸지에게 '경제학'과 같은 단어의 의미를 배우도록 하는 것은 어려웠을 것이다. 즉, 유인원은 그들이 이해하는 개념들에 대한 기호는 학습할 수 있었지만, 개념적 레퍼토리는 인간에 비해 작고 단순한 것이었다.

"변호사를 불러 달라네요."

세 번째로 아마 가장 중요한 한계점은 유인원이 사용하고 이해하는 문법의 복잡성이다. 유인원은 단어를 조합하여 표현할 수 있었지만, 기껏해야 3~4개의 단어들을 배열하는 정도를 넘지 못하였다. 이와 같은 침팬지의 제한된 문법 능력은 문법을 습득했다고 보기 어렵다. 예를 들어, 고릴라 코코는 복통으로 고생하는 자신의 관리인에게 놀랍게도 "stomach me you orange juice"라는 표현을 하였다. 코코는 아마 그녀에게 오렌지 주스를 주는 것이 도움이 될 것이라고 생각했던 것 같다. 이러한 의사소통은 코코의 공감과 지능을 부분적으로 보여 주지만, 미국 수화의 문법의 복잡성에서는 어려움을 보인다. 유인원과 아이들이 산출하는 문법 구조를 비교해 보면, 우리가 산출하고 이해하는 언어가 얼마나 복잡하며 그럼에도 얼마나 쉽게 신속히 사용하는가를 새삼스럽게 깨닫게 된다.

요약

▶ 인간 언어는 음소에서부터 형태소에서 구절과 문장에 이르기까지 복잡한 조직화로 특징지어진다.

▶ 이러한 인간 언어의 수준들은, 명시적으로 가르치지 않아도 발달 초기 습득되는 문법적인 규칙에 의해 구성되고 이해된다.

▶ 언어를 산출하고 이해하는 우리의 능력은 대뇌의 서로 다른 부위에 의존하는데, 브로카는 언어 산출, 이해는 베르니케 영역에 의존한다.

▶ 이중 언어와 단일 언어 아이들은 비슷한 언어 발달 과정을 보인다. 하지만 이중 언어 아이들이 정보의 우선순위를 정하고, 융통성 있게 주의 집중하는 것 같은 집행기능 통제 능력에서 더 뛰어나다고 하며, 이들에게서 알츠하이머 질환이 더 늦게 나타난다고 한다.

▶ 인간이 아닌 영장류도 새로운 어휘와 단순한 문장을 학습할 수 있지만, 다룰 수 있는 문장의 복잡성이나 어휘의 수는 아주 제한적이라고 한다.

언어와 사고 : 어떻게 관련이 있을까

언어는 우리의 정신세계에서 가장 현저한 특징이기에 언어와 사고를 동일시하고 싶기까지 하다. 어떤 학자들은 심지어 언어는 사고를 표현하는 수단에 불과하다고 주장한다. **언어 상대성 가설**(linguistic relativity hypothesis)은 언어가 사고를 만든다고 주장한다. 이 가설은 벤저민 리 워프(Benjamin Lee Whorf)에 의해서 발전했는데, 그는 여가 시간에 언어를 연구하고 특히 미국 원주민 언어에 흥미를 가진 기술자였다(1956). 언어 상대성을 설명하는 가장 대표적인 예가 캐나다 에스키모의 언어이다. 우리는 물이 얼어서 만들어진 아주 작은 하얀 조각을 '눈(snow)'이라고 지칭하지만, 에스키모 언어에는 눈을 표현하는 단어가 상당히 많다. 워프는 에스키모 언어에는 눈을 지칭하는 단어의 종류가 매우 많기 때문에 에스키모는 눈에 대해서 미국인과는 다르게 인식하고 생각할 것이라고 믿었다.

ARCTICPHOTO/ALAMY

캐나다의 이누이트 족은 눈에 대해 여러 다른 용어들을 사용하는데, 이는 벤저민 워프(1956)로 하여금 이들이 영어 화자와는 다른 방식으로 사고한다는 제안을 하는 계기가 된다.

언어와 색깔 처리

워프의 일화적인 관찰 방법은 비판을 받았고(Pinker, 1994), 통제된 연구들은 워프의 가설에 의문을 제기하였다. 엘레너 로쉬(Eleanor Rosch, 1973)는 뉴기니아에서 고립된 농경 부족 생활을 하고 있는 다니 족을 연구했다. 다니 족은 '어둠(검은색)'과 '밝음(흰색)'의 두 가지의 색상 단어밖에 없었다. 만약 워프의 가설이 옳다면, 다니 족은 다른 색깔 종류를 알아보고 학습하는 데 어려움을 겪을 것이다. 하지만 로쉬의 실험에서, 그들은 모국어로 더 많은 색 어휘를 가지

언어가 색깔 이해에 어떻게 영향을 끼칠까?

고 있는 사람들 못지않게 여러 다른 종류의 색깔을 학습할 수 있었다. 비교적 최근 증거들은 언어가 색깔의 처리과정에 영향을 끼칠 수 있음을 보여 준다(Roberson, et al., 2004). 연구자들은 영국 아이들과 나미비아의 유목민 힘바 족 아프리카 아이들을 비교하는 연구를 수행했다. 영국 아이들은 11개의 기본 색상 어휘를 가지고 있는 반면, 외부 세상으로부터 고립되었던 힘바 족 아이들은 5개의 색상 단어밖에 없었다. 예를 들어, 미국 아이들이 빨간색, 분홍색, 주황색이라고 지칭하는 것을 힘바 족 아이들은 *serandu*로만 지칭했다.

연구자들은 아이들에게 여러 가지 색깔이 칠해진 타일들을 보여 주고, 22개의 다른 색깔 중에서 앞서 보여 줬던 색상과 일치하는 색을 고르는 과제를 수행하게 했다. 색상 단어를 거의 모르는 영국과 힘바의 아주 어린 아동들은 모두 유사한 색상들을 혼동하는 경향이 있었다. 하지만 아이들이 자라고 더 많은 색상 어휘를 습득하면서, 색상 선택은 그들이 배운 색상 단어를 점점 더 잘 반영하였다. 영국 아이들은 영어 색깔 어휘와 일치하는 타일에서 실수를 적게 하였으며, 힘바 족 아이들은 힘바어로 된 색깔 어휘에서 실수가 가장 적었다. 이러한 결과는 언어가 아이들이 색깔에 관해 생각하는 것에 영향을 미칠 수 있다는 것을 보여 주는 것이다.

비슷한 효과가 성인들에서도 관찰된다. 그림 9.5에 있는 20개의 파란색 식사각형들 보면 왼쪽 가장 밝은 것에서 오른쪽 어두운 것으로 점진적으로 변하는 것을 쉽게 볼 수 있을 것이다. 여러분이 모른 것은 러시아 말에서는 밝은 파란색(goluboy)과 어두운 파란색(siniy)에 서로 다른 단어를 사용한다는 것이다. 연구자들은 러시아 사람들이 같은 언어 범주에 있는 속할 때보다 다른 범주에 속할 때 다르게 반응하는지를 알아보고자 하였다(Winawer et al., 2007). 러시아와 영어 사용자

언어 상대성 가설
언어가 사고의 성격을 만든다는 제안

▼ 그림 9.5 **언어가 색깔에 관한 사고에 영향을 끼친다** 영어와 달리 러시아어에서는 밝은 파란색과 어두운 파란색에 다른 단어를 사용한다. 러시아 사용자들에게 위에 있는 사각형 색깔이 아래 있는 두 사각형 중 어느 것과 일치하는지를 선택하게 하면, 아래 사각형의 하나는 골르보이(밝은 파랑)에 속하고 다른 하나가 신리(어두운 파랑)일 경우에 두 사각형이 같은 이름에 속할 때보다 반응이 신속했다고 한다. 영어 사용자는 같은 시간이 걸렸다.

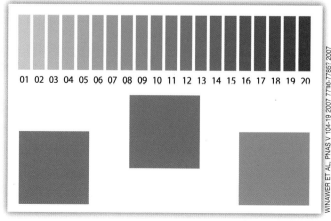

WINAWER ET AL, PNAS V 104-19 2007 7736-77857 2007 NATIONAL ACADEMY OF SCIENCES, USF

모두 평균적으로 1~8번은 밝은 파란색으로 9~20은 어두운 파란색으로 분류했는데, 러시아 화자들은 이 두 종류의 파란색에 다른 단어를 사용했다. 실험 과제로 참여자들에게 그림 9.5 하단에 있는 것처럼 세 가지의 파란색 사각형을 제시하고 아래의 두 사각형 중 위의 사각형과 일치하는 것을 선택하도록 하였다. 러시아 참여자들은 아래의 두 사각형이 모두 *goluboy*와 *siniy*에 포함될 때 보다는 하나는 *goluboy*에 속하고 다른 하나는 *siniy*에 속할 때 가장 신속하게 반응하였다. 하지만 영어 사용자는 두 조건 모두에서 같은 반응 시간을 보였다(Winawer et al., 2007). 아이들과 마찬가지로 언어가 성인들이 색깔에 대해 생각하는 데 영향을 끼칠 수 있었다.

언어와 시간 개념

언어와 사고의 관련성에 관한 탐구를 하는 다른 연구에서, 연구자들은 사람들이 시간에 대해 어떤 방식으로 생각하는지 살펴보았다. 영어에서는 대개 공간적인 용어를 사용한다. 앞으로의 미래는 앞(forward)에 있는 것으로 보고, 일정에 맞추기 위해 회의를 뒤(back)로 미룬다(Casasanto & Boroditsky, 2008). 또한 앞으로 세 발짝 나아간다거나 뒤로 두 발짝 물러나는 것처럼 수평적 공간 관계를 표현하기 위해 이 같은 용어를 사용하기도 한다(Boroditsky, 2001). 대조적으로, 만다린 중국어 화자들은 흔히 수직적 공간 차원을 가리키는 용어로서 시간을 사용한다. 이전에 일어난 사건은 *up*이라고 지칭하고, 이후에 일어난 사건을 *down*이라고 표현한다. 이와 같은 차이를 확인하기 위해, 연구자들은 영국인 화자와 중국인 화자에게 수평적이거나 수직적인 사물의 자극 판을 보여 주고, 3월은 4월 전에 오는지

수평적인 시간 개념과 수직적인 시간 개념이 어떻게 대비되는가?

의 여부와 같은 시간과 관련한 판단을 하도록 했다(Boroditsky, 2001). 영어 화자들은 수평적 자극 판을 본 후에 판단하는 시간이 더 빨랐으며, 반면에 만다린 중국어 사용자들은 수직적 자극 판을 본 후에 판단하는 시간이 빨랐다. 영어 사용자들이 만다린 어의 공간적 용어의 사용을 배웠을 때, 이들의 판단 시간은 수직적 자극 판을 본 후에도 빨라졌다! 이러한 결과는 언어가 사고에 직접적으로 영향을 끼친다는 것을 잘 보여 준다.

앞서 읽었던 그리고 다음에 다시 볼 것처럼 크리스토퍼의 극적인 사례가 보여 주듯이, 비록 사고나 언어 중 하나가 심각하게 손상되고 다른 하나는 멀쩡할 수 있다는 사실을 염두에 두기 바란다. 이러한 관찰은 연구자들로 하여금, 언어가 사고에 영향을 끼친다는 워프의 주장이 단지 "반만이 맞다"고 결론 내리게 한다(Regier & Kay, 2009). 이러한 생각과 일치하게 다른 연구자들도 언어가 사고에 영향을 끼친다고 너무 단순하게 일반적 용어로 사용하기보다는 언어가 사고에 영향을 끼치는 방식을 보다 더 구체적으로 표현할 필요가 있다고 제안한다. 예를 들어 볼프와 홈스(Wolff & Holmes, 2011)는 언어가 전체적으로 사고를 결정한다는 생각은 거부한다. 그러나 그들은 또한 개념의 특정한 속성이 강조된다든지, 문제를 해결하는 도움을 주는 언어 규칙이 형성되게 한다든지 하는 방식으로 언어가 사고에 영향을 준다는 많은 증거가 있다는 점도 지적한다. 그래서 최근 연구는 언어 상대성 가설이 어떤 측면에서 맞고 어떤 방식에서는 틀린지를 명확히 하기 시작했다.

서구인은 모임을 며칠 앞, 혹은 뒤로, 즉 수평적인 시간 개념으로 이야기하지만 만다린들은 모임이 위아래로 움직이는, 즉 수직적 시간 개념으로 이야기한다고 한다.

AP PHOTO/MARCIO JOSE SANCHEZ

요약

▶ 언어 상대성 가설은 언어가 사고의 특성을 만들어 낸다고 주장한다.

▶ 색깔 처리와 시간 판단에 관한 최근 연구는 사고에 언어가 영향을 끼칠 수 있음을 보여 주지만 언어와 사고가 독립적일 수 있다는 것도 명확히 하고 있다.

개념과 범주 : 우리는 어떻게 사고하는가

2000년 10월 JB라는 69세 노인이, 다른 지각과 인지 과제는 잘할 수 있는데, 단어의 의미 이해에 어려움이 있어 신경학적인 평가를 받기 위해 왔다고 한다. 2002년 문제가 더 심각해져, 색깔을 말하고, 재인하고, 분류하는 데 있어 언어의 역할이 무엇인가 알아보는 연구 프로젝트에 참여했다(Haslam et al., 2007). 연구자들은 15개월에 걸쳐 그를 관찰하였는데, 그는 색깔 언어에 심각한 악화가 일어났으며, 색깔의 이름을 말하는 데 어려움이 있었고, 심지어는 사물의 전형적인 색깔을 맞추지도 못했다(예 : 딸기 빨갛고, 바나나는 노랗다)고 한다. 언어는 악화되었지만 여전히 색깔을 분류할 수 있었으며, 정상인과 마찬가지로 녹, 황, 적, 청 등의 색편을 나눌 수는 있었다고 한다. 언어 능력은 감소했지만, 색깔이라는 개념은 정상적으로 유지하고 있는 것으로, 이 발견은 개념을 이해하기 위해서는 언어 이외의 요인을 살펴볼 필요가 있다는 것을 보여 준다(Haslam et al., 2007).

개념(concept)은 사물이나 사건 또는 그 밖의 자극들이 가진 공통된 속성을 묶거나 범주화하는 심적 표상을 말한다. 개념은 추상적인 표상, 기술, 정의이며 사물의 부류나 범주를 지칭하는 역할을 한다. 뇌는 세상에 관한 개념을 조직화하여 공유하는 유사성에 기초해 범주로 분류한다. '개'라는 범주는 '작고, 털이 있는 네발이고 꼬리를 흔들며 짖는 동물'일 것이다. 우리는 이러한 범주를 주로 일상생활에서 경험하는 사물이나 사건들 간의 유사성을 파악하여 형성한다. 예를 들어 여러분이 '의자'라는 개념을 떠올릴 때, 튼튼함, 딱딱함, 앉을 수 있는 도구와 같은 특징이 포함될 것이다. 이러한 속성들의 집합이 세상에 있는 사물의 범주(예를 들어, 책상 의자, 안락의자, 등받이 의자, 평평한 의자, 회전의자 등)로 정의된다.

개념은 우리가 사고하는 능력과 세상을 의미 있게 만드는 데 기본이 된다. 우리는 우선 개념의 형성을 설명하는 여러 이론들을 비교할 것이며 개념의 형성과 구성을 대뇌와 연결하는 연구를 고려할 것이다. 인지의 다른 측면에서처럼, 인지가 해체되는 사례들 살펴보며 개념이 어떻게 구조화되어 있는지에 관한 통찰을 얻을 수 있다. 또한 개념들이 뇌에서 어떻게 구성되는지 이해하는 데 도움을 줄 수 있는 아주 흔하지 않은 장애도 살펴볼 것이다.

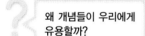
왜 개념들이 우리에게 유용할까?

개념과 범주에 관한 심리학 이론

초기의 심리학 이론에서는 개념을, 특정 범주 안에 속하기 위한 필요충분조건을 명세한 규칙으로 정의하였다. **필요조건**은 어떤 사물이 범주에 속하기 위하여 참(true)이 되어야 하는 것이다. **충분조건**은 만약 사물이 참이라면 그것이 범주에 속한다는 것을 증명해 주는 것이다. 예를 들어, 낯선 동물이 있는데 당신은 그것이 개인지 아닌지 결정하려고 한다고 가정해 보라. 그 동물은 포유류일 필요가 있다. 모든 개는 포유류이기 때문에 그 동물이 포유류가 아니라면, '개'의 범주에 속하지 않게 된다. 그러므로 '포유류'는 '개'의 범주에 속하기 위한 필요조건이다. 누군가가 그 동물이 독일 셰퍼드라고 말해 준다면, 여러분은 독일 셰퍼드가 개의 한 종류라는 것을 알게 될 것이다. '독일 셰퍼드'는 '개'의 범주에 속하기 위한 충분조건이다. 만약 당신이 그 동물이 독일 셰퍼드인 것을 안다면, 이는 개로 분류되기에 충분하다.

개념
사물이나 사건 또는 그 밖의 자극들이 가진 공통된 속성을 묶거나 범주화하는 심적 표상

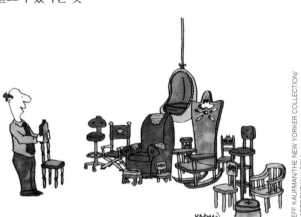

"자, 여러분 주목해 주세요. 우리 가족의 새 멤버를 소개하겠습니다."

JEFF KAUFMAN/THE NEW YORKER COLLECTION/ CARTOONBANK.COM

비록 모두 갖고 있는 정의적 속성은 없지만 가족 구성원들 간에는 공유하는 공통 속성이 있어 닮는다. 이러한 속성을 함께 갖고 있는 사람도 그 가족에 속하는 것으로 범주화될 수 있다.

BLEND IMAGES/SUPERSTOCK

그러나 대부분의 자연적인 범주들은 필요충분조건의 고전적인 접근방법으로 쉽게 정의되지 못한다. 한 예로, '개'에 대한 당신의 정의는 무엇인가? 여러분은 모든 개가 가지고 있는 특성들을 포함하는 개 개념의 법칙을 생각해 내고, 개와 개가 아닌 동물을 쉽게 분류할 수 있겠는가? 대부분의 사람들은 그렇지 못할 것이다. 그러나 그들은 동물을 개와 개가 아닌 것으로 쉽게 분류하면서 '개'라는 용어를 정확하게 사용한다. 몇 가지 이론들은 사람들이 어떻게 범주화를 수행하는지에 대한 해답을 찾고자 한다.

가족 유사성 이론

엘리너 로쉬(Eleanor Rosch)는 **가족 유사성**(family resemblance), 즉 범주의 모든 구성원이 공유하고 있지는 않지만 범주 구성원을 특징짓는 속성이 있다는 생각에 기초해 개념 이론을 발전시켰다(Rosch, 1973, 1975; Rosch & Mervis, 1975; Wittgenstein, 1953/1999). 예를 들어, 당신과 당신의 형은 엄마의 눈을 닮았지만, 당신과 누나는 아빠의 높은 광대뼈를 가지고 있을 수 있다. 당신이 모든 공통점을 가지고 있는 것으로 공유된 특성이 정의될 수 있는 것이 아니라는 사실에도 불구하고 당신과 부모님, 그리고 당신의 형제자매들 간에는 강한 가족 유사성이 있다. 이와 유사하게, '새(bird)' 범주에 속하는 많은 구성원은 깃털과 날개를 가지고 있고, 이러한 것들이 세부 특징이 된다. 이러한 세부 특징을 가진 어떤 것은 '새'로 구분되기 쉬운데, 이는 새 범주의 다른 구성원에 대한 '가족 유사성' 때문이다. 그림 9.6이 가족 유사성 이론을 보여준다.

원형 이론

가족 유사성 이론에 기초하여, 로쉬는 우리가 형성하는 심리학적 범주(자연 범주)는 한 범주에서 가장 전형적인 대상인 **원형**(prototype)을 중심으로 구성된다고 제안했다. 원형은 범주의 가장 **전형적인** 세부 특징을 가지고 있다. 북부 미국인에게는 '새' 범주의 원형은 굴뚝새와 같은 것일 것이다. 날 수 있는 깃털과 날개가 있으며, 알을 낳고 철새인 크기가 작은 동물이다(그림 9.7 참조). 반면에 남극에 사는 사람들에게 새의 원형은 펭귄일 것이다. 지느러미 모양의 날개가 있고, 수영을 하며 알을 낳는 작은 동물이다. 원형 이론에 따르면, 만약 여러분의 전형적인 새가 로빈새라면 카나리아는 타조보다 새의 더 나은 예로 간주될 것이다. 사람들은 새로운 예시와 범주의 원형 간 비교를 통해 범주를 판단한다. 이는 어떤 것이 개념의 예시인지 아닌지의 개념

▲ 그림 9.6 **가족 유사성 이론** 이 그림의 가족 유사성은 의심할 여지가 없어 보인다. 하지만 어느 두 형제도 모든 가족 속성을 공유하고 있지 않다. 가장 원형인 형제가 9번이다. 갈색 머리, 큰 귀, 큰 코, 구레나룻, 안경이라는 모든 속성을 갖고 있다.

▶ 그림 9.7 **주의 결정적 속성** 우리는 일반적인 새가 많은 결정적 속성을 가지고 있다고 생각하는 경향이 있으나, 모든 새가 이 속성을 전부 갖고 있는 것은 아니다. 북미에서는 굴뚝새가 펭귄, 타조보다는 새의 더 좋은 예가 된다.

속성	일반적인 새	굴뚝새	왜가리	독수리	거위	펭귄
날고	✔	✔	✔	✔	✔	
노래하고	✔	✔				
알을 낳고	✔	✔	✔	✔	✔	✔
작고	✔	✔				
나무에 둥지를 틀고	✔	✔				

에 대한 고전적인 접근방법(예를 들어, '개'또는 '새'의 범주에 속하는지 여부)과 대조된다.

본보기 이론

원형 이론과 대조적으로, **본보기 이론**(exemplar theory)에 따르면 우리는 새로운 사례와 범주의 다른 사례에 대한 기억을 비교함으로써 범주 판단을 한다는 것이다(Medin & Schaffer, 1978). 여러분이 숲 속을 걷고 있는데, 곁눈질로 늑대로 보이는 네발 달린 동물을 발견했지만 당신 사촌의 독일 셰퍼드가 생각났다고 하자. 당신은 그 동물이 개일 것으로 판단하는데, 왜냐하면 그 동물은 당신이 마주친 경험이 있는 다른 개와 두드러지게 유사하기 때문이다. 말하자면, 이는 '개' 범주의 좋은 예시(또는 본보기)가 된다. 본보기 이론은 원형 이론에 비해 범주화의 여러 측면을 더 잘 설명해 주는데, 특히 우리가 원형적인 개가 어떤지 뿐만 아니라 구체적인 개가 어떻게 생겼는지도 회상할 수 있다는 것을 설명해 준다. 그림 9.8이 원형이론과 본보기 이론의 차이를 보여 주고 있다.

개념, 범주 및 대뇌

개념과 범주를 대뇌와 연결시키려는 연구들은 우리가 고려했던 이론들을 더 잘 이해하게 만든다. 일련의 연구에서(Marsolek, 1995) 참여자들에게 자극을 좌반구가 우선 입력을 받게 되는 오른쪽 시각장에 제공하는 경우 원형 판단이 훨씬 빨랐으며(대뇌의 두 반구가 외부 세상 정보를 어떻게 수용하는지에 관한 논의를 다루는 3장 참조), 반면에 그림을 왼쪽 시각장에 제시하는 경우(우반구가 우선 입력을 받는) 참여자들은 범주의 예(본보기)로 분류하는 것이 빨랐다고 한다. 이 결과들은 본보기와 원형이 모두 역할을 한다는 것을 시사하는 것으로, 좌반구는 주로 원형 형성에 관여하고 우반구는 본보기들을 알아채는 데 활성화된다는 것을 의미한다.

최근에 뇌 영상 기법을 사용하는 연구자들은 우리가 개념과 범주화를 형성할 때, 원형과 본보기 이론 모두를 사용한다고 결론 내렸다. 시각피질은 원형 형성과 관련이 있는 반면, 전전두엽과 기저핵은 본보기를 학습하는 것과 관련 있다(Ashby & Ell, 2001; Ashby & O'Brien, 2005). 이러한 증거는 학습에 기반한 본보기는 분석과 의사결정(전전두엽)을 수반하는 반면, 원형 형성은 심상 처리과정(시각피질)을 수반하는 보다 전체적인 처리과정임을 시사한다.

> **?** 원형과 본보기는 어떻게 서로 관련되나?

개념과 범주를 대뇌와 연결시키는 가장 놀랄만한 증거는 지난 30여 년간 수행된 선도적인 연구에서 기인한다고 할 수 있다. 두 신경심리학자(Warrington & McCarthy, 1983)는 한 환자가 여러 종류의 인공물을 알아보는 데 어려움을 겪었으며, 그 사물에 대해 어떠한 정보도 인출하

▲ 그림 9.8 **원형 이론과 본보기 이론** 원형 이론은 우리가 새로운 사례를 한 범주의 원형 (혹은 가장 전형적인) 구성원과 비교하며 분류한다고 보는 반면, 본보기 이론은 새로운 대상을 범주의 모든 구성원들과 비교하며 분류한다고 본다.

가족 유사성
범주의 구성원들은 범주이 구성원들에게 특징적인 자질을 갖고 있지만, 이 속성들을 모든 구성원이 공유하고 있는 것은 아니라는 이론

원형
한 범주의 '최고의' 또는 '가장 전형적인' 구성원

본보기 이론
새로운 사례를 이미 저장된 범주의 다른 사례와 비교하며 범주적 판단이 이루어진다는 범주화 이론

"놀라지 마세요. 단지 원형일 뿐이에요."

지 못하였으나 생물체와 음식에 대한 지식은 지극히 정상적이라는 것을 보고하였다. 그리고 다음 해 뇌 손상을 입은 네 명의 환자들이 반대의 패턴을 보인다는 것을 보고하였는데, 즉 여러 종류의 인공물을 알아보거나, 그 사물에 대한 정보를 인출하는 것은 정상이었으나, 생물체와 음식에 대해 재인하는 능력은 심각하게 손상받았다(Warrington & Schallice, 1984). 그리고 이후 거의 100건의 유사한 사례가 보고되었다(Martin & Caramazza, 2003). 이런 통상적이지 않은 사례를, 즉 특정한 범주에 속하는 물체를 인식하는 능력이 상실된 반면, 그 밖의 범주에 속하는 물체를 인식하는 능력은 정상적인 것으로 나타나는 증후군을 **범주 특정적 결함**(category-specific deficit)이라고 부르게 되었다.

대뇌 외상이 출생 후 즉시 일어난 경우에도 범주 특정적 결함과 유사한 것이 관찰되었다. 두 연구자(Farah & Rabinowitz, 2003)는 태어난 다음 날 뇌 손상을 입은 아담이라는 16세 아이의 사례를 보고했는데, 아담은 얼굴과 다른 생물학적인 사물들을 알아채는 데 아주 심한 곤란을 경험했다고 한다고 한다. 체리의 그림을 보여 주었을 때 이를 '중국 요요'로 알아보고, 쥐 그림을 부엉이로 재인했다고 한다. 그는 동물 그림의 79%를, 식물 그림에 대해 54%의 오류를 보였다고 한다. 반면에 주걱, 빗자루, 담배 등과 같은 비생물체에 대해서는 단지 15%의 오류만 보였다고 한다. 이 사례가 왜 중요할까? 이 16살짜리 아담이 단지 한 살 때 입은 뇌 손상으로 범주 특정적 결함을 보인다는 사실은, 대뇌가 감각 지각 정보를 생명체와 무생명체라는 두 가지의 큰 범주로 나누어 조직화하도록 '사전 회로화(prewired)'되어 있다는 것을 강력히 시사한다.

범주 특정적 결함의 유형은 뇌의 어느 부위가 손상되었는가에 따라 증상이 다르다. 결함은 대개 뇌졸중이나 대뇌피질의 좌반구 영역에 손상을 입은 사람에게서 나타난다(Mahon & Caramazza, 2009). 뇌의 좌측두엽의 앞쪽 부위에 손상을 입게 되면 사람을 인식하지 못하며, 좌측두엽의 아래 부위에 손상을 입게 되면 동물을 인식하지 못하게 된다. 그리고 측두엽이 후두엽과 두정엽과 만나는 부위에 손상을 입게 되면 도구의 이름을 인출하는 능력에 어려움을 겪게 된다(Damasio et al., 1996). 유사하게, 건강한 사람이 똑같은 과제를 수행할 때의 뇌 영상은 (그림 9.9 참조) 동물보다 도구의 이름을 말할 때 뇌의 동일한 부위가 더 활성화되었으며, 역으로도 마찬가지의 결과를 보였다(Martin, 2007; Martin & Chao, 2001).

어떻게 특정한 대뇌 영역이 도구나 동물과 같은 대상 범주를 선호하도록 발달된 것일까? 한 가지 가능성은 이러한 선호가 개인들이 살아오며 특별한 시각적 경험에서 발달시켰을 것이라는 생각이다. 대안적인 가능성은 우리가 살펴본 아담의 사례에서 제안되는 것인데, 대뇌의 영역이 다른 범주가 아닌 한 범주에 대해서 더 강하게 반응하도록 사전 회로화되어 있다는 추측

□ 동물   ■ 도구

▶ 그림 9.9 **범주 특정 처리에 관여하는 대뇌 영역** fMRI로 스캔하며 참가자들에게 동물이나 도구의 이름을 속으로 말하도록 하였다. 흰 부분이 동물을 말할 때, 검은 부분이 도구를 말할 때 가장 활성화된 영역을 보여 준다. 숫자로 표시된 특정 영역은 시각 피질(1, 2), 측두엽 부분(3, 4), 그리고 운동 피질(5)을 나타낸다. 좌우의 이미지가 뒤바뀌어 제시되어 있다.

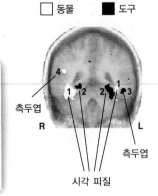
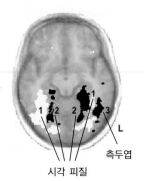
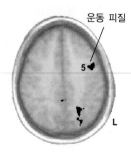

ALEX MARTIN & LINDA CHAO, CURRENT OPINIONS NEUROBIOL 2001; 11:194–201

이다. 최근 한 연구는 태어날 때부터 시각장애인인 성인의 범주 특정적 영역의 활성화를 검토하여 이 가능성을 검증하였다(Peelen & Kastner, 2009). fMRI 장치에서 시각장애인과 정상인을 대상으로, 동물을 지칭하거나 도구를 언급하는 단어들을 들려주었으며, 각 단어들에 대해 참

범주 특정적인 체제화에서 시각의 역할은 무엇인가?

여자들은 각 대상의 크기를 판단하도록 하였다. 결정적인 발견은 범주 선호적인 영역이 시각장애인과 정상인에게서 유사한 유형의 활동 패턴을 보였다는 것이다. 두 집단 모두에서 동물과 도구에 반응하는 시각 영역과 측두엽이 그림 9.9에 보이

는 것처럼 같은 방식이었다. 이 결과는 시각 영역의 범주 특정적 체제화가 개인의 시각 경험에 의존하는 것은 아니라는 강력한 증거를 제공한다. 물론 시각장애인들도 시각 이외의 촉감 같은 감각을 사용할 수 있기에 대상과의 상호작용의 결과라고 생각할 수도 있다. 하지만 아담의 사례에서 관찰한 결과를 함께 고려하면, 대뇌의 범주 특정적 범주화는 태어날 때부터 결정되어 있다는 설명이 가장 단순해 보인다(Bedny & Saxe, 2012; Mahon et al., 2009).

범주 특정적 결함
특정한 범주에 속하는 물체를 인식하는 능력이 상실된 반면, 그 밖의 범주에 속하는 물체를 인식하는 능력은 정상적인 것으로 나타나는 증후군

합리적 선택 이론
우리는 어떤 것이 일어날 가능성이 얼마인지를 결정하고, 그 결과의 가치를 판단한 후, 이 둘을 곱하여 결정을 내리며 선택한다는 고전적 이론

요약

▶ 우리는 사물, 사건 혹은 자극에 관한 지식을 개념과 원형 그리고 본보기(사례)를 형성하면서 체제화한다.

▶ 우리는 세 이론을 사용하여 개념을 획득하는데, 공유하는 세부 특징을 가지고 대상을 한 범주로 묶는다는 가족 유사성 이론과, 한 범주의 가장 전형적인 사례를 가지고 새로운 항목을 평가한다는 원형 이론, 한 범주에 포함된 여러 사례들에 대해 가지고 있는 정보와 비교하여 새로운 대상을 범주화한다는 본보기 이론이 그것들이다.

▶ 뇌 영상 연구는 원형과 본보기가 뇌의 다른 부분에서 처리된다는 것을 보여 준다.

▶ 인지적, 시각적 결함이 있는 사람을 대상으로 한 연구는, 대뇌가 살아있는 생물체와 인공물을 다른 범주로 구분한다는 것을 보여 주며, 또한 시각적 경험이 이러한 범주의 발달에 필수적이지 않다는 것을 제안한다.

결정하기 : 합리적이고 그렇지 못하고

우리는 범주와 개념을 사용해서 하루 평균 수백 가지가 넘는 결정과 판단을 한다. 어떤 결정은 쉽다. 어떤 것을 입을 것인지, 아침은 무엇을 먹을 것인지, 그리고 수업에 걸어 갈 것인지 자전거를 탈 것인지 아니면 운전을 하고 갈 것인지. 그리고 어떤 것들은 좀 더 어렵다. 어떤 차를 살 것인지, 어떤 아파트를 빌릴 것인지, 누구와 금요일 저녁을 보낼 것인지, 그리고 졸업 후에 어떤 직업을 가져야 할 것인지 말이다. 어떤 결정은 건전한 판단에 기초하고 그렇지 못한 경우도 있다.

합리적 이상

경제학자들은, 만약 우리가 합리적이고 자유롭게 결정을 할 수 있다면 우리는 **합리적 선택 이론**(rational choice theory)이 예측하는 대로 행동할 것이라고 주장한다. 이 이론에 따르면, 우리는 어떤 것이 일어날 가능성이 얼마인지를 결정하고, 그 결과의 가치를 판단한 후, 이 둘을 곱하여 결정을 내린다(Edwards, 1955). 이것이 의미하는 바는 우리의 판단이 가능한 결과들에 우리가 부여하는 가치에 의존한다는 것이다. 가령 예를 들면 500불을 가질 10%의 기회와 2,000불을 얻을 20%의 기회 중 하나를 선택을 하도록 요청받았다고 하자. 합리적인 사람이라면 두 번째 기회를 선택할 것인데, 왜냐하면 첫 번째 선택의 기대되는 돈은 고작 50불(500불×10%)인 반면에 두 번째 선택의 기대되는 돈은 400불(2,000불×

사람들이 항상 합리적인 선택을 하는 것은 아니다. 복권 당첨금이 평소보다 커지면, 대박을 기대하며 더 많은 사람들이 복권을 산다. 하지만 더 많은 사람이 복권을 사서 당첨 확률은 낮아진다. 역설적으로 당첨금이 상대적으로 적을 때 당첨 확률이 큰 것이다.

20%)이기 때문이다. 가장 높은 기댓값을 갖고 있는 선택을 택한다는 것이 너무나 명확하다. 그런데 이 이론이 우리의 일상생활에서의 의사결정을 얼마나 잘 기술할 수 있을까? 많은 경우에 있어 대답은 "별로 잘 하지 못한다"는 것이다.

비합리적인 현실

새로운 사건이나 사물을 이미 갖고 있는 범주로 분류하는 능력이 얼마나 유용한 기술일까? 맙소사, 아니다. 인간 의사 결정의 강점이 어떤 과제에서 이 기술을 부주의하게 사용하는 경우 약점으로 변할 수 있다. 쉽고 정확하게 일어나는 인지 활동에 적용되는 같은 원리가 우리의 결정을 괴롭힐 수 있다.

빈도와 확률을 판단하기

다음 단어 목록을 검토해 보라.

block table block pen telephone block disk glass table clock telephone block watch table candy

아마 당신은 *block*과 *table*이란 두 단어가 다른 단어들보다 더 많이 등장했다는 사실을 쉽게 알 수 있을 것이다. 사실 많은 연구가 사람들은 어떤 일이 발생한 빈도를 아주 잘 추정한다는 것을 보여 준다. 반면에 우리는 확률, 즉 어떤 것이 일어날 가능성을 요구하는 과제는 잘 수행하지 못한다.

확률에서도, 문제가 어떻게 기술되느냐에 따라 수행이 달라진다. 한 실험에서 100명의 의사에게, 유방 X-레이 사진 테스트에서 유방암의 가능성 증거가 보이는 여성들 중에 유방암이 걸릴 가능성을 예측하라고 부탁받았다. 이 의사들에게 유방암이 일어날 드문 확률(이 연구를 했을 시기에는 인구 중에 1%) 그리고 이러한 상황을 진단한 방사선학자들의 기록들(정확하게 79%만이 인지되었고 잘못 진단될 10%의 확률) 또한 고려하라고 말했다. 100명의 의사들 중 95명이 유방암이 일어날 확률을 75%로 예측하였다. 정확한 답은 8%이었다! 의사들도 결정을 내릴 때 많은 정보를 고려하는 것이 어렵다는 것을 보여 준다(Eddy, 1982). 비슷한 실망적인 결과가 여러 의학적인 심사에서도 보고된다(Hoffrage & Gigerenzer, 1996; Windeler & Kobberling, 1986).

 어떤 것이 일어날 확률을 고려하거나 혹은 빈도를 고려한다면 어떤 경우 더 좋은 결정을 하게 될까?

하지만 확률 정보 대신에 빈도 정보를 사용하여 반복하면 전혀 다른 결과를 얻을 수 있다. "1%의 여자가 유방암을 걸린다는 진술 대신에 1,000명 중 10명이 실제 유방암이라고" 문제를 진술할 경우는 확률을 사용해 문제를 기술했을 때 정답이 8%이었던 것과 비교해 46%의 의사들이 맞는 답을 도출했다(Hoffrage & Gigerenzer, 1998). 이 발견은 최소한 충고를 구할 때(아주 뛰어난 기술을 가진 결정자라고 하더라도) 여러분의 문제가 확률이 아니라 빈도로 기술되어야 한다는 것을 제안한다.

가용성의 편향

그림 9.10에 있는 이름 목록을 살펴보자. 자, 그럼 책을 보지 말고 남자 이름의 수와 여자 이름의 수를 추정해 보자. 여러분은 몇몇 여자 이름은 유명한 사람이며 남자 이름은 하나도 그렇지 않다는 것을 알아챘는지 모르겠다. 여자 이름이 남자보다 많다고 생각하여 추정이 틀리지 않았는가(Tversky & Kahneman, 1973, 1974)? 만약 여러분이 유명한 남자 이름과 유명하지 않은 여자 이름이 포함된 목록을 보았다면 반대가 사실일 것이다. 사람들은 전형적으로 **가용성 편**

Jennifer Aniston	Robert Kingston
Judy Smith	Gilbert Chapman
Frank Carson	Gwyneth Paltrow
Elizabeth Taylor	Martin Mitchell
Daniel Hunt	Thomas Hughes
Henry Vaughan	Michael Drayton
Agatha Christie	Julia Roberts
Arthur Hutchinson	Hillary Clinton
Jennifer Lopez	Jack Lindsay
Allan Nevins	Richard Gilder
Jane Austen	George Nathan
Joseph Litton	Britney Spears

▲ 그림 9.10 **가용성 편향** 이 목록에 있는 이름을 살펴보고, 여자 이름과 남자 이름의 수를 추정해 보자.

향(availability bias), 즉 기억에 쉽게 이용할 수 있는 항목들이 더 빈번하다고 판단하는 경향의 희생자가 되고 만다.

가용성 편향이 우리의 추정에 영향을 끼치는 데 기억 강도와 출현의 빈도가 직접 관련되어 있기 때문이다. 자주 일어나는 것들은 덜 빈번히 일어나는 것들보다 더 쉽게 기억되기에, 기억이 잘되는 것들이 더 빈번하다고 자연스럽게 결론 내린다. 유감스럽게도 이 경우 더 잘 기억나는 것은 빈도 때문이 아니라 더 큰 친숙성 때문이다.

가용성 편향은 때로 **간편법**(heuristics)이라 일컬어지는데, 간편법은 의사결정을 효율적으로 도와주는 신속한 전략을 제시해 주지만, 매번 정확한 해결을 내놓지는 않는다. 간편법은 우리가 문제에 접근할 때 100%는 아니지만 종종 효과적으로 작용하는 '정신적 지름길' 혹은 '어림셈'이라고 할 수 있다(Swinkels, 2003). 이와 반대 개념으로 **연산법**(algorithm)이 있다. 연산법은 문제에 대한 해결을 보장해 주는 잘 정의된 일련의 절차 혹은 규칙들이다. 예를 들어 당신은 어디다 두었는지 까먹은 물건을 찾기 위해 두 접근방법을 활용한다. (1) 그 물건을 마지막으로 보았던 때를 기억한다. (2) 그 물건이 있을 만한 일련의 장소를 둘러본다. 예를 들어, 당신의 룸메이트가 청소를 하던 중 당신의 자동차 키를 노란색 커피 잔에 넣었고, 키를 찾고 있는 당신을 보고 "노란색 커피 잔 속을 봐"라고 넌지시 말할지도 모르는 일이다.

첫 번째 방법은 지적 간편법으로 성공 가능성은 꽤 높은 편이지만, 엄청난 시간과 인내심을 요구한다. 두 번째 방법은 잘 계획된 절차를 활용하는 방법으로서 잘만 활용된다면 문제의 해결을 도출해 낼 수 있다.

결합 오류

다음을 읽어 보자.

> 린다는 31세의 독신여성으로, 솔직하고 활달한 성격의 소유자이다. 대학 때 심리학을 전공했고 사회적 차별과 사회정의 실현에 큰 관심을 갖고 반핵운동에도 적극 참여했다.

> 다음 중 린다에게 더 잘 어울리는 표현은 무엇일까?

> a. 린다는 은행원이다.
> b. 린다는 은행원이며, 여권신장운동에 적극적이다.

한 연구에서 89%의 참가자들은 논리적으로 맞지는 않지만 **a**보다 **b**가 린다와 더 잘 어울리는 표현이라고 응답했다(Tversky & Kahneman, 1983). 논리적으로 불가능함에도 불구하고 말이다. 린디기 많고 많은 직업 중에서 은행원이 됐을 확률이 얼마나 될까? 일단 20%라고 가정해 보자. 또한 린다가 여권신장운동에 관심이 많다고 가정하고, 실제 여권운동에 참여할 확률을 20%라고 가정해 보자. 두 가지 사건이 동시에 사실일 확률, 즉 결합 확률은 각각의 확률을 하나로 결합시킬 확률이다. 다시 말해, 린다가 은행원일 가능성 20%와 린다가 여권운동에 참여할 확률 20%를 곱해 보면, 린다가 은행원이면서 여권운동자일 확률은 4%이다(.20 × .20 = .04 또는 4%). 두 사건의 결합 확률수치는 각 사건의 확률수치보다 현저하게 낮다. 따라서 두 사건이 동시에 일어날 경우보다 한 사건이 일어날 경우의 확률이 현저하게 높다.

우리는 각각의 사건이 일어날 확률보다 2개 이상의 사건이 함께 일어날 가능성이 높다고 생각한다. 즉, 우리는 정보가 많이 결합될수록 모든 정보가 사실일

가용성 편향
기억에서 쉽게 가용한 항목이 더 빈번하게 일어난다고 판단하는 오류

간편법
결정을 촉진하는 신속하고 효율적인 전략으로 해결에 도달할 것을 보장하지 않는다.

연산법
문제에 대한 해결을 보장하는 잘 정의된 절차 혹은 규칙

결합 오류
각각의 사건이 일어날 확률보다 2개 이상의 사건이 함께 일어날 가능성이 높다고 사람들이 생각하는 오류

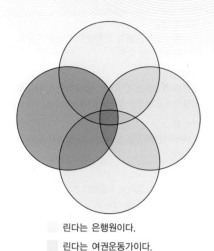

린다는 은행원이다.

린다는 여권운동가이다.

린다는 시를 쓴다.

린다는 공정 주택거래 청원에 찬성한다.

▲ 그림 9.11 **결합 오류** 새로운 정보가 첨가되면 한 사람에 관한 모든 사실이 진실일 확률이 증가한다고 사람들은 종종 생각한다. 사실 확률은 극적으로 감소한다. 모든 이런 가능성이 교차하면 어느 한 가능성 하나보다 영역이 훨씬 작아진다.

것이라고 믿는데, 이러한 마인드버그가 바로 **결합 오류**(conjunction fallacy)이다. 사실 사건이 많이 결합될수록 그 사건들이 동시에 일어날 확률은 급격히 낮아진다. 린다를 설명하는 글을 다시 보자. 린다가 지난 선거에서 자유당 후보에게 투표를 했을까? 린다가 시를 쓸까? 린다가 공정 주택거래 청원서에 사인을 했을까? 각각의 정보를 조합해 본다면, 당신은 아마 린다에 대해서 더 잘 이해하고 있다고 생각할 것이다. 하지만 그림 9.11에서 보이는 대로, 위의 사건들이 동시에 일어날 가능성은 매우 낮다.

대표성 간편법

다음 상황을 생각해 보자.

일단의 심리학자들이 기술자들과 변호사들을 인터뷰한 뒤 총 100명의 기술문을 작성하였다. 이 기술문들은 70명의 기술자들과 30명의 변호사들에 근거한 것이다. 다음은 기술문의 일부이다. 각 코멘트를 읽어 본 뒤, 그 사람이 엔지니어인지 변호사인지 맞춰 보자. 당신이 생각하는 답을 옆에 적고 다음 기술을 계속 읽어 보자.

1. 잭은 사회, 정치 관련 서적을 많이 읽는다. 인터뷰 중 논쟁에 특별난 재능을 보였다.
2. 톰은 여가시간에 수학퍼즐 맞추기를 즐기는 외톨이 타입이다. 인터뷰 중 속내를 잘 드러내 보이지 않았다.
3. 해리는 활달하며 라켓볼 광이다. 인터뷰 중 통찰력이 요구되는 질문을 막힘없이 대답하는 달변가였다.

한 연구에서도 참가자들은 위의 설명을 읽은 뒤 그 사람이 기술자 혹은 변호사일지를 추론하는 실험을 했다(Kahneman & Tversky, 1973). 다시 한 번 강조하지만 70명의 기술자들과 30명의 변호사들을 인터뷰했다는 점을 기억해야 한다. 만약 참가자들이 이 수치를 잘 생각해 본다면, 변호사의 숫자가 기술자의 숫자보다 2배 이상 많다는 사실을 발견했을 것이다. 하지만 여기에 오류가 숨어 있다. 연구자들은 실험 참가자들이 객관적 수치의 정보는 망각한 채, 그들이 생각하는 변호사와 기술자의 특징에 근거해 답을 추론한다는 사실을 발견했다. 대다수의 실험 참가자들은 1번을 변호사로 2번을 기술자로 지목했으며, 3번의 경우 "두 직업에 모두 어울리는 설명이다"라고 답했다.

3번 해리의 경우를 자세히 살펴보자. 3번 설명으로는 해리가 기술자인지 변호사인지 추론하기가 쉽지 않다. 따라서 대부분의 사람들은 3번 설명이 두 직업에 모두 어울린다고 응답했다. 하지만 연구자들은 70명의 기술자들과 30명의 변호사들을 인터뷰했고, 이는 기술자의 숫자가 변호사의 숫자보다 2배 이상 많다는 것을 뜻한다. 하지만 우리는 한 사건의 발생 가능성, 즉 기저율(base rate)에 대한 정보를 무시한 채, 우리가 느끼는 유사성에 따라 판단을 내린다. 연구자들은 이런 현상을 **대표성 간편법**(representativeness heuristics)이라 정의하는데, 이는 한 사건이나 물체를 원형에 따라 비교하여 판단을 내리는 것을 뜻한다(Kahneman & Tversky, 1973). 따라서 실험 참가자들이 생각하는 기술자와 변호사의 전형에 따른 '확률적 판단(probability judgment)'은 거의 빗나가게 된다. 기저율에 대한 정보가 존재하는데도 실험 참가자들은 각자에게 더

? 무엇 때문에 사람들이 기저율을 무시하는가?

친근하고 유사하게 다가오는 기술자와 변호사의 전형에 따라 해리의 직업을 추론했다.

가용성, 대표성, 결합 오류와 같은 편향은 우리 사고방식의 강점과 약점을 분명하게 보여 준다. 우리는 원형에 따라 범주를 나누고, 다시 원형에 대한 유사성에 근거하여 분류 판단을 만드는 것에 능숙하다. 반대로 '확률적 판단'은 우리의 주특기가 아니다. 이전 장에서 살펴보았

대표성 간편법
한 사물이나 사건을 그 대상이나 사건의 원형과 비교하여 확률을 판단하는 정신적인 지름길

듯이, 인간의 뇌는 보다 빈번하게 일어나는 정보를 손쉽게 처리한다. 따라서 확률적 문제를 빈도수를 사용해서 풀어 나간다면, 의사결정 과정은 한층 향상될 수 있을 것이다.

틀 효과

합리적 선택 이론에 따르면 우리의 판단은 기대하는 결과에 부여하는 가치에 따라 달라진다. 그렇다면 우리는 선택에 가치를 부여하는 데 얼마나 효율적일까? 놀랍지 않게, 마인드버그가 이 상황에 영향을 끼친다. 연구자들은, 한 문제가 어떤 식으로 표현되는지(틀 속에 들어가는지)에 따라 동일한 문제에 서로 다른 대답들이 나타날 수 있다는 **틀 효과**(framing effects)를 보여 준다.

> **?** 70%의 성공률이 30%의 실패율보다 더 나은가?

예를 들어, 만약 어떤 특정한 약이 70%의 효과를 보였다고 들었을 때, 사람들은 대개 아주 인상적이기에 무려 70%의 효과를 가지고 있는 약을 구매하는 건 현명하다고 생각한다. 하지만 이들에게 30%의 실패 확률에 대해서 언급해 보자. 약을 복용하더라도 30%의 사람들은 아무런 효과를 기대할 수 없다고 말을 한다면, 사람들은 약을 위험하고 해로운 약으로 규정하며 그 약을 구매하지 않을 것이다. 두 경우에 있어서 객관적인 정보는 동일하다. 즉, 70%의 성공률은 30%의 실패율을 의미하는 것에 주목하라. 이처럼 정보가 표현되는 방식이 달라지면 그 결과 또한 상당히 바뀌게 된다(Tversky & Kahneman, 1981).

틀 효과 중에서도 **매몰비용 오류**(sunk-cost fallacy)를 주목해 볼 필요가 있다. 매몰비용 오류란 사람들이 이미 투자된 비용을 고려하여 현재 상황에 대한 결정을 내리는 것을 뜻한다. 예를 들어 워프드 투어에서 가장 좋아하는 밴드의 야외 공연을 보기 위해 장장 3시간 동안 줄을 서서 100달러라는 거금을 들여 티켓을 구입하는 상황을 상상해 보자. 하지만 공연 당일, 날씨는 춥고 비까지 내리고 있다. 만약 콘서트에 간다면, 당신은 분명 비참한 느낌이 들 것이다. 하지만 당신은 티켓을 구입하는 데 들어간 100달러라는 돈과 시간이 아까워 공연을 보러 가기로 한다.

당신에게는 두 가지 선택권이 있다. (1) 100달러를 버리는 셈 치고 집에서 편하게 쉰다. 또는 (2) 100달러가 아까워 빗속에서 악몽 같은 시간을 견뎌 낸다. 결과적으로 보면 어차피 100달러는 당신의 손에 돌아올 수 없는 돈이다. 당신이 어떤 선택을 내리든 되돌아올 수 없는 비용, 이것이 바로 매몰비용이다. 하지만 우리가 이 문제를 바라볼 때 또 하나의 오류에 사로잡히게 된다. 당신이 현재 그 일을 원하든 아니든, 당신은 시간과 돈을 투자했기 때문에 막중한 책임감을 느끼게 된다. 자, 이제 당신 스스로에게 이렇게 물어보라. "100달러를 쓰고 편안해야 할까 아니면 비참해야 할까?" 당신이 똑똑하다면 "집에서 편히 쉬면서 팟캐스트(podcast)로 들어야지!"라고 대답하지 않을까?

심지어 미국 프로농구(NBA)도 매몰비용의 오류를 피해 가지는 못한다. 코치들은 팀을 승리로 이끌 수 있는 선수를 기용하여 그 선수를 최대한 오래 그 팀에 소속시켜야 한다. 이 논리가 맞을까? 아니다. 연봉이 가장 높은 선수들이 제 기량을 발휘하지 못할 때도, 그들은 연봉이 낮은 선수들보다 경기를 많이 치르고, 같은 팀에 더 오래 소속된다(Staw & Hoang, 1995). 코치들은 팀이 패배함으로써 발생되는 손실을 인식하기보다는 연봉을 높게 준 선수들에게 들인 투자가 언젠가 빛을 발할 것이라고 스스로를 정당화한다. 이런 오류의 대가는 치명적일 수 있다.

왜 우리는 의사 결정 오류를 범할까

여러분도 보다시피, 일상생활의 의사결정은 오류와 결함투성이다. 우리의 결정은 문제가 어떻게 제시되느냐에 따라 현저하게 달라질 수 있다(예를 들면, 빈도 대 확률, 손실이냐 절약이냐의 틀 속에서). 그리고 우리는 매몰비용 오류와 결합 오류 등, 같은 오류에 빠지기 쉽다. 심리

틀 효과
사람들은 문제가 표현되는(혹은 틀 지워지는) 바에 따라 같은 문제에 대해 다른 답을 낸다.

매몰비용 오류
사람들이 이미 투자된 비용을 고려하여 현재 상황에 대한 결정을 내리는 틀 효과

AP PHOTO/TCNY GUTIERREZ

대가의 가치? 스포츠 구단에서 비용을 많이 들였지만 잘하지 못하는 선수의 명분을 찾는 것이 매몰비용 효과의 예이다. 히도 루고그루는 아주 비싼 농구 선수지만 최근 성적은 제 몸 값에 못 미치고 있다.

문화와 사회

문화가 낙관성 편향에 영향을 끼칠까?

이 장에서 기술한 간편법과 편향 이외에 사람들의 의사결정은 종종 *낙관성 편향*(optimism bias)을 보인다. 즉, 사람들은 자신들이 앞으로 다른 사람들과 비교하여 부정적인 사건은 덜 경험 하고 긍정적인 사건은 더 경험할 것이라고 믿는다(Sharot, 2011; Weinstein, 1980). 여러 연구는 이 긍정성 편향이 일본과 같은 동아시아 문명권 사람들보다 북아메리카 사람들에게 더 크다고 한다(Heine & Lehman, 1995; Klein & Helwig-Larsen, 2002). 한 최근 연구는 자연 재해나 테러 공격의 위험에 어떻게 대응할지를 훈련받은 미국, 일본, 아프가니스탄의 정신 건강 종사자들을 대상으로 낙관성 편향을 조사하였다(Gierlach, Blesher, & Beutler, 2010). 낙관성 편향은 어느 정도 이 세 표집 모두에서 나타난다는 증거를 보였다. 즉, 이 세 나라의 참여자들은 다른 나라에 비해 자신들이 재난을 경험할 위험성이 낮은 것으로 판단했다. 그러나 이 편향이 미국 표집에서 가장 강했다. 이 편향은 특히 테러 공격에 대한 취약성에 관한 질문에 대해 모든 표집들의 반응에서 가장 명확했다. 미국이 최근 테러 공격을 받았음에도 불구하고, 미국인들은 일본이나 아프가니스탄 사람들에 비해 테러 공격의 위험을 낮게 판단했다고 한다.

이러한 발견은 이 낙관성 편향이 일어나는가를 이해하는 데 궁극적으로는 도움을 줄 것이다. 비록 많은 가능성이 제안되고 있으며(Sharot, 2011), 아직 모든 증거를 설명할 수 있는 이론을 만들지는 못하고 있다. 이 낙관성 편향에 있어서의 문화 간의 차이와 유사성에 초점을 둔다면 이 목표를 달성하는 데 도움이 될 것이다. 물론 이런 목표가 곧 달성될 것이라는 비현실적인 낙관을 하면 안 되겠지만!

학자들은 왜 매일 결정을 하는 데 있어서 이런 실패들로부터 고통을 받아야 하는지에 대한 여러 가지 설명들을 발전시켜 왔다. 우리는 가장 영향력 있는 두 가지 이론, 즉 전망 이론과 빈도 형태 가설을 살펴볼 것이다.

전망 이론

추리의 완전한 합리 모형에 따른다면, 사람들은 가치를 최대화하는 결정을 해야 한다. 다시 말하면, 심리학자들과 경제학자들이 기대효용이라고 부르는 것을 증가시키려고 노력해야 한다. 우리는 매일 이런 결정에 직면한다. 만약에 여러분의 결정이 돈과 관련 있고 돈이 여러분이 가치를 두는 것이라면, 여러분은 본인에게 가장 많은 돈을 가져다줄 수 있는 결과를 선택해야 한다. 두 채의 아파트를 빌려야 하는 결정을 해야 할 때, 여러분은 각각 월세를 비교해야 한다. 그리고 당신의 주머니에 더 많은 돈을 남겨 줄 수 있는 아파트를 선택해야 한다.

 왜 대부분의 사람들은 이득을 얻기보다는 손해를 피하기 위한 위험을 감수할까?

그러나 여러분도 보시다시피 사람들은 종종 이런 간단한 원칙들과는 일치하지 않는 결정들을 한다. 질문은 왜? 이다. 이런 결과를 설명하기 위해서, 에이머스 트버스키와 다니엘 카너먼(Amos Tversky & Daniel Kahneman, 1992)은 **전망 이론**(prospect theory)이라는 것을 발전시켰다. 이 이론은, 사람들은 잠재적인 손실을 평가할 때 위험을 감수하는 선택을 하고, 잠재적인 이익을 평가할 때는 위험을 피하는 선택을 한다고 주장했다. 이런 결정 과정은 두 단계를 거쳐야 일어난다.

전망 이론
사람들은 잠재적인 손실을 어림잡을 때 위험을 감수하고 잠재적인 이익을 어림잡을 때는 위험을 피하는 선택을 한다는 주장

- 첫 번째, 사람들은 가용한 정보를 단순화한다. 그래서 아파트를 선택하는 과제 같은 것에서는 사람들은 잠재적으로 유용한 많은 정보를 무시하게 된다. 왜냐하면 아파트는 많은 측면에서 다르기 때문이다(레스토랑과 얼마나 가까운지, 수영장이 있는지, 카펫의 색깔,

기타 등등). 각각의 아파트를 각각의 요인들에서 비교하자면 너무 많은 작업을 해야 한다. 중요한 차이점에 초점을 두는 것이 훨씬 효율적이다.

• 두 번째 단계에서, 사람들은 최고로 가치를 제공한다고 믿는 전망을 선택한다. 이 가치는 개인적인 것이고 '최고의 가치'라는 객관적 측정과 다를 수 있다. 예를 들면, 여러분은 더 비싼 아파트를 선택할 수 있는데, 주변에 있는 여덟 곳의 멋진 바와 레스토랑에 걸어갈 수 있기 때문이다.

전망 이론은 사람들의 선택하는 패턴들을 설명하기 위해 다른 가정들을 한다. 한 가정은 **확실성 효과**라고 부르는데, 결정을 할 때 사람들은 확실한 결과에 더 많은 비중을 둔다는 것이다. 로또를 해서 4,000불 중에 80%를 받을 기회와 3,000불을 곧바로 받는 것 중에 결정을 해야 한다면 대부분의 사람들은 3,000불을 받기로 선택할 것이다. 비록 첫 번째 선택에 기대되는 가치가 200불(4,000불×80%=3,200불)이 더 많다고 해도 말이다. 명백하게 사람들은 선택을 할 때 기대되는 논보다는 확실성에 더 높은 비중을 둔다.

전망 이론은 또한 선택들을 평가하는 데 있어서 사람들이 선택들을 하나의 참조점과 비교한다고 가정한다. 예를 들면, 여러분이 두 채의 아파트 중에 아직도 고민을 하고 있다고 가정하자. 아파트 A는 월세 400불을 만약에 매월 5일 전에 돈을 낸다면 10불을 깎아 준다. 아파트 B의 월세는 390불로 그달 5일 후에 돈을 낸다면 10불이 추가된다. 비록 이 두 아파트는 객관적으로 비용은 같지만 서로 다른 참조점은 아파트 A가 B보다 심리적으로 더 매력적으로 보인다는 것이다. 아파트 A의 이 참조점은 400불이다. 그리고 이 제안은 잠재적인 수입(아끼는 돈)의 각도에서 변화를 설명한다. 반면에 B의 평가 기준은 390불이다. 그리고 이 변화는 잠재적인 손실(벌칙이 된 돈)을 포함한다.

전망 이론은 또한 사람들이 이익을 얻는 것보다 손실을 피하기 위해 기꺼이 더 많이 위험을 감수할 수 있다고 가정한다. 첫 번째 월세에서 300불을 다시 돌려받는 것과 도박을 해서 400불을 받을 80% 확률 중에 선택을 해야 한다면, 여러분은 아마도 잠재적으로 높은 가격(400불×80%=320불)보다 확실히 받을 수 있는 적은 돈을 선택할 것이다. 그러나 아파트의 훼손으로 인해 확실히 300불의 벌금을 내야 하는 것과 도박을 해서 400불의 벌금을 내야 하는 80%의 확률 중에 선택을 해야 한다면 대부분의 사람들은 확실한 손실보다는 확실하지 않은 잠재적인 높은 손실을 선택할 것이다. 이런 위험에서의 불균형 선호는 우리가 생각하기에 손실을 피할 수 있다면 더 위험을 감수한다. 그러나 만약 우리가 이익을 얻는다고 기대하는 경우에는 반대로 행동한다.

합리적 선택 이론에 따르면, 사람들은 모든 가능한 대안을 평가하고 이득을 최대화하는 결정을 한다고 여긴다. 하지만 심리학 연구는 그렇지 않음을 보여 준다. 몇몇 정치가들이, 유권자들이 자신의 반대편과 그들의 의견을 평가하는 데 영향을 끼치기 위해 결합 오류, 틀 효과, 혹은 전망 이론을 어떻게 사용할 수 있겠는가?

마르코 루비오

크리스 크리스티

해리 리드

엘리자베스 워런

빈도 형태 가설
우리의 마음은 어떤 것들이 일어날 가능성에 대한 것이 아니라 얼마나 그것들이 자주 일어나는지를 주목한다는 제안

빈도 형태 가설

빈도 형태 가설(frequency format hypothesis)에 따르면, 우리의 마음은 어떤 것들이 일어날 가능성에 대한 것이 아니라 얼마나 그것들이 빈번하게 일어날 것인가에 주목하도록 진화되었다(Gigerenzer, 1996; Gigerenzer & Hoffrage, 1995). 그래서 우리는 빈번한 것에 관한 정보를 비교적 쉽게 해석하고 처리하고 그리고 조작하는데, 실제 양적인 정보가 자연 상황 속에서 일반적으로 일어나는 방식이 그렇기 때문이다. 예를 들면 당신이 수업을 가는 길에 만나는 것은 20명의 남자들, 15명의 여자, 5마리의 개, 13대의 차, 그리고 2대의 자전거의 사고 같은 빈도이지 가능성이나 확률이 아니다. 확률이나 백분율은, 진화적으로 말하자면 최근에야 발전된 것으로 17세기 중반에 생겨난 것이다(Hacking, 1975). 이러한 문화적인 개념들을 발전시키는 데 천 년의 시간이 걸렸고, 일상생활에서 능숙하게 사용할 수 있는 인지 도구가 되기 위해서는 수년의 교육이 필요한 것이다. 그러기에 확률을 다룰 때 마인드버그에 취약하다는 것이 그리 놀라운 것은 아니다.

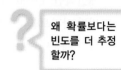

왜 확률보다는 빈도를 더 추정할까?

반면에, 사람들은 빈도를 거의 노력을 들이지 않고 결점도 없이 다룰 수 있다(Hasher & Zacks, 1984). 우리는 또한 얼마나 자주 두 사건들이 함께 일어나는지 매우 잘 인식한다(Mandel & Lehman, 1998; Spellman, 1996; Waldmann, 2000). 6개월 정도 되는 어린 영아도 제시되는 항목의 수가 서로 다른 화면 간의 차이를 구분하여 말할 수 있다(Starkey, Spelke, & Gelman, 1983, 1990). 빈도를 탐지하는 것은 형식적 교육을 통해 배운 기술이 아니라 기본적인 생물학적 능력이다. 빈도 형태 가설에 따르면, 통계적 정보를 확률 형태보다는 빈도 형태로 제시하는 것이 수행을 좋게 할 수 있는데, 그것이 우리의 진화적인 강점을 이용하는 것이기 때문이다(Gigerenzer & Hoffrage, 1995; Hertwig & Gigerenzer, 1999).

결정하기와 대뇌

엘리엇이라고 밝혔던 환자(1장에서 잠시 접했던)는 뇌종양이 발달하기 전까지는 성공한 사업가, 남편, 아버지였다. 수술 후 그의 지적 능력은 괜찮아 보였지만, 일상생활에서 중요하고 그렇지 않은 활동을 구별하지 못했고, 일상적인 일에 많은 시간을 소비해야 했다. 그는 직장을 잃었고, 여러 위험한 사업에 손을 대다 파산하고 말았다. 그는 무슨 일이 일어났는지 말하는 데 어려움이 없었지만, 그의 기술이 너무 초연하고 감정이 없어 마치 그의 추상적 지적 능력이 정서적 · 사회적 능력과 해리된 것 같았다.

연구는 엘리엇의 결함에 대한 이러한 해석이 올바르다는 것을 확신시켰다. 한 연구에서, 연구자들은 건강한 자원자들이 위험한 의사결정 과제를 해결할 때 전전두엽이 손상된 환자와 어떻게 다른가를 비교하였다(Bechara et al., 1994, 1997). 카드 네 벌이 놓여 있는데 참가자들은 잃거나 딸 수 있는 금액이 정해져 있는 카드를 100번의 선택을 하도록 하였다. 두 벌의 카드는 보통 많이 따고 많이 잃는 반면, 다른 두 벌은 적게 따거나 잃게 되어 있었다. 그리고 게임을 하는 동안 참여자의 증가된 정서 반응을 측정하는 피부 전기저항(galvanic skin response, GSRs)을 측정하였다.

반면에 전전두엽이 손상된 환자는 엘리엇의 실생활에서의 문제를 그대로 반영했다. 그들은 위험한 카드 벌과 안전한 벌에서 동등하게 카드를 선택했고, 결국 파산하게 되었다. 건강한 참여자도 처음에는 네 벌에서 동등하게 카드를 선택하다가, 점점 안전 카드 벌, 즉 잠재적인 이득은 적지만 손실도 적은 카드 벌로 이동하였다. 이러한 전략의 차이는 두 집단 모두 GSR 점수에서 측정되듯이 큰 이득과 손실에서 강한 정서적 반응을 보였음에도 나타났다. 하지만 두 집

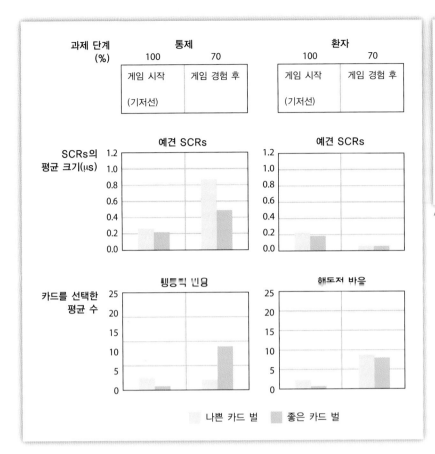

AFTER BECHARA ET AL. (1997)

▲ 그림 9.12 **위험한 의사결정의 신경과학** 위험한 의사결정 연구에서 연구자들은 건강한 통제집단의 선택을 전전두엽이 손상된 사람들의 선택과 비교하였다. 참여자들은 네 벌의 카드에서 한 카드를 선택하는 게임을 하였는데, 두 벌은 위험한, 즉 이득도 크고 손실도 컸으며 나머지 두 벌은 '안전한', 즉 적게 따고 적게 잃는 카드를 포함하고 있었다. 게임 시작에는 두 집단 모두 두 종류의 카드에서 동일한 빈도로 선택하였으나, 게임이 진행되며 건강한 통제집단은 두 벌의 나쁜 카드를 피했으며, 이 '위험한' 벌의 카드에서 선택을 고려할 때 큰 정서적인 반응[피부 저항 반응(SCR)]을 보였다. 반면에 전전두엽이 손상된 환자들은 계속 두 종류의 카드를 동일한 빈도로 선택하였으며, 정서적인 학습의 증거를 보이지 않았다. 이 참여자들은 결국 돈을 모두 잃게 되었다고 한다.

단은 중요한 점에서 차이가 있었다. 게임이 진행되며, 건강한 참여자들은 위험한 벌에서 카드를 선택하는 것을 고려만 해도 예견적인 정서 반응을 보이기 시작했다. 그들의 피부 저항 반응 점수는 어떤 벌이 다른 것보다 더 위험하다고 말하기 전에 현저하게 증가했다(Bechara et al., 1997). 전전두엽에 손상을 입은 환자는, 그들이 위험한 벌에서 카드를 선택했다고 생각했

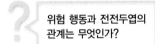

위험 행동과 전전두엽의 관계는 무엇인가?

을 때 이러한 예견적인 정서 반응을 보이지 않았다. 확실히 그들의 정서 반응이 그들의 생각을 지시하지 않았으며, 그러기에 그림 9.12에 나타난 것처럼 위험한 결정을 계속했다.

전전두엽 손상 환자에 대한 추후 연구들은 그들의 위험한 결정이 행동의 결과에 대한 둔감성 때문에 나타났다고 제안한다(Naqvi, Shiv, & Bechara, 2006). 즉각적인 결과를 넘어서 사고할 수 없기에, 손실이 증가하고 이득이 감소하는데도 선택을 변경할 수 없었던 것이다(Bechara, Tranel, & Damasio, 2000). 흥미롭게도 알코올이나 코카인 같은 물질 의존 개인들도 같은 방식으로 행위를 한다. 대부분은 전전두엽 환자처럼 도박 게임을 잘하지 못한다(Bechara et al., 2001). 최근 연구는 이 도박 과제에서의 손상이 폭음 문제가 있는 중국 청소년에서도 나타난다고 보고하고 있어, 다른 문화에서도 나타난다는 것을 보여 준다(Johnson, Xiao, et al., 2008). 이러한 발견은 도로 안전과 같은 일상생활의 이슈에도 잠재적으로 중요한 시사를 제공한다. 최근에는 음주 운전(driving while impaired with alcohol, DWI)으로 기소된 사람들을 연구하였다. 이 도박 과제를 잘 수행하지 못하는 범죄자들이 잘 하는 사람들보다 더 자주 DWI를 범한다는 것이다(Bouchard, Brown, & Nadeau, 2012). 미래의 행동 결과에 둔감한 또 다른 집단이라고 할 수 있는 폭음자들도 역시 도박 과제에 문제가 있다는 관련 연구도 있다(Danner et al., 2012).

건강한 참여자를 대상으로 한 뇌 영상 연구도 환자 연구와 잘 맞는 증거를 제공한다. 도박 과제를 수행할 때 전전두엽의 영역은 안전 결정보다는 위험한 결정에서 더 많이 활성화된다

고 한다. 실제로 도박 과제에서 잘 못하는 환자들이 보이는 전형적 전전두엽 손상 영역이, 바로 활성화되는 영역으로 이 영역에서의 높은 활성화가 건강한 사람들의 좋은 수행과 관련된다 (Fukui et al., 2005; Lawrence et al., 2009). 뇌 영상 연구와 환자 연구를 종합하면, 위험한 결정의 여러 측면이 결정적으로 전전두엽에 의존한다고 볼 수 있다.

> ### 요약
>
> ▶ 인간 의사결정은 완전히 합리적인 과정에서 종종 벗어나며, 이를 벗어나게 만드는 실수가 인간의 마음이 어떻게 작용하는가에 관한 많은 것을 이야기해 준다.
>
> ▶ 결과에 너무 많이 가치를 부여하는 판단이 때로는 객관적인 증거를 덮어버리게 한다. 사람들이 확률 판단을 할 때, 기억의 강한 정도로 판단하거나, 원형과 유사한 정도로 판단하거나, 빈도를 추정하는 것들과 같은 식으로 우리가 알고 있는 해결 방법으로 문제를 바꿔 버린다. 이것이 판단의 오류로 나타날 수 있다.
>
> ▶ 어떤 문제가 우리의 정신적인 절차에 잘 맞으면 적절한 판단을 하는 데 상당한 기술을 보인다. 한 사건의 확률에 관한 판단을 할 때, 수행이 현저하게 달라질 수 있다.
>
> ▶ 우리는 손해를 피하는 것이 이득을 얻는 것보다 중요하다고 느끼기에 틀 효과가 선택에 영향을 끼친다. 정서적인 정보는 우리가 깨닫지 못할지라도 우리의 의사 결정에 강하게 영향을 준다. 이 영향이 우리를 혼란에 빠지게 할 수 있지만 일상생활에서의 의사결정에서는 종종 중요하다.

문제해결 : 실행하기

있고 싶지 않은 곳에 자신이 처해 있다는 것을 발견했을 때 여러분은 문제가 있는 것이다. 그 상황에서 여러분은 어떤 방법을 통해 그 상황을 바꾸려고 노력한다. 그래서 당신 자신이 원하는 환경에 있을 수 있도록 말이다. 말하자면 시험 바로 전날 밤, 그리고 여러분은 공부를 하려고 노력하고 있는데 가만히 앉아서 도저히 공부에 집중을 할 수가 없다. 이건 여러분이 원하는 상황이 아니다. 그래서 여러분은 자신이 집중을 하는 데 도움이 되는 방법들을 생각하려고 노력한다. 여러분은 아마 자신에게 가장 흥미를 줄 수 있는 시험 범위에서 시작하거나 자신에게 보상을 줄 수 있는데, 예를 들어 음악을 들으며 쉬거나 냉장고에 가서 먹을 것을 가져올 수 있다. 만약에 이런 활동들이 여러분이 공부할 수 있게 해 준다면 여러분의 문제는 해결된 것이다.

두 가지 주된 유형의 문제가 우리의 일상을 복잡하게 한다. 첫 번째 그리고 가장 빈번한 것은 잘 정의되지 않은 문제인데 이는 목표가 명확하지 않고 잘 정의된 해결책이 없다. 여러분의 공부 방해는 잘 정의되지 않은 문제이다. 목표가 잘 정의되지 않았으며(예 : 어떻게든 집중을 해야 한다), 그 목표를 성취하기 위한 해결방법은 더 확실하지 않다(예 : 집중을 도와주는 많은 방법들이 있다). 대부분의 일상적인 문제들, 즉, '좋은 사람이 되는 것', '특별한 사람을 찾는 것', '성공을 하는 것' 등은 잘 정의되지 않았다. 반대로 잘 정의된 문제는 정확하며 특별한 목표들이 있고 정확하게 정의된 해결방법들이 있다. 이런 예들은 학교를 가는 것, 간단한 수학문제들을 푸는 것 아니면 체스게임을 하는 것과 같은 명확한 방향을 따르는 것을 포함한다.

수단목표 분석

1945년, 칼 덩커(Karl Dunker)라는 한 독일 심리학자는 문제 풀기 과정에 관한 중요한 연구 결과를 보고했다. 그는 잘 정의되지 않은 문제를 사람들에게 제시하고, 문제를 푸는 동안 그들의 생각을 소리 내어 말하도록 했다(Duncker, 1945). 문제를 푸는 동안 사람들이 말한 것을 토대로, 덩커는 문제해결 과정을 **수단목표 분석**(means-ends analysis)으로 기술하였는데, 이는 현재

레고 조립이 쉬운 작업은 아니지만, 어떻게 조립하라는 지시문이 있으면 잘 정의된 문제가 된다.

상황과 원하는 목표 사이의 차이점을 줄이기 위한 수단이나 방법들을 찾는 과정을 말한다. 이 과정은 보통 다음과 같은 단계를 거친다.

1. 목표의 상태를 분석한다(예를 들면, 여러분이 달성하고 싶은 원하는 결과).
2. 현재 상태를 분석한다(예를 들면, 여러분의 시작점, 아니면 현재 상황).
3. 현재 상태와 목표 상태의 차이점을 나열한다.
4. 차이점 목록을 줄인다.
   - 직접적인 방법(중간과정을 없애고 문제를 푸는 절차)
   - 하위 목표를 만든다(문제를 풀기 위한 중간과정).
   - 이미 알려진 해결책이 있는 비슷한 문제를 찾는다.

예를 들어 덩커의 한 문제를 생각해 보자.

그의 복부에 수술을 할 수 없는 종양이 있다. 이 종양은 수술을 할 수 없다. 왜냐하면 긴급하지만 수술을 할 때 심각하게 손상이 될 수 있는 연약한 조직에 둘러싸여 있기 때문이다. 어떻게 이 환자를 구할 수 있을까?

목표 상태는 종양이 없으며 주변 조직이 손상되지 않는 것이다. 현재 상태는 연약한 조직에 둘러싸여서 수술을 할 수 없는 종양을 가진 환자다. 이 두 상태의 차이는 종양이다. 직접적인 해결방법은 X-레이로 종양을 제거하는 방법이다. 그러나 요구된 X-레이의 양은 둘러싸인 연약한 조직을 파괴시킬 것이고 아마 환자를 죽일 것이다. 하위 목표는 X-레이 기계에 약한 X-레이를 전달하도록 수정하는 것이다. 하위 목표를 달성한 후에, 직접적인 해결방법은 약한 X-레이를 환자의 복부에 전하는 것이 될 수 있다. 그러나 이 해결책은 또 이용할 수 없다. 약한 X-레이는 건강한 조직을 손상시키지 않지만 또한 종양도 죽이지 않는다. 그래서 어떻게 해야 하는가? 이미 해결책이 알려진 비슷한 문제를 찾는 것이다. 어떻게 이것을 활용할 수 있는지 보도록 하자.

유추문제해결

우리가 **유추문제해결**(analogical problem solving)에 관여할 때, 우리는 해결책이 이미 알려진 문제들을 찾으면서 그리고 그 해결책을 현재의 문제에 활용하여 문제를 풀려고 시도한다. 다음 이야기를 생각해 보자.

다리로 연결되어 둘러싸인 섬에 적의 요새가 있다. 엄청난 방어시설로 강력한 수비를 하고 있어 아주 많은 병력만이 점령할 수 있다. 불행히도, 그 다리는 많은 병력의 무게에 의해 무너질 수 있다. 그래서 영리한 장군은 그 군대를 작은 부대들로 나누고 작은 부대들을 서로 다른 다리로 보냈다. 다리를 건너는 시간을 정해 많은 군사를 같은 시간에 요새에 모이도록 했고 그 요새를 함락할 수 있었다.

이 이야기가 앞선 종양 문제의 해결책을 제시하는가? 그래야 한다. 종양을 제거하는 것과 요새를 공격하는 것은 아주 다른 문제이다. 그러나 두 문제는 유추할 수 있다. 왜냐하면 그들은 공통적인 구조를 가지고 있기 때문이다. **목표 상태**는, 둘러싸인 다리를 무너뜨리지 않고 요새를 함락하는 것이다. **현재 상태**는 약한 다리에 둘러싸여 있는 요새이다. 이 두 상태의 **차이점**은 주둔하고 있는 군대이다. **해결 방법**은 필요한 힘을 약한 다리가 견딜 수 있을 만큼의 가벼운 작은 부대로 나누는 것이다. 그리고 그들을 동시에 다리로 보냄으로써 그들이 요새 한곳으로 모일

수단목표 분석
현 상태와 바람직한 상태와의 차이를 줄이는 수단 혹은 단계를 탐색하는 과정

유추문제해결
알고 있는 해결책이 있는 유사한 문제를 발견하고 이를 현재 문제에 적용하여 해결하는 방식

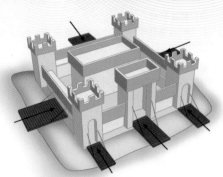

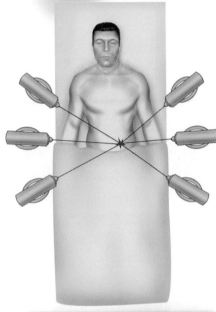

수 있게 하는 것이다. 연합된 부대는 요새를 무너뜨릴 만한 강력한 병력을 만들 것이다(그림 9.13 참조).

상동적인 요새 문제가 앞서 말한 종양 문제에서의 직접적인 해결방법을 제시한다.

> 환자를 X-레이 기계들로 둘러싼다. 그리고 동시에 약한 광선을 종양에 집중해서 보낸다. 약한 X-레이의 합쳐진 강도는 종양을 없애는 데 충분하다. 그러나 각각의 개별적인 양은 둘러싸인 건강한 조직을 죽이지 않을 만큼 약하다.

이 해결 방법이 요새의 이야기를 읽고 난 다음에 머리에 떠올랐는가? 종양 문제를 사용한 연구에서 오직 10%의 실험 참가자들만 자발적으로 정답을 맞혔다. 이 확률은 참가자가 이 요새 문제나 다른 유추적인 이야기를 읽었을 때 30%로 올라간다. 그러나 이 성공률은 하나의 유추적인 문제들보다 더 많은 걸 읽을 기회가 있었거나 요새 이야기에 해결방법을 사용해서 신중한 힌트를 얻은 참가자들에서는 75%로 극적으로 올라간다(Gick & Holyoak, 1980).

왜 요새 문제는 그 자체로는 효과가 없었을까? 확실히 초보자들의 문제해결은 문제의 표면적인 유사성에 강하게 영향을 받는데, 종양과 요새 문제 사이의 유추는 구조적인 측면이기 때문이다(Catrambone, 2002).

? 왜 유추가 문제해결에 유용할까?

창의성과 통찰

유추문제해결 과정은, 성공적인 문제해결을 위해서는 한 유형의 문제의 밑바탕이 되는 원리들을 학습하는 것이 중요함을 보여 주는 것이며, 많은 문제를 풀어 보는 것이 문제의 유형을 재인하고, 해결책을 생성해 내는 데 도움이 된다는 것을 보여 준다. 하지만 어떤 문제해결에는 전혀 시도하지 않았던 창의적이며 기발한 통찰이 포함되기도 한다. 창의적이며 통찰적인 해결은 보통 문제를 재구조화해 이미 알고 있는 해결방식이 적용될 수 있는 형태로 문제를 바꾸는 과정을 포함한다(Cummins, 2012).

▲ 그림 9.13 **유추문제해결** 작고 단출한 대대 병력만이 다리를 훼손하지 않고 요새에 도달할 수 있는 것처럼 약한 여러 X-레이가 섬세한 주변 조직을 손상시키지 않고 종양에 도달할 수 있다. 두 경우에서 추가적인 강도가 목적을 달성한다.

천재와 통찰

수학의 천재 프리드리히 가우스(1777~1855)를 예로 보자. 어느 날 가우스의 초등학교 선생님이 1부터 10까지 더하라고 학생들에게 지시했다. 다들 하나씩 더해 가느라 애쓰고 있었는데, 가우스에게는 순간적으로 답을 알 수 있는 통찰이 번쩍였다. 가우스는 1부터 10까지를 그림 9.14에 있는 것처럼 균형 잡힌 광파에 일렬 정리된 무게로 상상했다. 왼쪽에서부터 각 무게는 1씩 증가한다. 광파가 균형을 유지하기 위해서는 오른쪽의 무게와 짝지어져야 한다. 여러분은 가운데 5+6=11에서 시작하여 밖으로 나아가면 4+7=11, 3+8=11 등에서 이를 알 수 있다. 이렇게 11이 되는 짝이 5개이다. 자, 이제 문제는 쉽다. 곱하면 된다. 가우스의 천재성은, 지겨운 해결과정을 적용해야

▶ 그림 9.14 **천재와 통찰** 어린 프리드리히 가우스는 위에 제시된 것 같은 구조틀을 머릿속에 들이고, 힘든 더하기 문제들을 쉬운 곱하기 문제로 바꿨다. 가우스의 이런 초기 통찰은 나중에 흥미로운 진실, 즉 이런 단순한 해결책이 어떤 크기의 숫자 순서들에도 일반화할 수 있다는 것을 깨닫게 하였다.

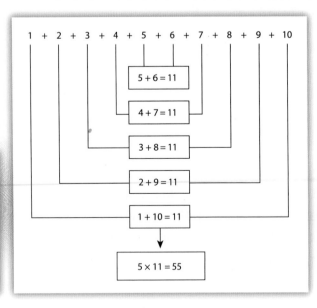

AFTER WERTHEIMER, 1945/1982.

하는 문제를 단순하고 우아한 해결이 가능한 방식으로 재구조화한 데 있다. 비록 그 지겨운 계산 절차가 어느 수들의 합을 구하는 데 적용할 수 있는 것이긴 하지만 말이다.

게슈탈트 심리학자들에 따르면, 이러한 통찰은 문제에 대한 자발적인 재구조화를 반영한다. 갑작스런 통찰이라는 섬광은 해결에 조금씩, 조금씩 가까워지는 점진적 문제해결 과정과 대비된다. 통찰을 연구한 초기 연구자들은 사람들이 비통찰 문제를 풀 때는 점진적으로 '따뜻해지는'(즉, 점진적으로 해결에 가까워지는) 것처럼 느끼는데, 이 '따뜻함'이 통찰 문제의 해결 가능성을 예언하지 못하는 것을 발견했다(Metcalfe & Wiebe, 1987). 통찰 문제 해결은 사람들이 무엇을 느끼든지 관계없이 불시에 나타나는 것 같다.

통찰의 순간에 무의식은 어떤 역할을 하는가?

후기 연구들은 그러나 갑작스런 통찰 해결이 실제로는 무의식적이며 점진적인 과정에서 기인할 수 있다고 제안한다(Bowers et al., 1990). 한 연구에서 그림 9.15에 있는 것 같은 일련의 세 단어 짝을 제시하였다. 이 중 하나는 공통의 연상어를 갖는 응집성 있다고 이름 붙일 수 있는 것이었고, 다른 것은 해결이 없는 응집성 없는 것이었다. 그리고 세 단어들과 연관된 네 번째 단어를 찾아보도록 하였다.

비록 참가자들은 답을 발견하지 못했어도, 어떤 것이 응집성이 있는지는 우연 이상으로 신뢰롭게 결정할 수 있었다. 그러나 만약 통찰 해결이 갑자기 실무율적으로 일어난다면, 그들의 수행이 우연 이상일 수 없을 것이다. 즉, 이 발견은 통찰 문제해결도 의식적 자각 밖에서 일어나는 점진적인 과정이라는 것을 시사한다. 이 과정은 이런 방식으로 작용할 것이다. 문제를 이루는 단서의 패턴이 무의식적으로 기억에 있는 적절한 정보를 활성화한다. 활성화는 기억 그물망에서 확산되고 추가적으로 적절한 정보를 뽑아 온다(Bowers, et al., 1990). 충분한 정도의 정보가 활성화되었을 때, 이것이 자각의 역치를 넘게 되고 문제해결에 대한 섬광 같은 갑작스런 통찰을 경험한다.

*strawberry*와 *traffic* 단어 간의 연관을 찾는 것은 아무리 열심이라고 하더라도 어느 정도 시간이 걸린다. *strawberry*라는 단어가 *jam*이라는 단어를 장기 기억에서 활성화시키고 *traffic*에까지 확산되어 어떻게 답이 생각났는지는 모르지만, 갑자기 의식에 떠오를 수 있다. 갑작스럽고 실무율적인 통찰은 사실 기억에서 활성화가 확산되며 더 많은 지식이 활성화되면서 새로운 정보가 첨가되는 점진적인 과정의 결과일 수 있다('최신 과학' 참조).

기능적 고착

통찰이 단순한 점진적인 과정이라면 왜 자주 일어나지 않는 것일까? 앞서 논의했던 연구에서 참가자들은 겨우 25%의 경우에만 통찰적 해결을 만들어 냈다. 통찰은 드물 수밖에 없는데, 의사결정과 같이 문제해결이 틀 효과의 영향을 받기 때문이다. 문제해결에서 틀은 생각할 수 있는 해결 유형을 제한하는 경향이 있다. **기능적 고착**(functional fixedness)이란 사물의 기능을 고정된 것으로 지각하는 경향을 말하며 우리의 사고를 한정하는 하나의 마인드버그이다. 그림 9.16, 9.17을 보고 더 읽기 전에 문제를 풀어 보자. 그림 9.16에서 여러분의 과제는 압정, 성냥갑, 초를 가지고 어두운 방을 밝히는 것이다. 그림 9.17에서는 탁자 위에 있는 물건들을 이용해 천장에 묶인 한 줄을 손이 직접 닿지 않는 다른 줄에 묶는 것이다.

응집성이 있는	응집성이 없는
Playing	Still
Credit	Pages
Report	Music
Blank	Light
White	Folk
Lines	Head
ticket	Town
Shop	Root
Broker	Car
Magic	House
Plush	Lion
Floor	Butter
Base	Swan
Snow	Army
Dance	Mask
Gold	Noise
Stool	Foam
Tender	Shade

Solutions:
Card, paper, pawn, carpet, ball, bar

◀ **그림 9.15 통찰적 해결들도 실제는 점진적이다** 참가자들은 각각의 세 단어들과 연상할 수 있는 네 번째 단어를 찾도록 하였다. 비록 답을 찾지는 못했어도, 어떤 것은 풀 수 있고 어떤 것들은 할 수 없는지 골라낼 수 있었다. 여러분도 시도해 보길.

AFTER BOWERS ET AL., 1990.

기능적 고착
사물의 기능을 고정된 것으로 지각하는 경향

▲ **그림 9.16 기능적 고착과 초 문제** 한 갑의 성냥, 압정들, 그리고 초 등을 사용해 방을 밝힐 수 있도록 벽에 설치하겠는가? 그림 9.19에 있는 답을 보기 전에 생각해 보자.

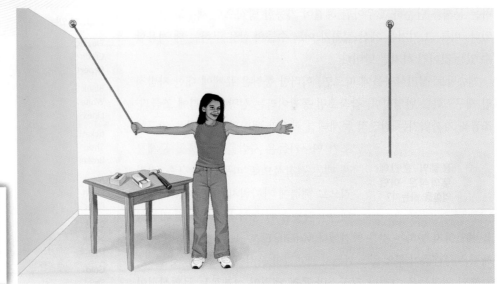

▶ 그림 9.17 **기능적 고착과 줄 문제** 천장에 서로 묶을 수 있을 만큼 충분히 긴 두 줄이 달려 있다. 그런데 너무 떨어져 있어 한 줄을 잡은 상태에서 팔이 닿지 않는다. 탁자에 있는 도구를 이용해 어떻게 해결하면 되겠는가? 그림 9.20의 답과 비교해 보라.

▲ 그림 9.18 **9개의 점 문제** 모든 9개의 점을 4개의 직선으로 종이에서 연필을 떼지 말고 연결해 보라. 그림 9.21의 답과 비교해 보라.

이러한 문제들의 해결이 어려운 것은, 우리들이 물건들을 정상적이고 전형적이며 고정적인 기능들로만 생각하는 경향성 때문이다. 우리는 성냥갑을 초를 세우는 것으로 생각하지 못하는데 상자는 초가 아니라 성냥을 담기 때문이다. 마찬가지로, 망치를 추로 사용하는 생각이 떠오르지 않는데, 망치는 보통 박는 데 사용되기 때문이다. 기능적 고착이 여러분의 문제해결을 방해했는가?(답은 그림 9.19와 9.20에 있음)

때로 틀이 해결을 내놓는 우리의 능력을 제한한다. 읽어 나가기 전에 그림 9.18을 보라. 종이에서 펜을 떼지 말고 4개의 직선으로 9개의 점 모두를 연결해 보라. 이 문제를 풀기 위해서는, 선이 점들로 만들어지는 정사각형 밖으로 나갈 수 있도록 해야 한다(그림 9.21 참조). 이러한 제약은 문제 안에 들어 있는 것이 아니라 해결하는 사람의 마음속에 들어 있는 것이다. 비록 갑작스런 통찰의 섬광이 이런 유형의 문제를 해결하는 것처럼 보이지만, 이런 유형의 통찰 문제를 해결하는 데 사람들이 사용하는 사고과정은 점진적이며, 목표수단 분석처럼 기술할 수 있다는 것을 연구들은 보여 준다(MacGregor, Ormerod, & Chronicle, 2001).

> **요약**
>
> ▶ 개념 형성과 의사결정과 같이 문제해결은 새로운 입력(이 경우, 문제)을 가지고 있는 지식으로 해석하는 과정이다. 문제는 잘 정의되거나 그렇지 않을 수도 있으며 이에 따라 확실한 혹은 그렇지 못한 해결에 도달할 수 있다.
>
> ▶ 우리가 내놓는 해결은 우리 지식의 조직화와 문제 자체의 객관적인 특성에 의존한다. 수단-목표 분석과 유추적 문제 해결이 효율적인 해결의 길을 제공하기도 하지만, 종종 우리는 문제를 우리가 이미 알고 있는 것이나 이해하고 있는 것의 틀에서 다룬다.
>
> ▶ 때로 기능적 고착의 경우처럼 지식이 우리의 문제해결을 제약해 쉬운 해결책 발견을 어렵게 한다.

정보의 변형 : 어떻게 결론에 도달하는가

정보나 신념을 일련의 단계를 거쳐 결론에 도달할 수 있도록 조직하는 정신 활동을 **추론**(reasoning)이라고 한다. 당연한 것이지만 때로 우리의 결론은 그럴듯하고 명확하기도 하지만, 다른 경우에는 빗나가기도 한다. 실제 사고 보험 청구를 한 사람이 작성한 추론의 예를 보자(www.

swapmeetdave.com).

- 나는 보통처럼 오전 7시에 일하러 출발했는데, 5분 일찍 온 버스와 정면 충돌했다.
- 집에 가다가 잘못 다른 집에 운전해 들어갔는데, 우리 집에는 없는 나무와 부딪혔다.
- 내 차는 합법적으로 주차하려다 다른 차량의 뒤를 추돌했다.
- 사고의 간접적인 원인은 작은 차를 몰던 수다스러운 꼬맹이 때문이다.
- 앞 유리창이 부서졌음. 이유 알려지지 않았음. 아마도 주술 같음

이런 운이 나빴던 운전자들이 일관성 없고 말도 되지 않는 생각으로 주장할 때, 여러분은 이를 '비논리적'이라고 비난할 것이다. 논리란 진술의 집합에서 어떤 결론이 도출되는가를 규정하는 규칙 체계이다. 달리 말하자면, 사실인 진술들이 주어졌을 때 다른 진술도 역시 사실이어야 한다는 것을 말해 주는 것이 바로 논리이다. 만약 "잭과 질이 언덕을 올랐다"가 진리이면, 논리의 규칙에 따라, "질이 언덕을 올랐다"의 긴술도 마찬가지로 진리여야 한다. 첫 진술의 진실성을 받아들이며, 둘째 진술의 진실성을 부인하는 것은 모순이다. 논리는 추론을 평가하는 하나의 도구이며, 추론의 과정 자체와 혼동하지 말아야 한다. 논리와 추론을 같게 여기는 것은 목수의 도구(논리)와 집짓기(추론)를 같다고 생각하는 것과 같다고 할 수 있다.

실제적, 이론적, 삼단논법 추론

이 장 앞에서 의사결정 과정을 논의했는데, 우리는 결정을 할 때 실제적 추론과 이론적 추론을 사용한다(Walton, 1990). **실제적 추론**(practical reasoning)이란 무엇을 할지를 파악하는 혹은 어떤 행위를 지향해야 하는지 알아 내는 것이다. 목표–수단 분석이 실제적 추론의 한 종류이다. 차가 없을 때 마을 건너에 있는 공연장에 어떻게 가야 할지를 파악하는 것이 예가 된다. 반면, 때로 논설적 추론이라고도 부르는 **이론적 추론**(theoretical reasoning)은 하나의 신념에 도달하고자 하는 추론이다. 하나의 신념에 논리적으로 도출되는 다른 신념이 무엇인가를 결정하고자 할 때 이론적 추론을 사용한다.

예를 들어 여러분이 친구 브루스에게 공연에 데려다 달라고 했는데 그의 차가 고장이 났다고 한다면 여러분은 의심할 여지없이 다른 방법을 찾을 것이다. 만약 여러분이 브루스가 공연장 주차장에 들어오는 것을 몰래 봤다면, 여러분은 "브루스가 차가 고장이 났다고 했는데, 방금 주차장에 들어 왔다. 차가 고장이 났으면, 여기 올 수 없다. 그러면, 차를 순식간에 고쳤거나, 내게 거짓말을 한 것이다. 만약 거짓말을 했다면, 내 친구라고 할 수 없다"라고 추론할지도 모른다. 어떤 행위 지향적인 목표가 없다는 점에 주의를 기울여라. 이론적 추론은 하나의 신념(이 경우는 친구의 친구답지 못함!)에 도달하는 일련의 추리이다.

여러분이 이런 예들을 통해 우리 사람들이 이 두 종류의 추론에 모두 능숙하다고 결론 내리겠지만 실험적인 증거는 여러분이 틀렸다는 것이다. 사람들은 일반적으로 논리적으로 어떤 신념이 다른 신념으로부터 도출되는지 결정하는 것보다 무엇을 해야 할지 파악하는 것을 더 쉬워한다. 비교 문화 연구에서, 이론적 추론이 요구될 때 실제적으로 반응하는 경향은 교육을 받지 않은 개인들에게서 나타났다. 예를 들어, 미국 연구자와 나이지리아 쌀 농부인 문자를 모르는 크펠레인 사이의 다음 대화를 보자(Scribner, 1975, p. 155).

실험자 : 모든 크펠레인은 쌀 농사꾼이다. 스미스는 쌀 농사꾼이 아니다. 그는 크펠레인인가?

참여자 : 나는 그 사람을 모른다. 나는 그 사람을 주목해 본 적이 없다.

실험자 : 그 말 자체만으로 생각해 봐라.

추론
정보나 신념을 일련의 단계를 거쳐 결론에 도달할 수 있도록 조직화하는 정신 활동

실제적 추론
무엇을 할지 혹은 어떤 행위를 할지를 알아내는 추리

이론적 추론
하나의 신념에 도달하기 위한 추리

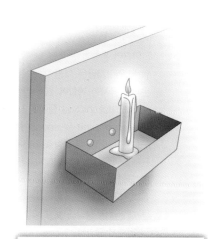

▲ 그림 9.19 **초 문제 해결** 상자의 통상적인 사용 방식(성냥을 담는) 때문에 초를 넣어 벽에 압정으로 고정하면 되는 것을 깨닫지 못해 문제가 어렵게 된 것이다.

참여자 : 만약 내가 그 사람을 안다면, 대답을 할 수 있다. 하지만 내가 그를 모르기에 답을 할 수 없다.

실험자 : 크펠레인이라는 면에서 답을 해 봐라.

참여자 : 당신이 한 사람을 안다면, 그에 관한 질문에 답을 할 수 있다. 그러나 당신이 모르는 사람에 관해 질문을 받는다면 답을 하는 것이 어렵지 않겠는가.

이 인용이 보여 주는 것처럼, 이 참여자는 이 문제를 이론적 추론으로 해결할 수 있다는 것을 이해하지 못하는 것 같다. 대신에 그는 사실을 인출하고 검증하려고 하는 것으로 이 전략이 이런 유형의 과제에는 적용이 되지 않는다.

실제적 추론을 요구하는 과제가 주어졌을 때는 이 문자를 모르는 문명의 사람들에게 전혀 다른 모습이 나타난다. 케냐 시골에서 이루어진 잘 알려진 연구가 전형적인 결과를 보여 준다 (Harkness, Edwards, & Super, 1981). 아버지는 앞서서는 자기 아들이 번 돈은 모두 가져도 좋다고 약속했지만, 이번에는 아버지의 명령에 따라 가족에게 얼마간의 돈을 주어야 하는 딜레마를 갖고 있는 문제이다. 이 딜레마를 들은 후, 참여자에게 이 소년이 어떻게 해야 할지를 물었다. 다음이 이 마을 사람들의 전형적인 반응이다.

아이는 아버지가 자신에게 줄 것이라고 말한 것과 같은 방식으로 아버지가 그에게 요청하는 것을 들어 주어야만 한다. 그가 그걸 가지면서 왜 이기적이어야 하는가? 부모들은 아이들을 사랑

최신 과학

갑작스러운 통찰과 대뇌

갑작스러운 번개처럼 통찰이 수반되는 "아 그렇지"란 압도적인 경험의 순간이 있다. 이는 문제를 하나씩 시행착오로 풀어가는 과정과는 전혀 다르게 느껴지는 통찰에 의한 해결 방식을 잘 보여 준다. 이러한 주관적인 경험에 있어서의 차이는 우리가 문제를 분석적인 전략에 의해 풀어가는 것과 달리 대뇌에서 어떤 다른 과정이 일어나는 것이 아닌가 생각할 수 있다 (Kounios & Beeman, 2009).

이러한 통찰과 관련된 뇌 활동을 조사하기 위해, 연구자들은 그림 9.15에 있는 세 단어 문제와 유사한 복합어 원격 연상(compound remote associates) 절차를 사용한다. 각 문제는 *crab*, *pine* 및 *sauce* 같은 세 단어로 구성된다. 어떤 때 사람들은 번개 같은 통찰로 문제를 해결하는데, 어디서 나왔는지 모르지만 답이 되는 *apple*이라는 단어가 마음에 떠올라온다. 때로는 *crab*이라는 단어와 맞는 다른 대안들은 생각해 보고, 이게 *pine*, *sauce*와 맞는지 평가하는 분석적 전략을 사용할 수도 있다. 예로 '*crabgrass*가 되는데 *pine*, *sauce*와는 안 맞네.' 그럼 *crabapple*은? 문제가 풀린다.

참여자들은 해답이 마음속에 떠올랐을 때 단추를 누르라고 하였으며, 자신들이 분석적 전략을 사용했는지 통찰에 의했는지를 기술하도록 하였다. 처음 연구에서는 문제해결 과정에서의 뇌 활동을 알아보기 위해 뇌파(EEG, 3장 참조)를 측정하였다. 관찰 결과는 놀라웠다. 참여자들이 분석적 전략을 사용한 경우와 비교하여, 통찰에 의해 문제를 푼 경우에는 해결에 도달하기 삼분의 일초 전에 갑작스러운 그리고 현저한 고주파 전기 활동(초당 40 사이클 혹은 감마 밴드)이 발생했다(Jung-Beeman et al., 2004). 이 전기 활동은 오른쪽 귀 윗부분인 측두엽 앞부분에 중심을 두고 있었다. 비슷한 연구를 fMRI를 사용하여 뇌 활동을 측정하였는데, 바로 이 오른쪽 측두엽이, 분석적 전략에 기초한 해결과 비교하여 통찰 해결을 사용하였을 현저하게 큰 대뇌 활동을 보인 유일한 영역이었다.

프랑스의 위대한 과학자 루이 파스퇴르(Louis Pasteur)는 "우연은 단지 준비된 마음만을 좋아한다"라고 언급한 적이 있다. 이 관찰에 기초하여 연구자들은 문제 제시 전에 일어나는 대뇌 활동이 문제를 통찰 혹은 분석적 전략에 의해 해결하는 데 영향을 끼칠 것인가

를 질문하였으며 실제 그렇다는 것을 발견하였다(Kounios et al., 2006). 통찰에 의해 문제가 해결되는 그 바로 전 순간에, 전측 대상회라고 알려진 전두엽의 깊은 영역에서 증가된 대뇌 활동이 일어났다. 이 영역은 한 대상에서 다른 것으로 주의를 전환하는 것과 같은 인지 과정을 통제하는 것으로 알려져 있다. 연구자들은 이 영역에서의 증가된 활동이, 단지 약하게 활성화된 연상들에 주의를 돌려 찾게 하고(아마도 하위의식 수준에서) 나중에 갑작스런 통찰을 촉진하는 것이라고 제안하고 있다.

복합어 원격 연상 과제를 사용한 관련된 연구에서 사람들이 긍정적인 기분 상태일 때 덜 긍정적일 때보다 저 통찰에 의해 문제를 해결한다는 결과가 있다(Subramaniam et al., 2009). 더구나 그림에 나와 있는 것처럼, 긍정적인 기분은 문제가 제시되기 바로 전에 전측 대상회에서 증가된 활동과 관련이 있으며, 이는 긍정적인 기분이 전측 대상회의 '불을 켜(turn on)' 뇌가 갑작스런 통찰을 준비하게 도와주고 그럼으로 인해 연상어를 찾아내는 능력을 증가시키고 해결을 돕는다는 것을 시사한다. 긍정적인 기분과 통찰의 연관은 최근 발

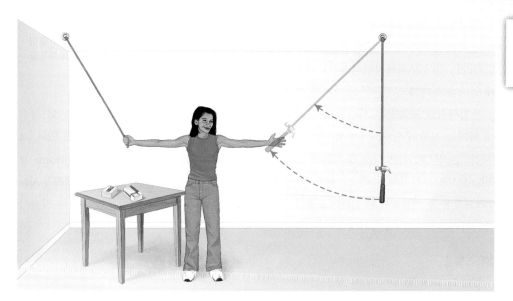

◀ 그림 9.20 **줄 문제 해결** 망치의 통상적인 용도(못을 박는)가 사람들이 끈을 잡을 수 있게 흔들리도록 하는 추의 역할을 할 수 있다는 것을 알아채지 못하게 한 것이다.

한다. 그 아들은 그 아버지를 도와야 한다는 것을 모르고 거부할 수도 있다⋯. 서로 존중하는 것을 보임에 의해 우정이 공고해지고, 그리고 결과적으로 가족의 번영을 만들 것이다.

이 문자를 모르는 개인은 이러한 실제적 문제를 이해하는 데 어떤 어려움도 없다. 그의 반응

견을 설명할 수 있게 한다. 적당한 수준의 알코올 섭취는 복합어 원격 연상 과제를 잘 풀게 하며, 문제해결이 갑작스런 통찰에 의해 이루어졌다는 강한 느낌을 갖게 한다고 한다(Jarosz, Colflesh, & Wiley, 2012). 대안적으로 음주의 긍정적인 효과는 통제된 주의 집중 처리를 줄여 연상어 찾는 능력을 더 자유롭게 했기 때문이라고 생각할 수도 있을 것이다.

문제 해결 전에 일어나는 대뇌 활동이 어떤 사람들이 분석적인 전략이 아닌 통찰에 더 의존하게 만들 것인가에 관한 단서를 제공한다(Kounios et al., 2008). EEG를 사용하여 휴식기의 대뇌 활동을 측정해 보면, 통찰로 문제를 해결하는 사람들이 분석적으로 문제 해결을 하는 사람보다 우반구에서 더 **휴식** 대뇌 활동을 보인다는 것을 연구자들이 발견했다고 하며, 이는 창의성이 우반구 활동과 관련된다는 연구와도 일치하는 결과이다(Folley & Park, 2005; Howard-Jones et al., 2005).

이러한 연구 결과들은 우리가 '아하'라는 통찰의 순간이 마치 머릿속에 전구를 꺼버리는 것과 같다는 친숙한 그림과 잘 맞아 떨어진다. 이 순간은 아주 특수한 전기적 활동 패턴이 일어나는 마치 뇌의 전원과 같은 것일 수 있다는 것이다. 미래의 연구는 어떻게 정신적인 전구를 켜 불이 계속 비추게 만들지에 관한 많은 이야기를 해 줄 수 있을 것이다.

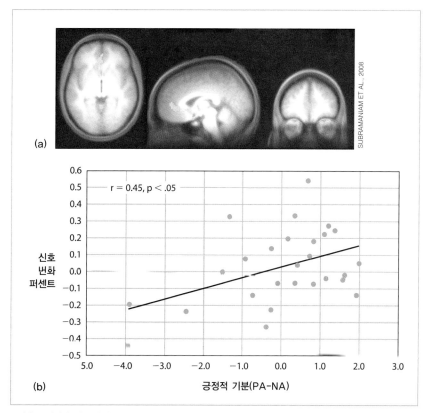

(a)

$r = 0.45, p < .05$

신호 변화 퍼센트

긍정적 기분(PA-NA)

(b)

▲ (a) 긍정적인 기분 상태는 갑작스러운 통찰에 의해 문제가 해결되기 바로 직전의 전측 대상회(노랑 영역)에서의 증가된 반응과 관련되어 있다. 긍정적 기분(긍정적 감정-부정적 감정)은 전측 대상회의 증가된 활성화와 관련되어 있는데, 이는 문제 해결에 요구되는 연상들을 만들어 내는 능력이 증가되었다는 것을 시사한다.

신념 편향
주장이 논리적으로 타당한가보다는 결론이 얼마나 믿을 만하냐에 의존하여 받아들이는 사람들의 판단 과정

삼단논법 추리
두 진술로부터 나올 수 있는 사실이라고 가정되는 결론을 결정하는 것

은 현명하고, 통찰적이며, 잘 추론된 것이다. 이런 종류의 비교 문화적인 연구의 주된 발견은, 추론 검사에서 보이는 능력이라는 것이 문제해결력이라기보다는 그 과제가 참여자에게 얼마나 의미가 있었는가의 여부에 좌우된다는 것이다.

산업사회의 교육받은 사람들도 **신념 편향**(bielief bias) 예가 보여 주는 비슷한 추론의 실수에 빠지는 경향이 있다. 이는 사람들이 어떤 결론들을 받아들일 것이냐의 판단을 하는 데 있어, 그 주장의 논리적 타당성보다는 그 주장이 얼마나 믿을 만한가에 의존한다는 것이다(Evans, Barston & Pollard, 1983; '현실세계' 참조). 예를 들어 **삼단논법 추리**(syllogistic reasoning)에서는 우리가 사실이라고 믿는 두 진술에서 한 결론이 도출될 수 있는가를 평가한다. 다음 두 삼단논법에서 두 진술이 사실이라면 그 결론이 참인지 그 여부를 스스로 물어 보아라.

삼단논법 1

진술 1 : 모든 담배는 비싸지 않다.
진술 2 : 어떤 마약은 비싸지 않다.

? 문화 간 비교 연구들이 추리 검사에 관해 무엇을 알려 주는가?

현실세계 | 지퍼에서 정치적 극단주의까지 : 이해하고 있다는 착각

우리가 미처 생각할 수 없을 정도로 자주 사용하는 지퍼는 아주 유용한 물건이다. 그리고 우리 대부분은, 아주 세세한 단계 단계별로 설명을 요구하지 않는 한 이 지퍼가 어떻게 작동하는지를 잘 이해하고 있다고 생각한다. 로젠 브리트와 케일(Rozenblit & Keil, 2002)의 실험에서 참여자들이 이런 일상생활 용품(예 : 지퍼, 수세식 변기, 재봉틀)들과 절차(예 : 처음부터 어떻게 초콜릿 과자를 만드는지)들을 얼마나 잘 이해하고 있는지를 우선 평가하게 하고, 실제 자세한 작동 과정이나 절차에 관해 단계별 설명을 하도록 하였다. 그리고 전문가의 설명과 그림들을 본 후, 자신의 이해의 깊이를 다시 평가해 보도록 하였다. 두 번째 한 평가는 첫 평가보다 훨씬 낮았다. 사물의 작동 과정이나 절차를 설명해 보려고 하고, 나중에 전문가들의 자세한 기술을 보면서, 참여자들은 자신들이 자신의 이해의 깊이를 아주 과대평가했다는 것을 깨닫게 만든 것이다. 이를 로젠 브리트와 케일은 *설명의 깊이 착각*(illusion of explanation depth)라고 부른다. 전문가의 기술을 제공하지 않고 자세한 설명을 시도한 다른 실험에서도 역시 이 착각이 나타났다.

최근 연구는 이 설명의 깊이 착각이 전혀 다른 일상생활 영역, 즉 정치적인 극단주의에서도 적용된다고 보고하고 있다. 기후 변화나 의료 관리와 같은 우리 시대의 급박한 문제들은 두 가지 특징을 공유하고 있다. 이들은 아

STEVE MILLER/SUPERSTOCK

주 복잡한 정책들을 포함하며, 정치적인 스펙트럼의 양 끝에서 극단적 견해가 제기된다. 페른바흐와 동료들은(Fernbach, et al., 2013) 이 양극단의 견해들이 사람들이 실제보다 더 깊이 있게 적절한 정책들을 이해하고 있다고 생각하기 때문에 일어나는 것이 아닌가 하는 의문을 제기하였다. 이 가설을 탐구하기 위해 이들은 6개의 현재 정치적인 정책(이란의 핵 프로그램에 대한 제재, 사회 보장을 위한 은퇴 연령의 연장, 개인 의료 보험 시스템, 이산화탄소 배출권 거래제, 국가적인 일률 과세, 교사에 대한 성과급제)에 관해 참여자들의 입장을 로젠 브리트와 케일(2002)이 한 것처럼 강한 반대와 강한 찬성의 7점 척도에 표시하도록 하였다. 그리고 참여자들에게 6개 중 2개의 정책에 관한 자세한 설명을 하도록 요구하였다. 그 후 다시 각 정책에 대한 자신의 입장과 자신의 이해의 수준을 평정하도록 하였다.

페른바흐와 동료들은(출판 중) 자세한 설명을 만들어 내려고 시도한 후 참여자들이 자신

의 이해를 낮게 하고 앞서 했던 것보다 6개 이슈 모두에서 덜 극단적인 입장을 취하는 것을 발견했다. 더구나 사전 사후 이해 평정에서 가장 큰 감소를 보인 피험자들은 설명의 결과로 자신들의 입장이 크게 중도 입장으로 바뀌었다고 한다. 이러한 변화가 정책에 대해 더 깊게 생각한 결과일까 혹은 구체적으로 설명을 만들어 냈기 때문일까? 이 문제를 해결하기 위해 다른 실험에서 한 참여자들에게는 정책에 대한 설명을 제공하고 다른 참여자들에게는 단순히 자신의 입장에 대한 이유를 열거하도록 하였다. 마찬가지로 설명을 만들어 낸 참여자들은 이해의 평정이 낮아졌고, 덜 극단적인 입장을 취하는 것으로 나왔다. 하지만 자신의 입장에 대해 단순히 이유를 열거한 참여자들에게서는 이러한 변화가 관찰되지 않았다. 마지막 실험에서 설명을 만들어 낸 후 자신의 입장에 맞는 집단에 기부를 덜 하겠다는 반응을 보여 자신의 입장이 중도적으로 바뀌었음을 보여 주었다.

전체적인 결과의 패턴은 극단적인 정치적 견해가 최소한 부분적으로는 설명의 깊이 착각에서 의해서 만들어질 수 있다는 생각을 지지한다. 사람들이 자신이 생각했던 것보다 정치적 이슈에 대해 깊이 이해하고 있지 못하다는 것을 깨달으면 중도적으로 변하게 되는 것이다. 정치적인 정책이나 지퍼의 작동에서 잘 보여 준 것 같은 심리적 현상들이 많지는 않겠지만 설명의 깊이 착각이 그중 하나이다.

결론 : 어떤 마약은 담배가 아니다.

삼단논법 2

진술 1 : 모든 마약은 비싸지 않다.

진술 2 : 어떤 담배는 비싸지 않다.

결론 : 어떤 담배는 마약이 아니다.

여러분도 대부분의 사람들과 같다면, 아마도 첫 추론은 타당하다고 결론짓고, 두 번째 삼단논법은 결함이 있다고 여길 것이다. 실제로 연구자들은 첫 결론은 참여자의 100%가 타당하다고 하였으며 두 번째 결론은 반이 못되는 사람들이 받아들인다는 것을 발견했다(Evans, Barston, & Pollard, 1983). 하지만 두 삼단논법이 똑같은 형태라는 것에 주의하라. 이 삼단논법이 타당하다면 두 가지 모두 타당해야 한다. 확실히 결론의 믿을 만함이 사람들의 판단에 영향을 미친 것이나.

추리와 대뇌

fMRI를 사용한 연구가 추론과정에서의 신념 편향에 관한 새로운 통찰을 준다. 신념-의존 시행에서는, 참여자들은 결론의 믿을 만함에 의해 영향을 끼치는 지식에 의존하는 삼단논법 추리를 하면서 뇌를 스캔했다. 신념-중립 시행에서는 다음과 같이 참여자가 의미를 모르는 모호한 용어들이 포함된 삼단논법 추리를 했다.

삼단논법 3

진술 1 : 모든 코드는 아주 복잡하다.

진술 2 : 어떤 퀴푸는 아주 복잡하다.

결론 : 모든 퀴푸는 코드이다.

신념-중립 추리는 신념-의존 추리와는 다른 대뇌 영역을 활성화했다(그림 9.22 참조). 좌측두엽에서의 활성화는 장기 기억에서 사실들을 선택하고 인출하는 데 작용하는데, 신념-의존 추리에서 활성화됐다. 그러나 신념-중립 추론에서는 그 부분은 거의 활동을 보이지 않았고, 수학 추리와 공간 표상에 관여하는 두정엽이 더 큰 활동을 보였다(Goel & Dolan, 2003). 이 증거는 참여자들이 두 우형의 추리 과제에 다른 접근을 하는 것으로, 신념-의존은 앞선 부호화된 기억에 의존하고, 신념-중립에서는 보다 추상적인 사고에 의존한다는 것을 보여 준다. 이 발견들은 대뇌에 단일 추리 중심 영역이 있는 것은 아니라는 신경 영상 연구들과 잘 맞아 떨어진다. 다른 유형의 추리 과제는 대뇌의 다른 영역들과 연관된 다른 처리 과정을 요구하는 것이다(Goel, 2007).

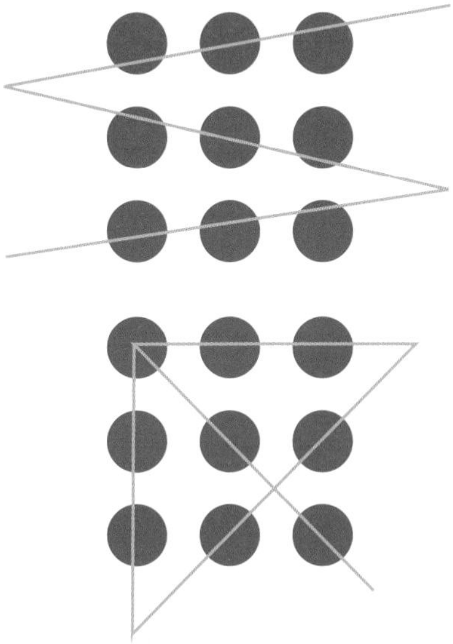

▲ **그림 9.21 9개의 점에 대한 두 가지 답** 이 문제에 대한 해결은, 점의 배열이 만들어 낸 가상적인 '상자 밖으로 나가도록 하는 생각'을 요구한다. 실제 상자가 있는 것이 아닌데 우리의 지각적 경향이 문제에 부여한 것이다.

▼ **그림 9.22 추론할 때 활동하는 뇌 영역** 다른 추론 유형이 다른 영역의 뇌를 활성화시킨다는 것을 보여 주는 fMRI 연구. (a) 사전 신념에 의해 영향받지 않는 논리적 추론 동안은 두정엽이 특히 활성화된다(신념-중립 추론), (b) 사전 신념에 의해 영향을 받는 추론(신념-의존 추론) 동안은 좌측두엽의 활성화가 증가한다. 이는 두 유형의 추론 문제에 대해 다른 방식으로 접근한다는 것을 시사한다.

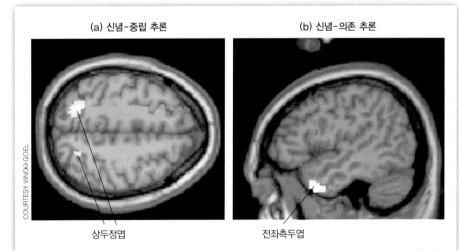

(a) 신념-중립 추론   (b) 신념-의존 추론

상두정엽   전좌측두엽

COURTESY VINOD GOEL

요약

▶ 인간 추리의 성공 여부는 논증의 내용이나 고려하고 있는 각본에 의존한다. 사람들은 실제적인 추리는 잘하지만 일련의 주장들의 진실성을 평가해야 하는 이론적 추리는 어려워한다.

▶ 신념 편향은 논증의 결론에 관한 판단을 왜곡하는데, 전제들 사이의 연결이 아닌 결론의 믿을 만함에 주의를 기울이게 한다.

▶ 뇌 영상 연구는 서로 다른 추리에 다른 영역이 연관되었다는 증거를 보여 준다.

▶ 우리는 이 장과 다른 장에서 보았듯이 지각, 기억, 학습을 이해하는 것을 도와주는 전략들(즉, 오류들을 신중하게 살펴보는 것과 심리학적인 분석과 뇌에 관한 정보를 통합하는 것)이 마찬가지로 사고와 언어를 이해하는 것을 도와준다는 것을 알 수 있다.

제9장 복습

주요 개념 퀴즈

1 단어가 결합되어 구나 문장을 이루는 규칙을 지배하는 것은?
a. 음성 규칙
b. 형태 규칙
c. 구조 규칙
d. 통사 규칙

2. 언어에 관한 다음 진술 중 정확하지 않은 것은?
a. 언어 습득은 주로 아이들이 어른의 언어를 모방하는 문제이다.
b. 심층구조는 문장의 의미를 말하며, 표면구조는 문장이 어떻게 구성되느냐를 말한다.
c. 학교에 들어갈 때쯤이면, 1만 개 정도의 어휘를 갖게 되는 것은 이상하지 않다.
d. 아이들의 수동적인 언어 숙달이 능동적인 숙달보다 빠르다.

3. 언어 발달을 타고난 생물학적인 능력으로 설명하는 입장은?
a. 신속한 대응
b. 행동주의
c. 생득론
d. 상호작용론자 설명

4. 언어 학습을 촉진하는 과정의 집합을 무엇이라 하는가?
a. 음성 규칙
b. 실어증
c. 언어습득 장치
d. 문법적 일반화

5. 브로카 영역의 손상이 일으키는 것은?
a. 언어 이해 실패
b. 문법적 발화에서의 어려움
c. 유아 옹알이의 재도입
d. 글쓰기에서의 어려움

6. 언어 상대성 가설이 주장하는 바는?
a. 언어와 사고는 개별적인 현상이다.
b. 단어는 서로 다른 문화에서 다른 의미를 가진다.
c. 인간 언어는 인간이 아닌 동물들이 습득하기에는 너무 복잡하다.
d. 언어가 사고의 성격을 만든다.

7. 한 범주의 '가장 전형적인' 구성원을 무엇이라 부르는가?
a. 원형
b. 본보기
c. 개념
d. 정의

8. 범주의 모든 구성원이 공유하고 있지는 않지만 범주 구성원을 특징짓는 속성 판단에 기초하여 개념을 형성한다는 이론은?
a. 원형 이론
b. 가족 유사성 이론
c. 본보기 이론
d. 간편법 이론

9. 사물이 한 범주에 속한다는 것을 재인하지 못하면서, 사물이 다른 범주에는 포함되지 않는다는 것을 알아채는 능력이 있는 경우를 무엇이라 부르는가?
a. 범주선호 조직화
b. 인지-시각 결함
c. 범주특정적 결함
d. 실어증

10. 다음 중 어느 것의 사용이 문제해결을 이끄는가?
a. 합리적 선택 이론
b. 확률
c. 간편법
d. 연산법

11. 같은 문제를 어떻게 표현하느냐에 따라 사람들이 다른 대답을 내놓는 이유는?
a. 가용성 편향
b. 결합 오류
c. 대표성 간편법
d. 틀 효과

12. 사람들이 잠재적인 손실을 평가할 때 위험을 감수하는 선택을 하고, 잠재적 이익을 평가할 때는 위험을 피하는 선택을 한다는 견해를 무엇이라 하는가?
a. 기대 효용성
b. 빈도 형식 가설
c. 전망 이론
d. 매몰비용 오류

13. 전전두엽이 손상된 환자는 어떤 경향이 있는가?

    a. 고양된 예견 정서 반응

    b. 위험한 의사결정

    c. 피부 저항 반응

    d. 행동 결과에 대한 극단적 민감성

14. 미란다는 목표를 정하고, 현 상황을 분석한 다음에 이 현 상태와 목표와의 차이를 열거한 후, 이 차이를 줄이는 전략을 채택한다면, 미란다가 사용하는 것은?

    a. 수단-목표 분석   c. 통찰에 의존하기

    b. 유추적 문제해결   d. 기능적 고착

15. 행위 과정을 결정하는 것을 목표로 사용하는 추리의 종류는?

    a. 이론적   c. 삼단논법

    b. 신념   d. 실제적

주요 용어

가용성 편향	본보기 이론	심층구조	전망 이론
가족 유사성	부전실어증	언어	전보식 말
간편법	빈도 형태 가설	언어 상대성 가설	추론
개념	삼단논법 추리	언어 습득 장치(LAD)	통사 규칙
결합 오류	생득론적 이론	연산법	틀 효과
기능적 고착	수단목표 분석	원형	표면구조
대표성 간편법	신념 편향	유추문제해결	합리적 선택 이론
매몰비용 오류	신속한 대응	음성 규칙	형태 규칙
문법	실어증	음소	형태소
범주 특정적 결함	실제적 추론	이론적 추론	

생각 바꾸기

1. 최근에 여러분은 친구에게 자신의 주된 언어가 우리의 생각을 만들 수 있다는 것을 배웠다고 이야기했다. 친구는 인간은 어디에 있건 인간이기에 그것이 사실이 아니라고 말했다. 어떤 증거가 여러분의 견해를 지지해 줄 수 있겠는가?

2. 2011년 9월 **와이어드** 잡지는 미식축구에서 감독들이 '네 번째 공격 결정(fourth down decision)'을 논의하는 기사를 실었다. 네 번째 공격에서 첫 공격을 얻기 위해 위험한 러닝 공격이나 패스 공격을 하든지 혹은 안전하게 공격권을 상대방에게 넘겨 주는 선택을 할 수 있다. 통계 분석은 위험한 선택이 보통 더 나은 선택이라는 것을 보여 주는데, 감독들은 90% 이상 안전한 선택을 한다고 한다. 이 기사를 읽고 여러분의 친구가 믿을 수 없다며, "감독이 어리석지 않고 이기려고 하는데 왜 틀린 결정을 늘 한다는 거지?"라고 말했다고 하자. 이 친구는 인간은 합리적인 결정자라는 가정을 한다. 어떤 측면에서 이 친구가 틀릴 수 있겠는가? 무엇 때문에 감독들이 비합리적인 결정을 하게 만들었을까?

주요 개념 퀴즈 정답

1. d, 2. a, 3. c, 4. c, 5. b, 6. d, 7. a, 8. b, 9. c, 10. d, 11. d, 12. c, 13. b, 14. a, 15. d

Need more help? Additional resources are located in LaunchPad at:

http://www.worthpublishers.com/launchpad/ schacter3e

지능

앤 맥가라가 2006년 57세의 나이로 죽었을 때 그녀는 자신이 셀 수 있는 것보다도 많은 햇수를 살았다. 왜냐하면 그녀는 셈을 할 줄 전혀 몰랐기 때문이다. 윌리엄 증후군을 앓는 대부분의 사람들처럼 그녀는 3 더하기 7이라든지, 1달러짜리 지폐를 동전으로 바꾼다든지, 왼쪽과 오른쪽을 구분하는 것 등을 할 수 없었다. 정말이지 그녀의 지체 정도는 아주 심각해서 자신을 돌볼 수도, 전일제 직장을 가질 수도 없었다. 그렇다면 그녀는 무엇을 하며 시간을 보냈을까?

"전 글 읽는 것을 너무 좋아해요. 전기, 소설, 신문 및 잡지 기사 등등 뭐든 닥치는 대로 읽어요. 방금 어떤 소녀에 대한 책을 읽었는데요. 소녀는 스코틀랜드에서 태어났고 그 애의 가족은 농장에서 살았대요…. 전 음악을 듣는 것도 좋아해요. 베토벤 음악은 일부만 좋아하고, 모차르트, 쇼팽, 바흐를 특히 좋아해요. 이들이 곡을 전개하는 방식이 마음에 들거든요. 마치 하늘로 날아갈 듯이 가볍고 경쾌해요. 반면 베토벤의 곡들은 우울한 것 같아요"(Finn, 1991, p. 54).

윌리엄 증후군을 앓는 사람들은 종종 자신의 구두끈도 맬 줄 모르고 잠자리도 챙길 줄 모르지만, 그들 대부분이 누구나 부러워할 만큼 언어와 음악에 재능이 있다. 이 병의 원인은 7번 염색체상에서 20개의 유전자가 없기 때문인데, 이 작은 유전자 결함이 이처럼 심각한 인지적 결함을 초래하는 한편, 음악과 언어 능력에는 왜 손상을 미치지 않는지는 아무도 모른다.

윌리엄 증후군을 가진 사람들은 '꼬마요정'과 같은 독특한 용모를 가지고 있다. 그들은 낮은 인지적 능력을 가지고 있지만, 음악과 언어에 탁월한 재능을 가지고 있다.

지능
개인의 사고를 통제하고 자신의 상황에 적응하며 경험으로부터 배울 수 있는 능력

앤 맥가라가 지적이었는가? 이 질문에 답하기는 어렵다. 간단한 셈도 못하는 사람을 지적이라고 하는 것은 이상하기 때문이다. 하지만 바로크 음악의 대위법과 19세기 낭만주의 음악의 차이를 말로 분명하게 표현할 수 있는 사람을 지적 능력이 결여되었다고 하는 것 또한 이상한 듯하다. 세상 사람들이 아인슈타인 같다든가 "심슨 가족"에 나오는 호머 같다든가 하면 천재와 둔재를 가려내기란 전혀 문제가 되지 않을 것이다. 하지만 우리가 사는 세상은 앤 맥가라 같은 사람들과 우리 같은 사람들─재기가 넘칠 때도 있고, 평소에는 유능하지만 가끔은 둔한 사람들─로 구성되어 있다. 이러한 복잡성으로 인해 우리는 아주 어려운 질문들을 제기하지 않을 수 없다. 지능이란 정확히 무엇인가? 20여 년 전 52명의 과학 전문가들은 이러한 질문에 대하여 다음과 같이 동의하였다. **지능**(intelligence)은 *개인의 사고를 통제하고 자신의 상황에 적응하며 경험으로부터 배울 수 있는 능력*이라는 것이다(Gottfredson, 1997). 이러한 정의가 많은 과학자와 일반인이 생각하는 것이다.

심리학자들은 한 세기가 넘게 다음과 같은 질문을 하고 있다. 지능은 *어떻게* 측정할 수 있는가? 지능은 정확히 무엇인가? 지능은 어디에서 나오는가? 어떤 사람이 지능을 가지고 있는가? 앞으로 배우게 되겠지만 지능은 꽤 정확하게 측정될 수 있는 능력의 세트이며, 유전과 환경의 산물이며 어떤 사람이나 집단이 더 지능적이다.

지능검사가 처음에 개발된 목적은 무엇이었는가

사명을 가진 사람은 때로 위험할 수 있다. 1920년대 헨리 고다드(Henry Goddard)라는 심리학자는 이민자 도착지인 엘리스 섬에서 이민자들을 대상으로 지능검사를 실시하였다. 그는 검사 점수를 근거로 유태인, 헝가리 인, 이탈리아 인, 러시아 인들은 '정신박약'이라는 결론을 내렸다. 또한 그는 자국민을 대상으로 지능검사 점수에 근거하여 정신박약자들을 가려내고자 하였으며 이들이 대부분의 사회문제를 일으킨다고 주장하였다. 고다드는 이렇게 지능검사에서 낮은 점수가 나온 이민자들이나 시민들을 격리하여 통제할 필요가 있음을 제안하였으며 심지어 자식을 낳을 권리를 박탈할 것을 주장하기도 하였다(Goddard, 1913, p. 107). 실제로 이러한 주장의 영향을 받아서 미국은 동유럽과 남부 유럽국가의 이민을 제한하는 법을 제정하였으며 27개 주에서는 정신장애자 불임법을 제정하였다.

고다드 이후 지능검사는 교육에 도움을 주고자 한 본래의 목적을 달성하는 데 괄목할 만한 성공을 거두었지만 계속해서 다른 인종, 종교, 국가 출신의 사람들에 대한 차별을 정당화하고

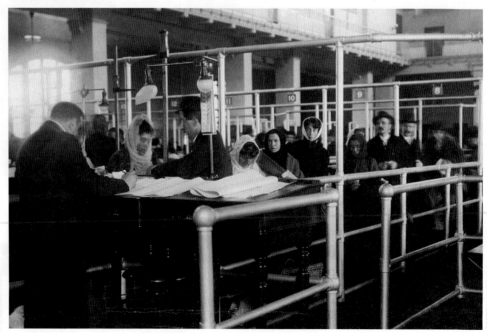

1920년대 엘리스 섬에 도착한 이민자들은 아마도 '정신박약'인지 여부를 가려내는 지능검사를 받았었다.

편견을 조장하는 데 사용된 측면이 있었다(Chorover, 1980; Lewontin, Rose, & Kamin, 1984). 지능검사가 이렇게 혐오스러운 목적을 달성하기 위해서도 가끔 쓰였다는 것은 역사의 아이러니라고 하지 않을 수 없다. 왜냐하면 잠시 후 알게 되겠지만, 원래 지능검사는 극빈층 아동들이 성공하고 배우고 성장하는 것을 도우려는 숭고한 목적으로 개발되었기 때문이다.

지능지수

19세기 말, 프랑스는 대대적인 교육개혁을 단행하여 귀족 중심 교육에서 모든 계층의 아이들이 한 반에서 학습하는 초등학교 교육시스템을 구축하였다. 그런데 다양한 계층의 아이들은 제각각 학습능력이 너무나 달라서 이들의 지능을 측정하여 우둔한 아이에게 교정 교육을 실시할 필요성이 대두되

?
처음에 지능검사가 개발된 목적은 무엇인가?

알프레드 비네(왼쪽, 1857~1911)와 시어도어 시몽(오른쪽, 1872~1961)은 보수교육이 필요한 아동들을 식별하기 위한 목적으로 최초의 지능검사를 개발하였다.

었다. 이에 프랑스 정부는 다른 아이들에 비하여 지적으로 뒤떨어지는 아이들을 대상으로 보수교육을 실시할 목적으로 알프레드 비네(Alfred Binet)라는 심리학자와 시어도어 시몽(Theodore Simon)이라는 의학자로 하여금 지능검사를 개발하도록 하였다(Siegler, 1992). 비네(1909)는 교육을 실시하기 전에 아이들이 어떠한 기준에 의해 선별되어야 하는지를 고민했다.

비네와 시몽은 학급 선생님이 아동들을 선별한다면 가난한 아이들만 교정 교육을 받게 될 가능성이 있고, 부모가 자율적으로 선별하게 놔둔다면 교육을 받을 아이는 거의 없을 것이라고 염려했다. 따라서 그들은 아동의 능력에 대하여 편향되지 않은 객관적인 검사 개발에 착수하였다. 그들은 사전 작업으로 학급에서 가장 뛰어난 학생은 할 수 있지만 가장 열등한 학생은 할 수 없는 과제에 초점을 맞추었다. 가장 뛰어난 학생과 열등한 학생을 구별할 수 있는 과제는 향후 다른 학생의 성공적인 학업 수행을 예측하는 데 사용할 수 있다는 논리였다. 그들이 발견한 과제들은 논리문제, 단어 기억, 그림 외우기, 먹을 수 있는 음식과 먹을 수 없는 음식 구별하기, 각운 생성하기, 질문(예 : "어떤 사람이 당신에게 무례한 행동을 한 후 사과를 한다면 어떻게 하겠습니까?")에 답하기 등이었다. 비네와 시몽은 이러한 과제들을 30개 정도 발견하고 이것들을 합쳐서 아동들의 '자연지능(natural intelligence)'을 측정할 수 있다고 보았다. 이 자연지능 개념이 의미하는 바는 그들의 논문에서 발췌한 다음 문구에 잘 나타나 있다.

> 우리는 자연지능과 학교 교육을 분리한다…. 과제와 관련된 학교 교육의 영향을 최대한 배제하면서… 우리는 아무런 읽을거리라든가 쓸거리를 주지 않고, 기계적인 학습만으로도 성공할 수 있는 과제는 주지 않는다. 사실 그런 경우가 생긴다고 해도 우리는 학생이 글을 읽을 수 없다는 사실에조차 주목하지 않는다. 우리는 단지 학생의 타고난 지능 수준을 고려한다(Binet, 1905).

비네와 시몽은 아동의 이전 교육 **성과**와는 관계없는 학습 **적성**을 측정하는 검사를 개발하고자 하였으며 이러한 의미에서 '자연지능' 검사라고 명명하였다. 비네와 시몽이 아동의 정신 능력을 측정하기 위하여 교육현장에 적용하도록 제안한 방식은 연령별로 다른 집단에 있는 아동들의 평균 검사 점수를 계산하고 특정 아동의 점수와 가장 가까운 평균점수를 가진 연령대를

잡지사 칼럼니스트인 마린 보스 새번트는 세계에서 가장 높은 IQ 측정치를 가진 사람이다. 그 옆에 다소 지능이 떨어지는 남자가 그녀의 남편이다. 그는 로버트 자빅 박사인데 인공심장을 발명한 초기 과학자이다.

발신자 IQ

찾으면 된다는 것이었다. 예로, 특정 아동이 10세이지만 8세 집단의 평균점수와 유사한 점수를 얻었다면 이 아동의 정신연령은 8세이고 따라서 보수교육이 필요하다는 방식이었다.

독일 심리학자 윌리엄 스턴(William Stern, 1914)은 그러한 아동의 정신적 수준을 '정신연령'으로 명명하고, 아동이 적절한 지적 성장을 하는지 알아보기 위해서는 정신연령과 신체연령의 비율을 계산해 보면 된다고 제안하였다. 그 후 미국 심리학자 루이스 터먼(Lewis Terman, 1916)은 지능지수(intelligence quotient) 또는 지능점수라는 통계치를 고안했다. 이러한 지능점수를 계산하기 위한 방식은 두 가지가 있다.

? 두 가지 유형의 지능지수는 어떻게 다른가?

- 비율 IQ(ratio IQ)는 사람들의 정신연령을 신체연령으로 나누어 산출된 비에 지수 100으로 곱한 통계치이다. 따라서 10세 아동이 10세 집단의 평균점수와 유사한 점수를 얻었다면 그 아동의 지능지수는 (10/10)×100＝100이다. 10세이지만 8세 집단의 평균점수와 유사한 점수를 얻었다면 그 아동의 지능지수는 (8/10)×100＝80이다. 정신연령과 신체연령의 비율로 IQ를 계산하는 것은 간결하고 합리적인 방법인 것 같은데, 조금만 더 생각해 보면 문제가 있다는 것을 알 수 있다. 예를 들어 7세 아동이지만 기하학에 특별한 감각이 있어서 보통의 14세 아동만큼 지적 수행을 보인다면 (14/7)×100＝200으로 비교적 합리적인 IQ 지수가 나오지만, 30세 성인이 오히려 우둔하여 60세 성인만큼의 지적 수행을 보여도 (60/30)×100＝200, 역시 같은 지수가 나온다. 결국 이러한 방식의 계산에서는 평범한 30세 성인이 몇십 년 동안 천재 수준의 IQ를 가질 수 있다는 것이다.
- 편차 IQ(deviation IQ)는 특정 개인의 검사점수를 그 개인이 속한 연령집단의 평균점수로 나누고 지수 100을 곱하는 방식이다. 이러한 방식에 따르면 자신이 속한 연령집단과 유사한 지적 수행을 보이면 IQ 100이 된다. 이 방식은 평범한 20세 성인이 40세 성인과 유사한 지적 수행을 보인다고 해서 천재라고 불리울 수 있는 모순을 해결할 수 있다. 하지만 연령 간 비교가 되지 않는 단점이 있다. 즉, 5세 아동과 65세 노인이 모두 IQ 100을 가졌다고 하더라도 이 100은 각 집단의 평균을 기준으로 계산된 것이기에 서로 같은 수준의 지적 능력을 나타내지 않는다. 편차 IQ로는 연령대가 다른 두 사람 중 누가 더 지적인지를 분간할 수 없다.

각 방식은 고유의 문제가 있지만 현대 심리학자들은 두 가지 방식을 혼용하고 있다. 즉, 아동들에게는 비율 IQ를 사용하고 성인들에게는 편차 IQ를 사용한다.

지능검사

현재의 지능검사는 한 세기 가량 이전에 개발된 비네와 시몽의 지능검사에 기초하고 있고 스탠퍼드대학의 루이스 터먼과 그의 동료들에 의하여 수정되어 사용되었다. 현재 가장 널리 사용되고 있는 지능검사는 원제작자의 이름에서 유래된 웩슬러 지능검사(Wechsler Adult Intelligence Scale, WAIS)이다. 두 검사 모두 다양한 과제와 설문으로 구성되어 있다. 웩슬러 지능검사는 유사성과 상이점 찾기, 추론하기, 규칙 찾기와 적용, 자료 기억과 조작, 모양 구성하기, 단어의 의미를 표현하기, 기본 지식 회상하기, 일상에서 일어나는 행위들 설명하기, 수와 관련된 문제 풀기, 세부 사항에 주목하기 등등, 하위과제로 구성되어 있다. 총 13개의 하위검사 중 3개의 과제에서만 피검자가 반응을 기록하도록 되어 있는데, 비네와 시몽의 지능검사와 마찬가지로 글을 쓰도록 요구하지는 않는다. 표 10.1은 이들 하위 영역들의 표본 문제들을 보여 주고 있다.

이러한 샘플 문제들은 게임이나 흥밋거리처럼 느껴질 수 있지만 검사에서의 점수는 한 사

비율 IQ
사람들의 정신연령을 신체연령으로 나누어 산출된 비에 지수 100을 곱한 통계치

편차 IQ
특정 개인의 검사점수를 그 개인이 속한 연령집단의 평균점수로 나누고 지수 100을 곱한 통계치

> **표 10.1**

웩슬러 성인 지능검사 4판에서의 검사들과 핵심 소검사

WAIS-IV 검사	핵심 소검사	질문들과 과제들
언어이해 검사	어휘	수검자는 그 단어의 정확한 뜻이 무엇인지 검사자에게 말하도록 요청받는다. [예 : 의자(쉬움), 주저하다(중간), 주제넘은(어려움)]
	공통성	수검자는 19쌍의 단어들에서 각 쌍의 단어들의 공통점이 무엇인지에 대해 질문받는다. (예 : 사과와 배는 어떤 점에서 같습니까? 그림과 교향곡은 어떤 점에서 같습니까?)
	상식	수검자는 몇몇의 일반적 지식에 대해 질문을 받는다. 이는 사람, 장소, 사건들에 대한 것들을 포함한다. (예 : 한 주는 몇 일입니까? 프랑스의 수도는 어디입니까? 3대양의 이름은? 신곡은 누구의 작품입니까?)
지각추론 검사	토막 짜기	수검자는 붉은색과 하얀색으로 된 사각형과 삼각형의 이차원 패턴을 보고, 이러한 패턴을 붉은 면과 하얀 면이 있는 토막들을 사용해 다시 만들도록 요청받는다
	행렬 추론	수검자는 패턴의 순서가 논리적이도록 하기 위해서는 빠져 있는 요소가 무엇인지 질문 받는다. (예 : 아래 네 가지 기호들 중 어떤 것이 빈칸에 와야 합니까?)
	퍼즐	수검자는 예와 같이 시각적인 퍼즐을 완성시키도록 요청받는다. (예 : 이 그림들 중에 어떤 3개를 붙여서 이 퍼즐을 만들 수 있을까요?)
작업기억 검사	숫자	수검자는 숫자의 순서를 따라하도록 요청받는다. 숫자는 두 자리에서 아홉 자리의 길이로 제시된다. 이 검사의 두 번째 파트에서는, 그 순서를 거꾸로 따라하도록 요청받는다. 따라하기의 쉬운 예로는 3-7-4가 있다. 더 어려운 것으로는 3-9-1-7-4-5-3-9가 있다.
	산수	수검자는 수학문제를 풀도록 요청받으며, 쉬운 것에서 어려운 순서로 진행된다.
처리속도 검사	동형 찾기	수검자는 리스트에 포함된 추상적인 기호들 중 제시된 추상적인 기호의 짝을 고르도록 요청받는다. 거기에는 많은 리스트들이 있고, 수검자는 2분 내로 가능하면 많은 것들을 고르면 된다.
	기호 쓰기	수검자는 주어진 상징(예 : 십자, 원, 거꾸로 뒤집힌 T)에 맞는 숫자를 적도록 요청받으며 가능하면 90초 이내 최대한 많이 적으면 된다.

람의 일생의 많은 성과를 예측할 수 있는 것으로 밝혀졌다(Deary, Batty, & Gale, 2008; Deary, Batty, Pattie, & Gale, 2008; Der, Batty, & Deary, 2009; Gottfredson & Deary, 2004; Leon et al., 2009; Whalley & Deary, 2001). 일례로 지능검사 점수는 장래 수입의 중요 예측인자이다. 한 연구에서는 지능이 낮은 형제자매들은 높은 형제자매에 비하여 수입이 반가량 밖에 안되는 것으로 밝혀졌다(Murray, 2002; 그림 10.1 참조).

이러한 결과의 원인은 지능적인 사람들은 경제적 성공을 위한 다양한 특성들을 가지고 있기 때문이다. 예로, 그들은 인내심이 더 있으며 위험성 계산에 능하고, 다른 사람들이 어떻게 행동할지를 예측하는 데 능숙하며, 이렇게 반응할지를 알고 있다(Burks et al., 2009). 그러나 뭐니뭐니 해도 더 많은 경제적 성공의 가장 중요한 원인

지능검사 점수가 예측하는 이생의 주요 결과는 무엇인가?

은 지능적인 사람들은 그렇지 않은 사람들보다 더 오랜 교육을 받았기 때문이다(Deary et al., 2005; Nyborg & Jensen, 2001). 사실, 한사람의 지능은 장래에 얼마나 많은 교육을 받을지를 사회적 지위보다 더 잘 예측한다(Deary, 2012; Deary et al., 2005). 지능적인 사람들은 학교에서 많은 시간을 보내고 좋은 수행을 보인다. 많은 다양한 집단과 상황을 종합하여 보았을 때 지능과 학업성적 간의 상관성은 대략 .5이다. 이러한 경향성은 학교 졸업 후에도 지속되어 지능

2012년 4살인 하이디 핸킨스는 특별히 높은 지능을 가진 사람들의 단체인 멘사에 들어간 가장 어린 사람이다. 그녀의 지능은 아인슈타인과 같은 159이다.

$70,700

$60,500

$52,700

$39,400

$23,600

수입

형제자매의
IQ = <80

형제자매의
IQ = 80~89

형제자매의
IQ = 90~109

형제자매의
IQ = 110~119

형제자매의
IQ = >120

▲ 그림 10.1 **수입과 형제자매의 지능** 이 그래프는 IQ 90~109를 가진 사람의 평균 연봉(핑크색 막대)와 그 범위 위아래의 사람들의 평균 연봉(파란 막대들)을 보여 주고 있다.

적인 사람은 직장에서의 수행도 좋다(Hunter & Hunter, 1984). 일련의 연구자들은 경력이 없는 사람을 채용하는 데 있어서 미래 직업 수행과 학습의 가장 타당한 예측인자는 지적능력이라고 결론지었다(Schmidt & Hunter, 1998, p. 262; '현실세계' 참조).

지능적인 사람은 경제적으로 풍요로울 뿐만 아니라 건강하기도 하다. 수백만 명에 대한 수십 년간의 연구 결과는 지능과 건강 또는 수명 간의 관계는 유의미하다는 것이다. 지능적인 사람들은 흡연과 음주의 경향성이 적은 반면 운동과 영양식을 하는 것으로 나타났다(Batty et al., 2007; Weiser et al., 2010). 이러한 경향성에 따라 지능적인 사람이 더 오래 사는 것은 당연한 결과이다. 실제로 나이가 젊었을 때 지능검사 점수 15점은 차후 심장병, 자살, 살인, 사고 등의 다양한 원인으로부터 사망할 확률을 24% 낮추는 것으로 나타났다(Calvin et al., 2010). 어떤 연구에서는 지능은 좋은 학업수행을 낳게 하고 따라서 좋은 직업을 가지게 하여 더 좋은 수입을 창출하게 되며 이러한 결과들은 심장병을 줄일 수 밖에 없다고 주장하고 있다(Deary, Weiss, & Batty, 2011). 어떠한 과정을 통해서건 높은 지능은 일생에서 긍

똑똑해 보이는 법

현실세계

삼십 분 후면 면접이 시작된다. 당신은 머리가 단정한지 다시 한 번 확인하고, 입냄새를 없애기 위해 박하사탕을 먹고, 이력서를 훑어보며 오타는 없는지 확인하고, 예상되는 질문에 대해 준비한 대답을 연습한다. 이제 당신은 실제 지적 수준에 상관없이 담당자들이 당신의 영리함에 감탄하도록 해야 한다. 지능이 인간의 특성들 중 가장 중요시되는 것 중 하나이기에 우리는 종종 다른 사람들로 하여금 우리가 영리하다고 생각할 수 있도록 노력한다. 이를 위해 우리는 재치 있는 농담을 한다든가 제목이 긴 책들을 언급하면서 미래의 고용주, 데이트 상대자, 고객, 장차 배우자가 될 사람의 친지들에게 깊은 인상을 심어 주려고 한다.

지적으로 보이기 위한 이러한 행위가 올바른 것인지의 여부를 떠나서 이런 노력이 과연 효과가 있는지 생각해 볼 필요가 있다. 연구에 따르면 보통 사람들의 경우 비교적 타인의 지능을 잘 판단한다고 한다(Borkenau & Liebler, 1995). 예를 들어, 사람들은 한 쌍의 사진을 보고 어는 쪽 사람이 더 영리한지를 잘 판단할 수 있다(Zebrowitz et al., 2002). 또한 사람들은 이야기를 나누고 있는 사람들의 비디오를 1분 동안 보고 난 후 누가 가

장 지능지수가 높은지 정확히 추정할 수 있는데, 심지어 소리 없이 화면만 봤을 때도 이러한 것이 가능하다고 연구 결과는 말한다(Murphy, Hall, & Colvin, 2003).

▲ 와하드 메후드 씨는 EPC 글로벌이라는 회사에 석유 기술자로 취직하기 위하여 면접을 보는 중이다. 많은 연구들은 고용희망자가 면접자를 똑바로 응시할 때, 면접자는 그 사람을 지적이라고 판단한다는 것이 밝혀졌다. 그리고 실제로도 그렇다!

사람들은 여러 가지 단서에 근거해서 타인의 지능을 판단하는데, 이러한 단서들은 신체적인 특징(키가 크고 매력적인 것)에서 복장(단정한 복장에 안경 착용), 행동(말과 걸음이 빠름)에 이른다. 하지만 이러한 단서들 중 어느 것도 지능의 신뢰로운 지표는 아니다. 사람들이 타인의 지능을 아주 잘 판단하는 이유는 위의 엉뚱한 단서들에 추가로 아주 결정적인 단서를 고려하기 때문인데 이 단서는 바로 응시(eye gaze)이다. 연구 결과에 따르면 지능이 높은 사람들은 대화 상대자들이 말하고 있을 때나 듣고 있을 때 모두 그들을 응시한다. 이를 지켜보는 관찰자 입장에서는 안경이나 넥타이 등의 정보 가치에 대한 그릇된 믿음에도 불구하고 응시 정도에 따라 지능을 정확히 추정할 수 있는 것이다(Murphy et al., 2003). 특히 여성(지능을 더 잘 판단하는 경향이 있다)이 남성(지능이 판단되는 것이 더 쉬운 경향이 있다)을 관찰하고 있는 상황에서는 더더욱 그렇다고 한다.

그렇다면 결론은? 구취제거용 박하사탕도 좋고 젤을 살짝 발라서 머리를 단정하게 하는 것도 물론 해가 되진 않겠지만 면접 때 상대방 응시하는 것을 잊지 말기를!

AP PHOTO/TIM JOHNSON

정적인 결과를 야기하는 것은 분명하다.

요약

▶ *지능*은 사고를 통제하고, 환경에 적응하고, 경험으로부터 배울 수 있는 능력이다.

▶ 지능검사는 *지능지수* 또는 IQ라고 알려진 점수를 산출한다. *비율 IQ*는 신체연령에 대한 정신연령의 비율이고, *편차 IQ*는 동료들의 평균으로부터 개인의 점수의 편차에 관한 수치이다.

▶ 지능검사 점수는 학업수행, 직무수행, 건강, 재산과 같은 인생의 주요 성과에 대해서 예측한다.

AP PHOTO/SONY-JEOPARDY

지능은 수입과 관련이 매우 높다. 켄 제닝스는 TV 게임쇼에서 3백만 달러를 벌어 역사상 가장 많은 돈을 번 기록을 세웠다. 그는 제퍼디라는 게임에서 단 누 번 신식이 있니. 한 번은 낸시 저그라는 사람한테 2004년 진 적이 있으며, 왓슨이라는 이름을 가진 IBM 컴퓨터에게 2011년 진 적이 있다.

요인 분석
많은 상관계수들을 적은 수의 잠재요인으로 설명하는 통계적 기법

지능의 본질

많은 사람들이 알다시피 1990년대에 미이클 조던은 NBA 최우수 선수로 다섯 차례나 선정되었고, 소속팀 시카고 불스가 6차례 우승하는 데 결정적인 기여를 했으며, 역사상 최고 정규시즌 평균 득점 기록을 가지고 있다. 뉴스매체인 AP나 ESPN은 그를 20세기 권투선수 알리와 더불어 최고의 운동선수로 선정하기도 하였다. 이러한 점을 감안할 때 1993년 잠시 농구를 그만두고 프로야구 선수로 데뷔하여 형편없는 성적을 거두었을 때, 그 자신은 물론 많은 팬들도 놀랐다. 한 분야에 천재적 운동선수였기에 다른 분야에서도 어느 정도는 할 것으로 기대했기 때문이다. 그가 소속했던 야구팀의 한 동료는 다리미판으로도 공을 맞추지 못하는 선수라고 놀리기도 했으며, 감독은 그를 팀의 부끄러운 존재라고 인정하였다(Wulf, 1994). 이러한 망신을 당한 후 마이클 조던은 한 시즌만 야구선수로 뛴 후, 농구선수로 복귀하여 시카고 불스 농구팀이 3연속 NBA 챔피언이 되는 데 결정적인 기여를 하였다.

마이클 조던과 연관된 이러한 사례에서 보듯이 두 가지 운동 종목은 별개의 능력을 필요로 하는 것처럼 보이고 한 사람이 이 둘을 가질 수 없는 것으로 보인다. 반면 마이클 조던이 20세기 최고의 운동신경을 가진 선수로 선정된 것은 각 종목의 특수 적성 외에 모든 운동 종목에 적용되는 보편적 운동적성이 있다는 것을 의미한다. 이와 동시에 운동은 이러한 보편적 적성 외에 여러 개의 특수 적성으로 구성된 집합체라는 것도 사실이다. 비유적으로 지능도 운동과 마찬가지로 모든 지적 과제에 적용되는 일반 능력 외에 각각의 지적 과제에 적용되는 특수 적성들의 집합으로 구성되어 있을 수 있다는 생각을 해 볼 수 있다. 이러한 의문에 답하기 위하여 많은 심리학자들이 연구를 해 오고 있다.

마이클 조던은 천재 농구 선수였지만, 프로야구에서는 중간 정도의 수행을 보였다. 그러면 그는 뛰어난 운동선수라고 말할 수 있는지 생각해 보자.

지능의 위계성

최초의 실험심리학자였던 빌헬름 분트(Wilhelm Wundt)의 제자였던 찰스 스피어먼(Charles Spearman)은 지능이 보편석 기능과 특수 지능으로 이루어져 있는지를 최초로 연구하였다. 그는 몇 개의 잠재요인으로 다수의 상관관계를 설명하는 통계기법인 **요인분석**(factor analysis)을 개발한 사람이다. 이 통계기법은 복잡하지만 논리는 간단하다. 즉, 만약 사람들이 다양한 지적 과제를 수행하도록 하는 지능이라는 보편적 잠재능력이 있다면 이러한 능력을 가진 사람은 모든 지적 과제를 잘할 것이고 이러한 능력이 부족한 사람은 모든 지적 과제를 못할 것이라는 논리이다. 다시 말하면, 지능이 하나의 보편적 능

PATRICK MURPHY-RACE/SPORTS
ILLUSTRATED/GETTY IMAGES

이요인 지능 이론
스피어먼의 이론으로서 모든 과제는 일반지능(g라고 불리는)과 각 과제에 특정적인 기술(s라고 불리는)을 요구한다고 보고 있다.

제니퍼 리처슨(Jennifer Richeson)은 사회심리학 연구를 수행하여 맥아더 재단에서 천재상이라고 불리우는 상을 수상하였다. 스피어먼 이론의 일반지능에 근거한 예측은 그녀가 과학에 매우 뛰어나기 때문에 댄스나 다른 많은 영역에도 뛰어날 것으로 보고 있다. 그런데 그것이 사실이다!

력이라면 사람들의 다양한 종류의 모든 지적 과제에 대한 수행이 서로 높은 상관관계를 가질 것이라는 것이다.

이러한 가설을 검증하기 위하여 스피어먼(1904)은 아동들에게 색깔 변별, 음의 고저 변별, 무게 변별 과제를 수행하도록 하고 여기에서의 수행과 다양한 교과목과의 성적과 학급 선생님에 의하여 평정된 아동의 지적능력 점수 간 상관관계를 알아보았다. 연구 결과, 대부분의 과제들 간의 점수는 유의미한 상관관계를 보였다. 예로 음의 고저를 잘 변별하는 학생은 대수방정식 풀이와 같은 수학능력 점수도 높았다. 이는 보편적 지능의 존재를 지지하는 증거이다. 부수적인 결과는 과제들 간에 상관관계는 유의미하였지만 완전히 일치하지는 않았다는 것이다. 즉, 한 과제에서 1등을 한 사람은 다른 과제들에서도 좋은 성적을 받았지만 반드시 1등을 하지는 않았다는 것이다. 이는 각 과제를 수행하기 위하여 필요한 과제 특정적인 적성은 있다는 것을 의미한다. 이러한 결과를 바탕으로 스피어먼은 **이요인 지능 이론**(two factor theory of intelligence)을 만들었는데, 주요 내용은 모든 지적 과제를 풀기 위해서는 일반지능(g)과 과제 특정적인 기술(s)이 필요하다는 것이다.

스피어먼의 결론이 그럴듯해 보이지만 모든 심리학자가 동의한 것은 아니었다. 루이스 서스턴(Louis Thurstone, 1938)은 스피어먼의 데이터에서 모든 과제가 유의미하게 상관되어 있지만, 언어능력과 관계된 과제의 점수는 지각능력과 관계된 과제의 점수보다는 또 다른 언어능력과 관계된 과제의 점수와 더 높은 상관이 있다는 것에 주목하였다. 즉, 능력의 종류별로 상대적으로 더 높은 상관관계를 갖는다는 것이다. 이러한 데이터 패턴을 바탕으로 사람들에게 일반지능이 있는 것이 아니고 몇몇 안정적이고 독립적인 1차적 정신능력이 있다고 보았다. 이들은 지각능력, 언어능력, 산수 능력이며 일반지능 g도 아니고(어휘능력은 뛰어나지만 산수능력은 열등할 수 있음), 과제 특정적인 적성(언어능력이 뛰어나면 말과 읽기를 다 잘함)도 아니라는 것이다. 운동에 다시 비유하자면 '농구'와 '야구'라는 운동 종목은 있지만 '운동'이라는 종목은 없듯이 언어능력과 지각능력은 존재하지만 일반지능이라고 불리는 지능은 존재하지 않는다는 것이다. 표 10.2는 서스턴이 발견한 1차적 정신능력을 나타내고 있다.

1900년대 초 이후 약 반세기 동안 스피어먼과 서스턴을 비롯하여 많은 심리학자들과 수학자들은 과연 일반지능 g가 존재하는지에 관하여 뜨거운 논쟁을 벌였다. 하지만 1980년대 확증 요인 분석(confirmatory factor analysis)이라고 불리는 수학적 방법이 고안되어 스피어먼과 서스턴의 제안이 모두 옳다는 것을 증명함으로써 이러한 논쟁은 끝이 났다. 구체적으로 이 기법은 많은 지적능력들 간의 상관은 그림 10.2에서 보는 바와 같이 세 수준의 위계구조로 가장 잘 반영된다는 것을 보여 주었다. 이 세 수준의 가장 위에 스피어먼의 일반요인(스피어먼의 g), 맨밑에 과제 특정요인(스피어먼의 s), 중간에 집단요인(서스턴의 1차적 정신능력)들로 이루어진다는 것이다(Gustafsson, 1984). 성인, 대학생, 아동, 유아 및 장애인 등, 약 13만 명을 대상으로 한 지난 60여 년간의 지능 관련 연구를 재분석해 본 결과, 거의 모든 연구에서 이러한 세 수준 위계모형이 맞다는 것이 밝혀졌다(Carroll, 1993). 결론적으로 사람들은 지능이라고 불리는 일반능력을 가지고 있고, 이 지능은 몇몇 중간수준 능력들의 집합체라는 것이다. 아울러 이러한 독립적인 하위능력은 특정 과제에 민감한 많은 특수능력들로 구성된다는 것이다.

스피어먼과 서스톤의 논쟁은 어떻게 해결되었는가?

표 10.2

서스턴의 1차적 정신능력

1차적 정신능력	설명
단어 유창성	철자 바꾸기(예 : live → vile), 각운 발견하기 능력
언어 이해	단어와 문장 이해 능력
숫자	머릿속에서 계산하기 능력
공간	다양한 각도에서 복잡한 모양 상상 능력
기억	언어자극 회상, 관계없는 단어 학습 능력
지각적 속도	세세한 모양 탐지 능력
추리	사례로부터 일반규칙 도출 능력

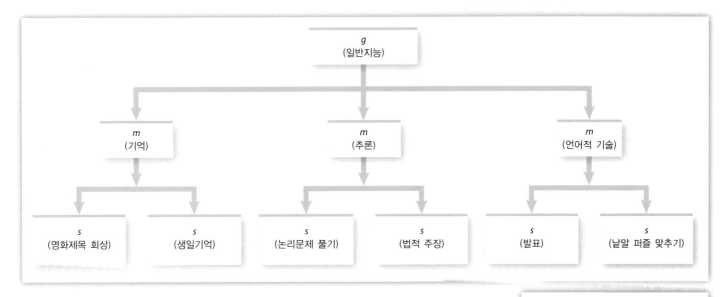

▲ 그림 10.2 **세 수준 위계모형** 대부분의 지능검사 데이터는 일반능력(g)을 맨 위, 특수능력(s)을 맨 아래, 몇몇 중간수준 능력(m) (종종 집단요인이라고도 불림)을 가운데에 상정한다.

중간수준 능력

중간수준(1차적) 정신능력 능력의 정의는 다른 수준보다는 쉽지 않은데 앞서 살펴본 농구선수 마이클 조던의 예에서 쉽게 알 수 있다. 즉, 마이클 조던은 야구보다 농구를 잘하지만, 두 종목 모두 일반인들보다는 훨씬 잘한다. 그러므로 그의 특수능력(예 : 농구에서 드리블, 슛)이 한 종목에서의 천재를 만들었지만 그의 일반능력(운동신경과 관련된 적성)이 99.9%의 일반인들보다 두 종목 모두에서 잘하게 만들었다고 볼 수 있다. 하지만 중간수준 능력을 속도/파워, 활동성/차분함, 개인기/팀워크 등 어떤 것으로 규정할지 어렵다. 이 세 가지 또는 수십 가지의 중간수준 능력을 여러분들은 쉽게 생각할 수 있을 것이다.

운동에서의 중간수준 규정에 대한 문제가 역시 지능에서도 문제가 된다. 앞서 살펴본 바와 같이 대부분의 심리학자들은 아주 보편적인 지능과 과제 특정적인 지능이 존재한다는 것을 인정한다. 문제는 이 두 유형의 지적 능력 사이에 존재하는 중간수준(1차적) 정신능력을 어떻게 정의하느냐 하는 것이다. 두 가지 접근법을 심리학자들은 사용하는데, 우선 자료주도적 접근(data based approach)은 지능검사에 대한 사람들의 직접적 반응에 근거하여 이러한 반응들이 형성하는 독립적인 묶음을 찾아내는 것이다. 다른 접근으로 개념주도적 접근(theory based approach)은 지능검사 자체에서 시작하여 지능검사가 재고자 하거나 못 재고 있는 중간수준 능력을 찾아보려는 접근방식이다. 두 접근방식은 지능을 구성하는 중간수준 정신능력을 찾는 데 최상의 방법이 무엇인지에 대해 서로 다른 제안을 하고 있다.

자료주도적 접근

중간수준 능력을 찾기 위하여 데이터에서 시작하여 점차 상향적으로 작업을 하는 것을 생각해 볼 수 있다. 우선 스피어먼과 서스틴이 했듯이 다수의 검사들에 대한 다수의 사람들의 수행 간 상관관계를 계산해 볼 수 있다. 그런 다음, 이런 상관이 어떻게 묶이는지를 알아볼 수 있다. 일례로 많은 사람들이 얼마나 빠르고 정확하게 (a) 찻잔의 균형을 맞추는지, (b) 셰익스피어를 이해하는지, (c) 파리채로 파리를 잡는지, (d) 1~1,000 사이의 수들을 더하는지에 관한 검사를 실시할 수 있다. 이러한 검사들의 점수들 간 상관을 계산하는 과정과 이에 따라 그림 10.3a와 같은 상관관계가 나오는 것을 상상할 수 있다. 이러한 양상이 뜻하는 것은 무엇인가?

이러한 양상이 의미하는 바는 찻잔의 균형을 잘 맞추는 사람은 파리채로 파리 잡기도 잘하

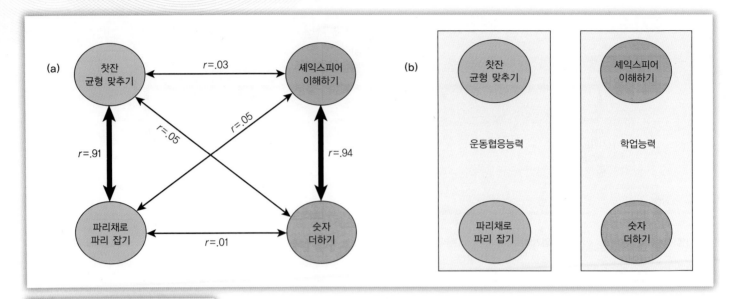

▲ 그림 10.3 **상관관계의 패턴이 중간수준 능력을 보여 준다** (a)에서의 네 가지 특정 능력의 상관관계 패턴은 (b)에서의 두 가지의 중간수준 능력인 운동협응능력과 학업능력으로 나누어질 수 있다.

며 셰익스피어에 대한 이해를 잘하는 사람은 숫자 더하기도 잘한다는 것을 의미한다. 또한 찻잔의 균형과 파리 잡기를 잘하는 사람은 셰익스피어 이해와 숫자 더하기를 잘할 수도 있고, 못할 수도 있음을 의미한다. 최종적으로 이를 바탕으로 그림 10.3b과 같이 중간수준 능력은 운동협응능력(찻잔 균형 맞추기, 파리채로 파리 잡기)과 학업능력(셰익스피어 이해, 숫자 더하기)의 두 가지 능력이 있음을 알 수 있다. 이는 파리 잡기, 찻잔 균형 맞추기와 같은 특수능력들은 하나의 중간수준 능력에 의하여 가능함을 의미하며 이

상관관계 패턴이 어떻게 중간수준 능력을 나타내는가?

중간능력은 셰익스피어 이해나 숫자 더하기를 가능케 하는 다른 중간수준 능력과는 관계가 없음을 의미한다. 이러한 예에서 살펴본 바와 같이 여러 특수 능력에 관한 검사들의 상관관계 패턴을 검토해 봄으로써 중간수준 능력의 성격과 수를 알아볼 수 있는 것이다.

실제 현실에서는 당연히 네 가지의 검사보다는 훨씬 많은 검사들이 존재한다. 따라서 실제 심리학자들이 사용하는 정신능력에 관한 상관관계를 계산할 때는 어떤 패턴이 나오는지 궁금하다. 존 캐럴(Jone Carroll, 1993)이라는 심리학자는 바로 이런 물음에 답한 연구자인데, 지난 반세기의 500개 정도의 연구에서 나온 지능검사 점수들 간의 상관 패턴을 분석하였다. 그 결과 여덟 가지 독립적 중간수준 능력이 존재함을 밝혀냈다. 이는 기억과 학습, 시지각, 청지각, 기억 인출능력, 인지속도, 처리속도, 고착화된 지능, 유동적 지능이다.

이러한 여덟 가지 능력 중 마지막 두 가지 능력을 제외하고는 말 그대로 이해가 가능하다. **유동적 지능**(fluid intelligence)은 추상적 관계를 볼 수 있는 능력과 논리적 추론 능력을 의미하고 **고정적 지능**(crystallized intelligence)은 경험을 통하여 얻어진 지식을 저장하고 사용할 수 있는 능력을 의미한다(Horn & Cattell, 1966). 뇌가 정보처리 장치라고 한다면 고정적 지능은 뇌에 있는 '정보'에 해당하고 유동적 지능은 '정보를 처리하는 부분'이라고 할 수 있다(Salthouse, 2000). 고정적 지능은 어휘, 사실적 정보 등에 의하여 평가된다면 유동적 지능은 그림 10.4의 레이븐의 점진적 행렬검사와 같이 시간적 제약하에서 해결되어야 할 생소하고 추상적인 문제들에 의하여

▼ 그림 10.4 **레이븐의 점진적 행렬 검사** 이 검사는 비언어적 추리 능력을 측정하는 것으로서 문화에 영향을 받지 않는 것으로 알려져 있다.

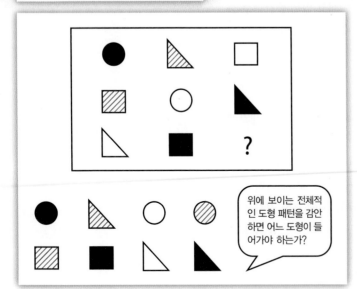

위에 보이는 전체적인 도형 패턴을 감안하면 어느 도형이 들어가야 하는가?

평가될 수 있다. 지능에 대한 이러한 양분 방식은 개념적으로 가능할 뿐만 아니라 생리적으로도 가능하다. 구체적으로 각 지능에 대한 검사는 서로 다른 뇌 영역을 활성화시키며 한 유형의 지능의 손상은 다른 지능의 손상을 야기하지 않는다. 일례로 자폐증과 알츠하이머 병은 고정적 지능만의 손상을 야기하고, 노화 현상이든 사고의 원인이든 전두엽의 손상은 유동적 지능만의 손상을 야기한다(Blair, 20006).

유동적 지능
사상의 추상적인 관계를 알아내고 논리적인 추론을 이끌어 낼 수 있는 능력

고정적 지능
경험을 통하여 배운 지식과 이를 사용할 수 있는 능력

이론주도적 접근

자료주도적 접근은 지능검사에서 사람들의 반응을 분석함으로써 중간수준 능력을 발견하고자 한다. 그러므로 결론이 눈에 보이는 데이터에 기반하고 있다는 장점이 있다. 하지만 지능검사가 측정하지 않는 중간수준을 발견할 수 없다는 단점을 가지고 있다(Stanovich, 2009).

> **지능에 대한 이론주도적 접근의 장점들은 무엇인가?**

에로 자료주도적 접근은 창의적 능력에 대한 중간수준을 발견할 수 없는데, 종이학의 원래 용도 외에 세 가지를 기술하기와 같은 창의적 질문은 통상적인 지능검사에서는 없기 때문이다. 따라서 많은 지능검사의 반응으로부터 상향적으로 중간수준 능력을 찾아나갈 때에는 창의성이나 상상력과 같은 능력을 간과하기 쉽다.

로버트 스턴버그(Robert Sternberg)라는 심리학자는 지능의 유형에는 분석적 지능, 창의적 지능, 실제적 지능이라고 명명된 세 가지 유형이 있다고 제안하였다. 분석적 지능은 문제를 인식하고 정의한 다음 해결전략을 찾는 능력이고, 창의적 능력은 다른 사람이 생각하지 못하는 해결책을 찾는 능력이고, 실제적 지능은 일상 장면에 해결책을 적용하고 유용하게 되도록 하는 능력이다. 스턴버그의 통찰은 통상적인 지능검사는 하나의 정답이 있는 명확하게 정의된 문제들로 이루어져 있으며 문제를 풀기 위한 모든 정보가 제공된다고 보았다. 이러한 문제들은 소위 분석적 지능을 필요로 한다고 보았다. 그러나 실제 일상생활에서는 우리가 스스로 문제를 정의해야 되는 경우가 있으며 스스로 문제를 해결하기 위한 정보를 찾아야 하며 여러 대안 중 하나를 선택해야 한다. 이렇게 상황에 맞는 문제를 풀기 위하여 실제적 지능이 필요하다고 보았다. 일련의 연구들은 스턴버그가 제안한 세 가지 지능이 서로 독립적이라는 증거를 제공하였다. 그 예로 우유 처리 공장에서 일하는 특수직 노동자들은 부분적으로 채워진 병들의 우유를 하나의 병으로 채우는 특별한 전략을 개발하였을 것이다. 따라서 이러한 일을 많은 교육을 받은 사무직 노동자들보다 훨씬 잘할 것이고, 우유 노동자들의 지능검사 점수와는 관계가 없는 것이나. 이것이 분석 지능과 실제적 지능은 분리된 것임을 보여 주는 단적인 예이다(Scribner, 1984). 많은 논란거리가 되는 주장이지만, 스턴버그는 실제적 지능이 분석적 지능보다 직업 수행을 더 잘 예측한다고 주장하였다(Brody, 2003; Gottfredson, 2003).

물론 지능이 해결할 수 있는 문제는 스턴버그가 제안한 세 가지 유형의 지능에만 국한되지 않는다. 일례로 당신은 어떻게 친구의 감정을 상하게 하지 않고 친구에게 너무 말을 많이 한다고 조언을 할 것인가. 당신은 시험을 못보았을 때 어떻게 스스로를 위로할 것인가. 당신은 스스로 당신이 화났거나 불안하다는 것을 감지할 수 있는가? 심리학자 존 마이어(John Mayer)

치매에 걸린 지 10년이 된 심리학교수 리처드 테일러(Richard Taylor)는 치매 치료 운동 단체의 리더가 되었다. 그는 치매로 인하여 고정적인 지능을 손상되었지만 유동적 지능은 상대적으로 정상이다(Matsuda & Saito, 1998).

"저는 지능이 높을 필요가 없어요. 왜냐하면 장차 저는 저를 위해 일할 똑똑한 사람들을 고용하기만 하면 되거든요."

정서지능
정서에 대한 추론 그리고 그 정서를 사용하여 관계를 향상시키거나 문제를 해결할 수 있는 능력

와 피터 살로비(Peter Salovey)는 **정서지능**(emotional intelligence)을 자신이나 타인의 정서를 추론하고 정서를 조절할 수 있는 능력이라고 정의하였다(Mayer, Roberts, & Barsade, 2008; Salovey & Grewal, 2005). 지능적인 사람들은 특정한 사건이 어떠한 정서를 일으키는지는 알고 있으며 그러한 정서를 인식하고 묘사하고 조절할 수 있는 능력이 있다. 그들은 정서를 다루어 더 좋은 결정을 할 줄 알며 타인의 표정과 목소리 톤으로부터 정서를 읽을 수 있다. 더욱이 정서적 지능이 높은 사람들은 이러한 정서적 문제를 해결하는 데 있어서 뇌의 활동이 현저히 낮으며 이는 그들이 문제해결에 매우 능숙하다는 것을 의미한다(Jausovec & Jausovec, 2005; Jausovec, Jausovec, & Gerlic, 2001). 이러한 능력은 사회적 관계에서도 중요한데 정서적 지능이 높은 사람들은 사회적 기술이 뛰어나며 친구가 많다는 연구가 있다(Eisenberg et al., 2000; Mestre et al., 2006; Schultz, Izard,& Bear, 2004). 또한 정서적 지능이 높은 사람들은 사회적 상호작용에서 타인으로부터 유능하다고 판단되어지며(Brackett et al., 2006), 연애기술이 좋으며(Brackett, Warner, & Bosco, 2005),

1.			2.

2. 톰은 쌓인 일을 생각할 때 걱정이 태산이다. 시간만 있으면 모든 일을 할 수 있는데 시간이 부족하다. 그때 직장상사는 또 다른 일거리를 톰에게 주었다. 톰은 어떤 정서를 느꼈는지 택일하라.

정서	택일
a. 행복	○
b. 화남	○
c. 공포	○
d. 슬픔	○

정서	택일
a. 좌절과 부담	○
b. 만족과 평안	○
c. 수치와 수용	○
d. 슬픔과 죄책감	○

정서지능 검사의 두 항목. 1번 항목(왼쪽)은 정서적 표정 인식능력 측정. 2번 항목(오른쪽)은 외부사건에 대한 예상되는 정서반응 예언 능력 측정. 두 질문 모두 정답은 A이다.
출처 : Mayer, Roberts, & Barsade, 2008.

직장에서의 관계가 좋다(Elfenbein et al., 2007; Lopes et al., 2006). 이러한 것을 종합하면 정서적 지능이 높은 사람들은 행복하며(Brackett & Mayer, 2003), 삶의 만족도가 높다는 것은 당연한 결과이다(Ciarrochi, Chan, & Caputi, 2000; Mayer, Caruso, & Salovey, 1999).

또한 자료주도적 접근은 지능검사가 잘 행해지지 않는 문화나 국가의 중간수준 능력에 민감하지 않다. 일례로 어떤 연구에서는 서양인은 말을 자주 하고 빨리 하는 사람들을 지적이라고 지각하는 반면, 아프리카인들은 신중하고 조용한 사람을 지적이라고 지각하는 경향이 있다(Irvine, 1978). 유교문화에서는 행동을 얼마나 적절하게 하는지를 중시하고, 타오문화에서는 겸손과 자기지식을 중시하고, 불교문화에서는 결심과 정신수행을 중요시여긴다(Yang & Sternberg, 1997). 또 다른 연구에서는 서양인과는 다르게 동양인과 아프리카인

? 문화에 따른 지능의 개념은 어떻게 다른가?

미국인들과는 다르게 아프리카 인들은 신중하고 조용한 사람들을 지적이라고 생각한다. 나이지리아 시인 월레 소잉카는 2년간 그의 극단적인 글로 인하여 독방에 감금되었다. "생각은 고독의 마른 기름 안에서 신성해진다"라는 시구를 남겼으며 10년후 노벨 문학상을 수상하였다.

은 지능에는 사회적 책임감과 협동심도 포함이 되는 것으로 생각하며(Azuma & Kashiwagi, 1987; Serpell, 1974; White & Kirkpatrick, 1985), 아프리카 국가 짐바브웨에서 지능을 뜻하는 단어 *ngware*는 사회적 관계에서 현명함을 의미한다. 심지어 문화 안에서 지능에 대한 정의가 다른 경우도 있는데, 라틴계 조상을 가진 캘리포니아인은 지능을 사회적 유능성으로 생각하는 반면 아시아계 조상을 가진 캘리포니아인은 이를 인지적 능력과 같은 것으로 생각한다(Okagaki & Sternberg, 1993). 이러한 사실을 바탕으로 일련의 연구자들은 문화마다 지능에 대한 정의가 다를 수 있다는 것을 인정하고 있다. 그러나 다른 연구자들은 지능에 대한 정의의 차이는 표현상의 차이일 뿐 문화 간 지능 기제는 유사하다고 보고 있다. 즉, 모든 문화는 문제를 푸는 능력을 중시하므로 문화적 차이가 나는 것은 단지 중요하다고 생각하는 문제의 종류라는 것이다.

요약

▶ 하나의 지적능력에서 좋은 점수를 받으면 통상 다른 지적능력에서도 좋은 점수를 받는 경향이 있다. 이는 *g*라고 불리우는 일반지능의 존재를 증명하는 현상이다.

▶ 하나의 지적능력에서 좋은 점수를 받으면 *반드시* 다른 지적능력에서도 좋은 점수를 받지는 않는다. 이는 *s*라고 불리우는 특수지능의 존재를 증명하는 현상이다.

▶ *g*와 *s* 사이에는 몇 가지 *중간수준* 능력들이 있다.

▶ *자료주도적 접근*에 의하면 약 8개의 중간수준 능력이 있다.

▶ *이론주도적 접근*은 일반적 지능검사가 측정할 수 없는 실용적, 창의적, 정서적 지능과 같은 중간수준 능력들이 있다고 보고 있다. 비서구권에서는 사회적 책임과 협동을 지능의 개념에 포함한다.

지능의 원천은 어디인가

인간 능력에 있어서 습득해야 하는 것이 있지만 동시에 가지고 태어나는 능력도 있다. 수학적 계산지식은 습득해야 하지만 어떻게 눈을 깜박이는지는 온전히 유전되는 것이다. 하지만 인간 대부분의 흥미로운 능력은 유전과 습득의 조합물이다. 지능이 이러한 전형적인 조합물이다. 우선 유전의 영향을 알아보자.

지능에 대한 유전의 영향

역사적으로 볼 때 지능이 유전된다는 관점은 오랫동안 유지되어 왔다. 소크라테스의 문답집 *The Republic*에서는 어떤 이는 지배자가 되기 위하여 태어나며, 다른 이는 군인이 되기 위하여 태어나며, 또 다른 이는 상인이 되기 위하여 태어난다고 하였다. 그러나 이러한 주제가 과학적인 관심을 얻은 것은 19세기 후반부터였다. 다윈의 이종사촌이었던 프랜시스 골턴(Francis Galton) 경은 기상학으로부터 지문기술에 지대한 공헌을 한 사람이다. 그는 인생 후반(1869년)에 지능에 대하여 관심을 가지기 시작했다. 그는 저명한 가족의 족보를 연구하여 12,000명이 넘는 사람의 머리 크기로부터 음조를 구별하는 능력을 조사하였다. 그는 그의 책 *Hereditary Genius*에서 지능은 유전된다고 결론지었다. 그가 맞는 것일까?

친족 연구

형제자매와 같은 친족 간에 지능이 유사하다는 사실은 유전이 지능에 미치는 영향에 관한 좋은 증거는 되지 못한다. 친족들은 유전자를 공유하는 부분이 있지만 성장 과정에서 다른 요소도 공유한다. 일례로 형제자매는 통상 같은 집에서 생활하고, 같은 학교를 가며, 같은 책을 읽고, 친구를 공유할 수 있다. 그러므로 이들의 지능검사 간

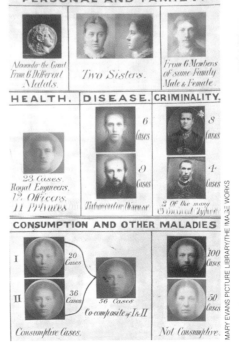

MARY EVANS PICTURE LIBRARY/THE IMAGE WORKS

프랜시스 골턴경(1822~1911)은 가계 내에서 영향을 미치는 신체적·심리적 특질에 대하여 연구하였다. 그의 저서 *Hereditary Genius*에서 지능은 유전된다고 결론지었다.

©BETTMANN/CORBIS

작은 유전적 차이가 큰 차이를 낳게 된다. 염색체 15의 한 유전자가 주머니에 넣을 정도의 작은 개가 될 것인지 차고에 넣기에도 큰 개가 될 것인지를 결정한다.

의 유의미한 상관은 유전에 기인한 것일 수도 있고 공유된 경험에 기인한 것일 수도 있다. 이러한 문제를 해결하기 위하

? 왜 친족 간의 지능 검사 점수는 유사한가?

여 심리학자들은 유전자는 공유하지만 경험을 공유하지 않은 사람들(같은 부모로부터 출생했지만 바로 다른 가정으로 입양된 형제자매), 또는 그 반대(각각 다른 가정에서 출생했지만 한 가정에서 성장한 형제자매), 또는 모두를 공유한 사람들(일반 형제자매) 간의 지능검사 점수의 유사성을 알아보는 방법을 사용하고 있다.

한편, 서로 다른 유전적 관계성을 가지고 있는 특정한 유형들의 형제자매들이 있다. 한 부모로부터 서로 다른 시기에 태어난 일반적인 형제자매는 유전자의 약 50%를 공유한다. **이란성 쌍생아**(fraternal twins)는 2개의 난자와 2개의 정자가 결합하여 만들어진 수정란에서 발달한 쌍생아이다. 따라서 일반 형제자매와 마찬가지로 유전자의 약 50%를 공유한다. **일란성 쌍생아**(identical twins)는 한 난자와 정자가 결합하여 만들어진 수정란이 둘 이상으로 분리되어 발달한 쌍생아이다. 즉, 일란성 쌍생아는 100% 유전자가 같다.

이와 같이 쌍생아 간 서로 다른 유전적 관계성은 유전이 지능에 미치는 영향에 관한 좋은 사례를 제공한다. 이들과 관련된 연구 결과, 같은 가정에서 자란 일란성 쌍생아들의 지능검사 점수는 r=.86의 관련성을 갖지만, 입양 등으로 다른 가정에서 자란 일란성 쌍생아들의 점수는 r=.78의 관련성을 갖는다. 표 10.3에서 보는 바와 같이 다른 가정에서 자란 일란성 쌍생아들이 같은 가정에서 자란 이란성 쌍생아들보다 더 유사한 지능검사 점수를 보인다.

다시 말하면, 유전자를 공유한 사람들은 다른 환경에서 자라도 매우 유사한 지능을 가진다고 할 수 있다. 실제로 한 번도 서로 만나지 못했던 일란성 쌍생아들 간의 지능검사 점수의 상관은 같은 사람이 두 번 동일한 검사를 받은 점수들 간의 상관보다 높다는 것이다! 이와 비교하여 유전적으로는 관련이 없지만 같은 환경에서 자란 사람들 간의 상관은 .26이다(Bouchard & McGue, 2003). 이러한 결과들은 결국 유전이 지능에 상당한 영향을 준다는 것을 의미한다. 사실, 지능은 뇌의 기능에 영향받고, 유전자가 뇌를 결정짓기 때문에 유전이 지능에 영향을 미치지 않는다면 모순이다. 유전자의 영향은 지능에 절대적이기에 하나의 염색체에서 20개의 유

이란성 쌍생아
2개의 난자와 2개의 정자가 결합하여 만들어진 수정란에서 발달한 쌍생아

일란성 쌍생아
한 난자와 정자가 결합하여 만들어진 수정란이 둘 이상으로 분리되어 발달한 쌍생아

유전계수
사람들의 지능검사 점수의 차이에서 유전적 형질의 차이 때문에 야기되는 비율을 나타내는 통계치(통상 h^2)

유릭 콜레트라는 예술가가 만든 '유전자 초상화'로 만들어진 2개의 사진이다. 32세 여성 얼굴을 왼쪽은 어머니의 얼굴과 합성한 것이고, 오른쪽은 아버지의 얼굴과 합성한 것이다. 외모는 유전되기 때문에 가족 성원간의 유사성은 종종 놀랍다.

> 표 10.3

유전적 · 환경적 관련성에 따른 지능검사 점수의 상관

관계	같은 가정	유전자 공유 %	지능검사 점수 상관(r)
쌍생아			
일란성($n=4,672$)	예	100%	.86
일란성($n=93$)	아니요	100%	.78
이란성($n=5,533$)	예	50%	.60
부모와 아동			
친부모와 아동($n=8,433$)	예	50%	.42
친부모와 아동($n=720$)	아니요	50%	.24
부모와 양자($n=1,491$)	예	0%	.19
형제자매			
같은 부모하의 형제자매간($n=20,470$)	예	50%	.47
다른 부모하의 형제자매간($n=714$)	예	0%	.32
같은 부모하의 형제자매간($n=203$)	아니요	50%	.24

출처 : Plomin, DeFries, et al., 2001a, p. 168.

전자만 잘못되어도 앞서 살펴본 윌리엄 증후군이 발병한다. 유전은 지능에 유의미한 영향을 미치는 것이다.

유전

그렇다면 유전이 지능에 미치는 영향은 얼마나 강할까? **유전계수**(heritbility coefficient, 보통 h^2으로 표기)는 사람들의 지능검사 점수의 차이에서 유전적 형질의 차이 때문에 야기되는 비율을 나타내는 통계치이다. 아동과 성인을 대상으로 한 수많은 데이터를 분석한 결과, 유전계수는 약 .5이다. 이는 약 50%의 지능검사 점수의 차이가 유전적 형질의 차이 때문에 야기된다는 말이다(Plomin & Spinath, 2004; Plomin et al., 2013; 비교 : Chabris et al., 2012).

이러한 사실에 근거하여 당신 지능의 약 절반은 유전에 의하여 결정되고 나머지 반은 경험에 의하여 결정된다고 결론을 내릴 수 있을 것 같은데 사실은 그렇지 않다. 이를 비유적으로 이해하기 위해서 그림 10.5의 사각형들을 생각해 보자. 이 사각형들은 크기가 다른 사각형들이다. 만약 당신이 이 사각형들의 크기의 차이에서 얼마만 한 비율이 폭과 높이에 의해서 정해졌는지를 답한다면, 당신은 즉시 100% 크기의 차이는 100% 폭에 의해서 결정되었고, 높이는 서로 같기에 아무런 영향을 안 주었다고 말할 것이다. 정답이다. 크기 차이의 상대적 비교에서는 어느 한 변인이 더 기여했는지를 판단할 수 있다. 그러면 사각형 A의 크기는 무엇이 결정하느냐를 답해야 한다며, 이는 우매한 질문이라고 웃을 것이다. 왜냐하면 사각형의 크기에 있어서 폭과 높이 어느 하나가 우위에 있을 수 없기 때문이다.

타마라 라비와 아드리안 스콧은 20살 때 뉴욕의 맥도날드 주차장에서 우연히 마주쳤다. 서로가 똑같은 얼굴의 사람을 보고는 충격에 휩싸였다. 아드리안은 "내가 나를 보았다"고 밀했다(Gootman, 2003). 그들이 태어나자마자 서로 다른 가정에 입양된 것을 그때서야 알게 된 것이다.

A	B	C	D

◀ 그림 10.5 **우매한 질문을 하는 방법** 4개의 사각형은 크기가 다르다. 높이와 폭은 크기에 얼마나 기여하나. 답은 100%이기도 하고 0%이기도 하다. 마찬가지로 사각형 A의 크기에 높이와 폭이 얼마나 기여하는지를 물어보는 것도 우매한 질문이다.

지능은 빈민촌보다는 부촌에서 유전되는 경향이 더 강하다.

유사한 비유로 농구장에서의 관중들의 지능검사 점수를 재고, 관중들 점수 간 차이의 얼마만 한 비율이 유전과 경험에 기인하는지 생각해 볼 수 있다. 약 50%는 유전에 기인하고 나머지 50%는 경험에 기인한다고 할 수 있다. 이것이 유전계수 .5가 의미하는 바이다. 그러나 특정 좌석에 앉아서 소리를 과도하게 지르는 관중의 지능을 유전과 경험이 얼마나 결정하는가를 답해야 한다면 역시 우매한 질문이다. 왜냐하면 사각형의 크기가 높이와 폭의 산물이듯이 특정인의 지능은 유전과 경험 중 어느 하나가 더 중요한 역할을 할 수 없기 때문이다.

유전계수는 특정 집단에서 개인 간 비교가 반영된 지수이기 때문에 특정 집단에 따라서 유전계수는 달라진다. 일례로 부잣집 아동 집단의 유전계수는 .72이고 가난한 집 아동 집단의 유전계수는 .10이다(Turkheimer et al., 2003). 왜일까? 부잣

왜 부자들의 유전계수 h^2가 가난한 사람들보다 높은 것일까?

집 아동들은 좋은 집에, 책과 시간이 많고, 좋은 영양을 공급받는 풍요로운 환경을 가졌다는 점에서 별반 다를 것이 없기에 그들 간의 지적 차이를 결정할 수 있는 것은 타고난 유전적 형질일 가능성이 높다. 반면 가난한 집의 아동들 중 어떤 아이는 우연히 책은 많지만 시간이 없을 수 있고, 또 어떤 아이는 영양 상태는 좋지만 책은 많지 않을 수 있으며, 또 어떤 아이는 아무것도 없을 수 있기에 환경적 차이가 다양하다. 따라서 이들의 지능을 결정하는 것은 환경과 유전일 가능성이 높다는 뜻이다(Tucker-Drob et al., 2010). 유전계수는 나이에 따라서도 다르게 나오는데, 통상 성인이 아동들보다 높다(그림 10.6). 즉, 65세 노인의 생활환경은 유사한 데 반하여 3세 아이의 생활환경은 다르다는 뜻이다. 간단히 기술하면 사람들이 동일한 경험을 했을 때는 그들의 지능 차이는 유전에 기인한 것이고, 사람들 간의 유전자가 동일하다면 그들의 지능 차이는 경험에 기인한 것이라고 할 수 있다. 그러므로 과학소설에 나오는 의도적으로 만들어진 유전적 동일체인 복제인간은 유전계수가 0이다.

과학소설에서 나오는 유전자 복제 인간들이 같은 집에서 살면서 같은 교육과 음식, 양육을 받게 된다면 유전계수가 1이 될까? 그렇지 않다. 왜냐하면 두 사람이 같은 집에 살더라도 동일한 경험을 공유하는 것이 아니고 부분적으로만 경험을 공유하기 때문이다. **공유된 환경**(shared environment)이란 가정 내 구성원들 간에 공유된 환경적 요소들을 의미한다. 예로 형제자매들은 동일한 수준의 경제력을 가진 가정에서 자라고 같은 종류의 책을 읽고, 음식을 먹는 것 등이 해당된다. **비공유된 환경**(nonshared environment)이란 가정 내 구성원들 간에 공유되지 않은 환경적 요소들을 의미한다. 같은 집에 사는 형제자매라도 다른 친구와 선생님들을 가지고 있고 다른 신체적 질병을 가질 수 있는 것 등이 해당된다. 같은 가정에서 자라는 것은 두 사람이 공유한 경험 중 일부분에 불과하다

▼ **그림 10.6 나이와 지능의 유전성** 지능의 유전성은 일반적으로 측정된 표본의 나이에 따라 증가한다.

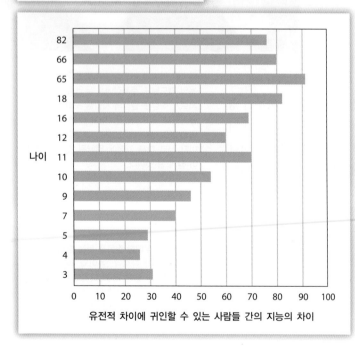

나이

82, 66, 65, 18, 16, 12, 11, 10, 9, 7, 5, 4, 3

0 10 20 30 40 50 60 70 80 90 100

유전적 차이에 귀인할 수 있는 사람들 간의 지능의 차이

장남(녀)은 다른 형제자매보다 지능이 높은 경향이 있다. 그러나 장남(녀)이 영아기에 사망한 경우에 차남(녀)이 성인되었을 때는 평균적인 장남의 지능과 유사하게 되는 경향이 있다(Kristensen & Bjerkedal, 2007). 이러한 점은 장남(녀)이 다른 형제자매보다 지능이 높은 것은 다른 가족환경에 귀인할 수 있다는 것을 의미한다.

(Turkheimer & Waldron, 2000). 이와 유사한 논리로 쌍생아 연구는 유전의 영향을 과대평가하고 환경의 영향은 과소평가한 것일 수도 있다(Nisbett, 2009). 심리학자인 에릭 투르크하이머(Eric Turkheimer, 2000)는 다음과 같이 주장하였다.

"쌍생아 연구에서의 결론은, 가정환경이 인간의 발달에 중요하지 않다는 것은 아니지만 형제자매 간에 공유된 가정환경의 일부분이 그리 중요하지 않다는 것이다. 더 중요한 것은 아동의 개인적 환경, 친구들, 각자가 받은 부모 양육 방식이라는 것이다"라고 주장한다(p. 162).

지능에 대한 환경의 영향

미국인들은 모든 사람은 인생에서 성공하기 위하여 동등한 기회가 주어져야 한다고 믿고 있다. 우리가 유전적인 영향이 지능에 영향을 미친다는 말을 들을 때 언짢은 이유 중 하나는 유전이 운명인 것처럼 오해하기 때문이다. 즉, 유전적인 것을 바뀌지 않는 것과 동일시하기 때문이다(Pinker, 2003). 하지만 사실은 유전에 영향을 받는 특성은 언제든지 변화할 수 있다. 키는 유전에 의하여 영향을 받기 때문에 키가 큰 부모의 자식들은 키가 역시 큰 경향이 있다. 하지만

> **지능이 키와 유사한 점은 무엇인가?**

한국 아동들의 키는 좋은 영양 상태로 인하여 지난 50년간 평균 7인치나 상승하였다(Nisbett, 2009). 마찬가지로 1848년에 네덜란드인들의 25%의 키가 5피트 2인치 이하여서 병역에 참여할 수 없었지만 현재 네덜란드인의 평균 키는 6피트가 넘는다(Max, 2006). 유전이 영양 상태가 같은 두 아이의 키가 다른 이유를 설명할 수는 있다. 즉, 창선은 관호보다 크고, 티지는 댄보다 크다. 하지만 이들 중 어느 누가 나중에 가장 키가 클지는 환경의 영향이다.

그러면 지능은 키와 같을까? 알프레드 비네(1909)는 그렇게 생각했고 다음과 같이 말했다.

"몇몇 현대 철학자들은… 개인의 지능은 향상될 수 없는 고정된 양이라고 주장하였다. 우리는 이러한 지독한 비관수의석인 생각에 문개하고 상외해야 한다… 인습, 효련 등 모두 방법을 동원하여 우리의 주의, 기억, 판단 능력을 향상시킬 수 있으며 예전보다 더 지적이 될 수 있다."

비네가 맞는가? 지능이 변할 수 있는가? 그렇다. 그림 10.7에서 보는 바와 같이 지능은 시간에 따라 변한다(Owens, 1966; Schaie, 1996, 2005; Schwartzman, Gold, & Andres, 1987). 대부분의 사람들의 지능은 청년기부터 상승하여 중년 이후에 낮아지기 시작한다(Kaufman, 2001; Salthouse, 1996a, 2000; Schaie, 2005). 이는 뇌의 처리속도 저하인 것으로 여겨진다(Salthouse,

키가 7피트인 피터 기셀러는 그의 친구들 중 가장 키가 크다. 그러니 그 나라에서는 그렇게 큰 것은 아니다. 최근 네덜란드 정부는 건물의 문이 7피트 65가 되게 건물 코드를 바꾸었다.

공유된 환경
가족 구성원들이 같이 경험한 환경 요인

비공유된 환경
가족 구성원들이 같이 경험하지 않은 환경 요인

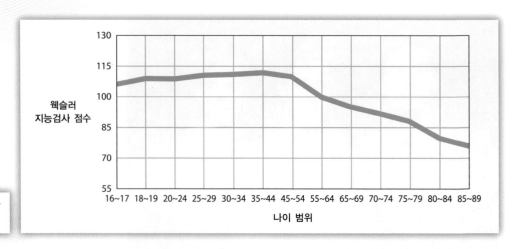

▶ 그림 10.7 **시간에 따른 지능의 변화**
출처 : Kaufman, 2001.

1996b). 또한 지능은 일생 동안 변화하며 어떤 영역에서는 더 많이 변화한다. 일례로 18세와 70세 사이에 어휘, 일반정보, 어휘적 추리는 별로 변하지 않지만, 시간 제한이 있는 추상적 사고, 새로운 기억을 만드는 능력, 공간적 관계에 관한 추리는 나이가 듦에 따라 변한다(Avolio & Waldman, 1994; Lindenberger & Baltes, 1997; Rabbitt et al., 2004; Salthouse, 2001).

지능이 한 사람의 생애에 걸쳐 변하는 것처럼 세대를 걸쳐서도 변하는 경향이 있다. 제임스 플린(James Flynn)에 의하여 우연히 발견되어서 플린 효과라 불리우는 현상은 한 세기 전 지능보다 현재의 지능이 평균 30 정도 높다는 것이다(Dickens & Flynn, 2001; Flynn, 2012; 비교 : Lynn, 2013). 현재 평균 지능을 가진 사람들은 한 세기 전의 95% 인구보다 더 지능적이라는 것이다. 그렇다면 왜 한 세대의 지능은 전 세대보다 평균적으로 높은가? 일련의 연구자들은 교육, 영양, 부모 양육에 그 원인을 돌리고(Lynn, 2009; Neisser, 1998), 어떤 연구자는 지능이 낮은 사람은 결혼을 못했을 가능성이 높았을 것으로 주장하고 있다(Mingroni, 2007). 하지만 플린을 포함하여 대부분의 연구자들은 산업 기술 혁명은 삶의 방식에 큰 영향을 주어서 사람들이 지능검사에서 사용하는 것과 정확히 유사한 추상적인 문제들을 풀 기회가 많아졌을 것으로 추론하고 있다. 즉, 연습이 점수를 높였다는 것이다(Flynn, 2012). 다시 말하면, 당신의 지능검사 점수가 할아버지 세대보다 높은 것은 현대인의 삶이 마치 지능검사를 하는 것과 같기 때문이라는 것이다.

한 가지 우리를 혼동스럽게 하는 사실이 있다. 그것은 지능이 일생에 걸쳐서 변한다는 것을 감안할 때, 서로 다른 시기에 실시한 지능검사 수행 간에는 매우 강한 상관관계가 있다는 것이다(Deary, 2000; Deary et al., 2004; Deary, Betty, & Gale, 2008; Deary, Batty, Pattie, & Gale, 2008). 표 10.4에서 보는 바와 같이 몇몇 관련 연구에서 이러한 양상이 확연하다. 지능이 일생에 걸쳐서 변하는데, 어떻게 아동기와 노년기에 측정한 검사 간에 강한 상관이 있을 수 있는가? 그 원리는 한 개인의 지능은 변하지만 이러한 지능의 변화는 모두에게 유사

105세 된 카티자(앞 줄 오른쪽에서 두 번째)
5세대에 걸친 그녀의 가족과 앉아 있다. 플린 효과는 지능은 세대에 걸쳐 증가하는 것을 의미한다.

하게 일어나는 것이다. 서로 다른 시기에 실시한 검사들 간에 큰 상관관계가 의미하는 것은 첫 번째 시기에 실시한 검사에서 높은(또는 낮은) 점수를 받은 사람들은 두 번째 시기에 실시한 검사에서도 높은(또는 낮은) 점수를 받는 경향이 있다는 것이다. 키의 성장도 같은 원리이다. 사람들의 키는 시간의 흐름에 따라서 성장한다. 하지만 아동기에 상대적으로 키가 크면 성인기에도 상대적으로 키가 클 가능성이 높다. 키와 마찬가지로 지능의 절대치도 변하지만 상대적

인 지능의 수준은 유사한 것이다.

세대 간과 일생 동안에 지능이 변한다는 사실은 지능은 변하지 않는 고정된 것이 아니라는 것이다. 우리의 유전자는 우리의 지능의 범위를 결정하여 줄 수 있지만 우리의 경험이 이 범위에서 어디에 지능이 떨어질지를 결정해 준다(Hunt, 2011; 그림 10.8). 이러한 경험의 가장 강한 경험요인이 경제 수준과 교육이다.

경제 수준

돈으로 사랑을 살 수 없을지 모르지만 지능은 살 수 있는 것 같다. 한 사람의 지능을 예측할 수 있는 가장 좋은 예측인자는 소위 말하는 집안의 사회경제적 지위이다. 높

표 10.4			
시간의 경과에 따른 지능검사 점수의 안정성			
연구	평균 첫 검사 나이(세)	평균 추후 검사 나이	상관관계(r)
1	2	9	.56
2	14	42	.68
3	19	61	.78
4	25	65	.78
5	30	43	.64~.79
6	50	70	.90

출처 : Deary, 2000.

은 사회경제적 지위에서 자란 것과 낮은 사회경제적 지위에서 자란 것은 지능지수 12~18 정도의 차이를 보인다(Nisbett, 2009; van Ijzendoorn, Juffer, & Klein Poelhuis, 2005). 한 연구에서는 낮은 사회경제적 지위에서 태어난 형제자매를 대상으로 비교연구를 하였는데, 이 중 한 형제자매가 높은 사회경제적 지위를 가진 가정으로 입양되어 자라서 환경의 영향을 보기에 적합하였다. 연구결과, 높은 사회경제적 지위를 가진 가정으로 입양되어서 자란 형제자매의 지능지수가 약 14 정도 높았다(Schiff et al., 1978). 이들 형제자매들의 지능지수는 처음에는 유사하였지만 부유한 집안에서 자란 것이 큰 차이를 유발한 것이다.

그렇다면 어떻게 사회경제적 지위가 지능에 영향을 미치는가? 한 가능성은

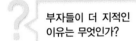
부자들이 더 지적인 이유는 무엇인가?

뇌 자체에 대한 영향이다. 낮은 사회경제적 지위의 아동들의 영양과 의료 혜택은 열악할 가능성이 있으며 더 큰 삶의 스트레스와 공기오염이나 납중독과 같은 환경공해에 노출될 가능성이 있다. 그리고 이는 모두 뇌의 발달과 연관되어 있다(Chen, Cohen, & Miler, 2010; Evans, 2004; Hackman & Farah, 2008). 낮은 사회경제적 수준이 아동의 뇌 발달을 손상시킬 수 있다는 사실은 아동 초기의 가난이 아동 중기나 후기의 가난보다 지능을 더 낮춘다는 연구 결과와 부합한다(Duncan et al., 1998).

사회경제적 지위는 뇌에 영향을 주고 뇌의 학습이 일어나는 환경에도 영향을 미친다. 지적 자극은 통상 지능을 높이는데, 높은 사회경제적 지위의 환경에서 지적 자극 요소가 많다(Nisbett, 2009). 일례로 높은 사회경제적 지위의 부모는 아이에게 책을 읽어 줄 가능성이 더 크며 책의 내용과 실제세계와 연관 짓는 질문을 더 한다(빌리는 고무 오리를 가지고 있다. 너는 고무 오리를 가지고 있는 누구를 알지?; Heath, 1983; Lareau, 2003). 연이어 이들은 아이에게 지적으로 자극적인 질문을 한다(오리는 풀을 먹을까?). 반면 낮은 사회경제적 지위의 부모는 일방적인 지시를 하는 경향이 있다(고무오리를 치워버리렴; Hart . Risley, 1995). 3세 때까지 평균적인 높은 사회경제적 환경에서 자란 아이들은 약 3천만 개의 단어를 듣게 되지만 낮은 사회경제 환경에서 자란 아이들은 천만 개 정도의 단어를 듣게 된다. 그 결과, 높은 사회경제적 환경에서 자란 아이들은 사회경제적 환경에서 자란 아이들보다 50%가량 더 많은 단어를 알고 있다. 이러한 집안에서 있을 수 있는 지적 요소들의 차이는 학교가 쉬는 방학 때 낮은 사회경제적 환경에서 자란 아이들의 지능이 낮아지는 현상을 설명할 수 있는 근거가 된다(Burkham et al., 2004; Cooper et al., 1996). 분명히 빈곤은 지능의 적이다(Evans & Kim, 2012).

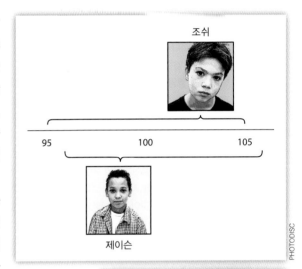
조쉬

95 100 105

제이슨

PHOTODISC

▲ 그림 10.8 **유전자와 환경** 유전자는 한 개인의 지능지수 범위를 만들어 주지만 환경이 그 범위에서 어느 지능지수가 될지를 결정해준다. 제이슨의 유전자는 조쉬의 유전자보다 더 나은 지능지수의 범위를 만들어 주지만 그들의 영양의 차이로 인하여 조쉬가 더 지능지수가 높다.

바보 논쟁?

인류 역사에 걸쳐 통상 똑똑한 사람들이 아이를 많이 가져서 인류의 발전에 도움이 되었다. 그러나 19세기 중반부터는 이러한 경향이 반전되어서 똑똑한 사람들은 아이를 적게 갖고 있으며 과학자들은 이를 *비우생학적 생식*이라고 부른다.

여기서 생각해 볼 거리가 있다. 만약 똑똑한 사람들이 아이를 적게 낳고 지능은 대체로 유전된다면 왜 플린 효과에서 말하는 것처럼 지능은 세대에 걸쳐서 올라가는 것일까?

몇몇 연구자들은 두 가지 변인이 있다고 추론하고 있다. 우리의 유전적 지능은 세대 간에 걸쳐서 낮아지지만, 습득된 지능은 올라간다는 것이다. 다시 말하면, 우리는 조상 세대보다는 약간 낮은 지능을 가진 뇌를 가지고 태어나지만 영양부터 비디오 게임까지 지능을 크게 올릴 수 있는 환경에서 태어난다는 것이다. 이러한 가설이 맞는다는 증거는 어디에 찾아볼 수 있을까?

프랜시스 골턴은 반응시간(사람이 자극에 반응하는 속도)이 정신능력의 기본적인 지표이고 유전적 지능이 세대 간 낮아진다면 반응시간도 낮아질 것이라고 제안하였다. 그의 제안이 최근 확증되었다(Deary, Der, &

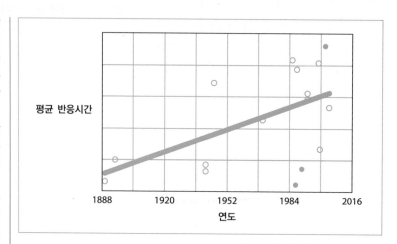

Ford, 2001). 일련의 연구자들(Woodley, Nijenhuis, & Murphy, 2013)은 1884~2004년까지 프랜시스 골턴의 것을 포함한 인간의 반응시간 데이터를 분석하는 연구를 실시하였으며 놀라운 패턴을 발견하였다. 요점은 빅토리아 시대로부터 평균 반응시간은 느려진다는 것이다. 위의 그림은 서로 다른 연도에 걸쳐 실시된 많은 연구에서의 평균 반응시간들이다.

그렇다면 과연 이러한 결과가 우리는 태생

적으로는 덜 지능적이지만 환경의 영향으로 지능검사 점수가 올라간 것을 말해 주는가? 그럴 수도 있고 안 그럴 수도 있다. 왜냐하면 과거의 반응시간 데이터는 어떠한 환경에서 얻어졌는지 알 수 없으며, 과거 연구의 실험 참가자들은 전집을 반영하는 대표성이 없었을 것이다. 이러한 한계에도 불구하고 이러한 발견은 놀라운 것이다. 왜냐하면 현대의 삶 자체가 우리가 알고 있는 것보다 매우 강력한 인지적 자극을 제공하고 있는 것일 수 있기 때문이다.

교육

비네는 빈곤이 지능의 적이라고 한다면 교육은 지능의 친구라고 믿었다. 이는 맞는 믿음이었다. 현대의 교육이 바로 대규모로 지능을 올리려는 시도라고 볼 수 있는데, 실제로 정규교육 정도와 지능 간에는 .55에서 .90의 비교적 높은 상관관계가 있다(Ceci, 1991; Neisser et al., 1996). 그런데 높은 상관은 똑똑한 사람들이 계속 학교에 남게 되어서일까 아니면 학교가 사람들을 영리하게 만들기 때문일까? 이에 대한 답은 둘 다인 것으로 보인다(Ceci & Williams, 1997). 학교가 전쟁, 정치적 불안정, 양질의 교사 부족의 상황에 있으면 아동들의 지능이 떨어진다(Nisbett, 2009). 실제로 미국의 경우, 9월까지 태어난 아이들은 9월 이후에 태어난 아이들보다 학교를 일찍 들어가는데, 연구 결과 실제로 생일이 늦은 아이들의 지능검사 점수가 생일이 빠른 아이들의 점수에 비해 낮은 것으로 나타났다(Baltes & Reinert, 1969).

이러한 연구 결과들은 누구나 교육으로 수재가 될 수 있다는 것일까? 불행하게도 그렇게 될 수 없는데 정규교육이 어느 정도 지능을 높일 수는 있어도 교육의 효과는 제한적인 것으로 드러났다. 교육은 인지적인 능력보다는 주로 시험 보는 능력을 향상시키며 교육의 효과는 수년 내에 감소하여 사라지기도 한다는 것이다(Perkins & Grotzer, 1997). 다시 말하면 정규교육은 지능을 우리가 바라는 것보다는 제한되면서도 짧은 시간에 걸쳐 향상시킬 뿐이라는 것이다. 이러한 것은 교육이 지능을 유의미하게 변화시킬 수 없다는 것을 의미할 수도 있고, 현대의 학교들이 제 기능을 못하는 것을 의미할 수도 있다. 연구자들은 후자의 가능성에 무게를 두고 있다. 그 근거로 미국에서는 다양한 특수학교, 바우처 학교, 헤드스타트 프로그램 등을 통하여 다양한 교육실험이 행해졌는데 대부분은 실패하였지만, 몇몇 성과는 보고되었다(Nisbett, 2009). 이는 교육은 통상 지능을 높이지 못하지만 경우에 따라 유의미하게 높일 수 있다는 것을 보여 준다. 아직 아무도 최적의 교육이 얼마나 지능에 영향을 줄 수 있을지 모른다. 다만, 현재의 교육 시스템이 최적이지 못한 것은 분명해 보인다.

많은 연구는 교육이 지능을 높인다고 보고하고 있다. 아프가니스탄의 학생들은 그러한 혜택을 충분히 받지 못하고 있다. 왜냐하면 탈레반의 총과 가스 등의 공격으로 학교에 가는 것이 어렵기 때문이다.

유전자와 환경

유전자와 환경은 모두 지능에 영향을 미친다. 그러나 우리는 요리할 때 밀가루와 설탕을 섞는 것처럼 유전자와 환경이 별개의 성분인 것처럼 생각해서는 안된다. 사실은 유전자와 환경은 아주 복잡한 방식으로 상호작용하기 때문에 이 둘의 경계는 불분명하다.

일례로 도서관의 책 냄새를 좋아하게 작용하지만 TV의 스크린 빛에는 거부감을 유발하는 유전자가 있다고 상상해 보자. 그러면 이러한 유전자를 가진 사람들은 책을 많이 읽을 것이고 똑똑해질 것이다. 여기서 이러한 결과가 유전자에 의한 것인지 아니면 환경에 의한 것인가? 그들이 그러한 유전자를 가지지 않았으면 도서관에 안 갔을 것임과 동시에 도서관에 가지 않았

> **?** 유전자가 지능에 어떻게 영향을 미치게 되는가?

다면 똑똑해지지 않았을 것이다. 결론은 유전자는 뇌의 구조를 바꾸는 것이 아니고 환경을 바꾼다는 것이다(Dickens & Flynn, 2001). 어떤 사람을 사회적으로 만드는 유전자는 그로 하여금 학교 친구들과 좋은 관계로 이끌 것이고 따라서 학교에서 생활하는 시간이 증가하여 더 지능이 높아지게 하는 결과를 낳을 수 있는 것이다. 우리는 이러한 유전자를 사회성 유전자와 지능 유전자 중 무엇으로 부를 것인가? 이런 식으로 지능이 좋아졌다면 그 원인을 유전자와 환경 중 어디에 귀인할 것인가? 이러한 질문이 시사하는 바와 같이 유전자와 환경은 지능에 독립적인 영향을 미치는 것이 아니며 유전과 환경의 차이는 처음 생각했던 것처럼 분명하지 않은 것이다.

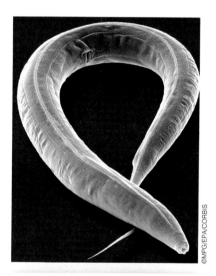

회충은 산소가 적은 환경을 싫어하는 NPR-1이라고 불리우는 유전자를 가지고 있다. 그런데 산소가 적은 환경은 박테리아가 많을 수 있는 곳이다. 결과적으로 회충은 적은 감염률을 보인다. NPR-1은 건강한 유전자인가?

요약

▶ 유전자와 환경은 지능에 영향을 미친다.

▶ 유전계수(h^2)는 사람들 간의 지능점수의 차이에서 어느 정도가 유전에 기인하는지를 말해 준다.

▶ 상대적 지능은 시간의 흐름에 따라 일반적으로 일정하지만 절대적 지능은 변한다.

▶ 사회경제적 지위는 지능에 강력한 영향을 미치고 교육은 일정 정도 영향을 미친다.

누가 가장 지적인가

만약 모든 사람들의 지능이 같다면, 지능이라는 단어는 없었을 것이다. 지능이 흥미롭고 중요한 주제인 이유는 어떤 사람이나 집단이 다른 사람이나 집단보다 더 지능적이기 때문이다.

지능에서의 개인차

평균 지능은 100이며 약 70%의 사람들이 지능 85와 115 사이에 있다(그림 10.9). 이러한 중간

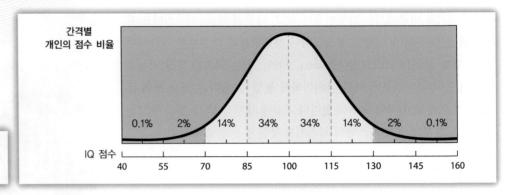

간격별
개인의 점수 비율

0.1% 2% 14% 34% 34% 14% 2% 0.1%

IQ 점수
40 55 70 85 100 115 130 145 160

범위 위의 지능을 가진 사람을 지적으로 뛰어나다고 하고, 이 범위 아래의 지능을 가진 사람을 지적으로 떨어진다고 한다. 이러한 양극단에 있는 사람들의 공통점이 있는데, 통상 여성보다는 남성일 가능성이 크다. 다시 말하면, 남성과 여성의 평균 지능은 같지만 남성 지능의 변산이 여성보다 크기 때문에 남성이 아주 낮거나 높은 범위에 더 많다(Hedges & Nowell, 1995; Lakin, 2013; Wai, Putallaz, & Makel, 2012). 이러한 차이의 한 원인은 남자아이와 여자아이의 사회화 과정이 다른 방식으로 이루어지기 때문이다. 아울러 이러한 차이가 남녀의 타고난 생물학적 차이에도 기인하는지는 심리학에서 뜨거운 논쟁거리로 남아 있다(Ceci, Williams, & Barnett, 2009; Spelke, 2005).

지능이 정규분포의 중간 범위에 위치하는 대부분의 우리들은 양극단 범위의 지능을 가지고 사는 사람들에 대한 몇 가지 신비로운 점을 갖고 있다. 일례로 몇몇 할리우드 영화에서는 고통을 가지고 사는 천재(통상 남성)를 통상 명석하고 창의적이지만, 기괴하며 오해받기 쉽고, 의기소침한 사람으로 묘사한다. 몇몇 심리학자들은 창의적인 천재와 특정 정신병 간의 관계가 있다고 주장하지만(Gale et al., 2013, Jamison, 1993; 비교 : Schlesinger, 2012), 할리우드 영화들은 지능과 정신병 간의 관련성을 실제와는 거꾸로 묘사하고 있는 것이다. 실제 세계에서는 높은 지능을 가진 사람은 낮은 지능을 가진 사람보다 정신병에 걸릴 가능성이 적다(Dekker & Koot, 2003; Didden et al., 2012; Walker et al., 2002). 일례로 20세에 지능점수가 15점 낮아지는 것은 인생 후반에 성격장애, 조현병, 정서장애, 알콜 관련 장애에 걸릴 위험을 약 50% 증가시키는 것으로 나타났다(Gale et al., 2010). 지능이 신체적 질병을 막아 주는 것처럼 정신적 질병도 막아 주는 것으로 보인다.

또 다른 할리우드 영화의 전형적인 묘사는 '사회에 잘 적응하지 못하는 천재 소년' 스토리이다. 그러나 영화와는 다르게 많은 연구들은 영재급 지능을 가진 아동들은 그들의 친구처럼 생활에 잘 적응한다. 일부 뛰어난 아동들에게 있어서 어떤 사회적, 정서적 문제가 있다면 이는 그들에게 맞는 교육의 기회가 주어지지 않았기 때문인 것으로 보인다(Garland & Zigler, 1999; Neihart, 1999). 지적으로 뛰어난 것은 그 아동의 생활을 반드시 나쁘게 만드는 것도 아니고, 더 좋게 만드는 것도 아니다. 일례로, 성인이 돼서 직업 분야에 기여하는 정도는 영재급 아동이나 어느 정도 지적인 아동이나 유사하다(Richert, 1997; Terman & Oden, 1959). 왜 영재급 아동이 성인기에 남다른 열매를 맺지 못하는지는 아직 모른다. 아마도 지능이 어떤 사람의 성과물에 영향을 미치는 데에는 자연적인 한계가 있는 것일 수도 있고, 현재의 교육 시스템이 영재급 아동들의 재능을 충분히 발현하도록 하지 못하는 것일 수도 있다(Robinson & Clinkenbeard, 1998; Winner, 2000).

한편, 재능이 있는 아이들은 통상 모든 영역에 있어서 뛰어나지 않고, 수학, 언어, 또는 음악

? **재능이 있는 아동을 분명히 구별해 주는 하나는 무엇인가?**

빈센트 반 고흐는 전형적인 고통받는 천재의 아이콘이다. 그러나 연구들은 낮은 지능이 더 정신병과 강하게 연관이 있음을 보여 준다.

등 한 가지 영역에서만 뛰어나다. 재능이 있는 아이의 95%가 수리능력과 언어능력 중 한 가지에만 뛰어나다(Achter, Lubinski, & Benbow, 1996). 이와 같이 재능이 있는 아동들은 한 가지 영역에만 뛰어나기에 그 영역을 집중적으로 섭렵하기 위하여 애쓴다. 한 전문가는 수학책이든, 컴퓨터이든, 악기이든 이러한 아동이 집중하는 재능 영역에서 아동을 떼어낼 수 없다고 주장한다. 심지어 이러한 아동들은 그들만의 재능 영역에 집중한 나머지 실제 세상에 대한 감이 떨어지는 경우가 있다(Winner, 2000, p. 162). 실제로 몇몇 연구는 이러한 아동들과 보통 아동들과의 큰 차이는 재능 영역에 참여하는 엄청난 시간임을 보고하였다(Ericsson & Charness, 1999). 재능의 큰 부분을 차지하는 것은 그 재능 영역에 대하여 열정적으로 헌신할 수 있는 능력일 것이다(Mayer et al., 1989; 비교 : Hambrick et al., 2013).

더스틴 빈은 다운증후군을 가지고 태어났지만 쿵푸 검은 띠를 획득하는 데는 지장이 없었다.

지능 스펙트럼의 하위 범위에 있는 사람들은 지적인 장애가 있는 부류에 속하는데, 이들에 대하여 살펴보자. 이들의 지능 범위는 약한 범위(50<IQ<69)부터 중간(35<IQ<49), 심한 범위(20<IQ<34), 아주 심한 범위(IQ<20)로 나눌 수 있다. 이 범위들에 들어가는 70%가 남성이다. 가장 흔한 지적장애의 원인으로는 다운증후군(염색체 21번의 세 번째 복사체의 존재가 원인)과 태아 알코올 증후군(임신 중 산모의 음주가 원인)이다. 이러한 지적장애들은 꽤 일반적이며 이들은 거의 모든 인지적 과제에서 손상된 수행을 보인다. 지적장애를 가진 사람들에 대한 일반인들의 오해가 많다. 일례로 사람들은 지적장애를 가진 사람들이 정신병이 있을 것으로 생각하는데, 실제로는 이들은 일반인의 정신병 발병 비율과 다르지 않다(Deb, Thomas, & Bright, 2001). 또 다른 오해는 지적장애를 가진 사람들은 불행할 것으로 생각한다. 그러나 최근 조사(Skotko, Levine, & Goldstein, 2011)에 의하면 다운증후군을 가진 사람들의 96%는 그들의 외모와 같이 그리고 그들의 천성대로 삶에 대해서 행복하다. 지적장애를 가진 사람들은 많은 도전에 직면하며 그중 가장 힘든 것이 일반으로부터의 오해이다.

지능에 있어서 집단 간 차이

1990년대 초 스탠퍼드대학교 교수 루이스 터먼은 비네와 시몽의 성과를 향상하여 스탠퍼드-비네 지능 스케일이라고 불리우는 지능검사를 개발하였다. 그의 검사의 산물 가운데 하나는 백인이 흑인보다 더 좋은 수행을 보인다는 것이다. 여기서 그는 다음과 같은 의문을 가졌다. 열등 인종은 정말 열등한 것일까? 아니면 교육의 기회가 없었기 때문일까? 그 스스로 답하기를 "그들의 우둔함은 인종에 기인하거나 그들의 가계에서 유전되는 것이다"라는 결론을 내렸다. 그는 우둔한 집단의 아동들은 다른 집단과 격리되어야 한다고 했으며, 그 이유로 그들은 효율적인 일꾼이 되기에 필요한 과제를 수행할 수 없기 때문이라고 주장하였다(Terman, 1916, pp. 91-92).

한 세기가 지난 지금 이러한 주장들은 우리를 민망하게 만든다. 터먼의 주장의 요점은 세 가지 포인트로 나눌 수 있다. 첫째는 지능은 유전자의 영향을 받는다. 둘째, 특정 인종의 사람들은 다른 인종의 사람들보다 좋은 지능검사 수행을 나타낸다. 셋째, 이러한 인종 간 지능검사의 차이는 유전자의 다름에 기인한다. 사실상 모든 현대의 과학자들 세 번째 주장만을 제외하고는 터먼의 주장에 동의한다. 사실 이 포인트는 격정적이고 격렬한 논쟁의 주제였던 자극적인 주장이었다. 과학은 우리에게 어떠한 답을 주는가?

이 문제에 답하기 전에 한 가지 분명히 해 둘 것이 있다. 지능의 집단 간 차이는 본질적으로

연구 결과, 남성은 추상적인 수학과 과학에서 여성보다 우월하고 여성은 복잡한 산문 쓰기와 이해에서 남성보다 우월하다. 당대 최고의 수학자로 알려진 소냐 코발레프스카야(Sonya Kovalevskaya, 1850~1891)는 다음과 같이 말했다. "시인은 다른 사람이 못 보는 것을 봐야 하고 다른 사람보다 깊게 생각해야 한다. 나는 평생 동안 수학을 계속할지 문학을 할지 혼란의 시간을 보냈다"(Kovalevskaya, 1978, p. 35).

있을 수 있는 문제이다. 즉, 노벨 수상자들이 구두 판매상들보다 지적인 것은 당연하다. 이런 측면에서 집단 간에 지능이 다른 것은 용납이 되고 필요하다고 인정할 수 있다. 우리가 쉽게 받아들일 수 없는 것은 어떤 인종, 국가, 성이, 다른 인종, 국가, 성보다 더 지적일 수 있다는 것이다. 왜냐하면 지능은 모두가 높게 평가하는 적성이고 어떤 집단이 어떻게 태어났느냐와 어디에 거주하느냐에 따라서 지능이 결정되는 것은 공평하지 않다고 여기기 때문이다.

하지만 실제는 공평성을 떠나서 지능과 관련된 능력에 있어서 어떤 집단이 다른 집단보다 우월하다. 평균 지능은 아시아인들이 제일 높고, 백인, 라틴계 인종, 흑인 순으로 높은 것으로 조사되었다(Neisser et al., 1996; Rushton, 1995). 여성은 언어의미 정보의 접근과 사용, 복잡한 산문의 산출과 이해, 정교한 운동기술, 언어속도에 있어서 남성보다 우월하고, 남성은 시공간 기억에서의 정보변형, 특정 운동, 시공간적 반응, 추상적 수학과 과학에서의 유연한 추리에 있어서 여성보다 우월하다(Halpern, 1997; Halpern, 1997; Halpern et al., 2007). 이와 같은 집단 간 지능능력별 차이에 관한 연구는 축적된 상태이다(Suzuki & Valencia, 1997, p. 1104). 결국 집단 간 지능의 차이는 집단 내 지능의 차이보다는 훨씬 적지만 어떤 집단이 다른 집단보다 지능이 높다는 터먼의 제안은 타당한 것으로 밝혀졌다. 그렇다면 이러한 원인은 무엇인가?

검사와 검사자

앞서 언급한 바와 같이 지능검사는 지능이라고 불리는 가설적 적성에 대하여 완벽한 측정방법은 아니다. 그렇다면 이러한 불완전성이 특정 집단에게 유리하게 작용할 수 있는지 생각해 보자. 초기 지능검사가 대개 유럽 백인들에게 익숙한 문제를 포함하고 있어서 문화적으로 편향되어 있었다는 것은 사실이다. 비네와 시몽이 개발한 검사에서 물어보기를 "어떤 사람이 당신에게 결례를 하여 죄송하다고 사과하면 어떻게 하시겠습니까?"라는 질문에 유럽계 문화와 부합하게 "사과를 받아 들인다"는 반응은 정답으로 채점되지만, "더 많은 것을 원한다"는 오답으로 채점된다. 하지만 지능검사는 거의 한 세기 동안 꾸준히 개정되고 발전하여 최근의 지능검사에서는 문화적으로 편향된 문항을 찾아보기가 힘들다(Suzuki & Valencia, 1997). 더욱이 레이븐의 점진적 행렬 검사 문제(그림 10.4 참조)와 같이 비언어적 기술을 측정하는 지능검사에서 집단 간 차이가 발견된다. 요약하면 지능에 있어서 집단 간 차이를 문화적으로 편향된 문항에 기인한다고 할 수 없다.

물론 현재의 지능검사들이 문항들은 편향되지 않았다 하더라도 검사 환경은 편향되어 있을 수 있다. 일례로 미국의 흑인들은 답안지 맨 위에 인종을 적도록 하였을 경우에는 인종적 고정관념에 관한 불안이 야기되어(Steele & Aronson, 1995) 검사 수행이 안 좋아지는 경향이 있다(Reeve, Heggested, & Lievens, 2009). 또한 아시아계 여성들에게 인종 대신에 성별을 적도록 하였을 경우에는 여성은 남성보다 수학을 못한다는 고정관념과 관련된 불안이 야기되어 수학과 관련된 검사에서 수행이 안 좋아진다. 반면에 같은 아시아계 여성들에게 성별 대신에 인종을 적도록 하였을 경우에는 아시아 인들은 수학적 능력이 뛰어나다는 고정관념이 활성화되어 수학과 관련된 검사에서 수행이 좋아진다(Shih, Pittinsky, & Ambady, 1999). 실제로 수학적 능력은 유전자에 의하여 좌우된다는 글을 읽는 것만으로도 이어지는 수학적 능력을 측정하는 검사에서 수행이 안 좋아진다(Dar-Nimrod & Heine, 2006). 이러한 연구 결과들은 지능검사가 실시되는 환경이 집단에 차등적으로 영향을 주며, 지능검사에서 실제 지능을 반영하지 않은 결과를 산출할 수 있음을 시사한다.

"나는 정상분포 곡선은 모르지만, 유전이 모든 것이야."

환경과 유전

검사 상황과 같은 편향이 지능검사에서의 집단 간 차이를 일부 설명할 수 있지만, 전적으로 그렇지는 않다. 지능검사 점수가 검사 상황과 같은 편향만을 반영한 것이 아니라면 무엇을 반영하는 것일까?

과학자들은 양육 환경이 지능검사 점수에 중요한 변인임에 동의하고 있다. 일례로 미국의 흑인 아동들은 백인 아동들보다 더 낮은 사회경제적 지위를 가진 집안에 태어났을 가능성이 크다(예 : 편부모 슬하 양육). 자세히 기술하면, 흑인 아동들은 수입이 낮은 집에 태어나고 좋지 않은 학교에 다니며 출생 당시 체중이 낮

사우스 캐롤라이나에 있는 학생들이 SAT 대학수학능력 시험을 치르고 있다. 사람들은 자신의 인종적 성적 편견이 확증될 것이라고 생각하는 환경에 있으면 시험 수행에 영향을 받는다.

고 영양 상태가 열악하며 만성 질병률이 높고 이에 대한 치료를 제대로 받기 않는 경향이 있다(Acevedo-Garcia et al., 2007; National Center for health Statistics, 2004). 이러한 요인들을 감안하

> **환경적 요인들이 지능에 있어 집단 간 차이를 어떻게 설명할 수 있는가?**

면 흑인들의 지능검사 점수가 백인들보다 평균 10점 더 낮다는 것은 놀라운 사실이 아니다. 그렇다. 이러한 인종 집단 간 차이의 일부라도 유전에 기인하는지 여부가 논쟁거리이다. 현재까지 과학자들은 인종 간의 차이가 유전자에 기인한다는 유의미한 연구는 없었으며, 유전자의 영향을 받지 않는다는 몇 가지 관련 사실을 발견하였다. 일례로 미국 흑인들은 평균 약 20%의 유럽계 유전자를 가지고 태어나는데, 유럽계 유전자를 더 많이 갖고 태어난 흑인이 더 적게 갖고 태어난 흑인과는 지능에 있어서 차이가 없다(Loehlin, 1973; Scarr et al., 1977). 유사한 연구로 미국 흑인 아동과 흑백 인종 부부간 집안에서 태어난 아동 간에는 유럽계 유전자가 차이가 나는데, 이들 간의 지능도 차이가 없다(Moore, 1986). 이러한 연구가 인종 간 지능의 차이가 유전자에 기인할 수 있다는 가능성을 완전히 배제하는 것은 아니지만, 그러할 가능성이 낮음을 시사한다.

인종 간의 행동적 심리적 차이가 유전적 원인에 기인한다는 주장을 할려면 어떠한 증거가 필요할까? 이러한 유형의 증거는 인종 간 신체적 차이를 연구하는 과학자들이 찾았던 증거 유형이다. 일례로 C형 간염에 걸린 사람은 통상 항바이러스제 약을 처방받는데, 유럽계 백인들인들이 미국계 흑인보다 효과가 좋다. 처음에는 유럽계 백인들이 미국계 흑인들보다 처방약을 빼먹지 않고 꼬박꼬박 복용한 결과로 생각했지만 최근에 과학자들은 이러한 항바이러스제에 잘 반응하지 않는 유전자를 발견하였다. 여러분이 추론하듯이 미국계 흑인들이 그러한 유전자를 백인보다 가지고 있을 가능성이 높다는 것이다(Ge et al., 2009). 지능에 대한 인종 간의 차이의 원인과 관련해서는 이러한 인종 간의 분명한 증거가 부족한 실정이다. 한 연구자는 최근 말하기를, "어떠한 개인의 유전적 변이도 지능과 분명하게 관련되어 있지 않으며 건강한 개인의 노화와 관련되어 있지 않다"(Deary, 2012, p. 463). 이러한 것이 의미하는 바는 지능은 아주 작은 유전적 차이들의 영향을 받을 수 있지만 몇몇 중요한 '지능 유전자들'은 없다는 것이다(Davies et al., 2011). 연구자들이 그러한 유전자들이 한 인종에서 더 존재하는 것을 찾아 낼 때까지는 대부분의 심리학자들은 지능의 집단 간 차이를 유전으로 설명하는 것에는 동의하지 않을 것이다. 실제로 유명 심리학자 리처드 니스베트(Richard Nisbett)는 이러한 논쟁은 거의 끝났다고 믿고 있다. "유전자는 흑인과 백인 간의 지능 차이의 어떠한 요소도 설명하지 못하고, 측정할 수 있는 환경적 요소들이 차이를 타당하게 설명하고 있다"(Nisbett, 2009, p. 118).

지능 향상

지능은 돈과 교육으로 향상될 수 있다. 그러나 대부분의 사람들은 부자가 아니며 교육은 시간이 오래 걸리고 비용이 많이 드는 것이 사실이다. 그렇다면 보통 사람들의 부모가 아이들의 지능을 올릴 수 있는 효율적인 방법이 있을까? 최근에 연구자들은 지난 수십 년간 이러한 문제에 대하여 연구되어 온 과학적 성과물에 대한 분석을 시작하였다(Protzko, Aronson, & Blair, 2013). 그 결과 다음의 네 가지 사항이 아동의 지능과 관계가 있음을 발견하였다. 첫째로 모유에서 발견되는 긴 복합 불포화 지방산을 산모와 신생아에게 식이요법으로 제공하는 것은 아동의 지능을 약 4점 올릴 수 있는 것으로 밝혀졌다. 둘째, 사회경제적 지위가 낮은 집안의 아동들에게 초기 교육 개입 프로그램에 참여하도록 하면 아동들의 지능을 약 6점 올릴 수 있다(놀랍게도 이러한 추가적인 교육 개입은 아동의 나이가 다소 늦더라도 차이가 없음이 밝혀졌다). 셋째, 부모가 아동과 상호작용을 하면서 아동에게 책을 읽어 주는 것은 약 6점의 향상을 일으킨다(이 경우 시작하는 나이가 어릴수록 좋다). 마지막으로 정규교육이 시작되기 전에 아동을 프리스쿨(preschool)에 보내는 것은 약 6점을 향상시킨다. 부모가 아이들의 지능을 올리기 위해서 해 줄 수 있는 것이 있는 것이다.

미래에는 지능 향상이 더 단순해질 수 도 있다. 인지적 향상자라는 약은 기억, 주의, 실행 기능과 같은 지적 행동에 영향을 주는 심리적 과정을 향상시킬 수 있는 약이다. 일례로 리탈린(메틸페니데이트)과 아데럴(복합 암페타민 소금)과 같은 전통적인 자극제는(Elliott et al., 1997; Halliday et al., 1994; McKetin et al., 1999) 인지적 수행을 향상시킬 수 있으며 이러한 이유로 건강한 학생들이 많이 복용해 오고 있다. 현장 조사에 따르면 미국 대학생의 7%가 인지적 향상을 위하여 이러한 약을 복용한 적이 있으며, 어떤 학교에서는 그 수치가 25%에 다다랐다(McCabe et al., 2005). 이러한 약은 사람들의 주의력, 작업기억에서 정보조작력, 융통적인 통제 반응력을 높이는 것으로 밝혀졌다(Sahakian & Morein-Zamir, 2007). 아울러 암파킨이라는 불리우는 약의 범주에 들어가는 물질에 의하여 인지적 수행이 향상된다(Ingvar et al., 1997). 모다피닐이라는 특정 약은 그 범주에 들어가며 건강한 젊은이의 단기기억을 향상시키고 계획능력을 향상시키는 것으로 밝혀졌다(Turner et al., 2003).

1980년 백만장자 로버트 그레이엄은 노벨상 수상자나 수학영재들의 정자를 받아 젊은 여성들이 수임할 수 있게 "Repository for Germinal Choice"라는 정자보관소를 열었다. 소위 이러한 '천재공장'은 200명이 넘는 아이를 출산하였지만 1999년 그가 사망한 후 문을 닫았다.

ERIC MYER PHOTOGRAPHY INC.

우리는 물론 약의 남용을 걱정해야 한다. 그럼에도 약을 통하여 지능을 높이는 것과 다른 수단을 쓰는 것은 경계가 분명하지 않다. 최근 한 유명 과학자 집단은 약은 뇌의 기능의 변화를 가져와 지능을 높이는 것인데, 다른 수단도 마찬가지 경로로 작동한다고 결론을 내렸다(Greely et al., 2008, p. 703). 최근 연구는 교육과 독서뿐만 아니라 운동, 영양, 수면은 결국 신경계의 변화를 야기하여 지능을 높인다는 것을 밝혔다. 즉, 이러한 방법이나 약 복용이 유사하게 뇌의 기능 변화로 인지적 능력을 높인다면 이 둘 간의 차이는 무엇인가? 또 다른 과학자들은 이러한 질문은 고려할 필요가 없는 시대가 도래할 것이라고 믿고 있다. 왜냐하면 뇌의 기능과 화학적 기제를 성인기에서 바꾸는 것이 아니고 출생 시의 기본 기제를 바꾸는 어마어마한 시대가 도래할 것으로 예견하고 있다. 과학자들은 뇌 해마(hippocampus)의 발달을 제어하는 유전자를 조작하여 뛰어난 기억과 학습능력이 있는 '천재 쥐'들을 만들어 내는 데 성공했다. 이 결과로 연구자들은 포유류의 지능과 기억과 같은 정신적, 인지적 능력을 유전적으로 향상시키는 것은 충분히 가능하다고 결론지었다(Tang et al., 1999, p. 64). 아직 아무도 안전하고 강력한 '스마트 필(똑똑하게 만드는 약)'

? 당신의 자녀들의 지능을 어떻게 향상시킬 것인가?

을 개발하지는 못했지만 많은 전문가들은 수년 내에 현실화될 것으로 보고 있다(Farah et al., 2004; Rose, 2002; Turner & Sahakian, 2006). 이러한 시대가 도래될 때 우리는 약의 사용에 대한 많은 지혜를 고안해내야 할 것이다.

다른 생각

과학이 당신의 지능을 어떻게 높일 수 있는가?

데이비드 유잉 던컨은 최근 *When I'm 164: The new science of radial life exptension, what happens if it succeeds*라는 저서로 수상한 저술인 겸 언론인이다.

PHOTO : CHRIS HARDY PHOTOGRAPHY

지능은 사람들의 생활에 큰 도움을 줄 수 있는 능력이다. 지능은 양질의 교육과 충분한 영양으로 향상시킬 수 있으며 사람들은 이러한 방법들을 사용하여 봤다. 그러나 가까운 미래에 더 강력한 기술이 지능을 향상시킬 수 있을 것이라는 데 의심의 여지가 없다. 바로 약의 힘이다. 우선 우리는 이러한 가능성에 대하여 올바르지 못한 생각인지 아니면 도덕적인 의무로 받아들여야 하는 것인지를 생각해 보아야 한다. 또한 누가 이러한 과학의 혜택을 받고 누구는 제외될 것인가를 어떻게 결정할 것인지도 생각해 보아야 한다. 데이비드 유잉 던컨(David Ewing Duncan)은 약의 시대가 도래하기 전에 이러한 중대한 의문점에 대하여 생각해 보아야 하며 잠정적인 답을 내놓아야 한다고 주장하고 있다. 다음은 그가 **뉴욕타임스**에 기고한 글의 축약본이다.

…지난 몇 년간의 강연과 회의에서 나는 수천 명의 참석자들에게 다음과 같은 가설적인 질문을 하였다 "만약 내가 당신의 아이의 기억을 25%가량 높일 수 있는 약을 드린다면, 당신은 아이에게 그 약을 먹일 의향이 있으신지요? 이러한 질문에 대한 참석자들의 답은 약 80%가 압도적으로 거부감을 보였다. 그런데 이 질문 후 바로 "이 약은 매우 안전하며 당신의 아이의 학점 B를 A로 향상시킬 수 있다면 어떻게 하시겠습니까?"라는 추가 질문을 하였다. 참석자들의 반응은 신경질적인 웃음을 보이더니 다른 사람들의 반응을 서로 예의주시하였고 약 50% 가까이 약을 먹이겠다고 응답하였다(또한 많은 사람은 투표를 포기하였다). 연이어 마지막 질문으로 "다른 아이들이 이 약을 먹는다면 당신의 아이에게는 어떻게 하시겠습니까?"라는 질문에는 거의 모든 참석자들이 아이에게 약을 먹이겠다고 응답하였다.

현재 기억의 25%를 향상시킬 수 있는 약은 존재하지 않는다. 하지만 신경과학자들은 나에게 많은 제약사들이 이미 치매나 기억장애 질병을 가진 사람들에게 좀 더 향상된 기억을 할 수 있는 약에 대하여 초기 임상실험을 하고 있음을 말해 주었다. 이러한 약이 건강한 사람들에게도 작용할 수 있을지는 아무도 모르지만 먼 미래에 가능할 수도 있다.

좀 더 흥미로운 견해는 어느 미래 시점에는 비행기 파일럿, 외과의사, 경찰관, 고위 공직자와 같은 사람들은 초기억 또는 주의 촉진 약을 사용할 수 있을 것이라는 것이다. 사실 우리는 이러한 사람들에게 약을 사용할 것을 요구할 것이고, 생명윤리학자 토마스 머리(Thomas H. Murray)는 다음과 같이 주장하였다. "외과의사의 손을 안정시키고 아무런 부작용이 없는 관련 약을 복용하지 않는 것은 비도덕적인 행위가 될 수 있다."

해스팅 생명윤리 그룹의 전 회장이었던 머리 씨도 "약을 복용하지 않는 것은 소독하지 않은 외과용 칼을 사용하는 것과 같다"라고 까지 말했다.

수년간 과학자들은 동물의 유전자들을 조작하여 신경 수행의 강도나 민첩성을 향상시키는 일을 해 왔다. 사람에게 유전자 치료를 통하여 DNA를 바꾸려는 것은 위험하며 많은 윤리적인 문제들을 가지고 있다. 그러나 향상된 신경 수행과 관계된 뇌의 도파민 수준을 유지시켜 주거나 뇌의 속도를 증진시킬 수 있는 유전자와 관계된 효소나 단백질을 바꾸는 약은 개발할 수 있을 것이다.

합성 생물학자들은 미래에 재설계된 세포나 DNA가 질병을 제거하는 날이 올 것이라고 주장한다. 몇몇은 심지어 인간 자체를 재단하여 만들 수 있을 것으로 보고 있다. 다른 학자들은 줄기세포가 뇌, 심장, 간 등의 신체기관의 세포들을 증식시키거나 향상시켜서 이들 기관들을 양식할 수 있을 것으로 보고 있다.

모든 향상은 이러한 기술을 요구하거나 침습적이지는 않다. 신경과학자들은 뉴로피드백이나 비디오 게임을 통해 인지력을 학습하고 개발하고 영양, 운동, 수면에 향상을 가져오는 것을 추진하고 있다. 샌프란시스코 캘리포니아대 신경학자인 아담 가젤리(Adam Gazzaley)는 우리는 이러한 기술의 융합을 보게 될 것이라고 주장한다. 그는 스타워즈 감독 조지 루카스에 의하여 설립된 루카스 아트에서 일한 게임 개발자나 공학자들과 뇌 향상 게임을 개발하고 있다.

이러한 인지력 향상 시대의 도래는 많은 윤리적 도전을 우리에게 준다. 기본적인 안전의 문제들을 차치하더라도 이미 빈부 차이가 벌어지고 있는 현실에서 누가 이러한 혜택을 받게 되고, 비용은 얼마나 들 것인가 하는 문제들이 있다. 만약 부자들이 신체적, 유전적, 생물학적 혜택을 받게 된다면, 평등의 가치를 가진 민주주의는 중대한 시험대에 오를 것이다. 마지막으로 인간이 과연 무엇인지에 대한 근본적인 물음이 제기될 것이다.

그럼에도 인지력 향상의 시대는 도래하고 있고 막기는 어려운 상황이다. 주안점은 그러한 시대가 도래했을 때 그러한 노구를 가시고 어떻게 사용할 것인가이다.

요약

▶ 어떤 집단의 지능검사 점수가 다른 집단들보다 좋은 이유는 검사 상황이 특정 집단에 나쁜 영향을 미치고 특정 집단이 건강하지 않고 지적으로 자극적이지 않고 환경에 노출되기 때문이다.

▶ 집단 간의 지능 차이가 유전적 차이에 기인한다는 강한 증거는 없다.

▶ 지능에 대한 유전과 환경의 영향은 경계가 불분명하다. 일례로 유전자는 유기체가 노출되는 환경을 결정함으로써 유기체의 행동에 영향을 줄 수 있다.

▶ 지능은 정신적 건강과 관계 있고 재능이 있는 아동은 일반 아동처럼 잘 적응한다.

▶ 인간 지능은 리탈린이나 아데럴에 의하여 일시적으로 높아질 수 있으며 동물 지능은 유전적 조작에 의하여 영구적으로 향상될 수 있다.

제10장 복습

주요 개념 퀴즈

1. 다음의 능력 중 지능의 속성이 아닌 것은?
   a. 자신의 사고를 조정할 수 있는 능력
   b. 주변 상황에 적응할 수 있는 능력
   c. 자신을 돌볼 수 있는 능력
   d. 경험으로부터 학습할 수 있는 능력

2. 지능검사는 (   )
   a. 학교에서 급우보다 뒤처지는 아동들을 돕기 위하여 처음 개발되었다.
   b. 교육적인 성과보다는 적성을 측정하기 위하여 개발되었다.
   c. 좋지 않은 목적으로 사용된 적이 있다.
   d. a, b, c 모두

3. 다음 중 지능검사가 예측할 수 있는 것은?
   a. 학업성적   c. 건강
   b. 정신건강   d. a, b, c 모두

4. 사람들이 한 종류의 정신능력이 높을 때에 다른 종류의 정신능력도 대체로 높다는 것은 무엇을 의미하는가?
   a. 정신능력 검사들은 서로 완벽하게 관계가 있다.
   b. 지능은 의미 있게 측정할 수 없다.
   c. 지능이라고 불리우는 일반능력이 있다.
   d. 지능은 유전된 것이다.

5. 이요인 이론은 지능이 일반능력과 (   )의 결합이라고 주장한다.
   a. 요인분석   c. 1차 정신능력
   b. 특수능력   d. 창의적 지능

6. 대부분의 심리학자들이 동의하는 지능의 구조는 무엇인가?
   a. 일련의 집단요인   c. 이요인 구성
   b. 단일 일반 능력   d. 세 수준 위계 구조

7. 지능이 전형적으로 측정하는 것은 무엇인가?
   a. 분석적 지능   c. 창의적 지능
   b. 실용적 지능   d. a, b, c 모두

8. 지능에 영향을 미치는 것은?
   a. 유전   c. 환경
   b. 유전과 환경   d. 유전과 환경은 아님

9. 유전계수는 사람들의 지능검사 점수 중 어느 정도가 무엇에 의하여 영향을 받는 통계치를 의미하는가?
   a. 특수검사의 특성   c. 그들의 유전자의 차이
   b. 환경의 차이   d. 검사 시기의 나이

10. 지능은 어떤 시간의 흐름에 따라서 변하는가?
   a. 일생과 세대에 걸쳐서 변한다.
   b. 일생에 걸쳐서 변하지만 세대에 걸쳐서는 안 변한다.
   c. 세대에 걸쳐서 변하지만 일생에 걸쳐서는 안 변한다.
   d. 일생과 세대에 걸쳐서 안 변한다.

11. 사람의 사회경제적 지위는 지능에 (   ) 영향을 미친다.
   a. 강한   c. 약한
   b. 미미한   d. 알려지지 않은

12. 다음 진술문 중 틀린 것은?
   a. 현대의 지능검사들은 아주 강한 문화적 편견을 포함하고 있다.
   b. 검사 상황은 특정 집단의 수행에 손상을 줄 수 있다.
   c. 검사 시행자가 인종적 성적 스테레오 타입을 확증하는 것을 염려하면 검사 수행은 영향을 받을 수 있다.
   d. 특정 인종 집단은 다른 인종 집단보다 지능검사 점수가 좋다.

13. 다음 중 과학자들이 일반적으로 동의하고 있는 사실은 무엇인가?

  a. 인종 간 지능검사 점수의 차이는 주로 이들 집단 간의 유전적 차이에 기인한다.

  b. 인종 간 지능검사 점수의 차이는 부분적으로 특정 집단의 낮은 출산 시 체중과 열악한 영양에 기인한다.

  c. 인종 간 지능검사 점수의 차이는 항상 지능에서의 진정한 차이를 반영한다.

  d. 지능과 유전자와 강한 연관은 특정 인종 집단들이 다른 인종 집단들보다 광범위하다.

14. 재능이 있는 아동들의 일반적인 경향성은?

  a. 여러 가지 영역에서 동일하게 재능을 나타낸다.

  b. 한 가지 영역에서 재능을 나타낸다.

  c. 성인기에는 그들의 재능을 잃어버린다.

  d. 자신의 흥미 초점을 비교적 빨리 바꾼다.

주요 용어

고정적 지능	요인 분석	이요인 지능 이론	편차 IQ
공유된 환경	유동적 지능	일란성 쌍생아	
비공유된 환경	유전계수	정서지능	
비율 IQ	이란성 쌍생아	지능	

생각 바꾸기

1. 생물학 시간 중 재미있는 한 주제는 유전학에 관한 것이다. 교수는 개와 같이 똑똑한 쥐를 소개하면서 유전자 조작으로 보통 쥐들보다 지능이 우수해진 쥐의 이야기를 한다. 당신의 급우가 이러한 사실을 듣고, 인간도 결국 스마트 유전자가 있어서 어떤 사람은 원래부터 똑똑하게 태어나는 것이라고 당신에게 말한 상황을 상상해 보자. 당신은 급우에게 지능에 있어서 유전은 어떤 역할을 한다고 말해 주겠는가? 그렇다면 유전 이외에 사람의 지능을 결정짓는 요소들에는 무엇이 있는가?

2. 어느 친구가 당신에게 말하기를 그는 IQ가 102이고 그의 여동생은 104라고 한다. 그러면서 그 친구는 여동생이 자신보다 더 똑똑하다고 생각하고 있다. 당신은 그 친구에게 지능검사 점수와 지능과의 관계는 무엇이라고 말해 주겠는가? 지능검사 점수는 무엇을 측정하는 것이라고 말해 주겠는가?

3. 대학에서는 남녀 차이가 존재하는데, 일례로 전국 수학과에서 통계적으로 조교수의 26%가 여성이고, 정교수는 약 10%만이 여성이다. 당신의 급우는 이러한 통계치에 대해서 놀라운 것이 아니라고 한다. 왜냐하면 여성은 남성들보다 수학적 능력이 떨어지고 따라서 수학 관련 직종에는 많이 진출하지 않았기 때문이다. 이 장에서 배운 내용에 근거하여 생각해 보면 여성과 남성이 실제로는 유사한 능력을 보유했는데, 여성이 수학이나 과학에서 남성보다 열등한 수행을 보이는 이유를 무엇이라고 생각하는가?

4. 당신의 친척이 자기 아들의 학업 수행이 매우 탁월하다고 자랑하는 상황을 상상해 보자. 그 친척은 아들이 항상 모든 어휘검사에서 만점을 받으며 이러한 원인을 기억력이 좋은 것이라고 말한다. 여러분들은 어휘검사는 무엇을 재는 것이라고 생각하는가? 어휘능력 이외에도 지능에 영향을 미치는 다른 능력에는 무엇이 있다고 생각하는가?

주요 개념 퀴즈 정답

1. c, 2. d, 3. d, 4. c, 5. b, 6. d, 7. a, 8. b, 9. c, 10. a, 11. a, 12. a, 13. b, 14. b

Need more help? Additional resources are located in LaunchPad at:

http://www.worthpublishers.com/launchpad/ schacter3e

발달

그의 어머니는 그를 아디라고 불렀고 그에게 애정을 쏟았지만, 그의 아버지는 그다지 다정하지 않았다. 그의 누이는 후에 다음과 같이 회상했다. "아디는 아버지의 극심한 엄격함에 도전했고 매일 착실히 매질을 당했어요…. 반면에 어머니는 자주 그를 달랬고 아버지가 엄하게 성공할 수 없었던 것을 상냥하게 얻으려고 노력했지요." 그의 아버지는 그가 공무원이 되기를 원했지만 아디가 진정으로 좋아한 것은 미술이었고, 그의 어머니는 그러한 고상한 취미를 조용히 장려하였다. 그의 어머니가 말기 암 진단을 받았을 때 아디는 겨우 18세였고, 그녀가 사망했을 때 그는 비탄에 잠겼다.

그러니 이디는 슬퍼할 시간이 없었다. 후에 그가 쓴 대로, "가난과 어려운 현실은 나에게 빠른 결정을 하도록 강요했다. 나는 어떻게든지 나 자신의 생계를 해결하는 문제에 직면했다. 아디는 와가도시 싱게를 이어 가기로 결심했다. 그는 미술학교에 지원했으나 매정하게 거절당했다. 아디는 어머니 없이 무일푼으로, 공원 벤치에서 자고, 노숙자 보호소에서 살며, 무료 식당에서 끼니를 해결하면서, 5년의 긴 세월 동안 도시의 거리를 헤매 돌아다녔다. 그러는 내내 그의 스케치와 수채화를 팔려고 필사적으로 노력했다.

바로 10년 후에 아디는 그가 바라던 명성과 그 이상을 얻었다. 오늘날 그의 그림들은 수집가들이 찾는데, 그들은 그 그림들을 얻기 위해 상당한 값을 지불한다. 미국 정부가 아디의 작품들을 가장 많이 소장하고 있는데, 미국 정부는 워싱턴 D.C.의 방 하나에 그림들을 잠가 두고 있다. 소장품의 관리자인 메리루 전느는 이렇게 말한 적이 있다. "나는 자주 그림들을 보면서 반문했다. '만일에? 만일 그가 미술학교에 합격했다면 어땠을까? 제2차 세계대전이 일어났을까?'" 화가의 어머니는 그를 아디라고 불렀지만, 나머지 우리들은 그를 아돌프 히틀러(Adolf Hitler)라고 알고 있기 때문에, 관리자의 질문은 의미가 있다.

아디는 여기 보이는 정밀하고 질 조직된 수채화를 포함하여 여러 스타일로 그림을 그렸다. 2013년에 그의 그림 중 하나가 경매에서 4만 달러에 팔렸다.

INTERFOTO/ALAMY

MAKSYM BONDACHUK/SHUTTERSTOCK

20세기의 가장 큰 대량 학살자를 그림 그리기를 좋아한 온순한 아동으로서, 혹은 병든 어머니를 보살핀 동정심 있는 청소년으로서, 혹은 예술을 위해서 추위와 배고픔을 견딘 헌신적인 젊은이로서 **상상하는 것이 왜 그렇게 어려운가?** 결국 여러분은 처음부터 현재의 여러분과 같은 사람이 아니었고, 여러분은 아직 완성된 형태가 아닐 것이다. 출생부터 영아기까지, 아동기부터 청소년기까지, 초기 성인기부터 노년기까지, 인간은 시간이 지나면서 변화한다. 인간의 발달은 외모, 사고, 감정, 활동에서 급격한 변화와 현저한 일관성을 모두 포함한다. **발달심리학**(developmental psychology)은 일생 동안의 연속성과 변화에 대한 연구이며, 지난 세기에 발달심리학자들은 이러한 변형에 대해서 참으로 대단한 것들을 발견했다.

COURTESY OF DANIEL GILBERT

영아기부터 아동기, 청소년기, 성인기까지 사람들은 연속성과 변화를 모두 보여 준다.

여러분이 시작한 곳에서 시작하자. 우리는 먼저 수정과 출생 사이의 9개월을 살펴보고 태내기 사건들이 미래의 모든 것을 어떻게 준비하는지 볼 것이다. 그다음에 아동기를 살펴볼 것이다. 그동안 아동은 세상에 대해 사고하는 방법과 자신과 세상의 관계에 대해서 학습하고, 타인을 이해하고 타인과 유대를 맺는 것을 학습하며, 옳고 그른 것을 구별하는 것을 학습한다. 다음에 청소년기라는 비교적 새로운 개념을 살펴볼 것이다. 이 단계에서 아동은 독립적이면서 성적인 존재가 된다. 마지막으로 성인기를 살펴볼 것이다. 이 단계에서 사람들은 일반적으로 부모를 떠나고, 배우자를 발견하고, 자녀를 가진다.

인생의 일곱 단계

졸린 / 행복한 / 멍청한

수줍은 / 선생 / 재채기하는 / 심술궂은

SIDNEY HARRIS/THE NEW YORKER COLLECTION/CARTOONBANK.COM

태내기 : 전망이 있는 자궁

여러분은 아마도 생일을 세어서 나이를 계산할 것이다. 그러나 사실은 여러분이 태어난 날에 이미 9개월이었다. 발달의 태내 단계는 출생과 함께 끝나며, 9개월 전 약 2억 마리의 정자가 여성의 질에서부터 자궁을 거쳐서 나팔관까지 여행할 때 시작된다. 그 여행은 위험한 것이다. 많은 수의 정자가 결함이 있어서 충분히 활발하게 헤엄쳐서 전진하지 못하며, 다른 많은 정자는 너무 많은 정자가 동시에 같은 방향으로 향하게 되는 정자의 교통 혼잡으로 막히게 된다. 자궁을 통과하게 된 정자 중 많은 수는 틀린 방향으로 향해서 난자가 없는 나팔관에 도달한다. 실제로 원래 2억의 정자 중 단지 200마리 정도가 올바른 나팔관을 찾아서 난자에 가까이 다가가서 난자를 보호하는 외층을 부식하는 소화 효소를 방출하게 된다. 첫 번째 정자가 난자의 표면을 통과하는 순간에 난자는 화학물질을 방출해서 표면을 봉하고 나머지 모든 정자가 들어오지 못하게 막는다. 하나의 성공한 정자는 친한 친구 199,999,999명을 이긴 후에 꼬리를 버리고 난자를 수정시킨다. 약 12시간 후 난자는 정자의 핵과 융합할 것이고, 고유한 인간의 태내 발달이 시작될 것이다.

발달심리학
일생 동안의 연속성과 변화에 대한 연구

접합체
정자와 난자 모두의 염색체를 포함하는 세포

접합기
수정부터 2주 동안의 태내 발달 기간

배아기
2주부터 약 8주까지 지속되는 태내 발달 기간

태아기
9주부터 출생할 때까지 지속되는 태내기의 기간

수초화
뇌세포의 축색을 둘러싸는 지방 덮개의 형성

태내 발달

접합체(zygote)는 정자와 난자 양자로부터의 염색체를 담고 있는 수정란이다. 존재의 처음 순간부터 접합체는 그것이 훗날에 될 사람과 공통점을 갖는데, 그것은 성별이다. 인간의 정자와 난자는 각각 23개의 **염색체**를 담고 있다. 이 염색체 중 하나(23번째)는 X와 Y라고 하는 두 종류가 있다. 난자는 항상 X 염색체를 갖지만, 정자는 X나 Y 염색체를 가질 수 있다. 난자가 Y 염색체를 가진 정자에 의해 수정되면 접합체는 남성(XY)이 되고, 난자가 X 염색체를 가진 정자에 의해 수정되면 접합체는 여성(XX)이 된다.

접합기(germinal stage)는 수태해서 2주 동안의 기간이다. 이 단계 동안 단일 세포인 접합체가 2개 세포, 4개 세포, 8개 세포 등등으로 분열한다. 영아가 태어날 때에 그 신체는 수조 개의 세포를 담는데, 각 세포는 원래의 접합체에서 유래하며, 정확하게 정자로부터 23개 염색체 한 세트와 난자로부터 23개 염색체 한 세트를 담고 있나. 집힙기 동안 접합체는 나팔관에서 다시 이동해 내려와서 자궁벽에 착상한다. 이것 또한 힘든 여행이며, 모든 접합체의 약 절반이 실패하는데, 그 이유는 접합체가 결함이 있거나 혹은 자궁의 잘못된 부위에 착상하기 때문이다. 남성 접합체가 특히 이 여행을 완수하기 어려운데 그 이유는 아무도 모른다(다만 남성 접합체가 특히 멈추어서 길을 묻기를 좋아하지 않기 때문이라고 코미디언 몇 사람이 제안했었다).

> **?** 태내 발달의 세 단계는 무엇인가?

접합체가 자궁벽에 착상하는 데 성공한다면, 그것은 배아라고 불릴 권리를 얻으며 발달의 새로운 단계가 시작된다. **배아기**(embryonic stage)는 2주부터 약 8주까지 지속되는 기간이다(그림 11.1 참조). 이 단계 동안 배아는 계속 분열하고 그 세포들은 분화하기 시작한다. 배아는 그 길이가 2.5cm 정도밖에 안 되지만, 이미 심장이 뛰고 팔과 다리와 같은 신체 부위를 갖는다. XY 염색체를 갖는 배아는 테스토스테론이라는 호르몬을 생산하기 시작해서 생식 기관을 남성화한다.

약 9주에 배아는 태아라는 새로운 이름을 갖는다. **태아기**(fetal stage)는 9주부터 출생할 때까지 지속되는 기간이다. 태아는 골격과 근육을 가지고 있어서 움직일 수 있다. 태아는 피부 아래 지방층을 발달시키고, 태아의 소화기관과 호흡기관은 성숙한다. 최종적으로 뇌가 되는 세포들은 수태 후 3주와 4주경에 매우 빠르게 분화하며, 이 과정은 24주까지 대체로 완성된다. 태아기 동안 뇌세포는 (다른 뇌세포와 소통할 수 있게 하는) 축색과 수상돌기를 생성하기 시작한다. 뇌세포는 또한 뉴런의 축색을 둘러싸는 지방 덮개를 형성하는 **수초화**(myelination)라고 알려진 과정(3장에 기술됨)을 겪기 시작한다. 플라스틱 덮개가 전선을 절연하듯이 수초는 뇌세포를 절연해서 축색을 따라 이동하는 신경 신호의 누출을 막는다. 수초화 과정은 태내기 동안 시작되지만 여러 해 동안 끝나지 않는다. 예를 들면, 피질의 수초화는 성인기까지 계속된다.

이 전자현미경은 인간의 정자 몇 개를 보여 주는데, 그중 하나가 난자를 수정시키고 있다. 많은 사람들이 생각하는 것과 반대로 수정은 바로 일어나지 않는다. 그것은 보통 성교 후 1~2일 사이에 일어나시빈, 실게는 5일 후에 일어날 수도 있다.

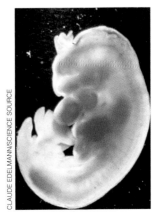
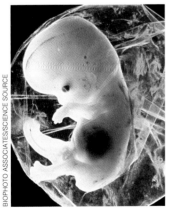
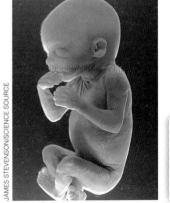

◀ 그림 11.1 **태내 발달** 인간은 태내 발달 9개월 동안 굉장한 발달을 경험한다. 이 사진들은 30일 된 배아(대략 양귀비씨 크기), 8~9주 된 배아(대략 올리브 크기), 그리고 5개월 된 태아(대략 석류 크기)를 보여 준다.

이 침팬지와 소년은 먼지, 벌레, 나뭇잎에 대해 깊은 관심을 공유한다. 하지만 그들 사이의 큰 차이는 침팬지는 거의 성인 크기의 뇌를 가지고 태어나지만, 소년은 결국 크기가 3배가 될 뇌를 가지고 태어난다는 것이다.

태아기 동안 뇌는 빠르고 복잡한 성장을 겪지만, 출생 시 뇌는 성인의 뇌 크기와는 거리가 멀다. 침팬지 신생아의 뇌는 어른 침팬지 뇌 크기의 60%에 가깝지만, 인간 신생아의 뇌는 성인 뇌 크기의 25%밖에 되지 않으므로 인간의 뇌 발달의 75%는 자궁 밖에서 이루어진다고 말할 수 있다. 왜 인간은 그렇게 덜 발달한 뇌를 가지고 태어나는가?

첫째, 인간 성인은 거대한 머리를 가진다. 만일 인간 신생아의 머리가, 침팬지 신생아의 머리와 같이, 성인 머리 크기의 60%라면, 그 사람은 어머니의 산도를 통과할 수 없기 때문에 태어날 수 없을 것이다. 둘째, 인간 종의 가장 큰 재능 중 하나는 기후, 사회 구조 등등이 다른 광범위한 새로운 환경에 적응할 수 있는 능력이다. 인간은 환경의 요구에 맞거나 혹은 맞지 않을 수도 있는 완전히 발달한 뇌를 가지고 세상에 태어나는 것이 아니라, 그가 최종적

왜 인간은 덜 발달한 뇌를 가지고 태어나는가?

으로 기능해야 하는 바로 그 환경 안에서 많이 발달하는 뇌를 가지고 태어난다. 우리의 덜 발달한 뇌가 우리가 태어난 특정한 사회적, 물리적 환경에 의해서 특별히 형성된다는 사실은 우리가 적응을 잘 하는 주요 이유 중 하나다.

태내 환경

자궁은 발달에 강력한 영향을 주는 환경이다(Coe & Lubach, 2008; Glynn & Sandman, 2011; Wadhwa, Sandman, & Garite, 2001). 예를 들면, 태반은 어머니와 배아 혹은 태아의 혈류를 물리적으로 연결하고 어떤 화학물질을 교환하도록 해 주는 기관이다. 그것이 여성이 임신 중에 섭취하는 음식이 태어나기 전의 자녀에게 영향을 줄 수 있는 이유다. 임신 중 영양실조인 어머니의 자녀는 자주 신체적 문제(Stein et al., 1975)와 심리적 문제를 가지며, 그중에서도 특히 조현병과 반사회적 성격장애의 위험성이 증가한다(Neugebauer, Hoek, & Susser, 1999; Susser, Brown, & Matte, 1999). 여성이 임신 중 먹는 음식 또한 그 자녀의 음식 선호를 결정할 수 있다. 연구는 영아가 자궁 안에 있는 동안 어머니가 먹었던 음식과 양념을 좋아하는 경향이 있다는 것을 보여 준다(Mennella, Johnson, & Beauchamp, 1995).

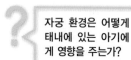

자궁 환경은 어떻게 태내에 있는 아기에게 영향을 주는가?

하지만 태아에게 영향을 주는 것이 음식물만은 아니다. 여성이 먹거나, 마시거나, 들이마시거나, 주사 맞거나, 냄새 맡거나, 흡입하거나, 혹은 피부에 문지르거나 하는 거의 모든 것이 태반을 통과할 수 있다. 발달 과정에 손상을 입히는 물질을 **기형 발생 물질**(teratogens)이라고 부르는데, 말 그대로 '기형을 만드는 것'이다. 기형 발생 물질은 물속의 납, 공기 중의 페인트 먼지, 혹은 생선 속의 수은 같은 환경 독소들을 포함하지만, 가장 일반적인 기형 발생 물질은 세븐일레븐에서 구입할 수 있다. **태아 알코올 증후군**(fetal alcohol syndrome)은 어머니가 임신 중 다량의 알코올을 섭취해서 일어나는 발달장애이며, 태아 알코올 증후군 아동은 다양한 뇌의 이상과 인지적 결함을 가진다(Carmichael Olson et al., 1997; Streissguth et al., 1999). 어떤 연구는 가벼운 음주가 태아에게 해롭지 않다고 제시하지만, 어느 정도가 가벼운 음주인지에 대한 합의는 거의 없다(Warren & Hewitt, 2009). 하지만 '없음'이 완전히 안전한 양이라는 데는 모두가 동의한다.

담배는 또 다른 일반적인 기형 발생 물질이며, 그것의 효과에 대한 논쟁은 없다. 약 20%의 미국 어머니들이 임신 중 흡연을 시인한다(Substance Abuse and Mental Health Services Administration, 2005). 해마다 그들이 출산하는 50만 명의 영아가 더 작고(Horta et al., 1997)

기형 발생 물질
약물과 바이러스와 같이 발달 과정에 손상을 입히는 물질

태아 알코올 증후군
임신 중 어머니의 다량의 알코올 섭취로 인한 발달장애

다른 생각

남자들, 누가 그들을 필요로 하는가?

그레그 햄피키언은 보이스주립대학교의 생물학기 행사재파 교수이고 Idaho Innocence Project의 책임자이다.

PHOTO COURTESY OF
GREG HAMPIKIAN

책의 저자 모두는 남자이고, 그래서 우리는 남자들이 계속 존재하는 것을 매우 선호한다. 하지만 여기 약간 놀림조의 수필에서 생물학자 그레그 햄피키언(Greg Hampikian, 2012)은 우리 종을 영속시키기 위해서 남자들이 얼마나 생물학적으로 중요하지 않은지를 잘 설명하고 있다.

… 재생산의 선택의 폭이 넓어지면서, 너 넓은 여자들이 전혀 남자 없이 재생산하는 것을 선택할 것으로 우리는 예상할 수 있다. 다행히도, 홀로 여성에 의해 양육되는 아동의 자료는 고무적이다. 프린스턴의 사회학자 사라 맥라나한(Sara S. McLanahan)이 제시하듯이, 아동에게 해로운 것은 부모의 수나 성이 아니라 가난이다.

여자들은 재생산을 위해 필요하고 충분하며, 남자들은 둘 다 아니기 때문에, 그것은 좋다. 첫 번째 세포(난자)의 생산부터 태아의 발달과 아동의 출생과 수유까지, 아버지는 없어도 된다. 그는 직장, 집, 감옥, 혹은 살았거나 죽었거나 전쟁에 있을 수 있다.

여러분 자신의 역사에 대해서 생각해 보라. 난자로서의 여러분의 삶은 실제로 여러분의 어머니가 태어나기 전에 그녀의 난소가 발달하면서 시작되었으며, 여러분은 어머니가 여러분의 외할머니 속에서 태아로 발달할 때 그녀의 몸속에 둘러싸여 있었다.

여러분과 어머니가 외할머니의 자궁을 떠난 후, 여러분은 어머니의 사춘기 전의 난소의 보호를 받았다. 그리고 여러분과 어머니가 외할머니를 떠난 후 12~50년 사이의 어느 시점에 여러분은 튀어나가서 나팔관으로 빨려 들어갔다. 여러분은 엄마가 여러분을 위해 채워 넣은 저장된 영양분과 유전 정보를 가지고 행복하게 살아남았다.

그다음 9개월 동안, 여러분은 어머니의 뼈에서 무기질을, 그녀의 혈액에서 산소를 훔쳤고, 그녀로부터 모든 영양분, 에너지 그리고 면역 보호를 받았다. 여러분이 태어날 때까지 여러분의 어머니는 여러분의 6~8파운드(약 2.7~3.6kg)의 체중에 기여했다. 그리고 헤어지는 선물로, 그녀는 그녀의 산도와 조직으로부터 수십억의 박테리아로 여러분을 감쌌다. 그것은 여러분의 피부, 소화기관 그리고 일반적인 건강을 계속해서 보호해 준다. 대조적으로, 1070억 아기들 이전에 인류가 시작된 이래로, 여러분 아버지의 DNA 3.3피코그램(=1/1조 그램)은 1파운드(약 0.5kg) 이하의 남성의 보급물이 된다.

그리고 출생은 분리처럼 보이시만, 우리 포유류에게 그것은 바로 어머니에 대한 새로운 형태의 애착이다. 우리 종이 우리가 존재해 온 거의 전체 기간 동안 해 왔던 것처럼, 어머니가 여러분에게 모유 수유를 했다면, 여러분은 모든 여러분의 물, 단백질, 당분, 지방 그리고 면역 보호까지도 그녀로부터 얻은 것이다. 그녀는 여러분의 아버지가 했던 것처럼, 여러분을 꼭 껴안고 키스함으로써 여러분의 질병의 견본이 되었지만, 아버지와 달리 그녀는 여러분에게 모유 속에 건네준 항체를 만들어서 여러분의 감염에 반응했다.

나는 익애하는 아버지로서 내가 보낸 해들, 또는 집에서 어린 두 자녀를 돌보던 해들을 잊지 않는다. 그리고 나는 나의 아버지를 내 삶에서 부모 중 더 영향력 있는 분으로 인정한다. 아버지들은 매우 유익하다. 하지만 그것은 재생산을 위해 '필요하고 충분한' 것과는 거리가 멀다.

만일 어자가 남자 없이 아기를 갖기를 원한다면, 그녀는 기증자[살아있거나 또는 죽었거나]로부터 정자[신선하거나 또는 냉동이거나]를 확보하기만 하면 된다. 자가 임신하는 여자가 필요한 유일한 기법은 빨대나 붓이며, 기본 기법은 5세기에 탈무드 학자들이 성교 없는 수정의 종교적 함의에 대해서 논의한 이래 많이 변화하지 않았다. 만일 지구상의 모든 남자가 오늘밤에 죽는다면, 종은 냉동 정자로 지속될 수 있을 것이다. 만일 여자들이 사라진다면, 그것은 사멸이다.

결국 의문은, '인류'가 실제로 남자를 필요로 하는가이다. 인간 복제 기술이 임박하고 이미 많은 세대를 위해 충분한 냉동 정자가 있는 세상에서, 아마도 우리는 비용-이익 분석을 해야 할 것이다.

남자가 전통적으로 생업에 종사해 온 것은 사실이다. 하지만 1980년대 이래 여자가 대학 졸업생의 대다수가 되었고, 그 수는 증가하고 있다. 남자가 대체로 여자보다 약간 더 근육질인 것은 사실이다. 하지만 도처에 무기가 있는 시대에, 더 좋은 화력과 (법에 대한 지식)을 가진 사람이 승리한다.

한편 여자가 더 오래 살고, 더 건강하고, 그리고 폭력적인 범죄를 훨씬 적게 저지른다. 만일 남자가 자동차라면, 오래 가지 않고, 치명적인 사고를 당하고, 결국 더 자주 구급되는 모델을 누가 사려고 할 것인가?

최근에 유전학자 크레그 벤터(J. Craig Venter)는 유기체의 유전물질 전부가 기계에 의해 합성될 수 있고, 그다음에 그가 '인공 세포'라고 부르는 것 속에 넣어질 수 있다는 것을 보여 주었다. 이것은 실제로 보도기관이 발표한 조금 과장된 것이었다. 벤터씨는 온전히 기능하는 세포를 가지고 시작한 후, 그것의 DNA를 교환했다. 그렇게 함으로써, 그는 뜻하지 않게 성적 재생산의 여성 성분, 즉 난자 세포는 제조할 수 없지만, 남성은 제조할 수 있다는 것을 증명했다.

내가 여성 동료에게 이것을 설명하고 그녀가 생각하기에 아직 남자들에 대해서 대체할 수 없는 어떤 것이 있는지 물었을 때, 그녀는 이렇게 대답했다. "그들은 즐겁게 해 주잖아요."

신사 여러분, 그것으로 충분하기를 바랍시다.

이 아동은 태아 알코올 증후군(FAS)과 관련된 몇 가지 눈에 보이는 얼굴 특징, 즉 짧은 안검열, 편평한 얼굴, 코 아래 편평한 융기, 얇은 윗입술, 그리고 덜 발달한 턱을 가진다.

아동기에 지각과 주의 문제를 가질 가능성이 더 높다(Espy et al., 2011; Fried & Watkinson, 2000). 간접흡연도 출생 시 저체중과 주의와 학습의 결함을 일으킬 수 있다(Makin, Fried, & Watkinson, 1991; Windham, Eaton, & Hopkins, 1999). 배아가 태아보다 기형 발생 물질에 더 취약하지만, 중추신경계와 같은 구조는 태내기 전체에 걸쳐서 계속 취약하다. 어떤 연구자들은 만일 미국의 모든 임신부가 금연을 한다면, 사산이 11% 감소할 것이고 신생아 사망이 5% 감소할 것으로 추산한다(March of Dimes, 2010).

태내 환경에는 화학물질이 풍부하고, 또한 정보도 풍부하다. 완전히 조립된 후에나 작동하는 자동차와 달리, 인간의 뇌는 만들어지는 동안에도 작동하며, 연구는 발달하는 태아가 자극을 감지하고 그것으로부터 학습할 수 있다는 것을 보여 준다. 단지 가장 밝은 빛만 어머니의 복부를 통해 침투할 수 있기 때문에 자궁은 어둡지만, 조용하지는 않다. 태아는 어머니의 심장박동, 그녀의 소화와 연합된 위장의 소리, 그리고 그녀의 목소리를 들을 수 있다. 그것을 어떻게 아는가? 신생아는 모르는 여성의 목소리를 들을 때보다 어머니의 목소리를 들을 때 젖꼭지를 더 힘차게 빨 것인데(Querleu et al., 1984), 이것은 신생아가 어머니의 목소리에 더 친숙하다는 것을 증명한다. 이와 유사하게, 어머니가 임신 중에 "모자 속의 고양이(The Cat in the Hat)" 이야기를 큰 소리로 읽어 주었던 신생아는 마치 그 이야기가 친숙한 것처럼 반응한다(DeCasper & Spence, 1986). 두 가지 언어로 단어들을 제시하면 신생아는 어머니의 모국어를 듣기를 선호한다. 하지만 어머니가 이중 언어사용자인 경우에 신생아는 두 언어를 모두 듣기 좋아한다(Byers -Heinlein, Burns, & Werker, 2010). 신생아가 듣는 것은 그가 출생 시 내는 소리에도 영향을 준다. 어머니의 모국어 억양을 모방해서, 프랑스 신생아는 올림 가락으로 울고 독일 신생아는 내림 가락으로 운다(Mampe et al., 2009). 분명히 태아는 듣고 있다.

? 태아는 무엇을 들을 수 있는가?

요약

▶ 발달심리학은 일생 동안의 연속성과 변화를 연구한다.

▶ 발달의 태내기는 정자가 난자를 수정시켜서 접합체를 생성할 때 시작된다. 난자와 정자 모두의 염색체를 담고 있는 접합체는 2주에 배아로 발달하고 8주에는 태아로 발달한다.

▶ 태아의 환경은 태아에게 중요한 신체적, 심리적 영향을 미친다. 임신부가 먹는 음식뿐 아니라 태아 발달을 손상시키는 인자, 즉 기형 발생 물질도 태아에게 영향을 줄 수 있다. 가장 일반적인 기형 발생 물질은 담배와 알코올이다.

▶ 태아는 자궁 속에서 많이 볼 수는 없지만, 들을 수 있어서 어머니의 목소리와 같이 자주 듣는 소리에 친숙해진다.

영아기와 아동기 : 사람이 되기

영아기
출생 시부터 18~24개월까지의 발달 단계

운동 발달
신체 활동을 수행할 수 있는 능력의 출현

반사
특정한 감각 자극 양식에 의해서 촉발되는 특정 운동 반응 양식

두미 법칙
머리에서 다리 쪽으로 순서대로 출현하는 운동 기술의 경향성을 기술하는 '위에서 아래로'의 법칙

신생아는 단지 큰 소리로 울고 꿈틀거릴 수만 있는 것처럼 보일지 모르지만, 지난 10년 동안 연구자들은 신생아가 보이는 것보다 훨씬 더 정교하다는 것을 발견했다. **영아기**(infancy)는 출생 시부터 18~24개월까지의 발달 단계이며, 앞으로 보겠지만, 이 단계 동안 비전문가가 보는 것보다 훨씬 많은 일이 일어난다.

지각 발달과 운동 발달

새로 부모가 된 사람들은 아기 침대 주위에 서서 아기가 즐거워할 것으로 생각하기 때문에 아기에게 홀딱 반한 표정을 짓기를 좋아한다. 실제로는 신생아의 시야는 다소 제한되어 있다. 신

생아가 20피트(약 6m) 거리에서 볼 수 있는 세부 수준은 성인이 600피트(약 183m) 거리에서 볼 수 있는 세부 수준과 대략 같은데(Banks & Salapatek, 1983), 다시 말하면 신생아는 아기 침대 곁의 사기극을 많이 놓친다. 반면에 자극이 8~12인치(약 20~30cm) (대략 젖을 먹는 아기의 눈과 어머니의 얼굴 사이의 거리) 거리에 있을 때, 신생아는 시각적으로 상당히 반응적이다. 신생아가 보고 있다는 것을 어떻게 아는가? 한 연구에서 신생아에게 빗금 친 원을 여러 번 반복해서 보여 주었다. 신생아는 처음에는 상당 기간 응시하다가, 각각의 후속 제시에서 점점 더 적게 응시했다. 7장에서 습관화란 자극에 대한 노출 빈도가 증가할수록 유기체가 자극에 대해서 덜 강하게 반응하게 되는 경향성이라는 것을 상기하라. 아기들도 우리와 마찬가지로 습관화된다. 그러면 연구자가 원을 90도 회전시켰을 때 어떻게 되었는가? 신생아는 다시 역심히 응시했는데, 이것은 신생아가 원의 방위 변화를 인지했다는 것을 의미한다(Slater, Morison, & Somers, 1988).

영아는 성인의 표정을 흉내 낸다. 역으로 성인도 영아를 흉내 낸다.

신생아는 특히 사회적 자극에 대해서 주의한다. 예를 들면, 한 연구에서 신생아에게 빈 원반, 얼굴 특징들이 뒤섞인 원반, 또는 표준적인 얼굴의 원반을 제시하였다. 원반이 신생아의 시야를 가로로 이동할 때 신생아는 머리와 눈을 움직여서 원반을 추적했다. 하지만 신생아는 다른 원반들보다 표준적인 얼굴의 원반을 더 오랫동안 추적했다(Johnson et al., 1991). 신생아는 사회적 자극을 눈으로만 단순히 추적하지 않는다. 한 연구에서 연구자는 한 집단의 신생아들에게 가까이 서서 혀를 내밀어 보였고 다른 집단의 신생아들에게 가까이 서서 입술을 오므려 보였다. 먼저 집단의 신생아들은 나중 집단의 신생아들보다 더 자주 자신의 혀를 내밀었고, 나중 집단의 신생아들은 먼저 집단의 신생아들보다 더 자주 자신의 입술을 오므렸다(Meltzoff & Moore, 1977). 게다가 신생아는 출생 후 한 시간 안에 표정을 흉내 내었고(Reissland, 1988) 12주에는 이미 언어음을 흉내 내었다(Kuhl & Meltzoff, 1996).

영아는 즉시 두 눈을 사용할 수 있지만, 대다수 다른 부분들을 사용하는 법을 배우는 데는 상당히 더 많은 시간을 소비해야 한다. **운동 발달**(motor development)은 닿기, 쥐기, 기기, 걷기와 같은 신체 활동을 수행하는 능력이 나타나는 것이다. 영아는 소수의 반사를 가지고 태어나는데, **반사**(reflexes)는 특정 감각 자극 양식에 의해서 촉발되는 특정 운동 반응 양식이다. 예를 들면, 먹이 찾기 반사(rooting reflex)는 신생아가 뺨에 닿는 모든 물체를 향해서 입을 가져가는 경향성이고, 빨기 반사(sucking reflex)는 입에 들어오는 모든 물체를 빠는 경향성이다. 이 두 가지 반사는 신생아가 어머니의 젖꼭지를 찾아서 먹기 시작하도록 해 주는데, 이 행동은 너무나 중요하기 때문에 자연은 절대적으로 우리 모두의 하드웨어에 그것을 내장시켰다. 흥미롭게도, 출생 시 존재하는 이 반사들과 다른 반사들은 영아가 더욱 정교한 운동 행동을 수행하는 것을 학습함에 따라 처음 몇 날 내에 사라지는 것으로 보인다.

이러한 더욱 정교한 행동들의 발달은 두 가지 일반적인 법칙을 따른다. 첫째는 **두미 법칙**(cephalocaudal rule)(또는 '위에서 아래로' 법칙)으로, 운동 기술이 머리에서부터 발까지 순서대로 나타나는 경향성을 기술한다. 영아는 처음에 머리, 다음에 팔과 몸통, 마지막으로 다리에 대한 통제력을 얻는 경향이 있다. 어린 아기를

신생아는 무엇을 보는가?

왜 영아는 반사를 가지고 태어나는가?

영아는 어떤 순서로 자기 몸의 부분들을 사용하는 것을 학습하는가?

운동 기술은 연습을 통해서 발달한다. 놀이 방에서 단지 한 시간 동안 보통의 12~19개월 된 영아는 2,368보를 걷고, 0.4마일(약 0.6km)을 가며, 17번 넘어진다(Adolph et al., 2012).

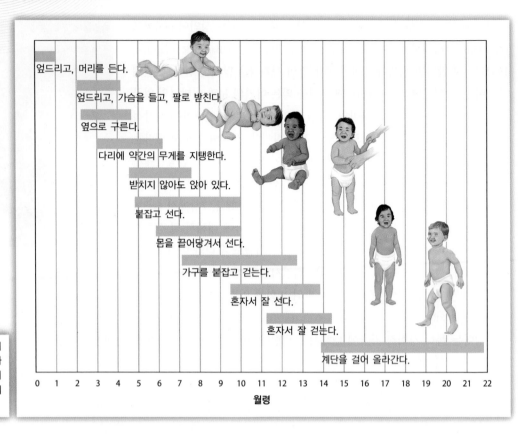

▶ **그림 11.2 운동 발달** 영아는 머리에서 부터 발까지 그리고 중심에서부터 말단까지 자신의 몸을 통제하는 것을 배운다. 이러한 기술은 엄격한 시간표대로 나타나지는 않지만, 엄격한 순서대로 나타난다.

중심말단 법칙
중심에서부터 말단까지 순서대로 출현하는 운동 기술의 경향성을 기술하는 '안에서 밖으로'의 법칙

인지 발달
세상을 이해하는 능력의 출현

감각운동 단계
출생부터 시작하여 영아기 동안 지속되는 발달 단계로서, 그동안 영아는 세상을 감지하고 그 안에서 돌아다님으로써 세상에 대한 정보를 획득한다.

도식
세상이 작용하는 방식에 대한 이론 혹은 모형

동화
영아가 새로운 상황에 자신의 도식을 적용하는 과정

엎드려 놓으면 팔에 의지함으로써 머리와 가슴을 들 수 있겠지만 보통 다리에 대한 통제력은 거의 없다. 두 번째 법칙은 **중심말단 법칙**(proximodistal rule)(또는 '안에서 밖으로' 법칙)으로, 운동 기술이 중심에서부터 말단까지 순서대로 나타나는 경향성을 기술한다. 영아는 팔꿈치와 무릎보다 먼저 몸통을 통제하는 것을 배우고, 손과 발보다 먼저 팔꿈치와 무릎을 통제하는 것을 배운다(그림 11.2 참조).

운동 기술은 일반적으로 이 순서대로 나타나지만, 엄격하게 시간표대로 나타나지는 않는다. 오히려 운동 기술이 나타나는 시기는 영아의 도달하려는 동기, 체중, 근육 발달, 일반적인 활동 수준 등 많은 요인들에 의해서 영향을 받는다. 한 연구에서 아기 침대 위에 매달린 시각적으로 자극을 주는 모빌을 가졌던 아기들이 그렇지 않았던 아기들보다 6주 먼저 물체에 손을 뻗어 닿기 시작했다(White & Held, 1966). 게다가 영아들은 같은 기술도 다른 방식으로 획득하는 것으로 보인다. 한 연구에서 영아 4명의 발달을 면밀히 추적해서 아동이 어떻게 손을 뻗어 닿는 것을 학습하는지 조사했다(Thelen et al., 1993). 영아 2명이 특히 활동적이었고 처음에 두 팔로 크게 원운동을 했다. 이 영아들은 정확하게 닿기 위해서 팔을 팔꿈치에서 단단하게 지탱하고 물체를 세게 때림으로써 이러한 큰 원운동을 약화시키는 것을 배워야 했다. 다른 2명의 영아는 덜 활발했고 큰 원운동을 하지 않았다. 따라서 그들이 물체에 닿는 것을 학습하는 첫 단계는 팔을 중력에 반하여 위로 올려서 앞으로 뻗는 것을 배우는 것이었다. 이러한 세밀한 관찰은 대다수 영아가 물체에 닿는 방법을 학습하는 데 각기 다른 방식으로 학습한다는 것을 제시한다(Adolph & Avoilio, 2000).

인지 발달

영아는 들을 수 있고 볼 수 있으며 자신의 몸을 움직일 수 있다. 하지만 영아는 사고할 수 있는가? 20세기 전반부에 스위스의 생물학자 장 피아제(Jean Piaget)는 이 질문에 흥미를 갖게 되었

다. 그는 아동이 어려운 문제(작은 유리컵보다 큰 유리컵 속에 액체가 더 많이 들어 있니? 빌리는 네가 보는 것을 볼 수 있니?)에 직면했을 때 같은 연령의 아동들은 대략 같은 오류를 범하는 것에 주목했다. 그리고 그들이 나이가 들면, 대략 같은 시기에 그러한 오류를 범하는 것을 중단했다. 이것은 피아제로 하여금 아동이 인지 발달의 구분된 단계들을 통과하는 것이라고 추측하도록 했다. **인지 발달**(cognitive development)은 사고하고 이해하는 능력의 출현을 의미한다. 영아기와 성인기 사이에 아동은 세 가지 중요한 것을 이해하게 되어야 한다. (1) 어떻게 물리적 세계가 작용하는가? (2) 어떻게 그의 마음이 그 세계를 표상하는가? (3) 어떻게 타인의 마음이 그 세계를 표상하는가? 어떻게 아동이 이 세 가지 기본 과제를 완수하는지 살펴보자.

> ❓ **인지 발달의 세 가지 기본 과제는 무엇인가?**

세상을 발견하기

피아제(1954)는 인지 발달이 4단계(감각운동 단계, 전조작 단계, 구체적 조작 단계, 형식적 조작 단계)로 일어난다고 제시했다(표 11.1 참조). **감각운동 단계**(sensorimotor stage)는 출생부터 시작해서 영아기 동안 지속되는 발달 단계이다. 감각운동이라는 단어가 암시하듯이, 이 단계의 영아는 세상에 대한 정보를 얻기 위해서 주로 감각 능력과 운동 능력을 분주하게 사용한다. 영아는 눈, 입, 손가락을 사용하여 환경을 활발하게 탐색함으로써 **도식**(schemas)을 구성하기 시작한다. 도식은 세상이 작용하는 방식에 대한 이론이다.

장 피아제(1896~1980)는 현대 발달 심리학의 아버지이며 동시에 베레모가 잘 어울리는 마지막 남성이다.

> **표 11.1**

피아제의 인지 발달 4단계

단계	특징
감각운동(출생~2세)	영아는 움직임과 감각을 통해서 세상을 경험하고, 도식을 발달시키고, 의도적으로 행동하기 시작하며, 대상영속성을 이해한다는 증거를 보여 준다.
전조작(2~6세)	아동은 운동 기술을 습득하지만 물리적 속성의 보존을 이해하지 못한다. 아동은 이 단계가 시작될 때 자아중심적으로 사고하지만 끝날 때는 타인의 마음에 대해 기본적인 이해를 한다.
구체적 조작(6~11세)	아동은 물리적 대상과 사건에 대해 논리적으로 사고할 수 있고 물리적 속성의 보존을 이해한다.
형식적 조작(11세 이후)	아동은 추상적 명제와 가설에 대해서 논리적으로 사고할 수 있다.

감각운동 단계 동안 영아는 손과 입으로 탐색하면서 물리적 세계에 대한 중요한 학습을 한다. 예를 들면, "만일 젤-오를 아주 세게 친다면, 실제로 그것을 얼굴에 뒤집어쓸 수 있다."

모든 과학자들이 알고 있듯이, 이론을 갖는 것의 중요한 장점은 새로운 상황에서 일어날 일을 예측하고 통제하기 위해서 그것을 사용할 수 있다는 것이다. 만일 영아가 동물 인형을 잡아당겨서 그것을 가까이 오게 할 수 있다는 것을 학습한다면, 그러한 관찰은 물리적 대상이 어떻게 작용하는가에 대한 영아의 이론에 통합되어서 영아는 후에 딸랑이나 공과 같은 다른 물건을 가까이하고 싶을 때 그 이론을 사용할 수 있다. 피아제는 이것을 **동화**(assimilation)라고 불렀다. 동화는 영아가 새로운 상황에 자신의 도식을 적용할 때 일어난다. 물론 영아가 집 고양이의 꼬리를 잡아당긴다면 고양이는 반대 방향으로 달아날 것이다. 세상에 대한 영아의 이론('내가 물건을 잡아당기면 가까이 온다')은 때때로 부당성이 증명되어서, 영아는 때때로 새로운 경험에 비추어 자신의 도식을 조정해야 한다('아하! 단지 무생물만 내가 잡아당길 때 가까이

> ❓ **감각운동 단계에는 무슨 일이 일어나는가?**

조절
영아가 새로운 정보에 비추어 자신의 도식을 수정하는 과정

대상영속성
대상이 눈에 보이지 않을 때도 그것이 계속 존재한다는 인식

오는구나'). 피아제는 이것을 **조절**(accommodation)이라고 불렀다. 조절은 영아가 새로운 정보에 비추어 자신의 도식을 수정할 때 일어난다.

영아는 어떤 종류의 도식을 발달시키고, 적용하고, 조정하는가? 피아제는 영아가 물리적 세계에 대한 매우 기본적인 이해를 가지고 있지 않으며, 따라서 경험을 통해 그것을 습득해야만 한다고 제안했다. 예를 들면, 여러분은 벽장 속에 구두를 넣어 둘 때 벽장문을 닫은 후에도 구두가 존재한다는 것을 안다. 그래서 만일 잠시 후 문을 열었을 때 벽장이 비어 있다면 여러분은 상당히 놀랄 것이다. 그러나 피아제에 따르면, 영아는 **대상영속성**(object permanence) 이론을 가지고 있지 않기 때문에 놀라지 않을 것이다. 대상영속성은 대상이 눈에 보이지 않을 때라도 그것은 계속 존재한다는 신념이다. 피아제는 영아가 출생 후 몇 달 동안 대상이 눈에 보이지 않는 순간 그것이 존재하지 않는 것처럼 행동하는 것을 발견했다. 예를 들어, 그는 2개월 된 영아가 움직이는 대상을 눈으로 좇다가 일단 그 대상이 영아의 시야에서 벗어나면 그것을 찾으려고 하지 않는 것을 관찰했다. 구두를 벽장 속에 넣으면 그것은 없어진다!

> **?** 아동은 언제 대상영속성 이론을 습득하는가?

피아제가 옳았는가? 일반적으로 영아가 하나의 능력을 보일 때는 분명히 그 능력을 갖는 것이지만, 하나의 능력을 보이는 데 실패할 때는 그 능력을 갖지 못할 수도 있고 또는 검사가 그 능력을 드러낼 수 있을 정도로 충분히 민감하지 못할 수도 있다. 현대의 연구는 다른 검사가 사용될 때 영아는 피아제가 알았던 것보다 훨씬 일찍 대상영속성의 감각을 보여 줄 수 있다는 것을 제시한다(Shinskey & Munakata, 2005). 예를 들어, 한 연구에서 영아에게 위로 올라갔다 내려가는 들어 올리는 다리의 축소모형을 보여 주었다(그림 11.3 참조). 영아가 이것에 익숙해진 후, 한 상자가 다리 뒤에 놓이는 것을 보았는데, 그 상자는 다리가 움직이는 경로에 있었으나 영아가 볼 수 없는 곳에 있었다. 그 후 일부 영아는 가능한 사건을 보았다. 즉, 다리가 움직이기 시작한 후, 마치 영아가 볼 수 없는 상자에 의해 방해받은 것처럼 갑자기 정지했다. 다른 영아는 불가능한 사건을 보았다. 즉, 다리가 움직이기 시작한 후, 마치 상자에 의해 방해받지 않은 것처럼 계속해서 움직였다. 영아는 어떻게 했는가? 4개월 된 영아는 가능한 사건보다 불가능한 사건에 대해 더 오랫동안 응시했다. 이것은 영아가 그것에 대해 당혹해했다는 것을 암시한다(Baillargeon, Spelke, & Wasserman, 1985). 물론 영아를 당혹하게 만들었을 수 있는 유일한 것은 보이지 않는 상자가 다리의 진로를 중단시키지 않은 사실이었다(Fantz, 1964).

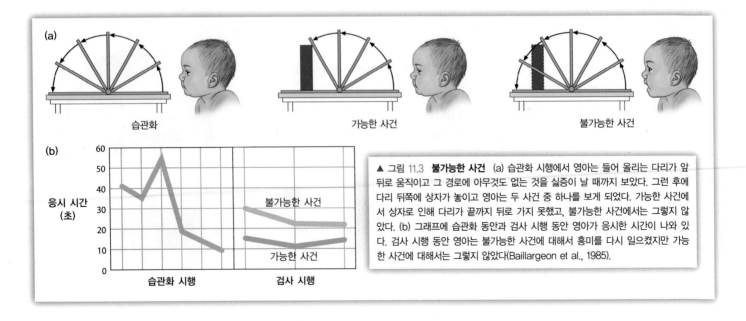

(a) 습관화 | 가능한 사건 | 불가능한 사건

(b) 응시 시간 (초) | 습관화 시행 | 검사 시행 | 불가능한 사건 | 가능한 사건

▲ 그림 11.3 **불가능한 사건** (a) 습관화 시행에서 영아는 들어 올리는 다리가 앞뒤로 움직이고 그 경로에 아무것도 없는 것을 싫증이 날 때까지 보았다. 그런 후에 다리 뒤쪽에 상자가 놓이고 영아는 두 사건 중 하나를 보게 되었다. 가능한 사건에서 상자로 인해 다리가 끝까지 뒤로 가지 못했고, 불가능한 사건에서는 그렇지 않았다. (b) 그래프에 습관화 동안과 검사 시행 동안 영아가 응시한 시간이 나와 있다. 검사 시행 동안 영아는 불가능한 사건에 대해서 흥미를 다시 일으켰지만 가능한 사건에 대해서는 그렇지 않았다(Baillargeon et al., 1985).

이러한 연구들은 영아가 단지 4개월이 되면 실제로 대상영속성에 대해서 약간의 이해를 한다는 것을 제시한다. 예를 들면, 그림 11.4의 선분 A를 볼 때 영아는 어떻게 보는가? 성인은 그 앞이 오렌지색 블록에 의해 가려진 하나의 이어진 파란색 선분을 본다. 영아는 선분 A를 이어지고 가려진 것으로 보는가, 아니면 오렌지색 물체의 양쪽에 있는 2개의 파란색 물체로 보는가? 연구는 영아가 선분 A에 친숙해진 후에, 실제로 선분 B보다 선분 C가 선분 A와 더 닮았음에도 불구하고 선분 B에 대해서보다 선분 C에 대해서 더 놀라워한다는 것을 보여 준다(Kellman & Spelke, 1983). 이것은 영아가 선분 A를 이어진 선으로 본다는 것을 시사한다. 분명히 영아는 세상을 단지 볼 수 있는 부분에 의해서만 생각하지 않고, 대상이 눈에 보이지 않을 때도 계속해서 존재한다는 것을 매우 어린 나이에 '아는' 것 같다(Wang & Baillargeon, 2008).

피아제(1927/1977, p. 199)는 다음과 같이 썼다. "아동의 생애 첫해는 불행하게도 아직 심리학자에게 신비의 심연이다. 아기가 활동하는 것을 관찰하는 동안 아기의 마음에 무슨 일이 일어나는지 알 수 있어야 우리는 확실히 심리학의 모든 것을 이해할 수 있을 것이다." 영아 마음의 신비가 풀리려면 아직 멀었지만, 그것은 더 이상 심연이 아니다. 연구는 우리에게 영아가 아는 것과 알지 못하는 것에 대해서 많은 것을 가르쳐주며, 일반적인 결론은 피아제(혹은 부모)가 생각했던 것보다 영아가 훨씬 많은 것을 안다는 것이다(Gopnik, 2012).

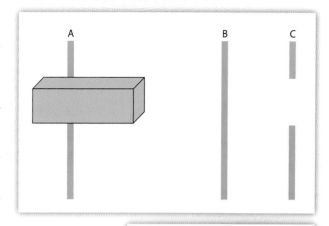

▲ 그림 11.4 **대상영속성** 영아는 선분 A를 이어진 것으로 보는가, 아니면 끊어진 것으로 보는가? 선분 A를 제시받은 영아는 그 후 선분 B를 제시받을 때보다 선분 C를 제시받을 때 더 관심을 보인다. 이것은 영아가 B보다 C를 더 새로운 것으로 간주한다는 것을 나타내며, 영아가 선분 A를 이어진 것으로 보고 끊어진 것으로 보지 않는다는 것을 시사한다(Kellman & Spelke, 1983).

요람 속의 통계학자

마술사가 여러분에게 한 벌의 카드를 뒤섞은 다음에 선호하는 카드를 지명하라고 요청한다. 그는 다음에 눈가리개를 하고 손을 뻗어서 한 벌의 카드에서 여러분이 선호하는 카드를 뽑는다. 여러분은 깜짝 놀란다. 그리고 여러분이 깜짝 놀란 이유는 마술사가 한 벌 52개의 카드에 손을 뻗었을 때 그가 여러분이 선호하는 카드를 단지 순전히 우연히 뽑을 확률은 상당히 적다는 것을 여러분은 알기 때문이다.

그 책략은 영아를 깜짝 놀라게 할 것인가? 그것을 상상하는 것은 상당히 어렵다. 결국 그 책략을 인지하기 위해서는 통계학의 기본 법칙, 즉 무선 표집은 그것이 표집된 모집단과 대략 닮게 보일 것이라는 것을 이해해야만 한다. 하지만 최근 연구(Denison, Reed, & Xu, 2013)는 24주 밖에 안 된 영아도 바로 그것을 이해한다는 것을 제시한다.

한 연구에서 연구자들은 영아들에게 2개의 상자를 보여 주었다. 한 상자에는 대부분 분홍색 공과 단지 몇 개의 노란색 공이 들어 있었고, 다른 상자에는 대부분 노란색 공과 몇 개의 분홍색 공이 들어 있었다. 영아들은 다음에 실험자가 눈을 감고 대부분 분홍색 공이 있는 상자에서 몇 개의 공을 꺼내서 영아의 앞에 있는 작은 그릇에 넣는 것을 지켜보았다. 그녀는 4개의 분홍색 공과 1개의 노란색 공을 넣을 때도 있었고, 4개의 노란색 공과 1개의 분홍색 공을 넣을 때도 있었다. 영아들은 어떻게 했는가?

실험자가 주로 분홍색 공이 있는 상자에서 주로 분홍색 공을 꺼냈을 때, 영아들은 흘긋 보고 고개를 돌렸다. 하지만 그녀가 주로 분홍색 공이 있는 상자에서 주로 노란색 공을 꺼냈을 때, 그들은 부서진 열차 잔해의 구경꾼처럼 응시했다. 영아들이 가능한 표집보다 불가능한 표집을 더 오래 본 사실은 그들이 불가능한 표집에 더 깜짝 놀랐다는 것을 시사한다. 다시 말하면, 그들은 무선 표집이 작용하는 방식에 대해 어느

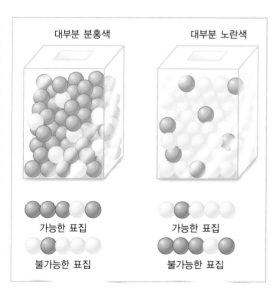

대부분 분홍색 / 대부분 노란색

가능한 표집 / 가능한 표집

불가능한 표집 / 불가능한 표집

정도 기본적인 이해를 한 것이다.

많은 발달심리학 연구들과 같이, 이 연구는 우리에게 영아들이 그들의 행동에 대한 우연한 관찰에서 누구나 추측할 수 있었던 것보다 훨씬 더 많은 것을 안다는 것을 가르쳐 준다.

전조작 아동에게 같은 양의 액체로 채워진 같은 크기의 유리컵을 보여 주면, 아이는 두 컵의 액체가 똑같다고 옳게 말한다. 그러나 한 컵의 액체를 더 높고 가는 컵에 부었을 때, 아이는 더 높은 컵의 액체가 더 많다고 틀리게 말한다. 구체적 조작 아동은 붓는 것 같은 조작이 액체의 모양은 변화시키지만 실제 부피는 변화시키지 않는다는 것을 알기 때문에 이러한 잘못을 저지르지 않는다.

아동기
약 18~24개월에 시작해서 약 11~14세까지 지속되는 기간

전조작 단계
약 2세에 시작해서 약 6세에 끝나는 발달의 단계로서, 아동은 물리적 세계에 대해서 초보적인 이해를 한다.

구체적 조작 단계
약 6세에 시작해서 약 11세에 끝나는 발달의 단계로서, 아동은 물리적 세계에 대한 기본적인 이해와 자신과 타인의 마음에 대한 초보적인 이해를 획득한다.

보존
대상의 외관이 변하더라도 대상의 양적 속성은 변하지 않는다는 개념

형식적 조작 단계
약 11세에 시작해서 성인기까지 지속하는 발달의 단계로, 아동은 자신과 타인의 마음에 대해서 더욱 깊은 이해를 하게 되고 추상적으로 추론하는 것을 배운다.

자아중심성
세상이 다른 관찰자에게 다르게 보인다는 것을 이해하지 못한다.

마음을 발견하기

영아기 다음의 긴 기간을 **아동기**(childhood)라고 부르는데, 약 18~24개월에 시작해서 약 11~14세까지 지속되는 기간이다. 피아제에 따르면, 아동은 인지 발달의 한 단계에 아동기로 진입하고 다른 단계에 떠난다. 아동은 **전조작 단계**(preoperational stage)로 들어가는데, 약 2세에 시작해서 약 6세에 끝나는 인지 발달의 단계로서, 이 단계 동안 아동은 물리적 세계에 대한 초보적인 이해를 발달시킨다. 아동은 **구체적 조작 단계**(concrete operational stage)에서 나가는데, 이 단계는 약 6세에 시작해서 약 11세에 끝나는 인지 발달의 단계로서, 이 단계 동안 아동은 행위 혹은 '조작'이 물리적 세계의 '구체적' 대상을 어떻게 변형시킬 수 있는가를 학습한다.

이 단계들 사이의 차이는 피아제가 아동에게 한 줄의 컵을 보여 주고 각 컵에 달걀을 하나씩 넣으라고 한 그의 독창적인 실험에 의해 잘 설명된다. 전조작 아동은 이것을 할 수 있었고, 그다음에 달걀과 컵의 수가 같다는 데 쉽게 동의했다. 그 후 피아제는 달걀을 꺼내서 컵보다 간격을 띄어서 긴 줄로 늘어놓았다. 전조작 아동은 달걀의

> ? 전조작 단계와 구체적 조작 단계를 구별하는 것은 무엇인가?

줄이 컵의 줄보다 더 길기 때문에 틀림없이 달걀이 더 많다고 지적하면서, 이제 컵보다 달걀이 더 많다고 틀리게 주장하였다. 이와 반대로, 구체적 조작 아동은 달걀을 더 긴 줄로 펼쳐 놓았을 때에도 달걀의 수는 변하지 않는다고 옳게 보고하였다. 그는 펼쳐 놓기와 같은 조작이 한 세트의 구체적 대상의 외관을 변화시킬 때, 양(quantity)은 그 세트의 변하지 않는 속성이라는 것을 이해하였다(Piaget, 1954). 피아제는 이러한 아동의 통찰을 **보존**(conservation)이라고 불렀다. 보존은 대상의 외관이 변하더라도 그 대상의 양적 속성은 변하지 않는다는 개념이다.

왜 전조작 아동은 보존 개념을 이해하지 못하는 것으로 보이는가? 피아제는 이러한 잘못을 설명해 주는 몇 가지 경향성을 아동이 갖는다고 제안했다. 예를 들어, 중심화(centration)는 대상의 다른 모든 속성들을 제외하고 한 가지 속성에만 초점을 맞추는 경향성이다. 성인은 한 번에 몇 가지 속성을 고려할 수 있지만, 아동은 달걀의 줄의 길이에 초점을 맞추고 달걀 사이의 간격을 동시에 고려할 수 없다. 피아제는 또한 아동이 가역성(reversibility)에 대해서 생각하지 못한다고 제안했다. 다시 말하면, 아동은 달걀의 줄을 길게 만든 조작을 되돌릴 수 있다는 사실, 즉 달걀을 다시 더 가깝게 놓아서 줄이 더 짧아질 수 있다는 사실을 고려하지 않는다. 이러한 경향성은 모두 전조작 아동이 더 긴 줄의 달걀이 꼭 더 많은 달걀을 의미하는 것은 아니라는 것을 깨닫기 어렵게 한다.

그러나 전조작 아동이 보존 개념을 완전히 이해하지 못하는 더 깊은 이유가 있다. 그는 자신이 마음(mind)을 가지고 있고 이러한 마음은 세상에 대한 정신적 표상(mental representation)을 담고 있다는 사실을 완전히 이해하지 못하는 것이다. 우리는 성인으로서 주관적인 것과 객관적인 것, 외관과 실제, 마음속의 사물과 세상 속의 사물 사이를 자연스럽게 구별한다. 우리는 사물이 항상 보이는 것과 같은 것은 아니라는 것을 깨닫는다. 즉, 자동차는 빨간색일 수 있지만 해질 무렵에는 회색으로 보이고, 고속도로는 건조할 수 있지만 더위에는 젖은 것처럼 보인다. 우리는 사물 자체와 우리가 사물을 보는 방식 사이를 구별한다. 착시는 그것이 이렇게 보이지만 실제로는 저렇다는 것을 우리가 알기 때문에 우리를 즐겁게 하는 것이다. 전조작 아동은 이러한 구분을 하지 않는다. 어떤 사물이 회색 혹은 젖은 것으로 보일 때, 그는 그것이 회색이거나 젖은 것으로 가정한다.

아동이 전조작 단계에서 구체적 조작 단계로 이동함에 따라, 주요한 본질을 파악하게 되어 나머지 생애 동안 지속된다. 즉, 보이는 세상이 꼭 실제 세상과 같은 것은 아니다. 아동은 마음이 세상 속의 대상을 표상하고, 그러므로 잘못 표상할 수도 있다는 것을 깨달으며, 이러한 깨

달음은 아동이 대상의 주관적 외관을 무시해야 하는 문제를 해결할 수 있도록 한다(비교 : Deak, 2006). 예를 들어, 구체적 조작 아동은 둥근 찰흙을 굴리거나, 늘이거나, 납작하게 펴거나 할 때, 하나의 형태가 다른 형태보다 더 크게 보인다는 사실에도 불구하고 찰흙의 양은 여전히 같다는 것을 이해할 수 있다. 그는 물을 낮고 넓은 비커에서 높고 좁은 실린더로 옮겨 부으면, 실린더 속의 물의 높이가 더 높다는 사실에도 불구하고 물의 양은 여전히 같다는 것을 이해할 수 있다. 그는 스펀지를 돌멩이 같이 보이게 하기 위해서 회색으로 칠하면, 그것의 외관에도 불구하고 그것은 여전히 스펀지라는 것을 이해할 수 있다. 일단 아동이 대상과 대상에 대한 자신의 정신적 표상 사이를 구별할 수 있으면, 그는 으깨고, 붓고, 펼쳐 놓는 것과 같은 어떤 조작은 대상이 무엇인지를 변화시키지 않으면서 대상이 겉모습은 변화시킬 수 있다는 것을 이해하기 시작한다.

형식적 조작 단계에 이른 사람은 자유와 정의와 같은 추상적 개념에 대해서 추론할 수 있다. 이 두 명의 항의자는 쿠바의 콴타나모 만에 있는 미군 감옥을 폐쇄할 것을 요구하며, 백악관 앞의 시위에 참여하고 있다.

아동이 구체적 조작 단계가 되면 달걀 펼쳐 놓기와 찰흙 으깨기를 포함하는 물리적 문제들을 쉽게 풀 수 있다. 그는 **형식적 조작 단계**(formal operational stage)에 비물리적 문제들을 똑같이 쉽게 푸는 법을 배운다. 형식적 조작 단계는 약 11세에 시작하는 인지 발달의 마지막 단계이며, 이 단계 동안 아동은 추상적 개념에 대해서 추론하는 방법을 배운다. 아동기는 형식적 조작이 시작될 때 끝나며, 이 단계로 이동한 사람은 (피아제는 어떤 사람들은 결코 이 단계로 이동하지 않는다고 믿었다) 자유와 사랑 같은 추상적 개념에 대해서, 가설적인 것과 반사실적인 것에 대해서 아직 일어나지 않은 사건들에 대해서, 그리고 일어났을 수도 있지만 일어나지 않은 사건들에 대해서 체계적으로 추론할 수 있다. 해방이나 **사랑**과 같은 단어가 지칭하는 세상 속에 구체적 대상은 없지만, 형식적 조작 단계의 사람은 그런 개념들에 대해서 구체적 조작 아동이 으깨기와 접기에 대해서 사고하고 추론할 수 있는 것과 같은 방식으로 사고하고 추론할 수 있다. 추상적 대상을 생성하거나, 고려하거나, 추리하거나 혹은 정신적으로 조작하는 능력이 형식적 조작의 특징이다.

? 형식적 조작 단계의 기본 특징은 무엇인가?

타인의 마음을 발견하기

아동은 발달하면서 자신의 마음을 발견하지만, 아동은 또한 타인의 마음도 발견한다. 전조작 아동은 자신이 대상을 정신적으로 표상하는 마음을 갖는다는 사실을 완전히 이해하지 못하기 때문에, 또한 타인이 같은 대상을 다르게 정신적으로 표상할 수 있는 마음을 갖는다는 사실을 완전히 이해하지 못한다. 그래서 전조작 아동은 일반적으로 타인이 세상을 자신이 보는 것과 같이 볼 것으로 기대한다. 3세 아동에게 딕자의 반대편에 있는 사람이 무엇을 볼 것인지 물으면, 그는 전형적으로 그 사람이 자신이 보는 것을 본다고 주장한다. **자아중심성**(egocentrism)은 세상이 다른 관찰자에게 다르게 보인다는 것을 이해하지 못하는 것이다. 자아중심성은 전조작 단계의 특징이며 다양한 흥미로운 방식으로 나타난다.

아동은 자아중심적이기 때문에 다른 사람도 자신이 보는 것을 본다고 생각한다. 어린 아동에게 숨으라고 하면 아이는 종종 자신의 눈을 가린다. 아이는 자기 자신을 볼 수 없기 때문에 다른 사람도 자신을 볼 수 없다고 생각한다(Russell, Gee, & Bullard, 2012).

지각과 믿음 3세 아동은 자신이 보는 것을 타인이 보지 못한다는 것을 깨닫지 못하는 것과 같이, 또한 자신이 아는 것을 타인이 알지 못한다는 것을 깨닫지 못한다. 이 사실은 틀린 믿음 과제를 사용한 수백 개의 연구에서 증명되었다(Wimmer & Perner, 1983). 이 과제의 표준판에서 아동은 맥

? 틀린 믿음 과제는 무엇을 보여 주는가?

시라는 이름의 인형이 찬장 속에 약간의 초콜릿을 넣어 두고 방을 떠나는 것을 본다. 잠시 후에 두 번째 인형이 들어와서 초콜릿을 발견하고 다른 찬장에 옮겨 놓는다. 그다음에 아동은 맥시가 돌아와서 초콜릿을 어디에서 찾으려고 할 것인지에 대한 질문을 받는다. 즉, 그가 처음에 초콜릿을 넣었던 첫 번째 찬장에서 찾을 것인지 아니면 아동이 현재 알고 있는 두 번째 찬장에서 찾을 것인지 질문한다. 대다수 5세 아동은 맥시가 아동이 본 것을 보지 못했기 때문에, 즉 초콜릿이 옮겨지는 것을 보지 못했기 때문에 첫 번째 찬장에서 찾으려고 할 것을 알았다. 그러나 3세 아동은 맥시가 두 번째 찬장을 찾아볼 것이라고 전형적으로 주장했다. 왜? 그 아동이 초콜릿이 그곳에 있는 것을 알기 때문에 그리고 그가 아는 것은 모든 사람이 안다! 아동은 4~6세 사이의 어느 시기에 틀린 믿음 과제를 할 수 있고(Callaghan et al., 2005), 어떤 문화의 아동은 다른 문화의 아동보다 더 일찍 그것을 할 수 있다(Liu et al., 2008).

어떤 연구자들은 틀린 믿음 과제도 피아제의 대상영속성 검사와 같이, 매우 어린 아동이 자신의 실제 능력을 보여 주지 못하게 한다고 믿으며, 몇몇 최근 연구는 훨씬 어린 아동이 실제로 틀린 믿음 과제의 수정본을 할 수 있다는 것을 보여 주었다(Baillargeon, Scott, & He, 2010; Onishi & Baillargeon, 2005; Rubin-Fernandez & Geurts, 2012; Senju et al., 2011; Southgate, Senju, & Csibra, 2007). 하지만 매우 어린 아동이 이러한 과제를 나이 든 아동이 하는 것과 같은 방식으로 하는지, 즉 타인이 자신의 믿음과 다른 믿음을 가질 수 있다는 것을 정말로 이해하는지는 분명하지 않다(Apperly & Butterfill, 2009; Low & Watts, 2013). 그러나 매우 어린 아동이 무엇을 하든지 그의 수행은 인상적이며, 아동이 피아제가 생각했던 것보다 훨씬 일찍 타인의 마음의 본질을 이해하기 시작한다는 것은 분명한 것 같다.

자아중심성은 아동이 타인의 마음을 이해하는 데 영향을 주고, 또한 아동 자신의 마음을 이해하는 데도 영향을 준다. 연구자들은 어린 아동들에게 M&M 상자를 보여 주고 나서 그것을 열어서 사탕 대신 연필이 들어 있는 것을 보여 주었다. 다음에 연구자들은 상자를 닫고 다음과 같이 물었다. "내가 처음에 너에게 이같이 닫힌 상자를 보여 주었을 때 그 안에 무엇이 있다고 생각했니?" 대다수 5세 아동은 "M&M"이라고 말했지만, 대다수 3세 아동은 "연필"이라고 말했다(Gopnik & Astington, 1988). 3세 아동에게 과거의 자기는 타인과 같아서, 과거의 자기는 아동이 지금 아는 것을 알았어야 한다.

욕구와 정서 다른 사람들은 다른 지각과 믿음을 가진다. 그들은 또한 다른 욕구와 정서를 가진다. 아동은 타인의 정신생활의 이러한 측면들이 또한 자신의 것과 다를 수 있다는 것을 이해하는가? 놀랍게도 타인이 다른 지각이나 믿음을 가진다는 것을 아직 완전히 이해하지 못하는 매우 어린 아동조차도 타인이 다른 욕구를 가진다는 것을 이해하는 것 같다. 예를 들면, 개를 좋아하는 2세 아동은 다른 아이들이 좋아하지 않는다는 것을 이해할 수 있으며, 아동 자신이 접근하려는 개를 다른 아이들이 피할 것이라고 옳게 예측할 수 있다. 18개월 된 걸음마 아기는 자신이 좋아하는 음식을 먹는 동안 성인이 혐오를 표현하는 것을 보면, 마치 다른 사람들은 다른 미각을 가진다는 것을 이해하는 것처럼 그 성인에게 다른 음식을 건넨다(Repacholi & Gopnik, 1997). 흥미롭게도 어린 아동은 자신의 욕구가 이미 채워져서 그의 주의를 끌지 않을 때 타인의 욕구를 가장 잘 이해한다(Atance, Belanger, & Meltzoff, 2010).

다른 한편으로, 아동은 타인이 자신과 다른 정서 반응을 할 수 있다는 것을 이해하는 데 훨씬 더 오랜 시간이 걸린다. 5세 아동은 빨간 모자가 안에서 이리가 자신을 잡아먹으려고 기다리는 것을 모르고 할머니 댁의 문을 두드리는 이야기를 들을 때, 자신이 아는 것을 빨간 모자

? 아동은 믿음보다 정서를 더 잘 이해하는가?

마음 이론
인간의 행동은 정신적 표상의 안내를 받는다는 생각으로, 세상은 항상 보이는 것과 같지 않으며 사람에 따라서 다르게 본다는 것을 알아차리게 한다.

가 알지 못한다는 것을 안다. 그렇지만 아동은 빨간 모자가 그가 느끼는 것을 느낄 것으로, 즉 무서워할 것으로 기대한다(Bradmetz & Schneider, 2004; DeRosnay et al., 2004; Harris et al., 1989). 맥시가 방에서 나간 동안 옮겨진 초콜릿을 맥시가 어디에서 찾을지 물었을 때, 아동은 맥시가 원래 장소에서 찾을 것이라고 옳게 말하지만, 맥시가 슬픔을 느낀다고 틀리게 말한다. 아동은 약 6세가 되어야 자신과 타인이 다른 지식을 갖기 때문에 같은 상황에서 자신과 타인이 또한 다른 정서를 경험할 수 있다는 것을 이해하게 된다.

마음 이론 분명히 아동은 마음이 어떻게 작용하는지에 대해서 배울 것이 매우 많으며, 대다수 아동은 결국 배운다. 대다수 아동은 궁극적으로 자신과 타인들이 마음들을 가지며 이 마음들은 세상을 다른 방식으로 표상한다는 것을 이해하게 된다. 일단 아동이 이러한 것들을 이해하면, 그는 마음 이론을 획득한 것이다. **마음 이론**(theory of mind)은 타인의 정신적 표상이 그의 행동을 안내한다는 것을 이해하는 것이다.

"너는 다섯 살이야. 네가 어떻게 다섯 살 반짜리 문제를 이해할 수 있겠어?"

우리들 대다수는 결국 마음 이론을 습득하지만, 두 집단의 사람들이 그렇게 하는 데 다소 느리다. 자폐증(우리가 15장에서 더욱 깊이 있게 다룰 장애) 아동은 전형적으로 다른 사람들과 의사소통하고 친구를 사귀는 데 어려움을 가지며, 일부 심리학자들은 자폐 아동이 마음 이론

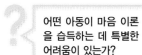
어떤 아동이 마음 이론을 습득하는 데 특별한 어려움이 있는가?

을 습득하는 데 문제가 있기 때문에 그렇다고 제안했다(Frith, 2003). 비록 자폐 아동이 대부분의 지적 차원에서 전형적으로 정상이거나 때로는 정상보다 훨씬 더 낫지만, 다른 사람들의 내적 생활을 이해하는 데는 어려움을 가진다(Dawson et al., 2007). 자폐 아동은 다른 사람들이 틀린 믿음을 가질 수 있다는 것을 이해하지 못하는 것으로 보이며(Baron-Cohen, Leslie, & Frith, 1985; Senju et al., 2009), 그는 당황함과 수치심과 같은 믿음에 기초한 정서를 이해하는데 특히 문제가 있다(Baron-Cohen, 1991; Heerey, Keltner, Capps, 2003). 흥미롭게도, 아동이 마음 이론을 습득할 때까지 그는 일반적으로 '전염성 하품' 현상의 영향을 받지 않으며(Platek et al., 2003), 실제로 자폐인도 또한 '하품을 받을' 가능성이 더 적다(Senju et al., 2007).

마음 이론을 습득하는 것이 또래보다 늦는 두 번째 집단의 아동은 부모가 수화를 알지 못하는 청각장애 아동이다. 이 아동은 어떤 형식적인 형태의 언어도 쉽게 접할 수 없기 때문에 의사소통을 학습하는 것이 느리며, 이러한 제약은 타인의 마음에 대한 이해의 발달을 느리게 하는 것 같다. 자폐 아동과 마찬가지로 이 아동도 틀린 믿음을 이해하는 데 5세나 6세에도 어려움을 보인다(DeVilliers, 2005; Peterson & Siegal, 1999). 구어를 학습하는 것이 청각 가능이 마음 이론을 습득하는 데 도움이 되는 것과 마찬가지로, 수화를 학습하는 것이 청각장애 아동이 마음 이론을 습득하는 데 도움이 되는 것 같다(Pyers & Senghas, 2009).

아동이 마음 이론을 습득하는 연령은 아동의 형제 수, 아동이 가장놀이를 하는 빈도, 아동이 상상의 친구를 갖는지 여

자폐장애가 있는 사람들은 종종 사소한 세부, 단어, 숫자에 장기간 동안 집중할 수 있는 특별한 능력을 갖는다. 토킬 손(오른쪽)은 Specialisteme.com이라는 회사를 설립했는데, 그 회사는 그의 아들 라즈(왼쪽)와 같이 자폐장애가 있는 사람들에게 그들이 좀 더 '신경이 전형적인(neurotypical)' 사람들이 할 수 있는 것보다 더 잘 할 수 있는 직업을 찾아준다.

발달은 피아제가 상상했듯이 단계적으로 진행하는 것이 아니다. 단계들 사이를 이행하는 아동은 하루는 더 성숙하게 행동하고 다음날은 덜 성숙하게 행동할 수 있다.

부, 그리고 아동 가족의 사회경제적 지위와 같은 다양한 요인들의 영향을 받는다. 하지만 연구자들이 연구한 모든 요인들 중 언어가 가장 중요한 것으로 보인다(Astington & Baird, 2005). 아동의 언어 기술은 그가 틀린 믿음 과제를 얼마나 잘 수행하는가에 대한 우수한 예언자이다(Happé, 1995). 양육자가 아동에게 말하는 방식 또한 아동이 이러한 과제를 얼마나 잘 하는지에 대한 좋은 예언자이다. 아마도 당연히, 생각과 감정에 대해서 자주 말하는 양육자를 가진 아동은 믿음과 믿음에 기초한 정서를 잘 이해하는 경향이 있다. 일부 심리학자들은 아동이 '원하다', '생각하다', '알다', '슬프다' 같은 심리적 단어를 듣는 것이 이롭다고 추측한다. 다른 심리학자들은 이러한 심리적 단어를 일반적으로 포함하는 문법적으로 복잡한 문장이 아동에게 이롭다고 제안한다. 그리고 일부 심리학자들은 심리적 단어를 사용하는 양육자도 또한 아동이 정신 상태에 대해서 숙고하도록 하는 데 더욱 효과적이라고 믿는다. 어떻게 설명하든지 간에, 언어, 특히 생각과 감정에 대한 언어가 아동이 자신의 마음과 타인의 마음을 이해하도록 돕는 중요한 도구인 것은 분명하다(Harris, de Rosnay, & Pons, 2005).

피아제를 리믹스함 인지 발달은 대단하고 복잡한 여정이고, 그것에 대한 피아제의 견해는 참으로 선구적이었다. 어느 심리학자도 이 분야에 그렇게 깊은 영향을 주지 못했다. 이러한 견해의 많은 부분이 꽤 잘 지지되지만, 지난 몇 십 년 동안 심리학자들은 피아제가 틀렸던 두 가지 일반적인 사항을 발견했다. 첫째, 피아제는 아동이 유치원을 졸업하고 1학년이 되는 것과 같은 방식으로 한 단계를 졸업하고 다음 단계가 된다고 생각했다. 아동은 유치원에 다니거나 아니면 1학년에 다니고, 둘 다 다니지는 않으며, 시계나 달력을 가진 모든 사람이 지적할 수 있는 정확한 변화의 순간이 있다. 현대 심리학자들은 발달을 더욱 유동적이고 연속적으로 보며, 피아제가 믿었던 것보다 덜 단계적으로 진행된다고 본다. 단계들 사이를 이동하는 아동은 어느 날은 더 성숙한 행동을 하고 다음 날은 덜 성숙한 행동을 한다. 인지 발달은 졸업과 같기보다는 계절의 변화와 더 닮았다.

피아제가 틀린 두 번째 사항은 이러한 변화가 일어나는 연령이었다. 일반적으로 그가 생각했던 것보다 이른 나이에 변화가 일어난다(Gopnik, 2012). 예를 들면, 피아제는 영아가 그의 시야 밖으로 옮겨진 대상을 적극적으로 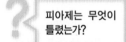 찾지 않기 때문에 대상영속성 감각이 없다고 제안했다. 그러나 연구자들이 영아에게 '그가 아는 것을 나타내도록' 허용하는 실험 절차를 사용할 때, 4개월 된 영아도 대상영속성 감각을 나타낸다. 피아제는 아동이 자아중심성을 충분히 극복할 수 있어서 타인이 그가 아는 것을 알지 못한다는 것을 깨달을 때까지 여러 해가 걸린다고 제안했지만, 새로운 실험 절차는 13개월 된 영아에게서 이것을 이해하는 증거를 탐지했다(Baillargeon et al., 2010). 해마다 영리한 연구자들은 영아와 아동을 검사하는 새로운 방법을 발견하고, 해마다 교과서 저자들은 인지적 이정표가 성취되는 연령을 낮춰야 한다.

우리 문화를 발견하기

피아제는 아동을 관찰하고 이론을 전개한 다음 그 이론을 새로운 관찰에 비추어서 수정하는 외로운 과학자로 보았다. 그러나 대다수 과학자는 출발점에서 시작하지 않는다. 그보다는 경험이 더 많은 과학자로부터 훈련을 받고 자기 분야의 이론과 방법을 물려받는다. 러시아의 심리학자인 레프 비고츠키(Lev Vygotsky)에 따르면, 아동은 거의 같은 일을 한다. 비고츠키는 피아제와 같은 해인 1896년에 태어났지만, 피아제와 달리 그는 인지 발달은 아동이 구체적 대상과 상호작용한 결과가 아니라 주로 아동이 자신의 문화의 구성원과 상호작용한 결과라고 믿었다. 비고츠키는 언어와 계산 체계 같은 문화적 도구가 인지 발달에 강한 영향을 주는 것에 주목했다(Vygotsky, 1978).

예를 들면, 영어에서 20 이상의 수는 십의 자릿수(twenty) 다음에 일의 자릿수가 오며, 그 명칭은 논리적 양식을 따른다(twenty-one, twenty-two, twenty-three 등). 중국어에서는 11부터 19까지도 유사하게 구성된다(십일, 십이, 십삼 등등). 그러나 영어에서 11과 19 사이 수의 명칭은 십의 자릿수와 일의 자릿수의 순서가 거꾸로거나(sixteen, seventeen) 완전히 임의적이다(eleven, twelve). 이 두 체계의 규칙성의 차이는 그것을 배워야 하는 아동에게 큰 차이를 불러온다. 중국 아동에게 "십-이"라고 불리는 12는 10과 2로 분해될 수 있지만, "twelve"라고 부르는 미국 아동에게는 그렇게 분명하지 않다(그림 11.5 참조). 한 연구에서 많은 나라의 아동들을 대상으로 실험자에게 어떤 수의 벽돌을 건네도록 요구했다. 어떤 벽돌은 하나씩이었고 어떤 벽돌은 10개씩 함께 붙여 놓았다. 아시아의 아동들이 실험가에게 26개의 벽돌을 건네도록 요구받았을 때, 그들은 10개씩 묶인 벽돌 2줄과 6개의 벽돌을 건네는 경향이 있었다. 아시아 이외의 아동들은 26개의 벽돌을 하나씩 세는 더 서투른 전략을 사용하는 경향이 있었다(Miura et al., 1994). 이러한 결과는 아동이 물려받는 계산 체계의 규칙성은 아동이 두 자리 숫자가 분해될 수 있다는 사실을 발견하는 것을 촉진하거나 방해할 수 있다는 것을 시사한다(Gordon, 2004; Imbo & LeFevre, 2009).

물론 만일 여러분이 애완용 뱀을 훈련시켜 보려고 했다면, 여러분은 모든 종이 타인으로부터 학습할 준비가 잘 되어있는 것은 아니라는 것을 이미 알 것이다. 인간을 자연의 가장 뛰어난 학생으로 만드는 세 가지 기술을 갖기 때문에, 인간은 이 점에서 우승자이다(Meltzoff et al.,2009; Striano & Reid, 2006).

● 만일 성인이 머리를 왼쪽으로 돌린다면, 어린 영아(3개월)와 나이 든 영아(9개월)는 모두 왼쪽을 볼 것이다. 하지만 성인이 먼저 눈을 감고 그다음에 왼쪽을 본다면, 어린 영아는 왼쪽을 볼 것이지만 나이 든 영아는 그러지 않을 것이다(Brooks & Meltzoff, 2002). 이것은 나이 든 영아가 성인의 머리 움직임을 따라 하는 것이 아니라, 성인의 시선을 따라 간다는 것을 시사한다. 즉, 그는 성인이 보고 있다고 생각하는 것을 보려고 노력하는 것

DANIEL GILBERT

아동은 혼자 힘으로 세상을 발견하는 외로운 빔림가가 아니라, 그가 일어나 일 많은 것을 가르쳐 주는 가족, 지역사회, 그리고 사회의 구성원이다.

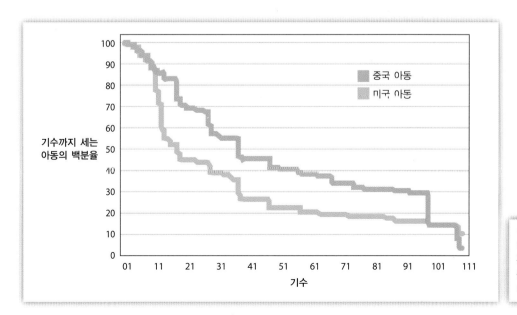

◀ **그림 11.5 Twelve or Two-Teen?** 이 그래프에서 기수까지 셀 수 있는 미국 아동의 백분율은 11이 될 때부터 갑자기 줄어드는 반면에 중국 아동의 백분율은 더욱 점진적으로 감소한다(Miller, Smith, & Zhu, 1995).

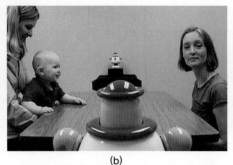

(a) (b) (c)

A.N. MELTZOFF, P.K. KUHL, T.J. SENJOWSKI, & J. MOVELLAN, "FOUNDATIONS FOR A NEW SCIENCE OF LEARNING" PUBLISHED IN SCIENCE, 2009, VOL. 325, JULY 17, PP. 284-288.

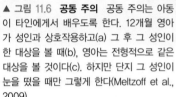

▲ 그림 11.6 **공동 주의** 공동 주의는 아동이 타인에게서 배우도록 한다. 12개월 영아가 성인과 상호작용하고(a) 그 후 그 성인이 한 대상을 볼 때(b), 영아는 전형적으로 같은 대상을 볼 것이다(c). 하지만 단지 그 성인이 눈을 떴을 때만 그렇게 한다(Meltzoff et al., 2009).

이다. 만일 나이 든 영아가 들을 수 있지만 성인을 보지 못한다면, 그는 성인이 어느 쪽을 보는지 결정하기 위해 청각 단서를 사용한 후에 그 방향을 볼 것이다(Rossano, Carpenter, & Tomasello, 2012). 타인이 초점을 맞추는 것에 초점을 맞추는 능력을 공동 주의라고 하며 그것은 타인이 가르쳐야 하는 것을 배우기 위한 선행 조건이다(그림 11.6 참조).

● 영아는 성인이 하는 것을 보고 자주 따라하는 타고난 흉내쟁이다(Jones, 2007). 하지만 매우 어릴 때부터 영아는 성인의 행위 자체보다는 성인의 의도를 흉내 내기 시작한다. 18

현실세계

이리 걸어와

부모는 종종 자녀들이 자신의 조언을 들으려 하지않는다고 불평한다. 하지만 최근의 연구는 18개월 된 영아조차도 부모의 말을 들어야 할 때와 무시해야 할 때를 안다는 것을 보여 준다.

연구자들(Tamis-LeMonda et al., 2008)은 경사도를 조절할 수 있는 경사면을 세워 놓고(아래 사진), 영아를 위에 있게 하고 엄마를 아래에 있도록 한 다음에 영아가 경사면을 걸어 내려와서 어머니에게 가려고 시도하는지 지켜보았다. 경사가 분명히 편평하고 안전할 때도 있었고, 분명히 가파르고 위험할 때도 있

었으며, 이 두 극단 사이의 어딘가에 있을 때도 있었다. 어머니는 자신의 영아를 걸어 내려오도록 격려하거나 내려오지 못하게 저지하도록 지시를 받았다.

그러면 아기는 어떻게 했는가? 그는 자신의 어머니를 믿었는가 아니면 자신의 눈을 믿었는가? 아래 도표에서 볼 수 있듯이, 경사가 분명히 안전하거나 분명히 위험할 때 영아는 자신의 어머니를 무시했다. 엄마가 오지 말라고 권고했을 때조차 그는 전형적으로 편평한 면을 총총걸음으로 내려왔고 엄마가 괜찮다고 말했을 때도 위험한 면은 내려오기를 거절

했다. 하지만 경사면이 안전과 위험 사이의 어딘가에 있을 때 영아는 엄마의 권고를 따르는 경향이 있었다.

이 자료는 영아가 사회적 정보를 매우 정교한 방식으로 사용한다는 것을 보여 준다. 그의 감각이 세상에 대해 분명한 정보를 제공할 때, 그는 사람들이 그에게 말하는 것을 무시한다. 하지만 그의 감각이 어떻게 할 것인지에 대해서 불확실할 때, 그는 쉽게 부모의 권고를 수용한다. 아동이 걷기 시작하는 순간부터 그는 부모 말을 들을 때와 머리를 흔들고 눈을 굴리고 그가 확실히 좋아하는 것을 할 때를 안다.

COURTESY OF KAREN ADOLPH

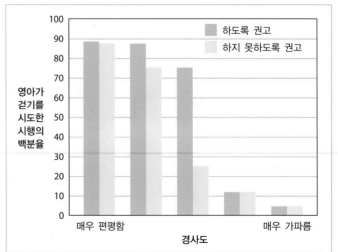

영아가 걷기를 시도한 시행의 백분율 / 경사도 / 매우 편평함 / 매우 가파름 / 하도록 권고 / 하지 못하도록 권고

개월 영아는 성인이 병의 뚜껑을 열려고 하다가 손이 미끄러지는 것을 볼 때, 영아는 미끄러지는 것을 모방하지 않고, 그 대신 뚜껑을 제거하여 의도했던 행위를 수행할 것이다 (Meltzoff, 1995, 2007). 성인이 하는 것 혹은 성인이 하려고 하는 것을 하는 경향성을 모방이라고 한다. 3세에 아동은 성인을 매우 정확하게 모방하기 시작해서 심지어는 그가 무의미하다고 생각하는 행위의 부분들도 모방할 것인데, 이 현상을 과잉모방이라고 부른다 (Lyons, Young & Keil, 2007; Simpson & Riggs, 2011).

- 새로운 장난감에 접근하는 영아는 자주 멈춰서, 엄마가 그 장난감이 위험하다고 생각하는지 또는 그렇지 않다고 생각하는지에 대한 단서를 구하기 위해서 엄마의 얼굴을 살피면서 엄마를 돌아볼 것이다. 우리가 세상에 대해서 어떻게 생각해야 하는지에 대한 정보로서 타인의 반응을 사용하는 능력을 **사회적 참조**라고 한다(Kim, Walden, & Knieps, 2010; Walden & Ogan, 1988). (여러분은 우리가 13장에서 정보적 영향을 논의할 때 어떻게 성인이 이 기술을 계속 사용하는가에 대해서 훨씬 더 많은 것을 학습할 것이다.)

공동 주의("나는 네가 보는 것을 본다"), 모방("나는 네가 하는 것을 한다"), 그리고 사회적 참조("나는 네가 생각하는 것을 생각한다")는 영아가 그의 종의 다른 구성원으로부터 학습할 수 있도록 해 주는 세 가지 기본 능력이다.

사회 발달

아기 바다거북과 달라서 인간 아기는 양육자가 없으면 생존할 수 없다. 하지만 양육자가 제공하는 것은 정확하게 무엇인가? 명백한 답은 따뜻함과 안전과 음식이며, 그러한 명백한 답은 옳다. 하지만 양육자는 또한 훨씬 덜 명백하지만 영아의 발달에 아주 필수적인 어떤 것도 제공한다.

제2차 세계대전 중에 심리학자들은 입양을 기다리는 동안 고아원에서 살고 있는 영아들을 연구했다. 이 아동들은 따뜻하고, 안전하고, 좋은 식사를 했지만, 많은 아동이 신체적으로, 심리적으로 발달이 지체되었으며, 거의 40%가 입양되기 전에 사망했다(Spitz, 1949). 몇 년 후 심리학자 해리 할로우(1958; Harlow & Harlow, 1965)는 따뜻하고, 안전하고, 잘 먹었지만 생의 처음 6개월 동안 사회적 접촉이 허용되지 않은 붉은털원숭이 아기들이 다양한 행동 이상을 발달시키는 것을 발견했다. 그들은 자신의 몸을 깨물면서 강박적으로 앞뒤로 흔들었고, 다른 원숭이들을 만나게 되었을 때 그들을 완전히 피했다. 사회적으로 고립된 원숭이들은 자신의 종의 다른 구성원들과 의사소통하거나 그들로부터 배우는 것이 불가능한 것으로 밝혀졌으며, 암놈이 성숙해서 어미가 되었을 때 자신의 아기를 무시하고 거부하고 때때로 공격하기까지 했다. 할로우는 또한 사회적으로 고립된 원숭이가 2개의 '인공 어미'(하나는 철사로 만들어졌고 음식을 제공했으며, 다른 하나는 헝겊으로 만들어졌고 음식을 제공하지 않았다)가 있는 우리 속에 넣어졌을 때, 철사 어미가 영양분의 원천이라는 사실에도 불구하고 그는 대부분의 시간을 부드러운 헝겊 어미에게 매달려서 보냈다. 분명히 이 모든 종의 영아는 양육자로부터 단순한 생명유지 이상의 어떤 것을 요구한다. 하지만 무엇인가?

할로우의 원숭이들은 철사 어미가 음식과 연합될 때에도 철사 어미(왼쪽)보다 부드러운 헝겊 어미(오른쪽)의 편안함과 따뜻함을 선호했다.

애착 형성

콘라드 로렌츠(Konrad Lorenz)가 아동이었을

아기 거위와 마찬가지로 인간 영아도 생존하기 위해서 자신의 어머니에게 가까이 있을 필요가 있다. 아기 거위와 달리 인간 영아는 자신이 어머니에게 가는 것이 아니라 어머니를 자기에게 오도록 하는 방법을 안다.

아동은 양육자와 또래와의 관계를 쉽게 발달시키는 선천적으로 사회적인 동물이다. 최근의 연구는 반응하는 로봇과 함께 시간을 보내는 걸음마 유아가 로봇을 장난감 같이 다루는 대신에 동급생 같이 대하기 시작한다는 것을 보여 준다(Tanaka, Cicourel, & Movellan, 2007).

애착
신생아와 그의 일차 양육자 사이에 형성되는 정서적 유대

낯선 상황
아동의 애착 유형을 결정하는 데 사용하는 행동 검사로, 메리 에인즈워스가 개발함

때 그는 오리의 자랑스러운 주인이 되었고, 곧 매우 흥미로운 어떤 것에 주의했다. 몇 십 년 후에 그가 주의했던 것은 그가 노벨상을 타는 데 도움이 되었다. 그가 수상 연설에서 설명했듯이, "이웃으로부터 나는 하루 된 아기 오리를 얻었는데 너무나 기쁘게도 그것은 따르는 반응을 나에게 옮겨서 했습니다." 아기 오리는 어미가 가는 곳은 어디든지 정상적으로 따라가며, 어린 로렌츠가 발견한 것(그리고 성인이 되어서 과학적으로 증명한 것)은 새로 부화한 조류가 그것이 처음 접하게 되는 움직이는 대상을 충실하게 따라간다는 것이다. 만일 그 대상이 사람이거나 테니스공이라면, 갓 부화한 조류는 자신의 어미를 무시하고 대신에 그 대상을 따른다. 로렌츠는 조류가 처음에 본 움직이는 대상은 조류의 뇌에 '내가 항상 가까이 있어야 하는 것'으로 각인되도록 자연이 설계했다고 이론화했다(Lorenz, 1952).

정신과의사인 존 보울비(John Bowlby)는 로렌츠의 연구뿐만 아니라 할로우의 고립해서 양육된 붉은털원숭이와 고아원에서 양육된 아동 연구에 매혹되어서, 어떻게 인간 영아가 양육자에게 애착을 형성하는지 이해하려고 노력했다(Bowlby, 1969, 1973, 1980). 보울비는 태어나는 순간부터 거위는 뒤뚱거리며 어미를 따라가고 원숭이는 어미의 털 난 가슴에 매달린다는 것에 주목하는 것으로 시작했다. 그 이유는 두 가지 종 모두의 신생아는 생존을 위해서 양육자에게 계속 가까이 있어야 하기 때문이다. 그는 인간 영아도 유사한 욕구를 갖지만 오리나 원숭이

? 영아는 일차 양육자를 어떻게 인지하는가?

보다 신체적으로 훨씬 덜 발달되어서 뒤뚱거리며 걷거나 매달릴 수 없다고 제안했다. 그가 할 수 있는 것은 미소 짓고 소리 내어 우는 것이다. 그는 양육자에게 가까이 머물 수 있는 물갈퀴가 있는 발이나 털 난 손을 갖고 있지 않기 때문에, 그는 양육자가 자신에게 가까이 머물도록 하기 위한 방법을 사용한다. 영아가 소리 내어 울거나, 기뻐서 꾸르륵거리거나, 목 울림소리를 내거나, 눈을 맞추거나, 미소를 지을 때, 대다수 성인은 반사적으로 영아에게 다가가는데, 보울비는 이것이 영아가 이런 신호를 방출하도록 설계된 이유라고 제안했다.

보울비에 따르면, 영아가 처음에는 이런 신호들을 시각적 혹은 청각적 범위 내의 아무에게나 보낸다. 처음 6개월 정도 동안 그는 누가 가장 자주, 가장 즉시 자신의 신호에 반응하는지에 대한 '정신적 계산'을 계속하고, 곧 가장 좋고 빠른 반응자, 즉 일차 양육자를 목표로 정하기 시작한다. 이 사람은 곧 영아의 우주의 정서적 중심이 된다. 영아는 **일차 양육자**가 있는 자리에서 안전하게 느끼며 자신의 환경을 눈, 귀, 손가락, 입으로 탐색하면서 주위를 행복하게 기어 다닐 것이다. 하지만 만일 자신의 일차 양육자가 너무 멀어지면, 영아는 불안전하게 느끼기 시작하며, 자신과 일차 양육자 사이의 거리를 좁히기 위해서 아마도 자신의 양육자에게로 기어가든지 양육자가 자신에게로 다가올 때까지 울거나 함으로써 행동을 취한다. 보울비는 진화에 의해 인간 영아는 그가 빨고 잡도록 하는 신체 반사만큼 어느 모로나 기본적인 사회적 반사를 가지고 태어나기 때문에 이 모든 일이 일어난다고 믿었다. 인간 영아는 일차 양육자와 **애착**(attachment), 즉 정서적 유대를 형성하는 성향이 있다고 보울비는 제안했다.

애착하게 될 기회를 박탈당한 영아는 다양한 부정적인 결과를 경험한다(Gillespie & Nemeroff, 2007; O'Connor & Rutter, 2000; Rutter, O'Connor, & the English and Romanian Adoptees Study Team, 2004). 하지만 애착이 일어날 때에도, 더 성공적이거나 덜 성공적으로 일어날 수 있다(Ainsworth et al., 1978). 심리학자 메리 에인즈워스(Mary Ainsworth)는 이것을 측정하는 방법을 개발했다. **낯선 상황**(strange situation)은 아동의 애착 유형을 결정하기 위해서 사용되는 행동 검사이다. 검사는 아동과 그의 일차 양육자(보통 아동의 어머니)를 실험실에 오게 한 다음 심리학자

? 애착은 어떻게 평가되는가?

가 영아의 반응을 감시하는 동안 일차 양육자가 잠시 방을 떠난 후 돌아오는 에피소드를 포함

해서 일련의 에피소드를 연출하는 것을 포함한다. 연구는 영아의 반응이 애착 유형이라고 알려진 네 가지 애착 양식 중 하나에 해당하는 경향이 있다는 것을 보여 준다.

이 아동이 안전하게 애착되어 있다는 것을 아는 데는 굳이 심리학자가 필요 없다.

- 대략 60%의 미국 영아가 안전 애착 유형을 가진다. 양육자가 방을 떠날 때 영아는 불안해할 수도 있고 불안해하지 않을 수도 있다. 양육자가 돌아올 때, 불안해하지 않던 영아는 그녀에게 눈짓이나 인사를 표현할 것이고 불안해하던 영아는 그녀에게로 가서 진정될 것이다.

- 대략 20%의 미국 영아가 회피 애착 유형을 가진다. 양육자가 방을 떠날 때 영아는 불안해하지 않을 것이고, 그녀가 돌아올 때 영아는 그녀를 무시할 것이다.

- 대략 15%의 미국 영아가 양가 애착 유형을 가진다. 양육자가 방을 떠날 때 영아는 불안해할 것이고, 그녀가 돌아올 때 영아는 벗어나기 위해 등을 구부리고 꿈틀대면서 달래려는 시도를 모두 거절하고 그녀를 거부할 것이다.

- 대략 5% 이하의 미국 영아가 혼란 애착 유형을 가진다. 이러한 영아는 양육자가 떠나고 돌아오는 것에 대해 일관된 반응 패턴을 보이지 않는다.

연구는 실험실의 낯선 상황에서의 아동의 행동이 집에서의 그의 행동과 상당한 상관관계가 있다는 것을 보여 주었다(Solomon & George, 1999; 그림 11.7 참조). 그렇지만 아동의 애착 유형이 시간이 지나면서 변화하는 것은 드문 일이 아니다(Lamb, Sternberg, & Prodromidis, 1992). 그리고 애착 유형의 어떤 측면은 모든 문화에 일관된 것으로 나타나지만—전 세계에서 안전 애착이 가장 일반적인 유형이다(van IJzendoorn & Kroonenberg, 1988)—애착 유형의 다른 측면은 문화마다 다르다. 예를 들면, (부모가 독립성을 촉진하는 경향이 있는) 독일 아동

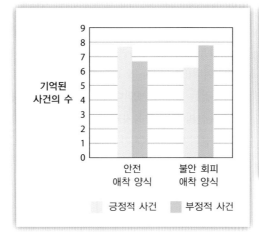

기억된 사건의 수

안전 애착 양식 / 불안 회피 애착 양식

■ 긍정적 사건 ■ 부정적 사건

◀ 그림 11.7 **애착 양식과 기억** 우리는 종종 우리의 세계관에 맞는 사건들을 가장 잘 기억한다. 연구자들은 1세 아동의 애착 양식을 낯선 상황 검사로 평가했다. 2년 후 같은 집단의 아동에게 행복한 사건이 일어나거나(예 : 인형이 선물을 받았다) 불행한 사건이 일어나는(예 : 인형이 자신의 주스를 쏟았다) 인형극을 보여 주었다. 안전 애착된 아동은 후에 불행한 사건보다 행복한 사건을 더 많이 기억했으나, 불안 애착된 아동은 그 반대 경향을 보였다(Belsky, Spritz, & Crnic, 1996).

은 양가 애착 유형보다 회피 애착 유형을 가질 가능성이 더 높지만, (어머니가 보통 집에 있어서 다른 사람이 아기를 돌보게 하지 않는) 일본 아동은 회피 애착 유형보다 양가 애착 유형을 가질 가능성이 더 높다(Takahashi, 1986).

애착 유형은 어디에서 오는가

아동의 애착 유형의 일부는 아동의 생물학에 의해서 결정된다. 상이한 아동은 상이한 **기질**(temperaments) 혹은 정서 반응성의 특정 양식을 가지고 태어난다(Thomas & Chess, 1977). 부모의 보고로 측정하든지 심장 박동이나 대뇌 혈류와 같은 생리적 지표로 측정하든지 여하 간에, 매우 어린 아동은 두려움, 과민성, 활동성, 긍정적 감정, 그리고 기타 정서적 특성에 대한 성향에서 서로 다르다(Rothbart & Bates, 1998). 이러한 차이는 시간이 지나도 대단히 안정적이다. 예를 들면, 새로운 자극—갑작스러운 움직임, 큰 소리, 혹은 낯선 사람—에 대해 공포로 반응하는 영아는 4세에 더 억제되고, 덜 사교적이고, 덜 적극적인 경향이 있다(Kagan, 1997). 영아들 사이의 이러한 기질 차이는 타고난 생물학적 차이에서 유래하는 것으로 보인다(Baker et al., 2013). 예를 들면, 10~15%의 영아는 고도로 반응적인 변연계를 갖는다. (3장에서 회상할 수 있듯이, 변연계는 정서 반응에 중요한 역할을 하는 편도핵을 포함하는 한 집단의 뇌 영역이다.)

기질
정서적 반응성의 특징적 양식

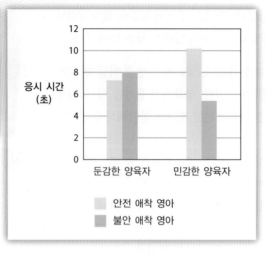

▶ 그림 11.8 **작동 모델** 영아는 정말 내적 작동 모델을 갖는가? 그런 것으로 보인다. 심리학자들은 영아가 기대하지 않은 어떤 것을 볼 때 더 오래 응시한다는 것을 아는데, 안전 애착 영아는 어머니가 자신의 아이를 달래지 않고 무시하는 만화를 더 오래 응시하는 반면에, 불안 애착 영아는 바로 그 반대를 한다(Johnson, Dweck, & Chen, 2007).

이러한 영아는 새로운 장난감이나 새로운 사람을 보여 줄 때 몸부림치고 울며, 새로운 사람, 대상, 상황을 피하는 경향이 있는 아동이 되고, 후에 조용하고, 조심스럽고, 수줍은 성인이 된다(Schwartz et al., 2003).

생물학에 기초한 영아의 기질이 애착 유형을 결정하는 데 역할을 하지만, 대체로 애착 유형은 영아의 양육자와의 사회적 상호작용에 의해서 결정된다. 연구는 안전 애착 영아의 어머니가 자녀의 정서 상태의 신호에 특별히 민감하고, 자녀의 안심에 대한 '요구'를 특별히 잘 탐지하고, 그 요구에 특별히 잘 반응하는 경향이 있다는 것을 보여 준다(Ainsworth et al., 1978; De Wolff & van IJzendoorn, 1997). 양가 애착 유형인 영아의 어머니는 일관성 없이 반응하며, 자녀가 불안 신호를 보일 때 단지 가끔씩만 돌보는 경향이 있다. 회피 애착 유형인 영아의 어머니는 보통 자녀의 안심에 대한 욕구에 무관심하며 자녀의 신체적 접근 시도를 거부하기조차 할 수 있다(Isabelle, 1993). 이 모든 것의 결과로 영아는 **관계의 내적 작동 모델**(internal working model of relationships)을 발달시키는데, 그것은 자기, 일차 양육자, 그리고 그들 사이의 관계에 대한 한 세트의 믿음이다(Bretherton & Munholland, 1999). 상이한 애착 유형의 영아는 상이한 관계의 작동 모델을 갖는 것으로 보인다(그림 11.8 참조). 특히 안전 애착 유형의 영아는 그가 불안하게 느낄 때 자신의 일차 양육자가 반응할 것이라고 확신하는 것처럼 행동하고, 회피 애착 유형의 영아는 자신의 일차 양육자가 반응하지 않을 것이라고 확신하는 것처럼 행동하고, 양가 애착 유형의 영아는 자신의 일차 양육자가 반응할 것인지 아닌지 확신하지 못하는 것처럼 행동한다. 혼란 애착 유형의 영아는 자신의 양육자에 대해서 혼란스러워하는 것으로 보이며, 따라서 일부 심리학자는 이러한 유형이 주로 학대받아 온 아동의 특징이라고 추측한다(Carolson, 1998; Cicchetti & Toth, 1998).

만일 양육자의 반응성이 (주로) 아동의 작동 모델을 결정한다면, 그리고 만일 아동의 작동 모델이 (주로) 아동의 애착 유형을 결정한다면, 그러면 무엇이 양육자의 반응성을 결정하는가(그림 11.9 참조)? 양육자가 반응하는 방식의 차이는 아마도 (주로) 자신의 영아의 정서적 상태를 읽

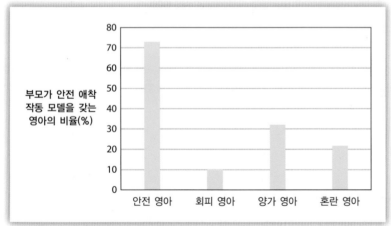

▲ 그림 11.9 **부모의 애착 유형** 애착은 두 사람 사이의 상호작용이며, 두 사람(일차 양육자와 아동) 모두 아동의 작동 모델의 성격을 결정하는 데 역할을 담당한다. 연구는 안전 애착 영아가 안전 애착 작동 모델을 갖는 부모를 갖는 경향이 있다는 것을 보여 준다(van IJzendoorn, 1995). 왜 그럴까?

을 수 있는 능력의 차이에 기인한다. 이러한 신호에 매우 민감한 양육자가 덜 민감한 어머니보다 안전 애착 자녀를 가질 가능성이 거의 2배이다(van IJzendoorn & Sagi, 1999). 자신의 영아를 단지 긴급한 신체적 욕구를 가진 생물로서가 아니라 정서적 삶을 가진 고유한 개인으로서 생각하는 어머니가 안전 애착된 영아를 가질 가능성이 더 높다(Meins, 2003; Meins et al., 2001). 비록 그러한 자료가 단지 상관관계일 뿐이지만, 어머니의 민감성과 반응성이 영아의 애착 유형의 원인이 된다고 의심할 만한 이유가 있다. 예를 들어, 연구자는 특별히 예민하고 까다로운 영아를 가진 젊은 어머니 집단을 연구했다. 영아가 약

? 양육자는 영아의 애착 유형에 어떻게 영향을 주는가?

관계의 내적 작동 모델
자기, 일차 양육자, 그리고 그들 사이의 관계에 대한 한 세트의 믿음

6개월이 되었을 때, 어머니 집단의 반은 아기의 정서적 신호에 민감하도록 그리고 더욱 반응적이 되게 장려하도록 설계된 훈련 프로그램에 참가했다. 결과는 아동이 18개월, 24개월, 3세가 되었을 때, 훈련을 받은 어머니의 자녀가 훈련을 받지 않은 어머니의 자녀보다 안전 애착 유형을 가질 가능성이 더 높다는 것을 보여 주었다(van den Boom, 1994, 1995).

애착 유형은 중요한가

영아의 애착 유형은 이후의 발달에 어떤 영향을 미치는가? 영아기에 안전 애착되었던 아동은 안전 애착되지 않았던 아동보다 다양한 측정에서, 즉 심리적 안녕(Madigan et al., 2013)에서부터 학업 성취(Jacobson & Hoffman, 1997)와 관계의 질(McElwain, Booth-LaForce, & Wu, 2011; Schneider, Atkinson, & Tardif, 2001; Simpson, Collins, & Salvatore, 2011; Steele et al., 1999; Vondra et al., 2001)에 이르기까지 더 우월하다.

주간 탁아소에서 시간을 보내는 것이 애착 과정을 손상시키는가? 국립 아동 건강과 인간 발달 연구소에 의한 대량의 종단연구에서 애착 유형은 어머니의 민감성과 반응성의 영향을 강하게 받지만, 주간 탁아의 질, 양, 안정성, 또는 유형의 영향은 받지 않는다는 것을 보여 주었다(Friedman & Boyle, 2008).

예를 들면, 영아기부터 성인기까지 사람들을 추적한 한 연구에서, 연구자는 낯선 상황에서 불안 애착을 보였던 1세 영아가 21세에 자신의 연애 상대와 주요 관계의 갈등을 해결하려고 시도할 때 부정적 정서를 더 많이 경험한다는 것을 발견했다(Simpson et al., 2007). 그리고 낯선 상황에서 안전 애착 유형을 보였던 1세 영아는 계속해서 자신의 연애 상대와의 갈등으로부터 더욱 빠르게 회복하는 성인이 되었다(Salvatore et al., 2011). 일부 심리학자는 사람들이 영아기에 발달시킨 작동 모델을 후에 교사, 친구, 연인과의 관계에 적용한다고 제안한다. 다시 말하면, 애착 유형은 영아가 더 성공적이거나 덜 성공적인 성인이 되도록 한다(Sroufe, Egeland, & Kruetzer, 1990). 하지만 다른 심리학자는 영아의 애착 유형이 이후의 결과와 상관관계가 있는 것은 단지 이들이 모두 같은 환경에 기인하기 때문이라고 주장한다. 다시 말하면, 민감하고 반응적인 양육자가 영아의 애착 유형과 그의 이후 성인기 결과 모두의 원인이다(Lamb et al., 1985).

도덕 발달

출생 순간부터 인간은 하나의 구별을 빠르게 잘하는데, 그것은 쾌락과 고통 사이의 구별이다. 영아가 맨 처음 기저귀를 차기도 전에, 언제 무엇이 좋게 또는 나쁘게 느껴지는지 구별할 수 있고, 소리가 미치는 거리 안에 있는 누구에게나 그가 전자를 강하게 선호한다는 것을 증명할 수 있다. 그다음 몇 년 동안, 그는 자신의 즐거움('음식을 던지는 것은 재미있다')이 종종 다른 사람의 고통('음식을 던지는 것은 엄마를 화나게 한다')이라는 것을 알아차리기 시작하는데, 이것은 영아가 생존하기 위해서 이 타인들이 필요하기 때문에 약간 문제가 된다. 그래서 그는 자신의 욕구와 주변 사람들의 욕구의 균형을 잡는 방법을 학습하기 시작하며, 그는 부분적으로 옳고 그름 사이의 구별을 발달시킴으로써 이것을 한다.

피아제에 따르면, 어린 아동은 도덕 규칙이 사람과 문화에 따라 다를 수 있다는 것을 깨닫지 못한다. 예를 들어, 대다수 미국인들은 개를 먹는 것이 부도덕하다고 생각하지만, 대다수 베트남인들은 그렇게 생각하지 않는다.

무엇이 옳은지 알기

아동은 어떻게 옳고 그름에 대해서 생각하는가? 피아제 또한 이것

제2차 세계대전 동안 많은 알바니아의 이슬람 교도들은 나치로부터 유대인 이웃들을 보호했다. 바바 학시 디드 레샤트바르디(사진)는 많은 유대인을 구한 사람 중 하나이다.

에 대해서 이야기했다. 그는 아동들과 게임을 하면서 그들이 어떻게 게임의 규칙들을 알게 되었으며 그 규칙들을 위반한 아동들에게 어떻게 해야 한다고 생각하는지 질문하면서 시간을 보냈다. 아동들이 말하는 것을 주의 깊게 경청함으로써, 피아제는 아동의 도덕적 사고가 세 가지 중요한 방식으로 발달한다고 결론을 내렸다(Piaget, 1932/1965).

● 첫째, 피아제는 아동의 도덕적 사고가 현실주의에서 상대주의로 변화하는 경향이 있다는 것을 인지했다. 매우 어린 아동은 도적 규칙을 세상에 대한 현실적이고 신성불가침한 진리로 간주한다. 어린 아동에게 옳고 그름은 낮과 밤과 같다. 그것은 세상에 존재하고, 사람들이 생각하거나 말하는 것에 의존하지 않는다. 그것이 어린 아동이 (누구를 때리는 것과 같은) 나쁜 행동은, 모든 사람이 그것을 허용하는 데 동의하더라도, 좋은 것일 수 있다고 일반적으로 생각하지 않는 이유이다. 아동은 성숙함에 따라 어떤 도덕 규칙(예 : 아내는 남편에게 복종해야 한다)은 발명된 것이지 발견된 것이 아니며, 따라서 사람들은 그것을 받아들이거나, 변화시키거나, 완전히 폐기하는 데 동의할 수 있다는 것을 깨닫기 시작한다.

피아제에 따르면, 도덕 발달의 특징을 나타내는 세 가지 변화는 무엇인가?

● 둘째, 피아제는 아동의 도덕적 사고가 규범에서 원칙으로 변화하는 경향이 있다는 것을 인지했다. 어린 아동은 도덕 규칙을 특정 상황에서의 특정 행동을 위한 지침으로서 생각한다("각 아동은 5분 동안 아이패드를 가지고 놀 수 있고 다음에 왼쪽에 앉은 아동에게 그것을 넘겨 주어야 한다"). 아동은 성숙함에 따라 규칙은 공평성과 공정성 같이 더욱 일반적인 원칙의 표현이라는 것을 알게 된다. 이것은 규칙이 일반적인 원리에 어긋날 때 폐기되거나 수정될 수 있다는 것을 의미한다("만일 제이슨이 아이패드 차례를 놓쳤다면, 그는 지금 두 번의 기회를 가져야 한다").

● 셋째이며 마지막으로, 피아제는 아동의 도덕적 사고가 결과에서 의도로 변화하는 경향이 있다는 것을 인지했다. 어린 아동은 행위의 도덕성을 행위자의 의도에 의해서가 아니라 행위의 결과에 의해서 판단하는 경향이 있기 때문에, 어린 아동에게는 큰 해를 입히게 된 의도하지 않은 행위("조쉬는 우연히 아빠의 아이패드를 고장냈다")가 약간의 해를 입힌 의도적인 행위("조쉬는 화가 나서 아빠의 연필을 부러뜨렸다")보다 '더 그릇된' 것으로 보인다. 아동이 성숙함에 따라 행위의 도덕성이 행위자의 마음 상태에 결정적으로 의존한다는 것을 보기 시작한다.

도덕적 사고의 발달에 대한 피아제의 관찰은, 비록 다시 한 번 이러한 이행이 일어나는 연령을 과대평가한 것으로 보이기는 하지만, 일반적으로 상당히 잘 지지되었다. 예를 들면, 연구는 3세 아동도 가끔 사람들의 행위의 도덕성을 판단할 때 사람들의 의도를 고려한다는 것을 보여준다(Yuill & Perner, 1988). 심리학자 로렌스 콜버그(Lawrence Kohlberg)는 피아제의 통찰을 도덕추리의 발달에 대한 세밀한 이론을 만드는 데 사용했다(Kohlberg, 1963, 1986). 콜버그에 따르면, 도덕추리는 세 가지의 기본단계를 통해서 발달한다. 콜버그(1958)는 다음과 같은 일련의 딜레마에 대한 사람들의 반응에 기초하여 그의 이론을 세웠다.

한 여성이 특수한 종류의 암으로 죽음이 임박했다. 의사가 그녀를 구할 수도 있다고 생각하는 하나의 약이 있었다. 그것은 같은 마을의 약사가 최근에 발견한 라듐의 한 형태였다. 그 약은 만드는 값이 비쌌지만, 약사는 약을 만드는 값의 10배를 청구했다. 그는 라듐 값으로 200달러를 지불했고, 적은 양의 약값으로 2,000달러를 청구했다. 아픈 여인의 남편인 하인츠는 그가 아는 모든 사람에게서 돈을 빌렸지만, 약값의 반인 약 1,000달러만 모을 수 있었다. 그는 약사에게 그의 아내가 죽어 가고 있다고 말하고 약을 더 싸게 팔거나 나중에 갚도록 해 달라고 요청했다. 하지만 약사는 "안 돼요. 나는 약을 발견했고 그것으로 돈을 벌려고 해요"라고 말했다. 그래서 하인츠는 절망적이 되어서, 그의 아내를 위해서 약을 훔치기 위해 약사의 가게에 침입했다. 남편은 그렇게 해야만 했는가?

아동의 반응에 근거해서, 콜버그는 대다수 아동이 행위의 도덕성이 행위자의 결과에 의해서 주로 결정되는 도덕 발달 단계인 **전인습적 단계**(preconventional stage)에 있다고 결론지었다. 부도덕

콜버그의 도덕 발달의 세 단계는 무엇인가?

한 행위는 단순히 처벌받는 행위이며, 모든 도덕적 딜레마에 대한 적절한 해결책은 처벌받을 가능성이 가장 낮은 행동을 선택하는 것이다. 예를 들면, 이 단계의 아동은 종종 하나의 결정("만일 그가 그의 아내의 죽음에 대해서 비난받게 된다면 나쁠 것이다")과 다른 결정("만일 그가 도둑질로 감옥에 간다면 나쁠 것이다")의 상대적인 대가에 근거하여 하인츠에 대한 도덕 판단을 했다.

콜버그는 아동은 전인습적이지만, 대략 청소년기에 행위의 도덕성이 사회적 규칙에 얼마나 동조하는가에 의해서 주로 결정되는 도덕 발달 단계인 **인습적 단계**(conventional stage)로 이동한다고 주장했다. 이 단계의 사람은 모든 사람이 자신의 문화에서 일반적으로 수용되는 규범을 지지하고, 사회의 법에 복종하고, 시민의 의무와 가족의 책임을 완수해야 한다고 믿는다. 그는 하인츠가 도둑질(즉, 법을 어김)을 함으로써 자신과 가족에게 가져올 불명예와 그의 아내를 죽게 내버려 둔다면(즉, 의무 이행에 실패함) 느낄 죄책감을 비교해서 평가해야 한다고 주장한다. 이 단계의 사람은 매 맞는 것과 감옥 형에 대해서뿐만 아니라 타인의 승인에 대해서도 염려한다. 부도덕한 행위는 비난받는 행위이다.

마지막으로, 콜버그는 성인기에 일부 성인(모두는 아님)은 행위의 도덕성이 생명과 자유와 행복추구의 권리와 같은 핵심 가치를 반영하는 한 세트의 보편적인 원리들에 의해서 결정되는 도덕 발달 단계인 **후인습적 단계**(postconventional stage)로 이동한다고 믿었다. 행동이 이러한 원리들을 위반할 때 부도덕하며, 만일 법이 이러한 원리들을 위반하도록 요구한다면 그 법은 지키지 말아야 한다. 후인습적 단계에 이른 사람에게는, 여인의 생명은 항상 가게 주인의 이윤보다 중요하므로 약을 훔치는 것은 도덕적 행동일 뿐 아니라 도덕적 책임이다.

연구는 도덕 추리가 처벌을 강조하는 것으로부터 사회적 규칙을 강조하는 것으로 그리고 마지막으로 윤리적 원칙들을 강조하는 것으로 변화한다는 콜버그의 일반적인 주장을 지지한다(Walker, 1988). 하지만 연구는 또한 이 단계들이 콜버그가

콜비그기 옳았던 것은 무엇이고 틀렸던 것은 무엇인가?

생각했던 것만큼 잘 구별되는 것은 아니라고 제시한다. 예를 들어, 한 사람이 상황에 따라서 전인습적, 인습적, 후인습적 사고를 사용할 수 있는데, 이것은 발달하는 사람이 특정한 경우에 사용하거나 사용하지 않을 수 있는 '기술을 습득하는' 것이지 그가 '단계에 도달하는' 것이 아

전인습적 단계
행위의 도덕성이 행위자의 결과에 의해서 주로 결정되는 도덕 발달 단계

인습적 단계
행위의 도덕성이 사회적 규칙에 얼마나 동조하는가에 의해서 주로 결정되는 도덕 발달 단계

후인습적 단계
행위의 도덕성이 핵심 가치를 반영하는 한 세트의 보편적인 원리들에 의해서 결정되는 도덕 발달 단계

여러분이 사흘 동안 상승을 선회했는데 여러분의 먹이가 죽지 않는다면, 윤리적으로 말해서, 여러분의 견해는 어떠한가?

니라는 것을 시사한다.

여기서 남성 대명사를 사용하는 것은 의도적이다. 콜버그는 미국 소년 표본을 연구함으로써 그의 이론을 발전시켰기 때문에, 일부 비평가는 그의 이론이 소녀의 도덕적 사고(Gilligan, 1982)나 비서구인의 도덕적 사고(Simpson, 1974)의 발달을 기술하지 않는다고 제안했다. 첫 번째 비판은 과학적 지지를 거의 못 받았지만(Jaffee & Hyde, 2000; Turiel, 1998), 두 번째 비판은 지지를 받았다. 예를 들면, 어떤 비서구 사회는 자유와 개성보다 복종과 공동체에 가치를 두기 때문에, 그 사회 사람들의 도덕 추리는 그것이 **실제로** 윤리적 원칙의 후인습적인 고려를 반영할 때 사회적 규범에 대한 인습적 헌신을 반영하는 것처럼 보일 수 있다. 다른 비평가들은 아동의 도덕 추리 수준이 그 자신의 도덕 행동과 일반적으로 상관관계가 있지만(Blasi, 1980), 그 상관관계는 강하지 않으며, 이것은 도덕 행동이 나쁜 행동을 삼가는 것이 아니라 좋은 행동을 하는 것일 때 특히 그렇다(Haidt, 2001; Thoma et al., 1999). 이 비평가들은 사람들이 도덕성에 대해서 어떻게 추리하는가는 그 자체로 흥미로울 수는 있지만, 사람들이 일상생활에서 실제로 어떻게 행동할 것인지에 대해서는 별로 알려 주는 것이 없다고 제안한다. 하지만 만일 도덕 추리가 도덕 행동을 결정하지 않는다면, 그러면 무엇이 하는가?

무엇이 옳은가 느끼기

도덕 추리에 대한 연구는 사람들이 옳고 그른 것을 구별하기 위해서, 때로는 단순하고 때로는 정교한, 이성적인 분석을 사용하는 법정의 재판관과 같다고 제안한다. 하지만 도덕적 딜레마는 단지 우리를 생각하게만 만들지 않는다. 그것은 또한 우리를 느끼게 만든다. 다음을 숙고하라.

> 당신은 다리 위에 서 있다. 아래에서 탈선한 전차가 선로 아래로 돌진하여 현재 진로를 그대로 둔다면 5명의 사람이 죽게 될 것을 당신은 볼 수 있다. 당신은 지레를 움직여서 전차를 다른 선로로 바꿔 주면 이 사람들을 구할 수 있다고 확신한다. 그렇게 되면 5명 대신 단지 1명이 죽게 될 것이다. 전차의 진로를 바꿔서 5명의 생명을 구하고 1명을 죽게 하는 것이 도덕적으로 용납될 수 있는가?

이제 이 문제의 약간 다른 판을 숙고해 보라.

> 당신과 큰 남자가 다리 위에 서 있다. 아래에서 탈선한 전차가 선로 아래로 돌진하여 현재 진로를 그대로 둔다면 5명의 사람이 죽게 될 것을 당신은 볼 수 있다. 당신은 전차가 5명을 치기 전에 큰 남자를 선로로 밀어서 그의 몸이 전차의 바퀴에 끼어서 전차를 멈추게 하면 이 사람들을 구할 수 있다고 확신한다. 큰 남자를 밀어서 1명을 죽게 하고 5명의 생명을 구하는 것이 도덕적으로 용납될 수 있는가?

이러한 시나리오들이 그림 11.10에 예시되어 있다. 만일 여러분이 대다수 사람들과 같다면, 여러분은 스위치를 당기는 것은 도덕적으로 용납될 수 있지만 사람을 미는 것은 그렇지 않다고 결론을 내렸을 것이다(Green et al., 2001). 두 경우 모두 여러분은 다섯 사람을 구하기 위해서 한 사람을 희생할 것인지 결정해야 했는데, 한 경우에는 "예"라고 했고 다른 경우에는 "아니요"라고 했다. 어떻게 도덕 추리가 그렇게 모순된 결론을 내릴 수 있는가? 그럴 수는 없으며, 여러분은 전혀 도덕 추리에 의해서 이 결론에 도달하지 않았을 것이다. 오히려 여러분은 단순히 전차가 다가오는 경로에 다른 사람을 밀어 넣어서 그 사람이 난도질당하는 것을 본다는 생각에 대해 강한 부정적 정서반응을 했고, 그 반응은 즉시 여러분이 그를 밀어 넣는 것이 옳지 않다고 결론짓게 했다. 물론 여러분은 이러한 결론을 지지하는 몇 가지 좋은 주장들을 생각했을 수 있지

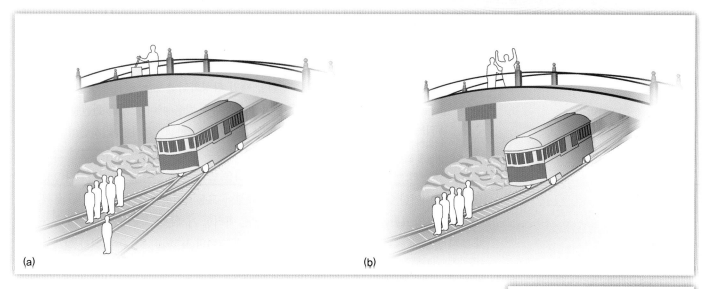

▲ 그림 11.10 **전차 문제** 왜 개폐기를 잡아당겨서 1명의 생명 대신 5명의 생명을 구하는 것은 허용할 수 있지만 다리에서 1명을 밀어서 5명의 생명을 구하는 것은 허용할 수 없는 것으로 생각되는가? 연구는 (b)의 시나리오가 (a)의 시나리오보다 더 부정적인 정서 반응을 유발하며, 이러한 정서 반응이 도덕적 직관의 기초일 수 있다는 것을 제시한다.

만("만일 그가 몸을 돌려서 나를 물어뜯는다면?" 혹은 "나는 나의 새 구두에 화풀이하고 싶지 않을 것이다"), 그 주장들은 아마도 여러분의 결론에 선행했기보다는 뒤따라왔을 것이다(Greene, 2013).

이러한 경우들에 사람들이 반응하는 방식은 일부 심리학자들이 도덕 판단은 정서 반응의 원인이 아니라 결과라고 확신하도록 했다(Haidt, 2001). 이러한 도덕적 직관주의자 관점에 따르면,

> 도덕 판단은 정서 반응에 선행하는가 아니면 뒤따라오는가?

우리는 생식과 생존에 특별히 관련된 소수의 사건들에 대해서 정서적으로 반응하도록 진화해 왔으며, 우리는 이러한 정서 반응들을 명명하고 설명하는 방식으로서 옳고 그름 사이의 구별을 발달시켜 왔다(Hamlin, Wynn, & Bloom, 2007). 예를 들어, 우리 대다수는 근친상간이 옳지 않기 때문에 우리는 그것을 혐오한다고 생각하지만, 다른 가능성은 그것이 혐오스럽기 때문에 우리는 그것을 옳지 않은 것으로 간주하는 것이다. 근친상간은 유전적으로 생존능력이 있는 후손을 생산하기 위해서는 열등한 방법이며, 그래서 자연은 그것을 혐오하는 사람들을 선택해 왔을 것이다. 근친상간의 부도덕성에 대한 우리의 추론은 그러한 혐오의 원인이 아니라 결과일 수 있다.

몇몇 연구는 도덕적 직관주의자 관점을 지지한다. 예를 들면, 한 연구에서 정상적인 정서를 경험할 수 없는 뇌 손상 환자들은 그림 11.10에 보이는 두 가지 상황을 똑같이 취급했다. 두 경우 모두에서 다섯 생명을 구하기 위해 한 생명을 희생시키는 것을 선택했다(Koenigs et al., 2007). 다른 연구(Wheatley & Haidt, 2005)에서, 참가자들은 최면에 걸렸고 그들이 *take*라는 단어를 들을 때마다 "혐오의 짧은 고통 … 위에 메스꺼운 느낌"을 경험할 것이라는 말을 들었다. 참가자들은 최면 상태에서 깨어난 후, 몇 가지 행위의 도덕성을 평가하도록 요구받았다. 어느 때는 행위에 대한 기술이 *take*라는 단어를 포함했고["경찰관이 뇌물을 받는(take) 것은 얼마나 부도덕한가?"] 어느 때는 포함하지 않았다["경찰관이 뇌물을 받는(accept) 것은 얼마나 부도덕한가?"]. 참가자들은 행위가 *take*라는 단어를 포함할 때 그 행위를 덜 도덕적이라고 평가했는데, 이것은 그들의 부정적인 감정이 도덕 추론의 결과가 아니라 도덕 추론의 원인이었음을 시사한다.

이 모든 것은 우리가 사람을 선로로 밀어 넣는 것이 부도덕하다고 간주하는 것은 단순히 그 사람이 고통받는 것을 본다는 생각이 우리를 유감스럽게 하기 때문이라는 것을 시사한다(Greene et al., 2001). 실제로 연구는 다른 사람이 고통받는 것을 보는 것은 우리 자신이 고통받

을 때 활성화되는 바로 같은 뇌 영역을 활성화한다는 것을 보여 주었다(Carr et al., 2003; 3장의 거울 뉴런에 대한 논의 참조). 한 연구에서, 신체의 상이한 부위들에 여성이 전기충격을 받거나 그녀의 연인이 전기충격을 받는 것을 지켜보았다. 충격의 위치에 대한 정보를 처리하는 여성의 뇌 영역들은 여성 자신이 충격을 경험할 때만 활성화되었지만, 정서적 정보를 처리하는 영역들은 여성이 충격을 받을 때나 그것을 관찰할 때나 모두 활성화되었다(Singer et al., 2004). 유사하게, 사람이 나쁜 냄새를 맡을 때 활성화되는 정서 관련 뇌 영역들은 또한 그가 다른 사람이 나쁜 냄새를 맡는 것을 볼 때도 활성화된다(Wicker et al., 2003). 이러한 연구들은 우리의 뇌가 우리 내부에 고통스러운 **경험**을 만들어 냄으로써 다른 사람의 고통의 표현에 반응한다는 것을 시사하며, 이러한 기제는 우리가 타인이 무엇을 느끼는지 즉시 알도록 해 주기 때문에 진화되어 내려왔을 것이다(de Waal, 2012). 우리가 실제로 다른 사람의 고통을 느낄 수 있다는 사실은 복잡한 도덕 추리를 할 수 없는 어린 아동조차도 타인에게 고통을 가할 때, 특히 고통당하는 사람이 아동과 유사할 때, 그것이 옳지 않다고 간주하는 이유를 설명할 수 있을 것이다(Hamlin et al., 2013).

> **우리는 타인이 고통스러워하는 것을 볼 때 어떻게 되는가?**

이것은 또한 타인이 고통받는 것을 보는 것에 대한 우리의 혐오가 아동기에 그렇게 일찍 시작되는 이유를 설명할 것이다(Warneken & Tomasello, 2009). 성인이 망치로 자신의 엄지손가락을 치는 시늉을 할 때, 매우 어린 아동조차도 놀라는 것 같고 그를 위로하려고 할 것이다(Zahn-Waxler et al., 1992). 실제로 매우 어린 아동조차도 사회적 규칙을 위반하기 때문에 옳지 않은 행위와 고통을 일으키기 때문에 옳지 않은 행위 사이를 구별한다. 그러한 행동이 허용되는 학교에서 바닥에 장난감을 방치하는 것이 괜찮은지 물었을 때, 어린 아동은 그럴 것이라고 말하는 경향이 있다. 하지만 그러한 행동이 허용되는 학교에서 다른 아동을 때리는 것이 괜찮은지 물었을 때, 어린 아동은 그렇지 않을 것이라고 말하는 경향이 있다(Smetana, 1981; Smetana & Braeges, 1990). 성인이 그렇게 하라고 지시할 때조차도 어린 아동은 때리는 것은 옳지 않다고 말한다(Laupa & Turiel, 1986). 매우 어릴 때부터 타인의 고통이 우리의 고통이 될 수 있으며, 이것은 우리가 고통을 주는 행위는 부도덕하다고 결론을 내리도록 하는 것 같다.

> 대다수 사람들은 타인의 고통에 대해서 당황해하며, 연구는 어린 아동도 이런 반응을 한다고 제시하는데, 이런 반응은 아동의 도덕성의 출현에 기초가 될 수 있다.

CREASOURCE/CORBIS

요약

▶ 영아는 제한된 범위의 시력을 갖지만, 그 범위 내에 나타나는 대상을 보고 기억할 수 있다. 영아는 자신의 신체를 위에서 아래 방향으로, 중심에서 바깥 방향으로 통제하는 것을 학습한다.

▶ 영아는 세상이 어떻게 작용하는지에 대한 이론들을 천천히 발달시킨다. 피아제는 이러한 이론들이 4단계를 거쳐서 발달한다고 믿었다. 그동안 아동은 대상이 보이지 않게 되더라도 계속해서 존재한다는 사실과 대상이 겉모습은 변하더라도 변하지 않는 지속적인 속성을 갖는다는 사실과 같은, 세상에 대한 기본적인 사실들을 학습한다. 아동은 또한 자신의 마음이 대상을 표상하며, 따라서 대상이 보이는 것과 같지 않을 수도 있고, 아동이 대상을 볼 때 타인은 보지 못할 수도 있다는 것을 학습한다.

▶ 인지 발달은 또한 아동이 자신의 문화의 구성원들에 의해서 수천 년 동안 발달되어 온 이해의 도구를 전수받는 사회적 상호작용을 통해서 일어난다.

▶ 매우 이른 나이에 인간은 자신의 일차 양육자와 강한 정서적 유대를 발달시킨다. 이러한 유대의 질은 양육자의 행동과 아동의 기질 모두에 의해서 결정된다.

▶ 사람들은 도덕적 원리를 학습하고 준수함으로써 함께 살아간다.

▶ 아동의 옳고 그름에 대한 추리는 처음에 행위의 결과에 기초하지만, 성숙함에 따라 아동은 행위자의 의도와 함께 행위가 추상적인 도덕 원리를 따르는 정도도 고려하기 시작한다.

▶ 도덕 판단은 타인의 고통에 대한 우리의 정서 반응으로부터 유래될 수 있다.

청소년기 : 간격에 유의하기

아동기와 성인기 사이는 독립적인 기간으로 볼 수 없을지는 몰라도, 이전 단계와 이후 단계와는 분명히 구분되는 긴 발달 단계이다. **청소년기**(adolescence)는 성적 성숙의 시작(약 11~14세)과 함께 시작해서 성인기의 시작(약 18~21세)까지 지속되는 발달의 기간이다. 배아에서 태아로의 변화나 영아에서 아동으로의 변화와 달리, 이 변화는 갑작스럽고 분명하게 구분된다. 단지 3~4년 내에 보통 청소년은 약 40파운드(약 18kg)가 늘고 약 10인치(약 25cm)가 자란다. 소녀의 경우, 이 모든 성장은 10세경에 시작해서 15.5세경에 성인의 키에 도달한다. 소년의 경우 그것은 12세경에 시작해서 17.5세경에 끝난다.

이 성장 박차의 시작은 **사춘기**(puberty) 시작의 신호가 되는데, 사춘기는 성적 성숙과 관련된 신체 변화를 나타낸다. 이러한 변화는 **일차 성징**(primary sex characteristics)과 관련되는데, 그것은 생식과 직접 관련된 신체 구조로서, 예를 들면, 소녀의 경우 월경의 시작, 소년의 경우 고환, 음낭, 음경의 확대와 사정 능력의 출현이다. 또한 **이차 성징**(secondary sex characteristics)과도 관련되는데, 그것은 성적 성숙과 함께 급격히 변화하지만 생식과 직접 관련되지는 않는 신체 구조로서, 예를 들면, 소녀의 유방의 확대와 히프의 넓어짐, 양성 모두에서 얼굴의 털, 음모, 겨드랑이 털이 나는 것과 목소리가 낮아지는 것이다. 이러한 변화 양식은 소녀의 경우 에스트로겐, 소년의 경우 테스토스테론의 생산의 증가에 기인한다.

청소년기 동안 신체가 변화하면서 또한 뇌도 변화한다. 예를 들면, 사춘기 바로 전에 뇌의 다른 영역들을 연결하는 세포 조직의 성장 속도가 현저하게 증가한다(Thompson et al., 2000).

SETH POPPEL/YEARBOOK LIBRARY

KEVIN MAZUR/WIREIMAGE/GETTY IMAGES

청소년은 얼굴과 몸의 다른 부분들이 다른 속도로 성숙하기 때문에 종종 멍청하게 묘사된다. 하지만 음악가 저스틴 팀버레이크가 입증할 수 있듯이, 멍청함은 일반적으로 해결된다.

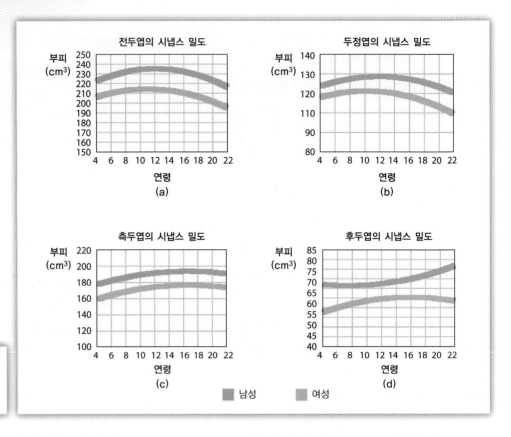

▶ 그림 11.11 **사춘기의 뇌** 뉴런의 발달은 전두엽과 두정엽에서 약 12세에(a, b), 측두엽에서 약 16세에(c) 절정에 이르고, 후두엽에서 20세까지(d) 계속해서 증가한다.

6~13세 사이에 측두엽(언어에 전문화된 뇌 영역)과 두정엽(공간 관계를 이해하는 데 전문화된 뇌 영역) 사이의 연결들이 빠르게 증식한 다음에 멈추는데, 대략 이때 언어 학습의 결정적 시기가 끝난다(그림 11.11 참조).

하지만 가장 중요한 신경계의 변화는 전두엽에서 일어난다. 영아의 뇌는 실제로 필요한 것보다 훨씬 더 많은 새로운 시냅스를 형성하고, 아동이 2세가 될 때에는 뉴런당 약 15,000개의 시냅스를 갖는데, 이것은 보통 성인의 약 2배이다(Huttenlocher, 1979). 이러한 초기 시냅스 증식의 시기 후에 자주 사용되지 않는 연결들이 제거되는 불필요한 시냅스 제거의 시기가 뒤따른다. 이것은 우리 뇌의 배선이 부분적으로 세상에서의 경험에 의해 결정되도록 허용하는 훌륭한 체계이다. 과학자들은 이 과정이 생의 초기에 끝났다고 생각해 왔으나, 최근의 증거는 전전두엽이 사춘기 바로 전에 2차 시냅스 증식을, 청소년기 동안에 2차 불필요한 시냅스 제거를 경험한다는 것을 시사한다(Giedd et al., 1999). 분명히 청소년의 뇌는 진행 중인 작품이다.

사춘기에 뇌는 어떻게 변화하는가?

청소년기의 연장

사춘기가 시작하는 나이는 개인에 따라서(예 : 사람들은 대략 동성 부모가 사춘기를 겪었던 나이에 사춘기에 도달하는 경향이 있다)와 문화에 따라서(예 : 아프리카계 미국 소녀가 유럽계 미국 소녀보다 먼저 사춘기에 도달하는 경향이 있다) 차이가 있다. 그것은 또한 세대에 따라서도 차이가 있다(Malina, Bouchard, & Beunen, 1988). 예를 들면, 스칸디나비아, 영국, 미국에서 초경 연령이 19세기에는 16~17세 사이였으나, 1960년에는 약 13세였다. 더욱 최근의 연구는 덴마크 소녀의 유방 발달의 평균 연령은 1992년 이래 만 1년이 감소한 것을 발견했다(Aksglaede et al., 2009). 미국 소년이 사춘기가 시작하는 평균 연

사춘기의 시작은 지난 세기 동안 어떻게 변화했는가?

1992). 사춘기가 일어나는 시기는 소년에게는 그런 일관된 효과를 갖지 않는다. 어떤 연구는 조숙한 소년이 또래보다 더 잘한다고 제시하고, 어떤 연구는 더 못한다는 것을 보여 주고, 어떤 연구는 전혀 차이가 없다는 것을 보여 준다(Ge, Conger, & Elder, 2001). 흥미롭게도, 최근의 연구는 소년에게 사춘기의 첫 단계부터 마지막 단계까지 변화하는 속도, 즉 **템포**(tempo)가 사춘기가 일어나는 시기보다 더 나은 예언자일 수 있다는 것을 제시한다(Mendle et al., 2010).

일부 청소년의 경우, 사춘기는 동성의 구성원에게 매력을 느끼는 사실에 의해서 더욱 복잡해진다. 대다수 동성애 남성은 6~18세 사이에 자신의 성적 지향을 알았다고 보고하고, 대다수 동성애 여성은 11~26세 사이에 알았다고 보고한다(Calzo et al., 2011). 성적 지향이 동성애 청소년을 대다수 그의 또래와 다르게 만들 뿐 아니라(단지 미국 성인의 3.5%만 자신을 여성 동성애자, 남성 동성애자, 혹은 양성애자로 인지한다; Gates, 2011), 그것은 또한 그가 가족, 친구, 그리고 지역사회로부터 인정받지 못하게 할 수 있다. 미국인들은 빠르게 동성애를 점점 더 수용하고 있지만(그림 11.14 참조), 아직 인정하지 않는 사람들도 많다. 그리고 어떤 나라들에서는 인정하지 않는 것 이상을 한다. 즉, 동성애 시민을 감옥에 보내거나 사형을 언도한다.

사람이 주로 동성 혹은 이성에게 성적으로 지향하는 것을 결정하는 것은 무엇인가? 오랫동안 심리학자들은 사람의 성적 지향이 주로 양육에 의존한다고 믿었다. 예를 들면, 정신분석 이론가들은 지배적인 어머니와 복종적인 아버지와 성장하는 소

성적 지향은 천성의 문제인가 아니면 양육의 문제인가?

년은 자신의 아버지와 동일시할 가능성이 낮으며 따라서 동성애자가 될 가능성이 높다고 제안했다. 좋다. 훌륭한 이론이다. 하지만 과학 연구는 성적 지향에 중요한 영향을 주는 부모 양육의 어떤 측면도 발견할 수 없었다(Bell, Weinberg, & Hammersmith, 1981). 아마도 가장 유효한 사실은 동성애 부부에 의해 양육되는 아동과 이성애 부부에 의해 양육되는 아동은 똑같이 이성애 성인이 되는 경향이 있다는 것이다(Patterson, 1995). 또한 사람의 초기 성적 대면이 그의 성적 지향에 지속적인 영향을 준다는 생각에 대한 지지도 거의 없다(Bohan, 1996).

그러면 사람의 성적 지향을 결정하는 것은 무엇인가? 현재 생물학이 중요한 역할을 한다고 제시하는 상당한 증거가 있다. 동성애자는 이성애자보다 더 큰 비율의 동성애 형제자매를 가질 뿐 아니라(Bailey et al., 1999), 동성애 남성의 일란성 쌍생아(유전자를 100% 공유함)는 동성애자가 될 확률이 50%이지만, 동성애 남성의 이란성 쌍생아나 형제(유전자를 50% 공유함)의 확률은 단지 15%이다(Bailey & Pillard, 1991; Gladue, 1994). 여성에 대한 연구에서도 유사한 패턴이 나타났다(Bailey et al., 1993). 어떤 증거는 태내 환경이 성적 지향을 결정하는 데 역할을 담당할 수 있으며, 자궁 내 높은 수준의 안드로겐이 — 남성이든 여성이든 상관없이 — 사람이 후에 여성에 대한 성적 선호를 발달시키도록 한다는 것을 제시한다(Ellis & Ames, 1987; Meyer-Bahlberg et al., 1995). 아마도 이것이 동성애자의 뇌가 동성애가 아닌 이성의 뇌와 닮은 경향이 있는 이유이다(Savic & Lindstrom, 2008). 예를 들면, 동성애가 아닌 남성과 동성애 여성(모두 여성에게 매력을 느낌)의 뇌의 좌우반구는 크기가 다른 경향이 있지만, 동성애가 아닌 여성과 동성애 남성(모두 남성에게 매력을 느낌)의 경우는 크기가 같은 경향이 있다.

많은 동성애 남성과 여성이 태내 환경과 유전자를 모두 공유하지만 이성애자인 일란성 쌍생

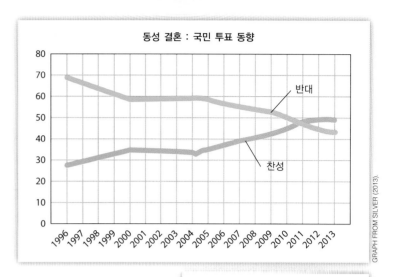

▲ 그림 11.14 **투표 동향** 동성 결혼에 대한 견해가 빠르게 변화하는 데서 입증되듯이, 동성애에 대한 미국인의 태도는 지난 몇 년 동안 크게 변화했다.

제인 클레멘티의 18세 된 아들 타일러는 대학 룸메이트가 그가 다른 남자에게 키스하는 것을 비디오로 촬영당한 후 2010년에 자살했다. 그녀는 후에 다음과 같이 말했다. "어떤 사람들은 성적 지향이 변화되거나 탄원될 수 있다고 생각한다고 나는 생각한다. 하지만 나는 성적 지향이 협상의 여지가 없다는 것을 안다. 나는 내 아이들이 변화될 필요가 있다고 생각하지 않는다. 변화할 필요가 있는 것은 태도, 혹은 나 자신, 혹은 아마도 내가 아는 어떤 다른 사람들이라고 나는 생각한다."(Zemike, 2012에 인용됨)

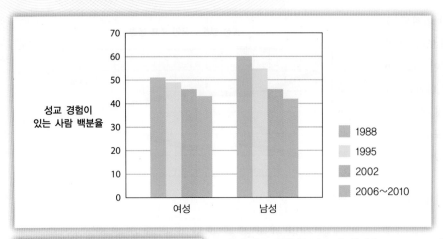

▲ 그림 11.15 **10대의 성** 성교 경험이 있는 미국 10대의 백분율은 최근에 감소해 왔다(Martinez et al., 2011).

아를 갖기 때문에, 물론 유전자와 태내 생물학이 사람의 성적 지향의 유일한 결정인자가 될 수는 없다. 다른 요인들이 있는 것이 틀림없지만, 현재 우리는 그것들이 무엇인지 알지 못한다. 하지만 우리가 아는 것 하나는 사람들이 특정한 성적 지향을 갖도록 하는 것이 무엇이든 간에, 소위 전환 치료에 의해서 변화될 수 있다는 증거가 없다는 것이다(APA, 2009). 약 1%의 사람들이 어느 종류의 성적 지향도 갖지 않으며 어느 성에 대해서도 성적 매력을 경험한 적이 없다고 주장하는 것에

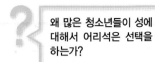

왜 많은 청소년들이 성에 대해서 어리석은 선택을 하는가?

대해서도 주목할 필요가 있다(Bogaert, 2004). 성적 지향의 과학은 아직 역사가 짧고 상반되는 발견들로 가득 찼지만, 한 가지 충분히 분명한 것으로 보이는 사실은 성적 지향이 단순한 선택의 문제가 아니라는 것이다.

하지만 성행동은 선택의 문제이며, 많은 미국의 10대들이 그것을 선택한다. 비록 성경험이 있는 미국 10대의 백분율은 꾸준히 감소하고 있지만(그림 11.15 참조), 아직 1/3 이상이다. 여기서 문제는 10대의 성에 대한 관심이 성에 대한 지식을 전형적으로 능가한다는 것이다. 대다수 미국 부모는 성에 대해서 자녀와 깊이 있는 대화를 하지 않으며(Ansuini, Fiddler－Woite, & Woite, 1996), 대화를 하는 부모도 자신의 자녀가 성적으로 활발하게 되는 나이를 과대평가하기 때문에 늦게 시작하는 경향이 있다(Jaccard, Dittus, & Gordon, 1998; 그림 11.16 참조). 성에 대한 무지는 중요성을 갖는다. 미국 10대의 1/4이 고등학교 3학년까지 4명 이상의 성적 파트너를 갖지만, 단지 반 정도만 마지막 성교 동안 콘돔 사용을 보고한다(질병통제센터, 2002). 비록 10대 출산율이 미국에서 약 20년 동안 감소해 왔지만, 아직 선진국 중 가장 높고, 따라서 임신 중절 비율도 그렇다.

▶ 그림 11.16 **부모가 생각하는 10대의 성** 미국 부모가 10대에게 성에 대해서 말해 주는 것은 종종 너무 적거나 너무 늦다. 연구는 미국 10대가 부모가 생각하는 것보다 더 일찍 성경험을 하는 것을 보여 준다(Jaccard et al., 1998).

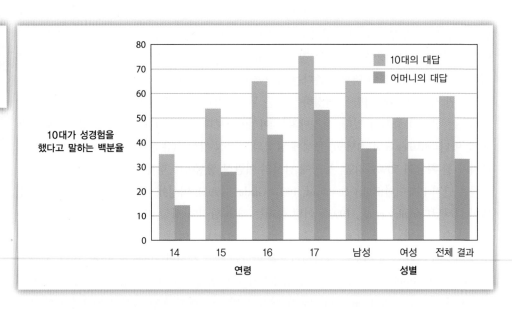

무엇을 할 수 있는가? 어떤 사람들이 말하는 것과 달리, 가장 좋은 과학적 증거는 성교육이 10대가 성교를 할 가능성을 증가시키지 않는다는 것을 제시한다. 그 대신에 성교육은 10대가 처음 성교를 하는 것을 연기시키고, 성교를 할 때 피임을 사용할 가능성을 증가시키고, 임

신하거나 성병에 감염될 가능성을 낮추어 준다(Mueller, Gavin, & Kulkarni, 2008; Satcher, 2001). 이러한 이익의 증거자료에도 불구하고, 미국 학교에서 성교육은 종종 부재하거나, 불충분하거나, 피해 방지보다는 금욕의 목표에 기초한다. 슬프게도, 금욕만의 프로그램이 효과적이라고 제시하는 증거는 거의 없으며(Kohler, Manhart, & Lafferty, 2008), 어떤 연구는 금욕 서약을 하는 10대는 서약을 하지 않는 10대와 마찬가지로 성교를 할 가능성

인간 유두종 바이러스는 자궁경부암에 이르게 할 수 있는 성적으로 전파되는 질병이다. 다행히 그것을 예방할 수 있는 백신이 있다. 어떤 부모는 예방 접종을 하는 것이 딸이 성교를 일찍 하도록 부추길 것이라고 걱정하지만, 연구는 예방 접종을 한 젊은 여성이 예방 접종을 하지 않은 젊은 여성보다 성교를 더 일찍 하지 않는다는 것을 보여 준다(Bednarczyk et al., 2012).

이 있지만, 피임을 사용할 가능성은 더 낮다고 제시한다(Rosenbaum, 2009). 그것은 참 안됐다. 왜냐하면 10대 어머니는 아이가 없는 10대 여성보다 학업과 경제적 성취의 거의 모든 측정에서 더 낮은 수행을 보이고, 그 자녀는 나이 든 어머니의 자녀보다 교육적 성공과 정서적 안녕의 대부분의 측정에서 더 낮은 수행을 보인다(Olausson et al., 2001).

부모와 또래

"나는 누구인가?"라는 질문은 기억 상실증 환자와 청소년이 모두 하는 것이지만, 질문을 하는 이유는 서로 다르다. 자신과 자신의 세계에 대한 아동의 관점은 부모의 관점과 단단히 묶여 있지만, 사춘기는 청소년이 부모보다 또래를 지향하도록 함으로써 그러한 유대를 싹둑 잘라내기 시작하는 새로운 세트의 욕구를 만들어 낸다. 심리학자 에릭 에릭슨(Erik Erikson, 1959)은 삶의 각 단계의 특성을 개인이 그 단계에서 직면하는 주요 과제를 가지고 기술했다. 그의 **심리사회적 발달단계**(표 11.2 참조)는 청소년기의 주요 과제가 성인 정체성의 발달이라고 제안했다. 아동은 거의 전적으로 부모형제와의 관계에 의해서 자신을 정의하지만, 청소년기는 가족관계로부터 친구관계로 중요성의 변화를 보여 준다.

두 가지가 이 변화를 어렵게 만들 수 있다. 첫째, 아동은 자신의 부모를 선택할 수 없지만, 청소년은 자신의 또래를 선택할 수 있다. 그것만으로 청소년은 새로운 가치, 태도, 믿음, 관점을 발달시키도록 안내할 집단에 합류함으로써 자신을 형성할 힘을 갖는다. 어느 정도까지 청소년은 자신이 곧 되려는 성인을 만들어 낼 기회를 가지며, 이 기회가 부과하는 책임은 압도적일 수 있다. 둘째, 청소년이 더 큰 자율성을 얻으려고 애쓸 때 부모는 당연히 반대한다. 예를 들어, 부모와 청소년은 늦게까지 귀가하지 않거나 성교를 하는 것 같은 특정한 성인 행동이 허용되는 나이에 대

? 청소년기 동안 가족관계와 또래관계는 어떻게 변화하는가?

해서 동의하지 않는 경향이 있으며, 이 갈등에서 각 당사자가 어떤 입장을 가질 것인지에 대해서는 굳이 과학자가 말해줄 필요가 없다(Holmbeck & O'Donnell, 1991). 청소년과 부모는 누가 청소년의 행동을 통제해야 하는가에 대해서 종종 생각이 다르기 때문에, 그들의 관계는 더 갈등적이고 덜 가깝게 되며, 그들의 상호작용은 더 짧고 덜 빈번하게 된다(Larson & Richards, 1991). 그렇다 하더라도, 청소년과 부모는 놀라운 정도로 갈등이 거의 없고(Chung, Flook, & Fuligni, 2009), 말다툼이 있을 때는 옷과 언어 같은 사소한 문제들에 대해서 일어나는 경향이 있는데, 이

"내가 너는 자유로운 신분이라고 말할 때 너는 자유로운 신분인 것이다."

표 11.2

에릭슨의 인간 발달 단계

에릭슨에 따르면, 각 발달 '단계'에 '중요한 사건'은 사람이 긍정적 혹은 부정적으로 해결할 수 있는 도전 혹은 '위기'를 만들어 낸다.

연령	단계	주요 사건	위기	긍정적 해결
1. 출생에서 12~18개월	구강-감각	급식	신뢰 대 불신	아동은 자신의 기본적인 생리적, 사회적 욕구를 충족하기 위해서 환경에 의지할 수 있다는 믿음을 발달시킴.
2. 18개월~3세	근육-항문	배변 훈련	자율성 대 수치/의심	아동은 자신이 무엇을 통제할 수 있다는 것을 배우고 자유 의지감을 발달시키고 자기 통제의 부적절한 사용에 대해서는 후회와 슬픔을 발달시킴.
3. 3~6세	이동	독립	주도성 대 죄의식	아동은 행위를 시작하고, 탐색하고, 상상하고, 행위에 대한 양심의 가책을 느낌.
4. 6~12세	잠복	학교	근면성 대 열등감	아동은 표준이나 타인과 비교하여 잘하거나 옳게 하는 것을 배움.
5. 12~18세	청소년	또래 관계	자아정체감 대 역할 혼란	청소년은 타인에 대한 관계와 자신의 내적 사고와 욕구에 대한 관계에서 자기감을 발달시킴.
6. 19~40세	초기 성인	애정 관계	친밀감 대 고립	사람은 사랑을 주고받는 능력을 발달시키고, 관계에 장기적으로 개입하기 시작함.
7. 40~65세	중년	부모양육	생성감 대 침체	사람은 다음 세대의 발달을 안내하는 것에 대한 관심을 발달시킴.
8. 65세에서 사망	성숙	자신의 삶에 대한 반성과 수용	자아통정감 대 절망	사람은 살아온 대로의 삶에 대한 수용감을 발달시키고, 개인이 평생 동안 발달시킨 사람과 관계의 중요성을 발달시킴.

것은 왜 10대가 아버지보다, 보통 그러한 문제들을 감독하는 어머니와 더 많이 다투는지를 설명할 수 있다(Caspi et al., 1993).

청소년은 부모로부터 멀어지지만, 더욱 중요하게, 그는 또래에게로 다가간다. 연구들은 다양한 문화들, 역사적 시기들, 그리고 종들에서조차 또래관계는 유사한 방식으로 진화한다는 것을 보여 준다(Dunphy, 1963; Weisfeld, 1999). 어린 청소년은 처음에 동성의 또래들과 집단 혹은 '소집단'을 형성하는데, 그들 중 많은 수가 아동기 동안 친구였다(Brown, Mory, & Kinney, 1994). 다음에 남성 소집단과 여성 소집단이 마을 광장이나 쇼핑몰 같은 공공장소에서 만나기 시작하며, 그들은 단지 집단으로 공공장소에서만 상호작용하기 시작한다. 몇 년 후 이러한 동성 소집단의 나이 든 구성원들은 집단을 떠나서 더 작은 혼성 소집단을 형성하는데, 그것은 사적으로 구성될 수도 있고 공적으로 구성될 수도 있지만 보통 집단으로서 구성된다. 마지막으로, (보통 남성과 여성) 커플이 작은 혼성 소집단을 떠나서 낭만적 관계를 시작한다.

연구들은 청소년기 동안 사람들은 동성 또래와 함께 지내는 시간의 양을 유지하면서 이성 또래와 지내는 시간을 증가시키는데(Richards et al., 1998), 그들은 부모와 더 적은 시간을 함께 보냄으로써 그렇게 한다는 것을 보여 준

청소년들은 공공장소에서 이성 소집단을 만나는 동성 소집단을 형성한다. 결국 이들은 혼성 소집단을 형성할 것이고, 낭만적 관계의 커플이 되어 떠날 것이고, 결혼을 할 것이며, 그후 자녀가 같은 행동을 할 때 자녀들을 걱정할 것이다.

다(Larson & Richards, 1991). 또래가 청소년의 신념과 행동에 상당한 영향력을 행사하지만, 이러한 영향은 일반적으로 또래가 압력을 가해서가 아니라 청소년이 또래를 존경하고, 찬양하고, 좋아하기 때문에 일어난다(Susman et al., 1994). 실제로 청소년은 나이가 들면서 또래 압력에 저항하는 경향성이 증가한다(Steinberg & Monahan, 2007). 또래에 의한 수용은 청소년에게 대단히 중요하며, 또래로부터 거부당하는 청소년은 위축되고, 외롭고, 우울한 경향이 있다

(Pope & Bierman, 1999). 7학년에 바보였던 사람들에게는 다행스럽게도, 청소년 초기에 인기가 없는 사람들도 또래가 덜 엄격해지고 더 관대해짐에 따라 청소년 후기에 인기를 얻을 수 있다 (Kinney, 1993).

성인기
대략 18~21세에 시작해서 사망 시 끝나는 발달 단계

요약

▶ 청소년기는 그 이전 단계와 그 이후 단계와 구별되는 발달의 단계이다. 그것은 성장 박차와 함께, 그리고 인간 신체의 성적 성숙의 시작인 사춘기와 함께 시작된다. 사춘기는 이전 어느 시기보다도 더 일찍 일어나며, 젊은이가 성인 사회에 진입하는 것은 더 늦게 일어난다.

▶ 이 '중간 단계' 동안 청소년은 위험하거나 불법적인 일을 다소 더 하기 쉽지만, 자신이나 타인에게 심각하거나 지속적인 위해를 가하는 일은 드물다.

▶ 청소년기 동안 성적 관심은 강렬해지고, 어떤 문화에서는 성적 활동이 시작된다. 성적 활동은 전형적으로 각본에 따르는데, 각본의 많은 측면이 모든 문화에 표준적이다. 대부분의 사람들이 이성의 구성원에게 끌리지만, 일부는 그렇지 않으며, 연구는 생물학이 사람의 성적 지향을 결정하는 데 핵심 역할을 한다는 것을 시사한다.

▶ 청소년이 자신의 성인 정체감을 발달시키려고 노력함에 따라, 부모로부터 점점 더 자율성을 추구하고 더욱 또래 지향적이 되며, 동성 소집단을 형성한 후, 혼성 소집단을 형성하고, 마지막으로 커플로서 두 사람씩 떠난다.

성인기 : 우리가 믿을 수 없는 변화

단세포 접합체가 등록한 투표자가 되는 데는 7,000일이 채 안 걸린다. **성인기**(adulthood)는 대략 18~21세에 시작해서 사망 시 끝나는 발달 단계이다. 신체 변화가 질주 속도에서 기는 속도로 느려지기 때문에, 많은 사람들이 성인기를 발달과정이 마지막에 우리를 인도하는 목적지로 생각하고, 일단 도착하면 우리의 여행은 거의 완성된다고 생각한다. 우리가 처음으로 적법하게 맥주를 마실 때부터 적법하게 마지막 호흡을 할 때까지 많은 신체적, 인지적, 정서적 변화가 일어나기 때문에 이것은 진실과는 거리가 멀다.

능력의 변화

20대 초는 건강, 체력, 활력, 용감한 행위의 절정기이며, 우리의 심리학은 우리의 생물학과 밀접하게 연결되기 때문에, 또한 우리의 인지 능력의 대부분이 가장 예리한 시기이기도 하다. 바로 이때 여러분은 아마도 그 후 어느 때보다도 더 멀리 보고, 더 잘 듣고, 더 많이 기억하고, 체중은 덜 나갈 것이다. 여러분이 할 수 있는 동안 그것을 즐기라. 여러분이 신체적으로 절정에 있는 이 멋진 순간은 몇 십 개월만 지속하고, 그 후 26~30세 사이의 어느 때부터 느리고 꾸준한 쇠퇴를 시작해서 죽을 때까지 끝나지 않는다. 사춘기 이후 단지 10년이나 15년 만에 여러분의 몸은 거의 모든 면에서 퇴화하기 시작할 것이다. 근육은 지방으로 대치되고, 피부는 탄력성이 줄고, 머리숱은 적어지고, 뼈는 약해지고, 감각 능력은 덜 예민해지고, 뇌세포는 더 빠른 속도로 죽어 갈 것이다. 만일 여러분이 여자라면, 마침내 여러분의 난소는 난자 생산을 중지하고 여러분은 불임이 될 것이다. 만일 여러분이 남자라면, 여러분은 더 약하게, 더 적게, 간격은 더 멀게 발기하게 될 것이다. 실제로 감기에 더 저항력이 있고 통증에 덜 민감한 것 외에는, 여러분의 나이 든 몸은 여러분의 젊은 몸만큼 잘 작동하지 않을 것이다.

하지만 걱정 마라. 더 나빠진다. 이런 신체 변화가 축적됨에 따라, 그 변화는 측정 가능한 심리적 결과를 갖기 시작할 것이기 때문이다(Salthouse, 2006; 그림 11.17 참조). 예를 들어, 여러분의 뇌가 노화함에 따라, 전전두엽과 그것과 연합된 피질하의 연결들이 뇌의 다른 영역들보

역사의 끝이라는 착각

"**나**는 마침내 도달했다." 그것은 많은 젊은 성인들이 아동기와 청소년기의 빠른 변화를 회고하고, 성인기의 비교적 평탄한 출범을 예상할 때 갖는 느낌이다. 하지만 최근 연구는 도달했다는 이러한 느낌은 착각이며, 사람들이 평생 동안 압도되는 착각이라고 제시한다.

최근의 한 연구(Quoidbach, Gilbert, & Wilson, 2013)에서 연구자들은 수천 명의 사람들에게 지난 10년 동안 그들의 성격이 얼마나 많이 변했는지 회고하도록 하거나, 또는 앞으로 10년 동안 그들의 성격이 얼마나 많이 변할 것인지 예측하도록 요구했다. 다음에 그들은 특정 연령의 사람들의 '회고하는' 기억들과 10년 젊은 사람들의 '예상하는' 예측들을 비교했다. 예를 들면, 그들은 18세인 사람들이 그들의 성격이 얼마나 많이 *변할 것이라고* 생각하는지와 28세인 사람들이 그들의 성격이 얼마나 많이 *변했다*고 기억하는지를 비교했으며, 18~68세까지 사람들에게 이러한 비교를 했다.

도표에서 보여 주듯이, 삶의 특정한 10년을 회상하는 사람들은 그것을 예상하는 사람들보다 훨씬 더 많은 변화를 보였고, 그것은 18세와 68세 사이의 모든 10년에 대해서 사실이었다! 연구자들은 사람들에게 그들의 기본 가치와 선호에서의 변화를 기억하고 예측하도록 요구했을 때 정확하게 같은 양식을 발견했다. 그들은 이러한 현상을 *역사의 끝이라는 착각*이라고 불렀다.

성인기는 예기치 않은 변화, 혹은 '우리가 믿을 수 없는 변화'의 특징을 갖는 삶의 기간인 것 같다. 10대와 그의 조부모 모두 개인적 변화의 속도가 매우 느려져서 마침내 영원히 변치 않을 사람이 된 것처럼 생각하는 것 같지만, 자료는 단순히 그렇지 않다는 것을 제시한다. 변화는 느리지만 멈추지 않으며, 그 속도는 우리가 예상하는 것보다 빠르다.

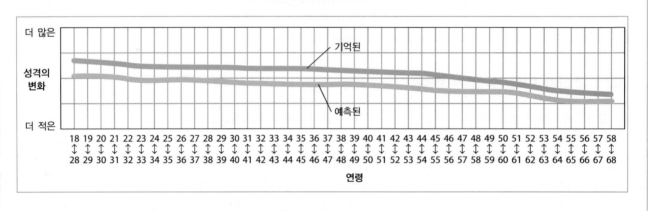

▼ 그림 11.17 **인지적 쇠퇴** 20세 이후에 사람들은 인지 수행의 일부 측정치에서 극적인 쇠퇴를 보이지만 다른 측정치에서는 그렇지 않다(Salthouse, 2006). 예를 들면, 과거 사건을 회상하는 능력(일화 기억)은 나이가 들면서 쇠퇴하지만, 단어의 의미를 회상하는 능력(의미 기억)은 쇠퇴하지 않는다.

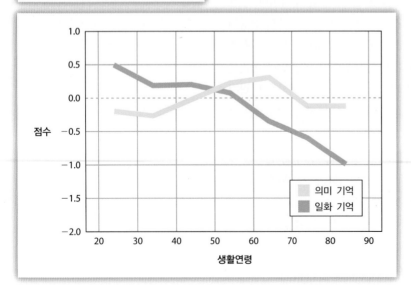

다 더 빨리 퇴화할 것이고(Raz, 2000), 여러분은 노력이나 주도성이나 전략을 필요로 하는 인지 과제에서 뚜렷한 쇠퇴를 경험할 것이다. 모든 종류의 기억이 같은 속도로 나빠지는 것은 아니지만, 여러분의 기억력은 나빠질 것이다. 여러분은 장기 기억(정보를 인출하는 능력)에서보다 작업 기억('마음속에' 정보를 유지하는 능력)에서 더 큰 쇠퇴를 경험할 것이고, 의미 기억(단어 의미와 같은 일반적인 정보를 기억하는 능력)에서보다 일화 기억(특정한 과거 사건을 기억하는 능력)에서 더 큰 쇠퇴를 경험할 것이고, 재인의 정확성보다 인출의 정확성에서 더 큰 쇠퇴를 경험할 것이고, … 음 … 우리가 바로 지금 기억하지 못하는 다른 어떤 것에서 더 큰 쇠퇴를 경험할 것이다.

뉴스는 모두 나쁜가? 그렇지 않다. 여러분의 인지적 기계장치는 나이가 들면서 녹이 슬지만, 연구는 여러분이 그것을 훨씬 더 능숙하게 사용함으로써 부분적으로 보상할 것이라고 제시하기 때문이다(Bäckman & Dixon, 1992; Salthouse, 1987). 나이 든 체스 선수는 젊은 선수보

? 어떤 신체 변화와 심리 변화가 성인기와 관련이 있는가?

다 장기 위치를 훨씬 더 불완전하게 기억하지만, 장기판을 더 효율적으로 탐색하기 때문에 여전히 체스를 잘 둔다(Charness, 1981). 나이 든 타이피스트는 젊은 타이피스트보다 더 느리게 반응하지만, 구어나 문자 텍스트에서 다음 단어를 더 잘 예상하기 때문에 여전히 빠르고 정확하게 타이프를 친다(Salthouse, 1984). 나이 든 비행기 조종사는 단기 기억 속에 단어 목록을 유지하게 될 때 젊은 조종사보다 상당히 못하지만, 그 단어들이 조종사가 날마다 관제탑으로부터 받는 '비행 방향 지시어들'일 때 이런 연령 차이는 사라진다(Morrow et al., 1994). 이 모든 것은 나이 든 성인이 기억과 주의에서 그가 경험하는 연령과 관련된 쇠퇴를 보상하고 있다는 것을 시사한다(Park & McDonough, 2013).

? 성인은 쇠퇴하는 능력을 어떻게 보상하는가?

나이 든 성인은 어떻게 그것을 하는가? 3장에서 보았듯이, 젊은 뇌는 고도로 분화되어서 상이한 부분들은 상이한 기능들을 한다. 뇌가 노화하면서 분화가 감소한다는 것을 지금 우리는 안다(Lindenberger & Baltes, 1994). 예를 들면, 젊은이의 경우 얼굴과 경치의 지각에 특수화된 시각 피질의 영역들이 노인의 경우에는 훨씬 적게 특수화된다(Grady et al, 1992; Park et al., 2004). 뇌는 젊고 능력 있을 때는 독립적으로 일하지만 각 전문가가 늙고 느려질 때는 팀으로 협력하며 일하는 전문가들의 집단과 같다(Park & McDonough, 2013). 예를 들면, 젊은 성인이 언어 정보를 작업 기억 속에 유지하려고 시도할 때 그의 왼쪽 전전두 피질이 오른쪽 것보다 더 강하게 활성화되며, 젊은 성인이 공간 정보를 작업 기억 속에 유지하려고 할 때는 오른쪽 전전두 피질이 왼쪽 것보다 더 강하게 활성화된다(Smith & Jonides, 1997). 하지만 이러한 좌우반구의 비대칭성은 나이 든 성인의 경우 상당히 많이 사라지는데, 이것은 나이 든 뇌가 하나의 신경 구조의 쇠퇴하는 능력을 다른 신경 구조에 도움을 요청함으로써 보상한다는 것을 시사한다(Cabeza, 2002; 그림 11.18 참조). 신체의 기계장치는 시간이 지나면서 망가지지만, 뇌가 그 도전에 대처하는 한 가지 방법은 노동의 분배를 변화시키는 것이다.

목표의 변화

할아버지가 그의 차 열쇠를 찾을 수 없는 한 가지 이유는 그의 전전두 피질이 예전처럼 기능하지 않기 때문이다. 하지만 다른 이유는

US항공 조종사 체슬리 슐렌버거는 그의 58번째 생일을 일주일 남기고 허드슨 강에 완벽하게 비상 착륙해서 탑승객 전원의 생명을 구했다. 탑승객 중 아무도 더 젊은 조종사를 원하지 않는다.

▼ **그림 11.18 나이 든 뇌와 젊은 뇌의 양쪽 반구 활동** 다양한 과제에 대해서 나이 든 성인의 뇌는 양쪽 반구의 활성화를 보이고, 젊은 성인의 뇌는 한쪽 반구의 활성화를 보인다. 이것에 대한 한 가지 설명은 나이 든 뇌가 하나의 신경 구조의 쇠퇴하는 능력을 다른 신경 구조에 도움을 요청함으로써 보상한다는 것이다(Cabeza, 2002).

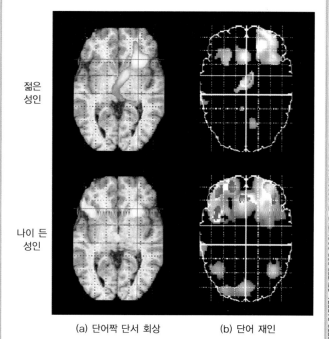

젊은 성인

나이 든 성인

(a) 단어짝 단서 회상   (b) 단어 재인

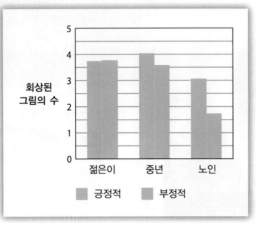

▶ 그림 11.19 **그림에 대한 기억** 기억은 일반적으로 나이가 들면서 쇠퇴하지만, 불쾌한 그림과 같은 부정적인 정보를 기억하는 능력이 긍정적인 정보를 기억하는 능력보다 훨씬 더 빨리 쇠퇴한다(Carstensen et al., 2000).

단지 차 열쇠의 위치를 기억하는 것은 할아버지가 자신의 귀중한 시간을 소비할 만한 종류의 것이 아니기 때문이다(Haase, Heckhausen, & Wrosch, 2013). 사회정서적 선택이론(Carstensen & Turk-Charles, 1994)에 따르면, 젊은 성인은 주로 미래에 자신에게 유용할 정보를 획득하는 방향을 향하지만(예 : 평론 잡지 읽기), 나이 든 성인은 일반적으로 현재에 정서적 만족을 가져오는 정보의 방향으로 향한다(예 : 소설

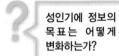

성인기에 정보의 목표는 어떻게 변화하는가?

읽기). 젊은이들은 미래가 길기 때문에, 내일 그들에게 도움이 될 잠재적으로 유용한 정보에 대해서 주의를 기울이고, 생각하고, 기억하는 데 그들의 시간을 투자한다. 노인들은 미래가 훨씬 더 짧기 때문에, 오늘 그들에게 도움이 되는 긍정적인 정보에 대해서 주의를 기울이고, 생각하고, 기억하는 데 그들의 시간을 소비한다(그림 11.19 참조).

예를 들면, 노인은 일련의 불쾌한 얼굴들을 기억하도록 요구될 때 젊은이보다 훨씬 더 낮은 수행을 보이지만, 일련의 유쾌한 얼굴들을 기억하도록 요구될 때는 단지 약간만 더 낮은 수행을 보인다(Mather & Carstensen, 2003). 젊은 성인은 매우 유쾌한 그림이나 매우 불쾌한 그림을 볼 때 같은 양의 편도체 활성화를 보이지만, 나이 든 성인은 매우 불쾌한 그림을 볼 때보다 매우 유쾌한 그림을 볼 때 훨씬 더 많은 활성화를 보인다(Mather et al., 2004). 실제로 젊은 성인에 비해서 나이 든 성인은 일반적으로 긍정적인 정서 경험을 유지하는 것과 부정적인 정서 경험을 줄이는 것을 더 잘할 수 있다(Isaacowitz, 2012; Isaacowitz & Blanchard-Fields, 2012; Lawton et al., 1992; Mather & Carstensen, 2005). 노

대다수 사람들에게 후기 성인기는 행복한 시기인가 아니면 불행한 시기인가?

인은 또한 부정적 정서를 더 적게 경험하고(Carstensen et al. 2000; Charles, Reynolds, & Gatz, 2001; Mroczek & Spiro, 2005; Schilling, Wahl, & Wiegering, 2013), 경험할 때는 더 수용적이다(Shallcross et al., 2013). 이 모든 것을 가정하면, 후기 성인기가 생애에서 가장 행복하고 가장 만족스러운 기간이라고 일관되게 보고된다는 것을 아는 것은 놀라운 일이 아니다(그림 11.20 참조). 놀라운 일은 아니지만, 젊은 성인들은 노화의 문제들을 굉장히 과대평가하기 때문에 아마

사람들은 나이가 들면서 큰 집단의 지인들보다 가족과 소수의 친한 친구들과 시간을 보내는 것을 선호한다.

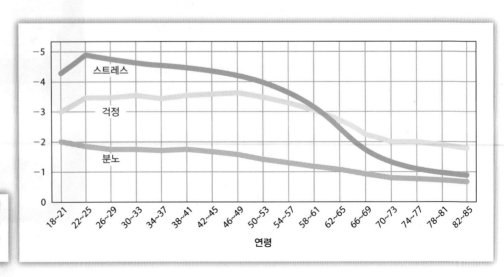

▶ 그림 11.20 **정서와 연령** 나이 든 성인은 젊은 성인보다 훨씬 낮은 수준의 스트레스, 걱정, 그리고 분노를 경험한다(Stone et al., 2010).

도 여러분은 놀랄 것이다(Pew Research Center for People & the Press, 2009; 그림 11.21 참조).

짧아진 미래가 사람들을 지적으로 유익한 정보보다 정서적으로 만족스러운 정보를 지향하도록 하기 때문에, 나이 든 성인은 교류하는 상대에 대해서 더욱 선택적으로 되어서, 큰 무리의 지인들보다는 가족과 소수의 친한 친구들과 함께 시간을 보내는 것을 선택한다. 한 연구는 한 집단의 사람들을 1930년대부터 1990년대까지 추적했는데, 그들이 지인들과 교류하는 비율은 초기 성인기부터 중년기까지 감소했지만, 배우자, 부모, 형제들과 교류하는 비율은 안정적으로 유지되거나 증가했다는 것을 발견했다(Carstensen, 1992). 69~104세까지의 나이 든 성인들에 대한 연구는 가장 나이 든 성인들이 좀 더 젊은 성인들보다 주변의 사회적 파트너를 더 적게 갖지만, 자신의 '내부 집단'의 구성원으로 간주하는 정서적으로 가까운 파트너의 수는 같다는 것을 발견했다(Lang & Carstensen, 1994). 대다수 60세 사람들이 하는 말은 "새로운 사람들을 만나러 가자"가 아니라, "오랜 친구들과 터놓고 이야기하자"이다. 이런 동일한 인지적, 정서적 변화가 불치병 때문에 미래가 단축될 것을 알게 된 젊은 사람들에게서도 발견될 수 있다는 것에 주목하는 것은 슬프지만 교훈적이다(Carstensen & Fredrickson, 1998).

늙는 것은 사람들이 생각하는 것만큼 나쁘지 않으며, 몇 가지 좋은 놀라운 일을 유지하기소차 안나. 예를 늘면, 40~100세의 여성들에 대한 한 연구는 가장 나이 든 여성들이 가장 젊은 여성들보다 거의 2배 더 자신의 성생활에 "매우 만족"하고 있다고 보고할 가능성이 있다는 것을 보여 주었다(Trompeter, Bettencourt, & Barrett-Connor, 2012).

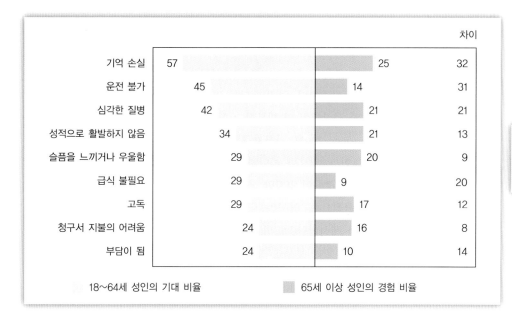

	18~64세 성인의 기대 비율	65세 이상 성인의 경험 비율	차이
기억 손실	57	25	32
운전 불가	45	14	31
심각한 질병	42	21	21
성적으로 활발하지 않음	34	21	13
슬픔을 느끼거나 우울함	29	20	9
급식 불필요	29	9	20
고독	29	17	12
청구서 지불의 어려움	24	16	8
부담이 됨	24	10	14

◀ 그림 11.21 **과히 나쁘지 않음** 연구는 젊은 이들이 노령의 문제들을 과대평가한다는 것을 보여 준다(Pew Research Center for People & the Press, 2009).

역할의 변화

청소년기에 시작하는 부모로부터의 심리적 분리는 보통 성인기에 물리적 분리가 된다. 사실상 모든 인간 사회에서 젊은 성인은 가정을 떠나고, 결혼하고, 자신의 자녀를 가진다. 결혼과 부모 역할은 성인 생활의 가장 중요한 두 측면이다. 인구조사 통계는 만일 여러분이 현재 대학생 나이의 미국인이라면, 여러분은 27세경에 결혼하고, 대략 1.8명의 자녀를 두고, 배우자와 자녀 모두를 가장 큰 기쁨의 원천으로 간주할 것이라고 제시한다. 실제로, 터무니없이 많은 93%의 미국 어머니들이 자신의 자녀가 항상 혹은 대부분의 시간에 행복의 원천이라고 말한다(Pew Research Center, 1997).

하지만 결혼과 자녀가 정말 우리를 행복하게 하는가? 연구는 결혼한 사

결혼이 사람들을 행복하게 하는가, 아니면 행복한 사람들이 결혼하는 경향이 있는가?

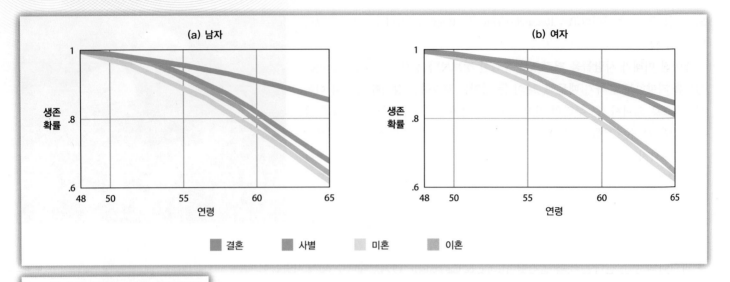

▲ 그림 11.22 **죽음이 우리를 갈라놓을 때까지** 결혼한 사람들은 결혼하지 않은 사람들보다 오래 살며, 이것은 남자와 여자 모두에게 사실이다. 하지만 사별한 남자는 결혼하지 않은 남자와 이혼한 남자와 비슷하게 사망하지만(a), 사별한 여자는 결혼하지 않은 여자나 이혼한 여자보다 더 오래 산다(b). 다시 말하면, 아내를 잃는 것은 항상 나쁘지만, 남편을 잃는 것은 그가 아직 살아 있을 때만 나쁘다! (Lillard & Waite, 1995)

람들이 결혼하지 않은 사람들보다 더 오래 살고(그림 11.22 참조), 성교를 더 자주 하고(그리고 그 성교를 더 즐기고), 돈을 몇 배 더 많이 번다는 것을 보여 준다(Waite, 1995). 이런 차이를 가정하면, 결혼한 사람들이 미혼인—독신이거나, 사별했거나, 이혼했거나, 동거하거나 여부와 상관없이—사람들보다 더 행복하다고 보고하는 것은 놀라운 일이 아니다(Johnson & Wu, 2002). 그런 이유로 많은 연구자들은 결혼을 개인이 자신의 행복을 위해 할 수 있는 최상의 투자라고 간주한다. 하지만 다른 연구자들은 행복한 사람들이 결혼할 가능성이 더 많기 때문에 결혼한 사람들이 더 행복할 것이며 결혼은 행복의 원인이 아니라 결과일 수 있다고 제안한다(Lucas et al., 2003). 과학자들은 이 두 입장이 모두 장점이 있다는 데 일반적으로 동의하는 것으로 보인다. 결혼에 골인하는 사람들은 결혼을 끝내 하지 않는 사람들보다 결혼하기 전에도 더 행복한 경향이 있지만, 결혼은 더욱 이익을 주는 것으로 보인다.

> **결혼, 자녀, 행복에 대한 연구 결과는 어떠한가?**

자녀는 다른 이야기다. 일반적으로, 연구는 자녀가 부모의 행복을 증가시키지 않으며, 오히려 감소시킬 수 있다는 것을 제시한다(DiTella, MacCulloch, & Oswald, 2003; Simon, 2008; Senior, 2014). 예를 들면, 자녀가 있는 부부는 자녀가 없는 부부보다 낮은 결혼 만족을 보고하고, 자녀의 수가 많을수록 더 적은 만족을 보고한다(Twenge, Campbell, & Foster, 2003). 일생의 다른 시점에서의 결혼 만족에 대한 연구는 상승과 하락의 흥미로운 패턴을 보여 준다. 결혼 만족은 높게 시작해서, 자녀가 아기일 때쯤 갑자기 내려갔다가 회복하기 시작하고, 자녀가 청소년일 때 다시 갑자기 내려가며, 자녀가 집을 떠날 때가 되어서야 결혼 전 수준으로 돌아온다(그림 11.23 참조). 어머니가 아버지보다 전형적으로 자녀 양육을 훨씬 더 많이 한다고 가정하면, 부모 양육의 부정적인 영향이 남자보다 여자에게서 더 강한 것은 놀라운 일이 아니다. 어린 자녀를 둔 여성은 특히 역할 갈등('어떻게 내가 전임 변호사와 전임 어머니를 해낼 수 있을까?')과 자유의 제한('나는 더 이상 테니스를 칠 수 없어')을 경험할 가능성이 있다. 미국 여성이 일상적인 활동을 할 때 순간순간의 행복을 측정한 연구에서 여성은 자녀를 돌볼 때가 먹을 때나 운동할 때나 쇼핑할 때나 낮잠 잘 때나 TV를 볼 때보다 덜 행복하고 집안일을 할 때보다 단지 약간만 더 행복하다는 것을 발견했다(Kahneman et al., 2004).

이 모든 것은 사람들이 자녀가 없다면 더 행복하다는 것을 의미하는가? 꼭 그런 것은 아니다. 연구자들이 자녀가 있고 없는 것을 무선 할당할 수 없기 때문에, 부모 역할의 효과에 대한 연구는 상관연구일 수밖에 없다. 자녀를 원해서 자녀를 가진 사람들은 자녀를 원하지도 않고

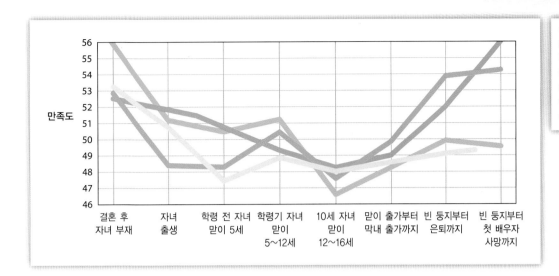

▶ 그림 11.23 **생애에 걸친 결혼 만족** 이 그래프는 남자와 여자의 결혼 만족에 대한 4개의 서로 다른 연구들의 결과를 보여 준다. 네 연구 모두 결혼 만족은 자녀가 태어나기 전과 자녀가 집을 떠난 후에 가장 높다는 것을 제시한다(Walker, 1977).

갖지도 않은 사람들보다 다소 덜 행복할 수 있지만, 자녀를 원하는 사람들이 자녀를 갖지 못한다면 그보다도 덜 행복할 가능성이 있다. 자녀 양육은 대다수 사람들이 그것을 한창 하는 중이 아닐 때 특히 보상적이라고 생각하는 도전적인 일임이 분명해 보인다.

요약

▶ 나이 든 성인은 작업 기억, 일화 기억, 인출 과제에서 쇠퇴를 보이지만, 종종 보상 전략을 발달시킨다.

▶ 점진적인 신체적 쇠퇴는 성인기 초기에 시작되고 명백한 심리적 영향을 가지며, 그중 일부는 기술과 전문성의 증가에 의해 상쇄된다.

▶ 나이 든 사람은 정서적으로 만족스러운 정보를 더욱 지향하는데, 이것은 그의 기본적 인지 수행, 사회적 관계망의 크기와 구조, 그리고 일반적인 행복에 영향을 준다.

▶ 대다수 사람에게 성인기는 가정을 떠나서, 결혼을 하고, 자녀를 갖는 것을 의미한다. 결혼한 사람은 일반적으로 더 행복하지만, 자녀와 부모역할이 부과하는 책임은, 특히 여성에게 상당한 어려움을 준다.

다른 생각

여러분은 사망할 예정이다

팀 크라이더는 수필가이고 만화가이며, 그의 최신 저서는 **우리는 아무 것도 배우지 않는다**이다.

PHOTO: TIM KREIDER/ EINSTEIN THOMPSON AGENCY, NY, NY

인간 발달은 수태로 시작해서 사망으로 끝난다. 우리들 대다수는 수태 부분에 대해서 생각하려고 한다. 늙는다는 것은 두렵고 우울하며, 우리가 노인들을 퇴직자 주택으로 보내는 이유 중 하나는 그래서 그들이 주름지고 마르고 죽는 것을 지켜보지 않아도 되기 때문이다. 수필가인 팀 크라이더((Tim Kreider, 2013)는 이것이 노인에게뿐만 아니라 젊은이에게도 대단한 손실이라고 생각한다.

내 누이와 나는 최근에 어머니가 이사 갈 것이라고 발표한 은퇴 마을에 가 보았다. 나는 정신이 온전한 사람이 하나도 없는 어느 쓸쓸한 노인용 임상 시설에 가본 적이 있어서 도망치고 싶은 충동을 정중하게 억눌러야만 했지만, 이것은 전혀 그렇지 않았다. 그곳은 학교였던 곳에 들어선 매우 편안하고 현대적인 종합 건물이었는데, 큰 부엌과 일광욕실이 있는 개별 아파트로 되어 있었고, 멋진 레스토랑, 그릴, 스낵바, 운동 센터, 연주회장, 도서관, 미술실, 2개의 미용실, 은행, 이태리 대리석으로 잘 꾸며진 예배당이 구비되어 있었다. 종합 건물의 어느 건물에서도 밖으로 나가지 않고 지하 복도와 숲속의 유리로 둘러싸인 통로를 통해서 다른 건물로 걸어갈 수 있었다. 엄마는 그것을 "소년들이 잘 생기지 못한 것을 제외하면, 대학 기숙사와 같다"라고 기술했다. 그렇지만 나는 그날 울음을 참는 데 많은 시간을 보냈다.

모든 주요 인생 위기에 친구들과 가족이 여러분에게 모여들어서 그 경우에 적합한 거짓 정서를 강요한다. "그거 정말 멋지다!"라고 모든 사람이 보조 생활 시설에 들어가기로 한 나의 어머니의 결정에 대해서 말했다. "그녀 스스로 그렇게 하기로 결정한 것은 정말 감동적이다." 그들은 90세 부모가 바람 들어오는 황폐한 집에 완강하게 집착해서, 뇌졸중이나 고관절 골절로 인해 강제 퇴거할 때까지 이사하기를 거부한 자신들의 이야기를 인용했다. "당신은 정말 안심하고 감사해야 한다." "그녀는 그곳에서 훨씬 더 행복할 것이다." 이러한 합창의 압도적인 만장일치의 실제 목표는 이 경우에 동반하는 가장 명백하고 자연스러운 정서, 즉 슬픔을 재확인하기보다는 억제하는 것, 부인하는 것임을 나에게 시사했다.

나의 슬픔이 순전히 이기적이라는 것을 나는 안다. 내 친구들이 옳다. 이것은 전부 엄마의 생각이었고, 그녀는 그것을 즐겁게 기다리고 있고, 그리고 그녀는 그곳에서 정말 행복할 것이다. 하지만 그것은 또한 나의 아버지가 1976년에 장만한 농장을 잃는 것을 의미한다 그곳에서 내 누이와 내가 자랐고, 그곳에서 아빠가 1991년에 돌아가셨다. 우리는 우리가 포드 정부 때부터 가지고 있던 오래된 전화번호를 잃는 것이다. 그 번호는 내가 나 자신의 중간 이름만큼 잘 안다. 내가 그곳에 아무리 드물게 갈지라도, 그곳은 지구상에서 내가 고향으로 생각하는 곳이고, 성인 생활이 실패하는 경우에 내가 항상 돌아가야 하는 곳이다. 강제로 그곳을 상실할 때까지, 언젠가 이 모든 무한한 모험이 끝났을 때, 내가 다시 9살이 되어서 엄마와 아빠와 내 누이와 함께 식탁에 둘러앉을 것이란 생각을 품어 왔다는 것을 나는 깨닫지 못했다. 그리고 그 모든 것 아래에는, 45세라도, 비합리적인 어린애 공포가 있다. 누가 나를 돌봐 줄 것인가? 엄마가 40대일 때 그녀 자신의 어머니가 돌아가셨을 때 처음 든 생각이 '나는 고아다'라고 나의 어머니가 나에게 말씀하신 것을 나는 기억한다.

나 이전의 많은 사람들이 산업국가에 사는 우리가 노인들을 비생산적인 노동자나 쓸모없는 폐물로 간주하고, 그들을 헌신과 의무감으로 우리 자신의 가정에 모시는 대신 시설에 가둔다는 것을 슬퍼했다. 이러한 비판의 대부분은 노인들에게 보이는 무관심과 잔인함에 대한 것이다. 내가 알고 싶은 것은 그것이 나머지 우리들에게 무엇을 하는가이다.

노인과 환자를 격리시키는 것은 자본주의가 끝없이 확장한다는 환상, 젊음과 건강이 영원해서, 노년은 정크 푸드를 먹거나 미니밴을 사는 것과 같이 납득할 수 없는 나쁜 생활양식인 것으로 보여서, 여러분이 교육을 잘 받거나 충분히 잘 알고 있다면 피할 수 있다는 환상과 같이 근거 없는 환상을 가능하게 한다. 그래서 절대로 자신이 잘못하지 않았는데 여러분의 시력이 흐려지고 여러분이 원하는 것을 더 이상 아무 영향을 받지 않고 먹을 수 없고 숙취는 며칠씩 계속되기 시작할 때, 여러분은 아무래도 이용당하고 속은 것처럼 느낀다. 노화는 이상하게 불공평하게 느껴진다. 마치 누구를 고소해야 할 것처럼.

우리는 영화나 TV에서 노인이나 허약한 사람을 많이 보지 않는다. 우리는 화면에서 격정적이고 처참한 죽음을 좋아하지만, 느리고 회색의 절제 없는 종류는 좋아하지 않는다. 노화와 사망은 치질이나 습진과 같은 당황스러운 의학 상태라서 보이지 않는 곳에 숨기는 것이 가장 좋다. 심각한 질병이나 부상의 생존자는 그가 병에 걸리거나 불구가 되었을 때 자신이 다른 세상, 즉 나머지 우리들에게 보이지 않는 환자들의 세상에 갇힌 것을 발견했다고 썼다. 데니스 존슨은 그의 소설 '예수의 아들'에 다음과 같이 쓴다. "여러분과 나는 그 질병에 걸리기 전에는 그것에 대해서 알지 못하고, 걸리는 경우에 우리는 또 한 숨겨진다."

나 자신의 아버지는 집에서 어릴 때 나의 침실이었던 곳에서 돌아가셨다. 적어도 이 점에서 그는 운 좋은 사람이었다. 비록 절대 아무도 원하지 않지만, 현재 거의 모든 사람이 병원에서 사망한다. 우리가 죽어갈 때에는 모든 결정이 우리 손을 떠나서 건강한 사람에 의해 내려지며, 건강한 사람은 무자비하기 때문이다. 물론 우리는 환자와 노인을 어떤 좋은 이유로(더 좋은 보살핌, 통증 완화) 입원시키지만, 우리는 또한 마치 노화가 전염되는 것처럼 노인을 겁내기 때문에 나머지 사회로부터 노인을 격리시킨다고 나는 생각한다. 그것은 사실임이 판명된다.

… 여러분은 이 순간에 이전의 여러분보다 더 늙었고, 앞으로 여러분이 되려는 것보다 가장 젊다. 사망률은 수치스러운 100%를 유

지한다. 핫요가나 글루텐 없는 식사나 항산화제로 혹은 단지 바라보기를 거부함으로써 사망이 언제까지나 회피될 수 있는 것처럼 가장하는 것은 비겁한 부정이다. "그것에 맞서라. 항상 그것에 맞서라. 그것이 이겨내는 방법이다"라고 콘라드는 *태풍*에서 썼다. "그것에 맞서라." 그는 폭풍 이상의 것에 대해서 이야기하고 있었다. 보호받고 있던 왕자 싯다르타 고타마는 밖에 나와 다니다가 늙은 사람, 아픈 사람, 죽은 사람을 우연히 보게 되었을 때 부처가 되는 길을 가게 된 것으로 추정되었다. 오늘날 그는 대중교통을 타지 않는 한, 좌절, 그리고 교화도 없었을 것이다.

바로 어제 내 어머니는 대학에서 처음 읽었던 랭스턴 휴즈의 시 "어머니가 아들에게"를 내게 보내셨다. 어머니가 미국문학 책에서 그것을 우연히 발견했을 때, 어머니는 어디에 있었는지, 즉 고센대학(Goshen College)의 기숙사 방에 있었다는 것을 아직도 기억할 수 있다고 말씀하셨다. 제목에도 불구하고, 그것은 홀마크 카드 문구는 되지 않는다. 나에게 삶은 수정 계단이 아니었네. 그것은 우리에게 이 삶이 영적인 자기발견의 이야기거나 모험이거나 여행이 아니라고 말한다. 그것은 힘들여 터벅터벅 걷는 것이다. 그리고 그것은 우리에게 계속하라고, 무슨 일이 있어도 절대 포기하지 말라고 명령한다. 왜냐하면 나는 너의 어머니이고, 그것이 이유이다.

여러분은 크라이더에게 동의하는가? 우리가 노인을 격리시킬 때 우리는 젊은이에게 해를 끼치는 것인가?

제11장 복습

주요 개념 퀴즈

1. 태내 발달의 순서는
- a. 태아, 배아, 접합체
- b. 접합체, 배아, 태아
- c. 배아, 접합체, 태아
- d. 접합체, 태아, 배아

2. 학습은 (   ) 시작된다.
- a. 자궁 안에서
- b. 출생 시
- c. 신생아 단계에서
- d. 영아기에

3. 중심말단 법칙은 (   )고 진술한다.
- a. 운동 기술은 중심에서부터 말단까지 순서대로 나타난다
- b. 운동 기술은 위에서부터 아래까지 순서대로 나타난다
- c. 먹이 찾기와 같은 운동 기술은 자연에 의해 하드웨어에 내장된다
- d. 더욱 정교한 운동 기술이 나타나면서 단순한 운동 기술은 사라진다

4. 닫기와 같은 운동 기술은
- a. 순서대로 엄격한 시간표에 따라 습득된다.
- b. 엄격한 시간표에 따르지만 순서대로 습득되지 않는다.
- c. 영아의 동기에 의해 영향을 받는다.
- d. 모든 영아가 같은 방법으로 습득한다.

5. 피아제는 영아가 세상이 작용하는 방식에 대한 이론인, (   )을 (를) 구성한다고 믿었다.
- a. 동화
- b. 조절
- c. 도식
- d. 습관화

6. 아동이 인간의 행동은 정신적 표상에 의해서 안내된다는 것을 이해하게 되면, 아동은 (   )을(를) 습득한 것이다.
- a. 공동 주의
- b. 마음 이론
- c. 형식적 조작 능력
- d. 자아중심성

7. 영아가 새로운 상황에서 무엇을 할 것인지에 대한 단서를 얻기 위해서 어머니의 얼굴을 살필 때, 영아는 (   )(이)라고 알려진 능력을 보여 주는 것이다.
- a. 공동 주의
- b. 사회적 참조
- c. 모방
- d. a, b, c 모두

8. 애착 능력은 선천적일 수 있으나, 애착의 질은 (   )에 의해서 영향을 받는다.
- a. 아동의 기질
- b. 아동의 정서 상태를 이해하는 일차 양육자의 능력
- c. 아동과 일차 양육자 사이의 상호작용
- d. a, b, c 모두

9. 아동의 애착 유형은?
- a. 낯선 상황이라고 알려진 행동 검사에 의해서 측정된다.
- b. 모든 문화에서는 아니지만, 가장 흔한 것이 안전 애착 유형이다.
- c. 일반적으로 집에서는 실험실에서 보이는 것과 다르다.
- d. 시간이 지나도 변하지 않는다.

10. 콜버그에 따르면, 도덕추리 발달의 각 단계는 특정한 것에 초점을 맞추는 특징이 있다. 이 단계들의 옳은 순서는 무엇인가?
- a. 결과에 초점, 윤리적 원칙에 초점, 사회적 규칙에 초점
- b. 윤리적 원칙에 초점, 사회적 규칙에 초점, 결과에 초점
- c. 결과에 초점, 사회적 규칙에 초점, 윤리적 원칙에 초점
- d. 사회적 규칙에 초점, 결과에 초점, 윤리적 원칙에 초점

11. 증거는 미국 청소년이 (   )(라)는 것을 보여 준다.
- a. 아동보다 더 우울하다
- b. 맹렬한 호르몬의 희생자
- c. 알코올 문제를 발달시킬 가능성이 있다
- d. 아동기와 성인기 사이의 연장된 간격 속에 살고 있다

12. 과학적 증거는 (   )이(가) 개인의 성적 지향을 결정하는 데 중요한 역할을 한다는 것을 제시한다.
- a. 개인적 선택
- b. 부모양육 유형
- c. 형제자매 관계
- d. 생물학

13. 청소년은 (   )(와)과의 관계를 가장 중요시한다.
- a. 또래
- b. 부모
- c. 형제자매
- d. 부모가 아닌 권위 있는 인물

14. 건강, 체력, 활력, 용기의 절정기는?
- a. 아동기
- b. 10대 초반
- c. 20대 초반
- d. 30대 초반

15. 자료가 제시하는 바로는, 대다수 사람들에게 삶의 마지막 몇 십 년은
- a. 부정적 정서의 증가로 특징지어진다.
- b. 가장 유용한 정보에 주의를 기울이며 보내는 기간이다.
- c. 대단히 만족스럽다.
- d. 훨씬 더 넓은 범위의 사람들과 교류하기 시작하는 시기이다.

주요 용어

감각운동 단계	마음 이론	영아기	접합체
관계의 내적 작동 모델	반사	운동 발달	조절
구체적 조작 단계	발달심리학	이차 성징	중심말단 법칙
기질	배아기	인습적 단계	청소년기
기형 발생 물질	보존	인지 발달	태아기
낯선 상황	사춘기	일차 성징	태아 알코올 증후군
대상영속성	성인기	자아중심성	형식적 조작 단계
도식	수초화	전인습적 단계	후인습적 단계
동화	아동기	전조작 단계	
두미 법칙	애착	접합기	

생각 바꾸기

1. 여러분의 친구 하나가 최근에 결혼했고 그녀와 남편은 아기를 가지려고 계획하고 있다. 여러분은 그 친구에게 일단 임신하면 음주를 중지해야 할 것이라고 말한다. 그녀는 비웃는다. "사람들은 마치 임신한 여자가 술을 마시면 자신의 아기를 살해하고 있는 것처럼 생각하도록 한다. 자, 나의 엄마는 나를 임신했을 때 주말마다 포도주를 마셨고 나는 멀쩡하다." 여러분의 친구가 태내 발달에 대한 알코올의 효과에 대해서 이해하지 못하고 있는 것은 무엇인가? 여러분은 그녀에게 어떤 다른 기형 발생 물질에 대해서 말하겠는가?

2. 여러분이 유모차에서 울고 있는 아이를 발견할 때 여러분은 식료품 가게에 있다. 어머니가 아이를 들어 올려서 아이가 울음을 멈출 때까지 껴안아 준다. 식료품 점원이 선반에 진열하면서 여러분 옆에 서 있다. 그는 기대서서 말한다. "자, 저것은 나쁜 양육이다. 아이가 울 때마다 들어 올려서 껴안아 준다면, 그 행동을 강화하는 것이고, 결과는 매우 버릇없는 아이가 될 것이다." 여러분은 동의하는가? 애착 연구는 아이가 울 때 들어 올려서 안아 주는 것의 효과에 대해서 무엇을 말해 주는가?

3. 여러분과 룸메이트는 젊은이가 부모에게 자신이 동성애자라고 말하는 영화를 보고 있다. 부모는 나쁘게 반응하고 그가 성적 지향을 바꾸는 것을 학습할 수 있는 '캠프'로 그를 보내야 한다고 결심한다. 룸메이트는 여러분을 돌아보며, "이것에 대해서 뭐 아는 것 있어? 사람들이 정말 동성애자에서 이성애자로 변할 수 있어?"라고 묻는다. 이 교과서에서 읽은 것에 기초해서, 여러분은 성적 지향을 결정하는 요인에 대해서 친구에게 무엇이라고 말하겠는가?

4. 여러분의 사촌 중 하나가 방금 30세가 되었고, 두렵게도, 흰 머리카락을 하나 발견했다. "이것은 끝이다"라고 그가 말한다. "곧 나는 시력을 잃고, 새로운 턱이 생기고, 휴대폰을 사용하는 법을 잊어버리기 시작할 거야. 노화는 바로 길고, 느리고, 괴로운 쇠퇴야." 사촌을 격려하기 위해서 여러분은 무엇을 말할 수 있겠는가? 삶의 모든 것이 노화와 함께 더 나빠지는가?

주요 개념 퀴즈 정답

1. b, 2. a, 3. a, 4. c, 5. c, 6. b, 7. b, 8. d, 9. a, 10. c, 11. d, 12. d, 13. a, 14. c, 15. c

Need more help? Additional resources are located in LaunchPad at:
http://www.worthpublishers.com/launchpad/ schacter3e

성격

스테파니 조안 안젤리나 저마노타는 성장 과정에서 이미 독특한 개성을 보였던 것 같다. 어린 시절 그녀는 때때로 있었던 가족 모임에 발가벗은 몸으로 나타났다고 전해진다. 지금은 레이디 가가로 알려진 팝 스타로서 그녀는 자신의 그 튀는 모습의 전통을 계속 유지하고 있다. 그녀의 데뷔 앨범인 "The Fame"과 "The Fame Monster"라는 타이틀, 그리고 자신의 팬들을 그녀는 "Little Monster"라고 부르고 자신은 "Mother Monster"라고 부르는 데서 이미 그녀가 장차 많은 화제를 불러일으킬 것임을 예고한 것 같다. 그녀는 우리들 대부분의 사람들과 마찬가지로 일차원적인 사람이 아니다. 그렇다. 그녀의 스타일은 괴상하고 많은 사람들에게 모범없이 시감치럼 보이껬지민(우리는 니를 보고 있어, 날고기 드레스를), 그러나 그녀는 또한 게이, 양성애자, 레즈비언, 성전환재[그녀의 노래 '나는 원래 이렇게 태어났어요(Born this way)에서 볼 수 있듯이]인 사람들에 대한 평등한 대우를 주장하는 것을 포함하여 인본주의와 인권 신장을 열렬히 지지한다. 레이디 가가는 특이한 사람들 중의 한 사람이다. 그녀는 본질적인 의미에서 성격을 갖고 있는 사람이다. 그녀는 그녀를 다른 사람들과 심리적으로 구분 짓게 만드는 특성들을 갖고 있다.

2010년 9월 MTV 비디오 뮤직상 수상식에서 고기로 만든 옷을 입고 있는 가수 레이디 가가

RAY TAMARRA/FILMMAGIC/GETTY IMAGES

AP PHOTO/LAWRENCE JACKSON

ROB KIM/GETTY IMAGES

HANDOUT/UEFA VIA GETTY IMAGES

당신은 이 사람들 각각에 대해 어떤 성격이라고 말할 것인가?

한 사람의 성격을 형성하게 하는 요인들이 무엇인가는 늘 명확하게 알려져 있지 않다. 당신의 성격은 다른 사람들의 성격과 다르며, 집에서든, 학교 교실에서든 또는 다른 어느 곳에서든, 여러 상황에 걸쳐서 상당히 일관성 있게 나타난다. 사람들은 어떻게 해서, 그리고 왜 서로 심리적으로 다른가? 심리학자들은 많은 사람들의 서로 다른 독특한 성격을 연구함으로써 성격 심리학의 이러한 핵심 문제들에 대해 해답을 줄 많은 정보를 과학적으로 수집한다.

성격(personality)이란 *한 개인의 특징적인 사고, 행동, 감정 방식*을 말한다. 레이디 가가의 이런 기벽들이 그녀의 원래의 모습이든 아니면 사람들에게 보여 주기 위해 꾸민 것이든 상관 없이 그런 것들은 어쨌든 그녀의 모습이며 그녀의 성격을 나타내는 것이다. 이 장에서 우리는 성격에 대해 탐구해 볼 것인데, 먼저 성격의 본질이 무엇이며, 성격이 어떻게 측정되는가를 살펴보고, 그다음에 성격의 이해를 위한 네 가지 주요 접근 방식의 각각에 대해 알아볼 것이다. 특성 및 생물학적 접근, 정신 역동적 접근, 인본주의-실존주의적 접근 및 사회-인지적 접근. 심리학자들도 역시 (글쎄, 그들 대부분이) 성격을 갖고 있으므로 성격이라는 주제에 대한 그들의 접근방식과 논의 주제가 서로 다르다는 것은 전혀 이상한 일이 아니다. 이 장의 마지막 부분에서는 자신을 어떤 모습으로 보는가의 관점이 자신의 성격을 어떻게 형성되게 만들고 또 어떻게 정의하게 만드는지를 알아보기 위하여 자기(self)에 관한 심리학에 대해 논의할 것이다.

성격 : 내용과 측정 방법

누군가가 당신에게 "당신은 성격이 없습니다"라고 말한다면, 당신은 어떤 기분일까? 밖에 나가서 아무나 데려와서 이 사람과 비슷하다고 해도 상관이 없을 판박이 같은 사람, 우중충하고, 아마도 따분하기 그지없는 얼간이가 된 느낌일까? 통상 사람들은 의식적으로 자신의 성격을 만들어 가지는 않는다. 성격은 일생을 통한 인생의 여정 속에서 자연스럽게 만들어지는 것으로 보인다. 심리학자들은 성격의 발달 과정을 이해하고자 노력하는 가운데 성격의 내용(사람들은 **어떤** 면에서 서로 다른가?), 형성 과정(**왜** 사람들은 서로 다른가?), 및 계량적 측정(성격은 어떻게 **측정**될 수 있는가?)의 문제에 대해 깊이 숙고해 왔다.

성격에 대한 기술과 설명

초기의 생물학자들이 (이끼, 개미, 화석 속의 사자 등 가릴 것 없이) 모든 식물과 동물들을 열심히 분류하려고 했던 것과 마찬가지로, 성격 심리학자들도 여러 유형의 성격들에 대해 이름을 붙이고 그 내용을 기술하는 것으로 시작하였다. 생물학이 종 간의 차이가 어떻게 발생하게 되는가를 설명하는 다윈의 진화론을 받아들이던 시기에, 성년이 된 성격에 관한 연구 역시 사람들 간의 심리적 차이의 원인에 대한 설명 이론들을 발전시키고 있었다.

대부분의 성격 심리학자들은 정직성, 불안증, 우울증과 같은 심리학적으로 의미가 있는 구체적인 개인차 문제에 초점을 맞춘다. 그런데 성격은 통상 보는 사람의 눈에 따라 달라진다. 예컨대 누가 어떤 사람에 대해 '잘난체하는 사람'이라고 했다면, 당신은 그런 말을 한 사람에 대해서 무언가를 알게 되었다고 생각하는가, 아니면 그런 말의 대상자가 된 사람에 대해서 무언가를 알게 되었다고 생각하는가? 연구에 따르면

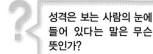

? 성격은 보는 사람의 눈에 들어 있다는 말은 무슨 뜻인가?

서로 잘 아는 사람들 간에 서로의 성격에 대해 기술하게 한 경우 그 내용을 보면 흥미롭게도 한 사람이 여러 다른 사람들에 대해 기술한 내용이 서로 매우 유사하다는 것이다("제이슨은 칼로스는 배려심이 많고, 레나타는 다정하고, 장 폴은 사람들에게 친절하다고 생각한다."). 반면, 여러 사람들이 어떤 한 사람에 대해 서술한 경우는 그 내용들 간의 유사성이 상당히 낮다("칼로스는 제이슨이 똑똑하다고 생각하고, 레나타는 제이슨이 경쟁적이라고 생각하며, 장 폴은 제이슨이 유머 감각이 좋다고 생각한다.")(Dornbusch et al., 1965).

무엇이 레이디 가가로 하여금 이렇게 극단적으로 튀는 행동을 하게 만드는가? 사람들 간의 성격의 차이에 관한 설명들은 일반적으로 (1) 성격 형성에 영향을 주는 과거 사건들 또는 (2) 특정한 성격 특성을 나타내도록 동기화시키는 예기 사건들에 관심을 갖는다. 생물학적인 과거 사건으로서는 스테파니 저마노타가 부모로부터 물려받은 유전인자를 들 수 있겠는데, 이것이 그녀의 과시적인 행동(이 말이 꼭 고기 옷을 입은 것만을 지적하는 것은 아님)과 논란을 불러일으키는 행동을 하는 성격으로 만들었을 수 있다. 행동의 원인이 되는 과거 사건에 관심을 갖는 연구자들은 유전 인자, 뇌, 기타 여러 가지 생물학적인 요인들을 연구할 뿐만 아니라 잠재의식, 상황 및 대인관계 환경들도 탐구한다. 예기 사건을 고려한다는 것은 본인 자신의 주관적인 시각을 중요시한다는 것인데, 이는 통상 본인의 내적인 세계를 반영하는 내밀하고 개인적인 시각(희망, 공포, 열망)을 말한다.

스테파니 저마노타라는 이름을 가진 어린이가 어떻게 레이디 가가라는 성인으로 성장했는가를 이해하려면 당연히 과거의 사건과 예기 사건 간의 상호작용에 대해서 알아보아야 할 것이다. 우리는 그녀의 과거사가 그녀의 동기를 어떻게 형성했는가를 알아보아야 한다.

성격의 측정

심리학자들이 측정해 온 것들 중에서 아마도 성격이 측정하기가 가장 어려운 것 중의 하나일 것이다. 성격의 어떤 측면이 우리가 알아야 할 중요한 부분이고, 또 우리는 그것을 어떻게 측정해야 하는가? 성격 측정 방법은 일반적으로 질문지 기법과 투사 기법의 두 가지로 크게 나눌 수 있다.

성격 측정 질문지

한 사람의 성격에 대해 알아보려고 한다면, 당신은 메모 용지를 들고 그 사람을 졸졸 따라다니면서 그 사람이 행동하고, 말하고, 생각하고, 느끼는 모든 것들(그리고 이러는 당신을 그가 경찰에 신고할 때까지 걸리는 시간이 얼마인지까지를 포함해서)을 하나도 빠짐없이 기록하면 될 것이다. 관찰 내용 중 어떤 것은 당신이 주관적으로 느낀 인상일 수도 있고("5일차 : 신경질이 나기 시작하는 것 같아 보인다."), 다른 것들은 어느 누구에게도 똑같이 보이는 객관적인 것들일 수도 있다("7일차 : 내 연필을 집어서 두 동강이를 내 버리고는 나의 손을 깨물었다.").

심리학자들은 측정 대상자의 감정을 건드리지 않는 가운데 성격에 관한 객관적인 자료를 획득할 수 있는 방법을 찾아내었다. 가장 많이 쓰이는 방법이 **자기 보고**(self-report) 방법인데, 이는 **대상자들이 통상 질문지나 면접을 통하여 자신의 사고, 감정, 행동에 관한 주관적인 정보를 제공하게 되는** 방식이다. 대부분의 자기 보고식 측정에서는 응답자에게 척도상에서 자신을 잘 묘사하고 있는 정도를 나타내는 어느 한 수치에 O표를 하거나(자신이 어느 정도로 '걱정이 많은 사람'이라고 생각하는가를 0∼5의 눈금을 갖는 척도상에다 표시를 하는 것), 그 척도가 기술하고 있는 내용이 자신에게 맞는 것인지 아니면 틀린 것인지를 응답하게 한다. 그러면 연구자는 이러한 응답들을 종합하여 특정 영역에서의 이 응답자의 성격에 관한 전반적인 내용을 파악하게 된다. 표 12.1은 여러 가지 성격 특성들을 측정하는 자기 보고 검사의 문항 10개를 보여 주고 있다(Gosling, Rentfrow & Swann, 2003). 이 경우에서 보면, 응답자는 각각의 성격 특성이 자신에게 맞는 것인지 아니면 틀리는 것인지를 표시하도록 되어 있다. 채점하는 방법은 이 표의 맨 밑에 나와 있는 5개의 특성 각각에 해당하는 두 문

성격
한 개인의 특징적인 사고, 행동, 감정의 방식

자기 보고
응답자가 통상 질문지나 면접을 통하여 자신의 사고, 감정, 행동에 관한 주관적인 정보를 제공하는 방식

> **표 12.1**

10문항 성격측정 질문지(TIPI)

아래에 10개의 성격 특성들이 나와 있는데, 이들은 귀하가 갖고 있는 것일 수도 있고 그렇지 않은 것일 수도 있습니다. 각 문항이 귀하에게 맞는 것인지에 대하여 긍정 또는 부정의 정도를 각 문항 옆에 있는 빈칸에 숫자로 표시해 주시기 바랍니다. 각 문항이 귀하를 잘 표현하는 정도가 서로 다르므로 그 정도를 숫자로 평가해 주시기 바랍니다.

1. 절대 아니다
2. 아니다
3. 아닌 것 같다
4. 그런 것 같기도 하고 아닌 것 같기도 하다
5. 그런 것 같다
6. 그렇다
7. 정말 그렇다

내가 보기에 나 자신은 :

1. ＿＿＿＿ 외향적, 열정적
2. ＿＿＿＿ 비판적, 논쟁적
3. ＿＿＿＿ 의존적, 자제하는
4. ＿＿＿＿ 불안, 마음이 쉽게 흔들림
5. ＿＿＿＿ 새로운 경험에 개방적, 단순하지 않음
6. ＿＿＿＿ 내성적, 조용함
7. ＿＿＿＿ 공감적, 온정적
8. ＿＿＿＿ 무질서, 부주의
9. ＿＿＿＿ 조용, 정서적으로 안정
10. ＿＿＿＿ 관습적, 비창조적

주 : 채점[R자가 붙은 문항은 점수를 역전시켜서 채점하시오(1점은 7점, 2점은 6점, … 7점은 1점으로), 외향성(1, 6R), 동의성(2R, 7), 성실성(3, 8R), 정서안정성(4R, 9), 경험에의 개방성(5, 10R)]
출처 : Gosling, Rentfrow, & Swann, 2003.

미네소타 다면적 성격 검사(MMPI)
성격과 심리적 문제를 진단하는 데 사용되는 잘
연구된 임상적 질문지

항들에 대한 응답을 단순히 합산하면 된다.

자기 보고 척도는 어떻게 제작되는가? 통상적으로 사용되는 방법을 보면, 먼저 어느 한 성격 특성에 대해 그 특성을 나타내는 정도가 다른 자기기술 문항들을 수집한다. 예를 들면, 친화성(friendliness)을 측정하고자 하는 경우, "나는 친화성이 꽤 있다"에서 "나는 매우 사교적이다" 또는 더 나아가 "나는 하루 종일의 모든 순간을 사람들과 어울리는 것을 좋아한다"에 이르기까지의 범위에 있는 문항들에 대해 동의하는지 여부를 응답하도록 한다. 응답자가 선택한 친화성을 나타내는 문항들의 개수를 더하면 (그리고 응답자가 선택한 비친화성을 나타내는 문항들의 개수를 빼면) 그 응답자의 친화성에 대한 자기 보고 점수가 나온다. 전반적인 행복도(Lyubomirsky, 2008; Lyubomirsky & Lepper, 1999)와 같은 일반적인 성격 특성에서부터 모욕에 대한 반응 시간(Swan & Rentfrow, 2001)이나 서비스에 대한 불만 정도(Lerman, 2006)와 같은 특정한 성격 특성에 이르기까지 광범위하게 성격을 측정하는 척도들이 자기 보고식 방법에 기초하여 제작되어 있었다.

가장 널리 사용되고 있는 성격 검사 중의 하나가 **미네소타 다면적 성격 검사**(Minnesota Multi-phasic Personality Inventory, MMPI)인데, 이것은 충분히 연구가 잘 이루어진 검사로서 성격 특

질문지형 성격 검사는 응답자에게 그들이 어떤 성격 특성을 갖고 있는지를 대답하도록 묻는다. 그러나 많은 심리학자들은 사람들이 자신의 마음속에 어떤 특성을 갖고 있는지를 모두 다 알 수 없다고 생각한다. 우리는 사람들이 자신의 성격에 대해 정확하게 대답하고 있다고 믿을 수 있을까?

성과 심리적인 문제를 측정하는 데 사용되는 임상적 질문지이다. 이 MMPI 검사는 1939년에 개발되었고, 여러 해에 걸쳐서 개정되어 왔는데, 현재 최신판은 MMPI-2-RF이다(재구성판; Ben-Porath & Tellegen, 2008). 이 MMPI-2-RF는 338개의 문항으로 구성되어 있는데, 응답자는 이 문항들을 읽고 "맞다", "틀리다" 또는 "잘 모르겠다"라고 응답한다. MMPI-2-RF는 광범위한 성격 특성들을 측정한다. 임상적 문제(예컨대, 반사회성, 사고 장애), 신체적 문제(예컨대, 두통, 인지적 불편증상), 내향화 문제(예컨대, 불안, 자기불신), 외향화 문제(예컨대, 공격성, 약물 중독), 대인관계 문제(예컨대, 가족관계 문제, 회피). MMPI-2-RF에는 타당성 검증 척도가 들어 있어서 수검 태도와 거짓 응답을 하여 검사 결과를 왜곡시키려고 하는 성향들을 확인한다.

MMPI-2-RF와 같은 성격 검사들은 사용하기가 쉽다. 필요한 것이라고는 검사지와 연필 한 자루가 전부이다(어떤 경우에는 컴퓨터로도 한다). 응답자의 점수가 계산되면, 수많은 다른 수검자들의 점수들의 평균과 비교해 본다. 응답들에 대해 별도의 해석을 할 필요가 없기 때문에 (즉, "맞다"는 맞다는 뜻이고, "틀리다"는 틀리다는 뜻이다), 검사를 시행하는 사람에 의해서 나올 수 있는 측정 편향이 최소화된다. 물론 사람들이 정확하게 응답했을 때에만 성격에 대한 정확한 측정이 이루어질 수 있다. 자기 보고 검사가 결과를 얻기에는 쉬운 방법이지만, 이 방법에 대한 비판은 몇 가지 제한점을 제기한다. 한 가지 문제는 사람들이 상대방

질문지형 성격 검사의 제한점은 무엇인가?

의 기분을 거스르거나 자신을 당혹스럽게 만드는 쪽으로는 응답을 잘 하려고 하지 않는 것과 같이 사회적으로 바람직한 방향으로 응답하는 경향이다. 그런데 우리가 우리 자신에 대해 모르고 있는 것이 많기 때문에 응답을 할 수 없는 것이 많다는 것이 아마도 더 큰 문제가 될 수 있다! 연구에 의하면 사람들은 자신이 과거에 경험한 것들, 현재 자신을 동기화시키고 있는 요인들, 또는 앞으로 어떻게 느끼고 행동할 것인가에 관한 자기 보고 내용이 많은 경우 부정확하다

는 것을 보여 주고 있다(Wilson, 2009).

투사 기법

앞서 언급된 자기 보고 방법의 문제점을 해결하기 위해 고안된 두 번째 유형의 성격 측정 방법이 **투사 검사**(projective test)인데, 이것은 일련의 표준화된 애매모호한 자극들에 대한 응답자의 반응을 분석하여 성격의 내면에 들어 있는 특성들을 밝혀내기 위해 만들어진 검사이다. 투사 검사 개발자들은 사람들이 자신의 희망, 관심사, 충동, 세상을 보는 방식 등과 같은 자신이 의식하지 못하는 성격 특성들을 애매모호한 자극에 대해 투사하며, 또한 자신의 이러한 투사 반응을 감지하지 못한다고 가정한다. 아마도 가장 잘 알려져 있는 방법은 **로르샤흐 잉크반점 검사**(Rorschach Inkblot Test)일 것인데, 이것은 한 세트의 비구조화된 잉크 반점들에 대한 반응을 분석하여 응답자의 내적인 사고와 감정을 밝힌다고 부르는 **투사적 방법**이다. 잉크반점의 한 예가 그림 12.1에 나와 있다. 이 검사에 대한 반응은 그 반응을 분류하는 (일부는 심리적인 문제를 갖고 있는 사람들을 대상으로 한 연구에서 도출된) 복잡한 방식에 따라 채점된다(Exner, 1993; Rapaport, 1946). 예를 들면, 그림 12.1을 볼 때 대부분의 사람들은 여기서 새나 사람을 본다. 그런데 여기서 아주 이상한 것을 본다고 하는 사람들은 (예컨대, 나는 벨벳 치즈버거를 먹고 있는 두 마리의 사자가 보여요) 다른 대부분의 사람들과는 아주 다른 사고와 감정을 경험하고 있는 것이다.

SPENCER GRANT/PHOTOEDIT

▲ 그림 12.1 **로르샤흐 잉크반점에 의한 표본** 수검자에게 이 표본과 같은 카드를 보여 주고 "이것은 무엇처럼 보입니까?"라고 질문한다. 그들이 무엇을 보고 어떤 곳을 부며 왜 그렇게 보는지에 대한 응답은 그들의 성격의 무의식적 측면을 반영하는 것으로 가정된다.

주제 통각 검사(Thematic Apperception Test, TAT)는 애매모호한 내용으로 보이는 인물들의 그림에 대해 응답자가 말하는 내용을 분석하여 응답자의 내면에 깔려 있는 동기, 관심사 그리고 그들이 인간 세계를 바라보는 방식을 밝혀낸다고 보는 투사적 방법이다. 이 검사가 어떤 것인지 알아보려면 그림 12.2를 보라. 검사 시행자는 응답자에게 이 그림이 이야기하고 있는 내용을 말해 보라고 하면서 다음과 같은 질문을 한다. 이 사람들은 어떤 사람들인가? 현재 어떤 일이 벌어지고 있는

LEWIS J. MERRIM/SCIENCE SOURCE

▲ 그림 12.2 **TAT 카드의 한 표본** 이 표본에 나와 있는 것과 같은 애매모호한 장면을 담은 카드를 수검자에게 보여 주고, 이 그림에서 현재 무슨 일이 벌어지고 있는지를 이야기하라고 한다. 그 이야기의 주요 주제, 등장인물들의 생각과 감정, 그리고 그 이야기의 전개와 결말이 그 수검자의 성격의 무의식적 내용에 관한 유용한 지표가 된다고 본다(Murray, 1943).

가? 어떤 일 때문에 현재의 이 일이 일어나고 있는가? 이다음에 어떤 일이 일어날 것인가? 똑같은 그림을 보면서도 사람마다 서로 매우 다른 내용을 이야기한다. 그림을 보고 이야기를 만들 때 응답자는 자신을 그 그림 속의 주인공에게 동일시하고, 다른 사람들과 세상에 대한 자신의 생각을 그 그림 속의 여러 가지 모습들에다 투사를 하는 것이다. 따라서 그 그림으로부터 자명하게 나올 수 있는 내용이 아닌 이야기들은 응답자 자신만의 욕구와 내적 갈등이 그 이야기에 투사된 것으로 보는 것이다.

TAT 그림 중이 많은 것들이 성공과 실패, 경쟁심과 질투심, 부모형제아이 갈등, 친한 관계의 사람들에 대한 감정, 공격성, 성적 욕구 등과 같은 통합된 한 세트의 내용들을 끄집어내게 한다. 예를 들면, 침대에 누워 있는 아이 곁에 한 나이 든 사람이 서 있는 모습을 보여 주는 그림은 응답자로부터, 아버지나 선생님, 상사 또는 치료자와의 관계와 같은, 자신의 삶에서 자신보다 나이가 더 많은 사람과의 관계에 관한 내용을 이끌어 내는 경향이 있다. 상담자는 응답자가 그 누워 있는 사람을 남자로 보는지 아니면 여자로 보는지, 서 있는 사람이 누워 있는 사람을 도와주고 있다고 보는지 아니면 해치려 하고 있다고 보는지를 알아보고 싶어 할 수 있다.

투사 검사
일련의 표준화된 애매모호한 자극들에 대한 응답자의 반응을 분석하여 그들의 성격의 내면에 들어 있는 특성을 밝혀내기 위하여 만들어진 검사

로르샤흐 잉크반점 검사
한 세트의 비구조화된 잉크 반점들에 대한 응답자의 반응을 분석하여 그의 내부에 들어 있는 사고와 감정을 밝혀내는 것으로 알려져 있는 투사적 성격 검사

주제 통각 검사(TAT)
내용이 애매모호하게 보이는 인물들의 그림을 보고 응답자가 그 그림에 대해 말하는 내용을 분석하여 응답자의 심리 저변에 들어 있는 동기, 관심사 그리고 그들이 사회를 바라보는 방식을 밝혀내는 것으로 알려져 있는 투사적 성격 검사

이 그림을 보고 한 젊은 사람이 한 이야기의 내용을 한번 보자. "누워 있는 소년은 학교에서 힘든 하루를 보냈다. 그는 시험 공부를 너무 열심히 해서 시험을 치르고 집에 와서는 옷을 입은 채로 잠이 들었다. 소년은 아무리 열심히 노력해도 그의 아버지를 기쁘게 만들어 드릴 수가 없다. 아들이 학교에서 공부를 잘 못해서 아버지는 병이 나고 힘들어져서 그는 아들을 죽이려고 한다. 그는 아들의 목을 조르고, 그 소년은 죽는다." 이 검사자는 응답자의 이러한 반응에 대해 그의 아버지는 그가 부응할 수 없는 높은 기대를 갖고 있고, 따라서 그 젊은이의 아버지는 그에 대해 실망하고 또 분노하고 있다고 생각할 것이라고 해석할 수 있다.

심리학계에서 투사적 검사의 가치에 대해서는 아직 논쟁이 진행 중이다. 이 검사들이 여전히 임상가들에게 널리 사용되고 있기는 하지만, 로르샤흐나 TAT와 같은 검사는 검사자 편향의 문제를 갖고 있다는 비판을 받는다. 위에서 나온 것과 같은 TAT 이야기는 무언가를 말해 주고 있는 것 같다. 그러나 이 검사에서는 검사자가 항상 어떤 해석을 갖다 붙여야 하는데(이것이 부친에 관한 이야기인지, 아니면 자신의 학업에서의 실패에 관한 이야기인지, 아니면 재미삼아 또는 튀어 보이려고 만들어 낸 이야기인지?), 이 해석이라는 것이 검사자가 자신의 마음을 피검사자의 마음에 투사를 하고 있는 내용일

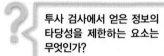

투사 검사에서 얻은 정보의 타당성을 제한하는 요소는 무엇인가?

수도 있다는 것이다. 그러므로 이 검사를 통하여 어떤 사람의 성격에 대한 풍부한 내용과 동기에 대한 통찰을 얻었다고 할지라도, 이 투사 검사는 기본적으로 한 심리학자가 어떤 한 사람에 대해 개인적이고 직관적으로 파악하는 한 가지 방법 정도로 이해되어야 한다(McClelland et al., 1953). 엄격한 과학적 기준에 따라서 측정을 한다고는 하지만, 로르샤흐나 TAT 검사와 같은 투사적 검사는 행동 예측에서의 신뢰도나 타당도가 아직 확실히 검증되지 않았다(Lilienfeld, Lynn, & Lohr, 2003).

자기 보고식 질문지 검사와 투사 검사가 아닌 다른 새로운 성격 측정 방법이 개발되고 있다(Robins, Fraley, & Krueger, 2007). 무선 커뮤니케이션, 실시간 컴퓨터 분석, 자동 행동 식별 등과 같은 첨단 기술을 사용한 방법들이 '메모지를 들고 피검사자 주변을 뱅뱅 도는' 식의 측정방법을 넘어서는 새로운 성격 측정 방법을 예고하고 있고, 아마도 놀라운 결과를 만들어낼 것이다. 예를 들면 여성이 남성보다 더 말이 많다는 고정관념이 396명의 미국 및 멕시코 대학생을 대상으로 하여 이야기 내용을 무선적으로 발췌하여 기록하는 '전자기록기(EAR, electronically activated recorder)'를 부착하고 여러 날을 지내도록 한 연구에서 시험대에 올랐다. 결과는 어떻게 나왔을까? 말이 많은 정도는, 남성이나 여성 모두 각각이 하루 평균 약 16,000단어를 말하는 것으로, 서로 똑같았다. 사람들이 서로 어떻게 다른가(그리고 또 서로 어떻게 다르지 않은가)를 측정하는 진일보한 측정 방법이 성격을 이해하는 데 중요한 발판이 될 것이다.

전자 기록 장치로 수백 명의 참여자의 대화를 녹음해 본 결과 남성과 여성이 말이 많은 정도는 서로 같은 것으로 나타났다(Mehl et al., 2009).

요약

▶ 심리학에서 성격이란 한 사람의 특징적인 행동, 사고, 감정의 양식을 말한다.

▶ 성격 심리학자들의 주요 연구 주제는 다음과 같은 것들이다. 성격의 내용을 기술하고, 성격이 형성되는 과정을 설명하며, 성격을 측정하는 가장 좋은 방법을 찾아내려고 한다.

▶ 성격 검사의 유형은 MMPI-2-RF와 같은 성격 문항 검사와 로르샤흐 검사 및 TAT 검사와 같은 투사적 방법의 두 가지로 대별된다. 새로운 하이테크 방법이 더 효과적인 측정 방법인 것으로 입증되고 있다.

특성적 접근 : 행동 패턴의 식별

특성
특정한 그리고 일관성 있는 방식으로 행동하게 만드는 비교적 불변적인 성향

당신이 알고 있는 사람들에 대한 이야기를 쓴다고 한번 생각해 보라. 그들의 독특한 특징들을 잡아내기 위하여 당신은 아마도 그들의 성격 특성들을 기술할 것이다. 키이샤는 우호적이고 적극적이며 거만하다, 세스는 괴팍하고 유머가 있으며 피상적이다. 어느 한가한 오후에 이번에는 사전까지 동원하여 윌리암은 영민하지만, 사악무도하고, 둔부 발달형의 사람이라는 식으로 현학적으로 기술할 수도 있을 것이다. 성격에 대한 특성적 접근은 사람들 간의 차이점을 특징적으로 나타내는 이런 특성 용어들을 사용한다. 특성 이론가들은 사용하기에 편리하고 의미가 통하는 특성 기술 용어들을 만들어 내는 데 있어서 두 가지의 주요 과제에 직면한다. 성격 특성과 관련된 거의 무한한 개수의 형용사들의 수를 축약하는 것과 왜 사람들이 각자의 독특한 특성을 갖게 되며 또한 그 원인이 생물학적, 즉 유전적인 요인인지 여부에 관한 보다 더 근본적인 질문에 대한 답을 찾는 것이다.

행동의 소인과 동기로서의 특성

성격에 대해서 생각해 보는 한 가지 방식은 그것을 특성들의 조합으로 보는 것이다. 최초의 특성 이론가 중의 한 사람인 고든 올포트(Gordon Allport, 1937)는 물체가 그것이 갖고 있는 속성들로 기술될 수 있듯이 인간은 그가 갖고 있는 성격 특성들로 기술될 수 있다고 생각하였다. 그는 **특성**(trait)을 특정한 그리고 일관성 있는 방식으로 행동하게 만드는 비교적 불변적인 성향(disposition)이라고 보았다. 예를 들면 자신의 책들을 책장에 알파벳 순서로 잘 정리해 놓고, 자신의 옷들을 옷장에 깔끔하게 걸어 놓으며, 동네 버스의 시간표를 알고 있고, 일정표에다 할 일들을 확실하게 기입해 놓으며, 친구와 가족들의 생일을 달력에 메모해 놓는 사람은 정리정돈을 잘 한다는 특성을 갖고 있다는 이야기를 들을 것이다. 이 특성은 여러 다양한 상황에서 일관성 있게 나타난다.

이 '정돈성'이라는 특성은 한 사람의 모습을 기술해 주는 것이기는 하지만, 그가 왜 그렇게 행동하게 되었는가는 설명해 주지 못한다. 그 사람은 왜 그런 방식으로 행동하는가? 특성이 행동의 설명 요인이 될 수 있는 경우는 기본적으로 두 가지가 있다. 그 특성이 원래 그 사람이 갖고 있는 성향이어서 그 사람의 행동의 원인이 되는 경우이거나, 아니면 그 사람의 행동을 인도하는 동기 요인이 되는 경우이다. 올포트는 특성을 기존에 보유하고 있는 성향으로서, 그런 행동이 일관성 있게 나오도록 만드는 행동의 원인으로 보았다. 예를 들면 그 사람의 정돈성은 그 사람의 내적인 속성으로서 그 사람으로 하여금 여러 다양한 상황에서도 늘 물건을 정리정돈하고 단정하게 행동하도록 만든다. 그러나 헨리 머리(Henry Murray, TAT를 만든 사람)와 같은 다른 성격 심리학자들은 특성이란 동기를 반영하는 것이라고 본다. 배고픔에 관한 동기가 그 배고픈 사람이 스낵바를 들락거리는 것에 대한 해답을 주듯이, 정돈성에 대한 욕구가 잘 정돈된 옷장과 잘 정리된 일정표 그리고 버스 시간표의 숙지에 대한 해답을 줄 것이다(Murray & Kluckhohn, 1953). 특성을 원인자로 보는 연구자들은 그 특성을 측정하는 데 성격 문항 질문지 검사를 사용하고, 특성을 동기로 보는 연구자들은 투사 검사를 더 많이 사용한다.

과거 수십 년 동안 연구자들은 수백 가지의 성격 특성들을 기술하고 측정해 왔다. 과거 1940년대에, 제2차 세계대전의 결과로 심리학자들은 우파적 권위주의나 정치적 보수주의 지향성, 권위에 대한 복종, 동조 등에 큰 관심을 가졌다. 당시의 연구자들은 무엇이 사람들로 하여금 나치 독일과 파시즘의 등장을 지지하게 만들었는가를 알아보려고 하였다(Adorno et al., 1950).

권위주의적 성격을 갖게 만드는 성격 특성에 관한 연구는 아직도 계속되고 있지만(Perry & Silbey, 2012), 이 주제는 제2차 세계대전이 역사 속으로 묻히면서 연구자들의 관심에서도 점점 멀어지고 있다. 최근 들어서 연구자들에게 인기를 끄는 다른 특성들로는 인지적 복잡성, 방어 성향, 자극추구 성향, 낙관주의 등이 있다. TV쇼나 헤어스타일과 마찬가지로 주목받는 성격 특성 역시 시대에 따라 등장했다가 물러가곤 한다.

핵심 특성에 대한 탐색

유행을 타는 특성을 하나 잡아서 그것을 심층적으로 연구하는 것으로는 인간의 성격 특성의 핵심(사람들이 서로 어떻게 다른지를 정의하는 기본적인 특성들의 집합)을 충분히 알아낼 수 없다. 코카콜라와 펩시, 개와 고양이 중 어떤 것을 더 좋아하는가는 사람들 간에 서로 엄청나게 다르지만, 이런 차이가 과연 중요성을 갖는 것인가? 연구자들은 핵심 성격 특성들을 어떻게 찾아내려고 노력하고 있는가?

언어를 사용한 분류

여러 소식통에 의하면, 바샤르 알아사드 시리아 대통령은 반대자들을 투옥하고, 고문하고, 죽이는 독재적 통치자이다. 그런데 왜 어떤 사람들은 이런 독재자를 추종하기를 원하는가? 권위주의적 성격에 관한 연구는 사람들 중 어떤 사람들은 권위 위계를 고수하며, 윗사람에게는 복종하고 아랫사람에게는 군림하는 성격을 갖고 있기 때문에 이들이 특정한 사람을 열렬히 추종하게 된다는 생각에서 비롯되었다.

핵심 특성에 관한 연구는 우리가 언어라고 부르는 지혜의 창고 안에서 성격이 어떻게 표상되어 있는가를 탐구하는 것으로부터 시작되었다. 수많은 세대를 거치면서 사람들은 단어를 사용하여 사람을 기술해 왔는데, 이와 마찬가지로 초기의 심리학자들도 성격을 기술하는 데 사용되는 모든 형용사들 속에 들어 있는 핵심 내용을 찾아냄으로써 이 핵심 특성들이 밝혀질 수 있다고 생각하였다. 이런 생각에 입각한 한 분석에서, 영어 사전에 들어 있는 성격 관련 단어들을 일일이 공들여 세어 본 결과 18,000개가 넘는 성격 특성 후보들을 찾아내었다(Allport & Odbert, 1936)! 이 목록을 활용이 가능한 개수로 축약할 수 있는데, 이것은 특성들이 위계적으로 조직화되어 있어서(그림 12.3 참조) 보다 더 일반적이고 추상적인 특성은 더 세부적이고 구체적인 특성보다 더 상위 수준에 위치한다는 전제 위에서 가능해진다. 아마도 더 추상적인 특성들이 성격의 핵심 특성을 나타내는 것일 것이다.

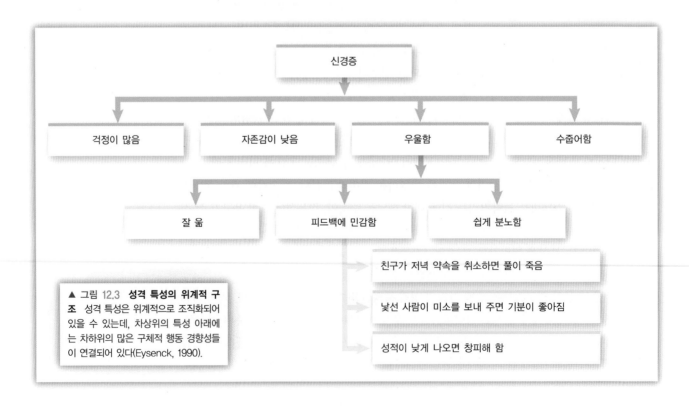

▲ 그림 12.3 **성격 특성의 위계적 구조** 성격 특성은 위계적으로 조직화되어 있을 수 있는데, 차상위의 특성 아래에는 차하위의 많은 구체적 행동 경향성들이 연결되어 있다(Eysenck, 1990).

이 핵심 특성을 찾아내기 위하여 연구자들은 10장에서 언급된 바 있는 요인 분석(factor analysis)이라고 부르는 수리적 방법을 사용해 왔는데, 이것은 사람들이 자신을 평가하는 데 이 특성들을 어떻게 사용하는가에 관한 결과에 기초하여, 이 특성 용어들 또는 자기 기술 내용들을 소수의 기본적인 차원, 즉 요인(factor)들로 분류하는 방법이다. 요인 분석을 사용한 한 전형적인 연구에서 수백 명의 사람들이 수백 개의 형용사에 대해 각각의 형용사가 자신의 성격을 얼마나 정확하게 기술하고 있는지를 표시하는 방식으로 자신에 대해 평가하였다. 연구자는 평정자의 응답에서의 유사성을 알아보기 위하여 응답의 패턴을 계산하였다. 예를 들면 자기 자신을 포부가 크다고 기술한 사람이 또한 자신을 적극적이라고 하면서 유유자적하다든가 또는 느긋하다고는 하지 않는지 여부를 보았다. 요인 분석은 또한 어떤 형용사들이 서로 관련이 없는가를 밝혀 준다. 예를 들면, 자신을 포부가 크다고 기술하는 사람은 자신을 창조적이라거나 혁신적이라고 잘 기술하지 않는다면 이 요인 분석은 포부성과 창조성/혁신성이 서로 다른 요인에 속한다는 것을 말해 주는 것이다. 각각의 요인은 그 특성들이 통상 (포부성과 같은) 한 가지 극단적 특성에서부터 (느긋함과 같은) 반대의 극단적 특성까지 분포하는 하나의 연속체로 나타난다.

심리학자들은 핵심 성격 특성을 어떻게 찾아내는가?

요인 분석 방법이 다르면 성격의 구조에 대한 견해도 다르게 나온다. 카텔(Cattell, 1950)은 (18,000개의 특성을 축약해서, 그러나 아직도 여전히 많은) 16요인 성격 이론을 제시했는데, 또 다른 연구자들은 훨씬 더 적은 개수의 차원을 갖는 이론을 제시하였다(John, Naumann, & Soto, 2008). 한스 아이젠크(Hans Eysenck, 1967)는 이를 아주 단순화시켜서 단지 2개의 주요 특성(나중에는 3개로 확장함)만을 갖는 성격 이론을 만들었다. 아이젠크의 이요인 이론의 한 가지 차원은 사람들을 사교적이고 적극적(외향적)인 사람과 내성적이고 조용한(내향적인) 사람으로 구분하는 것이었다. 그의 이론의 두 번째 차원은 신경증적 또는 정서적으로 불안정한 성향으로부터 정서적으로 보다 안정된 성향까지의 분포를 보이는 차원이었다. 그는 많은 행동 경향이 이 외향성과 신경증이라는 핵심 특성들과의 관계성 속에서 이해될 수 있다고 보았다. 그가 제안한 세 번째 차원은 정신증(psychoticism)이었는데, 이것은 사람이 충동적이거나 적대적인 정도를 말하는 것이다. (특히나 지금에 와서는 '정신병증(psychotic)'이라는 용어는 현실감의 상실로 특징지어지는 비정상적 심리 상태를 의미한다. 이것은 15장에서 더 논의된다.

성격의 Big Five 차원들

오늘날 대부분의 연구자들은 성격이 2개, 3개, 16개 또는 18,000개보다는 5개의 요인으로 가장 잘 파악이 된다고 보는 데 동의한다(John & Srivastava, 1999; McCrae & Costa, 1999). 이 **Big Five**는, 애칭으로서도 사용되는데, 성격의 5요인 모델의 다섯 가지 특성들이다. 개방성(openness to experience), 성실성(conscientiousness), 외향성(extraversion), 동의성(agreeableness), 신경성(neuroticism). (표 12.2 참조, 영문 첫 글자들의 조합인 O.C.E.A.N.으로 기억하면 쉽다.) 이 분야의 선구자인 카텔 및 아이젠크의 연구와도 공통적인 요소가 많은 이 5요인 모델은 몇 가지 이유로 인해 현재 널리 각광을 받고 있다. 첫째, 현대의 요인 분석 기법들에 의하면 이 5요인 집합은 특성들 간에 의미가 서로 중복이 되지 않으면서도 또한 최대한 다양한 성격 특성들을 포괄하는 것 간의 균형을 잘 이루고 있다는 점이 확인된다. 둘째, 여러 가지 다른 종류의 자료를 사용한 많은 연구들(자기 자신의 성격에 대한

Big Five
5요인 모델의 특성들, 즉 개방성, 성실성, 외향성, 동의성, 신경성

표 12.2

Big Five 요인 모델

	높은 점수 · · · · · 낮은 점수	
개방성	상상력이 풍부한 · · ·	실제적인
	다양한 · · · · · · ·	일정한
	독립적인 · · · · · ·	동조적인
성실성	체계적인 · · · · ·	비체계적인
	조심성 있는 · · · ·	조심성 없는
	자제력이 있는 · · · ·	자제력이 약한
외향성	사교적인 · · · · ·	수줍어하는
	재미있는 · · · · ·	진지한
	싹싹한 · · · · · ·	말이 없는
동의성	온화한 · · · · · ·	과격한
	신뢰하는 · · · · ·	의심하는
	도움을 주는 · · · ·	비협조적인
신경성	근심하는 · · · · ·	편안한
	불안전한 · · · · ·	안전한
	자학하는 · · · · ·	자족하는

출처 : McCrae & Costa, 1990, 1999.

자기기술, 자신의 성격에 대한 타인의 기술, 면접자의 체크 리스트 면접, 행동 관찰)에서 똑같이 이 5요인이 나왔다. 세 번째, 그리고 아마도 가장 중요한 것으로서, 이 5요인 기본 구조는 아동, 다른 문화권의 성인, 나아가 다른 언어를 사용하는 사람들을 포함하여 아주 다양한 유형의 사람들에게서 모두 똑같이 나온다는 사실로서, 이것은 이 5요인이 인류 보편적인 것이라는 점을 시사한다(John & Srivastava, 1999).

사실상 이 Big Five 차원들은 너무나 인류 보편적인 것이라서 사람들에게 완전히 낯모르는 사람의 성격 특성을 평가해 보라고 했을 때도 이 다섯 차원들이 나온다는 것이다(Passini & Norman, 1966). 이런 결과는 이러한 성격 차원들이 '다른 사람을 바라보는 눈'에 들어 있는 것일 수 있다는 점을 시사한다. 즉, 자신이 상대방에 대해서 얼마나 잘 알고 있는 지와는 무관하게 사람들이 남을 평가할 때 사용하는 범주들이다. 그러나 그것이 모두 지각상의 문제만은 아니다. 이러한 특성들의 실재성은 Big Five상에서의 자기 보고 내용이 행동 및 사회적 결과의 예상 패턴들과 상관관계가 있음을 보여 주는 연구들에서 명확하게 확인되고 있다. 예를 들어, 외향성이 높은 것으로 나타난 사람은 내향적인 사람에 비해서 많은 사람들과 함께 시간을 보내는 경향이 있고 상대방의 눈을 직접 응시하는 경향이 더 높다. 성실성이 높은 사람은 일반적으로 일을 더 잘하고 더 오래 사는 경향이 있다. 성실성이 낮고 동의성이 낮은 사람이 평균적인

> **?** 5요인 모델의 장점은 무엇인가?

최신 과학

표면적으로 보이는 성격

어떤 사람을 친구인지 적인지, 재미있는 사람인지 지루한 사람인지, 채용해야 할 사람인지 해고해야 할 사람인지를 판단할 때 당신은 어떻게 그런 판단을 내리는가? 성격에 대한 당신의 인상이 뭔가 심층적이며 확실한 것에 근거한 것이라면 그것은 괜찮다. 당신은 외모와 같은 뭔가 피상적인 것에 근거하여 사람들의 성격을 판단하지는 않지 않겠는가? 구글 이미지나 페이스북 페이지에 뜨는 사진을 보고 사람들에 대한 인상을 형성하지는 않지 않겠는가? 이런 것들은 성격을 판단하는 근거로 삼기에는 너무 피상적인 것으로 보일 수 있겠지만, 바로 그런 피상적인 단서로부터 일부 성격을 제대로 판단할 수 있다는 것이 밝혀진 것이다. 그리고 어떤 경우에는 그런 판단이 기가 막히게 정확하다는 것이다.

책의 표지를 보고 판단한 것에서 그 책의 내용에 관한 정확한 정보를 얻을 수 있다는 것이 밝혀졌다. 최근의 연구들을 보면 외향성이 높은 사람이 더 많이 웃고, 더 맵시 있고 건강한 모습을 보이며(Naumann et al., 2009), 개방성이 높은 사람이

문신이나 성형을 더 많이 하는 경향이 있는(Nathanson, Paulhus, & Williams, 2006) 것으로 나타났다. 이러한 발견 사실들은 자신의 표면적 정체성을 조작하여 자신이 원하는 인상을 다른 사람에게 심어줄 수 있으며, 따라서 성격에 관한 표면적 단서가 거짓된 것이거나 잘못된 판단으로 이끄는 것이 될 수도 있다는 점을 시사한다. 그러나 페이스북 페이지에 대한 최근의 한 연구를 보면, 이 페이스북 페이지는 남들에게 보여 주려고 의도적으로

▲ 사람들은 겉표지를 보고 책의 내용을 판단할 수 없다고 말하지만, 일부 최근의 연구자들은 그 사람의 페이스북을 보고 그 사람을 판단할 수 있다고 주장한다.

꾸며 놓은 성격의 표면적 표현인 것이 확실한데, 사람들이 온라인 위에다 투사해 놓은 그들의 성격이 그들의 이상적인 성격이라고 기술해 놓은 성격보다 그들의 실제 성격과 훨씬 더 비슷하다는 것이다(Back et al., 2010). 표면에 나타나는 성격의 지표가 표면적인 것 이상의 것일 수 있다.

한 걸음 더 나아가서, 사람들의 페이스북 활동이 자기 보고로 측정된 그들의 성격 특성과 유의미한 상관이 있다는 것이 밝혀졌다. 예를 들면, 외향성이 높은 사람들은 페이스북 친구들도 더 많고, 내용 업데이트와 댓글 달기도 더 많이 한다고 한다. 자존감이 높은 사람 역시 내용 업데이트와 글 올리기를 더 많이 한다. 동의성이 높은 사람이 친구들의 글에 댓글을 더 많이 달고, 감각 추구 성향이 높은 사람과 개방성이 높은 사람은 게임을 많이 하는 것으로 나온다. 그리고 여러분이 쉽게 짐작할 수 있겠지만, 자기애가 강한 사람은 글 올리기, 특히 이상적인 자기에 관한 글을 많이 올리고, 또한 자신의 사진들도 많이 올린다(Seidman, 2013; Wang et al., 2012).

사람에 비해 청소년 범죄를 범하는 경향이 더 높다(John & Srivastava, 1999). 이 Big Five 성격 특성들은 또한 페이스 북과 같은 SNS에서의 온라인 행동 역시 잘 예측하는 것으로 나온다('최신 과학' 참조).

흥미롭게도, Big Five 요인에 관한 연구는 사람의 성격이 그들의 일생을 통하여 잘 변하지 않는 경향이 있다는 것을 보여 주고 있다. 일생의 어느 한 시점에서 측정한 점수가 그 이후에 측정한 점수, 심지어는 수십 년 후에 측정한 점수와도 강한 상관관계를 보인다(Caspi, Roberts, & Shiner, 2005). 윌리엄 제임스(William James)는 "우리들 대부분은 나이가 30이 되면 성격이 석고처럼 굳어져서 다시는 유연해질 수 없다"(James, 1890, p. 121)고 말했지만, 이것은 좀 너무 과도한 의견인 것으로 판명되었다. 아동기에는 변동이 큰 것이 통상적이고, 청소년기가 되면 변동이 더 적어지지만, 어떤 사람은 성인이 되어서도 어떤 성격이 변화된다(Srivastava et al., 2003).

생물학적 성격 원소로서의 특성

우리는 성격 특성이 잘 변하지 않고 안정성을 갖는 이유가 무엇인가를 설명할 수 있는가? 많은 특성 이론가들은 뇌의 구조와 생물학적 메커니즘의 불변성이 성격 특성의 일생에 걸친 놀라울 만큼의 안정성을 만들어 낸다고 주장한다. 올포트는 성격 특성을 사람이 그들의 환경에 대해 반응하는 방식에 영향을 주는 뇌의 특성으로 보았다. 그리고 나중에 보게 되겠지만, 아이젠크는 그가 제안한 특성 차원들과 뇌의 작용에서의 특정한 개인차 간의 관계를 연구하였다.

피니어스 게이지의 고전적인 사례가 생생하게 보여 주듯이, 뇌 손상은 확실히 성격의 변화를 초래할 수 있다(3장 참조). 폭발 사고로 쇠막대가 전두엽을 관통한 이후로 게이지가 사회 적응성과 성실성에서 급격한 손상을 보이게 된 사실을 여러분은 기억할 것이다(Damasio, 1994). 사실상 사람들이 성격상에서 큰 변화를 보이는 경우, 검사를 해 보면 이들에게서 알츠하이머병, 뇌졸중, 뇌종양 등과 같은 문제가 있다는 것이 많이 밝혀졌다(Feinberg, 2001). 뇌에 있는 화학 물질의 변화를 가져오는 항우울증 약의 복용이나 약물 치료가, 예컨대 외향성을 증가시키고 신경증을 완화시키는 것과 같은 식으로, 성격상의 변화를 초래할 수 있다(Bagby et al., 1999; Knutson et al., 1998).

유전인자, 특성, 그리고 성격

성격에서 생물학적 요인의 역할이 중요하다는 것에 대한 가장 강력한 증거는 행동유전학 영역에서 나온다. 지능에 대한 유전의 영향을 연구하는 연구자들처럼(10장 참조), 성격 심리학자들은 동일한 유전인자를 갖는 일란성 쌍생아의 특성들 간의 관계와 평균적으로 유전인자의 빈만이 동일한 이란싱 쌍생아의 득성들 간의 상관관계를 본다. 그 결과는 일반적으로 일관성 있게 나온다. 예를 들면 24,000쌍 이상의 쌍생아들을 대상으로 한 연구들을 종합해 본 결과 일란성 쌍생아들이 이란성 쌍생아들에 비해 성격의 유사성이 훨씬 더 높은 것으로 나타났다(Loehlin, 1992).

간단히 말해서 당신의 유전인자가 어떤 사람의 유전인자와 비슷하면 할수록 둘 간의 성격이 서로 비슷할 가능성은 더 높아진다. 유전인자는 대부분의 성격 특성에 영향을 미치는 것으로 보이며, 최근의 연구 결과에 의하면 성격에서 유전적 성분의 영향은 그 추정치가 평균 .40~.60의 범위를 갖는 것으로 나타난다.

? 쌍생아에 대한 연구가 성격에 관하여 우리에게 무엇을 말해 주는가?

10장에서 보았듯이, 이 유전성 계수는 개인차에서의 약 50%는 유전적 요인이 결정한다는 것을

> 표 12.3

5요인 성격 특성의 유전성 계수

성격 차원	유전성 계수
개방성	.45
성실성	.38
외향성	.49
동의성	.35
신경성	.41

출처 : Loehlin, 1992

현실세계

'남성적' 성격과 '여성적' 성격이 따로 있는가?

당신은 전형적인 '여성적' 성격이나 전형적인 '남성적' 성격이 따로 있다고 생각하는가? 연구자들은 자기 보고로 측정된 특성, 태도, 행동에서 남성과 여성 간에 일관성 있는 차이가 있다는 사실을 발견하였다. 예를 들면, 연구자들은 여성이 남성에 비해 언어적으로 더 잘 표현하고, 비언어적 단서에 더 민감하고, 남을 돌보는 것을 더 잘한다는 것을 발견하였다. 남성이 여성에 비해 신체적으로 더 공격적이지만, 여성은 남성에 비해서, 심지어는 아주 어린 나이 때부터도, 사회적 관계에서 더 공격적이다(즉, 사람을 집단에서 의도적으로 따돌리는 것과 같이 대인관계를 이용하여 남에게 해를 줌; Crick & Grotpeter, 1995). 다른 성별 차이로는 남성이 여성에 비해 더 주장적이고, 자존감이 약간 더 높으며, 성에 대해 더 쉽게 생각하고, 더 감각 추구적이다. Big Five 특성들에 관하여 전 세계의 여러 문화권에 걸쳐 이루어진 십여 편의 연구를 보면, 여성이 남성에 비해 신경성, 외향성, 동의성, 성실성이 높게 나오고, 개방성에 관해서는 여성은 감정에 대한 개방성이 더 높고, 남성은 관념에 대한 개방성이 더 높은 것으로 나타난다(Costa, Terracciano, & McCrae, 2001; Schmitt et al., 2008). 남을 도와주는 성향을 포함한 다른 많은 성격 특성들에서는 남녀 간에 평균적으로 일관성 있는 차이는 보이지 않는다. 전반적으로 보면 남성과 여성 간에 성격상에서 차이점보다는 유사점이 훨씬 더 많은 것 같다(Hyde, 2005).

성격에서의 성별 차이가 아주 작기는 하지만, 이 문제는 사람들의 주목을 많이 받는 경향이 있다. 성격에서의 성별 차이의 기원에 관한 논쟁이 있는데, 대부분이 진화 생물학적 관점과 사회적 역할 이론으로 알려진 사회-인지적 접근 간의 논쟁이다. 진화생물학적 관점은 남성과 여성이 번식에서 성공적이기 위한 행동이 일부 서로 다르기 때문에 성격에서 차이가 나는 방향으로 진화가 이루어졌다고 주장한다. 예를 들면, 남성에게 있어서의 공격성은 성적인 경쟁자를 위협하는 데 적응적인 가치가 있는 것이며, 여성의 동의성과 보살펴 주는 성향은 자식의 생존을 보호하고 보장하며(Campbell, 1999) 신뢰성 있는 배우자와 부양자를 확보하기 위하여(Buss, 1989) 진화되어 나온 것이라는 것이다.

GIFT OF JEAN AND FRANCIS MARSHALL/BERKELEY ART MUSEUM/PACIFIC FILM ARCHIVE

◀ 남성의 특징과 여성의 특징을 평가하는 방식이 문화에 따라 다르지만, 힌두교의 신인 아르다나나리스바라는 인간의 본성의 두 부분을 결합한 모습을 보여 주고 있다. 한 쪽은 남성이고 다른 한 쪽은 여성인 이 신은 신성의 이중적 본질을 상징하고 있다. 남성과 여성이 옆으로 나란히 붙어 있는 이 자웅동체가 갖는 단 한 가지의 현실상의 문제는 이 몸에 맞는 옷을 찾는 일이다.

사회적 역할 이론에 따르면, 남성과 여성 간의 성격 특성과 행동 방식에서의 차이는 각각의 성별에게 부과된 문화적 기준과 기대(사회적으로 용인되는 일, 활동, 가족 내에서의 지위)의 차이에서 나온 결과라고 본다(Eagly & Wood, 1999). 신체적 크기와 자녀의 육아 책임에서의 자유로움 때문에 남성은 역사 대대로 더 큰 권력을 갖는 역할—후기산업화 사회에서는 이런 신체적 힘이 꼭 필요하지 않게 된 그러한 역할—을 담당하게 되었다. 이러한 차이가 점점 더 증폭되어서 남성은 일반적으로 주장성이나 공격성이 요구되는 역할(즉, 행정가, 교장선생님, 외과의사)을 담당하게 되고, 여성은 지원이나 보살핌이 강조되는 역할(즉, 간호사, 보모, 교사)을 추구하게 된 것이다.

성격에서의 성차의 원천과는 상관없이, 사람들이 남성성과 여성성의 고정관념에 대해 개인적으로 동일시하는 정도가 사람들 개개인 간에 나타나는 중요한 성격 차이의 원천이 된다. 산드라 벰(Sandra Bem, 1974)은 전형적으로 남성적인 특성과 전형적으로 여성적인 특성에 동일시하는 정도를 측정하는 척도(벰의 성 역할 질문지)를 개발하였다. 벰은 심리적으로 양성성인 사람(두 성별 세계에서 가장 좋은 특성들을 취하는 사람으로서 친절성과 같은 긍정적인 여성적 특성과 주장성과 같은 긍정적인 남성적 특성에 모두 동일시하는 사람)이 어느 한 성역할에만 강하게 동일시하는 사람보다 더 적응적이라고 본다.

이제까지 이야기된 내용들에 대해 한 가지 그럴듯한 조언을 한다면, 성격이란 것이 꽤나 안정적인 것이라고는 하지만, 그것 역시 시간의 흐름에 따라 변한다. 일반적으로 사람들은 20대에 더 양심적이고(직장을 붙잡아 두어야 하니까!), 30대에 더 동의적이다(친구들을 붙잡아 두어야 하니까!). 신경성은 나이가 들면서 감소하는데, 이는 여성에게서만 그렇다(Srivastava et al., 2003). 따라서 지금 당신이 갖고 있는 성격을 있는 그대로 즐기시라. 왜냐하면 그 성격이 곧 바뀔 테니까.

벰의 성 역할 검사의 표본 문항

벰의 성 역할 검사를 작성하는 응답자는 아래의 성별 범주를 알지 못하는 상태에서 각 항목상에서 자신을 평가한다. 그다음에 남성성(전형적인 남성적 항목 사용), 여성성(전형적인 여성적 항목 사용), 양성성(자신을 기술함에 있어서 전형적인 남성적 항목과 여성적 항목을 모두 사용하는 경향성) 점수가 계산된다(Bem, 1974).

남성적 항목	여성적 항목
자립적인	양보하는
자신의 신념을 방어하는	다정한
독립적인	의지하는
주장적인	공감적인
강력한	타인의 욕구를 살펴보는

의미한다(Bouchard & Loehlin, 2001). 물론 유전적 요인이 모든 것을 다 결정하는 것은 아니며, 성격 차이에서의 나머지 반은 생활 경험에서의 차이 및 여타의 다른 요인들에 의해 결정된다('현실세계' 참조). 쌍생아 연구들에 의하면 유전적 차이와 Big Five 특성들에서의 차이 간의 상관관계는 .35~.49의 범위를 보인다고 한다(표 12.3 참조).

지능에 관한 연구에서와 마찬가지로, 이러한 효과가 환경적 경험 요인이 아니라 진실로 유전적인 요인에 기인하는 것인지를 확실히 알기 위해서는 가능성 있는 혼입 요인들이 배제되어야 한다. 일란성 쌍둥이들은 이란성 쌍둥이들에 비해 더 비슷한 방식으로 길러졌는가, 그리고 더 비슷한 환경 속에서 자랐는가? 아동기에 그들은 똑같은 멋진 유니폼을 입고, 같은 소년 구단에 들어갔는가, 그리고 이러한 경험들이 이들로 하여금 더 유사한 성격을 갖게 만들었는가? 서로 다른 입양 가정에 들어가서 서로 완전히 떨어져 성장한—공통 환경의 효과를 거의 배제해 주는 경험—쌍생아들에 관한 연구들은 공통의 환경을 갖는다는 것이 거의 영향이 없다는 것을 보여 준다. 서로 떨어져서 성장한 일란성 쌍생아들도 함께 성장한 경우와 마찬가지로, 연구은 성격이 서로 유사한 사람이 되더라는 것이다(McGue & Bouchard, 1998; Tellegen et al., 1988).

정말로, 아주 도발적이면서도 관련성 있는 한 가지 연구 결과는 부모의 이혼이나 양육 방식과 같은 공통적 환경 요소는 성격에 직접적인 영향을 거의 미치지 않는다는 것이다(Plomin & Caspi, 1999). 이 연구자들에 따르면 단순하게 같은 가정에서 성장한다는 것이 사람들을 서로 비슷하게 만들지는 않는다는 것이다. 사실상 두 형제가 서로 비슷하다면, 이것은 주로 유전적인 유사성에 기인하는 것이라고 보아야 한다.

연구자들은 또한 쌍생아들에게서 특정한 행동 및 태도에서의 유사성을 평가하였는데, 이러한 연구들에서도 유전의 영향에 대한 증거는 많은 경우 매우 강력한 것으로 나왔다. 3,000쌍의 일란성 및 이란성 쌍생아를 검토한 한 연구는 사회주의, 사형제도, 타인종 간의 결혼 등과 같은 문제에 관하여 보수주의적 관점이 유전된다는 증거를 발견하였다(Martin et al., 1986). 특정한 한 가지 유전인자가 사회적 또는 정치적 문제에 대한 신념과 같은 복잡한 심리적 관념에 직접적으로 영향을 미칠 가능성은 거의 없는 것 같다. 그보다는 일군의 유전인자들이(또는 여러 세트의 유전인자들이 복합적으로 상호작용하여) 보수주의적 또는 진보주의적인 방식으로 생각하도록 하는 특성이나 경향성을 만들 수 있다. 최근의 한 연구에서 13,000명의 DNA를 검토하고 보수주의적 및 진보주의적 태도를 자기 보고식으로 측정하였는데, 보수주의-진보주의와 사회적 및 정치적 문제에 관한 관점에 영향을 주는 요인들 중의 하나가 될 수 있는 심리적 유연성, 즉 환경 변화에 따라 사고를 바꿀 수 있는 정도 간에 상관관계가 있는 것으로 나왔다(Hatemi et al., 2011). 심리학자들의 최근 연구는 유전 인자에서의 차이가 성격 발달에 어떻게 영향을 미치는가를 밝히려고 하는 것이다.

동물도 성격을 갖고 있는가

인간의 성격이 생물학적 요인에 기초한다는 사실에 대한 또 다른 증거의 원천은 인간 이외의 동물에 관한 연구에서 나온다. 개를 기르는 사람들, 동물원 관리자, 축우업자들은 각 동물마다 저마다의 특징적인 행동 패턴을 갖고 있다는 말을 할 것이다. 시골집에서 닭을 즐겨 기르는 한 미주리 주의 여성은 '가장 좋은 점'은 '그들 각각에 대해 하나하나씩 알아 가게 되는 것'이라고 말한다(Tucker, 2003). 우리가 아는 한에 있어서, 이 여성은 그녀의 닭을 대상으로 심리검사를 하지 않았지만, 샘 고슬링(Sam Gosling, 1998)이라는 연구자는 한 무리의 얼룩 빼기 하이에나를

우리의 유전자는 다양한 방식으로 우리의 성격에 영향을 미친다. 예를 들면 유전적 요인은 종교나 정치와 같은 일들에 대해 우리가 활나나 경식뇌게 또는 유연아게 생각할 것인지에 영향을 줄 수 있다. 이 티파티(Tea Party, 미국의 재정 건전성 감시 운동 보수 단체)의 사람들은 종교 및 정치 성향들이 같을 것인데, 아마도 이들의 가족도 그러할 것이다.

당신은 이 벌꿀 오소리를 어떻게 보는가? 그는 적대적인가 동의적인가? 신경성인가 정서 안정성인가? 연구자들은 동물들도 성격을 갖고 있다는 것을 발견하였다. 그것을 우리는 '동물성격'이라고 불러야 하나?

연구할 때 이들의 성격을 측정하는 방법을 사용하였다. 그런데 정확하게 말하자면 심리검사를 한 것은 아니었다. 고슬링은 네 명의 관찰자로 하여금 성격 검사 척도상에서 하이에나 무리에 있는 각각의 하이에나에 대해 평가하게 하였다. 이 측정 점수를 분석해 본 결과 그는 5개의 차원을 발견하였다. 이 중에서 3개가 Big Five의 특성인 신경성(즉, 겁 많음, 감정적 반응), 개방성(즉, 호기심), 동조성(즉, 공격성이 없음)과 매우 유사하였다.

이와 비슷하게 거피라는 열대어와 문어에 관한 연구에서도 외향성 및 신경성과 유사한 특성들에서 개체들 간의 차이가 일관성 있게 나타난다는 것이 관찰되었다(Gosling & John, 1999). 각각의 연구에서 연구자들은 동물들의 정상적인 행동 목록에 대한 관찰 결과에 근거하여 그들이 생각하기에 개체들의 특성을 반영한다고 보는 특정한 행동들을 찾아내었다. 예를 들면, 문어는 모임을 갖는 경우가 드물기 때문에 사교성이라는 차원에서는 평가를 하기가 어렵지만("문어는 각 개체가 하나의 집단이랍니다!"), 먹이를 먹을 때 안전한 자신의 동굴에서 먹기를 좋아하는지, 아니면 밖으로 나와서 먹는 것을 겁내지 않는지의 차원에서 개체 차이를 보이며, 따라서 외향성에 해당하는 행동을 합당하게 평가할 수 있는 것이다(Gosling & John, 1999). 한 동물에 대한 어떤 평가 차원상에서의 평가가 여러 관찰자들에게서 일치하는 것으로 보이기 때문에 이 연구 결과들은 단순히 특정한 관찰자의 상상의 산물이라든가 아니면 의인화(인간의 특성을 동물에다 귀속시키는 것)의 결과를 반영하는 것이 아니다. 여러 종들 간의 행

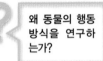

왜 동물의 행동 방식을 연구하는가?

동 방식에서 공통성이 발견된다는 것은 여러 종들이 공통적으로 보이는 성격 특성의 근저에는 생물학적인 기제가 작용한다는 생각을 지지해 주는 것이다.

진화론적 관점에서 보면 성격 차이는—인류와 비인류의 모든—종들이 생존과 번식이라는 도전을 극복하기 위하여 발달시킨 적응 구조인 것 같다. 예를 들면, 하루 또는 이틀 밤을 술집을 한번 배회해 보면, 인간이 이성 상대를 끌어들여 자기 사람으로 만드는 방법이 사람마다 제각기 다르다는 것을 곧 알게 될 것이다. 외향적인 사람은 아마도 주의를 끌기 위해서 자신의 자랑거리를 내보일 것이며, 동조성이 높은 사람은 아마도 호의나 배려를 베푸는 것을 볼 수 있을 것이다(Buss, 1996). 이 두 접근법 모두가—환경에 따라서—이성 상대의 호감을 사고, 번식을 성공적으로 하는 데 효과가 있을 것이다. 이러한 자연 선택의 과정을 통하여 생존을 위한 진화적 노력들 가운데 성공적인 것으로 입증된 특성은 차세대로 유전이 되는 것이다.

뇌 속에 있는 성격 특성

어떤 신경생물학적 메커니즘이 성격 특성의 발달에 영향을 주는가? 이 문제에 관한 고찰 중 많은 부분이 외향성-내향성 차원에 초점을 맞추고 있다. 아이젠크(1967)는 그의 성격 이론에서 대뇌피질의 각성 수준에서의 개인차가 외향성과 내향성 간의 차이의 원인이 된다고 본다. 아이젠크는 외향성자는 (3장에서 언급된 바와 같이 각성 수준을 통제하는 뇌 부위인) 망상계(reticular formation)가 쉽게 자극이 되지 않기 때문에 강한 자극을 추구한다고 본다.

내향성자보다 외향성자가 더 많은 자극을 추구하는 이유를 신경학적으로는 어떻게 설명할 수 있을 것인가?

아이젠크의 주장에 따르면 외향성자는 더 강한 대뇌피질의 각성 상태에 도달하고 완전한 긴장 상태를 느끼기 위하여 사회 활동, 파티 그리고 심리적 자극을 느끼게 해 주는 여러 가지 활동을 하게 된다는 것이다. 이와는 대조적으로 내향성자는 그들의 대뇌피질이 적정 수준 이상의 수준으로 자극되는 것이 매우 쉽게 되기 때문에 독서나 조용한 활동을 선호한다.

행동 연구 및 생물학적 연구는 전반적으로 아이젠크의 견해를 지지한다. 내향성자와 외향

성자에게 여러 수준의 강도의 자극을 주어보면 내향성자가, 레몬주스 한 방울을 혀에 떨어 뜨렸을 때 더 많은 침을 분비한다든가 전기 쇼크나 큰 소리의 소음에 대해 더 부정적으로 반응한다든가 하는 식으로, 더 강하게 반응한다(Bartol & Costello, 1976; Stelmack, 1990). 이러한 반응은 집중하는 능력에 영향을 준다. 외향성자는 (바텐더 일이나 가르치는 일 과 같은) 주의분산 요인이 많고 심리적 각성 수준이 높아지는 상황에서 과제를 더 잘 수행하는 경향이 있는 반면, 내향성자는 (도서관 사서나 야간 경비 업무와 같은) 조 용한 환경하에 집중을 요하는 일에서 과제를 더 잘 수행한다(Geen, 1984; Lieberman & Rosenthal, 2001; Matthews & Gilliland, 1999).

제프리 그레이(Jeffrey Gray, 1970)는 아이젠크의 각성 수준에 관한 견해를 더 발 전시켜서 외향성-내향성 차원과 신경증 차원은 뇌 체계의 두 가지 기본 축이 된 다는 주장을 했다. 행동 활성화 체계(behavioral activation system, BAS), 즉 '진행(go)' 체계는 보상이 예상되는 경우에 나오는 반응이 접근 행동을 유발시킨다. 외향성 자는 BAS가 쉽게 활성화되며, 따라서 주변 환경에 적극적으로 개입하고, 사회 적 강화를 추구하고, 주로 '진행(go)' 신호를 찾는다. 행동 억제화 체계(behavioral inhibition system, BIS), 즉 '정지(stop)' 체계는 처벌을 신호하는 자극에 대한 반 응으로 행동을 억제시킨다. 정서적으로 불안한 사람은 BIS가 잘 활성화되 고, 부정적인 결과에 초점을 두며, '정지(stop)' 신호가 나오는지를 살핀다. 이 두 체계는 상호 독립적으로 작동하기 때문에, (활성화되면서 동시에 억 제화되는) 진행과 정치 체계를 모두 보유하는 사람이 있을 수 있는데, 이 런 사람은 항상 이 두 가지 특성 간의 갈등에 시달리게 된다. 뇌전기활 동(electroencephalograms, EEG)과 기능적 자기공명 영상(fMRI)을 이용 한 연구에 의하면 활성화와 억제화에서의 개인차는 이러한 성향의 기 초가 되는 뇌 체계에서의 차이에 기인하는 것으로 보인다는 것이다(DeYoung & Gray, 2009). 보다 더 최근에 나온 연구들에 의하면 위에서 논의된 핵심 성격 특성들은 각각 의 특성과 관련된 뇌 부위의 크기의 차이에 기인한다는 것이다. 예를 들면, 자기 보고로 측정 된 신경증은 위협에 대한 민감성과 관련된 뇌 부위의 크기와 상관이 있고, 동의성은 타인의 심 리 상태에 관한 정보 처리와 관련된 뇌 부위, 성실성은 자기 규제와 관련된 뇌 부위, 그리고 외 향성은 보상에 관한 정보 처리와 관련 뇌 부위와 상관이 있다(DeYoung et al., 2010). 뇌의 구조 와 활동이 우리의 성격 특성의 형성에 어떻게 영향을 미치는지를 알아보고자 하는 연구는 아 직 걸음마 단계에 있지만, 이 분야는 우리 각자가 어떻게 각 개인의 독특한 모습으로 발달하는 가에 관한 보다 더 나은 이해를 돕는 데 크게 기여할 것이라고 많은 사람들이 생각하는 촉망되 는 연구 분야이다.

외향성자는 많은 사람, 큰 소리, 밝은 색깔과 같은 형태의 자극을 추구한다. 내향성자는 부드럽고 조용한 환경을 더 좋아한다. 즉석 문제 : 니키 미나이는 내향성자일까 외향성자 일까?

DIPASUPIL/ FILMMAGIC/GETTY IMAGES

요약

▶ 특성적 접근은 개개인의 행동 특성을 파악하는 데 사용될 수 있는 성격 차원을 찾아내려고 한다. 연구자들은 사람들 이 행동하고, 생각하고, 느끼는 수많은 가능한 방식들을 몇 가지 핵심적인 성격 차원으로 압축하려는 노력을 해왔다.

▶ 많은 성격 심리학자들이 현재는 Big Five 성격 요인, 즉 개방성, 성실성, 외향성, 동의성, 신경성에 초점을 맞춘다.

▶ 왜 이런 성격 특성이 형성되는가의 문제를 다루기 위하여, 특성 이론가들은 많은 경우 생물학적 관점을 도입하고 있는데, 이는 다분히 성격을 유전적 요인이 뇌 기능에 미친 영향의 결과로 보기 때문이다.

THE PHOTO WORKS

Sigmund Freud

지그문트 프로이트는 명예롭게도 자신의 버블헤드 인형이 제작된 최초의 심리학자이다. 그가 그러한 마지막 심리학자가 되지 않기를 바라며.

정신역동적 접근 : 의식의 저변에 내재하고 있는 욕구들

프로이트(Freud)는 성격을 개인차를 기술하는 거시적 이론으로서 이해하려고 하기보다는, 성격을 보다 더 세부적으로 들여다보았다. 즉, 한 개인의 사고와 행동 속에 들어있는 아주 미묘한 이상 징후들에 대한 주의 깊은 분석을 통해 밝혀지는 의미와 시사점을 찾아보았다. 신체적인 문제에서 비롯된 것으로는 보이지 않는 그러한 장애로 그를 찾아오는 환자들을 치료하면서 그는 후에 **프로이트적 착오**(Freudian slip)라고 불리게 된 일상생활에서의 실수들과 기억 착오들을 일어나게 만드는 원천이 무엇인지를 알아보기 시작했다.

프로이트는 그의 성격 이론과 환자의 치료 방법 모두를 지칭하는 것으로서 정신분석(psychoanalysis)이라는 용어를 사용하였다. 프로이트의 생각은 우리가 우리 자신의 가장 심층에 있는 동기를 알 수가 없기 때문에 성격은 그것을 소유하고 있는 사람에게도 하나의 미스터리라는 그의 기본적인 생각 위에 만들어진 많은 이론들 중의 첫 번째 것이다. 프로이트와 그의 추종자들의 이론(16장에서 논의됨)은 **정신역동적 접근**(psychodynamic approach)으로 불리는데, 이것은 성격이 주로 의식 밖의 영역에서 작용하는 요구, 갈망, 욕망들에 의해 형성되며, 이러한 동기들이 정서장애를 불러일으킬 수 있다고 보는 접근이다. 이 관점에 의하면 성격의 참된 원동력은 주로 우리가 의식하지 못하는 힘들이라는 것이다. 심리학자들은 이 개념을 숨겨져 있는 기억, 마음의 가장 깊숙한 곳에 들어 있는 본능과 욕망, 그리고 이러한 힘들을 통제하려고 하는 내적인 노력들을 일생 동안 떠안고 있는 능동적 체계라는 뜻에서 **역동적 무의식**(dynamic unconscious)이라고 부른다. 이 무의식의 힘은 생의 초기의 경험, 즉 사람이 생각이나 감정을 말로 옮길 수 있는 나이가 되기 이전에 이미 마음을 형성하게 만드는 경험과, 의식의 통제 범위 밖에서 작용하기 때문에 당혹스럽고 말로 할 수 없으며 심지어는 공포를 느끼는 그런 경험의 내용에서부터 나오는 것으로 생각된다. 자신의 아버지에 대해 격렬한 경쟁심을 느낀다든가('저 늙은이를 무엇에서든지 상관없이 한 번 이겨 봤으면' 또는 '그냥 마구 두들겨 패고 싶어'), 형제가 죽기를 바라는 마음이 든다고('저 코흘리개 여동생이 계단에서 굴러 떨어지면 얼마나 좋을까') 생각해 보라. 아, 이건 아니지! 이와 같은 충동은 무의식 속에 남아 있는 것으로 가정되는데, 그 이유는 이와 같은 강력한 힘은 의식이 감당하기에는 너무 강하기 때문이다. 정신역동적 접근을 취하는 심리학자들은 이러한 투쟁이 마음의 여러 부분들이 수면 아래에서 서로 갈등을 하고 있는 가운데 이루어지고 있다고 생각한다.

마음의 구조 : 원초아, 자아, 초자아

환자를 괴롭히는 정서적 문제들을 설명하기 위하여 프로이트는 마음이 상호 독립적이고 상호 작용적이며 종종 상호 갈등적인 요인들, 즉 원초아, 자아, 그리고 초자아로 구성되어 있다고 제안하였다.

가장 기초가 되는 체계인 **원초아**(id)는 출생 시부터 타고 나는 추동(drive)을 그 속에 포함하고 있는 부분인데, 이것은 우리의 신체적 요구, 욕구, 욕망, 충동, 특히 우리의 성적 추동과 공격적 추동의 원천이다. 이 원초아는 어떤 종류의 충동이든 불문하고 즉각적인 만족을 추구하는 성향을 동기화하는 심리적 힘인 쾌락 원리(pleasure principle)에 따라 작동한다. 만약 당신이 이 원초아만의 지배를 받는다면 당신은 식당에서 음식을 서빙받기 위해 기다리는 동안 허기가 지는 것을 참지 못하고 그냥 가까이에 있는 아무 식탁에서나 음식을 집어다가 먹어 버릴 것이다.

원초아와 정반대의 것이 **초자아**(superego)인데, 이는 문화적 규칙이 내면화되어 생긴 심리 성분으로서, 주로 부모가 그들의 권위를 행사할 때 학습되는 것이다. 이 초자아는 우리의 행동, 사고, 환

정신역동적 접근
성격을 의식 밖의 영역에서 작용하며 정서장애를 불러일으킬 수 있는 요구, 갈망, 욕망들에 의해 형성되는 것으로 보는 접근

역동적 무의식
숨겨져 있는 기억, 마음의 가장 깊숙한 곳에 들어 있는 본능과 욕망, 그리고 이러한 힘들을 통제하려고 하는 내적인 노력들을 일생 동안 떠안고 있는 능동적 체계

원초아
출생 시부터 타고 나는 추동을 그 속에 포함하고 있는 마음의 부분, 이것은 우리의 신체적 요구, 욕구, 욕망, 충동, 특히 우리의 성적 추동과 공격적 추동의 원천이다.

초자아
문화적 규칙이 내면화되어 생긴 심리 성분으로서, 주로 부모가 그들의 권위를 행사할 때 학습되는 것이다.

상을 규제하고 통제하는 일단의 지침, 내적 기준, 기타의 행위 규범 등으로 구성된다. 이것은 일종의 양심으로서 작용하는데, 우리가 무언가 잘못된 행동이나 생각을 하면 처벌을 하고(죄책감이나 고통스러운 감정을 갖게 함으로써), 바람직한 기준에 맞게 생활하면 보상을 준다(자부심이나 자랑스러운 느낌을 갖게 함으로써).

정신분석 이론에 따르면 마음의 마지막 체계는 **자아**(ego)인데, 이것은 외부 세계와의 접촉 과정에서 발달되어 나오는 것으로서, 우리들로 하여금 인생에서의 현실적인 요구를 처리할 수 있게 해 주는 성격의 한 성분이다. 이 자아는 현실 원리(reality principle)에 따라 작동하는데, 현실원리란 사람으로 하여금 요구의 즉각적인 만족을 지연할 수 있게 하고, 현실세계에서 효과적으로 기능할 수 있게 해 주는 통제 기제이다. 이것은 원초아와 초자아 간에서 조정자 역할을 한다. 이 자아는 당신으로 하여금 옆 사람의 음식을 낚아채고 싶은 충동을 저지하고, 대신 음식점을 찾아서 식대를 지불하게 하도록 도와준다.

프로이트는 이 세 가지 마음의 체계들 간의 상호작용의 상대적 강도(즉, 통상 어떤 체계가 더 우세한가)가 한 개인의 성격의 기본 구조를 결정한다고 생각하였다. 개인의 욕구인 원초아의 힘, 이러한 욕구를 억누르려고 하는 압력인 초자아의 힘, 현실의 요구인 자아의 힘이라는 세 가지 힘이 끊임없는 내적인 갈등이 일어나게 만든다. 프로이트는 원초아, 자아, 그리고 초자아 간의 역동은 주로, 자아가 생각할 때는 현실세계에서 위험에 빠지게 만들고, 초자아가 생각하기에는 처벌을 받게 만드는 그런 욕구를 원초아가 충족하고자 할 때와 같이, 원치 않는 생각이나 감정이 생길 때 갖게 되는 불쾌한 감정인 불안감에 의해 좌우된다고 생각하였다. 자아가 불안감이라는 형태로 나타나는 '경고 신호'를 받으면, 이 불안감을 없애기 위한 시도로서 방어적인 입장을 취하게 된다. 프로이트에 의하면 자아는 이것을 여러 가지 종류의 **방어기제**(defense mechanism)들 중의 하나를 사용하여 자아를 방어하는데, 방어기제란 수용할 수 없는 충동에 의한 위협에서 생기는 불안을 감소시키려는 무의식적 대처 기제이다(표 12.4 참조). 정신역동주의 심리학자들은 방어기제가 우리로 하여금 불안감을 극복하고 외부 세계에 효과적으로 적응하는 것을 도와주며, 나아가 우리의 특징적인 방어 방식은 우리가 세상을 살아가는 방식, 즉 우리 자신의 성격의 핵심적 모습이 된다고 생각한다.

> **?** 프로이트에 따른다면, 성격은 어떻게 원초아, 자아, 초자아 간의 상호작용에 의해 형성되는가?

자아
외부 세계와의 접촉 과정에서 발달되어 나오는 것으로서, 우리들로 하여금 인생에서의 현실적인 요구를 처리할 수 있게 해 주는 성격의 한 성분

방어기제
용납될 수 없는 충동에 의한 위협에서 생기는 불안감을 감소시켜 주는 무의식적 대처 기제

"죄송합니다. 저는 오늘밤 어느 누구와도 이야기를 하지 않겠습니다.
저의 방어기제가 고장이 난 것 같거든요."

표 12.4		
방어기제		
억압은 자아가 가장 먼저 시도하는 방어기제인데, 이것이 만약 적합하지 않으면 그다음으로 다른 방어기제가 동원된다.		
방어기제	설명	예
억압	고통스러운 경험이나 용납될 수 없는 충동을 의식으로부터 제거하는 것 '동기적 망각'	화가 났을 때 체벌을 억누름, 나쁜 기억은 잊어버림
합리화	자신의 심리 저변에 깔려 있는 동기나 감정을 (주로 자신으로부터) 숨기기 위하여 자신이 보이는 납득하기 어려운 감정이나 행동에 대하여 합당해 보이는 듯한 설명을 갖다 붙이는 것	교실의 낡은 환풍기를 이유로 미적분학 과목의 수강을 철회하는 것
반동 형성	자신을 위협하는 자신의 내적 욕구나 환상을 무의식적으로 정반대의 과장된 형태의 반응으로 대치하는 것	이끌리는 사람에 대해 무뚝뚝하게 대하는 것
투사	자신을 위협하는 자신의 감정, 동기, 또는 충동에 대해 다른 사람이나 다른 집단에게로 그 원인을 돌리는 것	자기 자신이 부정직하다고 생각하기 때문에 다른 사람도 역시 부정직하다고 판단하는 것
퇴행	내적 갈등과 지각된 위협을 처리하기 위하여 모든 면에서 안전이 보장되던 시기인 발달의 초기 단계(어린 시절의 미성숙한 행동을 하거나 그때의 의식 상태로 되돌아가는 것	걱정거리가 있을 때 적절한 성인 언어를 구사할 수 있음에도 불구하고 어린 아이처럼 말을 하는 것
대치	용납될 수 없는 욕망이나 충동을 중립적이거나 자신에게 덜 위협적인 대안으로 바꾸는 것	방문을 세게 쾅 닫는 것, 화를 내게 만든 사람이 아닌 다른 사람에게 소리를 지르는 것
동일시	더 힘이 있어 보이거나 난관을 더 잘 극복할 수 있을 것 같아 보이는 사람의 특성을 무의식적으로 자신의 것으로 채택함으로써 위협이나 불안 감정을 처리하는 것	괴롭힘을 당한 아이가 다른 아이들을 괴롭히는 사람이 되는 것
승화	용납될 수 없는 성적 충동이나 공격 충동을 사회적으로 용인되고 문화적으로 가치를 높이는 것으로 인정되는 활동으로 해소하는 것	분노를 축구나 럭비 또는 신체 접촉이 이루어지는 스포츠를 함으로써 해소하는 것

심리성적 단계와 성격의 발달

프로이트는 또 한 사람의 기본적인 성격은 6세 이전에 경험하는 5개의 감수성이 아주 높은 일련의 시기, 즉 생의 단계들에서 형성되는데, 한 단계에서의 경험이 그 뒤에 오는 단계에 영향을 준다고 보았다. 프로이트는 이 시기들을 **심리성적 단계**(psychosexual stages)라고 불렀는데, 이것은 어릴 때 아동은 신체의 특정 부위에서 성적 쾌감을 느끼게 되는데, 양육자가 아동의 이 쾌감을 수정하고 간섭하는 가운데 성격 형성이 이루어지는 생애의 초기 기간에 나타나는 구분되는 여러 단계들을 말한다. 그는 쾌감을 추구하는 힘이 양육자의 간섭의 결과로 그 아동으로 하여금 갈등을 경험하게 만든다고 주장하였다. 각 단계별로 다른 신체 부위, 즉 성감 발생 부위가 그 아동의 주관적인 경험을 지배한다(예를 들면 구순기의 기간 중에는 쾌감이 입에 집중된다). 그러한 각 신체 부위는 그 아동의 원초아적 충동과 양육자라는 외부 세계 간의 전쟁터가 되는 것이다.

프로이트는 이 심리성적 단계들에서 만나게 되는 문제와 갈등이 성인이 되었을 때의 성격에 영향을 준다고 생각했다. 특정 단계에서 과도하게 결핍되거나 또는 반대로 과도하게 충족될 때 생기는 갈등은 **고착**(fixation)이 될 수 있는데, 이것은 사람의 쾌락 추구 추동이 특정한 심리성적 단계에 심리적으로 고정되고 갇히게 되는 현상이다. 프로이트는 특정한 성격 특성들이 상이한 심리성적 단계에서의 고착에서 나오게 된다고 보았다. 여기에 그가 고착의 각 단계와 각 단계에서의 고착의 효과를 어떻게 설명하는가가 나와 있다.

- 생의 첫 1.5세까지의 시기에 유아는 **구순기**(oral stage)에 속하게 되는데, 이것은 첫 번째의

심리성적 단계
어릴 때 아동은 신체의 특정 부위에서 성적 쾌감을 느끼게 되는데, 양육자가 아동의 이 쾌감을 수정하고 간섭하는 가운데 성격 형성이 이루어지는 생애의 초기 기간에 나타나는 구분되는 여러 단계들

고착
사람의 쾌락 추구 추동이 특정한 심리성적 단계에 심리적으로 고정되고 갇히게 되는 현상

심리성적 단계로서, 이 시기에는 입, 빨기, 수유와 관련되는 쾌감과 욕구불만을 중심으로 경험이 이루어진다. 즐겁게 먹는 경험이 박탈되거나 과도하게 먹는 경험을 한 유아는 그들의 삶이 충만감과 공허감 그리고 다른 사람들로부터 무엇을 얻을 수 있을 것인가와 관련된 문제에 초점을 맞추는 유형의 성격을 갖게 된다고 한다.

● 2~3세까지의 기간에 아동은 **항문기**(anal stage)로 이동하는데, 이것은 두 번째의 심리성적 단계로서, 이 시기의 경험은 항문, 대변과 소변의 보류와 방출, 그리고 배변 훈련과 관련된 즐거움과 욕구불만이 주류를 이룬다. 이 갈등을 잘 해결하지 못한 사람은 경직된 성격을 갖게 되거나 통제의 문제에 집착하게 된다고 한다.

● 3~5세까지의 기간에 아동은 **남근기**(phallic stage)에 속하게 되는데, 이것은 세 번째의 심리성적 단계로서, 이 시기는 남근 부위와 관련된 쾌감, 갈등, 욕구불만과 아울러 사랑, 미움, 질투, 갈등과 같은 강력한 근친상간적 감정의 처리와 관련된 경험이 주류를 이룬다. 프로이트에 따르면 남근기에 있는 아동은 **오이디푸스 갈등**(Oedipus conflict)을 경험하게 되는데, 이것은 이성 부모에 대한 양가적인 감정이 (통상) 동성부모에 대한 동일시를 통해 해결되는 발달적 경험을 말한다.

● 아동이 **잠복기**(latency stage)에 들어가게 됨에 따라, 더 이상 성적 및 공격적 추동이라는 욕구로 인해 갈등을 겪지 않는 보다 편안한 시기인 5~13세까지의 기간을 맞게 되는데, 이것은 네 번째의 심리성적 단계로서, 이 시기에는 경험의 일차적인 초점이 지능, 창조성, 대인관계 및 운동 기술을 발달시키는 것이 된다. 프로이트는 성격의 가장 중요한 부분이 발달하는 시기가 6세 이전까지의 기간이라고 생각했기 때문에 정신역동 심리학자들은 잠복기에서의 고착에 대해서는 언급을 하지 않았다. 이전 단계들에서 갈등으로 인해 크게 어려움을 겪지 않고 잠복기를 맞이한다는 것은 성격이 건강하게 발달하고 있다는 것을 나타내는 징표이다.

● 사춘기와 그 이후의 시기가 성격 발달의 다섯 번째이자 마지막 단계이다. 이 **성기기**(genital stage)는 서로를 충족시켜 주며 상호 호혜적인 방식으로 타인과 사랑하고, 일하고, 관계를 맺을 수 있는 역량을 갖춘 성숙한 성인의 성격이 발달하는 시기이다. 프로이트는 이전의 시기에 고착이 된 사람들은 성인으로서의 건강한 성의식과 원만한 성격을 발달시키지 못한다고 생각했다.

이 모든 내용들을 우리는 어떻게 받아들여야 하는가? 한편으로 보면, 심리성적 단계에 관한 정신분석적 이론은 사람들의 아주 어린 시절의 가족관계, 그리고 그 부모가 아동의 기본적인 욕구와 희망을 어느 정도 충족하도록 허용했는가에 대하여 흥미 있는 상상을 해 볼 수 있게 해 준다. 반면에, 정신역동적 설명은 실증적 증거가 없고 검증이 가능한 예측모다는 사후적 해석이 초점이 되는 이론이라는 비판을 받는다. 심리성적 단계 이론은 이미 밝혀진 삶을 해석하는 데는 잘 들어맞는 해석의 틀을 제공해 주지만, 연구를 통해 검증이 가능한 명백한 예언적 명제들은 제시하지 못한다.

? 프로이드의 심리성적 단계설은 왜 해석적인 것이지 설명적인 것이 아니라는 비판을 받는가?

구순기
첫 번째의 심리성적 단계로서, 이 시기에는 입, 빨기, 수유와 관련되는 쾌감과 욕구불만을 중심으로 경험이 이루어진다.

항문기
두 번째의 심리성적 단계로서, 이 시기의 경험은 항문, 대변과 소변의 보류와 방출, 그리고 배변 훈련과 관련된 즐거움과 욕구불만이 주류를 이룬다.

남근기
세 번째의 심리성적 단계로서, 이 시기는 남근 부위와 관련된 쾌감, 갈등, 욕구불만과 아울러 사랑, 미움, 질투, 갈등과 같은 강력한 근친상간적 감정의 처리와 관련된 경험이 주류를 이룬다.

오이디푸스 갈등
이성 부모에 대한 양가적인 감정이 (통상) 동성부모에 대한 동일시를 통해 해결되는 발달적 경험

잠복기
네 번째의 심리성적 단계로서, 이 시기에는 경험의 일차적인 초점이 지능, 창조성, 대인관계 및 운동 기술을 발달시키는 것이 된다.

성기기
다섯 번째이자 마지막 심리성적 단계로서, 서로를 충족시켜 주며 상호호혜적인 방식으로 타인과 사랑하고, 일하고, 관계를 맺을 수 있는 역량을 갖춘 성숙한 성인의 성격이 발달하는 시기

MARTHA HOLMES/TIME LIFE PICTURES/GETTY IMAGES

원초아의 욕망 중의 하나는 멋지게 어지르는 것이다 (이 욕구는 생의 초기, 아마도 항문기에 보통 잘 충족되지 못함). 유명한 화가인 잭슨 폴락은 너무나 멋지게 어지르는 방법을 발견하였다. 이런 행동은 어느 정도는 우리도 모두가 간절히 바라는 것이다.

요약

▶ 프로이트는 성격이 주로 무의식적이며 원초아, 자아, 초자아 간의 상호작용에 의해 만들어지는 역동에 의해 형성된다고 보았다.

▶ 방어기제는 마음에 용납될 수 없는 충동들에 의해 야기되는 불안을 감소시키기 위해 사용하는 방법이다.

▶ 프로이트는 또한 성장기의 아동이 일련의 심리성적 단계를 경험하게 되는데, 그 단계들 중 어느 단계에서 더 이상의 발달이 이루어지지 못하는 경우 고착이 일어나는데, 이 고착이 바로 그에 상응하는 성격 특성으로 연결된다고 생각하였다.

인본주의적-실존주의적 접근 : 선택의 주체로서의 성격

1950년대와 1960년대에 심리학자들은 특성론의 생물학적 결정론과 해결되지 못한 아동기의 경험에서 비롯되는 무의식적 추동을 강조하는 프로이트의 관점과는 완전히 다른 시각에서 성격을 이해하려는 시도를 하기 시작하였다. 이 새로운 인본주의 및 실존주의 이론가들은 인간이 자신의 성격을 빚어내게 만드는 '건강한 선택'이라는 것을 어떤 방식으로 하는가의 방향으로 주의를 돌렸다. 인본주의 심리학자들은 인간의 본성에 대해 인간의 성선성과 성장 잠재력이 주요 골자가 되는 긍정적이고 낙관적인 관점을 강조하였다. 실존주의 심리학자들은 각 개인이 의미와 죽음의 불가피성이라는 문제와 씨름하면서 자유롭게 자신의 삶을 창조하고 영위해 나갈 책임을 갖고 있는 주체라는 점에 초점을 맞추었다. 인본주의-실존주의적 접근법은 이러한 통찰 내용과 좋은 성격은 어떻게 형성되는가의 문제를 통합하고 있다.

인간의 욕구와 자아실현

수십 년 간의 연구에 의하면 빈곤 지역에서 성장한 사람들은 교육, 직업, 건강 수준이 낮게 나온다고 한다. 인본주의 심리학자들은 그러한 환경에 살고 있는 사람들은 기본적인 일상의 욕구를 충족시키는 데 온 힘을 기울여야 하기 때문에 자아실현을 추구할 기회를 갖지 못한다고 주장한다.

인본주의자들은 자신이 타고난 잠재력을 실현하고자 하는 인간적 동기인 **자아실현 경향성**(self-actualizing tendency)을 성격에서의 핵심 요인으로 본다. 지식 추구, 창조성의 표현, 영적 계발에 대한 욕구, 사회에의 공헌 욕구 등이 모두 자아실현의 예들이다. 8장에서 보았듯이, 저명한 인본주의 학자인 에이브러햄 매슬로우(Abraham Maslow, 1943)는 욕구들의 위계를 제안하였는데, 이것은 인간의 본질적인 욕구들을 우선순위에 따라 배열한 모델로서, 이 모델에 따르면 기본적

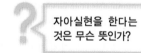

자아실현을 한다는 것은 무슨 뜻인가?

인 생물학적 욕구와 안전의 욕구가 먼저 충족되어야 그다음에 더 상위 수준의 심리적 욕구가 나타난다는 것이다. 사람은 이 기본적인 욕구가 충족되고 나야만 자아실현의 욕구와 같은 상위 수준의 욕구를 추구하게 된다. 이 상위 수준의 욕구란 선량해지고, 활기가 넘치게 되며, 인생의 의미를 발견하고자 하는 욕구이다.

인본주의 심리학자들은 사람들 간의 성격 차이는 각 개인이 심리적 욕구를 충족하려고 하는 시도가 환경에 의해 어떻게 촉진 또는 차단되는가에 따라 생기게 된다고 설명한다. 예를 들면 훌륭한 과학자, 예술가, 부모, 교사가 될 수 있는 잠재력을 갖고 태어난 사람이 그의 에너지와 자원을 안전의 욕구나 소속의 욕구 등과 같은 기본적인 욕구를 충족하는 데 쓰고 있다면 그의 이러한 재능은 결코 실현될 수가 없을 것이다. 연구에 의하면 자신의 진정한 본성과 능력에 맞지 않는 목표를 설정하고 이를 위한 삶을 사는 사람은 자신의 삶과 목표가 서로 잘 맞는 사람보다 덜 행복하다는 것을 보여 준다(Ryan & Deci, 2000).

당신이 잘 할 수 있는 바로 그 일을 할 때 당신은 정말로 기분이 좋을 것이다. 미하이 칙센트미하이(Mihaly Csikszentmihalyi, 1990)는 자신의 능력에 딱 맞는 그런 일을 할 때 사람은, 그가

자아실현 경향성
자신이 타고난 잠재력을 실현하고자 하는 인간적 동기

충일감(flow)이라고 부르는, 에너지가 충만하여 집중이 되는 심리 상태가 된다는 것을 발견하였다(그림 12.4 참조). 자신의 능력에 비해 너무 쉬운 일은 지루함을 초래하고, 너무 어려운 일은 불안감을 야기하는 반면, 자신의 능력에 딱 맞는 일은 충일감을 경험하게 해 준다. 예를 들어 당신이 피아노를 칠 줄 아는데, 당신이 잘 알고 있어서 당신의 연주 실력에 딱 맞는 쇼팽의 전주곡을 치게 되었을 경우 당신은 아마도 이 충일감을 경험할 것이다. 사람들은 다른 어느 때보다, 바로 이런 때에 더 없는 행복감을 느낀다고 말한다. 인본주의자들은 바로 이러한 절정 경험, 즉 충일감이 개인의 인간적 잠재력이 실현되었음을 알려 주는 것이고, 성격이 잘 발달된 정도를 나타내는 지표가 된다고 본다.

▲ 그림 12.4 **충일감 경험** 당신의 능력에 비해 도전적이기는 하지만 지나치게 도전적이지 않은 그런 일을 한다는 것은 기분이 좋은 일이다. 칙센트미하이는 이것을 지루함과 불안감 사이에 있는 '충일감 경험'이라고 하였다.

실존으로서의 성격

실존주의자들은 인본주의자들의 성격 이론의 많은 부분에 동의하지만, 양육 환경의 질과 같은 문제보다는 인간으로서의 조건과 같은 보다 더 심오한 문제에 초점을 맞춘다. 예를 들면 롤로 메이(Rollo May, 1983)와 빅터 프랭클(Victor Frankle, 2000)은 우리 자신의 실존에 대한 인식과 어떤 행동이 옳은 것인가에 대한 판단 능력과 같은 인간으로서의 조건의 구체적 측면이 양날의 요소를 갖고 있다고 주장하였다. 이러한 것들이 인간의 삶을 엄청나게 풍부하게 하고 존엄스럽게 만들기도 하지만, 그것들은 또한 인간으로 하여금 죽음을 불사해야 하는 것과 같은 직면하고 싶지 않은 현실에 마주치지 않을 수 없게도 만든다. **실존주의적 접근**(existential approach)은 성격은 자신의 삶과 죽음이 관건이 되는 현실 속에서 각 개인이 내리는 선택과 결정에 의해 만들어지는 것이라고 보는 관점이다.

실존주의적 관점에 따르면, 삶의 의미를 발견하고 자유 선택에 따르는 책임을 감수하고자 할 때 직면하게 되는 어려움은 실존주의자들이 실존적 불안감(angst, 완전하게 존재하는 것에 관한 불안감)이라고 부르는 그런 불안감을 불러일으킨다는 것이다. 인간이 목표와 실천 행동을 무한하게 고려할 수 있는 능력을 갖고 있다는 것이 신나는 일이기도 하지만, 그러한 능력은 또한 다음과 같은 심오한 질문을 던지게 만들기도 한다.

❓ 실존적 불안감이란 무엇이며, 이것은 어떻게 생기게 되는가?

왜 나는 지금 여기에 존재하는가? 나의 삶의 의미는 무엇인가?

존재의 의미에 대하여 생각하다 보면 죽음의 불가피성에 대하여 생각해 보지 않을 수 없게 된다. 그렇다면 우리는 매 순간 무엇을 해야 하는가? 만약 삶이 우리가 알고 있는 것처럼 어느 날, 어쩌면 오늘 끝난다면 삶의 목적은 무엇이 되어야 하는가? 이를 다른 시각에서 본다면, 삶은 그렇게 짧은 것이기 때문에 더 의미가 있는 것이 아닌가? 실존주의 이론가들은 사람들이 이런 심오한 실존적 문제를 매일 또는 매 순간 생각한다고는 보지 않는다. 사람들은 통상 의미와 죽음에 대하여 깊이 사색하기보다는, 그들이 경험하는 그 실존적 불안감과 공포심을 처리하는 데 도움을 줄 피상적인 답을 찾는데, 그들이 생각해서 만들어 내는 방어 방식이 바로 그들의 성격을 형성하는 기초가 된다(Binswanger, 1958; May, 1983). 어떤 사람들은 자신의 삶을 물질적 소유의 추구를 중심으로 영위한다. 또 어떤 사람들은 실존적 현실을 잊기 위하여 약물 중독 또는 습관적인 인터넷 서핑, 비디오 게임, TV 시청 등과 같은 행위 중독에 빠진다.

실존주의자들이 볼 때 보다 건강한 해답은 그 문제에 정면으로 직면해서 실존의 고통을 수용하고 감내하는 것을 배우는 것이다. 사실상 완전히 인간적이 된다는 것은 실존적 현실을 부정하거나 자위적 환상을 부둥켜안고 있으려고 하기보다는 그것에 직면하는 것을 의미한다. 그렇게 하려면 본래적인 불안에 대한 공포와 생존의 한 부분인 비존재에 대한 공포를 수용하려

실존주의적 접근
성격은 삶과 죽음이 관건이 되는 현실 속에서 각 개인이 내리는 선택과 결정에 의해 만들어지는 것이라고 보는 학파

는 용기가 있어야 한다. 그러한 용기는 무조건적인 긍정적 존중을 제공해 줄 수 있는 사람들과의 지지적인 관계를 발전시킬 때 생길 수 있다. 사랑받는다는 것에는 뭔가 그러한 실존적 불안을 퇴치하는 데 도움을 주는 것이 있다.

> **요약**
>
> ▶ 성격에 대한 인본주의적-실존주의적 접근은 특성론적 접근이나 정신분석적 접근의 가정들과는 매우 다른 입장을 보이는 철학적 전통에서 나왔다.
>
> ▶ 인본주의자들은 성격이 자아실현을 추구하고 각 개인의 개성적인 잠재력을 발전시키려는 본성적인 욕구에 의해 형성된다고 본다.
>
> ▶ 실존주의자들은 실존적 불안, 삶의 의미와 죽음의 불가피성이라는 문제에 대해 사람들이 보이는 방어 반응에 초점을 둔다.

사회-인지적 접근 : 상황들 속에서의 성격

사회-인지적 접근
성격을 사람이 일상생활에서 접하는 상황에 대해 어떻게 생각하고 또 그에 대한 반응으로서 어떻게 행동하는가의 관점에서 보는 접근

어떤 모습을 갖고 인간답다고 하는가? **사회-인지적 접근**(social-cognitive approach)은 성격을 사람이 일상생활에서 접하는 상황에 대해 어떻게 생각하고 또 그에 대한 반응으로서 어떻게 행동하는가의 관점에서 본다. 이 접근 방식은 사회심리학, 인지심리학, 그리고 학습 이론들에서 나온 통찰 내용들을 통합하여 사람들이 당면 상황을 어떻게 경험하고 어떻게 해석하는지의 문제에 강조점을 둔다(Bandura, 1986; Mischel & Shoda, 1999; Ross & Nisbett, 1991; Wegner & Gilbert, 2000).

사회-인지 분야의 연구자들은 현행의 상황과 학습의 역사가 모두 행동의 주요 결정요인이라고 생각하며, 사람들이 그러한 상황을 어떻게 지각하는가에 초점을 맞춘다. 사람들은 자신의 목표, 자신의 행동에 따르는 결과, 그리고 각각의 상황에서 자신이 어떤 것을 이루게 될 것인지에 대해 생각한다(Lewin, 1951). 사회-인지적 접근은 성격과 상황이 어떻게 상호작용하여 어떤 행동을 유발하고, 사람들이 그 상황을 자신의 방식대로 해석하는 데 성격이 어떤 역할을 하며, 사람들의 목표와 기대가 그 상황에 대한 그들의 반응에 어떤 방식으로 영향을 주는지를 알아본다.

> **?** 사회 인지 분야의 연구자들은 성격이 과거의 경험에서 나온다고 보는가 아니면 현재의 상황에서 나온다고 보는가?

다양한 상황에서의 성격의 일관성

사회-인지 심리학자들은 행동을 개인의 성격과 그가 처한 상황 둘 모두에 귀인을 하지만, 많은 경우 상황이 성격을 압도할 수 있다. 예를 들면, 어떤 사람이 추모식과 맥주 파티에서 똑같은 방식으로 행동한다면 그것은 매우 이상한 일일 것이다. 상황이 갖고 있는 밀고 당기는 강한 힘의 영향을 받지 않는 사람이 없다고 생각하는 사회-인지 심리학자들에게는 고전적인 성격심리학의 기본 가정들, 즉 성격(특성, 욕구, 무의식적 추동 등과 같은)이 사람들로 하여금 여러 다른 상황과 시간에 걸쳐 똑같은 방식으로 행동하게 만든다고 보는 가정이 뭔가 이상한 것으로 생각될 것이다. 사회-인지적

그는 사교장에서는 샌님이지만,
인터넷상에서는 엄청나게 터프하답니다.

MICK STEVENS ©THE NEW YORKER COLLECTION WWW.CARTOONBANK.COM

접근의 핵심에는 **행동이 성격 요인과 상황 요인 중 어떤 것에 의해 더 크게 좌우되는가의 문제**가 논란의 초점이 되는 **인간-상황 논쟁**(person-situation controversy)이라는 당연히 제기될 만한 질문이 들어 있다.

이 논쟁은 월터 미셸(Walter Mischel, 1968)이 심리 검사로 측정된 성격 특성이 많은 경우 개인의 행동을 잘 예측해 주지 못한다는 주장을 들고 나오면서부터 본격적으로 시작되었다. 미셸은, "내향성을 측정하는 검사에서 높은 점수가 나온 사람이 낮은 점수가 나온 사람에 비해 정말로 혼자서 보내는 시간이 더 많은가?"와 같은 문제를 갖고 수행한 연구들에서 실증적 증거를 찾으면서, 표준 성격 검사를 통해 측정된 점수와 실제 행동을 비교한 수십 년간의 연구들을 종합적으로 검토하였다. 미셸의 충격적인 결론은 다음과 같다. 특성과 행동 간의 평균 상관계수는 .30에 불과하다. 이것은 .00(즉, 상관관계가 전혀 없는 것)보다는 확실히 나은 것이지만, 완벽한 예측이란 것이 1.0의 상관관계라는 사실에 비추어 본다면 별로 좋은 것이 못 된다.

미셸은 또한 어떤 사람이 한 상황에서 어떻게 행동할 것인가를 아는 것이 그 사람이 다른 상황에서 또 어떻게 행동할 것인가를 예측하는 데 별로 도움이 되지 않는다고 하였다. 예를 들어서, 하츠온과 메이(Hartshorne & May, 1928)가 아동들이 시험을 볼 때 부정행위를 하려고 마음먹은 정도를 측정하여 그들의 정직성을 평가한 한 고전적 연구의 결과를 보면 그러한 부정직성은 여러 상황에 걸쳐서 일관성 있는 것으로 나오지 않았다. 학교 시험 상황에서의 정직성에 대한 평가 결과는 다른 상황, 예를 들면 돈을 훔칠 수 있는 상황에서 그 아동이 정직하게 행동할 것인가 여부를 예측하는 데 거의 아무런 소용이 없었다. 미셸은 검사를 통해 측정된 특성은 행동을 잘 예측해 주지 못하는데, 그 이유는 행동이란 것이 성격 이론가들이 인정해 주고 싶어 하는 정도 이상으로 상황 요인에 의해 더 많이 결정되기 때문이다.

그렇다면 성격이라는 것은 없다는 말인가? 우리 모두는 오로지 상황이 요구하는 바대로 행동하는가? 이 인간-상황 논쟁은 미셸의 비판이 제기된 이래로 많은 연구들을 촉발시켰으며,

남의 시험지를 훔쳐 보려고 하는 학생은 다른 학생들보다 과자를 더 잘 훔치거나 할머니에게 거짓말을 더 잘 할까? 사회-인지적 연구에 의하면 한 상황에서의 행동이 반드시 다른 상황에서의 행동을 예측해 주지는 않는다고 한다.

? 성격이나 현재의 상황 중 어떤 것이 사람의 행동을 더 잘 예측해 주는가?

행동을 정확하게 예측하는 데는 성격과 상황이라는 두 요인에 관한 정보가 모두 요구된다는 것으로 결론이 모아졌다(Fleeson, 2004; Mischel, 2004). 어떤 상황에서는 그 상황의 힘이 너무나 강해서 거의 모든 사람들이 성격과는 상관없이 비슷하게 행동하게 될 것이다(Cooper & Withey, 2009). 장례식 상황에서는 거의 모든 사람들이 어두운 표정을 짓고 있고, 지진 상황에서는 거의 모든 사람들이 벌벌 떤다. 그러나 그런 압력이 약한 상황에서는 성격이 행동에 더 큰 영향을 미칠 수 있다(Funder, 2001). 하츠온과 메이 연구(Hartshorne & May, 1928)에서의 아동들을 보면, 시험 부정 성향을 측정하는 심리 검사상에서의 결과는, 그 상황이 비슷한 한에 있어서, 이후의 시험 칠 때의 시험 부정행위에 대한 상당히 좋은 예측 요인이 되었다. 그렇다면 성격의 일관성은 언제 그리고 어디서 어떤 종류의 행동이 나타날 것인가의 문제인 것으로 보인다('문화와 사회' 참조). 사회-인지 이론가들은 상황에 따라 성격의 일관성의 패턴이 다른 것은 사람에 따라 상황을 다르게 해석하고 각 상황마다 사람들이 추구하는 목표가 다르기 때문에 나온다고 본다.

개인적 구성개념

상황을 해석하는 방식에 있어서의 개인차를 우리는 어떻게 알 수 있는가? 많은 경우 성격은 '보는 사람의 눈'에 따라 달라진다는 우리의 생각을 되새겨 보라. 상황이라는 것도 역시 '보는 사람의 눈'에 따라 다르게 보일 것이다. 한 사람에게는 금광으로 보이는 것이 다른 사람에게는 그저 쓸모없는 흙구덩이로 보일 수도 있다. 조지 켈리(George Kelly, 1955)는 이미 오래전에 지

인간-상황 논쟁
행동이 성격 요인과 상황 요인 중 어떤 것에 의해 더 크게 좌우되는가의 문제

문화와 사회

당신의 성격은 당신이 무슨 언어를 사용하는가에 따라 달라지는가?

많은 경우 문화에 따라 사람들의 성격이 서로 다를 수 있다. 예를 들면, 한 연구에서 미국인과 멕시코인을 대상으로 성격 검사를 한 결과 일관성 있는 차이가 나왔다. 미국인이 멕시코인에 비해서 외향성, 동의성, 그리고 성실성이 더 높은 것으로 나타났다(Ramirez-Esparza et al., 2004). 왜 이런 차이가 나오는가? 연구자들은 이러한 차이가 각 문화권의 사람들이 얼마나 개인주의적인가 아니면 집단주의적인가의 차이에 그 원인이 있을 것으로 생각했다. (미국과 같은) 개인주의 문화권에서는 개인적 성취

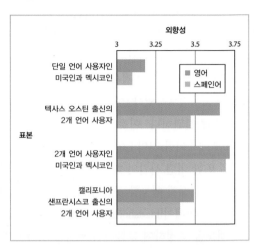

가 강조되며, (멕시코와 같은) 집단주의 문화권에서는 가족이나 공동체의 성과가 중요시된다. 연구자들은 Big Five의 차원들을 이 개인주의-집단주의 차원에 대응시켜 보았다. 예를 들면, 성취성은 성실성의 일부로 측정되고, 주장성은 외향성의 일부로 측정되며, 피상적 우호성은 동의성의 일부로 측정된다.

그러나 흥미롭게도, 연구자들이 텍사스, 캘리포니아, 멕시코에 거주하는 사람들 중 영어와 스페인어를 모두 사용하는 사람들을 대상으로 검사를 해 본 결과 두 언어를 모두 사용하는 사람들이 스페인어로 된 검사지에 응답한 경우에 비해서 영어로 된 검사지에 응답한 경우에 외향성, 동의성, 성실성이 모두 더 높게 나온 것이다! 연구자들은 이러한 차이를 문화 준거 전환(cultural frame switching)의 결과로 보는데, 문화 준거 전환이란 이중 또는 다중문화권적인 사람들이 그들의 사고, 감정, 행동 양식을 그들이 현재 상호작용하고 있는 집단에 더 가까이 부합되도록 조정하는 것을 말한다. 중요한 것은, 이러한 변화는 상당히 작은 것이기는 하지만(성격을 통째로 이식하는 것이 아니라 색조를 더 올리거나 내리는 것), 성격 문제에 대해서 생각할 때 문화와 맥락이 중요하다는 점을 조명해 준다.

각자의 성격을 알아보는 데 이러한 시각차를 사용할 수 있다는 것을 알았다. 그는 사람들이 사회적 세계를 각자 다른 시각에서 바라보는데, 이러한 시각차는 사람들이 자신이 겪는 경험의 의미를 찾는 데 사용하는 잣대인 **개인적 구성개념**(personal construct)을 통하여 보는 데서 나오게 된다고 주장하였다. 예를 들어 광대에 대한 각 개인의 서로 다른 구성개념에 대해 한번 생각해 보라. 어떤 사람은 광대를 재미있는 구경거리로 보는가 하면, 다른 사

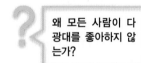
왜 모든 사람이 다 광대를 좋아하지 않는가?

람은 그를 불쌍한 사람으로 볼 것이며, 또 어떤 사람은 그를 너무 무서운 인물로 생각해서 심지어는 맥도날드조차도 가지 말아야 할 곳으로 생각하게 될 수도 있다.

켈리는 사람들에게 (1) 자신의 생활권에 들어 있는 사람들의 이름 목록을 작성하게 하고, (2) 이 중에서 세 사람을 골라 그들 중 두 사람이 서로 어떻게 비슷하고 이 두 사람이 세 번째 사람과는 서로 어떻게 다른지를 기술하게 한 다음, (3) 이러한 과정을 또 다른 세 명의 사람들에 대해 되풀이하도록 하여 친구와 가족인 사람들을 분류하는 데 사용한 차원들의 목록을 찾아냄으로써 이 사람들의 대인 관계에 관한 개인적 구성개념을 측정하였다. 예를 들면 어떤 사람은

개인적 구성개념
사람들이 자신이 겪는 경험의 의미를 찾는 데 사용하는 잣대

성과 기대
자신이 앞으로 할 행동에 따라 나오게 될 결과에 대한 예상치

(자신을 포함하여) 사람들이 게으른지 아니면 열심히 일하는지의 정
도에 초점을 맞출 것이며, 또 어떤 사람은 사람들이 사교적인지 아니
면 비사교적인지의 정도에 주의를 기울일 것이다.

켈리는 개인적 구성개념에서의 차이가 성격에서의 차이의 핵심 요
인이 되며, 따라서 서로 다른 개인적 구성개념이 서로 다른 행동을
하게 만든다고 보았다. 느긋하게 점심을 먹으며 긴 휴식 시간을 갖는
것이 당신에게는 게으른 것으로 보일런지 모른다. 그러나 당신의 친
구는 그러한 점심시간이 친구들과 어울릴 수 있는 가장 좋은 기회라
고 생각하면서, 당신이 항상 책상 앞에 앉아서 점심을 먹는 것이 이
해가 되지 않을 수 있다. 사회-인지 이론은 같은 상황에서 여러 가지
다른 반응이 나오는 이유를 사람들이 서로 다른 방식으로 세상을 경
험하고 해석하기 때문인 것으로 설명한다.

이 사람들 중 둘은 키가 더 크고 다른 한 사
람은 더 작은가? 두 사람은 맨 머리이고 한
사람은 후드를 썼는가? 또는 두 사람은 딸이
고 한 사람은 어머니인가? 조지 켈리는 우리
가 우리의 삶에서 사람들을 구분하는 데 사
용하는 개인적 구성 개념이 우리 자신의 성
격의 기본 요소라고 보았다.

개인적 목표와 기대

사회-인지 이론은 또한 상황에 대한 한 개인의 독특한 시각은 그의 개인적 목표에서 나타나
며, 이 목표는 대부분의 경우 의식적인 것이라고 본다. 사실상, 사람들은 보통 당신에게 이번
주말에 데이트를 할 생각이라든가, 심리학에서 좋은 성적을 받겠다든가, 훌륭한 경력을 쌓겠
다든가, 이놈의 감자튀김 봉지를 열어야 하겠다든가 등등 그들 자신의 목표를 말한다. 이러한
목표들은 통상 그 사람이 처한 상황에 적합한 과제들을 반영하는 것이며, 전체적으로 볼 때 그
사람의 역할과 그 사람의 생애 단계에 부합하는 것들이다(Cantor, 1990; Klinger, 1977; Little,
1983; Vallacher & Wegner, 1985). 예를 들어, 청소년들의 공통적인 목표에는 인기인이 되는 것,
부모와 가족으로부터 확실하게 독립하는 것, 좋은 대학교에 들어가는 것 등이 들어간다. 성인
들의 공통적인 목표에는 의미 있는 경력을 쌓는 것, 배우자를 찾는 것, 재정적인 안정을 확보
하는 것, 가정을 꾸리는 것 등이 들어간다.

사람들은 자신이 앞으로 할 행동에 따라 나오게 될 결과에 대한 예상치인 **성과 기대**(outcome
expectancy)를 통하여 목표를 행동으로 일부 구현한다. 마치 실험실의 쥐가 막대를 누르면 먹이
알이 나온다는 것을 학습하는 것처럼, 우리는 '내가 사람들에게 친절하게 대해 주면, 그들도 나
에게 친절하게 대해 줄 것이다'라든가 '내가 사람들에게 손을 내밀며 나의 손가락을 당겨 보라
고 요구하면, 그 사람들은 나를 피할 것이다'라는 것을 배운다. 따라서 우리는 우리의 목표에
더 가까이 가는 결과를 가져오게 해 줄 것으로 예상되는 행동을 실행하는 것을 학습하게 된다.
성과 기대는 쓰거나 단 결과를 맛보는 직접 경험과 단지 다른 사람의 행동과 그 행동의 결과를
관찰하는 것을 통해 학습된다.

성과 기대는 그 사람의 목표와 결합하여 그 사람의 특징적인 행동 양식을 만들어 낸다. 친구
를 사귀고자 하는 목표와 친절한 행동은 온정이라는 보답을 가져온다는 기대를 갖고 있는 사
람은 어떠한 대가를 치르더라도 명성을 얻겠다는 목표와 체면을 불구하고 자신을 내세워야 명
성을 얻을 수 있다고 믿는 사람과는 아주 다르게 행동할 것이다. 확실한 것은 우리가 인생에서
원하는 것은 사람들 간에 다 똑같지 않으며, 우리의 성격은 우리가 추구하는 목표와 이러한 목
표를 추구하는 가장 좋은 방법에 대해 우리가 갖고 있는 기대를 주로 반영한다는 것이다.

목표 달성에 대한 기대는 사람마다 다르다. 인생에서 자신에게 일어나는 일들이 완전히 자
신의 통제하에 있다고 생각하는 사람이 있는가 하면, 이 세상은 자신이 하는 행동과는 무관하
게 그들에게 상과 벌을 내리고 있다고 믿는 사람도 있다. 줄리안 로터(Julian Rotter, 1966)는 보

자신이 실에 달려 있는 꼭두각시 같다는 생
각이 드는 날들이 있을 것이다. 당신이 외적
통제 소재형의 사람이라면, 대부분의 날들을
그런 생각을 하고 지낼 것이다.

표 12.5

로터의 통제 소재 척도

아래의 각 쌍의 문항들을 보고 귀하의 신념을 가장 잘 반영하고 있다고 생각하는 문항을 선택하시기 바랍니다. 그다음에 아래에 있는 답을 체크하여 귀하가 내적 또는 외적 통제 소재 성향 중 어떤 성향의 사람인지 알아보시기 바랍니다.

1. a. 사람들이 인생에서 당하는 불행한 일들 중에서 많은 것이 불운에서 나온다.
   b. 사람들의 불운은 그들 자신이 한 잘못에서 나온다.

2. a. 일어나도록 정해져 있는 일은 결국 그렇게 일어나고야 마는 것을 나는 자주 보아왔다.
   b. 운명을 믿기보다는 명확한 행동 방향을 스스로 결정하는 편이 더 낫다.

3. a. 성공은 열심히 노력한 결과의 산물이며, 운 따위와는 거의 또는 전혀 상관이 없다.
   b. 좋은 일자리를 잡는 것은 때와 장소가 잘 들어맞았기 때문인 경우가 많다.

4. a. 나는 계획을 세울 때, 그 계획이 잘 실현될 것이라고 확신한다.
   b. 많은 일들이 운에 의해 좌우되기 때문에 너무 먼 미래의 계획을 세우는 것은 그리 현명한 일이 아니다.

출처 : Rotter, 1966
정답 : 1b, 2b, 3a, 4a를 선택한 사람은 내적 통제 소재 성향의 사람임.

상에 대한 통제력이 자기 자신에게 있는지 아니면 외부적인 환경에 있는지에 대한 개인의 인식 경향을 측정하는 질문지(표 12.5 참조)를 개발하였는데, 그는 이 성향을 **통제 소재**(locus of control)라고 불렀다. 이 질문지에 대한 응답에서 자신이 자신의 운명을 통제한다고 믿는 것으로 나오는 사람은 내적(internal) 통제 소재를 갖고 있다고 하고, 결과라는 것은 무작위적으로 나오는 것이며, 운에 의해 결정되고, 다른 사람들에 의해 통제된다고 믿는 것으로 나오는 사람은 외적(external) 통제 소재를 갖고 있다고 한다. 이러한 신념들은 감정과 행동에 있어서의 개인차로 나타난다. 예를 들면 내적 통제 소재형의 사람은 외적 통제 소재형의 사람보다 불안감이 더 적고, 더 많은 것을 성취하며, 스트레스를 더 잘 극복한다(Lefcourt, 1982). 이 특성 차원에서 당신의 위치가 어디쯤인가를 알고 싶다면 표 12.5에 있는 통제소재 척도의 표본 문항들에서 선택지를 하나씩 골라보시라.

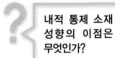
? 내적 통제 소재 성향의 이점은 무엇인가?

▶ 사회-인지적 접근은 성격이 상황 속에서의 개인의 행동에서 나온다는 점에 초점을 둔다. 켈리의 개인적 구성개념 이론에서 제시된 바와 같이, 상황이 갖는 의미는 사람에 따라 다르다.

▶ 사회-인지적 성격 이론가들에 의하면 같은 사람이라도 다른 상황에서는 다르게 행동하지만, 같은 상황에서는 같은 행동을 한다는 것이다.

▶ 사람들은 자신이 앞으로 할 행동에 따라 나오게 될 결과에 대한 예상치인 성과 기대를 통하여 목표를 행동으로 일부 구현한다.

자기 : 거울 속의 성격

당신이 내일 아침에 일어나 화장실로 들어가서 거울을 보는데, 그 거울 속에서 당신을 바라보고 있는 얼굴이 누구인지 알아볼 수 없는 일이 일어나는 장면을 한번 상상해 보라. 이것은 신경학자인 토드 페인버그(Todd Feinberg, 2001)의 연구 대상이 된 어떤 환자의 문제였다. 이 여성은 결혼한 지 30년이 되었고 성장한 두 아이의 어머니인데, 어느 날부터 거울에 비친 자신의 모습을 보고 그것이 마치 다른 사람인 것처럼 반응하기 시작하였다. 그녀는 거울 속에 있는 사람을 보고 말을 걸면서 그가 누구인지를 다그쳤다. 거울에서 아무런 반응이 없자 그녀는 그가 침입자라고 생각하여 거울을 공격하려고 하였다. 그녀의 남편은 이 이상한 행동에 놀라서 그녀를 신경학자에게 데려갔고, 그 신경학자는 그녀로 하여금 그 거울 속에 있는 사람이 바로 그녀 자신이라는 것을 점차적으로 이해시킬 수 있게 되었다.

우리들 대부분은 어떤 거울이든 그 거울 속에서 우리 자신을 바라보고 있는 얼굴에 아주 친숙해 있다. 거울 속에 있는 자신의 모습을 알아보게 되는 우리의 능력은 (5장에서 논의된 바와 같이) 18개월쯤에 발달하게 되는데, 이러한 능력은 거울이 있는 곳에서 길러진 침팬지와 기타 유인원들도 갖고 있다. 거울 속의 자신을 알아본다는 것은, 자기 자신의 생각, 감정, 행동으로 주의를 돌리게 하는 '반성적 사고'라고 하는 엄청난 능력이 있다는 것을 나타내는 것인데, 이러

통제 소재
보상에 대한 통제력이 자기 자신에게 있는지 아니면 외부적인 환경에 있는지에 대한 개인의 인식 경향

프리다 칼로, 빈센트 반 고흐, 파블로 피카소, 살바도르 달리, 완다 율츠, 그리고 장 미셸 바스키아의 이 자화상들은 각 미술가의 자기 개념의 어떤 모습을 그리고 있는가?

한 능력은 우리로 하여금 우리 자신의 성격에 관한 생각들을 구성할 수 있게 해 준다. 자신이 유머 감각이 전혀 없다는 것을 결코 알지 못하는 암소나 자신이 너무나 붙임성이 있다는 것을 결코 알지 못하는 고양이와는 달리, 인간은 자기 자신에 대하여 풍부하고도 자세한 지식을 갖고 있다.

분명히 우리들 중 누구도 자신의 성격에 대하여 알아야 할 모든 것을 다 알고 있지는 못하다. 때로는 우리가 우리 자신에 대해서 알고 있는 것보다 다른 사람들이 우리에 대해서 더 잘 알고 있을 수 있다(Vazire & Mehl, 2008). 그러나 우리는 성격 검사에 일관성 있게 반응하고 우리의 특성과 행동에 관해 서술할 수 있을 만큼의 충분한 자기 지식을 갖고 있다. 이러한 관찰 내용들은 우리가 자기 자신에 대해서 어떻게 생각하고[우리의 **자기 개념**(self-concept)], 우리가 자기 자신에 대해 어떻게 느끼는지[우리의 **자존감**(self-esteem)]에서 나온다. 자기 개념과 자존감은 성격에서 특별히 중요한 개념인데, 그 이유는 그것이 다른 사람들이 사신의 성격을 어떻게 보고 있는가를 알게 해 주기 때문만이 아니라, 그것이 또한 사람으로 하여금 남들이 자신을 어떻게 바라보고 있는지에 대해 어떻게 생각할 것인지를 결정하기 때문이다.

자기 개념

윌리엄 제임스(William James, 1890)는 그의 저명한 심리학 교과서에 '자기(self)'에 관한 이론을 포함시켰는데, 여기서 그는 주체로서의 자기(I)와 객체로서의 자기(Me)라는 자기의 두 측면을 적시하였다. 주체적 자기는 이 세상에서 생각하고, 경험하고, 행동하는 자기로서 이것은 인식자(knower)로서의 자기이다. 객체적 자기는 이 세상에서 대상이 되는 자기로서, 이것은 피인식자(known)로서의 자기이다. 주체적 자기는 의식과 아주 비슷한 것으로서 자신이 겪는 모든 경험

자기 개념
자신의 행동, 특성, 기타 개인적 특징에 대한 자신의 의식적 인식

을 바라보는 시각인 반면(5장 참조), 객체적 자기는 덜 난해한 것으로서 이것은 그냥 한 사람에 대한 개념이다.

당신 자신의 객체적 자기에 대해 기술해 보라는 요청을 받으면, 당신은 아마도 자신의 신체적 특징(남성 또는 여성, 키가 크다 또는 작다, 피부가 검다 또는 희다), 활동(힙합, 얼터너티브 락, 재즈, 또는 클래식 음악을 듣는다), 성격 특성(외향적 또는 내향적, 동의적 또는 독립적), 또는 사회적 역할(학생, 아들 또는 딸, 하이킹 클럽의 멤버, 크럼핑 댄서)을 말할 것이다. 이러한 특징들은, 자신의 행동, 특성, 기타 개인적 특징에 대한 자신의 의식적 인식인, **자기 개념**(self-concept)을 구성한다. 한 사람의 자기 개념은 체제화된 일단의 지식으로서 사회적 경험을 통하여 발달하고 일생을 통해 그 사람의 행동에 심대한 영향을 미친다.

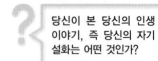

주체적 자기와 객체적 자기의 차이를 설명해 보시오.

자기 개념의 체제화

사람들은 거의 누구나가 서랍이나 상자와 같은, 간직하고 싶은 것들을 보관하기 위한 장소를 갖고 있으며, 여기다가 객체적 자기로서의 자신의 인생에 관한 모든 기억들인 사진, 학교 앨범, 카드와 편지들, 심지어는 자신의 몸과 마음을 따뜻하게 해 주던 어린 시절의 담요 조각 등과 같은 추억이 배어 있는 소장하고 싶은 물건들을 보관할 것이다. 아마도 당신은 언젠가는 이러한 것들을 잘 정리해 볼 것이라고 생각하겠지만, 그럴 기회를 거의 갖지 못한다. 다행스럽게도 우리의 자서전적 기억에 저장되어 있는 우리 자신에 대한 지식은 두 가지 방식으로 자연스럽게 체제화되는 것 같다. 즉, 우리의 인생에서 일어나는 일화들에 대한 이야기와 성격 특성(6장에서 논의된 일화적 기억과 의미적 기억 간의 차이에서 나타나는 바와 같이).

자기 개념 중에서 (자신에 관해서 자신이 말하는 이야기인) 자기 설화(self-narrative)는 길이가 매우 짧을 수도 있고, 매우 길 수도 있다. 당신의 인생 이야기는 당신의 출생과 성장에 관한 이야기에서 출발할 수 있으며, 일련의 결정적인 시기들에 관한 이야기로 이어지다가, 오늘날 당신이 있는 위치에 대한 이야기에서 끝날 것이다.

당신이 본 당신의 인생 이야기, 즉 당신의 자기 설화는 어떤 것인가?

당신은 특정한 사건이나 경험, 인생의 목표와 과업, 당신에게 영향을 준 장소와 사람들을 선택해서 이야기할 수도 있다. 자기 설화는 당신이 인생에서 겪은 최고 (그리고 최악의) 순간들을 갖고 당신을 주연 인물로 하여 엮은 하나의 이야기이며, 이러한 내용들을 한데 묶어서 자기 개념 속에 통합시킨다(McAdams, 1993, McLean, 2008).

자기 개념은 또한 좀 더 추상적인 방식인 성격 특성들로서 체제화된다. 당신이 사물을 그것의 속성들을 갖고 판단하는 것과 마찬가지로(이 사과는 파랗습니까?), 당신은 사과가 파란가라고 묻는 것과 비슷하게 자신을 배려적인가, 똑똑한가, 게으른가, 또는 적극적인가 등과 같은 여러 가지 성격 특성을 갖고 판단할 수 있는데, 이를 여러 번 했을 때 똑같은 결과가 나오도록 매우 일관성 있게 판단한다. 헤이즐 마커스(Hazel Markus, 1977)는 사람마다 자신을 정의하는 데 있어서 특히 중요한 저마다의 어떤 독특한 성격 특성을 찾아낸다는 것을 발견하였다. 예를 들면 어떤 사람은 자신을 독립적인 사람으로 정의하는 데 비해서, 다른 사람은 자신의 독립성 정도에 대해서는 별로 신경을 쓰지 않고, 그 대신에 자신의 옷차림 감각을 더 강조한다. 마커스는 사람들이 자기 자신을 정의하는 데 사용하는 성격 특성을 **자기 도식**(self-schema)이라고 불렀는데, 이것은 사람들이 자기에 관한 정보를 모아서 하나의 통합성 있는 도식으로 만든다는 것을 강조하는 것이다. 한 연구에서 마커스(1977)는 사람들로 하여금 제시된 어떤 성격 특성을 자신이 갖고 있는지 여부에 따라 '나' 또는 '내가 아님'이라는 라벨이 붙은 반응 버튼을 누

PARAMOUNT/THE KOBAL COLLECTION/ART RESOURCE

성격에서의 한 가지 핵심 요소는 우리의 자기 설화, 즉 자신의 인생에 대해 자신이 말하는 이야기이다. 아카데미상 수상작인 영화 "포레스트 검프"에서 주인공은 그의 자기 설화를 다른 사람들에게 이야기하고 있다. 당신의 인생에 관한 자기 설화에 당신은 어떤 내용을 넣겠는가?

자기 자신의 자기 설화(당신이 이제까지 해 온 행동들)와 자기 개념(자신이 알고 있는 자신의 모습)에 대해서 생각해 보라. 그 둘 간에 서로 맞지 않는 부분이 있는가? 잘했든 못했든 당신이 했던 일들 중에서 당신의 자기 개념과 맞지 않는 것들이 있는가? 있다면 당신은 그것을 어떻게 설명할 것인가?

르게 하였다. 그녀는 참가자들의 판단 반응 속도가 다른 특성들보다 자기 도식에 관한 특성들인 경우에 더 빨랐다는 것을 발견하였다. 그것은 마치 자기 개념의 어떤 측면은 무릎반사와 거의 같은 속성을 갖고 있다는 것을 보여 주는 것으로서, 우리들로 하여금 우리가 어떤 사람이고 또 어떤 사람이 아니라는 것을 신속하게 말할 수 있게 해 주는 것이다.

연구들은 또한 자신을 판단하는 데 사용하는 성격 특성은 기억 속에 더 오래 남아 있는 경향이 있다는 것을 보여 준다. 사람들이 어떤 성격 특성 차원에서 타인을 판단했을 때에 비해 자신을 판단했을 때 나중에 그 특성을 더 잘 기억해 내었다(Rogers, Kuiper, & Kirker, 1977). 예를 들면, "당신은 관대합니까?"라는 질문에 답하게 하는 것이, 당신의 답변이 무엇이었든지 상관없이, 그 관대함이라는 특성 단어에 대한 당신의 기억을 더 증진시킨다는 것이다. 기억에 관한 이러한 자기 관련성의 효과를 알아보는 연구들에서, 연구자들은 뇌 영상 기술을 사용하여 자기 개념 특성에 관하여 판단을 하게 하는 단순한 활동이 사람에 대한 인식을 담당하는 뇌 부위인 내측 전전두엽피질(MPFC)을 활성화시킨다는 것을 발견하였다(Mitchell, Heatherton, & Macrae, 2002). 그러나 이 뇌 활동은 그 특성에 관하여 다른 사람을 판단할 때보다 자신을 판단할 때(그림 12.5 참조) 더 강하게 활성화되었다(Kelley et al., 2002). 이와 같은 더 강한 활성화는 판단 대상이었던 그 특성 단어에 대한 기억의 향상으로 연결되었다(Macrae et al., 2004). 자기에 관한 정보를 처리하는 데 가장 많이 관련되는 뇌 부위가 어디인가에 관해서는 아직 결론이 나지 않았지만(Morin, 2002), 연구 결과들을 보면 자기 자신에 대한 판단을 하는 동안 MPFC가 활성화될 때 그 특성 단어에 대한 기억이 증진되는 것으로 나타났다.

행동으로 구성된 자기 설화와 특성으로 구성된 자기 개념은 서로 어떻게 연결되는가? 자기를 개념화하는 이 두 가지 방식이 항상 서로 일치하는 것은 아니다. 예를 들면 당신은 자신을

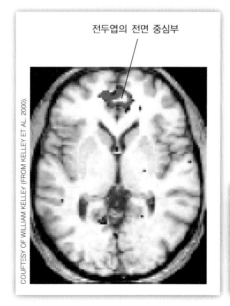

전두엽의 전면 중심부

◀ 그림 12.5 **뇌 속의 자기 개념** fMRI 단층촬영을 해 보면 다른 사람이 어떤 특성을 갖고 있는지를 판단할 때에 비해 자신이 그런 성격 특성을 갖고 있는지 여부를 판단할 때 대뇌피질 전두엽의 전면 중심부(MPFC)가 더 활성화되는 것(여기서는 붉은색과 노란색으로 나타남)을 볼 수 있다(Kelley et al., 2002에서).

정직한 사람이라고 생각하지만, 당신은 또한 어릴 때 부모님의 서랍장에서 동전을 한 움큼 쥐고 가놓고는 편리하게도 그것을 갖다 되돌려 놓는 것을 잊어버렸던 때가 기억날 것이다. 우리 자신을 기술하는 데 우리가 사용하는 특성들은 일반화된 개념이며, 따라서 우리의 인생 이야기 속의 모든 일화와 반드시 일관되지는 않는다. 사실상 연구에 의하면 우리의 행동들과 특성들에 관한 지식의 저장 내용들은 그리 잘 통합되어 있지 않다고 한다(Kihlstrom, Beer, & Klein, 2002). 예를 들면, 기억 상실증을 갖고 있는 사람들은,

성격 특성이 왜 항상 실제 행동을 반영하는 것이 아닌가?

자기 개념 특성은 온전하게 남아 있지만, 행동에 관한 기억은 상실될 수 있다(Klein, 2004). 사람들은 자신이 어떠어떠한 사람이라는 생각은 강하게 갖고 있지만, 그런 방식으로 행동을 했던 구체적인 예를 단 한 가지도 기억해 내지 못할 수도 있다.

자기 개념의 원인과 효과

자기 개념은 어떻게 생겨나며, 그것은 우리에게 어떤 영향을 미치는가? 어떤 의미에서는, 당신은 매일 당신 자신에 관해서 무언가를 알게 된다. 우리는 자신만의 개인적인 통찰을 통해 자기에 대한 지식을 얻기도 하지만, 그보다는 다른 사람들과의 상호작용을 통해 자기 개념을 더 많이 습득하게 된다. 특히 어린 아동은 그들의 부모, 교사, 형제, 그리고 친구들로부터 그들의 성격에 관한 많은 피드백을 받는데, 이것이 그들로 하여금 자신이 어떤 사람인가에 관한 생각을 형성하게 하는 데 도움을 준다. 성인들조차도 다른 사람들이 피드백을 주지 않으면 자신이 '친절한지' 또는 '똑똑한지'를 알기 어렵다. 말하자면, 자기에 대한 개념은 주로 다른 사람들과의 관계 속에서 발전되고 유지된다는 것이다.

"나는 내가 어떤 사람인가에 의해 나 자신이 정의되고 싶지 않아요."

그러나 인생을 살아가면서, 우리는 다른 사람들이 우리 자신의 모습에 관해 말해 주는 것에 대해 점점 더 신경을 쓰지 않게 된다. 사회심리학자인 조지 허버트 미드(George Herbert Mead, 1934)가 관찰한 바에 의하면 남들이 우리 자신에 대해 말한 모든 것들은 축적되어서 '일반화된 타자(generalized other)'가 갖고 있는, 일종의 여러 사람들 간에 합치된, 생각으로서 우리 자신이 자신을 보는 것에 통합된다. 우리는 통상 우리 자신에 대한 이런 일반적인 시각을 받아들이며, 우리는 이것을 고집스럽게 견지한다. 그 결과 어떤 사람이 당신을 보고 멍청하다고 말하면 잠시 동안은 화가 나겠지만, 당신은 자신이 정말로 바보가 아니라는 것을 알고 있기 때문에 곧 회복이 되고 안심하게 된다. 냉장고를 속바지라고 강변하는 사람에게 우리는 격렬하게 논쟁을 벌이는 것과 마찬가지로, 우리 자신의 모습에 대해 우리와 다르게 보는 사람에 대해서는 우리 자신의 자기 개념을 방어하려고 할 것이다.

자기 개념은 너무나 불변적이어서, 이 자기 개념은 여러 상황에 걸쳐서 행동이 일관성 있게 나오도록 하는 중요한 효과를 발휘한다(Lecky, 1945). 실존주의 이론가들이 강조하는 바와 같이, 사람들은 자신이 어떠어떠한 사람이라는 것을 알고 있는 것에서 편안한 친숙감과 안정감을 찾는다. 우리는 윌리엄 스완(William Swann, 1983, 2010)이 자기 확증(self-verification)이라고 부른 자기 개념을 지지해 주는 증거를 찾는 성향을 갖고 있으며, 따라서 만약 어떤 사람이 우리가 우리 자신을 보고 있는 것과 아주 다르게 우리를 본다면 매우 곤혹

자기 개념은 행동에 어떻게 영향을 미치는가?

스러워 하게 된다. 한 연구에서 스완(1983)은 자신을 순종적이라고 생각하는 사람들에게 그들이 매우 지배적이고 강력해 보인다는 피드백을 주었다. 그들은 자신의 생각과 완전히 다른 이

자기 확증
자기 개념을 지지해 주는 증거를 찾는 성향

런 정보를 수용하기보다는 원래의 모습보다 훨씬 더 순종적으로 행동을 하는 모습을 보였다. 자신이 갖고 있는 자기 개념을 세상에 투사하는 우리의 성향은 우리의 성격을 일관성 있는 것이 되게 만든다. 이러한 자기 반성의 능력으로 인해 성격이 자체적으로 유지될 수 있게 되는 것이다.

자존감
자기 자신을 좋아하고, 가치 있게 여기며, 수용하는 정도

자존감

당신은 자기 자신에 대해서 생각할 때, 자신이 좋고 가치가 있는 사람이라고 느끼는가? 당신은 자신을 좋아하는가 아니면 나쁜 사람이라고 느끼고 자신에 대해 부정적이며 자기 비판적인 생각을 갖고 있는가? **자존감**(self-esteem)이란 사람이 자기 자신을 좋아하고, 가치 있게 여기며, 수용하는 정도를 말한다. 수많은 연구들이 자존감이 높은 사람(전반적으로 자신을 좋아하는 사람)과 상대적으로 자존감이 낮은 사람(자신을 덜 좋아하거나 아예 아주 싫어하는 사람) 간의 차이를 탐구해 왔다. 자존감을 연구하는 학자들은 통상 연구 참여자들에게 표 12.6에 나와 있는 것과 같은 자존감 측정 질문지(Rosenberg, 1965)를 작성하게 한다. 널리 사용되고 있는 이 자존감 측정 질문지는 응답자로 하여금 질문지에 나와 있는 각 문항에서 자기 자신을 평가하도록 하는 것이다. 자기 자신에 대해 긍정적인 문항에는 강하게 동의하고 부정적인 문항에는 강하게 부동의하는 사람은 자존감이 높은 것으로 평가된다.

일부 성격 심리학자들은 자존감이 사실상 인생에서의 모든 것(범죄 활동이나 폭력에 가담하는 성향에서부터 직업에서의 성공에 이르기까지)에 대한 결정 요인이라고 주장하지만, 축적된 연구 결과를 보면 자존감이 높다는 것이 이점이 물론 있기는 하지만, 그리 괄목할 만한 것이거나 전부인 것은 아니라는 것이다. 일반적으로 자존감이 낮은 사람과 비교해 볼 때, 자존감이 높은 사람이 더 행복하고 더 건강한 삶을 살고, 스트레스를 더 잘 극복하고, 어려운 난관을 더 잘 견디는 경향이 있다. 반면, 자존감이 낮은 사람은 자존감이 높은 사람에 비해, 예컨대 다른 사람에게서 받는 불명확한 신호를 거부의 신호로 더 잘 인식하고, 섭식 장애를 갖게 되는 경향

> **표 12.6**

로젠버그의 자존감 척도

아래의 문장을 읽고 아주 동의하면 SA, 동의하면 A, 부동의하면 D, 아주 부동의하면 SD에 ○표를 하시오.

1. 전반적으로 나는 나 자신에 대해 만족한다.	SA	A	D	SD
2. 때때로 나는 나 자신이 전혀 가치가 없다는 생각을 한다.	SA	A	D	SD
3. 나는 좋은 자질을 많이 갖고 있다고 생각한다.	SA	A	D	SD
4. 나는 내부분의 다른 사람들만큼 일을 잘 할 수 있다.	SA	A	D	SD
5. 나는 내세울 것이 별로 없는 사람이라는 생각이 든다.	SA	A	D	SD
6. 나는 때때로 쓸모가 없는 사람이라고 생각한다.	SA	A	D	SD
7. 나는 가치 있는 사람이며, 최소한 남만큼은 되는 사람이라고 생각한다.	SA	A	D	SD
8. 나는 스스로가 자신을 좀 더 존중했으면 하는 생각을 한다.	SA	A	D	SD
9. 전체적으로 볼 때 나는 실패자라는 생각이 든다.	SA	A	D	SD
10. 나는 나 자신에 대해 긍정적으로 생각한다.	SA	A	D	SD

출처 : Rosenberg, 1965.
채점 : 문항 1, 3, 4, 7, 10번에 대해서는 SA=3, A=2, D=1, SD=0, 문항 2, 5, 6, 8, 9에 대해서는 SA=0, A=1, D=2, SD=3점을 줄 것. 총점이 높을수록 자존감이 더 높은 것임.

이 더 많다(Baumeister et al., 2003). 성격의 이러한 면이 어떻게 발달하게 되고, 자존감이 높건 낮건 간에 왜 모든 사람이 높은 자존감을 갖기를 원하는 것처럼 보이는가?

자존감의 원천

어떤 심리학자들은 높은 자존감은 주로 유의미한 타인으로부터 수용되고 가치를 인정받는 데서 나온다고 생각한다(Brown, 1993). 다른 심리학자들은 외모, 운동, 공부 등과 같은 특정한 영역에서의 자신의 가치나 역량에 대한 판단인 자기 평가의 영향에 초점을 맞춘다.

자존감에서 한 가지 중요한 요인은 누구를 비교 대상자로 선택하는가이다. 예를 들면, 제임스(James, 1890)는 세계 대회에서 2등을 한 운동선수라면 자신을 아주 자랑스럽게 느껴야 하는 것이 마땅하겠지만, 만약 그 선수의 비교 기준이 세계 1등이었다면

이것은 2012년 런던 올림픽의 10m 플랫폼 다이빙 경기의 은메달리스트인 중국의 치우 보, 금메달리스트인 미국의 데이비드 보우디아, 동메달리스트인 영국의 탐 테일리의 사진이다. 치우보의 얼굴에 나타난 표정을 금메달과 동메달을 받은 선수의 표정과 한번 비교해 보라.

? 다른 사람과의 비교가 자존감에 어떻게 영향을 미치는가?

그 운동선수는 그렇지 못할 수도 있다는 점을 지적하였다. 실제로 1992년 올림픽의 시상식 자리에서 은메달을 딴 선수가 동메달을 딴 선수보다 표정이 덜 행복해 보였다(Medvec, Madey, & Gilovich, 1995). 만약 실제의 자기가 이상적인 자기(자신이 되고 싶은 사람)에 못 미치는 경우 사람들은 슬픔과 낙담에 빠지게 된다. 실제의 자기가 되어야 할 자기와 서로 다르다는 것을 인식하게 될 때 사람들은 불안감이나 초조감을 느끼게 된다(Higgins, 1987).

우리가 받은 자신에 관한 피드백에 대한 무의식적 시각이 또한 우리의 자기 가치감에 영향을 줄 수 있다. 한 연구에서, 연구자들은 권위 있는 인물의 인정을 받지 못하는 것이 자존감에 어떤 효과를 미치는지를 알아보았다. 그들은 카톨릭 신자인 젊은 여자 대학생 피험자의 자존감을 연구하였는데, 이 피험자들은 코스모폴리탄 잡지에 실린 (PG-13 수준의) 여성의 성적 환상에 관한 글을 읽고 난 후, 탐탁잖아 하는 표정의 교황의 사진 또는 탐탁잖아 하는 표정의 모르는 사람의 사진을 보았다. 이 사진들은 식역하 지각적으로 제시되었는데, 말하자면 아주 짧은 시간 비쳐짐으로써 피험자들이 누구를 보았는지를 의식에서 확인될 수 없게 한 것이다. 그 후에 자신을 평가하게 하였는데, 탐탁잖아 하는 교황 조건의 피험자들은 다른 조건의 피험자에 비해 자존감이 현저하게 낮아지는 것으로 나타났다. 그들은 자신을 역량도 더 낮고, 더 불안하며, 도덕성도 더 낮다고 평가하였다. 이 연구자들의 말에 의하면, 중요한 위치의 권위자가 '당신의 마음 뒤쪽에서 당신을 보고 있을' 때 자존감이 영향을 받을 수 있다는 것이다(Baldwin, Carrell, & Lopez, 1989, p. 435).

자존감은 또한 자기 개념에서 자신이 가장 중요하다고 생각하고 있는 영역이 무엇인가에 의해 영향을 받는다. 예를 들면, 어떤 사람의 자기 가치감은 그녀가 학교에서 얼마나 잘하고 있느냐에 의해 전적으로 좌우되지만, 또 어떤 사람은 자신의 신체적 외모에 그녀의 자존감이 주로 걸려 있다(Crocker & Wolfe, 2001; Pelham, 1985). 첫 번째의 사람은 시험에서 A학점을 받았을 때는 자존감이 크게 고조되지만, 그녀가 새로 한 머리 스타일이 보기 좋다는 칭찬을 받았을 때는 그녀의 자존감이 그다지 높아지지 않을 것이며, 이러한 효과는 두 번째의 사람에게서는 정반대의 방식으로 일어날 것이다.

자존감에 대한 욕구

자존감이란 게 왜 그렇게 대단한 것인가? 왜 사람들은 자신의 밝은 면을 보기를 원하고, 자신

을 부정적으로 보는 것을 피하는가? 자존감의 이점에 관한 주요 이론들은 지위, 소속감, 안전감이라는 것에 초점을 맞춘다.

자존감은 그것이 사회적 지배성이나 지위의 정도를 반영하는 것이기 때문에 좋은 것으로 보이는 것일까? 자존감이 높은 사람은 다른 사회적 동물들에서 지위가 높은 동물이 하는 것과 비슷한 방식으로 행동한다. 예를 들면 우두머리 수컷 고릴라는 자신감 있고 편안한 모습을 보이며, 불안해하거나 위축된 모습을 보이지 않는다. 인간에게 있어서도 높은 자존감은 아마도 높은 사회적 지위를 나타내는 것일 수 있으며, 또한 그 사람이 존경받을 만한 가치가 있는 사람임을 암시해 줌으로써 이러한 인식이 자연스럽게 그러한 감정 반응을 내보이게 만드는 것이다(Barkow, 1980; Maslow, 1937).

> ? **자존감이 인간의 진화 과정에서 어떤 역할을 하였을 것 같은가?**

자존감에 대한 욕구는 소속의 욕구, 즉 타인과 관계를 맺고 싶어 하는 기본적인 욕구에서 나오는 것인가? 진화론에 따르면 초기의 인류 중 어려운 환경 속에서 생존하여 자신의 유전자를 후손에게 물려줄 수 있었던 사람은 다른 사람들과 동떨어져 혼자서 자기를 방어했던 사람이기보다는 다른 사람들과 좋은 관계를 유지할 수 있었던 사람이라는 것이다. 집단에 소속한다는 것은 확실히, 당신이 그 집단에서 수용되고 있는지 여부를 알아차리는 것과 마찬가지로, 적응에 도움을 주는 것이다. 따라서 자존감은 매순간 자신이 다른 사람들에게 어느 정도 수용되고 있는가의 느낌에 대한 내적인 계기판인 일종의 사회계측기(sociometer)가 되는 것이다(Leary & Baumeister, 2000). 진화론에 따르면 인간은 자존감을 높이기를 원하는데, 그 이유는 우리는 자신의 가족, 직장, 문화에 소속되는 것을 추구하는 쪽으로 진화되어 왔으며, 자존감이 높다는 것은 우리가 그런 집단에 수용되고 있다는 것을 나타내 주는 것이기 때문이다.

자존감이 안전감과 관련된 문제라는 생각은 성격에 관한 실존주의 및 정신분석적 접근과 일맥상통하는 것이다. 8장에서 논의된 '필멸성의 부각(mortality salience)'에 관한 연구들은 부정적인 자존감의 근저에 깔려 있는 불안감의 원천은 궁극적으로 죽음에 대한 공포라고 주장한다(Solomon, Greenberg, & Pyszczynski, 1991). 이러한 관점에서 보면, 인간에게 있어서 자신의 죽음의 불가피성에 대해 생각해 본다는 것은 불안 정도가 아니라 사실상 공포심을 불러일으키는 일이며, 따라서 사람들은 (돈을 버는 것 또는 멋있어 보이는 옷을 입는 것과 같은) 자신이 속한 문화권에서 의미 있고 가치 있는 것으로 인정되는 활동에 몰입함으로써 이러한 생각들을 물리치려고 한다. 자존감에 대한 욕구는 자신의 죽음의 불가피성에 대한 생각을 할 때 발생하는 불안감으로부터 도피하는 한 가지 방법으로서, 자기 자신에게서 가치를 발견하고 싶어 하는 욕

"Survivor"(미국 CBS 방송의 리일리티 서바이벌 쇼), "The Bachelor"(미국 ABC 방송의 리얼리티 짝 찾기 쇼), "Big Brother"(미국 CBS 방송의 리얼리티 서바이벌 쇼). 집단에서 살아남기 위해 싸워야만 하는 내용을 주제로 한 쇼들이 오늘날 왜 인기가 많은가? 그것은 진화론에서 말하는 소속의 욕구를 잘 이용하고 있기 때문인가? (아니면 출연자들이 그 집단에서 쫓겨나가는 것을 보는 것을 시청자들이 즐기기 때문인가?)

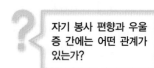

"나는 내 자존감의 수준을 너무나 정확하게 알고 있기 때문에 괴로워"

구이다. 자존감이 높을수록 언젠가는 자신이 더 이상 존재하게 되지 않을 것이라는 사실을 알고 있는 것에서 느끼는 그 불안감은 더 적어질 것이다.

자존감이 낮을 때 기분이 나쁘고 자존감이 높을 때 기분이 좋게 되는 이유가 무엇이든 상관없이, 사람들은 일반적으로 자기 자신을 긍정적으로 보려고 한다. 사실상 우리는 자신을 좋게 보기 위하여 많은 경우 편향된 방식으로 정보를 처리한다. **자기 봉사 편향**(self-serving bias)에 관한 연구를 보면 사람들은 자신의 성공에 대해서는 자신의 공을 내세우지만 자신의 실패에 대해서는 자신의 책임을 모면하려고 하는 경향을 보인다는 것이다. 당신도 자신에게 이런 경향성이 있음을 알고 있을 것인데, 특히 시험에서 성적이 잘 나왔을 때 ("나는 공부를 정말 열심히 했고, 또 이 과목은 내가 자신이 있는 과목이야") 또는 성적이 잘 나오지 않았을 때 ("시험 문제를 말도 안 되게 꼬아 내었고, 게다가 그 교수는 정말 불공정해") 하는 귀인에서 잘 나타난다.

전반적으로 대부분의 사람들은 자기 봉사 편향을 통하여 높은 자존감을 추구하는 욕구를 만족시키고, 자신에 대해 이유 있는 긍정적 시각을 유지한다(Miller & Ross, 1975; Shepperd, Malone, & Sweeny, 2008). 사실상 사람들에게 여러 가지 특성 면에서 자신을 평가해 보라고 하면, 거의 모든 특성에서 자신을 평균적인 사람들보다 더 나은 것으로 평가한다(Alicke et al., 1995). 예를 들면, 운전자의 90%가 자신의 운전 실력이 평균보다 더 좋다고 생각하고, 근로자의 86%가 자신의 직무 수행능력이 평균보다 더 높다고 평가한다. 대학 교수들조차도 94%가 다른 교수들과 비교해 볼 때 자신의 교수 능력이 평균보다 위라고 생각한다(Cross, 1977). 이런 식의 판단은, 통계적으로 볼 때 한 집단의 평균은 평균이라야 맞는 것이지 평균보다 더 높을 수는 없는 것이므로, 절대 맞는 것이 될 수가 없다. 그러나 이런 심리적 오류는 적응적인 것일 수 있다. 자존감을 높이기 위한 이런 자기 봉사 편향을 사용하지 않는 사람들은 우울증, 불안감, 그리고 이와 관련된 건강상의 문제를 가질 위험성이 더 높은 경향을 보인다(Taylor & Brown, 1988).

> **?** 자기 봉사 편향과 우울증 간에는 어떤 관계가 있는가?

반면에 상당수의 사람들이 극단적으로 긍정적인 자존감을 갖고 있다. 불행하게도, 자신을 평균보다 훨씬 더 낫다고 보는 성격[**자기애**(narcissism)라고 하는 특성으로서, 이것은 자신을 대단한 사람으로 보며 다른 사람들이 자신에 대해 경탄해 주기를 바라고, 또 다른 사람을 이용해 먹으려고 하는 성향이다]은 그만큼의 대가를 치른다. 사실상 자기애가 극단적으로 되면 이것은 성격 장애로 분류된다(15장 참조). 자신에 대해 이렇게 너무 부풀려 보는 시각이 초래하는 문제들을 알아본 연구에 의하면, 이런 문제의 대부분은 어떤 비용을 치르더라도 그러한 과대망상적인 시각을 방어하려고 하는 욕구에서 나온다는 것이다. 예를 들면 자기애가 매우 높은 청소년에게 그가 수행한 과제의 결과가 창피한 정도의 수준이라고 알려 주었을 때, 공격성이 높아져서 그 실험실에서 하는 게임의 상대자를 처벌하는 소리의 크기를 아주 강하게 하더라는 것이다(Thomaes et al., 2008).

암묵적 자기중심주의

당신은 알파벳 문자 중에서 어떤 문자를 가장 좋아하는가? 사람들 중 30%가 우연히도 자신의 이름의 첫 번째 문자를 짚는다고 한다. 이러한 선택이 나온다는 것은 어떤 사람들은 자신을 너무나 잘난 존재로 생각하여, 겉보기에는 아무 상관이 없어 보이는 문제에 있어서조차도 그것

자기 봉사 편향
자신의 성공에 대해서는 자신의 공을 내세우지만 자신의 실패에 대해서는 자신의 책임을 모면하려고 하는 경향

자기애
자신을 대단한 사람으로 보며 다른 사람들이 자신에 대해 경탄해 주기를 바라고, 또 다른 사람을 이용해 먹으려고 하는 성향

이 얼마만큼 자기 자신을 상기하게 만드는 것인가에 기초하여 판단을 한다는 것을 나타내는 것이 아닐까?

이 성명-글자 효과는 수년 전에 발견되었지만(Nuttin, 1985), 자기중심적 편향이 선호에 관한 문제에서 얼마나 광범위하게 퍼져 있는가를 알아보려는 연구는 비교적 최근에 진행되었다. 브렛 펠햄(Brett Pelham)과 그의 동료들은 사람들이 자신이 살 도시나 거리, 심지어는 직업을 선택할 때에도 이 효과가 아주 미묘하게 그러나 체계적으로 작용한다는 것을 발견하였다(Pelham, Mirenberg, & Jones, 2002). 예를 들면, 이 연구자들은 남부의 여러 주로 이사를 하는 사람들의 명부를 검토해 보았는데, 조지라는 이름을 가진 사람들이 다른 이름을 가진 사람들에 비해 조지아 주로 이사하는 경우가 더 많은 것으로 나왔다. 이러한 사실은 플로렌스(플로리다 주), 케네스(켄터키 주), 루이스(루이지애나 주)라는 이름을 가진 사람들의 경우에서도 똑같이 나타났다. 당신은 이제 버지니아라는 이름을 가진 사람들이 어디로 이사를 갈지를 알아맞힐 수 있을 것이다. 성이 스트리트(Street)인 사람은 *street*로 끝나는 주소를 선호하는 쪽으로 편향되어 있고, 성이 레인(Lane)인 사람은 *lane*으로 끝나는 주소를 좋아한다. 이 성명 효과는 직업에서도 일어나는 것 같다. 데니스(Dennis)나 더니즈(Denise)라는 이름을 가진 사람들이 다른 직업에 비해 치과 관련 직업(dentistry)을, 로라(Laura)와 로렌스(Lawrence)라는 이름을 가진 사람들이 법률(Law) 관련 직업을 갖는 경향이 약간이지만 더 많았다. 이러한 편향 효과는 미미하지만, 이것은 많은 연구들에서 일관성 있게 나왔다.

사람들은 과연 자신이 살 집과 자신이 가질 직업을 일부 자신의 이름에 근거하여 선택할까?

사람들은 자신이 자기 이름의 멋진 발음에 의해 영향을 받는다는 것을 잘 인식하지 못하고 있기 때문에 이러한 편향은 암묵적 자기중심주의(implicit egotism)의 표현이라고 불리어 왔다 (Pelham, Carvallo, & Jones, 2005). 버피가 버팔로로 이사를 할 때, 그녀는 그 도시의 이름이 자신의 이름과 같기 때문에 그렇게 했노라고 자진해서 말하지는 않을 것이다. 그러나 어느 한 방식으로 이러한 자기중심적 편파를 보이는 사람은 그것을 다른 방식으로도 보이는 경향이 있다. 자신의 성명에 들어 있는 문자를 강하게 선호하는 사람은 또한 자신의 생일에 들어 있는 숫자를 가장 좋아하는 숫자로 선택할 가능성이 높다(Koole, Dijksterhuis, & van Knippenberg, 2001). 그리고 자신의 성명에 들어 있는 문자를 좋아하는 사람은 또한 성격 특성에 대한 자기 평정에서도 자신을 긍정적으로 평가하는 것으로 나타났다. 이러한 경향은 자기 평정을 신속하게 해달라는 지시를 받았을 때 특히 더 그렇게 나왔다. 자신의 성명 문자를 더 좋아하는 사람은 자신에 대해 불시적으로 판단을 하게 되는 경우에 긍정적인 쪽으로 판단을 하는데, 이는 그러한 긍정적 자기 평가가 자동적인 반응이라는 것을 의미한다.

물론 어느 정도까지는 약간의 자기중심성이 우리 자신을 위해 도움이 된다. 자신의 이름을 아주 싫어하거나 자신에 대한 불시적인 판단이 "나는 전혀 쓸모없는 사람이야"라고 하는 사람을 만나는 것은 슬픈 일이다. 그러나 다른 면에서 보면 암묵적 자기중심주의는 매우 미묘하게 일어나는 착오이다. 우연히 갖게 된 이름 때문에 우리가 인생에서 무엇을 하고 또 어디로 갈 것인가의 판단을 편향되게 만드는 성향이라는 점에서 그렇다. 물론 이 편향은 하나의 아주 사소한 것에 불과하다. 그러나 이 책의 저자들은 이런 생각을 해 본다. 우리가 만약 이 책의 공저자를 선정할 때 이러한 편향의 희생자가 되지 않았더라면 우리는 함께 일할 더 나은 사람들을 만나지 않았을까? 첫 3명의 저자들(댄, 댄, 그리고 또 댄)은 댄이라는 이름이 아닌 저자를 한 명 추가함으로써 이 편향을 범하는 것을 깨트렸다고 생각했는데, 알고 보니 매트는 이 책의 공저자로 합류한 직후에 그의 가족(아들 매튜와 딸 마야)이 매사추세츠 주로 이사하기로 결정했다

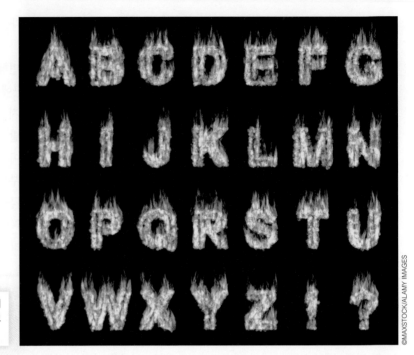

글자 모양의 전구를 방에다 단다면, 당신의 첫 번째 선택은 역시 당신 이름의 첫 글자 모양의 전구가 될까?

는 것이다.

자기는 성격 중에서 본인이 알고 있고 또 보고할 수 있는 부분이다. 우리가 이 장에서 보았던 일부 성격 측정 방법은 (자기 보고 방식의 성격 질문지와 같이) 자기 개념을 측정하는 방법과 실제로 전혀 다르지 않다. 이 둘은 모두가 자기의 행동과 특성에 대한 본인의 지각과 기억에 의존하는 것이다. 그러나 성격은 또한 이것 이상으로 더 깊은 곳에서 작용하고 있는 것이다. 정신역동적 접근에서 밝히고 있는 무의식적 힘은 자기 보고 방식으로는 알 수 없는 행동의 이유와 정신장애의 원천으로서 작용한다. 인본주의 및 실존주의적 접근은 우리 인간이 직면하고 있는 심오한 관심사와 우리가 자기관(self-view)을 만드는 데 영향을 주는 모든 힘을 파악하는 것의 어려움에 대해 일깨워 주고 있다. 마지막으로, 사회인지적 접근은 성격이 어떤 방식으로 사회생활에 대한 우리의 지각에 영향을 주는지를 강조하면서, 자기라는 것을 다시 무대의 중앙으로 올려놓고 있다. 결국 자기는 각 개인의 사회적 세계의 중심축인 것이다.

요약

▶ 자기 개념은 자기에 관해 자신이 알고 있는 지식인데, 여기에는 보다 구체적인 자기 설화와 보다 추상적인 성격 특성인 자기 도식의 두 가지가 있다.

▶ 사람들의 자기 개념은 타인으로부터의 피드백을 통하여 발달하게 되는데, 사람들은 이 자기 개념을 자기 확증을 통하여 이것이 옳다는 것을 확인하려는 행동을 한다.

▶ 자존감은 자기에 대한 자신의 평가인데, 이 자존감은 타인에 의한 수용과 자기 자신이 하는 타인과의 비교 평가에서 나온다. 우리가 긍정적인 자존감을 추구하는 이유를 설명하기 위해 제안된 이론들은 우리가 지위, 소속감, 또는 죽음의 불가피성으로부터 상징적으로 보호받는다는 느낌을 얻기 위해서 그렇게 한다고 본다.

▶ 사람들은 자기 봉사 편향과 암묵적 자기중심주의를 통하여 긍정적인 자기 관점을 가지려고 애쓴다.

다른 생각

성격 연구에는 … 성격이 없다?

데이비드 브룩스는 뉴욕타임스의 칼럼니스트이고, CNN의 해설자이며, 행동과학 분야에서 유명한 여러 권의 책을 쓴 저자이다.

PHOTO: ©JOSH HANER/COURTESY OF THE NEW YORK TIMES

이 장에서 이미 이야기된 바와 같이, (정신역동적 및 인본주의-실존주의적 접근에 관한 절에서 기술된 바와 같은) 성격에 관한 이 분야의 일부 고전적 이론들은 아주 흥미로운 내용을 담고 있기는 하지만 실증적인 증거가 없기 때문에 오늘날에는 널리 연구되고 있지 않다. 오늘날의 연구자들은 그 대신 성격의 어떤 부분이 유전인자를 통해 형성되며, Big Five가 뇌의 구조나 기능과 어떻게 대응되는지를 이해하는 데 주력하고 있다. 고전적 이론들이 실증적 증거가 없다는 것이 맞기는 하지만, 그렇다고 성격 연구에 관한 최근의 이론들에는 부족한 점들이 없는가? 데이비드 브룩스(Daivd Brooks)는 최근의 이론들에도 부족한 점들이 있다고 생각하는 것 같다.

20세기에 정신분석학자들은 대단했다. 정신에 관한 이론들을 엮어 내는 베스트 셀러 작가들이 여러 명 있었는데, 이 이론들은 사람들이 세상과 자신을 어떻게 바라볼 것인지에 커다란 영향을 미쳤다. 이런 사람들로는 프로이트와 융만 있었던 게 아니고, 에릭 에릭슨(Erick Erikson), 에리히 프롬(Erich Fromm), 칼 로저스(Carl Rogers), 빅터 프랭클(Viktor Frankl), 필립 리이프(Philip Rieff)와 같은 사람들도 있었다. 오늘날 우리는 인지와 뇌에 더 몰두하고 있다. 해가 지나면서 주의의 초점은 영혼에서 성격으로, 또 의사결정으로 옮겨가고 있다. 관심사는 영혼의 구제에서 심리적 안전으로, 그리고 또 성공으로 이동하고 있다.

정신 질환의 치료에 관한 한에 있어서는 이러한 이행이 이루어지고 있는 것을 나는 다행이라고 생각한다. 나는 프로이트식 또는 융식의 분석보다는 의약물이나 인지 치료를 더 신뢰한다. 그러나 무언가 얻은 것도 있지만 잃은 것도 있다. 정신 분석학이 무대의 중심을 차지하고 있을 때에 비해 우리는 지금 성격이나 신경증에 관해 논의하는 것이 덜 정통한 것 같다.

예를 들어, 20세기 중반에 카렌 호나이(Karen Horney)라는 이름의 여성은 성격에 관한 일련의 영향력 있는 이론들을 내어 놓았다. 지적으로 야심적인 이론들을 주장한 많은 여러 이론가들과 마찬가지로, 그녀는 유럽에서 성장하여 제2차 세계대전 이전에 미국으로 이민 왔다. 그녀의 시대의 남성 이론가들의 대부분이 생각하는 것보다 더 호나이는 사람들이 불안과 안전에 대한 요구에 의해 동기화된다고 생각하였다. 심각하게 상처를 받은 사람은 세 가지 방식 중의 어느 한 가지 방식으로 반응하는 경향이 있다고 그녀는 주장했다.

어떤 사람들은 다른 사람들에게 대항하는 방식으로 자신들의 상처를 치유한다. 이런 지배형의 사람들은 다른 사람들을 정복하고 그들을 능가하는 방식으로 안전감을 확보하려고 한다. 그들은 자신의 취약점을 인정하지 않는다. 그들은 자신에 대한 의심은 거의 하지 않는다. 그들은 의존성이나 무기력감을 두려워한다. 그들은 자신의 명성을 얻는 데 자식들이나 배우자를 도구로 사용한다.

또 어떤 사람들은 다른 사람들에게 다가가는 방식으로 불안을 처리한다. 이런 의존형의 사람들은 순종함으로써 다른 사람들의 애정을 얻으려고 한다. 그들은 갈등을 회피한다. 그들은 자신의 의견을 양보함으로써 대인관계 속에 동화된다. 그들은 모든 사람을, 비록 잔혹하게 굴었던 사람들이라 할지라도, 본질적으로 선하다고 생각한다.

그리고 또 어떤 사람들은 다른 사람들로부터 멀어진다. 이 격리형의 사람들은 자신을 고립시키려고 하고 인생에 대해 관조적인 태도를 취한다. 테리 D. 쿠퍼가 그의 책 **죄악, 긍지, 그리고 자기 수용**(Sin, Pride and Self-Acceptance)"에서 이 범주를 요약했듯이 "평화를 보장하기 위해서는, 공략당할 위험이 상존하는 대인관계라는 전쟁터를 떠나는 것이 필요하다."

지배형의 사람은 인생의 전투에서 승리하면 상처를 받을 일이 없게 된다고 생각한다. 의존형의 사람은 그가 자신의 이득을 포기하고 다른 사람의 요구에 응한다면 세상은 그에게 잘 대해 줄 것이라고 생각한다. 격리형의 사람은 그가 세상에 대해 아무 것도 요구하지 않는다면 세상도 그에게 아무 것도 요구하지 않을 것이라고 생각한다. 이것들은 물론 이론적인 유형이고 개념적인 범주이다. 이런 성격 유형들은 20세기 중반에 여러 문필가들이 만들어낸 많은 성격 유형들(내부지향형, 외부지향형, 조직형 인간, 항문 보류형, 자기애 성향자, 국외자) 중의 일부이다. .

이러한 이론들을 설명한 책들은 훌륭한 나쁜 책들(good bad book, 이것은 조지 오웰의 표현에서 따온 말임)이다. 이런 책은 포괄적인 이론을 담고 있으며, 사람을 대단위의 범주로 구분한다. 이러한 이론들은 학문적으로 검증하기가 사실상 어려운 때가 많다. 그러나 이들은 사고를 자극하고 유용하다. 이들은 우리로 하여금 우리 주변의 사람들을 이해하는 데 사용할 수 있는 범주와 수단을 제공해 주는데, 그러한 범주가 어디에 잘 들어맞는지, 또 어디에 잘 들어맞지 않는지를 잘 알고 있는 이론들이다.

호나이와 같은 사람들이 우리의 기억에서 잊혀져가고 있는 지금에 있어서 우리는 점점 더 못해지고 있는 것은 아닌지 모르겠다. 성격에 대한 분석 능력이 더 악해진 깃은 아닌지. 우리는 싱격을 분석하는 좋은 방법을 자꾸만 잃어가고 있는 것 같다.

데이비드 브룩스의 생각이 맞는 것일까? 성격에 대한 연구가 우리가 하는 행동의 근원을 한 가지의 핵심적인 이론으로 설명하려고 했던 프로이트나 매슬로우나 프랭클과 같은 대이론적 설명에서 벗어나 성격을 보다 더 작은 범위의 구성 개념으로 쪼개어서 선천성과 후천성이 이런 핵심 성격 특성의 형성에 어떻게 영향을 미치는가를 이해하려고 하는 방향으로 나아가고 있는데, 이것은 우리의 성격에 대한 이해를 실제로는 더 후퇴시키고 있는 것은 아닌지? 결국, 어떤 이론이 인간의 성격에 관한

(계속)

흥미로운 가설들을 도출할 수 있게 해 주지만 이 이론의 타당성을 지지해 주는 자료가 없다고 하는 경우 이런 이론은 흥미로운 문제들을 제기해 주고 있다는 그 이유 하나만으로도 계속 활용되어야 하지 않겠는가? 당신이 지금 이 책을 읽고 있는 사람이라면 당신이 바로 심리학의 미래를 걸머지고 나갈 사람이다. 우리는 어떻게 하면 인간의 성격을 더 잘 이해하고 더 잘 측정할 수 있을까? 앞으로 우리가 나아가야 할 가장 중요한 다음 단계는 무엇인가?

제12장 복습

주요 개념 퀴즈

1. 심리학에서 말하는 성격이란
 a. 한 개인의 특징적인 행동, 사고, 감정 양식을 말한다.
 b. 심리적으로 표현되는 개인의 생물학적 특성을 말한다.
 c. 한 개인의 현재 행동의 원인이 되는 과거 경험을 말한다.
 d. 사람들이 문화적 규범에 따라서 취하는 반응 방식을 말한다.

2. 투사 검사에서 사용하는 기법 중 옳은 것은?
 a. 질문지 문항
 b. 자기 보고
 c. 내용이 애매모호한 자극에 대한 반응
 d. 통계적 방법

3. 특정한 방식과 일관성 있는 방식으로 행동하게 만드는 비교적 불변적인 성향을 무엇이라고 하는가?
 a. 동기   c. 특성
 b. 목표   d. 반사행동

4. 다음 중 Big Five 성격 요인에 해당하지 않는 것은?
 a. 성실성   c. 신경증
 b. 동의성   d. 정돈성

5. 생물학적 요인이 성격 형성에 중요한 역할을 한다는 주장에 대한 결정적인 증거는 다음 중 무엇에 관한 연구에서 가장 잘 볼 수 있는가?
 a. 부모의 양육 방식
 b. 서로 다른 가정에서 성장한 일란성 쌍생아
 c. 뇌 손상
 d. 요인 분석

6. 프로이트가 말한 심리 체계 중에서 당신으로 하여금 식당에 들어가자마자 남의 테이블 위에 있는 음식을 다짜고짜 집어 먹고 싶게 만드는 것은?
 a. 원초아   c. 자아
 b. 현실원리   d. 쾌락원리

7. 당신이 어떤 과목의 시험을 잘 못 보아서 그 과목의 수강을 취소하면서 수강을 취소한 이유를 그 교수님과 잘 맞지 않기 때문이라고 하였다. 프로이트는 당신이 어떤 방어기제를 사용하고 있다고 말하겠는가?
 a. 퇴행   c. 투사
 b. 합리화   d. 반동형성

8. 소유물, 돈, 복종과 배반의 문제, 청결함과 불결함의 문제에 매우 집착하는 사람에 대해, 프로이트에 따른다면 이 사람은 심리성적 단계 중 어떤 단계에서 고착이 되었는가?
 a. 구순기   c. 잠복기
 b. 항문기   d. 남근기

9. 인본주의자들은 성격이 아래의 어떤 목표를 지향한다고 보는가?
 a. 실존   c. 건강한 성인으로서의 성의식
 b. 자아실현   d. 승화

10. 실존주의자들의 견해에 따르면, 인생의 의미를 발견하고자 하고 자유의지에 의한 선택의 결과에 대한 책임을 수용하고자 할 때 직면하게 되는 감정을 무엇이라고 하는가?
 a. 실존적 불안감   c. 자아실현 경향성
 b. 충일감   d. 필멸성의 부각

11. 다음 중 사회-인지적 접근이 강조하는 것이 아닌 것은?
 a. 행동의 원인자로서 성격과 상황이 어떻게 상호작용하는가.
 b. 사람들이 마음속으로 상황을 해석하는 방식에 성격이 어떻게 작용하는가.
 c. 사람들이 갖고 있는 목표와 기대가 상황에 대한 그들의 반응에 어떻게 영향을 주는가.
 d. 사람은 어떻게 위안을 주는 착각에 빠지기보다는 현실을 직면하게 되는가.

12. 사회-인지 이론가에 의하면 (   )이(가) 사람들이 자신의 경험의 의미를 찾는 데 사용하는 차원이다.
 a. 개인적 구성개념   c. 통제 소재
 b. 성과 기대   d. 개인적 목표

13. 우리가 자신에 대해서 알고 있는 내용을 (   )(이)라고 하고, 자신에 대해 느끼고 있는 것을 (   )(이)라고 한다
 a. 자기 설화, 자기 확증   c. 자기 개념, 자기 확증
 b. 자기 개념, 자존감   d. 자존감, 자기 개념

14. 자존감의 이점에 관한 주요 이론들은 어디에 초점을 두고 있는가?
 a. 지위   c. 안전감
 b. 소속감   d. a, b, c 모두

15. 자신의 성공은 자기가 잘한 것 때문이라고 하고, 자신의 실패에 대해서는 자신의 책임을 모면하려고 하는 사람들이 있다면 이 사람들이 지금 보이고 있는 성향은?

a. 자기애
b. 암묵적 자기 중심주의
c. 자기 봉사 편향
d. 성명-글자 효과

주요 용어

개인적 구성개념	성과 기대	자기 보고	주제 통각 검사(TAT)
고착	성기기	자기 봉사 편향	초자아
구순기	실존주의적 접근	자기애	통제 소재
남근기	심리성적 단계	자기 확증	투사 검사
로르샤흐 잉크반점 검사	역동적 무의식	자아	특성
미네소타 다면적 성격 검사(MMPI)	오이디푸스 갈등	자아실현 경향성	항문기
방어기제	원초아	자존감	Big Five
사회-인지적 접근	인간-상황 논쟁	잠복기	
성격	자기 개념	정신역동적 접근	

생각 바꾸기

1. 대통령 후보가 TV 생방송에서 그의 어머니를 "페티(petty)"라고 표현하는 프로이트적 말실수를 한다. 그는 "예쁘다(pretty)"라는 말을 하려 했다고 얼른 말을 고친다. 그다음날 그 장면이 퍼져나가면서 아침 토크 쇼에서 그 후보자가 해소되지 않은 오이디푸스적 갈등을 갖고 있을 가능성이 있다는 식의 토론이 나온다. 만약 그 말이 맞다면, 그는 남근기에 고착되어 있어서 유혹, 권력, 권위의 문제에 집착하는 상당히 불안정한 성격의 사람일 가능성이 크다 (이것이 아마도 그로 하여금 대통령이 되기를 원하게 만든 원인일 수 있다). 당신의 룸메이트가 당신이 심리학 강의를 듣고 있다는 것을 알고 당신의 생각을 묻는다. "우리는 정말로 말 한 마디 실수한 것을 가지고 그 사람이 성적 욕구가 억압되어 있으며, 어머니와의 사랑에 빠져 있다고 말할 수 있는 것인가?" 당신은 어떻게 대답할 것인가? 성격에 관한 프로이트의 생각이 얼마나 많은 현대의 심리학자들에게 수용되고 있는가?

2. 잡지를 읽다가 성격에 관한 선천성-후천성 논쟁에 관한 글을 보게 된다. 이 글은 몇 건의 입양아에 관한 연구를 담고 있는데, 입양된 아이들의 성격이 (이들은 유전인자는 서로 전혀 같지 않지만 같은 가정에서 성장한다) 식구가 아닌 사람들과 다른 바가 전혀 없었다는 것이다. 이것은 가정환경이―그리고 부모의 행동이―성격에 미치는 영향이 매우 미약함을 시사한다. 당신은 이 글을 친구에게 보여 주는데, 그 친구는 이 결과를 잘 믿지 않는다. "나는 부모의 애정을 받지 못한 아이들이 지속적인 인간관계를 형성하기가 어렵다고 생각해." 당신은 이 친구에게, 선천성, 후천성, 그리고 성격 간의 관계에 관해 어떻게 설명할 것인가?

3. 당신의 친구 중의 한 사람이 성격 검사를 제공하는 온라인 사이트를 하나 발견하였다. 그는 그 검사에 응답을 하고, 검사 결과 자신이 '감각적'인 성격이기보다는 '직관적'인 성격의 사람으로서 구체적이고 즉각적인 경험에 초점을 맞추기보다는 보다 큰 그림을 보려고 하는 유형의 사람인 것으로 나왔다고 말한다. 그는 "이것이 내가 다른 사람들의 생일과 같은 세세한 것을 잘 기억하지 못하고, 프로젝트를 기한 내에 마치지 못하는 이유를 거의 잘 설명해 주는 것 같다"라고 말한다. 이 친구에게 인터넷 검사를 통하여 자기 진단을 하는 것의 위험성에 대해 말해 주는 것 이외에도 성격 유형과 행동 간의 관계에 대해 당신은 무엇을 더 말해 줄 수 있을 것인가? 성격 검사에서 나온 점수가 그 사람의 실제 행동을 얼마나 잘 예측해 주는가?

4. 당신의 한 친구가 당신에게 자신의 남자친구가 바람을 피웠다면서 그와는 다시는 만나지 않을 것이고 또 "한 번 바람을 피운 사람은 계속 바람을 피우게 된다"면서 바람을 피운 적이 있는 사람은 절대 만나지 않을 것이라고 말한다. 그녀는 또 성격과 인격은 세월이 흘러도 변하지 않는 것이기 때문에 사람들은 언제나 똑같은 결정을 내리고 똑같은 실수를 반복해서 하게 된다고 설명한다. 이 친구의 말이 맞는 것인지 아니면 틀리는 것인지를 가려낼 것으로서 성격과 상황 간의 상호작용에 관해 우리가 알고 있는 것은 무엇인가?

주요 개념 퀴즈 정답

1. a, 2. c, 3. c, 4. d, 5. b, 6. a, 7. b, 8. b, 9. b, 10. a, 11. d, 12. a, 13. b, 14. d, 15. c

Need more help? Additional resources are located in LaunchPad at:
http://www.worthpublishers.com/launchpad/schacter3e

사회 심리학

테리, 로버트, 그리고 존은 한 가지 공통점을 갖고 있다. 이들은 모두가 고문을 받았다. 테리가 헤즈볼라 게릴라에게 납치당했을 때 그는 레바논에서 활동하고 있던 미국 기자이었고, 로버트가 체포되어 감옥에 갔을 때 그는 루이지애나 주에 살고 있던 세미프로 복서였으며, 존이 월맹군에 의해 격추되어 잡혔을 때 그는 해군 항공 조종사이었다. 이 세 사람은 모두 다양한 종류의 고문을 경험했는데, 그런 고문들 중에서 어떤 것이 최악의 것이었던가에 관해 의견이 일치한다.

> **존** : 그것은 끔찍한 것이다. 그것은 사람의 정신을 으스러뜨리고 저항력을 무력화시키는 데 그 어떤 형태의 만행보다 더 효과적인 것이다.
>
> **로버트** : 그것은 악몽이었다. 나는 사람들이 너무나 절망해서 감옥 문을 부수고, 굶고, 자해까지 하는 것을 보았다. 의식을 집중하고 정신을 차리려면 내가 인간이라는 생각의 마지막 남은 한 조각까지 긁어모아야 한다.
>
> **테리** : 나는 내가 정신을 잃어가고 통제력이 완전히 상실되기 시작한다는 생각이 든다. 나는 차라리 죽고 싶다. 나는 하느님께 어떤 방식으로든 이것을 끝내달라고 빈다.

이 세 사람이 기술하고 있는 이 잔인한 고문 방법은 전기 쇼크나 물고문 같은 것이 아니다. 그것은 밀랍이나 로프, 면도날을 필요로 하지 않는다. 그것은 육체를 망가뜨리고 정신을 파괴하는 데 수천 년 동안 사용되어 온 지극히 간단한 방법이다. 이것은 독방 감금이라고 불린다. 존 맥케인은 독방에서 2년을 보냈고, 테리 앤더슨은 7년, 로버트 킹은 29년을 보냈다.

고문이라고 하면 우리는 통상 산소나 물, 음식, 또는 잠과 같이 사람들이 절실하게 요구하는 것들을 박탈함으로써 고통을 주게 되어 있는 방법들을 생각한다. 그러나 사회적 상호작용 역시 다른 것들 못지않게 필수적인 욕구이다. 죄수에 관한 연구를 보면 고립 기간을 길게 하면 정신병 증상이 유발되며(Grassian, 2006), 짧은 기간의 사회적 고립에도 사상자가 나온다. 정상적인 사람도 사회적으로 격리되면 우울증, 질병, 조기 사망에 이르기 쉽다. 사실상, 사회적 고립은 비만이나 흡연만큼이나 건강에 해롭다(Cacioppo & Patrick, 2008; House, Landis, & Umberson, 1988).

테리 앤더슨(왼쪽), 로버트 킹(가운데), 존 맥케인(오른쪽) 이 사람들은 모두 수년간을 감옥의 독방에서 지냈는데, 그것이야말로 최악의 형태의 고문이었다고 진술하였다.

사회 심리학
사회성의 원인과 결과에 관한 연구 분야

혼자 있게 두었을 때 병이 나거나 정신이 이상해지는 동물은 어떤 동물인가? 바로 우리들이다. 인간은 지구상에서 가장 사회적인 동물인데, 우리에 관한 모든 것들(뇌의 구조로부터 사회의 구조에 이르기까지)이 바로 이 사실에 의해 영향을 받는다. **사회 심리학**은 *사회성의 원인과 결과에 관해서 연구하는 분야*이다. 우리는 사회 심리학에 관한 탐구 여행을 사회 행동(사람들이 서로 어떻게 상호작용하는가)에 대한 검토로부터 시작해서, 모든 생명체가 당면하는 문제들을 사회 행동이 어떻게 해결하는지를 볼 것이다. 그다음에는 사회 영향(사람들이 서로를 어떻게 변화시키는가)을 들여다보는데, 사람이 다른 사람들의 행동에 대해 반응하게 만드는 세 가지 기본 욕구를 갖고 있다는 것을 보게 될 것이다. 마지막으로 사회 인지(사람들이 서로에 대해서 어떻게 생각하는가)를 검토할 것인데, 다른 사람들에 대한 판단을 내리기 위하여 정보를 어떻게 사용하는지를 볼 것이다.

사회 행동 : 사람들과의 상호작용

지네는 사회적 동물이 아니다. 달팽이나 갈색 곰도 마찬가지이다. 사실상 대부분의 동물들은 무리를 지어살기보다는 혼자 사는 것을 더 좋아하는 단독 행동자들이다. 그런데 왜 사람은 그렇지 아니한가?

모든 동물은 생존하고 번식을 해야 하는데, 사회적이 된다는 것이 이 두 가지 중요한 목표를 달성하기 위한 하나의 전략이다. 음식물을 구하거나 적을 방어할 때 무리와 패거리와 떼거리는 혼자로서는 할 수 없는 것을 할 수 있으므로, 수백만 년에 걸쳐서 많은 동물 종이 사회적이 된다는 것이 유용하다는 것을 발견하게 된 것이다. 그러나 지구상에 있는 수천 종의 사회적 동물 중에서 단지 네 유형의 동물만이 **초사회적**(ultrasocial)이 되었는데, 초사회적이란 이들이 사회를 형성하고 그 사회 속에서 수많은 개체들이 호혜적인 이익을 위해 분업과 협업을 한다는 것을 의미한다. 이 네 가지 종은 막시류(膜翅類, hymenoptera, 즉 벌, 개미, 나나니), 흰개미, 털 없는 두더지 쥐, 그리고

인간은 자신과 유전적으로 관련이 없는 사람들과도 대규모의 사회적 관계망을 구축하는 유일한 동물이다. 페이스북에 따르면, 레이디 가가는 약 6천만 명의 친구를 갖고 있다고 하는데, 이 중에서 그녀와 유전인자를 공유하고 있는 사람은 아무도 없다.

인간이다(Haidt, 2006). 이 우수한 네 종 중에서 인간이 더 두드러지는데, 그 이유는 인간만이 유전적으로 서로 아무 관계가 없는 개체들로 사회를 구성하기 때문이다. 일부 과학자들은 자연이 인간에게 큰 두뇌를 선사한 주된 이유는 대규모의 사회에서의 삶이 복잡한 것이기 때문이라고 생각한다(Sallet et al., 2011; Schultz & Dunbar, 2010; Smith et al., 2010). 만약 만 년 전에 지구상에 있는 모든 포유동물들을 하나로 뭉쳐서 거대한 목욕탕 저울에 올려놓는다면 전체 무게에서 인간이 차지하는 비율은 아마도 대략 0.01% 정도이었을 것이지만, 오늘날에는 98%를 차지한다. 인간은 생존과 번식에서 헤비급 챔피언인데, 그렇게 된 이유는 우리가 너무나 뿌리 깊게 사회적이기 때문이며, 여러분이 앞으로 보겠지만, 우리의 사회 행동의 대부분이 이 두 가지 기본적인 목표를 중심으로 일어나기 때문이다.

생존 : 자원을 위한 투쟁

동물은 생존이라는 과제를 갖고 있다. 생존하기 위하여 동물은 음식, 물, 집과 같은 자원을 필요로 한다. 문제는 이들 자원이 희소한 것이 될 수밖에 없는데, 그 이유는 그 자원이 희소하지 않다면 그것이 희소해질 때까지 동물의 개체 수가 계속 증가할 것이기 때문이다. 동물은 이 희소 자원의 문제를 서로 해치거나 아니면 서로 돕는 방식으로 해결한다. 해치기와 **돕기**는 반대말이므로 당신은 이 둘 간에 공통점이 거의 없을 것이라고 생각하겠지만, 당신이 앞으로 보게

될 터인데, 이 완전히 서로 다른 행동들이 사실상 동일한 문제에 대한 두 가지의 해결책이다 (Hawley, 2002).

공격 행동

희소 자원의 문제를 해결하는 가장 간단한 방법은 그 자원을 취하고, 그렇게 하는 당신을 저지하려는 자는 그게 누구든 한 방 먹이는 것이다. **공격**(aggression)이란 다른 사람을 해치려는 목적을 갖고 하는 행동인데(Anderson & Bushman, 2002; Bushman & Huesmann, 2010), 이는 지구상에 있는 거의 모든 동물이 사용하는 방법이다. 공격은 동물들이 하는, 공격 그 자체를 위한 공격과 같은 그런 것이 아니라, 자신이 원하는 자원을 획득하기 위한 한 가지 방법이다. **욕구불만-공격 가설**(frustration-aggression hypothesis)에 따르면 **동물은 자신의 욕구가 충족되지 않을 때 공격을 한다는 것이다**(Dollard et al., 1939). 침팬지가 저 바나나를 원하는데(욕구), 펠리칸이 그 바나나를 따려고 한다(욕구불만). 따라서 침팬지는 주먹으로 그 펠리칸을 위협한다(공격). 은행 강도가 돈을 원하는데(욕구), 은행원이 그 돈을 모두 금고에 넣어서 잠가 놓고 있다(욕구불만). 따라서 그 강도는 총으로 그 은행원을 위협한다(공격).

욕구불만-공격 가설이 맞기는 하지만, 일부 심리학자들은 이것이 충분한 설명이 되지 않는다고 생각한다. 이들은 공격 행동의 원인은 부정적인 감정이며, 욕구불만은 부정적인 감정을 불러일으키는 수많은 원인 중의 한 가지일 뿐이라고 주장한다(Berkowitz, 1990). 만약 동물이 기분이 나쁠 때 공격 행동을 한다면 동물을 기분 나쁘게 만드는 것은 무엇이든 공격 행동을 증가시켜야 하는데, 증거에 의하면 사실이 그러하다. 고통스러운 전기 쇼크를 받는 실험실의 쥐는 우리 안에 있는 모든 것들, 즉 다른 동물, 헝겊 인형, 심지어는 테니스 공까지도 공격한다(Kruk et al, 2004). 사람들에게 손을 얼음물에 넣고 있게 하거나 아주 뜨거운 방에 앉아 있게 하면 다른 사람에게 소음 총을 쏘거나 다음 실험에서 매운 칠리를 먹이는 행동이 더 많아진다(Anderson, 1989; Anderson, Bushman, & Groom, 1997). 공격 행동이 부정적인 감정에 대한 반응이라는 생각은 사람을 짜증나고 불편하게 만드는 더운 날씨에 공격 행동이 더 잘 일어난다는 사실(폭력 범죄로부터 운동선수들 간의 몸싸움에 이르기까지)을 설명해 줄 것이다(그림 13.1 참조). 모든 유형의 부정적인 감정이 다 공격 행동을 불러일으키는 것은 아니라는 점을 유의할 필요가 있는데, 예를 들면 혐오감을 느낄 때 사람들은 실제로 공격 행동을 더 적게 하게

공격
다른 사람을 해치려는 목적을 갖고 하는 행동

욕구불만-공격 가설
동물은 자신의 목표 추구가 방해받을 때 공격 행동을 한다는 원리

▼ 그림 13.1 **더운 날씨와 짜증** 프로 야구의 투수는 조준의 명수이므로 그들이 야구공으로 타자를 맞혔다면, 그것은 실수가 아니었다고 보는 것이 맞을 것이다. 아래 도표는 미국 메이저 리그 야구 경기 중 약 6만 게임에서 나온 데이터를 보여 주고 있다. 이 그림에서 볼 수 있듯이 구장의 기온이 올라감에 따라 B팀의 타자가 A팀의 투수의 공에 맞을 확률도 올라가는데, 이것은 A팀의 투수가 보복을 하고 있다는 것을 의미한다(Larrick et al., 2011).

A팀의 타자가 이전에
B팀의 투수의 공에 맞은 회수

A팀의 투수가
B팀의 타자를
맞힐 확률

.012
.011
.010
.009
.008
.007
.006

3 이상
2
1
0

≤59 0~69 70~79 80~89 ≥90

기온(°F)

ROBERT SABO/NY DAILY NEWS ARCHIVE /A GETTY IMAGES.

LARRICK, R. P., TIMMERMAN, T. A., CARTON, A. M., & ABREVAYA, J., PSYCHOLOGICAL SCIENCE, 22(4), PP. 423–428, COPYRIGHT © 2011 BY SAGE PUBLICATIONS. REPRINTED BY PERMISSION OF SAGE PUBLICATIONS.

된다(Pond et al, 2002).

물론 모든 사람들이 기분이 나쁠 때마다 항상 공격 행동을 하는 것은 아니다. 그렇다면 누가 그렇게 하고 또 왜 그렇게 하는가? 연구에 의하면 생물학적 요인과 문화적 요인이 사람들이 공격을 실행할 것인지, 그리고 그렇다면 언제 그렇게 할 것인지를 결정하는 요인이라고 한다.

생물학적 요인과 공격 행동 만약 어떤 사람이 공격 행동을 할 것인지 여부를 알고 싶다면 당신은 그에게 한 가지 질문을 해 보면 되는데, 그것은 "당신은 남자입니까? 아니면 여자입니까?" 라는 질문이다(Wrangham & Peterson, 1997). 폭행, 구타, 살인 등과 같은 범죄는 거의 모두가 남성, 특히 젊은 남성에 의해 일어나는데, 미국의 경우 살인의 90%와 폭력 범죄의 80%가 남성에 의해 저질러진다(Strueber, Lueck, & Roth, 2006). 비록 대부분의 사회가 여성에게보다는 남성에게 더 공격적이게 될 것을 권장하지만, 남성의 공격성이 단지 사회화의 산물만은 아니다. 연구들에 의하면 공격성은 테스토스테론이라는 호르몬과 강한 상관이 있는데, 이 호르몬은 여성보다 남성, 노인보다는 젊은이, 그리고 비폭력 범죄자보다는 폭력 범죄자에게서 더 많다(Dabbs et al., 1995).

테스토스테론이 공격 행동을 하게 만드는 직접적인 원인은 아니지만, 그것이 사람으로 하여금 힘이 있다는 느낌을 갖게 만들고, 또 남을 제압하는 능력에서의 자신감을 느끼게 만드는 것 같다(Eisenegger et al., 2010; Eisenegger, Haushofer, & Fehr, 2011). 테스토스테론이 많은 수 컷 침팬지가 벌떡 일어서서 턱을 치켜드는 모습을 보이고(Muller & Wrangham, 2004), 테스토스테론이 많은 사람이 더 씩씩하게 걷고, 대화 상대자를 더 직접적으로 겨냥하여 말하고, 더 당당하고 독립적인 태도로 말한다(Dabbs et al., 2001). 테스토스테론은 또한 사람으로 하여금 도발에 더 민감해지게 만들며(Ronay & Galinsky, 2001), 보복의 징후에는 덜 민감해지게 만든다. 한 실험에서 참가자로 하여금 표정이 중립적인 것에서 위협적인 것으로 바뀌어 가는 것을 보는데, 그 표정이 위협적인 것으로 느껴지는 순간 바로 반응을 하도록 하는 과제를 주었다(그림 13.2 참조). 실험 전에 소량의 테스토스테론을 투여받은 참가자가 위협적인 표정을 인식하는 시간이 더 늦었다(van Honk & Schutter, 2007). 당신이 비난해대고 있는 사람이 화가 나고 있다는 것을 알아차리지 못하는 것이 결국은 싸움에 이르게 되는 한 가지 좋은 방법이다.

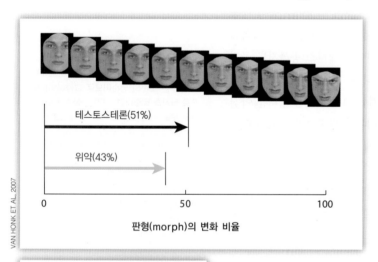

▲ 그림 13.2 **요게 무서운 얼굴이네** 테스토스테론 주사를 맞으면 이 주사를 맞지 않았을 때와 같은 정도로 위협적인 얼굴로 느껴지려면 보다 더 위협적인 표정이 되어야 한다(Van Honk & Schutter, 2007).

남성에게서 공격 행동을 이끌어 내는 가장 확실한 방법 중의 하나는 그들의 지위나 지배성에 도발을 하는 것이다. 사실상 모든 살인 사건의 3/4은 '지위 경쟁'이나 '체면을 세우기 위한 싸움'으로 분류될 수 있다(Daly & Wilson, 1988). 널리 알려진 지혜와는 달리, 자존감이 낮은 사람보다는 비현실적으로 자존감이 높은 남성이 공격 행동을 하기가 더 쉬운데, 그 이유는 그러한 남성들은 특히나 다른 사람의 행동을 자신의 지위에 대해 자신이 갖고 있는 부풀려진 자부심에 대한 도전으로 생각하기 쉽기 때문이다(Baumeister, Smart, & Boden, 1996). 남성은 여성들이 보는 앞에서 경쟁을 하는 경우에 이러한 도발에 특히나 더 민감하다(Ainsworth & Maner, 2012).

? 여성은 어떤 상황에서 공격적이 되는가?

여성도 남성과 마찬가지로 공격적일 수 있지만, 여성의 공격 행동은 충동적인 것이기보다는 사전에 준비된 것이며, 지위의 획득이나 방호보다는 자원의 획득이나 방호를 위한 것이 더 많은 경향을 보인다. 남성에 비해 여성은 화가 나지 않았는데도

남자들은 보통 지위를 위협받을 때 공격적이 된다. 존 앤더슨(오른쪽)이 SNS에서 러셀 타바레스(왼쪽)를 '얼간이'라고 불렀다. 그러자 타바레스는 앤더슨의 차를 찾아내어 2,000km를 몰고 가서 그 차를 불태워버렸다. 그러면서 앤더슨은 "어느 누구라도 SNS에서 싸웠다고 그 상대방을 죽이려고 들만큼 그렇게 어리석지는 않겠지요"라고 말했다. 타바레스는 7년의 징역형을 선고받았다.

공격 행동을 하거나 신체적인 상해를 주는 방식으로 공격 행동을 할 가능성은 훨씬 더 적지만, 화가 났을 때의 공격 행동 또는 심리적인 상처를 주는 방식의 공격 행동은 남성에 비해 약간만 더 적다(Bettencourt & Miller, 1996; Eagly & Steffen, 1986). 사실상 여성이 남성에 비해 사회적인 상처를 주는 것, 말하자면 공격 대상자를 따돌린다든가 그들에 대한 악성 소문을 퍼뜨린다든가 하는 식의 공격 행동은 더 많다(Crick & Grotpeter, 1995).

문화와 공격 행동 윌리엄 제임스(William James, 1911, p. 272)는 "우리의 조상은 우리의 뼈와 골수에 호전성을 심어 주었는데, 수천 년 동안의 평화가 그것을 우리에게서 제거시켜 버린 것 같다"라고 썼다. 그의 말이 맞는가? 공격성이라는 것이 진화의 유산임에는 틀림없지만, 그렇다고 해서 그것이 우리가 반드시 공격적이 되어야 한다는 것을 의미하는 것은 아니다. 사실상 전쟁의 회수나 살인율은 지난 한 세기만에 수십 내지 수백 배 감소하였다. 심리학자인 스티븐 핑거(Steven Pinker, 2007)는 다음과 같이 썼다.

> 우리는 점점 더 친절해지고 점잖아져 가고 있다. 오락을 위한 잔인한 행위, 미신으로 인한 인간 제물, 육체노동의 대체 수단으로서의 노예, 국가적 목표에 의한 정복, 재산 획득을 위한 살인, 합법적인 처벌 수단으로서의 고문과 수족 절단, 범법자나 반대자에 대한 사형, 정치적 목적 달성을 위한 암살, 전승의 대가로서의 강간, 욕구불만의 방출을 위한 학살, 갈등 해결의 한 방법으로서의 살인 등등 이 모든 것들은 대부분의 인류 역사에서 전형적인 삶의 모습이었다. 그러나 오늘날에는 이러한 것들이 서구 사회에서는 아주 드물거나 아예 없어졌으며, 다른 곳에서도 예전에 비해 아주 적어졌는데, 이제는 이런 일들이 일어나면 이를 감추며, 밝혀지면 널리 비난을 받게 된다.

공격 행동의 모습이 시대에 따라 달라지기도 하지만, 또한 지역에 따라서도 달라진다(그림 13.3 참조). 예를 들면 미국에서의 폭력 범죄는 북부보다는 남부에서 더 많은데, 남부 지역의 남성은 자신의 지위가 도전받고 있다고 느낄 때 공격적으로 대응하라고 배운다(Brown, Osterman, & Barnes, 2009; Nisbett & Cohen, 1996). 한 세트의 일련의 실험들에서 연구자들은 남부의 주와 북부의 주에서 온 실험 자원자들에게 모욕을 가하고 관찰해 본 결과 남부 사람들이 테스토스테론의 수치가 더 증가하였고, 또 그 모욕으로 인해 자신의 지위가 손상받았다는 것을 더 느끼는 것으로 나타났다(Cohen et al, 1996). 실험을 마치고 실험실을 떠날 때 복도에서 거구의 사람이 자신을 향해 걸어오고 있는 것을 보는 경우 실험에서 모욕을 경험했던 피험자 중에서 남부 사람들은 길을 비켜 주기 전에 그 사람

? 문화가 공격성에 영향을 미칠 수 있다는 증거로는 어떤 것이 있는가?

북부 출신에 비해 남부 출신의 투수가 투구로 타자를 맞히는 경우가 40%가량 더 많다.

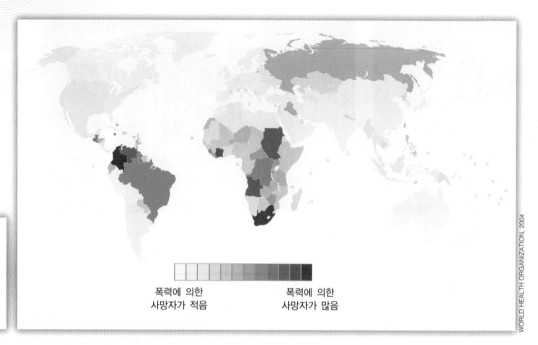

WORLD HEALTH ORGANIZATION, 2004

폭력에 의한
사망자가 적음

폭력에 의한
사망자가 많음

▶ 그림 13.3 **폭력성의 지도** 폭력성에 관한 한 문화가 많은 것을 말해 준다. 흥미롭게도 한 국가의 폭력성의 고저를 구분해 주는 한 가지 요인은 성 평등의 정도이다(Caprioli, 2003; Melander, 2005). 여성을 더 잘 대우해 주는 나라일수록 그 나라가 전쟁에 말려드는 경우가 더 적다.

을 향해 '얼굴을 치켜드는' 모습을 보이는 반면, 북부 사람들은 그냥 길을 비켜 주었다. 말할 것도 없이 실험에서 모욕을 경험하지 않는 통제 조건에 속했던 경우에는 남부 사람들이 북부 사람들보다 먼저 길을 비켜 주었는데, 이는 남부 사람들은 모욕을 당하지 않으면 북부 사람들보다 더 정중하게 행동한다는 것을 말해 주는 것이다!

공격성이 시대와 지역에 따라 다르게 나타난다는 것은 우리의 타고난 공격성이 행동으로 표출될 것인가 여부를 결정짓는 데 문화가 중요한 역할을 할 수 있다는 것을 보여 주는 것이다(Leung & Cohen, 2011). 사람은 다른 사람을 보고 배우는데, 이것이 이 분야의 연구자들로 하여금 TV 폭력물의 시청이나 폭력적인 게임을 하는 것이 사람을 더 공격적이게 만들고(Anderson et al., 2010), 덜 협동적이게 만들 수 있다고(Sheese & Graziano, 2005; cf. Ferguson, 2010) 믿게 만드는 이유이다. 그러나 문화는 나쁜 본보기뿐만 아니라 좋은 본보기도 보여 준다. 1980년대 중반 케냐의 어느 야생 비비원숭이 무리에게서 공격적인 수컷만 골라서 죽게 만드는 특수한 질병이 돌아서 덜 공격적인 수컷들만이 남아 번식하게 되었다. 10여 년이 지난 후 연구자들은 이 평화적인 수컷들의 자손에게서는 새로운 '평화적인 문화'가 조성된 것을 발견하였다. 이 새로운 수컷 비비원숭이 세대는 덜 공격적이었으며, 암컷들과 더 잘 어울리며, 낮은 지위의 수컷들에게도 더 포용적이었다(Sapolsky & Share, 2004). 비비원숭이가 서로들 잘 어

AP PHOTO/HADI MIZBAN

AP PHOTO/MANISH SWARUP

문화가 폭력성에 강력한 영향을 미친다. 살인이 일상생활의 일부인 이라크에서 어린 소년들이 사형집행 놀이를 하고 있다. 인도의 자이나 교도인 십대 소녀들은 숨을 들이쉴 때 그들이 곤충이나 세균을 들이마심으로써 그것들을 해치는 일이 일어나지 않도록 언제나 마스크를 쓰고 있다.

울리는 것을 학습할 수 있다면 인간이 그렇게 하지 못할 이유가 없다.

협동

공격 행동이 희소 자원의 문제를 해결하는 한 가지 방법이지만, 그것이 가장 우수한 방법은 아닌데, 그 이유는 함께 일하면 혼자서 일할 때 얻을 수 있는 것보다 각 개인이 모두 더 많은 것을 얻을 수 있기 때문이다. **협동**(cooperation)이란 둘 또는 그 이상의 사람들 간에 상호 호혜적인 이득을 얻을 수 있게 해 주는 행동인데(Deutsch, 1949; Pruitt, 1998), 이것은 인류가 만들어 낸 것 중에서 언어, 불, 전자 기타 등과 같은 가장 위대한 업적들 중의 하나이다(Axelrod, 1984; Axelrod & Hamilton, 1981; Nowak, 2006). 도로와 슈퍼마켓, 아이팟과 휴대폰, 발레와 수술이 모두 협동의 산물이며, 협동이 없었다면 인류가 이룩한 중요한 성취들은 생각조차 하기 어려웠을 것이다.

위험성과 신뢰 협동의 이득이 그렇게 명백한 것이라면 왜 사람들은 모든 경우에서 다 협동을 하지 않는가? 협동이 이득을 줄 수 있는 것이기는 하지만 또한 위험성을 내포하고 있는 것인데, 죄수의 딜레마 게임이라고 불리는 간단한 게임이 이것이 왜 그러한지를 보여 준다. 당신과 당신의 친구가 은행 컴퓨터를 해킹하여 수백만 달러를 당신의 계좌로 송금한 혐의로 체포되어 있다고 가정하자. 두 사람은 이제 서로 격리된 상태에서 심문을 받고 있다. 조사관은 당신에게 만약 당신과 당신의 친구가 둘 다 죄를 자백한다면 두 사람은 절도죄로 각

각 10년의 징역형을 받을 것이며, 두 사람이 모두 자백하기를 거부한다면 두 사람은, 말하자면 질서 교란의 대가로, 각각 1년의 징역형을 받을 것이라고 말한다. 그러나 만약 두 사람 중의 하나가 자백하고 다른 하나는 자백을 하지 않는다면, 자백한 사람은 무죄 방면되고 자백하지 않은 사람은 30년의 징역형을 받게 된다. 당신은 어떻게 할 것인가? 그림 13.4를 잘 연구해 보면, 당신과 당신의 친구는 서로 협동하는 것이 둘 모두에게 현명한 일이라는 것을 알게 될 것이다. 만약 당신이 당신의 친구를 신뢰하여 자백을 거부하고 당신의 친구 역시 당신을 신뢰하여 자백을 거부한다면 당신 둘은 모두 가벼운 형량을 받을 것이다. 그러나 만약 당신은 친구를 신뢰했는데 친구는 당신을 배반한다면 어떤 일이 일어날지를 한 번 보시라. 당신이 차량 번호판을 만들면서 수십 년을 보내는 동안 당신의 친구는 집으로 가서 그의 자동차를 세차하며 지내고 있을 것이다.

　죄수의 딜레마는 단순한 게임 이상의 것이다. 이것은 일상생활에서 협동에 따르는 위험과 이득을 그대로 반영하는 것이다. 예를 들면, 만약 모든 사람이 자신이 낼 세금을 잘 납부한다면 세율은 낮게 유지되고 튼튼한 교량과 일류급 박물관이 제공해 주는 혜택을 모든 사람이 누릴 것이다. 만약 아무도 세금을 내지 않는다면 교량은 무너져 버릴 것이고 박물관은 문을 닫게 될 것이다. 모든 사람이 세금을 내는 경우에는 모든 사람이 확실하게 적정 수준의 이득을 얻겠지만, 만약 다른 모든 사람이 세금을 내는 데 극히 일부가 세금을 내지 않는다면 그 세금을 내지 않는 사람은 공짜로 교량을 사용하고 박물관을 이용할 터이므로 막대한 이득을 보는 것이다. 이 딜레마는 사람들로 하여금 세금을 내고 바보가 될 것인가 아니면 세금을 내지 않고 교량이 무너지고 박물관이 문을 닫는 위험을 지켜볼 것인가의 기로에서 결정을 내리기 어렵게 만든다. 만약 당신이 다른 대부분의 사람들과 같은 사람이라면 이런 종류의 딜레마에서 전적으로 기꺼이

협동의 위험성은 무엇인가?

	협동 (B 자백하지 않음)	비협동 (B 자백)
협동 (A 자백하지 않음)	A 1년 B 1년	A 30년 B 0년
비협동 (A 자백)	A 0년 B 30년	A 10년 B 10년

▲ 그림 13.4 **죄수의 딜레마 게임** 죄수의 딜레마 게임은 협동에 따르는 이득과 손실의 예를 보여 준다. A와 B는 협동을 할 것인지 여부를 각자 독립적으로 결정하는데, 그 결정의 결과에 따라 각자가 얻는 이득의 크기가 달라진다. 상호 협동을 하면 양쪽이 모두 중간 정도의 이득을 얻게 되지만, 만약 둘 중 어느 한 사람만 협동한다면 협동한 사람은 아무 이득이 없고 협동하지 않은 사람은 큰 이득을 얻게 된다.

케빈 하트 씨는 조지아 주의 파고 시에 '게이터 모텔'을 갖고 있는데, 이 모텔은 방값 무인지불제도로 운영되고 있다. 손님이 도착하면, 그들이 원하는 만큼 묵다가, 떠날 때 서랍에다 방값을 놓고 간다. 부정행위를 하는 사람이 소수라면 방값에는 변동이 없다. 그러나 만약 너무 많은 사람이 부정행위를 하면 방값은 올라간다. 당신은 방값을 지불할 것인가 아니면 부정행위를 할 것인가? 이 물음에 응답하기 전에 먼저 이 큰 개가 있다는 사실을 유념하시라.

협동하려고 하겠지만, 다른 사람들도 과연 당신과 같이 행동하지 않을까가 걱정될 것이다.

인생은 하나의 전략적 게임인데, 우리는 그 게임을 양심적으로 하는 사람을 존중하고, 그렇지 못한 사람을 경멸한다. 사람들에게 주변 사람들이 가져 주었으면 좋을 단 한 가지의 특성을 말해 보라고 한다면 그 대답은 신뢰성(trustworthiness)일 것이며(Cottrell, Neuberg, & Li, 2007), 이러한 모습을 보이지 않는 사람에 대해서는 가혹하게 대응한다. 예를 들어, **최후통첩 게임**(ultimatum game)은 한 사람(분배자)이 돈을 두 묶음으로 나눈 다음 그중 하나를 다른 사람(결정자)에게 제안하면, 이 사람은 그 제안을 받아들일 것인지 아니면 거부할 것인지를 결정하게 하는 것이다. 결정자가 그 제안을 거부하면 두 사람은 모두 아무것도 갖지 못하게 되고 게임은 종료된다. 연구 결과를 보면 일반적으로 결정자는 그 제안이 공정하지 않다고 생각할 때 그것을 거부하는데, 이는 기만을 당하기보다는 아무것도 받지 않는 것이 낫다고 생각하기 때문이라는 것이다(Fehr & Gaechter, 2002; Thaler, 1988). 다른 말로 한다면, 사람은 자신에게 불공정하게 대하는 사람에 대해 처벌로 되돌려 준다는 것이다. 영장류의 동물도 불공정한 대우를 받는 것을 싫어하는 것으로 보인다. 한 연구를 보면 원숭이들이 한 조각의 오이를 얻기 위해 기꺼이 일을 하는데, 이들은 실험자가 더 적게 일을 한 원숭이에게 더 맛있는 음식을 주는 것을 보았다(Brosnan & DeWaal, 2003). 일을 더 열심히 한 원숭이들은 이에 항의를 하며 더 이상 일을 하려 하지 않았다.

집단과 편애 협동은 우리에게 혜택을 준 적이 없는 사람에게 먼저 혜택을 주는 위험을 감수하면서, 그 수혜자가 나와 똑같이 행동할 것이라고 믿을 때 가능해지는 것이다. 그런데 우리가 신뢰할 수 있는 사람은 누구인가?

집단(group)은 그 구성원들을 다른 사람들과 구별지어 주는 어떤 공통점을 갖고 있는 사람들의 집합체이다. 우리 모두는 가족과 팀으로부터 종교 집단과 국가에 이르기까지의 수많은 집단들의 한 구성원이다. 이 집단들은 서로 무척 다르지만, 모든 집단이 하나의 공통성을 보이는데, 그것은 그 집단 내에 있는 사람들끼리 서로 특별히 잘 대해 주는 경향이 있다는 것이다. **편견**(prejudice)은 소속 집단에 근거하여 어떤 사람에 대해 갖고 있는 긍정적 또는 부정적인 평가이고, **차별 행동**(discrimination)은 소속 집단에 근거하여 어떤 사람에 대하여 하는 긍정적 또는 부정적인 행동이다(Dovidio & Graertner, 2010). 집단의 결정적인 특징들 중의 하나는 자신의 소속집단의 구성원들에 대해서 긍정적인 편견을 가지고, 긍정적인 차별 행동을 하는 경향성이다(DiDonato, Ullrich, & Kreuger, 2011). 자신의 소속 집단을 편애하는 경향성은 이미 오래 전에 진화한 것이며(Fu et al., 2012; Mahajan et al., 2011), 인간 발달에서도 초기에 일어나며(Dunham, Chen, & Banaji, 2013), 아주 쉽게 유발된다(Efferson, Lalive, & Fehr, 2008). 사람들이 '집단 1' 또는 '집단 2'와 같은 특별한 의미를 갖지 않는 집단에 무선적으로 할당되었을 때조차도 자신이 속한 집단의 사람들에게 더 잘 대해 준다(Hodson & Sorrentino, 2001; Locksley, Ortiz, & Hepburn, 1980). 단지 '나는 우리들 중의 하나이고 그들 중의 하나가 아니다'라는 것을 아는 것만으로도 편견과 차별 행동이 일어나기에 충분한 것 같다(Tajfel et al., 1971). 집단 구성원들 간에는 서로 호의를 주고받는 것을 신뢰할 수 있으므로, 집단에의 소속은 협동의 위험성을 줄여 준다.

집단이 이점을 갖고 있지만, 또한 치러야 할 비용도 갖고 있다. 예를 들면, 집단이 내린 결정이 그 집단에서 가장 우수한 사람이 혼자 하는 것보다 더 나은 경우가 거의 없으며, 더 못한 경

? 편견과 차별 행동의 차이는 무엇인가?

집단
그 구성원들을 다른 사람들과 구별지어 주는 어떤 공통점을 갖고 있는 사람들의 집합체

편견
소속 집단에 근거하여 어떤 사람에 대해 갖고 있는 긍정적 또는 부정적인 평가

차별 행동
소속 집단에 근거하여 어떤 사람에 대하여 하는 긍정적 또는 부정적인 행동

우도 많다(Minson & Mueller, 2012). 한 가지 이유는 집단이 그 구성원들의 전문성을 충분히 활용하지 못하기 때문이다(Hackman & Katz, 2010). 예를 들면 (학교 위원회와 같은) 집단들은 전문가(교수)인 구성원의 의견에는 너무 적은 비중을 부여하는 반면, 지위가 높거나(시장), 발언량이 많은 사람(시장)의 의견에 너무 많은 비중을 부여한다. 집

> 집단에 들어가는 것에 따르는 손해는 무엇인가?

단은 또한 집단 토론에서 구성원이 모두 공유하는 정보에 초점을 두는 경향성인 **공통 지식 효과**(common knowledge effect)에 취약하다(Gigone & Hastie, 1993). 이것의 문제는 모든 사람이 공유하고 있는 정보(체육관의 크기)는 많은 경우 중요하지 않은 것인 반면, 정말로 중요한 정보(다른 교육구에서는 예산 문제를 어떻게 해결했는가)는 극소수의 사람들만이 알고 있다는 것이다. 나아가 집단 토론은 또한 최초에 가졌던 각자의 생각을 강화시키는 역할을 많이 한다. **집단 극화**(group polarization)는 집단 구성원 중 그 어느 누가 가졌던 생각보다 더 극단적인 결정을 하게 만드는 집단의 경향성을 말한다(Lamm & Myers, 1975). 보통 수준의 의견("강당을 리모델링해야 할 것 같아")을 갖고 테이블에 모인 사람들의 집단이, 토론 과정을 통하여 어느 한 입장을 지지하는 여러 사람들의 의견을 접하게 되는 그런 단순한 이유로 인해, 극단적인 결정("새로운 고등학교를 하나 지을 것입니다")으로 끝맺음을 할 수 있다(Isenberg, 1986). 마지막으로 집단 구성원들은 다른 구성원들이 어떻게 느끼고 있을까를 신경 쓰는 나머지 그렇게 해야 할 필요가 있는 경우에도 '배를 흔들기를' 꺼린다는 것이다. **집단 사고**(groupthink)는 대인관계 조화의 달성이라는 이유 때문에 만장일치로 가게 되는 집단의 경향성이다(Janis, 1982). 대인관계 조화가 중요하지만(특히나 그 집단이 합창단이라면), 집단은 종종 그 조화를 달성하기 위하여 의사결정의 질을 희생한다(Turner & Pratkanis, 1998). 이 모든 이유들로 인해 집단은 여러 가지 다양한 과제에서 개인보다 더 저조한 수행을 보인다.

집단이 치르는 비용은 저조한 수준의 의사결정에만 머무르지 않는데, 사람들 중 어느 누구도 혼자라면 하지 않을 끔찍한 일을 집단 속에 들어가면 저지르기 때문이다(Yzerbyt & Demoulin, 2010). 린치, 폭동, 집단 강간 — 왜 우리는 때때로 집단으로 모였을 때 이런 나쁜 짓들을 하는가?

한 가지 이유는 **자아정체 망각**(deindividuation)인데, 이것은 사람들이 집단 속에 파묻힐 때 자신이 갖고 있는 가치들을 망각하게 되는 데서 일어난다. 우리는 보석 가게의 진열대에 있는 롤렉스 시계를 보면 가지고 싶고, 도서관에서 낯모르는 예쁜 사람을 보면 키스를 하고 싶지만, 이런 행동은 우리 자신의 개인적 가치관과 배치되기 때문에 이러한 짓을 하지 않는다. 연구에 의하면 사람들은 자신에게 주의의 초점을 맞출 때 자신의 개인적 가치관을 더 많이 생각하게 되는데(Wicklund, 1975), 집단으로 모이게 되면 우리의 주의는 다른 사람들에게로 지향하게 되고 우리 자신에게서는 멀어지게 된다. 그 결과 우리는 우리 자신이 갖고 있는 가치들에 대해 생각하지 않게 되고, 그 대신에 집단의 가치를 채택하게 된다(Postmes & Spears, 1998).

우리가 집단으로 나쁜 행동을 하게 되는 두 번째 이유는 **책임감 분산**(diffusion of responsibility)인데, 이것은 사람이 자신과 마찬가지의 행동을 할 것 같아 보이는 다른 사람들이 주변에 있으면 자신이 꼭 그 행동을 해야 한다는 책임감이 감소되는 경향성을 말한다. 책임감 분산은 여러분이 아마도 많이 보아 왔을 어떤 현상의 주요 원인인데, 이것은 사람이 혼자일 때에 비해 집단 속에 있을 때 노력을 덜 들이는 경향성을 일컫는 **사회 태만**(social loafing)이라는 현상이다. 예를 들면, 사람들은 공연을 볼 때

"여보게들, 우리는 모두 양이잖아. 모든 생각이 다 훌륭한 것 같아."

연구자들은 마시는 커피를 무인판매제도로 운영하고 있는 어떤 사무실에서 커피 머신 위에 사진을 걸어 놓고 관찰해 보았는데, 이 사진이 꽃인 경우보다 사람의 두 눈인 경우에 부정행위자가 더 적게 나오는 것을 발견하였다(Bateson, Nettle, & Roberts, 2006). 또 어떤 연구자들은 사람들을 독방에 혼자 앉아서 돈 따먹기 퀴즈를 하도록 했는데, 방의 불빛이 어두울 때보다 밝을 때 부정행위가 더 적게 나온다는 것을 발견하였다(Zhong, Bohns, & Gino, 2010).

주변인 개입
위급 상황에 처한 낯모르는 사람을 돕는 행위

소규모의 집단 속에 있을 때에 비해 대규모의 집단 속에 있을 때 박수를 덜 세게 치고(Latané, Williams, & Harkins, 1979), 팀으로 하는 경기에서 힘을 덜 발휘하며(Williams et al., 1989), 식당에서 팁을 더 적게 놓고 가고(Freeman et al., 1975), 자선 사업에 돈을 더 적게 기부하며(Wiesenthal, Austrom, & Silverman, 1983), 지나가는 사람들에 대한 인사도 더 적어진다(Jones & Foshay, 1984). 그러나 책임감 분산은 이러한 것들보다 훨씬 더 악성의 효과를 발휘한다. 예를 들면, **주변인 개입**(bystander intervention) — 위급 상황에 처한 낯모르는 사람을 돕는 행위 — 에 관한 연구를 보면 곤경에 처한 불쌍한 사람에 대해 그 주변에 사람들이 더 많이 있을수록 그를 도와주는 사람이 더 적어진다는 것인데, 이는 그저 사람들이 그 주변 사람들 중에서 자신보다 더 마땅히 도와줄 누군가가 있을 것이라고 생각하기 때문이다(Darley & Latane 1968; Latane & Nida, 1981). 만약 당신이 다른 한 학생과 시험을 보고 있는데, 그 다른 학생이 부정행위를 하고 있는 것을 본다면, 아마도 당신은 그 방에 3,000명이 함께 시험을 보는 경우에 비해 3명이 함께 시험을 보고 있을 때 그 사건을 보고해야 할 책임감을 더 크게 느낄 것이다(그림 13.5 참조).

만약 집단이 수준 낮은 의사결정을 내리고 나쁜 행동을 조장하는 것이라면, 집단이 없는 것이 더 좋을 것인가? 아마도 그렇지는 않은 것 같다. 한 사람의 전반적인 안녕감에 대한 가장 좋은 예측 요인들 중의 하나가 바로 그들의 집단 소속의 질과 범위이다(Myers & Diener, 1995). 집단에서 배척된 사람은 통상 불안하고, 고독하며, 우울하고, 질병과 조기 사망의 위험성이 높다(Cacioppo & Patrick, 2008; Cohen, 1988; Leary, 1990).

▶ **그림 13.5 폭도의 규모와 잔인성의 정도** 집단은 끔찍한 일을 할 수 있다. 이 두 사람은 자동차를 훔쳤다는 이유로 마을 사람들로부터 린치를 받으려는 순간이었는데, 다행히 경찰에 의해 구조되었다. 집단이 더 커질수록 자아정체 망각과 책임감 분산이 일어날 조건이 더 많이 제공되기 때문에 희생자 대비 폭도의 수의 비율이 커질수록 그들의 잔인성은 더 끔찍해진다(Leader, Mullen, & Abrams, 2007).

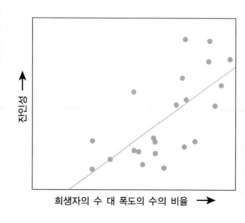

잔인성 →

희생자의 수 대 폭도의 수 비율 →

최신 과학

실험실 쥐의 운명

生명을 구하기 위해서라면 당신은 얼마만큼을 지불하겠는가? 그 답은 당신 자신만의 결정인가 아닌가에 따라 달라질지 모른다. 실험용 쥐를 키우는 유전자 실험실에서는 쥐가 남아도는 경우가 많다. 이 쥐가 자연사할 때까지 집을 마련해 주고 먹이는 것이 너무 비싸게 들기 때문에 남는 쥐는 보통 죽인다. 본대학교의 연구자들은 남아도는 한 마리의 쥐를 계속 살리기 위해 사람들이 얼마만큼을 지불할 것인가를 알아보기로 했다(Falk & Szech, 2013). 이 연구에서 그들은 연구 참가자들에게 10유로(약 15달러)를 실험 참가의 대가로 지불할 것이라고 하였다. 참가자들이 이 제안을 수용하면, 연구자들은 그들에게 죽이게 되어 있는 한 마리의 쥐의 사진을 보여 주며 만약 그들이 그 10유로를 반환하면 그 돈을 그 쥐가 자연사할 때까지 기르는 데 쓰겠다고 말해 주었다. 참가자의 과반수가 — 정확하게는 54% — 그 쥐의 생명을 구하기 위하여 그 돈을 반환하겠다고 하였다.

그러나 연구자가 그 쥐의 운명이 두 사람의 참가자의 손에 놓이게 했을 때, 그 결과는 극적으로 달라졌다. 이 연구의 두 번째 조건에서 참가자들은 쥐에게 일어날 일에 대해 협상을 하게 되어 있다. 구체적으로 본다면, 참가자들에게 그들이 20유로를 어떤 방식으로든 나누어 갖는 데 대해 합의에 도달한다면 그들은 각자 합의된 만큼의 돈을 받을 것이고, 그 쥐는 죽는다고 말해 주었다. 그들이 돈의 배분에 관해 합의에 도달하지 못한다면 그들은 모두

TETRA IMAGES /ALAMY

아무런 돈도 받지 못하게 되고, 쥐는 자연사할 때까지 살게 된다. 만약 참가자가 쥐를 살리기를 원한다면 그들이 해야 할 일은 오로지 그 돈의 배분에 대해 합의하는 것을 거부하는 것이다. 그러면 이 참가자들은 어떻게 했을까? 이번에는 절대 다수의 참가자가 — 정확하게는 72% — 상대자와 합의를 하였고, 쥐는 죽게 되었다. 왜 이런 일이 벌어졌을까? 사람들이 합동으로 의사결정을 내리게 되면, 각 사람들은 그 결정에 대한 책임감을 덜 느끼게 된다. 첫 번째 조건의 참가자들은 도덕적 딜레마에 직면하였다. 돈을 가질 것인가, 그렇게 하고 싶기는 한데, 아니 쥐의 생명을 구해야 하나, 내 생각에는 이것이 해야 마땅할 옳은 일인 것 같은데? 어떻게 결정하든 상관없이 그 결정은 그가 내린 것이다. 그러나 두 번째 조건의 참가자들은 함께 결정을 내렸고, 따라서 아마도 유혹에 넘어가기가 더 쉬워지는데, 그 이유는 그러한 잘못에 대한 비난을 나누어 가질 다른 사람이 있기 때문이다.

소속감은 심리적 및 신체적 안녕의 원천이기도 하지만 또한 정체감의 원천이기도 한데(Ellemers, 2012; Leary, 2010; Tajfel & Turner, 1986), 이것이 왜 사람들이 자신에 대해 서술할 때 통상 자신이 소속해 있는 집단들을 나열하는 이유이다("나는 캐나다 출신 건축가이다."). 집단이 우리로 하여금 잘못된 판단과 잘못된 행동을 하게 만들기도 하지만, 또한 우리의 행복감과 안녕감의 열쇠가 되기도 한다. 집단 속에서만 살 수 없고, 또한 집단 없이도 살 수가 없다.

이타적 행동

협동은 희소 자원의 문제를 해결해 준다. 그러나 이것이 우리가 다른 사람들과 협동을 하게 되는 유일한 이유인가? 우리는 정말이지, 글쎄, 착하지 않은 존재인가? **이타적 행동**(altruism)이란 자신에게 이득이 없음에도 불구하고 다른 사람을 이롭게 하는 행동인데, 과학자와 철학자들은 인간이 진짜로 이타적인가에 관해 수세기 동안 토론을 해 왔다. 이런 논쟁은 제기하는 것이 이상해 보일 수도 있다. 어쨌거나 사람들은 부상자에게 헌혈을 하고, 노숙자에게 음식을 나누어 주며, 노인을 부축해 준다. 우리는 자원 봉사를 하고, 십일조를 내며, 기부를 한다. 사람들은 상시로 좋은 일들을 한다! 이것이 이타성의 증거가 되지 않는가?

글쎄, 반드시 그렇지는 않다. 이타적으로 보이는 많은 행동들은 그런 행동을 하는 것에 대한 숨겨진 이득을 갖고 있다. 동물 행동의 영역에서 간단한 몇 가지 예들을 살펴보자. 새와 다

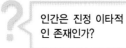

인간은 진정 이타적인 존재인가?

람쥐는 천적 동물을 보면 경고 신호를 보내는데, 이것은 자신을 잡아먹힐 위험에 처하게 만들지만, 다른 새와 다람쥐가 피신을 할 수 있게 만들어 준다. 개미와 벌은 자신들의 새끼를 돌보기

보다는 여왕의 새끼를 돌보는 데 일생을 보낸다. 이러한 행동은 이타적인 것으로 보이지만, 실

이타적 행동
자신에게 이득이 없음에도 불구하고 다른 사람을 이롭게 하는 행동

친족 선택
친족을 돕는 개체의 유전자가 살아남게 만드는 진화의 과정

상호적 이타 행동
자신이 베푼 은혜가 이후에 보답이 될 것이라는 기대하에서 남을 이롭게 하는 행동

제는 그렇지가 않은데, 그 이유는 도움을 주는 동물이 도움을 받는 동물의 **친족**이기 때문이다. 가장 잘 경고 신호를 보내줄 다람쥐는 그들이 함께 사는 다람쥐와 혈통상 가장 가까운 다람쥐이며(Maynard-Smith, 1965), 꿀벌은 착하게도 여왕벌의 새끼를 키우고 있는 것 같아 보이지만, 사실은 독특한 유전적 특성으로 인하여 꿀벌의 유전자는 자기의 새끼보다는 여왕벌의 새끼와 더 가깝다는 것이다. 자신의 친족의 생존을 증진시키고 있는 동물은 결국 그들 자신의 유전자의 생존을 증진시키고 있는 것이다(Hamilton, 1964). **친족 선택**(kin selection)이란 친족을 돕는 개체의 유전자가 살아남게 만드는 진화의 과정인데, 이것은 친족을 돕는 것이 사실은 이타적인 것이 아니라는 의미이다.

친족이 아닌 개체를 돕는 것조차도 반드시 이타적인 것은 아니다. 수컷 개코원숭이는 부상의 위험을 무릅쓰면서 친족이 아닌 다른 개코원숭이가 싸움에서 이기도록 도우며, 그 시간에 뭔가 다른 것을 할 수 있는데도 불구하고 친족이 아닌 다른 원숭이의 털을 골라 주는 데 시간을 보내는데, 은혜를 베푼 동물은 다시 그 은혜를 되돌려 받는 것으로 밝혀졌다. **상호적 이타 행동**(reciprocal altruism)은 자신이 베푼 은혜가 이후에 보답이 될 것이라는 기대하에서 남을 이롭게 하는 **행동**을 말하는데, 이타적이라는 단어가 들어 있기는 하지만 이것은 사실상 이타적인 것이 아니다(Trivers, 1971). 사실상 상호적 이타 행동은 기간이 연장된 형태의 협동인 것이다.

인간 이외의 동물의 행동에서는 진정한 의미의 이타 행동을 거의 발견할 수 없다(비교 : Bartal, Decety, & Mason, 2011). 그렇다면 사람의 경우는 어떠한가? 우리는 무언가 다른가? 다른 동물들과 마찬가지로 사람도 모르는 사람보다는 친족을 더 많이 돕고(Burnstein, Crandall, & Kitayama, 1994; Komter, 2010), 우리에게 도움을 받은 사람이 나중에 그 도움을 되갚기를 기대한다(Burger et al., 2009). 그러나 다른 동물들과는 달리 사람은 베풀어 준 은혜를 결코 되돌려 받을 가능성이 없는 그런 완전히 낯모르는 사람에게도 때때로 은혜를 베푼다(Batson, 2002; Warneken & Tomasello, 2009). 우리는 우리의 유전자를 전혀 공유하고 있지 않은 사람들을 위해 출입문을 붙잡아 주고, 보답을 결코 되돌려 받을 수 없는 식당 종업원에게 팁을 준다. 나아가 우리는 그 이상의 것도 한다. 2001년 9월 11일 아침, 세계무역센터가 불타고 있을 때 배에 타고 있던 사람들은 그 빌딩에서 더 멀어지려고 하기보다는 폭파된 현장으로 달려가서 미국 역사상 최대 규모의 수상 피난 작전을 선도하였다. 그 현장을 본 한 사람의 말을 빌면, "만약 당신이 쾌적한 배를 타고 강 위를 떠가고 있는 도중에 그 빌딩이 불타고 있는 것을 보게 되었을 때, 엄밀하게 합리적으로 말한다면 당신은 뉴저지로 계속 진행해야 했다. 그러나 사람들은 위험하기 짝이 없는 장소로 달려가서 낯모르는 사람들을 구조했다. 이것이 바로 사회적이라는 것이다."(Dreifus, 2003). 인간이란 존재는 진정하게 이타적이 될 수 있으며, 몇몇 연구들에 의

북미에 살고 있는 얼룩다람쥐는 자신이 위험에 처하는 것을 감수하면서 다른 다람쥐들에게 천적 동물이 온다는 것을 경고해 주는데, 경고 신호를 받는 다른 다람쥐들이 자신과 같은 유전자를 갖고 있는 것이기 때문에 이 경고 행동은 진정하게 이타적인 것이 아니다. 이에 비해, 크리스틴 카크 파르헤이루는 자신이 전혀 만나본 적이 없는 사람을 위하여 그녀의 신장을 익명으로 기증하였다. 그녀는 또 이렇게 말하였다. "남은 신장이 더 있다면 또 기증하겠어요."

하면 인간은 우리가 알고 있는 것보다 훨씬 더 이타적이라는 것이다(Miller & Ratner, 1998).

번식 : 영생의 추구

모든 동물은 생존하고 번식해야 한다. 사회적 행동은 생존에 유용한 것이지만, 번식에서도 절대적인 필수 조건인데, 번식은 사람들이 아주 그리고 아주 많이 사회적이 되기 전까지는 이루어지지 않는다. 번식에 이르는 길의 첫 번째 단계는 그 길을 함께 여행하기를 원하는 누군가를 발견하는 것이다. 우리는 어떻게 그것을 하는가?

선택성

소수의 아주 유명한 록 스타를 제외하고는, 사람은 아무하고나 데이트를 하지 않는다. 그보다 사람들은 가려서 성적 상대자를 선택하는데, 이 지구상에서 7분 이상을 살았던 사람이라면 누구나 알 터인데, 여성이 남성보다 이 선택을 하는 데 있어서 더 까다롭다(Feingold, 1992a; Fiore et al., 2010). 연구자들이 매력적인 사람에게 부탁하여 대학 캠퍼스에서 낯모르는 사람에게 다가가 "저와 데이트를 한 번 하실까요?"라는 요청을 하게 했을 때 남성의 약 절반과 여성의 약 절반이 그 데이트 신청에 동의한다는 사실을 발견하였다. 그런 반면,

> 이성을 선택할 때 왜 여성이 남성보다 더 까다로운가?

그 매력적인 사람이 낯모르는 사람에게 가서 "저와 오늘 같이 잘까요?"라는 요청을 했을 때 이성관계 제의에 대해 여성은 아무도 동의하지 않지만 남성은 3/4이 동의한다는 사실을 발견하였다(Clark & Hatfield, 1989). 이 상황에서 여성이 성관계 제의를 거절한데는 여러 가지 이유가 있겠지만(Conley, 2011), 연구에 의하면 대부분의 다른 선택 상황에서도 남성에 비해 여성이 더 까다로운 경향을 보인다는 것이다(Buss & Schmitt, 1993; Schmitt et al., 2012).

이에 대한 한 가지 이유는 생물학적인 것이다. 남성은 일생을 통하여 수십억 개의 정자를 생산하는데, 오늘 아이를 하나 가졌다고 해서 내일 또 다른 아이를 가지는 능력에서 제한을 받지 않으며, 임신이라는 것이 신체적으로도 큰 비용을 치르게 하는 것이 아니다. 이에 비해, 여성은 일생을 통틀어서 적은 수의 난자를 생산하는데, 임신을 하면 이후 최소 9개월여를 임신을 할 수 없게 되며, 임신을 하면 영양을 더 많이 섭취해야 하는 방향으로 신체적인 변화가 일어나고, 질병에 걸리고 사망할 위험성이 높아진다. 그러므로 남자가 건강한 자식을 낳지 못하거나 낳은 자식을 잘 기르지 못하는 여자와 결혼을 한 경우, 그는 10여 분의 시간과 한 찻숟가락의 체액 손실을 제외하고는 더 잃은 것이 없다. 그러나 여자가 이와 똑같은 실수를 했다면, 그녀는 귀중한 난자를 잃은 것이고, 임신이라는 손실을 보았으며, 출산을 하느라고 그녀의 생명을 걸었고, 최소한 9개월 동안 또 다른 번식을 할 수 있는 기회를 잃은 것이다. 확실히, 인간의 기본적인 생물학적 특성은 성관계가 남성보다 여성에게서 위험성이 더 크게 되어 있다.

그러나 인간의 기본적인 생물학적 특성이 여성으로 하여금 남성보다 배우자 선택에서 더 까다롭도록 되어 있지만, 문화와 경험이 또한 이를 더 강화시킬 수 있다(Peterson & Hyde, 2010; Zentner & Mitura, 2012). 예를 들면, 단순히 여성이 남성에 비해 구애를 더 많이 받기 때문에(Conley et al., 2011), 또는 문란한 성관계에 관한 소문에 따르는 손해가 더 크기 때문에(Eagly & Wood, 1999; Kasser & Sharma, 1999) 여성이 남성보다 배우자 선택에서 더 까다롭게 될 수 있다. 사실상 성관계가 남성들에게 비용이 많이 드는 것인 경우에

CREATAS IMAGES/?ICTUREQUEST

DR. PAUL ZAHL/PHOTO RESEARCHERS

만약 남성이 임신을 한다면, 그들의 행동은 어떻게 달라질 것인가? 해마는 수컷이 새끼를 품고 다니는데, 우연의 일치가 아니게, 짝 선택 시에 수컷이 암컷보다 더 까다롭다.

는(예를 들면, 단기적인 데이트 파트너보다 장기적인 동반자를 선택해야 할 때) 남성도 여성과
마찬가지로 배우자 선택 시에 까다롭게 된다(Kenrick et al., 1990). 사실상 구혼 의식을 조금만
바꾸어도 남성이 여성보다 배우자 선택에서 더 까다로워진다('현실세계' 참조). 요점은 인간의
생물학적 특성이 성관계가 남성보다는 여성에게서 위험성이 더 많이 생기도록 되어 있지만,
문화가 이러한 위험성을 더 증폭시키거나 평준화되도록 하거나 아니면 역전되도록 할 수 있다
는 것이다. 위험성이 더 커질수록 남성과 여성 모두 선택 시에 더 까다로워지게 된다.

매력

우리들 대부분은, 함께 성관계를 갖고 싶은 사람은 아주 적으며, 함께 아이를 갖고 싶은 사
람은 훨씬 더 적고, 이 둘 중 어느 것도 함께하고 싶지 않은 사람은 무수히 많다. 그렇다면 어
떤 새로운 사람을 만났을 때, 우리는 그 사람을 위에서 말한 범주들 중 어디에 집어넣을 것인
지를 어떻게 결정하는가? 데이트 상대, 연인, 일생의 동반자를 고를 때 많은 사항이 고려되겠
지만, 우리가 매력이라고 부르는 이 간단명료한 감정보다 더 중요한 것은 아마도 없을 것이다
(Berscheid & Reiss, 1998). 연구에 의하면 이 감정은 여러 가지 요인들에 의해 일어나게 되는데,
이 요인들은 상황적 요인, 신체적 요인, 심리적 요인의 세 가지로 대략 나눌 수 있다.

상황적 요인 대인관계가 어떻게 될 것인가를 가장 잘 예측해 주는 요인들 중의 하나는 그 관
계에 포함되는 사람들 간의 물리적 근접성이다(Nahemow & Lawton, 1975). 한 연구에서 약 일
년 전에 대학교 기숙사의 방을 무선적으로 배정받아 입주했던 학생들에게 가장 친한 친구 이
름을 세 명 말하라고 했더니, 약 반 수의 학생들이 인접해 있는 방의 학생들의 이름을 대었다
(Festinger, Schachter, & Back, 1950). 우리는 상대방의 성격, 외모 등에 근거해서 연인을 선택한
다고 생각하는 경향이 있는데, 실제로 그렇게도 하지만, 우리는 우리가 만난 사람들 가운데서
만 고르게 되는 것이므로, 물리적으로 가까이 있는 사람들이 자연히 파트너로서 만나는 사람
이 될 가능성이 높아진다. 잠재적인 상대자를 만나 고르는 것을 시작하기도 전에 이미 지리적
조건이 당신의 상대자가 될 이 세상 사람의 99.999%를 제외시켜 놓았다. 물리적 근접은 매력
을 느낄 기회도 제공하지만, 그것은 또한 그러할 동기도 제공한다. 사람은 앞으로의 상호작용
이 예상되는 사람에 대해 그를 좋아하기 위하여 열심히 노력한다(Darley & Berscheid, 1967). 룸
메이트나 사무실 동료를 배정받았을 때, 만약 당신이 그 동료가 싫기보다 좋다면 당신의 하루
하루의 생활이 훨씬 더 잘 풀릴 것임을 알고 있기 때문에 당신은 모든 노력을 기울여 그의 좋은
점은 찾아내고 나쁜 점은 무시해 버리려고 한다.

근접은 다른 것들도 역시 제공한다. 우리가 사람을 만나게 되면 그때마다 그 사람은 우리에
게 조금씩 더 친숙해지게 되는데, 사람은 일반적으로 낯선 자극보다는 친숙한 자극을 더 좋아
한다. 접촉하는 횟수가 많아질수록 호감도가 증가하는 경향을 **단순 접촉 효과**(mere exposure effect)
라고 한다(Bornstein, 1989; Zajonc, 1968). 예를 들면, 어떤 실험
에서 기하학 도형, 사람 얼굴, 알파벳 문자를 컴퓨터 화면에 아
주 짧게 비춰주는데, 참가자가 이것들을 보았다는 의식이 들지

? 왜 근접성이 호감에
영향을 미치는가?

못할 정도로 짧게 하였다. 이 참가자들에게 화면에 비춰지지 않았던 초면 자극과 이전에 화면
에 비춰졌던 구면 자극을 보여 주었다. 참가자들은 어떤 자극이 구면의 것이고 어떤 것이 초
면의 것인지를 확실하게 구분할 수 없었지만, 초면 자극보다 구면 자극을 더 좋아하는 경향을
보였다(Monahan, Murphy, & Zajonc, 2000). 단순 접촉이 호감도를 증가시킨다는 사실은 짧
은 심리학 실험 시간에 무선적으로 좌석 배치를 받은 대학생들 중에서 인접한 좌석에 앉았던

데이트 신청하기

연애 상대를 구하는 데 있어서 여성이 남성보다 더 까다로운 경향이 있는데, 대부분의 과학자들은 이것이 각 성별의 생식생물학적 특성에서의 차이와 관련이 크다고 생각한다. 그러나 심리학자들인 엘리 판켈과 폴 이스트윅(Eli Finkel & Paul Eastwick, 2009)은 이것이 또한 구애의식(儀式)의 본질과도 관련이 있는 것 같다고 생각한다. 연애의 상대자가 될 만한 사람에게 접근할 때 관심이 더 많은 쪽이 '먼저 데이트 신청'을 하는 경향이 있다. 물론 대부분의 문화에서는 남성이 먼저 데이트를 신청하는 것으로 되어 있다. 데이트를 먼저 신청하는 것이 남성에게는 여성이 자신에 대해 관심을 갖는 것보다 자신이 그 여성에게 더 관심을 갖고 있다는 생각을 하게 만들고, 또 여성에게는 자신이 관심이 덜하다고 생각하게 만드는 것은 아닐까? 다른 말로 한다면, 데이트를 누가 먼저 신청하도록 되어 있는가의 규칙이 여

성으로 하여금 더 까다로워지게 만드는 원인 중의 하나가 아닐까? 이를 알아보기 위해 연구자들은 그 지역의 번개팅(speed dating, 독신 남녀들이 애인을 찾을 수 있도록 여러 남녀를 한 자리에 모아서 돌아가며 잠깐씩 만나 보게 하는 행사-역자 주) 업체와 합동으로 두 종류의 번개팅을 마련했다(Finkel & Eastwick, 2009). 전통적 번개팅에서는 여성은 자기 자리에

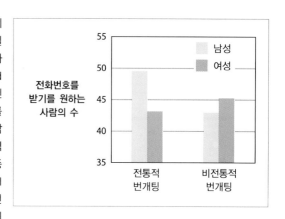

앉아 있고, 남성이 그 방을 돌아다니면서 모든 여성에게 다 들러서 몇 분간씩 이야기를 나누었다. 비전통적 번개팅에서는 남성이 자기 자리에 앉아 있고, 여성이 그 방을 돌아다니면서 모든 남성에게 다 들러서 몇 분간씩 이야기를 나누었다. 이 번개팅 끝났을 때 연구자는 그 남성들과 여성들에게 그들이 만났던 상대자들

중에서 어느 누구와 전화번호를 교환하고 싶은지를 개인적으로 물어보았다.

그 결과는 놀라운 것이었다(위 그림 참조). 남성이 그 방을 돌아다녔을 때(그들이 전통적으로 해 온 바와 같이), 여성이 더 까다로운 성별이었다. 즉, 남성이 받기를 원하는 전화번호의 수가 여성이 주기를 원하는 것보다 더 많았다. 그러나 여성이 돌아다녔을 때는, 남성이 더 까다로운 성별이었는데, 여성이 받기를 요청한 전화번호의 수가 남성이 기꺼이 건네주고자 했던 것보다 더 많았다. 확실히, 우리가 누군가에게 접근하게 되면 우리가 그 사람에게 더 열광하게 되고, 누군가가 우리에게 접근하게 되면 우리는 그 사람에 대해 더 조심스러워지게 된다. 여성이 더 까다로운 성별이 더 많이 되는 한 가지 이유는 단순히, 대부분의 문화에서, 남성이 먼저 데이트를 신청하도록 되어 있기 때문이다.

학생들이 이후에 서로 친구가 되기 쉬운 이유를 설명해 줄 수 있을 것이다(Back, Schmukle, & Egloff, 2008). '친숙해질수록 더 경멸하게 되는' 경우도 있겠지만(Norton, Frost, & Ariely, 2007), 대부분의 경우 친숙성은 호감을 증가시키는 것 같다(Reis et al., 2011).

매력을 사람들이 같은 시간, 같은 장소에 있도록 만든 지리학적 우발 사건의 소산이라고 할 수 있는데, 여기서도 더 좋은 장소, 더 좋은 시간이 있다는 것이 확실하다. 한 연구에서 연구자들은 남성 피험자가 흔들거리는 현수교를 건너는 것을 관찰하였다. 그 남성 피험자가 다리의 중간쯤에 있을 때 또는 그들이 다리를 다 건넜을 때 매력적으로 생긴 여성 실험자가 그에게 다가가서 설문지를 하나 작성해 달라고 부탁한다. 설문지를 다 작성하면, 그 피험자에게 자신의 전화번호를 주면서 그녀에게 전화를 주면 그녀가 하고 있는 연구에 대해 더 자세하게 설명해 주겠다고 이야기한다. 결과를 보면 흔들거리는 다리의 중간에서 여성 실험자를 만났던 피험자들이 훨씬 더 많이 전화를 하였다(Dutton & Aron, 1974). 왜 그럴까? 당신은 8장에서 사람이 자신의 생리적 흥분을 매력의 징표로 잘못 해석할 수 있다는 내용이 있었던 것을 기억할 것이다

"나는 짐승이야, 나는 동물이야, 나는 거울 속에 들어 있는 것과 똑같은 괴물이야." 좋든 싫든 간에 거울은 어셔(미국 가수)가 자신의 모습을 가장 많이 보게 되는 곳이다. 그 결과로 그는 아마도 얼굴의 좌우가 바뀐 사진(왼쪽)을 더 좋아할 것이고, 그의 팬들은 그의 원래 얼굴 사진(오른쪽)을 더 좋아할 것이다. 단순 접촉 효과에서 나오는 한 가지 결과는 사람들이 자신에게 가장 친숙한 사진을 더 좋아하게 된다는 것이다(Mita, Dermer, & Knight, 1977).

(Byrne et al., 1975; Schachter & Singer, 1962). 그 남성 피험자들은 아마도 흔들거리는 다리 위에서 설문지를 작성했을 때 생리적 흥분이 더 크게 일어났었고, 이들 중 일부가 그 흥분을 매력으로 잘못 생각했던 것이다.

신체적 요인　사람들이 서로 같은 장소, 같은 시간에 있게 되면 서로 상대방의 성격 특성에 대해 알기 시작하게 되는데, 대부분의 경우 그들이 가장 먼저 알게 되는 것은 상대방의 외모이다. 당신은 외모가 매력에 영향을 준다는 사실은 이미 알고 있겠지만, 이 외모의 영향은 당신이 생각하고 있는 것보다 훨씬 더 강할 수 있다. 한 연구에서 연구자들이 대학교 1학년 학생들을 위한 댄스파티를 마련하고, 학생들을 이성 파트너에게 무선적으로 배정하였다. 댄스파티가 진행되는 도중에 학생들에게 자신의 파트너가 얼마나 좋은지, 자신의 파트너가 얼마나 매력적이라고 생각하는지, 자신의 파트너를 얼마나 다시 만나고 싶은지 등을 비밀리에 조사하였다. 연구자들은 각종 태도로부터 성격 특성에 이르기까지 학생들의 여러 가지 특성들을 측정하였는데, 그 결과를 보면 학생들이 파트너에 대해 느끼는 매력에 영향을 주는 유일한 한 가지 요인은 바로 파트너의 외모였다(Walster et al., 1966). 현장 연구들에서도 같은 결과가 나왔다. 예를 들면, 한 연구에서 개인 광고가 응답을 받는 개수는 남자는 키, 여자는 몸무게가 가장 좋은 예측 요인인 것으로 나타났고(Lynn & Shurgot, 1984), 다른 연구에서도 온라인 데이트 상대를 선택하는 데 있어서 남성과 여성을 불문하고 신체적 매력이 유일한 예측 요인인 것으로 나타났다(Green, Buchanan, & Heuer, 1984). 피상적인 존재, 그대 이름은 인간이니라!

외모는 데이트 이외의 다른 많은 상황에서도 또한 힘을 발휘한다(Etcoff, 1999; Langlois et al., 2000). 아름다운 사람은 성관계도 더 많이 갖고, 친구도 더 많고, 재미있는 일도 더 많으며(Curran & Lippold, 1975), 심지어는 일생 동안 버는 돈도 10%가량 더 많다(Hamermesh & Biddle, 1994, 그림 13.6 참조). 우리는 아름다운 사람은 또한 우수한 자질들을 갖고 있다고 믿는데

신체적 외모가 왜 그렇게 중요한가?

(Dion, Berscheid, & Walster, 1972; Eagly et al., 1991), 실제로 그러한 경우도 많다. 예를 들면,

생리적인 흥분을 유발하게 만드는 상황에 같이 있게 되면, 그 사람들은 아마도 서로 좋아하는 사이가 될 것이다. 벤 보스틱과 로라 징크는 2009년 그들이 탄 US Airway 항공기가 허드슨 강에 불시착했을 때 서로 모르는 사이였다. 그들은 지금 결혼한 사이이다.

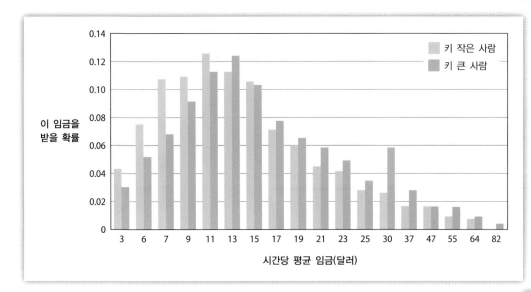

▲ 그림 13.6 **키가 중요하다** NFL의 쿼터백인 톰 브래디는 키가 190cm이고 그의 부인인 슈퍼모델 지젤 번천은 키가 175cm이다. 연구에 의하면 키 큰 사람이 연간 평균 789달러를 더 번다고 한다. 이 그래프는 미국의 백인 성인 남성의 시간당 평균 임금을 신장별로 분류하여 나타낸 것이다(Mankiw & Weinzierl, 2010).

아름다운 사람은 친구도 더 많고 사회적 상호작용을 할 기회도 더 많으므로 덜 아름다운 사람보다 더 좋은 사회적 기술을 갖게 되는 경향이 있다(Feingold, 1992b). 외모의 효과는 너무나 강력해서 어머니가 자기 자식을 대하는 방식에도 영향을 미친다. 아이가 예쁘지 않은 경우보다 예쁠 때 그 어머니가 아이에게 애정을 더 많이 쏟고 아이와도 더 잘 놀아 준다(Langlois et al., 1995). 사실상 아름답게 생겼다는 것의 단 한 가지 흠은 그 아름다움이 때때로 다른 사람들에게 위협을 느끼게 만든다는 것이다(Agthe, Spörrle, & Magner, 2010). 흥미로운 사실은 남성과 여성 모두 자신의 파트너가 될 사람의 외모에 의해 똑같이 영향을 받지만(Eastwick et al., 2011), 남성이 여성보다 이 사실을 더 잘 수긍한다는 것이다(Feingold, 1990).

그러므로 아름다움은 그 값을 한다. 그러나 정확하게 따져서 어떤 것이 아름답다는 것인가? 이 물음에 대한 답은 문화에 따라 달라진다. 예를 들면, 미국에서는 대부분의 여성이 날씬하기를 원하지만, 마우리타니아에서는 처녀들이 고지방 우유를 매일 많게는 5갤런까지 마시도록 강요받는데, 이렇게 해야 장차 남편감의 눈길을 끌기에 충분하게 살이 찔 것이기 때문이다. 어느 한 마우리타니아 여성이 말한 바와 같이, "남성들이 여성들을 살찌기를 원하기 때문에 여성들이 살찐다. 여성들이 남성들을 마르기를 원하기 때문에 남성들이 말랐다"(LaFraniere, 2007). 미국에서는 대부분의 남성들이 키가 크기를 원하지만, 가나에서는 대부분의 남성이 키가 작으며, 큰 키는 저주라고 생각한다. 키가 특별히 큰 한 가나 남성은 "키 큰 사람이 되는 것은 정말 당혹스러운 일이다"라고 말한다. 다른 남성은 "당신이 군중 속에 서 있으면, 키 작은 사람들이 당신에게 야유를 하기 시작한다"라고 말한다(French, 1997).

미의 기준이 문화에 따라 달라질 수 있겠지만, 그렇다고 전적으로 보는 사람의 눈에 따라 달라지는 것만은 아니다. 문화에 따라 미의 기준이 다르지만, 많은 경우 이 기준이 여러 문화에 걸쳐 공통적이다(Cunningham et al., 1995). 예를 들면 이상적이라고 생각하는 연인의 몸매, 얼굴, 나이에 대한 선호가 모든 문화에서 비슷한 것 같다.

- **몸매** 남자의 몸은 역삼각형에 가까울 때 가장 매력적인 것으로 보이며(즉, 어깨가 넓고 허리와 엉덩이는 좁은 것), 여자의 몸은 모래시계 모양(즉, 어깨와 엉덩이가 넓고 허리가 가는 것)에 가까울 때 가장 매력적인 것으로 보인다. 사실상 많은 문화에 공통적으로 가장 매력적인 여성의 몸은 허리가 엉덩이 크기의 70%인 '완벽한 모래시계'인 것으로 보인다(Singh, 1993). 남성들이 살찐 여성을 더 좋아할지 아니면 마른 여성을 더 좋아할지는 문화

미의 기준은 문화에 따라 다르다. 마우리타니아 여성은 살찌기를 열망하고(왼쪽), 가나 남성은 키가 작은 것을 감사하게 생각한다 (오른쪽).

에 따라 다르겠지만, 이 특정한 허리와 엉덩이 비율은 모든 문화에서 남성들이 선호하는 것으로 보인다.

- **대칭성** 모든 문화에서 사람들은 양쪽이 대칭인 얼굴과 몸, 즉 얼굴과 몸의 왼쪽 반이 오른쪽 반의 거울상인 것을 선호하는 것으로 보인다(Perilloux, Webster, & Gaulin, 2010; Perrett et al., 1999).

- **연령** 큰 눈, 높은 눈썹, 조그만 턱과 같은 생김새는 사람으로 하여금 어린 얼굴, 즉 '동안'으로 보이게 한다(Berry & McArthur, 1985). 일반적으로 여성은 얼굴이 어린 모습의 특징을 보일 때 더 매력적으로 보이고, 남성의 얼굴은 성숙한 특징을 보일 때 더 매력적으로 보인다(Cunningham, Barbee, & Pike, 1990; Zebrowitz & Montepare, 1992). 이제까지 모든 인간 문화권에서 연구된 결과를 보면 여성은 자기보다 더 나이 많은 사람을 더 좋아하고, 남성은 자기보다 더 나이 어린 여성을 더 좋아한다.

이런 결과들은 왜 이렇게 나오는 것일까? 매력적인 외모의 조건들에 대한 이 목록을 보면서 어떤 규칙성이나 이유를 찾을 수 있는가? 어떤 심리학자들은 그렇다고 대답한다. 이들에 의하면 자연은 인간을 (1) 우수한 유전 인자를 갖고 있고 (2) 훌륭한 부모가 될 것 같은 사람에게 매력을 느끼도록 설계해 놓았다는 것이다(Gallup & Frederick, 2010; Neuberg, Kenrick, & Schaller, 2010). 사람들로 하여금 매력을 느끼게 만드는 특징들은 이것들을 잘 나타내는 징표들인 것이다. 예를 들면,

- **몸매** 에스트로겐이 여자의 몸을 '모래시계형'으로 되게 만들듯이, 테스토스테론은 남자의 몸을 '역삼각형'이 되게 만든다. 테스토스테론 수치가 높은 남성은 사회적으로 지배적 위치의 사람이 되는 경향이 있고, 따라서 자기 자손에게 줄 수 있는

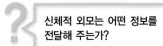

신체적 외모는 어떤 정보를 전달해 주는가?

자원을 더 많이 갖고 있으며, 에스트로겐 수치가 높은 여성은 생식능력이 좋은 경향이 있고, 이러한 자원을 활용할 자손을 더 많이 가질 가능성이 높다. 다른 말로 하면, 몸매가 남성의 지배성과 여성의 생식능력에 대한 하나의 지표인 것이다. 사실상 완벽한 모래시계의 몸매를 갖고 있는 여성은 허리와 엉덩이의 비율이 이와 다른 몸매의 여성에 비해 더 건강한 아이를 낳는 경향이 있다(Singh, 1993).

- **대칭성** 대칭성은 유전적으로 건강하다는 것의 한 가지 징표인데(Jones et al., 2001; Thornhill & Gangestad, 1993), 이는 왜 사람들이 대칭성을 그렇게 잘 탐지하는가를 설명해 줄 것이다. 사실상, 여성은 냄새로써 대칭형의 남성과 비대칭형의 남성을 구분할 수

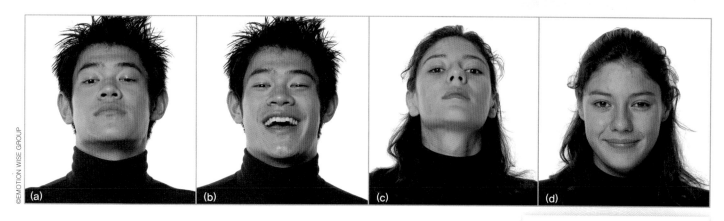

여성은 남자가 자부심을 나타내 보이는 얼굴을 하고 있을 때(a)를 가장 매력 있게 보고, 행복한 표정의 얼굴을 하고 있을 때(b)를 가장 매력 없게 본다. 남성은 여자가 자부심을 나타내 보이는 얼굴을 하고 있을 때(c)를 가장 매력 없게 보고, 행복한 표정의 얼굴을 하고 있을 때(b)를 가장 매력 있게 본다(Tracy & Beall, 2011).

있으며, 대칭형의 남성에 대한 선호는 배란기일 때 더 현저해진다(Thornhill & Gangestad, 1999).

● **연령** 일반적으로 젊은 여자가 나이 든 여자보다 생식능력이 더 좋은 반면, 젊은 남자에 비해 나이 든 남자가 자원을 더 많이 가지고 있다. 따라서 젊어 보이는 외모는 여성의 가임 능력의 지표가 되고, 성숙된 외모는 남성의 부양 능력의 지표가 된다.

우리가 매력이라고 부르는 감정이 우수한 유전인자와 훌륭한 부모가 될 소양을 갖고 있는 그런 사람 앞에 서 있다는 것을 자연이 우리에게 말해 주는 방식이라고 한다면, 사람들로 하여금 이성에게서 매력을 느끼게 하는 많은 특징이 서로 다른 문화권들에서 서로 비슷하다는 것은 전혀 이상한 일이 아니다. 물론 매력을 느낀다는 것이 일단은 중요한 일이지만, 행동하는 것은 또 다른 일인데, 연구에 의하면 모든 사람은 그 방에 있는 사람들 중에서 가장 아름다운 사람을 원하겠지만, 대부분의 사람은 매력 정도가 자신과 가장 비슷한 사람에게 접근하고, 데이트를 하고, 결혼을 하는 경향이 있다(Berscheid, et al., 1971; Lee et al., 2008).

심리적 요인 매력이라는 것이 이두박근이 크고 광대뼈가 높기만 하면 되는 것이라면, 우리는 왜 굳이 잡다한 이야기들을 할 필요 없이 그냥 사진을 보고 우리의 짝을 고르지 않는가? 그 이유는 인간에게 있어서 매력이란 신체적인 것 그 이상의 것이기 때문이다. 외모는 쉽게 그리고 재빨리 평가되며(Lenton & Francesconi, 2010), 또한 누가 우리의 주의를 끌고 맥박을 뛰게 만들 것인지를 결정하게 만드는 요인이다. 그러나 사람들이 일단 상호작용을 시작하게 되면 그들은 이내 외모 그 이외의 것들에 주목하게 된다(Cramer, Schaefer, & Reid, 1996; Regan, 1998). 성격, 관점, 태도, 신념, 가치, 야망, 능력 등과 같은 사람의 내적 자질들이 서로 간에 계속해서 관심을 가질 것인지 여부를 결정하는 데 중요한 역할을 하는데, 대부분의 사람들이 매력을 느끼는 내석 자실이 어떤 것인가는 알아맞히기가 어려운 것들이 아니다. 예를 들면, 지능, 유머 감각, 민감성, 야망 등은 모든 사람들이 손에 꼽는 매력 포인트 1순위의 자질들인 것으로 보이는 반면, '경험 많은 연쇄 살인범'에게서는 어느 누구도 매력을 느끼지 않을 것이다(Daniel et al., 1985).

우리는 배우자가 어느 정도의 재치와 지혜를 갖고 있기를 원하는가? 연구에 의하면 우리는 우리 자신과 비슷한 정도의 사람에게 가장 많이 이끌린다는 것이다(Byrne, Ervin, & Lamberth, 1970; Byrne & Nelson, 1965; Hatfield & Rapson, 1992; Neimeyer & Mitchell, 1988). 우리는 학력, 종교, 인종, 사회경제적 지위, 그리고 성격 등에서 우리와 비슷한 수준의 사람과 결혼한다(Botwin, Buss, & Shackelford, 1997; Buss, 1985; Caspi & Herbener, 1990). 우리는 심지어 대명사를 우리와 같은 방식으로 사용하는 사람을 좋아한다(Ireland et al., 2010). 사실상 심리학자들이

유사성은 매력의 아주 강력한 원천이다.

이제까지 연구해 온 모든 변인들 중에서 절대 다수의 사람들이 일관성 있게 서로 다른 것을 좋아하는 것으로서는 성별이라는 것이 유일한 것 같다.

유사성이란 것이 왜 그렇게 매력을 갖게 만드는가? 먼저, 비슷한 사람들끼리는 무엇을 먹을 것이며, 어디에서 살고, 아이들은 어떻게 키울 것이며, 돈은 어떻게 쓸 것인지 등의 여러 가지 문제들에서 서로 쉽게 합의가 되기 때문에 상호작용하기가 쉽다. 둘째, 다른 사람들이 우리와 태도와 신념이 서로 같으면, 우리는 우리가 갖고 있는 태도와 신념이 옳다는 자신감을 더 많이 갖게 된다(Byrne & Clore, 1970). 사실상, 연구에 따르면 사람들은 자신이 갖고 있는 태도나 신념이 도전을 받을 때, 자신과 유사한 사람들에게 더더욱 호감을 갖게 된다는 것이다(Greenberg et al., 1990; Hirschberger, Florian, & Mikulincer, 2002). 셋째, 만약 우리가 우리와 같은 태도와 신념을 갖고 있는 사람을 좋아한다면, 같은 이유로 그들이 우리를 좋아할 것이라고 기대하는 것은 합당한 생각이며, 호감을 산다는 것은 매력의 강력한 원천인 것이다(Aronson & Worchel, 1966; Backman & Secord, 1959; Condon & Crano, 1988). 우리는 우리를 좋아하는 사람을 좋아하는 경향이 있지만, 우리는 우리를 좋아하면서 다른 사람은 좋아하지 않는 사람을 특별히 더 좋아한다는 사실을 알아 놓는 것이 좋겠다(Eastwick et al., 2007).

유사성이 왜 그렇게 매력을 결정짓는 강력한 요인이 되는가?

유사성에 대한 선호는 태도와 신념에서뿐만 아니라 능력에서도 마찬가지이다. 예를 들면, 우리는 운동선수나 배우의 특출한 능력에 경탄하지만, 그게 우리의 친구나 연인의 경우가 되면 너무 탁월한 사람은 우리의 자존감을 위협할 수 있고, 우리 자신의 역량에 대해 열등감을 느끼게 만들 수 있다(Tesser, 1991). 이와 비슷하게, 우리는 보통 우리와 비슷하게 약간의 부족한 점도 함께 갖고 있는 유능한 사람에게 매력을 느낀다. 왜 그런가? 지겹게도 완벽한 사람은 완벽하게 지겨운 사람이기 때문인 것 같다. 한두 가지 흠을 갖고 있으면 그것이 그 사람을 더 인간답게 보이도록 만들고, 좀 더 가까이 다가갈 수 있을 것 같고, 그래서 우리와 더 비슷해 보이게 만든다(Aronson, Willerman, & Floyd, 1966).

관계

사람과 새는 공통점을 갖고 있다. 자식이 갓 태어났을 때 그 자식은 너무 유약해서 부모의 보살핌이 많이 필요하다. 그 결과 인간과 새는 모두 지속적인 부부관계를 유지한다. 그리고 둘 다 그것을 좋아한다.

배우자감을 선택하여 그의 호감을 샀다면 우리는 번식의 준비가 된 것이다. (주 : 그 전에 잠시 시간을 내어 저녁 식사를 한다면 완벽하다.) 그러나 인간의 번식은 통상 상호 투신하며 장기적인 관계가 맺어진 상태에서 이루어진다(Clark & Lemay, 2010). 소수의 동물들만이 이러한 유형의 관계를 갖는데, 그렇다면 왜 우리는 그런 부류에 속하게 되었을까?

왜 인간의 남녀 간의 사랑은 장기적인 관계를 상정하는가?

그 한 가지 답은 우리 인간이 미성숙된 상태에서 태어나기 때문이다. 인간은 그들의 커다란 뇌를 간수할 커다란 머리를 갖고 있기 때문에, 태아가 완전히 발달하게 되면 어머니의 산도를 통과할 수 없다. 이렇기 때문에 인간 유아는 그들이 완전히 발달되기 전에 태어난다. 이것은 부모 중 한 명의 보살핌 이상의 훨씬 더 많은 보살핌이 필요하다는 것을 의미한다. 만약 인간 유아가 올챙이와 같이 태어나자마자 헤엄치고, 먹이를 발견하고, 천적 동물을 피할 줄 안다면, 이 유아를 키우기 위해 그들의 부모가 관계를 형성하고 그 관계를 유지해야 할 필요가 없을 것이다. 그러나 인간 유아는 너무나 무력한 존재이기 때문에 그들이 스스로를 방호할 수 있을 때까지는 수년간의 집중적인 보살핌이 요구되며, 따라서 이것이 인간 성인으로 하여금 번식을 서로에게 투신하고 장기적인 관계를 맺은 가운데서 하게 만드는 한 가지 이유이다. (그런데 어떤 새의 새끼는 한 마리의 어미 새가 제공하는 먹이로는 그 양이 부족하기 때문에 이 새의 부모 새 역시 장기적인 관계를 형성하는 경향이 있다.)

사랑과 결혼 대부분의 문화에서는 투신적이고 장기적인 관계는 결혼으로 나타나는데, 우리의 문화도 예외가 아니다. 40세가 될 때까지 결혼할 확률은 미국 남성은 81%이고 미국 여성은 86%이다(Goodwin, McGill, & Chandra, 2009). 왜 결혼했느냐는 질문을 받았을 때 사람들은 큰 머리를 갖고 태어나는 아이 문제를 해결하기 위해 결혼했다고 말하지는 않으며, 사랑하기 때문에 결혼했다고 말한다. 사실상 미국인의 약 85%가 사랑하지 않는다면 결혼하지 않을 것이라고 말하고(Kephart, 1967; Simpson, Campbell, & Berscheid, 1986), 절대 다수의 사람들이 사랑을 얻기 위해서라면 인생의 다른 목표를 희생할 것이라고 말하며(Hammersla & Frease-McMahan, 1990), 대부분의 사람들이 사랑을 인생에서의 행복의 가장 중요한 두 가지 원천 중의 하나로 꼽는다(Freedman, 1978). 사람들이 사랑하기 때문에 결혼한다는 것은 너무나 명백한 사실인 것으로 보이기 때문에 이러한 일이 시작된 것이 겨우 백여 년 밖에 되지 않는다는 사실을 알게 되면 당신은 아마도 깜짝 놀랄 것이다(Brehm, 1992; Fisher, 1993; Hunt, 1959). 고대 그리스와 로마 사람들도 결혼을 했지만, 이들은 사랑을 미친 행동의 한 종류로 생각했다(Heine, 2010). 12세기의 유럽인도 결혼을 했지만, 사랑이란 것은 궁정에서 기사들과 숙녀들이 하는 한 가지 게임으로 생각했다(숙녀의 결혼이 이루어진다고 해도 기사와 결혼하는 것은 아니었다). 역사를 통틀어서 보면, 결혼은 전통적으로 씨족들 간의 협정을 공고히 하기 위한 것으로부터 부채를 갚기 위한 것에 이르기까지 다양한 형태의 경제적(결단코 애정에 관한 것이 아닌) 기능들을 수행해 왔고, 많은 문화권을 살펴보면 결혼이 여전히 그러한 기능들을 수행하고 있다. 사실상 서구인들이 사랑이 결혼을 하는 이유가 될 수 있다고 생각하기 시작한 것은 17세기에 이르러서부터이다.

　그런데 사랑이란 것이 정확하게 무엇인가? 심리학자들은 사랑을 두 유형으로 구분한다. 황홀감, 친밀감, 강렬한 성적 매력 등의 느낌인 **열정적 사랑**(passionate love)과 애정, 신뢰감, 상대방의 안녕감에 대한 관심 등의 느낌인 **동반자적 사랑**(companionate love)(Acevedo & Aron, 2009; Hatfield, 1988; Rubin, 1973; Sternberg, 1986). 가장 이상적인 애정 관계는 이 두 가지 유형의 사랑이 함께 구비될 때 나오게 되는데, 이 두 유형의 사랑은 발전 속도, 경로, 지속 기간이 서로 매우 다르다(그림 13.7). 열정적 사랑은 사람들을 서로 결합하게 만드는 것이다. 이것은 급속하게 시작되어, 정점에 빨리 도달하고, 불과 수개월 이내에 식기 시작한다(Aron et al., 2005). 동반자적 사랑은 사람들의 결합을 유지하도록 만드는 것이다. 이것은 시작되는 데 시간이 좀 걸리고, 느린 속도로 성장하며, 그 성장은 끝이 날 필요가 없는 것이다(Gonzaga et al., 2001).

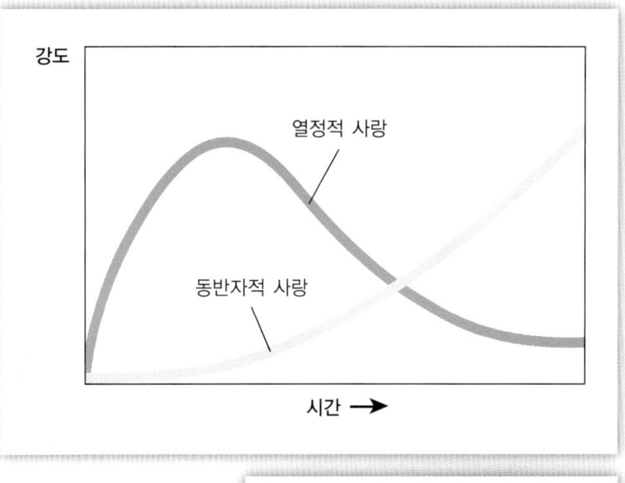

이혼 : 비용이 이익을 초과할 때

최근 미국 정부가 조사한 통계에 의하면 결혼한 사람들의 두 쌍 중 하나가 이혼하는 것으로 나타난다. 이것은 왜 그런가? 사랑, 행복감, 만족감이 우리를 결혼에 이르게 만들지만, 이러한 감정의 결여가 곧 이혼으로 이끄는 것 같지는 않다. 결혼 만족도는 결혼의 안정성과 아주 약한 수준의 상관관계를 갖는데(Karney & Bradbury, 2003), 이는 두 당사자의 만족감 이외의 다른 요인 때문에 그 관계가 깨어지거나 온전하게 유지될 것이라는 점을 시사한다(Drigotas & Rusbulr, 1992; Rusbult & Van Lange, 2003). 인간관계는 이익(사랑, 성, 재정적 보증)과 비용(책임감, 갈등, 자유의 상실)을 모두 수반한다. **사**

열정적 사랑
황홀감, 친밀감, 강렬한 성적 매력 등의 느낌을 갖는 경험

동반자적 사랑
애정, 신뢰감, 상대방의 안녕감에 대한 관심 등의 느낌을 갖는 경험

▲ **그림 13.7 열정적 사랑과 동반자적 사랑** 열정적 사랑과 동반자적 사랑은 성장 곡선과 궤도가 서로 다르다. 열정적 사랑은 시작한 지 불과 수개월 이내에 식어가기 시작하지만, 동반자적 사랑은 느린 속도로 성장하지만 오랜 기간에 걸쳐서 지속된다.

? 사람들은 자신이 맺고 있는 관계에서의 비용과 이익을 어떻게 계산하는가?

사회 교환
사람은 비용 대 이익의 비율이 유리하다고 생각되는 한에서만 그 관계를 유지한다는 가설

비교 수준
사람들이 수용할 만하다고 생각하거나 아니면 다른 관계에서 얻을 수 있다고 생각하는 비용-이익의 비율

형평성
쌍방의 비용-이익의 비율이 거의 동일한 상태

회 교환(social exchange)은 사람은 비용 대 이익의 비율이 유리하다고 생각되는 한에서만 그 관계를 유지한다는 가설이다(Homans, 1961; Thibaut & Kelley, 1959). 합당한 정도의 비용하에 수용될 만한 수준의 이익을 제공하는 관계는 아마도 계속 유지될 것이며, 그렇지 않은 것은 유지되지 않을 것이다. 연구에 의하면 이 가설은 일반적으로 맞는데, 다음 세 가지의 중요한 단서 조건이 있다.

- 비용-이익 비율의 수용 정도는 대안들에 따라 달라진다. 한 사람의 **비교 수준**(comparison level)은 사람들이 수용할 만하다고 생각하거나 아니면 다른 관계에서 얻을 수 있다고 생각하는 비용-이익의 비율을 말한다(Rusbult et al., 1991; Thibaut & Kelley, 1959). 무인도에 좌초한 두 사람에게 수용 가능한 비용-이익 비율은 이 두 사람이 각자가 다른 수많은 파트너를 구할 수 있는 대도시에 살고 있는 경우에 수용 가능한 비율과는 다를 것이다. 비용-이익 비율은 그 관계가 우리가 가질 수 있는 또는 가져야만 하는 것 중 최상의 것이라고 생각될 때 수용될 것이다.

- 사람은 자신의 비용-이익 비율이 유리한 것이기를 원하겠지만, 그들은 또한 그 비율이 상대방의 것과 서로 대략 비슷하기를 원한다. 연구에 의하면 사람들은 **형평성**(equity)을 추구하는데, 형평성이란 **쌍방의 비용-이익 비율이 거의 동일한 상태**를 말한다(Bolton & Ockenfels, 2000; Messick & Cook, 1983; Walster, Walster, & Berscheid, 1978). 예를 들면 부부는 자신의 비용-이익 비율이 불리할 때보다 두 사람의 비용-이익 비율이 서로 다를 때 더 힘들어하는데, 이것은 자신의 비용-이익 비율이 배우자의 것보다 훨씬 더 유리한 경우에도 마찬가지이다(Schafer & Keith, 1980). 사실상, 너무 많이 베푼 사람은 때때로 너무 적게 베푼 사람만큼이나 반감을 산다(Parks & Stone, 2010)

- 인간관계는 사람들이 시간, 돈, 애정과 같은 자원을 부어 넣는 투자와 같은 것으로 생각될 수 있는데, 연구에 의하면 사람들이 어떤 인간관계에 자원을 쏟아 넣었다면 그 인간관계가 자신에게 별로 유리하지 않은 비용-이익의 비율인 경우에도 기꺼이 정착하려고 한다는 것이다(Kelley, 1983; Rusubult, 1983). 이것이 신혼의 사람들이 결혼 기간이 오래된 사람들보다 파혼할 가능성이 더 높은 이유 중의 하나이다(Bramlett & Mosher, 2002; Cherlin, 1992).

"다음 음악이 나갑니다. 사랑에 빠져서, 약혼을 하고, 결혼을 한 다음, 관계가 비극적으로 악화되어, 쓰디쓴 이혼의 고통과 번민을 겪은 후에, 쓸데없이 새 파트너를 찾아서 헤매다가, 마침내 책임감 없는 얼간이들, 정착 못하는 떠돌이들, 불안에 시달리는 낙오자들로 득실글한 이 세상에서 결국 모든 것을 포기하고 혼자 살기로 결심을 한 모든 사람들을 위한 곡입니다."

요약

▶ 생존과 번식은 희소 자원을 요구하는데, 공격 행동과 협동은 이것을 획득하는 두 가지 방법이다.

▶ 공격은 주로 부정적인 감정에서 나오는데, 부정적인 감정은 모욕에서부터 더운 날씨에 이르기까지 거의 모든 일로부터 유발될 수 있다. 부정적인 감정을 느낄 때 사람이 공격 행동을 하게 될 가능성은 (테스토스테론 수준 같은) 생물학적 요인과 (지역과 같은) 문화적 요인의 두 가지 모두에 의해 결정된다.

▶ 협동은 이득을 가져다 주지만 위험성이 수반되는데, 이 위험성을 감소시키는 한 가지 방법은 상호 호의적으로 대하도록 약정된 사람들로 집단을 형성하는 것이다. 불행하게도 집단은 때때로 잘못된 결정과 행동을 저지른다.

▶ 이타적으로 보이는 행동이 많은 경우 그런 행동을 하는 사람에게 숨겨진 이득을 주는 것이기는 하지만, 인간이 이타적인 행동을 할 수 있다는 것은 의심할 여지가 없다.

▶ 생물학적 조건과 문화가 남성보다 여성에게서 번식의 비용이 더 크도록 만들어 놓았는데, 이것이 이성 상대를 선택할 때 여성이 남성보다 더 까다롭게 되는 한 가지 이유이다.

▶ 매력은 (물리적 근접성과 같은) 상황적 요인, (대칭성과 같은) 신체적 요인, 그리고 (유사성과 같은) 심리적 요인에 의해 결정된다.

▶ 인간의 번식은 통상 장기적 관계가 맺어졌을 때 이루어진다. 사람들은 자신의 인간관계의 비용과 이익을 저울질하여 더 좋은 관계를 맺을 수 있거나 그렇게 해야만 할 때, 자신과 상대방의 비용-이익의 비율이 너무 다를 때, 또는 그들의 관계에 투자한 것이 아주 적을 때 그 관계를 끝내는 경향이 있다.

사회 영향 : 사람들에 대한 통제

우리들 중에서 토요일 아침 TV에 나오는 만화 영화를 보면서 자란 사람들은 어떤 종류의 초특급 슈퍼 파워를 가지면 좋을까라는 생각을 조금씩은 해 보았을 것이다. 초강력한 힘과 초스피드를 갖고 있으면 확실히 이점이 많을 것이며, 투명 인간이 되거나 투시력을 가지면 유리한 점도 많을 것 같고 또 재미있을 것이며, 날 수 있다면 장점이 많을 것이다. 그러나 모든 것을 고려해 볼 때 그 중에서 다른 사람을 통제하는 능력이 아마도 가장 유용한 일일 것이다. 말하자면 다른 누군가가 대신 해 줄 사람이 있다면, 굳이 내가 트랙터를 손수 들어 올리고 악당을 잡을 필요가 있겠는가? 우리는 맛있는 음식, 재미있는 직장, 큰 집, 멋있는 자동차 등과 같은 우리가 인생에서 원하는 이런 것들을 다른 사람들로부터 얻을 수 있으며 또한 사랑하는 가족, 충직한 친구, 잘 따르는 자녀들, 훌륭한 상사 등과 같은 우리가 가장 원하는 것들은 그 사람들 이외에는 다른 어떤 방법으로도 얻을 수 없는 것들이다.

사회 영향(social influence)은 다른 사람의 행동을 통제하는 능력이다(Cialdini & Goldstein, 2004). 그런데 사회 영향은 어떻게 작용하는가? 만약 당신이 사람들로 하여금 당신에게 시간, 돈, 충성, 애정을 바치기를 원한다면, 당신은 먼저 그들이 원하는 것이 무엇인가를 알아보는 것이 현명

WANG LEI/XINHUA/LANDOV

탈레반의 살해 위협에도 불구하고 여성의 권리 신장을 위해 행동하고 있는 15세의 파키스탄 소녀 말랄라 유사프자이는 **타임지**가 선정한 세계에서 가장 영향력 있는 인물 100인에 그 이름을 올렸다.

할 것이다. 사람들은 그들로 하여금 사회 영향에 취약하게 만드는 세 가지 기본적인 욕구를 갖고 있다(Bargh, Gollwitzer, & Oettingen, 2010; Fiske, 2010). 첫째, 사람은 쾌락을 느끼는 것은 추구하고 고통을 느끼는 것은 회피하도록 동기화되어 있다[쾌락 추구 동기(hedonic motive)]. 둘째, 사람들은 다른 사람에게 수용받는 것은 추구하고 배척받는 것은 회피하도록 동기화되어 있다[인정 추구 동기(approval motive)]. 셋째, 사람들은 맞는 것은 믿고 틀린 것은 믿지 않도록 동기화되어 있다[정확성 추구 동기(accuracy motive)]. 앞으로 보게 되겠지만, 대부분의 사회 영향은 이 동기들 중의 어느 하나 또는 그 이상의 것에 호소하는 것이다.

쾌락 추구 동기 : 쾌락이 고통보다 더 좋다

만약 쾌락보다 고통을 더 좋아하는 동물이 있다면, 그 동물은 아마도 숨는 데는 천재일 것이 분명한데, 그 이유는 여태까지 그런 동물을 본 사람이 아무도 없기 때문이다. 쾌락 추구 동기는 모든 동기들 중에서 가장 기본적인 동기인데, 사회 영향이란 많은 경우 다른 사람들이 다른

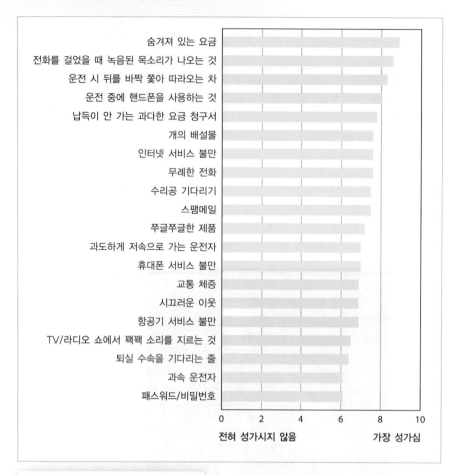

숨겨져 있는 요금		
전화를 걸었을 때 녹음된 목소리가 나오는 것		
운전 시 뒤를 바짝 쫓아 따라오는 차		
운전 중에 핸드폰을 사용하는 것		
납득이 안 가는 과다한 요금 청구서		
개의 배설물		
인터넷 서비스 불만		
무례한 전화		
수리공 기다리기		
스팸메일		
쭈글쭈글한 제품		
과도하게 저속으로 가는 운전자		
휴대폰 서비스 불만		
교통 체증		
시끄러운 이웃		
항공기 서비스 불만		
TV/라디오 쇼에서 꽥꽥 소리를 지르는 것		
퇴실 수속을 기다리는 줄		
과속 운전자		
패스워드/비밀번호		

0   2   4   6   8   10

전혀 성가시지 않음   가장 성가심

우리가 받게 되는 보상의 대부분은 그 원천이 타인이 되는데, 처벌의 경우도 그런 것 같다. 2010년의 한 조사에서 미국인들에게 그들을 가장 성가시게 만드는 것이 무엇인지를 물었는데, 상위 20개 중에서 19개가 타인에 의해 비롯되는 것이었다. 나머지 한 가지는 타인이 기르고 있는 개에 의해 비롯되는 것이었다.

것보다는 우리가 원하는 것을 하는 것이 그들로 하여금 더 많은 쾌락을 얻을 수 있도록 하는 상황을 만드는 것이다. 부모님, 선생님, 정부, 기업은 보상을 제시하거나 처벌로 위협함으로써 우리의 행동에 영향을 주려고 한다(그림 13.8 참조). 이러한 영향 과정은 불가사의한 것이 아니며, 많은 경우 이 영향 과정은 매우 효과적이다. 싱가포르 공화국이 시민들에게 공공장소에서 껌을 씹다가 잡히면 1년의 징역형과 5,500달러의 벌금형을 받을 것이라고 경고했을 때, 전 세계의 다른 나라 사람들은 이에 충격을 받았다. 그러나 이러한 충격이 가라앉을 무렵, 싱가포르에서는 껌을 씹는 것이 사상 최저의 기록으로 뚝 떨어졌다는 사실을 여실히 보게 되었다.

6장에서 나왔던 내용을 상기해 보면, 심지어는 해삼조차도 보상이 뒤따르는 행동은 반복하고, 처벌이 뒤따르는 행동은 피한다. 이것은 사람의 경우에서도 일반적으로 맞는 것이지만, 보상과 벌이 때로는 역효과를 불러일으키는 경우가 있다. 예를 들면, 한 연구에서 아이들에게 컬러 펜을 주고 갖고 놀게 했는데, 그 아이들 중의 일부에게는 '우수상'을 주었다. 그다음날 그 아이들에게 또 컬러 펜을 주었을 때, 전날 상을 받지 않았던 아이들보다 상을 받았던 아이들이 그 펜을 덜 갖고 놀았다(Lepper, Greene, & Nisbett, 1973). 왜 그랬을까? 그 이유는 첫째 날에 상을 받았던 아이들은 그 펜을 갖고 그림을 그리는 것을 무언가 상을 받기 위해 하는 것으로 생각하게 되었는데, 그들에게 상을 주려고 하는 사람이 아무도 없는데 그들이 도대체 왜 그것을 하겠는가(Deci, Koestner, & Ryan, 1999)? 이와 비슷하게 보상과 벌은 단지 사람은 남에게 조종당하는 것을 싫어하기 때문에 또한 역효과를 불러일으킬 수 있다. 연구자들은 대학 구내의 두 군데 화장실에 경고판을 설치했다. "이 벽

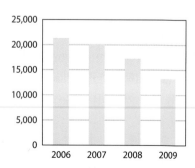

25,000			
20,000			
15,000			
10,000			
5,000			
0			

2006   2007   2008   2009

매사추세츠 주에서 18세 이하 운전자가 낸 각종 자동차 사고 건수

▶ 그림 13.8 **과속의 비용** 매사추세츠 주의 과속에 대한 과태료는 보통 중간 정도 수준이었다. 2006년 주 의회는 이 법을 개정하여 18세 이하의 운전자가 과속으로 걸렸을 때는 90일의 면허 정지 처분을 받는데, 다시 운전을 하려면 500달러를 내야하고, 8시간의 교육을 받아야 하며, 운전면허시험을 다시 치러야 한다. 어떤 일이 벌어졌을까? 18세 이하 운전자의 사고 사망률이 단 3년 만에 38% 떨어졌다. 다른 말로 한다면, 쾌락 추구 동기에 호소함으로써 8,000명 이상의 젊은 생명을 구한 것이다.

HTTP://WWW.BOSTON.COM/NEWS/LOCAL/MASSACHUSETTS/ARTICLES/2010/04/18/STEEP_DROP_IN_TEEN_DRIVER_FATALITIES/

© JOURNAL-COURIER/CLAYTON STALTER/THE IMAGE WORKS

보상과 처벌은 얼마나 효과가 있는가?

문화와 사회

무료 주차

사람은 조작당하기를 좋아하지 않는데, 어떤 사람이 그가 원하는 바를 얻기 위해 사람들의 자유를 위협한다면, 그 사람들은 화가 날 것이다. 이것은 서구 사람들에게서만 나오는 독특한 반응인가? 이를 알아보기 위해 심리학자인 에바 조나스(Eva Jonas)와 그녀의 동료들은 두 가지 부탁 중의 한 가지를 대학생들에게 하고 그 학생들이 이 부탁으로 인해 얼마나 마음의 불편함을 느끼는지를 측정하였다(Jonas et al., 2009). 한 조건에서는 학생들에게 일주일 동안 캠퍼스에 주차하는 권리를 양보해 줄 수 있을 것인지를 물었다("이 건물에서 있는 연구 프로젝트에 참여할 수 있도록 당신의 주차권을 제가 좀 사용할 수 있을까요?"). 다른 조건에서는 모든 학생들이 일주일 동안 캠퍼스에 주차하는 권리를 양보해 줄 수 있을 것인지를 물었다("테니스 대회가 있어서 그런데, 학교의 모든 주차장을 좀 닫아도 될까요?"). 학생들은 이러한 요청에 대해 어떤 반응을 보였을까?

그 반응은 그들의 문화에 따라 달랐다. 그림에서 볼 수 있듯이, 유럽계 미국인 학생들은 모든 사람의 자유를 제한하는 요구에서보다는 자신의 자유를 제한하는 요구에서 더 불편함을 보였다(만약 모두가 다 주차를 할 수 없다면 불편하겠지요. 그렇지만 나만 빼고 다른 사람은 주차할 수 있다면 그것은 불공정하지요!). 그러나 라틴 계열의 학생들과 아시아계 미국인 학생들은 완전히 그 반대의 반응을 보였다("요청자의 요구는 한 학생의 요구보다는 더 중요하지만, 그것은 모든 학생의 요구보다는 더 중요하지 않다.") 사람은 정말로 자유를 소중하게 여기지만, 그들 자신의 자유에 대해서는 반드시 그렇게 생각하는 것은 아닌 것 같다.

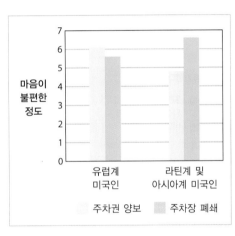

마음이 불편한 정도

유럽계 미국인 / 라틴계 및 아시아계 미국인

■ 주차권 양보 □ 주차장 폐쇄

에 제발 낙시를 하지 말아 주시기 바랍니다." 그리고 "어떤 경우에도 이 벽에 낙시를 하는 것은 금지입니다." 2주 후에 가 보았더니 두 번째 화장실 벽에 더 많은 낙서가 있었는데, 이것은 아마도 두 번째 경고판의 위협적인 어투가 학생들의 반감을 샀고, 학생들은 자신들이 낙서를 할 수 있다는 것을 보여 주기 위해 낙서를 한 것으로 풀이된다(Pennebaker & Sanders, 1976).

인정 추구 동기 : 수용되는 것이 배척되는 것보다 더 좋다

타인은 우리에게서 기아, 약탈, 고독, 그리고 실패했을 때 맞게 되는 온갖 불행들을 막아 주는 존재이다. 우리는 안전, 생계, 단결 능을 타인에게 의존하며, 따라서 우리는 다른 사람들로 하여금 우리를 좋아하고, 수용하고, 인정하도록 만들려고 하는 것에 강력하게 동기화되어 있다(Baumeister & Leary, 1995; Leary, 2010). 쾌락 추구 동기와 마찬가지로 이것 또한 우리로 하여금 시회 영향 앞에서 약해지게 만든다.

규범적 영향

엘리베이터에 관해 당신이 알고 있는 것들에 대해 한번 생각해 보시라. 엘리베이터를 탔을 때 당신은 앞쪽을 바라보고 서 있어야 하고, 엘리베이터 안에 단 두 사람만이 있는 경우에는 서로 말을 해도 되지만, 이때도 얼굴을 서로 마주보거나 뒤쪽을 보면 안 되며, 다른 사람들이 있는 경우에는 두 사람이 엘리베이터를 타기 직전까지 서로 이야기를 나누었다고 하더라도 엘

규범
한 문화권의 구성원들에게 널리 공유되는 관습상의 행위 기준

상호성 규범
사람은 자신에게 혜택을 준 사람에게는 그것을 되갚아야 한다는 불문율

규범적 영향
다른 사람의 행동이 무엇이 적합한 행동인가에 관한 정보를 제공해 줄 때 일어나는 현상

문전박대 기법
최초의 요구를 거절하게 만드는 것을 활용하는 영향 기법

동조
단순히 다른 사람들이 그것을 하고 있기 때문에 그들이 하는 것을 따라 하는 경향

리베이터 안에서는 옆 사람과 이야기를 해서는 안 되는 것으로 되어 있다. 어느 누구도 당신에게 이러한 규칙을 가르쳐 주지 않았지만, 당신은 아마도 어디선가 이런 규칙들을 우연히 알게 되었을 것이다. 사회 행동을 규제하는 이런 불문율을 우리는 **규범**(norm)이라고 하는데, 이것은 한 문화권의 구성원들에게 널리 공유되는 관습상의 행위 기준이다(Cialdini, 2013; Miller & Prentice, 1996). 우리는 규범을 너무나 쉽게 배우고 또 너무나 충실하게 그 규범을 지키는데, 이는 우리가 만약 그렇게 하지 않으면 다른 사람들이 우리를 인정하지 않을 것임을 알고 있기 때문이다. 예를 들어 인류의 모든 문화는 **상호성 규범**(norm of reciprocity)을 갖고 있는데, 이것은 사람은 자신에게 혜택을 준 사람에게는 그것을 되갚아야 한다는 불문율이다(Gouldner, 1960). 친구가 당신에게 점심을 사면, 당신도 그 호의에 보답을 하는데, 만약 당신이 그렇게 하지 않는다면 그 친구는 화가 날 것이다. 사실상 상호성 규범은 너무나 강력해서, 연구자가 전화번호부에서 아무 이름이나 무선적으로 뽑아서 그들 모두에게 크리스마스 카드를 보냈더니 거의 모든 사람이 크리스마스 카드 답장을 보내 왔다(Kunz & Woolcott, 1976)는 것이다.

우리는 어떻게 다른 사람들의 행동에 의해 영향을 받는가?

비만이 될 위험성은 평균적으로 다음과 같이 증가한다.

57% 당신이 친구라고 생각하는 사람이 비만이 될 때

171% 당신의 아주 친한 친구가 비만이 될 때

100% 당신이 친구라고 생각하는 사람이 비만이 될 때

38% 당신이 여성이고 당신의 여성 친구가 비만이 될 때

37% 당신의 배우자가 비만이 될 때

40% 당신의 형제자매 중의 한 사람이 비만이 될 때

67% 당신이 여성이고 당신의 자매가 비만이 될 때

44% 당신이 남성이고 당신의 남자 형제가 비만이 될 때

©FRANCIS DEAN/DEAN PICTURES/THE IMAGE WORKS

▲ 그림 13.9 **연결 관계의 위험성** 다른 사람들의 행동은 무엇이 '정상적인가'를 정의해 주는데, 이것이 바로 비만이 사회적 연계망을 통해 '확산'되는 이유 중의 하나이다(Christakis & Fowler, 2007).

출처 : Analysis of 12,067 participants in the FraminghamHeart Study from 1971 to 2003 James Abundis/Globe Staff

규범은 사회 영향이라는 게임에서 하나의 강력한 무기가 된다. **규범적 영향**(normative influence)은 다른 사람의 행동이 무엇이 적합한 행동인가에 관한 정보를 제공해 줄 때 일어난다(그림 13.9 참조). 예를 들면, 웨이터와 웨이트리스는 상호성 규범에 대해서 잘 알고 있는데, 이것이 바로 그들이 고객에게 계산서를 줄 때 종종 사탕을 하나 곁들여 주는 이유이다. 연구에 의하면, 캔디를 받은 고객은 자신을 위해 '뭔가를 좀 더' 해 준 웨이터에게 자신도 '뭔가를 좀 더' 해 주어야 한다는 의무감을 느낀다는 것이다(Strohmetz et al., 2002). 사실상 사람들은 많은 경우 주는 선물을 사양하는데, 그 정확한 이유는 그 선물을 주는 사람에 대해 빚진 느낌을 갖게 되는 것을 원하지 않기 때문이다(Shen, Wan, & Wyer, 2011).

상호성 규범에는 언제나 교환이라는 것이 내포되어 있는데, 교환하는 것이 항상 호의일 필요는 없다. **문전박대 기법**(door-in-the-face technique)은 최초의 요구를 거절하게 만드는 것을 활용하는 영향 기법이다. 이것이 바로 그 기법이 작동하는 방식이다. 당신은 당신이 실제로 원하는 것보다 더 큰 것을 상대방에게 요구한 후, 그가 그 요구를 거절하기를 기다렸다가('당신의 면전에다 문을 쾅하고 닫는 것'), 그다음에 당신이 원래 요구하려고 했던 것을 요구한다. 예를 들면, 연구자들이 대학생들을 대상으로 하여 현장 학습을 떠나는 청소년들을 감독할 자원자를 모집하였는데, 대상 학생들의 17%만이 이 요구에 응하였다. 그러나 연구자들이 먼저 대학생들에게 비행청소년 단기 수용소에서 매주 두 시간을 2년 동안 봉사할 자원자를 모집한 다음(물론 이 요구에 응하는 학생은 아무도 없었다), 그 이후에 다시 고교생 현장 학습 감독 자원자를 모집하였는데 이때는 그 학생들의 50%가 응하였다(Cialdini et al., 1975). 왜 그런가? 바로 상호성 규범이다. 연구자는 처음에 큰 부탁을 하는 것으로 시작하였는데, 이 부탁은 학생들이 단호하게 거절하였다. 그러자 연구자는 조금 양보해서 좀 더 작은 부탁을 하였다. 연구자가 양보를 했으므로 상호성 규범은 그 학생들로 하여금 그들도 역시 양보를 해야 한다는 것을 요구한다. 그래서 그들의 절반

이 지원했던 것이다!

동조

상호성 규범과 같이 사람들은 우리에게 익숙한 규범을 상기시킴으로써 우리에게 영향을 준다. 당신이 만찬장에서 이 작은 포크가 새우를 먹을 때 쓰는 것인지 아니면 샐러드를 먹을 때 쓰는 것인지를 알아낼 요량으로 옆에 있

> **?** 왜 우리는 다른 사람들이 하는 것을 보고 그대로 따라하는가?

는 사람들을 슬쩍 훔쳐보는 자신을 발견한다면, 애매하고, 혼동되고, 처음 접하는 상황에서 다른 사람들이 새로운 규범을 정의해 줌으로써 당신에게 영향을 줄 수 있다는 것을 알게 될 것이다. **동조**(conformity)는 단순히 다른 사람들이 그것을 하고 있기 때문에 그들이 하는 것을 따라하는 경향인데, 이것은 일부 규범적 영향으로부터 나오는 것이다.

한 고전적 연구에서, 솔로몬 애시(Solomon Asch)는 실험 참가자로 하여금 실제는 훈련된 실험 보조자이지만 보통의 실험 참가자처럼 꾸민 7명의 다른 사람들과 한 방에 앉아 있게 하였다(Asch, 1951, 1956). 실험자는 참가자들에게 그들은 3개의 선분이 그려져 있는 카드를 보게 될 것인데, 그들이 할 일은 이 3개의 선분 중에서 어떤 것이 다른 카드에 그려져 있는 '기준 선분'과 길이가 같은지를 말하는 것이라고 설명해 주었다(그림 13.10 참조). 실험자는 카드를 들고 각 참가자에게 차례대로 대답을 하게 하였다. 진짜 피험자는 맨 마지막에 대답을 하도록 되어 있었다. 첫 두 시행에서는 모든 것이 잘 진행되었지만, 세 번째 시행에서 뭔가 정말로 이상한 일이 벌어졌다. 실험 보조자들이 모두 똑같이 틀린 대답을 했던 것이다! 진짜 피험자는 어떤 대답을 하였을까? 이들의 75%가 동조를 했는데, 최소한 한 번의 시행에서 틀린 답을 따라했다. 후속연구는 이 피험자들이 선분의 길이를 실제로 잘못 판단한 것이 아니었으며, 규범적 영향에 굴복한 것이었음을 보여 주었다(Asch, 1955; Nemeth & Chiles, 1988). 잘못된 답을 하는 것이 그들이 '해야 할 옳은 일'인 것처럼 보였으며, 따라서 피험자들은 그렇게 하였던 것이다.

DON PAULSON PHOTOGRAPHY/
PURESTOCK/SUPERSTOCK

당신은 어떤 낭비벽이 있는 사람이 저렇게 큰돈을 팁으로 내놓았을지 궁금하게 생각해 본 적이 있는가? 사실은 그 돈은 많은 경우 당신이 주는 팁을 받는 바로 그 사람이 거기에 꺼내 놓은 것이다. 왜냐하면 그들은 큰 지폐가 거기 있으면 당신은 '누군가가 큰돈을 팁으로 주었나 보다'라고 생각하고, 당신도 '똑같이 해야 맞나 보다'라고 생각할 것이라는 것을 알기 때문이다. 그건 그렇고, 당신이 공부하는 교과서를 쓴 사람에 대한 인세는 관례적으로 15%이다. 그런데 대부분의 학생들은 더 많은 돈을 쓴다.

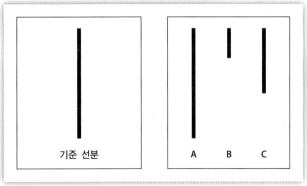

© WILLIAM VANDIVERT

솔로몬 애시의 선분 판단 실험들 중의 한 실험에서, 난감한 상태에 빠진 실험 참가자(가운데)가 (이 실험에 의도적으로 배치된) 실험 협조자들의 사이에 끼어 앉아서 바야흐로 동조를 하려고 하고 있다.

다른 사람들의 행동은 우리에게 무엇이 적절하고, 적합하며, 기대되고, 수용되는지를 말해 줄 수 있는데 (다른 말로 하면 그것은 규범을 정의해 주는 것이다) 일단 규범이 정의되면, 우리는 그것을 존중해 주어야 한다는 의무감을 갖게 된다. 애리조나 주 템피 시의 한 홀리데이 인 모텔에서 손님들에게 타월을 매

| 기준 선분 | A | B | C |

◀ **그림 13.10 애시의 동조 연구** 만약 당신이 '오른쪽에 있는 선분들(A, B, 또는 C) 중에서 어떤 것이 왼쪽에 있는 기준 선분과 길이가 같은가'라는 질문을 받았을 때 당신은 무엇이라고 말할 것인가? 동조에 관한 연구에 따르면 당신의 대답은, 일부, 그 방에 있는 사람들이 같은 질문에 대해 어떻게 대답하는가에 따라 달라진다고 한다.

▶ 그림 13.11 **규범적 영향의 실생활 예** 2008년, 새크라멘토 도시 시설국이 35,000명의 고객을 무선적으로 선정하여 그림에서 보는 바와 같은 전기요금 청구서를 보냈다. 이 청구서에는 고객의 전기 소비량만 나와 있는 것이 아니라, 비슷한 식구 규모의 이웃집의 전기 소비량도 나와 있다. 시설국에서 자료를 처리해 본 결과 '이웃집과의 비교 도표'가 들어 있는 청구서를 받은 고객의 전기 소비량이 전통적인 방식의 청구서를 받은 고객에 비해 2% 감소된 것으로 나타났다(Kaufman, 2009). 확실히 규범적 영향은 선을 구현하는 데 힘을 보탤 수 있다.

일 세탁하기 보다는 재사용하는 것을 권유하기 위하여 여러 가지 다양한 문구의 '메시지 카드'를 투숙객의 화장실에 놓아두었는데, 가장 효과적인 문구는 바로 다음과 같은 간단한 문구인 것으로 나타났다. "75%의 손님들이 타월을 두 번 이상 사용하였습니다."(Cialdini, 2005). 새크라멘토 도시 시설국이 35,000명의 고객을 무선적으로 선정하여 이들에게 이웃 사람의 전기 소비량과의 비교 도표가 들어 있는 전기요금 청구서를 보냈을 때(그림 13.11 참조), 전기 소비량이 2% 감소되었다(Kaufman, 2009). 확실히 규범적 영향은 선을 구현하는 데 힘을 보탤 수 있다.

복종

다른 사람들의 행동이 규범에 관한 정보를 제공할 수도 있지만, 대부분의 상황에서 보면 규범을 정의하고 또 이를 집행하는 특별한 권한을 갖고 있는 것으로 우리 모두가 인정하는 소수의 사람들이 있다. 영화관에서 일하고 있는 사람이 빡빡 머리에 밤 10시 통금이 있는 고교생 팬보

다른 생각

모든 학생의 91%가 이 글을 읽고 좋아합니다

티나 로젠버그는 뉴욕타임스의 논설위원이다. 그녀가 1995년에 쓴 책 유령의 땅 : 공산주의 멸망 후 유럽의 망령을 만나다(*The Haunted Land : Facing Europe's Ghost After Communism*)로 퓰리처 상과 미국 우수 도서상을 받았다.

PHOTO : NOAH GREENBERG PHOTOGRAPHY

폭음은 전 미국의 대학교가 갖고 있는 문제이다(Wechsler & Nelson, 2001). 모든 학생의 약 절반이 폭음을 한다고 말하고 있고, 폭음을 하는 학생들은 수업에 빠지고, 학업에 뒤처지며, 음주 운전을 하고, 무방비로 성관계를 하는 경향이 훨씬 더 높다. 이 문제를 어떻게 할 것인가?

대학교에서는, 교육에서 금주에 이르기까지, 여러 가지 대책을 시도해 보았지만, 그 어느 것도 특별히 효과가 있지는 않았다. 그러나 최근 들어서 '사회 규범화(social norming)'라고 하는 새로운 방법이 등장했다. 이 방법이 놀라운 효과를 보이기는 하지만, 또한 논란의 여지를 갖고 있다. 티나 로젠버그(Tina Rosenberg)가 최근에 쓴 책으로 **클럽에 가입하라 : 동료 압력이 세상을 어떻게 바꿀 수 있는가**(*Join the Club: How Peer Pressure Can Transform the World*)가 있다. 아래의 글에서 그녀는 이 방법의 내용과 그에 관한 논쟁점들을 서술하고 있다.

대부분의 대학들에서와 마찬가지로 디 캘브에 있는 노던일리노이대학교도 폭음의 문제를 안고 있다. 1980년대에 이 대학교는 통상적인

방법으로 학생들의 음주를 줄이려고 해 보았다. 캠페인을 벌여서 과음의 악영향에 대해 십대들에게 경고를 주었다. 이 대학교의 건강증진국의 기획자인 마이클 헤인즈는 "이 방법은 행동 변화를 위한 '뾰죽한 막대를 들고 뛰지 마라. 네 눈을 찌를 수 있다' 이론이다"라고 말했다. 이 방법이 통하지 않자 헤인즈는 겁을 주는 방법과 어떻게 하는 것이 좋은가에 관한 정보를 주는 것의 두 가지 방법을 결합해 보았다. "너무 많이 마시지만 않는다면 괜찮다. 그러나 만약 과음을 하면 당신에게 나쁜 결과가 생길 것이다."

이 방법 역시 실패했다. 1989년, 설문 조사에 응한 학생들의 45%가 자신들은 파티에서 5잔 이상의 음주를 했다고 답변했다. 이 비율은 그 캠페인을 시작했을 때에 비해 약간 더 높은 것이었다. 그리고 학생들은 과음이 훨씬 더 만연해 있다고 생각했고, 학생들의 69%가 파티에서 그 정도의 술을 마신다고 믿었다.

그래서 헤인즈는 뭔가 새로운 방법을 시도했다. 1987년 그는 미국 교육부가 후원한 고등 교육 기관에서의 음주에 관한 학술대회에 참석했다. 여기서 호바트앤드윌리엄스미스대학교의 사회학 교수인 웨스 퍼킨스(Wes Perkins)와 이 대학교의 상담센터의 심리학자인 앨런 버코이츠(Alan Berkowitz)가 논문을 한 편 발표했는데, 그 내용은 학생들의 음주가 동료 학생들에 의해 어떻게 영향을 받는가에 관한 것이었다. 이 학회에서 퍼킨스 교수는 "동료의 영향에 관한 연구는 수십 년 동안 발표되어 왔으며, 새로울 것은 하나도 없다"고 말했다. 그들이 한 조사에서 새로이 발견된 것은 학생들에게 그들의 친구

이일 수가 있겠지만, 그가 바로 권한을 갖고 있는 사람이다. 따라서 그가 당신에게 휴대전화를 꺼서 집어넣고 영화 상영 중에는 문자 메시지를 하지 말아달라고 요구를 하면 당신은 그가 말한 대로 행동한다. **복종**(obedience)은 권력을 가진 사람이 우리에게 어떤 것을 하라고 말하는 것을 이행하는 것을 말한다.

복종
권력을 가진 사람이 우리에게 어떤 것을 하라고 말하는 것을 이행하는 것

왜 우리는 권력자에게 복종하는가? 글쎄, 그렇다. 때로는 그들이 총을 갖고 있기 때문일 것이다. 많은 경우 권력자가 우리에게 보상을 주고 처벌을 가할 수 있지만, 연구에 따르면 그들의 영향력의 많은 부분은 규범에서 나온다는 것이다(Tyler, 1990). 심리학자인 스탠리 밀그램(Stanley Milgram, 1963)은 심리학계에서 가장 악명 높은 실험들 중의 한 실험에서 이를 증명해 보였다. 이 실험의 참가자들은 사실은 잘 훈련된 실험 협조자인데 실험 참가자인 것으로 소개를 받게 되는 중년의 한 남자를 만났다. 실험복

? 왜 우리는 다른 사람들이 우리에게 말하는 것을 따르는가?

을 입은 실험자는 그 참가자에게 그가 선생 역할을 담당하게 되고 실험 협조자는 학생 역할을 담당하게 된다고 설명해 주었다. 선생과 학생은 각각 다른 방에 들어가 앉아서, 선생이 인터폰을 통해서 학생에게 단어들을 읽어 주면, 학생은 이 단어들을 선생에게 다시 암송하게 되어 있었다. 학생이 오답을 하면 선생은 학생에게 전기 쇼크가 가해지게 되어 있는 버튼을 누른다(그림 13.12 참조). 이 쇼크 발생기(실제로는 물론 전기가 연결되어 있지 않음)는 30개의 다른 수준의 쇼크를 줄 수 있는 것인데, 그 범위는 15볼트('약한 쇼크'라는 딱지가 붙어 있음)에서 450

들이 술을 얼마만큼 마시느냐는 질문을 받으면 그들은 그 양을 엄청나게 과대평가한다는 것이었다. 만약 학생들이 친구들의 압력에 반응하고 있는 것이라면 그러한 압력은 상상 속의 친구들로부터 오는 것이라고 이 연구자들은 말했다.

퍼킨스와 버코이츠가 도출해 낸 이 "아하!" 결론은 이러하다. 아마도 학생들의 음주 행동은 단순히 그들에게 진실을 말해 줌으로써 변화시킬 수 있을 것이다.

헤인즈는 노던일리노이대학교의 학생들을 대상으로 설문조사를 하였는데, 그 역시 학생들이 친구들의 음주량에 대해 잘못 알고 있다는 것을 발견하였다. 그는 새로운 캠페인을 벌이기로 결정하였는데, 그 주제는 "대부분의 학생들은 적당하게 마신다"이었다.

이 캠페인에서 핵심이 되는 부분은 이 대학교의 학생 신문인 *Northern Star*에 학생들의 사진과 "노던일리노이대학교 학생의 2/3(72%)가 파티를 할 때 마시는 술은 5잔 이하입니다"라는 캡션과 함께 실은 일련의 광고들이었다.

헤인즈의 직원들 역시 캠퍼스 음주에 관한 사실들을 소재로 한 포스터를 만들었는데, 학생들에게 시찰 직원이 교내를 돌아다닐 때 그 포스터를 벽에 붙이는 학생을 보면 5달러를 지급할 것이라고 말해 주었다. (시찰이 이루어지고 있는 동안 그 학생들의 35%가 그 포스터를 벽에 붙였다.) 그 후에 직원들은 다른 학생들보다 술을 더 많이 마시는 사설 남학생 기숙사와 사설 여학생 기숙사의 학생들을 위한 배지를 만들었는데, 이 배지에는 "우리들 대부분"이라고 써놓았고, 이 배지를 달고 있는 것을 보면 5달러를 또 주겠다고 하였다. 배지의 글은 일부러 이해가 잘 가지 않는 문구로 해 놓았는데, 이는 대화를 시작하기 위해 그렇게 한 것이었다.

이 사회 규범화 캠페인을 벌인 지 1년이 지난 후에 조사해 본 결과

과음에 대한 지각은 69%에서 61%로 떨어졌다. 실제 과음은 45%에서 38%로 떨어졌다. 이 캠페인은 10년 동안 계속되었는데, 그 결과 NIU 학생들은 동료 학생들의 33%가 가끔씩 과음한다고 믿었고, 실제로는 25%만이 그러했는데, 과음에서의 감소율이 44%였다.

왜 이러한 아이디어가 더 널리 사용되지 않는가? 한 가지 이유는 이 방법이 논란의 소지가 있기 때문이다. 대학교 학생들에게 "여러분들 중의 대부분은 적당히 술을 마십니다"라고 말하는 것은 "술을 마시지 마시오"라고 말하는 것과 매우 다르다. (사실상 그것은 너무나 달라서, 버지니아대학교에 본부를 두고 있는 미국 사회 규범 연구소는 맥주 회사인 앤호이저 부시 사에서 재정 지원을 받는데, 사회 규범화 정책에 대한 지원을 삭감하는 결정이 내려졌다.) 이 방법은 강력하고 명확하게 금주를 요구하는 메시지를 위해 로비를 하는 사람들을 화나게 만들었다. 그러나 당연히 금지 방법으로는 나쁜 행동을 감소시키지 못하는데 비해 사회 규범화 방법은 나쁜 행동을 감소시킨다….

사회 규범화는 행동 변화를 위한 강력하지만 논쟁의 여지가 있는 방법이다. 우리가 학생들에게 캠퍼스에서의 음주에 대하여 제언을 할 때, 우리는 그들에게 무엇이 진실인지를 말해 주어야 하는가(비록 그 진실이란 것이 보기에 좀 꼴사나운 것이기는 하지만), 아니면 무엇이 최선의 행동인지를 말해 주어야 하는가(비록 학생들이 그 최선의 행동을 하려고 하지 않겠지만)?

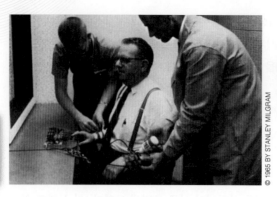

▶ 그림 13.12 **밀그램의 복종 연구** 학습자 역할을 담당한 사람(왼쪽)에게 스탠리 밀그램의 복종 연구에 사용된 전기충격기(오른쪽)의 연결선 단추를 부착하고 있다.

볼트('위험 : 극도의 쇼크'라는 딱지가 붙어 있음)까지였다.

학생을 의자에 묶어 놓은 다음 실험이 시작되었다. 학생이 처음 오답을 했을 때, 참가자는 의무를 이행하듯이 15볼트의 전기 쇼크를 주었다. 학생이 오답을 계속함에 따라 학생은 더 강한 쇼크를 받았다. 참가자가 75볼트의 쇼크를 주었을 때 학생은 고통의 신음소리를 내었다. 150볼트에서 학생은 "나를 여기서 내보내 주세요. 내가 심장에 문제가 있다고 이야기했잖아요. … 나는 더 이상 계속하지 않겠어요. 내보내 주세요"라고 비명을 질렀다. 쇼크가 매번 주어질 때마다 불쌍하게도 풀어 달라는 간청과 함께 학생의 비명은 더 처절해졌다. 330볼트의 쇼크를 받은 이후에는 학생의 반응이 완전히 없어져 버렸다. 참가자들은 이 전 과정에서 당연히 힘들어하며, 대부분은 실험자에게 실험을 중지할 것을 요청하였지만, 실험자는 "당신은 다른 선택의 여지가 없습니다. 계속 하셔야 합니다"라고만 대답하였다. 실험자는 참가자에게 어떤 유형의 처벌로도 위협을 가하지 않았다. 그는 그저 클립보드를 손에 들고 서서, 참가자에게 실험을 계속할 것을 조용히 지시하고 있을 뿐이었다. 참가자는 어떻게 행동했을까? 참가자의 80%가 학생이 비명을 지르고, 불평하고, 간청하고, 마침내는 쓰러져 잠잠해진 이후에도 쇼크 주기를 계속했다. 그리고 62%가 그 전 과정을 진행하여 최고 수준의 쇼크까지 주었다. 밀그램의 연구는 약 반세기 전에 수행되었지만, 최근에 반복 연구된 결과를 보면 복종률은 거의 같은 것으로 나타났다(Burger, 2009).

이 사람들은 정신병적 가학증자들이었는가? 정상적인 사람이라면 과연 실험복을 입은 어떤 사람이 그렇게 하라고 말한다고 해서 낯모르는 사람에게 그런 전기 쇼크를 주겠는가? 이에 대한 답은 정상(normal)이라는 말이 사회 규범에 신경을 쓴다는 것을 의미하는 한에 있어서는 그렇다인 것 같다. 이 실험의 참가자들은 남을 해치는 것이 **많은 경우** 잘못된 일이지만, **항상** 잘못된 일은 아니라는 것을 알고 있다. 의사들은 아픈 주사를 놓고, 교사는 어려운 시험 문제를 낸다. 더 높은 수준의 목표를 달성하기 위하여 사람들에게 고통을 주는 것이 허용되는, 심지어는 바람직하다고 인정되는 상황이 많이 있다. 실험자의 침착한 태도와 시종 일관한 지시는, 참가자가 아닌 바로 그 실험자가 이 특정한 상황에서 무엇이 적합한 것인지를 알고 있는 사람이라는 것을 시사하고 있으므로 그 실험 참가자는 지시받은 대로 행동하는 것이다. 후속 연구는 참가자의 복종이 규범적 압력에 기인한다는 것을 확증하였다. 그 규범을 정의하는 실험자의 권위가 약화되었을 때 (예를 들면 두 번째 실험자가 첫 번째 실험자

1971년 심리학자인 필립 짐바르도(Philip zimbardo)는 스탠퍼드 대학교 심리학과의 지하방에 모의 감옥을 설치하고 24명의 학생을 모집하여 죄수 또는 간수의 역할을 담당하도록 하였다. 6일이 경과되었을 때 짐바르도는 이 실험을 중단하지 않을 수 없었는데, 그 이유는 많은 간수 역할자들이 죄수 역할자들에게 그들의 안전이 위협될 정도의 너무나 가혹한 행위를 하게 되었기 때문이었다(Haney, Banks, & Zimbardo, 1973).

에게 반대를 하는 것으로 보이거나, 실험복을 입지 않은 사람이 지시를 하였을 때) 그 지시에 복종하는 참가자는 거의 없었다(Milgram, 1974; Miller, 1986).

정확성 추구 동기 : 맞는 것이 틀리는 것보다 더 좋다

배가 고프면 당신은 냉장고를 열고 사과를 집어 들게 되는데, 이는 당신이 (1) 사과는 맛이 좋고 (2) 그 사과가 냉장고 안에 있다는 것을 알고 있기 때문이다. 이 행동은, 다른 많은 행동들과 마찬가지로, 어떤 사물이나 사건에 대해 갖고 있는 지속적인 긍정적 또는 부정적인 평가를 뜻하는 **태도**(attitude)와 어떤 사물이나 사건에 대해 갖고 있는 지속적인 지식을 뜻하는 **신념**(belief)에 근거한다. 이런 면에서, 우리의 태도는 우리에게 우리가 무엇을 해야 할 것인지('사과를 먹어라')를 말해 주고, 우리의 신념은 우리에게 그것을 어떻게 할 것인지('냉장고를 여는 것에서부터 시작해라')를 말해 준다. 만약 우리의 태도나 신념이 정확하지 않다면, 즉 우리가 좋고 나쁜 것 또는 맞고 틀리는 것을 구별할 수 없다면, 우리의 행동은 쓸모가 없는 것이 된다. 우리는 우리의 태도와 신념에 너무나 많이 의존하고 있기 때문에, 우리가 올바른 태도와 신념을 갖도록 동기화된다는 것은 놀라운 일이 아니며, 이 동기가 우리로 하여금 사회적 압력에 취약해지게 만든다.

정보적 영향

만약 쇼핑몰에 있는 사람들이 모두 갑자기 비명을 지르며 출구를 향해 내달린다면 당신은 아마도 그 대열에 합류할 것인데, 이는 당신이 그들을 따라 하지 않으면 그들이 당신을 비난할까 봐 두려워서 그러는 것이 아니라, 그들의 행동이 당신에게 뛰어야 맞을 것 같은 뭔가가 있음을 제시하고 있기 때문인 것이다. **정보적 영향**(informational influence)은 다른 사람의 행동이 무엇이

? **정보적 영향과 규범적 영향은 서로 어떻게 다른가?**

맞는 것인가에 대한 정보를 제공해 줄 때 일어난다. 당신이 한번 인도 한가운데 서서 머리를 뒤로 젖히고 건너편에 있는 높은 건물의 꼭대기를 쳐다보고 있어 보면 당신은 정보적 영향의 힘이 어떤 것인지를 볼 수 있을 것이다. 연구에 따르면, 불과 수분 내에 다른 사람들도 같이 멈춰 서서 쳐다본다는 것이다(Milgram, Bickman, & Berkowitz, 1969). 왜 그런가? 그들은 당신이 쳐다보고 있다면, 뭔가 쳐다볼만한 일이 있는 것임에 틀림없다고 생각하기 때문이다.

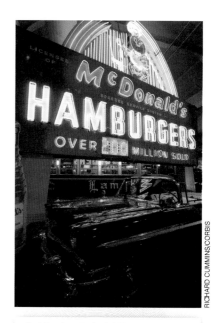

RICHARD CUMMINS/CORBIS

맥도날드가 그들이 판매한 햄버거의 개수를 기록 유지하고 있는 것인가? 아마도 그것은 아닐 것이다. 그보다 그들은 다른 많은 사람들이 자기네 햄버거를 사고 있다는 것을 당신에게 알려 주려고 하는 것인데, 이것은 당신에게 그들의 햄버거가 살만한 것이라는 사실을 암시하고 있는 것이다

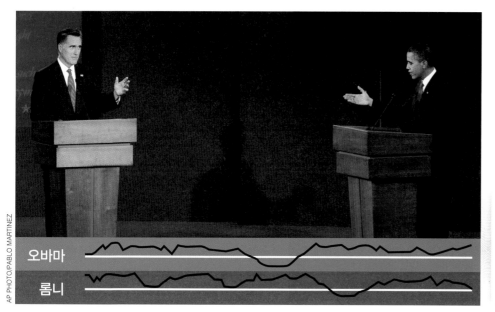

AP PHOTO/PABLO MARTINEZ

오바마

롬니

요즘은 정치가들이 방송에 나와서 토론을 할 때 진행자가 사람들의 반응을 실시간으로 보여 주는 것이 보통이다. 그런데 최근의 연구에 의하면 이러한 정보가 그 토론에서 누가 승자인가에 관한 시청자의 견해와 그 시청자들의 투표 의사 결정에 영향을 미치는 것으로 나타났다(Davis, Bower, & Memon, 2011).

당신은 끊임없이 이 정보적 영향의 표적이 된다. 판촉 사원이 당신에게 "대부분의 사람들은 웃돈을 주고도 아이패드를 삽니다"라고 말할 때, 이 사람은 당신에게 다른 사람들의 행동을 이 상품에 대한 정보로 사용하라는 것을 예술적으로 제시하고 있는 것이다. 청량음료를 '인기 상품'이라고 하거나 서적들을 '베스트셀러'라고 하는 광고들은 다른 사람들이 그 청량음료나 서적을 사고 있다는 것을 당신에게 상기시키는데, 이는 그 사람들은 당신이 모르는 무언가를 알고 있으며, 따라서 당신은 그들의 행동을 따라 하는 것이 현명한 일이 된다는 것을 제시하고 있는 것이다. 시트콤을 보면 '녹음된 웃음소리'가 나오는데, 이는 다른 사람들이 웃고 있는 것을 들으면 당신은 무언가 재미있는 것임에 틀림없다는 생각을 부지불식간에 하게 된다는 것을 제작자가 알고 있기 때문이다(Fein, Goethals, & Kugler, 2007; Nosanchuk & Lightstone, 1974). 바나 나이트클럽에서는 빈 방이 많이 있는 경우에도 사람들을 밖에 줄서서 기다리게 하는데, 이는 지나가는 사람들이 그 줄을 보고 그 클럽은 줄 서 기다릴 만한 가치가 있는 곳이라는 생각을 하게 된다는 것을 알고 있기 때문이다. 요약한다면, 이 세상이라는 곳은 우리가 모르는 사물과 사건들로 가득 찬 곳인데, 우리는 많은 경우 이 무지를 다른 사람들이 이 세상을 향해 어떤 방식으로 행동하는가에 주의를 기울여 들여다봄으로써 치료할 수 있다. 그러나 슬프게도, 우리로 하여금 정보를 얻게 만드는 바로 이 일이 또한 우리로 하여금 조종을 당하게 만드는 일이 되기도 하는 것이다.

설득

다음 번 대통령 선거가 시작되면 두 가지 일이 일어날 것이다. 첫째, 후보자들은 의제에 초점을 맞춘 논쟁을 통하여 당신의 표를 획득할 생각이라고 말할 것이다. 둘째, 이 후보자들은 논쟁을 피하고, 의제들을 무시하며, 각종 저질스러운 술수와 감정적 호소를 통해 당신의 표를 얻으려고 할 것이다. 후보자들이 행하겠다고 약속한 것과 그들이 실제로 행하는 것은 설득의 두 가지 기본 형태를 반영하는데, 이 **설득**(persuasion)은 한 사람의 태도나 신념이 다른 사람과의 의

언제 이성에 호소하는 것이 더 효과적이고, 언제 감성에 호소하는 것이 더 효과적인가?

사소통에 의해 영향을 받을 때 일어난다(Albarracin & Vargas, 2010; Petty & Wegener, 1998). 후보자들은 그 의제에 대한 자신들의 입장이 가장 실제적이고, 지적이며, 공정하고, 이득이 된다는 것을 증명해 보임으로써 당신을 설득하겠노라고 약속한다. 이러한 약속을 한 다음 이들은 그들의 재정적 자원을 총동원하여 다른 방법(옷을 잘 차려 입고, 얼굴에 웃음을 한가득 담고서, 유명한 운동선수들과 영화배우들을 대동하며, 상대 후보자의 사진과 오사마 빈 라덴의 사진을 짝짓는 것을 반복해서 하는 등)을 통해 당신을 설득하려고 한다. 다른 말로 하면 이 후보자들은 이성에 대한 호소에 의하여 태도나 신념이 변화되는 과정을 일컫는 **체계적 설득**(systematic persuasion)을 사용할 것을 약속하지만, 습관이나 감정에 대한 호소에 의하여 태도나 신념이 변화되는 과정을 지칭하는 **편의적 설득**(heuristic persuasion)을 사용하는 데 대부분의 시간과 돈을 사용할 것이다(Chaiken, 1980; Petty & Cacioppo, 1986).

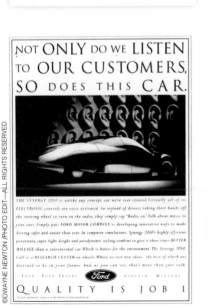

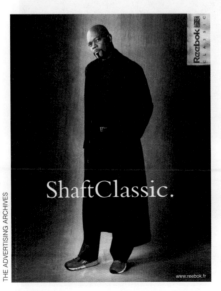

이 두 가지 형태의 설득은 어떻게 작동하는가? 체계적 설득은 논리와 추론에 호소하며, 증거와 주장은 그 내용이 약할 때보다는 강할 때 사람들이 더 많이 설득될 것이라고 가정한다. 편의적 설득은 습관이나 감정에 호소하며, 사람들이 증거를 고찰하고 주장을 분석하기보다는 전달된 메시지를 믿을 것인가 말 것인가만 결정하는 데 도움을 주는 **간편한 방법**(heuristics)(간편한 지름길 또는 '어림셈 방법')을 주로 사용할 것이라고 가정한다(9장 참조). 어떤 형태의 설득이 더 효과적일 것인가는 설득 대상자가 증거의 경중 판단과 주장 내용에 대한 분석을 하려고 하는가 또 그러할 능력이 있는가 여부에 달려 있다.

한 연구에서 대학교 학생들에게 그들의 대학교에 졸업시험 제도를 도입하는 것에 관하여 논리성이 강한 연설 또는 약한 연설을 듣도록 하였다(Petty, Cacioppo, & Goldman, 1981). 어떤 학생들은 그 연사가 프린스턴대학교의 교수라는 말을 들었고, 다른 학생들은 그가 한 고등학교의 학생이라는 말을 들었는데, 이것들은 그 연설의 내용이 믿을 만한 것인지 여부를 판단하는 데 어림셈으로 사용될 수 있는 정보이다. 어떤 학생들은 그 대학이 그 시험 제도를 즉각 도입할 것을 고려하고 있다는 말을 듣게 하였고, 다른 학생들은 이 시험 제도를 앞으로 10년 후에 도입할 것을 고려하고 있다는 말을 듣게 하였는데, 이것은 그들로 하여금 그 연설의 내용을 분석해 보도록 동기화시키거나 아니면 그런 동기가 일어나지 않게 만들기 위한 정보이다. 그림 13.13에서 볼 수 있듯이, 학생들이 연설의 내용을 분석해 보도록 동기화되었을 때, 그들은 체계적으로 설득되었다. 즉, 그들의 태도와 신념은 그 연설 내용의 논리성의 강도에 의해 영향을 받았으며, 연사의 지위에 의해서는 설득되지 않았다. 그러나 학생들이 연설의 내용을 분석해 보도록 동기화되지 않았을 때는 편의적으로 설득되었는데, 말하자면 그들의 태도와 신념이 연사의 지위에 의해 영향을 받았고, 그 연설 내용의 논리성의 강도에 의해서는 영향을 받지 않았다.

일관성

한 친구가 당신에게 토끼들이 남극 대륙에서 쿠데타를 일으켜 모든 당근의 수출이 중단되고 있다는 말을 들었다고 해서 당신이 CNN을 틀어 보려고 하지는 않을 것이다. 이 친구의 말은 당신이 맞는 것이라고 알고 있는 다른 것들, 예를 들면, 토끼는 혁명을 일으키지 못하고, 남극 대륙에서는 당근을 수출하지 않는다는 사실과 논리적으로 맞지 않기 때문에 당신은 친구가 농담을 하고 있다는 것을 금방 알아차릴 것이다. 사람들은 새로 접하는 신념의 정확성을 그것이 이전에 갖고 있던 신념과 일관되는가를 진단해 봄으로써 평가하

? 우리는 왜 일관성 유지에 대해 신경을 쓰는가?

▼ 그림 13.13 **체계적 설득과 편의적 설득** (a) 체계적 설득 학생들이 자신들에게 바로 닥칠 일이므로 연설의 내용을 분석해 보려는 동기가 일어났을 때는, 그들의 태도가 연설 내용의 설득력에 의해 영향을 받았고(논리성이 약한 내용보다 강한 내용이 더 설득적이었다), 연사의 지위에 의해 영향을 받지 않았다(프린스턴대학교 교수가 고교생보다 더 설득적이지 않았다). (b) 편의적 설득 그러나 학생들이 자신들에게 바로 닥칠 일이 아니므로 연설의 내용을 분석해 보려는 동기가 일어나지 않았을 때는 그들의 태도가 연사의 지위에 의해 영향을 받았고(프린스턴대학교 교수가 고교생보다 더 설득적이었다), 그 연설 내용의 설득력에 의해 영향을 받지 않았다(논리성이 강한 내용이 약한 내용보다 더 설득적이지 않았다)(Petty, Cacioppo, & Goldman, 1981).

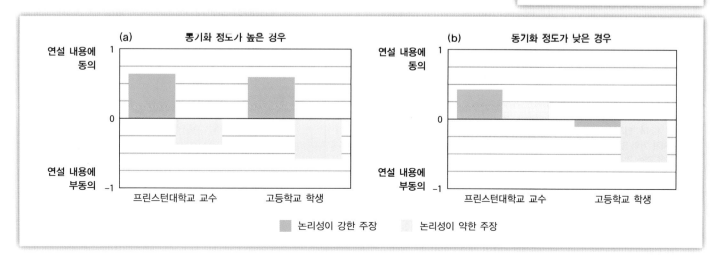

(a) **동기화 정도가 높은 경우**

연설 내용에 동의 1 / 0 / 연설 내용에 부동의 -1

프린스턴대학교 교수　고등학교 학생

(b) **동기화 정도가 낮은 경우**

연설 내용에 동의 1 / 0 / 연설 내용에 부동의 -1

프린스턴대학교 교수　고등학교 학생

■ 논리성이 강한 주장　　■ 논리성이 약한 주장

문간에 발 들여 놓기 기법
작은 요구를 먼저 하고, 그다음에 더 큰 요구를 하는 식의 방법

인지부조화
자신의 행동, 태도, 신념들 간에 불일치가 있음을 인식할 때 발생하는 불편한 심기 상태

는데, 이러한 방법이 어떤 것의 진위를 알아보는 완벽한 방법은 아니지만 상당히 잘 들어맞는 방법이다. 우리는 정확성을 추구하도록 동기화 되어 있으며, 일관성이라는 것이 정확성의 대략적인 지표가 되기 때문에, 우리는 또한 일관성을 추구하도록 동기화된다(Cialdini, Trost, & Newsom, 1995).

이 일관성 추구 동기가 우리로 하여금 사회적 압력에 약해지게 만든다. 예를 들면 **문간에 발 들여 놓기 기법**(foot-in-the-door technique)은 작은 요구를 먼저 하고, 그다음에 더 큰 요구를 하는 식의 방법이다(Burger, 1999). 한 연구에서(Freedman & Fraser, 1966) 실험자들은 이웃집에 가서 노크를 한 다음 집주인에게서 '운전 주의'라고 쓰인 커다란 볼품없는 표지판을 그 집 앞 뜰에 세우는 것에 대해 승낙을 받아낼 수 있을 것인지를 알아보았다. 한 집단의 집주인들에게는 단지 그 표지판을 세워도 되겠느냐고 물었는데, 집주인의 17%만이 동의하였다. 두 번째 집단의 집주인들에게는 먼저 주 의회에 제출할 안전 운전 증진을 촉구하는 탄원서에 서명을 해 줄 것을 요청하였고(여기에는 거의 대부분의 사람들이 동의하였다), 그런 다음에 집주인들에게 그 볼품없는 표지판을 설치해도 되겠는지를 물었다. 그랬더니 55%가 승낙했다! 어째서 집주인들은 한 가지 요구보다 두 가지의 요구를 더 잘 들어주는가?

두 번째 집단의 집주인들이 어떻게 생각했을 것인지를 한번 상상해 보라. 그들은 방금 전에 안전 운전이 그들에게 중요한 것이라고 주장하는 탄원서에 서명했지만, 볼품없는 표지판을 자기 집 앞뜰에 세우고 싶지 않다는 것은 자신들이 잘 알고 있다. 이러한 불일치하는 생각들과 씨름하는 동안 그들은 아마도 **자신의 행동, 태도, 신념들 간에 불일치가 있음을 인식할 때 발생하는 불편한 심기 상태**를 지칭하는 **인지부조화**(cognitive dissonance)를 경험하기 시작했을 것이다(Festinger, 1957). 사람들이 인지부조화를 경험하면, 그들은 자연히 이것을 감소시키려고 노력하게 되는데, 인지부조화를 감소시키는 한 가지 방법은 자신이 갖고 있는 행동, 태도 또는 신념 간의 일관성을 회복하는 것이다(Aronson, 1969; Cooper & Fazio, 1984). 자신의 집 앞 뜰에 그 표지판을 설치하는 것을 승낙하는 것이 바로 그렇게 하는 길이다. 최근의 한 연구는 이 현상이 좋은 효과를 가져 오는 데 사용될 수 있다는 것을 보여 주고 있다. 호텔의 안내 데스크에서 '지구의 친구'가 되어줄 것을 요청받은 투숙객들은 이 호텔에 머무르고 있는 동안 25% 이상의 타월 재사용 비율을 보였다(Baca-Motes et al., 2013).

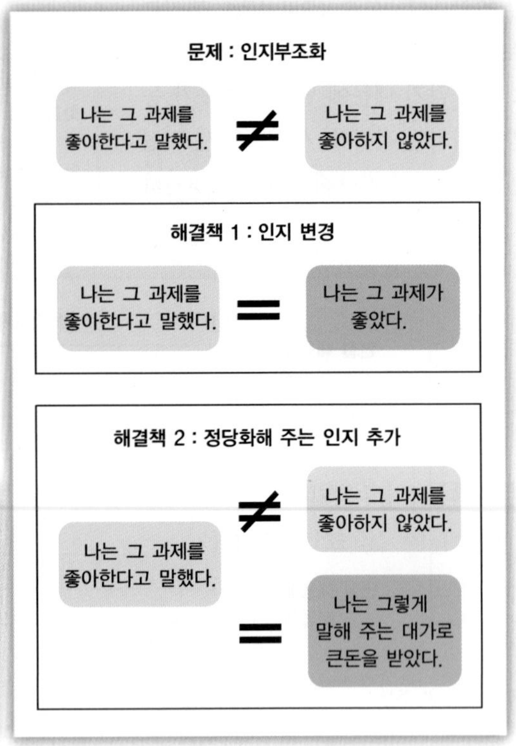

우리가 우리의 행동, 태도 또는 신념을 변화시킴으로써 인지부조화를 감소시킬 수 있다는 사실은 몇 가지 흥미로운 시사점을 갖고 있다. 예를 들면, 한 연구에서 대학교 여학생들이 '성의 심리학'에 관한 주간 토론회에 가입을 신청하였다. 통제 집단의 여학생들에게는 그 토론회의 가입을 그냥 허가해 주었고, 실험 집단의 여학생들에게는 낯모르는 남자 앞에서 포르노 소설을 큰 소리로 읽는 것이 포함된 당혹스러운 검사를 먼저 통과해야 가입을 허가해 주었다. 그 토론은 가능한 한 아주 지루한 것이 되도록 주의 깊게 꾸며졌는데, 통제 집단의 여학생들에 비해 실험 집단의 여학생들이 그 토론을 더 재미있었다고 평

▶ 그림 13.14 **인지부조화 해결** 가치가 거의 없는 일을 갖고 고생을 겪는 것은 인지부조화를 야기할 수 있다. 이 인지부조화를 제거하는 한 가지 방법은 당신으로 하여금 고생을 겪게 만든 일의 가치에 대한 당신의 생각을 바꾸는 것이다.

문제 : 인지부조화

나는 그 과제를 좋아한다고 말했다. ≠ 나는 그 과제를 좋아하지 않았다.

해결책 1 : 인지 변경

나는 그 과제를 좋아한다고 말했다. = 나는 그 과제가 좋았다.

해결책 2 : 정당화해 주는 인지 추가

나는 그 과제를 좋아한다고 말했다.

≠ 나는 그 과제를 좋아하지 않았다.

= 나는 그렇게 말해 주는 대가로 큰돈을 받았다.

우리가 비일관성을 느낄 때 어떤 일이 일어나는가?

가하는 것으로 나타났다(Aronson & Mills, 1958). 어째서 그런가? 실험 집단의 여학생들은 그 집단에 가입하기 위하여 혹독한 대가를 치렀다는 것을 자신이 알고 있는데("나는 그 외설스러운 포르노 소설을 큰 소리로 읽었어!"), 이 생각은 그 토론회가 가치가 없었다는 생각과는 일관되지 않는다. 따라서 이 여학생들은 인지부조화를 느끼게 되었는데, 이들은 그 토론회의 가치에 대한 그들의 생각을 변경

미시간공과대학교의 시그마 타우 가마 남학생 사설 기숙사 학생들이 영하의 추위를 뚫고 이 기숙사의 연중행사인 '그룬디 달리기'에 참가하여 캠퍼스를 달리고 있다.

시킴으로써 이 인지부조화를 감소시켰다(그림 13.14의 상반부 참조). 우리는 통상 어떤 물건이 값이 나가기 때문에 그만큼의 돈을 지불한다고 생각하지만, 이 연구가 보여 주는 것은 사람들은 때때로 돈을 그만큼 지불했기 때문에 그것을 값이 나가는 것이라고 본다는 것이다—돈, 시간, 주의, 피, 땀, 눈물. 남학생 기숙사에서 충성심을 고취시키기 위하여 신고식을 시키며, 종교 집단에서 신도들을 붙잡아 두기 위해 많은 신체적 봉사나 큰돈을 헌납하도록 하고, 유명 레스토랑에서 단골 고객을 다시 오도록 해 놓기 위해 음식 값을 엄청나게 비싸게 매기며, 남자와 여자가 구혼 상대자의 관심을 유지하기 위하여 일부러 관심 없는 척 한다.

우리는 일관성을 추구하도록 동기화되어 있지만, 예컨대, 친구의 새 머리 스타일이 불행하게도 제설차를 만나 눈을 뒤집어 써 젖은 스컹크의 꼴 같아 보이지만, 우리는 그녀의 새 머리 스타일이 '과감한 것'이라고 말해 주는 경우에서와 같이, 일관성을 유지할 수 없는 불가피한 때가 있다. 그러한 상황에서 우리는 어떻게 인지부조화를 느끼지 않고, 자신이 한 그 거짓말을 그냥 내버려 두는가? 그녀의 헤어스타일이 과감한 것이라고 말하는 것은 그녀의 머리가 실제로는 너무나 보기 싫다는 사실과는 일관되지 않지만, 친구에게는 잘해 주어야 한다는 생각과는 완벽하게 일관되는 것이다. 조그만 비일관성이 큰 일관성으로써 **정당화**가 되면 인지부조화는 감소된다.

예를 들면, 한 연구에서 참가자들에게 다이얼 손잡이를 한쪽 방향으로 돌리다가, 반대로 돌리고, 다시 또 반대로 돌리는 재미없는 과제를 하게 하였다. 참가자가 충분히 지겨워하게 될 때까지 기다렸다가 실험자는 이 연구에 참가할 자원자가 더 필요하다는 설명을 하면서, 그 참가자에게 복도에 나가서 사람을 보게 되면 이 손잡이 돌리기 과제가 아주 재미있는 것이라고 말을 좀 해 달라고 부탁을 했다. 실험자는 참가자에게 이런 거짓말을 하는 대가로 1달러를 주겠다고 제의하였고, 다른 피험자에게는 20달러를 주겠다고 제의하였다. 모든 참가자들은 그런 거짓말을 하겠다고 농의하였는데, 이들이 그렇게 하고 난 후에, 참가자들에게 그 다이얼 손잡이 돌리기 과제가 진짜로 어느 정도 재미가 있었는지를 보고하게 하였다. 결과를 보면 참가자들이 그 거짓말을 한 대가로 20달러를 받았을 때보다 1달러를 받았을 때 그 과제가 더 재미있었다고 보고하였다(Festinger & Carlsmith, 1959). 이렇게 해서 이런 일이 벌어졌을까? 이것은 '이 다이얼 손잡이 돌리기 과제는 재미가 없다'라는 생각이 '나는 복도에 있던 사람에게 이 과제를 추천했다'라는 생각과는 일관되지 않지만, 후자의 생각은 '20달러가 큰 액수의 돈이다'라는 생각과는 완벽하게 일관되는 것이기 때문이다. 큰 액수의 돈을 받은 참가자는 그 사실이 자신의 거짓말을 정당화시켜 주었기 때문에, 적은 액수의 돈을 받은 사람만이 인지부조화를 경험하였다. 따라서 1달러를 받은 참가자들만이 그 과제의 흥미도에 대한 자신의 생각을 변경시켜서 일관성을 회복해야겠다는 필요성을 느꼈던 것이다(그림 13.14 참조).

요약

▶ 사람은 쾌락을 추구하고 고통을 회피하려고 동기화되며(쾌락 추구 동기), 따라서 보상과 처벌을 통해 사람들에게 영향을 줄 수 있는데, 이러한 방식은 부작용이 있을 수 있다.

▶ 사람은 다른 사람의 인정을 받고자 동기화되며(인정 추구 동기), 따라서 상호성 규범과 같은 사회적 규범을 통해 사람들에게 영향을 줄 수 있다. 사람은 많은 경우 무엇이 규범인지를 알기 위해 다른 사람의 행동을 살펴보는데, 이것이 동조나 복종을 하게 만들고 때로는 파괴적인 결과를 가져올 수도 있다.

▶ 사람은 무엇이 옳은가를 알고자 동기화되며(정확성 추구 동기), 따라서 다른 사람들의 행동과 의사소통을 통해 사람들에게 영향을 줄 수 있다. 이 동기는 또한 사람들로 하여금 자신의 태도, 신념, 행동 간의 일관성을 추구하게 만든다.

사회 인지 : 사람들에 대한 이해

KARL WALTER/GETTY IMAGES FOR COACHELLA

가수 프랭크 오션은 매력적이고 재능이 많다. 당신이 이 말에 동의하든 하지 않든 상관없이 이 말은 거의 확실하게 당신의 전두엽 피질의 내측 전면부를 활성화시켰을 것인데, 이 부위는 사람의 속성에 대하여 생각을 할 때는 활성화되지만, 집이나 도구와 같은 무생물의 속성에 대하여 생각을 할 때는 활성화되지 않는다(Mitchell, Heatherton, & Macrae, 2002). 사람이 휴식을 취하고 있을 때는 대부분의 뇌 영역은 활동이 감소하지만, 이 부위는 항상 활성화된 상태로 있다(Buckner, Andrews-Hanna, & Schacter, 2008). 왜 뇌가 당신이 만나는 수백만 개의 대상들 중의 어떤 단 한 가지에 대한 정보 처리를 전담하는 특별한 하나의 영역을 갖고 있으며, 이 영역은 왜 밤낮을 가리지 않고 항상 켜져 있는가?

당신이 만나는 수백만 가지의 대상 중에서 타인이야말로 유일하게 가장 중요한 존재이다. **사회 인지**(social cognition)는 사람이 다른 사람들에 대해 알아 가는 과정이며, 당신의 뇌는 이것을 하루 종일 하고 있다. 당신이 이를 인식하고 있든 아니든 상관없이, 당신의 뇌는 끊임없이 다른 사람의 생각과 감정, 신념과 욕구, 능력과 열망, 의도, 요구, 성격에 대해 추리하고 있다. 뇌는 이러한 추리를 두 가지 종류의 정보에 근거해서 한다. 즉, 그 사람들이 소속하고 있는 범주, 그리고 그들이 행하고 말하는 것들이다.

가수 프랭크 오션을 머리에 떠올리면 당신의 내측전전두엽이 활성화된다. 당신은 아직도 그에 대해 생각하고 있는가? 그런가? 정말 그런가?

고정관념화 : 범주로부터의 추론 도출

당신은 9장에서 범주화(categorization)란 한 자극이 서로 관련이 있는 자극들로 구성된 어떤 부류의 한 구성원이라는 것을 식별하는 과정이라고 한 것이 상기될 것이다. 우리가 어떤 새로운 자극을 어떤 범주의 한 구성원으로서 식별하였다면('저것은 교과서이다.'), 우리는 그 범주에 관한 지식을 사용하여 그 새로운 자극의 속성에 대하여 일부 근거가 있는 추측을 하고('그것은 아마도 비쌀 것이다.'), 그에 상응하게 행동한다('내 생각에는 그것을 불법 다운로드하는 것이 좋겠다.')

우리가 교과서에 대해 하는 것을 사람에 대해서도 똑같이 한다. 그런데 그 불법 다운로드 부분을 말하는 것은 아니다. 근거 있게 추측한다는 부분을 말하는 것이다. **고정관념화**(stereotyping)는 우리가 다른 사람들에 대해 그들이 소속해 있는 범주에 관한 지식에 근거하여 추리를 도출하는 과정이다. 우리가 어떤 사람을 성인, 남성, 야구선수, 러시아인 등으로 범주화하는 순간 바로 그 범주에 관한 지식을 사용하여 그 사람에 대하여 일부 근거 있는 추측을 하게 되는

사회 인지
사람이 다른 사람들에 대해 알아가는 과정

고정관념화
사람이 다른 사람들에 대해 그들이 소속해 있는 범주에 관한 지식에 근거하여 추론을 도출하는 과정

결혼식 설계자

인간의 뇌는 단 200만 년 동안에 크기가 거의 세 배가 되었다. *사회적 뇌 가설*(Shultz & Dunbar, 2010)에 의하면 이것은 주로 사람으로 하여금 대규모의 사회적 집단 속에서의 복잡한 일상생활을 처리해 나갈 수 있도록 하기 위해서 일어난 것이라고 한다. 무엇이 복잡하다는 것인가?

글쎄, 결혼식장에서 하객들의 좌석을 배치할 때 당신이 알아야 할 것이 무엇인지를 한번 생각해 보라. 제이콥 아저씨는 노라 할머니를 좋아하고, 노라 할머니는 칼렙 사촌을 미워하는가? 만약 그렇다면 제이콥 아저씨도 역시 칼렙 사촌을 미워하는가? 단지 150명의 하객 명단을 갖고 본다고 해도 고려해야 할 이러한 양자 관계는 10,000개가 넘는다. 그런데 수표책의 대차대조도 계산할 줄 모르고 스도쿠도 풀 술 모르는 사람들도 이와 같은 일은 아무 때나 잘 처리한다. 인간은 사회적 천재인가?

최근의 한 연구(Mason et al., 2010)에서, 연구자들은 사회적 문제와 비사회적 문제에 대한 사람들의 능력을 직접적으로 비교해 봄으로써 이 문제에 대한 답을 찾아보았다. 비사회적인 문제는 금속에 대한 추리를 도출하는 것이었다. 참가자들은 두 가지의 기본적인 금

AMANA IMAGES INC./ALAMY

속 집단이 있는데, 같은 집단에 들어 있는 금속들은 서로 끌어당기는 반면, 서로 다른 집단에 들어 있는 금속들은 서로 배척한다는 설명을 들었다. 그런 다음에, 여러 시행에 걸쳐 참가자들에게 특정한 금속들 간의 관계에 대한 설명을 해 준 나음 빠진 관계에 내하여 추리를 하도록 하였다. 예를 들면, 참가자들에게 금과 주석은 둘 다 백금을 배척한다고 설명해 준 다음 금과 주석 간의 관계를 추리해 보라고 하였다. (정답은 "그들은 서로 끌어당긴다"이다)

실험자들은 또한 참가자들에게 이 문제의 사회 판본 문제를 주었다. 참가자들에게 두 집단의 사람들에 대해 말해 주었다. 같은 집단에 들어 있는 사람들은 서로 끌어당기고, 서로 다른 집단에 들어 있는 사람들은 서로 배척한다고 말해 주었다. 그런 다음, 일련의 시행에 걸쳐서 참가자들에게 특정한 사람들의 관계에 대하여, 예컨대 골디와 팀은 둘 다 패트릭을 배척한다는 것을 학습하게 하고, 빠진 관계, 즉 골디와 팀의 관계는 어떤가를 질문하였다. (정답은 "그들은 서로 끌어당긴다"이다)

이 사회적 과제와 비사회적 과제는 논리적으로 동일하였지만, 결과를 보면 참가자들은 금속에 대한 것보다 사람에 대하여 추리를 하는 것이 훨씬 더 빠르고 더 정확한 것으로 나타났다. 연구자들이 이 연구를 MRI 기계 안에서 반복해서 한 결과, 이들은 이 두 과제가 모두 연역 추론에서 역할을 하는 것으로 알려져 있는 뇌 영역을 활성화시킨다는 것을 발견하였다. 그러나 이 중에서 사회적 과제만이 타인에 대해 생각할 때 역할을 담당하는 것으로 알려져 있는 뇌 영역을 활성화시켰다.

사람에 대하여 생각하는 우리의 능력은 다른 것들에 대하여 생각하는 능력을 능가하는 것으로 보이는데, 이것은 사회적 뇌 가설에게는 좋은 뉴스이며, 결혼식 설계자에게는 훨씬 더 좋은 뉴스이다.

데, 예컨대 얼굴은 면도를 하지만 다리는 면도를 하지 않을 것이고, 내야 플라이 볼이 무엇인지 알고 있을 것이며, 블라디미르 푸틴에 대해 우리보다 더 많이 알고 있을 것이라는 등의 추측을 한다는 것이다. 우리가 아이들에게 담배 대신 과자를 주고, 주유소 직원에게 재정 문제를 묻는 대신에 길을 물어볼 때, 우리는 이전에 전혀 만나 본 적이 없는 사람들에 대해서 전적으로 그들이 소속한 범주에 근거하여 추리를 하고 있는 것이다. 이러한 예들이 시사하듯이, 고정관념화는 매우 유용한 과정이다(Allport, 1954). 그러나 이 용어가 1936년 언론인인 월터 리프맨(Walter Lippmann)에 의해 만들어진 이후 이 용어는 부정적인 의미를 내포하게 되었다. 왜 그런가? 그 이유는 고정관념화가 유용한 과정이기는 하지만 많은 경우 유해한 결과를 초래하기 때문이며, 또한 그것은 다음과 같은 네 가지 속성을 갖고 있기 때문에 그러하다. 그 네 가지란 부정확하고, 남용되며, 자기 지속되고, 자동화된다는 것이다.

? 고정관념은 어떻게 유용한가?

고정관념은 부정확할 수 있다

우리가 사람들에 대해 하는 추리의 정확성은 그들이 소속하고 있는 범주에 대한 우리의 고정관념이 정확한 정도만큼만 정확하다. 유태인들이 특히 더 물질주의적이라든가 아프리카계 미국인들이 특히 더 게으르다는 것을 나타내는 증거가 없음에도 불구하고, 과거 거의 일세기 동안 미국의 대학생들은 그러한 신념들을 갖고 있었다(Gilbert, 1951; Karlins, Coffman, & Walters,

AP PHOTO/GINO DOMENICO

고정관념은 부정확할 수 있다. 실로모 쾨니히는 대부분의 사람들이 갖고 있는 경찰관이나 랍비에 대한 고정관념에 들어맞는 사람이 아니지만, 그는 그 두 가지 모두이다.

▶ **그림 13.15   실제로는 상관관계가 없는데 있다고 보는 것**   집단 A와 집단 B는 모두가 각각 이 2/3는 좋은 행동을, 1/3은 나쁜 행동을 행하였다. 그러나 '집단 B'와 '나쁜 행동'은 둘 다 드물게 일어나는 것이기 때문에 사람들은 이 둘에 대해 주목하게 되고, 나아가 이 둘이 동시에 일어나는 것으로 기억하게 되는데, 이것이 바로 사람들로 하여금 소속 집단과 어떤 행동 간에 실제로는 서로 상관관계가 없는데 상관관계가 있는 것처럼 인식하게 만드는 것이다.

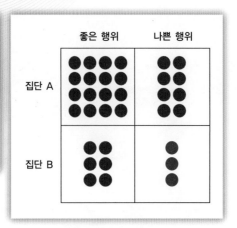

1969; Katz & Braly, 1933). 그들은 태어날 때부터 이런 신념들을 갖고 나온 것이 아닐 터인데, 이런 신념들을 어떻게 습득하였을까? 어떤 것에 대하여 어떤 신념을 습득하게 되는 과정은 '자기 자신이 손수 보기, 아니면 '그것에 대해 다른 사람들이 하는 말을 받아들이기', 이 두 가지 방식밖에 없다. 사실상 인간 범주들의 소속 구성원에 대해 우리가 알고 있는 것들의 대부분은 풍문, 즉 다른 사람들이 말하는 것에서 주워들은 것들이다. 유태인이나 아프리카계 미국인에 대한 고정관념을 믿는 사람들 중의 많은 사람들이 실제로 유태인이나 아프리카계 미국인을 만나본 적이 없으며, 그들의 신념은 다른 사람들이 그들에게 말해 준 것을 너무나 열심히 들은 결과물이다. 우리가 우리 문화의 지혜를 전수받는 과정에서 그 문화의 무지도 함께 전수받게 되는 것은 불가피한 일이다.

그러나 심지어 직접적으로 관찰을 하는 경우에도 부정확한 고정관념이 만들어질 수 있다. 예를 들면, 한 연구에서 참가자에게 긴 일련의 긍정적 또는 부정적인 행동들을 보여 주고는 이 행동들이 두 집단 중의 어느 한 집단(집단 A 또는 집단 B)의 구성원들이 수행한 행동이라고 말해 주었다(그림 13.15). 이 일련의 행동들은 두 집단 모두에서 정확하게 1/3이 부정적인 것이 되도록 주의 깊게 배열하였다. 여기서 긍정적인 행동이 부정적인 행동보다 더 많았고, 집

우리는 왜 어떤 집단의 사람들을 직접 보았으면서도 그 집단에 대해 잘못된 생각을 갖고 있는가?

단 A의 인원수가 집단 B의 인원수보다 더 많았다. 다른 말로 하면 부정적인 행동이 긍정적인 행동보다 더 드물었고, 집단 A의 구성원보다 집단 B의 구성원이 더 드물었다. 이 행동들을 보고 참가자들은 집단 A가 한 행동들 중에서 1/3이 부정적인 것이었다는 것을 정확하게 기억하였다. 그러나 집단 B는 반 이상의 행동이 부정적인 것이었다는 식으로 틀리게 기억하였다(Hamilton & Gifford, 1976).

왜 이런 일이 일어났는가? 나쁜 행동은 드물었고 집단 B의 구성원이 되는 것도 드물었다. 따라서 참가자들은 이 두 가지가 동시에 일어나는 것에 특히 주목하게 될 가능성이 높았던 것이다('아하! 보기 드문 집단 B의 구성원 중의 한 사람이 보기 드문 나쁜 일을 또 저질렀구나'). 이러한 연구 결과는 왜 다수 집단의 사람들이 소수 집단(이들은 상대적으로 드문 사람들이고, 바로 그래서 그 단어가 *m-i-n-o-r-i-t-y*이다)의 사람들이 저지른 범죄(이것은 상대적으로 드문 사건이다)의 수를 과대평가하는 경향이 있는지를 설명해 준다. 여기서 핵심은 우리가 사람들을 직접 관찰하는 경우에도 그들이 속한 집단에 대하여 부정확한 신념을 갖게 될 수 있다는 것이다.

"좋아. 이제부터는 내가 만나게 되는 모든 푸들들에 대해 나는 의심의 눈초리를 보내게 될 거야."

고정관념은 남용될 수 있다

압핀은 모두가 서로 거의 똑같기 때문에 압핀에 대한 우리의 고정관념(작고, 값싸며, 씹으면 아픔)은 아주 유용하다. 1개의 압핀에 관한 사실을 다른 압핀들에 대해 일반화하더라도 잘못될 일은 거의 없다. 그러나 인간에 관한 범주들은 범주 내 변산(variability)이 너무나 커서 우리의 고정관념은 그 범주에 들어 있는 개개인의 사람들에 대해서는 가장 희미한 단서 정도만을 제공

해 줄 수 있다. 당신은 아마도 여성보다 남성이 상체의 힘이 더 강할 것이라고 믿고 있을 터인데, 이러한 신념은 **평균적으로는** 맞는 것이다. 그러나 이 성별 범주들 각각에 속하는 개개인들의 상체 힘은 서로 너무나 달라서 어떤 사람의 성별이 무엇인가를 아는 것만으로는 그 사람이 얼마만큼의 무게를 들 수 있을 것인지를 쉽게 예측할 수 없다. 인간에 관한 범주들에 내재하는 이

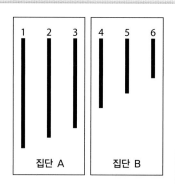

> **범주화가 어떻게 지각을 왜곡시키는가?**

러한 본질적인 변산성은 이 고정관념을 겉보기보다 훨씬 덜 유용한 것이 되게 만든다.

슬프게도 우리는 이러한 사실을 항상 인식하고 있지 못하는데, 그 이유는 어떤 대상을 범주화하는 바로 그 행동이 그 범주에서의 변산성을 인식하는 것을 차폐하는 경향이 있기 때문이다. 예를 들면, 어떤 연구에서 참가자들에게 길이가 다른 일련의 선분들을 보여 주었다(그림 13.16; McGarty & Turner, 1992; Tajfel & Wilkes, 1963). 한 집단의 참가자들에게서는 그림 13.16의 오른쪽에 나와 있는 바와 같이 길이가 긴 선분들은 '집단 A'라고 이름을 붙였고, 길이가 짧은 선분들은 '집단 B'라고 이름을 붙였다. 다른 집단의 참가자에게는 그림 13.16의 왼쪽 그림과 같이 이러한 범주 명칭이 붙여지지 않은 선분들을 보여 주었다. 흥미롭게도 범주 명칭이 붙은 선분을 본 참가자들은 같은 범주 명칭하에 들어 있는 선분들의 유사성은 과대평가하고, 서로 다른 범주 명칭하에 들어 있는 선분들의 유사성은 과소평가하였다.

당신도 아마 이런 현상을 경험한 적이 있을 것이다. 예를 들면, 우리는 모두 색깔을 '청색'이나 '녹색'과 같은 색상 범주의 구성 요소로 식별하는데, 이것은 동일한 범주 명칭을 갖는 색상들 간의 유사성은 과대평가하게 만들고 그렇지 않은 색상들 간의 유사성은 과소평가하게 만든다. 이것이 우리가 무지개를 볼 때 서로 구분되는 색상의 띠들을 보게 되는 이유인데, 이 무지개는 사실은 수많은 색상들이 고르게 연속적으로 이어져 있는 것이다(그림 13.17 참조). 두 도시(테네시 주의 멤피스와 사우스다코타 주의 피어)가 같은 나라 안에 있는 경우에는 사람들이 이들 간의 거리를 과소평가하고, 두 도시(미국의 멤피스와 캐나다의 토론토)가 서로 다른 나라들에 있는 경우에는 이들 간의 거리를 과대평가하는 경향이 있다(Burris & Branscombe, 2005). 사실상, 사람들은 똑같이 370km 밖에서 일어난 지진에 대해서도 그것이 인접 주에서 일어난 경우보다 자신이 살고 있는 주에서 일어난 경우 그 지진의 강도를 더 강한 것이라고 느낀다는 것이다(Mishra & Mishra, 2010).

▲ 그림 13.16 **범주화가 지각을 어떻게 왜곡시키는가?** 오른쪽에 있는 선분들을 보는 사람들은 선분 1과 3의 유사성을 과대평가하고, 선분 3과 4의 유사성을 과소평가한다. 단지 선분 1~3까지를 집단 A라고 명명하고 선분 4~6까지를 집단 B라고 명명한 것이 같은 집단 내에 있는 선분들을 실제보다 더 비슷한 것으로 보이게 만들고 다른 집단에 속해 있는 선분들을 실제보다 더 차이 나 보이게 만든다.

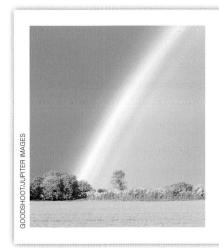

◀ 그림 13.17 **범주들에 대한 지각** 범주화는 우리가 색깔을 어떻게 보는가와 거리를 얼마로 추정하는가에 영향을 줄 수 있다.

자기실현적 예언
남들이 자신에게 기대하는 바대로 행동을 하게
되는 경향성

고정관념 위협
남들이 자신에 대해 갖고 있을 것으로 생각되는
부정적 신념을 확증시켜 주는 것에 대한 두려움

확증적 지각
자신이 보기를 기대하는 것을 보는 경향

하위유형 분류
사람들이 자신이 갖고 있는 고정관념에 반대되
는 증거를 만나게 되면 그 고정관념을 폐기하기
보다는 수정하는 경향

색상과 도시 간의 거리 판단에서 일어나는 일이 또한 사람에 대한 판단에서도 똑같이 일어
난다. 사람을 흑인 또는 백인, 유태인 또는 기독교인, 예술가 또는 회계사 등과 같이 범주화하
는 바로 그 행동이 우리로 하여금 이 각각의 범주들 내에서의 변산성을 과소평가하게 만들고
('예술가들은 모두 괴상하다.'), 범주들 간의 변산성은 과대평가하게 만든다('예술가들은 회계
사보다 훨씬 더 괴상하다.'). 우리가 인간에 관한 범주의 범주 내 변산성을 과소평가할 때, 우
리는 우리가 갖고 있는 고정관념의 유용성을 과대평가하게 된다(Park & Hastie, 1987; Rubin &
Badea, 2012).

고정관념은 자가지속적이 될 수 있다

미식축구보다 발레를 더 좋아하는 트럭 운전사를 만났을 때나, 독일 바로크 음악의 작곡가 바
흐의 음악보다 미국의 유명 래퍼인 제이지를 더 좋아하는 나이 든 사람을 만났을 때, 왜 우리
는 이 사람들에 대한 우리의 고정관념을 쉽게 버리지 못하는
것일까? 그 답은 고정관념은 자가 지속적인 성향을 갖고 있다
는 것이다. 고정관념은 바이러스나 기생충과 같아서 일단 우

> ? 고정관념은 바이러스와
> 어떤 면에서 같은가?

리의 머릿속에 들어와 자리를 잡고 들어 앉으면, 그것들을 지워 버리려고 아무리 애를 써도 지
워지지 않는다. 왜 그런지 여기 그 세 가지 이유가 있다.

- **자기실현적 예언**(self-fulfilling prophecy)은 남들이 자신에게 기대하는 바대로 행동을 하게 되는
경향성이다. 사람은 관찰자가 자신에 대해 부정적인 고정관념을 갖고 있다고 생각하게 되
면, 남들이 자신에 대해 갖고 있을 것으로 생각되는 부정적 신념을 확증시켜 주는
것에 대한 두려움인 **고정관념 위협**(stereotype threat)을 느끼게 된다(Aronson &
Steele, 2004; Schmader, Johns, & Forbes, 2008; Walton & Spencer, 2009). 역
설적이게도 이러한 공포는 사람들로 하여금 그들을 위협하는 바로 그 고정
관념을 확증해 주는 방식으로 행동하게 만들 수 있다. 한 연구에서(Steele &
Aronson, 1995). 아프리카계 미국인과 백인 학생에게 시험 문제를 주고 각 집
단의 학생들의 반에게는 시험지의 맨 꼭대기에 자신의 인종을 쓰게 하였다.
시험지의 첫 부분에 자신의 인종을 쓰지 않았던 학생들은 모두 자신의 실력
만큼 시험을 보았지만, 자신의 인종을 쓰게 했을 때, 아프리카계 미국인 학
생들은 자신이 속한 집단에 대한 부정적인 고정관념을 확증해 줄 것 같은 불
안감이 들었고, 이로 인해 자신의 원래 실력보다 못하게 시험을 보았다(그림
13.18 참조). 고정관념이 자가지속적이 되는 한 가지 이유는 그런 고정관념
의 대상이 되는 사람으로 하여금 그 고정관념을 확증하는 방식으로 행동하
게 만들기 때문이다.

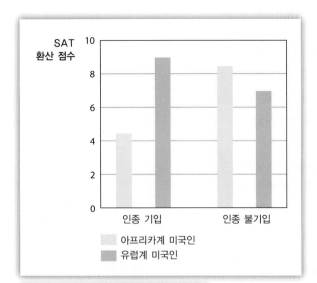

SAT 환산 점수

아프리카계 미국인
유럽계 미국인

▲ 그림 13.18 **고정관념 위협** 시험을 보기
전에 자신의 인종을 쓰게 하면, 아프리카계
미국인 학생들의 성적은 그들이 실제로 획득
해야 맞을 성적(SAT 점수로 환산된 성적)보
다 더 낮게 나온다.

- 사람들이 고정관념을 스스로 확증해 주지 않더라도, 많은 경우 관찰자가 그들이 그런 속
성들을 갖고 있다고 생각한다. **확증적 지각**(perceptual confirmation)이란 사람들이 자신이 보
기를 기대하는 것을 보는 경향이다. 한 연구에서, 참가자들에게 대학 농구 경기의 라디오 중
계방송을 들려 주고 나서 그 선수들 중의 어느 한 사람의 실력에 대해 평가하도록 하였다.
참가자들은 모두 사전에 녹음된 같은 중계방송을 들었지만, 어떤 참가자에게는 그 선수
가 아프리카계 미국인이라고 말해 주었고, 다른 참가자에게는 백인이라고 말해 주었다.
실험 참가자들의 고정관념은 그들로 하여금 선수의 인종에 따라 운동 능력이 다를 것이
라는 기대를 갖게 만드는데, 그 참가자들은 그들이 기대하는 바대로 지각하였다. 그 선수
가 아프리카계 미국인이라고 믿었던 참가자들은 백인이라고 믿었던 참가자들에 비해 그

선수가 운동 능력은 더 낫지만 지능은 더 낮다고 생각하였다(Stone, Perry, & Darley, 1997). 고정관념은 그 대상자들에 대한 우리의 지각을 편향시키는데, 실상이 그렇지 않은 경우에, 그 대상자들이 우리의 고정관념을 확증시켜 주고 있다고 생각하게 만듦으로써 영속하게 된다(Fiske, 1998).

● 만약 사람들이 우리의 고정관념이 틀렸다는 것을 명확하게 밝혔다면 어떤 일이 일어날 것인가? **하위유형 분류**(subtyping)는 사람들이 자신이 갖고 있는 고정관념에 반대되는 증거를 만나게 되면 그 고정관념을 폐기하기보다는 수정하는 경향을 말한다(Weber & Crocker, 1983). 예를 들면, 우리들은 대부분 홍보 분야에서 일하는 사람들은 사교적일 것이라고 생각한다. 한 연구에서 참가자들이 약간 비사교적인 홍보 요원에 대해 알게 되었을 때, 그 결과를 보면 홍보 요원에 대한 그들의 고정관념은 이 새로운 정보를 받아들여 약간 변화되었다. 여기까지는 괜찮다. 그러나 참가자들이 극단적으로 비사교적인 홍보 요원에 대해서 알게 되었을 때, 그들의 고정관념은 전혀 변화되지 않았다(Kunda & Oleson, 1997). 그 대신, 그들은 **극단적으로** 비사교적인 홍보 요원은 '규칙에서 벗어난 예외적인 인물'로 간주해 버렸고, 이것은 그들의 고정관념이 전혀 손상됨이 없이 그대로 유지되도록 만들어 주었다. 하위유형 분류는 반대되는 증거 앞에서 우리의 고정관념을 유지할 수 있게 해 주는 강력한 방법이다.

우리들 중 많은 사람들이 수녀를 전통적이고 품위 있는 사람이라고 생각한다. 로사 엘레나 수녀가 눈뭉치를 아만다 데헤수스 수녀에게 내리 꽂는 이 사진이 당신의 수녀에 대한 고정관념을 변화시킬 것인가, 아니면 수녀들도 여러 부류가 있다고 생각할 것인가?

고정관념은 자동화될 수 있다

고정관념이 부정확하고 자가지속적인 것이라는 것을 우리가 알고 있다면 (지금 당신이 그러하듯이), 왜 우리는 그것의 사용을 중지하겠다는 단호한 결심을 하지 않는가? 그 답은 고정관념화가 무의식적으로 일어나고 (이것은 우리가 이를 사용하고 있다는 것을 항상 의식하고 있지는 못하다는 의미이다), **자동적으로 일어나기**(이것은 심지어

? 고정관념적이 되지 않겠다는 것이 결심으로 가능한 일인가?

는 우리가 그렇게 하지 않으려고 노력을 함에도 불구하고 많은 경우 그것을 사용하는 것을 피할 수 없음을 의미한다)(Banaji & Heiphetz, 2010; Greenwald, McGhee, & Schwartz, 1998; Greenwald & Nosek, 2001) 때문이라는 것이다.

예를 들면 한 연구에서 참가자들에게 비디오 게임을 하도록 했는데, 여기서 총 또는 카메라를 들고 있는 흑인 또는 백인의 사진이 화면에 1초 미만의 시간 동안 비쳤다. 참가자들은 총을 들고 있는 사람에게 총을 쏘면 돈을 벌고, 카메라를 들고 있는 사람에게 총을 쏘면 돈을 잃게 되어 있었다. 결과를 보면 참가자들은 두 유형의 실수를 하는 것으로 나타났다. 그들은 카메라를 들고 있는 흑인에게 쏘았고, 총을 들고 있는 백인에게 쏘지 않는 경향을 보였다(Correll et al., 2002). 화면에 나타난 사진의 제시 시간이 너무 짧아서 참가자들은 자신들이 갖고 있는 고정관념에 의식적으로 조회해 볼 시간이 충분하지 않았음에도

암묵적 연합 검사를 사용한 연구들은 백인 미국인의 70%가 백인의 얼굴을 '평화'와 같은 긍정적인 개념과 연결시키는 것과 흑인의 얼굴을 '폭탄'과 같은 부정적인 개념과 연결시키는 것이 그 반대의 방식으로 하는 것에 비해 더 쉽게 된다는 것을 보여준다. 놀랍게도 아프리카계 미국인들의 40%도 이와 똑같은 패턴을 보인다.

불구하고, 이 고정관념들이 무의식적으로 작용하여, 카메라가 흑인의 손에 들려져 있을 때는 총으로 오인하게 만들었고, 총이 백인의 손에 들려져 있을 때는 카메라로 오인하게 만들었던 것이다. 슬프게도 흑인 참가자들도 백인 참가자와 거의 같은 정도로 이러한 패턴의 실수를 범하였다. 어째서 이런 일이 일어날까?

고정관념은 오랜 시간 동안 친구와 친척, 책과 블로그, 농담과 영화, 심야 TV 등에서 나온 인간 범주들에 관한 정보들로 모두 구성되어 있다. 우리가 랩 비디오에서 총을 들고 나오는 흑인을 볼 때, 우리의 마음은 이 두 가지를 서로 연결시키는데, 우리는 실세계가 아닌 예술을 보고 있다는 것을 알고 있지만, 이러한 연결은 만들어지고 기억된다. 이후에 우리는, 초등학교 2학년 시절에는 담임 선생님의 영향을 받지 않겠노라고 또는 프렌치프라이 냄새는 맡지 않겠노라고 결심을 할 수 없는 것처럼 그 연결에 의해 영향받지 않겠다고 절대 결심을 할 수가 없는 것이다.

사실상 어떤 연구에 의하면 고정관념을 사용하지 않으려고 노력하는 것이 사태를 호전시키기보다는 더 악화시킬 수 있다고 한다. 한 연구에서 참가자들에게 터프하게 생긴 스킨헤드 남자의 사진을 보여 주고, 자신의 생활 중 가장 전형적인 하루 생활을 기술하는 글을 쓰게 하였다. 참가자 중의 일부에게는 스킨헤드에 대한 고정관념이 그들의 글 내용에 영향을 주지 않도록 주의하라는 말을 해 주었고, 다른 참가자들에게는 그러한 지시를 주지 않았다. 그다음에 실험자는 각 참가자를 8개의 빈 의자가 있는 방으로 데리고 갔다. 첫 번째 의자에 재킷이 하나 걸려 있는데, 실험자는 그것이 화장실에 간 스킨헤드 남자의 것이라고 설명해 주었다. 참가자는 어떤 의자에 앉았을까? 고정관념이 글의 내용에 영향을 미치지 않도록 하라는 지시를 받은 참가자들이 그러한 지시를 받지 않은 참가자에 비해 스킨헤드 재킷이 걸려 있는 의자로부터 훨씬 더 멀리 떨어져 있는 의자에 앉았다(Macrae et al., 1994). 5장에 있는 내용에서 보았듯이, 어떤 생각을 억누르려고 하는 것은 이율배반적인 현상으로 나타나는데, 많은 경우 어떤 행동을 하지 않으려고 회피하는 것이 오히려 그 행동을 하게 만든다(Wegner et al., 1987).

고정관념화가 무의식적이고 자동적인 것이기는 하지만, 이것이 절대로 피할 수 없는 것은 아니다(Blair, 2002; Kawakami et al., 2000; Milne & Grafman, 2001; Rudman, Ashmore, & Gary, 2001). 예를 들면, 앞서 이야기된 '카메라 또는 총' 비디오 게임에 참여하기 전에 특별한 훈련을 받은 경찰관은 보통 사람들이 보이는 것과 똑같은 편향을 보이지 않는다(Correll et al., 2007). 보통 사람들과 마찬가지로, 백인보다 흑인을 더 많이 쏘지 않는 판단을 하려면 그들도 천분의 몇 초가 더 필요한데, 이는 고정관념이 그들의 사고에 무의식적이고 자동적으로 영향을 미친다는 것을 나타내는 것이다. 그러나 보통 사람들과는 달리, 그들은 실제로 백인보다 흑인을 더 많이 쏘지 않는데, 이는 그들이 이러한 고정관념이 자신의 행동에 영향을 미치지 않도록 하는 방법을 학습했음을 나타낸다. 다른 연구들도 아주 간단한 게임이나 연습으로도 고정관념의 이러한 자동적인 영향을 줄일 수 있다는 것을 보여 주고 있다.

귀인 : 행위로부터의 추론 도출

1963년에 마틴 루터 킹 2세 박사는 미국에 대한 자신의 비전을 담은 연설을 하였다. "나는 나의 네 아이들이 언젠가는 그들의 피부 색깔에 의해서가 아니라 그들의 성품에 의해 판단이 되는 나라에서 살게 될 것이라는 꿈을 갖고 있습니다." 고정관념화에 관한 연구는 킹 박사의 염려가 여전히 옳다는 것을 보여 주고 있다. 우리는 사실상 사람들을 그들의 성별, 국적, 종교, 연령, 직업뿐만 아니라 피부 색깔을 갖고도 판단하며, 그렇게 함으로써 때때로 잘못을 범한다. 그렇다면 우리는 성품을 갖고 사람을 판단할 때 더 나은 판단을 하는가? 우리가 만약 고정관념

2007년 로이터 통신사의 사진기자인 나미르 누르-엘딘은 이라크에서 그가 갖고 있던 카메라를 무기로 오인한 미국 병사들이 헬리콥터에서 쏜 총에 맞아 죽었다. 만약 누르-엘딘이 금발이었다거나 여성이었다 해도 그 병사들이 똑같은 실수를 범했을 것인가?

의 '스위치를 끄고' 각 사람을 개별자로서 취급한다면, 우리는 이 사람들을 정확하게 판단할 수 있을 것인가?

반드시 그렇지는 않다. 사람을 개별자로 취급한다는 것은 그 사람이 하는 말과 행동을 보고 그 사람을 판단한다는 것을 의미한다. 이것은 한 사람의 진면목과 그 사람이 말하거나 행동하는 것 간의 관계가 항상 간단명료한 것이 아니기 때문에 말처럼 그리 쉬운 일이 아니다. 정직한 사람이 곤경에 처한 친구를 구하기 위하여 거짓말을 할 수도 있으며, 부정직한 사람이 자신의 신뢰도를 높이기 위하여 진실을 말할 수도 있다. 행복한 사람도 어려운 날들이 있고, 점잖은 사람이 운전을 난폭하게 할 수도 있으며, 우리를 멸시하는 사람이 우리에게 부탁할 일이 있을 때 우리에게 와서 알랑거릴 수도 있다. 요약한다면, 사람들의 행동이 때로는 그 사람의 진면목을 말해 주기도 하지만, 또한 때로는 그것은 단순히 그 사람이 처한 상황의 진면목을 말해 주는 것이기도 하다.

> **행동이 그 사람에 관해 무엇인가를 말해 주는 것은 어떤 경우에서 그러한가가?**

사람들을 이해하기 위해서는 그들이 무엇을 하였는가를 아는 것뿐만 아니라 그들이 왜 그것을 했는가도 알아야 한다. 홈런을 친 타자는 재능을 타고난 강타자인가 아니면 바람이 바로 그 순간에 그 방향으로 불어 준 행운의 수혜자인가? 생명 존중 연설을 하는 정치가가 정말로 낙태를 반대하는 사람인가, 아니면 그녀는 단지 보수층의 표를 얻기 위해 노력하고 있는 것인가? 이와 같은 질문들에 대해 대답을 할 때 우리는 귀인을 하게 되는데, **귀인**(attribution)이란 사람들의 행동의 원인에 대한 추리를 말한다(Epley & Waytz, 2010; Gilbert, 1998). 어떤 사람의 행동에 대해 그것이 일어난 상황의 어떤 일시적 요인에 의해 그 행동이 일어났다고 판단하는 경우 우리는 **상황 귀인**(situational attribution)을 하는 것이며('그는 그때 마침 바람이 그쪽으로 불어서 볼이 스탠드까지 날아가는 행운을 누렸다.'), 그 사람의 행동에 대해 특정한 방식으로 생각하고 느끼고 행동하게 만드는 그의 비교적 지속적인 성향에 의해 그 행동이 일어났다고 판단한다면 우리는 **성향 귀인**(dispositional attribution)을 하는 것이다('그는 공을 잘 보고, 타력이 강하다.').

성향 귀인을 할 것인지 아니면 상황 귀인을 할 것인지를 어떻게 아는가? **공변 모델**(covariation model; Kelley, 1967)에 의하면 우리는 행위의 일관성, 특이성, 합치성을 고려해야만 한다. 예를 들어, 그림 13.19의 사진에 나와 있는 남자는 왜 치즈 모양의 모자를 쓰고 있는가? 그는 이상한 성격을 갖고 있는 사람인가(성향 귀인) 아니면 위스콘신 풋볼 게임을 보러 가고 있는 그냥 보통의 사람인가(상황 귀인)? 공변 모델에 따르면, 당신은 그의 행동이 일관성(그는 통상 이 모자를 쓰고 있는가?), 합치성(다른 사람들도 이 모자를 쓰고 있는가?), 그리고 특이성(그는 다른 이상한 행동들을 하는가?)이 있는지를 물어봄으로써 이 문제에 대한 답을 할 수가 있다. 만약 그가 매일 이 모자를 쓰고(고 일관성), 오늘은 치즈 모자를 쓴 사람이 아무도 없으며(저 합치성), 그가 광대 신발을 신는다는가 지나가는 사람들에게 "빵빵"이라고 말하는 등, 다른 이상한 행동도 하는 경향이 있는 것으로(저 특이성) 밝혀졌다면 당신은 아마도 성향 귀인을 할 것이다('그는 공인된 이상한 사람이야.'). 반면에, 그는 이 모자를 잘 쓰지 않으며(저 일관성), 오늘은 다른 많은 사람들이 치즈 모자를 쓰고 있고(고 합치성), 그는 다른 이상한 행동은 하지 않는 성향이라면(고 특이성), 당신은 아마도 상황 귀인을 할 것이다('그는 오늘 경기에서 위스콘신 주 그린베이의 패커스 팬이구나.'). 그림 13.19에 나와 있듯이, 일관성, 합치성, 특이성의 패턴들이 어떤 사람의 행동의 원인에 대한 유용한 정보를 제공해 준다.

이는 논리적으로 보이기는 하지만, 연구에 의하면 사람들은 이런 정

S. GROSS

"하느님 맙소사, 생각 좀 해 봐! 그가 왜 너에게 그렇게 잘해 주겠니?"

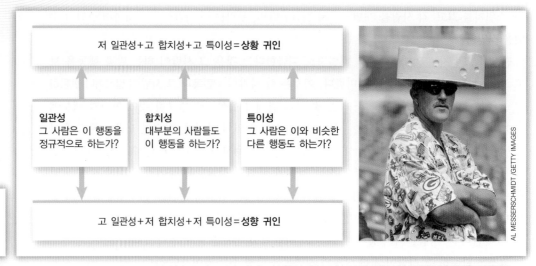

저 일관성＋고 합치성＋고 특이성＝**상황 귀인**

| 일관성
그 사람은 이 행동을
정규적으로 하는가? | 합치성
대부분의 사람들도
이 행동을 하는가? | 특이성
그 사람은 이와 비슷한
다른 행동도 하는가? |

고 일관성＋저 합치성＋저 특이성＝**성향 귀인**

▶ 그림 13.19 **귀인의 공변 모델** 공변 모델은 한 사람의 행동에 대해 성향 귀인을 할 것인지 아니면 상황 귀인을 할 것인지를 예측하게 해 준다.

대응추리 편향
우리가 상황 귀인을 해야 맞을 경우에도 성향 귀인을 하는 경향

보를 항상 제대로 사용하는 것이 아니라는 것이다. **대응추리 편향**(correspondence bias)은 우리가 상황 귀인을 해야 맞을 경우에도 성향 귀인을 하는 경향을 말한다(Gilbert & Malone, 1995; Jones & Harris, 1967; Ross, 1977). 이 편향은 너무나 흔히 볼 수 있고 또 너무나 기본적인 것이어서 기본 귀인 오류(fundamental attribution error)라고도 많이 불린다. 예를 들면 한 실험에서 자원 참가자들이 퀴즈 풀이를 하게 되는데, 한 참가자는 '퀴즈 진행자'를 담당하

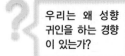

우리는 왜 성향 귀인을 하는 경향이 있는가?

여 어려운 퀴즈 문제를 만들고, 다른 한 사람은 '퀴즈 풀이자'로서 이 문제들에 대해 답을 해야 하며, 세 번째 참가자는 '관찰자'로서 그 게임을 단순히 구경하게 되어 있었다. 퀴즈 진행자들은 대부분 자기 자신만이 갖고 있는 독특한 지식에 기초하여 풀기 어려운 문제들을 만들어 질문하였으며, 퀴즈 풀이자들은 대개 그 문제들에 대해 답을 맞히지 못하였다. 관찰자는 그 게임을 다 지켜본 후에 퀴즈 진행자와 퀴즈 풀이자 둘 중에서 누가 지식이 더 많아 보이는지를 판단하도록 하였다. 퀴즈 진행자들은 좋은 문제들을 만들어 질문을 했고 퀴즈 풀이자들은 답변을 제대로 하지 못했지만, 이 모든 질문과 답변은 그들이 수행하도록 부여받은 역할의 산물이며, 그들이 역할을 서로 바꾸어 했다면 퀴즈 풀이자도 똑같이 좋은 질문들을 했을 것이고 퀴즈 진행자도 역시 똑같이 대답을 잘 못했을 것임은 관찰자에게 자명한 것이었을 것이다. 그러나 관찰자는 퀴즈 진행자가 퀴즈 풀이자보다 지식이 더 많다고 평가하였으며(Ross, Amabile, & Steinmetz, 1977), 퀴즈 진행자를 다음 게임의 자기 파트너로 더 많이 선택하는 경향을 보였다(Quattrone, 1982). 성공한 운동선수가 홈구장에서의 이점을 가졌다는 것과 성공한 기업가가 가족의 뒷받침이 있었다는 것을 알고 있는 경우에도 우리는 그들의 성공을 그들의 재능과 집념에 귀인하는 경향을 보인다.

　대응추리 편향이 일어나게 만드는 원인은 무엇일까? 첫째, 행동의 상황적 원인은 많은 경우 가시적이지 않다(Ichheiser, 1949). 예를 들면, 학생은 자신의 학점에 대한 통제권을 쥐고 있는 교수들에게 잘 보이려고 할 충분한 이유가 있다는 사실에도 불구하고, 교수들은 자기들에게 잘 보이려고 하는 학생들이 정말로 자기들을 존경한다고 생각한다. 문제는 말 그대로 교수가 보는 것은 학생들이 재미없는 우스개에 대해 웃어 주고 있는 것과 지루한 강의에 대해 박수를 치고 있는 것이며, '학점에 대한 통제권'은 교수가 볼 수가 없는 것이라는 사실이다. 상황은 행동만큼 구체적이거나 가시적이지 않으며, 따라서 상황은 너무나 쉽게 무시된다(Taylor & Fiske, 1978). 둘째, 상황 귀인은 성향 귀인보다 더 복잡하고 시간과 주의가 더 많이 요구되는 일이 있다. 한 연구에서 참가자들에게 귀인을 하는 동안, 심적으로 부담을 주는 과제(일곱 자리 숫자

2011년, 대통령 후보인 허먼 케인은 "월가가 잘못한 것이 아니다. 큰 은행들이 잘못한 것도 아니다. 여러분이 일자리가 없고, 여러분이 부자가 아니라면 여러분 자신을 탓하라"라고 말했다. 대응추리 편향에 관한 연구를 보면 우리는 어떤 사람에게 일어난 일을 그 사람의 우매함이나 게으름과 같은 성향 탓으로 돌리기 쉽고, 그 사람이 그 상황의 희생자였을 가능성은 잘 생각하지 않는다고 한다.

케네디가의 형제들(상원의원 로버트, 상원의원 테드, 그리고 대통령 존)과 부시가의 형제들(주지사 젭과 대통령 조지)은 아주 성공한 남자들이다. 이들의 성공은 이 사람들의 성품에 기인한 것인가 아니면 그들의 가문이 갖고 있는 돈과 명성에 기인한 것인가?

를 계속 외고 있게 하는 것)를 하게 하였을 때, 성향 귀인을 하는 것은 전혀 어려움 없이 하였지만, 상황 귀인을 하는 것은 매우 어려워하는 것을 발견하였다(Gilbert, Pelham, & Krull, 1988; Winter & Uleman, 1984). 요약하면, 상황에 관한 정보는 얻기도 어렵고 사용하기도 어려우므로, 다른 사람의 행동에 대해 완벽하게 합당한 상황적 이유가 있는 경우에도 우리는 그들의 행동이 그들의 성향 때문에 일어났다고 믿어 버리는 것 같다.

이 대응추리 편향은 특정한 문화권(Choi, Nisbett, & Norenzayan, 1999), 특정한 사람(D'Agostino, & Fincher-Kiefer, 1992; Li et al., 2012), 또는 특정한 상황에서 더 잘 일어난다. 예를 들면 우리는 자신에 대해 판단할 때보다 다른 사람에 대해 판단할 때 대응추리 편향을 더 잘 범하기 쉬운 것 같다. **행위자-관찰자 효과**(actor-observer effect)는 동일한 행동인데도 타인의 행동에 대해서는 성향 귀인을 하는 반면 자신의 행동에 대해서는 상황 귀인을 하는 경향을 말한다(Jones & Nisbett, 1972). 대학교 학생들에게 그들 자신과 친구들이 각자의 전공을 선택한 이유를 설명해 보라고 했을 때, 자신의 선택에 대해서는 상황을 이유로 대었고("경제학을 선택한 이유는 부모님께서 대학교를 마치고 나서 바로 돈을 벌 수 있게 하라고 말했기 때문이다."), 친구들의 선택에 대해서는 성향을 이유로 대어서("리가 경제학을 선택한 이유는 그녀가 물질추구적인 사람이기 때문이다") 설명하는 경향을 보였다(Nisbett et al., 1973). 행위자-관찰자 효과는 사람들이 통상 다른 사람들의 행동의 원인으로 작용한 상황에 관한 정보보다 그들 자신의 행동의 원인으로 작용한 상황에 관한 정보를 더 많이 갖고 있기 때문에 일어난다. 우리는 "뭔가 실용적인 전공을 선택해라"라는 우리의 부모님의 훈계는 기억할 수 있지만, 우리는 리의 집에서 살지 않았기 때문에 그녀의 부모님도 똑같은 훈계를 하시는 것을 볼 기회가 없었던 것이다. 관찰자로서의 우리는 자연스럽게 다른 사람들의 행동에 초점을 두게 되지만, 행위자로서의 우리는 완전히 우리의 행동이 일어나고 있는 상황에 초점을 두게 된다. 실제로, 부모님의 관점에서 자신을 관찰할 수 있도록 자신의 대화 장면을 담은 비디오테이프를 보여 주었을 때, 그들은 자신의 행동에 대해서는 성향 귀인을 하였고, 상대방의 행동에 대해서는 상황 귀인을 하는 경향을 보였다(Storms, 1973; Taylor & Fiske, 1975).

요약

▶ 사람은 다른 사람들에 대해 그들이 소속해 있는 범주들에 근거하여 그 사람들에 대하여 추리를 한다(고정관념화). 고정관념은 부정확하고, 남용되며, 자가지속적이고, 무의식적이며, 자동적으로 작용할 수 있으므로 이 과정은 사람들로 하여금 타인에 대해 잘못된 판단을 하게 만들 수 있다.

▶ 사람은 다른 사람들에 대해 그들의 행동에 기초하여 그들에 대하여 추리를 한다. 사람은 다른 사람들의 행동을 상황에 귀인 해야 마땅한 경우에서 조차도 성향 귀인을 하는 경향이 있기 때문에 이 과정은 사람들로 하여금 타인에 대해 잘못된 판단을 하게 만들 수 있다.

행위자-관찰자 효과
동일한 행동인데도 타인의 행동에 대해서는 성향 귀인을 하는 반면 자신의 행동에 대해서는 상황 귀인을 하는 경향

제13장 복습

주요 개념 퀴즈

1. 희소 자원을 획득하기 위해 힘을 사용하는 것을 무엇이라고 하는가?

　a. 공격 행동　　　　　　c. 목표 설정
　b. 욕구 불만　　　　　　d. 사회성

2. 누군가가 당신의 컴퓨터를 해킹하여 당신의 개인 정보를 빼낸 다음 그 정보를 사용하여 상품과 서비스를 구입하였다면, 이 사람은 (　　) 원리에 따라서 행동하고 있다.

　a. 공격 행동　　　　　　c. 부정성 효과
　b. 사회 인지　　　　　　d. 욕구불만-공격

3. 폭력 범죄로부터 운동선수들 간의 몸싸움에 이르기까지, 왜 사람을 짜증나고 불편하게 만드는 더운 날씨에 공격 행동이 더 많이 일어나는가?

　a. 욕구불만
　b. 부정적 감정
　c. 희소 자원
　d. 생물학적 요인과 문화 간의 상호 작용

4. 공격 행동을 가장 잘 예측해 주는 요인을 한 가지 든다면 무엇인가?

　a. 기질　　　　　　　　c. 성별
　b. 연령　　　　　　　　d. 지위

5. 죄수의 딜레마 게임은 다음 중 어떤 것을 보여 주는 것인가?

　a. 가설 확증 편향　　　　c. 집단 극화
　b. 책임감 분산　　　　　d. 협동의 이득과 손실

6. 다음 중 집단에 소속하는 것의 단점이 아닌 것은 무엇인가?

　a. 사람은 자기 집단의 사람들에 대하여 긍정적으로 편향되어 있고, 그들에 대해 호의적으로 행동한다.
　b. 사람은 자기 집단 소속원이 아닌 사람들에 대해 편견과 차별 행동을 많이 보인다.
　c. 집단은 때때로 잘못된 결정을 내린다.
　d. 집단은 혼자라면 하지 않을 극단적인 행동을 한다.

7. 다음 중 상호적 이타성을 가장 잘 기술하고 있는 것은?

　a. 사람은 집단 속에 파묻히면 자신이 갖고 있는 가치관을 잊게 된다.
　b. 집단에서 제외되었을 때 갖게 되는 불안감, 외로움, 우울증
　c. 기간이 연장된 형태의 협동
　d. 개체가 친족에게 협동을 하게 되는 진화적 과정

8. 다음 중 짝을 고를 때 여성이 더 까다롭게 하는 이유에 대한 설명이 아닌 것은?

　a. 성관계가 남성보다 여성에게서 손실이 더 클 가능성이 있기 때문이다.
　b. 육아 방식에서 여자 아이들에게 더 까다롭게 행동하도록 기르기 때문이다.
　c. 역사적으로 보면 성관계에 관한 소문으로 인한 손실이 남성보다 여성이 훨씬 더 크기 때문이다
　d. 임신을 하면 여성은 영양도 더 많이 섭취해야 하고, 질병이나 사망의 위험에도 놓이기 때문이다.

9. 다음 중 어떤 것이 매력을 유발하는 상황적 요인인가?

　a. 근접성　　　　　　　c. 외모
　b. 유사성　　　　　　　d. 성격

10. 현재 40세가 될 때까지 미국 남성의 (　　)%, 미국 여성의 (　　)% 가 결혼을 하는가?

　a. 50%, 50%　　　　　c. 80%, 85%
　b. 90%, 10%　　　　　d. 10%, 90%

11. 사람은 비용 대 이익의 비율이 유리하다고 생각되는 한에서만 그 관계를 유지한다는 가설을 무엇이라고 하는가?

　a. 열정적 사랑　　　　　c. 사회 교환
　b. 노출 효과　　　　　　d. 형평성

12. (　　) 동기는 사람들이 어떻게 쾌락을 추구하고 고통을 회피하도록 동기화되는가를 기술한다.

　a. 감정 추구　　　　　　c. 인정 추구
　b. 정확성 추구　　　　　d. 쾌락 추구

13. 권위자가 무엇을 하라고 말하면 그 말을 따르는 경향을 무엇이라고 하는가?

　a. 설득　　　　　　　　c. 동조
　b. 복종　　　　　　　　d. 자기실현적 예언

14. 사람들이 타인에 대해 알아가는 과정을 무엇이라고 하는가?

　a. 성향 귀인　　　　　　c. 사회 인지
　b. 정확성 추구 동기　　　d. 인지 부조화

15. 어떤 사람의 행동이 상황 때문에 일어난 경우에도 성향 귀인을 하는 경향을 무엇이라고 하는가?

　a. 비교 수준　　　　　　c. 공변
　b. 고정관념화　　　　　d. 대응추리 편향

주요 용어

고정관념 위협　　　　　　귀인　　　　　　　　대응추리 편향　　　　　문전박대 기법
고정관념화　　　　　　　규범　　　　　　　　동조　　　　　　　　　복종
공격　　　　　　　　　　규범적 영향　　　　　동반자적 사랑　　　　　비교 수준
공통 지식 효과　　　　　단순 접촉 효과　　　　문간에 발 들여 놓기 기법　사회 교환

사회 영향	열정적 사랑	집단	편견
사회 인지	욕구불만-공격 가설	집단 극화	편의적 설득
사회 태만	이타적 행동	집단 사고	하위유형 분류
사회 심리학	인지부조화	차별 행동	행위자-관찰자 효과
상호성 규범	자기실현적 예언	책임감 분산	협동
상호적 이타 행동	자아정체 망각	체계적 설득	형평성
설득	정보적 영향	친족 선택	확증적 지각
신념	주변인 개입	태도	

생각 바꾸기

1. 당신 주의 주 의원 중의 한 사람이 빨간 신호등에도 그냥 달리는 난폭 운전자들에 대해 무거운 과태료를 부과하는 법안을 지지하고 있다. 당신의 한 급우는 이것이 좋은 생각이라고 생각한다. "교과서에서 처벌과 보상에 대해서 많은 것을 가르쳐주고 있잖아. 그것은 간단한 거야. 난폭 운전을 처벌하면, 그 빈도는 줄어들겠지." 당신의 급우의 말은 맞는 것인가? 이 새로운 법안이 역효과를 불러오지는 않을까? 안전 운전을 촉진하는 데 다른 정책이 더 효과적이지는 않을까?

2. 당신의 친구 중의 한 명은 여자 농구 팀의 스타플레이어이면서 사교적이고 재미있는 사람이다. 그녀는 내성적이며 파티에 가는 것보다는 컴퓨터 게임을 더 좋아하는 한 남자와 데이트를 시작했다. 당신이 이들의 완전히 서로 다른 성격을 갖고 그녀에게 놀려대자 그녀는 "글쎄, 서로 반대 되는 것이 매력이야"라고 답한다. 당신 친구의 말이 맞는 것인가?

3. 2011년 후반기에 연방 법원은 뉴욕 소방청이 오랜 기간 직원 채용에서 차별적인 정책을 취해 왔으며, 그 결과 시 인구의 약 25%가 흑인임에도 불구하고 직원의 97%가 백인으로서, 소수 집단이 체계적으로 불이익을 받아 왔다고 판시했다. 당신의 친구가 이 기사를 읽고는 "사람들은 항상 너무나 쉽게 인종차별이라고 떠들어. 물론 일부 인종차별주의자가 아직 있기는 하지. 그렇지만 한번 설문조사를 해서 사람들에게 다른 인종의 사람들에 대해서 어떻게 생각하느냐고 물어 봐. 그들은 자신들은 그 사람들과 잘 지내고 있다고 말할 거야"라고 빈정댄다. 당신은 친구에게 미국에서의 인종차별주의에 대해 어떠하다고 말할 것인가? 당신은 친구에게 뭐라고 말할 것인가?

4. 당신의 친구 중의 한 명이 매우 독특한 패션 감각을 갖고 있어서, 네온 오렌지색의 조깅화로부터 찌그러진 중절모에 이르기까지 그는 항상 남들이 입는 것과는 약간 다른 옷들을 입는다. 당신은 그 친구가 기이한

성격을 갖고 있다는 것을 잘 알고 있다. 언젠가 그가 당신에게 자신은 남의 이목을 끌기 위한 독특한 복장을 하기 위해 옷을 주의 깊게 고른다고 말한다. 그는 "대부분의 사람들은 군중을 따라가지. 나는 안 그래. 나는 하나의 독자적인 개체이고, 그래서 다른 어떤 사람들로부터 영향을 받지 않고 나 자신의 선택을 하는 거야"라고 말한다. 당신 친구의 생각은 맞는가? 당신은 그 친구의 주장에 대한 지지 또는 반대의 예로서 어떤 것을 들 수 있겠는가?

5. 실험 참가자가 연구자의 지시에 복종하여, 그러지 말아 달라고 간청하는 사람에게 고통스러운 전기충격을 거리낌 없이 주었다는 밀그램(1963)의 연구에 대해 배우고 나서 한 급우가 전율을 금치 못한다. 더욱 나쁜 것은, 버거(Burger, 2009)의 연구는 이런 행동은 옛날의 그 시절의 사람들만이 할 수 있었던 것이 아니고, 현대의 사람들도 밀그램의 연구에서 사람들이 보였던 것과 거의 똑같은 복종률을 보였다는 사실을 보여 주고 있다. 그녀는 "어떤 사람들은 정말 양떼 같아! 너나 나 같으면 그렇게 행동하지 않았을 거라고 생각해"라고 말한다. 그녀의 말은 맞는가? 그녀의 생각에 대한 지지 또는 반대의 증거로서 당신은 어떤 것을 들 수 있겠는가?

6. 당신의 가족들이 추수감사절에 모였을 때, 당신의 사촌인 웬디가 그녀의 약혼자 아만다를 데리고 왔다. 아만다는 전체 가족을 처음 만났는데, 그녀는 긴장해 있는 듯 보인다. 그녀는 말을 너무 많이 하고, 너무 크게 웃고 해서 모든 사람들을 짜증나게 만들고 있다. 나중에 엄마와만 단 둘이 있게 되었을 때, 엄마는 눈을 굴리면서 "웬디가 그런 짜증나게 만드는 성격을 가진 사람과 결혼해서 앞으로의 인생을 살기를 원할 것이라고는 상상도 못했구나"라고 말한다. 당신은 당신의 어머니가 대응추리 편향의 희생자가 되었다고 느꼈기 때문에 당신이 좀 더 관대해져야겠다고 생각한다. 당신은 어떻게 하면 당신 어머니의 마음을 바꿀 수 있겠는가?

주요 개념 퀴즈 정답

1. a, 2. d, 3. b, 4. c, 5. d, 6. a, 7. c, 8. b, 9. a, 10. c, 11. c, 12. d, 13. b, 14. c, 15. d

Need more help? Additional resources are located in LaunchPad at:
http://www.worthpublishers.com/launchpad/ schacter3e

스트레스와 건강

"**내**가 너의 목에 칼을 대고 있어. 소리 내지 마. 침대에서 내려와 나와 함께 가지 않으면 너와 너의 가족을 죽일 거야" 2002년 6월 5일 한밤중에 14세의 엘리자베스 스마트는 이 목소리에 잠을 깼다. 당시 그녀는 9세 된 여동생 메리 캐서린 옆에서 자고 있었다. 자신과 자신의 가족이 목숨을 잃을 것에 두려워 그녀는 조용히 유괴자를 따라 갔다. 그녀의 여동생이 부모가 깨어날 때까지 몇 시간을 두려움에 떨며 침실에 숨어 있었고 깨어난 부모에게 다음과 같이 소리쳤다. "언니가 사라졌어요. 엘리자베스가 사라졌어요." 엘리자베스는 부모가 지붕 공사를 위해 고용한 적이 있는 브라이언 데이비드 미첼에 의해 유괴되었다. 미첼은 열려진 창문을 통해 솔트레이크의 그녀 집에 침입하였고 엘리자베스를 유괴하였다. 그와 그의 아내 완다 일린 바르지는 9개월 동안 엘리자베스를 감금하였고 그 기간 동안 미첼은 그녀를 강간하였으며 그녀와 그녀의 가족을 죽이겠다고 협박하였다. 미첼, 바르지와 스마트가 거리를 걸어가는 도중 한 부부에 의해 목격되었는데, 그 부부는 최근 방영된 TV쇼 "American's Most Wanted"에서 그들을 본 적이 있는 것을 기억해 내었고 바로 경찰에 신고하였다. 미첼과 바르지는 체포되었고 엘리자베스는 가족의 품으로 돌아왔다.

엘리자베스는 특히 14세의 소녀에게는 가장 스트레스가 되고 상상하기 어려운 환경에 오랫동안 있었다. 엘리자베스는 어떻게 되었을까? 다행히도 그녀는 현재 안정되고 건강하며 행복한 결혼생활을 하고 있으며, ABC 뉴스의 평론가로 활동하고 있다. 그녀는 몇 개월 동안 생명을 위협하는 스트레스를 견디어 냈고 이러한 경험이 그녀의 전 생애에 영향을 미칠 것은 의심의 여지가 없다. 동시에 그녀의 스토리는 복원력의 예가 된다. 매우 어려운 일을 겪었지만 그녀는 원래의 생활로 돌아왔고 행복하고 생산적인 삶을 살고 있다. 그녀의 스토리는 스트레스와 건강에 관한 좋은 예가 된다.

미소를 짓고 있는 소녀가 엘리자베스 스마트인데, 그녀는 이 두 사진을 찍은 시기의 사이 동안 유괴되어 강간을 당하고 거의 1년 동안 고통을 받았다. 스트레스가 되는 생의 사건들은 밖으로 드러나지 않은 채 자주 우리에게 영향을 미친다. 다행히도 가장 스트레스가 되는 생의 사건들에 대처할 수 있으며 이로 말미암아 다시 웃을 수 있게 된다.

스트레스원
개인에게 무엇을 요구하거나 개인의 안녕감을 위협하는 특정 사건이나 만성적인 압박감

스트레스
내적 혹은 외적 스트레스원에 대한 신체 및 심리적 반응

건강심리학
신체 질병의 발병과 치료에 영향을 미치는 심리적 요인들과 건강의 유지에 초점을 두는 심리학의 하위 분야

다행히도 엘리자베스 스마트가 경험한 스트레스를 우리는 거의 경험하지 않는다. 그러나 우리의 생은 다루기가 매우 어려운 싸움, 골칫거리와 위협적인 재앙으로 가득 차 있다. 난폭한 운전자는 여러분을 거의 차에 치이게 하고 여러분은 차별, 위협을 받기도 하고 또 화재는 여러분을 길 위로 내동댕이친다. 생은 **스트레스원**(stressors), 즉 *개인에게 무엇을 요구하거나 개인의 안녕감을 위협하는 특정 사건이나 만성적인 압박감*을 가지고 있다. 비록 이러한 스트레스원들이 목숨을 위협하는 경우는 드물지만 즉각적으로 혹은 누적되어 건강에 영향을 미칠 수 있다.

이 장에서 우리는 심리학자와 의사들이 발견한 *내적 혹은 외적 스트레스원에 대한 신체적, 심리적 반응인* **스트레스**(stress)를 유발하는 생의 사건들, 이러한 스트레스원에 대한 전형적인 반응들과 스트레스를 관리하는 기법들에 관해 살펴볼 것이다. 스트레스가 건강에 상당한 영향을 미치기 때문에 이 장에서 스트레스와 건강 모두를 살펴보고자 한다. 질병과 건강이 단지 신체에만 관련되어 있지 않기 때문에 심리적 요인들이 질병의 발병과 치료에 미치는 영향과 건강을 유지하는 방법 등을 연구하는 심리학의 하위 분야인 **건강심리학**(health psychology)이라는 좀 더 일반적인 주제에 관해서도 살펴볼 것이다. 여러분은 질병의 지각이 어떻게 병의 진행 과정에 영향을 미치는가와 건강을 증진시키는 행동들이 어떻게 삶의 질을 높이는가를 이해하게 될 것이다.

스트레스의 근원

무엇보다도 스트레스의 근원이 무엇인가? 허리케인, 지진 혹은 화산 폭발 등과 같은 자연적 재앙이 명백한 스트레스의 근원이다. 그러나 우리 대부분이 경험하는 스트레스원은 우리의 안락한 생활 패턴에 영향을 미치는 사적인 사건과 매일매일 우리를 성가시게 하는 사소한 것들이다. 스트레스를 야기할 수 있는 생의 사건들, 만성적인 스트레스 근원, 지각된 통제 결핍과 스트레스원 사이의 관련성에 관해 살펴보자.

스트레스 사건들

사람들은 생의 주요한 사건들을 경험한 후 병을 앓는 것처럼 보인다. 이 분야에서 선구적인 연구를 한 토마스 홈스와 리처드 레어(Thomas Holmes & Richard Rahe, 1967)는 이 사실에 주목하여 다음과 같이, 즉 생의 주요 변화는 스트레스를 야기하고 증가된 스트레스는 병을 일으킨다고 제안하였다. 그들의 주장을 검증하기 위하여 사람들에게 발병과 관련된 것으로 여겨지는 주요 사건들에서 요구되는 재적응 정도를 평정하게 하였다(Rahe et al., 1964). 그 결과로 얻은 생의 주요 사건 목록들은 놀라울 만큼 예언도가 높았다. 즉, 한 개인에게 요구된 변화 정도를 단순히 합한 것이 그 개인이 장차 경험할 질병의 중요한 지표가 되는 것으로 드러났다(Miller, 1996). 예를 들어 개인이 한 해에 이혼을 하고 실직을 하며 친구의 죽음을 경험하면 이혼만을 경험한 사람에 비하여 병을 앓을 가능성이 더 높다.

이 목록을 대학생들이 경험하는 주요 사건들로 재구성한 것(College Undergraduate Stress Scale, CUSS)이 표 14.1에 제시되어 있다. 여러분이 경험한 스트레스 사건들을 평가하기 원한다면 지난 해에 여러분에게 일어났던 사건들을 체크하고 각 사건의 점수를 합하면 된다. 심리학 개론을 수강한 대규모 대학생들의 평균 점수는 1,247점이었고 총점의 범위는 182~2,571점이었다(Renner & Mackin, 1998).

여러분이 목록을 살펴보면 왜 긍정적 사건들이 목록에 포함되어 있는지 궁금할 것이다. 스트레스가 되는 생의 사건들은 주로 불쾌한 사건들이 않는가? 결혼을 하는 것이 왜 스트레스가 되는가? 결혼은 즐거운 사건이 아닌가?

결혼은 긍정적 사건이지만 스트레스가 되기도 하는데, 이는 결혼 준비 동안 계획과 의사결정을 많이 해야 되기 때문이다(또는 친구와 가족 간의 상호작용에 어려움이 일어나기 때문이다).

? **스트레스 척도에서 여러분의 위치는?**

> 표 14.1

대학생을 위한 스트레스 척도

사건	스트레스 점수	사건	스트레스 점수
강간을 당함	100	수면 부족	69
HIV 양성반응을 받음	100	주거지 변화	69
강간 의심을 받음	98	경쟁 혹은 대중 앞에서의 공연	69
친한 친구의 사망	97	신체적 싸움	66
가족의 사망	96	룸메이트와의 불화	66
AIDS 외 섹스를 통해 전염되는 질병 감염	94	직업 변화	65
임신에 대한 걱정	91	미래에 관한 주요 계획 발표	65
기말시험	90	싫어하는 강의	62
애인의 임신에 대한 걱정	90	음주 혹은 약물 사용	61
시험 날 늦잠	89	교수와의 불화	60
과목 낙제	89	신학기 시작	58
애인에게 속음	85	첫 번째 데이트	57
오래된 연인관계 청산	85	등록	55
친한 친구 혹은 가족이 중병에 걸림	85	안정된 애인관계 유지	55
재정적 어려움	84	학교 혹은 직장으로의 출퇴근	54
주요 리포트 작성	83	동료들로부터의 압박감	53
시험 중 부정행위 발각	83	처음으로 집을 떠나 생활함	53
음주 운전	82	병이 듦	52
학교 혹은 직장의 지나친 업무	82	외모에 대한 관심	52
하루 두 번의 시험	80	모든 과목 A학점 받기	51
애인을 속임	77	좋아하는 과목이 어렵게 느껴짐	48
결혼	76	친구 사귀기, 친구와 잘 지내기	47
음주 혹은 약물 복용에 대한 부정적 결과	75	동아리 가입	47
가장 친한 친구의 우울 혹은 위기	73	수업시간에 졸기	40
부모와의 불화	73	운동 경기 관람하기	20
수업 중 발표	72		

주 : 여러분의 생의 변화 점수를 계산하려면 지난해에 여러분이 경험한 사건들의 점수를 합하면 된다
출처 : Renner & Mackin(1998).

연구 결과에 의하면 부정적 사건에 비해 긍정적 사건은 심리적 고통을 덜 주고 더 적은 신체 증상을 초래하며(McFarlane et al., 1980), 때로 부정적 사건의 효과를 상쇄시켜 주기도 한다고 한다(Fredrickson, 2000). 그러나 긍정적 사건들은 자주 재적응과 준비를 요구하기 때문에 많은 사람들이 긍정적 사건들에도 극심한 스트레스를 경험하게 되며(예 : Brown & McGill, 1989), 이로 인하여 이러한 사건들도 생의 변화 점수를 계산하는 데 포함된다.

만성 스트레스원

결혼 혹은 실직 등과 같이 간혹 일어나는 사건들만이 우리가 당면하는 유일한 압박감이라면

도시 생활이 재미있지만 높은 수준의 소음, 혼잡과 폭력이 만성 스트레스의 근원이 될 수도 있다.

만성 스트레스원
지속적으로 혹은 반복적으로 일어나는 스트레스 근원

우리의 생은 더 단순할 것이다. 적어도 이러한 사건들은 처음 일어날 당시에는 경미하고 결국에는 해결될 수 있다. 그러나 불행하게도 우리의 생은 **만성 스트레스원**(chronic stressors), 즉 지속적으로 혹은 반복적으로 일어나는 스트레스원에 계속하여 노출된다. 긴장된 대인관계, 차별, 왕따, 과잉 업무, 재정 문제 등과 같은 작은 스트레스들이 간혹 일어난다면 무시하기 쉽지만, 이 스트레스들이 누적되면 고통과 질병을 초래한다. 일상의 골칫거리를 많이 가지고 있다고 보고하는 사람들이 더 많은 심리적 증상(LaPierre et al., 2012)과 신체 증상(Piazza et al., 2013)을 보고하며 골칫거리의 효과가 생의 주요 사건들이 주는 효과보다 더 크고 더 오랫동안 지속된다.

　　많은 만성 스트레스원은 사회적 관계와 관련되어 있다. 예를 들어 13장에 기술되어 있는 것처럼 사람들은 인종, 문화, 흥미, 인기 등에 근거하여 서로 다른 사회적 집단을 형성한다. 집단에서 소외되는 것이 스트레스가 될 수 있다. 오랜 시간 동안 반복적으로 집단 구성원의 타깃이 되는 것은 더 스트레스가 된다('최신 과학' 참조). 만성 스트레스원은 특정 환경과 관련되어 있다. 예를 들어 도시 생활의 특징들, 즉 소음, 교통 혼잡, 밀집, 오염과 심지어 폭력의 위협까지도 만성 스트레스의 근원이 된

어떤 환경적 요인들이 만성 스트레스를 일으키는가?

다(Evans, 2006). 물론 시골 생활에도 나름대로의 스트레스원이 존재하는데, 특히 고립되어 있는 것과 병원 등과 같은 시설을 쉽게 사용하지 못하는 스트레스원이 있다. 만성 스트레스가 환경과 관련되어 있다는 연구 결과로 인하여 환경심리학, 즉 환경이 행동과 건강에 미치는 효과를 과학적으로 연구하는 분야가 생겨나게 되었다.

인종 차별이 스트레스와 질병을 초래하는가?

여러분은 인종, 성, 성적 취향 혹은 다른 특징들 때문에 차별을 받은 적이 있는가? 만약 있다면 여러분은 차별이 상당한 스트레스를 준다는 것을 잘 알 것이다. 시간을 두고 반복적으로 일어나는 차별은 특히 일부 사람들에게 큰 스트레스를 준다. 차별이 사람들에게 정확하게 어떤 영향을 미치는가?

　　최근 연구들은 차별이 다양한 방법을 통해 스트레스 수준을 상승시키고 건강에 부정적인 결과를 준다는 것을 보고하였다. 소외된 계층의 사람들이 차별로 말미암아 높은 수준의 스트레스를 경험하면 스트레스에 대처하기 위해 더 자주 비적응적 행동(예 : 음주, 흡연과 과식)을 한다. 이들은 의료 전문가들과의 상호작용에도 어려움을 경험한다(예 : 임상적 편견, 치료에 대한 환자의 의심; Major, Mendes & Dovidio, 2013). 종합하면 이러한 요인들이 왜 소외된 사회계층에 있는 사람들이 사회적으로

인정받는 사람들보다 더 많은 건강 문제를 가지는가를 설명한다(Penner et al., 2010).

　　연구들이 어떻게 차별이 건강에 부정적인 결과를 초래하게 하는가를 밝히고 있다. 웬디 멘디스(Wendy Mendes)와 동료들이 실시한 한 최근 연구(Jamieson, Koslov, et al., 2013)에서 백인과 흑인 참여자들을 동인종 혹은 타인종의 사람에 의해 사회적으로 거절당하는 경험을 하게 한 후 일반적인 사회적 거절에 비해 차별이 특히 해로운가를 조사하였다. 이를 검증하기 위해 연구 참여자들로 하여금 비디오 대화 프로그램을 통하여 서로 다른 방에 있는 두 연구 공모자들에게 연설을 하게 하였다. 연설 후 연구 공모자들이 참여자들의 연설에 대해 부정적 피드백을 주었다. 참여자들은 연구 공모자들을 볼 수 없었지만 컴퓨터 아바타를 통해 연구 공모자들이 자신과 동인종인지 아닌지를 알 수 있었다. 흥미롭게도 비록 모든 참여자들에게 거절이 주어졌지만 참

여자들은 거절하는 사람이 동인종일 때보다 타인종일 경우 매우 다르게 반응하였다. 구체적으로 동인종의 사람으로부터 거절당하는 것이 더 높은 수준의 수치심과 회피 상태에서 나타나는 생리적 변화(코르티솔의 증가)와 관련된 반면 타인종의 사람으로부터 거절당하는 것은 분노와 더 높은 수준의 위험에 대한 경계, 접근 상태에서의 생리적 변화(심박률의 증가와 낮은 혈관 저항) 및 더 높은 위험 감수와 관련되었다.

　　이와 같은 연구들은 서로 다른 사회적 집단에 속하는 사람들 사이에 현재 존재하는 건강상의 차이점을 설명할 수 있다. 연구 결과는 차별이 생리적, 인지적 및 행동적 변화를 일으키고, 이러한 변화가 단기적으로는 개인으로 하여금 반응을 준비하게 하지만 장기적으로는 건강에 부정적 영향을 미친다는 것을 보여 준다.

소음이 아동에게 미치는 효과를 조사하기 위해 환경심리학자들이 영국 런던의 히드로 공항의 비행경로에 있는 학교에 재학하고 있는 아동들을 대상으로 연구하였다. 매일 1,250대 이상의 제트비행기가 머리 위로 날 때 발생하는 소음이 다른 사람들과 고함치면서 대화하는 것 이상의 영향을 아동들에게 미치는가? 비행기 소음의 영향을 받지 않은 다른 학교의 아동들과 비교한 결과, 비행경로에 위치하는 학교에 재학하는 아동들이 소음을 더 귀찮게 여기고 더 낮은 수준의 읽기 이해력을 보였다(Haines et al., 2001). 여러분이 다음에 비행기를 타고 공항에 착륙할 때 아동들을 위하여 더 조용하게 행동해 주길 바란다.

스트레스 사건에 대한 지각된 통제

재앙, 스트레스가 되는 생의 변화와 일상적 골칫거리는 어떤 공통점을 가지고 있는가? 물론 이러한 것들이 개인 혹은 현재 상황에 위협적이라는 것을 즉각적으로 알 수 있다. 스트레스원은 여러분으로 하여금 무언을 하게 하는, 즉 스트레스원을 제거하거나 극복하기 위한 행동을 취하도록 하는 도전이다.

역설적으로 아무것도 할 수 없을 때, 즉 도전에 대항할 방법이 없을 경우가 가장 스트레스가 된다. 여러분에게 일어난 것을 여러분이 통제할 수 있다고 기대하는 것은 스트레스를 효과적으로 다루는 것과 관련되어 있다. 지각된 통제에 관한 고전적 연구에서 데이비드 글래스와 제롬 싱어(David Glass & Jerome Singer, 1972)는 시끄러운 소음이 이를 통제할 수 있는 사람과 통제할 수 없는 사람에게 미치는 영향에 관해 조사하였다. 참여자들에게 조용한 방 혹은 시끄러운 방에서 퍼즐을 풀고 원고를 교정하게 하였다. 글래스와 싱어는 소음이 과제 수행을 방해하는 것

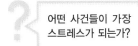

어떤 사건들이 가장 스트레스가 되는가?

을 관찰하였으나, 버튼을 누르면 소음을 중단할 수 있다고 지시를 받은 참여자들에서는 과제 수행의 저하가 관찰되지 않았다. 실제 참여자들은 버튼을 눌러도 소음을 중단할 수 없었지만 '버튼'을 누를 수 있게 하는 것만으로도 소음의 해로운 영향을 막을 수 있었다.

추후 연구들은 지각된 통제의 결여가 또 다른 스트레스원과도 관련되는 것을 발견하였다. 예를 들어 밀집의 스트레스 효과는 사람들이 밀집으로부터 벗어날 수 없다고 느끼기 때문에 일어나는 것으로 여겨진다(Evans & Stecker, 2004). 여러분이 기숙사를 벗어나서 산책을 할 수 있다는 것을 안다면 좁은 기숙사 방에서 생활하는 것을 더 쉽게 여길 것이다.

음주 운전과 같은 스트레스가 되는 생의 사건은 우리가 통제할 수 있다. 대리 운전자에게 키를 맡기면 음주 운전을 피할 수 있다.

요약

▶ 스트레스원은 개인에게 무엇을 요구하는 혹은 개인의 안녕을 위협하는 사건 혹은 위협들이다.

▶ 스트레스의 근원에는 생의 주요 사건(행복한 사건조차), 재앙적 사건, 만성적인 골칫거리가 포함되는데, 이 중 일부는 특정 환경과 관련된다.

▶ 사건을 통제할 수 없거나 도전을 다룰 방법이 없다는 것을 인식할 때 가장 스트레스가 된다.

스트레스 반응 : 긴장

그날은 뉴욕 시의 일상적인 화요일이었다. 대학생들은 오전 수업을 받고 있었다. 직장인들은 출근하고 있었고 거리는 쇼핑하는 사람들과 관광객으로 채워지고 있었다. 오전 8시 46분 아메리칸 에어라인 11기가 세계무역센터의 북쪽 타워와 충돌하였다. 사람들은 겁에 질려 이 광경

9월 11일 많은 뉴욕 시민들이 경험한 사건처럼 죽음 혹은 상해의 위협은 심각하고 지속적인 신체 및 심리적 스트레스 반응을 야기한다.

을 바라보고 있었다. 어떻게 이런 일이 일어날 수 있는가? 이 사건은 끔찍한 사고처럼 보였다. 그러나 그 후, 즉 오전 9시 3분에 유나이티드 에어라인 175기가 세계무역센터의 남쪽 타워와 충돌하였다. 이와 동시에 펜타곤과 펜실베니아 주 어느 곳에서도 비행기 추락 사건이 발생하였다는 보고가 있었다. 미국이 습격을 받은 것이고 어느 누구도 2001년 9월 11일 아침에 이런 사고들이 연이어 발생할지 몰랐다. 세계무역센터에 가해진 테러리스트들의 공격은 엄청난 스트레스가 되었고 많은 사람들에게 신체적 및 심리적 영향을 오랫동안 미쳤다. 9/11 공격 당시 세계무역센터 가까이(1.5마일 이내)에 거주하였던 사람들은 200 마일 이상 떨어진 곳에 살았던 사람들에 비해 편도체, 해마, 뇌섬엽, 전대상과 내측 전전두피질의 회백질 부피가 감소된 것이 관찰되었다. 이는 공격으로 인한 스트레스가 정서, 기억과 의사결정에 중요한 역할을 하는 뇌 영역들의 크기를 감소시킨 것을 시사한다(Ganzel et al., 2008). 9/11 사건에 관한 TV 보도를 많이 시청한 아동들은 적게 시청한 아동들에 비해 외상후 스트레스 장애 증상을 더 많이 보였다(Otto et al., 2007). 9/11 사건에 대해 강한 급성 스트레스 반응을 보인 미국민들의 심장질환 발병이 추후 3년에 걸쳐 53% 증가하였다(Holman et al., 2008). 스트레스는 정신과 신체의 어느 기관에도 변화를 초래하고 신체적 반응과 심리적 반응을 자극한다. 이에 관해 살펴보자.

신체 반응

월터 캐넌(Walter Cannon, 1929)이 위협적인 자극에 대해 신체가 반응하는 것을 **투쟁 혹은 도피 반응**(fight-or-flight response), 즉 응급 상황에 대항하기 위한 정서적이고 생리적인 반응이라고 기술하였다. 이러한 상황에 직면하면 "내가 여기에 머물러서 이 상황과 싸울 것인가 아니면 미친 듯이 달아나야 하는가?"라고 자신들에게 물었다. 그리고 신체는 이 상황에 반응하기 위해 준비한다. 만약 여러분이 고양이라고 가정하면 이 상황에서 털이 꼿꼿하게 섰을 것이다. 만약 여러분이 인간이라면 눈에 보일 정도는 아니더라도 머리카락이 섰을 것이다. 캐넌은 여러 종들에서 일어나는 이러한 공통된 반응을 인식하였고 이것이 아마도 위협에 대한 신체의 첫 번째 반응일 것이라고 가정하였다.

캐넌의 발견 이후에 실시된 추후 연구들은 이러한 반응 도중 뇌와 신체에서 무엇이 일어나는가를 밝혔다. 위협에 대한 반응으로 일어나는 뇌 활성화는 시상하부에서 일어나고 시상하부는 가까이에 위치하는 뇌하수체를 자극하여 부신피질자극호르몬(adrenocorticotropic hormone, ACTH)이라고 알려져 있는 호르몬을 분비하게 한다. ACTH가 혈관을 따라 이동하여 신장 위에 위치하는 부신을 자극한다(그림 14.1 참조). 이러한 HPA 축 (시상하부, 뇌하수체, 부신)의 연쇄 반응에서 부신이 자극을 받아 카테콜아민(에피네프린과 노르에피네프린)을 포함한 호르몬을 분비하는데, 이 호르몬은 교감신경계의 활성화를 증가시키는(이에 따라 심박률, 혈압과 호흡률이 상승하게 된다) 반면 부교감신경계의 활성화를 감소시킨다(3장 참조). 증가된 호흡률과 혈압은 근육에 더 많은 산소를 제공하여 공격 혹은 도피를 가능하게 한다. 또한 부신은 코르티솔(cortisol)이라는 호르몬을 분비하는데, 이 호르몬은 근육이 사용할 수 있는 에너지를 만들기

▼ 그림 14.1 **HPA 축** 두려움을 유발하는 자극을 지각한 몇 초 후 시상하부가 뇌하수체를 자극하여 부신피질자극호르몬(ACTH)을 분비하게 한다. ACTH가 혈관을 따라 이동하여 부신으로 하여금 카테콜아민과 코르티솔을 분비하게 하는데, 이 호르몬들은 투쟁 혹은 도피 반응이 일어나게 한다.

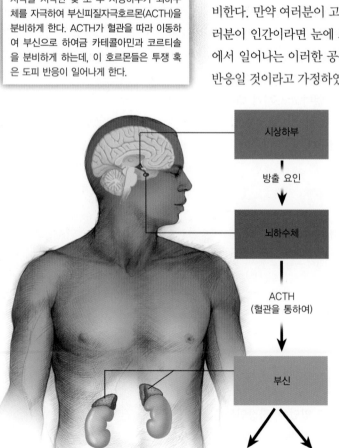

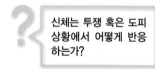

신체는 투쟁 혹은 도피 상황에서 어떻게 반응하는가?

위해 혈당을 증가시킨다. 이 모든 것들은 전력을 다해 위협에 반응하기 위한 준비를 하는 과정이다.

일반적 적응 증후군

만약 테러리스트에 의한 9/11 공격이 며칠 혹은 몇 달 동안 계속된다면 어떤 일이 일어나겠는가? 1930년대부터 캐나다의 의사인 한스 셀리에(Hans Selye)는 다양한 실험을 통하여 심각한 위협이 안녕감(well-being)에 미치는 생리적 효과를 조사하였다. 셀리에가 쥐에게 열, 추위, 감염, 외상, 뇌출혈과 다른 만성 스트레스원을 제공한 결과 스트레스에 관한 많은 정보를 얻을 수 있었다. 스트레스를 받은 그의 쥐들은 생리적 반응을 보이기 시작하였는데, 여기에는 부신피질의 확대, 림프선의 축소와 위궤양이 포함되었다. 매우 다양한 스트레스원들이 유사한 생리적 변화를 초래한다는 점에 주목하여 그는 이 생리적 반응을 **일반적 적응 증후군**(general adaptation syndrome, GAS)이라고 불렀으며 GAS를 스트레스원과 무관하게 일어나는 세 단계의 생리적 스트레스 반응이라고 정의하였다. GAS는 불특정적(nonspecific), 다시 말하면 반복되는 스트레스의 근원이 무엇인가와는 상관없이 나타나는 반응이 동일하다.

쥐와 함께 있는 한스 셀리에. 그는 쥐에게 다양한 스트레스를 제공하였지만 쥐는 놀라울 만큼 평온해 보였다.

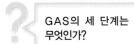

GAS의 세 단계는 무엇인가?

이 모든 것들이 매우 좋은 소식은 아니다. 비록 프리드리히 니체가 "나를 죽이지 않는 것은 나를 더 강하게 만든다"라고 언급한 적이 있지만 셀리에는 심한 스트레스는 신체에 해를 끼친다는 것을 발견하였다. 그는 GAS가 세 단계, 즉 경고, 저항과 소진 단계로 일어나는 것을 관찰하였다(그림 14.2 참조).

- 첫 번째 단계가 경고 단계인데, 이 단계 동안 신체는 위협에 반응하기 위해 자원을 신속하게 동원한다. 에너지가 요구되기 때문에 신체는 저장된 지방과 근육을 사용한다. 이 경고 단계는 캐넌의 투쟁 혹은 도피 반응과 동일하다.
- 그다음이 저항 단계인데, 신체가 스트레스원에 대처하는 동안 신체의 각성 수준이 높아진다. 지방과 근육 자원을 지속적으로 사용하기 때문에 불필요한 과정, 즉 소화, 성장, 성적 충동 등이 중단된다. 월경이 중단되며 테스토스테론과 정자의 생산이 감소된다. 신체는 회복되지 못한 채 저항을 위해 혹사당하며 모든 즐거운 행동이 중단된다.
- 만약 GAS가 지속되면 소진 단계에 이르른다. 신체의 저항이 붕괴된다. 저항 단계 동안의 많은 방어들이 점차적으로 손상을 초래하고 결국에는 신체의 손상, 즉 감염, 종양, 노화, 회복 불가능한 기관 손상, 사망이 일어나게 된다.

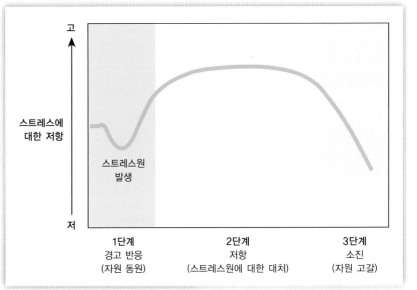

▲ 그림 14.2 **셀리에가 제안한 스트레스 반응의 세 단계** 셀리에의 이론에 의하면 시간이 지남에 따라 스트레스에 대한 저항이 생기게 되지만 이 저항은 소진이 시작되기 전까지만 지속된다고 한다.

건강과 노화에 미치는 스트레스 효과

현재 여러분은 건강한 삶을 즐기고 있다. 불행하게도 나이가 들면 신체는 천천히 붕괴되기 시작한다(이 책의 저자들 중 일부에게 이에 관해 물어보라). 흥미롭게도 최근 연구들에 의하면 스트레스가 노화 과정을 상당히 촉진시킨다고 한다. 엘리자베스 스마트의 부모가 이를 경험하였는데, 즉 9개월 만에 딸과 다시 만났을 때 딸이 너무 나이가 들어 보여 딸을 알아보지 못하

투쟁 혹은 도피 반응
위협에 대한 정서적, 생리적 반응으로 행동을 준비하게 한다.

일반적 적응 증후군(GAS)
스트레스원의 유형과는 무관하게 나타나는 세 단계의 생리적 반응

만성 스트레스는 실제로 노화과정이 빨리 일어나게 한다. 전직 대통령들이 재임 동안 어떻게 노화되었는가를 보라. 대학 생활도 매우 스트레스를 주지만 다행히도 졸업 때 백발이 될 정도는 아니다.

텔로미어
각 염색체의 말단에 있는 캡슐로 염색체의 끝 부분을 보호하고 염색체들이 서로 들러붙는 것을 막는다.

텔로머라제
염색체의 끝에 텔로미어를 재구성하게 하는 효소

였다(Smart, Smart, & Morton, 2003). 이 사례는 매우 극단적인 경우이고, 여러분은 스트레스가 노화에 미치는 영향을 일상생활에서 볼 수 있다. 대인관계, 직업 혹은 그 외의 만성적인 스트레스에 노출된 사람들은 자신들의 신체가 실제로 쇠약해지고 노화되어 가는 것을 경험한다. 과거에 미국 대통령(세계에서 가장 스트레스가 많은 직업)을 역임한 세 사람의 재임 전과 재임 후의 사진들을 살펴보자. 사진에서 볼 수 있듯이 재임 전에 비해 재임 후의 사진들에서 그들은 4~8년 정도 더 나이가 들어 보인다. 그렇다면 환경 내의 스트레스원들이 노화 과정을 어떻게 촉진시키는가?

이 과정을 이해하기 위해서는 노화가 어떻게 일어나는가를 어느 정도 알아야 한다. 신체 내의 세포들은 끊임없이 분열하고, 분열 과정 동안 염색체가 반복적으로 복사되어 유전 정보가 새로운 세포에 전달된다. 이 과정은 **텔로미어**(telomere)에 의해 촉진되는데, 텔로미어는 각 염색체의 말단에 있는 캡슐로 염색체의 끝 부분을 보호하고 염색체들이 서로 들러붙는 것을 막는다. 텔로미어는 신발끈이 닳아 해지는 것을 막는 신발끈의 끝에 있는 테이프와 같다고 여길 수 있다. 세포가 분열할 때마다 텔로미어가 조금씩 짧아지는데, 만약 너무 짧아지면 세포가

텔로머라제는 무엇이고 우리에게 무엇을 하는가?

더 이상 분열하지 못하고 이 결과 종양과 여러 질병이 초래된다. 다행히도 우리 신체는 **텔로머라제**(telomerase), 즉 염색체의 끝에 텔로미어를 재구성하게 하는 효소를 생산함으로써 이 문제를 해결한다. 일생 세포가 반복적으로 분열하는 동안 텔로머라제가 염색체의 끝에 텔로미어가 존재하도록 최선을 다한다. 결국에는 텔로머라제가 텔로미어 생산을 충분하게 하지 못하게 되고 시간이 지남에 따라 세포는 분열하는 능력을 상실하게 되며 이에 따라 노화와 종국에는 세포 죽음이 초래된다. 텔로미어와 텔로머라제의 기능, 그리고 이 물질들과 노화 및 질병 사이의 관

엘리자베스 블랙번 박사는 텔로미어(노란색으로 표시됨)와 텔로머라제의 기능에 관한 획기적인 발견으로 2009년 노벨상을 받았다.

면역계
박테리아, 바이러스와 다른 이물질로부터 신체를 보호하는 복잡한 반응 체계

림프구
감염에 대항하는 항체(T 세포와 B 세포)를 생산하는 백혈구

련에 관한 엘리자베스 블랙번(Elizabeth Blackburn)과 동료들의 최근 연구는 지난 수십년 동안 이루어진 과학적 발견 중 가장 흥미로운 것 중 하나로 여겨지고 있다.

흥미롭게도 사회적 스트레스원이 이 과정에 중요한 역할을 할 수 있다. 만성 스트레스에 노출된 사람들의 경우 텔로미어의 길이가 짧고 텔로머라제의 활성화가 낮다(Epel et al., 2004). 실험실 연구들은 코르티솔이 텔로머라제의 활동을 감소시키고, 이 결과 텔로미어의 길이가 짧아지며 더 나아가 노화를 촉진시키고 암, 심혈관 질환, 당뇨병과 우울증을 포함한 다양한 질병이 일어날 가능성을 높인다고 보고하고 있다(Blackburn & Epel, 2012). 이러한 연구 결과는 우리로 하여금 무서운 생각이 들게 하지만 이 과정과 싸워 건강하게 오래 살 수 있는 방법이 있다! 운동과 명상 등과 같은 활동이 만성 스트레스가 텔로미어의 길이를 짧게 하는 것을 막아 주는 것으로 여겨지는데, 이는 이러한 활동이 어떻게 수명 연장과 질병 위험의 가능성을 낮추는 등의 건강상의 이점을 제공하는가를 설명한다(Epel et al., 2009; Puterman et al., 2010).

면역 반응에 대한 스트레스의 효과

면역계(immune system)는 박테리아, 바이러스와 다른 이물질로부터 신체를 보호하는 복잡한 반응 체계이다. 이 체계에는 **림프구**(lymphocytes)(T 세포와 B 세포를 포함하는), 즉 감염에 대항하는 항체를 생산하는 세포와 같은 백혈구가 포함된다. 면역계는 심리적 영향에 대해서도 놀라울 만큼 반응한다. 심리신경면역학(psychoneuroimmunology)은 어떻게 면역계가 스트레스원의 존재 등과 같은 심리적 변인들에 반응하는가를 연구하는 분야이다. 스트레스원은 호르몬(글루코코르티코이드)이 뇌에 넘치게 하고(3장 참조) 면역계를 약화시켜 침입자에 대한 싸움을 약화시킨다(Webster Marketon & Glaser, 2008).

> **?** 스트레스가 면역계에 어떤 영향을 미치는가?

예를 들어, 한 연구에서 의과대학생들 중 일부 연구 자원자들에게 입천장에 경미한 상처를 입혔다. 연구자들은 이 상처가 여름방학 동안보다 시험 기간에 더 천천히 회복되는 것을 관찰하였다(Marucha, Kiecolt-Glaser, & Favagehi, 1998). 또 다른 연구에서는 건강한 자원자들에게 감기 바이러스를 면봉에 묻혀 코에 주입하였다(Cohen et al., 1998). 여러분은 감기 바이러스를 직접적으로 주입하는 것이 엄청난 재채기에 노출되는 경우처럼 모든 참여자들로 하여금 감기에 걸리게 할 것으로 예상할 것이다. 그러나 연구자들은 일부 사람들은 감기에 걸리지만 일부 사람들은 감기에 걸리지 않는 것을 관찰하였으며 스트레스가 이러한 차이를 야기한 것으로 이해하였다. 만성 스트레스(한 달 이상 지속되는 스트레스)를 경험하는 사람들이 그렇지 않은 사람들에 비하여 감기 바이러스의 주입 후 더 많이 감기에 걸렸다. 특히 실직을 하거나 가족 혹은 친구들과 심각한 대인관계 문제를 가지고 있는 참여자들이 바이러스에 더 취약하였다. 단기간의 스트레스 사건(지속 기간이 한 날 이내인 스트레스 사건)은 바이러스 취약성에 아무런 영향을 미치지 않았다. 따라서 만약 여러분이 친구 혹은 가족과 싸웠다면 여러분의 건강을 위해 빨리 화해하는 것이 바람직하다.

스트레스가 면역 반응에 미치는 효과는 왜 사회적 지위가 건강과 관련되어 있는가를 설명하는 데 도움이 된다. 1960년대부터 시작된 영국 공무원들에 관한 연구들은 공무원의 지위에 따라 사망률이 달라지는 것, 즉 사망 원인과 무관하게 지위가 높을수록 사망률이 낮은 것을 발견하였다(Marmot et al., 1991). 이 결과에 관한 한 가지 설명은 낮은 지위의 직업을 가지고 있는 사람들이 흡연, 음주 등과 같은 건강하지 못한 행동을 더 많이 한다는 것인데, 이 설명을 지지하는 증거가 있다. 그러나 하층 수준의 생활을 하는 데서 오는 스트레스가 면역계를 약화시켜 감염될 가능성을 높인다는 증거도 있다. 예를 들어 자신이 사회의 낮은 계급에 속한다고 지각

도로 위에서 느끼는 분노는 여러분이 다른 모든 운전자들이 여러분을 살해하려는 듯이 운전한다고 믿을 때 일어나기 시작한다.

A형 행동 유형
각성, 적대심, 인내심 부족, 시간 촉박감과 경쟁적 성취 욕구로 특징된다.

하는 사람들이 그렇게 지각하지 않는 사람들에 비하여 호흡기 질환에 감염될 가능성이 더 높으며 이러한 결과는 집단에서 낮은 지위에 있는 수컷 원숭이들에서도 관찰된다(Cohen, 1999).

스트레스와 심혈관 건강

심장과 순환계도 스트레스에 민감하다. 예를 들어 1991년 이라크가 이스라엘에 미사일 공격을 한 며칠 후 텔아비브 시민들 사이에서 심장 발작률이 급격하게 증가하였다(Meisel et al., 1991). 그러나 스트레스가 심장 발작에 미치는 효과보다 심혈관계에 미치는 효과가 더 먼저 알려졌다. 만성 스트레스는 추후 심혈관 질환에 대한 취약성을 증가시키는 신체 변화를 야기한다.

관상성 심장 질환(coronary heart disease)의 주된 원인은 **동맥경화**(atherosclerosis), 즉 지질 혹은 반점이 동맥의 내벽에 축적된 결과로 인하여 동맥이 점차 좁아지는 것이다. 동맥이 좁아지면 혈액 공급량이 감소되고 혈전 혹은 동맥벽에서 분리된 반점에 의해 동맥이 폐색되면 심장 발작이 일어나게 된다. 비록 흡연, 운동 부족, 고지방 음식

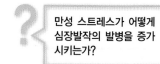

만성 스트레스가 어떻게 심장발작의 발병을 증가시키는가?

과 높은 수준의 콜레스테롤도 관상성 심장 질환을 야기하지만 만성 스트레스도 주된 발병 원인이다(Krantz & McCeney, 2002). 스트레스로 인해 활성화된 교감신경계의 각성 결과 혈압이 지속적으로 상승되고 혈압 상승은 점진적으로 혈관을 손상시킨다. 손상된 혈관은 반점을 축적하고 반점이 많이 축적될수록 관상성 심장 질환의 가능성이 더 커진다. 예를 들어, 42~60세 사이의 핀란드 남성을 대상으로 이루어진 대규모 연구에서 스트레스에 대한 반응으로 혈압 상승을 보인 남성들과 직업 요구가 특히 많다고 보고한 남성들이 4년의 연구 기간 동안 목의 주요 동맥에 점진적인 경화 증상을 보였다(Everson et al., 1997).

1950년대 심장 전문의인 마이어 프리드먼과 레이 로젠만(Meyer Friedman & Ray Rosenman, 1974)이 직업과 관련된 스트레스와 관상성 심장 질환 사이의 관련성을 밝힌 연구를 수행하였다. 그들은 3,000명의 건강한 중년 남성을 인터뷰하고 검사한 후 그들의 심혈관계의 건강 상태를 추적하였다. 프리드먼과 로젠만은 연구 결과에 근거하여 **A형 행동 유형**(Type A behavior pattern)이라는 개념을 개발하였는데, A형 행동 유형은 각성, 적대심, 인내심 부족, 시간 촉박감, 경쟁적인 성취 욕구로 특징된다. 그들은 A형 행동 유형을 가진 사람들과 그렇지 않은 사람들(때로 B형이라고 부른다)을 비교하였다. A형 남성은 인터뷰어의 질문에 대한 대답(빨리 걷고 말하기, 늦게까지 일하기, 자신들을 위한 목표 설정, 남을 이기기 위해 열심히 일하기, 쉽게 좌절되고 타인에게 화를 냄)뿐만 아니라 정력적인(hard-driving) 태도에 의해 확인되었다. A형 사람들은 시계를 쳐다보거나 질문이 끝나기 전에 답을 하거나 인터뷰어의 말을 중간에 가로채거나 심지어는 그를 한 대 치기도 한다. 좋다, 한 대 치는 것은 잘못된 것이지만 이들은 매우 긴장되어 있다는 생각을 가지게 한다. 연구자들은 인터뷰를 한 시점부터 추후 9년 동안 심장 발작을 일으킨 258명의 남성들 중 2/3 이상이 A형으로 분류되었고 나머지 1/3이 B형으로 분류되었음을 관찰하였다.

스트레스와 분노에 관한 한 연구는 의대생을 48년 동안 추적 조사하여 젊었을 때의 행동이 이후 관상성 질환에 대한 취약성과 어떻게 관련되어 있는가를 살펴보았다(Chang et al., 2002). 스트레스에 대해 분노와 적대심으로 반응한 사람들이 그렇지 않은 사

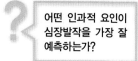

어떤 인과적 요인이 심장발작을 가장 잘 예측하는가?

람들에 비하여 추후 조발성 심장 질환을 3배 정도 더 많이 앓았고 조발성 심

▼ **그림 14.3** **적대심과 관상성 심장 질환** 3년 동안 2,280명의 남성을 대상으로 연구한 결과 45명이 심장 발작 등과 같은 관상성 심장 질환의 삽화를 경험하였는데 이들은 적대감 척도에서 80퍼센타일 이상의 높은 점수를 받은 사람들이었다(Niaura et al., 2002).

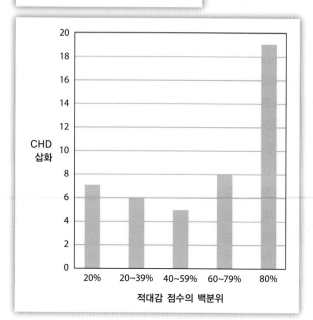

CHD 삽화 / 적대감 점수의 백분위

장 발작을 6배 정도 더 보였다. 특히 남성들에서 적대심은 다른 어떤 발병 요인들, 즉 흡연, 높은 칼로리 섭취 혹은 높은 LDL 콜레스테롤 수준 등과 같은 요인들보다 심장 질환을 더 잘 예견한다(Niaura et al., 2002; 그림 14.3 참조). 스트레스가 모든 사람들에게 어느 정도는 심혈관계에 영향을 미치지만 스트레스 사건에 대해 적대심으로 반응하는 사람들에게는 특히 해가 된다.

심리적 반응

스트레스에 대한 신체 반응은 마음의 반응과 서로 뒤얽혀 있다. 아마도 마음이 가장 먼저 하는 일은 사건이 위협적인가 혹은 아닌가와 만약 위협적이라면 이에 대해 어떤 대처를 할 수 있는 가를 구분하는 것일 것이다.

스트레스의 해석

한 자극이 스트레스인지 아닌지를 해석하는 것이 **일차적 평가**(primary appraisal)이다 (Lazarus & Folkman, 1984). 일차적 평가는 여러분의 셔츠에 있는 작은 검은색 자국이 스트레스원("거미!")이라는 것 혹은 고함을 치는 사람들로 가득 찬 작은 차를 탄 채 아주 높은 곳에서 시속 70마일로 떨어지는 것("롤러 코스터!")이 스트레스원이 아니라는 것을 인식하게 한다. 해석의 중요함을 보여 주기 위해 연구자들은 자원한 연구 참여자들에게 스트레스를 주기 위해 일부 부족에서 성년식의 일부로 실시하는 일종의 성기 수술인 할례 장면을 담은 소름끼치는 필름을 보여 주었다(Speisman et al., 1964). 자원자들의 보고와 자율신경계 각성(심박률과 피부 전기 반응 수준)이 스트레스의 지표였다. 필름을 보여 주기 전 한 집단에게 통증을 경시하고 성년식을 통하여 성인이 되는 것을 강조하는 강의를 들려주었다. 다른 집단, 즉 필름을 보기 전에 통증과 외상을 강조하는 강의를 들은 집단에 비하여 앞서 언급한 해석을 들은 집단에서 스트레스의 정도가 훨씬 덜하였다.

스트레스가 되는 상황을 '위협'에서 '도전'으로 지각하는 것이 실제로 그 상황에 대한 신체적 반응을 변화시키고 이로 인하여 수행이 좋아진다. 이 접근은 영화 "8마일"에 등장하는 에미넴의 성격에 효과적이었고 아마도 여러분에게도 효과적일 것이다.

해석의 다음 단계가 **이차적 평가**(secondary appraisal), 즉 자신이 스트레스원을 처리할 수 있는지 혹은 없는지, 다시 말하면 자신이 그 사건을 통제할 수 있는가를 평가하는 단계이다(Lazarus & Folkman, 1984). 흥미롭게도 스트레스원이 위협적(여러분이 극복할 수 없는 것으로 믿는 스트레스원) 혹은 도전적(여러분이 통제할 수 있다고 자신하는 스트레스원)으로 지각되는가에 따라 신체 반응이 달라진다(Blascovich & Tomaka, 1996). 만약 여러분이 시험을 잘 준비하는가 혹은 소홀히 하는가에 따라 동일한 중간고사가 도전 혹은 위협이 된다. 최근 한 연구(Jamieson et al., 2010)는 학생들에게 다가올 시험에 대한 불안을 자신들의 시험을 도와주는 각성으로 재구성하게 지시한 결과, 실제로 교감신경계가 각성되었고(도전으로 여기게 됨) 시험 수행이 향상되는 것을 보고하였다. 여러분이 앞으로 시험에 대한 불안을 느낄 때 이 기법, 즉 각성이 상승되면 수행이 향상된다는 것을 기억하라!

> **?** 위협과 도전의 차이는 무엇인가?

비록 위협과 도전 모두 심박률을 상승시키지만 위협은 혈관 반응(예를 들어 고혈압을 초래할 수 있는 혈관 수축, '최신 과학', 580쪽 참조)을 증가시킨다. 한 연구에서 연구자들은 대화 파트너의 인종에 따라 대화처럼 전혀 해롭지 않은 대인관계도 위협 혹은 도전이 될 수 있다는 것을 관찰하였다. 잘 알지 못하는 학생과 대화하도록 권할 경우 백인 학생들은 대화 파트너가 백인일 경우에는 이를 도전적 상호작용으로 여기지만 흑인 학생일 경우에는 위협적이라는 반응을 보였다(Mendes et al., 2002). 백인 학생이 남부 영어 엑센트를 사용하는 아시아 학생과 같이 전혀 기대하지 않은 파트너와 대화를 할 때에도 유사한 위협적 반응을 보였다(Mendes et al.,

탈진
정서적 요구가 많은 상황이 장기간 지속된 결과
발생하는 신체적, 정서적, 정신적 소진 상태이며
수행 및 동기 저하가 동반되어 나타난다.

2007). 사회적 생소함이 시험에 대한 준비 부족과 동일한 유형의 스트레스를 유발하는 것으로 보인다. 흥미롭게도 생소한 집단의 멤버들과 미리 접촉하는 것이 위협적 반응을 경감시킨다 (Blascovich et al., 2001).

탈진

여러분은 강의에 흥미를 잃은 교수의 수업을 수강한 적이 있는가? 이 증후군은 쉽게 인식된다. 즉, 교수는 소원하고 무미건조한 태도를 보이고 거의 로봇같이 행동하고 매일 단조로운 강의를 하고 학생들이 강의에 집중하고 있는가에는 관심을 보이지 않는다. 여러분이 이 교수가 된 것처럼 가정해 보자. 여러분은 젊은이들에게 좋은 정신을 심어 주기 위해 강의를 하기로 결정하였다. 열심히 강의 준비를 하였고 얼마 동안은 학생들을 가르치는 것이 흥미로웠다. 그러나 어느 날 여러분이 강의를 지루하게 여기고 여러분이 가르치는 내용에 관심을 두지 않는 학생들이 많다는 것을 알게 되었다. 여러분이 강의를 하고 있는 동안 학생들이 페이스북을 하고 수업이 끝나기 전에 책을 가방에 넣었다. 여러분은 강의실 밖에서만 자신의 직업에 만족해 할 것이다. 사람들이 특히 자신의 직업이나 경력에 대해 이러한 것을 느끼게 되면 **탈진**(burnout), 즉 정서적 요구가 많은 상황에 오랫동안 놓이고 수행과 동기 수준이 저하되는 것이 동반될 때 초래되는 신체적, 정서적 및 정신적 소진을 경험하게 된다.

탈진은 특히 다른 사람들을 도와주는 전문가들에서 문제가 된다(Maslach, Schaufeli, & Leiter, 2001). 교사, 간호사, 성직자, 의사, 치과 의사, 심리학자, 사회사업가 및 경찰관 등이 자신들의 일에 대해 반복적으로 정서적 혼란을 경험하게 되면 단지 제한된 시간 동안에만 생산적으로 일을 할 수 있다. 결국 많은 이들이 탈진 증상을 보이게 되는 데, 즉 극도의 피로감, 직업에 대한 냉소와 소원감, 비효율감과 성취감의 부족 등을 경험하게 된다(Maslach, 2003). 그들이 경험하는 불행감은 다른 사람들에게도 전파되는데, 즉 탈진된 사람들은 동료의 실패를 즐기거나 동료의 성공을 무시하는 불만 많은 고용인이 되는 경향이 있다(Brenninkmeijer, Vanyperen, & Buunk, 2001).

> 남을 도와주는 전문직에 종사하는 사람들에게 왜 탈진이 문제가 되는가?

탈진의 원인은 무엇인가? 한 이론은 개인이 자신의 직업에 삶의 의미를 부여하기 때문이라고 제안한다(Pines, 1993). 만약 여러분이 단지 자신의 경력만으로 자신을 정의하고 직장에서의 성공으로 자신의 가치를 잰다면 직업에 실패할 경우 여러분에게 남는 것은 아무것도 없게 된다. 예를 들어 탈진의 위험에 처한 교사가 시간을 가족, 취미 혹은 자신을 표현하게 하는 다른 것들에 투자하면 좋다. 다른 이들은 정서적으로 스트레스가 되는 직업이 탈진을 야기하며 탈

매우 지겨운 수업을 듣는 것보다 더 나쁜 것이 있을까? 여러분 자신이 그 강의를 담당하는 교수가 되어 보는 것은 어떨까? 어떤 기법이 전문직 종사자들(교사. 의사, 간호사 등)이 스트레스로 말미암아 탈진되는 것을 막는 데 사용되는가?

©STOCK4B GMBH/ALAMY

진이 일어나기 전에 스트레스의 극복을 위해 적극적으로 노력하는 것이 중요하다고 제안한다. 다음 절에서 살펴볼 스트레스 관리 기법들이 이러한 직업을 가진 사람들에게 생명의 은인이 될 것이다.

억압적 대처
스트레스를 상기시키는 상황이나 생각을 회피하고 인위적으로 긍정적 입장을 유지한다.

요약

▶ 신체는 시상하부-뇌하수체-부신(HPA) 축을 활성화하고 위협에 당면하도록 신체를 준비시키거나 위협으로부터 달아나게 하는 투쟁 혹은 도피 반응으로 스트레스에 반응한다.

▶ 일반적 적응 증후군(GAS)은 경고, 저항과 소진 단계로 구성되는데, GAS는 스트레스원의 유형과 상관없이 일어난다.

▶ 만성 스트레스는 면역계를 손상시키고 이로 말미암아 감염, 노화, 종양, 기관 손상 및 사망에 취약하게 된다.

▶ 스트레스원을 극복할 수 있는지 혹은 없는지로 해석하는 것에 따라 스트레스에 대한 반응이 달라진다.

▶ 스트레스가 오래 지속되면 스트레스에 대한 신기저 반응으로 탈진이 초래된다.

스트레스 관리 : 스트레스 대처

대부분의 대학생들(92%)이 간혹 과제에 압도되는 느낌을 가지며 1/3은 심각한 스트레스로 인하여 낙제를 하거나 좋지 않은 학점을 받은 경험이 있다고 보고한다(Deuenwald, 2002). 여러분이 침착하고 스트레스를 받지 않는다고 보고하는 8%에 속하는 것을 의심하지 않는다. 그러나 비록 여러분이 스트레스를 받지 않더라도 스트레스 관리 기법, 즉 마음과 신체를 직접적으로 관리하거나 스트레스 상황을 관리하는 것을 통하여 심리적, 신체적 스트레스 반응을 감소시키는 기법을 이해하는 것이 도움이 될 것이다.

마음 관리

스트레스 사건은 우리들의 마음에서 확대된다. 예를 들어 만약 여러분이 대중 앞에서 말하는 것을 두려워하면 대중 앞에서 발표하는 것을 생각만 해도 불안을 느낀다. 만약 여러분이 발표 도중 무너지면, 즉 백지 상태가 되고 당혹스러운 어떤 말을 하게 되면 이 스트레스 사건은 이후에도 지속적으로 기억될 것이다. 스트레스 관리의 상당한 부분이 마음의 통제이다.

억압적 대처

여러분이 자신의 생각을 통제하는 것이 쉽지 않지만 일부 사람들은 불쾌한 생각을 마음에서 떨쳐 버릴 수 있는 것으로 보인다. 이러한 스트레스 대처 양식을 **억압적 대처**(repressive coping)라고 부르는데, 이는 스트레스원을 상기시키는 상황이나 생각을 회피하고 인위적으로 긍정적 입장을 유지하는 것으로 특징된다. 물론 모든 사람들이 문제를 가지고 있지만 억압 기법을 사용하는 사람들은 이러한 문제들을 교묘하게 무시한다(Barnier, Levin, & Maher, 2004). 예를 들어 억압 기법을 사용하는 사람들이 심장 발작을 앓으면 다른 사람들에 비해 자신들의 심장 문제에 관한 생각을 덜 보고한다(Ginzburg, Solomon, & Bleich, 2002).

 언제 스트레스가 되는 생각을 회피하는 것이 도움이 되고 이런 생각을 회피하는 것이 문제가 될 때는 언제인가?

엘리자베스 스마트처럼, 즉 구출된 후 몇 년 동안 감금되어 있던 과거보다 현재 일어나는 일에 더 초점을 맞추었던 것처럼 사람들은 스트레스 상황을 피하기 위해 자신들의 삶을 재정비한다. 예

일부 사람들은 부정적 사건이나 생각을 무시하고, 그 결과 기능이 향상된다. 그러나 부정적 정보를 억압하지 못하는 사람들은 합리적 대처를 사용하는 것이 더 바람직하다.

합리적 대처
스트레스원에 당면하고 이를 극복하기 위해 노력하는 것

강간과 같은 극심한 스트레스 사건은 급성 스트레스원으로 작용할뿐만 아니라 지속적인 심리적 영향을 미친다. 다행히도 이러한 사건에 대처할 수 있는 효과적인 기법들이 있으며 이러한 기법으로 대처할 경우 심리건강이 향상된다.

를 들어 많은 강간 희생자들은 집을 떠나 있고 강간이 일어났던 장소를 회피하는 경향이 있다(Ellis, 1983). 외상적 경험을 상기하는 것으로부터의 회피를 시도함으로써 낯선 사람, 특히 강간범과 닮은 남성들을 경계하게 되고 이전보다 더 자주 문, 자물쇠, 창문 등을 점검한다. 만약 불쾌한 생각과 감정을 마음으로부터 떨쳐버리기를 잘하는 사람에게는 스트레스를 주는 생각이나 상황을 피하는 것이 바람직하게 보인다(Coifman et al., 2007). 그러나 일부 사람들에게는 불쾌한 생각과 상황을 회피하는 것이 매우 어려워 이러한 생각에 사로잡히게 된다(Parker & McNally, 2008; Wegner & Zanakos, 1994). 부정적 생각을 회피하기 어려운 사람들에게는 이에 당면하는 것이 더 낫다. 이것이 합리적 대처의 기본 아이디어이다.

합리적 대처

합리적 대처(rational coping)에는 스트레스원에 당면하고 이를 극복하기 위해 노력하는 것이 포함된다. 이 전략은 억압적 대처와 상반되기 때문에 스트레스에 당면할 때 여러분이 할 수 있는 것 중 가장 불쾌하고 용기를 잃게 하는 것으로 여겨질 수 있다. 합리적 대처는 스트레스원의 장기적인 부정적 영향을 감소시키기 위해 스트레스원을 회피하기보다 그것에 맞서는 것을 요구한다(Hayes, Strosahl, & Wilson, 1999). 합리적 대처에는 세 가지 단계가 있는데, 즉 수용(acceptance) 단계는 스트레스원이 존재하고 당분간 없어지지 않을 것이라는 것을 인식하는 단계이고, 노출(exposure) 단계에서는 스트레스원에 주의를 주고 그것에 대해 생각하며 심지어 그것을 찾아내려고 하고, 마지막 단계는 이해(understanding) 단계로서 스트레스원이 자신의 삶에 어떤 의미를 가지는가를 발견하고자 노력한다.

? 합리적 대처의 세 단계는 무엇인가?

외상이 특히 강렬할 경우 이에 대해 합리적 대처를 하는 것이 어려울 수 있다. 예를 들어 강간에 관한 외상을 가지고 있는 경우 강간이 자신에게 일어났다는 사실을 수용하는 것만도 상당한 시간과 노력이 요구된다. 대부분의 경우 처음에는 그 사건을 부인하고 마치 강간을 경험한 적이 없는 것처럼 생활하려고 노력한다. 심리치료가 노출 단계, 즉 희생자들로 하여금 자신들에게 일어났던 일에 당면하고 그것에 관해 생각하도록 돕는 것에 도움이 된다. **지연된 노출**(prolonged exposure)이라고 불리는 기법을 사용하여 강간 생존자들에게 그 사건을 말로 설명한 것을 녹음하게 하여 매일 듣게 함으로써 외상적 사건을 떠올리게 한다. 한 연구에서 강간 생존자들에게 객관적으로는 안전한 상황이지만 자신들에게 불안감을 주거나 자신들이 회피하는 상황을 찾도록 지시하였다. 이는 정말 입에 쓴 약을 처방하는 것처럼 들리겠지만 놀랍게도 이 기법은 효과적이었는데, 즉 아무런 치료를 받지 않은 사람들이나 경미한 노출을 점진적으로 허용하는 치료를 받은 사람들에 비해 불안과 외상후 스트레스 장애의 증상들이 훨씬 더 감소하였다(Foa et al., 1999).

합리적 대처의 세 번째 요소는 스트레스 사건의 의미를 이해하는 것이다. 외상 희생자들은 "왜 나에게 이런 일이 일어났는가?" 혹은 "어떻게 이런 일이 일어날 수 있었는가?" 혹은 "왜 일어났는가?"에 관해 끊임없이 궁금해한다. 근친상간 생존자들은 자신들의 외상을 이해하기 원한다(Silver, Boon, & Stones, 1983). 이러한 과정은 억압과 회피 기법을 사용하는 동안에는 일어나기 어렵거나 일어나는 것이 불가능하다.

재구성

여러분이 사고하는 방식을 변화시키는 것이 스트레스를 야기하는 생각에 대처하는 또 다른 방법이다. **재구성**(reframing)은 스트레스원의 위협을 감소시킬 수 있는 새롭거나 창의적인 방법을 찾는 것을 의미한다. 예를 들어 만약 여러분이 많은 사람들 앞에서 연설하는 것을 생각만 해도 불안을 경험한다면 청중이 여러분을 평가한다고 생각하는 것에서 여러분 자신이 청중을 평가한다고 생각하면 청중 앞에서 연설하는 것이 수월해진다.

재구성은 중등도의 스트레스 상황에 대처하는 데 효과적인 방법일 수 있지만 만약 대중 연설과 같은 상황이 지나치게 스트레스를 야기한 경우 이 기법은 효과적이지 않다. 재구성 기법의 하나인 **스트레스 접종 훈련**(stress inoculation training, SIT)은 개인으로 하여금 스트레스 상황을 긍정적으로 생각하게 함으로써 이 상황에 대처하도록 도움을 제공한다. 예를 들어 한 연구에서 분노를 통제하는 데 어려움을 겪는 사람들을 다음과 같은 말로 자신들의 생각을 재구성하도록 훈련하였다. "유연하게 대처하라. 자세를 흐트러트리지 마라.", "여러분은 자신을 입증할 필요가 없다.", "그가 나한테 다가오지 못하게 할 거야.", "그가 한 행동은 정말 수치스러운 것이야." 그리고 "나는 그를 웃음거리로 만들거야." 분노를 잘 경험하는 사람들이 이러한 사고를 훈련한 후 실험실에서 실제 혹은 상상으로 유도된 도발에 대해 생리적 각성을 덜 경험하였다. 추후 연구들은 SIT가 외상적 사건을 경험한 사람들이 더 편안하게 생활하도록 도움을 주는 데에도 유용하다는 것을 밝히고 있다(Foa & Meadows, 1997).

❓ 스트레스 사건에 대한 글쓰기가 어떻게 도움이 되는가?

사람들이 스트레스 사건에 대해 생각하거나 글을 쓸 기회를 가질 경우 재구성이 자발적으로 일어날 수 있다. 일련의 중요한 연구에서 제이미 펜네베이커(Jamie Pennebaker, 1989)는 대학생들이 자신들의 내면 깊숙이 자리 잡고 있는 생각과 감정에 관해 몇 시간 동안 쓰고 난 후 그들의 신체적 건강이 향상되는 것을 발견하였다. 다른 것에 관해 쓴 학생들에 비하여 자신을 노출한 집단 구성원들이 이후 몇 달 동안 학생건강센터를 덜 방문하였고 아스피린을 덜 복용하였으며 더 좋은 학점을 취득하였다(Pennebaker & Chung, 2007). 실제로 쓰기를 통한 자기 노출이 면역 기능을 향상시키는 반면(Pennebaker, Kiecolt-Glaser, & Glaser, 1988), 정서를 억압하는 것은 면역 기능을 약화시킨다(Petrie, Booth, & Pennebaker, 1998). 쓰기를 통한 자기 노출의 긍정적 효과는 쓰기가 외상을 재구성하고 스트레스를 감소시키는 데 유용하다는 것을 반영한다.

신체 관리

스트레스는 목 근육의 긴장, 등의 통증, 위장 문제, 손의 땀 혹은 피곤한 얼굴 등으로 나타난다. 스트레스가 매우 자주 신체 증상으로 표현되기 때문에 명상,

여러분의 내면 깊숙이 자리잡은 생각이나 감정을 글로 쓸 경우 건강에 도움이 된다. 그러나 이러한 글을 안전한 장소에 보관하길 바란다.

명상은 내적 관조 훈련이고, 일시적으로 뇌 활성화에 영향을 미칠 수 있으며 안녕감을 향상시킬 수 있다.

재구성
스트레스원의 위협을 감소시킬 수 있는 새롭거나 창의적인 방법을 찾는 것

스트레스 접종 훈련
개인으로 하여금 스트레스 상황을 긍정적으로 생각하게 함으로써 그 상황에 대처하게 하는 치료 기법이다.

명상
내적 관조 연습

이완 치료, 바이오피드백, 에어로빅 운동 등과 같은 신체 기법이 스트레스 관리에 유용하게 사용된다.

명상

명상(meditation)은 내적 관조의 연습이다. 명상 기법은 다양한 종교와 관련되어 있거나 종교적 맥락과 무관하기도 하다. 기법은 매우 다양하다. 일부 명상 기법은 마음속에 있는 생각을 지우는 것을 요구하고 다른 기법은 하나의 생각(예 : 촛불에 관한 생각)에 집중하는 것을 요구하고 또 다른 기법은 호흡이나 만트라('옴' 등과 같은 소리를 반복적으로 내는 것)에 집중하는 것을 요구한다. 적어도 모든 명상 기법은 공통적으로 조용한 시간을 요구한다.

명상 시간은 휴식과 생기를 다시 얻는 데 유용하다. 이러한 즉각적인 이점 외에도 많은 사람들이 의식 속으로 깊이 들어가거나 의식을 변형시키기 위해 명상을 하기도 한다. 명상을 하는 이유가 무엇이든지 간에 명상은 긍정적인 심리적 효과를 가지는 것으로 여겨지는데(Hözel et al., 2011), 이는 많은 사람들이 명상이 주의 통제를 향상시키기 때문이라고 믿기 때문이다. 많은 유형의 명상, 예를 들어 마인드풀 명상은 우리의 현재 경험에 어떻게 주의를 유지하고 또 이 경험을 받아들이는가에 초점을 둔다. 흥미롭게도 명상을 하지 않는 사람에 비해 명상을 하는 사람들에서 명상 동안 기본상태 네트워크(5장의 그림 5.6 참조) 활성화가 감소되는 것이 관찰된다(Brewer et al., 2011). 대학생들에게 실시된 단기간의 명상 훈련조차 갈등 통제에 관여하는 뇌 영역과 인지 및 정서 통제에 관여하는 뇌 영역들 사이의 연결을 강화시키는데, 이 효과는 아마도 수초화의 증가(뉴런의 발화가 증가한 결과로 초래)와 축색의 다른 변화(3장 참조; Tang et al., 2012)를 통해 일어나는 것으로 여겨진다. 종합하면 이러한 연구 결과는 명상이 사고와 정서를 조절하고 나아가 대인관계, 불안 및 의식적 통제가 요구되는 다양한 다른 활동을 관리하는 능력을 향상시킨다(Sedlmeier et al., 2012).

> **?** 명상의 긍정적 효과는 무엇인가?

미얀마 야당 지도자인 아웅산 수치는 1991년 노벨 평화상을 수상하였다. 그녀는 1989~2010년까지 자택감금을 당하였다. 그녀는 매일의 명상이 기분, 인식과 명료함을 향상시켜 주었고 이로 인해 이 어려운 시기를 견딜 수 있었다고 말하였다.

이완

여러분이 자신의 턱을 긁는다고 상상해 보라. 실제로 턱을 긁지 말고 턱을 긁는 것을 상상하면 여러분의 신체는 상상 속의 행동을 순서대로 행하기 위해 아주 경미하게 움직이는데, 즉 근육이 경미하게 긴장되고 이완된다. 에드먼드 제이콥슨(Edmund Jacobson, 1932)은 이러한 신체 효과를 근전도(electromyography, EMG)로 측정하였는데, 근전도는 근육의 미세한 활성화를 측정하기 위해 사용된다. 그는 피험자에게 보트를 젓는 것 혹은 정원에서 한 송이 꽃을 꺾는 것을 상상하도록 한 후 이러한 행동에 관한 상상만으로도 그 행동을 수행하는 데 관여하는 근육이 긴장되는 것을 관찰하였다. 제이콥슨은 근육을 이완하는 생각이 때로는 EMG로 측정한 근육의 활성화를 감소시키는 것을 발견하였고, 근육 활성화의 감소는 피험자가 긴장감을 보고하지 않을 때에도 관찰되었다. 우리의 신체는 우리가 매일 무엇을 행하는 것에 대해 생각하는 것에 무의식적으로 반응한다. 이러한 생각들은 우리가 전혀 아무것도 하고 있지 않다고 생각할 때조차 근육 긴장을 초래한다.

이러한 관찰에 근거하여 제이콥슨은 **이완 치료**(relaxation therapy), 즉 신체 근육을 의식적으로 이완하는 것을 통하여 긴장을 감소시키는 기법을 개발하였다. 이완 치료를 받는 사람들은 한 번에 하나의 특정 근육집단을 이완하는 것 혹은 따뜻한 것이 신체에 흐르는 것을 상상하거나 느긋한 상황에 관해 생각하는 것을 요구받는다. 이러한 행동들 모두는 **이완 반응**(relaxation response), 즉 근육 긴장, 대뇌 활성화, 심박률, 호흡률과 혈압이 감소되는 상태를 이끌어 낸다(Benson, 1990). 기본적으로 여러분이 편안한 자세를 취하자마자 혹은 조용히 앉자마자 혹은 반복적이거나 여러분의 주의를 끄는 것에 초점을 맞추자마자 이완된다.

규칙적인 이완은 스트레스 증상을 감소시키고(Carlson & Hoyle, 1993) 스트레스 반응의 생화학적 지표인 혈중 코르티솔 수준도 감소시킨다(McKinney et al., 1997). 예를 들어 긴장성 두통을 앓는 환자의 경우 이완이 두통을 야기하는 긴장을 감소시킨다. 암 환자의 경우 이완이 스트레스를 야기하는 암 치료에 더 쉽게 대처하게 한다. 스트레스와 관련된 심혈관 질환을 앓는 환자의 경우 이완은 심장 질환을 초래하는 고혈압을 감소시킨다(Mandle et al., 1996).

바이오피드백

이완하는 방법을 배우는 것 대신 스위치를 켜자마자 이완된다면 더 근사하지 않을까? 신체 기능에 관한 정보를 얻고 신체 기능을 통제하기 위해 외적 모니터링 도구를 사용하는 **바이오피드백**(biofeedback)은 이완을 위해 개발되었다. 예를 들어 지금 여러분은 자신의 손가락이 따뜻한지 혹은 차가운지를 모르지만 전자체온계가 여러분의 체온을 감지하게 하면 여러분의 의지에 따라 손을 더 따뜻하게 혹은 더 차갑게 할 수 있다(예 : Roberts & McGrady, 1996).

바이오피드백은 다른 방법으로는 알 수 없는 신체 기능을 사람들로 하여금 통제하도록 도와준다. 예를 들어 여러분은 현재 자신의 뇌파가 어떠한지 잘 모른다. 1950년대 후반 뇌전도(EEG라고도 불리며 3장에 기술되어 있음)를 사용하는 심리학자였던 조 카미야(Joe Kamiya, 1969)는 사람들이 자신들의 EEG 기록을 모니터링하는 것을 통하여 각성 상태를 시사하는 베타파에서 이완 상태를 시사하는 알파파로 뇌파를 변화시킬 수 있는 것을 발견한 후 뇌파 바이오피드백(brain-wave biofeedback)을 개발하였다.

| ? | 바이오피드백은 어떻게 작동하는가? |

최근 연구들은 EEG 바이오피드백[혹은 뉴로피드백(neurofeedback)]이 뇌전증처럼 비정상적인 뇌파를 보이는 질환을 치료하거나(Yucha & Gilbert, 2004) 일부 정신병리에서 나타나는 강한 정서적 반응에 관여하는 뇌 영역의 활성화를 조절하는 데(Hamilton et al., 2010) 어느 정도 효과적이라고 보고하고 있다. 그러나 뇌의 이완을 유도하기 위해 바이오피드백을 사용하는 것이 단지 기술적 과잉(technical overkill)이라는 것이 자주 보고되며, 사람들로 하여금 단순히 해먹에 누워 흥겨운 노래를 흥얼거리는 것보다 훨씬 더 효과적이지 않을 수 있다는 것이 보고되고 있다. 바이오피드백이 스트레스로 인해 초래되는 건강 문제를 통제하는 데 사용되는 마술과 같은 기법은 아니지만 이완을 증가시키고 만성통증을 감소시키는 데 유용하다고 입증되었다(Palermo et al., 2011). 이완 치료를 사용해도 성공적으로 이완되지 못하는 사람들에게는 바이오피드백이 유용할 수 있다.

이완 치료
신체의 근육들을 의식적으로 이완시킴으로써 긴장을 감소시키는 기법

이완 반응
근육긴장, 피질 활성화, 심박률, 호흡률과 혈압이 감소된 상태

바이오피드백
신체 기능에 관한 정보를 얻고 신체 기능을 통제하기 위해 외적 모니터링 기계를 사용한다.

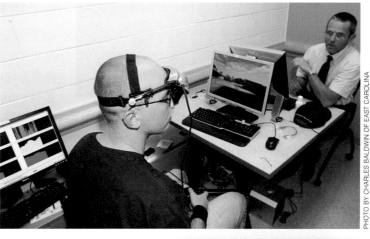

바이오피드백은 심박률, 호흡, 뇌의 전기적 활동 혹은 체온 등과 같이 직접적으로 느낄 수 없는 정신생리적 기능 수준을 시각 혹은 청각 피드백을 통해 보여 준다.

존 스티바드가 70미터 이상의 골짜기에 위험스럽게 세워진 흔들거리는 다리를 건너 올림픽 성화를 전달하는 경우를 제외하고 운동은 스트레스의 감소에 도움이 된다.

에어로빅 운동

형광색의 조깅복으로 잘 차려입고 조깅을 하는 사람이 교차로의 한 지점에서 앞뒤로 펄쩍 뛰고 있다가 신호등의 불빛이 바뀌자마자 재빠르게 뛰어나간다. 이 조깅하는 사람을 행복하고 스트레스를 받지 않으며 원기 왕성한 사람, 즉 심리적으로 건강한 사람의 대표적인 모습이라고 여길 수 있다. 연구 결과는 조깅하는 사람이 심리적으로 건강한 것이 사실이라고 한다. 에어로빅 운동(일정 시간 동안 심박률을 증가시키고 산소 흡입량을 증가시키는 운동)이 심리적 안녕감과 관련되어 있다고 밝혀지고 있다(Hassmen, Koivula, & Uutela, 2000). 그러나 운동이 심리적 안녕감을 일으키는가 혹은 심리적 안녕감이 사람들로 하여금 운동을 하게 하는가? 아마도 일반적 행복감이 조깅을 하게 하는 원동력일 수 있다. 혹은 잘 알려져 있지 않은 제3의 원인(형광색 운동복?)이 운동 욕구와 안녕감 모두를 야기하는 것일까? 앞서 여러 번 언급한 바와 같이 상관이 항상 인과관계를 시사하는 것은 아니다.

원인이 되는 요인을 밝혀내기 위해 연구자들은 사람들을 에어로빅 운동 집단과 운동을 하지 않는 집단에 무작위로 할당하였고 그 결과 운동이 실제로 스트레스를 감소시키고 행복감을 증가시키는 것이 관찰되었다. 최근의 한 메타분석 연구(선행 연구들을 양적으로 리뷰하는 연구)는 90편의 연구들로부터 만성 질환을 앓는 10,000명 이상의 사람들에 관한 데이터를 분석

> **?** 운동의 이점은 무엇인가?

한 결과 에어로빅 운동 집단에 속한 사람들에서 유의하게 감소된 우울 증상을 관찰하였다(Herring et al., 2012). 최근의 또 다른 메타분석 연구도 이와 유사한 결과를 보고하였는데, 예를 들어 우울증 치료에 가장 효과적인 것으로 알려져 있는 심리치료만큼 운동이 우울증에 효과적이고(Rimer et al., 2012), 운동이 조현병 환자들에게도 긍정적인 신체적 및 정신적 건강 효과를 주는 것을 관찰하였다(Gorczynski & Faulkner, 2011). 운동은 부작용 없는 단순하고 시간 제약을 받지 않는 매우 좋은 치료법이다.

이러한 긍정적 효과가 일어나는 원인에 대해서는 아직 명확하게 이해되지 못하고 있다. 연구자들은 이 효과가 기분에 긍정적 효과를 줄 수 있는 세로토닌(3장 참조) 혹은 엔도르핀(3장에 기술되어 있는 내인성 아편제 참조) 등과 같은 신경전달물질의 생산이 증가되기 때문이라고 제안하고 있다(Jacobs, 1994).

긍정적 기분을 북돋우는 것 외에도 운동은 건강을 유지하게 한다. 현재 미국 정부는 하루에 30분 정도 중등도의 강도로 운동하는 것이 만성 질환의 위험을 감소시켜 준다고 권고하고 있다(Dietary Guidelines Advisory Committee, 2005). 아마도 행복감과 건강을 증진시키기 위해 할 수 있는 가장 간단한 것이 에어로빅 운동을 규칙적으로 하는 것일 것이다. 여러분이 흥미를 느끼는 것을 선택하면 싫증 내지 않고 할 수 있다. 댄스 수업에 등록을 하거나 농구 게임을 규칙적으로 하거나 카누 조정을 시작해 보라.

상황 관리

여러분이 자신의 마음과 신체를 관리함으로써 스트레스에 대처하도록 노력하였다면 이제 스트레스 대처에 무엇을 관리하는 것이 남아 있는가? 여러분이 주위를 둘러보면 전 세상이 그곳에 있다는 것을 알게 된다. 아마도 여러분 주위에 있는 세상도 관리할 수 있을 것이다. 상황 관리는 스트레스가 여러분의 마음과 신체에 주는 영향을 감소시키기 위해 여러분의 상황을 변화

시키는 것을 의미한다. 상황을 관리하는 방법에는 사회적 지지를 추구하는 것, 종교 혹은 영적 훈련을 추구하는 것과 생활에서 유머를 발견하는 것이 포함된다.

사회적 지지

국가안보위원회의 첫 번째 규칙은 "항상 친구와 같이 수영하라"인데 여러분이 물속에 빠질 경우 이 규칙이 명백하게 도움이 되지만 사람들은 위험한 위협에 당면할 때마다 동일한 규칙이 적용될 수 있다는 것을 잘 인식하지 못한다. 여러분이 스트레스를 받을 때 다른 사람이 도움을 줄 수 있다. **사회적 지지**(social support)는 다른 사람들과의 상호작용을 통하여 도움을 받는 것을 의미한다. 여러분이 인생에서 좌절하는 일 중의 하나가 이러한 방식으로 다른 사람과 관계를 맺는 것에 실패하는 것이다. 예를 들어 결혼에 실패하는 것은 건강에 나쁘다. 미혼인 사람들은 심혈관 질환, 암, 폐렴, 인플루엔자, 만성 폐색성 폐질환, 간질환과 간경변 등으로 인한 사망률이 높다(Johnson et al., 2000). 일반적으로 친구 및 가족과 좋은 관계를 유지하고 사회적 활동과 종교 모임에 참여하는 것이 운동을 하고 금연을 하는 것만큼 건강에 유익하다(Umberson et al., 2006). 사회적 지지는 다음의 여러 수준에서 도움이 된다.

문화와 사회

자유로운 세상 … 스트레스로 가득 찬 세상?

여러분, 여러분의 부모, 조부모 혹은 그 윗세대분들은 미국으로 이민을 왔다. 많은 가족들이 더 나은 생을 위해 미국으로 이민왔다. 새로운 세상으로 이주한 직후부터 더 나은 생활을 하였는가 혹은 낯선 땅으로 이주한 것이 스트레스를 증가시키고 건강에 부정적 영향을 미쳤는가?

이러한 질문에 대한 답을 찾기 위해 조슈아 브레슬라우와 동료들(Joshua Breslau et al., (2007)은 미국과 멕시코에 거주하는 영어 구사 멕시코인들을 대상으로 자신들의 일생을 통해 불안과 기분 장애를 얼마나 경험하였는가를 조사하였다. 그 결과 멕시코에 살고 있는 사람들 중 불안장애를 가지는 사람들이 미국으로 이민할 가능성이 높았다(즉, 멕시코에 사는 동안 불안한 사람들이 미국으로 이주할 가능성이 높다). 이에 덧붙여 미국으로 이주하는 것이 불안 혹은 기분 장애의 발병 가능성을 증가시키거나 더 지속적인 불안을 가질 가능성이 높다는 것도 관찰되었다. 연구자들은

이러한 결과가 "문화변용 스트레스(acculturation stress)" 가설을 지지하는데, 즉 이 가설은 외국 문화에 사는 것이 스트레스를 높이고(의사소통과 그 문화 관습에 관한 지식 부족) 사회적 지지를 감소시키며 이 결과 부정적인 건강 문제를 가질 위험성을 높인다고 제안한다. 미국으로 이민 온 후 정신장애를 경험할 가능성이 가장 높은 것이 0~12세 아동들에서 관찰되었는데, 이는 어린 시기의 분열이 특히 어렵다는 것을 시사한다. 흥미롭게도 최근에 이민 온 사람들이 정신장애를 앓을 위험이 높은 것이 다른 연구들에서도 관찰되었지만(아마도 스트레스 때문) 이 연구들은 미국 이민자들이 미국에서 출생한 사람들보다(15장에 기술되어 있듯이 세계에서 가장 높은 정신장애 발병률을 가지고 있다. Borges et al., 2011; Breslau & Chang, 2006) 더 낮은 정신장애 발병률을 보이는 것도 보고하고 있다. 따라서 새로운 나라와 문화로 이주하는 것이 매우 높은 수준의 스트레스를 야기하는데, 이는 부분적으로 그 나라에 이미 살고 있는 사람들의 스트레스와 건강 수준 때문일 것이다.

- 친밀한 파트너는 여러분이 운동하는 것과 의사의 지시에 따르는 것을 기억하도록 도와준다. 이와 더불어 여러분이 더 건강한 식생활을 할 수 있도록 도와준다.
- 여러분이 가지고 있는 문제를 친구와 가족에게 이야기하는 것은 전문적인 심리치료를 무료로 받는 것과 같은 이득을 제공한다.
- 과제를 공유하고 어려울 때 서로 도와주는 것이 작업량을 감소시키고 서로의 생에서 경험하는 걱정을 덜어 준다.

그러나 강한 사회적 유대의 이점은 단순한 편리함을 초월한다. 외로운 사람들은 다른 사람들에 비하여 스트레스를 더 받고 더 우울하며(Baumeister & Leary, 1995), 정상 수준보다 낮은 면역 기능으로 인해 질병에 더 취약하다(Kiecolt-Glaser et al., 1984). 대학 신입생들 중 많은 이들이 사회적 지지의 위기를 어느 정도 경험한다. 자신들이 고등학교 때 얼마나 사교적이고 인기가 많았는가와는 무관하게 신입생들은 만족스러운 새로운 사회적 관계를 발달시켜야 하는 과제가 매우 힘들다는 것을 발견한다. 새로운 친구 관계가 피상적이고 교수와의 관계가 형식적이거나 심지어 위협적일 수 있으며 캠퍼스의 동아리 집단이 영혼을 상실한 섬과 같이 보일 수 있다("이봐, 우리는 캠퍼스에 클럽이 얼마나 부족한가를 조사하는 클럽을 만들려고 하는데 우리 클럽에 가입하지 않을래?"). 당연히 연구 결과는 고립감을 많이 느끼는 학생들이 플루 예방접종에 대해 감소된 면역 반응을 보이는 것을 보고하고 있다(Pressman et al., 2005). 여러분이 새로운 사회적 상황에서 사람들과 친해지기 위해 보내는 시간이 여러분의 건강에 대한 투자일 수 있다.

사회적 지지가 스트레스로부터의 보호적 측면에서 가지는 가치는 여성과 남성에서 매우 다르다. 스트레스를 받을 경우 여성들은 지지를 추구하지만 남성들은 그렇지 않다. 셸리 테일러(Shelley Taylor, 2002)의 성차에 관한 연구에 의하면 스트레스에 대한 투쟁 혹은 도피 반응은 주로 남성에서 일어나는 반응이라고 한다. 테일러는 스트레스에 대한 여성의 반응이 배려와 친교(tend-and-befreind), 즉 다른 사람들을 돌보고 돕는 것이라고 제안한다. 남성의 경우처럼 여성도 스트레스에 대해 교감신경계의 각성으로 반응하여 에피네프린과 노르에피네프린을 분비하지만 남성의 경우와는 달리 임산부와 수유 여성의 뇌하수체에서 분비되는 호르몬인 **옥시토신**을 분비한다. 에스트로겐과 더불어 옥시토신은 사회적 반응, 즉 사회적 접촉을 추구하고 다른 사람을 양육하며 집단 협동을 유발하고 유지하는 경향을 촉진시킨다. 남성은 직장에서 열심히 일한 후 좌절과 직업에 대한 걱정을 가지고 퇴근하여 맥주를 마시거나 분노를 느끼며 하루를 마감한다. 대신 이와 동일한 스트레스를 받은 여성들은 자녀들과 시간을 보내거나 친구와 전화로 대화를 한다. 여성의 스트레스에 대한 반응, 즉 배려와 친교 반응은 왜 여성들이 남성들보다 더 건강하고 더 오래 사는가를 설명해 준다. 전형적으로 남성의 반응은 스트레스의 불건전한 효과를 확대하지만 여성의 반응은 스트레스가 마음과 신체에 미치는 효과를 감소시키며 그녀 주변에 있는 사람들에 대한 사회적 지지를 제공해 준다.

? **옥시토신이 여성의 건강에 어떤 이점을 제공하는가?**

남성보다 여성이 스트레스에 대해 '배려와 친교'로 반응한다. 즉, 여성들은 스트레스를 경험하면 사회적 접촉과 관계를 추구한다. 이러한 대중적인 반응 스타일이 "섹스 앤더 시티"와 같은 TV쇼가 왜 성공할 수 있는가를 설명하는데, 이 쇼에서는 4명의 젊은 여성들이 많은 어려운 시기에 서로 돕는다.

종교적 경험

많은 사람들이 상당한 시간을 조용히 기도하거나 생각을 하면서 보낸다. 전국 여론 조사에 의하면 미국인의 90%가 신을 믿으며 하루에 한 번 기도를 한다고 한다. 비록 신을 믿는 사람들 중 많은 이들이 자신들의 믿음이 사후에 보상을 받을 것으로 믿지만 종교가 살아있는 동안에도 이점을 주는 것으로 드러났다. 많은 연구들이 신앙심(특정 종교 활동에의 참여)과 영성(특정 종교와 반드시 관련되어 있지 않지만 전능한 힘의 존재에 대한 믿음) 및 긍정적인 건강 상태가 서로 관련되어 있음을 관찰하였다. 신앙심과 영성이 심장질환, 통증을 감소하거나 심리적 건강을 증진시키는 데 도움이 되는 것으로 밝혀지고 있다(Seybold & Hill, 2001).

왜 신앙심 혹은 영성을 가지는 사람들이 더 나은 정신 및 심리적 건강을 가지는가? 이에 관해 여러 검증 가능한 아이디어들

왜 종교와 영성이 건강에 도움이 되는가?

이 제안되었다. 매주 예배에 참석하는 것과 같은 종교적/영적 생활이 건강에 긍정적으로 영향을 미치는 것으로 잘 알려져 있는 강하고 긴밀한 사회적 네트워크를 발달시킨다. 종교적인 사람들은 종교에서 제공하는 건강한 권고를 받아들임을 통해 심리적으로나 신체적으로 건강할 수 있다. 다시 말하면 섭식 제한, 약물 사용 및 음주 금지와 일상생활에서 경험하는 사건들을 희망적이고 낙관적으로 보라는 권고를 따르며, 이 결과 긍정적인 건강 상태를 가진다(Seeman, Dubin, & Seeman, 2003; Seybold & Hill, 2001). 물론 종교집단의 일부 주장, 예를 들어 중보기도의 긍정적 효과는 지지를 받지 못하고 있다(그림 14.4 참조). 심리학자들은 종교적 혹은 영적 활동의 효과를 검증하는데, 이는 이러한 활동이 어떻게 인간에게 긍정적 효과를 미치는가를 더 잘 이해하기 위해서이다.

유머

문제가 있을 때 웃어넘기는 것이 멋져 보이지 않은가? 우리 대부분은 유머가 불쾌한 상황과 나쁜 기분을 흩뜨린다는 것과 우리들의 생에 기쁨이 주어지면 스트레스가 감소될 수 있다는 것을

어떻게 유머가 스트레스를 완화하는가?

인식한다. 이 입장을 극단적으로 보여 주는 것이 '건강, 치료와 즐거움의 체계' 혹은 '얼마나 진실되는가? 매일의 스트레스에서 유머를 발견하자' 등과 같은 제목을 붙인 자기계발서이다. 실제로 웃음이 가장 좋은 약인가? 병원문을 닫고 환자들을 광대에게 보내야만 하는가?

유머가 우리로 하여금 스트레스에 대처하도록 도와준다는 이론을 지지하는 연구 결과들이 있다. 예를 들어 한 연구에서 참여자들에게 혈입측정기의 가압대를 지나치게 팽창시켰을 경우 초래되는 통증과 고통에 대한 민감성을 유머가 감소시킬 수 있는 것을 관찰하였다. 중립적 내용의 테이프 혹은 이완 지시를 듣고 있을 때보다 웃음을 유발하는 코미디 테이프를 듣는 동안 참여자들이 통증을 더 잘 참았다(Cogan et al., 1987).

유머는 스트레스 사건을 경험한 후 진정되는 데 걸리는 시간을 감소시킬 수도 있다. 예를 들어 매우 높은 수준의 스트레스를 야기하는 산업

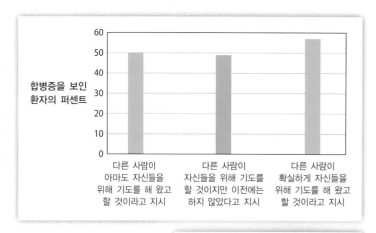

합병증을 보인 환자의 퍼센트

| 다른 사람이 아마도 자신들을 위해 기도를 해 왔고 할 것이라고 지시 | 다른 사람이 자신들을 위해 기도를 할 것이지만 이전에는 하지 않았다고 지시 | 다른 사람이 확실하게 자신들을 위해 기도를 해 왔고 할 것이라고 지시 |

▲ 그림 14.4 **나를 위한 기도?** 도움을 필요로 하는 사람들을 위해 기도(중보기도)하는 것이 실제로 그들을 돕는가를 조사하기 위해 연구자들은 심장동맥 우회술을 받을 예정인 1,802명의 환자들을 세 조건에 무작위로 할당하였다. 한 조건에서는 다른 사람이 아마도 자신들을 위해 기도를 해 왔고 할 것이라고 지시하였고 다른 조건에서는 다른 사람이 자신들을 위해 기도를 할 것이지만 이전에는 하지 않았다고 지시한 한편 또 다른 조건에서는 다른 사람이 확실하게 자신들을 위해 기도를 해 왔고 할 것이라고 지시하였다. 불행하게도 다른 사람이 자신들을 위해 기도를 했던 환자군과 하지 않았던 환자군 사이에 합병증의 차이가 없었다. 또한 다른 사람이 자신들을 위해 기도를 해 왔고 또 할 것이라고 지시를 받은 환자군이 다른 두 환자군에 비해 유의하게 많은 합병증을 보였다(Benson et al., 2006).

JUSTIN LANE/EPA/NEWSCOM

인터넷 회사 그루폰의 CEO인 앤드류 메이슨은 회사를 떠났는데, 그의 사임서에는 다음과 같은 내용이 기술되어 있다. 4년 반 동안 그루폰의 CEO로서 열심히 일한 나는 나의 가족과 더 많은 시간을 보내기 위해 회사를 떠나기로 결정하였다. 농담으로 — 나는 오늘 해고되었다 — 그리고 다음과 같이 덧붙였다. "나는 이 회사에서 여러분 모두와 같이 일할 기회를 가졌다는 점에서 행운이다. 나는 압박감에서 벗어나기 위해 당분간 휴식을 취하고자 한다(그루폰 지방 40을 줄일 수 있는 캠프를 찾고 있는데 혹시 좋은 캠프를 추천할 사람이 있는가?). 휴식은 앞으로 나에게 또 다른 생산적인 일을 할 수 있게 할 것이다." 이 글은 스트레스를 완화하기 위해 유머를 사용한 좋은 예이다.

재해에 관한 필름 3개를 남성들에게 보게 한 후 한 집단에게는 그 사건들을 심각하게 묘사하게 하고 다른 집단에게는 가능한 한 재미있게 평하도록 요구하였다. 비록 두 집단의 남성들 모두 필름을 보는 동안 교감신경계 활성화의 상승(심박률과 피부 전도의 상승과 피부 온도의 감소)을 보였지만 유머 있게 필름을 평하도록 요구받은 사람들의 교감신경계 수준이 다른 집단에 속한 사람들의 교감신경계 수준보다 더 빨리 정상적인 각성 수준으로 되돌아왔다(Newman & Stone, 1996).

만약 웃음과 재미가 단기간에 스트레스를 완화시킨다면 이 효과가 축적되어 건강을 증진시키고 수명을 연장시킬 수 있을까? 불행하게도 연구 결과는 그렇지 않다고 한다(Provine, 2000). "희극 배우들이 더 오래 사는가?"라는 제목의 한 연구는 코미디언들이 다른 연예인이나 비연예인들에 비해 더 오래 사는가를 추적 조사하였다(Rotton, 1992). 그 결과 코미디언들이 더 젊은 나이에 사망하는 것을 발견하였는데, 이는 아마도 코미디언들이 수많은 밤무대에서 "나는 무대 위에서 죽을 것이다"라고 생각하기 때문일 것이다.

> ### 요약
>
> ▶ 스트레스 관리는 마음, 신체와 상황에 영향을 미치는 전략들을 포함한다.
>
> ▶ 사람들은 스트레스를 야기하는 생각을 억압하거나 스트레스를 야기하는 상황을 회피하거나 합리적으로 스트레스원에 대처하거나 재구성을 통하여 자신들의 마음을 관리한다.
>
> ▶ 신체 관리 전략은 명상, 이완, 바이오피드백과 에어로빅 운동을 통하여 스트레스 증상들을 감소시키는 것을 포함한다.
>
> ▶ 상황을 관리함으로써 스트레스를 극복하는 것에는 사회적 지지를 추구하는 것, 종교적 활동에 참여하는 것 혹은 스트레스 상황에서 유머를 찾는 것이 포함된다.

질병의 심리학 : 정신력에 달린 문제

마음이 신체 건강과 질병에 미치는 주된 영향 중의 하나가 신체 증상에 대한 마음의 민감성이다. 신체가 잘 기능하지 못하는 것을 인식하는 것은 이러한 인식이 치료 추구를 동기화한다는 점에서는 바람직하지만 지나치게 질병에 대한 선입견에 사로잡힐 경우 더 큰 문제가 초래된다.

질병의 심리적 효과

병을 앓으면 왜 기분이 나빠지는가? 여러분이 목이 간지럽거나 콧물을 훌쩍거리면 신체에 이상이 있는 것으로 생각한다. 그리고 몇 시간 후 전신이 아프고 에너지가 없어지며 식욕이 없어지고 열이 나며 멍하고 생기가 없어진 느낌을 가진다. 여러분이 아픈 것이다. 의문은 왜 병이 들면 이런 현상이 나타나는가이다. 병이 들어도 기분이 좋을 수는 없는가? 질병 때문에 집에 머물고 해야 할 일들을 하지 않으면 질병의 고통이 감소되지 않을까?

질병은 여러분을 여러 이유로 고통스럽게 한다. 질병에 대한 반응의 일부인 고통은 뇌에 의해 일어나는 질병에 대한 통합되고 적응적 반응이다(Hart, 1988; Watkins & Maier, 2005). 여러분이 아픔을 느끼면 집에 머물기 때문에 오직 소수의 사람에게만 세균을 퍼트린다. 더 중요한 점은 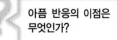 아프면 활동을 하지 않고 누워 지내는데, 이 경우 다른 활동에 사용되는 에너지를 보존하여 병과 싸우게 된다. 식욕 감퇴 역시 적응적이다. 즉, 소화에 사용될 에너지가 보존되기 때문이다.

아픔 반응의 이점은 무엇인가?

따라서 질병과 동반되어 나타나는 행동 변화는 무작위로 일어나는 병의 부작용이 아니라 신체가 질병과 싸우는 것에 도움이 된다. 나이가 들어감에 따라 이러한 반응들이 오래 지속되고 과장되는데 이는 질병과의 싸움에서 지고 있다는 신호이다(Barrientos et al., 2009).

뇌는 이렇게 해야 하는 것을 어떻게 알고 있는가? 감염에 대한 면역 반응은 백혈구가 병원균을 잡아먹고 사이토카인을 분비하는 것으로부터 시작되는데, 사이토카인은 신체를 순환하면서 다른 백혈구와 의사소통하고 뇌로 아프다는 신호를 보내는 단백질이다(Maier & Watkins, 1998). 동물에 사이토카인을 주사하면 아픈 반응을 보이고 사이토카인의 작용을 억제하는 약물을 주사하면 감염이 일어나도 아픈 반응을 보이지 않는다. 사이토카인은 뇌로 들어갈 수 없지만 장, 위, 흉부에서 뇌로 연결되는 미주신경을 활성화시켜 "내가 감염되었다"라는 메시지가 일어나게 한다(Goehler et al., 2000). 이는 왜 우리가 아플 때 자주 '내장', 즉 신체의 가장 중심 부위의 불편함을 경험하는가를 설명한다.

흥미롭게도 아픈 반응은 감염이 전혀 없이 단지 스트레스만으로 일어날 수 있다, 예를 들어 포식자의 냄새만으로도 동물은 열과 백혈구의 증가 등과 같은 감염 증상과 더불어 아픈 반응을 보인다(Maier & Watkins, 2000). 인간의 경우 아픈 반응, 면역 반응, 스트레스 사이의 관련성이 우울증에서 잘 관찰되는데, 우울증에서는 이 모든 아픔에 관여하는 기제들이 재빨리 일어난다. 따라서 피로와 몸이 불편함뿐 아니라 우울증 환자들은 감염의 특징적인 신호인 혈중 사이토카인 수준의 상승을 보인다(Maes, 1995). 질병이 여러분을 우울하게 하는 것처럼, 심한 우울은 뇌의 아픔 반응을 일으키고 여러분으로 하여금 아픔을 느끼게 한다(Watkins & Maier, 2005).

질병의 인식과 치료 추구

불과 1분 전만 해도 여러분은 호흡에 대해 생각하지 않았을 수도 있지만 지금 이 문장을 읽고 있는 동안에는 여러분이 호흡하고 있는 것을 인식할 것이다. 때로 우리는 우리의 신체 상태에 대해 지나친 관심을 기울인다. 그러나 다른 때에는, 즉 특정 증상을 인식하기 전이나 필자가 특정 증상에 대해 기술하기 전까지 신체는 '자동적'으로 기능하는 것처럼 여겨진다.

신체에 대해 주의를 주거나 주지 않는 것이 우리가 지각하는 증상에 영향을 미칠 수 있다. 예를 들어 사람들이 지루할 경우 자신들의 신체에 더 많은 주의를 주고 이에 따라 더 많은 신체 증상에 집중한다. 펜네베이커(Pennebaker, 1980)는 강의실을 녹화하여 살펴본 결과 강의실 안에 있는 어떤 사람이 기침을 하면 다른 사람들도 곧이어 기침을 하는 경향이 있었는데, 특히 강의가 지루할 경우 이러한 심리적 전염이 일어나는 경향이 있다는 것을 관찰하였다. 흥미롭게도 기침은 사람들이 의도적으로 하는 것이 아니다(이는 펜네베이커가 소방관들이 잠을 자는 동안 그들이 하는 기침을 기록한 것으로부터 발견하였다). 따라서 신체 증상의 인식과 발생이 우리가 통제할 수 없는 심리적 요인들에 의해 영향을 받을 수 있다.

BETSIE VAN DER MEER/GETTY IMAGES

굉장히 흥미로운 이 교재를 읽는 동안 여러분은 하품을 하지 않았을 것이다. 그러나 이 사람이 하품하는 것을 보면 여러분의 뇌도 하품 과정을 시작한다.

신체 증상에 주의를 주고 증상을 보고하는 정도는 사람들마다 상당히 다르다. 많은 신체 증상을 보고하는 사람들은 부정적인 경향이 있는데, 즉 자신들을 불안하고 우울하며 스트레스를 많이 받는다고 기술한다(Watson & Pennebaker, 1989). 많은 증상을 호소하는 사람들이 실제로 여러 문제들을 가지고 있는가 아니면 단지 불평을 많이 하는 사람

? 통증과 뇌 활성화 사이에는 어떤 관련성이 있나?

인가? 이 질문에 답하기 위해 연구자들은 fMRI 스캔을 통하여 보고된 통증의 심각성 정도와 통증 경험에 관여하는 뇌 영역의 활성화 정도를 비교하였다. 연구 참여자들은 자신들의 다리에 가해지는 열 자극(화씨 110~120도)을 감수하였으며 예상한 바와 같이 일부 참여자들은 다른 참여자들에 비해 더 심한 통증을 경험하였다. 통증 자극이 가해지는 동안 실시된 스캔은 더

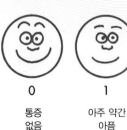 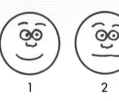

0	1	2	3	4	5
통증 없음	아주 약간 아픔	조금 아픔	조금 더 아픔	많이 아픔	아주 많이 아픔

얼마나 아픈가? 통증은 측정하기 어려운 심리 상태이다. 통증 정도를 숫자로 표시하는 것이 내적 상태를 외적 표현으로 판단하는 한 방법이다.

높은 정도의 통증을 보고하는 참여자들에서 전대상 피질, 체감각 피질, 전전두 피질(이 영역들은 고통스러운 신체 자극에 반응하는 영역들이다)이 특히 활성화되는 것을 보여 주었다(그림 14.5 참조). 이 결과는 사람들이 자신들이 경험하는 통증의 정도에 대해 정확하게 보고할 수 있다는 것을 시사한다(Coghill, McHaffie, & Yen, 2003; '최신 과학' 참조).

통증을 민감하게 보고하는 사람들과 상반되게, 일부 사람들은 증상과 통증을 덜 보고하거나 자신들이 아프다는 것을 무시하거나 부인한다. 증상에 둔감할 경우 이에 대한 대가를 치르게 되는데, 즉 치료가 지연될 수 있거나 때로는 심각한 반격을 받을 수 있다. 한 연구에서 심장 발작으로 치료를 받은 경험이 있는 2,404명의 환자들 중 40%가 심장 발작으로 의심되는 증상을 처음 인식한 때로부터 6시간 이상이나 병원을 찾지 않았다고 보고하였다(Gurwitz et al., 1997). 심한 가슴 통증을 경험하거나 혹은 이전에 심장 수술을 받은 병력이 있는 경우에는 즉시 병원을 찾는다. 그러나 경미한 증상을 경험하는 경우에는 여러 시간 동안 병원을 찾지 않거나 구급차를 부르지 않거나 주치의를 찾지 않은 채 증상이 없어지기만을 기다리는데, 심장 발작의 손상을 줄일 수 있는 치료는 빨리 이루어져야만 유용하기 때문에 이러한 태도는 바람직하지 않다. 질병의 부인을 통하여 고통을 벗어나려고 시도하면 더 큰 신체적 위험에 노출될 수 있다.

신체 증상 장애

질병 부인의 반대가 질병에 대해 지나치게 민감하게 반응하는 것인데, 이 경우 역시 위험하다. 실제 증상 혹은 질병의 가능성에 대해 과민하게 반응하는 것이 다양한 심리적 문제의 근원이 되고 신체 건강도 해칠 수 있다. **정신신체 질환**(psychosomatic illness), 즉 질병을 초래할 수 있는 마음과 신체의 상호작용을 연구하는 심리학자들은 마음(psyche)이 신체(soma)에 영향을 줄 수 있고 신체가 마음에 영향을 줄 수 있는 기제들을 탐구한다. 마음-신체 상호작용에 관한 연구는 신체 증상 장애라고 불리는 심리장애에 초점을 맞추는데, **신체 증상 장애**(somatic symptom disorders)는 적어도 하나의 신체 증상을 가지는 개인이 자신의 건강에 대해 지나친 불안을 보이고 증상에 대해 지나친 관심을 보이며 지나치게 많은 시간과 에너지를 증상과 건강에 대한 염려에 쏟는 경

정신신체 질환
마음과 신체가 상호작용한 결과 초래된 질병

신체 증상 장애
적어도 하나의 신체 증상을 가지는 개인이 건강에 대해 지나친 불안을 보이고 증상에 대해 지나친 관심을 보이며 지나치게 많은 시간과 에너지를 증상과 건강에 대한 염려에 쏟는 일련의 심리장애들

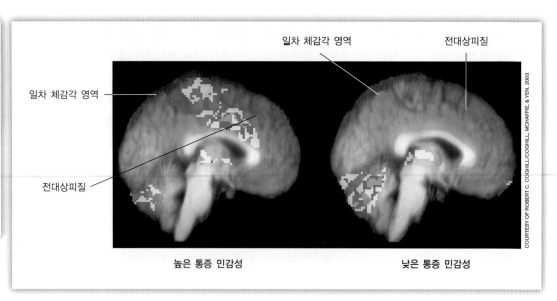

▶ 그림 14.5 **통증을 느끼는 동인의 뇌** 통증 자극 동안 fMRI를 사용하여 높은 통증 민감성(왼쪽)과 낮은 민감성(오른쪽)을 가지는 사람의 뇌 활성화를 조사하였다. 낮은 민감성에 비하여 높은 민감성을 가지는 사람의 전대상피질과 일차 체감각 영역의 활성화가 더 증가하였다. 노랑이 가장 높은 수준의 활성화 수준을 나타내고 그다음으로는 빨강, 밝은 파랑과 어두운 파랑의 순이다(Coghill, McHaffie, & Yen, 2003).

일차 체감각 영역　　　　　전대상피질

일차 체감각 영역

전대상피질

높은 통증 민감성　　　　　　낮은 통증 민감성

위약 조건에서의 뇌

일회용 반창고에 관한 놀랄 만한 일들이 있다. 주로 아장아장 걸어다니는 유아가 다치면 일회용 반창고를 *요구하는데*, 유아에게 일회용 반창고를 붙여 주면 즉시 나은 것처럼 행동한다. 만약 어른이 아동에게 일회용 반창고를 붙여 주면 아동은 통증이 치료되었다고 보고한다. 물론 일회용 반창고가 실제로 통증을 치료해 주는 것은 아니지 않는가?

의사와 심리학자들은 오랫동안 *위약 효과* (placebo effect), 즉 치료 효과가 없는 물질이나 치료 절차에 대한 임상적으로 의미 있는 심리적 혹은 신체적 반응에 관해 궁금해하였다. 전형적으로 설탕으로 만든 알약을 위약으로 사용하지만 일회용 반창고, 주사, 찜질팩, 목의 문지름, 유사 치료(homeopathic remedies)나 심지어 친절한 말도 위약 효과를 가질 수 있다(Diederich & Goetz, 2008). 더욱이 아무런 처치를 하지 않는 것보다 위약 뇌 수술이 더 효과적일 수 있다(McRae et al., 2004). 그러나 위약 효과가 일어나기 위해서는 환자 자신이 치료를 받는 것을 알고 있어야만 한다(Stewart–Williams, 2004). 이는 모르핀 주사와 같은 적극적 치료에도 해당된다(Benedetti, Maggi, & Lopiano, 2003). 환자의 앎 효과(knowledge effect)는 매우 특정적인데, 예를 들어 환자가 치료의 본질에 관해 무엇을 믿고 있는가에 따라 한 알의 약보다 두 알의 약이 더 효과가 있거나 알약보다는 주사가 더 효과적일 수 있다(de Craen et al., 1999).

위약이 어떻게 작용하는가? 실제 사람들이 통증을 경험하지만 치료에 관한 자신들의 믿음과 일치되도록 경험을 보고하는가? 혹은 실제 위약이 통증을 감소시키는가? 하워드 필즈와 존 레빈(Howard Fields & Jon Levine, 1984)은 위약이 엔도르핀(혹은 내인성 아편제), 즉 뇌에서 생산되는 모르핀과 유사하게 통증을 감소시키는 화학물질의 분비를 촉진시키는 것을 관찰하였다(5장 참조). 그들이 실험에서 아편제 길항제인 날록손(naloxone)을 주사한 결과 모르핀과 같은 아편제와 위약 주

▲ 일회용 반창고가 여러분의 모든 아픔과 통증을 치료할 수 있는가? 그림에 있는 잘은 소녀처럼 많은 아동들이 신체 어느 부위를 다쳤더라도 반창고를 붙이는 즉시 통증이 사라진다고 말한다. 비록 대부분의 성인들이 반창고가 통증을 치료하지 않는 것을 알지만 위약 효과는 전 생애에 걸쳐 지속된다.

사의 효과 모두가 감소되는 것이 관찰되었는데, 이는 위약이 엔도르핀의 분비를 촉진하기 때문에 통증 감소의 효과를 가질 수 있다는 것을 시사한다.

위약 효과에 관한 또 다른 연구는 위약이 통증에 관여하는 뇌 영역들의 활성화를 감소시키는 것을 관찰하였다. 연구 자원자들을 전기 충격 혹은 열 등에 노출시키는 동안 fMRI를 통하여 뇌 활성화를 조사하였다(Wager et al., 2004). 통증을 유발하는 자극에 노출하는 것을 준비하는 동안 일부 자원자들의 피부에 위약 크림을 발라 주면서 이 약이 통증을 감소시키는 진통제라고 말하였다. 또 다른 자원자들에게는 아무런 처치를 하지 않았다. 그림에서 볼 수 있듯이 위약 진통제를 바른 경우 통증에 민감하게 반응하는 영역들인 *시상, 전대상 피질과 뇌섬엽*의 활성화가 감소되었다. 이러한 결과는 위약이 사람들로 하여금 자신들의 경험을 잘못 보고하게 하는 것이 아니라 통증을 경험하는 동안 활성화되는 뇌 영역들의 활성화를 감소시키는 것을 시사한다.

이러한 결과가 다음에 여러분이 복통을 경험하면 일회용 반창고를 배에 붙여 복통을 치료해야 한다는 것을 의미하지는 않는다. 위약의 효과는 위약이 효과적이라고 의식적으로 기대하는 것으로부터 초래된다. 여러분이 위약 효과를 기대하지 않을 때 여러분으로 하여금 나아졌다고 믿게 하기는 어렵다. 위약 효과가 부분적으로는 무의식적이고 고전적 조건화를 통해서 학습될 수 있다. 여러분이 이전에 특정 의사, 치료법, 특정 상황에서 치료가 된 경험을 가지고 있다면 만약 유사한 의사, 치료법 혹은 상황에 다시 당면하면 비록 여러분이 의식적으로 나을 것을 기대하지 않더라도 무의식적 학습 기제가 병을 낫게 할 수 있다 (Benedetti, Pollo, et al., 2003). 과거에 안락함을 주었던 것이 다시 안락감을 제공한다.

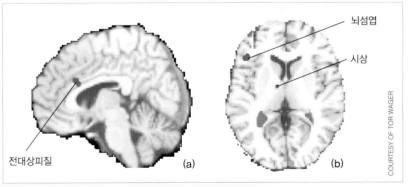

▲ **위약에 대한 뇌 반응** fMRI 스캔은 쇼크 동안 개인에게 위약을 제공하면 통증을 보고할 때 활성화되는 일부 뇌 영역들이 활성화되지 않음을 보여 준다. 이 영역들에는 전대상피질(a)과 뇌섬엽과 시상(b)이 포함된다(Wagner et al., 2004).

우이다. 이러한 장애들에 대해서는 15장에서 더 자세하게 살펴볼 것이다. 신체 질환에 대한 지나친 관심을 보이는 장애들을 신체형 장애(somatoform disorder)로 불렸고 질병불안장애(혹은 건강염려증)와 같은 범주에 포함되었다. 신체형 장애는 환자가 호소하는 증상이 일반적인 의학적 상태

환자 역할
사회적으로 인정되는 질병과 관련되는 권리와 의무

IMAGE SOURCE/GETTY SOURCE

여러분이 대중교통을 이용하는 동안 심하게 기침하는 사람 옆자리에 앉은 적이 있는가? 질병 증상의 완화 목적으로 개발된 약품 광고가 엄청나게 많다. 감기에 걸렸을 때 집에 머무르는 것이 사회적으로 허용되는가 혹은 꾀병으로 여겨지는가? 환자 역할에 관한 조롱은 어떠한가?

의사와 환자는 두 가지 유형의 상호작용, 즉 형식적이거나 인간적인 상호작용을 가진다. 로봇 환자를 대상으로 실시되는 의료 훈련은 의사로 하여금 환자 돌봄의 형식적인 측면을 학습하게 할 뿐이며 인간적 측면을 학습할 기회는 거의 제공하지 않는다.

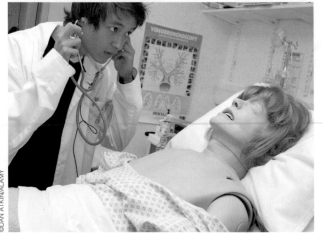

©DAN ATKIN/ALAMY

보다는 환자의 마음으로부터 비롯된 경우이다. 그러나 정신신체 질환에 관한 관심이 마음으로부터 초래된 신체 증상에서 의학적으로 설명 가능한 신체 증상에 대한 지나친 염려로 바뀌었는데, 이는 후자의 경우 심리치료가 효과적으로 개입될 수 있기 때문이다. 일부 사람들은 이러한 관심의 변화가 문제, 즉 심리학자와 정신과의사들로

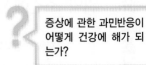 증상에 관한 과민반응이 어떻게 건강에 해가 되는가?

하여금 자신의 건강에 대해 가지는 정상적인 관심까지도 심리장애로 진단하게 한다고 주장하였다. 무엇을 심리장애로 간주하고 무엇을 심리장애로 간주해서는 안 되는가와 같은 흥미롭고 다소 복잡한 문제는 다음 장에서 더 자세하게 살펴볼 것이다.

환자 되기

아픈 것은 신체 상태의 변화 이상의 것, 즉 정체감의 변화를 포함할 수 있다. 이 변화는 특히 심각한 질병의 경우에 더 크다. 여러분이 자신이 이전과 다르다고 느끼는 변화는 여러분이 느끼고 행동하는 모든 것에 영향을 미칠 수 있다. 여러분은 인생에서 새로운 역할인 **환자 역할**(sick role), 즉 **사회적으로 인식된 질병과 관련된 일련의 권리와 의무**를 가진다(Parsons, 1975). 환자는 일상의 많은 의무가 면제되고 정상적인 활동의 면제를 즐긴다. 예를 들어 아픈 아동은 학교에 가지 않고 숙제를 하지 않아도 되는 것에 덧붙여서 하루 종일 소파에 앉아 TV를 시청할 수 있으며 저녁 반찬에서 자신이 싫어하는 것을 먹지 않아도 된다. 극단적인 경우, 아픈 사람이 거칠고, 게으르고 요구적이고 변덕스러운 것도 받아들여진다. 이러한 면제에 대한 대가로 환자 역할에는 의무가 뒤따른다. 환자는 질병을 즐기거나 환자 역할을 원해서도 안 되며 '바람직하지 않은' 아픈 상태를 끝내기 위해 치료를 받아야만 한다. 파슨스는 질병이 심리적, 사회적, 심지어는 도덕적 요소를 가지고 있음을 관찰하였다. 여러분이 아픔과 건강 사이에서 갈등을 겪을 때 마치 그 갈등을 도덕적 결정처럼 여겼던 경험이 있을 것이다. 침대에서 일어나 화학 시험을 보아야 하는지 혹은 아프기 때문에 화학 시험을 보는 대신 침대에 누워 있어야 하는지 등의 갈등을 경험하였을 것이다.

일부 사람들은 자신들이 원하는 것을 성취하기 위해 의학적 혹은 심리적 증상을 가장하는데, 이러한 유형의 행동을 꾀병

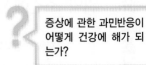 아프면 어떤 이점이 있는가?

(malingering)이라고 부른다. 질병이 가지는 많은 증상들을 가장할 수 없으며 심지어 통증을 느낀다는 것을 얼굴로 표현하는 것조차 가장하기 어렵기 때문에(Williams, 2002) 꾀병은 질병의 일부 증상들에만 한정될 수밖에 없다. 질병으로 인한 이차적 이익을 얻을 수 있는 경우, 예를 들어 휴식을 취할 수 있거나 내키지 않는 과제를 하지 않아도 되거나 다른 사람의 도움을 받을 수 있는 경우 병을 가장한 것이 의심된다. 아동이 냉담한 부모로부터 위로를 받을 수 있기 때문에 침대에 누워 있는 경우처럼 이차적 이익이 포착되기 매우 어려울 수도 있고, 혹은 보험금을 받을 수 있는 경우처럼 매우 명백할 수도 있다. 환자가 질병으로 이끄는 일부 행동들을 통제하지 못할 수도 있다. 예를 들어 스스로 굶는 행동은 통제할 수 없는 섭식 장애이다(8장 참조). 이러한 이유 때문에 꾀병을 진단하고 치료하는 것이 어려울 수 있다(Feldman, 2004).

환자-의료진 상호작용

대개 의료적 돌봄(medical care)은 생소한 상호작용을 통하여 일어난다. 상호작용의 한 측은 불쌍한 환자로서 질문과 검사를 받고 주사를 맞거

나 불편함을 경험하며 혹은 좋지 않은 소식을 듣는다. 상호작용의 또 다른 측은 의료진인데, 이들은 처음에는 왜 환자가 의료진을 찾는가를 모르지만 환자의 개인적 정보를 얻고자 하고 환자가 가지는 문제와 해결책을 찾으려고 하며 어떤 방법으로든지 환자를 도우려고 하지만 많은 다른 환자들이 기다리고 있기 때문에 이 모든 것들을 가능한 한 효율적으로 성취하고자 한다. 이 모든 상황들이 치료보다는 주로 어색함을 제공하는 것으로 여겨진다. 의료적 상호작용을 효과적으로 이끄는 열쇠 중 하나가 의사의 공감(empathy)이다(Spiro et al., 1994). 성공적인 치료를 제공하기 위해 의사는 환자의 신체적 상태와 심리적 상태를 동시에 이해해야만 한다. 간혹 의사는 환자의 정서를 알아차리지 못한 채 신체적 상태에만 초점을 맞춘다(Suchman et al., 1997). 특히 이는 불행한 일인데, 왜냐하면 의료적 도움을 구하고자 하는 환자들 중 상당수가 심리적 문제와 정서적 문제를 가지고 있기 때문이다(Taylor, 1986). 그리스의 의사인 히포크라테스가 기원전 4세기에 다음과 같이 기술하였다. "일부 환자들은 비록 상태가 위험하더라도 그들이 의사의 친절함에 단지 만족하기만 해도 건강을 회복할 수 있다." 가장 좋은 의사는 환자의 신체뿐만 아니라 마음도 치료한다.

의료적 돌봄의 상호작용에서 또 다른 중요한 점은 환자들로 하여금 처방에 순응하도록 동기화하는 것이다(Miller & Rollnick, 2012). 처방 후 환자의 약병에 남아 있는 알약의 수를 셈으로써 환자의 순응 정도를 조사한 연구자들은 놀랍게도 환자들이 의사의 지시를 잘 따르지 않는 것을 발견하였다(그림 14.6 참조). 녹내장 치료를 위해 안약을 몇 시간마다 눈에 넣어야 하는 경우처럼 치료를 자주 해야 할 경우 특히 순응이 낮다. 또한 치료가 불편하거나 아플 경우, 예를 들어 당뇨병 치료를 위해 혈액 채취나 주사를 맞아야 하는 경우 순응이 낮아진다. 마지막으로 치료 횟수가 증가할수록 순응이 낮아진다. 이는 특히 노인 환자들이 가지는 문제인데, 왜냐하면 노인 환자들은 언제 어떤 약을 복용해야 하는가를 기억하기가 쉽지 않기 때문이다. 의학적 돌봄의 실패는 환자 스스로 자신을 돌보는 데 관여하는 심리적 과정을 의료진이 인식하지 못하는 것으로부터 초래될 수 있다. 의사의 지시에 순응하도록 도와주는 것에는 의학이 아닌 심리학이 관여하며 건강 증진에 필수적인 부분이다.

왜 의사가 공감을 표현하는 것이 중요한가?

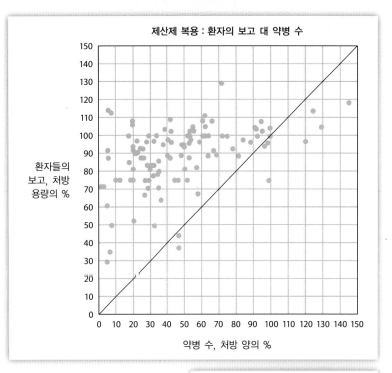

제산제 복용 : 환자의 보고 대 약병 수

환자들의 보고, 처방 용량의 %

약병 수, 처방 양의 %

▲ 그림 14.6 **제산제 복용** 116명의 환자가 보고한 제산제 복용량과 약병 수로 추정한 복용량의 산포도. 만약 환자가 보고한 복용량과 약병 수로 추정한 복용량이 동일하면 점들은 대각선 위에 위치한다. 만약 환자가 보고한 복용량이 실제 복용량보다 많으면 점들은 대각선 위에 위치한다. 대부분의 환자들이 과장된 복용량을 보고하였다(Roth & Caron, 1978).

요약

▸ 질병의 심리학은 신체에 대해 얼마나 민감한가가 질병의 인식과 치료 추구에 얼마나 영향을 미치는가에 관심을 둔다.

▸ 신체 증상 장애는 신체 문제에 지나치게 민감한 것으로부터 초래될 수 있다.

▸ 환자 역할은 질병과 관련된 일련의 권리와 의무이다.

▸ 성공적인 의료진은 환자의 신체적 상태와 심리적 상태 모두를 이해하기 위해 환자들과 상호작용한다.

"와, 정보가 너무 많습니다."

건강심리학 : 행복감 느끼기

개인의 건강에 영향을 미치는 두 가지 유형의 심리적 요인은 건강과 관련되는 성격 특성과 건강한 행동이다. 성격은 비교적 지속적인 특성으로, 일부 사람들에게는 건강 문제 혹은 스트레스에 특히 민감하게 하고 일부 사람들에게는 그렇지 않게 한다. A형 행동 유형이 한 예이다. 성격은 전형적으로 우리가 선택하는 것이 아니기 때문에("나는 투덜대지 않고 어느 정도 유머와 외향성을 가지고 싶다") 이 건강 원천은 개인의 통제 밖에 있다. 이와 상반되게 긍정적인 건강 행동에 참여하는 것은 적어도 원칙적으로는 누구나 할 수 있는 것이다.

성격과 건강

서로 다른 사회적 집단은 서로 다른 건강 문제를 가지고 있는 것으로 여겨진다. 예를 들어 여성에 비해 남성이 심장 질환에 더 취약하고 흑인이 아시아인이나 백인에 비해 천식에 더 취약하다. 이러한 일반적인 사회적 범주를 뛰어넘는 또 다른 건강 예측인자가 성격인데, 즉 낙관성과 강인함에서의 개인차가 건강에 중요한 영향을 미친다.

낙관주의

폴리아나는 문학 작품에 등장하는 인물 중 가장 유명한 낙관주의자 중 한 명이다. 엘리너 포터의 1913년, 소설에서 폴리아나는 고아가 되어 잔혹한 숙모와 살기 위해 정든 곳을 떠나야만 할 때조차 끊임없이 유쾌함을 잃지 않고 생을 살아가는 한 소녀로 그려지고 있다. 맑은 날씨에 대한 그녀의 반응은 물론 날씨가 맑아 좋다는 것이었지만 흐린 날씨에 대한 그녀의 반응은 모든 날들이 흐리지 않아 얼마나 다행인가였다! 그녀의 변덕스러운 숙모인 폴리는 이와 정반대의 태도를 가지고 있었는데, 즉 행복한 매 순간을 엄한 벌로 바꾸어 버렸다. 한 개인이 가지는 낙관주의 혹은 회의주의의 수준은 비교적 안정적인 경향이 있으며, 한 가정에서 같이 양육된 쌍생아와 서로 다른 가정에서 양육된 쌍생아의 성격을 조사한 연구들은 이러한 특성(낙관주의 혹은 회의주의)이 상당히 유전적이기 때문에 비교적 안정성을 띤다고 제안한다(Plomin et al., 1992). 아마도 폴리아나와 숙모 폴리는 유전적으로 각 특성을 가지고 태어난 것으로 보인다.

"불확실한 때라도 나는 항상 최선을 기대한다"라고 믿는 낙관주의자가 "나에게 나쁜 일이 생길 것이다"라고 믿는 회의주의자에 비하여 더 건강한 경향이 있다. 예를 들어 수십 편의 연구들을 리뷰한 최근 연구에 의하면 조사한 모든 심리적 안녕감 중에서 낙관주의가 심혈관 건강을 가장 잘 예측한다고 한다(Boehm & Kubzansky, 2012). 중요한 점은 낙관주의와 심혈관 건강 사이의 관련성은 심장 질환의 주요 요인으로 오래전부터 알려져 왔던 요인들, 즉 우울과 불안 등을 통제한 후에도 관찰되었는데, 이는 긍정적인 건강이 정신병리가 없는 경우뿐만 아니라 미래에 대한 긍정적인 기대와 관련되어 있음을 시사한다. 그렇다면 미래에 대한 긍정적인 생각만이 있을 때에도 그러한가? 불행하게도 그렇지 않다.

낙관주의가 신체 건강을 직접적으로 증진시키기보다 신체적 건강 문제에 당면하였을 때 낙관주의가 심리적 건강을 유지하는 데 도움이 된다. 병이 났을 경우 낙관주의자들은 회의주의자들에 비해 긍정적 정서를 더 유지하고 불안과 우울 등과 같은 부정적 정서를 더 회피하고 의료진의 처방에 더 순응하며 다른 사람들과의 관계를 더 잘 유지한다. 예를 들어 유빙임 수술을 빋은 어성들 가운데 낙관적인 사람들은 회의적인 사람들에 비해 치료 후 고통과 피로를 덜 경험하는 것으로 여겨지는데, 이는 주로 그들이 치료를 받는 동안에도 사회적 접촉과 여가 활

아드리안 해슬렛은 2013년 보스턴 마라톤 대회에서 폭탄이 폭발한 장소에서 4피트 정도 떨어진 곳에 있었다. 비록 폭발로 말미암아 그녀는 왼쪽 발을 상실하였지만 아드리안은 자신의 댄서 경력을 계속할 것이고 2014년도에 개최될 보스턴 마라톤 대회에 참여할 것이라고 맹세하였다. 그녀는 낙관적이고 이 낙관성이 그녀의 건강에 긍정적인 결과를 가져다 줄 것이다.

동을 계속하기 때문이다(Carver, Lehman, & Antoni, 2003). 낙관주의는 신체적 건강을 유지하는 데에도 도움이 된다. 예를 들어 낙관주의는 심혈관 건강과 관련되어 있는 것으로 보이는데,

이는 낙관적인 사람들은 균형잡힌 식습관과 운동 등과 같은 건강한 행동을 많이 하고 이 결과 건강한 지질 프로파일을 가지게 되고(즉, 동맥이 막히는 것을 막아주는 고농도 지단백질 콜레스테롤을 더 많이 가지고 체지방의 화학적 유형인 트리글리세리가 적음) 심장 질환의 위험이 감소된다(Boehm et al., 2013). 따라서 낙관적인 것은 긍정적인 자산이고 건강에 대한 긍정적인 이점 이상을 제공한다.

낙관주의자와 비관주의자 중 누가 더 건강한가? 그 이유는?

낙관주의가 가지는 이점은 중요한 질문을 야기하는데, 즉 낙관주의와 회의주의의 특성이 장기간 안정적이라면(변화에 저항적이면) 회의주의자들도 낙관주의의 이점 중 일부를 가질 수 있는가이다(Heatherton & Weinberger, 1994). 연구 결과에 의하면 심지어 매우 완고한 회의주의자들도 훈련을 통하여 상당한 정도로 낙관적이 될 수 있고 이 훈련이 그들의 심리사회적 건강을 증진시킬 수 있다고 한다. 예를 들어 회의적인 유방암 환자들에게 10주 동안 스트레스 관리 기법을 훈련시킨 결과 그들이 낙관적이 되었으며 이완 훈련만을 받은 환자들에 비하여 유방암 치료 동안 고통과 피로를 덜 경험하였다(Antoni et al., 2001).

강인함

일부 사람들은 매우 강하여 다른 사람들은 도저히 견딜 수 없는 스트레스 혹은 혹사를 잘 견디어 낸다. 이러한 강함과 스트레스 관련 질병으로부터의 보호에 기여하는 성격 특성이 존재하는가? 이러한 특성을 밝히기 위해 수잔 코바사(Suzanne Kobasa, 1979)는 스트레스에 저항적인 CEO들을 조사하였다. 그들은 매우 높은 수준의 스트레스를 보고하였지만 스트레스 때문에 질병을 앓게 된 사람들에 비해 비교적 병을 앓지 않았다. 스트레스에 저항적인 집단[코바사는 그들을 강인(hardy)하다고 불렀음]은 여러 특성들을 공유하였는데, 이 모든 특성들이 C 철자로 시작되었다. 그들은 헌신(commitment), 즉 생의 과제를 건성으로 하기보다는 적극적으로 당면하여 수행할 수 있는 능력을 가지고 있었다. 또한 그들은 통제감(control), 즉 자신들의 행동과 말이 자신들의 생과 주위 환경에 인과적 영향을 미칠 수 있다는 기대를 나타내었다. 그리고 그들은 변화와 성장의 기회를 수용하는 도전(challenge)을 기꺼이 받아들였다.

때로는 강인함이 무모하게 만들기도 한다. 코니아일랜드 북극곰 클럽 멤버들은 겨울철 일요일마다 바다에 뛰어든다.

어느 누구나 강인해질 수 있는가? 연구자들이 강인함 훈련을 시도한 결과 어느 정도는 성공적으로 강인함을 훈련할 수 있었다. 한 시도에서 참여자들은 10주의 '강인함 훈련' 회기에 참여하였는데, 훈련 동안 그들은 자신들의 스트레스를 검토할 것, 스트레스에 내처하는 전략을 세울 것, 스트레스에 대한 신체 반응을 살필 것과 자기 연민에 빠지지 않고 변하지 않는 상황을 보상할 수 있는 방법을 찾을 것을 요구받았다. 통제 집단(이완과 명상 훈련에 참여하였거나 스트레스에 관해 집단 토의를 한 집단)에 비해 강인함을 훈련받은 집단이 개인적 스트레스를 덜 지각하였고 질병 증상을 덜 보고하였다(Maddi, Kahn, & Maddi, 1998). 강인함 훈련은 대학생들에서도 긍정적 효과를 보이는데, 훈련 결과 학점이 좋아지는 경우도 있다(Maddi et al., 2009).

건강 증진 행동과 자기 규제

우리의 성격을 전혀 바꾸지 않고서도 우리가 건강해질 수 있는 방법이 있다. 건강한 섭식 행동, 안정한 성행동과 금연의 중요성은 이제 상식이 되었다. 그러나 우리는 이러한 상식에 근

자기 규제
선호하는 표준에 도달하기 위해 자신에 대해 의도적으로 통제를 가함

거하여 행동하는 것처럼 보이지 않는다. 21세기에 들어서면서 20세 이상의 미국인들 중 69%가 과체중 혹은 비만인 것으로 드러났다(National Center for Health Statistics, 2012). 안전하지 못한 성행동이 얼마나 만연한가는 추정하기 어렵지만 6,500만의 미국인들이 현재 치료가 가능하지 않은 성행위 관련 질병(sexually transmitted disease, STD)을 앓고 있는 한편 2,000만 명이 매년 하나 혹은 그 이상의 STD에 감염되고 있다(Satterwhite et al., 2013). 그리고 100만 명이 인간면역결핍 바이러스/후천성 면역결핍 증후군(human immunoideficiency virus/acquired immune deficiency syndrome, HIV/AIDS)을 앓고 있고 이들 중 18.1%는 피임기구를 사용하지 않거나 감염된 성파트너로부터 감염된 사실조차 알지 못하고 있다(Centers for Disease Control, 2012). 끊임없는 경고에도 불구하고 미국인들 중 21%가 여전히 흡연을 한다(Pleis et al., 2009). 도대체 왜 이런 현상이 일어날까?

자기 규제

여러분에게 이로운 것을 행하는 것이 반드시 쉽지만은 않다. 마크 트웨인은 다음과 같이 기술하였다. "당신의 건강을 지키는 유일한 방법은 당신이 원하지 않는 것을 먹고 좋아하지 않는 것을 마시고 하지 말아야 할 것을 하는 것이다." 건강 증진 행동에 참여할 경우 자기 규제가 요구되는데, **자기 규제**(self-regulation)란 자신을 원하는 규준에 놓기 위해 수의적으로 자신을 통제하는 것을 의미한다. 예를 들어 여러분이 치즈버거 대신 샐러드를 먹기로 결정했다면 여러분은 자신의 충동을 통제하고 여러분이 원하는 사람, 즉 건강한 사람이 될 수 있도록 행동해야 한다. 자기 규제에는 장기적 이익을 위해 즉각적인 만족을 지연하는 것이 포함된다.

자기 규제는 일종의 내적 힘 혹은 의지가 요구된다. 한 이론은 자기 통제가 일종의 약화될 수 있는 힘이라고 제안한다(Baumeister, Heatherton, & Tice, 1995; Baumeister, Vohs, & Tice, 2007). 달리 표현하면 한 영역을 통제하면 자기 통제력이 소모되어 다른 영역에서의 행동이 통제되지 않는다는 것이다. 이 이론을 검증하기 위해 연구자들은 굶주린 연구 참여자들 옆에 갓 구어 낸 따끈따끈한 초콜릿 쿠키를 놓았다. 일부 참여자들에게는 쿠키 대신 건강식인 무우를 먹게 한 반면 일부 참여자들에게는 마음껏 쿠키를 먹게 하였다. 추후 매우 어려운 도형 추적 과제를 수행할 때 무우를 먹은 자기 통제 집단이 쿠키를 먹은 자기 탐닉 집단에 비하여 과제 수행을 더 쉽게 포기하는 경향을 보였는데, 이 행동은 자기 통제 집단이 자기 통제력을 이미 많이 소모했다는 것을 보여 준다고 해석되었다(Baumeister et al., 1998). 이 실험의 결과가 시사하는 것은 행동을 성공적으로 통제하기 위해서는 투쟁 전략을 잘 선택하는 것이 필요하며 건강에 가장 해가 되는 개인적 약점을 주로 통제하는 것이 필요하다는 것이다.

어느 누구도 자기 규제가 쉽다고 말하지 않는다. 여러분이 이 쿠키를 먹지 않는 유일한 이유는 아마도 이것이 쿠키 사진이기 때문일 것이다. 진정으로 먹지 말기를 바란다.

? 자기 통제를 달성하고 유지하는 것이 왜 어려운가?

그러나 때로 자기 규제는 맹목적인 힘보다는 전략이다. 무술인들 중 어느 누구라도 적절한 움직임을 사용하면 자신보다 몸짓이 훨씬 더 큰 공격자를 쉽게 이길 수 있듯이 우리 자신의 건강하지 못한 충동을 극복하는 것 또한 전략적일 수 있다. 자기 규제가 요구되는 주요 행동, 즉 섭식 행동, 안전한 성 행동과 흡연 행동에 관한 건강한 접근 방법에 어떤 것이 있는지 자세히 살펴보기로 하며, 무엇이 '현명한 조치'인지를 아는 것이 도움이 될 것이다.

현명한 섭식 행동

많은 서구 문화권에서 국민의 평균 몸무게가 놀라울 만큼 증가하고 있다. 이 현상을 진화적 역사에 근거하여 설명하기도 한다. 즉, 우리 조상들은 흉년에 대비하여 많은 양의 칼로리를 비축

하는 것이 생존에 필요하다는 것을 발견하였다. 그러나 21세기, 즉 산업혁명 이후에는 식량이 부족하지 않으며 사람들은 자신들이 섭취하는 모든 칼로리를 소비하지 못한다(Pinel, Assanand, & Lehman, 2000). 그러나 왜 서구 사회에서는 비만이 만연하는가? 왜 프랑스인들은 미국인들에 비해 기름진 음식을 더 많이 섭취함에도 불구하고 체중이 덜 나가는가? 이에 대한 한 가지 이유는 미국인보다 프랑스인의 활동량이 훨씬 더 많기 때문이다. 폴 로진(Paul Rozin)과 동료들에 의해 실시된 연구는 프랑스인들의 식사량이 미국인들보다 훨씬 적고 이와 동시에 식사를 하는 데 훨씬 더 많은 시간을 소요한다는 것을 보고하였다. 프랑스의 맥도날드에서는 한 끼의 식사를 하는 데 평균 22분이 소요되지만 미국의 경우에는 15분 미만

미국인들에 비해 프랑스인들이 더 날씬한 이유 중 하나는 프랑스인이 패스트푸드 음식을 먹는 데 평균 22분이 소요되는 반면 미국인들의 경우 평균 15분이 소요된다는 것이다. 평균 식사 시간이 개인의 체중에 어떻게 영향을 미치는가?

이 소요된다고 한다(Rozin, Kabnick, et al., 2003). 지금 미국인은 건국적으로 인종이 먹기 경합을 벌이고 있는 것처럼 보이는 반면 프랑스인들은 적은 양의 음식을 더 오래 먹으며, 이러한 식습관이 프랑스인들로 하여금 자신들이 무엇을 먹고 있는가를 더 의식하게 하는 것 같다. 역설적으로 이러한 식습관으로 말미암아 프랑스에서 프렌치 프라이의 소비량이 낮다.

프랑스에 가서 사는 것 이외에 여러분이 할 수 있는 것은 무엇인가? 연구에 의하면 다이어트가 항상 성공적이지 못하다고 하는데, 이는 의식적인 자기 규제 과정이 스트레스에 의해 쉽게 방해를 받으며 이로 말미암아 사람들은 자신들이 극복하기 위해 노력하는 바로 그 행동을 탐닉함으로써 자신을 통제하는 것을 상실하게 된다고 한다. 이 결과는 5장에서 살펴보았던 일반적 원리를 상기시키는데, 즉 무엇인가를 하지 않으려고 노력하면 바로 그 하지 않으려고 노력하는 행동이 나타난다는 것을 상기시킨다(Wegner, 1994a, 1994b).

자기 통제 행동에는 저항이 항상 존재한다(Polivy & Herman, 1992). 다이어트를 하기보다는 정상 체중을 가지기 위해 운동과 영양에 더 관심을 가지는 것이 바람직하다(Prochaska & Sallis, 2004). 영양에 초점을 둔 섭식 행동을 강조하면 사람들은 음식에 관한 생각을 억제하기보다는 음식에 관해 자유롭게 생각할 수 있다. 음식 섭취를 줄이는 것보다 활동량을 증가시키는 것 또한 사람들에게 긍정적이고 적극적인 추구 목표를 가지게 한다. 무엇을 하지 않는 것보다 무엇을 하는 것에 초점을 둘 경우 자기 규제가 더 효과적이다(Molden, Lee, & Higgins, 2009; Wegner & Wenzlaff, 1996).

? 왜 운동이 다이어트보다 체중 감소에 더 효과적인가?

성적 위험의 회피

안전하지 않은 성 행동은 사람들로 하여금 위험에 처하게 한다. 성에 적극적인 청소년과 성인들 대부분이 원하지 않는 임신 등을 포함한 위험을 잘 알고 있음에도 불구하고 많은 이들이 여전히 위험한 성행동을 한다. 왜 위험을 알고 있는 것이 위험을 피할 수 있는 행동으로 이끌지 못하는가? 위험 감수자들은 자신들이 **독특한 불사조라는** 착각을 가지는데, 즉 다른 사람들보다 자신들은 위험에 빠질 가능성이 희박하다고 믿는 편견을 가지고 있다(Perloff & Fetzer, 1986). 예를 들어 적극적으로 성행동에 참여하는 여대생들을 대상으로 한 연구에서 여대생들이 이듬해에 자신들이 임신할 가능성을 10% 미만이라고 답하였는데, 이는 여대생들의 평균 임신율인 27%보다 훨씬 낮은 것이다(Burger & Burns, 1988). 역설적으로 이러한 착각 현상은 안전하지 못한 성행동을 하거나 피임을 하지 않는 여대생들에서 더 강하게 나타났다. '나에게 그런 일은 일어나지 않을 거야'라고 생각하는 경향은 그러한 일이 일어날 가능성이 있는 경우 가장 두려

지게 나타난다.

위험한 성행동은 긴박한 정서에 대한 충동적 결과이다. 술 혹은 약물 등으로 인하여 사고가 흐려질 경우 사람들은 임신, HIV 혹은 다른 많은 STDs의 위험성을 감소시켜 주는 콘돔을 사용하지 않는다. 다른 유형의 자기 규제와 마찬가지로 위험한 성행위를 피하는 데에는 사고 능력을 흐려 놓는 상황을 쉽게 극복할 수 있는 일종의 전략이 요구된다. 위험한 성행위를 감소시킬 수 있는 한 방법은 사람들로 하여금 미리 계획할 수 있도록 도와주는 방법을 찾는 것이다. 성교육 프로그램은 청소년들에게 다음과 같은 기회를 제공하는데, 즉 성경험이 많지 않은 청소년들로 하여금 성행위에 관한 결정을 내릴 때 자신들이 무엇을 해야 하는가에 관해 생각하는 것을 격려한다. 비록 성교육이 청소년들에게 성에 관한 인식과 흥미를 부추긴다는 비난을 받지만 연구 결과는 명확하다. 즉, 성교육은 청소년이 안전하지 않은 성행위를 하는 것을 감소시키고 이에 따라 그들의 건강에 이익이 된다는 것이다(American Psychological Association, 2005). 이와 동일한 결과가 성인에서도 관찰된다.

> **?** 왜 미리 계획하는 것이 성 관련 위험을 감소시키는가?

금연

흡연가 두 명 중에 한 명은 폐암, 심장질환, 폐기종, 구강암 및 후두암 등과 같은 질병으로 조기에 사망한다. 다른 유형의 암보다 폐암으로 인한 사망이 더 많으며 흡연이 폐암의 80%를 차지한다. 비록 미국 내 전반적인 흡연율이 감소하고 있지만 새로이 흡연을 시작하는 사람들이 많고 많은 이들이 여전히 흡연을 하고 있다. 대학생들 중 20%가 현재 흡연을 하고 있다(Thompson et al., 2007). 흡연이 건강에 어떤 결과를 초래하는가가 많이 밝혀지고 있음에도 불구하고 왜 사람들은 금연을 하지 못하는가?

"오늘 많이 먹은 것을 내일 요가 수업에서 보상해야지"

담배에 포함되어 있는 성분들 중 하나인 니코틴이 중독성을 가지기 때문에 흡연 습관이 생긴 다음에는 금연하는 것이 어렵게 된다(5장 참조). 그리고 다른 유형의 자기 규제처럼 금연 의지가 약하고 특히 스트레스를 받으면 쉽게 무너져 버린다. 예를 들어 9/11 사태 이후 여러 달 동안 매사추세츠 주의 담배 소비량이 13%나 증가하였다(Phillips, 2002). 그리고 금연 후 얼마 동안 사람들은 환경 내 흡연과 관련되어 있는 단서에 여전히 민감하다. 예를 들어 식사나 술을 마신 후, 기분이 나쁠 경우, 불안하거나 다른 사람이 흡연하는 것을 보는 것 등이 흡연 욕구를 부추긴다(Shiffman et al., 1996). 좋은 소식은 흡연 욕구가 감소하고 금연을 오래 할수록 다시 흡연을 할 가능성이 낮아진다는 것이다.

금연을 도와주는 심리 프로그램과 기법에는 니코틴 껌이나 패치 등과 같은 니코틴 대체물을 사용하는 것, 상담과 최면 등이 포함되지만 이러한 프로그램들이 항상 성공적이지는 않다. 서로 다른 방법을 사용하여 금연을 계속 시도하는 것이 가장 좋은 방법인 것으로 여겨지고 있다(Schachter, 1982). 결국 영구적으로 금연을 하기 위해서는 금연을 다시 한 번 더 시도하는 것이 요구된다. 그러나 섭식행동이나 성행동의 자기 규제처럼 흡연의 자기 규제에는 많은 노력과 생각이 요구된다. 고대 희랍인들은 자기 규제의 실패를 '의지가 약함'의 탓으로 돌렸다. 현대 심리학은 자기 규제의 실패를 개인이 가지고 있는 특성 탓으로 돌리는 대신 자기 규제가 어렵다는 것을 강조한다. 건강한 방법으로 행동함으로써 건강을 유지하는 것이 생의 큰 도전들 중 하나이다('다른 생각' 참조).

> **?** 영구적으로 금연을 하기 위해서는 몇 번이나 금연을 시도하는 것이 필요한가?

요약

▶ 마음과 신체 사이의 관련성은 성격과 행동의 자기 규제가 건강에 미치는 영향을 통해서 밝혀질 수 있다.

▶ 낙관적이고 강인한 성격 특성이 질병 위험의 감소와 관련되는데, 이는 이러한 특성을 가진 사람이 스트레스에 저항할 수 있기 때문이다.

▶ 많은 사람들에게 섭식 행동, 성행동, 흡연 등과 같은 행동에 관한 자기 규제가 어려운데 이는 스트레스를 받으면 자기 규제가 쉽게 붕괴되기 때문이다. 자기 규제를 유지하기 위한 전략을 세우는 데 많은 시간과 생각을 들이면 건강과 삶의 질이 놀라울 만큼 향상된다.

다른 생각

건강하지 못함에 대한 자유?

로버트 프랭크는 코넬대학 경영대학원의 경제학 교수이다.

PHOTO: BLOOMBERG VIA GETTY IMAGES

8장에서 여러분은 무엇을 먹는가와 관련된 건강상의 이점과 위험에 관해 살펴보았다. 이 장에서는 여러분이 행하는 것(운동)과 생각하는 것(낙관주의)도 스트레스와 건강에 영향을 미칠 수 있다는 것을 살펴보았다. 올바른 음식을 먹고 규칙적으로 운동하는 것이 정신 및 육체 건강에 도움이 되는 것이 여러 연구들에서 확실하게 관찰되었다. 그러면 사람들이 더 나은 음식과 더 많이 운동하도록 권하는 것이 우리의 일인가?

뉴욕 시장인 마이클 블룸버그는 최근 대형 음료와 설탕 음료에 세금을 부과할 것을 주장하였는데, 이는 '소다수 세금'이라는 별명으로 불린다. 일부 사람들은 이 주장을 옹호하고 시민, 특히 아동들의 건강을 증진시키는 것이 사회가 가지는 책임이라고 믿는다. 다른 사람들은 이 주장을 비난하면서 자유 국가에 사는 사람들은 모든 종류의 소다수를 자유롭게 마실 수 있고 자신들이 원하면 운동을 하지 않을 수 있다고 주장한다. 경제학자인 로버트 프랭크(Robert Frank)는 최근 소다수 세금의 장단점에 관해 다음과 같이 말하였다.

편협한 전문적 근거하에 최근 뉴욕주 법원은 시장 마이클 블룸버그의 대형 음료와 설탕 음료에 대한 규제를 거부하였다. 이 법원 결정에 대한 항고가 제출되어 있는 상황이지만 많은 사람들은 법원의 결정을 환영하였다. 설탕 음료의 크기를 16온스로 제한하고 특정 장소에서만 판매하게 하는 것이 시장의 법적 권한을 넘어선 것이라고 비난하는 사람들은 자신들이 자유롭게 선택할 권리가 있다고 주장한다.

그러나 거의 모든 사람들이 자유를 원하지만 자유에는 희색이 따른다. 블룸버그 씨의 제안이 어떤 단점을 가지고 있든지 간에 그의 제안은 전적으로 다음의 관심, 즉 자녀를 건강하게 양육하고자 하는 부모의 자유를 보호하기 위해서다.

무엇을 자유롭게 한다는 것이 그것이 합법적이라는 것을 의미하지 않는다. 그것을 하는 것에 대한 합리적인 이유가 있다는 것을 의미한다. 부모들은 자녀들이 뚱뚱해지거나 다이어트로 인한 당뇨병을 앓는 것을 원하지 않는다. 현재 우리 사회는 설탕 음료수를 과잉 섭취

하도록 권한다. 따라서 이러한 환경이 매우 건전한 목적을 달성하려는 부모의 자유를 제한한다.

시장을 비난하는 사람들은 32온스 용기에 담긴 소다수를 마시는 자신들의 자유를 보호하기를 원한다. 그러나 친자유적 슬로건은 이러한 자유가 갈등을 빚을 때 어떻게 해야 하는가에 관한 가이드라인을 세공하지 않는다. 또한 슬로건은 세금이나 다른 대안적인 정책이 이러한 어려운 선택을 필요없게 한다는 것을 알려 주지 않는다. 분별 있는 정책 결정은 대안들에 대한 장단점을 신중하게 평가한 것으로부터 나오지 슬로건으로부터 나오는 것이 아니다.

슈퍼사이즈의 소다수를 자주 마시는 것이 부모가 자신의 자녀를 건강하게 양육하는 자유를 정말 제한하는 것인가? 이 가능성에 대해 일부 사람들은 회의적인데, 이는 사람들이 다른 사람의 의견이나 행동에 자신들이 크게 영향을 받지 않는다고 믿기 때문이다. 그러나 그렇게 믿는다고 해서 그렇게 되는 것은 아니다.

1842년 일리노이 주 의원이었던 에이브러햄 링컨은 이러한 자만의 어리석음을 멋지게 설명하였다. "이 입장을 고집스럽게 주장하는 사람들에게 물어보자. 주일에 교회에 가서 아내의 보닛을 자신의 머리에 쓰고 설교를 듣는다면 어떤 보상을 받을 수 있는가?" 링컨은 대부분의 남성들은 상당한 돈을 요구할 것이며 이는 여성의 보닛을 쓰는 것이 불법이거나 비도덕적이기 때문이 아니라 대단히 부적당하기 때문이라고 추측하였다.

사회 환경의 힘을 믿는 사람들조차 자신들이 선택이 어떻게 환경을 바꿀수 있는가를 걱정할 이유가 없다. 그러나 우리의 선택은 심각한 문제를 야기할 만큼 환경을 바꿀 수 있다. 그리고 사회 환경을 합법적인 대중 관심의 대상으로 만들 수 있다.

1964년 이전의 미국을 생각해 보자. 그 당시 규제를 받지 않던 개인의 선택은 성인 남성의 50% 이상이 흡연하게 만들었다. 확실한 자유주의자들조차 그러한 환경에서는 자신들의 자녀가 흡연자가 될 가능성이 높다는 것을 부인하지 않는다.

흡연자들은 자신들과 이차 흡연자들뿐만 아니라 자녀들이 비흡연가로 성장하길 원하는 부모들에게도 해를 끼친다. 사람들은 자신들의 자녀에게 친구의 흡연 권유를 무시하도록 권하지만 무시하는 것이 쉽지 않다.

(계속)

흡연 정책에 관한 어떠한 합리적 숙고도 흡연이 이러한 방식으로 다른 사람들에게 해가 된다는 사실을 무시할 수 없다. 이러한 고려는 흡연을 중지하게 하는 여러 정책이 일어나게 하였다. 예를 들어 뉴욕 시에서는 많은 공공장소에서의 흡연이 더 이상 허용되지 않고 담배 한 갑에 붙는 주세와 도시세가 거의 6불 정도이다.

이러한 정책이 1965년 이후 전국 흡연율을 거의 절반으로 감소시켰고 부모로 하여금 자신들의 자녀를 비흡연가로 양육하는 것을 보다 더 쉽게 만들었다. 이것은 엄청난 이점이다. 흡연 규제에 반대하는 사람들은 이러한 정책이 이점보다는 해를 더 끼쳤다는 것을 보여 주어야만 한다. 대다수의 흡연가들이 흡연 습관을 가진 것을 후회한다.

이와 유사한 주장이 설탕 음료에도 적용된다. 환경이 아동들의 선택에 매우 큰 영향을 미친다는 것을 부인하는 한 블룸버그 씨의 제안을 거부하는 것이 부모가 자녀를 건강하게 양육하고자 하는 자유를 제한하는 것이 된다. 16온스 크기의 소다수를 두 번 주문하는 사소한 불편함 때문에 시장의 제안에 반대하는 이들은 왜 부모의 자유를 이런 식으로 제한하는가?

다행히도 사회 환경에 대한 사회의 관심이 금지 수단으로 표현될 필요가 없다. 시장의 제안이 좀 더 직접적으로 그리고 덜 강요하는 방식으로 이루어질 수 있다.

예를 들어 설탕 음료에 대해 세금을 매길 수 있다. 2010년 시장 자신이 뉴욕 주에서 소다 한 온스에 1페니의 세금을 걷는 제안을 하였지만 음료 산업의 강한 반대에 부딪혀 실현되지 못하였다.

이러한 제안을 재도입하고자 하는 강한 움직임이 있다. 설탕 음료에 대한 세금 부과는 다른 활동에 대해 현재 부과되는 세금을 줄이게 한다. 예를 들어 연방정부 수준에서 소다수에 대한 세금을 부과하면 원천소득세를 내려주는 것인데, 이는 더 많은 고용이 일어나게 할 수 있다.

거의 모든 흡연가들이 흡연을 즐기지 않는 것처럼 거의 모든 사람들이 자신과 자신의 사랑하는 이들이 설탕 음료를 지나치게 많이 마셔 사망하는 것을 원하지 않는다. 현재의 설탕 음료 과소비는 막대한 사회적 비용을 요구한다. 소다수 세금에 반대하여 로비를 한 사람들에게 나는 다음의 단순한 질문을 하나 하고자 한다. 세금없이 소다수를 마시는 여러분의 권리에 대한 이점이 소다수의 과소비로 인한 막대한 비용보다 더 중요한가?

이 이슈에 대한 여러분의 입장은 어떠한가? 이 교재에 소개된 연구들은 건강한 섭식과 행동이 더 좋은 건강상의 결과, 즉 생산력을 높이고 추후에 발병할 수 있는 질환을 예방하는 등의 개인과 사회 모두에 이점을 가져다 준다는 것을 명확하게 밝히고 있다. 그러나 정부가 소다수 혹은 다른 설탕 음료를 마시는 사람들을 벌할 권리를 가지고 있는가? 반면 사람들에게 해가 되는(사회가 건강 비용에 더 많은 비용을 지불하는) 음료에 대해 세금을 부과하는 것이 개인의 자유를 정말로 침해하는가? 인간의 건강과 행동에 관한 과학이 실제 인간의 건강과 행동에 영향을 미치기 위해 어떻게 사용되어야 하는가?

제14장 복습

주요 개념 퀴즈

1. 만약 여러분이 교통, 소음, 오염 문제를 가지는 도시에 살고 있으면 어떤 유형의 스트레스원에 노출되는가?
   a. 문화적 스트레스원   c. 만성적 스트레스원
   b. 간헐적 스트레스원   d. 긍정적 스트레스원

2. 한 실험에서 두 집단에게 과제를 수행하는 동안 방해 자극을 제공한다. A 집단에게는 버튼을 누르면 방해 자극을 제거할 수 있다고 지시한다. 이 정보를 B 집단에게는 제공하지 않았다. 왜 A 집단의 수행이 B 집단보다 더 나은가?
   a. B 집단이 다른 환경에서 과제를 수행하고 있다.
   b. A 집단이 스트레스원을 통제할 수 있다고 지각하고 있다.
   c. B 집단이 A 집단보다 방해 자극의 영향을 덜 받는다.
   d. B 집단에게 영향을 미치는 방해 자극이 만성적으로 제공되기 때문이다.

3. 위협에 대한 반응으로 일어나는 뇌 활성화는 어디에서 시작되는가?
   a. 뇌하수체   c. 부신
   b. 시상하부   d. 뇌량

4. 일반적 적응 증후군에 따르면 스트레스원에 대처하는 동안 신체가 높은 각성 수준에 적응하는 것이 어느 단계에서 일어나는가?
   a. 소진   c. 저항
   b. 경고   d. 에너지

5. 다음 중 스트레스에 대한 생리적 반응을 가장 잘 기술한 것은?
   a. A형 성격 유형은 심리적 효과는 가지지만 생리적 효과는 가지지 않는다.
   b. 직업-관련 스트레스와 관상성 심장질환 사이의 관련성은 밝혀지지 않았다.
   c. 스트레스원은 상당히 많은 양의 호르몬이 뇌에서 분비되게 하고 면역계를 강화시킨다.
   d. 면역계는 심리적 스트레스에 반응한다.

6. 명상은 어느 때에 일어나는 변형된 의식 상태인가?
   a. 약물 복용 시
   b. 최면 시
   c. 자연적으로 혹은 특정 훈련을 통하여
   d. 비현실적인 뇌 활성화의 결과로

7. 에어로빅 운동은 다음 중 어느 것을 관리함으로써 스트레스에 대처하게 하는가?

 a. 환경 c. 상황

 b. 신체 d. 공기흡입

8. 스트레스원을 새롭고 창조적인 방법으로 생각하게 함으로써 스트레스원의 위협을 감소시키는 것을 무엇이라고 부르는가?

 a. 면역 접종 c. 재구성

 b. 억압적 대처 d. 합리적 대처

9. 신앙심과 영성과 관련된 긍정적인 건강 효과는 다음 중 어느 것을 제외한 결과로 일어난다고 여겨지는가?

 a. 사회적 지지의 증가 c. 희망과 낙관 부여

 b. 건강한 행동의 수행 d. 중보기도

10. 병을 가장하는 것은 다음 중 어느 것을 위반한 것인가?

 a. 꾀병 c. 아픈 역할

 b. 신체형 장애 d. B형 행동 유형

11. 다음 중 바람직한 의료진을 기술한 것은?

 a. 공감의 표현

 b. 환자의 신체 상태와 심리 상태 모두에 주의를 기울임

 c. 환자의 순응을 향상시키기 위해 심리학을 사용

 d. a, b, c 모두

12. 병이 들었을 때 낙관적인 사람이 회의적인 사람보다 더 자주 보이는 것은?

 a. 긍정적인 감정의 유지 c. 의료진의 충고 무시

 b. 우울함 d. 다른 사람과의 접촉을 피함

13. 다음 중 강인함과 관련되지 않은 것은?

 a. 헌신 c. 통제감

 b. 비난 회피 d. 도전의 수용

14. 스트레스는 식습관과 흡연 등과 같은 행동의 자기 규제에 어떤 영향을 미치는가?

 a. 강화 b. 영향을 미치지 않음

 c. 붕괴 d. 정상화

주요 용어

건강심리학	스트레스	이완 치료	텔로미어
림프구	스트레스 접종 훈련	일반적 적응 증후군(GAS)	투쟁 혹은 도피 반응
만성 스트레스원	스트레스원	자기 규제	합리적 대처
면역계	신체 증상 장애	재구싱	A형 행동 유형
명상	환자 역할	정신신체 질환	
바이오피드백	억압적 대처	탈진	
사회적 지지	이완 반응	텔로머라제	

생각 바꾸기

1. 2002년 연구자들은 대학생들을 대상으로 비교적 스트레스가 없는 기간과 스트레스가 매우 많은 기간 동안 여드름이 심한 정도를 비교하였다. 수면 혹은 다이어트의 변화와 같은 요인들을 통제한 후 연구자들은 여드름이 심하게 많이 나는 것이 스트레스 수준이 증가하는 것과 매우 강하게 관련되어 있다고 결론내렸다. 여러분의 룸메이트가 이 연구 결과에 놀라움을 보이면서 다음과 같이 말하였다. "여드름은 피부 질환이잖아. 여드름이 어떻게 마음의 상태와 관련되는지를 이해할 수 없네." 여러분은 스트레스가 의학적 질병에 미치는 영향에 관해 어떻게 생각하는가? 스트레스가 건강에 미치는 효과에 관한 다른 예들을 제시할 수 있는가?

2. 어려운 과목을 수강하고 있는 여러분의 친구가 그 과목을 감당할 수 없다고 말하였다. "나는 스트레스를 감당할 수 없어. 나는 때로 내가 멀리 떨어진 섬에 살고, 그 섬에서 태양 아래 누워 아무런 스트레스를 받지 않는 꿈을 꾸어." 여러분은 친구에게 스트레스에 관해 어떤 말을 해 줄 수 있는가? 스트레스는 나쁜 것인가? 스트레스가 없는 삶은 어떠할까?

3. 신경과에서 썸머 인턴을 한 여러분의 친구가 다음과 같이 말하였다. "가장 놀랄만한 일 중의 하나가 정신신체 질환 환자야. 일부 환자들은 신경학적 원인 없이 발작 혹은 팔에 부분 마비 증상을 보였는데, 이 경우 정신신체 질환이야. 신경과 의사는 이 환자들을 정신과에 의뢰하려고 했지만 많은 환자들은 신경과 의사가 자신들이 증상을 꾸미고 있는 것으로 여긴다고 생각하면서 큰 모욕감을 느끼는 것 같아." 여러분은 친구에서 정신신체 질환에 관해 무엇을 말해 줄 수 있는가? '마음'에서 생긴 질환이 발작이나 부분 마비와 같은 증상을 초래할 수 있는가 혹은 이 환자들이 자신들의 증상을 가장하는 것인가?

주요 개념 퀴즈 정답

1. c, 2. b, 3. b, 4. c, 5. d, 6. c, 7. b, 8. c, 9. d, 10. c, 11. d, 12. a, 13. b, 14. c.

Need more help? Additional resources are located in LaunchPad at:

http://www.worthpublishers.com/launchpad/schacter3e

정신장애

버지니아 울프는 강둑에 지팡이를 남겨 둔 채 코트 주머니에 큰 돌을 넣고선 물에 빠졌다. 그녀의 시신은 3주 후에 발견되었다. 남편에겐 다음과 같은 편지를 남겼다. "사랑하는 당신, 내가 다시 미쳐가고 있는 게 확실해요. 그리고 이번엔 회복할 수 없어요. 환청이 시작되었고 집중을 할 수 없어요. 난 지금 가장 최선을 선택합니다"(Dally, 1999, p. 182). 1941년 3월 28일 영국 서섹스 로드멜 근처에서, 가장 활발했던 소설가이자 수필가의 생이 마감되었다. 그녀는 블룸즈버리(Bloomsbury)라 알려진 전위 문학모임의 중심인물이자 영향력 있는 여성운동가였으며, 일생 동안 우울과 미친 듯한 조증을 반복적으로 겪으며 '브레이크 다운(breakdowns)'을 경험한 불행한 희생자였다.

울프에게 영향을 준 광기를 양극성장애라 하는데, 우울이 극심할 때는 음울하고 의기소침하며 창의력이 고갈되고 병으로 몇 달씩 누워 있었다. 같은 시기에 광기와 조증도 번갈아 나타났는데, 그녀의 남편 네오날드에 의하면 "그녀는 2~3일 동안 거의 쉬지 않고 말을 했고, 누가 어떤 말을 해도 관심이 없었다"고 했다. 또 "말은 앞뒤가 맞지 않았고 관련 없는 단어의 조합"이라 했다. 이런 시기의 최고조에 그녀는 새들이 그리스 어로 말한다고 했고, 돌아가신 어머니가 나타나 그녀를 꾸짖었으며, 무모한 짓을 하라는 환청을 들었다. 음식을 거부했고, 이치에 닿지 않는 말을 많이 했으며, 남편과 동료들을 함부로 대했다(Dally, 1999, p. 240).

어쨌든 이 과정에서도 울프는 문학적으로는 훌륭한 삶을 영위하였다. 울프의 원가족의 빅토리아식 가정교육은 여성이 대학에 다녀야 하는 이유를 인정하지 않았다. 비록 정규교육은 받지 못했지만, 울프는 에드워드 올비의 연극 "누가 버지니아 울프를 두려워하는가?"(1962)로 유명해진 소설을 썼다. 그녀는 총 9권의 소설, 1편의 연극, 5권의 수필집과 14권 이상의 일기와 편지를 썼다. 그녀의 소설은 전통적인 구성과 설정에서 벗어나 성격에 대한 깊이 있는 성찰과 내면생활을 탐구하였으며, 그녀의 관찰에선 정신장애 경험에 대한 날카로운 평가가 엿보인다. 그녀는 친구에게 쓴 편지에서 "광기를 경험하는 것은 근사하며 비웃음 받을 일이 아니고, 바로 그 들끓는 광기로 인해 글을 쓸 수 있었다"라고 말했다(Dally, 1999, p. 240). 울프가 자신의 천재성에 지불한 대가는 엄청났으며, 남편과 동료에게 장애가 무엇인지 경험하게 만들었다. 정신장애는 참으로 크나큰 고통을 주었다.

영국의 소설가이며 비평가인 버지니아 울프(1882~1941)가 죽기 4년 전의 모습. 양극성 장애 상태에서 일생 동안에 겪은 고통을 자살로 마감했다. 그러나 조증의 광적인 상태는 많은 양의 책을 쓰는 불씨가 되었다.

정신장애
유의한 디스트레스나 역기능을 초래하는 행동, 사고, 정서에 있어서 지속적 장해 혹은 역기능

이 장에서는 먼저 다음 질문에 대해 고민해 볼 것이다. 정상이란 무엇인가? 버지니아 울프의 우울증, 조증과 자살은 확실히 비정상으로 보이나 때로는 그녀도 괜찮을 때가 있었다. 매우 복잡한 인간의 정신은 순간순간 급변하는 행동, 사고, 감정을 만든다. 심리학자들은 사람들의 사고, 정서 행동에 '장애'가 있다는 것을 어떻게 결정하는가? 이 장에서는 다양한 주요 *정신장애*—단극 및 양극성장애, 불안, 강박, 그리고 트라우마 관련 장애, 조현병, 아동 및 청소년기에 시작된 장애, 그리고 자해 행동—에 대해 초점을 맞출 것이다. 하나하나의 장애를 살펴보면서 이것들이 어떻게 나타나는지와 유병률 등에 대해 조사할 것이다.

이 장에서 소개되는 장애는 인간 잠재력의 상실 상태를 보여 준다. 마음에 문제가 생겨 장애로 발전할 때 사람들이 즐겨야 하는 만족감, 평화, 사랑이 고통과 통증에 의해 묻힌다. 어떤 장애를 일으키는 생물학적, 심리적, 사회적 요소를 함께 고려하는 정신장애에 대한 과학적 접근(*생물심리/사회모델*이라 부름)은 증상과 원인을 분리하기 시작했다. 다음 장에서 보겠지만, 이 접근은 몇몇 장애에 상당히 효과적인 치료를 제공하며, 다른 장애에는 고통이 경감될 수 있다는 희망을 준다.

정신장애의 규명 : 이상이란 무엇인가

정신장애의 개념은 언뜻 보기에는 간단하게 보이지만 상당히 복잡하고 어려운 개념(예 : 무의식, 스트레스 혹은 성격 등과 유사) 중 하나이다. 사람들이 일반적으로 보이는 극단적 사고, 감정, 행동은 정신장애가 아니다. 예를 들면, 시험 전 심각한 불안, 사랑하는 사람의 상실에 대한 슬픔, 혹은 만취는 정신장애는 아니다. 마찬가지로, 정상에서 벗어난 패턴을 보여도 그 사람이 정신장애를 가졌다고 말할 수는 없다. 그렇게 한다면 우리는 주변인과 다른 아이디어를 가진, 이른바 가장 창조적이고 비전을 가졌다고 간주되는 사람들에게도 정신장애 진단을 내려야 하기 때문이다.

그렇다면 정신장애는 무엇인가? 놀랍게도 '정신장애'의 정확한 정의에 대한 보편적인 동의를 찾기는 어렵다. 그러나 일반적으로 **정신장애**(mental disorder)를 유의한 디스트레스나 역기능을 초래하는 행동, 사고, 정서에 있어서 지속적 장해(disturbance) 혹은 역기능(dysfunction)이라고 정의하는 데 동의한다(Stein et al., 2010; Wakefield, 2007). 정신장애를 정의하는 방법 중 하나는 이 책에서 소개한 정상적인 심리과정에서의 역기능 혹은 결함(deficits)으로 간주하는 것이다. 정신장애를 가진 사람들은 지각, 기억, 학습, 정서, 동기, 사고 및 사회 과정에 문제를 보인다. 그러나 이런 관점은 너무 일반적이다. 어떤 장해를 정신장애로 간주할 수 있는가? '지속적'이라면 얼마나 오랜 기간을 말하는가? 얼마나 많은 디스트레스와 장해가 있어야 하는가? 이런 질문들이 이 분야에서 주요 이슈로 오랫동안 논쟁이 있어 왔고 앞으로도 계속 논쟁이 될 것이다(뒤에서 좀 더 자세히 논의한다).

비록 정신장애가 정상 행동으로부터의 이탈을 의미하지만, 정상으로부터의 이탈이 다 장애를 의미하지는 않는다. 실제로 세상에 대해 다르게 생각하고 기준에서 벗어난 행동을 한 사람들이 미키마우스나 아이폰 혹은 인종평등과 같은 획기적인 진보를 가져올 수 있었다.

GETTY IMAGES

SHAUN CURRY/AFP/GETTY IMAGES

HOWARD SOCHUREK/TIME LIFE PICTURES/GETTY IMAGES

정신장애 개념화

옛날부터 사람들이 이상하게 행동하고 기이한 생각과 정서를 가진다는 보고는 많다. 최근까지 이런 여러움은 종교적 혹은 초자연적 힘의 결과로 간주되었다. 어떤 문화에서는, 아직도 정신병리를 혼령이나 귀신이 쓰였기 때문이거나 죄에 대한 신의 심판이거나 마녀나 무당에 홀린 결과로 해석한다. 많은 사회에서 정신장애를 가진 사람들은 공포의 대상이거나 놀림감이었으며, 정상에서 벗어났다는 '벌'로 때로 범죄자로 취급되어 벌을 받고 수감되거나 혹은 사형을 당하였다.

의학 모델
비정상적 정신 경험은 신체 질환처럼 질환이며 생물학적인 원인과 증상 그리고 치료법이 있다.

FOWLER & WELLS C 895

현명한   무지한   미친   바보같은

'인상학(physiognomy)'에서는 정신장애를 얼굴 생김새에 따라 진단할 수 있다고 한다. 이 근사해 보이는 이론은 미신으로 판명되었지만 20세기 초반까지 대유행이었다.

지난 200년 동안, 정신적인 이상을 보는 관점은 **의학 모델**(medical model)에 의해 거의 대체되었는데, 이 모델에서는 비정상적 심리 경험은 신체 질환처럼 질환이며 생물학적인 원인과 증상 그리고 치료법이 있다고 본다. 비정상적 사고와 행동을 질환으로 개념화하는 것은 첫 단계로 진단을 통해 문제의 본질을 결정함을 의미한다.

진단을 통해 임상가는 장애를 시사하는 **징후**(객관적으로 관찰된 질병의 지표)와 **증상**(주관적으로 보고된 행동, 사고, 감정)을 평가함으로써 정신장애의 본질을 결정하려고 한다. 예를 들어, 코 훌쩍거리기와 기침은 감기의 증상이다. 버지니아 울프의 절망과 미친듯한 행복감 사이의 극단 정서는 양극성장애의 증상으로 볼 수 있다. 다음 세 가지의 의학

? 정신장애를 가진 사람을 돕는 첫 단계는 무엇인가?

적인 분류 용어 사이의 차이를 구별하는 것이 중요하다.

- **장애**는 일련의 관련된 징후와 증상을 말한다.
- **병**은 신체에 영향을 주는 밝혀진 병리적 과정이다.
- **진단**은 장애나 병이 현존하는지 아닌지에 대한 결정이다(Kraemer, Shrout, & Rubio-Stipec, 2007).

병이 있는지 아닌지 아는 것(진단하기)은 그 병에 대한 징후와 증상을 일으키는 신체의 질환 기제를 아는 것을 의미하지는 않는다.

정신장애를 의학 문제로 보는 것은 고통받는 사람들이 비난보다는 보호와 치료를 받을 필요가 있음을 이해하게 해 준다. 그러나 의학 모델에 대한 비판도 있다. 일부 심리학자들은 신체 질환과 달리 병리에 대한 신체적 검사가 아닌 내담자의 주관적인 자기 보고에 의존하는 것은 병의 기제에 대해 결정하는 데 부적절하다고 주장한다. 다른 사람들은 의학 모델이 정상적인 인간의 행동을 의학화 혹은 병리화한다고 비판한다. 예를 들어, 슬픔은 주요 우울증으로, 지나친 부끄러움은 사회 불안장애, 그리고 학교에서 집중의 어려움은 주의력 결핍 과잉활동장애로 간주될 수 있다. 이는 정신장애를 정의하고 분류하는 방법에 대한 적절한 비판이나, 정신장애를 마법이나 원죄에 대한 징벌로 보았던 다른 대안보다는 훨씬 낫다. 심리학자들은 이를 염두에 두고 진단 절차를 향상시키기 위해 노력해야 한다.

SIMONE BECCHETTI/GETTY IMAGES

극도의 부끄러움 혹은 사회불안장애? 의학모델의 비판은 무엇인가?

정신장애의 분류 : The DSM

의학 모델이 사람들에게 발생하는 다양한 형태의 이상행동을 분류하는 데 어떻게 이용되는가? 심리학자, 정신의학자(정신장애의 치료와 연구에 관심 있는 의사)와 정신장애 영역에서 일하는 거의 대부분의 사람들은 정신장애를 분류하는 표준화된 시스템을 사용한다. 임상가와 연구자를 위한 진단체계의 필요성에 따라 미국 정신의학회에서는 1952년에 처음 **정신장애에 대한 진단 및 통계 지침서**(Diagnostic and Statistical Manual of Mental Disorders, DSM)의 초판을 발표하였다. DSM은 정신장애 진단을 충족하는 증상을 기술한 분류 체계로, 이 진단 체계는 특정 장애가 비슷한 다른 장애와 어떻게 구별되는지 보여 준다. 각 장애에 진단명이 붙으며, 각각은 서로 다른 독립적인 질병으로 분류된다. DSM의 초판과 1968년에 출판된 개정판인 DSM-II는 장애에 대해 소통할 수 있는 일반 용어를 제시하였다. 이것은 정신장애 연구의 큰 혁신이었다. 그러나 이 초판들에 포함된 진단기준은 다소 애매하였고 이론적 가정에 근거하였다. 예를 들어, 오랫동안 심하게 우울하거나 불안한 사람들에게 '신경증적 반응'이라는 일반적인 진단이 내려졌다.

DSM의 다음 두 개정판들(1980년에 발표된 DSM-III, 1994년에 발표된 DSM-IV)은 장애에 대한 애매한 기술에서 벗어나 진단에 필요한 자세한 증상 목록을 포함한다. 예를 들어, 우울로 진단받으려면 극단적으로 슬프거나 우울해야 할 뿐 아니라, 적어도 2주 이상 우울 증상 9개중 5개(예 : 일상의 즐거운 활동에 대한 관심 감소, 체중 감소나 증가, 현저하게 줄거나 늘어난 수면, 에너지 상실, 무가치감 혹은 죄책감 혹은 주의 집중의 어려움)의 증상을 보여야 한다. 200개 이상

DSM은 어떻게 변화되어 왔는가?

의 장애 각각에 대해 이렇게 자세한 증상 목록을 사용함으로써 정신장애를 진단하는 데 신뢰도 혹은 일관성을 크게 향상시킬 수 있었다. 두 명의 임상가가 한 사람을 면담할 때 어떤 정신장애가 있는지 동의할 가능성을 높였고, (정신과적 그리고 심리학적) 진단 과정에 대한 믿음을 크게 증가시켰다.

2013년 5월, 미국 정신의학회는 개정 매뉴얼을 발표하였다. DSM-5는 200개 이상의 정신장애를 포함하는 22개 주요범주를 포함한다(표 15.1). 22개 범주에 포함된 장애 이외에도 DSM-5는 정식 장애로 포함될 가능성이 있으나, 아직은 추가적인 연구가 필요한 상태에 대해서도 기

정신장애에 대한 진단 및 통계 지침서
정신장애 진단을 충족하는 증상을 기술한 분류 체계로, 이 진단 체계는 특정 장애가 비슷한 다른 장애와 어떻게 구별되는지 보여 준다.

술하고 있다. 또한 정신장애를 진단할 때 문화적 고려사항에 대한 내용도 포함하고 있다. 왜 로마 글씨에서 숫자로 전환하였을까? 정신장애에 대한 이해가 급속도로 빨리 진보함에 따라, 이를 재빨리 반영하여 DSM의 개정판을 만들 수 있을 것으로 기대하기 때문이다(*DSM*-5.1, 5.2, 5.3 처럼).

　DSM-5 주요 목록에 있는 22개 각 범주는 각 장애에 진단을 내리기 위해 충족해야 하는 특정 기준을 나열하고 있다. 미국 인구를 대표하는 샘플을 대상으로 한 대규모 연구들은 미국 인구의 약 반이 일생동안 적어도 하나의 정신장애를 경험했다고 보고함을 보여 준다(Kessler, Berglund, et al., 2005). 그리고 정신장애를 가진 사람들은(80% 이상) **공병**(comorbidity)을 보고 하는데, 공병이란 한 사람에게 2개 이상의 장애가 동시에 발생하는 것을 말한다(Gadermann et al., 2012).

질병의 원인

정신장애에 대한 의학 모델은 같은 영역에 속한 장애는 뚜렷한 원인을 가지기 때문에 진단을 아는 것이 유용하다고 본다. 다른 말로 하면, 서로 다른 바이러스, 박테리아, 혹은 유전적 이상이 서로 다른 신체 질환의 원인이듯, 서로 다른 심리장애에도 특정 패턴의 원인(병인학)이 있을 수 있다는 것이다. 의학 모델은 또한 각 정신장애 범주가 예후, 시간 경과에 따른 진행도, 치료나 완치에 대한 반응 등에서 비슷할 것을 가정한다. 불행히도 이런 기본적인 의학 모델은 과단순화로 볼 수 있는데, 개인 내적 요인에 의한 단순 원인과 이에 따른 단순 치료에 초점을 두는 것은 유용하지 못하다.

　정신장애를 유발하는 요소를 이해하기 위해서, 대다수의 심리학자들은 정신장애를 생물학적, 심리학적, 사회적 요소의 상호작용의 결과로 설명하는 통합된 **생물심리사회적 관점**(biopsychosocial perspective)을 취한다. 생물학적 측면에서는 유전적, 후생인 영향(그림 3.23 참조), 생물화학적 불균형, 뇌 구조와 기능의 이상에 초점을 맞춘다. 심리적 관점은 비적응적 학습과 적응, 인지적 편향, 비기능적 태도와 대인관계 문제에 중점을 준다. 원인의 복잡성은 서로 다른 개인이 서로 다른 이유에 의해 유사한 장애(예 : 우울)를 겪을 수 있음을 시사한다. 사람들은 생물학적 원인(예 : 유전, 호르몬)으로, 심리적 원인(예 : 잘못된 신념, 희망 없음, 상실에 대한 부적절한 적응전략), 혹은 환경적 원인(예 : 스트레스와 외로움), 혹은 이런 요소의 합에 의해 우울증에 걸릴 수 있다. 물론, 다양한 원인은 단일 치료가 없음을 의미한다.

> **왜 평가는 다양한 요소를 고려해야 하는가?**

　대다수의 장애가 내적(생물과 심리학적) 그리고 외적(환경적) 원인을 가진다는 관찰로 **취약성-스트레스 모델**(diathesis-stress model)이라고 알려진 이론이 나오게 되었는데, 이 이론에서는 어떤 사람이 가진 심리적 장애에 대한 발병 경향성은 스트레스에 의해 유발될 때까지 잠재되어 있다고 본다. 취약성은 내적 성향이며, 스트레스는 외부 유발인자이다. 예를 들어, 대다수의 사람들은 2011년 9월 11일에 발생한 테러리스트의 공격에 대한 강한 정서적 반응에 대해 적응할 수 있었다. 그러나 부정 정서 경향이 있는 사람들은 그 사건의 끔직함이 자신들의 적응능력을 넘어서기 때문에 심리장애를 경험하게 된다. 비록 취약성이 유전되더라도 유전성은 운명이 아님을 기억하자. 취약성을 물려받은 사람도 병을 유발하는 스트레스를 경험하지 않을 수 있는 반면, 어떤 장애에 대한 유전적인 경향이 적어도, 스트레스를 제대로 겪으면 장애를 경험할 수 있다. 최근에는 정신장애를 단일 원인에 귀인하는 과단순화 경향보다 더 과하

공병
한 사람에게 2개 이상의 장애가 동시에 발생하는 것

생물심리사회적 관점
정신장애를 생물학적, 심리학적, 사회적 요소의 상호작용의 결과로 설명하는 통합적 관점

취약성-스트레스 모델
어떤 사람이 가진 심리적 장애에 대한 발병 경향성은 스트레스에 의해 유발될 때까지 잠재되어 있다.

정신장애는 생물학적, 심리적, 그리고 환경적 요소에 의해 발생할 수 있다. 취약성-스트레스모델은 어떤 사람들은 스트레스에 의해 유발될 때까지는 표현되지 않는 심리적 장애에 대해 취약성을 가지고 있음을 가정한다. 같은 유전 프로파일을 지닌 일란성 쌍둥이가 같은 가정환경에서 성장했는데(같은 부모, 같은 음식 섭취, 같은 TV 프로그램 청취 등), 청소년기가 되자 한 사람만 조현병과 같은 정신장애를 발병했다고 하자. 어떻게 이게 가능한가?

> 표 15.1

DSM-5의 주요 정신장애 분류

1. **신경 발달 장애** : 발달 초반기에 시작되어 기능에 심각한 장애를 일으키는 상태로 지적장애(이전에는 정신지체라고 불림), 자폐증, ADHD가 있다.

2. **조현병 스펙트럼 및 기타 정신증적 장애** : 지각 사고, 인지, 정서, 행동에서 문제로 특징되는 장애

3. **양극성장애** : DSM-5에서 정신증과 우울장애 사이에 위치한 조증에서 우울까지 기분의 급변과 정신증 경험을 포함하는 장애

4. **우울장애** : 우울한 기분이 극단적이고 오랜 시간 동안 나타나는 장애

5. **불안장애** : 공황장애, 범불안장애, 특정 공포증과 같이 개인의 기능에 손상이 갈 정도로 과한 불안과 공포를 특징으로 한다.

6. **강박장애** : 강박적인 사고 후에 그 사고에 대한 반응으로 강박적인 행동이 뒤따른다는 특징을 보인다.

7. **외상 및 스트레스 관련 장애** : 외상 후 스트레스 장애와 같은 외상 사건에 대한 반응으로 생겨난 장애

8. **해리장애** : 해리성 정체감 장애(이전에는 다중성격장애라고 불림)처럼 의식, 기억, 정체성에 갑작스러운 변화나 불일치성으로 특징되는 장애

9. **신체 증상 및 관련 장애** : 심각한 디스트레스와 장해에 수반하여 고통이나 피로 등 신체적 증상을 경험하는 상태

10. **급식 및 섭식장애** : 섭식증이나 폭식증처럼 음식 섭취가 건강이나 기능에 장애를 가져오는 경우

11. **배설장애** : 소변이나 대변을 부적절하게 보는 경우(예 : 침대에서 오줌 싸기)

12. **수면-각성장애** : 불면증이나 기면증, 수면 무호흡증과 같이 수면-각성 주기에 문제가 있는 경우

13. **성기능부전** : 조루증이나 발기부전처럼 성적 활동의 불만족과 관련 있는 문제

14. **성별 불쾌감** : 자신의 성별과 자신이 경험하거나 표현하는 성별 간에 괴리로 특징지어지는 장애

15. **파괴적 충동조절 및 품행 장애** : 폭행장애, 간헐적 폭발장애, 상습도벽증처럼 정서나 행동을 통제하는 데 문제가 있는 상태

16. **물질관련 그리고 중독장애** : 심각한 문제를 일으킴에도 약물이나 기타 행동(예 : 도박)을 지속적으로 행하는 장애

17. **신경인지장애** : 알츠하이머병이나 외상으로 인한 뇌 손상으로 인해 유발된 사고 장애

18. **성격장애** : 심각한 인생 문제를 일으키는 사고, 감정, 행동 등이 지속적으로 유지되는 것

19. **변태 성욕장애** : 소아성애처럼 부적절한 성적 활동으로 특징지어지는 상태

20. **다른 정신장애** : 의학적 상태에 의한 변별되지 않는 정신장애처럼 위의 범주에는 속하지 않으나 심각한 디스트레스나 장해와 연관된 잔여 범주

21. **약물에 의한 운동장애 혹은 기타 약물 부작용** : 약물에 의해 유발된 신체적 운동(예 : 떨림, 경직)과 관련된 문제

22. **임상적 관심을 받는 다른 상태** : 남용, 방임, 관계나 기타 이슈와 연관된 문제

출처 : DSM-5(American Psychiatric Association, 2013).

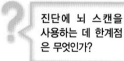

진단에 뇌 스캔을 사용하는 데 한계점은 무엇인가?

게 뇌 역할을 해석하는 데 주력하고 있다. 정신장애를 가졌거나 없는 사람들의 뇌 스캔은 심리적 문제가 내적, 영구적, 불가항력적 심지어는 치료 불가하다는 인상을 심어 주고 있다. 뇌의 영향과 과정은 심리장애를 전체적으로 이해하는 데 매우 중요하기는 하지만, 그게 전부는 아니다.

정신장애를 이해하는 새로운 접근 : RDoC

비록 *DSM*이 장애를 분류하는 유용한 틀을 제공하지만, 정신병리의 원인으로 보이는 생물심리사회적 요소에 대한 과학적 연구 결과는 개별 *DSM* 진단과 일치하지 않는다는 사실에 대한

문화와 사회

서로 다른 지역에서 정신장애는 어떻게 나타나는가?

미국에서 관찰되는 정신장애는 다른 나라에서도 관찰되는가? 정신장애의 역학(건강과 질환의 원인과 기여요소에 대한 연구)을 이해하려는 노력으로 로널드 케슬러(Ronald Kessler)와 그 동료들은 약 24개국 나라에서 정신장애의 유병률을 조사하는 대규모 연구인 세계보건기구 세계 정신건강설문(World Health Organization World Mental Health Surveys)을 수행하였다(Kessler & Üstün, 2008). 이 연구의 결과는 미국에서 보이는 주요 정신장애가 전 세계적으로 유사하게 나타남을 보여 준다. 예를 들어, 우울증, 불안, 주의력 결핍 과잉활동장애, 및 물질 남용은 전 세계적으로 나타난다. 유병률은 나라마다 다르다. 미국에서

가장 높은 정신장애 유병률을 보이며, 우울증과 불안이 가장 높고, 이어 충동-통제 장애와 물질 남용이 그 뒤를 따른다(Kessler et al., 2007).

비록 모든 국가에서 공통적인 정신장애를 보이나, 문화적인 영향은 이런 정신장애가 어떤 증상을 보이고, 어떻게 평가되며 치료되는지에 영향을 미친다. 이 이슈를 다루기 위해 *DSM*-5에서는 문화적 개념화 면담(Cultural Formulation Interview, CFI)이라는 섹션을 포함한다. CFI는 임상가가 어떻게 환자의 문화가 정신장애 증상, 표출 및 설명에 영향을 주는지 이해하기 위해 정신건강 평가 동안 환자에게 질문하는 16개 문항으로 구성된다.

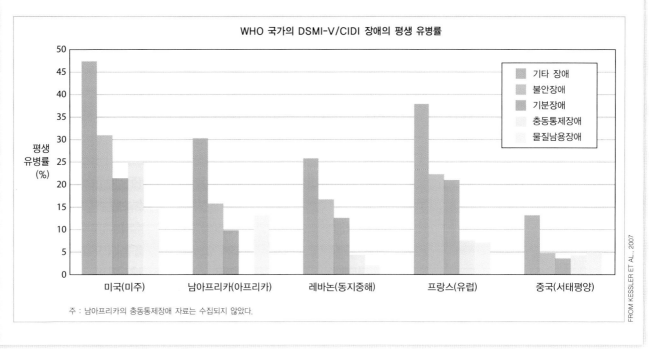

WHO 국가의 DSMI-V/CIDI 장애의 평생 유병률

주 : 남아프리카의 충동통제장애 자료는 수집되지 않았다.

FROM KESSLER ET AL., 2007

우려가 높아지고 있다. 현재 상태를 분명하게 개념화하면서, 미국 정신건강기구(NIMH : 미국 정신건강연구의 대표적인 지원기관)의 장인 토머스 R. 인젤(Thomas R. Insel)은 많은 사람들이 *DSM*을 성경처럼 기술하지만, DSM은 이름과 정의를 제공하는 사전으로 보는 것이 더 정확하다고 기술하였다. "사람들은 모든 것이 DSM 기준과 맞을 것으로 생각하지만, 실제 생물학은 *DSM*과 맞아떨어지지 않는다(Insel, Bellluck & Carey, 2013, p. A13에서 발췌)." 무엇이 정신장애를 일으키는지를 이해하기 위해 NIMH의 연구자들은 현재 DSM 장애분류에 초점을 두지 않고 정신장애의 근본이 된다고 믿는 좀 더 생물학적, 인지적, 행동적 구조에 초점을 두는 새로운 틀을 제시하였다. 이 새로운 시스템은 **연구분야기준프로젝트**(Research Domain Criteria Project, RDoC)라고 하는데, 이 새로운 시도는 정신장애를 일으키는 기본 과정을 밝힘으로써 정신장애를 분류하고 이해하는 것을 목적으로 한다. RDoC는 *DSM*을 즉각적으로 대체하려 하진 않지만 곧 개정판이 나올 것이라고 발표하였다('현실세계' 참조).

RDoC를 이용하여, 연구자들은 유전자에서 세포 그리고 뇌 회로에 이르기까지 생물학적 요소에 초점을 둠으로써 이상 기능의 원인을 연구한다. 즉, 학습, 주의 인지와 같은 심리 분야 그

연구분야기준프로젝트
정신장애를 일으키는 기본 과정을 밝힘으로써 정신장애를 분류하고 이해하는 것을 목적으로 하는 새로운 시도

리고 다양한 사회 과정과 행동(표 15.2에 목록이 제시됨)이다. RDoC 접근법을 통해, NIMH 는 연구자들이 현재의 *DSM* 분류에서 벗어나 범주적인 생물심리사회적 과정에서 연속선상의 반대쪽에 위치한 정신장애까지 연구하기를 기대한다. 장기 목표는 어떤 비정상이 어떤 장애 를 유발하는가를 이해하고, 관찰된 증상보다는 이런 내재적 원인에 의해 장애를 분류하는 것 이다. 이런 접근은 정신장애 연구를 다른 신체장애 연구 수준으로 끌어올릴 것이다. 예를 들 어, 만약 심장 통증, 심각한 두통, 피곤, 혹은 호흡곤란을 보여도, 네 가지 장애(예 : 심장통증 장애, 두통 등)를 모두 겪고 있을 가능성은 별로 없다. 대신, 이 증상들은 고혈압이라는 내재 적 질환과정의 증상임을 안다. RDoC 접근은 표면적인 증상에 의거해 분류하는 방법에서 벗어 나 이 문제행동을 일으키는 과정을 이해하려 한다. 예를 들어, 코카인 중독을 단일 장애로 보

▶ 표 15.2

RDoC 매트릭스 가안

범주/구인	분석단위							
	유전자	분자	세포	회로	생리학	행동	자기-보고	패러다임
부적결합체계								
급성 위협("공포")								
잠재적 위협("불안")								
지속적 위협								
상실								
좌절감을 주는 비보상								
정적결합체계								
접근 동기								
보상에 대한 초기반응								
보상에 대한 지속적 반응								
보상학습								
습관								
인지체계								
주의								
지각								
작업기억								
서술적기억								
언어행동								
인지(노력을 요하는) 통제								
사회적 과정을 위한 체계								
소속과 애착								
사회적 소통								
자신에 대한 지각과 이해								
타인에 대한 지각과 이해								
각성 및 조절 체계								
각성								
일주기 리듬								
수면과 깨어 있음								

정신장애는 어떻게 정의되고 진단되는가?

누가 *DSM*에 어떤 장애가 포함될 것인지 결정하는가? 이런 결정이 어떻게 내려지는가? 인간의 건강과 행동에 대한 심리학과 정신의학도 대표적인 연구자 간 합의에 의해 이런 결정을 내린다. 대표 연구자들은 어떤 장애를 새로운 *DSM*에 포함할지 어떻게 정의할지를 결정하기 위해 여러 해 동안 지속적으로 만남을 가진다. 오랜 기간 동안, 이런 결정은 어떤 임상적인 증상이 함께 발생하는지를 보고하는 기술연구(descriptive research)에 의존해 왔다. 모든 사람이 정신장애를 분류하고 정의하는 체계가 필요하다는 데 동의한다. 그러나 정신장애에 대한 지식이 증가함에 따라 단순한 기술적인

진단 분류에서 장애의 원인과 관련된 생물심리사회적 과정으로 진화하고 있다(예 : 연구분야기준프로젝트). 추후로도 정신장애가 어떻게 정의되어야 하는지에 대한 결정은 이 분야의 대표적인 연구들 간의 합의에 의해 이루어질 가능성이 크다. 특히 장애의 근본적인 원인을 직접적으로 다루는 연구에 의해 합의가 이루어질 것이다.

어떤 사람이 장애가 있는지 누가 결정하는가? 그리고 이런 결정은 어떻게 내리는가? 오랫동안 연구자들은 *DSM*에 포함된 증상 목록을 임상가(예 : 심리학자, 정신과의사, 사회사업가)가 어떤 사람이 각 장애의 진단기준을 충족하는지 아닌지를 결정하게 돕는 면담질문

으로 변환한 구조화된 임상 면접을 개발시켜 왔다(Nock et al., 2007). 예를 들어, *DSM-5*에 의하면 우울증 진단을 받기 위해선 9개 증상 중 적어도 5개 진단기준을 충족시켜야 한다. 구조화된 임상 면접은 우울 증상 각각에 대한 9개의 질문을 포함하며, 어떤 사람이 이 중 적어도 5개 이상을 보고하면 임상가는 그 사람이 우울장애를 겪고 있다고 결론 내린다. 현재 진단은 내담자의 증상에 대한 자기 보고로 결정된다. 정신장애의 원인에 대한 지속적인 관심으로 미래에는 누가 정신장애를 가지며 누가 그렇지 않은지에 대한 결정을 내릴 수 있는 생물학적 혹은 행동적 테스트가 개발될 것이다.

고 연구하기보다는 무엇이 '보상에 대한 반응성-과도한 코카인 사용뿐 아니라 다른 중독 행동에서도 관찰되는 요소'에 문제를 일으켰는지 이해하려 한다. 실제로, 최근 연구는 도파민 수용체를 해석하는 특정 유전자(DRD2)의 변형이 전두엽의 일부와 줄무늬층 간의 연결성에서의 이상과 관련 있음을 보여 주었다(3장에 기술). 이 연결성의 부족은 다양한 중독행동장애와 관련된 보상에 대한 반응 및 충동성과 연결되어 있다(Buckholtz & Meyer-Lindenberg, 2012). 이는 왜 어떤 사람이 보상추구행동을 억제하는 데 실패하는 중독 성격을 가지는지 설명하는 데 도움을 준다. 중요하게 어떤 과정이 중독과 같은 문제를 일으키는지를 이해하는 것은 다음 장에서 더 자세하게 다룰 보다 효과적인 치료를 개발하는 데 도움을 줄 것이다.

표 15.2에 있는 목록이 이 책의 목록을 보다 자세히 기술한 것처럼 보일 수 있다. RDoC 접근은 신경과학(3장)을 강조하며, 동시에 정서와 동기체계(8장), 기억과 같은 인지체계(6장), 학습(7장), 언어와 인지(9장), 사회 과정(13장), 그리고 스트레스와 각성(14장)의 비정상적 측면에 초점을 맞춘다. RDoC 관점에서, 정신장애는 정상적인 심리과정에서의 이상 혹은 기능 이상의 결과로 간주된다. 이 책에서 이런 과정을 배움으로써 여러분은 곧 개발될 정신장애에 대한 새로운 정의를 잘 이해하게 될 것이다.

새로운 RDoC는 왜 사람들이 즐거운 경험을 제한하는 데 문제가 있는 '중독성 성격'을 가지는지 이해하는 데 도움을 주려고 시도한다.

낙인의 위험

정신장애의 진단과 분류에서 낙인(labeling)의 효과는 매우 복잡하다. 정신과적 낙인은, '정신장애는 유약함의 증거다' 혹은 '정신장애자는 위험하다'는 부정적인 고정관념과 편견을 유발하기 때문에 부정적인 결과를 초래할 수 있다. 정신장애와 관련된 낙인은 왜 진단 가능한 심리장애를 가진 사람들(약 60%)이 치료를 받지 않는지 설명해 준다(Kessler, Demler, et al., 2005; Wang, Berglund, et al., 2005).

유감스럽게도 정신장애인에 대한 교육은 이런 증상을 가지고 태어난 사람들에 대한 낙인을 없애 주지 못한다(Phelan et al., 1997). 사실상 정신과 진단이 만들어 낸 기대는 심지어 정신건강전문가의 판단을 흐리게 하기도 한다(Garb, 1998; Langer & Abelson, 1974; Temerlin & Trousdale, 1969). 이 현상에 대한 가장 대표적인 일화로, 심리학자 데이비드 로젠한(David

비록 정신장애는 낙인을 해도, 사람을 낙인해서는 안 된다. 예를 들어, 어떤 사람을 ADHD라고 칭하기보다는 그 사람이 ADHD 진단기준을 충족했다고 말한다.

Rosenhan)과 6명의 동료들은 각기 다른 정신병원에 찾아가 '환청' 등 조현병 환자에게서 발견되는 증상을 호소했다. 모두 병원에 입원하였고, 입원 후 즉시 증상이 없어졌다고 보고했다. 그러나 병동 스태프는 이들을 정상으로 분류하지 않았다. 이 '환자'들이 퇴원하기까지 걸린 시간은 평균 19일이었으며, 심지어 퇴원 시 '조현병 휴지기'라는 진단을 받았다(Rosenhan, 1973). 일단 병원 관계자가 이 환자들이 정신장애를 겪고 있다고 낙인을 하게 되면, 그 낙인은 없어지기 힘들다.

> **?** 사람들이 도움 청하기를 회피하는 이유는 무엇인가?

이런 낙인의 효과는 정신장애를 가진 사람을 입원시키는 것이 필요하지 않다는 증거를 고려하면 특히 문제가 된다. 버몬트에서 시행된 일련의 연구들은 퇴원시키기엔 너무 위험하다고 판단되어 몇 년간이나 기관에 입원시켰던 환자들을 추적 조사하였다. 퇴원 후 그들은 지역사회에 아무런 해를 끼치지 않았으며(Harding et al., 1987), 다른 연구들은 정신장애를 가진 사람들이 장애를 가지지 않은 사람들보다 더 공격적이지 않다는 것을 보여 주었다(Elbogen & Johnson, 2009; Monahan, 1992).

낙인은 진단받은 사람이 자신을 어떻게 보느냐에 영향을 주기도 하는데, 정신장애로 낙인된 사람은 단순히 정신장애를 가진 사람으로 보는 것이 아니라, 스스로가 가치가 없다고 보고 절망한다. 자신을 열등하다고 생각하는 사람들은 자신이 패배했다는 태도를 가질 수 있으며 그 결과로 회복하려 노력하지 않을 것이다. 이와 같은 결과를 막기 위해 임상가들은 장애를 가진 사람이 아니라 장애에 호칭을 적용시키기 시작했다. 예를 들어 어떤 사람을 '조현병 환자'가 아니라 '조현병을 가진 사람'으로 표현한다. 우리는 이를 따를 것이다.

요약

▶ *DSM-5*는 정신장애를 내적 원인으로 유발되어 디스트레스나 장해를 발생시키는 사고, 정서, 행동에 문제를 경험할 때 발생하는 것으로 규정하는 범주 시스템이다.

▶ 생물심리사회모델에 따르면, 정신장애는 생물학적, 심리적, 사회적 요소의 상호작용에서 오며, 취약성(내적 성향)과 스트레스(환경적 생활 사건)의 결합으로 간주된다.

▶ RDoC은 정신장애에 대한 생물, 인지, 및 행동 측면에 초점을 맞추는 새로운 분류체계이다.

불안장애 : 공포가 엄습했을 때

"자, 이 과목 성적의 50%를 결정짓는 쪽지 시험을 보겠다." 교수가 실제로 이렇게 이야기했다면 여러분은 아마도 두려움과 불안이 밀려오는 것을 경험할 것이다. 여러분의 반응은 적절하며 ─ 느낌이 얼마나 강렬하든지 ─ 그것이 정신장애를 가졌다는 신호는 아니다. 실제로 환경과 연관된 불안은 정상이며 적응적이다. 이 경우, 쪽지시험을 대비하기 위해 지속적으로 공부하게 만들 수 있다. 실제의 위협과 도전에 맞지 않는 불안이 일어났을 때 그것은 부적응이다. 이는 평화로운 마음을 해치고 정상적인 기능을 훼손시키며 삶을 방해한다. 병리학적 불안을 **불안장애**(anxiety disorder)라 하는데, 이는 현저한 불안이 특징인 정신장애의 한 종류이다. 이런 사람들은 일반적으로 어떤 시점에 한 가지 이상의 불안장애를 경험하며, 불안과 우울증은 공병률이 높다(Beesdo et al., 2010; Brown & Barlow, 2002). *DSM-5*에 기재된 불안장애에는 범불안장애, 공포증, 공황장애 그리고 강박장애가 있다.

> **?** 불안은 언제 해로우며 언제 도움이 되는가?

불안장애
현저한 불안이 특징인 정신장애의 한 종류

공포증

47세의 메리는 3명의 자녀를 둔 어머니로 폐쇄된 공간에서 심한 공포증을 느끼는 폐쇄공포증으로 치료를 받았다. 메리는 어렸을 때 언니 오빠들이 그녀를 벽장에 가두고 담요를 뒤집어 씌우고 무섭게 했던 어린 시절의 공포를 떠올렸다. 메리는 자녀들이 다 컸기 때문에 직장을 구하려고 했지만 엘리베이터와 다른 폐쇄 장소에서의 공포 때문에 집에서 나올 수 없었다(Carson, Butcher, & Mineka, 2000). 많은 사람이 폐쇄된 공간에서 다소 불안을 느낀다. 그러나 메리의 공포는 실제 위험 정도와 맞지 않으며 일상 생활 유지를 어렵게 하기 때문에 비정상적이고 역기능적이다. *DSM-5*는 **공포증**(phobic disorder)을 특정 대상, 활동 혹은 상황에 대한 뚜렷한, 지속적인, 그리고 과한 공포로 정의한다 공포증을 가진 사람은 공포가 비이성적임을 알고 있지만, 이것이 일상의 기능을 방해하는 것을 막지는 못한다.

특정공포증(specific phobia)은 개인의 기능을 뚜렷하게 저해하는 특정 물체나 상황에 대한 불합리한 공포이다. 특정공포증은 다음의 다섯 가지의 카테고리로 나뉜다. (1) 동물(개, 고양이, 쥐, 뱀, 거미들), (2) 자연 현상(높이, 어둠, 물, 태풍), (3) 상황(다리, 엘리베이터, 굴, 폐쇄된 장소), (4) 피, 주사, 상처, (5) 질식이나 구토, 그리고 아동의 경우 시끄러운 소리나 특정 캐릭터 등에 대한 공포. 미국에서 약 12%의 사람들이 살아가는 동안 특정공포증을 보이며(Kessler, Berglund, et al., 2005), 그 비율은 여성이 남성보다 약간 높다(Kessler et al., 2012).

사회공포증(social phobia)은 대중 앞에서 굴욕이나 창피를 당하게 되는 것에 대한 불합리한 공포에 연관되어 있다. 사회공포증은 대중 연설, 공공장소에서의 식사, 공공화장실에서의 소변과 같이 어떤 상황에 제한되기도 하며, 혹은 관찰되거나 잘 모르는 타인과 상호작용해야 하는 다양한 사회적 상황에 일반화되기도 한다. 사회공포증을 가진 사람들은 타인이 자신을 평가할지도 모르는 상황을 피하려고 노력하며, 대중 앞에 노출되는 것을 피할 수 없을 때 강렬한 불안과 고통을 경험한다. 사회공포증은 어린 시절에 발병할 수 있지만 일반적으로 초기 청소년기에서 초기 성인기 사이에 발병한다(Kesseler, Berglund, et al., 2005). 많은 사람이 사회공포증을 경험하는데, 남자 12%와 여자 14%가 생의 어떤 한 시기에 진단을 받는다(Kessler et al., 2012).

왜 공포증은 이렇게 흔한가? 특정공포증과 사회공포증의 유병률이 높다는 것은 사람들이 특정 물체나 상황에 대해 두려워하는 성향이 있음을 암시한다. 사람들이 공포를 느끼는 상황과 물체는 실제로 위협을 느끼게 만들기도 한다. 예를 들어, 높은 장소에서 추락하거나 사나운 개의 공격을 받거나 혹은 독사나 독거미의 공격을 받는 것 등을 들 수 있다. 사회적 상황은 그자체로 위험이 있다. 낯선 타인들이 공격하거나 물어뜯지는 않지만 앞으로의 친구, 직업, 결혼에 대한 여러분의 관점에 영향을 줄 수 있다. 물론 매우 드물기는 하지만 실제로 그들이 공격하고 물어뜯을 수도 있다.

이 같은 관찰은 사람들은 본능적으로 특정 공포를 가지기 쉽다는 공포증에 대한 **준비된 이론**(preparedness theory)의 기본가정이다. 마틴 셀리그먼(Martin E. P. Seligman, 1971)이 제안한 준비된 이론은 인간과 원숭이가 반사적으로 빠른 시간 내에 뱀이나 거미 같은 자극물에 공포 반응을 일으킨다는 연구에 의해 지지되었다. 꽃이나 장난감 토끼 같은 중립적 자극물에는 반사를 일으키지 않는다(Cook & Mineka,

공포증
특정 대상, 활동 혹은 상황에 대한 뚜렷한, 지속적인, 그리고 과한 공포

특정공포증
개인의 기능을 뚜렷하게 저해하는 특정 물체나 상황에 대한 불합리한 공포

사회공포증
대중 앞에서 굴욕이나 창피를 당하게 되는 것에 대한 불합리한 공포

준비된 이론
사람들은 본능적으로 특정 공포를 가지기 쉽다는 이론

준비된 이론에서는 회전목마 기구에서 왜 아이들을 예쁜 말에 태우는지 설명해 준다. 아이를 큰 거미나 뱀에 태우기는 어렵다.

COURTESY OF DANIEL WEGNER

공포증은 어떤 특정 대상이나 활동 혹은 환경에 대한 과도하고 끊임없는 공포와 관련된 불안장애이다. 일부 공포증은 고전적 조건형성을 통해 학습되기도 하는데, 여기선 불안을 유발하는 무조건적 자극(US)과 연합된 조건된 자극(CS)이 조건화된 공포반응(CR)을 유발한다고 본다. 친구가 개 공포증을 가지고 있는데, 그 정도가 너무 심해서 이웃집 개가 자신을 향해 짖을 것이 두려워 밖에 나가지 못한다고 가정해 보자. 7장에서 배운 고전적 조건형성의 원리를 이용해 어떻게 그가 공포를 극복하도록 도울 것인가?

1989; Öhman, Dimberg, & Öst, 1985). 비슷하게, 표정에 관한 연구는 사람들이 다른 종류의 표정 정보보다 공포스런 성난 표정에 좀 더 쉽게 조건반사한다는 것을 보여 준다(Öhman, 1996; Woody & Nosen, 2008). 공포증은 특히 진화를 통해 우리가 피하도록 학습한 사물에 대해 생겨나기 쉽다. 이 역시 공포증의 유전에 대한 연구에 의해 지지되었다.

특정공포증에 관한 가계 연구는 이란성 쌍둥이보다 일란성 쌍둥이에 대해 더 높은 일치율을 보고한다(Kendler, Myers, & Prescitt, 2002; O'Laughlin & Malle, 2002). 다른 연구는 특정공포증을 가진 사람의 직계 존비속(부모, 형제, 자녀)의 30% 이상이 한 가지 공포증을 가진다고 보고했다(Fryer et al., 1990).

> **왜 우리는 특정공포증을 겪기 쉬운가?**

기질 역시 공포증에 대한 취약성에 중요한 역할을 한다. 연구가들은 과도한 수줍음과 억제를 보이는 어린아이들이 커서 공포행동을 보일 위험이 큼을 발견했다(Morris, 2001; Stein, Chavira, & Jang, 2001). 신경생물학적 요소 역시 중요한 역할을 한다. 공포증을 가진 사람들이 그렇지 않은 사람들보다 신경전달물질인 세로토닌과 도파민에 이상을 보인다(Stein, 1998). 또한 공포증을 보이는 사람은 감정 연합 발달에 연결된 뇌 영역인 편도체(amygdala)에서 과도한 활동을 보인다(8장, 그리고 Stein et al., 2001에서 논의됨). 흥미롭게도, 사회공포증을 가진 사람들이 사회적 평가와 관련된 과제(예 : 발표하기)에서 사회공포증이 없는 사람들보다 더 디스트레스를 느끼지만, 실제 그들이 신체적으로 더 각성되는 것은 아니다(Jamieson, Nock, & Mendes, 2013). 이 사실은 사회공포증이 특정 상황에 대한 비정상적 신체 반응이라기보다는 그 상황에 대한 주관적 경험 때문임을 시사한다.

이러한 증거들은 환경의 영향이나 공포반응의 형성에 미치는 양육의 영향을 보여 준다. 박식한 이론가 존 왓슨(John Watson, 1924b)은 오래전에 공포증이 고전적 조건화될 수 있음을 보여 주었다(7장에서 리틀 앨버트와 하얀 쥐 논의를 보라). 비슷하게 개에게 물린 경험은 개와 고통 간의 연합을 형성하여 모든 개에 대한 불합리한 공포를 가져올 수 있다. 공포증이 두려워하는 물체에 대한 경험에서 학습되었다는 아이디어는 공포증 발생에 대해 완전하게 설명하지 못한다. 연구들은 일관적으로 공포증을 가진 사람들이 그렇지 않은 사람들보다 고전적 조건형성의 근거인 두려워하는 물체와의 나쁜 경험이 더 많지는 않다는 사실을 보고한다(Craske, 1999; McNally & Steketec, 1985). 더군다나 많은 사람이 개에 물리지만 공포증을 가지게 되는 것은 아니다. 이런 문제점에도 불구하고 공포증이 학습에 의한 것이라는 이론은 치료에 유용한 모델을 제공한다(16장 참조).

공황장애

죽음의 위험에 빠지면(사자가 코앞에 있다!) 공황상태에 빠질 것이다. 공황발작을 가진 사람들은 실제적 위험이 없이 자주 이 같은 강렬한 공포와 불안의 신체적 증상에 압도당하게 된다. 대학생인 20세의 웨슬리는 하루에 두세 번씩 공황발작을 일으켜 클리닉을 찾았다. 어디서 왔는지 모르는 '강렬하고, 소름끼치는 공포'가 갑자기 파도처럼 밀려오며 발작이 시작되는데, 어지러움, 가슴이 조여드는 것 같은 증상, 기절하거나 죽을 것 같다는 생각이 수반되었다. 웨슬리의 발작은 몇 년 전에 시작되었고 그 후 간헐적으로 발생하였다. 웨슬리는 이런 발작이 계속될 것이고 피할 수 없을 것이라 생각에 버스, 기차, 공공 장소를 피하기 시작했기 때문에 치료를 받기로 결정했다.

웨슬리의 상태는 **공황장애**(panic disorder)라 불리며 공포감으로 이어지는 갑작스런 신체적·심리적 복합증상이 특징이다. 급성 공황발작 증상은 일반적으로 몇 분간 지속되며, 숨이 차고 심장이 두근거리고 진땀이 나고 어지러우며 이인증(depersonalization)(자신의 육체에서 이탈되는

공황장애
공포감으로 이어지는 갑작스런 신체적·심리적 복합증상으로 특징지어지는 장애

느낌) 혹 비현실화(derealization)(외부 세상이 낯설며 진짜가 아닌 것 같은 느낌) 그리고 미치거나 죽을 것 같은 공포를 수반한다. 공황발작 시 사람들은 자신이 심장발작을 일으킨 것이라 믿고 응급실이나 주치의에게로 달려간다. 공교롭게도 많은 증상이 여러 의학 장애와 비슷하기 때문에 정상 결과를 보이는 비싼 의학적 테스트 결과를 받아도 정확한 진단에 몇 년씩 걸린다(Katon, 1994). *DSM-5*의 진단기준에 따라 예상치 못한 발작을 반복 경험하여 또 다른 발작에 대한 심한 불안을 보일 경우에만 공황장애 진단을 내린다.

공황장애의 가장 일반적인 합병증은 **광장공포증**(agoraphobia), 즉 **공공장소에 대한 공포와 관**련된 특정 공포증이다. 웨슬리를 포함해 광장공포증이 있는 사람들은 공공장소에 있는 것을 두려워하는 것이 아니라 공공장소에서 공황발작을 해 주위 타인들이 비난의 눈초리로 보거나 주변 사람들이 도움을 주지 않을 것을 두려워한다. 심한 경우에는 광장공포증과 함께 공황장애를 가질 수 있으며, 그 사람은 때로 몇 년씩 집 밖을 나가지 못한다.

> **?** 광장공포증을 가진 사람은 왜 공공장소를 두려워하는가?

미국 인구의 대략 22%가 스트레스가 극심한 시기(Telch, Lucas, & Nelson, 1989)에 적어도 한 번 공황발작을 겪었다고 보고한다(Kesseler, Chiu, et al., 2006). 공황장애를 진단하기 위해서는 에피소드와 함께 또 다른 발작에 대한 큰 두려움과 불안이 수반되어야 한다. 이 판단기준을 적용하면, 대략 5%의 사람들이 생의 어느 시기에 공황장애로 진단되며, 공황장애는 남성(3%)보다 여성(7%)에게 더 흔하다(Kessler et al., 2012). 가계 연구는 공황장애를 일으키는 요인 중 약 30~40%가 유전적 영향에 의한 것임을 보여 준다(Hettema, Neale, & Kendler, 2001).

공황발작에 신체적 각성의 역할을 이해하기 위해 연구자들은 공황장애가 있는 사람과 없는 사람에게 가파른 호흡과 빠른 심장박동을 유발하는 나트륨염(sodium lactate)를 투여하여 비교하였다. 공황장애를 가진 사람들은 약에 민감하게 반응했는데, 60~90%가 투약 후 몇 분 안에 공황발작을 경험했다. 장애가 없는 참가자들은 공황발작을 일으키는 약에 거의 반응하지 않았다(Liebowitz et al., 1985).

화학약품에 대한 반응 차는 불안의 신체적 증상에 대한 서로 다른 해석 때문으로 보이는데, 즉 공황발작을 경험하는 사람은 불안의 신체적 증상에 과민하게 반응하고, 이를 자신에게 매우 위험한 것으로 해석한다. 이 인지적 해석에 대한 증거로, 불안에 민감성이 높은 사람들이 공황발작을 경험할 가능성이 크다는 것(즉, 신체적 각성이나 불안의 다른 증상들이 나쁜 결과를 가져올 것으로 믿는다)을 보여 주는 연구(Olatunji & Wolitzky-Taylor, 2009) 결과를 들 수 있다. 이와 같이 공황발작은 '공포 그 자체에 대한 공포'로 개념화할 수 있다.

광장공포증
공공장소에 대한 공포와 관련된 특정 공포증

범불안장애
안절부절못함, 피로, 집중력 문제, 민감함, 근육긴장, 수면 문제 등 세 가지 이상이 수반되는 만성적인 과도한 걱정

광장공포증이 있는 공황장애의 경우 공공장소에서 공황발작을 하는 것에 대한 공포가 외출을 못하게 만든다.

BARBARA STITZER/PHOTOEDIT

범불안장애

24세 여성인 지나는 임상심리학 대학원 1년 차에 불안으로 힘든 경험을 하기 시작했다. 처음에는 과제를 다 마칠 수 있을 것인지에 대해 걱정했고, 자신의 내담자가 증상이 호전될 것인지 혹은 나빠지며 어떻게 할 것인지에 대해 걱정하였다. 곧 자신(예 : 진단되지 않은 문제가 있는 것은 아닌지?)과 남자 친구(담배를 피고 있는데, 암이 걸리고 있는 것은 아닌지)의 건강까지 걱정하게 되었다. 1년 동안 과도하게 걱정을 한 나머지 걱정과 격한 마음의 동요, 피로, 우울과 슬픔을 치료하기 위해 휴학을 했다.

지나의 증상은 전형적인 **범불안장애**(generalized anxiety disorder, GAD) — 지속되는 불안이 어떤 특정 위협에 국한되지 않으므로 범불안장애로 부름 — 로 과장되고 불합리한 것이 특징이다. GAD로 고통받고 있는 사람들은 다음 증상 중 세 가지 이상이 수반되는 만성적인 과도한 걱정

을 한다. 즉, 안절부절못함, 피로, 집중력 문제, 민감함, 근육 긴장 그리고 수면 문제이다. 범불안장애

GAD에 영향을 주는 요소는?

로 고통받는 사람들에게 통제할 수 없는 걱정은 자신감을 침식해 단순한 결정조차 내리지 못하는 통제 상실을 경험하게 만든다. 예를 들어, 지나는 가게에서 어떤 채소를 사야 하는지 저녁은 뭘 준비해야 하는지와 같은 일상적인 결정을 내리는 것도 어려워했다.

약 6%의 미국인은 살면서 GAD로 인해 고통받기도 하는데(Kessler, Berglund, et al., 2005), 여성의 비율(8%)이 남성(5%)보다 높다(Kessler et al., 2012). 연구 결과는 생물학적 · 심리학적 요인 모두가 GAD의 원인이 된다고 한다. 가족에 관한 연구는 경도에서 중등도의 유전가능성을 시사한다(Norrholm & Ressler, 2009). GAD의 일란성 쌍둥이 연구는 드물지만, 이란성 쌍둥이와 비교했을 때 일란성 쌍둥이들의 일치율이 상대적으로 높음을 보여 준다(Hettema et al., 2001). 일치율에서 환경과 성격의 영향을 분리하는 것은 매우 어렵다.

생물학적으로는 GAD는 신경전달물질의 불균형으로 인한 것으로 본다. 이 불균형의 정확한 본질에 대해서는 아직 불명확하다. GABA(gamma-aminobutyric acid)를 자극하는 것으로 보이는 벤조디아제핀(Benzodiazepines, 발륨이나 리튬 등 16장에서 논의했던 진정제의 하나)이 GAD의 증상을 완화시킴을 감안할 때, 이 신경전달물질이 GAD에 결정적인 역할을 하는 것으로 추측해 볼 수 있다. 그러나 직접적으로 GABA 수준에 영향을 미치지는 못하는 다른 약들(예 : 부스피론과 프로작과 같은 항우울제) 역시 GAD 치료에 도움을 준다(Gobert et al., 1999; Michelson et al., 1999; Roy-Byrne & Cowley, 1998). 모든 환자에게 약이 도움이 되는 것은 아니며 어떤 경우에는 심각한 역효과와 의존성이 생겨나게 할 수 있다는 것이 문제를 복잡하게 만든다.

심리적 설명은 높은 수준의 GAD를 설명하기 위해 불안을 유발하는 상황에 주목한다. 불안은 특히 대도시에 살고 있는 저소득층 사람들, 혹은 정치적 · 경제적 문제로 예측 불가능한 환경에 처해진 사람들 사이에 만연하다. GAD가 여성에게 상대적으로 높다는 사실 역시 스트레스와의 관련성을 보여 주는데, 이는 여성들이 남성들보다 가난하며 차별대우를 받기 쉽

직장을 잃거나 집을 잃는 것과 같은 주요 스트레스 생활사건은 지속적이고 과도한 걱정이 특징인 범불안장애를 일으킬 수 있다.

고 성적 혹은 신체적 위협을 받기 쉽기 때문이다(Koss, 1990; Strickland, 1991). 어린 시절에 겪은 예측할 수 없는 정신적 상처는 GAD로 발전할 위험성을 높인다는 연구 결과는 스트레스의 경험이 중요한 역할을 한다는 가설을 지지해 준다(Torgensen, 1986). GAD의 위험은 압류로 인한 주택 상실 등 미래의 지각된 위험과 연관된 상실의 경험이나 상황에 뒤따라 증가한다(McLaughlin et al., 2012). 그러나 GAD 발병이 예상되는 모든 사람들이 발병하는 것이 아니라는 사실은 개인적 취약성이 이 장애의 핵심요소라는 스트레스-병적 소질 모형을 지지한다.

강박장애
반복적이고 침투적인 사고(강박관념)와 그 생각을 없애기 위한 의식적 행위(강박충동)가 개인의 기능을 심각하게 저해하는 장애

> **요약**
>
> ▶ 불안장애를 가진 사람들은 정상적 기능을 불가능하게 만드는 비이성적인 걱정과 공포를 가진다.
>
> ▶ 공포증은 특정 사물, 활동, 혹은 상황에 대한 과도한 공포와 회피를 특징으로 한다.
>
> ▶ 공황장애를 앓고 있는 사람들은 무서울 수 있는 갑작스럽고 강렬한 불안 발작을 경험하며, 이는 광장공포증이나 대중 앞에서의 굴욕에 대한 공포를 유발할 수 있다.
>
> ▶ 범불안장애는 만성적인 불안 상태를 말하는 반면, 공포증은 특정 사물이나 상황과 관련되어 있다.

강박장애 : 순환고리에 갇히다

누구나 한번쯤은 다시 집으로 돌아가 문을 잠궜는지 가스레인지를 껐는지 확인하고픈 참을 수 없는 충동을 경험한 적이 있을 것이다. 혹은 데이트나 게임이 있는 날 행운의 셔츠를 입는 등, 미신 행동을 하는 때도 있을 것이다. 어떤 사람에게 그런 생각과 행동은 통제를 벗어나 심각한 문제가 된다.

네 아이의 엄마인 34세 카렌은 몇 달 동안 아이들이 심각한 사고를 당하는 침투적이고 반복적인 사고를 경험하여 치료를 받고자 했다. 이 외에 과도하게 숫자를 세는 의식 행위가 일상생활을 방해하고 있었다. 예를 들어, 식료품 구입 시 진열대에 있는 첫 번째 품목을 택하면(시리얼 한 박스라 가정하자) 큰아이에게 나쁜 일이 일어날 것이라는 느낌을 받는다. 두 번째 품목을 선택하면 둘째 아이에게 재난이 닥칠 것 같고, 나머지 애들에게도 나쁜 일이 생길 수 있다고 느꼈다. 아이의 나이 또한 중요했다. 예를 들어, 선반에 있는 여섯 번째 품목은 여섯 살짜리 막내와 연관되었다.

카렌의 숫자에 대한 과도한 집착은 특히 담배를 피우거나 커피를 마시는 등 다른 활동에도 영향을 주었다. 담배를 피기 시작하면 적어도 연달아 네 개피의 담배를 피워야 했는데, 그렇지 않으면 아이들 중 한 명이 해를 입을 수 있다고 느꼈다. 아이들이 해를 입지 않기 위해선 커피는 네 잔 이상을 마셔야 했다. 카렌은 숫자 세는 의식이 불합리함을 알고 있었지만 멈추려고 할 때 극도로 불안해졌다(Oltmanns, Neale, & Davison, 1991).

카렌의 증상은 전형적인 **강박장애**(obsessive-compulsive disorder, OCD)로, 반복적이고 침투적인 사고(강박관념)와 그 생각을 없애기 위한 의식적 행위(강박충동)가 개인의 기능을 심각하게 저해한다. 강박관념이 불안을 만들고 강박행동이 그것을 감소시키기 때문에 불안은 이 장애에 중요한 역할을 한다. 강박장애에서 이러한 강박행동과 사고는 매우 강렬하며, 빈번하고, 비이성적이며 과하게 경험된다. 강박관념을 극복하려고 그것을 억압하거나 무시하는 것은 효과가 거의 없다. 실제로(5장에서 논의) 사고의 억압은 강박관념의 강도와

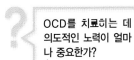

OCD를 치료하는 데 의도적인 노력이 얼마나 중요한가?

빈도를 오히려 증가시킬 수 있다(Wegner, 1989; Wenzlaff & Wegner, 2000). 불안의 역할에도 불구하고, 강박장애는 불안장애와 원인이 다르고 뇌에서 다른 신경회로를 통해 유지된다고 간주되므로 *DSM-5*에서 불안장애와 따로 분리된다.

비록 미국에서 28%의 성인이 일생 동안 어떤 시점에서 강박장애나 강박행동을 경험한다고 보고하지만(Ruscio et al., 2010), 약 2%만이 실제 강박장애로 진단된다(Kessler, Berglund, et al., 2005). 불안장애와 같이 강박장애의 비율은 남성보다 여성에게 높다(Kessler et al., 2012). 강박장애에서 가장 일반적인 강박 사고와 행동은 확인(약 79%), 정리하기(57%), 윤리적인 문제

하위 맨델은 성공한 코미디언이다. 그러나 그의 강박장애와의 투쟁은 웃음과는 거리가 멀다. 미국 인구의 2%에 해당하는 사람들처럼 맨델은 세균에 오염될 것에 대한 과도한 걱정으로 그의 일상생활을 방해하는 반복적인 확인과 씻기 행동을 보였다. 그는 자신의 강박장애와 효과적인 치료의 중요성에 대한 자신의 생각을 공식적으로 밝혔다.

(43%), 그리고 전염(26%)이다(Ruscio et al., 2010). 강박행동은 언제나 과하지만 강도와 빈도에서 상당히 다르다. 예를 들어, 어떤 사람들은 감염에 대한 공포를 없애려고 15분 동안 손을 씻지만, 다른 사람들은 몇 시간 동안 소독 살균제와 극도의 뜨거운 물로 손을 씻거나 손에서 피가 날 때까지 문지른다.

강박장애를 앓고 있는 사람을 괴롭히는 강박관념은 실제적 위협(오염, 공격, 질병)이 될 수 있는 걱정에서 시작되는데, 이는 준비된 이론을 지지한다. 집을 나설 때 스토브의 불을 껐는지 계속 걱정할 수는 있지만, 실제로 집으로 돌아가 확인하는 것은 문제가 될 수 있다. 준비성의 개념은 강박장애를 공포증과 같은 진화론적 맥락에 두게 된다(Szechtman & Woody, 2006). 하지만 공포증과 마찬가지로 진화론적 목적을 가진 공포가 왜 그렇게 비틀리고 부적응이 되는가를 설명하려면 다른 요소들을 고려해야 한다.

가계 연구는 강박장애가 중등도의 유전 가능성이 있음을 시사한다. 일란성 쌍둥이는 이란성 쌍둥이보다 일치도가 더 높다. 강박장애의 친지들은 장애를 가지고 있지 않을지 모르지만 일반 대중들보다 다른 유형의 불안에 걸릴 위험성이 크다(Billet, Richter, & Kennedy, 1998). 연구자들은 강박장애에 대한 생리학적 기제가 무엇인지 밝히지 못했으나, 의도적 행동을 시작하는 데 관련 있다고 알려진 기저핵(basal ganglia)(3장에서 논의)의 일부인 미상핵(caudate nucleus)에 있는 신경 활동(Rappoport et al., 1990)이 상승되었기 때문이라고 가정한다. 뇌의 신경전달물질인 세로토닌의 활동을 증가시키는 약들은 미상핵의 활동을 억제시켜 강박장애의 증상을 다소 경감해 줄 수 있다(Hansen et al., 2002). 그러나 이것이 미상핵의 과도한 활동이 강박장애의 원인임을 시사하지 않는다. 그것 역시 장애의 결과일 수도 있다. 강박장애 환자들은 심리치료에 잘 반응하며 이에 따라 미상핵의 활동에 감소를 보인다(Baxter et al., 1992).

요약

▶ 강박장애를 가진 사람들은 반복적이고, 불안을 유발하는 사고를 경험하며, 이로 인해 의식적이고 비이성적인 행동을 한다.

외상후 스트레스 장애 : 트라우마 이후의 어려움

스트레스에 대한 심리학적 반응은 스트레스 장애를 유발할 수 있다. 예를 들어, 무섭고 통제 불가능한 경험을 했던 사람은 **외상후 스트레스 장애**(posttraumatic stress disorder, PTSD)를 갖게 되는데, 이 장애는 지속적인 신체적 각성, 트라우마를 준 사건을 생각나게 하는 트라우마에 대한 원하지 않는 생각이나 이미지의 반복적인 경험을 특징으로 한다.

트라우마 사건이 남긴 심리적인 상처는 전쟁에서 가장 두드러진다. 전쟁에서 돌아온 군인들은 전쟁터에 대한 회상장면, 과도한 불안과 놀람 반응, 심지어는 신체적 손상에 의하지 않은 의학적인 상태(예 : 마비, 만성 피로) 등과 같은 PTSD의 증상을 경험한다. 대부분의 이런 증상은 끔직한 사건에 대한 정상적인 반응이고, 시간과 함께 사라지는 것이 일반적이다. 그러나 PTSD 환자에게 이런 증상은 상당히 오래 지속된다. 예를 들어, 최근 이라크 전쟁에서 돌아온 미국 병사의 12%가 PTSD의 진단 기준을 충족하며, 이 비율은 다른 비 서구 국가나 개도국에 비해 매우 높다(Keane, Marshall, & Taft, 2006). PTSD의 영향은 희생자, 목격자, 가해자뿐 아니라 도시에서 끔직한 사건을 경험한 일반 사람들에게도 관찰된다 일생을

외상후 스트레스 장애
지속적인 신체적 각성, 트라우마를 준 사건에 대한 원하지 않는 생각이나 이미지의 반복적인 경험을 특징으로 하는 장애

? **뇌의 어떤 조직이 PTSD의 취약성에 대한 지표인가?**

통해 약 6%의 미국인이 PTSD로 고통받고 있다(Kessler, Berglund, et al., 2005).

트라우마 사건에 노출된 모든 사람들이 다 PTSD를 진단받는 것이 아니라는 사실은 사람들의 트라우마에 대한 민감도가 다르다는 것을 시사한다. 뇌 구조와 기능을 조사한 뇌 영상 연구들은 PTSD와 관련된 중요한 신경학적 정보를 제공한다. 특히 PTSD는 아미그달라에서 과도한 활동을 보이며(위협적인 정보나 공포 조건과 관련 있는 영역), 내측 전전두엽(공포 조건형성의 소거에 중요한 영역)에서의 활동 감소, 그리고 해마(기억과 관련된 뇌 부분으로 신경과학과 행동 그리고 기억 장에서 논의됨)의 크기 감소가 보고된다(Shin, Rauch, & Pitman, 2006). 물론 중요한 질문은 이런 특징을 가지고 있는 사람의 뇌가 트라우마를 경험하면 PTSD를 발생한 확률이 큰 것인지 혹은 이것이 트라우마의 결과인지에 대한 것이다. 예를 들어 해마의 크기 감소는 뇌를 스트레스에 민감하게 만드는 사전 조건인가? 혹은 트라우마 스트레스가 신경세포를 파괴하는가? 한 중요한 연구에서는 PTSD를 가진 일부 전쟁용사들이 해마의 크기 감소를 보였으나(그림 15.1), 전쟁 경험이 없거나 PTSD가 없는 이들의 쌍둥이 형제 자매에게서도 관찰되었다(Gilbertson et al., 2002). 이 결과는 전쟁용사들의 축소된 해마의 크기는 전쟁에 노출되었기 때문이 아니라, 태어나면서부터 해마의 크기가 작았을 수 있음을 시사한다. 즉, 이들은 트라우마에 노출되면 외상후 장애를 보일 가능성을 증가시키는 조건을 가지고 태어났을 수 있다.

전쟁에서 겪은 충격적인 사건은 많은 사람들을 PTSD로 고통받게 만든다. PTSD가 확실한 진단이 어려운, 보이지 않는 상처이기 때문에 펜타곤(미 국방성 고위층)은 전쟁으로 인한 심리적인 결과는 적들의 공격으로 사망하거나 부상 입은 사람들에게 주어지는 퍼플하트(Purple Heart) 대상이 아니라고 결정하였다.

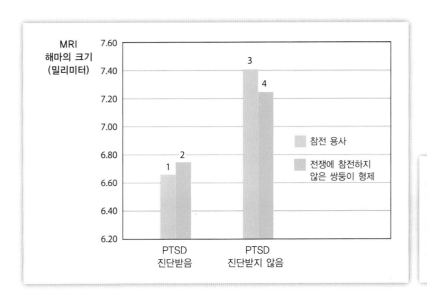

◀ 그림 15.1 **베트남 참전 용사와 그들의 쌍둥이 형제의 평균 해마 크기** 네 집단 참가자의 평균 해마 크기 (1) PTSD 진단을 받은 참전용사 (2) PTSD 진단을 받은 비참전 쌍둥이 형제, (3) PTSD를 진단받지 않은 참전 용사, (4) PTSD 진단을 받지 않은 비참전 쌍둥이 형제. 집단 1과 2의 참가자들의 해마 크기가 집단 3과 4의 참가자들보다 작았다. 이 결과는 작은 크기의 해마가 PTSD 발병조건에 더 민감함을 보여 준다

요약

▶ 전쟁이나 강간처럼 끔찍하고, 생을 위협하는 사건은 만성적인 신체 각성, 사건에 대한 원치 않는 사고나 이미지, 그리고 그 사건을 상기시키는 것들에 대한 회피를 경험하게 하는 외상후 스트레스 장애를 유발할 수 있다.

감정에 좌우될 때

여러분은 지금 어떤 기분을 느끼고 있을 것인데, 간식 시간이기 때문에 기분이 좋을 수도 있고 친구에게 좋지 않은 말을 들어 기분이 나쁠 수도 있고 혹은 이유 없이 기분이 좋거나 나쁠 수도 있다. 13장에서 배웠듯이 기분은 상대적으로 지속되는 비특정적인 감정 상태이다. 비특정적이라 함은 어떤 기분이 드는 이유를 모르는 경우가 많기 때문이다. 기분의 변화는 우리가 삶을 살아가는 무대에 서로 다른 색의 조명이 비추듯 우리 경험을 다양하게 만들어 준다. 그러나 버지니아 울프와 기분장애를 가진 사람들에게 기분은 너무 강렬해서 목숨을 위협하는 행동을 하게 만들기도 한다. **기분장애**(mood disorders)는 기분상 문제를 가장 큰 특징으로 하는 정신장애로 두 가지 형태인 우울증(단극성 우울증이라고도 함)과 양극성장애(극심한 우울에서 극심한 조증까지 경험하여 붙여진 이름)가 있다.

푸른 악마, 조지 크룩섕크(1792~1878)는 장례식 행렬의 수금원으로 가장해 자신에게 자살 방법을 알려 주는 악령들에게 고통을 당하는 우울한 남성을 그렸다.

우울장애

사람들은 때로 슬프기도, 회의적이기도, 그리고 동기가 없기도 하다. 그러나 대다수의 사람들에게 이런 기간은 매우 짧으며 그 정도도 심하지 않다. 우울증은 일반적인 슬픔과는 아주 다르다. 주치의에게 만성피로를 호소하고 있는 34세 마크는 전형적인 우울증을 보여 준다. 의사와 면담 동안, 그는 잠을 자거나

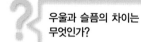

우울과 슬픔의 차이는 무엇인가?

유지하는 것이 어려워 항상 피곤하기 때문에 어떤 의학적 문제가 있지 않을까 걱정된다고 호소했다. 그는 지난 6개월 동안 운동을 할 기운이 없었고, 체중이 5kg나 늘었다고 했다. 더 이상 친구와 외출을 하거나 심지어 대화를 할 마음이 나지 않는다고 보고했다. 성활동을 포함해 어떤 것도 그에게 즐겁지 않으며, 주의 집중이 어렵고 자꾸 잊어버리며, 성마르고 참을성 없어지고, 좌절을 많이 한다고 했다. 마크의 기분과 행동의 변화, 그리고 희망 없고 피곤한 느낌은 정상적인 슬픔의 범위를 벗어난다. 우울장애는 역기능적이고, 만성적이며 사회적, 문화적으로 수용되는 범위를 벗어난다.

단극성 우울증이라고 알려진 '우울증'이라고 불리는 **주요우울장애**(major depressive disorder, 혹은 **단극성 우울증**)는 적어도 2주간 지속되는 무가치함, 기쁨 상실, 무기력, 수면과 섭식장애를 동반하는 심하게 우울한 정서 상태를 말한다. **기분부전증**(dysthymia)이라고 불리는 상태는 우울증과 유사한 인지적·신체적 증상을 보이지만, 덜 심각하며 적어도 2년 이상 지속된다. 이 두 가지가 함께 발생한 경우를 **이중 우울증**(double depression)이라 하는데, 이는 중증도의 우울한 기분이 적어도 2년 이상 지속된 상태로 주요우울증으로 마감되는 경우를 말한다.

어떤 사람들은 계절에 따라 반복적인 우울 에피소드를 경험하기도 하는데, 이는 **계절성 기분장애**(seasonal affective disorder, SAD)라고 한다. 거의 대부분의 경우, 에피소드는 가을이나 겨울에 시작되어 봄에 없어지는데 이는 추운 겨울 동안 빛의 수준이 감소되기 때문이다(Westrin & Lam, 2007). 그러나 여름 우울 에피소드를 겪는 사람이 없는 것은 아니다. 겨울과 관련된 우울 패턴은 위도가 높은 지역에서 더 흔하다.

미국에서 약 18%는 사는 동안 우울증을 겪는다(Kessler et al., 2012). 평균적으로, 주요우울증은 약 12주 정도 지속된다(Eaton et al., 2008). 그러나 치료받지 않으면 약 80%가 적어도 한 번

기분장애
기분상 문제를 가장 큰 특징으로 하는 정신장애

주요우울장애/단극성 우울증
적어도 2주 혹은 그 이상 심하게 우울한 정서상태가 지속되며, 무가치함, 기쁨 상실, 무기력, 수면과 섭식장애를 동반하는 질병

기분부전증
우울증과 유사한 인지적·신체적 증상을 보이지만, 덜 심각한 증상이 적어도 2년 이상 지속된다.

이중 우울증
중증도의 우울한 기분이 적어도 2년 이상 지속된 상태로 주요우울증으로 마감되는 경우

계절성 기분장애(SAD)
계절에 따라 반복되는 우울 에피소드

이상 재발을 경험한다(Judd, 1997; Mueller et al., 1999). 단일 에피소드만 경험했던 사람에 비해 반복적인 우울을 경험했던 사람들은 증상이 심각하고, 가족 내 우울증 비율이 높으며, 자살 시도를 더 많이 하고, 이혼율이 높다(Merikangas, Wicki, & Angst, 1994).

불안장애와 유사하게 우울의 비율은 남성(14%)보다 여성(22%)에게 높다(Kessler et al., 2012). 여성들의 위험도가 높은 이유로 사회경제적 수준을 들 수 있다. 여성들은 남성에 비해 수입이 적은데, 가난은 우울증을 초래할 수 있다. 호르몬에서의 성차도 이유가 된다. 에스트로겐, 안드로겐과 프로게스테론은 우울증에 영향을 준다. 어떤 여성은 호르몬의 균형 변화로 산후 우울증(postpartum depression)을 경험한다. 여성에게 우울이 높다는 사실은 여성들이 자신의 우울을 직면하고 치료를 찾는 비율이 높음을 반영한다 볼 수 있다(Nolen-Hoeksema, 2008). 여성들은 자신의 부정적인 감정을 받아들이고 보여 주고 반추하는 경향이 높은 반면, 남성들은 자신이 부정적인 감정은 부인하고 일이나 음주 같은 자기분산 방법을 사용하는 경향이 높다.

> **?** 왜 여성이 남성에 비해 우울을 더 많이 경험하는가?

생물학적 요소

주요우울증에 대한 유전율은 33~45%까지로 추정된다(Plomin et al., 1997; Wallace, Schneider, & McGuffin, 2002). 그러나 다른 모든 종류의 정신장애와 같이 유전율은 심각도에 따라 매우 다르다. 예를 들어, 대규모 쌍둥이 연구는 심각한 주요우울증의 일치율(3번 또는 그 이상의 에피소드로 정의)이 일란성 쌍둥이는 59%, 이란성 쌍둥이는 30%로 매우 높음을 보고했다(Bertelsen, Harvald, & Hauge, 1977). 반대로, 덜 심각한 주요우울증의 일치율(3번 또는 그 이하의 에피소드로 정의)은 일란성 쌍둥이는 33%, 이란성 쌍둥이는 14%였다. 기분부전증의 일치율은 낮고 비일관적이다(Plomin et al., 1997). 이런 사실은 우울이 2형 당뇨나 천식처럼 유전 가능한 복잡한 의학적 상태임을 보여 준다.

1950년대를 시작으로 연구자들은 신경전달물질인 노르에피네프린과 세로토닌 수준을 증가시키는 약물이 우울증을 줄일 수 있음을 알아내었다. 이 발견은 우울증이 이런 신경전달물질에 의해 전적으로 혹은 부분적으로 발생할 수 있음을 시사하였고, 이는 우울증의 약물치료에 혁명을 불러일으켜(Schildkraut, 1965), 뇌에서 세로토닌을 증가시키는 프로작이나 졸로프트 같은 인기 처방 약물의 개발과 확산을 가져 왔다. 그러나 추후 연구들은 모든 우울증 환자들의 신경전달물질의 수준이 낮은 것은 아님을 보여 주었다. 예를 들어, 어떤 연구는 일부 우울증 환자의 노르에피네프린 수준이 높음을 보고하였다(Thase & Howlan, 1995). 또한 항우울성 약물은 즉시 신경 화학적 전달체계를 변화시키지만, 우울증 증상을 완화시키는 데 적어도 2주가 걸리며 그리 효과적이지 않다. 우울증의 생물 화학적 모델도 모든 우울증을 다 설명하기엔 부족하다.

새로운 생리학적 모델에서는 취약성-스트레스 모형을 통해 우울증을 이해하려 시도한다. 예를 들어, 카스피와 그 동료(Caspi et al., 2003)등은 스트레스를 주는 생활 사건들은 세로토닌의 활동와 관련해 유전 특질(취약성)을 가진 사람들에게 우울증을 일으킬 가능성이 큼을 발견하였다. 이 발견은 뇌의 구조, 기능 그리고 우울증의 화학작용에 영향을 주는 유전과 환경의 상호작용을 보여 준다(그림 15.2 참조).

최신 연구들은 뇌의 어떤 부분에서 우울증을 가진 사람들이 이상을 보이는지 알려 주기 시작했다. 예를 들어, 최근 24개의 연구를 메타분석(개별 연구 결과를 양적으로 통합하는 방법)한 연구에서 중요한 점이 발견되었다. 이 연구에서는 부정적인 자극(단어나 이미지)을 보았을

계절성 기분장애는 날씨 때문에 생기는 우울함이 아니다. 겨울이 길어 빛에 대한 노출이 적어 발생하는 듯 보인다.

산후우울증은 우울함을 초래하며, 초보 엄마들은 극단의 슬픔, 죄책감, 단절감 그리고 심지어 자살을 고려하게 만들기도 한다. 여배우 브룩쉴즈는 산후우울증에 대한 자신의 경험을 책으로 출판하였다.

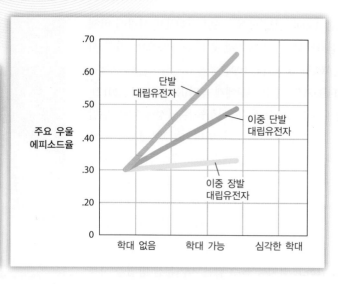

▶ 그림 15.2 **우울증과 환경과의 상호작용** 스트레스가 높은 삶의 경험은 세로토닌 운반 유전자의 단발 또는 이중 단발 대립형질을 가진 사람들에게 후에 우울증을 유발할 가능성이 높다. 이중 장발 대립형질(장발 대립형질은 보다 효율적인 세로토닌 기능과 연합되어 있다)을 가진 사람들은, 심각한 학대를 당한 경우에도, 우울의 위험이 높지 않다.

때 우울증을 가진 사람들은 정서정보를 처리하는 뇌 영역의 활동이 증가하고, 인지적 통제와 관련된 영역의 활동이 감소함을 보고하였다(그림 15.3 참조, Hamilton et al., 2012). 물론 이 결과가 우울증에서 보이는 모든 증상을 다 설명하거나, 언제 왜 우울한 감정이 변화하는지, 왜 치료가 되는지는 설명하지 못한다. 우울증이 단일 유전자나 뇌 영역 때문에 발생하는 것이 아니라 우울증에서 보이는 다양한 심리적 특징을 일으키는 다양한 생리 시스템의 상호작용 결과임을 고려할 때, 우리가 이 장애의 생리적 원인을 완전히 파악하기까지는 아주 오랜 시간이 걸릴 것이다(Krishnan & Nestler, 2008).

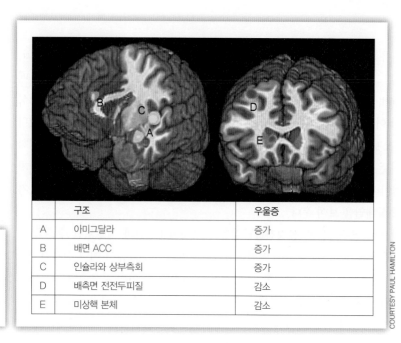

	구조	우울증
A	아미그달라	증가
B	배면 ACC	증가
C	인슐라와 상부측회	증가
D	배측면 전전두피질	감소
E	미상핵 본체	감소

▶ 그림 15.3 **뇌와 우울** 부정적 정보가 제시되면 우울증을 가진 사람들은 아미그달라, 인슐라, 배면 ACC와 같은 정서처리 영역과 관련된 뇌의 영역에 증가된 활동, 그리고 배면 줄무늬체와 배측면 전전두엽 피질의 감소된 활동을 보인다(DLPFC; Hamilton et al., 2012).

심리적 요소

낙관주의자들이 장밋빛으로 칠한 안경을 쓰고 세상을 본다면, 우울증을 겪는 사람들은 어두운 회색 안경을 쓰고 세상을 본다. 그들의 부정적인 인지 스타일은 상당히 일관적인데 어떤 연구자들은 이것이 어린 시절 경험에서 형성된 부정적인 자기-사고 때문이라고 주장한다(Blatt & Homann, 1992; Gibb, Alloy, & Tierney, 2001). 우울증에서 사고의 역할을 강조한 최초의 이론가인 아론 T. 벡(Aaron T. Beck, 1967)은 우울한 환자들이 스스로의 경험에 대해 잘못된 지각을 하고, 부정적인 감정 상태를 유발하고 유지시키는 비기능적 태도를 취한다고 보고했다. 그는 이 관찰을 통해 우울증에 대한 인지 모델을 발표하였는데, 이 모델에서는 어떤 정보에 관심을 두고, 처리하고, 기억히는가에 대한 편견이 우울을 만든다고 가정한다.

이 아이디어를 더 확대하여, 연구자들은 경험의 원인에 대한 부정적인 추론의 역할을 강조하는 우울증 이론을 제안하였다(Abramson, Seligman, & Teasdale, 1978). 우울증의 인지모델 중 하나인 **무기력 이론**(helplessness theory)에선 우울증을 겪기 쉬운 사람들은 자동적으로 부정적인 경

무기력 이론
우울증을 겪기 쉬운 사람들은 자동적으로 부정적인 경험을 내적(예 : 자신의 실수), 안정적(예 : 변화하기 어려운), 전반적(예 : 만연한)인 것으로 귀인한다는 이론

험을 내적(예 : 자신의 실수), 안정적(예 : 변화하기 어려운), 전반적(예 : 만연한)인 것으로 귀인한다고
한다. 예를 들어, 우울증 위험이 있는 학생은 수학시험에서 나쁜 성

? 무기력 이론은
무엇인가?

적을 얻게 되면 이는 낮은 지능(내적)으로 귀인하여 앞으로도 낮아질
가능성이 있다고 본다(안정적). 반대로, 우울의 가능성이 없는 학생
은 성적을 외적 요인(비효과적인 교수법), 안정적이지 않고(결석), 특정적인 요인(재미없는 과
목)으로 귀인하는 등 반대 반응을 보인다.

사람들의 지각과 우울 사이의 관계는 지난 몇 십년간 지지되었다. 벡의 인지 모델에서는 유
전적 취약성과 삶의 초반기 부정적인 사건의 결합으로 우울증을 가진 사람들은 부정적인 스키
마를 발달시킨다고 본다(11장에서 설명). 이런 부정적 스키마는 다음과 같은 세 가지 측면에서
작동한다(Gotlib & Joormann, 2010).

- 정보의 해석(중립적인 정보를 부정적으로 해석하는 경향, 세상을 회색 안경을 쓰고 보는
것)
- 주의(부정적인 정보에서 벗어나기 어려움)
- 기억(부정적인 정보에 대해 회상을 더 잘함

예를 들어, 시험에서 나쁜 성적을 받은 우울증의 위험을 가진 학생은 선생님이 좋은 의도로
한 말("시험 잘 봤다")을 부정적으로 해석하거나("비꼬는 말을 하시는구나!"), 시험 점수나 부
정적인 코멘트를 잘 잊지 못하고, 나쁜 시험 결과를 더 잘 기억한다("난 영어 시험을 잘 봤어.
그러나 지난달 수학 시험 점수는 잊지 못할거야"). 이런 편견은 우울증에서 관찰되는 내적, 안
정적, 일반적 귀인 성향을 설명해 준다. 또한 최근 연구들은 우울증에서 보이는 뇌 구조나 기
능에서의 차이로 이런 인지적 편향을 설명할 수 있음을 시사해 준다. 예를 들어, 우울증에 걸
린 사람은 부정 정보가 제시되었을 때 주의와 기억과 관련된 뇌 부위에서 이상을 보인다(Disner
et al., 2011). 비록 아직 우울증에 대해 다 이해하고 있는 것은 아니지만, 의문이 풀리고 통합되
어가고 있다.

우울증에 대한 인지 모델은 약 2000년 전
그리스의 스토아철학파에 의해 사용된 사고
방법을 근간으로 한다. "사람들은 사물에 의
해가 아니라 사물에 대해 가지는 원칙과 개
념에 의해 고통받는다"는 에페테투스의 명언
은 우울증에 대한 인지 모델의 근간 원리로
인지 이론가들에 의해 자주 인용된다.

양극성장애

우울증이 힘들고 고통스럽다면 그 반대는 좋을까? 버지니아 울프나 20세인 대학 2학년생 줄리
에게는 아니다. 임상가를 처음 찾았을 때, 줄리는 울프처럼 5일 동안 잠을 못 자고 극단적으로
활동적이고 괴이한 생각과 사고를 가지고 있었다. 줄리는 친구에게 자신이 '남자나 여자가 아
닌 제3의 성'이기 때문에 월경을 하지 않는다고 했다. 그녀는 자신을 성욕을 억제할 수 있으나
출산은 가능한 '슈퍼우먼'이라고 했다. 그녀는 자신이 살고 있는 주의 상원의원과 영혼이 바뀌
었기 때문에 상원의원의 생각과 기억을 알 수 있고, 따라서 세계를 핵 파괴
에서 구할 수 있다고 생각했다. 그녀는 선거철도 아닌데 캠페인을 벌였다.
자신의 생각을 잊을 것 같아 생각이나 활동을 적은 종이를 기숙사 벽이나
가구 등 아무 곳에니 붙여 놓았다(Vitkus, 1999).

울프처럼 줄리도 조증 이외에 우울증을 앓은 적이 있었다. 이런 증상에

? 왜 양극성장애가
때로 조현병으로
잘못 진단되는가?

대한 진단이 **양극성장애**(bipolar disorder) 즉,
비정상적이고 일관적으로 올라간 기분(조증)과 저
조한 기분(우울증)의 반복으로 특징되는 상태이
다. 약 2/3의 환자들은 조증 에피소드를 우
울증 에피소드 직진이나 직후에 경험한디(Whybrow, 1997). 때론 양극성

양극성장애
비정상적이고 일관적으로 올라간 기분(조증)과
저조한 기분(우울증)의 반복으로 특징되는 상태

양극성장애는 그냥 매우 행복한 것이 아니
다. 조증 삽화를 경험한 사람은 며칠이나 잠
을 자지 못하고 하루에 4대의 차를 구입하
며, 사고가 너무 급격하게 흘러 논리적인 문
장을 만들지 못한다.

장애의 우울 단계와 주요우울증은 임상적으로 구분이 되지 않는다(Johnson, Cuellar, & Miller, 2009). DSM 진단기준을 충족하려면 기분이 고조되고 급격히 변하고 성마른 조증 단계가 최소 1주 이상 지속되어야 한다. 다른 주요 증상으로는 과대망상, 수면 욕구의 감소, 언어 증가, 급격한 사고 전환, 주의 분산 및 무분별한 행동(강박적인 도박, 성행위, 절제 없는 소비) 등이 있다. 환각(잘못된 지각)이나 망상(잘못된 믿음)이 있을 수도 있어, 때론 조현병(뒷부분에 설명됨)으로 잘못 진단되기도 한다.

케이 레드필드 제미슨은 시끄러운 마음: 우울과 조증에 대한 기억(An Unquiet Mind: A Memoir of Moods and Madness)이라는 책에서 자신이 겪은 양극성장애에 대해 다음과 같이 기술한다(Kay Redfield Jamison, 1995, p. 67).

> 조증만이 가지는 특정한 고통, 기분 상승, 외로움과 두려움이 있습니다. 기분이 올라가면 소름 끼칠 정도로 올라갑니다. 생각과 감정은 운석처럼 빠르고 자주 변하는데, 더 기분 좋고 근사한 것을 쫓게 됩니다. 그런데 어느 순간 모든 게 변하죠. 아이디어는 급격히 변해 쫓아가기는 힘들고, 견디기 어려운 혼란이 찾아옵니다. 기억은 없어지고, 웃음으로 가득찬 친구들의 얼굴에서 공포와 걱정이 보이기 시작하죠. 잘 흘러가던 모든 것들이 갑자기 문제가 되기 시작합니다. 성마르고 화나고 통제 불가능하고, 두려워지고 그리고 극심한 혼란에 빠지게 됩니다. 끝이 보이지 않죠. 그리고 이게 끝나지 않은 광기는 현실이 됩니다.

심리학자 케이 레드필드 제미슨은 자신의 조울증 투병기에 대해 여러 권의 베스트셀러를 썼다.

양극성장애의 평생 유병률은 약 2.5%로 남녀 차이가 없다(Kessler et al., 2012). 양극성장애는 재발이 되는데, 걸린 사람의 90%는 일생 동안 여러 번의 에피소드로 고생한다(Coryell et al., 1995). 약 10%의 사례가 연간 적어도 4회 이상의 감정 에피소드를 경험하는(조증 단계든 우울증 단계든) 급성 순환성 양극성장애(rapid cycling bipolar disorder)를 보인다. 급성 순환성 양극성장애는 남자보다 여자에게 흔하며 때론 특정 종류의 항우울증 약물을 복용하고 나서 발생하기도 한다(Liebenluft, 1996; Whybrow, 1997). 불행히도 양극성장애는 지속되는 경향이 있다. 한 연구에선 24%의 참가자가 6개월 이내에 재발했으며, 재발 시 회복에 약 6개월이 소요되며, 적어도 77%가 회복 4년의 기간 내에 한 번의 재발을 경험한다고 보고했다(Coryell et al., 1995).

어떤 사람들은 조현병과 기분장애(특히 양극성장애)를 가진 사람들이 창의성과 지능이 높다고 주장한다(Andreasen, 2011). 조증의 경우, 조증이 심해지면 높아지는 에너지와 기이함과 포부가 위대한 작품을 만들게 한다고 생각한다. 버지니아 울프 이외에도 아이작 뉴턴, 빈센트 반 고흐, 에이브러햄 링컨, 어니스트 헤밍웨이, 윈스턴 처칠, 시어도어 루스벨트 등이 이 장애를 앓고 있었다고 추정된다.

생물학적 요소

다양한 정신장애 중에서 양극성장애는 유전율이 가장 높다. 일란성 쌍둥이의 경우 약 40~70%가 유전된다, 이란성 쌍둥이의 경우 약 10%의 일치율을 보인다(Craddock & Jones, 1999). 다른 장애와 마찬가지로, 양극성장애도 여러 개의 유전자의 상호작용으로 관련된 증상들을 발현하게 하는 다조 발생(polygenic)으로 간주된다. 그러나 이를 증명하기는 어렵다. 이에 더해 한 가지 유전자가 여러 장애의 발생에 영향을 주는 다면발현성 효과(pleiotropic effects)의 증거도 있다. 예를 들어, 최근 한 연구는 양극성장애와 조현병의 두 장애에 관련된 유전적 취약성을 밝혀 내었다. 이 두 장애 모두에 관련된 유전자는 불필요한 정보를 걸러내고 재인하는 능력의 손상뿐 아니라 도파민과 세로토닌 전달의 문제와 관련된다(Huang et al., 2010). 6만 명 이상을 조사한 후속 연구는 양극성장애와 조현병뿐 아니라 주요우울증, 자폐증 및 주의력 결핍 과잉활동장애에 관련된 일반적인 유전적 위험요소를 밝혀내었다. 이런 장애는 감정 조절의 문제, 인지적 손상 및 사회적 위축과 같은 증상을 공유한다(Cross-Disorder Group of the Psychiatric Genomics Consortium, 2013). 이런 연구 결과는 관련 없다고 생각했던 장애를 가진 사람들의 증상이 왜 비슷한지를 이해하게 해 준다는 점에서 흥미롭다. 비록 일부 유전 링크가 완성되었기는 하지만, 우리는 아직 어떻게 서로 다른 생물학적 요인이 상호작용하여 양극성장애나 다른 장애에서 보이는 증상으로 발현되는지 모른다.

> **?** 최근 연구 결과는 왜 서로 다른 장애의 증상이 겹치는지에 대해 어떤 새로운 증거를 제시하는가?

3장에서 배운 후생적인 변화는 유전적 위험요인이 양극성장애나 다른 관련 장애를 일으키는 데 어떤 영향을 주는지 설명해 준다. 엄마 쥐가 핥거나 쓰다듬기를 덜한 쥐는 후생적 변화(DNA 메틸화의 감소)가 적었고 스트레스에 대한 반응이 좋지 않았음을 기억하자. 비슷한 종류의 후생적인 효과가 어떤 사람이 정신장애를 유발하고 아닌지를 설명하는 데 도움을 준다. 예를 들어, 한 명이 양극성장애나 조현병을 가진 일란성 쌍둥이(100%의 DNA를 공유)를 조사한 연구들은 이 두 명 사이에 유의한 후생적인 차이, 즉 양극성장애와 조현병의 뇌발달 및 발병에 중요하다고 알려진 유전자 위치에 메틸화가 감소되었음을 보여 준다(Dempster et al., 2011; Labrie, Pai, & Petronis, 2012).

심리적 요소

때로 조증과 우울증 에피소드 전에 스트레스를 주는 생활 사건들이 발생한다(Johnson, Cuellar, et al., 2008). 한 연구에선 심한 스트레스를 겪고 있는 사람들은 스트레스를 겪고 있지 않은 환자사람들에 비해서 조증 및 우울증 에피소드를 극복하는 데 약 3배 정도 더 오래 걸린다고 보고한다(Johnson & Miller, 1997). 스트레스–질병 관계는 간단하지 않지만, 높은 스트레스는 내향적 성격보다 외향적 성격을 가진 환자에 영향을 덜 주는 것으로 보인다(Swednsen et al., 1995). 신경증과 성실성(conscientiousness)과 같은 성격 특성은 양극성장애 증상

> **?** 스트레스는 조울 에피소드와 어떤 관련이 있는가?

을 예측한다고 알려져 있다(Lozano & Johnson, 2001). 마지막으로, 정신장애를 가진 가족과 이야기할 때 적대감, 비난, 과도한 감정적 몰입을 얼마나 많이 하느냐를 측정하는 **표출된 정서**(expressed emotion)라는 측정치에서 높은 점수를 얻은 가족 구성원과 사는 환자들은 지지적인 가족과 사는 환자들에 비해 재발의 가능성이 높다(Miklowitz & Johnson, 2006). 이는 양극성장애에만 국한되지 않는다. '정서 표현'의 정도는 다양한 정신장애의 재발과 관련이 높다(Hoolet, 2007).

> **표출된 정서**
> 정신장애를 가진 가족과 이야기할 때 적대감, 비난, 과도한 감정적 몰입을 얼마나 많이 하느냐를 측정

요약

▶ 기분장애는 정서 불안정이 특징이다.

▶ 우울장애(단극성 우울증)는 극심한 우울 기분이 적어도 2주간 지속되는 경우를 말하며, 과한 자기 비판, 죄책감, 주의 집중의 어려움, 자살 사고, 수면과 식욕 감퇴, 피곤한 증상을 포함한다. 관련 장애인 기분부전증은 증상이 적어도 2년 이상 지속되는 경우를 말한다.

▶ 양극성장애는 우울증과 조증 간 극도의 감정 변화를 보이는 불안정한 정서 상태이다. 조증 시기에는 비정상적이고 지속적으로 흥분되고, 정도를 벗어난 성마른 기분이 적어도 1주 이상 계속된다.

조현병
기본 정신 과정의 심각한 손상, 즉 현실에 대한 왜곡된 지각, 변화된 혹은 무딘 정서, 사고·동기·행동의 장애

정적 증상
조현병이 없는 사람들에게는 보이지 않는 사고와 행동

환각
실제 자극이 없음에도 불구하고 진짜 있는 것처럼 느끼는 지각 경험

망상
분명히 잘못된 믿음 체계로 정상에서 벗어나고 과장되며 비논리적임에도 지속적으로 유지된다.

조현병 및 기타 정신증 : 현실에 대한 감각을 잃다

39세인 마가렛은 사랑하지도 않는 남자와 결혼해서 두 명의 자녀를 둔 자신을 신이 벌한다고 믿었다. 그녀는 어느 날 설거지 도중 나이프 위에 십자가 모양으로 놓여 있었던 포크를 보고 신이 그녀와 아이들에게 영생을 내려 영원히 불행한 삶을 살아가게 만들었다고 믿게 되었다. 마가렛은 두 가지 증거가 자신의 믿음을 지지한다고 믿었다. 첫째는 지역 방송이 주인공들이 주로 큰소리로 싸움을 하는 50년대의 시트콤 "신혼부부들(The Honeymooners)"을 재방송한다는 것이었다. 그녀는 이것을 자신의 부부 갈등이 영원히 계속될 것이라는 신의 계시로 생각했다. 둘째로, 그녀는 아이들의 동공이 수축되거나 이완되지 않을 것—영생의 사인—이라는 믿음을 갖게 되었다. 그녀는 몇 시간 혹은 며칠 동안이나 방에 문을 잠그고 집에서 나오지 않았다. 진단을 받기 전 주에는 일곱 살짜리 아들을 학교에 가지 못하게 하고 자신과 네 살짜리 딸에게 성경을 크게 읽게 시켰다(Oltmanns et al., 1991). 마가렛은 가장 널리 알려진 동시에 가장 많이 연구된 정신장애, 조현병을 앓고 있다 조현병은 가장 불가사의하고 파괴적인 정신장애 중 하나이다.

조현병의 증상과 유형

조현병(schizophrenia)은 정신분열장애의 하나이다(정신분열은 현실 감각의 와해이다). 기본 정신 과정의 심각한 손상, 즉 현실에 대한 왜곡된 지각, 변화된 혹은 무딘 정서, 사고·동기·행동의 장애로 특징지어진다. 전통적으로 조현병은 현실 감각이 심각하게 손상되고 망가진 사고와 지각의 장애로 간주되었다. 그러나 최근에는 다양한 기능에 영향을 미치는 여러 가지 유형이 있다고 본다. DSM-5에서는 다음 증상 이 적어도 한 달간, 둘 또는 그 이상 발생하고 이런 증상들이 적어도 6개월 이상 지속될 때 조현병 진단이 내려진다. 조현병의 증상은 일반적으로 정적, 부적 그리고 인지적 증상으로 구분한다.

조현병은 무엇인가?

조현병의 **정적 증상**(positive symptoms)은 다음과 같이 조현병이 없는 사람들에게는 보이지 않는 사고와 행동을 포함한다.

조현병을 앓는 사람들은 환청과 망상을 경험하며, 어떤 것이 실제이며 어떤 것이 마음이 만들어 낸 것인지 구별하지 못한다. 노벨 경제학상 수상자인 존 내쉬의 조현병 경험은 "뷰티풀 마인드"라는 책과 영화에 잘 묘사되어 있다.

- **환각**(hallucination)은 실제 자극이 없음에도 불구하고 진짜 있는 것처럼 느끼는 지각 경험이다. 조현병과 관련된 이상 지각은 있지도 않은 것에 대해 듣거나 보거나 냄새 맡는 것, 촉각적으로 경험하는 것 등이 있다. 정신분열적 환각은 다른 사람이 듣지 못하는 목소리를 듣는 등 주로 청각적인 형태로 나타난다. 영국 정신과 의사 헨리 모즐리(Henry Maudsley, 1886)는 환각은 조현병을 가진 사람들의 마음속에서 만들어진다고 주장하였고, 최근 연구는 그의 주장을 지지해 준다. PET 이미지 연구에서, 환청은 언어 생성과 연관된 뇌의 브로카 영역(3장에서 논의)의 활성을 수반한다. 불행히도, 조현병 환자가 호소하는 환청은 좋은 이야기를 해 주는 친절한 삼촌의 목소리인 경우는 거의 없다. 환청은 이상한 행동이나 비열한 행동을 하도록 강요하고 꾸짖는다. 어떤 사람은 "그가 지금 일어났어. 그는 손을 씻을 거야. 지금이 죽일 때야"라는 환청을 들었다고 보고했다(Frith & Fletcher, 1995).

- **망상**(delusion)은 분명히 잘못된 믿음 체계로 정상에서 벗어나고 과장되며 비논리적임에도 지속적으로 유지된다. 예를 들어, 조현병을 가진 사람은 자신이 예수, 나폴레옹, 노아의 방주에서 노아, 혹은 다른 유명한 사람이라고 믿는다. 자신의 정체에 대한 망상은 조현병이 다중 인격과 관련 있다고 오해하게 만들었다. 그러나 조현병에서 보이는 정체성은 여럿이 번갈아 바뀌거나 서로를 기억 못 하거나 정체성 간 갈등을 보이지 않는다. 편집 망상은 아주 흔하다. 어떤 사람들은 미국 정보기관, 악마, 외계인 혹은 다른 나쁜 힘이 자신에게 해를

가하거나 감정을 통제하기 위해 음해한다고 믿는데, 이는 고통스러운 망상을 정당화하기 위한 시도일 수 있다(Roberts, 1991). 조현병을 가진 사람은 자신들의 지각이나 사고과정의 이상에 대한 통찰이 없거나 인식을 하지 못한다(Karow et al., 2007). 자신들이 마음에 대한 통제를 잃었다는 것을 이해하지 못하기 때문에 외부 힘이 자신을 통제한다는 이상한 믿음과 이론을 발달시킨다.

- **와해된 언어**(disorganized speech)는 관련 없는 주제로 생각이 빠르고 모순되게 전환하는 의사소통상의 심각한 손상을 말한다. 조현병의 비정상적 언어 패턴은 생각을 조직하고 주의를 기울이는 데 어려움이 있음을 보여 준다. 질문에 대해 부적절하게 대답하고, 생각이 통합되지 못하고, 단어를 이상한 방법으로 사용한다. 예를 들어, 어떤 조현병 환자는 "여기가 어디죠?"라는 의사의 물음에 이렇게 답한다. "난 16년 동안이나 금주를 해 왔죠. 나는 카터 대통령 이후로 쉬고 있습니다. 알죠? 'penwrap'(이런 영어 단어는 없음 – 역자 주) 말이에요, 난 워너 브라더스 스튜디오와 계약을 맺었고 유진은 포르노그래프의 기록을 깼지만 마이크는 저항하고 있어요. 나는 경찰에서 35년 근무했어요. 나는 육체와 피로 만들어졌어요. 보세요, 선생님"[드레스를 들어 올린다](Carson et al., 2000, p. 474).

- **심각하게 와해된 행동**(grossly disorganized behavior)은 상황에 매우 부적절하거나 목적 달성에 비효과적인, 그리고 특정 운동 이상을 수반하는 행동이다. 환자들은 어린아이 같은 우스개 행동이나 부적절한 성적 행동(공공장소에서 자위), 헝클어진 외모, 소리 지르기나 욕하기 등을 보일 수 있다. 이상한 움직임을 보이거나 경직된 자세, 정상에서 벗어난 틀에 박힌 행동, 기괴한 표정, 혹은 과잉활동 등, 운동 기능에 이상을 보이기도 한다. **긴장 행동**(catatonic behavior)은 모든 운동의 현격한 감소 혹은 근육경직성이나 과잉활동의 증가를 말한다. 긴장증을 보이는 사람들은 움직이는 것에 대해 강력히 저항하거나(누군가가 옮기려고 할 때), 긴장증 마비를 보이며 주변 환경을 인식하지 못하고 전혀 반응하지 않게 된다. 게다가 약물치료를 받는 환자는 약물에 대한 부작용으로 운동 증상(경직이나 경련)을 보일 수 있다. 실제로 *DSM-5*는 조현병의 치료에 많이 사용되는 약물로 인한 운동 이상을 나타내기 위해 약물로 유도된 운동장애라는 진단 분류를 두고 있다.

부적 증상(negative symptoms)은 정상적인 정서나 행동에서의 결함 혹은 장해로, 정서적·사회적 철회, 무감각, 언어 표현력의 제한, 그리고 다른 정상적인 행동, 동기 및 정서의 부재나 부족을 지칭한다. 이런 증상들은 조현병을 가진 사람들에게는 없는 증상들로, 예를 들어 부적 증상은 정서를 무디게 해서 무감각, 무반응이 되게 만들고, 타인이나 사건에 대해 관심이 없어지고, 집중하는 능력이 손상되어 있다.

인지적 증상(cognitive symptoms)은 인지적 능력, 특히 실행 기능, 주의, 그리고 작업 기억에서의 결함을 말한다. 이 증상들은 정적 및 부적 증상보다 덜 이상하고 밖으로 표현되지 않기 때문에 가장 알아차리기 어렵다. 그러나 이런 인지적 결함은 조현병 환자가 친구 관계를 유지하고 직업을 수행하지 못하게 만드는 주된 원인이 된다(Green et al., 2000).

조현병의 발병률은 약 1%이며(Jablensky, 1997), 여자보다 남자에게 더 빈번하게 발생한다(McGrath et al., 2008). *DSM* 초기판에서는 영유아기 자폐증을 조현병이 매우 일찍 발병한 형태로 보았으나, 최근 연구들은 이 두 장애는 서로 다르며, 조현병은 초기 청소년기 전에 발병하는 경우는 매우 드물다고 보고한다(Rapoport et al., 2009). 첫 번째 에피소드는 주로 후기 청소년기나 초기 청년기에 발생한다(Gottesman, 1991). 발병률이 상대적으로 낮지만, 조현병은 주 혹은 지역 정신병원에 입원하는 환자의 40% 정도를 차지하는 주요 정신질환이며 또한 다른 형태의 시설에 있는 정신과 입원환자들 가운데 두 번째로 많이 진단되는 장애이다(Rosenstein,

와해된 언어
관련 없는 주제로 생각이 빠르고 모순되게 전환하는 의사소통상의 심각한 손상

심각하게 와해된 행동
상황에 매우 부적절하거나 목적 달성에 비효과적인, 그리고 특정 운동 이상을 수반하는 행동

긴장 행동
모든 운동의 현격한 감소 혹은 근육경직성이나 과잉활동의 증가

부적 증상
정상적인 정서나 행동에서의 결함 혹은 장해로, 정서적·사회적 철회, 무감각, 언어 표현력의 제한, 그리고 다른 정상적인 행동, 동기 및 정서의 부재나 부족

인지적 증상
인지적 능력, 특히 실행 기능, 주의, 그리고 작업 기억에서의 결함

긴장형 조현병을 앓고 있는 환자는 몇 시간 동안 이상한 자세로 움직이지 않는다.

Milazzo-Sayre, & Manderscheid, 1990). 조현병 환자의 입원율은 이 병이 사람들의 생을 얼마나 황폐하게 만드는지 보여 준다.

생리적인 요소

1899년 독일 정신의학자 에밀 크레펠린(Emil Kraepelin)은 우리가 조현병이라고 알고 있는 증후군을 처음으로 기술했는데, 그는 이 질병이 '생물학적' 혹은 생리학적 원인에 의한 것이라고 주장하였다(Kraepelin, 1899). 지난 몇십 년에 걸친 유전, 생화학 및 신경해부학 분야의 연구를 통해 조현병의 생리적인 기제에 대한 증거가 축적되고 있다.

유전적 요소

가족 연구는 조현병 환자와 유전적으로 가까운 사람일수록 같은 질병이 발병할 가능성이 커짐을 보여 준다(Gottesman, 1991). 그림 15.4에서 볼 수 있듯이 생물학적 관련성이 높을수록 일치율이 높아진다. 비율은 추정이며 연구마다 상당히 다르지만, 거

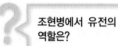

조현병에서 유전의 역할은?

의 모든 연구가 평균 일치율이 이란성 쌍둥이(17%)보다는 일란성 쌍둥이(48%)에게 높음을 보고하는데, 이는 이 질병의 유전성을 시사한다(Torrey et al., 1994).

다른 생각

성공과 조현병

엘린 삭스는 남가주 주립대학의 법대 교수이며 *The Center Cannot Hold: My Journey Through Madness*이라는 책의 저자이다.

PHOTO BY MIKEL HEALEY, COURTESY ELYN R. SAKS

이 장에서는 정신장애의 특징과 원인에 대해 알고 있는 것들을 정리하였다. 다음 장에서는 조현병과 같이 이런 장애들이 어떻게 치료되는지 기술하지만 그렇게 희망적이지 않다. 조현병으로 진단받은 사람들은 그 장애가 평생 지속된다는 설명을 듣는다. 비록 현존하는 치료가 조현병을 가진 사람이 보이는 망상적 사고 및 환각을 감소시키나, 조현병 환자는 전일 직업을 가지거나 관계 유지가 어렵고 높은 삶의 질을 달성하기 어렵다.

엘린 삭스(Elyn Saks)는 조현병 진단을 받았고 예후에 대해 설명을 들었다. **뉴욕타임스에 기사**(2013)가 실린 후 어떤 일이 발생했는지를 기술한다.

30년 전에 나는 조현병 진단을 받았습니다. 예후는 좋지 않았는데, 독립적인 생활이나 직업을 유지하고 배우자를 찾아 결혼하는 것이 불가능하다고 들었습니다. 나는 요양 병원에서 살게 될 것이며 낮병원 공동구역에서 정신장애로 어려움을 겪는 다른 환자들과 함께 종일 TV를 보게 될 것이라 들었습니다.

그래서 내 삶을 이야기식으로 풀기로 마음먹었습니다. 나는 현재 남가주주립대학 법학과의 주임교수입니다. 나는 남가주주립대학 의대 정신과의 정신과 외래교수이기도 합니다. 맥아더 기관에서 큰 규모의 연구비를 받았습니다.

난 오랫동안 진단을 부인했지만, 이젠 조현병이 있음과 평생 치료를 받을 것임을 받아들였습니다. 그러나 난 내 병의 예후에 대해선 동의하지 않습니다.

전통적인 정신과적 개념화나 진단 분류 기준에 의하면 나 같은 사람은 있을 수 없습니다. 내가 조현병이 아니거나 혹은 성취를 하지 못했을 것입니다. 그러나 나는 망상 증상을 가지고 있고, U.S.C.의 교수 심의위원회를 통과했습니다. 난 조현병이 있고 성취도 했습니다. 그리고 내가 예외가 아니라는 것을 보여 주기 위해 U.S.C.와 U.C.L.A.의 연구에 참여도 했습니다. 망상과 환각과 같은 증상을 가지고도 학문적, 전문적 성취를 이룬 조현병 환자들도 있습니다.

지난 몇 년 동안, 내 동료와 나는 LA 지역에 사는 고기능 조현병을 가진 20명의 연구 참가자를 모집했습니다. 그들은 경증의 망상 혹은 환각과 같은 증상으로 고통받고 있었습니다. 그들의 평균 나이는 40세였고, 반은 여성, 반 이상은 소수민족이었습니다. 모두 고졸 이상으로 대부분이 대학 중퇴나 대졸이었습니다. 이들은 의사, 변호사, 심리학자, 비영리단체의 대표를 포함하여 대학원생, 중간관리자, 기술자, 그리고 전문가들이었습니다. 동시에 대다수는 독신에 아이가 없었는데, 이는 3명을 제외하고는 3/4 이상이 2~5회 이상의 입원 경험이 있었습니다.

이 환자들은 어떻게 공부를 지속했고 전문직을 유지할 수 있었을까요? 약물이나 심리치료 외에 모든 참가자가 자신의 조현병을 다스리는 기술을 개발해 사용하고 있었습니다. 어떤 이는 인지적인 기술을 개발했

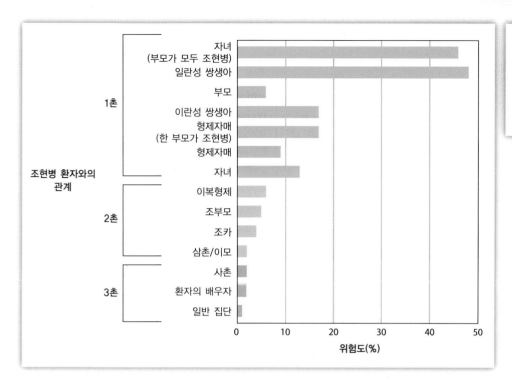

습니다. 석사학위를 가진 교육자 한 사람은 자신의 환각을 직면하는 방법을 배웠다고 보고했습니다. "근거가 있는지? 혹은 이게 그저 지각 문제인지?"라고 스스로 질문함으로써 다른 참가자는 "난 악마의 소리를 끊임없이 듣기 때문에 이를 끊임없이 무시하려 노력한다"고 보고합니다.

우리 연구에 참가자가 보고한 다른 기술은 감각 정보를 통제하는 기술입니다. 어떤 사람들에겐 주거 공간을 단순하게 만드는 것(아무것도 없는 벽, TV도 없고, 조용한 음악만 트는 것)일 수 있고, 다른 사람들에게는 주의를 분산시키는 음악일 수 있습니다. 간호보조사로 일하는 어떤 환자는 "다른 것을 듣지 않으려고 시끄러운 음악만 틀어 놓습니다"라고 보고합니다. 다른 사람들은 운동, 건강한 식습관, 금주, 충분한 수면을 취합니다.

연구 참가자들에게 증상을 다루는 데 가장 도움이 된다고 보고된 방법은 일입니다. 환자 중 교육자 한 사람은 "일은 내가 누구인지를 말해 주는 중요한 부분입니다"라고 강조합니다. "조직에서 유용한 사람이 되면 조직에서 존경받는다고 느낍니다. 조직에 속하는 것은 가치가 있는 일이죠." 이 사람은 주의를 분산시키기 위해 주말에도 일합니다. 즉, 일을 함으로써 조현병의 증상을 줄일 수도 있다는 것입니다.

이게 바로 의사들이 환자에게 직업을 기대하거나 추구하지 말라고 하는 것이 불편하게 들리는 이유이죠. 조현병에 대한 전통적인 정신과적 접근에서는 환자들을 특징짓는 증상군을 파악하려 합니다. 때문에 많은 정신과 의사들은 약으로 증상을 치료하는 것이 정신장애를 치료하는 것으로 봅니다. 그러나 이 관점은 개개인의 강점과 능력을 파악하지 못하게 함으로써 환자들이 성취하고 싶은 것들을 과소평가하게 만듭니다. **뉴욕타임스지**는 최근 고기능 자폐 성인의 세밀한 부분에 대한 기억 능력과 주의 집중력을 높이 사서 이들을 고용한 회사에 대한 기사를 실었습니다.

사람들의 증상뿐 아니라 장점을 고려한 이런 접근법은 정신장애를 둘러싼 회의감을 줄이는 데 도움을 줍니다. 어떤 조현병 환자가 언급했듯이 '장애 안의 건강함'을 찾는 것이 치료의 목표가 되어야 합니다. 의사들은 환자가 관계를 형성하고 의미 있는 일을 하도록 도와야 합니다. 환자가 자신의 증상을 잘 다룰 수 있는 기술을 개발하고, 원하는 삶의 질을 찾을 수 있게 고무시켜야 합니다. 그리고 그걸 성취할 수 있게 환자에게 활용 가능한 자원, 즉 치료, 약물, 지지를 제공해야 합니다.

엘린 삭스의 사례는 놀라운 동시에 고무적이다. 물론 이 사례는 흔히 볼 수 있는 사례는 아니다. 어떻게 그녀나 연구에 참여했던 다른 사람들의 사례를 해석해야 할까? 이들은 예외적 인물일까? 예외적으로 좋은 결과를 양산한 사람들을 모은 것일까? LA 지역의 크기를 고려했을 때 이런 예외적인 결과를 보인 사람들만 골라 모았다고 생각할 수도 있다. 혹은 삭스 교수가 정신장애를 개념화하고, 분류하고 평가하는 현재 체계가 가진 중요한 한계점을 지적한 것일까? 우리는 잘못된 것에 너무 관심을 두고 병리만 치료하고 개개인이 자신의 문제를 극복하고 잘 기능하고 양질의 삶의 질을 성취하게 만드는 장점을 무시하는 것은 아닐까? 이런 질문들은 심리과학의 방법론을 통해 테스트할 수 있으며, 이를 통해 얻은 답은 많은 사람들의 삶을 향상시키는 데 도움을 줄 것이다.

유전이 조현병의 강력한 소인이지만, 태내기와 출산 전후 환경도 일란성 쌍둥이들의 일치율에 영향을 준다는 증거들이 많다(Jurewicz, Owen, & O'Donovan, 2001; Thaker, 2002; Torrey et al., 1994). 예를 들어, 일란성 쌍둥이의 약 70%가 같은 태내기 혈액 공급을 받기 때문에, 어머니 피 속의 독성 물질 등이 높은 일치율에 기여했을 수 있다. 더 최근 연구들(양극성장애를 다룰 때 논의했듯이) 어떻게 환경적 요소가 이 장애에 대한 취약성을 증가시키는 후생적인 변화를 일으키는지를 이해하는 데 도움을 준다

생리화학적 요소들

1950년대에 신경전달물질인 도파민의 수준을 낮춰 조현병의 증상을 줄일 수 있는 주요 안정제가 개발되었다. 조현병 증상을 경감시키는 여러 약물들의 효과는 특정 뇌 부위의 신경전달체제에서 도파민의 역할과 연관이 있다. 이 발견으로 조현병은 도파민 **활동**과 관련되어 있다는 **도파민 가설**(dopamine hypothesis)이 나오게 되었다. 이 가설은 왜 도파민 수준을 올리는 암페타민이 조현병의 증상을 경감시키는지 설명하는 데 사용되었다(Iverson, 2006).

이렇게 간단하면 좋겠지만, 도파민 가설이 부적절하다는 많은 증거들이 있다(Moncrieff, 2009). 예를 들어, 많은 조현병 환자는 도파민 차폐(dopamine-blocking) 약물(예 : 신경안정제)에 잘 반응하지 않으며, 이 경우 재발률이 높다. 더군다나 이 약물들은 도파민 수용기를 매우 빠르게 막지만, 환자들은 일반적으로 몇 주 후에나 효과를 나타낸다. 마지막으로 연구들은 다른 신경전달물질이 조현병과 관련되어 있음을 보여 주었는데, 이 결과들은 조현병이 여러 가지 다른 생리화학적 요소 간 복잡한 상호작용에 의한 것임을 시사한다(Risman et al., 2008; Sawa & Snyder, 2002). 요약하면, 조현병에서 신경전달물질의 정확한 역할은 아직 밝혀지지 않았다.

신경해부학

신경영상기술이 발달하면서 연구자들은 조현병 환자 뇌의 독특한 해부학적 특징을 찾아내기 시작하였다. 초기 관찰들은 뇌실, 즉 뇌의 중심 깊은 곳에 위치한 뇌 척수액으로 찬 공간의 확장(그림 15.5)을 보고하였다(Johnstone et al., 1976). 특히 만성적이고 부적 증상이 있는 일부 환자들에게 뇌실이 비정상적으로 확대되어 있는데, 이는 태내기 발달 이상으로 뇌 조직의 밀도가 줄었음을 시사한다(Arnold et al., 1998; Heaton et al., 1994).

▶ 그림 15.5 **조현병의 확대된 심실** 일란성 쌍둥이의 MRI 사진은 (a) 조현병을 앓는 쌍둥이가 (b) 조현병을 앓지 않는 쌍둥이보다 확대된 심실(중앙 백색 공간 전체)을 가지고 있음을 보여준다(Kunugi et al., 2003).

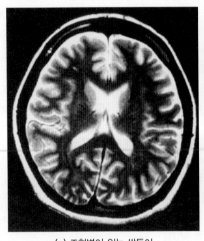
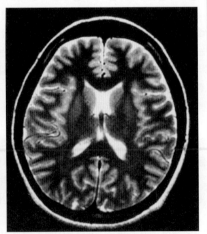

(a) 조현병이 있는 쌍둥이   (b) 조현병이 없는 쌍둥이

FROM KUNUGI ET AL. (2003)

그러나 조현병이 비정상적인 뇌를 가졌다고 말하기는 어렵다. 첫째, 오직 소수의 조현병 사례에서만 확장된 뇌실이 발견된다. 둘째, 조현병이 없는 사람도 확장된 뇌실을 가진 경우가 있다. 마지막으로 이런 비정상적인 뇌는 조현병에게 자주 처방되는 항정신성 약물을 오랫동안 복용했기 때문일 수도 있다(Breggin, 1990; Gur et al., 1998).

> 조현병 환자들의 뇌는 다른 장애를 가진 환자들의 뇌와 어떻게 다른가?

최근의 신경영상 연구들은 조현병에서 발견되는 여러 가지 종류의 비정상적인 뇌를 보여 준다. 폴 톰프슨과 동료들(Paul Thompson et al., 2001)은 조현병이 발병한 청소년들을 대상으로 MRI를 찍어 뇌 변화를 추적 조사하였다. 이 연구자들은 MRI 사진을 정상적인 뇌 사진과 몰핑(이미지 변화에 사용되는 컴퓨터 애니메이션 기법–역자 주)하는 방법으로, 두정엽에서 시작해서 뇌의 대부분의 영역에서 진행성 조직 손상을 발견하였다(그림 15.6). 일반인들도 세월이 지남에 따라 뇌의 가지치기(pruning)로 인해 회백질 손실이 생기지만, 조현병의 경우 그 손실 정도가 병리적으로 보일 만큼 확실하다. 다른 연구에서 밝혀진 뇌의 변화는 뇌의 생리학적 변화와 조현병의 진행과의 명백한 관련성을 시사한다(Shenton et al., 2001).

심리적인 요소

이런 모든 생물학적 요소와 함께 조현병을 일으키는 몇 가지 심리 혹은 사회적인 요소를 고려해 볼 수 있다. 많은 연구들은 가정 환경 요소가 조현병의 발병과 회복에 영향을 미침을 보여 준다. 건강한 가족과 극심하게 와해된 가족(심각한 갈등, 의사소통의 부족, 혹은 관계가 복잡

▼ 그림 15.6 **청소년 조현병 환자의 뇌 조직 손상** MRI 사진들은 조현병으로 진단된 청소년들에게서 뇌 조직의 손상이 있음을 보여 준다. 정상적인 뇌(첫 번째 열)는 '가지치기'로 인한 조직 손상이 별로 없다. 두 번째 열은 일부 영역에서 손상을 보여 준다. 이 상태에 있는 환자는 환각이나 기괴한 사고 등의 증상을 경험한다. 5년 후의 사진(마지막 열)은 대뇌피질 전반에 걸쳐 상당한 조직 손상을 보여 준다. 이 시기의 환자는 망상이나 와해된 언어와 행동, 그리고 사회적 철수와 같은 부적 증상을 보인다(Thompson et al., 2001).

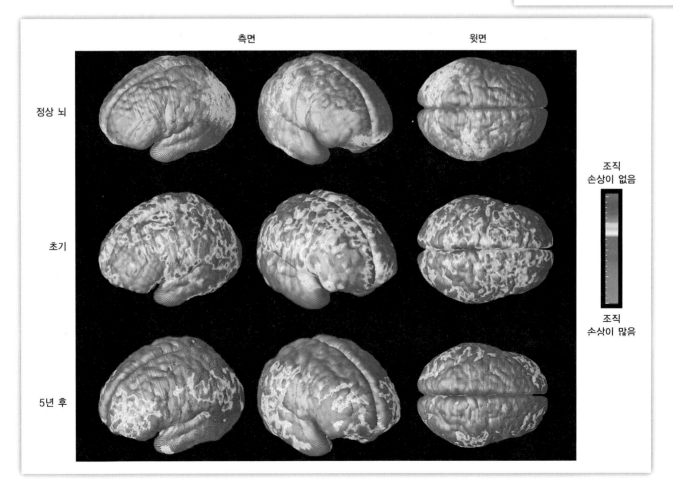

한 가족)에 입양된 아동들의 조현병 발병률을 비교한 대규모 연구가 있다(Tienari et al., 2004). 생모가 조현병을 가진 아동들에게 와해된 가족 환경은 조현병의 발병 가능성을 증가시킨다. 생모가 조현병이 없었던 경우 와해된 가족의 효과는 그리 크지 않다. 이 결과는 이전에 기술했던 스트레스-병적 소질 모형을 지지한다.

> ### 요약
>
> ▶ 조현병은 환각, 비조직적인 사고와 행동, 감정적 · 사회적 철수를 수반하는 심각한 질병이다.
>
> ▶ 인구의 약 1%가 조현병을 겪지만, 정신과 입원환자의 상당 부분을 차지한다.
>
> ▶ 도파민 억제 약물이 조현병의 증상을 줄인다는 보고가 있었는데, 이는 이 질병이 과도한 도파민 활동과 관련 있음을 시사한다. 그러나 최신 연구들은 조현병이 다양한 신경전달물질 사이의 복잡한 상호작용에 의해 발병함을 시사한다.
>
> ▶ 조현병을 발병할 위험 요인으로 유전 요인, 생리화학적 요인(아마도 여러 신경전달 물질 간의 상호작용), 비정상적인 뇌, 그리고 스트레스가 많은 가정 환경을 들 수 있다.

아동 청소년기 장애

이제까지 기술한 모든 장애는 아동기, 청소년기 혹은 성인기에 발병한다. 어떤 장애는 생의 초반기에 발병하는데(많은 청소년들이 불안장애나 우울증을 경험하기 시작), 실제 모든 장애의 1/2이 14세 이전에, 그리고 약 1/3이 24세 이전에 발병한다(Kessler, Berglund, et al., 2005). 24세가 넘으면 거의 그 시기를 지났다고 보면 된다. 그러나 양극성장애나 조현병과 같은 장애는 초기 성인기까지 발병하지 않기도 한다. 어떤 장애는 정의상 항상 아동기나 청소년기에 발병하며, 만일 그 시기 동안 발병하지 않으면 영원히 발병하지 않는다. 자폐 범주장애, 주의력 결핍 과잉활동장애, 품행장애, 지적장애(정신지체로 불리움), 학습장애, 의사소통 장애, 운동기술 장애 등이 있다. 처음 3개가 가장 일반적인 장애로 많이 알려져 있으므로 이 장애에 대해 간단히 살펴보기로 하겠다.

자폐 범주성 장애

마르코는 4세로 외동아들이다. 엄마가 하루 종일 같이 있으면서 놀고 말하려고 했지만 아직까지 한 단어로 말하지 못하며 관심 있는 것이 매우 적다. 혼자서 자동차 기차를 가지고 노는데, 그 놀이가 세상에서 가장 즐거운 일로 보인다. 돌아가는 기차 바퀴를 보면서 몇 시간이고 앉아 있거나 기차를 앞뒤로 밀거나 하면서 노는데, 완전 자기 세계에 빠져 다른 사람에게는 관심이 없다. 마르코의 부모는 마르코가 말을 잘 하지 못하고, 다른 사람들에게 관심이 없으며, 특별한 이유 없이 팔을 반복적으로 흔드는 등 특정한 매너리즘 때문에 걱정을 하게 되었다.

자폐 범주성 장애(autism spectrum disorder, ASD)는 어린 시기에 나타나며 지속적인 의사소통 결함과 제한되고 반복적인 행동 패턴 및 관심과 활동을 보이는 상태를 말한다. *DSM-5*에서는 *DSM-IV*에서 여러 장애로 구분(자폐장애, 아스퍼거, 아동기 붕괴성 장애, 전반적 발달장애 NOS)되었던 것을 통합하였다.

진단체계의 변화 등을 고려할 때 ASD의 실제 유병률을 알기는 어렵다. 1960년대에는 자폐증이 1만 명당 4명이 발병하는 희귀병으로 간주되었으나, 시간 경과에 따라 점점 더 증가하여 현재에는 1만 명당 약 10~20명으로 추정한다. *DSM-5*의 ASD 범주 안에 속하는 모든 경우를 포함하면 1만 명당 약 60명으로 추정한다(Newschaffer et al., 2007). 이 증가 추세가 ASD에 대한 인지도나 인식의 증가, 스크리닝과 진단도구의 발달이 이유인지 혹은 다른 요인 때문인지는 알 수 없지만, 남아가 여아에 비해 4:1의 비율로 높게 발생하고 있다.

자폐증의 초기 이론들은 자폐증을 '아동기 조현병'으로 보았으나, 현재는 자폐증은 어린 시기에는 거의 진단되지 않으며 청소년기나 초기 성인기에 발병하는 조현병과는 다른 장애로 본다(Kessler & Wang, 2008). 어떤 ASD 아동들은 경증의 증상을 보이지만, 다른 아동들은 좀 더 심각한 증상을 보이는 몇 개의 군으로 구별되는 다양한 특성을 가진 장애로 파악한다(ASD의 유전성은 약 90% 정도로 예측한다)(Geschwind, 2009). 흥미롭게도, ASD를 가진 사람들은 고유한 장점을 보이기도 하는데, 예를 들어, 일부는 세세한 부분을 지각하거나 기억하는 데 놀라운 능력을 보이고, 일부는 수학이나 음악 같은 상징체계를 매우 잘 습득한다(Happé & Vital, 2009).

> **? ASD와 공감 능력의 관계는?**

최근 모델에선 ASD가 다른 사람에 대한 공감 능력에 결함이 있으나, 사물의 구조와 기능을 조직하는 법칙에 대한 이해를 보여 주는 체계화에는 탁월한 능력이 있다고 본다(Baron-Cohen & Belmonte, 2005). 이 모델과 더불어, 뇌 영상 연구들은 자폐증을 가진 사람들이 다른 사람들의 마음을 이해하는 뇌 부위의 활동이 감소되어 있고, 기초 사물 지각과 연관된 뇌 부위는 활동이 더 활발함을 보여 준다(Sigman, Spence, & Wang, 2006).

WIREIMAGE/GETTY IMAGES

비록 많은 ASD가 일생동안 장애를 보이고, 이로 인해 관계를 유지하거나 직업을 가지고 기능하는 데 어렵기는 하지만, 많은 이들은 성공적인 커리어를 쌓기도 한다. 유명한 행동과학자이자 작가인 템플 그랜딘(Temple Grandin, 2006)은 자신의 자폐증에 대한 경험을 책으로 출판하였다. 그녀는 3세 때 자폐증 진단을 받았으며, 말을 늦게 시작했고, 특이한 버릇과 촌스런 행동으로 놀림을 많이 받았다. 다행스럽게도, 그녀는 적응하는 방법을 발달시켰고 자신이 가진 독창적 능력인 동물의 행동을 이해하는 능력을 발견할 수 있었다(Sacks, 1996). 그녀는 콜로라도주립대의 동물과학과 교수이며, *Animals in Translation*란 책을 쓴 유명한 작가이며 목장, 농장 혹은 동물원에서 주로 사용하는 동물 관리 제품의 세계적인 디자이너이다. 템플 그랜딘의 이야기는 행복한 결말도 있음을 보여 준다. 종합하면, ASD로 진단된 사람들은 경로(trajectories)가 매우 다양한데, 어떤 이는 정상 혹은 그 이상의 기능을 하지만, 다른 이는 심각한 장애로 어려움을 겪는다. 자폐증은 아동기 장애이나, 성인기에는 다양한 모습으로 나타날 수 있다('최신 과학 : 자폐증의 바람직한 결과' 참조).

주의력 결핍 과잉활동장애
정상적인 집중의 어려움과는 차원이 다른 주의력과 과잉활동, 혹은 충동성에 심각한 문제가 있어 기능하는 데 큰 어려움을 겪는 경우

콜로라도주립대 동물과학과의 교수인 템플 그랜딘은 자폐증을 가진 사람도 성공적인 전문직업을 가질 수 있음을 보여 주는 증거이다

주의력 결핍 과잉활동장애

수업시간이나 교재를 읽는 것이 어려운 때가 있었을 것이다. 때때로 우리는 집중에 어려움을 느낀다. **주의력 결핍 과잉활동장애**(attention deficit/hyperactivity disorder, ADHD)는 정상적인 집중의 어려움과는 차원이 다른 주의력과 과잉활동, 혹은 충동성에 심각한 문제가 있어 기능하는 데 큰 어려움을 겪는 경우를 말한다. 이는 가끔씩 경험하는 공상이나 과한 활동과는 다르다. ADHD의 진단기준을 충족하기 위해선 부주의에 대한 다양한 증상(예 : 지속적인 주의, 조직, 기억 그리

자폐증의 바람직한 결과

자폐증이라는 용어를 들으면 어떤 것이 떠오르는가? 어떤 종류의 사람이 떠오르는가? 어른이라면 어떤 것을 좋아할 것이라고 생각하는가? 직업을 얻을 수 있을까? 스스로 자신을 돌볼 수 있을까? 자폐증은 일생 대인관계, 교육, 직업적 기능에 심각한 어려움을 경험하는 장애로 간주된다. 다수의 최근 연구들은 이런 관점을 변화시키는 데 일조하고 있다

데버러 페인과 동료들(Deborah Fain et al., 2013)은 최근 어려서 자폐증으로 진단받았으나 더 이상 진단기준을 충족하지 않는 성인들에 대해서 기술하였다. 어떻게 이것이 가능한가? 오랫동안 연구자들은 자폐증으로 진단받은 아동 중의 일부가 나중에 더 이상 자폐증 기준을 충족하지 않게 되는 경우를 인식해 왔다. 최근의 한 고찰연구는 자폐증 아동 중 3~25%가 나이가 들면서 진단기준을 충족하지 않게 된다고 보고한다(Helt et al., 2008). 몇 가지 설명이 가능하다. 가장 분명한 경우는 자폐증으로 진단받은 일부 아동이 잘못 진단되었고 이 장애를 겪고 있지 않을 가능성이다. 아마도 그들은 다른 아이들에 비해 부끄럼을 많이 탔거나 조용하고 언어 발달이 늦었을 수 있으며, 이 때문에 잘못 진단을 받았을 수 있다. 또 다른 가능성은 이 아동

▲ 자폐증은 이전에는 평생 동안 지속되는 장애로 간주되었다. 최근 연구들은 ASD로 진단받은 많은 아동들이 조기교육으로 정상 수준의 기능을 할 수 있게 됨을 보여 준다.

들의 증상이 경증이라 진단을 받은 후 치료가 되었을 수 있다. 이 가능성에 대한 근거가 있는데, ASD를 극복하는 예측인자로 높은 지능, 좋은 언어능력, 그리고 조기 진단과 치료를 들 수 있다(Helt et al., 2008).

ASD를 효과적으로 치료할 가능성은 1987년 이바 로바스(Ivar Lovaas)의 연구에 의해 처음으로 제기되었다. 로바스는 19명의 자폐증 아동을 주당 40시간의 치료를 받는 집중적인 행동치료집단에 배정하였다. 놀랍게도, 이 치료집단에 대한 추후 조사에서 집중적인 행동치료집단에 속한 아동의 47%가 정상 수준의 지적·교육적 기능─정상적인 초등학교

1학년 과정 이수─을 하게 된 것으로 나타났다. 통제집단에 속한 아동의 경우 이 조건을 충족한 아동은 겨우 2%에 불과했다.

이 연구를 확장하여 제럴딘 도슨과 동료들(Geraldine Dawson et al., 2010)은 ASD의 치료효과를 증진시키기 위해 고안된 집중적인 행동 치료(20시간씩 2시간)인 조기 덴버 모델(Early Start Denver Model, ESDM)이라 부르는 프로그램을 조사하였다. 도슨과 동료들은 ESDM을 받은 ASD 영유아들은 일반적인 치료를 받은 아동에 비해 지능(17점 상승), 언어, 적응 및 사회 기능과 ASD 증상에 유의한 향상을 보임을 발견하였다. 흥미롭게도, ESDM 집단 아동들은 통제집단 아동과는 달리 치료 후에 향상된 사회행동과 관련된 정상적인 뇌 활동을 보였다(예 : 얼굴을 보고 있을 때 뇌 활동의 활성화(Dawson et al., 2012).

여기서 기술된 집중적인 행동치료가 얼마나 효과적인가? 페인과 동료들(Fein et al., 2013)의 자료는 ASD로 진단된 사람들의 일부가 이 장애의 주요 장애 영역이라 여겨지는 지능, 언어, 의사소통 사회화에 있어서 정상 발달인과 차이가 나지 않는 바람직한 결과를 보고하였다. 현재 이 분야는 가장 관심을 끄는 연구 분야이며 ASD로 진단받은 사람에게 함의가 크다.

고 지시 따르기의 문제), 과활동-충동성(예 : 자리에 잘 앉아 있거나 차례 기다리기의 어려움, 타인을 방해), 혹은 이 둘 모두를 가지고 있어야 한다. 대다수의 아동들은 때로 이런 문제를 보이기는 하지만, ADHD의 진단기준을 충족하기 위해선, 적어도 2개 세팅(예 : 학교나 집)에서 적

> **?** ADHD 진단기준은 무엇인가?

어도 6개월 이상 이런 행동 중 많은 행동을 기능에 장애가 있을 정도로 보여야 한다.

약 10%의 남아와 4%의 여아가 ADHD로 진단받는다(Polanczyk et al., 2007). *DSM-5*에서는 진단을 받기 위해선 ADHD 증상이 12세 이전에 있어야 한다고 명시한다. ADHD로 진단받은 아동 청소년들은 짐작할 수 있듯이 학교에서 매우 적응이 어렵다. 최근 500명의 ADHD 아동을 조사한 연구에선 이 아동들이 평균 C 혹은 그 이하의 점수를 받으며, 약 1/3이 특수교실에 있다고 보고한다(Biederman et al., 2006). 오랫동안 ADHD는 아동과 청소년에게만 있으며 성인이 되면 없어진다고 보았다. 그러나 최근에는 이 장애가 성인기까지 지속된다고 본다. 동일한 진단기준이 아동과 성인에 사용된다(예 : ADHD 아동들은 교실에서 주의와 집중에 어려움을 겪지만, 성인들은 미팅에서 비슷한 어려움을 경험할 수 있다). 약 4%의 성인이 ADHD 진단을 받으며, 이 성인들은 남자, 이혼 상태, 무직자이며, 치료를 받은 경험이 없을 가능성이 크다, (Kessler, Adler, et al., 2006). 불행하게도, 많은 사람들이 이 장애를 아동기 장애로 보며, 어

른도 이 장애로 고통받을 수 있음을 깨닫지 못한다. 바로 이것이 많은 ADHD 성인이 치료를 받지 않고 직업 수행이나 관계에 어려움을 겪는 이유이기도 하다.

다른 장애와 같이 ADHD 역시 다양한 증상의 유무에 따라 진단이 내려지므로, 단일 원인이나 기능 때문에 발생한다고 보기 어렵다. ADHD의 원인은 잘 알려지지 않았으나, 몇 가지 가설은 있다. 유전 연구들은 강력한 생물학적 영향을 시사하며 ADHD의 유전 가능성을 76%로 추정한다(Farone et al., 2005). 뇌 영상연구들은 ADHD로 진단받은 사람들의 뇌 용량이 작고(Castellanos et al., 2002) 주의와 행동 억제와 연관된 전두피질하 연결망(frontosubcortical network)에서 구조적 및 기능적 결함이 있음을 시사한다(Makris et al., 2009). 다행스러운 점은 ADHD의 약물치료가 효과적이며, 심리적 및 학업적 문제를 가질 가능성을 줄일 수 있다는 보고이다(Biederman et al., 2009).

품행장애

마이클은 8세 소년인데 행동이 점점 통제할 수 없게 되고 부모와 교사가 이를 다룰 수 없게 되어 엄마에 의해 의뢰되었다. 마이클의 두 형과 여동생은 집과 학교에서 잘 지내지만 마이클은 항상 문제를 일으킨다. 집에서는 형제자매들에게 소리를 지르고, 가족에게 컵과 접시를 던지고 부모를 가격하거나 발로 찬 적이 여러 번 있다. 집 밖에서 마이클은 가게에서 물건을 훔치고, 교사에게 대들고 학교에서 교장에게 침을 뱉는 등의 문제 행동을 보인다. 최근에 마이클의 부모는 마이클이 침대보에 불을 지르려 하는 것을 목격하기도 했다. 부모들은 장난감을 뺏거나, 권리를 축소하거나 스티커 차트를 이용해 마이클을 통제하려 고 시도했으나, 어떤 것도 마이클의 행동을 변화시키지는 못하였다.

HENRY KING/GETTY IMAGES

심리학자들은 품행장애에 수반되는 따돌림과 같은 해가 되는 행동을 줄일 수 있을 것이라는 희망을 가지고 품행장애의 원인을 규명하려 시도한다.

품행장애(conduct disorder)는 아동이나 청소년이 타인과 동물에 대한 공격, 기물을 파손하고, 거짓말이나 도둑질 혹은 심각한 규정을 어기는 등, 정상에서 벗어난 행동패턴을 보이는 경우를 말한다. 미국인의 약 9%가 품행장애를 겪은 경험을 보고한다(남아는 12%, 여아는 7% Nock et al., 2006). 이 숫자는 좀 높아 보이기는 하지만, 40%의 품행장애가 다음 세 가지 영역 중 1개의 영역에 속하는 증상을 보인다. 규정 위반, 도둑질/거짓말, 타인에 대한 공격. 나머지 60%는 여러 영역에서 15개 중 평균 6~8개의 증상을 보이는데, 이 경우, 후에 다른 정신장애를 보일 가능성이 크다(Nock et al., 2006).

? 품행장애의 원인을 파악하기 어려운 이유는 무엇인가?

품행장애의 진단기준을 충족하려면 15개의 증상 중 적어도 3개 이상을 보여야 한다. 이는 약 32,000개의 증상 조합이 가능하다는 것이고, 이는 곧 품행장애가 상당히 다양한 증상을 가진 집단임을 시사한다. 이 다양성은 품행장애의 원인 파악을 어렵게 한다. 한 가지 분명한 것은 다양한 유전적·환경적 요인이 상호작용하여 이 질병이 발병한다는 것이다. 실제로, 품행장애의 위험 요인으로는 임신 기간 중 산모의 흡연, 아동기 학대나 가족 폭력 경험, 비행집단

성격장애
문화적인 기대 수준에서 벗어난 사고, 감정, 타인과의 관계 형성, 충동 통제 등을 보이며, 기능장애나 디스트레스를 초래한다.

에의 소속 여부, 그리고 실행 기능에서의 손상(예 : 의사결정, 충동성)을 들 수 있다(Boden et al., 2010; Burke et al., 2002). 최근 연구자들은 품행장애 행동을 일으키는 환경적 요소(예 : 비행집단에의 소속 여부)와 상호작용하는 뇌 구조와 기능(예 : 계획과 의사결정 능력과 관련된 뇌 영역의 감소된 활동)의 특징을 밝히기 위해 각 유전 요소의 환경적인 스트레스 인자와 상호작용의 경로를 밝히기 위해 노력하고 있다. 놀랍지 않게, 품행장애는 ADHD, 약물남용, 반사회적 성격장애 등 충동성과 의사결정의 문제로 특징되는 다른 장애와 공병하는 경우가 많다. 이에 대해선 다음 절에서 다룰 것이다.

요약

▶ 어떤 정신장애는 항상 아동이나 청소년기에 발생하며, 일부(ASD, ADHD)는 성인기까지 지속된다.

▶ ASD는 초기 아동기에 발생하며, 지속적인 의사소통의 결함, 제한되고 반복적인 행동, 관심, 활동이라는 특징을 가진 지닌 장애이다.

▶ ADHD 12세 이전에 시작되며 기능에 심각한 장해를 일으키는 부주의, 과활동, 충동성의 영역에서 심각하고 지속적인 문제행동 패턴을 보인다.

▶ 품행장애는 아동이나 청소년기에 시작되며 사람이나 동물에 대한 공격, 기물 파손, 사기나 도둑질 혹은 심각한 규정 위반 등, 비정상적인 행동을 지속적으로 보이는 경우를 말한다.

성격장애 : 극단으로

성격이 유별났던 고등학교 동창생에 대해서 1분간 생각해 보라. 이상했던 친구를 생각해 보라. 예를 들어, 이해가 안 가는 말을 하고, 이상한 옷을 입고, 대화에 무반응이었던, 혹은 점성술이나 독심술을 믿었던 친구가 있었는가? 혹은 모든 것이 아주 큰일인 양 극적이고 과장된 감정을 보이는 드라마퀸(모든 사건에 아주 과장된 정서로 반응하는 사람을 일컫는 말 – 역자 주)은 (? 사물함을 완벽하게 정리하고, 머리를 아주 깔끔하게 정리하며, 스웨터에는 보풀이 전혀 없는 등, 너무 깨끗한 데 신경을 쓰거나 통제에 강박적인 완벽주의자는? 이런 사람들을 기술하는 한 방법으로 그 사람들이 어떤 성격 — 우리가 12장에서 살펴본 어떤 특질의 유형 — 을 가졌다고 말한다. 그러나 때로 어떤 성격 특성은 너무 경직되고 제한되어 정신장애와 혼돈된다. **성격장애**(personality disorders)는 문화적인 기대 수준에서 벗어난 사고, 감정, 타인과의 관계 형성, 충동 통제 등을 보이며, 기능장애나 디스트레스를 초래한다. 성격장애는 청소년기나 초기 성인기에 시작되며 오랫동안 지속된다. 성격장애 유형을 살핀 후 때론 감옥에 수감되기도 하는 반사회적 성격장애를 더 자세히 알아볼 것이다.

성격장애의 유형

DSM-5에는 열 가지 성격장애가 있다(표 15.3). 이 장애들은 세 가지 유형으로 나뉜다. (1) 이상한/독특한, (2) 연극적/별난, 그리고 (3) 불안한/억제된. 예를 들어, 이상했던 고교 동창생은 분열성 성격장애(이상한/독특한)를 가졌을 수 있고, 드라마퀸은 히스테리성 성격장애(연극적/별난)를 가졌을 수 있으며, 깔끔이는 강박성 성격장애(불안한/억제된)를 가졌을 수 있다. 실제로 이 목록을 훑어보면 고등학교 때 기억을 되살려 준다. 그러나 너무 빨리 결론을 짓지는 말자. 대부분의 친구들은 건강하고, 진단 기준을 충족시킬 정도로 심하지는 않다. 고등학교는 모든 사람들에게 어려운 시기로 아동과 청소년기에 성격장애가 진단되지 않는 이유이기도 하다. DSM-

건축 관련 잡지를 보면서 누가 그런 완전한 집에 사는지 궁금해 본 적이 있는지? 강박 성격장애를 가진 사람들이 그럴지도 모른다. 과도한 완벽주의로 특징되는 이 성격장애를 반복적인 원하지 않는 사고와 행동으로 고생하는 사람들이 있는 불안장애인 강박장애와 혼돈하면 안 된다.

표 15.3

성격장애의 유형

유형	성격장애	특징
A. 이상한/독특한	분열형	말하고 옷 입는 방법이 독특하고 괴상함. 이상한 신념. 초능력이나 텔레파시 같은 '마술적 사고.' 대인관계 형성의 어려움. 대화 시 상대에게 응답하기보다는 혼잣말을 하는 등, 비정상적으로 반응. 말하는 내용이 복잡하고 따라가기 어려움(경증 조현병일 수 있음).
	편집성	타인을 믿지 못하고, 타인이 악의적인 마음을 가지고 있다고 의심. 친구를 의심하거나 친구가 자신에게 적대감을 가졌다고 생각하기 쉬움. 화나 성질을 내기 쉽지만, 정서적으로는 무덤덤한 편. 질투가 많고 방어적이며, 비밀이 많고 지나치게 심각함.
	분열성	극단적인 내향성과 관계로부터의 철회. 혼자 있기를 원하며 타인에게 관심이 적음. 유머가 없고 대인관계가 없으며, 때로 자신의 생각과 감정에 몰두, 공상가. 가까워지는 것을 두려워하며 사회기술이 매우 부족, '외톨이'로 보임.
B. 연극적/별난	반사회적	도덕성이나 시민의식이 낮음. 속임과 범죄, 법을 어긴 경험이 있음. 충동적이고 공격적, 폭력적인 행동. 공감이 부족하고 타인을 해치고 죄책감이 적음. 남을 속이고, 부주의하며, 무감각함. 약물 남용과 알코올 중독의 위험성이 큼.
	경계성	불안정한 기분, 격정적이고 극단적인 대인관계. 기분 변화가 잦고 분노 및 예측 불가능한 충동성을 보임. 타인의 관심을 얻거나 마음내로 소셜하기 위해 사해와 사실 위냅 및 제스처. 사기성이 불안정이고 타인을 '인간이 좋거나' '인간이 나쁜' 사람으로 보는 경향.
	히스테리성	항상 타인의 관심을 추구. 관심을 얻기 위해 과장된 언어, 자극적인 의상, 꾀병을 부림. 모든 사람들이 자신을 사랑한다는 믿음. 기분파, 활기차지만 지나치게 드라마틱하고, 열정적이고, 경박함. 깊이가 없고 변하기 쉬운 감정. '무대에 있는 듯한 느낌.'
	자기애성	과도한 자기존중성, 자신과 성공에 대한 환상에 빠져 있음. 자신의 성취를 과장하고, 다른 사람들이 자신을 위대하게 여길 것이라 생각. 첫인상은 좋으나 장기적인 관계는 맺기 어려움. 다른 사람을 나쁘게 이용.
C. 불안한/억제된	회피성	사람들이 자신을 좋아한다는 확신이 없으면 사회적으로 불안하며 불편해함. 분열성 성격장애자와는 달리 사회 접촉을 갈구. 비판받는 것을 두려워하고 다른 사람 앞에서 망신당할 것을 걱정. 거부당할까 두려워 사회적 상황을 피함.
	의존성	복종적, 의존적, 과도하게 승인·확인·감독받으려 함. 다른 사람들에게 매달리고 그들을 잃을까 두려워함. 자신감 부족. 혼자 있으면 불편해함. 가까운 관계가 끝나면 절망적이 되거나, 헤어지면 자살을 생각할 수 있음.
	강박성	꼼꼼하고 질서를 중시하는 완벽주의자. 모든 것을 '제대로' 하려는 과도한 욕구. 융통성 없는 높은 기준과 신중함이 생산성을 방해하기도 함. 실수에 대한 두려움이 크고 통제하려 함. 감정에 대한 표현이 미숙(강박장애와는 다름).

출처 : DSM-5(American Psychiatric Association, 2013).

5에도 초기 성격 문제가 성인까지 지속되지 않을 수 있다고 적혀 있다. 그러나 이런 성격장애는 개개인의 독특한 성격이 문제가 될 수도 있음을 보여 준다.

성격장애는 여러 가지 이유로 가장 많은 논쟁을 불러일으켰다. 첫째, 성격의 문제가 장애인지에 대한 의문이다. 약 15%의 미국인이 DSM-5 성격장애 기준을 충족한다는 사실은 많은 사람들에게 문제가 있으며 진단이 필요함을 시사한다. 그러나 성격 문제가 뚜렷하게 구별되는 '장애'인지 혹은 12장에서 기술된 Big Five 특질(Trull & Durrett, 2005)과 같은 기질 범주의 극단으로 봐야 하는지는 의문으로 남아 있다. DSM-IV에서 성격장애는 앞에서 기술된 다른 장애와는 다른 장애 유형으로 간주되었나(득히, 주요 장애는 I축 장애로, 성격장애는 II축 장애로 분류했었다). 그러나 DSM-5에서는 성격장애를 다른 정신장애와 동등하게 취급한다. 가장 잘 연구된 성격장애는 반사회적 성격장애이다.

반사회적 성격장애

앙리 데지르 랑드뤼(Henri Desiré Landru)는 1914년 '결혼에 관심 있는' 여성을 현혹하기 위해서 컬럼을 쓰기 시작했고, 10명을 유혹하였다. 그는 여자들을 속여 현금을 갈취하였으며, 그녀들과 자녀, 그리고 개를 독극물로 살해한 뒤 오븐에서 시체를 불태웠다. 그는 결혼한 상태였으며 다른 애인도 있었다. 그는 노트에 살인 과정을 모두 기록하였다. 랑드뤼와 같은 연쇄살인범의 잔혹한 행동은 무섭기도 하지만 한편 불가사의하기도 하다. 불량배나 사기꾼, 그리고 학

앙리 데지르 랑드뤼 신문의 "외로운 마음"이라는 칼럼을 써서 미망인들을 만난 연쇄살인마였다. 미망인들로부터 돈을 뜯어낼 수 있는 정보를 충분히 확보한 후, 그는 10명의 여성과 한 여성의 아들을 살해하였다. 그는 1922년 연쇄살인으로 처형당했다.

교 주변에서 속도를 줄이지 않고 달리는 운전자들은 모두 인간의 고통에 대해 놀랄 만큼 무지하다는 공통점이 있다. *DSM-5*에서는 **반사회적 성격장애**(antisocial personality disorder, APD) 분류를 포함하고 있으며, 아동기나 초기 청소년기에 시작되어 성인에 이르기까지 다른 사람의 권리를 무시하거나 침범하는 패턴을 지칭한다.

반사회적 성격장애 진단을 받은 성인은 일반적으로 열다섯 살 이전에 품행장애의 역사가 있다. 성인기에 일곱 가지 진단기준 중 3개 이상을 보이는 사람들에게 반사회적 성격장애의 진단이 내려진다. 즉, 불법행위, 속임수, 충동성, 신체적 공격, 부주의, 무책임, 죄책감 부족이다. 인구의 약 3.6%가 반사회적 성격장애를 가지며, 발생 비율이 여성보다 남성에게서 세 배가량 높다(Grant et al., 2004).

반사회적 인물 혹은 사이코패스는 반사회적 성격장애 중 특히 냉혈하고 다른 사람을 조정하며 무례하나 말이 번지르르하고 매력적인 사람을 일컫는다(Cleckley, 1976; Hare, 1998). 비록 심리학자들이 이런 행동의 발단을 어린 아동기 경험 혹은 나쁜 환경의 산물로 설명하려 하지만, 반사회적 성격장애를 연구하는 사람들은 덜 동정적이며 이 장애를 가진 사람들이 매우 위험하다고 경고한다. 반사회적 성격장애를 가진 많은 사람들은 범죄를 저지르고, 범죄의 극악함이나 빈도 때문에 잡힌다. 한 연구에 포함된 22,790명 중에서 47%의 남성과 21%의 여성이 반사회적 성격장애로 진단받았다(Fazel & Danesh, 2002). 이 같은 통계는 '범죄 성격'이라는 개념을 지지해 준다.

품행문제가 어릴 때 시작되고 효과적인 치료가 어렵다는 사실은 범죄적 특성이 내적 원인에 기인함을 시사한다(Lykken, 1995). 반사회적 성격장애를 가진 사람들의 뇌에 이상이 있다는 증거가 축적되고 있다(Blair, Peschardt, & Mitchell, 2005). 한 연구에선 사이코패스와 정신병리가 없는 사람들의 불안에 대한 민감도를 조사하였다. 예를 들면, '증오', '시체'와 같은 부정적인 정서

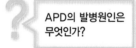

APD의 발병원인은 무엇인가?

단어를 본 범죄형 사이코패스들은 범죄를 저지르지 않은 사람들보다 편도체와 해마가 덜 활동적이었다(Kiehl et al., 2001). 이 2개의 뇌 영역은 공포 조건화 과정과 관련되어 있으며(Patrick, Cuthbert, & Lang, 1994), 따라서 앞선 연구에서 나타난 비활동성은 사이코패스가 다른 사람들보다 공포에 덜 민감함을 보여 준다. 폭력적인 사이코패스는 자신뿐 아니라 타인을 공격하며, 때론 부주의한 방식으로 행동하여 폭력적인 결과를 초래하기도 한다. '공포 없이' 인생을 지내면 평화로울 듯하지만 공포는 사람들의 극단적 반사회적 행동을 방지해 준다.

요약

▶ 성격장애는 디스트레스나 기능에 장애를 일으키는 지속적인 형태의 사고, 감정, 타인과의 관계 혹은 충동 통제를 보인다.

▶ 성격장애에는 세 가지 분류, 즉 '이상한/독특한', '연극적인/별난', 그리고 '불안한/억제된'이 있다.

▶ 반사회적 성격장애는 도덕성이나 도덕적 행동의 부재로 특징지어진다. 반사회적 성격장애를 가진 사람들은 남을 조정하려 하고, 위험하며, 부주의하고, 남이나 자신에게 해를 입힌다.

반사회적 성격장애
아동기나 초기 청소년기에 시작되어 성인에 이르기까지 다른 사람의 권리를 무시하거나 침범하는 패턴

자기-위해 행동 : 마음이 스스로를 해할 때

우리는 모두 살아남으려는 내적 동기를 가지고 있다. 배가 고프면 밥을 먹고, 빨리 달리는 차는 피하며, 나와 가족을 위한 생활수단을 확보하기 위해 학교에 간다(1장에 소개된 진화심리학에 대한 논의를 보라). 비정상적인 행동의 가장 극단적인 예 중 하나는 사람들이 삶에 대한 동기와 반대로 행동하며 자의적으로 자기-위해 행동을 하는 경우이다. 의도적으로 자기를 위해하는 사람들에 대한 기록은 역사가 기록된 초반기에도 발견된다. 그러나 사람들이 왜 스스로를 해하는지 이해를 하게 된 것은 몇 십년밖에 되지 않았다. *DSM-5* III 절(추가 연구가 진행될 필요가 있는 정신장애)에서는 두 가지 자기-위해 행동, 즉 자살행동과 비자살 자기-위해 행동을 포함한다.

자살행동

35세 회계사인 팀은 겉으로 보기엔 행복하고 성공적인 삶을 살아 왔다 그는 고등학교 때부터 사귄 친구와 결혼하였고, 두 명의 자녀를 두고 있다. 그러나 과거 몇 년 동안 업무가 많아졌고, 극심한 직업 관련 스트레스를 경험하기 시작하였다. 동시에 경제적으로 어려워지기 시작했고, 점점 더 음주량이 증가하였는데, 이 모든 것들이 가족에게 심각한 고통을 주었고 일까지 영향을 주기 시작했다. 팀의 동료들은 팀이 최근 화가 난 상태에서 동료에게 소리를 지르는 일도 발생했다고 보고했다. 얼마 전 저녁에는 팀과 아내가 가족의 경제 상태와 팀의 과도한 음주에 대해 심한 말다툼을 하였고, 팀이 욕실로 들어가 처방받은 약 한 통을 모두 복용하는 자살시도를 하였다. 팀은 병원으로 실려가 자살행동에 대한 치료를 받았다.

의도적으로 자기가 자초한 죽음을 의미하는 **자살**(suicide)은 미국에서 10번째 죽음의 원인이자, 15~24세 사이 2번째 죽음의 원인이다. 미국에서 매년 HIV-AIDS로 생을 마감하는 사람의 약 5배에 해당하며, 타살보다 2배가 높다(Hoyert & Xu, 2012). 인구통계학적 요인에 따라 자살률에 큰 차이가 있다. 미국은 물론 전 세계적으로 약 80%의 자살은 남성에게 발생하며, 미국에서는 다른 인종집단에 비해 백인의 자살률이 높은데, 전체 자살의 90%를 차지한다(Centers for Disease Control and Prevention, 2013). 불행히도 왜 이런 사회인구학적 차이가 있는지에 대해선 아직 잘 알지 못한다.

죽으려는 의도로 잠재적으로 위해한 행동을 하는 치명적이지 않은 **자살 시도**(suicide attempt)는 자살보다 더 빈번하다. 미국에서 약 15%의 성인은 살면서 자살에 대해 생각해 본 적이 있다고 보고하였고, 5%는 계획을 세운 적이 있으며, 5%는 실제로 시도한 적이 있다고 한다. 자살 관련 행동 비율은 다른 나라보다 미국에서 더 높은데, 다른 나라에서는 9%(자살 고려), 3%(자살 계획), 그리고 3%(자살 시도)를 보고한다(Nock et al., 2008), 이 숫자가 보여 주듯 자살에 대해 생각하는 사람의 약 1/3 정도가 실제 죽으려는 시도를 한다. 비록 남자가 자살로 더 많이 죽기는 하지만, 여자가 남자보다 자살 생각이나 자살 시도를 하는 경우가 더 많다(Nock et al., 2008). 또한 자살 사고나 시도율은 청소년기나 초기 성인기에 매우 높다. 약 1만 명의 미국 청소년 샘플을 조사한 연구에서는 자살 사고나 행동이 10세 이전에는 나타나지 않지만, 성인기로 가기 전인 12~18세 사이에 급격하게 증가한다고 보고한다(그림 15.7 참조)(Nock et al., 2013).

> **?** 자살행동과 요소에는 무엇이 있는가?

높은 자살률, 사람들은 왜 자살하려 하는 것일까? 짧은 답은 우리는 아직 그 이유를 모르며 매우 복잡하다는 것이다. 자살 시도 후 병원에서 면담을 진행하는 경우, 자살을 시도했던 대다수의 사람들은 견딜 수 없는 심적 상태나 피할 수 없는 상황을 피하려 죽으려 했다고 보고한

자살
의도적으로 자기가 자초한 죽음

자살 시도
죽으려는 의도로 잠재적으로 위해한 행동을 하는 경우

우리는 모두 살고자 하는 내적인 욕망을 가지고 있다. 그렇다면 사람들은 왜 스스로를 해하는 일을 하는가?

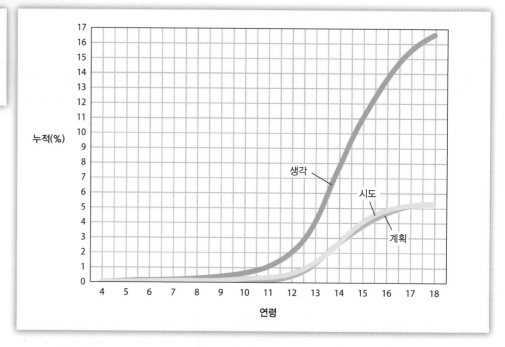

▶ 그림 15.7 **청소년기의 자살행동 시작 연령** 미국 청소년의 전국 대표 표집을 대상으로 한 최근 설문은 아동기에는 자살 행동이 드물지만(1~4세 사이엔 0%), 12세가 되면 급격히 증가하기 시작해 청소년기까지 계속해서 상승함을 보여 준다.

비자살 자기-위해
죽으려는 의도 없이 자신의 신체에 직접적, 의도적으로 해를 가하는 행동

미국에서 자해행위는 병리적으로 간주되지만, 일부 나라에서 피부에 내는 상처는 서아프리카의 베닌 공화국의 이 젊은 남성처럼 성인기로 가는 의식이나 종족의 상징으로 간주되기도 한다.

다(Boergers, Spirito, & Donaldson, 1998). 이와 일치하게 연구들은 중복 정신장애처럼 극심하게 고통스런 상태를 경험할 때 자살행동의 위험이 증가한다고 보고한다(자살한 사람들의 90% 이상이 적어도 1개의 정신장애를 가지고 있었다). 아동기와 성인기 동안의 심각하게 나쁜 사건에 대한 경험(예 : 신체적 혹은 성적 폭력)이나 심각한 의학 문제(Nock, Borges, & Ono, 2012). 왜 일부 사람들이 부정적인 사건에 대해 자살 사고와 행동으로 반응는지에 대한 포괄적인 이해와 이런 파괴적인 결과를 예측하고 예방하기 위한 좋은 방법에 대한 탐구가 지속되고 있다.

비자살 자기-위해 행동

18세 대학생인 루이자는 1주일에 1회, 특히 자신이나 타인에 대해 화나 분노를 느낄 때, 허리 아래쪽과 허벅지 위쪽을 칼로 위해한다. 그녀는 화나 분노를 자주 느끼고 있었는데, 14세경부터 마음을 안정시키기 위해 자기-위해 행동을 시작했다고 한다. 루이자는 매번 이런 일을 하고 나면 부끄럽기는 하지만, 진짜 화가 나게 되면 어떻게 진정할 수 있는지 모르기 때문에 이 행동을 멈출 수 없다고 보고한다.

루이자는 죽으려는 의도 없이 자신의 신체에 직접적, 의도적으로 해를 가하는 **비자살 자기-위해**(nonsuicidal self-injury, NSSI)라는 행동을 하고 있다. 비자살 자기-위해 행동은 고대부터 보고되고 있지만, 지난 몇 십 년 동안 그 비율이 급증하고 있다. 최근 연구들은 청소년의 약 15~20%, 그리고 성인의 약 3~6%가 살면서 이런 행동을 한 적이 있음을 보고한다(Klonsky, 2011; Muehlenkamp et al,. 2012). 보고율은 남녀, 인종이나 민족에 관련 없이 비슷하다. 자살행동처럼, 비자살 자기-위해 행동은 아동기에는 관찰되지 않으며, 청소년기에 급증하다가 성인기

? 자기-위해 행동 원인에 대해 밝혀진 것들은 무엇인가?

에 감소한다.

일부 국가에서는 피부를 칼로 긋거나 상처를 내는 것이 사회적으로 받아들여지며, 어떤 경우에는 통과 의식으로 장려되기도 한다(Favazza, 2011). 어떤 국가에선 자기-위해 행동이 사회적으로 받아들여지지 않는데, 죽을 의도도 없이 왜 의도적으로 스스로를 위해하는 것일까? 최근 연구들은 자기-위해 행동을 하는 사람들은 부정적 사건에 대해 강한 정서적, 심리적 반응을 보이며, 이런 반응이 받아들여질 수 없다고 지각하기 때문에 이런 반응의 강도를 줄여 비자살적 자기-위해 행동을 함을 시사한다(Nock, 2009). 우리가 이해하지 못하지만 많은 사람들이 자기-위해 행동을 하며, 비자살 자기-위해 행동에 대한 연구가 활발히 진행되고 있다는 증거가 있다.

불행히도 자살행동과 같이, 비자살적 자기-위해 행동에 대한 유전적 그리고 신경생물학적 영향에 대해선 알려진 바가 없으며 이런 행동에 대한 효과적인 약물은 없다. 또한 행동치료나 예방 프로그램에 대한 증거도 매우 제한적이다(Mann et al., 2005). 따라서 자살행동이나 비자살적 자기-위해 행동은 가장 위해하고 위험한 정신장애 중 하나이며, 복잡한 질병이다. 최근 이런 행동에 대한 우리의 이해가 크게 높아진 것은 사실이나, 이를 효과적이고 정확하게 예측하고 예방하기 위해 갈 길은 아직 멀다.

요약

▶ 자살은 미국을 포함해 전 세계적으로 대표적인 죽음의 원인이다. 자살로 죽는 사람들의 대다수는 정신장애를 가졌으며, 자살 지도자는 참기 어려운 정신 상태나 환경을 회피하고자 자살 시도를 한다.

▶ 비자살 자기-위해 행동은 자살행동과 같이 청소년기에 급격히 증가하지만, 많은 경우에 성인기까지 문제가 지속된다. 비록 이 행동은 자살 의도 없이 행해지지만, 자살행동과 같이 고통스런 정신 상태로부터 벗어나려는 의도로 행해진다.

제15장 복습

주요 개념 퀴즈

1. 정신장애를 증상과 치료책으로 간주하는 관점을 ( )(이)라고 한다.

a. 의학 모델

b. 인상학

c. 원인 증후군 프레임워크

d. 진단체계

2. DSM-5는 ( )(으)로 정의될 수 있다.

a. 의학 모델

b. 분류체계

c. 이론적 가정의 모음

d. 심리적 정의의 모음

3. 공병은?

a. 내적 기능장애에서 기인한 증상들

b. 장애로부터 기인한 상대적 사망 가능성

c. 한 개인이 두 가지 이상의 장애를 동시에 가질 가능성

d. 정상에서 비정상의 연속선상에서 장애의 위치

4. 사람들이 정상적으로 기능하는 능력을 방해하는 비이성적인 걱정과 공포는 ( )의 징후이다.

a. 유전적 이상

b. 취약성

c. 기분부전장애

d. 불안장애

5. ( )은(는) 특정 물건이나 사물에 대한 불안과 관련된다.

a. 범불안장애

b. 환경 장애

c. 공황

d. 공포

6. 광장공포증은 ( )의 결과로 발생한다.

a. 준비이론

b. 강박증

c. 공황장애

d. 사회공포증

7. 켈리는 세균에 대한 공포로 하루 종일, 한 번에 30분 이상, 아주 뜨거운 물로 손을 닦는다. 켈리는 무슨 장애를 겪고 있는가?

a. 공황발작

b. 강박장애

c. 공포증

d. 범불안장애

8. 주요 우울장애는 심하게 우울한 기분이 적어도 ( ) 동안 지속된다는 특징이 있다.

a. 2주

b. 1주

c. 1개월

d. 6개월

9. ( ) 사이의 극단적인 기분 변화는 양극성장애의 특징이다.

a. 우울증과 조증

b. 스트레스와 나태함

c. 불안과 각성

d. 강(obsession)과 박(compulsion)

10. 조현병은 다음 중 어떤 특징을 가지는가?

a. 환청

b. 와해된 사고 및 행동

c. 정서적 및 사회적 위축

d. a, b, c 모두

11. 조현병은 약 ( )%의 사람들에게 영향을 미치며, 주정부 혹은 지역 정신병원에 입원하는 사람들의 ( )%를 차지한다.

a. 5, 20

b. 5, 5

c. 1, 1

d. 1, 40

12. 자폐증은 다음으로 특징지어진다.

a. 의사소통장애, 제한되고 반복적인 행동

b. 환각 및 망상

c. 자살사고

d. a, b, c 모두

13. 주의력 결핍 과잉활동장애는?

a. 7세 이전에 시작해야 한다

b. 성인기까지 지속되지 않는다.

c. 때로 성인기까지 지속된다.

d. 소년에게만 영향을 준다.

14. 미국에서 자살 비율이 가장 높은 집단은?

a. 남자

b. 백인

c. 정신장애를 가진 사람

d. a, b, c 모두

15. 비자살 자기-위해 행동은 ( )%의 청소년에게 발생한다.

a. 1~2

b. 3~5

c. 15~20

d. 50

주요 용어

강박장애	무기력 이론	연구분야기준프로젝트	정적 증상
계절성 기분장애(SAD)	반사회적 성격장애	와해된 언어	조현병
공병	범불안장애	외상후 스트레스 장애	주요우울장애/단극성 우울증
공포증	부적 증상	의학 모델	주의력 결핍 과잉활동장애
공황장애	불안장애	이중 우울증	준비된 이론
광장공포증	비자살 자기-위해	인지적 증상	취약성-스트레스 모델
기분부전증	사회공포증	자살	특정공포증
기분장애	생물심리사회적 관점	자살 시도	표출된 정서
긴장 행동	성격장애	자폐 범주성 장애	품행장애
도파민 가설	심각하게 와해된 행동	정신장애	환각
망상	양극성장애	정신장애에 대한 진단 및 통계 지침서	

생각 바꾸기

1. 여러분은 주요우울증을 앓았던 엄마와 살던 자신의 어려웠던 어린 시절에 대해 기술하는 유명인의 인터뷰를 보고 있다. "엄마는 며칠 동안이나 아무 것도 먹지 않고 침대에 누워 있었습니다. 어떨 때 가족들은 이를 무시했죠. 우리 부모는 이민자였고 정신장애는 부끄러운 일로 생각하는 문화에서 자라났죠. 사람들은 타인의 도움 없이 자신의 문제를 극복할 힘을 가지고 태어났다고 믿었기 때문에, 엄마는 치료를 받지 못했습니다." 정신장애에 대한 의학모델이 어떻게 이 여성이 치료를 받게 도와줄 수 있는가?

2. 여러분이 심리학 시험을 공부하고 있는데, 룸메이트가 와서 "방금 체육관에 가서 수를 만났어. 걔는 지금 완전히 맛이 갔어. 잠시 친절했다가 금새 불쾌하게 변해"라고 한다. 룸메이트에게 정확하게 알려줄 기회이다. 룸메이트는 수가 어떤 정신장애를 가졌다고 착각할 수 있는가? 이것이 조현병과 어떻게 다른가?

3. 친구 중 한 명이 망상과 동기 저하 등, 심각한 정신장애를 앓고 있는 가족을 두고 있다. "정신과 의사에게 갔었고, 조현병 진단을 받았어. 제삼자 의견을 듣고 싶어 다른 의사에게 갔더니 양극성장애라고 하더라고. 둘 다 좋은 의사이고 모두 *DSM*을 사용하고 있어. 왜 둘의 진단이 다르지?" 친구에겐 뭐라고 할 것인가?

4. 이 장을 읽은 후, 여러분의 친구 중 하나가 안도의 한숨을 쉰다. "드디어 알아냈어. 나한테 맨날 말썽만 일으키고 주변 사람을 비난하는 형이 있어. 속도 위반 딱지를 떼면 절대 자기 잘못이라고 하지 않아. 경찰이 자기만 골라냈거나 다른 운전자 때문에 빨리 달린 것이라 설명하지. 난 항상 내 형을 패배재로만 생각했어. 그런데 지금 막 형이 성격장애를 앓고 있다고 깨닫게 되었어!" 여러분은 친구의 형에 대한 진단에 동의하는가? 자기-진단이나 친구나 가족에 대한 진단의 위험성에 대해 친구에게 어떻게 경고할 것인가?

주요 개념 퀴즈 정답

1. a, 2. b, 3. c, 4. d, 5. d, 6. c, 7. b, 8. a, 9. a, 10. d, 11. d, 12. a, 13. c, 14. d, 15. c

Need more help? Additional resources are located in LaunchPad at:

http://www.worthpublishers.com/launchpad/schacter3e

정신 장애의 치료

정 킨스 박사가 "오늘은 내 사무실 밖 골목에서 본 죽은 쥐를 만져 보려고 합니다"라고 말하자 크리스틴은 "네, 해요. 전 준비되었어요"라고 대답했다. 두 사람은 골목으로 나가서 50분 동안 죽은 쥐를 건드리고 만졌다. 그리고 사무실로 돌아와서 다음 치료회기 전까지 크리스틴이 7일 동안 만질 혐오스런 것들의 목록을 만들기 시작했다. 이건 크리스틴의 강박증 치료 회기에 대한 기술이다. 이 치료를 노출 및 반응방지법(exposure and response prevention, ERP)이라 부르는데, 이 치료를 통해 환자들은 점차적으로 강박 사고를 가진 대상에 노출되어도 강박행동을 하지 않게 된다. 크리스틴은 세균에 노출되어 안으로 죽을 것이라는 강박을 가지고 있고, 그녀의 강박행동은 하루에 몇 시간씩 몸을 닦고 주변의 모든 것을 알코올 솜으로 닦는 것이다. 환자가 안전하다고 믿는 행동을 하지 못하게 하면서 수십 번의 노출을 시키면, 환자들은 자신의 강박 사고가 맞지 않으며 강박행동을 할 필요가 없음을 배우게 된다. ERP는 두려운 치료일 수 있지만, 강박 사고와 행동을 줄이는 데 매우 효과적이라고 증명이 되었으며, 강박환자가 높은 기능 수준이 필요한 일상으로 돌아가는 것을 돕는다. 강박장애를 치료하는 가장 효과적인 ERP가 개발되기 전까지는 강박장애는 치료가 불가능하다고 간주되었다(Foa, 2010). ERP는 마지막 장에서 배우게 될 정신 장애를 극복하도록 돕는 데 사용되는 수많은 기법 중 하나이다.

정신장애를 치료하고, 그와 연결된 사고, 행동, 및 정서를 변화시키는 방법은 무수히 많다. 이 장에서는 가장 대표적인 심리치료법을 소개할 것이다. 왜 사람들이 심리적인 도움을 필요로 하는지 조사하고 난 후, 개별 심리치료가 장애의 원인과 완치에 대한 주요 이론인 정신분석, 인본주의, 실존주의, 행동주의 및 인지주의에서 어떻게 발전되었는지 살펴볼 것이다. 또한 뇌의 구조와 기능을 직접적으로 조작하는 생물학적 치료법에 대해서도 살펴볼 것이다. 어떻게 치료가 효과적인지 그리고 어떻게 그 치료가 작동하는 것을 아는지 논의할 것이다. 마지막으로 획기적인 기술을 이용한 장애에 대한 새로운 평가 및 치료법에 대해서도 탐색할 것이다.

환자가 자신의 두려움이나 불안을 일으키는 근원에 대해 직면하는 것을 배우는 노출 치료는 불안장애를 치료하는 데 효과적이라고 밝혀졌다.

치료 : 필요한 사람들을 돕기

미국 인구의 약 46.4%의 사람들이 일생 정신장애를 앓으며(Kessler, Berglund, et al., 2005), 26.2%는 해당 연도에 적어도 한 가지 장애로 고통받는다(Kessler, Chiu, et al., 2005). 정신장애

? **정신장애의 사적, 사회적, 경제적 비용은 무엇인가?**

는 개인에겐 고통을 줄 뿐 아니라 일상생활을 지속하는 데 방해가 된다. 앞의 예에서 크리스틴을 생각해 보자. 치료를 받지 않았다면 그녀의 인생에 큰 문제를 초래했던 강박장애로 지속적으로 고통을 받았을 것이다. 크리스틴은 돈을 포함해서 다른 사람이 만졌던 것은 만질 수 없었기 때문에 커피숍 일을 그만두어야 했다. 청결함을 지속적으로 확인받으려 했기 때문에 남자친구와의 관계가 점점 소원해지고 있었다. 이런 문제들은 크리스틴의 불안과 우울을 가중시켰고, 이것이 다시 강박 사고를 더 강하게 만들었다. 크리스틴은 이 악순환을 끊고 싶어 했다. 그녀에겐 효과적인 치료가 필요했다.

정신장애와 연관된 개인적, 사회적 부담은 매우 크다. 정신장애는 신체장애보다 발병 시기가 빠르며 학교에 가거나 일터에 나가거나 가족이나 사적인 관계를 유지하는 데 심각한 장해를 초래한다. 정신장애와 관련된 장해는 암, 만성 통증, 심장병과 같은 신체장애와 연관된 장해보다 훨씬 심각하다(Ormel et al., 2008). 예를 들어, 심각한 우울증을 가진 사람은 일을 하지 못할 뿐 아니라, 장애인 보조금조차 못 받을 정도로 기능이 매우 낮다. 이 사람들은 가족과 잘 지내지 못하고 아이들을 보살피지 못하게 된다.

경제적으로도 손실이 크다. 우울증은 세계 공통적으로 장애의 네 번째 원인이며, 2020년쯤에는 두 번째 원인이 될 것으로 보인다(Murray & Lopez, 1996a, 1996b). 심각한 우울을 겪고 있는 사람은 직장에 출근하지 못하며, 출근하더라도 수행 수준이 매우 낮다. 최근 조사에선 우울-관련 작업 손실이 연간 300~500억 달러에 이른다고 추정한다(Kessler, 2012). 불안장애, 조현병, 약물 중독 등 기타 심리 문제에 대해서 비슷한 추정액을 가정한다면, 전체 액수는 천문학적 수준이 될 것이다. 정신장애에 대한 효과적인 치료로 개인은 물론 사회도 이익을 얻을 수 있다.

정신장애를 앓는 모든 사람이 치료를 받는가? 그렇지 않다. 미국에서 정신장애를 가진 사람의 18%만이 지난 1년간 치료를 받았다. 소득이 낮거나 개발 도상국의 경우, 치료받는 비율은 더 낮을 것이다(Wang et al., 2007). 심각한 정신장애의 경우 치료받는 비율이 높다. 미국에서 심각한 정신장애를 가진 사람(일상생활 활동에 지장이 있는 사람) 중, 약 40%가 조사 당해 연도에 치료를 받았다(Wang, Demler, & Kessler, 2002). 그러나 정신장애를 갖는 대부분의 사람들은 치료를 받지 않으며, 치료를 받아도 진단에서 치료까지의 시간이 10년이 넘게 걸리고 있다(Wang et al., 2004)!

왜 치료를 받지 않는가

치통이 있으면 대다수의 사람들은 치과에 가고 적절한 치료를 받는다. 고통의 근원이 분명하고 확실한 치료가 있으면 빠르고 효과적인 반응을 하게 된다.
반면에 정신장애의 진단에서 치료까지 가는 길은 분명하지 않으며 사람들은 언제 치료를 받고 어디로 가야 하는지에 대해 잘 모른다. 다음은 가장 많이 보고되는 세 가지 이유이다.

? **정신적인 장애에 대한 치료의 장애물은 무엇인가?**

1. 사람들은 자신이 효과적으로 치료될 수 있는 정신장애를 가지고 있다는 것을 모른다. 치료를 찾지 않는 정신장애를 가진 사람 중, 약 45%가 치료가 필요하다고 생각하지 않았기 때문에 치료를 받지 않았다고 보고한다(Mojtabai et al., 2011). 정신장애는 신체장애만큼 심각하

게 간주되지 않는데, 정신장애가 '잠복되는' 특성을 가지고 있고 혈액검사나 엑스레이로 진단할 수 없기 때문이다. 게다가 대다수 사람들은 치통이 무엇이며 어떻게 치료될 수 있는지 알지만, 정신장애가 있을 때 어떤 치료가 가능한지 아는 사람은 극히 드물다.

2. 도움을 받지 못하게 하는 믿음이나 환경 같은, 치료 자체에 대한 장애물도 있다. 어떤 사람들은 자신은 자기가 다룰 수 있어야 한다고 믿는다. 실제로 이 믿음이 정신장애를 가진 사람들이 치료를 찾지 않거나(72.6%), 치료를 조기 종결하는 큰 이유가 된다(42.2%;

이가 아프면 치과 의사에게 간다. 심리학자를 언제 찾아가야 되는지 어떻게 알 수 있을까?

Mojtabai et al., 2011). 치료를 찾지 않는 또 하나의 이유는 문제가 심각하지 않거나(치료를 찾지 않는 사람들의 16.9%), 효과적이지 않거나(16.4%), 다른 사람들에게 낙인찍히길 꺼리기 때문이다(9.1%).

3. 구조적인 어려움도 치료를 받지 못하게 만드는 이유가 된다. 자신에게 문제가 있다고 깨달아도 어디서 도움을 받아야 할지 모를 수 있다. 좋은 변호사나 배관공을 찾기 어려운 것처럼, 좋은 심리학자도 단순히 전화번호부 안내를 뒤지는 것이나 인터넷 검색을 통해 찾기는 어렵다. 가능한 치료 종류가 무수히 많은 것도 혼란의 이유가 된다('현실세계 : 심리치료의 유형' 참조). 일단 치료자를 찾아도 치료를 감당할 수 없거나(치료를 원하나 받지 못하는 사람 15.3%), 임상가가 부족하거나(12.8%), 치료회기 참석이 어렵거나(9.8%), 클리닉으로 갈 수 있는 교통 수단이 부족(5.7%) 할 수 있다(Mojtabai et al., 2011).

도움을 필요로 하는 많은 사람들이 효과적인 치료를 받지 못한다는 것도 문제를 복잡하게 한다. 치료를 처음 받는 사람들의 대다수는 처음엔 주로 정신건강 전문가가 아니라 일반의에게 먼저 치료를 받는다(Wang et al., 2007). 심지어 정신건강 전문가를 찾아가도, 항상 가장 효과적인 치료를 받는 것은 아니다. 실제로 정신장애를 가진 사람의 일부만이(<40%) 그리고 심각한 정신장애 환자 중 15.3%만이 최소한 적절하다고 판단되는 치료를 받는다. 부적절한 치료는 젊거나, 흑인, 남부에 거주인, 조현병 환자, 그리고 일반의에 의해 치료받는 환자에게 특히 문제가 될 수 있다(Wang et al., 2002). 치료를 선택하기에 앞서 어떤 치료가 가능하며 특정 장애에 어떤 치료가 가장 좋은지 확실하게 알아야 한다.

초기 정신건강 전문가들은 정신장애에 물 뿌리기 혹은 수치료를 사용하였다. 이 그림에서는 비정상인을 위한 펜실베이니아 병원에서 어떤 환자가 '관수기 목욕'을 하고 있다(Haskell, 1869). 이러한 치료는 어쩌면 효과적일 수도 있다는 희망하에 진행되었지만 대부분은 조지 W. 부시 정부 때 CIA 조사에서 사용된 물고문처럼 고통을 주는 데 그쳤다.

치료적 접근

치료는 크게 두 가지로 나뉜다. (1) 환자의 뇌와 행동을 변화시키기 위해 환자와 임상가가 환경을 이용하는 심리치료와 (2) 약물, 수술 혹은 기타 직접적인 방법을 통해 뇌를 직접 치료하는 생물학적 치료. 어떤 경우엔 심리치료와 생물학적 치료가 모두 사용된다. 크리스틴의 강박증의 경우, 강박 사고와

현실세계

심리치료의 유형

정신건강전문가에게 도움을 얻을 준비가 되었다면, 그다음은 무엇을 해야 하나? 누구에게 가야하나? 치료자는 배경이나 훈련 측면에서 매우 다양하며, 이는 그들이 제공하는 서비스의 종류에 영향을 미친다. 치료자를 선택하기 전에 치료자의 배경, 훈련, 전문영역을 이해하는 것이 중요하다. 여기 몇 가지 주요 '전문가'를 소개한다(다음의 설명은 미국을 배경으로 하므로 우리나라 상황과 다를 수 있다-역자 주).

● **심리학자** 심리치료를 하는 심리치료자는 임상심리의 특정 분야에서 박사학위를 가지고 있다(Ph.D. 혹은 Psy.D.). 학위를 마치기까지는 약 5년이 걸리며, 이 과정 중에 정신장애의 평가, 연구, 치료에 집중적인 훈련을 마쳐야 한다. 청소년, 수면 문제 등 특정 전문영역이 있고, 주로 말로 하는 치료를 한다. 심리학자는 각 주에서 면허를 받아야 하며, 대부분의 주에서 응시자는 약 2년간의 감독하의 훈련을 마쳐야 하며, 시험을 통과해야 한다. 전화번호부나 클리닉에서 심리학자를 찾으면 이런 배경을 가진 사람을 발견할 것이다.

ZIGY KALUZNY/GETTY IMAGES

WAVEBREAKMEDIA LTD./GETTY IMAGES

● **정신과의사** 정신과의사는 정신장애를 평가하고 치료하는 데 전문가 과정을 마친 의사이다. 정신과의사는 약물을 처방하고, 가끔 심리치료를 한다. 일반의는 사람들이 다양한 건강문제를 상담을 하기 때문에 이런 정신장애를 가진 사람들이 처음 만나게 되는 전문가인데, 일반의도 정신장애에 대한 약을 처방할 수 있다. 그러나 일반의는 정신장애의 진단이나 치료에 대한 훈련을 받지 못했기 때문에 심리치료를 제공하지는 못한다.

강박 충동을 줄이기 위해 ERP뿐 아니라 약물을 사용하였다. 오랫동안 생물학적 치료가 불가능했으므로 심리치료가 정신장애에 대한 주된 치료법이었다. 정신장애를 치료하기 위해 생물학적 측면에 기반한 민간요법은 항상 있어 왔는데, 수치료(hydrotherapy, 정신장애인에게 찬물로 정화시키는 법), 천공술(trephination, 사탄이 도망갈 수 있도록 두개골에 구멍을 뚫는 법), 그리고 사혈법(bloodletting, 몸에서 피를 제거하는 것) 등이 그 예이다(참고 : 절대로 집에서 따라하지 말 것. 효과 없음). 우리가 뇌의 생리학적, 화학적 측면에 대해 알아갈수록 뇌에서 시작되는 정신건강에 대한 접근법이 점점 확대되고 있다. 이 장의 마지막 부분에서 보겠지만, 심리치료와 생물학적 치료를 결합한 치료가 효과적이다.

- **사회사업가** 사회사업가는 사회사업에서 석사 학위를 가진 사람으로 극빈자, 부랑자, 혹은 가족 갈등과 같은 다양한 삶을 사는 사람들과 일하도록 훈련받는다. 임상 혹은 정신보건 사회사업가는 정신질환을 가진 사람들을 돕도록 전문 훈련을 받는다. 사화사업가는 정부나 사립 사회서비스 기관, 혹은 병원에서 일하거나 혹은 개인 치료를 한다.
- **상담가** 상담가는 다양한 훈련을 받는다. 예를 들어, 상담심리학자가 되기 위해선 박사학위와 수련이 필요하다. '심리학자' 자격은 주 법에 의해 통제되는데, 각 주는 상담가를 서로 다르게 정의한다. 어떤 주에선 상담가는 석사학위를 마쳐야 하고 치료에 집중 훈련을 받아야 하는 반면, 다른 주에서는 최소한의 훈련이나 관련된 교육만 받으면 되게 되어 있다. 학교에서 일하는 상담가는 일반적으로 석사학위를 가지고 있으며, 교육 현장에서 상담에 대한 특별한 훈련을 받는다.

어떤 사람들은 전문가처럼 들리는 용어, 예를 들어 마음/신체 치유 치료자 혹은 결혼 적응 지도사를 만들어 치료를 제공하기도 한다. 이런 용어들은 내담자를 혼란스럽게 하고 면허 관련 규정을 피하기 위해 만들어진 것으로 이런 사람들은 일반적으로 훈련이나 전문성이 없다. 물론 면허를 받지도 않았으면서 받은 것처럼 행세하는 사람이 있을 수 있다. 프린세스 카엔이라는 스트리퍼였던 루이즈 와이트만은 2007년 몇십 명의 사람들에게 심리학자로 행세하며 심리치료를 제공한 것에 대해 사기죄로 확정받았다. 그녀는 인터넷에서 산 박사

BSIP/UIG/GETTY IMAGES

학위가 가짜인지 몰랐다고 주장했다(Associated Press, 2007). 치료를 제공하는 사람이 좋은 의도를 가지고 도움이 될 수 있지만, 때로 해가될 수도 있다. 현명하게 전문성이나 자신감의 근간이 되는 교육이나 자격을 갖춘 치료사를 선택하는 것이 안전하다.

어떻게 찾을 것인가? 한 가지 방법은 아는 사람에게 물어보는 것이다. 의사, 학교 상담가, 가족이나 지인이 좋은 치료사를 추천해 줄 수 있다. 혹은 면허증을 가진 정신건강 전문가를 소개해 주는 미국심리학회와 같은 조직의 인터넷 사이트를 통할 수 있다. 다른 사람에게 물어보면 어떤 치료자가 당신에게 적합한지 더 자세한 조언을 해 줄 수 있을 것이다.

치료를 받기 전에, 이 치료자가 자신이 가진 문제에 적절한지 아닌지 평가하기 위해 다음과 같은 질문을 던져봐야 한다.

- 어떤 유형의 치료를 제공합니까?
- 어떤 유형의 문제를 주로 치료합니까?
- 일반적인 치료 기간은 얼마나 됩니까?
- '대화'치료인가요? 약물인가요? 아니면 둘 다 포함되나요?
- 내가 가진 문제에 이런 유형의 치료가 얼마나 효과적입니까?
- 치료비는 얼마인가요? 보험 혜택을 받을 수 있나요?

이런 질문에 대한 치료자의 대답은 치료자의 배경이나 전문성에 대한 답을 줄 뿐 아니라 내담자를 대하는 치료자의 접근법에 대해서도 알려줄 것이다. 이를 근거로 원하는 서비스에 대해 정보에 근거한 결정을 내릴 수 있을 것이다.

비록 어떤 종류의 치료자가 당신의 필요에 가장 부합하는지 고려해야 하지만, 치료자의 성격이나 접근법도 배경이나 훈련만큼이나 중요하다. 질문을 잘 받고 개방적이며, 치료가 필요한 문제가 뭔지 명확하게 이해하고 당신에게 공감하고 존중하는 치료자를 찾아야 한다. 치료자는 정신건강과 관련해 믿을 수 있는 사람이어야 하며, 좋은 관계를 맺을 수 있어야 한다.

요약

▶ 정신장애는 가끔 잘못 이해되는 경우가 있고, 이 때문에 치료되지 않은 채 방치된다.

▶ 치료되지 않은 정신장애는 개인의 능력에 영향을 미칠 뿐 아니라 사회나 경제적인 부담이 되기 때문에 그 댓가가 매우 비싸다.

▶ 정신장애로 고통받는 많은 사람들의 대다수는 필요한 도움을 받지 못한다. 자신이 문제가 있다는 사실을 의식하지 못하며, 도움받는 것에 관심이 없거나, 혹은 치료를 받는 데 현실적인 어려움이 있다.

▶ 치료에는 마음에 초점을 두는 심리치료와 뇌와 신체에 초점을 두는 의학 및 생물학적 방법이 있다.

문화와 사회

지구 곳곳에서의 정신장애의 치료

정신장애에 대한 치료를 어렵게 만드는 벽들은 세계 어느 곳에나 있다. 그러나 어떤 곳에는 다른 곳보다 방해물이 더 많다. 어떤 연구에서 전 세계적으로 당해 연도에 심리치료를 받는 사람의 비율을 조사하였다 (Wang et al., 2007). 여러 흥미로운 사실들이 발견되었다. 먼저, 심각한 정신장애를 가진 사람들이 치료받을 가능성이 높았다. 수긍이 간다. 예를 들어, 증상이 너무 심해 학교나 일을 나가지 못하게 되면 치료를 받을 것이다. 그러나 증상이 생활에 크게 지장을 주지 않으면 도움을 찾지 않을 것이다. 둘째, 선진국의 사람들이(세계은행 정의) 중도국이나 개도국 사람들보다 치료를 찾을 가능성이 높다. 이 역시 말이 된다. 국가에 자원이 많으면 많을수록, 심리치료 서비스에 대한 접근성이 더 높을 것이다. 셋째, 정신장애를 가진 사람의 대다수는 치료를 받지 않고 있다. 이는 가장 높은 경제 수준에 있는 나라에서도 마찬가지이다. 이 사실은 비록 우리가 이전보다 정신장애에 대한 이해도가 높아졌고(이전 장에서 기술), 전보다 훨씬 좋은 치료법을 가지고 있지만(이 장에서 기술), 아직도 정신장애를 가진 사람들이 치료를 받지 못하게 하는 장물을 없애기 위해 극복해야 할 것이 많음을 시사한다.

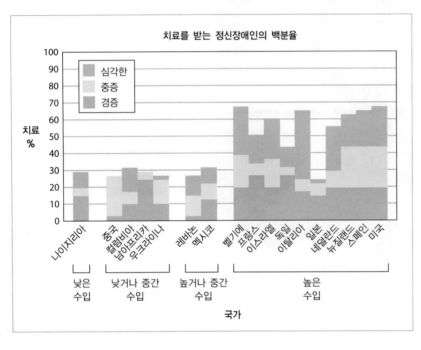

심리치료 : 상호작용을 통한 마음 치유

심리적 치료, 혹은 **심리치료**(psychotherapy)는 당면한 문제로부터 회복하거나 지지를 제공할 목적으로 사회에서 인정받은 임상가와 심리적 문제로 고통받는 사람 사이에 이루어지는 상호작용이다. 현재 약 500가지 형태의 심리치료가 있다. 모든 형태의 심리치료에 공통점이 있기는 하지만, 각각의 접근은 목적과 목표, 그리고 방법 측면에서 서로 다르다. 미국 심리학회 심리치료 분과 회원 1,000명을 대상으로 한 설문에서 참가자에게 자신의 이론적 접근에 대해 물었다(Norcross, Hedges, & Castle, 2002; 그림 16.1 참조). 약 1/3 이상이 환자와 문제에 따라 여러 형태의 치료에서 온 기술을 사용하는 **절충적 심리치료**(eclectic psychotherapy)를 사용한다고 보고했다. 이 관점에선 치료자가 모든 환자와 모든 종류의 문제에 한 가지 이론만 고집하기보다는 현재 당면한 문제에 따라 적절한 이론적 접근을 취하도록 고무한다. 그러나 그림 16.1이 보여 주듯, 대부분의 심리치료사들은 정신역동이나 인본주의 및 실존치료, 행동치료, 인지행동치료, 혹은 집단치료 등 한 가지 접근법을 고수한다. 이제 심리치료의 네 가지 주요 접근법에 대해 알아보겠다.

▼ 그림 16.1 **21세기 심리치료에 대한 접근 방법** 이 차트는 심리학자들이(1,000명의 미국 심리학회 심리치료 분과 회원)이 다양한 심리치료 접근법을 가짐을 보여 준다(Norcross et al., 2002).

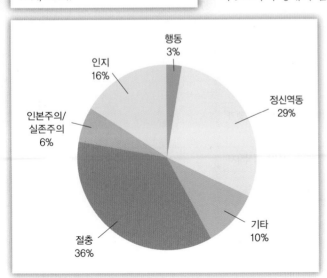

정신역동적 치료

정신역동적 치료는 프로이트(S. Freud)의 성격에 대한 정신역동 이론에 근거한다(12장 참조). **정신역동적 심리치료**(psychodynamic psychotherapies)는 자신의 심리적 문제에 대한 통찰을 갖기 위해 어린 시절 사건을 살펴보고 이해하도록 고무한다. 정신분석은 최초의 정신역동 치료였으나, 대인관계 심리치료와 같은 현대적 정신분석 치료에 의해 대체되고 있다.

정신분석

12장에서 살펴 본 바와 같이, **정신분석**에서 인간은 공격적이고 성적인 욕구를 가지고 태어나며, 이것은 어린 시절 동안 방어기제의 사용으로 억압되어 있다고 본다. 정신분석가들은 내담자가 이런 억압된 갈등을 의식세계로 불러내어 내담자가 그것들을 이해하고 그것들의 영향을 최소화하게 돕는다. 정신분석자들은 욕구나 갈등이 초기 아동기 동안 억압되었다고 생각하기 때문에 어닌 시실의 사건에 초점을 둔다.

전통적인 정신역동법에서 주 4~5회의 회기를 평균적으로 약 3~6년에 걸쳐 진행한다(Ursano & Silberman, 2003). 회기 동안 환자는 분석가를 마주하지 않고 소파에 기대어 떠오르는 생각과 감정을 표현하도록 요구받는다. 때때로 분석가는 내담자가 표현하는 정보에 반응할 수 있으나, 자신의 가치와 판단을 표현하지 않는다. 심리치료에 대해 가지는 전형적인 이미지 — 환자가 소파에 누워 의자에 앉아 있는 치료자에게 말하는 것 — 는 이 접근에서 나온 것이다.

정신역동에서는 어떤 일이 일어나는가?

정신역동의 목적은 프로이트가 통찰을 발달시키는 것이라고 부르는 무의식을 이해하는 것이다. 정신역동가는 내담자가 통찰을 발달시키는 것을 돕기 위해 다음에 기술된 것을 포함해 다양한 주요 테크닉을 사용한다.

자유연상 자유연상에서 내담자는 검열하거나 거르지 않고 마음속에 드는 모든 생각을 보고한다. 이 전략은 방해 없이 의식을 흐르게 한다. 내담자가 멈추면 치료자는 연상을 더 촉진한다("그게 뭘 생각나게 하죠?"). 치료자는 치료회기 내에서 발생한 주제를 탐색한다.

꿈의 분석 정신역동가는 꿈을, 치료자가 내담자를 이해하게 도울 수 있는 변형된 단서이자 무의식적 갈등이나 갈망을 상징적으로 보여 주는 비유로서 간주한다. 정신분석 치료 회기는 내담자에게 꿈을 다시 기술해 보라고 시작하며, 그 후에 꿈에 대해 자유롭게 연상시킴으로써 내담자를 해석에 동참시킨다.

해석 치료자가 환자가 말한 것이나 행한 것에 숨어 있는 의미(예 : 무의식적 충동이나 환상)를 해석하는 과정이다. 해석은 치료회기 내내 자유연상, 꿈의 분석, 그리고 치료의 다른 측면을 통해 지속된다. 해석의 과정 동안, 분석가는 정확한 의미를 찾아 내담자에게 그 의미를 알려 준다.

저항의 분석 내담자의 생각과 행동에 대한 여러 다른 해석을 시도하는 과정에서, 분석가는 내담자가 특히 받아들이기 어려워하는 해석을 제시할 수도 있다. **저항**(resistance)은 불쾌한 무의식적 사건들을 맞닥뜨리는 것이 두려워 치료에 대한 협조를 꺼리는 것이다. 예를 들면, 치료자는 내담자의 건강에 대한 강박적 걱정은 아버지의 사랑과 관심을 독차지했던 내담자의 어머니에 대

심리치료
당면한 문제로부터 회복하거나 지지를 제공하려는 목적으로 치료자와 심리적 문제로 고통받는 사람 사이에 이루어지는 상호작용

절충적 심리치료
환자와 문제에 따라 다양한 형태의 치료에서 온 기술을 사용한다.

정신역동적 심리치료
일반적으로 환자들에게 어린 시절의 사건을 조사하고 자신의 심리 문제에 대한 통찰을 갖게 고무한다.

저항
불쾌한 무의식적 사건들을 맞닥뜨리는 것이 두려워 치료에 대한 협조를 꺼리는 것

전통적인 정신분석에서, 환자는 장의자에 눕고 치료자는 환자가 보지 못하게 뒤로 앉는다.

한 아동기 경쟁의식에서 비롯된 것이라고 말할 수 있다. 내담자는 이 해석이 모욕적이라고 생각하고 그 해석에 저항할 수 있다. 치료자는 이런 저항을 해석이 잘못된 신호라고 보기보다는 해석이 맞게 가고 있는 신호로 본다. 만일 내담자가 특정 주제를 피하려고 주제를 계속 바꾼다면, 이는 이 주제가 내담자가 통찰을 갖기 위해 직면해야 하는 이슈라는 것을 시사한다.

"시작하기 전에 '방어기제'에 대한 개념을 설명하려 합니다"

내담자와 정신분석가는 오랜기간 동안 만남을 자주 가지면서 친밀한 관계를 형성하게 된다. 프로이트는 분석 중에 발생한 이런 관계를 알아차리고 처음엔 이를 문제 삼았다. 환자들이 치료자를 부모나 사랑하는 사람으로 간주하고 치료자에 대해 비정상적으로 강한 애착을 가지게 되는데, 프로이트는 이것이 통찰을 방해할 것을 염려했다. 그러나 시간이 흐르면서, 프로이트는 이런 관계의 발달이나 확립이 정신분석의 중요 과정이라 믿게 되었다. **전이**(transference)는 분석가가 내담자의 인생에 주요한 인물이 되고 내담자가 무의식적 아동기 환상에 근거해 분석가에게 반응할 때 발생한다. 성공적인 정신분석가는 전이의 분석을 통해서 내담자가 이 반응 자체와 왜 이런 반응이 일어났는지에 대해 이해할 수 있게 돕는다.

> ? 정신분석 혹은 역동에서 내담자의 저항을 보여 주는 신호는 무엇인가?

전이
정신분석에서 분석가가 내담자의 인생에 주요한 의미 있는 사람이 되고 내담자가 무의식적 아동기 환상에 근거해 분석가에게 반응할 때 발생하는 사건

대인관계치료
내담자에게 현재 관계를 개선하게 돕는 데 중점을 두는 심리치료

정신분석을 넘어서

비록 프로이트의 통찰과 기술을 근간으로 하기는 하지만, 현대적 정신분석 치료는 내용과 절차면에서 전통적인 정신분석과는 다르다. 가장 많이 사용되는 정신분석 치료는 **대인관계치료**(interpersonal psychotherapy, IPT)로 내담자에게 현재 관계를 개선하게 돕는 데 중점을 두는 심리치료이다(Weissman, Markowitz, & Klerman, 2000). 내용 측면에서는 자유연상보다는 내담자에게 대인관계 행동이나 감정을 이야기하게 하는 IPT 토크를 사용한다. 특히 내담자의 애도(사랑하는 사람의 상실에 대한 과도한 반응), 역할 갈등(배우자와의 갈등), 역할 이동(새로운 직업의 시작, 결혼, 은퇴 같이 사회적 지위의 변화), 혹은 대인관계 부족(관계를 시작하거나 유지하는 데 필요한 기술의 부족)에 초점을 맞춘다. 대인관계 기능에 초점을 두는 치료는 대인관계가 향상되면 우울 증상이 사라진다는 믿음에 근거한다.

> ? 다른 정신분석이론이 프로이트의 분석과 어떤 측면에서 다른가?

영화 "굿 윌 헌팅"에서 맷 데이먼이 연기한 주인공은 로빈 윌리엄스가 연기한 치료자와 매우 끈끈한 유대관계를 맺었다. 정신분석 치료에서처럼 치료자는 그들의 관계를 환자의 방어기제의 와해를 막고 내적 갈등을 해소하는 데 이용한다. 치료자와 환자 간 형성된 강력한 관계와 삶을 변화시킨 치료는 치료자의 꿈이다.

IPT와 같은 현대 정신분석 심리치료는 절차 측면에서 고전적 정신분석과는 다르다. 현대 정신분석 치료에서는 초반에 치료자와 내담자는 얼굴을 마주 보고 앉는다. 게다가 치료는 덜 집중적인데, 회기는 주 1회로 몇 달 정도만 지속된다. 고전적인 정신분석과는 반대로, 현대 정신분석 이론가들은 통찰보다는 증상 완화를 치료의 목적으로 보고, 해석에 더하여 지지나 충고를 더 많이 제공한다(Barber et al., 2013). 치료자가 내담자의 진술을 무의식적인 성적 혹은 공격적 충동의 신호로 해석할 가능성은 낮다. 그러나 아직도 대부분의 정신분석 이론에서는 전이나 무의식적 과정에 대한 통찰을 추구한다. 프로이트의 의자는 긴 그림자를 만들었다.

비록 정신역동 치료가 오래되었고 많이 사용되기는 하지만, 효과성에 대한 근거는 상대적으로 적다. 인지행동 치료와 같은 다른 치료와 비교해서 정신역동 치료는 다소 덜 효과적이다

인간 중심 치료/내담자 중심 치료
모든 사람이 성장하려 하며, 이 성장이 치료자의 수용과 진실된 반응으로 촉진될 수 있다고 가정한다.

(Watzke et al., 2012). 더군다나, 효과적일 것이라고 믿었던 정신역동 치료의 특정 측면이 오히려 해롭다는 증거도 일부 보고되었다. 예를 들어, 일부 연구에선 치료자가 내담자의 지각된 전이에 대해 해석을 많이 하면 할수록, 치료 동맹이 악화되고 결과가 나쁘다는 결과를 보고한다(Henry et al., 1994). 이런 결과에도 불구하고, 장기간의 정신역동 심리치료(적어도 1년 이상)는 단기 심리치료보다 효과적이라는 증거가 있다(Leichsenring & Rabung, 2008). 정신역동 심리치료는 이전처럼 많이 사용되지는 않지만, 아직도 많은 심리학자들이 사용하고 있고, 많은 사람들이 도움이 된다고 보고한다.

인본주의와 실존주의 치료

인본주의와 실존주의 치료는 정신분석이 인간의 본성에 대해 갖는 부정적인 관점에 대한 반동으로 20세기 중반에 생기기 시작했다. 인본주의와 실존주의 치료에선 인간의 본성이 본질적으로 긍정적이라 가정하며, 각 개인이 개인적 성장을 위해 나가려는 자연적인 경향이 있음을 강조한다. 그 접근법들은 심리적인 문제는 소외감과 외로움에서 기인한 것으로, 이런 감정들은 자신의 잠재력(인본주의)에 도달하는 것에 실패했거나 삶에서 의미(실존주의)를 찾는 데 실패했기 때문으로 본다. 비록 인본주의와 실존주의 치료에 대한 관심은 1960년대와 70년대에 정점에 다다랐으나, 일부 치료자는 지금도 이 접근법을 계속 사용하고 있다. 이 관점을 가진 치료로 잘 알려진 두 가지 치료법은 인간 중심 치료법(인본주의 접근)과 게슈탈트 치료(실존주의 치료)이다.

인본주의의 인간에 대한 관점은 정신역동 관점과 어떻게 다른가?

인간 중심 치료

인간 중심 치료(person-centered therapy)(혹은 **내담자 중심 치료**)는 모든 사람이 성장하려 하며, 이 성장이 치료자의 수용과 진실된 반응으로 촉진될 수 있다고 가정한다. 심리학자인 칼 로저스(Carl Rogers, 1902~1987)는 1940년대와 50년대 인간 중심 치료를 개발하였다(Rogers, 1951). 인간 중심 치료는 각 개인이 자신감의 향상, 직업에 대한 결정, 혹은 치료 기간 등, 자신의 치료 목표에 대해 스스로 결정할 수 있다고 본다. 이 비지시적인 치료법에선, 치료자는 내담자가 무엇을 해야 하는지에 대한 충고나 제안을 하지 않는다. 대신 치료자는 내담자의 말을 다른 말로 바꾸거나, 생각이나 기분을 반향(예 : "당신이 ~라고 이야기한 것이라 생각한다")한다. 인간 중심 치료자는 적절한 지지가 주어지면 내담자는 무엇을 해야 할지 인식할 것이라고 믿는다.

　로저스는 인간 중심 치료자들이 세 가지 기본적인 자세 — 일치감, 동감, 그리고 무조건적 긍정적 수용 — 를 보일 것을 강조한다. 일치감은 치료 관계에서 개방성과 정직을 말하는데, 치료자가 보는 수준에서 같은 메시지로 의사소통할 것을 강조한다. 예를 들어 치료자의 말과 표정 그리고 몸짓에서 같은 메시지를 보내야 한다. 비웃는 듯한 얼굴을 하고 "당신 말이 타당합니다"라고 말하면 안 된다. 공감은 내담자가 생각하고 느끼는 방식 및 그 세계에 대한 이해를 통해 내담자를 이해하도록 노력하는 지속적인 과정을 말한다. 흥미롭게도, 몇몇 연구들은 내담자가 임상가가 공감을 많이 한다고 보고하면 할수록, 그 순간 내담자와 치료자의 신체적 각성 수준이 유사함을 보여 준다(Marci et al., 2007). 이는 공감을 해 주는 치료자가 내담자가 느끼는 것을 실제로 느낄 수 있음을 시사한다. 내담자의 관점에서 세계를 보게 되면 내담자의 불안, 근심, 공포를 더 잘 알게 된다. 마지막으로, 치료자는 환자가 자신의 사고나 생각을 표현하는 게 안전하다고 생각할 수 있게 환자에게 비판 없이 따뜻하게 무조건적 긍정적 수용으로 대해야 한다.

목표는 정신역동 치료에서처럼 억압된 갈등을 발견해 내는 것이 아니다. 대신 내담자의 경험을 이해하고 지지를 통해 내담자의 경험을 반영하고 스스로 성장하려는 성향을 고무시키려고 한다. 이런 치료 스타일은 내담자가 생각이나 감정을 자유롭게 표현하도록 둔다는 점에서 정신분석과 유사하다.

게슈탈트 치료

게슈탈트 치료는 프레드릭 '프리츠' 펄스(Frederick "Fritz" Perls, 1893~1970)와 그 동료들에 의해 1940년대와 1950년대에 걸쳐 생겨났다(Perls, Hefferkine, & Goodman, 1951). **게슈탈트 치료** (gestalt therapy)는 환자가 자신의 생각, 행동, 경험과 감정을 인식하여 스스로에 대해 책임감을 가지거나 책임을 지게 만드는 것을 목표로 한다. 게슈탈트 치료자들은 내담자에게 열정적이고 따뜻하게 대하는데, 이 점은 인간 중심 치료자와 같다. 내담자의 인식을 증가시키기 위해 게슈탈트 치료자는 내담자에 대한 자신들의 인상을 내담자에게 반영한다.

게슈탈트 치료자는 치료 회기 중 어떤 순간에 일어나는 경험과 행동을 강조한다. 예를 들어, 내담자가 지난주에 받았던 스트레스에 대해 이야기하면, 치료자는 "무슨 일이 일어났는지를 설명하는 기분이 어떤가요?"라는 질문으로 내담자의 현재 경험으로 관심을 돌린다. 이 기술은 '초점'이라 불린다. 내담자는 자신의 감정을 행동으로 옮기도록 고무된다. 이렇게 하는 방법 중 하나는 빈 의자 기법인데, 이 기법에선 내담자가 다른 사람(예 : 배우자, 부모 혹은 직장 동료)을 자기 바로 앞의 빈 의자에 앉히는 상상을 하게 만든다. 내담자는 의자를 옮겨 역할을 바꿔 가며 상대방에게 하고 싶은 말을 하고, 그 사람이 어떻게 반응했을지 상상하게 한다. 게슈탈트 기법은 심리치료의 형태로 시작되었으나 현재는 상담이나 '인생 코칭(사람들을 새 직장이나 가정환경에 준비되도록 도와주는 기법)'에서 더 많이 사용된다(Grant, 2008).

게슈탈트 치료의 하나로, 내담자는 다른 사람이 자신과 마주 앉아 있는 상상을 하도록 지시받는다. 내담자는 의자를 옮겨 가면서 상대방에게 하고 싶은 말을 하고, 그 사람이 어떻게 반응했을지 역할 훈련을 한다.

행동 및 인지 치료

앞에서 기술한 말하는 치료와는 달리, 행동 및 인지 치료는 내담자의 정신병리를 줄이거나 제거하려는 목적으로 현재 보이는 사고와 행동을 실제로 바꾸려고 한다. 심리치료가 진화되면서, 정신역동에선 내담자가 누워서 시작해 앉게 되지만, 행동 및 인지 치료에선 서서 행동변화 숙제를 하게 만든다.

행동치료

프로이트가 이전 세대의 임상가가 사용했던 최면과 기타 방법에서 정신분석법을 발달시켰듯이, 행동치료는 초창기 행동심리학자들이 실험실에서 발견해 낸 결과물을 근거로 발달되었다. 1장에서 보았듯이, 평가가 어렵고 관찰이 불가능한 '보이지 않는' 정신적 과정을 가정하는 이론에 대한 심리학자들의 좌절로부터 행동주의 운동이 시작되었다. 행동주의자들은 정신역동 개념이 특히 증명하기 힘들다는 것을 깨달았다. 반면에 행동주의 원칙은 관찰 가능한 증상에만 관심을 가진다(예 : 비행기를 타지 못하는 것과 같은 공포 대상에 대한 회피 등). **행동치료**(behavior therapy)는 질병 행동은 학습된 것이며 관찰 가능한

게슈탈트 치료
환자가 자신의 생각, 행동, 경험과 감정을 인식하여 스스로에 대해 책임감을 가지거나 책임을 지게 만드는 것을 목표로 한다.

행동치료
질병 행동은 학습된 것이며 관찰 가능한 부적응 행동을 보다 생산적인 행동으로 바꾸는 것을 통해 증상 완화가 가능하다고 가정하는 치료 유형

토큰 경제
내담자에게 바람직한 행동에 대해 나중에 보상으로 바꿀 수 있는 '토큰'을 제공하는 행동치료의 한 형태

노출치료
감정을 유발하는 자극을 직접적으로 그리고 반복적으로 직면하는 것으로 결국에는 이로 인해 감정 반응을 줄이는 치료 접근 방법

? 행동주의자가 정신분석 개념에서 가장 중요한 문제로 보는 것은?

부적응 행동을 보다 생산적인 행동으로 바꾸는 것을 통해 증상 완화가 가능하다고 가정한다. 다양한 행동치료기법이 7장에서 배웠던 조작적(강화와 처벌에 초점) 및 고전적 학습이론(소거에 초점)을 근거로 다양한 장애의 치료에 개발되었다.

원하지 않는 행동 제거하기 세 살짜리 남자아이가 상점에서 떼쓰기 행동을 보인다면 어떻게 하겠는가? 행동치료자는 떼쓰기 후에 어떤 일이 일어나는지 조사한다. 조용히 시키기 위해 사탕을 주었는가? 조작적 조건형성에 대한 연구는 행동은 **결과**(행동에 뒤따르는 강화 혹은 처벌 사건)에 의해 영향받으며 이것들을 조절하는 것이 행동 변화를 돕는다고 한다. 행동을 강화하지 않고(사탕을 주지 않는다), 벌(부모가 관심을 많이 주는 대신 그저 옆에서 관찰만 하는 벽을 보고 하는 타임아웃)을 주는 것으로 문제행동을 제거할 수 있다.

바람직한 행동 촉진하기 사탕과 타임아웃은 아동의 행동에 지대한 영향을 줄 수 있으나, 성인에게는 잘 적용되지 않는다. 고혈병을 가진 사람을 어떻게 좀 더 일상 활동을 하게 만들 수 있을까? 코카인 중독자를 어떻게 약을 끊게 할 수 있을까? 이런 경우 가장 효과적이라고 증명된 행동치료 방법은 **토큰 경제**(token economy)이다. 이 방법에선 내담자에게 바람직한 행동을 하는 경우 '토큰'을 주고, 내담자는 나중에 이를 보상과 바꿀 수 있다. 예를 들어, 코카인 중독의 경우, 바람직한 행동은 코카인을 사용하지 않는 것일 것이다. 코카인 미사용(소변검사로 확인)을 확인한 후에 돈이나 버스패스, 옷, 등의 보상으로 바꿀 수 있는 바우처를 제공하는 프로그램은 코카인 사용 및 관련된 심리적 문제를 유의하게 줄인다고 한다(Petry, Alessi, & Rash, 2013). 비슷한 체계를 교실, 산업현장, 그리고 상업광고(예 : 비행기나 크레딧 카드 보상 프로그램)에서 바람직한 행동을 증가시키기 위해 사용할 수 있다.

원하지 않는 감정 반응 줄이기 공포를 줄이는 가장 강력한 방법은 공포스런 물건이나 상황에 대한 점진적인 노출이다. **노출치료**(exposure therapy)는 감정을 유발하는 자극을 직접적으로 그리고 반복적으로 직면하는 것으로 결국에는 이로 인해 감정 반응이 줄어든다고 본다. 이 기술은 습관화와 반응소거 과정에 의거한다. 예를 들어, 크리스틴의 사례에서 임상가는 그녀를 강박 사고(먼지나 세균)에 점차적으로 노출시켰고, 크리스틴은 반복 노출로 인해 먼지나 세균으로부터 점점 덜 고통받게 되었다. 유사하게, 행동치료에선 사회적 상호작용이 두려워 학교나 직장에서 기능을 못하는 사람에게 처음엔 한 사람과 짧게 대화하는 것을 상상하는 것으로, 다음엔 중간 크기의 집단에 좀 더 길게 말하게, 마지막으로 큰 집단에 연설을 하는 것에 노출시킨다. 이제 우리는 **실제노출**(in vivo or live exposure)이 상상노출보다 효과적(Choy, Fyer, & Lipsitz, 2007)임을 알고 있다. 다른 말로 하면, 어떤 사람이 사회적 상황에 공포를 느끼는 것을 상상하는 것보다 사회적 상호작용을 연습하는 것이 더 낫다는 것이다. 행동치료자들은 내담자가 공포 대상이나 상황에 점차적으로 노출되게 노출 위계를 사용한다. 쉬운 상황을 먼저 연습하고 거기서 공포가 줄면 내담자는 더 어렵거나 공포스러운 상황으로 넘어간다(표 16.1 참조).

노출치료가 공포증이나 특정 대상에 대한 공포를 어떻게 돕는가?

노출치료는 노출과 반응 방지를 통해서 원하지 않는 정서적 및 행동적 반응을 극복하게 돕는다. 강박장애 환자의 경우 자신의 손이 더러워 닦아야 한다는 반복적인 사고를 가질 수 있다.

행동치료자는 강화로부터 타임아웃을 이용해 떼쓰기를 치료한다. 이 방법은 조작적 조건형성의 행동원리에 근거하며 아동이 바람직하지 않은 행동을 한 경우엔 보상을 주지 않는다.

표 16.1

사회공포증에 대한 노출 위계	
항목	공포(1~100)
1. 파티를 열고 직장동료를 초대한다.	99
2. 음주하지 않고 휴일파티에 1시간 동안 가 있는다.	90
3. 신디를 저녁에 초대하고 영화를 같이 본다.	85
4. 직장 면접에 간다.	80
5. 상사에게 하루 휴가를 요청한다.	65
6. 직장에서 회의 때 질문을 한다.	60
7. 동료들과 점심을 먹는다.	50
8. 버스에서 낯선 이에게 말을 건다.	45
9. 10분 이상 사촌과 통화한다.	40
10. 주유소에서 길을 묻는다.	35

출처 : Ellis (1991).

노출치료에서, 공공변기에서 오염을 두려워하는 강박장애를 가진 환자에게 일주일에 3곳의 공공화장실을 방문하고 변기를 만진 후 손을 닦지 말라는 숙제를 줄 수 있다.

손 닦기는 짧지만 오염에 대한 불편감을 줄이는데, 이런 경감을 위해서 손 닦기가 반복적으로 나타난다. 노출 및 반응 방지 프로그램에선 일부러 손을 더럽히고(땅바닥에서 주운 동전을 만지기로 시작해 대중 화장실을 만지고, 나중엔 죽은 쥐 만지기로 옮겨감), 그대로 몇 시간을 견디게 한다. 악순환을 깨기 위해서 몇 회기만 해도 강박의식에서 자유로워질 수 있다(Foa et al., 2007).

인지치료

행동치료가 개인의 행동에 초점을 맞추는 반면, **인지치료**(cognitive therapy)는, 이름이 시사하듯, 내담자가 자신과 타인 그리고 세상에 대한 왜곡된 사고를 인식하고 수정하는 데 초점을 맞춘다(Beck, 2005). 예를 들어, 행동주의자들은 공포증을 고전적 조건형성의 결과로 설명하는데, 여기선 개에게 물린 경험이, 개와 고통의 경험의 연결을 통해 개 공포증으로 발전하게 된 것으로 본다. 인지치료자는 이 사건의 해석을 좀 더 강조한다. 개에게 물린 경우, 인지치료자는 개는 너무 위험하다는 새롭고 강력한 믿음에 초점을 둔다.

> ? 내담자가 가진 부정적인 자아상을 긍정적으로 바꾸려면 어떻게 재구조화할 것인가?

인지치료는 내담자에게 부정적 감정을 유발하는 자동 사고, 가정과 예측에 대해 스스로 질문하게 가르치고 이 부정사고를 보다 현실적인 긍정적인 믿음으로 바꿀 수 있게 돕는 **인지적 재구조화**(cognitive restructuring)라는 기술을 이용한다. 특히 치료자는 특정 신념을 지지하거나 반대되는 증거를 조사하게 돕거나, 바람직하지는 않지만 조절 가능한 결과를 받아들이게 가르친다. 예를 들어, 우울한 내담자는 한 과목에서 낮은 성적을 받았다는 이유로 자신이 멍청하며 대학에서 수강하는 과목을 절대로 패스할 수 없다고 생각할 수 있다. 이 경우, 치료자는 내담자가 자신의 믿음이 얼마나 타당한지 조사하도록 돕는다. 치료자는 이전 시험에서의 성적, 다른 과목에서 수행 정도, 학교 수행 이외의 명석함을 보여 주는 사건들과 같은 관련된 증거를 생각해 낸다. 아마 내담자는 과거에 한 번도 낙제한 적이 없거나 이 과목에서 좋은 점수를 받았을지 모른다. 이 경우, 치료자는 이런 정보를 통해 내담자가 자신이 정말 멍청한지 아닌지를 결정할 수 있게 격려한다. 표 16.2는 분노, 우울 혹은 불안과 같은 원하지 않는 감정을 일으키는 다양한 종류의 비이성적 사고를 보여 준다. 이런 비이성적인 신념은 심각한 정서 문제를 가진 사람을 고통스럽게 하기 때문에 인지 재구조화의 목표가 된다. 치료회기에, 인지치료자는 내담자가 좀 더 실제를 반영하는 균형잡힌 사고를 하도록 돕기 위해 각 부정적인 사고를 지지하거나 지지하지 않는 증거를 찾아내게 돕는다. 다시 말하면, 임상가는 내담자가 세상을 볼 때 쓰는 검은 렌즈를 제거하되, 핑크빛 안경으로 대처하기보다는 투명한 안경으로 세상을 보게 돕는다. 다음에는 인지치료 회기가 어떻게 진행되는지 보여 주는 회기 녹취록 일부를 간단히 소개한다.

표 16.2

자주 보이는 비이성적 사고와 이로 인한 감정 반응

항목	공포(1~100)
난 지금 이것을 마쳐야 한다.	불안, 스트레스
난 완벽해야 한다.	
끔찍한 일이 발생할 것 같다.	
모든 사람이 나를 보고 있다.	부끄러움, 사회불안
난 친구를 만들 수 없을 것이다.	
사람들은 내가 뭔가 잘못되었음을 알고 있다.	
나는 패배자이고 계속 그럴 것이다.	슬픔, 우울
아무도 날 사랑하지 않는다.	
그 여자는 고의로 내게 그렇게 했다.	
그는 악마이고 벌을 받아야 한다.	분노, 성마름
뭔가 달라져야 한다.	

출처 : Ellis (1991).

임상가 : 지난주에 당신에게 당신을 매우 우울하게 만드는 상황에 대해 적어도 하루에 한번씩 혹은 자동사고가 떠오를 때 마다 생각기록을 하라고 했습니다. 하셨습니까?

내담자 : 네

임상가 : 좋습니다. 가져오셨나요?

내담자 : 네, 여기 있습니다.

임상가 : 잘하셨습니다. 이 숙제를 해 와서 매우 기쁩니다. 같이 살펴 봅시다. 첫 번째 기록한 상황이 무엇이죠?

내담자 : 글쎄요. 금요일 저녁에 재미도 있겠고 기분도 좋아질 것 같아서 친구와 외출을 했습니다. 그런데 기분이 나빠져서 아무와도 말을 하지 않았고, 구석에 앉아서 계속 술만 마시게 되었고, 그 파티에서 너무 취해 정신을 놓았습니다. 다음날 너무 창피했고 더 우울해졌습니다.

임상가 : 힘든 경험이었던 것 같네요. 그러니까 당신이 너무 취해 정신을 놓게 되었고, 결과적으로 우울하게 되었다는 것이네요. 0~100까지 척도로 평가했을 때 얼마나 우울했습니까?

내담자 : 90.

임상가 : 그렇군요. 어떤 생각이 자동적으로 떠올랐나요?

내담자 : 나는 스스로를 통제할 수 없다. 다시는 나 자신을 통제할 수 없을 것이다. 친구는 나를 패배자로 볼 것이고 나와 다시는 같이 나가기를 원치 않을 것이다.

임상가 : 그렇군요. 어떤 생각이 당신을 더 우울하게 만들었나요?

내담자 : 친구가 나를 패배자로 생각하고 나와 더 이상 같이 어울리길 원하지 않을 것이라는 생각입니다.

임상가 : 좋습니다. 그 부분을 좀 더 집중해서 살펴봅시다. 그 생각을 지지하는 증거가 뭐가 있죠?

내담자 : 글쎄요. 음… 난 너무 취했기 때문에 사람들이 나를 패배자로 생각했음이 틀림없어요. 그러니까 누가 안 그럴까요?

임상가 : 좋습니다. 여기 이 칸에 당신의 생각을 적으세요. 다른 건 없나요? 그 생각을 지지하는 다른 증거가 생각나는 것이 없습니까?

내담자 : 없습니다.

임상가 : 좋아요. 그럼 이제 그 생각을 지지하지 않는 증거에 대해 잠시 생각해 봅시다. 친구가 당신이 패배자가 아니라고 생각하거나 당신과 어울리고 싶어한다는 것을 지지하는 증거는 없나요?

내담자 : 글쎄요. 몇몇 사람들이 내가 정신을 놓자 놀리기 시작했는데, 친구들이 그걸 막았죠. 친구들은 나를 안전하게 집으로 데려다 주었고, 다음 날 전화해서 그 전날 있었던 일에 대해 농담을 했어요. 친구 토미는 "우리도 그런 경험이 있어"라는 말을 했고, 이번 주에 다시 같이 나가긴 원한다고 했어요.

임상가 : 좋습니다. 그걸 여기 이 칸에 적으세요. 매우 재미있네요. 한편으로는 당신은 우울했고 패배자이며 친구들이 좋아하지 않을 것이라 생각했고, 다른 한편으로는 술을 많이 마시기는 했지만 친구들은 곁에 있어 줬고, 실제로 다시 같이 어울리기를 원한다는 증거를 가지고 있네요. 맞나요?

내담자 : 아 네. 그렇게 말하시면 그러네요. 그렇게 생각해 본 적이 없어요.

임상가 : 그럼 지금부터 별로 실제적인 증거가 없는 첫 번째 사고를 증거에 근거한 균형 있는 것

인지치료자인 아론 벡의 심리치료에 대한 접근법은 직접적이고 이성적인 방법을 통해 환자의 부적응적인 사고유형을 바꾸게 돕는다.

인지치료
내담자가 자신과 타인 세계에 대해 가지고 있는 왜곡된 생각을 알아차리고 이를 고치도록 돕는 심리치료 형태

인지적 재구조화
내담자에게 부정적 감정을 유발하는 자동사고, 가정과 예측에 대해 스스로 질문하게 가르치고 이 부정사고를 보다 현실적인 긍정적인 믿음으로 바꾸게 돕는 치료 방법

마음챙김명상
내담자가 매 순간 현재에 충실하여 자신의 사고, 감정, 감각을 인식하고 문제가 되기 전에 증상을 깨달을 수 있도록 가르치는 인지치료 기법

인지행동치료(CBT)
인지와 행동 기법의 합

으로 대처하려고 합니다. 새로운 사고로 뭐가 가능할까요?

내담자 : 내 친구들은 나를 돌봐야 했기 때문에 내가 너무 취한 것에 대해 그리 좋지만은 않았으나, 친구로서 내 곁에 있어 줬고, 나와 같이 어울리기를 원한다. 뭐 그렇게요?

임상가 : 아주 잘하셨습니다. 증거에 의하면 지금 그 말은 맞는 것 같네요. 그걸 여기 옆에 적으세요. 이 새로운 사고에 대해 얼마나 믿나요? 0~100의 스케일로 평가해 보세요.

내담자 : 새 사고는 거의 정확해요. 95점.

임상가 : 첫 번째 사고보다 새 사고를 생각하면서, 당신의 우울 정도를 평가해 보세요.

내담자 : 전보다 낮아요. 40 정도? 내가 너무 취했다는 것은 아직도 맘에 안들지만 덜 우울하기는 해요.

사고를 보다 균형잡히고 정확한 것으로 변화하려 시도하는 인지적 재구조화 기술 이외에, 인지치료에서는 원하지 않는 생각과 감정에 대처하는 기술을 사용하는데, 이 기술들은 명상과 유사하다(5장 참조). 내담자는 문제가 되는 사고나 감정에 관심을 갖거나, 자신에 대해 새로운 시각을 가질 수 있게 돕는 명상 기법을 사용하도록 고무된다(Hofmann & Asmundson, 2008). 그중 한 가지 기법을 **마음챙김 명상**(mindfulness meditation)이라 하는데, 이 기법에선 내담자가 매 순간 현재에 충실하여 자신의 사고, 감정, 감각을 인식하고 문제가 되기 전에 증상을 깨달을 수 있도록 가르친다. 연구자들은 마음챙김 명상이 우울증의 재발을 방지하는 데 도움이 된다고 한다. 한 연구에서 우울증을 극복한 사람들이 60주간의 평가 기간에 마음챙김 기반 인지치료를 받았을 경우, 기존 치료를 받은 사람들에 비해 재발할 가능성이 반으로 줄어들었다(Teasdale, Segal, & Williams, 2000).

인지행동 치료

역사적으로 인지와 행동치료는 서로 다른 치료 시스템으로 간주되었고 어떤 사람들은 행동 혹은 인지 기술만을 사용함으로써 이 전통을 따른다. 오늘날 인지적 기술을 선택할 것이냐 혹은 행동적 기술을 선택할 것이냐는 개별 치료자나 치료하는 문제에 달렸다. 불안과 우울을 다루는 치료자는 인지적 방법과 행동적 방법을 섞어 사용하는데, 이를 **인지 행동 치료**(cognitive behavioral therapy) 혹은 **CBT**라 부른다. 이 접근법은 이성적 사고를 통해서 통제할 수 없는 행동이 있지만, 사고가 기능을 하기만 한다면 좀 더 이성적으로 생각할 수 있게 돕는 방법이 있다고 본다. CBT는 특정 문제를 다룬다는(예 : 공황 발작의 빈도를 줄이고, 우울증에서 회복해서 다시 일터로 복귀하는 것) 의미에서 **문제 중심**이며, 치료자가 환자가 이런 문제를 다룰 수 있는 특정 전략을 선택하게 돕는다는 의미에서 **행동 지향적**이다. 이 점이 목표를 직접 상의하거나 목표 설정에 대한 동의를 구하지 않으며 내담자가 꼭 해야 할 일이 치료회기 출석인 정신역동 치료나 다른 치료와는 다른 점이다.

CBT는 내담자가 알고 있는 것이 무엇이냐에 대한 가정에서 정신역동적 접근과 상반된다. CBT는 **투명**하다고 하는데 이는 아무것도 내담자에게 숨기는 것이 없기 때문이다. 치료 말기쯤 가면, 대부분의 내담자는 자신이 받은 치료와 바람직한 변화를 위해 사용되는 특정 기법에 대해 많이 알게 된다. 예를 들어, 감염되는 것에 대한 강박증을 가진 내담자는 대중 목욕탕과 같은 공포 상황에 직면하는 데 자신을 가지게 되며, 왜 이런 상황을 직면하는 것이 도움이 되는지 알게 된다.

행동치료의 효과성을 높이기 위해 행동변화 숙제를 사용하는 것은 어떨까?

왜 대부분의 치료자가 인지 및 행동 전략을 결합한 방법을 사용하는가?

심리치료의 '재부팅'

현대 심리치료는 프로이트와 자유연상 환자의 시대에서 훨씬 발전했다. 이제 우리는 심리과학의 발전에 근거한 정교한 치료를 많이 개발해 냈으며, 이 치료들은 실제로 사람들의 심리적 고통을 줄임을 보여 주는 실험연구에 의해 지지되고 있다. 그러나 심리치료는 여러 가지 측면에서 아직 초보적인 수준이다. 심리치료는 초창기 시작 때와 같이 아직도 주로 치료자가 내담자와 주 1회씩 만나서 내담자가 자신의 심리장애에 대해 이야기하게 만드는 방법을 사용한다. 최근 앨런 캐즈딘(Alan Kazdin) 그리고 그의 학생인 스테이시 블레이스(Stacey Blase)는 심리치료 연구와 실제를 '재부팅'할 필요가 있음을 주장한다(Kazdin & Blase, 2011). 그들은 지금 필요한 것은 기술발전에 근거한 치료 전달체계에 대한 새로운 포트폴리오의 확립이라고 주장한다.

비록 정신장애를 가진 사람들에게 치료를 제공하는 많은 심리학자들이 전통적인 심리치료법을 사용하지만, 연구자들은 새로운 기술을 창조적으로 이용해 장애를 평가하고 치료하는 새로운 방법을 개발해 내고 평가하고 있다. 심리치료에서 가장 기대되는 발전 중 하나는 컴퓨터 훈련 프로그램이다. 예를 들어, 연구들은 사람들이 정보를 처리하는 방법의 편향이 심리장애를 일으킴을 보여 준다. 인지편향수정(Cognitive Bias Modification, CBM)은 이런 편향을 줄이는 데 초점을 맞추는 컴퓨터화된 중재방법이다(MacLeod & Mathews, 2012). 특히, 사회불안증을 가진 사람들은 위협적인 정보에 선택적인 주의를 준다(예 : 여러 얼굴을 보여 주면 이 사람들은 화난 얼굴을 자동적으로 쳐다 보는 경향이 있다). 사회불안증을 위한 CBM 중 하나에서는, 환자들이 매우 빠르게(500밀리세컨드) 반복적으로 화난 얼굴과 중성 얼굴로 구성된 얼굴 쌍 자극 바로 뒤에 알파벳 "E"나 "F"가 나타나는 컴퓨터 스크린을 보면서, 자신이 본 알파벳이 "E"였는지 "F"였는지를 반응한다. CBM에서, "E" 혹은 "F"는 거의 항상 중성자극 얼굴 뒤로 나타나므로, 이 훈련의 반복을 통해 환자들에게 화난 얼굴을 무시하고 중성 얼굴에 주의를 주게 만들어 화난 얼굴에 주의를 주는 경향을 줄이려고 한다. 이 훈련은 얼굴을 넘어 위협 자극 자체에 대한 주의의 감소라는 일반화를 목표로 하고 있다. 엘다와 동료들(Eldar et al., 2012)은 최근 위약-통제 연구를 통해 4회기의 CBM으로 불안한 아동집

COURTESY PHILIP M. ENOCK

단에서 다양한 불안장애 증상이 유의하게 줄었음을 보고하였다. CBM은 다양한 심리장애에 치료방법으로 평가 중이며(Beard, Sawyer & Hofmann, 2012), 치료법 발전에 새로운 방향을 제시하고 있다. 그러나 다른 새로운 형태의 치료법과 같이, CBM 연구에서도 최초의 성공적인 시도 이후에 긍정적 결과를 내지 못한 연구들이 발표되었다는(예 : Enock & McNally, 2013) 사실은 이 새로운 형태의 치료의 효과성에 대해선 아직 평가 내리기 성급함을 시사한다.

클리닉에서 행해지는 새로운 형태의 치료 이외에, 기술의 발전은 사람들의 일상으로 클리닉이 동화되게 해 주고 있다. 심리학자들은 이제 컴퓨터나 핸드폰 그리고 착용 가능한 센서들을 이용해서 환자들의 실제 생활에서의 경험을 실시간 측정하게 되었으며, 클리닉 밖에서도 중재를 실시할 수 있게 되었다(예 : 문자를 보내 환자가 담배를 피우지 않게 경고를 한다던가 지난 치료회기에서 배운 기술을 연습하게 하는 것). '이동 건강(mobile health)' 혹은 'mHealth' 중재는 상당히 고무적이다. 그러나 최근 한 고찰에서는 이동식 기술을 이용한 중재의 반이 효과를 증명하는 데 실패했음을 보고하였다(Kaplan & Stone, 2013). 비록 보고 기술도구의 발전이 새로운 중재의 기회를 넓힌 것은 사실이나, 심리학자들은 어떤 것이 건강을 증진시키는 데 도움이 되고 어떤 것은 비효과적이나 그럴듯하게 보이게 만드는지 주의 깊게 평가해야 한다.

인지행동 치료는 다양한 장애에 효과적임이 밝혀졌다(Butler et al., 2006; '최신 과학' 참조). CBT는 단극성 우울, 범불안장애, 공황장애, 사회공포증, 외상후 스트레스 장애, 아동기 우울 및 불안장애에 매우 효과적이다. CBT는 결혼문제, 분노, 신체화 장애 및 만성 통증에는 중간 정도의 효과를 가진다.

집단치료 : 동시에 여러 사람 치료하기

정신병리를 오로지 개인에게 영향을 주는 질병으로 생각하는 것이 일반적이다. 예를 들어 어떤 사람이 우울하다고 하거나 불안증이 있다고 한다. 그러나 사람들은 다른 사람과 함께 살고 있고 다

 집단치료가 가장 좋은 옵션인 때는 언제인가?

른 사람들과의 관계가 질병을 발생시키거나 악화시킬 수 있다. 예를 들어, 우울한 사람은 친구나 사랑하는 사람들과 멀어지면 외로울 수 있고, 불안한 사람은 부모의 압력을 걱정할 수 있

최신 과학

다. 이 생각은 사람들이 병을 얻을 때와 같이—개인적 노력보다는 사회적 과정을 통해—병을 치료할 수 있음을 보여 준다.

커플과 가족치료

커플이 '문제가 있을 때' 둘 중 어느 누구도 정신병리가 없을 수 있다. 문제가 있는 것은 관계 그 자체이다. 커플치료는 결혼, 동거 혹은 연애 커플이 관계 안에서 일어나는 문제를 해결하기 위해 같이 치료를 받는 것을 말한다. 전통적인 커플치료는 자신들의 관계에 대해 만족하지 않기 때문에 도움을 구하는 커플을 대상으로 한다. 이 경우, 두 사람 모두가 치료회기에 참석하며 문제는 커플 중 한 사람 때문이라기보다는 관계에서 발생했다고 본다. 치료는 그들의 반복되는 역기능적 패턴을 바꿈으로써 **양쪽** 모두의 변화를 목적으로 한다.

관계에 이상이 있을 때 무엇을 할 것인가? 한 가지 방법은 커플치료이다. "커플 리트리트(Couple Retreat)"는 로맨틱 코미디 영화에선 4쌍이 일일 커플치료가 포함되어 있는 주말여행을 떠난다.

때로 치료가 더 큰 집단을 필요로 하는 경우가 있다. 한 구성원이 어떤 문제—청소년 알코올 남용—를 가질 수 있으나, 문제의 근원은 다른 가족과의 관계에서 비롯되었을 수 있다. 엄마가 알코올중독자로, 아버지가 출장으로 집을 비우거나 가족을 방치할 때 은연중에 청소년 자녀에게 술을 마시게 조장했을 수 있다. 이 경우, 치료자는 가족치료의 형태로 전체 구성원을 함께 치료하는 게 효과적일 수 있다. 가족치료는 특히 아동과 청소년에게 문제가 있을 때 효과적이다(Masten, 2004).

가족치료에서 '내담자'는 전체 가족이다. 가족치료자는 특정 가족 성원이 보이는 문제 행동은 역기능적 가족 체계의 결과라고 생각한다. 예를 들어, 폭식증으로 고생하는 여학생을 엄마 아빠 그리고 오빠와 함께 치료할 수 있다. 치료자는 어떻게 가족 성원이 서로 관련되어 있으며, 어떻게 가족이 조직되어 있고 그것이 시간에 따라 어떻게 변하는지 이해하려 한다. 가족과의 의사소통을 통해 치료자는 부모가 현재 오빠의 스포츠 관련 진로에 대해 과도한 관심을 주고 있으며, 이 여학생은 부모의 승인을 얻는 방법으로 자신의 몸무게를 통제하여 '예뻐지는' 것을 택했음을 알아내었다. 커플과 가족치료는 한 사람 이상이 함께 치료에 참가하며, 문제와 해결은 한 개인보다는 가족 성원 간의 상호작용을 통해 나올 수 있다고 본다.

가족은 여러 가지 이유로 치료를 받는데, 특정 구성원을 돕기 위한 것일 수 있고 혹은 가족 내 한 사람 이상과의 관계에서 문제 때문일 수 있다.

집단치료

이러한 생각에서 한 단계 더 나아가, 내담자가 심리치료자와의 대화로 나아질 수 있다면 그 사람은 치료자와 대화하는 다른 내담자들을 통해서도 나아질 수 있을 것이다. 이것이 여러 명의 참가자들(보통 처음에는 서로를 모른다)이 집단 내에서 자신의 문제를 해결하는 방법인 **집단치료**(group therapy)이다. 집단 속의 치료자는 개별 치료자라기보다는 토론의 리더 역할을 하면서, 개별 내담자와 대화하는 동시에 집단 구성원들 사이의 대화를 고무시키며 회기를 진행한다.

? | 집단치료의 장단점은 무엇인가?

집단치료는 약물중독과 같은 일반적인 문제를 가진 사람들에게 주로 사용되지만, 다른 문제에도 적용되기도 한다.

사람들은 왜 집단치료를 선택하는가? 한 가지 장점은 다른 사람과 집단에 참여하는 것은 내담자가 고통이 자신만의 것이 아님을 알게 해 준다. 또한 집단 성원은 서로에게 적절한 행동의 모델이 될 수 있고 자신들의 문제를 어떻게 다룰 것인가에 대

집단치료
여러 명의 참가자들(보통 처음에는 서로를 모른다)이 집단 내에서 자신의 문제를 해결하는 방법

한 통찰을 나눌 수 있다. 집단치료는 개인치료만큼 효과적일 수 있다(예 : Ionsson & Hougaard, 2008). 따라서 사회적 입장에서 보면 집단치료가 훨씬 효율적이다.

집단치료의 단점도 있다. 비슷한 필요를 가진 사람들을 모으기 힘들다. 이건 특히 우울이나 공황장애와 같은 특정 문제에 초점을 두는 CBT의 경우에 더 그렇다. 집단치료에서는 한 사람 이상의 성원이 집단 내 다른 성원을 염두에 두지 않으면 문제가 된다. 어떤 집단 성원은 토론을 독차지하거나 집단 내 다른 성원을 불편하게 만든다(예 : 다른 성원에게 데이트를 신청하기). 마지막으로, 집단 내 내담자는 개별 치료 때보다 치료자의 관심을 덜 받는다.

자조 및 지지집단

집단치료의 가장 중요한 형태 중 하나는 자조집단과 지지집단으로 특정 장애나 어려운 인생경험에 집중을 하거나, 같은 문제로 고통을 겪어온 사람들에 의해 운영되는 토론 집단이다. 가장 유명한 자조 및 지지집단은 Alcoholics Anonymous(AA), Gamblers Anonymous, Al-Anon(음주 문제를 가진 사람들의 가족이나 친구를 위한 프로그램)이다. 다른 자조집단으로 암 생존자들이나 자폐아를 둔 부모, 기분장애, 섭식장애, 약물중독 등 거의 모든 정신장애를 가진 사람들을 위한

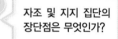

?
자조 및 지지 집단의 장단점은 무엇인가?

지지집단을 들 수 있다. 자조 및 지지집단은 비용 면에서 효율적일 뿐 아니라, 사람들에게 특정 문제로 고생하고 있는 사람이 자신뿐이 아님을 깨닫게 하고 각각의 개인적인 성공 경험을 바탕으로 서로에게 지도와 지지를 제공하는 기회를 갖게 한다.

어떤 경우에 자조 및 지지집단은 득보다는 해가 되는 경우가 있다. 어떤 성원은 공격적이거나 서로 치료에 방해가 되는 행동(예 : 공포 상황을 피하게 만들거나 술로 대처하게 하는)을 하게 만든다. 중증도 문제를 가진 사람들이 심각한 문제를 가진 사람들을 보며 문제가 되지 않는다고 생각했던 증상들에 대해 과민하게 되기도 한다. 자조 및 지지집단은 훈련된 치료자가 진행하는 것이 아니므로, 이런 집단을 평가할 기제가 없고 질을 확인할 방법도 거의 없다.

오늘날 미국에서 AA 집단의 성원은 2백만 명이 넘으며 전 세계적으로 18만 5천 집단의 미팅이 진행되고 있다(Mack, Franklin, & Frances, 2003). 성원들은 생애에 걸쳐 금주라는 목표를 달성할 수 있게 '12단계'를 따르도록 고무되는데, 이 단계들은 절대적인 힘을 믿고, 기도와 명상을 하며, 타인에게 해가 되지 않게 하는 것을 포함한다. 거의 모든 성원은 한 주 여러 번 있는 집단 미팅에 참석하며, 미팅 사이에 자신의 '조력자'로부터 부가적인 지지를 받는다. AA의 효

자조집단은 특정 심리 문제를 다루는 데 비용, 시간, 치료 측면에서 효과적인 해결책이다. 많은 사람들이 자조집단을 선호한다. 그런데 이것이 효과적인가? 어떻게 이를 평가할 것인가?

항정신성 약물
조현병과 관련된 정신증을 치료하는 데 사용하는 약물

과성에 대한 연구가 일부 진행되었는데, AA에 참가한 사람들이 그렇지 않은 사람들에 비해 문제성 음주를 더 잘 극복하는 것으로 보인다(Fiorentine, 1999; Morgenstern et al., 1997). 그러나 AA 철학 몇 가지는 지지되지 않았다. AA 프로그램은 대체적으로 유용하지만, 이 프로그램의 어떤 부분이 가장 유용한지에 대해서는 연구가 더 필요하다.

종합해 볼 때, 심리치료에 대한 사회적 접근은 인간관계가 우리에게 얼마나 중요한지 보여 준다. 심리치료가 어떻게 작용하는지, 한 치료가 다른 치료보다 나은지, 어떻게 문제가 시작되는지 이해하기 위해 어떤 이론을 적용해야 하는지는 명확하지 않을 수 있다. 그러나 사람들 사이의 사회적 상호작용 — 개인치료나 모든 다른 형태의 집단치료 — 은 정신장애를 치료하는 데 유용함은 분명하다.

요약

▶ 정신분석을 포함한 정신역동 치료는 내담자가 자신의 무의식적 갈등에 대해 통찰을 가질 수 있게 돕는 것을 강조한다. 전통적인 정신분석은 주 4~5회 회기를 가지며 내담자는 소파에 누워 치료를 받는 반면, 현대적인 정신분석은 주 1회 면대면 상호작용을 통해 내담자가 대인관계 문제를 해결할 수 있게 돕는다.

▶ 인본주의(예 : 내담자 중심 치료)와 실존적 접근(예 : 게슈탈트 치료)은 내담자가 개인적 성장감을 발달시키는 데 초점을 둔다.

▶ 행동치료는 특정 문제행동에 대해 학습이론을 적용한다.

▶ 인지치료는 내담자가 살면서 일어나는 사건에 대해 생각하는 방법을 바꾸고 비이성적인 사고에 대항하는 방법을 가르치는데 초점을 둔다.

▶ 인지적 접근과 행동적 접근의 결합인 인지행동 치료(CBT)는 다양한 정신장애의 치료에 효과적이다.

▶ 집단치료는 커플이나 가족 혹은 자신의 문제를 해결하려는 목적으로 모인 사람들을 주요 대상으로 한다.

▶ AA 같은 자조 혹은 지지 집단은 미국과 전 세계에 다 있으나, 잘 연구되지는 않았다.

의학적 · 생물학적 치료 : 뇌를 통한 마음 치유

뇌의 손상이 마음에 영향을 줄 수 있다는 발견을 한 이후로, 사람들은 직접적인 뇌 중재가 정신장애를 치료하는 열쇠일 수 있다고 생각하게 되었다. 예를 들어, 수천 년 전 사람들은 천공(trephining) — 두개골에 구멍을 뚫는 것 — 이 마음을 혼란스럽게 하는 악한 영혼을 물리칠 수 있다는 방법이라는 믿음을 가지고 이 방법을 통해 병을 치료하였다(Alt et al., 1997). 정신장애에 대한 외과적 수술은 아직까지도 최후의 수단이며, 그보다는 덜 극단적인 뇌 중심 치료가 있다. 뇌에 영향을 주는 약물은 선사시대부터 사용되었으며(예를 들어 술은 아주 오래전부터 있었다), 그때 이후로 약물치료는 그 종류와 효과성, 인기도 측면에서 크게 진보하여 현재 정신장애를 치료하는 가장 대표적인 의학적 접근법이 되었다(그림 16.2 참조).

프랑스 알사스의 석기시대 매장터(기원전 약 5900~6200년)에서 발견된 천공된 두뇌. 대뇌에 2개의 구멍이 있으나 그 구멍을 덮은 뼈의 성장은 환자가 그 후에도 살았음을 보여 준다(Alt et al, 1997). 집에서 따라하지 말 것.

항정신성 약물

심각한 정신장애에 대한 약물치료는 이완제로 개발되었는데 안절부절 못하고 다루기 어려운 특성을 가진 조현병 환자를 기분 좋고 고분고분하게 만든 클로르프로마진(약물이름은 토라진)과 함께 1950년대에 시작되었다(Barondes, 2003). 클로르프로마진은 조현병과 관련 장애를 치료했던 최초의 **항정신성 약물**(antipsychotic drugs)이며 조현병에 대한 치료를 완전히 바꾸었다. 또 다른 약물인 티오리다진(멜라릴)과 할로페리돌(할돌) 역시 개발되었다.

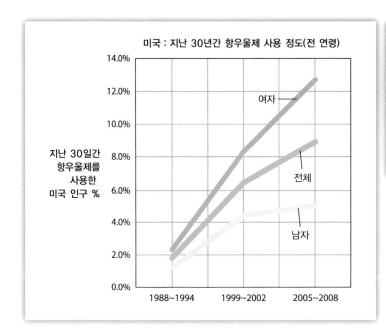

미국 : 지난 30년간 항우울제 사용 정도(전 연령)

지난 30일간 항우울제를 사용한 미국 인구 %

여자

전체

남자

1988~1994   1999~2002   2005~2008

◀ 그림 16.2 **항우울제 사용** 정신과적 약물의 인기는 최근 정점을 치고 있다. 최근 정부 보고서는 항우울제의 사용이 1988년에서 2008년도만 400%가 증가했음을 보여 준다(National Center for Health Statistics, 2012). 이 증가는 약물의 효과성에 대한 자료 발표, 처방자들에 대한 약물 전파 노력, 그리고 소비자에 대한 직접적 홍보 노력 등 다양한 요소로 인한 것이다. 여성에게 사용 빈도가 높은 것은 여성이 남성에 비해 일반적으로 우울과 그 치료의 이용 비율이 더 높기 때문으로 보인다.

조현병을 가진 사람들은 이상한 증상을 보였고, 때로 그 행동이 너무 파괴적이고 다루기가 힘들었기 때문에 항정신성 약물이 소개되기 전에는 그 사람들과 다른 사람들을 보호하는 오직 유일한 방법은 다른 환자와 함께 병원에 가두는 것이었는데, 처음에는 그런 시설을 어실럼(asylum)이라 불렀고, 현재는 **정신병원**이라 부른다(심각한 정신장애의 치료를 보여 주는 '현실세계' 참조). 이런 약물들이 소개된 이후로, 정신과 병원의 환자 수가 2/3 이상으로 줄었다. 항정신성 약물은 수십만 명의 탈기관화(deinstitutionalization)를 가능하게 하였고 심리적 상태와 증상에 대한 약물의 효과를 연구하는 **정신약물학**(psychopharmacology)의 주요한 발달 계기가 되었다.

이 항정신성 약물들은 피개(중뇌)와 다양한 피질하 구조 사이의 영역인 중변연계 부분에 있는 도파민 수용기를 막는 것으로 보인다(3장 참조). 약물은 이 영역의 도파민 활동을 줄인다. 조현병 약물의 효과는 조현병이 시냅스에 있는 도파민 과다로 인한 것이라는 '도파민 가설'(15장에 설명함)을 세우게 만들었다. 연구들은 실제로 뇌의 중변연계 영역의 도파민 과다가 환각이나 망상과 같은 조현병의 심한 정적 증상과 관련 있다고 한다(Marangell et al., 2003).

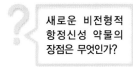

? 항정신성약물은 어떤 작용을 하는가

비록 항정신성 약물이 정적 증상에 잘 듣기는 하지만, 무감정 및 사회적 위축과 같은 부적 증상은 뇌의 중피질 영역(피개 일부와 대뇌피질 사이의 연결 부분)의 도파민 저활성화와 관련된 것으로 밝혀졌다. 이 발견은 왜 항정신성 약물이 부적 증상을 없애지 못하는지를 설명하는 데 도움을 준다. 부적 증성은 도파민 수용기를 막는 악물이 아니라, 시냅스에 도파민의 양을 증가시키는 약을 필요로 한다. 이는 어떻게 의학적 치료가 구체적인 특정 심리적 증상보다는 전반적인 심리적 효과를 갖는지에 대한 좋은 예이다.

항정신성 약물이 소개된 이후 약 25년 동안 조현병의 치료에는 거의 변화가 없었다. 그러나 1990년대 새로운 종류의 항정신성 약물이 소개되었다. 클로자핀(클로자릴), 리스페리돈(리스페리달), 올란제핀(자이프렉사) 등의 새로운 약물들은 **비전형적 항정신성 약물**(오래된 약물은 이제 **전통적인** 혹은 **전형적인** 항정신성 약물이라 부른다)로 알려져 있다. 오래된 항정신성 약물과는 달리, 이 새로운 약물들은 두 종류의 수용기를 모두 막음으로써 도파민과 세로토닌 체계에 모두 영향을 주는 것으로 보인다. 세로토닌 수용기를 막을 수 있는 능

? 새로운 비전형적 항정신성 약물의 장점은 무엇인가?

정신약물학
심리적인 상태와 증상에 대한 약물 효과의 연구

심각한 정신장애 치료하기

사회는 심각한 정신장애를 가지고 있는 사람을 어떻게 다룰 것인지에 대해 잘 알지 못한다. 과거 기록을 보면, 정신질환을 가진 사람들은 학대의 희생자였고, 거리의 부랑자였으며, 심하게는 감옥에서 비인간적 처사로 괴로움을 당해 왔다. 18세기에 이르러 새로운 변화가 있었는데 부유층을 위한 사립 '매드하우스(madhouse)'가 영국과 프랑스의 대중 보호소 건설의 모델이 되었다. 그때는 이 기관에 거주하는 환자들에게 부정적 용어를 사용할 때 오는 위험에 대해서 아무도 관심을 두지 않았기 때문에, 이 기관에 '병신' '바보' '미친' 사람들을 위한 보호소라는 부끄러운 이름을 붙였다.

미국 북부에서 정신장애에 대한 인간적 치료를 주장했던 벤자민 러쉬(Benjamin Rush) 박사에 의해 보호소운동이 시작되었고 후에 정신건강의 선구자인 도로시아 딕스(Dorothea Dix)에까지 연결된다. 딕스는 매사추세츠 주의 감옥과 공립구병원을 방문하고 1843년에 정신질환이 있는 사람들에 대한 잔인한 처사에 대해 국회에 보고했다. 딕스는 북미와 유럽에서 상당히 효과적인 딕스 캠페인을 벌였고, 결과적으로 정신장애를 위한 수백 개의 보호소를 세우게 되었다.

보호소의 탄생은 인간적인 치료를 고무했지만 보장하진 못했다. **베드램**(bedlam)이라는 용어를 쓰기 시작한 것으로 알려진 런던의 세인트메리 베들레헴 병원은 기관의 경제를 활성화시키려는 방법으로 방문자들에게 환자를 구경할 수 있게 하였다. 1753년 이 인간동물원의 한 방문자는 다음과 같이 기술하였다. "2펜스를 지불한 후 놀랍게도 나는 거기서 백여 명의 고통받으며 보살핌을 받지 못하고, 병동을 미친듯이 뛰어다니는 비참한 환자를 보았다"(Hitchcock, 2005). 제정신이 아닌 수감자에 대한 간수들의 학대는 보호소 근무자들의 정신과 환자 학대로 이어졌다. 보호소는 심각한 장애에 대한 '치료'를 제공하지 않았고, 그저 환자들을 관리하는 데 급급하였다(Jones, 1972).

보호소들이 가진 문제는 결국 1960년대의 탈기관화 운동이라는 정신건강치료의 또 다른 혁명을 가져 왔다. 새롭게 발견된 약물은 환자들이 질병을 관리하고 병원 밖에서 살 수 있게 도왔다. 케네디 정부에 의해 시작된 '지역사회 정신건강' 기금으로 미국 전역에 수많은 정신병원이 문을 닫았고 수천의 환자들은 쇼핑을 하고 음식을 만들고 대중교통 시설 이용 등 병원 밖에서 생활할 수 있는 기술을 배웠다. 보호소 환자들은 가족의 품으로 돌아가거나 양부모 가정 혹은 집단주거시설에 살게 되었으나, 많은 사람들은 갈 곳도 없이 그냥 병원에서 나와 노숙자가 되었다. 가장 심각한 환자는 필요할 경우 위급 입원이 가능했으나 대다수의 환자들은 외래 치료와 지역사회 삶을 돕는 지역사회 정신건강센터를 통해 관리되었다(Levine, 1981).

이 시도는 성공하였는가? 아직 많은 문제가 남아 있으므로 판단은 이르다. 심각한 장애에 대한 치료는 탈기관화 이후로 향상되어 왔다. 사람들이 정신병원 밖의 삶을 관리할 수 있게 도운 약물은 향상되었다. 게다가 정신병원의 상태나 치료가 크게 발전하였다. 영화에서 보는 것과는 달리, 정신병동과 병원도 일반 병원의 다른 병동과 비슷하다.

그러나 병원 밖을 살펴보면, 1980년대 레이건 정부 때 지역사회 정신건강센터에 대한 연방지원이 중단되었고, 주가 지원하는 프로그램이나 사립건강관리보호 제공자들은 이 역할을 대신하지 못하고 있다(Cutler, Bevilacqua, & McFarland, 2003). 따라서 비록 탈기관화가 심각한 정신장애를 가진 사람들에게 정신병원으로부터 자유를 준 것은 사실이지만, 많은 사람들은 거리로 내 몰아져 노숙자, 빈곤층 그리고 위험에 취약한 계층이 되었다. 심각한 정신장애를 위한 치료는 지난 100년간 크게 향상되었으나, 아직도 갈 길은 멀다.

▲ 최신 정신병동은 어떤 모습인가? 할리우드 영화에선 주로 더럽고 두렵고 회색이나 녹색으로 칠해져 있고 언제나 밤이다. 실제로는 청결 상태, 두려운 정도, 페인트 색 등에서 다른 병동과 유사하며 낮이나 밤이 비슷하다.

력은 새로운 발전으로 보이는데, 조현병의 주요 증상의 일부—인지적, 지각적 문제와 감정 저해—가 뇌에서 세로토닌 활동 증가와 관련 있을 가능성이 있기 때문이다. 이는 왜 비전형적 항정신성 약물이 적어도 조현병의 정적 증상에 오래된 약물만큼 효과가 있을 뿐 아니라 부적 증상에도 잘 듣는지를 설명해 준다(Bradford, Stroup, & Lieberman, 2002).

다른 모든 약물과 같이 항정신성 약물에도 부작용이 있다. 부작용은 너무 불쾌해서 어떤 사람들은 약물보다 원래 증상을 더 선호하며 '약물에서 벗어나'고 싶어 한다. 장기간 사용에서 오는 한 가지 부작용은 **지연성 운동장애**(tardive dyskinesia)로 얼굴, 입과 말초에 불수의적 움직임을 수반한다. 실제로 환자들은 전통적 항정신성 약물이 주는 부작용을 줄이기 위해 다른 약을 필요로 하기도 한다. 새로운 약물에 대한 부작용은 과거 항정신성 약물에 비해서 약하다. 이런 이유로 비전형적 항정신성 약물이 조현병 치료에 가장 많이 쓰이고 있다(Meltzer, 2013).

"그러나 이 약은 전통적인 정신역동법보다 효과적임이 증명되었습니다."

항불안제

항불안제(antianxiety medications)는 공포나 불안 경험을 줄이는 데 도움이 되는 약물이다. 가장 일반적으로 사용되는 항불안 약물은 벤조디아제핀(benzodiazepines)으로 신경전달물질인 GABA (Gamma-aminobutyric acid)의 활동을 활성화하는 진정제의 한 종류이다. 3장에서 읽었듯이, GABA는 뇌의 어떤 뉴런을 억제하여 사람을 얌전하게 만드는 효과를 낸다. 일반적으로 처방되는 벤조디아제핀에는 디아제팜(바리움), 로라제팜(아티반), 알프라졸람(자낙스)이 있다. 벤조디아제핀은 몇 분 안에 효과가 시작되며 불안장애 증상을 줄이는 데 효과적이다(Roy-Byrne & Cowley, 2002).

? 항불안제를 처방할 때 주의점은 무엇인가?

항불안제
공포나 불안 경험을 줄이는 데 도움이 되는 약물

항우울제
사람들의 기분을 고양시키는 데 도움이 되는 약물

그럼에도 요즘 의사들은 벤조디아제핀을 처방하는 데 매우 조심한다. 이 약물들은 가끔 내성—오랜 사용 뒤에 같은 효과를 내기 위해서 더 많은 양을 필요로 하는 것—을 발달시킨다(8장 참조). 게다가 이 약물에 내성이 생기면 중단 시 심각한 금단증상을 보일 위험이 있다. 금단증상은 심장박동 증가, 떨림, 불면증, 안절부절못함, 불안 등으로, 약이 제거하려고 노력하는 바로 그 증상이다. 그렇기 때문에 오랫동안 벤조디아제핀을 복용하는 환자들은 이 약을 끊기 힘들고 금단증상을 최소화하기 위해 점진적으로 약을 줄여 나가야 한다(Schatzberg, Cole, & DeBattista, 2003). 또 벤조디아제핀을 처방할 때는 부작용을 고려해야 한다. 가장 일반적인 부작용은 졸림/처짐이며, 벤조디아제핀은 협응력과 기억에 부정적인 효과가 있다. 벤조디아제핀은 알코올과 결합되면 호흡을 억제해 사고사의 원인이 되기도 한다.

TV에서 특정 약물에 대한 광고를 보았을 것이다. 소비자에게 직접적인 광고가 효과적인가? 물론이다. 최근 한 연구에선 환자로 위장한 사람을 의사에게 보내서 특정 약물을 요청하게 시켰고, 환자의 요구가 의사의 행동에 상당한 효과를 가짐이 밝혀졌다. 특정 약물에 대한 요구는 요구하지 않은 약물보다 그 약물을 받을 가능성을 한층 증가시킨다 (Kravitz et al., 2005).

불안이 불면증을 초래할 때, 최면제로 알려진 약물이 수면제로 유용할 수 있다. 그런 약물 중 하나인 졸피뎀(앰비엔)은 많이 사용되고 효과도 있지만, 일부 사용자가 몽유병, 수면 중 먹기 혹은 운전하기 등을 보고하기도 한다(Hughes, 2007). 불안에 대한 또다른 대안은 부스피론(부스파)으로 범불안장애인의 불안을 줄인다고 알려져 있다(Roy-Byrne & Cowley, 2002).

항우울제 이외의 기분 안정제

항우울제(antidepressant)는 사람들의 기분을 고양시키는 데 도움이 되는 약물들이다. 항우울제는 결핵을 치료하는 데 쓰이던 이프로니아지드(iproniazid)가 기분을 고양시켜 주는 것이 발견되면서 1950년대에 처음 소개되었다(Selikoff, Robitzek, & Ornstein, 1952). 이프로니아지드는 MAOI(monoamine oxidase inhibitor)로 모노아민 옥시다제라는 효소가 노르에피네프린, 세로토닌, 도파민과 같은 신경전달물질을 분해하는 것을 방해하는 약물이다. 그러나 효과성에도 불구하고 MAOI는 거의 처방되지 않는다. MAOI는 어지럼증과 성적 관심 감소라는 부작용이 있고 다른 약물과 함께 복용 시 위험할 수 있으므로 잘 처방되지 않는다. 또한 티라민 ― 치즈나 콩, 오래된 고기, 콩 음식과 생맥주에 있는 단백질의 분해를 통해 만들어진 자연적인 물질 ― 과 같이 섭취했을 때 혈압을 위험 수준까지 상승시킨다.

항우울제의 두 번째 종류는 삼환계 우울제(tricyclic antidepressants)로 1950년대에 소개되었다. 이미프라민(토프라닐)이나 아미트리프탈린(엘라빌)과 같은 약물이 여기에 속한다. 이 약물은 노르에피네프린과 세로토닌의 흡수를 방해하여 뉴런 사이의 시냅스 간격에 신경전달물질의 양을 증가시킨다. 삼환계 우울제의 가장 흔한 부작용은 입이 마르고 변비가 생기며 소변 보

<table>
<tr><td>[?] 최근 사용되는 가장 대표적인 항우울제는 무엇인가? 어떻게 작용하는가?</td></tr>
</table>

기가 어렵고 시야가 흐릿해지며 심장이 빨리 뛰는 것이다(Marangell et al., 2003). 이런 약물은 아직도 처방되기는 하지만 부작용 때문에 과거보다 훨씬 덜 이용되고 있다.

오늘날 가장 많이 사용되고 있는 항우울제는 선택적 세로토닌 재흡수 억제제(SSRIs)로 플루옥세틴(프로작), 시탈로프람(세렉사), 파록세틴(팍실) 등이 있다. SSRI는 뇌에서 세로토닌의 재흡수를 방해하여 뉴런 사이의 시냅스 공간에 세로토닌이 더 많게 만들어 준다. 시냅스에서 세로토닌이 많으면 많을수록 뉴런이 이를 인식하고 신호를 보내 준다. SSRI는 낮은 세로토닌 수준이 우울의 원인이 된다는 가정하에 개발되었다. 이 가설을 지지하듯, SSRI는 우울을 비롯해 다양한 종류의 문제에 효과적이다. SSRI는 선택적이라고 불리는데, 이는 세로토닌과 노르에피네프린에 모두 작용하는 다른 삼환계 우울제와는 달리 세로토닌 체계에만 특정적으로 작용하기 때문이다(그림 16.3 참조).

마지막으로, 지난 몇 년간 에펙서(벤라팍산)와 웰뷰트린(부프로피온)과 같은 새로운 항우울제가 개발되었다. 에펙서는 세로토닌과 노르에피네프린 재흡수 억제제(serotonin and norepinephrine reuptake inhibitor, SNRI)이다. SSRI가 세로토닌에만 작용하는 반면, SNRI는 세로토닌과 노르에피네프린 모두에게 영향을 준다. 반면, 웰뷰트린은 노르에피네프린과 도파민 재흡수 억제제이다. 이런 새로운 항우울제는 삼환계 우울제나 MAOIs보다 부작용이 적은 것으로 보인다.

대부분의 항우울제는 효과를 보기까지 한 달 정도 걸린다. 우울의 증상을 경감시키는 것 이외에, 거의 모든 항불안제는 불안장애를 효과적으로 치료하며, 몇 종류는 섭식장애에도 효과적이다. 실제로 SSRI를 생산하는 회사들은 최근 이 약물을 항우울 효과보다 불안장애의 치료제로서 홍보하고 있다. 비록 항우울제가 주요우울증을 치료하는 데 효과적이지만 조증이나 경

<table>
<tr><td>[?] 항우울제는 왜 양극성장애에 처방되지 않는가?</td></tr>
</table>

조증 에피소드로 특징되는 양극성장애의 치료에는 권유되지 않는다(15장 참조). 항우울제는 양극성장애 환자에게는 처방되지 않는데, 기분을 올리는 과정에서 조증 에피소드를 유발할 가능성이 있기 때문이다. 그 대신 양극성장애는 기분 안정제로 치료하는데, 이약은 조증과 우울증의 기복을 막아 준다. 가장 많이 사용되는 기분 안정제로는 리튬, 밸프로에이드 등이 있다. 리튬은 항우울제에 반응하지 않는 사람들에게 전통적인 항우울제와 같이 사용되었을 때 단극성 우울증에 효과적이다.

리튬은 장기적인 신장 및 갑상선 문제를 일으킬 수 있으므로, 리튬을 복용하는 사람은 정

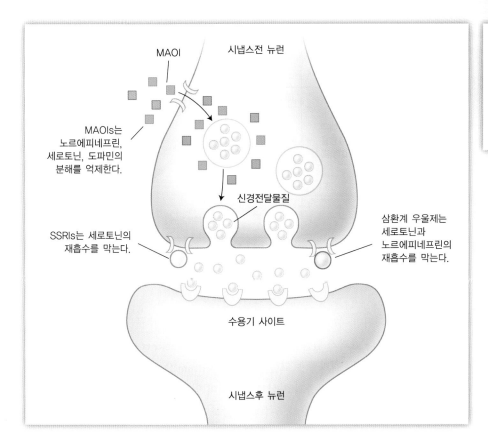

시냅스전 뉴런

MAOI

MAOIs는
노르에피네프린,
세로토닌, 도파민의
분해를 억제한다.

신경전달물질

SSRIs는 세로토닌의
재흡수를 막는다.

삼환계 우울제는
세로토닌과
노르에피네프린의
재흡수를 막는다.

수용기 사이트

시냅스후 뉴런

◀ 그림 16.3 **항우울제 약물 활동** MAOIs, SSRIs, 혹은 삼환계 우울제와 같은 항우울제는 세로토닌, 도파민, 그리고 노르에피네프린과 같은 신경전달물질이 분해되거나 재흡수되는 것을 막는 활동을 한다. 이러한 활동은 시냅스 간격에서 신경전달물질이 더 잘 분비되고 남게 만들어 시냅스후 뉴런의 수용기를 보다 활성화시킨다. 이러한 약물들은 우울을 감소시키고, 때로 불안이나 다른 질병을 경감시킨다.

기적으로 리튬의 혈중농도를 반드시 체크해야 한다. 더군다나 리튬은 각 개인에게 적정한 수준이 있으므로 혈액검사를 철저히 행해야 한다. 반면, 밸프로에이트는 혈액검사가 필요하지 않다. 밸프로에이트는 부작용이 있지만, 미국에서 양극성장애에 가장 일반적으로 처방된다 (Schatzberg et al., 2003). 요약하면, 항우울제가 다양한 문제에 효과가 있기는 하지만, 양극성장애에서 경험하듯이 조증과 우울증 사이 기복이 심한 경우 기분 안정제가 필요할 수 있다.

허브와 자연제품

미국인 2,000명 이상을 대상으로 한 설문조사에서, 불안장애를 앓는 7%와 우울장애를 앓는 9%가 자신의 문제를 치료하기 위해 허브, 약초, 메가비타민, 유사의약품 등 대체 약품을 사용한다고 보고했다(Kessler et al., 2001). 사람들이 이런 제품을 이용하는 가장 큰 이유는 쉽게 살 수 있고 비싸지 않으며 '약'에 대한 '자연' 대체물로 생각하기 때문이다. 허브와 자연제품은 정신건강 문제를 치료하는 데 효과적인가? 혹은 그것들은 그저 가짜 약에 불과한가?

왜 약초 치료법이 사용되는가? 효과적인가?

이 질문에 대한 답은 간단하지 않다. (미국보건국과 같은) 검열기관은 허브제품을 약품으로 분류하지 않는다. 따라서 안정성과 논리성 확립을 위한 철저한 연구를 요하지 않는다. 그 대신 허브제품은 영양보조제로 분류되어 식품과 같은 방식으로 규제받는다. 다른 약품과의 상호작용, 내성, 금단증상, 부작용, 적절량, 기제, 효과성, 제조회사마다 다른 제품의 순수도 등, 허브제품에 대한 과학적 정보는 거의 없다(Jordan, Cunningham, & Marles, 2010).

허브와 자연제품의 효과성을 보여 주는 연구가 조금 있기는 하지만, 증거는 확실하지 않다(Lake, 2009). 이노시톨(겨 추출물), 카바(후추와 유사한 허브), 오메가 3 지방산(생선기름), SAM-e(아미노산 파상물)와 같은 제품은 건강식품으로 판매되며, 여러 가지 긍정적인 심리적

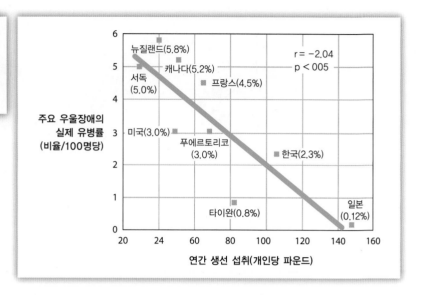

▶ 그림 16.4 **오메가 3 지방산과 우울증** 최근 연구들은 오메가 3 지방산의 섭취가 긍정적인 정신건강 결과와 연관되어 있음을 보여 준다. 예를 들어 조 히벨른(Joe Hibbeln, 1988)은 생선(오메가 3s의 주 원천)을 많이 섭취하는 나라에선 우울증 유병률이 유의하게 낮음을 보여 주었다.

효과를 지닌다고 기술되지만, 증거는 확실하지 않다. 예를 들어, 고추풀(풀도 약초임)의 경우, 우울 경감에 위약조건보다 효과가 있음을 보여 준 연구(예 : Lecrubier et al., 2002)가 있는 반면, 다른 연구들은 효과가 없다는 결과를 보고한다(예 : Hypericum Depression Trial Study Group, 2002). 오메가 3 지방산은 낮은 우울증과 자살과 연결되어 있는데, 다양한 치료 연구는 오메가 3가 우울을 줄이는 데 플라시보 집단보다 우수함을 밝혀냈다(그림 16.4 참조). 전반적으로 비록 이런 허브약품과 치료가 지속적으로 연구될 가치가 있긴 하지만, 이런 제품들은 안정성과 효과성이 알려질 때까지 철저히 감독되고 조심스레 이용되어야 한다.

약물과 심리치료 결합하기

심리치료와 약물이 모두 정신장애를 치료하는 데 효과적이라면, 자연스럽게 다음 질문은 "어떤 것이 더 효과적인가"이다. 심리치료와 약물의 결합은 각각 보다 더 효과적인가? 많은 연구들이 정신장애에 대한 심리치료, 약물, 그리고 두 치료가 결합된 경우를 비교하였다. 연구 결과는 어떤 문제인지에 따라 다소 다르다. 예를 들어, 조현병과 양극성장애의 경우, 연구자들은 약물이 심리치료보다 효과적이며 약물이 치료의 필수 요소라고 보고한다. 최근에는 사회기술 훈련과 인지행동 치료 같은 심리치료를 첨가하는 것이 좋은지에 대한 연구가 진행되고 있다. 불안과 우울장애의 경우, 약물과 심리치료는 비슷하게 효과적이다. 한 연구는 공황장애의 치료에 인지행동 치료와 이미프라민(토프라닐로 알려진 항우울제) 그리고 이 둘이 결합된 치료와 위약조건을 비교하였다(Barlow et al., 2000). 12주 치료 후에 인지행동 치료 단독 그리고 이미프라민 단독 조건은 위약조건보다 효과가 월등히 좋았다. 결합조건에서, 반응률은 위약조건보다 높았지만, 인지행동 치료 단독이나 약물 단독 조건보다 유의하게 높지는 않았다. 다른 말로 하면, 두 치료 각각은 치료가 없는 조건보다는 좋았으나, 결합된 치료는 한 가지만 사용된 경우보다 더 효과적이지 않았다(그림 16.5 참조). 많은 게 항상 좋은 것은 아니다.

효과적이라고 밝혀진 심리치료와 약물은 동일한 기제를 통해 작용하는가? 사회공포증 환자에 대한 연구는 세

▼ 그림 16.5 **공황장애에 대한 약물과 심리치료의 효과** 공황장애에 대한 인지행동 치료와 약물(이미프라민)의 효과를 살펴본 연구는 인지행동 치료, 약물 그리고 이 둘을 결합한 치료의 경우 단기적으로는 이 세 조건 모두가 위약조건보다는 결과가 좋았지만, 치료 효과 측면에서 서로 유의하게 차이가 나지 않는다고 보고한다(Barlow et al., 2000).

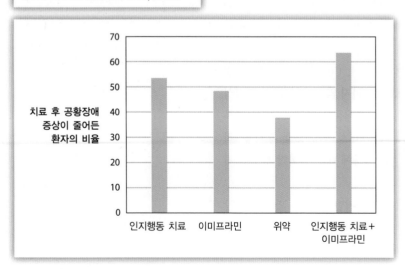

다른 생각

진단 : 인간

테드 거프는 작가
이자 하버드대학교
에드먼드 J. 사프라
유리센터의 연구원
이다.

PHOTO: SUSAN
SYMONES/INFINITY
PORTRAIT DESIGN

많은 사람들이 심리치료와 약물치료를 받아야 하는가? 혹은 숫자가 줄어야 하는가? 일부 자료는 정신장애를 가진 대다수의 사람들이 치료를 받지 않으며, 치료되지 않은 정신장애는 고통과 괴로움의 원인이 된다. 반면, 우리는 정상 행동을 너무 성급하게 '장애'로 간주하고 우리를 불편하게 하는 행동 사고 감정을 약물로 해결하려 한다. 테드 거프(Ted Gup)도 이 중 하나이다. 다음은 2014년 4월 3일 **뉴욕타임스**에 "진단 : 인간"이라는 제목으로 실린 기사이다.

11%, 약 6천 4백만의 학령기 아동이 주의력 결핍 활동장애로 진단을 받는다는 사실은 소름을 돋게 만든다. 내 아들도 그 진단을 받았다.

아들은 초등학교 1학년 때 진단을 받았다. 심지어 아들을 만나기 전에 약을 처방한 정신과 의사들도 있었다. 한 정신과 의사는 아들이 약을 먹기 전까지는 만나지 않겠다고 말했다. 1년 동안 나는 약을 거부했지만, 결국 항복했다. 그래서 데이비드는 증상을 호전시킨다고 알려진 리탈린, 애더럴, 그리고 다른 약을 복용하였다.

좀 더 커서는 데이비드는 '천방지축(rambunctious)'으로 불렸다. 몸에 비해 에너지가 좀 많았다. 그는 소파에서 천장까지 정신없이 뛰었으며, 크고 작은 떼쓰기를 하는 등 기운이 넘쳐 났다.

데이비드는 대학교 4학년인 21세에 알코올과 약물의 치명적인 조합으로 인해 자기 방 바닥에서 죽은 채로 발견되었다. 2011년 10월 18일이었다. 아무도 그에게 헤로인과 알코올을 마시게 하지 않았으나 나는 나와 다른 사람의 탓으로 돌리고 싶다. 나는 말하는 치료의 가치를 폄하하는 시스템에 나도 모르게 물들어 급하게 약을 시작했고 이로 인해 의도하지 않게 자가-약물이 문제가 없다는 메시지를 전달한 것이다.

내 아들은 천사가 아니었으며(우리에겐 천사였지만), 애더럴을 먹고 싶어 안달하는 친구들 사이에 약을 제공하는 시장을 만들었다. 그가 한 일은 용서되지 않지만, 이해할 수는 있다. 그가 한 일은 큰 제약회사가 아동에게 테스트된 바 없고 승인이 나지 않은 약물을 원래의 승인 내용과 다른 목적으로 사용해(off-label use) 이익을 추구하는 자신이 자란 사회를 반영하는 시장을 만든 것이다.

약물을 권장하는 환경에서 자란 학생들은 수행 증진을 위해 학급에서 약물을 사용함으로써 전문가들과 경쟁한다. 그리고 우리는 왜 그들이 약물을 남발하는지 못내 궁금하다. 부모들은 유감스럽게도 아이들이 학급에서, 가정에서도 배우며, 청소년으로서 혹은 성인으로서 창조한 문화는 그들이 아동기 때 경험한 것을 모방한 작은 세계임을 깨닫는다.

허용적으로 약물을 사용하게 하는 것과 과진단의 문제는 ADHD에 국한되지 않는다. 5월에 미국 정신의학회는 정신장애에 대한 진단 및 통계 편람인 *DSM-5*을 발표하였다. *DSM-5*는 전문가들의 성경이라 불린다. 이 최신판은 이전 판처럼 단지 전문가뿐 아니라 그것이 적용되는 문화의 창이며, 사회의 기준을 반영하며 만들어 간다(예를 들어 1970년대까지 동성애는 정신장애로 분류되었다)

새롭지만 가장 논란이 된 조항은 우울증을 애도까지 확장했다는 것이다. 표면상으로는 그럴 듯하다. 애도 시에는 우울의 일반적인 모습 — 삶에 대한 흥미 상실, 식욕 상실, 불규칙한 수면 패턴, 기능 저하 등 — 이 보인다. 그러나 경험했겠지만, 그런 증상은 애도의 가장 일반적인 모습이기도 하다.

우리 세대는 방송과 대중매체가 수면에서 성생활까지 다 고칠 수 있다고 주장하는 커다란 제약시장인 세대에 살고 있다. 나는 인간이라는 것 자체가 빠르게 하나의 조건으로 되고 있는 것에 공포를 느낀다. 마치 우리가 애도와 상실에 대한 극단적인 고통을 받아들이지 못하는 듯하다. 우리는 생사, 우리의 인간성, 노화의 패턴 그리고 결국 사망 원인에 대한 혼란스러움으로부터 놀랄만큼 멀어지고 소원해져 간다.

도전과 어려움은 병리화되고 무시되어 가고 있다. 우리 자신의 적응기술을 기르기보다는 그 능력을 과소평가하고, 있지도 않은 지름길을 찾으며, 우리가 우리의 삶에서 기대야 하는 탄력성을 망가뜨리고 있다. 애도를 우울의 일부로 진단내리는 것은 가장 인간적인 것 — 다른 사람에 대한 사랑과 애착 — 을 무시하는 위험을 자초하는 것이다. 애도를 *DSM*의 새로운 범주로 만들어 이름을 주고 하위영역화 하는 자체로 애도를 완화할 수 없거니와 그렇게 하는 것이 애도를 덜 힘들게 해 주거나 다루기 쉽게 만들어 주는 것도 아니다.

*DSM*은 실연이 의학 상태가 아니며 약으로 눈물을 없앨 수 있다고 보지도 않는다. 시간은 모든 상처를 아물게 하지 않으며, 감춘다는 것은 허구이고 신은 우리가 감당할 수 없는 것을 하게 하지 않는다는 것도 거짓이다. 참을 수 없는 것을 참는 것이 바로 우리네 인생이 우리에게 요구하는 것이다.

정신장애를 명명하고 치료하는 것에 대해 너무 많이 온 건 아닌지? 혹은 너무 덜 간 것은 아닌지? 우리가 정신장애로 고통받는 사람에게 필요한 도움을 주는 동시에 정상 행동을 약물로 다루는 것이 아님을 어떻게 확신할 수 있는가?

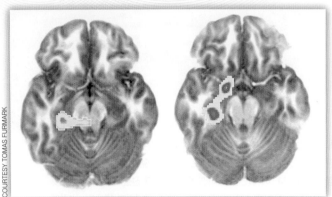

▲ 그림 16.6 **뇌에서 약물과 치료의 효과** 사회공포증 환자의 PET 스캔은 인지행동 치료(왼쪽)와 SSRI인 시탈로프램(오른쪽)으로 치료받은 집단에서 모두 치료 후 편도체와 해마에서 활동의 감소가 발생했음을 보여 준다(Furmark et al., 2002).

로토닌 재흡수 억제제(SSRI)나 인지행동 치료 후에 뇌척수액의 패턴을 살펴보았다(Furmark et al., 2002). 양쪽 치료집단의 환자에게 곧 대중 연설을 해야 할지도 모른다고 알려 주었을때, 각 치료에 잘 반응했던 (효과를 보였던) 환자들은 PET 스캔 시 편도체, 해마, 그리고 주변 대뇌 영역에서 활동 감소를 보였다(그림 16.6 참조). 해마 옆에 위치한 편도체(그림 6.18 참조)는 감정 정보의 기억에 중요한 역할을 한다. 이런 결과는 두 치료 모두 치료와 관련된 뇌 영역에 동일한 효과를 보임을 시사한다. 비록 뇌에 영향을 주는 사건이 신체적이긴 하지만, 뇌는 신체 구조물이

치료와 약물은 비슷한 기제를 통해 작동하는가?

다. 심리치료와 같은 환경적인 학습 경험 역시 뇌에 비슷하게 영향을 준다.

약물과 심리치료를 결합하기 어려운 가장 큰 이유는 이 치료가 다른 부류의 사람들에 의해 제공된다는 것이다. 정신과 의사들은 의대에서 약물투여(심리치료도 같이 할 수 있음)를 훈련받는 반면, 심리학자들은 약물이 아닌 심리치료를 훈련받는다. 이 말은 치료의 조절에 심리학자와 정신과의사 사이의 협동이 필요하다는 것이다.

심리학자들이 약물처방 면허를 가져야 하느냐 아니냐의 문제는 의사와 심리학자 사이의 논쟁거리였다(Fox et al., 2009). 루이지애나와 뉴멕시코만이 면허를 가진 훈련된 심리학자에게 처방권을 주고 있으나, 9개의 다른 주에서 처방권 허가를 고려하고 있다(Munsey, 2008). 반대자들은 심리학자는 약물이 다른 약물과 어떻게 상호작용하는지 이해하기 위한 의학적 수련을 받지 못했다고 주장한다. 이 이슈는 논쟁의 중심이며, 현재로선 약물과 심리치료의 조절은 정신과 의사와 심리학자의 협동을 요한다.

약물 이외의 생물학적 치료

전기충격요법
뇌에 전기 충격을 가함으로써 짧은 발작을 유발시키는 방법

약물은 효과적인 생물학적 치료법이지만, 일부에게 약물은 효과가 없으며 부작용도 심하다. 이런 사람들에게 심리치료도 효과적이지 않으면 증상 완화에 어떤 방법이 사용될 수 있을까? 도울 수 있는 다른 방법이 있기는 하지만, 좀 위험하며 잘 알고 있는 방법도 아니다.

심각한 정신장애에 대한 생물학적 치료로 가장 많이 사용되는 것은 충격 치료라고도 불리는 **전기충격요법**(electroconvulsive therapy, ECT)인데, 이는 뇌에 전기 충격을 가함으로써 짧은 발작을 유발시키는 방법이다.

심리치료나 약물이 효과적이지 않을 때 사람들은 어떻게 하는가?

ECT는 심한 우울증 치료에 효과적일 수 있다. 부작용을 줄이기 위해서 마취 상태에서 실시한다.

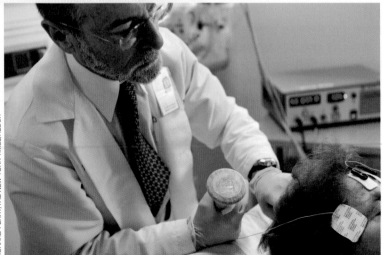

1초 미만 동안 환자의 두개골에 충격을 준다. ECT는 양극성장애 치료에 사용되기도 하였지만, 주로 항우울제에 반응하지 않는 심한 우울증을 치료하는 데 사용되었다(Khalid et al., 2008; Poon et al., 2012). 환자는 미리 근육이완을 처치받고 마취를 한 후 ECT를 받으므로 절차를 의식하지 못한다. ECT의 주요 부작용은, 일반적으로 치료 종료 후 1~2개월 후에 회복되긴 하지만, 단기 기억의 손상이다. 게다가 이 과정을 거치는 환자들은 때로 후에 두통이나 근육통을 호소한다(Marangell et al., 2003). 이런 부작용에도 불구하고 치료는 효과적이다. ECT는 모의 ECT, 위약집단, 및 삼환계 우울제나 MAOIs

같은 항우울제보다 효과적이다(Pagnin et al., 2008).

약물과 관련 없는 또 다른 생물학적 접근으로 강력하게 전극을 띤 자기를 환자의 뇌에 심어 뇌의 신경활동을 변화시키는 **두개골 간 자기 자극법**(transcranial magnetic stimulation, TMS)이 있다. 우울증에 대한 치료로 좌 또는 우 전전두엽을 자극—우울증과 관련 있는 뇌 영역—하기 위하여 자석을 좌 또는 우측 눈썹 바로 윗부분에 꽂는다. TMS는 비침투적이고 ECT보다 부작용이 적으므로 굉장한 발견이라 할 수 있다(3장 참조). 약한 두통과 약한 간질 발작이 있지만 미미하여 기억이나 주의집중에 영향을 주지 않는다. TMS는 약물에 반응하지 않는 우울증 치료에 특히 유용할 수 있다(Avery et al., 2009). 실제로 TMS와 ECT를 비교한 최근 연구는 두 과정이 모두 효과적이며, 차이가 없다고 보고한다(Janicak et al., 2002). 다른 연구들은 조현병의 환청을 치료하는 데 사용될 수 있음을 밝혀냈다(Aleman, Sommer, & Kahn, 2007).

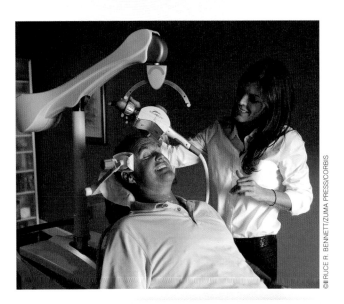

두뇌간전자자극(RMS)은 수술의 필요 없이 연구자와 임상가가 전자기 막대를 이용해 뇌 활동을 변화시키게 만들어 주는 흥미로운 새 기술이다.

밝은 빛에 반복적인 노출을 하는 **광선치료**(phototherapy)는 계절성 우울증을 가진 사람들에게 유용하다. 계절성 기분장애(seasonal affective disorder, SAD)(15장 참조)는 빛의 부족으로 오직 겨울에만 우울증을 경험하는 사람들을 말한다. 전형적으로 이 사람들은 치료를 목적으로 전등을 이용해 아침에 밝은 빛에 노출된다. 광선치료는 심리치료나 약물만큼 잘 연구되지는 않았으나, 일부 연구들은 이 방법이 SAD에 항우울제만큼이나 효과적임을 시사해 준다(Thaler et al., 2011).

아주 드문 경우에, 특정 정신과적 질병을 치료하기 위하여 뇌의 특정 부분을 외과적으로 파괴하는 정신외과술이 사용된다. **정신외과술**(psychosurgery)은 1930년대 포르투갈 의사인 에가스 모니츠(Egas Moniz, 1874~1955)가 처음으로 로보토미(lobotomy)를 실시한 이후로 역사적으로 논쟁이 되어 왔다. 동물 뇌에 특정 수술을 행하면 차분하게 만들 수 있다는 발견에 근거해, 모니츠는 비슷한 방법을 공격적이거나 안절부절못하는 환자에게 사용하기 시작했다. 로보토미는 환자의 눈동자나 뇌의 측면에 구멍을 뚫어 어떤 도구를 삽입하는 절차이다. 목적은 감정을 담당한다고 알려진 뇌의 안쪽 영역인 시상하부와 전두엽의 연결을 끊는 것이다. 비록 어떤 로보토미는 극심한 피로감, 어린아이 같은 충동 등, 심각한 부작용을 초래하였으나, 모니츠는 이로 인해 1949년 노벨상을 받았다. 로보토미는 몇 해 동안 아주 많이 사용되면서 많은 사람들에게 영구적인 부작용을 남겼고, 이 때문에 모니츠에게 주어진 노벨상을 회수하자는 운동이 꾸준히 전개되었다. 1950년대 항정신성 약물의 발전은 공격적인 환자를 치료하는 안전한 방법을 제공하였고 로보토미를 더 이상 사용하지 않게 되었다(Swayze, 1995).

정신외과술은 요즘에는 거의 사용되지 않으며, 다른 치료가 모두 효과가 없고, 증상이 너무 심각한 극단적인 사례에만 사용된다. 예를 들어, 정신외과술은 일상생활이 거의 불가능하고 심리치료와 약물이 전혀 효과가 없는 심각한 강박증 사례에 가끔 이용된다. 넓은 부위의 뇌 티슈를 제거했던 예전의 로보토미와는 다르게, 현대 정신외과술에서는 강박 사고와 행동과 관련있다고 밝혀진 특정 뇌 부위를 제거하기 위해 아주 세밀한 제거술이 이용된다. 이런 정교함은 보다 좋은 결과를 가져왔다. 예를 들어 다양한 약물이나 인지치료에 반응하지 않는 강박증 사람들은 **대상회절개술**(cingulotomy)이나 **피막전개술**(anterior capsulotomy)이라고 불리는 특정 수술 절차로부터 도움을 받을 수 있다. 대상회절개술은 대상회(그림 3.18 참조) 혹은 대상회전(cingulate gyrus)(뇌량 위의 골)의 일부를 파괴하는 것이다. 피막전개술은 미상핵과 과핵(putamen) 사이의 길을 방해하도록 작은 상처를 내는 것이다. 정신외과술의 사례가 많지 않기

두개골 간 자기 자극법
강력하게 전극을 띤 자기를 환자의 뇌에 심어 뇌의 신경활동을 변화시키는 치료

광선치료
밝은 빛에 반복적인 노출을 하는 치료

정신외과술
특정 뇌 부위를 외과적으로 파괴하는 것

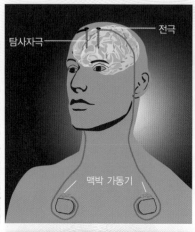

깊은 뇌 자극은 밧데리로 움직이는 자극을 정신장애를 일으킨다고 여겨지는 뇌의 특정 영역에 꽂아 전기자극을 전달하는 방법이다.

때문에 다른 치료보다 이 기법에 대한 연구가 상대적으로 적다. 그러나 연구들은 정신외과술이 심각한 강박장애 환자에게 장, 단기적으로 현저한 향상을 가져온다고 보고한다(Csigó et al., 2010; van Vliet et al., 2013).

뇌 자극법(deep brain stimulation, DBS)이라 불리는 마지막 방법은 정신외과술과 ECT 혹은 TMS 등과 같은 전기자극을 혼합해 이용하는 방법이다. 뇌 자극법은 최근 시작된 치료법으로 작은 전동 기구를 뇌에 삽입하고 목표 장애와 관련 있다고 생각되는 뇌의 특정 부분에 전기자극을 하는 방법이다. 이 기술은 강박장애 치료에 매우 효과적이며(Abelson et el., 2009) 다양한 신경학적 문제가 있는 사람을 도울 수 있다. 이 방법은 파킨스씨 병이 가져오는 몸 떨림(Perlmutter & Mink, 2006)이나 다른 치료로는 불가능한 심각한 우울에 효과적임이 밝혀졌다(Mayberg et el., 2005). 정신외과술을 마지막 치료 방법으로 보았던 예전과는 달리 특정 정신장애에서 비정상적으로 가능하다고 알려진 뇌 회로에 초점을 맞추는 새로운 치료가 효과적일 수 있다는 희망이 생겨나고 있다(Ressler & Mayberg, 2007).

요약

▶ 항정신성약물(조현병과 분열병에 사용), 항불안제(불안증 치료에 사용), 항우울제(우울과 관련된 치료에 사용) 등, 많은 정신장애를 치료하기 위해 약물이 개발되었다.

▶ 약물은 심리치료와 결합되어 사용된다.

▶ 전기충격요법(ECT), 두개골 간 자기자극법(TMS), 정신외과술과 같은 생물의학적 치료는 다른 치료가 모두 효과가 없는 극한 사례에서 사용된다.

치료 효과 : 더 좋게 혹은 더 나쁘게

이 장의 초반에 소개한 크리스틴과 죽은 쥐를 생각해 보자. 크리스틴이 노출과 반응 방지 대신 정신분석이나 정신외과술을 받았다면? 이런 대안 치료가 그녀의 강박증 치료에 효과적이었을까? 이 장을 통해서 우리는 정신장애를 가진 사람들을 돕기 위한 다양한 심리적, 생물학적 치료법을 살펴보았다. 그러나 이런 치료법이 과연 효과적인가? 그렇다면 어떤 치료가 다른 치료보다 나은가?

어떤 효과에 대해 특정한 원인을 찾는 것은 매우 어려운 탐색 과제이다. 특히 사람들이 치료 평가에 대해 매우 비과학적인 방법—그냥 좋아진 것을 느끼거나, 그대로거나, 혹은 더 나빠진 것 같다는 느낌대로 결론을 내리는 것—을 택하기 때문에 매우 어렵다. 치료의 효과성에 대한 결정은 착각을 일으키기 쉬우며 오직 매우 조심스럽고 과학적인 평가에 의해서만 가능하다.

치료 착각

여러분이 병이 났고 의사가 "약을 복용하시오"라고 했다고 상상해 보자. 의사의 지시를 따랐고 완치되었다. 완치가 무엇 때문이라 생각하는가? 여러분이 다른 사람들과 비슷하다면, 아마 약이 병을 고쳤다고 생각할 것이다. 그건 가능한 한 가지 설명이고, 적어도 세 가지 설명이 가능

? 세 가지 치료 착각은 무엇인가?

하다. 그냥 좋아졌을 수도 있고, 약이 병을 낫게 한 필수 요소가 아니었을 수도 있고, 혹은 완치 후에 실제 복용한 것보다 약을 더 많이 먹었다고 생각할 수 있다. 이런 가능성은 치료에 대한 세 가지 착각, 즉 자연 치유, 위약 효과, 그리고 재구조화된 기억으로 인한 착각을 보여 준다.

자연 치유

자연 치유는 증상이 평균 수준으로 돌아오는 경향을 말한다. 이는 그냥 좋아졌는데 치료가 병을 낫게 했다고 잘못 결론을 내릴 때 발생한다. 사람들은 일반적으로 증상이 극심할 때 치료나 약을 찾는 경향이 있는데, 이 경우, 내담자의 증상은 치료를 받았는지에 관련 없이 좋아지게 마련이다. 아주 밑바닥에 있을 때는 올라올 수밖에 없다. 예를 들어, 치료받을 만큼 심각한 우울증은 무엇을 하든 몇 달 안에 좋아지게 마련이다. 치료가 전형적인 질병의 경과와 다시 건강을 되찾는 사이클과 일치하기 때문에 우울증 치료를 받는 사람은 치료가 효과적이라는 착각을 하게 된다. 어떻게 자연 치유가 아니고 치료에 의해 좋아졌는지 알 수 있는가? 2장에서도 논의했듯이 우울한 사람의 반을 치료 집단에 할당하고 나머지는 치료를 받지 않게 한 후 치료를 받은 사람이 더 많이 좋아지는지 보는 실험을 할 수 있다. 밑에서 설명하듯이 이 방법이 바로 연구자들이 서로 다른 치료법을 테스트한 방법이다.

위약 효과

치료가 작용할 것이라 기대되는 특정 기제와 관련 없는 비특정적 효과에 의해서 회복될 수도 있다. 예를 들어, 약물을 처방하는 의사는 단순히 내담자에게 모든 것이 좋아질 것이라는 기대를 주는 희망을 가진 사람일 수 있다. 이때 실제 내담자의 호전은 의사와의 좋은 관계 혹은 향상된 삶의 질로 인한 것이지만, 내담자와 의사는 같이 내담자의 호전을 뇌에 미친 약물의 효과에 귀인할 수 있다.

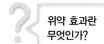 **위약 효과란 무엇인가?**

단순히 치료를 받는다는 것을 아는 것도 비특정적 치료 효과를 가져올 수 있다. 그 예로 **위약**(placebo) — 치료 효과가 생기리라는 기대하에 적용하는 가짜 약물이나 절차 — 에 의해서 발생하는 긍정적 효과를 들 수 있다. 예를 들어, 두통에 아무런 효과가 없는 사탕을 먹어도, 그것을 타이레놀이나 아스피린으로 생각한다면 그 사탕은 위약이다. 위약은 심리치료에 큰 효과를 낼 수 있다. 불안, 우울 그리고 다른 정서적 의학적 문제를 가진 많은 사람들이 위약 치료 후에 상당한 호전을 보였다는 연구들이 있다(14장 601쪽 '현실세계 : 위약 조건에서의 뇌' 참조).

최근 한 연구는 우울 증상을 보이는 718명의 환자를 항우울제 집단과 위약집단에 무선배정해서 증상 감소 정도를 비교하였다(Fournier et al., 2010). 약물을 받은 참가자는 치료 과정에서 증상의 뚜렷한 호전을 보였다. 그러나 위약집단의 환자들의 경우, 중간 정도나 가벼운 우울이면 위약이 증상을 감소시키는 데 약물만큼이나 효과적이었으나, 심한 우울의 경우, 약물이 위약보다 증상 호전이 더 뚜렷하게 나타났다(그림 16.7 참조).

"만약 이게 도움을 주지 못해도 걱정 마세요. 이건 위약입니다."

재구조화된 기억

세 번째 치료 착각은 내담자의 호전에 대한 동기가 최초 증상에 대해 **재구성된 기억**을 만들 때 발생한다. 치료 때문에 호전되었다고 생각하지만, 실은 치료 전의 증상이 실제보다 훨씬 더 나빴다고 잘못 기억하고 있을 수 있다. 이 현상은 학습기술 과목의 효과성을 조사하는 연구에서 처음으로 관찰되었다(Conway & Ross, 1984). 그 과목을 듣고 싶었던 일부 학생들은 과목을 등록했지만, 등록을 못한 다른 학생들은 그 과목이 다시 열릴 때까지 무선으로 대기자 집단에 할당되었다. 수업 후 그들의 학습기술이 측정되었을 때, 수업을 들은 학생들의 성적은 대기자 집단과 비슷하였다. 그러나 수업을 들은 학생들은 자신들이 향상되었다고 보고하였다. 어떻게 그럴 수 있는가? 그 학생들은 수업 전 자신의 능력이 실제보다 훨씬 나빴다고 회상했다. 곤

위약
치료 효과가 생기리라는 기대하에 적용하는 가짜 약물이나 절차

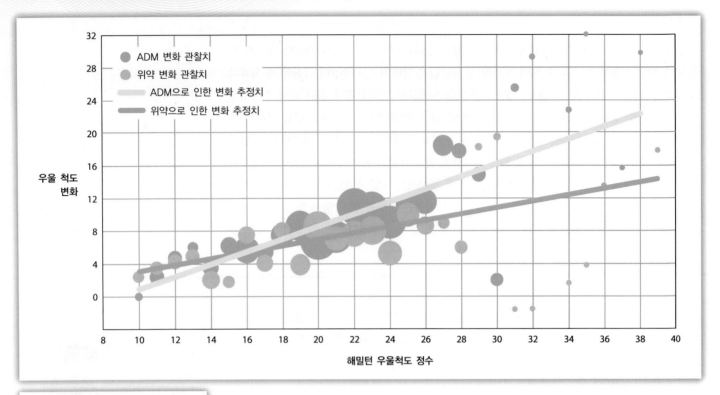

웨이(Conway)와 로스(Ross)는 이와 같은 과거에 대한 동기된 재구조화를 "자신이 가졌던 것을
재평가해서 가지고 싶은 것을 가지는 현상"이라고 한다(1984). 치료에서 성공에 대한 기대가
큰 내담자는 과거 증상이나 문제를 더 나쁘게 기억하여 치료가 보다 효과적이었다고 생각함으
로써 전혀 도움이 안 되었던 치료조차 효과가 있다고 한다.

치료 연구

우리가 사용하는 치료가 실제로 작용하며 필요 없거나 위험한 절차로 시간을 낭비하는 것이
아니라는 것을 어떻게 확신하는가? 심리학자들은 2장에 기술된 방법을 이용해 이전 장에서 다
룬 각기 다른 정신장애에 어떤 치료가 효과적인지를 확인하는 실험을 진행한다.

치료 결과 연구(treatment outcome study)는 어떤 특정 치료가 다른 치료나 통제 집단과 비교해
효과가 있는지 아닌지를 평가하기 위해 설계된다. 예를 들어, 우울 치료 효과에 대한 연구를
위해서, 연구자들은 우울한 두 집단—6주간 치료를 받은 사람들과 연구 참가를 신청했으나 대
기 집단에 들어가 6주 후에 치료를 받기로 된 통제집단—의 사람들의 자기 보고 증상을 비교
할 수 있다. 치료 결과 연구는 이 치료가 효과가 있는지를 결정한다.

연구자들은 관찰된 효과가 치료 착각에서 기인한 것이 아님을 확실히 하기 위해 다양한 방
법을 적용한다. 예를 들어, 사람들이 치료 전 과 후 자기의 증
상을 비교할 때 자연 치유나 재구조화된 기억에서 기인한 치료
착각이 발생할 수 있다. 이것을 피하기 위해, 치료 집단과 통제
집단이 각 조건에 무선 할당되어야 하며, 치료 말에 그 효과를
비교해야 한다. 이렇게 함으로써 자연 치유나 동기화된 재구조화된 기억이 효과적인 치료로
간주되는 것을 막을 수 있다.

치료 동안 통제 집단에 어떤 일이 발생해야 하나? 단순히 치료받을 때까지(대기자 통제
집단) 기다린다면, 치료의 비특정적 요소(안심시켜 준 치료자와 만나거나, 약물을 복용하

**왜 이중 맹목 실험이
치료의 효과성을 평가
하는 데 중요한가?**

는 것)에 영향받지 않을 것이다. 예를 들어, 이상적으로 치료는 이중 맹목 실험(double-blind experiment) — 참가자와 연구자/치료자가 모두 어떤 참가자가 어떤 치료를 받았는지 모르는 연구 — 에 의해 평가되어야 한다. 약물 연구의 경우, 실제 약물과 위약을 참가자나 연구자 모두에게 같게 보이도록 만드는 것이 어렵지 않다. 심리치료 연구에선 참가자와 연구자를 모르게 만드는 것은 더욱 어렵다. 실제로 많은 경우, 불가능하다. 예를 들어, 참가자와 치료자는 정신역동과 행동치료의 차이를 쉽게 알아챌 수 있기 때문에, 심리치료의 효과성을 평가할 때 참가자와 치료자의 신념과 기대가 영향을 미치지 못하게 만들 방법은 없다. 그럼에도, 치료를 다른 치료(다른 심리치료나 약물)나 무처치 집단과 비교함으로써, 연구자들은 어떤 치료가 효과적이며 서로 다른 장애에 어떤 치료가 가장 효과적인지 결정할 수 있다.

어떤 치료가 효과적인가

한스 아이젱크(Hans Eysenck, 1916~1997)라는 뛰어난 심리학자는 1957년부터 발표된 심리치료 효과에 대한 연구를 고찰하고, 심리치료, 특히 정신분석은 효과적이지 않을 뿐 아니라 회복을 방해할 수도 있다는 결론을 내려 치료자들을 분노시켰다(Eysenck, 1957). 그 후로 보다 더 많은 연구들을 통계적으로 조사하였고, 보다 긍정적인 결론을 내렸다. 일반적으로 심리치료를 받은 환자는 받지 못한 환자들의 3/4보다 더 잘 기능한다(Seligman, 1995; Smith, Glass, & Miller, 1980). 비록 심리치료의 비판자들이 환자가 평가되고 진단되고 치료받는 과정에서의 문제점을 지적하고 있지만(Baker, McFall, & Shoham, 2009; Dawes, 1994), 정신역동 심리치료(Shedler, 2010)를 포함해 치료의 효과성을 지지하는 강력한 증거가 많다(Nathan & Gorman, 2002). 그러므로 핵심은 어떤 치료가 어떤 문제에 효과적이냐에 있다(Hunsley & Di Giulio, 2002).

> **?** 심리학자들은 어떤 치료가 효과적이며 어떤 치료가 해로운지 어떻게 판단하는가?

임상심리학에서 가장 오래 지속되는 논쟁 중 하나는 어떻게 다양한 치료를 비교하느냐이다. 어떤 심리학자들은 모든 심리치료가 비슷하게 효과적이라는 결론을 내릴 증거가 있다고 주장한다. 이 관점에선 모든 심리치료에 공통적인 전문가와의 접촉이나 관심과 같은 일반적인 요소가 변화를 일으킨다고 주장한다(Luborsky et al., 2002; Luborsky & Singer, 1975). 반면, 다른 학자들은 치료법 사이에 중요한 차이가 있으며 특히 특정 증상을 치료하는 어떤 치료는 다른 치료보다 더 효과적이라고 주장한다(Beutler, 2002; Hunsley & Di Giulio, 2002). 이렇게 다른 관점을 어떻게 이해할 것인가?

1995년에 미국심리학회(APA)에서는 어떤 특정 심리치료가 특정 문제에 효과적인지 아닌지를 결정하는 기준을 정하려는 첫 번째 시도를 하였다(Task Force on Promotion and Dissemination of Psychological Procedures, 1995). 여기서는 경험적으로 증명된 치료에 대한 공식적인 기준으로 경험적 연구들을 두 수준으로 나눈다. 지지 정도가 높은 잘 증명된 치료(well-established treatments)(예 : 무선통제연구로부터의 증거)와 지지 정도가 제한된 아마도 효과적인 치료(probably efficacious treatments). 이런 기준을 마련한 후에 APA는 경험적으로 증명된 치료 목록을 발표하였다(Chambless et al., 1998; Woody & Sanderson, 1998). 치료에 대한 고찰은 약물을 포함해서 다른 치료와 비슷하거나 더 효과를 보고한 다수의 특정 심리치료를 밝혀냈다(Barlow et al., 2013). 표 16.3은 이런 치료법의 목록이다.

어떤 이들은 대학의 클리닉에서 수행된 잘 통제된 연구에서 효과적이라고 밝혀진 연구들이 실제에서도 작용할지에 대해 의문을 가진다. 예를 들어, 문헌에 보고된 거의 대부분의 연구는 인종을 다양하게 포함하지 않고 있기 때문에 이런 치료법이 인종 및 문화적으로 다양한 사

▶ 표 16.3

약물이나 다른 치료와 비교한 특정 심리치료 목록

장애	치료	결과
우울	인지행동치료	심리치료=약물 심리치료 + 약물 > 각각 치료
공황장애	인지행동치료	심리치료 > 추후 회기에서 약물 심리치료=종료 시 약물 심리치료와 약물 > 위약
외상후 스트레스 장애	인지행동치료	심리치료 > 현재-중심치료
투렛 장애	습관반전훈련	심리치료 > 지지치료
불면증	인지행동치료	심리치료 > 약물 또는 위약
알츠하이머환자의 우울과 신체 건강	우울과 신체 건강	운동과 행동관리심리치료 > 일반적인 의학처치
걸프전 군인의 장애	인지행동치료와 운동	심리치료 > 일상적인 치료 혹은 대안치료

출처 : Barlow et al., (2013).

의원성 질병
의학적 혹은 심리치료의 결과로 발생하는 증상이나 장애

연구에서 효과적으로 밝혀진 치료(소수민족은 일부만 포함함)들은 다른 민족에게도 비슷하게 효과적이라고 밝혀졌다(Miranda et al., 2005).

람들에게 효과적일지가 의문시 된다. 가능한 모든 정보를 포괄적으로 고찰한 한 연구는 비록 한계는 있지만 연구 결과들이 현재 근거기반 심리치료가 소수 민족 내담자에게도 효과적임을 보여 주었다 (Miranda et al., 2005).

어떤 치료가 효과적인가에 대한 질문보다 심리치료나 약물치료가 실제로 부작용이 있는지에 대한 질문이 더 어렵다. 약물 광고에 있는 부작용 목록, 약물 상호작용 가능성, 그리고 합병증이 찍혀 있는 목록을 살펴본 사람이라면 약물치료의 위험성에 대해 확실하게 알 것이다. 심리치료에 사용되는 수많은 약물은 중독될 수 있고, 심각한 금단 증상 등 장기의존을 초래할 수 있다. 어떤 사람들은 약물은 원하지 않는 증상을 다른 것으로 바꾸는 것ㅡ우울을 성적 무관심으로, 불안을 중독으로, 성마름을 늘어짐이나 무감각으로ㅡ일 뿐이라고 약물치료를 강력하게 비판한다(예 : Breggin, 2000).

심리치료의 위험은 포착이 어렵지만 어떤 경우엔 실제로 그것을 지칭하는 표현이 있다. **의원성 질병**(iatrogenic illness)은 의학적 혹은 심리치료의 결과로 발생하는 증상이나 장애이다(예 : Boisvert & Faust, 2002). 예를 들어 이런 질병은 실제로 내담자는 질병이 없는데 심리학자가 질병이 있다고 확신할 때 생길 수 있다. 결과적으로 치료자는 내담자가 진단을 받아들이고 그 장애를 치료하기 위해 치료받기를 조장한다. 그 질병에 대해 치료를 받으면서, 내담자는 어떤 상황하에선 바로 그 질병의 조짐을 보일 수 있고, 그때 의원성 질병이 발생하게 된다.

> ？ **심리치료가 어떻게 해가 될 수 있는가?**

치료를 받으면서 자신이 해리성 정체감 장애(혹은 다중 인격장애)가 있다고 믿거나, 혹은 치료 전에는 증거가 전혀 없었지만 치료 중 최면이나 암시를 통해 어린 시절 외상을 겪었고 그 사건에 대한 기억을 '회복'했다고 주장하는 내담자들이 있다 (Acocella, 1999; McNally, 2003; Ofshe & Watters, 1994). 자신에게 어떤 이상한 일이 발생했었다는 확신으로 치료를 받게 되었거나, 최면이나 이미지를 풍부하게 하는 기술을 사용한 후 치료자의 이론ㅡ외계인에 의해 납치되었었다ㅡ이 맞다는 확신을 하는 사람이 있다(Clancy, 2005). 말할 것도 없이 환자가 그렇게 이상한 신념을 갖게 만드는 치료는 득보다 실이 된다.

심리학자들은 효과적인 치료방법뿐 아니라 해가 되는 치료 목록도 만들어 내었다. 이렇게 하는 목적은 다른 연구자, 임상가 그리고 대중에게 어떤 치료를 피해야 하는지 알려주기 위함이다. 비록 각각의 심리치료는 효과적이지 않을지 모르나, 어떤 치료를 받는 것은 받지 않는 것보다 낫다. 그러나 증상을 완화시켜야 함에도 일부 치료는 증상을 더 악화시킨다. 고등학교 때 D.A.R.E(약물 남용 및 저항 교육)이 있었는가?(약물 사용, 갱 소속, 폭력 행동 등을 방지하기 위한 국제 약물 남용 방지교육 프로그램ㅡ역자 주) 결정적-사건 스트레스 보고(critical-incident stress debriefing, CISD), 신성한

▶ 표 16.4

해가 될 수 있는 심리치료

치료유형	잠재적 해	증거
결정적-사건 스트레스 보고	PTSD 위험성 증대	RCTs
스캐얼드 스트레이트(Scared Straight)	품행문제의 악화	RCTs
품행장애 대상의 부트캠프	품행문제의 악화	메타분석(논문고찰)
DARE 프로그램	술과 약물 사용 증대	RCTs

주 : CISD=Critical incident stress debriefing, PTSD=외상후 스트레스 장애, RCTs=무선통제실험
출처 : Lilienfeld (2007).

통찰, 혹은 부트캠프 프로그램에 대해 들어본 적이 있는가? 효과적일 것처럼 들리지만 과학적인 실험들은 이런 치료에 참가했던 사람들이 실제로 그 후에 약화되었음을 보고한다(표 16.4; Lilienfeld, 2007)!

치료의 강력한 영향력을 조절하기 위해, 심리학자들은 정신질환을 가진 사람을 치료할 때 지켜야 하는 윤리적인 기준을 가지고 있다(American Psychological Association, 2002). 미국심리학회 회원으로 남기 위해선 이런 기준을 지켜야 한다. 또한 면허증위원회 또한 치료에서 윤리 기준을 얼마나 잘 지키는지를 감독한다. 이런 윤리 기준은 다음을 포함한다. (1) 내담자에게 도움이 되고 해를 끼치지 않기, (2) 내담자와 신뢰관계 구축, (3) 정확성, 정직성, 믿음을 증진, (4) 치료에서 공정하고 편견이 없는 치료 제공, (5) 모든 사람들의 존엄과 가치를 존중. 정신장애를 겪고 있는 사람이 심리학자에게 도움을 구하러 오면 적어도 이런 기준을 고수해야 한다. 이상적으로 환자가 고통에서 벗어나기를 원하면 그렇게 될 가능성이 커진다.

요약

▶ 치료 중 향상이 반드시 치료가 효과적임을 시사하지 않는다. 그보다는 자연 치유, 비특정적 치료 효과(예 : 위약 효과) 그리고 재구조화된 기억 과정을 반영하는 것일 수 있다.

▶ 치료 연구는 이중-맹목 기술과 위약 통제 등, 과학적인 연구 방법을 이용해 치료 결과와 과정을 밝히는 데 중점을 둔다.

▶ 정신장애의 치료는 무처치 치료보다 일반적으로 더 효과적이지만, 어떤 장애에는 특정 치료가 효과적이며, 심리치료와 약물 모두 윤리적으로 고려해야 하는 위험이 있다.

제16장 복습

주요 개념 퀴즈

1. 다음 중 정신장애에 대한 치료를 찾지 않는 이유가 아닌 것은?
   a. 치료가 필요하다는 것을 깨닫지 못할 수 있다.
   b. 정신장애를 가진 사람들의 장해의 수준이 의학적인 만성질환을 가진 사람들보다 같거나 높다.
   c. 애도나 도움받는 것을 방해하는 환경 등 치료의 방해물들이 있다.
   d. 문제가 있다고 느끼는 사람들조차 어디서 서비스를 받을 수 있는지 모른다.

2. 절충적 심리치료는?
   a. 꿈의 분석에 집중한다.
   b. 내담자에게 생소한 상황을 만들어 준다.
   c. 여러 다른 형태의 치료에서 온 기술을 사용한다.
   d. 저항의 분석에 집중한다.

3. 다양한 정신역동치료는 ( ) 측면을 강조한다.
   a. 집단 무의식의 영향
   b. 심리적 문제에 책임감을 갖는 것
   c. 행동과 인지 접근의 결합
   d. 정신장애의 무의식적 원인에 대한 통찰을 발달시키는 것

4. 어떤 정신분석 기법이 내담자가 검열이나 거르지 않고 자신의 마음속에 있는 모든 생각을 보고하게 하는 것과 관련 있는가?
   a. 전이   c. 해석
   b. 자유연상   d. 저항 분석

5. 어떤 치료가 높은 곳에 대한 비이성적인 공포를 줄이는 데 효과적인가?
   a. 정신분석   c. 행동치료
   b. 게슈탈트   d. 인본주의

6. 마음챙김 명상은 어떤 치료의 한 종류인가?
   a. 대인관계   c. 정신역동
   b. 인본주의   d. 인지

7. 내담자의 일부로서의 활동뿐 아니라 완전한 투명성을 강조하는 치료는?
   a. 인지행동   c. 실존주의
   b. 인본주의   d. 집단

8. 내적인 잠재력 발휘에 실패를 조사하는 것은 ( ) 접근이고, 삶에서 의미를 찾는 데 실패하는 것을 조사하는 것은 ( ) 접근이다.
   a. 인지, 행동   c. 정신역동, 인지행동
   b. 인본주의, 실존주의   d. 실존주의, 인본주의

9. 자조집단은 ( )의 주요 형태이다.
   a. 인지행동 치료   c. 내담자중심 치료
   b. 지지집단   d. 집단치료

10. 항정신적 약물은 ( )을(를) 치료하기 위해 개발되었다.
   a. 우울   c. 불안
   b. 조현병   d. 정동장애

11. 비전형적 항정신성약물은?
   a. 개인에 따라 다른 신경전달물질에 작용한다.
   b. 도파민 시스템에만 영향을 준다.
   c. 세로토닌 시스템에만 영향을 준다.
   d. 도파민과 세로토닌 시스템 모두에 영향을 준다.

12. 항우울제에 대한 설명으로 정확하지 않은 것은?
   a. 현재 항우울증은 서로 다른 신경전달물질 체제의 합성에 의해 작용한다.
   b. 항우울제는 양극성장애의 치료에 긍정적인 효과를 가진다.
   c. 항우울제는 불안을 줄이는 데도 처방된다.
   d. 대다수의 항우울제는 정서에 영향을 주기 시작하는 데 한달 정도 걸린다.

13. 전기충격요법, 두개골 간 자기 자극법, 광선치료의 공통점은?
   a. 치료에 허브와 결합해 사용한다.
   b. 특정 뇌 부분의 외과적 파괴를 초래한다.
   c. 약물 외의 생리학적 치료로 간주된다.
   d. 심리치료와 연합해 사용된다.

14. 항우울제는 ( ) 사람들에게 가장 효과적이다.
   a. 우울증이 없는
   b. 경도 우울증을 가진
   c. 중등도 우울증을 가진
   d. 심각한 우울증을 가진

15. 연구들은 전형적인 심리치료 내담자가 치료받지 않는 사람들의 ( )보다 더 잘 지낸다고 한다.
   a. 1/2   c. 1/4
   b. 동일 수   d. 3/4

주요 용어

게슈탈트 치료	위약	전기충격요법	토큰 경제
광선치료	의원성 질병	전이	항불안제
노출치료	인간 중심 치료/내담자 중심 치료	절충적 심리치료	항우울제
대인관계치료	인지적 재구조화	정신약물학	행동치료
두개골 간 자기 자극법	인지치료	정신역동적 심리치료	향정신성 약물
마음챙김 명상	인지행동치료(CBT)	정신외과술	
심리치료	저항	집단치료	

생각 바꾸기

1. 친구 중의 한 사람이 최근에 사고로 가족을 잃었고, 상심이 크다. 학교에 등교하지 않고 있고, 확인해 보니 잘 자지도 먹지도 못하고 있다. 그 친구를 돕고 싶지만 어떻게 도울지 몰라 그 친구에게 학교 상담소에 방문해 치료자를 만나보라고 권했다. 그 친구는 "정신이 이상한 사람만 치료를 받아"라고 한다. 친구의 믿음을 바꾸기 위해 어떤 말을 해줘야 할까?

2. 슬픔에 잠긴 친구와 대화를 하다가, 룸메이트가 들어왔다. 룸메이트는 치료에 대한 제안에 찬성했을 뿐 아니라 한 술 더 떠서 "내 치료자의 이름을 줄게. 그 치료자는 내가 담배 끊는 것을 도와줬어. 네 우울증도 금방 치료해 줄 수 있을 거야"라고 말한다. 왜 좋은 치료자가 모든 사람에게 다 도움이 될 것이라 가정하는 것이 위험한가?

3. 2장에서 루이스 헤이의 베스트셀러인 *당신만이 당신의 인생을 치유할 수 있다*가 일종의 심리치료의 보급을 촉진했음을 들었다. 독자에게 생각을 바꾸는 방법을 가르쳐 내면세계뿐 아니라 신체 건강까지 향상시켰다. 2장에선 자신의 주장을 타당화하기 위해 과학적 근거가 필요하지 않다는 헤이의 말도 인용했다. 이 장에서 기술하는 주요 심리치료 유형에 과학적 근거가 있는가? 효과성을 평가하기 위한 과학적 실험방법은 무엇인가?

4. 2009년 6월, 팝 아이콘인 마이클 잭슨이 수면제인 프로포폴의 과다 복용으로 사망하였다. 프로포폴은 인가되지 않았으나 가끔 항불안제로도 사용된다. 부검결과 그의 사체에서는 벤조디아제핀, 로라제팜과 다이아제팜을 포함한 다량의 처방약물이 검출되었다(잭슨의 심장전문의인 콘래드 머리 박사는 후에 치명적인 복용량을 처방함으로써 과실치사 혐의로 유죄판결을 받았다. 2008년의 히스 레저와 2007년의 안나 니콜 스미스와 같은 유명인들의 죽음도 불안과 우울에 주로 처방되는 약물 때문인 경우가 많다. 룸메이트는 "이런 약물은 위험합니다"라고 말하면서 "심리적인 문제가 있는 사람들은 심리치료를 받아야 하며, 믿을 만한 의사가 처방해도 약물은 피해야 합니다"라고 주장한다. 약물이 잘못 사용되면 위험하다는 것에는 동의하지만, 심각한 정신장애에 사용하는 것을 어떻게 정당화할 수 있을까?

주요 개념 퀴즈 정답

1. b, 2. c, 3. d, 4. b, 5. c, 6. d, 7. a, 8. b, 9. d, 10. b, 11. d, 12. b, 13. c, 14. d, 15. d

Need more help? Additional resources are located in LaunchPad at:

http://www.worthpublishers.com/launchpad/ schacter3e

용어해설

가설 이론에 의해 설정된 반증 가능한 예언

가용성 편향 기억에서 쉽게 가용한 항목이 더 빈번하게 일어난다고 판단하는 오류

가족 유사성 범주의 구성원들은 범주의 구성원들에게 특징적인 자질을 갖고 있지만, 이 속성들을 모든 구성원이 공유하고 있는 것은 아니라는 이론

가현 운동 다른 위치에서 매우 빠르게 연속하여 나타나는 교대되는 신호들의 결과로 경험되는 운동 지각

간상체 낮은 빛 조건에서 야간시를 위해 작동하는 광수용기

간편법 결정을 촉진하는 신속하고 효율적인 전략으로 해결에 도달할 것을 보장하지 않는다.

간헐적 강화 수행한 반응들 중 일부에 대해서만 강화가 주어지는 조작적 조건형성 원리

간헐적 강화 효과 간헐적 강화 계획에서 유지된 조작행동들은 연속 강화 아래 유지되던 행동보다 소거에 대해 더 잘 저항한다는 사실

감각 감각 기관에 대한 단순한 자극하기

감각 기억 감각 정보가 몇 초 동안만 유지되는 장소

감각 뉴런 외부 세계로부터 정보를 받아 이 정보를 척수를 통해 뇌로 전달하는 뉴런

감각 순응 지속되는 자극에 대한 민감성은 유기체가 현재의 조건에 순응하면서 시간에 걸쳐 쇠퇴하는 경향이 있다.

감각운동 단계 출생부터 시작하여 영아기 동안 지속되는 발달 단계로서, 그동안 영아는 세상을 감지하고 그 안에서 돌아다님으로써 세상에 대한 정보를 획득한다.

강박장애 반복적이고 침투적인 사고(강박관념)와 그 생각을 없애기 위한 의식적 행위(강박충동)가 개인의 기능을 심각하게 저해하는 장애

강화 그 행동이 다시 일어날 확률을 결정하는 행동의 결과

강화물 그 자극으로 이어지는 행동의 확률을 증가시키는 역할을 하는 어떤 자극이나 사건

개념 사물이나 사건 또는 그 밖의 자극들이 가진 공통된 속성을 묶거나 범주화하는 심적 표상

개인적 구성개념 사람들이 자신이 겪는 경험의 의미를 찾는 데 사용하는 잣대

개재 뉴런 감각 뉴런, 운동 뉴런 혹은 다른 개재 뉴런들을 서로 연결하는 뉴런

거울 뉴런 동물이 어떤 행동, 예를 들어 팔을 뻗어 물건을 집거나 물건을 조작하는 등의 행동을 수행할 때 활성화되고 동일한 행동을 다른 동물이 수행하는 것을 관찰하는 동안에도 활성화된다.

건강심리학 신체 질병의 발병과 치료에 영향을 미치는 심리적 요인들과 건강의 유지에 초점을 두는 심리학의 하위 분야

검증력 측정치가 속성의 작은 강도를 파악해 내는 능력

게슈탈트 치료 환자가 자신의 생각, 행동, 경험과 감정을 인식하여 스스로에 대해 책임감을 가지거나 책임을 지게 만드는 것을 목표로 한다.

게이트웨이 약물 복용 시 더 해로운 약물 복용으로 이어질 가능성을 높이는 약물

결합 문제 특징들이 어떻게 서로 결합되어 우리가 시각적 세상에서 마구 떠다니는 혹은 잘못 결합된 특징들 대신에 통합된 물체를 보는지의 문제

결합 오류 각각의 사건이 일어날 확률보다 2개 이상의 사건이 함께 일어날 가능성이 높다고 사람들이 생각하는 오류

경험적 연구방법 관찰에 관한 규칙과 기법들의 집합

경험주의 정확한 지식은 과학을 통해 얻어진다는 신념

계절성 기분장애(SAD) 계절에 따라 반복되는 우울 에피소드

고전적 조건형성 중성적인 자극이 어떤 반응을 자연히 일으키는 자극과 짝지어진 이후에 어떤 반응을 낳을 때 일어나는 현상

고정간격 계획(FI) 적절한 반응이 만들어진다면 강화물이 고정된 시간 간격으로 제공되는 조작적 조건형성 원리

고정관념 위협 남들이 자신에 대해 갖고 있을 것으로 생각되는 부정적 신념을 확증시켜 주는 것에 대한 두려움

고정관념화 사람이 다른 사람들에 대해 그들이 소속해 있는 범주에 관한 지식에 근거하여 추론을 도출하는 과정

고정 대뇌에서 기억이 안정화되는 과정

고정비율 계획(FR) 강화가 특정한 수의 반응이 만들어진 다음에 제공되는 조작적 조건형성 원리

고정적 지능 경험을 통하여 배운 지식과 이를 사용할 수 있는 능력

고착 사람의 쾌락 추구 추동이 특정한 심리성적 단계에 심리적으로 고정되고 갇히게 되는 현상

골상학 기억에서부터 행복 능력에 이르기까지 특정 정신 능력과 특징들이 뇌의 특정 지역에 자리 잡고있다는 것으로, 현재는 효력을 잃은 이론

공격 다른 사람을 해치려는 목적을 갖고 하는 행동

공병 한 사람에게 2개 이상의 장애가 동시에 발생하는 것

공유된 환경 가족 구성원들이 같이 경험한 환경 요인

공통 지식 효과 집단 토론에서 구성원들이 모두 공유하는 정보에 초점을 두는 경향성

공포심 관리론 사람들은 '문화적 세계관'을 발달시킴으로써 자신의 실존적인 공포를 극복한다는 이론

공포증 특정 대상, 활동 혹은 상황에 대한 뚜렷한, 지속적인, 그리고 과한 공포

공황장애 공포감으로 이어지는 갑작스런 신체적ㆍ심리적 복합증상으로 특징지어지는 장애

과학적 연구방법 아이디어와 증거 간의 적절한 관계에 관한 원칙들의 집합

관계의 내적 작동 모델 자기, 일차 양육자, 그리고 그들 사이의 관계에 대한 한 세트의 믿음

관찰학습 학습이 다른 사람의 행동을 관찰함으로써 발생하는 상황

광선치료 밝은 빛에 반복적인 노출을 하는 치료

광장공포증 공공장소에 대한 공포와 관련된 특정 공포증

교감신경계 도전적이거나 위협적인 상황에서 신체를 준비시키는 일련의 신경들

교 소뇌로부터 오는 정보를 뇌의 나머지 영역

으로 전달하는 뇌 구조

교세포 신경계에 위치하는 지지 세포

구성주의 마음을 구성하는 기본 요소들의 분석

구순기 첫 번째의 심리성적 단계로서, 이 시기에는 입, 빨기, 수유와 관련되는 쾌감과 욕구불만을 중심으로 경험이 이루어진다.

구체적 조작 단계 약 6세에 시작해서 약 11세에 끝나는 발달의 단계로서, 아동은 물리적 세계에 대한 기본적인 이해와 자신과 타인의 마음에 대한 초보적인 이해를 획득한다.

군집화 작은 조각들의 정보를 더 큰 집단 혹은 덩어리로 결합시키는 것

귀인 사람들의 행동의 원인에 대한 추리

규범적 영향 다른 사람의 행동이 무엇이 적합한 행동인가에 관한 정보를 제공해 줄 때 일어나는 현상

규범 한 문화권의 구성원들에게 널리 공유되는 관습상의 행위 기준

균형 잡힌 위약 방안 실제 자극의 존재 혹은 부재 후에 나타나는 행동과 위약 자극의 존재 혹은 부재 후에 나타나는 행동을 관찰하는 방안

글루타메이트 뇌의 주요 흥분성 신경전달물질

기능적 고착 사물의 기능을 고정된 것으로 지각하는 경향

기능주의 사람들이 자신의 환경에 적응하게 해 주는 정신 과정의 목적에 대한 연구

기대 이론 사람들이 특정 상황에서 알코올이 자신들에게 어떤 영향을 미칠 것이라고 기대하는 것에 따라 알코올의 효과가 나타난다고 주장하는 이론

기면증 깨어 활동하는 동안 갑작스럽게 수면 발작이 일어나는 장애

기분부전증 우울증과 유사한 인지적·신체적 증상을 보이지만, 덜 심각한 증상이 적어도 2년 이상 지속된다.

기분장애 기분상 문제를 가장 큰 특징으로 하는 정신장애

기억 오랜 시간에 걸쳐 정보를 저장하고 인출해 내는 능력

기억 오귀인 잘못된 출처에 생각이나 기억을 할당하는 것

기저막 내이에 있는 한 구조물로 이소골에서 온 진동이 달팽이관 액에 닿을 때 출렁거린다.

기저핵 의도적 행동에 관여하는 피질하 구조

기질 정서적 반응성의 특징적 양식

기형 발생 물질 약물과 바이러스와 같이 발달 과정에 손상을 입히는 물질

긴장 행동 모든 운동의 현격한 감소 혹은 근육 경직성이나 과잉활동의 증가

길항제 신경전달물질의 기능을 봉쇄하는 약물

남근기 세 번째의 심리성적 단계로서, 이 시기는 남근 부위와 관련된 쾌감, 갈등, 욕구불만과 아울러 사랑, 미움, 질투, 갈등과 같은 강력한 근친상간적 감정의 처리와 관련된 경험이 주류를 이룬다.

낯선 상황 아동의 애착 유형을 결정하는 데 사용하는 행동 검사로, 메리 에인즈워스가 개발함

내성법 자기 자신의 경험에 대한 주관적 관찰

내재적 동기 그 자체로 보상적인 행동을 취하고자 하는 동기

내적 타당도 변인들 간의 인과관계를 설정해 주는 실험 특성

노르에피네프린 특히 경계 상태와 환경 내에 있는 위험의 인식에 관여하는 신경전달물질

노출치료 감정을 유발하는 자극을 직접적으로 그리고 반복적으로 직면하는 것으로 결국에는 이로 인해 감정 반응을 줄이는 치료 접근 방법

뇌량 뇌의 좌·우면에 위치하는 많은 영역들을 연결하는 두꺼운 신경섬유 밴드로서, 두 대뇌반구들이 서로 정보를 교환하게 한다.

뇌전도(EEG) 뇌에서 일어나는 전기적 활동을 기록하는 기계

뇌하수체 신체의 호르몬 생산 체계의 '주분비선'으로 많은 신체 기관들의 기능에 영향을 미치는 호르몬을 분비한다.

눈전위도 검사(EOG) 안구 운동을 측정하는 도구

뉴런 정보처리 과제를 수행하기 위해 신경계 내의 다른 세포와 의사소통하는 세포

단기 기억 비감각적 정보를 1분까지는 아니지만 몇 초 이상 지속시켜 주는 장소

단순 접촉 효과 접촉하는 횟수가 많아질수록 호감도가 증가하는 경향

단안 깊이 단서 한 눈으로 보았을 때 깊이에 관한 정보를 낳는 장면의 여러 측면

달팽이관 액체가 채워진 관으로서 청각 변환의 기관

대뇌피질 뇌의 가장 바깥층으로 육안으로도 볼 수 있으며 2개의 대뇌반구로 구분된다.

대상영속성 대상이 눈에 보이지 않을 때라도 그것이 계속 존재한다는 인식

대응추리 편향 우리가 상황 귀인을 해야 맞을 경우에도 성향 귀인을 하는 경향

대인관계치료 내담자에게 현재 관계를 개선하게 돕는 데 중점을 두는 심리치료

대표성 간편법 한 사물이나 사건을 그 대상이나 사건의 원형과 비교하여 확률을 판단하는 정신적인 지름길

도식 세상이 작용하는 방식에 대한 이론 혹은

모형

도파민 운동, 동기, 즐거움과 정서적 각성을 통제하는 신경전달물질

도파민 가설 조현병은 도파민 활동과 관련되어 있다는 가설

독립변인 실험에서 조작이 행해지는 변인

동기 한 행동의 목적이나 심리적인 원인

동반자적 사랑 애정, 신뢰감, 상대방의 안녕감에 대한 관심 등의 느낌을 갖는 경험

동의 표시 연구 참여로 인해 발생할 수 있는 모든 위험요소에 대해 고지받았다는 것을 나타내 주는, 성인에 의해 작성된, 연구 참여에 관해 문서로 작성된 합의서

동조 단순히 다른 사람들이 그것을 하고 있기 때문에 그들이 하는 것을 따라 하는 경향

동화 영아가 새로운 상황에 자신의 도식을 적용하는 과정

두개골 간 자기 자극법 강력하게 전극을 띤 자기를 환자의 뇌에 심어 뇌의 신경활동을 변화시키는 치료

두미 법칙 머리에서 다리 쪽으로 순서대로 출현하는 운동 기술의 경향성을 기술하는 '위에서 아래로'의 법칙

두정엽 체감각에 관한 정보를 처리하는 기능을 가지는 대뇌피질 영역

드러내기 규칙 정서의 적절한 표현을 위한 규범

로르샤흐 잉크반점 검사 한 세트의 비구조화된 잉크 반점들에 대한 응답자의 반응을 분석하여 그의 내부에 들어 있는 사고와 감정을 밝혀내는 것으로 알려져 있는 투사적 성격 검사

림프구 감염에 대항하는 항체(T 세포와 B 세포)를 생산하는 백혈구

마리화나 테트라히드로칸나비놀(THC)이라고 불리는 향정신성 약물을 포함하고 있는 삼나무의 잎과 싹

마음 지각, 사고, 기억, 감정에 대한 사적인 내적 경험

마음 이론 인간의 행동은 정신적 표상의 안내를 받는다는 생각으로, 세상은 항상 보이는 것과 같지 않으며 사람에 따라서 다르게 본다는 것을 알아차리게 한다.

마음/신체 문제 어떻게 마음이 뇌 혹은 신체와 관련되는가에 관한 이슈

마음챙김 명상 내담자가 매 순간 현재에 충실하여 자신의 사고, 감정, 감각을 인식하고 문제가 되기 전에 증상을 깨달을 수 있도록 가르치는 인지치료 기법

만성 스트레스원 지속적으로 혹은 반복적으로 일어나는 스트레스 근원

말초신경계 중추신경계와 신체의 기관 및 근육을 연결하는 신경계의 일부

맛봉오리 맛 변환 기관

망막 안구 뒤에 받쳐져 있는 빛에 민감한 조직

망상 분명히 잘못된 믿음 체계로 정상에서 벗어나고 과장되며 비논리적임에도 지속적으로 유지된다.

망상계 수면, 깸과 각성 수준을 통제하는 뇌 구조

매몰비용 오류 사람들이 이미 투자된 비용을 고려하여 현재 상황에 대한 결정을 내리는 틀 효과

맹점 망막에서 아무 감각도 낳지 않는 시야에서의 위치

면역계 박테리아, 바이러스와 다른 이물질로부터 신체를 보호하는 복잡한 반응 체계

명백한 내용 꿈의 분명한 주제 혹은 피상적 의미

명상 내적 관조 연습

모집단 측정이 가능할 수 있는 전체 참가자 집합

몽유병 잠을 자는 동안 일어나서 걸어 다니는 경우

무기력 이론 우울증을 겪기 쉬운 사람들은 자동적으로 부정적인 경험을 내적(예 : 자신의 실수), 안정적(예 : 변화하기 어려운), 전반적(예 : 만연한)인 것으로 귀인한다는 이론

무선 표집 모든 모집단 구성원이 표본에 포함될 기회가 동일하게 참가자를 선발하는 기법

무선할당 무선적인 사건을 활용하여 개인을 실험집단 혹은 통제집단에 할당하는 기법

무의식 의식적 자각의 밖에서 작동하지만 의식적 사고, 감정, 행동에 영향을 미치는 마음의 부분

무의식적 동기 사람이 자각하지 못하는 동기

무조건반응(UR) 무조건 자극에 의해 확실하게 유발되는 반사적인 반응

무조건자극(US) 유기체에게 자연스럽게 일어나는 반응을 확실하게 생성하는 무엇

무주의맹 주의의 조점에 있지 않았던 불체를 지각하지 못하는 것

문간에 발 들여 놓기 기법 작은 요구를 먼저 하고, 그다음에 더 큰 요구를 하는 식의 방법

문법 의미 있는 내용이 되기 위해 언어의 단위들이 어떻게 결합되어야 하는가를 규정하는 규칙의 집합

문전박대 기법 최초의 요구를 거절하게 만드는 것을 활용하는 영향 기법

문화 심리학 어떻게 문화가 구성원의 심리 과정을 반영하고 형성하는지 연구하는 것

미네소타 다면적 성격 검사(MMPI) 성격과 심리적 문제를 진단하는 데 사용되는 잘 연구된 임상적 질문지

미래 기억 미래에 해야 할 것을 기억하는 것

민감화 자극의 제시가 그 이후의 자극에 대해 반응의 증가를 낳을 때 발생하는 단순한 형태의 학습

바이오피드백 신체 기능에 관한 정보를 얻고 신체 기능을 통제하기 위해 외적 모니터링 기계를 사용한다.

반사 특정한 감각 자극 양식에 의해서 촉발되는 특정 운동 반응 양식

반사회적 성격장애 아동기나 초기 청소년기에 시작되어 성인에 이르기까지 다른 사람의 권리를 부시하거나 침범하는 패턴

반응 시간 특정 자극에 반응하기 위해 필요한 시간의 양

반응 자극에 의해 유발되는 행위나 생리적 변화

발달심리학 일생 동안의 연속성과 변화에 대한 연구

방심 주의의 감소로 인해 기억을 실패하게 하는 것

방어기제 용납될 수 없는 충동에 의한 위협에서 생기는 불안감을 감소시켜 주는 무의식적 대처 기제

배아기 2주부터 약 8주까지 지속되는 태내 발달 기간

범불안장애 안절부절못함, 피로, 집중력 문제, 민감함, 근육긴장, 수면 문제 등 세 가지 이상이 수반되는 만성적인 과도한 걱정

범위 빈도분포에서 가장 큰 측정치와 가장 작은 측정치 간의 차이

범주 특정적 결함 특정한 범주에 속하는 물체를 인식하는 능력이 상실된 반면, 그 밖의 범주에 속하는 물체를 인식하는 능력은 정상적인 것으로 나타나는 증후군

베버의 법칙 한 자극의 최소가지차이는 그 강도의 변화에도 불구하고 일정한 비율이다.

변동산격 계획(VI) 행동이 ㅗ 직전의 강화 이후 경과한 평균 시간에 기초해서 강화된다는 조작적 조건형성 원리

변동비율 계획(VR) 강화의 제공이 반응들의 특정한 평균 수에 근거하는 소작석 소건형성 원리

변별 유사하지만 별개인 자극들을 구별할 수 있는 능력

변연계 시상하부, 해마와 편도체를 포함하는 전뇌 구조들로 동기, 정서, 학습과 기억에 관여한다.

변인 개인 간 또는 시간에 따라 그 값이 변하는 어떤 속성

변화맹 사람들이 한 장면의 시각적 세부에서의 변화를 탐지하지 못할 때 일어나는 현상

변환 신체의 여러 감지기들이 환경의 물리 신호를 중추신경계로 보내는 부호화된 신경 신호로 바꿀 때 일어나는 일

보존 대상의 외관이 변하더라도 대상의 양적 속성은 변하지 않는다는 개념

보편성 가설 정서 표현은 모든 사람에게 같은 의미를 가지고 있다.

복종 권력을 가진 사람이 우리에게 어떤 것을 하라고 말하는 것을 이행하는 것

본보기 이론 새로운 사례를 이미 저장된 범주의 다른 사례와 비교하며 범주적 판단이 이루어진다는 범주화 이론

부교감신경계 신체가 평상시의 상태로 되돌아오는 것을 노와수는 일번의 신성를

부적 증상 정상적인 정서나 행동에서의 결함 혹은 장해로, 정서적 · 사회적 철회, 무감각, 언어 표현력의 제한, 그리고 다른 정상적인 행동, 동기 및 정서의 부재나 부족

부전실어증 다른 지능은 정상이지만, 언어의 문법적 능력에 결함이 있는 상태

부호화 우리가 지각하고, 생각하고, 느끼는 것을 지속적인 기억으로 변환하는 과정

부호화 특수성 원리 정보가 초기에 부호화되었던 구체적인 방법을 회복시킬 때, 재인 단서가 효과적인 단서로서 역할을 한다는 것

불면증 잠이 들기 어렵거나 잠을 지속적으로 자는 것이 어려운 경우

불안장애 현저한 불안이 특징인 정신장애의 한 종류

불응기 활동 전위가 생성된 후 나타나는 것으로 이 시기 동안에는 새로운 활동 전위가 생성되지 못한다.

비공유된 환경 가족 구성원들이 같이 경험하지 않은 환경 요인

비교 수준 사람들이 수용할 만하다고 생각하거나 아니면 다른 관계에서 얻을 수 있다고 생각하는 비용-이익의 비율

비율 IQ 사람들의 징신연령을 신체연령으로 나누어 산출한 비에 지수 100을 곱한 통계치

비자살 자기-위해 죽으려는 의도 없이 자신의 신체에 직접적, 의도적으로 해를 가하는 행동

빈노분포 각 측정치가 관찰된 횟수로 배열된 측정치들의 그래프상 표현

빈도 형태 가설 우리의 마음은 어떤 것들이 일어날 가능성에 대한 것이 아니라 얼마나 그것들이 자주 일어나는지를 주목한다는 제안

사고 억제 의도적으로 생각하는 것을 회피하는 것

사고 억제의 반동 효과 사고 억제 후 더 자주 사고가 의식으로 돌아오는 경향

사례연구법 한 명의 개인을 연구하여 과학적 지식을 얻어 내는 방법

사춘기 성적 성숙과 관련된 신체 변화

사회공포증 대중 앞에서 굴욕이나 창피를 당하게 되는 것에 대한 불합리한 공포

사회 교환 사람은 비용 대 이익의 비율이 유리하다고 생각되는 한에서만 그 관계를 유지한다는 가설

사회 심리학 사회성의 원인과 결과를 연구하는 심리학의 하위 분야

사회 영향 다른 사람의 행동을 통제하는 능력

사회 인지 사람이 다른 사람들에 대해 알아가는 과정

사회적 지지 다른 사람들과의 상호작용을 통하여 얻는 도움

사회 태만 사람이 혼자일 때에 비해 집단 속에 있을 때 노력을 덜 들이는 경향성

사회-인지적 접근 성격을 사람이 일상생활에서 접하는 상황에 대해 어떻게 생각하고 또 그에 대한 반응으로서 어떻게 행동하는가의 관점에서 보는 접근

사후설명 연구의 본질이나 진짜 목적을 언어적으로 설명해 주는 것

삼단논법 추리 두 진술로부터 나올 수 있는 사실이라고 가정되는 결론을 결정하는 것

상관 한 변인의 값에서의 변동이 다른 변인의 값에서의 변동과 동시에 발생하게 될 때 두 변인들이 '상관되었다'고 말할 수 있다.

상관계수 상관의 방향과 강도에 관한 수학적 측정치로 문자 r로 표기된다.

상태 의존 인출 부호화하고 인출하는 동안 같은 상태에 있을 때 정보를 더 잘 기억할 수 있는 경향

상호성 규범 사람은 자신에게 혜택을 준 사람에게는 그것을 되갚아야 한다는 불문율

상호적 이타 행동 자신이 베푼 은혜가 이후에 보답이 될 것이라는 기대하에서 남을 이롭게 하는 행동

색 대립 시스템 대립적으로 작용하는 시각 신경원들의 쌍

생득론적 이론 언어 발달은 타고난 생물학적 능력에 의해 가장 잘 설명될 수 있다는 견해

생득설 어떤 종류의 지식은 선천적이거나 타고났다고 주장하는 철학적 견해

생리학 생물학적 과정, 특히 인간 신체의 생물학적 과정을 연구하는 것

생물심리사회적 관점 정신장애를 생물학적, 심리학적, 사회적 요소의 상호작용의 결과로 설명하는 통합적 관점

생물적 준비성 다른 것보다 특정한 종류의 연합을 학습하는 경향성

설득 한 사람의 태도나 신념이 다른 사람과의 의사 소통에 의해 영향을 받아 변화되는 현상

섬광 기억 우리가 놀라운 사건에 대해 들었을 때 언제, 어디에 있었는가에 대한 상세한 기억

성격 한 개인의 특징적인 사고, 행동, 감정의 방식

성격장애 문화적인 기대 수준에서 벗어난 사고, 감정, 타인과의 관계 형성, 충동 통제 등을 보이며, 기능장애나 디스트레스를 초래한다.

성과 기대 자신이 앞으로 할 행동에 따라 나오게 될 결과에 대한 예상치

성기기 다섯 번째이자 마지막 심리성적 단계로서, 서로를 충족시켜 주며 상호호혜적인 방식으로 타인과 사랑하고, 일하고, 관계를 맺을 수 있는 역량을 갖춘 성숙한 성인의 성격이 발달하는 시기

성인기 대략 18~21세에 시작해서 사망 시 끝나는 발달 단계

성취 요구 가치 있는 문제를 해결하고자 하는 동기

세로토닌 수면과 깸, 섭식과 공격적 행동의 통제에 관여하는 신경전달물질엔도르핀 뇌의 통증 경로와 정서 센터에 영향을 미치는 화학물질

세포체(소마) 정보처리 과제를 통합하고 세포의 생존을 유지하게 하는 뉴런의 구성 요소

소거 US 없이 CS가 반복 제시될 때 일어나는, 학습된 반응의 점진적인 제거

소뇌 정교한 운동 기술을 통제하는 후뇌 구조

수단목표 분석 현 상태와 바람직한 상태와의 차이를 줄이는 수단 혹은 단계를 탐색하는 과정

수면 마비 잠에서 깨어났지만 움직이지 못하는 경우

수면 무호흡증 잠을 자는 동안 짧은 시간 호흡이 멈추어지는 장애

수상돌기 다른 뉴런으로부터 정보를 수용하여 이를 세포체로 전달하는 뉴런의 구성 요소

수용기 신경전달물질을 수용하고 새로운 전기적 신호를 생성하게 하거나 생성하지 못하게 하는 세포막의 일부분

수초 지방 물질의 절연 층

수초화 뇌세포의 축색을 둘러싸는 지방 덮개의 형성

순행 간섭 초기에 학습했던 것들이 나중에 습득된 정보들에 대한 기억을 손상시키는 상황

순행성 기억 상실증 단기 기억 저장소에서 장기 기억 저장소로 새로운 정보를 이동시킬 수 없는 것

스트레스 내적 혹은 외적 스트레스원에 대한 신체 및 심리적 반응

스트레스원 개인에게 무엇을 요구하거나 개인의 안녕감을 위협하는 특정 사건이나 만성적인 압박감

스트레스 접종 훈련 개인으로 하여금 스트레스 상황을 긍정적으로 생각하게 함으로써 그 상황에 대처하게 하는 치료 기법이다.

습관화 자극에 대한 반복된 혹은 지속된 노출이 반응의 점차적인 감소를 낳는 일반적 과정

시각적 심상 부호화 새로운 정보를 심성 그림으로 바꾸어 저장하는 것

시각형태 실인증 시각으로 물체를 재인하지 못하는 상태

시간 부호 달팽이관이 청신경에 들어가는 활동 전위들의 발화율을 통해 저주파수들을 기록한다.

시개 유기체로 하여금 환경 내에서 정향반응을 하게 하는 중뇌 영역

시냅스 한 뉴런의 축색과 다른 뉴런의 수상돌기 혹은 세포체 사이의 접합 부위

시력 정밀한 세부를 보는 능력

시상 피질하 구조로서 감각 기관으로부터 전달되는 정보를 여과하여 대뇌피질에 전달한다.

시상하부 피질하 구조로서 체온, 배고픔, 갈증과 성행동을 통제한다.

시연 마음속으로 반복함으로써 단기 기억에 정보를 유지하는 처리과정

식역하 지각 개인이 의식적으로 지각한다고 보고하지 못하는 자극에 의해 영향을 받는 사고 혹은 행동

신경계 전기화학적 정보를 전 신체에 전달하는 뉴런들의 네트워크

신경성 거식증 뚱뚱해지는 것에 대한 강력한 공포와 음식 섭취를 심하게 제한하는 특징이 있는 섭식장애

신경전달물질 시냅스를 건너 정보를 수용 뉴런의 수상돌기로 전달하는 화학물질

신경성 폭식증 폭식하고 뒤이어 제거하는 것으로 특징지어지는 섭식 장애

신념 어떤 사물이나 사건에 대해 갖고 있는 지속적인 지식

신념 편향 주장이 논리적으로 타당한가보다는 결론이 얼마나 믿을 만하냐에 의존하여 받아들이는 사람들의 판단 과정

신뢰도 측정도구가 동일한 대상을 측정할 때는 언제나 동일한 측정치를 산출해 내는 경향

신속한 대응 아이들이 한 번의 노출만으로도 단어를 밑바탕이 되는 개념에 대응시킬 수 있다는 사실

신진대사 에너지가 신체에 의해 사용되는 속도

신체 증상 장애 적어도 하나의 신체 증상을 가지는 개인이 건강에 대해 지나친 불안을 보이고 증상에 대해 지나친 관심을 보이며 지나치게 많은 시간과 에너지를 증상과 건강에 대한 염려에 쏟는 일련의 심리 장애들

신호탐지이론 자극에 대한 반응은 소음이 있는 가운데 그 자극에 대한 한 사람의 민감도 및 그 사람의 반응 기준 모두에 달려 있다는 의견

실어증 언어를 이해하거나 산출하는 데 어려움을 겪는 증상

실제적 추론 무엇을 할지 혹은 어떤 행위를 할지를 알아내는 추리

실존주의적 접근 성격은 삶과 죽음이 관건이 되는 현실 속에서 각 개인이 내리는 선택과 결정에 의해 만들어지는 것이라고 보는 학파

실험 변인들 간의 인과관계를 확립하는 기법

실험집단 실험에서 특정 방식으로 처치가 주어지는 사람들의 집단. 통제집단과 비교됨

심각하게 와해된 행동 상황에 매우 부적절하거나 목적 달성에 비효과적인, 그리고 특정 운동 이상을 수반하는 행동

심리성적 단계 어릴 때 아동은 신체의 특정 부위에서 성적 쾌감을 느끼게 되는데, 양육자가 아동의 이 쾌감을 수정하고 간섭하는 가운데 성격 형성이 이루어지는 생애의 초기 기간에 나타나는 구분되는 여러 단계들

심리치료 당면한 문제로부터 회복하거나 지지를 제공하려는 목적으로 치료자와 심리적 문제로 고통받는 사람 사이에 이루어지는 상호작용

심리학 마음과 행동의 과학적 연구

심층구조 문장의 의미

아동기 약 18~24개월에 시작해서 약 11~14세까지 지속되는 기간

아세틸콜린 수의적 운동의 통제를 포함한 다양한 기능에 관여하는 신경전달물질

아편제 통증을 완화시키는 약물로 아편으로부터 추출되고 중독성이 매우 강함

안면되먹임 가설 정서 표현이 그것이 나타내는 정서 경험을 유발할 수 있다는 가설

안정 전위 한 뉴런의 세포막 밖과 안의 전위 차이

알코올 근시 알코올이 수의를 방해하며 이로 말미암아 복잡한 상황을 매우 단순하게 반응하게 된다.

암묵 기억 기억하려고 애쓰지 않고 기억하고 있다는 것을 알지 못하지만, 과거의 경험들이 후에 행동이나 수행에 영향을 주는 것

암묵학습 정보 획득의 과정과 산물에 대한 자각과 대체로 무관하게 일어나는 학습

암시성 개인의 기억에 외부 출처로부터 온 잘못된 정보들을 통합하는 경향

애착 신생아와 그의 일차 양육자 사이에 형성되는 정서적 유대

야경증 공황 발작과 강렬한 정서적 각성과 더불어 갑작스럽게 잠에서 깨는 경우

약물 내성 시간이 지남에 따라 동일한 약물 효과를 얻기 위해 약물의 양이 증가되는 경향

양극성장애 비정상적이고 일관적으로 올라간 기분(조증)과 저조한 기분(우울증)의 반복으로 특징되는 상태

양안 부등 두 눈 간의 망막 이미지의 차이로서 깊이에 관한 정보를 준다.

억압 용납되지 않는 사고와 기억을 의식에서 배제하여 무의식 속에 남겨두려는 정신 과정

억압적 대처 스트레스를 상기시키는 상황이나 생각을 회피하고 인위적으로 긍정적 입장을 유지한다.

언어 상대성 가설 언어가 사고의 성격을 만든다는 제안

언어 의미를 담고 있으며 문법의 규칙에 따라 결합될 수 있는 신호들을 사용하여 타인과 소통하는 체계

언어 습득 장치(LAD) 언어 학습을 촉진하는 과정들의 집합

역동적 무의식 숨겨져 있는 기억, 마음의 가장 깊숙한 곳에 들어 있는 본능과 욕망, 그리고 이러한 힘들을 통제하려고 하는 내적인 노력들을 일생 동안 떠안고 있는 능동적 체계

역행 간섭 나중에 학습한 것들이 이전에 습득했던 정보에 대한 기억을 손상시키는 상황

역행성 기억 상실증 사고나 수술을 받은 날 이전의 기억들을 잃어버리는 것

연관통 내부 및 외부 영역에서 오는 감각 정보가 척수에 있는 동일한 신경 세포로 수렴할 때 발생하는 통증의 느낌

연구분야기준프로젝트 정신장애를 일으키는 기본 과정을 밝힘으로써 정신장애를 분류하고 이해하는 것을 목적으로 하는 새로운 시도

연산법 문제에 대한 해결을 보장하는 잘 정의된 절차 혹은 규칙

연수 척수가 두개골 내로 연장된 것으로 심장 박동률, 혈액 순환과 호흡을 통제한다.

연합 영역 피질에 등록된 정보에 감각과 의미를 부여하는데 관여하는 뉴런들로 구성된 피질 영역

열정적 사랑 황홀감, 친밀감, 강렬한 성적 매력 등의 느낌을 갖는 경험

염색체 DNA를 이중나선형으로 감싸고 있는 DNA 가닥

영상 기억 빠르게 쇠퇴하는 시각 정보의 저장소

영아기 출생 시부터 18~24개월까지의 발달 단계

오이디푸스 갈등 이성 부모에 대한 양가적인 감정이 (통상) 동성부모에 대한 동일시를 통해 해결되는 발달적 경험

오재인 전에 경험한 적이 없는 것에 대하여 친숙함을 느끼는 것

와해된 언어 관련 없는 주제로 생각이 빠르고 모순되게 전환하는 의사소통상의 심각한 손상

외상후 스트레스 장애 지속적인 신체적 각성, 트라우마를 준 사건에 대한 원하지 않는 생각이나 이미지의 반복적인 경험을 특징으로 하는 장애

외재적 동기 보상으로 이어지는 행동을 취하고자 하는 동기

뇌석 타당도 변인들이 정상적이고, 선냉식이고, 현실을 반영하는 방식으로 조작적 정의가 이루어져야 한다는 실험 속성

외현 기억 사람들이 의식적으로 혹은 의도적으로 과거의 경험을 인출하려는 행동

요구특성 누군가가 원하거나 기대한다고 생각한 대로 사람들이 행동하게 만드는 관찰 상황의 측면

요인 분석 많은 상관계수들을 적은 수의 잠재 요인으로 설명하는 통계적 기법

욕구불만-공격 가설 동물은 자신의 목표 추구가 방해받을 때 공격 행동을 한다는 원리

운동 뉴런 정보를 척수로부터 근육으로 전달하여 움직임이 일어나게 하는 뉴런

운동 발달 신체 활동을 수행할 수 있는 능력의 출현

원초아 출생 시부터 타고 나는 추동을 그 속에 포함하고 있는 마음의 부분, 이것은 우리의 신체적 요구, 욕구, 욕망, 충동, 특히 우리의 성적 추동과 공격적 추동의 원천이다.

원형 한 범주의 '최고의' 또는 '가장 전형적인' 구성원

위약 치료 효과가 생기리라는 기대하에 적용하는 가짜 약물이나 절차

유동적 지능 사실의 추상적인 관계를 알아내고 논리적인 추론을 이끌어 낼 수 있는 능력

유전가능성 유전적 요인들로 설명할 수 있는 개인들 사이의 행동 특징의 변이성을 측정

유전계수 사람들의 지능검사 점수의 차이에서 유전적 형질의 차이 때문에 야기되는 비율을 나타내는 통계치(통상 h^2)

유전자 유전적 전달을 가능하게 하는 주요 단위

유추문제해결 알고 있는 해결책이 있는 유사한 문제를 발견하고 이를 현재 문제에 적용하여 해결하는 방식

융모세포 기저막에 들어가 있는 전문화된 청각

수용기 세포들

음고 소리가 얼마나 높은지 혹은 낮은지의 정도

음량 소리의 강도

음색 소리의 질 혹은 공명에 대한 청자의 경험

음성 규칙 어떻게 음소들이 말소리로 결합될 수 있는가를 나타내는 규칙의 집합

음소 무선적인 잡음이 아닌 말소리로 재인할 수 있는 소리의 가장 작은 단위

음향 기억 빠르게 쇠퇴하는 청각 정보의 저장소

의미 기억 세상에 대한 일반적인 지식을 구성하는 개념과 사실이 연합되어 있는 네트워크

의미 부호화 새로운 정보를 이미 기억에 있는 지식과 의미에 충만하게 연결하는 과정

의식 세상과 마음에 관한 개인의 주관적 경험

의식의 변형된 상태 세상과 마음에 대한 정상적인 주관적 경험으로부터 이탈된 경험 유형

의식적 동기 사람이 자각하고 있는 동기

의원성 질병 의학적 혹은 심리치료의 결과로 발생하는 증상이나 장애

의학 모델 비정상적 정신 경험은 신체 질환처럼 질환이며 생물학적인 원인과 증상 그리고 치료법이 있다.

이란성 쌍생아 2개의 난자와 2개의 정자가 결합하여 만들어진 수정란에서 발달한 쌍생아

이론 자연 현상에 대한 가설적 설명

이론적 추론 하나의 신념에 도달하기 위한 추리

이완 반응 근육긴장, 피질 활성화, 심박률, 호흡률과 혈압이 감소된 상태

이완 치료 신체의 근육들을 의식적으로 이완시킴으로써 긴장을 감소시키는 기법

이요인 이론 정서는 생리적 각성의 원인들에 관한 추측에 근거한다고 주장하는 이론

이요인 지능 이론 스피어먼의 이론으로서 모든 과제는 일반지능(g라고 불리는)과 각 과제에 특정적인 기술(s라고 불리는)을 요구한다고 보고 있다.

이중맹목 관찰 관찰자와 관찰되고 있는 사람 모두에게 진짜 목적이 숨겨진 관찰법

이중 우울증 중증도의 우울한 기분이 적어도 2년 이상 지속된 상태로 주요우울증으로 마감되는 경우

이중청취법 헤드폰을 쓰고 있는 사람들이 두 귀에 제시된 서로 다른 메시지를 청취하는 과제

이차 성징 성적 성숙과 함께 급격히 변화하지만 생식과 관련되지 않는 신체 구조

이차 조건형성 CS가 이전 절차에서 무조건자극과 연합된 자극과 짝지어지는 조건형성

이타적 행동 자신에게 이득이 없음에도 불구하고 다른 사람을 이롭게 하는 행동

인간 성반응 주기 성적 활동 동안 생리적 각성의 단계들

인간 중심 치료/내담자 중심 치료 모든 사람이 성장하려 하며, 이 성장이 치료자의 수용과 진실된 반응으로 촉진될 수 있다고 가정한다.

인간-상황 논쟁 행동이 성격 요인과 상황 요인 중 어떤 것에 의해 더 크게 좌우되는가의 문제

인본주의 심리학 인간의 긍정적 잠재력을 강조하는 인간 본성을 이해하기 위한 접근

인습적 단계 행위의 도덕성이 사회적 규칙에 얼마나 동조하는가에 의해서 주로 결정되는 도덕 발달 단계

인지도 환경의 물리적 특징들에 대한 정신적 표상

인지 발달 세상을 이해하는 능력의 출현

인지부조화 자신의 행동, 태도, 신념들 간에 불일치가 있음을 인식할 때 발생하는 불편한 심기 상태

인지 신경과학 인지적 과정과 뇌 활동 간의 연결을 이해하려고 시도하는 분야

인지 심리학 지각, 사고, 기억, 추론을 포함하는 정신 과정의 과학적 연구

인지적 무의식 개인이 경험하지 않음에도 불구하고 개인의 사고, 선택, 정서와 행동에 영향을 미치는 정신 과정

인지적 재구조화 내담자에게 부정적 감정을 유발하는 자동사고, 가정과 예측에 대해 스스로 질문하게 가르치고 이 부정사고를 보다 현실적인 긍정적인 믿음으로 바꾸게 돕는 치료 방법

인지적 증상 인지적 능력, 특히 실행 기능, 주의, 그리고 작업 기억에서의 결함

인지치료 내담자가 자신과 타인 세계에 대해 가지고 있는 왜곡된 생각을 알아차리고 이를 고치도록 돕는 심리치료 형태

인지행동치료(CBT) 인지와 행동 기법의 합

인출 이전에 부호화되고 저장되었던 마음속에 있는 정보를 끄집어내는 과정

인출 단서 저장된 정보를 연합하고, 마음속에 있는 정보를 가져오도록 도와주는 외적 정보

인출 유발 망각 장기 기억에서 한 항목을 인출한 것이 나중에 관련된 항목의 회상을 해칠 수 있는 과정

일란성 쌍생아 한 난자와 정자가 결합하여 만들어진 수정란이 둘 이상으로 분리되어 발달한 쌍생아

일반적 적응 증후군(GAS) 스트레스원의 유형과는 무관하게 나타나는 세 단계의 생리적 반응

일반화 CS가 획득 시기 동안 사용된 CS와 약간 달라도 CR이 관찰되는 현상

일시성 과거의 시간에 무슨 일이 일어났는지 잊어버리는 것

일주율 자연적으로 일어나는 24시간 주기

일차 성징 생식과 직접 관련된 신체 구조

일치시킨 쌍 기법 제3변인 측면에서 각 참가자를 다른 참가자와 동일하게 만들어 주는 기법

일치시킨 표본 기법 두 집단의 참가자들이 제3변인 차원에서 동일하게 만들어 주는 기법

일화 기억 특정한 시간과 장소에서 발생했던 개인의 과거 경험들의 집합

자극 환경으로부터의 감각적 입력

자기 개념 자신의 행동, 특성, 기타 개인적 특징에 대한 자신의 의식적 인식

자기 규제 선호하는 표준에 도달하기 위해 자신에 대해 의도적으로 통제를 가함

자기 보고 응답자가 통상 질문지나 면접을 통하여 자신의 사고, 감정, 행동에 관한 주관적인 정보를 제공하는 방식

자기 봉사 편향 자신의 성공에 대해서는 자신의 공을 내세우지만 자신의 실패에 대해서는 자신의 책임을 모면하려고 하는 경향

자기선택 실험집단에 포함될지 또는 통제집단에 포함될 지를 스스로 결정하고자 할 때 발생하는 문제

자기실현적 예언 남들이 자신에게 기대하는 바대로 행동을 하게 되는 경향성

자기애 자신을 대단한 사람으로 보며 다른 사람들이 자신에 대해 경탄해 주기를 바라고, 또 다른 사람을 이용해 먹으려고 하는 성향

자기 확증 자기 개념을 지지해 주는 증거를 찾는 성향

자발적 회복 학습된 행동이 휴지 기간 후에 소거로부터 회복되는 경향

자살 의도적으로 자기가 자초한 죽음

자살 시도 죽으려는 의도로 잠재적으로 위해한 행동을 하는 경우

자아 외부 세계와의 접촉 과정에서 발달되어 나오는 것으로서, 우리들로 하여금 인생에서의 현실적인 요구를 처리할 수 있게 해 주는 성격의 한 성분

자아실현 경향성 자신이 타고난 잠재력을 실현하고자 하는 인간적 동기

자아정체 망각 사람들이 집단 속에 파묻힐 때 자신이 갖고 있는 가치들을 망각하게 되는 현상

자아중심성 세상이 다른 관찰자에게 다르게 보인다는 것을 이해하지 못한다.

자연관찰 자연적인 환경에서 아무런 방해 없이 사람을 관찰함으로써 과학적인 정보를 얻어내는 방법

자연상관 우리 주변의 세상에서 관찰되는 상관

자연 선택 종이 생존하고 번식하는 것을 돕는 유기체의 특징들이 그렇지 않은 것보다 후세대에

전달되기 더 쉽다는 찰스 다윈의 이론

자율신경계 혈관, 신체 기관과 내분비선을 통제하는 불수의적이고 자동적인 명령을 전달하는 일련의 신경들

자의식 개인의 주의가 자신에게 향해 있을 경우에 일어나는 의식 수준

자존감 자기 자신을 좋아하고, 가치 있게 여기며, 수용하는 정도

자폐 범주성 장애 어린 시기에 나타나며 지속적인 의사소통 결함과 제한되고 반복적인 행동 패턴 및 관심과 활동을 보이는 상태

작업 기억 단기 저장소에서 정보가 능동적으로 유지되는 것

잠복기 네 번째의 심리성적 단계로서, 이 시기에는 성별의 일사석인 소섬이 시능, 상조싱, 내인 관계 및 운동 기술을 발달시키는 것이 된다.

잠재적 내용 꿈의 숨겨진 진정한 의미

잠재학습 어떤 것이 학습되었으나 미래의 어느 시점까지 행동적 변화로 표출되지 않는 것

장기 기억 몇 시간, 며칠, 몇 주 또는 몇 년 동안 정보가 유지되는 장소

장기 시냅스 강화(LTP) 시냅스 연결들의 강화로 발생한 향상된 신경 처리과정

장소 부호 서로 다른 주파수들이 기저막을 따라 특정 위치에서 신경 신호를 자극하는 과정이며, 이로부터 뇌는 음고를 판정한다.

재고정 회상된 기억도 붕괴에 취약할 수 있어서 다시 고정되는 과정

재구성 스트레스원의 위협을 감소시킬 수 있는 새롭거나 창의적인 방법을 찾는 것

재평정 정서를 유발하는 자극에 대해 생각하는 방식을 바꿈으로써 자신의 정서 경험을 바꾸는 것

저장 시간이 지나도 기억에서 정보를 유지하는 처리 과정

저항 불쾌한 무의식적 사건들을 맞닥뜨리는 것이 두려워 치료에 대한 협조를 꺼리는 것

전기충격요법 뇌에 전기 충격을 가함으로써 짧은 발작을 유발시키는 방법

전두엽 운동, 추싱직 사고, 계획, 기억과 판단 등에 관여하는 대뇌피질 영역

전망 이론 사람들은 잠재적인 손실을 어림잡을 때 위험을 감수하고 잠재적인 이익을 어림잡아 내는 위험을 쐬하는 선택을 한다는 주장

전보식 말 기능 형태소 없이 내용어들만으로 이루어진 말

전이 정신분석에서 분석가가 내담자의 인생에 주요한 의미 있는 사람이 되고 내담자가 무의식적 아동기 환상에 근거해 분석가에게 반응할 때 발생하는 사건

전이 적절성 처리 우리가 나중에 이용할 수 있는 인출 단서들에 적절한 방식으로 정보를 처리했을 때 기억이 한 상황에서 다른 상황으로 더 잘 전이된다는 것

전인습적 단계 행위의 도덕성이 행위자의 결과에 의해서 주로 결정되는 도덕 발달 단계

전정 시스템 각 내이의 달팽이관 옆에 위치한, 액체로 채워진 3개의 반고리관과 인접 기관들

전조작 단계 약 2세에 시작해서 약 6세에 끝나는 발달의 단계로서, 아동은 물리적 세계에 대해서 초보적인 이해를 한다.

절대역 시행 중 50%에서 어떤 자극을 겨우 탐지하는 데에 필요한 최소한의 자극 강도

절차 기억 연습의 결과로서 점진적으로 습득하는 기술 또는 행하는 방법을 아는 것

실충석 심리시료 완사와 문세에 따라 나앙안 형태의 치료에서 온 기술을 사용한다.

점화 최근에 어떤 자극에 노출된 결과로 어떤 단어나 대상 등의 자극이 더 잘 생각나게 만드는 능력

접근 동기 긍정적 결과를 경험하고자 하는 동기

접합기 수정부터 2주 동안의 태내 발달 기간

접합체 정자와 난자 모두의 염색체를 포함하는 세포

정보적 영향 다른 사람의 행동이 무엇이 맞는 것인가에 대한 정보를 제공해 줄 때 일어나는 현상

정상분포 대부분의 측정치들이 중앙부 주변으로 집중되는 수학적으로 정의된 빈도분포

정서 특정 패턴의 생리적 활동과 연합되어 있는, 긍정적 혹은 부정적 경험

정서 조절 자기 자신의 정서 경험에 영향을 주기 위해 사람들이 쓰는 전략들

정서지능 정서에 대한 추론 그리고 그 정서를 사용하여 관계를 향상시키거나 문제를 해결할 수 있는 능력

정서 표현 정서 상태에 관한 관찰 가능한 신호

정신물리학 자극 강도와 그 자극에 대한 관찰자의 민감도를 측정하는 방법

정신분석 이론 인긴 행동을 이해하는 지그문드 프로이트의 접근으로, 감정, 사고, 행동을 조성하는 무의식적 정신 과정의 중요성을 강조한다.

정신분석 정신장애를 더 잘 이해하기 위해 무의식적 재료를 의식직 자각으로 가지고 오는 것에 초점을 두는 치료적 접근

정신신체 질환 마음과 신체가 상호작용한 결과 초래된 질병

정신약물학 심리적인 상태와 증상에 대한 약물 효과의 연구

정신역동적 심리치료 일반적으로 환자들에게 어린 시절의 사건을 조사하고 자신의 심리 문제에 대한 통찰을 갖게 고무한다.

정신역동적 접근 성격을 의식 밖의 영역에서 작용하며 정서장애를 불러일으킬 수 있는 요구, 갈망, 욕망들에 의해 형성되는 것으로 보는 접근

정신외과술 특정 뇌 부위를 외과적으로 파괴하는 것

정신장애 유의한 디스트레스나 역기능을 초래하는 행동, 사고, 정서에 있어서 지속적 장해 혹은 역기능

정신장애에 대한 진단 및 통계 지침서 정신장애 진단을 충족하는 증상을 기술한 분류 체계로, 이 진단 체계는 특정 장애가 비슷한 다른 장애와 어떻게 구별되는지 보여 준다.

정신 통제 마음의 의식적 상태를 바꾸고자 시노아는 것

정신 통제의 모순 과정 정신 과정은 모순된 오류를 낳는데, 이는 오류를 모니터링 하는 것 자체가 오류를 낳게 할 수 있기 때문이다.

정적 증상 조현병이 없는 사람들에게는 보이지 않는 사고와 행동

제3변인 문제 제3변인 상관이 발생할 가능성이 언제나 있기 때문에 두 변인 간의 자연스런 상관만으로는 그들 간의 인과관계가 추론될 수 없다는 사실

제3변인 상관 각 변인이 제3변인과 관련되어 있기 때문에 두 변인이 상관이 발생한다는 사실

제임스–랑게 설 자극이 신체에서 활동을 일으키고, 이것은 다시 뇌에서 정서 경험을 일으킨다고 주장하는 이론

조건반응(CR) 무조건반응과 유사하나 조건자극에 의해 생성되는 반응

조건자극(CS) 이전에는 중성적이었으나 US와 짝지어진 후에 유기체에 어떤 신뢰할 만한 반응을 내는 자극

조성 희망하는 최종 행동으로 가는 연속적인 단계들을 강화함으로써 생기는 학습

조작 인과적인 검증력을 결정하기 위해 특정 변인에 대해 모종의 인위적인 변산 패턴을 만들이 내는 것

조작적 정의 구체적이고 측정 가능한 용어로 속성을 기술한 것

조작적 조건형성 유기체의 행동의 결과가 미래에 그것이 되풀이 될지를 결징하는 학습 유형

조작행동 환경에 어떤 영향을 주는 유기체가 생성하는 행동

조절 눈이 망막 위에 선명한 상을 유지하게 하는 과정(p. 144)

조절 영아가 새로운 정보에 비추어 자신의 도식을 수정하는 과정(p. 452)

조직적 부호화 일련의 항목들 간의 관계를 인

식하여 정보를 범주화하는 행동

조현병 기본 정신 과정의 심각한 손상, 즉 현실에 대한 왜곡된 지각, 변화된 혹은 무딘 정서, 사고·동기·행동의 장애

종말 단추 축색으로부터 확장되어 나온 혹처럼 생긴 구조

종속변인 연구에서 측정되는 변인

주변인 개입 위급 상황에 처한 낯모르는 사람을 돕는 행위

주요우울장애/단극성 우울증 적어도 2주 혹은 그 이상 심하게 우울한 정서상태가 지속되며, 무가치함, 기쁨 상실, 무기력, 수면과 섭식장애를 동반하는 질병

주의력 결핍 과잉활동장애 정상적인 집중의 어려움과는 차원이 다른 주의력과 과잉활동, 혹은 충동성에 심각한 문제가 있어 기능하는 데 큰 어려움을 겪는 경우

주제 통각 검사(TAT) 내용이 애매모호하게 보이는 인물들의 그림을 보고 응답자가 그 그림에 대해 말하는 내용을 분석하여 응답자의 심리 저변에 들어 있는 동기, 관심사 그리고 그들이 사회를 바라보는 방식을 밝혀내는 것으로 알려져 있는 투사적 성격 검사

준비된 이론 사람들은 본능적으로 특정 공포를 가지기 쉽다는 이론

중심말단 법칙 중심에서부터 말단까지 순서대로 출현하는 운동 기술의 경향성을 기술하는 '안에서 밖으로'의 법칙

중심와 시력이 가장 좋은 망막의 영역인데, 거기에는 간상체가 전혀 없다.

중앙값 빈도분포상의 '정중앙' 측정치

중추신경계 뇌와 척수로 구성된 신경계의 일부

지각 정신 표상을 형성하기 위한 감각의 조직화, 식별 및 해석

지각 항상성 감각 신호의 여러 측면들이 바뀔지라도, 지각은 일정하게 유지된다는 원리

지능 개인의 사고를 통제하고 자신의 상황에 적응하며 경험으로부터 배울 수 있는 능력

진정제 중추신경계의 활성화를 감소시키는 약물

진화 심리학 마음과 행동을 자연 선택에 의해 오랜 시간 보존되어 온 능력의 적응적 가치라는 관점에서 설명하려는 심리학적 접근

집단 그 구성원들을 다른 사람들과 구별지어 주는 어떤 공통점을 갖고 있는 사람들의 집합체

집단 극화 집단 구성원 중 어느 누가 내릴 수 있는 결정보다 더 극단적인 결정을 하게 만드는 집단의 경향성

집단 사고 대인관계 조화의 달성이라는 이유 때문에 만장일치로 가게 되는 집단의 경향성

집단치료 여러 명의 참가자들(보통 처음에는 서로를 모른다)이 집단 내에서 자신의 문제를 해결하는 방법

집착 우리가 잊고 싶어 하는 사건에 대한 침투적인 기억

차단 산출해 내려고 노력하지만 기억에 있는 정보를 인출하는 데 실패하는 것

차별 행동 소속 집단에 근거하여 어떤 사람에 대하여 하는 긍정적 또는 부정적인 행동

착각적 접합 여러 물체들에서 나온 특징들이 틀리게 결합될 때의 지각적 착오

착각 주관적 경험이 객관적 현실과 차이를 보이는 지각, 기억 혹은 판단의 오류

책임감 분산 사람이 자신과 마찬가지의 행동을 할 것 같아 보이는 다른 사람들이 주변에 있으면 자신이 꼭 그 행동을 해야 한다는 책임감이 감소되는 경향성

처벌물 그 자극으로 이어지는 행동의 확률을 감소시키는 역할을 하는 어떤 자극이나 사건

척수 반사 재빠른 근육 수축이 일어나게 하는 신경계의 단순한 경로

철학적 경험론 모든 지식은 경험을 통해 획득된다는 견해

청소년기 성적 성숙의 시작(약 11~14세)과 함께 시작해서 성인기의 시작(약 18~21세)까지 지속되는 발달의 기간

체계적 설득 이성에 대한 호소가 가져오는 태도나 신념에서의 변화

체성신경계 수의근과 중추신경계 사이로 정보를 전달하는 일련의 신경들

초자아 문화적 규칙이 내면화되어 생긴 심리 성분으로서, 주로 부모가 그들의 권위를 행사할 때 학습되는 것이다.

촉지각 손으로 물체를 접촉하거나 붙잡음으로써 환경을 적극적으로 탐색하는 것

최면 한 사람(최면가)이 암시를 하면 다른 사람(피험자)의 세상에 관한 주관적 경험의 변화가 초래되는 사회적 상호작용

최면 무통 최면에 민감한 사람들에게서 관찰되는 최면을 통한 통증 감소

최면 후 기억 상실증 망각하라는 최면 암시 후 기억을 인출하지 못함

최빈치 빈도분포상에서 '가장 빈번하게 나타나는' 측정치

최소가치차이(JND) 겨우 탐지될 수 있는 최소한의 자극 변화

최소한의 의식 마음이 감각을 받아들이고 이 감각에 대해 반응할 경우 일어나는 낮은 수준의 감각 인식과 반응

추동 생리적 요구에 의해 생성되는 내적 상태

추론 정보나 신념을 일련의 단계를 거쳐 결론에 도달할 수 있도록 조직화하는 정신 활동

추상체 색을 탐지하고, 정상적인 주간 조건에서 작동하며, 정밀한 세부에 초점을 맞추게 하는 광수용기

축색 정보를 다른 뉴런, 근육 혹은 내분비선으로 전달하는 뉴런의 구성 요소

출입문 제어 이론 몸에 있는 통증 수용기로부터 오는 신호들은 두 방향에서 오는 되먹임 신호를 통해 척수에 있는 중간신경원에 의해 중지될, 즉 차단될 수 있다는 생각에 기초한 통증 지각의 이론

출처 기억 언제, 어디서 그리고 어떻게 정보가 습득되었는지에 대한 기억

충만한 의식 개인이 자신의 정신 상태를 인식하여 이를 보고할 수 있는 상태

취약성-스트레스 모델 어떤 사람이 가진 심리적 장애에 대한 발병 경향성은 스트레스에 의해 유발될 때까지 잠재되어 있다.

측두엽 청각과 언어에 관여하는 대뇌피질 영역

측정도구 조작적 정의가 말하고 있는 조건을 탐지하는 장치

친족 선택 친족을 돕는 개체의 유전자가 살아남게 만드는 진화의 과정

칵테일파티 현상 사람들이 가까이에서 들리는 소리를 여과하면서 한 메시지에 주의를 주는 현상

캐논-바드 설 자극이 신체의 활동과 뇌의 정서 경험을 동시에 일으킨다고 주장하는 이론

쾌락주의 원리 사람은 즐거움을 체험하고 고통을 피하는 쪽으로 동기화된다는 주장

타당도 구체적인 사건(측정치)이 속성을 정의하는 양호성

타인의 마음 문제 우리가 다른 사람의 의식을 지각할 때 가지는 근본적인 어려움

탈진 정서적 요구가 많은 상황이 장기간 지속된 결과 발생하는 신체적, 정서적, 정신적 소진 상태이며 수행 및 동기 저하가 동반되어 나타난다.

태도 어떤 사물이나 사건에 대해 갖고 있는 지속적인 긍정적 또는 부정적 평가

태아기 9주부터 출생할 때까지 지속되는 태내기의 기간

태아 알코올 증후군 임신 중 어머니의 다량의 알코올 섭취로 인한 발달장애

텔로머라제 염색체의 끝에 텔로미어를 재구성하게 하는 효소

텔로미어 각 염색체의 말단에 있는 캡슐로 염색체의 끝 부분을 보호하고 염색체들이 서로 들

러붙는 것을 막는다.

토큰 경제 내담자에게 바람직한 행동에 대해 나중에 보상으로 바꿀 수 있는 '토큰'을 제공하는 행동치료의 한 형태

통사 규칙 어떻게 단어들이 결합되어 구나 문장을 이루는가에 관한 규칙의 집합

통제 소재 보상에 대한 통제력이 자기 자신에게 있는지 아니면 외부적인 환경에 있는지에 대한 개인의 인식 경향

통제집단 실험에서 실험집단에게 처치가 주어지는 특정 방식과 같은 방식의 처치가 행해지지 않는 사람들의 집단

투사 검사 일련의 표준화된 애매모호한 자극들에 대한 응답자의 반응을 분석하여 그들의 성격의 내면에 들어 있는 특징을 읽어내기 위해서 만들어진 검사

투쟁 혹은 도피 반응 위협에 대한 정서적, 생리적 반응으로 행동을 준비하게 한다.

특성 특정한 그리고 일관성 있는 방식으로 행동하게 만드는 비교적 불변적인 성향

특정공포증 개인의 기능을 뚜렷하게 저해하는 특정 물체나 상황에 대한 불합리한 공포

특정통합 이론 초점 주의는 한 자극물을 구성하는 개별 특징들을 탐지하는 데에는 필요하지 않지만 그 개별 특징들을 함께 결합하는 데에는 필요하다는 생각

틀 효과 사람들은 문제가 표현되는(혹은 틀 지워지는) 바에 따라 같은 문제에 대해 다른 답을 낸다.

페로몬 자기 종족의 다른 성원들에 의해 방출되는 생화학적 방향물질로서 동물의 행동이나 생리작용에 영향을 미칠 수 있다.

편견 소속 집단에 근거하여 어떤 사람에 대해 갖고 있는 긍정적 또는 부정적인 평가

편도체 많은 정서 과정, 특히 정서 기억의 형성에 중요한 역할을 하는 변연계의 한 부분

편의적 설득 습관이나 감정에 대한 호소가 가져오는 태도나 신념에서의 변화

편차 IQ 특정 개인의 검사점수를 그 개인이 속한 연령집단의 평균점수로 나누고 지수 100을 곱한 통계치

편향 이전 경험의 기억에 대한 현재의 지식과 신념, 감정 등의 왜곡된 영향

평균 빈도분포상의 측정치들의 평균값

평정 자극에서 정서와 연관된 측면에 대한 평가

표면구조 문장이 어떤 단어들로 표현되는가

표본 모집단에서 추출된 부분적인 사람들 집합

표준편차 빈도분포에서 측정치들 간의 평균적인 차이와 분포의 평균을 기술해 주는 통계치

표출된 정서 정신장애를 가진 가족과 이야기할 때 적대감, 비난, 과도한 감정적 몰입을 얼마나 많이 하느냐를 측정

품행장애 아동이나 청소년이 타인과 동물에 대한 공격, 기물을 파손하고, 거짓말이나 도둑질 혹은 심각한 규정을 어기는 등, 정상에서 벗어난 행동패턴

피개 운동과 각성에 관여하는 중뇌 영역

피질하 구조 대뇌피질의 아래에 위치하는 전뇌 구조들로서 뇌의 정중선에 위치한다.

하위유형 분류 사람들이 자신이 갖고 있는 고정관념에 반대되는 증거를 만나게 되면 그 고정관념을 폐기하기 보다는 수정하는 경향

학습 학습자의 상태에 비교적 영속적인 변화를 낳는 어떤 경험으로부터 새 지식, 기술, 또는 반응을 획득하는 것

합리적 대처 스트레스원에 당면하고 이를 극복하기 위해 노력하는 것

합리적 선택 이론 우리는 어떤 것이 일어날 가능성이 얼마인지를 결정하고, 그 결과의 가치를 판단한 후, 이 둘을 곱하여 결정을 내리며 선택한다는 고전적 이론

항문기 두 번째의 심리성적 단계로서, 이 시기의 경험은 항문, 대변과 소변의 보류와 방출, 그리고 배변 훈련과 관련된 즐거움과 욕구불만이 주류를 이룬다.

항불안제 공포나 불안 경험을 줄이는 데 도움이 되는 약물

항상상태 한 시스템이 그 자체를 특정 상태로 유지하기 위해 행동을 취하는 경향

항우울제 사람들의 기분을 고양시키는 데 도움이 되는 약물

해 감소 접근 고위험의 행동이 개인의 생활에 미치는 해를 감소하는 데 초점을 두는 접근

해마 새로운 기억을 형성하고 이 기억들이 지식 네트워크와 통합되어 대뇌피질의 다른 부위들에 무한정으로 저장되는 데 중요한 역할을 하는 구조

행동 신경과학 심리적 과정을 신경계나 다른 신체 과정 활동과 연결시키는 심리학 접근방법

행동 인간과 동물의 관찰할 수 있는 행위

행동주의 심리학자들의 연구를 객관적으로 관찰 가능한 행동의 과학적 연구로 제한해야 한다고 주장하는 접근

행동치료 질병 행동은 학습된 것이며 관찰 가능한 부적응 행동을 보다 생산적인 행동으로 바꾸는 것을 통해 증상 완화가 가능하다고 가정하는 치료 유형

행위자-관찰자 효과 동일한 행동인데도 타인의 행동에 대해서는 성향 귀인을 하는 반면 자신의 행동에 대해서는 상황 귀인을 하는 경향

향정신성 약물 뇌의 화학적 메시지 체계를 변화시킴으로써 의식 혹은 행동에 영향을 미치는 화학물질

향정신성 약물 조현병과 관련된 정신증을 치료하는 데 사용하는 약물

현상학 의식적인 사람에게 사물이 어떻게 보이는가에 관한 것

협동 둘 또는 그 이상의 사람들 간에 상호 호혜적인 이득을 얻을 수 있게 해 주는 행동

형식적 조작 단계 약 11세에 시작해서 성인기까지 지속하는 발달의 단계로, 아동은 자신과 타인의 마음에 대해서 더욱 깊은 이해를 하게 되고 추상적으로 추론하는 것을 배운다.

형태 규칙 어떻게 형태소들이 결합되어 단어를 이루는가에 관한 규칙의 집합

형태소 언어의 가장 작은 의미 단위

형태주의 심리학 우리가 종종 부분의 합보다는 전체로서 지각한다는 것을 강조하는 심리학적 접근

형판 망막 이미지로 비춰진 모양에 직접 비교될 수 있는 정신적 표상

형평성 쌍방의 비용-이익의 비율이 거의 동일한 상태

확산 사슬 개인들이 다른 사람이 그 행동을 하는 것을 관찰함으로써 처음으로 한 행동을 배우고, 그다음 다른 개인들이 그 행동을 배우는 모델이 되는 과정

확증적 지각 자신이 보기를 기대하는 것을 보는 경향

환각 실제 자극이 없음에도 불구하고 진짜 있는 것처럼 느끼는 지각 경험

환각제 감각과 지각을 변화시키는 약물로서 자주 환시와 환청을 초래하게 한다.

환자 역할 사회적으로 인정되는 질병과 관련되는 권리와 의무

활동 전위 뉴런의 축색을 따라 시냅스에 전달되는 전기적 신호

활성화-통합 모델 뇌가 수면 동안 무작위로 일어나는 활성화에 대한 의미를 찾을 때 꿈이 생성된다고 주장하는 이론

회피 동기 부정적 결과를 경험하지 않고자 하는 동기

획득 CS와 US가 함께 제시될 때의 고전적 조건형성의 단계

효과의 법칙 '만족스러운 사태'가 뒤따르는 행동들은 반복되는 경향이 있으며 '불쾌한 사태'를 낳는 것들은 되풀이될 가능성이 더 적다는 원리

효능제 신경전달물질의 효능을 증가시키는

약물

후각구   전두엽 아래 비강 위에 위치한 뇌 구조

후각 수용기 신경원(ORN)   냄새 감각을 일으키는 수용기 세포들

후뇌   척수의 안으로 들어오거나 바깥으로 나가는 정보를 조율하는 뇌 영역

후두엽   시각 정보를 처리하는 대뇌피질 영역

후생유전적 지표   유전자를 발현 혹은 발현되지 않게 하는 DNA의 화학적 수정

후생유전학   유전자를 구성하는 DNA의 기본 배열을 변화시키지 않으면서 유전자의 발현 여부 혹은 발현의 정도를 결정하는 환경적 영향

후인습적 단계   행위의 도덕성이 핵심 가치를 반영하는 한 세트의 보편적인 원리들에 의해서 결정되는 도덕 발달 단계

흥분제   중추신경계를 흥분시켜 각성과 활성화 수준을 증가시키는 약물

히스테리   보통 정서적으로 혼란스러운 경험의 결과로 나타나는 인지 혹은 운동 기능의 일시적 상실

히스톤 수정   히스톤이라고 불리는 단백질에 화학적 수정이 첨부되는 것을 의미하는데, 히스톤은 DNA 포장에 관여한다.

A1 영역   일차 청각피질을 포함하는 측두엽의 한 부분

A형 행동 유형   각성, 적대심, 인내심 부족, 시간 촉박감과 경쟁적 성취 욕구로 특징된다.

Big Five   5요인 모델의 특성들, 즉 개방성, 성실성, 외향성, 동의성, 신경성

DNA 메틸화   DNA에 메틸군을 첨가하는 것

GABA(감마-아미노뷰티릭산)   뇌의 주요 억제성 신경전달물질

REM 수면   급속 안구 운동과 높은 수준의 뇌 활성화가 특징인 수면 단계

V1 영역   일차 시각 피질을 포함하는 시엽의 한 부분

참고문헌

Aarts, H., Custers, R., & Marien, H. (2008). Preparing and motivating behavior outside of awareness. *Science, 319,* 1639.

Abbott, J. M., Klein, B., & Ciechomski, L. (2008). Best practices in online therapy. *Journal of Technology in Human Services, 26,* 360–375.

Abel, T., Alberini, C., Ghirardi, M., Huang, Y.-Y., Nguyen, P., & Kandel, E. R. (1995). Steps toward a molecular definition of memory consolidation. In D. L. Schacter (Ed.), *Memory distortion: How minds, brains and societies reconstruct the past* (pp. 298–328). Cambridge, MA: Harvard University Press.

Abelson, J., Curtis, G., Sagher, O., Albucher, R., Harrigan, M., Taylor, S., . . . Giordani, B. (2009). Deep brain stimulation for refractory obsessive-compulsive disorder. *Biological Psychiatry, 57,* 510–516.

Abrams, M., & Reber, A. S. (1988). Implicit learning: Robustness in the face of psychiatric disorders. *Journal of Psycholinguistic Research, 17,* 425–439.

Abramson, L. Y., Seligman, M. E. P., & Teasdale, J. D. (1978). Learned helplessness in humans: Critique and reformulation. *Journal of Abnormal Psychology, 87,* 49–74.

Acevedo, B. P., & Aron, A. (2009). Does a long-term relationship kill romantic love? *Review of General Psychology, 13,* 59–65.

Acevedo-Garcia, D., McArdle, N., Osypuk, T. L., Lefkowitz, B., & Krimgold, B. K. (2007). *Children left behind: How metropolitan areas are failing America's children.* Boston: Harvard School of Public Health.

Achter, J. A., Lubinski, D., & Benbow, C. P. (1996). Multipotentiality among the intellectually gifted: "It was never there and already it's vanishing." *Journal of Counseling Psychology, 43,* 65–76.

Acocella, J. (1999). *Creating hysteria: Women and multiple personality disorder.* San Francisco: Jossey-Bass.

Addis, D. R., Wong, A. T., & Schacter, D. L. (2007). Remembering the past and imagining the future: Common and distinct neural substrates during event construction and elaboration. *Neuropsychologia, 45,* 1363–1377.

Addis, D. R., Wong, A. T., & Schacter, D. L. (2008). Age-related changes in the episodic simulation of future events. *Psychological Science, 19,* 33–41.

Adelmann, P. K., & Zajonc, R. B. (1989). Facial efference and the experience of emotion. *Annual Review of Psychology, 40,* 249–280.

Adolph, K. E., & Avolio, A. M. (2000). Walking infants adapt locomotion to changing body dimensions. *Journal of Experimental Psychology: Human Perception and Performance, 26,* 1148–1166.

Adolph, K. E., Cole, W. G., Komati, M., Garciaguirre, J. S., Badaly, D., Lingeman, J. M., . . . Sotsky, R. B. (2012). How do you learn to walk? Thousands of steps and dozens of falls per day. *Psychological Science, 23*(11), 1387–1394. doi:10.1177/0956797612446346

Adolphs, R., Russell, J. A., & Tranel, D. (1999). A role for the human amygdala in recognizing emotional arousal from unpleasant stimuli. *Psychological Science, 10,* 167–171.

Adolphs, R., Tranel, D., Damasio, H., & Damasio, A. R. (1995). Fear and the human amygdala. *The Journal of Neuroscience, 15,* 5879–5891.

Adorno, T. W., Frenkel-Brunswik, E., Levinson, D. J., & Sanford, R. N. (1950). *The authoritarian personality.* New York: Harper & Row.

Aggleton, J. (Ed.). (1992). *The amygdala: Neurobiological aspects of emotion, memory and mental dysfunction.* New York: Wiley-Liss.

Agin, D. (2007). *Junk science: An overdue indictment of government, industry, and faith groups that twist science for their own gain.* New York: Macmillan.

Agren, T., Engman, J., Frick, A., Björkstrand, J., Larsson, E. M., Furmark, T., & Fredrikson, M. (2012). Disruption of reconsolidation erases a fear memory trace in the human amygdala. *Science, 337,* 1550–1552.

Agthe, M., Spörrle, M., & Maner, J. K. (2010). Don't hate me because I'm beautiful: Anti-attractiveness bias in organizational evaluation and decision making. *Journal of Experimental Psychology, 46*(6), 1151–1154. doi:10.1016/j.jesp.2010.05.007

Aharon, I., Etcoff, N., Ariely, D., Chabris, C. F., O'Conner, E., & Breiter, H. C. (2001). Beautiful faces have variable reward value: fMRI and behavioral evidence. *Neuron, 32,* 537–551.

Ahlskog, J. E. (2011). Pathological behaviors provoked by dopamine agonist therapy of Parkinson's disease. *Physiology & Behavior, 104,* 168–172.

Ainslie, G. (2001). *Breakdown of will.* New York: Cambridge University Press.

Ainsworth, M. D. S., Blehar, M. C., Waters, E., & Wall, S. (1978). *Patterns of attachment: A psychological study of the strange situation.* Hillsdale, NJ: Erlbaum.

Ainsworth, S. E., & Maner, J. K. (2012). Sex begets violence: Mating motives, social dominance, and physical aggression in men. *Journal of Personality and Social Psychology, 103*(5), 819–829. doi: 10.1037/a0029428

Aksglaede, L., Sorensen, K., Petersen, J. H., Skakkebaek, N. E., & Juul, A. (2009). Recent decline in age at breast development: The Copenhagen puberty study. *Pediatrics, 123*(5), e932–e939.

Alasaari, J. S., Lagus, M., Ollila, H. M., Toivola, A., Kivimaki, M., Vahterra, J., . . . Paunio, T. (2012). Environmental stress affects DNA methylation of a CpG rich promoter region of serotonin transporter gene in a nurse cohort. *PLoS One, 7,* e45813. doi:10.1371/journal.pone.0045813

Albarracín, D., & Vargas, P. (2010). Attitudes and persuasion: From biology to social responses to persuasive intent. In S. T. Fiske, D. T. Gilbert, & G. Lindzey (Eds.), *The handbook of social psychology* (5th ed., Vol. 1, pp. 389–422). New York: Wiley.

Albee, E. (1962). *Who's afraid of Virginia Woolf?* New York: Atheneum.

Aleman, A., Sommer, I. E., & Kahn, R. S. (2007). Efficacy of slow repetitive transcranial magnetic stimulation in the treatment of resistant auditory hallucinations in schizophrenia: A meta-analysis. *Journal of Clinical Psychiatry, 68*, 416–421.

Allen, P., Larøi, F., McGuire, P.K., & Aleman, A. (2008). The hallucinating brain: A review of structural and functional neuroimaging studies of hallucinations. *Neuroscience and Biobehavioral Reviews, 32*, 175–191.

Alicke, M. D., Klotz, M. L., Breitenbecher, D. L., Yurak, T. J., & Vredenburg, D. S. (1995). Personal contact, individuation, and the better-than-average effect. *Journal of Personality and Social Psychology, 68*, 804–824.

Allison, D. B., Fontaine, K. R., Manson, J. E., Stevens, J., & VanItallie, T. B. (1999). Annual deaths attributable to obesity in the United States. *Journal of the American Medical Association, 282*, 1530–1538.

Allison, D. B., Kaprio, J., Korkeila, M., Koskenvuo, M., Neale, M. C., & Hayakawa, K. (1996). The heritability of body mass index among an international sample of monozygotic twins reared apart. *International Journal of Obesity, 20*(6), 501–506.

Alloway, T. P., Gathercole, S. E., Kirkwood, H., & Elliott, J. (2009). The cognitive and behavioral characteristics of children with low working memory. *Child Development, 80*, 606–621.

Allport, G. W. (1937). *Personality: A psychological interpretation.* New York: Holt.

Allport, G. W. (1954). *The nature of prejudice.* Cambridge, MA: Addison-Wesley.

Allport, G. W., & Odbert, H. S. (1936). Trait-names: A psycholexical study. *Psychological Monographs, 47*, 592.

Alt, K. W., Jeunesse, C., Buitrago-Téllez, C. H., Wächter, R., Boës, E., & Pichler, S. L. (1997). Evidence for stone age cranial surgery. *Nature, 387*, 360.

Alvarez, L. W. (1965). A pseudo experience in parapsychology. *Science, 148*, 1541.

American Academy of Pediatrics. (2000, July 26). *The impact of entertainment violence on children.* Joint statement issued at a meeting of the Congressional Public Health Summit. Retrieved from http://www.aap.org/advocacy/releases/jstmtevc.htm

American Psychiatric Association. (2000). *Diagnostic and statistical manual of mental disorders* (4th ed., text rev.). Washington, DC: Author.

American Psychiatric Association. (2013). *Diagnostic and statistical manual of mental disorders* (5th ed.). Washington, DC: Author.

American Psychological Association. (2002). *Ethical principles of psychologists and code of conduct.* Washington, DC: Author. Retrieved from apa.org/code/ethics/index.aspx [includes 2010 amendments].

American Psychological Association. (2005). *Resolution in favor of empirically supported sex education and HIV prevention programs for adolescents.* Washington, DC: Author.

American Psychological Association. (2009). *Report of the American Psychological Association task force on appropriate therapeutic responses to sexual orientation.* Washington, DC: Author.

Anand, S., & Hotson, J. (2002). Transcranial magnetic stimulation: Neurophysiological applications and safety. *Brain and Cognition, 50*, 366–386.

Anderson, C. A. (1989). Temperature and aggression: Ubiquitous effects of heat on occurrence of human violence. *Psychological Bulletin, 106*, 74–96.

Anderson, C. A., Berkowitz, L., Donnerstein, E., Huesmann, L. R., Johnson, J. D., Linz, D., . . . Wartella, E. (2003). The influence of media violence on youth. *Psychological Science in the Public Interest, 4*, 81–110.

Anderson, C. A., & Bushman, B. J. (2001). Effects of violent video games on aggressive behavior, aggressive cognition, aggressive affect, physiological arousal, and prosocial behavior: A metaanalytic review of the scientific literature. *Psychological Science, 12*(5), 353–359.

Anderson, C. A., & Bushman, B. J. (2002). Human aggression. *Annual Review of Psychology, 53*, 27–51.

Anderson, C. A., Bushman, B. J., & Groom, R. W. (1997). Hot years and serious and deadly assault: Empirical tests of the heat hypothesis. *Journal of Personality and Social Psychology, 73*, 1213–1223.

Anderson, C. A., Shibuya, A., Ihori, N., Swing, E. L., Bushman, B. J., Sakamoto, A., . . . Saleem, M. (2010). Violent video game effects on aggression, empathy, and prosocial behavior in Eastern and Western countries: A meta-analytic review. *Psychological Bulletin, 136*(2), 151–173. doi: 10.1037/a0018251

Anderson, J. R., & Schooler, L. J. (1991). Reflections of the environment in memory. *Psychological Science, 2*, 396–408.

Anderson, J. R., & Schooler, L. J. (2000). The adaptive nature of memory. In E. Tulving & F. I. M. Craik (Eds.), *Handbook of memory* (pp. 557–570). New York: Oxford University Press.

Anderson, M. C. (2003). Rethinking interference theory: Executive control and the mechanisms of forgetting. *Journal of Memory and Language, 49*, 415–445.

Anderson, M. C., Bjork, R. A., & Bjork, E. L. (1994). Remembering can cause forgetting: Retrieval dynamics in long-term memory. *Journal of Experimental Psychology: Learning, Memory, and Cognition, 20*, 1063–1087.

Anderson, M. C., Ochsner, K. N., Kuhl, B., Cooper, J., Robertson, E., Gabrieli, S. W., . . . Gabrieli, J. D. E. (2004). Neural systems underlying the suppression of unwanted memories. *Science, 303*, 232–235.

Anderson, R. C., Pichert, J. W., Goetz, E. T., Schallert, D. L., Stevens, K. V., & Trollip, S. R. (1976). Instantiation of general terms. *Journal of Verbal Learning and Verbal Behavior, 15*, 667–679.

Andreasen, N. C. (2011). A journey into chaos: Creativity and the unconscious. *Mens Sana Monographs, 9*, 42–53.

Andrewes, D. (2001). *Neuropsychology: From theory to practice.* Hove, England: Psychology Press.

Andrews, I. (1982). Bilinguals out of focus: A critical discussion. *International Review of Applied Linguistics in Language Teaching, 20*, 297–305.

Andrews-Hanna, J. R. (2012). The brain's default network and its adaptive role in internal mentation. *Neuroscientist, 18*, 251–270.

Annis, L. F., & Annis, D. B. (1982). A normative study of students' reported preferred study techniques. *Literacy Research and Instruction, 21*, 201–207.

Ansfield, M., Wegner, D. M., & Bowser, R. (1996). Ironic effects of sleep urgency. *Behavior Research and Therapy, 34*, 523–531.

Ansuini, C. G., Fiddler-Woite, J., & Woite, R. S. (1996). The source, accuracy, and impact of initial sexuality information on lifetime wellness. *Adolescence, 31*, 283–289.

Antoni, M. H., Lehman, J. M., Klibourn, K. M., Boyers, A. E., Culver, J. L., Alferi, S. M., . . . Carver, C. S. (2001). Cognitive-behavioral stress management intervention decreases the prevalence of depression and enhances benefit finding among women under treatment for early-stage breast cancer. *Health Psychology, 20*, 20–32.

Apicella, C. L., Feinberg, D. R., & Marlowe, F. W. (2007). Voice pitch predicts reproductive success in male hunter-gatherers. *Biology Letters, 3*(6), 682–684. doi:10.1098/rsbl.2007.0410

Apperly, I. A., & Butterfill, S. A. (2009). Do humans have two systems to track beliefs and belief-like states? *Psychological Review, 116*, 953–970.

Arellano, D., Varona, J., & Perales, F. (2008). Generation and visualization of emotional states in virtual characters. *Computer Animation*

and Virtual Worlds, 19(3–4), 259–270.

Aristotle. (1998). *The Nichomachean ethics* (D. W. Ross, Trans.). Oxford, England: Oxford University Press. (Original work circa 350 BCE)

Ariyasu, H., Takaya, K., Tagami, T., Ogawa, Y., Hosoda, K., Akamizu, T., . . . Hosoda, H. (2001). Stomach is a major source of circulating ghrelin, and feeding state determines plasma ghrelin-like immunoreactivity levels in humans. *Journal of Clinical Endocrinology and Metabolism, 86,* 4753–4758.

Armstrong, D. M. (1980). *The nature of mind.* Ithaca, NY: Cornell University Press.

Arnold, M. B. (Ed.). (1960). *Emotion and personality: Psychological aspects* (Vol. 1). New York: Columbia University Press.

Arnold, S. E., Trojanowski, J. Q., Gur, R. E., Blackwell, P., Han, L., & Choi, C. (1998). Absence of neurodegeneration and neural injury in the cerebral cortex in a sample of elderly patients with schizophrenia. *Archives of General Psychiatry, 55,* 225–232.

Aron, A., Fisher, H., Mashek, D., Strong, G., Li, H., & Brown, L. (2005). Reward, motivation, and emotion systems associated with early-stage intense romantic love. *Journal of Neurophysiology, 93,* 327–337.

Aronson, E. (1963). Effect of the severity of threat on the devaluation of forbidden behavior. *Journal of Abnormal and Social Psychology, 66,* 584–588.

Aronson, E. (1969). The theory of cognitive dissonance: A current perspective. In L. Berkowitz (Ed.), *Advances in experimental social psychology* (Vol. 4, pp. 1–34): Academic Press.

Aronson, E., & Mills, J. (1958). The effect of severity of initiation on liking for a group. *Journal of Abnormal and Social Psychology, 59,* 177–181.

Aronson, E., Willerman, B., & Floyd, J. (1966). The effect of a pratfall on increasing interpersonal attractiveness. *Psychonomic Science, 4,* 227–228.

Aronson, E., & Worchel, P. (1966). Similarity versus liking as determinants of interpersonal attractiveness. *Psychonomic Science, 5,* 157–158.

Aronson, J., & Steele, C. M. (2004). Stereotypes and the fragility of academic competence, motivation, and self-concept. In A. J. Elliot & C. S. Dweck (Eds.), *Handbook of competence and motivation* (pp. 436–456). New York: Guilford Press.

Asch, S. E. (1946). Forming impressions of personality. *Journal of Abnormal and Social Psychology, 41,* 258–290.

Asch, S. E. (1951). Effects of group pressure on the modification and distortion of judgments. In H. Guetzkow (Ed.), *Groups, leadership, and men* (pp. 177–190). Pittsburgh, PA: Carnegie Press.

Asch, S. E. (1955). Opinions and social pressure. *Scientific American, 193,* 31–35.

Asch, S. E. (1956). Studies of independence and conformity: 1. A minority of one against a unanimous majority. *Psychological Monographs: General and Applied, 70,* 1–70.

Aschoff, J. (1965). Circadian rhythms in man. *Science, 148,* 1427–1432.

Aserinsky, E., & Kleitman, N. (1953). Regularly occurring periods of eye motility, and concomitant phenomena, during sleep. *Science, 118,* 273–274.

Ashby, F. G., & Ell, S. W. (2001). The neurobiology of human category learning. *Trends in Cognitive Sciences, 5,* 204–210.

Ashby, F. G., & O'Brien, J. B. (2005). Category learning and multiple memory systems. *Trends in Cognitive Sciences, 9,* 83–89.

Ashcraft, M. H. (1998). *Fundamentals of cognition.* New York: Longman.

Associated Press. (2007). Former stripper guilty of posing as psychologist. *Boston Herald.* Retrieved from http://www.bostonherald.com.

Astington, J. W., & Baird, J. (2005). *Why language matters for theory of mind.* Oxford, England: Oxford University Press.

Atance, C. M., Bélanger, M., & Meltzoff, A. N. (2010). Preschoolers' understanding of others' desires: Fulfilling mine enhances my understanding of yours. *Developmental Psychology, 46*(6), 1505–1513. doi:10.1037/a0020374

Avery, D., Holtzheimer, P., III, Fawaz, W., Russo, J., Naumeier, J., Dunner, D., . . . Roy-Byrne, P. (2009). A controlled study of repetitive transcranial magnetic stimulation in medication-resistant major depression. *Biological Psychiatry, 59,* 187–194.

Aviezer, H., Hassin, R. R., Ryan, J., Grady, C., Susskind, J., Anderson, A., . . . Bentin, S. (2008). Angry, disgusted, or afraid? Studies on the malleability of emotion perception. *Psychological Science, 19,* 724–732.

Aviezer, H., Trope, Y., & Todorov, A. (2012). Body cues, not facial expressions, discriminate between intense positive and negative emotions. *Science, 338,* 1225–1229.

Avolio, B. J., & Waldman, D. A. (1994). Variations in cognitive, perceptual, and psychomotor abilities across the working life span: Examining the effects of race, sex, experience, education, and occupational type. *Psychology and Aging, 9,* 430–442.

Axelrod, R. (1984). *The evolution of cooperation.* New York: Basic Books.

Axelrod, R., & Hamilton, W. D. (1981). The evolution of cooperation. *Science, 211,* 1390–1396.

Ayduk, O., Shoda, Y., Cervone, D., & Downey, G. (2007). Delay of gratification in children: Contributions to social–personality psychology. In G. Downey, Y. Shoda, & C. Cervone (Eds.), *Persons in context: Building a science of the individual* (pp. 97–109). New York: Guilford Press.

Ayres, C. E. (1921). Instinct and capacity. 1. The instinct of belief-in-instincts. *Journal of Philosophy, 18,* 561–565.

Azuma, H., & Kashiwagi, K. (1987). Descriptors for an intelligent person: A Japanese study. *Japanese Psychological Research, 29,* 17–26.

Baars, B. J. (1986). *The cognitive revolution in psychology.* New York: Guilford Press.

Baca-Motes, K., Brown, A., Gneezy, A., Keenan, E. A., & Nelson, L. D. (2013). Commitment and behavior change: Evidence from the field. *Journal of Consumer Research, 39*(5), 1070–1084. doi:10.1086/667226

Back, M. D., Schmukle, S. C., & Egloff, B. (2008). Becoming friends by chance. *Psychological Science, 19,* 439–440.

Back, M. D., Stopfer, J. M., Vazire, S., Gaddis, S., Schmukle, S. C., Egloff, B., & Gosling, S. (2010). Facebook profiles reflect actual personality not self-idealization. *Psychological Science, 21,* 372–374.

Backman, C. W., & Secord, P. F. (1959). The effect of perceived liking on interpersonal attraction. *Human Relations, 12,* 379–384.

Bäckman, L., Almkvist, O., Andersson, J., Nordberg, A., Winblad, B., Reineck, R., & Långström, B. (1997). Brain activation in young and older adults during implicit and explicit retrieval. *Journal of Cognitive Neuroscience, 9,* 378–391.

Bäckman, L., & Dixon, R. A. (1992). Psychological compensation: A theoretical framework. *Psychological Bulletin, 112,* 259–283.

Baddeley, A. D. (2001). Is working memory still working? *American Psychologist, 56,* 851–864.

Baddeley, A. D., & Hitch, G. J. (1974). Working memory. In S. Dornic (Ed.), *Attention and performance* (Vol. 6, pp. 647–667). Hillsdale, NJ: Erlbaum.

Bagby, R. M., Levitan, R. D., Kennedy, S. H., Levitt, A. J., & Joffe, R. T. (1999). Selective alteration of personality in response to noradrenergic and serotonergic antidepressant medication in depressed sample: Evidence of non-specificity. *Psychiatry Research, 86*, 211–216.

Bahrick, H. P. (1984). Semantic memory content in permastore: 50 years of memory for Spanish learned in school. *Journal of Experimental Psychology: General, 113*, 1–29.

Bahrick, H. P. (2000). Long-term maintenance of knowledge. In E. Tulving & F. I. M. Craik (Eds.), *The Oxford handbook of memory* (pp. 347–362). New York: Oxford University Press.

Bahrick, H. P., Hall, L. K., & Berger, S. A. (1996). Accuracy and distortion in memory for high school grades. *Psychological Science, 7*, 265–271.

Bahrick, H. P., Hall, L. K., & DaCosta, L. A. (2008). Fifty years of college grades: Accuracy and distortions. *Emotion, 8*, 13–22.

Bailey, J. M., & Pillard, R. C. (1991). A genetic study of male sexual orientation. *Archives of General Psychiatry, 48*, 1089–1096.

Bailey, J. M., Pillard, R. C., Dawood, K., Miller, M. B., Farrer, L. A., Trivedi, S., . . . Murphy, R. L. (1999). A family history study of male sexual orientation using three independent samples. *Behavior Genetics, 29*, 79–86.

Bailey, J. M., Pillard, R. C., Neale, M. C., & Agyes, Y. (1993). Heritable factors influence sexual orientation in women. *Archives of General Psychiatry, 50*, 217–223.

Baillargeon, R., Scott, R. M., & He, Z. (2010). False-belief understanding in infants. *Trends in Cognitive Sciences, 14*(3), 110–118.

Baillargeon, R., Spelke, E. S., & Wasserman, S. (1985). Object permanence in 5-month-old infants. *Cognition, 20*, 191–208.

Baird, B., Smallwood, J., Mrazek, M. D., Kam, J. W. Y., Franklin, M. S., & Schooler, J. W. (2012). Inspired by distraction: Mind wandering facilitates creative incubation. *Psychological Science, 23*, 1117–1122.

Baker, E., Shelton, K. H., Baibazarova, E., Hay, D. F., & van Goozen, S. H. M. (2013). Low skin conductance activity in infancy predicts aggression in toddlers 2 years later. *Psychological Science, 24*(6), 1051–1056. doi:10.1177/0956797612465198

Baker, T. B., Brandon, T. H., & Chassin, L. (2004). Motivational influences on cigarette smoking. *Annual Review of Psychology, 55*, 463–491.

Baker, T. B., McFall, R. M., & Shoham, V. (2009). Current status and future prospects of clinical psychology: Toward a scientifically principled approach to mental and behavioral health care. *Psychological Science in the Public Interest, 9*, 67–103.

Baldwin, M. W., Carrell, S. E., & Lopez, D. F. (1989). Priming relationship schemas: My advisor and the pope are watching me from the back of my mind. *Journal of Experimental Social Psychology, 26*, 435–454.

Baler, R. D., & Volkow, N. D. (2006). Drug addiction: The neurobiology of disrupted self-control. *Trends in Molecular Medicine, 12*, 559–566.

Baltes, P. B., & Reinert, G. (1969). Cohort effects in cognitive development of children as revealed by cross-sectional sequences. *Developmental Psychology, 1*, 169–177.

Banaji, M. R., & Heiphetz, L. (2010). Attitudes. In S. T. Fiske, D. T. Gilbert, & G. Lindzey (Eds.), *The handbook of social psychology* (5th ed., Vol. 1, pp. 348–388). New York: Wiley.

Bandura, A. (1965). Influence of models' reinforcement contingencies on the acquisition of imitative responses. *Journal of Social and Personality Psychology, 1*, 589–595.

Bandura, A. (1977). *Social learning theory.* Englewood Cliffs, NJ: Prentice Hall.

Bandura, A. (1986). *Social foundations of thought and action: A social cognitive theory.* Englewood Cliffs, NJ: Prentice Hall.

Bandura, A. (1994). Social cognitive theory of mass communication. In J. Bryant & D. Zillmann (Eds.), *Media effects: Advances in theory and research* (pp. 61–90). Hillsdale, NJ: Erlbaum.

Bandura, A., Ross, D., & Ross, S. (1961). Transmission of aggression through imitation of adult models. *Journal of Abnormal and Social Psychology, 63*, 575–582.

Bandura, A., Ross, D., & Ross, S. (1963). Vicarious reinforcement and imitative learning. *Journal of Abnormal and Social Psychology, 67*, 601–607.

Banks, M. S., & Salapatek, P. (1983). Infant visual perception. In M. Haith & J. Campos (Eds.), *Handbook of child psychology: Biology and infancy* (pp. 435–572). New York: Wiley.

Banse, R., & Scherer, K. R. (1996). Acoustic profiles in vocal emotion expression. *Journal of Personality and Social Psychology, 70*, 614–636.

Barber, J. P., Muran, J. C., McCarthy, K. S., & Keefe, J. R. (2013). Research on dynamic therapies. In M. Lambert (Ed.), *Bergin and Garfield's handbook of psychotherapy and behavior change* (6th ed., pp. 443–494). Hoboken, NJ: Wiley.

Barber, S. J., Rajaram, S., & Fox, E. B. (2012). Learning and remembering with others: The key role of retrieval in shaping group recall and collective memory. *Social Cognition, 30*, 121–132.

Bard, P. (1934). On emotional experience after decortication with some remarks on theoretical views. *Psychological Review, 41*, 309–329.

Bargh, J. A., & Chartrand, T. L. (1999). The unbearable automaticity of being. *American Psychologist, 54*, 462–479.

Bargh, J. A., Chen, M., & Burrows, L. (1996). The automaticity of social behavior: Direct effects of trait concept and stereotype activation on action. *Journal of Personality and Social Psychology, 71*, 230–244.

Bargh, J. A., Gollwitzer, P. M., Lee-Chai, A., Barndollar, K., & Trötschel, R. (2001). The automated will: Nonconscious activation and pursuit of behavioral goals. *Journal of Personality and Social Psychology, 81*, 1014–1027.

Bargh, J. A., Gollwitzer, P. M., & Oettingen, G. (2010). Motivation. In S. T. Fiske, D. T. Gilbert, & G. Lindzey (Eds.), *The handbook of social psychology* (5th ed., Vol. 1, pp. 263–311). New York: Wiley.

Bargh, J. A., & Morsella, E. (2008). The unconscious mind. *Perspectives on Psychological Science, 3*, 73–89.

Barker, A. T., Jalinous, R., & Freeston, I. L. (1985). Noninvasive magnetic stimulation of the human motor cortex. *Lancet, 2*, 1106–1107.

Barkow, J. (1980). Prestige and self-esteem: A biosocial interpretation. In D. R. Omark, F. F. Stayer, & D. G. Freedman (Eds.), *Dominance relations* (pp. 319–322). New York: Garland.

Barlow, D. H., Bullis, J. R., Comer, J. S., & Ametaj, A. A. (2013). Evidence-based psychological treatments: An update and a way forward. *Annual Review of Clinical Psychology, 9*, 1–27.

Barlow, D. H., Gorman, J. M., Shear, M. K., & Woods, S. W. (2000). Cognitive-behavioral therapy, imipramine, or their combination for panic disorder: A randomized controlled trial. *Journal of the American Medical Association, 283*(19), 2529–2536.

Barnier, A. J., Levin, K., & Maher, A. (2004). Suppressing thoughts of past events: Are repressive copers good suppressors? *Cognition and Emotion, 18*, 457–477.

Baron-Cohen, S. (1991). Do people with autism understand what causes emotion? *Child Development, 62*, 385–395.

Baron-Cohen, S., & Belmonte, M. K. (2005). Autism: A window onto the development of the social and analytic brain. *Annual Review of Neuroscience, 28*, 109–126.

Baron-Cohen, S., Leslie, A., & Frith, U. (1985). Does the autistic child have a "theory of mind"? *Cognition, 21,* 37–46.

Barondes, S. (2003). *Better than Prozac.* New York: Oxford University Press.

Barrett, L. F., Mesquita, B., & Gendron, M. (2011). Context in emotion perception. *Current Directions in Psychological Science, 20*(5), 286–290. doi:10.1177/0963721411422522

Barrientos, R. M., Watkins, L. R., Rudy, J. W., & Maier, S. F. (2009). Characterization of the sickness response in young and aging rats following *E. coli* infection. *Brain, Behavior, and Immunity, 23,* 450–454.

Bartal, I. B.-A., Decety, J., & Mason, P. (2011). Empathy and prosocial behavior in rats. *Science, 334*(6061), 1427–1430.

Bartlett, F. C. (1932). *Remembering: A study in experimental and social psychology.* Cambridge, England: Cambridge University Press.

Bartol, C. R., & Costello, N. (1976). Extraversion as a function of temporal duration of electric shock: An exploratory study. *Perceptual and Motor Skills, 42,* 1174.

Bartoshuk, L. M. (2000). Comparing sensory experiences across individuals: Recent psychophysical advances illuminate genetic variation in taste perception. *Chemical Senses, 25,* 447–460.

Bartoshuk, L. M., & Beauchamp, G. K. (1994). Chemical senses. *Annual Review of Psychology, 45,* 419–445.

Basden, B. H., Basden, D. R., Bryner, S., & Thomas, R. L. (1997). A comparison of group and individual remembering: Does collaboration disrupt retrieval strategies? *Journal of Experimental Psychology: Learning, Memory, and Cognition, 23,* 1176–1191.

Bates, E., & Goodman, J. C. (1997). On the inseparability of grammar and the lexicon: Evidence from acquisition, aphasia, and real-time processing. *Language and Cognitive Processes, 12,* 507–584.

Bateson, M., Nettle, D., & Roberts, G. (2006). Cues of being watched enhance cooperation in a real-world setting. *Biology Letters, 2*(3), 412–414.

Batson, C. D. (2002). Addressing the altruism question experimentally. In S. G. Post & L. G. Underwood (Eds.), *Altruism & altruistic love: Science, philosophy, & religion in dialogue* (pp. 89–105). London: Oxford University Press.

Batty, G. D., Deary, I. J., Schoon, I., & Gale, C. R. (2007). Mental ability across childhood in relation to risk factors for premature mortality in adult life: The 1970 British Cohort Study. *Journal of Epidemiology & Community Health, 61*(11), 997–1003. doi:10.1136/jech.2006.054494

Baumeister, R. F., Bratslavsky, E., Muraven, M., & Tice, D. M. (1998). Ego depletion: Is the active self a limited resource? *Journal of Personality and Social Psychology, 74,* 1252–1265.

Baumeister, R. F., Campbell, J. D., Krueger, J. I., & Vohs, K. D. (2003). Does high self-esteem cause better performance, interpersonal success, happiness, or healthier lifestyles? *Psychological Science in the Public Interest, 4,* 1–44.

Baumeister, R. F., Cantanese, K. R., & Vohs, K. D. (2001). Is there a gender difference in strength of sex drive? Theoretical views, conceptual distinctions, and a review of relevant evidence. *Personality and Social Psychology Review, 5,* 242–273.

Baumeister, R. F., Heatherton, T. F., & Tice, D. M. (1995). *Losing control.* San Diego, CA: Academic Press.

Baumeister, R. F., & Leary, M. R. (1995). The need to belong: Desire for interpersonal attachments as a fundamental human motivation. *Psychological Bulletin, 117,* 497–529.

Baumeister, R. F., Smart, L., & Boden, J. M. (1996). Relation of threatened egotism to violence and aggression: The dark side of high self-esteem. *Psychological Review, 103,* 5–33.

Baumeister, R. F., Vohs, K. D., & Tice, D. M. (2007). The strength model of self-control. *Current Directions in Psychological Science, 16,* 351–355.

Baxter, L. R., Schwartz, J. M., Bergman, K. S., Szuba, M. P., Guze, B. H., Mazziotta, J. C., Alazraki, A., . . . Munford, P. (1992). Caudate glucose metabolic rate changes with both drug behavior therapy for obsessive-compulsive disorder. *Archives of General Psychiatry, 49,* 681–689.

Bayley, P. J., Frascino, J. C., & Squire, L. R. (2005). Robust habit learning in the absence of awareness and independent of the medial temporal lobe. *Nature, 436,* 550–553.

Bayley, P. J., Gold, J. J., Hopkins, R. O., & Squire, L. R. (2005). The neuroanatomy of remote memory. *Neuron, 46,* 799–810.

Beard, C., Sawyer, A. T., & Hoffmann, S. G. (2012). Efficacy of attention bias modification using threat and appetitive stimuli: A meta-analytic review. *Behavior Therapy, 43,* 724–740.

Bechara, A., Damasio, A. R., Damasio, H., & Anderson, S. W. (1994). Insensitivity to future consequences following damage to human prefrontal cortex. *Cognition, 50,* 7–15.

Bechara, A., Damasio, H., Tranel, D., & Damasio, A. R. (1997). Deciding advantageously before knowing the advantageous strategy. *Science, 275,* 1293–1295.

Bechara, A., Dolan, S., Denburg, N., Hindes, A., & Anderson, S. W. (2001). Decision-making deficits, linked to a dysfunctional ventromedial prefrontal cortex, revealed in alcohol and stimulant abusers. *Neuropsychologia, 39,* 376–389.

Bechara, A., Tranel, D., & Damasio, H. (2000). Characterization of the decision-making deficit of patients with ventromedial prefrontal cortex lesions. *Brain, 123,* 2189–2202.

Beck, A. T. (1967). *Depression: Causes and treatment.* Philadelphia: University of Pennsylvania Press.

Beck, A. T. (2005). The current state of cognitive therapy: A 40-year retrospective. *Archives of General Psychiatry, 62,* 953–959.

Beckers, G., & Zeki, S. (1995). The consequences of inactivating areas V1 and V5 on visual motion perception. *Brain, 118,* 49–60.

Bednarczyk, R. A., Davis, R., Ault, K., Orenstein, W., & Omer, S. B. (2012). Sexual activity-related outcomes after human papillomavirus vaccination of 11- to 12-year-olds. *Pediatrics, 130*(5), 798–805. Doi:10.1542/peds.2912-1516

Bedny, M., & Saxe, R. (2012). Insights into the origins of knowledge from the cognitive neuroscience of blindness. *Cognitive Neuropsychology, 29,* 56–84.

Beek, M. R., Levin, D. T., & Angelone, B. (2007). Change blindness blindness: Beliefs about the roles of intention and scene complexity in change detection. *Consciousness and Cognition, 16,* 31–51.

Beesdo, K., Pine, D. S., Lieb, R., & Wittchen, H. U. (2010). Incidence and risk patterns of anxiety and depressive disorders and categorization of generalized anxiety disorder. *Archives of General Psychiatry, 67,* 47–57.

Békésy, G. von. (1960). *Experiments in hearing.* New York: McGraw-Hill.

Bekinschtein, T. A., Peeters, M., Shalom, D., & Sigman, M. (2011). Sea slugs, subliminal pictures, and vegetative state patients: Boundaries of consciousness in classical conditioning. *Frontiers in Psychology, 2,* article 337. doi:10.3389/fpsyg.2011.00337

Bell, A. P., Weinberg, M. S., & Hammersmith, S. K. (1981). *Sexual preference: Its development in men and women.* Bloomington: Indiana University Press.

Belluck, P., & Carey, B. (2013, May 7). Psychiatry's guide is out of touch with science, experts say. *New York Times,* p. A13. Retrieved from http://www.nytimes.com/2013/05/07/psychiatrys-new-guide-falls-short-experts-say.html

Belsky, J. (2012). The development of human reproductive strategies: Progress and prospects. *Current Directions in Psychological Science, 21*(5), 310–316. doi:10.1177/0963721412453588

Belsky, J., Spritz, B., & Crnic, K. (1996). Infant attachment security and affective-cognitive information processing at age 3. *Psychological Science, 7,* 111–114.

Bem, S. L. (1974). The measure of psychological androgyny. *Journal of Consulting and Clinical Psychology, 42,* 155–162.

Benedetti, F., Maggi, G., & Lopiano, L. (2003). Open versus hidden medical treatment: The patient's knowledge about a therapy affects the therapy outcome. *Prevention & Treatment, 6,* Article 1. Retrieved June 23, 2003, from http://content.apa.org/psycarticles/ 2003-07872-001

Benedetti, F., Pollo, A., Lopiano, L., Lanotte, M., Vighetti, S., & Rainero, I. (2003). Conscious expectation and unconscious conditioning in analgesic, motor, and hormonal placebo/nocebo responses. *The Journal of Neuroscience, 23,* 4315–4323.

Benenson, J. F., Markovits, H., Thompson, M. E., & Wrangham, R. W. (2011). Under threat of social exclusion, females exclude more than males. *Psychological Science, 22*(4), 538–544. doi: 10.1177/0956797611402511

Bennett, I. J., Romano, J. C., Howard, J. H., & Howard, D. V. (2008). Two forms of implicit learning in young adults with dyslexia. *Annals of the New York Academy of Sciences, 1145,* 184–198.

Benoit, R. G., & Anderson, M. C. (2012). Opposing mechanisms support the voluntary forgetting of unwanted memories. *Neuron, 76,* 450–460.

Benoit, S. C., Kemp, C. J., Elias, C. F., Abplanalp, W., Herman, J. P., Migrenne, S., . . . Clegg, D. J. (2009). Palmitic acid mediates hypothalamic insulin resistance by altering pkc-theta subcellular localization in rodents. *The Journal of Clinical Investigation, 119*(9), 2577–2589.

Ben-Porath, Y. S., & Tellegen, A. (2008). *Minnesota Multiphasic Personality Inventory–2–Restructured Form: Manual for administration, scoring, and interpretation.* Minneapolis: University of Minnesota Press.

Benson, H. (Ed.). (1990). *The relaxation response.* New York: Harper Torch.

Benson, H., Dusek, J. A., Sherwood, J. B., Lam, P., Bethea, C. F., Carpenter, W., . . . Hibberd, P. L. (2006). Study of the therapeutic effects of intercessory prayer (STEP) in cardiac bypass patients: A multicenter randomized trial of uncertainty and certainty of receiving intercessory prayer. *American Heart Journal, 151,* 934–942.

Berger, H. (1929). Über das Elektrenkephalogramm des Menschen [Electroencephalogram of man]. *Archiv für Psychiatrie und Nervenkrankheiten, 87,* 527–570.

Berglund, H., Lindstrom, P., & Savic, I. (2006). Brain response to putative pheromones in lesbian women. *Proceedings of the National Academy of Sciences, USA, 103,* 8269–8274.

Bering, J. (2004). A critical review of the "enculturation hypothesis": The effects of human rearing on great ape social cognition. *Animal Cognition, 7,* 201–212.

Berkowitz, L. (1990). On the formation and regulation of anger and aggression: A cognitive-neoassociationistic analysis. *American Psychologist, 45,* 494–503.

Bernard, L. L. (1924). *Instinct: A study in social psychology.* New York: Holt.

Bernat, J. L. (2009). Ethical issues in the treatment of severe brain injury: The impact of new technologies. *Annals of the New York Academy of Sciences, 1157,* 117–130.

Berridge, K. C. (2007). The debate over dopamine's role in reward: The case for incentive salience. *Psychopharmacology, 191,* 391–431.

Berry, D. S., & McArthur, L. Z. (1985). Some components and consequences of a babyface. *Journal of Personality and Social Psychology, 48,* 312–323.

Berry, J. W., Poortinga, Y. H., Segall, M. H., & Dasen, P. R. (1992). *Cross-cultural psychology: Research and applications.* New York: Cambridge University Press.

Berscheid, E., Dion, K., Walster, E., & Walster, G. W. (1971). Physical attractiveness and dating choice: A test of the matching hypothesis. *Journal of Experimental Social Psychology, 7*(2), 173–189.

Berscheid, E., & Reis, H. T. (1998). Interpersonal attraction and close relationships. In D. T. Gilbert, S. T. Fiske, & G. Lindzey (Eds.), *The handbook of social psychology* (4th ed., Vol. 2, pp. 193–281). New York: McGraw-Hill.

Bertelsen, B., Harvald, B., & Hauge, M. (1977). A Danish twin study of manic-depressive disorders. *British Journal of Psychiatry, 130,* 330–351.

Bertenthal, B. I., Rose, J. L., & Bai, D. L. (1997). Perception–action coupling in the development of visual control of posture. *Journal of Experimental Psychology: Human Perception & Performance, 23,* 1631–1643.

Berthoud, H.-R., & Morrison, C. (2008). The brain, appetite, and obesity. *Annual Review of Psychology, 59,* 55–92.

Best, J. B. (1992). *Cognitive psychology* (3rd ed.). New York: West Publishing.

Bettencourt, B., A., & Miller, N. (1996). Gender differences in aggression as a function of provocation: A meta-analysis. *Psychological Bulletin, 119,* 422–447.

Beutler, L. E. (2002). The dodo bird is extinct. *Clinical Psychology: Science and Practice, 9,* 30–34.

Bhargava, S. (2011). Diagnosis and management of common sleep problems in children. *Pediatrics in Review, 32,* 91.

Bialystok, E. (1999). Cognitive complexity and attentional control in the bilingual mind. *Child Development, 70,* 636–644.

Bialystok, E. (2009). Bilingualism: The good, the bad, and the indifference. *Bilingualism: Language and Cognitive Processes, 12,* 3–11.

Bialystok, E., Craik, F. I. M., & Luk, G. (2012). Bilingualism: Consequences for mind and brain. *Trends in Cognitive Sciences, 16,* 240–250.

Bickerton, D. (1990). *Language and species.* Chicago: University of Chicago Press.

Biederman, I. (1987). Recognition-by-components: A theory of human image understanding. *Psychological Review, 94,* 115–147.

Biederman, J., Faraone, S. V., Spencer, T. J., Mick, E., Monuteaux, M. C., & Aleardi, M. (2006). Functional impairments in adults with self-reports of diagnosed ADHD: A controlled study of 1001 adults in the community. *Journal of Clinical Psychiatry, 67,* 524–540.

Biederman, J., Monuteaux, M. C., Spencer, T., Wilens, T. E., & Faraone, S. V. (2009). Do stimulants protect against psychiatric disorders in youth with ADHD? A 10-year follow-up study. *Pediatrics, 124,* 71–78.

Billet, E., Richter, J., & Kennedy, J. (1998). Genetics of obsessive-compulsive disorder. In R. Swinson, M. Anthony, S. Rachman, & M. Richter (Eds.), *Obsessive-compulsive disorder: Theory, research, and treatment* (pp. 181–206). New York: Guilford Press.

Binet, A. (1909). *Les idées modernes sur les enfants* [Modern ideas about children]. Paris: Flammarion.

Binswanger, L. (1958). The existential analysis school of thought. In R. May (Ed.), *Existence: A new dimension in psychiatry and psychology* (pp. 191–213). New York: Basic Books.

Bjork, D. W. (1983). *The compromised scientist: William James in the development of American psychology.* New York: Columbia University

Press.

Bjork, D. W. (1993). *B. F. Skinner: A life.* New York: Basic Books.

Bjork, E. L., & Bjork, R. A. (2011). Making things hard on yourself, but in a good way: Creating desirable difficulties to enhance learning. In M. A. Gernsbacher, R. W. Pewe, L. M. Hough, & J. R. Pomerantz (Eds.), *Psychology and the real world: Essays illustrating fundamental contributions to society* (pp. 56–64). New York: Worth Publishers.

Bjork, R. A. (2011). On the symbiosis of remembering, forgetting, and learning. In A. S. Benjamin (Ed.), *Successful remembering and successful forgetting: A festschrift in honor of Robert A. Bjork* (pp. 1–22). London: Psychology Press.

Bjork, R. A., & Bjork, E. L. (1988). On the adaptive aspects of retrieval failure in autobiographical memory. In M. M. Gruneberg, P. E. Morris, & R. N. Sykes (Eds.), *Practical aspects of memory: Current research and issues* (pp. 283–288). Chichester, England: Wiley.

Bjork, R. A., Dunlosky, J., & Kornell, N. (2013). Self-regulated learning: Beliefs, techniques, and illusions. *Annual Review of Psychology, 64,* 417–444.

Blackburn, E. H., & Epel, E. S. (2012). Too toxic to ignore. *Nature, 490,* 169–171.

Blair, C. (2006). How similar are fluid cognition and general intelligence? A developmental neuroscience perspective on fluid cognition as an aspect of human cognitive ability. *Behavioral and Brain Sciences, 29*(2), 109–125 (article),125–160 (discussion). doi:10.1017/S0140525X06009034

Blair, I. V. (2002). The malleability of automatic stereotypes and prejudice. *Personality and Social Psychology Review, 6,* 242–261.

Blair, J., Peschardt, K., & Mitchell, D. R. (2005). *Psychopath: Emotion and the brain.* Oxford, England: Blackwell.

Blascovich, J., Mendes, W. B., Hunter, S. B., Lickel, B., & Kowai-Bell, N. (2001). Perceiver threat in social interactions with stigmatized others. *Journal of Personality and Social Psychology, 80,* 253–267.

Blascovich, J., & Tomaka, J. (1996). The biopsychosocial model of arousal regulation. In M. P. Zanna (Ed.), *Advances in experimental social psychology* (Vol. 28, pp. 1–51). San Diego, CA: Academic Press.

Blasi, A. (1980). Bridging moral cognition and moral action: A critical review of the literature. *Psychological Bulletin, 88,* 1–45.

Blatt, S. J., & Homann, E. (1992). Parent–child interaction in the etiology of dependent and self-critical depression. *Clinical Psychology Review, 12,* 47–91.

Blesch, A., & Tuszynski, M. H. (2009). Spinal cord injury: Plasticity, regeneration and the challenge of translational drug development. *Trends in Neurosciences, 32,* 41–47.

Bliss, T. V. P. (1999). Young receptors make smart mice. *Nature, 401,* 25–27.

Bliss, T. V. P., & Lømo, W. T. (1973). Long-lasting potentiation of synaptic transmission in the dentate area of the anesthetized rabbit following stimulation of the perforant path. *Journal of Physiology, 232,* 331–356.

Bloch, C., Kaiser, A., Kuenzli, E., Zappatore, D., Haller, S., Franceschini, R., . . . Nitsch, C. (2009). The age of second language acquisition determines the variability in activation elicited by narration in three languages in Broca's and Wernicke's area. *Neuropsychologia, 47,* 625–633.

Bloom, C. M., Venard, J., Harden, M., & Seetharaman, S. (2007). Non-contingent positive and negative reinforcement schedules of superstitious behaviors. *Behavioural Process, 75,* 8–13.

Blumen, H . M., & Rajaram, S. (2008). Influence of re-exposure and retrieval disruption during group collaboration on later individual recall. *Memory, 16,* 231–244.

Boden, J. M., Fergusson, D. M., & Horwood, L. J. (2010). Risk fac-tors for conduct disorder and oppositional/defiant disorder: Evidence from a New Zealand birth cohort. *Journal of the American Academy of Child and Adolescent Psychiatry, 49,* 1125–1133.

Boecker, H., Sprenger, T., Spilker, M. E., Henriksen, G., Koppenhoefer, M., Wagner, K. J., . . .Tolle, T. R. (2008). The runner's high: Opioidergic mechanisms in the human brain. *Cerebral Cortex, 18,* 2523–2531.

Boehm, J. K., & Kubzansky, L. D. (2012). The heart's content: The association between positive psychological well-being and cardiovascular health. *Psychological Bulletin, 138,* 655–691.

Boehm, J. K., Williams, D. R., Rimm, E. B., Ryff, C., & Kubzansky, L. D. (2013). Relation between optimism and lipids in midlife. *American Journal of Cardiology, 111,* 1425–1431.

Boergers, J., Spirito, A., & Donaldson, D. (1998). Reasons for adolescent suicide attempts: Associations with psychological functioning. *Journal of the American Academy of Child and Adolescent Psychiatry, 37,* 1287–1293.

Bogaert, A. F. (2004). Asexuality: Its prevalence and associated factors in a national probability sample. *The Journal of Sex Research, 41,* 279–287.

Bohan, J. S. (1996). *Psychology and sexual orientation: Coming to terms.* New York: Routledge.

Boinski, S., Quatrone, R. P., & Swartz, H. (2000). Substrate and tool use by brown capuchins in Suriname: Ecological contexts and cognitive bases. *American Anthropologist, 102,* 741–761.

Boisvert, C. M., & Faust, D. (2002). Iatrogenic symptoms in psychotherapy: A theoretical exploration of the potential impact of labels, language, and belief systems. *American Journal of Psychotherapy, 56,* 244–259.

Bolger, N., Davis, A., & Rafaeli, E. (2003). Diary methods: Capturing life as it is lived. *Annual Review of Psychology, 54,* 579–616.

Bolton, G. E., & Ockenfels, A. (2000). Erc: A theory of equity, reciprocity, and competition. *American Economic Review, 90,* 166–193.

Boomsma, D., Busjahn, A., & Peltonen, L. (2002). Classical twin studies and beyond. *Nature Reviews Genetics, 3,* 872–882.

Bootzin, R. R., & Epstein, D. R. (2011). Understanding and treating insomnia. *Annual Review of Clinical Psychology, 7,* 435–458.

Borges, G., Breslau, J., Orozco, R., Tancredi, D. J., Anderson, H., Aguilar-Gaxiola, S., & Medina-Mora, M.-E. (2011). A cross-national study on Mexico–US migration, substance use and substance use disorders. *Drug and Alcohol Dependence, 117,* 16–23.

Borghol, N., Suderman, M., McArdle, W., Racine, A., Hallett, M., Pembrey, M., . . . Szyf, M. (2012). Associations with early-life socioeconomic position in adult DNA methylation. *International Journal of Epidemiology, 41,* 62–74.

Borkenau, P., & Liebler, A. (1995). Observable attributes as manifestations and cues of personality and intelligence. *Journal of Personality, 63,* 1–25.

Borkevec, T. D. (1982). Insomnia. *Journal of Consulting and Clinical Psychology, 50,* 880–895.

Born, R. T., & Bradley, D. C. (2005). Structure and function of visual area MT. *Annual Review of Neuroscience, 28,* 157–189.

Börner, K., Klavans, R., Patek, M., Zoss, A. M., Biberstine, J. R., Light, R. P., Larivière, V., & Boyack, K. W. (2012). Design and update of a classification system: The UCSD map of science. *PLoS ONE, 7,* e39464.

Bornstein, R. F. (1989). Exposure and affect: Overview and meta-analysis of research, 1968–1987. *Psychological Bulletin, 106,* 265–289.

Boroditsky, L. (2001). Does language shape thought? Mandarin and English speakers' conceptions of time. *Cognitive Psychology, 43,* 1–22.

Botwin, M. D., Buss, D. M., & Shackelford, T. K. (1997). Personality and mate preferences: Five factors in mate selection and marital satisfaction. *Journal of Personality, 65,* 107–136.

Bouchard, T. J., & Loehlin, J. C. (2001). Genes, evolution, and personality. *Behavioral Genetics, 31,* 243–273.

Bouchard, S. M., Brown, T. G., & Nadeau, L. (2012). Decision making capacities and affective reward anticipation in DWI recidivists compared to non-offenders: A preliminary study. *Accident Analysis and Prevention, 45,* 580–587.

Bouchard, T. J., & McGue, M. (2003). Genetic and environmental influences on human psychological differences. *Journal of Neurobiology, 54,* 4–45.

Bouton, M. E. (1988). Context and ambiguity in the extinction of emotional learning: Implications for exposure therapy. *Behaviour Research and Therapy, 26,* 137–149.

Bower, B. (1999, October 30). The mental butler did it—research suggests that subconscious affects behavior more than thought. *Science News, 156,* 208–282.

Bower, G. H. (1981). Mood and memory. *American Psychologist, 36,* 129–148.

Bower, G. H., Clark, M. C., Lesgold, A. M., & Winzenz, D. (1969). Hierarchical retrieval schemes in recall of categorical word lists. *Journal of Verbal Learning and Verbal Behavior, 8,* 323–343.

Bowers, K. S., Regehr, G., Balthazard, C., & Parker, D. (1990). Intuition in the context of discovery. *Cognitive Psychology, 22,* 72–110.

Bowlby, J. (1969). *Attachment and loss: Vol. 1. Attachment.* New York: Basic Books.

Bowlby, J. (1973). *Attachment and loss: Vol. 2. Separation.* New York: Basic Books.

Bowlby, J. (1980). *Attachment and loss: Vol. 3. Loss: Sadness and depression.* New York: Basic Books.

Boyack, K. W., Klavans, R., & Börner, K. (2005). Mapping the backbone of science. *Scientometrics, 64,* 351–374.

Boyd, R. (2008, February 7). Do people use only 10 percent of their brains? *Scientific American.* Retrieved from http://www.scientificamerican.com/article.cfm?id=people-only-use-10-percent-of-brain&page=2

Bozarth, M. A. (Ed.). (1987). *Methods of assessing the reinforcing properties of abused drugs.* New York: Springer-Verlag.

Bozarth, M. A., & Wise, R. A. (1985). Toxicity associated with long-term intravenous heroin and cocaine self-administration in the rat. *Journal of the American Medical Association, 254,* 81–83.

Brackett, M. A., & Mayer, J. D. (2003). Convergent, discriminant, and incremental validity of competing measures of emotional intelligence. *Personality and Social Psychology Bulletin, 29,* 1147.

Brackett, M. A., Rivers, S. E., Shiffman, S., Lerner, N., & Salovey, P. (2006). Relating emotional abilities to social functioning: A comparison of self-report and performance measures of emotional intelligence. *Journal of Personality and Social Psychology, 91,* 780.

Brackett, M. A., Warner, R. M., & Bosco, J. (2005). Emotional intelligence and relationship quality among couples. *Personal Relationships, 12*(2), 197–212.

Bradford, D., Stroup, S., & Lieberman, J. (2002). Pharmacological treatments for schizophrenia. In P. E. Nathan & J. M. Gorman (Eds.), *A guide to treatments that work* (2nd ed., pp. 169–199). New York: Oxford University Press.

Bradmetz, J., & Schneider, R. (2004). The role of the counterfactually satisfied desire in the lag between false-belief and false-emotion attributions in children aged 4–7. *British Journal of Developmental Psychology, 22,* 185–196.

Braet, W., & Humphreys, G. W. (2009). The role of reentrant processes in feature binding: Evidence from neuropsychology and TMS on late onset illusory conjunctions. *Visual Cognition, 17,* 25–47.

Bramlett, M. D., & Mosher, W. D. (2002). *Cohabitation, marriage,* *divorce, and remarriage in the United States* (Vital and Health Statistics Series 23, No. 22). Hyattsville, MD: National Center for Health Statistics.

Brandt, K. R., Gardiner, J. M., Vargha-Khadem, F., Baddeley, A. D., & Mishkin, M. (2009). Impairment of recollection but not familiarity in a case of developmental amnesia. *Neurocase, 15,* 60–65.

Braun, A. R., Balkin, T. J., Wesensten, N. J., Gwadry, F., Carson, R. E., Varga, M., . . . Herskovitch, P. (1998). Dissociated pattern of activity in visual cortices and their projections during rapid eye movement sleep. *Science, 279,* 91–95.

Breckler, S. J. (1994). Memory for the experiment of donating blood: Just how bad was it? *Basic and Applied Social Psychology, 15,* 467–488.

Brédart, S., & Valentine, T. (1998). Descriptiveness and proper name retrieval. *Memory, 6,* 199–206.

Bredy, T. W., Wu, H., Crego, C., Zellhoefer, J., Sun, Y. E., & Barad, M. (2007). Histone modifications around individual BDNF gene promoters in prefrontal cortex are associated with extinction of conditioned fear. *Learning and Memory, 14,* 268–276.

Breggin, P. R. (1990). Brain damage, dementia, and persistent cognitive dysfunction associated with neuroleptic drugs: Evidence, etiology, implications. *Journal of Mind and Behavior, 11,* 425–463.

Breggin, P. R. (2000). *Reclaiming our children.* Cambridge, MA: Perseus Books.

Brehm, S. S. (1992). *Intimate relationships* (2nd ed.). New York: McGraw-Hill.

Breland, K., & Breland, M. (1961). The misbehavior of organisms. *American Psychologist, 16,* 681–684.

Brennan, P. A., & Zufall, F. (2006). Pheromonal communication in vertebrates. *Nature, 444,* 308–315.

Brenninkmeijer, V., Vanyperen, N. W., & Buunk, B. P. (2001). I am not a better teacher, but others are doing worse: Burnout and perceptions of superiority among teachers. *Social Psychology of Education, 4*(3–4), 259–274.

Breslau, J., Aguilar-Gaxiola, S., Borges, G., Castilla-Puentes, R. C., Kendler, K. S., Medina-Mora, M.-E., . . . Kessler, R. C. (2007). Mental disorders among English-speaking Mexican immigrants to the US compared to a national sample of Mexicans. *Psychiatry Research, 151,* 115–122.

Breslau, J., & Chang, D. F. (2006). Psychiatric disorders among foreign-born and US-born Asian-Americans in a US national survey. *Social Psychiatry & Psychiatric Epidemiology, 41,* 943–950.

Bretherton, I., & Munholland, K. A. (1999). Internal working models in attachment relationships: A construct revisited. In J. Cassidy & P. R. Shaver (Eds.), *Handbook of attachment: Theory, research and clinical applications* (pp. 89–114). New York: Guilford Press.

Brewer, J. A., Worhunsky, P. D., Gray, J. R., Tang, Y.-Y., Weber, J., & Kober, H. (2011). Meditation experience is associated with differences in default mode network activity and connectivity. *Proceedings of the National Academy of Sciences, 108,* 20254–20259.

Brewer, W. F. (1996). What is recollective memory? In D. C. Rubin (Ed.), *Remembering our past: Studies in autobiographical memory* (pp. 19–66). New York: Cambridge University Press.

Broadbent, D. E. (1958). *Perception and communication.* London: Pergamon Press.

Broberg, D. J., & Bernstein, I. L. (1987). Candy as a scapegoat in the prevention of food aversions in children receiving chemotherapy. *Cancer, 60,* 2344–2347.

Broca, P. (1861). Remarques sur le siège de la faculté du langage articulé; suivies d'une observation d'aphémie (perte de la parole) [Remarks on the seat of the faculty of articulated language, following an observation of aphemia (loss of speech)]. *Bulletin de la Société Anatomique de Paris, 36,* 330–357.

Broca, P. (1863). Localisation des fonction cérébrales: Siège du langage articulé [Localization of brain functions: Seat of the faculty of articulated language]. *Bulletin de la Société d'Anthropologie de Paris, 4,* 200–202.

Brock, A. (1993). Something old, something new: The "reappraisal" of Wilhelm Wundt in textbooks. *Theory & Psychology, 3*(2), 235–242.

Brody, N. (2003). Construct validation of the Sternberg Triarchic Abilities Test: Comment and reanalysis. *Intelligence, 31*(4), 319–329.

Brooks, D. (2011, July 7). The unexamined society. *New York Times.* Retrieved from http://www.nytimes.com/2011/07/08/opinion/08brooks.html

Brooks, D. (2012a, May 3). The campus tsunami. *New York Times.* Retreived from http://www.nytimes.com/2012/05/04/opinion/brooks-the-campus-tsunami.html

Brooks, D. (2012b, October 12). The personality problem. *New York Times.* Retrieved from http://www.nytimes.com/2012/10/12/opinion/brooks-the-personality-problem.html

Brooks, R., & Meltzoff, A. N. (2002). The importance of eyes: How infants interpret adult looking behavior. *Developmental Psychology, 38,* 958–966.

Brooks-Gunn, J., Graber, J. A., & Paikoff, R. L. (1994). Studying links between hormones and negative affect: Models and measures. *Journal of Research on Adolescence, 4,* 469–486.

Brosnan, S. F., & DeWaal, F. B. M. (2003). Monkeys reject unequal pay. *Nature, 425,* 297–299.

Brown, A. S. (2004). *The déjà vu experience.* New York: Psychology Press.

Brown, B. B., Mory, M., & Kinney, D. (1994). Casting crowds in a relational perspective: Caricature, channel, and context. In G. A. R. Montemayor & T. Gullotta (Eds.), *Advances in adolescent development: Personal relationships during adolescence* (Vol. 5, pp. 123–167). Newbury Park, CA: Sage.

Brown, J. D. (1993). Self-esteem and self-evaluation: Feeling is believing. In J. M. Suls (Ed.), *The self in social perspective: Psychological perspectives on the self* (Vol. 4, pp. 27–58). Hillsdale, NJ: Erlbaum.

Brown, J. D., & McGill, K. L. (1989). The cost of good fortune: When positive life events produce negative health consequences. *Journal of Personality and Social Psychology, 57,* 1103–1110.

Brown, L. E., Wilson, E. T., & Gribble, P. L. (2009). Repetitive transcranial magnetic stimulation to the primary cortex interferes with motor learning by observing. *Journal of Cognitive Neuroscience, 21,* 1013–1022.

Brown, R. (1958). *Words and things.* New York: Free Press.

Brown, R., & Hanlon, C. (1970). Derivational complexity and order of acquisition in child speech. In J. R. Hayes (Ed.), *Cognition and the development of language* (pp. 11–53). New York: Wiley.

Brown, R., & Kulik, J. (1977). Flashbulb memories. *Cognition, 5,* 73–99.

Brown, R., & McNeill, D. (1966). The "tip-of-the-tongue" phenomenon. *Journal of Verbal Learning and Verbal Behavior, 5,* 325–337.

Brown, R. P., Osterman, L. L., & Barnes, C. D. (2009). School violence and the culture of honor. *Psychological Science, 20*(11), 1400–1405.

Brown, S. C., & Craik, F. I. M. (2000). Encoding and retrieval of information. In E. Tulving & F. I. M. Craik (Eds.), *The Oxford handbook of memory* (pp. 93–107). New York: Oxford University Press.

Brown, T. A., & Barlow, D. H. (2002). Classification of anxiety and mood disorders. In D. H. Barlow (Ed.), *Anxiety and its disorders: The nature and treatment of anxiety and panic* (2nd ed.). New York: Guil-

ford Press.

Brownell, K. D., Greenwood, M. R. C., Stellar, E., & Shrager, E. E. (1986). The effects of repeated cycles of weight loss and regain in rats. *Physiology and Behavior, 38,* 459–464.

Bruner, J. S. (1983). Education as social invention. *Journal of Social Issues, 39,* 129–141.

Brunet, A., Orr, S. P., Tremblay, J., Robertson, K., Nader, K., & Pitman, R. K. (2008). Effects of post-retrieval propranolol on psychophysiologic responding during subsequent script-driven traumatic imagery in posttraumatic stress disorder. *Journal of Psychiatric Research, 42,* 503–506.

Brunet, A., Poundjia, J., Tremblay, J., Bui, E., Thomas, E., Orr, S. P., . . . Pitman, R. K. (2011). Trauma reactivation under the influence of propranolol decreases posttraumatic stress symptoms and disorder. *Journal of Clinical Psychopharmacology, 31,* 547–550.

Brunner, D. P., Dijk, D. J., Tobler, I., & Borbely, A. A. (1990). Effect of partial sleep deprivation on sleep stages and EEG power spectra. *Electroencephalography and Clinical Neurophysiology, 75,* 492–499.

Bryck, R. L., & Fisher, P. A. (2012). Training the brain: Practical applications of neural plasticity from the intersection of cognitive neuroscience, developmental psychology, and prevention science. *American Psychologist, 67,* 87–100.

Buchanan, C. M., Eccles, J. S., & Becker, J. B. (1992). Are adolescents the victims of raging hormones? Evidence for activational effects of hormones on moods and behavior at adolescence. *Psychological Bulletin, 111,* 62–107.

Buchanan, T. W. (2007). Retrieval of emotional memories. *Psychological Bulletin, 133,* 761–779.

Buckholtz, J. W., & Meyer-Lindenberg, A. (2012). Psychopathology and the human connectome: Toward a transdiagnostic model of risk for mental illness. *Neuron, 74,* 990–1003.

Buck Louis, G. M., Gray, L. E., Marcus, M., Ojeda, S. R., Pescovitz, O. H., Witchel, S. F., . . . Euling, S. Y. (2008). Environmental factors and puberty timing: Expert panel research. *Pediatrics, 121*(Suppl. 3), S192–S207. doi:10.1542/peds1813E

Buckner, R. L., Andrews-Hanna, J. R., & Schacter, D. L. (2008). The brain's default network: Anatomy, function, and relevance to disease. *Annals of the New York Academy of Sciences, 1124,* 1–38.

Buckner, R. L., Petersen, S. E., Ojemann, J. G., Miezin, F. M., Squire, L. R., & Raichle, M. E. (1995). Functional anatomical studies of explicit and implicit memory retrieval tasks. *The Journal of Neuroscience, 15,* 12–29.

Bunce, D. M., Flens, E. A., & Neiles, K. Y. (2011). How long can students pay attention in class? A study of student attention decline using clickers. *Journal of Chemical Education, 87,* 1438–1443.

Bureau of Justice Statistics. (2008). *Prisoners in 2007* (No. NCJ224280 by H. C. West & W. J. Sabol). Washington, DC: U.S. Department of Justice.

Burger, J. M. (1999). The foot-in-the-door compliance procedure: A multiple-process analysis and review. *Personality and Social Psychology Review, 3,* 303–325.

Burger, J. M. (2009). Replicating Milgram: Would people still obey today? *American Psychologist, 64,* 1–11.

Burger, J. M., & Burns, L. (1988). The illusion of unique invulnerability and the use of effective contraception. *Personality and Social Psychology Bulletin, 14,* 264–270.

Burger, J. M., Sanchez, J., Imberi, J. E., & Grande, L. R. (2009). The norm of reciprocity as an internalized social norm: Returning favors even when no one finds out. *Social Influence, 4*(1), 11–17.

Burke, D., MacKay, D. G., Worthley, J. S., & Wade, E. (1991). On the tip of the tongue: What causes word failure in young and older adults? *Journal of Memory and Language, 30,* 237–246.

Burke, J. D., Loeber, R., & Birmaher, B. (2002). Oppositional defiant disorder and conduct disorder: Part II. A review of the past 10 years. *Journal of the American Academy of Child and Adolescent Psychiatry, 41,* 1275–1293.

Burkham, D. T., Ready, D. D., Lee, V. E., & LoGerfo, L. F. (2004). Social-class differences in summer learning between kindergarten and first grade: Model specification and estimation. *Sociology of Education, 77,* 1–31.

Burks, S. V., Carpenter, J. P., Goette, L., & Rustichini, A. (2009). Cognitive skills affect economic preferences, strategic behavior, and job attachment. *Proceedings of the National Academy of Sciences, 106*(19), 7745–7750. doi:10.1073/pnas.0812360106

Burns, D. J., Hwang, A. J., & Burns, S. A. (2011). Adaptive memory: Determining the proximate mechanisms responsible for the memorial advantages of survival processing. *Journal of Experimental Psychology: Learning, Memory, and Cognition, 37,* 206–218.

Burnstein, E., Crandall, C., & Kitayama, S. (1994). Some neo-Darwinian decision rules for altruism: Weighing cues for inclusive fitness as a function of the biological importance of the decision. *Journal of Personality and Social Psychology, 67,* 773–789.

Burris, C. T., & Branscombe, N. R. (2005). Distorted distance estimation induced by a self-relevant national boundary. *Journal of Experimental Social Psychology, 41,* 305–312.

Bushman, B. J., & Huesmann, L. R. (2010). Aggression. In S. T. Fiske, D. T. Gilbert, & G. Lindzey (Eds.), *The handbook of social psychology* (5th ed., Vol. 2, pp. 833–863). New York: Wiley.

Buss, D. M. (1985). Human mate selection. *American Scientist, 73,* 47–51.

Buss, D. M. (1989). Sex differences in human mate preferences: Evolutionary hypotheses tested in 37 cultures. *Behavioral and Brain Sciences, 12,* 1–49.

Buss, D. M. (1996). Social adaptation and five major factors of personality. In J. S. Wiggins (Ed.), *The five-factor model of personality: Theoretical perspectives* (pp. 180–208). New York: Guilford Press.

Buss, D. M. (1999). *Evolutionary psychology: The new science of the mind.* Boston: Allyn & Bacon.

Buss, D. M. (2000). *The dangerous passion: Why jealousy is as necessary as love and sex.* New York: Free Press.

Buss, D. M. (2007). The evolution of human mating. *Acta Psychologica Sinica, 39,* 502–512.

Buss, D. M., & Haselton, M. G. (2005). The evolution of jealousy. *Trends in Cognitive Sciences, 9,* 506–507.

Buss, D. M., Haselton, M. G., Shackelford, T. K., Bleske, A. L., & Wakefield, J. C. (1998). Adaptations, exaptations, and spandrels. *American Psychologist, 53,* 533–548.

Buss, D. M., & Schmitt, D. P. (1993). Sexual strategies theory: An evolutionary perspective on human mating. *Psychological Review, 100,* 204–232.

Butler, A. C., Chapman, J. E., Forman, E. M., & Beck, A. T. (2006). The empirical status of cognitive-behavioral therapy: A review of meta-analyses. *Clinical Psychology Review, 26,* 17–31.

Butler, M. A., Corboy, J. R., & Filley, C. M. (2009). How the conflict between American psychiatry and neurology delayed the appreciation of cognitive dysfunction in multiple sclerosis. *Neuropsychology Review, 19,* 399–410.

Byers-Heinlein, K., Burns, T. C., & Werker, J. F. (2010). The roots of bilingualism in newborns. *Psychological Science, 21*(3), 343–348. doi:10.1177/0956797609360758

Byrne, D., Allgeier, A. R., Winslow, L., & Buckman, J. (1975). The situational facilitation of interpersonal attraction: A three-factor hypothesis. *Journal of Applied Social Psychology, 5,* 1–15.

Byrne, D., & Clore, G. L. (1970). A reinforcement model of evaluative responses. *Personality: An International Journal, 1,* 103–128.

Byrne, D., Ervin, C. R., & Lamberth, J. (1970). Continuity between the experimental study of attraction and real-life computer dating. *Journal of Personality and Social Psychology, 16,* 157–165.

Byrne, D., & Nelson, D. (1965). Attraction as a linear function of proportion of positive reinforcements. *Journal of Personality and Social Psychology, 1,* 659–663.

Cabeza, R. (2002). Hemispheric asymmetry reduction in older adults: The HAROLD model. *Psychology and Aging, 17,* 85–100.

Cabeza, R., Grady, C. L., Nyberg, L., McIntosh, A. R., Tulving, E., Kapur, S., . . . Craik, F. I. M. (1997). Age-related differences in neural activity during memory encoding and retrieval: A positron emission tomography study. *The Journal of Neuroscience, 17,* 391–400.

Cabeza, R., Rao, S., Wagner, A. D., Mayer, A., & Schacter, D. L. (2001). Can medial temporal lobe regions distinguish true from false? An event-related fMRI study of veridical and illusory recognition memory. *Proceedings of the National Academy of Sciences, USA, 98,* 4805–4810.

Cacioppo, J. T., & Patrick, B. (2008). *Loneliness: Human nature and the need for social connection.* New York: Norton.

Cahill, L., Haier, R. J., Fallon, J., Alkire, M. T., Tang, C., Keator, D., . . . McGaugh, J. L. (1996). Amygdala activity at encoding correlated with longterm, free recall of emotional information. *Proceedings of the National Academy of Sciences, USA, 93,* 8016–8021.

Cahill, L., & McGaugh, J. L. (1998). Mechanisms of emotional arousal and lasting declarative memory. *Trends in Neurosciences, 21,* 294–299.

Calder, A. J., Young, A. W., Rowland, D., Perrett, D. I., Hodges, J. R., & Etcoff, N. L. (1996). Facial emotion recognition after bilateral amygdala damage: Differentially severe impairment of fear. *Cognitive Neuropsychology, 13,* 699–745.

Calkins, M. W. (Ed.). (1930). *Mary Whiton Calkins* (Vol. 1). Worcester, MA: Clark University Press.

Callaghan, T., Rochat, P., Lillard, A., Claux, M. L., Odden, H., Itakura, S., . . . Singh, S. (2005). Synchrony in the onset of mental-state reasoning: Evidence from five cultures. *Psychological Science, 16,* 378–384.

Calvin, C. M., Deary, I. J., Fenton, C., Roberts, B. A., Der, G., Leckenby, N., & Batty, G. D. (2010). Intelligence in youth and all-cause-mortality: Systematic review with meta-analysis. *International Journal of Epidemiology, 40*(3), 626–644. doi:10.1093/ije/dyq190

Calzo, J. P., Antonucci, T. C., Mays, V. M., & Cochran, S. D. (2011). Retrospective recall of sexual orientation identity development among gay, lesbian, and bisexual adults. *Developmental Psychology, 47*(6), 1658–1673. doi:10.1037/a0025508

Cameron, C. D., & Payne, B. K. (2011). Escaping affect: How motivated emotion regulation creates insensitivity to mass suffering. *Journal of Personality and Social Psychology, 100*(1), 1–15.

Campbell, A. (1999). Staying alive: Evolution, culture, and women's intra-sexual aggression. *Behavioral & Brain Sciences, 22,* 203–252.

Campbell, C. M., & Edwards, R. R. (2012). Ethnic differences in pain and pain management. *Pain Management, 2,* 219–230.

Campbell, C. M., Edwards, R. R., & Fillingim, R. B. (2005). Ethnic differences in responses to multiple experimental pain stimuli. *Pain, 113,* 20–26.

Cannon, W. B. (1929). *Bodily changes in pain, hunger, fear, and rage: An account of recent research into the function of emotional excitement* (2nd ed.). New York: Appleton-Century-Crofts.

Cantor, N. (1990). From thought to behavior: "Having" and "doing" in the study of personality and cognition. *American Psychologist, 45,* 735–750.

Caparelli, E. C. (2007). TMS & fMRI: A new neuroimaging combinational tool to study brain function. *Current Medical Imaging Review,* 3, 109–115.

Caprioli, M. (2003). Gender equality and state aggression: The impact of domestic gender equality on state first use of force. *International Interactions, 29*(3), 195–214. doi:10.1080/03050620304595

Carey, N. (2012). *The epigenetics revolution: How modern biology is rewriting our understanding of genetics, disease, and inheritance.* New York: Columbia University Press.

Carlson, C., & Hoyle, R. (1993). Efficacy of abbreviated progressive muscle relaxation training: A quantitative review of behavioral medicine research. *Journal of Consulting and Clinical Psychology, 61,* 1059–1067.

Carmichael Olson, H., Streissguth, A. P., Sampson, P. D., Barr, H. M., Bookstein, F. L., & Thiede, K. (1997). Association of prenatal alcohol exposure with behavioral and learning problems in early adolescence. *Journal of the American Academy of Child & Adolescent Psychiatry, 36*(9), 1187–1194.

Carolson, E. A. (1998). A prospective longitudinal study of attachment disorganization/disorientation. *Child Development, 69,* 1107–1128.

Carpenter, S. K. (2012). Testing enhances the transfer of learning. *Current Directions in Psychological Science, 21,* 279–283.

Carr, L., Iacoboni, M., Dubeau, M., Mazziotta, J. C., & Lenzi, G. L. (2003). Neural mechanisms of empathy in humans: A relay from neural systems for imitation to limbic areas. *Proceedings of the National Academy of Sciences, USA, 100,* 5497–5502.

Carroll, J. B. (1993). *Human cognitive abilities.* Cambridge, England: Cambridge University Press.

Carson, R. C., Butcher, J. N., & Mineka, S. (2000). *Abnormal psychology and modern life* (11th ed.). Boston: Allyn & Bacon.

Carstensen, L. L. (1992). Social and emotional patterns in adulthood: Support for socioemotional selectivity theory. *Psychology and Aging, 7,* 331–338.

Carstensen, L. L., & Fredrickson, B. L. (1998). Influence of HIV status and age on cognitive representations of others. *Health Psychology, 17,* 1–10.

Carstensen, L. L., Pasupathi, M., Mayr, U., & Nesselroade, J. R. (2000). Emotional experience in everyday life across the adult life span. *Journal of Personality and Social Psychology, 79,* 644–655.

Carstensen, L. L., & Turk-Charles, S. (1994). The salience of emotion across the adult life span. *Psychology and Aging, 9,* 259–264.

Carver, C. S. (2006). Approach, avoidance, and the self-regulation of affect and action. *Motivation and Emotion, 30,* 105–110.

Carver, C. S., Lehman, J. M., & Antoni, M. H. (2003). Dispositional pessimism predicts illness-related disruption of social and recreational activities among breast cancer patients. *Journal of Personality and Social Psychology, 84,* 813–821.

Carver, C. S., & White, T. L. (1994). Behavioral inhibition, behavioral activation, and affective responses to impending reward and punishment: The bis/bas scales. *Journal of Personality and Social Psychology, 67*(2), 319–333.

Casasanto, D., & Boroditsky, L. (2008). Time in the mind: Using space to think about time. *Cognition, 106,* 579–593.

Casazza, K., Fontaine, K. R., Astrup, A., Birch, L. L., Brown, A. W., Bohan Brown, M. M., . . . Allison, D. B. (2013). Myths, presumptions, and facts about obesity. *New England Journal of Medicine, 368*(5), 446–454.

Caspi, A., & Herbener, E. S. (1990). Continuity and change: As-

sortative marriage and the consistency of personality in adulthood. *Journal of Personality and Social Psychology, 58,* 250–258.

Caspi, A., Lynam, D., Moffitt, T. E., & Silva, P. A. (1993). Unraveling girls' delinquency: Biological, dispositional, and contextual contributions to adolescent misbehavior. *Developmental Psychology, 29,* 19–30.

Caspi, A., Roberts, B. W., & Shiner, R. L. (2005). Personality development: Stability and change. *Annual Review of Psychology, 56,* 453–484.

Caspi, A., Sugden, K., Moffitt, T. E., Taylor, A., Craig, I. W., Harrington, H., . . . Poulton, R. (2003). Influence of life stress on depression: Moderation by a polymorphism in the 5-HTT gene. *Science, 301,* 386–389.

Castel, A. D., McCabe, D. P., & Roediger, H. L. III. (2007). Illusions of competence and overestimation of associate memory for identical items: Evidence from judgments of learning. *Psychonomic Bulletin & Review, 14,* 197–111.

Castellanos, F. X., Patti, P. I., Sharp, W., Jeffries, N. O., Greenstein, D. K., Clasen, L. S., . . . Rapoport, J. L. (2002). Developmental trajectories of brain volume abnormalities in children and adolescents with attention-deficit/hyperactivity disorder. *Journal of the American Medical Association, 288,* 1740–1748. doi: 10.1001/jama.288.14.1740

Catrambone, R. (2002). The effects of surface and structural feature matches on the access of story analogs. *Journal of Experimental Psychology: Learning, Memory, & Cognition, 28,* 318–334.

Cattell, R. B. (1950). *Personality: A systematic, theoretical, and factual study.* New York: McGraw-Hill.

Ceci, S. J. (1991). How much does schooling influence general intelligence and its cognitive components? A reassessment of the evidence. *Developmental Psychology, 27,* 703–722.

Ceci, S. J., DeSimone, M., & Johnson, S. (1992). Memory in context: A case study of "Bubbles P.," a gifted but uneven memorizer. In D. J. Herrmann, H. Weingartner, A. Searleman, & C. McEvoy (Eds.), *Memory improvement: Implications for memory theory* (pp. 169–186). New York: Springer-Verlag.

Ceci, S. J., & Williams, W. M. (1997). Schooling, intelligence, and income. *American Psychologist, 52,* 1051–1058.

Ceci, S. J., Williams, W. M., & Barnett, S. M. (2009). Women's underrepresentation in science: Sociocultural and biological considerations. *Psychological Bulletin, 135*(2), 218–261. doi:10.1037/a0014412

Centers for Disease Control and Prevention (CDC). (2002, June 28).
Youth risk behavior surveillance. *Surveillance Summary, 51*(SS-4), 1–64. Washington, DC: Author.

Centers for Disease Control and Prevention. (2012). Monitoring selected national HIV prevention and care objectives by using HIV surveillance data—United States and 6 U.S. dependent areas—2010. *HIV Surveillance Supplemental Report, 17*(No. 3, part A).

Centers for Disease Control and Prevention. (2013). *Injury prevention and control: Data and statistics (WISQARS).* Retrieved from http://www.cdc.gov/injury/wisqars/index.html

Cepeda, N. J., Pashler, H., Vul, E., Wixted, J. T., & Rohrer, D. (2006). Distributed practice in verbal recall tests: A review and quantitative synthesis. *Psychological Bulletin, 132,* 354–380.

Chabris, C. F., Hebert, B. M., Benjamin, D. J., Beauchamp, J., Cesarini, D., van der Loos, M., & Laibson, D. (2012). Most reported genetic associations with general intelligence are probably false positives. *Psychological Science, 23*(11), 1314–1323. doi:10.1177/0956797611435528

Chabris, C., & Simons, D. (2012, November 16). Using just 10% of your brains? Think again. *Wall Street Journal Online.* Retrieved from http://online.wsj.com/article/SB100014241278873245563045781193 5187421218.html

Chaiken, S. (1980). Heuristic versus systematic information processing and the use of source versus message cues in persuasion. *Journal of Personality and Social Psychology, 39,* 752–766.

Chalmers, D. (1996). *The conscious mind: In search of a fundamental theory.* New York: Oxford University Press.

Chambless, D. L., Baker, M. J., Baucom, D. H., Beutler, L. E., Calhoun, K. S., Crits-Christoph, P., . . . Woody, S. R. (1998). Update on empirically validated therapies, II. *Clinical Psychologist, 51*(1), 3–14.

Chandler, J., & Schwarz, N. (2009). How extending your middle finger affects your perception of others: Learned movements influence concept accessibility. *Journal of Experimental Social Psychology, 45,* 123–128.

Chandrashekar, J., Hoon, M. A., Ryba, N. J., & Zuker, C. S. (2006). The receptors and cells for human tastes. *Nature, 444,* 288–294.

Chang, P. P., Ford, D. E., Meoni, L. A., Wang, N., & Klag, M. J. (2002). Anger in young men and subsequent premature cardiovascular disease. *Archives of Internal Medicine, 162,* 901–906.

Charles, S. T., Reynolds, C. A., & Gatz, M. (2001). Age-related differences and change in positive and negative affect over 23 years. *Journal of Personality and Social Psychology, 80,* 136–151.

Charness, N. (1981). Aging and skilled problem solving. *Journal of Experimental Psychology: General, 110,* 21–38.

Charpak, G., & Broch, H. (2004). *Debunked!: ESP, telekinesis, and other pseudoscience* (B. K. Holland, Trans.). Baltimore, MD: Johns Hopkins University Press.

Chartrand, T. L., & Bargh, J. A. (1999). The chameleon effect: The perception-behavior link and social interaction. *Journal of Personality and Social Psychology, 76,* 893–910.

Chartrand, T. L., & Kay, A. (2006). *Mystery moods and perplexing performance: Consequences of succeeding and failing at a nonconscious goal.* Unpublished manuscript.

Chen, E., Cohen, S., & Miller, G. E. (2010). How low socioeconomic status affects 2-year hormonal trajectories in children. *Psychological Science, 21*(1), 31–37.

Cheney, D. L., & Seyfarth, R. M. (1990). *How monkeys see the world.* Chicago: University of Chicago Press.

Cheng, D. T., Disterhoft, J. F., Power, J. M., Ellis, D. A., & Desmond, J. E. (2008). Neural substrates underlying human delay and trace eyeblink conditioning. *Proceedings of the National Academy of Sciences, USA, 105,* 8108–8113.

Cherlin, A. J. (Ed.). (1992). *Marriage, divorce, remarriage* (2nd ed.). Cambridge, MA: Harvard University Press.

Cherry, C. (1953). Some experiments on the recognition of speech with one and two ears. *Journal of the Acoustical Society of America, 25,* 275–279.

Choi, I., Nisbett, R. E., & Norenzayan, A. (1999). Causal attribution across cultures: Variation and universality. *Psychological Bulletin, 125,* 47–63.

Chomsky, N. (1957). *Syntactic structures.* The Hague: Mouton.

Chomsky, N. (1959). A review of *Verbal Behavior* by B. F. Skinner. *Language, 35,* 26–58.

Chomsky, N. (1986). *Knowledge of language: Its nature, origin, and use.* New York: Praeger.

Chorover, S. L. (1980). *From Genesis to genocide : The meaning of human nature and the power of behavior control.* Cambridge, MA: MIT Press.

Choy, Y., Fyer, A. J., & Lipsitz, J. D. (2007). Treatment of specific phobia in adults. *Clinical Psychology Review, 27,* 266–286.

Christakis, N. A., & Fowler, J. H. (2007). The spread of obesity in a large social network over 32 years. *New England Journal of Medicine, 357*(4), 370–379.

Christianson, S.-Å., & Loftus, E. F. (1987). Memory for traumatic events. *Applied Cognitive Psychology, 1,* 225–239.

Chung, G. H., Flook, L., & Fuligni, A. J. (2009). Daily family conflict and emotional distress among adolescents from Latin American, Asian, and European backgrounds. *Developmental Psychology, 45,* 1406–1415.

Cialdini, R. B. (2005). Don't throw in the towel: Use social influence research. *American Psychological Society, 18,* 33–34.

Cialdini, R. B. (2013). The focus theory of normative conduct. In P. A. M. van Lange, A. W. Kruglanski, & E. T. Higgins (Eds.), *Handbook of theories of social psychology* (Vol. 3, pp. 295–312). New York: Sage.

Cialdini, R. B., & Goldstein, N. J. (2004). Social influence: Compliance and conformity. *Annual Review of Psychology, 55*(1), 591–621. doi: 10.1146/annurev.psych.55.090902.142015

Cialdini, R. B., Trost, M. R., & Newsom, J. T. (1995). Preference for consistency: The development of a valid measure and the discovery of surprising behavioral implications. *Journal of Personality and Social Psychology, 69,* 318–328.

Cialdini, R. B., Vincent, J. E., Lewis, S. K., Catalan, J., Wheeler, D., & Darby, B. L. (1975). Reciprocal concessions procedure for inducing compliance: The door-in-the-face technique. *Journal of Personality and Social Psychology, 31,* 206–215.

Ciarrochi, J. V., Chan, A. Y., & Caputi, P. (2000). A critical evaluation of the emotional intelligence concept. *Personality & Individual Differences, 28,* 539.

Cicchetti, D., & Toth, S. L. (1998). Perspectives on research and practice in developmental psychopathology. In I. E. Sigel & K. A. Renninger (Eds.), *Handbook of child psychology: Vol. 4. Child psychology in practice* (5th ed., pp. 479–583). New York: Wiley.

Clancy, S. A. (2005). *Abducted: How people come to believe they were kidnapped by aliens.* Cambridge, MA: Harvard University Press.

Clark, M. S., & Lemay, E. P. (2010). Close relationships. In S. T. Fiske, D. T. Gilbert, & G. Lindzey (Eds.), *The handbook of social psychology* (5th ed., Vol. 2). New York: Wiley.

Clark, R. D., & Hatfield, E. (1989). Gender differences in receptivity to sexual offers. *Journal of Psychology and Human Sexuality, 2,* 39–55.

Clark, R. E., Manns, J. R., & Squire, L. R. (2002). Classical conditioning, awareness and brain systems. *Trends in Cognitive Sciences, 6,* 524–531.

Clark, R. E., & Squire, L. R. (1998). Classical conditioning and brain systems: The role of awareness. *Science, 280,* 77–81.

Cleckley, H. M. (1976). *The mask of sanity* (5th ed.). St. Louis: Mosby.

Coe, C. L., & Lubach, G. R. (2008). Fetal programming prenatal origins of health and illness. *Current Directions in Psychological Science, 17,* 36–41.

Cogan, R., Cogan, D., Waltz, W., & McCue, M. (1987). Effects of laughter and relaxation on discomfort thresholds. *Journal of Behavioral Medicine, 10,* 139–144.

Coghill, R. C., McHaffie, J. G., & Yen, Y. (2003). Neural correlates of individual differences in the subjective experience of pain. *Proceedings of the National Academy of Sciences, USA, 100,* 8538–8542.

Cohen, D., Nisbett, R. E., Bowdle, B. F., & Schwarz, N. (1996). Insult, aggression, and the southern culture of honor: An "experimental ethnography." *Journal of Personality and Social Psychology, 70,* 945–960.

Cohen, G. (1990). Why is it difficult to put names to faces? *British*

Journal of Psychology, 81, 287–297.

Cohen, S. (1988). Psychosocial models of the role of social support in the etiology of physical disease. *Health Psychology, 7,* 269–297.

Cohen, S. (1999). Social status and susceptibility to respiratory infections. *New York Academy of Sciences, 896,* 246–253.

Cohen, S., Frank, E., Doyle, W. J., Skoner, D. P., Rabin, B. S., & Gwaltney, J. M., Jr. (1998). Types of stressors that increase susceptibility to the common cold in healthy adults. *Health Psychology, 17,* 214–223.

Coifman, K. G., Bonanno, G. A., Ray, R. D., & Gross, J. J. (2007). Does repressive coping promote resilience? Affective-autonomic response discrepancy during bereavement. *Journal of Personality and Social Psychology, 92,* 745–758.

Colcombe, S. J., Erickson, K. I., Scalf, P. E., Kim, J. S., Prakesh, R., McAuley, E., . . . Kramer, A. F. (2006). Aerobic exercise training increases brain volume in aging humans. *Journals of Gerontology Series A: Biological Sciences and Medical Sciences, 61,* 1166–1170.

Colcombe, S. J., Kramer, A. F., Erickson, K. I., Scalf, P., McAuley, E., Cohen, N. J., . . . Elavsky, S. (2004). Cardiovascular fitness, cortical plasticity, and aging. *Proceedings of the National Academy of Sciences, USA, 101,* 3316–3321.

Cole, M. (1996). *Cultural psychology: A once and future discipline.* Cambridge, MA: Belknap Press of Harvard University Press.

Coman, A., Manier, D., & Hirst, W. (2009). Forgetting the unforgettable through conversation: Social shared retrieval-induced forgetting of September 11 memories. *Psychological Science, 20,* 627–633.

Condon, J. W., & Crano, W. D. (1988). Inferred evaluation and the relation between attitude similarity and interpersonal attraction. *Journal of Personality and Social Psychology, 54,* 789–797.

Conley, T. D. (2011). Perceived proposer personality characteristics and gender differences in acceptance of casual sex offers. *Journal of Personality and Social Psychology, 100*(2), 309–329. doi: 10.1037/a0022152

Conley, T. D., Moors, A. C., Matsick, J. L., Ziegler, A., & Valentine, B. A. (2011). Women, men, and the bedroom: Methodological and conceptual insights that narrow, reframe, and eliminate gender differences in sexuality. *Current Directions in Psychological Science, 20*(5), 296–300. doi: 10.1177/0963721411418467

Conway, M., & Ross, M. (1984). Getting what you want by revising what you had. *Journal of Personality and Social Psychology, 47,* 738–748.

Cook, M., & Mineka, S. (1989). Observational conditioning of fear to fear-relevant versus fear-irrelevant stimuli in rhesus monkeys. *Journal of Abnormal Psychology, 98*(4), 448–459.

Cook, M., & Mineka, S. (1990). Selective associations in the observational conditioning of fear in rhesus monkeys. *Journal of Experimental Psychology: Animal Behavior Process, 16,* 372–389.

Coontz, P. (2008). The responsible conduct of social research. In K. Yang & G. J. Miller (Eds.), *Handbook of research methods in public administration* (pp. 129–139). Boca Raton, FL: Taylor & Francis.

Cooper, H., Nye, B., Charlton, K., Lindsay, J., & Greathouse, S. (1996). The effects of summer vacation on achievement test scores: A narrative and meta-analytic review. *Review of Educational Research, 66*(3), 227–268.

Cooper, J., & Fazio, R. H. (1984). A new look at dissonance theory. In L. Berkowitz (Ed.), *Advances in experimental social psychology* (Vol. 17, pp. 229–266). New York: Academic Press.

Cooper, J. C., Hollon, N. G., Wimmer, G. E., & Knutson, B. (2009). Available alternative incentives modulate anticipatory nucleus accumbens activation. *Social Cognitive and Affective Neuroscience, 4,* 409–416.

Cooper, J. M., & Strayer, D. L. (2008). Effects of simulator practice and real-world experience on cell-phone related driver distraction. *Human Factors, 50,* 893–902.

Cooper, J. R., Bloom, F. E., & Roth, R. H. (2003). *Biochemical basis of neuropharmacology.* New York: Oxford University Press.

Cooper, M. L. (2006). Does drinking promote risky sexual behavior? A complex answer to a simple question. *Current Directions in Psychological Science, 15,* 19–23.

Cooper, W. H., & Withey, W. J. (2009). The strong situation hypothesis. *Personality and Social Psychology Review, 13,* 62–72.

Corbetta, M., Shulman, G. L., Miezin, F. M., & Petersen, S. E. (1995). Superior parietal cortex activation during spatial attention shifts and visual feature conjunction. *Science, 270,* 802–805.

Coren, S. (1997). *Sleep thieves.* New York: Free Press.

Corkin, S. (2002). What's new with the amnesic patient HM? *Nature Reviews Neuroscience, 3,* 153–160.

Corkin, S. (2013). *Permanent present tense: The unforgettable life of the amnesic patient, H.M.* New York: Basic Books.

Correll, J., Park, B., Judd, C. M., & Wittenbrink, B. (2002). The police officer's dilemma: Using ethnicity to disambiguate potentially threatening individuals. *Journal of Personality and Social Psychology, 83,* 1314–1329.

Correll, J., Park, B., Judd, C. M., Wittenbrink, B., Sadler, M. S., & Keesee, T. (2007). Across the thin blue line: Police officers and racial bias in the decision to shoot. *Journal of Personality and Social Psychology, 92,* 1006–1023.

Corsi, P. (1991). *The enchanted loom: Chapters in the history of neuroscience.* New York: Oxford University Press.

Corti, E. (1931). *A history of smoking* (P. England, Trans.). London: Harrap.

Coryell, W., Endicott, J., Maser, J. D., Mueller, T., Lavori, P., & Keller, M. (1995). The likelihood of recurrence in bipolar affective disorder: The importance of episode recency. *Journal of Affective Disorders, 33,* 201–206.

Costa, P. T., Terracciano, A., & McCrae, R. R. (2001). Gender differences in personality traits across cultures: Robust and surprising findings. *Journal of Personality and Social Psychology, 81,* 322–331.

Costanza, A., Weber, K., Gandy, S., Bouras, C., Hof, P. R., Giannakopoulos, G., & Canuto, A. (2011). Contact sport-related chronic traumatic encephalopathy in the elderly: Clinical expression and structural substrates. *Neuropathology and Applied Neurobiology, 37,* 570–584.

Cottrell, C. A., Neuberg, S. L., & Li, N. P. (2007). What do people desire in others? A sociofunctional perspective on the importance of different valued characteristics. *Journal of Personality and Social Psychology, 92,* 208–231.

Cox, D., & Cowling, P. (1989). *Are you normal?* London: Tower Press.

Coyne, J. A. (2000, April 3). Of vice and men: Review of R. Tornhill and C. Palmer, *A natural history of rape. The New Republic,* pp. 27–34.

Craddock, N., & Jones, I. (1999). Genetics of bipolar disorder. *Journal of Medical Genetics, 36,* 585–594.

Craik, F. I. M., Govoni, R., Naveh-Benjamin, M., & Anderson, N. D. (1996). The effects of divided attention on encoding and retrieval processes in human memory. *Journal of Experimental Psychology: General, 125,* 159–180.

Craik, F. I. M., & Tulving, E. (1975). Depth of processing and the retention of words in episodic memory. *Journal of Experimental Psychology: General, 104,* 268–294.

Cramer, R. E., Schaefer, J. T., & Reid, S. (1996). Identifying the ideal mate: More evidence for male–female convergence. *Current Psychology, 15,* 157–166.

Craske, M. G. (1999). *Anxiety disorders: Psychological approaches to theory and treatment.* Boulder, CO: Westview Press.

Crick, N. R., & Grotpeter, J. K. (1995). Relational aggression, gender, and social-psychological adjustment. *Child Development, 66,* 710–722.

Crocker, J., & Wolfe, C. T. (2001). Contingencies of self-worth. *Psychological Review, 108*(3), 593–623.

Crombag, H. F. M., Wagenaar, W. A., & Van Koppen, P. J. (1996). Crashing memories and the problem of "source monitoring." *Applied Cognitive Psychology, 10,* 95–104.

Cross, E. S., Kraemer, D. J. M., Hamilton, A. F. de C., Kelley, W. M., & Grafton, S. T. (2009). Sensitivity of the action observation network to physical and observational learning. *Cerebral Cortex, 19,* 315–326.

Cross, P. (1977). Not can but will college teachers be improved? *New Directions for Higher Education, 17,* 1–15.

Cross-Disorder Group of the Psychiatric Genomics Consortium. (2013). Identification of risk loci with shared effects on five major psychiatric disorders: A genome-wide analysis. *Lancet, 381,* 1371–1379.

Cruse, D., Chennu, S., Fernández-Espejo, D., Payne, W. L., Young, G. B., & Owen, A. M. (2012). Detecting awareness in the vegetative state: Electroencephalographic evidence for attempted movements to command. *PLoS One, 7*(11), e49933. doi:10.1371/journal.pone.0049933

Csigó, K., Harsányi, A., Demeter, G., Rajkai, C., Németh, A., & Racsmány, M. (2010). Long-term follow-up of patients with obsessive-compulsive disorder treated by anterior capsulotomy: A neuropsychological study. *Journal of Affective Disorders, 126,* 198–205.

Csikszentmihalyi, M. (1990). *Flow: The psychology of optimal experience.* New York: Harper & Row.

Cuc, A., Koppel, J., & Hirst, W. (2007). Silence is not golden: A case of socially shared retrieval-induced forgetting. *Psychological Science, 18,* 727–733.

Cummins, D. D. (2012). *Good thinking: Seven powerful ideas that influence the way we think.* New York: Cambridge University Press.

Cunningham, M. R., Barbee, A. P., & Pike, C. L. (1990). What do women want? Facial metric assessment of multiple motives in the perception of male facial physical attractiveness. *Journal of Personality and Social Psychology, 59,* 61–72.

Cunningham, M. R., Roberts, A. R., Barbee, A. P., Druen, P. B., & Wu, C.-H. (1995). "Their ideas of beauty are, on the whole, the same as ours": Consistency and variability in the cross-cultural perception of female physical attractiveness. *Journal of Personality and Social Psychology, 68,* 261–279.

Cunningham, W. A., & Brosch, T. (2012). Motivational salience: Amygdala tuning from traits, needs, values, and goals. *Current Directions in Psychological Science, 21*(1), 54–59.

Curran, J. P., & Lippold, S. (1975). The effects of physical attraction and attitude similarity on attraction in dating dyads. *Journal of Personality, 43,* 528–539.

Curtiss, S. (1977). *Genie: A psycholinguistic study of a modern-day "wildchild."* New York: Academic Press.

Cutler, D. L., Bevilacqua, J., & McFarland, B. H. (2003). Four decades of community mental health: A symphony in four movements. *Community Mental Health Journal, 39,* 381–398.

Dabbs, J. M., Bernieri, F. J., Strong, R. K., Campo, R., & Milun, R. (2001). Going on stage: Testosterone in greetings and meetings. *Journal of Research in Personality, 35,* 27–40.

Dabbs, J. M., Carr, T. S., Frady, R. L., & Riad, J. K. (1995). Testosterone, crime, and misbehavior among 692 male prison inmates. *Personality and Individual Differences, 18,* 627–633.

Dael, N., Mortillaro, M., & Scherer, K. R. (2012). Emotion expression in body action and posture. *Emotion, 12,* 1085–1101.

D'Agostino, P. R., & Fincher-Kiefer, R. (1992). Need for cognition and correspondence bias. *Social Cognition, 10,* 151–163.

Dahger, A., & Robbins, T. W. (2009). Personality, addiction, dopamine: Insights from Parkinson's disease. *Neuron, 61,* 502–510.

Dahl, G., & Della Vigna, S. (2009). Does movie violence increase violent crime? *The Quarterly Journal of Economics, 124,* 677–734.

Dally, P. (1999). *The marriage of heaven and hell: Manic depression and the life of Virginia Woolf.* New York: St. Martin's Griffin.

Dalton, P. (2003). Olfaction. In H. Pashler & S. Yantis (Eds.), *Stevens' handbook of experimental psychology: Vol. 1. Sensation and perception* (3rd ed., pp. 691–746). New York: Wiley.

Daly, M., & Wilson, M. (1988). Evolutionary social psychology and family homicide. *Science, 242,* 519–524.

Damasio, A. R. (1989). Time-locked multiregional retroactivation: A systems-level proposal for the neural substrates of recall and recognition. *Cognition, 33,* 25–62.

Damasio, A. R. (1994). *Descartes' error: Emotion, reason, and the human brain.* New York: Putnam.

Damasio, A. R. (2005). *Descartes' error: Emotion, reason, and the human Brain.* New York: Penguin.

Damasio, A. R., Grabowski, T. J., Bechara, A., Damasio, H., Ponto, L. L. B., Parvisi, J., & Hichwa, R. D. (2000). Subcortical and cortical brain activity during the feeling of self-generated emotions. *Nature Neuroscience, 3,* 1049–1056.

Damasio, H., Grabowski, T., Frank, R., Galaburda, A. M., & Damasio, A. R. (1994). The return of Phineas Gage: Clues about the brain from the skull of a famous patient. *Science, 264,* 1102–1105.

Damasio, H., Grabowski, T. J., Tranel, D., Hichwa, R. D., & Damasio, A. R. (1996). A neural basis for lexical retrieval. *Nature, 380,* 499–505.

Damsma, G., Pfaus, J. G., Wenkstern, D., Phillips, A. G., & Fibiger, H. C. (1992). Sexual behavior increases dopamine transmission in the nucleus accumbens and striatum of male rats: Comparison with novelty and locomotion. *Behavioral Neurosciences, 106,* 181–191.

Daneshvar, D. H., Nowinski, C. J., McKee, A. C., & Cantu, R. C. (2011). The epidemiology of sport-related concussion. *Clinical Sports Medicine, 30,* 1–17.

Daniel, H. J., O'Brien, K. F., McCabe, R. B., & Quinter, V. E. (1985). Values in mate selection: A 1984 campus survey. *College Student Journal, 19,* 44–50.

Danner, U. N., Ouwehand, C., van Haastert, N. L., Homsveld, H., & de Ridder, D. T. (2012). Decision-making impairments in women with binge eating disorder in comparison with obese and normal weight women. *European Eating Disorders Review, 20,* e56–e62.

Darley, J. M., & Berscheid, E. (1967). Increased liking caused by the anticipation of interpersonal contact. *Human Relations, 10,* 29–40.

Darley, J. M., & Gross, P. H. (1983). A hypothesis-confirming bias in labeling effects. *Journal of Personality and Social Psychology, 44,* 20–33.

Darley, J. M., & Latané, B. (1968). Bystander intervention in emergencies: Diffusion of responsibility. *Journal of Personality and Social Psychology, 8,* 377–383.

Dar-Nimrod, I., & Heine, S. J. (2006). Exposure to scientific theories affects women's math performance. *Science, 314,* 435.

Darwin, C. (2007). *The expression of the emotions in man and animals.* New York: Bibliobazaar. (Original work published 1899)

Darwin, C. (1998). *The expression of the emotions in man and animals* (P. Ekman, Ed.). New York: Oxford University Press. (Original work published 1872)

Darwin, C. J., Turvey, M. T., & Crowder, R. G. (1972). An auditory analogue of the Sperling partial report procedure: Evidence for brief auditory storage. *Cognitive Psychology, 3,* 255–267.

Dauer, W., & Przedborski, S. (2003). Parkinson's disease: Mechanisms and models. *Neuron, 39,* 889–909.

Daum, I., Schugens, M. M., Ackermann, H., Lutzenberger, W., Dichgans, J., & Birbaumer, N. (1993). Classical conditioning after cerebellar lesions in humans. *Behavioral Neuroscience, 107,* 748–756.

Davidson, R. J., Ekman, P., Saron, C., Senulis, J., & Friesen, W. V. (1990). Emotional expression and brain physiology I: Approach/withdrawal and cerebral asymmetry. *Journal of Personality and Social Psychology, 58,* 330–341.

Davidson, R. J., Putnam, K. M., & Larson, C. L. (2000). Dysfunction in the neural circuitry of emotion regulation—a possible prelude to violence. *Science, 289,* 591–594.

Davies, G. (1988). Faces and places: Laboratory research on context and face recognition. In G. M. Davies & D. M. Thomson (Eds.), *Memory in context: Context in memory* (pp. 35–53). New York: Wiley.

Davies, G, Tenesa, A., Payton, A., Yang, J., Harris, S. E., Liewald, D., . . . Deary, I. J. (2011). Genome-wide association studies establish that human intelligence is highly heritable and polygenic. *Molecular Psychiatry, 16*(10), 996–1005. doi:10.1038/mp2011.85

Davila Ross, M., Menzler, S., & Zimmermann, E. (2008). Rapid facial mimicry in orangutan play. *Biology Letters, 4*(1), 27–30.

Davis, C. (2008, March 30). Simon Cowell admits to using Botox. *People Magazine.* Retrieved from http://www.people.com/people/article/0,,20181478,00.html

Davis, C. J., Bowers, J. S., & Memon, A. (2011). Social influence in televised election debates: A potential distortion of democracy. *PLosONE, 6*(3), e18154.

Davis, J. L., Senghas, A., Brandt, F., & Ochsner, K. N. (2010). The effects of BOTOX injections on emotional experience. *Emotion, 10*(3), 433–440. doi: 10.1037/a0018690

Dawes, R. M. (1994). *House of cards: Psychology and psychotherapy built on myth.* New York: Free Press.

Dawood, K., Kirk, K. M., Bailey, J. M., Andrews, P. W., & Martin, N. G. (2005). Genetic and environmental influences on the frequency of orgasm in women. *Twin Research, 8,* 27–33.

Dawson, G., Rogers, S., Munson, J., Smith, M., Winter, J., Greenson, J., . . . Varley, J. (2010). Randomized, controlled trial of an intervention for toddlers with autism: The Early Start Denver Model. *Pediatrics, 125,* e17–e23.

Dawson, G., Jones, E. J. H., Merkle, K., Venema, K., Lowry, R., Faja, S., . . . Webb, S. J. (2012). Early behavioral intervention is associated with normalized brain activity in young children with autism. *Journal of the American Academy of child and Adolescent Psychiatry, 51,* 1150–1159.

Dawson, M., Soulieres, I., Gernsbacher, M. A., & Mottron, L. (2007). The level and nature of autistic intelligence. *Psychological Science, 18,* 657–662.

Day, J. J., & Sweatt, J. D. (2011). Epigenetic mechanisms in cognition. *Neuron, 70,* 813–829.

Dayan, P., & Huys, Q. J. M. (2009). Serotonin in affective control. *Annual Review of Neuroscience, 32,* 95–126.

Deák, G. O. (2006). Do children really confuse appearance and reality? *Trends in Cognitive Sciences, 10*(12), 546–550.

de Araujo, I. E., Rolls, E. T., Velazco, M. I., Margot, C., & Cayeux, I. (2005). Cognitive modulation of olfactory processing. *Neuron, 46,* 671–679.

Deary, I. J. (2000). *Looking down on human intelligence: From psychometrics to the brain.* New York: Oxford University Press.

Deary, I. J. (2012). Intelligence. *Annual Review of Psychology, 63*(1), 453–482. doi:10.1146/annurev-psych-120710-100353

Deary, I. J., Batty, G. D., & Gale, C. R. (2008). Bright children become enlightened adults. *Psychological Science, 19*(1), 1–6.

Deary, I. J., Batty, G. D., Pattie, A., & Gale, C. R. (2008). More intelligent, more dependable children live longer: A 55-year longitudinal study of a representative sample of the Scottish nation. *Psychological Science, 19,* 874.

Deary, I. J., Der, G., & Ford, G. (2001). Reaction time and intelligence differences: A population based cohort study. *Intelligence, 29*(5), 389–399.

Deary, I. J., Taylor, M. D., Hart, C. L., Wilson, V., Smith, G. D., Blane, D., & Starr, J. M. (2005). Intergenerational social mobility and mid-life status attainment: Influences of childhood intelligence, childhood social factors, and education. *Intelligence, 33*(5), 455–472. doi:10.1016/j.intell.2005.06.003

Deary, I. J., Weiss, A., & Batty, G. D. (2011). Intelligence and personality as predictors of illness and death: How researchers in differential psychology and chronic disease epidemiology are collaborating to understand and address health inequalities. *Psychological Science in the Public Interest, 11*(2), 53–79. doi:10.1177/1529100610387081

Deary, I. J., Whiteman, M. C., Starr, J. M., Whalley, L. J., & Fox, H. C. (2004). The impact of childhood intelligence on later life: Following up the Scottish mental surveys of 1932 and 1947. *Journal of Personality and Social Psychology, 86,* 130–147.

Deb, S., Thomas, M., & Bright, C. (2001). Mental disorder in adults with intellectual disability: I. Prevalence of functional psychiatric illness among a community-based population aged between 16 and 64 years. *Journal of Intellectual Disability Research, 45*(Pt. 6), 495–505.

DeCasper, A. J., & Spence, M. J. (1986). Prenatal maternal speech influences newborns' perception of speech sounds. *Infant Behavior and Development, 9,* 133–150.

Deci, E. L. (1971). Effects of externally mediated rewards on intrinsic motivation. *Journal of Personality and Social Psychology, 18,* 105–115.

Deci, E. L., Koestner, R., & Ryan, R. M. (1999). A meta-analytic review of experiments examining the effects of extrinsic rewards on intrinsic motivation. *Psychological Bulletin, 125,* 627–668.

de Craen, A. J. M., Moerman, D. E., Heisterkamp, S. H., Tytgat, G. N. J., Tijssen, J. G. P., & Kleijnen, J. (1999). Placebo effect in the treatment of duodenal ulcer. *British Journal of Clinical Pharmacology, 48,* 853–860.

Deese, J. (1959). On the prediction of occurrence of particular verbal intrusions in immediate recall. *Journal of Experimental Psychology, 58,* 17–22.

DeFelipe, J., & Jones, E. G. (1988). *Cajal on the cerebral cortex: An annotated translation of the complete writings.* New York: Oxford University Press.

Degenhardt, L., Chiu, W. T., Sampson, N., Kessler, R. C., Anthony, J. C., Angermeyer, M., . . . Wells, J. E. (2008). Toward a global view of alcohol, tobacco, cannabis, and cocaine use: Findings from the WHO World Mental Health surveys. *PLoS Medicine, 5,* e141.

Degenhardt, L., Dierker, L., Chiu, W. T., Medina-Mora, M. E., Neumark, Y., Sampson, N., . . . Kessler, R. C. (2010). Evaluating the drug use "gateway" theory using cross-national data: Consistency and associations of the order of initiation of drug use among participants in the WHO World Mental Health surveys. *Drug and Alcohol Dependence, 108,* 84–97.

Dekker, M. C., & Koot, H. M. (2003). *DSM–IV* disorders in children with borderline to moderate intellectual disability: I. Prevalence and impact. *Journal of the American Academy of Child and Adolescent Psychiatry, 42*(8), 915–922. doi:10.1097/01.

CHI.0000046892.27264.1A

Dekker, S., Lee, N. C., Howard-Jones, P., & Jolles, J. (2012). Neuromyths in education: Prevalence and predictors of misconceptions among teachers. *Frontiers in Psychology 3: 429.* doi:10.3389/fpsyg.2012.00429

Delgado, M. R., Frank, R. H., & Phelps, E. A. (2005). Perceptions of moral character modulate the neural systems of reward during the trust game. *Nature Neuroscience, 8,* 1611–1618.

Demb, J. B., Desmond, J. E., Wagner, A. D., Vaidya, C. J., Glover, G. H., & Gabrieli, J. D. E. (1995). Semantic encoding and retrieval in the left inferior prefrontal cortex: A functional MRI study of task difficulty and process specificity. *The Journal of Neuroscience, 15,* 5870–5878.

Dement, W. C. (1959, November 30). Dreams. *Newsweek.*

Dement, W. C. (1978). *Some must watch while some must sleep.* New York: Norton.

Dement, W. C. (1999). *The promise of sleep.* New York: Delacorte Press.

Dement, W. C., & Kleitman, N. (1957). The relation of eye movements during sleep to dream activity: An objective method for the study of dreaming. *Journal of Experimental Psychology, 53,* 339–346.

Dement, W. C., & Wolpert, E. (1958). Relation of eye movements, body motility, and external stimuli to dream content. *Journal of Experimental Psychology, 55,* 543–553.

Dempster, E. L., Pidsley, R., Schalkwyk, L. C., Owens, S., Georgiades, A., Kane, F., . . . Mill, J. (2011). Disease-associated epigenetic changes in monozygotic twins discordant for schizophrenia and bipolar disorder. *Human Molecular Genetics, 20,* 4786–4796.

Denison, S., Reed, C., & Xu, F. (2013). The emergence of probabilistic reasoning in very young infants: Evidence from 4.5- and 6-month-olds. *Developmental Psychology, 49*(2), 243–249. doi:10.1037/a0028278

Dennett, D. (1991). *Consciousness explained.* New York: Basic Books.

DePaulo, B. M., Charlton, K., Cooper, H., Lindsay, J. J., & Muhlenbruck, L. (1997). The accuracy–confidence correlation in the detection of deception. *Personality and Social Psychology Review, 1,* 346–357.

DePaulo, B. M., Lindsay, J. J., Malone, B. E., Muhlenbruck, L., Charlton, K., & Cooper, H. (2003). Cues to deception. *Psychological Bulletin, 129,* 74–118.

DePaulo, B. M., Stone, J. I., & Lassiter, G. D. (1985). Deceiving and detecting deceit. In B. R. Schlenker (Ed.), *The self and social life* (pp. 323–370). New York: McGraw-Hill.

Der, G., Batty, G. D., & Deary, I. J. (2009). The association between IQ in adolescence and a range of health outcomes at 40 in the 1979 U.S. national longitudinal study of youth. *Intelligence, 37*(6), 573–580.

DeRosnay, M., Pons, F., Harris, P. L., & Morrell, J. M. B. (2004). A lag between understanding false belief and emotion attribution in young children: Relationships with linguistic ability and mothers' mental-state language. *British Journal of Developmental Psychology,* 24(1), 197–218.

Des Jarlais, D. C., McKnight, C., Goldblatt, C., & Purchase, D. (2009). Doing harm reduction better: Syringe exchange in the United States. *Addiction, 104*(9), 1331–1446.

DesJardin, J. L., Eisenberg, L. S., & Hodapp, R. M. (2006). Sound beginnings: Supporting families of young deaf children with cochlear implants. *Infants and Young Children, 19,* 179–189.

Deutsch, M. (1949). A theory of cooperation and competition. *Human Relations, 2,* 129–152.

DeVilliers, P. (2005). The role of language in theory-of-mind development: What deaf children tell us. In J. W. Astington & J. A. Baird (Eds.), *Why language matters for theory of mind* (pp. 266–297). Oxford, England: Oxford University Press.

De Vries, M. H., Barth, A. C. R., Maiworm, S., Knecht, S., Zwitserlood, P., & Flöel, A. (2010). Electrical stimulation of Broca's area enhances implicit learning of an artificial grammar. *Journal of Cognitive Neuroscience, 22,* 2427–2436.

de Waal, F. B. M. (2012). The antiquity of empathy. *Science,* 336(6083), 874–876. doi:10.1126/science.1220999

Dewhurst, D. L., & Cautela, J. R. (1980). A proposed reinforcement survey schedule for special needs children. *Journal of Behavior Therapy and Experimental Psychiatry, 11,* 109–112.

De Witte, P. (1996). The role of neurotransmitters in alcohol dependency. *Alcohol & Alcoholism, 31*(Suppl. 1), 13–16.

De Wolff, M., & van IJzendoorn, M. H. (1997). Sensitivity and attachment: A meta-analysis on parental antecedents of infant attachment. *Child Development, 68,* 571–591.

DeYoung, C. G., & Gray, J. R. (2009). Personality neuroscience: Explaining individual differences in affect, behavior, and cognition. In P. J. Corr & G. Matthews (Eds.), *The Cambridge handbook of personality psychology* (pp. 323–346). New York: Cambridge University Press.

DeYoung, C. G., Hirsh, J. B., Shane, M. S., Papademetris, X., Rajeevan, N., & Gray, J. R. (2010). Testing predictions from personality neuroscience: Brain structure and the Big Five. *Psychological Science, 21,* 820–828.

Diaconis, P., & Mosteller, F. (1989). Methods for studying coincidences. *Journal of the American Statistical Association, 84,* 853–861.

Diano, S., Farr, S. A., Benoit, S. C., McNay, E. C., da Silva, I., Horvath, B., . . . Horvath, T. L. (2006). Ghrelin controls hippocampal spine synapse density and memory performance. *Nature Neuroscience, 9*(3), 381–388.

Dickens, W. T., & Flynn, J. R. (2001). Heritability estimates versus large environmental effects: The IQ paradox resolved. *Psychological Review, 108,* 346–369.

Dickinson, A., Watt, A., & Griffiths, J. H. (1992). Free-operant acquisition with delayed reinforcement. *Quarterly Journal of Experimental Psychology Section B: Comparative and Physiological Psychology,* 45, 241–258.

Didden, R., Sigafoos, J., Lang, R., O'Reilly, M., Drieschner, K., & Lancioni, G. E. (2012). Intellectual disabilities. In P. Sturmey & M. Hersen (Eds.), *Handbook of evidence-based practice in clinical psychology.* Hoboken, NJ: Wiley. Retrieved from http://doi.wiley.com/10.1002/9781118156391.ebcp001006

DiDonato, T. E., Ullrich, J., & Krueger, J. I. (2011). Social perception as induction and inference: An integrative model of intergroup differentiation, ingroup favoritism, and differential accuracy. *Journal of Personality and Social Psychology, 100*(1), 66–83. doi: 10.1037/a0021051

Diederich, N. J., & Goetz, C. G. (2008). The placebo treatments in neurosciences: New insights from clinical and neuroimaging studies. *Neurology, 71,* 677–684.

Diekelmann, S., & Born, J. (2010). The memory function of sleep. *Nature Reviews Neuroscience, 11,* 114–126.

Dietary Guidelines Advisory Committee. (2005). *Dietary guidelines for Americans 2005.* Retrieved October 15, 2007, from http://www.health.gov/dietaryguidelines

Dijksterhuis, A. (2004). Think different: The merits of unconscious thought in preference development and decision making. *Journal of Personality and Social Psychology, 87,* 586–598.

Dimberg, U. (1982). Facial reactions to facial expressions. *Psychophysiology, 19,* 643–647.

Dion, K., Berscheid, E., & Walster, E. (1972). What is beautiful is good. *Journal of Personality and Social Psychology, 24,* 285–290.

Disner, S. G., Beevers, C. G., Haigh, E. A., & Beck, A. T. (2011). Neural mechanisms of the cognitive model of depression. *Nature Reviews Neuroscience, 12,* 467–477.

DiTella, R., MacCulloch, R. J., & Oswald, A. J. (2003). The macroeconomics of happiness. *Review of Economics and Statistics, 85,* 809–827.

Dittrich, W. H., Troscianko, T., Lea, S., & Morgan, D. (1996). Perception of emotion from dynamic point-light displays represented in dance. *Perception, 25,* 727–738.

Dollard, J., Doob, L. W., Miller, N. E., Mowrer, O. H., & Sears, R. R. (1939). *Frustration and aggression.* Oxford, England: Yale University Press.

Domhoff, G. W. (2007). Realistic simulation and bizarreness in dream content: Past findings and suggestions for future research. In D. B. P. McNamara (Ed.), *The new science of dreaming: Content, recall, and personality correlates* (Vol. 22, pp. 1–27). Westport, CT: Praeger.

Domjan, M. (2005). Pavlovian conditioning: A functional perspective. *Annual Review of Psychology, 56,* 179–206.

Donner, T. H., Kettermann, A., Diesch, E., Ostendorf, F., Villiringer, A., & Brandt, S. A. (2002). Visual feature and conjunction searches of equal difficulty engage only partially overlapping frontoparietal networks. *NeuroImage, 15,* 16–25.

Dornbusch, S. M., Hastorf, A. H., Richardson, S. A., Muzzy, R. E., & Vreeland, R. S. (1965). The perceiver and perceived: Their relative influence on categories of interpersonal perception. *Journal of Personality and Social Psychology, 1,* 434–440.

Dorus, S., Vallender, E. J., Evans, P. D., Anderson, J. R., Gilbert, S. L., Mahowald, M., . . . Lahn, B. T. (2004). Accelerated evolution of nervous system genes in the origin of *Homo sapiens. Cell, 119,* 1027–1040.

Dostoevsky, F. (1988). *Winter notes on summer impressions* (D. Patterson, Trans.). Evanston, IL: Northwestern University Press. (Original work published 1863)

Dovidio, J. F., & Gaertner, S. L. (2010). Intergroup bias. In S. T. Fiske, D. T. Gilbert, & G. Lindzey (Eds.), *The handbook of social psychology* (5th ed., Vol. 2, pp. 1085–1121). New York: Wiley.

Downer, J. D. C. (1961). Changes in visual gnostic function and emotional behavior following unilateral temporal damage in the "split-brain" monkey. *Nature, 191,* 50–51.

Downing, P. E., Chan, A. W. Y., Peelen, M. V., Dodds, C. M., & Kanwisher, N. (2006). Domain specificity in visual cortex. *Cerebral Cortex, 16,* 1453–1461.

Draguns, J. G., & Tanaka-Matsumi, J. (2003). Assessment of psychopathology across and within cultures: Issues and findings. *Behaviour Research and Therapy, 41,* 755–776.

Dreifus, C. (2003, May 20). Living one disaster after another, and then sharing the experience. *New York Times,* p. D2.

Drigotas, S. M., & Rusbult, C. E. (1992). Should I stay or should I go? A dependence model of breakups. *Journal of Personality and Social Psychology, 62,* 62–87.

Druckman, D., & Bjork, R. A. (1994). *Learning, remembering, believing: Enhancing human performance.* Washington, DC: National Academy Press.

Duckworth, A. L., & Seligman, M. E. P. (2005). Self-discipline outdoes IQ in predicting academic performance of adolescents. *Psychological Science, 16,* 939–944.

Dudai, Y. (2012). The restless engram: Consolidations never end. *Annual Review of Neuroscience, 35,* 227–247.

Dudycha, G. J., & Dudycha, M. M. (1933). Some factors and characteristics of childhood memories. *Child Development, 4,* 265–278.

Duenwald, M. (2002, September 12). Students find another staple of campus life: Stress. *New York Times.* Retrieved from http://www.nytimes.com/2002/09/17/health/students-find-another-staple-of-campus-life-stress.html?pagewanted=all&src=pm

Duncan, D. E. (2012, November 4). How science can build a better you. *The New York Times.* Retrieved from http://www.nytimes.com/2012/11/04/sunday-review/how-science-can-build-a-better-you.html_r=0

Duncan, G. J., Yeung, W. J., Brooks-Gunn, J., & Smith, J. R. (1998). How much does childhood poverty affect the life chances of children? *American Sociological Review, 63,* 406–423.

Duncker, K. (1945). On problem-solving. *Psychological Monographs, 58*(5).

Dunham, Y., Chen, E. E., & Banaji, M. R. (2013). Two signatures of implicit intergroup attitudes: Developmental invariance and early enculturation. *Psychological Science, 6,* 860–868. doi:10.1177/0956797612463081

Dunlap, K. (1919). Are there any instincts? *Journal of Abnormal Psychology, 14,* 307–311.

Dunlop, S. A. (2008). Activity-dependent plasticity: Implications for recovery after spinal cord injury. *Trends in Neurosciences, 31,* 410–418.

Dunlosky, J., & Rawson, K. A. (2012). Overconfidence produces underachievement: Inaccurate self-evaluations undermine students' learning and retention. *Learning and Instruction, 22,* 271–280.

Dunlosky, J., Rawson, K. A., Marsh, E. J., Nathan, M. J., & Willingham, D. T. (2013). Improving students' learning with effective learning techniques: Promising directions from cognitive and educational psychology. *Psychological Science in the Public Interest, 14*(1), 4–58.

Dunlosky, J., & Thiede, K. W. (2013). Four cornerstones of calibration research: Why understanding students' judgments can improve their achievement. *Learning and Instruction, 24,* 58–61.

Dunphy, D. C. (1963). The social structure of urban adolescent peer groups. *Sociometry, 26,* 230–246.

Dutton, D. G., & Aron, A. P. (1974). Some evidence for heightened sexual attraction under conditions of high anxiety. *Journal of Personality and Social Psychology, 30,* 510–517.

Duval, S., & Wicklund, R. A. (1972). *A theory of objective self awareness.* New York: Academic Press.

Dyer, D., Dalzell, F., & Olegario, F. (2004). *Rising Tide: Lessons from 165 years of brand building at Procter & Gamble.* Cambridge, MA: Harvard Business School Press.

Eacott, M. J., & Crawley, R. A. (1998). The offset of childhood amnesia: Memory for events that occurred before age 3. *Journal of Experimental Psychology: General, 127,* 22–33.

Eagly, A. H., Ashmore, R. D., Makhijani, M. G., & Longo, L. C. (1991). What is beautiful is good, but . . . : A meta-analytic review of research on the physical attractiveness stereotype. *Psychological Bulletin, 110,* 109–128.

Eagly, A. H., & Steffen, V. J. (1986). Gender and aggressive behavior: A meta-analytic review of the social psychological literature. *Psychological Bulletin, 100,* 309–330.

Eagly, A. H., & Wood, W. (1999). The origins of sex differences in human behavior: Evolved dispositions versus social roles. *American Psychologist, 54,* 408–423.

Eastwick, P. W., Eagly, A. H., Finkel, E. J., & Johnson, S.E. (2011). Implicit and explicit preferences for physical attractiveness in a romantic partner: A double dissociation in predictive validity. *Journal of Personality and Social Psychology, 101*(5), 993–1011. doi: 10.1037/a0024061

Eastwick, P. W., Finkel, E. J., Mochon, D., & Ariely, D. (2007).

Selective versus unselective romantic desire: Not all reciprocity is created equal. *Psychological Science, 18,* 317–319.

Eaton, W. W., Shao, H., Nestadt, G., Lee, B. H., Bienvenu, O. J., & Zandi, P. (2008). Population-based study of first onset and chronicity of major depressive disorder. *Archives of General Psychiatry, 65,* 513–520.

Ebbinghaus, H. (1964). *Memory: A contribution to experimental psychology.* New York: Dover. (Original work published 1885)

Eddy, D. M. (1982). Probabilistic reasoning in clinical medicine: Problems and opportunities. In D. Kahneman, P. Slovic, & A. Tversky (Eds.), *Judgments under uncertainty: Heuristics and biases* (pp. 249–267). New York: Cambridge University Press.

Edgerton, V. R., Tillakaratne, J. K. T., Bigbee, A. J., deLeon, R. D., & Roy, R. R. (2004). Plasticity of the spinal neural circuitry after injury. *Annual Review of Neuroscience, 27,* 145–167.

Edwards, W. (1955). The theory of decision making. *Psychological Bulletin, 51,* 201–214.

Efferson, C., Lalive, R., & Fehr, E. (2008). The coevolution of cultural groups and ingroup favoritism. *Science, 321,* 1844–1849.

Eich, J.E. (1980). The cue-dependent nature of state-dependent retention. *Memory & Cognition, 8,* 157–173.

Eich, J.E. (1995). Searching for mood dependent memory. *Psychological Science, 6,* 67–75.

Eichenbaum, H. (2008). *Learning & memory.* New York: Norton.

Eichenbaum, H., & Cohen, N. J. (2001). *From conditioning to conscious recollection: Memory systems of the brain.* New York: Oxford University Press.

Eickhoff, S. B., Dafotakis, M., Grefkes, C., Stoecker, T., Shah, N. J., Schnitzler, A., . . . Siebler, M. (2008). fMRI reveals cognitive and emotional processing in a long-term comatose patient. *Experimental Neurology, 214,* 240–246.

Eimas, P. D., Siqueland, E. R., Jusczyk, P., & Vigorito, J. (1971). Speech perception in infants. *Science, 171,* 303–306.

Einstein, G. O., & McDaniel, M. A. (1990). Normal aging and prospective memory. *Journal of Experimental Psychology: Learning, Memory, and Cognition, 16,* 717–726.

Einstein, G. O., & McDaniel, M. A. (2005). Prospective memory: Multiple retrieval processes. *Current Direction in Psychological Science, 14,* 286–290.

Eisenberg, N., Fabes, R. A., Guthrie, I. K., & Reiser, M. (2000). Dispositional emotionality and regulation: Their role in predicting quality of social functioning. *Journal of Personality and Social Psychology, 78,* 136.

Eisenegger, C. Haushofer, J., & Fehr, E. (2011). The role of testosterone in social interaction. *Trends in Cognitive Sciences, 15*(6), 263–271. doi:10.1016/j.tics.2011.04.008

Eisenegger, C., Naef, M., Snozzi, R., Heinrichs, M., & Fehr, E. (2010). Prejudice and truth about the effect of testosterone on human bargaining behaviour. *Nature, 463,* 356–359.

Ekman, P. (1965). Differential communication of affect by head and body cues. *Journal of Personality and Social Psychology, 2,* 726–735.

Ekman, P. (1972). Universals and cultural differences in facial expressions of emotion. In J. K. Cole (Ed.), *Nebraska Symposium on Motivation, 1971* (pp. 207–283). Lincoln: University of Nebraska Press.

Ekman, P. (1992). *Telling lies.* New York: Norton.

Ekman, P. (2003). Darwin, deception, and facial expression. *Annals of the New York Academy of Sciences, 1000,* 205–221.

Ekman, P., & Friesen, W. V. (1968). Nonverbal behavior in psychotherapy research. In J. M. Shlien (Ed.), *Research in psychotherapy* (Vol. 3, pp. 179–216). Washington, DC: American Psychological Association.

Ekman, P., & Friesen, W. V. (1971). Constants across cultures in the face and emotion. *Journal of Personality and Social Psychology, 17,* 124–129.

Ekman, P., & Friesen, W. V. (1982). Felt, false, and miserable smiles. *Journal of Nonverbal Behavior, 6,* 238–252.

Ekman, P., Levenson, R. W., & Friesen, W. V. (1983). Autonomic nervous system activity distinguishes among emotions. *Science, 221,* 1208–1210.

Elbogen, E. B., & Johnson, S. C. (2009). The intricate link between violence and mental disorder. *Archives of General Psychiatry, 66*(2), 152–161.

Eldar, S., Apter, A., Lotan, D., Edgar, K. P., Naim, R., Fox, N. A., . . . Bar-Heim, Y. (2012). Attention bias modification treatment for pediatric anxiety disorders: A randomized controlled trial. *American Journal of Psychiatry, 169,* 213–220.

Eldridge, L. L., Knowlton, B. J., Furmanski, C. S., Bookheimer, S. Y., & Engel, S. A. (2000). Remembering episodes: A selective role for the hippocampus during retrieval. *Nature Neuroscience, 3,* 1149–1152.

Eldridge, M. A., Barnard, P. J., & Bekerian, D. A. (1994). Autobiographical memory and daily schemas at work. *Memory, 2,* 51–74.

Elfenbein, H. A., & Ambady, N. (2002). On the universality and cultural specificity of emotion recognition: A meta-analysis. *Psychological Bulletin, 128,* 203–235.

Elfenbein, H. A., Der Foo, M. D., White, J., & Tan, H. H. (2007). Reading your counterpart: The benefit of emotion recognition accuracy for effectiveness in negotiation. *Journal of Nonverbal Behavior, 31,* 205–223.

Ellemers, N. (2012). The group self. *Science, 336*(6083), 848–852. doi:10.10.1126/science.1220987

Ellenbogen, J. M., Payne, J. D., & Stickgold, R. (2006). The role of sleep in declarative memory consolidation: Passive, permissive, or none? *Current Opinion in Neurobiology, 16,* 716–722.

Elliott, R., Sahakian, B. J., Matthews, K., Bannerjea, A., Rimmer, J., & Robbins, T. W. (1997). Effects of methylphenidate on spatial working memory and planning in healthy young adults. *Psychopharmacology, 131,* 196–206.

Ellis, A. (1991). *Reason and emotion in psychotherapy.* New York: Carol.

Ellis, B. J., & Garber, J. (2000). Psychosocial antecedents of variation in girls' pubertal timing: Maternal depression, stepfather presence, and marital and family stress. *Child Development, 71,* 485–501.

Ellis, E. M. (1983). A review of empirical rape research: Victim reactions and response to treatment. *Clinical Psychology Review, 3,* 473–490.

Ellis, L., & Ames, M. A. (1987). Neurohormonal functioning in sexual orientation: A theory of homosexuality–heterosexuality. *Psychological Bulletin, 101,* 233–258.

Ellman, S. J., Spielman, A. J., Luck, D., Steiner, S. S., & Halperin, R. (1991). REM deprivation: A review. In S. J. Ellman & J. S. Antrobus (Eds.), *The mind in sleep: Psychology and psychophysiology* (2nd ed., pp. 329–376). New York: Wiley.

Ellsworth, P. C., & Scherer, K. R. (2003). Appraisal processes in emotion. In R. J. Davidson, K. R. Scherer, & H. H. Goldsmith (Eds.), *The handbook of affective science* (pp. 572–595). New York: Oxford University Press.

Emerson, R. C., Bergen, J. R., & Adelson, E. H. (1992). Directionally selective complex cells and the computation of motion energy in cat visual cortex. *Vision Research, 32,* 203–218.

Epel, E. S., Blackburn, E. H., Lin, J., Dhabhar, F. S., Adler, N.E., Morrow, J. D., & Cawthorn, R. M. (2004). Accelerated telomere shortening in response to life stress. *Proceedings of the National Academy of Sciences, 101,* 17312–17315.

Enock, P. M., & McNally, R. J. (2013). How mobile apps and other web-based interventions can transform psychological treatment and the treatment development cycle. *Behavior Therapist, 36*(3), 56, 58, 60, 62–66.

Epel, E. S., Daubenmier, J., Moskowitz, J. T., Foldman, S., & Blackburn, E. H. (2009). Can meditation slow rate of cellular aging? Cognitive stress, mindfulness, and telomerase. *Annals of the New York Academy of Sciences, 1172,* 34–53.

Epley, N., Savitsky, K., & Kachelski, R. A. (1999). What every skeptic should know about subliminal persuasion. *Skeptical Inquirer, 23,* 40–45, 58.

Epley, N., & Waytz, A. (2010). Mind perception. In S. T. Fiske, D. T. Gilbert, & G. Lindzey (Eds.), *The handbook of social psychology* (5th ed., Vol. 1, pp. 498–541). New York: Wiley.

Epstein, R. (2007a). *The case against adolescence: Rediscovering the adult in every teen.* New York: Quill Driver.

Epstein, R. (2007b). The myth of the teen brain. *Scientific American Mind, 18,* 27–31.

Erber, R., Wegner, D. M., & Therriault, N. (1996). On being cool and collected: Mood regulation in anticipation of social interaction. *Journal of Personality and Social Psychology, 70,* 757–766.

Erffmeyer, E. S. (1984). Rule-violating behavior on the golf course. *Perceptual and Motor Skills, 59,* 591–596.

Ericsson, K. A., & Charness, N. (1999). Expert performance: Its structure and acquisition. In S. J. Ceci & W. M. Williams (Eds.), *The nature–nurture debate: The essential readings* (pp. 200–256). Oxford, England: Blackwell.

Ericson, E. H. (1959). *Identity and the life cycle.* New York: International Universities Press.

Espy, K. A., Fang, H., Johnson, C., Stopp, C., Wiebe, S. A., & Respass, J. (2011). Prenatal tobacco exposure: Developmental outcomes in the neonatal period. *Developmental Psychology, 47*(1), 153–169. doi:10.1037/a0020724

Etcoff, N. (1999). *Survival of the prettiest: The science of beauty.* New York: Doubleday.

Evans, G. W. (2004). The environment of childhood poverty. *American Psychologist, 59*(2), 77–92.

Evans, G. W. (2006). Child development and the physical environment. *Annual Review of Psychology, 57,* 423–451.

Evans, S. W., & Kim, P. (2012). Childhood poverty and young adults' allostatic load: The mediating role of childhood cumulative risk exposure. *Psychological Science, 23*(9), 979–983. doi:10.1177/0956797612441218

Evans, G. W., & Stecker, R. (2004). Motivational consequences of environmental stress. *Journal of Environmental Psychology, 24,* 143–165.

Evans, J. St. B., Barston, J. L., & Pollard, P. (1983), On the conflict between logic and belief in syllogistic reasoning. *Memory & Cognition, 11,* 295 306.

Evans, P. D., Gilbert, S. L., Mekel-Bobrov, N., Vallender, E. J., Anderson, J. R., Vaez-Azizi, L. M., . . . Lahn, B. T. (2005). Microcephalin, a gene regulating brain size, continues to evolve adaptively to humans. *Science, 309,* 1717–1720.

Everson, S. A., Lynch, J. W., Chesney, M. A., Kaplan, G. A., Goldberg, D.E., Shade, S. B., . . . Salonen, J. T. (1997). Interaction of workplace demands and cardiovascular reactivity in progression of carotid atherosclerosis: Population based study. *British Medical Journal, 314,* 553–558.

Exner, J.E. (1993). *The Rorschach: A comprehensive system: Vol. 1. Basic Foundations.* New York: Wiley.

Eysenck, H. J. (1957). The effects of psychotherapy: An evaluation. *Journal of Consulting Psychology, 16,* 319–324.

Eysenck, H. J. (1967). *The biological basis of personality.* Springfield, IL: Charles C Thomas.

Eysenck, H. J. (1990). Biological dimensions of personality. In L. A. Pervin (Ed.), *Handbook of personality: Theory and research* (pp. 244–276).
New York: Guilford Press.

Falk, A., & Szech, N. (2013). Morals and markets. *Science, 340*(6133), 707–711. doi:10.1126/science.1231566

Falk, R., & McGregor, D. (1983). The surprisingness of coincidences. In P. Humphreys, O. Svenson, & A. Vari (Eds.), *Analysing and aiding decision processes* (pp. 489–502). New York: North Holland.

Fancher, R. E. (1979). *Pioneers in psychology.* New York: Norton.

Fantz, R. L. (1964). Visual experience in infants: Decreased attention to familiar patterns relative to novel ones. *Science, 164,* 668–670.

Farah, M. J., Illes, J., Cook-Deegan, R., Gardner, H., Kandel, E., King, P., . . . Wolpe, P. R. (2004) Neurocognitive enhancement: What can we do and what should we do? *Nature Reviews Neuroscience, 5,* 421–426.

Farah, M. J., & Rabinowitz, C. (2003). Genetic and environmental influences on the organization of semantic memory in the brain: Is "living things" an innate category? *Cognitive Neuropsychology, 20,* 401–408.

Faraone, S. V., Perlis, R. H., Doyle, A. E., Smoller, J. W., Goralnick, J. J., Holmgren, M. A., & Sklar, P. (2005). Molecular genetics of attention-deficit/hyperactivity disorder. *Biological Psychiatry, 57,* 1313–1323.

Farivar, R. (2009). Dorsal–ventral integration in object recognition. *Brain Research Reviews, 61,* 144–153.

Farooqi, I. S., Bullmore, E., Keogh, J., Gillard, J., O'Rahilly, S., & Fletcher, P. C. (2007). Leptin regulates striatal regions and human eating behavior. *Science, 317,* 1355.

Farooqi, I. S., Matarese, G., Lord, G. M., Keogh, J. M., Lawrence, E., Agwu, C., & O'Rahilly, S. (2002). Beneficial effects of leptin on obesity, T cell hyporesponsiveness, and neuroendocrine/metabolic dysfunction of human congenital leptin deficiency. *The Journal of Clinical Investigation, 110*(8), 1093–1103.

Farrar, M. J. (1990). Discourse and the acquisition of grammatical morphemes. *Journal of Child Language, 17,* 607–624.

Favazza, A. (2011). *Bodies under siege: Self-mutilation, nonsuicidal self-injury, and body modification in culture and psychiatry.* Baltimore, MD: Johns Hopkins University Press.

Fazel, S., & Danesh, J. (2002). Serious mental disorder in 23,000 prisoners: A review of 62 surveys. *Lancet, 359,* 545–550.

Fechner, G. T. (1966). *Elements of psychophysics* (H. E. Alder, Trans.). New York: Holt, Rinehart, & Winston. (Original work published 1860)

Feczer, D., & Bjorklund, P. (2009). Forever changed: Posttraumatic stress disorder in female military veterans, a case report. *Perspectives in Psychiatric Care, 45,* 278–291.

Fehr, E., & Gaechter, S. (2002). Altruistic punishment in humans. *Nature, 415,* 137–140.

Fein, D., Barton, M., Eigsti, I.-M., Kelley, E., Naigles, L., Schultz, R. T., . . . Tyson, K. (2013). Optimal outcome in individuals with a history of autism. *Journal of child Psychology and Psychiatry, 54,* 195–205.

Fein, S., Goethals, G. R., & Kugler, M. B. (2007). Social influence on political judgments: The case of presidential debates. *Political Psy-*

chology, 28, 165–192.

Feinberg, T. E. (2001). *Altered egos: How the brain creates the self.* New York: Oxford University Press.

Feingold, A. (1990). Gender differences in effects of physical attractiveness on romantic attraction: A comparison across five research paradigms. *Journal of Personality and Social Psychology, 59,* 981–993.

Feingold, A. (1992a). Gender differences in mate selection preferences: A test of the parental investment model. *Psychological Bulletin, 112,* 125–139.

Feingold, A. (1992b). Good-looking people are not what we think. *Psychological Bulletin, 111,* 304–341.

Feinstein, J. S., Buzza, C., Hurlemann, R., Follmer, R. L., Dahdaleh, N. S., Coryell, W. H. , . . . Wemmie, J. A. (2013). Fear and panic in humans with bilateral amygdala damage. *Nature Neuroscience, 3,* 270–272.

Feldman, D. E. (2009). Synaptic mechanisms for plasticity in neocortex. *Annual Review of Neuroscience, 32,* 33–55.

Feldman, M. D. (2004). *Playing sick.* New York: Brunner-Routledge.

Ferguson, C. J. (2010). Blazing angels or resident evil? Can violent video games be a force for good? *Review of General Psychology, 14*(2), 68–81. doi:10.1037/a0018941

Fernandez-Espejo, D., Junque, C., Vendrell, P., Bernabeu, M., Roig, T., Bargallo, N., & Mercader, J. M. (2008). Cerebral response to speech in vegetative and minimally conscious states after traumatic brain injury. *Brain Injury, 22,* 882–890.

Fernbach, P. M., Rogers, T., Fox, C. R., & Sloman, S. A. (2013). Political extremism is supported by an illusion of understanding. *Psychological Science, 24*(6), 939–946.

Fernyhough, C. (2012). *Pieces of light: The new science of memory.* London: Profile Books.

Ferster, C. B., & Skinner, B. F. (1957). *Schedules of reinforcement.* New York: Appleton-Century-Crofts.

Festinger, L. (1957). *A theory of cognitive dissonance.* Stanford, CA: Stanford University Press.

Festinger, L., & Carlsmith, J. M. (1959). Cognitive consequences of forced compliance. *Journal of Abnormal and Social Psychology, 58,* 203–210.

Festinger, L., Schachter, S., & Back, K. (1950). *Social pressures in informal groups: A study of human factors in housing.* Oxford, England: Harper & Row.

Field, G. C. (1921). Faculty psychology and instinct psychology. *Mind, 30,* 257–270.

Fields, G. (2009, May 14). White House czar calls for end to "War on Drugs." *Wall Street Journal,* p. A3. Retrieved May 14, 2009, from http://online.wsj.com/article/SB124225891527617397.html

Fields, H. L., & Levine, J. D. (1984). Placebo analgesia: A role for endorphins? *Trends in Neurosciences, 7,* 271–273.

Finkel, E. J., & Eastwick, P. W. (2009). Arbitrary social norms influence sex differences in romantic selectivity. *Psychological Science, 20,* 1290–1295.

Finkelstein, E. A., Trogdon, J. G., Cohen, J. W., & Dietz, W. (2009). Annual medical spending attributable to obesity: Payer- and servicespecific estimates. *Health Affairs, 28*(5), w822–w831.

Finkelstein, K. E. (1999, October 17). Yo-Yo Ma's lost Stradivarius is found after wild search. *New York Times,* p. 34.

Finn, R. (1991). Different minds. *Discover, 12,* 54–59.

Fiore, A. T., Taylor, L. S., Zhong, X., Mendelsohn, G. A., & Cheshire, C. (2010). Who's right and who writes: People, profiles, contacts, and replies in online dating. *Proceedings of Hawaii International Conferences on Systems Science, 43,* Persistent Conversation minitrack.

Fiorentine, R. (1999). After drug treatment: Are 12-step programs effective in maintaining abstinence? *American Journal of Drug and Alcohol Abuse, 25,* 93–116.

Fiorillo, C. D., Newsome, W. T., & Schultz, W. (2008). The temporal precision of reward prediction in dopamine neurons. *Nature Neuroscience, 11,* 966–973.

Fisher, H. E. (1993). *Anatomy of love: The mysteries of mating, marriage, and why we stray.* New York: Fawcett.

Fisher, R. P., & Craik, F. I. M. (1977). The interaction between encoding and retrieval operations in cued recall. *Journal of Experimental Psychology: Human Learning and Perception, 3,* 153–171.

Fiske, S. T. (1998). Stereotyping, prejudice, and discrimination. In D. T. Gilbert, S. T. Fiske, & G. Lindzey (Eds.), *The handbook of social psychology* (4th ed., Vol. 2, pp. 357–411). New York: McGraw-Hill.

Fiske, S. T. (2010). *Social beings: A core motives approach to social psychology.* Hoboken, NJ: Wiley.

Fleeson, W. (2004). Moving personality beyond the person-situation debate: The challenge and opportunity of within-person variability. *Current Directions in Psychological Science, 13,* 83–87.

Flegal, K. M., & Troiano, R. P. (2000). Changes in the distribution of body mass index of adults and children in the U.S. population. *International Journal of Obesity, 24,* 807–818.

Fletcher, P. C., Shallice, T., & Dolan, R. J. (1998). The functional roles of prefrontal cortex in episodic memory. I. Encoding. *Brain, 121,* 1239–1248.

Flor, H., Nikolajsen, L., & Jensen, T. S. (2006). Phantom limb pain: A case of maladaptive CNS plasticity? *Nature Reviews Neuroscience, 7,* 873–881.

Flynn, E. (2008). Investigating children as cultural magnets: Do young children transmit redundant information along diffusion chains? *Philosophical Transactions of the Royal Society of London Series B, 363,* 3541–3551.

Flynn, E., & Whiten, A. (2008). Cultural transmission of tool-use in young children: A diffusion chain study. *Social Development, 17,* 699–718.

Flynn, J. R. (2012). *Are we getting smarter? Rising IQ in the twenty-first century.* New York: Cambridge University Press.

Foa, E. B. (2010). Cognitive behavioral therapy of obsessive-compulsive disorder. *Dialogues in Clinical Neuroscience, 12,* 199–207.

Foa, E. B., Dancu, C. V., Hembree, E. A., Jaycox, L. H., Meadows, E. A., & Street, G. P. (1999). A comparison of exposure therapy, stress inoculation training, and their combination for reducing posttraumatic stress disorder in female assault victims. *Journal of Consulting and Clinical Psychology, 67,* 194–200.

Foa, E. B., Liebowitz, M. R., Kozak, M. J., Davies, S., Campeas, R., Franklin, M. E., . . . Tu, X. (2007). Randomized, placebo-controlled trial of exposure and ritual prevention, clomipramine, and their combination in the treatment of obsessive-compulsive disorder. *Focus, 5,* 368–380.

Foa, E. B., & Meadows, E. A. (1997). Psychosocial treatments for posttraumatic stress disorder: A critical review. *Annual Review of Psychology, 48,* 449–480.

Fogassi, L., Ferrari, P. F., Gesierich, B., Rozzi, S., Chersi, F., & Rizzolatti, G. (2005). Parietal lobe: From action organization to intention understanding. *Science, 308,* 662–667.

Folley, B. S., & Park, S. (2005). Verbal creativity and schizotypal personality in relation to prefrontal hemispheric laterality: A behavioral and near-infrared optical imaging study. *Schizophrenia Research, 80,* 271–282.

Forkstam, C., Hagoort, P., Fernández, G., Ingvar, M., &

Petersson, K. M. (2006). Neural correlates of artificial syntactic structure classification. *NeuroImage, 32,* 956–967.

Foroni, F., & Semin, G. R. (2009). Language that puts you in touch with your bodily feelings: The multimodal responsiveness of affective expressions. *Psychological Science, 20*(8), 974–980.

Fournier, J. C., DeRubeis, R., Hollon, S. D., Dimidjian, S., Amsterdam, J. D., Shelton, R. C., & Fawcett, J. (2010). Antidepressant drug effects and depression severity. *Journal of the American Medical Association, 303,* 47–53.

Fouts, R. S., & Bodamer, M. (1987). Preliminary report to the National Geographic Society on "Chimpanzee intrapersonal signing." *Friends of Washoe, 7,* 4–12.

Fox, M. J. (2009). *Always looking up.* New York: Hyperion.

Fox, P. T., Mintun, M. A., Raichle, M. E., Miezin, F. M., Allman, J. M., & Van Essen, D. C. (1986). Mapping human visual cortex with positron emission tomography. *Nature, 323,* 806–809.

Fox, R. E., DeLeon, P. H., Newman, R., Sammons, M. T., Dunivin, D. L., & Baker, D. C. (2009). Prescriptive authority and psychology: A status report. *American Psychologist, 64,* 257–268.

Fragaszy, D. M., Izar, P., Visalberghi, E., Ottoni, E. B., & de Oliveria, M. G. (2004). Wild capuchin monkeys (*Cebus libidinosus*) use anvils and stone pounding tools. *American Journal of Primatology, 64,* 359–366.

Francis, D., Diorio, J., Liu, D., & Meaney, M. J. (1999). Nongenomic transmission across generations of maternal behavior and stress responses in the rat. *Science, 286,* 1155–1158.

François, C., Chobert, J., Besson, M., & Schon, D. (2013). Music training for the development of speech segmentation. *Cerebral Cortex, 9,* 2038–2043. doi:10.1093/cercor/bhs180

Frank, M. G., Ekman, P., & Friesen, W. V. (1993). Behavioral markers and recognizability of the smile of enjoyment. *Journal of Personality and Social Psychology, 64,* 83–93.

Frank, M. G., & Stennet, J. (2001). The forced-choice paradigm and the perception of facial expressions of emotion. *Journal of Personality and Social Psychology, 80,* 75–85.

Frankl, V. (2000). *Man's search for meaning.* New York: Beacon Press.

Fredman, T., & Whiten, A. (2008). Observational learning from tool using models by human-reared and mother-reared capuchin monkeys (*Cebus apella*). *Animal Cognition, 11,* 295–309.

Fredrickson, B. L. (2000). Cultivating positive emotions to optimize health and well-being. *Prevention and Treatment, 3,* Article 0001a. doi:10.1037/1522-3736.3.1.31a. Retrieved September 21, 2013 from http://psycnet.apa.org

Freedman, J. (1978). *Happy people: What happiness is, who has it, and why.* New York: Harcourt Brace Jovanovich.

Freedman, J. L., & Fraser, S. C. (1966). Compliance without pressure: The foot in the door technique. *Journal of Personality and Social Psychology, 4,* 195–202.

Freeman, S., Walker, M. R., Borden, R., & Latané, B. (1975). Diffusion of responsibility and restaurant tipping: Cheaper by the bunch. *Personality and Social Psychology Bulletin, 1,* 584–587.

French, H. W. (1997, February 26). In the land of the small it isn't easy being tall. *New York Times.* Retrieved from http://www.nytimes.com/1997/02/26/world/in-the-land-of-the-small-it-isn-t-easy-being-tall.html

Freud, S. (1938). The psychopathology of everyday life. In A. A. Brill (Ed.), *The basic writings of Sigmund Freud* (pp. 38–178). New York: Basic Books. (Original work published 1901)

Freud, S. (1953). Three essays on the theory of sexuality. In J. Strachey (Ed. & Trans.), *The standard edition of the complete psychological works of Sigmund Freud* (Vol. 7, pp. 135–243). London: Hogarth Press. (Original work published 1905)

Freud, S. (1965). *The interpretation of dreams* (J. Strachey, Trans.). New York: Avon. (Original work published 1900)

Frick, R. W. (1985). Communicating emotion: The role of prosodic features. *Psychological Bulletin, 97,* 412–429.

Fried, P. A., & Watkinson, B. (2000). Visuoperceptual functioning differs in 9- to 12-year-olds prenatally exposed to cigarettes and marijuana. *Neurotoxicology and Teratology, 22,* 11–20.

Friedlander, L., & Desrocher, M. (2006). Neuroimaging studies of obsessive-compulsive disorder in adults and children. *Clinical Psychology Review, 26,* 32–49.

Friedman, J. M. (2003). A war on obesity, not the obese. *Science, 299*(5608), 856–858.

Friedman, J. M., & Halaas, J. L. (1998). Leptin and the regulation of body weight in mammals. *Nature, 395*(6704), 763–770.

Friedman, M., & Rosenman, R. H. (1974). *Type A behavior and your heart.* New York: Knopf.

Friedman, S. L., & Boyle, D. E. (2008). Attachment in U.S. children experiencing nonmaternal care in the early 1990s. *Attachment & Human Development, 10*(3), 225–261.

Friedman-Hill, S. R., Robertson, L. C., & Treisman, A. (1995). Parietal contributions to visual feature binding: Evidence from a patient with bilateral lesions. *Science, 269,* 853–855.

Friesen, W. V. (1972). *Cultural differences in facial expressions in a social situation: An experimental test of the concept of display rules.* Unpublished doctoral dissertation, University of California, San Francisco.

Frith, C. D., & Fletcher, P. (1995). Voices from nowhere. *Critical Quarterly, 37,* 71–83.

Frith, U. (2003). *Autism: Explaining the enigma.* Oxford, England: Blackwell.

Fry, D. P. (2012). Life without war. *Science, 336*(6083), 879–884. doi:10.1126/science.1217987

Fryer, A. J., Mannuzza, S., Gallops, M. S., Martin, L. Y., Aaronson, C., Gorman, J. M., . . . Klein, D. F. (1990). Familial transmission of simple phobias and fears: A preliminary report. *Archives of General Psychiatry, 47,* 252–256.

Fu, F., Tarnita, C. E., Christakis, N. A., Wang, L., Rand, D. G., & Novak, M. A. (2012). Evolution of in-group favoritism. *Scientific Reports, 2,* Article 460. doi:10.1038/srep00460

Fukui, H., Murai, T., Fukuyama, H., Hayashi, T., & Hanakawa, T. (2005). Functional activity related to risk anticipation during performance of the Iowa gambling task. *NeuroImage, 24,* 253–259.

Funder, D. C. (2001). Personality. *Annual Review of Psychology, 52,* 197–221.

Furmark, T., Tillfors, M., Marteinsdottir, I., Fischer, H., Pissiota, A., Långström, B., & Fredrikson, M. (2002). Common changes in cerebral blood flow in patients with social phobia treated with citalopram or cognitive behavioral therapy. *Archives of General Psychiatry, 59*(5), 425–433.

Fuster, J. M. (2003). *Cortex and mind.* New York: Oxford University Press.

Gadermann, A. M., Alonso, J., Vilagut, G., Zaslavsky, A. M., & Kessler, R. C. (2012). Comorbidity and disease burden in the National Comorbidity Survey Replication (NCS-R). *Depression and Anxiety, 29,* 797–806.

Gais, S., & Born, J. (2004). Low acetylcholine during slow-wave sleep is critical for declarative memory consolidation. *Proceedings of the National Academy of Sciences, USA, 101,* 2140–2144.

Galati, D., Scherer, K. R., & Ricci-Bitt, P. E. (1997). Voluntary facial expression of emotion: Comparing congenitally blind with normally sighted encoders. *Journal of Personality and Social Psychology, 73,* 1363–1379.

Gale, C. R., Batty, G. D., McIntosh, A. M., Porteous, D. J., Deary, I. J., & Rasmussen, F. (2012). Is bipolar disorder more common in highly intelligent people? A cohort study of a million men. *Molecular Psychiatry, 18*(2), 190–194. doi:10.1038/mp.2012.26

Gale, C. R., Batty, G. D., Tynelius, P. Deary, I. J., & Rasmussen, F. (2010). Intelligence in early adulthood and subsequent hospitalization for mental disorders. *Epidemiology, 21*(1), 70–77. doi:10.1097/EDE.0b013e3181c17da8

Galef, B. (1998). Edward Thorndike: Revolutionary psychologist, ambiguous biologist. *American Psychologist, 53,* 1128–1134.

Gallistel, C. R. (2000). The replacement of general-purpose learning models with adaptively specialized learning modules. In M. S. Gazzaniga (Ed.), *The new cognitive neurosciences* (pp. 1179–1191). Cambridge, MA: MIT Press.

Gallo, D. A. (2006). *Associative illusions of memory.* New York: Psychology Press.

Gallo, D. A. (2010). False memories and fantastic beliefs: 15 years of the DRM illusion. *Memory & Cognition, 38,* 833–848.

Gallup, G. G. (1977). Self-recognition in primates: A comparative approach to the bidirectional properties of consciousness. *American Psychologist, 32,* 329–338.

Gallup, G. G. (1997). On the rise and fall of self-conception in primates. *Annals of the New York Academy of Sciences, 818,* 73–84.

Gallup, G. G., & Frederick, D. A. (2010). The science of sex appeal: An evolutionary perspective. *Review of General Psychology, 14*(3), 240–250. doi:10.1037/a0020451

Galton, F. (1869). *Hereditary genius: An inquiry into its laws and consequences.* London: Macmillan/Fontana.

Ganzel, B. L., Kim, P., Glover, G. H., & Temple, E. (2008). Resilience after 9/11: Multimodal neuroimaging evidence for stress-related change in the healthy adult brain. *NeuroImage, 40,* 788–795.

Garb, H. N. (1998). *Studying the clinician: Judgment research and psychological assessment.* Washington, DC: American Psychological Association.

Garcia, J. (1981). Tilting at the windmills of academe. *American Psychologist,36,* 149–158.

Garcia, J., & Koelling, R. A. (1966). Relation of cue to consequence in avoidance learning. *Psychonomic Science, 4,* 123–124.

Gardner, R. A., & Gardner, B. T. (1969). Teaching sign language to a chimpanzee. *Science, 165,* 664–672.

Gardner, M., & Steinberg, L. (2005). Peer influence on risk taking, risk preference, and risky decision making in adolescence and adulthood: An experimental study. *Developmental Psychology, 41,*(4), 625–635. doi:10.1037/0012-1649.41.4.625

Garland, A. F., & Zigler, E. (1999). Emotional and behavioral problems among highly intellectually gifted youth. *Roeper Review, 22*(1), 41.

Garrett, B. L. (2011). *Convicting the innocent: Where criminal prosecutions go wrong.* Cambridge, MA: Harvard University Press.

Garry, M., Manning, C., Loftus, E. F., & Sherman, S. J. (1996). Imagination inflation: Imagining a childhood event inflates confidence that it occurred. *Psychonomic Bulletin & Review, 3,* 208–214.

Gaser, C., & Schlaug, G. (2003). Brain structures differ between musicians and nonmusicians. *Journal of Neuroscience, 23,* 9240–9245.

Gates, F. J. (2011). *How many people are lesbian, gay, bisexual, and transgender?* Los Angeles: UCLA School of Law, Williams Institute. Retrieved from http://williamsinstitute.law.ucla.edu/wp-content/uploads/Gates-How-Many-People-LGBT-Apr-2011.pdf

Gathercole, S. E. (2008). Nonword repetition and word learning: The

nature of the relationship. *Applied Psycholinguistics, 27,* 513–543.

Gazzaniga, M. S. (Ed.). (2000). *The new cognitive neurosciences.* Cambridge, MA: MIT Press.

Gazzaniga, M. S. (2006). Forty-five years of split brain research and still going strong. *Nature Reviews Neuroscience, 6,* 653–659.

Ge, D., Fellay, J., Thompson, A. J., Simon, J. S., Shianna, K. V., Urban, T. J., . . . Goldstein, D. B. (2009). Genetic variation in il28b predicts hepatitis C treatment-induced viral clearance. *Nature, 461,* 399–401.

Ge, X. J., Conger, R. D., & Elder, G. H. (1996). Coming of age too early: Pubertal influences on girls' vulnerability to psychological distress. *Child Development, 67,* 3386–3400.

Ge, X. J., Conger, R. D., & Elder, G. H., Jr. (2001). Pubertal transition, stressful life events, and the emergence of gender differences in adolescent depressive symptoms. *Developmental Psychology, 37*(3), 404–417. Doi:10.1037/0012-1649.37.3.404

Ge, X. J., & Natsuaki, M. N. (2009). In search of explanations for early pubertal timing effects on developmental psychopathology. *Current Directions in Psychological Science, 18,* 327–331.

Geen, R. G. (1984). Preferred stimulation levels in introverts and extraverts: Effects on arousal and performance. *Journal of Personality and Social Psychology, 46,* 1303–1312.

Gegenfurtner, K. R., & Kiper, D. C. (2003). Color vision. *Annual Review of Neuroscience, 26,* 181–206.

Geier, A., Wansink, B., & Rozin, P. (2012). Red potato chips: Segmentation cues substantially decrease food intake. *Health Psychology, 31,* 398–401.

Gendron, M., Roberson, D., van der Vyver, J. M., & Barrett, L. F. (in press). Perceptions of emotion from facial expressions are not culturally universal: Evidence from a remote culture. *Emotion.*

Gershoff, E. T. (2002). Corporal punishment by parents and associated child behaviors and experiences: A meta-analytic and theoretical review. *Psychological Bulletin, 128,* 539–579.

Geschwind, D. H. (2009). Advances in autism. *Annual Review of Medicine, 60,* 67–80.

Gibb, B. E., Alloy, L. B., & Tierney, S. (2001). History of childhood maltreatment, negative cognitive styles, and episodes of depression in adulthood. *Cognitive Therapy and Research, 25,* 425–446.

Gibbons, F. X. (1990). Self-attention and behavior: A review and theoretical update. In M. P. Zanna (Ed.), *Advances in experimental social psychology* (Vol. 23, pp. 249–303). San Diego, CA: Academic Press.

Gick, M. L., & Holyoak, K. J. (1980). Analogical problem solving. *Cognitive Psychology, 12,* 306–355.

Giedd, J. N., Blumenthal, J., Jeffries, N. O., Castellanos, F. X., Liu, H., Zijdenbos, A., . . . Rapoport, J. L. (1999). Brain development during childhood and adolescence: A longitudinal MRI study. *Nature Neuroscience, 2,* 861–863.

Gierlach, E., Blesher, B. E., & Beutler, L. E. (2010). Cross-cultural differences in risk perceptions of disasters. *Risk Analysis, 30,* 1539–1549.

Gigerenzer, G. (1996). The psychology of good judgment: Frequency formats and simple algorithms. *Journal of Medical Decision Making, 16,* 273–280.

Gigerenzer, G., & Hoffrage, U. (1995). How to improve Bayesian reasoning without instruction: Frequency formats. *Psychological Review, 102,* 684–704.

Gigone, D., & Hastie, R. (1993). The common knowledge effect: Information sharing and group judgment. *Journal of Personality and Social Psychology, 54,* 959–974.

Gilbert, D. T. (1991). How mental systems believe. *American Psychologist, 46,* 107–119.

Gilbert, D. T. (1998). Ordinary personology. In D. T. Gilbert, S. T.

Fiske, & G. Lindzey (Eds.), *The handbook of social psychology* (4th ed., Vol. 2, pp. 89–150). New York: McGraw-Hill.

Gilbert, D. T. (2006). *Stumbling on happiness.* New York: Knopf.

Gilbert, D. T., Brown, R. P., Pinel, E. C., & Wilson, T. D. (2000). The illusion of external agency. *Journal of Personality and Social Psychology, 79,* 690–700.

Gilbert, D. T., Gill, M. J., & Wilson, T. D. (2002). The future is now: Temporal correction in affective forecasting. *Organizational Behavior and Human Decision Processes, 88,* 430–444.

Gilbert, D. T., & Malone, P. S. (1995). The correspondence bias. *Psychological Bulletin, 117,* 21–38.

Gilbert, D. T., Pelham, B. W., & Krull, D. S. (1988). On cognitive busyness: When persons perceive meet persons perceived. *Journal of Personality and Social Psychology, 54,* 733–740.

Gilbert, G. M. (1951). Stereotype persistence and change among college students. *Journal of Abnormal and Social Psychology, 46,* 245–254.

Gilbertson, M. W., Shenton, M. E., Ciszewski, A., Kasai, K., Lasko, N. B., Orr, S. P., & Pitman, R. K. (2002). Smaller hippocampal volume predicts pathological vulnerability to psychological trauma. *Nature Neuroscience, 5,* 1242–1247.

Gillespie, C. F., & Nemeroff, C. B. (2007). Corticotropin-releasing factor and the psychobiology of early-life stress. *Current Directions in Psychological Science, 16,* 85–89.

Gillette, J., Gleitman, H., Gleitman, L., & Lederer, A. (1999). Human simulation of vocabulary learning. *Cognition, 73,* 135–176.

Gilligan, C. (1982). *In a different voice: Psychological theory and women's development.* Cambridge, MA: Harvard University Press.

Gilovich, T. (1991). *How we know what isn't so: The fallibility of human reason in everyday life.* New York: Free Press.

Ginzburg, K., Solomon, Z., & Bleich, A. (2002). Repressive coping style, acute stress disorder, and posttraumatic stress disorder after myocardial infarction. *Psychosomatic Medicine, 64,* 748–757.

Giovanello, K. S., Schnyer, D. M., & Verfaellie, M. (2004). A critical role for the anterior hippocampus in relational memory: Evidence from an fMRI study comparing associative and item recognition. *Hippocampus, 14,* 5–8.

Gladue, B. A. (1994). The biopsychology of sexual orientation. *Current Directions in Psychological Science, 3,* 150–154.

Glass, D. C., & Singer, J. E. (1972). *Urban stress.* New York: Academic Press.

Glenwick, D. S., Jason, L. A., & Elman, D. (1978). Physical attractiveness and social contact in the singles bar. *Journal of Social Psychology, 105,* 311–312.

Glynn, L. M., & Sandman, C. A. (2011). Prenatal origins of neurological development: A critical period for fetus and mother. *Current Directions in Psychological Science, 20*(6), 384–389. doi:10.1177/0963721411422056

Gneezy, U., & Rustichini, A. (2000). A fine is a price. *Journal of Legal Studies, 29,* 1–17.

Gobert, A., Rivet, J. M., Cistarelli, L., Melon, C., & Millan, M. J. (1999). Buspirone modulates basal and fluoxetine-stimulated dialysate levels of dopamine, noradrenaline, and serotonin in the frontal cortex of freely moving rats: Activation of serotonin 1A receptors and blockade of alpha2-adrenergic receptors underlie its actions. *Neuroscience, 93,* 1251–1262.

Goddard, H. H. (1913). *The Kallikak family: A study in the heredity of feeble-mindedness.* New York: Macmillan.

Godden, D. R., & Baddeley, A. D. (1975). Context-dependent memory in two natural environments: On land and underwater. *British Journal of Psychology, 66,* 325–331.

Goehler, L. E., Gaykema, R. P. A., Hansen, M. K., Anderson, K., Maier, S. F., & Watkins, L. R. (2000). Vagal immune-to-brain communication: A visceral chemosensory pathway. *Autonomic Neuroscience: Basic and Clinical, 85,* 49–59.

Goel, V. (2007). Anatomy of deductive reasoning. *Trends in Cognitive Sciences, 11,* 435–441.

Goel, V., & Dolan, R. J. (2003). Explaining modulation of reasoning by belief. *Cognition, 87,* 11–22.

Goetzman, E. S., Hughes, T., & Klinger, E. (1994). *Current concerns of college students in a midwestern sample.* Unpublished report, University of Minnesota, Morris.

Goff, L. M., & Roediger, H. L., III. (1998). Imagination inflation for action events—repeated imaginings lead to illusory recollections. *Memory & Cognition, 26,* 20–33.

Goldman, M. S., Brown, S. A., & Christiansen, B. A. (1987). Expectancy theory: Thinking about drinking. In H. T. Blane & K. E. Leonard (Eds.), *Psychological theories of drinking and alcoholism* (pp. 181–266). New York: Guilford Press.

Goldstein, M. H., Schwade, J. A., Briesch, J., & Syal, S. (2010). Learning while babbling. Prelinguistic object directed vocalizations signal a readiness to learn. *Infancy, 15,* 362–391

Goldstein, R., Almenberg, J., Dreber, A., Emerson, J. W., Herschkowitsch, A., & Katz, J. (2008). Do more expensive wines taste better? Evidence from a large sample of blind tastings. *Journal of Wine Economics, 3,* 1–9.

Goldstein, R., & Herschkowitsch, A. (2008). *The wine trials.* Austin, TX: Fearless Critic Media.

Gomez, C., Argandota, E. D., Solier, R. G., Angulo, J. C., & Vazquez, M. (1995). Timing and competition in networks representing ambiguous figures. *Brain and Cognition, 29,* 103–114.

Gontier, N. (2008). Genes, brains, and language: An epistemological examination of how genes can underlie human cognitive behavior. *Review of General Psychology, 12,* 170–180.

Gonzaga, G. C., Keltner, D., Londahl, E. A., & Smith, M. D. (2001). Love and the commitment problem in romantic relations and friendship. *Journal of Personality and Social Psychology, 81,* 247–262.

Goodale, M. A., & Milner, A. D. (1992). Separate visual pathways for perception and action. *Trends in Neurosciences, 15,* 20–25.

Goodale, M. A., & Milner, A. D. (2004). *Sight unseen.* Oxford, England: Oxford University Press.

Goodale, M. A., Milner, A. D., Jakobson, L. S., & Carey, D. P. (1991). A neurological dissociation between perceiving objects and grasping them. *Nature, 349,* 154–156.

Goodwin, P., McGill, B., & Chandra, A. (2009). *Who marries and when? Age at first marriage in the United States, 2002* (Data Brief 19). Hyattsville, MD: National Center for Health Statistics.

Gootman, E. (2003, March 3). Separated at birth in Mexico, united at campuses on Long Island. *New York Times,* p. A25.

Gopnik, A. (2012). Scientific thinking in young children: Theoretical advances, empirical research, and policy implications. *Science, 337*(6102), 1623–1627. doi:10.1126/science.1223416

Gopnik, A., & Astington, J. W. (1988). Children's understanding of representational change and its relation to the understanding of false belief and the appearance reality distinction. *Child Development, 59,* 26–37.

Gopnik, M. (1990a). Feature-blind grammar and dysphasia. *Nature, 344,* 715.

Gopnik, M. (1990b). Feature blindness: A case study. *Language Acquisition: A Journal of Developmental Linguistics, 1,* 139–164.

Gorczynski, P., & Faulkner, G. (2011). Exercise therapy for schizophrenia. *Cochrane Database of Systematic Reviews, 5,* CD004412.

Gordon, P. (2004). Numerical cognition without words: Evidence from Amazonia. *Science, 306,* 496–499.

Gorno-Tempini, M. L., Price, C. J., Josephs, O., Vandenberghe, R., Cappa, S. F., Kapur, N., & Frackowiak, R. S. (1998). The neural systems sustaining face and proper-name processing. *Brain, 121,* 2103–2118.

Gosling, S. D. (1998). Personality dimensions in spotted hyenas (*Crocuta crocuta*). *Journal of Comparative Psychology, 112,* 107–118.

Gosling, S. D., & John, O. P. (1999). Personality dimensions in non-human animals: A cross-species review. *Current Directions in Psychological Science, 8,* 69–75.

Gosling, S. D., Rentfrow, P. J., & Swann, W. B., Jr. (2003). A very brief measure of the Big-Five personality domains. *Journal of Research in Personality, 37,* 504–528.

Gotlib, I. H., & Joormann, J. (2010). Cognition and depression: Current status and future directions. *Annual Review of Clinical Psychology, 6,* 285–312.

Gottesman, I. I. (1991). *Schizophrenia genesis: The origins of madness.* New York: Freeman.

Gottesman, I. I., & Hanson, D. R. (2005). Human development: Biological and genetic processes. *Annual Review of Psychology, 56,* 263–286.

Gottfredson, L. S. (1997). Mainstream science on intelligence: An editorial with 52 signatories, history, and bibliography. *Intelligence, 24,* 13–23.

Gottfredson, L. S. (2003). Dissecting practical intelligence theory: Its claims and evidence. *Intelligence, 31*(4), 343–397.

Gottfredson, L. S., & Deary, I. J. (2004). Intelligence predicts health and longevity, but why? *Current Directions in Psychological Science, 13,* 1–4.

Gottfried, J. A. (2008). Perceptual and neural plasticity of odor quality coding in the human brain. *Chemosensory Perception, 1,* 127–135.

Gouldner, A. W. (1960). The norm of reciprocity. *American Sociological Review, 25,* 161–178.

Grady, C. L., Haxby, J. V., Horwitz, B., Schapiro, M. B., Rapoport, S. I., Ungerleider, L. G., . . . Herscovitch, P. (1992). Dissociation of object and spatial vision in human extrastriate cortex: Age-related changes in activation of regional cerebral blood flow measured with [¹⁵O] water and positiron emission tomography. *Journal of Cognitive Neuroscience, 4*(1), 23–34. doi:10.1162/jocn.1992.4.1.23

Graf, P., & Schacter, D. L. (1985). Implicit and explicit memory for new associations in normal subjects and amnesic patients. *Journal of Experimental Psychology: Learning, Memory, and Cognition, 11,* 501–518.

Grandin, T. (2006). *Thinking in pictures: My life with autism* (expanded edition). Visalia, CA: Vintage.

Grant, A. M. (2008). Personal life coaching for coaches-in-training enhances goal attainment, insight, and learning. *Coaching, 1*(1), 54–70.

Grant, B. F., Hasin, D. S., Stinson, F. S., Dawson, D. A., Chou, S. P., & Ruan, W. J. (2004). Prevalence, correlates, and disability of personality disorders in the U.S.: Results from the National Epidemiologic Survey on Alcohol and Related Conditions. *Journal of Clinical Psychiatry, 65,* 948–958.

Gray, H. M., Gray, K., & Wegner, D. M. (2007). Dimensions of mind perception. *Science, 315,* 619.

Gray, J. A. (1970). The psychophysiological basis of introversion–extraversion. *Behavior Research and Therapy, 8,* 249–266.

Gray, J. A. (1990). Brain systems that mediate both emotion and cognition. *Cognition and Emotion, 4,* 269–288.

Greely, H., Sahakian, B., Harris, J., Kessler, R. C., Gazzaniga, M., Campbell, P., & Farah, M. J. (2008). Towards responsible use of cognitive enhancing drugs by the healthy. *Nature, 456*(7223), 702–705.

Green, C. S., & Bavelier, D. (2007). Action video-game experience alters the spatial resolution of vision. *Psychological Science, 18,* 88–94.

Green, D. A., & Swets, J. A. (1966). *Signal detection theory and psychophysics.* New York: Wiley.

Green, M. F., Kern, R. S., Braff, D. L., & Mintz, J. (2000). Neurocognitive deficits and functional outcome in schizophrenia: Are we measuring the "right stuff"? *Schizophrenia Bulletin, 26,* 119–136.

Green, S. K., Buchanan, D. R., & Heuer, S. K. (1984). Winners, losers, and choosers: A field investigation of dating initiation. *Personality and Social Psychology Bulletin, 10,* 502–511.

Greenberg, J., Pyszczynski, T., Solomon, S., Rosenblatt, A., Veeder, M., Kirkland, S., & Lyon, D. (1990). Evidence for terror management theory II: The effects of mortality salience on reactions to those who threaten or bolster the cultural worldview. *Journal of Personality and Social Psychology, 58,* 308–318.

Greenberg, J., Solomon, S., & Arndt, J. (2008). A basic but uniquely human motivation: Terror management. In J. Y. Shah & W. L. Gardner (Eds.), *Handbook of motivation science* (pp. 114–134). New York: Guilford Press.

Greene, J. (2013). *Moral tribes: Emotion, reason, and the gap between us and them.* New York: Penguin.

Greene, J. D., Sommerville, R. B., Nystrom, L. E., Darley, J. M., & Cohen, J. D. (2001). An fMRI investigation of emotional engagement in moral judgment. *Science, 293,* 2105–2108.

Greenwald, A. G. (1992). New look 3: Unconscious cognition reclaimed. *American Psychologist, 47,* 766–779.

Greenwald, A. G., McGhee, D. E., & Schwartz, J. L. K. (1998). Measuring individual differences in implicit cognition: The implicit association test. *Journal of Personality and Social Psychology, 74,* 1464–1480.

Greenwald, A. G., & Nosek, B. A. (2001). Health of the Implicit Association Test at age 3. *Zeitschrift für Experimentelle Psychologie, 48,* 85–93.

Gropp, E., Shanabrough, M., Borok, E., Xu, A. W., Janoschek, R., Buch, T., . . . Brüning, J. C. (2005). Agouti-related peptide-expressing neurons are mandatory for feeding. *Nature Neuroscience, 8,* 1289–1291.

Gross, J. J. (1998). Antecedent- and response-focused emotion regulation: Divergent consequences for experience, expression, and physiology. *Journal of Personality and Social Psychology, 74,* 224–237.

Gross, J. J. (2002). Emotion regulation: Affective, cognitive, and social consequences. *Psychophysiology, 39,* 281–291.

Gross, J. J., & Munoz, R. F. (1995). Emotion regulation and mental health. *Clinical Psychology: Science and Practice, 2,* 151–164.

Groves, B. (2004, August 2). Unwelcome awareness. *The San Diego Union-Tribune,* p. 24.

Grün, F., & Blumberg, B. (2006). Environmental obesogens: Organotins and endocrine disruption via nuclear receptor signaling. *Endocrinology, 147,* s50–s55.

Guerin, S. A., Robbins, C. A., Gilmore, A. W., & Schacter, D. L. (2012a). Interactions between visual attention and episodic retrieval: Dissociable contributions of parietal regions during gist-based false recognition. *Neuron, 75,* 1122–1134.

Guerin, S. A., Robbins, C. A., Gilmore, A. W., & Schacter, D. L. (2012b). Retrieval failure contributes to gist-based false recognition. *Journal of Memory and Language, 66,* 68–78.

Guillery, R. W., & Sherman, S. M. (2002). Thalamic relay functions and their role in corticocortical communication: Generalizations from the visual system. *Neuron, 33,* 163–175.

Gup, T. (2013, April 3). Diagnosis: Human. *New York Times,* p. A27.

Gur, R. E., Cowell, P., Turetsky, B. I., Gallacher, F., Cannon,

T., Bilker, W., & Gur, R. C. (1998). A follow-up magnetic resonance imaging study of schizophrenia: Relationship of neuroanatomical changes to clinical and neurobehavioral measures. *Archives of General Psychiatry, 55,* 145–152.

Gurwitz, J. H., McLaughlin, T. J., Willison, D. J., Guadagnoli, E., Hauptman, P. J., Gao, X., & Soumerai, S. B. (1997). Delayed hospital presentation in patients who have had acute myocardial infarction. *Annals of Internal Medicine, 126,* 593–599.

Gusnard, D. A., & Raichle, M. E. (2001). Searching for a baseline: Functional imaging and the resting human brain. *Nature Reviews: Neuroscience, 2,* 685–694.

Gustafsson, J.-E. (1984). A unifying model for the structure of intellectual abilities. *Intelligence, 8,* 179–203.

Gutchess, A. H., & Schacter, D. L. (2012). The neural correlates of gist-based true and false recognition. *NeuroImage, 59,* 3418–3426.

Guthrie, R. V. (2000). Kenneth Bancroft Clark (1914–). In A. E. Kazdin (Ed.), *Encyclopedia of Psychology* (Vol. 2, p. 91). Washington, DC; American Psychological Association.

Haase, C. M., Heckhausen, J., & Wrosch, C. (2013). Developmental regulation across the life span: Toward a new synthesis. *Developmental Psychology, 49*(5), 964–972. doi:10.1037/a0029231

Hacking, I. (1975). *The emergence of probability.* New York: Cambridge University Press.

Hackman, D. A., & Farah, M. J. (2008). Socioeconomic status and the developing brain. *Trends in Cognitive Sciences, 13,* 65–73.

Hackman, J. R., & Katz, N. (2010). Group behavior and performance. In S. T. Fiske, D. T. Gilbert, & G. Lindzey (Eds.), *The handbook of social psychology* (5th ed., Vol. 2, pp. 1208–1251). New York: Wiley.

Haedt-Matt, A. A., & Keel, P. K. (2011). Revisiting the affect regulation model of binge eating: A meta-analysis of studies using ecological momentary assessment. *Psychological Bulletin, 137*(4), 660–681.

Haggard, P., & Tsakiris, M. (2009). The experience of agency: Feelings, judgments, and responsibility. *Current Directions in Psychological Science, 18,* 242–246.

Haidt, J. (2001). The emotional dog and its rational tail: A social intuitionist approach to moral judgment. *Psychological Review, 108,* 814–834.

Haidt, J. (2006). *The happiness hypothesis: Finding modern truth in ancient wisdom.* New York: Basic Books.

Haidt, J., & Keltner, D. (1999). Culture and facial expression: Openended methods find more expressions and a gradient of recognition. *Cognition and Emotion, 13,* 225–266.

Haines, M. M., Stansfeld, S. A., Job, R. F., Berglund, B., & Head, J. (2001). Chronic aircraft noise exposure, stress responses, mental health and cognitive performance in school children. *Psychological Medicine, 31,* 265–277.

Hallett, M. (2000). Transcranial magnetic stimulation and the human brain. *Nature, 406,* 147–150.

Halliday, R., Naylor, H., Brandeis, D., Callaway, E., Yano, L., & Herzig, K. (1994). The effect of D-amphetamine, clonidine, and yohimbine on human information processing. *Psychophysiology, 31,* 331–337.

Halpern, B. (2002). Taste. In H. Pashler & S. Yantis (Eds.), *Stevens' handbook of experimental psychology: Vol. 1. Sensation and perception* (3rd ed., pp. 653–690). New York: Wiley.

Halpern, D. F. (1997). Sex differences in intelligence: Implications for education. *American Psychologist, 52,* 1091–1102.

Halpern, D. F., Benbow, C. P., Geary, D. C., Gur, R. C., Hyde, J. S., & Gernsbacher, M. A. (2007). The science of sex differences in science and mathematics. *Psychological Science in the Public Interest, 8,* 1–51.

Hambrick, D. Z., Oswald, F. L., Altmann, E. M., Meinz, E. J., Gobet, F., & Campitelli, G. (2013). Deliberate practice: Is that all it takes to become an expert? *Intelligence.* Advance online publication. doi:10.1016/j.intell.2013.04.001

Hamermesh, D. S., & Biddle, J. E. (1994). Beauty and the labor market. *American Economic Review, 84,* 1174–1195.

Hamilton, A. F., & Grafton, S. T. (2006). Goal representation in human anterior intraparietal sulcus. *The Journal of Neuroscience, 26,* 1133–1137.

Hamilton, A. F., & Grafton, S. T. (2008). Action outcomes are represented in human inferior frontoparietal cortex. *Cerebral Cortex, 18,* 1160–1168.

Hamilton, D. L., & Gifford, R. K. (1976). Illusory correlation in interpersonal perception: A cognitive basis of stereotypic judgements. *Journal of Experimental Social Psychology, 12,* 392–407.

Hamilton, J. P., Etkin, A., Furman, D. J., Lemus, M. G., Johnson, R. F., & Gotlib, I. H. (2012). Functional neuroimaging of major depressive disorder: A meta-analysis and new integration of baseline activation and neural response data. *American Journal of Psychiatry, 169,* 693–703.

Hamilton, J. P., Glover, G. H., Hsu, J. J., Johnson, R. F., & Gotlib, I. H. (2010). Modulation of subgenual anterior cingulated cortex activity with real-time neurofeedback. *Human Brain Mapping, 32,* 22–31.

Hamilton, W. D. (1964). The genetical evolution of social behaviour. *Journal of Theoretical Biology, 7,* 1–16.

Hamlin, J. K., Mahajan, N., Liberman, Z., & Wynn, K. (2013). Not like me = bad: Infants prefer those who harm dissimilar others. *Psychological Science, 24*(4), 589–594. doi:10.1177/0956797612457785

Hamlin, J. K., Wynn, K., & Bloom, P. (2007). Social evaluation by preverbal infants. *Nature, 450*(7169), 557–559.

Hammersla, J. F., & Frease-McMahan, L. (1990). University students' priorities: Life goals vs. relationships. *Sex Roles, 23,* 1–14.

Hampikian, G. (2012, August 24). Men, who needs them? *The New York Times.* Retrieved from http://www.nytimes.com/2012/08/25/opinion/men-who-needs-them.html

Haney, C., Banks, W. C., & Zimbardo, P. G. (1973). Study of prisoners and guards in a simulated prison. *Naval Research Reviews, 9,* 1–17.

Hannon, E. E., & Trainor, L. J. (2007). Music acquisition: Effects of enculturation and formal training on development. *Trends in Cognitive Sciences, 11,* 466–472.

Hansen, E. S., Hasselbalch, S., Law, I., & Bolwig, T. G. (2002). The caudate nucleus in obsessive-compulsive disorder. Reduced metabolism following treatment with paroxetine: A PET study. *International Journal of Neuropsychopharmacology, 5,* 1–10.

Happé, F. G. E. (1995). The role of age and verbal ability in the theory of mind performance of subjects with autism. *Child Development, 66,* 843–855.

Happé, F. G. E., & Vital, P. (2009). What aspects of autism predispose to talent? *Philosophical Transactions of the Royal Society B: Biological Science, 364,* 1369–1375.

Harand, C., Bertran, F., La Joie, R., Landeau, B., Mézenge, F., . . . Rauchs, G. (2012). The hippocampus remains activated over the long term for the retrieval of truly episodic memories. *PLoS ONE, 7,* e43495. doi:10.1371/journal.pone.0043495

Harding, C. M., Brooks, G. W., Ashikaga, T., Strauss, J. S., & Brier, A. (1987). The Vermont longitudinal study of persons with severe mental illness, II: Long-term outcome of subjects who retrospectively met DSM-III criteria for schizophrenia. *American Journal of*

Psychiatry, 144, 727–735.

Hare, R. D. (1998). *Without conscience: The disturbing world of the psychopaths among us.* New York: Guilford Press.

Harkness, S., Edwards, C. P., & Super, C. M. (1981). Social roles and moral reasoning: A case study in a rural African community. *Developmental Psychology, 17,* 595–603.

Harlow, H. F. (1958). The nature of love. *American Psychologist, 13,* 573–685.

Harlow, H. F., & Harlow, M. L. (1965). The affectional systems. In A. M. Schrier, H. F. Harlow, & F. Stollnitz (Eds.), *Behavior of nonhuman primates* (Vol. 2, pp. 287–334). New York: Academic Press.

Harlow, J. M. (1848). Passage of an iron rod through the head. *Boston Medical and Surgical Journal, 39,* 389–393.

Harris, B. (1979). Whatever happened to Little Albert? *American Psychologist, 34,* 151–160.

Harris, P. L., de Rosnay, M., & Pons, F. (2005). Language and children's understanding of mental states. *Current Directions in Psychological Science, 14,* 69–73.

Harris, P. L., Johnson, C. N., Hutton, D., Andrews, G., & Cooke, T. (1989). Young children's theory of mind and emotion. *Cognition and Emotion, 3,* 379–400.

Hart, B. L. (1988). Biological basis of the behavior of sick animals. *Neuroscience and Biobehavioral Reviews, 12,* 123–137.

Hart, B., & Risley, T. R. (1995). *Meaningful differences in the everyday experience of young American children.* Baltimore, MD: Brookes.

Hart, W., Albarracin, D., Eagly, A. H., Lindberg, M. J., Merrill, L., & Brechan, I. (2009). Feeling validated versus being correct: A meta-analysis of selective exposure to information. *Psychological Bulletin, 135,* 555–588.

Hartshorne, H., & May, M. (1928). *Studies in deceit.* New York: Macmillan.

Hasher, L., & Zacks, R. T. (1984). Automatic processing of fundamental information: The case of frequency of occurrence. *American Psychologist, 39,* 1372–1388.

Haskell, E. (1869). *The trial of Ebenezer Haskell, in lunacy, and his acquittal before Judge Brewster, in November, 1868, together with a brief sketch of the mode of treatment of lunatics in different asylums in this country and in England: with illustrations, including a copy of Hogarth's celebrated painting of a scene in old Bedlam, in London, 1635.* Philadelphia, PA: Ebenezer Haskell.

Haslam, C., Wills, A. J., Haslam, S. A., Kay, J., Baron, R., & McNab, F. (2007). Does maintenance of colour categories rely on language? Evidence to the contrary from a case of semantic dementia. *Brain and Language, 103,* 251–263.

Hassabis, D., Kumaran, D., Vann, S. D., & Maguire, E. A. (2007). Patients with hippocampal amnesia cannot imagine new experiences. *Proceedings of the National Academy of Sciences, USA, 104,* 1726–1731.

Hasselmo, M. E. (2006). The role of acetylcholine in learning and memory. *Current Opinion in Neurobiology, 16,* 710–715.

Hassin, R. R., Bargh, J. A., & Zimerman, S. (2009). Automatic and flexible: The case of non-conscious goal pursuit. *Social Cognition, 27,* 20–36.

Hassmen, P., Koivula, N., & Uutela, A. (2000). Physical exercise and psychological well-being: A population study in Finland. *Preventive Medicine, 30,* 17–25.

Hasson, U., Hendler, T., Bashat, D. B., & Malach, R. (2001). Vase or face? A neural correlate of shape-selective grouping processes in the human brain. *Journal of Cognitive Neuroscience, 13,* 744–753.

Hatemi, P. K., Gillespie, N. A., Eaves, L. J., Maher, B. S., Webb, B. T., Heath, A. C., . . . Martin, N. G. (2011). A genome-wide analysis of liberal and conservative political attitudes. *The Journal of Politics, 73,* 271–285.

Hatfield, E. (1988). Passionate and companionate love. In R. J. Sternberg & M. L. Barnes (Eds.), *The psychology of love* (pp. 191–217). New Haven, CT: Yale University Press.

Hatfield, E., & Rapson, R. L. (1992). Similarity and attraction in close relationships. *Communication Monographs, 59,* 209–212.

Hausser, M. (2000). The Hodgkin-Huxley theory of the action potential. *Nature Neuroscience, 3,* 1165.

Havas, D. A., Glenberg, A. M., Gutowski, K. A., Lucarelli, M. J., & Davidson, R. J. (2010). Cosmetic use of botulinum toxin-A affects processing of emotional language. *Psychological Science, 21*(7), 895–900. doi:10.1177/0956797610374742

Hawley, P. H. (2002). Social dominance and prosocial and coercive strategies of resource control in preschoolers. *International Journal of Behavioral Development, 26,* 167–176.

Haxby, J. V., Gobbini, M. I., Furey, M. L., Ishai, A., Schouten, J. L., & Pietrini, P. (2001). Distributed and overlapping representations of faces and objects in ventral temporal cortex. *Science, 293,* 2425–2430.

Hayes, J. E., Bartoshuk, L. M., Kidd, J. R., & Duffy, V. B. (2008). Supertasting and PROP bitterness depends on more than the TAS2R38 gene. *Chemical Senses, 23,* 255–265.

Hayes, K., & Hayes, C. (1951). The intellectual development of a home-raised chimpanzee. *Proceedings of the American Philosophical Society, 95,* 105–109.

Hayes, S. C., Strosahl, K., & Wilson, K. G. (1999). *Acceptance and commitment therapy: An experiential approach to behavior change.* New York: Guilford Press.

Hay-McCutcheon, M. J., Kirk, K. I., Henning, S. C., Gao, S. J., & Qi, R. (2008). Using early outcomes to predict later language ability in children with cochlear implants. *Audiology and Neuro-Otology, 13,* 370–378.

Heath, S. B. (1983). *Way with words: Language, life and work in communities and classrooms.* Cambridge, England: Cambridge University Press.

Heatherton, T. F., & Weinberger, J. L. (Eds.). (1994). *Can personality change?* Washington, DC: American Psychological Association.

Heaton, R., Paulsen, J. S., McAdams, L. A., Kuck, J., Zisook, S., Braff, D., . . . Jeste, D. V. (1994). Neuropsychological deficits in schizophrenia: Relationship to age, chronicity, and dementia. *Archives of General Psychiatry, 51,* 469–476.

Heavey, C. L., Hurlburt, R. T., & Lefforge, N. L. (2012). Toward a phenomenology of feelings. *Emotion, 12*(4), 763–777.

Hebb, D. O. (1949). *The organization of behavior.* New York: Wiley.

Hebl, M. R., & Heatherton, T. F. (1997). The stigma of obesity in women: The difference is Black and White. *Personality and Social Psychology Bulletin, 24,* 417–426.

Hebl, M. R., & Mannix, L. M. (2003). The weight of obesity in evaluating others: A mere proximity effect. *Personality and Social Psychology Bulletin, 29,* 28–38.

Hedges, L. V., & Nowell, A. (1995). Sex differences in mental test scores, variability, and numbers of high-scoring individuals. *Science, 269*(5220), 41–45.

Heerey, E. A., Keltner, D., & Capps, L. M. (2003). Making sense of self-conscious emotion: Linking theory of mind and emotion in children with autism. *Emotion, 3,* 394–400.

Heine, S. J. (2010). Cultural psychology. In S. T. Fiske, D. T. Gilbert, & G. Lindzey (Eds.), *The handbook of social psychology* (5th ed., Vol. 2, pp. 1423–1464). New York: Wiley.

Heine, S. J., & Lehman, D. R. (1995). Cultural variation in unrealistic optimism: Does the West feel more invulnerable than the East?

Journal of Peronality and Social Psychology, 68, 595–607.

Helt, M., Kelley, E., Kinsbourne, M., Pandey, J., Boorstein, H., Herbert, M., & Fein, D. (2008). Can children with autism recover? If so, how? *Neuropsychology Review, 18,* 339–366.

Henderlong, J., & Lepper, M. R. (2002). The effects of praise on children's intrinsic motivation: A review and synthesis. *Psychological Bulletin, 128,* 774–795.

Henrich, J., Heine, S. J., & Norenzayan, A. (2010). Most people are not WEIRD. *Nature, 466,* 29.

Henry, W. P., Strupp, H. H., Schacht, T. E., & Gaston, L. (1994). Psychodynamic approaches. In A. E. Bergin & S. L. Garfield (Eds.), *Handbook of psychotherapy and behavior change* (pp. 467–508). New York: Wiley.

Herman, C. P., Roth, D. A., & Polivy, J. (2003). Effects of the presence of others on food intake: A normative interpretation. *Psychological Bulletin, 129,* 873–886.

Herman-Giddens, M. E., Steffes, J., Harris, D., Slora, E., Hussey, M., Dowshen, S. A., & Reiter, E. O. (2012). Secondary sexual characteristics in boys: Data from the pediatric research in office settings network. *Pediatrics, 130*(5), e1058–e1068. doi:10.1542/peds.2011-3291

Herring, M. P., Puetz, T. W., O'Connor, P. J., & Dishman, R. K. (2010). Effect of exercise training on depressive symptoms among patients with chronic illness: A systematic review and meta-analysis of randomized controlled trials. *Archives of Internal Medicine, 172,* 101–111.

Herrnstein, R. J. (1977). The evolution of behaviorism. *American Psychologist, 32,* 593–603.

Hertenstein, M. J., Holmes, R., McCullough, M., & Keltner, D. (2009). The communication of emotion via touch. *Emotion, 9,* 566–573.

Hertig, M. M., & Nagel, B. J. (2012). Aerobic fitness relates to learning on a virtual Morris water maze task and hippocampal volume in adolescents. *Behavioral Brain Research, 233,* 517–525.

Hertwig, R., & Gigerenzer, G. (1999). The "conjunction fallacy" revisited: How intelligent inferences look like reasoning errors. *Journal of Behavioral Decision Making, 12,* 275–305.

Herz, R. S., & von Clef, J. (2001). The influence of verbal labeling on the perception of odors. *Perception, 30,* 381–391.

Hettema, J. M., Neale, M. C., & Kendler, K. S. (2001). A review and meta-analysis of the genetic epidemiology of anxiety disorders. *American Journal of Psychiatry, 158,* 1568–1578.

Heyes, C. M., & Foster, C. L. (2002). Motor learning by observation: Evidence from a serial reaction time task. *Quarterly Journal of Experimental Psychology (A), 55,* 593–607.

Heyman, G. M. (2009). *Addiction: A disorder of choice.* Cambridge, MA: Harvard University Press.

Heymsfield, S. B., Greenberg, A. S., Fujioka, K., Dixon, R. M., Kushner, R., Hunt, T., . . . McCarnish, M. (1999). Recombinant leptin for weight loss in obese and lean adults: A randomized, controlled, dose-escalation trial. *Journal of the American Medical Association, 282*(16), 1568–1575.

Hibbeln, J. R. (1998). Fish consumption and major depression. *Lancet, 351,* 1213.

Hickok, G. (2009). Eight problems for the mirror neuron theory of action understanding in monkeys and humans. *Journal of Cognitive Neuroscience, 21,* 1229–1243.

Higgins, E. T. (1987). Self-discrepancy theory: A theory relating self and affect. *Psychological Review, 94,* 319–340.

Higgins, E. T. (1997). Beyond pleasure and pain. *American Psychologist, 52,* 1280–1300.

Hilgard, E. R. (1965). *Hypnotic susceptibility.* New York: Harcourt, Brace and World.

Hilgard, E. R. (1986). *Divided consciousness: Multiple controls in human thought and action.* New York: Wiley-Interscience.

Hillman, C. H., Erickson, K. I., & Kramer, A. F. (2008). Be smart, exercise your heart: Exercise effects on brain and cognition. *Nature Reviews Neuroscience, 9,* 58–65.

Hilts, P. (1995). *Memory's ghost: The strange tale of Mr. M and the nature of memory.* New York: Simon & Schuster.

Hine, T. (1995). *The total package: The evolution and secret meanings of boxes, bottles, cans, and tubes.* Boston: Little, Brown.

Hintzman, D. L., Asher, S. J., & Stern, L. D. (1978). Incidental retrieval and memory for coincidences. In M. M. Gruneberg, P. E. Morris, & R. N. Sykes (Eds.), *Practical aspects of memory* (pp. 61–68). New York: Academic Press.

Hirschberger, G., Florian, V., & Mikulincer, M. (2002). The anxiety buffering function of close relationships: Mortality salience effects on the readiness to compromise mate selection standards. *European Journal of Social Psychology, 32,* 609–625.

Hirst, W., & Echterhoff, G. (2012). Remembering in conversations: The social sharing and reshaping of memory. *Annual Review of Psychology, 63,* 55–79.

Hirst, W., Phelps, E. A., Buckner, R. L., Budson, A. E., Cuc, A., Gabrieli, J. D. E., . . . Vaidya, C. J. (2009). Long-term memory for the terrorist attack of September 11: Flashbulb memories, event memories, and the factors that influence their retention. *Journal of Experimental Psychology: General, 138,* 161–176.

Hirstein, W., & Ramachandran, V. S. (1997). Capgras syndrome: A novel probe for understanding the neural representation of the identity and familiarity of persons. *Proceedings: Biological Sciences, 264,* 437–444.

Hishakawa, Y. (1976). Sleep paralysis. In C. Guilleminault, W. C. Dement, & P. Passouant (Eds.), *Narcolepsy: Advances in sleep research* (Vol. 3, pp. 97–124). New York: Spectrum.

Hitchcock, S. T. (2005). *Mad Mary Lamb: Lunacy and murder in literary London.* New York: Norton.

Hobson, J. A. (1988). *The dreaming brain.* New York: Basic Books.

Hobson, J. A., & McCarley, R. W. (1977). The brain as a dream-state generator: An activation–synthesis hypothesis of the dream process. *American Journal of Psychiatry, 134,* 1335–1368.

Hockley, W. E. (2008). The effects of environmental context on recognition memory and claims of remembering. *Journal of Experimental Psychology: Learning, Memory, and Cognition, 34,* 1412–1429.

Hodgkin, A. L., & Huxley, A. F. (1939). Action potential recorded from inside a nerve fibre. *Nature, 144,* 710–712.

Hodson, G., & Sorrentino, R. M. (2001). Just who favors the ingroup? Personality differences in reactions to uncertainty in the minimal group paradigm. *Group Dynamics, 5,* 92–101.

Hoek, H. W., & van Hoeken, D. (2003). Review of the prevalence and incidence of eating disorders. *International Journal of Eating Disorders, 34,* 383–396.

Hoffrage, U., & Gigerenzer, G. (1996). The impact of information representation on Bayesian reasoning. In G. Cottrell (Ed.), *Proceedings of the Eighteenth Annual Conference of the Cognitive Science Society* (pp. 126–130). Mahwah, NJ: Erlbaum.

Hoffrage, U., & Gigerenzer, G. (1998). Using natural frequencies to improve diagnostic inferences. *Academic Medicine, 73,* 538–540.

Hofmann, S. G., & Asmundson, G. J. G. (2008). Acceptance and mindfulness-based therapy: New wave or old hat? *Clinical Psychology Review, 28,* 1–16.

Hofmann, W., Vohs, K. D., & Baumeister, R. F. (2012). What people desire, feel conflicted about, and try to resist in everyday life. *Psychological Science, 23,* 582–588.

Hollins, M. (2010). Somesthetic senses. *Annual Review of Psychology, 61,* 243–271.

Holloway, G. (2001). *The complete dream book: What your dreams tell about you and your life.* Naperville, IL: Sourcebooks.

Holman, E. A., Silver, R. C., Poulin, M., Andersen, J., Gil-Rivas, V., & McIntosh, D. N. (2008). Terrorism, acute stress, and cardiovascular health. *Archives of General Psychiatry, 65,* 73–80.

Holman, M. A., Carlson, M. L., Driscoll, C. L. W., Grim, K. J., Petersson, R., Sladen, D. P., & Flick, R. P. (2013). Cochlear implantation in children 12 months of age or younger. *Otology & Neurology, 34,* 251–258.

Holmbeck, G. N., & O'Donnell, K. (1991). Discrepancies between perceptions of decision making and behavioral autonomy. In R. L. Paikoff (Ed.), *New directions for child development: Shared views in the family during* adolescence (no. 51, pp. 51–69). San Francisco: Jossey-Bass.

Holmes, J., Gathercole, S. E., & Dunning, D. L. (2009). Adaptive training leads to sustained enhancement of poor working memory in children. *Developmental Science, 12,* F9-F15.

Holmes, T. H., & Rahe, R. H. (1967). The social readjustment rating scale. *Journal of Psychosomatic Research, 11,* 213–318.

Hölzel, B. K., Carmody, J., Vangel, M., Congleton, C., Yerramsetti, S. M., Gard, T., & Lazar, S. W. (2011). Mindfulness practice leads to increases in regained gray matter density. *Psychiatry Research: Neuroimaging, 191*(1), 36–43.

Homan, K. J., Houlihan, D., Ek, K., & Wanzek, J. (2012). Cultural differences in the level of rewards between adolescents from America, Tanzania, Denmark, Honduras, Korea, and Spain. *International Journal of Psychological Studies, 4,* 264–272.

Homans, G. C. (1961). *Social behavior.* New York: Harcourt, Brace and World.

Hooley, J. M. (2007). Expressed emotion and relapse of psychopathology. *Annual Review of Clinical Psychology, 3,* 329–352.

Hopper, L. M., Flynn, E. G., Wood, L. A. N., & Whiten, A. (2010). Observational learning of tool use in children: Investigating cultural spread through diffusion chains and learning mechanisms through ghost displays. *Journal of Experimental Child Psychology, 106,* 82–97.

Horn, J. L., & Cattell, R. B. (1966). Refinement and test of the theory of fluid and crystallized general intelligences. *Journal of Educational Psychology, 5,* 253–270.

Horner, V., Whiten, A., Flynn, E., & de Waal, F. B. M. (2006). Faithful replication of foraging techniques along cultural transmission chains by chimpanzees and children. *Proceedings of the National Academy of Sciences, USA, 103,* 13878–13883.

Horrey, W. J., & Wickens, C. D. (2006). Examining the impact of cell phone conversation on driving using meta-analytic techniques. *Human Factors, 48,* 196–205.

Horta, B. L., Victoria, C. G., Menezes, A. M., Halpern, R., & Barros, F. C. (1997). Low birthweight, preterm births and intrauterine growth retardation in relation to maternal smoking. *Pediatrics and Perinatal Epidemiology, 11,* 140–151.

Hosking, S. G., Young, K. L., & Regan, M. A. (2009). The effects of text messaging on young drivers. *Human Factors, 51,* 582–592.

Houlihan, D., Jesse, V. C., Levine, H. D., & Sombke, C. (1991). A survey of rewards for use with teenage children. *Child & Family Behavior Therapy, 13,* 1–12.

House, J. S., Landis, K. R., & Umberson, D. (1988). Social relationships and health. *Science, 241,* 540–545.

Howard, I. P. (2002). Depth perception. In S. Yantis & H. Pashler (Eds.), *Stevens' handbook of experimental psychology: Vol. 1. Sensation and perception* (3rd ed., pp. 77–120). New York: Wiley.

Howard, J. H., Jr., & Howard, D. V. (1997). Age differences in implicit learning of higher order dependencies in serial patterns. *Psychology and Aging, 12,* 634–656.

Howard, M. O., Brown, S. E., Garland, E. L., Perron, B. E., & Vaughn, M. G. (2011). Inhalant use and inhalant use disorders in the United States. *Addiction Science & Clinical Practice, 6,* 18–31.

Howard-Jones, P. A., Blakemore, S.-J., Samuel, E. A., Summers, I. R., & Claxton, G. (2005). Semantic divergence and creative story generation: An fMRI investigation. *Cognitive Brain Research, 25,* 240–250.

Howes, M., Siegel, M., & Brown, F. (1993). Early childhood memories—accuracy and affect. *Cognition, 47,* 95–119.

Hoyert, D. L., & Xu, J. (2012). Deaths: Preliminary data for 2011. *National Vital Statistics Reports, 61,* 1–51.

Huang, J., Perlis, R. H., Lee, P. H., Rush, A. J., Fava, M., Sachs, G. S., . . . Smoller, J. W. (2010). Cross-disorder genomewide analysis of schizophrenia, bipolar disorder, and depression. *American Journal of Psychiatry, 167,* 1254–1263.

Hubel, D. H. (1988). *Eye, brain, and vision.* New York: Freeman.

Hubel, D. H., & Wiesel, T. N. (1962). Receptive fields, binocular interaction and functional architecture in the cat's visual cortex. *Journal of Physiology, 160,* 106–154.

Hubel, D. H., & Wiesel, T. N. (1998). Early exploration of the visual cortex. *Neuron, 20,* 401–412.

Huesmann, L. R., Moise-Titus, J., Podolski, C.-L., & Eron, L. D. (2003). Longitudinal relations between children's exposure to TV violence and their aggressive and violent behavior in young adulthood: 1977–1992. *Developmental Psychology, 39,* 201–221.

Hughes, J. R. (2007). A review of sleepwalking (somnambulism): The enigma of neurophysiology and polysomnography with differential diagnosis of complex partial seizures. *Epilepsy & Behavior, 11,* 483–491.

Hughs, S., Power, T., & Francis, D. (1992). Defining patterns of drinking in adolescence: A cluster analytic approach. *Journal of Studies on Alcohol, 53,* 40–47.

Hunsley, J., & Di Giulio, G. (2002). Dodo bird, phoenix, or urban legend? The question of psychotherapy equivalence. *Scientific Review of Mental Health Practice, 1,* 13–24.

Hunt, E. B. (2011). *Human intelligence.* New York: Cambridge University Press.

Hunt, M. (1959). *The natural history of love.* New York: Knopf.

Hunter, J. E., & Hunter, R. F. (1984). Validity and utility of alternative predictors of job performance. *Psychological Bulletin, 96,* 72–98.

Hurvich, L. M., & Jameson, D. (1957). An opponent process theory of color vision. *Psychological Review, 64,* 384–404.

Hussey, E., & Safford, A. (2009). Perception of facial expression in somatosensory cortex supports simulationist models. *The Journal of Neuroscience, 29*(2), 301–302.

Huttenlocher, P. R. (1979). Synaptic density in human frontal cortex—developmental changes and effects of aging. *Brain Research, 163,* 195–205.

Huxley, A. (1932). *Brave new world.* London: Chatto and Windus.

Huxley, A. (1954). *The doors of perception.* New York: Harper & Row.

Hyde, K. L., Lerch, J., Norton, A., Forgeard, M., Winner, E., Evans, A. C., & Schlaug, G. (2009). Musical training shapes structural brain development. *Journal of Neuroscience, 29,* 3019–3025.

Hyman, I. E., Jr., Boss, S. M., Wise, B. M., McKenzie, K. E., & Caggiano, J. M. (2010). Did you see the unicycling clown? Inattentional blindness while walking and talking on a cell phone. *Applied Cognitive Psychology, 24*(5), 597–607.

Hyman, I. E., Jr., & Pentland, J. (1996). The role of mental imagery in the creation of false childhood memories. *Journal of Memory and Language, 35*, 101–117.

Hyman, S. E. (2010). The diagnosis of mental disorders: The problem of reification. *Annual Review of Clinical Psychology, 6*, 155–179.

Hypericum Depression Trial Study Group. (2002). Effect of *Hypericum perforatum* (St. John's wort) in major depressive disorder: A randomized controlled trial. *Journal of the American Medical Association, 287*, 1807–1814.

Iacoboni, M. (2009). Imitation, empathy, and mirror neurons. *Annual Review of Psychology, 60*, 653–670.

Iacoboni, M., Molnar-Szakacs, I., Gallese, V., Buccino, G., Mazziotta, J. C., & Rizzolatti, G. (2005). Grasping the intentions of others with one's own mirror neuron system. *PLoS Biology, 3*, 529–535.

Ichheiser, G. (1949). Misunderstandings in human relations: A study in false social perceptions. *American Journal of Sociology, 55* (Pt. 2):1–70.

Imbo, I., & LeFevre, J.-A. (2009). Cultural differences in complex addition: Efficient Chinese versus adaptive Belgians and Canadians. *Journal of Experimental Psychology: Learning, Memory, and Cognition, 35*, 1465–1476.

Inciardi, J. A. (2001). *The war on drugs III.* New York: Allyn & Bacon.

Ingram, R. E., Miranda, J., & Segal, Z. V. (1998). *Cognitive vulnerability to depression.* New York: Guilford Press.

Ingvar, M., Ambros-Ingerson, J., Davis, M., Granger, R., Kessler, M., Rogers, G. A., . . . Lynch, G. (1997). Enhancement by an ampakine of memory encoding in humans. *Experimental Neurology, 146*, 553–559.

Inui, A. (2001). Ghrelin: An orexigenic and somatotrophic signal from the stomach. *Nature Reviews Neuroscience, 2*, 551–560.

Ireland, M. E., Slatcher, R. B., Eastwick, P. W., Scissors, L. E., Finkel, E. J., & Pennebaker, J. W. (2010). Language style matching predicts relationship initiation and stability. *Psychological Science, 22*(1), 39–44. doi:10.1177/0956797610392928

Irvine, J. T. (1978). Wolof magical thinking: Culture and conservation revisited. *Journal of Cross-Cultural Psychology, 9*, 300–310.

Isaacowitz, D. M. (2012). Mood regulation in real time: Age differences in the role of looking. *Current Directions in Psychological Science, 21*(4), 237–242. doi:10.1177/0963721412448651

Isaacowitz, D. M., & Blanchard-Fields, F. (2012). Linking process and outcome in the study of emotion and aging. *Perspectives on Psychological Science, 7*(1), 3–17. doi:10.1177/1745691611424750

Isabelle, R. A. (1993). Origins of attachment: Maternal interactive behavior across the first year. *Child Development, 64*, 605–621.

Isen, A. M., & Patrick, R. (1983). The effect of positive feelings on risk-taking: When the chips are down. *Organizational Behavior and Human Performance, 31*, 194–202.

Isenberg, D. J. (1986). Group polarization: A critical review and meta-analysis. *Journal of Personality and Social Psychology, 50*(6), 1141–1151. Doi:10.1037/0022-3514.50.6.1141

Ishii, K., Reyes, J. A., & Kitayama, S. (2003). Spontaneous attention to word content versus emotional tone. *Psychological Science, 14*(1), 39–46.

Ittelson, W. H. (1952). *The Ames demonstrations in perception.* Princeton, NJ: Princeton University Press.

Izard, C. E. (1971). *The face of emotion.* New York: Appleton-Century-Crofts.

Jablensky, A. (1997). The 100-year epidemiology of schizophrenia. *Schizophrenia Research, 28*, 111–125.

Jaccard, J., Dittus, P. J., & Gordon, V. V. (1998). Parent–adolescent congruency in reports of adolescent sexual behavior and in communications about sexual behavior. *Child Development, 69*, 247–261.

Jacobs, B. L. (1994). Serotonin, motor activity, and depression-related disorders. *American Scientist, 82*, 456–463.

Jacobson, E. (1932). The electrophysiology of mental activities. *American Journal of Psychology, 44*, 677–694.

Jacobson, T., & Hoffman, V. (1997). Children's attachment representations: Longitudinal relations to school behavior and academic competency in middle childhood and adolescence. *Developmental Psychology, 33*, 703–710.

Jaffee, S., & Hyde, J. S. (2000). Gender differences in moral orientation: A meta-analysis. *Psychological Bulletin, 126*, 703–726.

Jahoda, G. (1993). *Crossroads between culture and mind.* Cambridge, MA: Harvard University Press.

James, T. W., Culham, J., Humphrey, G. K., Milner, A. D., & Goodale, M. A. (2003). Ventral occipital lesions impair object recognition but not object-directed grasping: An fMRI study. *Brain, 126*, 2463–2475.

James, W. (1884). What is an emotion? *Mind, 9*, 188–205.

James, W. (1890). *The principles of psychology.* Cambridge, MA: Harvard University Press.

James, W. (1911). *Memories and studies.* New York: Longman.

Jamieson, J. P., Koslov, K., Nock, M. K., & Mendes, W. B. (2013). Experiencing discrimination increases risk-taking. *Psychological Science, 24*, 131–139.

Jamieson, J. P., Mendes, W. B., Blackstock, E., & Schmader, T. (2010). Turning the knots in your stomach into bows: Reappraising arousal improves performance on the GRE. *Journal of Experimental Social Psychology, 46*, 208–212.

Jamieson, J. P., Mendes, W. B., & Nock, M. K. (2013). Improving acute stress responses: The power of reappraisal. *Current Directions in Psychological Science, 22*(1), 51–56.

Jamieson, J. P., Nock, M. K., & Mendes, W. B. (2013). Changing the conceptualization of stress in social anxiety disorder: Affective and physiological consequences. *Clinical Psychological Science.* Advance online publication. doi:10.1177/2167702613482119

Jamison, K. R. (1993). *Touched with fire: Manic-depressive illness and the artistic temperament.* New York: Free Press.

Jamison, K. R. (1995). *An unquiet mind: A memoir of moods and madness.* New York: Random House.

Janicak, P. G., Dowd, S. M., Martis, B., Alam, D., Beedle, D., Krasuski, J., . . . Viana, M. (2002). Repetitive transcranial magnetic stimulation versus electroconvulsive therapy for major depression: Preliminary results of a randomized trial. *Biological Psychiatry, 51*, 659–667.

Janis, I. L. (1982). *Groupthink: Scientific studies of policy decisions and fiascoes.* Boston: Houghton-Mifflin.

Jarosz, A. F., Colflesh, G. J. H., & Wiley, J. (2012). Uncorking the muse: Alcohol intoxication facilitates creative problem solving. *Consciousness and Cognition, 21*, 487–493.

Jarvella, R. J. (1970). Effects of syntax on running memory span for connected discourse. *Psychonomic Science, 19*, 235–236.

Jarvella, R. J. (1971). Syntactic processing of connected speech. *Journal of Verbal Learning and Verbal Behavior, 10*, 409–416.

Jausovec, N., & Jausovec, K. (2005). Differences in induced gamma and upper alpha oscillations in the human brain related to verbal performance and emotional intelligence. *International Journal of Psychophysiology, 56*, 223.

Jausovec, N., Jausovec, K., & Gerlic, I. (2001). Differences in event-related and induced electroencephalography patterns in the theta and alpha frequency bands related to human emotional intelligence. *Neuroscience Letters, 311,* 93.

Jaynes, J. (1976). *The origin of consciousness in the breakdown of the bicameral mind.* London: Allen Lane.

Jenkins, H. M., Barrera, F. J., Ireland, C., & Woodside, B. (1978). Signal-centered action patterns of dogs in appetitive classical conditioning. *Learning and Motivation, 9,* 272–296.

Jenkins, J. G., & Dallenbach, K. M. (1924). Obliviscence during sleep and waking. *American Journal of Psychology, 35,* 605–612.

John, O. P., Naumann, L. P., & Soto, C. J. (2008). Paradigm shift to the integrative Big-Five trait taxonomy: History, measurement, and conceptual issues. In O. P. John, R. W. Robins, & L. A. Pervin (Eds.), *Handbook of personality: Theory and research* (pp. 114–158). New York: Guilford Press.

John, O. P., & Srivastava, S. (1999). The Big Five trait taxonomy: History, measurement, and theoretical perspectives. In L. A. Pervin & O. P. John (Eds.), *Handbook of personality: Theory and research* (2nd ed., pp. 102–138). New York: Guilford Press.

Johnson, C. A., Xiao, L., Palmer, P., Sun, P., Wang, Q., Wei, Y. L., . . Bechara, A. (2008). Affective decision-making deficits, linked to dysfunctional ventromedial prefrontal cortex, revealed in 10th grade Chinese adolescent binge drinkers. *Neuropsychologia, 46,* 714–726.

Johnson, D. H. (1980). The relationship between spike rate and synchrony in responses of auditory-nerve fibers to single tones. *Journal of the Acoustical Society of America, 68,* 1115–1122.

Johnson, D. R., & Wu, J. (2002). An empirical test of crisis, social selection, and role explanations of the relationship between marital disruption and psychological distress: A pooled time-series analysis of four-wave panel data. *Journal of Marriage and the Family, 64,* 211–224.

Johnson, J. D., Noel, N. E., & Sutter-Hernandez, J. (2000). Alcohol and male sexual aggression: A cognitive disruption analysis. *Journal of Applied Social Psychology, 30,* 1186–1200.

Johnson, J. S., & Newport, E. L. (1989). Critical period effects in second language learning: The influence of maturational state on the acquisition of English as a second language. *Cognitive Psychology, 21,* 60–99.

Johnson, K. (2002). Neural basis of haptic perception. In H. Pashler & S. Yantis (Eds.), *Stevens' handbook of experimental psychology: Vol. 1. Sensation and perception* (3rd ed., pp. 537–583). New York: Wiley.

Johnson, M. H., Dziurawiec, S., Ellis, H. D., & Morton, J. (1991). Newborns' preferential tracking of face-like stimuli and its subsequent decline. *Cognition, 40,* 1–19.

Johnson, M. K., Hashtroudi, S., & Lindsay, D. S. (1993). Source monitoring. *Psychological Bulletin, 114,* 3–28.

Johnson, N. J., Backlund, E., Sorlie, P. D., & Loveless, C. A. (2000). Marital status and mortality: The National Longitudinal Mortality Study. *Annual Review of Epidemiology, 10,* 224–238.

Johnson, S. L., Cuellar, A. K., & Miller, C. (2009). Unipolar and bipolar depression: A comparison of clinical phenomenology, biological vulnerability, and psychosocial predictors. In I. H. Gottlib & C. L. Hammen (Eds.), *Handbook of depression* (2nd ed., pp. 142–162). New York: Guilford Press.

Johnson, S. L., Cuellar, A. K., Ruggiero, C., Winnett-Perman, C., Goodnick, P., White, R., & Miller, I. (2008). Life events as predictors of mania and depression in bipolar 1 disorder. *Journal of Abnormal Psychology, 117,* 268–277.

Johnson, S. L., & Miller, I. (1997). Negative life events and time to recover from episodes of bipolar disorder. *Journal of Abnormal Psychology, 106,* 449–457.

Johnston, L., Bachman, J., & O'Malley, P. (1997). *Monitoring the future.* Ann Arbor, MI: Institute for Social Research.

Johnstone, E. C., Crow, T. J., Frith, C., Husband, J., & Kreel, L. (1976). Cerebral ventricular size and cognitive impairment in chronic schizophrenia. *Lancet, 2,* 924–926.

Joiner, T. E., Jr. (2006). *Why people die by suicide.* Cambridge, MA: Harvard University Press.

Jonas, E., Graupmann, V., Kayser, D. N., Zanna, M., Traut-Mattausch, E., & Frey, D. (2009). Culture, self, and the emergence of reactance: Is there a "universal" freedom? *Journal of Experimental Social Psychology, 45,* 1068–1080.

Jones, B. C., Little, A. C., Penton-Voak, I. S., Tiddeman, B. P., Burt, D. M., & Perrett, D. I. (2001). Facial symmetry and judgements of apparent health: Support for a "good genes" explanation of the attractiveness–symmetry relationship. *Evolution and Human Behavior, 22,* 417–429.

Jones, E. E., & Harris, V. A. (1967). The attribution of attitudes. *Journal of Experimental Social Psychology, 3,* 1–24.

Jones, E. E., & Nisbett, R. E. (1972). The actor and the observer: Divergent perceptions of the causes of behavior. In E. E. Jones, D. E. Kanouse, H. H. Kelley, R. E. Nisbett, S. Valins, & B. Weiner (Eds.), *Attribution: Perceiving the causes of behavior* (pp. 79–94). Morristown, NJ: General Learning Press.

Jones, K. (1972). *A history of mental health services.* London: Routledge and Kegan Paul.

Jones, L. M., & Foshay, N. N. (1984). Diffusion of responsibility in a nonemergency situation: Response to a greeting from a stranger. *Journal of Social Psychology, 123,* 155–158.

Jones, S. S. (2007). Imitation in infancy. *Psychological Science, 18*(7), 593–599.

Jonsson, H., & Hougaard, E. (2008). Group cognitive behavioural therapy for obsessive-compulsive disorder: A systematic review and meta-analysis. *Acta Psychiatrica Scandinavica, 117,* 1–9.

Jordan, S. A., Cunningham, D. G., & Marles, R. J. (2010). Assessment of herbal medicinal products: Challenges and opportunities to increase the knowledge base for safety assessment. *Toxicology and Applied Pharmacology, 243,* 198–216.

Judd, L. L. (1997). The clinical course of unipolar major depressive disorders. *Archives of General Psychiatry, 54,* 989–991.

Jung-Beeman, M. (2005). Bilateral brain processes for comprehending natural language. *Trends in Cognitive Sciences, 9,* 512–518.

Jung-Beeman, M., Bowden, E. M., Haberman, J., Frymiare, J. L., Arambel-Liu, S., Greenblatt, R., . . . Kounios, J. (2004). Neural activity when people solve verbal problems with insight. *PLoS Biology, 2,* 500–510.

Jurewicz, I., Owen, R. J., & O'Donovan, M. C. (2001). Searching for susceptibility genes in schizophrenia. *European Neuropsychopharmacology, 11,* 395–398.

Kaas, J. H. (1991). Plasticity of sensory and motor maps in adult mammals. *Annual Review of Neuroscience, 14,* 137–167.

Kagan, J. (1997). Temperament and the reactions to unfamiliarity. *Child Development, 68,* 139–143.

Kahneman, D., Krueger, A. B., Schkade, D. A., Schwarz, N., & Stone, A. A. (2004). A survey method for characterizing daily life experience: The day reconstruction method. *Science, 306,* 1776–1780.

Kahneman, D., & Tversky, A. (1973). On the psychology of prediction. *Psychological Review, 80,* 237–251.

Kahneman, D., & Tversky, A. (1979). Prospect theory: An analysis of decision under risk. *Econometrica, 47,* 263–291.

Kamin, L. J. (1959). The delay-of-punishment gradient. *Journal of Comparative and Physiological Psychology, 52,* 434–437.

Kamiya, J. (1969). Operant control of the EEG alpha rhythm and some of its reported effects on consciousness. In C. S. Tart (Ed.), *Altered states of consciousness* (pp. 519–529). Garden City, NY: Anchor Books.

Kan, P. F., & Kohnert, K. (2008). Fast mapping by bilingual preschool children. *Journal of Child Language, 35,* 495–514.

Kandel, E. R. (2000). Nerve cells and behavior. In E. R. Kandel, G. H. Schwartz, & T. M. Jessell (Eds.), *Principles of neural science* (pp. 19–35). New York. McGraw-Hill.

Kandel, E. R. (2006). *In search of memory: The emergence of a new science of mind.* New York: Norton.

Kang, S. H. K., McDermott, K. B., & Roediger, H. L. III. (2007). Test format and corrective feedback modify the effect of testing on long-term retention. *European Journal of Cognitive Psychology, 19,* 528–558.

Kanwisher, N. (2000). Domain specificity in face perception. *Nature Neuroscience, 3,* 759–763.

Kanwisher, N., McDermott, J., & Chun, M. M. (1997). The fusiform face area: A module in human extrastriate cortex specialized for face perception. *The Journal of Neuroscience, 17,* 4302–4311.

Kanwisher, N., & Yovel, G. (2006). The fusiform face area: A cortical region specialized for the perception of faces. *Philosophical Transactions of the Royal Society (B), 361,* 2109–2128.

Kaplan, R. M., & Stone, A. A. (2013). Bringing the laboratory and clinic to the community: Mobile technologies for health promotion and disease prevention. *Annual Review of Psychology, 64,* 471–498.

Kapur, S., Craik, F. I. M., Tulving, E., Wilson, A. A., Houle, S., & Brown, G. M. (1994). Neuroanatomical correlates of encoding in episodic memory: Levels of processing effects. *Proceedings of the National Academy of Sciences, USA, 91,* 2008–2011.

Karau, S. J., & Williams, K. D. (1993). Social loafing: A meta-analytic review and theoretical integration. *Journal of Personality and Social Psychology, 65,* 681–706.

Karlins, M., Coffman, T. L., & Walters, G. (1969). On the fading of social stereotypes: Studies in three generations of college students. *Journal of Personality and Social Psychology, 13,* 1–16.

Karney, B. R., & Bradbury, T. N. (1995). The longitudinal course of marital quality and stability: A review of theory, methods, and research. *Psychological Bulletin, 118,* 3–34.

Karow, A., Pajonk, F. G., Reimer, J., Hirdes, F., Osterwald, C., Naber, D., & Moritz, S. (2007). The dilemma of insight into illness in schizophrenia: Self- and expert-rated insight and quality of life. *European Archives of Psychiatry and Clinical Neuroscience, 258,* 152–159.

Karpicke, J. D. (2012). Retrieval-based learning: Active retrieval promotes meaningful learning. *Current Directions in Psychological Science, 21,* 157–163.

Karpicke, J. D., & Blunt, J. R. (2011). Retrieval practice produces more learning than elaborative studying with concept mapping. *Science, 331,* 772–775.

Karpicke, J. D., & Roediger, H. L., III. (2008). The critical importance of retrieval for learning. *Science, 319,* 966–968.

Kassam, K. S., Gilbert, D. T., Swencionis, J. K., & Wilson, T. D. (2009). Misconceptions of memory: The Scooter Libby effect. *Psychological Science, 20,* 551–552.

Kasser, T., & Sharma, Y. S. (1999). Reproductive freedom, educational equality, and females' preference for resource-acquisition characteristics in mates. *Psychological Science, 10,* 374–377.

Katon, W. (1994). Primary care—psychiatry panic disorder management. In B. E. Wolfe & J. D. Maser (Eds.), *Treatment of panic disorder: A consensus development conference* (pp. 41–56). Washington, DC: American Psychiatric Press.

Katz, D., & Braly, K. (1933). Racial stereotypes of one hundred college students. *Journal of Abnormal and Social Psychology, 28,* 280–290.

Kaufman, A. S. (2001). WAIS-III IQs, Horn's theory, and generational changes from young adulthood to old age. *Intelligence, 29,* 131–167.

Kaufman, L. (2009, January 30). Utilities turn their customers green, with envy. *New York Times.* Retrieved from http://www.nytimes.com/2009/01/31/science/earth/31compete.html

Kawakami, K., Dovidio, J. F., Moll, J., Hermsen, S., & Russin, A. (2000). Just say no (to stereotyping): Effects of training in the negation of stereotypic associations on stereotype activation. *Journal of Personality and Social Psychology, 78,* 871–888.

Kazdin, A. E., & Blaise, S. L. (2011). Rebooting psychotherapy research and practice to reduce the burden of mental illness. *Perspectives on Psychological Science, 6,* 21–37.

Keane, T. M., Marshall, A. D., & Taft, C. T. (2006). Posttraumatic stress disorder: Etiology, epidemiology, and treatment outcome. *Annual Review of Clinical Psychology, 2,* 161–197.

Keefe, F. J., Abernathy, A. P., & Campbell, L. C. (2005). Psychological approaches to understanding and treating disease-related pain. *Annual Review of Psychology, 56,* 601–630.

Keefe, F. J., Lumley, M., Anderson, T., Lynch, T., & Carson, K. L. (2001). Pain and emotion: New research directions. *Journal of Clinical Psychology, 57,* 587–607.

Kelley, H. H. (1967). Attribution theory in social psychology. In D. Levine (Ed.), *Nebraska Symposium on Motivation* (Vol. 15, pp. 192–238). Lincoln: University of Nebraska Press.

Kelley, H. H. (1983). Love and commitment. In H. H. Kelley, E. Berscheid, A. Christensen, & J. H. Harvey (Eds.), *Close relationships* (pp. 265–314). New York: W. H. Freeman and Company.

Kelley, W. M., Macrae, C. N., Wyland, C. L., Caglar, S., Inati, S., & Heatherton, T. F. (2002). Finding the self? An event-related fMRI study. *Journal of Cognitive Neuroscience, 14,* 785–794.

Kellman, P. J., & Spelke, E. S. (1983). Perception of partly occluded objects in infancy. *Cognitive Psychology, 15,* 483–524.

Kelly, G. (1955). *The psychology of personal constructs.* New York: Norton.

Keltner, D. (1995). Signs of appeasement: Evidence for the distinct displays of embarrassment, amusement, and shame. *Journal of Personality and Social Psychology, 68,* 441–454.

Keltner, D., & Buswell, B. N. (1996). Evidence for the distinctness of embarrassment, shame, and guilt: A study of recalled antecedents and facial expressions of emotion. *Cognition and Emotion, 10,* 155–171.

Keltner, D., & Haidt, J. (1999). Social functions of emotions at four levels of analysis. *Cognition and Emotion, 13,* 505–521.

Keltner, D., & Harker, L. A. (1998). The forms and functions of the nonverbal signal of shame. In P. Gilbert & B. Andrews (Eds.), *Shame: Interpersonal behavior, psychopathology, and culture* (pp. 78–98). New York: Oxford University Press.

Keltner, D., & Shiota, M. N. (2003). New displays and new emotions: A commentary on Rozin and Cohen (2003). *Emotion, 3,* 86–91.

Kendler, K. S., Hettema, J. M., Butera, F., Gardner, C. O., & Prescott, C. A. (2003). Life event dimensions of loss, humiliation, entrapment, and danger in the prediction of onsets of major depression and generalized anxiety. *Archives of General Psychiatry, 60,* 789–796.

Kendler, K. S., Myers, J., & Prescott, C. A. (2002). The etiology of phobias: An evaluation of the stress–diathesis model. *Archives of General Psychiatry, 59,* 242–248.

Kenrick, D. T., Neuberg, S. L., Griskevicius, V., Becker, D. V., & Schaller, M. (2010). Goal-driven cognition and functional behavior: The fundamental motives framework. *Current Directions in Psychological Science, 19*(1), 63–67.

Kenrick, D. T., Sadalla, E. K., Groth, G., & Trost, M. R. (1990).

Evolution, traits, and the stages of human courtship: Qualifying the parental investment model. *Journal of Personality, 58,* 97–116.

Kensinger, E. A., Clarke, R. J., & Corkin, S. (2003). What neural correlates underlie successful encoding and retrieval? A functional magnetic resonance imaging study using a divided attention paradigm. *The Journal of Neuroscience, 23,* 2407–2415.

Kensinger, E. A., & Schacter, D. L. (2005). Emotional content and reality monitoring ability: fMRI evidence for the influence of encoding processes. *Neuropsychologia, 43,* 1429–1443.

Kensinger, E. A., & Schacter, D. L. (2006). Amygdala activity is associated with the successful encoding of item, but not source, information for positive and negative stimuli. *The Journal of Neuroscience, 26,* 2564–2570.

Kephart, W. M. (1967). Some correlates of romantic love. *Journal of Marriage and the Family, 29,* 470–474.

Kershaw, T. C., & Ohlsson, S. (2004). Multiple causes of difficulty in insight: The case of the nine-dot problem. *Journal of Experimental Psychology: Learning, Memory, and Cognition, 30,* 3–13.

Kertai, M. D., Pal, N., Palanca, B. J., Lin, N., Searleman, S. A., Zhang, L., . . . B-Unaware Study Group. (2010). Association of perioperative risk factors and cumulative duration of low bispectral index with intermediate-term mortality after cardiac surgery in the B-Unaware trial. *Anesthesiology, 112*(5), 1116–1127.

Kessler, R. C. (2012). The costs of depression. *Psychiatric Clinics of North America, 35,* 1–14.

Kessler, R. C., Adler, L., Barkley, R., Biederman, J., Connors, C. K., Demler, O., . . . Zaslavsky, A. M. (2006). The prevalence and correlates of adult ADHD in the United States: Results from the National Comorbidity Study Replication. *American Journal of Psychiatry, 163,* 716–723.

Kessler, R. C., Angermeyer, M., Anthony, J. C., deGraaf, R., Demyittenaere, K., Gasquet, I., . . . Üstün, T. B. (2007). Lifetime prevalence and age-of-onset distributions of mental disorders in the World Health Organization World Mental Health Survey Initiative. *World Psychiatry, 6,* 168–176.

Kessler, R. C., Berglund, P., Demler, M. A., Jin, R., Merikangas, K. R., & Walters, E. E. (2005). Lifetime prevalence and age-of-onset distributions of *DSM–IV* disorders in the National Comorbidity Survey replication. *Archives of General Psychiatry, 62,* 593–602.

Kessler, R. C., Chiu, W. T., Dernier, O., & Walters, E. E. (2005). Prevalence, severity, and comorbidity of 12-month *DSM–IV* disorders in the National Comorbidity Survey replication. *Archives of General Psychiatry, 62,* 617–627.

Kessler, R. C., Chiu, W. T., Jin, R., Ruscio, A. M., Shear, K., & Walters, E. E. (2006). The epidemiology of panic attacks, panic disorder, and agoraphobia in the National Comorbidity Survey Replication. *Archives of General Psychiatry, 63,* 415–424.

Kessler, R. C., Demler, O., Frank, R. G., Olfson, M., Pincus, H. A., Walters, E. E., . . . Zaslavsky, A. M. (2005). Prevalence and treatment of mental disorders, 1990 to 2003. *New England Journal of Medicine, 352*(24), 2515–2523.

Kessler, R. C., Petukhova, M., Sampson, N. A., Zaslavsky, A. M., & Wittchen, H.U. (2012). Twelve-month and lifetime prevalence and lifetime morbid risk of anxiety and mood disorders in the United States. *International Journal of Methods in Psychiatric Research, 21*(3), 169–184.

Kessler, R. C., Soukup, J., Davis, R. B., Foster, D. F., Wilkey, S. A., Van Rompay, M. I., & Eisenberg, D. M. (2001). The use of complementary and alternative therapies to treat anxiety and depression in the United States. *American Journal of Psychiatry, 158,* 289–294.

Kessler, R. C., & Üstün, T. B. (Eds.). (2008). *The WHO Mental Health surveys: Global perspectives on the epidemiology of mental health.* Cambridge, England: Cambridge University Press.

Kessler, R. C., & Wang, P. S. (2008). The descriptive epidemiology of commonly occurring mental disorders in the United States. *Annual Reviews of Public Health, 29,* 115–129.

Keuler, D. J., & Safer, M. A. (1998). Memory bias in the assessment and recall of pre-exam anxiety: How anxious was I? *Applied Cognitive Psychology, 12,* S127–S137.

Khalid, N., Atkins, M., Tredget, J., Giles, M., Champney-Smith, K., & Kirov, G. (2008). The effectiveness of electroconvulsive therapy in treatment-resistant depression: A naturalistic study. *The Journal of ECT, 24,* 141–145.

Khalid, R. (1991). Personality and academic achievement: A thematic apperception perspective. *British Journal of Projective Psychology, 36,* 25–34.

Khan, R. M., Luk, C.-H., Flinker, A., Aggarwal, A., Lapid, H., Haddad, R., & Sobel, N. (2007). Predicting odor pleasantness from odorant structure: Pleasantness as a reflection of the physical world. *Journal of Neuroscience, 27,* 10015–10023.

Kiecolt-Glaser, J. K., Garner, W., Speicher, C., Penn, G., & Glaser, R. (1984). Psychosocial modifiers of immunocompetence in medical students. *Psychosomatic Medicine, 46,* 7–14.

Kiefer, H. M. (2004). *Americans unruffled by animal testing.* Retrieved August 8, 2009, from http://www.gallup.com/poll/11767/Americans-Unruffled-Animal-Testing.aspx

Kiefer, M., Schuch, S., Schenk, W., & Fiedler, K. (2007). Mood states modulate activity in semantic brain areas during emotional word encoding. *Cerebral Cortex, 17,* 1516–1530.

Kiehl, K. A., Smith, A. M., Hare, R. D., Mendrek, A., Forster, B. B., Brink, J., & Liddle, P. F. (2001). Limbic abnormalities in affective processing by criminal psychopaths as revealed by functional magnetic resonance imaging. *Biological Psychiatry, 50,* 677–684.

Kihlstrom, J. F. (1985). Hypnosis. *Annual Review of Psychology, 36,* 385–418.

Kihlstrom, J. F. (1987). The cognitive unconscious. *Science, 237,* 1445–1452.

Kihlstrom, J. F., Beer, J. S., & Klein, S. B. (2002). Self and identity as memory. In M. R. Leary & J. P. Tangney (Eds.), *Handbook of self and identity* (pp. 68–90). New York: Guilford Press.

Killingsworth, M. A., & Gilbert, D. T. (2010). A wandering mind is an unhappy mind. *Science, 330,* 932.

Kim, G., Walden, T. A., & Knieps, L. J. (2010). Impact and characteristics of positive and fearful emotional messages during infant social referencing. *Infant Behavior and Development, 33,* 189–195.

Kim, K., & Smith, P. K. (1998). Childhood stress, behavioural symptoms and mother–daughter pubertal development. *Journal of Adolescence, 21,* 231–240.

Kim, U. K., Jorgenson, E., Coon, H., Leppert, M., Risch, N., & Drayna, D. (2003). Positional cloning of the human quantaitive trait locus underlying taste sensitivity to phenylthiocarbamide. *Science, 299,* 1221–1225.

Kinney, D. A. (1993). From nerds to normals—the recovery of identity among adolescents from middle school to high school. *Sociology of Education, 66,* 21–40.

Kirchner, W. H., & Towne, W. F. (1994). The sensory basis of the honeybee's dance language. *Scientific American, 270*(6), 74–80.

Kirsch, I., Cardena, E., Derbyshire, S., Dienes, Z., Heap, M., Kallio, S., . . . Whalley, M. (2011). Definitions of hypnosis and hypnotizability and their relation to suggestion and suggestibility: A consensus statement. *Contemporary Hypnosis and Integrative Therapy, 28,* 107–115.

Kirwan, C. B., Bayley, P. J., Galvan, V. V., & Squire, L. R. (2008). Detailed recollection of remote autobiographical memory after damage to the medial temporal lobe. *Proceedings of the National Academy of Sciences, USA, 105,* 2676–2680.

Kish, S. J., Lerch, J., Furukawa, Y. , Tong, J., McCluskey, T., Wilkins, D., . . . Bioleau, I. (2010). Decreased cerebral cortical serotonin transporter binding in ecstacy users: A positron emission tomography [¹¹c] DASB and structural brain imaging study. *Brain, 133,* 1779–1797.

Kitayama, S., Duffy, S., Kawamura, T., & Larsen, J. T. (2003). Perceiving an object and its context in different cultures: A cultural look at the new look. *Psychological Science, 14,* 201–206.

Kitayama, S., & Uskul, A. K. (2011). Culture, mind, and the brain: Current evidence and future directions. *Annual Review of Psychology, 62,* 419–449.

Klein, C. T. F., & Helweg-Larsen, M. (2002). Perceived control and the optimistic bias: A meta-analytic review. *Psychology and Health, 17,* 437–446.

Klein, S. B. (2004). The cognitive neuroscience of knowing one's self. In M. Gazzaniga (Ed.), *The cognitive neurosciences* (3rd ed., pp. 1007–1089). Cambridge, MA: MIT Press.

Klein, S. B., Robertson, T. E., & Delton, A. W. (2011). The future-orientation of memory: Planning as a key component mediating the high levels of recall found with survival processing. *Memory, 19,* 121–139.

Klein, S. B., & Thorne, B. M. (2007). *Biological psychology.* New York: Worth Publishers.

Klingberg, T. (2010). Training and plasticity of working memory. *Trends in Cognitive Sciences, 14,* 317–324.

Klinger, E. (1975). Consequences of commitment to and disengagement from incentives. *Psychological Review, 82,* 1–25.

Klinger, E. (1977). *Meaning and void.* Minneapolis: University of Minnesota Press.

Klonsky, E. D. (2011). Non-suicidal self-injury in United States adults: Prevalence, sociodemographics, topography, and functions. *Psychological Medicine, 41,* 1981–1986.

Klump, K. L., & Culbert, K. M. (2007). Molecular genetic studies of eating disorders: Current status and future directions. *Current Directions in Psychological Science, 16*(1), 37–41.

Klüver, H., & Bucy, P. C. (1937). "Psychic blindness" and other symptoms following bilateral temporary lobectomy in rhesus monkeys. *American Journal of Physiology, 119,* 352–353.

Knowlton, B. J., Ramus, S. J., & Squire, L. R. (1992). Intact artificial grammar learning in amnesia: Dissociation of classification learning and explicit memory for specific instances. *Psychological Science, 3,* 173–179.

Knutson, B., Adams, C. M., Fong, G. W., & Hommer, D. (2001). Anticipation of increasing monetary reward selectively recruits nucleus accumbens. *The Journal of Neuroscience, 21,* 159.

Knutson, B., Wolkowitz, O. M., Cole, S. W., Chan, T., Moore, E. A., Johnson, R. C., Reus, V. I. (1998). Selective alteration of personality and social behavior by serotonergic intervention. *American Journal of Psychiatry, 155,* 373–379.

Kobasa, S. (1979). Stressful life events, personality, and health: An inquiry into hardiness. *Journal of Personality and Social Psychology, 37,* 1–11.

Koehler, J. J. (1993). The influence of prior beliefs on scientific judgments of evidence quality. *Organizational Behavior and Human Decision Processes, 56,* 28–55.

Koenigs, M., Young, L., Adolphs, R., Tranel, D., Cushman, F., Hauser, M., & Damasio, A. (2007). Damage to the prefrontal cortex increases utilitarian moral judgements. *Nature, 446,* 908–911.

Koffka, K. (1935). *Principles of Gestalt psychology.* New York: Harcourt, Brace and World.

Kohlberg, L. (1958). *The development of modes of thinking and choices in years 10 to 16.* Unpublished doctoral dissertation, University of Chicago.

Kohlberg, L. (1963). Development of children's orientation towards a moral order (Part I). Sequencing in the development of moral thought. *Vita Humana, 6,* 11–36.

Kohlberg, L. (1986). A current statement on some theoretical issues. In S. Modgil & C. Modgil (Eds.), *Lawrence Kohlberg: Concensus and controversy* (pp. 485–546). Philadelphia: Falmer.

Kohler, P. K., Manhart, L. E., & Lafferty, E. (2008). Abstinence-only and comprehensive sex education and the initiation of sexual activity and teen pregnancy. *Journal of Adolescent Health, 42,* 344–351.

Kolb, B., & Whishaw, I. Q. (2003). *Fundamentals of human neuropsychology* (5th ed.). New York: Worth Publishers.

Kolbert, E. (2009, July 20). XXXL. *The New Yorker,* pp. 73–77.

Koller, D. (2011, December 5). Death knell for the lecture: Technology as a passport to personalized education. Retrieved from http://www.nytimes.com/2011/12/06/science/daphne-koller-technology-as-a-passport-to-personalized-education.html?pageswanted=all

Kolotkin, R. L., Meter, K., & Williams, G. R. (2001). Quality of life and obesity. *Obesity Reviews, 2,* 219–229.

Komter, A. (2010). The evolutionary origins of human generosity. *International Sociology, 25*(3), 443–464.

Konen, C. S., & Kastner, S. (2008). Two hierarchically organized neural systems for object information in human visual cortex. *Nature Neuroscience, 11,* 224–231.

Koole, S. L., Dijksterhuis, A., & van Knippenberg, A. (2001). What's in a name: Implicit self-esteem and the automatic self. *Journal of Personality and Social Psychology, 80,* 669–685.

Koss, M. P. (1990). The women's mental health research agenda: Violence against women. *American Psychologist, 45,* 374–380.

Kosslyn, S. M., Alpert, N. M., Thompson, W. L., Chabris, C. F., Rauch, S. L., & Anderson, A. K. (1993). Visual mental imagery activates topographically organized visual cortex: PET investigations. *Journal of Cognitive Neuroscience, 5,* 263–287.

Kosslyn, S. M., Pascual-Leone, A., Felician, O., Camposano, S., Keenan, J. P., Thompson, W. L., . . . Alpert, N. M. (1999). The role of area 17 in visual imagery: Convergent evidence from PET and rTMS. *Science, 284,* 167–170.

Kosslyn, S. M., Thompson, W. L., Constantini-Ferrando, M. F., Alpert, N. M., & Spiegel, D. (2000). Hypnotic visual illusion alters color processing in the brain. *American Journal of Psychiatry, 157,* 1279–1284.

Kounios, J., & Beeman, M. (2009). The Aha! moment. *Current Directions in Psychological Science, 18,* 210–216.

Kounios, J., Fleck, J. L., Green, D. L., Payne, L., Stevenson, J. L., Bowden, E. M., & Jung-Beeman, M. (2008). The origins of insight in resting-state brain activity. *Neuropsychologia, 46,* 281–291.

Kounios, J., Frymiare, J. L., Bowden, E. M., Fleck, J. I., Subramaniam, K., Parrish, T. B., & Jung-Beeman, M. (2006). The prepared mind: Neural activity prior to problem presentation predicts subsequent solution by sudden insight. *Psychological Science, 17,* 882–890.

Kovalevskaya, S. (1978). *A Russian childhood.* New York: Springer-Verlag.

Kraemer, H. C., Shrout, P. E., & Rubio-Stipec, M. (2007). Developing the *Diagnostic and Statistical Manual–V:* What will "statistical" mean in *DSM–V? Social Psychiatry and Psychiatric Epidemiology, 42,* 259–267.

Kraepelin, E. (1899). *Psychiatrie.* Leipzig, Germany: Barth.

Krantz, D. S., & McCeney, M. K. (2002). Effects of psychological and social factors on organic disease: A critical assessment of research on coronary heart disease. *Annual Review of Psychology, 53,* 341–369.

Kraus, N., & Chandrasekaran, B. (2010). Music training for the development of auditory skills. *Nature Reviews Neuroscience, 11,* 599–605.

Kravitz, D. J., Saleem, K. S., Baker, C. I., & Mishkin, M. (2011). A new neural framework for visuospatial processing. *Nature Reviews Neuroscience, 12,* 217–230.

Kravitz, D. J., Saleem, K. S., Baker, C. I., Ungerleider, L. G., & Mishkin, M. (2013). The ventral visual pathway: An expanded neural framework for the processing of object quality. *Trends in Cognitive Sciences, 17,* 26–49.

Kravitz, R. L., Epstein, R. M., Feldman, M. D., Franz, C. E., Azari, R., Wilkes, M. S., . . . Franks, P. (2005). Influence of patients' requests for direct-to-consumer advertised antidepressants: A randomized controlled trial. *Journal of the American Medical Association, 293,* 1995–2002.

Kreider, T. (2013, January 20). You are going to die. *New York Times.* Retrieved from http://opinionator.blogs.nytimes.com/2013/01/20/you-are-going-to-die/

Kringelbach, M. L., O'Doherty, J., Rolls, E. T., & Andrews, C. (2003). Activation of the human orbitofrontal cortex to a liquid food stimulus is correlated with its subjective pleasantness. *Cerebral Cortex, 13,* 1064–1071.

Krings, T., Topper, R., Foltys, H., Erberich, S., Sparing, R., Willmes, K., & Thron, A. (2000). Cortical activation patterns during complex motor tasks in piano players and control subjects. A functional magnetic resonance imaging study. *Neuroscience Letters, 278,* 189–193.

Krishnan, V., & Nestler, E. J. (2008). The molecular neurobiology of depression. *Nature, 455,* 894–902.

Kristensen, P., & Bjerkedal, T. (2007). Explaining the relation between birth order and intelligence. *Science, 316,* 1717.

Kroeze, W. K., & Roth, B. L. (1998). The molecular biology of serotonin receptors: Therapeutic implications for the interface of mood and psychosis. *Biological Psychiatry, 44,* 1128–1142.

Kruk, M. R., Halasz, J., Meelis, W., & Haller, J. (2004). Fast positive feedback between the adrenocortical stress response and a brain mechanism involved in aggressive behavior. *Behavioral Neuroscience, 118,* 1062–1070.

Kubovy, M. (1981). Concurrent-pitch segregation and the theory of indispensable attributes. In M. Kubovy & J. R. Pomerantz (Eds.), *Perceptual organization* (pp. 55–96). Hillsdale, NJ: Erlbaum.

Kuhl, B. A., Dudukovic, N. M., Kahn, I., & Wagner, A. D. (2007). Decreased demands on cognitive control reveal the neural processing benefits of forgetting. *Nature Neuroscience, 10,* 908–917.

Kuhl, P. K. (2010). Brain mechanisms in early language acquisition. *Neuron, 67,* 713–727.

Kuhl, P. K., & Meltzoff, A. N. (1996). Infant vocalizations in response to speech: Vocal imitation and developmental change. *The Journal of the Acoustical Society of America, 100*(4), 2425. doi:10.1121/1.417951

Kuhl, P., & Rivera-Gaxiola, M. (2008). Neural substrates of language acquisition. *Annual Review of Neuroscience, 31,* 511–534.

Kuhn, S., & Gallinat, J. (2012). The neural correlates of subjective pleasantness. *NeuroImage, 61,* 289–294.

Kunda, Z. (1990). The case for motivated reasoning. *Psychological Bulletin, 108,* 480–498.

Kunda, Z., & Oleson, K. C. (1997). When exceptions prove the rule: How extremity of deviance determines the impact of deviant examples on stereotypes. *Journal of Personality and Social Psychology, 72,* 965–979.

Kunugi, H., Urushibara, T., Murray, R. M., Nanko, S., & Hirose, T. (2003). Prenatal underdevelopment and schizophrenia: A case report of monozygotic twins. *Psychiatry and Clinical Neurosciences, 57,* 271–274.

Kunz, P. R., & Woolcott, M. (1976). Season's greetings: From my status to yours. *Social Science Research, 5,* 269–278.

Kvavilashvili, L., Mirani, J., Schlagman, S., Foley, K., & Kornbrot, D. E. (2009). Consistency of flashbulb memories of September 11 over long delays: Implications for consolidation and wrong time slice hypotheses. *Journal of Memory and Language, 61,* 556–572.

LaBar, K. S., & Phelps, E. A. (1998). Arousal-mediated memory consolidation: Role of the medial temporal lobe in humans. *Psychological Science, 9,* 490–493.

Labrie, V., Pai, S., & Petronis, A. (2012). Epigenetics of major psychosis: Progress, problems, and perspectives. *Trends in Genetics, 28,* 427–435.

Lachman, R., Lachman, J. L., & Butterfield, E. C. (1979). *Cognitive psychology and information processing: An introduction.* Hillsdale, NJ: Erlbaum.

Lackner, J. R., & DiZio, P. (2005). Vestibular, proprioceptive, and haptic contributions to spatial orientation. *Annual Review of Psychology, 56,* 115–147.

LaFraniere, S. (2007, July 4). In Mauritania, seeking to end an overfed ideal. *New York Times.* Retrieved from http://www.nytimes.com/2007/07/04/world/africa/04mauritania.html?pagewanted=all

Lahkan, S. E., & Kirchgessner, A. (2012, March 12). Chronic traumatic encephalopathy: The dangers of getting "dinged." *Springer Plus,* 1:2 doi:10.1186/2193-1801-1-2

Lai, Y., & Siegal, J. (1999). Muscle atonia in REM sleep. In B. Mallick & S. Inoue (Eds.), *Rapid eye movement sleep* (pp. 69–90). New Delhi, India: Narosa Publishing House.

Lake, J. (2009). Natural products used to treat depressed mood as monotherapies and adjuvants to antidepressants: A review of the evidence. *Psychiatric Times, 26,* 1–6.

Lakin, J. M. (2013). Sex differences in reasoning abilities: Surprising evidence that male–female ratios in the tails of the quantitative reasoning distribution have increased. *Intelligence, 41*(4), 263–274. doi:10.1016/j.intell.2013.04.004

Lakshminarayanan, V. R., Chen, M. K., & Santos, L. R. (2011). The evolution of decision-making under risk: Framing effects in monkey risk preferences. *Journal of Experimental Social Psychology, 47*(3), 689–693. doi:10.1016/j.jesp.2010.12.011

Lam, L. L., Emberly, E., Fraser, H. B., Neumann, S. M., Chen, E., Miller, G. E., . . . Kobor, M. S. (2012). Factors underlying variable DNA methylation in a human community cohort. *Proceedings of the National Academy of Sciences, USA, 109*(Suppl. 2), 17253–17260.

Lamb, M. E., Sternberg, K. J., & Prodromidis, M. (1992). Nonmaternal care and the security of infant/mother attachment: A reanalysis of the data. *Infant Behavior & Development, 15,* 71–83.

Lamb, M. E., Thompson, R. A., Gardner, W., & Charnov, E. L. (1985). *Infant–mother attachment: The origins and developmental significance of individual differences in Strange Situation behavior.* Hillsdale, NJ: Erlbaum.

Landauer, T. K., & Bjork, R. A. (1978). Optimum rehearsal patterns and name learning. In M. M. Gruneberg, P. E. Morris, & R. N. Sykes (Eds.), *Practical aspects of memory* (pp. 625–632). New York: Academic Press.

Lang, F. R., & Carstensen, L. L. (1994). Close emotional relationships in late life: Further support for proactive aging in the social domain. *Psychology and Aging, 9,* 315–324.

Langer, E. J., & Abelson, R. P. (1974). A patient by any other name . . . .Clinician group difference in labeling bias. *Journal of Consulting and Clinical Psychology, 42,* 4–9.

Langleben, D. D., Loughead, J. W., Bilker, W. B., Ruparel, K., Childress, A. R., Busch, S. I., & Gur, R. C. (2005). Telling truth from lie in individual subjects with fast event-related fMRI. *Human Brain Mapping, 26,* 262–272.

Langlois, J. H., Kalakanis, L., Rubenstein, A. J., Larson, A., Hallam, M., & Smoot, M. (2000). Maxims or myths of beauty? A meta-analytic and theoretical review. *Psychological Bulletin, 126,* 390–423.

Langlois, J. H., Ritter, J. M., Casey, R. J., & Sawin, D. B. (1995). Infant attractiveness predicts maternal behaviors and attitudes. *Developmental Psychology, 31,* 464–472.

LaPierre, S., Boyer, R., Desjardins, S., Dubé, M., Lorrain, D., Préville, M., & Brassard, J. (2012). Daily hassles, physical illness, and sleep problems in older adults with wishes to die. *International Psychogeriatrics, 24,* 243–252.

Lareau, A. (2003). *Unequal childhoods: Class, race, and family life.* Berkeley: University of California Press.

Larrick, R. P., Timmerman, T. A., Carton, A. M., & Abrevaya, J. (2011). Temper, temperature, and temptation: Heat-related retaliation in baseball. *Psychological Science, 22*(4), 423–428. doi:10.1177/0956797611399292

Larsen, S. F. (1992). Potential flashbulbs: Memories of ordinary news as baseline. In E. Winograd & U. Neisser (Eds.), *Affect and accuracy in recall: Studies of "flashbulb memories"* (pp. 32–64). New York: Cambridge University Press.

Larson, R., & Richards, M. H. (1991). Daily companionship in late childhood and early adolescence—changing developmental contexts. *Child Development, 62,* 284–300.

Lashley, K. S. (1960). In search of the engram. In F. A. Beach, D. O. Hebb, C. T. Morgan, & H. W. Nissen (Eds.), *The neuropsychology of Lashley* (pp. 478–505). New York: McGraw-Hill.

Latané, B., & Nida, S. (1981). Ten years of research ongroup size and helping. *Psychological Bulletin, 89*(2), 308–324.

Latané, B., Williams, K., & Harkins, S. (1979). Many hands make light the work: The causes and consequences of social loafing. *Journal of Personality and Social Psychology, 37,* 822–832.

Lattal, K. A. (2010). Delayed reinforcement of operant behavior. *Journal of the Experimental Analysis of Behavior, 93,* 129–139.

Laupa, M., & Turiel, E. (1986). Children's conceptions of adult and peer authority. *Child Development, 57,* 405–412.

Laureys, S., Giacino, J. T., Schiff, N. D., Schabus, M., & Owen, A. M. (2006). How should functional imaging of patients with disorders of consciousness contribute to their clinical rehabilitation needs? *Current Opinion in Neurology, 19,* 520–527.

Lavie, P. (2001). Sleep–wake as a biological rhythm. *Annual Review of Psychology, 52,* 277–303.

Lawrence, N. S., Jollant, F., O'Daly, O., Zelaya, F., & Phillips, M. L. (2009). Distinct roles of prefrontal cortical subregions in the Iowa Gambling Task. *Cerebral Cortex, 19,* 1134–1143.

Lawton, M. P., Kleban, M. H., Rajagopal, D., & Dean, J. (1992). The dimensions of affective experience in three age groups. *Psychology and Aging, 7,* 171–184.

Lazarus, R. S. (1984). On the primacy of cognition. *American Psychologist, 39,* 124–129.

Lazarus, R. S., & Alfert, E. (1964). Short-circuiting of threat by experimentally altering cognitive appraisal. *Journal of Abnormal and Social Psychology, 69,* 195–205.

Lazarus, R. S., & Folkman, S. (1984). *Stress, appraisal, and coping.* New York: Springer.

Leader, T., Mullen, B., & Abrams, D. (2007). Without mercy: The immediate impact of group size on lynch mob atrocity. *Personality and Social Psychology Bulletin, 33*(10), 1340–1352.

Leary, M. R. (1990). Responses to social exclusion: Social anxiety, jealousy, loneliness, depression, and low self-esteem. *Journal of Social and Clinical Psychology, 9,* 221–229.

Leary, M. R. (2010). Affiliation, acceptance, and belonging: The pursuit of interpersonal connection. In S. T. Fiske, D. T. Gilbert, & G. Lindzey (Eds.), *The handbook of social psychology* (5th ed., Vol. 2, pp. 864–897). New York: Wiley.

Leary, M. R., & Baumeister, R. F. (2000). The nature and function of self-esteem: Sociometer theory. In M. P. Zanna (Ed.), *Advances in experimental social psychology* (Vol. 32, pp. 1–62). San Diego: Academic Press.

Leary, M. R., Britt, T. W., Cutlip, W. D., & Templeton, J. L. (1992). Social blushing. *Psychological Bulletin, 112,* 446–460.

Lecky, P. (1945). *Self-consistency: A theory of personality.* New York: Island Press.

Lecrubier, Y., Clerc, G., Didi, R., & Kieser, M. (2002). Efficacy of St. John's wort extract WS 5570 in major depression: A double-blind, placebo-controlled trial. *American Journal of Psychiatry, 159,* 1361–1366.

Lederman, S. J., & Klatzky, R. L. (2009). Haptic perception: A tutorial. *Attention, Perception, & Psychophysics, 71,* 1439–1459.

LeDoux, J. E. (1992). Brain mechanisms of emotion and emotional learning. *Current Opinion in Neurobiology, 2,* 191–197.

LeDoux, J. E. (2000). Emotion circuits in the brain. *Annual Review of Neuroscience, 23,* 155–184.

LeDoux, J. E., Iwata, J., Cicchetti, P., & Reis, D. J. (1988). Different projections of the central amygdaloid nucleus mediate autonomic and behavioral correlates of conditioned fear. *Journal of Neuroscience, 8,* 2517–2529.

Lee, D. N., & Aronson, E. (1974). Visual proprioceptive control of standing in human infants. *Perception & Psychophysics, 15,* 529–532.

Lee, L., Loewenstein, G., Ariely, D., Hong, J., & Young, J. (2008). If I'm not hot, are you hot or not? Physical-attractiveness evaluations and dating preferences as a function of one's own attractiveness. *Psychological Science, 19,* 669–677.

Lee, M. H., Smyser, C. D., & Shimoy, J. S. (2013). Resting-state fMRI: A review of methods and clinical applications. *American Journal of Neuroradiology, 34,* 1866–1872. doi: 10.3174/ajnr.A3263

Lefcourt, H. M. (1982). *Locus of control: Current trends in theory and research* (2nd ed.). Hillsdale, NJ: Erlbaum.

Leichsenring, F., & Rabung, S. (2008). Effectiveness of long-term psychodynamic psychotherapy: A meta-analysis. *Journal of the American Medical Association, 300,* 1551–1565.

Lempert, D. (2007). *Women's increasing wage penalties from being overweight and obese.* Washington, DC: U.S. Bureau of Labor Statistics.

Lenoir, M., Serre, F., Chantin, L., & Ahmed, S. H. (2007). Intense sweetness surpasses cocaine reward. *PLoS ONE, 2,* e698.

Lenton, A. P., & Francesconi, M. (2010). How humans cognitively manage an abundance of mate options. *Psychological Science, 21*(4), 528–533. doi. 10.1177/0956797610364958

Lentz, M. J., Landis, C. A., Rothermel, J., & Shaver, J. L. (1999). Effects of selective slow wave sleep disruption on musculoskeletal pain and fatigue in middle aged women. *Journal of Rheumatology, 26,* 1586–1592.

Leon, D. A., Lawlor, D. A., Clark, H., Batty, G. D., & Macintyre, S. (2009). The association of childhood intelligence with mortality risk from adolescence to middle age: Findings from the Aberdeen children of the 1950s cohort study. *Intelligence, 37*(6), 520–528.

Lepage, M., Ghaffar, O., Nyberg, L., & Tulving, E. (2000). Prefrontal cortex and episodic memory retrieval mode. *Proceedings of the National Academy of Sciences, USA, 97,* 506–511.

LePort, A. K. R., Mattfield, A. T., Dickinson-Anson, H., Fallon, J. H., Stark, C. E. L., Kruggel, F., . . . McGaugh, J. L. (2012). Behavioral and neuroanatomical investigation of highly superior autobiographical memory (HSAM). *Neurobiology of Learning and Memory, 98,* 78–92.

Lepper, M. R., Greene, D., & Nisbett, R. E. (1973). Undermining children's intrinsic interest with extrinsic rewards: A test of the "overjustification" hypothesis. *Journal of Personality and Social Psychology, 28,* 129–137.

Lerman, D. (2006). Consumer politeness and complaining behavior. *Journal of Services Marketing, 20,* 92–100.

Lerman, D. C., & Vorndran, C. M. (2002). On the status of knowledge for using punishment: Implications for treating behavior disorders. *Journal of Applied Behavior Analysis, 35,* 4312–4464.

Leung, A. K.-Y., & Cohen, D. (2011). Within- and between-culture variation: Individual differences and the cultural logics of honor, face, and dignity cultures. *Journal of Personality and Social Psychology, 100*(3), 507–526. doi:10.1037/a0022151

Levelt Committee, Noort Committee, Drenth Committee. (2012, November 28). *Flawed science: The fraudulent research practices of social psychologist Diederik Stapel.* Retrieved from http://www.tilburguniversity.edu/nl/nieuws-en-agenda/finalreportLevelt.pdf

Levenson, J. M., & Sweatt, J. D. (2005). Epigenetic mechanisms in memory formation. *Nature Reviews Neuroscience, 6,* 108–118.

Levenson, R. W., Cartensen, L. L., Friesen, W. V., & Ekman, P. (1991). Emotion physiology, and expression in old age. *Psychology and Aging, 6,* 28–35.

Levenson, R. W., Ekman, P., & Friesen, W. V. (1990). Voluntary facial action generates emotion-specific autonomic nervous system activity. *Psychophysiology, 27,* 363–384.

Levenson, R. W., Ekman, P., Heider, K., & Friesen, W. V. (1992). Emotion and automatic nervous system activity in the Minangkabau of West Sumatra. *Journal of Personality and Social Psychology, 62,* 972–988.

Levin, D. T., & Simons, D. J. (1997). Failure to detect changes to attended objects in motion pictures. *Psychonomic Bulletin & Review, 4,* 501–506.

Levin, R., & Nielsen, T. (2009). Nightmares, bad dreams, and emotion dysregulation: A review and new neurocognitive model of dreaming. *Current Directions in Psychological Science, 18,* 84–88.

Levine, M. (1981). *History and politics of community mental health.* New York: Oxford University Press.

Levine, R. V., Norenzayan, A., & Philbrick, K. (2001). Cross-cultural differences in helping strangers. *Journal of Cross-Cultural Psychology, 32,* 543–560.

Levy, J., Trevarthen, C., & Sperry, R. W. (1972). Perception of bilateral chimeric figures following hemispheric disconnection. *Brain, 95,* 61–78.

Lewin, K. (1936). *Principles of topological psychology.* New York: McGraw-Hill.

Lewin, K. (1951). Behavior and development as a function of the total situation. In K. Lewin (Ed.), *Field theory in social science: Selected theoretical papers* (pp. 791–843). New York: Harper & Row.

Lewis, M., & Brooks-Gunn, J. (1979). *Social cognition and the acquisition of self.* New York: Plenum Press.

Lewis, M. B. (2012). Exploring the positive and negative implications of facial feedback. *Emotion, 12*(4), 852–859.

Lewis, M. D., Hibbeln, J. R., Johnson, J. E., Lin, Y. H., Hyun, D. Y., & Loewke, J. D. (2011). Suicide deaths of active duty U. S. military and omega-3 fatty acid status: A case control comparison. *Journal of Clinical Psychiatry, 72,* 1585–1590.

Lewontin, R., Rose, S., & Kamin, L. J. (1984). *Not in our genes.* New York: Pantheon.

Li, R., Polat, U., Makous, W., & Bavelier, D. (2009). Enhancing the contrast sensitivity function through action video game training. *Nature Neuroscience, 12,* 549–551.

Li, Y. J., Johnson, K. A., Cohen, A. B., Williams, M. J., Knowles, E. D., & Chen, Z. (2012). Fudamental(ist) attribution error: Protestants are dispositionally focused. *Journal of Personality and Social Psychology, 102*(2), 281–290. doi:10.1037/a0026294

Libet, B. (1985). Unconscious cerebral initiative and the role of conscious will in voluntary action. *Behavioral and Brain Sciences, 8,* 529–566.

Liebenluft, E. (1996). Women with bipolar illness: Clinical and research issues. *American Journal of Psychiatry, 153,* 163–173.

Lieberman, M. D., Inagaki, T. K., Tabibnia, G., & Crockett, M. J. (2011). Subjective responses to emotional stimuli during labeling, reappraisal, and distraction. *Emotion, 11,* 468–480.

Lieberman, M. D., & Rosenthal, R. (2001). Why introverts can't always tell who likes them: Multitasking and nonverbal decoding. *Journal of Personality and Social Psychology, 80,* 294–310.

Liebowitz, M. R., Gorman, J. M., Fyer, A. J., Levitt, M., Dillon, D., Levy, G., . . . Davies, S. O. (1985). Lactate provocation of panic attacks: II. Biochemical and physiological findings. *Archives of General Psychiatry, 42,* 709–719.

Lifshitz, M., Aubert Bonn, N., Fischer, A., Kashem, I. R., & Raz, A. (2013). Using suggestion to modulate automatic processes: From Stroop to McGurk and beyond. *Cortex, 49*(2), 463–473. doi:10.1016/j.cortex.2012.08.007

Lilienfeld, S. O. (2007). Psychological treatments that cause harm. *Perspectives on Psychological Science, 2,* 53–70.

Lilienfeld, S. O., Lynn, S. J., & Lohr, J. M. (Eds.). (2003). *Science and pseudoscience in clinical psychology.* New York: Guilford Press.

Lilienfeld, S. O., Wood, J. M., & Garb, H. N. (2000). The scientific status of projective techniques. *Psychological Science in the Public Interest, 1,* 27–66.

Lindenberger, U., & Baltes, P. B. (1994). Sensory functioning and intelligence in old age: A strong connection. *Psychology and Aging, 9*(3), 339–355. doi:10.1037/0882-7974.9.3.339

Lindenberger, U., & Baltes, P. B. (1997). Intellectual functioning in old and very old age: Cross-sectional results from the Berling aging study. *Psychology and Aging, 12,* 410–432.

Lindquist, K., & Barrett, L. F. (2008). Constructing emotion: The experience of fear as a conceptual act. *Psychological Science, 19,* 898–903.

Lindquist, S. I., & McLean, J. P. (2011). Daydreaming and its correlates in an educational environment. *Learning and Individual Differences, 21,* 158–167.

Lindstrom, M. (2005). *Brand sense: How to build powerful brands through touch, taste, smell, sight and sound.* London: Kogan Page.

Liou, A. P., Paziuk, M., Luevano, J.-M., Machineni, S., Turnbaugh, P. J., & Kaplan, L. M. (2013). Conserved shifts in the gut microbiota due to gastric bypass reduce host weight and adiposity. *Science Translational Medicine, 5*(178), 178ra41–178ra41.

Little, B. R. (1983). Personal projects: A rationale and method for investigation. *Environment and Behavior, 15,* 273–309.

Little, B. R. (1993). Personal projects and the distributed self: Aspects of a conative psychology. In J. R. Suls (Ed.), *Psychological perspectives on the self* (Vol. 4, pp. 157–185). Hillsdale, NJ: Erlbaum.

Liu, D., Diorio, J., Tannenbaum, B., Caldji, C., Francis, D.,

Freedman, A., . . . Meaney, M. J. (1997). Maternal care, hippocampal glucocorticoid receptors, and hypothalamic–pituitary–adrenal responses to stress. *Science, 277,* 1659–1662.

Liu, D., Wellman, H. M., Tardif, T., & Sabbagh, M. A. (2008). Theory of mind development in Chinese children: A meta-analysis of false belief understanding across cultures and languages. *Developmental Psychology, 44,* 523–531.

Livingstone, M., & Hubel, D. (1988). Segregation of form, color, movement, and depth: Anatomy, physiology, and perception. *Science, 240,* 740–749.

Locksley, A., Ortiz, V., & Hepburn, C. (1980). Social categorization and discriminatory behavior: Extinguishing the minimal intergroup discrimination effect. *Journal of Personality and Social Psychology, 39,* 773–783.

Loehlin, J. C. (1973). Blood group genes and Negro–White ability differences. *Behavior Genetics, 3*(3), 263–270.

Loehlin, J. C. (1992). *Genes and environment in personality development.* Newbury Park, CA: Sage.

Loftus, E. F. (1993). The reality of repressed memories. *American Psychologist, 48,* 518–537.

Loftus, E. F. (2003). Make-believe memories. *American Psychologist, 58,* 867–873.

Loftus, E. F., & Ketchum, K. (1994). *The myth of repressed memory.* New York: St. Martin's Press.

Loftus, E. F., & Klinger, M. R. (1992). Is the unconscious smart or dumb? *American Psychologist, 47,* 761–765.

Loftus, E. F., & Pickrell, J. E. (1995). The formation of false memories. *Psychiatric Annals, 25,* 720–725.

Lopes, P. N., Grewal, D., Kadis, J., Gall, M., & Salovey, P. (2006). Emotional intelligence and positive work outcomes. *Psichothema, 18,* 132.

Lord, C. G., Ross, L., & Lepper, M. R. (1979). Biased assimilation and attitude polarization: The effects of prior theories on subsequently considered evidence. *Journal of Personality and Social Psychology, 37,* 2098–2109.

Lorenz, K. (1952). *King Solomon's ring.* New York: Crowell.

Lovaas, O. I. (1987). Behavioral treatment and normal educational and intellectual functioning in young autistic children. *Journal of Consulting and Clinical Psychology, 55,* 3–9.

Low, J., & Watts, J. (2013). Attributing false beliefs about object identity reveals a signature blind spot in humans' efficient mind-reading system. *Psychological Science, 24*(3), 305–311. doi:10.1177/0956797612451469

Lozano, B. E., & Johnson, S. L. (2001). Can personality traits predict increases in manic and depressive symptoms? *Journal of Affective Disorders, 63,* 103–111.

Luborsky, L., Rosenthal, R., Diguer, L., Andrusyna, T. P., Berman, J. S., Levitt, J. T., . . . Krause, E. D. (2002). The dodo bird verdict is alive and well—mostly. *Clinical Psychology: Science and Practice, 9,* 2–12.

Luborsky, L., & Singer, B. (1975). Comparative studies of psychotherapies: Is it true that "everyone has won and all must have prizes"? *Archives of General Psychiatry, 32*(8), 995–1008.

Lucas, R. E., Clark, A. E., Georgellis, Y., & Diener, E. (2003). Reexamining adaptation and the set point model of happiness: Reactions to changes in marital status. *Journal of Personality and Social Psychology, 84,* 527–539.

Ludwig, A. M. (1966). Altered states of consciousness. *Archives of General Psychiatry, 15,* 225–234.

Lykken, D. T. (1995). *The antisocial personalities.* Hillsdale, NJ: Erlbaum.

Lynn, M., & Shurgot, B. A. (1984). Responses to lonely hearts advertisements: Effects of reported physical attractiveness, physique, and coloration. *Personality and Social Psychology Bulletin, 10,* 349–357.

Lynn, R. (2009). What has caused the Flynn effect? Secular increases in the development quotients of infants. *Intelligence, 37*(1), 16–24.

Lynn, R. (2013). Who discovered the Flynn effect? A review of early studies of the secular increase of intelligence. *Intelligence.* Advance online publication. doi:10.1016/j.intell.2013.03.008

Lyons, D. E., Young, A. G., & Keil, F. C. (2007). The hidden structure of overimitation. *Proceedings of the National Academy of Sciences, 104*(50), 19751–19756. doi:10.1073/pnas.0704452104.

Lyubomirsky, S. (2008). *The how of happiness: A scientific approach to getting the life you want.* New York: Penguin.

Lyubomirsky, S., & Lepper, H. S. (1999). A measure of subjective happiness: Preliminary reliability and construct validation. *Social Indicators Research, 46,* 137–155.

MacDonald, S., Uesiliana, K., & Hayne, H. (2000). Cross-cultural and gender differences in childhood amnesia. *Memory, 8,* 365–376.

MacGregor, J. N., Ormerod, T. C., & Chronicle, E. P. (2001). Information processing and insight: A process model of performance on the nine-dot and related problems. *Journal of Experimental Psychology: Learning, Memory, and Cognition, 27,* 176–201.

Mack, A. H., Franklin, J. E., Jr., & Frances, R. J. (2003). Substance use disorders. In R. E. Hales & S. C. Yudofsky (Eds.), *The American Psychiatric Publishing textbook of clinical psychiatry* (4th ed., pp. 309–377). Washington, DC: American Psychiatric Publishing.

Maclean, P. D. (1970). The triune brain, emotion, and scientific bias. In F. O. Schmitt (Ed.), *The neurosciences: A second study program* (pp. 336–349). New York: Rockefeller University Press.

MacLeod, C., & Mathews, A. (2012). Cognitive bias modification approaches to anxiety. *Annual Review of Clinical Psychology, 8,* 189–217.

MacLeod, M. D. (2002). Retrieval-induced forgetting in eyewitness memory: Forgetting as a consequence of remembering. *Applied Cognitive Psychology, 16,* 135–149.

MacLeod, M. D., & Saunders, J. (2008). Retrieval inhibition and memory distortion: Negative consequences of an adaptive process. *Current Directions in Psychological Science, 17,* 26–30.

Macmillan, M. (2000). *An odd kind of fame: Stories of Phineas Gage.* Cambridge, MA: MIT Press.

Macmillan, N. A., & Creelman, C. D. (2005). *Detection theory.* Mahwah, NJ: Erlbaum.

Macrae, C. N., Bodenhausen, G. V., Milne, A. B., & Jetten, J. (1994). Out of mind but back in sight: Stereotypes on the rebound. *Journal of Personality and Social Psychology, 67,* 808–817.

Macrae, C. N., Moran, J. M., Heatherton, T. F., Banfield, J. F., & Kelley, W. M. (2004). Medial prefrontal activity predicts memory for self. *Cerebral Cortex, 14,* 647–654.

Maddi, S. R., Harvey, R. H., Khoshaba, D. M., Fazel, M., & Resurreccion, N. (2009). Hardiness training facilitates performance in college. *The Journal of Positive Psychology, 4,* 566–577.

Maddi, S. R., Kahn, S., & Maddi, K. L. (1998). The effectiveness of hardiness training. *Consulting Psychology Journal: Practice and Research, 50,* 78–86.

Maddux, W. W., Mullen, E., & Galinsky, A. D. (2008). Chameleons bake bigger pies and take bigger pieces: Strategic behavioral mimicry facilitates negotiation outcomes. *Journal of Experimental Social Psychology, 44,* 461–468.

Madigan, S., Atkinson, L., Laurin, K., & Benoit, D. (2013). Attachment and internalizing behavior in early childhood: A meta-analysis. *Developmental Psychology, 49*(4), 672–689. doi:10.1037/a0028793

Maes, M. (1995). Evidence for an immune response in major depression: A review and hypothesis. *Progress in Neuro-Psychopharmacology and Biological Psychiatry, 19,* 11–38.

Maguire, E. A., Woollett, K., & Spiers, H. J. (2006). London taxi drivers and bus drivers: A structural MRI and neuropsychological analysis. *Hippocampus, 16,* 1091–1101.

Mahajan, N., Martinez, M. A., Gutierrez, N. L., Diesendruck, G., Banaji, M. R., & Santos, L. R. (2011). The evolution of intergroup bias: Perceptions and attitudes in rhesus macaques. *Journal of Personality and Social Psychology, 100*(3), 387–405. doi:10.1037/a0022459

Mahon, B. Z., Anzellotti, S., Schwarzbach, J., Zampini, M., & Caramazza, A. (2009). Category-specific organization in the human brain does not require visual experience. *Neuron, 63,* 397–405.

Mahon, B. Z., & Caramazza, A. (2009). Concepts and categories: A cognitive neuropschological perspective. *Cognitive Neuropsychology, 60,* 27–51.

Mahowald, M., & Schenck, C. (2000). REM sleep parasomnias. In M. Kryger, T. Roth, & W. Dement (Eds.), *Principles and practices of sleep medicine* (3rd ed., pp. 724–741). Philadelphia: Saunders.

Makris, N. , Biederman, J., Monuteaux, M. C., & Seidman, L. J. (2009). Towards conceptualizing a neural systems-based anatomy of attention-deficit/hyperactivity disorder. *Developmental Neuroscience, 31,* 36–49.

Maier, S. F., & Watkins, L. R. (1998). Cytokines for psychologists: Implications of bidirectional immune-to-brain communication for understanding behavior, mood, and cognition. *Psychological Review, 105,* 83–107.

Maier, S. F., & Watkins, L. R. (2000). The immune system as a sensory system: Implications for psychology. *Current Directions in Psychological Science, 9,* 98–102.

Major, B., Mendes, W. B., & Dovidio, J. F. (2013). Intergroup relations and health disparities: A social psychological perspective. *Health Psychology, 32,* 514–524.

Makin, J. E., Fried, P. A., & Watkinson, B. (1991). A comparison of active and passive smoking during pregnancy: Long-term effects. *Neurotoxicology and Teratology, 16,* 5–12.

Malina, R. M., Bouchard, C., & Beunen, G. (1988). Human growth: Selected aspects of current research on well-nourished children. *Annual Review of Anthropology, 17,* 187–219.

Malooly, A. M., Genet, J. J., & Siemer, M. (2013). Individual differences in reappraisal effectiveness: The role of affective flexibility. *Emotion, 13*(2), 302–313. doi:10.1037/a0029980

Mampe, B., Friederici, A. D., Christophe, A., & Wermke, K. (2009). Newborns' cry melody is shaped by their native language. *Current Biology, 19,* 1–4.

Mandel, D. R., & Lehman, D. R. (1998). Integration of contingency information in judgments of cause, covariation, and probability. *Journal of Experimental Psychology: General, 127,* 269–285.

Mandle, C. L., Jacobs, S. C., Arcari, P. M., & Domar, A. D. (1996). The efficacy of relaxation response interventions with adult patients: A review of the literature. *Journal of Cardiovascular Nursing, 10,* 4–26.

Mandler, G. (1967). Organization and memory. In K. W. Spence & J. T. Spence (Eds.), *The psychology of learning and motivation* (Vol. 1, pp. 327–372). New York: Academic Press.

Mankiw, N. G., & Weinzierl, M. (2010). The optimal taxation of height: A case study of utilitarian income redistribution. *American Economic Journal: Economic Policy, 2,* 155–176.

Mann, J. J. (2005). The medical management of depression. *New England Journal of Medicine, 353,* 1819–1834.

Mann, J. J., Apter, A., Bertolote, J., Beautrais, A., Currier, D., Haas, A., . . . Hendin, H. (2005). Suicide prevention strategies: A systematic review. *Journal of the American Medical Association,* 294(16), 2064–2074. doi:10.1001/jama.294.16.2064

Marangell, L. B., Silver, J. M., Goff, D. M., & Yudofsky, S. C. (2003). Psychopharmacology and electroconvulsive therapy. In R. E. Hales & S. C. Yudofsky (Eds.), *The American Psychiatric Publishing textbook of clinical psychiatry* (4th ed., pp. 1047–1149). Washington, DC: American Psychiatric Publishing.

March of Dimes. (2010). *Smoking during pregnancy.* Retrieved July 15, 2010, from http://www.marchofdimes.com/professionals/14332_1171. asp

Marci, C. D., Ham, J., Moran, E., & Orr, S. P. (2007). Physiologic correlates of perceived therapist empathy and social-emotional process during psychotherapy. *Journal of Nervous and Mental Disease, 195,* 103–111.

Marcus, G. (2012, December 3). Neuroscience fiction. *New Yorker.* Retrieved from http://www.newyorker.com/online/blogs/ newsdesk/2012/12/what-neuroscicnec-really-teaches-us-and-what-it-doesnt.html

Marcus, G. B. (1986). Stability and change in political attitudes: Observe, recall, and "explain." *Political Behavior, 8,* 21–44.

Markus, H. (1977). Self-schemata and processing information about the self. *Journal of Personality and Social Psychology, 35,* 63–78.

Marlatt, G. A., & Rohsenow, D. (1980). Cognitive processes in alcohol use: Expectancy and the balanced placebo design. In N. K. Mello (Ed.), *Advances in substance abuse: Behavioral and biological research* (pp. 159–199). Greenwich, CT: JAI Press.

Marlatt, G. A., & Witkiewitz, K. (2010). Update on harm reduction policy and intervention research. *Annual Review of Clinical Psychology, 6,* 591–606.

Marmot, M. G., Stansfeld, S., Patel, C., North, F., Head, J., White, L., . . . Feeney, A. (1991). Health inequalities among British civil servants: The Whitehall II study. *Lancet, 337,* 1387–1393.

Marr, D., & Nishihara, H. K. (1978). Representation and recognition of the spatial organization of three-dimensional shapes. *Proceedings of the Royal Society B: Biological Sciences, 200,* 269–294.

Marsolek, C. J. (1995). Abstract visual-form representations in the left cerebral hemispheres. *Journal of Experimental Psychology: Human Perception and Performance, 21,* 375–386.

Martin, A. (2007). The representation of object concepts in the brain. *Annual Review of Psychology, 58,* 25–45.

Martin, A., & Caramazza, A. (2003). Neuropsychological and neuroimaging perspectives on conceptual knowledge: An introduction. *Cognitive Neuropsychology, 20,* 195–212.

Martin, A., & Chao, L. L. (2001). Semantic memory and the brain: Structure and processes. *Current Opinion in Neurobiology, 11,* 194–201.

Martin, K. D., & Hill, R. P. (2012). Life satisfaction, self-determination, and consumption adequacy at the bottom of the pyramid. *Journal of Consumer Research, 38,* 1155–1168.

Martin, N. G., Eaves, L. J., Geath, A. R., Jarding, R., Feingold, L. M., & Eysenck, H. J. (1986). Transmission of social attitudes. *Proceedings of the National Academy of Sciences, USA, 83,* 4364–4368.

Martinez, G., Copen, C. E., & Abma, J. C. (2011). Teenagers in the United States: Sexual activity, contraceptive use, and childbearing, 2006–2010: National Survey of Family Growth. *Vital Health Statistics, 23*(31).

Marucha, P. T., Kiecolt-Glaser, J. K., & Favagehi, M. (1998). Mucosal wound healing is impaired by examination stress. *Psychosomatic Medicine, 60,* 362–365.

Marzuk, P. M., Tardiff, K., Leon, A. C., Hirsch, C., Portera, L., Iqbal, M. I., . . . Hartwell, N. (1998). Ambient temperature and mortality from unintentional cocaine overdose. *Journal of the American Medical Association, 279,* 1795–1800.

Maslach, C. (2003). Job burnout: New directions in research and intervention. *Current Directions in Psychological Science, 12,* 189–192.

Maslach, C., Schaufeli, W. B., & Leiter, M. P. (2001). Job burnout. *Annual Review of Psychology, 52,* 397–422.

Maslow, A. H. (1937). Dominance-feeling, behavior, and status. In R. J. Lowry (Ed.), *Dominance, self-esteem, self-actualization: Germinal papers by A. H. Maslow* (pp. 49–70). Monterey, CA: Brooks-Cole.

Maslow, A. H. (1954). *Motivation and personality.* New York: Harper & Row.

Maslow, A. H. (1970). *Motivation and personality* (2nd ed.). New York: Harper & Row.

Mason, M. F., Magee, J. C., Kuwabara, K., & Nind, L. (2010). Specialization in relational reasoning: The efficiency, accuracy, and neural substrates of social versus nonsocial inferences. *Social Psychological and Personality Science, 1*(4), 318–326. doi:10.1177/1948550610366166

Mason, M. F., Norton, M. I., Van Horn, J. D., Wegner, D. M., Grafton, S. T., & Macrae, C. N. (2007). Wandering minds: The default network and stimulus-independent thought. *Science, 3154,* 393–395.

Masten, A. S. (2004). Family therapy as a treatment for children: A critical review of outcome research. *Family Process, 18,* 323–335.

Masters, W. H., & Johnson, V. E. (1966). *Human sexual response.* Boston: Little, Brown.

Masuda, T., & Nisbett, R. E. (2006). Culture and change blindness. *Cognitive Science, 30,* 381–300.

Mather, M., Canli, T., English, T., Whitfield, S., Wais, P., Ochsner, K., . . . Cartensen, L. L. (2004). Amygdala responses to emotionally valenced stimuli in older and younger adults. *Psychological Science, 15,* 259–263.

Mather, M., & Carstensen, L. L. (2003). Aging and attentional biases for emotional faces. *Psychological Science, 14,* 409–415.

Mather, M., & Carstensen, L. L. (2005). Aging and motivated cognition: The positivity effect in attention and memory. *Trends in Cognitive Sciences, 9*(10), 496–502.

Matsuda, O., & Saito, M. (1998). Crystallized and fluid intelligence in elderly patients with mild dementia of the Alzheimer type. *International Psychogeriatrics, 10*(2), 147–154. doi:10.1017/S1041610298005250

Matsumoto, D., & Willingham, B. (2009). Spontaneous facial expressions of emotion of congenitally and noncongenitally blind individuals. *Journal of Personality and Social Psychology, 96,* 1–10.

Mattar, A. A. G., & Gribble, P. L. (2005). Motor learning by observing. *Neuron, 46,* 153–160.

Matthews, G., & Gilliland, K. (1999). The personality theories of H. J. Eysenck and J. A. Gray: A comparative review. *Personality and Individual Differences, 26,* 583–626.

Matzel, L. D., Han, Y. R., Grossman, H., Karnik, M. S., Patel, D., Scott, N., . . . Gandhi, C. C. (2003). Individual differences in the expression of a general learning ability in mice. *Journal of Neuroscience, 23*(16), 6423–6433.

Maudsley, H. (1886). *Natural causes and supernatural seemings.* London: Kegan Paul, Trench.

Max, A. (2006, September 16). Dutch reach new heights. *USA Today.* Retrieved from http://usatoday30.usatoday.com/news/offbeat/2006-09-16-dutch-tall_x.htm

May, R. (1983). *The discovery of being: Writings in existential psychology.* New York: Norton.

Mayberg, H., Lozano, A., Voon, V., McNeely, H., Seminowicz, D., Hamani, C., . . . Kennedy, S. H. (2005). Deep brain stimulation for treatmentresistant depresssion. *Neuron, 45,* 651–660.

Mayer, J. D., Caruso, D. R., & Salovey, P. (1999). Emotional intelligence meets traditional standards for an intelligence. *Intelligence, 27,* 267.

Mayer, J. D., Caruso, D. R., Zigler, E., & Dreyden, J. I. (1989). Intelligence and intelligence-related personality traits. *Intelligence, 13*(2), 119–133. doi:10.1016/0160-2896(89)90011-1

Mayer, J. D., Roberts, R. D., & Barsade, S. G. (2008). Human abilities: Emotional intelligence. *Annual Review of Psychology, 59,* 507–536.

Maynard-Smith, J. (1965). The evolution of alarm calls. *American Naturalist, 100,* 637–650.

McAdams, D. (1993). *The stories we live by: Personal myths and the making of the self.* New York: Morrow.

McCabe, S. E., Knight, J. R., Teter, C. J., & Wechsler, H. (2005). Nonmedical use of prescription stimulants among U.S. college students: Prevalence and correlates from a national survey. *Addiction, 100,* 96–106.

McCauley, J., Ruggiero, K. J., Resnick, H. S., Conoscenti, L. M., & Kilpatrick, D. G. (2009). Forcible, drug-facilitated, and incapacitated rape in relation to substance use problems: Results from a national sample of college women. *Addictive Behaviors, 34,* 458–462.

McClelland, D. C., Atkinson, J. W., Clark, R. A., & Lowell, E. L. (1953). *The achievement motive.* New York: Appleton-Century-Crofts.

McConkey, K. M., Barnier, A. J., & Sheehan, P. W. (1998). Hypnosis and pseudomemory: Understanding the findings and their implications. In S. J. Lynn & K. M. McConkey (Eds.), *Truth in memory* (pp. 227–259). New York: Guilford Press.

McCrae, R. R., & Costa, P. T. (1990). *Personality in adulthood.* New York: Guilford Press.

McCrae, R. R., & Costa, P. T. (1999). A five-factor theory of personality. In L. A. Pervin & O. P. John (Eds.), *Handbook of personality: Theory and research* (pp. 139–153). New York: Guilford Press.

McCrea, S. M., Buxbaum, L. J., & Coslett, H. B. (2006). Illusory conjunctions in simultanagnosia: Coarse coding of visual feature location? *Neuropsychologia, 44,* 1724–1736.

McDougall, W. (1930). The hormic psychology. In C. Murchison (Ed.), *Psychologies of 1930* (pp. 3–36). Worcester, MA: Clark University Press.

McElwain, N. L., Booth-LaForce, C., & Wu, X. (2011). Infant–mother attachment and children's friendship quality: Maternal mental state talk as an intervening mechanism. *Developmental Psychology, 47*(5), 1295–1311. doi:10.1037/a0024094

McEvoy, S. P., Stevenson, M. R., McCartt, A. T., Woodward, M., Haworth, C., Palamara, P., & Circarelli, R. (2005). Role of mobile phones in motor vehicle crashes resulting in hospital attendance: A casecrossover study. *British Medical Journal, 331,* 428–430.

McFall, R. M., & Treat, T. A. (1999). Quantifying the information value of clinical assessments with signal detection theory. *Annual Review of Psychology, 50,* 215–241.

McFarlane, A. H., Norman, G. R., Streiner, D. L., Roy, R., & Scott, D. J. (1980). A longitudinal study of the influence of the psychosocial environment on health status: A preliminary report. *Journal of Health and Social Behavior, 21,* 124–133.

McGarty, C., & Turner, J. C. (1992). The effects of categorization on social judgement. *British Journal of Social Psychology, 31,* 253–268.

McGaugh, J. L. (2000). Memory: A century of consolidation. *Science, 287,* 248–251.

McGaugh, J. L. (2006). Make mild moments memorable: Add a little arousal. *Trends in Cognitive Sciences, 10,* 345–347.

McGowan, P. O., Sasaki, A., D'Alessio, A. D., Dymov, S., Labonté, B., Szyf, M., . . . Meaney, M. J. (2009). Epigenetic regulation of the glucocorticoid receptor in human brain associates with childhood abuse. *Nature Neuroscience, 12,* 342–348.

McGowan, P. O., Suderman, M., Sasaki, A., Huang, T. C. T., Hallett, M., Meaney, J. J., & Szyf, M. (2011). Broad epigenetic signature of maternal care in the brain of adult rats. *PLoS One, 6*(2), e14739. doi:10.1371/journal.pone.0014739

McGrath, J., Saha, S., Chant, D., & Welham, J. (2008). Schizophrenia: A concise overview of incidence, prevalence, and mortality. *Epidemiologic Reviews, 30,* 67–76.

McGue, M., & Bouchard, T. J. (1998). Genetic and environmental influences on human behavioral differences. *Annual Review of Neuroscience, 21,* 1–24.

McGuire, P. K., Shah, G. M., & Murray, R. M. (1993). Increased blood flow in Broca's area during auditory hallucinations in schizophrenia. *Lancet, 342,* 703–706.

McIntyre, S. H., & Munson, J. M. (2008). Exploring cramming: Student behaviors, beliefs, and learning retention in the principles of marketing course. *Journal of Marketing Education, 30,* 226–243.

McKee, A. C., Cantu, R. C., Nowinski, C. J., Hedley-Whyte, E. T., Gavett, B. E., Budson, A. E., . . . Stern, R. A. (2009). Chronic traumatic encephalopathy in athletes: Progressive tauopathy after repetitive head injury. *Journal of Neuropathology and Experimental Neurology, 68,* 709–735.

McKee, A. C., Stein, T. D., Nowinski, C. J., Stern, R. A., Daneshvar, D. H., Alvarez, V. E., . . . Cantu, R. (2012). The spectrum of disease in chronic traumatic encephalopathy. *Brain, 136*(1), 43–64. doi:10.1093/brain/aws307

McKetin, R., Ward, P. B., Catts, S. V., Mattick, R. P., & Bell, J. R. (1999). Changes in auditory selective attention and event-related potentials following oral administration of D-amphetamine in humans. *Neuropsychopharmacology, 21,* 380–390.

McKinney, C. H., Antoni, M. H., Kumar, M., Tims, F. C., & McCabe, P. M. (1997). Effects of guided imagery and music (GIM) therapy on mood and cortisol in healthy adults. *Health Psychology, 16,* 390–400.

McLaughlin, K. A., Nandi, A., Keyes, K. M., Uddin, M., Aiello, A. E., Galea, S., & Koenen, K. C. (2012). Home foreclosure and risk of psychiatric morbidity during the recent financial crisis. *Psychological Medicine, 42,* 1441–1448.

McLean, K. C. (2008). The emergence of narrative identity. *Social and Personality Psychology Compass, 2*(4), 1685–1702.

McNally, R. J. (2003). *Remembering trauma.* Cambridge, MA: Belknap Press of Harvard University Press.

McNally, R. J., & Clancy, S. A. (2005). Sleep paralysis, sexual abuse, and space alien abduction. *Transcultural Psychiatry, 42,* 113–122.

McNally, R. J., & Geraerts, E. (2009). A new solution to the recovered memory debate. *Perspective on Psychological Science, 4,* 126–134.

McNally, R. J., & Steketee, G. S. (1985). Etiology and maintenance of severe animal phobias. *Behavioral Research and Therapy, 23,* 431–435.

McNeilly, A. S., Robinson, I. C., Houston, M. J., & Howie, P. W. (1983). Release of oxytocin and prolactin in response to suckling. *British Medical Journal, 286,* 257–259.

McRae, C., Cherin, E., Yamazaki, G., Diem, G., Vo, A. H., Russell, D., . . . Freed, C. R. (2004). Effects of perceived treatment on quality of life and medical outcomes in a double-blind placebo surgery trial. *Archives of General Psychiatry, 61,* 412–420.

McWilliams, P. (1993). *Ain't nobody's business if you do: The absurdity of consensual crimes in a free society.* Los Angeles: Prelude Press.

Mead, G. H. (1934). *Mind, self, and society.* Chicago: University of Chicago Press.

Mead, M. (1968). *Sex and temperament in three primitive societies.* New York: Dell. (Original work published 1935)

Meaney, M. J., & Ferguson-Smith, A. C. (2010). Epigenetic regulation of the neural transcriptome: The meaning of the marks. *Nature Neuroscience, 13,* 1313–1318.

Mechelli, A., Crinion, J. T., Noppeney, U., O'Doherty, J., Ashburner, J., Frackowiak, R. S., & Price, C. J. (2004). Neurolinguistics: Structural plasticity in the bilingual brain. *Nature, 431,* 757.

Medin, D. L., & Schaffer, M. M. (1978). Context theory of classification learning. *Psychological Review, 85,* 207–238.

Medvec, V. H., Madey, S. F., & Gilovich, T. (1995). When less is more: Counterfactual thinking and satisfaction among Olympic medalists. *Journal of Personality and Social Psychology, 69,* 603–610.

Meeren, H. K. M., van Heijnsbergen, C. C. R. J., & de Gelder, B. (2005). Rapid perceptual integration of facial expression and emotional body language. *Proceedings of the National Academy of Sciences, USA, 102*(45), 16518–16523.

Mehl, M. R., Vazire, S., Ramirez-Esparza, N., Slatcher, R. B., & Pennebaker, J. W. (2009). Are women really more talkative than men? *Science, 317,* 82.

Meindl, J. N., & Casey, L. B. (2012). Increasing the suppressive effect of delayed punishers: A review of basic and applied literature. *Behavioral Interventions, 27,* 129–150.

Meins, E. (2003). Emotional development and attachment relationships. In A. Slater & G. Bremner (Eds.), *An introduction to developmental psychology* (pp. 141–164). Malden, MA: Blackwell.

Meins, E., Fernyhough, C., Fradley, E., & Tuckey, M. (2001). Rethinking maternal sensitivity: Mothers' comments on infants' mental processes predict security of attachment at 12 months. *Journal of Child Psychology & Psychiatry & Allied Disciplines, 42,* 637–648.

Meisel, S. R., Dayan, K. I., Pauzner, H., Chetboun, I., Arbel, Y., & David, D. (1991). Effect of Iraqi missile war on incidence of acute myocardial infarction and sudden death in Israeli citizens. *Lancet, 338,* 660–661.

Mekel-Bobrov, N., Gilbert, S. L., Evans, P. D., Vallender, E. J., Anderson, J. R., Hudson, R. R., . . . Lahn, B. T. (2005). Ongoing adaptive evolution of ASPM, a brain size determinant in *Homo sapiens. Science, 309,* 1720–1722.

Melander, E. (2005). Gender equality and intrastate armed conflict. *International Studies Quarterly, 49*(4), 695–714. doi:10.1111/j.1468-2478.2005.00384.x

Mellon, R. C. (2009). Superstitious perception: Response-independent reinforcement and punishment as determinants of recurring eccentric interpretations. *Behaviour Research and Therapy, 47,* 868–875.

Meltzer, H. Y. (2013). Update on typical and atypical antipsychotic drugs. *Annual Review of Medicine, 64,* 393–406.

Meltzoff, A. N. (1995). Understanding the intentions of others: Reenactment of intended acts by 18-month-old children. *Developmental Psychology, 31,* 838–850.

Meltzoff, A. N. (2007). "Like me": A foundation for social cognition. *Developmental Science, 10*(1), 126–134. doi:10.1111/j.1467-7687 .2007.00574x

Meltzoff, A. N., Kuhl, P. K., Movellan, J., & Sejnowski, T. J. (2009). Foundations for a new science of learning. *Science, 325,* 284–288.

Meltzoff, A. N., & Moore, M. K. (1977). Imitation of facial and manual gestures by human neonates. *Science, 198,* 75–78.

Melzack, R., & Wall, P. D. (1965). Pain mechanisms: A new theory. *Science, 150,* 971–979.

Mendes, W. B., Blascovich, J., Hunter, S. B., Lickel, B., & Jost, J. T. (2007). Threatened by the unexpected: Physiological responses during social interactions with expectancy-violating partners. *Journal of Personality and Social Psychology, 92,* 698–716.

Mendes, W. B., Blascovich, J., Lickel, B., & Hunter, S. (2002). Challenge and threat during social interaction with White and Black men. *Personality & Social Psychology Bulletin, 28*, 939–952.

Mendle, J., Harden, K. P., Brooks-Gunn, J., & Graber, J. A. (2010). Development's tortoise and hare: Pubertal timing, pubertal tempo, and depressive symptoms in boys and girls. *Developmental Psychology, 46*(5), 1341–1353. doi: 10.1037/a0020205

Mendle, J., Turkheimer, E., & Emery, R. E. (2007). Detrimental psychological outcomes associated with early pubertal timing in adolescent girls. *Developmental Review, 27*, 151–171.

Mennella, J. A., Johnson, A., & Beauchamp, G. K. (1995). Garlic ingestion by pregnant women alters the odor of amniotic fluid. *Chemical Senses, 20*, 207–209.

Merikangas, K. R., Wicki, W., & Angst, J. (1994). Heterogeneity of depression: Classification of depressive subtype by longitudinal course. *British Journal of Psychiatry, 164*, 342–348.

Mervis, C. B., & Bertrand, J. (1994). Acquisition of the "Novel Name" Nameless Category (N3C) principle. *Child Development, 65*, 1646–1662.

Merzenich, M. M., Recanzone, G. H., Jenkins, W. M., & Grajski, K. A. (1990). Adaptive mechanisms in cortical networks underlying cortical contributions to learning and nondeclarative memory. *Cold Spring Harbor Symposia on Quantitative Biology, 55*, 873–887.

Messick, D. M., & Cook, K. S. (1983). *Equity theory: Psychological and sociological perspectives.* New York: Praeger.

Meston, C. M., & Buss, D. M. (2007). Why humans have sex. *Archives of Sexual Behavior, 36*, 477–507.

Mestre, J. M., Guil, R., Lopes, P. N., Salovey, P., & Gil-Olarte, P. (2006). Emotional intelligence and social and academic adaptation to school. *Psicothema, 18*, 112.

Mestry, N., Donnelly, N., Meneer, T., & McCarthy, R. A. (2012). Discriminating Thatcherised from typical faces in a case of prosopagnosia. *Neuropsychologia, 50*, 3410–3418.

Metcalfe, J. (2009). Metacognitive judgments and control of study. *Current Directions in Psychological Science, 18*, 159–163.

Metcalfe, J., & Finn, B. (2008). Evidence that judgments of learning are causally related to study choice. *Psychonomic Bulletin & Review, 15*, 174–179.

Metcalfe, J., & Wiebe, D. (1987). Intuition in insight and noninsight problem solving. *Memory & Cognition, 15*, 238–246.

Methven, L., Allen, V. J., Withers, G. A., & Gosney, M. A. (2012). Ageing and taste. *Proceedings of the Nutrition Society, 71*, 556–565.

Meyer-Bahlberg, H. F. L., Ehrhardt, A. A., Rosen, L. R., & Gruen, R. S. (1995). Prenatal estrogens and the development of homosexual orientation. *Developmental Psychology, 31*, 12–21.

Michaela, R., Florian, S., Gert, G. W., & Ulman, L. (2009). Seeking pleasure and seeking pain: Differences in prohedonic and contrahedonic motivation from adolescence to old age. *Psychological Science, 20*(12), 1529–1535.

Michelson, D., Pollack, M., Lydiard, R. D., Tamura, R., Tepner, R., & Tollefson, G. (1999). Continuing treatment of panic disorder after acute responses: Randomized, placebo-controlled trail with fluoxetine. The Fluoxitine Panic Disorder Study Group. *British Journal of Psychiatry, 174*, 213–218.

Mikels, J. A., Maglio, S. J., Reed, A. E., & Kaplowitz, L. J. (2011). Should I go with my gut? Investigating the benefits of emotion-focused decision making. *Emotion, 11*(4), 743–753.

Miklowitz, D. J., & Johnson, S. L. (2006). The psychopathology and treatment of bipolar disorder. *Annual Review of Clinical Psychology, 2*, 199–235.

Milgram, S. (1963). Behavioral study of obedience. *Journal of Abnormal and Social Psychology, 67*, 371–378.

Milgram, S. (1974). *Obedience to authority.* New York: Harper & Row.

Milgram, S., Bickman, L., & Berkowitz, O. (1969). Note on the drawing power of crowds of different size. *Journal of Personality and Social Psychology, 13*, 79–82.

Miller, A. J. (1986). *The obedience experiments: A case study of controversy in social science.* New York: Praeger.

Miller, C., Seckel, E., & Ramachandran, V. S. (2012). Using mirror box therapy to treat phatom pain in Haitian earthquake victims. *Journal of Vision, 12*, article 1323. doi:10.1167/12.9.1323

Miller, D. T., & Prentice, D. A. (1996). The construction of social norms and standards. In E. T. Higgins & A. W. Kruglanski (Ed.), *Social psychology: Handbook of basic principles* (pp. 799–829). New York: Guilford Press.

Miller, D. T., & Ratner, R. K. (1998). The disparity between the actual and assumed power of self-interest. *Journal of Personality and Social Psychology, 74*, 53–62.

Miller, D. T., & Ross, M. (1975). Self-serving biases in the attribution of causality: Fact or fiction? *Psychological Bulletin, 82*, 213–225.

Miller, G. A. (1956). The magical number seven, plus or minus two: Some limits on our capacity for processing information. *Psychological Review, 63*, 81–96.

Miller, K. F., Smith, C. M., & Zhu, J. (1995). Preschool origins of cross-national differences in mathematical competence: The role of number-naming systems. *Psychological Science, 6*, 56–60.

Miller, N. E. (1960). Motivational effects of brain stimulation and drugs. *Federation Proceedings, 19*, 846–854.

Miller, T. W. (Ed.). (1996). *Theory and assessment of stressful life events.* Madison, CT: International Universities Press.

Miller, W. R., & Rollnick, S. (2012). *Motivational interviewing: Helping people change* (3rd ed.). New York: Guilford Press.

Mills, P. J., & Dimsdale, J. E. (1991). Cardiovascular reactivity to psychosocial stressors. A review of the effects of beta-blockade. *Psychosomatics, 32*, 209–220.

Milne, E., & Grafman, J. (2001). Ventromedial prefrontal cortex lesions in humans eliminate implicit gender stereotyping. *Journal of Neuroscience, 21*, 1–6.

Milner, A. D., & Goodale, M. A. (1995). *The visual brain in action.* Oxford, England: Oxford University Press.

Milner, B. (1962). Laterality effects in audition. In V. B. Mountcastle (Ed.), *Interhemispheric relations and cerebral dominance* (pp. 177–195). Baltimore: Johns Hopkins University Press.

Mineka, S., & Cook, M. (1988). Social learning and the acquisition of snake fear in monkeys. In T. Zentall & B. G. Galef, Jr. (Eds.), *Social learning* (pp. 51–73). Hillsdale, NJ: Erlbaum.

Mineka, S., & Ohman, A. (2002). Born to fear: Non-associative vs. associative factors in the etiology of phobia. *Behaviour Research and Therapy, 40*, 173–184.

Mingroni, M. A. (2007). Resolving the IQ paradox: Heterosis as a cause of the Flynn effect and other trends. *Psychological Review, 114*, 806–829.

Minson, J. A., & Mueller, J. S. (2012). The cost of collaboration: Why joint decision making exacerbates rejection of outside information. *Psychological Science, 23*(3), 219–224. doi:10.1177/0956797611429132

Minsky, M. (1986). *The society of mind.* New York: Simon & Schuster.

Miranda, J., Bernal, G., Lau, A., Kihn, L., Hwang, W. C., & LaFramboise, T. (2005). State of the science on psychological interventions for ethnic minorities. *Annual Review of Clinical Psychology, 1*, 113–142.

Mischel, W. (1968). *Personality and assessment.* New York: Wiley.

Mischel, W. (2004). Toward an integrative science of the person. *Annual Review of Psychology, 55*, 1–22.

Mischel, W., Ayduk, O., Baumeister, R. F., & Vohs, K. D. (2004). Willpower in a cognitive-affective processing system: The dynamics of delay of gratification. In *Handbook of self-regulation: Research, theory, and applications* (pp. 99–129). New York: Guilford Press.

Mischel, W., & Shoda, Y. (1999). Integrating dispositions and processing dynamics within a unified theory of personality: The cognitiveaffective personality system. In L. A. Pervin & O. P. John (Eds.), *Handbook of personality: Theory and research.* New York: Guilford Press.

Mischel, W., Shoda, Y., & Rodriguez, M. L. (1989). Delay of gratification in children. *Science, 244,* 933–938.

Mishra, A., & Mishra, H. (2010). Border bias: The belief that state borders can protect against disasters. *Psychological Science, 21*(11), 1582–1586. doi:10.1177/0956797610385950

Mita, T. H., Dermer, M., & Knight, J. (1977). Reversed facial images and the mere-exposure hypothesis. *Journal of Personality and Social Psychology, 35,* 597–601.

Mitchell, J. P. (2006). Mentalizing and Marr: An information processing approach to the study of social cognition. *Brain Research, 1079,* 66–75.

Mitchell, J. P., Heatherton, T. F., & Macrae, C. N. (2002). Distinct neural systems subserve person and object knowledge. *Proceedings of the National Academy of Sciences, USA, 99,* 15238–15243.

Mitchell, K. J., & Johnson, M. K. (2009). Source monitoring 15 years later: What have we learned from fMRI about the neural mechanisms of source memory? *Psychological Bulletin, 135,* 638–677.

Miura, I. T., Okamoto, Y., Kim, C. C., & Chang, C. M. (1994). Comparisons of children's cognitive representation of number: China, France, Japan, Korea, Sweden and the United States. *International Journal of Behavioral Development, 17,* 401–411.

Moffitt, T. E. (1993). Adolescence-limited and life-course-persistent antisocial behavior: A developmental taxonomy. *Psychological Review, 100,* 674–701.

Moffitt, T. E. (2005). Genetic and environmental influences on antisocial behaviors: Evidence from behavioral-genetic research. *Advances in Genetics, 55,* 41–104.

Moghaddam, B., & Bunney, B. S. (1989). Differential effect of cocaine on extracellular dopamine levels in rat medial prefrontal cortex and nucleus accumbens: Comparison to amphetamine. *Synapse, 4,* 156–161.

Mojtabai, R., Olfson, M., Sampson, N. A., Jin, R., Druss, B., Wang, P. S., . . . Kessler, R. C. (2011). Barriers to mental health treatment: Results from the National Comorbidity Survey replication. *Psychological Medicine, 41*(8), 1751–1761.

Molden, D., Lee, A. Y., & Higgins, E. T. (2009). Motivations for promotion and prevention. In J. Shah & W. Gardner (Eds.), *Handbook of motivation science* (pp. 169–187). New York: Guilford Press.

Monahan, J. (1992). Mental disorder and violent behavior: Perceptions and evidence. *American Psychologist, 47,* 511–521.

Monahan, J. L., Murphy, S. T., & Zajonc, R. B. (2000). Subliminal mere exposure: Specific, general, and diffuse effects. *Psychological Science, 11,* 462–466.

Moncrieff, J. (2009). A critique of the dopamine hypothesis of schizophrenia and psychosis. *Harvard Review of Psychiatry, 17,* 214–225.

Montague, C. T., Farooqi, I. S., Whitehead, J. P., Soos, M. A., Rau, H., Wareham, N. J., . . . O'Rahilly, S. (1997). Congenital leptin deficiency is associated with severe early-onset obesity in humans. *Nature, 387*(6636), 903–908.

Monti, M. M. (2012). Cognition in the vegetative state. *Annual Review of Clinical Psychology, 8,* 431–454.

Monti, M. M., Coleman, M. R., & Owen, A. M. (2009). Neuroimaging and the vegetative state: Resolving the behavioral assessment dilemma? *Annals of the New York Academy of Sciences, 1157,* 81–89.

Monti, M. M., Vanhaudenhuyse, A., Coleman, M. R., Boly, M., Pickard, J. D., Tshibanda, L., . . . Laureys, S. (2010). Willful modulation of brain activity in disorders of consciousness. *New England Journal of Medicine, 362,* 579–589.

Mook, D. G. (1983). In defense of external invalidity. *American Psychologist, 38,* 379–387.

Moon, S. M., & Illingworth, A. J. (2005). Exploring the dynamic nature of procrastination: A latent growth curve analysis of academic procrastination. *Personality and Individual Differences, 38,* 297–309.

Moore, D. W. (2003). *Public lukewarm on animal rights.* Retrieved June 22, 2010, from http://www.gallup.com/poll/8461/publiclukewarm-animal-rights.aspx

Moore, E. G. J. (1986). Family socialization and the IQ test performance of traditionally and transracially adopted Black children. *Developmental Psychology, 22,* 317–326.

Moore, K. L. (1977). *The developing human* (2nd ed.). Philadelphia: Saunders.

Moore, L. (2012, August 31). American's future has to be multilingual. *The Washington Diplomat.* Retrieved from http://www.washdiplomat.com/index.php?option=com_content&view=article&id=8549:op-ed-americans-future-has-to-be-multilingual&catid=1492:september-2012&Itemid=504

Moran, P., Klinteberg, B. A., Batty, G. D., & Vågerö, D. (2009). Brief report: Childhood intelligence predicts hospitalization with personality disorder in adulthood: Eveidence from a population-based study in Sweden. *Journal of Personality Disorders, 23*(5), 535–540. doi:10.1521/pedi.2009.23.5.535

Moray, N. (1959). Attention in dichotic listening: Affective cues and the influence of instructions. *Quarterly Journal of Experimental Psychology, 11,* 56–60.

Moreno, S., Marques, C., Santos, A., Santos, M., Castro, S. L., & Besson, M. (2009). Musical training influences linguistic abilities in 8-year-old children: More evidence for brain plasticity. *Cerebral Cortex, 19,* 712–723.

Morewedge, C. K., & Norton, M. I. (2009). When dreaming is believing: The (motivated) interpretation of dreams. *Journal of Personality and Social Psychology, 96,* 249–264.

Morgan, H. (1990). Dostoevsky's epilepsy: A case report and comparison. *Surgical Neurology, 33,* 413–416.

Morgenstern, J., Labouvie, E., McCrady, B. S., Kahler, C. W., & Frey, R. M. (1997). Affiliation with Alcoholics Anonymous after treatment: A study of its therapeutic effects and mechanisms of action. *Journal of Consulting and Clinical Psychology, 65,* 768–777.

Morin, A. (2002). Right hemisphere self-awareness: A critical assessment. *Consciousness & Cognition, 11,* 396–401.

Morin, A. (2006). Levels of consciousness and self-awareness: A comparison of various neurocognitive views. *Consciousness & Cognition, 15,* 358–371.

Morin, C. M., Bélanger, L., LeBlanc, M., Ivers, H., Savard, J., Espie, C. A., . . . Grégoire, J. P. (2009). The natural history of insomnia: A population-based 3-year longitudinal study. *Archives of Internal Medicine, 169,* 447–453.

Morris, C. D., Bransford, J. D., & Franks, J. J. (1977). Levels of processing versus transfer-appropriate processing. *Journal of Verbal Learning and Verbal Behavior, 16,* 519–533.

Morris, R. G., Anderson, E., Lynch, G. S., & Baudry, M. (1986). Selective impairment of learning and blockade of long-term potentiation by an N-methyl-D-aspartate receptor antagonist, AP5. *Nature, 319,* 774–776.

Morris, T. L. (2001). Social phobia. In M. W. Vasey & M. R. Dadds (Eds.), *The developmental psychopathology of anxiety* (pp. 435–458). New York: Oxford University Press.

Morrow, D., Leirer, V., Altiteri, P., & Fitzsimmons, C. (1994). When expertise reduces age differences in performance. *Psychology and Aging, 9,* 134–148.

Moruzzi, G., & Magoun, H. W. (1949). Brain stem reticular formation and activation of the EEG. *Electroencephalography and Clinical Neurophysiology, 1,* 455–473.

Moscovitch, M. (1994). Memory and working-with-memory: Evaluation of a component process model and comparisons with other models. In D. L. Schacter & E. Tulving (Eds.), *Memory systems 1994* (pp. 269–310). Cambridge, MA: MIT Press.

Moscovitch, M., Nadel, L., Winocur, G., Gilboa, A., & Rosenbaum, R. S. (2006). The cognitive neuroscience of remote episodic, semantic and spatial memory. *Current Opinion in Neurobiology, 16,* 179–190.

Moss, D., McGrady, A., Davies, T., & Wickramasekera, I. (Eds.), (2002). *Handbook of mind–body medicine for primary care.* Newbury Park, CA: Sage.

Motley, M. T., & Baars, B. J. (1979). Effects of cognitive set upon laboratory induced verbal (Freudian) slips. *Journal of Speech & Hearing Research, 22,* 421–432.

Moulin, C. J. A., Conway, M. A., Thompson, R. G., James, N., & Jones, R. W. (2005). Disordered memory awareness: Recollective confabulation in two cases of persistent déjà vecu. *Neuropsychologia, 43,* 1362–1378.

Moura, A. C. A. de, & Lee, P. C. (2004). Capuchin stone tool use in Caatinga dry forest. *Science, 306,* 1909.

Mroczek, D. K., & Spiro, A. (2005). Change in life satisfaction during adulthood: Findings from the Veterans Affairs Normative Aging Study. *Journal of Personality and Social Psychology, 88,* 189.

Muehlenkamp, J. J., Claes, L., Havertape, L., & Plener, P. L. (2012). International prevalence of adolescent non-suicidal self-injury and deliberate self-harm. *Child and Adolescent Psychiatry and Mental Health, 6*(10). doi:10.1156/1753-2000-6-10

Mueller, T. E., Gavin, L. E., & Kulkarni, A. (2008). The association between sex education and youth's engagement in sexual intercourse, age at first intercourse, and birth control use at first sex. *The Journal of Adolescent Health, 42*(1), 89–96.

Mueller, T. I., Leon, A. C., Keller, M. B., Solomon, D. A., Endicott, J., Coryell, W., . . . Maser, J. D. (1999). Recurrence after recovery from major depressive disorder during 15 years of observational follow-up. *American Journal of Psychiatry, 156,* 1000–1006.

Muenter, M. D., & Tyce, G. M. (1971). L-dopa therapy of Parkinson's disease: Plasma L-dopa concentration, therapeutic response, and side effects. *Mayo Clinic Proceedings, 46,* 231–239.

Mullen, M. K. (1994). Earliest recollections of childhood: A demographic analysis. *Cognition, 52,* 55–79.

Muller, M. N., & Wrangham, R. W. (2004). Dominance, aggression and testosterone in wild chimpanzees: A test of the "challenge hypothesis." *Animal Behaviour, 67,* 113–123.

Munsey, C. (2008, February). Prescriptive authority in the states. *Monitor on Psychology, 39,* 60.

Murphy, N. A., Hall, J. A., & Colvin, C. R. (2003). Accurate intelligence assessments in social interactions: Mediators and gender effects. *Journal of Personality, 71,* 465–493.

Murray, C. (2002). *IQ and income inequality in a sample of sibling pairs from advantaged family backgrounds.* Paper presented at the 114th Annual Meeting of the American Economic Association.

Murray, C. J., & Lopez, A. D. (1996a). Evidence-based health policy—Lessons from the Global Burden of Disease study. *Science, 274,* 740–743.

Murray, C. J. L., & Lopez, A. D. (1996b). *The Global Burden of Disease: A comprehensive assessment of mortality and disability from diseases, injuries, and risk factors in 1990 and projected to 2020.* Cambridge, MA: Harvard University Press.

Murray, H. A. (1943). *Thematic Apperception Test manual.* Cambridge, MA: Harvard University Press.

Murray, H. A., & Kluckhohn, C. (1953). Outline of a conception of personality. In C. Kluckhohn, H. A. Murray, & D. M. Schneider (Eds.), *Personality in nature, society, and culture* (2nd ed., pp. 3–52). New York: Knopf.

Myers, D. G., & Diener, E. (1995). Who is happy? *Psychological Science, 6,* 10–19.

Myers, D. G., & Lamm, H. (1975). The polarizing effect of group discussion. *American Scientist, 63*(3), 297–303.

Myles, P. S., Leslie, K., McNeil, J., Forbes, A., & Chan, M. T. V. (2004). Bispectral index monitoring to prevent awareness during anaesthesia. The B Aware randomised controlled trial. *Lancet, 363,* 1757–1763.

Nadasdy, A. (1995). Phonetics, phonology, and applied linguistics. *Annual Review of Applied Linguistics, 15,* 68–77.

Nader, K., & Hardt, O. (2009). A single standard for memory: The case of reconsolidation. *Nature Reviews Neuroscience, 10,* 224–234.

Nader, K., Shafe, G., & LeDoux, J. E. (2000). Fear memories require protein synthesis in the amygdala for reconsolidation after retrieval. *Nature, 406,* 722–726.

Nagasako, E. M., Oaklander, A. L., & Dworkin, R. H. (2003). Congenital insensitivity to pain: An update. *Pain, 101,* 213–219.

Nagell, K., Olguin, R. S., & Tomasello, M. (1993). Processes of social learning in the tool use of chimpanzees (*Pan troglodytes*) and human children (*Homo sapiens*). *Journal of Comparative Psychology, 107,* 174–186.

Nahemow, L., & Lawton, M. P. (1975). Similarity and propinquity in friendship formation. *Journal of Personality and Social Psychology, 32,* 205–213.

Nairne, J. S., & Pandeirada, J. N. S. (2008). Adaptive memory: Remembering with a stone age brain. *Current Directions in Psychological Science, 17,* 239–243.

Nairne, J. S., Pandeirada, J. N. S., & Thompson, S. R. (2008). Adaptive memory: The comparative value of survival processing. *Psychological Science, 19,* 176–180.

Nairne, J. S., Thompson, S. R., & Pandeirada, J. N. S. (2007). Adaptive memory: Survival processing enhances retention. *Journal of Experimental Psychology: Learning, Memory, and Cognition, 33,* 263–273.

Nakazato, M., Murakami, N., Date, Y., Kojima, M., Matsuo, H., Kangawa, K., & Matsukura, S. (2001). A role for ghrelin in the central regulation of feeding. *Nature, 409,* 194–198.

Naqvi, N., Shiv, B., & Bechara, A. (2006). The role of emotion in decision making: A cognitive neuroscience perspective. *Current Directions in Psychological Science, 15,* 260–264.

Nathan, P. E., & Gorman, J. M. (2007). *A guide to treatments that work* (3rd ed.). New York: Oxford University Press.

Nathanson, C., Paulhus, D. L., & Williams, K. M. (2006). Personality and misconduct correlates of body modification and other cultural deviance markers. *Journal of Research in Personality, 40,* 779–802.

National Center for Health Statistics. (2004). *Health, United States, 2004* (with chartbook on trends in the health of Americans). Hyattsville, MD: Author.

National Center for Health Statistics. (2012). *Health, United States, 2011* (with special feature on socioeconomic status and health). Hyattsville, MD: Author.

National Research Council. (2003). *The polygraph and lie detection.* Washington, DC: National Academies Press.

Naumann, L. P., Vazire, S., Rentfrow, P. J., & Gosling, S. D. (2009). Personality judgments based on physical appearance. *Personality & Social Psychology Bulletin, 35,* 1661–1671.

Neihart, M. (1999). The impact of giftedness on psychological well-being: What does the empirical literature say? *Roeper Review, 22*(1), 10.

Neimark, J. (2004, July/August). The power of coincidence. *Psychology Today,* pp. 47–52.

Neimeyer, R. A., & Mitchell, K. A. (1988). Similarity and attraction: A longitudinal study. *Journal of Social and Personal Relationships, 5,* 131–148.

Neisser, U. (1967). *Cognitive psychology.* New York: Appleton-Century- Crofts.

Neisser, U. (Ed.). (1998). *The rising curve: Long-term gains in IQ and related measures.* Washington, DC: American Psychological Association.

Neisser, U., Boodoo, G., Bouchard, T. J., Jr., Boykin, A. W., Brody, N., Ceci, S. J., . . . Loehlin, J. C. (1996). Intelligence: Knowns and unknowns. *American Psychologist, 51,* 77–101.

Neisser, U., & Harsch, N. (1992). Phantom flashbulbs: False recollections of hearing the news about Challenger. In E. Winograd & U. Neisser (Eds.), *Affect and accuracy in recall: Studies of "flashbulb memories"* (pp. 9–31). Cambridge, England: Cambridge University Press.

Nelson, C. A., Zeanah, C. H., Fox, N. A., Marshall, P. J., Smyke, A. T., & Guthrie, D. (2007). Cognitive recovery in socially deprived young children: The Bucharest early intervention project. *Science, 318,* 1937–1940.

Nemeth, C., & Chiles, C. (1988). Modelling courage: The role of dissent in fostering independence. *European Journal of Social Psychology, 18,* 275–280.

Neuberg, S. L., Kenrick, D. T., & Schaller, M. (2010). Evolutionary social psychology. In S. T. Fiske, D. T. Gilbert, & G. Lindzey (Eds.), *The handbook of social psychology* (5th ed., Vol. 2, pp. 761–796). New York: Wiley.

Neugebauer, R., Hoek, H. W., & Susser, E. (1999). Prenatal exposure to wartime famine and development of antisocial personality in early adulthood. *Journal of the American Medical Association, 282,* 455–462.

Newbold, R. R., Padilla-Banks, E., Snyder, R. J., & Jefferson, W. N. (2005). Developmental exposure to estrogenic compounds and obesity. *Birth Defects Research Part A: Clinical and Molecular Teratology, 73,* 478–480.

Newell, A., Shaw, J. C., & Simon, H. A. (1958). Elements of a theory of human problem solving. *Psychological Review, 65,* 151–166.

Newman, A. J., Bavelier, D., Corina, D., Jezzard, P., & Neville, H. J. (2002). A critical period for right hemisphere recruitment in American Sign Language processing. *Nature Neuroscience, 5,* 76–80.

Newman, J. P., Wolff, W. T., & Hearst, E. (1980). The feature-positive effect in adult human subjects. *Journal of Experimental Psychology: Human Learning and Memory, 6,* 630–650.

Newman, M. G., & Stone, A. A. (1996). Does humor moderate the effects of experimentally induced stress? *Annals of Behavioral Medicine, 18,* 101–109.

Newschaffer, C. J., Croen, L. A., Daniels, J., Giarelli, E., Grether, J. K., Levy, S. E., . . . Windham, G. C. (2007). The epidemiology of autism spectrum disorders. *Annual Review of Public Health, 28,* 235–258.

Newsome, W. T., & Paré, E. B. (1988). A selective impairment of motion perception following lesions of the middle temporal visual area (MT). *Journal of Neuroscience, 8,* 2201–2211.

Neylan, T. C., Metzler, T. J., Best, S. R., Weiss, D. S., Fagan, J. A., Libermans, A., . . . Marmar, C. R. (2002). Critical incident exposure and sleep quality in police officers. *Psychosomatic Medicine, 64,* 345–352.

Niaura, R., Todaro, J. F., Stroud, L., Spiro, A. III, Ward, K. D., & Weiss, S. (2002). Hostility, the metabolic syndrome, and incident coronary heart disease. *Health Psychology, 21,* 588–593.

Nicoladis, E., & Genesee, F. (1997). Language development in preschool bilingual children. *Journal of Speech-Language Pathology & Audiology, 21,* 258–270.

Niedenthal, P. M., Barsalou, L. W., Winkielman, P., Krauth-Gruber, S., & Ric, F. (2005). Embodiment in attitudes, social perception, and emotion. *Personality and Social Psychology Review, 9*(3), 184–211.

Nikles, C. D., II, Brecht, D. L., Klinger, E., & Bursell, A. L. (1998). The effects of current concern- and nonconcern-related waking suggestions on nocturnal dream content. *Journal of Personality and Social Psychology, 75,* 242–255.

Nikula, R., Klinger, E., & Larson-Gutman, M. K. (1993). Current concerns and electrodermal reactivity: Responses to words and thoughts. *Journal of Personality, 61,* 63–84.

Nir, Y., & Tononi, G. (2010). Dreaming and the brain: From phenomenology to neurophysiology. *Trends in Cognitive Sciences, 14*(2), 88–100.

Nisbett, R. E. (2009). *Intelligence and how to get it.* New York: Norton.

Nisbett, R. E., Aronson, J., Blair, C., Dickens, W., Flynn, J., Halpern, D. F., & Turkheimer, E. (2012). Intelligence: New findings and theoretical developments. *American Psychologist, 67*(2), 130–159. doi:10.1037/a0026699

Nisbett, R. E., Caputo, C., Legant, P., & Maracek, J. (1973). Behavior as seen by the actor and as seen by the observer. *Journal of Personality and Social Psychology, 27,* 154–164.

Nisbett, R. E., & Cohen, D. (1996). *Culture of honor: The psychology of violence in the South.* Boulder, CO: Westview Press.

Nisbett, R. E., & Miyamoto, Y. (2005). The influence of culture: Holistic versus analytic perception. *Trends in Cognitive Sciences, 9,* 467–473.

Nissen, M. J., & Bullemer, P. (1987). Attentional requirements of learning: Evidence from performance measures. *Cognitive Psychology, 19,* 1–32.

Nitschke, J. B., Dixon, G. E., Sarianopoulos, I., Short, S. J., Cohen, J. D., Smith, E. E., . . . Davidson, R. J. (2006). Altering expectancy dampens neural response to aversive taste in primary taste cortex. *Neuroscience, 9,* 435–442.

Nock, M. K. (2009). Why do people hurt themselves? New insights into the nature and functions of self-injury. *Current Directions in Psychological Science, 18,* 78–83. doi:10.1111/j.1467-8721.2009.01613.x

Nock, M. K. (2010). Self-injury. *Annual Review of Clinical Psychology, 6,* 339–363. doi: 10.1146/annurev.clinpsy.121208.131258

Nock, M. K., Borges, G., Bromet, E. J., Alonso, J., Angermeyer, M., Beautrais, A., . . . Williams, D. (2008). Cross-national prevalence and risk factors for suicidal ideation, plans, and attempts. *British Journal of Psychiatry, 192,* 98–105.

Nock, M. K., Borges, G., & Ono, Y. (Eds.). (2012). *Suicide: Global perspectives from the WHO World Mental Health Surveys.* New York: Cambridge University Press.

Nock, M. K., Green, J. G., Hwang, I., McLaughlin, K. A., Sampson, N. A., Zaslavsky, A. M., & Kessler, R. C. (2013). Prevalence, correlates and treatment of lifetime suicidal behavior among adolescents: Results from the National Comorbidity Survey Replication–Adolescent Supplement (NCSA–A). *Journal of the American Medical Association Psychiatry, 70*(3), 300–310. doi:10.1001/2013.jamapsychiatry.55

Nock, M. K., Holmberg, E. G., Photos, V. I., & Michel, B. D. (2007). Structured and semi-structured interviews. In M. Hersen & J. C. Thomas (Eds.), *Handbook of clinical interviewing with children* (pp. 30–49). Thousand Oaks, CA: Sage.

Nock, M. K., Kazdin, A. E., Hiripi, E., & Kessler, R. C. (2006). Prevalence, subtypes, and correlates of *DSM–IV* conduct disorder in the National Comorbidity Survey Replication. *Psychological Medicine, 36*, 699–710.

Nolen-Hoeksema, S. (2008). Gender differences in coping with depression across the lifespan. *Depression, 3*, 81–90.

Norcross, J. C., Hedges, M., & Castle, P. H. (2002). Psychologists conducting psychotherapy in 2001: A study of the Division 29 membership. *Psychotherapy: Theory/Research/Practice/Training, 39*, 97–102.

Norrholm, S. D., & Ressler, K. J. (2009). Genetics of anxiety and trauma-related disorders. *Neuroscience, 164*, 272–287.

Norton, M. I., Frost, J. H., & Ariely, D. (2007). Less is more: The lure of ambiguity, or why familiarity breeds contempt. *Journal of Personality and Social Psychology, 92*(1), 97–105. doi:10.1037/0022-3514.92.1.97

Nosanchuk, T. A., & Lightstone, J. (1974). Canned laughter and public and private conformity. *Journal of Personality and Social Psychology, 29*, 153–156.

Nowak, M. A. (2006). Five rules for the evolution of cooperation. *Science, 314*, 1560–1563.

Nuttin, J. M. (1985). Narcissism beyond Gestalt and awareness: The name letter effect. *European Journal of Social Psychology, 15*, 353–361.

Nyborg, H., & Jensen, A. R. (2001). Occupation and income related to psychometric g. *Intelligence, 29*, 45–55.

Oately, K., Keltner, D., & Jenkins, J. M. (2006). *Understanding emotions* (2nd ed.). Malden, MA: Blackwell.

Obama, M. (2013, March 8). Address on childhood obesity presented at the 2nd summit of the Partnership for a Healthier America, George Washington University, Washington, DC.

Ochsner, K. N. (2000). Are affective events richly recollected or simply familiar? The experience and process of recognizing feelings past. *Journal of Experimental Psychology: General, 129*, 242–261.

Ochsner, K. N., Bunge, S. A., Gross, J. J., & Gabrieli, J. D. E. (2002). Rethinking feelings: An fMRI study of the cognitive regulation of emotion. *Journal of Cognitive Neuroscience, 14*, 1215–1229.

Ochsner, K. N., Ray, R. R., Hughes, B., McRae, K., Cooper, J. C., Weber, J., . . . Gross, J. J. (2009). Bottom-up and top-down processes in emotion generation: Common and distinct neural mechanisms. *Psychological Science, 20*, 1322–1331.

O'Connor, T. G., & Rutter, M. (2000). Attachment disorder following early severe deprivation: Extension and longitudinal follow-up. *Journal of the American Academy of Child and Adolescent Psychiatry, 39*, 703–712.

O'Doherty, J. P., Dayan, P., Friston, K., Critchley, H., & Dolan, R. J. (2003). Temporal difference models and reward-related learning in the human brain. *Neuron, 38*, 329–337.

Ofshe, R. J. (1992). Inadvertent hypnosis during interrogation: False confession due to dissociative state, misidentified multiple personality, and the satanic cult hypothesis. *International Journal of Clinical and Experimental Hypnosis, 40*, 125–126.

Ofshe, R., & Watters, E. (1994). *Making monsters: False memories, psychotherapy, and sexual hysteria.* New York: Scribner/Macmillan.

Ohayon, M. M. (2002). Epidemiology of insomnia: What we know and what we still need to learn. *Sleep Medicine, 6*, 97–111.

Ohayon, M. M., Guilleminault, C., & Priest, R. G. (1999). Night terrors, sleepwalking, and confusional arousals in the general population: Their frequency and relationship to other sleep and mental disorders. *Journal of Clinical Psychiatry, 60*, 268–276.

Öhman, A. (1996). Preferential preattentive processing of threat in anxiety: Preparedness and attentional biases. In R. M. Rapee (Ed.), *Current controversies in the anxiety disorders.* New York: Guilford Press.

Öhman, A., Dimberg, U., & Öst, L. G. (1985). Animal and social phobias: Biological constraints on learned fear responses. In S. Reiss & R. Bootzin (Eds.), *Theoretical issues in behavior therapy* (pp. 123–175). New York: Academic Press.

Okagaki, L., & Sternberg, R. J. (1993). Parental beliefs and children's school performance. *Child Development, 64*, 36–56.

Okuda, J., Fujii, T., Ohtake, H., Tsukiura, T., Tanji, K., Suzuki, K., . . . Yamadori, A. (2003). Thinking of the future and the past: The roles of the frontal pole and the medial temporal lobes. *NeuroImage, 19*, 1369–1380.

Okulicz-Kozaryn, A. (2011). Europeans work to live and Americans live to work (Who is happy to work more: Americans or Europeans?) *Journal of Happiness Studies, 12*(2), 225–243.

Olatunji, B. O., & Wolitzky-Taylor, K. B. (2009). Anxiety sensitivity and the anxiety disorders: A meta-analytic review and synthesis. *Psychological Bulletin, 135*, 974–999.

O'Laughlin, M. J., & Malle, B. F. (2002). How people explain actions performed by groups and individuals. *Journal of Personality and Social Psychology, 82*, 33–48.

Olausson, P. O., Haglund, B., Weitoft, G. R., & Cnattingius, S. (2001). Teenage child-bearing and long-term socioeconomic consequences: A case study in Sweden. *Family Planning Perspectives, 33*, 70–74.

Olds, J. (1956, October). Pleasure center in the brain. *Scientific American, 195*, 105–116.

Olds, J., & Fobes, J. I. (1981). The central basis of motivation: Intracranial self-stimulation studies. *Annual Review of Psychology, 32*, 523–574.

Olds, J., & Milner, P. (1954). Positive reinforcement produced by electrical stimulation of septal areas and other regions of rat brains. *Journal of Comparative and Physiological Psychology, 47*, 419–427.

Ollers, D. K., & Eilers, R. E. (1988). The role of audition in infant babbling. *Child Development, 59*, 441–449.

Olofsson, J. K., Bowman, N. E., Khatibi, K., & Gottfried, J. A. (2012). A time-based account of the perception of odor objects and valences. *Psychological Science, 23*, 1224–1232.

Olsson, A., & Phelps, E. A. (2007). Social learning of fear. *Nature Neuroscience, 10*, 1095–1102.

Oltmanns, T. F., Neale, J. M., & Davison, G. C. (1991). *Case studies in abnormal psychology* (3rd ed.). New York: Wiley.

Olton, D. S., & Samuelson, R. J. (1976). Remembrance of places passed: Spatial memory in rats. *Journal of Experimental Psychology: Animal Behavior Processes, 2*, 97–116.

Onishi, K. H., & Baillargeon, R. (2005). Do 15-month-old infants understand false beliefs? *Science, 308*, 255–258.

Ono, K. (1987). Superstitious behavior in humans. *Journal of the Experimental Analysis of Behavior, 47*, 261–271.

Ophir, E., Nass, C., & Wagner, A. D. (2009). Cognitive control in media multitaskers. *Proceedings of the National Academy of Sciences, USA, 106*, 15583–15587.

Orban, P., Lungu, O., & Doyon, J. (2008). Motor sequence learning and developmental dyslexia. *Annals of the New York Academy of Sciences, 1145*, 151–172.

Ormel, J., Petukhova, M., Chatterji, S., Aguilar-Gaxiola, S., Alonso, J., Angermeyer, M. C., . . . Kessler, R. C. (2008). Disability and treatment of specific mental and physical disorders across the world: Results from the WHO World Mental Health Surveys. *British Journal of Psychiatry, 192*, 368–375.

O'Sullivan, L. F., & Allegeier, E. R. (1998). Feigning sexual desire: Consenting to unwanted sexual activity in heterosexual dating relationships. *Journal of Sex Research, 35*, 234–243.

Oswald, L., Taylor, A. M., & Triesman, M. (1960). Discriminative responses to stimulation during human sleep. *Brain, 83*, 440–453.

Otto, M. W., Henin, A., Hirshfeld-Becker, D. R., Pollack, M. H., Biederman, J., & Rosenbaum, J. F. (2007). Posttraumatic stress disorder symptoms following media exposure to tragic events: Impact of 9/11 on children at risk for anxiety disorders. *Journal of Anxiety Disorders, 21*, 888–902.

Owen, A. M., Coleman, M. R., Boly, M., Davis, M. H., Laureys, S., & Pickard, J. D. (2006). Detecting awareness in the vegetative state. *Science, 313*, 1402.

Owens, W. A. (1966). Age and mental abilities: A second adult followup. *Journal of Educational Psychology, 57*, 311–325.

Oztekin, I., Curtis, C. E., & McElree, B. (2009). The medial temporal lobe and left inferior prefrontal cortex jointly support interference resolution in verbal working memory. *Journal of Cognitive Neuroscience, 21*, 1967–1979.

Pagnin, D., de Queiroz, V., Pini, S., & Cassano, G. B. (2008). Efficacy of ECT in depression: A meta-analytic review. *Focus, 6*, 155–162.

Paivio, A. (1971). *Imagery and verbal processes.* New York: Holt, Rinehart and Winston.

Paivio, A. (1986). *Mental representations: A dual coding approach.* New York: Oxford University Press.

Palermo, T. M., Eccleston, C., Lewandowski, A. S., Williams, A. C., & Morley, S. (2011). Randomized controlled trials of psychological therapies for management of chronic pain in children and adolescents: An updated meta-analytic review. *Pain, 148*, 387–397.

Pantev, C., Oostenveld, R., Engelien, A., Ross, B., Roberts, L. E., & Hoke, M. (1998). Increased auditory cortical representation in musicians. *Nature, 392*, 811–814.

Papez, J. W. (1937). A proposed mechanism of emotion. *Archives of Neurology and Pathology, 38*, 725–743.

Parbery-Clark, A., Skoe, E., & Kraus, N. (2009). Musical experience limits the degradative effects of background noise on the neural processing of sound. *Journal of Neuroscience, 11*, 14100–14107.

Parbery-Clark, A., Strait, D. L., Anderson, S., Hittner, E., & Kraus, N. (2011). Musical experience and the aging auditory system: Implications for cognitive abilities and hearing speech in noise. *PLoS One, 6*, e18082.

Parbery-Clark, A., Tierney, A., Strait, D. L., & Kraus, N. (2012). Musicians have fine-tuned neural distinction of speech syllables. *Neuroscience, 219*, 111–119.

Park, B., & Hastie, R. (1987). Perception of variability in category development: Instance- versus abstraction-based stereotypes. *Journal of Personality and Social Psychology, 53*(4), 621–635. doi:10.1037/0022-3514.53.4.621

Park, D. C., & McDonough, I. M. (2013). The dynamic aging mind: Revelations from functional neuroimaging research. *Perspectives on Psychological Science, 8*(1), 62–67. doi:10.1177/1745691612469034

Park, D. C., Polk, T. A., Park, R., Minear, M., Savage, A., & Smith, M. R. (2004). Aging reduces neural specialization in ventral visual cortex. *Proceedings of the National Academy of Sciences, USA, 101*(35), 13091–13095. doi:10.1073/pnas.0405148101

Parker, E. S., Cahill, L. S., & McGaugh, J. L. (2006). A case of unusual autobiographical remembering. *Neurocase, 12*, 35–49.

Parker, G., Gibson, N. A., Brotchie, H., Heruc, G., Rees, A. M., & Hadzi-Pavlovic, D. (2006). Omega-3 fatty acids and mood disorders. *American Journal of Psychiatry, 163*, 969–978.

Parker, H. A., & McNally, R. J. (2008). Repressive coping, emotional adjustment, and cognition in people who have lost loved ones to suicide. *Suicide and Life-Threatening Behavior, 38*, 676–687.

Parkinson, B., & Totterdell, P. (1999). Classifying affect-regulation strategies. *Cognition and Emotion, 13*, 277–303.

Parks, C. D., & Stone, A. B. (2010). The desire to expel unselfish members from the group. *Journal of Personality and Social Psychology, 99*(2), 303–310. doi:10.1037/a0018403

Parrott, A. C. (2001). Human psychopharmacology of Ecstasy (MDMA): A review of 15 years of empirical research. *Human Psychopharmacology, 16*, 557–577.

Parrott, A. C., Morinan, A., Moss, M., & Scholey, A. (2005). *Understanding drugs and behavior.* Chichester, England: Wiley.

Parrott, W. G. (1993). Beyond hedonism: Motives for inhibiting good moods and for maintaining bad moods. In D. M. Wegner & J. W. Pennebaker (Eds.), *Handbook of mental control* (pp. 278–308). Englewood Cliffs, NJ: Prentice Hall.

Parsons, T. (1975). The sick role and the role of the physician reconsidered. *Milbank Memorial Fund Quarterly, Health and Society, 53*(3), 257–278.

Pascual-Ferrá, P., Liu, Y., & Beatty, M. J. (2012). A meta-analytic comparison of the effects of text messaging to substance-induced impairment on driving performance. *Communication Research Reports, 29*, 229–238.

Pascual-Leone, A., Amedi, A., Fregni, F., & Merabet, L. B. (2005). The plastic human brain cortex. *Annual Review of Neuroscience, 28*, 377–401.

Pascual-Leone, A., Houser, C. M., Reese, K., Shotland, L. I., Grafman, J., Sato, S., . . . Cohen, L. G. (1993). Safety of rapid-rate transcranial magnetic stimulation in normal volunteers. *Electroencephalography and Clinical Neurophysiology, 89*, 120–130.

Passini, F. T., & Norman, W. T. (1966). A universal conception of personality structure? *Journal of Personality and Social Psychology, 4*, 44–49.

Pasupathi, M., McLean, K. C., & Weeks, T. (2009). To tell or not to tell: Disclosure and the narrative self. *Journal of Personality, 77*, 1–35.

Patall, E. A., Cooper, H., & Robinson, J. C. (2008). The effects of choice on intrinsic motivation and related outcomes: A meta-analysis of research findings. *Psychological Bulletin, 134*(2), 270–300.

Patrick, C. J., Cuthbert, B. N., & Lang, P. J. (1994). Emotion in the criminal psychopath: Fear image processing. *Journal of Abnormal Psychology, 103*, 523–534.

Patterson, C. J. (1995). Lesbian mothers, gay fathers, and their children. In A. R. D'Augelli & C. J. Patterson (Eds.), *Lesbian, gay and bisexual identities across the lifespan: Psychological perspectives* (pp. 262–290). New York: Oxford University Press.

Pavlidis, I., Eberhardt, N. L., & Levine, J. A. (2002). Human behaviour: Seeing through the face of deception. *Nature, 415*, 35.

Pavlidou, E. V., Williams, J. M., & Kelly, L. M. (2009). Artificial grammar learning in primary school children with and without developmental dyslexia. *Annals of Dyslexia, 59*, 55–77.

Pavlov, I. P. (1923a). New researches on conditioned reflexes. *Science, 58*, 359–361.

Pavlov, I. P. (1923b, July 23). Pavloff. *Time, 1*(21), 20–21.

Pavlov, I. P. (1927). *Conditioned reflexes.* Oxford, England: Oxford University Press.

Payne, J. D., Schacter, D. L., Propper, R., Huang, L., Wamsley, E., Tucker, M. A., . . . Stickgold, R. (2009). The role of sleep in false memory formation. *Neurobiology of Learning and Memory, 92,* 327–334.

Payne, J. D., Stickgold, R., Swanberg, K., & Kensinger, E. A. (2008). Sleep preferentially enhances memory for emotional components of scenes. *Psychological Science, 19,* 781–788.

Pearce, J. M. (1987). A model of stimulus generalization for Pavlovian conditioning. *Psychological Review, 84,* 61–73.

Peck, J., & Shu, S. B. (2009). The effect of mere touch on perceived ownership. *Journal of Consumer Research, 36,* 434–447.

Peelen, M. V., & Kastner, S. (2009). A nonvisual look at the functional organization of visual cortex. *Neuron, 63,* 284–286.

Peissig, J. J., & Tarr, M. J. (2007). Visual object recognition: Do we know more now than we did 20 years ago? *Annual Review of Psychology, 58,* 75–96.

Pelham, B. W. (1985). Self-investment and self-esteem: Evidence for a Jamesian model of self-worth. *Journal of Personality and Social Psychology, 69,* 1141–1150.

Pelham, B. W., Carvallo, M., & Jones, J. T. (2005). Implicit egotism. *Current Directions in Psychological Science, 14,* 106–110.

Pelham, B. W., Mirenberg, M. C., & Jones, J. T. (2002). Why Susie sells seashells by the seashore: Implicit egotism and major life decisions. *Journal of Personality and Social Psychology, 82,* 469–487.

Penfield, W., & Rasmussen, T. (1950). *The cerebral cortex of man: A clinical study of localization of function.* New York: Macmillan.

Pennebaker, J. W. (1980). Perceptual and environmental determinants of coughing. *Basic and Applied Social Psychology, 1,* 83–91.

Pennebaker, J. W. (1989). Confession, inhibition, and disease. *Advances in Experimental Social Psychology, 22,* 211–244.

Pennebaker, J. W., & Chung, C. K. (2007). Expressive writing, emotional upheavals, and health. In H. Friedman & R. Silver (Eds.), *Handbook of health psychology* (pp. 263–284). New York: Oxford University Press.

Pennebaker, J. W., Kiecolt-Glaser, J. K., & Glaser, R. (1988). Disclosure of traumas and immune function: Health implications for psychotherapy. *Journal of Consulting and Clinical Psychology, 56,* 239–245.

Pennebaker, J. W., & Sanders, D. Y. (1976). American graffiti: Effects of authority and reactance arousal. *Personality and Social Psychology Bulletin, 2,* 264–267.

Penner, L. A., Albrecht, T. L., Orom, H., Coleman, D. K., & Underwood, W. (2010). Health and health care disparities. In J. F. Dovidio, M. Hewstone, P. Glick, & V. M. Esses (Eds.), *The Sage handbook of prejudice, stereotyping and discrimination* (pp. 472–489). Thousand Oaks, CA: Sage.

Perenin, M.-T., & Vighetto, A. (1988). Optic ataxia: A specific disruption in visuomotor mechanisms. I. Different aspects of the deficit in reaching for objects. *Brain, 111,* 643–674.

Perilloux, H. K., Webster, G. D., & Gaulin, S. J. C. (2010). Signals of genetic quality and maternal investment capacity: The dynamic effects of fluctuating asymmetry and waist-to-hip ratio on men's ratings of women's attractiveness. *Social Psychological and Personality Science, 1*(1), 34–42. doi:10.1177/1948550609349514

Perkins, D. N., & Grotzer, T. A. (1997). Teaching intelligence. *American Psychologist, 52,* 1125–1133.

Perlmutter, J. S., & Mink, J. W. (2006). Deep brain stimulation. *Annual Review of Neuroscience, 29,* 229–257.

Perloff, L. S., & Fetzer, B. K. (1986). Self-other judgments and perceived vulnerability to victimization. *Journal of Personality and Social Psychology, 50,* 502–510.

Perls, F. S., Hefferkine, R., & Goodman, P. (1951). *Gestalt therapy: Excitement and growth in the human personality.* New York: Julian Press.

Perrett, D. I., Burt, D. M., Penton-Voak, I. S., Lee, K. J., Rowland, D. A., & Edwards, R. (1999). Symmetry and human facial attractiveness. *Evolution and Human Behavior, 20,* 295–307.

Perrett, D. I., Rolls, E. T., & Caan, W. (1982). Visual neurones responsive to faces in the monkey temporal cortex. *Experimental Brain Research, 47,* 329–342.

Perry, R., & Sibley, C. G. (2012). Big Five personality prospectively predicts social dominance orientation and right wing authoritarianism. *Personality and Individual Differences, 52,* 3–8.

Persons, J. B. (1986). The advantages of studying psychological phenomena rather than psychiatric diagnoses. *American Psychologist, 41,* 1252–1260.

Pessiglione, M., Seymour, B., Flandin, G., Dolan, R. J., & Frith, C. D. (2006). Dopamine-dependent prediction errors underpin reward-seeking behavior in humans. *Nature, 442,* 1042–1045.

Petersen, A. C., & Grockett, L. (1985). Pubertal timing and grade effects on adjustment. *Journal of Youth and Adolescence, 14,* 191–206.

Petersen, J. L., & Hyde, J. S. (2010). A meta-analytic review of research on gender differences in sexuality, 1993–2007. *Psychological Bulletin, 136*(1), 21–38. doi:10.1037/a0017504

Peterson, C., & Siegal, M. (1999). Representing inner worlds: Theory of mind in autistic, deaf and normal hearing children. *Psychological Science, 10,* 126–129.

Peterson, C., Wang, Q., & Hou, Y. (2009). "When I was little": Childhood recollections in Chinese and European Canadian grade school children. *Child Development, 80,* 506–518.

Peterson, G. B. (2004). A day of great illumination: B. F. Skinner's discovery of shaping. *Journal of the Experimental Analysis of Behavior, 82,* 317–328.

Peterson, L. R., & Peterson, M. J. (1959). Short-term retention of individual verbal items. *Journal of Experimental Psychology, 58,* 193–198.

Peterson, S. E., Fox, P. T., Posner, M. I., Mintun, M. A., & Raichle, M. E. (1989). Positron emission tomographic studies of the processing of single words. *Journal of Cognitive Neuroscience, 1,* 154–170.

Petersson, K. M., Forkstam, C., & Ingvar, M. (2004). Artificial syntactic violations activate Broca's region. *Cognitive Science, 28,* 383–407.

Petitto, L. A., & Marentette, P. F. (1991). Babbling in the manual mode: Evidence for the ontogeny of language. *Science, 251,* 1493–1496.

Petrie, K. P., Booth, R. J., & Pennebaker, J. W. (1998). The immunological effects of thought suppression. *Journal of Personality and Social Psychology, 75,* 1264–1272.

Petry, N. M., Alessi, S. M., & Rash, C. J. (2013). Contingency management treatments decrease psychiatric symptoms. *Journal of Consulting and Clinical Psychology, 81*(5), 926–931. doi:10.1037/a0032499

Petty, R. E., & Cacioppo, J. T. (1986). The elaboration likelihood model of persuasion. In L. Berkowitz (Ed.), *Advances in experimental social psychology* (Vol. 19, pp. 123–205). New York: Academic Press.

Petty, R. E., Cacioppo, J. T., & Goldman, R. (1981). Personal involvement as a determinant of argument-based persuasion. *Journal of Personality and Social Psychology, 41,* 847–855.

Petty, R. E., & Wegener, D. T. (1998). Attitude change: Multiple roles for persuasion variables. In D. T. Gilbert, S. T. Fiske, & G.

Lindzey (Eds.), *The handbook of social psychology* (4th ed., Vol. 1, pp. 323–390). Boston: McGraw-Hill.

Pew Research Center for People & the Press. (1997). *Motherhood today: A tougher job, less ably done.* Washington, DC: Author.

Pew Research Center for People & the Press. (2009). *Growing old in America: Expectations vs. reality.* Retrieved May 3, 2010, from http://pewsocialtrends.org/pubs/736/getting-old-in-america

Pham, M. T., Lee, L., & Stephen, A. T. (2012). Feeling the future: The emotional oracle effect. *Journal of Consumer Research, 39*(3), 461–477.

Phelan, J., Link, B., Stueve, A., & Pescosolido, B. (1997, August). *Public conceptions of mental illness in 1950 in 1996: Has sophistication increased? Has stigma declined?* Paper presented at the American Sociological Association, Toronto, Ontario.

Phelps, E. A. (2006). Emotion and cognition: Insights from studies of the human amygdala. *Annual Review of Psychology, 24*, 27–53.

Phelps, E. A., & LeDoux, J. L. (2005). Contributions of the amygdala to emotion processing: From animal models to human behavior. *Neuron, 48*, 175–187.

Phillips, F. (2002, January 24). Jump in cigarette sales tied to Sept. 11 attacks. *Boston Globe*, p. B1.

Phills, C. E., Kawakami, K., Tabi, E., Nadolny, D., & Inzlicht, M. (2011). Mind the gap: Increasing associations between the self and Blacks with approach behaviors. *Journal of Personality and Social Psychology, 100*(2), 197–210. doi:10.1037/a0022159

Piaget, J. (1954). *The child's conception of number.* New York: Norton.

Piaget, J. (1965). *The moral judgment of the child.* New York: Free Press. (Original work published 1932)

Piaget, J. (1977). The first year of life of the child. In H. E. Gruber & J. J. Voneche (Eds.), *The essential Piaget: An interpretative reference and guide* (pp. 198–214). New York: Basic Books. (Original work published 1927)

Piaget, J., & Inhelder, B. (1969). *The psychology of the child* (H. Weaver, Trans.). New York: Basic Books.

Piazza, J. R., Charles, S. T., Sliwinski, M. J., Mogle, J., & Almeida, D. M. (2013). Affective reactivity to daily stressors and long-term risk of reporting a chronic physical health condition. *Annals of Behavioral Medicine, 45*, 110–120.

Pinel, J. P. J., Assanand, S., & Lehman, D. R. (2000). Hunger, eating, and ill health. *American Psychologist, 55*, 1105–1116.

Pines, A. M. (1993). Burnout: An existential perspective. In W. B. Schaufeli, C. Maslach, & T. Marek (Eds.), *Professional burnout: Recent developments in theory and research* (pp. 33–51). Washington, DC: Taylor & Francis.

Pinker, S. (1994). *The language instinct.* New York: Morrow.

Pinker, S. (1997a). Evolutionary psychology: An exchange. *New York Review of Books, 44*, 55–58.

Pinker, S. (1997b). *How the mind works.* New York: Norton.

Pinker, S. (2003). *The blank slate: The modern denial of human nature.* New York: Viking.

Pinker, S. (2007, March 19). A history of violence. *The New Republic Online.*

Pinker, S., & Bloom, P. (1990). Natural language and natural selection. *Behavioral and Brain Sciences, 13*, 707–784.

Pitcher, D., Garrido, L., Walsh, V., & Duchaine, B. C. (2008). Transcranial magnetic stimulation disrupts the perception and embodiment of facial expressions. *Journal of Neuroscience, 28*(36), 8929–8933.

Plassman, H., O'Doherty, J., Shiv, B., & Rangel, A. (2008). Marketing actions can modulate neural representations of experienced pleasantness. *Proceedings of the National Academy of Sciences, USA, 105*, 1050–1054.

Platek, S. M., Critton, S. R., Myers, T. E., & Gallup, G. G., Jr. (2003). Contagious yawning: The role of self-awareness and mental state attribution. *Cognitive Brain Research, 17*, 223–227.

Plato. (1956). *Protagoras* (O. Jowett, Trans.). New York: Prentice Hall. (Original work circa 380 BCE)

Pleis, J. R., Lucas, J. W., & Ward, B. W. (2009). Summary of health statistics for U.S. adults: National health interview survey, 2008, *Vital Health Stat 10*(242). National Center for Health Statistics.

Plomin, R., & Caspi, A. (1999). Behavioral genetics and personality. In L. A. Pervin & O. P. John (Eds.), *Handbook of personality: Theory and research* (Vol. 2, pp. 251–276). New York: Guilford Press.

Plomin, R., DeFries, J. C., McClearn, G. E., & Rutter, M. (1997). *Behavioral genetics* (3rd ed.). New York: W. H. Freeman and Company.

Plomin, R., DeFries, J. C., McClearn, G. E., & McGuffin, P. (2001). *Behavioral genetics* (4th ed.). New York: W. H. Freeman and Company.

Plomin, R., Haworth, C. M. A., Meaburn, E. L., Price, T. S., Wellcome Trust Case Control Consortium 2, & Davis, O. S. P. (2013). Common DNA markers can account for more than half of the genetic influence on cognitive abilities. *Psychological Science, 24*(4), 562–568. doi:10.1177/0956797612457952

Plomin, R., Scheier, M. F., Bergeman, C. S., Pedersen, N. L., Nesselroade, J. R., & McClearn, G. E. (1992). Optimism, pessimism, and mental health: A twin/adoption analysis. *Personality and Individual Differences, 13*, 921–930.

Plomin, R., & Spinath, F. M. (2004). Intelligence: Genetics, genes, and genomics. *Journal of Personality and Social Psychology, 86*, 112–129.

Plotnik, J. M., de Waal, F. B. M., & Reiss, D. (2006). Self-recognition in an Asian elephant. *Proceedings of the National Academy of Sciences, USA, 103*, 17053–17057.

Poliak, S., & Pelas, E. (2003). The local differentiation of myelinated axons at nodes of Ranvier. *Nature Reviews Neuroscience, 4*, 968–980.

Polivy, J., & Herman, C. P. (1992). Undieting: A program to help people stop dieting. *International Journal of Eating Disorders, 11*, 261–268.

Polivy, J., & Herman, C. P. (2002). If at first you don't succeed. False hopes of self-change. *American Psychologist, 57*, 677–689.

Polzanczyk, G., de Lima, M. S., Horta, B. L., Biederman, J., & Rohde, L. A. (2007). The worldwide prevalence of ADHD: A systematic review and metaregression analysis. *American Journal of Psychiatry, 164*, 942–948.

Pond, R. S., DeWall, C. N., Lambert, N. M., Deckman, T., Bonser, I. M., & Fincham, F. D. (2012). Repulsed by violence: Disgust sensitivity buffers trait, behavioral, and daily aggression. *Journal of Personality and Social Psychology, 102*(1), 175–188. doi:10.1037/a0024296

Poole, D. A., Lindsay, S. D., Memon, A., & Bull, R. (1995). Psychotherapy and the recovery of memories of childhood sexual abuse: U.S. and British practitioners' opinions, practices, and experiences. *Journal of Consulting and Clinical Psychology, 63*, 426–487.

Poon, S. H., Sim, K., Sum, M. Y., Kuswanto, C. N., & Baldessarini, R. J. (2012). Evidence-based options for treatment-resistant adult bipolar disorder patients. *Bipolar Disorders, 14*, 573–584.

Pope, A. W., & Bierman, K. L. (1999). Predicting adolescent peer problems and antisocial activities: The relative roles of aggression and dysregulation. *Developmental Psychology, 35*, 335–346.

Porter, S., & ten Brinke, L. (2008). Reading between the lies: Identifying concealed and falsified emotions in universal facial expressions.

Psychological Science, 19, 508–514.

Portocarrero, J. S., Burright, R. G., & Donovick, P. J. (2007). Vocabulary and verbal fluency of bilingual and monolingual college students. *Archives of Clinical Neuropsychology, 22,* 415–422.

Posner, M. I., & Raichle, M. E. (1994). *Images of mind.* New York: W. H. Freeman and Company.

Post, R. M., Frye, M. A., Denicoff, G. S., Leverich, G. S., Dunn, R. T., Osuch, E. A., . . . Jajodia, K. (2008). Emerging trends in the treatment of rapid cycling bipolar disorder: A selected review. *Bipolar Disorders, 2,* 305–315.

Posthuma, D., & de Geus, E. J. C. (2006). Progress in the molecular genetic study of intelligence. *Current Directions in Psychological Science, 15,* 151–155.

Postman, L., & Underwood, B. J. (1973). Critical issues in interference theory. *Memory & Cognition, 1,* 19–40.

Postmes, T., & Spears, R. (1998). Deindividuation and anti-normative behavior: A meta-analysis. *Psychological Bulletin, 123,* 238–259.

Powell, R. A., Symbaluk, D. G., MacDonald, S. E., & Honey, P. L. (2009). *Introduction to learning and behavior* (3rd ed.). Belmont, CA: Wadsworth Cengage Learning.

Power, M. L., & Schulkin, J. (2009). *The evolution of obesity.* Baltimore, MD: Johns Hopkins University Press.

Prasada, S., & Pinker, S. (1993). Generalizations of regular and irregular morphology. *Language and Cognitive Processes, 8,* 1–56.

Pratkanis, A. R. (1992). The cargo-cult science of subliminal persuasion. *Skeptical Inquirer, 16,* 260–272.

Pressman, S. D., Cohen, S., Miller, G. E., Barkin, A., Rabin, B. S., & Treanor, J. J. (2005). Loneliness, social network size, and immune response to influenza vaccination in college freshmen. *Health Psychology, 24,* 297–306.

Price, J. L., & Davis, B. (2008). *The woman who can't forget: The extraordinary story of living with the most remarkable memory known to science.* New York: Free Press.

Prior, H., Schwartz, A., & Güntürkün, O. (2008). Mirror-induced behavior in the magpie (*Pica pica*): Evidence of self-recognition. *PLoS Biology, 6,* e202.

Prochaska, J. J., & Sallis, J. F. (2004). A randomized controlled trial of single versus multiple health behavior change: Promoting physical activity and nutrition among adolescents. *Health Psychology, 23,* 314–318.

Procopio, M., & Marriott, P. (2007). Intrauterine hormonal environment and risk of developing anorexia nervosa. *Archives of General Psychiatry, 64*(12), 1402–1407.

Protzko, J., Aronson, J., & Blair, C. (2013). How to make a young child smarter: Evidence from the database of raising intelligence. *Perspectives on Psychological Science, 8*(1), 25–40. doi:10.1177/1745691612462585

Provine, R. R. (2000). *Laughter: A scientific investigation.* New York: Viking.

Pruitt, D. G. (1998). Social conflict. In D. T. Gilbert, S. T. Fiske, & G. Lindzey (Eds.), *The handbook of social psychology* (4th ed., Vol. 2, pp. 470–503). New York: McGraw-Hill.

Punjabi, N. M. (2008). The epidemiology of adult obstructive sleep apnea. *Proceedings of the American Thoracic Society, 5,* 136–143.

Puterman, E., Lin, J., Blackburn, E. H., O'Donovan, A., Adler, N., & Epel, E. (2010). The power of exercise: Buffering the effect of chronic stress on telomere length. *PLoS ONE, 5,* e10837.

Pyc, M. A., & Rawson, K. A. (2009). Testing the retrieval effort hypothesis: Does greater difficulty correctly recalling information lead to higher levels of memory? *Journal of Memory and Language, 60,* 437–447.

Pyers, J. E., & Senghas, A. (2009). Language promotes false-belief understanding: Evidence from learners of a new sign language. *Psychological Science, 20*(7), 805–812.

Pyers, J. E., Shusterman, A., Senghas, A., Spelke, E. S., & Emmorey, K. (2010). Evidence from an emerging sign language reveals that language supports spatial cognition. *Proceedings of the National Academy of Sciences, USA,107,* 12116–12120.

Pyszczynski, T., Holt, J., & Greenberg, J. (1987). Depression, self-focused attention, and expectancy for positive and negative future life events for self and others. *Journal of Personality and Social Psychology, 52,* 994–1001.

Quattrone, G. A. (1982). Behavioral consequences of attributional bias. *Social Cognition, 1,* 358–378.

Querleu, D., Lefebvre, C., Titran, M., Renard, X., Morillon, M., & Crepin, G. (1984). Réactivité de nouveau-né de moins de deux heures de vie á la voix maternelle [Reactivity of a newborn at less than two hours of life to the mother's voice]. *Journal de Gynécologie Obstétrique et de Biologie de la Reproduction, 13,* 125–134.

Quiroga, R. Q., Reddy, L., Kreiman, G., Koch, C., & Fried, I. (2005). Invariant visual representation by single neurons in the human brain. *Nature, 435,* 1102–1107.

Quoidbach, J., Gilbert, D. T., & Wilson, T. D. (2013). The end of history illusion. *Science, 339,* 96–98.

Qureshi, A., & Lee-Chiong, T. (2004). Medications and their effects on sleep. *Medical Clinics of North America, 88,* 751–766.

Rabbitt, P., Diggle, P., Holland, F., & McInnes, L. (2004). Practice and drop-out effects during a 17-year longitudinal study of cognitive aging. *Journal of Gerontology: Psychological Sciences and Social Sciences, 59*(2), 84–97.

Race, E., Keane, M. M., & Verfaellie, M. (2011). Medial temporal lobe damage causes deficits in episodic memory and episodic future thinking not attributable to deficits in narrative construction. *Journal of Neuroscience, 31,* 10262–10269.

Radford, E., & Radford, M. A. (1949). *Encyclopedia of superstitions.* New York: Philosophical Library.

Rahe, R. H., Meyer, M., Smith, M., Klaer, G., & Holmes, T. H. (1964). Social stress and illness onset. *Journal of Psychosomatic Research, 8,* 35–44.

Raichle, M. E., & Mintun, M. A. (2006). Brain work and brain imaging. *Annual Review of Neuroscience, 29,* 449–476.

Rajaram, S. (2011). Collaboration both hurts and helps memory: A cognitive perspective. *Current Directions in Psychological Science, 20,* 76–81.

Rajaram, S., & Pereira-Pasarin, L. P. (2010). Collaborative memory: Cognitive research and theory. *Perspectives on Psychological Science, 6,* 649–663.

Ramachandran, V. S., & Altschuler, E. L. (2009). The use of visual feedback, in particular mirror visual feedback, in restoring brain function. *Brain, 132,* 1693–1710.

Ramachandran, V. S., & Blakeslee, S. (1998). *Phantoms in the brain: Probing the mysteries of the human mind.* New York: Morrow.

Ramachandran, V. S., Brang, D., & McGeoch, P. D. (2010). Dynamic reorganization of referred sensations by movements of phantom limbs. *NeuroReport, 21,* 727–730.

Ramachandran, V. S., Rodgers-Ramachandran, D., & Stewart, M. (1992). Perceptual correlates of massive cortical reorganization. *Science, 258,* 1159–1160.

Ramirez-Esparza, N., Gosling, S. D., Benet-Martinez, V., & Potter, J. P. (2004). Do bilinguals have two personalities? A special case of cultural frame-switching. *Journal of Research in Personality, 40,* 99–120.

Randall, A. (2012, May 5). Black women and fat. *New York Times.* Retrieved from http:// www.nytimes.com/2012/05/06/opinion/sunday/why-black-women-are-fat.html?_r=0

Rapaport, D. (1946). *Diagnostic psychological testing: The theory, statistical evaluation, and diagnostic application of a battery of tests.* Chicago: Year Book Publishers.

Rapoport, J., Chavez, A., Greenstein, D., Addington, A., & Gogtay, N. (2009). Autism-spectrum disorders and childhood onset schizophrenia: Clinical and biological contributions to a relationship revisited. *Journal of the American Academy of Child and Adolescent Psychiatry, 48,* 10–18.

Rappoport, J. L. (1990). Obsessive-compulsive disorder and basal ganglia dysfunction. *Psychological Medicine, 20,* 465–469.

Rauschecker, J. P., & Scott, S. K. (2009). Maps and streams in the auditory cortex: Nonhuman primates illuminate human speech processing. *Nature Neuroscience, 12,* 718–724.

Raz, A., Fan, J., & Posner, M. I. (2005). Hypnotic suggestion reduces conflict in the brain. *Proceedings of the National Academy of Sciences, 102,* 9978–9983.

Raz, A., Shapiro, T., Fan, J., & Posner, M. I. (2002). Hypnotic suggestion and the modulation of Stroop interference. *Archives of General Psychiatry, 59,* 1155–1161.

Raz, N. (2000). Aging of the brain and its impact on cognitive performance: Integration of structural and functional findings. In F. I. M. Craik & T. A. Salthouse (Eds.), *The handbook of aging and cognition* (pp. 1–90). Mahwah, NJ: Erlbaum.

Read, K. E. (1965). *The high valley.* London: Allen and Unwin.

Reason, J., & Mycielska, K. (1982). *Absent-minded?: The psychology of mental lapses and everyday errors.* Englewood Cliffs, NJ: Prentice-Hall.

Reber, A. S. (1967). Implicit learning of artificial grammars. *Journal of Verbal Learning and Verbal Behavior, 6,* 855–863.

Reber, A. S. (1996). *Implicit learning and tacit knowledge: An essay on the cognitive unconscious.* New York: Oxford University Press.

Reber, A. S., & Allen, R. (2000). Individual differences in implicit learning. In R. G. Kunzendorf & B. Wallace (Eds.), *Individual differences in conscious experience* (pp. 227–247). Philadelphia: John Benjamins.

Reber, A. S., Walkenfeld, F. F., & Hernstadt, R. (1991). Implicit learning: Individual differences and IQ. *Journal of Experimental Psychology: Learning, Memory, and Cognition, 17,* 888–896.

Reber, P. J., Gitelman, D. R., Parrish, T. B., & Mesulam, M. M. (2003). Dissociating explicit and implicit category knowledge with fMRI. *Journal of Cognitive Neuroscience, 15,* 574–583.

Recanzone, G. H., & Sutter, M. L. (2008). The biological basis of audition. *Annual Review of Psychology, 59,* 119–142.

Rechsthaffen, A., Gilliland, M. A., Bergmann, B. M., & Winter, J. B. (1983). Physiological correlates of prolonged sleep deprivation in rats. *Science, 221,* 182–184.

Redick, T. S., Shipstead, Z., Harrison, T. L., Hicks, K. L., Fried, D. E., Hambrick, D. Z., . . . Engle, R. W. (2013). No evidence of intelligence improvement after working memory training: A randomized, placebo-controlled study. *Journal of Experimental Psychology: General, 142,* 359–379. doi:10.1037/a002908

Reed, C. L., Klatzky, R. L., & Halgren, E. (2005). What vs. where in touch: An fMRI study. *NeuroImage, 25,* 718–726.

Reed, D. R. (2008). Birth of a new breed of supertaster. *Chemical Senses, 33,* 489–491.

Reed, G. (1988). *The psychology of anomalous experience* (rev. ed.). Buffalo, NY: Prometheus Books.

Regan, P. C. (1998). What if you can't get what you want? Willingness to compromise ideal mate selection standards as a function of sex, mate value, and relationship context. *Personality and Social Psychology Bulletin, 24,* 1294–1303.

Regier, T., & Kay, P. (2009). Language, thought, and color: Whorf was half right. *Trends in Cognitive Sciences, 13,* 439–446.

Reichbach, G. L. (2012, May 16). A judge's plea for pot [op-ed article]. *New York Times,* p. A27.

Reis, H. T., Maniaci, M. R., Caprariello, P. S., Eastwick, P. W., & Finkel, E. J. (2011). Familiarity does indeed promote attraction in live interaction. *Journal of Personality and Social Psychology, 101*(3), 557–570. doi:10.1037/a0022885

Reiss, D., & Marino, L. (2001). Mirror self-recognition in the bottlenose dolphin: A case of cognitive convergence. *Proceedings of the National Academy of Sciences, USA, 98,* 5937–5942.

Reissland, N. (1988). Neonatal imitation in the first hour of life: Observations in rural Nepal. *Developmental Psychology, 24,* 464–469.

Renner, K. E. (1964). Delay of reinforcement: A historical review. *Psychological Review, 61,* 341–361.

Renner, M. J., & Mackin, R. (1998). A life stress instrument for classroom use. *Teaching of Psychology, 25,* 46–48.

Rensink, R. A. (2002). Change detection. *Annual Review of Psychology, 53,* 245–277.

Rensink, R. A., O'Regan, J. K., & Clark, J. J. (1997). To see or not to see: The need for attention to perceive changes in scenes. *Psychological Science, 8,* 368–373.

Repacholi, B. M., & Gopnik, A. (1997). Early reasoning about desires: Evidence from 14- and 18-month-olds. *Developmental Psychology, 33,* 12–21.

Rescorla, R. A. (2006). Stimulus generalization of excitation and inhibition. *Quarterly Journal of Experimental Psychology, 59,* 53–67.

Rescorla, R. A., & Wagner, A. R. (1972). A theory of Pavlovian conditioning: Variations in effectiveness of reinforcement and nonreinforcement. In A. Black & W. F. Prokasky, Jr. (Eds.), *Classical conditioning II* (pp. 64–99). New York: Appleton-Century-Crofts.

Ressler, K. J., & Mayberg, H. S. (2007). Targeting abnormal neural circuits in mood and anxiety disorders: From the laboratory to the clinic. *Nature Neuroscience, 10,* 1116–1124.

Ressler, K. J., & Nemeroff, C. B. (1999). Role of norepinephrine in the pathophysiology and treatment of mood disorders. *Biological Psychiatry, 46,* 1219–1233.

Rice, K. G., Richardson, C. M. E., & Clark, D. (2012). Perfectionism, procrastination, and psychological distress. *Journal of Counseling Psychology, 39,* 288–302.

Richards, M., Black, S., Mishra, G., Gale, C. R., Deary, I. J., & Batty, D. G. (2009). IQ in childhood and the metabolic syndrome in middle age: Extended follow-up of the 1946 British birth cohort study. *Intelligence, 37*(6), 567–572.

Richards, M. H., Crowe, P. A., Larson, R., & Swarr, A. (1998). Developmental patterns and gender differences in the experience of peer companionship during adolescence. *Child Development, 69,* 154–163.

Richert, E. S. (1997). Excellence with equity in identification and programming. In N. Colangelo & G. A. Davis (Eds.), *Handbook of gifted education* (2nd ed., pp. 75–88). Boston: Allyn & Bacon.

Richters, J., de Visser, R., Rissel, C., & Smith, A. (2006). Sexual practices at last heterosexual encounter and occurrence of orgasm in a national survey. *Journal of Sex Research, 43,* 217–226.

Ridenour, T. A., & Howard, M. O. (2012). Inhalants abuse: Status of etiology and intervention. In J. C. Verster, K. Brady, M. Galanter, & P. Conrod (Eds.), *Drug abuse and addiction in medical illness: Causes, consequences, and treatment* (pp. 189–199). New York: Springer.

Rieber, R. W. (Ed.). (1980). *Wilhelm Wundt and the making of scien-*

tific psychology. New York: Plenum Press.

Riefer, D. M., Kevari, M. K., & Kramer, D. L. F. (1995). Name that tune: Eliciting the tip-of-the-tongue experience using auditory stimuli. *Psychological Reports, 77,* 1379–1390.

Rimer, J., Dwan, K., Lawlor, D. A., Greig, C. A., McMurdo, M., Morley, W., & Mead, G. E. (2012). Exercise for depression. *Cochrane Database of Systematic Reviews, 7,* CD004366.

Ringach, D. L., & Jentsch, J. D. (2009). We must face the threats. *The Journal of Neuroscience, 29,* 11417–11418.

Risko, E. F., Anderson, N., Sarwal, A., Engelhardt, M., & Kingstone, A. (2012). Every attention: Variation in mind wandering and memory in a lecture. *Applied Cognitive Psychology, 26,* 234–242.

Risman, J. E., Coyle, J. T., Green, R. W., Javitt, D. C., Benes, F. M., Heckers, S., & Grace, A. A. (2008). Circuit-based framework for understanding neurotransmitter and risk gene interactions in schizophrenia. *Trends in Neurosciences, 31,* 234–242.

Rizzolatti, G. (2004). The mirror-neuron system and imitation. In S. Hurley & N. Chater (Eds.), *Perspectives on imitation. From mirror neurons to memes* (pp. 55–76). Cambridge, MA: MIT Press.

Rizzolatti, G., & Craighero, L. (2004). The mirror-neuron system. *Annual Review of Neuroscience, 27,* 169–192.

Rizzolatti, G., Fabbri-Destro, M., & Cattaneo, L. (2009). Mirror neurons and their clinical relevance. *Nature Clinical Practice Neurology, 5,* 24–34.

Rizzolatti, G., & Sinigaglia, C. (2012). The functional role of the parieto-frontal mirror circuit. *Nature Reviews Neuroscience, 11,* 264–274.

Roberson, D., Davidoff, J., Davies, I. R. L., & Shapiro, L. R. (2004). The development of color categories in two languages: A longitudinal study. *Journal of Experimental Psychology: General, 133,* 554–571.

Roberts, G. A. (1991). Delusional belief and meaning in life: A preferred reality? *British Journal of Psychiatry, 159,* 20–29.

Roberts, G. A., & McGrady, A. (1996). Racial and gender effects on the relaxation response: Implications for the development of hypertension. *Biofeedback and Self-Regulation, 21,* 51–62.

Robertson, L. C. (1999). What can spatial deficits teach us about feature binding and spatial maps? *Visual Cognition, 6,* 409–430.

Robertson, L. C. (2003). Binding, spatial attention and perceptual awareness. *Nature Reviews Neuroscience, 4,* 93–102.

Robins, L. N., Helzer, J. E., Hesselbrock, M., & Wish, E. (1980). Vietnam veterans three years after Vietnam. In L. Brill & C. Winick (Eds.), *The yearbook of substance use and abuse* (Vol. 11). New York: Human Sciences Press.

Robins, R. W., Fraley, R. C., & Krueger, R. F. (Eds.). (2007). *Handbook of research methods in personality psychology*. New York: Guilford Press.

Robinson, A., & Clinkenbeard, P. R. (1998). Giftedness: An exceptionality examined. *Annual Review of Psychology, 49,* 117–139.

Robinson, D. N. (1995). *An intellectual history of psychology*. Madison: University of Wisconsin Press.

Rodieck, R. W. (1998). *The first steps in seeing*. Sunderland, MA: Sinauer.

Roediger, H. L., III. (2000). Why retrieval is the key process to understanding human memory. In E. Tulving (Ed.), *Memory, consciousness, and the brain: The Tallinn conference* (pp. 52–75). Philadelphia: Psychology Press.

Roediger, H. L., III, & Karpicke, J. D. (2006). Test-enhanced learning: Taking memory tests improves long-term retention. *Psychological Science, 17,* 249–255.

Roediger, H. L., III, & McDermott, K. B. (1995). Creating false memories: Remembering words not presented in lists. *Journal of Experimental Psychology: Learning, Memory, and Cognition, 21,* 803–814.

Roediger, H. L., III, & McDermott, K. B. (2000). Tricks of memory. *Current Directions in Psychological Science, 9,* 123–127.

Roediger, H. L., III, Weldon, M. S., & Challis, B. H. (1989). Explaining dissociations between implicit and explicit measures of retention: A processing account. In H. L. Roediger, III & F. I. M. Craik (Eds.), *Varieties of memory and consciousness: Essays in honor of Endel Tulving* (pp. 3–41). Hillsdale, NJ: Erlbaum.

Rogers, C. R. (1951). *Client-centered therapy: Its current practice, implications, and theory*. Boston: Houghton Mifflin.

Rogers, T. B., Kuiper, N. A., & Kirker, W. S. (1977). Self-reference and the encoding of personal information. *Journal of Personality and Social Psychology, 35,* 677–688.

Roig, M., Skriver, K., Lundbye-Jensen, J., Kiens, B., & Nielsen, J. B. (2012). A single bout of exercise improves motor memory. *PLoS One, 7,* e44594. doi:10.1371/journal.pone.0044594

Romero-Corral, A., Montori, V. M., Somers, V. K., Korinek, J., Thomas, R. J., Allison, T. G., . . . Lopez-Jiminez, F. (2006). Association of body weight with total mortality and with cardiovascular events in coronary artery disease: A systematic review of cohort studies. *Lancet, 368*(9536), 666–678.

Ronay, R., & Galinsky, A. D. (2011). Lex talionis: Testosterone and the law of retaliation. *Journal of Experimental Social Psychology, 47*(3), 702–705. doi:10.1016/j.jesp.2010.11.009

Rosch, E. H. (1973). Natural categories. *Cognitive Psychology, 4,* 328–350.

Rosch, E. H. (1975). Cognitive representations of semantic categories. *Journal of Experimental Psychology: General, 104,* 192–233.

Rosch, E. H., & Mervis, C. B. (1975). Family resemblances: Studies in the internal structure of categories. *Cognitive Psychology, 7,* 573–605.

Rose, S. P. R. (2002). Smart drugs: Do they work? Are they ethical? Will they be legal? *Nature Reviews Neuroscience, 3,* 975–979.

Roseman, I. J. (1984). Cognitive determinants of emotion: A structural theory. *Review of Personality and Social Psychology, 5,* 11–36.

Roseman, I. J., & Smith, C. A. (2001). Appraisal theory: Overview, assumptions, varieties and controversies. In K. R. Scherer, A. Schorr, & T. Johnstone (Eds.), *Appraisal processes in emotion: Theory, methods, research* (pp. 3–19). New York: Oxford University Press.

Rosenbaum, J. E. (2009). Patient teenagers? A comparison of the sexual behavior of virginity pledgers and matched nonpledgers. *Pediatrics, 123*(1), e110–e120.

Rosenberg, T. (2013, March 27). The destructive influence of imaginary peers. *New York Times*. Retrieved from http://opinionator.blogs.nytimes.com/2013/03/27/the-destructive-influence-of-imaginary-peers/

Rosenhan, D. (1973). On being sane in insane places. *Science, 179,* 250–258.

Rosenkranz, K., Williamon, A., & Rothwell, J. C. (2007). Motor-cortical excitability and synaptic plasticity is enhanced in professional musicians. *The Journal of Neuroscience, 27,* 5200–5206.

Rosenstein, M. J., Milazzo-Sayre, L. J., & Manderscheid, R. W. (1990). Characteristics of persons using specifically inpatient, outpatient, and partial care programs in 1986. In M. A. Sonnenschein (Ed.), *Mental health in the United States* (pp. 139–172). Washington, DC: U.S. Government Printing Office.

Rosenthal, R., & Fode, K. L. (1963). The effect of experimenter bias on the performance of the albino rat. *Behavioral Science, 8,* 183–189.

Ross, L. (1977). The intuitive psychologist and his shortcomings: Distortions in the attribution process. *Advances in Experimental Social Psychology, 10,* 173–220.

Ross, L., Amabile, T. M., & Steinmetz, J. L. (1977). Social roles, social control, and biases in social-perception processes. *Journal of*

Personality and Social Psychology, 35, 485–494.

Ross, L., & Nisbett, R. E. (1991). *The person and the situation.* New York: McGraw-Hill.

Ross, M., Blatz, C. W., & Schryer, E. (2008). Social memory processes. In H. L. Roediger III (Ed.), *Learning and memory: A comprehensive reference* (Vol. 2, pp. 911–926). Oxford, England: Elsevier.

Rossano, F., Carpenter, M., & Tomasello, M. (2012). One-year-old infants follow others' voice direction. *Psychological Science, 23*(11), 1298–1302. doi:10.1177/0956797612450032

Rosvall, M., & Bergstrom, C. T. (2008). Maps of random walks on complex networks reveal community structure. *Proceedings of the National Academy of Sciences, USA, 105,* 1118–1123.

Roth, H. P., & Caron, H. S. (1978). Accuracy of doctors' estimates and patients' statements on adherence to a drug regimen. *Clinical Pharmacology and Therapeutics, 23,* 361–370.

Rothbart, M. K., & Bates, J. E. (1998). Temperament. In W. Damon (Series Ed.) & N. Eisenberg (Vol. Ed.), *Handbook of child psychology: Vol. 3. Social, emotional and personality development* (5th ed., pp. 105–176). New York: Wiley.

Rothbaum, B. O., & Schwartz, A. C. (2002). Exposure therapy for posttraumatic stress disorder. *American Journal of Psychotherapy, 56,* 59–75.

Rotter, J. B. (1966). Generalized expectancies for internal versus external locus of control of reinforcement. *Psychological Monographs: General and Applied, 80,* 1–28.

Rotton, L. (1992). Trait humor and longevity: Do comics have the last laugh? *Health Psychology, 11,* 262–266.

Roy-Byrne, P. P., & Cowley, D. (1998). *Pharmacological treatment of panic, generalized anxiety, and phobic disorders.* New York: Oxford University Press.

Roy-Byrne, P. P., & Cowley, D. S. (2002). Pharmacological treatments for panic disorder, generalized anxiety disorder, specific phobia, and social anxiety disorder. In P. E. Nathan & J. M. Gorman (Eds.), *A guide to treatments that work* (2nd ed., pp. 337–365). New York: Oxford University Press.

Rozenblit, L., & Keil, F. C. (2002). The misunderstood limits of folk science: An illusion of explanatory depth. *Cognitive Science, 26,* 521–562.

Rozin, P. (1968). Are carbohydrate and protein intakes separately regulated? *Journal of Comparative and Physiological Psychology, 65,* 23–29.

Rozin, P., Bauer, R., & Catanese, D. (2003). Food and life, pleasure and worry, among American college students: Gender differences and regional similarities. *Journal of Personality and Social Psychology, 85,* 132–141.

Rozin, P., Dow, S., Moscovitch, M., & Rajaram, S. (1998). What causes humans to begin and end a meal? A role for memory for what has been eaten, as evidenced by a study of multiple meal eating in amnesic patients. *Psychological Science, 9,* 392–396.

Rozin, P., Kabnick, K., Pete, E., Fischler, C., & Shields, C. (2003). The ecology of eating: Smaller portion size in France than in the United States helps to explain the French paradox. *Psychological Science, 14,* 450–454.

Rozin, P., & Kalat, J. W. (1971). Specific hungers and poison avoidance as adaptive specializations of learning. *Psychological Review, 78,* 459–486.

Rozin, P., Scott, S., Dingley, M., Urbanek, J. K., Jiang, H., & Kaltenbach, M. (2011). Nudge to nobesity: I. Minor changes in accessibility decrease food intake. *Judgment and Decision Making, 6,* 323–332.

Rozin, P., Trachtenberg, S., & Cohen, A. B. (2001). Stability of body image and body image dissatisfaction in American college students over about the last 15 years. *Appetite, 37,* 245–248.

Rubin, M., & Badea, C. (2012). They're all the same! . . . but for several different reasons: A review of the multicausal nature of perceived group variability. *Current Directions in Psychological Science, 21*(6), 367–372. doi:10.1177/0963721412457363

Rubin, Z. (1973). *Liking and loving.* New York: Holt, Rinehart & Winston.

Rubin-Fernandez, P., & Geurts, B. (2012). How to pass the false-belief task before your fourth birthday. *Psychological Science, 24*(1), 27–33. doi:10.1177/0956797612447819

Rudman, L. A., Ashmore, R. D., & Gary, M. L. (2001). "Unlearning" automatic biases: The malleability of implicit prejudice and stereotypes. *Journal of Personality and Social Psychology, 81,* 856–868.

Rusbult, C. E. (1983). A longitudinal test of the investment model: The development (and deterioration) of satisfaction and commitment in heterosexual involvements. *Journal of Personality and Social Psychology, 45,* 101–117.

Rusbult, C. E., & Van Lange, P. A. M. (2003). Interdependence, interaction and relationships. *Annual Review of Psychology, 54,* 351–375.

Rusbult, C. E., Verette, J., Whitney, G. A., & Slovik, L. F. (1991). Accommodation processes in close relationships: Theory and preliminary empirical evidence. *Journal of Personality and Social Psychology, 60,* 53–78.

Ruscio, A. M., Stein, D. J., Chiu, W. T., Kessler, R. C. (2010). The epidemiology of obsessive-compulsive disorder in the National Comorbidity Survey Replication. *Molecular Psychiatry, 15,* 53–63.

Rushton, J. P. (1995). Asian achievement, brain size, and evolution: Comment on A. H. Yee. *Educational Psychology Review, 7,* 373–380.

Rushton, J. P., & Templer, D. I. (2009). National differences in intelligence, crime, income, and skin color. *Intelligence, 37*(4), 341–346.

Russell, B. (1945). *A history of Western philosophy.* New York: Simon & Schuster.

Russell, J., Gee, B., & Bullard, C. (2012). Why do young children hide by closing their eyes? Self-visibility and the developing concept of self. *Journal of Cognition and Development, 13*(4), 550–576. doi:10.10 80/15248372.2011.594826

Russell, J. A. (1980). A circumplex model of affect. *Journal of Personality and Social Psychology, 39,* 1161–1178.

Rutledge, R. B., Lazzaro, S. C., Lau, B., Myers, C. E., Gluck, M. A., & Glimcher, P. W. (2009). Dopaminergic drugs modulate learning rates and perseveration in Parkinson's patients in a dynamic foraging task. *Journal of Neuroscience, 29,* 15104–15114.

Rutter, M., O'Connor, T. G., & the English and Romanian Adoptees Study Team. (2004). Are there biological programming effects for psychological development? Findings from a study of Romanian adoptees. *Developmental Psychology, 40,* 81–94.

Rutter, M., & Silberg, J. (2002). Gene–environment interplay in relation to emotional and behavioral disturbance. *Annual Review of Psychology, 53,* 463–490.

Ryan, R. M., & Deci, E. L. (2000). Self-determination theory and the facilitation of intrinsic motivation, social development, and wellbeing. *American Psychologist, 55,* 68–78.

Ryle, G. (1949). *The Concept of Mind,* Hutchinson, London.

Sachs, J. S. (1967). Recognition of semantic, syntactic, and lexical changes in sentences. *Psychonomic Bulletin & Review, 1,* 17–18.

Sacks, O. (1995). *An anthropologist on Mars.* New York: Knopf.

Sacks, O. (1996). *An anthropologist on Mars* (ppbk). Visalia, CA: Vintage.

Saks, E. R. (2013, January 25). Successful and schizophrenic. *New York Times*. Retrieved from http://www.nytimes.com/2013/01/27 /opinion/sunday/schizophrenic-not-stupid.html

Saffran, J. R., Aslin, R. N., & Newport, E. I. (1996). Statistical learning by 8-month-old infants. *Science, 274*, 1926–1928.

Sahakian, B., & Morein-Zamir, S. (2007). Professor's little helper. *Nature, 450*(7173), 1157–1159.

Sakuraba, S., Sakai, S., Yamanaka, M., Yokosawa, Y., & Hirayama, K. (2012). Does the human dorsal stream really process a category for tools? *Journal of Neuroscience, 32*, 3949–3953.

Sallet, J., Mars, R. B., Noonan, M. P., Andersson, J. L., O'Reilly, J. X., Jbabdi, S., . . . Rushworth, M. F. S. (2011). Social network size affects neural circuits in macaques. *Science, 334*(6056), 697–700. doi:10.1126/science.1210027

Salmon, D. P., & Bondi, M. W. (2009). Neuropsychological assessment of dementia. *Annual Review of Psychology, 60*, 257–282.

Salovey, P., & Grewal, D. (2005). The science of emotional intelligence. *Current Directions in Psychological Science, 14*(6), 281–285.

Salthouse, T. A. (1984). Effects of age and skill in typing. *Journal of Experimental Psychology: General, 113*, 345–371.

Salthouse, T. A. (1987). Age, experience, and compensation. In C. Schooler & K. W. Schaie (Eds.), *Cognitive functioning and social structure over the life course* (pp. 142–150). Norwood, NJ: Ablex.

Salthouse, T. A. (1996a). General and specific mediation of adult age differences in memory. *Journal of Gerontology: Series B: Psychological Sciences and Social Sciences, 51B*, P30–P42.

Salthouse, T. A. (1996b). The processing-speed theory of adult age differences in cognition. *Psychological Review, 103*, 403–428.

Salthouse, T. A. (2000). Pressing issues in cognitive aging. In D. Park & N. Schwartz (Eds.), *Cognitive aging: A primer* (pp. 43–54). Philadelphia: Psychology Press.

Salthouse, T. A. (2001). Structural models of the relations between age and measures of cognitive functioning. *Intelligence, 29*, 93–115.

Salthouse, T. A. (2006). Mental exercise and mental aging. *Perspectives on Psychological Science, 1*(1), 68–87.

Salvatore, J. E., Kuo, S. I.-C., Steele, R. D., Simpson, J. A., & Collins, W. A. (2011). Recovering from conflict in romantic relationships: A developmental perspective. *Psychological Science, 22*(3), 376–383. doi:10.1177/0956797610397055

Sampson, R. J., & Laub, J. H. (1995). Understanding variability in lives through time: Contributions of life-course criminology. *Studies of Crime Prevention, 4*, 143–158.

Sandin, R. H., Enlund, G., Samuelsson, P., & Lenmarken, C. (2000). Awareness during anesthesia: A prospective case study. *Lancet, 355*, 707–711.

Sapolsky, R. M., & Share, L. J. (2004). A pacific culture among wild baboons: Its emergence and transmission. *PLoS Biology, 2*, e106.

Sara, S. J. (2000). Retrieval and reconsolidation: Toward a neurobiology of remembering. *Learning & Memory, 7*, 73–84.

Sarris, V. (1989). Max Wertheimer on seen motion: Theory and evidence. *Psychological Research, 51*, 58–68.

Sarter, M. (2006). Preclinical research into cognition enhancers. *Trends in Pharmacological Sciences, 27*, 602–608.

Sasanuma, S. (1975). Kana and kanji processing in Japanese aphasics. *Brain and Language, 2*, 369–383.

Satcher, D. (2001). *The Surgeon General's call to action to promote sexual health and responsible sexual behavior*. Washington, DC: U.S. Government Printing Office.

Satterwhite, C. L., Torrone, E., Meites, E., Dunne, E. F., Mahajan, R., Ocfernia, M. C., . . . Weinstock, H. (2013). Sexually transmitted infections among U. S. women and men: Prevalence and incidence estimates, 2008. *Sexually Transmitted Diseases, 40*(3), 187–193.

Savage, C. R., Deckersbach, T., Heckers, S., Wagner, A. D., Schacter, D. L., Alpert, N. M., . . . Rauch, S. L. (2001). Prefrontal regions supporting spontaneous and directed application of verbal learning strategies: Evidence from PET. *Brain, 124*, 219–231.

Savage-Rumbaugh, S., & Lewin, R. (1996). *Kanzi: The ape on the brink of the human mind*. New York: Wiley.

Savage-Rumbaugh, S., Shanker, G., & Taylor, T. J. (1998). *Apes, language, and the human mind*. Oxford, England: Oxford University Press.

Savic, I., Berglund, H., & Lindstrom, P. (2005). Brain response to putative pheromones in homosexual men. *Proceedings of the National Academy of Sciences, USA, 102*, 7356–7361.

Savic, I., & Lindstrom, P. (2008). PET and MRI show differences in cerebral asymmetry and functional connectivity between homo- and heterosexual subjects. *Proceedings of the National Academy of Sciences, USA, 105*(27), 9403–9408.

Sawa, A., & Snyder, S. H. (2002). Schizophrenia: Diverse approaches to a complex disease. *Science, 295*, 692–695.

Sawyer, T. F. (2000). Francis Cecil Sumner: His views and influence on African American higher education. *History of Psychology, 3*(2), 122–141.

Scarborough, E., & Furumoto, L. (1987). *Untold lives: The first generation of American women psychologists*. New York: Columbia University Press.

Scarr, S., Pakstis, A. J., Katz, S. H., & Barker, W. B. (1977). Absence of a relationship between degree of White ancestry and intellectual skills within a Black population. *Human Genetics, 39*(1), 69–86.

Schachter, S. (1982). Recidivism and self-cure of smoking and obesity. *American Psychologist, 37*, 436–444.

Schachter, S., & Singer, J. E. (1962). Cognitive, social, and psychological determinants of emotional state. *Physiological Review, 69*, 379–399.

Schacter, D. L. (1987). Implicit memory: History and current status. *Journal of Experimental Psychology: Learning, Memory, and Cognition, 13*, 501–518.

Schacter, D. L. (1996). *Searching for memory: The brain, the mind, and the past*. New York: Basic Books.

Schacter, D. L. (1999). The seven sins of memory: Insights from psychology and cognitive neuroscience. *American Psychologist, 54*(3), 182–203.

Schacter, D. L. (2001a). *Forgotten ideas, neglected pioneers: Richard Semon and the story of memory*. Philadelphia: Psychology Press.

Schacter, D. L. (2001b). *The seven sins of memory: How the mind forgets and remembers*. Boston: Houghton Mifflin.

Schacter, D. L. (2012). Adaptive constructive processes and the future of memory. *American Psychologist, 67*, 603–613.

Schacter, D. L., & Addis, D. R. (2007). The cognitive neuroscience of constructive memory: Remembering the past and imagining the future. *Philosophical Transactions of the Royal Society of London. Series B: Biological Sciences, 362*, 773–786.

Schacter, D. L., Addis, D. R., & Buckner, R. L. (2008). Episodic simulation of future events: Concepts, data, and applications. *Annals of the New York Academy of Sciences, 1124*, 39–60.

Schacter, D. L., Addis, D. R., Hassabis, D., Martin, V. C., Spreng, R. N., & Szpunar, K. K. (2012). The future of memory: Remembering, imagining, and the brain. *Neuron, 16*, 582–583.

Schacter, D. L., Alpert, N. M., Savage, C. R., Rauch, S. L., & Albert, M. S. (1996). Conscious recollection and the human hippocampal formation: Evidence from positron emission tomography.

Proceedings of the National Academy of Sciences, USA, 93, 321–325.

Schacter, D. L., & Buckner, R. L. (1998). Priming and the brain. *Neuron, 20*, 185–195.

Schacter, D. L., & Curran, T. (2000). Memory without remembering and remembering without memory: Implicit and false memories. In M. S. Gazzaniga (Ed.), *The new cognitive neurosciences* (2nd ed., pp. 829–840). Cambridge, MA: MIT Press.

Schacter, D. L., Dobbins, I. G., & Schnyer, D. M. (2004). Specificity of priming: A cognitive neuroscience perspective. *Nature Reviews Neuroscience, 5*, 853–862.

Schacter, D. L., Gaesser, B., & Addis, D. R. (2012). Remembering the past and imagining the future in the elderly. *Gerontologist, 59*(2), 143–151. doi:10.1159/000342198

Schacter, D. L., Guerin, S. A., & St. Jacques, P. L. (2011). Memory distortion: An adaptive perspective. *Trends in Cognitive Sciences, 15*, 467–474.

Schacter, D. L., Harbluk, J. L., & McLachlan, D. R. (1984). Retrieval without recollection: An experimental analysis of source amnesia. *Journal of Verbal Learning and Verbal Behavior, 23*, 593–611.

Schacter, D. L., Israel, L., & Racine, C. A. (1999). Suppressing false recognition in younger and older adults: The distinctiveness heuristic. *Journal of Memory and Language, 40*, 1–24.

Schacter, D. L., & Loftus, E. F. (2013). Memory and law: What can cognitive neuroscience contribute? *Nature Neuroscience, 16*, 119–123.

Schacter, D. L., Reiman, E., Curran, T., Yun, L. S., Bandy, D., McDermott, K. B., & Roediger, H. L., III. (1996). Neuroanatomical correlates of veridical and illusory recognition memory: Evidence from positron emission tomography. *Neuron, 17*, 267–274.

Schacter, D. L., & Tulving, E. (1994). *Memory systems 1994*. Cambridge, MA: MIT Press.

Schacter, D. L., Wagner, A. D., & Buckner, R. L. (2000). Memory systems of 1999. In E. Tulving & F. I. M. Craik (Eds.), *The Oxford handbook of memory* (pp. 627–643). New York: Oxford University Press.

Schacter, D. L., Wig, G. S., & Stevens, W. D. (2007). Reductions in cortical activity during priming. *Current Opinion in Neurobiology, 17*, 171–176.

Schafer, R. B., & Keith, P. M. (1980). Equity and depression among married couples. *Social Psychology Quarterly, 43*, 430–435.

Schaie, K. W. (1996). *Intellectual development in adulthood: The Seattle Longitudinal Study*. New York: Cambridge University Press.

Schaie, K. W. (2005). *Developmental influences on adult intelligence: The Seattle Longitudinal Study*. New York: Oxford University Press.

Schapira, A. H. V., Emre, M., Jenner, P., & Poewe, W. (2009). Levodopa in the treatment of Parkinson's disease. *European Journal of Neurology, 16*, 982–989.

Schatzberg, A. F., Cole, J. O., & DeBattista, C. (2003). *Manual of clinical psychopharmacology* (4th ed.). Washington, DC: American Psychiatric Publishing.

Schenk, T., Ellison, A., Rice, N., & Milner, A. D. (2005). The role of V5/MT+ in the control of catching movements: An rTMS study. *Neuropsychologia, 43*, 189–198.

Scherer, K. R. (1999). Appraisal theory. In T. Dalgleish & M. Power (Eds.), *Handbook of cognition and emotion* (pp. 637–663). New York: Wiley.

Scherer, K. R. (2001). The nature and study of appraisal: A review of the issues. In K. R. Scherer, A. Schorr, & T. Johnstone (Eds.), *Appraisal processes in emotion: Theory, methods, research* (pp. 369–391). New York: Oxford University Press.

Schiff, M., Duyme, M., Stewart, J., Tomkiewicz, S., & Feingold, J. (1978). Intellectual status of working class children adopted early in upper middle class families. *Science, 200*, 1503–1504.

Schildkraut, J. J. (1965). The catecholamine hypothesis of affective disorders: A review of supporting evidence. *American Journal of Psychiatry, 122*, 509–522.

Schiller, D., Monfils, M. H., Raio, C. M., Johnson, D. C., LeDoux, J. E., & Phelps, E. A. (2010). Preventing the return of fear in humans using reconsolidation update mechanisms. *Nature, 463*, 49–54.

Schilling, O. K., Wahl, H.-W., & Wiegering, S. (2013). Affective development in advanced old age: Analyses of terminal change in positive and negative affect. *Developmental Psychology, 49*(5), 1011–1020. doi:10.1037/a0028775

Schlegel, A., & Barry, H., III. (1991). *Adolescence: An anthropological inquiry*. New York: Free Press.

Schlesinger, J. *The insanity hoax: Exposing the myth of the mad genius*. Ardsley-on-Hudson, NY: Shrinktunes Media.

Schmader, T., Johns, M., & Forbes, C. (2008). An integrated process model of stereotype threat effects on performance. *Psychological Review, 115*, 336–356.

Schmidt, F. L., & Hunter, J. E. (1998). The validity and utility of selection methods in personnel psychology: Practical and theoretical implications of 85 years of research findings. *Psychological Bulletin, 124*, 262–274.

Schmitt, D. P., Jonason, P. K., Byerley, G. J., Flores, S. D., Illbeck, B. E., O'Leary, K. N., & Qudrat, A. (2012). A reexamination of sex differences in sexuality: New studies reveal old truths. *Current Directions in Psychological Science, 21*(2), 135–139. doi:10.1177/0963721412436808

Schmitt, D. P., Realo, A., Voracek, M., & Allik, J. (2008). Why can't a man be more like a woman? Sex differences in personality traits across 55 cultures. *Journal of Personality and Social Psychology, 94*, 168–182.

Schneider, B. H., Atkinson, L., & Tardif, C. (2001). Child–parent attachment and children's peer relations: A quantitative review. *Developmental Psychology, 37*, 86–100.

Schnorr, J. A., & Atkinson, R. C. (1969). Repetition versus imagery instructions in the short- and long-term retention of paired associates. *Psychonomic Science, 15*, 183–184.

Schoenemann, P. T., Sheenan, M. J., & Glotzer, L. D. (2005). Prefrontal white matter volume is disproportionately larger in humans than in other primates. *Nature Neuroscience, 8*, 242–252.

Schonberg, T., O'Doherty, J. P., Joel, D., Inzelberg, R., Segev, Y., & Daw, N. D. (2009). Selective impairment of prediction error signaling in human dorsolateral but not ventral striatum in Parkinson's disease patients: Evidence from a model-based fMRI study. *NeuroImage, 49*, 772–781.

Schott, B. J., Henson, R. N., Richardson-Klavehn, A., Becker, C., Thoma, V., Heinze, H. J., & Duzel, E. (2005). Redefining implicit and explicit memory: The functional neuroanatomy of priming, remembering, and control of retrieval. *Proceedings of the National Academy of Sciences, USA, 102*, 1257–1262.

Schouwenburg, H. C. (1995). Academic procrastination: Theoretical notions, measurement, and research. In J. R. Ferrari, J. L. Johnson, & W. G. McCown (Eds.), *Procrastination and task avoidance: Theory, research, and treatment* (pp. 71–96). New York: Plenum Press.

Schreiner, C. E., Read, H. L., & Sutter, M. L. (2000). Modular organization of frequency integration in primary auditory cortex. *Annual Review of Neuroscience, 23*, 501–529.

Schreiner, C. E., & Winer, J. A. (2007). Auditory cortex mapmaking: Principles, projections, and plasticity. *Neuron, 56*, 356–365.

Schubert, T. W., & Koole, S. L. (2009). The embodied self: Making a fist enhances men's power-related self-conceptions. *Journal of Experimental Social Psychology, 45*, 828–834.

Schultz, D., Izard, C. E., & Bear, G. (2004). Children's emotion processing: Relations to emotionality and aggression. *Development and Psychopathology, 16*(2), 371–387.

Schultz, D. P., & Schultz, S. E. (1987). *A history of modern psychology* (4th ed.). San Diego: Harcourt Brace Jovanovich.

Schultz, W. (2006). Behavioral theories and the neurophysiology of reward. *Annual Review of Psychology, 57,* 87–115.

Schultz, W. (2007). Behavioral dopamine signals. *Trends in Neurosciences, 30,* 203–210.

Schultz, W., Dayan, P., & Montague, P. R. (1997). A neural substrate of prediction and reward. *Science, 275,* 1593–1599.

Schwartz, B. L. (2002). *Tip-of-the-tongue states: Phenomenology, mechanisms, and lexical retrieval.* Mahwah, NJ: Erlbaum.

Schwartz, C. E., Wright, C. I., Shin, L. M., Kagan, J., & Rauch, S. L. (2003). Inhibited and uninhibited infants "grown up": Adult amygdalar response to novelty. *Science, 300,* 1952–1953.

Schwartz, J. H., & Westbrook, G. L. (2000). The cytology of neurons. In E. R. Kandel, G. H. Schwartz, & T. M. Jessell (Eds.), *Principles of neural science* (pp. 67–104). New York: McGraw-Hill.

Schwartz, S., & Maquet, P. (2002). Sleep imaging and the neuropsychological assessment of dreams. *Trends in Cognitive Sciences, 6,* 23–30.

Schwartzman, A. E., Gold, D., & Andres, D. (1987). Stability of intelligence: A 40-year follow-up. *Canadian Journal of Psychology, 41,* 244–256.

Schwarz, N., & Clore, G. L. (1983). Mood, misattribution, and judgments of well-being: Informative and directive functions of affective states. *Journal of Personality and Social Psychology, 45,* 513–523.

Schwarz, N., Mannheim, Z., & Clore, G. L. (1988). How do I feel about it? The informative function of affective states. In K. Fiedler & J. Forgas (Eds.), *Affect cognition and social behavior: New evidence and integrative attempts* (pp. 44–62). Toronto: C. J. Hogrefe.

Schweizer, T. A., Ware, J., Fischer, C. E., Craik, F. I. M., & Bialystok, E. (2012). Bilingualism as a contributor to cognitive reserve: Evidence from brain atrophy in Alzheimer's disease. *Cortex, 48,* 991–996.

Scoville, W. B., & Milner, B. (1957). Loss of recent memory after bilateral hippocampal lesions. *Journal of Neurology, Neurosurgery, and Psychiatry, 20,* 11–21.

Scribner, S. (1975). Recall of classical syllogisms: A cross-cultural investigation of errors on logical problems. In R. J. Falmagne (Ed.), *Reasoning: Representation and process in children and adults* (pp. 153–173). Hillsdale, NJ: Erlbaum.

Scribner, S. (1984). Studying working intelligence. In B. Rogoff & J. Lave (Eds.), *Everyday cognition: Its development in social context* (pp. 9–40). Cambridge, MA: Harvard University Press.

Sedlmeier, P., Eberth, J., Schwarz, M., Zimmermann, D., Haarig, F., Jaeger, S., & Kunze, S. (2012). The psychological effects of meditation: A meta-analysis. *Psychological Bulletin, 138,* 1139–1171.

Seeman, T. E., Dubin, L. F., & Seeman, M. (2003). Religiosity/spirituality and health: A critical review of the evidence for biological pathways. *American Psychologist, 58,* 53–63.

Segall, M. H., Lonner, W. J., & Berry, J. W. (1998). Cross-cultural psychology as a scholarly discipline. On the flowering of culture in behavioral research. *American Psychologist, 53*(10), 1101–1110.

Seidman, G. (2013). Self-presentation and belonging on Facebook: How personality influences social media use and motivations. *Personality and Individual Differences, 54,* 402–407.

Seligman, M. E. P. (1971). Phobias and preparedness. *Behavior Therapy, 2,* 307–320.

Seligman, M. E. P. (1995). The effectiveness of psychotherapy: The consumer reports study. *American Psychologist, 48,* 966–971.

Selikoff, I. J., Robitzek, E. H., & Ornstein, G. G. (1952). Toxicity of hydrazine derivatives of isonicotinic acid in the chemotherapy of human tuberculosis. *Quarterly Bulletin of SeaView Hospital, 13,* 17–26.

Selye, H., & Fortier, C. (1950). Adaptive reaction to stress. *Psychosomatic Medicine, 12,* 149–157.

Semenza, C. (2009). The neuropsychology of proper names. *Mind & Language, 24,* 347–369.

Semenza, C., & Zettin, M. (1989). Evidence from aphasia from proper names as pure referring expressions. *Nature, 342,* 678–679.

Senghas, A., Kita, S., & Ozyurek, A. (2004). Children create core properties of language: Evidence from an emerging sign language in Nicaragua. *Science, 305,* 1782.

Senior, J. (2014). *All joy and no fun: The paradox of modern parenthood.* New York: Harper-Collins.

Senju, A., Maeda, M., Kikuchi, Y., Hasegawa, T., Tojo, Y., & Osanai, H. (2007). Absence of contagious yawning in children with autism spectrum disorder. *Biology Letters, 3*(6), 706–708.

Senju, A., Southgate, V., Snape, C., Leonard, M., & Csibra, G. (2011). Do 18-month-olds really attribute mental states to others?: A critical test. *Psychological Science, 22*(7), 878–880. doi:10.1177/0956797611411584

Senju, A., Southgate, V., White, S., & Frith, U. (2009). Mindblind eyes: An absence of spontaneous theory of mind in Asperger syndrome. *Science, 325,* 883–885.

Serpell, R. (1974). Aspects of intelligence in a developing country. *African Social Research, 17,* 578–596.

Seybold, K. S., & Hill, P. C. (2001). The role of religion and spirituality in mental and physical health. *Current Directions in Psychological Science, 10,* 21–23.

Seymour, K., Clifford, C. W. G., Logothetis, N. K., & Bartels, A. (2010). Coding and binding of color and form in visual cortex. *Cerebral Cortex.* doi:10.1093/cercor/bhp265

Shafritz, K. M., Gore, J. C., & Marois, R. (2002). The role of the parietal cortex in visual feature binding. *Proceedings of the National Academy of Sciences, USA, 99,* 10917–10922.

Shah, J. Y., Higgins, E. T., & Friedman, R. S. (1998). Performance incentives and means: How regulatory focus influences goal attainment. *Journal of Personality and Social Psychology, 74,* 285–293.

Shallcross, A. J., Ford, B. Q., Floerke, V. A., & Mauss, I. B. (2013). Getting better with age: The relationship between age, acceptance, and negative affect. *Journal of Personality and Social Psychology, 104*(4), 734–749. doi:10.1037/a0031180

Shallice, T., Fletcher, P., Frith, C. D., Grasby, P., Frackowiak, R. S. J., & Dolan, R. J. (1994). Brain regions associated with acquisition and retrieval of verbal episodic memory. *Nature, 368,* 633–635.

Shariff, A. F., & Tracy, J. L. (2011). What are emotion expressions for? *Current Directions in Psychological Science, 20*(6), 395–399.

Sharot, T. (2011). *The optimism bias: A tour of the irrationally positive brain.* New York: Pantheon Books.

Shaw, J. S., Bjork, R. A., & Handal, A. (1995). Retrieval-induced forgetting in an eyewitness paradigm. *Psychonomic Bulletin & Review, 13,* 1023–1027.

Shedler, J. (2010). The efficacy of psychodynamic psychotherapy. *American Psychologist, 65,* 98–109.

Shedler, J., & Block, J. (1990). Adolescent drug use and psychological health: A longitudinal inquiry. *American Psychologist, 45,* 612–630.

Sheehan, P. (1979). Hypnosis and the process of imagination. In E. Fromm & R. S. Shor (Eds.), *Hypnosis: Developments in research and new perspectives* (pp. 293–319). Chicago: Aldine.

Sheese, B. E., & Graziano, W. G. (2005). Deciding to defect: The effects of video-game violence on cooperative behavior. *Psychological*

Science, 16, 354–357.

Shen, H., Wan, F., & Wyer, R. S. (2011). Cross-cultural differences in the refusal to accept a small gift: The differential influence of reciprocity norms on Asians and North Americans. *Journal of Personality and Social Psychology, 100*(2), 271–281. doi:10.1037/a0021201

Shenton, M. E., Dickey, C. C., Frumin, M., & McCarley, R. W. (2001). A review of MRI findings in schizophrenia. *Schizophrenia Research, 49,* 1–52.

Shepherd, G. M. (1988). *Neurobiology.* New York: Oxford University Press.

Shepperd, J., Malone, W., & Sweeny, K. (2008). Exploring the causes of the self-serving bias. *Social and Personality Psychology Compass, 2*(2), 895–908.

Sherry, D. F., & Schacter, D. L. (1987). The evolution of multiple memory systems. *Psychological Review, 94,* 439–454.

Sherry, S. B., & Hall, P. A. (2009). The perfectionism model of binge eating: Tests of an integrative model. *Journal of Personality and Social Psychology, 96*(3), 690–709.

Shiffman, S., Gnys, M., Richards, T. J., Paty, J. A., & Hickcox, M. (1996). Temptations to smoke after quitting: A comparison of lapsers and maintainers. *Health Psychology, 15,* 455–461.

Shih, M., Pittinsky, T. L., & Ambady, N. (1999). Stereotype susceptibility: Identity salience and shifts in quantitative performance. *Psychological Science, 10,* 80–83.

Shimamura, A. P., & Squire, L. R. (1987). A neuropsychological study of fact memory and source amnesia. *Journal of Experimental Psychology: Learning, Memory, and Cognition, 13,* 464–473.

Shin, L. M., Rauch, S. L., & Pitman, R. K. (2006). Amygdale, medial prefrontal cortex, and hippocampal function in PTSD. *Annals of the New York Academy of Science, 1071,* 67–79.

Shinskey, J. L., & Munakata, Y. (2005). Familiarity breeds searching. *Psychological Science, 16*(8), 596–600.

Shipstead, Z., Redick, T. S., & Engle, R. W. (2012). Is working memory training effective? *Psychological Bulletin, 138,* 628–654.

Shiv, B., Loewenstein, G., Bechara, A., Damasio, H., & Damasio, A. R. (2005). Investment behavior and the negative side of emotion. *Psychological Science, 16,* 435–439.

Shomstein, S., & Yantis, S. (2004). Control of attention shifts between vision and audition in human cortex. *Journal of Neuroscience, 24,* 10702–10706.

Shore, C. (1986). Combinatorial play: Conceptual development and early multiword speech. *Developmental Psychology, 22,* 184–190.

Shultz, S., & Dunbar, R. (2012). Encephalization is not a universal macroevolutionary phenomenon in mammals but is associated with sociality. *Proceedings of the National Academy of Sciences, 107,* 21582–21586.

Shweder, R. A. (1991). *Thinking through cultures: Expeditions in cultural psychology.* Cambridge, MA: Harvard University Press.

Shweder, R. A., & Sullivan, M. A. (1993). Cultural psychology: Who needs it? *Annual Review of Psychology, 44,* 497–523.

Siegel, A., Roeling, T. A. P., Gregg, T. R., & Kruk, M. R. (1999). Neuropharmacology of brain-stimulation-evoked aggression. *Neuroscience and Biobehavioral Reviews, 23,* 359–389.

Siegel, S. (1976). Morphine analgesia tolerance: Its situational specificity supports a Pavlovian conditioning model. *Science, 193,* 323–325.

Siegel, S. (1984). Pavlovian conditioning and heroin overdose: Reports by overdose victims. *Bulletin of the Psychonomic Society, 22,* 428–430.

Siegel, S. (2005). Drug tolerance, drug addiction, and drug anticipation. *Current Directions in Psychological Science, 14,* 296–300.

Siegel, S., Baptista, M. A. S., Kim, J. A., McDonald, R. V., &

Weise- Kelly, L. (2000). Pavlovian psychopharmacology: The associative basis of tolerance. *Experimental and Clinical Psychopharmacology, 8,* 276–293.

Siegler, R. S. (1992). The other Alfred Binet. *Developmental Psychology, 28*(2), 179–190. doi:10.1037/0012-1649.28.2.179

Sigman, M., Spence, S. J., & Wang, T. (2006). Autism from developmental and neuropsychological perspectives. *Annual Review of Clinical Psychology, 2,* 327–355.

Sigurdsson, T., Doyere, V., Cain, C. K., & LeDoux, J. E. (2007). Longterm potentiation in the amygdala: A cellular mechanism of fear learning and memory. *Neuropharmacology, 52,* 215–227.

Silver, N. (2013, March 26). How opinion on same-sex marriage is changing, and what it means. *New York Times.* Retrieved from http://fivethirtyeightblogs.nytimes.com/2013/03/26/how-opinion-on-same-sex-marriage-is-changing-and-what-it-means/

Silver, R. L., Boon, C., & Stones, M. H. (1983). Searching for meaning in misfortune: Making sense of incest. *Journal of Social Issues, 39,* 81–102.

Simon, L. (1998). *Genuine reality: A life of William James.* New York: Harcourt Brace.

Simon, R. W. (2008). The joys of parenthood reconsidered. *Contexts, 7,* 40–45.

Simons, D. J., & Chabris, C. F. (1999). Gorillas in our midst: Sustained inattentional blindness for dynamic events. *Perception, 28,* 1059–1074.

Simons, D. J., & Levin, D. T. (1998). Failure to detect changes to people during a real-world interaction. *Psychonomic Bulletin & Review, 5,* 644–649.

Simons, D. J., & Rensink, R. A. (2005). Change blindness: Past, present, and future. *Trends in Cognitive Sciences, 9,* 16–20.

Simpson, A., & Riggs, K. J. (2011). Three- and 4-year-olds encode modeled actions in two ways leading to immediate imitation and delayed emulation. *Developmental Psychology, 47*(3), 834–840. doi:10.1037/a0023270

Simpson, E. L. (1974). Moral development research: A case study of scientific cultural bias. *Human Development, 17,* 81–106.

Simpson, J. A., Campbell, B., & Berscheid, E. (1986). The association between romantic love and marriage: Kephart (1967) twice revisited. *Personality and Social Psychology Bulletin, 12,* 363–372.

Simpson, J. A., Collins, W. A., & Salvatore, J. E. (2011). The impact of early interpersonal experience on adult romantic relationship functioning: Recent findings from the Minnesota Longitudinal Study of Risk and Adaptation. *Current Directions in Psychological Science, 20*(6), 355–359. doi:10.1177/0963721411418468

Simpson, J. A., Collins, W. A., Tran, S., & Haydon, K. C. (2007). Attachment and the experience and expression of emotions in romantic relationships: A developmental perspective. *Journal of Personality and Social Psychology, 92*(2), 355–367. doi:10.1037/0022-3514.92.2.355

Singer, P. (1975). *Animal liberation: A new ethics for our treatment of animals.* New York: Random House.

Singer, T., Seymour, B., O'Doherty, J., Kaube, H., Dolan, R. J., & Frith, C. D. (2004). Empathy for pain involves the affective but not sensory components of pain. *Science, 303,* 1157–1162.

Singh, D. (1993). Adaptive significance of female physical attractiveness: Role of waist-to-hip ratio. *Journal of Personality and Social Psychology, 65,* 293–307.

Skinner, B. F. (1938). *The behavior of organisms: An experimental analysis.* New York: Appleton-Century-Crofts.

Skinner, B. F. (1948). "Superstition" in the pigeon. *Journal of Experimental Psychology, 38,* 168–172.

Skinner, B. F. (1950). Are theories of learning necessary? *Psychologi-*

cal Review, 57, 193–216.

Skinner, B. F. (1953). *Science and human behavior.* New York: Macmillan.

Skinner, B. F. (1957). *Verbal behavior.* New York: Appleton-Century-Crofts.

Skinner, B. F. (1958). Teaching machines. *Science, 129,* 969–977.

Skinner, B. F. (1971). *Beyond freedom and dignity.* New York: Bantam Books.

Skinner, B. F. (1972). The operational analysis of psychological terms. In B. F. Skinner, *Cumulative record* (3rd ed., pp. 370–384). New York: Appleton-Century-Crofts. (Original work published 1945.)

Skinner, B. F. (1979). *The shaping of a behaviorist: Part two of an autobiography.* New York: Knopf.

Skinner, B. F. (1986). *Walden II.* Englewood Cliffs, NJ: Prentice Hall. (Original work published 1948)

Skoe, E., & Kraus, N. (2012). A little goes a long way: How the adult brain is shaped by musical training in adulthood. *Journal of Neuroscience, 32,* 11507–11510.

Skotko, B. G., Levine, S. P., & Goldstein, R. (2011). Self-perceptions from people with Down syndrome. *American Journal of Medical Genetics Part A, 155*(10), 2360–2369. doi:10.1002/ajmg.a.34235

Slagter, H. A. (2012). Conventional working memory training may not improve intelligence. *Trends in Cognitive Sciences, 16,* 582–583.

Slater, A., Morison, V., & Somers, M. (1988). Orientation discrimination and cortical function in the human newborn. *Perception, 17,* 597–602.

Slotnick, S. D., & Schacter, D. L. (2004). A sensory signature that distinguished true from false memories. *Nature Neuroscience, 7,* 664–672.

Smart, E., Smart, L, & Morton, L. (2003). *Bringing Elizabeth home: A journey of faith and hope.* New York: Doubleday.

Smetacek, V. (2002). Balance: Mind-grasping gravity. *Nature, 415,* 481.

Smetana, J. G. (1981). Preschool children's conceptions of moral and social rules. *Child Development, 52,* 1333–1336.

Smetana, J. G., & Braeges, J. L. (1990). The development of toddlers' moral and conventional judgments. *Merrill-Palmer Quarterly, 36,* 329–346.

Smith, A. R., Seid, M. A., Jimanez, L. C., & Wcislo, W. T. (2010). Socially induced brain development in a facultatively eusocial sweat bee *Megalopta genalis* (Halictidae). *Proceedings of the Royal Society B: Biological Sciences.*

Smith, E. E., & Jonides, J. (1997). Working memory: A view from neuroimaging. *Cognitive Psychology, 33,* 5–42.

Smith, M. L., Glass, G. V., & Miller, T. I. (1980). *The benefits of psychotherapy.* Baltimore: Johns Hopkins University Press.

Smith, N., & Tsimpli, I.-M. (1995). *The mind of a savant.* Oxford, England: Oxford University Press.

Snedeker, J., Geren, J., & Shafto, C. (2007). Starting over: International adoption as a natural experiment in language development. *Psychological Science, 18,* 79–87.

Snedeker, J., Geren, J., & Shafto, C. (2012). Disentangling the effects of cognitive development and linguistic expertise: A longitudinal study of the acquisition of English in internationally adopted children. *Cognitive Psychology, 65,* 39–76.

Solomon, J., & George, C. (1999). The measurement of attachment security in infancy and childhood. In J. Cassidy & P. R. Shaver (Eds.), *Handbook of attachment: Theory, research and clinical applications* (pp. 287–316). New York: Guilford Press.

Solomon, S., Greenberg, J., & Pyszczynski, T. (1991). A terror

management theory of social behavior: The psychological functions of self-esteem and cultural worldviews. In M. P. Zanna (Ed.), *Advances in experimental social psychology* (Vol. 24, pp. 93–159). New York: Academic Press.

Solomon, S., Greenberg, J., Pyszczynski, T., Greenberg, J., Koole, S. L., & Pyszczynski, T. (2004). The cultural animal: Twenty years of terror management theory and research. In J. Greenberg, S. L. Koole, & T. Pyszczynski (Eds.), *Handbook of experimental existential psychology* (pp. 13–34). New York: Guilford Press.

Son, L. K., & Metcalfe, J. (2000). Metacognitive and control strategies in study-time allocation. *Journal of Experimental Psychology: Learning, Memory, and Cognition, 26,* 204–221.

Sonnby-Borgstrom, M., Jonsson, P., & Svensson, O. (2003). Emotional empathy as related to mimicry reactions at different levels of information processing. *Journal of Nonverbal Behavior, 27,* 3–23.

Southgate, V., Senju, A., & Csibra, G. (2007). Action anticipation through attribution of false belief by two-year-olds. *Psychological Science, 18,* 587–592.

Sparrow, B., Liu, J., & Wegner, D. M. (2011). Google effects on memory: Cognitive consequence of having information at our fingertips. *Science, 333,* 776–778.

Spearman, C. (1904). "General intelligence," objectively determined and measured. *American Journal of Psychology, 15,* 201–293.

Speisman, J. C., Lazarus, R. S., Moddkoff, A., & Davison, L. (1964). Experimental reduction of stress based on ego-defense theory. *Journal of Abnormal and Social Psychology, 68,* 367–380.

Spelke, E. S. (2005). Sex differences in intrinsic aptitude for mathematics and science: A critical review. *The American Psychologist, 60*(9), 950–958. doi:10.1037/0003-066X.60.9.950

Spellman, B. A. (1996). Acting as intuitive scientists: Contingency judgments are made while controlling for alternative potential causes. *Psychological Science, 7,* 337–342.

Spencer, L. G. (1929). *Illustrated phenomenology: The science and art of teaching how to read character—A manual of mental science.* London: Fowler.

Sperling, G. (1960). The information available in brief visual presentations. *Psychological Monographs, 74* (Whole No. 48).

Sperry, R. W. (1964). The great cerebral commissure. *Scientific American, 210,* 42–52.

Spinoza, B. (1982). *The ethics and selected letters* (S. Feldman, Ed., & S. Shirley, Trans.). Indianapolis, IN: Hackett. (Original work published 1677)

Spiro, H. M., McCrea Curnan, M. G., Peschel, E., & St. James, D. (1994). *Empathy and the practice of medicine: Beyond pills and the scalpel.* New Haven, CT: Yale University Press.

Spitz, R. A. (1949). Motherless infants. *Child Development, 20,* 145–155.

Sprecher, S. (1999). "I love you more today than yesterday": Romantic partners' perceptions of changes in love and related affect over time. *Journal of Personality and Social Psychology, 76,* 46–53.

Squire, L. R. (1992). Memory and the hippocampus: A synthesis from findings with rats, monkeys, and humans. *Psychological Review, 99,* 195–231.

Squire, L. R. (2009). The legacy of patient HM for neuroscience. *Neuron, 61,* 6–9.

Squire, L. R., & Kandel, E. R. (1999). *Memory: From mind to molecules.* New York: Scientific American Library.

Squire, L. R., Knowlton, B., & Musen, G. (1993). The structure and organization of memory. *Annual Review of Psychology, 44,* 453–495.

Squire, L. R., & Wixted, J. T. (2011). The cognitive neuroscience of memory since HM. *Annual Review of Neuroscience, 34,* 259–288.

Srivistava, S., John, O. P., Gosling, S. D., & Potter, J. (2003). Development of personality in early and middle adulthood: Set like plaster or persistent change? *Journal of Personality and Social Psychology, 84,* 1041–1053.

Sroufe, L. A., Egeland, B., & Kruetzer, T. (1990). The fate of early experience following developmental change: Longitudinal approaches to individual adaptation in childhood. *Child Development, 61,* 1363–1373.

Staddon, J. E. R., & Simmelhag, V. L. (1971). The "superstition" experiment: A reexamination of its implications for the principles of adaptive behavior. *Psychological Review, 78,* 3–43.

Stanovich, K. E. (2009). *What intelligence tests miss: The psychology of rational thought.* New Haven, CT: Yale University Press.

Starkey, P., Spelke, E. S., & Gelman, R. (1983). Detection of inter-modal numerical correspondences by human infants. *Science, 222,* 179–181.

Starkey, P., Spelke, E. S., & Gelman, R. (1990). Numerical abstraction by human infants. *Cognition, 36,* 97–127.

Staw, B. M., & Hoang, H. (1995). Sunk costs in the NBA: Why draft order affects playing time and survival in professional basketball. *Administrative Science Quarterly, 40,* 474–494.

Steele, C. M., & Aronson, J. (1995). Stereotype threat and the intellectual test performance of African Americans. *Journal of Personality and Social Psychology, 69,* 797–811.

Steele, C. M., & Josephs, R. A. (1990). Alcohol myopia: Its prized and dangerous effects. *American Psychologist, 45,* 921–933.

Steele, H., Steele, M., Croft, C., & Fonagy, P. (1999). Infant-mother attachment at one year predicts children's understanding of mixed emotions at six years. *Social Development, 8,* 161–178.

Stein, D. J., Phillips, K. A., Bolton, D., Fulford, K. W. M., Sadler, J. Z., & Kendler, K. S. (2010). What is a mental/psychiatric disorder? From *DSM–IV* to *DSM–V. Psychological Medicine, 40*(11), 1759–1765. doi:10.1017/S0033291709992261.

Stein, M., Federspiel, A., Koenig, T., Wirth, M., Lehmann, C., Wiest, . . . Dierks, T. (2009). Reduced frontal activation with increasing second language proficiency. *Neuropsychologia,47,* 2712–2720.

Stein, M. B. (1998). Neurobiological perspectives on social phobia: From affiliation to zoology. *Biological Psychiatry, 44,* 1277–1285.

Stein, M. B., Chavira, D. A., & Jang, K. L. (2001). Bringing up bashful baby: Developmental pathways to social phobia. *Psychiatric Clinics of North America, 24,* 661–675.

Stein, Z., Susser, M., Saenger, G., & Marolla, F. (1975). *Famine and development: The Dutch hunger winter of 1944–1945.* Oxford, England: Oxford University Press.

Steinbaum, E. A., & Miller, N. E. (1965). Obesity from eating elicited by daily stimulation of hypothalamus. *American Journal of Physiology, 208,* 1–5.

Steinberg, L. (1999). *Adolescence* (5th ed.). Boston: McGraw-Hill.

Steinberg, L. (2007). Risk taking in adolescence: New perspectives from brain and behavioral science. *Current Directions in Psychological Science, 16*(2), 55–59. doi:10.1111/j.1467-8721.2007.00475x

Steinberg, L., & Monahan, K. C. (2007). Age differences in resistance to peer influence. *Developmental Psychology, 43,* 1531–1543.

Steinberg, L., & Morris, A. S. (2001). Adolescent development. *Annual Review of Psychology, 52,* 83–110.

Steiner, F. (1986). Differentiating smiles. In E. Branniger-Huber & F. Steiner (Eds.), *FACS in psychotherapy research* (pp.139–148). Zurich: Universität Zürich, Department of Clinical Psychology.

Steiner, J. E. (1973). The gustofacial response: Observation on normal and anencephalic newborn infants. In J. F. Bosma (Ed.), *Fourth symposium on oral sensation and perception: Development in the fetus and infant* (DHEW 73–546; pp. 254–278). Bethesda, MD: U.S. Department of Heath, Education, and Welfare.

Steiner, J. E. (1979). Human facial expressions in response to taste and smell stimulation. *Advances in Child Development and Behavior, 13,* 257–295.

Stellar, J. R., Kelley, A. E., & Corbett, D. (1983). Effects of peripheral and central dopamine blockade on lateral hypothalamic self-stimulation: Evidence for both reward and motor deficits. *Pharmacology, Biochemistry, and Behavior, 18,* 433–442.

Stellar, J. R., & Stellar, E. (1985). *The neurobiology of motivation and reward.* New York: Springer-Verlag.

Stelmack, R. M. (1990). Biological bases of extraversion: Psychophysiological evidence. *Journal of Personality, 58,* 293–311.

Stephens, R. S. (1999). Cannabis and hallucinogens. In B. S. McCrady & E. E. Epstein (Eds.), *Addictions: A comprehensive guidebook* (pp. 121–140). New York: Oxford University Press.

Sterelny, K., & Griffiths, P. E. (1999). *Sex and death: An introduction to philosophy of biology.* Chicago: University of Chicago Press.

Stern, J. A., Brown, M., Ulett, A., & Sletten, I. (1977). A comparison of hypnosis, acupuncture, morphine, Valium, aspirin, and placebo in the management of experimentally induced pain. In W. E. Edmonston (Ed.), *Conceptual and investigative approaches to hypnosis and hypnotic phenomena* (Vol. 296, pp. 175–193). New York: Annals of the New York Academy of Sciences.

Stern, W. (1914). *The psychological methods of testing intelligence* (G. M. Whipple, Trans.). Baltimore: Warwick & York.

Sternberg, R. J. (1986). A triangular theory of love. *Psychological Review, 93,* 119–135.

Sternberg, R. J. (1999). The theory of successful intelligence. *Review of General Psychology, 3*(4), 292–316. doi:10.1037/1089-2680.3.4.292

Stevens, G., & Gardner, S. (1982). *The women of psychology* (Vol. 1). Rochester: Schenkman Books.

Stevens, J. (1988). An activity approach to practical memory. In M. M. Gruneberg, P. E. Morris, & R. N. Sykes (Eds.), *Practical aspects of memory: Current research and issues* (Vol. 1, pp. 335–341). New York: Wiley.

Stevens, L. A. (1971). *Explorers of the brain.* New York: Knopf.

Stevenson, R. J., & Boakes, R. A. (2003). A mnemonic theory of odor perception. *Psychological Review, 110,* 340–364.

Stevenson, R. J., & Wilson, D. A. (2007). Odour perception: An object-recognition approach. *Perception, 36,* 1821–1833.

Stewart-Williams, S. (2004). The placebo puzzle: Putting together the pieces. *Health Psychology, 23,* 198–206.

Stickgold, R., Hobson, J. A., Fosse, R., & Fosse, M. (2001). Sleep, learning, and dreams: Off-line memory reprocessing. *Science, 294,* 1052–1057.

Stickgold, R., Malia, A., Maguire, D., Roddenberry, D., & O'Connor, M. (2000). Replaying the game: Hypnagogic images in normals and anmesics. *Science, 290,* 350–353.

Stigler, J. W., Shweder, R., & Herdt, G. (Eds.). (1990). *Cultural psychology: Essays on comparative human development.* Cambridge, England: Cambridge University Press.

St. Jacques, P. L., & Schacter, D. L. (2013). Modifying memory: Selectively enhancing and updating personal memories for a museum tour by reactivating them. *Psychological Science, 24,* 537–543.

Stone, A. A., Schwartz, J. E., Broderick, J. E., & Deaton, A. (2010). A snapshot of the age distribution of psychological well-being in the United States. *Proceedings of the National Academy of Sciences, USA, 107*(22), 9985–9990. doi:10.1073/pnas.1003744107

Stone, J., Perry, Z. W., & Darley, J. M. (1997). "White men can't jump": Evidence for the perceptual confirmation of racial stereotypes following a basketball game. *Basic and Applied Social Psychology, 19,* 291–306.

Stoodley, C. J., Ray, N., J., Jack, A., & Stein, J. F. (2008). Implicit learning in control, dyslexic, and garden-variety poor readers. *Annals of the New York Academy of Sciences, 1145,* 173–183.

Storm, B. C., Bjork, E. L., Bjork, R. A., & Nestojko, J. F. (2006). Is retrieval success a necessary condition for retrieval-induced forgetting? *Psychonomic Bulletin & Review, 2,* 249–253.

Storms, M. D. (1973). Videotape and the attribution process: Reversing actors' and observers' points of view. *Journal of Personality and Social Psychology, 27,* 165–175.

Strack, F., Martin, L. L., & Stepper, S. (1988). Inhibiting and facilitating conditions of the human smile: A nonobtrusive test of the facial feedback hypothesis. *Journal of Personality and Social Psychology, 54,* 768–777.

Strayer, D. L., Drews, F. A., & Johnston, W. A. (2003). Cell phone induced failures of visual attention during simulated driving. *Journal of Experimental Psychology: Applied, 9,* 23–32.

Streissguth, A. P., Barr, H. M., Bookstein, F. L., Sampson, P. D., & Carmichael Olson, H. (1999). The long-term neurocognitive consequences of prenatal alcohol exposure: A 14-year study. *Psychological Science, 10,* 186–190.

Striano, T., & Reid, V. M. (2006). Social cognition in the first year. *Trends in Cognitive Sciences, 10*(10), 471–476.

Strickland, L. H. (1991). Russian and Soviet social psychology. *Canadian Psychology, 32,* 580–595.

Striegel-Moore, R. H., & Bulik, C. M. (2007). Risk factors for eating disorders. *American Psychologist, 62,* 181–198.

Strohmetz, D. B., Rind, B., Fisher, R., & Lynn, M. (2002). Sweetening the till: The use of candy to increase restaurant tipping. *Journal of Applied Social Psychology, 32,* 300–309.

Stroop, J. P. (1935). Studies of interference in serial verbal reactions. *Journal of Experimental Psychology, 18,* 643–661.

Strueber, D., Lueck, M., & Roth, G. (2006). The violent brain. *Scientific American Mind, 17,* 20–27.

Stuss, D. T., & Benson, D. F. (1986). *The frontal lobes.* New York: Raven Press.

Subramaniam, K., Kounios, J., Parrish, T. B., & Jung-Beeman, M. (2009). A brain mechanism for facilitation of insight by positive affect. *Journal of Cognitive Neuroscience, 21,* 415–432.

Substance Abuse and Mental Health Services Administration. (2005). *Results from the 2004 National Survey on Drug Use and Health: National findings* (DHHS Publication No. SMA 05–4062, NSDUH Series H-28). Rockville, MD: U. S. Department of Health and Human Services.

Suchman, A. L., Markakis, K., Beckman, H. B., & Frankel, R. (1997). A model of empathic communication in the medical interview. *Journal of the American Medical Association, 277,* 678–682.

Suddendorf, T., & Corballis, M. C. (2007). The evolution of foresight: What is mental time travel and is it unique to humans? *Behavioral and Brain Sciences, 30,* 299–313.

Suderman, M., McGowan, P. O., Sasaki, A., Huang, T. C. T., Hallett, M. T., Meaney, M. J., . . . Szyf, M. (2012). Conserved epigenetic sensitivity to early life experiences in the rat and human hippocampus. *Proceedings of the National Academy of Sciences, USA, 109*(Suppl. 2), 17266–17272.

Sulloway, F. J. (1992). *Freud, biologist of the mind.* Cambridge, MA: Harvard University Press.

Sundet, J. M., Eriksen, W., & Tambs, K. (2008). Intelligence correlations between brothers decrease with increasing age difference:

Evidence for shared environmental effects in young adults. *Psychological Science, 19,* 843–847.

Susman, S., Dent, C., McAdams, L., Stacy, A., Burton, D., & Flay, B. (1994). Group self-identification and adolescent cigarette smoking: A 1-year prospective study. *Journal of Abnormal Psychology, 103,* 576–580.

Susser, E. B., Brown, A., & Matte, T. D. (1999). Prenatal factors and adult mental and physical health. *Canadian Journal of Psychiatry, 44*(4), 326–334.

Suthana, N., & Fried, I. (2012). Percepts to recollections: Insights from single neuron recordings in the human brain. *Trends in Cognitive Sciences, 16,* 427–436.

Suzuki, L. A., & Valencia, R. R. (1997). Race-ethnicity and measured intelligence: Educational implications. *American Psychologist, 52,* 1103–1114.

Swann, W. B., Jr. (1983). Self-verification: Bringing social reality into harmony with the self. In J. M. Suls & A. G. Greenwald (Ed.), *Psychological perspectives on the self* (Vol. 2, pp. 33–66). Hillsdale, NJ: Erlbaum.

Swann, W. B., Jr. (2012). Self-verification theory. In P. Van Lang, A. Kruglanski, & E. T. Higgins (Eds.), *Handbook of theories of social psychology* (pp. 23–42). London: Sage.

Swann, W. B., Jr., & Rentfrow, P. J. (2001). Blirtatiousness: Cognitive, behavioral, and physiological consequences of rapid responding. *Journal of Personality and Social Psychology, 181*(6), 1160–1175.

Swayze, V. W., II. (1995). Frontal leukotomy and related psychosurgical procedures before antipsychotics (1935–1954): A historical overview. *American Journal of Psychiatry, 152,* 505–515.

Swednsen, J., Hammen, C., Heller, T., & Gitlin, M. (1995). Correlates of stress reactivity in patients with bipolar disorder. *American Journal of Psychiatry, 152,* 795–797.

Swets, J. A., Dawes, R. M., & Monahan, J. (2000). Psychological science can improve diagnostic decisions. *Psychological Science in the Public Interest, 1,* 1–26.

Swinkels, A. (2003). An effective exercise for teaching cognitive heuristics. *Teaching of Psychology, 30,* 120–122.

Szasz, T. S. (1987). *Insanity.* New York: Wiley.

Szechtman, H., & Woody, E. Z. (2006). Obsessive-compulsive disorder as a disturbance of security motivation: Constraints on comorbidity. *Neurotoxicity Research, 10,* 103–112.

Szpunar, K. K. (2010). Episodic future thought: An emerging concept. *Perspectives on Psychological Science, 5,* 142–162.

Szpunar, K. K., Khan, N. Y., & Schacter, D. L. (2013). Interpolated memory tests reduce mind wandering and improve learning of online lectures. *Proceedings of the National Academy of Sciences, USA, 110,* 6313–6317.

Szpunar, K. K., Watson, J. M., & McDermott, K. B. (2007). Neural substrates of envisioning the future. *Proceedings of the National Academy of Sciences, USA, 104,* 642–647.

Tajfel, H., Billig, M. G., Bundy, R. P., & Flament, C. (1971). Social categorization and intergroup behaviour. *European Journal of Social Psychology, 1,* 149–178.

Tajfel, H., & Turner, J. C. (1986). The social identity theory of intergroup behavior. In S. Worchel & W. G. Austin (Eds.), *Psychology of intergroup relations* (pp. 7–24). Chicago: Nelson.

Tajfel, H., & Wilkes, A. L. (1963). Classification and quantitative judgement. *British Journal of Psychology, 54,* 101–114.

Takahashi, K. (1986). Examining the Strange Situation procedure with Japanese mothers and 12-month-old infants. *Developmental Psychology, 22,* 265–270.

Tamir, M., & Ford, B. Q. (2012). Should people pursue feelings that feel good or feelings that do good? Emotional preferences and well-being. *Emotion, 12,* 1061–1070.

Tamis-LeMonda, C. S., Adolph, K. E., Lobo, S. A., Karasik, L. B., Ishak, S., & Dimitropoulou, K. A. (2008). When infants take mothers' advice: 18-month-olds integrate perceptual and social information to guide motor action. *Developmental Psychology, 44,* 734–746.

Tamminga, C. A., Nemeroff, C. B., Blakely, R. D., Brady, L., Carter, C. S., Davis, K. L., . . . Suppes, T. (2002). Developing novel treatments for mood disorders: Accelerating discovery. *Biological Psychiatry, 52,* 589–609.

Tanaka, F., Cicourel, A., & Movellan, J. R. (2007). Socialization between toddlers and robots at an early childhood education center. *Proceedings of the National Academy of Sciences, USA, 104*(46), 17954–17958.

Tang, Y.-P., Shimizu, E., Dube, G. R., Rampon, C., Kerchner, G. A., Zhuo, M., . . . Tsien, J. Z. (1999). Genetic enhancement of learning and memory in mice. *Nature, 401,* 63–69.

Tang, Y. Y., Lu, Q., Fan, M., Yang, Y., & Posner, M. I. (2012). Mechanisms of white matter changes induced by meditation. *Proceedings of the National Academy of Sciences,109,* 10570–10574.

Tarr, M. J., & Vuong, Q. C. (2002). Visual object recognition. In S. Yantis & H. Pashler (Eds.), *Stevens' handbook of experimental psychology: Vol. 1. Sensation and perception* (3rd ed., pp. 287–314). New York: Wiley.

Tart, C. T. (Ed.). (1969). *Altered states of consciousness.* New York: Wiley.

Task Force on Promotion and Dissemination of Psychological Procedures. (1995). Training in and dissemination of empirically validated psychological treatments: Report and recommendations. *Clinical Psychologist, 48,* 3–23.

Taylor, D., & Lambert, W. (1990). *Language and culture in the lives of immigrants and refugees.* Austin, TX: Hogg Foundation for Mental Health.

Taylor, E. (2001). *William James on consciousness beyond the margin.* Princeton, NJ: Princeton University Press.

Taylor, S. E. (1986). *Health psychology.* New York: Random House.

Taylor, S. E. (1989). *Positive illusions.* New York: Basic Books.

Taylor, S. E. (2002). *The tending instinct: How nurturing is essential to who we are and how we live.* New York: Times Books.

Taylor, S. E., & Brown, J. D. (1988). Illusion and well-being: A social psychological perspective on mental health. *Psychological Bulletin, 103,* 193–210.

Taylor, S. E., & Fiske, S. T. (1975). Point-of-view and perceptions of causality. *Journal of Personality and Social Psychology, 32,* 439–445.

Taylor, S. E., & Fiske, S. T. (1978). Salience, attention, and attribution: Top of the head phenomena. In L. Berkowitz (Ed.), *Advances in experimental social psychology* (Vol. 11, pp. 249–288). New York: Academic Press.

Teasdale, J. D., Segal, Z. V., & Williams, J. M. G. (2000). Prevention of relapse/recurrence in major depression by mindfulness-based cognitive therapy. *Journal of Consulting and Clinical Psychology, 68,* 615–623.

Telch, M. J., Lucas, J. A., & Nelson, P. (1989). Non-clinical panic in college students: An investigation of prevalence and symptomology. *Journal of Abnormal Psychology, 98,* 300–306.

Tellegen, A., & Atkinson, G. (1974). Openness to absorbing and self-altering experiences ("absorption"), a trait related to hypnotic susceptibility. *Journal of Abnormal Psychology, 83,* 268–277.

Tellegen, A., Lykken, D. T., Bouchard, T. J., Wilcox, K., Segal, N., & Rich, A. (1988). Personality similarity in twins reared together and

apart. *Journal of Personality and Social Psychology, 54,* 1031–1039.

Temerlin, M. K., & Trousdale, W. W. (1969). The social psychology of clinical diagnosis. *Psychotherapy: Theory, Research & Practice, 6,* 24–29.

Terman, L. M. (1916). *The measurement of intelligence.* Boston: Houghton Mifflin.

Terman, L. M., & Oden, M. H. (1959). *Genetic studies of genius: Vol. 5. The gifted group at mid-life.* Stanford, CA: Stanford University Press.

Tesser, A. (1991). Emotion in social comparison and reflection processes. In J. Suls & T. A. Wills (Ed.), *Social comparison: Contemporary theory and research* (pp. 117–148). Hillsdale, NJ: Erlbaum.

Teyler, T. J., & DiScenna, P. (1986). The hippocampal memory indexing theory. *Behavioral Neuroscience, 100,* 147–154.

Thaker, G. K. (2002). Current progress in schizophrenia research. Search for genes of schizophrenia: Back to defining valid phenes. *Journal of Nervous and Mental Disease, 190,* 411–412.

Thaler, K., Delivuk, M., Chapman, A., Gaynes, B. N., Kaminski, A., & Gartlehner, G. (2011). Second-generation antidepressants for seasonal affective disorder. *Cochrane Database of Systematic Reviews,* CD008591.

Thaler, R. H. (1988). The ultimatum game. *Journal of Economic Perspectives, 2,* 195–206.

Thase, M. E., & Howland, R. H. (1995). Biological processes in depression: An updated review and integration. In E. E. Beckham & W. R. Leber (Eds.), *Handbook of depression* (2nd ed., pp. 213–279). New York: Guilford Press.

Thelen, E., Corbetta, D., Kamm, K., Spencer, J. P., Schneider, K., & Zernicke, R. F. (1993). The transition to reaching: Mapping intention and intrinsic dynamics. *Child Development, 64,* 1058–1098.

Thibaut, J. W., & Kelley, H. H. (1959). *The social psychology of groups.* New Brunswick, NJ: Transaction Publishers.

Thoma, S. J., Narvaez, D., Rest, J., & Derryberry, P. (1999). Does moral judgment development reduce to political attitudes or verbal ability? Evidence using the defining issues test. *Educational Psychology Review, 11,* 325–341.

Thomaes, S., Bushman, B. J., Stegge, H., & Olthof, T. (2008). Trumping shame by blasts of noise: Narcissism, self-esteem, shame, and aggression in young adolescents. *Child Development, 79*(6), 1792–1801.

Thomas, A., & Chess, S. (1977). *Temperament and development.* New York: Brunner/Mazel.

Thomason, M., & Thompson, P. M. (2011). Diffusion imaging, white matter, and psychopathology. *Annual Review of Clinical Psychology, 7,* 63–85.

Thompson, B., Coronado, G., Chen, L., Thompson, L. A., Halperin, A., Jaffe, R., . . . Zbikowski, S. M. (2007). Prevalence and characteristics of smokers at 30 Pacific Northwest colleges and universities. *Nicotine & Tobacco Research, 9,* 429–438.

Thompson, C. P., Skowronski, J., Larsen, S. F., & Betz, A. (1996). *Autobiographical memory: Remembering what and remembering when.* Mahwah, NJ: Erlbaum.

Thompson, P. M., Giedd, J. N., Woods, R. P., MacDonald, D., Evans, A. C., & Toga, A. W. (2000). Growth patterns in the developing brain detected by using continuum mechanical tensor maps. *Nature, 404,* 190–193.

Thompson, P. M., Vidal, C., Giedd, J. N., Gochman, P., Blumenthal, J., Nicolson, R., . . . Rapoport, J. L. (2001). Accelerated gray matter loss in very early-onset schizophrenia. *Proceedings of the National Academy of Sciences, USA, 98,* 11650–11655.

Thompson, R. F. (2005). In search of memory traces. *Annual Review* *of Psychology, 56,* 1–23.

Thomson, D. M. (1988). Context and false recognition. In G. M. Davies & D. M. Thomson (Eds.), *Memory in context: Context in memory* (pp. 285–304). Chichester, England: Wiley.

Thorndike, E. L. (1898). Animal intelligence: An experimental study of associative processes in animals. *Psychological Review Monograph Supplements, 2,* 4–160.

Thornhill, R., & Gangestad, S. W. (1993). Human facial beauty: Averageness, symmetry, and parasite resistance. *Human Nature, 4,* 237–269.

Thornhill, R., & Gangestad, S. W. (1999). The scent of symmetry: A human sex pheromone that signals fitness? *Evolution and Human Behavior, 20,* 175–201.

Thurber, J. (1956). *Further fables of our time.* New York: Simon & Schuster.

Thurstone, L. L. (1938). *Primary mental abilities.* Chicago: University of Chicago Press.

Tice, D. M., & Baumeister, R. F. (1997). Longitudinal study of procrastination, performance, stress, and health: The costs and benefits of dawdling. *Psychological Science, 8*(6), 454–458.

Tienari, P., Wynne, L. C., Sorri, A., Lahti, I., Läksy, K., Moring, J., . . . Wahlberg, K. E. (2004). Genotype–environment interaction in schizophreniaspectrum disorder: Long-term follow-up study of Finnish adoptees. *British Journal of Psychiatry, 184,* 216–222.

Timmerman, T. A. (2007). "It was a thought pitch": Personal, situational, and target influences on hit-by-pitch events across time. *Journal of Applied Psychology, 92,* 876–884.

Tittle, P. (Ed.). (2004). *Should parents be licensed?: Debating the issues.* New York: Prometheus Books.

Todd, A. R., Bodenhausen, G. V., Richeson, J. A., & Galinsky, A. D. (2011). Perspective taking combats automatic expressions of racial bias. *Journal of Personality and Social Psychology, 100*(6), 1027–1042. doi:10.1037/a0022308

Todd, J. T., & Morris, E. K. (1992). Case histories in the great power of steady misrepresentation. *American Psychologist, 47*(11), 1441–1453.

Toga, A. W., Clark, K. A., Thompson, P. M., Shattuck, D. W., & Van Horn, J. D. (2012). Mapping the human connectome. *Neurosurgery, 71,* 1–5.

Tolman, E. C., & Honzik, C. H. (1930a). "Insight" in rats. *University of California Publications in Psychology, 4,* 215–232.

Tolman, E. C., & Honzik, C. H. (1930b). Introduction and removal of reward and maze performance in rats. *University of California Publications in Psychology, 4,* 257–275.

Tolman, E. C., Ritchie, B. F., & Kalish, D. (1946). Studies in spatial learning: I: Orientation and short cut. *Journal of Experimental Psychology, 36,* 13–24.

Tomasello, M., & Call, J. (2004). The role of humans in the cognitive development of apes revisited. *Animal Cognition, 7,* 213–215.

Tomasello, M., Davis-Dasilva, M., Camak, L., & Bard, K. (1987). Observational learning of tool use by young chimpanzees. *Human Evolution, 2,* 175–183.

Tomasello, M., Savage-Rumbaugh, S., & Kruger, A. C. (1993). Imitative learning of actions on objects by children, chimpanzees, and enculturated chimpanzees. *Child Development, 64,* 1688–1705.

Tomkins, S. S. (1981). The role of facial response in the experience of emotion. *Journal of Personality and Social Psychology, 40,* 351–357.

Tooby, J., & Cosmides, L. (2000). Mapping the evolved functional organization of mind and brain. In M. S. Gazzaniga (Ed.), *The cognitive neurosciences* (pp. 1185–1198). Cambridge, MA: MIT Press.

Tootell, R. B. H., Reppas, J. B., Dale, A. M., Look, R. B., Sereno, M. I., Malach, R., . . . Rosen, B. R. (1995). Visual-motion aftereffect in human cortical area MT revealed by functional magnetic resonance imaging. *Nature, 375,* 139–141.

Torgensen, S. (1986). Childhood and family characteristics in panic and generalized anxiety disorder. *American Journal of Psychiatry, 143,* 630–639.

Torrey, E. F., Bower, A. E., Taylor, E. H., & Gottesman, I. I. (1994). *Schizophrenia and manic-depressive disorder: The biological roots of mental illness as revealed by the landmark study of identical twins.* New York: Basic Books.

Tracy, J. L., & Beall, A. T. (2011). Happy guys finish last: The impact of emotion expressions on sexual attraction. *Emotion, 11*(6), 1379–1387. doi:10.1037/a0022902

Tracy, J. L., Shariff, A. F., Zhao, W., & Henrich, J. (2013). Cross-cultural evidence that the noverbal expression of pride is an automatic status signal. *Journal of Experimental Psychology: General, 142*(1), 163–180.

Trebach, A. S., & Zeese, K. B. (Eds.). (1992). *Friedman and Szasz on liberty and drugs. Essays on the free market and prohibition.* Washington, DC: Drug Policy Foundation Press.

Treede, R. D., Kenshalo, D. R., Gracely, R. H., & Jones, A. K. (1999). The cortical representation of pain. *Pain, 79,* 105–111.

Treisman, A. (1998). Feature binding, attention and object perception. *Philosophical Transactions of the Royal Society (B), 353,* 1295–1306.

Treisman, A. (2006). How the deployment of attention determines what we see. *Visual Cognition, 14,* 411–443.

Treisman, A., & Gelade, G. (1980). A feature integration theory of attention. *Cognitive Psychology, 12,* 97–136.

Treisman, A., & Schmidt, H. (1982). Illusory conjunctions in the perception of objects. *Cognitive Psychology, 14,* 107–141.

Trivers, R. L. (1972). Parental investment and sexual selection. In B. Campbell (Ed.), *Sexual selection and the descent of man, 1871–1971* (pp. 139–179). Chicago: Aldine.

Trompeter, S. E., Bettencourt, R., & Barrett-Connor, E. (2012). Sexual activity and satisfaction in healthy community-dwelling older women. *American Journal of Medicine, 125*(1), 37–43. doi:10.1016/j.amjmed.2011.07.036

Trull, T. J., & Durrett, C. A. (2005). Categorical and dimensional models of personality disorder. *Annual Review of Clinical Psychology, 1,* 355–380.

Tucker, E. (2003, June 25). Move over, Fido! Chickens are becoming hip suburban pets. *USA Today.* Retrieved from http://usatoday30.usatoday.com/money/2003-06-25-pet-chickens_x.htm

Tucker-Drob, E. M., Rhemtulla, M., Harden, K. P., Turkheimer, E., & Fask, D. (2010). Emergence of a Gene × Socioeconomic Status interaction on infant mental ability between 10 months and 2 years. *Psychological Science, 22*(1), 125–133. doi:10.1177/0956797610392926

Tuerlinckx, F., De Boeck, P., & Lens, W. (2002). Measuring needs with the Thematic Apperception Test: A psychometric study. *Journal of Personality and Social Psychology, 82,* 448–461.

Tulving, E. (1972). Episodic and semantic memory. In E. Tulving & W. Donaldson (Eds.), *Organization of memory* (pp. 381–403). New York: Academic Press.

Tulving, E. (1983). *Elements of episodic memory.* Oxford, England: Clarendon Press.

Tulving, E. (1985). Memory and consciousness. *Canadian Psychologist, 25,* 1–12.

Tulving, E. (1998). Neurocognitive processes of human memory. In C. von Euler, I. Lundberg, & R. Llins (Eds.), *Basic mechanisms in cognition and language* (pp. 261–281). Amsterdam: Elsevier.

Tulving, E., Kapur, S., Craik, F. I. M., Moscovitch, M., & Houle, S. (1994). Hemispheric encoding/retrieval asymmetry in episodic memory: Positron emission tomography findings. *Proceedings of the National Academy of Sciences, USA, 91,* 2016–2020.

Tulving, E., & Pearlstone, Z. (1966). Availability versus accessibility of information in memory for words. *Journal of Verbal Learning and Verbal Behavior, 5,* 381–391.

Tulving, E., & Schacter, D. L. (1990). Priming and human memory systems. *Science, 247,* 301–306.

Tulving, E., Schacter, D. L., & Stark, H. (1982). Priming effects in wordfragment completion are independent of recognition memory. *Journal of Experimental Psychology: Learning, Memory, and Cognition, 8,* 336–342.

Tulving, E., & Thompson, D. M. (1973). Encoding specificity and retrieval processes in episodic memory. *Psychological Review, 80,* 352–373.

Turiel, E. (1998). The development of morality. In N. Eisenberg (Ed.), *Handbook of child psychology: Vol. 3. Social, emotional and personality development* (pp. 863–932). New York: Wiley.

Turkheimer, E. (2000). Three laws of behavior genetics and what they mean. *Current Directions in Psychological Science, 9,* 160–164.

Turkheimer, E., Haley, A., Waldron, M., D'Onofrio, B., & Gottesman, I. I. (2003). Socioeconomic status modifies heritability of IQ in young children. *Psychological Science, 14,* 623–628.

Turkheimer, E., & Waldron, M. (2000). Nonshared environment: A theoretical, methodological, and quantitative review. *Psychological Bulletin, 126,* 78–108.

Turner, D. C., Robbins, T. W., Clark, L., Aron, A. R., Dowson, J., & Sahakian, B. J. (2003). Cognitive enhancing effects of modafinil in healthy volunteers. *Psychopharmacology, 165,* 260–269.

Turner, D. C., & Sahakian, B. J. (2006). Neuroethics of cognitive enhancement. *BioSocieties, 1,* 113–123.

Turner, M. E., & Pratkanis, A. R. (1998). Twenty-five years of groupthink theory and research: Lessons from the evaluation of a theory. *Organizational Behavior and Human Decision Processes, 73*(2–3), 105–115. doi:10.1006/obhd.1998.2756

Tversky, A., & Kahneman, D. (1973). Availability: A heuristic for judging frequency and probability. *Cognitive Psychology, 5,* 207–232.

Tversky, A., & Kahneman, D. (1974). Judgment under uncertainty: Heuristics and biases. *Science, 185,* 1124–1131.

Tversky, A., & Kahneman, D. (1981). The framing of decisions and the psychology of choice. *Science, 211,* 453–458.

Tversky, A., & Kahneman, D. (1983). Extensional versus intuitive reasoning: The conjunction fallacy in probability judgment. *Psychological Review, 90,* 293–315.

Tversky, A., & Kahneman, D. (1992). Advances in prospect theory: Cumulative representation of uncertainty. *Journal of Risk and Uncertainty, 5,* 297–323.

Twenge, J. M., Campbell, W. K., & Foster, C. A. (2003). Parenthood and marital satisfaction: A meta-analytic review. *Journal of Marriage and Family, 65,* 574–583.

Tyler, T. R. (1990). *Why people obey the law.* New Haven, CT: Yale University Press.

Umberson, D., Williams, K., Powers, D. A., Liu, H., & Needham, B. (2006). You make me sick: Marital quality and health over the life course. *Journal of Health and Social Behavior, 47,* 1–16.

Uncapher, M. R., & Rugg, M. D. (2008). Fractionation of the component processes underlying successful episodic encoding: A combined fMRI and divided-attention study. *Journal of Cognitive Neuroscience, 20,* 240–254.

Ungerleider, L. G., & Mishkin, M. (1982). Two cortical visual systems. In D. J. Ingle, M. A. Goodale, & R. J. W. Mansfield (Eds.), *Analysis of visual behavior* (pp. 549–586). Cambridge, MA: MIT Press.

Urban, N. B. L., Girgis, R. R., Talbot, P. S., Kegeles, L. S., Xu, X., Frankie, W. G., . . . Laruelle, M. (2012). Sustained recreational use of ecstasy is associated with altered pre- and postsynaptic markers of serotonin transmission in neocortical areas: A PET study with [11c] DASB and [11c] MDL 100907. *Neuropsychopharmacology, 37,* 1465–1473.

Ursano, R. J., & Silberman, E. K. (2003). Psychoanalysis, psychoanalytic psychotherapy, and supportive psychotherapy. In R. E. Hales & S. C. Yudofsky (Eds.), *The American Psychiatric Publishing textbook of clinical psychiatry* (4th ed., pp. 1177–1203). Washington, DC: American Psychiatric Publishing.

U.S. Census Bureau. (2012). *The 2012 statistical abstract: National data book.* Washington, DC: Author.

U. S. Department of Health and Human Services. (1979). *Ethical principles and guidelines for the protection of human subjects of research.* Retrieved from http://www.hhs.gov/ohrp/humansubjects/guidance/belmont.html

U.S. Department of State. (2013, January). *FY 2012 annual report on intercountry adoption.* Washington, DC: Bureau of Consular Affairs, Office of Children's Issues. Retrieved from http://adoption.state.gov/content/pdf/fy2012_annual_report.pdf

Vacha, E., & McBride, M. (1993). Cramming: A barrier to student success, a way to beat the system, or an effective strategy? *College Student Journal, 27,* 2–11.

Valentine, T., Brennen, T., & Brédart, S. (1996). *The cognitive psychology of proper names: On the importance of being Ernest.* London: Routledge.

Valins, S. (1966). Cognitive effects of false heart-rate feedback. *Journal of Personality and Social Psychology, 4,* 400–408.

Vallacher, R. R., & Wegner, D. M. (1985). *A theory of action identification.* Hillsdale, NJ: Erlbaum.

Vallacher, R. R., & Wegner, D. M. (1987). What do people think they're doing? Action identification and human behavior. *Psychological Review, 94,* 3–15.

Vallender, E. J., Mekel-Bobrov, N., & Lahn, B. T. (2008). Genetic basis of human brain evolution. *Trends in Neurosciences, 31,* 637–644.

Vance, E. B., & Wagner, N. N. (1976). Written descriptions of orgasm: A study of sex differences. *Archives of Sexual Behavior, 5,* 87–98.

van den Boom, D. C. (1994). The influence of temperament and mothering on attachment and exploration: An experimental manipulation of sensitive responsiveness among lower-class mothers with irritable infants. *Child Development, 65,* 1457–1477.

van den Boom, D. C. (1995). Do first year intervention effects endure? Follow-up during toddlerhood of a sample of Dutch irritable infants. *Child Development, 66,* 1798–1816.

van Dis, I., Kromhout, D., Geleijnse, J. M., Boer, J. M. A., & Verschuren, W. M. M. (2009). Body mass index and waist circumference predict both 10-year nonfatal and fatal cardiovascular disease risk: Study conducted in 20,000 Dutch men and women aged 20–65 years. *European Journal of Cardiovascular Prevention & Rehabilitation, 16*(6), 729–734.

Van Dongen, E. V., Thielen, J.-W., Takashima, A., Barth, M., & Fernandez, G. (2012). Sleep supports selective retention of associative memories based on relevance for future utilization. *PLoS One, 7,* e43426. doi:10.1371/journal.pone.0043426

van Honk, J., & Schutter, D. J. L. G. (2007). Testosterone reduces conscious detection of signals serving social correction: Implications for antisocial behavior. *Psychological Science, 18,* 663–667.

van Ijzendoorn, M. H. (1995). Adult attachment representations, parental responsiveness, and infant attachment: A meta-analysis on the predictive validity of the Adult Attachment Interview. *Psychological Bulletin, 117,* 387–403.

van Ijzendoorn, M. H., Juffer, F., & Klein Poelhuis, C. W. (2005). Adoption and cognitive development: A meta-analytic comparison of adopted and nonadopted children's IQ and school performance. *Psychological Bulletin, 131,* 301–316.

van Ijzendoorn, M. H., & Kroonenberg, P. M. (1988). Cross-cultural patterns of attachment: A meta-analysis of the strange situation. *Child Development, 59,* 147–156.

van Ijzendoorn, M. H., & Sagi, A. (1999). Cross-cultural patterns of attachment: Universal and contextual dimensions. In J. Cassidy & P. R. Shaver (Eds.), *Handbook of attachment: Theory, research and clinical applications* (pp. 713–734). New York: Guilford Press.

van Ittersum, K., & Wansink, B. (2012). Plate size and color suggestibility: The Delboeuf illusion's bias on serving and eating behavior. *Journal of Consumer Research, 39,* 121–130.

van Praag, H. (2009). Exercise and the brain: Something to chew on. *Trends in Neuroscience, 32,* 283–290.

van Stegeren, A. H., Everaerd, W., Cahill, L., McGaugh, J. L., & Gooren, L. J. G. (1998). Memory for emotional events: Differential effects of centrally versus peripherally acting blocking agents. *Psychopharmacology, 138,* 305–310.

Van Vliet, I. M., van Well, E. P., Bruggeman, R., Campo, J. A., Hijman, R., Van Megen, H. J., . . . Van Rijen, P. C. (2013). An evaluation of irreversible psychosurgical treatment of patients with obsessive-compulsive disorder in the Netherlands, 2001–2008. *Journal of Nervous and Mental Disease, 201,* 226–228.

Vargha-Khadem, F., Gadian, D. G., Copp, A., & Mishkin, M. (2005). FOXP2 and the neuroanatomy of speech and language. *Nature Reviews Neuroscience, 6,* 131–138.

Vargha-Khadem, F., Gadian, D. G., Watkins, K. E., Connelly, A., Van Paesschen, W., & Mishkin, M. (1997). Differential effects of early hippocampal pathology on episodic and semantic memory. *Science, 277,* 376–380.

Vazire, S., & Mehl, M. R. (2008). Knowing me, knowing you: The relative accuracy and unique predictive validity of self-ratings and otherratings of daily behavior. *Journal of Personality and Social Psychology, 95,* 1202–1216.

Veldhuizen, M. G., Douglas, D., Aschenbrenner, K., Gitelman, D. R., & Small, D. M. (2011). The anterior insular cortex represents breaches of taste identity expectation. *Journal of Neuroscience, 31,* 14735–14744.

Vinter, A., & Perruchet, P. (2002). Implicit motor learning through observational training in adults and children. *Memory & Cognition, 30,* 256–261.

Vitkus, J. (1999). *Casebook in abnormal psychology* (4th ed.). New York: McGraw-Hill.

Vondra, J. I., Shaw, D. S., Swearingen, L., Cohen, M., & Owens, E. B. (2001). Attachment stability and emotional and behavioral regulation from infancy to preschool age. *Development and Psychopathology, 13,* 13–33.

Von Frisch, K. (1974). Decoding the language of the bee. *Science, 185,* 663–668.

Voon, V., Pessiglione, M., Brezing, C., Gallea, C., Fernandez, H. H., Dolan, R. J., & Hallett, M. (2011). Mechanisms underlying dopamine-mediated reward bias in compulsive behaviors. *Neuron, 65,* 135–142.

Vortac, O. U., Edwards, M. B., & Manning, C. A. (1995). Functions of external cues in prospective memory. *Memory, 3,* 201–219.

Vrij, A., Granhag, P. A., Mann, S., & Leal, S. (2011). Outsmarting the liars: Toward a cognitive lie detection approach. *Current Directions in Psychological Science, 20*(1), 28–32.

Vygotsky, L. S. (1978). *Mind in society: The development of higher psychological processes.* Cambridge, MA: Harvard University Press.

Wade, N. J. (2005). *Perception and illusion: Historical perspectives.* New York: Springer.

Wade, S. E., Trathen, W., & Schraw, G. (1990). An analysis of spontaneous study strategies. *Reading Research Quarterly, 25,* 147–166.

Wadhwa, P. D., Sandman, C. A., & Garite, T. J. (2001). The neurobiology of stress in human pregnancy: Implications for prematurity and development of the fetal central nervous system. *Progress in Brain Research, 133,* 131–142.

Wager, T. D., Rilling, J., K., Smith, E. E., Sokolik, A., Casey, K. L., Davidson, R. J., . . . Cohen, J. D. (2004). Placebo-induced changes in fMRI in the anticipation and experience of pain. *Science, 303,* 1162–1167.

Wagner, A. D., Schacter, D. L., Rotte, M., Koutstaal, W., Maril, A., Dale, A. M., . . . Buckner, R. L. (1998). Remembering and forgetting of verbal experiences as predicted by brain activity. *Science, 281,* 1188–1190.

Wagner, G., & Morris, E. (1987). Superstitious behavior in children. *Psychological Record, 37,* 471–488.

Wai, J., Putallaz, M., & Makel, M. C. (2012). Studying intellectual outliers: Are there sex differences, and are the smart getting smarter? *Current Directions in Psychological Science, 21*(6), 382–390. doi:10.1177/0963721412455052

Waite, L. J. (1995). Does marriage matter? *Demography, 32,* 483–507.

Wakefield, J.C. (2007). The concept of mental disorder: Diagnostic implications of the harmful dysfunction analysis. *World Psychiatry, 6,* 149-56.

Walden, T. A., & Ogan, T. A. (1988). The development of social referencing. *Child Development, 59,* 1230–1240.

Waldfogel, S. (1948). The frequency and affective character of childhood memories. *Psychological Monographs, 62* (Whole No. 291).

Waldmann, M. R. (2000). Competition among causes but not effects in predictive and diagnostic learning. *Journal of Experimental Psychology: Learning, Memory, and Cognition, 26,* 53–76.

Walker, C. (1977). Some variations in marital satisfaction. In R. C. J. Peel (Ed.), *Equalities and inequalities in family life* (pp. 127–139). London: Academic Press.

Walker, L. J. (1988). The development of moral reasoning. *Annals of Child Development, 55,* 677–691.

Walker, N. P., McConville, P. M., Hunter, D., Deary, I. J., & Whalley, L. J. (2002). Childhood mental ability and lifetime psychiatric contact. *Intelligence, 30*(3), 233–245. doi:10.1016/S0160-2896(01)00098-8

Wallace, J., Schnieder, T., & McGuffin, P. (2002). Genetics of depression. In I. H. Gottlieb & C. L. Hammen (Eds.), *Handbook of depression* (pp. 169–191). New York: Guilford Press.

Wallbott, H. G. (1998). Bodily expression of emotion. *European Journal of Social Psychology, 28,* 879–896.

Walster, E., Aronson, V., Abrahams, D., & Rottmann, L. (1966). Importance of physical attractiveness in dating behavior. *Journal of Personality and Social Psychology, 4,* 508–516.

Walster, E., Walster, G. W., & Berscheid, E. (1978). *Equity: Theory and research.* Boston: Allyn & Bacon.

Walton, D. N. (1990). What is reasoning? What is an argument? *Journal of Philosophy, 87,* 399–419.

Walton, G. M., & Spencer, S. J. (2009). Latent ability: Grades and test scores systematically underestimate the intellectual ability of negatively stereotyped students. *Psychological Science, 20,* 1132–1139.

Waltzman, S. B. (2006). Cochlear implants: Current status. *Expert Review of Medical Devices, 3,* 647–655.

Wamsley, E. J., & Stickgold, R. (2011). Memory, sleep, and dreaming: Experiencing consolidation. *Sleep Medicine Clinics, 6,* 97–108.

Wang, J. L., Jackson, L. A., Zhang, D. J., & Su, Z. Q. (2012). The relationships among the Big Five personality factors, self-esteem, narcissism, and sensation seeking to Chinese university students' uses of social networking sites (SNSs). *Computers in Human Behavior, 28,* 2313–2319.

Wang, L. H., McCarthy, G., Song, A. W., & LaBar, K. S. (2005). Amygdala activation to sad pictures during high-field (4 tesla) functional magnetic resonance imaging. *Emotion, 5,* 12–22.

Wang, P. S., Aguilar-Gaxiola, S., Alonso, J., Angermeyer, M. C., Borges, G., Bromet, E. J., . . . Wells, J. E. (2007). Use of mental health services for anxiety, mood, and substance disorders in 17 countries in the WHO World Mental Health Surveys. *Lancet, 370,* 841–850.

Wang, P. S., Berglund, P. A., Olfson, M., & Kessler, R. C. (2004). Delays in initial treatment contact after first onset of a mental disorder. *Health Services Research, 39,* 393–415.

Wang, P. S., Berglund, P., Olfson, M., Pincus, H. A., Wells, K. B., & Kessler, R. C. (2005). Failure and delay ininitial treatment contact after first onset of mental disorders in the National Comorbidity Survey Replication. *Archives of General Psychiatry, 62*(6), 629–640.

Wang, P. S., Demler, O., & Kessler, R. C. (2002). Adequacy of treatment for serious mental illness in the United States. *American Journal of Public Health, 92,* 92–98.

Wang, S.-H., & Baillargeon, R. (2008). Detecting impossible changes in infancy: A three-system account. *Trends in Cognitive Sciences, 12*(1), 17–23.

Wansink, B., & Linder, L. R. (2003). Interactions between forms of fat consumption and restaurant bread consumption. *International Journal of Obesity, 27,* 866–868.

Wansink, B., Painter, J. E., & North, J. (2005). Bottomless bowls: Why visual cues of portion size may influence intake. *Obesity Research, 13,* 93–100.

Wansink, B., & Wansink, C. S. (2010). The largest last supper: Depictions of food portions and plate size increased over the millennium. *International Journal of Obesity, 34,* 943–944.

Ward, J., Parkin, A. J., Powell, G., Squires, E. J., Townshend, J., & Bradley, V. (1999). False recognition of unfamiliar people: "Seeing film stars everywhere." *Cognitive Neuropsychology, 16,* 293–315.

Warneken, F., & Tomasello, M. (2009). Varieties of altruism in children and chimpanzees. *Trends in Cognitive Sciences, 13,* 397–402.

Warnock, M. (2003). *Making babies: Is there a right to have children?* Oxford, England: Oxford University Press.

Warren, K. R., & Hewitt, B. G. (2009). Fetal alcohol spectrum disorders: When science, medicine, public policy, and laws collide. *Developmental Disabilities Research Reviews, 15,* 170–175.

Warrington, E. K., & McCarthy, R. A. (1983). Category specific access dysphasia. *Brain, 106,* 859–878.

Warrington, E. K., & Shallice, T. (1984). Category specific semantic impairments. *Brain, 107,* 829–854.

Watanabe, S., Sakamoto, J., & Wakita, M. (1995). Pigeons' discrimination of painting by Monet and Picasso. *Journal of the Experimental Analysis of Behavior, 63,* 165–174.

Watkins, L. R., & Maier, S. F. (2005). Immune regulation of central nervous system functions: From sickness responses to pathological pain. *Journal of Internal Medicine, 257,* 139–155.

Watson, D., & Pennebaker, J. W. (1989). Health complaints, stress, and distress: Exploring the central role of negative affectivity. *Psycho-logical Review, 96,* 234–254.

Watson, D., & Tellegen, A. (1985). Toward a consensual structure of mood. *Psychological Bulletin, 98,* 219–235.

Watson, J. B. (1913). Psychology as the behaviorist views it. *Psychological Review, 20,* 158–177.

Watson, J. B. (1924). *Behaviorism.* New York: People's Institute.

Watson, J. B. (1928). *Psychological care of infant and child.* New York: Norton.

Watson, J. B., & Rayner, R. (1920). Conditioned emotional reactions. *Journal of Experimental Psychology, 3,* 1–14.

Watson, R. I. (1978). *The great psychologists.* New York: Lippincott.

Watt, H. J. (1905). Experimentelle Beitraege zu einer Theorie des Denkens [Experimental contributions to a theory of thinking]. *Archiv fuer die gesamte Psychologie, 4,* 289–436.

Watzke, B., Rüddel, H., Jürgensen, R., Koch, U., Kristen, L., Grothgar, B., & Schulz, H. (2012). Longer term outcome of cognitive-behavioural and psychodynamic psychotherapy in routine mental health care: Randomised controlled trial. *Behaviour Research and Therapy, 50,* 580–387.

Weaver, I. C. G., Cervoni, N., Champagne, F. A., D'Alessio, A. C., Sharma, S., Seckl, J. R., . . . Meaney, M. J. (2004). Epigenetic programming by maternal behavior. *Nature Neuroscience, 7,* 847–854.

Webb, T. L., Miles, E., & Sheeran, P. (2012). Dealing with feeling: A meta-analysis of the effectiveness of strategies derived from the process model of emotion regulation. *Psychological Bulletin, 138*(4), 775–808.

Weber, R., & Crocker, J. (1983). Cognitive processes in the revision of stereotypic beliefs. *Journal of Personality and Social Psychology, 45,* 961–977.

Webster Marketon, J. I., & Glaser, R. (2008). Stress hormones and immune function. *Cellular Immunology, 252,* 16–26.

Wechsler, H., & Nelson, T. F. (2001). Binge drinking and the American college students: What's five drinks? *Psychology of Addictive Behaviors, 15*(4), 287–291. doi:10.1037/0893-164X.15.4.287

Wegner, D. M. (1989). *White bears and other unwanted thoughts.* New York: Viking.

Wegner, D. M. (1994a). Ironic processes of mental control. *Psychological Review, 101,* 34–52.

Wegner, D. M. (1994b). *White bears and other unwanted thoughts: Suppression, obsession, and the psychology of mental control.* New York: Guilford Press.

Wegner, D. M. (1997). Why the mind wanders. In J. D. Cohen & J. W. Schooler (Eds.), *Scientific approaches to consciousness* (pp. 295–315). Mahwah, NJ: Erlbaum.

Wegner, D. M. (2002). *The illusion of conscious will.* Cambridge, MA: MIT Press.

Wegner, D. M. (2009). How to think, say, or do precisely the worst thing for any occasion. *Science, 325,* 48–51.

Wegner, D. M., Ansfield, M., & Pilloff, D. (1998). The putt and the pendulum: Ironic effects of the mental control of action. *Psychological Science, 9,* 196–199.

Wegner, D. M., Broome, A., & Blumberg, S. J. (1997). Ironic effects of trying to relax under stress. *Behavior Research and Therapy, 35,* 11–21.

Wegner, D. M., Erber, R., & Raymond, P. (1991). Transactive memory in close relationships. *Journal of Personality and Social Psychology, 61,* 923–929.

Wegner, D. M., Erber, R. E., & Zanakos, S. (1993). Ironic processes in the mental control of mood and mood-related thought. *Journal of Personality and Social Psychology, 65,* 1093–1104.

Wegner, D. M., & Gilbert, D. T. (2000). Social psychology: The science of human experience. In H. Bless & J. Forgas (Eds.), *The message within: Subjective experience in social cognition and behavior* (pp. 1–9). Philadelphia: Psychology Press.

Wegner, D. M., Schneider, D. J., Carter, S. R., & White, T. L. (1987). Paradoxical effects of thought suppression. *Journal of Personality and Social Psychology, 53,* 5–13.

Wegner, D. M., Vallacher, R. R., Macomber, G., Wood, R., & Arps, K. (1984). The emergence of action. *Journal of Personality and Social Psychology, 46,* 269–279.

Wegner, D. M., & Wenzlaff, R. M. (1996). Mental control. In E. T. Higgins & A. Kruglanski (Eds.), *Social psychology: Handbook of basic mechanisms and processes* (pp. 466–492). New York: Guilford Press.

Wegner, D. M., Wenzlaff, R. M., & Kozak, M. (2004). Dream rebound: The return of suppressed thoughts in dreams. *Psychological Science, 15,* 232–236.

Wegner, D. M., & Zanakos, S. (1994). Chronic thought suppression. *Journal of Personality, 62,* 615–640.

Weinstein, N. D. (1980). Unrealistic optimism about future life events. *Journal of Personality and Social Psychology, 39,* 806–820.

Weintraub, D., Papay, K., & Siderowf, A. (2013). Screening for impulse control symptoms in patients with de novo Parkinson disease: A case-control study. *Neurology, 80,* 176–180.

Weir, C., Toland, C., King, R. A., & Martin, L. M. (2005). Infant contingency/extinction performance after observing partial reinforcement. *Infancy, 8,* 63–80.

Weiser, M., Zarka, S., Werbeloff, N., Kravitz, E., & Lubin, G. (2010). Cognitive test scores in male adolescent cigarette smokers compared to non-smokers: A population-based study. *Addiction, 105*(2), 358–363. doi:10.1111/j.1360-0443.2009.02740.x

Weisfeld, G. (1999). *Evolutionary principles of human adolescence.* New York: Basic Books.

Weissenborn, R. (2000). State-dependent effects of alcohol on explicit memory: The role of semantic associations. *Psychopharmacology, 149,* 98–106.

Weissman, M. M., Markowitz, J. C., & Klerman, G. L. (2000). *Comprehensive guide to interpersonal psychotherapy.* New York: Basic Books.

Weldon, M. S. (2001). Remembering as a social process. In D. L. Medin (Ed.), *The psychology of learning and motivation: Advances in research and theory* (Vol. 40, pp. 67–120). San Diego, CA: Academic Press.

Wenzlaff, R. M., & Wegner, D. M. (2000). Thought suppression. In S. T. Fiske (Ed.), *Annual review of psychology* (Vol. 51, pp. 51–91). Palo Alto, CA: Annual Reviews.

Wernicke, K. (1874). *Der Aphasische Symptomenkomplex* [The aphasic symptom complex]. Breslau: Cohn and Weigart.

Wertheimer, M. (1982). *Productive thinking.* Chicago: University of Chicago Press. (Originally published 1945)

Wesch, N. N., Law, B., & Hall, C. R. (2007). The use of observational learning by athletes. *Journal of Sport Behavior, 30,* 219–231.

Westrin, A., & Lam, R. W. (2007). Seasonal affective disorder: A clinical update. *Journal of Clinical Psychiatry, 19,* 239–246.

Wexler, K. (1999). Maturation and growth of grammar. In W. C. Ritchie & T. K. Bhatia (Eds.), *Handbook of child language acquisition* (pp. 55–110). San Diego: Academic Press.

Whalen, P. J., Rauch, S. L., Etcoff, N. L., McInerney, S. C., Lee, M. B., & Jenike, M. A. (1998). Masked presentations of emotional facial expressions modulate amygdala activity without explicit knowledge. *The Journal of Neuroscience, 18,* 411–418.

Whalley, L. J., & Deary, I. J. (2001). Longitudinal cohort study of childhood IQ and survival up to age 76. *British Medical Journal, 322,* 1–5.

Wheatley, T., & Haidt, J. (2005). Hypnotic disgust makes moral judgments more severe. *Psychological Science, 16,* 780–784.

Wheeler, M. A., Petersen, S. E., & Buckner, R. L. (2000). Memory's echo: Vivid recollection activates modality-specific cortex. *Proceedings of the National Academy of Sciences, USA, 97,* 11125–11129.

White, B. L., & Held, R. (1966). Plasticity of motor development in the human infant. In J. F. Rosenblith & W. Allinsmith (Eds.), *The cause of behavior* (pp. 60–70). Boston: Allyn & Bacon.

White, F. J. (1996). Synaptic regulation of mesocorticolimbic dopamine neurons. *Annual Review of Neuroscience, 19,* 405–436.

White, G. M., & Kirkpatrick, J. (Eds.). (1985). *Person, self, and experience: Exploring pacific ethnopsychologies.* Berkeley: University of California Press.

White, N. M., & Milner, P. M. (1992). The psychobiology of reinforcers. *Annual Review of Psychology, 41,* 443–471.

Whitney, D., Ellison, A., Rice, N. J., Arnold, D., Goodale, M., Walsh, V., & Milner, D. (2007). Visually guided reaching depends on motion area MT+. *Cerebral Cortex, 17,* 2644–2649.

Whorf, B. (1956). *Language, thought, and reality.* Cambridge, MA: The MIT Press.

Whybrow, P. C. (1997). *A mood apart.* New York: Basic Books.

Wicker, B., Keysers, C., Plailly, J., Royet, J.-P., Gallese, V., & Rizzolatti, G. (2003). Both of us disgusted in *my* insula: The common neural basis of seeing and feeling disgust. *Neuron, 40,* 655–664.

Wicklund, R. (1975). Objective self-awareness. In L. Berkowitz (Ed.), *Advances in experimental social psychology* (Vol. 8, pp. 233–275). New York: Academic Press.

Wiederman, M. W. (1997). Pretending orgasm during sexual intercourse: Correlates in a sample of young adult women. *Journal of Sex & Marital Therapy, 23,* 131–139.

Wiener, D. N. (1996). *B. F. Skinner: Benign anarchist.* Boston: Allyn & Bacon.

Wiesenthal, D. L., Austrom, D., & Silverman, I. (1983). Diffusion of responsibility in charitable donations. *Basic and Applied Social Psychology, 4,* 17–27.

Wig, G. S., Buckner, R. L., & Schacter, D. L. (2009). Repetition priming influences distinct brain systems: Evidence from task-evoked data and resting-state correlations. *Journal of Neurophysiology, 101,* 2632–2648.

Wiggs, C. L., & Martin, A. (1998). Properties and mechanisms of perceptual priming. *Current Opinion in Neurobiology, 8,* 227–233.

Wilcoxon, H. C., Dragoin, W. B., & Kral, P. A. (1971). Illness-induced aversions in rats and quail: Relative salience of visual and gustatory cues. *Science, 171,* 826–828.

Wiley, J. L. (1999). Cannabis: Discrimination of "internal bliss"? *Pharmacology, Biochemistry, & Behavior, 64,* 257–260.

Wilhelm, I., Dieckelmann, S., Molzow, I., Ayoub, A., Molle, M., & Born, J. (2011). Sleep selectively enhances memories expected to be of future relevance. *Journal of Neuroscience, 31,* 1563–1569.

Wilkinson, L., Teo, J. T., Obeso, I., Rothwell, J. C., & Jahanshahi, M. (2010). The contribution of primary motor cortex is essential for probabilistic implicit sequence learning: Evidence from theta burst magnetic stimulation. *Journal of Cognitive Neuroscience, 22,* 427–436.

Williams, A. C. (2002). Facial expression of pain: An evolutionary account. *Behavioral and Brain Sciences, 25,* 439–488.

Williams, C. M., & Kirkham, T. C. (1999). Anandamide induces overeating: Mediation by central cannabinoid (CB1) receptors. *Psychopharmacology, 143,* 315–317.

Williams, K. D., Nida, S. A., Baca, L. D., & Latané, B. (1989). Social loafing and swimming: Effects of identifiability on individual and relay performance of intercollegiate swimmers. *Basic and Applied Social Psychology, 10,* 73–81.

Willingham, D. T. (2007). Critical thinking: Why is it so hard to teach? *American Educator, 31*(2), 8–19.

Wilson, K., & Korn, J. H. (2007). Attention during lectures: Beyond ten minutes. *Teaching of Psychology, 34*, 85–89.

Wilson, T. D. (2002). *Strangers to ourselves: Discovering the adaptive unconscious.* Cambridge, MA: Harvard University Press.

Wilson, T. D. (2009). Know thyself. *Perspectives on Psychological Science, 4*, 384–389.

Wilson, T. D. (2012, July 12). Stop bullying the "soft" sciences. *Los Angeles Times.* Available from http://articles.latimes.com/2012/jul/12/opinion/la-oe-wilson-social-sciences-20120712

Wilson, T. D., & Lassiter, G. D. (1982). Increasing intrinsic interest with superfluous extrinsic constraints. *Journal of Personality and Social Psychology, 42*, 811–819.

Wilson, T. D., Meyers, J., & Gilbert, D. T. (2003). "How happy was I, anyway?" A retrospective impact bias. *Social Cognition, 21*, 421–446.

Wimber, M., Rutschmann, R. N., Greenlee, M. W., & Bauml, K.-H. (2009). Retrieval from episodic memory: Neural mechanisms of interference resolution. *Journal of Cognitive Neuroscience, 21*, 538–549.

Wimmer, H., & Perner, J. (1983). Beliefs about beliefs: Representations and constraining function of wrong beliefs in young children's understanding of deception. *Cognition, 13*, 103–128.

Winawer, J., Witthoft, N., Frank, M. C., Wu, L., Wade, A. R., & Boroditsky, L. (2007). Russian blues reveal effects of language on color discrimination. *Proceedings of the National Academy of Sciences, USA, 104*, 7780–7785.

Windeler, J., & Kobberling, J. (1986). Empirische Untersuchung zur Einschatzung diagnostischer Verfahren am Beispiel des Haemoccult-Tests [An empirical study of the value of diagnostic procedures using the example of the hemoccult test]. *Klinische Wochenscrhrift, 64*, 1106–1112.

Windham, G. C., Eaton, A., & Hopkins, B. (1999). Evidence for an association between environmental tobacco smoke exposure and birthweight: A meta-analysis and new data. *Pediatrics and Perinatal Epidemiology, 13*, 35–57.

Winner, E. (2000). The origins and ends of giftedness. *American Psychologist, 55*, 159–169.

Winocur, G., Moscovitch, M., & Bontempi, B. (2010). Memory formation and long-term retention in humans and animals: Convergence towards a transformation account of hippocampal–neocortical interactions. *Neuropsychologia, 48*, 2339–2356.

Winter, L., & Uleman, J. S. (1984). When are social judgments made? Evidence for the spontaneousness of trait inferences. *Journal of Personality and Social Psychology, 47*, 237–252.

Winterer, G., & Weinberger, D. R. (2004). Genes, dopamine and cortical signal-to-noise ratio in schizophrenia. *Trends in Neuroscience, 27*, 683–690.

Wise, R. A. (1989). Brain dopamine and reward. *Annual Review of Psychology, 40*, 191–225.

Wise, R. A. (2005). Forebrain substrates of reward and motivation. *Journal of Comparative Neurology, 493*, 115–121.

Wittchen, H., Knauper, B., & Kessler, R. C. (1994). Lifetime risk of depression. *British Journal of Psychiatry, 165*, 16–22.

Wittgenstein, L. (1999). *Philosophical investigations.* Upper Saddle River, NJ: Prentice Hall. (Originally published 1953)

Wixted, J. T., & Ebbensen, E. (1991). On the form of forgetting. *Psychological Science, 2*, 409–415.

Wolf, J. (2003, May 18). Through the looking glass. *The New York Times Magazine,* p. 120.

Wolf, J. R., Arkes, H. R., & Muhanna, W. A. (2008). The power of touch: An examination of the effect of duration of physical contact on the valuation of objects. *Judgment and Decision Making, 3*, 476–482.

Wolff, P., & Holmes, K. J. (2011). Linguistic relativity. *WIRES Cognitive Science, 2*, 253–265.

Wong, D. T., Bymaster, F. P., & Engleman, E. A. (1995). Prozac (fluoxetine, Lilly 110140), the first selective serotonin uptake inhibitor and an antidepressant drug: Twenty years since its first publication. *Life Sciences, 57*, 411–441.

Wood, J. M., & Bootzin, R. R. (1990). Prevalence of nightmares and their independence from anxiety. *Journal of Abnormal Psychology, 99*, 64–68.

Wood, J. M., Bootzin, R. R., Rosenhan, D., Nolen-Hoeksema, S., & Jourden, F. (1992). Effects of the 1989 San Francisco earthquake on frequency and content of nightmares. *Journal of Abnormal Psychology, 101*, 219–224.

Woodley, M. A., te Nijenhuis, J., & Murphy, R. (2013). Were the Victorians cleverer than us? The decline in general intelligence estimated from a meta-analysis of the slowing of simple reaction time. *Intelligence.* Advance online publication. doi:10.1016/j.intell.2013.04.006

Woods, S. C., Seeley, R. J., Porte, D., Jr., & Schwartz, M. W. (1998). Signals that regulate food intake and energy homeostasis. *Science, 280*, 1378–1383.

Woody, S. R., & Nosen, E. (2008). Psychological models of phobic disorders and panic. In M. M. Anthony & M. B. Stein (Eds.), *Oxford handbook of anxiety and related disorders* (pp. 209–224). New York: Oxford University Press.

Woody, S. R., & Sanderson, W. C. (1998). Manuals for empirically supported treatments: 1998 update. *Clinical Psychologist, 51*, 17–21.

World Health Organization (WHO). (2004). *Global mortality and burden of disease estimates for WHO member states in 2002* (Data file). Geneva, Switzerland: Author. Retrieved from www.who.int/healthinfo/statistics/bodgbddeathdalyestimates.xls

Wrangham, R., & Peterson, D. (1997). *Demonic males: Apes and the origin of human violence.* New York: Mariner.

Wren, A. M., Seal, L. J., Cohen, M. A., Brynes, A. E., Frost, G. S., Murphy, K. G., . . . Bloom, S. R. (2001). Ghrelin enhances appetite and increases food intake in humans. *Journal of Clinical Endocrinology and Metabolism, 86*, 5992–5995.

Wrenn, C. C., Turchi, J. N., Schlosser, S., Dreiling, J. L., Stephenson, D. A., & Crawley, J. N. (2006). Performance of galanin transgenic mice in the 5-choice serial reaction time attentional task. *Pharmacology Biochemistry and Behavior, 83*, 428–440.

Wulf, S. (1994, March 14). Err Jordan. *Sports Illustrated.*

Wundt, W. (1900–1920). *Völkerpsychologie. Eine untersuchung der entwicklungsgesetze von sprache, mythos und sitte* [Völkerpsychologie: An examination of the developmental laws of language, myth, and custom]. Leipzig, Germany: Engelmann & Kroner.

Yamaguchi, S. (1998). Basic properties of umami and its effects in humans. *Physiology and Behavior, 49*, 833–841.

Yang, S., & Sternberg, R. J. (1997). Conceptions of intelligence in ancient Chinese philosophy. *Journal of Theoretical and Philosophical Psychology, 17*, 101–119.

Yeo, B. T. T., Krienen, F. M., Sepulcre, J., Sabuncu, M. R., Lashkari, D., Hollinshead, M., . . . Buckner, R. L. (2011). The organization of the human cerebral cortex estimated by intrinsic functional connectivity. *Journal of Neurophysiology, 106*, 1125–1165.

Yeshurun, Y., & Sobel, N. (2010). An odor is not worth a thousand words: From multidimensional odors to unidimensional odor objects. *Annual Review of Psychology, 61*, 219–241.

Yik, M., Russell, J. A., & Steiger, J. H. (2011). A 12-point circumplex structure of core affect. *Emotion, 11*(4), 705–731.

Young, R. M. (1990). *Mind, brain, and adaptation in the nineteenth century: Cerebral localization and its biological context from Gall to Ferrier.* New York: Oxford University Press.

Yucha, C., & Gilbert, C. D. (2004). *Evidence-based practice in biofeedback and neurofeedback.* Colorado Springs, CO: Association for Applied Psychophysiology and Biofeedback.

Yuill, N., & Perner, J. (1988). Intentionality and knowledge in children's judgments of actor's responsibility and recipient's emotional reaction. *Developmental Psychology, 24*, 358–365.

Yzerbyt, V., & Demoulin, S. (2010). Intergroup relations. In S. T. Fiske, D. T. Gilbert, & G. Lindzey (Eds.), *The handbook of social psychology* (5th ed., Vol. 2, pp. 1024–1083). New York: Wiley.

Zahn-Waxler, C., Radke-Yarrow, M., Wagner, E., & Chapman, M. (1992). Development of concern for others. *Developmental Psychology, 28,* 126–136.

Zajonc, R. B. (1968). Attitudinal effects of mere exposure. *Journal of Personality and Social Psychology, 9,* 1–27.

Zajonc, R. B. (1989). Feeling the facial efference: Implications of the vascular theory of emotion. *Psychological Review, 96,* 395–416.

Zebrowitz, L. A., Hall, J. A., Murphy, N. A., & Rhodes, G. (2002). Looking smart and looking good: Facial cues to intelligence and their origins. *Personality and Social Psychology Bulletin, 28,* 238–249.

Zebrowitz, L. A., & Montepare, J. M. (1992). Impressions of baby-faced individuals across the life span. *Developmental Psychology, 28,* 1143–1152.

Zeki, S. (1993). *A vision of the brain.* London: Blackwell Scientific.

Zeki, S. (2001). Localization and globalization in conscious vision. *Annual Review of Neuroscience, 24,* 57–86.

Zentall, T. R., Sutton, J. E., & Sherburne, L. M. (1996). True imitative learning in pigeons. *Psychological Science, 7,* 343–346.

Zentner, M., & Mitura, K. (2012). Stepping out of the caveman's shadow: Nations' gender gap predicts degree of sex differentiation in mate preferences. *Psychological Science, 23*(10), 1176–1185. doi:10.1177/0956797612441004

Zernike, K. (2012, August 25). After gay son's suicide, mother finds blame in herself and in her church. *New York Times, p. A14.*

Zhang, T. Y., & Meaney, M. J. (2010). Epigenetics and the environmental regulation of the genome and its function. *Annual Review of Psychology, 61,* 439–466.

Zhong, C.-B., Bohns, V. K., & Gino, F. (2010). Good lamps are the best police: Darkness increases dishonesty and self-interested behavior. *Psychological Science, 21*(3), 311–314. doi:10.1177/0956797609360754

Zihl, J., von Cramon, D., & Mai, N. (1983). Selective disturbance of movement vision after bilateral brain damage. *Brain, 106,* 313–340.

Zillmann, D., Katcher, A. H., & Milavsky, B. (1972). Excitation transfer from physical exercise to subsequent aggressive behavior. *Journal of Experimental Psychology, 8,* 247–259.

Zimprich, D., & Martin, M. (2002). Can longitudinal changes in processing speed explain longitudinal age changes in fluid intelligence? *Psychology and Aging, 17,* 690–695.

Zuckerman, M., DePaulo, B. M., & Rosenthal, R. (1981). Verbal and nonverbal communication of deception. In L. Berkowitz (Ed.), *Advances in experimental social psychology* (Vol. 14, pp. 1–59). New York: Academic Press.

Zuckerman, M., & Driver, R. E. (1985). Telling lies: Verbal and nonverbal correlates of deception. In W. Seigman & S. Feldstein (Eds.), *Multichannel integrations of nonverbal behavior* (pp. 129–147). Hillsdale, NJ: Erlbaum.

찾아보기

역자 소개

(역자대표 이하 가나다순)

민경환

서울대학교 심리학과 졸업
서울대학교 대학원 심리학 석사
미국 워싱턴대학교 대학원 심리학 박사
현재 서울대학교 심리학과 명예교수

김명선

이화여자대학교 교육심리학과 졸업
고려대학교 대학원 심리학 석사
미국 조지아대학교 대학원 심리학 박사
현재 성신여자대학교 심리학과 교수

김영진

고려대학교 심리학과 졸업
서울대학교 대학원 심리학 석사
미국 켄트주립대학교 심리학 박사
현재 아주대학교 심리학과 교수

남기덕

육군사관학교 중어학과, 서울대학교 심리학과 졸업
서울대학교 대학원 심리학 석사
미국 일리노이대학교(어바나-샴페인) 심리학 박사
현재 육군사관학교 심리학과 명예교수

박창호

서울대학교 심리학과 졸업
서울대학교 대학원 심리학 석 · 박사
현재 전북대학교 심리학과 교수

이옥경

서울대학교 심리학과 졸업
서울대학교 대학원 심리학 석사
미국 워싱턴대학교 대학원 심리학 박사
현재 성신여자대학교 심리학과 명예교수

이주일

서울대학교 심리학과 졸업
서울대학교 대학원 심리학 석 · 박사
SK 연수원, LG 인화원 근무
현재 한림대학교 심리학과 교수

이창환

고려대학교 심리학과 졸업
미국 텍사스대학교 심리학 석 · 박사
Haskins Laboratories 박사급 연구원
현재 서강대학교 심리학과 교수

정경미

연세대학교 심리학과 및 동 대학원 졸업
미국 하와이주립대학교 임상심리학 박사
미국 콜럼비아의과대학 소아정신과 임상강사 역임
현재 연세대학교 심리학과 교수